Reiner E. Moritz, geb. 1938, aufgewachsen in Hannover: von 1954 bis 1960 in der Musikalischen Jugend Deutschlands aktiv tätig. Musikwissenschaftliche Studien, Promotion in Germanistik an der Ludwig-Maximilian-Universität, München. Zeitweise Herausgeber des Bulletins der Féderation Internationale des Jeunesses Musicales und daneben freier Mitarbeiter verschiedener Zeitungen und des Norddeutschen Rundfunks. 1960–1970 Spielfilmlektorat und Fernsehproduktion von Musikprogrammen; ab 1970 Geschäftsführer der RM Productions, die u. a. Serien wie »Vom Zauber des Tanzes«, »Das Leben auf unserer Erde«, »All you need is love« und »Weltsprache Musik« mitproduziert hat. Regisseur und Autor von Porträts von Karl Böhm, Wolfgang Sawallisch, Giorgio de Chirico u. a.

Vollständige Taschenbuchausgabe 1989

Druck und Bindung Ebner Ulm
Printed in Germany 5 4 3 2 1
ISBN 3-426-07823-6

Reiner E. Moritz:
Knaurs Musiklexikon

Mit Beiträgen von James Galway, George Gruntz, Ernst Heins, Joachim Kaiser, Wilhelm Mann, J. H. Kwabena Nketia, Claus Raab, Karl Schumann, Ravi Shankar und Erich Valentin

Knaur

Meinen Söhnen Matthias und Sebastian

INHALT

Vorwort 7

Lexikalischer Teil 9–855

Rahmenartikel:

Traditionelle und zeitgenössische Musikidiome in Afrika (J. H. Kwabena Nketia) 15
Ballett (Reiner E. Moritz) 61
Die Flöte im 20. Jahrhundert (James Galway) 277
Gamelan – die Orchestermusik Javas und Balis (Ernst Heins) 297
Indien. Die klassische Musik Nordindiens (Ravi Shankar) 367
Instrumentalkonzert (Joachim Kaiser) 377
Instrumentenkunde (Erich Valentin) 385
Jazz (George Gruntz) 399
Lateinamerika. Musik der Neger (Claus Raab) 439
Lieder (William Mann) 451
Musikgeschichte (Karl Schumann) 529

Interpreten:

Bratschisten 128
Cellisten 165
Cembalisten 165
Dirigenten 224
Flötisten 276
Geiger 305
Gitarristen 312
Konzertsänger 423
Liedersängerinnen 450
Opernsänger 568
Opernsängerinnen 568
Organisten 571
Pianisten 599

Zeitschriften, Periodika, Reihen 857
Abkürzungen 861

VORWORT

Das vorliegende Musiklexikon richtet sich an alle Musikliebhaber: interessierte Feuilletonleser, Konzertbesucher, Opern- und Ballettfans, Berufsmusiker, Schüler und Studenten. Bei seiner Arbeit ließ sich der Autor einzig davon leiten, ein Nachschlagewerk, dessen Besitz er sich selbst wünschte, so preiswert wie möglich auf den Markt zu bringen. Daß im Rahmen dieses einbändigen Lexikons natürlich manches gekürzt oder gar weggelassen werden mußte, versteht sich von selbst. Es galt deshalb, Prioritäten zu setzen. Nachdem die Zeit der Wiener Klassik beispielsweise hervorragend in den gängigen Nachschlagewerken und darüber hinaus in vielen Einzeluntersuchungen dokumentiert ist, beschloß der Autor, zugunsten des 20. Jahrhunderts die beiden vorangehenden Jahrhunderte kürzer zu behandeln und bei den Werkangaben summarischer zu verfahren. Der dadurch gewonnene Platz kam der Aufnahme vieler jüngerer Komponisten und der Wiedergabe ihrer oft schwer zugänglichen Werkkataloge zugute. Die in fast allen Nachschlagewerken vorgenommene Auflistung der Musiktheoretiker und Musikwissenschaftler wurde durch einen Sonderartikel Musikgeschichte ersetzt, der in großen Zügen die Entwicklung dieser Disziplin darlegt und dabei die wichtigsten Namen nennt. Daneben wurden weitere Exkurse über Sachgebiete wie Ballett, afrikanische und indische Musik eingefügt, für die der Autor kompetente Mitarbeiter gewinnen konnte. Dem vorgegebenen Umfang fiel die Auflistung jedes heute bekannten Interpreten zum Opfer. Dafür findet der Benutzer die bedeutenden Choreografen der heutigen Zeit ausführlich behandelt. Ebenso erhielt die Terminologie der Popmusik den ihr gebührenden Platz. Interpreten, die entweder richtungweisende Schallplatteneinspielungen hinterlassen haben oder eine wichtige Rolle im heutigen Musikleben spielen, sind den jeweiligen Instrumenten oder Stichwörtern über Stimmlagen zugeordnet. Große Tänzer finden am Ende des Sachartikels über Ballett Erwähnung.

Wo immer möglich, hat der Autor eine Wertung der aufgenommenen Komponisten und Choreografen versucht oder zumindest einen Bezug zum Musikleben ihrer Zeit und der weiterführenden Entwicklung hergestellt. Werkanalysen waren selbstverständlich in diesem Zusammenhang nicht möglich. Dagegen findet sich zu den meisten Komponisten und Choreografen, nicht jedoch zu Sachartikeln, ein umfangreiches Literaturverzeichnis. Dort sind ohne Ansehung des Erscheinungsjahres oder der Originalsprache Werke aufgeführt, die dem interes-

sierten Leser weitere Aufschlüsse über Detailfragen geben können. Dissertationen und Veröffentlichungen in Periodika wurden dabei bewußt weggelassen. Geburts- und Sterbedaten sind immer besonders problematisch. Sei es nun Koketterie oder schlicht Ungenauigkeit – für die sehr lebendige und bedeutende Sängerin Cathy Berberian sind mindestens drei Geburtsdaten im Umlauf. Bei russischen Komponisten wurden die entsprechenden Angaben nach dem heute gültigen Kalender gemacht. Jahresangaben hinter Werktiteln beziehen sich in den meisten Fällen auf die Entstehungszeit, wenn diese nicht zu ermitteln war, auf das Jahr der ersten bekanntgewordenen Aufführung.
Obwohl der Autor fünf Jahre mit der vorliegenden Fassung dieses Lexikons verbracht hat, wäre es vermessen, so zu tun, als könne jemand diese gewaltige Materie ganz allein bewältigen. Gedankt sei deshalb denjenigen, die in jahrzehntelanger Arbeit die großen Standardwerke unter den Musiklexika erstellt haben. Immer wieder zu Rate gezogen wurden die Enzyklopädie »Die Musik in Geschichte und Gegenwart«, »Grove's Dictionary of Music and Musicians« (5. Auflage mit Supplementband), das »Riemann-Musiklexikon« (12. Auflage einschließlich der beiden Ergänzungsbände), der »Brockhaus Riemann« (2 Bände) sowie eine Vielzahl von Einzeluntersuchungen. Behilflich waren außerdem eine große Anzahl zeitgenössischer Komponisten und Choreografen, Verlage, Schallplattenfirmen und nicht zuletzt Kollegen ausländischer Fernsehstationen, die insbesondere mit Hinweisen über allerneueste Entwicklungen in ihren Ländern Hilfestellung leisteten.
Nachdem es zum Wesen eines Nachschlagewerks gehört, daß man bei Auslieferung der 1. Auflage bereits an die zweite denkt, ist der Autor für alle Hinweise auf Fehler sowie Verbesserungsvorschläge dankbar.

Reiner E. Moritz
Ostern 1982

A

A, 1. Ton-Name, die 6. Stufe der diatonischen Grundskala, seit Zarlino den ionischen Modus auf C als primo modo festsetzte. **2.** Stimmton, als a′ in der eingestrichenen Oktave, auch Kammerton genannt, wurde 1939 auf 440 Schwingungen (Hz) in der Sekunde festgelegt. Heute wegen der größeren Brillanz insbesondere bei Rundfunkorchestern häufig auf 448 Schwingungen heraufgestimmt. **3.** Seit Anfang des 19. Jh. Akkord- u. Tonartenbezeichnung: A für A-Dur, a für a-Moll.

Abaco, 1. Evaristo F. dall', ital. Komponist, * 12. 7. 1675 Verona, † 12. 7. 1742 München. Kam über Modena nach München, wo er 1704 als Kammermusiker angestellt wurde. Begleitete den Kurfürsten Max Emanuel ins Exil nach Belgien u. Frankreich. Von 1715 bis 40 Kammerkonzertmeister in München.

A. schrieb 24 Violinsonaten, 12 Triosonaten, 12 Concerti da chiesa, Concerti grossi u. Violinkonzerte.

2. Joseph M. C., Sohn von 1., getauft 29. 3. 1710 Brüssel, † 31. 8. 1805 Arbizzano bei Verona. Ab 1738 Direktor der Kurkölnischen Kammermusik, verfaßte u. a. Cellosonaten mit B. c.

Abbado, Marcello, ital. Komponist u. Pianist, Bruder des Dirigenten Claudio A., * 7. 10. 1926 in Mailand. Studierte Komposition bei G. C. Paribeni u. G. F. Ghedini. Schrieb Orchesterwerke, Konzerte, Kammermusik u. Klavierwerke.

Abbatini, Antonio M., ital. Komponist u. Kirchenkapellmeister, * um 1597 Tiferno, † um 1679 ebd. Schrieb Psalmen u. Messen, eine dramatische Kantate *Il pianto di Rodomonte* u. die Opern *Dal male il bene* u. *Ione*. Lieferte A. Kircher Beispiele für seine »Musurgia universalis«.

Abbreviaturen, Abkürzungen, die sowohl der Notenschrift als auch Vortrags- u. Instrumentenbezeichnungen gelten können.

Zu den wichtigsten Wort-A. gehören:

Acc., acc. = Accompagnamento, → Begleitung → Accompagnato
accel. = accelerando, allmählich schneller werdend
ad lib oder ad libit. = ad libitum, nach Belieben
arc. = coll'arco, mit dem Bogen streichen
arp. = → arpeggio
a t. = a tempo, Wiederaufnahme des ursprünglichen Tempos
B.c. = Basso continuo (→ Generalbaß)
C.f. → Cantus firmus
conc. = concertato, konzertierend
Cont. = Continuo (B.c. → Generalbaß)
cres., cresc. → crescendo
Dal S., D.S. → dal segno
D.C. → da capo
decresc. = decrescendo, abnehmend, schwächer werdend
dim., dimin. = diminuendo, abnehmend, schwächer werdend
div. = divisi, geteilt
espr. = espressivo, ausdrucksvoll
f, ff, fff = forte, fortissimo, forte fortissimo, 3 gesteigerte Lautstärken
ffz = forzatissimo (→ sforzato)
fp = fortepiano, laut u. sofort wieder leise
fz = forzato (→ sforzato)
gliss. → glissando
G.P. → Generalpause
l.H. = linke Hand
marc. = marcato, markiert, herausgehoben
mf = mezzoforte, mittellaut zwischen piano u. forte
mod. = moderato, in gemäßigtem Tempo
m.v. = mezza voce, mit halber, gemäßigter Stimme, Sprechtonstimme
obl. → obligato
op. (posth.) → Opus
p, pp, ppp = piano, pianissimo, piano pianissimo, 3 abnehmende Lautstärken
Ped. → Pedal
pf = poco forte oder più forte, nicht sehr stark, etwas stärker
princ. = principale, führend, vorherrschend
rall. = rallentando, ein Nachlassen des Tempos
rf, rfz = rinforzando, ein plötzlich einsetzendes → Crescendo, bei Einzeltönen häufig auch für → sforzato

r.H. = rechte Hand
rinf. → rf
rip. → Ripieno
rit. = ritardando, allmähliche Zurücknahme des Tempos
rit. = ritenuto, Zurücknahme des Tempos
seg. → segue
sf, sfz → sforzato
sfp = sforzato piano, sforzato mit darauffolgendem piano
smorz. = smorzando, verhauchend, ersterbend
sord. → Sordino
sost. = sostenuto, zurückhaltend, in Verbindung mit Tempoangaben etwas langsamer
spicc. → spiccato
stacc. → staccato
string. → stringendo
ten. = tenuto, bei gleichbleibenden Zeitwerten oder gleicher Lautstärke
tr, *tr*~~~ → Triller
trem. → Tremolo
T.S., t.s. = Tasto solo, Anweisung im Generalbaß, die Baßnote allein zu spielen
unis. = unisono, im Einklang oder im Oktavabstand
v.s. = volti subito, schnell umwenden

Daneben treten Zeichen auf wie das für:

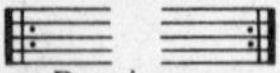

→ Reprise

Tonwiederholung

→ Brillenbässe

→ Glissando

Oktavzeichen

Abmischung, das letzte Zusammenkopieren einzelner Bandspuren zum endgültigen Tonband.

Abel, Carl F., dt. Komponist u. Gambist, * 22. 12. 1723 Köthen, † 20. 6. 1787 London. 1746–58 Mitglied der Dresdner Hofkapelle. 1759 Anstellung in London durch Königin Charlotte. Mit J. Ch. Bach bestritt A. die Abonnementskonzerte der Mrs. Cornelys. In diesen Konzerten wurden auch zum ersten Mal Werke von J. Haydn vorgestellt. Nach J. Ch. Bachs Tod ging A. erneut auf Konzertreisen durch Europa, lebte aber ab 1785 wieder in London. Er schrieb zahlreiche Sinfonien u. Kammermusik im Stil der → Mannheimer Schule sowie eine Reihe von Stücken für Viola da Gamba.

Abendmusik nannte man im 17. u. 18. Jh. den Zyklus öffentlicher Konzerte, die von den Organisten der Lübecker Marienkirche an den letzten Trinitatis-Sonntagen u. dem 2. bis 4. Advent gegeben wurden. Es waren meistens zusammenhängende oratorienartige Kompositionen. Die bekanntesten A. komponierte D. Buxtehude.

Abert, Johann J., böhm. Komponist, * 20. 9. 1832 Kochowitz, † 1. 4. 1915 Stuttgart. Wurde von P. J. Lindpaintner 1853 als Kontrabassist in die Stuttgarter Hofkapelle aufgenommen u. war dort 1867–88 Hofkapellmeister.

A. komponierte die Opern *Anna von Landskron, König Enzio, Astorga, Ekkehard* u. *Die Almohaden*, 3 Sinfonien, Kammermusik u. Lieder.

Abos, Girolamo, ital. Komponist, * 16. 11. 1715 Valetta, † Oktober 1760 Neapel. Schüler von L. u. F. Durante in Neapel. Schrieb mehrere Opern, darunter auch auf Libretti von P. Metastasio, sowie Kirchenkompositionen. Zu seinen Schülern zählte G. Paisiello.

Abos, Giuseppe (eigtl. d'Avossa), ital. Komponist, * 1708 Paola, † 9. 1. 1796 Neapel. Schrieb Opern und Kirchenkompositionen. Am bekanntesten war sein Intermezzo *La pupilla*. Von A. stammt auch eine *Ifigenia in Aulide*.

Abraham, Paul, ungar. Komponist, * 2. 11. 1892 Apatin, † 6. 5. 1960 Hamburg. Komponierte Operetten, Musicals und Filmmusiken. Am bekanntesten sind *Victoria und ihr Husar* (1930), *Blume von Hawai* (1931) und *Ball im Savoy* (1932).

Abrahamsen, Hans, dän. Komponist, * 23. 12. 1952 Kopenhagen. Studierte an den Konservatorien von Kopenhagen (N. V. Bentzon) u. Århus (P. Gudmundsen-Holmgreen) u. erhielt anschließend weiteren Unterricht von P. Norgård. Er gehört zu den Mitbegründern der Gruppe Alternative Musik (1970).

Zu A. Kompositionen gehören: *Skum* für Orch. (1970); *Sangen om os, skoven og trolden* für gem. Chor (1971); *Magnolie satser* für Instrumentalensemble (1971); *Symfoni* für Orch. (1972); *Flowersongs* für 3 Fl. (1973); *Prælu-dier* für 4 Streicher (1973); *Danmarks-Sange* für S. u. Instr. (1974, rev. 1976); *Symfoni* für Orch. (1974); *Winternacht* für 7 Instr. (1976); *Walden* für 5 Bläser (1978).

Abreu, José A., venez. Komponist, * 17. 5. 1939 Valera. Schrieb Orchesterwerke, die sinfonische Dichtung *Sancta et immaculata virginitas* sowie Kammermusik, Klavierwerke u. geistliche Musik, u. a. eine Messe *Pro defunctis*.

Absil, Jean, belg. Komponist, * 23. 10. 1893 in Bonsecours, † 2. 2. 1974 Brüssel. A. war langjähriger Leiter der Musikakademie in Etterbeck u.

lehrte an der Académie Royale de Belgique. Neben Orchesterwerken, Konzerten u. Kammermusik schrieb A. die Opern *Peau d'âne* op. 26 (1937), *Fansou* op. 64 (1947) u. *Les voix de la mer* op. 75 (1953), dazu die Funkopern *Ulysse et les Sirènes* op. 41 (1939) u. *Pierre Breughel l'Ancien* op. 73 (1950), außerdem die Ballettmusiken *Le miracle de Pan* op. 71 (1949), *Épouvantail* op. 74 (1950) u. *Les météores* op. 77 (1952). A. hat sich von seinem Lehrer P. Gilson ziemlich früh frei gemacht, stand unter dem Einfluß von A. Schönberg, D. Milhaud sowie P. Hindemith u. schrieb selber atonal unter Verwendung höchst komplizierter Rhythmen. 1937 erschien von ihm »Les postulats de la musique contemporaine«.

absolute Musik, reine Musik ohne Verbindung zu anderen Künsten. Sie läßt keine zwingenden Assoziationen zu, kann aber zum Träger von Gefühlen werden. Nach E. Hanslick ist nur die Instrumentalmusik reine, absolute Tonkunst. In der 2. Wiener Schule wird das Absolute u. Autonome in der Musik durch die Befreiung von der Tonalität weitergetrieben. Den Gegensatz zur a.M. bildet die tonmalende oder programmatische Musik.

absolutes Gehör, Fähigkeit, die Eigenart der Töne u. Tonarten, insbesondere die Höhe des Einzeltons oder Akkords, zu erkennen. Wichtiger für den Musiker ist aber das → relative Gehör, das die Abstände zwischen den einzelnen Tönen richtig erfaßt, wenn eine Tonhöhe vorgegeben ist.

abstrakter Tanz ist ein von Oskar Schlemmer gefundener Ausdruck, mit dem er seine Tanzexperimente in Stuttgart u. am Bauhaus beschreibt. Ähnlich wie heute A. Nikolais versuchte Schlemmer, den Tänzer zu entpersönlichen u. ihn nur als Beweger geometrischer Strukturen einzusetzen.

Abt, Franz, dt. Liederkomponist, * 22. 12. 1819 Eilenburg, † 31. 3. 1885 Wiesbaden. Besuchte die Thomasschule in Leipzig, war Kapellmeister in Bernburg u. Zürich u. ab 1852 Hofkapellmeister in Braunschweig. Leitete verschiedene Chorvereinigungen, komponierte Lieder, besonders für Männerstimmen, u. schrieb Klaviermusik.

a cappella (ital.), ursprünglich eine Musik, die in der Tradition der franko-fläm. Vokalpolyphonie stand u. vom Chor vorgetragen wurde, zu dem Instrumente (colla parte) hinzukommen konnten. Seit dem 19. Jh. ist die Bedeutung von a.c. auf den vokalen Vortrag ohne jegliche Instrumentalbegleitung eingeengt.

Accompagnato (ital.: »begleitet«), das im Gegensatz zum Seccorezitativ mit einer ausgearbeiteten → Begleitung versehene → Rezitativ.

Accordatura (ital.: »Einstimmen«), die normale Stimmung der Saiteninstrumente im Gegensatz zur → Scordatura.

Acevedo Raposo, Remigio, chil. Komponist, * 16. 12. 1896 Santiago de Chile, † Juni 1951 ebd. Erhielt Kompositionsunterricht bei F. Stöber u. A. Avendaño. Schrieb u. a. sinfonische Dichtungen, Kammermusik, Klavierwerke, Chorwerke u. Lieder.

Achtelnote (ital. croma, franz. croche, engl. quaver, amer. auch eighth note): ♪; Pause (franz. demisoupir): 𝄾.

Acid Rock, auch *Psychedelic* oder *Sour Rock,* Bezeichnung für eine Mitte der 60er Jahre aufgekommene, meist überverstärkte Musik, die durch akustische Einwirkung rauschähnliche Zustände erzeugen sollte. Vertreter des A.R. waren The Byrds, The Doors u. The Animals.

Adagio (ital.: »langsam«), Tempovorschrift, die soviel wie »langsam«, »gemächlich« besagt.

Adam, Adolphe Ch., franz. Komponist, * 24. 7. 1803 Paris, † 3. 5. 1856 ebd. Wurde 1817 gegen den Widerstand seines Vaters, des Pianisten und Professors Louis A., am Conservatoire aufgenommen. F.-A. Boieldieu war sein Lehrer u. Freund u. ließ ihn auch die Ouvertüre zu seiner *Dame blanche* arrangieren. Seinen ersten Erfolg hatte A. an der Opéra-Comique mit dem Einakter *Pierre et Catherine* (1829). A. schrieb Kirchenmusik, Klaviermusik, Lieder und Bühnenmusiken. Berühmt wurde er durch seine komischen Opern u. Ballette. Dazu gehören u. a. *Le Postillon de Longjumeau* (1836), *Richard en Palestine* (1844), *La Poupée de Nuremberg* (1852) u. *Si j'étais roi* (1852). Neben der Musik zu *Giselle* (1841) komponierte A. weitere Ballettmusiken zu »Faust« (1833), *La fille du Danube* (1836) u. *La jolie fille de Gand* (1842). A. wirkte außerdem als Operndirektor, Professor für Klavier u. als Kritiker angesehener Zeitungen. Er verfaßte »Souvenirs d'un musicien« u. »Derniers souvenirs« (beide 1859).

Adam de la Halle, franz. Trouvère u. Komponist, * um 1237 oder 1245 Arras, † 1287 Neapel, möglicherweise auch nach 1300. Ist als Menestrel im Dienste Roberts II. v. Artois u. am Hof Karls v. Anjou bezeugt. Seine wichtigste Komposition ist das Spiel mit eingestreuten Liedern *Le jeu de Robin et de Marion*. Außerdem sind Motetten, Rondeaux, Lieder u. Jeux partis (→ Jeu parti) erhalten.

Adam de Saint-Victor, franz. Komponist des 12. Jh. Seine Lebensdaten sind ungewiß, möglicherweise stammte er aus der Bretagne. Er gehört zu den bedeutendsten Schöpfern von Sequenzen. Ist zeitweise als cantor im Kloster St.-Victor in Paris nachgewiesen.

Adam von Fulda, dt. Komponist, * um 1445 Fulda, † 1505 Wittenberg. Trat 1490 in die Dienste von Kurfürst Friedrich dem Weisen. Schrieb im gleichen Jahr den Traktat »De musica«, in dem er besonders G. Dufay und A. Busnois als nachahmenswert herausstellte. Später war A. Hofkomponist u. Kapellmeister in Torgau, 1502 Lehrer an der Universität Wittenberg. 3 weltliche Lieder von A. stehen im Liederbuch des Arnt von Aich (um 1510), außerdem sind 1 Messe, 2 Antiphone, 1 Magnificat und 7 Hymnen erhalten.

Adamus, Henryk, poln. Komponist u. Cellist, * 19. 2. 1880 Warschau. Solocellist bei den Warschauer Philharmonikern, Direktor der Musikgesellschaft in Kalisch u. später der Leiter des Opernchors in Warschau.

A. schrieb 2 Opern: *Sumienie* (1918) u. *Rey w Babinie* (1922), 2 sinfonische Dichtungen u. weitere Instrumentalwerke.

Addinsell, Richard, engl. Komponist, * 13. 1. 1904 London, † 14. 11. 1977 ebd. Studierte am Royal College of Music in London, dann 1929–32 in Berlin u. Wien. Schrieb Bühnenmusiken, Filmmusiken und musikalische Nummern für verschiedene Revuen. Am bekanntesten ist das im Stil an S. Rachmaninow erinnernde *Warschauer Konzert* für Kl. und Orch. aus dem Film »Dangerous Moonlight« (1942).

Adler, Richard, amer. Komponist, * 23. 8. 1923 New York. Schrieb zusammen mit dem Textdichter Jerry Ross die Musicals *The Pajama Game* (1954) u. *Damn Yankees* (1955). Arbeitete hauptsächlich für das Fernsehen u. brachte daneben 1961 am Broadway das Musical *Kwamina* heraus, zu dem er auch das Libretto schrieb.

Adlgasser, Anton C., dt. Komponist u. Organist, * 1. 10. 1729 Inzell, † 22. 12. 1777 Salzburg. Schüler von J.E. Eberlin, ab 1750 Domorganist in Salzburg. Gehörte zum Freundeskreis der Familie Mozart. Komponierte gemeinsam mit W.A. Mozart u. M. Haydn je einen Akt des Schuldramas *Die Schuldigkeit des ersten Gebots* (1767).

A. schrieb Oratorien, geistliche Singspiele, Sinfonien, Sonaten u. andere Klavierwerke sowie die Oper *Nitteti*.

ad libitum (lat.), Abkürzung ad lib., nach Belieben. **1.** Vortragsbezeichnung, die soviel besagt wie »Tempo u. Vortrag nach eigenem Ermessen«. **2.** Angabe in einer Komposition, die entweder die Wahl des Instruments freistellt oder zuläßt, daß die entsprechende Stimme wegfällt.

Adolphus, Milton, amer. Komponist, * 27. 1. 1913 New York. Ist als Musiker Autodidakt. Schrieb 13 Sinfonien (1930–54), 28 Streichquartette (1935–73) u. 1961 eine *United Nations Suite* für Orch.

Adorno, Theodor W. (eigtl. Th. Wiesengrund), Philosoph, Kulturkritiker u. Komponist, * 11. 9. 1903 Frankfurt a. M., † 6. 8. 1969 Visp, Wallis. Studierte bei B. Sekles u. A. Berg (Komposition) sowie bei E. Steuermann (Klavier). 1928–31 war er Redakteur der Musikzeitschrift »Anbruch« in Wien, emigrierte 1933 in die USA u. war ab 1956 Ordinarius für Philosophie an der Universität in Frankfurt a. M. Seine für die Musikwissenschaft u. Musikkritik bedeutsamen Schriften erscheinen in einer Gesamtausgabe, hg. von R. Tiedemann, Frankfurt a. M. ab 1970.

Zu A. Kompositionen gehören: 2 Stücke für Streichquartett (1924/25), 4 Lieder für eine mittlere St. u. Kl. (1928), *4 Gedichte von Stefan George* für Singst. u. Kl. (1925–28), *6 kurze Orchesterstücke* (1929), *Sept chansons populaires françaises* (1925–39), *6 Gedichte von G. Trakl* für Singst. u. Kl. (1938–41), *6 Bagatellen* für Singst. u. Kl. (1923–42), *4 Lieder nach Gedichten von St. George* für Singst. u. Kl. (1944), *3 Gedichte von Th. Däubler* für 4st. Frauenchor a cappella (1923–45).

Advis, Luis, chil. Komponist u. Pianist, * 10. 2. 1935 Iquique. Studierte Komposition bei G. Becerra-Schmidt u. lehrt heute an der Universidad de Chile. Neben Bühnen- u. Fernsehmusiken schrieb A. Orchesterwerke, Kammermusik u. Vokalmusik. Er verwendet häufig Instrumente aus der Volksmusik.

äolisch → Kirchentöne

Aerophor, ein von Bernhard Samuel 1911 erfundener Blasebalg, der mit dem Fuß bedient wird und Oboisten, Fagottisten usw. unbegrenztes Spiel ohne Atemholen ermöglicht. Von R. Strauss in der *Alpensinfonie* u. im *Festlichen Präludium* eingesetzt.

Aeschbacher, Carl, schweiz. Komponist u. Kantor, * 31. 3. 1886 bei Bern, † 29. 1. 1944 Zürich. Studierte am Lehrerseminar des Kantons Bern, anschließend bei F. Steinbach in Köln. 1913–29 Chorleiter u. Gesangslehrer in Trogen, von 1929 bis 44 am Kantonsgymnasium u. als Männerchordirigent in Zürich. Schrieb Chorwerke u. Klavierlieder. Sein Sohn ist der bekannte Pianist Adrian A.

Aeschbacher, Walther G., schweiz. Komponist u. Dirigent, * 2. 10. 1901 Bern, † 6. 12. 1969 ebd. Studierte in Bern u. München u. wurde Chor- u. Orchesterleiter in Basel, Bern u. Luzern. Schrieb hauptsächlich Chorwerke im spätromantischen Stil, daneben Kammermusik, eine Sinfonie u. Liederzyklen nach C. F. Meyer u. H. Hesse.

Ästhetik (griech.), Wissenschaft, die sich mit den Gesetzen u. Erscheinungsformen des Schönen befaßt. Der Versuch einer Definition des musikalisch Schönen ist in der Vergangenheit als Teilgebiet der allgemeinen Ä. angesehen worden. Die Ä. hat sich zur Aufgabe gemacht, das musikalische Werk an sich sowie seine Aufnahme durch den Hörer zu untersuchen. Nachdem die Musik im Mittelalter als Teil des Quadriviums neben Arithmetica, Geometria u. Astronomia zu den exakten Wissenschaften gerechnet wurde, hat man immer wieder versucht, auch eine Ä. der Musik nach wissenschaftlichen Gesichtspunkten aufzubauen. Heute wissen wir, daß jeder dieser Versuche aus der jeweiligen Ä. des Zeitalters zu verstehen ist und ein unbedingt geltendes Schönheitsideal nicht existiert. Mit der Infragestellung von Form u. Material durch die musikalische Avantgarde ist weder eine Ä. der Form noch des Inhalts allgemeinverbindlich möglich. Philosophen wie Th. W. Adorno haben versucht, eine neue Ä. aus geschichtlicher Sicht zu entwerfen.

Lit.: H. Riemann, Die Elemente der musikalischen Ä., Berlin 1900; H. Mersmann, Angewandte Musikä., Berlin 1926; A. Wellek, Musikpsychologie u. Musikä., Frankfurt 1963; Th. W. Adorno, Ästhetische Theorie, Frankfurt 1970; E. Hanslick, Vom Musikalisch-Schönen. Ein Beitrag zur Revision der Ästhetik der Tonkunst, Leipzig 1854, Neuauflage Wiesbaden 1972; E. Bloch, Zur Philosophie der Musik, Frankfurt 1974; C. Dahlhaus, Grundlagen der Musikgeschichte, Köln 1977.

Affektenlehre, Lehre von den Leidenschaften u. Gemütsbewegungen der menschlichen Seele und ihrer Darstellung in der Musik. Besonders das Barockzeitalter beschäftigte sich mit der idealisierten Darstellung menschlicher Empfindungen in der Musik. Melodik, Harmonik u. Rhythmus wurden diesem Ziel untergeordnet. Durtonarten u. schnellere Tempi galten als Ausdruck der Freude, Molltonarten u. langsamere Tempi als Ausdruck der Trauer oder des Leides. Mit dem Sturm u. Drang u. besonders der Romantik wurde dieser Versuch einer objektiven Darstellung menschlicher Gefühle in der Musik vom persönlichen Ausdruck des Komponisten, von subjektiven Empfindungen abgelöst. Im 20. Jh. wurde das musikalische Material selber in Frage gestellt u. damit nach Ernst Bloch die seelische Hermeneutik der Musik durch eine mathematische ersetzt.

affettuoso (ital.: »liebevoll«), Vortragsbezeichnung, die soviel wie »gemütsbewegend«, »ausdrucksvoll« bedeutet.

afrikanische Musik → S. 15

Afro-Cuban Jazz, eine gleichzeitig mit dem → Bebop entstandene Jazzrichtung, die sich an lateinamerikanischen Rhythmen wie Rumba, Conga, Mambo u. Calypso inspiriert. Hervorragendster Vertreter dieser Richtung war Dizzy Gillespie, der zeitweise zusammen mit dem kubanischen Bongo-Trommler Chano Pozo auftrat.

Agazzari, Agostino, ital. Komponist, * 2. 12. 1578 Siena, † 10. 4. 1640 ebd. Mitglied der Accademia degli Intronati in Siena, Maestro di cappella am Collegium Germanicum in Rom, ab 1630 Domkapellmeister in Siena. A. hinterließ zwei theoretische Schriften »Del suonare sopra il basso con tutti stromenti e del uso loro nel concerto« (1607) u. »La musica ecclesiastica« (1638). Komponierte Messen, Motetten, Madrigale u. a. geistliche Musiken. 1606 schrieb er für seine Schüler am Seminario Romano das Dramma pastorale *Eumelio.*

Agende (lat.: »was getan werden soll«), bezeichnet liturgische Bücher, in denen gottesdienstliche Vorschriften zusammengefaßt sind. Besonders in der evangelischen Kirche gebräuchlich. Das katholische Gegenstück ist das Rituale. Für die ev.-luth. Kirche gelten heute die A. I (Der Hauptgottesdienst, 1955) u. die A. II (Die Gebetsgottesdienste, 1960) als verbindlich.

Agnelli, Salvatore, ital. Komponist, * 1817 Palermo, † 1874 Marseille. Schüler von G. Donizetti u. N. A. Zingarelli in Neapel. Komponierte mehrere Opern für Neapel u. Palermo. Ab 1846 in Marseilles, wo er die Opern *La Jacquerie* (1849), *Léonore de Médicis* (1855) u. *Les deux avares* (1860) herausbrachte. Außerdem schrieb er Kirchenmusiken, Ballettmusiken u. eine Kantate zu Ehren Napoleons I.

Agnus Dei (lat.: »Lamm Gottes«), dreimaliger An- u. Bittruf nach dem Friedensgruß in der Messe. Der volle Wortlaut: »Agnus Dei qui tollis peccata mundi«. Wurde gegen Ende des 7. Jh. in die römische Meßfeier eingeführt. Das A.D. ist Bestandteil aller vollständig auskomponierten Messen.

Agogik (aus griech: »führen«), von H. Riemann 1884 als ergänzender Begriff zu Dynamik eingeführt. Bezeichnet kleine Abweichungen des Interpreten von dem im Notenbild vorgegebenen Zeitmaß, um motivische Gliederungen und den harmonischen Aufbau zu verdeutlichen. Ein Sonderfall der A. ist das Rubato (→ Tempo rubato).

Agostini, Lodovico, ital. Komponist, * 1534 Ferrara, † 20. 9. 1590 ebd. Im Dienst des Herzogs von Ferrara. Schrieb Madrigale, Messen, Motetten u. andere Vokalmusik.

Agostini, Mezio, ital. Komponist, * 12. 8. 1875 Fano, † 22. 4. 1944 ebd. Studierte am Liceo Rossini in Pesaro, wohin ihn 1900 P. Mascagni als Professor für Harmonielehre zurückholte. 1909 Nachfolger E. Wolf-Ferraris in Venedig. Schrieb Opern, Orchester- u. Kammermusik.

Agostini, Paolo, ital. Komponist, * um 1583 Vallerano, † 3. 10. 1629 Rom. Schüler von B. Nanini, Organist an verschiedenen Kirchen Roms u. ab 1626 Nachfolger V. Ugolinis an der Peterskirche. Veröffentlichte 2 Bücher mit Psalmen, 2 Bücher mit Magnificat-Kompositionen u. 5 Bücher mit Messen.

Agostini, Pietro S., ital. Komponist, * um 1650 bei Pesaro, † 1. 10. 1680 Parma. Kapellmeister des Herzogs von Parma. Schrieb mehrere Opern, von denen *Adelinda* (1679) u. *Il ratto delle Sabine*

(1680) erhalten sind. Außerdem komponierte er Kantaten, Oratorien u. Motetten.

Agricola, Alexander, niederl. (?) Komponist, * um 1446, † 1506 Valladolid. Stammt aus der Ockeghem-Schule, stand im Dienst Karls VIII. von Frankreich sowie Lorenzos de'Medici, ist an der Kathedrale von Cambrai nachgewiesen u. war zuletzt in der Kapelle Philipps des Schönen von Burgund. Schrieb Messen, Motetten u. Chansons.

Agricola, Johann F., dt. Komponist, * 4. 1. 1720 Dobitschen, † 2. 12. 1774 Berlin. Besuchte die Universität Leipzig u. war gleichzeitig Schüler von J.S. Bach. 1741 Schüler von J.J. Quantz in Berlin. 1751 von Friedrich II. zum Hofkomponisten ernannt, ab 1759 Nachfolger C.H. Grauns als Hofkapellmeister.

A. schrieb die erfolgreichen Opern *Il filosofo convinto* (1750), *La ricamatrice divenuta dama* (1751) u. *La citella ingannata* (1752). Neben weiteren Opern komponierte er eine Bühnenmusik zu Voltaires »Sémiramis« u. Kirchenmusik sowie Lieder.

Agricola, Martin, dt. Komponist u. Theoretiker, * 6. 1. 1486 Schwiebus, † 10. 6. 1556 Magdeburg. Protestantischer Humanist, der in Magdeburg nach Gründung der ersten protestantischen Schule das Amt des Kantors übernahm. Der Autodidakt verfaßte eine Reihe wichtiger musiktheoretischer Schriften: »Ein kurtz Deudsche Musica« (1528), »Musica instrumentalis deudsch« (1529), »Musica figuralis deudsch« (1532), »Rudimenta musices« (1539) u. »Ein Sangbuchlein aller Sontags Evangelia« (1541). In dem nach seinem Tod herausgegebenen Band »Duo libri musices« (1561) finden sich auch 54 *Instrumentische gesenge*. Außerdem vertonte A. Hymnen von Prudentius u. G. Fabricius.

Agüero y Barreras, Gaspar, kuban. Komponist u. Lehrer, * 15. 2. 1873 Camagüey, † 18. 5. 1951 Havanna. Studierte bei seinem Vater Oliverio A. u. bei R. Palau. Wurde Professor am Conservatorio Nacional, anschließend Direktor des Orfeón Catalán. Schrieb → Zarzuelas, Orchesterwerke, Messen u. Klaviermusik.

Aguilar-Ahumada, Miguel, chil. Komponist, * 12. 4. 1931 Huara. Studierte am Conservatorio Nacional de Música in Santiago. Lehrt heute in Concepción u. schreibt Musikkritiken. Zu seinen Kompositionen gehören Orchesterwerke, Kammermusik, geistliche Musiken, Klavierwerke u. elektronische Musik.

Aguirre, Julián, argentin. Komponist, * 28. 1. 1868 Buenos Aires, † 13. 8. 1924 ebd. Studierte am Conservatorio Real in Madrid. War der erste ausgebildete argentin. Komponist, der sich intensiv mit der Folklore seines Landes beschäftigte. Gab 4 Bd. mit *Aires nacionales argentinos* heraus.

A. schrieb 1 Sonate, 1 *Rapsodia argentina* u. andere Werke für Kl. u. V., außerdem Chorwerke u. Lieder.

Ahle, 1. Johann R., dt. Komponist, * 24. 12. 1625 Mühlhausen (Thüringen), † 9. 7. 1673 ebd. Ab 1654 Organist an St. Blasien in Mühlhausen. Veröffentlichte 1654 »Dreyfaches Zehn allerhand Sinfonien, Paduanen, Balletten, Allemanden etc.«

A. schrieb Orgelstücke u. geistliche Konzerte. Zu seinen Kirchenliedern gehört *Liebster Jesu, wir sind hier*.

2. Johann G., dt. Komponist, Sohn von 1., * 12. 6. 1651 Mühlhausen, † 2. 12. 1706 ebd. Veröffentlichte »Musikalische Frühlings-, Sommer-, Herbst- u. Wintergespräche« (1695–1701). Komponierte Instrumentalstücke, vorwiegend jedoch Lieder, die in damals sehr beliebten Sammlungen herauskamen.

Åhlström, Jacob N., schwed. Komponist, * 5. 6. 1805 Visby, † 14. 5. 1857 Stockholm. Nach dem Studium in Uppsala war A. Lehrer u. Domorganist in Västerås. Ab 1842 Theaterkapellmeister in Stockholm. Er komponierte Bühnenmusiken, Zwischenaktmusiken, 1 Klavierkonzert u. 2 Opern. Zusammen mit P.C. Boman gab er 1845 »Valda svenska folksånger, folkdanser och folklekar« u. im Jahr 1839 mit J.W. Söderman »Kupletter sjungna å Stockholms teatrar« heraus.

Åhlström, Olof, schwed. Komponist, * 14. 8. 1756 Vårdinge, † 11. 8. 1835 Stockholm. Er war Schüler von F. Zellbell an der neugegründeten Stockholmer Akademie. Neben seiner Tätigkeit als Organist bekleidete Å. einen Posten im Staatsdienst und übernahm zusätzlich nach dem Tod von J. Ödberg dessen Musikaliendruckerei. Er komponierte die Opern *Frigga* (1787) u. *Den bedragna Bacchus* (1789), Bühnenmusiken, Kammermusik und bearbeitete insbesondere J. Haydns Sinfonien für Kl. Er verlegte »Musikaliskt fidsfördrif« (1789–1834), »Traditioner af svenska folkdanser« von A. Afzelius mit eigenen Anmerkungen (1814), C.M. Bellmans »Fredmans epistlar och Sånger« (1790–95) sowie »Skaldestycken satta i musik« (1790–1823), eine Sammlung hauptsächlich dänischer u. schwed. Dichtung, die er größtenteils selber vertonte.

Ahrens, Joseph J.C., dt. Komponist u. Organist, * 17. 4. 1904 Sommersell. Studierte in Münster u. Berlin, wurde 1928 Dozent u. 1936 Professor an der Berliner Akademie für Kirchen- und Schulmusik. 1945 war er Ordinarius für Kirchenmusik an der Berliner Hochschule für Musik sowie Organist u. Chorleiter an der Salvator-Kirche. Er schrieb Orgel- u. Chorwerke, u.a. *Johannes-Passion* (1961) u. *Missa dodekaphonica* (1967).

Aiblinger, Johann Kaspar, dt. Komponist, * 23. 2. 1779 Wasserburg, † 6. 5. 1867 München. Studierte in München, in Bergamo bei S. Mayr u. in Vicen-

TRADITIONELLE UND ZEITGENÖSSISCHE MUSIKIDIOME IN AFRIKA

VON J. H. KWABENA NKETIA

Die musikalische Landschaft im heutigen Afrika ist sehr komplex. Sie spiegelt nicht nur die mannigfaltige ethnische Zusammensetzung des Kontinents wider, sondern auch die Dualität zwischen Altem und Neuem, Einheimischem und Fremdem, die das heutige Afrika kennzeichnet.
Man muß daher unterscheiden zwischen traditioneller Musik – einer Musik, die Ausdrucksmittel und -weisen verwendet, die in der Zeit vor der Kolonisierung entwickelt wurden – und den neuen Ausdrucksformen in den Idiomen der volkstümlichen und der Kunstmusik. Die letzteren bilden das gängige Repertoire desjenigen Teils der afrikanischen Bevölkerung, der dem Zugriff des Kolonialismus, der Massenmedien und der westlichen Lebensart ausgesetzt ist.

Traditionelle Musik

Die auffallendsten Aspekte der traditionellen Musik sind:
a) Ihre gesellschaftliche Orientierung, die sie mit allen Bereichen der Kultur, den materiellen ebenso wie mit den geistigen, verbindet.
b) Ein hohes Maß an Identität, das von einem allgemeinverbindlichen Stil herrührt (trotz gruppenspezifischer Eigenheiten und Vorlieben), der durch gemeinsame Organisationsprinzipien und gleiche strukturelle Verfahrensweisen entsteht.
c) Die Flexibilität in der Standardisierung des Tonmaterials, wodurch sich für die Organisation des Tonmaterials beträchtliche Toleranzen innerhalb einzelner Kulturen oder kultureller Gruppen ergeben. Dadurch auch ist die stilistische Identität ethnischer Gruppen als Gemeinschaften spezifischen Geschmacks bedingt.

Der sozio-kulturelle Kontext

Aus dem Zusammenhang, in dem in traditionellen Gesellschaften Musik ausgeübt wird, geht hervor, daß diese Musik üblicherweise nicht nur als eine lebenswichtige Quelle der Erholung und der Unterhaltung angesehen wird, sondern auch als Ausdruck des Seins oder Bewußtseins, als Mittel, um Gesellschaft und dörfliche Gemeinschaft aufrechtzuerhalten oder zu beleben, und schließ-

lich als eine Möglichkeit, mit dem Unsichtbaren in Verbindung zu treten. Musik und Musizieren durchdringen daher alle Lebensbereiche.
In der Sphäre des häuslichen Lebens werden Wiegenlieder, Arbeitslieder beim Stampfen, Mahlen und Dreschen gesungen. Musik wird an Markttagen gemacht, in Verbindung mit den Tätigkeiten verschiedener Gewerbe wie z. B. der Jäger, der Handwerker und anderer gemeinschaftlich arbeitender Gruppen. Musik und Tanz sind integrale Bestandteile der Kinderspiele und Erzählungen, der Tanz- und Musikklubs für jung und alt, wobei sich das allgemeine Bedürfnis nach Beteiligung an den Freizeitaktivitäten manifestiert. Auf diese Weise wird das Gefühl der Zusammengehörigkeit verstärkt. Auf derselben Grundlage beruht der selektive Gebrauch von Musik bei zeremoniellen und rituellen Anlässen. Dazu gehören Feiern, die das ganze Leben begleiten wie feierliche Anlässe, die mit dem Status und Wohlbefinden sowohl einzelner als auch sozialer Gruppen zusammenhängen. Und die rituellen Eigenarten des religiösen Lebens fördern die Herausbildung einer besonderen Musik für die Götter und die dramatische Handlung der Anbetung.
Musik und Tanz als Formen der Kommunikation dienen – zusammen mit anderen Mitteln – auch zur Stärkung des politischen Zusammengehörigkeitsgefühls und zur Begründung von Führungsansprüchen: Besondere Gesangs- und Trommelweisen drücken die Identität der betreffenden Gruppe aus, Lobgesänge historischen Inhalts sollen die Position des Herrschers legitimieren. Auch zur Unterhaltung und Erbauung der Häuptlinge werden Musizierweisen entwikkelt. Heldenlieder stellen die Ideale der Gesellschaft heraus.
Aktivitäten, die Belange der ganzen Gemeinschaft betreffen, werden häufig von Musik begleitet. Dazu gehören insbesondere Versammlungen, die bei Krisen wie z. B. Kriegsausbruch einberufen werden, oder Festlichkeiten, die dem Gemeinschaftsgefühl Ausdruck verleihen. Genauso kann aus Anlaß eines gemeinschaftlichen Projekts wie z. B. des Baus einer Brücke musiziert werden.
Obwohl die Rolle der Musik als Element des Gemeinschaftsgefühls im Vordergrund steht, dient sie doch auch als ein Mittel individuellen Ausdrucks. Auf Instrumenten wie Mbira, Flöte, Musikbogen, Laute, Harfenlaute, Zither und Lyra spielen einzelne Musiker nicht nur in der Öffentlichkeit, sondern auch für sich zur eigenen Unterhaltung, oder um sich auf diese Weise selbst auszudrücken. Deshalb sind Komposition und Ausführung individueller Gesänge bei einigen Völkern institutionalisiert, besonders bei einigen Hirtenvölkern am östlichen Horn von Afrika und in benachbarten Gebieten.
Solistisches Musizieren weist oft einen höheren Grad an Intensität auf. Es dient als Mittel der Selbstbestätigung und verhilft dem einzelnen dazu, mit sich selbst in Frieden zu leben und im Einklang mit der Natur und dem Unsichtbaren zu sein. Daher hat dieses Musizieren einen besonderen Stellenwert bei der Heilung von Krankheiten, entweder als Heiltherapie oder als Teil symbolischer Handlungen, die der Selbstfindung dienen. So ist es bei den Bemba in Sambia üblich, wenn jemand für geisteskrank oder besessen gehalten wird, ihn dadurch zu hei-

len, daß man ihn so lange wie möglich singen läßt. Dabei achten die Medizinmänner auf Hinweise, die die Ursache der Krankheit aufdecken könnten. Wenn dieses Singen nicht einen Zustand der Beruhigung herbeiführt, werden entsprechende Rituale ausgeführt, und die Musik wird intensiviert.
Aber nicht nur Kranke können ihr inneres Gleichgewicht durch Teilnahme an musikalischer Betätigung wiederherstellen. Bei den Ibibios in Nigeria ist es Brauch, daß eine Frau mittleren oder höheren Alters, die neue Lebenskraft schöpfen möchte, Musiker zu sich ruft, die *Ut* (Kürbistrompete) spielen. Dieses Ensemble musiziert auf einem besonderen Fest, zu dem die Frau ihre Freunde und wichtige Persönlichkeiten aus ihrer Umgebung bittet. Man glaubt nämlich, daß die Geister der Ahnen die jugendliche Lebenskraft eines Menschen wiederherstellen, wenn man sie mit dieser Art von Musik beschwört.
Ebenso wird der Zauberer oder Medizinmann, der mit seinem Gott in Verbindung treten möchte, mit einer besonderen Musik seine Konzentrationsfähigkeit steigern. So spielt der ghanaische Konkomba-Musiker seine Laute in der Abgeschiedenheit, wenn er mit seinem Geist oder den Geistern seiner Ahnen in Verbindung treten will. Desgleichen der Geisterbeschwörer in Gabun, der das Chordophon *Wombi* spielt. Der ghanaische Adangme-Priester singt Lieder aus dem *Klama*-Repertoire, das von der Heilkräutermedizin handelt, um dadurch das richtige Heilmittel für ein bestimmtes Leiden herauszufinden oder es sich wieder in Erinnerung zu bringen.

Musikalische Gattungen

Aus dem bisher Gesagten wird ersichtlich, daß den verschiedenen Sphären des individuellen und sozialen Lebens verschiedene Arten von Musik oder spezielle Musikstücke entsprechen, die zudem noch hinsichtlich der beteiligten Gruppen unterschiedlich sein können. So gibt es z. B. Musik, die nur von Kindern ausgeführt wird, Musik, die auf die Jugend bezogen ist, und die Musik der Erwachsenen und Alten. Auch werden gewisse Musikgattungen nur von Frauen und andere wiederum nur von Männern gespielt: von Jägern, Kriegern, Machtgruppen, von bestimmten religiösen oder geheimen Gruppen.
Die verschiedenen Musikgattungen und -stücke variieren in ihren Anforderungen. Sie sind daher in ihrer Komplexität auf die Ausführenden und die entsprechenden Anlässe abgestimmt, soweit es um Repertoirekenntnis und spielerische Geschicklichkeit geht. Kinderlieder, Prozessionsgesänge, Arbeitslieder und andere Gebrauchsmusik weisen normalerweise nicht den Grad an Komplexität auf wie die höfische Musik oder bestimmte Arten von historischen Gesängen und Lobpreisungen. Der unterschiedlichen Beteiligung entsprechend gibt es in afrikanischen Gesellschaften
a) Musik, die auf einem elementaren Niveau von jedermann ausgeführt werden kann, da sie weder Kenntnisse noch Fähigkeiten erfordert, die nicht schon im gewöhnlichen Alltag erworben werden können.

b) Musik auf einem mittleren Niveau, die einfache und komplexe oder kreative Elemente in sich vereint und unter Leitung sowie mit Unterstützung von Spezialisten oder Leuten mit besonderen musikalischen Fähigkeiten von jedermann ausgeführt werden kann.
c) Musik, die ausschließlich von Spezialisten vorgetragen wird auf einem Niveau, das besondere vokale und instrumentale Ausbildung erfordert und die Fähigkeit zur Improvisation oder zur spontan improvisierten Variation.
Auf jeder dieser drei Ebenen kann die Musik angelegt sein
a) für einen einzelnen mit oder ohne Begleitung,
b) für zwei Sänger nach dem Ruf-und-Anwort-Prinzip oder als Duett,
c) für ein Ensemble, sei es ein Trommel-Ensemble oder ein Ensemble aus Xylophon, Flöte, Trompete oder Saiteninstrumenten,
d) für einen Männer-, Frauen- oder gemischten Chor, der von einem oder mehreren Vorsängern angeführt wird.

Vokale und instrumentale Mittel

Immer wieder wird die große Bedeutung des Gesangs in traditionsgebundenen Gesellschaften hervorgehoben. Im Gesang bieten sich dem einzelnen die vielfältigsten Möglichkeiten zur Beteiligung an Gruppenaktivitäten und sozialer Interaktion. Die Verwendung von Texten verschafft dem Gesang eine Verdoppelung der Kommunikation, nämlich sowohl durch die Melodie als auch durch den Inhalt des Textes. Er fungiert daher als ein Vehikel für mündliche Überlieferung, als Ausdrucksmöglichkeit der Kreativität ebenso wie als Medium für die Äußerung von Meinungen oder Gruppengefühlen.
Die herausragende Bedeutung des Gesangs schließt jedoch nicht die Entwicklung instrumentaler Mittel zur Reproduktion oder Begleitung von Gesängen aus. Daher kommen in traditionsgebundenen Gesellschaften alle vier Kategorien von Instrumenten vor:
verschiedene Arten von ungestimmten Idiophonen (hauptsächlich als Rhythmusinstrumente eingesetzt); Rasseln verschiedenster Art (z. B. Kürbisrasseln, Perlrasseln, Stab- und Schlagrasseln), Schlag- und Klanghölzer, Glocken mit und ohne Klöppel, Schrapp- und Reibhölzer sowie Stampfhölzer und -röhren. Zusätzlich sind noch zwei gestimmte Idiophone (hauptsächlich als Melodieinstrument eingesetzt) im Gebrauch: die Mbira (Handklavier) und das Xylophon, beide weit verbreitet.
Membranophone (fellbespannte Trommeln) kommen in den vielfältigsten Formen vor: Sanduhr-Trommel, becherförmige Trommeln, Pauken, beidseitig und einfach bespannte zylindrische oder faßförmige Trommeln, offene oder geschlossene Trommeln. Es gibt Trommeln, die nur mit Stöcken, andere, die mit der bloßen Hand oder mit Hand und Stock gespielt werden. Auch Reibtrommeln (Brummtopf) sind in Afrika heimisch.
An Aerophonen sind in Afrika Flöten aus Bambus, Zuckerrohr, Hirse- oder

Schilfrohr, Flöten aus Tierhörnern und Kürbissen zu finden. Okarinas und Panflöten kommen nur vereinzelt vor. Auch paarweise oder mehrfach besetzte Flöten, die in der Manier des Hoketus spielen, trifft man in einigen Gebieten Afrikas an.
Außer Flöten werden in vielen Gegenden noch Hörner und Trompeten verwendet. Im Savannengürtel Westafrikas sind Rohrblattinstrumente gebräuchlich. Doppelrohrblattinstrumente finden sich dagegen nur in jenen Gebieten, in denen islamischer und arabischer Einfluß wirksam wurde.
Chordophone werden in der afrikanischen Musik ebenfalls häufig eingesetzt. Es gibt den Musikbogen in vielen Varianten, Zithern in Form eines geraden Stocks (Monochord-Zither), bogenförmig, in Form eines Trogs oder Sparrens, die gezupfte oder gestrichene Laute, die Harfenlaute, Bogenlaute, gewölbte Harfen und Lyren.
Natürlich sind alle diese Instrumente nie in ihrer Gesamtheit bei den einzelnen Völkern in Gebrauch. Es gibt Stämme, die keine Trommeln benützen, andere wiederum verwenden sie erst seit kurzem. Einige Stämme verwenden zwar Trommeln und nichtgestimmte Idiophone, aber keine Chordophone, während woanders das Hauptaugenmerk auf die Entwicklung von Aerophonen und Aerophon-Ensembles gelegt wird oder auf Xylophone, Mbira oder Harfenlaute.

Strukturelle Charakteristika

Das Tonmaterial, das sowohl in vokalen als auch instrumentalen Melodien gebräuchlich ist, besteht aus Vier-, Fünf-, Sechs- und Siebentonleitern. Jedes Volk beschränkt sich jedoch auf den Gebrauch immer nur einer oder gelegentlich zwei dieser Tonleitern. Einige Völker benützen nur die anhemitonische (halbtonlose) Fünftonleiter, andere dagegen sowohl die hemitonische als auch die anhemitonische Fünftonleiter (→ Pentatonik) oder auch eine Siebentonleiter. Wie Messungen klar ergeben haben, gibt es in der afrikanischen Musik keine reine Stimmung. Die Toleranzen in der Organisation des Tonmaterials sind bei einigen Völkern ganz beträchtlich. Unter anderem definiert das Ausmaß dieses Spielraums die geltenden Normen für das von den betreffenden Völkern verwendete Tonmaterial. Dazu kommt, daß bei der Verwendung einer bestimmten Tonleiter die Abstände der einzelnen Tonschritte verschieden groß aufgefaßt werden können: Es gibt sowohl das System der Stimmung in annähernd gleichen als auch ungleichen Abständen. Eine weitere Komplikation ergibt sich dadurch, daß neben den erwähnten Abweichungen in der Behandlung des Tonmaterials auch Spielarten stimmlicher Qualitäten und andere Feinheiten des Gesangsstils eine Rolle spielen. In dieser Hinsicht ist die Praxis in Afrika alles andere als allgemein verbindlich. Entsprechend werden auch das Auftreten mehrerer Tonhöhen zur gleichen Zeit sowie die → Polyphonie unterschiedlich behandelt. Es wird sowohl unisono als auch in parallelen Oktaven gesungen,

aber auch gelegentliche Quart-, Quint- oder Terzparallelen kommen vor. Das hängt von der Art der verwendeten Tonleiter ab.
Trotz dieser Vielfalt herrscht ein hohes Maß an Übereinstimmung hinsichtlich der Prinzipien der Melodiebildung, insbesondere aber im Gebrauch der Modalität und in der Art der Melodieführung, deren Richtung und Verlauf durch Lektionstöne und Intonationsvorgänge bestimmt werden. Viele afrikanische Sprachen sind nämlich Tonsprachen, d.h. Sprachen, in denen die Bedeutung einer Sprachsilbe von der relativen Tonhöhe abhängt oder durch sie differenziert wird. Melodische Bewegung innerhalb von Phrasen erfolgt stufenweise. Dabei können Stimmen ineinandergreifen oder sich in der Melodieführung abwechseln. Auch Tonwiederholungen sind gebräuchlich.
Bei der Behandlung des Rhythmus herrscht innerhalb der afrikanischen Völker ein hohes Maß an Übereinstimmung. Denn zwischen Sprachrhythmus und den Rhythmen der Gesänge und der instrumentalen Melodien besteht ein enger Zusammenhang. Daher schlagen sich die sprachlichen Unterschiede – z.B. was die Silbeneinteilung der Wörter oder die unterschiedlichen Sprechweisen in den verschiedenen Sprachen betrifft – unmittelbar in der Musik der einzelnen ethnischen Gruppen nieder. Enge Verwandtschaft der Sprachen bringt gewisse Übereinstimmungen in der Singweise mit sich, speziell was die Behandlung des Wortrhythmus anbelangt. Abgesehen von diesen geringfügigeren Abweichungen unterliegt die Organisation der rhythmischen Muster in linearer und multilinearer Form gemeinsamen Prinzipien. Diese Grundsätze werden auf die Bildung verschiedener Akzentgruppen in unterteilten und additiven Mustern angewendet. Sie wirken beim Wechselspiel von zwei- und dreiteiligen Motiven, bei sich überlagernden Rhythmen, bei gestaffelten Einsätzen, bei der Abstufung der Muster in ihrer Komplexität gemäß ihrer musikalischen Funktion, bei der Verwendung periodisch wiederkehrender Grundschläge oder eines wiederkehrenden rhythmischen Musters, das als zeitliche Richtschnur oder als Bezugspunkt für die Musiker im Ensemble dient.
Der formale Ablauf der Musik richtet sich nach den Ausführenden. Er entspricht den Bewegungen der Tänzer und geht ein auf die Funktion des Vorsängers, der anführenden Instrumentalisten und der Vortänzer. Musik läuft stets ab als ein Geschehen, bei dem mehrere Personen verschiedene Rollen spielen, und diese Rollen sind in den Details der Struktur bereits angelegt.
Verschiedene Schemata und Techniken wie Wiederholung, Ostinato, Sequenz, verzahnte Muster und der Hoketus werden verwendet, wobei es Methoden gibt, das Grundmaterial eines vorgegebenen Musikstücks zu erweitern oder auszuarbeiten.
Alle diese Spielweisen werden von Generation zu Generation weitergegeben, sowohl durch mündliche Überlieferung als auch durch die Erfahrung in der Gemeinschaft, durch Nachahmung in den verschiedenen Zusammenhängen. Daher bringt die Einschränkung musikalischer Betätigung, bedingt durch den Abbruch sozialer Aktivitäten oder den Verfall von Herrschaftsformen (beides

unweigerliche Folge der Übernahme westlicher Gewohnheiten), eine Unterbrechung des Lernprozesses mit sich oder reduziert den Grad der Anteilnahme. In der Zeit der Kolonisierung wurde dieser Prozeß beschleunigt durch Schulerziehung und christliche Mission, die beide eine totale Ablehnung afrikanischer Traditionen begünstigten. Auf längere Sicht kam es dadurch bei den Betroffenen zu einer Identitätskrise, die schließlich ihren Niederschlag in neuen Ausdrucksformen fand, in den neuen Idiomen der populären und der Kunstmusik, in denen afrikanische und westliche Erfahrungen verschmolzen werden.

Die neuen musikalischen Idiome

Im heutigen Afrika haben die neuen Idiome der populären Musik und der Kunstmusik auf Grund ihrer Geschichte und ihrer Orientierung keinen genau definierten Platz mehr innerhalb des traditionellen sozialen Gefüges. Sie sind eng verknüpft mit neuen Einrichtungen wie der christlichen Kirche, dem Erziehungssystem, den neuen politischen Institutionen und dem Freizeitverhalten westlicher Prägung (Nachtklubs, Tanzsäle, Cafés, Theater und Konzertsäle). Mit anderen Worten, es sind die Idiome derjenigen Menschen und Gruppen, deren Zugehörigkeit nicht mehr durch Verwandtschaft oder andere traditionelle Bezüge definiert ist. Obwohl in den urbanen Zentren entstanden und gefördert, sind sie auch in ländlichen Gebieten verbreitet, da die christlichen Kirchen sich sowohl in den Städten als auch in den Dörfern etabliert haben. Nachtklubs und ähnliche Einrichtungen verbreiten sich schnell mit der Ausweitung des Handels, der Schulbildung und des inländischen Kommunikationswesens. In einigen Ländern gehen städtische Popmusikgruppen auf Tournee durch ländliche Gebiete, um sich so als professionelle Musiker ihren Lebensunterhalt zu verdienen. Es sind also in erster Linie die urbanen Zentren, von denen Neuerungen ausgehen.

Weil diese neuen Ausdrucksformen nicht in das herkömmliche Gemeinschaftsleben integriert wurden, sind ihre Interpreten auf Förderung angewiesen und bedienen sich daher kommerzieller Werbung und Agenturen wie z.B. der Schallplattenfirmen, Rundfunk- und Fernsehstationen sowie der Impresarios. Damit entstand eine neue Art von Manager und ein scharfer Wettbewerb unter den Musikern um die Gunst der Öffentlichkeit und der öffentlichen Institutionen. Während die traditionelle Musik ethnischer Gruppen innerhalb einer Gemeinschaft von Musikern und Laien ausgeübt wurde, sind die Interpreten der neuen musikalischen Idiome im Falle der Kunstmusik an Konservatorien ausgebildete Musiker. In der Popmusik formieren sich häufig Autodidakten zu Gruppen. Die Mitglieder solcher Bands werden nur wegen ihres musikalischen Könnens und ihres Talents für das Show business rekrutiert, nicht jedoch auf Grund ihrer Gruppenzugehörigkeit. Die Entwicklung tendiert daher in Richtung auf ein Berufsmusikertum.

Die neuen musikalischen Idiome basieren auf der Aufführung durch Chöre, Instrumentalisten und Bands und lassen von daher schon ein Musizieren auf dem elementaren und mittleren Niveau nicht zu, obwohl – was Stil und Komplexität anbelangt – es einem Teil dieser Musik an jenen Qualitäten mangelt, die man von professioneller Musik erwarten würde. Die Ausbildung von Chören und Bands sowie die Einrichtung von Musikschulen und anderen Ausbildungsmöglichkeiten sind im zeitgenössischen Afrika zu einer wichtigen Aufgabe geworden.

Musikalische Quellen und schöpferische Vorbilder

Was die musikalischen Quellen anbetrifft, so greifen die neuen musikalischen Idiome in beschränktem Maße auf melodische und rhythmische Mittel der traditionellen Musik zurück. Auch die Texte sind im allgemeinen in afrikanischen Sprachen abgefaßt. Die Kommunikation mit dem afrikanischen Publikum ist daher leicht herzustellen. Der Gebrauch des Schlagzeugs, das den durchgehenden → Beat produziert, schafft die Voraussetzung für die unmittelbare Aufnahme der Popmusik in das afrikanische Idiom.
Im übrigen sind die neuen musikalischen Idiome jedoch scharf unterschieden von der traditionellen Musik. Sie stützen sich weitgehend auf westliche harmonische Techniken, oder was diesen nahekommt, sowie auf die Verwendung westlicher Instrumente. Die Komponisten der Kunstmusik schreiben für das Klavier und diverse kammermusikalische Besetzungen. Einige haben sogar Werke für Bands und Sinfonieorchester komponiert. Entsprechend beschränkt sich die neue volkstümliche Musik auf den Gebrauch derjenigen Instrumente, die auch in der westlichen Popmusik verwendet werden, also Saxophon, Trompete, Posaune und zuweilen Klarinette, Flöte, aber auch Gitarren, elektronische Tasteninstrumente, Jazz-Schlagzeug, lateinamerikanische Bongos, Congas und Maracas. Ab und zu ergänzen einige mutige Bands ihr Repertoire an Perkussionsinstrumenten durch solche afrikanischen Ursprungs.
Wie nicht anders zu erwarten, gehen schöpferische Ideen und Aufführungsstil eher auf fremde Vorbilder zurück. In der populären Musik lassen sich drei Haupteinflüsse unterscheiden:
a) das karibische Modell, auf das die westafrikanische Vergnügungsindustrie aufbaut,
b) das lateinamerikanische Modell, Grundlage für die Musik Zaires und benachbarter Länder – eine Musik, die ihrerseits wiederum als Vorbild für andere afrikanische Länder dient, in denen sich eine Vorliebe für kongolesische Popmusik entwickelt hat,
c) die nordamerikanischen Modelle (hauptsächlich aus der afro-amerikanischen Musik), die die Grundlage der *Kwella*-Musik und verwandter Formen der Musik im südlichen Afrika bilden, die aber auch dem »Afrobeat« in Westafrika zugrunde liegen.

Demzufolge haben die Musiker der afrikanischen Variante der Popmusik Vorstellungen entwickelt, die sich von denen der traditionellen Musiker deutlich unterscheiden. Auf Grund der Herkunft ihrer Modelle ist ihre Musik eher eklektizistisch und folgt bereitwillig den Moden und Launen der Popmusik. In ihrer Selbsteinschätzung sehen sich die Musiker als Teil der internationalen Popszene. Sie spielen daher nicht nur ihre eigene lokale Popmusik, sondern auch jene Musik, die sie als »copyright« bezeichnen, eben die aus Nord- und Südamerika importierte, überall bekannte Schallplattenmusik.
Was die Kunstmusik anbetrifft, so beziehen sich die afrikanischen Komponisten eher auf Stilepochen nach ihrem Geschmack als auf bestimmte Komponisten oder bestimmte Formen nationaler Musik. Generell sind die neuen Traditionen der Popmusik stärker entwickelt als die der Kunstmusik, deren Vertreter sich der afrikanischen Situation nur zögernd angepaßt haben. Es gibt einige wenige Komponisten in Nigeria, Ghana, Uganda und anderen Ländern, die dem Bedürfnis nach Afrikanisierung der Kirchenmusik nachkamen und in der Lage waren, neue Formen kontemplativer Musik zu entwickeln. Vor allem sind neue Chöre entstanden, die sich auf diese neue Musik spezialisiert haben. Jedoch fehlen immer noch qualifizierte Instrumentalensembles, die den Anforderungen neuer Musik gewachsen wären. Zudem setzt sich das Konzert als feste Einrichtung des Musiklebens im heutigen Afrika nur langsam und als eine fast elitäre Angelegenheit durch. Es findet bei weitem keine so breite Resonanz wie die neue populäre Musik, denn dieses Konzept ist neu und weicht von der traditionellen Praxis ab, Musik in einen sozialen Kontext zu stellen. Dagegen wird die Popmusik von einer beachtlichen Anzahl von Bands gespielt. Man schätzt, daß allein in Zaire 150 solcher Bands existieren, die auch die benachbarten Länder bereisen. Außerdem finden ihre Aufführungen in einem Umfeld statt, in dem die Bands in unmittelbarem Kontakt mit allen Schichten der Bevölkerung stehen.

Zusammenfassung

Aus dem Vorangegangenen wird ersichtlich, daß die alten und neuen Ausdrucksformen sich in ihren sozialen und funktionellen Rollen ergänzen. Spiegelt die traditionelle Musik Afrikas historische Identität wider, so versucht die neue Musik eine neue afrikanische Identität aufzubauen – eine Identität, die geprägt ist von der Verbindung afrikanischer und westlicher Erfahrung. Während die traditionelle Musik auf der Grundlage ethnischer Zugehörigkeit beruhte (jede ethnische Gruppe pflegt ihren eigenen Bestand an musikalischen Formen, Gesängen, Tänzen und Instrumenten), überschreiten die neuen Ausdrucksformen ethnische Grenzen. Sie stehen im Zusammenhang mit den neuen Institutionen, wogegen die traditionelle Musik mit den hergebrachten Einrichtungen verknüpft ist.
Es bestehen auch beträchtliche Unterschiede bezüglich der kulturellen Orien-

tierung. In der traditionellen Praxis richten sich Entwicklung und Wachstum nach den spezifischen Werten einer Gesellschaft; Neuerungen innerhalb dieser Praxis gehen von einheimischen Quellen aus, und dieses Material wird von schöpferischen Musikern erweitert. Die neuen Ausdrucksformen dagegen reflektieren sowohl Afrikas Begegnung mit fremden Werken als auch die Übernahme von verwandten Ausdrucksformen, die – obwohl außerhalb seiner Grenzen entwickelt – doch die Rhythmen, formalen Charakteristika und Ausdruckswerte seiner Tradition aufweisen. Die Musiker dieser neuen Richtung lassen sich daher nicht nur von afrikanischen Qualitäten leiten, durch die sie zu eben jenen verwandten Ausdrucksformen gelangten, sie sind auch aufgeschlossen für fremde Schaffensweisen, was dieser neuen Musik eine internationale Perspektive verleiht. Vieles davon ist in der Sphäre der Unterhaltungsmusik und der Kirche angesiedelt, wogegen die traditionelle Musik das Leben als ein Ganzes darstellt.

Die Frage, die das Nebeneinander von alt und neu aufwirft, ist das Problem der Kontinuität. Denn die traditionelle Musik sieht sich einer ständig wachsenden Bedrohung durch den Wandel der Gesellschaft gegenüber, wogegen der Einflußbereich der neuen Musik ständig größer wird. Daher liegt das Hauptaugenmerk der Kulturpolitik afrikanischer Regierungen auf der Erhaltung und Förderung traditioneller Musik.

Literatur: H. Tracey, Chopi Musicians, Their Music, Poetry and Instruments, London 1948; A. M. Jones, Studies in African Music, London 1959; H. Weman, African Music and Church in Africa, Uppsala 1960; L. J. P. Gaskin, A Select Bibliography of Music in Africa, London 1965; G. Kubik, Mehrstimmigkeit und Tonsysteme in Zentral- und Ostafrika, Wien 1968; F. Bebey, Musique de l'Afrique, Paris 1969; A. P. Merriam, African Music on LP, An Annotated Discography, Evanston 1970; K. P. Wachsmann (Hg.), Essays on Music and History in Africa, Evanston 1971; J. H. Kwabena Nketia, The Music of Africa, New York 1974, dt.: Die Musik Afrikas, Wilhelmshaven 1979.

za. Schrieb drei Ballettmusiken für S. Viganò u. wurde 1819 Opernkapellmeister in München. 1821 kam seine Oper *Rodrigo und Ximene* mit mäßigem Erfolg zur Aufführung. 1833 war A. wieder in Italien, wo er von Bergamo aus im Auftrag Ludwigs I. alte Musikalien sammelte. 1837–64 an der Allerheiligenhofkirche in München. Zu seinen weiteren Werken gehören Messen u. andere Kirchenkompositionen.

Aichinger, Gregor, dt. Komponist u. Organist, * 1564 Regensburg, † 21. 1. 1628 Augsburg. Studierte in Ingolstadt u. trat 1584 in die Dienste von Jakob Fugger in Augsburg. 1584–87 Studienreisen nach Italien. In Venedig lernte er G. Gabrieli kennen, den er im Vorwort zu seinen *Sacrae Cantiones* (1590) würdigte. 1600 unternahm A. eine Pilgerreise nach Rom. Zu seinen Kompositionen gehören Motetten u. geistliche Konzerte.

Ailey, Alvin, amer. Tänzer u. Choreograf, * 5. 1. 1931 Rogers, TX. A. wuchs in Armut auf dem Lande auf. Er besuchte eine schwarze Schule u. litt unter der Rassentrennung. Erste musikalische Eindrücke erhielt er von fahrenden Sängern und Gitarrespielern, von Kirche u. Gospel. A.: »Diese frühen Eindrücke als Schwarzer haben meine ganze Arbeit beeinflußt.« Zog 1942 mit seiner Mutter nach Kalifornien, wo er mit Filmen u. Musicals in Berührung kam. F. Astaire u. G. Kelly waren seine Idole. A. begann Gedichte zu schreiben u. kam schließlich über die Gymnastik zum Tanz. Nach einer Ausbildung in Steptanz Bekanntschaft mit Lester Horton, von dem er 1949 ein Stipendium erhielt. Dann Sprachenstudium an der University of California, Los Angeles, u. 2 Jahre Aufenthalt in San Francisco, wo er sich mit Jazztanz in Nachtclubs über Wasser hielt. Anschließend wieder bei L. Horton, dessen Schule er nach Hortons Tod kurz leitete. Für die Horton-Tänzer entstanden mit *According to St. Francis* u. *Mourning Morning* erste Choreografien. 1954 zusammen mit Carmen de Lavallade Auftritt in dem Musical *House of Flowers* u. in dem Film »Carmen Jones« (Ch.: H. Ross). A. arbeitete mit Martha Graham u. H. Holm, tanzte in kleineren Truppen, auch bei Anna Sokolow, trat als Schauspieler auf u. wirkte 1957 in dem Musical *Jamaica* mit. Sein eigenes A. A. American Dance Theatre stellte er 1958 der Öffentlichkeit vor. 1960 entstand mit *Revelations* (M.: verschiedene Negro spirituals) das erste typische A.-Ballett. Die Kompanie schloß sich der Brooklyn Academy of Music an, nachdem sie als erste schwarze Kompanie bereits 1962 eine erfolgreiche Südostasientournee unternommen hatte. 1965 gab A. das Tanzen auf u. widmet sich seitdem ausschließlich der Ch. Seine Truppe ist ab 1973 mit dem New York City Center verbunden u. wechselt sich dort mit Joffreys Kompanie ab. Neben seiner Lehrtätigkeit und der Arbeit mit der eigenen Kompanie choreografiert A. auch für Joffrey u. für das American Ballet Theater. Zur Eröffnung der neuen Metropolitan Opera (1966) besorgte er für S. Barbers Oper *Anthony and Cleopatra* die Ch., u. zur Eröffnung des Kennedy Center in Washington 1971 übernahm er die Bühneneinrichtung von L. Bernsteins *Mass.* A. versucht in seinen Ch. eine Synthese aus Volkstanz, Jazztanz, Modern Dance u. klassischem Tanz. A.: »Am meisten haben mich meine schwarzen Wurzeln beeinflußt.«

Seine wichtigsten Ch. sind: *Blues Suite* (M.: Pasquita Anderson u. José Ricci), 1958; *Knoxville: Summer of 1915* (M.: S. Barber), 1959; *Revelations* (M.: religiöse Negermusik), 1960; *Hermit Songs* (M.: S. Barber), 1961; *Feast of Ashes* (M.: C. Surinach), 1962; *Reflections in D* (M.: D. Ellington), 1968; *Masekela Language* (M.: H. Masekela), 1969; *The River* (M.: D. Ellington), 1970; *Flowers* (M.: J. Joplin), 1971; *Mary Lou's Mass* (M.: Mary Lou), 1971; *Choral Dances* (M.: B. Britten), 1971; *Night Creature* (M.: D. Ellington), 1975 u. *Black, Brown & Beige* (M.: D. Ellington), 1976.

Lit.: I. Lidova, A. A., Les Saisons de la Danse, Paris 1974; D. McDonagh, The Complete Guide to Modern Dance, New York 1976.

Air, Bezeichnung für Lied oder Melodie. Im 17. Jh. meist ein melodiöses Instrumentalstück. Das A. in Suiten u. Partiten (J. S. Bach, G. F. Händel) stammt aus der franz. Ballettsuite, ist aber meistens an keinen bestimmten Tanz gebunden u. unterscheidet sich von den anderen Sätzen der Suite weniger durch ausgeprägten Rhythmus als durch reiche Ornamentik.

Akademie, nach dem Heros Akademos benannter Hain bei Athen, in dem Platon mit seinen Schülern philosophische Gespräche führte. In der Renaissance knüpften die zuerst in Italien entstehenden Akademien an diese Tradition an. Hauptsächlich der Musik widmeten sich die Akademien von Bologna (gegr. 1482) u. Mailand (gegr. 1484). In Bologna gab es zeitweise sogar vier Institutionen, die sich mit Musik beschäftigten. Aus zwei von ihnen, der Accademia dei Floridi u. dei Filomusi, wurde 1616 die Accademia dei Filarmonici, die 1770 nach einer Prüfung auch den jungen W. A. Mozart als Mitglied aufnahm. 1804 beteiligte diese A. sich dann an der Gründung des Liceo filarmonico. Nachdem diese Institutionen sowohl für ihre Mitglieder wie auch für die Öffentlichkeit Konzerte veranstalteten, wurde der Begriff A. auch auf Vereinigungen angewandt, die sich die regelmäßige Aufführung von Konzerten u. Opern zur Aufgabe machten, wie z. B. die Académie Nationale de Musique (Opéra de Paris), die Royal Academy of Music (Veranstalter von Konzerten u. Opern zur Zeit G. F. Händels in London) oder die Berliner Singakademie. Seit dem 18. Jh. kann das Wort A. auch jede Art von Konzert bedeuten. L. van Beethoven gab in Wien Konzerte, die Akademien genannt wurden. Das gleiche galt für die Abonnementskonzerte der Theaterorchester von Mannheim (ab 1779) u. München (ab 1811). Als A. werden heute im allgemeinen solche Institutionen der Musik bezeichnet, die zwischen Hochschule u. Konservatorium eingestuft werden. Der aktive Begriff des Musizierens, der in A. enthalten ist, wurde in neuester Zeit durch das Kammerorchester Academy St. Martin in the Fields wiederbelebt.

Akkord (von spätlat. accordare: »übereinstimmen«). Zusammenklang von wenigstens drei Tönen. Ein Anonymus des 15. Jh. unterteilt die A. in perfekte, imperfekte u. dissonante. Bei Zarlino bestimmen sich die A. nach den Proportionalzahlen, die den einzelnen Konkordanzen zugrunde liegen. Im 15. u. 16. Jh. wird der A. immer weniger als zufälliges Ergebnis des Zusammentreffens einzelner horizontaler Tonbewegungen interpretiert, sondern verfestigt sich zu einem selbständigen Klangträger. Bei J.G. Walther wurde im 18. Jh. der A. als Zusammenklang eines Grundtons, seiner Terz u. seiner Quinte definiert. Dazu konnten Septime u. None treten. In der Harmonielehre von P. Hindemith werden A. eingeteilt in solche, die einen Tritonus enthalten, u. andere. Die atonale Musik kennt A., in denen alle 12 Töne der temperierten Skala vorkommen können. In der Zwölftontechnik schließlich entwickelt sich jeder A. aus dem Material der Reihe, der Bezug auf einen Grundton ist aufgegeben.

AKM, staatlich zugelassene Gesellschaft der Autoren, Komponisten u. Musikverleger für Österreich.

Akses, Necil K., türk. Komponist, * 6. 5. 1908 Istanbul. Studierte 1926–31 Komposition bei J. Marx an der Wiener Musikakademie, anschließend bei J. Suk u. A. Hába in Prag. Gab ab 1934 Theorieunterricht an der Hochschule für Musik in Ankara u. war zusammen mit P. Hindemith für die Erneuerung dieser Institution als Staatliches Konservatorium verantwortlich. Nach Posten im diplomatischen Dienst u. als Intendant der Staatsoper in Ankara lebt A. heute als Lehrer u. Komponist.

Zu A. Werken gehören 1 Oper, 2 Kammeropern, die *Sinfonie 1966,* Kammermusik u. die sinfonische Dichtung *Ankara Kalesi* (1938–42).

Akt (von lat. actus: »Handlung«), Bezeichnung für Hauptabschnitte eines dramatischen Werkes. Seit dem 17. Jh. ist auch der Ausdruck Aufzug gebräuchlich. Am häufigsten sind drei- oder fünfteilige Gliederungen. Während die deutsche Oper meist dreiaktig ist u. R. Wagner diese Einteilung für optimal hielt, folgt die franz. Oper (nach Ph. Quinault u. J.-B. Lully) der gesprochenen Tragödie und unterteilt in fünf A. Die Opéra-comique ist meistens dreiaktig, manchmal aber auch nur einaktig (M. Ravels *L'Heure espagnole*).

Akustik (von griech.: »hörbar«) ist die Lehre vom Schall u. seiner Wirkung. Auf dem Gebiet der Musik wurden bereits in der Antike akustische Untersuchungen vorgenommen. So stellte Pythagoras seine Theorie der Zahlenverhältnisse als Grundlage der Musik auf, während Aristoteles die Verhältnisse von Schwingungszahl zu Saitenlänge u. Saitenspannung berechnete u. Euklid mit dem Monochord experimentierte. Große Fortschritte wurden in der A.-Forschung von Georg Ohm (Gesetz der A.) u. H. v. Helmholtz (Empfindungslehre) gemacht. Der letztere stellte auch die Resonanztheorie auf, die heute noch Gültigkeit besitzt (Reiz u. Reaktion). Neben der rhythmisch schwingenden Luft verbreitet sich der Schall auch in Flüssigkeit u. Körpern. Tonhöhen werden nach H. Hertz in Hz (Schwingungen pro Sekunde) gemessen. Das menschliche Ohr erfaßt ungefähr einen Tonumfang von 16 bis 20000 Hz. Die Schallstärke wird mit der Größe (Amplitude) des Wellenausschlages definiert. Die moderne A. läßt sich in folgende Hauptgebiete unterteilen: physikalische A. (allgemeine Schwingungs- u. Wellenlehre), physiologische A. (Weiterleitung von Schallreizen im menschlichen Körper) u. psychologische A. (Formen u. Qualität der Rezeption). Dazu kommen noch die Gebiete der Elektro-A. (Schallplatte, Rundfunk, Fernsehen, Satelliten) sowie der Bau- oder Raum-A. (Instrumente u. Schall in der Architektur).

Lit.: H. v. Helmholtz, Die Lehre von den Tonempfindungen, Braunschweig 1863; C. Stumpf, Tonpsychologie, Leipzig 1883–90; P. E. Sabine, Acoustics and Architecture, New York 1932; E.G. Wever u. M. Lawrence, Physiological Acoustics, Princeton, NJ, 1954; F. Winckel, Phänomene des musikalischen Hörens, Berlin 1960; H.F. Olson, Music, Physics and Engineering, New York 1967; J. Meyer, A. u. musikalische Aufführungspraxis, Frankfurt a. M. 1972; J. Blauert, Räumliches Hören, Stuttgart 1974; W. Stauder, Einführung in die A., Wilhelmshaven 1976.

Akutagawa, Yasushi, japan. Komponist, * 12. 7. 1925 Tokio. Studierte an der Musikakademie in seiner Heimatstadt.

Zu A. Werken gehören: *3 sinfonische Sätze* (1948), *Musik für Orch.* (1950), *Triptychon für Streicher* (1953), 1 Sinfonie (1954) sowie die Oper *Kurai kagami* (1960), die Ballettsuite *Kumo no ito* (1968). Außerdem schrieb er mehrere Werke für Streicher sowie 1 Cellokonzert.

Akzent (von lat. accentus: »Betonung«), **1.** Accentus u. Concentus sind in der Chorallehre gebräuchliche Begriffe, mit denen das einstimmige liturgische Repertoire in vorwiegend gesprochene u. gesungene Teile gegliedert wird. **2.** Betonung innerhalb eines Taktes, die von der natürlichen Betonung der jeweiligen Zählzeit abweicht. A. werden mittels besonderer Zeichen wie sf, sfz, >, v, ∧ vorgeschrieben.

Akzidenzien sind jene Zeichen, die, einer Note vorausgestellt, eine Erhöhung oder Erniedrigung von einem oder zwei Halbtönen anzeigen oder aber deren Aufhebung. ♯ : Erhöhung um einen Halbton, × : um zwei Halbtöne, ♭: Erniedrigung um einen Halbton, ♭♭: um zwei Halbtöne, ♮ : Auflösungszeichen.

Aladow, Nikolaj I., russ. Komponist u. Lehrer, * 21. 12. 1890 in Petersburg. Studierte am dortigen Konservatorium, anschließend am Staatsinstitut für Musik in Moskau. War lange Zeit Lehrer in Minsk. Zu seinen Schülern zählen A. Bogatyrjow, W. Olownikow, S. Kortes u. I. Kusnezow.

A. schrieb u.a. 8 Sinfonien, 1 Violinkonzert, Kammermusik u. die Oper *Andrej Kostenia.*

Alain, Jehan A., franz. Komponist, * 3. 2. 1911 Saint-Germain-en-Laye, † 20. 6. 1940 bei Saumur. Er studierte 1927–39 am Pariser Conservatoire, u.a. Harmonielehre bei A. Bloch u. Orgel bei M. Dupré, nahm außerdem Kompositionsunterricht bei P. Dukas u. J.-J. A. Roger-Ducasse. 1935–39 war er Organist an der Kirche St.-Nicolas in Maisons-Lafitte. A. schrieb Chorkompositionen, Orchesterwerke, Kammermusik, Orgelmusik u. Lieder.

Alaleona, Domenico, ital. Komponist, Dirigent u. Musikschriftsteller, * 16. 11. 1881 Montegiorgio, † 28. 12. 1928 ebd. Spielte schon mit 10 Jahren die Orgel im heimatlichen Montegiorgio. Studierte am Liceo di S. Cecilia in Rom, dirigierte anschließend Chor- u. Orchestervereinigungen in Rom u. war ab 1912 Lehrer für Musikgeschichte u. Ästhetik am Liceo di S. Cecilia. Er veröffentlichte 1908 »Studi su la storia dell'oratorio musicale in Italia«. Komponierte die Oper *Mirra* (1920) sowie Chorwerke, 1 Sinfonie, Kammermusik u. Lieder.

Alard, Jean D., franz. Komponist u. Geiger, * 8. 3. 1815 Bayonne, † 22. 2. 1888 Paris. Studierte am Pariser Conservatoire unter E. A. Habeneck und wurde dort 1843 Nachfolger F. Baillots, eine Stellung, die er bis zu seinem Tode innehatte. Zu seinen Schülern gehörte P. de Sarasate. Komponierte hauptsächlich für die Geige, u.a. virtuose Konzerte, Duos u. Übungen. Gab eine »École du violon« heraus sowie eine Auswahl von Geigenliteratur der bedeutendsten Komponisten des 18. Jh., »Les maîtres classiques du violon«.

Albanesi, Carlo, ital. Komponist u. Pianist, * 22. 10. 1856 Neapel, † 21. 9. 1926 London. Erhielt ersten Klavierunterricht bei seinem Vater L. Albanesi, der selber ein zu seiner Zeit geschätzter Pianist u. Komponist war. Studierte Harmonielehre u. Komposition bei A. Pinto u. S. Falconi. Ließ sich 1882 in England nieder, wo er als Lehrer an der Royal Academy of Music wirkte.

A. schrieb Klaviersonaten, 1 Quartett u. 1 Trio, dazu Lieder u. Klaviermusik.

Albéniz, Isaac, span. Komponist u. Pianist, * 29. 5. 1860 Camprodón, † 18. 5. 1909 Cambo-les-Bains. Trat als vierjähriges Wunderkind im Teatro Romea in Barcelona auf. Nachdem ihm wegen seines Alters die Aufnahme in das Pariser Conservatoire verweigert worden war, begann er mit Studien in Madrid. Verließ mit 13 seine Familie, schlug sich mit Konzerten bis nach Amerika durch. Wurde 1874 vom Konservatorium in Leipzig angenommen, studierte dann Komposition bei F. Gevaert in Brüssel und Klavier 1878 bei F. Liszt in Budapest. Nahm 1890 noch einmal Kompositionsunterricht bei V. d'Indy u. P. Dukas in Paris u. ließ sich anschließend für einige Zeit in London nieder. Er wurde vor allem durch seine Klavierkompositionen bekannt.

A. komponierte die Klavierwerke *Cantos de España, España, Suite española, Seis Danzas españolas* sowie *Iberia* (in 4 Heften). Von seinen Orchesterwerken seien die *Rhapsodie espagnole* u. die Suite *Catalonia* erwähnt. Neben einer unvollendeten Triologie *König Arthur* komponierte A. die Opern *The Magic Opal* (1893) u. *Pepita Jiménez* (1895). Außerdem entstanden die → Zarzuelas *Cuanto más viejo* u. *Los catalanes en Gracia.*

Albergati, Pirro, Conte Capacelli, ital. Komponist, * 20. 9. 1663 Bologna, † 22. 6. 1735 ebd. Edelmann, der das Musikleben seiner Heimatstadt durch eine Vielzahl von Kompositionen bereicherte. So ließ er u.a. in den Kirchen Bolognas zwischen 1686 u. 1732 allein 15 Oratorien aufführen. Er schrieb außerdem Motetten, Messen, Kammermusik u. die beiden Opern *Gli Amici* (1699) u. *Il principe selvaggio* (1712).

d'Albert, Eugen, dt. Komponist u. Pianist, * 10. 4. 1864 Glasgow, † 3. 3. 1932 Riga. Nach erstem Unterricht bei seinem Vater Charles d'A. Studien unter E. Pauer in London, H. Richter in Wien u. F. Liszt in Weimar. Dort auch kurze Zeit Opernkapellmeister. Neben einer glänzenden Karriere als Pianist verlegte er sich immer mehr auf das Komponieren. Er schrieb Bühnenmusiken, Orchesterwerke, 2 Klavierkonzerte u. 1 Cellokonzert, Kammermusik, Klaviermusik u. die Opern: *Der Rubin* (1893), *Ghismonda* (1895), *Gernot* (1897), *Die Abreise* (1898), *Kain* (1900), *Der Improvisator* (1902), *Tiefland* (1903), *Flauto solo* (1905), *Tragaldabas* (1907), *Izeyl* (1909), *Die verschenkte Frau* (1912), *Liebesketten* (1912), *Die toten Augen* (1916), *Der Stier von Olivera* (1918), *Revolutionshochzeit* (1919), *Sirocco* (1921), *Mareike von Nymwegen* (1923), *Der Golem* (1926), *Die schwarze Orchidee* (1928) u. *Mister Wu* (fertiggestellt von Leo Blech 1932). Im Repertoire hat sich nur *Tiefland* gehalten, das mit seinem an G. Puccini erinnernden Gefühlsüberschwang den ital. → Verismo auf dt. Verhältnisse überträgt. Außerdem komponierte er Kadenzen für Beethovens G-Dur-Klavierkonzert, gab Werke von J. S. Bach heraus u. war an der Gesamtausgabe der Werke von F. Liszt beteiligt.

Albert, Heinrich, dt. Komponist u. Organist, * 8. 7. 1604 Lobenstein, † 6. 10. 1651 Königsberg. Studierte 1622 bei seinem Vetter Heinrich Schütz in Dresden. 1630 Organist am Dom zu Königsberg u. weitere Studien bei J. Stobaeus. Als Dichter gehörte A. zum sog. Königsberger Kreis, zu seinen Freunden zählte auch Simon Dach. Er schrieb vorwiegend einstimmige u. mehrstimmige Gesänge, Lieder u. Choräle. Außerdem veröffentlichte er »Musicalische Kürbshütte« (1641). Seine *Comödien-Musik* zur Hundertjahrfeier der Universität Königsberg ist nicht erhalten.

Albert, Karel, belg. Komponist, * 16. 4. 1901 in Antwerpen. Schüler von Marinus de Jong, 1928 Musiklehrer in Antwerpen, 1933–61 beim belgischen Rundfunk. Seine musikalische Entwicklung führte vom Expressionismus über den Klassizismus bis zur Zwölftonmusik. A. komponierte die Buffo-Oper *Europa ontvoerd,* 4 Sinfonien, Bühnenmusiken u. Kammermusik.

Alberti, Domenico, ital. Komponist u. Sänger, * um 1710 Venedig, † um 1740 Rom oder Formia. Komponierte Opern, Motetten u. Klaviersonaten, von denen 8 bei J. Walsh in London gedruckt wurden. Sie beweisen seine Vorliebe für den Einsatz der nach ihm benannten → A.-Bässe.

Alberti, Johann F., dt. Komponist u. Organist, * 11. 1. 1642 Tönning, † 14. 6. 1710 Merseburg. Studierte bei W. Fabricius in Leipzig u. V. Albrici in Dresden. Bis 1698 Domorganist in Merseburg. Komponierte vorwiegend Kirchenmusik, u. a. ein *Te Deum.*

Alberti-Bässe werden die von D. Alberti zuerst verwendeten fortgesetzten gleichartigen Akkordbrechungen der linken Hand genannt. W. A. Mozart setzte sie häufig ein, besonders als Begleitung einer von der rechten Hand gespielten Melodie, so z. B. in seiner *Sonata facile,* KV 545.

Albicastro, Henrico (eigentlich Weißenburg), schweiz. Komponist und Geiger, * um 1670 Schweiz, † um 1738 Niederlande. Komponierte Kammermusik, u. a. Triosonaten, Violinsonaten mit Continuo u. Concerti à 4. Die letzteren wurden von M. Zulauf neu herausgegeben: Schweizer. Musikdenkmäler I, Kassel 1955.

Albinoni, Tommaso, ital. Komponist, * 8. 6. 1671 Venedig, † 17. 1. 1750 ebd. Komponierte mehr als 50 Opern, die hauptsächlich in Venedig aufgeführt wurden, darunter *Zenobia, regina de' Palmireni,* die Buffa *Vespetta e Pimpinone* u. *I veri amici.* Seine Instrumentalwerke, insbesondere seine Concerti, werden heute wieder geschätzt. J. S. Bach übernahm einige Themen A. in eigene Kompositionen.

Alborada (span.), *Aubade* (franz.), *Tagelied* sind bereits im Mittelalter vorkommende Bezeichnungen für Lieder, die den Abschied zweier Liebender im Morgengrauen besingen. Die Aubade nahm später die Bedeutung des Morgenständchens an.

Albrechtsberger, Johann G., österr. Komponist, Organist u. Musiktheoretiker, * 3. 2. 1736 Klosterneuburg, † 7. 3. 1809 Wien. Bekleidete verschiedene kleinere Organistenstellen, bis er 1772 Hoforganist in Wien u. 1792 Kapellmeister am Stephansdom wurde. Entfaltete in Wien eine rege Lehrtätigkeit. Zu seinen Schülern gehörten L. van Beethoven, J. N. Hummel, J. Weigl, I. von Seyfried, J. L. von Eybler u. I. F. von Mosel. Von seinen Orgelwerken, Sinfonien, Kammermusiken u. Hymnen sind nur wenige gedruckt. Zu seinen theoretischen Schriften gehören »Gründliche Anweisung zur Komposition« (1790), »Kurzgefaßte Methode, den Generalbaß zu erlernen« (1792) u. »Klavierschule für Anfänger« (1808).

Albrici, Vincenzo, ital. Komponist u. Organist, * 26. 6. 1631 Rom, † 8. 8. 1696 Prag. Kam im Gefolge der Königin Christine von Schweden 1650 als Leiter ihrer ital. Oper nach Stralsund. Trat 1654 in die kurfürstliche Kapelle in Dresden ein u. wurde 1662 zum Kapellmeister ernannt. Sein Bruder Bartolomeo war gleichzeitig Hoforganist. 1664 hielten sich beide Brüder als Hofkomponisten in England auf, Vincenzo folgte aber bereits 1666 einem erneuten Ruf als Hofkapellmeister nach Dresden. 1681–82 Organist an der Thomaskirche in Leipzig, anschließend Kirchenkapellmeister in Prag. Seine zahlreichen Kirchen- und Instrumentalkompositionen erschienen nicht im Druck.

Album, Ausdruck für Langspielplatte in der Schallplattenindustrie. Als Doppelalbum werden zwei Platten in einer Tasche bezeichnet.

Albumblatt wurden im 19. und zu Beginn des 20. Jh. Fantasie- u. Charakterstücke genannt, die den Eindruck eines schnell hingeworfenen Einfalls erwecken sollten, besonders in der romantischen Klaviermusik.

Alderighi, Dante, ital. Komponist u. Pianist, * 7. 7. 1898 Tarent, † 12. 12. 1968 Rom. Studierte am Leipziger Konservatorium, in Rom und bei G. F. Malipiero. Schrieb u. a. Orchesterwerke, 1 Oratorium, 2 Klavierkonzerte u. Kammermusik.

Aleatorik (von lat. alea: »Würfel«) wird die Einführung des Zufalls oder der Improvisation in die moderne Kompositionspraxis genannt. Das Verfahren war bereits aus den musikalischen Würfelspielen J. Haydns u. W. A. Mozarts bekannt, bei denen man Taktfolgen eines Musikstücks erwürfelte. J. Cage führte diese Technik in Anlehnung an den I-ching in seine Kompositionen ein, indem er Stücke schrieb, deren Klanggestalt u. Ablauf den zufällig vorhandenen Interpreten überlassen blieb. P. Boulez u. K. Stockhausen führten den gelenkten Zufall ein, indem sie die einzelnen Teile ihrer voll auskomponierten Stükke verschiedentlich in der zeitlichen Abfolge freistellten. In seinem berühmten Vortrag »Alea« bei den Darmstädter Internationalen Ferienkursen für Neue Musik 1957 grenzte Boulez die Verwendung dieser Technik als modernes Kompositionsmittel scharf ein.

d'Alessandro, Raffaele, schweiz. Komponist u. Organist, * 17. 3. 1911 St. Gallen, † 17. 3. 1959 Lausanne. Studierte in Zürich Orgel bei V. Schlatter u. Theorie bei P. Müller u. W. Schuh. Beendete dann seine Ausbildung in Paris bei M. Dupré u. N. Boulanger u. ließ sich in Lausanne nieder. Er war Anhänger eines spontanen u. nicht aus der mathematischen Abstraktion entwickelten Komponierens und fühlte sich A. Roussel verwandt.

d'A. komponierte u.a. Orchesterwerke, Konzerte für Kl., V., Fl., Fag. u. Ob. mit Orch., Kammermusik u. Klavierwerke.

Alexander, Haim, israel. Komponist u. Pianist, * 9. 8. 1915 Berlin. Studierte in Berlin u. ab 1936 am Palestine Conservatory in Jerusalem. Erhielt weitere Anregungen durch W. Fortner u. P. Boulez. Fand mit *Sound Figures* (1966) Anschluß an die Boulez-Schule. Schrieb Orchesterwerke, Kammermusik u. Chorstücke.

Alexander, Leni, chil. Komponistin dt. Abstammung, * 8. 6. 1924 Breslau. Studierte bei O. Messiaen, R. Leibowitz, B. Maderna u. L. Nono. 1969–70 Arbeit am Elektronischen Studio der Columbia University, New York. Schrieb 1966 das Ballett *Las tres fases de la luna*, nachdem 1965 für die Darmstädter Internationalen Ferienkurse *Aconteceres* für 29 Instrumente entstanden war. Komponierte Kammermusik, darunter *Adras* für die Brüder Kontarsky. 1970 entstand *Pour quoi, à quoi, par quoi* für Frauenstimmen, rezitierende Kinderstimmen, Klavier, Cembalo, Celesta, Harfe, Schlagzeug u. Elektronik.

Alexandrow, Alexandr W., russ. Komponist, * 13. 4. 1883 Plachino, † 8. 7. 1946 Berlin. Studierte in Petersburg bei A. Ljadow u. A. Glasunow, anschließend am Moskauer Konservatorium bei S. Wassilenko. Ab 1922 Leiter des Moskauer Kammertheater-Chors u. Professor am Konservatorium. Ab 1928 Leiter des Gesangs- u. Tanzensembles der Roten Armee, das auch nach ihm benannt ist. Seine Hymne der bolschewistischen Partei wurde 1944 sowjetische Nationalhymne.

A. schrieb die Opern *Rusalka* u. *Der Tod des Iwan Grosni* (beide 1913), Sinfonie in Es-Dur, die sinfonische Dichtung *Tod u. Leben* sowie Chorwerke u. Kammermusik.

Alexandrow, Anatoli N., russ. Komponist u. Pianist, * 25. 5. 1888 Moskau. Studierte bei S. Tanejew Komposition, bei K. Igumnow Klavier, und schloß seine Studien 1916 bei S. Wassilenko ab. 1923 wurde er Lehrer u. 1926 Professor für Komposition am Moskauer Konservatorium.

Zu A. Werken gehören: die Opern *Zwei Welten* (1916), *Der Einundvierzigste* (1933), *Bela* (1945) u. *Die wilde Bara* (1958) sowie sinfonische Dichtungen u. Orchestersuiten, Bühnenmusiken, Kammermusik und Lieder.

Alfano, Franco, ital. Komponist u. Pianist, * 8. 3. 1876 Posilipo, † 27. 10. 1954 San Remo. Ausbildung in Neapel und Leipzig, anschließend Konzertreisen u. Aufenthalte in Berlin u. Paris. Erster großer Erfolg mit der Oper *Resurrezione* nach dem Roman »Auferstehung« von L. Tolstoi (1904). Leitete Konservatorien in Bologna, Turin u. Pesaro u. war 1940–42 Intendant des Teatro Massimo in Palermo. Auf Wunsch A. Toscaninis u. der Erben G. Puccinis beendete A. 1925 den letzten Akt von *Turandot* (Duett u. Finale).

Zu seinen Werken gehören: die Opern *Miranda* (1896), *La fonte di Enschir* (1898), *Il principe Zilah* (1909), *I cavalieri e la bella* (1910 unvollendet), *L'ombra di Don Giovanni* (1914, neugefaßt als *Don Juan de Mañara* 1941), *La leggenda di Sakuntala* (1921, Neufassung *Sakuntala* 1952), *Madonna Imperia* (1927), *L'ultimo Lord* (1930), *Cirano di Bergerac* (1936), *Il dottor Antonio* (1949) u. die Funkoper *Vesuvius* (1950); die Ballette *Napoli* (1901), *Lorenza* (1901), *Eliana* (1923) u. *Vesuvio* (1933) sowie Orchesterwerke, Kammermusik u. Lieder.

Alfvén, Hugo E., schwed. Komponist u. Dirigent, * 1. 5. 1872 Stockholm, † 8. 5. 1960 Falun. Studierte am Konservatorium in Stockholm u. später in Deutschland, Frankreich u. Belgien. Mit einem Jenny-Lind-Stipendium ging A. dann nach Dresden, um unter H. L. Kutzschbach das Dirigieren zu erlernen. 1910–39 Universitäts-Musikdirektor in Uppsala. Leitete daneben 1910–47 den Studentenchor »Orphei drängar«, für den er eine Reihe von Chorwerken komponierte. A. bleibt mit seinen Werken im Rahmen der romantischen Tradition, erweist sich dabei aber als geübter Kontrapunktiker.

Zu A. Werken gehören 5 Sinfonien, sinfonische Dichtungen, Rhapsodien, Kantaten, Bühnenmusik, Filmmusik, Kammermusik u. Lieder.

Lit.: H. Alfvén, Autobiografie: I. Första satsen (1946), II. Tempo furioso (1948), III. I Dur och Moll (1949), IV. Final (1952, alle Stockholm).

Aliquotsaiten (Resonanzsaiten), Saiten, die nur durch → Resonanz erklingen, so z. B. bei der Viola d'amore u. dem Baryton.

Aliquottöne → Teiltöne

Aljabjew, Alexandr A., russ. Komponist, * 15. 8. 1787 Tobolsk, † 6. 3. 1851 Moskau. Machte sich in Italien mit der Belcanto-Technik vertraut. Schrieb Romanzen u. Lieder, die zu seiner Zeit sehr beliebt waren. Seine *Nachtigall* (1825) wurde häufig als Einlage in G. Rossinis *Barbier von Sevilla* gesungen.

A. komponierte u. a. die Oper *Die Mondnacht* (1822), außerdem Orchesterwerke u. Kammermusik.

Alkan, Charles H.V. (eigtl. Morhange), franz. Komponist u. Pianist, * 30. 11. 1813 Paris, † 29. 3. 1888 ebd. Wurde bereits im Alter von sechs Jahren ins Pariser Conservatoire aufgenommen. Studierte Klavier bei P. Zimmermann u. Komposition bei V. Dourlen. Ließ sich 1833 als Klavierlehrer in Paris nieder. Gehörte zum Kreis um V. Hugo, H.-F.-R. de Lamennais u. George Sand, war mit F. Chopin befreundet u. zählte auch F. Liszt u. A. Rubinstein zu seinen Bekannten. A. Kompositionen, hauptsächlich für Klavier, sind teilweise unglaublich virtuos. Zu seinen besten Klavierwerken gehören die 12 *Études dans les tons majeurs* (op. 35), die 12 *Études dans les tons mineurs* (op. 39), die 48 *Esquisses* (op. 63) u. die 3 *Grandes études pour les deux mains séparées ou réunies* (op. 76).

Alldahl, Per-Gunnar, schwed. Komponist, Organist u. Lehrer, * 11. 10. 1943 Solna. Besuchte die Musikhochschule in Stockholm und war 1968–71 Schüler der Kompositionsklasse von I. Lidholm. Lehrt heute selbst an der Musikhochschule.

Zu A. wichtigsten Werken gehören: *Nulla ars* für Streichorchester (1966); *Biceps* für Instr. u. Tonband (1968); *Light Music* für 5 Fl., Hammondorgel u. Vibraphon (1968); *Musik für Vc.* (1968); *Play för symfoniorkester* (1970–72); *Ad lib..ad lib* für Baßklar., Pos., Vc. u. wahlweise andere Instr. (1971); *Bruspolska för nyckelharpor* (1972); *Stämma blod för kör och slagverk* (1972); *Unisona ur Ad lib för altröst, flöjt, trombone, kontrabas och vibrafon* (1972); *Knaverlek för nyckelharpa och stråkorkester* (1974) u. *Ljudens dikt sjunger i vinden för recitation, bl. kör och orkester* (1974).

Allegretto (ital.), Verkleinerungsform von → Allegro.

Allegri, Gregorio, ital. Komponist u. Sänger, * 1582 Rom, † 17. 2. 1652 ebd. Chorknabe unter G.B. Nanino an S. Luigi del Francesi in Rom u. wahrscheinlich auch Kompositionsschüler der Brüder Nanino. Ab 1629 päpstlicher Kapellsänger. Schrieb das berühmte 9st. *Miserere,* das jedes Jahr während der Karwoche in der Sixtinischen Kapelle aufgeführt wurde. Von seinen weiteren Werken wurden 2 Bücher »Concertini« (1618 u. 1619) u. 2 Bücher »Motetti« (1621) gedruckt. Magnificat, Improperien, Lamentationen u. Motetten liegen in Handschrift vor.

Allegro (ital.: »lustig«, »heiter«), Tempobezeichnung, die soviel wie »schnell« bedeutet. A. molto gibt eine weitere Steigerung des Tempos an, während A. moderato oder ma non troppo eine Mäßigung desselben anzeigt.

Alleluia ist der aus verschiedenen Psalmen überlieferte hebräische Freuden- oder Gebetsruf, der Eingang in die Liturgie gefunden hat u. häufig auskomponiert wurde.

Allemande (eigtl. danse a.: »dt. Tanz«), einer der bekanntesten Tänze des 16. Jh., der trotz seines Namens zuerst in Frankreich, England u. den Niederlanden um die Mitte des 16. Jh. als Schreittanz in gemessenem Tempo auftauchte. Die ersten in Tanzsammlungen veröffentlichten A. sind in ihrem zwei- bis dreiteiligen Aufbau den in Deutschland mit »Dantz« bezeichneten Tänzen ähnlich. Die frühe A. war geradtaktig u. von mittlerem Tempo. Im 17. Jh. wurde die A. zum Eröffnungssatz der Suite, besonders bei J.S. Bach u. G.F. Händel. Ihr Beginn war meist auftaktig.

Allende-Blin, Juan, chil. Komponist, * 24. 2. 1928 Santiago de Chile. Erhielt die erste Ausbildung bei seinen Eltern, studierte dann auch bei seinem Onkel P.H. Allende Sarón, einem bekannten Komponisten u. Folkloristen, sowie außerdem Klavier, Komposition u. Musikwissenschaft an der Universidad de Chile in Santiago. Nach Kursen bei O. Messiaen u. weiterem Unterricht bei Th. Kaufmann kam er nach Hamburg u. wurde Mitarbeiter des NDR. Zur Zeit lebt er in Essen.

Zu A.-B. Werken gehören: *Transformationen* für Org. (1952); *Transformationen* für Schlagzeug (1953); *Transformationen* für Bläser, Schlagzeug, Celesta u. Kl. (1961); Ballett *Séquence* für Fl., Vibraphon, Hf. u. Schlagzeug (Konzertfassung als *Distances,* 1962); *Sonorités* für Orgel (1962); *Profils* für Klar., Trp., Pos., Vc. u. Schlagzeug (1964), davon Ballettfassung unter dem Titel *Recueil; Échelons* für Org. (1967); *Les champs magnétiques* für Kl., Klar., Kb. u. Tonband (1969); *Silences interrompus* für Klar., Kb. u. Kl. (1969).

All Stars, Begriff aus der U-Musik. Bezeichnet eine Gruppe von meist hervorragenden Musikern, die aus einem besonderen Anlaß zusammenspielen. Diese Formationen waren in den 40er u. 50er Jahren sehr beliebt.

Alnæs, Eyvind, norw. Komponist u. Organist, * 29. 4. 1872 Frederikstad, † 24. 12. 1932 Oslo. Schüler von I. Holter in Oslo u. C. Reinecke in Leipzig. Ab 1907 in Oslo als Organist u. Chordirigent.

A. komponierte u. a. 2 Sinfonien, 1 Klavierkonzert, Klaviermusik, Chöre u. Lieder.

Alonso, Alicia (geb. de la Caridad dei Cobre Martinez Hoyo), kuban. Tänzerin u. Ballettdirektorin, * 21. 12. 1921 Havanna. Unterricht in ihrer Heimatstadt u. in New York an der School of American Ballet. Trat 1939 mit dem Ballet Caravan u. ab 1941 mit dem Ballet Theatre auf.

1948 gründete sie ihre eigene Kompanie in Havanna, das Ballet A.A., dem sie bald eine Ballettakademie für den Nachwuchs anfügte. 1955 ging ihre Kompanie im Ballet de Cuba auf, das 1959 in Ballet Nacional de Cuba umbenannt wurde u. seither staatlich gefördert wird. Zu ihren besten Rollen gehören *Giselle* u. die Titelrolle in der *Carmen-Suite,* einer Ch. von Alberto A., mit dem sie lange Zeit verheiratet war.

Alonso, Carmelo, span. Komponist, * 16. 7. 1929 Ochandiano. Studierte am Real Conservatorio in Madrid, bei G. Petrassi in Rom u. B. Maderna in Darmstadt. Gehört zu den wichtigsten Vertretern der seriellen Kompositionstechnik in Spanien.

A. komponierte u. a. 1 Bläserquintett (1955), *Suite divertimento* (1956), Stücke für Kl. (1956), Lieder auf Gedichte von Juan Ramón Jiménez (1956), Streichquartett (1957), Sinfonietta (1961), *Superficie (1963), Morfologia sonora* für Kl. (1964), *Constantes* (1966), *Mixturas* (1968).

Alpaerts, Flor, belg. Komponist, * 12. 9. 1876 Antwerpen, † 5. 10. 1954 ebd. Studierte bei P. Benoit u. J. Blockx am Konservatorium in Antwerpen, wo er 1903 selber Lehrer für → Solfège u. 1924 für Komposition wurde. Er bekleidete auch verschiedene Posten als Dirigent. Als Komponist steht er ganz in der Tradition der flämischen Impressionisten wie P. Gilson u. A. de Boeck.

Zu A. Werken gehören: die Oper *Shylock* (1913), Orchesterwerke, Bühnenmusiken, 1 Violinkonzert (1948), Kammermusik u. Lieder. Außerdem veröffentlichte er »Muzieklezen en zingen« (1918).

al segno (ital.: »bis zum Zeichen«), Abkürzung al. S.; Anweisung, einen Abschnitt bis zu der mit 𝄋 gezeichneten Stelle zu wiederholen. → dal segno

Alsina, Carlos Roqué → Roqué Alsina, Carlo

Alt (von lat. altus: »hoch«). **1.** Beim Übergang von der Drei- zur Vierstimmigkeit teilte sich der Contratenor in Contratenor altus u. bassus, wobei die Lage des damaligen altus aber nicht mit der heutigen A.stimme zusammenfällt. **2.** Heute wird mit A. allgemein die tiefere der beiden Frauen- oder Knabenstimmen bezeichnet. Sein Normalumfang reicht vom a bis e^2. Der A. wurde weit über das 15. Jh. hinaus von falsettierenden Männerstimmen gesungen, den Tenorini, die ab Mitte des 16. Jh. auch Alti Naturali (Falsettisten, → Falsett) genannt wurden. Der Frauen-A. kommt ganz besonders in der Oper des 19. Jh. zur Geltung (Wagner, Verdi). **3.** Bei Instrumenten werden die tiefer gestimmten einer Familie mit A. bezeichnet. Ihre Stimmung ist im allgemeinen eine Quart oder Quint tiefer als die des Normalinstruments, z. B. A.-Fl., A.-Ob., A.-Klar. (Bassetthorn) u. Bratsche. Die letztere heißt deshalb im Franz. u. Ital. alto. Im Jazz findet das A.-Sax. Verwendung.

altchristliche Musik bezeichnet die Musikübung in den Gemeinden von der Apostelzeit bis zum Zerfall des Römischen Reiches. Sie verband jüdische u. hellenistische mit orientalischen Elementen. Neben dem psaltes, dem späteren cantor, dem die solistischen Teile u. die Führung des Gemeindegesangs zufielen, trat der aus Gemeindemitgliedern gebildete Chor auf. So entstand der Wechselgesang (→ Antiphon), der sich später zur Doppelchörigkeit entwickelte.

Altenburg, Michael, dt. Komponist, * 27. 5. 1584 Alach bei Erfurt, † 12. 2. 1640 Erfurt. Studierte in Erfurt Theologie u. bekleidete Pastorenstellen in Tröchtelborn, Sömmerda u. Erfurt. Von ihm stammen die Choräle »Macht auf die Tor' der G'rechtigkeit« u. »Herr Gott nun schleuß den Himmel auf«. Komponierte außerdem *Christliche liebliche und andächtige neue Kirchen- und Hausgesänge* (2 Teile, 1620–21); Intraden für V., Laute u. Org.; Motetten u. Cantiones.

Alteration (lat. alteratio: »Änderung«), **1.** In der → Mensuralnotation tritt die rhythmische A. auf, bei der der zweite von zwei gleich langen Notenwerten zwei Drittel des gesamten Wertes erhält. **2.** Veränderung eines Tones durch → Akzidenzien um ein bis zwei Halbtöne nach oben oder unten. **3.** Harmonische A. bei alterierenden Akkorden. Es handelt sich hier um Klänge, bei denen einer oder mehrere tonleitereigene Töne chromatisch verändert werden. Das Auftreten dieser Klänge, die sich in ihrer Komplexität häufig nicht mehr auf eine ursprüngliche Tonart zurückbeziehen lassen bzw. mehrdeutig interpretiert werden können, zeigt aus heutiger Sicht die Auflösung der Tonalität an.

Altmann, Hans, dt. Komponist u. Dirigent, * 27. 11. 1904 Straßburg, † 25. 2. 1961 München. Studierte in Straßburg bei H. Pfitzner u. M.-J. Erb, anschließend in Frankfurt. War 1923–32 Solorepetitor u. Kapellmeister in Frankfurt u. kam über Wien und Berlin 1937 an die Bayerische Staatsoper nach München. Ab 1946 als Kapellmeister u. Pianist beim Bayerischen Rundfunk, ab 1952 Leitung der Opernschule u. einer Liedklasse an der Hochschule für Musik. Schrieb hauptsächlich Kammermusik u. Lieder.

Alvarez, Calixto, kuban. Komponist u. Pianist, * 15. 3. 1938 Las Villas. Studierte in den Vereinigten Staaten u. bei L. Brouwer in Havanna. Baute mit dem Zodiac Quartet eine eigene Jazzgruppe auf. Nahm ab 1967 noch einmal Kompositionsunterricht in Warschau.

A. schrieb u. a.: Sonatine für Kl. (1965); Stück für V. u. Kl. (1966); Trio für Fl., V. u. Fag. (1966); Bläserquartett (1967); Konzert für Dirigenten u. Orch. (1967); *Canto cardinal* für A., Schlagzeug u. Kl. (1968); *Torus per contrabasso* (1969); *Manifiesto* für Streichorch. (1969); *Música para orquesta sola* (1970); *Poker* für Streichquartett (1970).

Alwyn, William, engl. Komponist, * 7. 11. 1905 Northampton. Studierte an der Royal Academy of Music in London und unterrichtete dort 1926–56 in Komposition.

Zu A. Werken gehören: die Oper *The Libertine* (1969); 4 Sinfonien (1951, 1953, 1956, 1959); Konzerte, u. a. Pastorale für Va. u. Streicher (1943), Concerto für Ob., Hf. u. Streicher (1945) u. *Lyra Angelica* für Hf. u. Streicher (1954); Kammermusik. Seine bekanntesten Filmmusiken schrieb er zu »The Rake's Progress« (1945) u. »Odd Man Out« (1947).

Amati, Geigenbauerfamilie, die im 16. u. 17 Jh. in Cremona ansässig war. Charakteristisch für ihre Instr. ist eine helle Färbung des zarten Tons.

Ambitus (lat.) bezeichnet den Umfang einer Melodie, einer Stimme oder eines Instruments vom jeweils tiefsten zum höchsten Ton.

Ambros, Vladimír, tschech. Komponist u. Dirigent, * 18. 9. 1890 Prossnitz, Mähren, † 12. 5. 1956 ebd. War Schüler von L. Janáček in Brünn u. I. Knorr in Frankfurt. Lebte von 1914 bis 1922 als Kapellmeister in London, anschließend als Musiklehrer u. Dirigent in seiner Heimatstadt, nach 1945 als freischaffender Komponist.

Zu A. Werken gehören: 2 Opern *Ukradené štěstí* (1925) u. *El Cristo de la luz* (1929), 3 Sinfonien, Kammermusik, darunter 2 Nonette (1943 u. 1955), Klaviermusik, Chorwerke u. Lieder.

Ambrosi, Alearco, ital. Komponist, * 30. 12. 1931 Bussolengo. Studierte in Bozen u. Mailand.

A. schrieb neben Bühnenmusiken *Ritmologica* für Kammerorch. (1962), *ASTRA* für St. u. Kl. (1963), ein Trio für V., Vc. u. Kl. (1966), das Ballett *Elegia* (1968), *Nächtliche Dialoge* für Kl. u. Orch. (1970).

ambrosianischer Gesang ist neben dem Gregorianischen, Gallikanischen und Mozarabischen Gesang eine der vier großen liturgischen Gesangstraditionen der westlichen Kirche. Er wird heute noch im Bereich des Bistums Mailand gepflegt. Seine Entstehung geht auf den Bischof Ambrosius (339–97) zurück, dem auch eine Reihe von Hymnen sowie die Einführung des antiphonischen Gesangs zugeschrieben werden.

Ambrosius, Kirchenkomponist und Bischof, * um 339 Trier (?), † 4. 4. 397 Mailand. Soll nach Augustinus den Gesang von Antiphonen u. Hymnen in die Liturgie der römischen Kirche eingeführt haben. Augustinus gibt ihn auch als den Schöpfer der folgenden Hymnen an: *Aeterne rerum conditor, Deus creator omnium, Iam surgit hora tertia, Veni redemptor gentium.* Das ebenfalls A. zugeschriebene Te Deum, das offensichtlich bei der Taufe des Augustinus gesungen wurde, stammt jedoch nicht von ihm.

Ambrosius, Hermann, dt. Komponist, * 25. 7. 1897 Hamburg. Studierte bei A. Szendrei u. H. Pfitzner. Ab 1923 Korrepetitor am Neuen Theater Leipzig, 1924 Tonmeister u. Lektor am Rundfunk, 1926 Lehrer am Konservatorium. Lebt seit 1945 als Privatmusiklehrer u. freischaffender Komponist in Engen im Hegau.

Zu A. Werken gehören: 2 Opern, 12 Sinfonien, Konzerte für Kl., V., Vc. u. Git., Chorwerke, Kammermusik, Lieder u. Kompositionen für Akkordeon u. Zupfinstrumente.

Ameller, André Charles Gabriel, franz. Komponist, * 2. 1. 1912 Arnaville. Studierte am Pariser Conservatoire u. war ab 1938 Kontrabassist an der Pariser Oper. 1953 Direktor des Konservatoriums von Dijon.

A. komponierte u. a.: die Opern *Monsieur Personne* (1957), *Cyrnos* (1962) u. die Funkoper *Croix au cœur* (1963), Ballette wie *La danse de Séléné* (1949) u. *Oiseaux du vieux* (1967), *Évocations* für Singst., Org. u. Orch. (1965), *Airs hétérogènes* für Blasorch. (1966), *Hétérodoxes* für 2 Fl., 2 Trp., Streichquartett u. Streichorch. (1969).

Amenábar, Juan, chil. Komponist, * 22. 6. 1922 Santiago de Chile. Studierte am Conservatorio Nacional de Música bei J. U. Blondel. Lebt als Komponist u. betätigt sich als Forscher auf dem Gebiet der musikalischen Elektroakustik.

A. komponierte neben Film- und Bühnenmusiken *Cuatro diálogos* für Fl. u. V. (1953); *Tonada y zapateo* für Fl., Vc., Kl. u. Schlagzeug (1955); *Cantos de Alicia* für A., Block-Fl., Cemb. u. Streichsextett (1964); *Misa litúrgica* für Männer-St., Chor u. Instrumentalensemble mit obligater Git. (1964) sowie elektronische Musik.

amerikanische Musik ist ein häufig angewandter, ziemlich irreführender Sammelbegriff, unter dem vorwiegend das kompositorische Schaffen des 18.–20. Jh. gemeint ist. Amer. ist an Werken der Komponisten amer. Ursprungs allenfalls die Verwendung von Motiven aus der Folklore, die von weißen u. schwarzen Einwanderern geprägt wurde. Über die Musik der indianischen Erstbesiedler liegen kaum Aufzeichnungen vor. Im übrigen folgten die amer. Komponisten dem Geschmack u. der Kompositionsweise der Europäer. Als erster gebürtiger amer. Komponist wird F. Hopkins (1737–91) angesehen. Großen Einfluß auf spätere Komponistengenerationen hatten J. Ph. Sousa (1854–1932), St. C. Foster (1826–64) u. L. M. Gottschalk (1829–69). Die Werke der amer. Komponisten des 20. Jh. können kaum als spezifisch amer. angesehen werden. Eigenständige musikalische Entwicklungen in Amerika sind → Jazz (S. 399) u. → Musical.

Lit.: J. Edmunds u. G. Boelzner, Some 20th Century American Composers, New York 1959; A. Copland, Copland on Music, New York 1960; G. Chase, The American Composer Speaks, Baton Rouge 1966; ders., American Music, New York 1966; I. Sablosky, American Music, Chicago 1969; H. Wiley Hitchcock (Hg.), Music in the United States, A Historical Introduction, Englewood, NJ, 1969.

Amirow, Fikret M. D., sowj. Komponist, * 22. 11. 1922 Gandscha. Studium am Konservatorium von Baku bei B. I. Seidman u. bei U. Gadschibekow, dem Begründer der aserbaidschanischen Nationaloper. Leitet ab 1947 die Aserbaidschanische Oper u. die Philharmonie in Baku. A. schöpft bei seinen Kompositionen aus der Folklore seiner Heimat, so z. B. in seinen sinfonischen Maqāmāt (1948, → Maqām).

Zu A. Werken zählen die Opern *Uldus* (1948) u. *Sewil* (1953–59), die Operetten *Urek tschalanlar* (1944) u. *Gesjun aidyn* (1946), Orchesterwerke, Konzerte, Kammermusik, Chöre u. Lieder.

Ammann, Benno, schweiz. Komponist u. Dirigent, * 14. 6. 1904 Gersau. Studierte in Leipzig 1925–30 u. in Paris 1933–34 bei A. Roussel, A. Honegger u. D. Milhaud. Lebt seit 1936 als Chorleiter u. Lehrer u. wirkt seit 1951 bei den Darmstädter Internationalen Ferienkursen.

A. schrieb neben geistlicher Musik u. Bühnenmusiken u. a. *Vision pastorale* für Orch. (1954); *Trauermusik* für Streichorch., 2 Hörner u. Org. (1954); Bläserquintett (1956); das Ballett *Zweimal Besuch* (1961); 3 Stücke für Streichorch. (1961); *Tre modi* für Streichorch. u. Tonband (1962); *Successions* für Fl. solo (1966); *Point de départs,* elektronische Musik (1969).

Amodio, Amedeo, ital. Tänzer u. Choreograf, * 14. 3. 1940 Mailand. Unterricht an der Ballettschule der Scala u. bei E. Bonagiunta u. M. Besobrasova sowie in Madrid.

Zu A. Ch. zählen: *Escursioni* (M.: L. Berio) 1967, *L'après-midi d'un faune* (M.: C. Debussy) 1972, *Sequenza V* (M.: L. Berio) u. *Discours II* (M.: V. Globokar) 1973 u. *Oggetto Amato* (M.: S. Bussotti) 1976.

Amon, Blasius, österr. Komponist u. Sänger, * um 1558 Hall, † Juni 1590 Wien. Sänger an der Innsbrucker Hofkapelle 1566–77, erhielt dann auf Kosten des Erzherzogs Ferdinand seine weitere Ausbildung in Venedig. Später Kantor im Zisterzienserstift Heiligenkreuz u. ab 1587 Franziskanermönch in Wien. Veröffentlichte »Liber sacratissimarum cantionum« (1582), »Missae« (1588), »Sacrae cantiones« (1590), »Breves et selectae quaedam Motetae« (1593) u. »Introitus dominicales« (1601).

Amy, Gilbert, franz. Komponist u. Dirigent, * 29. 8. 1936 Paris. Studierte am Pariser Conservatoire Komposition bei D. Milhaud u. O. Messiaen u. Klavier bei Y. Loriod. Nahm an den Darmstädter Internationalen Ferienkursen 1958–60 teil u. besuchte einen Dirigierkurs von P. Boulez, dessen Nachfolger als Leiter der Domaine Musical in Paris er 1967 wurde.

Neben Bühnen- u. Filmmusiken komponierte A. *Cantate breve* für S. u. 3 Instr. (1957); *Mouvements* für 17 Instr. (1959); *Diaphonies* für ein Doppelensemble von 12 Instr. (1962); *Antiphonies* für 2 Orch. (1963); *Inventions 1 et 2* für Piano/Celesta, Fl., Hf. u. Vibraphon/Marimba (1965); *Alpha-Beth* für 6 Blasinstr. (1965); *Cahiers d'épigrammes* für Kl. (1966); *Strophe* für dramatischen S. u. Orch. (1966); *Cycle* für 6 Schlaginstr. (1966); *Trajectoires* für V. u. Orch. (1966); *Triade* für Orch. (1967); *Relais* für 5 Streichinstr. (1967); *Chant* für Orch. (1968); *Récitatif air et variation* für 12 gemischte St. (1970); *Jeux et formes* für 17 Instr. (1971); *Refrains pour Orchestre* (1972); *D'un espace déployé* für Doppelorch. (1972–1973); *Sonata pian'e forte* für 2 Frauenst. u. Instrumentalensemble (1974); *Seven Sites* für Kammerensemble (1975); *Échos XIII* für 4 Soli u. Kammerensemble (1976); *D'un désastre obscur*... für Mezzo-S. u. Kammerorch. (1976); *Strophe* für S. u. Orch. (1977); *Adagio e Stretto* für Orch. (1977–78); *3 Études* für Fl.solo (1977); *Chin'anim Cha'ananim* für A., Klar., Vc. u. Instr. (1979); *Une saison en enfer* (nach Arthur Rimbaud) für Frauenst., Kl., Schlagzeug u. Tonband (1979–1980).

Analyse einer Komposition bedeutet die Zerlegung des Ganzen in seine Bestandteile. Dabei richtet sich das Hauptaugenmerk auf rhythmische, harmonische u. formale Elemente. Neben den Vorstellungen von H. Riemann: »Die technisch-ästhetische A. von Musikwerken ist die Untersuchung ihres formalen Aufbaues nach ihrer Gliederung in Themen, Phrasen und Motive und deren Verkettung und Umbildung, Feststellung des Periodenbaues, der Modulationsordnung usw.« gibt es auch Ansätze wie den »Übergreifenden Bewegungszug« (E. Kurth), »die Verlaufspannung und Verlaufskurve« (K. Westphal), »die Wirkungsform« (A. Hildebrand) und die »Rückführung auf eine Urlinie« (H. Schenker). Außerdem wurden Versuche unternommen, die Diltheysche Hermeneutik auf die musikalische A. zu übertragen (H. Kretzschmar u. A. Schering). Da sich kein absolutes Bezugssystem für die A. etablieren läßt, hängt diese von den gerade gültigen Kompositionsgesetzen, dem wechselnden Geschmack u. den jeweiligen Anforderungen der Zeit ab.

Andante (ital.: »gehend«, »gemäßigt«), Tempobezeichnung, die soviel wie »gelassen«, »mit ruhiger Bewegung« bedeutet.

Andantino (ital.), Verkleinerungsform von → Andante. Hebt sich von diesem durch eine leichtere, etwas federnde Akzentuierung ab u. wird häufig auch im Tempo etwas rascher genommen.

Anderberg, Carl-Olof, schwed. Komponist u. Pianist, * 13. 4. 1914 Stockholm. Studierte Komposition bei K. Wetterberg und Klavier bei J. O. Wibergh in Stockholm, Dirigieren bei F. Weingartner in Salzburg u. London. 1939–42 Kapellmeister des Hippodrom-Theaters in Malmö, 1946–50 Leitung des von ihm gegründeten Kammerorch.

A. komponierte die Oper *Hilda*, Vokalkompositionen wie *Di mi se mai* (1962) u. *Strändernas Svall* (1964), Orchesterwerke, Konzerte für Kl., Va., Ob. u. Saxophon mit Orch., elektronische Stücke, Film-, Fernseh- u. Bühnenmusiken.

Andersen, Karl A., norw. Komponist u. Cellist, * 29. 9. 1903 Oslo, † 15. 8. 1970 ebd. Studierte in Oslo u. Berlin u. wurde 1932 1. Solocellist des Filharmonisk Selskaps Orkester in Oslo.

A. schrieb u. a. 1 Sinfonie für Kammerorch., 1 *Festspill* für Orch. u. Kammermusik.

André, 1. Johann, dt. Komponist u. Verleger, * 28. 3. 1741 Offenbach, † 18. 6. 1799 ebd. Anstatt die Fabrik seines Vaters zu übernehmen, wollte A. lieber Musiker werden. 1773 brachte er mit großem Erfolg sein Singspiel *Der Töpfer* nach einem eigenen Libretto in Hanau heraus. Goethe ließ ihn daraufhin »Erwin und Elmire« vertonen, die Uraufführung fand 1775 in Frankfurt statt. 1777–84 war A. Kapellmeister der Döbbelinschen Truppe in Berlin. Es entstanden die Singspiele *Claudine von Villa Bella* (1778), *Belmonte und Constanze oder die Entführung aus dem Serail* (1781) u. *Der Barbier von Bagdad* (1783), außerdem verschiedene Bühnenmusiken u. Liedersammlungen, von denen die 1774 erschienenen *Scherzhaften Lieder von Herrn Weiße* am bekanntesten waren. 1775 vertonte er auch Bürgers »Lenore«. 1784 zog er sich nach Offenbach zurück, wo er bereits einige Jahre früher eine Notenstecherei eingerichtet hatte, die er nun zu einem bedeutenden Verlagsgeschäft erweiterte.

2. Johann A., dritter Sohn von 1., dt. Komponist, Geiger u. Verleger, * 6. 10. 1775 Offenbach, † 6. 4. 1842 ebd. Schrieb bereits mit 12 Jahren Sonaten für V. u. Kl. Erhielt seine Ausbildung als Geiger bei F. Fränzl u. nahm Kompositionsunterricht bei J. G. Vollweiler. Nach dem Tod seines Vaters übernahm er das Verlagsgeschäft, erwarb 1800 den handschriftlichen Nachlaß W. A. Mozarts u. gab ein »Thematisches Verzeichnis sämtlicher Kompositionen von W. A. Mozart« (1805) heraus, das er 1833 durch ein »Thematisches Verzeichnis W. A. Mozartscher Manuskripte« vervollständigte. A. komponierte Opern, Orchesterwerke, Konzerte sowie Kammermusik. Ein Lehrbuch der Tonsetzkunst (1832–43) blieb unvollendet.

Die nachfolgenden Generationen A. haben den Verlag weitergeführt, bis im 2. Weltkrieg die eigene Notendruckerei zerstört wurde. Verlag u. Musikalienhandlung existieren heute noch als Johann André Musikverlag, Offenbach.

Andreae, Volkmar, schweiz. Komponist u. Dirigent, * 5. 7. 1879 Bern, † 19. 6. 1962 Zürich. Schüler von Karl Munzinger, setzte dann seine Studien am Kölner Konservatorium fort u. wurde 1900 Solorepetitor an der Münchner Hofoper. 1906–49 Leiter des Orchesters der Züricher Tonhalle-Gesellschaft u. daneben 1914–39 Direktor des Konservatoriums.

A. komponierte u. a. die Opern *Ratcliff* (1914) u. *Abenteuer des Casanova* (1924) sowie Orchester- u. Chorwerke, Konzerte u. Kammermusik.

Andreas de Florentia, ital. Komponist des späten 14. Jh., † 1415. Er war Mitglied des Servitenordens u. ist verschiedentlich als Organist, Novizenmeister u. Prior nachgewiesen. Hat gemeinsam mit F. Landini den Bau der Orgel für SS. Annunziata überwacht u. 1387 auch einen Plan für die Orgel des Doms von Florenz entworfen. Er schrieb 30 italienische Ballate.

Andress, Walter, österr. Komponist u. Dirigent, * 2. 2. 1904 Wien. Studierte bei R. Stöhr u. A. Wunderer, lebt als freischaffender Komponist in Wien.

A. komponierte u. a. die Opern *Matteo Falcone* (1946) u. *Der Flötenspieler* (1948) sowie Sinfonien, Konzerte, Kammermusik u. Lieder.

Andricu, Mihaïl G., rumän. Komponist u. Lehrer, * 22. 12. 1894 Bukarest. 1937–59 Lehrer am Bukarester Konservatorium.

A. schrieb u. a. die Ballette *Taina* u. *Luceafărul,* ferner Sinfonien, Konzerte für V. u. Vc., Kammermusik u. Klavierwerke.

Andriessen, 1. Willem Ch. N., niederl. Komponist u. Pianist, * 25. 10. 1887 Haarlem, † 29. 3. 1964 Amsterdam. Studierte am Konservatorium in Amsterdam bei de Pauw u. B. Zweers, war 1910–17 Klavierlehrer am Konservatorium in Den Haag, leitete anschließend eine Meisterklasse an der Musikschule in Rotterdam u. übernahm 1937–53 die Direktion des Konservatoriums in Amsterdam.

Zu A. Kompositionen gehören: 1 Klavierkonzert, 1 Messe für Soli, gem. Chor u. Orch. sowie Klavierwerke u. Lieder.

2. Hendrik F., Bruder von 1., niederl. Komponist u. Organist, * 17. 9. 1892 Haarlem, † 12. 4. 1981 Heemstede. Nach Unterricht bei seinem Vater u. bei seinem Bruder W. besuchte er das Konservatorium in Amsterdam u. übernahm 1916 die Organistenstelle seines Vaters in Haarlem. Ab 1936 Leiter des Konservatoriums in Utrecht u. Professor für Komposition in Amsterdam. Seit 1949 Leiter des Königlichen Konservatoriums in Den Haag, von 1952 bis 1963 Professor in Nijmwegen. Zu seinen Kompositionen zählen die Oper *Philomela* (1950), der Einakter *De spiegel uit Venetië* (1967), ferner Sinfonien, Werke für Solostimmen, Chor u. Orch. sowie Kammermusik u. Lieder. Neben einem vielbeachteten Buch über César Franck, dessen Musik auch seine eigenen Kompositionen beeinflußte, veröffentlichte er die gesammelten Essays »Over Muziek« (1950) u. »Muziek en Muzikaliteit« (1952).

3. Jurriaan, Sohn von 2., niederl. Komponist, * 15. 11. 1925 Haarlem. Unterricht bei seinem Vater u. W. van Otterloo am Konservatorium in Utrecht. 1947 ging er zum Studium der Filmmusik nach Paris. Schrieb ab 1948 eine Reihe von Bühnenmusiken u. nahm 1949–50 an den Sommerkursen in Tanglewood, MA, teil, wo A. Copland u. S. Kussewitzky zu seinen Lehrern gehörten. Während seiner Aufenthalte in Amerika entstanden die *Berkshire Symphonies* (1949), die G. Balanchine u. J. Robbins ihrem Ballett *Jones Beach* zugrunde legten.

Zu A. weiteren Werken gehören: die Funkoper *Perdita* (1958), der Einakter *Kalchas* (1959), die Schuloper *Het zwarte Bontje* (1964), Sinfonien, Trio für Klar., Vc. u. Kl. u. *Movimenti I* für Bläser, Streicher u. Pauken (1965) sowie das *Rotterdam Concerto* für Jazz-Combo u. Orch. (1966), Konzerte, geistliche Musiken, Kammermusik u. Filmmusiken.

4. Louis J., Sohn von 2., niederl. Komponist, * 6. 6. 1939 Utrecht. Studierte am Konservatorium in Den Haag u. bei L. Berio.

Zu A. Kompositionen gehören: *Anachronie I* für Orch. (1967), *Contra tempus* für Orch. (1968) sowie Bühnen- u. Filmmusiken.

Anerio, 1. Felice, ital. Komponist u. Kapellmeister, * um 1560 Rom, † 26./27. 9. 1614 ebd. Von 1568 bis 1574 Sängerknabe an S. Maria Maggiore in Rom, dann Sopran u. später Altist unter G. P. Palestrina an St. Peter. 1594 Nachfolger Palestrinas als Komponist der päpstlichen Kapelle.

Zu A. Kompositionen, von denen viele nur handschriftlich erhalten sind, gehören: *Madrigali spirituali* zu 5 St. (1585); *Canzonette* zu 4 St. (1586); *Madrigali* zu 5 St. (1587); *Madrigali* zu 6 St. (1590), *Concerti spirituali* zu 4 St. (1593), *Sacri hymni e cantica* zu 8 St., Buch I (1596) u. Buch II (1602), Madrigale zu 3 St. (1598), Madrigale zu 6 St. (1602), *Responsorii per la Settimana Santa* zu 4 St. (1602) u. *Responsoria* zu 4 St. (1606).

2. Giovanni F., Bruder von 1., ital. Komponist u. Kapellmeister, * um 1567 Rom, † Juni 1630 Graz. Gemeinsam mit seinem Bruder als Chorknabe an der Peterskirche unter Palestrina, 1600–03 Kapellmeister an der Laterankirche, Kapellmeister am Dom von Verona, Präfekt am Jesuitenkolleg in Rom u. 1613–20 Kapellmeister an S. Maria dei Monti. Starb auf der Reise von Polen nach Italien. Seine Kapellmeistertätigkeit für Sigismund III. ist nicht genau datierbar. Er gehört wie sein Bruder zu den Komponisten des Palestrina-Stils. 1599 erschien als erstes gedrucktes Werk ein Buch mit 5st. Madrigalen. Gab neben Madrigalen, Motetten, Kanzonetten, Dialogen u. Arien auch verschiedene Werke für Klavier- u. Lautentabulatur heraus. Für die Entwicklung des Oratoriums ist sein »Teatro armonico spirituale« (1619) von Bedeutung. Palestrinas 6st. *Missa papae Marcelli* bearbeitete er für 4 St.

Anfossi, Pasquale, ital. Komponist u. Dirigent, * 25. 4. 1727 Taggia bei Neapel, † Februar 1797 Rom. Schüler von N. Piccinni, den er zeitweise mit eigenen Opern in den Schatten stellte. Schrieb mehr als 70 Bühnenwerke, die besonders in den 70er Jahren des 18. Jh. in Italien sehr beliebt waren. Seine erste Oper brachte er 1763 in Rom heraus *(La serva spiritosa)*. Mit *L'incognita perseguitata* erlebte er 1773 einen ersten großen Erfolg. Zu seinen weiteren Werken gehören *La finta giardiniera* (1774), *Il geloso in cimento* (1775), *L'avaro* (1775), *La vera costanza* (1776), *Il curioso indiscreto* (1777, W. A. Mozart komponierte hierzu die Einlagearien KV 417e, 418, 419, 420) u. *L'Inglese in Italia* (1786). Goethe erwog bei seinem Romaufenthalt, *La maga Circe* nach Weimar zu übernehmen. A. dirigierte 1782–83 die Italienische Oper in London, wirkte dann in Prag, Dresden u. Berlin, um 1791 die Kapellmeisterstelle am Lateran zu übernehmen. Schrieb in seinen letzten Jahren vorwiegend Kirchenmusik.

Angerer, Paul, österr. Komponist, Dirigent u. Bratschist, * 16. 5. 1927 Wien. Studierte bei F. Reidinger u. A. Uhl (Komposition), F. Bruckbauer (Geige) u. V. Thern (Klavier). War 1943 kurze Zeit Geiger im Linzer Brucknerorchester, 1949 Bratschist im Orchestre de la Suisse Romande, 1952 Solobratschist bei den Wiener Symphonikern. 1956 Leiter des Kammerorchesters der Wiener Konzerthausgesellschaft. 1964–66 Kapellmeister am Theater der Stadt Bonn, 1966–68 musikalischer Oberleiter in Ulm, 1967–72 Opernchef am Landestheater Salzburg, seitdem Leiter des Südwestdeutschen Kammerorch. in Pforzheim.

A. komponierte das Musical für Kinder *Pinocchio* (1958), die Fernsehoper *Paßkontrolle* (1959) u. das Musical *Hotel Comédie* (1970); außerdem Musiken für 15 Streichinstr. (1950), Orch. (1950), Va. u. Streichorch. (1950); 1 Sinfonie (1951), *Concert pour la jeunesse* für Orch. (1956), Konzerte für Cemb., Streichorch. u. Schlagzeug (1956), Kl. u. Streichorch. (1962), Va. u. Orch. (1962), Va. da gamba, Streichorch. u. Schlagzeug (1966) sowie Kammermusik u. Bühnenmusiken.

Angiolini, D. M. Gasparo, ital. Choreograf u. Komponist, * 9. 2. 1731 Florenz, † 5. 2. 1803 Mailand. → Ballett.

Anglaise (franz. für »englischer Tanz«) bezeichnet einen Volkstanz engl. Herkunft, der im späten 17. Jh. nach Frankreich gelangte u. von dort als Française nach Deutschland weiterwanderte. Die meistens geradtaktige Française kommt in der deutschen Klaviersuite vor, so z. B. bei J. S. Bach in seiner 3. Franz. Suite.

d'Anglebert, Jean Henri, franz. Komponist, * 1628 Paris, † 23. 4. 1691 ebd. Schüler von J. Ch. Chambonnières, dessen Stelle als Hofclavecinist er 1664 bei Ludwig XIV. übernahm. Gab 1689 »Pièces de clavecin avec la manière de les jouer« heraus, darunter eine Reihe von Bearbeitungen von Tänzen aus J.-B. Lullys Opern. Er selber steuerte auch eine Reihe von Kompositionen bei, so u. a. 22 Variationen über *Folies d'Espagne*, die ihn als einen der bedeutendsten Komponisten von Cembalomusik vor F. Couperin ausweisen. Er veröffentlichte außerdem »Principes de l'accompagnement«. Sein Sohn Jean-Baptiste Henri d'A. wurde sein Nachfolger.

Angulo, Héctor, kuban. Komponist, * 13. 9. 1932 Santa Clara. Studierte am Conservatorio Municipal de la Habana, an der Manhattan School of Music in New York u. ab 1964 bei L. Brouwer.

A. schrieb mehrere Orchesterwerke, Stücke für Git., Chöre, Lieder, Bühnenmusiken u. die Kammeroper *Ibeyi Añá* für T., Chor, Fl., Klar., Kl., Kb. u. Schlagzeug.

Angulo, Manuel, span. Komponist u. Lehrer, * 11. 10. 1930 Campo de Criptana. Schrieb Orchesterwerke, Kammermusik, *Poema lírico* für S. u. Orch. (1956) sowie die szenische Kantate *Dos pescadores* (1962).

Anhall nennt man den Einschwingungsvorgang bei der Erzeugung eines Schalls vom Beginn bis zu dem Zeitpunkt, in dem der Schall seine maximale Energiedichte erreicht hat. Der A. bestimmt weitgehend den spezifischen Klang eines Instruments.

Anhalt, István, kanad. Komponist ungar. Herkunft, * 12. 4. 1919 Budapest. Studierte bei Z. Kodály u. ab 1946 am Pariser Conservatoire bei L. Fourestier, dazu privat bei N. Boulanger. Wurde 1949 Lehrer für Komposition an der McGill-Universität in Montreal. Nach Jahren der Auseinandersetzung mit dem Medium der elektronischen Musik im National Research Centre in Ottawa, an der Columbia University in New York und bei den Bell Laboratories baute er an der McGill-Universität ein eigenes elektronisches Studio auf, dessen Leiter er wurde. Seit 1971 Direktor der Musikabteilung der Queen's University in Kingston, Ontario.

Zu A. Werken gehören: 1 Klaviersonate (1951), 1 Trio für V., Vc. u. Kl. (1953), 1 Sinfonie (1959) u. Cento für 12 Stimmen u. Tonband (1967).

Animuccia, Giovanni, ital. Komponist, * um 1514 Florenz, † 25. 3. 1571 Rom. Kapellmeister an St. Peter zur Zeit von G. P. da Palestrinas Entlassung. Gehörte zum Freundeskreis von Philip Neri, für den er auch seine *Laudi spirituali* (1563 u. 1570 gedruckt) komponierte. Ein Buch mit 4–6st. Messen wurde 1567 gedruckt, ein Buch mit Magnificat 1568 u. Bücher mit Madrigalen 1547, 1551, 1554 u. 1565. Eine große Zahl weiterer Kompositionen liegt nur in Handschrift vor. Sein Bruder Paolo war ebenfalls Komponist, hatte 1550–52 das Amt des Kapellmeisters am Lateran inne u. starb 1563.

Anna Amalia, Herzogin von Sachsen-Weimar, dt. Komponistin, * 24. 10. 1739 Wolfenbüttel, † 10. 4. 1807 Weimar. Schülerin von F. G. Fleischer u. E. W. Wolf, komponierte Goethes Singspiel »Erwin und Elmire« (1776) u. Stücke aus seinem »Jahrmarktsfest zu Plundersweilern«. Schrieb außerdem 1 Sinfonie u. Kammermusik.

Annibale Padovano, ital. Komponist u. Organist, * 1527 Padua, gest. † 15. 3. 1575 Graz. War von 1552 bis 1564 Organist der Markuskirche in Venedig, trat anschließend in den Dienst des Erzherzogs Karl in Graz. Komponierte Messen, Motetten, Madrigale sowie ein Buch mit 4st. Ricercari, das 1556 in Venedig gedruckt wurde.

anonym (griech.: »namenlos«) werden Musikstücke genannt, deren Verfasser aus keiner Handschrift oder aus keinem Druck hervorgeht. Von wenigen Ausnahmen abgesehen, sind die meisten Musikstücke bis ins 14. Jh. hinein anonym überliefert. Erst mit der Signatur bahnte sich eine Entwicklung an, die zum heutigen Urheberrecht geführt hat.

Anrooij, Peter G. van, niederl. Komponist u. Dirigent, * 13. 10. 1879 Zaltbommel, † 31. 12. 1954 Den Haag. Studierte in Utrecht und bei S. I. Tanejew in Moskau. Leitete das Residenz-Orchester in Den Haag bis 1935.

A. komponierte u. a. 1 Holländische Rhapsodie *Piet Hein* für Orch. (1901), 1 Ballade für V. u. Orch. (1902) u. 1 Orchestersuite zu Wilhelm Hauffs »Das kalte Herz«.

Ansatz bezeichnet die Stellung der Lippen beim Anblasen von Blasinstrumenten. Von ihm hängt die Qualität des Tones ab. Beim Gesang versteht man unter A. die jeweilige Art der Tongebung im Mund- u. Nasenraum.

Anschlag, 1. Der A. bei Tasteninstrumenten, insbesondere beim Klavier, ist entscheidend für die Qualität des erzeugten Tones. Mittels des A. kann der Klavierspieler gewisse Obertöne verstärken oder abschwächen und damit ganz eigene Klangschattierungen erzielen. **2.** Doppelvorschlag, der aus einer unteren u. einer oberen Vorschlagnote besteht.

Antheil, George, amer. Komponist u. Pianist, * 8. 7. 1900 Trenton, NJ, † 12. 2. 1959 New York. Erhielt Klavierunterricht bei einem Liszt-Schüler u. studierte Komposition bei E. Bloch. 1922 unternahm er eine erfolgreiche Europatournee als Klaviervirtuose. Lernte in Paris den Kreis um I. Strawinsky kennen, freundete sich mit Ezra Pound an u. bewohnte den 1. Stock über Sylvia Beachs Shakespeare and Company. Machte sich einen Namen als Komponist mit dem *Ballet mécanique* (1925), einer Musik, die ursprünglich zu F. Légers Experimentalfilm aufgeführt werden sollte, was jedoch wegen technischer Probleme des Stummfilms unterblieb. 1926 gelangte in der Carnegie Hall seine *Jazz Symphony* für 22 Instr. zur Uraufführung. W. C. Handy dirigierte ein schwarzes Orchester, A. selber spielte den Klavierpart. In Europa erlebte seine dreiaktige Oper *Transatlantic* 1930 in Frankfurt ihre Uraufführung. Dann wurde es still um A., dessen Musik bei einem größeren Publikum doch nicht ankam, obwohl er Jazzelemente u. die Tonsprache I. Strawinskys gekonnt mischte. Wieder in Amerika, lebte er vorwiegend von Filmmusiken.

Zu A. Werken gehören: die Ballette *Dreams* (1935 für G. Balanchine) u. *Capital of the World* (1953), die Bühnenwerke *Volpone* (1950), *The Rascal* (1953), *The Brothers* (1954), *The Wish* (1955), *Venus in Africa* (1957) sowie Sinfonien u. Kammermusik. Besonders hingewiesen sei auf die 2 Violinsonaten, die A. auf Veranlassung von Ezra Pound in den 20er Jahren komponierte. Seine Autobiografie erschien in dt. Übersetzung als »Enfant terrible der Musik« (München 1960).

Anthem (engl. von antiphona) bezeichnet seit der Reformation die englischsprachige geistliche Chormusik, die zwar nicht Teil der Liturgie, aber meistens auf biblische Texte komponiert war. Sie wurde hauptsächlich in den Morgen- u. Abendgottesdiensten der anglikanischen Kirche gesungen. Die Herkunft des A. von der Motette läßt sich an Hand der häufigen Umarbeitungen lat. Motetten in nationalsprachliche A. verdeutlichen. Zu den größten Komponisten von A. gehören W. Byrd, O. Gibbons, T. Morley, H. Purcell, G. F. Händel, W. Boyce u. Samuel S. Wesley. In der Verbindung mit »National« nimmt A. die Bedeutung Nationalhymne an.

Anthologie (griech: »Blütenlese«), Beispielsammlung ausgewählter Noten oder Schallplatten, um den Verlauf der Musikgeschichte allgemein oder den einer bestimmten Epoche darzustellen. Dazu gehört auch die 1949 begonnene Archiv-Produktion der Deutschen Grammophongesellschaft.

antike Musik. Unter dieser Bezeichnung werden meistens → griech. u. → römische Musik zusammengefaßt.

Antill, John H., austral. Komponist u. Dirigent, * 8. 4. 1904 Sydney. Studierte am Konservatorium in Sydney, war Sänger, Bläser, Korrepetitor u. Hilfskapellmeister bei einer reisenden Operntruppe, dann Mitglied des Sydney Orchestra u. leitete nach dem 2. Weltkrieg die Hauptabteilung Musik beim Rundfunk der ABC.

Zu A. Werken gehören: die Ballette *Corroboree* (1950), *Wakooka* (1957), *Black Opal*, *Snowy* u. *G'Day Digger* (1961), die Opern *Endymion* (1953), *The Music Critic* (1953) sowie Orchesterwerke u. Lieder.

Antiphon (von griech.: »gegeneinandertönend«) ist die Bezeichnung für den kirchlichen Wechselgesang zwischen zwei Chören. Dieser Brauch scheint sich zuerst in Kleinasien entwickelt zu haben u. wurde von Ambrosius im Westen eingeführt oder zumindest verbreitet. Der antiphonale Gesang verband sich mit der Psalmodie. So entstanden die wechselchörigen Psalmodien.

Antonii, Pietro degli, ital. Komponist u. Kapellmeister, * um 1648, † um 1720. Kirchenkapellmeister an verschiedenen Kirchen Bolognas u. Vorsitzender der Accademia dei Filaschisi (1676) u. der Accademia dei Filarmonici (sechsmal zwischen 1676 u. 1718).

A. veröffentlichte Bücher mit Messen, 1 Buch Motetten u. Kammerkantaten. Außerdem komponierte er Oratorien, Opern u. Instrumentalwerke.

Antonio → Ruiz Soler, A.

Antoniou, Theodore, griech. Komponist, * 10. 2. 1935 Athen. Studierte Geige u. Gesang am Nationalkonservatorium in Athen sowie Komposition bei M. Kalomiris. 1958–61 weitere Studien bei A. Papaioannou am Griech. Konservatorium u. 1961–65 bei G. Bialas u. A. Riedl in München. Composer-in-residence an mehreren amer. Universitäten, 1970–79 Professor für Komposition u. Leiter des Ensembles für Neue Musik am Philadelphia College of the Performing Arts u. seit 1979 Professor für Komposition an der Boston University, Leiter des Performing Ensemble Alea III u. verantwortlich für den Politis Composition Prize. Hat sich eine ganz persönliche serielle Technik erarbeitet.

Zu A. Kompositionen gehören: die Bühnenwerke *Klytemnestra* (Klangaktion für 1 Schauspielerin, Ballett u. Orch. mit Tonband, 1967), *Kassandra* (Klangaktion für Tänzer, Schauspieler, Chor, Orch. mit Tonbändern, Lichteffekte u. Projektionen, 1969), *Protest II* (dramatisches Mixed-media-Werk für mittlere Singst., Schauspieler oder Sprechchor, Orch., Röhrenblitzlicht, Synthesizer, Tonband u. Dia-Projektionen, 1971), *Circle of Accusation* (Ballett, 1975) u. *Periander* (Mixed-media-Oper für Sänger, Sprecher, Schauspieler, Tänzer, gem. Chor, Orch. u. Tonband, 1977–79), Vokalwerke wie *Meli* (Gesänge nach Sappho für mittlere Singst. u. Orch. 1962), *Epilog nach Homers Odyssee* für Mezzo-S., Sprecher u. Instr. (1963), *Kontakion auf das Jüngste Gericht* für Soli, gem. Chor u. Streicher (1965), *Klima tis apusias* für mittlere Singst. u. Kammerorch. (1968), *Moiraloghia for Jani Christou* für Bar. u. Kl. oder Bar., Kl. u. variable Besetzungen (1970), *Parodies* für Singst. u. Kl. (1970), *Cheironomiës* (*Gesten*, eine Klangskizze in Modellen für variable Besetzungen, auch mit gem. Chor, 1971), *Nenikikamen* (Kantate für Sprecher, Mezzo-S., Bar., gem. Chor u. Orch., 1971), *Verleih uns Frieden gnädiglich* (für 3 gem. Chöre a cappella, 1971–72), *Chorochronos I* (Mixed-media-Stück für Bar., Sprecher, Schlagzeug, 4 Pos., 4 Lautsprecher, Tonband, Filme, Dias, Regler u. Lichteffekte, 1973), *Chorochronos II* für Bar., Sprecher u. Kammerorch. (1973), *Die weiße Rose* (Kantate für 2 Sprecher, Bar., Knabenchor, Kammerchor, gem. Chor u. Orch., 1974–75), *Chorochronos III* für B., Kl., Schlagzeug ad libitum u. Tonband, Lichteffekte u. Projektionen ad libitum, 1974–75), *Circle of Thanatos and Genesis* (dramatische Kantate für T., Sprecher, gem. Chor u. Orch., 1977–78), *Revolution der Toten* für Chor u. Orch. (1981); Orchesterwerke, u. a. Concertino für Kl., Streicher u. Schlagzeug (1962), *Antithesen* für Holzblasinstr., Trp., Hf., Schlagzeug, Streichquartett u. 2 Streichorch. (1962), Concertino für Kl., 9 Bläser u. Schlagzeug (1963), *Jeux* für Vc. u. Streicher (1963), *Mikrographien* für Orch. (1964), Konzert für V. u. Orch. (1965), *Kinesis ABCD* für 2 Streichergruppen (1966), *Op Ouverture* für Orch. u. Tonband (1966), *Events I* für V., Kl. u. Orch. (1967–68), *Katharsis* für Fl. u. kleines Orch. mit Dia-Projektionen, Film u. Tonband (1968), *Events II* für Orch. u. Tonband

(1969), *Events III* für Orch. u. Tonband, Dia-Projektionen ad libitum (1969), *Threnos* für Holz- u. Blechbläser, Schlagzeug, Kl. u. Kb. (1972), *Fluxus I* für Orch. (1974–75), *Fluxus II* für Kl. u. Kammerorch. (1975), *Double concerto* für Schlagzeug (2 Spieler) u. Orch. (1977); Kammermusik, darunter *Quartetto giocoso* für Ob., V., Vc. u. Kl. (1965), *Lyrics* für V. u. Kl. (1967), *Synthesis* für Ob., Schlagzeug, Hammondorg., Kb. u. 4 Synthesizer (1971), *Stichomythia I* für Fl. u. Git. (1976), *Parastasis I* (szenisches Werk für Schlagzeug u. Tonband, 1977), *Parastasis II* (szenisches Werk für Schlagzeug, Tonband u. Kammerensemble, 1977 [variable Besetzungen]), *Stichomythia II* für Git. solo (1977), *DO-Quintett* für 2 Trp., Horn, Pos. u. Tuba (1978).

ApIvor, Denis, engl. Komponist, * 14. 4. 1916 Collinstown, Irland. War bereits während der Schulzeit Diskantist der Kathedralchöre in Oxford u. Herford u. nahm Unterricht für Orgel, Klavier u. Klarinette. Während des auf Wunsch der Eltern absolvierten Medizinstudiums in London Kompositionsunterricht bei P. Hadley, A. Rawsthorne u. später E. Clar. Hatte ersten Erfolg mit seinen *Lorca-Songs* (1946) u. der Kantate *The Hollow Men* für Bar., Männerchor u. Orch., die 1950 vom Rundfunk gesendet wurde. Die Bekanntschaft mit C. Lambert weckte sein Interesse für das Ballett. Es entstanden für Sadler's Wells *A Mirror for Witches* (1952), *Bluthochzeit* (1953), *Saudades* (1955) u. *Veneziana* (1963). A. komponierte u. a. nach Gemälden von P. Klee *Overtones* für Orch. (1962); *The Secret of the Sea* für Chor u. Instr. (1964); die satirische Oper *Ubu Roi* (1966) sowie Sinfonien, Konzerte u. Kammermusik. Bei den meisten seiner Kompositionen wendet er die Zwölftontechnik an.

Apostel, Hans E., österr. Komponist, * 22. 1. 1901 Karlsruhe, † 30. 11. 1972 Wien. Studierte am Munzschen Konservatorium in Karlsruhe u. ab 1921 bei A. Schönberg u. A. Berg in Wien. Nach dem 2. Weltkrieg Lektor u. freischaffender Komponist in Wien. Entwickelte sich von einer spätromantischen Tonsprache über einen ausgeprägten Expressionismus zu freier Dodekaphonie u. schließlich zu orthodoxer Zwölftontechnik. Seine frühen Werke bestehen fast ausschließlich aus Kammermusik wie Variationen nach O. Kokoschka für Kl. op. 1 oder *Sonata ritmica* für Kl. op. 5 u. *Kubiniana* für Kl. op. 8, dazu Lieder, Chöre u. Orchestergesänge wie op. 3, 6 u. 9 (F. Hölderlin) oder op. 12 (G. Trakl). 1935 entstand mit op. 7 ein Streichquartett mit Variationen über ein Thema aus A. Bergs *Wozzeck* zu dessen 50. Geburtstag. Von seinen späteren Werken seien erwähnt: *Kleines Kammerkonzert* für Fl., Va. u. Git. (1964), *Kammersymphonie* (1968), *Epitaph* für Streicher u. *Haydn-Variationen Teil II: Paralipomena dodekaphonica* für Orch. (1969). Von dem Konzert für Orch. op. 50 konnte er nur noch den 2. Satz fertigstellen.

appassionato (ital.), bedeutet als musikalische Vortragsbezeichnung soviel wie »leidenschaftlich«.

A & R, Artist and Repertoire, umschreibt den künstlerischen Produktionsbereich bei der Schallplatte. Der A & R-Manager ist entweder der künstlerische Leiter der gesamten Firma oder für ein Label zuständig.

Arabeske (franz. arabesque: »Ornament«), Bezeichnung für ein → Charakterstück, das durch besonders reiche Figuration gekennzeichnet ist.

arabisch-islamische Musik ist die Kunstmusik des ganzen islamischen Einflußbereichs von Persien bis nach Nordwestafrika. Während wir über diese Musik wenigstens einige Aufzeichnungen arabischer Theoretiker kennen, blieb die Volksmusik dieses Bereiches bis ins 20. Jh. weitgehend unbekannt. Zusätzlich erschwerend wirkt, daß der Islam keine Notenschrift kennt u. in seiner Liturgie auf Instrumentalmusik verzichtet. Nur die Koranrezitation u. der Gebetsruf entwickeln gewisse musikalische Formen. Die Kunstmusik ist vorwiegend diatonisch u. stützt sich auf eine siebenstufige Tonleiter. Als Fixpunkte im Vortrag gelten die Maqāmāt (Plural von → Maqām), sog. Melodiemodelle, von denen jeder arab. Musiker eine Anzahl beherrscht u. die kunstvoll in den Ablauf eingeflochten werden. Die wichtigsten Instrumente sind Ūd (Kurzhalslaute u. Vorläufer unserer Laute), Rabāb (Streichlaute), Qānūn (Brettzither, gezupft oder angerissen), Santûr (Hackbrett), Tanbūr (Langhalslaute), Qasaba (Rohrflöte), Mizmār (Holzblasinstr. einschließlich Doppelrohrblasinstr.) u. Tabl (Sammelbezeichnung für Pauken u. Trommeln).

Araiz, Oscar Angel, argentin. Tänzer, Choreograf u. Ballettdirektor, * 2. 12. 1940 Bahia Blanca. A. wollte eigentlich Maler werden, entschied sich dann aber für den Tanz u. insbesondere die Ch. Schlüsselerlebnis war I. Strawinskys *Sacre*, zu dem A. schon in seiner Jugend Zeichnungen machte. Erhielt ersten Unterricht bei Tamara Grigorieva am Teatro Argentino in La Plata sowie bei Renate Schottelius, die ihn mit den Vorstellungen von José Limon vertraut machte, u. bei Dore Hoyer, die ihn in die Welt des Ausdruckstanzes Wigmanscher Prägung einführte. 1962 entstand sein erstes Ballett *Ritos* (M.: C. Chávez) für eine Tänzergruppe in La Plata. 1963 bis 1967 Auftritte u. Tourneen mit eigener Truppe, ab 1968 künstlerischer Direktor des Ballett del Teatro San Martín in Buenos Aires bis zur Auflösung der Truppe wegen ausbleibender Subventionen 1975. Er choreografierte auch für das Teatro Colón u. studierte seine Ballette an der Pariser Opéra, der Hamburger Staatsoper, dem holländ. Nationalballett, bei Joffrey, am Königlich Schwed.

Ballett und am Royal Winnipeg Ballet ein. Zu seinen wichtigsten Arbeiten gehören: *The Unicorn, the Gorgon and the Manticore* (M.: G.C. Menotti); *El Canto de Orfeo* (M.: P. Henry); *Crucifixión* auf Negrospirituals u. *Orpheus* (M.: I. Strawinsky) 1964; *Sinfonia Indiana* (M.: C. Chávez) 1965; *Sacre du printemps* u. *Ebony Concerto* (M.: I. Strawinsky) 1966; *Der wunderbare Mandarin* (M.: B. Bartók) u. *Deserts* (M.: E. Varèse) 1967; *Symphonia* (eigene Collage aus Berio, Ligeti, Cage, Cowell, Bark, Rabe, Stockhausen u. Xenakis) 1968; *Magnificat* (M.: J.S. Bach) und *Visiones Herméticas* (M.: M. Kagel) 1969; *Tanz ums Goldene Kalb* (M.: A. Schönberg, im Rahmen der *Moses u. Aron*-Produktion des Teatro Colón) u. *Romeo und Julia* (M.: S. Prokofjew) 1970; Adagietto aus Mahlers 5. Sinfonie 1971; *La Reina de Hielo* (M.: P. Tschaikowsky) 1972; *Troupe* (eigene Collage aus Rock u. Klassik) 1973; *Escenas de familia* (M.: F. Poulenc) 1974; *Mahler's Songs* (M.: G. Mahlers *Lieder eines fahrenden Gesellen* sowie das 4. der Rückert-Lieder) 1975. Die 3. Nummer dieses Balletts ist als Hommage an seine Lehrerin D. Hoyer gedacht, während das abschließende »Ich bin der Welt abhanden gekommen« einen Abschied von der sich auflösenden Truppe des Teatro San Martín in Tanz umsetzt. 1976 entstand für das Royal Winnipeg Ballet *Eternity is now* (M.: G. Mahlers 4. Sinfonie) mit Kostümen von A., die sich an die Bilderwelt G. Klimts anlehnen, u. 1977 für das Joffrey Ballet eine neue Ch. zu S. Prokofjews *Romeo und Julia*, bei der A. Julia als Kind, romantisches Wesen u. dramatische Gestalt von drei Tänzerinnen darstellen ließ. Er verbindet in seinen Ch. Elemente des klassischen Tanzes u. des Modern Dance. Für ihn ist der Tanz »Theater der Bewegung«.

Arauxo, Francisco Correa de → Correa de Arauxo, Francisco

Arbeau, Thoinot (Anagramm aus Jehan Tabourot), franz. Theoretiker des Balletts, * 1519 Dijon, † um 1595 Langres. → Ballett

Arbeiterlied, ein mit den Kämpfen um die Organisation u. Anerkennung der Arbeiterklasse (Bildungsvereine, Gewerkschaften, Parteien) entstandenes politisches Lied. Es kennt neben der Umdichtung von Volksliedern u. Gassenhauern auch das als Manifest gedachte A. Seine größte Blüte erlebte es während der Weimarer Republik mit Komponisten wie H. Eisler, der eine Vielzahl von A. verfaßte, die hauptsächlich zur Agitation u. Propaganda dienten. Verwandt mit dem A. ist das sog. Massenlied, das besonders im sozialistischen Kulturbereich gepflegt wird.

Arbeitslied, ein dem Arbeitsrhythmus angepaßtes Gruppenlied, das oft im Wechsel zwischen Vorsänger u. Chor monotone Arbeitsvorgänge (Ernten, Dreschen, Spinnen etc.) erleichtern half oder bei gemeinsamer Tätigkeit das Arbeitstempo anzugeben hatte. (→ Plantation song)

Arbeitsmusik → MUZAK

Arbós, Enrique Fernández, span. Komponist, Dirigent u. Geiger, * 24. 12. 1863 Madrid, † 26. 2. 1939 San Sebastián. Schüler von J. Monasterio in Madrid, H. Vieuxtemps in Brüssel u. J. Joachim in Berlin. Für kurze Zeit Konzertmeister der Philharmonie in Berlin, Lehrer am Hamburger u. Madrider Konservatorium u. ab 1891 am Royal College of Music in London. Ab 1904 Leiter des Sinfonieorch. in Madrid u. Violinlehrer am dortigen Konservatorium. Neben vielen In- u. Auslandsverpflichtungen als Geiger u. Dirigent komponierte er Stücke für V. u. Orch., 3 Klaviertrios, 1 Orchestersuite, die musikalische Komödie *Viaje al centro de la tierra* (1895), außerdem orchestrierte er Stücke aus *Iberia* von I. Albéniz.

Arcadelt, Jakob, niederl. Komponist u. Sänger, * um 1500, † 14. 10. 1568 Paris. Reiste 1538 nach Italien, ist in Florenz nachgewiesen u. war dann in Rom Magister capellae der Cappella Julia u. ab 1540 päpstlicher Kapellsänger. Trat 1555 in die Dienste des Herzogs von Guise, mit dem er nach Paris ging, wo er den Titel eines Regius musicus erhielt. Komponierte Madrigale, Messen u. Motetten. Besonders seine Madrigale waren so beliebt, daß sie immer wieder neu aufgelegt wurden. Noch C. Monteverdi veröffentlichte 1627 eine Auswahl. Zu A. Madrigalen gehört auch das berühmte *Il bianco e dolce cigno*.

Archipoeta, Dichter u. Komponist (?) im 12. Jh. Unter seinem Namen sind 8 Gedichte überliefert, die zum Besten der erhaltenen mittellateinischen Dichtung gehören. Die berühmte »Beichte« dieses Autors findet sich auch in der Sammlung der → Carmina burana.

Ardévol, José, kuban. Komponist u. Dirigent span. Herkunft, * 13. 3. 1911 Barcelona. Lebt seit 1930 in Havanna, dirigierte 1934–52 das von ihm gegründete Kammerorchester von Havanna, war Mitbegründer des Nationalorchesters u. des städtischen Konservatoriums (später Conservatorio Amadeo Roldán), wo er von 1938 bis 1959 u. nach der Revolution von 1965 bis 1968 Kompositionsunterricht gab.

Zu A. Kompositionen gehören: das Ballett *Forma* für Chöre u. Orch. (1942), Orchesterwerke, Sinfonien, 3 Concerti grossi, 1 Konzert für 3 Kl. u. Orch., *Cantos de la revolución* (1962) u. *Por Viet-Nam* (1966) für A-cappella-Chor, die Kantate *Che comandante* (1968) für Chor u. Orch. sowie Filmmusik.

Arditi, Luigi, ital. Komponist u. Kapellmeister, * 22. 7. 1822 Crescentino bei Vercelli, † 1. 5. 1903 Hove bei Brighton. Studierte am Konservatorium in Mailand u. war Kapellmeister in Vercelli.

1846 reiste er mit G. Bottesini nach Kuba, wo er die Oper *Il corsaro* komponierte u. aufführte. Auf einer seiner Amerikatourneen schrieb u. produzierte er seine Oper *La spia* (1856). Er dirigierte ital. Opern in Deutschland, Rußland u. England, wo er sich als Lehrer u. Komponist für mehrere Jahre niederließ. Zu seinen Kompositionen gehört der berühmte *Kußwalzer (Il bacio)*.

arco (ital.: »Bogen«), col(l')arco, Abkürzung: arc., mit dem Bogen zu spielen, im Gegensatz zu → pizzicato.

Arenskij, Antonij S., russ. Komponist, 12. 7. 1861 Nowgorod, † 25. 2. 1906 Terioki, Finnland. Schüler von N. Rimskij-Korsakows am Petersburger Konservatorium. 1883 Lehrer für Komposition am Konservatorium in Moskau, 1895 Direktor der kaiserl. Hofkapelle in Petersburg. Zu seinen Schülern gehörten A. Skrjabin, S. Rachmaninow u. R. Glière.

A. komponierte die Opern *Son na Volge, Rafael'* u. *Nal'i Damajanti*, das Ballett *Egipetskie noči* sowie Orchesterwerke, darunter 2 Sinfonien (1883 u. 1889), 1 Klavierkonzert (1882) u. 1 Violinkonzert (1891), Kammermusik. Außerdem verfaßte er eine Harmonielehre (1891) u. ein Handbuch der Formenlehre (1893–94).

Arie, ursprünglich ein Stück für Sologesang und Instrumentalbegleitung in der Form eines Strophenliedes. Mit der allmählichen Lösung vom strophischen Gerüst entwickelt sich die A. zu dem Gesangsstück, das wir aus Oper u. Oratorium kennen. Während die der A. vorausgestellten Rezitative sich in der Barockoper immer mehr zum Träger der eigentlichen Handlung entwickelten, diente die Arie den Hauptpersonen zum Ausdruck ihrer Gefühle. Als A.-Form beginnt sich im 17. Jh. die Da-capo-A. durchzusetzen, die erst dreiteilig u. später fünfteilig angelegt war. Mit Glucks Opernreform wird die starre Form der Da-capo-A. um die Mitte des 18. Jh. durch Unterordnung der A. unter den Handlungsablauf aufgebrochen. Im 19. Jh. wird die Trennung von Rezitativ u. A. im Musikdrama fast völlig aufgegeben. Die in dt. Suiten auftauchende Aria ist wahrscheinlich nur eine andere Schreibweise für das franz. → Air, einen zweiteiligen Tanzsatz.

d'Arienzo, Nicola, ital. Komponist u. Musikschriftsteller, * 24. 12. 1842 Neapel, † 25. 4. 1915 ebd. Unterricht bei P. Labriola u. V. Fioravanti, anschließend bei S. Mercadante. Brachte 1860 seine erste komische Oper *La fidanzata del perrucchiere* in Neapel zur Aufführung. Es folgten *I due mariti* (1866), *La fiera* (1887), *I viaggi* (1875) u. a. szenische Werke. Außerdem komponierte er Konzerte, Chor- u. Orchesterwerke, Kammermusik u. veröffentlichte theoretische Schriften.

Ariola-Eurodisc GmbH, wurde 1958 als hundertprozentige Tochterfirma d. Bertelsmann-Konzerns in München gegründet. 1965 umbenannt in Ariola-Eurodisc-Amalthea Musikproduktion GmbH, die als sog. Dachgesellschaft für alle Schallplattenaktivitäten des Bertelsmann-Konzerns fungiert. Dazu gehören auch die Auswertungsverträge mit der staatlichen sowj. Melodia u. der tschechoslowakischen Supraphon. Über die Liberty-UA GmbH werden interessante Jazzaufnahmen auf den Markt gebracht. Das Label Eurodisc umfaßt das gesamte klassische Repertoire, während unter dem Label Ariola U-Musik u. Schlager vertrieben werden.

Ariosti, Attilio M., ital. Komponist u. Geiger, * 5. 11. 1666 Bologna, † um 1740 wahrscheinlich in Spanien. Trat 1688 in den Orden der Serviten ein. 1693–94 Organist der Kirche S. Maria in Bologna, anschließend im Dienst des Großherzogs von Toscana. 1697–1703 Hofkomponist der Königin Sophie Charlotte in Berlin, später im Dienst Kaiser Josephs. 1716 in London, wo er bei einer Aufführung von G. F. Händels *Amadigi*-Zwischenaktmusik auf der Viola d'amore spielte. Ab 1722 an der Leitung der Royal Academy of Music beteiligt, komponierte er zwischen 1723 u. 1727 sieben Opern. 1728 ließ er Kantaten u. »Lezioni per Viola d'amore« auf Subskriptionsbasis veröffentlichen. Über sein weiteres Schicksal ist nichts Genaues bekannt.

Zu A. Werken gehören eine große Zahl von Opern, Oratorien, Divertimenti da camera, Kantaten u. kleinere Chorwerke.

Arizaga, Rodolfo, argentin. Komponist u. Musikschriftsteller, * 11. 7. 1926 Buenos Aires. Studierte am Conservatorio Nacional de Música, anschließend bei O. Messiaen, N. Boulanger u. G. Martenot in Paris. Betätigt sich als Musikkritiker u. freischaffender Komponist.

Zu A. Werken gehören: *Bailable real de la impaciencia* (szenisches Divertimento für Fl., Ob. u. Klar., 1948) u. *Prometeo 45* (einaktige Oper, 1958), Klavierkonzert (1963), *Música para Cristóbal Colón* (1966), Kammermusik, Chorwerke u. Lieder. A. ist auch der Verfasser einer »Enciclopedia de la música argentina« (1970).

Arlen, Harold (eigtl. Hyman Arluck), amer. Komponist, * 15. 2. 1905 Buffalo. Hatte erste Erfolge als Jazzpianist u. Bandleader. Produzierte 1930–34 zusammen mit Ted Koehler (→ Lyrics) Programme für den Cotton Club in Harlem, schrieb daneben auch Broadway Shows. Nach Erfolgen mit Songs wie *Blues in the night* u. *That Old Black Magic* gelang ihm mit *Bloomer Girl* (1944) der Durchbruch am Broadway. Neben Filmmusiken entstanden mit *House of Flowers* (1954), *Jamaica* (1957), *Free and Easy* (1959) u. *Saratoga* (1959) weitere Musicals.

Arne, 1. Thomas A., engl. Komponist, * 12. 3.

1710 London, † 5. 3. 1778 ebd. Beschäftigte sich gegen den Willen seines Vaters mit Musik u. lernte heimlich das Geigenspiel. Komponierte neben Glees, Catches, Sinfonien, Triosonaten u. Orgelkonzerten eine Vielzahl von Bühnenmusiken, darunter zu Stücken Shakespeares für D. Garrick. Daneben schrieb er mehr als 30 Opern, Serenaden, Maskenspiele u. Pantomimen, u. a. auch *Alfred* (1740), aus dessen Finale das *Rule Britannia* stammt. Er komponierte außerdem die beiden Oratorien *The Death of Abel* (1744) u. *Judith* (1761).

2. Michael, Sohn von 1., engl. Komponist, * um 1740 London, † 14. 1. 1786 ebd. Schrieb Bühnenmusiken u. Opern. Sein bestes szenisches Werk ist *Cymon* nach einem Libretto von D. Garrick (1767). Verlor zweimal sein Vermögen, weil er als Hobbychemiker nach dem Stein der Weisen suchte u. Gold herstellen wollte. Lebte in späteren Jahren hauptsächlich vom Dirigieren u. leitete 1771 die dt. Erstaufführung von G. F. Händels *Messiah*.

Arnell, Richard A. S., engl. Komponist, * 15. 9. 1917 Hampstead, London. Studierte 1935–39 am Royal College of Music in London u. war anschließend für die BBC in Nordamerika tätig. 1948–64 übernahm er eine Kompositionsklasse am Trinity College of Music, ab 1967 verschiedene Lehraufträge in den USA.

Zu A. Werken gehören die Ballette *Punch and the Child* (1947), *Harlequin in April* (1951), *The Great Detective* (1953) u. *The Angels* (1958); die Fernsehoper *Love in Transit* (1955); der Einakter *Moon Flowers* (1958); die Marionettenoper *The Petrified Princess* (1959); Sinfonien; Konzerte; Kammermusik u. die Multi-Media-Schau *Combat Zone* für 2 Sprecher, S., Bar., Chor, Blechbläser, Jazzgruppe, Tonband u. Film.

Arnold, Malcolm H., engl. Komponist, Trompeter u. Dirigent, * 21. 10. 1921 Northampton. Studierte 1937–40 am Royal College of Music in London u. wurde 1941 3. Trompeter der Londoner Philharmoniker. 1946–48 Solotrompeter des gleichen Orchesters, anschließend Studienaufenthalt in Italien. Lebt als freischaffender Komponist.

Zu A. Werken gehören: die Ballette *Homage to the Queen* (1953), *Rinaldo and Armida* (1955) u. *Elektra* (1963), 7 Sinfonien (1951, 1953, 1954, 1960, 1961, 1967 u. 1973), *Spielzeugsinfonie* (1958) u. Sinfonie für Bläser (1979), mehrere Suiten, Konzerte u. Vokalkompositionen sowie Kammermusik. Von seinen Filmmusiken sei die zu »The Bridge on the River Kwai« (1957) erwähnt.

Arnold, Samuel, engl. Komponist, Organist u. Kapellmeister, * 10. 8. 1740 London, † 22. 10. 1802 ebd. Erhielt seine musikalische Ausbildung unter B. Gates u. J. Nares in der Königlichen Vokalkapelle. Als Hauskomponist am Covent Garden brachte er 1765 sein erfolgreiches Pasticcio *The Maid of the Mill* zur Aufführung. 1777 wurde er Hauskomponist des Theatre Royal, 1787 gründete er zusammen mit J. Callcott den Glee Club, ab 1793 war er Organist an Westminster Abbey.

Zu seinen Werken gehören u. a. Opern u. Oratorien sowie Kammermusik. Außerdem gab er »Cathedral Music«, eine Sammlung von kirchlichen Werken engl. Komponisten des 16.–18. Jh., heraus sowie eine Ausgabe von Werken G. F. Händels (36 Bde.).

Arnold von Bruck, dt. Komponist u. Kapellmeister fläm. Herkunft, * um 1490 Brügge, † 6. 2. 1554 Linz. In Diensten der Habsburger von ungefähr 1510 bis wahrscheinlich 1546. Schrieb geistliche u. weltliche Lieder, Motetten u. Hymnen, die nur in Sammelwerken erhalten sind.

Arpeggio (ital. von arpa: »Harfe«) nennt man bei Zupf-, Streich- u. Tastinstrumenten das gebrochene Spiel von Akkorden. Dabei werden die einzelnen Töne meist von unten nach oben hintereinander angeschlagen.

Arpino, Gerald, amer. Tänzer, Lehrer u. Choreograf, * 14. 1. 1928 in West Brighton, NY. Nach Unterricht bei Ann Wells u. an der School of American Ballet Debüt am Broadway u. bei Joffrey, dessen Kodirektor er inzwischen geworden ist. Neben seiner Tätigkeit beim Joffrey Ballet unterrichtet er am American Ballett Center in New York. Zu seinen bekannteren Ch. zählen *Viva Vivaldi!* (M.: A. Vivaldi) 1965, *Kettentanz* (M.: Joh. Strauß sen. u. J. Mayer) 1971, *Jackpot* (M.: A. Raph) 1972 u. *The Relativity of Icarus* (M.: G. Samuel) 1974.

Arrangement, Einrichtung eines Musikstücks für eine andere Besetzung als die ursprüngliche. In der klassischen Musik gehört der Klavierauszug wie auch die Neueinrichtung u. Neuinstrumentierung zum A. In der Unterhaltungsmusik ist das A. eine Instrumentierung für einen bestimmten Interpreten oder eine vorhandene Besetzung. Im Jazz wird durch das A. der Ablauf eines Stücks festgelegt. Das geht vom Head-A., der einfachen Absprache, bis zum Big Band A. im Progressiven Jazz, wo häufig auch die Improvisation auskomponiert wird.

Arriaga y Balzola, Juan C., span. Komponist u. Geiger, * 27. 1. 1806 Bilbao, † 17. 1. 1826 Paris. Schüler des Pariser Conservatoire. Er schrieb 2 Opern, 1 Sinfonie, kirchliche Musik u. 3 Streichquartette. Nur die letzteren wurden zu seinen Lebzeiten 1824 in Paris gedruckt. Das größte Theater von Bilbao ist nach ihm benannt.

Arrigo, Girolamo, ital. Komponist, * 2. 4. 1930 Palermo. Studierte am Conservatorio di Musica V. Bellini in Palermo u. bei M. Deutsch in Paris.

A. schrieb u. a.: *Quarta occasione* für T., 5 St., Horn, Celesta, Mandoline, Git. u. Va. (1960), *Fluxus* für 9 Instr. (1961), *Serenata* für Git. (1961), *Epitaffi* für Chor u. Orch. (1963), *Episodi* für S. u. 4 Fl. (1963), *Thumos* für Bläser u. Schlagzeug (1964), *Shadows* für großes Orch.

(1966), *Infrarosso* für 16 Instr. (1967), *La Cantata Hurbine* für Soli u. Streicher sowie *Organum Jeronimus* für Soli u. Streicher (1972).

Ars antiqua (lat.: »alte Kunst«) tauchte bei Jacobus von Lüttich als Bezeichnung für den Modus notandi vor Ph. de Vitrys »Ars nova« auf. Dieser Begriff läßt sich mit einiger Sicherheit auf die Zeit von 1230 bis 1315 für die Musik in Nordfrankreich u. besonders in Paris anwenden. In ihrem Mittelpunkt stand die Kodifizierung der → Mensuralnotation u. die Blüte des → Discantus in der Motette.

Ars musica läßt sich am besten mit Musiklehre wiedergeben. Sie war Bestandteil der mittelalterlichen septem artes liberales, der sog. Sieben Freien Künste, zu denen neben dem Trivium (Grammatica, Rhetorica u. Dialectica) das Quadrivium mit Arithmetica, Geometria, Musica u. Astronomia gehörte.

Ars nova (lat.: »neue Kunst«) überschrieb Ph. de Vitry eine nach 1320 entstandene Schrift, in der er sich mit der Weiterentwicklung der → Mensuralnotation auseinandersetzte. Gemeinsam mit seinem Zeitgenossen J. de Muris zielte de Vitry auf gesteigerte rhythmische Feinheit (subtilitas) u. Wohlklang (dulcedo). Die Zeit der A.n. reicht ungefähr von 1315 bis zum Tode G. de Machauts im Jahr 1377. Hervorragende Merkmale der A.n. sind die Einführung der Minima u. Semiminima als Notenwerte, die Ausbildung der Isorhythmik u. Isoperiodik sowie die stärkere Verwendung der franz. Sprache.

Ars-Viva-Verlag GmbH, 1950 von H. Scherchen als Ars Viva Verlag Hermann Scherchen gegründet, 1955 von B. Schott's Söhne übernommen u. weitergeführt. Das Programm besteht vorwiegend aus zeitgenössischer Musik, u.a. Werken von H. Brauel, E. Brown, N. Castiglioni, L. Dallapiccola, H. Holliger, M. Kelemen, G. Klebe, H.U. Lehmann, R. Liebermann, L. Nono, T. Olah, E. Raxach, A. Reimann u. J. Wyttenbach.

Artikulation bedeutet in der Musik die Verbindung oder Trennung der einzelnen Töne beim Vortrag. Dazu verwendet der Komponist Zeichen wie Punkt, Keil oder Bindebogen oder Ausdrücke wie ben legat, leggiero oder staccato. Im 20. Jh. werden diese A.-Vorschriften durch den Komponisten immer zahlreicher.

Artist, im Sprachgebrauch der Popmusik jeder ausübende Musiker.

Artjomow, Wjatscheslaw P., sowj. Komponist, * 29. 6. 1940 Moskau. Studierte am Moskauer Tschaikowsky-Konservatorium Klavier u. bei N. Sidelnikow Komposition. Gründete gemeinsam mit V. Suslin u. S. Gubaidulina die Gruppe Astreja (1975). Experimentiert vor allem mit der Klangfarbe von Volksinstrumenten.

Zu A. Werken gehören: *Lieder für Kinder* nach A. Blok (1959); 3 Stücke für Quartett (1960); Streichquartett (1960); Kleines Klavierkonzert (1961); *Nördliche Lieder* für Mezzo-S., Kl. u. Schlagzeug (1966); *Konzert der 13* für Bläser, Schlagzeug u. Kl. (1967); Violinkonzert (1968), *Totem* (Sonate für Schlagzeugensemble, 1976); *Symphony of Elegies* für 2 Solo-V., Schlagzeuggruppe u. Streicher (1977); *Litanei I* für Sax.-Quartett (1977); *Meditations-Sonate* für Schlagzeugensemble (1978); *Rezitationen I–X* für verschiedene Blasinstr. (1975–80).

Arutjunjan, Alexandr G., sowj. Komponist, * 23. 9. 1920 Jerewan. Studierte am Konservatorium von Jerewan Komposition bei S. Barchudarjan u. Klavier bei O. Babasjan. Seit 1954 ist er künstlerischer Leiter der armenischen Staatsphilharmonie.

Zu A. die Folklore einbeziehenden Werken gehören die Oper *Sajat-Nova,* Sinfonien u. sinfonische Dichtungen, Konzerte für verschiedene Instr. u. Orch., Lieder, Bühnen- u. Filmmusiken.

ASCAP, American Society of Composers, Authors and Publishers, entspricht in den USA der GEMA u. nimmt zusammen mit der BMI die Verwertung musikalischer Rechte wahr (→ Verwertungsgesellschaft).

Aschaffenburg, Walter, amer. Komponist dt. Herkunft, * 20. 5. 1927 in Essen. Studierte an der Hartford School of Music in Oberlin u. an der Eastman School of Music in Rochester. 1956 Privatunterricht bei L. Dallapiccola. Lehrt Komposition am Oberlin College Conservatory of Music.

Zu A. Kompositionen gehören: die Oper *Bartleby* (1962), *Three Shakespeare Sonnets* für T. u. Kl. (1967), *The 23rd Psalm* für T., Ob., Vokalquartett u. Orgel (1968) sowie Orchesterwerke u. Kammermusik.

Ascher, Leo, österr. Komponist, * 17. 8. 1880 Wien, † 25. 2. 1942 New York. Schüler von R. Fuchs u. F. Schmidt. Zu seinen Kompositionen gehören 32 Operetten, von denen sich *Hoheit tanzt Walzer* bis heute im Repertoire gehalten hat.

Ashton, Sir Frederick W., Tänzer, Choreograf u. Ballettdirektor, * 17. 9. 1904 Guayaquil, Ecuador. Neben G. Balanchine der produktivste Choreograf auf dem Gebiet des klassischen Balletts im 20. Jh. Verbrachte seine Jugend in Lima, Peru, u. wurde an der dortigen Dominikanerschule dreisprachig erzogen. Erhielt als Meßdiener des Erzbischofs starke Eindrücke von der Messe als sakralem Schauspiel. Sah 1917 eine Vorstellung von Anna Pawlowa in Lima u. beschloß, »der größte Tänzer der Welt zu werden«. Besuchte 1919 das Dover College in Kent, England, u. tat sich bei Schulaufführungen hervor. 1921 erhielt er starke Eindrücke von Isadora Duncan, Loie Fuller u. S. Diaghilews Produktion von P. Tschaikowskys *Dornröschen,* 1922 vom Programm der Ballets Suédois. 1922 verließ er die Schule u.

schlug sich erst als Lehrling, dann als Fremdsprachenkorrespondent durch. Im gleichen Jahr nahm er Ballettunterricht bei Léonide Massine u. Marie Rambert. A. lernte hauptsächlich von L. Massines Ch. für Diaghilew, beobachtete B. Nijinska u. später G. Balanchine bei der Arbeit. Außerdem versäumte er keine Aufführung der Pawlowa, deren Ausdruckskraft ihm später bei jeder Kreation einer Frauenrolle vor Augen schwebte. Aus ihrer *Pawlowa Gavotte* übernahm er eine Kombination von Schritten, den sog. »Fred step«, der immer wieder als Signatur in seinen Balletten auftaucht.

Ab 1925 erste Auftritte als Tänzer, hauptsächlich im Kinovorprogramm. Erste Ch. mit *A Tragedy of Fashion* (M.: E. Goossens, Arr.: E. Irving) 1926. 1928 Engagement als Tänzer an das Royal Opera House Covent Garden. Im gleichen Jahr auch Auftritte in der Kompanie von Ida Rubinstein. Der Durchbruch als Choreograf gelang 1930 bei einer Matinee mit *Capriol Suite* (M.: P. Warlock) für M. Ramberts Schüler. 1930 erste Produktion für die Camargo Society mit *Pomona* (M.: C. Lambert). 1931 choreografierte er *Façade* (M.: W. Walton) u. trat im gleichen Programm mit der Karsavina in deren *Valse-Fantaisie* (M.: M. Glinka) auf. 1933 entstand für das Vic-Wells Ballet *Les Rendezvous* (M.: D.-F.-E. Auber, Arr.: C. Lambert). 1934 erfolgte eine Einladung in die USA, um dort Ch. u. Regie für V. Thomsons Oper *Four Saints in Three Acts* zu übernehmen. Ab 1935 als Tänzer u. Choreograf am Vic-Wells. Es folgen *Apparitions* (M.: F. Liszt, Arr.: C. Lambert) und *Nocturne* (M.: F. Delius) 1936, *Les Patineurs* (M.: G. Meyerbeer) und *A Wedding Bouquet* (M.: Lord Berners) 1937, *Horoscope* (M.: C. Lambert) 1938 u. *Dante Sonata* (M.: F. Liszt, Arr.: C. Lambert) 1940. Als 1946 das inzwischen in Sadler's Wells Ballet umbenannte Vic-Wells die offizielle Ballettkompanie am Covent Garden wurde, brachte A. dort die *Symphonic Variations* (M.: C. Franck) mit Fonteyn, May, Shearer, Somes, Danton u. Shaw heraus. Es folgten *Valses nobles et sentimentales* (M.: M. Ravel) 1947, *Scènes de ballet* (M.: I. Strawinsky) 1948, im gleichen Jahr *Cinderella* (M.: S. Prokofjew) mit A. in der Rolle einer der Stiefschwestern, 1950 *Illuminations* (M.: B. Britten), 1951 *Daphnis u. Chloe* (M.: M. Ravel) u. 1952 *Sylvia* (M.: L. Delibes) u. für das Königlich Dänische Ballett *Romeo und Julia* (M.: S. Prokofjew). 1956 wurde das Sadler's Wells zum Royal Ballet umbenannt, die Leitung lag jedoch weiterhin bei Ninette de Valois u. A. 1958 choreografierte er *Ondine* (M.: H. W. Henze), u. 1960 entstand seine Neufassung von *La Fille mal gardée* (M.: L.-J.-F. Hérold, Arr.: J. Lanchbery). *The Two Pigeons* (M.: A. Messager) 1961 u. *Marguerite u. Armand* (M.: F. Liszt, Arr.: G. Jacob) 1963 waren die nächsten Höhepunkte in seinem Schaffen. 1963 trat Ninette de Valois zurück, A. wurde Direktor des Royal Ballet. An neuen Werken erschienen *The Dream* (M.: F. Mendelssohn Bartholdy, Arr.: J. Lanchbery) 1964, *Monotones* (M.: E. Satie, Arr.: J. Lanchbery) 1965/66 u. *Enigma Variations* (M.: E. Elgar) 1968. 1970 gab A. das Direktorat des Royal Ballet auf. Für Sibley u. Dowell entstand 1971 *Meditation aus Thaïs* (M.: J. Massenet) u. für Lynn Seymour 1976 *Five Brahms Waltzes in the Manner of Isadora Duncan*. Ebenfalls 1976 kam am Covent Garden sein *A Month in the Country* (M.: F. Chopin, Arr.: J. Lanchbery) heraus. A. arbeitete als Gast auch mit dem Ballet Russe de Monte Carlo, den Ballets de Paris, dem London Festival Ballet, dem New York City Ballet, dem Königl. Dänischen Ballett u. dem Ballett der Scala. Außerdem stammen von ihm Choreografien für verschiedene Spielfilme, u.a. *Tales of Hoffmann* (zusammen mit L. Massine), *Three Loves* u. *Tales of Beatrix Potter*. 1977 kreierte er für den Film »Am Wendepunkt« eine Ch. zu F. Chopins As-Dur-Etüde für M. Barischnikow. Kennzeichnend für seine Arbeitsweise ist, daß er häufig den Tänzern Bilder oder Gefühle suggeriert, die diese genau in die Bewegungen umsetzen, die A. sich vorgestellt hat. In einem Interview mit W. Terry hat er einmal gesagt: »Ch. ist mein ganzes Sein, mein ganzes Leben, der Grund meines Lebens. In sie lege ich meine ganze Liebe, meine Enttäuschungen u. manchmal auch Biografisches. Für mich ist sie wirklicher als mein eigenes Leben, u. ich kann mir überhaupt nicht vorstellen, wie ich ohne Ch. existieren könnte.«

Lit.: »My Conception of La Fille mal gardée« in: Famous Ballets I, London 1960; Frederick A. in Conversation, London 1971; »From Sir Frederick A.« in: 50 years of Ballet Rambert, London 1976; David Vaughan, Frederick A. and his ballets, London 1977.

Asioli, Bonifazio, ital. Komponist u. Kapellmeister, * 30. 8. 1769 Correggio, † 18. 5. 1832 ebd. Nahm bereits mit 10 Jahren Unterricht bei A. Morigi in Parma u. wurde dann Kapellmeister in Correggio. 1787 ließ er sich in Turin nieder, 1796 begleitete er die Marchesa Therardini nach Venedig. Ab 1799 wirkte er in Mailand, wo er 1801 zum Kapellmeister u. 1808 zum Censor des neugegründeten Konservatoriums berufen wurde. 1813 kehrte er wieder in seine Vaterstadt zurück.

Zu A. Werken gehören die Opern *La volubile* (1785), *Le nozze in villa* (1786), *Cinna* (1793), *Gustavo al Malabar* (1802) u. eine Vertonung von J.-J. Rousseaus »Pygmalion«, das Oratorium *Giacobbe in Galaad*, Messen, Motetten, Kantaten u. Kammermusik. Von seinen theoretischen Werken seien »Principi elementari di musica« (1809) u. »Il maestro di composizione« (1836) erwähnt.

Aspelmayr, Franz, österr. Komponist, * um 1728

Linz, † 29. 7. 1786 Wien. A. war Hofmusiker u. Ballettkomponist in Wien. Er schrieb die Musik zu einer Reihe von Balletten, die J.-G. Noverre am Kärntnertor-Theater in Wien herausbrachte, komponierte Bühnenmusiken, vertonte eine dt. Fassung von J.-J. Rousseaus »Pygmalion« u. hat als Komponist von Orchester- u. Kammermusik eine gewisse Bedeutung für die Entwicklung des neuen Wiener Instrumentalstils. Von seinen Balletten existieren noch *Agamemnon, Iphigenia, Flora, Acis und Galatea* u. *Alexander*.

Assafjew, Boris W. (Pseudonym: Igor Glebow), russ. Komponist u. Musikwissenschaftler, * 29.7. 1884 Petersburg, † 27. 1. 1949 Moskau. Studierte ab 1904 auf Anraten N. Rimskij-Korsakows am Petersburger Konservatorium bei A. Ljadow Komposition, ab 1908 auch Geschichte an der dortigen Universität. 1910 wurde er von M. Fokine als Ballett-Korrepetitor an das Marientheater engagiert. 1921 übernahm er die Leitung der Musikabteilung des Staatlichen Instituts für Kunstgeschichte u. gründete 1925 die musikwissenschaftliche Fakultät des Leningrader Konservatoriums. 1926 war er an der Gründung der Leningrader Vereinigung für zeitgenössische Musik beteiligt u. veröffentlichte 1929 das erste russ. Buch über I. Strawinsky, obwohl er in späteren Jahren den »Formalismus« westlicher Komponisten kritisierte u. sich für den sozialistischen Realismus einsetzte. 1943 wurde er zum Leiter der Abteilung Musik des Instituts für Geschichte der Künste an der Akademie der Wissenschaften u. an das Moskauer Konservatorium berufen. Zu seinen Kompositionen gehören zahlreiche Bühnenmusiken u. Ballette, u. a. *Die Flamme von Paris* (1932), *Die Fontäne von Bachtschissaraj* (1934) u. *Der Gefangene aus dem Kaukasus* (1938), 10 Opern, 3 Sinfonien, Kammermusik u. Lieder. Zu seinen wichtigsten Veröffentlichungen zählen: »P. I. Tschaikowsky« u. »Das Instrumentalschaffen Tschaikowskys« (1922), »Russ. Dichtung in der russ. Musik« (1922), »Die musikalische Form als Prozeß« (1930–47), »N. A. Rimskij-Korsakow« (1944), »S. W. Rachmaninow« (1945) u. »Glinka« (1947). In seinen theoretischen Schriften führte er den Begriff der Intonation ein, mit dem er die Gesamtheit aller musikalischen Erscheinungen eines bestimmten Stils in ihren fortwährenden Veränderungen umschreibt. Außerdem arbeitete A. an P. Lamms kritischer Gesamtausgabe der Werke M. Mussorgskys mit.

Astorga, Emanuele G.C. d', ital. Komponist, * 20. 3. 1680 Augusta, Sizilien, † um 1757 Lissabon oder Madrid(?). A. war sizilianischer Edelmann u. ein begabter musikalischer Dilettant, der bereits mit 18 Jahren in Palermo seine erste Oper *La moglie nemica* privat aufführen konnte. Nach einem Zerwürfnis mit seinem Vater schlug sich A. mit Gelegenheitskompositionen durch, war mit A. Caldara befreundet u. scheint auch in Wien tätig gewesen zu sein. Nach einem Aufenthalt in Sizilien 1717–21 verliert sich seine Spur in Portugal. A. wurde hauptsächlich durch sein 1707 geschriebenes Stabat mater für 4 St. u. Streichorch. mit B.c. sowie durch sein Pastorale *Dafni* (1709) bekannt. Er hinterließ außerdem über 100 Kammerkantaten.

Asuar, José V., chil. Komponist, * 20. 7. 1933 Santiago de Chile. Studierte am Conservatorio Nacional de Música u. in Berlin bei B. Blacher u. J. Rufer. Wirkt heute als Lehrer in Chile. Baute 1965 in Caracas ein Studio für elektronische Musik auf, das er bis 1968 leitete. Verfaßte dort auch das Multimedia-Stück *Imagen de Caracas*.

Zu A. Kompositionen gehören: *Variaciones espectrales* (1958), *La noche, Estudio aleatorio* u. *Serenata para mi voz* (1961), *3 ambientes sonoros* u. *Guararia repano* (1968) – alle elektronisch – sowie *Encadenamientos* für Kammerorch. (1957), *Heterofonías* für großes Orch. (1965) u. 1 Oktett für 4 Fl. u. 4 Schlagzeuger (1966).

asynchron (griech.), das zeitliche Auseinanderlaufen von Teilkomponenten (z. B. Bild u. Ton), die ein einheitliches Ganzes bilden u. deshalb synchron sein sollen.

Atem ist die Luft, die beim Atmungsvorgang durch Mund oder Nase in die Lunge gesogen wird. Das richtige Atmen ist sowohl für Sänger, Bläser wie Tänzer von größter Bedeutung. Deshalb gehört Atemtechnik auch zu den wichtigsten Lehrfächern während der Ausbildung. Heute wird auch bei der pianistischen Ausbildung Wert auf eine gute Atemtechnik gelegt.

Atonalität bezeichnet die Musik, die nicht nach den Gesetzen der Tonalität gebildet wurde. Die Aufgabe des Bezugs auf den Finalis oder Grundton (mit den sich daraus ableitenden harmonischen Gesetzen) zeigt sich bereits im 19. Jh., etwa bei R. Wagner. A. Schönberg u. A. Webern befreien in ihren Kompositionen die Musik von den bis dahin bekannten modalen oder harmonisch-funktionalen Gesetzen, indem sie diese durch die Zwölftontechnik ersetzen. A. Schönberg selbst lehnte den Begriff A. ab, ließ aber statt dessen die Begriffe polytonal oder pantonal gelten.

attacca (ital.), schreibt bei Tempowechsel am Ende eines Abschnitts oder Satzes vor, das Folgende sofort anzuschließen.

Attaignant, Pierre, franz. Drucker u. Musikverleger, * um 1494 wahrscheinlich Douai, † 1552 Paris. A. war der erste Pariser Musikverleger, der Mensuralmusik mit beweglichen, von P. Hautin entworfenen Typen druckte. Sein ältestes erhaltenes Sammelwerk sind die »Trente et quatre

Chansons musicales à quatre parties« (1528). A. gab bis zu seinem Tode eine Vielzahl geistlicher u. weltlicher Musik heraus, zuletzt 35 Bücher mit 4st. Liedern niederländischer u. franz. Komponisten.

Atterberg, Kurt M., schwed. Komponist, * 12. 12. 1887 Göteborg, † 15. 2. 1974 Stockholm. Begann 1910 neben seinem Studium an der Technischen Hochschule am Konservatorium in Stockholm bei J. A. Hallén mit Kompositionsunterricht. Setzte seine musikalische Ausbildung 1911–13 in München, Berlin u. Stuttgart fort u. wurde 1913 Kapellmeister am Königlichen Dramatischen Theater in Stockholm. 1919–57 außerdem Musikkritiker der »Stockholms Tidningen«. Zu seinen Kompositionen gehören Opern, Ballettmusiken, Sinfonien, Konzerte für V., Kl., Vc., Horn u. ein Doppelkonzert für V. u. Vc. mit Orch., Chorwerke, Kammermusik u. Bühnenmusiken. In seinen eigenen Werken der Romantik u. der Folklore verpflichtet, hat sich A. große Verdienste um die Verbreitung zeitgenössischer schwed. Musik erworben.

Aubade → Alborada

Auber, Daniel-François-Esprit, franz. Komponist, * 29. 1. 1782 Caen, † 12./13. 5. 1871 Paris. Schrieb schon mit 11 Jahren Balladen u. Romanzen, wurde aber zur Erlernung des Kaufmannsberufs von seinen Eltern nach England geschickt, wo er sich in verschiedenen Salons mit Liedern einen Namen machte. Kehrte 1804 wieder nach Paris zurück, wo für seinen Freund Hurel de Lamare 4 Cellokonzerte entstanden. 1808 komponierte A. für den berühmten Geiger J. Mazas ein Violinkonzert. Seine ersten beiden Opern waren *L'erreur d'un moment* (1805) u. *Couvin* (1812). L. Cherubini wurde auf den talentierten Komponisten aufmerksam und gab ihm Unterricht. Nach zwei erfolglosen Werken für die Opéra-Comique gelang Auber 1820 mit *La bergère châtelaine* der Durchbruch. In Zusammenarbeit mit A. E. Scribe, dem wohl erfolgreichsten Librettisten seiner Zeit, schuf A. eine Reihe von Werken, von denen *La muette de Portici* (1828) u. *Fra Diavolo* (1829) Höhepunkte bildeten. 1830 kam seine erste große Oper *Le dieu et la bayadère* an der Pariser Opéra heraus. 1869 entstand sein letztes szenisches Werk *Rêve d'amour*. Mit A. Adam u. L.-J.-F. Hérold gehört A. zu den großen Komponisten der franz. Oper im 19. Jh., würdiger Nachfolger des eine Generation älteren F.-A. Boieldieu. Kurz vor seinem Tode komponierte er noch 4 Streichquartette.

Aubert, Louis F. M., franz. Komponist, * 19. 2. 1877 Paramé bei St. Malo, † 9. 1. 1968 Paris. Studierte am Pariser Conservatoire bei L. Diémer (Klavier), A. Lavignac (Harmonielehre) u. G. Fauré (Komposition). Nahm auch kurze Zeit Orgelunterricht bei Ch. Widor.

Zu A. Werken gehören: *La forêt bleue* (opéra féerique, 1909); die Ballette *La nuit ensorcelée* (1922), *Cinéma* (1953) u. *La belle Hélène* (1955); Vokalkompositionen wie *Les saisons* für Soli, Chor u. Orch. (1937) u. *Incantation* für Jazzorch., Chor u. Orch. (1943); Kammermusik; Lieder. Zusammen mit M. Landowski veröffentlichte er »L'orchestre, Que sais-je?« (Paris 1951).

Aubin, Tony L. A., franz. Komponist, * 8. 12. 1907 Paris. Studierte am Pariser Conservatoire unter S. A. Rousseau, J. Gallon u. P. Dukas sowie Dirigieren bei Ph. Gaubert. 1946 wurde er Nachfolger von J.-J. A. Roger-Ducasse als Professor für Komposition am Conservatoire in Paris.

Zu A. Werken gehören: die Ballette *Fourberies* (1950, Ch.: S. Lifar), *Variations* (1953) u. *Péril* (1958); Bühnenmusiken; Orchesterwerke, darunter 2 Sinfonien (1937 u. 1951); Kammermusik; Lieder.

Audran, A. Edmond, franz. Komponist, * 12. 4. 1840 Lyon, † 16. 8. 1901 Bazincourt-sur-Epte. Sohn des Tenors u. Komponisten Marius A., studierte am Niedermeyerschen Kirchenmusikinstitut in Paris bei C. Saint-Saëns u. wurde 1861 Kapellmeister an der Josephskirche in Marseille. Neben Liedern u. Kirchenmusik, u. a. einem Trauermarsch auf den Tod von G. Meyerbeer u. einer Messe, schrieb A. fast ausschließlich Operetten. Nach *L'ours et le pacha* (1862), *La chercheuse d'esprit* (1864) u. *Le Grand Mogol* (1877) ließ sich A. 1879 in Paris nieder, wo er u. a. mit *La mascotte* (1880), *Gillette de Narbonne* (1882), *La duchesse de Ferrare* 1895) u. *La poupée* (1896) weitere Erfolge hatte.

Auer, Leopold, ungar. Geiger u. Lehrer, * 7. 6. 1845 Veszprém, † 17. 7. 1930 Dresden-Loschwitz. Schüler von R. Kohne in Budapest, J. Dont in Wien u. J. Joachim in Hannover. Konzertmeister in Düsseldorf 1863–65 u. Hamburg 1866–67. 1868 wurde er als Nachfolger H. Wieniawskis Professor für Violine am Kaiserlichen Konservatorium in Petersburg. Zwischen 1885 u. 1890 trat er hin u. wieder auch als Dirigent der Konzerte der Kaiserlichen Russ. Musikgesellschaft auf. Zu seinen Pflichten gehörten die Geigensoli im Kaiserlichen Ballett. Für ihn schrieb z. B. P. Tschaikowsky eine Reihe der Soli in seinen Balletten. 1917 verließ A. Rußland, ging auf Skandinavientournee u. anschließend nach New York, wo er sich 1918 als Lehrer niederließ. Zu seinen Schülern zählen M. Elman, C. Hansen, J. Heifetz, N. Milstein, T. Seidel u. E. Zimbalist. Er veröffentlichte »Violin playing as I teach it« (New York 1921), »My Long Life in Music« (New York 1923) u. »Violin master works and their interpretation« (Boston 1925).

Aufführungspraxis, unter diesem Begriff werden alle Gewohnheiten zusammengefaßt, die sich bei der Aufführung eines Musikwerkes entweder durch den Komponisten selbst oder durch andere Interpreten mit einem bestimmten Werk oder einer bestimmten Epoche verbunden haben. Da die Notenschrift erst gegen Ende des 18. Jh. so weit entwickelt war, daß sie die Intentionen des Komponisten ziemlich unmißverständlich wiedergab, entstehen um die Aufführung älterer Werke immer wieder heftige Kontroversen. Der Streit über die Benutzung nachgebauter alter Instrumente, deren Authentizität auch dann noch umstritten ist, sowie um die Anwendung einer erschlossenen Aufführungspraxis (z. B. Harnoncourt) geht weiter. Zur A. gehört auch die Problematik der Improvisation, der Verzierungskunst u. des Generalbaßspiels. Inzwischen versuchen Komponisten des 20. Jh., sich dem Zwang der Fixierung ihrer Gedanken in einem vollständigen Notenbild wieder dadurch zu entziehen, daß sie dem Interpreten verschiedene Freiheiten einräumen u. z. B. die → Aleatorik einführen.

Aufführungsrecht ist ein Teil des Urheberrechts. Es beinhaltet die öffentliche Darbietung von Musikwerken. Dazu gehören ebenso die bühnenmäßige Darstellung wie die Vorführung von Filmen, das Abspielen von Schallplatten u. anderen Tonträgern sowie die Verbreitung durch Lautsprecher an der Öffentlichkeit zugänglichen Plätzen. Die sog. Kleinen Rechte werden von der GEMA verwaltet u. an die begünstigten Komponisten, Textdichter u. Verleger abgerechnet. Die GEMA nimmt ebenfalls die Verwertung dieser Rechte im Zusammenhang mit dem Rundfunk und dem Fernsehen wahr. Darüber hinaus bestehen noch die sog. Großen Aufführungsrechte an musikdramatischen Werken (Opern, Balletten etc.). Diese werden von den Verlegern selber oder durch Subverleger wahrgenommen.

Auflösungszeichen ♮ zeigt das Ende der Gültigkeit von → Akzidenzien u. die Wiederherstellung des Stammtones an.

Aufschnaiter, Benedict A., österr. Komponist, getauft 21. 2. 1665 Kitzbühel, begraben 24. 1. 1742 Passau. Kapellmeister am Dom in Passau.

Zu A. Werken gehören: *Concors discordia* (5st. Streichersuiten, 1695), *Dulcis fidium harmonia* (Kirchenkonzerte für 4 Streicher u. B.c., 1703), *Aquila clangens* (4st. Offertorien mit Instrumenten, 1719), *Cymbalum Davidis* (4st. Vesperpsalmen mit Instrumenten) sowie Messen u. 6 Ouvertüren.

Auftakt, ein aus einer oder mehreren Noten bestehender Anfang einer musikalischen Phrase, der auf den unbetonten Taktteil fällt. Bis um 1800 wurde ein kurzer u. ein längerer Auftakt unterschieden, wobei der kürzere nur in der Melodiestimme auftrat u. häufig als Zusatz zum ersten Takt galt.

Augenmusik ist das Gegenstück zur Lautmalerei der Dichtung. Sie besteht aus Zeichen oder Gruppierungen, die nur aus der Notation ersichtlich sind, aber kaum gehört werden können, z. B. Melodieführungen, die in Passionsstücken das Kreuzzeichen imitieren.

Augmentation (lat. augmentatio: »Vergrößerung«), **1.** Verlängerung einer Note in der → Mensuralnotation um die Hälfte ihres Wertes. Die A. wird angezeigt durch den punctus augmentationis, einen nachgestellten Punkt. **2.** Als Gegenstück zur → Diminution Dehnung der geschriebenen Noten durch Vorzeichnung von ½ (proportio subdupla) oder ⅓ (proportio subtripla) auf das Doppelte oder Dreifache bei der Ausführung. **3.** Mittel zur → Variation eines Themas durch Dehnung der einzelnen Notenwerte.

Aulin, Tor, schwed. Komponist u. Geiger, * 10. 9. 1866 Stockholm, † 1. 3. 1914 ebd. Studierte bei C. J. Lindberg am Stockholmer Konservatorium u. bei E. Sauret u. Ph. Scharwenka in Berlin. 1889 Konzertmeister der Königlichen Oper in Stockholm, 1902 Dirigent des Stockholmer Konzertvereins u. 1909 des Göteborger Sinfonieorchesters. A. gründete 1887 das Aulin-Quartett. Seine Schwester Laura V. A. machte sich als Pianistin u. Komponistin einen Namen.

Zu A. Werken gehören 3 Violinkonzerte, Bühnenmusik zu Strindbergs »Meister Oluf«, 1 Violinsonate, *Gotländische* u. *Schwedische Tänze* u. kleinere Stücke für Kl.

Aumann, Franz J., österr. Komponist, * 24. 2. 1728 Traismauer, Niederösterreich, † 30. 3. 1797 St. Florian. Trat 1753 in das Augustiner-Chorherrenstift St. Florian ein, studierte ab 1755 Philosophie u. Generalbaß in Wien, war gleichzeitig Regens chori in St. Florian.

Zu A. Werken gehören: Orchestermessen, Requiem, Offertorien, Responsorien, Passionsoratorien, *Faschingsmesse*, 2 Singspiele, Couplets, Divertimenti, Kassationen u. andere Orchesterwerke.

Auric, Georges, franz. Komponist, * 15. 2. 1899 Lodève. Schüler des Pariser Conservatoire u. V. d'Indys an der Schola Cantorum in Paris. Früh von E. Satie beeinflußt, gehörte A. zu den Mitbegründern der Groupe des → Six. Nach einem Ausflug in die populäre Musik *(Fox Trot)* fand A. seinen eigenen stark polyphon geprägten Stil, der außerdem Einflüsse I. Strawinskys verarbeitet. A. war zeitweise Musikkritiker des Paris-Soir u. schrieb Beiträge für die Nouvelles Littéraires.

Zu A. Werken gehören: die Ballette *Les noces de Gamache* (1915), *Les fâcheux* (1923), *Les matelots* (1925), *La pastorale* (1926), *L'éventail de Jeanne* (1927), *Les enchantements d'Alcine* (1929), *La concurrence* (1932), *Les imaginaires* (1933), *La reine de cœur* (1949), *Les pélicans* (1949), *Le peintre et son modèle* (1949), *Phèdre* (1950), *Musical chairs* (1950), *Chemin de lumière* (1952), *Coup de feu* (1952), *La chambre* (1955), *Le bal des voleurs* (1960) u. *Eurydice* (1964). Neben Bühnenmusiken komponierte

A. Filmmusiken für franz. u. engl. Produktionen, z. B. für »A nous la liberté« u. »Lavender Hill Mob«, schrieb die komische Oper *Sous le masque*, Chor- u. Orchesterwerke, Kammermusik u. Lieder.

Ausblenden (nach engl. fade out), Ausdruck aus der Aufnahmetechnik der Unterhaltungsmusik für das langsame Ausklingen eines Stücks, ohne daß es zu einem richtigen Schluß kommt.

Ausdruck, Wiedergabe von Erregungszuständen, die entweder vom Komponisten durch die Anordnung seines Tonmaterials gewollt oder vom Interpreten in dieses hineingelegt werden. Dabei geht es nicht um die objektive Wiedergabe von Empfindungen, mit denen sich die → Affektenlehre beschäftigt, sondern allein um subjektives Gefühl. Über das Studium der Vortragsbezeichnungen hinaus empfiehlt sich auf jeden Fall der Versuch einer Analyse des Werkes. Die dabei auftretenden Mehrdeutigkeiten müssen nach dem jeweiligen Temperament des Interpreten im Vortrag verdeutlicht werden.

Ausdruckstanz ist eine von mehreren Bezeichnungen für den nichtklassischen Tanz (im Gegensatz zu danse d'école). Er bezeichnet die von I. Duncan, R. von Laban u. Denishawn vertretene Richtung des modernen Podiums- u. Theater-Tanzes. In Ermangelung eines besseren dt. Ausdrucks beginnt sich dafür heute der Begriff Modern Dance durchzusetzen.

Aussprache ist die lautliche Wiedergabe von Vokalen u. Konsonanten im Verband eines Wortes unter Berücksichtigung der Betonung einzelner Silben. Die A. wurde erstmals von Th. Siebs für den Bühnengebrauch 1898 festgelegt. Als verbindlich gilt heute das Duden-Aussprachewörterbuch.

Austin, Frederic, engl. Komponist u. Opernsänger, * 30. 3. 1872 London, † 10. 4. 1952 ebd. Begann als Organist u. Harmonielehrer in Liverpool, während er bei Charles Lunn Gesangsunterricht nahm. Sängerdebüt 1902 in London, 1908 als Gunther in H. Richters *Ring* am Covent Garden u. Mitglied von Th. Beechams Opera Company. 1924 künstlerischer Leiter der National Opera Company. Bearbeitete J. Ch. Pepuschs *Beggar's Opera* neu (1920) u. arrangierte deren Fortsetzung *Polly* (1923). A. schrieb außerdem mehrere Bühnenmusiken, Orchesterwerke, das Chorwerk *Pervigilium Veneris*, Kammermusik u. Orgelstücke. Sein Bruder Ernest A. komponierte als Autodidakt. Von seinen Werken ist kaum etwas im Druck erschienen.

Austin, Larry D., amer. Komponist u. Dirigent, * 12. 9. 1930 Duncan, OK. Studierte Komposition am Mills College in Oakland u. bei D. Milhaud in Berkeley. Lehrt Komposition in Kalifornien u. ist Gründer des New Music Ensemble.

Zu A. Kompositionen gehören: *Accidents* für elektronisch behandeltes Kl., Tonband, mehrere Spiegel, Handlungen u. Projektionen, *Brass* für elektronisch behandelte Blechblasinstrumente, Slides u. Film u. *Duet Amphitryon*, Tonbandkomposition (alle 1967); *The Magicians* für Kinder, Tonbänder, schwarzes Licht u. Filme, *Piano Set in Open Style, Current* für Klar. u. Kl. (alle 1968); *Black and White Study* u. *Color Study* (elektronische Musikfilme), *Transmission One* (elektronische Seh-Hör-Komposition für Farbfernsehen), *Ape* (Computerkomposition, alle 1969) u. *Agape* (elektronische Masque, Ehrung für Priester, Musiker, Schauspieler u. Dichter, 1970).

Autograph (griech.: »selbst schreiben«) nennt man die vom Autor selbst vorgenommene Niederschrift eines Werkes. A. sind von besonderer Bedeutung für die Quellenforschung u. erleichtern die Datierung sowie Zuschreibung eines Werkes.

Avidom, Menahem (eigtl. Mahler-Kalkstein), israel. Komponist poln. Abstammung, * 6. 1. 1908 Stanislau. Erhielt Unterricht in Paris u. Beirut. Wirkte ab 1931 als Lehrer in Ägypten u. kam 1935 an das Konservatorium in Tel Aviv. A. lebt heute als freischaffender Komponist in Israel.

Zu A. Werken gehören die Opern *In Every Generation* (1955), *Alexandra* (1959) u. *The Crook* (1967), außerdem Sinfonien, Kammermusik u. Lieder.

Avni, Tzvi, israel. Komponist, * 2. 9. 1927 Saarbrücken. Studierte bei A. Ehrlich, P. Ben-Haim u. M. Seter an der Israel Music Academy in Tel Aviv, 1962–64 in den USA bei A. Copland, L. Foss u. V. Ussachevsky u. anschließend bei M. Schafer in Toronto.

A. schrieb u. a. 5 *Pantomimes* für 8 Spieler, die Ballettmusik *Requiem for Sounds, Yerushalayim Shel Maala* u. *Churban Habayit* für Chor u. Orch. (alle 1969), *Collage* für St., Fl., Schlagzeug u. Tonband u. *Prayer* für Streichorch. (1970).

AWA, Anstalt zur Wahrung der Aufführungsrechte auf dem Gebiet der Musik, seit dem 1. 1. 1951 (1. AWA-Verordnung vom 5. 4. 1951) das DDR-Gegenstück zur GEMA. Diese hat mit der AWA einen Gegenseitigkeitsvertrag wie mit den Urheberrechtsgesellschaften anderer Länder.

Ayala Pérez, Daniel, mexikan. Komponist, Geiger u. Dirigent, * 21. 7. 1908 in Abalá. Studierte an der Escuela de Música de Mérida u. am Conservatorio Nacional in Mexiko. Hat sich besonders mit der musikalischen Überlieferung u. den Legenden der Maya-Zeit beschäftigt.

Zu A.P. Werken gehören sinfonische Dichtungen u. Orchestersuiten, Kammermusik, Vokalwerke u. Lieder.

Azione sacra (ital.: »geistliche Handlung«), bezeichnet die zur → Rappresentazione sacra zählenden Passionsschauspiele mit Musik in ital. Sprache.

Azione teatrale (ital.), Bezeichnung für die Huldigungsfestspiele, die zu besonderen Anlässen an den Höfen des 17. u. 18. Jh. gegeben wurden.

B

B, 1. Ton-Name, ursprünglich einen Ganzton über A u. damit 2. Stufe, nachdem die lateinische Buchstaben-Tonschrift die Oktavreihe von A bis G festgelegt hatte. Mit der Einführung des Hexachordum molle (→ Hexachord) auf F wurde eine Spaltung des B in B durum (♮), Ganzton über A, u. B molle (♭), Halbton über A, eingeleitet. In der weiteren Entwicklung wurden diese verschiedenen Schriftzeichen für B auch zu anderen Tönen gesetzt, die → Musica ficta entstand. Das B rotundum (♭) oder molle wurde als Erniedrigungszeichen, das B quadratum (♮) oder durum als Zeichen für Erhöhung um jeweils einen Halbton verwandt. Das letztere hat sich zu zwei → Akzidenzien weiterentwickelt, dem Auflösungszeichen (♮) u. dem Erhöhungszeichen (♯). **2.** Seit Anfang des 19. Jh. Akkord- u. Tonartenbezeichnung: B für B-Dur, b für b-Moll. **3.** Abkürzung für Baß.

Baaren, Kees van, niederl. Komponist, * 22. 10. 1906 Enschede, † 2. 9. 1970 Oegstgeest. Erhielt seine Ausbildung in Berlin an der Staatlichen Hochschule für Musik u. am Stern'schen Konservatorium sowie bei W. Pijper in Holland. Bis 1958 Direktor des Konservatoriums in Utrecht, anschließend Direktor des Königlichen Konservatoriums in Den Haag.

B. schrieb u. a. Werke für Schul- u. Harmonieorchester, 1 Concertino für Kl. u. Orch. (1947), 1 Sinfonie (1956), Orchestervariationen (1959), 1 Klavierkonzert (1964), *Musica per orchestra* (1966) u. Kammermusik.

Babajew, Andrej A., sowj. Komponist, * 27. 12. 1923 Msmna, Aserbaidschan, † 21. 10. 1964 Moskau. Unterricht an den Konservatorien von Baku u. Moskau. Schrieb die Opern *Der Adlerstamm* (1957) u. *Onkel Bagdassar* (1964), 1 Sinfonie, 1 Klavierkonzert, Kammermusik, Lieder, Bühnen- u. Filmmusik. In seinem Schaffen ist B. deutlich der Folklore seiner aserbaidschanischen Heimat verbunden.

Babbitt, Milton B., amer. Komponist, * 10. 5. 1916 Philadelphia. Studierte ursprünglich Mathematik u. wandte sich 1933, nachdem er Werke A. Schönbergs u. A. Weberns kennengelernt hatte, der Musik zu. Kompositionsunterricht bei R. Sessions. 1959 zusammen mit R. Sessions, O. Luening u. V. Ussachevsky Direktor des Electronic Music Center of Columbia and Princeton Universities in New York. 1964 Teilnahme an den Internationalen Ferienkursen für Neue Musik in Darmstadt. B. Hauptinteresse gilt der Verbindung von Zwölftontechnik u. Elektronik. Der »twelve-tone set« gibt ihm die Möglichkeit, nicht nur die Tonhöhe, sondern auch alle anderen Elemente in die Kompositionsstruktur einzubeziehen (Rhythmus, Dynamik, Tondauer, Klangfarbe, Tonlage).
B. veröffentlichte: »The Function of Set Structure in the Twelve-Tone System« (Princeton, NJ, 1946).

Zu B. Kompositionen gehören: *Three Compositions for Piano* (1947); *Composition for Four Instruments* (1948); *Composition for Twelve Instruments* (1948); 2 Streichquartette (1948 u. 1954); *Du* (Liederzyklus für S. u. Kl., 1951); Bläserquartett (1953); *Composition for T. and Six Instruments* (1960); *Vision and Prayer* für S. u. Synthesizer (1961); *Ensembles* für Synthesizer (1963); *Philomel* für S. auf Tonband u. Synthesizer (1964) u. *Correspondences* für Streichorch. u. Synthesizer (1967). Mit *Composition for Synthesizer* (1961) schuf B. das erste umfangreiche Werk, das ausschließlich unter Verwendung des RCA Synthesizers der Columbia University entstand.

Babilée, Jean, franz. Tänzer, Choreograf u. Schauspieler, * 2. 2. 1923 Paris. Unterricht an der Ballettschule der Pariser Opéra u. bei B. Kniaseff, A. Volinine u. V. Gsovsky. Mitglied des Corps der Opéra, anschließend Solotänzer bei R. Petit. Gast bei verschiedenen Truppen, 1956 Gründung seiner eigenen Kompanie, 1972–73 Ballettdirektor des Ballet du Rhin. Trat als Schauspieler in J. Genets »Balkon« und M. Béjarts »Reine verte« auf.

Zu B. Ch. gehören: *L'amour et son amour* (M.: C. Franck) 1948; *Till Eulenspiegel* (M.: R. Strauss) 1949; *Balance à trois* (M.: J.-M. Damase) 1955; *Sable* (M.: M. Le Roux) 1956; *Cameléopard* (M.: H. Sauguet) 1956; *La boucle* (M.: J.-M. Damase) u. *Haï-Kaï* (M.: A. Webern) 1969.

Bacchanale (von Bakchos, Beiname des griech. Gottes Dionysos), hat von den Bacchusfeiern eine Bedeutungsentwicklung zu »ausschweifendes Gelage« durchgemacht. Bezeichnet leidenschaftliche Szenen in Oper u. Operette, wie z. B. das *Tannhäuser*-B. oder das B. in J. Offenbachs *Orpheus in der Unterwelt.*

Bacewicz, Grażyna, poln. Komponistin u. Geigerin, * 5. 5. 1909 Łódź, † 17. 1. 1969 Warschau. Studierte in Łódź u. Warschau, anschließend in Paris bei N. Boulanger u. C. Flesch.

B. komponierte u. a.: 7 Violinkonzerte, 2 Cellokonzerte, 1 Konzert für Kl. u. Orch., 1 Konzert für 2 Kl. u. Orch., 1 Bratschenkonzert, Ballettmusiken, die Funkoper *Die Abenteuer des Königs Arthur,* Orchesterwerke u. Kammermusik, u. a. 17 Streichquartette.

Bach, Name einer weitverzweigten Musikerfamilie, die ursprünglich aus dem südthüringisch-fränkischen Raum stammt. Veit B. war der erste, der nachweisbar ein Instrument spielte. Er scheint als Müller von Wechmar nach Ungarn ausgewandert zu sein, das er zur Zeit der Gegenreformation unter Rudolf II. wegen seines lutherischen Glaubens wieder verlassen mußte. Er kehrte nach Wechmar zurück, gründete dort eine Familie u. starb am 8. 3. 1619. Von Veits Bruder Caspar wissen wir, daß er als Stadtpfeifer in Gotha u. Arnstadt gelebt hat. Von Veits beiden Söhnen Lips u. Johann interessiert hier nur der letztere, obwohl auch Lips' Nachkommen aus ihrer musikalischen Neigung einen Beruf machten. Veits jüngerer Sohn Johann B. († 1626 Wechmar) war Spielmann u. Tischler, erhielt bei Caspar B. Unterricht, kehrte nach dem Tod des Vaters nach Wechmar zurück, ließ sich dort nieder u. gründete eine Familie. Als Spielmann stand er in Gotha, Arnstadt, Erfurt, Eisenach, Schmalkalden u. Suhl hoch im Kurs. Der ebenfalls um 1600 nachgewiesene Spielmann u. Hofnarr Hans B., mit dem man Johann B. häufig verwechselt hat, ist nicht verwandt. Johann B. hinterließ drei Söhne, Johann B. (* 26. 11. 1604 Wechmar, † 13. 5. 1673 Erfurt), Christoph (* 19. 4. 1613 Wechmar, † 12. 9. 1661 Arnstadt) u. Heinrich (* 16. 9. 1615 Wechmar, † 10. 7. 1692 Arnstadt). Alle drei machten die Musik zu ihrem Beruf u. hinterließen Kinder, die fast alle ebenfalls als ausübende Musiker oder Komponisten tätig waren. Christoph B. ist der Großvater von Johann Sebastian B. Sein Sohn Johann Ambrosius (* 22. 2. 1645 Erfurt, † 20. 2. 1695 Eisenach) war Johann Sebastian B. Vater. Dieser Johann Ambrosius B. erhielt die erste musikalische Ausbildung bei seinem Vater. Am 12. 4. 1667 wurde er Mitglied der Erfurter Musik, die unter der Leitung seines Onkels Johann B. stand. Am 8. 4. 1668 wurde seine Ehe mit Elisabeth, der Tochter von Valentin Lämmerhirt, geschlossen. Diese brachte sechs Söhne u. zwei Töchter zur Welt. Im Oktober 1671 wurde Ambrosius als Nachfolger seines Vetters Johann Christian B. Stadtmusikus in Eisenach. Dort kam am 21. 3. 1685 Johann Sebastian B. als jüngstes Kind zur Welt. Das Selbstbewußtsein dieses musikalischen Familienclans muß groß gewesen sein. Man traf sich zu Familientagen, tauschte Erfahrungen aus, musizierte gemeinsam u. informierte sich gegenseitig, wenn irgendwo eine gutdotierte Stellung zu besetzen war. Das Wissen u. Können wurde wie bei mittelalterlichen Handwerkern von einer Generation auf die andere vererbt. In Erfurt hießen die Stadtpfeifer bis zum Ende des 18. Jh. »die Bache«, auch als schon längst kein B. mehr unter ihnen war. Einen Großteil unseres Wissens um die weitverzweigte Familie verdanken wir dem von Johann Sebastian B. angelegten Familienstammbuch »Ursprung der musicalisch-Bachischen Familie« u. dessen Sohn Carl Philipp Emanuel, der es mit Anmerkungen versah. Eine weitere Quelle ist das von J. F. Agricola u. Carl Philipp Emanuel Bach verfaßte »Denkmal dreyer verstorbenen Mitglieder …«.

Von Johann Sebastians älteren Geschwistern wurde Johann Christoph, ein Schüler J. Pachelbels, Organist in Ohrdruf, wo er am 22. 2. 1721 verstarb, u. Johann Jakob Hofmusiker in Stockholm, wo sein Tod im Jahr 1722 belegt ist.

Lit.: J. F. Agricola u. C. Ph. E. B., Denkmal dreyer verstorbenen Mitglieder der Societät der musikalischen Wissenschaft, in Mizlers Musikalischer Bibliothek, abgedruckt im B.-Jahrbuch 1920; C. S. Terry, The Origin of the Family of B. Musicians, London 1929; K. Geiringer, Music of the B. Family, Cambridge, MA, 1955; ders., Die Musikerfamilie B. Leben u. Wirken in drei Jahrhunderten, München 1958; C. Freyse, Die Ohrdrufer Bache …, Kassel 1957.

1. Bach, Johann Sebastian, dt. Komponist, Virtuose u. Lehrer, * 21. 3. 1685 Eisenach, † 28. 7. 1750 Leipzig. Wurde von seinem Vater, der seit 1671 Stadt- u. Hofmusiker in Eisenach war, in die Grundbegriffe der Musik eingeführt. J. S. B. erste Begegnung mit der Orgelkunst geht auf Johann Christoph B., einen Vetter seines Vaters u. Organisten an der Georgenkirche in Eisenach, zurück. Nach dem Tod der Eltern wurde J. S. B. im Haus seines ältesten Bruders in Ohrdruf aufgenommen. Dort besuchte er die Lateinschule u. war Mitglied der Kantorei u. Kurrende. Vom Bruder lernte er die Pachelbelsche Kunst des Orgel- u. Klavierspiels sowie das Kompositionshandwerk. 1700 wechselte er mit seinem Freund u. Mitschüler G. Erdmann nach Lüneburg an die Michaelisschule. In Lüneburg wirkten die beiden Organisten J. J. Löwe u. Georg Böhm. Der letztere unterwies ihn im Orgelspiel. Von Lüneburg aus besuchte B. Hamburg, wo er J. A. Reinken hörte u. dem berühmten Meister vorspielte. Bei einem Aufenthalt in Celle kam er erstmals mit franz. Musik in Berührung. In Celle dürfte B. auch zum ersten Mal Werke F. Couperins gehört haben. Am 8. 4. 1703 erhielt er eine Anstellung als Violinist in der Privatkapelle des Herzogs Johann Ernst von Weimar, nahm aber noch im gleichen Jahr seinen Abschied u. trat eine Organistenstelle in Arnstadt an. Von hier aus besuchte er 1705 D. Buxtehude in Lübeck. Dabei überzog er seinen Urlaub erheblich, so daß es zu ersten Mißstimmungen mit seiner Kirchenbehörde kam. 1707 wurde B. Organist an St. Blasius in Mühlhausen u. heiratete im gleichen Jahr seine Cousine Maria Barbara B. Aus dieser Ehe stammen sieben Kinder. 1708 nahm J. S. B. die Stelle des Hoforganisten u. Kammermusikers in Weimar an. Als er nach dem Tod von J. S. Drese bei der Besetzung des Kapellmeisterpostens übergangen wurde, sah er sich nach einer anderen Stellung um u. wurde 1717 Hofkapellmeister in Köthen. Nach dem Tod seiner ersten Frau heiratete B. dort 1721 Anna Magdalena, die Tochter des Hoftrompeters Wilcken in Zeitz. Aus dieser Ehe stammen sechs Söhne u. sieben Töchter. Da Köthen wenig Aufführungsmöglichkeiten bot u. B. seinen Kindern eine bessere Erziehung zukommen lassen wollte, versuchte er sich zu verändern. Da starb am 5. 6. 1722 J. Kuhnau, der Leipziger Thomaskantor u. Direktor der Kirchenmusik. B. bewarb sich, wurde aber erst gewählt, nachdem die berühmten Zeitgenossen G. Ph. Telemann, J. F. Fasch u. Ch. Graupner abgesagt hatten. Er behielt diese Stellung bis zu seinem Tode. Als Thomaskantor war B. für die musikalische Ausgestaltung der Gottesdienste u. Andachten der beiden Leipziger Hauptkirchen verantwortlich u. hatte daneben die Neue Kirche u. die Universitätskirche bei besonderen Anlässen zu versorgen. Dafür standen ihm die 55 Schüler der Thomasschule sowie städtische Instrumentalisten u. Liebhaber zur Verfügung. Ebenfalls zu seinem Aufgabenbereich gehörte die Musik in St. Peter, wofür B. ganze 8 Sänger aufbieten konnte.

Über sein Privatleben wissen wir kaum etwas. Obwohl J. Ch. Gottsched u. Marianne von Ziegler ihm Libretti für seine Kantaten lieferten, scheint B. nicht zu ihren Kreisen gehört zu haben. Zwei Reisen nach Berlin u. Potsdam (1741 u. 1747) sind bekannt, ebenso die Einladungen zur Abnahme neuer Orgeln. Eine Zeitlang leitete er das von G. Ph. Telemann gegründete Collegium Musicum und trat auch nach einigem Zögern 1747 in die von seinem ehemaligen Schüler L. C. Mizler gegründete Sozietät der musikalischen Wissenschaften ein. Er gab den obligatorischen Unterricht an der Thomasschule sowie Privatstunden, leitete eine Vielzahl von Aufführungen u. widmete sich daneben dem Komponieren u. seiner Familie. Voll Stolz berichtete er G. Erdmann in einem Brief von der Musikalität seiner Kinder: »Insgesamt aber sind sie gebohrne Musici und kann versichern, daß schon ein Concert vocaliter und instrumentaliter mit meiner Familie formiren kan, zumahle da meine itzige Frau gar einen saubern Soprano singt ...« Für seinen ältesten Sohn Wilhelm Friedemann legte B. ein *Clavier-Büchlein* (1720) an, für Anna Magdalena zwei (1722 u. 1725) u. komponierte auch die 2st. u. 3st. Inventionen u. *Das wohltemperierte Clavier* als Übungsstücke für die Familie. Sein ausgeprägter Familiensinn ließ ihn auch die Kompositionen seiner Vorfahren sammeln. Zu seinen Schülern gehörten J. Ch. Kittel, J. G. Müthel u. J. Ch. Altnikol. Die letzten drei Lebensjahre quälte er sich mit einem schließlich zur Erblindung führenden Augenleiden, das auch durch einen engl. Spezialisten nicht behoben werden konnte. Er starb am 28. 7. 1750, die Beisetzung auf dem Johannis-Friedhof in Leipzig fand drei Tage später statt.

Die Kompositionen B. lassen sich in Werkgruppen einteilen, die seinem Werdegang u. seinen wechselnden Aufgaben entsprechen. Als junger Organist versuchte er sich an überlieferten Formen u. komponierte Orgelpartiten, Präludien u. Fugen, Toccaten, Canzonen, Fantasien u. geistliche Konzerte alten Stils. In der Weimarer Zeit als Hoforganist entstanden unter dem Einfluß von E. Neumeister u. S. Franck Kantaten, die im Stil von Opern komponiert waren, sowie das *Orgel-Büchlein* (1717). Nach Köthen wurde er verpflichtet als Kapellmeister u. »Direktor unserer Kammer-Musik«. Deshalb lag der Hauptakzent seines Schaffens in dieser Periode auf der Kammermusik. Neben Kantaten entstanden vor allem Orchesterwerke wie die 6 *Brandenburgischen Konzerte*, die dem Markgrafen Christian Ludwig v. Brandenburg gewidmet sind (1721), dazu die Partiten für Geige solo, die Suiten für Cello solo, die beiden Violinkonzerte sowie das Doppelkonzert, Orchester-Ouvertüren, Sonaten für V., Quer-Fl. u. Va. da Gamba mit obligatem Cemb., 2st. und 3st. Inventionen, der erste Teil des *Wohltemperierten Klaviers* u. eine Reihe von weltlichen Kantaten zu festlichen Anlässen. Die Werkgruppe, die von seiner Anstellung als Thomaskantor (1723) bis ungefähr 1735 reicht, umfaßt hauptsächlich die großen zyklischen Werke, wie das Weihnachtsoratorium, die Matthäuspassion, die h-Moll-Messe, die 13 Klavierkonzerte, das Ital. Konzert, die *Chromatische Fantasie u. Fuge* u. Kirchenkantaten. In der letzten Schaffensperiode entstanden die späten Choralkantaten, die *Goldberg-Variationen* (1742), *Das wohltemperierte Klavier II* (1744), das *Musikalische Opfer* in Ausarbeitung eines Themas Friedrichs d. Gr. (1747) u. die *Kunst der Fuge* (1749/50), in deren Schlußfuge B. mit seinem Namen ein Buchstaben-Notenspiel betreibt.

B. lebte in einer Zeit, in der sich musikalische Neuerungen anbahnten, die bereits von seinen Söhnen aufgenommen wurden. Er selbst bereicherte die musikalische Architektonik weniger durch neue Formen u. Ausdrucksmittel als durch den Ausbau vorhandener Strukturen bis an die Grenzen ihrer Möglichkeiten. Ähnlich wie später W. A. Mozart war er eher ein Vollender als ein Erneuerer. Die zu seinen Lebzeiten geäußerte Kritik, diese Musik sei artifiziell, ja sogar herzlos, gilt heute als überwunden. Eine allgemeine Beschäftigung mit seinem Werk setzte erst mit J. N. Forkels B.-Biografie 1802 u. F. Mendelssohn Bartholdys Wiederaufführung der Matthäuspassion 1829 ein. Die 1850–1900 bestehende alte B.-Gesellschaft brachte eine »Vollständige kritische Ausgabe aller Werke B.« heraus, die Neue B.-Gesellschaft, gegründet 1900, veranstaltet B.-Feste, gibt das »B.-Jahrbuch« heraus u. hat in seinem Geburtshaus in Eisenach ein B.-Museum eingerichtet. Eine neue kritische Ausgabe aller Werke B. mit allen Lesarten u. Umarbeitungen wird durch das 1951 gegründete B.-Institut in Göttingen besorgt. Die einzelnen Bände entstehen unter Mitwirkung des B.-Archivs in Leipzig. Die Kompositionen B. werden heute nach dem von W. Schmieder erstellten B.-Werke-Verzeichnis (BWV) angegeben.

Lit.: Ph. Spitta, J. S. B., 2 Bde., Leipzig 1873–80, NA 1962; J. N. Forkel, Über J. S. B. Leben, Kunst u. Kunstwerke, Leipzig 1802, NA Berlin 1966; A. Schweitzer, J. S. B., le musicien poète, Paris 1905, NA Wiesbaden 1967; P. Hindemith, J. S. B., Mainz 1950; G. von Dadelsen, Bemerkungen zur Handschrift J. S. B., seiner Familie u. seines Kreises, Trossingen 1957; Th. W. Adorno, B. gegen seine Liebhaber verteidigt, in »Prismen«, München 1963; K. Geiringer, J. S. B., the Culmination of an Era, New York 1966, London 1967; M. Geck, Die Wiederentdeckung der Matthäuspassion im 19. Jahrhundert, Regensburg 1967; R. Petzoldt, J. S. B., Leipzig 1970; P. M. Young, The B. 1500–1800, London 1970; I. u. K. Geiringer, J. S. B., München 1971; H.-J. Schulze (Hg.), J. S. B., Leben u. Werk in Dokumenten, München 1975.

2. Bach, Wilhelm Friedemann, dt. Komponist u. Organist, ältester Sohn von 1., * 22. 11. 1710 Weimar, † 1. 7. 1784 Berlin. Erhielt ersten Unterricht von seinem Vater, der für ihn auch ein »Clavier-Büchlein« anlegte u. Präludien sowie Inventionen u. den 1. Teil von *Das wohltemperierte Klavier* komponierte. W. F. B. nahm zusätzlich Geigenunterricht bei J. G. Graun in Merseburg. Nach dem Besuch des luth. Gymnasiums in Köthen u. der Thomasschule in Leipzig immatrikulierte er sich 1729 an der dortigen Universität. 1733–46 Organist an der Sophienkirche in Dresden, 1746–64 als Organist an St. Marien u. Director musices in Halle a. d. Saale. Anschließend ohne feste Bindung in Leipzig, Berlin, Braunschweig u. Göttingen. 1770 ließ er sich mit seiner Familie in Braunschweig nieder, 1774 in Berlin. In ständigen Geldsorgen, verkaufte er einen Teil des Nachlasses seines Vaters u. schreckte auch vor Fälschungen nicht zurück, indem er ein Orgelkonzert J. S. B. mit der Inschrift versah: »di W. F. B. manu mei patris descript«. W. F. B. war besonders als Orgel- u. Klavierspieler u. wegen seiner Improvisationskunst beliebt. Aber ein Leben als freischaffender Komponist u. Interpret war zu seiner Zeit in Deutschland noch so gut wie undenkbar, deshalb mußte er schließlich auch scheitern. Der mit ihm befreundete J. N. Forkel hielt ihn seinem großen Vater für fast ebenbürtig. Mit einigen seiner Werke reicht er bereits an die Frühromantik heran. Zu W. F. B. Kompositionen gehören eine unvollendete Oper *Lausus u. Lydie,* eine Dt. Messe, Kantaten, 9 Sinfonien, 9 Klaviersonaten, Konzerte für Kl. u. Orch., Orgelkompositionen u. Kammermusik.

Lit.: C. H. Bitter, C. Ph. E. u. W. F. B., 2 Bde., Berlin 1868; M. Falck, W. F. B., Leipzig 1913, NA Lindau 1956.

3. Bach, Carl Philipp Emanuel, dt. Komponist, Cembalo- u. Klaviervirtuose, zweiter Sohn von 1., * 8. 3. 1714 Weimar, † 14. 12. 1788 Hamburg. Erhielt Musikunterricht im Elternhaus, studierte aber in Leipzig u. Frankfurt a. d. Oder Rechtswissenschaften. Trat bereits während seines Studiums in der Musik-Akademie u. im Collegium Musicum auf, wo er die Bekanntschaft des Markgrafen Friedrich Wilhelm und Friedrich Wilhelms I. von Preußen machte. 1738 erhielt er einen Ruf an den Hof des Kronprinzen Friedrich von Preußen in Ruppin. Ab 1740 war C. Ph. E. B. Kammercembalist des inzwischen gekrönten Friedrich II., eine Position, die er erst 1767 aufgab. In Berlin lernte er G. E. Lessing, C. W. Ramler u. J. W. L. Gleim kennen, verkehrte mit J. Ph. Kirnberger, dem Musiklehrer der Schwester des Königs, J. J. Quantz u. den Brüdern Graun. Aus der Berliner Zeit stammt die Veröffentlichung des auch für spätere Generationen noch gültigen Lehrwerks »Versuch über die wahre Art das Clavier zu spielen, mit Exempeln und achtzehn Probestücken in sechs Sonaten erläutert« (2 Teile, Berlin 1753 u. 1762). Nachdem sich das Verhältnis von C. Ph. E. B. zu Friedrich d. Gr. getrübt hatte, weil sich der König offenbar musikalische Freiheiten herausnahm, die der ihn begleitende Kammercembalist nicht dulden wollte, bewarb er sich vergebens um die Stellung des Thomaskantors in Leipzig. 1756 war C.F.C. Fasch als zweiter Cembalist eingestellt worden, u. C.Ph.E.B. konnte seinen Abschied vom Hof energischer betreiben. Erst bei G.Ph. Telemanns Tod gelang es ihm, seinen Rücktritt beim König durchzusetzen. Am 3.11.1767 wurde er als Kantor des Johanneums u. Direktor der Kirchenmusik in Hamburg unter Vertrag genommen. Wie schon in Berlin nahm C.Ph.E.B. auch in Hamburg am kulturellen Leben der Stadt teil. Zu seinem Kreis gehörten F.G. Klopstock, v. Gerstenberg, M. Claudius, J.H. Voß u. wieder G.E. Lessing. Wie Telemann veranstaltete er öffentliche Konzerte, in denen er eigene Kompositionen u. Werke seiner Zeitgenossen zur Aufführung brachte u. als Klavierspieler u. Improvisator brillierte. C.Ph.E.B. war eine Zeitlang so berühmt, daß man ihn für die größte Musikerpersönlichkeit der Familie hielt u. über ihm den Vater J.S.B. vergaß. Neben dem von W.A. Mozart u. J. Haydn hochgelobten Lehrbuch über das Klavierspielen verfaßte C.Ph.E.B. eine »Kurze Anweisung zum General-Bass«. In seinen Kompositionen geht er über die Ausschöpfung der Möglichkeiten des → Kontrapunkts hinaus, ohne jedoch bereits die Dialektik L. van Beethovens im Sonatensatz zu erreichen. Seine Wirkungen erzielt er durch überraschende rhythmische, harmonische u. dynamische Kontraste, die alle in den Dienst eines sich immer neu ausspinnenden Themas gestellt werden. Mit seiner Kunst wollte C.Ph.E.B. an das Gefühl rühren u. den Verstand beschäftigen. Damit ist er ein echter Komponist des empfindsamen Zeitalters. Zu seinen Werken zählen neben Oden u. Liedkompositionen auf Texte seiner Freunde Motetten, Psalmen, Chöre, Kantaten, 1 Magnificat, 2 Oratorien u. 2 Passionen, weltliche Kantaten, Sinfonien, Klavierkonzerte, Violinkonzerte u. Flötenkonzerte sowie an die 200 Klaviersonaten, Rondos, Fantasien u. andere Stükke. Das heute gebräuchliche Werkverzeichnis stammt von dem Musikwissenschaftler A. Wotquenne (1867–1939). Die Abkürzung Wq weist auf diesen Werkkatalog hin.

Lit.: A. Wotquenne, Catalogue thématique des œuvres de Ph.E.B., Leipzig 1904, Nachdr. Wiesbaden 1972; W. Kahl, Selbstbiographien deutscher Musiker, Köln 1948; E. Suchalla, Die Orchestersinfonien C.Ph.E.B. nebst einem thematischen Verz. seiner Orchesterwerke, Augsburg 1968; P. Cohen, Theorie u. Praxis der Klavierästhetik C.Ph.E.B., Hamburg 1974.

4. Bach, Johann Christoph Friedrich, dt. Komponist, zweitjüngster Sohn von 1., * 21.6.1732 Leipzig, † 26.1.1795 Bückeburg. Erhielt wahrscheinlich ersten Musikunterricht von Johann Elias B., der damals beim Thomaskantor wohnte, dann von seinem Vater in der Thomasschule. Studierte an der Universität Leipzig Rechtswissenschaften u. wurde 1750 als Kammermusiker in die Bückeburger Hofkapelle berufen. Da sich der Hof besonders mit der Pflege italienischer Musik beschäftigte, waren Konzertmeister u. Kapellmeister die Italiener A. Colonna u. G.B. Serini. Nach ihrem Rücktritt wurde J.Ch.F.B. zum Konzert- u. Kapellmeister befördert. In J.G. Herder, der 1771–76 als Hofprediger in Bückeburg wirkte, gewann J.Ch.F.B. einen Freund u. Librettisten. Aus ihrer Zusammenarbeit entstanden das »biblische Gemählde« *Die Kindheit Jesu, Die Auferweckung Lazarus* und das Oratorium *Der Fremdling auf Golgatha* (Musik verloren). Herder verfaßte auch den Text zu einer verlorenen Pfingstkantate, zwei weiteren Kantaten, dem Musikdrama *Brutus* (Musik verloren) u. zwei weiteren Werken, deren Musik ebenfalls verloren ist. Ein Besuch bei seinem Bruder Johann Christian in London 1778 lenkte sein Interesse auf Instrumentalkompositionen. Neben weiteren Kantaten, u.a. einer Vertonung von H.W. Gerstenbergs »Die Amerikanerin«, entstanden Klavierkonzerte, Sonaten, verschiedene kammermusikalische Werke u. 14 Sinfonien, die zu Unrecht in Vergessenheit geraten sind.

Lit.: G. Schünemann, Werkverzeichnis in Denkmäler Deutscher Tonkunst LVI; ders., J.Ch.F.B., im B.-Jahrbuch 1914; H. Wohlfahrt, J.Ch.F.B., Bern 1971.

5. Bach, Johann Christian, dt. Komponist, Pianist u. Konzertveranstalter, jüngster Sohn von 1., * 5.9.1735 Leipzig, † 1.1.1782 London. Er wird auch der Mailänder oder Londoner B. genannt. Erhielt den ersten Unterricht bei seinem Vater, der ihm noch zu Lebzeiten drei Clavicembali schenkte. Nach dem Tod von J.S.B. wurde er von seinem Halbbruder Friedemann nach Berlin zu C.Ph.E.B. gebracht, der sich seiner Erziehung annahm. In Berlin empfing J.Ch.B. Anregungen von C.H. Graun, J.A. Hasse u. J.F. Agricola u. kam zum ersten Mal mit der Oper in Berührung. Bei Ausbruch des Siebenjährigen Krieges scheint J.Ch.B. eine Stellung in der Hauskapelle des Grafen A. Litta in Mailand angenommen zu haben. Litta verschaffte ihm auch die Möglichkeit, bei dem berühmten Padre Martini in Bologna zu studieren. Dort wurde er in den Stil G.P. Palestrinas eingeführt u. schrieb, zum Katholizismus konvertiert, eine Reihe hervorragender Kirchenmusiken. Am 23.8.1757 wurde eine Messe von ihm in der Mailänder Kirche San Fedele mit großem Erfolg aufgeführt. Im Juni 1760 erfolgte die Ernennung zum Organisten am Mailänder Dom, gleichzeitig ging er auf Talentsuche für die Turiner Oper, wo 1761 seine Oper *Artaserse* herauskam. Noch im gleichen Jahr wurde in Neapel sein *Catone in Utica* aufgeführt. Dort folgte 1762 *Alessandro nell'Indie.* Sein wachsender Ruf als Opernkomponist brachte ihm 1762 einen Vertrag mit dem Londoner King's Theatre ein, wo er sich 1763 mit der erfolgreichen Produktion von *Orione, ossia Diana vendicata* vorstellte. Dieser sehr beliebten Oper ließ er wenige Monate später ein neues Werk, *Zanaida,* folgen. J. Ch. B. genoß einen so außergewöhnlichen Ruf, daß er zum »Master of Music« der Königin ernannt wurde. Den 1764 London besuchenden jungen Mozart nahm er freundschaftlich auf u. musizierte sogar mit ihm. Zusammen mit C. F. Abel, einem ehemaligen Thomasschüler, rief er die B.-Abel-Abonnementskonzerte ins Leben, die erst mit seinem Tode wieder eingestellt wurden. Sie gehörten zu den ersten öffentlichen Konzertveranstaltungen überhaupt. Bei ihnen kamen auch die Sinfonien J. Haydns zu ihrer engl. Erstaufführung. Neben einer Vielzahl von Pasticcios schrieb J. Ch. B. noch verschiedene Opern für das King's Theatre, von denen *Carattaco* 1767 besonders beliebt war. 1778 kam mit *La clemenza di Scipione* seine letzte Oper in England heraus. Für Mannheim entstanden die Opern *Temistocle* (1772) u. *Lucio Silla* (1776), für Paris *Amadis de Gaules* (1779). Außer seinen Opern u. Pasticcios komponierte J. Ch. B. zahlreiche Kantaten, Arien u. Duette, 2 Oratorien, Sinfonien, Konzerte, Ouvertüren, Kammermusik u. Klaviersonaten. Besonders hingewiesen sei auf die *Six Sonates pour le Clavecin ou le Piano Forte* op. 5, die er auf dem Hammerklavier vorzutragen pflegte. Als einflußreicher Vorgänger Mozarts u. Mitbegründer des empfindsamen Stils in der Instrumentalmusik ist J. Ch. B. erst in unserem Jahrhundert erkannt worden.

Lit.: H. P. Schökel, J. Ch. B. u. d. Instrumentalmusik seiner Zeit, Wolfenbüttel 1926; Ch. S. Terry, J. Ch. Bach, Oxford 1929 (NA London 1967, rev. von H. C. R. Landon, enthält Werkverzeichnis).

Bachelet, Alfred G., franz. Komponist, * 26. 2. 1864 Paris, † 10. 2. 1944 Nancy. Schüler des Pariser Conservatoire u. Rompreisträger. Hatte seinen ersten Kompositionserfolg mit *Scémo,* einem dreiaktigen lyrischen Drama, das 1914 an der Opéra herauskam. Schrieb den Einakter *Quand la cloche sonnera,* der 1922 an der Opéra-Comique gegeben wurde, sowie das lyrische Drama *Un jardin sur l'Oronte* u. die Oper *Fiona.* Neben einigen Orchesterwerken u. Kammermusik entstand 1940 auf einen Text von Leconte de Lisle *Sûryâ* für T., Chor u. Orch. B. war 1914–18 Dirigent an der Opéra u. ab 1919 Direktor des Konservatoriums in Nancy.

Background (engl.: »Hintergrund«) wird das rhythmische u. harmonische Gerüst im Jazz u. in der Popmusik genannt, von dem sich die einzelnen Soli abheben. Während ein oder mehrere Spieler Soli improvisieren, halten sich die Rhythmusgruppe u. die anderen Musiker an ein vorher abgesprochenes Arrangement, das meistens aus den Grundharmonien besteht. Ein Sonderfall des B. ist der → Riff. In der Popmusik besteht der B. mehr aus Füllstimmen, häufig sogar aus Streichern u. Vokalchören, die eine bestimmte Atmosphäre vermitteln sollen.

Baden, Conrad P. K., norw. Komponist, Organist u. Kritiker, * 31. 8. 1908 Drammen. Studierte bei D. Hanssen (Orgel u. Klavier), 1931–32 in Leipzig bei G. Raphael u. K. Thomas, anschließend bei P. Steenberg in Norwegen (Kontrapunkt) u. kurze Zeit bei N. Larsen (Klavier) und 1940 bei B. Brustad (Komposition und Instrumentation). 1950–51 war er Schüler von A. Honegger u. J. Rivier, 1965 folgten ein Studienaufenthalt in Wien u. die Einführung in die Zwölftontechnik durch H. Jelinek. Nachdem B. 1930 am Osloer Konservatorium sein Organistenexamen abgelegt hatte, bekleidete er verschiedene Organistenstellen u. war ab 1935 auch Musikkritiker, zuerst für die Lokalzeitung in Drammen, später für das Osloer »Morgenbladet«. Seit 1947 unterrichtet B. Kontrapunkt u. Harmonielehre am Osloer Konservatorium, 1961–75 war er Organist an der Ris-Kirche in Oslo. Zu seinen Werken gehören 5 Sinfonien sowie Konzerte, Kammer- u. Kirchenmusik.

Badinage (von franz.: »Spaß«), auch Badinerie, Bezeichnung für einen geradtaktigen schnellen Suitensatz scherzhaften Charakters im 18. Jh.

Badings, Henk H., holländ. Komponist, * 17. 1. 1907 Bandung, Java. Nach dem Studium der Ingenieurwissenschaften in Delft Kompositionsunterricht bei W. Pijper u. 1930 Uraufführung seiner 1. Sinfonie durch das Amsterdamer Concertgebouw-Orchester. Während des Krieges Direktor des Rijkskonservatoriums in Den Haag. Lebt heute als freischaffender Komponist. Veröffentlichte mehrere Abhandlungen über zeitgenössische holländ. Musik, eine Schrift über die Tonalitätsprobleme in der Neuen Musik u. Studien zur elektronischen Musik. Seit 1951 experimentiert er mit der 31-Ton-Stimmung, in der er u. a. folgende Werke komponiert hat: *Contrasten* (5 Chorlieder, 1952); Präludium u. Fuge für Org. (1952); Präludium u. Fuge für Org. (1954); *Suite van kleine stukken, voor 31-toons-orgel* (1954); *Reeks van kleine klankstukken* für Org. (1957); 2 Sonaten für 2 V. (1963 u. 1967); Chaconne für Trp. in B u. elektronische Klänge (1965); 4. Streichquartett (1966); *Genesis* für Männerchor, 4 Schlagzeuge u. Tonband (1967); 2. Konzert für 2 V. u. Orch. (1969); *Inleiding, variaties en finale* für 2 V. (1975). Während seine frühen Werke von der Spätromantik beeinflußt sind, kommen ab Kriegsende in einem strengeren formalen Aufbau polyphone Elemente zum Vorschein. Seit den 50er Jahren beschäftigt sich B. auch häufiger mit der elektronischen Musik.

Zu B. Kompositionen gehören: die Opern *Nachtwache* (1950), *Salto mortale* (1959) u. *Martin Korda* (Choroper, 1960); die Funkopern *Orestes* (1954) u. *Asterion* (1957); die Ballette *Kain* (1956), *Variations électroniques* (1957), *Evolutionen* (1958), *Genèse* (1958) u. *Die Frau von Andros* (1960); 14 Sinfonien (1930–68, darunter *Psalmensinfonie*, 1953, u. *Louisville-Sinfonie*, 1954); 4 Konzerte für V. u. Orch. (1928, 1935, 1944 u. 1947); 2 Cellokonzerte (1930 u. 1948); Klavierkonzert (1940); Saxophonkonzert (1951); 2 Konzerte für 2 V. u. Orch. (1954 u. 1969); 2 Orgelkonzerte (1955 u. 1966); *Atlantische dansen* für Kl. u. Orch. (1955); je 1 Doppelkonzert für Fag. u. Kontrafag. (1964); Konzert für Va. u. Orch. (1965); Konzert für V., Va. u. Orch. (1965); Konzert für 2 Kl. u. Orch. (1964); Harfenkonzert (1967); Vokalkompositionen wie die Kantate *Laus pacis* (1956), *Psalm 147* (1959), *Genesis* (1967), *Armageddon* (1968), *Markus-Passion* (1971); Kammermusik; Orgelstücke; Lieder.

Bäck, Sven-Erik, schwed. Komponist u. Geiger, * 16. 9. 1919 Stockholm. Studierte am Stockholmer Konservatorium bei Ch. Barkel Geige u. bei H. Rosenberg 1940–44 Komposition. Seit 1944 Bratscher im Barkel-Quartett, bildete er sich 1948 u. 1950 an der Schola Cantorum in Basel weiter u. nahm 1951–52 am Unterricht bei G. Petrassi in Rom teil. Leitet seit 1953 das Kammarorkestern 1953 des schwed. Rundfunks u. die Nachwuchsausbildung.

Zu B. Kompositionen gehören: Ballettmusiken, Bühnen-, Hörspiel- und Filmmusiken, die Funkoper *Tranfjädrarna* (1957); die Kammeropern *Gästabudet* (1958) u. *Fågeln* (1961); die Ballette *Ikaros* (1963) u. *Movements* (1966); Orchester- u. Kammermusik; geistliche Musiken, darunter Motetten für A-cappella-Chor.

Bänkelsang, Vortrag aktueller Ereignisse auf Straßen u. Märkten, häufig ergänzt durch große Bildtafeln, die Höhepunkte der Erzählung illustrierten. Der Bänkelsänger begleitete sich selber oder wurde auf der Harfe, Laute, Violine, später auch Drehorgel begleitet. Im 19. Jh. kam für diese Bildergeschichten mit Gesang die Bezeichnung Moritat auf.

Bärenreiter-Verlag, dt. Musikverlag, der 1923 von Karl Vötterle in Augsburg gegründet wurde. Der Verlagsname ist vom Stern der Wandervogelfreunde, dem Alkor oder Bärenreiter im Großen Bären, übernommen. Die Begegnung mit W. Hensel u. die Teilnahme an der ersten Singwoche der Finkensteiner Singbewegung ließen in Vötterle den Wunsch reifen, Volksliedsammlungen u. die sog. »Finkensteiner Blätter« herauszugeben. Neben Liederbüchern erschienen bald Madrigale u. Liedsätze von J. Dowland, H. L. Haßler u. L. Lechner. Bereits 1924 wurde J. N. Forkels Buch »Über Johann Sebastian Bachs Leben, Kunst und Kunstwerke« von 1802 in einer kommentierten Ausgabe vorgelegt. Die Verbindung zur Musikwissenschaft zeigt sich auch in der Veröffentlichung der Organe der dt. Gesellschaft für Musikforschung, »Die Musikforschung« (seit 1948), der Internationalen Gesellschaft für Musikwissenschaft, »Acta musicologica« (seit 1954), u. der Internationalen Vereinigung der Musikbibliotheken, »Fontes artis musicae« (seit 1954). Die erste Freiburger Tagung für dt. Orgelkunst 1926 regte Vötterle zu einem starken Engagement für die Orgelbewegung an, die sich die Wiedergewinnung des barocken Klangbildes der Orgel zum Ziel gesetzt hatte. Heute nehmen Veröffentlichungen von Orgelmusik u. Orgelliteratur einen bedeutenden Platz im Verlagsprogramm ein. 1927 übersiedelte der Verlag nach Kassel. Im Zusammenhang mit der Berneuchener Bewegung rückten auch kirchenmusikalische Werke in den Vordergrund. Unter dem Druck der Nationalsozialisten wurde die kirchliche Arbeit 1935 aus dem B.-V. ausgegliedert und im Johannes-Stauda-Verlag weitergeführt. Zu Vötterles musikwissenschaftlichen Taten gehört auch eine allgemeine Enzyklopädie der Musik unter dem Titel »Die Musik in Geschichte und Gegenwart« (MGG). Das 14bändige Werk, dazu 2 Ergänzungsbände, liegt inzwischen abgeschlossen vor. Ein Registerband befindet sich in Vorbereitung. Außerdem erscheint bei Bärenreiter im Rahmen des Répertoire Internationale des Sources Musicales (RISM) die Serie A/I, die alle erreichbaren Musikeinzeldrucke bis zum Jahr 1800 erfaßt. Zu den Gesamt- u. Auswahlausgaben des Verlages gehören: Die Musikdrucke G. Rhaus 1538–45, die Neue Reihe der sämtlichen Werke O. de Lassus', Gesamtausgaben von L. Lechner, J. H. Schein, die »Neue Schütz-Ausgabe«, die »Neue Bach-Ausgabe«, eine Telemann-Auswahlausgabe, die »Hallische Händel-Ausgabe«, die »Neue Mozart-Ausgabe« u. die erste Gesamtausgabe der Werke Ch. W. Glucks. Neben einer Reihe von Zeitschriften (u. a. »Musica« u. »Musik u. Kirche«) u. allgemeiner Musikliteratur umfaßt das Verlagsprogramm auch Reihen wie z. B. den »Hortus Musicus« (ab 1950), »Nagels Musik-Archiv« (übernommen 1952), »Chor-Archiv« (seit 1953), »Flötenmusik« (seit 1956), »Bärenreiter-Taschenpartituren« (seit 1959), »Violoncello« (seit 1960), »Musica sacra nova« (seit 1964), »The 19th Century« (seit 1969) u. »Concerto vocale« (seit 1971). 1959 wurde mit der Bärenreiter-Musicaphon eine eigene Schallplattenproduktion begründet. Die Alkor-Edition betätigt sich im Rahmen der Verlagsgruppe hauptsächlich als Bühnenverlag. Mit der Verbreitung der Blockflöte u. ihrer Einführung in den elementaren Musik-

unterricht entstand die Bärenreiter-Blockflöte u. das dazugehörige Notenmaterial.
Neben Werken von H. Bornefeld, C. Bresgen, H. Distler, H. Kaminski u. E. Pepping hat der Verlag Werke vieler zeitgenössischer Komponisten in seinem Programm, u.a. von Th. Antoniou, G. Bialas, W. Burkhard, J. Cikker, J. Driessler, P. M. Hamel, K. Huber, N. A. Huber, W. Hufschmidt, E. Karkoschka, R. Kelterborn, G. Klebe, E. Krenek, B. Martinů, K. Marx, H. F. Micheelsen, D. de la Motte, R. Oboussier, U. Stranz, D. Terzakis, M. Trojahn, W. Zillig u. H. W. Zimmermann.

Lit.: K. Vötterle, Haus unterm Stern, Kassel 1969.

Baervoets, Raymond, belg. Komponist, * 6. 11. 1930 Brüssel. Studierte am Conservatoire Royal de Musique in Brüssel bei F. de Bourguignon, R.-A.-E. Barbier, J. Absil u. R. Defossez u. anschließend bei G. Petrassi in Rom.

B. komponierte u. a. die Ballette *Métamorphoses* (1965) u. *La chasse fantastique* (1968), Konzerte für Git. (1958), V. (1961), Va. (1967) u. Kl. (1981) mit Orch., 1 Oratorium *Les dents de la terre* für Soli, Sprecher, Chöre u. 2 Orch. (1969); Kammermusik.

Baeyens, August L., belg. Komponist, * 5. 6. 1895 Antwerpen, † 17. 7. 1966 ebd. Besuchte das Konservatorium in Antwerpen u. wirkte dort als Solobratscher am Franz. Theater. 1927 Mitbegründer der Antwerpener Gesellschaft für Kammermusik, in der er zeitgenössische Komponisten wie B. Bartók, D. Milhaud, die Wiener Schule, P. Hindemith u. Le Groupe des Six bekannt machte. 1944–49 u. 1954–58 Direktor der Koninklijke Vlaamse Opera in seiner Heimatstadt.

Zu B. Werken gehören: die Opern *De Ring van Gyges* (1943) u. *De Triomferende Min* (1948); die Funkoper *Coriolanus* (1941); Bühnenmusik zu *De Blauwe Vogel* (1951); die Ballettmusik *De Dode Dichter* (1920); 8 Sinfonien; Konzerte; Kammermusik u. Lieder.

Bagatelle (von ital. bagatella: »kleiner Gegenstand«), kurzes Musikstück, daher auch als Bezeichnung für Sammlungen kurzer Stücke ohne zusammenhängenden Charakter.

Baillot, Pierre M. F. de S., franz. Komponist u. Geigenvirtuose, * 1. 10. 1771 Passy bei Paris, † 15. 9. 1842 Paris. Erhielt ersten Unterricht bei einem ital. Virtuosen namens Polidori, später bei Pollani, einem Schüler P. Nardinis, in Rom. Wichtigstes Jugenderlebnis war das Auftreten des Geigenvirtuosen G.B. Viotti. Dieser beschaffte ihm 1791 auch eine Stellung als Konzertmeister am Pariser Théâtre Feydeau. 1795 nahm B. Kompositions- u. Theorieunterricht bei Ch.-S. Catel, A. Reicha u. L. Cherubini. Sein Ruhm als Virtuose verbreitete sich so schnell, daß er noch im gleichen Jahr eine Professur am Conservatoire erhielt, 1802 in Napoleons Privatorchester aufgenommen wurde u. ab 1814 Kammermusikkonzerte in Paris veranstalten konnte. 1821–31 war er Konzertmeister an der Pariser Opéra, 1825 auch in der Königlichen Kapelle.

Zu B. Kompositionen zählen: 9 Konzerte für V. u. Orch., 1 Symphonie concertante für 2 V. u. Orch., 24 Études für V., Streichquartette, Trios u. andere Stücke für sein Instrument. Außerdem veröffentlichte er eine Violinschule »L'art du violon« (1834) u. gab zusammen mit R. Kreutzer u. P. Rode »Méthode de violon« heraus, redigierte J. H. Levasseurs, Catels u. Ch. N. Baudiots »Méthode de violoncelle« u. schrieb glänzende Nachrufe auf A. E. M. Grétry u. G. B. Viotti.

Baini, Abbate Giuseppe, ital. Komponist, * 21. 10. 1775 Rom, † 21. 5. 1844 ebd. Unterricht bei L. Baini u. G. Jannaconi. 1795 Bassist der päpstlichen Kapelle, ab 1818 bis zu seinem Tode jedes Jahr zum Camerlengo gewählt. Sein 10st. Miserere wurde 1821 in das Karwochenrepertoire der Sixtinischen Kapelle aufgenommen. B. veröffentlichte 1828 eine zweibändige Biografie G. P. Palestrinas, »Memorie storico-critiche della vita e delle opere ...«, u. bereitete eine Gesamtausgabe der Werke Palestrinas vor.

Baird, Tadeusz, poln. Komponist, * 26. 7. 1928 Grodzisk Mazowiecki, † 4. 8. 1981 Warschau. War während des Krieges Privatschüler von B. Woytowiz u. K. Sikorski u. studierte 1947–51 bei P. Rytel u. P. Perkowski an der Musikhochschule in Warschau. Gleichzeitig erhielt er Klavierunterricht bei T. Wituski u. hörte Musikwissenschaft an der Universität Warschau. Lebte als freischaffender Komponist u. Lehrer in Polen.

Zu B. Werken gehören: 1. Sinfonie (1950); *Colas Breugnon,* eine Suite im alten Stil (1951); Concerto für Orch. (1952); *Lyrische Suite* für S. u. Orch. (1953); *Cassazione* für Orch. u. 4 *Liebessonette* nach Shakespeare für Bar. u. Kammerorch. (1956); Streichquartett (1957); 4 *Essays* für Orch. (1958); *Expressionen* für V. u. Orch. (1959); *Beschwörung* für Sprecher, gem. Chor u. Orch. (1960); *Erotiques* für S. u. Orch. (1961); *Variationen ohne Thema* für Orch. (1962); *Muzyka epifaniczna* für Fl., Klar., Vc. u. Orch. (1963); *Dialoge* für Ob. u. Kammerorch. (1964); *Morgen,* einaktige Oper nach J. Conrad (1966); 4 Lieder für Mezzo-S. u. Kammerorch. (1966); 4 *Noveletten* für Kammerorch. (1967); 4 Lieder für Mezzo-S. u. 16 Instr. (1968); *Sinfonia brevis* für Orch. (1968); 3. Sinfonie (1969); Kantate *Goethe-Briefe* nach Texten von Goethe u. Frau v. Stein für Bar., gem. Chor u. Orch. (1970); *Psychodrama* für Orch. (1971); *Play* für Streichquartett (1971); Konzert für Ob. u. Orch. (1973); *Elegeia* für Orch. (1973) u. *Concerto Lugubre* für Va. u. Orch. (1974/75); *Szenen* für Vc., Hf. u. Orch. (1977); *Variationen in Form eines Rondos* für Streichquartett (1978).

Balakirew, Milij A., russ. Komponist, * 2. 1. 1837 Nischnij Nowgorod, † 29. 5. 1910 Petersburg. Lernte nach dem Tod seiner Eltern im Internat den deutschen Lehrer Karl Eisrich kennen, der ihn in die klassische Musikliteratur einführte u. mit dem Kunstmäzen A. D. Ulybyschew bekannt machte. 1853 nahm B. mathematische Studien an der Universität von Kasan auf u. lebte recht u. schlecht von Klavierstunden. Die Sommerferien verbrachte er bei Ulybyschew, der ihn 1855 mit nach Petersburg nahm, mit M. Glinka bekannt machte u. in die Musikkreise der Hauptstadt einführte. Im Februar 1856 trat B. zum ersten Mal als Solist mit dem 1. Satz seines eigenen Klavierkonzerts in fis-Moll auf. In den folgenden Jahren machte er sich einen Namen als Klavierspieler u. -lehrer. M. Glinka gab ihm einige span. Themen zur Bearbeitung, die B. in seiner *Sérénade espagnole* für Kl. u. in der *Spanischen Ouvertüre* verwendete, u. nahm ihm auch das Versprechen ab, sich um seinen Nachlaß zu kümmern. 1857 machte er die Bekanntschaft M. Mussorgskijs u. C. Cuis, denen B. so etwas wie ein geistiger Mentor wurde. 1861 schloß sich N. Rimskij-Korsakow diesem Kreis an u. 1862 A. Borodin. Am 30. 3. 1862 eröffnete G. J. Lomakin die Musikalische Freischule in Petersburg, die als Konkurrenz zum dortigen Konservatorium gedacht war. B. wurde Lomakins Assistent. 1866–67 machte sich B. um die Aufführung von Glinkas Opern in Prag verdient. Am 24. 5. 1867 fand in der Freischule ein Konzert statt, bei dem B. Ouvertüre über tschech. Themen aufgeführt wurde. Aus Anlaß dieses Konzerts prägte der Kritiker W. Stassow den Namen »das mächtige Häuflein« für die Gruppe um B., Rimskij-Korsakow, Mussorgskij, Cui u. Borodin. Ihr gemeinsames Ziel war es, aus der russ. Folklore eine nationale Kunstmusik zu entwickeln. Zu diesem Zweck hatte B. zwischen 1862 u. 1865 mehrere Reisen in den Kaukasus u. das Wolgagebiet unternommen u. Volkslieder gesammelt. Einiges davon wurde in der Klavierfantasie *Islamej* (1868), der 2. Ouvertüre über russ. Themen (1864) u. deren Neufassung als sinfonische Dichtung *Russ* (1884) verwandt. 1867 wurde B. in Nachfolge von A. Rubinstein Dirigent der Kaiserlich Russ. Musikgesellschaft u. 1868 Direktor der Freischule. Beide Positionen mußte er nach wenigen Jahren wieder aufgeben, da er gesundheitlich eine Krise durchmachte u. sich dauernden Anfeindungen der Traditionalisten ausgesetzt sah. Er ließ sich deshalb 1870 bei der Eisenbahn anstellen. 1881 übernahm er wieder das Direktorat der Freischule, dirigierte ihre Konzerte u. wurde 1883 zum Direktor der Hofsängerkapelle ernannt. Ohne finanzielle Sorgen widmete er sich daraufhin der Glinka-Ausgabe unter Mitarbeit von N. Rimskij-Korsakow u. A. Ljadow, reformierte die Hofsängerkapelle, trat als Pianist auf u. sammelte neue Schüler um sich, zu denen auch S. Ljapunow gehörte, der später sein 2. Klavierkonzert vollendete. Nachdem er mit einer Pension 1894 von der Leitung der Hofsängerkapelle zurückgetreten war, wandte er sich seinen Mitte der 50er Jahre angefangenen Kompositionen zu, von denen er einige bis zu seinem Tod völlig umarbeitete. Dabei blieb die aus der Folklore stammende musikalische Substanz die gleiche, aber seine Kompositionstechnik hatte sich im Laufe der Zeit so verfeinert, daß man ihn mit seinen besten Werken neben Glinka stellen kann.

Zu B. wichtigsten Kompositionen gehören: 2 Klavierkonzerte (um 1855 u. 1910), 2 Sinfonien (1862–98 u. 1907–08), Ouvertüre u. Schauspielmusik zu »King Lear« (1858–61), Orientalische Fantasie für Kl. *Islamej* (1868), das Streichquartett (1855) u. die Klaviersonate b-Moll (1905). Außerdem gab B. Volksliedsammlungen heraus u. richtete Werke von anderen Komponisten für Klavier ein.

Lit.: V. I. Seroff, The Mighty Five, New York 1948 (dt.: Das mächtige Häuflein, Zürich 1963); G. Fedorowa, M. A. B., Moskau 1951; E. Schmitz, Das mächtige Häuflein, Leipzig 1955; E. Garden, B., London u. New York 1967.

Balanchine, George (eigtl. Balantschiwadse), sowj.-amer. Tänzer, Choreograf u. Ballettdirektor, * 22. 1. 1904 Petersburg, in Ballettkreisen unter dem Namen Mr. B. bekannt. B. stammt aus einer musikalischen Familie. Sein Vater war Komponist u. sammelte grusinische Volksmusik, sein Bruder Andrej lebt als Komponist u. Lehrer in Tiflis. Mit 9 Jahren trat B. in die kaiserliche Ballettakademie ein. Zu seinen Lehrern gehörten Andrejanow, Simeonow, Leontjew u. Oboukhow. Mit 10 Jahren erster Auftritt als Amor in *Dornröschen* am Marientheater. Mit 17 Jahren machte B. seine Abschlußprüfung u. wurde Mitglied des Corps de Ballet am Großen Akademischen Theater für Oper u. Ballett (GATOB). Nebenbei studierte B. Klavier u. Komposition am Konservatorium. Aus dieser Zeit stammen die ersten Ch. von B.: *Enigmas* (M.: A. Arenskij), *Extase* (M.: G. B.) u. *Marche funèbre* (M.: F. Chopin). Mit Arbeiten für die Abende des jungen Balletts u. verschiedene Petrograder Bühnen machte sich B. bei den altmodischen Kulturfunktionären u. reaktionären Kritikern unbeliebt. 1924 erhielt er im Rahmen der Deutschlandtournee der Sowj. Staatstänzer zusammen mit Tamara Geva, Alexandra Danilowa u. Nicholas Efimow eine Ausreisegenehmigung. B. benutzte diese Gelegenheit, um bei S. Diaghilew vorzutanzen. Er wurde angenommen, kehrte nicht in die UdSSR zurück u. arbeitete 1925–29 als Choreograf bei Diaghilews Ballets Russes. 1925 entstand die Ch. zu *Le chant du rossignol* (M.: I. Strawinsky), 1927 *La chatte* (M.: H. Sauguet), 1928 *Apollon musagète* (M.: I. Strawinsky) u. 1929 *Le fils prodigue* (M.: S. Prokofjew). Nach einer Knieverletzung widmete sich B. ab 1927 fast ausschließlich der Ch. Nach Diaghilews Tod lebte B. vorübergehend in Kopenhagen u. London, wo er auch Tanzeinlagen für die Cochran Musical Theatre Revues choreografierte. Nach einer kurzen Saison mit C. de Basils Ballets Russes de Monte Carlo, für die B. u. a. 1932 *Cotillon* (M.: A. E. Chabrier) choreografierte, gründete er in Paris seine eigene Truppe, die Ballets 1933, mit denen er 1933 Brecht/Weills *Die sieben Todsünden* (M.: K. Weill) herausbrachte. In Paris lernte B. den Schriftsteller u. Mäzen L. Kirstein kennen, der B. nach Amerika einlud. 1934 eröffnete dieser mit Hilfe Kirsteins in New York die School of American Ballet. Am 6. 12. 1934 stellte sich die Producing Company der Schule erstmals mit *Serenade* (M.: P. Tschaikowsky) vor. Bei weiteren Auftritten wurden seine früheren Ch. *Errante* (M.: F. Schubert) und *Mozartiana* (M.: Mozart/Tschaikowsky), beide aus dem Jahr 1933, gezeigt. 1935 bildeten Mitglieder der Schule das American Ballet, das 1935–38 den Grundstock für die Tanzkompanie der Metropolitan Opera bildete, zu deren Ballettmeister B. berufen wurde. Hauptwerke aus dieser Zeit sind 1936 *Orpheus u. Eurydike* (M.: Ch. W. Gluck) und 1937 *Jeu de cartes* u. *Le baiser de la fée* (M.: I. Strawinsky), die zusammen mit *Apollon musagète* B. erstes Strawinsky-Festival bildeten. 1938 verließ B. die Met, widmete sich der Ballettschule und choreografierte verschiedene Broadway-Shows u. Filme. Nach den Ziegfeld Follies und dem Musical *On Your Toes,* für das B. 1936 *Slaughter on Tenth Avenue* choreografierte, arbeitete er auch an *Babes in Arms* (1937), *Cabin in the Sky* (1940) u. *Where's Charley* (1948) mit. Zu B. Filmarbeiten gehören »Star Spangled Rhythm«, »I Was An Adventuress« u. »Goldwyn Follies«. 1941 stellte er mit Kirstein die American Ballet Caravan zusammen, die u. a. mit neuen Ch. von B. wie *Ballet Imperial* (M.: P. Tschaikowsky) und *Concerto Barocco* (M.: J. S. Bach), beide 1941, auf Südamerikatournee ging. 1944–46 übernahm B. noch einmal die künstlerische Leitung der Ballets Russes de Monte Carlo. 1946 holte ihn Kirstein wieder nach New York zurück. Gemeinsam gründeten sie die Ballet Society, für die B. u. a. 1946 *L'enfant et les sortilèges* (M.: M. Ravel) und *Die vier Temperamente* (M.: P. Hindemith) kreierte. 1947 entstand für die Pariser Oper *Le palais de cristal* (M.: G. Bizet), heute in B. Werkverzeichnis als *Symphony in C* geführt. Für die Ballet Society schuf er 1948 als wichtigstes Werk *Orpheus* (M.: I. Strawinsky). Im gleichen Jahr wurde die Ballet Society in den Verband des City Center übernommen. Am 11. 10. 1948 fand die erste Vorstellung im New York City Center of Music and Drama statt, auf dem Programm: *Concerto Barocco, Orpheus* und *Symphony in C.* Das New York City Ballet war geboren, Maria Tallchief die erste große Ballerina der Kompanie. T. Bolender, J. Robbins, J. Taras u. A. Tudor kreierten neue Stücke, Barbara Karinska übernahm die Ausstattung. Bis zur Übersiedlung in das von Ph. Johnson nach Wünschen von B. erbaute State Theater im Jahr 1964 brachte B. mit dem New York City Ballet 54 Ballette heraus, von denen nur drei Wiederaufnahmen früherer Arbeiten waren u. ein Titel gemeinsam mit Robbins entstanden ist. Zu den wichtigsten Ch. zählen: 1951 *La valse* (M.: M. Ravel), *Schwanensee 2. Akt* (M.: P. Tschaikowsky); 1952 *Scotch Symphony* (M.: F. Mendelssohn Bartholdy); 1954 *Der Nußknacker* (M.: P. Tschaikowsky), *Ivesiana* (M.: verschiedene Stücke von Ch. Ives); 1956 *Divertimento Nr. 15* (M.: W. A. Mozart); 1957 *Agon* (M.: I. Strawinsky); 1958 *Stars and Stripes* (M.: verschiedene Märsche von J. Ph. Sousa); 1959 *Episodes* (M.: verschiedene Werke von A. Webern); 1960 *Pas de deux* (M.: P. Tschaikowsky), *Monumentum pro Gesualdo* (M.: I. Strawinsky), *Liebesliederwalzer* (M.: J. Brahms); 1962 *Ein Sommernachtstraum* (M.: verschiedene Werke F. Mendelssohn Bartholdys); 1963 *Bugaku* (M.: T. Mayuzumi); *Movements for Piano and Orchestra* (M.: I. Strawinsky) u. 1964 *Tarantella* (M.: L. M. Gottschalk). Am 24. 4. 1964 eröffnete B. die erste Saison des New York City Ballet im State Theater. Neben einem abendfüllenden *Don Quixote* (M.: N. Nabokov) 1965 entstanden 1967 *Jewels* (M.: G. Fauré, I. Strawinsky, P. Tschaikowsky) u. 1970 *Who Cares?* (M.: G. Gershwin). Dann stellte sich bei B. eine schöpferische Pause ein, aber beim Strawinsky Festival 1972 überraschte er sein Publikum mit einer Reihe von großen Ch., zu denen *Symphony in Three Movements, Violin Concerto, Duo Concertant* u., gemeinsam mit J. Robbins, *Pulcinella* gehören. 1974 kreierte er gemeinsam mit Alexandra Danilowa eine Neufassung von *Coppélia* (M.: L. Delibes) nach M. Petipa. 1975, zum 100. Geburtstag von M. Ravel, veranstaltete B. ein weiteres Festival, zu dem er u. a. folgende Werke beisteuerte: *Sonatine, Le tombeau de Couperin, Pavane, Tzigane* u. *Gaspard de la nuit.* Nachdem er sich bereits 1963 in Hamburg u. 1973 in Paris mit Ch. W. Glucks Ballettmusik zu *Orpheus* beschäftigt hatte, kreierte er 1976 für sein New York City Ballet *Chaconne* (M.: Gluck). Ebenfalls 1976 entstand zur amerikanischen 200-Jahr-Feier *Union Jack* auf Songs u. populäre englische Melodien, arrangiert u. instrumentiert von H. Kay. Mit der Form des Walzers beschäftigte sich B. noch einmal 1977, als er *Vienna Waltzes* (M.: Joh. Strauß [Sohn], F. Lehár, R. Strauss) choreografierte. Ebenfalls 1977 entstand *Ballo della Regina* (M.: G. Verdi), 1978 *Kammermusik Nr. 2* (P. Hindemith), 1979 *Le bourgeois gentilhomme* (M.: R. Strauss), 1980 *Ballade* (M.: G. Fauré) u. *Davidsbündlertänze* (M.: R. Schumann). 1981 choreografierte B. im Rahmen des von ihm veranstalteten Tschaikowsky-

Festivals u.a. *Mozartiana* (M.: Tschaikowskys Suite Nr. 4), *Garland Dance* (M.: Tschaikowsky) u. *Hungarian Gypsy Airs* (M.: Tschaikowsky).
Mit bisher über 150 Ballettschöpfungen u. einer Kompanie, die B. ununterbrochen seit 30 Jahren leitet, ist er wohl der erfolgreichste Choreograf u. Ballettmeister des 20. Jh. Auch wenn B. während seiner Lehrjahre in Petersburg u. bei der Arbeit mit S. Diaghilew u. seinem Kreis russ. Tradition in sich aufgenommen hat, ist es doch zu einem großen Teil der amer. Einfluß, der ihn zu seinem Stil finden ließ. B. konzentriert sich sehr wohl auf den Erhalt u. Ausbau des klassischen Bewegungskanons, aber das amer. Musiktheater, der Jazz u. das Kino hinterlassen ebenfalls deutliche Spuren in seinen Ch. B. ist nicht nur Neoklassiker, sondern auch Erfinder neuer Schrittkombinationen aus der Musik unseres Jh. Vom russ. Handlungsballett eines M. Petipa führte seine Entwicklung zu den Einaktern Diaghilews u. später zu jenen abstrakten konzertanten Stücken, die heute den Großteil des Repertoires des New York City Ballet ausmachen. Deshalb hat seine Kompanie auch nur wenige abendfüllende Werke im Programm, von denen das mit Abstand erfolgreichste *Der Nußknacker* ist.
Mit seiner umfassenden musikalischen Bildung u. seinem Einfühlungsvermögen hat B. immer wieder Komponisten zur Mitarbeit gewonnen. Aus dem Zusammenwirken mit I. Strawinsky entstanden beispielsweise einige der bedeutendsten Ballette u. Partituren unserer Zeit. Über *Apollon* u. *Orpheus* führte B. Entwicklung zu *Agon*, dessen Rhythmik u. serielle Konstruktion er kontrapunktisch in Bewegungen verdeutlichte. Bei diesem Stück fällt besonders B. asymmetrische Behandlung von Tänzergruppen auf. B. selber sieht als Ziel seiner Arbeit, »den Zuschauer die Musik sehen u. den Tanz hören zu lassen«. Dabei steht ihm mit dem New York City Ballet eine Kompanie zur Verfügung, die seine Vorstellung von Ballett als »Bewegung in Zeit u. Raum« ohne Einschränkung realisieren kann. Unter Lehrern, die zum Teil immer noch aus der alten russ. Schule stammen, wachsen in der eigenen Schule ständig neue Talente nach, unter ihnen jene Mädchen, die als typische B.-Tänzerinnen bezeichnet werden: hochgewachsen, schlank, langbeinig, sportlich u. dazu rhythmisch begabt. B. betont immer wieder den Vorrang der Musik, deren Umsetzung in Bewegung Aufgabe des Choreografen sei. Deshalb sind Stars unter den Tänzern des New York City Ballet nicht gefragt. Innerhalb der Kompanie kann jeder Part mehrfach besetzt werden. Der einzelne muß im Ganzen aufgehen, der individuelle Ausdruck wird einem höheren Ziel untergeordnet. Nach den teilweise extravaganten Ausstattungen der Ballets Russes hat sich B. in Amerika an den ständigen Kampf um Mittel für die kaum subventionierte Kompanie gewöhnen müssen. Das hat zu Vereinfachungen in der Ausstattung geführt u. zur häufigen Verwendung des Trainingsdreß, beides heute bereits stilbildend. Mit dem New York City Ballet hat B. eine der besten Kompanien der Welt geschaffen, die nur einen Star kennt: G. B.

Lit.: H. Kirchmeyer, Strawinsky, Regensburg 1958; S. Green, The World of Musical Comedy, New York 1960; H. Koegler, B. u. das moderne Ballett, Velber 1964; L. Kirstein, The New York City Ballet, New York 1973; B. Taper, B., New York 1974; A. Haskell, Balletomania Then and Now, London 1977; N. Reynolds, Repertory in Review, New York 1977.

Balassanjan, Sergej A., sowj. Komponist, * 26. 8. 1902 Aschabad. Studierte am Konservatorium in Tiflis, an der Leningrader Musikhochschule u. am Moskauer Konservatorium. Kompositionsunterricht bei D. Kabalewskij. Nach einer Anstellung als Musikredakteur im Sowj. Allunionsrundfunk 1932–36 wurde B. Lehrer für Komposition, ab 1965 Professor des Konservatoriums. In seinen Werken verarbeitet er heimatliche Folklore sowie indische, indonesische u. afghanische Volksmusik.

B. schrieb u.a.: die Opern *Der Wosse-Aufstand* (1939, 2. Fassung 1959), *Schmied Kowa* (1941) u. *Bachtijor u. Nisso* (1954), die Ballettmusiken *Leila u. Medschnun* (letzte Fassung 1964) u. *Schakuntala* (1963), Orchesterwerke, Kammermusik, Lieder, Bühnen- u. Filmmusik.

Balbi, Ludovico, ital. Komponist, * 1545 Venedig, † vor dem 15. 12. 1604 ebd. Schüler von C. Porta, Franziskanermönch, 1570 Sänger an S. Marco, anschließend in Verona. 1578 Kapellmeister an der Frarikirche in Venedig, 1585–91 Kapellmeister an S. Antonio in Padua, 1594 in Feltre u. 1597–98 in Treviso. Kehrte vor seinem Tod in sein Kloster in Venedig zurück.

Von seinen Werken wurde in Venedig gedruckt: 4st. Madrigale (1570), 4st. »Ecclesiasticarum cantionum« (1578), 5st. Messen (1580), 6st. Capricci (1586), »Graduale et Antiphonarium« (zusammen mit G. Gabrieli u. O. Vecchi 1587), »Musicale essercitio« (27 Bearbeitungen von Oberstimmen anderer Komponisten 1589), Messen für 5 Stimmen (1595), Messen u. Motetten sowie 8st. Te Deum (1605), »Ecclesiastici concentus«, 1–8st. (1606) u. »Completorium«, 12st. zu 3 Chören (1609).

Balfe, Michael W., ir. Komponist u. Bariton, * 15. 5. 1808 Dublin, † 20. 10. 1870 Rowney Abbey, Hertfordshire. Spielte bereits mit 6 Jahren für die Tanzklasse seines Vaters Geige. 1823 als Schüler von Ch. E. Horn in London, Engagement als Geiger am Drury Lane Theatre, wo er auch seine ersten Erfahrungen als Dirigent sammelte. 1825 mit Conte Mazzara in Rom. Erhielt dort Unterricht bei F. Paer, anschließend in Mailand bei V. Federici u. F. Galli. Komponierte eine Ballettmusik mit dem Titel *La Pérouse*. In Paris wurde er von G. Rossini als Sänger an die Italien. Oper geholt. 1829–30 Bariton an der Oper in Palermo, wo er auch seine erste Oper *I rivali de se stessi* zur Aufführung brachte. Auftritte an der Scala in Mailand, wo er mit der berühmten Malibran auf der Bühne stand. Ab 1835 schrieb er eine Vielzahl von engl. Opern u. Operetten u. feierte als Sänger Triumphe. B. sang den Papageno bei der engl. Erstaufführung von W. A. Mozarts *Zauberflöte* 1838. Ein eigenes Opernunternehmen brachte 1841 Mißerfolg. B. komponierte *Le puits d'amour* (1843) u. *Les quatre fils Aymon* (1844) für Paris. 1845–52 Dirigent an Her Majesty's Theatre in London, anschließend Reisen u. Einstudierung eigener Werke in Rußland, Italien u. Frankreich. Seinen größten Erfolg hatte B., der 29 Bühnenwerke schrieb, mit *The Bohemian Girl* (1843).

Balg, eine unbeschädigte Tierhaut, die sich als Windbehälter oder Blasebalg benutzen läßt. So wurde der Dudelsack als Vorläufer der Orgel mit Luft versorgt. Je nach Form u. Art der Bedienung unterscheidet man Quer- u. Parallel-, Tritt- u. Handbälge. Heute noch werden das Akkordeon u. die Zieharmonika nach dem Prinzip des Handbalgs mit Luft versorgt.

Balissat, Jean, schweiz. Komponist, Dirigent u. Schlagzeuger, * 15. 5. 1936 Lausanne. Studierte bei H. Haug, A.-F. Marescotti u. S. Baud-Bovy. 1956–60 Musikkritiker in Lausanne.

B. schrieb u. a. Ballade für Orch. (1958), Sinfonien (1958 u. 1959) u. Kammermusik.

Ballabile (ital.: »zum Tanzen«), **1.** Bezeichnung für Gruppen- oder Corps-Tänze ohne Soli, häufig als Abschluß eines Balletts **2.** Tanzeinlage in der Oper des 19. Jh.

Ballade (ital. ballata: »Tanzstück«), **1.** volkstümliches, ursprünglich 1st. Tanzlied des 14. u. 15. Jh. mit meist dreistrophigem, durchgereimtem Aufbau, dem sich eine kürzere Geleitstrophe (envoi) anschließen konnte. Zu jeder Strophe gehört der Refrain, während der sog. Vorsängerrefrain vor der Strophe fehlen kann. Der bedeutendste Komponist u. Dichter von B. ist G. de Machaut zur Zeit der Ars nova, später sind es G. Dufay u. G. Binchois. **2.** Gattungsbezeichnung für erzählende Gedichte historischen oder legendenhaften Inhalts. Mit Bürgers »Lenore« beginnend, die mehrfach vertont wurde, entwickelt sich im späten 18. u. 19. Jh. eine regelrechte B.-Komposition. Zu ihren wichtigsten Vertretern gehören C. Loewe, F. Schubert, R. Schumann, J. Brahms u. H. Wolf. **3.** Instrumentalwerke, die von einer B.-Dichtung angeregt werden, z. B. bei F. Chopin u. J. Brahms. **4.** Freie Stücke in der Nähe der Fantasie oder Rhapsodie bei F. Liszt, E. Grieg u. J. Brahms.

Ballad opera (engl.: »Lieder-Oper«) bezeichnet eine Art Liederspiel, das in England in der 1. Hälfte des 18. Jh. besonders beliebt war. Die B. o. bestand aus gesprochenen Dialogen u. Liedern, bei denen Texte gewöhnlich bekannten Melodien oder volkstümlichen Weisen (ballad tunes) unterlegt wurden. Selbst Tanznummern von G. F. Händel, F. Geminiani, A. Corelli u. den Scarlattis mußten dazu herhalten. Der erste große Erfolg dieser Gattung war J. Gays *The Beggar's Opera* (Ouvertüre u. musikalisches Arrangement der 69 Nummern von Pepusch) 1728. In der *Beggar's Opera* wurde die Vorliebe des feinen Publikums für die als unnatürlich empfundene ital. Oper persifliert. Von allen Neubearbeitungen dieses Werkes ist die völlige textliche u. musikalische Neugestaltung durch Brecht/Weill als *Dreigroschenoper* weltberühmt geworden. Die wichtigsten Autoren von B. o. waren C. Cibber u. H. Fielding. In Deutschland wurde Ch. Coffeys *The Devil to Pay* (1731) bekannt, dessen dt. Fassung als *Der Teufel ist los* 1743 herauskam. Dieses Stück gehört zu den Vorläufern des dt. → Singspiels. Im 19. Jh. wurde die B. o. von der romantischen Oper u. der Operette verdrängt.

Ballata (ital.), die wichtigste literarisch-musikalische Form im Italien des späten 13. u. 14. Jh. Sie bestand aus dem Wechsel der Strophe (stanza) des Vorsängers u. eines vom Chor regelmäßig wiederholten Schlußabschnittes (ripresa). Verdrängte im Lauf des → Trecento als Gesellschaftskunst das Madrigal u. die Caccia. Mit Instrumentalbegleitung diente sie sogar zum Tanz. Während der Blütezeit der B. mit Komponisten wie dem Florentiner F. Landini nahm sie die Form Ripresa – Stanza – Ripresa an, wobei sich der B.-Typ nach der Verszahl der Ripresa unterschied. Am häufigsten waren der Sieben- u. Elfsilbler.

Ballett → S. 61

Banchieri, Adriano, ital. Komponist u. Musiktheoretiker, * 3. 9. 1568 Bologna, † 1634 ebd. Schüler von L. Barbieri u. G. Guami. Trat 1587 als Mönch in das Olivetanerkloster bei Bologna ein u. wurde Organist der dazugehörigen Kirche S. Michele in Bosco im Jahr 1596. 1601–07 Organist an S. Maria in Imola, ab 1609 wieder in seinem Kloster, dessen Abt er 1620 wurde. Nahm aktiven Anteil am Musikleben von Bologna, gründete die Accademia de' Floridi 1614 u. gehörte auch den Akademien de' Filomusi u. Filarmonica an. Unter dem Pseudonym Camillo Scaligeri della Fratta veröffentlichte er auch Komödien. B. verwendete in seiner Motette *Ego Domino* im »Libro III di nuovi pensieri ecclesiastici« (1613) zum ersten Mal die dynamischen Anweisungen piano u. forte. Er gehört außerdem zu den ersten Komponi-

BALLETT

VON REINER E. MORITZ

Ballett (von italienisch balletto, Diminutiv von ballo: »Tanz«) bezeichnet eine Tanzdarbietung mit musikalischer Begleitung durch Instrumente oder Singstimmen, oft in Verbindung mit bühnenwirksamer Ausstattung und Pantomime. Von frühen Formen des Tanzes und der Mimik wissen wir durch literarische Zeugnisse und bildliche Überlieferung der Griechen. Auch die römische Pantomime, deren berühmteste Vertreter Pylades und Bathyllus waren, kannte den Tanz. Mit zunehmendem kirchlichen Einfluß wurden kultische und unterhaltende Tänze aus dem Bewußtsein der Öffentlichkeit weitgehend verdrängt, lebten aber im mittelalterlichen Mysterienspiel, in Toten- und Geißlertänzen weiter. Mit der Renaissance rückte der Tanz als Unterhaltung wieder in den Mittelpunkt des öffentlichen Interesses. In Huldigungsspielen, Trionfi, allegorischen Hochzeitsspielen, Karnevalsfestlichkeiten, lebenden Bildern, Mysterienspielen, Mommeries, Entrées solennelles und Masken wurde dem Tanz eine wichtige Rolle zugewiesen. Neben anonymen Tanzbüchern veröffentlichte bereits 1436 Guglielmo Ebreo, Schüler eines Tanzmeisters namens Domenico di Piacenza, den Traktat »De practicha seu arte tripudii vulghare opusculum«. Der Tanzmeister Fabritio Caroso († nach 1605) veröffentlichte 1577 »Il ballerino« (wir kennen eine Ausgabe von 1581 in Venedig), Cesare Negri (* um 1536) ließ 1602 in Mailand »Le gratie d'amore« erscheinen, und Thoinot Arbeau (eigentlich Jehan Tabourot, 1519–95) brachte 1588 in Langres eine »Orchésographie«, eine Schule des Tanzens, Fechtens, Trommelns und Pfeifens, heraus. Raoul Auger Feuillet (* um 1660) veröffentlichte schließlich 1701 eine »Chorégraphie ou L'art de décrire la dance par caractères, figures et signes démonstratifs«. In Feuillets Schrift werden die Grundprinzipien des akademischen Tanzes oder Danse d'école bereits kodifiziert. Das gilt sogar für die 5 Positionen der Füße.
An den italienischen Fürstenhöfen überbot man sich gegenseitig in der Produktion aufwendiger Schauspiele mit Musik und Tanz, die nicht selten von Künstlern wie F. Brunelleschi, S. Botticelli oder Leonardo da Vinci ausgestattet wurden. Aus dem Jahr 1459 ist ein Bankett aus Anlaß der Verheiratung des Herzogs von Mailand mit Isabella von Aragonien bekannt, zu dem ein gewisser Bergonzio di Botta eine ballettähnliche Unterhaltung lieferte. Als Hauptthema diente die Argonautensage, deren einzelne Protagonisten die verschiedenen Speisen tanzend präsentierten. Zum Schluß zeigte sich Bacchus mit seinem Gefolge.

Die Entwicklung des Balletts geht im 16. Jahrhundert Hand in Hand mit den in Mode kommenden Intermedien. Sie bilden eine Art Zwischenaktunterhaltung, die aus Pantomimen, Maskeraden, Tänzen und Musikstücken besteht und nur lose mit der Handlung des eigentlichen Stückes verbunden ist. Solche Intermedien sind schon 1487 in Correggios »Cefalo« nachweisbar. Ihrer Bedeutung für die Entwicklung des Balletts entsprechend sollen im folgenden einige dieser historisch belegbaren Festlichkeiten näher betrachtet werden.
Aus Anlaß der Hochzeit von Cosimo I. mit Eleonora von Toledo fand am 9. 7. 1539 eine Festaufführung statt, bei der außergewöhnlich theaterwirksame Intermedien mit dem eigentlichen Schauspiel, »Il Commodo« von A. Landi, abwechselten. Ganz Europa nahm Anteil. In einem der Intermedien traten Bacchantinnen und Satyrn auf, von denen jeweils vier einen wilden Tanz vorführten, um das Publikum aus der Verzauberung der vorhergehenden Darbietung zu befreien. Die Musik zu diesen Tanzeinlagen stammte von Giovanni Battista Strozzi. Die Moresken in E. de' Cavalieris *Rappresentazione di anima e di corpo* (1600) und in C. Monteverdis *Orfeo* (1607) sind schon eindeutige Ballettintermezzi. Mit dem Aufkommen der Oper wurde das Ballett selber zum Intermedium, zu der bis ins 19. Jahrhundert beliebten Balletteinlage. Katharina von Medici führte die italienische Tanzkunst am französischen Hof ein. 1573 ließ sie zur Unterhaltung der polnischen Gesandten ein *Ballet aux ambassadeurs polonais* aufführen. Die geometrisch angelegten Tänze schuf der aus Italien stammende Baldassaro de Belgioso (französisch Balthazar de Beaujoyeux), die Musik komponierte Orlande de Lassus. Die Choreografie wurde noch mit »ordonnances géométriques« umschrieben. Im *Ballet comique de la Reine*, das 1581 zur Aufführung gelangte, wurden zum ersten Mal Musik, Tanz und Sprache zu einer Einheit verschmolzen, wie es von der Académie de Musique et de Poésie (Baïf und Thibault) gefordert wurde. Diese Darbietung kann als erstes Ballett im heutigen Sinne angesehen werden. Die wiederum von Beaujoyeux betreute Produktion begann abends um zehn Uhr und dauerte bis morgens gegen halb vier. Unter Heinrich von Navarra sollen mehr als 80 dieser höfischen Ballette produziert worden sein. Dabei wurden die technischen Anforderungen an die Tänzer immer größer, so daß die adeligen Dilettanten allmählich durch Berufstänzer ersetzt werden mußten. Mit Ouvertüre, Entrées und dem abschließenden Grand ballet bildeten diese Ballets de cour ihre eigene Form aus. Daneben waren überall in Europa Militär-, Turnier- und Roß-Ballette beliebt, von denen die Spanische Hofreitschule in Wien heute noch einen Eindruck vermittelt.
Die nächste europäische Festlichkeit, von der wir wissen, fand 1608 in Mantua statt. Es kam die Mascherata *Il Ballo delle ingrate* von O. Rinuccini mit Musik von C. Monteverdi zur Aufführung. Für die Choreografie war Isacchino l'Ebreo verantwortlich. Unter Ludwig XIII. und Ludwig XIV. erlebte das höfische Ballett seine Glanzzeit. 1617 kam im Louvre *La déliverance de Renaud* (Musik: P. Guédron, A. Boësset, G. Bataille) zur Aufführung. Ludwig XIII. übernahm die tänzerische Hauptrolle. Das Ballett zeigte den König als absoluten Herrscher und Er-

halter von Ordnung und Würde auf der Welt. Zum ersten Mal wurde die Tanzdarbietung auf ein Podium verlegt. Damit änderte sich der Blickwinkel, und die Choreografie mußte dem Rechnung tragen. Aus den von oben zu betrachtenden geometrischen Figuren entwickelte sich der nach vorn zum Publikum ausgelegte Bühnentanz. Auch Ludwig XIV. war ein leidenschaftlicher Tänzer. Als Darsteller der Sonne in dem berühmt gewordenen *Ballet de la nuit* erhielt er 1653 den Beinamen »Sonnenkönig«. Als sich Ludwig XIV. 1670 vom Tanzen zurückzog, waren die Glanzzeiten des höfischen Balletts vorbei. Neue Formen der Tanzdarbietung entstanden. J.-B. Lully war zusammen mit P. Beauchamps zum Direktor der 1661 vom König gegründeten Académie Royale de Dance aufgestiegen, in der Nachwuchstänzer professionell ausgebildet wurden. 1671 brachte Lully das Patent für das erste öffentliche Opernhaus an sich, und 1672 gestattete ihm der König die Eröffnung einer Académie Royale de Musique. Unter Mitarbeit von I. de Benserade, Molière u. Ph. Quinault entstand die neue Form des Comédie-ballet, aus dem sich in Lullys Spätwerk die französische Oper entwickeln sollte. Zu Lullys großen Ballettkomödien gehören *Les noces de Pelée et de Thétis* (1654), *Le mariage forcé* (1664), *Le bourgeois gentilhomme* (1670) und als Höhepunkt *Le triomphe de l'Amour* (1681). Die letztere kommt völlig ohne Gesang aus. Neben der Prinzessin de Conti traten vier Berufstänzerinnen auf, die von der ersten uns namentlich bekannten Ballerina, Mlle. La Fontaine, angeführt wurden. Das Libretto stammte von Benserade und Quinault, die Ausstattung von Jean Bérain und die Choreografie von Ch.-L. Beauchamps. Die bekanntesten Ballerinen jener Zeit waren Mlles. La Fontaine und Prévost, der berühmteste Tänzer hieß J. Ballon. Gegen Ende des 17. Jahrhundert läßt sich die Entwicklung des Balletts folgendermaßen zusammenfassen:

1. Aus dem höfischen Divertissement hat sich eine neue Kunstform entwickelt, die vor einem zahlenden Publikum bestehen muß.
2. Die adeligen Dilettanten weichen Berufstänzern.
3. Der Nachwuchs wird an eigens eingerichteten Institutionen geschult.
4. Tanzschritte sind im wesentlichen kodifiziert.
5. Die Choreografie muß der Guckkastenbühne Rechnung tragen.

Während in Frankreich aus der Ballettkomödie die Ballettoper entstand, die 1735 mit J.-Ph. Rameaus *Les Indes galantes* einen Höhepunkt erreichte, imitierten die Höfe Europas das französische Vorbild und unterhielten eigene Truppen mit Berufstänzern. Ballerinen wie Marie Sallé und Marie Ann de Camargo feierten Triumphe. Die tänzerischen Darbietungen wurden immer virtuoser und befreiten sich zusehends von den Konventionen des höfischen Balletts. Neue Schrittkombinationen und einfachere Kostüme trugen zur Geburt des Tanzstars bei. Marie Sallé (1707–27. 7. 1756) trat 1743 in dem Ballett *Pygmalion* zum ersten Mal in London ohne das hinderliche Barockkostüm auf. Sie trug eine Musselin-Tunika, die klassischer griechischer Kleidung nachempfunden war. Für sie fügte G. F. Händel eigens Ballettmusiken in seine Opern *Il pastor fido, Oreste, Ariodante* und *Alcina* ein. Ihre Rivalin Marie Ann de Cupis de Camargo schuf mit der

Kürzung der Rocklänge und der Abschaffung der hohen Absätze weitere Voraussetzungen für den virtuosen Tanz. Außerdem soll sie eine Reihe von bis dahin nur Männern vorbehaltenen Tanzschritten in ihrem Repertoire gehabt haben.
Den französischen Ballets de cour sind die englischen Maskenspiele vergleichbar, die unter Mitwirkung von Dichtern wie Ben Jonson und Architekten wie Inigo Jones zur bevorzugten Unterhaltung des englischen Hofes wurden. Der Tänzer, Choreograf und Theoretiker John Weaver (21. 7. 1673–28. 9. 1760) übersetzte Feuillets »Chorégraphie« und veröffentlichte folgende theoretische Schriften: »A Small Treatise of Time and Cadence in Dancing« (1706), »An Essay towards an History of Dancing« (1712), »Anatomical and Mechanical Lectures upon Dancing« (1721) und »History of the Mimes and Pantomimes« (1728). 1702 brachte Weaver am Drury Lane Theatre eine Ballettunterhaltung heraus, die mit Figuren wie Harlekin und Scaramouche auf die italienische Commedia dell'arte zurückgriff. 1717 wurde am gleichen Theater Weavers *The Loves of Mars and Venus* aufgeführt, ein »Dramatick Entertainment in Dancing«, das sich stark an die alte Pantomime anlehnte. Es folgten *Orpheus and Eurydice* (1718) und *The Judgment of Paris* (1733). Mit seinen Arbeiten zählt Weaver zu den Wegbereitern des Ballet d'action oder Handlungsballetts, das im 18. Jahrhundert von Choreografen wie F. Hilverding und J. G. Noverre durchgesetzt wurde.
An der Entwicklung des Handlungsballetts und der Verbreitung des Danse d'école sind einige überragende Choreografen und Tanzmeister des 18. Jahrhunderts sowie eine Reihe von Familien beteiligt, die über Generationen die Tänzer stellten und ihre Erfahrungen so weitervermittelten. Zu den ersten Choreografen des 18. Jahrhunderts gehört Franz Hilverding (17. 1. 1710 [getauft] –29. 5. 1768), der selber unter anderem Unterricht bei N. Blondy in Paris erhalten hatte und dessen berühmtester Schüler Gasparo Angiolini (9. 2. 1731–5. 2. 1803) war. Angiolini wirkte hauptsächlich in Petersburg, Moskau, Mailand und Wien. Gemeinsam mit Ch. W. Gluck entwarf er in Wien das pantomimische Handlungsballett *Don Juan* (1761) und choreografierte für seine Opern *Orpheus und Eurydike* (1762), *La rencontre imprévu* (1764), *Alessandro* (undatiert), *Semiramis* (1765) und *L'orfano della China* (1766). Zu *Semiramis* ließ Angiolini seine Schrift »Dissertation sur les ballets pantomimes des anciens pour servir de programme au ballet pantomime tragique de Semiramis« erscheinen. Mit Noverre lag er im Streit um die Urheberschaft des Handlungsballetts, da Angiolini diese Erfindung seinem Lehrer Hilverding zusprach. Seine Briefe erschienen als »Lettere di Gasparo Angiolini a Mons. Noverre sopra i balli pantomimi« (1773), »Lettre d'un des petits oracles de Monsieur Angiolini au Grand Noverre« (1774) und »Riflessioni sopra la pretesa riposta del sig. Noverre all Angiolini« u. »Riflessioni di Gasparo Angiolini sopra l'uso dei programmi ne' balli pantomimi« (1775). Trotzdem ist der von Angiolini so hartnäckig bekämpfte Jean Georges Noverre (29. 4. 1727–19. 10. 1810) die zentrale Figur des Balletts im 18. Jh. Mit seinen »Lettres sur la danse«, die 1760 gleichzeitig in Lyon und Stuttgart herauskamen, forderte Noverre das eigenständige Handlungsballett, das nicht Divertissement im

Rahmen eines anderen Stücks sein sollte, sondern eine eigene Handlung mit seinen Mitteln zur Darstellung bringen müßte. Da Noverres Lebensgeschichte für das Wirken eines Tänzers und Ballettmeisters im 18. Jahrhundert typisch ist, soll hier etwas ausführlicher darüber berichtet werden.
Noverre studierte bei L. Dupré an der Ballettschule der Pariser Opéra, bevor er 1742 am Hof Ludwigs XV. in Fontainebleau debutierte. 1744 war er als Corps-Tänzer in Berlin und ging dann über Dresden, Straßburg und Marseille nach Lyon. 1753 Ballettmeister an der Pariser Opéra-Comique, 1755 Engagement durch David Garrick an das Drury Lane Theatre in London, 1758 Ballettmeister an der Académie von Lyon. 1759–66 herzoglich württembergischer Hofballettmeister. In Stuttgart konnte er zum ersten Mal seine Vorstellungen von der Darstellung dramatischer Handlungen im pantomimischen Ballett verwirklichen. Aus K. H. Grauns Ballett *Pygmalion et Psyche* bezog er dabei Anregungen. Für N. Jommellis Opern choreografierte er mehrere Zwischenaktballette, für die F. J. Deller und J. J. Rudolph die Musiken komponierten. Mit dem Kostümbildner L. Boquet und dem Bühnenbildner G. Servandoni schuf Noverre eine Reihe von Meisterwerken wie *Alceste* (1761), *Psyche et L'Amour* sowie *La mort d'Hercule* (1762), *Medée, Orpheus und Eurydice* sowie *Le triomphe de l'Amour* (1763), *Hypermnestra, Der Tod des Lykomedes* (1764) und *Der Raub der Proserpina* (1766). Ab 1767 fand er eine neue Stellung in Wien, da der württembergische Hof das teure Ballett nicht länger unterhalten wollte. Noverre arbeitete hier mit F. Aspelmayr für das Kärntnertor-Theater und mit J. Starzer für das Burgtheater. In Wien entstanden unter anderem: *L'apothéose d'Hercule* (1767), *Donchischott* (Musik: Starzer) 1768, *Der gerächte Agamemnon* (Musik: Aspelmayr) 1771, *Vénus et Adonis* (Musik: Starzer), *Apelles et Campaspe* (Musik: Aspelmayr) und *Adèle de Ponthieu* (Musik: Starzer) 1773 sowie *Les Horaces* (Musik: Starzer) 1774. Während sein Gegenspieler Angiolini in Petersburg wirkte, choreografierte Noverre auch Tänze für Glucks *Alceste* (1767) und *Paride ed Elena* (1770). Über Mailand, Neapel, Lissabon und London kam Noverre 1775 nach Paris. Dort wurde er der erste Ballettmeister der Académie Royale de Musique, seine Zusammenarbeit mit Gluck setzte er fort. Außerdem choreografierte er W. A. Mozarts *Les petits riens* (1778), nachdem dieser ihm bereits 1772 in Mailand die Musik für das Zwischenaktballett *La gelosie del Seraglio* komponiert hatte. Angewidert von den ständigen Intrigen an der Opéra, ließ sich Noverre 1780 pensionieren und ging wieder nach London, wo er am King's Theatre eine hervorragende Kompanie aufbaute, zu der zeitweise P. Gardel, A. Bournonville, A. Vestris, Ch. Didelot und Mlle. Guimard gehörten. Mit *Les noces de Thétis* u. *Iphigenia* erlebte er 1793 seine größten Erfolge in London. Seinen Lebensabend verbrachte er in St. Germain, von wo aus er Zar Alexander I. dazu bewog, seine Briefe 1803 herausgeben zu lassen. Gleichzeitig arbeitete Noverre an »Lettres sur les arts imitateurs en général et sur la danse en particulier«, die 1807 in Paris erschienen. Bis zu seinem Tode beschäftigte er sich noch mit einem Nachschlagewerk über den Tanz. Der Einfluß Noverres auf die Entwicklung und Verselbständigung des

Balletts war außergewöhnlich. Noch hundert Jahre nach seinem Tode sollte sich der Reformer M. Fokin zu Beginn des 20. Jahrhunderts auf ihn berufen. Schon zu Lebzeiten Noverres verbreiteten seine Schüler die neue Konzeption des Handlungsballetts und machten seine Choreografien in ganz Europa bekannt. Le Picq sorgte zum Beispiel als Ballettdirektor in Petersburg 1786–98 für die Einstudierung von Werken Noverres, während Didelot als Ballettmeister, Choreograf und Lehrer 1801–11 in Petersburg die Ausbildung an den kaiserlichen Theatern im Sinne Noverres von Grund auf reformierte. Didelot führte auch das fleischfarbene Trikot ein und erfand ein System von Drähten, an denen die Ballerinen durch den Bühnenraum schweben konnten. Sein bekanntestes Ballett ist *Flore et Zéphyre* (Musik: C. Bossi) 1796. P. Gardel, der ebenfalls oft in Balletten von Noverre auftrat, schaffte die Maske ab. Er weigerte sich 1772, für G. Vestris in Rameaus *Castor et Pollux* einzuspringen, ohne daß die Zuschauer sehen konnten, wer tanzte. Auch der Angiolini-Schüler V. Galeotti (1733–1816) stand unter dem Einfluß Noverres. Als Tänzer, Choreograf und Ballettmeister baute er das königlich dänische Ballett auf, das übrigens heute noch seine 1786 entstandene Tanzschöpfung *Die Launen Cupidos und der Ballettmeister* (Musik: J. Lolle) im Repertoire hat. Mit Antoine Bournonville, dem Nachfolger Galeottis am königlich dänischen Ballett, wirkte ein weiterer Schüler Noverres in Skandinavien. Sein Sohn Auguste Bournonville (21. 8. 1805–30. 11. 1879) studierte bei A. Vestris, trat häufig mit der Taglioni auf und schuf als Ballettdirektor in Kopenhagen ein Nationalrepertoire, für das er sich der Mitarbeit dänischer Komponisten wie E. Helsted, H. S. Paulli, J. Gläser, H. C. Lumbye, M. J. Fröhlich, N. Gade und J. P. E. Hartmann versicherte. Seine bekanntesten Ballette sind *Napoli* (Musik: Paulli, Helsted, Gade und Lumbye) 1842 und *Konservatorium* (Musik: Paulli) 1849. Auguste Bournonville hinterließ eine Kompanie, die heute noch zu den besten der Welt gehört. Außerdem verhalf er dem Tänzerberuf in der dänischen Gesellschaft zu großem Ansehen.

Wichtige, in das 19. Jahrhundert weiterführende Impulse gingen von Jean Dauberval (19. 8. 1742–14. 2. 1806) aus, der ebenfalls stark unter dem Einfluß Noverres stand und mit dessen Schülerin Mlle. Théodore verheiratet war. Am Vorabend der Französischen Revolution brachte er in Bordeaux *La fille mal gardée* (Musik: verschiedene Komponisten, später P. L. Hertel) heraus. Damit wurden zum ersten Mal einfache Menschen und der Alltag des dritten Standes auf einer Tanzbühne dargestellt. Das Ballett wurde zum Vorbild einer ganzen Gattung, der sogenannten Demi-caractère-Ballette. Aus dem gleichen Zeitgefühl entstanden Titel wie *Offrande à la Liberté, La Marseillaise, La fête en l'honneur de l'Être Suprême* und *Dansomanie*.

Der berühmteste Schüler Daubervals war S. Viganò (25. 3. 1769–10. 8. 1821), der als Ballettmeister an der Scala in Mailand (1813–21) das italienische Ballett zu großer Blüte brachte und das Choreodrama einführte. Für Viganò hat L. van Beethoven 1801 *Die Geschöpfe des Prometheus* komponiert. Zu seinen wichtigsten Werken gehören: *Prometeo* (1813), *Gli Strelizzi* (1809), *Coriolano* (1804), *Mir-*

ra und *Psammi Re d'Egitto* (1817), *Dedalo, Vestale* und *Otello* (1818), *I Titani* (1819), *Alessandro nelle Indie* (1820), *Giovanna d'Arco* und *Didone* (1821). Viganò komponierte seine Musiken häufig selbst, da er bei seinem Onkel L. Boccherini eine solide musikalische Ausbildung erhalten hatte. Außerdem verwendete er Kompositionen von J. Haydn, W. A. Mozart, G. Rossini, J. K. Ayblinger, P. Lichtenthal, J. Weigl und P. Brambilla. Viganò versuchte, im Ballett seine Vorstellung vom Gesamtkunstwerk zu verwirklichen, indem er jede menschliche Regung ausschließlich in Tanz umgesetzt sehen wollte.
Zu den Tänzern, die Viganò an der Mailänder Scala zur Verfügung standen, gehörte auch Carlo Blasis (4. 11. 1795–15. 1. 1878), der Rollen in Viganòs *La scuola del villagio* und *I Titani* kreierte. Blasis gehört zu den wichtigsten Theoretikern der Ballettgeschichte. Nach einer glänzenden Karriere als Tänzer und Choreograf in Bordeaux, Paris, Mailand, London und Petersburg wurde er 1837 zum Direktor der Tanzakademie der Scala berufen, wo er zusammen mit seiner Frau, der Tänzerin Annunziata Ramaccini, die Basis für eine solide tänzerische Ausbildung schuf. Zu seinen Schriften gehören: »Traité élémentaire, théorique et pratique de l'art de la danse« (Mailand 1820), »Code of Terpsichore« (London 1828) und »L'uomo fisico intellettuale e morale« (Mailand 1857). Von seinen Schülern sind F. Cerrito und C. Rosati bekannt geworden.
Um 1800 begann sich der Spitzenschuh durchzusetzen, das Zeitalter der virtuosen Ballerinen brach an. Marie Taglioni, Carlotta Grisi, Fanny Cerrito und Lucille Grahn beherrschten die Bühnen Europas, Fanny Elßler machte 1840 sogar eine äußerst erfolgreiche Tournee durch Amerika und kam bis nach Kuba. Mit dem berühmten Pas de quatre von J. J. Perrot auf Musik von C. Pugni erreichte der Ballerinenkult 1845 seinen Höhepunkt. Die Taglioni, Grisi, Cerrito und Grahn traten gemeinsam in einem Ballett-Divertissement in Her Majesty's Theatre in London auf. Vergessen waren die Lehren eines Noverre. Das Ballett verfiel der reinen Virtuosität. Zu meist mittelmäßiger Musik entstanden Tanzspektakel, die einzig und allein dazu dienten, eine berühmte und besonders virtuose Tänzerin herauszustellen. Zu den wenigen wichtigen Werken dieser Zeit gehören *La Sylphide* (Musik: J. Schneitzhoeffer) in der Choreografie von Marie Taglionis Vater Filippo (1832), *Giselle* (Musik: A. Adam) in der Choreografie von J. Coralli und J. J. Perrot (1841), *Coppélia* (Musik: L. Delibes) in der Choreografie von A. Saint-Léon (1870) und *Sylvia* (Musik: L. Delibes) in der Choreografie von L. Mérante (1876). Der männliche Tänzer stand zu dieser Zeit ganz im Schatten der großen Ballerinen. Die politischen Umwälzungen in Europa hatten das höfische Ballett untergehen lassen, teure Kompanien wie die in Stuttgart oder Wien waren längst aufgelöst, und selbst ein Noverre hatte am Ende seines Lebens nur noch in London in einem kommerziell geführten Theater die Möglichkeit, seine ehrgeizigen Pläne zu verwirklichen. Das Zentrum des Ballettgeschehens verlagerte sich von Frankreich und Italien nach Rußland. Die von Jean-Baptiste Landé 1738 in Petersburg begründete kaiserliche Tanzschule hatte eine Reihe guter Tänzer hervorgebracht; die choreografische Tätigkeit eines Didelot, Hilverding,

Angiolini und vieler anderer hatte in der Petersburger Gesellschaft Interesse am Ballett geweckt. Rußland bot deshalb einem Tänzer und Choreografen wie Marius Petipa (11. 3. 1818–14. 7. 1910) ein reiches Betätigungsfeld, zumal Rußland in seiner Isolation von den politischen Erschütterungen des restlichen Europas weitgehend verschont geblieben war. Da Petipa zu den bedeutenden Choreografen der Ballettgeschichte gehört und aus seiner Zusammenarbeit mit P. Tschaikowsky abendfüllende Ballette entstanden sind, die heute noch von allen großen Kompanien getanzt werden, ist hier wieder etwas mehr Ausführlichkeit geboten, zumal Petipa als Wegbereiter M. Fokins betrachtet werden darf, mit dem die Ballettgeschichte des 20. Jahrhunderts beginnt.

Petipa erhielt ersten Tanzunterricht bei seinem Vater Jean Antoine, debütierte 1831 in P. Gardels *Dansomanie* und trat anschließend in Bordeaux und Nantes auf. In Nantes entstand auch seine erste Choreografie. Nach einer Amerikatournee mit seinem Vater folgten weitere Studien bei A. Vestris, Auftritte mit der gefeierten Grisi und Gastverpflichtungen nach Madrid. Als er wegen einer Liebesaffäre Spanien verlassen mußte, fand er 1847 eine Anstellung als Primoballerino in Petersburg. Dort trat er unter anderem mit Fanny Elßler auf. 1862 hatte er ersten Erfolg als Choreograf mit *La fille du Pharaon* (Musik: C. Pugni) und wurde als Ballettmeister angestellt. Nach dem Rücktritt von A. Saint-Léon folgte die Ernennung zum ersten Ballettmeister. In den folgenden Jahrzehnten hat Petipa an die fünfzig Ballette für die kaiserlichen Theater in Petersburg und Moskau choreografiert, dazu Stücke des Repertoires wie *Giselle* neu bearbeitet und wiederaufgeführt. Zu seinen wichtigsten Arbeiten zählen: *Don Quixote* (Musik: L. Minkus) 1869, *La Camargo* (Musik: Minkus) 1872, *Bajaderka* (Musik: Minkus) 1877, *Dornröschen* (Musik: P. Tschaikowsky) 1890, *Schwanensee*, 2. und 4. Akt von L. Iwanow (Musik: Tschaikowsky) 1895, *Raymonda* (Musik: A. Glasunow) 1898 und *Die Jahreszeiten* (Musik: Glasunow) 1900. Außerdem hatte er mit Tschaikowsky am Nußknacker gearbeitet, dessen Choreografie Iwanow übernahm, als Petipa erkrankte. In den mehr als 50 Jahren, die Petipa in Rußland wirkte, gab er dem russischen Ballett seinen eigenen klassizistischen Stil, der Elemente der Schule von Vestris mit der Virtuosität des Italieners Blasis verband. Gleichzeitig lebte der Einfluß von Vestris noch in einem anderen Tänzer und Lehrer in Petersburg weiter. Der Schwede Christian Johannson (1817–1903), Schüler Bournonvilles, gehörte zu den angesehensten Lehrern der kaiserlichen Ballettschule. Der französisch-italienische Einfluß verstärkte sich noch, als Enrico Cecchetti 1890 zweiter Ballettmeister der kaiserlichen Theater von Petersburg wurde. Als Schüler Lepris, der noch unter Blasis gearbeitet hatte, verwirklichte Cecchetti viele Vorstellungen seiner Lehrer und bildete mit A. Pawlowa, M. Kschessinska, T. Karsawina, M. Fokin und V. Nijinsky die Tänzer aus, die im 20. Jahrhundert Ballettgeschichte machen sollten.

Schon zu einer Zeit, als M. Kschessinska die unangefochtene Primaballerina assoluta am Ballett des Marientheaters war, regte sich Widerstand gegen den dort herrschenden Formalismus und die wenig experimentierfreudige Direktion.

Michail Fokin (25.4.1880–22.8.1942) war inzwischen zum 1. Solisten und Lehrer avanciert und hatte zusammen mit seinem Plan für ein *Daphne*-Ballett einige Reformvorschläge eingereicht. Da traf im Dezember 1904 die bereits überall in Europa gefeierte Isadora Duncan (27.5.1878–14.9.1927) zu ihrem ersten Gastspiel in Petersburg ein. Ihr Auftritt, bei dem sie barfuß in einer losen Tunika zu Konzertmusik tanzte, machte einen tiefen Eindruck auf Fokin. Ihr Anspruch, mit rein emotionalen und expressiven Bewegungen den Tanz der griechischen Antike neu zu beleben, bestärkte Fokin in seinen eigenen Gedanken. Obwohl die Duncan verschiedene Schulen gegründet hat, entwickelte sie nie ein echtes Lehrprogramm. Sie hat deshalb kaum Nachfolger gefunden, wenn man einmal von den Isadorables absieht. Ihre große Bedeutung liegt darin, daß sie die Schönheit der rhythmischen Bewegung des menschlichen Körpers in aller Natürlichkeit und ohne Konventionen wieder bewußt machte. Als außergewöhnlich emanzipierte Frau wirkte sie mehr durch ihr intensives Leben als durch ihre sehr persönliche Kunst.

Die Grundlage für den sogenannten Modern Dance oder Ausdruckstanz schuf deshalb nicht Isadora Duncan, sondern ein Sänger und Pädagoge, der bereits im 19. Jahrhundert lebte. Es war der Franzose François Delsarte (19.12.1811–19.7.1871), der später die Amerikaner Ruth S. Denis und Ted Shawn stark beeinflussen sollte. Delsarte entwarf mit seiner Mimiklehre ein Lehrsystem für die Gesten und Ausdrucksmöglichkeiten des menschlichen Körpers. Auf ihn stützte sich der Schweizer Komponist und Theorielehrer Émile Jaques-Dalcroze (6.7.1865–1.7.1950) bei der Entwicklung seiner rhythmischen Gymnastik. Aus seiner 1910 in Hellerau gegründeten Schule gingen M. Wigman und H. Holm hervor, und hier wurde auch bei einem Besuch von S. Diaghilew und V. Nijinsky 1912 Miriam Ramberg, die spätere Marie Rambert, für die Ballets Russes engagiert. Jaques-Dalcroze war übrigens schon 1911 einer Einladung nach Petersburg gefolgt, um dort sein System vorzuführen.

Auch wenn Fokin später sagen sollte, R. von Laban und M. Wigman gehe die wirkliche Beherrschung der Grammatik und Syntax des Tanzes ab, so daß sie gar nicht qualifiziert seien, den klassischen Tanz zu reformieren, werden in seinen frühen Balletten doch Einflüsse sichtbar, die von ebendieser neuen gegen den Danse d'école gerichteten Philosophie zeugen. Schon in dem Ballett *Eunice* wirkt Fokins Choreografie antikisierend. In seinem *Daphnis* ist die Anlehnung an antike Vasenbilder ganz deutlich. Um der Thematik dieses Balletts gerecht zu werden, verzichtet Fokin auf Spitzentanz und jegliche Elevation. Noch stärker wird Vaclav Nijinsky (12.3.1888–8.4.1950) in seinen Choreografien zu *L'après-midi d'un faune*, *Jeux* und *Sacre du printemps* von diesen Gedanken beeinflußt. Nachdem sich Fokin in Petersburg mit seinen Ideen nicht durchsetzen konnte, wagte er die Zusammenarbeit mit dem Impresario, Kunstliebhaber und Weltmann Serge P. Diaghilew (19.3.1872–19.8.1929), der mit seinen Ballets Russes de S. Diaghilew jenes Instrument schuf, das den großen Choreografen, Komponisten und Bühnenbildnern zu Beginn des 20. Jahrhunderts die Möglichkeit gab,

aus dem Ballett eine neue zeitgenössische Kunstform zu machen. Diaghilew stellte aus den besten russischen Tänzern eine Truppe zusammen, die am 18. 5. 1909 zum ersten Mal in Paris vor die westliche Öffentlichkeit trat. Das Programm des Abends bestand aus *Le pavillon d'Armide,* den *Polowetzer Tänzen* und *Le festin.* Mit Ausnahme von Teilen in *Le festin* stammten alle Choreografien von Fokin.
Während des zwanzigjährigen Bestehens der Ballets Russes gelang es Diaghilew immer wieder, Talente ausfindig zu machen, sie zu fördern und richtig einzusetzen. Zu seinen Choreografen gehörten M. Fokin, V. Nijinsky, L. Massine, B. Nijinska und G. Balanchine, als Ausstatter gewann er L. Bakst, A. Benois, G. Braque, G. de Chirico, A. Derain, M. Ernst, N. Gontscharowa, M. Larionow, H. Matisse, P. Picasso und N. Roerich. Kompositionsaufträge wurden vergeben an C. Debussy, M. de Falla, D. Milhaud, F. Poulenc, S. Prokofjew, M. Ravel, E. Satie, R. Strauss und I. Strawinsky. Zu den Tänzern gehörten T. Karsawina, A. Danilowa, L. Sokolowa, O. Spessivtseva, L. Tchernicheva sowie A. Bolm, V. Nijinsky, S. Lifar und viele andere. Unter Diaghilews Einfluß wurde das einaktige Ballett zu einer eigenen Kunstform, bei der Musik, Libretto, Ausstattung und Ch. zu einer neuen Einheit verschmolzen. Gleichzeitig erhielt auch der männliche Tänzer seine alte Bedeutung zurück, und das Corps bekam eine eigene Aufgabe im Handlungsablauf. Fokin hatte sich mit J. G. Noverres »Lettres« gründlich befaßt und veröffentlichte 1914 sein eigenes Fünf-Punkte-Programm, in dem er seine Ideen zusammenfaßte.
Mit Diaghilews Tod lösten sich die Ballets Russes auf. Als Nachfolgeorganisation entstanden die Ballets Russes de Monte Carlo unter der Direktion von Colonel de Basil, René Blum und Serge Grigoriev. Als diese sich zerstritten, wurden mehrere neue Kompanien gegründet, von denen hier nur die Ballets Russes du Colonel de Basil und die Ballets de Monte Carlo genannt sein sollen. Sie alle erreichten nicht mehr die Bedeutung der ursprünglichen Ballets Russes und der Ballets Russes de Monte Carlo. Auf verschiedenen Tourneen trugen sie jedoch dazu bei, die neuen Vorstellungen eines Fokin, Massine oder Balanchine auch in Australien und Amerika zu verbreiten. Sie haben großen Anteil an der Gründung der vielen Nationalballette, die inzwischen entstanden sind.
Versuche von L. Massine mit *Mercure* (M.: E. Satie) 1924 und O. Schlemmer mit dem *Triadischen Ballett* (Musik: P. Hindemith komponierte eigens für eine mechanische Orgel) 1922, eine Art von abstraktem Automaten- oder Puppenballett zu schaffen, blieben ohne Widerhall, wenn man von Alwin Nikolais absieht. Aber sie zeigen, wie stark das Ballett damals als zeitgenössisches Ausdrucksmittel verstanden wurde. Das gleiche gilt auch für Jean Börlin (13. 3. 1893–6. 12. 1930), der zeitweise ein Schüler von Fokin war. Der schwedische Ballettmäzen Rolf de Maré finanzierte ihm die Ballets Suédois, die zwischen 1920 und 1925 eine Reihe avantgardistischer Ballette herausbrachten. Dazu gehören *Jeux* (Musik: C. Debussy), *Iberia* (Musik: I. Albéniz) u. *La Nuit de St. Jean* (Musik: H. Alfvén) 1920, *L'Homme et son désir* (Musik: D. Milhaud) und *Les Mariés de la*

Tour Eiffel (Musik: unter anderen G. Auric, A. Honegger, D. Milhaud) 1921, *Skating Rink* (Musik: A. Honegger) 1922, *La Création du monde* (Musik: D. Milhaud) 1923 und *Relâche* (Musik: E. Satie) 1924. Von historischer Bedeutung ist lediglich das dadaistische ballet instantanéiste *Relâche*. In ihm sind Musik von Satie, Libretto, Bühnenbild und Kostüme von F. Picabia zusammen mit einem kinematografischen Zwischenspiel von René Clair zu einer neuen Darstellungsweise verbunden, die spätere Multimediaversuche wie etwa bei R. Joffrey vorwegnimmt.
Während sich der klassische Tanz unter Choreografen wie Balanchine, F. Ashton und J. Robbins weiterentwickelte, nationale Kompanien entstanden, die neben den klassischen Werken Petipas, Perrots und Saint-Léons auch die Anregungen der Ballets Russes verarbeiteten, entstand mit dem Modern Dance oder Ausdruckstanz eine neue Kunstform, die heute ebenfalls von einer kleinen Anzahl international anerkannter Truppen gepflegt wird.
Neben Jaques-Dalcroze wird der ungarische Tänzer, Choreograf, Ballettmeister und Theoretiker Rudolf von Laban (15. 12. 1879–1. 7. 1958) zu den Begründern dieser neuen Kunstform gezählt. Er nahm Anregungen der Duncan und die Theorien Delsartes auf. Mit seinem Begriffspaar Anspannung–Abspannung, das sich bei M. Graham als contraction–release wiederfindet, umschreibt er das Spannungsfeld des Ausdruckstanzes. Wie bei der Duncan ist es auch hier das Ziel, eine Harmonie zwischen Körper, Geist und Seele herzustellen.
Außerdem entwickelte Laban die sogenannte Laban-Notation, ein System, mit dem Tanzbewegungen aufgezeichnet und damit nachvollziehbar werden. Dieses System ist auch im Ausland bekannt. Es wurde inzwischen von A. Knust und K. Jooss weiter verbessert. Jooss und Wigman sind auch Labans bekannteste Schüler. Beide haben ihrerseits eine Reihe von Schülern ausgebildet, die den Ausdruckstanz, der gelegentlich in Amerika auch German Dance genannt wird, weltweit verbreiteten. Zu Wigmans bekannten Schülern gehören Yvonne Georgi, Gret Palucca und Harald Kreutzberg.
Weniger aus Weltanschauung als aus der Idee, Musik im Tanz sichtbar zu machen, ließ sich Ruth St. Denis (20. 1. 1880–21. 7. 1968) von östlichen Kulturen inspirieren. Zusammen mit Ted Shawn (21. 10. 1891–9. 1. 1972) gründete sie 1915 in Los Angeles die Denishawn-Tanzschule. Mit ihren Tänzern führte sie unter anderem 1916 *A Dance Pageant of Egypt, Greece and India* (Musik: W. Myrowitz, L. Horst und A. Nevins) auf. An der bis 1931 bestehenden Schule wurden so wichtige Vertreter des Modern Dance wie M. Graham, D. Humphrey, Ch. Weidman und J. Cole ausgebildet.
Obwohl in der Diskussion um die Bedeutung von Ausdruckstanz und Danse d'école immer noch viel Weltanschauliches mitschwingt, läßt sich heute feststellen, daß sich aus dem Tanz zwei Kunstformen entwickelt haben, die sich beide zunehmender Beliebtheit erfreuen. Bisher hatte das klassische Ballett mit kodifizierten Schritten und einer ausgefeilten, allerdings national unterschiedlichen Unterrichtsmethode die größere Chance, Kontinuität zu entwickeln, während

die großen Leistungen des Ausdruckstanzes an die jeweilige kreative Persönlichkeit und ihre Interpreten gebunden waren. Hier schafft die moderne Technik mit Film, Videokassette und Bildplatte Abhilfe.

Das Problem der Notation von Tanz wurde unter anderem bereits von Arbeau, Feuillet, Saint-Léon und A. Zorn in Angriff genommen. Um die Jahrhundertwende wandte man in Rußland die Methode von Stepanow an. Aber die beiden heute bekanntesten Systeme stammen von Laban (Laban-Notation) sowie R. u. J. Benesh (Benesh Dance Notation oder Choreology). In neuester Zeit haben Noa Eshkol und Abraham Wachmann ein mathematisches System entwickelt, das sich besonders gut zur elektronischen Speicherung eignet.

Klassische Kompanien mit internationalem Ansehen: American Ballet Theatre, New York; Australian Ballet, Melbourne; Ballet du XXe Siècle, Brüssel; Ballett der Hamburger Staatsoper, Hamburg; Ballett der Württembergischen Staats-Theater, Stuttgart; Bolschoi-Ballett, Moskau; Het Nationale Ballet, Amsterdam; Kirow-Ballett, Leningrad; Königlich Dänisches Ballett, Kopenhagen; Nederlands Dans Theater, Den Haag; National Ballet of Canada, Toronto; New York City Ballet, New York; Royal Ballet, London.

Modern-Dance-Kompanien, die regelmäßig auftreten: Alvin Ailey American Dance Theater, José Limon American Dance Company, Martha Graham Dance Company, Merce Cunningham and Dance Company, Murray Louis Dance Company, Nikolais Dance Theatre, Paul Taylor Dance Company, Twyla Tharp Dance Company, alle New York.

Literatur: A. Levinson, Meister des Balletts, Potsdam 1923; R. von Laban und M. Wigman, Die tänzerische Situation unserer Zeit, Dresden 1936; S. Lifar, Histoire du Ballet Russe, Paris 1950; L. Kirstein, M. Stuart, C. Dyer, The Classic Ballet, London 1953; S. L. Grigoriev, The Diaghilev Ballet 1909–1929, London 1953; B. Kochno, Le ballet en France du XVe siècle à nos jours, Paris 1954; S. Kragh-Jacobsen, The Royal Danish Ballet, London 1955; C. W. Beaumont, Complete Book of Ballet, London 1956; M. Fokine, Memoirs of a Ballet Master, London 1961; K. Peters, Lexikon der klassischen Tanztechnik, Hamburg 1961; S. Lifar, Traité de danse académique, Paris 1962; P. Brinson, Background to European Ballet, Leyden 1966; H. Schmidt-Garre, Ballett vom Sonnenkönig bis Balanchine, Velber 1966; A. Chujoy u. P. W. Manchester, The Dance Encyclopedia, New York 1967; L. Kirstein, Movement and Metaphor, New York 1970; R. Buckle, Nijinsky, London 1971; H. Koegler, Friedrichs Ballettlexikon, Velber 1972; H. Searle, Ballet Music, New York 1973; V. Svetloff, Anna Pavlova, New York 1974; Ch. Spencer, The World of Serge Diaghilev, London 1974; Dictionary of The Dance Collection und Ergänzungsbände, New York ab 1974; A. Haskell, Balletomania, Then and Now, London 1977; M. Clarke und D. Vaughan, The Encyclopedia of Dance & Ballet, New York 1977; M. Pasi (Hg.), Il Balletto – repertorio del teatro di danza dal 1581, Mailand 1979, deutsch: Ballett, Wiesbaden 1980; M. Clarke u. C. Crisp, The Ballet Goer's Guide, London 1981.

sten der Sonatenform u. hat sich mit der Basso-continuo-Technik auseinandergesetzt, für die er auch Anweisungen in seiner »Moderna prattica musicale« (1613) erteilt. Sein wohl wichtigstes theoretisches Werk ist »L'organo suonarino« (1605) mit Regeln über das Generalbaßspiel. Neben einer Reihe von Bühnenwerken schrieb B. Messen u. Motetten, Kirchenkonzerte u. weltliche Musiken, darunter Intermedien, Madrigale u. Madrigalkomödien sowie Canzonetten.

Band (engl.: »Kapelle«) bezeichnet das in der Anzahl der Musiker nicht festgelegte Jazzensemble, meistens unter Leitung eines B.-Leaders. Seit dem New-Orleans-Jazz hat sich so etwas wie eine Standardbesetzung herausgebildet, die aus Melodic section u. Rhythmusgruppe besteht. Die erstere umfaßte Kornett oder Trompete, Posaune, Klarinette, später auch Saxophon, die Rhythmusgruppe bestand aus Schlagzeug, Gitarre, Schlagbaß, Tuba oder Klavier. Aus der Zeit des Swing sind die Big B. bekannt, bei denen die Melodic section noch einmal in »brass« u. »reed« (Blechblasinstr. u. Rohrblattinstr.) unterteilt wurde. Kleinere Ensembles im modernen Jazz werden auch Combos genannt.

Banda (ital. für engl. band u. franz. bande), Gruppe von Musikern. Z. B. hießen die 24 violons Ludwigs XIV. la grande bande zur Unterscheidung von den 16 petits violons. Daher auch Jazz Band u. in der Janitscharenmusik B. turca. Noch bei G. Verdi tritt die B. in der Bühnenmusik auf.

Banister, John, engl. Komponist u. Geiger, * 1630 London, † 3. 10. 1679 ebd. Erhielt eine musikalische Grundausbildung bei seinem Vater, der Stadtmusikant war. Trat in den Dienst Karls II., der ihn zu weiteren Studien nach Frankreich schickte. 1662 wurde er Konzertmeister der Königlichen Musik. Nachdem der König den Franzosen L. Grabu angestellt hatte, kam es 1667 zum Zerwürfnis, u. B. verlegte sich als freischaffender Musiker auf das Komponieren u. die Veranstaltung von Konzerten. Er hat von 1672 bis an sein Lebensende regelmäßig Konzerte in seinem Haus veranstaltet, für die er Eintritt verlangte. Zu seinen Kompositionen gehören eine Reihe von Bühnenmusiken, u. a. zu R. Stapyltons Komödie »The Slighted Maid« (1663) u. Drydens »The Conquest of Granada« (1670). Am bekanntesten wurden seine Songs zu Th. Shadwells Bearbeitung von W. Shakespeares »The Tempest« (1673). B. gab 1678 einen Sammelband mit dem Titel »New Ayres and Dialogues« heraus, der auch einige Lessons for Viols or Violins enthält. Sein Sohn John B. wurde ebenfalls Geiger u. gehörte zu den Musikern des engl. Hofes. Er arbeitete u. a. an J. Playfords »Division-Violin« (1685) mit.

Banks, Don (eigtl. Donald Oscar), austral. Komponist, * 25. 10. 1923 Melbourne. Studierte am Konservatorium seiner Heimatstadt, bei M. Seiber in London u. L. Dallapiccola in Florenz. Lebte als freischaffender Komponist bis 1971 in London, folgte dann einem Ruf an die Universität in Canberra.

Zu B. Werken gehören: *Four pieces* für Orch. (1954), *Divisions* (1965), *Assemblies* (1966), Konzerte für Horn u. Orch., V. u. Orch., 1 *Concerto for Jazz Set and Orch.* (1970), *Intersections* für elektronische Klänge u. Orch. (1970), Kammermusik u. eine Vertonung des 70. Psalms für S. u. Kammerorch.

Bantock, Sir Granville, engl. Komponist, * 7. 8. 1868 London, † 16. 10. 1946 ebd. Kam erst spät zur Musik u. studierte ab 1889 unter F. Corder an der Royal Academy of Music. 1893–96 Herausgeber u. Eigentümer der »New Quarterly Musical Review«, gleichzeitig als Opernkapellmeister in der Provinz tätig. Gab 1896 ein Konzert, dessen Programm nur aus zeitgenössischen engl. Kompositionen bestand. 1897 Musikdirektor in New Brighton, wo er auch eine Chorvereinigung gründete. Übernahm 1907 an der Universität von Birmingham den Lehrstuhl E. Elgars, den er bis 1934 innehatte. B. setzte sich immer wieder für die zeitgenössische Musik ein u. verhalf insbesondere dem Werk von J. Sibelius in England zum Durchbruch. In seinen eigenen Kompositionen verarbeitete er mit Vorliebe exotische oder keltische Stoffe.

B. schrieb 4 Opern, 5 Ballette, darunter eins über *Lalla Rookh,* Bühnenmusiken, Chorwerke, eine Vielzahl von sinfonischen Dichtungen, Kammermusik u. Lieder.

Bar, bezeichnet im → Meistersang jede Folge von 3 oder mehr Strophen, auch bei unterschiedlicher Bauart. Später verstand man unter B. oder Barform eine Strophe, die aus einem Stollen (oder Gesätz), einem metrisch gleich geformten Gegenstollen (beide zusammen Aufgesang genannt) u. einem metrisch anders geformten Abgesang bestand. Dabei ergab sich musikalisch das Schema AAB, bei sog. Reprisenbar AABA.

Barbe, Helmut, dt. Komponist, * 28. 12. 1927 Halle/Saale. Studierte 1946–52 an der Berliner Kirchenmusikschule bei E. Pepping, G. Grote u. H. Schulze. 1952 Kantor an St. Nikolai in Berlin-Spandau, 1955 Lehrer an der Berliner Kirchenmusikschule. 1965–68 Leiter der Berliner Studentenkantorei. Seit 1976 Professor an der Hochschule der Künste in Berlin. In seinen neueren Kompositionen greift B. auf die Zwölftontechnik zurück.

B. komponierte u. a.: *Missa brevis* für 3st. gem. Chor, 2 Fl., Ob., Englisch Horn, Fag. u. Vc. (1961); Requiem für S., Fl., Ob., Fag., Va., Vc. u. Kb. (1966); 1 Violinkonzert (1968); 1 Konzert für Org., 12 Streicher u. Schlagzeug (1970); *Magnalia D* (biblische Szenen für Bar., 4st. gem. Chor u. Org.) u. Kantate *Inconstantia* für S., gem.

Chor, Git., Cemb. u. Streicher (1971) sowie *Golgatha* für Bar., 3 Chöre, Streicher, Schlagzeug, Kl. u. Org. (1972). Außerdem Choral- u. Volksliedsätze, Bühnenmusiken u. Songs.

Barber, Samuel, amer. Komponist, * 9. 3. 1910 West Chester, PA, † 23. 1. 1981 New York. Versuchte sich schon mit sieben Jahren im Komponieren, bevor er mit dreizehn in das Curtis Institute of Music in Philadelphia aufgenommen wurde. Dort Unterricht bei I. Vengerova (Klavier), de Gogorza (Gesang), F. Reiner (Dirigieren) u. R. Scalero (Komposition). Noch während des Studiums gewann B. eine Reihe von Preisen, u. a. den amer. Rompreis. In Rom entstand auch seine erste einsätzige Sinfonie, die 1936 unter F. Molinari Pradelli uraufgeführt wurde. 1938 dirigierte Toscanini den *1. Essay* für Orch. u. das Adagio für Streicher (Arrangement aus dem 1. Streichquartett). 1939 entstand ein Violinkonzert, 1940 *A Stopwatch and an Ordnance Map* für Männerst. u. 3 Kesselpauken (Blechbläser ad lib.), 1942 der *2. Essay* für Orch. mit einer polytonalen Fuge u. 1944 die 2. Sinfonie (»Dedicated to the Air Forces«). Für M. Graham komponierte B. 1946 *Medea (The Cave of the Heart)*. Aus dem gleichen Material entstanden anschließend 2 Suiten. Neben Graham haben auch T. Bolender, J. Neumeier, P. Wright, A. Ailey u. Choo San Goh Musiken von B. choreografiert. 1947 entstand *Knoxville: Summer of 1915* für S. u. Orch., 1949 eine Klaviersonate unter Verwendung der Zwölftontechnik, 1951 *Mélodies passagères* (5 Lieder nach R. M. Rilke), 1954 *Prayers of Kierkegaard* für S., gem. Chor u. Orch., 1956–57 die Oper *Vanessa* nach einem Libretto von G. C. Menotti, 1961–62 ein Klavierkonzert, 1963 *Andromache's Farewell* für S. u. Orch., 1966 zur Eröffnung der neuen Met die Oper *Anthony and Cleopatra*. Außerdem komponierte B. A-cappella-Chöre, Klavierlieder, Kammermusik u. als vielleicht bekanntestes Werk das *Capricorn Concerto* (1944), eine Auseinandersetzung mit der Form des barocken Concerto grosso.

B. eingängige Musik schwankt zwischen einem von I. Strawinsky beeinflußten Neoklassizismus u. einem spätromantischen, mit Dissonanzen versetzten Stil.

Lit.: N. Broder, S. B., New York 1954.

Barbershop Songs, Lieder, die in den Friseursalons der amer. Kleinstädte u. Dörfer gesungen wurden. Diese barbershops waren beliebte Treffpunkte der Männerwelt, oft mit Drugstore-Charakter u. Alkoholausschank. Zum eigenen Vergnügen wurden dann von einem Sänger Melodien angestimmt, die von anderen parallel begleitet wurden. So entstanden die sog. Barbershop-Harmonien, die nichts weiter als einfache Terz-, Quart- u. Quintenparallelen sind. Die Mills Brothers sind das bekannteste Ensemble, das diese Volksmusik kommerziell ausgewertet hat.

Barbieri, Francisco A., span. Komponist u. Musikforscher, * 3. 8. 1823 Madrid, † 19. 2. 1894 ebd. Studierte am Konservatorium in Madrid Klavier bei P. Albéniz u. Komposition bei R. Carnicer. Nach dem Tod seines Vaters Klarinettist bei der Milicia Nacional, später Kaffeehauspianist, Klavierlehrer, Notenschreiber u. Chordirigent. 1850 kamen seine→ Zarzuelas *Gloria y peluca* u. *Tramoya* erfolgreich zur Aufführung, es folgte 1851 *Jugar con fuego*, 1854 *Los diamantes de la corona* u. v. a. 1868 erhielt er eine Professur am Madrider Konservatorium. Zu seinen wissenschaftlichen Arbeiten gehört die Herausgabe des »Cancionero musical de los siglos XV y XVI«. Außerdem schrieb er eine Reihe von Artikeln für Musikzeitschriften.

Barblan, Otto, schweiz. Komponist, * 22. 3. 1860 Scanfs, Engadin, † 19. 12. 1943 Genf. Studierte 1878–84 am Stuttgarter Konservatorium Komposition u. Orgel. 1885 Musiklehrer an der Kantonschule in Chur, 1887–1938 Organist an St-Pierre in Genf, wo er auch am Konservatorium unterrichtete u. Dirigent der Société de Chant Sacré sowie anderer Chorvereinigungen war.

Zu B. Kompositionen gehören die Kantate *Post tenebras lux*, eine Lukaspassion, Kammermusik u. Orgelwerke.

Barce, Ramón, span. Komponist u. Musikschriftsteller, * 16. 3. 1928 Madrid. Gründete 1958 die Gruppe Nueva Música, 1959 die Aula de Música des Ateneo in Madrid u. 1964 den Círculo de Investigación Musical.

B. komponierte *Estudio de impulsos* (1964), *Abgrund, Hintergrund* (1965), *Las cuatro estaciones* für Orch. (1966) u. Kammermusik.

Barden hießen in vorchristlicher Zeit die keltischen Sänger. Der Begriff ist über das Lat. u. Franz. auch in die deutsche Sprache eingegangen. Die B. (skandinavisch: Skalden) trugen die alten Heldenlieder vor. Nachfahren der B. gab es in Schottland noch bis ins 18. Jh.

Bardi, Giovanni M. dei Conti di Vernio, ital. Komponist u. Dichter, * 5. 2. 1534 Florenz, † 1612 Rom. Florentinischer Edelmann, Literat u. Mathematiker, Mitglied der Accademia della Crusca u. degli Alterati, Camerlengo der Kurie. In seinem Haus versammelte sich die → Camerata, der u. a. V. Galilei, P. Strozzi, G. Caccini, J. Peri, J. Corsi u. O. Rinuccini angehörten. Die Camerata strebte eine Wiederbelebung antiker Musikideale an u. schuf den stilo recitativo. Ihre Vorstellungen wurden in Galileis »Dialogo« niedergelegt, in dem B. als einer der Redner auftritt. Mit der Berufung des Rivalen E. de' Cavalieri zum Generalinspektor der Künste am Hof von Florenz u. dem

Weggang B. als päpstlicher Kämmerer nach Rom sammelten sich Mitglieder der Camerata um J. Corsi u. führten mit *La Dafne* (1598) die erste Oper auf. B. komponierte Intermedien, aus denen ein *Misere habitator* u. ein weiteres Madrigal *Lauro, ohimé Lauro* erhalten sind. Er verfaßte außerdem den »Discorso sopra la musica antica e'l cantar bene«.

Bariton (ital. baritono: »tieftönend«), **1.** Mit Baritonans oder Baritonus wurde im 16. Jh. hin u. wieder die tiefste Stimme eines Satzes bezeichnet. **2.** Bezeichnung für die zwischen Tenor u. Baß liegende Stimme im 17. u. 18. Jh. **3.** Stimmlage, deren Normalumfang von A bis g^1 reicht. In der Oper wird der B. häufig als Stimmlage der männlichen Hauptrolle gewählt, z. B. Don Giovanni, Falstaff, Rigoletto, Simone Boccanegra, Mandryka, Wozzeck u. Lear. Das führte zu einem allmählichen Abbau der Vorherrschaft der Tenöre, die lange Zeit die ital. Oper beherrschten. **4.** Blechblasinstr., auch Baritonhorn genannt. Es handelt sich um ein gegen Mitte des 19. Jh. erfundenes Ventilhorn, das in sog. gemischten Blaskapellen eingesetzt wird.

Bark, Jan, schwed. Komponist u. Posaunist, * 19. 4. 1934 Härnösand. Studierte bei L.-E. Larsson, K.-B. Blomdahl, G. Ligeti u. E. Varèse. Unterrichtet Musiktheorie u. ist Posaunist des Kulturquartetts.

B. schrieb mehrere Werke für sein Instrument, außerdem 2 Streichquartette, *Ost Funk* für 8 Jazzmusiker u. Lautsprecher u. Musik für Tonband.

Barkarole (ital. barcaruola von barca: »Boot«) nennt man die Arbeitslieder der Gondolieri in Venedig. Sie wurden meistens im 6/8-Takt gesungen u. haben einen etwas melancholischen, weichen Klang. Sie fanden Eingang in die Kunstmusik als Stimmungsnummern in Opern u. Operetten oder als Klavierlieder u. Klavierstücke. Besonders bekannt ist die B. aus J. Offenbachs *Les contes d'Hoffmann.*

Barkauskas, Witautas P., sowj. Komponist, * 25. 3. 1931 Kaunas. Studierte Physik u. Mathematik in Wilna u. wechselte später zum dortigen Konservatorium, wo ihm A. Račiunas Kompositionsunterricht gab. Wirkt seit 1959 am Staatlichen Litauischen Konservatorium in Wilna als Theorielehrer. Verbindet in seinem Werk Elemente der Folklore mit Zwölftontechnik, Aleatorik u. Polyrhythmik.

Zu B. Kompositionen gehören: die Bühnenwerke *Konflikt* (choreografische Szene, 1965) u. *Legende von der Liebe* (Oper, 1975); 3 Sinfonien (1962, 1971 u. 1979); Doppelkonzert für Fl., Ob. u. Orch. (1978); Vokalwerke wie *Pathetische Gedanken* für gem. Chor (1962), *Wort an die Revolution* (Kantate, 1967), *La vostra nominanza e color d'erba* (Tondichtung für gem. Kammerchor u. Streichquintett, 1971), *Verbeuge dich vor deiner Erde* (Oratorium für Soli, Frauenchor u. Orch., 1976) u. *Die geöffneten Fenster* (5 Skizzen für Mezzo-S. u. 5 Instr., 1978); Kammermusik, darunter Concertino für 4 Kammergruppen (1966), *Intime Komposition* für Ob. u. 12 Streicher (1968), *Kontrastmusik* für Fl., Vc. u. Schlagzeug (1969), *Pro Memoria* für Fl., B.-Klar., Kl. oder Cemb. u. Schlagzeug (1970), Streichquartett Nr. 1 (1972), *Toccamento* (Konzert für Kammerorch., 1978); Klavierstücke; Bühnen- u. Filmmusiken.

Barock bezeichnete ursprünglich das Regelwidrige, in der Baukunst das Unförmige, Ausladende, im Gegensatz zur einfachen, klaren Form, die sich auf das Altertum zurückführen ließ. Die Periode des B. reicht ungefähr von 1600 bis Mitte des 18. Jh. Sie ist von den Bestrebungen der Gegenreformation, des Absolutismus u. der exakten Naturfoschung geprägt. Der Zug zum Ineinandergreifen verschiedener Künste macht sich bemerkbar, die Idee des Gesamtkunstwerks gewinnt Bedeutung. In der Musik läßt sich der B. ungefähr zwischen C. Monteverdi u. Ch. W. Gluck ansiedeln. Zu den großen Komponisten des B. gehören A. Vivaldi, D. Scarlatti, F. Couperin, J.-Ph. Rameau, A. Purcell, J. S. Bach, G. F. Händel u. G. Ph. Telemann. Die wesentlichen Neuerungen des B. sind Einführung des Taktstrichs, klare Teilung der Musik in weltliche u. geistliche (was gegenseitiges Entleihen nicht ausschloß), Ausbildung des Generalbaßstils, Aufkommen des Concertos u. Ablösung der franz. u. niederl. Vorherrschaft in der Musik durch die Italiener. Musikalische Formen wie → Oper, → Oratorium, → Arie u. → Rezitativ treten in den Vordergrund. Die Ausbildung des Generalbaßstils hängt eng mit der Vorstellung von einer neuen akkordabhängigen Klanglichkeit zusammen, die von der Baßstimme als dem Fundament (fundamentum) getragen wird. Gleichzeitig gewinnt der Dreiklang an Bedeutung, so daß sich tonale Schwerpunkte wie Tonika, Dominante u. Subdominante bilden.

Lit.: M. F. Bukofzer, Music in the Baroque Era, New York 1947; R. Stamm (Hg.), Die Kunstformen des Barockzeitalters, Bern 1956; R. Dammann, Der Musikbegriff im dt. B., Köln 1967; R. Stricker, Musique du baroque, Paris 1968; J. R. Anthony, French Baroque Music from Beaujoyeulx to Rameau, London 1973.

Barock-Jazz, Versuch, musikalische Formen (Concerto grosso, Fuge) u. Techniken (Generalbaß u. Improvisation) des Barock mit dem Jazz zu verbinden. Wichtigste Vertreter: Modern Jazz Quartet, Jacques Loussier, Swingle Singers.

Barock-Rock nennt man den Versuch, Rockmusik mit Klassik zu verbinden. Dabei werden entweder Sinfonieorchester u. Rockgruppen konzertant vereinigt oder Themen aus der Kunstmusik im Rock verarbeitet, z. B. *Bilder einer Ausstellung* von M. Mussorgskij in der Fassung von Emmerson, Lake & Palmer. Weitere Vertreter: Procol Harum, Deep Purple, Experimente von E. Schoener.

Barraqué, Jean, franz. Komponist, * 17. 1. 1928 Paris, † 17. 8. 1973 ebd. Studierte am Pariser Conservatoire u. privat bei O. Messiaen. Begann mit der Zwölftontechnik zu komponieren u. wandte sich kurzfristig der Groupe de la Recherche der ORTF mit ihren elektronischen Experimenten zu. Als Mitarbeiter des Centre National de la Recherche Scientifique beschäftigte er sich mit C. Debussy u. veröffentlichte 1962 eine Monografie über den Komponisten, die 1964 auch in Dt. erschien.

Zu B. Werken zählen u. a.: *Étude* (Musik auf Tonband, 1954); *Séquence* für Singst., Schlagzeug u. verschiedene Instr. (1955); Sonate für Kl. (1952); *Chant après chant* für Singst., Schlagzeug u. Kl. (1966); *Concerto* für 6 Instrumentalformationen, Vibraphon u. Klar. solo (1968). Außerdem arbeitete B. an einer Vertonung von H. Brochs »Der Tod des Vergil«, von der Teile erschienen sind.

Barraud, Henry, franz. Komponist, * 23. 4. 1900 Bordeaux. Studierte in seiner Heimatstadt bei F. Vaubourguin, anschließend in Paris bei P. Dukas, Caussade u. L. Aubert. Der Dirigent P. Monteux setzte sich für die Kompositionen B. ein u. führte 1932 sein *Finale* für großes Orch. u. 1934 sein *Poème* für großes Orch. auf. 1944–48 war B. Leiter der Musikabteilung des franz. Rundfunks, dann bis 1965 Direktor der ORTF. Lebt seither als freischaffender Komponist.

Zu seinen Werken gehören: die einaktige Opéra-comique *La farce de Maître Pathelin* (1948); die Tragédie lyrique *Numance* (1955, Neufassung 1970); die Opéra bouffe *Lavinia* (1961); die Ballettmusiken *Le diable à la kermesse* (1943) u. *L'astrologue dans le puits* (1950); die Kantaten *Le feu* (1937) u. *Te Deum* (1955); *Le testament F. Villon* für T., Chor u. Cemb. (1945); das Oratorium *Le mystère des Saints Innocents* (1946); Sinfonien; Konzerte für Kl. u. Fl.; Kammermusik; Lieder u. Klavierstücke. Außerdem veröffentlichte B. »H. Berlioz« (1955), »La France et la musique occidentale« (1956) u. »Pour comprendre les musiques d'aujourd'hui« (1968).

Barrel-house style, Kneipenmusik, hauptsächlich aus den Südstaaten der USA. Ein Klavierstil, bei dem die linke Hand einen ostinatoartigen Baß spielt, über dem die rechte virtuos improvisiert. Grundlage bildet das Blues-Schema. Das Pedal dient zum Markieren des Beat. Die meisten Pianisten des sog. Barrel-house Circuit spielten auch Stomp u. Rag, später auch Boogie-Woogie.

Barroso, Sergio, F., kuban. Komponist, * 4. 3. 1946 Havanna. Studierte am Conservatorio Amadeo Roldán in Havanna u. ab 1966 an der Prager Musikakademie. Seit 1968 Lehrer am Conservatorio A. Roldán u. Leiter der Musikabteilung der Biblioteca Nacional José Martí.

Neben einer Reihe von Kammermusikwerken komponierte B. die Ballette *Plásmasis* für Tonband (Instr., Geräusche u. Elektronik) u. *La casa* für Blasorch., Schlagwerke, Sprechchor u. Tonband (1970), die Oper *s. XIV-68* für 3 Solisten, Männersprechchor, gem. Sprechchor im Publikum, Orch., Tonband u. Publikum (1968) sowie 1 Konzert für Ob. u. Orch. (1968).

Bartels, Wolfgang, dt. Komponist u. Kritiker, * 21. 7. 1883 Hamburg, † 19. 4. 1938 München. Studierte bei A. Beer-Walbrunn in München u. A. Gédalge in Paris.

B. komponierte die Oper *Li-I-Lan* (1918), das Melodram *The Little Dream* (1911), 1 Sinfonie, Konzerte für V. u. Va. mit Orch., 1 Suite für Fl. u. Streichorchester (1924), 1 Tripelkonzert für Ob., Klar., Fag. u. Orch. (1929), außerdem Schauspielmusiken, Kammermusik, Lieder.

Bartholomée, Pierre, belg. Komponist u. Dirigent, * 5. 8. 1937 Brüssel. Studierte 1952–57 am Conservatoire Royal de Musique in Brüssel, außerdem bei H. Pousseur (Komposition) u. P. Boulez (Dirigieren). Gründete 1962 das Instrumentalensemble Musiques Nouvelles u. arbeitete von 1960 bis 1977 in der Musikabteilung des belgischen Fernsehens.

B. komponierte u. a.: *Chanson* für Vc. (1964); *Cantate aux alentours* für A., B., Fl., 2 Va. da Gamba, Hf., Hammondorg. (alle verstärkt), dazu Schlaginstr. (1966); *La ténèbre souveraine* für S., Mezzo-S., Kontra-T., T., B., Doppelchor, verstimmte Drehleier, Va. d'amore, Va. da Gamba, Cemb., Hf., Kl., Org., Cimbalom u. Orch., *Tombeau des Marin Marais* für V., 2 Va. da Gamba u. Cemb. u. *Premier alentour* für Fl. u. 2 Va. da Gamba (1967); *Catalogue* für 4 Hf. (1968); *Deuxième alentour: cueillir* für Mezzo-S., Kl. u. Schlagzeug sowie *Invention et premier double* für Kl. (1969)

Bartók, Béla V. J., ungar. Komponist, * 25. 3. 1881 Nagyszentmiklós, † 26. 9. 1945 New York. Erhielt mit 5 Jahren Klavierunterricht von seiner Mutter, gab sein erstes Konzert mit zehn, bei dem er einen Satz aus einer Beethoven-Sonate u. sein eigenes Stück *Die Donau* vortrug. Ab 1894 regelmäßiger Unterricht bei L. Erkel. Schrieb während dieser Zeit eine Reihe von Kompositionen im klassischen Stil, die stark unter dem Einfluß von J. Brahms u. E. von Dohnányi standen u. alle nicht veröffentlicht sind. 1899 Studium an der Budapester Akademie bei I. Thomán (Klavier) u. J. Koessler (Komposition). Unter dem Eindruck der Budapester Erstaufführung von *Also sprach Zarathustra* von R. Strauss 1902 wandte sich B. wieder dem Komponieren zu, das er inzwischen zugunsten seiner pianistischen Ausbildung stark eingeschränkt hatte. Es entstand die sinfonische Dichtung *Kossuth,* die am 13. 1. 1904 in Budapest uraufgeführt wurde u. von den deutschstämmigen Musikern des Orchesters als skandalös empfunden wurde, weil der ungar. Nationalist B. die österr. Nationalhymne persifliert hatte. 1904 komponierte er die Rhapsodie für Kl. u. Orch., die als op. 1 katalogisiert wurde. B. hat übrigens die Einteilung nach Opuszahlen ab 1920 nach Erreichung von op. 20, den *8 Improvisationen über* *ungar. Bauernlieder,* aufgegeben. Das Interesse für echte ungar. Volksmusik brachte ihn mit Z. Kodály zusammen. Zwischen beiden Komponisten entwickelte sich eine lebenslange Freundschaft. Gemeinsam gaben sie 1906 eine Sammlung von 20 neu aufgezeichneten Volksliedern heraus, zu denen jeder für 10 die Begleitung komponierte. Kodály machte B. auch mit der Musik von C. Debussy bekannt. 1907 wurde B. als Nachfolger seines Lehrers I. Thomán Professor für Klavier an der Musikakademie von Budapest. B. hatte sich zu dieser Zeit bereits einen beachtlichen Namen als Pianist gemacht, aber die Anerkennung als Komponist ließ auf sich warten. Dabei entstanden in den nächsten Jahren Werke, die für das kompositorische Schaffen von B. wegweisend sein sollten: 1908 das erste von sechs Streichquartetten, die alle Entwicklungsstufen in B. Schaffen spiegeln, im gleichen Jahr die 14 Bagatellen für Kl. u. 1908/09 die vier Hefte mit Klavierstücken nach ungar. u. slowak. Volksliedern. Enttäuscht über das mangelnde Interesse an seinen Werken, widmete sich B. hauptsächlich der Sammlung von Volksmusik. 1913 erschien sein Buch über die rumän. Volksmusik in Bukarest, außerdem unternahm B. eine Reise zur Oase von Biskra, um die arab. Volksmusik kennenzulernen. Das 2. Streichquartett u. die Etüden für Kl. zeigen, wie B. diese Folkloreeinflüsse verarbeitete. 1917 wurde sein Ballett *Der holzgeschnitzte Prinz* in Budapest aufgeführt u. 1918 endlich die einaktige Oper *Herzog Blaubarts Burg,* die einige Jahre zuvor noch vom Auswahlgremium der Oper abgelehnt worden war. In beiden Fällen war B. Balász sein Librettist gewesen, dessen kommunistische Ansichten B. in den 20er Jahren in Ungarn zu schaffen machten. Durch seine Verbindung zur Universal Edition in Wien, über die B. auch an A. Schönbergs Schaffen Anteil nahm, wurde er im Ausland so bekannt, daß man in Ungarn nicht umhin konnte, ihn neben E. von Dohnányi u. Z. Kodály um ein Werk zur Fünfzigjahrfeier der Vereinigung von Buda u. Pest zu bitten. So entstand 1923 die *Tanz-Suite.* 1926 wurde B. zweites Ballett *Der wunderbare Mandarin* in Köln uraufgeführt. Im gleichen Jahr schrieb er auch die Sonate für Kl. u. das 1. Klavierkonzert. 1927 absolvierte B. eine Konzerttournee in den Vereinigten Staaten, 1929 in Rußland. Zu dieser Zeit trug er sich offensichtlich mit dem Gedanken an ein neues Bühnenwerk. Da die offiziellen Stellen ihn aber in keiner Weise ermunterten, scheint B. seine dramatische Inspiration auf die 1930 entstandene *Cantata profana* verwandt zu haben. Nicht einmal die Tatsache seines nahenden 50. Geburtstages konnte die ungar. Öffentlichkeit für den Komponisten B. erwärmen. Deshalb beschäftigte er sich in den folgenden Jahren wieder stärker mit der Volksmusik, reiste 1932 nach Ägypten u. 1936 in die Türkei. Außerdem instrumentierte er eine Reihe seiner früheren Klavierstücke für Orchester. Die Auseinandersetzung mit dem ungar. Nationalsozialismus führte B. auf seine Weise: Er emigrierte 1940 nach den Vereinigten Staaten. Dort bot ihm die Columbia University einen Forschungsauftrag für Volksmusik an u. machte ihn zum Ehrendoktor. Bei nachlassender Gesundheit u. ständig in finanziellen Nöten komponierte B. 1943 das Konzert für Orch., als Kussewitzky-Stiftungs-Auftrag, die Sonate für V. solo u. 1945 das 3. Klavierkonzert, dessen Partitur von seinem Schüler T. Serly vollendet wurde.

Großen Einfluß auf das Schaffen B. hat seine Beschäftigung mit der ungar., rumän. u. bulg. Volksmusik gehabt. Aus ihr übernahm er Rhythmik, Ornamentik u. die stets wiederkehrenden reinen Quarten. Seine *Musik für Saiteninstrumente, Schlagzeug und Celesta* spiegelt in ihren chromatischen Spannungen B. Auseinandersetzung mit der 2. Wiener Schule. Die Überwindung der Tonalität wurde ihm durch die Beschäftigung mit der Folklore leichtgemacht. Das Klavier wurde von B. vorwiegend perkussiv eingesetzt, seine Akkorde, bei denen einzelne Töne austauschbar sind, dienen als Klangfarbe. In der Form hielt sich B. an den überlieferten Sonatensatz, dessen Dichte er durch thematische Verbindungen steigerte. B. ist einer der wenigen Komponisten unserer Zeit, der sich auch im allgemeinen Konzertrepertoire durchgesetzt hat.

u B. wichtigsten Werken gehören: *Herzog Blaubarts Burg* (1911); die Ballette *Der holzgeschnitzte Prinz* (1914–16) u. *Der wunderbare Mandarin* (1918–19); *Suite Nr. 1* u. *Nr. 2* für Orch. (1905); *Tanz-Suite* (1923); *Musik für Saiteninstrumente, Schlagzeug und Celesta* (1936); *Divertimento für Streichorch.* (1939); Konzert für Orch. (1943); 3 Klavierkonzerte (1926, 1930–31, 1945); 2 Violinkonzerte (1907–08 u. 1937–38); 1 Bratschenkonzert (1945); 6 Streichquartette (1908, 1917, 1927, 1928, 1934 u. 1939); 2 Sonaten für V. u. Kl. (1921 u. 1922); Sonate für 2 Kl. u. Schlagzeug (1937); 14 Bagatellen (1908) für Kl., *Allegro barbaro* f. Kl. (1911); Klaviersonate (1926); *Mikrokosmos* (6 Hefte, enthaltend insgesamt 153 Stücke mit ständig wachsendem Schwierigkeitsgrad, 1926–37). Außerdem veröffentlichte B. mehrere Bücher über seine Musikforschungsergebnisse sowie eine Reihe von wissenschaftlichen Aufsätzen.

Lit.: E. v. d. Nüll, B. B., Ein Beitrag zur Morphologie der neuen Musik, Halle 1930; S. Moreux, B. B., Freiburg 1950; H. Stevens, The Life and Music of B. B., New York 1964; E. Helm, B. B. in Selbstzeugnissen u. Bilddokumenten, Reinbek bei Hamburg 1965; E. Lendvai, B. B., An Analysis of His Music, London 1971; P. Petersen, Die Tonalität im Instrumentalschaffen von B. B., Hamburg 1971; B. Szabolcsi, B. B., Weg u. Werk, Schriften u. Briefe, Kassel 1972.

Bartolino da Padua, ital. Komponist um 1400.

Die Identität dieses Meisters ist nicht mit Sicherheit zu klären. Einige seiner Kompositionen sind den Familien Carrara u. Visconti gewidmet. Zu seinen Werken gehören 11 Madrigali und 27 Ballate.

Bartolozzi, Bruno, ital. Komponist u. Geiger, * 8. 6. 1911 Florenz. Studierte am Konservatorium seiner Heimatstadt u. in Siena. Lehrt am Conservatorio Cherubini in Florenz Orchesterspiel u. gibt die »Collana di Metodi per strumenti« bei der Edition Zerboni heraus.

Zu B. Werken gehören: *Sentimento del sogno* für S. u. Orch. (1952), Konzert für Orch. (1952), Konzert für V., Streicher u. Cemb. (1958), *Immagine* für S. u. 17 Ausführende (1959), *Collage* für Ob. (1969), *The Hollow Man* für ein beliebiges Holzblasinstr. (1969), *Sinaulodia* für 4 Fl. (1970), *Tutto ciò che accade ti riguarda*, eine Rappresentazione drammatica (1970), *Omaggio a Gaetano Azzolina* für Git. solo (1972).

Bartolucci, Msgr. Domenico, ital. Komponist, * 7. 5. 1917 bei Florenz. Studierte am Konservatorium von Florenz, am Pontificio Istituto di Musica Sacra u. an der Accademia Nazionale di S. Cecilia in Rom. Wurde Kapellmeister am Dom von Florenz, anschließend an S. Maria Maggiore u. der Basilica Liberiana in Rom. Leitete die päpstliche Kapelle u. lehrte am Pontificio Istituto.

Zu B. Kompositionen gehören mehrere Oratorien, u. a. *Glorioso Principe*, Messen, Motetten, Orgelstücke, 1 *Concerto rustico* für Orch., 1 Klavierkonzert u. Kammermusik.

Bartoš, Jan Z., tschech. Komponist, * 4. 6. 1908 Dvůr Kralové nad Labe, † 1. 6. 1981. Erhielt eine kaufmännische Ausbildung, bevor er sich ganz der Musik widmete. War Privatschüler von F. Pícha, K. B. Jirák u. M. Doležil, studierte 1935–39 unter O. Šín am Prager Konservatorium u. 1939–42 unter J. Křička an der Meisterschule. Ab 1945 im Informationsministerium, 1956 Leiter der Musikabteilung im Schul- u. Kultusministerium, 1959 bis 1961 Hauptredakteur im Staatsverlag.

Zu B. Kompositionen gehören: die Opern *Rýparka* (1949), *Prokletý zámek* (1950), *Útok na nebe* (1955) u. die Operette *Je libo ananas?* (1956); die Ballette *Hanuman* (1941), *Mirella* (1956) u. *Král maněže* (1963); 4 Sinfonien; 1 Konzert für Va. u. Instrumentalensemble; Kantaten; Kammermusik; Chöre; Klavierwerke. Veröffentlichte eine musikalische Formenlehre für Kinder, Prag 1960.

Baß (von mittellat. bassus: »fest, niedrig«, Abkürzung: B.), **1.** tiefste Stimme einer Komposition. Ihre harmonische Stützfunktion bildete sich bereits im 15. Jh. aus. Mit der Teilung des Contratenors in C. altus u. bassus entstand der Name bassus oder fundamentum für die unterste Stimme. Besondere Bedeutung erhielt der B. im harmonischen Gefüge einer Komposition in der Generalbaßzeit. Mit der Aufgabe der Tonalität verlor auch der B. seine Bedeutung als tragende Stimme. **2.** Stimmlage, deren Normalumfang von E bis f^1 reicht. In der Oper unterscheidet man zwischen B.-Buffo (Bartolo im *Barbier von Sevilla*) u. dem seriösen B. (Sarastro in der *Zauberflöte*). Als Zusatz zu einem Instrumentennamen zeigt B. an, daß es sich um das tiefste Instrument dieser Familie handelt: z. B. B.-Klar., B.-Sax., B.-Trp., B.-Pos.

Bassani (Bassano), Giovanni, ital. Komponist u. Sänger um 1600. 1585 Sänger, 1595 Lehrer am S. Marco angegliederten Seminar u. 1615 Domkapellmeister an S. Marco in Venedig. Komponierte vorwiegend Instrumentalmusik, Messen, Motetten, Madrigale u. Canzonetten. Gab 1591 »Motetti, Madrigali e Canzoni francese di diversi eccell. auttori a 4, 5 e 6 voci« heraus. Dabei handelt es sich um Orgelbearbeitungen mit einer Singstimme ad lib.

Bassani, Giovanni B., ital. Komponist, * um 1647 Padua, † 1. 10. 1716 Bergamo. 1667 als Organist der Accademia della morte in Ferrara nachgewiesen. War Kapellmeister des Herzogs von Mirandola, Mitglied der Accademia filarmonica in Bologna, ab 1688 Kapellmeister der Kathedrale von Ferrara, später Kapellmeister u. Lehrer in Bergamo. Komponierte Opern, Oratorien, Motetten, Kantaten, Psalmen. In seinen *Balletti Correnti, Gighe e Sarabande* für 2 V. u. B. c. sowie den Triosonaten steht er ganz in der Tradition der bolognesischen Schule.

Basse danse, Bezeichnung für Hoftänze aus der Zeit um 1450–1525. T. Arbeau hält sie in seiner »Orchésographie« bereits für überholt u. sagt »danse par bas ou sans sauter«. Es handelt sich also um Schreittänze, wie sie damals an den Fürstenhöfen üblich waren. Sie bestanden aus einfachen u. Doppelschritten, Seitwärts- u. Rückwärtsschritten u. waren vorwiegend geradtaktig. F. Ashton verwendet einen B. d. in seiner *Capriol Suite*.

Basso continuo, Abkürzung B. c. → Generalbaß

Battaglia (ital.: »Schlacht«) bezeichnet die lautmalerische Wiedergabe von Schlachtenlärm u. Schlachtengetümmel in der Musik. Die Sujets hierfür reichen vom Kampf mit dem Drachen in der Oper über Schlachtenschilderungen in Oper u. Instrumentalwerken bis zu P. Tschaikowskys Ouvertüre *1812* u. D. Schostakowitschs Beschreibung der Belagerung von Leningrad in seiner 7. Sinfonie.

Battuta (ital.), Taktschlag auf dem betonten Taktteil. Zeigt als a battuta den Wiedereintritt strenger Taktordnung an.

Baudrier, Yves, franz. Komponist, * 11. 2. 1906 Paris. Erwarb sich sein musikalisches Wissen fast ausschließlich als Autodidakt. Wurde 1936 Sprecher der Gruppe La Jeune France, zu der auch A. Jolivet, Daniel-Lesur u. O. Messiaen gehörten. 1945 gründete er mit M. L'Herbier die IDHEC (franz. Filmhochschule).

B. schrieb neben mehreren Filmmusiken Orchesterwerke, Kammermusik u. Lieder auf Texte von T. Corbière u. J. Cassou.

Bauer, Marion E., amer. Komponistin u. Musikschriftstellerin, * 15. 8. 1887 Walla Walla, WA, † 9. 8. 1955 South Hadley, MA. Studierte bei R. Pugno, A. Gédalge, P. Ertel u. N. Boulanger. Lehraufträge u.a. an der Universität von New York u. der Juilliard School. Neben Bühnen- u. Filmmusiken entstanden eine Reihe von Werken, die vom franz. Impressionismus beeinflußt waren. Daneben schöpfte sie mit *Lament on African Themes* f. Streicher (1928) u. *Indian Pipes* (1929) sowie *Sun Splendor* (1936), beide für Orch., aus der Folklore. 1943 entstand ihr neoklassizistisches Concertino f. Ob., Klar. u. Streichquartett. Veröffentlichte die Bücher »Twentieth Century Music«, Boston 1933, »Music Through the Ages« (zusammen mit E. R. Peyser), Boston 1932, u. »How Music Grew«, New York 1939.

Baumann, Hans, dt. Komponist u. Schriftsteller, * 22. 4. 1914 Amberg. War wegen seiner Kampf- u. Feierlieder besonders im Drittten Reich beliebt. Schrieb nach dem Krieg die Liedersammlung »Die helle Flöte«, die 1950 in Wolfenbüttel herauskam. Gab außerdem engl., franz. u. russ. Volkslieder heraus (Wolfenbüttel 1959).

Baumann, Helmut, dt. Tänzer, Choreograf u. Ballettdirektor, * 31. 1. 1939 Berlin. Unterricht bei G. Blank u. P. van Dyk. 1959–65 Mitglied des Balletts der Hamburger Staatsoper, anschließend in Münster u. Köln, wo er 1972–74 Ballettdirektor war. Widmete sich ab 1974 hauptsächlich der Inszenierung von Musicals.

B. choreografierte u. a. Wortballette nach Texten von J. Tardieu u. E. Ionesco wie *Das Schlüsselloch* (1967), *Die Sonate u. die drei Herren* u. *Szene zu viert* (1969), *Spiel mit Stühlen* (1970), *3 u. 16* (M.: R. Armbruster u. D. Schortemeier) 1971, *Die Sieben Todsünden* (M.: K. Weill) 1972, *Rameau war hier* (M.: J.-Ph. Rameau) 1974.

Baumann, Max, dt. Komponist, * 20. 11. 1917 Kronach. Studierte Komposition bei B. Blacher u. K. Noetel. War Dozent für Klavier an der Hochschule für Musik in Berlin, ab 1960 dort Professor für Komposition. Schrieb vor allem geistliche Chormusik, u. a. eine Passion u. ein *Lucas-Cranach-Oratorium*. Außerdem stammt von ihm das Ballett *Pelléas et Mélisande* (1954).

Baumgartner, Wilhelm, schweiz. Komponist u. Musikpädagoge, * 15. 11. 1820 Rorschach, † 17. 3. 1867 Zürich. Studierte 1844–45 auf Anraten Mendelssohn Bartholdys bei W. Taubert in Berlin Klavier. 1859 Universitätsmusikdirektor in Zürich. Seine Vertonung von G. Kellers Gedicht »An mein Vaterland« (1846) gehört zu den beliebtesten Vaterlandsliedern. Gab mehrere Liedersammlungen für Männerchöre heraus, von denen er eine Reihe selbst komponierte. Schrieb ebenfalls Klaviermusik.

Baur, Jürg, dt. Komponist, * 11. 11. 1918 Düsseldorf. Studierte an der Kölner Musikhochschule Komposition (Ph. Jarnach), Klavier (K. H. Pillney) u. Orgel sowie Kirchenmusik (M. Schneider). Seit 1965 Direktor des Robert-Schumann-Konservatoriums in Düsseldorf u. ab 1971 als Nachfolger von B. A. Zimmermann Leiter einer Kompositionsklasse an der Kölner Musikhochschule.

B. schrieb Orchesterwerke, darunter 1 Konzert für Va. u. Kammerorch. (1951); *Konzertante Musik* für Kl. u. Orch. (1958); *Concertino* für Fl., Ob., Klar., Streichorch. u. Pauken (1959); *Concerto romano* für Ob. u. Orch. (1960) u. 1 Klavierkonzert (1970); außerdem Kammermusik u. A-cappella-Chorzyklen.

Bausch, Pina (eigtl. Philippine), dt. Tänzerin, Choreografin u. Ballettdirektorin, * 27. 7. 1941 Solingen. Tänzerische Ausbildung 1955–59 an der Folkwangschule, Essen, unter Kurt Jooss. 1960 Stipendium zur Weiterbildung in den USA, wo B. u. a. bei M. Graham, J. Limon u. A. Tudor arbeitete. 1961 mit dem New American Ballet in Spoleto u. an der Metropolitan Opera New York. Ab 1962 Solistin des neugegründeten Folkwang-Balletts, 1969 Übernahme der Leitung des Folkwang-Tanz-Studios. Für das Folkwang-Ballett entstanden auch B. erste Ch.: *Fragment* (M.: B. Bartók) 1968 u. *Im Wind der Zeit* (M.: M. Dorner) 1969. Neben zahlreichen Auslandstourneen u. Verpflichtungen als Gastdozentin kreierte B. *Nachnull* (M.: I. Malec) 1970 u. im Auftrag der Wuppertaler Bühnen *Aktionen für Tänzer* (M.: G. Becker) 1971. Ebenfalls für Wuppertal choreografierte sie 1972 das *Tannhäuser-Bacchanal* (M.: R. Wagner). 1973 Ernennung zum Ballettdirektor des Wuppertaler Tanztheaters. Seither dort weitere Arbeiten wie: *Fritz* (M.: W. Hufschmidt) 1973; *Iphigenie auf Tauris* als Tanzoper (M.: Ch. W. Gluck); *Adagio* (M.: G. Mahlers 10. Sinfonie); *Kindertotenlieder* (M.: G. Mahler) u. *Ich bring dich um die Ecke* (M.: Schlager der 20er u. 30er Jahre) 1974; *Orpheus u. Eurydike* als Tanzoper (M.: Ch. W. Gluck) u. *Sacre du printemps* (M.: I. Strawinsky) 1975; *Die sieben Todsünden* (M.: K. Weill) 1976; *Blaubart* (M.: B. Bartók); *Komm, tanz mit mir* (M.: dt. Volkslieder) u. die Inszenierung sowie Ch. der eigenen Operette *Renate wandert aus* (M.: Collage). 1978 entstand für das Schauspielhaus Bochum *Er nimmt sie an der Hand und führt sie in das Schloß, die anderen folgen,* ein Stück, entwickelt aus W. Shakespeares

»Macbeth«; außerdem choreografierte sie *Kaffee Müller* (M.: H. Purcell). 1980 schuf B. für ihr Wuppertaler Tanztheater das abendfüllende *Bandoneon, Stück von Pina Bausch* (M.: Collage), eine Demontage der Tango-Seligkeit, sowie *1980 – ein Stück von Pina Bausch* (M.: Collage). Bisher hat B. noch kein klassisches Ballett choreografiert. Sie fühlt sich dem Schauspiel näher als der Oper und versucht, ihre Tänzer zu eigenem Ausdruck zu stimulieren.

Bausznern, 1. Waldemar Edler von, dt. Komponist, * 29. 11. 1866 Berlin, † 20. 8. 1931 Potsdam. 1882–88 Schüler von F. Kiel u. W. Bargiel an der Königlichen Hochschule in Berlin, anschließend Dirigent verschiedener Musikvereine, bis er 1903 Lehrer am Konservatorium in Köln wurde. 1908 Direktor der Großherzoglichen Musikschule in Weimar, 1916 als Nachfolger von I. Knorr Direktor des Hochschen Konservatoriums in Frankfurt a. M. Ab 1923 Sekretär der Berliner Akademie der Künste u. Lehramt an der dortigen Akademie für Schul- u. Kirchenmusik. Schrieb 8 Sinfonien, mehrere Chorwerke u. Kammermusik. B. gab im Rahmen der Cornelius-Gesamtausgabe den *Barbier von Bagdad* u. den *Cid* heraus u. vollendete dessen Oper *Gunlöd*. Von seinen eigenen Opern wurde *Dürer in Venedig* (1901) gedruckt. **2.** Dietrich Edler von, Enkel von 1., dt. Komponist, * 19. 3. 1928 Rastenburg. Studierte bei O. Gerster in Weimar u. H. Genzmer in Freiburg. Wurde dort 1963–69 Lehrer an der Pädagogischen Hochschule, anschließend Dozent am R.-Strauss-Konservatorium in München. Komponierte geistliche Konzerte, Schulopern u. Chorwerke.

Bax, Sir Arnold E. T., engl. Komponist, * 8. 11. 1883 London, † 3. 10. 1953 Cork. Studierte 1900–05 an der Royal Academy of Music in London unter F. Corder Komposition u. unter T. Matthay Klavier. Komponierte Ballettmusiken, Filmmusiken, Chorwerke, 7 Sinfonien, Ouvertüren, sinfonische Dichtungen, Konzerte für Vc. u. V. mit Orch., Kammermusik, Klaviermusik u. Lieder. B. sah sich selbst als Romantiker; er bezog außerdem Anregungen aus der keltischen Folklore. 1943 erschien seine Autobiografie »Farewell, my Youth« in London.

Bayer, Josef, österr. Komponist u. Kapellmeister, * 6. 3. 1852 Wien, † 12. 3. 1913 ebd. Wurde 1870 Geiger im Hoforch. in Wien u. 1885 Ballettkapellmeister der Wiener Hofoper.

B. komponierte neben Operetten wie *Der Chevalier von San Marco, Menelaus, Fräulein Hexe* eine Reihe von Ballettmusiken, deren bekannteste *Die Puppenfee* (1888) ist.

Bayle, François, franz. Komponist, * 27. 4. 1932 Tamatave, Madagaskar. Wurde nach allgemeinen literarischen, naturwissenschaftlichen u. musikalischen Studien Schüler von O. Messiaen. Ab 1960 Mitglied der Groupe de Recherche Musicale der ORTF u. hauptsächlich mit elektroakustischen Studien befaßt. 1960–62 Assistent von P. Schaeffer. Erhielt 1961 den Preis der Biennale in Paris für sein Erstlingswerk *Points critiques* für 4 Instr.

B. komponierte: *L'objet captif* für Tonband (1962); *L'Archipel* für Streichquartett u. Tonband, *Pluriel* für Kammerorch. u. Tonband, *Trois Portraits d'Un-Oiseau-Qui-N'Existe-Pas* für Tonband u. Instr. u. *Rumeurs* für Tonband (1963); *Lignes et points* für Tonband u. Lichtprojektion u. *Espaces inhabitables* für Tonband (1966); *Jeïta ou Le murmure des eaux* (1971); *L'expérience acoustique* u. *Page blanche, Page noire* (1972); *La Divine Comédie* (gemeinsam mit B. Parmegiani) u. *Vibrations composées* (1974); *Grande Polyphonie* (1975); *Personnages et intervalles bleus* u. *Camera oscura* (1976); *Cristal* (1977); *Tremblement de terre très doux* (1978); *Camera lucida* (1979).

Bazzini, Antonio, ital. Komponist u. Geiger, * 11. 3. 1818 Brescia, † 10. 2. 1897 Mailand. Ging auf Anraten N. Paganinis als Geigenvirtuose auf Konzertreisen in Europa u. ließ sich 1852–64 in Paris nieder. 1873 Kompositionsprofessor am Mailänder Konservatorium, ab 1882 dort Direktor.

B. komponierte die Oper *Turanda* (1867), Kantaten, Ouvertüren, die sinfonische Dichtung *Francesca da Rimini* (1890), 6 Streichquartette u. 1 Streichquintett. Am bekanntesten ist sein Scherzo fantastique *La ronde des Lutins*.

Beantwortung nennt man in der Exposition einer Fuge den 2. Einsatz des Themas (Comes) sowie die Art seiner Bildung u. Zuordnung zum Thema in seiner ersten Gestalt (Dux). In den meisten Fällen wird das Thema bei der B. in seinem melodischen Ablauf kaum verändert, aber es setzt entweder eine Quinte höher oder eine Quarte tiefer ein, auch eine Quarte höher u. eine Quinte tiefer kommen vor. Neben der sog. realen B., bei der Dux u. Comes intervallgleich sind, gibt es die tonale B., bei der diese Intervallgleichheit nicht gegeben ist. Sie besteht aus einer Verbindung von Quint- u. Quart-B., die hauptsächlich zur Folge hat, daß die Haupttonart beim Comes-Einsatz erhalten bleibt, wenn das Thema auf der 5. Stufe der ursprünglichen Tonart einsetzt. Außerdem läßt sie zu, daß die Haupttonart durch Abstandswechsel zurückgewonnen wird.

Bearbeitung bedeutet nach dem geltenden Urheberrecht die Umarbeitung eines bestehenden Werkes zu einem bestimmten Zweck. Die Grenze zum Arrangement ist fließend. Man kann folgende Formen der B. unterscheiden: **1.** B. eines bekannten Themas, **2.** Umarbeitung eines gegebenen Stücks für eine andere Besetzung, **3.** Neufassung, Neukomposition, Ergänzung etc. von etwas Bestehendem. So hat schon Perotinus die Leoninischen Organa gekürzt u. mit eigenen Klauseln versehen. In neuerer Zeit haben N. Rimskij-Korsakow u. D. Schostakowitsch z. B. neue Fassungen von M. Mussorgskijs *Boris Godunow* erstellt, die in der heutigen Aufführungspraxis nebeneinander bestehen.

Beat, 1. rhythmisches Grundmuster im Jazz, bei dem nur gerade Zähleinheiten vorkommen. Der B. wird von der Rhythmusgruppe u. dem Schlagzeug getragen. Über diesem Fundament werden die Soli im sog. Off-B. gespielt, d. h. unter Akzentuierung der unbetonten Taktteile. Die sich daraus ergebende Spannung wird als Drive bezeichnet. **2.** Bezeichnung für den engl. Rock'n'Roll zur Zeit der Beatles. **3.** engl. Bezeichnung für verschiedene Verzierungen, hauptsächlich für den Mordent.

Beauchamps, Charles-Louis, franz. Tänzer u. Tanzmeister, * 1636 Versailles, † wahrscheinlich 1705 Paris. → Ballett

Beaulieu, Marie-Désiré M., franz. Komponist u. Musikschriftsteller, * 11. 4. 1791 Paris, † 21. 12. 1863 Niort. Studierte am Pariser Conservatoire unter R. Kreutzer, A. M. Benincori u. E. N. Méhul. Gründete den ersten franz. Musikverein in der Provinz, die spätere Association Musicale de l'Ouest u. in Paris die Société des Concerts de Chant classique.

B. komponierte die Opern *Anacréon* u. *Philadelphie*, die lyrischen Szenen *Jeanne d'Arc* u. *Psyché et l'Amour*, Oratorien, Messen, Orchesterwerke u. Lieder. Sein Requiem auf den Tod von E. N. Méhul wird für sein bedeutendstes Stück gehalten. Veröffentlichte u. a. »Cours de Composition« gemeinsam mit Méhul (1809) u. »Du rythme« (1852).

Bebop wird als Vorform des modernen Jazz betrachtet. Er entstand Anfang der 40er Jahre im Zusammenspiel von Musikern wie D. Gillespie, Ch. Parker, Th. Monk u. K. Clarke. Der Begriff ist nach Gillespie von einem seiner Scats abgeleitet. Charakteristisch für den B. sind die ungemein virtuos vorgetragenen, hektisch wirkenden abgehackten Phrasen, die dem Spiel etwas Nervöses u. Hastiges geben. Die komplexe Überlagerung von Improvisation u. Chorus lassen oft die zur Grundlage gemachte Melodie oder das Thema nicht mehr erkennen.

Bebung, eine im Barock häufig verwendete Bezeichnung für das Vibrato. Die B. wurde durch einen wechselnden Fingerdruck auf der Taste erzeugt. Sie war beim Clavichordspiel des empfindsamen Zeitalters ganz besonders in Mode u. wird auch in den meisten Klavierschulen des 18. Jh. beschrieben.

Becce, Giuseppe, dt. Komponist ital. Abstammung, * 3. 2. 1887 Lonigo, † 5. 10. 1973 Berlin. Studierte in Padua u. Berlin Philologie, bevor er sich ab 1906 in Berlin bei L. Schmidt, F. Busoni u. A. Nikisch der Musik widmete. Schrieb Operetten u. Orchestermusik, bis er von O. E. Meßter für die Hauptrolle eines Richard-Wagner-Stummfilms engagiert wurde, zu dem B. auch die Musik komponierte. Arbeitete ab 1918 als Komponist von Filmmusiken für die UFA. Stellte eine Kinothek zusammen, die den Musikbegleitern in den Stummfilmtheatern musikalisches Material für alle denkbaren Bildsituationen an die Hand gab. Schrieb die Musiken für fast alle L.-Trenker-Filme. Brachte 1927 gemeinsam mit H. Erdmann ein »Allgemeines Handbuch der Filmmusik« (2 Bde.) heraus.

Becerra Schmidt, Gustavo, chil. Komponist, * 26. 8. 1925 Temuco. Schloß seine Musikstudien am Conservatorio Nacional de Música in Santiago de Chile 1949 ab. Sein Schaffen konzentriert sich hauptsächlich auf Kammermusik, insbesondere die Form des Streichquartetts.

B. S. schrieb daneben Bühnen- u. Filmmusiken, Sinfonien, Konzerte u. Kantaten. 1958 entstand seine Oper *La muerte de Don Rodrigo*.

Beck, Conrad, schweiz. Komponist, * 16. 6. 1901 Lohn. Studierte bei V. Andrae u. R. Laquai am Konservatorium in Zürich u. lebte anschließend von 1924 bis 1932 in Paris, wo er bei J. Ibert in Instrumentationskunde unterrichtet wurde u. zum Kreis um N. Boulanger, A. Honegger u. A. Roussel gehörte. Ab 1933 lebte B. in Basel u. übernahm dort 1939 die Leitung der Abteilung Musik im Rundfunk, eine Stelle, die er bis 1966 innehatte.

B. schrieb neben dem Ballett *Der große Bär* (1936) u. der Bühnenmusik zu Goethes »Pandora« (1945) 7 Sinfonien, eine Reihe von Konzerten und Chorwerken sowie Kammer- u. Vokalmusik.

Beck, Franz, dt. Komponist u. Geiger, getauft * 20. 2. 1734 Mannheim, † 31. 12. 1809 Bordeaux. Schüler von J. Stamitz, unter dessen Sinfonien op. 5 sich auch ein Werk von B. befindet. Mußte wahrscheinlich wegen eines Duells aus Mannheim fliehen u. ließ sich in Bordeaux nieder, wo er 1767 als Konzertdirigent u. Kapellmeister an der Oper nachgewiesen ist.

B. komponierte neben einem *Stabat Mater*, dem Melodram *Pandora* u. der Oper *L'île déserte* ca. 30 Sinfonien.

Becker, Albert E. A., dt. Komponist, * 13. 6. 1834 Quedlinburg, † 10. 1. 1899 Berlin. Schüler von Bönicke u. Dehn, ab 1881 Lehrer für Komposition an Scharwenkas Konservatorium in Berlin. 1891 Dirigent des Berliner Domchors.

B. schrieb eine Sinfonie g-Moll (1861), die Oper *Loreley* (1898), Kirchenmusik u. Lieder aus J. Wolffs »Rattenfänger« u. »Wilder Jäger«.

Becker, Diedrich, dt. Komponist, Organist u. Geiger, * 1623 Hamburg, † 12. 5. 1679 ebd. Organist in Ahrensburg, anschließend Mitglied der

Celler Hofkapelle, ab 1662 Ratsmusiker in Hamburg u. 1667 als Nachfolger J. Schops Direktor der Ratsmusik. 1674 Musikdirektor am Dom. Veröffentlichte »Musicalische Frühlings-Früchte«, eine Sammlung von 3–5st. Kammersonaten mit B. c. (1668), 2st. Sonaten u. Suiten mit doppeltem B. c. (1674 u. 1679) sowie Lieder.

Becker, Günther H., dt. Komponist, * 1. 4. 1924 Forbach. Studierte Komposition bei W. Fortner u. Chorleitung bei K. Thomas, daneben Dirigieren bei G. Nestler. 1956–58 Musiklehrer an der Greek National School Anavryta Kifissia, dann am Dörpfeld-Gymnasium in Athen. Seit 1957 auch dem dortigen Goethe-Institut verbunden.

B. komponierte u. a. Streichquartette, Orchesterwerke u. Vokalmusik. Gab 1966–67 »Neue Griech. Klaviermusik« (2 Bde.) heraus.

Becker, John J., amer. Komponist u. Musikschriftsteller, * 22. 1. 1886 Henderson, KY, † 21. 1. 1961 Wilmette, IL. Erhielt seine Ausbildung am Wisconsin Conservatory in Milwaukee bei Middelschulte u. von Fielitz, nahm anschließend Lehraufträge verschiedener Universitäten an, war ab 1943 Musikdirektor u. Komponist des Barat College in Lake Forest, IL. Neben Bühnen- u. Filmmusiken schrieb B. 7 Sinfonien, *Concerto Arabesque* für Kl. u. Orch. (1930), *Missa symphonica* für Männerchor a cappella (1933), die Bühnenwerke *A Marriage with Space* (1933), *When the Willow Nods* (1939) u. *Deirdre of the Sorrows* (1945), das Ballett *Dance Figure* (1933) u. Kammermusik. Mit *Obonogo* schuf er 1933 eine Partitur für 29 Schlagwerke. Sein Platz in der Entwicklung einer zeitgenössischen amer. Tonsprache u. seine Bedeutung für das moderne Musiktheater sind bis heute kaum erkannt worden.

Becker, Reinhold, dt. Komponist u. Geiger, * 11. 8. 1842 Adorf, Sachsen, † 4. 12. 1924 Dresden. Mußte wegen eines Muskelleidens 1870 seine Virtuosenlaufbahn aufgeben u. widmete sich dem Komponieren. Leitete in Dresden 1884–94 die Liedertafel.

Von B. Werken seien die Opern *Frauenlob* (1892) u. *Ratbold* (1896), die sinfonische Dichtung *Der Prinz von Homburg*. die Sinfonie C-Dur u. 2 Violinkonzerte erwähnt.

Beckerath, Alfred von, dt. Komponist, * 4. 10. 1901 Hagenau, † 7. 1. 1978 München. Studierte bei W. Gurlitt u. M. Bauer Musikwissenschaft, bei J. Haas in München Komposition. Kam über Halberstadt, Wiesbaden u. Frankfurt als Berater für Filmmusik zur Tobis nach Berlin. Ab 1933 freischaffend in München, ab 1938 als Musiklehrer in Ambach. 1946 in der Bayerischen Jugendmusik engagiert, 1955–63 Musikalischer Leiter des Stadttheaters Ingolstadt.

B. schrieb neben 3 Sinfonien, Konzerten, Messen, Motetten u. Kammermusik die Jugendopern *Frau Holle, Till Eulenspiegel, Reineke Fuchs* u. *Schildbürger*.

Beckwith, John, kanad. Komponist, Pianist u. Musikschriftsteller, * am 9. 3. 1927 Victoria. Studierte 1945–50 bei A. Guerrero am Konservatorium von Toronto Klavier u. hörte Vorlesungen an der Universität. 1950–52 weitere Ausbildung bei N. Boulanger in Paris. Seit 1952 gibt er Unterricht in Musiktheorie u. Musikgeschichte an der Universität von Toronto, seit 1970 ist er Dekan der Musikabteilung. Neben zahlreichen Veröffentlichungen in Fachzeitschriften war B. viele Jahre Musikkritiker u. betreute Radiosendungen. 1961 gab er gemeinsam mit U. Kasemets »The Modern Composer and His World« heraus. Seine Kompositionen sind von I. Strawinsky, Ch. Ives, A. Copland u. V. Thomson beeinflußt. Eine Reihe von Werken entstanden aus der Zusammenarbeit mit kanad. Dichtern wie M. Atwood, D. Lee u. J. Reaney. Zu seinem Werkverzeichnis gehören Bühnenwerke, Orchesterwerke, Kammermusik, Chorwerke, Collages (eine Mischung von Sprech- u. Singstimmen, Instr., elektronischen Klängen u. Geräuschen) sowie Lieder.

Werke: Neben der Kammeroper *Night Blooming Cereus* (1953–58, nach einem Libretto von Reaney) entstanden die Orchesterwerke *Fall Scene and Fair Dance* (1956), *Concerto Fantasy* für Kl. u. Orch. (1959) u. *Flower Variations and Wheels* (1962). Zu seinen Collages gehören *A Message to Winnipeg* (1960), *Twelve Letters to a Small Town* (1961), *Wednesday's Child* (1962), *Canada Dash – Canada Dot* (1965–67), *The Journals of Susanna Moodie* (1973) u. *All the Bees and All the Keys* (1973). Außerdem schrieb B. *Jonah* (Kammerkantate, 1963); die Chorsuite *The Trumpets of Summer* (1964); *Place of Meeting* für Sprechst., T., Bluessänger, Git., gem. Chor u. Orch. u. die Kammermusiken *Five Pieces for Brass Trio* (1951), *Four Pieces für Bassoon Duet* (1951), *Quartet for Woodwind Instruments* (1951), *The Studies for String Trio* (1956), *Circle, with Tangents* für Cemb. u. 13 Streicher (1967), *Taking a Stand* für 5 Blechbläser, 8 Instr., 14 Notenpulte u. 1 Podium (1972) u. *Musical Chairs* (1973).

Bedford, David, engl. Komponist, * 4. 8. 1937 London, Enkel des Komponisten Herbert B. Begann bereits während der Schulzeit zu komponieren, nahm dann seine Studien bei L. Berkeley an der Royal Academy of Music in London auf. Bei einem Sommerkurs traf er B. Maderna u. L. Nono. 1961 konnte er mit einem Stipendium bei Nono in Venedig weiterstudieren, anschließend arbeitete er am elektronischen Studio in Mailand. In Kevin Ayers Rockgruppe The Whole World, der B. als Arrangeur u. hin u. wieder als Spieler von Keyboardinstr. verbunden war, lernte er Mike Oldfield kennen, den er nachhaltig beeinflußte. B. arrangierte auch für Oldfield die Orchesterfassungen von *Hergest Ridge* u. *Tubular Bells* u. wirkte im Dezember 1974 bei der konzertanten Aufführung mit.

Eigene Kompositionen: *Two Poems* für gem. Chor a cappella u. *Piece for Mo* für Schlagzeug, Vibraphon, Akkordeon, 3 V., Vc. u. Kb. (1963); *This One for You* für Streicher, *A Dream of the Seven Lost Stars* für gem. Chor u. Kammerorch., *Music for Albion Moonlight* für S. u. Instr. u. *O Now the Drenched Land Wakes* für Bar. u. Kl. (1965); *That White and Radiant Legend* für S., Sprecher u. Instr. u. *Piano Piece 1* (1966); *18 Bricks Left on April 21st* für 2 elektrische Git. u. *Trona for 12 Instruments* (1967); *Gastrula for Orchestra, Come In Here, Child* für S. u. Kl. mit Verstärker u. *Piano Piece 11* (1968); *Pentomino* f. Bläserquintett (1968); *The Tentacles of the Dark Nebula* für T. u. Streicher u. *You Asked for It* für Git. (1969); *The Sword of Orion* für Fl., Klar., 4 Metronome, 32 Schlagwerke für 2 Spieler, V. u. Vc. u. *The Garden of Love* für Fl., Klar., Horn, Trp., Kb., Popgruppe u. indische Vogelpfeifen, Sopran- u. Tenorsax., Schlagzeug u. 6 schöne Mädchen zum Tanzen u. Umblättern (1970); *Star Clusters, Nebulae and Places in Devon* für 8st. gem. Chor u. Instr., *Nurse's Song With Elephants* für 10 Gitarrenspieler u. 1 Sänger, *With 100 Kazoos* für Fl., Ob., Klar., B.-Klar., Horn, Trp., Pos., Streichquintett u. 100 Kazoos, die vom Publikum gespielt werden, u. *Some Stars Above Magnitude 28* für S. u. Kl. (1971); *Holy Thursday With Squeakers* für S., elektrisches Kl., Va., Org., S.-Sax., Fag. u. Schlagzeug, *When I Heard the Learn'd Astronomer* für T. u. Bläser, *Spillihpnerak* für Va. u. *An Easy Decision* für S. u. Kl. (1972); *A Horse, His Name Was Hunry Fencewaver Walkins* für Git., Fl., Klar., Kl., V., Vc. u. Kb., *Jack of Shadows* für Va. u. Bläser sowie 2 Vc. u. 2 Kb. u. *Variations on a Rhythm By Mike Oldfield* für 3 Schlagzeuger u. Dirigent (1973); *Star's End* für Rockinstr. u. Orch., *Twelve Hours of Sunset* für gem. Chor, Gong, Org. u. Streicher u. *The Golden Wine Is Drunk* für 16 Solostimmen (1974); *Alleluia Timpanis* für Orch., *The Ones Who Walked Away From Omelas* für Kammerensemble u. *The Odyssey* (Fassung für Chor u. Orch., 1976); *Song of the White Horse* für Chor, Ensemble u. Tonband u. *On the Beach at Night* für 2 T., Kl. u. kleine Org. (1977); *The Way of Truth* für gem. Chor u. Electronics (1977–78), *The Rime of the Ancient Mariner* (Schuloper, 1978). Außerdem schrieb B. eine Reihe von Stücken für den Schulgebrauch, u.a. *An Exciting New Game for Children of All Ages* (1969), bei dem jeder Spieler eine beliebige Anzahl von Instrumenten, einen Würfel u. eine Spielfigur hat, sowie *Whitfield Music I* u. *II*.

Bédos de Celles, Dom François, franz. Orgelbauer u. Wissenschaftler, * 24. 1. 1709 Caux bei Béziers, † 25. 11. 1779 St-Denis. Veröffentlichte »L'art du facteur d'orgues« (1766–78).

Beecroft, Norma, kanad. Komponistin u. Flötistin, * 11. 4. 1934 Oshawa, Ontario. Studierte Klavier bei A. Ecsedy, G. Hallett u. W. Kilburn, Flöte bei K. Girard u. Komposition bei J. Weinzweig am Royal Conservatory in Toronto. Im Sommer 1958 nahm sie bei L. Foss u. A. Copland Kompositionsunterricht am Berkshire Music Center. Studien an der Accademia S. Cecilia in Rom bei G. Petrassi (Komposition) u. S. Gazzelloni (Flöte) folgten. Nebenbei arbeitete sie 1960 noch mit B. Maderna. In den *Improvvisazioni Concertanti* (1961) u. *Contrasts for Six Performers* (1962) komponierte sie noch seriell, aber eine Verlagerung ihrer Interessen von der Struktur zu den Klangfarben zeichnete sich bereits ab. 1961–63 beschäftigte sich B. unter Anleitung von M. Schafer an der Universität Toronto mit elektronischer Musik, im Sommer 1964 assistierte sie M. Davidovsky an der Columbia University in New York. Neben redaktioneller Tätigkeit bei Rundfunk u. Fernsehen entstanden weitere Kompositionen, u.a. *Tre Pezzi Brevi* für Fl. u. Kl. oder Hf. bzw. Git. (1961); *From Dreams of Brass* für gem. Chor, Tonband u. Orch. (1964); *Pièce Concertante Nr. 1* für Orch. (1966); *Living Flame of Love* für A-cappella-Chor auf Texte des hl. Johannes vom Kreuz, *Undersea Fantasy,* ein Tonband für ein Marionettentheater, *Elegy* u. *Two Went to Sleep* für S., Fl., Schlagzeug oder Kl. u. Tonband auf Texte von Leonard Cohen (1967); *Rasas I, II, III* für Stimmen, Instr. u. Tonband (1968–73–74), *Improvvisazioni Concertanti Nr. 2* für Orch. (1971); *Improvvisazioni Concertanti Nr. 3* für Fl., 2 Pauken u. Orch. (1973); *Piece for Bob* für Fl. u. Tonband u. *11 and 7 for 5+* für Blechbläserquintett u. Tonband (1975) u. *Collage 76* (1976), bei der die Komponistin die beiden Kompositionen aus dem Jahr 1975 übereinanderlagerte u. mit Zitaten früherer Werke anreicherte. In neuester Zeit scheint sich B. stark für Computerkomposition zu interessieren.

Beer-Walbrunn, Anton, dt. Komponist, Organist u. Lehrer, * 29. 6. 1864 Kohlberg bei Weiden, † 22. 3. 1929 München. War zuerst Lehrer in Amberg u. Eichstätt, dort auch Domorganist. Ging auf Anregung des Domkapellmeisters Widmann nach München u. studierte 1888–91 bei J. von Rheinberger, H. Bußmeyer u. L. Abel. Konnte mit Unterstützung des Grafen Schack als freier Komponist leben u. wurde 1901 Lehrer für Komposition, Kontrapunkt u. Klavier an der Münchner Akademie. Dort 1908 Professor.

B.-W. komponierte die Opern *Sühne* (1894), *Don Quixote* (1908) u. *Das Ungeheuer* (1914); Schauspielmusiken, Chorwerke, 1 Sinfonie, Kammermusik und Lieder.

Beeson, Jack H., amer. Komponist, * 15. 7. 1921 Muncie, IN. Studierte an der Eastman School of Music in Rochester u. an der Columbia University in New York. Erhielt daneben 1944–45 Privatunterricht bei B. Bartók. Seit 1945 Lehrer für Komposition an verschiedenen Institutionen.

B. schrieb die einaktige Kammeroper *Hello Out There* (1954), die Opern *The Sweet Bye and Bye* (1957) u. *Lizzie Borden* (1965), Orchesterwerke u. Kammermusik.

Beethoven, Ludwig van, dt. Komponist, getauft 17. 12. 1770 Bonn, † 26. 3. 1827 Wien. Seine Vorfahren väterlicherseits waren Bauern u. Handwerker u. stammten aus dem flämischen Brabant. Sein Großvater Lodewyk, Sohn eines Bäckermeisters u. Inhaber eines Spitzenhandels, sang im Chor der Kathedralkirche von Mecheln, wurde dann Tenorist u. 2. Chorleiter in Löwen, um über Lüttich an die kurfürstliche Hofkapelle in Bonn zu avancieren. Dort brachte er es zum Hofkapellmeister. Sein Sohn Johann, B. Vater, diente dem kurfürstlichen Hof als Hoftenorist und Geiger. Er heiratete im November 1767 Maria Magdalena Keverich, verwitwete Leym aus Ehrenbreitstein. Von den sieben Kindern aus dieser Verbindung blieben nur drei am Leben: die Brüder Ludwig, Kaspar Karl u. Nikolaus Johann. Ludwig van B. wurde wahrscheinlich am 16. 12. 1770 geboren, am 17. in der St.-Remigius-Kirche getauft. Der Vierjährige erhielt ersten Musikunterricht von seinem Vater u. dem Hofmusikus G. Rovantini, der ihn im Geigenspiel unterwies. Vielleicht sah sich der Vater in der Rolle eines Leopold Mozart, der ein Wunderkind zu betreuen hatte. Im März 1778 ließ er B. zusammen mit einer seiner Gesangsschülerinnen im musikalischen Akademiesaal in Köln auftreten. B. stellte sich mit verschiedenen »Clavier-Concerten und Trios« vor. Die Begabung des Jungen wurde erkannt, u. man darf annehmen, daß die weitere Ausbildung bei G. van den Eeden, T. F. Pfeiffer u. Ch. G. Neefe mit Zutun des Kurfürsten erfolgte. Besonders Neefe nahm sich des jungen B. an, förderte seine Allgemeinbildung u. machte ihn mit dem zeitgenössischen Musikschaffen bekannt, ließ ihn aber auch J. S. Bachs *Wohltemperiertes Klavier* spielen, das damals wahrscheinlich nur in Abschriften zirkulierte. Neefe, selbst ein gebildeter Mann u. Komponist beliebter Serenaden, dürfte B. auch zum Komponieren ermuntert haben. Bald durfte er Neefe als Organist vertreten, u. 1783 wirkte er im Theaterorch. als Cembalist mit. 1784 bestand er die Eignungsprüfung als 2. Hoforganist. Es war wiederum Neefe, der im »Magazin der Musik« über B. äußerte: »Er würde gewiß ein zweiter Wolfgang Amadeus Mozart werden …« Neefe sorgte auch dafür, daß der Vierzehnjährige schon 8 eigene Werke veröffentlichen konnte. Dazu gehörten 9 Variationen in c-Moll für Kl. über einen Marsch von E. C. Dressler u. 3 *Kurfürsten-Sonaten*, seinem Dienstherrn Maximilian Friedrich gewidmet. In diesen Kompositionen lassen sich B. frühe Vorbilder Neefe, C. Ph. E. Bach u. F. X. Sterkel erkennen. 1784 wurde Maximilian Franz, jüngster Sohn Maria Theresias, zum Nachfolger des verstorbenen Kurfürsten gewählt. B. figurierte in der Liste seiner Hofkapelle als 2. Hoforganist. 1787 reiste B. mit Hilfe des Fürsten nach Wien, um bei W. A. Mozart Kompositionsunterricht zu nehmen. Während seines knapp vierzehntägigen Aufenthalts erlebte er die Aufführung einer Festoper P. Guglielmis u. die damit verbundene Entfaltung habsburgischer Pracht. Mozart wurde aufgesucht u. scheint B. auch einige Male unterrichtet zu haben. Die tödliche Erkrankung seiner Mutter ließ B. den Wienaufenthalt abbrechen u. zurückreisen. Der Tod der Mutter warf B. Vater Johann völlig aus der Bahn. Wegen übermäßigen Alkoholgenusses wurde er unter Kuratel gestellt. B. fiel die Aufgabe zu, sich um seine Geschwister zu kümmern. Trotzdem versah er seinen Dienst u. fand darüber hinaus noch Zeit, in der Bonner Gesellschaft aufzutreten. Eine lebenslange Freundschaft verband ihn mit der Hofrätin von Breuning, deren Kinder er unterrichtete, dem Grafen Waldstein, F. G. Wegeler u. den Bekannten seines Stammtisches im Zehrgarten. Die Beschäftigung mit schöngeistiger Literatur u. der Besuch der neugegründeten Universität halfen ihm, die Lücken seiner dürftigen Schulerziehung zu schließen. Bei dem Freigeist E. Schneider hörte er sogar griech. Literatur u. Belletristik. Im Herbst 1792 wurde B., wahrscheinlich durch Vermittlung des Grafen Waldstein, mit einem Stipendium des Kurfürsten nach Wien beurlaubt, um sich bei J. Haydn in der Kompositionskunst zu vervollkommnen. Waldstein schrieb ihm zum Abschied in das von den Freunden angelegte Stammbuch: »Lieber Beethoven! Sie reisen itzt nach Wien zur Erfüllung Ihrer so lange bestrittenen Wünsche. Mozarts Genius trauert noch u. beweinet den Tod seines Zöglings. Bei dem unerschöpflichen Haydn fand er Zuflucht, aber keine Beschäftigung; durch ihn wünscht er noch einmal mit jemanden vereinigt zu werden. Durch ununterbrochenen Fleiß erhalten Sie: Mozarts Geist aus Haydns Händen. Ihr wahrer Freund Waldstein.« Schon bald war B. mit dem großzügigen Lehrer Haydn unzufrieden u. ließ sich daneben heimlich von J. Schenk unterrichten. Als Haydn 1794 wieder nach London reiste, nahm B. systematischen Unterricht bei J. G. Albrechtsberger. Daneben führte ihn A. Salieri in die ital. Gesangskomposition ein, u. E. A. Förster beriet ihn auf dem Gebiet der Kammermusik. Mit der franz. Invasion des Rheinlands u. der Abdankung des Kurfürsten wurden die Unterhaltszahlungen an den weiter in Wien studierenden B. 1795 eingestellt. Auf sich allein angewiesen, mußte er seinen Lebensunterhalt als Klaviervirtuose, Lehrer u. freischaffender Komponist selbst verdienen. Empfehlungen seiner Bonner Freunde hatten ihm in Wiener Adelskreisen schon viele Türen geöffnet, u. durch Haydn war er bereits seit 1793 bei den Esterházys eingeführt. Diese Verbindungen zusammen mit seinem Ruf als Klaviervirtuose u. Improvisationsgenie nutzte er, um zu seinem Lebensunterhalt eine Subskribentenliste für seine Klaviertrios op. 1 aufzulegen. Gewidmet ist das op. 1 dem Fürsten Lichnowsky, in dessen Palais B. zumindest während der Jahre 1794–96 lebte. Überhaupt bewegte er sich unter dem Wiener Adel wie unter seinesgleichen. Mit dem Grafen Franz von Brunswik war er befreundet, u. eine von dessen beiden Schwestern, Therese oder Josephine, ist wahrscheinlich die »unsterbliche Geliebte« gewesen. Zu B. Bekanntenkreis gehörten der russ. Botschafter, Graf Rasumowsky, dem B. die Streichquartette op. 59 widmete, der Fürst Nikolaus Esterházy, für den die Messe in C-Dur op. 86 entstand, der Erzherzog Rudolf, der einige Jahre lang sogar sein Kompositionsschüler war u. zu dessen Inthronisierung als Erzbischof von Olmütz die *Missa solemnis* op. 123 komponiert wurde, der Graf Browne-Camus, dem B. mehrere Werke widmete, die Familien Lobkowitz, Kinsky, Palfy-Erdödy u.a. Man gab Kammermusikabende, spielte neue Werke, u. B. festigte seinen Ruf als einer der größten Klaviervirtuosen seiner Zeit. Ab 1796 folgten Reisen nach Prag, Dresden, Leipzig, Berlin u. Preßburg. Überall wurde B. freundlich aufgenommen. 1800 lernte er den im Gefolge Bernadottes reisenden Geiger R. Kreutzer kennen, dem er später die Violinsonate op. 47 widmete. B. befand sich auf der Höhe seines Ruhms, obwohl seine 1. Symphonie noch nicht einmal uraufgeführt worden war. Da beobachtete er an sich selbst die ersten Anzeichen eines Gehörleidens, das ihn 1802 zu der bitteren Klage seines »Heiligenstädter Testaments« treiben sollte. Inzwischen konnte B. jedoch seine erste eigene Akademie im Hofburgtheater veranstalten, deren Programm aus einer Mozart-Sinfonie, zwei Stücken aus Haydns *Schöpfung*, B. 1. Symphonie, seinem Septett u. einem Klavierkonzert bestand. Außerdem fantasierte B. auf dem Klavier. 1801 kam es zur Uraufführung des Balletts *Die Geschöpfe des Prometheus*, das B. für S. Viganò komponiert hatte. 1803 fand wieder eine große Akademie zugunsten von B. statt. Auf dem Programm standen die ersten beiden Sinfonien, das Klavierkonzert in c-Moll u. das Oratorium *Christus am Ölberg*. Langsam setzte sich bei Publikum u. Presse die Meinung durch, »daß B. mit der Zeit eben die Revolution in der Musik bewirken kann, wie Mozart«. Im gleichen Jahr arbeitete er bereits an der 3. Symphonie *(Eroica)* u. beschäftigte sich im Auftrag von E. Schikaneder mit der Komposition einer dt. Oper. 1804 wurde B. Vertrag mit dem Theater erneuert, obwohl Schikaneder inzwischen einer Intrige zum Opfer gefallen und durch J. von Sonnleithner ersetzt worden war. Jener Sonnleithner war auch für die Einrichtung des neuen Librettos verantwortlich, das B. schließlich komponierte. Die Handlung wurde aus J. N. Bouillys »Léonore ou l'amour conjugal« übernommen, einem Stoff, den P. Gaveaux (1798) u. F. Paër (1804) bereits vertont hatten. 1805 kam B. Oper *Fidelio* zur Uraufführung u. fiel in dem von franz. Truppen besetzten Wien durch. Die gekürzte 2. Fassung wurde 1806 besser aufgenommen, aber B. zog das Stück wegen Meinungsverschiedenheiten mit der Direktion zurück. Die 3. u. endgültige Fassung mit dem von F. Treitschke neu bearbeiteten Libretto kam unter Leitung des Komponisten am 23. 5. 1814 im Kärntnerthor-Theater heraus u. wurde vom Publikum begeistert aufgenommen. Hatte B. seit 1800 vom Fürsten Lichnowsky ein jährliches Gehalt von 600 Gulden bezogen, so ließ die Berufung des Komponisten an den Hof Jérôme Bonapartes nach Kassel andere Gönner auf den Plan treten. Um den Weggang B. zu verhindern, boten ihm Erzherzog Rudolph u. die Fürsten Lobkowitz u. Kinsky eine lebenslängliche Zahlung von jährlich 1000 Gulden an. B. blieb in Wien u. beschloß das Jahr 1808 mit einer außergewöhnlichen Akademie, bei der die 5. u. 6. Symphonie, Teile der Fürst Esterházy gewidmeten Messe op. 86, die Konzertarie *Ah perfido!*, die Chorfantasie u. das 4. Klavierkonzert aufgeführt wurden. Eine von B. geplante Verbindung mit Therese Malfatti zerschlug sich. Im gleichen Jahr lernte er Bettina Brentano kennen, die ihn schließlich mit Goethe zusammenbrachte. Auf der Reise nach Bad Teplitz, wo B. im Juli 1812 Goethe treffen sollte, machte er Aufenthalt in Prag. Es schlossen sich drei Tage an, über die B. Stillschweigen bewahrte, die ihn aber in eine besondere Gemütserregung versetzten. Mit diesem geheimnisvollen Verschwinden scheint der nach B. Tod in einem Geheimfach gefundene Brief an die unsterbliche Geliebte in Zusammenhang zu stehen, in der man Josephine von Brunsvik vermutet. Auch in dieser Liebe blieb B. glücklos. Goethe u. B. trafen sich in Teplitz mehrere Male. Der Dichter war von B. Improvisationstalent stark beeindruckt u. schrieb an C. F. Zelter: »Sein Talent hat mich in Erstaunen gesetzt; allein, er ist leider eine ganz ungebändigte Persönlichkeit, die zwar nicht Unrecht hat, wenn sie die Welt detestabel findet, aber sie freilich dadurch weder für sich noch für andere genußreicher macht. Sehr zu entschuldigen ist er hingegen u. sehr zu bedauern, da ihn sein Gehör verläßt, was vielleicht dem musikalischen Teil seines Wesens weniger als dem geselligen schadet. Er, der ohnedies lakonischer Natur ist, wird es nun doppelt durch diesen Mangel.« 1815 starb B. Bruder Karl. B. übernahm die Vormundschaft über seinen Neffen, um den es 1816 zum Prozeß kam, den B. erst 1820 gegen seine Schwägerin gewann. Zunehmende Taubheit, die 1819 die Einführung der Konversationshefte notwendig machte, sowie dieser Kampf um den

Neffen Karl lähmten sein Schaffen. Zwischen 1815 u. 1820 entstanden auffällig wenige Werke. 1823 wurde die *Missa solemnis* abgeschlossen, u. die *Diabelli-Variationen* erschienen. 1824 fand am 7. Mai eine Akademie zugunsten von B. statt, bei der die 9. Symphonie, als Hymnen deklarierte Teile der *Missa solemnis* u. die Ouvertüre *Die Weihe des Hauses* zur Aufführung kamen. Grillparzer arbeitete inzwischen an einem Melusine-Stoff, der B. als Libretto zu einer zweiten Oper dienen sollte. Ab 1825 entstanden die letzten Streichquartette mit den Opuszahlen 127, 132, 130, 131, 135 u. 133. Das letzte vollendete Werk ist das neue Finale zu op. 130. Noch im März 1827 berichtete B. bei einem Besuch des Virtuosen I. Moscheles von Plänen zu einer neuen, der 10. Sinfonie. Am Nachmittag des 26. März 1827 starb er an einer Leberzirrhose.

Im gleichen Jahr wie G. W. F. Hegel u. J. Ch. F. Hölderlin geboren, gehört B. zu den herausragenden Persönlichkeiten des deutschen Idealismus u. darf als Repräsentant eines freiheitlich denkenden Bürgertums angesehen werden, das von der Franz. Revolution an langsam den Adel verdrängte. In dieser geschichtlichen Umbruchszeit, die mit den Anfängen der industriellen Revolution u. dem Aufstieg u. Fall Napoleons zusammenfällt, schuf B. Werke, die bis in das 20. Jh. vorausweisen. In Kompositionen wie der *Eroica*, dem *Fidelio* oder der 9. Sinfonie setzte B. in Musik um, was er für sich selbst von den höheren Mächten erbat: »Meinen erhabensten Gedanken leihe Hoheit, führe ihnen Wahrheiten zu, die es ewig bleiben!« Seinen eigenen Platz in der Musikgeschichte sah er in der Weiterführung der Tradition G. F. Händels, J. S. Bachs, Ch. W. Glucks, W. A. Mozarts u. J. Haydns.

Konnte E. Bloch noch über die Sonaten Mozarts sagen: »... aber es ist nichts geschehen, wenn das Thema wieder auftaucht, es ladet sich nichts und entladet sich nichts ...«, so gewann die Sonatenform bei B. völlig neue Dimensionen. Mit den Grundprinzipien der Kantischen Ethik vertraut, griff B. zur Sonatenform, um seine idealistischen Vorstellungen von der höheren Sittlichkeit des Menschen u. seiner moralischen Entwicklung dialektisch in Musik umzusetzen. Er selbst notierte: »Zwei Kräfte, welche beide gleich gewiß, gleich einfach u. zugleich ursprünglich u. allgemein sind, nämlich die Anziehungs- und Zurückstoßungskraft.« B. entwickelte aus wenigen Tönen oder Klängen Themen, deren Ausarbeitung an die Grenzen jeder Form getrieben wird. Selbst Rhythmen leitete er aus dem thematischen Material ab. Zu den meisten Werken hat es eine Vielzahl von Arbeitsgängen gegeben, in denen der musikalische Einfall zu seiner endgültigen Form geläutert wurde. Den immer noch so beliebten Deutungsversuchen der Musik B. fehlt daher jede Grundlage. Man sollte sich damit zufriedengeben, im gesamten Werk die Botschaft vom besseren Menschen zu hören, auf die es dem Komponisten im letzten ankam.

Der Werkkatalog B. ist im Verhältnis zu Mozart oder Haydn klein. Außer ihm hat es aber wohl kaum je einen Komponisten gegeben, dessen Werke fast alle ständig auf den Konzertprogrammen zu finden sind. Sein mit Opuszahlen versehenes Werk läßt sich in folgende Kategorien einteilen:

1. Orchesterwerke: 9 Sinfonien; 5 Konzerte für Kl. u. Orch.; 1 Konzert für Kl., V. u. Vc. (Tripelkonzert); 1 Violinkonzert; 2 Romanzen für V. u. Orch.
2. Geistliche Musik: Oratorium *Christus am Ölberg;* Messe C-Dur für Fürst Esterházy; *Missa solemnis.*
3. Musikdramatische Werke: die Oper *Fidelio;* 3 Ouvertüren zu den ersten 2 Fassungen, Ouvertüre zu H. J. Collins Trauerspiel »Coriolan«; Schauspielmusiken zu Goethes »Egmont« u. A. von Kotzebues »König Stephan« u. »Die Ruinen von Athen«, die Ballettmusik zu *Die Geschöpfe des Prometheus;* verschiedene Szenen, Arien u. Duette; die Ouvertüre *Die Weihe des Hauses.*
4. Chor- u. Liedwerke: Chorfantasie für Kl., Chor u. Orch.; *Meeresstille und glückliche Fahrt* nach Goethe; *Opferlied; Bundeslied;* Liederkreise u. Liederzyklen, u. a. *An die ferne Geliebte;* Einzellieder; Volksliedbearbeitungen.
5. Kammermusik: 32 Klaviersonaten; 33 Veränderungen über einen Walzer von A. Diabelli; weitere Variationenwerke; Klaviersätze u. Bagatellen für Kl.; 16 Streichquartette; je eine Fuge für Streichquartett u. -quintett; 6 Klaviertrios; 10 Sonaten für V. u. Kl.; 5 Sonaten für Vc. u. Kl.; 4 Streichtrios; 1 Oktett für Bläser; 1 Septett für V., Va., Klar., Horn, Fag., Vc. u. Kb.; 1 Sextett für Bläser; 1 Sextett für Streichquartett u. 2 Hörner; 1 Streichquintett; 2 Trios (Fl., V. u. Va. sowie 2 Ob. u. Englischhorn); 1 Quintett für Kl. u. Bläser; 1 Klarinettentrio u. 1 Hornsonate.

Neben vielen Gelegenheitswerken, Stammbucheinträgen, Kanons, Notenscherzen u. Arrangements eigener Kompositionen soll hier noch op. 91, *Wellingtons Sieg oder Die Schlacht bei Vittoria* für Orch., erwähnt sein.

Eine kritische GA der Werke B. wurde 1862–65 von T. Haslinger herausgebracht, Supplementbände folgten 1888 u. seit 1959. 1960 hat das B.-Archiv in Bonn eine neue kritische Gesamtausgabe in Angriff genommen.

Lit.: F. G. Wegeler u. F. Ries, Biographische Notizen über L. v. B., Koblenz 1838, Nachtrag von Wegeler, Bonn 1845, neu hg. von A. Ch. Kalischer, Berlin 1906; A. Schindler, Biographie von L. v. B., Münster 1860, neu hg. von E. Klemm, Leipzig 1973; A. W. Thayer, L. v. B. Leben, bearbeitet von H. Deiters u. H. Riemann, 5 Bde., erschienen zwischen 1866 u. 1911, teils in Leipzig, teils in Berlin; G. Nottebohm, Beethoveniana, Leipzig 1872; ders., B.-Studien ... Leipzig 1873; ders., Zweite Beethoveniana, hg. von E. Mandyczewski, Leipzig 1887, Neudruck beider Bde. 1925; G. von Breuning, Aus dem Schwarzspanierhause, Wien 1874, neu hg. von A. Ch. Kalischer, Berlin 1907; Th. Frimmel, Neue Beethoveniana, Wien 1890; ders., B.-Studien, 2 Bde., München 1905–06; H. Riemann, B. Streichquartette, Berlin 1903; E. Kastner, L. v. B. sämtliche Briefe, hg. von J. Kapp, Leipzig 1923; Th. von Frimmel, B. im zeitgenössischen Bildnis, Wien 1923; J. H. Wetzel, B. Violinsonaten I, Berlin 1924; F. Kerst (Hg.), Die Erinnerungen an B., 2 Bde., Stuttgart 1925; K. Nef, Die neun Sinfonien B., Leipzig 1928, Nachdr. Wiesbaden 1970; R. Rolland, B. Meisterjahre, Leipzig 1930; A. Schering, B. u. die Dichtung, Berlin 1936; D. F. Tovey, B., Oxford 1944, NA von H. H. Foss, London 1965; G. Kinsky u. H. Halm, Das Werk B., Thematisch-bibliographisches Verz. seiner Kompositionen, München-Duisburg 1955; E. Fischer, B. Klaviersonaten, Wiesbaden 1956; P. Nettl, B. Encyclopedia, New York 1956; ders., B. u. seine Zeit, Frankfurt/M. 1958; C. Czerny, Über den richtigen Vortrag der sämtlichen Beethovenschen Klavierwerke, hg. von P. Badura-Skoda, Wien 1963; E. u. R. Sterba, L. v. B. u. sein Neffe, München 1964; F. Zobeley, L. v. B. in Selbstzeugnissen u. Bilddokumenten, Reinbek bei Hamburg 1965; W. Riezler, B., Zürich 1966; L. Magnani, B. Konversationshefte, München 1967; H. Ch. R. Landon, B., Sein Leben u. seine Werke in zeitgenössischen Bildern u. Texten, Wien 1970; E. Bloch, Zur Philosophie der Musik, Frankfurt/M. 1974; J. Kaiser, B. 32 Klaviersonaten u. ihre Interpreten, Frankfurt/M. 1976; H. Goldschmidt, Um die unsterbliche Geliebte, München 1980.

Begabung. Die musikalische Begabung ist eine Sonderbegabung, deren wichtigste Voraussetzungen aber jedem Menschen gegeben sind. Vollkommene Unmusikalität ist selten u. krankhaft. In den meisten Fällen ist das musikalische Interesse im Elternhaus oder in der Schulerziehung einfach nicht oder falsch geweckt worden. Nichtsingenkönnen kann durchaus auch physiologische Gründe haben. Zu den elementaren Voraussetzungen einer musikalischen Betätigung gehören ein Tonhöhen unterscheidendes Gehör, ein gutes Gedächtnis sowie ein Gefühl für Rhythmus. Diese Eigenschaften sind sicherlich teilweise erbbedingt, können aber bei jedem Kind mit Erfolg gefördert werden.

Beggar's Opera → Ballad Opera

Begleitung sind alle der führenden Vokal- oder Instrumentalstimme untergeordneten Stimmen oder Akkordfolgen. Erst mit der Ausbildung der dominantischen Tonalität tritt die Melodiestimme hervor, während das andere Tonmaterial immer mehr zur rein harmonischen Ausfüllung dient. Gleichzeitig wird im solistischen Konzert dem konzertierenden Instrument oder der konzertierenden Instrumentengruppe die Hauptbedeutung zugewiesen, während die anderen Instrumente als B. anzusehen sind. Das gleiche gilt für die Oper im Recitativo secco oder accompagnato (→ Rezitativ). In der 2. Hälfte des 19. Jh. jedoch kommt es zu einer so engen Verflechtung der einzelnen Stimmen in Lied, Kammermusik u. Konzert, daß der Primat einer Stimme aufgehoben wird u. ein in sich geschlossenes musikalisches Gefüge entsteht (Wagner-Opern; J. Brahms, d-Moll-Klavierkonzert; H. Wolf, Lieder). Mit der atonalen Musik u. der Aufgabe der Grundtonbezogenheit wird die Teilung in Haupt- u. Begleit- bzw. Füllstimmen im 20. Jh. aufgehoben.

Béguine ist ein auf Martinique entstandener Tanz, bei dem sich die Paare nicht berühren. Er ist geradtaktig u. mäßig bewegt. Er wurde durch Cole Porters Musical *Jubilee* bekannt, das den Song *Begin the Beguine* enthält.

Behm, Eduard, dt. Komponist u. Pianist, * 8. 4. 1862 Stettin, † 6. 2. 1946 Bad Harzburg. Nahm nach seiner Ausbildung in Stettin, Leipzig u. Berlin noch einige Monate Unterricht bei J. Brahms in Wien. Wurde Direktor des Schwantzerschen Konservatoriums in Berlin, ab 1901 Privatlehrer u. geschätzter Begleiter.

B. komponierte die Opern *Der Schelm von Bergen* (1899), *Marienkind* (1902) u. *Das Gelöbnis* (1914), 1 Sinfonie, je 1 Klavier- u. Violinkonzert sowie Kammermusik.

Behrend, Fritz, dt. Komponist, * 3. 3. 1889 Berlin. Studierte bei H. van Eyken, Ph. Rüfer u. E. Humperdinck Komposition, bei R. Breithaupt Klavier. Lehrtätigkeit an den Konservatorien Ochs-Eichelberg u. anschließend Klindworth-Scharwenka in Berlin.

B. schrieb mehrere Opern, Fastnachtsspiele, 1 Märchenpantomime, Sinfonien, Chorwerke, Kammermusik u. Lieder.

Behrend, Siegfried, dt. Komponist u. Gitarrist, * 19. 11. 1933 Berlin. Besuchte 2 Jahre das Klindworth-Scharwenka-Konservatorium in Berlin, konzentrierte sich dann auf die Gitarre, für die er eine Vielzahl von Kompositionen u. Arrangements geschrieben hat. Dabei läßt er sich weitgehend von folkloristischem Material anregen. Seit 1963 tritt er häufig gemeinsam mit der polnischen Sängerin Belina auf, deren Spezialität jiddische Lieder sind.

Beispielsammlung → Anthologie

Béjart, Maurice (eigtl. M. Berger), franz. Tänzer, Choreograf u. Ballettdirektor, * 1. 1. 1927 Marseille. Erster Unterricht an der Ballettschule der Oper von Marseille, anschließend in Paris bei Staats, Egorowa, Kiss u. Rousanne, dann in London bei Volkova. Nach Auftritten mit verschiedenen Kompanien schloß sich B. 1949–50 dem Königlich Schwed. Ballett an. Aus dieser Zeit stammt seine erste Fernsehfassung des *Feuervogel.* 1953 gründete er zusammen mit Jean Laurent Les Ballets de L'Étoile, für deren ersten Auftritt er drei Ballette unter dem Titel *Hommage à Chopin* choreografierte. Weiter entstanden *Symphonie pour un homme seul* (M.: P. Henry u. P. Schaeffer) 1955, *Haut voltage* (M.: P. Henry) u. *Le Teck* (M.: J. Mulligan) 1956 sowie *Sonate à trois/Huis Clos* (M.: B. Bartók) 1957. Im gleichen Jahr wurde die Truppe in Ballet-Théâtre de Paris umbenannt. Aus dieser Zeit ist u. a. erwähnenswert *Orphée* (M.: P. Henry) 1958. Ein Jahr später studierte B. mit seiner Truppe u. den Tänzern des Brüsseler

Théâtre Royal de la Monnaie seine Fassung von I. Strawinskys *Sacre du printemps* ein. Der große Erfolg dieser Ch. führte zur Gründung des Ballet du XXe Siècle. B. wurde als Ballettdirektor berufen, A. Vandernoot übernahm die musikalische Beratung, A. Messerer wurde Ballettmeister. Zu B. wichtigsten Kreationen für das Ballet du XXe Siècle gehören neben dem *Sacre: La douceur du tonnerre*, ursprünglich eine TV-Produktion (M.: D. Ellington) u. *Bolero* (M.: M. Ravel) 1960; *Die sieben Todsünden* (M.: K. Weill), *Suite viennoise* (M.: A. Schönberg, A. Webern u. A. Berg) u. das *Tannhäuser-Bacchanale* für Bayreuth 1961; *Le voyage* (M.: P. Henry), *Les noces* (M.: I. Strawinsky) u. *A la recherche de Don Juan* (M. des 16. Jh.) 1962; *Prométhée* (M.: M. Ohana) 1963; *La damnation de Faust* (M.: H. Berlioz) u. *9. Symphonie* (M.: L. van Beethoven) 1964; *Wagner ou l'amour fou* (M.: R. Wagner) u. *Renard* (M.: I. Strawinsky) 1965; *Hommage à Webern* (M.: A. Webern) u. *Roméo et Juliette* (M.: H. Berlioz) 1966; *Messe pour le temps présent* (M.: P. Henry) 1967; *Baudelaire* (M.: Collage) u. *A la recherche de ... La nuit obscure/Bhakti* (M.: Hindumusik) 1968; *Nomos Alpha* (M.: I. Xenakis) u. *Actus Tragicus* (M.: J. S. Bach) 1969; *Serait-ce la mort?* (M.: R. Strauss), *Feuervogel* (M.: I. Strawinsky) u. *Hommage à J. S. Bach* (M.: J. S. Bach) 1970; *Lieder eines fahrenden Gesellen* (M.: G. Mahler), *Les fleurs du mal* (M.: C. Debussy) u. *Nijinsky, Clown de Dieu* (M.: P. Henry u. P. Tschaikowsky) 1971; *Stimmungen* (M.: K. Stockhausen) 1972; *Le marteau sans maître* (M.: P. Boulez) 1973; *I Trionfi di Petrarca* (M.: L. Berio) u. *Ce que l'amour me dit* (M.: G. Mahler) 1974; *Pli selon pli* (M.: P. Boulez) u. *Notre Faust* (M.: J. S. Bach u. argentin. Tangos) 1975; *Le Molière imaginaire* (M.: N. Rota) 1976; *V come...* (M.: G. Verdi), *Petruschka* (M.: I. Strawinsky), *Clair de lune* (M.: C. Debussy) u. *Raga* (indische M.) 1977. Außerdem produzierte B. folgende Stücke für das Théâtre de la Monnaie: *Les quatre Fils Aymon* (M. des 15. u. 16. Jh.); *Hoffmanns Erzählungen* (M.: J. Offenbach) 1961; *Die lustige Witwe* (M.: F. Lehár) 1963; *Traviata* (M.: G. Verdi) 1973 u. *Gaîté Parisienne* (M.: J. Offenbach) 1978; für die Genfer Oper inszenierte er 1980 einen vielbeachteten *Don Giovanni*. Auf Pariser Bühnen brachte er 1963 *La reine verte* mit Maria Casarès u. 1967 *La tentation de Saint Antoine* heraus. Seit 1970 besteht in Brüssel auch ein von B. gegründetes MUDRA-Zentrum (Centre européen de perfectionnement et de recherche des interprètes du spectacle), das mit *Acqua Alta*, einer Hommage auf Venedig, 1975 zum ersten Mal an die Öffentlichkeit trat.

Auch wenn B. vom klassischen Tanz herkommt, ist seine Vorliebe für das Totaltheater oder »Spectacle« unverkennbar. Wenn dann noch Philosophisches wie in *Messe* u. *Baudelaire* einfließt, kommt der Tanz zu kurz. B. ist immer dann am besten, wenn ihn eine starke Partitur zu rein tänzerischer Umsetzung zwingt. Seine Zusammenarbeit mit Komponisten unseres Jh. sowie die ausgezeichneten Tänzer seiner Kompanie machen ihn zu einer der einflußreichsten Persönlichkeiten des Balletts unserer Zeit.

Lit.: A. Livio, M. B., Lausanne 1969; K. Geitel, M. B., Berlin 1970.

Belcanto (ital.: »schöner Gesang«) bezeichnet seit dem 19. Jh. das ital. Ideal des Schöngesangs, wie er bereits in den Schulen von Venedig u. Neapel, später durch F. A. Pistocchi, A. Bernacchi u. G. Mancini gelehrt wurde. Der B. setzte große Atemtechnik voraus sowie die Beherrschung des Legatos, verschiedener Verzierungen, der Koloraturen u. des Improvisierens. Mit Ch. W. Glucks Opernreform u. der Unterordnung des Sängers unter die dramatische Entfaltung der Handlung begann sich bereits ein anderer, wesentlich expressiverer Gesangsstil zu entwickeln, der auch in Italien spätestens mit dem → Verismo dem B. ein Ende machte.

Beljajew, Mitrofan P., russ. Musikverleger, * 22. 2. 1836 Petersburg, † 10. 1. 1904 ebd. Musikliebhaber aus reichem Elternhaus, der um 1880 die Musiker um M. Balakirew kennenlernte u. 1885 in Leipzig den Verlag M. P. Belaieff gründete, um der neuen russ. Musik internationalen Urheberschutz zu geben. Auf Anregung N. Rimskij-Korsakows rief er in Petersburg 1885 auch die Russ. Symphoniekonzerte ins Leben u. 1891 die Russ. Quartettabende. In beiden Veranstaltungsreihen wurde nur russ. Musik gespielt. Bei B. Tod wurde der Verlag, inzwischen in eine Stiftung umgewandelt, von einem Kuratorium weitergeführt. 1949 wurde sein Sitz nach Bonn verlegt, 1971 nach Frankfurt a. M., wo C. F. Peters die Geschäftsführung übernahm. Zum Verlagsprogramm gehören Orchester- bzw. Bühnenwerke von F. Blumenfeld, A. Borodin, C. Cui, A. Glasunow, M. Glinka, A. Gretschaninow, A. Ljadow, M. Mussorgskij, N. Nabokov, N. Rimskij-Korsakow, A. Skrjabin, S. Tanejew, A. Tscherepnin, J. Wihtol.

Bell, William H., engl. Komponist u. Dirigent, * 20. 8. 1873 London, † 13. 4. 1946 Kapstadt. Schüler der Royal Academy of Music u. 1903–12 dort Professor für Harmonielehre. 1912 Leiter des South African College of Music in Kapstadt, ab 1919 Lehrstuhl für Musik an der dortigen Universität.

B. komponierte die Opern *Hippolytus* (1920) u. *The Duenna* (1939); die einaktigen Opern *Isabeau* (1922), *The Mouse Trap* (1928), *Doctor Love* (1930) u. *The Wander-*

ing Scholar (1935); Bühnenmusik zu Ben Jonsons Maskenspiel »A Vision of Delight« (1908); Musik zu 5 Nô-Spielen (1925–40); 5 Sinfonien, darunter die *Walt Whitman Symphony* (1890); *Maria Assumpta* für Singstimme, Doppelchor, Knabenchor u. Orch. (1922); 1 Bratschenkonzert; Kammermusik u. Lieder.

Bellermann, Johann G. H., dt. Musikforscher u. Komponist, * 10. 3. 1832 Berlin, † 10. 4. 1903 Potsdam. Sohn des Musikforschers u. Griechenlandspezialisten Johann F. B. Schüler seines Vaters u. A. E. Grells, außerdem Unterricht am Königlichen Institut für Kirchenmusik in Berlin. 1866 Professor für Musik an der dortigen Universität, ab 1875 Mitglied der Königlichen Akademie der Künste. Komponierte vorwiegend A-cappella-Musik, 1 Chorwerk mit Orch., Klavierlieder u. 1 Oper. Seine Schrift »Die Mensuralnoten u. Taktzeichen des 15. u. 16. Jh.« wurde 1963 in 4. erweiterter Auflage von H. Husmann neu herausgegeben. Veröffentlichte außerdem »Der Contrapunkt« (Berlin 1901) u. gab nach dem Tod von Grell dessen »Aufsätze u. Gutachten über Musik« (Berlin 1887) heraus.

Belli, Domenico, ital. Komponist, um 1600. Soll im Dienst des Herzogs von Parma gestanden haben, war dann Gesangslehrer als Nachfolger M. da Gaglianos an S. Lorenzo in Florenz. Schrieb als einer der ersten im monodischen Stil. Erhalten sind *Arie a una e a due voci per sonarsi con il chitarrone* (Venedig 1616) u. die kurzen Opern *Orfeo dolente* u. *Andromeda* (Florenz 1616 u. 1618). Ab September 1619 zusammen mit seiner Frau als Musiker an den Hof der Medici engagiert.

Belli, Giulio, ital. Komponist, * um 1560, † nach 1621. Kirchenkapellmeister in Imola, Ferrara, Venedig, Montagnana, Osimo, Ravenna, Forlì u. Padua. Veröffentlichte mehrere Bücher mit Messen, Psalmen, Sacrae cantiones (1600), »Compieta« (1605 u. 1607), »Madrigali« (1589 u. 1592), »Canzonette« (1584 u. 1593) u. »Concerti ecclesiastici« für 2 bis 3 St. u. Org. (1613).

Bellini, Vincenzo, ital. Komponist, * 3. 11. 1801 Catania, † 23. 9. 1835 Puteaux bei Paris. Aus einer Musikerfamilie stammend, wurde B. schon früh am Real Conservatorio di musica in Neapel bei G. Furno, G. Tritto u. N. A. Zingarelli ausgebildet. Seine erste Oper *Adelson e Salvina* (1825) wurde aufgeführt, als er noch das Konservatorium besuchte. Der anwesende Impresario D. Barbaja bestellte sofort eine Oper für das Opernhaus in Neapel. Dort kam schon 1826 B. *Bianca e Fernando* heraus. Barbaja bestellte daraufhin eine weitere Oper für La Scala in Mailand. Dort wurde 1827 B. *Il pirata* aufgeführt, der 1829 *La straniera* folgte. Zur Eröffnung des Teatro Nuovo in Parma komponierte B. 1829 *Zaira* u. für La Fenice in Venedig 1830 *I Capuleti ed i Montecchi.* 1831 kam in Mailand *La sonnambula* am Teatro Carcano u. *Norma* an der Scala heraus. *Il fu ed il sarà* erlebte 1832 nur eine Privataufführung, während *Beatrice di Tenda* mit mäßigem Erfolg im Teatro La Fenice gegeben wurde. Ab 1833 lebte B. zuerst in London, dann in Paris, wo 1835 am Théâtre Italien seine letzte Oper *I Puritani* uraufgeführt wurde. Für diese Premiere stand ihm mit Grisi, Rubini, Tamburini u. Lablache ein Solistenquartett zur Verfügung, das dieser Oper in den kommenden Jahren sowohl in Paris wie auch in London einen großen Erfolg sicherte. Neben der Grisi feierten auch Maria Malibran, Giuditta Pasta u. Adelina Patti Triumphe in B. Opern. In unserer Zeit haben Maria Callas u. Joan Sutherland wenigstens *La sonnambula, Norma* u. *I Puritani* in den Spielplänen gehalten. B. gehört neben G. Rossini u. G. Donizetti zu den großen Komponisten des Belcanto.

Lit.: L. Orrey, B., London u. New York 1969; H. Weinstock, V. B., His Life and His Operas, New York 1971; W. Oehlmann, V. B., Zürich 1974.

Bellman, Carl Michael, schwed. Dichter u. Komponist, * 4. 2. 1740 Stockholm, † 11. 2. 1795 ebd. Vertonte seine eigenen Dichtungen, indem er Melodien aus der Folklore, franz. Chansons u. Opernarien umarbeitete. Seine beiden bekannten Sammlungen sind *Fredmans Epistlar* (1790) u. *Fredmans sånger* (1791). B. Lieder sind heute noch in Skandinavien beliebt. In Stockholm findet jeweils am 26. Juli eine Gedenkfeier statt, mit der an die Enthüllung einer Büste von Byström in Djurgården erinnert wird. C. Zuckmayer nahm B. zum Vorwurf für sein Schauspiel »Ulla Winblad oder Musik u. Leben des C. M. B.«.

bémol (franz.) ist im Französischen das Erniedrigungszeichen (♭), entstanden aus dem ♭ molle oder ♭ rotundum. So heißt z. B. la bémol (majeur oder mineur) As (Dur oder Moll). → B, Ton-Name

Benary, Peter, dt. Komponist u. Musikschriftsteller, * 17. 9. 1931 Erfurt. Studierte an der Musikhochschule in Weimar u. promovierte 1956 bei H. Besseler über »Die dt. Kompositionslehre des 18. Jh.«. Schrieb mehrere Chormusiken, Orchesterwerke u. Kammermusik.

Benatzky, Ralph, österr. Komponist, * 5. 6. 1884 Mährisch-Budwitz, † 16. 10. 1957 Zürich. Schüler von F. Mottl. Wurde hauptsächlich durch seine Operette *Im weißen Rößl* (1930) bekannt. Komponierte eine Vielzahl von Chansons für Josma Selim sowie eine Reihe von Bühnenwerken. Seine Opern *Der lachende Dreibund* (1913) u. *Die Blinde* (1927) waren weniger erfolgreich als seine häufig revuehaft angelegten Operetten. 1954 veröffentlichte er den Roman »In Dur u. Moll«.

Benavente, Regina, argentinische Komponistin,

* 22. 1. 1932 Buenos Aires. Studierte bei ihrem Vater, dem Komponisten Manuel J.B., u. am Staatlichen Konservatorium in Buenos Aires bei A. Jurafsky, R. González u. A. Ginastera.

B. schrieb Orchesterwerke, u.a. 1 Violinkonzert, Kammermusik u. elektronische Musik.

Benda, böhm. Musikerfamilie, die auf den Weber u. Amateurmusiker Jiří Benda zurückgeht.

1. Franz, böhm. Komponist u. Geiger, getauft 22.11.1709 Neu-Benatek, † 7.3.1786 Neuendorf. 1718 Chorknabe an der Nikolauskirche in Prag. Kam über Wien u. Warschau nach Dresden, 1733 Mitglied der Kapelle des Kronprinzen Friedrich in Neuruppin. Wurde 1771 Konzertmeister des Königs von Preußen, eine Stellung, die bei seinem Tode der Bruder Joseph B. übernahm. Hinterließ eine Reihe von Violinkonzerten, Solostükken für sein Instrument u. Kammermusik. Über seine abenteuerliche Jugend gibt ein autobiografischer Aufsatz Einzelheiten, den B. 1763 verfaßte u. der in J.A. Hillers »Wöchentlichen Nachrichten« 1766 veröffentlicht wurde.

2. Georg, Bruder von 1., böhm. Komponist, getauft 30. 6. 1722 Neu-Benatek, † 6. 11. 1795 Köstritz. Erhielt seine erste Ausbildung am Piaristen-Kolleg in Kosmaros. Nach Seminaristenzeit im Jesuiten-Kolleg von Jičin folgte er seinem Bruder nach Berlin u. wurde dort 1742 königlicher Kammermusiker, wechselte 1750 als Nachfolger von G.H. Stölzel nach Gotha, wo er bis 1778 das Kapellmeisteramt innehatte. 1765–66 zusammen mit F. W. Rust Studienreise durch Italien. Schrieb neben den von W.A. Mozart geschätzten Melodramen *Ariadne auf Naxos* (1775) u. *Medea* (1775) verschiedene Singspiele, Kantaten, Konzerte, Sinfonien u. Kammermusik. Seine Bühnenwerke sind nicht ohne Einfluß auf die Entwicklung der zeitgenössischen Oper geblieben.

3. Friedrich W. H., ältester Sohn von 1., dt. Komponist u. Geiger, * 15. 7. 1745 Potsdam, † 19. 6. 1814 ebd. Erhielt ersten Unterricht bei seinem Vater u. J. Ph. Kirnberger. 1765–1810 königlicher Kammermusiker.

B. schrieb die Opern *Orpheus, Alceste* u. *Das Blumenmädchen,* 2 Kantaten, 2 Oratorien, 2 Violinkonzerte, Trios u. Flötensonaten.

4. Friedrich L., Sohn von 2., dt. Komponist u. Geiger, * 4. 9. 1752 Gotha, † 20. 3. 1792 Königsberg. Schüler seines Vaters u. ab 1775 Geiger am Gothaer Hoftheater. Nach Anstellungen in Berlin, Hamburg u. Schwerin ab 1789 als Konzertmeister in Königsberg.

B. schrieb u. a. die Singspiele *Die Verlobung* (1790), *Louise* u. *Mariechen* (beide 1791), Kantaten, 1 Oratorium, Bühnenmusiken, *Das Narrenballett,* 2 Violinkonzerte u. weitere Instrumentalmusik.

Bendix, Victor E., dän. Komponist, * 17. 5. 1851 Kopenhagen, † 5. 1. 1926 ebd. Schüler N. Gades u. Gründer einer Chorvereinigung. Leitete 1892–93 die Volkskonzerte in Berlin.

B. komponierte den 33. Psalm für Chor u. Orch., 4 Sinfonien, 1 Klavierkonzert, Kammermusik u. Lieder.

Benedictus qui venit (lat.: »Gepriesen sei, der da kommt«), der 2. Teil des → Sanctus. Als mehrstimmiger Gesang im Laufe der Zeit auch vom Sanctus unabhängig geworden. Wird in der lat. Liturgie im Anschluß an die Wandlung gesungen.

Benesh, Joan, engl. Ballettmeisterin u. Choreografin, * 24. 3. 1920 Liverpool. Entwickelte zusammen mit ihrem Mann Rudolf B. (* 16. 1. 1916, † 3. 5. 1975) die 1955 geschützte Benesh Dance Notation. Diese ist heute offizielle Notation des Royal Ballet in London. → Ballett

Lit.: An Introduction to B. Dance Notation, London 1956.

Benevoli, Orazio, ital. Komponist, * 19. 4. 1605 Rom, † 17. 6. 1672 ebd. Schüler von V. Ugolini und Chorknabe an San Luigi de' Francesci in Rom, wo er auch Kirchenkapellmeister wurde. 1644–46 Kapellmeister des Erzherzogs Leopold Wilhelm in Wien. Ab 1646 Kapellmeister am Vatikan. War zu seiner Zeit als Lehrer u. Komponist hoch geachtet.

B. schrieb vielstimmige Messen, u.a. die 53st. Messe zur Einweihung des Salzburger Doms u. einen Hymnus für 56 St. (einschließlich der Instrumente).

Bengtsson, Gustaf A. T., schwed. Komponist, * 29.3.1886 Vadstena, † 28.11.1964 ebd. Studierte bei J. Lindegren am Stockholmer Konservatorium, anschließend in Berlin, Leipzig u. Paris. Übernahm 1910 einen Kirchenchor in Motala, spielte im Orch. von Karlstadt, leitete Chöre u. Orch.

B. komponierte u.a. Kantaten, 3 Sinfonien, Konzerte für V. u. Vc., Kammermusik, Chöre u. Lieder.

Benguerel, Xavier, span. Komponist, * 9. 2. 1931 Barcelona. Studierte bei C. Taltabull in Barcelona.

B. komponierte u.a. Konzert für Kl. u. Orch. (1955), Konzert für 2 Fl. u. Orch. (1959), Konzert für Org. u. Orch. sowie Kammer- u. Kirchenmusik.

Ben-Haim, Paul (eigtl. Frankenburger), israel. Komponist, * 5. 7. 1897 München. Studierte an der Münchner Akademie der Tonkunst, assistierte bei B. Walter u. H. Knappertsbusch. 1924–31 Kapellmeister in Augsburg, 1933 nach Palästina ausgewandert. Wirkte dort als Musikerzieher u. Dirigent. Heute ist B.-H. Ehrenpräsident der Israel Composers Association. Seine Musik ist stark von der Folklore der orientalischen Juden beeinflußt.

Zu B.-H. Kompositionen gehören: *The Sweet Psalmist*

Israel für Solisten u. Orch. (1956), *Vision of a Prophet* für T., gem. Chor u. Orch. (1959), die Motette *Öffnet die Tore* für S. u. 9 Instr. (1961), *A Hymn from the Desert* für S., Bar., gem. Chor u. Orch. (1962), *3 Psalms for San Francisco* für S., Bar. u. Orch. (1963), Sinfonien, Konzerte u. Kammermusik.

Benjamin, Arthur L., austral. Komponist u. Pianist, * 18. 9. 1893 Sydney, † 9. 4. 1960 London. Studierte 1911–14 am Royal College of Music in London u. unterrichtete dort von 1926 an. Zu seinen Schülern gehörte auch B. Britten.

B. komponierte die Opern *The Devil Take Her* (1931), *Prima Donna* (1949), *The Tale of Two Cities* (1949–50), *Tartuffe* (instrumentiert von A. Boustead 1964), die Fernsehoper *Mañana* (1956), das Ballett *Orlando's Silver Wedding* (1951), Orchester- u. Chorwerke, Konzerte für V. (1932), V. u. Va. (1935), Ob. (1942), Kl. (1949) u. Mundharmonika (1957). Außerdem Kammermusik, Lieder u. Filmmusiken.

Bennett, Richard R., engl. Komponist, * 29. 3. 1936 Broadstairs, Kent. Studierte an der Leighton Park School in Reading u. 1953–56 an der Royal Academy of Music in London bei L. Berkeley und H. Ferguson. Außerdem nahm er 1957–58 Privatunterricht bei P. Boulez in Paris. 1970–71 war B. Composer-in-residence am Peabody Institute in Baltimore, heute lebt er als freischaffender Komponist u. Pianist in London.

Neben Kompositionen für Film, Fernsehen, Rundfunk u. Bühne schrieb B. die Opern *Am Abgrund* (*The Ledge* 1961), *Ballade im Moor* (*The Mines of Sulphur* 1963), *Napoleon kommt* (*A Penny for a Song* 1966–67), *Victory* (1968–69) u. *All The King's Men,* eine Schuloper für Kinder (1968), außerdem 2 Sinfonien (1965 u. 1967), Konzert für Kl. u. Orch. (1968), *Party Piece* für Kl. u. Schulorch., Konzert für Ob. u. Streichorch. (1969–70), Konzert für Git. u. Kammerensemble, Chormusiken für verschiedene Besetzungen, häufig jedoch a cappella, Liederzyklen, Kammermusik.

Bennett, Robert R., amer. Komponist u. Dirigent, * 15. 6. 1894 Kansas City. Studierte bei C. Busch, N. Boulanger u. mit einem Guggenheim-Stipendium anschließend in Berlin u. London. Ab 1930 als Komponist, Arrangeur u. Dirigent in Hollywood, seit 1941 teilweise mit eigenem Programm als Radiodirigent.

B. schrieb die Opern *An Hour of Delusion, The Enchanted Kiss* u. *Maria Malibran,* die Ballett-Operette *Endymion,* mehrere Sinfonien (u. a. *Abraham Lincoln Symphony* 1929 u. *Commemoration Symphony* 1959), Konzerte, Kammermusik u. Chorwerke.

Bennett, Sir William S., engl. Komponist u. Pianist, * 13. 4. 1816 Sheffield, † 1. 2. 1875 London. Stammt aus einer Musikerfamilie u. wurde bereits mit 10 Jahren auf die neugegründete Royal Academy of Music nach London geschickt. Studierte Geige bei Spagnoletti u. Oury, Klavier bei W. H. Holmes u. Komposition bei W. Crotch u. C. Potter. Spielte sein Klavierkonzert op. 1 in d-Moll 1833 in Gegenwart von F. Mendelssohn Bartholdy, mit dem ihn später ein freundschaftliches Verhältnis verband. Auf mehreren Reisen nach Deutschland lernte B. den Kreis um R. Schumann kennen u. vertiefte seine Freundschaft zu Mendelssohn Bartholdy, trat am Leipziger Gewandhaus als Pianist u. Dirigent auf u. schrieb während seines Besuchs im Winter 1837 auch die Ouvertüre *The Woodnymphs.* In England gründete B. die Londoner Bach Society (1849) u. führte zum ersten Mal in England J. S. Bachs Matthäuspassion auf. 1856 wurde er Dirigent der Philharmonic Society u. Professor für Musik an der Universität Cambridge. 1866 Direktor der Royal Academy of Music.

Zu B. Kompositionen gehören: 4 Klavierkonzerte, Ouvertüren, 1 Sinfonie, die Kantate *The May Queen,* das Oratorium *The Woman of Samaria,* Kammermusik u. Lieder.

Benoît, Peter L. L., belg. Komponist, * 17. 8. 1834 Harelbeke, † 8. 3. 1901 Antwerpen. Erster Unterricht bei seinem Vater u. dem Organisten P. Carlier. Mit 17 Jahren Eintritt in das Conservatoire in Brüssel, wo sich besonders F.-J. Fétis seiner annahm. Komponierte während der Studienzeit Bühnenmusiken u. die Oper *Het dorp in't gebergte* (1857). Im gleichen Jahr gewann B. mit der Kantate *Le meurtre d'Abel* den Prix de Rome. Nach ausgedehnten Studienreisen quer durch Deutschland versuchte er vergeblich, seine Oper *Le roi des aulnes* in Paris herauszubringen, während er die Bouffes-Parisiens dirigierte. 1867 wurde er Direktor der Fläm. Musikschule in Antwerpen, die nicht zuletzt dank ihm 1897 zum Königlichen Konservatorium aufgewertet wurde. B. komponierte u. a. eine *Messe solennelle* (1861), ein Te Deum u. ein Requiem (1863), Opern, Oratorien, Kantaten, ein sinfonisches Gedicht für Kl. u. Orch. (1864) sowie Lieder. Sein wissenschaftliches Werk umfaßt u. a. »De Vlaamsche Muziekschool van Antwerpen«, 1873; »Verhandeling over de nationale Toonkunde« (2 Bde.) 1875–77 u. »De Oorsprong van het Cosmopolitisme in de Muziek«, 1876. Seine große Bedeutung für das belgische Musikleben liegt in der von ihm eingeleiteten Renaissance des flämischen musikalischen Selbstverständnisses.

Bentoiu, Pascal, rumän. Komponist u. Folkloresammler, * 22. 4. 1927 Bukarest. Studierte bei M. Jora in Bukarest u. war 1953–56 am Institut für Ethnografie u. Folklore der rumän. Akademie tätig.

Zu B. Werken gehören die Opern *Hamlet* u. *Amorul Doctor,* Konzerte für Kl. u. Orch., die Funkoper *Jertfirea Iphigeniei,* sinfonische Kompositionen u. Kammermusik.

Bentzon, Jørgen, dän. Komponist, * 14. 2. 1897 Kopenhagen, † 9. 7. 1951 ebd. Studierte in Kopenhagen Jura u. nebenbei bei C. Nielsen Komposition. Setzte seine musikalische Ausbildung 1920–21 in Leipzig fort. Gründete 1931 eine Volksmusikschule in Kopenhagen nach dem Vorbild von F. Jöde.

B. komponierte u. a. die Oper *Saturnalia* (1944), 2 Sinfonien, 1 Klarinettenkonzert u. Kammermusik.

Bentzon, Niels V., dän. Komponist u. Pianist, * 24. 8. 1919 Kopenhagen. Stammt aus einer musikalischen Familie; sein Urgroßvater war J. P. E. Hartmann. Erhielt erste Anregungen von dem Jazzpianisten L. Mathiesen, studierte 1938–42 am Konservatorium in Kopenhagen Komposition, Klavier u. Orgel. Machte sich bereits wenige Jahre nach seinem Examen einen hervorragenden Namen als Interpret eigener u. anderer zeitgenössischer Werke. Hat inzwischen seine Lehrtätigkeit in Aarhus u. Kopenhagen aufgegeben u. lebt als freischaffender Komponist. In seinen Werken ist B. von P. Hindemith u. B. Bartók beeinflußt, komponiert seriell u. hat neben Bühnen- u. Filmmusiken auch Stücke für fluxus- u. happeningartige Veranstaltungen geschrieben.

Von B. Werken seien erwähnt: die Oper *Faust III* (1964), die Ballette *Metaphor* (1950), *Kurtisanen* (1953), *Døren* (1962), *Premiere* (1964), *Jenny von Westphalen* (1965) u. *Jubiläumsballett* (1967), 14 Sinfonien, Oratorium *Torquilla* für Soli, Chor u. Orch. (1961), Kantate *Bonjour Max Ernst* für gem. Chor u. Orch. (1961), 7 Klavierkonzerte sowie weitere Werke für Soloinstr. u. Orch., Klaviersonaten, Streichquartette u. andere Kammermusik. Außerdem komponierte B. sog. Kompendien, in denen er sich mit dem musikalischen Schaffen von J. S. Bach, F. Chopin, R. Schumann, M. de Falla u. C. Saint-Saëns auseinandersetzt, indem er seine Einfälle mit den ihrigen verbindet. Zu seinen neuesten Werken gehören auch die Suiten *Chorus daniensis* für Beat-Ensemble.

Benvenuti, Arrigo, ital. Komponist, * 2. 5. 1925 Buggiano. Studierte bei L. Dallapiccola in Florenz u. lebt heute als freischaffender Komponist.

B. schrieb u. a. *Débris* für 24 Instr. (1964), *Omaggio a S2 FM* für Tonband (1965), *Potpourri* für 18 Instr. (1967) u. eine Reihe von Werken für Stimmen, Chor u. Orch.

Berberian, Cathy, amer. Sängerin u. Komponistin, * 4. 7. 1928 Attleboro, MA. Studierte in New York Literatur u. Schauspiel, später Gesang bei G. del Vigo in Mailand u. M. Freund in Paris. Gilt als Spezialistin für zeitgenössische Musik u. hat viele Werke L. Berios uraufgeführt, mit dem sie 1950–65 verheiratet war. Von ihr stammen *Stripsody* für Solo-St. u. *Morsicat(h)y* für Kl.

Berberich, Ludwig, dt. Kirchenmusiker, * 23. 2. 1882 Biburg, † 6. 6. 1965 München. Studierte in Freising Theologie sowie in Regensburg bei Haberl u. an der Münchner Akademie bei Gluth Kirchenmusik. 1919–57 Leiter des Domchors der Münchner Frauenkirche u. ab 1921 Professor für Kirchenmusik. Schrieb Messen, Motetten u. 1 Requiem.

Berceuse (franz.: »Wiegenlied«), im 19. u. zu Beginn des 20. Jh. Klavierstücke, die im wiegenden 6/8-Takt komponiert sind, wobei eine einfache Melodie über einem ostinatoähnlichen Baß geführt wird. B. wurden u. a. von F. Chopin, F. Liszt, C. Debussy, M. Ravel u. I. Strawinsky komponiert.

Berezowsky, Nicolai, russ. Komponist, Geiger u. Dirigent, * 17. 5. 1900 Petersburg, † 27. 8. 1953 New York. Schloß bereits mit 16 Jahren seine Ausbildung an der Kaiserlichen Kapelle in Petersburg ab. Wurde Konzertmeister an der Nationaloper in Saratow, anschließend 1. Geiger am Moskauer Bolschoi-Theater u. Musikdirektor der Schule für Moderne Kunst. Wanderte 1922 nach den USA aus u. nahm weiteren Unterricht bei P. Kochanski (Geige) sowie bei R. Goldmark (Komposition). Gleichzeitig war er 1. Geiger des Philharmonischen Orch. von New York u. Mitglied des Coolidge-Streichquartetts. Trat außerdem häufig als Dirigent auf.

Zu B. Kompositionen zählen die Opern *Prince Batrak* (1920) u. *Ship South* (1941), die *Gilgamesch-Kantate* (1946), 4 Sinfonien, verschiedene Konzerte u. Kammermusik.

Berg, Alban M. J., österr. Komponist, * 9. 2. 1885 Wien, † 24. 12. 1935 ebd. Der literarisch u. musikalisch begabte Sohn wohlhabender Eltern erhielt seinen ersten Klavierunterricht zu Hause. 1900 begann er mit Kompositionsversuchen, es entstanden 87 Lieder u. Duette. Nach Abschluß der Realschule kurze Zeit als Rechnungsbeamter tätig. Ab 1904 nach Vorlage früher Kompositionsproben Schüler von A. Schönberg, bei dem er auch A. Webern kennenlernte. 1907 u. 1908 erste öffentliche Aufführungen seiner Kompositionen in den vom Schülerkreis Schönbergs veranstalteten Konzerten. Die Ausbildung bei Schönberg wurde 1910 abgeschlossen. Sie umfaßte Harmonielehre, Kontrapunkt, Analyse, Orchestrierung, Formenlehre u. Komposition. Aus dem Verhältnis Lehrer–Schüler entwickelte sich eine lebenslange Freundschaft, die sich u. a. darin ausdrückte, daß B. Schönberg die 3 Orchesterstücke op. 6, das Kammerkonzert u. die Oper *Lulu* widmete. 1911 Heirat mit der Sängerin Helene Nahowski. B. lebte von Unterrichtsstunden, dem Arrangieren u. der Transkription von Musik. 1914 sah er in den Wiener Kammerspielen eine Aufführung von G. Büchners Dramenfragment »Woyzeck«. Der Stoff ließ B. nicht mehr los. Nach dem Besuch mehrerer Aufführungen begann er mit der Einrichtung des Librettos zur Oper *Wozzeck*. Seinen Militärdienst leistete er 1915–18 in der Verwaltung ab u. stellte daneben 1917 sein Libretto fertig. 1920 beendete er die Kompositionsarbeit, 1921 die Orchestrierung. Das Werk ist Alma Mahler gewidmet. Auf Anregung H. Scherchens faßte B. drei auf Marie bezogene Fragmente der Oper zu einem Konzertzyklus zusammen, der von Scherchen mit großem Erfolg 1924 beim Musikfest des Allgemeinen Dt. Musikvereins in Frankfurt a. M. aufgeführt wurde. 1925 brachte E. Kleiber die ganze Oper an der Berliner Staatsoper heraus. Der *Wozzeck* gehört zu den wenigen zeitgenössischen Opern, die sich im Repertoire gehalten haben. Zum 50. Geburtstag Schönbergs entstand 1923–25 das Kammerkonzert für V., Kl. u. 13 Bläser. Sein thematisches Grundmaterial besteht aus den Tonbuchstaben der Namen A. Schönberg, A. Webern u. A. Berg (a, d, es, c, h, b, e, g, a, e, b, e, a, b, a, b, e, g). In einem offenen Brief an Schönberg analysierte B. das Werk u. gab Einblick in seine Kompositionsprinzipien. In der *Lyrischen Suite* für Streichquartett 1925–26 wandte B. zum ersten Mal die von Schönberg formulierte Zwölftontechnik an. Auf der Suche nach einem neuen Textvorwurf für eine Oper entschloß er sich, F. Wedekinds Dramen »Erdgeist« u. »Die Büchse der Pandora« zu einem neuen Libretto zu verschmelzen. Als Vorarbeit zu dieser zweiten Oper *Lulu* entstand auf Anregung der Sängerin Ružena Herlinger die Konzertarie für S. u. Orch. auf 3 Gedichte von Ch. Baudelaire in der Übersetzung von St. George (1929). Während die Arbeiten an der *Lulu* fortschritten, bestellte der amerikanische Geiger L. Krasner bei B. ein Violinkonzert. Unter dem Schock des Todes der 18jährigen Manon Gropius, die aus der Verbindung des Architekten W. Gropius mit Alma Mahler stammte, entstand das Werk in knapp 6 Wochen, es ist »Dem Andenken eines Engels« gewidmet. Dies zwischen g-Moll u. B-Dur schwankende Werk zeigt deutlich, wie sehr B. um den Erhalt der tonalen Musiksprache kämpfte, die er gleichzeitig mit dem Prinzip der Reihe zu verbinden trachtete. Die *Lulu* hatte er im Particell fertiggestellt u. bis auf Teile des 3. Akts orchestriert, als er Heiligabend 1935 an Leukämie starb. Die Herstellung einer spielbaren Fassung dieses 3. Akts unternahm F. Cerha.

Der Einfluß G. Mahlers u. das Wiener Lokalkolorit sind in B. Werk unverkennbar. Ebenfalls fällt seine Vorliebe für thematische Verknüpfungen u. die gründliche Beherrschung jeder Kompositionsform auf. Mit dem *Wozzeck* gelang es B., den Gegensatz zwischen der alten Form der Nummernoper u. dem durchkomponierten Musikdrama R. Wagners aufzuheben.

Werke: *Sieben Frühe Lieder* (1907–08); 2 Vertonungen eines Gedichts von Th. Storm (1907 u. 1925); Klaviersonate op. 1 (1907/08); 4 Lieder op. 2 (1908–09); Streichquartett op. 3 (1909–10); 5 Orchesterlieder nach Ansichtskartentexten von P. Altenberg op. 4 (1912); 4 Stücke für Klar. u. Kl. op. 5 (1913); 3 Orchesterstücke op. 6 (1914); *Wozzeck* (1914–21); Kammerkonzert für V. u. Kl. mit 13 Bläsern (1923–25); *Lyrische Suite* für Streichquartett (1925–26); *Der Wein* (Konzertarie für S. u. Orch. 1929); Violinkonzert (1935) u. *Lulu* (1928–35). Außerdem hat B. verschiedentlich Werke umgearbeitet, so z. B. aus der *Lyrischen Suite* 1928 drei Sätze für Streichorch. instrumentiert u. aus beiden Opern je eine Suite für Konzertaufführungen zusammengestellt.

Lit.: W. Reich, A. B. mit B. Schriften u. Beiträgen von Th. W. Adorno u. E. Křenek, Wien 1937; H. F. Redlich, A. B., Wien 1957; W. Reich (Hg.), A. B., Bildnis im Wort. Selbstzeugnisse u. Aussagen der Freunde, Zürich 1959; W. Reich, A. B., Zürich 1963; P. Boulez, Anhaltspunkte Stuttgart 1975; M. Carner, A. B., London 1975. G. Perle, The Operas of A. B. (Vol. I: Wozzeck), Berkeley–Los Angeles–London 1980; F. Grasberger/R. Stephan (Hg.), A. B.-Studien, Wien 1981.

Berg, Carl N., schwed. Komponist, * 9. 2. 1879 Stockholm, † 15. 10. 1957 ebd. Studierte bei Lindegren u. J. Günther am Stockholmer Konservatorium, anschließend in Paris u. Wien. Verdiente seinen Unterhalt als Veterinärmediziner.

B. komponierte u. a. die Opern *Leila* (1912), *Engelbrekt* (1929), *Judith* (1936), *Birgitta* (1942) u. *Genoveva* (1947), 5 Sinfonien, sinfonische Dichtungen, Werke für Soli, Chor u. Orch., 1 Violinkonzert (1918), 1 Klavierkonzert (1931), 2 Streichquartette u. 1 Klavierquintett.

Berg, Gunnar, dän. Komponist, * 11. 1. 1909 St. Gallen. Begann sich erst mit 22 Jahren ernsthaft für Musik zu interessieren. Studierte 1935–36 bei K. Jeppesen Kontrapunkt, 1938–48 Klavier bei H. Koppel u. E. Jürgens u. 1948–49 Komposition bei A. Honegger in Paris. Anschließend war B. Gast bei Seminaren in Salzburg u. Darmstadt. 1952 heiratete er die franz. Konzertpianistin Beatrice Duffour, die sich hauptsächlich für zeitgenössische Musik einsetzt. Beeinflußt von A. Webern u. O. Messiaen, wendet B. bei seinen Kompositionen die Reihentechnik an. Seit 1960 lebt er als freischaffender Komponist in Jütland.

Zu B. Werken gehören: *10 japanische Holzschnitte* für St. u. Kl. (1938), *Hymnos* für Streicher (1946), das Ballett *Mouture* (1953), *Cinq études* für Streichorch. (1955), *El Triptico Gallego* für Orch. (1957–58), *Frise* für Kammerorch. u. Kl. (1961), eine Reihe von Klavierstücken wie *Eclatement I* u. *II* (1954 u. 1960) u. *Gaffky's I–X* (1958–62) u. Vokalwerke wie *Le chemin de fer* für Gesang, Fl., Klar., V. u. Kl. 4händig (1945), die Kurzoper *Prinzessin auf der Erbse* (1952), *Tøbrud,* Kantate für Mezzo-S., V. u. Baßklar. (1961), u. *Vision,* Kantate für Bar. u. Kammerorch. (1962)

Berg, Josef, tschech. Komponist, * 8. 3. 1927 Brünn, † 26. 2. 1971 ebd. Schüler von V. Petrželka. Nach Tätigkeit im Rundfunk u. als Musikkritiker freischaffend in Brünn, gleichzeitig Leiter der dortigen Gruppe A.

Zu B. Werken gehören: die Puppenoper *Das Frühstück auf der Burg Schlaggenwald* (1966), die Kammeropern *Rückkehr des Odysseus, Europäisches Reiseleben, Euphrides vor den Toren Thymens* u. *Johanes doktor Faust* (1967), eine *Oresteia* für solistisches Gesangsquartett, Sprecher u. Instrumentalensemble (1967) sowie Kammermusik.

Bergamasca (Bergamaskertanz), ein ital. Bauerntanz, der seinen Namen von der Stadt Bergamo herleitet. Besonders beliebt im 16. u. 17. Jh. Wurde ziemlich rasch im ¾-Takt ausgeführt, wobei sich Männer u. Frauen in entgegengesetzten Kreisen drehten. Jeweils bei Änderung der Melodie erfolgte Umarmung u. Fortsetzung im Paartanz. Die im 17. Jh. charakteristische B.-Melodie taucht erstmals bei F. Azzaiolo im 3. Buch der »Villotte del fiore« auf. Im 19. Jh. ähnelte die B. der Tarantella u. wurde im ⁶⁄₈-Takt mit Betonung des 2. Taktteils ausgeführt. Eine B. findet sich bei F. Mendelssohn Bartholdy in der Musik zu W. Shakespeares »Sommernachtstraum«.

Berger, Arthur V., amer. Komponist, * 15. 5. 1912 New York. Studierte bei W. Piston in Harvard u. bei D. Milhaud u. N. Boulanger in Paris. Wurde von A. Copland zusammen mit I. Fine u. H. Shapero zu den Hauptvertretern der amer. Strawinsky-Schule gerechnet, als er 1949 diesen Ausdruck prägte. B. war von 1943 bis 1953 Musikkritiker in New York u. übernahm 1953 eine Professur für Musik an der Brandeis University. Seine Kompositionen nähern sich im Lauf der Zeit immer stärker der Zwölftönigkeit.

Zu B. Werken gehören: *Serenade Concertante* (1944), 3 Stücke für Streichquartett (1945), Partita für Kl. (1947), Duos für Vc. u. Kl. (1951), Ob. u. Klar. (1952) u. Klar. u. Kl. (1957) u. Kammermusik für 13 Spieler (1956). Veröffentlichte u. a. »A. Copland« (New York 1953).

Berger, Ludwig, dt. Komponist, * 18. 4. 1777 Berlin, † 16. 2. 1839 ebd. Studierte bei J. A. Gürrlich in Berlin Harmonie u. Kontrapunkt. Ab 1804 Schüler von M. Clementi, dem er nach Petersburg folgte, wo er A. Klengel u. J. Field kennenlernte. Über Stockholm kam er nach London, wo er als Lehrer u. Pianist in hohem Ansehen stand. Ab 1815 wieder in Berlin. Gründete dort mit B. Klein, G. Reichardt u. L. Rellstab die jüngere Berliner Liedertafel. Zu seinen Schülern gehörten F. Mendelssohn Bartholdy u. dessen Schwester Fanny, W. Taubert, A. Henselt, H. Küster u. L. Rellstab. B. hinterließ Klaviersonaten u. Etüden sowie eine Vielzahl von Liedern, u. a. 10 Gesänge aus »Die schöne Müllerin«.

Berger, Theodor, österr. Komponist, * 18. 5. 1905 Traismauer. Studierte 1926–32 Komposition bei F. Schmidt in Wien.

B. schrieb neben Musiken für Radio, Fernsehen u. Film die Ballett-Oper *Homerische Symphonie* (1948), Musik zu Goethes »Faust II« (1949), ein *Concerto manuale* für 2 Kl., Marimbaphon, Metallophon, Streicher u. Schlagwerk (1951), *Chronique symphonique* (1955), 1 Violinkonzert (1954), die *Jahreszeiten-Symphonie* (1958), *Vokalisen* (1960), 1 Divertimento für 6st. Männerchor, 7 Bläser u. Schlagzeug (1968) sowie Kammermusik.

Berger, Wilhelm, dt. Komponist, * 9. 8. 1861 Boston, † 15. 1. 1911 Jena. Studierte 1878–84 an der Königlichen Hochschule in Berlin u. war ab 1888 Lehrer am Klindworth-Scharwenka-Konservatorium. 1903 wurde er als Nachfolger F. Steinbachs Hofkapellmeister in Meiningen.

Zu B. Werken gehören 2 Sinfonien, *Der Totentanz* für Chor u. Orch., *Gesang der Geister über den Wassern, Meine Göttin* für Männerchor u. Orch., Kammermusik u. Lieder.

Bergese, Hans, dt. Komponist, * 24. 5. 1910 Freiburg i. Br. Studierte bei C. Orff, J. Weismann, C. Sachs u. W. Gurlitt sowie R. Ficker. 1932–40 an den Günter-Schulen für Rhythmische Erziehung in München u. Berlin, ab 1947 an der Kölner Sporthochschule, ab 1951 Professor für Musikerziehung an der Berliner Hochschule für Musik.

B. komponierte mehrere Schulopern, u. a. *Die Bremer Stadtmusikanten, Der Wolf als Flötenspieler* u. *Wolf Nimmersatt.* Außerdem schrieb er für den praktischen Unterricht Spielmusiken. B. besorgt die Klavierauszüge der Bühnenwerke von C. Orff u. W. Egk.

Bergh, Rudolph, dän. Komponist, * 22. 9. 1859 Kopenhagen, † 7. 12. 1924 Davos. Studierte Zoologie u. betrieb seine musikalische Ausbildung nebenbei. Wurde 1922 Mitglied des Direktoriums des Kopenhagener Konservatoriums. Schrieb mehrere Chorwerke, u. a. *Requiem für Werther* u. *Geister der Windstille,* Lieder u. Klavierstücke.

Bergman, Erik V., finn. Komponist, * 24. 11. 1911 Nykarleby, Vaasan. Studierte an der Sibelius-Akademie in Helsinki, bei H. Tiessen in Berlin u. W. Vogel in Ascona. Wurde 1963 Professor für Komposition an der Sibelius-Akademie in Helsinki. In seinen Kompositionen, die dem Werk A. Merikantos verpflichtet sind, unternimmt B. den Versuch, sich von der neuromantischen Musik der vorhergehenden Generation zu befreien. Zu Beginn der 50er Jahre wandte er sich der Zwölftontechnik zu u. komponierte *Tre aspetti d'una seria dodecafonica.* Die Möglichkeiten der seriellen Technik wurden anschließend in *Aubade* u. *Simbolo* untersucht. In neuerer Zeit führte B. dann die Aleatorik ein u. konzentrierte sich auf Klangfarben. Daneben ließ er sich von Fernöstlichem u. der lappländischen Kultur inspirieren.

B. komponierte Orch.-Werke: *Burla* (1948), *Tre aspetti d'una seria dodecafonica* (1957), *Aubade* (1958), *Simbolo* (1960), *Circulus* (1965), *Colori ed improvvisazioni* (1973), *Arctica* (1979); Werke für Soloinstr. u. Orch.: *Dualis* für Vc. u. Orch. (1978), *Birds in the Morning* für Fl. u. Orch. (1979), Klavierkonzert (1980–81); Vokalwerke wie *Rubaiyat* für Bar., Männerchor u. Orch. (1953), *Aton* für Bar., Sprecher, gem. Chor u. Orch. (1959), *Sela* für Bar., gem. Chor u. Kammerorch. u. *Fåglarna* für Bar., 5 Solost., Männerchor, Schlagzeug u. Celesta (1962), *Canticum fennicum* für Bar., Solost., 2 Solistenquartette, Männerchor u. Orch. (1968), *Nox* für Bar., gem. Chor, Fl., Englischhorn u. Schlagzeug u. *Requiem over en död diktare* für Bar., gem. Chor, 2 Trp., 2 Pos., Schlagzeug u. Org. (1970), *Missa in honorem Sancti Henrici* für gem. Chor, Soli u. Org., *Samothrake,* musikdramatische Szene für Sprecher, gem. Chor, Bläser u. Schlagzeug, u. *Hathor,*

Suite für S., Bar., gem. Chor, Fl., Englischhorn, Hf. u. Schlagzeug (1971), *Bardo Thödol* für Mezzo-S., Bar., gem. Chor u. Orch. u. *Loleila* für 2 Kinderchöre, Soli u. Orch. (1974), *Noa* für Bar., gem. Chor u. Orch. u. *Bim Bam Bum* für Sprecher, T., Männerchor u. Instr. (1976), *Triumf att finnas till* für S., Fl. u. Schlagzeug (1978); Kammermusik, darunter *Concertino da camera* (1961), *Solfatara* (1977), *Silence and Eruptions* (1979), *Mipejupa* (1981).

Bergsma, William, amer. Komponist, * 1. 4. 1921 Oakland, CA. Schüler von H. Hanson u. B. Rogers an der Eastman School of Music in Rochester. Bevor er seine Studien an der Stanford University aufnahm, hatte er bereits das Ballett *Paul Bunyan* für Marionetten, Solotänzer u. Orch. (1937) komponiert. Ab 1946 als Lehrer an der Juilliard School, ab 1963 Direktor der School of Music an der Universität Washington in Seattle.

Zu B. Kompositionen gehören: die Ballettsuite *Gold and the Señor Comandante* (1941/1963), *The Fortunate Islands* für Streichorch. (1947/56), die Kammeroper *The Wife of Martin Guerre* (1956), *Confrontation* nach dem Buch Hiob für Chor u. Orch. (1963), 1 Violinkonzert (1965) sowie Kammermusik.

Berio, Luciano, ital. Komponist, * 24. 10. 1925 Oneglia. Erhielt ersten Musikunterricht von seinem Vater, einem Kirchenmusiker. Studierte am Mailänder Konservatorium bei G. F. Ghedini u. G. C. Paribeni u. nahm in Tanglewood an einem Kurs von L. Dallapiccola teil. Arbeitete 1953–60 bei der RAI Mailand, deren Studio di Fonologia Musicale er gründete u. bis 1961 leitete. Außerdem war B. 1957–62 Leiter der Zeitschrift »Incontri Musicali« sowie der gleichnamigen Konzerte. Unterrichtete seither in Tanglewood, abwechselnd mit D. Milhaud am Mills College (Kalifornien), in Dartington, Darmstadt u. an der Harvard University. 1965–71 war B. Mitglied der Fakultät für Komposition der Juilliard School of Music in New York. B. war 15 Jahre mit der amerikanischen Sängerin Cathy Berberian verheiratet, für die ein Großteil seiner Vokalwerke entstand. Zu seinen frühesten Werken gehören *Tre liriche popolari* für Singstimme u. Kl. sowie Bläserquintett (1948), Magnificat für 2 S.-Stimmen, gem. Chor, 2 Kl., Bläser u. Schlagzeug (1949), *Due Pezzi* für V. u. Kl. (1951) u. *Opus Number Zoo* für 5 Bläser u. Sprecher (1950–51). Mit den *Cinque Variazioni* für Kl. (1952) u. den *Variazioni* für Kammerorch. (1954) schöpfte B. für sich die Möglichkeiten der seriellen Technik aus, um schon in seinen nächsten Werken Material aus der Veränderung der jeweiligen Anfangsstruktur zu gewinnen. Die verschiedenen Phasen seines kompositorischen Schaffens lassen sich besonders gut an seinen elektronischen Arbeiten verfolgen: Die 1954–56 entstandenen *Mutazioni* entwickeln sich aus der Veränderung der Ausgangsstruktur. Es folgten 1956 die *Perspectives,* bei denen die Raumwirkung einkalkuliert wurde. Nach den 1957 entstandenen *Momenti* entdeckte B. für sich in den *Differences* 1958–59 die Kombination von natürlichem und elektronisch transformiertem Klang, wobei es sich in diesem Fall um die gleichen Instrumente handelt. Ebenfalls 1958 entstand *Thema (Omaggio a Joyce).* Bei diesem Stück bezog B. aus der elektronisch transformierten Sprache Klangspektren, die mit der aus »Ulysses« gewonnenen Wortmontage verzahnt wurden. Es folgten 1961 *Visage* u. 1975 *Chants parallèles.* Neben Hörspielmusiken komponierte er 1974 das Radiospiel *A-Ronne,* in der neuesten Fassung für 8 Solostimmen (Swingle Singers), sowie das Ballett *Per la dolce memoria di quel giorno,* von M. Béjart unter dem Titel *Trionfi di Petrarca* herausgebracht.

Andere Stücke von B. sind: die Bühnenwerke *Passaggio* (1962), *Allez-hop!* (1952–53), *Esposizione* (1963), *Laborintus II* (1965), *Opera* (1960–70) u. *La vera storia* (1979–80); die Orchesterwerke *Nones* (1954), *Allelujah I–II* (1955–58), *Quaderni I–II–III* (1959–63), Divertimento für Orch. (1957), *Bewegung* (1971), *Still* (1973) u. *Eindrücke* (1973–74); die konzertanten Werke Concertino für Klar., V., Hf., Celesta u. Streicher (1950), *Serenata* für Fl. u. Instr. (1957), *Tempi Concertati* für Fl., V., 2 Kl. u. Instr. (1958–59), Konzert für 2 Kl. u. Orch. (1972–73), *Points on the curve to find* für Kl. u. 23 Instr. (1973–74), *Il Ritorno degli Snovidenia* für Vc. u. 30 Instr. (1976–77); die Vokalkompositionen Magnificat für 2 S., gem. Chor u. Instr. (1949), *Epifanie,* Vokalbearbeitung der *Quaderni* (1959–61), *Circles* für Frauenstimme, Hf. u. 2 Schlagzeuger (1960), *Folk Songs* (Transkription für Mezzo-S. u. 7 Spieler, 1964, danach Ballett *Dream Dances* von J. Kylian), *Sinfonia* für 8 St. u. Orch. (1968), *Questo vuol dire che* für 3 Frauenstimmen, kleinen Chor u. Tonband (1968), *Ora* für S., Mezzo-S. u. Instr. (1971), *Recital I* für Mezzo-S. u. 17 Instr. (1972), *Calmo, in memoriam Bruno Maderna,* für S. u. Instr. (1974) u. *Coro* für 40 St. u. Instr. (1976); die *Sequenzen I–VIII* für verschiedene Soloinstrumente u. daraus die Erweiterung des Materials für Instr. u. Orch. (1958–1977 u. 1965–75). Außerdem schrieb B. eine Reihe von Kammermusikwerken.

Bériot, Charles-Auguste de, belg. Komponist u. Geiger, * 20. 2. 1802 Löwen, † 8. 4. 1870 Brüssel. Erhielt ersten Geigenunterricht bei seinem Vormund, dem Musiklehrer Tiby. Er machte solche Fortschritte, daß er bereits mit 9 Jahren öffentlich ein Konzert von G. B. Viotti spielte. Nach Studien in Paris u. einem erfolgreichen Debüt in London wurde er zum 1. Soloviolinisten des Königs der Niederlande ernannt. Nach der Revolution von 1830 ging B. mit der Sängerin Maria Malibran auf Konzerttournee. Ihre Ehe endete mit dem Tod der Sängerin 1836. B. zog sich nach Brüssel zurück u. nahm dort 1843 die Berufung zum Professor am dortigen Konservatorium an. Diesen Posten mußte er 1852 wegen eines fortschreitenden Augenleidens aufgeben. Zu seinen Schülern zählen A. Vieuxtemps u. F. Prume. B. hinterließ 10 Violinkonzerte, Klaviertrios, Sonaten für V. u. Kl. sowie Konzertfantasien, Variationenwerke u. Etüdensammlungen. Von seinen Schriften seien »École transcendentale de violon« u. »Grande méthode« (1858) erwähnt.

Berkeley, Lennox R. F., engl. Komponist, * 12. 5. 1903 bei Oxford. Improvisierte schon als Kind am Klavier u. versuchte sich als Komponist. Studierte in Oxford Philologie u. nahm gleichzeitig bei W. H. Harris Unterricht an der Orgel. M. Ravel bestärkte ihn in seinen musikalischen Studien u. veranlaßte ihn, 1927–32 bei N. Boulanger in Paris Kompositionsunterricht zu nehmen. Dort gehörte B. zum Kreis um Ravel, freundete sich mit F. Poulenc an u. lernte I. Strawinsky, D. Milhaud, A. Honegger u. A. Roussel kennen, deren Musik sein eigenes Schaffen beeinflußte. 1942–45 arbeitete B. in der Musikabteilung der BBC, wurde 1946 Professor für Komposition an der Royal Academy of Music, wo u. a. N. Maw. R. R. Bennett, D. Bedford u. J. Tavener zu seinen Schülern gehörten. Diese Position gab B. 1968 auf, um als freischaffender Komponist in London zu leben. Seit 1975 ist er Honorarprofessor an der Universität von Keele. Zu seinen Kompositionen zählen das Oratorium *Jonah* (1935), das wie die meisten seiner frühen Werke vom Komponisten zurückgezogen wurde, die Oper *Nelson* (1954), die Einakter *A Dinner Engagement* (1954), *Ruth* (1956) u. *Castaway* (1967), gemeinsam mit B. Britten die Orchestersuite *Mont Juic* (1937), 3 Sinfonien (1940, 1956–58, 1969), 2 Klavierkonzerte (1947, 1958), 1 Konzert für 2 Kl. u. Orch. (1948), 1 Flötenkonzert (1952), 5 Stücke für V. u. Orch. (1961), 1 Konzert für V. u. Kammerorch. (1961), *Sinfonia Concertante* für Ob. u. Orch. (1973) u. ein Gitarrenkonzert (1974), eine Reihe von Vokalwerken, darunter 1 Stabat mater für 6 St. u. 12 Instr. (1947) u. *4 Gedichte der Teresa von Avila* für A. u. Streicher, Kammermusik, insbesondere Klaviermusik, Film-, Ballett- u. Bühnenmusiken. B. Kompositionen zeichnen sich durch reiche Melodik aus u. sind den neoklassischen Werken I. Strawinskys u. den Kompositionen F. Poulencs u. A. Roussels verwandt.

Berlin, Irving (eigtl. Israel Baline), amer. Komponist russ. Herkunft, * 11. 5. 1888 in Temun. Wanderte vierjährig mit seiner Familie nach den USA aus. Verlebte eine ärmliche Jugend in New York, verdiente sich mit in Kneipen vorgetragenen Balladen u. Songs sein erstes Geld, trat in Musicals auf u. wurde schließlich Songverkäufer für H. von Tilzer. Nach einem Engagement als singender Kellner im Café Pelham in Chinatown wurde B. von T. Snyder als Hauskomponist für dessen Verlag verpflichtet. Damit hatte B. den Sprung in die → Tin Pan Alley geschafft. 1911 landete er mit *Alexanders Rag Time Band* seinen ersten großen Hit. Es folgten Revuen wie *Watch Your Step* (1914), der Song *God Bless America* (1917), 4 Music Box Revues, die Shows *Face The Music* (1932) u. *As Thousands Cheer* (1933), *Louisiana Purchase* (1940) u. 1946 sein Welterfolg *Annie Get Your Gun*. Für dieses Musical hatten Rodgers u. Hammerstein das Libretto entwickelt u. J. Kern angeboten, dessen Tod B. die Chance gab, zum ersten Mal ein großes Musical zu komponieren. Er schrieb für *Annie* u. a. die Hits *Doin' What Comes Natur'lly, There's No Business like Show Business, You Can't Get a Man with a Gun, They Say It's Wonderful*. 1949 kam sein Musical *Miss Liberty* heraus, 1950 *Call Me Madame* u. 1962 *Mr. President*. Außerdem komponierte B. Filmmusiken für Fred Astaire u. Ginger Rogers sowie für Bing Crosby. Von B. stammt auch der Hit *White Christmas*.

Lit.: S. Green, The World of Musical Comedy, New York 1960; D. Jay, The I. B. Songography 1907–66, New Rochelle, NY, 1969.

Berliner Schule ist ein Sammelname für die in Berlin, hauptsächlich am Hof Friedrichs d. Gr. in der 2. Hälfte des 18. Jh., wirkenden Komponisten. Zu ihnen gehörten C. Ph. E. Bach, J. J. Quantz, J. G. u. C. H. Graun, F. Benda, Ch. Nichelmann, F. W. Marpurg, J. Ph. Kirnberger, J. F. Agricola, Ch. F. Fasch u. a. Die B. S. trat besonders durch Instrumentalmusik u. Lieder hervor. Von der starken Betonung alles Theoretischen, besonders im Kreis um Kirnberger, konnte sich nur C. Ph. E. Bach frei machen. Zwischen der konservativen u. streng kontrapunktisch vorgehenden B.S. u. der weitaus fortschrittlicheren Mannheimer S. kam es zu fruchtbaren Begegnungen, die einmal mehr die produktive Spannung zwischen Nord u. Süd beweisen.

Berlioz, Hector L., franz. Komponist, * 11. 12. 1803 La Côte-St-André, † 8. 3. 1869 Paris. Stammt aus einer Arztfamilie u. hat außer ein paar Flötenstunden nie regelrechten Instrumentalunterricht genossen. Als er 1826 gegen den Willen seines Vaters das Medizinstudium abbrach u. am Conservatoire Schüler J.-F. LeSueurs u. A. Reichas wurde, blieben die väterlichen Zuwendungen aus. B., der schon von Kindheit an Komponist werden wollte, verdiente sich seinen Lebensunterhalt als Chorist am Théâtre des Nouveautés. Beim vierten Anlauf gelang es ihm, mit der Kantate *La dernière nuit de Sardanapale* 1830 den Rompreis zu gewinnen, der es ihm ermöglichte, seine Studien ohne Sorgen in Italien fortzusetzen u. zu komponieren. Bereits 1827 hatte B. ein Schlüsselerlebnis gehabt, als eine engl. Schauspieltruppe mit Kemble, Kean u. Macready im Odéon Shakespeare gab. Die irische Schauspielerin Harriet Smithson war dabei als Ophelia u. Julia aufgetreten, u. B. hatte sich auf der Stelle in sie verliebt. Seine Gefühle für diese Frau verdichteten sich zu einer idée fixe, die in seiner stark autobiografischen *Symphonie fantastique* (1830) leitmotivähnlich immer wiederkehrt. Erst 1832 lernte B. Harriet persönlich kennen. Sie gab ein Jahr später seinem Drängen nach u. wurde seine Frau. Zeit seines Lebens bemühte sich B. vergeblich, am Conservatoire als Kompositionslehrer angestellt zu werden. Seinen Lebensunterhalt bestritt er als angesehener Musikkritiker verschiedener Zeitschriften, zuletzt ab 1835 im »Journal des Débats«. 1850 wurde er schließlich zum Bibliothekar des Conservatoire ernannt. Nur einmal, als ihm N. Paganini nach einer Aufführung von *Harold in Italien*, einem von ihm bestellten, aber nicht abgenommenen Bratschenkonzert, ein großzügiges Geschenk von 20000 Goldfranken machte, konnte B. sorglos seine Sinfonie *Roméo et Juliette* komponieren. Um seine Werke in Paris aufzuführen, mußte er mehrfach Säle u. Orchester mieten u. seine Kompositionen selbst dirigieren. Nur im Ausland, besonders in England, Rußland, Österreich, Belgien u. Deutschland, fand er Anerkennung. F. Liszt, mit dem ihn eine echte Freundschaft verband u. der R. Wagner auf B. aufmerksam machte, veranstaltete sogar regelrechte B.-Wochen in Weimar. B. stellte sich als erster Pariser Kritiker auf den Standpunkt, Werke müßten den Intentionen der Komponisten entsprechend aufgeführt werden. So schuf er selber für die Pariser Opéra eine mustergültige franz. Fassung von C. M. von Webers *Freischütz*. Weil an der Opéra, wie später auch R. Wagner mit seinem *Tannhäuser* erfahren mußte, ein Ballett als Bestandteil jedes Bühnenwerks erwartet wurde, orchestrierte B. Webers Klavierstück *Aufforderung zum Tanz* (1841) u. fügte dies heute noch beliebte Arr. in die Oper ein.

B., der selber kein Instrument auch nur annähernd beherrschte, betrachtete das Orchester als sein Instrument. Er erfand ungewöhnliche Klangfarben, interessierte sich für die neuen Instrumente des A. Sax, setzte das Klavier als Orchesterinstrument ein, probierte neue Effekte für Holzbläser, besetzte Posaunen dreifach, holte aus den Streichern durch starke Besetzung u. mehrfache Teilung bis dahin unvorstellbare Klänge heraus u. experimentierte mit Raumeffekten (Requiem), die in das 20. Jh. vorausweisen. In seiner Instrumentationslehre beschrieb B. ein imaginäres Orchester, mit dem er seine neuen Klangvorstellungen hätte verwirklichen können. Besessen von der Vorstellung seines neuen Orchesterklangs, komponierte B. nicht ein einziges Kammermusikwerk u. auch keine Klavierstücke. Seine besten Lieder wurden fast alle früher oder später von ihm selbst für Orchester gesetzt. Er veröffentlichte: »Traité d'instrumentation et d'orchestration modernes« (Paris 1844), eine erweiterte Ausgabe als »L'art du chef d'orchestre« u. »Les nouveaux instruments« (Paris 1856) u. »Mémoires de B.« (Paris 1870).

Zu B. Werken gehören die Opern *Benvenuto Cellini* (1834–38), *Les Troyens – I La prise de Troie, II Les Troyens à Carthage* (1856–59) u. *Béatrice et Bénédict* (1860–62), die dramatische Legende *La damnation de Faust* (1846), die Chorwerke Requiem (*Messe des morts*, 1837), Te Deum (1849) u. *L'enfance du Christ* (1850–54), die sinfonischen Werke *Symphonie fantastique* (1830), *Lélio ou le retour à la vie* (1831), *Roméo et Juliette* (1839), *Symphonie funèbre et triomphale* (1840), die Ouvertüren *Les francs-juges* (1826), *Waverley* (1827), *Le roi Lear* (1831), *Rob Roy* (1831), *Le carnaval romain* (1844) u. *Le corsaire* (1844), Märsche, Lieder für Singstimme u. Orch., Motetten, Klavierlieder.

Werkausgaben: H. B., Werke, 9 Serien (20 Bde.), hg. v. Ph. Malherbe u. F. Weingartner, Leipzig 1900–07; H. B., New Edition of Complete Works, hg. vom B. Centenary Committee, London, Kassel ab 1967. Die erste GA der literarischen Werke von B. (10 Bde.) auf dt. erschien 1903–12 in Leipzig.

Lit.: Bearbeitung der Kunst der Instrumentierung von R. Strauss, Leipzig 1905; E. Bernoulli, H. B. als Ästhetiker der Klangfarbe, Zürich 1909; H. Macdonald, B. Orchestral Music, London 1969; H.C. Schonberg, The Lives of the Great Composers, New York 1970; P. Boulez, Anhaltspunkte, Stuttgart 1975; W. Dömling, H. B. in Selbstzeugnissen u. Bilddokumenten, Reinbek bei Hamburg 1977.

Bernal, Jiménez Miguel, mexikan. Komponist, * 16. 2. 1910 Morelia, † 26. 7. 1956 León. Studierte 1928–33 am Istituto Pontifico de Musica Sagrada in Rom Orgel u. Komposition. Gründete in seiner Vaterstadt Morelia eine Schule für geistliche Musik sowie ein Konservatorium, dessen erster Direktor er wurde.

Zu B. Kompositionen gehören: die historische Oper *Tato Vasco* (1941), das Ballett *Timgambato* (1943), 2 Messen, ein Te Deum u. andere Kirchenmusiken, hauptsächlich Orgelwerke. Veröffentlichte 1950 »La técnica de los compositores« (2 Bde.).

Bernard, Robert, franz. Komponist, * 10. 10. 1900 Genf. Erhielt seine Ausbildung am Genfer Konservatorium u. an der dortigen Universität. Ab 1925 in Paris, wo B. zunächst als freischaffender Komponist u. Musikkritiker arbeitete. 1929 Lehrer am Conservatoire International, 1937 an der Schola Cantorum. Leiter der Revue musicale 1938–51. Zu seinen Werken gehören die Opern *Elen* (1918), *Le chevalier au Barizel* (1919) u. *Polyphème* (1922), verschiedene Orchesterwerke, 3 Klavierkonzerte u. Kammermusik. B. verfaßte eine »Histoire de la musique«, 4 Bde., Paris 1961–64 u. 1969–70.

Bernart de Ventadorn, provenz. Troubadour, * um 1125 Schloß Ventadorn, † um 1195 Kloster Dalon. Wurde als Sohn von Dienstleuten des Vizegrafen von Ventadorn (Ventadour) geboren u.

wahrscheinlich von diesem ausgebildet. Nachgewiesen am Hof Eleonores von Aquitanien (Poitou), der er bei ihrer Verheiratung mit Heinrich II. nach England folgte. Später tauchte er am Hof Raimonds V. von Toulouse auf, bei dessen Tod er sich in die Abtei von Dalon im Périgord zurückzog. Von seinen etwa 45 Liedern sind 20 mit ihren Melodien erhalten. Am bekanntesten ist sein Morgenlied *Quant vey la lauzeta mover,* sein sog. *Lerchenlied.* Der offensichtlich gebildete u. belesene B. hat in seinen Canzonen Motive Ovids verarbeitet, die auch dt. Minnesängern als Vorbild gedient haben. Desgleichen läßt sich die Übernahme seiner Melodien nachweisen.

Berners, Lord (eigtl. Gerald Hugh Tyrwhitt-Wilson), engl. Komponist, Autor u. Maler, * 18. 9. 1883 Arley Park, † 19. 4. 1950 London. War als Komponist Autodidakt, konnte jedoch im Umgang mit I. Strawinsky u. A. Casella seine Kenntnisse in der Instrumentation vertiefen. War 1909–11 Attaché in Konstantinopel, anschließend bis 1920 in Rom. Erbte 1918 den Titel der Grafschaft Berners u. lebte als Maler, Schriftsteller u. Komponist.

Zu B. Werken gehören: die Oper *Le carrosse du Saint Sacrement* (endgültige Fassung 1926), die Ballette *The Triumph of Neptune* (1926), *Luna Park* (1930), *The Wedding Bouquet* (1936), *Cupid and Psyche* (1938) u. *Les Sirènes* (1946), die Orchesterwerke *Trois morceaux* (1916) u. *Fantaisie espagnole* (1918–19), Klaviermusik, Lieder u. Filmmusiken. Die Ch. zu seinen ersten beiden Balletten stammen von G. Balanchine, *The Wedding Bouquet* auf Texte von G. Stein brachte dem jungen F. Ashton erste Anerkennung. Seine Erinnerungen erschienen unter den Titeln »First Childhood« (1934) u. »A Distant Prospect« (1945).

Berner Übereinkunft ist eine 1886 geschlossene Vereinbarung zwischen verschiedenen Staaten zum Schutz von Werken der Literatur u. der Kunst. Die letzte Revision der B. Ü. wurde 1967 in Stockholm vereinbart. Die BRD ist dieser letzten Fassung im Zusammenhang mit der Urheberrechtsreform im Jahre 1970 beigetreten. Nach der B. Ü. ist der Urheber eines Mitgliedslandes in den anderen Mitgliedsländern nach den jeweils national gültigen Gesetzen wie ein Inländer geschützt, Abweichungen gibt es nur bei der Schutzdauer, die sich nach der des Ursprungslandes richtet. Die Mindestschutzdauer aller Länder der B. Ü. beträgt 50 Jahre ab Tod des Urhebers. Weder die USA noch die UdSSR gehören der B. Ü. an.

Bernhard, Christoph, dt. Komponist, * 1. 1. 1628 Kolberg, † 14. 11. 1692 Dresden. Schüler von Ch. Werner u. P. Siefert in Danzig sowie H. Schütz in Dresden. Wurde dort 1649 Kapellsänger u. 1655 Vizekapellmeister. Hielt sich auf Kosten des Kurfürsten zweimal in Italien auf, um bei G. Carissimi weiterzustudieren. 1664–74 Kantor an der Jacobikirche in Hamburg u. ab 1674 Kapellmeister in Dresden. Seine »Geistliche Harmonica« wurde 1665 in Dresden gedruckt, die neuere Forschung schreibt ihm auch das *Ballett von Zusammenkunft und Wirckung derer VII. Planeten* zu, das 1678 in Dresden zur Aufführung kam.

Bernier, René, belg. Komponist, * 10. 3. 1905 Saint-Gilles. Studierte bei P. Gilson u. wurde Lehrer am Konservatorium von Lüttich. Kam über die Académie de musique in Brüssel u. die Aufsicht über das Schulmusikwesen 1963 an die Académie Royale de Belgique.

Zu B. Kompositionen gehören: die Ballette *Symphonie en blanc* (1961) u. *Le bal des ombres* (1962), Orchesterwerke, das Concertino *Hommage à Sax* für Altsax. u. Orch. (1958), Vokalwerke, Kammermusik u. Lieder.

Bernstein, Leonard, amer. Komponist u. Dirigent, * 25. 8. 1918 Lawrence, MA. Erste Klavierstunden mit 10 Jahren. Besuchte die Latin School in Boston u. erhielt weiteren Klavierunterricht am New England Conservatory of Music. 1932 Klavierstudium bei H. Gebhard u. H. Coates. 1939 erster Auftritt als Dirigent einer eigenen Bühnenmusik zu »Die Vögel« von Aristophanes. Im gleichen Jahr Abschluß seiner Studien an der Harvard University. Zu seinen Lehrern gehörten E. A. Ballantine (Harmonielehre), E. B. Hill (Orchesterkunde), A. T. Merritt (Harmonielehre) u. W. Piston (Komposition). 1940 Sommerkurs in Tanglewood bei S. Kussewitzky, 1941 Diplom des Curtis Institute of Music, wo er sich bei F. Reiner (Dirigieren), I. Vengerova (Klavier), R. Thompson (Orchestration) u. R. Longy (Partiturenlesen) weitergebildet hatte. 1942 Uraufführung seiner Sonate für Klar. u. Kl. in Boston. Im Sommer des gleichen Jahres Assistent von Kussewitzky in Tanglewood. 1942–43 Mitarbeiter bei dem Verleger Harms Inc. unter dem Pseudonym Lenny Amber. 1943 von A. Rodzinski als Hilfskapellmeister an die Philharmonic Symphony Society of New York (später New York Philharmonic) berufen, mußte er am 14. 11. 1943 kurzfristig für den erkrankten B. Walter einspringen u. wurde über Nacht zum bekanntesten amer. Dirigenten. 1945–48 Leiter des New York City Symphony Orchestra, 1951–55 Direktor des Orchestra and Conducting Department des Berkshire Music Centre in Tanglewood, daneben 1951–54 Professor für Musik an der Brandeis University in MA. 1953 als erster amerikanischer Dirigent an der Scala mit L. Cherubinis *Medea* (Maria Callas in der Titelrolle). Neben zahlreichen eigenen Kompositionen ausgedehnte Tätigkeit als Gastdirigent. 1954 erster Auftritt im amer. Fernsehen mit einer Erklärung von L. van Beethovens 5. Sinfonie im damaligen Omnibus-Magazin. 1957 neben D. Mitropoulos musikalischer Leiter der New Yorker Philharmoniker. Im gleichen Jahr Premiere seines Musicals *West Side Story.* 1958 die ersten Young People's Concerts für das Fernsehen u. Ernennung zum Musikdirektor der New Yorker Philharmoniker, eine Position, die B. 1969 aufgab, um sich wieder mehr seinem kompositorischen Schaffen zu widmen. 1963 erster Auftritt als Dirigent an der Met mit G. Verdis *Falstaff,* 1966 mit der gleichen Oper in einer Inszenierung von L. Visconti in Wien. Mit der Verfilmung von G. Verdis Requiem 1970 begann eine Reihe audiovisueller Umsetzungen von Musik, die bis heute fortgeführt wird. 1973 Vorträge über das Thema »The Unanswered Question« als Charles-E.-Norton-Professor für Dichtung an der Harvard University. 1976 Wohltätigkeitskonzert mit dem Sinfonieorchester des Bayerischen Rundfunks für Amnesty International. 1978 *Fidelio* als Direktübertragung aus der Wiener Staatsoper für die Eurovision. 1981 konzertante Aufführung u. Einspielung von R. Wagners *Tristan u. Isolde* in München. Neben seinem Auftreten als Dirigent in Oper u. Konzert, manchmal auch in der Doppelfunktion von Dirigent u. Pianist, ist B. auch als Liedbegleiter bekannt.

Zu B. wichtigsten Kompositionen zählen: 1. Bühnenwerke u. Bühnenmusiken: *On the Town,* Musical (1944); *Peter Pan* (Bühnenmusik, 1950); *Trouble in Tahiti* (Oper in einem Akt, 1951); *Wonderful Town* (Musical, 1953); *The Lark* (Bühnenmusik) u. *Salome* (Bühnenmusik, beide 1955); *Candide* (komische Operette, 1956); *West Side Story* (Musical, 1957); *The Firstborn* (Bühnenmusik, 1958); *Mass* (ein Theaterstück für Sänger, Spieler u. Tänzer, 1971); *Mass* (Kammermusikfassung, 1972); *By Bernstein* (eine vom Komponisten zurückgezogene Revue, 1975); *1600 Pennsylvania Avenue* (ein Musical über das Weiße Haus, 1976).
2. Ballette *Fancy Free* (Ch.: J. Robbins, 1944); *Facsimile* (Ch.: J. Robbins, 1946); *Prelude, Fugue and Riffs* (Ch.: J. Clifford, 1949); *The Age of Anxiety* (Ch.: J. Robbins, 1949); *Serenade* (Ch.: H. Ross, 1954) u. *Dybbuk* (Ch.: J. Robbins, 1974).
3. Orchesterwerke: *Jeremiah,* Symphony Nr. 1 (1942); *Fancy Free* (Ballettsuite, 1944); *On the Town* (3 Tanzepisoden, 1945); *Facsimile* (ein choreografischer Essay, 1946); *The Age of Anxiety* (Symphony Nr. 2 für Kl. u. Orch. nach W.H. Auden, 1949); *Prelude, Fugue and Riffs* für Soloklar. u. Jazzensemble (1949); Serenade für Solo-V. u. Streicher (1954); Sinfonische Suite aus *On the Waterfront* (1955); Ouvertüre zu *Candide* (1956); Sinfonische Tänze aus *West Side Story* (1960); *Fanfares* (1961); *Kaddish,* Symphony Nr. 3 für Solo-S., Sprecher, gem. Chor, Knabenchor u. Orch. (1965); *Two Meditations from Mass* für Orch. (1971); *Dybbuk* (Suiten Nr. 1 u. 2 aus dem gleichnamigen Ballett, 1974); *Three Meditations from Mass* für Vc. u. Orch. (1977), *Songfest* (ein Zyklus amer. Gedichte für 6 Sänger u. Orch., 1977); *Slava* (Ouvertüre, Rostropowitch zugeeignet, 1977) u. *CBS Music* zum 50jährigen Bestehen der Firma (1977).
4. Kammermusik: Sonate für Klar. u. Kl. (1941–42); *Brass Music* (1948); *Shivaree* für 2 Blechblasensembles u. Schlagwerke (1969) u. *Two Meditations* from *Mass* für Vc. u. Kl. (1971). Außerdem schrieb B. Songs, eine Filmmusik *(On the Waterfront)* u. Chorwerke. Für das Klavier entstanden 1943, 1948, 1954 sog. *Anniversaries,* Gelegenheitskompositionen für die Geburtstage von Freunden. Er veröffentlichte außerdem: »Freude an der Musik« (Stuttgart 1961); »Konzert für junge Leute« (Tübingen 1969); »Von der unendlichen Vielfalt der Musik« (Tübingen 1968) u. »The Unanswered Question« (New York 1976).
Lit.: J. Gottlieb (Hg.), L. B., A Complete Catalogue of his Works, London 1978; G. Schirmer Inc. (Hg.), B. on Broadway – Favorite Songs, New York 1978.

Bertali, Antonio, ital. Komponist, * 11. 3. 1605 Verona, † 1. 4. 1669 Wien. Geiger in der Wiener Hofkapelle u. ab 1649 als Nachfolger G. Valentinis Hofkapellmeister.

B. komponierte u. a. die Opern *Theti* u. *Niobe* (1652), *Il re Gilidoro* (1659), *La magia delusa* (1660) u. *Gli amori di Apollo con Clizia* (1661); die Intermezzi *Il Ciro crescente* (1661); 1 Operetta, die nach der Anfangszeile *Pazzo Amor* benannt wird (1664); 1 Pferdeballett *La contesa dell'aria e dell'acqua* (1667) sowie die beiden Oratorien *Maria Magdalena* (1663) u. *La strage degl'innocenti* (1665); Messen, Motetten u. andere Kirchenmusik.

Berté, Heinrich (Henrik), ungar. Komponist, * 8. 5. 1857 Galgócz, † 24. 8. 1924 Perchtoldsdorf. Gelangte zu einem einzigen Erfolg, indem er Melodien von F. Schubert für seine Operette *Dreimäderlhaus* benutzte. Das Stück erreichte innerhalb von 5 Jahren nach der Wiener Uraufführung (1916) fast 8000 Aufführungen auf dt. Bühnen. Ein zweiter Versuch mit *Der Musikus von Lichtenthal* schlug fehl.

Berten, Walter M., dt. Komponist, * 23. 8. 1902 Köln, † 5. 8. 1956 ebd. Studierte in Köln Musikwissenschaft bei E. Bücken u. Komposition bei H. Unger. 1927–30 Lehrer an der Essener Folkwang-Schule, 1931–33 Musikredakteur der »Germania« in Berlin, 1933–44 bei Electrola. 1946 trat B. als Lektor in den Musikverlag Schwann ein, ab 1951 wurde er außerdem Dozent an der Musikhochschule in Köln.

Zu B. Kompositionen gehören: 3 Kantaten, Intrade für großes Orch.; Dankesmesse für gemischten Chor a cappella; Lieder u. Kammermusik. B. veröffentlichte 1933 »Musik u. Musikleben der Deutschen« u. 1951 »Musik u. Mikrofon«.

Bertini, Henri, franz. Komponist und Pianist, * 28. 10. 1798 London, † 1. 10. 1876 Meylan bei Grenoble. Ging bereits mit 12 Jahren auf Konzerttourneen. Lebte als Pianist in Paris, bis er sich 1859 nach Meylan zurückzog. Bei seinen Kompositionen steht immer das Klavier im Mittelpunkt. Er hinterließ hervorragende Etüden u. eine Klavierschule »Méthode complète et progressive de piano«. 50 ausgewählte Etüden wurden von G. Buonamici neu herausgegeben.

Bertiny, Gary, israel. Komponist u. Dirigent, * 1. 5. 1927 in Bessarabien. Studierte in Tel Aviv bei M. Seter Komposition u. bei G. Singer Dirigieren. Weitere Kompositionsstudien bei A. Honegger in Paris folgten. Gründete in Israel den Rinate-Kammerchor u. das Israel Chamber Ensemble. Ist heute als freier Dirigent u. Komponist tätig. Schrieb neben Bühnen- u. Filmmusik mehrere Konzerte u. Kammermusik.

Bértola, Eduardo, argentin. Komponist, * 14. 7. 1939 Córdoba. Studierte an der Universidad Nacional de Córdoba u. bei E. Leuchter in Buenos Aires, anschließend am Pariser Conservatoire. Arbeitete außerdem mit P. Schaeffer u. F. Bayle am Centre de Recherches Musicales der ORTF u. am Laboratorium für Akustik der Sorbonne. Zu seinen Kammermusikkompositionen gehören *Hertz* für 14 Instr. (1968) u. *Signals* für 21 Instr. (1969) sowie elektroakustische Stücke.

Berton, Henri-Montan, franz. Komponist, geb. * 17. 9. 1767 Paris, † 22. 4. 1844 ebd. Sohn des erfolgreichen Sängers, Dirigenten u. Komponisten Pierre-Montan B. Erhielt ersten Unterricht bei A. Sacchini u. J.-B. Rey u. wurde dann Mitglied des Orchesters der Pariser Opéra. Trat 1786 zum ersten Mal mit einer Komposition an die Öffentlichkeit, der er 1787 seine erste Oper *Les promesses de mariage* folgen ließ. Ab 1795 Professor für Harmonielehre am neugegründeten Conservatoire u. ab 1818 als Nachfolger E. N. Méhuls Professor für Komposition. Gleichzeitig bereits ab 1807 Kapellmeister an der Opéra-Comique. Neben geistlicher Musik, Sinfonien u. Kammermusik komponierte B. Ballettmusiken, Kantaten u. Opern. Außerdem wirkte er an dramatischen Werken E. N. Méhuls, G. Spontinis, F. Paers, R. Kreutzers u. F.-A. Boieldieus mit.

Von B. Opern seien erwähnt: *Les rigueurs du cloître,* eine der ersten Rettungsopern (1790), *Ponce de Léon* (1797), *Montano et Stéphanie* (1799), *Ninon chez Madame de Sévigné* (1808), *Roger de Sicile* (1817) u. *Virginie* (1823). B. veröffentlichte außerdem »Traité d'harmonie suivi d'un dictionnaire des accords« (1815), »De la musique mécanique et de la musique philosophique« (1829) u. »Epître à un célèbre compositeur français ...« (1829, gemeint war Boieldieu).

Bertoncini, Mario, ital. Komponist u. Pianist, * 27. 9. 1932 Rom. Studierte bei G. Petrassi Komposition u. bei R. Caporali Klavier. Gehört seit 1965 der Improvisationsgruppe Nuova Consonanza an. Begann eine Pianistenlaufbahn u. unterrichtet daneben am Conservatorio di Musica G. Rossini in Pesaro.

Zu B. Kompositionen gehören: *4 epigrammi greci* für Bar. u. Instr. (1958); 1 Klaviertrio (1959); *Carme* für Chor u. Kammerorch. (1959); *Studio per una composizione* für Orch. (1960); *Sei pezzi* für Orch. (1962); *Illegonda* (Azione teatrale für S. u. Schlagwerke, 1968); *Spaziotempo* (ein audiovisuelles Schauspiel für Tänzer u. Instr., 1969); *A New Beggar's Opera* (Azione teatrale für Kl. u. variierende Anzahl von Ausführenden, 1970).

Bertran von Born, provenzalischer Troubadour, * um 1140 auf Schloß Born, † vor 1215 Kloster Dalon (?). Herr von Hautefort im Périgord. Gehört zu den vier Troubadours, die Dante in der »Göttlichen Komödie« erwähnt. Von seinen Liedern sind 45 erhalten, die zumeist der Gattung der → Sirventes angehören.

Berwald, Franz A., schwed. Komponist u. Geiger, * 23. 7. 1796 Stockholm, † 3. 4. 1868 ebd. Stammt aus einer schwed. Musikerfamilie norddt. Ursprungs. Sein Vater Christian F. G. war Schüler von F. Benda u. Musiker am Hof Herzog Karls von Schweden. B. erhielt ersten Geigenunterricht beim Vater u. trat mit neun Jahren als Solist auf. Ab 1811 Schüler von É. du Puy, der ihn 1812 bei seiner Ernennung zum Hofkapellmeister als Geiger einstellte. Diese Position behielt B. bis 1828, die letzten Jahre als Bratscher. Tourneen mit seinem Bruder Christian A., selbst Geiger u. Komponist, führten ihn nach Norwegen, Finnland u. Rußland. 1818 trat B. mit einer Orchesterfantasie als Komponist an die Öffentlichkeit. Es folgten ein Konzert für 2 V. u. Orch., Teile einer unvollendeten Oper u. die Tondichtung *Schlacht bei Leipzig*. Außerdem gab B. 1819 ein »Musikalisk Journal« u. 1820 ein »Journal de Musique« heraus. Nachdem ihm die Anerkennung als Komponist in Schweden versagt blieb, zog B. 1829 nach Berlin, wo er sich aber nur mit der Erfindung orthopädischer Apparate u. der Leitung eines Instituts für orthopädische Gymnastik über Wasser halten konnte. Enttäuscht kehrte er 1842 über Wien nach Schweden zurück. 1846–49 unternahm er verschiedentlich Konzertreisen u. wurde zum Ehrenmitglied des Mozarteums ernannt. Da er auch bei seiner Rückkehr nach Schweden keine Stellung im öffentlichen Musikleben angeboten bekam, leitete er 1850–58 eine Glashütte. 1864 wurde B. in die Musikakademie gewählt u. 1867 zum Professor für Komposition am Stockholmer Konservatorium ernannt. Seine Werke erfreuen sich heute zunehmender Beliebtheit.

Zu B. Kompositionen gehören die Opern *Leonida* u. *Der Verräter* (1829), *Estrella de Soria* (1862) u. *Drottningen av Golconda* (1865); die Operetten *Jag går i kloster* u. *Modehandlerskan* (1842); 6 Sinfonien, von denen die 4. verloren ist; Tondichtungen; Thema u. Variationen für V. u. Orch. (1816); 1 Konzert für 2 V. u. Orch. (1817); 1 Konzert für V. u. Orch. (1820); Konzertstück für Fag. u. Orch. (1827) u. 1 Konzert für Kl. u. Orch. (1855) sowie Kammermusik.
Eine GA erscheint seit 1966 in Kassel.

Lit.: A. Hillman, F. B., en biografisk studie, mit Werkverz., Stockholm 1920; R. Layton, B., Stockholm 1956, engl. London 1959.

Berwald, Johann F., schwed. Komponist u. Geiger, * 4. 12. 1787 Stockholm, † 26. 8. 1861 ebd. Sein Vater Georg J. A. war ein Halbbruder des Vaters von Franz A. B. Johann F. erhielt ersten Unterricht bei seinem Vater u. trat bereits mit 7 Jahren als Geiger auf. Nahm auf seinen Konzerttourneen nebenbei Unterricht bei J. G. Naumann in

Dresden u. Ch.T. Weinlig in Leipzig. Wurde 1808–12 Konzertmeister der Kaiserlichen Hofkapelle in Petersburg u. trat 1823–49 die Nachfolge von du Puy als Hofkapellmeister in Stockholm an.

Zu B. Kompositionen gehören: das Singspiel *L'héroïne de l'amour filial* (1811), Ballettmusiken, Bühnenmusiken, 3 Konzerte für V. u. Orch., 1 Fagottkonzert, Streichquartette, 1 Streichquintett u. Lieder.

Besch, Otto, dt. Komponist, * 24. 2. 1885 bei Königsberg, † 2. 5. 1966 Kassel. Wechselte nach anfänglichem Theologiestudium zur Musik über u. erhielt seine Ausbildung bei O. Fiebach u. E. Humperdinck. 1918–45 Lehrer für Komposition am Konservatorium in Königsberg u. gleichzeitig dort Musikkritiker. Nach dem Krieg beim NDR beschäftigt.

Zu B. Kompositionen gehören: die Opern *Arme Ninetta* (1926) u. *E.T.A. Hoffmann* (1945), Orchesterwerke, Kantaten u. Kammermusik. 1914 erschien sein Buch über E. Humperdinck in Leipzig.

Bettinelli, Bruno, ital. Komponist, * 4. 6. 1913 Mailand. Studierte bei R. Bossi u. G.C. Paribeni am Konservatorium von Mailand, anschließend an der Accademia Musicale Chigiana in Siena. Übernahm 1941 einen Lehrstuhl am Conservatorio G. Verdi in Mailand für Harmonielehre u. schrieb Kritiken für »Italia«. Seit 1961 ist B. Mitglied der Accademia Nazionale di Santa Cecilia in Rom.

Zu B. Werken gehören: die Buffo-Opern *La Smorfia* (1959) u. *Conto alla rovescia* (1970), die einaktige Oper *Il pozzo e il pendolo* (1958), 1 *Messa da Requiem* (1943), 4 Sinfonien, Konzerte für Kammerorch., 2 Konzerte für Kl. u. Orch., 1 Konzert für 2 Kl. u. Orch., kirchenmusikalische Werke u. Kammermusik.

Bettleroper → Ballad opera

Beydts, Louis A. P. H., franz. Komponist, * 29. 6. 1895 Bordeaux, † 15. 9. 1953 Caudéran. Studierte bei J.F. Vanbourgoin in seiner Vaterstadt Bordeaux. Wurde hauptsächlich durch seine Bühnenwerke bekannt, von denen die folgenden erwähnenswert sind: Operette *Moineau* (1931), musikalische Komödie *Les canards mandarins* (1931) u. die chinesische Legende *Le voyage de Tchong-Li* (1932). B. schrieb außerdem Filmmusiken, vertonte Gedichte seiner Zeitgenossen u. wurde 1950 Direktor der Pariser Opéra-Comique.

Beyer, Johann S., dt. Komponist, * 1669 Gotha, † 9. 5. 1744 Karlsbad. Kantor in Freiberg ab 1699 u. dort später auch Musikdirektor. Gab 1703 »Primae lineae musicae vocalis« heraus, 1716 eine Sammlung von Chorälen u. 1724 »Geistliche-musikalische Seelen-Freude, in 72 Concert-Arien bestehend ...«

Bialas, Günter, dt. Komponist, * 19. 7. 1907 Bielschowitz. Begann mit musikwissenschaftlichen Studien in Breslau, wandte sich dann nach Berlin, wo er 1928–31 Schulmusik studierte, um anschließend bei M. Trapp Kompositionsunterricht zu nehmen. 1933–39 war B. in Breslau Studienrat für Musik, ab 1939 Theorielehrer am Institut für Musikerziehung der Universität Breslau. Nach dem Kriegsdienst übernahm er 1945–47 die Leitung des Münchner Bachvereins. 1947 wirkte er ein Semester als Kompositionslehrer an der Musikhochschule in Weimar, um im Herbst des gleichen Jahres einen Ruf als Leiter einer Kompositionsklasse an die Nordwestdeutsche Musikakademie in Detmold anzunehmen. 1959 erfolgte die Berufung an die Staatliche Hochschule für Musik in München, eine Position, die B. 1973 aufgab. Seitdem lebt er im Ruhestand.

B. komponierte u.a. die Bühnenwerke *Hero und Leander* (Texteinrichtung nach F. Grillparzer u. Musaios von E. Spiess, 1966), *Die Geschichte von Aucassin und Nicolette* (Text von T. Dorst nach einer Chantefable aus dem 13. Jh., 1969), *Der gestiefelte Kater oder Wie man das Spiel spielt* (Text von T. Dorst nach L. Tieck, 1973–74) u. das Ballett *Meyerbeer-Paraphrase* (1971); die Chor- u. Gesangswerke *Stimmen der Völker*, 3 Chöre auf Texte von J.G. Herder (1939/1950), *Indianische Kantate* für Bar., Kammerchor u. 8 Instr. (1951), *Gesang von den Tieren* für A., Fl., Klar., Cemb. u. Handtrommeln (1950), Psalm 30 *Ich preise dich und singe* für 2 oder 3 St., Lieder u. Balladen nach Gedichten von F. García Lorca für S. u. Kl. u. Drei Lieder u. Balladen nach Gedichten von García Lorca für S. u. Orch. (alle 1957), *Im Anfang* für 3 Echostimmen u. gem. Chor (1961), *Jorinde und Joringel* (ein Märchen mit Musik für 2 Sprecher oder Sänger u. Orch., 1963), *Da Pacem* (Choralmotette, 1964), *Preisungen* für Bar. u. Orch. (1964), *Eichendorff-Liederbuch* für gem. Chor u. 2 Git. ad libitum (1965), *Vier Szenen aus Hero und Leander* (1966), *Symbolum* für Männerchor u. Bläserquintett nach einem Text von Goethe (1967), *Drei Gesänge nach Gedichten von Lope de Vega* für Bar., Fl. u. Git. (1971) u. die *Haiku-Folgen I* für S. u. Fl. sowie *II* für Bar. u. Kl. (1972); die Orchesterwerke Konzert für doppelchöriges Streichorch. u. Pauken (1947), *Romanzero* für Orch. u. *Serenata* für Streichorch. (1956), *Invokationen* für Orch. u. *Quodlibet* für Orch. (1957), *Sinfonia piccola* (1960), Musik für 11 Streicher (1961), *Introitus – Exodus* für Orch. u. Orgel (1976), die Konzerte für Bratsche u. Orch. (1940), Flöte u. Orch. (1947), V. u. Orch. (1948), *Jazz-Promenade* für Kl. u. Orch. (1956), Vc. u. Orch. (1960), Klar. u. Kammerorch. (1961), Hf. u. Streicher (1966) *Concerto lirico* für Kl. u. Orch. (1967), Kammerkonzert für Kl. oder Cemb. u. 13 Streicher (1973). Außerdem entstanden Sonaten, Streichquartette, ein Nonett u. ein Oktett sowie 1978 *Assonanzen* für die zwölf Cellisten der Berliner Philharmoniker.

Bianchi, Francesco, ital. Komponist, * 1752 Cremona, † 27. 11. 1810 London. Komponierte die Opern *Il gran Cidde* (1773) u. *Eurione* (1775), bevor er an der Comédie-Italienne in Paris maestro al cembalo wurde. 1778 kehrte B. nach Italien zurück, schrieb in wenigen Jahren fast 50 Opern für die bedeutendsten Häuser, wurde 1783 Vizekapellmeister am Dom von Mailand u. 1785–93 2. Organist an S. Marco in Venedig. 1783 brachte er in Venedig *La villanella rapita* heraus, eine Oper für die W. A. Mozart 1785 zwei zusätzliche Nummern schrieb (KV 479 u. 480). 1784 hatte er mit *Disertore* einen großen Erfolg in Venedig, 1790 dank der Sängerin Brigitta Giorgi-Banti mit *La vendetta di Nino* in Neapel. Die Künstlerin überredete ihn auch, ihr nach London zu folgen, wo er mit *Antigona* 1796 nach einem Libretto von L. da Ponte am King's Theatre debütierte. Nach einem Engagement als Dirigent des Crow Street Theatre u. Astley's in Dublin kehrte B. nach London zurück u. widmete sich, bis er seinem Leben ein Ende machte, dem Unterricht seiner Schüler. Neben ca. 60 Opern hinterließ B. einige Oratorien, u. a. ein *Domine ad adjuvandum me festina* für 4 St., sowie 6 Triosonaten. Teile aus seinem »Dell' attrazione armonica« wurden von seiner Witwe, Mrs. B. Lacy, veröffentlicht.

Bibalo, Antonio G., norw. Komponist ital. Herkunft, * 18. 1. 1922 Triest. Studierte am dortigen Konservatorium bei L. Gante Klavier u. bei G. Viozzi Komposition. Setzte seine Studien anschließend bei E. Lutyens in London fort u. ließ sich Mitte der 50er Jahre in Norwegen nieder. Mit einer Fantasie für V. u. Orch. errang er einen Preis beim Wieniawski-Kompositionswettbewerb 1957. Sein Violinkonzert in einem Satz brachte ihm einen Preis beim Béla-Bartók-Wettbewerb in Bloomington.

B. komponierte u. a. die Opern *The Smile at the Foot of the Ladder* (1965), *Frøken Julie* (1975) u. *Gespenster* (1979–80), die Funkoper *Askeladden* (1976), verschiedene Ballettmusiken, 2 Klavierkonzerte, 1 Elegie für S., Bar., gem. Chor u. Instr. (1963), 1 *Sinfonia Notturna* (1968) u. Sinfonie Nr. 2 (1979) sowie Kammermusik.

Biber, Heinrich I. F., österr. Komponist u. Geiger, * 12. 8. 1644 Wartenberg, Böhmen, † 3. 5. 1704 Salzburg. Musiker am Sitz des Bischofs von Olmütz u. ab 1670 im Dienst des Fürsterzbischofs von Salzburg, 1684 Kapellmeister u. Truchseß. B. scheint einen außerordentlichen Ruf als Geigenvirtuose gehabt u. als einer der ersten die → Scordatura praktiziert zu haben.

B. komponierte einige Opern, von denen nur *Chi la dura la vince* (1687) erhalten ist, außerdem Messen, 1 Requiem, Offertorien, Musik zu Schuldramen, die Serenade mit dem Nachtwächterruf für Streicher à 5 (1673), 16 Violinsonaten zur *Verherrlichung von 15 Mysterien aus dem Leben Mariae* (ca. 1675), *Sonatae tam aris quam aulis servientes* (1676), 8 Solosonaten für V. mit B. c. (1681), *Fidicinium sacro-profanum*, 12 4–5st. Sonaten (1681) u. *Harmonia artificiosa-ariosa*, 7 Partiten für 3 Instr. (1712).

Bibliografie, 1. Verzeichnis aller zu einem bestimmten Thema oder Sachgebiet vorliegenden Schriften. **2.** Lehre von der Erstellung solcher Verzeichnisse. **3.** Das Erfassen der handschriftlichen u. nichtliterarischen Quellen (Film, Schallplatte, Tonband, Videokassette, Bildplatte). Für die Auffindung u. Katalogisierung dieser ver:h/iedenen Quellen wird heute auch der Begriff Dokumentation verwendet.

Bibliotheken sind in bezug auf Musik Einrichtungen mit hauptsächlich wissenschaftlicher Zielsetzung. Hier werden Musikalien u. Musikschrifttum gesammelt u. katalogisiert, aber zum Teil auch ausgeliehen. Nicht für den Leihverkehr bestimmt sind jene Unterabteilungen von Staats- oder Nationalbibliotheken, die Nachlässe u. damit Autographen verwahren oder vorwiegend archivarischen Zwecken dienen. Nachdem B. im Zusammenhang mit der Ablieferungspflicht automatisch auch alle Neuveröffentlichungen erhalten, übernehmen sie auch die Ausarbeitung u. Herausgabe von nationalen Bibliografien.

Bicinium (lat.: »Zwiegesang«), ein besonders in Deutschland des 16. Jh. geläufiger Ausdruck für einen 2st. kontrapunktisch gearbeiteten Vokalsatz. Die bekannteste Sammlung von B. gab 1545 G. Rhaw mit seinen »Bicinia gallica, latina, germanica« heraus.

Biel, Michael von, dt. Komponist, * 30. 6. 1937 Hamburg. Studium an der Universität von Toronto, bei M. Feldman in New York. Arbeitete 1961–62 mit K. Stockhausen bei den Darmstädter Ferienkursen, 1964 am Elektronischen Studio des WDR u. 1965 an der Universität von Buffalo. Seit 1968 zog sich B. von der Musik zurück u. studierte an der Staatlichen Akademie für Kunst in Düsseldorf.

Zu B. Kompositionen gehören *Piano Pieces for M. Feldman* (1961), 1 Streichquartett (1963–64) u. *Abschied an die Musik* (1968).

BIEM, Bureau International d'Édition Musico-Mécanique, eine seit 1929 in Paris ansässige Organisation, die Verlagsunternehmen mehrerer Länder vertritt. Sie wurde zum Schutz vor den international operierenden Schallplattenunternehmen gegründet. Die GEMA ist aus kartellrechtlichen Bedenken 1960 aus dieser Vereinigung ausgetreten u. hat mit den verbleibenden Mitgliedern zweiseitige Verträge abgeschlossen.

Biermann, Wolf, dt. Sänger u. Dichter, * 15. 11. 1936 Hamburg. → Liedermacher

Big Band, Jazzband oder Tanzorchester, bei dem die Instrumente der Melodiegruppe mehrfach besetzt sind. Im Gegensatz zu kleineren Formationen spielt die B. B. nach Arrangements, die einen unverkennbaren Sound gewährleisten. Die Blütezeit der B. B. fiel in die Ära des Swing. Zu den bekanntesten Ensembles gehörten die Bands von Fletcher Henderson, Duke Ellington, Earl Hines, Benny Goodman, Count Basie, Artie Shaw, Tommy Dorsey, Harry James, Woody Herman u. Stan Kenton.

Bimberg, Siegfried, dt. Komponist u. Pädagoge, * 5. 5. 1927 Halle a. d. Saale. Studierte in Halle u. habilitierte sich mit »Über das Singen der Großterz aufwärts« 1956 in Berlin. Hat seit 1964 eine Professur an der Universität von Halle.

B. komponierte u. a. die Oper *Das singende Pferdchen* (1961), Oratorien, Chöre u. Kinderlieder.

Binchois, Gilles, fläm. Komponist, * um 1400 Mons, † 20. 9. 1460 Soignies. Über sein Leben ist wenig bekannt. Aus J. Ockeghems Gedicht »La déploration sur la mort de Binchois« entnehmen wir, daß B. in jungen Jahren Soldat gewesen sein muß. 1424 ist ein Aufenthalt in Paris bezeugt sowie die Bekanntschaft mit G. Benoît, der damals im Dienst des Grafen von Suffolk stand u. B. vielleicht eine Stelle bei seinem Dienstherrn verschaffte. Ab 1430 ist er am Hof Philipps des Guten nachgewiesen, dessen Sohn er bei seiner Geburt mit der Motette *Nove cantum melodie* feierte. Wie sein Freund G. Dufay war auch B. Kanonikus von St. Waudru in seiner Vaterstadt Mons. Neben geistlicher Musik komponierte er mehr als 50 Chansons, darunter auf Texte von Charles d'Orléans, Alain Chartier u. Christine von Pisa. Die meisten seiner Werke sind 3st. Mit seinen Kompositionen trug B. zur Entwicklung der Musik von der Gotik zur Renaissance bei.

Binet, Jean, schweiz. Komponist, * 17. 10. 1893 Genf, † 24. 2. 1960 ebd. Studierte an der Universität von Genf u. am Institut Jacques-Dalcroze. Zu seinen Lehrern gehörten O. Barblan, W. Montillet u. T. Strong. Weitere Studien 1919–23 bei E. Bloch in Amerika u. 1923–29 beim Pro-Arte-Quartett in Brüssel.

B. schrieb neben geistlichen Kantaten Film-, Radio- u. Bühnenmusiken, Liederzyklen, Ballettmusiken, 1 Streichquartett u. 1 Divertissement für V. u. Orch.

Bioni, Antonio, ital. Komponist, * um 1698 Venedig, † nach 1739. Schüler von G. Porta. Seine erste Oper *Climene* wurde 1721 uraufgeführt. Ab 1724 war B. in Prag u. leitete die ital. Opernkompanie des Grafen Sporck. 1725 wurde eine ital. Oper in Breslau eröffnet, deren Vorstellungen von B. u. seiner Truppe bestritten wurden. Ab 1730 übernahm er auch die Leitung dieses Unternehmens, das jedoch 1734 wieder eingestellt wurde. Inzwischen war B. zum Hofkomponisten des Kurfürsten von Mainz ernannt worden, kehrte aber wahrscheinlich nach Italien zurück. Aus der Breslauer Zeit ist die Oper *Endimione* bekannt, in Wien kam 1739 seine Vertonung von Metastasios »La pace fra la virtù e la bellezza« heraus. B. hinterließ neben der Oper *Issipile* (1732) eine 4st. Messe.

Birckenstock, Johann A., dt. Komponist, * 19. 2. 1687 Alsfeld, † 26. 2. 1733 Eisenach. Erhielt Geigenunterricht von Fedeli in Kassel, Volumier in Berlin, Fiorelli in Bayreuth u. de Val in Paris. Ab 1709 Geiger in der Hofkapelle von Kassel, ab 1725 dort Konzertmeister, ab 1730 Kapellmeister in Eisenach.

Zu B. Kompositionen gehören Violinsonaten mit Continuo, Triosonaten u. Concerti sowie eine handschriftlich erhaltene Sinfonie.

Biriotti, Léon, uruguay. Komponist u. Dirigent, * 1. 12. 1929 Montevideo. Studierte bei E. Casal Chapí u. am Centro Latinoamericano de Altos Estudios Musicales in Buenos Aires.

B. komponierte u. a. Concertino für V. u. Orch. (1965), Sinfonien, darunter die Sinfonie *Ana Frank* in einem Satz für Streichorch. (1964), Kammermusik u. Filmmusiken.

R. Birnbach KG, dt. Musikverlag, 1911 in Berlin-Lichterfelde gegründet. Erwarb 1934 mit dem Dreililien-Verlag A. Schönbergs Werke bis op. 7. Heute im wesentlichen ein Verlag für Unterhaltungsmusik.

Birtwistle, Harrison, engl. Komponist, * 15. 7. 1934 Accrington, Lancashire. Studierte Klarinette, bis er ein Stipendium des Royal Manchester College of Music gewann, wo er u. a. bei R. Hall Kompositionsunterricht nahm. Setzte anschließend seine Studien an der Royal Academy of Music in London fort. Gründete während der Studienzeit mit A. Goehr, P. M. Davies u. J. Ogdon die Manchester New Music Group u. 1967 mit M. Davies das Kammerensemble Pierrot Players. 1962–65 unterrichtete B. an der Cranborne Chase School bei Salisbury. 1966 mit einem Harkness-International-Stipendium in den USA, wo er das erste Jahr seines Aufenthalts als Gast der Princeton University verbrachte. 1973 war er Cornell Visiting Professor am Swarthmore College in Pennsylvania, wo er an der Auftragsoper *Orpheus* für das Glyndebourne Festival arbeitete. Seit 1975 ist B. der musikalische Leiter des National Theatre in London.

Zu B. Werken gehören: *Punch And Judy* (Oper in einem Akt, 1966–67) u. die dramatische Pastorale *Down By The Greenwood Side* (1969); Orchesterwerke: *Chorales For Orchestra* (1962–63), *Three Movements With Fanfares* (1964), *Nomos* (1968), *An Imaginary Landscape* (1971), *The Triumph Of Time* (1972), *Silbury Air* (1972) u. *Melancolia I* (1976); Stücke für kleinere Besetzungen; *Refrains and Choruses* (1957), *The World Is Discovered* (1960), *Tragoedia* (1965), Bearbeitungen von J. Ockeghem: *Ut Heremita Solus* u. von G. de Machaut: Hoquetus *David* (1969), *Verses For Ensembles* (1969), *Medusa* (1969–70), *Tombeau in memoriam Igor Strawinsky* (1972), *Dinah And Nick's Love Song* (1972), *Grimethorpe Aria* (1973) u. *Chorales From A Toyshop* (1974); Werke für Instr. mit Singst.: *Monody For Corpus Christi* (1959), *Entr'actes And Sappho Fragments* (1964), *Ring A Dumb Carillon* (1965), *Cantata* (1969), *Nenia On the Death Of Orpheus* (1970), *Meridian* u. *The Fields Of Sorrow* (1971), *Epilogue* u. *La plage* (1972), *Five Chorale Preludes*, arr. nach J. S. Bach (1973); *...agm...* für 16 St. u. 3 Instrumentalgruppen (1979); Kammermusik: *Précis* für Kl. (1959), *Verses* für

Klar. u. Kl. (1966), *Linoi* für Klar. u. Kl. (1968), *Four Interludes From A Tragedy* für Klar. u. Tonband (1970) u. *Chanson de geste* für Soloinstr. u. Tonband (1973); außerdem elektronische Musik u. die Schulmusiken *The Visions Of Francesco Petrarca* (1966) u. *The Mark of The Goat* (eine dramatische Kantate, 1965–66).

Bisetti, Alejandro J. E., peruan. Komponist, * 21. 6. 1932 Lima. Studierte bei S. Orchassal, F. P. Vidal u. E. Pinilla, ist aber im wesentlichen Autodidakt. Gründete 1964 die Sociedad de Conciertos Lira Contemporánea.

B. schrieb neben 1 Romanze für V. u. Kl., einigen Orgelwerken u. Chören hauptsächlich Klaviermusik.

Bishop, Sir Henry R., engl. Komponist u. Dirigent, * 18. 11. 1786 London, † 30. 4. 1855 ebd. Studierte bei F. Bianchi u. brachte 1809 mit großem Erfolg seine Oper *The Circassian Bride* heraus. Ab 1810 war B. drei Jahre lang Musikdirektor u. Komponist des Covent Garden, wurde 1813 Leiter der von ihm mitbegründeten Philharmonischen Gesellschaft, übernahm neben Covent Garden auch noch den Posten des Musikdirektors am King's Theatre, arbeitete ab 1825 am Drury Lane u. bekleidete bis zu seinem Tod eine Reihe weiterer wichtiger Positionen im englischen Musikleben. Neben den Bearbeitungen fremder Opern komponierte er Opern, Operetten, Ballettmusiken u. Bühnenmusiken, Oratorien u. Kantaten. Von ihm stammt auch der bekannte Song *Home, sweet home,* der in seiner Oper *Clari or The Maid of Milan* (1823) leitmotivische Bedeutung hat.

Bittner, Julius, österr. Komponist, * 9. 4. 1874 Wien, † 9. 1. 1939 ebd. Übte bis 1920 ein Richteramt in Wien aus, studierte daneben bei J. Labor u. erhielt Anregungen durch B. Walter.

B. komponierte die Opern *Die rote Gret* (1907), *Der Musikant* (1910), *Der Bergsee* (1911), *Der Abenteurer* (1913), *Das höllisch Gold* (1916), *Die Kohlhaymerin* (1921), *Das Rosengärtlein* (1923), *Mondnacht* (1928) u. *Das Veilchen* (1934), daneben *Missa Austriaca* (1928), Orchesterwerke, Kammermusik u. Lieder.

Bizet, Alexandre C. L., genannt Georges, franz. Komponist, * 25. 10. 1838 Paris, † 3. 6. 1875 Bougival bei Paris. Stammte aus einer musikalischen Familie. Der Vater war Gesangslehrer u. Amateurkomponist, die Mutter eine begabte Pianistin, die ihrem Sohn mit vier Jahren die Noten beibrachte u. Unterricht gab. Bei der außergewöhnlichen Begabung von B. stand für die Eltern fest, daß er einen musikalischen Beruf ergreifen würde. Mit 9 Jahren erhielt er Klavierunterricht bei A. F. Marmontel, u. vor seinem 10. Geburtstag wurde er in das Pariser Conservatoire aufgenommen. Studierte dort Harmonielehre bei P. Zimmerman, einem Schüler Cherubinis, der sich häufig durch seinen Schwiegersohn Ch. Gounod vertreten ließ, sowie Komposition bei F. Halévy. Daneben nahm er Unterricht an der Orgel bei F. Benoist. Nach der Komposition von Liedern, Chören u. Klavierstücken gelang B. 1855 mit seiner Sinfonie in C ein genialer Wurf. Das Stück wurde jedoch erst 1935 aufgeführt. Am Conservatoire war man sich der außergewöhnlichen Begabung des jungen B. bewußt u. forderte ihn bereits 1856 auf, am Wettbewerb um den Prix de Rome teilzunehmen. B. reichte die Kantate *David* ein u. wurde Zweiter. Ein Jahr später gewann er mit der Kantate *Clovis et Clotilde* den begehrten Preis, der ihm einen Studienaufenthalt in Rom ermöglichte. Gleichzeitig hatte er sich an einer von J. Offenbach ausgeschriebenen Konkurrenz für eine Operette nach dem Libretto »Le docteur miracle« von Battu u. Halévy beteiligt u. gemeinsam mit Ch. Lecocq den 1. Preis erhalten. Sein Werk wurde am 9. 4. 1857 am Théâtre des Bouffes-Parisiens aufgeführt. Im Dezember 1857 trat B. seinen Romaufenthalt an. Da die Preisträger eine Reihe von Werken abzuliefern hatten, schickte B. ein farbloses Te Deum nach Paris, dann entgegen den Regeln 1859 die Buffa *Don Procopio* u. 1860 die sinfonische Ode *Vasco de Gama.* 1860 kehrte er nach Paris zurück. Dort fiel er in eine schöpferische Krise, machte sich Sorgen um seine Zukunft u. brachte nur ein Scherzo, einen *Marche funèbre* u. die Ouvertüre *La chasse d'Ossian* zu Papier. Die ersten beiden Stücke verwendete er später in anderen Kompositionen. Die komische Oper *La guzla de l'émir* wurde von B. noch während der Proben zurückgezogen, wahrscheinlich, um nicht mit einem Auftrag des Théâtre-Lyrique zu konkurrieren. Dort kam am 30. 9. 1863 die Oper *Les pêcheurs de perles* heraus. Die einzige gute Kritik wurde von H. Berlioz geschrieben. Während sich B. mit Verlagsarbeit u. dem Lektorat für das Théâtre-Lyrique u. die Opéra seinen Lebensunterhalt verdiente, entstand *Ivan le terrible,* dessen letzter Akt jedoch unvollendet blieb. Am 26. 12. 1867 fand die Uraufführung der *Jolie fille de Perth* statt. Der ausbleibende Erfolg stürzte B. in eine neue Schaffenskrise, die er erst mit der sinfonischen Suite *Roma* (1869) überwand. In die gleiche Zeit fällt die Verheiratung mit Geneviève Halévy, die ihn bis 1926 überleben u. M. Proust als Vorbild für seine Duchesse de Guermantes dienen sollte. 1872 kam B. *Djamileh* an der Opéra-Comique zur Aufführung u. fiel durch. Die 1872 entstandene Bühnenmusik zu A. Daudets »L'Arlésienne« ist heute nur noch als 1. Suite gleichen Titels in einer Neuinstrumentierung von B. bekannt, die *2. Arlésienne-Suite* stammt von E. Guiraud, der weit hinter seiner Vorlage zurückbleibt. 1873 war die Stimmenpartitur der Oper *Don Rodrigue* fast fertiggestellt, als der Brand der Opéra eine Aufführrung aussichtslos machte. Gleichzeitig arbeitete B. bereits an der Oper *Carmen*, für die H. Meilhac u. L. Halévy das Libretto nach einer Geschichte von P. Mérimée verfaßt hatten. Für J.-E. Pasdeloup entstand 1874 die patriotische Ouvertüre *Patrie*. Die Proben für *Carmen* wurden immer wieder hinausgeschoben. Auseinandersetzungen über das für die Opéra-Comique u. ihr Familienpublikum zu realistische u. unmoralische Buch führten sogar zum Rücktritt eines der Direktoren. B. wie auch seine Hauptdarstellerin Galli-Marié wehrten sich gegen jede Glättung. Am 3. 3. 1875 hatte die Oper endlich Premiere. Die Aufnahme war gemischt, da man sich einerseits von J. Offenbachs Librettisten etwas anderes erwartet hatte, andererseits B. aber auch zutraute, ein Musikdrama im Stile R. Wagners zu schreiben. Die berühmte Habanera, die auf Drängen der Galli-Marié deren erste Arie ersetzte, wurde von B. nach dem Lied *El Arreglito* des span.-amer. Komponisten S. Yradier komponiert. Die Wiener Aufführung im Oktober 1875 verhalf dem Werk zum endgültigen Durchbruch, allerdings hatte B. Freund Guiraud die sich eng an Mérimées Original haltenden Zwischendialoge durch von ihm nachkomponierte Rezitative ersetzt, die weit hinter dem Realismus u. der Schärfe des Originals zurückbleiben. In dieser Form trat die Oper jedoch ihren Siegeszug um die Welt an. Erst heute beginnt man sich wieder auf das Original zu besinnen u. bringt Produktionen mit franz. Dialogen oder Übertragungen in die jeweiligen Nationalsprachen heraus. Am 3. Juni 1875, während in der Opéra-Comique gerade der Vorhang nach der 31. Vorstellung von *Carmen* gefallen war, starb B. in seinem Landhaus in Bougival. Nietzsche in »Der Fall Wagner« über B. *Carmen:* »Diese Musik ist heiter; aber nicht von einer französischen oder deutschen Heiterkeit. Ihre Heiterkeit ist afrikanisch; sie hat das Verhängnis über sich, ihr Glück ist kurz, plötzlich, ohne Pardon. Ich beneide Bizet darum, daß er den Mut zu dieser Sensibilität gehabt hat, die in der gebildeten Musik Europas bisher noch keine Sprache hatte ...«

Neben den bereits erwähnten Opern u. Opernfragmenten schrieb B. eine Reihe von Chorwerken, instrumentierte aus seinen *Jeux d'enfants* für Kl. vierhändig (1871) einige Stücke als *Petite suite d'orchestre* (1872), komponierte Klavierstücke u. Lieder.

Die *Carmen* liegt in einer kritischen NA von F. Oeser vor, deren Text von W. Felsenstein ins Deutsche übertragen wurde (Kassel 1964).

Lit.: G. Galabert, G. B., Souvenirs et correspondance, Paris 1877; F. Nietzsche, Der Fall Wagner, Leipzig 1888; P. Voss, G. B., Leipzig 1899; E. Lockspeiser, B., London 1946; P. Stefan, G. B., Zürich 1952; M. K. Curtiss, B. and His World, New York 1958.

Blacher, Boris, dt. Komponist, * 6. 1. 1903 Newchwang, China. † 30. 1. 1975 Berlin. Sohn baltischer Eltern. Der Vater war im Außendienst einer Bank tätig u. wechselte häufig den Wohnsitz. B. wuchs daher mehrsprachig auf, machte sein Abitur in Charbin in der Mandschurei (1919) u. instrumentierte für das dortige Sinfonieorchester nicht zu beschaffende klassische Werke aus Klavierauszügen. Ab 1922 Architekturstudium in Berlin, ab 1924 gegen den Willen des Vaters u. ohne dessen Unterstützung Musikstudien, zuerst bei F. E. Koch, später an der Universität (Musikwissenschaft). Seinen Lebensunterhalt verdiente sich B. mit Arrangements, Notenschreiben u. Klavierspiel in Kinos. 1926 komponierte er gemeinsam mit W. Wolf eine Musik zu einem Stummfilm über Bismarck, 1929 entstand mit *Jazz-Koloraturen* für S., Altsax. u. Fagott B. op. 1. Die *Concertante Musik* für Orch. op. 10 brachte B. 1937 erstmals große Anerkennung als Komponist. Er wurde als Kompositionslehrer an das Dresdner Konservatorium verpflichtet, blieb aber nur 1938–39, weil er sich dem dort herrschenden Geist nicht beugen wollte. Aus der Begegnung mit de Basil entstanden zwei Ballettmusiken, die wegen des Kriegsausbruchs nicht mehr abgeliefert werden konnten. Es sind die *Harlekinade* (1939) u. die Tondichtung *Hamlet* (1940). Die erste abendfüllende Oper *Fürstin Tarakanowa* entstand 1940, zwei Klaviersonaten für G. Herzog, B. spätere Frau, 1941. 1945 wurde B. Kompositionslehrer an dem von P. Höffer u. J. Rufer in Berlin gegründeten Internationalen Musikinstitut, ab 1949 an der Berliner Musikhochschule, deren Leitung er 1953 in Nachfolge von W. Egk übernahm. 1960 wechselte B. auf einen Lehrstuhl für elektronische Komposition an der Technischen Universität Berlin, ab 1968 war er Präsident der dortigen Akademie der Künste. Zu seinen Schülern gehören G. Klebe, H. Erbse, G. von Einem u. A. Reimann. B. besondere Begabung lag auf dem Gebiet des Tanz- u. Musiktheaters. Aus der Beschäftigung mit der Zwölftontechnik entwickelte er ein System variabler Metren, um beim Ablauf einer Reihe periodische Formbilder oder Wiederholungen zu vermeiden. Alle seine Kompositionen zeugen von einem besonders ausgeprägten rhythmischen Gefühl.

Zu B. Werken gehören: die Opern *Fürstin Tarakanowa* (1941), *Die Flut* (1947), *Die Nachtschwalbe* (1948), *Romeo und Julia* (1950), *Preußisches Märchen* (eine Köpenickiade, 1952), *Abstrakte Oper Nr. 1* (7 Szenen, die menschliche Grundsituationen wie Angst, Liebe oder Schmerz mittels von W. Egk erfundener assoziativer Lautfolgen wiedergeben, 1953, Neufassung 1957), *Rosamunde Floris* (1960), *Zwischenfälle bei einer Notlan-*

dung (1966), *200 000 Taler* (1969), *Yvonne, Prinzessin von Burgund* (1973) u. *Das Geheimnis des entwendeten Briefes* (1974); die Ballette *Fest im Süden* (1936), *Harlekinade* (1939), *Der erste Ball* (Neufassung von *Das Zauberbuch von Erzerum* u. Bearbeitung von Musiken F. von Flotows, 1950), *Chiarina, Lysistrata* u. *Hamlet* (alle 1950), *Der Mohr von Venedig* (1955), *Demeter* (1964) u. *Tristan* (1965); die Orchesterwerke *Concertante Musik* (1937), *Symphonie* (1939), Konzert für Streichorch. (1942), Paganini-Variationen für Orch. (1947), *Ornament* für Orch. (1952), *Studie in Pianissimo* (1953) u. 2 Inventionen für Orch. (1954), Fantasie (1956), *Hommage à Mozart* (1956) u. *Music for Cleveland* für Orch. (1957), *Variationen über ein Thema von M. Clementi* für Kl. u. Orch. (1961), Konzertstück für Bläserquintett u. Streichorch. (1963), *Collage* für Orch. (1968), Konzerte für Kl., Vc., Va., Trp. mit Orch. sowie Konzert für Fag., Horn, Trp., Hf. u. Streicher; Kammermusik, u. a. 4 Streichquartette; 1 Requiem; Kantaten; *Après-lude* für mittlere St. u. Kl. nach G. Benn; elektronische Musik. Außerdem verfaßte B. die Libretti zu G. von Einems Opern *Dantons Tod, Der Zerrissene* u. *Der Prozeß* u. veröffentlichte 1953 in Berlin eine »Einführung in den strengen Satz«.

Lit.: H. H. Stuckenschmidt, B. B., Berlin 1963.

Blackwood, Easley, amer. Komponist u. Pianist, * 21. 4. 1933 Indianapolis. Studierte in Yale u. am Pariser Conservatoire. Ab 1958 Professor of Music an der Universität von Chicago.

B. schrieb Sinfonien, Konzerte für Klar. u. Orch., Ob. u. Streicher, V. u. Orch., Fl. u. Streicher, Kammermusik u. Klavierwerke.

Blake, David, engl. Komponist. * 2. 9. 1936 in London. Besuchte die Latymer Upper School in Hammersmith bis 1955. Leistete seinen Militärdienst in Hongkong, wo er Chinesisch lernte. 1957–60 Musikstudium in Cambridge. Gewann anschließend ein Mendelssohn-Stipendium, mit dem er zu H. Eisler an die Dt. Akademie der Künste in Berlin ging. 1961–63 Schullehrer, ab 1964 Dozent für Musik an der Universität von York.
In seiner Musik hat sich B. von einer tonalen über eine atonale Schreibweise zur Zwölftontechnik u. Aleatorik entwickelt. In seinen letzten Werken verwendet er verschiedene Mittel nebeneinander, ist aber immer bemüht, einen Gedanken dialektisch durchzuformen.

Zu B. Werken gehören: Variationen für Kl. (1960); Streichquartett Nr. 1 (1961–62); 3 Chöre auf Gedichte von R. Frost (1964); *Beata L'Alma* für S. u. Kl. u. *Chamber Symphony* (1966); *Sequence* für 2 Fl. sowie *What is the Cause?* für 6 St. a cappella (1967); *The Almanac* auf Texte von J. Hatfield (1968); Kantate *Lumina* für S., Bar., Chor u. Orch. (1969); *Metamorphoses* für Orch. (1971); *Nonet* für Bläser (1971); *Scenes* für Solocello u. *The Bones of Chuang Tzu* für Bar. u. Kl. (1972); *In Praise of Krishna* für S. u. 9 Instr. (1973); Streichquartett Nr. 2 (1973); Konzert für V. u. Orch. (1976); die Oper *Toussaint L'Ouverture* (1974–76); *From the Mattress Grave* für S. u. 11 Instr. (1978); Klarinettenquintett (1979–80).

Blancafort de Roselló, Manuel, span. Komponist, * 12. 8. 1897 La Garriga. Studierte bei Lamote de Grignon u. J. Malats. Bildete sich anschließend in Italien u. Frankreich weiter, wo er von den Werken der Gruppe der Six beeinflußt wurde.

B. de R. schrieb neben mehreren Orchesterwerken 2 Klavierkonzerte, 1 *Rapsodia catalana* für Vc. u. Orch. (1953), Chorwerke u. Kammermusik.

Blanchet, Émile-Robert, schweiz. Komponist u. Pianist, * 17. 7. 1877 Lausanne, † 27. 3. 1943 Pully. Sohn des Moscheles-Schülers u. Domorganisten Charles B., der ihm auch den ersten Klavierunterricht erteilte. Weitere Studien in Köln u. anschließend bei F. Busoni in Berlin. B. lehrte 1904–17 am Konservatorium von Lausanne, widmete sich dann aber ganz seiner Laufbahn als Pianist u. seinen Kompositionen. Neben 2 Werken für Klavier u. Orch. entstanden 1 Sonate für V. u. Kl. sowie zahlreiche Klavierkompositionen. Am bekanntesten sind die Préludes op. 41, die 1927 mit einem Vorwort von I. Paderewski veröffentlicht wurden. B. schrieb außerdem »Technique moderne du piano«, Paris 1935.

Blanco, Juan, kuban. Komponist, * 29. 6. 1920 Mariel. Studierte am Konservatorium von Havanna u. hörte gleichzeitig Rechtswissenschaften an der Universität. Komponierte Orchesterwerke, Chorwerke, Kammermusik u. Lieder, bis er sich Anfang der 60er Jahre der elektronischen Musik zuwandte. B. komponierte die Musiken für den kubanischen Pavillon bei der Expo 67 in Montreal u. 70 in Osaka. Er zählt heute zu den führenden Elektronikern seines Landes.

Blasinstrumente sind alle jene Instrumente, bei denen der Ton durch Einblasen von Luft erzeugt wird. Dies geschieht entweder durch den menschlichen Atem oder ein Gebläse einen Blasebalg. Die B. werden in Flöten- (Holz), Horn- (Blech) u. Zungeninstrumente (Rohrblatt) unterteilt.

Blatný, Pavel, tschech. Komponist, * 14. 9. 1931 Brünn. Stammt aus einer Musikerfamilie. Sein Vater Josef B. war selber Komponist u. Pädagoge. B. erhielt seine Ausbildung bei P. Bořkovec. Neben einer Reihe von Jazzkompositionen schrieb B. Orchesterwerke, Kammermusiken u. die Kinderoper *Das Häuschen.*

Blavet, Michel, franz. Komponist u. Flötist, * 13. 3. 1700 Besançon, † 28. 10. 1768 Paris. Trat 1723 bei den Concerts spirituels auf u. wurde Intendant der Musik des Grafen von Clermont. Für diesen komponierte er auch auf ein Libretto von Ch. Collé *Le jaloux corrigé,* eine der ersten franz. Buffo-Opern. Veröffentlichte außerdem 3 Bücher mit Flötensonaten u. komponierte eine Reihe weiterer Opern, die nur im Manuskript erhalten sind.

Blažek, Zdeněk, tschech. Komponist u. Theoretiker, * 24. 5. 1905 Žarošice. Studierte in Brünn bei V. Petrželka Komposition u. an der dortigen Universität Musikwissenschaft. Schloß seine Studien 1933–35 in Prag bei J. Suk ab.

B. komponierte u.a. die Oper *Verchovina* (1956), 1 Streichquintett, Streichquartette, Bühnenmusiken, Chorwerke u. Klavierkompositionen. In seinen theoretischen Schriften beschäftigte er sich insbesondere mit L. Janáček.

Blech, Leo, dt. Dirigent u. Komponist, * 21. 4. 1871 Aachen, † 25. 8. 1958 Berlin. Studierte bei W. Bargiel u. E. Rudorff in Berlin, wurde 1893 Kapellmeister am Stadttheater in Aachen. Während der Sommerferien weitere Studien bei E. Humperdinck. 1899 als erster Kapellmeister an das Deutsche Theater in Prag berufen, 1906 an die Königliche Oper in Berlin, wo er 1913–23 GMD war. Anschließend am Deutschen Opernhaus, der Wiener Volksoper u. wieder in Berlin an der Staatsoper. Kehrte von einer Gastverpflichtung 1937 nach Riga nicht wieder nach Deutschland zurück u. verbrachte die Kriegsjahre ab 1941 in Schweden. Kam 1949 als GMD an die Städtische Oper nach Berlin zurück u. dirigierte dort noch bis 1953.

B. komponierte u.a. die Opern *Aglaja* (1893), *Cherubina* (1894), *Das war ich* (1902), *Alpenkönig u. Menschenfeind* (1903), *Aschenbrödel* (1905) u. *Versiegelt* (1908), außerdem die Operette *Die Strohwitwe* (1920), Chorwerke, die sinfonische Dichtung *Die Nonne* (1897), Kammermusik u. Lieder.

Blechblasinstrumente, unter diesem Sammelbegriff werden alle Horninstrumente (Trompeten, Waldhörner, Posaunen, Tuben u. von ihnen abgeleitete Instr.) zusammengefaßt.

Bleyle, Karl, dt. Komponist, * 7. 5. 1880 Feldkirch, † 5. 6. 1969 Stuttgart. Studierte bei S. de Lange in Stuttgart u. L. Thuille in München.

B. komponierte neben 2 Sinfonien, 1 Konzert für Vc. u. Orch. u. Kammermusik hauptsächlich Chorwerke, denen er Gedichte von Goethe, Schiller, Hebbel u. Nietzsche zugrunde legte. Außerdem stammen von ihm die Opern *Hannele und Sannele* (1923) u. *Der Teufelssteg* (1924).

Blin, René, franz. Komponist, * 13. 11. 1884 Somsois, † 15. 11. 1951 ebd. Schüler der Schola Cantorum u. ab 1911 Organist an St. Elisabeth in Paris. Seine zahlreichen kirchlichen Kompositionen sind im klassizistischen Stil gehalten.

B. komponierte hauptsächlich für die Orgel, schrieb aber auch 1 Orchestersuite, 1 Sinfonie, Klaviermusik u. Lieder.

Bliss, Sir Arthur, engl. Komponist, * 2. 8. 1891 London, † 27. 3. 1975 ebd. B. wurde in Rugby u. Cambridge erzogen, wo er 1913 am Pembroke College seinen Bachelor in Musik machte. 1914 studierte er ein Semester lang am Royal College of Music in London, nahm dort Kompositionsunterricht bei Ch. Stanford u. wurde von V. Williams u. G. Holst beraten. Bei Ausbruch des Krieges meldete er sich freiwillig, wurde 1916 verwundet und geriet 1918 in einen Gasangriff bei Cambrai. Noch während des Krieges wurden Kammermusikwerke von ihm in London aufgeführt. Unter dem Einfluß von M. Ravel u. I. Strawinsky entstand 1918 *Madam Noy, A Witchery Song,* für S. u. 6 Instr. Die vorher erschienenen Werke wollte B. später nicht mehr anerkennen. Es folgten die Bühnenmusiken zu *As you like it* (1919) u. *The Tempest* (1920–21) sowie *Rhapsody* für S., T., Fl., Englischhorn, Streichquartett u. Kontrab. (1919) u. *Rout* für S. u. 10 Instr. (1920). Während sich die Singstimmen bei *Rhapsody* nur auf den Buchstaben A beschränken, besteht die S.-Stimme in *Rout* aus Vokalisen. Ab 1921 war er Professor für Komposition am Royal College of Music, lebte 1923–25 in Kalifornien, danach als freischaffender Komponist wieder in London. Mit dem Amerikaaufenthalt begann so etwas wie eine 2. Schaffensperiode. B. wandte sich der Komposition absoluter Musik zu u. verleugnete dabei keinen Augenblick seine klassizistischen Wurzeln. Mit dem Ballett *Checkmate* für Ninette de Valois begann seine 3. Schaffensperiode, die von Ballettmusiken, Bühnenwerken u. Filmmusiken geprägt ist. 1941 trat B. in den Overseas Music Service der BBC ein, leitete die Musikabteilung 1942–44 u. wurde 1953 als Nachfolger von A. Bax Master of the Queen's Music.

Zu B. Werken gehören u.a.: die Oper *The Olympians* (1948–49); die Fernsehoper *Tobias and the Angel* (1960); die Ballettmusiken *Checkmate* (1937), *Miracle in the Gorbals* (1944), *Adam Zero* (1946), *The Lady of Shalott* (1958), außerdem choreografierte K. MacMillan *Music for Strings* u. J. Neumeier Quintett für Ob. u. Streichquartett; die Filmmusiken *The Shape of Things to Come* (1935), daraus auch Orchestersuite, *The Conquest of the Air* (1937), daraus Orchestersuite, *Men of Two Worlds* (1945), daraus Konzertstück für Kl. u. Orch., *The Beggar's Opera* (1953), daneben Arrangements u. zusätzliche Musik für *Christopher Columbus* (1949); Konzerte für T., Kl. u. Streicher mit Pauken (1920, 1924 für 2 Kl. u. Orch. rev.), u. Kl. u. Orch. (1938); *Theme and Cadenza* für V. u. Orch. (1946); Konzert für V. u. Orch. (1955); Konzert für Vc. u. Orch. (1970); die Orchesterwerke *Conversations* für Kammerorch. (1920), *A Colour Symphony* (1921–22), *Introduction and Allegro* (1926, rev. 1937), *Morning Heroes* (Sinfonie für Sprecher, Chor u. Orch., 1930), *Music for Strings* (1935), *Meditations on a Theme of John Blow* (1955), *Discourse for Orchestra* (1957, rev. 1965), *Metamorphic Variations* (1972); dazu Kantaten, Kammermusik, Lieder u. eine Reihe von Auftrags- u. Huldigungskompositionen, die hauptsächlich aus seiner Stellung bei Hof zu verstehen sind. B. veröffentlichte 1970 seine Autobiografie unter dem Titel »As I Remember«.

Blitzstein, Marc, amer. Komponist, * 2. 3. 1905 Philadelphia, † 22. 1. 1964 Fort-de-France, Martinique. Studierte bei A. Siloti, R. Scalero, N. Boulanger u. A. Schönberg. Während seines Berlinaufenthalts 1927 lernte er K. Weill u. P. Dessau kennen, deren Musik u. politische Ansichten ihn stark beeinflußten. B. strebte ein sozialkritisches, populäres amerikanisches Musiktheater an. Seine Kompositionen zeichnen sich durch Jazzfarben u. Rhythmik aus u. zielen häufig in Richtung Musical.

Werke: Neben zahlreichen Bühnen- u. Filmmusiken, u.a. auch zu »Spanish Earth« (Ivens/Hemingway), schrieb B. die Opern *The Cradle Will Rock* (1937), *No for an Answer* (1940), *Regina* (1948–49 nach L. Hellmans »The Little Foxes«), *The Harpies* (1953 als Neufassung des 1931 entstandenen Einakters) u. die unvollendete Oper *Sacco and Vanzetti* (1964); das Ballett *The Guests,* mit dem Robbins 1949 beim New York City Ballet debütierte; eine amer. Fassung von Weills *Dreigroschenoper* (1954); Chorwerke, u.a. die Chorsinfonie *Airborne* (1944), in der er Kriegserlebnisse verarbeitete; 1 Klavierkonzert (1931); die Musicals *Reuben Reuben* (1955) u. *Juno* (1958); die Kantate *This Is the Garden* für gem. Chor u. Orch. (1957); Kammermusik u. Lieder.

Bloch, Augustyn H., poln. Komponist u. Organist, * 13. 8. 1929 Grudziadz. Studierte an der Warschauer Hochschule für Musik 1950–58 Orgel u. Komposition. Schrieb neben seiner Arbeit am poln. Rundfunk Bühnen-, Hörspiel- u. Filmmusiken, die Oper *Ayelet – Jephtas Tochter* (1968), mehrere Ballettmusiken, *Dialoghi* für V. u. Orch. (1967), *Enfiando* für Orch. u. *Salmo gioioso* für S. und 5 Bläser (1970).

Bloch, Ernest, schweiz. Komponist, * 24. 7. 1880 Genf, † 15. 7. 1959 Portland, OR. Hatte sich schon als Junge in den Kopf gesetzt, nicht den Uhrenladen seines Vaters zu übernehmen, sondern Musiker zu werden. Komponierte mit 15 Jahren bereits ein Streichquartett u. eine *Orientalische Sinfonie.* Studierte am Conservatoire in Brüssel bei E. Ysaye u. F. Rasse, anschließend bei I. Knorr in Frankfurt u. L. Thuille in München. Nach einem zweijährigen Aufenthalt in Paris kehrte er zu seiner Familie nach Genf zurück u. arbeitete im väterlichen Geschäft. Erst 1909 erhielt er eine Anstellung als Dirigent in Lausanne. 1911–15 war er Kompositionslehrer in Genf, ab 1916 ging er als Dirigent mit der Tänzerin Maude Allan auf Amerikatournee. B. blieb in den USA, wurde amer. Staatsbürger u. übernahm Lehraufträge in New York (1917–19), Cleveland (1920–25) u. San Francisco (1926–30). Während dieser Zeit entstand u.a. die Suite für Va. u. Kl., mit der er den Coolidge-Preis 1919 gewann u. die 1920 in einer Orchesterfassung aufgeführt wurde. Nach einem Europaaufenthalt 1930–38 kehrte B. in die Vereinigten Staaten zurück u. übernahm einen Lehrstuhl an der University of California in Berkeley. Später siedelte er dann nach Agate Beach in der Nähe von Portland, OR, über. B., der sich keiner Richtung verschrieben hatte u. nur so komponierte, wie er fühlte, übte einen großen Einfluß auf die amer. Musik des 20. Jh. aus. Zu seinen Schülern zählen G. Antheil, L. Kirchner, B. Rogers u. R. Sessions. Zu seinen Werken gehören eine Reihe von Kompositionen, die von der Musikkritik als typisch jüdisch bezeichnet worden sind. Dazu sagte B. selbst, er habe keine alten Melodien, orientalische Überlieferung oder Rhythmik verwandt. Sein jüdisches Erbe komme ganz aus dem Inneren, so wenn er z. B. die Bibel lese, u. diese Gefühle versuche er in seiner Musik auszudrücken.

B. komponierte u.a. die Orchesterwerke *Vivre et aimer* (1900), 1. Sinfonie (1901–02), *Printemps-Hiver* (1905), *Trois poèmes juifs* (1913), 2. Sinfonie: *Israel* (1912–16), *Schelomo* (hebräische Rhapsodie für Vc. u. Orch., 1915–16), *Poems of the Sea* u. *In the Night* für Kl. u. Orch. (1923), 2 Concerti grossi (1925 u. 1953), *America* (1926), *Helvetia* (1929), *Voice in the Wilderness* (sinfonische Dichtung mit obligatem Vc., 1936), *Evocations* (1937), *Suite symphonique* (1944), *In Memoriam* u. *Sinfonia breve* (1952), 3. Sinfonie (1955), Sinfonie für Pos. u. Orch. (1954), *Suite modale* für Fl. u. Streicher (1956), *Two Last Poems (May be ...)* für Fl. u. Orch. (1958), die Konzerte für V. (1938) u. Kl. (1948) mit Orch., *Three Psalms* für St. u. Orch. (1912–14) u. *Sabbath-Morgenfeier* für gem. Chor u. Orch. (1934), 5 Streichquartette, 2 Klavierquintette, Sonaten, Klavierstücke.

Blockx, Jan, belg. Komponist, * 25. 1. 1851 Antwerpen, † 26. 5. 1912 ebd. Bedingt durch familiäre Umstände konnte er sich nur in den Nachtstunden mit Musik beschäftigen u. als Chorknabe erste praktische Erfahrungen machen. Ab 1876 Schüler von P. Benoît an der Fläm. Musikschule in Antwerpen, wo er sich bereits als Komponist von fläm. Liedern, Kammermusik u. Kantaten einen Namen machte. Weitere Studien bei C. Reinecke in Leipzig folgten. Ab 1886 Lehrer an der Musikschule in Antwerpen u. ab 1901 als Nachfolger Benoîts Direktor des inzwischen Conservatoire Royal gewordenen Instituts. B. Bedeutung liegt hauptsächlich darin, daß er Werke in fläm. Sprache verfaßte u. das Musikleben im fläm. Teil Belgiens nachhaltig befruchtete.

B. schrieb u.a.: die Opern *Jets vergeten* (1877), *Maître Martin* (1892), *Saint-Nicolas* (1894), *Herbergprinses* (1896), *Thyl Uilenspiegel* (1900), *De Bruid der zee* (1901), *De Kapel* (1903) u. *Baldie* (1908); das Ballett *Milenka* (1886); Kantaten; 1 Sinfonie; die *Rubens-Ouvertüre* u. Kammermusik.

Blomdahl, Karl-Birger, schwed. Komponist, * 19. 10. 1916 Växjö, † 14. 6. 1968 Kungsängen. Studierte an der Stockholmer Musikhochschule Komposition bei H. Rosenberg, Geige bei P. Carlsten u. Dirigieren bei T. Mann. Stipendien ermöglichten ihm Auslandsreisen nach Italien, Frankreich u. in die Schweiz. 1954–55 weilte er zu Gastvorlesungen in den USA. 1960–64 Professor für Komposition an der Königlichen Musikhochschule, 1965–68 Leiter der Musikabteilung des schwed. Rundfunks. B. war bei seinen Arbeiten stark von P. Hindemith beeinflußt u. hat mit seiner 3. Sinfonie *Fasetter* das erste bedeutende serielle schwedische Orchesterwerk verfaßt.

Zu B. Werken gehören: die Opern *Aniara* (1957–59) u. *Herr von Hancken* (1964), die Ballettmusiken *Sisyfos* (1954), *Minotauros* (1957) u. *Spiel für Acht* (1962), die Orchesterwerke Sinfonische Tänze für Orch. (1939), 3 Sinfonien (1943, 1947 u. *Fasetter* 1951), 1 Concerto grosso für Kammerorch. (1944), 1 Suite für Streichorch. (1948), Präludium u. Allegro für Streichorch. oder Quartett (1949), *Fioriture* für Orch. (1960), *Forma ferritonans* für Orch. (1961), die Konzerte für Va. u. Orch. (1941), V. u. Streichorch. (1946), Kammerkonzert für Kl., Bläser u. Schlagzeug (1953), die Kantaten *Im Saal der Spiegel* (1953) u. *Anabase* (1956), die elektronische Multimediakomposition *Altisonans* (1966), ... *Resan i denna natt* für S. u. Orch. (1966) u. Kammermusik. Außerdem komponierte er die Musik zu I. Bergmans Film »Abend der Gaukler«.

Blon, Franz v., dt. Komponist u. Dirigent, * 16. 7. 1861 Berlin, † 21. 10. 1945 ebd. Wurde nach dem Studium in Berlin Konzertmeister des Hamburger Stadttheaters, ab 1898 Dirigent des Berliner Philharmonischen Blasorch. u. ab 1906 der Philharmonie von Warschau.

B. komponierte die Operetten *Sub rosa* (1887), *Die Amazone* (1903) u. *Die tolle Prinzessin (Durchlaucht in Hosen*, 1913), das Ballett *In Afrika* (1899) sowie Suiten, Ouvertüren u. Märsche.

Blow, John, engl. Komponist u. Organist, * 23. 2. 1649 Newark, † 1. 10. 1708 London. Kapellknabe der Chapel Royal unter H. Cooke. Nach dem Stimmbruch musikalische Ausbildung bei Cooke u. ab 1668 als Nachfolger von A. Bryne Organist der Westminster Abbey. 1674 Master of the Children of the Chapel Royal, ein Posten, den er bis an sein Lebensende behielt. 1679 trat er zugunsten seines Schülers H. Purcell vom Organistenposten in Westminster zurück, übernahm 1687 aber zusätzlich das Amt des Master of the Children of St. Paul's. Bei Purcells Tod 1695 kehrte er auf seinen alten Posten zurück. 1699 wurde er zum Komponisten der Chapel Royal ernannt. B. komponierte Anthems, Services, Motetten u. Oden. Besonders erwähnenswert ist seine Ode zum Cäcilientag 1684 sowie die Ode auf einen Text von Dryden zum Tode Purcells. 1680–85 entstand sein Maskenspiel *Venus und Adonis*, ein Vorläufer der englischen Oper. 1700 veröffentlichte er »Amphion Anglicus«, eine Sammlung weltlicher Lieder u. Kammermusik, 1704 eine Sammlung von Suiten.

Bluegrass ist die Reaktion auf die von Nashville u. insbesondere von der Grand Ole Opry total kommerzialisierte Hillbilly- oder Country-Musik. Der Begriff stammt von Bill Monroe, der mit seinen B. Boys jahrelang über die Reinheit der Country-Musik wachte u. auch daraus ein großes Geschäft machte. Seine bevorzugten Instrumente waren Banjo, Mandoline u. Fiddle. Die höher als üblich gestimmten Instrumente wurden äußerst virtuos gespielt, alle zweideutigen oder erotischen Themen waren verbannt, man machte sogar Anleihen bei kirchlichen Melodien. Zu den bedeutendsten B.-Interpreten gehören neben Monroe das Duo Lester Flatt u. Earl Scruggs, die von 1948 bis 1969 zusammen auftraten, sowie Hiram »Hank« Williams. Aus der B.-Idee hat sich heute u. a. ein B. Rock entwickelt, zu dessen Interpreten Bonnie Raitt zählt.

Blues ist wahrscheinlich die einzige eigenständige musikalische Form, die von den nordamer. Negersklaven aus Volksmusik, die auf afrikanische u. europäische Wurzeln zurückgeht, entwickelt wurde. Die heute bekannte Form des B. entstand gegen Ende des 19. Jh. im Deltagebiet des nördlichen Mississippi. Die Form ist zwölftaktig u. dreizeilig. Im allgemeinen werden die 12 Takte in drei Gruppen zu je vier Takten unterteilt, deren harmonisches Gerüst aus 4 Takten Tonika, je 2 Takten Subdominante u. Tonika u. je 2 Takten Dominante u. Tonika besteht. Der Text der 1. Zeile wird meistens in der 2. Zeile wiederholt, während die 3. Zeile eine Art abschließende Antwort gibt. Musikwissenschaftler haben hier ein antiphonisches Element gesehen, das auf afrikanische Ursprünge zurückgehen soll. Das gleiche gilt von den oft vorkommenden pentatonischen Tonfolgen. Der sogen. B.-Charakter entsteht durch die häufige Erniedrigung der 3. u. 7. Stufe der verwendeten Tonleiter. Dabei werden diese beiden Töne von den Negersängern nicht genau um einen Halbton erniedrigt, sondern mehr dazwischen gesungen. So entstehen die Blue notes. Zu den bekanntesten B.-Sängern, die sich selber auf der Gitarre begleiten, gehören Bukka White, Blind Lemon Jefferson, Big Bill Broonzy u. Roosevelt Sykes. Die großen B.-Sängerinnen waren Ma Rainey, Mamie Smith, Victoria Spivey, Bessie Smith u. Billie Holiday. Die häufig vorgenommene Unterscheidung zwischen dem ländlichen B. (unverfälscht) u. dem Vaudeville-B. (städtisch) ist nicht haltbar, da die Grenzen fließend sind. Die umfangreichste Dokumentation über den B. stammt von den Volksmusikforschern John u. Alan Lomax, die sich besonders um die Bewahrung des Repertoires von Huddie »Leadbelly« Ledbetter verdient gemacht haben. Der City-B. wurde von Musikern wie Joe Turner, T-Bone Walker, Muddy Waters, Howlin' Wolf u. Willie Dixon zum heutigen rockverwandten Großstadt-B. auf elektrisch verstärkten Instrumenten weiterentwickelt. Seine kommerzielle Ausprägung ist der Rhythm & B.

Lit.: John u. A. Lomax, Negro Folk Songs as Sung by Lead Belly, New York 1936; LeRoi Jones, B. People: Negro Music in White America, New York 1963; P. Oliver, Conversations with the B., New York 1965; G. Chase, America's Music, New York 1966; G. Oakley, The Devil's Music, London 1976.

Blum, Robert, schweiz. Komponist u. Dirigent, * 27. 11. 1900 Zürich. Studierte am Konservatorium in Zürich u. bei F. Busoni in Berlin. 1925–50 Dirigent der Orchestergesellschaft u. des gem. Chors von Baden im Aargau, 1950–55 Dirigent der Orchestergemeinschaft Zürich. Daneben Lehrer für Kontrapunkt u. Komposition an der Musikakademie von Zürich.

B. komponierte neben Film- u. Bühnenmusiken Partiten für Orchester, Sinfonien, Konzerte, Oratorien, verschiedene andere Chorwerke u. Kammermusik.

Blumer, Theodor A., dt. Komponist, * 24. 3. 1881 Dresden, † 21. 9. 1964 Berlin. Studierte am Dresdener Konservatorium u. wurde 1910 Kapellmeister am Hoftheater in Altenburg. 1925–31 Kapellmeister u. musikalischer Leiter des Rundfunks in Dresden, 1931–42 am Rundfunk in Leipzig, seit 1952 in Berlin.

B. schrieb u. a. die Opern *Der Fünfuhrtee* u. *Trau, schau, wem ...*, Orchesterwerke u. Kammermusik.

Blumner, Martin T. W., dt. Komponist, * 21. 11. 1827 Fürstenberg, Mecklenburg, † 16. 11. 1901 Berlin. Kam erst 1847 nach dem Studium der Theologie u. Naturwissenschaften zur Musik u. erhielt Kompositionsunterricht bei S. Dehn. Wurde 1853 Vizedirigent der Berliner Singakademie u. 1876 deren Hauptdirigent. Dirigierte auch die von C. F. Zelter begründete Liedertafel.

Zu B. Kompositionen gehören Oratorien, die Trauer-Kantate *In Zeit und Ewigkeit,* Motetten, Chorlieder u. Lieder. Veröffentlichte 1891 eine »Geschichte der Singakademie zu Berlin«.

BMI, Broadcast Music Inc., zweite amer. Urheberrechtsgesellschaft neben ASCAP. Gegründet 1941 von den Rundfunkgesellschaften, von denen die Mitglieder der ASCAP eine außergewöhnliche Erhöhung der Tantiemen verlangt hatten. Mit der BMI wichen die Radiostationen auf die nicht durch ASCAP vertretene Folklore u. Provinzmusik aus, insbesondere auf Country u. Hillbilly.

Boccherini, Luigi, ital. Komponist u. Cellist, * 19. 2. 1743 Lucca, † 28. 5. 1805 Madrid. Wurde von seinem Vater, einem Kontrabassisten, in die Anfangsgründe der Musik u. das Cellospiel eingeführt. Trat bereits mit 13 Jahren öffentlich auf. Wurde 1757 zu weiteren Studien nach Rom geschickt. 1764–69 Mitglied des Orchesters in Lucca, wo auch seine Oper *La confederazione* (1765) zur Aufführung kam. Ging zusammen mit F. Manfredi auf eine Konzertreise, die bis nach Paris führte. Dort hatte B. großen Erfolg in den Concerts spirituels u. veröffentlichte seine ersten Kompositionen. Auf Einladung des span. Botschafters kam er anschließend nach Madrid, wo er vom Infanten Don Luis u. später von der Herzogin von Benavente protegiert wurde. 1787–97 führte B. den Titel eines Hofkomponisten Friedrich Wilhelms II. von Preußen. 1786 erschien B. 2. Oper *La Clementina.* Gegen sein Lebensende wurde er vom franz. Botschafter in Madrid, Lucien Buonaparte, gefördert, starb aber in Armut. Eine Bekanntschaft mit J. Haydn scheint durch die jeweiligen Briefwechsel mit Artaria gesichert. Über die musikalischen Einflüsse auf den äußerst produktiven B. ist wenig bekannt. Er selbst muß ein ganz ausgezeichneter Cellist gewesen sein.

Zu B. Kompositionen gehören neben den erwähnten Opern 20 Sinfonien, 4 Konzerte für Vc. u. Orch., ca. 100 Streichquartette, mehr als 100 Streichquintette, Quintette für Fl. oder Ob. u. Streichquartett, Klavierquintette, Sextette, Oktette, Sonaten, Oratorien, Stabat mater für 3 St. u. Streicher, 1 4st. Messe, Villancicos u. Konzertarien.
Lit.: L. Picquot, Notice sur la vie et les cuvrages de L. B., NA Paris 1930; A. Bonaventura, B., Mailand 1932; G. de Rothschild, L. B., Paris 1962; Y. Gérard, Thematic Bibliography and Critical Catalogue of the Works of L. B., London 1969.

Bochmann, Werner, dt. Komponist, * 17. 5. 1900 Meerane. Studierte bei O. Weinreich Klavier u. bei J. G. Mraczek Komposition. Seit 1934 freischaffender Komponist.

Zu B. Werken gehören u. a. die musikalische Komödie *Wollen Sie meine Frau werden?* (1944) u. Filmmusiken zu »Quax, der Bruchpilot«, »Sensationsprozeß Casilla«, »Die Feuerzangenbowle« u. »Die kleine Stadt will schlafen gehn«.

Bock, Jerry, amer. Komponist von Musicals u. Filmmusiken, * 23. 11. 1928 New York. Studierte an der Universität von Wisconsin Musik. Machte zum ersten Mal mit 3 Songs für die Broadway-Revue *Catch a Star* von sich reden. Hatte 1965 mit *Mr. Wonderful* einen Broadway-Erfolg. *The Body Beautiful* eröffnete 1958 die Reihe der Werke, die in Zusammenarbeit mit dem Librettisten S. Harnick entstanden. B. schrieb Musiken zu *Fiorello!* (1959), *Tenderloin* (1960), *She loves me* (1963), *The Apple Tree* (1966) u. *Fiddler on the Roof* (1964), das in Deutschland als *Anatevka* 1968 in Hamburg erstaufgeführt wurde. 1970 komponierte B. die Musik zu *The Rothschilds.*

Bodart, Eugen, dt. Komponist, * 8. 10. 1905 Kassel. Studierte 1921–24 am Konservatorium in Leipzig, anschließend in Berlin bei H. Pfitzner u. E. von Rezniček. Ab 1926 in verschiedenen Kapellmeisterpositionen. 1939–43 GMD in Altenburg, 1942–45 GMD u. Leiter der Akademiekonzerte in Mannheim. 1956–58 GMD am Pfalztheater Kaiserslautern.

B. komponierte u. a. die Opern *Hirtenlegende* (1930/1948), *Der abtrünnige Zar* (1935), *Spanische Nacht* (1937/1949), *Der leichtsinnige Herr Bandolin* (1942), *Sarabande* (1942), *Kleiner Irrtum* (1949) u. *Mara.* Außerdem stammen von ihm Orchesterwerke, Konzerte, Klavierstücke u. Bearbeitungen von Werken der Mannheimer Schule.

Bode, Johann J.Ch., dt. Komponist u. Oboist, * 12. 1. 1730 Braunschweig, † 13. 12. 1793 Weimar. War ab 1752 als Oboist in Celle angestellt, 1757–78 in Hamburg, wo er Musikunterricht gab, Redakteur des »Hamburger Correspondenten« war u. als Verleger Lessings »Hamburger Dramaturgie« herausbrachte. Außerdem gehörte er zu den Übersetzern von Burneys »Present State of Music in Germany« (1773).

Zu B. Kompositionen gehören Sinfonien, Konzerte für Fag. u. Orch., Vc. u. Orch. u. V. u. Orch. 1754 u. 1757 erschienen »Zärtliche und schertzhafte Lieder mit ihren Melodien« (2 Bde.).

Bode, Rudolf, dt. Rhythmus- u. Gymnastiklehrer, * 3. 2. 1881 Kiel, † 7. 10. 1970 München. Studierte an der Universität Leipzig Philosophie u. Naturwissenschaften u. besuchte gleichzeitig das dortige Konservatorium. Nach vierjähriger Tätigkeit als Theaterkapellmeister folgten weitere Studien bei É. Jaques-Dalcroze in Hellerau. Gründete 1911 in München das Institut für Bewegung u. Rhythmus, heute Berufsfachschule für Gymnastik. Seine Schrift »Musik und Bewegung« erschien 1967 in Stuttgart in 4. Auflage. Außerdem schrieb B. ein »Lehrbuch der rhythmischen Gymnastik« u. »Klaviermusik zur rhythmischen Gymnastik«.

Boder, Gerd, dt. Komponist, * 13. 6. 1933 Saarbrücken. Studierte am dortigen Konservatorium u. am Pariser Conservatoire. Lehrte 1958–60 am katholischen Lehrerseminar in Lebach, wurde 1961 Villa-Massimo-Preisträger u. lebt seither als freischaffender Komponist.

Zu B. Werken gehören: 1 Sinfonie (1963), *Spektrum* für Orch. (1966), *Sinfonia* für Streicher (1968), Konzerte, Kammermusik, Klaviermusik, Lieder u. Jugendmusik.

Böhm, Georg, dt. Komponist, * 2. 9. 1661 Hohenkirchen, † 18. 5. 1733 Lüneburg. Sohn des Organisten Johann B. Gymnasium in Gotha 1678–84, Studium in Jena. Ging 1693 nach Hamburg, wo er mit P. L. Wockenfuß u. J. W. Franck an der Vertonung von H. Elmenhorsts »Geistlichen Liedern« arbeitete. Gewann 1698 das Wettspiel um den Organistenposten der Johanneskirche in Lüneburg, den er bis zu seinem Tode behielt. B. Einfluß auf die Musik von J. S. Bach ist nachweisbar, im *Clavierbüchlein* findet sich sogar ein Menuett von B. Es ist auch anzunehmen, daß Bach auf die Berichte B. hin Hamburg besuchte. Ein Großteil seiner Kompositionen gilt als verschollen. 1700 erschienen in H. Elmenhorsts »Geistreiche Lieder« 23 Melodien von B. Außerdem sind Präludien u. Fugen für Org. u. Kl., 14 Partiten, Choralbearbeitungen u. -vorspiele, Klaviersuiten, 1 Ouvertüre u. 1 Capriccio für Kl. erhalten. Die GA seiner Werke wurde von J. Wolgast (2 Bde.) Leipzig 1927 u. 1932 besorgt.

Böhm, Theobald, dt. Instrumentenbauer, Flötist u. Komponist, * 9. 4. 1794 München, † 25. 11. 1881 ebd. Schüler von Capeller u. ab 1818 Hofmusiker in München. Richtete 1828 eine Werkstatt ein, in der ständig von ihm verbesserte Flöten hergestellt wurden. Gilt als Erfinder der B.-Blöte, deren Ton kräftiger u. gleichförmiger als der früherer Modelle war. Dies wurde durch eine neue Anordnung der Grifflöcher, ein System von Klappen u. Hebeln sowie die zylindrische Bohrung erreicht. B. veröffentlichte 1847 »Über den Flötenbau« u. 1871 »Die Flöte u. das Flötenspiel«. Zu seinen virtuosen Kompositionen zählen Konzerte u. Konzertstücke sowie Etüden für Flöte.

Lit.: V. Coche, Examen critique de la flûte ordinaire comparée à la flûte de B., Paris 1838; C. Welch, History of the B. Flute, London 1896, Nachdr. New York 1961; K. Ventzke, Die Boehmflöte, Frankfurt a. M. 1966.

Boehmer, Konrad, dt. Komponist u. Kritiker, * 24. 5. 1941 Berlin. Studierte Musikwissenschaft u. bei G. M. Koenig Komposition in Köln. Lebt als freischaffender Komponist u. Musikredakteur in Amsterdam. Setzte sich verschiedentlich mit der Frage der Aleatorik auseinander.

B. schrieb nach Variationen für Orch. (1959), *Vokalklänge u. Orch.* (1961) u. *Zeitläufte* für Kammerensemble (1962) eine Reihe elektronischer Kompositionen, u. a. *Aspekte* (1967).

böhmische Musik wird als Sammelbegriff für die Musik des böhmisch-mährischen Raums verwandt, der besonders reich an musikalischen Talenten ist. Unter dieser Bezeichnung sollte man in erster Linie Volkslied u. instrumentale Volksmusik zusammenfassen. Die Vertreter der Kunstmusik wie H. I. F. Biber, die Familien Benda u. Stamitz sowie die tschech. Komponisten werden jeweils gesondert behandelt.

Lit.: P. Nettl, Beitr. zur böhmischen u. mährischen Musikgeschichte, Brünn 1927; R. Newmarch, The Music of Czechoslovakia, London 1942; R. Quoika, Die Musik der Dt. in Böhmen u. Mähren, Berlin 1956.

Böhner, J. Ludwig, dt. Komponist, * 7. 1. 1787 Töttelstädt, † 28. 3. 1860 Gotha. Schüler von J. J. Bellermann u. M. G. Fischer, bekannt mit L. Spohr, Musiklehrer in Jena, 1811 für kurze Zeit Theaterkapellmeister in Nürnberg. Unstetes romantisches Original, das sich als Lehrer, Dirigent, Klaviervirtuose u. Komponist durchschlug. Wahrscheinlich lebender Vorwurf für E. T. A. Hoffmanns Kapellmeister Johannes Kreisler.

B. schrieb u. a. die Oper *Der Dreiherrenstein* (1810–13, umgearbeitet als *Louise und Carolo* 1824), 3 Konzerte, 1 Concertino u. 1 Konzertstück für Kl. u. Orch., 1 Sinfonie, Kammermusik u. Klaviersonaten.

Börlin, Jean, schwed. Tänzer, Choreograf u. Ballettdirektor, * 13. 3. 1893 Haernösand, † 6. 12. 1930 New York. Studierte bei G. Rosen am Königlichen Theater in Stockholm u. bei M. Fokin in Kopenhagen. Lernte den Mäzen R. de Maré kennen, der für ihn Les Ballets Suédois gründete. Diese 1920–25 existierende Kompanie hatte sich zum Ziel gesetzt, die Tanzkunst zu revolutionieren u. über den dekorativen u. exotischen Ästhetizismus der Ballets Russes hinaus dem Publikum zeitgenössische Kunst nahezubringen. Zu diesem Zweck engagierte B. die führenden Komponisten u. Maler, experimentierte mit der Art nègre u. verblüffte sein Publikum mit mehr als einer tumultartigen Vorstellung. Der Einfluß dieser kurzlebigen Kompanie auf die ästhetischen Vorstellungen der 20er Jahre ist nicht zu überschätzen.

B. choreografierte *Iberia* (M.: I. Albéniz), *Les vierges folles* (M.: K. Atterberg), *La nuit de St. Jean* (M.: H. Alfvén) u. *Jeux* (M.: C. Debussy) 1920; *L'homme et son désir* (M.: D. Milhaud), *La boîte à joujoux* (M.: C. Debussy) u. *Les mariés de la Tour Eiffel* (M.: G. Auric, A. Honegger, D. Milhaud, F. Poulenc u. G. Tailleferre) 1921; *Skating Rink* (M.: A. Honegger) 1922; *La création du monde* (M.: D. Milhaud) 1923; *La giara* (M.: A. Casella) u. *Relâche* (M.: E. Satie) 1924.

Boero, Felipe, argentin. Komponist, * 1. 5. 1884 Buenos Aires, † 9. 8. 1958 ebd. Studierte bei P. Beruti in Buenos Aires, anschließend bei P. A. Vidal u. G. Fauré in Paris.

B. komponierte die Opern *Tucumán* (1918), *Ariadne y Dionysos* (1920), *Raquela* (1923), *Las Bacantes* (1925), *El Matrero* (1929), *Siripo* (1937) u. *Zincali* (1954), das Oratorium *Jesus ambulat super aquas* (1954), 1 Messe u. Lieder.

Børresen, Aksel E. H., dän. Komponist, * 2. 6. 1876 Kopenhagen, † 6. 10. 1954 ebd. Studierte 1897–1901 bei J. Svendsen. Spielte als Vorsitzender des Dän. Tonkünstlerverbandes eine wichtige Rolle im Musikleben seines Landes.

Zu B. Werken gehören: die Opern *Den kongelige Gaest* (1919) u. *Kaddara* (1921), das Ballett *Tycho Brahes Drøm* (1924), 3 Sinfonien, 1 Violinkonzert, Kammermusik u. Bühnenmusiken.

Börtz, Daniel, schwed. Komponist, * 8. 8. 1943 Hässleholm. Nahm Privatunterricht in Komposition bei H. Rosenberg u. studierte an der Musikhochschule in Stockholm bei K.-B. Blomdahl u. I. Lidholm. Beschäftigte sich außerdem unter Leitung von G. M. Koenig am Studio der Universität Utrecht mit elektronischer Musik. Charakteristisch für seine Musik ist die Verwendung von Tonblöcken u. Clustern sowie der Vorrang der Dynamik gegenüber der Melodie. B. zählt zu den wichtigsten schwed. Komponisten der jungen Generation.

Zu B. Kompositionen gehören: *Il Canto dei Canti di Salomone* für S. u. Instr. (1965); *Monologhi 1* für Vc. u. *Monologhi 2* für Fag. sowie Streichquartett Nr. 1 (1966); *Voces* für 3 Stimmen, Band u. Orch. (1966–68); *Monologhi 3* für V. (1967); *In memoriam di ...* für Orch. (1968); *Josef K.* für Stimme, Solisten, gem. Chor u. Orch. (1969–70); *Monologhi 4* für Kl. u. elektronische Verfremdung (1970); Streichquartett Nr. 2 (1971); die liturgische Oper *Muren-Vägen-Ordet* (1971–72); die Kammeroper *Landskab med flod* (1972); *Night Winds* für Vokalquartett (1972); das kirchliche Spiel *Die hl. Brigitta, Tod u. Himmelfahrt* (1972–73); *Night Flies* für Mezzo-S. u. 6 Instr.; *Sinfonia I* für großes Orch. (1973); Konzert für V., Fag. u. Kammerorch. u. *Pastorale* (elektronische Musik, beide 1974); *Sinfonia II* für Orch. (1974–75); 3 Elegien für gem. Chor a cappella u. *Night Clouds* für Streichorch. (1975); *Sinfonia III* für Orch. (1976); *Monologhi 5* für S. solo (1976); *Dödens metaforer* für Männerchor u. Schlagzeug (1976); *Dialogo 1* für Vc. u. Kl. (1976); *Monologhi 6* für Kl. (1977); *Sinfonia IV* für Orch. (1976–77); Concerto grosso für Schulorch. (1977–78); *Dialogo 2* für 2 Va. (1978); *Dialogo 3* für 2 Kl. (1978); Prelude für Blechbläser (1978); *October Music* für Streicher (1978); *Melsims* für S. u. Horn (1978); Concerto für Fag., Holzbläser, Schlagzeug, Celesta u. Hf. (1978–79); *Monologhi 7* für A.-Sax. solo (1979); *Fläckar av liv* (Opernoratorium für Fernsehen, 1979–80).

Josef K., *Voces* u. *In memoriam* bilden eine Trilogie, zu der sich B. durch F. Kafkas »Prozeß« anregen ließ. Dieser Roman wird in *Josef K.* direkt zitiert.

Boesmans, Philippe, belg. Komponist u. Pianist, * 17. 5. 1936 Tongres. Klavierunterricht bei R. Leuridan am Lütticher Konservatorium, anschließend bei S. Askenase in Brüssel. Wandte sich schon bald der Komposition zu u. ließ sich bei der Arbeit von H. Pousseur beraten. Mit der Teilnahme an mehreren internationalen Ferienkursen in Darmstadt u. den Donaueschinger Musiktagen schloß er seine Ausbildung ab. Premier Prix für Klavier 1957. B. setzt sich hauptsächlich als Pianist für die Moderne ein. In seinen eigenen Werken versucht er, Tonalität mit Reihentechnik zu kombinieren, wobei er den entstehenden Harmonien besondere Aufmerksamkeit widmet.

Zu B. Kompositionen gehören: *Sonnances* für 2 Kl. (1963), Impromptu für 23 Instr. (1965); *Corrélations* für Klar. u. 2 Instrumentalgruppen (1967); *Explosives* für Hf. u. Instrumente (1968); *Verticales* für Orch. (1969); *Upon la mi* für St., Horn u. Instrumentalgruppe (1969–70); 5 Stücke nach H. Isaac (1971); *Evil Flowers* für St. u. Instrumentalgruppe (1971); *Fanfare I* für 2 Kl. (1971); *Fanfare II* für Org. (1972); *La résurrection altérée* für Bläserquintett (1972); *Intervalles I* für Orch. (1972) u. *II* (1973); *Sur mi* für 2 Kl., elektrische Org., Crotales u. Tamtam (1973); *Multiples* für 2 Kl. u. Orch. (1974); *Gloses* für Orgel u. Instrumentalgruppe (1974); *Ring* für elektrische Org. (solo), Hf., Kl., Schlagzeug u. Instrumentalgruppe (1975); *Intervalles III* für St. u. Orch. (1976); *Élément-Extensions* für Kl. u. Instrumentalgruppe, *Doublures* für Instrumente, *Intrusions* für Git. u. 2. Git. obligato sowie *Attitudes*, Musiktheater für 2 Kl., Synthesizer, Schlagwerke u. St. (1977); Konzert für Kl. u. Orch. (1978).

Bogen, 1. grafisches Zeichen mit verschiedenen Bedeutungen in der Notation. Heute nur noch als Halte-B. (Aushalten bis zum Gesamtwert von Noten gleicher Tonhöhe) u. als Binde-B. (Anweisung für B.- oder Atemführung) gebräuchlich. **2.** Der Streichbogen ist im 10. Jh. im arabisch-islamischen Raum u. in Byzanz nachweisbar. Im

Mittelalter findet er sich auch in zahlreichen Formen, die flach oder bis zum Halbkreis gebogen in verschiedener Länge im Abendland auftreten. Seit dem 13. Jh. ist Roßhaarbespannung u. Verwendung von Harz bezeugt. Der heutige Violinbogen nimmt seine Entwicklung zu Beginn des 16. Jh. mit der allmählichen Begradigung der Stange u. der Einführung eines Kästchens an der Spitze zum Einhängen des Bezuges. Im 17. Jh. wird der Frosch mittels einer Metallschlaufe in eine Zahnschiene eingepaßt, es entsteht die sogenannte Crémaillère, die eine Spannung des Bezugs mit dem Daumen unnötig machte. Gegen Ende des 17. Jh. gelang dann die Erfindung der Spannschraube. Qualitätsbogen werden aus Pernambukholz, in Japan heute auch aus Glasfiber hergestellt. Der Kopf ist verstärkt, zum Frosch wird hartes Ebenholz verwandt. Der Bogenbezug besteht aus ausgesuchtem Pferdehaar oder Kunststoff. Zur Erreichung eines kräftigen Tons wurde die Anzahl der Haare im Lauf der Zeit von ca. 100–150 bis zu 250 gesteigert. Das Bogengewicht beträgt zwischen ca. 42 und 63 g. Die ersten ausschließlich auf B. spezialisierten Handwerker stammten aus der Familie Tourte, der berühmteste von ihnen war François Tourte (1747–1835). Von den anderen großen B.-Machern seien nur einige aufgeführt: Peccate, Voirin, Bausch, Knopf u. Dodd. Der sogenannte Bach-B. ist historisch nicht belegbar u. seine Ableitung aus dem Notenbild Bachscher Solokompositionen bei unserer mangelnden Kenntnis der Aufführungspraxis nicht zwingend. **3.** B. als Musikinstrument. **4.** Auswechselbares Röhrenteil bei Hörnern u. anderen Blechblasinstr.

Bohner, Gerhard, dt. Tänzer, Choreograf u. Ballettmeister, * 19. 6. 1936 Karlsruhe. Nach dem Studium in seiner Heimatstadt Tänzer in Mannheim, Frankfurt u. an der Dt. Oper Berlin. Von 1972 bis 1975 Leiter des Tanztheaters in Darmstadt. Zu seinen Ch. gehören u. a. *Der Wolf* (M.: H. Dutilleux) 1967; *Science Fiction Story* (M.: G. Ligeti) u. *Die Befristeten* (M.: B. A. Zimmermann) 1968; *Spannen – Abschlaffen* (M.: J. R. Alsina); *Frustration – Aggression* (M.: I. Xenakis) u. *Quartett auf das Ende der Zeit* (M.: O. Messiaen) 1969; *Catulli Carmina* u. *Carmina Burana* (M.: C. Orff) 1970; *Die Folterungen der Beatrice Cenci* (M. G. Humel) 1971; *Lilith* (M.: G. Humel) 1972 sowie *Der wunderbare Mandarin* (M.: B. Bartók). 1975 wurde das Darmstädter Tanztheater aufgelöst, B. verabschiedete sich mit *machen – machtlos,* einer Retrospektive auf sein bisheriges Ballettschaffen. 1978 brachte er im Auftrag der Berliner Akademie der Künste eine Neufassung von O. Schlemmers *Triadischem Ballett* heraus (M.: H.-J. Hespos u. G. F. Händel).

Boieldieu, 1. François-Adrien, franz. Komponist, * 16. 12. 1775 Rouen, † 8. 10. 1834 Jarcy bei Paris. Sohn eines erzbischöflichen Sekretärs im Dienst La Rochefoucaulds. Wurde Chorknabe an der Kathedrale von Rouen u. erhielt seinen ersten Musikunterricht vom dortigen Organisten Ch. Brochet. Hatte 1793 mit seiner komischen Oper *La fille coupable* nach dem Libretto seines Vaters einen ersten Kompositionserfolg. 1795 folgte, wieder in Zusammenarbeit mit seinem Vater, *Rosalie et Myrza.* Aus dieser Zeit stammen bereits Romanzen, die bei Cochet in Paris verlegt wurden. 1796 versuchte B. sein Glück in der Hauptstadt u. fand in den Häusern der Musikerfamilie Jadin u. bei dem Klavierbauer Érard Aufnahme. Am 12. 2. 1797 brachte er im Théâtre Feydeau seine Oper *La famille suisse* heraus. Mit dem außerordentlich erfolgreich 1800 an der Opéra-Comique aufgeführten *Le calife de Bagdad* gelang ihm der Durchbruch. 1798 wurde er Klavierlehrer am Conservatoire u. trat mit einer Reihe von Klavierkompositionen hervor. Um einem Konflikt mit C. Mafleuray, einer Tänzerin, die er 1802 geheiratet hatte, zu entgehen, reiste B. 1803 nach Petersburg, wo er es in Kürze zum Hofkomponisten brachte. Ohne sonderlichen musikalischen Ertrag kehrte er jedoch 1811 nach Paris zurück, wo er 1812 mit *Jean de Paris* einen neuen großen Erfolg feiern konnte. Er schrieb daraufhin eine Reihe von Opern, die teilweise in Zusammenarbeit mit L. Cherubini, Ch.-S. Catel, F. Hérold, R. Kreutzer u. a. entstanden. Ob B. sich von L. Cherubini u. E. N. Méhul weiteren Kompositionsunterricht geben ließ, ist umstritten. Er wurde jedenfalls 1817 als Méhuls Nachfolger Professor für Komposition am Conservatoire. Seinen größten und dauerhaftesten Erfolg errang B. 1825 mit *La dame blanche,* die zu den besten Beispielen der franz. Oper zählt. Nach dem Tod seiner Frau heiratete B. 1827 die Sängerin Philis Desoyres u. trat 1829 in den Ruhestand. Finanzielle Schwierigkeiten nach dem Ausbleiben seiner Pensionszahlungen zwangen ihn 1833 noch einmal in den Dienst des Conservatoire. Zu seinen berühmtesten Schülern gehörten F.-J. Fétis, A. Adam u. P. J. G. Zimmermann.

Neben 1 Konzert für Kl. (1797) u. 1 Konzert für Hf. mit Orch. (1800) sowie Romanzen u. Kammermusik schrieb B. die folgenden Bühnenwerke: *La fille coupable* (1793); *Rosalie et Myrza* (1795); *La famille suisse, L'heureuse nouvelle* u. *Le pari* (1797); *Zoraïme et Zulnar* u. *La dot de Suzette* (1798); *Les méprises espagnoles* u. *La prisonnière,* letztere mit L. Cherubini (1799); *Béniowsky* u. *Le calife de Bagdad* (1800); *Ma tante Aurore* u. *Le baiser et la quittance,* letztere mit E. N. Méhul, R. Kreutzer u. N. Isouard (1803); *Aline, reine de Golconde* u. *Abderkhan* (1804); *La jeune femme colère* (1805); *Amour et mystère, Un tour de soubrette* u. *Télémaque* (1806); *La dame invisible* u. *Les voitures versées* (1808); *Rien de trop* (1811); *Jean de Paris*

(1812); *Le nouveau seigneur de village* (1813); *Bayard à Mézières* mit L. Cherubini, Ch.-S. Catel u. N. Isouard, *Les Béarnais* mit R. Kreutzer u. *Angéla* mit E. S. Gail (1814); *La fête du village voisin* u. *Charles de France*, letztere mit F. Hérold (1816); *Le petit chaperon rouge* (1818); *Blanche de Provence*, mit H.-M. Berton, L. Cherubini, R. Kreutzer u. F. Paer (1821); *La France et l'Espagne* (1823); *Les trois genres* mit D.-F.-E. Auber (1824); *Pharamond* mit H.-M. Berton, R. Kreutzer u. J.-F. LeSueur u. *La dame blanche* (1825); *Les deux nuits* (1829) u. *La marquise de Brinvilliers* mit D.-F.-E. Auber, D. Batton, H.-M. Berton, G. Blangini, M. E. Carafa, L. Cherubini, F. Hérold u. F. Paer (1831).

Lit.: G. Favre, B., sa vie et son œuvre, 2 Bde., Paris 1945.

2. Adrien L. V., Sohn von 1., franz. Komponist, * 3. 11. 1815 Paris, † 9. 7. 1883 Quincy. Studierte bei seinem Vater am Pariser Conservatoire. Schrieb eine Reihe komischer Opern, wie *Marguerite* (1838) u. *L'aïeule* (1841), konnte sich aber nicht aus dem Schatten des Vaters lösen. Zum 100. Geburtstag des letzteren hatte er mit einer Messe u. der komischen Oper *La halte du roi* (1875) in Rouen großen Erfolg.

Bois, Rob du, holländ. Komponist u. Pianist, * 28. 5. 1934 Amsterdam. Studierte Klavier bei H. Sachs u. T. H. Nibbrig, lebt als freischaffender Komponist in Haarlem. Zu seinen Werken gehören die Ballettmusik *Midas* (1970), die Orchesterwerke *Breuker concerto* (1968), *A flower given to my daughter* (1970), *3 Pezzi per orchestra* (1973), Suite Nr. 1 (1973), *Allegro for Strings* (1973), *Concerto* (1975), Sinfonia da camera (1980), 2 Klavierkonzerte (1968 u. 1971), Violinkonzert (1975), Konzert für 2 V. u. Orch. (1979), Kammermusik, Klavierstücke sowie neben Liedern das Chorwerk *Vandaag is het morgen van gisteren* für Jugendchor, S., St. u. größere Besetzung (1975). 1977 entstand mit *Zodiak* eine Komposition, die wahlweise mit verschiedenen Instr. oder Gruppen besetzt werden kann. Neben der vielfältigen Verwendung der Sax.-Instr. fallen in B. Kammermusik reizvolle Kombinationen von Instr. auf, die vom Sax.-Quartett zu Arbeiten für Fl. u. Hf. reichen.

Boismortier, Joseph B. de, franz. Komponist, * 23. 12. 1689 Thionville, † 28. 10. 1755 Roissy-en-Brie. Kam über Metz und Perpignan nach Paris, wo er sich 1724 niederließ. Brachte dort mit großem Erfolg die Ballett-Opern *Les voyages de l'amour* (1736), *Don Quichotte* (1743) u. *Daphnis et Chloé* (1747) zur Aufführung. Seine 1748 geschriebene *Daphné* wurde jedoch nicht gespielt. B. schrieb außerdem Kantaten u. Motetten, darunter die Weihnachtsmotette *Fugit nox*, Sonaten u. Stücke für Musetten u. Viellen. 1734 veröffentlichte er »Quinque sur l'octave, ou Espèce de dictionnaire harmonique«.

Boito, Arrigo, ital. Komponist u. Dichter, * 24. 2. 1842 Padua, † 10. 6. 1918 Mailand. Erhielt seinen ersten Kompositionsunterricht wahrscheinlich bei A. Buzzolla in Venedig. Ab 1856 Schüler von A. Mazzucato am Mailänder Konservatorium, wo er gleichzeitig auch Geige u. Klavier studierte. Trat 1860 mit der Kantate *Il quattro giugno* u. 1861 mit *Le sorelle d'Italia* an die Öffentlichkeit. Beide Werke waren gemeinsam mit F. Faccio entstanden u. wurden im Rahmen des Konservatoriums aufgeführt. Der Erfolg des letzteren Werkes brachte B. u. Faccio ein Stipendium der Regierung ein. B. nutzte die Gelegenheit zu einer Reise nach Paris, wo er die Bekanntschaft V. Hugos, G. Verdis, H. Berlioz' u. G. Rossinis machte. Reisen nach Polen, Deutschland, Belgien u. England schlossen sich an. Wieder in Mailand, arbeitete B. an verschiedenen Zeitschriften mit u. setzte sich für eine Reform des ital. Musiklebens ein. Nachdem er für die Befreiung Italiens unter die Freischärler Garibaldis gegangen war, beendete B. Anfang 1868 die Partitur zu seiner Oper *Mefistofele*. Das Werk wurde von der Mailänder Scala angenommen und erlebte am 5. 3. 1868 unter Leitung des Komponisten eine tumultartige Uraufführung. Nach einer weiteren Aufführung wurde das vielen zu moderne u. zu lang erscheinende Werk abgesetzt. Erst die Wiederaufnahme 1875 in Bologna brachte den Erfolg. B. zweite Oper *Nerone* wurde bis zu seinem Lebensende nicht fertig, da er immer wieder Verbesserungen anbrachte u. sich selbst gegenüber immer kritischer wurde. Die Uraufführung erfolgte erst im Jahre 1924 in einer von A. Toscanini revidierten Fassung u. unter dessen Leitung. Den meisten Musikliebhabern ist B. weniger als Komponist, sondern als Librettist bekannt. Von ihm stammen die kongenialen Libretti zu G. Verdis *Otello* u. *Falstaff*. Außerdem lieferte B. die Bücher zu A. Ponchiellis *La Gioconda*, F. Faccios *Amleto*, G. Bottesinis sowie L. Mancinellis *Ero e Leandro* (seine Musik zu diesem Text hatte B. eigenhändig vernichtet) u. C. Palumbos *Pier Luigi Farnese*. B. übersetzte außerdem R. Wagners *Rienzi* u. *Tristan*. Sein dichterisches Werk wurde von seinen ital. Zeitgenossen sehr geschätzt. 1912 wurde er zum Senatore del Regno gewählt.

Lit.: R. de Rensis (Hg.), Lettere, Rom 1932; P. Nardi (Hg.) Tutti gli scritti, Verona 1942; ders., Vita di A. B., Verona 1942.

Bolaños, César, peruan. Komponist, * 4. 6. 1931 Lima. Studierte am Conservatorio Nacional seiner Heimatstadt u. am RCA Institute of Electronic Technology in New York. Schrieb *Ensayo* für Orch. (1956) u. *Ñacahuasa* für 3 Kammerensembles (1970). Dazwischen liegen hauptsächlich Experimente mit Musiktherapie u. Multimediawerke, in denen neben der Elektronik Lichteffekte eingesetzt werden.

Bolcom, William E., amer. Komponist, * 26. 5. 1938 Seattle, WA. Studierte an der University of Washington, am Mills College (bei D. Milhaud), an der Stanford University u. am Pariser Conservatoire (wieder bei Milhaud).

B. schrieb u. a. die Pop-Oper *Dynamite Tonite* für Schauspieler u. 11 Instr. (1966); Sinfonien; *Concertante* für Fl., Ob., V. u. Orch. (1960); *Fives*, ein Doppelkonzert für V., Kl. u. Streicher (1966); die Kantate *Morning and Evening Poems* (1966) sowie Kammermusikwerke.

Bolender, Todd, amer. Tänzer, Choreograf u. Ballettdirektor, * 17. 2. 1914 Canton, OH. Unterricht bei Chester Hale, A. Vilzak u. an der School of American Ballet. Trat bei verschiedenen Kompanien auf, erhielt seine größten Anregungen von G. Balanchine u. L. Kirstein, in deren verschiedenen Balletttruppen er Mitglied u. Choreograf war. 1963–66 Ballettdirektor in Köln, 1966–69 in Frankfurt. Heute widmet sich B. hauptsächlich dem Unterricht. Zu seinen Rollenkreationen gehören Balanchines *Card Game, Die vier Temperamente, Symphony Concertante, Ivesiana* u. *Agon*, Robbins' *Age of Anxiety, Pied Piper, Fanfare, Quartet* u. *Concert*. Zu seinen eigenen Ch. gehören: *Mother Goose Suite* (M.: M. Ravel) 1943; *Zodiac* (M.: R. Revil) 1947; *Capricorn Concerto* (M.: S. Barber) 1948; *The Miraculous Mandarin* mit ihm selbst in der Hauptrolle (M.: B. Bartók) 1951; *Souvenirs* (M.: S. Barber) u. *The Still Point* (M.: C. Debussy) 1955; *The Masquers* (M.: F. Poulenc) 1956; *The Creation of the World* (M.: D. Milhaud) 1960; *Thema u. Variationen* (M.: B. Blacher) 1963; *Kontraste* (M.: B. A. Zimmermann) 1964; *Tanz 1 – Tanz 2* (M.: A. Copland) 1964 u. *Time Cycle* (M.: L. Foss) 1967. Zum Strawinsky-Festival des New York City Ballet 1972 steuerte er die Ch. zu *Serenade in A* u. *Piano Rag Music* bei. Außerdem arbeitete B. an verschiedenen Opernhäusern, inszenierte Musicals u. lebt heute hauptsächlich als freischaffender Choreograf.

Bolero heißt ein span. Tanz in mäßig bewegtem Dreivierteltakt, der angeblich um 1780 von S. Zerezo aus dem Fandango entwickelt worden sein soll. Am bekanntesten in der Konzertmusik ist der B. von M. Ravel.

bolognesische Schule bezeichnet eine Gruppe von Komponisten, die in der 2. Hälfte des 17. Jh. in Bologna wirkten u. wesentlich zur Ausbildung der Kammersonate sowie der Entstehung der Konzertform beitrugen. Die beiden musikalischen Zentren Bolognas waren die Kapelle von S. Petronio und die Accademia Filarmonica. 1674–95 war M. Cazzati Kapellmeister an S. Petronio. Zu seinen Schülern gehörte Giovanni B. Vitali, dessen Sohn Tommaso A. nicht nur die hervorragenden Sonatenkompositionen seines Vaters herausgab, sondern auch selbst als Komponist Mitglied der Accademia Filarmonica war. Hier wurde auch A. Corelli ausgebildet (1670 bis ca. 1675), der zu den ersten Komponisten von Concerti grossi gehörte. Ebenfalls in Bologna wirkte G. Torelli, Mitglied der Filarmonica ab 1684, der für das Solokonzert u. das Concerto grosso die Dreisätzigkeit (schnell-langsam-schnell) verbindlich machte. Als weitere Mitglieder dieser B. S. lassen sich P. d'Albergati, P. degli Antonii, G. C. Arresti, G. B. Bassani, M. Cazzati, D. Gabrieli, F. Gasparini u. G. P. Colonna betrachten.

Bomtempo, João D., portug. Komponist, * 28. 12. 1775 Lissabon, † 18. 8. 1842 ebd. Erhielt ersten Unterricht von seinem Vater, einem aus Italien stammenden Oboisten. Reiste 1802 zur weiteren Ausbildung nach Paris, wo auch seine 1. Sinfonie 1809 zur Aufführung kam. Im gleichen Jahr stellte er sich dem Pariser Publikum als Begleiter des Geigers Felipe Libon vor. Verschiedene Reisen führten ihn nach London, wo er M. Clementi kennenlernte, der auch einen Teil seiner Kompositionen verlegte. 1833 wurde er Direktor des neugegründeten Königlichen Konservatoriums in Lissabon.

Zu B. Werken gehören: die Oper *Alessandro in Efeso*, 6 Sinfonien, 4 Klavierkonzerte, Kantaten, 3 Requiem, Messen u. Kammermusik. 1816 veröffentlichte B. in London »Método de Piano«.

Bondon, Jacques, franz. Komponist u. Dirigent, * 6. 12. 1927 Boulbon. Studierte an der Pariser École C. Franck Geige u. Dirigieren, am Conservatoire u. a. bei D. Milhaud Komposition.

Zu B. Werken gehören: die Opern *La nuit foudroyée* u. *Les arbres* (1964) sowie *Mélusine au rocher* (1968), die Konzerte für Trp., Streichorch. u. Schlagzeug (1957), für Git. u. Orch. (1966) u. für V. u. Orch. (1966), *Le taillis ensorcelé* für Orch. (1954), Kammermusik, bei der auch die Ondes Martenot eingesetzt werden, Vokalwerke u. zur Eröffnung der Olympischen Winterspiele in Grenoble 1968 die *Suite pour les Xe jeux* für Chor, Schlagzeugensemble, Tasteninstr. u. Orch.

Bonet, Narciso, span. Komponist, * 22. 1. 1933 Barcelona. Studierte bei N. Boulanger in Paris. War wesentlich am Aufbau der Jeunesses Musicales in Spanien beteiligt, deren internationaler Präsident er 1962 wurde.

B. komponierte neben *Canciones* für Chor (1956) u. 1 Messe für Chor u. Orch. (1957) 1 Konzert für Vc. u. Orch. (1963) sowie Kammermusik.

Bononcini, 1. Giovanni M., ital. Komponist, * 23. 9. 1642 Montecorone, † 19. 10. 1678 Modena. Schüler Giovanni P. Colonnas in Bologna, wo er auch Kirchenkapellmeister wurde. 1668 erfolgte die Aufnahme in die Accademia Filarmonica. Ab 1671 war er Mitglied der Hofkapelle in Modena u. ab 1674 Domkapellmeister an der dortigen Kathedrale.

B. schrieb neben Triosonaten u. 1 5–6st. Sinfonie mit B.c. Kirchensonaten, Madrigale u. Kantaten sowie die Kompositionslehre »Musico prattico« op. 8 (1673).

2. Giovanni, Sohn von 1., ital. Komponist, * 18. 7. 1670 Modena, † 9. 7. 1747 Wien. Erhielt wie sein Vater Unterricht bei G. P. Colonna in Bologna u. wurde dort 1688 Kapellmeister. Außerdem nahm er Cellounterricht bei G. Buoni. Bereits 1685 kam sein op. 1 *Trattenimenti da camera a 3* heraus, denen *Sinfonie a 3, Sinfonie da Chiesa,* Oratorien u. Messen folgten. 1692–96 hielt sich B. in Rom auf, wo er sich einen Namen als Opernkomponist machte. Über Venedig gelangte er nach Wien. Dort ist er als Hofkomponist 1700 nachgewiesen. Er schrieb für Wien u. a. die Opern *La fede publica* (1699) u. *Endimione* (1706). Einladungen an den Berliner Hof gipfelten in den Aufführungen der Opern *Polifemo* (1702) u. *Gli amori di Cefalo e Procri* (1704). Ab 1711 hielt sich B. wieder in Italien auf, bis ihn 1720 ein Ruf nach London erreichte, da mit Einrichtung der Royal Academy of Music der Bedarf an italienischen Opern gestiegen war. Trotz der sich abzeichnenden Rivalität mit G. F. Händel wurden die Opern B. in der Academy mit viel Erfolg aufgeführt, u. a. *Astarto* (1720), *Ciro, overo Odio et Amore* (1721) u. *Griselda* (1722). Gemeinsam mit F. Amadei u. Händel entstand *Muzio Scevola* (1722), eine Oper, für die jeder der drei Komponisten einen Akt beisteuerte. Händels Arbeit schnitt beim Publikum am besten ab. Er wurde vom Hof gefördert, während sich B. der Gunst der Rutlands, Queensberrys u. Marlboroughs erfreute. Die letzteren ermöglichten ihm ein sorgenfreies Leben u. bestellten auch das Anthem auf den Tod des Herzogs Marlborough (1722) bei ihm. Durch die bis heute nicht bewiesene Behauptung, er habe ein Madrigal von Lotti bei der Academy of Ancient Music als eigene Arbeit eingereicht, wurde seine Stellung in London unhaltbar. Er schloß sich dem Alchimisten Conte Ughi an, mit dem er nach Frankreich reiste. 1737 tauchte er noch einmal in Wien auf, wo seine Oper *Alessandro in Sidone* u. das Oratorium *Ezechin* sowie 1741 ein Te Deum aufgeführt wurden. Dann scheint er nicht mehr mit größeren Werken an die Öffentlichkeit getreten zu sein. Neben Opern, Oratorien u. Bühnenmusiken sind Motetten, Psalmen, Madrigale, Kantaten u. Serenaden erhalten.

3. Antonio M., Sohn von 1., ital. Komponist, * 18. 6. 1677 Modena, * 8. 7. 1726 ebd. Hatte bereits mit 21 Jahren an der Oper von Neapel mit *Il trionfo di Camilla* einen durchschlagenden Erfolg. Der Vater muß ihn zu seinen Gastspielen nach Berlin mitgenommen haben. Nach G. Ph. Telemanns Zeugnis hat er dort gemeinsam mit seinem Bruder 1702 im Orchester gespielt, als des Vaters *Polifemo* zur Aufführung kam. Gleichzeitig mit dem Vater hielt er sich 1704–11 auch in Wien auf, wo viele seiner Opern u. Oratorien gegeben wurden. 1714 war er in Rom u. ab 1721 Hofkapellmeister in Modena. Neben Opern u. Oratorien sind eine 5st. Messe u. ein 4st. Stabat mater erhalten.

Bonporti, Francesco A., ital. Komponist, * 11. 6. 1672 Trient, † 19. 12. 1748 Padua. Studierte in Innsbruck u. am Collegio Germanico in Rom. Dort erhielt er auch Geigenunterricht u. lernte das Kompositionshandwerk bei G. Pitoni u. A. Corelli oder einem von dessen Schülern. 1695 kehrte B. in seine Heimatstadt Trient zurück u. ließ im Jahr darauf seine ersten 10 Triosonaten als op. 1 in Venedig erscheinen. In den folgenden Jahren widmete er seine Kompositionen einer Reihe hochgestellter Persönlichkeiten, in der Hoffnung, eine ihm angemessene Position zu erhalten. Offensichtlich mußte sich B. aber mit einer kleinen Anstellung an der Kathedrale von Trient zufriedengeben, die er bis zu seiner Pensionierung 1740 innehatte. Er zog sich für die letzten neun Lebensjahre nach Padua zurück. Neben Sonaten, Concerti u. Motetten sind besonders seine *Invenzioni a violine solo* op. 10 (1712) von Bedeutung. Abgesehen davon, daß vier Nummern Bach zugeschrieben wurden, weil sie in einer Abschrift von diesem existieren, ist ihre Bedeutung für die Weiterentwicklung der Geigenliteratur bis heute unterschätzt worden.

Bontempi, Giovanni A. (eigtl. Angelini), ital. Komponist u. Sänger, * um 1624 Brufa Torgiana, † 1. 6. 1705 ebd. Studierte bei V. Mazzocchi in Rom u. wurde um 1643 Sänger (wahrscheinlich Kastrat) an S. Marco in Venedig. Ab 1647 war er Mitglied der Kapelle des Kurprinzen u. später neben H. Schütz Kapellmeister in Dresden. Diesen Posten gab er jedoch bald wieder auf, widmete sich der Architektur u. den Wissenschaften. Von einem Italienaufenthalt abgesehen, blieb B. bis 1680 in Dresden, um dann endgültig nach Perugia zurückzukehren. In Dresden brachte er die Opern *Paride* (1662), *Die in Lorbeer verwandelte Daphne* (1672, gemeinsam mit M. G. Peranda) u. *Io* (1673) heraus. Außerdem veröffentlichte er die theoretischen Werke »Nova quatuor vocibus componendi methodus« (Dresden 1660), H. Schütz gewidmet, »Tractatus in quo demonstrantur occultae convenientiae sonorum systematis participati« (Bologna 1690) u. »Historia Musica« (Perugia 1695).

Boogie-Woogie, ein im Süden der Vereinigten Staaten entstandener Klavierstil u. die bekannteste Ausprägung des → Barrelhouse style. Der B.-W. basiert auf dem 12taktigen Blues-Schema u.

den Blues-Harmonien. Während die linke Hand als sog. walking bass gleichmäßig rollende Ostinatofiguren spielt (acht Achtel auf jeden Takt), improvisiert die rechte dazu kontrastierende Melodiefiguren, wobei Triller, gebrochene Akkorde u. Tremoli vorherrschen. Zu den großen B.-W.-Interpreten gehörten Jimmy Yancey, Meade Lux Lewis u. Clarence »Pinetop« Smith. Der letztere soll auch die Bezeichnung B.-W. erfunden haben. Die B.-W.-Tanzwut wurde von Tommy Dorsey ausgelöst, der mit seiner Big Band den Boogie populär machte.

Boosey & Hawkes Music Publishers Ltd., engl. Musikverlag in London, entstand 1816 durch Herauslösung der Musikabteilung aus Thomas Booseys Buchvertrieb u. Leihbücherei. Das neue Geschäft wurde von seinem Sohn Thomas jr. geleitet, der bereits 1820 die engl. Übersetzung von J. N. Forkels Bach-Biografie herausbrachte. Er wurde der engl. Verleger für Werke J. N. Hummels, B. Rombergs, Ch.-A. de Bériots, G. Rossinis u. S. Mercadantes u. galt lange Zeit auch als Vertreter der ital. Oper mit V. Bellini, G. Donizetti u. G. Verdi. Auf Grund eines Gerichtsurteils verlor er 1854 *La Sonnambula, La Traviata, Il Trovatore* u. *Rigoletto*. Auf der Suche nach neuen Einnahmequellen verfiel sein Sohn John auf billige Klassikerausgaben sowie eine Royal Edition von Opern. Außerdem spezialisierte sich das Verlagsunternehmen auf Operetten u. Balladen. Nach 1850 begann Boosey & Co mit dem Bau von Holz- u. Blechblasinstrumenten u. richtete 1867 die berühmten Ballad Concerts ein. 1874 Eröffnung des Geschäfts in der Regent Street Nr. 295, wo B. & H. England heute noch firmiert. Gleichzeitig ging der Trompeter W. H. Hawkes mit dem Militärkapellenleiter J. P. Rivière eine geschäftliche Verbindung ein, aus der Verlag u. Instrumentenbau Hawkes & Son entstehen sollte. Um sich nicht gegenseitig Konkurrenz zu machen, fusionierten beide Unternehmen 1930 zu B. & H. Hawkes & Son brachte in diese Verbindung verschiedene Vertretungen europäischer Verlage ein, u. a. die Universal Edition u. den Wiener Philharmonischen Verlag, die Éditions Belaieff, die Édition Russe de Musique u. Gutheil. Damit hatte der neue Verlag Zugriff auf die 2. Wiener Schule, G. Mahler, B. Bartók u. Z. Kodály sowie die Russen. Auf der Suche nach neuen Talenten wurde 1935 B. Britten vertraglich an den Verlag gebunden. Der Anschluß Österreichs 1938 gab B. & H. die Möglichkeit, die Universal-Edition-Niederlassung in London, einen Großteil der bis dahin in Wien verlegten Werke sowie emigriertes Personal zu übernehmen. Noch vor Kriegsausbruch brachte B. & H. in eigener Verantwortung von B. Bartók das Violinkonzert u. das *Divertimento für Streicher* heraus. Am 1. 1. 1943 wurde durch Vermittlung von W. Furtwänglers ehemaliger Privatsekretärin das Verlagsrecht an allen Strauss-Opern übernommen. Ausgespart blieben nur die Gebiete der sog. Achsenmächte. 1945 autorisierte R. Strauss diese Transaktion nachträglich und blieb dem Verlag bis zu seinem Tode treu. 1947 wurden von S. Kussewitzky alle Rechte an der Édition Russe u. Gutheil übernommen. Damit wurde u. a. I. Strawinsky Verlagskomponist. Inzwischen hat B. & H. seinen Hauptgeschäftssitz nach New York verlegt, Filialen existieren in Kanada, Australien, Südafrika, Deutschland u. Frankreich. Zu weiteren Komponisten des Verlages zählen E. Bloch, A. Copland, G. Holst, P. M. Davies, A. Ginastera, B. Martinů, R. Vaughan Williams u. I. Xenakis. Außerdem vertritt B. & H. den Russ. Staatsverlag in Westeuropa u. Amerika. Gleich nach dem 2. Weltkrieg war es wesentlich B. & H. mitzuverdanken, daß in dem damals sehr subventionsunlustigen England Covent Garden als Opernhaus erhalten blieb. Der Verlag gibt mit »Tempo« eine Vierteljahresschrift für moderne Musik heraus, die dt. Filiale verlegt die Schriftenreihe »Musik der Zeit«.

Bootleg Records → Raubpressung

Borck, Edmund von, dt. Komponist u. Dirigent, * 22. 6. 1906 Breslau, † (gefallen) 16. 2. 1944 bei Nettuno, Italien. Studierte in Breslau u. Berlin, wurde anschließend Theaterkapellmeister in Frankfurt a. M. 1939 bis zum Kriegseinsatz Lehrer für Theorie u. Komposition am Städtischen Konservatorium Berlin. Zu seinen Werken gehören die Oper *Napoleon* (1942), die Orchesterwerke 5 Stücke (1933), *Präludium u. Fuge* (1934), Konzert (1936), *Thema, Variationen u. Finale* (1936), *Symphonisches Vorspiel* (1940), Konzert für Altsax. u. Orch. (1932), Concertino für Fl. u. Streicher (1936), Klavierkonzert (1941), Kammermusik. In seiner Musik verbindet sich die Klangwelt P. Hindemiths mit spätromantischen Vorstellungen.

Bordes, Charles M. A., franz. Komponist, * 12. 5. 1863 Vouvray sur Loire, † 8. 11. 1909 Toulon. Studierte Klavier bei A. F. Marmontel u. Komposition bei C. Franck. 1887–89 Kirchenkapellmeister u. Organist in Nogent-sur-Marne, ab 1890 in gleicher Stellung an St-Gervais in Paris. Beschäftigte sich mit der Erneuerung alter Kirchenmusiktradition u. veranstaltete vielbeachtete Aufführungen geistlicher Werke. Zu diesem Zweck gründete er gemeinsam mit V. d'Indy 1892 die Association des Chanteurs de St-Gervais u. 1894 die Schola Cantorum.

B. komponierte: *Rhapsodie auf ein baskisches Thema* für Kl. u. Orch., Fantasie für Orch. mit obligater Trp., Kammermusik, Motetten, Lieder u. eine unvollendete Oper *Les Trois Vagues*. Außerdem gab er »Archives de la tradition basque« u. »Anthologie des maîtres religieux du XVe au XVIIe siècle« heraus.

Bordogni, Giulio M., ital. Gesangslehrer u. Sänger, * 23. 1. 1789 Gazzaniga, † 31. 7. 1856 Paris. Schüler von S. Mayr, 1813–15 in Mailand, 1819–33 am Théâtre-Italien in Paris engagiert. Daneben 1820–23 und später bis an sein Lebensende Gesangslehrer am Pariser Conservatoire. Zu seinen Schülern gehörte H. Sontag. B. verfaßte 6 Hefte mit Vokalisen, 36 für jede Stimmlage, die teilweise heute noch benutzt werden.

Bordun wurden die außerhalb des Griffbretts der Fiedel laufenden Saiten sowie die mitschwingenden Saiten der Drehleier u. der Viola d'amore genannt. Der gleiche Ausdruck fand auch für die tiefen Pfeifen des Dudelsacks Verwendung, ebenso wie für tiefe Glocken u. die tiefsten gedackten Pfeifen der Orgel. Bordunieren heißt die in der Volksmusik weitverbreitete Angewohnheit, einen Satz mit lange angehaltenen tiefen Tönen anzureichern.

Boretz, Benjamin A., amer. Komponist u. Musikforscher, * 3. 10. 1934 New York. Studierte am Brooklyn College, an der Brandeis University u. in Princeton. Erhielt Kompositionsunterricht von M. Babbitt, D. Milhaud u. R. Sessions.

Zu B. Kompositionen gehören 1 Konzert für Streicher (1955), 1 Violinkonzert (1956) u. Kammermusik.

Bornefeld, Helmut, dt. Komponist, * 14. 12. 1906 Stuttgart-Untertürkheim. Studierte Klavier u. Komposition in Stuttgart, wurde Chorleiter in Eßlingen, ab 1937 Kantor u. Organist in Heidenheim, 1952 Kirchenmusikdirektor. B. gehört zu den Reformatoren der evangelischen Kirchenmusik. Im Mittelpunkt seines Schaffens steht die Verbindung von Musik u. Liturgie. So gab er eine nach dem Kirchenjahr angeordnete Sammlung von Choralbearbeitungen für verschiedene Besetzungen (6 Bde.) heraus, außerdem Orgelchoralsätze, Choralvorspiele, Choralmotetten a cappella, Choralpartiten für Org. u. Choralsonaten für verschiedene Instr. Er schrieb des weiteren Sonatine für Blechbläser (1964), Kompositionen für Singstimme u. verschiedene Instr., meist jedoch unter Einbeziehung der Org. B. hat sich auch mit Fragen des Orgelbaus beschäftigt u. mehrere Schriften zu diesem Thema veröffentlicht: »Orgelmusik heute«, 1961; »Orgelspiegel«, Kassel 1966. Außerdem erschien von B.: »H. Distler u. sein Werk«, 1963.

Borodin, Alexander P., russ. Komponist, * 12. 11. 1833 Petersburg, † 27. 2. 1887 ebd. Als natürlicher Sohn des Fürsten Gedeanov erhielt B., wie damals üblich, den Namen eines der Leibeigenen des Fürsten. Er wuchs bei seiner Mutter ohne materielle Sorgen auf und begann mit 8 Jahren, sich für Militärmusik zu interessieren. Die einmal gehörten Stücke konnte er ohne Schwierigkeiten auf dem Klavier wiedergeben. Zu seiner Förderung erhielt er darauf Flötenunterricht. Mit 9 Jahren komponierte er die Klavierpolka *Hélène*, mit 14 ein Konzert für Fl. u. Kl. sowie eine Flöten- u. eine Cellosonate für den Hausgebrauch. Gleichzeitig interessierte sich der Junge, der zusammen mit einem Altersgenossen dreisprachig aufwuchs, für Chemie. 1850–56 folgte das Studium an der Petersburger Medicochirurgischen Akademie, das 1858 mit der Promotion abgeschlossen wurde. Danach unternahm B. Studienreisen nach Deutschland, wo er sich längere Zeit in Heidelberg aufhielt, Holland, Italien u. Frankreich. Als er 1862 nach Petersburg zurückkehrte, brachte er als seine Frau eine russ. Pianistin mit, die er in Deutschland kennengelernt hatte. 1864 wurde B. ordentlicher Professor für Chemie an seiner alten Akademie u. erhielt eine Dienstwohnung zugewiesen, in der er bis zu seinem Tode leben sollte. Wieder in Petersburg, machte B. die Bekanntschaft von M. Balakirew, der ihn zu weiteren Kompositionen ermunterte u. ihm bei der Niederschrift seiner 1. Sinfonie behilflich war. Balakirew leitete 1869 auch die Uraufführung dieses Werks. Ein *Pasticcio Bogatyri*, in dem B. auch Musiken G. Rossinis, G. Meyerbeers, J. Offenbachs u. anderer verarbeitet hatte, wurde anonym 1867 in Moskau aufgeführt, blieb aber ohne Wirkung. Um die Jahreswende 1868/69 vertrat B. seinen Freund C. Cui als Kritiker einer Petersburger Zeitung. Die ersten Arbeiten an einer 2. Sinfonie wurden aber aufgegeben, als der Kunst- u. Musikkritiker Stassow, der übrigens auch den Ausdruck »Mächtiges Häuflein« für M. Balakirews Gruppe geprägt hatte, ihm den Igor-Stoff zusandte. B. begeisterte sich anfänglich u. komponierte Teile, die er ab 1870 bei Wiederaufnahme der 2. Sinfonie für diese verwandte. Anfang 1872 wurde B. mit N. Rimskij-Korsakow, M. Mussorgskij u. C. Cui vom Marientheater aufgefordert, eine Ballettoper zu schreiben. B. 4. Akt für diese Oper *Mlada* blieb unvollendet u. wurde später von Rimskij-Korsakow instrumentiert. Die 2. Sinfonie, wahrscheinlich 1875 fertiggestellt, erlebte ihre Uraufführung 1877, ohne großen Anklang zu finden. Erst die Aufführung der rev. Fassung unter Rimskij-Korsakow 1879 brachte Erfolg. Eine Woche später kamen auch die *Polowetzer Tänze* zur Uraufführung. Insgesamt hat B. 20 Jahre am *Fürst Igor* gearbeitet, aber die endgültige Fassung der Oper stammt von N. Rimskij-Korsakow u. A. Glasunow, die Uraufführung fand erst 1890 im Marientheater in Petersburg statt. Als angesehener Professor der

Chemie unternahm B. immer wieder Reisen zu internationalen Veranstaltungen u. fand dabei auch Zeit, sich um die Verbreitung seiner Musik zu kümmern. So besuchte er anläßlich einer Deutschlandreise 1877 F. Liszt in Weimar, der sich für seine Kompositionen einzusetzen begann. 1880 entstand *Eine Steppenskizze aus Mittelasien* für Orch., 1880/81 das 2. Streichquartett in D-Dur. Zu Ehren des Verlegers Beljajew, der zur Förderung der neuen russ. Musik einen Verlag in Leipzig gegründet hatte, entstand gemeinsam mit N. Rimskij-Korsakow, A. Glasunow u. A. Ljadow 1886 das Streichquartett B-La-F, zu dem B. eine *Serenata alla spagnola* beisteuerte. Die 1886 begonnene 3. Sinfonie konnte B. nicht mehr vollenden. Er starb auf einem Maskenball seiner Fakultät.

Neben den bereits erwähnten Bühnenwerken, Sinfonien u. Streichquartetten schrieb B.: Trio für 2 V. u. Vc. auf ein Thema G. Meyerbeers aus *Robert le Diable* (1847); Fantasie auf ein russ. Thema für 2 V. u. Vc. (1855); Streichsextett (1860); Quintett für 2 V., Va., Vc. u. Kl. (1862); Klaviertrio u. Scherzo für Streichquartett, das in die 3. Sinfonie übernommen wurde; Klavierstükke, darunter *Petite Suite* (1878–85) u. Scherzo in As-Dur (1885) sowie eine Reihe von Romanzen.

Lit.: W. W. Stassow, A. P. B., franz. Übersetzung, 2 Bde., Paris 1893; S. A. Dianin (Hg.), Die Briefe A. P. B., 4 Bde., Moskau u. Leningrad 1927–50; D. Brook, Six Great Russian Composers, London 1946; V. I. Seroff, Das mächtige Häuflein, Zürich 1963.

Borowski, Felix, amer. Komponist poln. Herkunft, * 10. 3. 1872 Burton, England, † 6. 9. 1956 Chicago. Studierte am Kölner Konservatorium u. wurde 1897 Lehrer am Musical College in Chicago. Neben verschiedenen Lehraufträgen schrieb B. Musikkritiken für mehrere Zeitungen u. war ab 1908 Verfasser der Programmhefte des Chicago Symphony Orchestra.

Zu B. Kompositionen gehören: die Oper *Fernando del Nonsensico* (1935), die Ballett-Pantomimen *Boudoir* (1918) u. *Pierrot in Arcady* (1920), das Ballett *A Century of the Dance* (1934), 3 Sinfonien, sinfonische Dichtungen, 1 Klavierkonzert (1913), 1 Streichquartett (1930), Klaviermusik u. Lieder.

Borries, Fritz von, dt. Komponist, * 2. 12. 1892 Einbeck. Studierte u. a. bei M. Reger u. M. von Schillings, war 1920–23 Kapellmeister in Plauen u. Gera, bis 1927 Konzertbegleiter, 1927–33 Lehrer am Konservatorium Klindworth-Scharwenka in Berlin, 1936–37 an der Musikhochschule in Berlin, dann leitende Position in der Reichsmusikkammer und im Reichspropagandaministerium. Seit seiner Entlassung aus der Haft 1950 wieder als freischaffender Komponist tätig.

B. schrieb u. a. die Oper *Magnus Fahlander* (1937), Bühnenmusiken, 1 Violinkonzert, Kammermusik, Klaviermusik u. Lieder. 1956 erschienen seine »Grundlagen der Stimmtechnik«.

Borris, Siegfried, dt. Komponist, * 4. 11. 1906 Berlin. Wechselte 1927 vom Studium der Volkswirtschaft zum Kompositionsstudium bei P. Hindemith. 1929 Musikwissenschaft bei A. Schering, bei dem er 1933 auch promovierte. 1929–33 Hochschullehrer, bis Kriegsende Privatmusiklehrer, anschließend Professor u. Senator an der Hochschule für Musik in Berlin. B. machte sich einen Namen mit Liedern, Kanons u. Jugendopern, beschäftigte sich dann aber zunehmend mit den großen Musikformen.

Zu B. Werken gehören u. a.: 5 Sinfonien, Konzerte für Cemb., Fl. Gambe, Horn, Orgel u. Ob. mit Orch., das Ballett *Das letzte Spiel,* Kantaten, Orgelmusik, Kammermusik u. Lieder. Zu seinen Schriften gehören u. a.: »Praktische Harmonielehre«, Berlin 1950; »Einführung in die moderne Musik«, Halle 1950; »Die Oper im 20. Jh.«, Wolfenbüttel 1962; »Der Schlüssel zur Musik von heute«, Düsseldorf 1967; »Die großen Orchester«, Hamburg 1969.

Bortkjewitsch, Sergej E., russ. Komponist, * 28. 2. 1877 Charkow, † 25. 10. 1952 Wien. Studierte 1896–99 Jura in Petersburg u. gleichzeitig bei van Ark u. A. Ljadow am Konservatorium Musik. Besuchte 1900–02 das Konservatorium in Leipzig u. ließ sich 1904–14 in Berlin nieder. Dort gab er kurze Zeit Klavierunterricht. Bei Kriegsausbruch trat er in die russ. Armee ein, lebte 1920–22 in Konstantinopel u. anschließend bis zu seinem Lebensende in Wien.

B. komponierte die Oper *Acrobats,* 2 Sinfonien, sinfonische Dichtungen u. Suiten, 3 Klavierkonzerte, 1 Violin- u. 1 Cellokonzert, Kammermusik u. Klavierstücke.

Bortnjanskij, Dmitrij St., russ. Komponist, * 1751 Gluchow, † 10. 10. 1825 Petersburg. Kam als Chorknabe 1759 nach Petersburg, erhielt dort vom Hofkomponisten B. Galuppi Kompositionsunterricht u. folgte diesem mit einem Stipendium Katharinas II. nach Venedig, wo er seine Studien fortsetzte. Reisen nach Bologna, Rom u. Neapel schlossen sich an. Von den 3 in Italien geschriebenen Opern ist nur *Alcide* (1778) erhalten. 1779 kehrte B. nach Petersburg zurück und komponierte 1786–87 4 franz. komische Opern, die alle aufgeführt wurden, von denen aber nur *Le faucon* u. *Le fils rival* erhalten sind. Unter Paul I. wurde B. zum Direktor der Hofsängerkapelle ernannt u. schuf eine große Anzahl geistlicher Werke, bei denen er den Versuch unternahm, das Erbe G. P. Palestrinas mit der russ. Kirchenmusik zu verschmelzen. Außerdem hinterließ B. 1 Sinfonie, Kammermusik u. Klaviersonaten. P. Tschaikowsky gab seine Werke in einer 10 Bde. umfassenden GA 1882 in Moskau heraus.

Bortolotti, Mauro, ital. Komponist u. Pianist, * 26. 11. 1926 Narni. Studierte am Conservatorio di Musica S. Cecilia in Rom Klavier und Orgel u. bei G. Petrassi Komposition. Er gehört zu den

Mitbegründern der Vereinigung Nuova Consonanza in Rom. Erfahrungen mit der elektronischen Musik machte er bei P. Grossi in Florenz.

B. komponierte neben der Kantate für T. u. Orch. (1955), dem Konzert für Orch. (1956) u. Werken für Singstimme u. Orch. hauptsächlich Kammermusik.

Borup-Jørgensen, Jens A., dän. Komponist, * 22. 11. 1924 Hjørring. Studierte am Königlich Dän. Konservatorium in Kopenhagen bei A. Rachlew (Klavier) u. P. Schierbeck u. J. Jersild (Instrumentation). Die ersten mit Opuszahlen versehenen Kompositionen entstanden 1948. 1965 gewann er mit *Nordisk sommerpastorale* den Kompositionspreis von Danmarks Radio.

Zu B.-J. Werken gehören: Passacaglia für Streichorch. (1948); Concertino für Kl., Fl., Fag. u. Streicher (1948–49); Concerto für Klar. u. Orch. (1949–50); Kammerkonzert für V. u. kleines Orch. (1951); *Marin* für Orch. (1963–70); Musik für Schlagzeug u. Va. (1956); *Af Duineser elegier* nach R. M. Rilke für Mezzo-S., Fl. u. Vc. (1956); *Mikroorganismer* für Streichquartett (1956); *Sommasvit* für Streichorch. (1957); *Winter Pieces* für Kl. (1959); *Im Nebel* nach H. Hesse für Singst. u. Streichorch. (1959–61); *Cretaufoni* für Orch. (1960–61); *Insulae* für Streichorch. (1961–62), *Schlußstück* nach R. M. Rilke für 16 St., Kl., Cemb. u. Schlagzeug (1963–64); *Nordisk sommerpastorale* für Holzbläser, 4 Hörner, Hf., Kl., mehrere V. u. Va. (1964); *Torso* für Streichquartett u. Tonband (1965), *Prisma Parafrase* für 3 Vokalisten, 3 Schlagzeuge, Kl., Va. u. Vc. (1966); *Aria per alto e strumenti* (1967); *Winterelegie* nach J. Ch. F. Hölderlin für S., Mezzo-S., A., Fl., Ob., Fag., 2 Schlagzeuge, Kl., 2 V. u. Va. (1968).

Bose, Hans-Jürgen von, dt. Komponist, * 24. 12. 1953 München. Verbrachte seine Kindheit in München, Beirut u. Frankfurt. Unternahm mit 8 Jahren seine ersten Kompositionsversuche. Unterricht am Hochschen Konservatorium in Frankfurt a. M., nach dem Abitur 1972 Wechsel an die Frankfurter Musikhochschule. Studierte dort Komposition bei H. U. Engelmann u. Klavier bei K. Billing. Förderung durch W. Fortner. 1975 Stipendiat der Studienstiftung des Dt. Volkes u. der Heinrich-Strobel-Stiftung des Südwestfunks Baden-Baden. Nach einer Reihe von Frühwerken, u. a. einem Violin- u. einem Klavierkonzert, 1. Preis beim Internationalen Kompositionswettbewerb der Sommerlichen Musiktage Hitzacker für *Threnos*, Duo für Bratsche u. Cello, eine »Hommage à B. A. Zimmermann«. B. hält sich offen für jede neue Kompositionsform. Die Verwendung von Zentraltönen fällt auf. Er sagt über sich selber, er mache den Versuch, Tonales in einem fast semantischen Sinne zu gebrauchen, wie etwa in bestimmten Collagen, wo dann auch oft eine zur Tonalität gehörende Gestalt zitiert wird.

Zu B. Kompositionen gehören: die beiden einaktigen Opern *Blutbund* (nach einem Schattenspiel von R. del Valle-Inclán, 1974) u. *Das Diplom* (nach L. Pirandello, 1975); die Orchesterwerke *Morphogenesis* (1975), 1. Sinfonie (1976), *Musik für ein Haus voll Zeit* (1977), *Travesties in a Sad Landscape* (1978) u. Variationen für Streicher (1981); *Three Songs* für T. u. Kammerorch. (1977) u. *Symphonisches Fragment* für T., Bar., B., gem. Chor. u. Orch. (1980); Kammermusikwerke wie 1. Streichquartett (1973), *Fünf Kinderreime aus »Des Knaben Wunderhorn«* (1974), *Threnos* für Va. u. Vc. (1975), Sonate für V. solo (1975), 2. Streichquartett (1976/77), Streichtrio (1978) u. Variationen für Vc. solo (1978/79). 1981 entstand *Die Nacht aus Blei* (kinetische Handlung).

Boßler, Kurt, dt. Komponist, * 10. 7. 1911 Duisburg. Nach Ausbildung bei H. Degen u. am Musiklehrerseminar des städtischen Konservatoriums ab 1943 Lehrer für Komposition in Freiburg, ab 1945 Organist u. freiberuflicher Musiklehrer, ab 1963 Dozent für Komposition am Evangelischen Kirchenmusikalischen Institut in Heidelberg.

B. komponierte u. a. Kantaten, Psalmen, 1 Motette, Kammermusik u. Lieder.

Bosmans, Arthur, brasilian. Komponist u. Dirigent belg. Herkunft, * 13. 10. 1908 Brüssel. Studierte in Mons u. Brüssel u. kam über Lissabon nach Brasilien, wo er sich als Orchesterleiter u. Kompositionslehrer einen Namen machte. Bei seinen eigenen Arbeiten versucht B. eine Verschmelzung von brasilian. Folklore, Jazz u. zeitgenössischer Musik.

B. schrieb u. a. Suiten u. sinfonische Dichtungen, verschiedene Konzerte, u. a. ein *Blue Requiem* für großes Jazz-Orch., Kammermusik, Klavierstücke, Lieder, Ballettmusiken u. Filmmusiken.

Bossa Nova, brasilian. Slang-Ausdruck für »Art u. Weise, etwas zu tun«, dann im übertragenen Sinne »neue Art, den Samba zu interpretieren«. Durch Vereinfachung der Rhythmusgruppe des Samba erhielten Schlagzeug u. Git. ganz neue Aufgaben. Sie brachten besonders bei João Gilberto eine völlig veränderte Klangfarbenskala hervor. Gleichzeitig änderte sich auch die Melodieführung, indem sie sich den neuen raffinierteren Harmonien u. Modulationen anpaßte. Dabei wird häufig der Eindruck des »desafinado«, des leicht falsch gestimmten Tons oder des verzögerten Beat, erweckt. Die Melodieführung fällt außerdem durch unglaubliche Leichtigkeit u. Beschwingtheit auf. Sie wirkt häufig fast impressionistisch. Einflüsse des B. N. finden sich bei einer Reihe großer amer. Musiker wie Stan Getz, Charlie Parker, Coleman Hawkins, Roy Eldridge u. sogar Frank Sinatra. Zu den wichtigen brasilian. Vertretern des B. N. gehören Sergio Mendes, Baden Powell, Tom Jobim, João u. Astrud Gilberto.

Gustav Bosse Verlag Regensburg KG, hervorgegangen aus dem 1912 von Gustav B. in Regensburg gegründeten Buchverlag, in dem die Buchreihen »Von dt. Musik« u. »Dt. Musikbücherei«, »Neue Musikbücher«, »Musikalische Romane«, »Kölner Beiträge zur Musikforschung«,

»Forschungsbeiträge zur Musikwissenschaft«, »Beiträge zur Musikgeschichte« u. »Regensburger Beiträge zur musikalischen Volks- u. Völkerkunde« erschienen sind bzw. noch verlegt werden. Die 1929 übernommene »Zeitschrift für Musik« wurde 1955 an den Verlag B. Schott's Söhne abgegeben. Zwischen 1921–27 wurde außerdem ein »Almanach der Dt. Musikbücherei« herausgebracht. Das ab 1952 im B. Verlag erscheinende »Mitteilungsblatt der Musikalischen Jugend Deutschlands« wurde 1969 in »Neue Musikzeitung« umbenannt. Der seit 1946 von Bernhard B. geführte Verlag wurde 1957 in eine KG umgewandelt, in die K. Vötterle (Bärenreiter-Verlag) als persönlich haftender Gesellschafter eintrat.

Bossi, 1. M. Enrico, ital. Komponist u. Organist, * 25. 4. 1861 Salò, † 20. 2. 1925 auf einer Seereise von Amerika nach Europa. Entstammte einer alten Organistenfamilie. Studierte 1871–73 am Liceo Musicale in Bologna, anschließend bis 1881 am Mailänder Konservatorium Komposition bei A. Ponchielli u. Orgel bei P. Fumagalli. Wurde anschließend Domorganist in Como. 1891–95 Professor für Theorie u. Orgel am Konservatorium von Neapel, dann bis 1902 Direktor des Liceo Benedetto Marcello in Venedig. Dort gab er Kompositionsunterricht u. leitete auch die Konzerte »Benedetto Marcello«. 1902–12 Direktor des Liceo Musicale in Bologna, zog sich dann als freischaffender Komponist zurück, übernahm aber 1916–23 noch die Leitung der Accademia di S. Cecilia in Rom. Er verstarb auf der Rückreise von Amerika nach einer überaus erfolgreichen Konzerttournee. Als Konzertorganist hat B. wesentlich zur Einführung des modernen Orgelspiels in den Konzertsaal beigetragen u. auch die Orgelbauer Italiens angeregt. Gemeinsam mit G. Tebaldini verfaßte er »Metodo teorico pratico per lo studio dell'organo moderno« (Mailand ab 1893).

Zu B. Kompositionen gehören: die Opern *Paquita* (1881), *Il veggente*, später umgearbeitet zu *Il viandante* (1890/1906) u. die unaufgeführte Oper *L'angelo della notte*, Motetten, Kantaten, Messen, Orgelwerke, Kammermusik u. Lieder. Besondere Beachtung verdienen die Oratorien *Il Paradiso perduto* (1903) u. *Giovanna d'Arco* (1914).

2. Costante, Bruder von 1., ital. Komponist u. Organist, * 25. 12. 1876 Morbegno, † 4. 1. 1953 Mailand. Erhielt seine Ausbildung am Mailänder Konservatorium u. wurde dort Domorganist. Lehrte 1914–41 am Mailänder Konservatorium Kontrapunkt u. 1924–29 an der Scuola Pontificia di Musica Sacra Komposition u. Orgel.

B. komponierte neben den Opern *Enoch Arden* (1910) u. *Il marito decorativo* (1932) Orchesterwerke, Messen, Orgel- u. Klavierstücke.

3. R. Renzo, Sohn von 1., ital. Komponist, * 9. 4. 1883 Como, † 2. 4. 1965 Mailand. Erhielt ersten Unterricht bei seinem Vater am Liceo Marcello in Venedig, 1902–04 am Leipziger Konservatorium, wo er bei A. Nikisch Dirigieren, bei P. Homeyer Orgel u. bei J. Pembaur jr. Klavier studierte. Nach Anstellungen als Theaterkapellmeister in Altenburg u. Lübeck ging B. als Kapellmeister an die Mailänder Scala u. wurde 1913 als Lehrer für Komposition u. Orgel an das Conservatorio Arrigo Boito in Parma berufen. Von 1916 bis 1954 lehrte er am Conservatorio G. Verdi in Mailand, wo u. a. M. Abbado, B. Bettinelli, P. Clausetti, G. Espinosa, R. Malipiero, O. Nussio u. S. Pintacuda zu seinen Schülern zählten. B. komponierte in der Nachfolge von J. Brahms, verschmolz folkloristische Elemente mit Stilmitteln der Klassik, verwandte Leitmotive u. führte variable Metren ein.

Zu B. Werken gehören: die Opern *Passa la ronda* (1913), *Nell'anno mille* (1916), *Volpino il calderaio* (1923) u. *I commedianti alla corte di Francia* (1930), die Ballettmusiken *Chiomazzurra* (1937) u. *Il trillo del diavolo* (1948), die Funkoper *Il principe felice* (1950), Tondichtungen u. Kammermusik.

Boston, der amer. langsame Walzer, der besonders in Europa um 1920 im Gefolge des Jazz populär wurde. Der B. wurde vorzugsweise von Streichern u. Saxophonen gespielt, wobei nur die Eins im Takt betont wurde. P. Hindemith hat den B. wiederholt in seinen Kompositionen verwandt.

Bosworth & Co., Musikverlag, der auf Anregung von A. Sullivan durch A. E. Bosworth 1889 in Leipzig gegründet wurde. Nach dem 2. Weltkrieg ließ sich das Unternehmen in Köln nieder. Das ursprünglich aus Operetten u. pädagogischen Werken bestehende Programm wurde später um die Gebiete Volks- u. Unterrichtsmusik sowie Unterhaltungsmusik, Jazz u. Pop erweitert.

Bote & Bock, Musikverlag u. Musikalienhandlung in Berlin, gegründet 1838 von Eduard Bote u. Gustav Bock. Widmete sich anfangs den Berliner Komponisten u. brachte O. Nicolais *Die lustigen Weiber von Windsor* heraus. Außerdem erwarb sich B. & B. große Verdienste um J. S. Bach, G. F. Händel, Ch. W. Gluck, J. Haydn, W. A. Mozart u. L. van Beethoven, die sie in Billigausgaben verlegten. Mit der Übernahme des Verlags Lauterbach & Kuhn 1908 kamen eine Reihe von Werken M. Regers zu B. & B. Heute ist der Verlag eine Kommanditgesellschaft, die als Musik- u. Bühnenverlag B. & B. firmiert. Angegliedert sind Musikalienhandlungen u. die B. & B. Schallplattenverkaufsgesellschaft. Zum neueren Verlagsprogramm gehören u. a. B. Blacher, G. von Einem, H. Erbse u. G. Klebe.

Bottesini, Giovanni, ital. Komponist, Dirigent u. Kontrabassist, * 22. 12. 1821 Crema, † 7. 7. 1889 Parma. Zeigte bereits als Chorknabe eine so außergewöhnliche musikalische Begabung, daß er mit elf Jahren in das Mailänder Konservatorium aufgenommen wurde. Dort gab es nur Platz für einen Kontrabaßschüler. B. brachte es in kürzester Zeit zu unglaublicher Virtuosität auf seinem Instrument u. war zeit seines Lebens ein gefragter Solist, der mit seinem dreisaitigen basso da camera die Welt bereiste. B. erhielt seine Ausbildung bei Rossi (Kontrabaß), F. Basili u. N. Vaccai (Harmonielehre u. Komposition). Anschließend bereiste B. zusammen mit dem Geiger L. Arditi Italien u. Amerika. Von dort aus nahm er eine Stellung in Havanna an, wo auch seine erste Oper *Cristoforo Colombo* 1847 herauskam. 1855–57 war er Kapellmeister an dem Pariser Théâtre-Italien, anschließend am Teatro Bellini in Palermo, in Barcelona u. 1871 am Lyceum in London. Im gleichen Jahr dirigierte B. auch zur Eröffnung des Suez-Kanals in seiner Position als musikalischer Leiter der ital. Oper in Kairo die Uraufführung von G. Verdis *Aida*. Neben ständigen Gastspielreisen übernahm B. später die Leitung des Konservatoriums von Parma. Seine Kompositionen sind deutlich von den ital. Meistern des Belcanto beeinflußt. Von seinen Werken ist in letzter Zeit wieder häufiger das Konzert für V. u. Kb. mit Kammerorch. zu hören.

B. schrieb u.a. die Opern *Cristoforo Colombo* (1847), *L'assedio di Firenze* (1856), *Il diavolo della notte* (1858), *Marion Delorme* (1862), *Vinciguerra* (1870), *Alì Baba* (1871), *Ero e Leandro* (1879), u. *La regina di Nepal* (1880). Neben einer Vielzahl von Kompositionen für sein Instrument entstand auch ein 1887 in England aufgeführtes Oratorium *The Garden of Olivet*.

Bottle-neck, eine Gitarrenspielweise im Blues, bei der sich die Spieler abgeschlagene Flaschenhälse auf die Finger steckten, um durch das Entlanggleiten auf den Saiten Glissando-Effekte zu erzeugen. Heute werden die Flaschenhälse durch sog. Slides aus Metall ersetzt. Die Technik wird im Rock aber auch beim City-Blues verwandt.

Botto Vallarino, Carlos, chil. Komponist, * 4. 11. 1923 Viña del Mar. Studierte in Valparaíso u. am Conservatorio Nacional de Música in Santiago. Nahm Kompositionsunterricht bei G. Becerra-Schmidt, D. Santa Cruz u. J. Orrego-Salas.

Zu B. V. Kompositionen gehören Kammermusik u. Klavierstücke, hauptsächlich jedoch Vokalwerke.

Boucourechliev, André, franz. Komponist u. Musikschriftsteller, * 28. 7. 1925 Sofia. Nach Studium 1945–48 an der Musikakademie in Sofia u. 1949–51 an der École Normale de Musique in Paris wurde B. an der École Normale Lehrer u. gleichzeitig Musikkritiker der »Nouvelle Revue Française«. Am Studio für elektronische Musik in Mailand u. beim Service de la Recherche der ORTF Paris machte er sich mit den neuen Kompositionsmitteln vertraut. Ließ sich nach einem Studienaufenthalt in den USA als Kritiker, Schriftsteller u. Komponist in Paris nieder. Er veröffentlichte: »R. Schumann in Selbstzeugnissen u. Bilddokumenten« (Reinbek bei Hamburg 1958).

Zu B. Kompositionen gehören: *Texte I u. II* (1958 und 1959, elektronisch); Klaviersonate (1959); *Signes* für 2 Schlagzeuge, Fl. u. Kl. (1961); *Grodek* für S., 3 Schlagzeuge u. Fl. (1963); *Musiques nocturnes* für Kl., Klar. u. Hf. (1966); *Archipel I* für 2 Kl. u. Schlagzeuge (1967); *Archipel II* für Streichquartett (1968); *Archipel III* für Kl. u. 6 Schlagzeuge (1969); *Archipel IV* für Kl. (1970); *Hommage à Beethoven* für Streicher (1970); Bühnenmusik zu »Die Besessenen« in der Fassung von A. Camus (1971); *Anarchipel* für Hf., verstärktes Cemb., Org., Kl. u. 2 Schlagzeuge (1971); *Faces* für Orch. (1972); *Amers* für 19 Instr. (1973); *Thrène* für Chor u. Tonband (1974); Klavierkonzert (1975); *6 Études de Piranèse* für Kl. (1975); *Le nom d'Œdipe* (théâtre musical für S., Bar., 3 Schauspieler, Instrumentalensemble, Chor u. Tonband, 1978).

Boulanger, 1. Nadia J., franz. Komponistin, Dirigentin u. Lehrerin, * 16. 9. 1887 Paris, † 22. 10. 1979 ebd. Studierte am Pariser Conservatoire bei G. Fauré (Komposition), A. Guilmant u. L. Vierne (Orgel). 1908 erhielt sie für ihre Kantate *La Sirène* den 2. Rompreis. Wurde 1909 Assistentin in der Harmonieklasse des Pariser Conservatoire, lehrte 1920–39 an der École Normale de Musique u. daneben am Conservatoire Américain in Fontainebleau, dessen Direktorin sie 1950 wurde. Die Jahre 1940–46 verbrachte B. in den USA, wo sie an verschiedenen Schulen Lehraufträge wahrnahm. Zwischendurch trat sie auch erfolgreich als Dirigentin auf. Als Theorie-Lehrerin hat sie großen Einfluß auf eine Vielzahl von Komponisten unserer Zeit gehabt. Zu ihren Schülern zählen u.a. J. Françaix, C. Beck u. K. Husa, besonders aber die Amerikaner A. Copland, W. Piston, A. Berger, I. Fine, H. Shapero, L. Talma, E. Carter u. M. Blitzstein. Komponierte gemeinsam mit R. Pugno die Oper *La ville morte* nach G. d'Annunzio, daneben Orchesterwerke, Kammermusik u. Lieder. Sie gilt in Amerika als Begründerin der neoklassischen Bewegung.

2. Lili J., Schwester von 1., franz. Komponistin, * 21. 8. 1893 Paris, † 13. 3. 1918 ebd. Studierte bei P. Vidal Komposition u. gewann mit ihrer Kantate *Faust et Hélène* 1913 den Rompreis.

L. J. B. komponierte u.a. Psalmen für Chor u. Orch., 2 sinfonische Dichtungen, Kammermusik u. Lieder. Die Oper *La Princesse Madeleine* blieb unvollendet.

Boulez, Pierre, franz. Komponist, Dirigent u. Lehrer, * 26. 3. 1925 Montbrison. Schon im katholischen Collège in Saint-Étienne fiel seine Begabung für Mathematik auf, außerdem erhielt er Klavierstunden. 1943 kam B. an das Polytechnikum in Paris, wechselte aber 1944 zum Pariser Conservatoire, wo er den Analysekurs von O. Messiaen besuchte. A. Webern u. Messiaen waren die beherrschenden Einflüsse für den jungen B. 1945–46 Unterricht bei A. Vaurabourg u. R. Leibowitz, der ihn in die Zwölftontechnik einführte. Noch unter dem Einfluß von Messiaen entstanden 1945 *Trois Psalmodies* für Kl. Als erste gedruckte Komposition von B. erschien 1946 die Sonatine für Fl. u. Kl. Auf Empfehlung A. Honeggers wurde B. 1946 musikalischer Leiter des Théâtre Marigny, das von der Compagnie Madeleine Renaud-Jean-Louis Barrault bespielt wurde. Hier dirigierte u. arrangierte er Bühnenmusiken, wobei er zunehmend eigene Kompositionen in den Vordergrund rückte, wie z. B. seine Musik zur »Orestie« 1956. Bereits in der Saison 1953–54 führte B. auf Vorschlag von Barrault die Konzertreihe Domain musical im Marigny ein, die dem Pariser Publikum Werke des 20. Jh. nahebringen sollte. 1951 wurde eine erste Komposition, die inzwischen zurückgezogene *Polyphonie X*, in Donaueschingen aufgeführt, von 1955 bis 1967 war B. Dozent bei den Internationalen Ferienkursen in Darmstadt. Da nach seiner Meinung außer H. Scherchen u. H. Rosbaud kaum Dirigenten in der Lage waren, zeitgenössische Musik sachgemäß aufzuführen, beschloß B., sich selbst mit dem Dirigieren zu beschäftigen. Er verließ 1956 das Théâtre Marigny, dirigierte als ständiger Gast das Südwestfunk-Orchester u. siedelte nach Baden-Baden über. 1960–63 unterrichtete B. an der Musik-Akademie der Stadt Basel Komposition, im Frühjahr 1963 als Gastprofessor an der Harvard University. Ebenfalls 1963 dirigierte er die Erstaufführung des *Wozzeck* in Paris. 1966 wurde B. nach Bayreuth eingeladen u. dirigierte einen umstrittenen *Parsifal*. Ab 1967 ständiger Gastdirigent des Cleveland Orchestra u. 1970–77 in der Nachfolge von L. Bernstein Chefdirigent der New Yorker Philharmoniker. 1971 übernahm er außerdem noch die Leitung des BBC-Sinfonieorchesters. Beide Positionen gab er 1977 auf, um sich dem Komponieren u. der Leitung des IRCAM zu widmen, einer Institution, die dem Pariser Centre Beaubourg angeschlossen ist. Gleichzeitig übernahm B. die Präsidentschaft für das Ensemble Intercontemporain. Während seiner Zeit als Chefdirigent von renommierten Spitzenorchestern hat B. durch kluge Programmgestaltung neue Hörgewohnheiten bewirkt u. sich für die Musik des 20. Jh. eingesetzt. Mit den sog. Rag-Concerts in New York wandte er sich gezielt u. erfolgreich an die Jugend. Im Jubiläumsjahr 1976 trug ihm Wolfgang Wagner an, die Neuinszenierung des *Ring des Nibelungen* zu dirigieren. Unter der Regie von P. Chéreau entstand eine Produktion, die zwar nur geteilte Zustimmung fand, aber Zeichen für ein neues Wagner-Verständnis gesetzt zu haben scheint. Auch als Lehrer hat sich B. in Dirigenten- u. Kompositionskursen immer wieder für eine werkbezogene Interpretation alter u. neuer Musik eingesetzt. In seinen theoretischen Arbeiten versucht er sowohl das Wissensdefizit über musikalische Entwicklungen des 20. Jh. abzubauen als auch neue ästhetische Maßstäbe zu setzen. Sein Frühwerk ist stark von O. Messiaen beeinflußt. In der 1. Klaviersonate wirken A. Schönbergs op. 11 u. 23 nach. Von Messiaen wird die Arbeit mit rhythmischen Zellen übernommen, die vertauscht, interpoliert, teilweise vergrößert oder verkleinert werden. Von A. Webern hat B. den Begriff einer bestimmten Intervalltextur. Von der klassischen Zwölftontechnik ausgehend, erweiterte B. sein Vokabular u. seine Grammatik zu seriellen Strukturen, in denen Tonhöhe, Dauer, Lautstärke u. Klangfarbe organisiert, d. h. zueinander in Bezug gesetzt sind. B. selbst führt in der Analyse seiner Kompositionen folgende Begriffe ein: Mobilität – vielfältiger Ablauf eines Werkes, typografische Anordnung des Notenbildes, der Interpret sieht sich jedesmal einer neuen Ausgangslage gegenüber; Formant – in Analogie zur Akustik hier als Keimzelle eines musikalischen Ablaufs; Developpant – Interferenz zwischen musikalischen Ideen. B. bezieht sich bei der Anordnung seines Materials auf S. Mallarmé u. J. Joyce u. glaubt, daß die Disposition u. der Ablauf des musikalischen Materials nicht von persönlichen Zufälligkeiten abhängen, sondern logisch aus diesem heraus zu entwickeln sind. Über den reinen Zufall hat er einmal gesagt: »Ich bin zutiefst gegen die Abdankung des Komponisten, wenn er Zufallsoperationen einführt, die dem Uninteressanten Tür und Tor öffnen u. insbesondere jeden Begriff von Vokabular zerstören.« Neben dem kalkulierten Zufall, den B. zuläßt, wird in Werken wie *Poésie pour pouvoir*, *Domaines* oder *Explosante Fixe* zunehmend auch der Raum in die Gesamtdisposition einbezogen.

Zu B. Werken gehören: *Trois Psalmodies* für Kl. (1945); Sonatine für Fl. u. Kl., 1. Klaviersonate u. Quartett für Ondes Martenots (alle 1946); *Le visage nuptial*, 5 Gedichte von R. Char für S., A. u. Kammerorch. (1946, Fassung für S., A., Chor u. Orch. 1952); 7 *Séquences* für 12st. gem. Chor u. 2. Klaviersonate (beide 1948); *Le soleil des eaux* (2 Gedichte von R. Char für S., T., B. u. Orch., 1948, Fassungen für S., T., B., gem. Chor u. Orch. 1958, für S., gem. Chor u. Orch. 1965); *Livre pour Quatuor I–VI* (1948, für Orch. ab 1968); Symphonie concertante für Kl. u. Orch. (1950); *Études I* u. *II* (Musique concrète) u. *Polyphonie X* für 18 Soloinstr. (1951 – inzwischen zurückgezogen); *Structures I* für 2 Kl. (1952); *Le Marteau sans Maître* auf Texte von R. Char für A. u. 6 Instr. (1952/54); 3. Klaviersonate (1955/57); *Notations* für Kl. (1956); *Strophes* für Orch. (1957, wurden in *Don* übernommen); *Pli selon pli, Portrait de Mallarmé* für S. u. Orch. mit den Abschnitten *Don, Improvisation I, II, III* u. *Tombeau* (1958/62); *Poésie pour pouvoir* für gem. Chor, Kammerchor, Orch. u. elektronisches Equipment (1958/80); *Doubles* für 3 Orchestergruppen (1958, geht auf in *Figures-Doubles-Prismes* für Orch., 1964); *Structures II* für 2 Kl. (1961); *Éclat* für 16 Instr. (1965, wird zu *Éclat/Multiples*); *Domaine* für Klar. u. 21 Instr. (1968); *Pour le Dr. Kalmus* für Fl., Klar., V., Vc. u. Kl. (1969); *Cummings ist der Dichter* für 16 Solost. u. Instr. (1970); *Explosante-Fixe* für bis zu 7 Instr.-Gruppen u. Live-Elektronik (1972/74); *Rituel in memoriam Bruno Maderna* für Orch. in 8 Gruppen (1974/75); *Messages-Esquisses* für Vc. solo u. 6 Vc. (1976/77); *Notations* für Orch. (1978); *Répons* für Instrumentalensemble u. Live-Elektronik (1981).

Lit.: P. B., Musikdenken heute, Mainz 1962; P. B., Sprengt die Opernhäuser in die Luft, Der Spiegel XXI, 1967; A. Goléa, Rencontres avec P. B., Paris 1958; P. B., Werkstatt-Texte, Berlin 1972; P. B., Anhaltspunkte, Stuttgart 1975; P. B., Wille u. Zufall, Gespräche mit C. Deliège u. H. Mayer, Stuttgart 1977.

Bounce (engl.: »Sprung«), Bezeichnung für eine Tanzmusik aus der Swing-Ära. Bei mäßigem Tempo wurde durch betonte Unterscheidung der schweren u. leichten Taktteile des ¼-Taktes ein hüpfender Charakter erreicht. Neben dem B. der Big Bands von Count Basie, Benny Goodman u. a. wurde der B. auch in der alltäglichen Tanzmusik imitiert u. dort abschätzig Business men's B. genannt.

Bourguignon, Francis de, belg. Komponist, * 28. 5. 1890 Brüssel, † 11. 4. 1961 ebd. Studierte am Brüsseler Konservatorium bei A. de Greef Klavier u. machte sich als Begleiter der Sängerin Nellie Melba einen Namen. Kam später unter den Einfluß P. Gilsons u. der Synthétistes u. wandte sich der Komposition zu. Leitete mehrere Jahre die Musikschule von Anderlecht u. unterrichtete auch am Konservatorium in Brüssel.

Zu B. Kompositionen, teilweise unter Verwendung der Polytonalität, gehören: die Ballettmusik *La mort d'Orphée* (1928), die Kammeroper *Le mauvais pari* (1937), Tanzsuiten, 1 Sinfonie, 4 Klavierkonzerte, 1 Violinkonzert, 1 Concerto grosso für Orch., das Oratorium *La nuit*, Kammermusik, Lieder u. Filmmusiken.

Bournonville, Auguste A., dän. Tänzer, Choreograf, Ballettmeister u. Pädagoge, * 21. 8. 1805 Kopenhagen, † 30. 11. 1879 ebd. → Ballett

Bourrée, franz. Volkstanz, der in der Auvergne entstanden sein soll. Ursprünglich im ¼-Takt, aber auch im ⅜-Takt mit Auftakt bekannt. Charakteristisch die häufige Synkopierung u. der Schrittwechsel. Fand Eingang in die Instrumentalsuite u. die Ballettoper. Beispiele finden sich bei J.-B. Lully, J.-Ph. Rameau, G. F. Händel u. J. S. Bach. Heute noch als pas de bourrée in der Danse d'école lebendig.

Bowles, Paul F., amer. Komponist, * 30. 12. 1910 New York. Nahm Kompositionsunterricht bei A. Copland, V. Thomson u. N. Boulanger. Verbrachte Jahre mit dem Studium der Folklore in Spanien, Marokko, Mittel- u. Südamerika. Lebt heute als freischaffender Komponist in Tanger.

B. schrieb u. a. die Opern *Denmark Vesey* (1938), *The Wind Remains* (1943) u. *Yerma* (1958); die Ballettmusiken *Yankee Clipper* (1936), *Pastrela* (1941), *Dance Ballet* (1941) u. *Colloque sentimental* (1944); Chorwerke; 1 Konzert für Kl., Holzblasinstr. u. Schlagzeug (1947); 1 Konzert für 2 Kl. (1949); Kammermusik; Lieder; Bühnen- u. Filmmusiken.

Boyce, William, engl. Komponist u. Organist, * 11. 9. 1711 Kensington, † 7. 2. 1779 ebd. Erhielt seine musikalische Ausbildung als Chorknabe an der Paulskirche u. wurde nach dem Stimmbruch Schüler von M. Green, der dort Organist war. B. begann seine Laufbahn als Organist an verschiedenen Kirchen u. gab Cembalounterricht, bis er Green als Master of the King's Music vertreten mußte u. selber 1736 Komponist der Königlichen Vokalkapelle wurde. 1757 wurde er offiziell zu Greens Nachfolger ernannt. Eine Zeitlang nahm B. auch bei J. Ch. Pepusch Unterricht. Nach Greens Tod gab er die von diesem vorbereitete Sammlung »Cathedral Music« (3 Bde., 1760–78) heraus. 1769 zwang ihn ein Ohrenleiden, sich aus der Öffentlichkeit zurückzuziehen.

Zu B. Kompositionen zählen: das Maskenspiel *Peleus u. Thetis*, Bühnenmusik zu D. Garricks Farce »Lethe« u. zu »The Chaplet«, Anthems, Services, Oden, Ouvertüren, 12 Triosonaten, 8 Sinfonien zu 8 St. u. Orgelpräludien. Außerdem gab B. Purcells Te Deum u. *Jubilate* in D-Dur heraus.

Bozay, Attila, ungar. Komponist, * 11. 8. 1939 Balatonfüzfö. Studierte bei Z. Pongrácz, I. Szelényi u. F. Farkas u. wurde 1962 Professor an der Musikfachschule in Szeged. Ab 1963 beim Ungarischen Rundfunk und ab 1967 freischaffender Komponist.

B. komponierte u. a. die Oper *Königin Küngiss* (1969), Konzertstück für Va. u. Orch. (1965), Stück für Orch. (1967), Kammermusik u. Lieder.

Bracesco, Renzo, peruan. Komponist u. Pädagoge, * 22. 10. 1888 Lima. Studierte in Italien, übernahm ab 1923 dort Lehraufträge u. kehrte erst nach dem 2. Weltkrieg in seine Heimat zurück. Leitete ab 1948 eine Musikschule in Trujillo, zog sich später nach Genua zurück, wo er als freischaffender Komponist lebt.

Zu B. Werken gehören: *Preludio romántico* (1946), *Rondó sinfónico* (1947), *Preludio y romanza* für Kl. u. kleines Orch., Werke für Kammerorch., Klavier- u. Orgelwerke, Chöre.

Bräutigam, Helmut, dt. Komponist. * 16. 2. 1914 Crimmitschau, † (gefallen) 17. 1. 1942 am Ilmensee. Studierte bei J. N. David in Leipzig Komposition u. wurde dort 1938 Lehrer an der Musikschule für Jugend u. Volk. Von seinen Orchester- u. Bläsermusiken wird heute nur noch wenig aufgeführt. Seine Chorwerke, Lieder u. Kanons sowie seine Stücke für Blockfl. sind aus der Jugendmusik nicht mehr wegzudenken.

Brahms, Johannes, dt. Komponist u. Pianist, *7.5.1833 Hamburg, †3.4.1897 Wien. Seine Vorfahren stammten aus einem holsteinischen Bauerngeschlecht. Der Vater Johann Jakob ergriff den Musikerberuf u. erhielt im Jahr 1825 seinen Lehrbrief als Musikus in Wesslingburen. 1830 erwarb er das Hamburger Bürgerrecht u. heiratete die 14 Jahre ältere Schneiderstochter Johanna Henrika Christiana Nissen. Seinen Lebensunterhalt verdiente er mit dem Spielen in Kneipen, als Flügelhornist in der Bürgerwehr, als Mitglied eines Sextetts im Alsterpavillon u. schließlich als Kontrabassist im Stadttheaterorchester. Im Gänge-Viertel der Hamburger Altstadt, in einer ärmlichen Hofwohnung, kam Johannes B. am 7. Mai 1833 zur Welt. Die Schule besuchte er insgesamt nur 8 Jahre, dazu kam die Christenlehre bei Pfarrer Geffcken. Ersten Musikunterricht erhielt er bei seinem Vater. Als der Junge eine Vorliebe für das Klavier zeigte, wurde seine Ausbildung O. F. W. Cossel übertragen, später unterrichtete ihn E. Marxsen in Klavierspiel u. Komposition. 1848 gab er sein erstes Konzert, 1849 spielte B. bei einer musikalischen Soiree eine eigene Fantasie über einen beliebten Walzer. Geld für Bücher verdiente er sich, indem er seinen Vater bei Tanzveranstaltungen u. bei Auftritten in Kneipen begleitete. 1853 erste Konzerttournee als Begleiter des ungarischen Geigers E. Reményi, der ihn in Hannover mit dem königlichen Konzertmeister Joseph Joachim bekannt machte. Joachim, mit dem B. eine lebenslange Freundschaft verbinden sollte, führte ihn auch bei F. Liszt in Weimar u. den Schumanns in Düsseldorf ein. Mit der Hofhaltung Liszts konnte sich B. nicht befreunden, aber die Begegnung mit Robert u. Clara Schumann wurde ihm zum Wendepunkt seines Lebens. In ihnen fand er gleichgestimmte Menschen. Als B. die Kompositionen Schumanns kennenlernte, sah er sofort, daß sie aus dem gleichen romantischen Lebensgefühl entstanden waren, das auch er in den Werken E. T. A. Hoffmanns u. Jean Pauls gefunden hatte u. selbst nachlebte. B. pflegte in Anlehnung an Hoffmanns Kreisleriana häufig seine Briefe mit Johannes Kreisler jun. zu zeichnen u. bekannte in einem späteren Brief an Clara: »Ich habe oft Streit mit mir, das heißt, Kreisler u. B. streiten sich.« Schumann empfahl den jungen Komponisten nicht nur an den Verlag Breitkopf & Härtel, sondern veröffentlichte am 28. 10. 1853 in der »Neuen Zeitschrift für Musik« unter dem Titel »Neue Bahnen« auch jenen Artikel, der B. über Nacht in ganz Deutschland bekannt machte. Dort heißt es: ... »ein junges Blut, an dessen Wiege Grazie u. Helden Wache hielten. Er heißt J. B., kam von Hamburg, dort in dunkler Stille schaffend, aber von einem trefflichen u. begeistert zutragenden Lehrer gebildet in schwierigsten Satzungen der Kunst, mir kurz vorher von einem verehrten bekannten Meister empfohlen. Er trug, auch im Äußeren, alle Anzeichen an sich, die uns ankündigen: das ist ein Berufener. Am Klavier sitzend, fing er an, wunderbare Regionen zu enthüllen.« Und weiter: »Seine Mitgenossen begrüßen ihn bei seinem ersten Gang durch die Welt, wo seiner vielleicht Wunden warten werden, aber auch Lorbeeren u. Palmen; wir heißen ihn willkommen als starken Streiter.« Aus der Verehrung für Clara Schumann entwickelte sich leidenschaftliche Liebe, die ihn zu immer neuen Kompositionen beflügelte. So widmete er seine 2. Klaviersonate in fis-Moll der verehrten Frau. Gemeinsam mit A. Dietrich u. R. Schumann entstand die Klaviersonate F. A. E. (»Frei, aber einsam«), ein Motto der Romantik, das B. für sich in E. A. F. (»Einsam, aber frei«) umkehrte. Schumanns Tod 1856 verwandelte B. Leidenschaft für Clara in eine entsagende Freundschaft, die bis zu ihrem Tod andauerte. B., der als Klaviervirtuose immer noch wesentlich bekannter war denn als Komponist, ging wieder mit Joachim auf Konzerttournee. Über seine eigenen Kompositionen liegt ein lebhafter Briefwechsel mit dem in der Kompositionstechnik wesentlich erfahreneren Geiger vor. Dabei kam die Rede auch bereits auf eine Sonate für 2 Klaviere in d-Moll, aus der sich in den folgenden Jahren das 1. Klavierkonzert entwickelte. 1857–59 verbrachte B. die Monate September bis Dezember in der Detmolder Residenz. Dort gab er den Damen des Hofes Klavierstunden, leitete den »Kleinen Gesangverein« im Schloß u. konnte erste Erfahrungen im Umgang mit einem Orchester sammeln. Aus dieser Zeit stammen die beiden Serenaden op. 11 u. op. 16. Das am 27. 1. 1859 im Leipziger Gewandhaus nach Hannover zum zweiten Mal gespielte 1. Klavierkonzert fiel durch. Bei Göttinger Freunden hatte B. inzwischen die Professorentochter Agathe von Siebold kennengelernt u. sich nach kurzer Zeit mit ihr verlobt. Aus Angst vor einer Bindung nahm er jedoch brieflich von ihr Abschied: »Aber Fesseln tragen kann ich nicht!« Diese Haltung sollte B. bis an sein Lebensende bewahren. Bei den wenigen Frauen, die er in seinem Leben näher gekannt hat, ließ ihn die Frage einer echten Bindung immer wieder Abschied nehmen. Im G-Dur-Streichsextett setzte er später

Agathe ein Denkmal, indem er im Seitenthema des ersten Satzes das Motiv a-g-a-h-e einführte. Ganz zufällig kam B. 1859 an einen Hamburger Frauenchor, mit dem er in den folgenden Jahren arbeitete u. eine Reihe von eigens hierfür komponierten Werken aufführte. B. wohnte im Hamburger Vorort Hamm u. arbeitete wie besessen. Er gab Konzerte, begleitete den Liedersänger J. Stockhausen in den großen Liederzyklen von L. van Beethoven u. F. Schubert u. komponierte für ihn den Liederzyklus *Die schöne Magelone,* gab Klavierunterricht, schrieb Lieder u. Kammermusik, u.a. die Schumann-Variationen op. 23 u. die Händel-Variationen op. 24. In einem Brief an J. Joachim aus dieser Zeit berichtete er: »Ich turne fleißig u. fange jetzt Latein an.« Im September 1862 fuhr B. zum ersten Mal nach Wien. Der berühmte Geiger J. Hellmesberger spielte mit B. dessen g-Moll-Quartett vom Blatt u. soll in seiner Begeisterung ausgerufen haben: »Das ist der Erbe Beethovens!« Während B. in Wien mit großem Erfolg Konzerte gab, Bekanntschaften machte u. sich langsam, aber sicher für die Stadt zu erwärmen begann, wurde die Leitung der Hamburgischen Philharmonie nicht ihm, sondern dem Sänger J. Stockhausen übertragen. Wieder in Hamburg, erhielt B. aus Wien das Angebot, Chormeister der Wiener Singakademie zu werden. Er nahm an, trat aber von diesem Amt 1864 zurück, widmete sich dem Komponieren, gab Konzerte u. Klavierunterricht. 1872–75 leitete er den Wiener Singverein u. dirigierte die Gesellschaftskonzerte. Dann lebte er bis zu seinem Tode als freischaffender Komponist in Wien. Obwohl bereits 1865 das *Dt. Requiem* fertiggestellt war u. der Verleger Simrock auf eine Sinfonie drängte, ließ sich B. Zeit. Erst 1876 kam seine 1. Sinfonie unter O. Dessoff in Karlsruhe zur Uraufführung. In einem Zeitraum von nicht ganz 10 Jahren folgten die 3 weiteren. 1881 spielte B. zusammen mit dem Meininger Hoforchester unter H. von Bülow die Uraufführung seines 2. Klavierkonzerts.

B., der als Junggeselle immer äußerst genügsam gewesen war, verfügte inzwischen über ein Einkommen, das ihm völlige Unabhängigkeit ermöglichte. Er widmete sich deshalb in aller Ruhe seinen Kompositionen, bei denen die Kammermusik deutlich überwog. Mit Freunden wie Billroth u. Widman unternahm er mehrere Italienreisen. Seine Sommer verbrachte er komponierend in Pörtschach, Bad Ischl oder am Thuner See. Mit der Sängerin Hermine Spieß verband ihn noch einmal mehr als nur Seelenfreundschaft. Aber auch hier wußte sich B. einer Bindung zu entziehen. 1886 wurde er Ehrenpräsident des Wiener Tonkünstlervereins. Ab 1895 wurde er mit B.-Festen in verschiedenen Städten geehrt, 1896 starb Clara Schumann, 1897 erlag B. einem Leberkrebs.

B. ist zeitlebens ein Einzelgänger geblieben, dem nichts weniger gelegen hätte, als eine Schule um sich zu versammeln, in die Wiener Intrigen einzugreifen oder sich zum Sprachrohr irgendeiner Kunstrichtung machen zu lassen. Nur einmal, im Jahre 1860, ließ er sich dazu hinreißen, gegen die sog. »Neudeutschen« um F. Liszt Stellung zu beziehen. In dem von ihm, J. Joachim, J. O. Grimm u. B. Scholz unterzeichneten Manifest wird gegen die Programmusik Liszts polemisiert und festgestellt, die »Neue Zeitschrift für Musik« könne nicht in Anspruch nehmen, alleiniges Sprachrohr aller bedeutenderen Musiker zu sein. Auch der vom Kritiker u. B.-Apologeten E. Hanslick erfundene Ausdruck »Brahminen«, eine Wortschöpfung, die dem »Wagnerianer« nachempfunden war, darf nicht darüber hinwegtäuschen, daß man damit nur Anhänger u. Bewunderer meinte, aber keine fanatische Gefolgschaft. In seiner Einstellung zur zeitgenössischen Musik war B. eher reserviert. In R. Strauss u. G. Mahler sah er das revolutionär Neue, A. Bruckner stand er distanziert gegenüber, u. in H. Wolf hatte er einen unsachlich leidenschaftlichen Kritiker. Herzliche Beziehungen unterhielt er zu A. Dvořák, den er auf alle erdenkliche Weise förderte. Auch wenn sich B. selbst nicht als Erben Beethovens sah, wozu er immer wieder von wohlmeinenden Musikkritikern gemacht wurde, stand er doch ganz bewußt in der europäischen Musiktradition. In seinen eigenen Werken war er besonders J. S. Bach u. G. F. Händel verpflichtet. Die Bewahrung des Erreichten war ihm ein wichtiges Anliegen. So rettete er Handschriften u. beteiligte sich an Editionen, z. B. der GA der Werke G. F. Händels, der Sinfonien F. Schuberts, zusammen mit Clara Schumann der Werke R. Schumanns, der GA der Werke F. Chopins u. der Klavierwerke F. Couperins. Für die GA der Werke W. A. Mozarts bei Breitkopf & Härtel übernahm er die Revision des Requiems.

An seiner 1. Sinfonie hat er fast 20 Jahre gearbeitet. Zum einen lastete das sinfonische Werk Beethovens schwer auf ihm, zum anderen war er auch in der Orchestrierung unsicher, wie die beiden Serenaden zeigen. Als letzte Einübung vor der endgültigen Niederschrift der 1. Sinfonie beendete B. seine Variationen über ein Thema von Haydn op. 56a. Er bewies sich selbst, daß er die im Mittelpunkt seines Komponierens stehende Variationstechnik auch in der Instrumentierung voll beherrschte. Bei gleichzeitigem Festhalten am Sonatensatz konnte er jetzt darangehen, diese Form neu zu durchdringen u. das dualistische

Prinzip, das noch den Beethovenschen Sonatensatz beherrschte, abzulösen. Obwohl sich B. nur der überlieferten Formen bediente, weist er in seiner Tonsprache u. insbesondere in seiner Rhythmik weit in die Zukunft. Man kann sich A. Schönberg nur anschließen, der seinen Aufsatz über B. mit »B., der Progressive« überschreibt.

Es folgen die Kompositionen B., nach Werkgruppen geordnet.

1. Orchesterwerke: 4 Sinfonien; 2 Serenaden; Variationen über ein Thema von J. Haydn; *Akademische Festouvertüre; Tragische Ouvertüre; 3 Ungar. Tänze;* 2 Klavierkonzerte; 1 Violinkonzert; 1 Doppelkonzert für V. u. Vc.
2. Kammermusik: 1 Klavierquintett; 3 Klavierquartette; 3 Klaviertrios; Trio für Kl., V. u. Horn; Trio für Kl., Klar. u. Vc.; 3 Sonaten für V. u. Kl.; nachgelassenes Scherzo für V. u. Kl.; 2 Sonaten für Vc. u. Kl.; 2 Sonaten für Klar. u. Kl.; 2 Streichsextette; 2 Streichquintette; 1 Quintett für Klar. u. Streichinstr.; 3 Streichquartette; 3 Klaviersonaten; Scherzo für Kl.; Variationen für Kl. über ein Thema von Schumann, ein eigenes Thema, ein ungarisches Thema, ein Thema von Händel u. ein Thema von Paganini; 4 Balladen; 8 Klavierstücke; 2 Rhapsodien; 7 Fantasien; 3 Intermezzi; 6 Klavierstücke; 4 Klavierstücke; *Ungarische Tänze;* Klavierübungen u. weitere kleinere Kompositionen; Variationen über ein Thema von Schumann; Walzer u. *Ungarische Tänze* zu 4 Händen; 1 Sonate u. Variationen über ein Thema von J. Haydn für 2 Kl.
3. Orgelmusik: u. a. Fuge in as-Moll.
4. Werke für Chor u. Orch.: *Ein dt. Requiem; Schicksalslied; Triumphlied; Nänie; Gesang der Parzen; Begräbnisgesang;* Ave Maria (Frauenchor); *Rinaldo* für T., Männerchor u. Orch.; Rhapsodie für A., Männerchor u. Orch.
5. Werke für verschiedene Vokalbesetzungen ohne Orch.: *Geistliches Lied;* Gesangsquartette; *Liebeslieder-Walzer* u. *Neue Liebeslieder-Walzer;* Motetten; 13. Psalm; Lieder u. Romanzen.
6. Lieder für 1 oder 2 Singst. mit Klavierbegleitung; 15 Romanzen aus Tiecks »Magelone«; Lieder; Gesänge; *Vier ernste Gesänge* für eine Baßst.; Volkslieder; Duette; Balladen u. Romanzen. (Der Begriff »Lied« steht bei B. für Strophenkompositionen, mit »Gesang« werden durchkomponierte Stücke bezeichnet.)

Eine kritische GA wurde unter Leitung von E. Mandyczewski u. H. Gál (26 Bde., Leipzig 1926–29) von der Gesellschaft der Musikfreunde in Wien herausgebracht. B. Briefwechsel wurde von der Deutschen B.-Gesellschaft 1908–22 in Berlin herausgegeben (16 Bde.).

Lit.: M. von Bülow (Hg.), H. v. Bülows Briefe u. Schriften, Leipzig 1895–1908, A. Dietrich, Erinnerungen an J. B., Leipzig 1898; M. Kahlbeck, J. B., 8 Bde., Berlin 1904–14; B. Litzmann (Hg.), Clara Schumann – J. B., Briefe aus den Jahren 1853–96, Leipzig 1927; K. Geiringer, J. B., Wien 1934; O. G. Billroth, B. u. Billroth im Briefwechsel, Wien 1935; Fr. Grasberger, J. B., Variationen um sein Wesen, Wien 1952; S. Kross, Die Chorwerke von J. B., Berlin 1957; H. Gál, J. B. Werk u. Persönlichkeit, Frankfurt a. M. 1961; I. Fellinger, Über die Dynamik in der Musik von J. B., Berlin 1961; dies., Zum Problem der Zeitmaße in B. Musik, Kassel 1962; W. Furtwängler, J. B., A. Bruckner, Stuttgart 1963; C. Dahlhaus, J. B. Klavierkonzert Nr. 1 d-moll op. 15, München 1965; H. Neunzig, J. B. in Selbstzeugnissen u. Bilddokumenten, Reinbek bei Hamburg 1973; ders., B., Der Komponist des dt. Bürgertums, Wien 1976.

Brand, Max, amer. Komponist, * 26. 4. 1896 Lemberg. Studierte in Wien bei F. Schreker, A. Hába u. E. Stein. Lebt seit 1940 in den USA. Komponierte die Opern *Maschinist Hopkins* (1929), *Kleopatra* u. den Einakter *Stormy Interlude*, außerdem die Kantate *Chronik* (1938) u. das Oratorium *The Gate* (1944). Er hat sich seit 1958 der elektronischen Musik zugewandt.

Brandts-Buys, Jan W. F., holländ. Komponist, * 12. 9. 1868 Zutphen, † 7. 12. 1933 Salzburg. Stammt aus einer Musikerfamilie u. hatte bereits als 13jähriger Schüler eine Organistenstelle. Studierte am Raff-Konservatorium in Frankfurt a. M., lebte anschließend in Wien, Bozen u. in der Nähe von Ragusa.

B.-B. komponierte u. a. die Opern *Das Veilchenfest* (1909), *Le carillon* (1913), *Die Schneider von Schönau* (1916), *Der Eroberer* (1918), *Micarême* (1919), *Der Mann im Mond* (1922) u. *Traumland* (1927). Die nachgelassene Oper *Ulysses* wurde vom Rundfunk uraufgeführt. Er schrieb ferner das Ballett *Machinalität*, 3 Klavierkonzerte, 1 Suite für Streicher, Hf. u. Horn, Kammermusik, Lieder.

Branle, bransle (von franz. branler: »sich hin u. her wiegen«), **1.** Seitenschritt mit Balancement, häufig als Abschluß eines Abschnitts. Bereits in den frühen Tanztabulaturen kodifiziert. **2.** Sammelbegriff für franz. Volkstänze. T. Arbeau zählt davon 26 Arten auf. Neben den Schreittänzen B. simple u. B. double gab es eine Vielzahl von landschaftlich oder ständisch verschiedenen B. Bei den Bällen Ludwigs XIV. u. XV. wurden nur noch zwei Arten des B. getanzt. Im 20. Jh. hat I. Strawinsky in seinem *Agon* die B. wiederverwendet.

Brant, Henry D., amer. Komponist, * 15. 9. 1913 Montréal. Studierte an der Juilliard School of Music u. bei G. Antheil. Setzte sich in seinen frühen Kompositionen mit amer. Folklore u. dem Jazz auseinander, arrangierte Musiken für das American Ballet, Paramount, B. Goodman u. A. Kostelanetz. Unterrichtete an der Columbia University, der Juilliard School u. am Bennington College. Vor 1950 schrieb er Bühnenwerke, Filmmusiken, Konzerte u. Sinfonien. Von den letzteren ist die in B Dur *The Thirties* (1931) erwähnenswert. Nach 1950 begann B. mit Raumklängen zu experimentieren, indem er verschiedene Instrumentalgruppen im Raum plazierte. Aus den so entstandenen Werken, zu deren Wesen die antiphonale Aufstellung u. häufig auch Polyrhythmik gehört, seien hier nur die *Antiphony I*, die *Millenium I–IV*, die *Labyrinth 1–11* u. die *Hieroglyphics* erwähnt. Unter seinen Werken befinden sich auch Titel wie *Voyage Four* (1964) u. *Kingdom come* für Orch. u. große Zirkuskapelle.

Brass Band, auch Marching Band oder Street Band, waren die Kapellen der nordamer. Neger

in der 2. Hälfte des 19. Jh. Sie traten bei Straßenparaden, Wahlveranstaltungen, Beerdigungen u. besonders in New Orleans beim Karneval auf. Diese meist mit mehreren Trompeten, Posaunen, Klarinetten u. Saxophonen besetzten Kapellen spielten neben Marschmusik auch Choräle, Negro Spirituals u. andere Melodien aus der Folklore der Neger Nordamerikas. Für die überall entstehenden B. B. schrieb J. Ph. Sousa eine Vielzahl von Märschen u. Arrangements. Die berühmtesten Bandleader waren Sousa, P. S. Gilmore u. E. F. Goldman. Die instrumentale Zusammensetzung der B. B. hat sicher auch die Bildung der ersten Jazzgruppen beeinflußt.
Brass section nennt man die Trompeten- u. Posaunengruppe einer → Big Band.

Brassens, Georges, franz. Dichter, Chansonsänger u. Komponist, * 22. 10. 1921 Sète, Hérault, † 29. 10. 1981 Paris. Beschäftigte sich schon während der Schulzeit mit den Werken Ch. Baudelaires, P. Verlaines, A. Rimbauds u. G. Apollinaires. Verfaßte kleinere Gedichte u. erfand eigene Melodien dazu. Sein großes Vorbild war Ch. Trenet. Zog 1942 zu seiner Tante nach Paris. Dort eignete er sich ein großes Wissen auf dem Gebiet der franz. Lyrik an u. brachte sich das Klavierspielen bei. 1943–44 Arbeit in einer BMW-Fabrik bei Berlin, dann bis zur Befreiung in Paris untergetaucht. Kaufte einem Freund 1945 eine Gitarre ab, mit der er sich selbst begleitete. Erste Auftritte in Kabaretts links der Seine blieben erfolglos. Das Publikum lehnte seine provokativen Texte ab. 1952 Entdeckung durch Patachou u. Debut in Chez Patachou sowie in J. Canettis Trois Baudets. Im gleichen Jahr Tournee mit Patachou u. den Frères Jacques. Lernte P. Nicolas kennen, der ihn später häufig bei seinen Auftritten am Kontrabaß begleitete. 1953 erster Auftritt im Pariser Bobino, 1954 im Olympia. Mit sozial- u. moralkritischen Chansons wie *La mauvaise réputation* u. *Le gorille* gelang ihm der Sprung in das große Geschäft. Ein regelrechter B.-Kult entstand. 1956 Mitwirkung an R. Clairs »Porte des Lilas« u. Komposition der Filmmusik. Weitere Musiken zu Filmen von Y. Robert (»Les copains«) u. J. Gabin (»Le drapeau noir«) folgten. Ab 1963 Teilnahme an den Tourneen der Tréteau de France u. gemeinsame Auftritte mit J. Gréco. Trotz aller Erfolge blieb B. sich selbst treu, machte weder in seinen Texten noch in seiner Musik irgendwelche Zugeständnisse. Er steht damit in einer franz. Tradition, die von F. Villon bis heute lebendig geblieben ist.

Zu B. bekanntesten Chansons gehören: *La mauvaise réputation, Le gorille, Le fossoyeur, Le testament, Je suis un voyou, Julie la rousse, Le pornographe, Si le Bon Dieu l'avait voulu, Les copains d'abord, Fernande, Mourir pour ses idées.* Er veröffentlichte den Roman »La tour des miracles« (Paris 1953, NA 1979) u. die Chanson-Sammlungen »La mauvaise réputation« (Paris 1954, NA 1969) u. »Chansons« (Paris 1968).

Lit.: J. Charpentreau, G. B. et la poésie quotidienne de la chanson, Paris 1960; A. Bonnafé, G. B., Paris 1963; R. Fallet, B., Paris 1967, NA 1976; F. Schmidt, Das Chanson, Ahrensburg u. Paris 1968; A. Larue, B. ou la mauvaise herbe, Paris 1970; P. Chatel, B., Paris 1972, NA 1980; J.-M. Brial, G. B., Paris 1981; P. Berruer, G. B., Paris 1981.

Bratschisten. Zu den großen Bratschisten des 20. Jh. gehören: P. Hindemith (1895–1963), J. Malkin (* 1876), Ö. Partos (* 1907), L. Pascal (* 1899), P. Pasquier (* 1902), W. Primrose (* 1903), L. Tertis (* 1876), P. Zukerman (* 1948).

Braun, Peter M., dt. Komponist u. Pianist, * 2. 12. 1936 Wuppertal. Studierte an der Staatlichen Hochschule für Musik in Köln Komposition bei F. Martin u. B. A. Zimmermann (1956–59), anschließend an der Nordwestdt. Musikakademie in Detmold bei G. Klebe (1959–61) u. 1965–68 elektronische Musik bei H. Eimert in Köln. Lebt heute als freischaffender Komponist in Bergisch Gladbach.

Zu B. Werken gehören: *Disposition* für V. solo (1960); Streichquartett (1962); *Sommerstück* für V. u. Kl. (1962); *Thesis/Medium* für Kl. (1966); *Monophonie* für Git.; Sextett für Bläser nach einem Bild von G. Mathieu; *Nocturne* für Fl., Kl. u. Lautsprecher (1967); 4 Stücke für Kammerorch. (1968); *Transfer* für großes Orch. (1968); *Varieté* für großes Orch.; *Essay* für Oboe u. Tonband ad lib.; elektronische Musik *Ereignisse* (1969); *Promenade* für Kl. solo (1970); *Terms* für Kammerensemble (1971); *Reprise* für Kl. (1974); *Ambiente* für großes Orch. (1976); *Miró*, Musik zu 3 Bildern für Fl. u. Kl. (1976).

Braunfels, 1. Walter, dt. Komponist u. Pianist, * 19. 12. 1882 Frankfurt a. M., † 19. 3. 1954 Köln. Mütterlicherseits mit der Familie Spohr verwandt. Erhielt seine erste Ausbildung am Hochschen Konservatorium in Frankfurt bei J. Kwast, anschließend bei T. Leschetizky u. K. Nawratil in Wien, ab 1905 bei L. Thuille in München. 1925 neben H. Abendroth Direktor der Kölner Staatlichen Hochschule für Musik, wurde 1933 mit einem Aufführungsverbot belegt u. war 1945–50 Präsident der Kölner Musikhochschule. B. verarbeitete Einflüsse des Klassizismus u. der Romantik, insbesondere von H. Pfitzner u. C. Debussy. In seinen späteren Werken nehmen inprovisatorische Elemente einen bedeutenden Platz ein.

B. schrieb u. a.: die Opern *Prinzessin Brambilla* (1908), *Die Vögel* (1919), das Mysterium *Verkündigung* (1935), das dramatische Märchen *Der Traum, ein Leben* (1937), *Scenen aus dem Leben der hl. Johanna* (1943) u. nach dem Alsfelder Passionsspiel *Das Spiel von der Auferstehung des Herrn* (1954), außerdem geistliche Chorwerke, Kantaten, *Sinfonia brevis* für Orch. (1948), Konzerte für Kl., eine Fantasie für Va. u. Orch., Kammermusik.

2. Michael, Sohn von 1., Komponist u. Pianist,

*3.4.1917 München. Komponierte u. a. ein Cembalokonzert (1957), Kammermusik, Klaviermusik u. Lieder.

Break (engl.: »Pause, Unterbrechung«), bezeichnet das Aussetzen der Rhythmus- u. Melodiegruppe im Jazz, das durch einen kurzen, meist virtuosen Einwurf eines Solisten überbrückt wird. Der B. stammt ursprünglich aus dem Blues-Gesang. Der Sänger setzte nach jeder Blues-Zeile ab u. überbrückte die Pause mit einem kurzen Gitarrenzwischenspiel. Der B. tritt meist vor dem Halb- oder Ganzschluß eines Chorus auf. Im New Orleans Jazz gab es auch den sog. Doppel-B., ausgefüllt von 2 Melodieinstrumenten.

Brecht, Bert (Bertolt), dt. Schriftsteller, * 10. 2. 1898 Augsburg, † 14. 8. 1956 Berlin. → Dessau, Eisler, Weill

Bredemeyer, Reiner, dt. Komponist, * 2. 1. 1929 Velz, Kolumbien. Kam nach dem Kriegsdienst nach München, wo er K. A. Hartmann kennenlernte, dem er viele Anregungen verdankt. Studierte 1949–53 bei K. Höller an der Musikhochschule München u. übersiedelte, bestärkt durch P. Dessau, 1954 in die DDR. 1955–57 Meisterschüler von R. Wagner-Régeny an der Berliner Akademie der Künste, 1957–60 musikalischer Leiter des Theaters der Freundschaft in Berlin u. seit 1961 in gleicher Funktion am dortigen Dt. Theater. Für sein Schaffen sind locker angewandte Reihentechnik, Collage, vorproduzierte Strukturschichten (meistens Sprache, Gesang u. Instrumentalklänge) sowie das Prinzip der entwickelnden Variation charakteristisch.

Zu B. Kompositionen gehören: Quintett für Fl., Klar., V., Vc. u. Kl. (1956); *Ode an Chagall* für A., Sprecher, Fl., Va., Cemb. u. Schlagzeug (1957); *Kammermusik 57* (1957); Quintett für Holzbläser (1958); *Integration* für Orch. (1961); Streichquintett (1962); Streichquartett (1962); *Orchester-Sonatine* (1963); Violinkonzert (1963); *Frühling – Brautlied – Angst* (Kantate, 1964); Komposition für 56 Streicher (1964); *Canto* für A., Männerchor u. Instr. (1965); *Schlagstück 3* für 3 Schlagzeuger u. 3 Orch.-Gruppen (1966); Serenade für Ob., Va., Vc. Pos. u. Schlagzeug (1966); *Schlagstück 4* für Schlagzeug-Quartett (1967); Streichquartett (1968); *Serenade 2* für Ob., Pos., Vc., Schlagzeug u. Ukulele (1969); Bläserquintett (1969); *Bagatellen für B.* für Kl. u. Orch. (1970); *Schlagstück 5* für Kl. u. Schlagzeug (1970); *Ab 14* (Concertino für Kl. u. 13 Streicher, 1970); *8 Stücke* für Streichtrio (1971); *Spiel zu 45* (1971); *Piano und …* für Kl., Cemb. u. Bläserquintett (1971); *Serenade 3* für 3 Bläser, 3 Streicher, Kl. u. Schlagzeug (1972); *Piano und … 72* (Instr., 1972); *Kon-zerr-ti-no* für S. u. Instr. (1972); *Ach, es war nur die Laterne* (Lieder zur Git., 1972); *Heine-Lieder* für Singst., Git. u. Instr. (1972); *Cello – Tonband – Sprecher* nach P. Handke (1972); *Oktoberstück* für kleines Orch. (1973); Quartett ad libitum (1973); *Triostück FHC* für Fl., Hf. u. Cemb. (1973); *H-Neu* für Singst. u. Orch. (1973); Sinfonie für Kammerensemble (1974); *Anfangen – Aufhören* für Orch. (1974); *Piano und … 5* für Kl., Fl., Horn, Pos., Vc., Kb. (1974); Cembalokonzert als Oboenkonzert (1975); *Synchronisiert: Asynchron, cantos americanos* für S., Tuba u. Instr. (1975); *Großes Duett* für 2 Instrumentengruppen (1975); *Serenade 4* (Bilderserenade für Fl., Ob., Fag., Pos. V., Vc., Schlagzeug, Gesang u. 2 Pantomimen, 1976); Oboenkonzert (1977); *Serenade 5* für Fl., Horn, Pos., Vc., Kb., Git., Schlagzeug u. Kl. (1977); *Kontakte suchen* für Fl., Ob. u. Tuba (1977); *Die Muße, Kantate 2* für 16 St. u. 16 Instr. (1977); *Schlagstück 6, »Eintagssinfonie«* für 6 Klar., 4 Fag., 8 Hörner, 4 Pos., 10 Vc., 8 Kb., 16 B. u. 4 große Trommeln (1978); *Vier Stücke* für Orch. (1981). Daneben komponierte B. Bühnen-, Hörspiel- u. Filmmusiken sowie musikalische Environments für verschiedene Ausstellungen.

Brehme, Hans L. W., dt. Komponist, * 10. 3. 1904 Potsdam, † 10. 11. 1957 Stuttgart. Studierte an der Berliner Hochschule für Musik u. bei W. Kempff. 1928–44 Klavierlehrer u. ab 1936 auch Kompositionslehrer an der Musikhochschule in Stuttgart.

Zu B. Werken gehören die Opern *Der Uhrmacher von Straßburg* (1941) u. *Liebe ist teuer* (1950), 2 Sinfonien (1925 u. 1950), 2 Klavierkonzerte (1936 u. 1954), 1 Konzert für Fl. u. Streicher (1949) sowie Kammermusik.

Breitkopf & Härtel, dt. Musikverlag, hervorgegangen aus einer seit 1542 bestehenden Druckerei, in die der erste Breitkopf eingeheiratet hatte. Als Druck- u. Verlagshaus 1719 von Bernhard Christoph Breitkopf (1695–1777) in Leipzig gegründet. Zu den von ihm verlegten Werken gehören G. Ch. Schemellis »Musicalisches Gesangbuch« (1736) u. die Liedersammlung »Die singende Muse an der Pleiße« nach Sperontes (ab 1740), Bibeln in mehreren Sprachen, eine theologische u. eine moralische Zeitschrift. Sein Sohn Johann Gottlob Immanuel Breitkopf (1719–94) führte den Notensatz mit beweglichen u. zerlegbaren Typen ein, veröffentlichte Werke der Bach-Söhne, J. Matthesons, G. Ph. Telemanns u. anderer Komponisten seiner Zeit, ließ den ersten Breitkopf-Katalog drucken u. begründete so die Weltgeltung des Unternehmens. Nach seinem Tode führte Christoph Gottlob Breitkopf (1750–1800) die Firma weiter. Er nahm 1795 Gottfried Christoph Härtel (1763–1827) als Teilhaber u. später als Erben in den Verlag auf, der in B. & H. umbenannt wurde. Gottfried Christoph Härtel führte die Tradition des Hauses weiter, indem er die Verbindung zu zeitgenössischen Komponisten pflegte u. allein von L. van Beethoven zwischen 1802–12 25 Kompositionen erwarb. Außerdem verlegte er GA der Werke W. A. Mozarts, J. Haydns, M. Clementis, J. L. Dusseks u. D. Steibelts, gründete die »Allgemeine Musikalische Zeitung« (1798, Redaktion F. Rochlitz, später er selber) u. die »Leipziger Literaturzeitung«. Als Notenreproduktionstechnik führte er die von Senefelder erfundene Lithografie ein u. unterhielt ab 1806 eine eigene Klavierfabrik, die bis 1872 bestand. Nach dem Tod G. Ch. Härtels führte zunächst sein Neffe Florenz Härtel die Geschäfte, bis die Söhne Raymund Härtel

(1810–88) ab 1832 u. Dr. Hermann Härtel (1803–75) ab 1835 die Geschäftsführung übernahmen. Sie richteten ihr Hauptaugenmerk auf eine Reihe wichtiger GA, zu denen die J. S. Bachs (1851–1937), G. F. Händels (1858–1903), L. van Beethovens (1862–88), G. P. Palestrinas (1862–1907) u. F. Mendelssohn Bartholdys (1874–77) gehören. Außerdem verlegten sie Werke von R. Schumann, F. Chopin, R. Wagner, F. Liszt u. J. Brahms sowie musikwissenschaftliche Arbeiten, darunter Ritter von Köchels »Chronologisch-thematisches Verzeichnis sämtlicher Tonwerke Wolfgang Amadé Mozarts« (1862). Hermann Härtel war nebenher Leiter des Vereins der Dt. Musikalienhändler u. Mitglied der Gewandhaus-Konzertdirektion. Nach seinem Tode u. dem Austritt seines Bruders Raymund Härtel ging die Firma auf zwei Söhne der beiden Härtel-Schwestern über: Wilhelm Volkmann (1837–97) u. Oskar von Hase (1846–1921). Während sich W. Volkmann des technischen Betriebs annahm, widmete sich O. v. Hase der verlegerischen Arbeit. Unter ihm wurden die begonnenen GA fortgesetzt u. zum Teil abgeschlossen, daneben neue in Angriff genommen. So begann die Arbeit an GA der Werke W. A. Mozarts (1876–1907), F. Chopins (1878–80), R. Schumanns (1879–93), F. Schuberts (1883–97), H. Schütz' (1885–1927), O. de Lassus' (1894–1927), J. P. Sweelincks (1894–1901), H. Berlioz' (1900–07), J. H. Scheins (1901–23), F. Liszts (1907–36) u. R. Wagners (1912–29). Ebenfalls verlegt wurde die Reihe »Denkmäler dt. Tonkunst« (1892–1931, 65 Bde. DDT u. 30 Bde. DTB), R. Eitners »Biographisch-bibliographisches Quellen-Lexikon der Musiker u. Musikgelehrten der christlichen Zeitrechnung bis zur Mitte des 19. Jh.« 1900–04 (10 Bde.) u. dessen »Publikation älterer praktischer u. theoretischer Musikwerke ...« (PGfM) sowie die von ihm redigierten »Monatshefte für Musikgeschichte« (MfM). Daneben erschienen musikwissenschaftliche Werke von A. Schweitzer, H. Riemann, H. Kretzschmar, F. Ludwig, J. Wolf, H. Abert, A. Schering u. a., außerdem die Zeitschriften »Vierteljahrsschrift für Musikwissenschaft« (VfMw 1885–94) u. »Zeitschrift« u. »Sammlung der Internationalen Musikgesellschaft« (ZIMG u. SIMG 1899–1914). Der 1895 in die Firma eingetretene Dr. Ludwig Volkmann (1870–1947) betrieb, ähnlich wie sein Vater, die Modernisierung des technischen Betriebes. Nach dem 1. Weltkrieg teilten sich L. Volkmanns Sohn Dr. Wilhelm Volkmann (1898–1939) u. Dr. Hellmuth von Hase (* 1891) in die Geschäftsleitung. Als Berater fungierte Dr. Martin von Hase (1901–71) bis zum 31. 12. 1961. Es erschienen die Brahms-GA (1927–28), die »Publikationen älterer Musik« (PäM 1926–41), die »Zeitschrift für Musikwissenschaft« (ZfMw 1918–35), die »Acta Musicologica« (AM 1929–35), das »Archiv für Musikforschung« (AfMf 1936–43), u. der Verlag beteiligte sich am »Erbe dt. Musik« (EDM). An neueren Kompositionen wurden Werke von E. Elgar, E. MacDowell, G. Fauré, J. Sibelius, R. Atterberg, L. Sinigaglia, Y. Kilpinen, A. Gretschaninow, O. Schoeck, F. Busoni, J. N. David, K. Thomas, G. Raphael, M. Rózsa, H. Bräutigam u. K. Marx verlegt. Zum Bach-Jahr 1950 erschien W. Schmieders »Bach-Werke-Verzeichnis«. 1945 wurde in Wiesbaden eine Filiale gegründet, die 1947 in eine selbständige Firma B. & H. umgewandelt wurde. Das Leipziger Unternehmen existiert seit 1952 als VEB B. & H. Musikverlag u. nimmt sich besonders des Schaffens der DDR-Komponisten an. Die Geschäftsleitung in Wiesbaden lag zunächst allein in den Händen von Dr. H. von Hase, ab 1953 gemeinsam mit Dr. Joachim Volkmann (* 1926), dem Sohn von W. Volkmann. 1972 trat H. v. Hases Tochter Lieselotte Sievers (* 1928) an die Stelle ihres Vaters. Nach dem Ausscheiden Dr. Volkmanns übernahm sie ab 15. 11. 1976 die alleinige Geschäftsführung. Am 1. 1. 1979 trat Gottfried Möckel (* 1926) als Mitinhaber in die Firma ein.

In Wiesbaden wurden eine Reihe großer Verlagsvorhaben verwirklicht: Reger-GA (35 Bde., 1954–70, dazu 3 Supplementbde., 1974 u. 1982); Nachdr. von Eitners »Quellen-Lexikon« mit Ergänzungen (1956–60); 14 Supplement-Bde. zur Beethoven-Gesamtausgabe, hg. von W. Hess (1959–71); Neurevision der »Denkmäler Dt. Tonkunst« durch H. J. Moser; Neuauflage von Köchels Mozart-Verzeichnis (1964); Buxtehude-Verzeichnis durch G. Karstädt (1974). Ein großer Teil der alten Verlagswerke wurde meistens in revidierter Form nachgedruckt. Dazu kamen Werke von J. Baur, J.-F. Zbinden, M. Kluge, S. Strohbach, W. Jacob u. R. Wittinger. Der Buchverlag wurde stark erweitert, außerdem organisierte B. & H. 6 Dt. Sibelius-Feste u. gab 1957–68 für die Sibelius-Gesellschaft 12 Mitteilungshefte heraus.

Brenta, Gaston, belg. Komponist, * 10. 6. 1902 Schaerbeek, † 30. 5. 1969 ebd. Erhielt von P. Gilson Kompositionsunterricht u. arbeitete in der Musikabteilung der Radiodiffusion-Télévision Belge.

Zu B. Kompositionen gehören: die Oper *Le Khadi dupé* (1929), eine Radiobearbeitung des Singspiels *Aucassin et Nicolette* (1934), 1 Passionsoratorium (1949), 1 Sinfonie, 2 Klavierkonzerte, 1 Concertino für Trp. u. Streichorch., 1 Concertino für Altsax. u. Streichorch., Kammermusik u. Klavierwerke. B. veröffentlichte »Panorama de la musique belge au XIXe siècle« u. 1965 eine Biografie P. Gilsons.

Bresgen, Cesar, österr. Komponist, * 16. 10. 1913 Florenz. Studierte an der Akademie der Tonkunst in München bei J. Haas Komposition u. bei E. Gatscher Orgel. 1933 als Komponist u. Pianist an der Mary-Wigman-Schule v. Leslie Burrowes, 1936–38 am Bayerischen Rundfunk. 1939 Aufbau einer Jugendmusikschule in Salzburg u. Lehrtätigkeit am Mozarteum. Schwerpunkte seines Schaffens sind Jugendmusik, geistliche Musik u. Kammermusik. B. verbindet Volksliedmelodik mit neoklassizistischen Elementen u. der Rhythmik I. Strawinskys.

Zu B. Werken gehören: die Schulopern *Der Igel als Bräutigam* (1950), *Brüderlein Hund* (1953), *Der Mann im Mond* (1958), *Trubloff* (1969), *Hafis* (1974); die Kurzopern *Urteil des Paris* (1943) u. *Ercole* (1956); die musikdramatischen Werke *Der Wolkensteiner oder Visiones Amantis* (1952), das szenische Oratorium *Der ewige Arzt* (1955), *Christkindl-Kumedi* (1960), die szenische *Salzburger Passion* (1966) u. *Der Engel von Prag* (1977); die Ballette *Das verlorene Gewissen* (1962) u. *La contention* (1968); die Vokalwerke *Requiem für A. Webern* (1945), *Von der Unruhe des Menschen* (1953), *Deutsche Totenmesse* (1970), *Surrexit Dominus* (1970), *Die zwölf Monate* (1973), *De tempore* (1973–74); die konzertanten Werke *Totentanz* für Kl. u. Orch. (1958), Konzert für Horn u. kleines Orch. (1962), Kammerkonzert für Git. u. kleines Orch. (1962), *Visionen* für Fl., Hf. u. Streichorch. (1972), Concertino für V., Vc. u. Orch. (1973), *Concerto piccolo* für kleines Orch. (1975), *Tres Retratos* für Orch. (1976), Doppelkonzert für 2 Vc. u. Orch. (1979); Kammermusik u. Klavierstudien.

Bretón, Tomás, span. Komponist, * 29. 12. 1850 Salamanca, † 2. 12. 1923 Madrid. Schlug sich in seiner Jugend als Orchestermusiker u. Unterhalter in Cafés durch. Wurde später Operndirigent u. 1901 Direktor u. Lehrer am Conservatorio de Música in Madrid. Hauptsächlich wegen seiner→ Zarzuelas bekannt.

B. schrieb neben Zarzuelas das Oratorium *El Apocalipsis* (1882), sinfonische Dichtungen, ein P. Sarasate gewidmetes Violinkonzert u. Kammermusik.

Brevier (lat. breviarium) ist die Zusammenstellung aller für das→ Offizium der katholischen Kirche vorgeschriebenen Texte.

Brevis (brevis nota oder figura, lat.: »die Kurze«) bezeichnet einen Notenwert der→ Mensuralnotation. Seit dem 15. Jh. wird die B. ▭ notiert.

Bridge, Frank, engl. Komponist, Dirigent u. Geiger, * 26. 2. 1879 Brighton, † 10. 1. 1941 Eastbourne. Studierte am Royal College of Music bei Ch. Stanford Komposition. Trat als Geiger u. später als Bratschist in verschiedenen Kammermusikvereinigungen auf. Dirigierte 1910–11 am Savoy u. 1913 an Covent Garden Opern, später die Konzerte des Londoner Sinfonieorchesters sowie Promenadenkonzerte. Schrieb neben der Oper *The Christmas Rose* (1919–29) hauptsächlich Orchesterwerke, von denen sich aber nur die Tondichtung *The Sea* (1910–11) durchgesetzt hat. Der bedeutendste Kompositionsschüler von B. war B. Britten, der auf ein Thema aus B. *2. Idylle* für Streichquartett seine *Variations on a Theme of Frank B.* komponierte.

Briegel, Wolfgang C., dt. Komponist u. Organist, * Mai 1626 Königsberg, Unterfranken, † 19. 11. 1712 Darmstadt. Erhielt seine Ausbildung als Chorknabe in Nürnberg u. kam dann über Stettin und Schweinfurt als Hofkantor 1650 nach Gotha. Ab 1671 Hofkapellmeister in Darmstadt. Zu seinen hauptsächlich geistlichen Vokalwerken, die meistens auf eigene Texte entstanden, gehören *Geistlicher musicalischer Rosengarten* (1658), *Evangelischer Blumengarten* (4 Teile 1666–69) u. das *Darmstädter Große Cantional* (1687). Außerdem komponierte er weltliche Instrumental- u. Vokalwerke, Bühnen- u. Ballettmusiken.

Brillenbässe, Bezeichnung für Achtel oder Sechzehntel mit weißen Notenköpfen, die anzeigen, daß sie in gleichbleibende Figuren aufgelöst werden müssen.

Britten, E. Benjamin, engl. Komponist, Pianist u. Dirigent, * 22. 11. 1913 Lowestoft, † 4. 12. 1976 Aldeburgh. B. erhielt ersten Klavierunterricht von seiner Mutter, einer begabten Sängerin, die ehrenamtlich für den Gesangverein von Lowestoft tätig war. Mit 5 Jahren begann B. zu komponieren, mit 8 nahm er Klavierstunden bei E. Astler, dem Klavierlehrer der örtlichen Vorschule. Seine ersten Kompositionen stammen aus den Jahren 1922–23. 1923 besuchte B. als Tagesschüler die South Lodge Prep School u. begann mit Bratschenunterricht bei A. Alston, die ihn später mit F. Bridge bekannt machen sollte. 1924 hörte B. die Orchestersuite *The Sea* von F. Bridge u. beschloß, Komponist zu werden. 1925 komponierte er bereits eine Ouvertüre für großes Orch. 1927 lernte er Bridge persönlich kennen, der ihm privat Kompositionsunterricht erteilte. 1928 trat B. in Gresham's School ein, Klavierunterricht erhielt er von H. Samuel. 1930 wurde ihm ein Stipendium für das Royal College of Music zuerkannt. B. zog nach London u. studierte bei J. Ireland (Komposition) u. A. Benjamin (Klavier). Über das Ballet Club Theatre erhielt B. Verbindung zu den Konzerten zeitgenössischer Musik von Macnaghten-Lemare. Dort kam im Januar 1933 sein op. 1, die Sinfonietta für 10 Instr., zur Uraufführung. Ende 1933 bestand B. sein Abschlußexamen am Royal College. Die von ihm geplanten weiteren Studien bei A. Berg in Wien scheiterten am Widerstand der Eltern u. Lehrer, die Berg für gefährlich u. unmoralisch hielten. B. beschloß, sich als freischaffender Komponist in London niederzulassen. Noch im gleichen Jahr wurde sein *Phantasy Quartet* op. 2 für Ob. u. Streichtrio im Rundfunk gesendet u. die drei beendeten Sätze eines noch unveröffentlichten Streichquartetts *Go play, boy, play* aufgeführt. 1934 dirigierte B. die Uraufführung seiner *Simple Symphony* op. 4, 1935 lernte er W. H. Auden kennen, schrieb eine Reihe von Bühnenmusiken, hauptsächlich für das Group Theatre, dessen Musikdirektor u. Hauskomponist er wurde. Daneben entstanden Hörspielmusiken, die Partitur für den Spielfilm »Love from a Stranger« (1936) u. die musikalische Untermalung zu Kurzfilmklassikern wie »Coal Face« u. »Night Mail«. Beim Festival der International Society of Contemporary Music 1936 in Barcelona kam seine Suite op. 6 für V. u. Kl. zur Aufführung. 1937 lernte B. den Tenor Peter Pears kennen, der sein Lebensgefährte u. Alter ego wurde u. für den B. einen Großteil seiner Vokalwerke komponierte. 1938 bezog B. eine alte Mühle in Snape, ganz in der Nähe Aldeburghs. Im gleichen Jahr beendete er sein Klavierkonzert op. 13, dessen Uraufführung er unter der Leitung von H. Wood in London selbst spielte. Nach Auden u. Isherwood beschlossen auch B. u. Pears vor Beginn des 2. Weltkriegs, nach den USA auszuweichen. Über Kanada kamen sie 1939 in die Vereinigten Staaten, wo sich B. seinen Lebensunterhalt als Dirigent eines Liebhaberorchesters in Long Island verdiente. Außerdem trat er als Solist in seinem Klavierkonzert auf, begleitete Pears, schrieb Hörspielmusiken u. komponierte nach einer Vorlage von Auden die Operette *Paul Bunyan*. Als Auftrag des Pianisten P. Wittgenstein entstanden *Diversions* für Kl. (linke Hand) u. Orch. 1941 stieß B. zufällig auf Gedichte von G. Crabbe, u. a. »The Borough«. Es entstand der Plan zur Oper *Peter Grimes*. 1942 kehrten B. u. Pears nach Europa zurück, einen Auftrag der Kussewitzky-Stiftung für die Oper *Peter Grimes* in der Tasche. Zusammen mit Pears wurde er aus Gewissensgründen vom Wehrdienst befreit, mußte aber für das CEMA (Vorläufer des Arts Council) Konzerte geben. 1945 wurde *Peter Grimes* am Sadler's Wells in London uraufgeführt. Es folgte 1946 für das erste Nachkriegsfestival in Glyndebourne die Kammeroper *The Rape of Lucretia*. 1947 wurde unter Mitwirkung von B. die English Opera Group gegründet, die noch im gleichen Jahr *Albert Herring* herausbrachte. Gleichzeitig planten B., Pears u. E. Crozier ein jährliches Festival in Aldeburgh, das 1948 zum ersten Mal stattfand.

Nach *Billy Budd* komponierte B. zu den Krönungsfeierlichkeiten von Elizabeth II. 1953 die Oper *Gloriana*. 1955 unternahm er mit Pears u. Freunden eine Fernostreise. Ihren Niederschlag fand sie u. a. in der Ballettmusik *Prince of the Pagodas* (Bali) u. *Curlew River*, Parabel zur Aufführung in der Kirche (Japan, No-Spiel). 1960 lernte B. den russ. Cellisten M. Rostropowitsch kennen, für den er 1 Cellokonzert, 1 Cellosonate u. 3 Solosuiten komponierte. 1967 wurde die Maltings Concert Hall in Aldeburgh eingeweiht, die Wiener Sängerknaben sangen die Uraufführung des Vaudevilles *The Golden Vanity*, das B. eigens für diesen Chor komponiert hatte. 1969 brannte die neue Konzerthalle ab. B. u. Pears gaben Benefizkonzerte in Amerika u. Europa. Bereits ein Jahr später konnte der wiederaufgebaute Konzertsaal eingeweiht werden. Hier wurde 1970 auch unter Leitung des Komponisten die von der BBC in Auftrag gegebene Fernsehoper *Owen Wingrave* aufgezeichnet. Nach der Herzoperation im Jahre 1973 war B. in seiner Bewegungsfreiheit stark eingeschränkt. Es entstanden die Umarbeitung des Streichquartetts in D aus dem Jahre 1931, das Streichquartett Nr. 3 op. 94, Lieder u. Arrangements eigener Werke. Über der Komposition einer Kantate auf ein Gedicht von E. Sitwell starb B. am 4. 12. 1976 in Aldeburgh.

B. Musik steht fest auf dem Boden der Tonalität. Sein musikalisches Material gewann er aus Stimmungen, die ihm Dichtungen vermittelten. Deshalb nimmt das dramatische Musiktheater neben Liederzyklen auch einen besonders großen Raum in seinem Schaffen ein. B. Motive scheinen häufig aus Werken anderer Komponisten entlehnt zu sein. Besonders gepflegt hat B. die Form der Variation über Themen anderer Komponisten. Die Begegnung mit anderen Musikern, insbesondere mit herausragenden Solisten, hat ihn immer wieder zu Kompositionen inspiriert. So entstanden Werke für M. Rostropowitsch, dessen Frau Galina, den Sänger D. Fischer-Dieskau, die Oboistin J. Boughton u. den Bratschisten W. Primrose. Zu seinen Librettisten gehörten so hervorragende Schriftsteller wie E. Sackville-West, E. M. Forster, R. Duncan, E. Crozier, W. Plomer, W. H. Auden u. M. Piper. Obwohl B. selbst ein ausgezeichneter Pianist war, hat er kaum für das Klavier komponiert. Seine wohl besten Werke sind Vokalkompositionen, insbesondere dramatische Bühnenwerke. Jenseits von allen avantgardistischen Strömungen hat B. Musik für ein Publikum geschrieben, das er ganz genau kannte. Von ihm stammt das Bild des »heiligen Dreiecks«, das aus Komponist, Interpret u. Zuhörer besteht.

Neben Volksliedbearbeitungen brachte B. 1948 auch eine Neubearbeitung der *Beggar's Opera* als op. 43 heraus, bearbeitete Werke von H. Purcell *(Dido and Aeneas, Harmonia sacra, Orpheus Britannicus)* u. verfaßte zusammen mit I. Holst »The Story of Music«, London 1958 (dt.: »Wunderbare Welt der Musik«, Freiburg i. Br. 1969).

Zu B. Werken gehören
1. Bühnenwerke: *Paul Bunyan* op. 17 (1941); *Peter Grimes* op. 33 (1945); *The Rape of Lucretia* op. 37 (1946); *Albert Herring* op. 39 (1947); *Billy Budd* op. 50 (1951); *Gloriana* op. 53 (1953); *The Turn of the Screw* op. 54 (1954); *A Midsummer Night's Dream* op. 64 (1960); *Owen Wingrave* op. 85 (1970) u. *Death in Venice* op. 88 (1973); die Kinderopern *The Little Sweep* op 45 (1949) u. *Noye's Fludde* op. 59 (1957); das Vaudeville *The Golden Vanity* op. 78 (1966) u. die Ballettmusik *The Prince of the Pagodas* op. 57 (1955) für J. Cranko.
2. Werke für Orch.: Sinfonietta op. 1 (1932), *Simple Symphony* op. 4 (1934); *Variations on a Theme of Frank Bridge* op. 10 (1937); Orchestersuite *Mont Juic* (gemeinsam mit L. Berkeley, op. 12, 1937); *Canadian Carnaval* op. 19 (1939); *Sinfonia da Requiem* op. 20 (1940); *Prelude and Fugue* op. 29 (1943); *The Young Person's Guide to the Orchestra* op. 34 (1946), Suite op. 90 (1974).
3. Konzerte: für Kl. op. 13 (1938); für V. op. 55 (1939); *Diversions* für Kl. linke Hand u. Orch. op. 21 (1940); *Scottish Ballad* für 2 Kl. u. Orch. op. 26 (1941) u. Symphony für Vc. u. Orch. op. 68 (1963).
4. Werke für Singst. u. Begleitinstr. bzw. Orch.: *Les Illuminations* (Texte von A. Rimbaud) für hohe St. u. Orch. op. 18 (1939); *Seven Sonnets of Michelangelo* für Singst. u. Kl. op. 22 (1940); Serenade für T., Horn u. Streichorch. op. 31 (1943); *Holy Sonnets of John Donne* für hohe Singst. u. Kl. op. 35 (1945); *Canticle I* für hohe Singst. u. Kl. op. 40 (1947); *Canticle II* für A., T. u. Kl. op. 51 (1952); *Winter Words* für hohe Singst. u. Kl. op. 52 (1953); *Canticle III* für T., Horn u. Kl. op. 55 (1954); *Nocturne* für T., 7 Instr. u. Streicher op. 60 (1958); *Six Hölderlin Fragments* für Singst. u. Kl. op. 61 (1958); *Songs and Proverbs* für Bar. u. Kl. op. 74 (1965); *The Poet's Echo* für hohe St. u. Kl. op. 76 (1965); *Canticle IV* für Contratenor, T., B. u. Kl. op. 86 (1971).
5. Geistliche Musiken: 3 Parabeln zur Aufführung in der Kirche (*Curlew River* op. 71, 1964, *The Burning Fiery Furnace* op. 77, 1966, u. *The Prodigal Son* op. 81, 1968); Kantaten; Hymnen; Kompositionen für A-cappella-Chor; *War Requiem* für S., T., Bar., gem. Chor, Knabenchor, Kammerorch., Orch. u. Orgel op. 66 (1961).
6. Kammermusik: 3 Streichquartette (Nr. 1 op. 25, 1931, veröffentlicht 1975, Nr. 2 op. 36, 1945, Nr. 3 op. 94, 1975); Suite für V. u. Kl. op. 6 (1935); *Lachrymae* für Va. u. Kl. op. 48a (1950, davon als op. 48b Fassung für Streichorch., 1976); *Six Metamorphoses after Ovid* op. 49 für Ob. solo (1951); Sonate für Vc. u. Kl. op. 65 (1961), *Nocturnal* für Git. op. 70 (1963); Suite Nr. 1 für Vc. op. 72 (1965); Suite Nr. 2 für Vc. op. 80 (1967); Suite für Hf. op. 83 (1969); Suite Nr. 3 für Vc. op. 87 (1971).
Lit.: I. Holst, B., London 1970 (in der Reihe Great Composers); E. W. White, B. B., His Live and Operas, London 1970; A. Gishford (Hg.), Tribute to B. B. on his Fiftieth Birthday, London 1963; A. Kendall, B. B., London 1973; D. Mitchell u. J. Evans (Hg.), B. B., Pictures from a Life 1913–76, London 1978; A. Blyth (Hg.), Remembering B., London 1981.

Brnčić, Gabriel, chil. Komponist, * 16. 2. 1942 Santiago de Chile. Studierte dort Violine u. Oboe sowie Komposition bei G. Becerra-Schmidt, anschließend in Buenos Aires bei C. Halffter, M. Le Roux, L. Nono u. I. Xenakis. Ab 1967 Lehrer am Centro Latinoamericano de Altos Estudios Musicales (CLAEM) für elektronische Musik. Komponierte neben einem Bratschenkonzert eine Reihe von Stücken für Instr. u. Tonband sowie rein elektronische Musik.

Broadway heißt die Theaterstraße u. im weiteren Sinne das Vergnügungsviertel von New York. Während in den Schlagerfabriken von → Tin Pan Alley Melodien am laufenden Band produziert wurden, konzentrierten sich um und am B. die Theater, in denen Revuen u. Musicals ihre Triumphe feierten. Selbst heute noch ist ein Erfolg am B. für das internationale Schaugeschäft von größter Bedeutung.

Brockhaus, Max, oHG, deutscher Musikverlag, 1893 von Max B. gegründet. Übernahm als Ausgangsbasis einen von E. Wedl angekauften Verlag, dem später Werke aus den Verlagen H. Haessel u. J. Roth hinzugefügt wurden. 1906 übernahm B. von J. Feuchtinger das Frühwerk H. Pfitzners u. 1930 von C. Gießel die Kompositionen S. Wagners. Daneben verlegte B. Werke von R. Leoncavallo, E. d'Albert u. E. Humperdinck. Der Leipziger Verlag wurde 1943 zerstört u. hat heute seinen Sitz in Bonn-Bad Godesberg.

Brod, Max, israel. Komponist, Musikschriftsteller u. Dichter, * 27. 5. 1884 Prag, † 20. 12. 1968 Tel Aviv. B. gehörte zum Freundeskreis um F. Kafka u. R. M. Rilke. Nach dem Jurastudium widmete er sich unter Anleitung des Dvořák-Schülers A. Schreiber der Musik u. war bis 1939 Musik- u. Theaterkritiker am »Prager Tagblatt«. B. setzte sich ganz besonders für L. Janáček ein, dessen Oper *Jenufa* er ins Deutsche übersetzte. 1939 emigrierte er nach Palästina u. wurde Dramaturg des hebräischen Theaters Habimah u. Musikkritiker von »Jedioth Chadashoth«. Neben Libretti für Prager u. israel. Komponisten verwaltete B. den Nachlaß Kafkas u. ist dessen Biograf. Außerdem veröffentlichte er »A. Schreiber, ein Musikerschicksal« (Berlin 1920), eine Janáček-Biografie (Wien 1925, rev. 1956), »Erinnerungen an Janáček« (in: Beitr. 1967, Kassel 1967) u. »Werden u. Entwicklung der Musik in Israel« (Kassel 1976).

Zu B. Kompositionen gehören: 2 *Palästinensische Bauerntänze* für großes Orch. (1951), *Tod und Paradies* (2 Lieder nach F. Kafka für mittlere St. u. großes Orch., 1955), *Requiem Hebraicum* für Bar. u. kleines Orch. (1950), Kammermusik u. Lieder.

Broeckx, Jan P. K., belg. Komponist, * 2. 6. 1880 Antwerpen, † 12. 1. 1966 ebd. Studierte in Antwerpen bei J. Blockx Harmonielehre u. bei L. Mortelmans Kontrapunkt u. Komposition. War Chorleiter u. unterrichtete am Conservatoire Flamand von Antwerpen sowie im Schuldienst. Neben einer Sinfonie u. einer Reihe von Hörspielmusiken schrieb B. hauptsächlich Chorwerke u. Lieder. 1962 veröffentlichte er in Antwerpen »Handleiding bij het onderricht in de theorie van de muziek«.

Brons, Carel, niederl. Komponist, * 1. 1. 1931

Groningen. Studierte Musiktheorie, Orgel u. Klavier. Ab 1959 Leiter der Musikabteilung bei der niederl. Radio- u. Fernsehgruppe VARA.

B. komponierte neben *Varianten* für Orch. (1966), *Epitaphium* für Orch. (1967) u. *Muziek* für Streicher (1969) hauptsächlich Kammer- u. Orgelmusik, darunter 2 Streichquartette (1962, 1969), Serenaden I–III für Blasinstr. (1963, 1965, 1974), *Balletto* (1961) u. *Mutazione* (1964) für Bläserquintett, *Monologe I–V* für verschiedene Soloblasinstr. (1967, 1968, 1970, 1974), 1 Concertino für Klar., V. u. Kl. (1972) sowie verschiedene Orgelwerke, wie *Reflections* für 2 Org. (1975).

Bronsart von Schellendorf, Hans A. A., dt. Komponist u. Pianist, * 11. 2. 1830 Berlin, † 3. 11. 1913 München. Studierte an der Universität Berlin u. erhielt gleichzeitig Kompositionsunterricht von S. Dehn. Außerdem wurde er von T. Kullak u. F. Liszt als Pianist ausgebildet. Übernahm 1865 von H. von Bülow die Konzerte der Gesellschaft der Musikfreunde in Berlin, wurde 1867 Intendant des Königlichen Theaters in Hannover u. 1887 Generalintendant in Weimar.

Zu B. von S. Kompositionen gehören die Oper *Der Corsar,* 2 Sinfonien, 1 Klavierkonzert u. Kammermusik.

Brott, Alexander, kan. Komponist, Dirigent u. Geiger, * 14. 3. 1915 Montreal. Studierte am McGill-Konservatorium in Montreal 1927–32 Geige, Klavier u. Komposition u. ging anschließend mit einem Stipendium an die Juilliard School in New York, wo er seine Studien bei S. Jacobsen, W. Willeke u. B. Wagenaar fortsetzte. Übernahm 1939 einen Lehrauftrag an der McGill-Universität, gründete das McGill-Kammerorch. u. war 1945–58 Konzertmeister u. 2. Dirigent des Sinfonieorch. von Montreal.

Zu B. streng kontrapunktischen u. von der Folklore Kanadas inspirierten Kompositionen gehören: die Orchesterwerke *Oracle* (1938), *War and Peace* (1944), *Concordia* (1946), *From Sea to Sea* (1947), *Delightful Delusions* (1950), *Prelude to Oblivion* (1951), *A Royal Tribute to Queen Elizabeth II* (1953), *Spheres in Orbit* (1960), *Centennial Colloquy* (1965); die an L. van Beethoven anknüpfenden Werke *Paraphrase in Polyphony* (1967), *The Young Prometheus* (1969) u. *Seven Minuets, Six Canons* (1971), *H.B.S.* (1975), *E Dai P Milo* u. *Bachi-Annus-Handle* (1976); mehrere Werke für Streichorch.; die Konzerte *Characteristic Dance* für V. u. Orch. (1940), *Concerto* für V. u. Kammerorch. (1950), *Arabesque* für Vc. u. Kammerorch. (1957) u. *Evocative Provocations* für Vc. u. Orch. (1975); *Cupid's Quandary* für V., Streicher u. Schlagwerk (1975); Chorwerke auf eigene Texte; Kammermusik u. das Ballett *La Corriveau* (1966).
Lit.: Contemporary Canadian Composers, Toronto 1975.

Brouwer, Leo, kuban. Komponist u. Gitarrist, * 1. 3. 1939 Havanna. Studierte in Havanna u. an der Juilliard School of Music in New York. Nach Leitung der Musikabteilung des Cuban Film Institute u. einer Professur am Konservatorium von Havanna wurde B. Leiter des Studios für Experimentalmusik am ICAIC. Die zeitgenössische Musik Kubas verdankt ihm wesentliche Impulse. Neben zahlreichen Filmmusiken komponierte er vorwiegend für sein eigenes Instrument. Von bekannteren Werken seien *Cantigas del tiempo nuevo* für Sprecher, Kinderchor, Kl., Hf. u. 2 Schlagzeuger u. *Exaedros I* u. *II* (*I,* 1969 für 6 St. oder deren Vielfaches in beliebiger Besetzung, *II,* 1970 für Soloschlagzeug u. 2 Orch.) erwähnt. Henzes *El Cimarrón* bearbeitete B. für Git. solo u. spielte 1970 beim Aldeburgh Festival selbst die Uraufführung.

Brown, Earle, amer. Komponist, * 26. 12. 1926 Lunenburg, MA. Studierte Maschinenbau u. Mathematik, wandte sich 1946 der Musik zu u. studierte Komposition u. Theorie an der Schillinger School of Music, Komposition u. Kontrapunkt bei Roslyn Broque Henning. 1950–51 unterrichtete er in der Schillingerschen Kompositionsmethode in Denver u. arbeitete 1952–54 zusammen mit J. Cage u. D. Tudor am Project for Music for Magnetic Tape in New York. Leitete mehrere Jahre eine Abteilung bei Capitol Records u. betreute ab 1960 für Time Records die Contemporary Sound Series. 1968–72 Composer-in-residence am Peabody Institute of Music in Baltimore, 1975 in Aspen. Weitere Gastprofessuren in Europa u. Amerika. Ausgedehnte Vortrags- u. Konzertreisen schlossen sich an. Unter dem Einfluß von J. Schillinger u. J. Cage experimentiert B. mit grafischer Notation u. versucht, den Prozeß der Aufführung zwischen Intuition der Interpreten u. Determination des Komponisten einzukreisen. Bei seinen Notationsexperimenten läßt sich B. von A. Calders Mobiles (*Calder Piece* für 4 Schlagzeuger u. Mobile, 1964–65) u. den Bildern J. Pollocks u. M. Ernsts inspirieren.

Zu B. Kompositionen gehören: die Orchesterwerke *Folio* (1952), *Four Systems* für beliebig viele Instr. u. indeterminierte Aufführungsdauer (1954), *Indices* für 17 Spieler (1954), *Light Music* für elektrische Lichter, elektronische Anlage u. beliebig viele Instr. (1961), *Available Forms I* für 18 Musiker (1961), *Available Forms II* für 98 Spieler u. 2 Dirigenten (1962), *Modules I* u. *II* (1966) u. *Module III* (1969; diese 3 Kompositionen können einzeln oder paarweise von einem großen Orch., geteilt in 2 Gruppen mit 2 Dirigenten, aufgeführt werden). *Event: Synergy II* (1967/68), *Syntgam 3* (1970), *Time Spans* u. *Sign Sounds* (1972), *Cross Sections and Color Fields* (1973–75), *Centering* für V. u. 10 Instr. (1973); Chorwerke: *From Here* für 20 Instr. u. 4st. gemischten Chor (1963), *New Piece: Loops* für gem. Chor u. Orch. (1972); Kammermusik: Trio für Klar., Fag. u. Kl. (1950), *Music* für V., Vc. u. Kl. (1952), *Music* für Vc. u. Kl. (1955), *Pentathis* für 9 Instr. (1958), *Hodograph I* für 6 Instr. (1959), *Novara* für Instr. (1962), *Times Five* für 5 Instr. u. 4-Spur-Tonband (1963), Streichquartett (1965) u. Klaviermusik, u. a. *Twenty-five Pages* für 1 bis 25 Kl. mit variabler Spieldauer (1953), *Four Systems* (1954), *Four More* (1956), *More Systems* (1957) – alle für 1 oder mehrere Kl. –, *Corroboree* für 3 oder 2 Kl. (1964), *Nine Rarebits* für 1 oder 2

Cemb. (1965). Als Beispiele für Zeitnotation sind besonders *Music* für Vc. u. Kl. sowie *Hodograph I* geeignet.

Brubeck, Dave, amer. Jazzpianist u. Komponist, * 6. 12. 1920 Concord, CA. Studierte bei D. Milhaud u. A. Schönberg Komposition. Nach Mißerfolgen mit einem Oktett für experimentelle Musik gründete B. ein Trio u. 1951 das berühmte D.-B.-Quartett, dessen erster großer Hit, *Take Five,* von Altsaxophonist P. Desmond stammt. Klassische Formen u. schwierigste Metren kommen auch in B. größeren Kompositionen vor. Er komponierte für das American Ballet Theater *Points of Jazz* (1960), außerdem die Jazzoper *The Real Ambassadors* (1961), *Elementals* für Jazzquartett u. Sinfonieorch. (1963) u. die Musik zu *Mr. Broadway* (1964/65). In den letzten Jahren beschäftigte sich B. neben Auftritten in Jazzkonzerten mit seinen Söhnen hauptsächlich mit Kompositionen für großes Orch. u. Kirchenmusik.

Bruce, Christopher, engl. Tänzer, Choreograf u. B.-Direktor, * 3. 10. 1945 Leicester. Ausbildung in Scarborough u. an der Rambert School in London. Debüt bei W. Gores London Ballet u. ab 1963 beim Ballet Rambert, dessen Mitdirektor er 1975–79 war. Seither arbeitet B. als freischaffender Choreograf. Zu seinen bedeutendsten Rollenkreationen gehören der Pierrot in G. Tetleys *Pierrot Lunaire* u. der Faun in V. Nijinskys *Nachmittag eines Fauns.* Kreierte außerdem Rollen in N. Morrice' *The Realms of Choice* (1965), *Hazard* (1967), *Blind-Sight* (1969) u. *That is the Show* (1971), in J. Taylors *Diversities* (1966), G. Tetleys *Embrace Tiger and Return to Mountain* (1968) u. *Präludium* (1978), L. Hodes *The Act* (1968) u. Scoglios *Stop-Over* (1972). 1968 entstand mit *George Frederick* (M.: G. F. Händel) sein erstes Ballett. Weitere Ch. sind: *Living Space* (anstatt Musik Texte von R. Cockburn) 1969, *Wings* (M.: B. Downes) 1970, *For those who die as cattle* (keine Musik) 1972, *There was a time* (M.: B. Hodgson) u. *Duets* (M.: B. Hodgson) 1973, *Weekend* (M.: B. Hodgson) u. *Unfamiliar Playground* (M.: B. Hodgson u. A. Hymas) 1974, *Ancient Voices of Children* (M.: G. Crumb) 1975, *Voices* (M.: Z. Kodály), *Echoes of a Night Sky* (M.: G. Crumb), *Black Angels* (M.: G. Crumb) u. *Girl with Straw Hat* (M.: J. Brahms) 1976, *Promenade* (M.: J. S. Bach), *Cruel Garden* (gemeinsam mit Lindsay Kemp, M.: C. Miranda), *Responses* (keine Musik) 1977 u. *Berlin Requiem* (M.: K. Weill) 1982. *Cruel Garden* ist ein abendfüllendes Ballett, dessen Handlung eine Zusammenschau von Leben u. Werk F. García Lorcas ist. B. selbst kreierte die Rolle des Dichters. 1972 choreografierte er F. Dunlops *Joseph and the Amazing Technicolour Dreamcoat* (M.: Tim Rice u. Andrew Lloyd Webber). In letzter Zeit hat er sich verschiedentlich mit Operninszenierungen beschäftigt.

Bruch, Max, dt. Komponist u. Dirigent, * 6. 1. 1838 Köln, † 2. 10. 1920 Berlin-Friedenau. Erhielt ersten Musikunterricht von seiner Mutter, anschließend von K. Breidenstein u. hatte mit 14 Jahren bereits eine Sinfonie geschrieben, die in Köln aufgeführt wurde. 1853–57 war B. Stipendiat der Mozartstiftung u. erhielt Unterricht von F. Hiller (Theorie u. Komposition) u. K. Reinecke sowie F. Breunung (Klavier). 1858–61 lebte B. als Musiklehrer in Köln. Dort wurde 1858 auch sein op. 1, die dramatische Komposition *Scherz, List und Rache* nach Goethe, aufgeführt. 1862–64 wirkte er in Mannheim. Dort kam 1863 seine Oper *Loreley* zur Aufführung, nachdem B. dem Dichter E. Geibel endlich die Zustimmung abgerungen hatte, da dieser den Stoff ursprünglich für F. Mendelssohn Bartholdy vorgesehen hatte. 1865–67 war B. Musikdirektor in Koblenz, 1867–70 Hofkapellmeister in Sondershausen, lebte von 1871 bis 1873 in Berlin, anschließend bis 1878 in Bonn als freischaffender Komponist. Aus dieser Zeit stammt B. Oper *Hermione* (1872). 1878 übernahm er als Nachfolger J. Stockhausens den Sternschen Gesangverein in Berlin, wurde 1880 Dirigent der Philharmonic Society in Liverpool u. 1883 Direktor des Orchestervereins in Breslau. 1891 wurde ihm in Berlin die Leitung einer Kompositionsklasse an der Berliner Akademie angetragen. B. wurde außerdem Direktionsmitglied der Königlichen Hochschule für Musik. 1910 trat er in den Ruhestand.

B. Musik, die starke Anregungen aus der Folklore bezog, ist wesentlich leichter zugänglich als die Werke von J. Brahms, dem er kompositionstechnisch kaum nachstand. Die zu seiner Zeit berühmten großen Chorwerke sind heute fast völlig in Vergessenheit geraten, während sich seine Konzerte für Soloinstr. u. Orch. immer noch einer gewissen Beliebtheit erfreuen.

Zu B. Kompositionen gehören u. a.: die Opern *Scherz, List u. Rache* (1858), *Die Loreley* (1863) u. *Hermione* (1872); 3 Sinfonien; Chorwerke wie die *Frithjof*-Szenen für Solost., Männerchor u. Orch. op. 23 (1864) u. *Frithjof auf seines Vaters Grabhügel* für Bar., Frauenchor u. Orch. op. 27 (1870); 3 Violinkonzerte (1868, 1878, 1891); Romanzen; Serenaden; Konzertstücke für V. u. Orch. *Kol Nidrei* u. andere Konzertstücke für Vc. u. Orch.; 1 Konzert für 2 Kl. u. Orch.; Kammermusik; Klaviermusik u. Lieder.

Lit.: F. Gysi, M.B., Zürich 1922; H. Pfitzner, Meine Beziehungen zu M.B., München 1938.

Bruckner, J. Anton, österr. Komponist, * 4. 9. 1824 Ansfelden, † 11. 10. 1896 Wien. B. stammt aus einer Lehrerfamilie u. wurde von seinem Vater ebenfalls zu diesem Beruf bestimmt, obwohl sich bereits in der Kindheit eine Neigung zur Musik abzeichnete. 1835 durfte B. zu J. B. Weiß nach

Hörsching, um dort einen angemessenen Musikunterricht zu erhalten, der ihm für seine Lehrerlaufbahn dienlich sein sollte. In Hörsching vervollkommnete sich B. im Orgelspiel, wurde in die Anfangsgründe der Komposition eingeführt u. hörte Werke J. S. Bachs, G. F. Händels, J. Haydns u. W. A. Mozarts. Als erste Komposition des 12jährigen entstanden die 4 Präludien in Es-Dur für Orgel. Dann wurde B. von seinem kranken Vater als Helfer im Schuldienst nach Ansfeld zurückgerufen. Nach dem Tod des Vaters wurde B. als Sängerknabe 1837 in das Stift St. Florian aufgenommen. Dort erhielt er weiteren Orgelunterricht, Gesang- u. Geigenstunden. Ab Oktober 1840 nahm er an einem Präparandenkurs für Volksschullehrer in Linz teil. Nach bestandener Prüfung wurde er 1841 als Gehilfe an die Schule in Windhaag u. später nach Kronstorf geschickt. Während der Linzer Zeit erhielt B. Unterricht in Musiktheorie bei A. J. B. Dürrnberger. Von Kronstorf aus wanderte er zu L. von Zenetti nach Enns. 1845 wurde B. als Hilfslehrer an die Volksschule von St. Florian versetzt. Dort übernahm er 1850 den Dienst des Stiftsorganisten u. wurde 1851 offiziell in diesem Amt bestätigt. In St. Florian entstanden auch die ersten größeren geistlichen Werke. B. bildete sich mit Hilfe von F. W. Marpurgs »Abhandlung über die Fuge« weiter, spielte die großen Orgelwerke Bachs u. lernte neben den kirchlichen Werken der Wiener Klassik auch Kompositionen G. P. Palestrinas u. anderer Meister des 16. u. 17. Jh. kennen. Nach der 1855 bestandenen Prüfung für das Lehramt an höheren Schulen fuhr B. zu S. Sechter nach Wien u. wurde von diesem als Schüler angenommen. Ende 1855 nahm er an einem Probespiel um den vakanten Posten des Domorganisten in Linz teil u. erregte mit seiner außergewöhnlichen Improvisationsgabe solches Aufsehen, daß ihm die Stellung zufiel. Jetzt erst entschied sich B. endgültig für den Musikerberuf. In Linz wirkte er als Domorganist u. ab 1860 als Chordirigent der Liedertafel Frohsinn, gab Musikunterricht u. verkehrte in den Häusern gebildeter u. wohlhabender Familien. Seinen Kompositionsunterricht bei Sechter setzte er bis 1861 fort u. beendete ihn auf eigenes Verlangen mit einer offiziellen Abschlußprüfung am Konservatorium in Wien. Daneben arbeitete er die Kompositionslehre von A. B. Marx durch u. ließ sich von dem Linzer Kapellmeister O. Kitzler in die Instrumentationspraxis u. den Opern- u. Konzertbetrieb einweihen. Bei Kitzler, der ihn an der Einstudierung des *Thannhäuser* teilnehmen ließ, wurde B. mit dem Werk R. Wagners bekannt. 1865 fuhr er zur Uraufführung des *Tristan* nach München u. lernte Wagner kennen. Dieser überließ ihm zum Jubiläum der Linzer Liedertafel den *Meistersinger*-Schluß, den B. am 4. 4. 1868 uraufführte. Nach Kitzlers Weggang aus Linz schloß sich B. dem Geiger u. Kapellmeister I. Dorn an. Während seiner Linzer Zeit festigte B. seinen Ruf als glänzender Orgelspieler u. Improvisator. Gleichzeitig entstanden ab 1864 mit den Messen in d-Moll, e-Moll u. f-Moll sowie den Sinfonien »Nr. 0« u. »Nr. 1« jene Werke, die B. Ruf als Komponist begründeten. Im Gegensatz zu den Arbeiten aus der Zeit in St. Florian halten sich in den Linzer Messen vokale Partien u. Orchester die Waage. B. war auf dem Wege zur sinfonischen Form. Am 9. 5. 1868 kam die 1. Sinfonie in c-Moll unter seiner Leitung in Linz zur Uraufführung. Anders als die → Neudeutsche Schule überraschte B. mit einer aus dem Sonatensatz entwickelten absoluten Musik. Im Juli 1868 wurde er zum Professor für Orgelspiel, Generalbaß u. Kontrapunkt an das Wiener Konservatorium berufen. B. trat damit die Nachfolge seines alten Lehrers Sechter an. Im September des gleichen Jahres erfolgte die Ernennung zum Organisten der Hofkapelle. B. übersiedelte nach Wien. Die ersten Jahre in der Hauptstadt standen im Zeichen der Arbeit am Konservatorium u. der Organistenpflichten. 1869 reiste B. zur Einweihung einer neuen Orgel nach Nancy u. versetzte dort das Publikum mit seinen Improvisationskünsten in Erstaunen. Ein Konzert in der Pariser Notre-Dame schloß sich an. 1871 gab B. eine Reihe von Orgelkonzerten in London. Dort begann er auch mit der Niederschrift des Finales seiner 2. Sinfonie in c-Moll. Dieses Werk wurde unter den denkbar ungünstigsten Umständen 1873 unter Leitung des Komponisten in Wien uraufgeführt. Die Presse reagierte überwiegend freundlich. 1875 hielt B. an der Wiener Universität seine Antrittsvorlesung als Lektor für Harmonielehre u. Kontrapunkt. 1877 dirigierte er die Wagner gewidmete 3. Sinfonie, die bei ihrer Wiener Uraufführung glatt durchfiel. Aus den einseitig von B. für Freundschaft gehaltenen Beziehungen zu Wagner ergaben sich verschiedentlich Besuche in Bayreuth. Dadurch wurde B. in den Streit zwischen Wagnerianern u. »Brahminen« hineingezogen, obwohl ihm nichts ferner lag, als für die eine oder andere Seite Partei zu ergreifen. Nur aus dieser Situation ist auch das gespannte Verhältnis zu E. Hanslick zu verstehen, der B. bei seiner Ankunft in Wien noch mit Vorschußlorbeeren bedacht hatte. Erst die Aufführungen seiner 7. Sinfonie unter A. Nikisch in Leipzig (1884) u. H. Levi in München (1885) brachten ihm allgemeine Anerkennung als Sinfoniker.

1891 ging B. als Konservatoriumsprofessor in Pension, 1892 gab er das Organistenamt an der

Hofkapelle auf, u. 1894 hielt er seine letzte Vorlesung an der Universität. Im Sommer 1895 wurde ihm vom kaiserlichen Hof eine Wohnung im Schloß Belvedere zur Verfügung gestellt. Dort starb er am 11. Oktober 1896.

Der aus kleinen Verhältnissen stammende B. stand in der Gesellschaft der Hauptstadt immer etwas abseits. Er besaß keine Tischmanieren, wollte sich nicht nach der Mode richten, war Erfolgreichen gegenüber immer allzu beflissen u. auf die wenigen Gönner wie Dr. Oelzelt, der ihm ab 1877 eine Wohnung stellte, angewiesen. Seine puritanische Erziehung im Stift von St. Florian verhinderte wahrscheinlich auch die Gründung einer eigenen Familie. Sein Unterricht muß sich in Wien wie ein Anachronismus ausgenommen haben. Unberührt von neueren Entwicklungen, hielt B. an einem Lehrplan fest, der sich auf J. J. Fux u. J.-Ph. Rameau gründete. Zu seinen Schülern gehörten F. Löwe u. die Brüder J. u. F. Schalk.

B. Musik beginnt sich erst heute außerhalb des deutschsprachigen Raums durchzusetzen. Als Sinfoniker knüpfte er an die klassische Sinfonie an, insbesondere an L. van Beethoven. Den Dualismus des Beethovenschen Sonatensatzes erweiterte er häufig um eine dritte Themengruppe. In der Harmonik u. Instrumentation lassen sich Einflüsse R. Wagners nachweisen. Die häufig latent vorhandene Einstimmigkeit u. das Auftreten von Kirchentonarten gehen sicher nicht auf den im 19. Jh. wirksamen→ Cäcilianismus zurück, sondern sind eine Eigenart des Komponisten. Das gilt auch für den sog. B.-Rhythmus, der sich aus seiner ganz persönlichen Art der Motivbildung ergibt.

Die verschiedenen Bearbeitungen geben ein gutes Bild des Brucknerschen Charakters. Immer hilfsbereit u. leicht zu beeinflussen, ist B. sicherlich vielen Ratschlägen wohlmeinender Freunde gefolgt, die besser ungehört geblieben wären. Neben den von B. aus eigenem Antrieb vorgenommenen Änderungen, die heute als letzter Wille angesehen werden müssen, hat B. auch aus Gründen der Aufführungspraxis oder auf den Rat anderer hin Änderungen vorgenommen, die möglichst wieder beseitigt werden sollten. Dazu kommen eigenmächtig vorgenommene Bearbeitungen, die zu keiner Zeit vom Komponisten autorisiert worden sind. Sie müssen selbstverständlich bei jeder NA ausgemerzt werden. Hier schafft die kritische GA, die von der Generaldirektion der Österreichischen Nationalbibliothek u. der Internationalen Bruckner-Gesellschaft unter Leitung von L. Nowak herausgegeben wird, Abhilfe.

Zu B. Kompositionen gehören

1. Sinfonische Werke: Sinfonie f-Moll (Studiensinfonie, 1863); Sinfonie d-Moll (»Nr. 0«, 1863–64, bearbeitet 1869); 1. Sinfonie c-Moll (Linzer Fassung 1865–66, Wiener Fassung 1890–91); 2. Sinfonie c-Moll (1871–72, bearbeitet 1875–77); 3. Sinfonie d-Moll (1873, 2. Fassung 1876–77, 3. Fassung 1888–89); 4. Sinfonie Es-Dur (1873–74, 2. Fassung 1878, 3. Fassung 1879–80); 5. Sinfonie B-Dur (1875–77, 2. Fassung 1878); 6. Sinfonie A-Dur (1879–81); 7. Sinfonie E-Dur (1881–83); 8. Sinfonie c-Moll (1884–87, 2. Fassung 1889–90); 9. Sinfonie d-Moll (1887–94, Finale unvollendet).

2. Messen u. kirchliche Vokalmusik für größere Besetzungen: Messe C-Dur für A., Chor u. 2 Hörner (1842); Choralmesse zu Gründonnerstag Es-Dur für 4st. Chor (1844); Messe in F-Dur für Chor a cappella (1844); Requiem in d-Moll für Chor, Orch. u. Org. (1848–49, bearbeitet 1895); Magnificat B-Dur für Solost., Chor u. Orch. (1852); 114. Psalm für 5st. Chor u. Pos. (1852–53); 22. Psalm für 4st. Chor u. Kl. (1852); *Missa solemnis* in b-Moll für Solost., Chor u. Orch. (1854); 146. Psalm für Solost., Chor u. Orch. (1860); 112. Psalm für Doppelchor u. Orch. (1863); Messe in d-Moll für S., Chor u. Orch. (1864, bearbeitet 1876); Messe in e-Moll für 8st. Chor u. Bläser (1866, bearbeitet 1882); Messe in f-Moll für Solost., Chor, Orch. u. Org. (1867–68, bearbeitet 1876 u. 1890); Te Deum in C-Dur für S., Chor, Orch. u. Org. (1881–84); 150. Psalm in C-Dur für S., Chor, Orch. u. Org. (1892).

3. Kleinere geistliche Werke, teilweise a cappella: Tantum ergo für Chor a cappella (1846); Tantum ergo in B-Dur für Chor, Orch. u. Org. (1854); *Libera* in f-Moll für Chor, Pos., Vc., Kb. u. Org. (1854); Ave Maria für 7st. Chor a cappella (1861); Pange lingua, phrygisch, für Chor a cappella (1868); *Locus iste* für 4st. Chor a cappella (1869); *Os justi* für Chor a cappella (1879); *Christus factus est* für 7st. Chor a cappella (1884); *Christus factus est* für 6st. Chor u. 3 Pos. (1879); *Virga Jesse floruit* für 4st. Chor (1885); *Ecce sacerdos* für Chor, 3 Pos. u. Orgel (1885); *Vexilla regis* für Chor a cappella (1892).

4. Kammermusik: Streichquintett in F-Dur (1879) für den Geiger J. Hellmesberger, der das Scherzo nicht mochte u. deshalb von B. das Intermezzo zum Austausch komponiert bekam (1879). Außerdem entstanden einige Klavierstücke u. Lieder.

5. Orgelmusik: Präludien u. Fugen.

6. Weltliche Vokalmusik für Männerchor (Auswahl): *Germanenzug* mit Blasorch. (1863); *Herbstlied* mit 2 S. u. Kl. (1864); *Vaterlandsliebe* mit 2 Solost. (1866); *Abendzauber* mit Bar. u. 4 Hörnern (1878); *Um Mitternacht* mit T. (1886); *Träumen u. Wachen* mit T. (1890); *Das deutsche Lied* mit Blasorch. (1892); *Helgoland* mit Blasorch. (1893).

GA: 1. Kritische GA im Auftrag der Generaldirektion d. Nationalbibliothek u. der Internationalen B.-Gesellschaft, hg. von R. Haas u. A. Orel, Wien bzw. Leipzig 1930–44; 2. Generaldirektion der Österr. Nationalbibliothek u. der Internationalen B.-Gesellschaft, hg. von L. Nowak ab 1951 in Kassel.

Lit.: M. Auer u. A. Göllerich, A. B., Ein Lebens- u. Schaffensbild, Regensburg 1922–37, Neudruck Regensburg 1974; A. Halm, Die Symphonien A. B., München 1923; F. Gräflinger (Hg.), A. B., Gesammelte Briefe, Regensburg 1924; A. Orel, A. B., Wien 1925; F. Schalk, Briefe u. Betrachtungen, Wien u. Leipzig 1935; R. Haas, A. B., Potsdam 1934; E. Schwanzara (Hg.), A. B., Vorlesungen über Harmonielehre u. Kontrapunkt an der Universität Wien, Wien 1950; P. Benary, A. B., Leipzig 1956; M. Dehnert, A. B., Versuch einer Deutung, Leipzig 1958; E. Doernberg, A. B., Leben u. Werk, München 1963; W. Furtwängler, J. Brahms, A. B., Stuttgart 1963; L. Nowak, Musik u. Leben, Wien 1964; R. W. L. Simpson, The Essence of B., London 1967; K. Grebe, A. B. in Selbstzeugnissen u. Bilddokumenten, Reinbek bei Hamburg 1972; H. H. Schönzeler, A. B., Sein Leben, sein Charakter, das Werk, Wien 1974; M. Auer, A. B., Sein Leben u. Werk, Wien 1975; D. Watson, B., London 1975.

Brüggemann, Kurt, dt. Komponist u. Dirigent, * 30. 3. 1908 Berlin. Studierte an der Berliner Universität u. an der Preußischen Akademie der Künste. Übernahm 1953 den Kinderchor des Bayerischen Rundfunks.

B. schrieb neben Hörspielmusiken u. Werken für Kinderchor die Singspiele *De Fischer un syne Fru* (1935), *Das kalte Herz* (1937), das Ballett *Plisch u. Plum* (1939), Kammermusik, Klavierstücke u. Lieder.

Brüll, Ignaz, österr. Komponist u. Pianist, * 7. 11. 1846 Proßnitz, † 17. 9. 1907 Wien. Studierte bei J. Epstein (Klavier) u. F.O. Dessoff (Komposition). Bereits 1861 brachte Epstein ein Klavierkonzert seines Schülers zur Aufführung. B. reiste eine Zeitlang mit eigenen Kompositionen, wurde Klavierlehrer an den Horákschen Klavierschulen in Wien u. trat 1881 in die Direktion dieses Unternehmens ein. Er gehörte zum Freundeskreis um J. Brahms u. war bekannt für sein Vom-Blatt-Spielen.

Zu B. Werken gehören: die Opern *Der Bettler von Samarkand* (1864), *Das goldene Kreuz* (1875), *Der Landfriede* (1877), *Bianca* (1879), *Königin Mariette* (1883), *Gloria* (1886), *Das steinerne Herz* (1888), *Gringoire* (1892), *Schach dem König* (1893) u. *Der Husar* (1898), das Ballett *Champagnermärchen* (1896), 1 Sinfonie, 2 Klavierkonzerte, 1 Violinkonzert, Kammermusik, Chöre u. Lieder.

Bruhns, Nicolaus, dt. Komponist, Organist u. Geiger, * Dezember 1665 Schwabstedt, † 29. 3. 1697 Husum. Erhielt ersten Unterricht von seinem Vater u. seinem Bruder. Wurde 1681 Schüler von D. Buxtehude, der ihn auch als Organisten nach Kopenhagen vermittelte. Ab 1689 Organist in Husum. Komponierte Kirchenkantaten u. Orgelwerke.

Bruitismus (franz. bruit: »Geräusch«) bezeichnet die musikalischen Versuche des Futurismus, dessen Programm von Marinetti am 20. 2. 1909 in »Le Figaro« veröffentlicht wurde. Die wichtigsten Exponenten dieser kurzlebigen Mode waren B. Pratella u. L. Russolo, die aus manipulierten Geräuschen Musik schaffen wollten, wobei die Begeisterung für die technischen Neuerungen ihrer Zeit eine große Rolle spielte. Ideen des B. wurden von E. Varèse in Werken wie *Ionisation* (1931) u. *Déserts* (1954) aufgegriffen. Die→ Musique concrète bedient sich ebenfalls natürlicher Geräusche.

Brumby, Colin, austral. Komponist u. Dirigent, * 18. 6. 1933 Melbourne. Studierte in Melbourne u. bei A. Goehr u. J. Carewe in London. Unterrichtet seit 1964 an der University of Queensland. Komponierte Kinderopern, 1 Weihnachtskantate, Kammermusik.

Brumel, Antoine, franko-fläm. Komponist, * um 1460, † nach 1520 Ferrara. B. war ein Schüler J. Ockeghems. 1483 als Knabenchormeister an der Kathedrale von Chartres nachweisbar. 1497 als Domherr von Laon erwähnt, 1498–1500 Leiter des Knabenchors von Notre-Dame in Paris. 1505 wurde er aus einer Stellung in Lyon von Alfonso I. von Este als Nachfolger J. Obrechts nach Ferrara engagiert. Ein dort ebenfalls bezeugter J. B. könnte sein Sohn gewesen sein. Von seinen Werken sind Messen, Motetten u. Chansons erhalten.

Brun, Fritz, schweiz. Komponist, Dirigent u. Pianist, * 18. 8. 1878 Luzern, † 29. 11. 1959 bei Bern. Unterricht bei W. Mengelberg in Luzern, van der Sands u. F. Wüllner in Köln. 1902 Lehrer für Theorie u. Klavier am Konservatorium in Dortmund. 1903 Klavierlehrer an der Musikschule in Bern, 1909–43 Leiter der Sinfoniekonzerte der Bernischen Musikgesellschaft, Dirigent des Cäcilienvereins u. der Berner Liedertafel. Zog sich 1941 aus dem Musikleben zurück u. widmete sich ganz dem Komponieren.

Zu B. Werken gehören 10 Sinfonien, Chorwerke, Konzerte für Kl. u. Vc. mit Orch., Kammermusik u. Lieder.

Bruneau, L. Ch. B. Alfred, franz. Komponist u. Musikschriftsteller, * 3. 3. 1857 Paris, † 15. 6. 1934 ebd. Stammt aus einer musikalischen Familie u. erlernte früh das Cellospielen, um an der häuslichen Kammermusik teilzunehmen. Als Schüler A. Franchommes gewann er mit 19 Jahren den 1. Preis des Pariser Conservatoire in der Celloklasse. Wurde anschließend Cellist im Pasdeloup-Orchester u. studierte gleichzeitig Komposition bei J. Massenet. Seine Kantate *Geneviève de Paris* brachte ihm den 2. Rompreis ein. Neben einigen Orchesterwerken, einem Requiem u. Liedern ist B. hauptsächlich mit seinen Opern bekannt geworden. Die Libretti stammten fast alle von Zola, mit dem B. eine lebenslange Freundschaft verband, die auch über der Dreyfus-Affäre nicht zerbrach. Mit der Wahl seiner Stoffe führte B. den Naturalismus auf der franz. Opernbühne ein. Er war auch der erste, der Prosa vertonte. B. veröffentlichte »Musique d'hier et de demain« (1900); »La musique française« (dt. »Geschichte der franz. Musik«, Berlin 1905); »Musiques de Russie et Musiciens de France« (dt. »Die russische Musik«, Berlin 1905); »La vie et les œuvres de Gabriel Fauré« (Paris 1925); »A l'ombre d'un grand cœur« (Erinnerungen an Zola, Paris 1932) u. »Massenet« (Paris 1935). Als Kritiker schrieb B. für »Le Figaro«, »Gil-Blas« u. »Le Matin«.

B. komponierte neben der Bühnenmusik zu *La faute de l'abbé Mouret* (1907) u. den Ballettmusiken *Les bacchantes* (1886) u. *L' amoureuse leçon* (1913) die Opern *Kérim* (1885–86), *Le rêve* (1890), *L'attaque du moulin*

(1892–93), *Messidor* (1894–96), *L'ouragan* (1897–1900), *L'enfant-roi* (1902), *Lazare* (1903), *Naïs Micoulin* (1906), *Le tambour* (1915), *Les quatre journées* (1908–16), *Le roi Candaule* (1917–19), *Le jardin du paradis* (1913–21), *Angelo, tyran de Padoue* (1923–25) u. *Virginie* (1928–30).

Brunner, Adolf, schweiz. Komponist, * 25. 6. 1901 Zürich. Studierte in Berlin, Paris u. Rom, leitete 1949–60 die Abteilung Politik u. Aktuelles beim Rundfunk in Zürich u. lebt seither als freischaffender Komponist. Er gehört zu den Erneuerern der evangelischen Kirchenmusik. Neben konzertanten Musiken für Orch., dem Konzert für großes Orch. u. Kammermusik schrieb B. hauptsächlich geistliche Konzerte, Motetten, eine Passionsgeschichte nach Markus für gem. Chor, Soli, Orch. u. Orgel (1971) u. Orgelwerke. Er veröffentlichte 1960 in Zürich »Wesen, Funktion und Ort der Musik im Gottesdienst«. Die 2., revidierte Auflage erschien 1968.

Brunswick, Mark, amer. Komponist u. Musikschriftsteller, * 6. 1. 1902 New York, † 26. 5. 1971 London. Studierte bei R. Goldmark u. E. Bloch, anschließend bei N. Boulanger in Paris u. R. Sessions in New York. Zu seinen Kompositionen gehören 1 Sinfonie für Chor u. Orch. (1954), 1 Motette, Kammermusik u. die Oper *The Master Builder* nach Ibsen.

Brussilowskij, Jewgenij G., sowj. Komponist u. Pädagoge, * 12. 11. 1905 Rostow. Studierte am Konservatorium in Moskau u. ab 1924 privat in Leningrad. Erreichte 1926 die Aufnahme in das Leningrader Konservatorium u. wurde Schüler von M. Steinberg. Wurde nach Kasachstan geschickt, um die dortige Folklore zu erforschen u. die Entwicklung der Nationaloper zu fördern. 1934–38 künstlerischer Leiter des Musiktheaters in Kasachstan, 1944 Lehrer für Komposition am Konservatorium in Alma-Ata. Seine eigenen Opern sind stark von der dortigen Folklore beeinflußt. Es entstanden *Kys schibek* (1934), *Schalbyr* (1935), *Jer-Targyn* (1937), *Ajman Scholpan* (1938), *Amangeldy* (1945) u. *Dudaraj* (1953). Außerdem komponierte B. 6 Sinfonien, Konzerte für Kl. u. für Trp. mit Orch., 1 Kantate, Kammermusik u. Chöre.

Brustad, Bjarne, norw. Komponist u. Geiger, * 4. 3. 1895 Oslo, † 20. 5. 1978 ebd. Unterricht in Oslo u. bei C. Flesch in Berlin. Wurde Sologeiger des Orch. der Philharmonischen Gesellschaft in Oslo, 1928–43 Solobratschist, Mitglied des Programmkomitees u. Lehrer für Komposition am Osloer Konservatorium.

Zu B. Kompositionen gehören die Oper *Atlantis* (1945), 9 Sinfonien (1948–73), 4 Violinkonzerte, Capricci für V., Va. u. Orch., 3 Streichquartette u. andere Kammermusik. Von neueren Werken seien das Konzert für Klav. u. Streicher sowie die Serenade für Bläserquintett (beide 1969) erwähnt.

Bruynèl, Ton, niederl. Komponist, * 26. 1. 1934 Utrecht. Studierte Klavier am Konservatorium in Utrecht u. arbeitete in den elektronischen Studios von Utrecht u. Delft. Richtete 1957 ein eigenes elektronisches Studio ein.

Zu B. Kompositionen gehören: *Reflexen* für Birma-Trommel (1961); *Resonance I* (Theaterstück, gemeinsam mit der Tanzgruppe E. Pomare, 1962); *Collage Resonance II* (1963); *Relief* für Org. u. 4 Tonbänder (1964); *Mobile* für 2 Tonbänder (1965); *Mécanique* für Bläserquintett u. 2 Tonbänder u. *Arc* für Orgel u. 4 Tonbänder (1967); Ballettmusik *Décor* (1968); *Signs* für Bläserquintett u. 2 Tonbänder (1969); *Mobile II* für 2 Tonbänder (1971); *Intra I* für B.-Klar. u. Tonbänder (1971); *Elegy* für 2 Tonbänder u. Frauenst. ad lib. (1972); *Looking ears* für B.-Klar., Kl. u. Tonbänder (1972); *Phases* für 4 Tonbänder u. Orch. (1974); *Soft song* für Ob. u. 2 Tonbänder (1974); *Dialogue I* für B.-Klar. u. Tonbänder (1976).

Bubblegum, Bezeichnung für den Rock, der bei den Sechs- bis Zwölfjährigen beliebt ist. In diese Kategorie gehören Ohio Express, The Osmonds, Gary Glitter, David Cassidy u. Bay City Rollers.

Buchstaben-Tonschrift bezeichnet den in der Geschichte der Musik häufig gemachten Versuch, Buchstaben zur Bezeichnung von Tönen heranzuziehen. Wir kennen zwei griech. Tonschriftsysteme, die beide vor der Zeitenwende entstanden sind u. von A. Bataille u. J. Chailley erforscht wurden. Weitere Versuche sind aus dem 6. Jh. (Boëthius), dem 9. Jh. (Hucbald), dem 10. Jh. (Notker Labeo u. Odo von St. Maur) u. dem 11. Jh. (Guido von Arezzo u. Hermannus Contractus) bekannt. Dabei dienten die mittelalterlichen Versuche mehr zu Demonstrationszwecken als zu tatsächlicher Notierung. Seit dem 19. Jh. gelten die von Gottfried Weber (1779–1839) zur Bezeichnung von Akkorden eingeführten Buchstaben, u. zwar große für den Dur- u. kleine für den Moll-Akkord.

Bucht, Gunnar, schwed. Komponist, * 5. 8. 1927 Stocksund. Studierte bei K.-B. Blomdahl, C. Orff, G. Petrassi u. M. Deutsch, außerdem Musikwissenschaft an der Universität Uppsala. 1970–73 Kulturattaché an der schwed. Botschaft in Bonn, ab 1975 Professor für Komposition an der Musikhochschule in Stockholm.

B. komponierte u.a. die Oper *Tronkrävarna* (»Die Kronprätendenten« nach H. Ibsen, 1966); 7 Sinfonien; die Kantate *La fine della diaspora* (1958); das Oratorium *Jerikos murar* (»Die Mauern Jerichos«, 1967/70); eine lutherische Messe (1972–73); *Pour écouter* für Org. (1973–74); *Winter Organ* für Orch. (1974); *Music for Lau* für Kinderchor, Holzbläser, Schlagzeug u. Tonband (1974–75); *Journées oubliées* für Orch. (1975); *A huit mains* für Fl., V., Vc. u. Cemb. (1976); *Quintetto amichevole* für Bläserquintett (1976); *Au delà* für Orch. (1977); *Tableaux à trois* für V., Vc. u. Kl. (1978); *A mon gré* für Fl., Klar., Va., Vc., Kb., Hf. u. Celesta (1978); Violinkonzert (1978); *The Big Bang ... And After* für Orch. (1979); *Georgica* für Orch. (1980); *En clair-obscur* für Kammerorch. (1980–81).

Büchtger, Fritz, dt. Komponist, * 14. 2. 1903 München, † 26. 12. 1978 ebd. Sohn des Landschaftsmalers Robert B. Wechselte von der Kadettenanstalt zur Münchner Musikakademie u. nahm Unterricht bei A. Beer-Walbrunn, H. von Waltershausen u. E. Schwickerath. Setzte sich mit Arbeiterchören u. Laienorchestern schon früh für die zeitgenössische Musik ein. Gründete 1927 die Gesellschaft für Neue Musik, wurde 1948 Leiter des Münchner Studios für Neue Musik u. 1954 Direktor der Jugendmusikschule München. Der seit 1948 im Zwölftonsystem komponierende B. sucht in seiner Musik die umfassende Harmonie einer Musica mundana (→ Musica). In der Ordnung der 12 Töne sieht er dabei einen Spiegel einer kosmischen Ordnung. Aus einer starken Beziehung zum religiösen Wort entstanden im Lauf der Zeit 10 Oratorien, denen 9 Orchesterwerke u. Kammermusik gegenüberstehen.

B. schrieb außerdem das Kalenderspiel *O Mensch gib acht!* u. die Choroper *Der Spielhansl.* Oratorien: *Der weiße Reiter* (1948), *Das gläserne Meer* (1953), *Die Auferstehung nach Matthäus* (1954), *Die Himmelfahrt Christi* (1955), *Die Verklärung* (1956), *Pfingsten* (1957), *Das Weihnachtsoratorium* (1959), *Johannes der Täufer* (1962), *Du hast den Drachen unter deine Füße getan* (1970) u. *Das Gesicht des Hesekiel* (1972). Werke für Orchester: Konzert für Streichorch. (1950), Konzert für Orch. (1956), Concertino Nr. 2 für Kl., Bläser, Streicher u. Schlagzeug (1962), Violinkonzert (1963), *Musikalische Szenen nach Th. Wilder* (1965), *Stufen* für Orch. (1966), *Strukturen* für kleines Orch. (1968), *Schichten-Bögen* für Orch. (1969), *Ascensio* für Orch. (1973). Außerdem komponierte B. 6 Streichquartette, Chöre u. Lieder.

Lit.: L. Wismeyer, F. B., Regensburg 1963.

Bühnenmusik, 1. Musiken, die in der Oper u. im Schauspiel integrierende Bestandteile des Gesamtwerks sind, z. B. Ballmusiken *(Don Giovanni)* oder festliche Aufmärsche *(Aida)* in der Oper u. Lieder oder musikalische Einlagen im Schauspiel. Sie werden entweder von den handelnden Personen ausgeführt oder sind zumindest Bestandteil der Handlung. **2.** Die musikalische Ausgestaltung eines Schauspiels durch Ouvertüren, Zwischenaktmusiken oder eine überbrückende Klangkulisse bei Szenenwechsel. Solche Musiken können vom Autor (Brecht) vorgeschrieben sein oder für eine Inszenierung vom Regisseur in Auftrag gegeben oder einfach aus bestehenden Musiken ausgewählt worden sein. Die wahllose Verwendung von Musiken führte in der 2. Hälfte des 19. Jh. mit zur völligen Abschaffung von Zwischenaktmusiken im Schauspiel. Zu den Bühnenmusiken, die sich bis heute unabhängig vom Schauspiel im Konzertprogramm gehalten haben, gehören L. van Beethovens Ouvertüren zu *Egmont* u. *König Stephan,* F. Schuberts *Rosamunde,* F. Mendelssohn Bartholdys *Sommernachtstraum* sowie die Suite *Der Bürger als Edelmann* von R. Strauss. Neuere Bühnenmusiken stammen von K. Weill, P. Dessau, H. Eisler, B. Eichhorn u. M. Lothar.

Buffo (ital. buffone: »Hofnarr«, »komische Figur«), ein aus der ital. Oper des 17. Jh. stammender Begriff, mit dem komische Charakterrollen (Tenor- u. Baß-B.) bezeichnet wurden. Diese Rollen waren besonders auf komisches Spiel angelegt u. forderten vom Sänger mehr als nur sängerische Begabung. In der Opera buffa wurden diese Charakterrollen zu Hauptrollen (G. B. Pergolesi, *La serva padrona;* G. Donizetti, *Don Pasquale;* G. Rossini, *Barbiere di Siviglia).* Die entsprechende weibliche Rolle nennt man Soubrette u. Spielaltistin.

Buffonistenstreit (franz. querelle des bouffons) nennt man die Auseinandersetzungen zwischen den Pariser Anhängern der ital. Musik u. den Parteigängern der franz. Schule, die ab 1752 in Paris tobten. Anlaß war die Wiederaufführung von G. B. Pergolesis *La serva padrona,* von der die franz. Opéra-comique entscheidende Anregungen empfing. Dieser Streit bekam neue Nahrung, als einflußreiche Pariser Kreise den ital. Komponisten N. Piccinni gegen Chr. W. Gluck u. seine Reformoper auszuspielen versuchten.

Bugaku, über 1000 Jahre alte japan. Tanzwerke, die von einem Bläserensemble begleitet werden u. heute noch an einigen spezialisierten Theatern aufgeführt werden. → Gagaku

Buini, Giuseppe M., ital. Komponist u. Dichter, * um 1695 Bologna, † 13. 5. 1739 Alessandria. Mitglied der Accademia Filarmonica in Bologna u. zweimal deren Präsident. Von seinen ungefähr 40 Opern sind die meisten Libretti erhalten, aber nur 2 Arien. Gab als op. 1 eine Sonata per camera heraus (1720). Komponierte ein Oratorium *San Petronio,* das 1721 aufgeführt wurde.

Bull, John, engl. Komponist u. Organist, * um 1562, † 12. oder 13. 3. 1628 Antwerpen. Schüler von W. Blitheman in der Chapel Royal. 1582 Organist der Kathedrale von Hereford, 1585 Mitglied der Chapel Royal, 1591 Nachfolger Blithemans als Organist der Chapel Royal. 1596 Professor am Gresham College. Diese Stellung mußte er 1607 aufgeben, da sie nur von Unverheirateten bekleidet werden durfte. 1613 Organist des Erzherzogs Albrecht in Brüssel. 1617 als Nachfolger R. Waelrants Organist an der Kathedrale von Antwerpen. B. war hauptsächlich als vorzüglicher Organist u. Komponist von Virginalmusik bekannt, daneben schrieb er Kirchenmusik u. Violenstücke. Seine Virginalstücke wurden von Fitzwilliam u. Cosyns herausgegeben. Sie dürften den in Amsterdam wirkenden J. P. Sweelinck beeinflußt haben, der einen Kanon von B. in seine Kompositionslehre übernahm.

Bundesakademie für musikalische Jugendbildung in Trossingen, Name einer zentralen Einrichtung mit folgenden Aufgaben: Fortbildung von Dirigenten u. Jugendleitern in der instrumentalen u. vokalen Laienmusikpflege, Fort- u. Weiterbildung von Lehrern in der außerschulischen Musikerziehung, Beratung von Personen u. Institutionen in Fragen der musikalischen Jugendarbeit.

Bundesverband der Phonographischen Wirtschaft e.V., gegründet 1962 in Hamburg, fungiert als Dachorganisation für die Tonträgerhersteller u. Schallplatten-Clubs in der BRD.

Bungert, F. August, dt. Komponist, * 14. 3. 1845 Mühlheim/Ruhr, † 26. 10. 1915 Leutesdorf. Studierte am Kölner Konservatorium u. in Paris. Musikdirektor in Kreuznach, anschließend weitere Studien in Berlin bei F. Kiel. Gewann 1878 einen vom Florentiner Quartett ausgesetzten Preis für ein Klavierquartett. Neben der komischen Oper *Die Studenten von Salamanka* (1884) ist B. hauptsächlich wegen seiner griech. Tetralogie *Die Homerische Welt* bekannt: *Odysseus' Heimkehr* (1896), *Kirke* (1898), *Nausikaa* (1901) u. *Odysseus' Tod* (1903).

Burck, Joachim a (eigtl. J. Moller), dt. Komponist u. Organist, * 1546 Burg, † 24. 5. 1610 Mühlhausen, Thüringen. Kantor u. später Organist in Mühlhausen. Genoß einen ausgezeichneten Ruf als Organist. Komponierte u. a. Motetten, Johannespassion, Oden u. christliche Lieder. Bei seinen Oden u. Liedern legte er häufig Texte des Mühlhäuser Superintendenten Helmbold zugrunde.

Burghauser, Jarmil M., tschech. Komponist u. Musikwissenschaftler, * 21. 10. 1921 Písek. Studierte bei J. Křička, O. Jeremiáš u. V. Talich sowie an der Prager Karls-Universität. Seine frühen Kompositionen lehnten sich an Werke A. Dvořáks u. dessen Schüler V. Novák an. 1960 änderte B. seinen Stil unter dem Einfluß von Reihentechnik, elektronischer Musik u. Klangfarbenexperimenten. Er veröffentlichte »A. Dvořák, Thematisches Verzeichnis«, Prag 1960.

Burgmüller, A. J. Norbert, dt. Komponist, * 8. 2. 1810 Düsseldorf, † 7. 5. 1836 Aachen. Studierte bei L. Spohr u. M. Hauptmann in Kassel u. ließ sich in Düsseldorf nieder. Zu seinen von R. Schumann geschätzten Kompositionen gehören 2 Sinfonien, 1 Klavierkonzert, 4 Streichquartette u. Lieder.

burgundische Musik ist ein von der Musikgeschichte geprägter Begriff, mit dem die Musik am Hof von Burgund gegenüber den anderen Machtzentren der Zeit abgegrenzt werden soll. Da der franz. Einfluß u. insbesondere die → Ars nova für die Musiker des burgundischen Hofes von großer Bedeutung war, fällt es schwer, W. Gurlitt u. H. Besseler in ihren Definitionen (B. M. oder Burgundische Epoche) zu folgen. Die herausragenden Musiker der burgundischen Fürsten waren G. de Binchois, der noch am ehesten franz.-engl. Einfluß repräsentierte, u. G. Dufay, der durch seine Italienaufenthalte vom dortigen Stil beeinflußt war. → niederländische Musik

burgundische Schule, Bezeichnung für die Musik am burgundischen Hof unter der Regierung von Philipp dem Guten (1419–67) u. Karl dem Kühnen (1467–77). Zu ihren herausragenden Vertretern gehören G. Binchois, G. Dufay u. A. Busnois. Der von H. Besseler eingeführte Begriff »Burgundische Epoche« deckt sich ungefähr mit den Anfängen der niederländ. Schule. In ihrer weiteren Entwicklung unterschied sie sich von dieser hauptsächlich durch ihre stärkere ornamentale Prägung.

Burian, Emil F., tschech. Komponist u. Regisseur, * 11. 6. 1904 Pilsen, † 9. 8. 1959 Prag. Sohn des Opernsängers Emil B. Studierte am Prager Konservatorium bei J. B. Foerster u. beschäftigte sich ab 1925 mit Musik u. Theater. Zu seinen Experimenten gehörte die Suite *Voice Band,* in der er Texte von einem Kammerchor bei festgelegtem Rhythmus u. mit Schlagzeugbegleitung rezitieren ließ, ohne daß die Tonhöhen genau bestimmt waren. In seinen späteren Kompositionen gab B. die Bindung an den Jazz wieder auf. 1933 gründete er das Theater D 34, das er mit Ausnahme der Jahre 1940–45 geleitet hat. Nach dem Krieg übernahm er auch kurzfristig die Leitung des Nationaltheaters in Brünn.

B. komponierte u. a. die Opern *Mařysa* (1940), *Opera z pouti* (»Oper von der Kirchweih«, 1956) u. *Račte odpustit* (»Wollen Sie verzeihen!«, 1956); Orchesterwerke, u. a. 1 Sinfonie; 8 Streichquartette; 1 Kantate; Liederzyklen; Bühnen- u. Filmmusik.

Burkhard, Paul, schweiz. Komponist, * 21. 12. 1911 Zürich, † 11. 9. 1977 Zell bei Zürich. Studierte am Konservatorium in Zürich u. war 1938–45 Kapellmeister u. Hauskomponist des Züricher Schauspielhauses. 1945–57 leitete er das Studioorch. des Landessenders Beromünster. Lebte dann bis zu seinem Tode als freischaffender Komponist. Schrieb u. a. die Operetten *Hopsa* (1935, revidiert 1957), *Dreimal Georges* (1936) u. *Tic-Tac* (1942). Mit seiner musikalischen Komödie *Feuerwerk,* einer Neufassung von *Der Schwarze Hecht* (1948), gelang ihm sein größter Erfolg. 1957 entstand die musikalische Komödie *Die Pariserin,* gefolgt von der Märchenoper *Die Schneekönigin* (1964), *Bunbury* (1966), der Weihnachtsoper *Ein Stern geht auf aus Jakob* (1970), *Regenbogen* (Stück mit Musik, 1971). Seit 1960 komponierte B. vorwiegend Spiele u. Gottesdienstmusiken für Kinder u. Jugendliche, u.a. *Die Zeller Weihnacht* (1960), *Der Zeller Josef* (1964), *Zeller Gleichnisse* (1968) u. Kindermessen. Außerdem stammen von B. viele Chansons, Film- u. Schauspielmusiken.

Burkhard, Willy, schweiz. Komponist, * 17. 4. 1900 Leubringen bei Biel, † 18. 6. 1955 Zürich. Studierte in Bern, Leipzig, München u. Paris u. lehrte ab 1928 am Konservatorium Bern, leitete gleichzeitig mehrere Orchester- u. Chorvereinigungen. Nach einer krankheitsbedingten Unterbrechung von mehreren Jahren ab 1942 Lehrer am Konservatorium in Zürich. In seinem Werk dürfen Anklänge an P. Hindemith u. B. Bartók nicht darüber hinwegtäuschen, daß B. seine ganz persönliche Tonsprache aus den Werken J.S. Bachs u. der Kontrapunktiker des 15. u. 16.Jh. ableitete.

B. schrieb neben Bühnenmusiken u. einer Hörspielmusik die Oper *Die schwarze Spinne* (1947–48, rev. Fassung 1954), die Oratorien *Das Gesicht Jesajas* (1935) u. *Das Jahr* (1941), Kantaten, 1 Messe, Psalmen, Werke für Chor a cappella, 2 Sinfonien, 2 Violinkonzerte, 1 Konzert u. 1 Konzertstück für Org., 1 Bratschenkonzert, 1 Concertino für Vc. u. Streicher, Kammermusik, Orgelmusik u. Lieder.

Burleske (von ital. burla: »Spaß«) bezeichnet eine Komposition karikierenden oder komischen Charakters.

Burney, Charles (eigtl. Macburney), engl. Komponist, Organist, Forscher u. Schriftsteller, * 7. 4. 1726 Shrewsbury, † 12. 4. 1814 Chelsea. Sohn des Porträtmalers James B., spielte bereits während seiner Schulzeit in Chester aushilfsweise Orgel u. wurde 1742 Schüler u. Assistent seines Bruders James, der als Organist in Shrewsbury tätig war. 1744–46 wurde er Schüler T. Arnes, spielte hin u. wieder Bratsche in G.F. Händels Orchester u. veröffentlichte seine ersten 6 Sonaten für 2 V. u. B. 1746–48 stand B. im Dienst von Fulke Greville, der ihn in die Londoner Gesellschaft einführte. Nach 1747 nahm er eine Organistenstelle in London an, zog sich dann bis 1760 nach King's Lynn zurück, um anschließend wieder als Lehrer für Cembalo u. freischaffender Musiker nach London zu gehen. Für D. Garrick richtete er 1766 J.-J. Rousseaus Pastorale »Le devin du village« ein, promovierte 1769 in Oxford zum Doktor der Musik u. beschäftigte sich zunehmend mit einer Geschichte der Musik. Um Material zu sammeln, unternahm er 1770 eine Reise durch Frankreich, die Schweiz u. Italien, der 1772 eine zweite durch die Niederlande, Deutschland u. Österreich folgte. In Wien machte er die Bekanntschaft P. Metastasios, Ch. W. Glucks u. J. A. Hasses. Als Ergebnis dieser Reisen veröffentlichte B. »The Present State of Music in France and Italy, or the Journal of a Tour through these Countries, undertaken to collect Material for a General History of Music« (1771) u. »The Present State of Music in Germany, the Netherlands, and the United Provinces ...« (1773). Seit 1772 bewohnte B. ein Haus, das ehemals Newton gehört hatte, u. richtete sogar dessen Observatorium wieder ein, da er sich selber stark für Astronomie interessierte. Über eine mögliche Anstellung als Organist an einer anderen Londoner Kirche gibt es keine Unterlagen. Die musikalischen Sonntagabende bei B. waren berühmt u. bekannt, zumal B. mit allen großen Musikern seiner Zeit, die er einmal kennengelernt hatte, Kontakt hielt. So zählte er später J. Haydn während seiner zwei Londoner Aufenthalte zu seinem Freundeskreis. 1783 erhielt er eine Anstellung als Organist am Chelsea Hospital. Dort bezog er Wohnung bis zu seinem Lebensende. B. ist weniger durch seine Kompositionen bekannt geworden als durch seine schriftstellerische Tätigkeit. Neben Triosonaten, 7- u. 8st. Konzerten veröffentlichte er Sonaten für Cemb. vierhändig, Präludien u. Fugen für Orgel u. Gelegenheitskompositionen.

Neben den beiden bereits erwähnten musikalischen Berichten erschienen »Letter from the late Signor Tartini« (über die Bogenführung, 1771), »A General History of Music« (4 Bde. zwischen 1776 u. 1789), »Account of the Musical Performances in Commemoration of Händel« (1785) u. »Memoirs of the Letters and Writings of the Abate Metastasio« (3 Bde., 1796). In dt. Übersetzung erschienen: C. D. Ebeling (Hg.), C. B. der Musik Doctors Tagebuch einer Mus. Reise durch Frankreich u. Italien, Hamburg 1772; C. D. Ebeling u. J. J. Ch. Bode (Hg.), C. B. der Musik Doctors Tagebuch seiner Mus. Reisen II u. III, Hamburg 1773; J. Eschenburg (Hg.), Abhandlung über die Musik der Alten, Leipzig 1781; ders., Nachricht von Georg Friedrich Händels Lebensumständen, Berlin 1785.

Burt, Francis, engl. Komponist, * 28. 4. 1926 London. Studierte an der Royal Academy of Music in London bei H. Ferguson u. an der Berliner Musikhochschule bei B. Blacher. Lebt seit 1956 in Wien, wo er 1973 eine Professur für Komposition an der Hochschule für Musik u. darstellende Kunst erhielt.

B. komponierte die Opern *Volpone* (1952/58, Revision 1960/61) u. *Barnstable oder Jemand auf dem Dachboden* (1967/69), das Ballett *Der Golem* (1959/63), die Orchesterwerke *Iambics* (1955), *Espressione Orchestrale* (1958/59), *Fantasmagoria* (1963), die Kantate *The Skull* (1955), 2 Streichquartette u. *Unter der blanken Hacke des Mondes* für Bar. u. Orch. (1976).

Bury, Edward, poln. Komponist u. Dirigent, * 18. 9. 1916 Gnesen. Studierte 1937–39 am Warschauer Konservatorium Komposition, Dirigieren u. Klavier. 1945–54 an der Krakauer Musikhochschule als Lehrer, lebt jetzt als freischaffender Komponist u. Gastdirigent.

B. schrieb u. a. 1 *Symphonisches Triptychon* (1952), 1 Violinkonzert (1954) u. *Freiheitssinfonie* (1960).

Bush, Alan D., engl. Komponist u. Pianist, * 22. 12. 1900 London. Studierte an der Royal Academy of Music in London Komposition bei F. Corder u. Klavier bei T. Matthay. 1921 lernte er J. Ireland kennen u. begann weitere Kompositionsstudien bei ihm. Außerdem nahm er zwischen 1924 u. 1929 privaten Klavierunterricht bei B. Moiseiwitsch u. A. Schnabel. Von 1929 bis 1931 vervollständigte er seine Studien, indem er in Berlin noch Philosophie u. Musikwissenschaft hörte. Mit seinem 1. Streichquartett (1924) gewann er eine Carnegie-Auszeichnung, sein 2. Streichquartett *Dialectic* (1929) machte ihn im Ausland bekannt. Als überzeugter Marxist u. Kommunist trat B. in den 20er Jahren in die Arbeiterbewegung ein u. leitete 1929–40 die London Labour Choral Union. Außerdem gründete er 1936 die Workers' Music Association. Nach dem Krieg reiste er wiederholt in die Ostblockländer u. führte dort seine eigenen Werke auf. Hatten ihn vor dem Krieg P. Hindemith u. B. Bartók beeinflußt, so wandelte sich nach 1948 seine Tonsprache zu einer vereinfachten u. aus thematischen Tonreihen entstehenden Musik, die in der Nähe der Zwölftontechnik A. Schönbergs steht, dabei aber einfach u. verständlich bleibt.

Zu B. Werken gehören: die Opern *Wat Tyler* (1951), *Men of Blackmoor* (1956), *The Sugar Reapers* (1961–63) u. *Joe Hill: The Man Who Never Died* (1970), 1 Klavierkonzert (1937), 1 Violinkonzert (1948) u. eine Konzertsuite für Vc. (1952), Kantaten, 2 Sinfonien, Kammermusik u. Lieder. Außerdem veröffentlichte er »Strict Counterpoint in Palestrina Style« (1948).

Bush, Geoffrey, engl. Komponist, * 23. 3. 1920 London. Studierte am Balliol College in Oxford u. lehrt seit 1952 an der Universität von London. Bei seinen Kompositionen hat er sich häufig von J. Ireland beraten lassen. Er schrieb u. a. *The Spanish Rivals,* eine Marionetten-Oper (1941), die Kinderoper *The Blind Beggar's Daughter* (1954) u. den Einakter *If the Cap Fits* (1956), 2 Sinfonien, Chorwerke, 1 Klavierkonzert, 1 Konzert für Ob. u. Orch., Kammermusik u. Lieder.

Busnois, Antoine (eigtl. A. de Busnes), franko-fläm. Komponist, * 1. Hälfte 15. Jh., † 6. 11. 1492 Brügge. Wahrscheinlich ein Schüler J. Ockeghems, wurde er um 1467 als Sänger in den Dienst Karls des Kühnen aufgenommen. Ist mehrfach am burgundischen Hof nachgewiesen. Muß einen ausgezeichneten Namen als Theoretiker gehabt haben, denn Tinctoris widmete ihm u. Ockeghem sein »De natura et proprietate tonorum«. Er schrieb die Messen *Ecce ancilla, L'homme armé* u. *O crucis lignum,* Motetten u. Chansons.

Busoni, Ferruccio B., ital. Komponist, Pianist u. Dirigent, * 14. 4. 1866 Empoli bei Florenz, † 27. 7. 1924 Berlin. Erhielt schon früh von seiner Mutter, der Pianistin Anna Weiß-B., Klavierunterricht. Sein Vater war der Klarinettist Ferdinando B. Erste Auftritte mit 8 Jahren in Triest, mit 9 in Wien. B. zählte keinen der großen Pianisten zu seinen Lehrern. Trotzdem sah die Kritik in ihm ein Wunderkind mit glänzender Karriere. Als die Eltern nach Graz übersiedelten, erhielt B. Kompositionsunterricht bei W. Mayer. Mit 15 Jahren erfolgreiche Konzerttournee durch Italien u. Aufnahme in die Accademia Filarmonica in Bologna. 1886 weitere Kompositionsstudien in Leipzig u. 1889 Berufung als Professor einer Klavierklasse nach Helsinki. Gewann 1890 mit einem Konzertstück für Kl. u. Orch. in Petersburg den Rubinsteinpreis u. übernahm eine Lehrtätigkeit am Konservatorium in Moskau. 1891–94 Aufenthalt in den Vereinigten Staaten, wo B. konzertierte u. in Boston unterrichtete. Ab 1894 Wohnsitz in Berlin. 1907–08 Meisterklasse am Wiener Konservatorium, 1913 Direktor des Liceo Musicale in Bologna, bei Kriegsausbruch wieder in Amerika, ab 1915 in Zürich u. ab 1920 wieder in Berlin. Kümmerte sich in den folgenden Jahren weniger um seine Pianistenlaufbahn als um das eigene kompositorische Werk. Daneben setzte er sich als Dirigent für die neuere Musik, insbesondere für C. Debussy, M. Reger u. J. Sibelius ein. In seinem »Entwurf einer neuen Ästhetik der Tonkunst« (1907) untersuchte B. auch Grenzgebiete wie Drittel- u. Sechsteltöne u. nahm gedanklich die elektronische Tonerzeugung vorweg. Er selber vertiefte sich immer mehr in das Werk J. S. Bachs u. beherrschte den Kontrapunkt so vollkommen, daß er es wagen konnte, in seiner *Fantasia contrappuntistica* eine unvollendete Fuge Bachs in der klassizistischen Sprache des 20. Jh. zu vervollständigen. Zu L. van Beethovens 4. Klavierkonzert u. einer Reihe von Mozartkonzerten schrieb er eigene Kadenzen. B. veröffentlichte: »Entwurf einer neuen Ästhetik der Tonkunst« (1907, NA Wiesbaden 1954); »Versuch einer organischen Klaviernotenschrift«, Leipzig 1910; »Gesammelte Aufsätze«, Berlin 1923 (erweitert u. neu hg. von J. Herrmann: »F. B. Wesen u. Einheit der Musik«, Berlin 1956); »Über die Möglichkeiten der Oper«, Leipzig 1926, Wiesbaden 1967.

Zu B. Werken gehören: die Opern *Die Brautwahl* (1908–11), *Arlecchino* (1914–16), *Turandot* (1917) u. der von seinem Schüler u. Freund Ph. Jarnach vollendete *Doktor Faustus* (1925). Außerdem komponierte B. Orchestersuiten, 1 Klavierkonzert, 1 Violinkonzert, 1 Concertino für Klar. u. kleines Orch., Kammermusik, Klaviermusik u. Orgelwerke. Bekannt waren seine Übertragungen von Bachs Orgel- u. Cembalostücken für Kl.

Lit.: H. Pfitzner, Futuristengefahr, München 1917; G. Busoni (Hg. F. Schnapp), Erinnerungen an F. B., Berlin 1958; H. H. Stuckenschmid, F. B., Zürich 1967; H. Meyer, Die Klaviermusik F. B., Wolfenbüttel 1969.

Busser, Henri-Paul, franz. Komponist u. Dirigent, * 16. 1. 1872 Toulouse, † 30. 12. 1973 Paris. Besuchte die Niedermeyersche Schule in Paris, studierte am Conservatoire bei E. Guiraud u. Ch. Gounod u. gewann 1893 den Rompreis mit seiner Kantate *Antigone*. 1892 Organist von St-Cloud, 1921 als Nachfolger P. Vidals Leiter der Kompositionsklasse am Pariser Conservatoire, 1939–41 Direktor der Opéra-Comique, 1949–52 Direktor der Opéra.

B. komponierte u. a. die Bühnenwerke *Jane Grey* (1891), *Daphnis et Chloé* (1897), *Colomba* (1920), *Les noces Corinthiennes* (1922), *La pie borgne* (1929), *Le carosse du Saint-Sacrement* u. *Diaforius 60* (1963) u. *La Vénus d'Ille* (1964), die Ballette *La ronde des saisons* (1905), *Le vert galant* (1951) u. *Gayarni*, Bühnenmusiken, sinfonische Suiten u. Dichtungen, Messen, Motetten u. Orgelstücke. Außerdem bearbeitete er G. Bizets unvollendeten *Ivan le terrible* u. zusammen mit P. Dukas J.-Ph. Rameaus *Les Indes galantes*.

Bussotti, Sylvano, ital. Komponist, Maler u. Regisseur, * 1. 10. 1931 Florenz. Erhielt mit 5 Jahren seinen ersten Geigenunterricht. Besuchte 1941–48 das Konservatorium in Florenz u. studierte 1957 bei M. Deutsch privat in Paris Komposition. Gründete 1962 das Duo B.-Rzewski, das sich auf experimentelle Musik spezialisierte. Neben Auftritten als Interpret eigener Werke, Maler u. Regisseur Teilnahme an verschiedenen musikalischen Aktionen u. Ausstellungen grafischer Musik. Seit 1976 künstlerischer Leiter des Teatro Fenice in Venedig. Ist stark von J. Cage u. seiner action music beeinflußt u. arbeitet mit neuen Notationsformen. So schuf er beispielsweise die *5 Piano Pieces for D. Tudor* nach einer aus dem Jahr 1949 stammenden Zeichnung.

Zu B. Werken gehören u. a.: 3 Stücke für Marionettentheater (1954/55/56); *Due Voci* für S., Ondes Martenot u. Orch. (1958); *Sette fogli*, 7 Stücke für verschiedene Instr. variabler Spieldauer (1959); *Five piano pieces for D. Tudor* (1959); *Phrase à trois* für Streichtrio (1960); *Torso* für S., Mezzo-S., Bar. ad lib., Sprecher u. Instrumentalgruppen, daraus am bekanntesten: *Il nudo* für S., Kl. u. Streichquartett (1960); *Memoria*, 5 Szenen für Soli, Chor u. Orch. (1962); *I semi di Gramsci*, sinfonische Dichtung für Streichquartett u. Orch. (1962–71); *La passion selon Sade, Mystère avec tableaux vivants précédé de solo, avec un couple rara (dolce) et suivi d'une autre phrase à trois* (1964–68); *The Rara Requiem* für 7 St. u. 15 Instr. auf mehrsprachigen Text (1969); das Melodram *Lorenzaccio* (1972/73); *Aria di mara* für S. u. Orch. (1973); *Syrosadunsettimino o Il trionfo della Grand'Eugenia*, Operina monodanza (1974) u. *El Carbonero* für 5 gemischte St. Außerdem komponierte B. die Ballette *Raramente* (1971) u. *Bergkristall* (1972–73), Chöre u. Instrumentalstücke, die häufig Titel wie *Rara* oder *Phrase à* tragen.

Butler, John, amer. Tänzer u. Choreograf, * 29. 9. 1920 Memphis. Studierte bei M. Graham u. an der School of American Ballet 1945–55 Mitglied der M. Graham Dance Company. Gründete 1955 sein eigenes J. B. Dance Theatre, mit dem er mehrere Europa-Tourneen unternahm. 1956 inszenierte u. choreografierte er die Welturaufführung von G. C. Menottis *The Unicorn, the Gorgon and the Manticore*. 1958–59 verantwortlich für den Tanz in Spoleto, wo er verschiedene Ch. mit seiner eigenen Truppe herausbrachte. Zu seinen Balletten gehören u. a.: *Triad* (M.: S. Prokofjew, P. Glanville-Hicks, Duke Ellington); *Mask of the Wild Man* (M.: P. Glanville-Hicks) u. *Unquiet Graves* (M.: S. Hollingsworth) 1958; *The Sybil* (M.: C. Surinach); *Carmina Burana* (M.: C. Orff) u. *Portrait of Billie* (M.: Songs von L. Robin, R. Rainger & R. D. Whiting, D. Redman, H. Woods u. Camarata-Russell, gesungen von Billie Holiday) 1959; *Hadrianus* (M.: R. Starer) 1962; *Sebastian* (M.: G. C. Menotti) 1963; *Catulli Carmina* (M.: C. Orff) 1964; *After Eden* (M.: Lee Hoiby) 1966; *A Season in Hell* (M.: P. Glanville-Hicks) 1967; *Threshold* (M.: Z. Durko u. G. Bacewicz) 1968; *Transitions* (M.: A. Webern) 1969; *Itinéraire* (M.: L. Berio) 1970; *La Voix* (M.: G. Crumb) u. *Moon: Full* (M.: Zvi Avni) 1972; *Intégrales* u. *Amériques* (M.: E. Varèse) u. *Black Angel* (M.: G. Crumb) 1973; *Puppets of Death* (M.: A. Schönberg) 1974; *Othello* (M.: G. Crumb), *Medea* (M.: S. Barber) u. *Facets* (M.: 5 Songs von J. G. Johnson, T. Turner, Bergman-Legrand, N. Hendryx u. Volksmusik) 1976; *Doubles* (M.: H. Dutilleux) 1978. Außerdem besorgte B. die Ch. von Fernsehprogrammen, Broadway-Inszenierungen, Eistanzveranstaltungen, Menottis Oper *Der Konsul* (1950) u. P. Glanville-Hicks' *Nausicaa* (1961). Als Gast hat B. für das New York City Ballet, das American Ballet Theater, die beiden New Yorker Opernhäuser u. verschiedene andere Kompanien gearbeitet. Er gehört zu jener kleinen Gruppe von freischaffenden Choreografen, die sich nicht an eine Institution binden wollen. Obwohl in Modern Dance ausgebildet, verschmelzen in seinen Ch. moderne Bewegungsabläufe mit klassischen Elementen. Außerdem fällt die Nähe zur zeitgenössischen bildenden Kunst auf.

Butterley, Nigel, austral. Komponist, * 13. 5. 1935 Sydney. Studierte in seiner Heimatstadt u. bei P. Rainier in London. Seit 1963 Berater am austral. Rundfunk. In seine Kompositionen bezieht er häufig Tonbandmusik ein.

Zu B. Werken gehören: *In the Head the Fire* für Sprecher, Solisten, Chor, Instrumentengruppen u. Tonbänder (1966), *Meditations of Thomas Traherne* für Blockflötengruppe u. Orch. (1968), 1 Violinkonzert, *Explorations* für Kl. u. Orch., Vokalwerke u. Kammermusik.

Butting, Max, dt. Komponist, * 6. 10. 1888 Berlin,

† 13. 7. 1976 ebd. Studierte bei dem Berliner Organisten A. Dreyer, später bei P. Prill, F. Klose u. W. Courvoisier in München. War Lehrer am Klindworth-Scharwenka-Konservatorium u. ab 1948 Cheflektor der Musikabteilung des Rundfunks in der DDR.

Zu B. Werken gehören die Oper *Plautus im Nonnenkloster* (1959), 10 Sinfonien (1925–63), 1 Flötenkonzert (1950), 1 Klavierkonzert (1964) u. 9 Streichquartette (1914–57). Er veröffentlichte 1955 »Musikgeschichte, die ich miterlebte«.

Buxtehude, Dietrich, dt. Komponist u. Organist, * 1637, † 9. 5. 1707 Lübeck. Wurde wahrscheinlich in Oldesloe, Holstein, geboren. Erhielt seinen Unterricht fast ausschließlich bei seinem Vater Johann B., der 1639–41 in Helsingborg u. ab 1642 für 32 Jahre das Organistenamt an St. Olai in Helsingör versah. B., der seinen Namen mit D. B. H. abkürzte, war 1657–58 Organist an St. Marien in Helsingborg u. 1660 als Nachfolger Dengels in Helsingör. 1668 trat er die Nachfolge F. Tunders an der Marienkirche in Lübeck an u. heiratete auch dessen jüngere Tochter. B. blieb bis zu seinem Lebensende in Lübeck. G. F. Händel u. J. Mattheson, die sich 1703 beide für die Nachfolge B. interessierten, schreckten vor der Auflage zurück, die damals 28jährige Tochter Anna Margaretha zu ehelichen. Ähnlich reagierte J. S. Bach, der 1705 aus Arnstadt herwanderte, um den großen Meister selbst an der Orgel zu hören u. von ihm zu lernen. B. war es auch, der in Lübeck die Abendmusiken wieder zu Ehren brachte u. 1673 sogar durchsetzte, daß bei diesen Kirchenkonzerten die Ratsmusikanten zur Mitwirkung verpflichtet waren. In der Expressivität der Orgelpräludien, der Kombinatorik seiner Fugeneinfälle u. der über seine Zeit hinausweisenden Harmonik hat man nicht nur den Wegbereiter Bachs sehen wollen, sondern auch eine für B. typische »Romantik des Mittelbarock«. Viele Werke von B. kamen in G. Dübens Sammlung in Uppsala zum Vorschein, andere sind bis heute verschollen. Zu den letzteren gehören jene 7 Klaviersuiten, die jeweils die Eigenschaften eines der 7 Planeten in Musik umsetzten. B. komponierte je 7 Triosonaten für V., Va. da Gamba u. B. c. op. 1 u. op. 2, die 1696 in Hamburg gedruckt wurden. Zu seinen Werken gehören Präludien u. Fugen sowie andere Orgelwerke, Chorkonzerte, Solokantaten, Abendmusiken, Cembalo- u. Clavichordmusik u. einige Gelegenheitskompositionen. Die GA seiner Werke wurde von der Glaubensgemeinde Ugrino begonnen u. vom Musikwissenschaftlichen Seminar der Universität Freiburg i. Br. besorgt. Seit 1925 sind 8 Bde. erschienen, ab Bd. 8 in Verbindung mit dem Institut für Musikforschung Berlin.

Lit.: A. Pirro, D. B., Paris 1913; J. Hedar, D. B. Orgelwerke, Frankfurt a. M. 1951; H. J. Moser, D. B., Der Mann u. sein Werk, Berlin 1957; G. Karstädt, Die extraordinairen Abendmusiken D. B., Lübeck 1962; W. Maxton, Das Buxtehudebild im Wandel der Zeit, Lübeck 1972; G. Karstädt (Hg.), Thematisch-systematisches Verzeichnis der musikalischen Werke von D. B., Wiesbaden 1974.

Byrd William, engl. Komponist, * 1543, † 4. 7. 1623, wahrscheinlich in Stondon Massey, Essex. Über Geburtsort u. Jugend B. fehlen jegliche Angaben. 1563 wurde er Organist der Kathedrale von Lincoln, 1570 als Nachfolger R. Parsons Gentleman der Chapel Royal. Zog 1572 nach London, um gemeinsam mit T. Tallis, bei dem er offensichtlich auch musikalische Studien getrieben hat, das Amt des Organisten der Royal Chapel zu versehen. 1575 erhielten B. u. Tallis von Königin Elizabeth I. ein auf 21 Jahre befristetes Patent, das sie allein zum Druck u. Verkauf von Noten berechtigte. Noch im gleichen Jahr gaben sie eine Motettensammlung unter dem Titel »Cantiones quae ab argumento sacrae vocantur« heraus, zu der B. 17 Kompositionen beisteuerte. 1577–93 lebte B. in Harlington, Middlesex, u. dann bis zu seinem Tode in Stondon Massey. B. blieb sein Leben lang Katholik, war aber als Musiker zu bekannt, um irgendwelchen Verfolgungen ausgesetzt zu sein. Als Organist der Chapel Royal komponierte er auch Musik für den anglikanischen Gottesdienst. Erst 1588 veröffentlichte B. seine nächste Sammlung von Kompositionen als »Psalmes, Sonets, and songs of Sadnes and pietie«. 1589 u. 1591 folgten »Cantiones sacrae«, 1605 u. 1607 »Gradualia« u. 1611 »Psalmes, Songs, and Sonets«. Die Erscheinungsjahre seiner 3 Messen sind unbekannt. Außerdem wurden zu B. Lebzeiten noch Anthems u. Virginalstücke gedruckt. Der größte Teil seiner Instrumentalkompositionen kam jedoch erst nach seinem Tode heraus. B. Bedeutung liegt in den kirchlichen u. weltlichen Liedern u. der Harmonik der Instrumentalbegleitung, der Behandlung der Streicher in seinen Kompositionen für Violen-Consort u. der Virtuosität seiner Werke für das Virginal.

GA: The Collected Vocal Works of W. B., 17 Bde., die Bde. XVIII–XX mit der Virginalmusik als: The Collected Works of W. B., hg. von E. H. Fellowes, London 1937–50, NA unter Th. Dart, London 1963–66.
Lit.: E. H. Fellowes, W. B., Oxford 1948; E. H. Meyer, Die Kammermusik Alt-Englands, Leipzig 1958; J. Kerman, The Elizabethan Madrigal, New York 1962; I. Holst, B., London 1972.

byzantinischer Gesang bezeichnet die Gesänge für das Offizium u. die »Leiturgia« im byzantinischen Kaiserreich. In der byzantinischen, wahrscheinlich unbegleiteten Kirchenmusik mischen sich hebräische u. andere orientalische Einflüsse mit griech. Die Notation des ältesten B. G. ist wahrscheinlich aus der ekphonetischen Markierung der biblischen Rezitationen entstanden u. bis heute unentziffert. Die sog. kukuzelische Epoche (ab Johannes Papadopoulos, um 1300 n. Chr.) reicht bis zur Reform des Erzbischofs Chrysanthos um 1821, die neuere Epoche des B. G. beginnt mit diesem Datum. Von der weltlichen Musik des Byzantinischen Reiches haben sich allenfalls Spuren in der neugriech. Volksmusik erhalten.

C

C, 1. Ton-Name. Nach der mittelalterlichen Buchstaben-Tonschrift war C im allgemeinen die 3. Stufe. Bei der von Zarlino eingeführten Moduszählung begann die 1. Kirchentonart auf C (ionisch). C wurde damit zum Ausgangspunkt für die Konstruktion von Tonsystem u. Quintenzirkel. Die Dur-Tonleiter auf C wird heute als Grundskala angesehen, da sie als einzige ohne Vorzeichen ist. **2.** Schlüssel, der durch Identifizierung bestimmter Töne mit einer Notenlinie eine Tonhöhenordnung anzeigt. Der sog. C-Schlüssel tritt als Sopran-, Mezzosopran-, Alt-, Tenor- u. Baritonschlüssel auf. **3.** Das Taktzeichen c oder ¢ ist aus → Mensurzeichen entstanden u. zeigt den ¼- u. Allabrevetakt an. **4.** Seit Anfang des 19. Jh. Akkord- u. Tonartenbezeichnung: C für C-Dur, c für c-Moll. **5.** Abkürzung für Cantus u. für → Cent.

Caamaño, Roberto, argentin. Pianist u. Komponist, * 7. 7. 1923 Buenos Aires. Studierte am Conservatorio Nacional de Música in Buenos Aires. 1961–64 künstlerischer Leiter des dortigen Teatro Colón. Seit 1964 Professor für Komposition an der Pontificia Universidad Católica Argentina in Buenos Aires.

Zu C. Kompositionen gehören: *Variaciones americanas* für Pauken, Schlagzeug, Hf. Kl. u. Streicher (1954); *Música* für Streicher (1957); 1 Konzert für Kl. u. Orch. (1957); 1 Konzert für Bandonion u. Orch.; *Psalmus XLVI* für Chor a cappella (1959); *Psalmus CXLIX* für S.-Solo, Chor u. Orch. (1947); 1 Magnificat für gem. Chor u. Orch.; 1 *Friedenskantate* u. Kammermusik. Gehört zu den Mitherausgebern der »Historia del Teatro Colón« (1908–68, 3 Bde.), Buenos Aires 1969.

Cabaletta (franz. cavalette), bezeichnet seit dem 18. Jh. eine kurze Arie, im 19. Jh. auch den Strettaabschluß (→ Stretta) in der ital. Opernarie.

Cabanilles (Cavanillas), Juan B. J., span. Komponist u. Organist, getauft 6. 9. 1644 Algemesí, † 20. 4. 1712 Valencia. Wurde mit 21 Jahren als Nachfolger seines Lehrers Jerónimo de la Torre Organist an der Kathedrale von Valencia u. behielt diesen Posten bis an sein Lebensende. 1668 zum Priester geweiht. Zu seinen Schülern gehörte J. Elías. Hinterließ eine Vielzahl von → Tientos, Toccaten, Passacaglien u. Galliarden für Orgel.

Lit.: A. Garcia-Ferreras, J. B. C. Sein Leben u. Werk, Regensburg 1973.

Cabezón, Antonio de, span. Organist, Cembalist u. Komponist, * 1510 (?) Castrillo de Matajudíos, † 26. 3. 1566 Madrid. Wahrscheinlich von Geburt an blind. Studierte um 1521 möglicherweise bei García de Baeza in Palencia, kam dann in den Dienst des dortigen Bischofs, 1526 Organist u. Cembalist der Kaiserin Isabella, nach deren Tod 1539 von Karl V. zum Músico de cámara y capilla ernannt. Ab 1548 im Dienst des späteren Philipp II., in dessen Gefolge er Italien, Deutschland u. die Niederlande bereiste. Zwischen 1554 u. 1556 mit Philipp II. erneut in den Niederlanden u. in England. Dort soll er durch sein Spiel die Entwicklung der Virginalmusik beeinflußt haben. Seine beiden Söhne Agustín de C. u. Hernando de C. waren ebenfalls geachtete Komponisten. Der letztere brachte auch die Instrumentalsätze des Vaters in span. Orgeltabulatur u. gab sie 1578 in Madrid als »Obras de música para tecla, arpa y vihuela« heraus.

Caccia (ital.: »Jagd«), Dichtungs- u. Kompositionsform, die im 14. Jh. in Italien, besonders in Florenz, auftrat. Der Name rührt von der ursprünglichen Thematik her, wurde später auch im übertragenen Sinn als Jagd auf das weibliche Geschlecht verstanden. Die C. ist 3st., wobei die beiden Oberst. einen Kanon bilden u. die unabhängige 3. St. Stützfunktion hat. Die C. war Vorbild für das engl. → Catch.

Caccini, 1. Giulio (auch Giulio Romano), ital. Komponist u. Sänger, * um 1550 Tivoli, begraben 10. 12. 1618 Florenz. Studierte bei Scipione de' Vecchi in Rom u. kam 1564 als Hofsänger nach Florenz. Im Dienst der Medici verbrachte er sein weiteres Leben am dortigen Hof, wurde nur einmal auf Wunsch von Maria de' Medici nach Paris beurlaubt, durfte aber von dort nicht nach London weiterreisen, weil ihn der Großherzog wieder in Florenz zu sehen wünschte. 1579 zusammen mit P. Strozzi, A. Striggio u. C. Merulo als Komponist von Rinuccinis Maschere d'Amazzoni genannt u. als Sänger in einem der Intermedien mit cantore famoso bezeichnet. Bei einem späteren Hoffest trat er auch als Dirigent u. Harfenspieler auf. Als Mitglied der → Camerata ist C. für die Entwicklung der Oper von Bedeutung. Zu J. Peris Vertonung von O. Rinuccinis »Euridice« komponierte er einige Gesänge u. vertonte 1600 Rinuccinis Libretto noch einmal selber. Ebenfalls in der Nachfolge Peris vertonte er auch Rinuccinis »Dafne« neu. Gemeinsam mit P. Strozzi, L. Bati u. St. V. del Nibbio vertonte er G. Chiabreras »Il rapimento di Cefalo«. Die Uraufführung fand am 9. 10. 1600 im Palazzo Vecchio statt. Seine zu Lebzeiten gedruckten Hauptwerke sind »Le nuove musiche« (1. Teil Florenz 1601, 2. Teil 1614) u. »Fuggilotio musicale«, dessen 2. Auflage 1613 in Venedig erschien. C. gehörte zu den ersten B.c.-Komponisten. Den in der Camerata entwickelten neuen monodischen Stil, »recitar cantando« mit Instrumentalbegleitung, wandte C. in Madrigalen u. strophischen Arien an. Am berühmtesten war sein *Amarilli mia bella*.

Lit.: F. Vatielli (Hg.), Le nuove musiche, Rom 1934; N. Pirrotta, Li Due Orfei, Rom 1969.

2. Francesca (auch La Cecchina), ital. Sängerin u. Komponistin, * 18. 9. 1587 Florenz, † um 1640, wahrscheinlich Lucca. Erhielt ersten Unterricht bei ihrem Vater Giulio C. u. trat bereits als Kind am Hof von Florenz auf. C. Monteverdi berichtet, sie habe außerdem Laute, Gitarre u. Cembalo gespielt. F. war mit dem Komponisten G. B. Signorini verheiratet. (Die beiden Töchter aus dieser Ehe waren ebenfalls angesehene Sängerinnen.) C. komponierte die Ballette *Il ballo delle zigane* (1614) u. *Rinaldo innamorato* (1616), die azione sacra *Il martirio di Sant'Agata* (1622) gemeinsam mit da Gagliano u. auf ein Libretto von F. Saracinelli die Ballettoper *La liberazione di Ruggiero dall'isola d'Alcina* (1625). Damit war sie die erste Opernkomponistin der Musikgeschichte. 1618 ließ sie in Florenz ein »Primo libro delle musiche a una e due voci« mit geistlichen u. weltlichen Liedern sowie einigen Motetten erscheinen. In ihren Kompositionen zeigt sich der Einfluß ihres Vaters u. Monteverdis.

Cachucha, ein span. Tanz im Dreiertakt u. von mäßig schnellem Tempo, zur Git. gesungen u. von einer einzelnen Tänzerin mit Kastagnetten ausgeführt. Die C. wurde durch die Tänzerin F. Elßler bekannt, die damit Triumphe feierte.

Cadman, Charles W., amer. Komponist, Organist u. Musikkritiker, * 24. 12. 1881 Johnstown, PA, † 30. 12. 1946 in Los Angeles. Schüler von L. von Kunitz u. E. Paur. War Organist, Chorleiter u. Musikkritiker in Pittsburgh, Organist in Denver u. zog sich später als freischaffender Komponist nach Los Angeles zurück. Er gehört zu den Mitbegründern der Hollywood Bowl. Sein Hauptinteresse galt der Erforschung u. Verbreitung der indianischen Folklore. 1909 veröffentlichte er *Four American Indian Songs* u. 1914 seine *Thunderbird Suite* auf amer.-indianische Themen.

Zu C. weiteren Werken gehören u. a.: die Opern *Shanewis* (1917) u. *A Witch of Salem* (1924), die *American Suite* (1937), 1 Sinfonie, Kammermusik, Klavierstücke u. Lieder.

Caecilianismus, nach der hl. Caecilia benannte kirchenmusikalische Reformbewegung der katholischen Kirche im 19. Jh. Sie hatte sich zur Aufgabe gemacht, die Kirchenmusik wieder an Palestrina u. der A-cappella-Kunst zu orientieren, u. muß als Reaktion auf die von Sinfonik u. Oper beeinflußte Kirchenmusik der Wiener Klassik verstanden werden. Zu diesem Zweck wurde 1868 der Allgemeine Cäcilienverein für die deutschsprachigen Länder (ACV) gegründet. Heute widmet sich dieser Verein nur noch der allgemeinen Pflege der Kirchenmusik.

Caesar, Johann M. (eigtl. Kayser), dt. Komponist, * um 1645 Zabern, † 18. 10. 1692 Augsburg. 1677 Chorleiter u. Kapellmeister am Breslauer Dom, 1679 in Würzburg u. wahrscheinlich ab 1686 in Augsburg. Veröffentlichte Offertorien, Messen, Psalmen, Hymnen, Lieder u. »Lustiger Balletten erster Theil« (Würzburg 1684). Sein reicher Stil kennzeichnet ihn als Vertreter des süddeutschen Hochbarocks.

Cage, John, amer. Komponist, Pianist u. Schriftsteller, * 5. 9. 1912 Los Angeles. Der Sohn eines technischen Erfinders legte die beste Abschlußprüfung in der Geschichte der Los Angeles High School ab u. studierte am Pomona College in Claremont. 1930 Parisaufenthalt mit Architekturstudien bei Goldfinger u. Klavierunterricht bei L. Lévy. C. malte u. dichtete, erste Kompositionen entstanden. Nach seiner Rückkehr in die USA schlug er sich als Gärtner u. mit Vorträgen über moderne Malerei u. Musik vor Hausfrauen durch. Nahm Kompositionsunterricht bei R. Buhlig u. 1933 bei A. Weiss in New York, der ihn auf das beabsichtigte Studium bei A. Schönberg vorbereiten sollte. Gleichzeitig hörte C. bei H. Cowell moderne, orientalische u. populäre Musik. 1934 Beginn des kostenlosen Privatunterrichts bei Schönberg. Teilnahme an Schönbergs Analyse- u. Kontrapunkt-Kursen an der University of Southern California u. der University of California, Los Angeles. Dort auch erster Kontakt mit der Welt des Balletts. 1937 Komponist u. Klavierbegleiter der Ballettklasse von B. Bird an der Cornish School in Seattle. 1939 ließ sich C. in

San Francisco nieder u. beschäftigte sich im Rahmen der Works Progress Administration mit Sozialarbeit. 1941 Berufung an die Chicago School of Design als Professor für experimentelle Musik. Gleichzeitig Zusammenarbeit mit K. Manning. 1942 Übersiedlung nach New York, Bekanntschaft mit M. Ernst, P. Mondrian, M. Duchamp, A. Breton u. Merce Cunningham. 1943 erstes New Yorker Konzert im Museum of Modern Art. Beschäftigung mit dem Zen-Buddhismus unter Anleitung von D.T. Suzuki u. Mitarbeit bei der Merce Cunningham Dance Company. Nach vorübergehender Lehrtätigkeit am Black Mountain College in North Carolina, wo C. ein Satie-Festival organisierte, Europatournee mit Cunningham u. seiner Truppe. 1950 Einführung des Zufalls in die Komposition u. Benutzung des I-Ching für kompositorische Zwecke. 1952 erstes Happening unter Mitwirkung von D. Tudor, M.C. Richards, Ch. Olsen, R. Rauschenberg u. M. Cunningham. 1954 Europatournee mit Tudor, Uraufführung des Auftragswerks *34'46.776"* für 1 oder 2 Pianisten in Donaueschingen u. Mitwirkung bei den Darmstädter Ferienkursen für Neue Musik. 1956–58 Professor an der New School of Social Research in New York, wo u.a. Allan Kaprow zu seinen Schülern zählte. 1958 fand in der Town Hall von New York zu Ehren von C. ein durch Freunde organisiertes Konzert statt, bei dem sein *Concert for Piano and Orchestra* uraufgeführt wurde. Im gleichen Jahr Dozent bei den Darmstädter Ferienkursen. Ein längerer Aufenthalt in Italien schloß sich an. C. stellte im Studio für elektronische Musik der RAI Mailand sein *Fontana Mix* (1958) fertig. Nahm im italienischen Fernsehen an einem Quiz »Alles oder nichts« über Pilze teil u. gewann. Mit dem Geld kaufte er für die Merce Cunningham Dance Company einen Autobus. 1960 begann er im Auftrag der Montrealer Festival Society mit der Komposition eines Werkes für großes Orch. *(Atlas Eclipticalis)*. 1963 in Zagreb erste vollständige Aufführung von E. Saties *Vexations*, einer 840-maligen Wiederholung desselben Stücks, die 18 Stunden dauert. 1966 *Museum Event* mit D. Tudor, G. Mumma u. M. Cunningham sowie dessen Tänzern in der Fondation Maeght. 1969 Plexiglas Multiple auf den Tod von M. Duchamp »Not wanting to say anything about Marcel«. Neben Vortragsreisen u. Konzerttourneen Weiterentwicklung der Komposition von indeterminierten Klängen. 1978 Veröffentlichung von 7 nach dem I-Ching hergestellten Radierungen.

Der Einfluß C. auf die Musik im 20. Jh. kann gar nicht hoch genug veranschlagt werden. Als Kulturphilosoph, Schriftsteller, Maler u. Mensch geht sein Einfluß sogar weit über den Bereich der Musik hinaus. Er ist nicht nur der Erfinder des präparierten Klaviers, der Komposition mit dem Zufall u. der Medienkomposition (Medien als Produktions- wie als Kommunikationsmittel begriffen), sondern auch Mitveranstalter des ersten Happenings der Geschichte, Mitstreiter bei der Konzept-Kunst u. Weltverbesserer. Seine »Dinge im Raum« entwirft er als akustische Objekte u. befreit so Geräusch u. Klang von jeder subjektiven Empfindung. C. versucht insbesondere den Primat der Zeit über die Musik zu brechen, d.h. den Ablauf einer Anzahl von Klängen aus der Abhängigkeit von der vorgegebenen oder eingebildeten Zeit zu befreien. Das Komponieren selber soll ebenfalls rein vom Zufall reguliert werden. Deshalb würfelt Cage mit Münzen um die Anzahl von Noten pro Seite (*Music for piano* 1952–53) oder würfelt nach I-Ching-Rezepten (*Music of Changes* für Kl. 1951) oder bestimmt Klänge nach Transparenten, die über Karten des südlichen Sternenhimmels gelegt werden (*Études australes* 1974–75). In *Variations I* für David Tudor (1958) gibt es keinen einzigen Klang mehr, der zu einer bestimmten Zeit erfolgen muß. Nach H.-K. Metzger handelt es sich hier zum ersten Mal um eine Musik, »in welcher der Zeitpunkt, zu dem ein Klang erscheint, einzig dessen eigene Sache ist«. Außerdem revolutioniert C. auch die Form eines Stückes, indem er nicht nur die Abfolge oder Reihenfolge von Klängen zur Disposition stellt, sondern auf jegliches Schema verzichtet u. sogar in das Bewußtsein der Ausübenden hineinwirkt. Bezeichnend für seine Vorstellungen ist die am 3. Juli 1976 vor dem Residenz-Orchester aus Anlaß der Proben zu *Atlas Eclipticalis* gehaltenen Rede. Bei diesem Titel handelt es sich um 86 Instrumentalparts, die ganz oder teilweise, in beliebiger Dauer, in jeder Besetzung, als Kammerensemble oder großes Orchester, im Rahmen einer festgelegten Instrumentation gespielt werden können. Die einzelnen Stimmen sind in space notation geschrieben, wobei der Abstand der Zeit entspricht u. die vertikalen Zwischenräume der Frequenz. Die Lautstärke hängt von der Größe der Noten ab. Die Schlagzeugstimmen sind eine grafische Darstellung, mit der die Verteilung der Instrumente, so verschieden u. zahlreich wie möglich, vom Musiker auszuwählen, angezeigt wird. In seiner Rede machte C. den Musikern klar, wie er aus dem Zen-Buddhismus zu neuen Klangkonzeptionen gekommen sei, sprach über das Zufallsprinzip, forderte Klänge aus eigenen Zentren u. erklärte, daß die Noten aus Sternpositionen auf Sternkarten abgeleitet sind. In Anbetracht der Bedeutung des Komponisten soll ein möglichst vollständiges Werkverzeichnis gegeben werden:

Twenty Years After für St. u. Kl., *Is It as It Was* für St. u. Kl. u. *At East and Ingredients* für St. u. Kl. (1932); *Six Short Inventions* für A.-Fl., Kl., Trp., V., 2 Va. u. V., *Solo with Obbligato Accompaniment of 2 Voices in Canon, and Six Short Inventions on the Subjects of the Solo* für 3 Instr., *Sonata* für Klar. u. *Sonata for 2 voices* (1933); *Composition for 3 Voices* u. *Music for Xenia* für Kl. (1934); Quartett für Schlagzeuge, *Three Pieces for Flute Duet* u. *Two Pieces for Piano* (1935); Trio (Suite für Schlagzeug, 1936); *Music for Wind Instruments* (1937); *Bacchanale* für präpariertes Kl., *Five Songs* für A.-St. u. Kl. u. *A Metamorphosis* für Kl. (1938); *Constructions in Metal* für Schlagzeugsextett mit Assistenten u. *Imaginary Landscape Nr. 1* für 2 Plattenspieler, gedämpftes Kl. u. Bekken, die erste Medienkomposition C. (1939); *Living Room Music* für Schlagzeug- u. Sprechquartett u. *Second Construction* für Schlagzeugquartett (1940); *Double Music* in Zusammenarbeit mit Lou Harrison für Schlagzeugquartett u. *Third Construction* für Schlagzeugquartett (1941); *And the Earth Shall Bear Again* für präp. Kl., *Credo in Us* für Schlagzeugquartett u. Medien sowie Kl., *Forever and Sunsmell* für St. u. Schlagzeugduo, *Imaginary Landscape 2* u. *3* für versch. Schlagzeugbesetzungen u. *The Wonderful Widow of Eighteen Springs* für St. u. geschlossenes Kl. (1942); *Amores, She is Asleep, Tossed as it is Untroubled* u. *Totem Ancestor* – alle mit Ausnahme des ersten unter Einsatz von präpariertem Kl. (1943); *A Book of Music* für 2 präparierte Kl., *The Perilous Night, Preludes for Meditation, Root of an Unfocus, A Valentine out of Season*, alle für präpariertes Kl. (1944); *Daughters of the Lonesome Isle* für präpariertes Kl. (1945); *Experiences* (1945–48, I. Duo für 2 Kl., II. Solo für St.; *Mysterious Adventure* für präpariertes Kl. u. *Three Dances* für 2 präparierte Kl. (1945); *Ophelia* für Kl. (1946); *Sonatas and Interludes* für präpariertes Kl. (1946–48) u. *Two Pieces for Piano* (1946); *Music for Marcel Duchamp* für präpariertes Kl., Nocturne for V. und Kl. u. *The Seasons*, Ballett in einem Akt für Orch. (1947); *Dream* für Kl., *In a Landscape* für Hf. oder Kl. u. Suite für Toy Piano oder Kl. (1948); *A Flower* für St. u. geschlossenes Kl., *Six Melodies* für V. u. Kl. u. Streichquartett (1950); *Concert for Prepared Piano and Chamber Orchestra, Imaginary Landscape Nr. 4* für 12 Radios, 24 Spieler u. Dirigent, *Music of Changes* (4 Bde.) für Kl., *Sixteen Dances* für Kl., Trp., Schlagzeug, V. u. Vc. u. *Two Pastorales* für präpariertes Kl. (1951); *For M. C. and D. T.* für Kl., *Imaginary Landscape Nr. 5* für 42 Schallplatten, *Music for Carillon Nr. 1, Music for Piano Nr. 1, Seven Haiku* für Kl., *Waiting* für Kl., *Water Music* für 1 Pianisten u. Medien, *Williams Mix* für Tonband u. *4'33"* für beliebige Besetzung (1952); *Music for Piano 2* u. *3, Music for Piano 4–19* für 1 oder mehrere Kl., *Music for Piano 20* u. *59 ½"* für jedes beliebige 4saitige Instr. (1953); *Music for Carillon Nr. 2* u. *3, 34'46.776" for a Pianist* für präpariertes Kl. u. *31'57.9864" for a Pianist* für präpariertes Kl. (1954); *Music for Piano 21–36* u. *37–52* für 1 oder mehrere Kl. (1955); *Music for Piano 53–68* u. *69–84* für 1 oder mehrere Kl., *Radio Music* für 1–8 Radiospieler u. *27'10.554"* für 1 Schlagzeuger (1956); *Concert for Piano and Orchestra* (1957–58); *For Paul Taylor and Anita Dencks* für Kl. u. *Winter-Music* für 1–20 Pianisten (1957); *Aria* für St. in jeder beliebigen Lage, *Fontana Mix* für Tonband, *Music Walk* für 1 oder mehrere Pianisten u. Medien, *Solo for Voice 1, TV Köln* für Kl. u. *Variations I* für eine beliebige Anzahl von Spielern, die jeden erdenkbaren Klang erzeugen können (1958); *Sounds of Venice* für eine Solo-Fernsehaufführung u. *Water Walk* für eine Solo-Fernsehaufführung (1959); *Cartridge Music* für verstärkte small sounds, auch verstärktes Kl. oder Becken, beliebige Zahl von Spielern u. Lautsprechern, *Music for amplified Toy Pianos, Music for The Marrying Maiden*, als Tonband zu realisieren, *Solo for Voice 2, Theatre Piece* für 1–8 Ausführende (Musiker, Tänzer, Sänger etc.), *WBAI* (Hilfspartitur für Effekte bei Lesungen) u. *Where are We Going? And What are We Doing* (Lesung mit Tonband, 1960); *Atlas Eclipticalis* für 86 Instrumentalst., *Music for Carillon Nr. 4* u. *Variations II* für eine beliebige Anzahl von Spielern, die jeden Klang erzeugen können (1961); *4'33" Nr. 2 (0'0")*, Solo für jede mögliche Besetzung u. Spielart (1962); *Variations III* für 1 Person oder beliebige Mitwirkende, die jede Aktion ausführen können, *Variations IV* für beliebige Spieler, beliebige Klänge oder Klangkombinationen, durch wen auch immer, mit oder ohne andere Aktivitäten (1963); *Rozart Mix* (Korrespondenz u. Anmerkungen zur Präparation eines Tonbands), *Electronic Music for Piano* für Kl. mit elektr. Verstärkung u. *Variations V* (37 Bemerkungen für eine audiovisuelle Aufführung, 1965); *Music for Carillon Nr. 4* (2-Oktaven-Version) u. *Variations VI* für eine Mehrzahl von Klangsystemen (1966); *HPSCHD* gemeinsam mit L. Hiller jr. (1967–69), 20-Minuten-Soli für 1–7 verstärkte Cemb. u. Tonbänder für 1-51 verstärkte monaurale Tonbandgeräte, die zeitlich unbegrenzt u. in jeder Kombination verwendet werden können, dazu möglichst 2–58 separate Kanäle mit Lautsprechern um das Publikum herum), *Music for Carillon Nr. 5* u. *Newport Mix Musicircus*, eine audiovisuelle Komposition (1967); *0'00" Nr. 2* für beliebige Besetzung u. *Reunion*, eine audiovisuelle Komposition (1968); *331/3* für 12 Plattenspieler, *Sounds Received Anonymously, Cheap Imitation* für Kl., davon verschiedene Orchesterversionen für 24, 59 u. 95 Spieler (1969–72); *Song Books* (2 Bde. für Solost.), *36 Acrostics re and Not re Marcel Duchamp* u. *Mureau* (1970); *Les Chants de Maldoror pulverisés par l'assistance même, Sixty-Two Mesostics re Merce Cunningham* für unbegleitete St. u. Mikrofon u. *WGBH-TV* für Komponist u. Techniker (1971); *Bird Cage* für 12 Tonbänder (1972); *Etcetera* (Materialien für eine Orchesteraufführung u. Tonbandaufnahme der Umgebung, in der dies Material komponiert wurde, 1973); *Études australes* für Kl. (1974–75); *Score* (nach Texten des Philosophen H. D. Thoreau) *and 23 Parts* (1974); *Lecture on the Weather* für 12 Sprecher-Vokalisten oder Instrumentalisten u. *Child of Tree* für Schlagzeug (1975); *Apartment House 1776* (Material für einen Musicircus unter Berücksichtigung des 200jährigen Bestehens der USA für eine beliebige Anzahl von Musikern), *Branches* für Schlagzeug, *Quartets for Orchestra* in 4 Fassungen, *Renga* (Partitur, nach teilweise überlagerten Zeichnungen von H. D. Thoreau) u. *78 Stimmen* für Instr. und/oder Singst. (1976); *Telephones and Birds* für 3 Ausführende, *Inlets* u. *Cheap Imitation* für V. (1977); *Freeman Etudes* für V., *Études australes* für V. u. *Variations VIII* (1978).

Seine Schriften liegen in 3 Bänden vor: »Silence« (Middletown, CT, 1961, Auszüge dt. Neuwied 1969), »A Year from Monday« (Middletown 1967) u. »M« (Middletown 1973). Außerdem veröffentlichte C. gemeinsam mit K. Hoover »Virgil Thomson« (New York 1959), gemeinsam mit A. Knowles »Notations« (New York 1969) sowie Aufsätze u. Interviews.

Lit.: A. Kaprow, Assemblage, Environments and Happenings, New York 1966; R. Kostelanetz, Music of Today, New York 1967; M. Cunningham, Changes: Notes on Choreography, New York 1969; D. Schnebel, Die kochende Materie der Musik, in: Denkbare Musik, Köln 1972; D. Charles, Gloses sur J. C., Paris 1978; H.-K. Metzger u. R. Riehn (Hg.), J. C., München 1978.

Cagnoni, Antonio, ital. Komponist, * 8. 2. 1828 Godiasco, † 30. 4. 1896 Bergamo. Studierte am Mailänder Konservatorium u. hatte 1847 mit der opera buffa *Don Bucefalo* einen ersten großen Erfolg. Das Stück gehört heute noch zum Repertoire ital. Bühnen. 1859 Kirchenkapellmeister in Vigevano, 1886 in Bergamo u. ab 1888 Kapellmeister in Novara. Er hinterließ fast 20 Opern u. Kirchenkompositionen.

Cajun-Musik, entstand im 19. Jh. in Louisiana durch Vermischung des kulturellen Erbes der franz. Einwanderer mit afro-amer. Musik. Hauptinstr.: Akkordeon, Geige, Triangel. Die C.-M. lebt weiter im Country u. Western sowie im Rock von Dr. John.

Cakewalk, ein synkopierter Two Step, der in der 2. Hälfte des 19. Jh. aufkam, zur Belustigung der Neger diente, dann durch die Minstrel-Shows (→ Minstrelsy) Eingang in die Ballsäle fand u. zur Zeit des Rag auch in Europa bekannt wurde. Debussy verwendete einen C. in seiner Klaviersuite *Children's Corner.*

Calabró, Domingo S., argentin. Komponist u. Dirigent, * 19. 11. 1910 Messina, Sizilien. Studierte am Staatlichen Konservatorium in Buenos Aires, leitete verschiedene argentin. Orch. u. trat auch als Theaterkapellmeister auf. Außerdem unterrichtete er am Staatlichen Konservatorium in Buenos Aires.

Zu C. Werken gehören die Oper *Ñamburá* (1956), das Ballett *Historia de un gaucho* (1965), Orchesterwerke, Streichquartette u. Lieder.

Calcagno, Elsa, argentin. Komponistin u. Pianistin, * 19. 10. 1910 Buenos Aires. Studierte u. a. bei R. Rodrígues u. F. Calusio. Trat als Pianistin auf u. schrieb Musikkritiken für »La mujer«.

Zu E. C. Kompositionen gehören die Oper *El rosal de las reinas* (1936), Orchesterwerke, Konzerte für Vc. u. Orch. (1950) u. 2 V., Hf. u. Streichorch. (1968), Kammermusik, Lieder.

Calcaño, José A., venez. Komponist u. Musikkritiker, * 23. 3. 1900 Caracas. Studierte in Caracas u. Bern. Gründete den Coro Creole, schrieb für verschiedene Zeitungen u. war Professor an der Escuela de Música Padre Sojo.

Zu C. Werken gehören das Ballett *Mirando en Rusia,* Orchesterwerke, Kammermusik u. Vokalkompositionen.

Caldara, Antonio, ital. Komponist, Cellist u. Kapellmeister, * 1670 Venedig, † 26. 12. 1736 Wien. Schüler von G. Legrenzi in Venedig, 1700–07 Kapellmeister des Herzogs von Mantua, 1707–09 am Theater S. Giovanni Crisostomo in Venedig, 1708 als Dirigent seiner Oper *L'Atenaide* in Barcelona, 1709–16 Kapellmeister des Prinzen Ruspoli in Rom, dann bis zu seinem Lebensende Vizekapellmeister am Wiener Hof. Zu C. Kompositionen gehören mehr als 80 Opern, Oratorien u. Kirchenmusik. Besonders erwähnenswert sind sein 16st. Crucifixus u. seine *Suonate a 3, due V. con Vc. e parte per l'org. op. 1* (Venedig 1693) sowie die *Suonate da camera a 2 V. con il b.c. op. 2* (Venedig 1702). C. gehört zu den wichtigsten Komponisten der Sonata da Chiesa u. da camera.

Calegari, Antonio, ital. Komponist, * 17. 2. 1757 Padua, † 28. 7. 1828 ebd. Schüler F. G. Bertonis in Venedig, machte sich mit Oratorien, Kantaten u. Opern einen Namen als Komponist. 1792–96 Kapellmeister am Teatro Nuovo in Padua u. ab ca. 1800 Organist u. später Kapellmeister an Sant'Antonio in derselben Stadt. Er veröffentlichte 1801 in Venedig ein »Gioco pitagorico musicale«, das 1802 in Paris als »L'art de composer sans en connaître les éléments« herauskam. Ein »Trattato del sistema armonico« wurde nach seinem Tode von M. Balbi (1829) veröffentlicht.

Calista, Lelio → Colista, L.

Call-and-response Prinzip, eine Art des musikalischen Dialogisierens in der afro-amer. Musik. Ist in der Gesangstradition Afrikas nachweisbar u. führt dort durch Überlappung zu einer Form von Mehrstimmigkeit. Der Vorsänger trifft eine Feststellung (call), der eine weibliche, dann eine männliche Stimme oder ein Chor antworten (response). Dieses Prinzip wurde in den Gottesdienst der amer. Neger u. ganz besonders in die Spirituals übernommen. Im frühen Jazz wählte der Leader das lauteste Instrument (Kornett oder Trompete), die weibliche Antwort gab die Klarinette, die männliche die Posaune.

Callhoff, Herbert, dt. Komponist, Organist u. Hochschullehrer, * 13. 8. 1933 Viersen. Studierte Kirchenmusik an der Folkwang-Hochschule in Essen, Komposition bei S. Reda u. J. Baur in Düsseldorf, Orgel bei E. Kaller u. G. Schneider. Seit 1959 Kantor u. Organist an der St.-Elisabeth-Kirche in Düsseldorf u. Musiklehrer an der Musikschule der Stadt Düsseldorf. Gründete u. leitete die Geistlichen Abendmusiken in St. Elisabeth. 1969 Dozent für Tonsatz, Musiktheorie u. Orgel am Robert-Schumann-Institut der Staatlichen Hochschule für Musik Rheinland in Düsseldorf, ab 1975 Professor für Tonsatz u. Orgel. Seine vorwiegend kirchenmusikalischen Kompositionen sind streng strukturiert u. teilweise in serieller Technik abgefaßt. Aleatorik, Klangfarbenexperimente u. Cluster-Technik bereichern seine Ausdrucksmittel.

Zu C. Werken zählen u. a.: *Missa brevis* für 4st. gemischten Chor a cappella u. *Missa* für 3st. gemischten Chor u. Orgel (1963); Motette *Christus ist gehorsam geworden* für 4–7st. gemischten Chor a cappella u. Motette *Der Mensch lebt und besteht* für 4st. gemischten Chor a cappella (1964); 5 Geistliche Konzerte für hohe u. tiefe St. u. Orgel (1965); *Die Versuchung Jesu* für Sprecher, T. u. gemischten Chor a cappella (1967); *Psalmentriptychon* für Soli, Chor, Orgel, Schlagzeug u. Kontrabässe (1968); 4 *Meditationen* für Pos. u. Org. (1973); 2 Stücke für Org. (1976). Außerdem Kammermusikwerke: Streichquartette Nr. 1–3 (1966, 1969, 1972, das letztere *Neun Meta-*

morphosen über R. Schumann); Bläserquintette Nr. 1 u. 2 (1968, 1976); 5 *Episoden* für Fl., Vc. u. Kl. (1970–71) u. *Passagen* für V., Va., Vc. u. Kl. (1974).

Calonne, Jacques, belg. Komponist, * 10. 8. 1930 Mons. Studierte 1944–47 in Mons u. bei J. Absil an der Académie de Musique d'Etterbeck, anschließend bei A. Souris in Brüssel. Arbeitet nebenbei als Maler u. Literat u. nahm mit Ch. Dotremont u. A. Jorn an der »Cobra«-Bewegung teil.

Zu C. Werken gehören: *Album* für Streichquartett (1958), *Chances* für Orch. (1961) sowie *Tome* für 2 Pianisten u. 3 Schlagzeuger (1962) u. *D'après quadrangles* für Kammerensemble (1968).

Caltabiano, Sebastiano, ital. Komponist, * 28. 12. 1899 Lucca. Studierte in Lucca u. Florenz. War ab 1937 Direktor u. Lehrer für Komposition am Istituto Musicale in Lucca.

Zu C. Kompositionen gehören: die Oper *La figlia di Jefte* (1953), 1 Sinfonie, sinfonische Dichtungen, Kammermusik u. Vokalwerke.

calvinistische Musik, bezeichnet die von Calvin zugelassene Kirchenmusik. Sie ist auf Einstimmigkeit beschränkt u. fast ausschließlich an Psalmentexte gebunden. Die wichtigsten Sammlungen c.M. waren »Aulcuns pseaulmes et cantiques mys en chant«, Straßburg 1539, u. »La forme des prières et chants ecclésiastiques«, Genf 1542, der sog. 1. Genfer Psalter.

Calvisius, Sethus, dt. Komponist u. Musiktheoretiker, * 21. 2. 1556 Gorsleben, † 24. 11. 1615 Leipzig. Finanzierte sich selber den Besuch des Gymnasiums in Magdeburg u. anschließend der Universitäten Helmstedt u. Leipzig. 1581 Musikdirektor an der Paulinerkirche in Leipzig, 1582 Kantor in Schulpforta u. 1594 Kantor an der Thomasschule und Musikdirektor der Leipziger Hauptkirchen. Er veröffentlichte »Melopoeia seu melodiae condendae ratio ...« (Erfurt 1592), »Compendium musicae practicae ...« (Leipzig 1594), »Exercitationes musicae duae« (Leipzig 1600) u. »Exercitatio musica tertia« (Leipzig 1609).

Zu C. Kompositionen gehören: *Hymni sacri latini et germanici* (1594), eine Choralsammlung *Harmonia cantionum ecclesiasticarum, Kirchengesänge u. geistliche Lieder D. Lutheri u. anderer frommer Christen* (1597), der 150. Psalm für 12 St., *Schwanengesang* für 8 St. u. *Der Psalter Davids.*

Calypso, eine aus der Volksmusik von Trinidad u. Tobago entwickelte Abart der Rumba. Wurde in den 50er Jahren durch Sänger wie Harry Belafonte *(Banana Boat)* bekannt.

Camargo, La C. (eigtl. Marie-Anne de Cupis de C.), franz. Tänzerin u. Ballettreformerin, * 15. 4. 1710 Brüssel, † 28. 4. 1770 Paris. → Ballett

Cambefort, Jean de, franz. Komponist u. Sänger, * 1605, † 4. 5. 1661 Paris. Stand im Dienste Richelieus u. Mazarins. 1643 Kapellmeister der Chorknaben u. 1650 Komponist der Königlichen Kammermusik. Komponierte 2 Bücher »Airs de cour à quatre parties« u. Teile der Hofballette, u. a. *Ballet de la nuit* u. *Ballet du temps.*

Cambert, Robert, franz. Komponist u. Organist, * um 1628 Paris, † 1677 London. Erhielt Unterricht bei J. Ch. Chambonnières u. wurde um 1655 Organist an St-Honoré in Paris, um 1663 Musikintendant der Königinmutter Anna von Österreich. Nach *La muette ingrate* komponierte er auf ein Libretto von P. Perrin die Oper *Ariane ou Le mariage de Bacchus.* Die Aufführung kam durch Mazarins Tod nicht zustande u. erfolgte erst 1674 in London. Als Perrin 1669 ein königliches Patent erhielt, sog. Académies d'opéra (Opernaufführungen in franz. Sprache) zu veranstalten, tat er sich mit C. u. P. Beauchamps zusammen. Es entstand die Pastorale *Pomone,* die am 3. 3. 1671 als erste franz. Oper in der eigens dafür umgebauten Salle du Jeu de Paume uraufgeführt wurde. 1672 folgte *Les peines et les plaisirs de l'amour* auf ein Libretto von G. Gilbert. Im gleichen Jahr gelang es J.-B. Lully, Perrins Patent an sich zu bringen. Der verbitterte C. ging darauf nach London, wo er eine kurzlebige Royall Academy of Musick gründete u. einige seiner Werke zur Aufführung brachte. C. hinterließ neben seinen Bühnenwerken, die nur unvollständig erhalten sind, 2–3st. *Airs à boire.* Er hat als erster versucht, ein der franz. Sprache angemessenes Opernrezitativ zu schaffen.

Cambiata, Nota cambiata (ital.: »Wechselnote«), eine Durchgangsdissonanz (→ Durchgang), die an Stelle einer Konsonanz steht. Von einer eigentlichen C. spricht man nur, wenn diese Dissonanz auf den betonten Taktteil fällt, während die folgende Konsonanz unbetont ist.

Cambini, Giuseppe M. G., ital. Komponist u. Geiger, * 13. 2. 1746 Livorno, † 29. 12. 1825 bei Paris. Studierte Geige bei Pohl u. Theorie bei Padre Martini. Geriet auf einer Seereise von Neapel nach Livorno in die Sklaverei, wurde von einem venezianischen Kaufmann freigekauft u. gelangte 1770 nach Paris. Dort ließ F.-J. Gossec einige seiner Sinfonien in den Concerts spirituels aufführen. C. blieb bis zu seinem Lebensende in Paris, hatte als Komponist von Opern u. Balletten bescheidene Erfolge, leitete 1788–91 das Théâtre des Beaujolais u. 1791–94 das Théâtre Louvois. 1810–11 war er Mitherausgeber der Musikzeitung »Tablettes de Polymnie«. Gegen Lebensende hielt er sich mit dem Arrangieren populärer Melodien über Wasser. Er starb schließlich im Armenhaus. Von seinen zahlreichen Werken wurden zu Lebzeiten 3 Sinfonien, 11 Konzerte, 73 Symphonies concertantes, 3 Quintette für Bläser, 2 Streichquintette, 12 Flötenquintette u. 178 Streich- bzw. Flötenquartette gedruckt. Außerdem komponierte C. allein in seiner Pariser Zeit 19 Opern u. 1 Oratorium. Seine Quartette gehören zu den beliebten Werken dieser Gattung. Sie sind im Stil denen F. Manfredinis u. L. Boccherinis ähnlich. C. selber war ein ausgezeichneter Quartettspieler u. hat häufig mit Boccherini musiziert.

Cambissa, Giorgio, ital. Komponist u. Dirigent, * 17. 5. 1921 Bodio, Schweiz. Studierte in Triest, Pavia u. bei G. F. Ghedini in Mailand. Seit 1962 Direktor des Staatlichen Konservatoriums in Bozen.

Zu C. Kompositionen gehören: 4 Konzerte für Orch. (1957, 1960, 1961 u. 1969), *Concerto breve* für Vc. u. Orch. (1962), Kammermusik u. Lieder.

Camerata (fiorentina) nannte sich eine Vereinigung gelehrter Männer, Musiker, Dichter u. Philosophen im Florenz des 16. Jh., die im Hause des Grafen Giovanni Bardi di Vernio zusammenkamen. Unter dem Patronat Bardis, der selber Musiker u. Dichter war, trafen sich die Komponisten V. Galilei, G. Caccini, J. Peri u. P. Strozzi sowie der Dichter O. Rinuccini. Bei diesen in den 70er u. 80er Jahren stattfindenden Treffen ging es um die Wiederbelebung (Renaissance) antiken Gedankenguts u. insbesondere um die einstimmige antike Musik. Man stellte sich vor, die Verschmelzung von Musik u. Wort habe eine Wirkung gehabt, zu der die Polyphonie nicht fähig sei. Deshalb versuchte man, in vermeintlicher Nachahmung der Griechen, eine neue, affektgeladene Monodie gegen die Mehrstimmigkeit durchzusetzen. Die Vorstellungen der C. sind in einem von V. Galilei veröffentlichten fiktiven Dialog zwischen Bardi u. Strozzi dargelegt. Er erschien 1581 in Florenz unter dem Titel »Dialogo della musica antica et della moderna«. Als Bardi nach Rom übersiedelte, wurden die akademieähnlichen Zusammenkünfte bei J. Corsi fortgesetzt. In diesem Kreis entstand mit *La Dafne* (Musik: J. Peri u. J. Corsi, Libretto: O. Rinuccini) die erste Oper der Musikgeschichte. Sie wurde 1598 in Florenz im Palazzo Corsi aufgeführt. Zum neuen stile recitativo oder rappresentativo (→Stil) entwickelte Caccini die von der C. propagierte Monodie in seinem »Le nuove musiche« (1601).

Camerloher, Placidus von, dt. Komponist, * 9. 8. 1718 Murnau, † 21. 7. 1782 Freising. Wurde an der Ritterakademie in Ettal erzogen, nahm 1744 die Priesterweihen, wurde im gleichen Jahr Hofkapellmeister in Freising, 1748 dort Kanonikus an St. Veit u. 1753 an St. Andreas.

Zu C. Instrumentalwerken gehören 4st. *Sinfonie da camera,* die sich im Stil an die Mannheimer Schule anlehnen. Oratorien, weitere Kirchenmusikwerke u. Triosonaten blieben ungedruckt.

Camp. Mit diesem engl. Ausdruck bezeichnet man das intellektuelle Vergnügen an altmodischen oder kitschigen Ausdrucksformen, die im Zuge der Nostalgiewelle als Kunst gedeutet werden.

Campa, Gustavo E., mexikan. Komponist u. Musikschriftsteller, * 1863, † 1934 Mexico City. Studierte bei J. Ituarte u. M. Morales. Gründete 1886 das mexikanische Instituto Musical Campa Hernández Acevedo u. leitete 1907–25 das Conservatorio Nacional de Música. Außerdem gründete u. leitete er die Zeitschrift »Gaceta musical«.

C. schrieb u. a. die Oper *El rey poeta* (1901), Orchester- u. Vokalwerke.

Campagnoli, Bartolomeo, ital. Komponist u. Geiger, * 10. 9. 1751 Cento di Ferrara, † 6. 11. 1827 Neustrelitz. Schüler von Dall'Ocha u. P. Nardini. Konzertmeister an den Opernhäusern in Florenz u. Rom u. ab 1776 beim Fürsterzbischof von Freising. 1780 Musikdirektor des Herzogs von Kurland in Dresden, 1797–1816 Konzertmeister im Gewandhaus in Leipzig.

Zu C. Kompositionen gehören Konzerte für Fl. u. für V. mit Orch., Violinsonaten u. Duos. Sein bestes Werk dürften die *41 Caprices pour l'alto viola* op. 22 sein. Seine Geigenschule »Metodo per Violino« (Mailand 1797) fand weite Verbreitung.

Campbell Batista, Ramón, chilen. Komponist, * 9. 3. 1911 Santiago de Chile. Studierte am Conservatorio Nacional de Música in seiner Heimatstadt. Zu seinen Kompositionen gehören Orchesterwerke, Kammermusik, Klavierwerke u. Lieder. Außerdem veröffentlichte er musikethnologische Forschungsergebnisse unter den Titeln »La herencia musical de Rapanui« (Santiago de Chile) u. »El misterioso mundo de Rapanui« (Buenos Aires, beide 1970).

Campian (Campion), Thomas, engl. Komponist, Dichter u. Arzt, * 12. 2. 1567 Witham, Essex, † 1. 3. 1620 London. Studierte in Cambridge u. bezeichnete sich 1602 als Doctor of Physic. Gemeinsam mit Ph. Rosseter veröffentlichte er 1601 ein Buch »Ayres« (Set foorth to be song to the Lute Orpherian, and Base Violl), die zu den frühesten Nachahmungen der Arien G. Caccinis gehören. 4 weitere Bücher folgten, deren Erscheinen um 1613 (1. u. 2. Buch) u. nach 1617 (3. u. 4. Buch) angesetzt wird. C. schrieb außerdem Texte u. Musiken für Masken u. ließ Gedichte erscheinen. Zu seinen theoretischen Werken gehören »Observations on the Art of English Poesie« (1602) u. »A New Way of making Fowre parts in Counterpoint ...« (1613).

Campioni, Carlo A., ital. Komponist u. Kapellmeister, * 16. 11. 1720 Lunéville, † 12. 4. 1788 Florenz. Um 1765 als Kathedralkapellmeister in Florenz nachgewiesen, wo er auch den größten Teil seiner kirchenmusikalischen Werke komponierte. Seine Triosonaten, Duos u. *Sonatas for the harpsichord* wurden hauptsächlich in London u. Amsterdam verlegt. Seine dramatische Kantate *Venere placata* scheint 1760 in Livorno aufgeführt worden zu sein.

Campmany, Montserrat, argentin. Komponistin u. Musikerzieherin, * 7. 3. 1901 Barcelona. Studierte in Barcelona u. Buenos Aires u. wirkte als Musikerzieherin an verschiedenen argentin. Institutionen.

Zu M.C. Kompositionen gehören die Ballettmusik *Contrapunto final* (1968), verschiedene sinfonische Dichtungen, Kammermusik, u.a. 1 Saxophonquartett, Klavierwerke, Chöre.

Campos-Parsi, Héctor, puertoricanischer Komponist u. Organist, * 1. 10. 1922 Ponce. Studierte in Puerto Rico u. Mexiko, anschließend in Boston u. nahm an den Kursen in Tanglewood bei I. Fine, A. Copland, J. Ibert u. O. Messiaen teil. 1951–53 Unterricht bei N. Boulanger am Conservatoire Américain in Fontainebleau.

Zu C.-P. Kompositionen gehören Ballettmusiken, Orchesterwerke, Kammermusik, Orgelwerke, Lieder u. Chöre.

Campo y Zabaleta, Conrado del, span. Komponist u. Dirigent, * 28. 10. 1879 Madrid, † 17. 3. 1953 ebd. Studierte am Königlichen Konservatorium in Madrid bei E. Serrano u. R. Chapí, wurde später dort Leiter der Harmonie- u. Kompositionsklasse. Von der Madrider Kritik als der »spanische Strauss« bezeichnet, komponierte er die Opern *El final de Don Alvaro* (1910), *La flor del agua* (1910), *La tragedia del beso* (1915), *El Avapiés* (1919), sinfonische Dichtungen, u. a. *La Divina Comedia,* Bühnenmusik für Sierras »Don Juan de España«, Konzerte für Kl., V., Va. u. Vc. mit Orch., Sonaten und Trios. Von seinen 14 Streichquartetten wurde besonders das mit dem Titel *Caprichos románticos* bekannt. C. war ein ausgezeichneter Bratschist u. arbeitete häufig mit dem Geiger Fernández Arbós zusammen.

Campra, André, franz. Komponist, getauft 4. 12. 1660 Aix-en-Provence, * 14. 6. 1744 Versailles. Stammte aus einer piemontesischen Familie. Unterricht bei G. Poitevin, 1678 Priesterweihe, 1679 wahrscheinlich Kirchenkapellmeister in Toulon, ab 1681 in Arles u. 1683–94 in Toulouse. 1694 Anstellung als Kapellmeister an Notre-Dame in Paris. Aus Angst vor dem Verlust seiner kirchlichen Stellung brachte er 1697 seine Ballettoper *L'Europe galante* u. 1699 das Ballett *Le carneval de Venise* unter dem Namen seines Bruders Joseph zur Aufführung. Der große Erfolg dieser Kompositionen ließ ihn 1700 seine Stellung an Notre-Dame aufgeben. Noch im gleichen Jahr wurde seine Oper *Hésione* aufgeführt. In kurzer Folge erschienen weitere Bühnenwerke u. von C. zusammengestellte Pasticcios, die damals besonders beliebt waren. 1723 Ernennung zum Königlichen Kapellmeister u. Direktor der Musikpagen. Zu seinen weiteren Bühnenwerken gehören *Aréthuse* (1701), *Tancrède* (1702), *Iphigénie en Tauride* u. *Télémaque* (1704), *Alcine* (1705), *Hippodamie* (1708), *Les fêtes vénitiennes* (1710), *Idoménée* (1712), *Les amours de Mars et Vénus* (1712), *Camille, reine des Volsques* (1717), *Les âges* (1718), *Les couronnes* (1722), *Les nouveaux fragments* (1729), *Achille et Déidamie* (1735) u. *Les nopces de Vénus* (1740). Außerdem verfaßte C. eine Reihe von Gelegenheitsarbeiten für den Hof, komponierte 3 Bücher mit Kantaten, 5 Bücher Motetten, 1 4st. Messe u. 2 Bücher mit Psalmen.

Er hat als bedeutendster Bühnenkomponist zwischen J.-B. Lully u. J.-Ph. Rameau die Form der franz. Ballettoper wesentlich mitbestimmt.

Camps, Pompeyo, argentin. Komponist u. Musikkritiker, * 27. 10. 1924 Paraná. Studierte 1947–52 bei J. Pahissa in Buenos Aires. Arbeitete für die Zeitschriften »Histonium«, »Noticias gráficas« u. »La opinión«. Ab 1968 als Assistent an das Orquesta Sinfónica Nacional verpflichtet. Wandte sich nach Kompositionen wie *La pendiente* für 6 Solisten, gem. Chor, Streicher, Bandonion u. Kl. (1959) sowie *Balada de la cárcel de Reading* u. einem choreografischen Drama für Sprecher, Männerchor u. Orch. (1964), der Zwölftontechnik zu. Neben der *Sinfonía para un poeta* für Bar., Pauken, Schlagzeug, 2 Hf., Celesta, Kl. u. Streichorch. (1967) entstanden hauptsächlich Kammermusikwerke.

Cancan (franz.: »Lärm«, auch Chahut) bezeichnet einen schnellen Sprungtanz, der um 1830 aus Algier nach Paris kam. Er ist dort heute noch als Bühnenschautanz (Chorus in der Music Hall u. dem Musical) beliebt. Offenbach verwendete ihn für seinen *Galop infernal* in *Orphée aux enfers,* Cole Porter benannte ein Musical nach ihm.

Cancionero (span. canción: »Lied«), Sammlung von Gedichten eines oder mehrerer Dichter, die zur Vertonung bestimmt oder bereits mit den dazugehörigen Noten überliefert sind.

cancricans → Krebsgang

Candael, Karel, belg. Komponist u. Dirigent, * 4. 9. 1833 Antwerpen, † 27. 3. 1948 Rotterdam. Studierte bei J. Blockx, E. Wambach u. L. Mortelmans u. gewann 1907 eine Auszeichnung mit seiner Kantate *Genoveva von Brabant.* 1911–19 leitete er das Orchester des Niederländischen Theaters in Antwerpen, später dort auch die Königlich Flämische Oper. 1937 Leiter der fläm. Musikabteilung des belg. Rundfunks. Als Dirigent setzte er sich besonders für das Werk von P. Benoît ein.

Zu C. Werken gehören die Ballette *Die sieben Todsünden* u. *Das Hohelied*, das Oratorium *La vie de Marie* (1943), Chorwerke, Instrumentalstücke u. Lieder.

Canino, Bruno, ital. Pianist und Komponist, * 30. 12. 1935 Neapel. Studierte am Conservatorio di Musica G. Verdi in Mailand. Gehört zu den begabtesten Pianisten der jüngeren Generation u. setzt sich insbesondere für zeitgenössische Musik ein.

Zu C. Kompositionen gehören *Concerto da camera 1–3* für Soloinstr. u. Kammerorch. sowie Kammermusik.

Cannabich, 1. J. Christian I. B., dt. Komponist, getauft 28. 12. 1731 Mannheim, † 20. 1. 1798 Frankfurt a. M. Sohn des Flötisten Matthias F. C. Trat bereits mit 13 Jahren in das Mannheimer Hoforchester ein u. wurde drei Jahre später zum ordentlichen Geiger befördert. Nach Unterricht bei J. Stamitz wurde er zu N. Jommelli nach Rom geschickt, um sich in der Komposition zu vervollkommnen. Nach seiner Rückkehr 1758 Konzertmeister des Mannheimer Orchesters u. 1774 Direktor der Instrumentalmusik. In gleicher Eigenschaft ging er mit Karl Theodor an den Münchner Hof. Zu seinen Kompositionen gehören die Opern *Azakia* (1778) u. *La croisée* (1788), das Melodram *Elektra* (1780), ungefähr 40 Ballette, die meisten nach Themen des Hof-Tanzmeisters E. Lauchery, Sinfonien, Violinkonzerte, Quintette, Quartette u. Sonaten. W. A. Mozart lernte ihn als anerkannten Führer der jüngeren Mannheimer Musikergeneration anläßlich seines Besuchs 1777–78 schätzen. Seine Tochter Rosa C. war eine begabte Pianistin. **2.** Carl A., Sohn von 1., dt. Komponist, Kapellmeister u. Geiger, getauft 11. 10. 1771 Mannheim, † 1. 5. 1806 München. Übernahm nach dem Tod des Vaters 1800 die Stellung des Hof-Musikdirektors in München. Neben Opern, Sinfonien u. Liedern komponierte er die Kantate *Mozarts Gedaechtnis Feyer* (1797).

Cannon, J. Philip, engl. Komponist, * 21. 12. 1929 Paris. Studierte bei I. Holst u. am Royal College of Music in London, wo ihn G. Jacob in Komposition u. Pierre Tas im Geigenspiel unterrichteten.

Zu C. Kompositionen gehören *Songs to Delight* für Frauenst. u. Streicher, ein Concertino für Kl. u. Streicher sowie Lieder.

cantabile (ital.: »singbar«, »gesanglich«), eine seit dem späten 17. Jh. an die Instrumentalmusik gestellte Forderung. Der melodische Fluß einer Komposition hatte kantabel zu sein. W. A. Mozart formulierte: »Cantabel – das Schönste in der Musik.«

Canteloube, Marie-Joseph (de Malaret), franz. Komponist, * 21. 10. 1879 Annonay, † 4. 11. 1957 Gridny. Studierte bei V. d'Indy an der Schola Cantorum in Paris Komposition u. begann schon früh mit dem Sammeln franz. Volkslieder, wobei er sich besonders für das Liedgut der Auvergne interessierte. Auf diese Melodien greift er in vielen seiner Kompositionen zurück.

C. schrieb die Opern *Le Mas* (1910–13) u. *Vercingétorix* (1930–32), *Pièces françaises* für Kl. u. Orch. (1935), *Poème* für V. u. Orch. (1937), Orchesterwerke, Kammermusik u. Lieder. Er gab »Les chants des provinces françaises« (Paris 1946) u. »Anthologie des chants populaires français« (4 Bde., Paris 1951) heraus u. verfaßte die Monografie »Vincent d'Indy« (Paris 1949).

Canticum (lat.: »Gesang, Lied«), poetische Bibeltexte, die in der Liturgie verwendet werden, aber nicht aus dem Psalter stammen. Dazu gehören das Benedictus Dominus (Lukas I, 68–79), das Magnificat (Lukas I, 46–55) u. das *Nunc dimittis* (Lukas II, 29–32). Außer bei den Stundengebeten kommen Cantica auch in der Liturgie der Osternacht vor. Die Vulgata bezeichnet das Hohelied als C. canticorum.

Cantigas (span.), Gesänge weltlichen oder geistlichen Inhalts, meist in der Volkssprache abgefaßt. Sie waren besonders am Hof Alfons' X. von Kastilien u. León beliebt. Am bekanntesten sind die aus dieser Zeit stammenden C. de Santa Maria, eine Sammlung mit Lobgesängen zu Ehren der Muttergottes.

Cantilena (lat.) wird im Mittelalter als Bezeichnung für liedartige Kompositionen verwendet wie die Sequenzenmelodien u. Tropen, das weltliche Spielmannslied, die Chanson de geste u. das Tanzlied. Vom 13. bis 15. Jh. wird der mehrst. Liedsatz mit weltlichem Text als C. bezeichnet, im 16. Jh. tritt dieser Ausdruck für den mehrst. Satz schlechthin auf.

Cantio (lat.) bezeichnet im Mittelalter alle Arten von Gesangsstücken, im späteren Mittelalter mehr das Lied u. damit gleichbedeutend mit Carmen u. Versus. In neuerer Zeit hauptsächlich als Bezeichnung für das 1st., vorwiegend geistliche Lied in lat. Sprache gebraucht.

Cantus (lat.), Gesang, Melodie. Bezeichnet in der mittelalterlichen Mehrstimmigkeit jene Stimme, auf der die anderen aufbauen. Der C. war im alten Organum die Oberstimme, im späteren u. im → Discantus des 13. Jh. die untere Stimme.

Cantus firmus (lat.: »fester Gesang«, Abkürzung C.f.) bezeichnet die frei erfundene oder anderen Quellen entnommene Stimme, die einer Komposition zugrunde gelegt wurde. Ursprünglich galt diese Bezeichnung für einen Gesang, der in gleichen Werten fortschritt u. häufig der Choralüberlieferung entnommen war. Seit dem 17. Jh. wird auch die Melodiestimme, zu der die anderen Stimmen kontrapunktierend gesetzt werden, C.f. genannt.

Cantus planus (lat.: »ebenmäßiger Gesang«, franz. plain chant) ist die seit dem 12. Jh. gängige Bezeichnung für den einstimmigen liturgischen Gesang mit mehr oder weniger gleichbleibenden Notenwerten.

Canzona → Kanzone

Capdevielle, Pierre, franz. Komponist u. Dirigent, * 1.2.1906 Paris, † 9.7.1969 Bordeaux. 1924 Aufnahme in das Pariser Conservatoire, wo er bei A. Gédalge, P.-A. Vidal u. I. Philipp studierte. Ab 1926 Privatschüler von d'Indy u. M. Emmanuel. In den 30er Jahren Musikkritiker der »Monde musicale« u. der »Revue musicale«, ging 1944 als Dirigent zum franz. Rundfunk. Dort gründete C. 1952 das Kammerorch. u. übernahm dessen Leitung. Gleichzeitig wurde er Direktor der Études de la Maîtrise de l'ORTF. In seinen Kompositionen ist er von Florent Schmitt beeinflußt.

Zu C. Werken gehören die Opern *Les amants captifs* (1950) u. *Fille de l'homme* (1967), 3 Sinfonien, sinfonische Bilder, Bühnenmusiken, Chorwerke, ein *Concerto del dispetto* für Kl. u. Orch. (1959), Kammermusik u. Lieder.

Capece, Alessandro, ital. Komponist u. Kapellmeister, * um 1575 Tarano, † um 1640 Rom. Maestro di cappella in Ferrara, Rieti u. Sulmona u. 1624–37 mit einer Unterbrechung in Tivoli. Unter ihm wirkte G. Carissimi als Organist. C. veröffentlichte mehrere Bücher mit Motetten, Madrigalen, Responsorien u. geistlichen Konzerten.

Capet, Lucien, franz. Geiger, Komponist u. Lehrer, * 8.1.1873 Paris, † 18.12.1928 ebd. Studierte am Pariser Conservatoire 1888–93 bei J. P. Maurin, 1896 Konzertmeister des Lamoureux-Orchesters, 1899 Lehrer am Conservatoire in Bordeaux, ab 1907 Leiter einer Kammermusikklasse am Conservatoire in Paris. 1924 Direktor des Institut de Violon in Paris. Neben seiner Lehrtätigkeit u. Laufbahn als Solist führte C. verschiedene Quartettvereinigungen an u. machte sich ganz besonders um die Aufführung der Streichquartette L. van Beethovens verdient. Die letzte Besetzung des C.-Quartetts bestand aus ihm selber, Hewitt, Benoît u. Delobelle. Er hinterließ 5 Streichquartette, 2 Violinsonaten, Violinetüden, einige Orchesterwerke u. eine Vertonung des XXIII. Psalms für Soli, Chor u. Orch. 1916 erschien in Paris sein Buch »La technique supérieure de l'archet«.

Capitol Records Inc., heute zum EMI-Konzern gehörende Schallplattenfirma in den USA. Wurde 1942 unter dem Namen Liberty von G. Wallichs, J. Mercer u. de Silva in Hollywood gegründet u. spezialisierte sich auf Unterhaltungsmusik. 1948 wurde das klassische Programm der Telefunken zum Vertrieb für die USA übernommen. Neben dem Erwerb der Cetra-Soria sowie der Auslieferung für Angel wurde mit N. Milstein u. L. Stokowski ein eigenes klassisches Repertoir aufgebaut. Seit 1956 gehört die C.R.I. zur EMI.

Caplet, André, franz. Komponist u. Dirigent, * 23.11.1878 Le Havre, † 22.4.1925 Paris. Nach Geigenunterricht in seiner Heimatstadt ab 1896 am Pariser Conservatoire bei Ch. F. Lenepveu, X. Leroux u. P. A. Vidal. 1901 Rompreisträger mit der Kantate *Myrrha*. C. Debussy überließ ihm 1911 die Aufführung von *Le martyre de Saint Sébastien*. Die Freundschaft zwischen den beiden Männern spiegelt sich in der von E. Lockspeiser herausgegebenen Korrespondenz wider. C. war 1910–14 Dirigent der Boston Opera Company. Nach dem 1. Weltkrieg konzentrierte er sich auf das Komponieren.

Von C. Werken seien *La masque de la mort rouge* für Hf. u. Orch., 1 Messe für 3 Frauenstimmen a cappella, 1 Septett für Streichquartett u. 3 Frauenst. sowie *Conte fantastique* für Hf. u. Streichquartett erwähnt. Außerdem bearbeitete er Debussys *Children's Corner* u. *Pagodes* für Orchester u. fertigte Klavierauszüge für *La mer* u. *Le martyre de Saint Sébastien* an.

Capoianu, Dumitru, rumän. Komponist, * 19.10.1929 Bukarest. Studierte am dortigen Konservatorium bei M. Jora, G. Eracovici, M. Negrea u. T. Rogalski. Neben seiner Tätigkeit an der Bukarester Philharmonie komponierte er verschiedene Musiken für Zeichentrickfilme, schrieb 1 Konzert für V. u. Orch. (1963), *Kinematographische Variationen* für Orch. (1969) u. Kammermusik.

Cappella → Kapelle

Cappi, 1. Giovanni, österr. Musikverleger, * 30.11.1765 Blevio, † 23.1.1815 Wien. Hatte als zeitweiliger Mitinhaber der Firma Artaria & Comp. Bedeutung, da diese Werke von J. Haydn, W. A. Mozart, L. van Beethoven u. F. Schubert verlegte.

2. Pietro (Peter), Neffe von 1., war zeitweise ebenfalls an Artaria beteiligt, gründete 1816 den Verlag Peter C., an dem sich 1818 der Komponist A. Diabelli beteiligte, der sich besonders um die Herausgabe von Werken F. Schuberts verdient machte. Die Unternehmungen von Giovanni u. Peter C. sind nach mehreren Transaktionen in die Hände des Aug. Cranz Verlags übergegangen. Dieser firmiert heute als GmbH in Wiesbaden.

Capriccio (ital.: »Laune, Einfall«, franz. caprice), im späten 16. u. 17. Jh. oft gleichbedeutend mit ricercare, canzona oder fantasia als Bezeichnung für Stücke mit verschiedener Besetzung, auch für Klavier. Die als C. bezeichneten Kompositionen waren häufig im Fugenstil geschrieben. Im 18. Jh. wurden auch virtuose Übungsstücke für Streicher C. genannt. Später entwickelte sich das C. zum Charakterstück u. kam als solches im 19. Jh. bei C. M. von Weber, F. Mendelssohn Bartholdy, J. Brahms u. M. Reger vor. R. Strauss nannte sein

Konversationsstück für Musik über das Verhältnis von Wort u. Ton *Capriccio*.

Capricornus (eigtl. Bockshorn), Samuel Fr., böhm. Komponist u. Kapellmeister, * 21. 12. 1628 Scharditz, † 10. 11. 1665 Stuttgart. Wurde nach dem Studium der Theologie u. der Musik 1651 Musikdirektor in Preßburg u. 1657 Hofkapellmeister in Stuttgart. In seinen geistlichen Konzerten folgt er dem Stil G. Carissimis.

Zu C. Werken gehören: *Opus musicum* für 1–8 St. u. Instr. (1655); *Geistliche Concerten* (1658 u. 1665); *Geistliche Harmonien* (1659, 1660 u. 1664); *Jubilus Bernardi* für 5 St. u. Instr. (1660); Sonaten u. Canzonen (1660); 2 Teile *Theatrum musicum* (1659 u. 1669); die dramatische Kantate *Raptus Proserpinae* (1662); 2 Teile *Neu angestimmte und erfreuliche Tafelmusik* (1670 u. 1671); *Sonus redactus cum Basso ad Organum* (1670); Messen und weitere unveröffentlichte Kirchenkompositionen.

Caprioli (Caproli), Carlo (auch Carlo del Violino), ital. Komponist, * um 1615, † um 1673 in Rom. 1654 in Paris erwähnt, wo er auf Veranlassung von Mazarin seine Oper *Le nozze di Peleo e Teti* aufführte. 1665 im Dienst des Kardinals Barberini in Rom. 1673 entstand sein Oratorium *Davide*. Zu C. meist unveröffentlichten Kompositionen gehören an die 70 Kantaten.

Cara, Marco, ital. Komponist, * nach 1450 Venedig, † nach 1525 Mantua. 1495–1525 am Hof der Gonzaga in Mantua nachgewiesen. Gehörte zu den bekanntesten Komponisten von Frottolen. Seine meisten Kompositionen erschienen in den von Petrucci gedruckten Sammelwerken. War außerdem ein berühmter Lautenspieler.

Carafa (de Colobrano), Michele E., ital. Komponist, * 17. 11. 1787 Neapel. † 27. 7. 1872 Paris. Berufsoffizier in der napoleonischen Armee, zeitweise sogar Adjutant J. Murats. Nach der Niederlage Napoleons wandte er sich wieder der Musik zu, nachdem er in seiner Jugend bereits bei F. Ruggi u. F. Fenaroli studiert hatte. 1827 ließ er sich als Komponist in Paris nieder, 1837 wurde er als Nachfolger Le Sueurs Mitglied der Académie des Beaux-Arts. Von seinen zahlreichen ital. u. franz. Opern seien erwähnt: *Gabriella di Vergy* (1816), *Le solitaire* (1822), *Masaniello* (1827) u. *La prison d'Edimbourg* (1833). Er komponierte das Ballett *Nathalie* (1832), Sinfonien, außerdem Kirchenmusiken u. Klavierstücke.

Cardew, Cornelius, engl. Komponist u. Gitarrist, * 7. 5. 1936 Winchcombe, † 13. 12. 1981 London. 1943–50 Chorsänger an der Kathedrale von Canterbury. 1953–57 Studium an der Royal Academy of Music in London bei P. Waller u. K. Greenbaum (Klavier) u. H. Ferguson (Komposition). 1957–58 Mitarbeit am Studio für elektronische Musik in Köln, 1958–60 Assistent von Karlheinz Stockhausen, mit dem er 1960 *Carré* für 4 Orch., 4 Chöre u. 4 Dirigenten verfaßte. Nach Kritikertätigkeit in England ab 1967 Professor für Komposition an der Royal Academy of Music. 1965 Mitglied des AMM improvised music ensemble u. 1969 Mitbegründer des Scratch Orchestra. Beschäftigte sich in den 60er Jahren mit maoistischer Philosophie u. versuchte, die Musikästhetik der Zeit mit der Forderung nach allgemeinverständlicher Musik in Einklang zu bringen.

Zu C. Kompositionen gehören: *The Voice from Thel's Grave* für S. u. Kl. (1957); *Autumn* für Orch. mit variabler Besetzung (1960); *Material for harmony instruments*, variable Besetzung (1960); *Octet 1961* mit Wahlmöglichkeiten für die Ausführenden (1961); *Movements* für Orch. u. *A Thel* für gem. Chor (1962); *Solo with accompaniment* für 2 Instr. nach freier Wahl, *Memories of you* für Kl. u. *Three winter potatoes* für Kl. (1964); *Treatise* für eine unbestimmte Zahl von Ausführenden, graphische Partitur (1967).

Cardoso, F. Manuel, portug. Komponist, getauft 11. 12. 1566 Fronteira, † 24. 11. 1650 Lissabon. Studierte in Évora Theologie u. Kontrapunkt u. wurde dort Kapellmeister an der Kathedrale. 1588 Eintritt in das Karmeliterkloster von Lissabon. Zu seinen Werken gehören Messen, Motetten, Magnificat u. insbesondere die berühmte *Missa Philippina* zu Ehren Philipps IV. von Spanien. C. gehört zu den hervorragendsten Vertretern des polyphonen Stils im iberischen Raum.

Carey, Henry, engl. Komponist u. Dichter, * um 1687 vermutlich Yorkshire, † 5. 10. 1743 London. Schüler von Fr. Geminiani u. D. Roseingrave, machte sich zuerst mit Gedichten u. Bühnenstücken einen Namen. Seine »Poems on Several Occasions« erschienen 1713, die Farcen »The Contrivances« u. »Hanging and Marriage« 1715 bzw. 1722. 1723 komponierte er einige Nummern für Stücke, die im Drury Lane aufgeführt wurden, 1724 erschien ein Band »Cantatas«. Von seinen an die damals populäre ballad opera angenäherten Singspielen seien *Betty or The Country Bumpkins*, *The Happy Nuptials* u. *Britannia* erwähnt. Seinen größten Erfolg hatte er mit *The Honest Yorkshire-Man* (1735) u. *Nancy* (1739). Das letztere Stück ist verschiedentlich unter den Titeln *The Press Gang* oder *True Blue* wiederaufgeführt worden. 1737–40 veröffentlichte er seine Liedersammlung »The Musical Century, in One hundred English Ballads ...« (2 Bd.).

Carillon, franz. für Glockenspiel, dann auch Musikstück, das den Klang eines Glockenspiels nachahmt. Der bedeutendste Komponist von C. war M. van den Gheyn.

Carissimi, Giacomo, ital. Komponist, getauft 18. 4. 1605 Marino, † 12. 1. 1674 Rom. Zwischen 1624 u. 1627 erst Sänger, dann Domorganist in Tivoli. 1628–29 maestro di cappella an S. Rufino in Assisi u. dann bis zu seinem Tode Kapellmeister an S. Apollinare, der Kirche, die zum Collegium Germanicum-Hungaricum in Rom gehörte. C. führte die Entwicklung der → Camerata zum dramatischen Gesang weiter, lieferte wichtige Beiträge zur Entwicklung der Kantate u. war einer der großen Meister des Oratoriums. Zu seinen Schülern gehörten M.-A. Charpentier, J.K. Kerll, Ch. Bernhard, J.Ph. Krieger u. wahrscheinlich auch A. Scarlatti. Das Original seiner auch dt. erschienenen »Ars cantandi« (1689) ist verloren. Zu seinen Oratorien gehören *Diluvium universale, Felicitas beatorum, Judicium extremum, Historia divitis, Lamentatio damnatorum* u. als bekanntestes die *Historia di Jephte*. Zu seinen Kantaten zählen so humorvolle Stücke wie *Il Ciarlatano, I filosofi. Testamentum asini* u. *Requiem jocosum*. Die Musik zu seiner einzigen bekannten Oper *L'amorose passioni di Fileno* (1647) ist verloren.

Carlson, Carolyn, amer. Tänzerin, Choreografin u. Ballettdirektorin, * 7. 3. 1943 Oakland, CA. Studierte an der Universität von Utah u. an der Ballettschule des San Francisco Ballet. 1966–71 Mitglied des Nikolais Dance Theatre. 1968 Preis als beste Tänzerin beim Festival International de la Danse in Paris. 1971–72 Solistin u. Choreografin der Kompanie von A. Béranger. 1973 Mitwirkung an *Kyldex I* von N. Schöffer, P. Henry u. A. Nikolais u. Mitarbeit an M. Béjarts Mudra-Schule in Brüssel. 1974 Ernennung zur étoile-chorégraphe der Pariser Oper durch R. Liebermann u. Kreation von G. Tetleys *Tristan* mit R. Nurejew. 1975 Gründung der GRTOP (Groupe de Recherches Théâtrales de l'Opéra de Paris), Tournee durch Frankreich u. Auftritt in Rom. Herbst 1980 Einladung nach Venedig. C. gründete im Rahmen des Teatro La Fenice »Teatro Danza la Fenice di C.C.«. 1981 Uraufführung von *Undici Onde* mit der neuen Truppe.
C. verbindet klassisches Ballett u. Modern Dance. In vielen ihrer Arbeiten stellt sie eine ganz persönliche Traumwelt auf der Bühne dar. Dabei zeigen Beleuchtung, Projektion u. der Versuch zur Objektivierung des Körpers deutlich den Einfluß von Nikolais.

Zu den Ch. von C. gehören: *Densité* (M.: E. Varèse) u. *Enivrez-vous* (M.: P. Henry) 1973; *Sablier–Prison* (M.: J. Surman) u. *Il y a juste un instant* (M.: B. Phillips) 1974; *L'or des fous* (M.: G. Arrigo), *Les fous d'or* (M.: J. Wakhewitsch) u. *X Land* (M.: B. Phillips, J. Surman, D. Feichtner) 1975; *This, That and The Other* (M.: J. Wakhewitsch) 1977; *Writing in the Wall* (M.: J. Surman) u. *Trio* (M.: J. Surman, B. Phillips) 1979; *Les architectes* (M.: J.S. Bach) 1980; *Undici Onde* (M.: J. Schwarz, R. Aubry) 1981.

Carmen (lat.: »Lied, Gedicht, Spruch«) nennt man im 14. u. 15. Jh. ein Lied für Singst. u. Instrumentalbegleitung, dann auch die mehrstimmige Chanson oder den mehrstimmigen Satz.

Carmina Burana, eine Liedersammlung aus dem Kloster Benediktbeuern, die weltliche Dichtungen des Klerus wie Trinklieder, Liebeslieder, aber auch ein Weihnachts- u. ein Osterspiel enthält. Eine Auswahl dieser Lieder wurde von C. Orff in seiner szenischen Kantate gleichen Titels vertont.

Carneyro, Claudio, portug. Komponist, * 27. 1. 1895 in Porto, † 18. 10. 1963 ebd. Sohn des Malers Antonio C. Erhielt Kompositionsunterricht bei L. Lambert in Oporto u. Ch. Widor in Paris, später auch noch bei P. Dukas. Nachfolger von Lambert am Konservatorium in Porto u. mit einer Unterbrechung ab 1955 Leiter des Instituts. Zu seinen klassizistischen u. von Folklore beeinflußten Kompositionen gehören das Ballett *Nau Catrineta*, Chorwerke, die Orchesterwerke *Pregões, romarias e processões* (1928), *Cantarejo e dançará* (1938), *Palma a Chopin* (1949), *Portugalesas* (1949), *Catavento* für Kl. u. Orch., *Três Poemas* für Singst. u. Orch., *Khroma* für Va. u. Orch., Kammermusik u. Lieder.

Caro, Paul, dt. Komponist, * 25. 10. 1859 Breslau, † 23. 6. 1914 ebd. Komponierte 5 Sinfonien, sinfonische Dichtungen, Kammermusik (allein 34 Streichquartette) u. die Opern *Hero und Leander* (1912) sowie *Die Hochzeit von Ulfosti*.

Carol (aus lat. chorea: »Chortanz«), ursprünglich einstimmiges Lied, meistens über die Jungfrau Maria u. das Kind, bei dem sich Refrain u. melodisch gleiche Verse abwechselten. Entwickelte sich über den mehrstimmigen Satz zum volkstümlichen Lied, dessen Inhalt nunmehr das Weihnachtsfest im allgemeinen war. Daher auch die engl. Christmas carols.

Caroso, M. Fabritio, ital. Tanzmeister, * zwischen 1527 u. 1535, † nach 1605. → Ballett

Carpenter, Gary, engl. Komponist, * 13. 1. 1951 Hackney bei London, Studierte am Royal College of Music in London bei J. Lambert (Komposition), A. Rowlands (Klavier) u. H. Phillips (Dirigieren). 1974 Korrepetitor u. Dirigent an den Bühnen Krefeld-Mönchengladbach, seit 1976 Korrepetitor am Nederlands Dans Theater. Gewann 1977 mit *Prelude and fugue for 9 players* den 1. Preis des internationalen Kompositionswettbewerbs in Wien. Komponierte für den Bayerischen Rundfunk u.a. die Musik für »Das feuerrote Spielmobil«.

Carpenter, John A., amer. Komponist, * 28. 2. 1876 Park Ridge, † 26. 4. 1951 Chicago. Privatunterricht bei E. Elgar u. B. Ziehn. Hatte 1915 mit der Orchestersuite *Adventures in a Perambulator* einen ersten Erfolg.

C. komponierte die Ballette *Birthday of the Infanta* (1919), *Krazy Kat* (1922) u. im Auftrag von Diaghilew *Skyscrapers* (1926), 2 Sinfonien (1940 u. 1941), die Orchestersuite *The Seven Ages* (1945), ein Concertino für Kl. u. Orch. (1917), ein Violinkonzert (1937), *Water Colours* für Mezzo-S. u. Kammerorch. (1918), *Gitanjali* für Mezzo-S. u. Kammerorch. (1932), Kammermusik u. Lieder.

Carpentras (ital. Il Carpentrasso, eigtl. Elzéar Genet), franz. Komponist, * um 1475 Carpentras, † 14. 6. 1548 Avignon. 1508 tauchte seine Name auf der Liste der päpstlichen Kapellsänger in Rom auf. Rabelais erwähnte ihn als Musiker am franz. Hof. 1513–21 Kapellmeister der päpstlichen Kapelle in Rom, danach Kanonikus in Avignon. Von seinen Kompositionen waren kaum mehr als ein paar Motetten u. Psalmen bekannt, bis eine vierbändige Privatausgabe seiner Werke von J. de Channey in Avignon entdeckt wurde. Es handelt sich um »Liber primus missarum«, »Liber lamentationum«, »Liber hymnorum« u. »Liber cantici Magnificat« (1532–37). Bei diesem Druck wurden bereits runde Notenformen ohne Ligaturen verwandt. In seinen oft syllabischen Vertonungen fällt die Sorgfalt der Textbehandlung auf.

Carpi, Fiorenzo, ital. Komponist u. Dirigent, * 19. 10. 1918 Mailand. Machte 1940 sein Bühnenbildnerdiplom u. studierte anschließend Komposition bei A. Pedrollo u. G. F. Ghedini am Conservatorio di Musica G. Verdi in Mailand. Ab 1947 Komponist am Piccolo Teatro in Mailand u. damit für die Bühnenmusiken der Inszenierungen G. Strehlers verantwortlich. Besonders bekannt sind seine Musiken zu Strehlers Shakespeare-Produktionen. Seit 1961 als freischaffender Komponist in Rom.

C. komponierte neben zahlreichen Orchesterwerken u. Kammermusiken die Oper *La porta divisoria* (1969) auf ein Libretto von G. Strehler.

Carr, Howard, engl. Komponist u. Dirigent, * 26. 12. 1880 Manchester, † 16. 11. 1960 London. Bühnenkapellmeister an verschiedenen Londoner Theatern, Covent Garden u. der Beecham Opéra-Comique Company. 1928–38 Lehrer am Konservatorium in Sydney u. Dirigent der dortigen Philharmonic Society. Bei Kriegsausbruch Arrangeur für Theatermusiken bei der BBC.

C. schrieb neben Bühnenmusiken die Operetten *Under the Greenwood Tree* u. *Master Wayfarer*, eine Ode für Bar., Männerchor u. Orch., Nummern für verschiedene Theaterproduktionen u. 2 Musiken für den Film »The Winslow Boys«.

Carrillo Trujillo, Julián, mexikan. Komponist, * 28. 1. 1875 Ahualulco, † 9. 9. 1965 Mexico City. Ging nach Unterricht bei M. Morales u. P. Manzano mit einem Stipendium an das Leipziger Konservatorium, wo er bei S. Jadassohn u. M. Sitt weiterstudierte. Gleichzeitig Geiger im Gewandhausorchester unter A. Nikisch. Kehrte 1906 über Gent nach Mexico City zurück. Begann bereits 1895 mit Vierteltönen zu experimentieren u. entwickelte seine Theorie »Sonido 13« (über die 12 chromatischen Halbtöne der Oktave hinausgehend). Später unternahm er Versuche, die Oktave in 96 Tonschritte einzuteilen u. entsprechende Instrumente zu bauen. Für seine Kompositionen hat sich besonders L. Stokowski eingesetzt.

C. T. schrieb u. a. die Opern *Ossian* (1903), *Matilda* (1909) u. *Zulitl* (1922); Ave Maria für gem. Chor in Vierteltönen u. Instr. (1922); 3 Sinfonien (1901, 1905 u. 1948); *Colombia* für Orch. mit Viertel-, Achtel- u. Sechzehnteltönen (1925–26); 1 Tripelkonzert für V., Fl., Vc. u. Orch. (1918); 1 Concertino für V., Git., Vc., Piccolo-Fl., Hf. u. Orch. (1926); *Horizontes* für V., Vc., Hf. u. Orch. (1947); Concertino für Vc. u. Orch. (1952) u. Kammermusik. Außerdem veröffentlichte er »Teoría lógica de la música« (Mexico City 1939), »Génesis de la revolución musical del Sonido 13« (San Louis Potosí 1940) u. »Sonido trece, Fundamento cientifico e histórico« (Mexico City 1948). Seine Autobiografie erschien als »J. C., su vida y su obra« (hg. von J. Velasco Urda, Mexico City 1945).

Carse, Adam, engl. Komponist, Lehrer u. Musikschriftsteller, * 19. 5. 1878 Newcastle-on-Tyne, † 2. 11. 1958 Great Missenden, Buckinghamshire. Studierte 1893–1902 an der Royal Academy of Music bei F. Corder u. unterrichtete an dieser Institution 1922–40 Harmonie u. Komposition. Seine bedeutende Sammlung alter Instrumente ist heute im Horniman Museum, London, zu sehen.

Zu C. Kompositionen gehören: die Oper *Fritiof* (1915), 2 Sinfonien (1906 u. 1909), die Vokalwerke *The Lay of the Brown Rosary* (1902) u. *Judas Iscariot's Paradise* (1922), Kammermusik u. Schulwerke. Von seinen wissenschaftlichen Arbeiten seien »The Orchestra in the XVIIIth Century« (Cambridge 1940) u. »The Orchestra from Beethoven to Berlioz« (Cambridge 1948) erwähnt.

Carste, Hans, dt. Komponist u. Dirigent, * 5. 9. 1909 Frankenthal, * 11. 5. 1971 Bad Wiessee. Studierte in Wien u. wirkte ab 1948 als Rundfunkdirigent in Berlin.

C. komponierte neben Filmmusiken, Orchesterstücken u. Unterhaltungsmusik die Operette *Lump mit Herz* (1952).

Carter, Elliott C., amer. Komponist u. Musikschriftsteller, * 11. 12. 1908 New York. Studierte an der Harvard University bei W. Piston u. G. Holst, 1932–35 weitere Studien bei N. Boulanger in Paris, die ihm insbesondere die Musik J. S. Bachs u. I. Strawinskys näherbrachte. Während seiner Studienzeit hatte C. unter dem Eindruck von Strawinskys *Sacre* u. Werken von E. Varèse mit dem Komponieren begonnen u. Ch. Ives, mit dem er gut bekannt war, eine frühe Klaviersonate gezeigt, die dieser beifällig aufnahm. Aus Paris zurück wurde C. Musikdirektor des Ballet Caravan. L. Kirstein gab ihm mit dem Ballett *Pocahontas* 1938 einen ersten Kompositionsauftrag. Daneben war C. als Musikkritiker tätig. 1940 nahm er eine Lehrstelle am St. John's College in Annapolis an, war ab 1942 Musikoffizier u. 1953–54 Fellow der Amerikanischen Akademie in Rom. Unterrichtete an verschiedenen Universitäten, zuletzt an der Juilliard School in New York. In seinen Kompositionen verbindet C. neoklassizistische Einflüsse mit Elementen der Zwölftontechnik. Seine Musik ist überwiegend polyphon u. polyrhythmisch angelegt. C. Hauptaugenmerk gilt der Herstellung einer neuen Klangbalance im Orch. Seit seiner Cellosonate (1948) spricht man von »metrischen Modulationen«. C. gibt dem Ablauf musikalischer Ereignisse in der Zeit besonderes Gewicht u. hat sich hierbei von der Schnittechnik des Regisseurs S. Eisenstein beeinflussen lassen.

Zu C. Werken gehören: die Ballette *Pocahontas* (1939) u. *The Minotaur* (1946); die Orchesterwerke 1. Sinfonie (1942), *Holiday Overture* (1955, revidiert 1961), Variationen für Orch. (1955); Konzert für Orch. (1969); Doppelkonzert für Cemb., Kl. u. 2 Kammerorch. (1961); Klavierkonzert (1965); 3 Streichquartette (1951, 1959, 1971); Klaviersonate (1946); Bläserquintett u. Sonate für Vc. u. Kl. (1948); *8 Etudes and a Fantasy* für Bläserquartett sowie *6 Pieces* für 4 Pauken (1950); Sonate für Fl., Ob., Vc. und Cemb. (1952). Unter dem Titel »Flawed Words and Stubborn Sounds, A Conversation with E. C. by A. Edwards« kamen 1971 Gespräche mit dem Komponisten in New York heraus.

Carulli, 1. Ferdinando, ital. Komponist u. Gitarrist, * 20. 2. 1770 Neapel, † 17. 2. 1841 Paris. Als Gitarrist Autodidakt. Ließ sich 1818 in Paris nieder. Komponierte um die 400 Stücke für sein Instrument u. veröffentlichte 1825 »L'harmonie appliquée à la guitare«.

2. Gustavo, Sohn von 1., ital. Komponist u. Lehrer, * 20. 6. 1801 Livorno, † gegen Ende 1876 Boulogne-sur-Mer. Wirkte als Gesangslehrer in Paris u. London. Schrieb Gesangsübungen u. kleinere Kompositionen für Singstimme, konnte 1825 an der Mailänder Scala seine Oper *I tre mariti* zur Aufführung bringen.

Carvalho, Dinorá, brasilian. Komponistin u. Pianistin, * 1. 6. 1905 Uberaba. Studierte bei I. Philipp Klavier, bei L. Baldi Komposition u. bei E. Mehlich Dirigieren. Gründete 1939 das Orquestra Feminina de São Paulo, das sie auch selber dirigierte.

Zu D. C. Kompositionen gehören: *Serenata da saudade* (1930) u. *Procissão do Senhor môrto* (1954) für Orch., 2 Klavierkonzerte, Kammermusik, Chorwerke, Lieder, Bühnenmusiken.

Cary, Tristram O., engl. Komponist, * 14. 5. 1925 Oxford. Studierte in Oxford Philosophie u. politische Wissenschaften u. 1948–51 Komposition am Trinity College in London. Baute sich 1952 sein eigenes Studio für elektronische Musik. Lehrt am Royal College of Music in London. Zu seinen vorwiegend elektronischen Kompositionen gehören Film-, Fernseh- u. Bühnenmusiken (u. a. auch zu »Ladykillers«), die Komposition auf Tonband *Birth is Life is Power is Death is God is, The Japanese Fishermen* u. *Narcissus* für Fl. u. Tonband.

Casals, Pablo C. S., span. Cellist, Dirigent u. Komponist, * 29. 12. 1876 Vendrell, † 22. 10. 1973 San Juan, Puerto Rico. Erhielt ersten Unterricht bei seinem Vater, der Organist war. Mit 12 Jahren beherrschte er bereits verschiedene Blas- u. Streichinstrumente, entschied sich aber für das Cello. Nach weiterer Unterweisung durch J. Garcia Besuch des Konservatoriums in Madrid u. dort insbesondere der Kammermusikklasse von J. Monasterio. 1895–98 Solocellist der Pariser Opéra. Ersten Auftritten als Solist folgte die Berufung als Lehrer für sein Instrument an das Konservatorium in Barcelona. Mit dem belg. Geiger M. Crickboom gründete er ein Streichquartett. 1905 bildete er mit J. Thibaud u. A. Cortot das wohl berühmteste Klaviertrio der Vorkriegszeit. Sein 1919 in Barcelona gegründetes Orquesta Pau Casals dirigierte er bis 1936. Nach dem span. Bürgerkrieg betrat C. aus Protest gegen Franco nie wieder span. Boden. Er ließ sich in Prades nieder, einem Ort in den franz. Pyrenäen, kurz hinter der span. Grenze. Von dort aus half er Landsleuten, die Spanien verlassen mußten, u. organisierte 1950–68 ein Bach-Festival. 1956 ließ er sich in Puerto Rico nieder u. gründete in San Juan Festspiele (1957), ein Sinfonieorchester (1959) u. das Konservatorium (1960). Zu seinen Schülern gehörte u. a. G. Cassadó. Besonderes Verdienst hat sich C. um die Solo-Suiten von J. S. Bach erworben, deren Interpretation er neu durchdachte u. die er im Konzertsaal heimisch machte. Zu seinen eigenen Kompositionen gehören eine Reihe von geistlichen Werken, u. a. das Oratorium *El Pesebre* (1943), die sinfonische Dichtung *La Visión de Fray Martin,* mehrere Sardanas u. Kammermusik für V. bzw. Vc. u. Kl. Seine Autobiografie erschien als »The Memoirs of P. C. as Told to A. E. Kahn« (New York 1970, dt. P. C., »Licht und Schatten auf einem langen Weg, Erinnerungen, aufgezeichnet von A. E. K.«, Frankfurt a. M. 1974).

Lit.: L. Littlehales, P. C., New York 1929 (Nachdr. Westport, CT, 1970); J. M. Corredor, Conversations avec C., Paris 1955 (dt. Bern 1955); B. Gavoty, P. C., Genf 1955; B. Taper, Cellist in Exile, A Portrait of P. C., New York 1962; J. Müller-Blattau, C., Berlin 1964; H. L. Kirk, P. C., New York 1974; F. Henle, C., New York 1975.

Casanova, André, franz. Komponist, * 12. 10. 1919 Paris. Studierte Jura u. gleichzeitig an der École Normale de Musique de Paris. Ab 1944 Kompositionsunterricht bei R. Leibowitz, der ihn in die Zwölftontechnik einführte.

Zu C. Kompositionen gehören: 2 Sinfonien (1949 u. 1952); *Anamorphoses* (1962); 5 Impromptus (1963) u. *Strophes* (1968) für Orch.; Ballade für Klar. u. Kammerorch. (1955); Concertino für Kl. u. Kammerorch. (1962); Violinkonzert (1963) u. Konzert für Trp. u. Streichorch. (1966); die Kantate *Le cavalier seul* für Bar. u. Streichorch. (1960); *Dithyrambes* für T. u. Orch. (1964); *Le livre de la foie jurée* für Sprecher, 3 Soli u. Orch. sowie *La clé d'argent* für 3 Soli u. Orch. (1965); Kammermusik u. Lieder.

Casella, Alfredo, ital. Komponist, Pianist u. Dirigent, * 25. 7. 1883 Turin, † 5. 3. 1947 Rom. Sohn von Carlo C., der am Liceo Musicale in Turin Cellounterricht gab. Seine Mutter brachte ihm mit 5 Jahren das Klavierspiel bei. 1896 Eintritt in das Pariser Conservatoire, Klavierstudien bei L. Diémer, Harmonielehre bei X. Leroux. Ab 1900 auch Unterricht bei G. Fauré. 1908 trat C. als Dirigent u. Komponist mit seiner 1. Sinfonie auf. Gab bis Kriegsbeginn eine Reihe von Konzerten, in denen er sich auch für zeitgenössische u. eigene Kompositionen einsetzte. Am Pariser Conservatoire leitete er zeitweise gemeinsam mit A. Cortot eine Meisterklasse für Klavier. 1915–23 Professur für Klavier am Liceo musicale di S. Cecilia in Rom. Gleichzeitig Musikkritiker u. Begründer der Società Nazionale di Musica (1917), aus der 1923 die ital. Sektion der Internationalen Gesellschaft für zeitgenössische Musik hervorging. Als Dirigent setzte sich C. ebenfalls für die zeitgenössische Musik ein u. leitete verschiedene Konzertzyklen in den USA. Neben der Bearbeitung von Werken verschiedener Komponisten gab C. Werke von G. Frescobaldi, J. S. Bach, W. A. Mozart, L. van Beethoven, F. Chopin u. M. Mussorgskij heraus.

Zu C. eigenen Kompositionen gehören: die Opern *La donna serpente* (1928–31), *La favola d'Orfeo* (einaktige Kammeroper 1932) u. *Il deserto tentato* (einaktiges Mysterium 1936–37); die Ballette *Le Couvent sur l'eau* (1912–13), *La giara* (1924), *La camera dei disegni* u. *La rosa del sogno* (1943); 1 Missa solemnis für S., Bar., Chor, Orch. u. Org. (1944); 2 Sinfonien (1905–06 u. 1908–10); *Pupazzetti*, 5 Stücke für Marionetten (1920); *Concerto Romano* für Org., 3 Trp., 3 Pos., Streicher u. Schlagzeug (1925); Concerto für Streicher (1927); Sinfonia (1939–40); *Paganiniana* (1942) u. Concerto für Streicher, Kl. u. Schlagzeug (1943); 1 Violinkonzert (1928), 1 Konzert für V., Vc., Kl. u. Orch. (1933) u. 1 Cellokonzert (1934–35); Kammermusik u. Lieder. Von seinen Büchern seien erwähnt »The Evolution of Music Throughout the History of the Perfect Cadence« (NA London 1964); »I. Strawinski« (NA Brescia 1961); »Il pianoforte« (neueste Auflage Mailand 1967); »Die Technik des modernen Orchesters« (Frankfurt a. M. 1961).

Caserta, Philippus de (auch Filipoctus, Philippot), ital. Komponist u. Theoretiker des ausgehenden 14. Jh. Von seinen Kompositionen sind 7 im Manuskript Chantilly 564 überliefert. Er scheint in Avignon an der Weiterentwicklung der Ars nova beteiligt gewesen zu sein, hielt sich aber auch in Norditalien auf, wie seine Ballade auf Bernabò Visconti zeigt. Der in Spanien gefundene Traktat »Regulae contrapunctus secundum magistrum Ph. de C.« wird ihm ebenfalls zugeschrieben.

Casimiri, Raffaele C., ital. Lehrer, Kapellmeister u. Komponist, * 3. 11. 1880 Gualdo Tadino, † 15. 4. 1943 Rom. Studierte bei L. Bottazzo in Padua, wurde Lehrer an der Schola cantorum des Seminars von Nocera Umbra, anschließend Kirchenkapellmeister in verschiedenen Städten, ab 1911 an S. Giovanni in Laterano in Rom, ab 1912 zusätzlich Lehrer für Komposition an der Hochschule für Kirchenmusik. Verfaßte eine Vielzahl von Kirchenwerken u. zwei Oratorien. Setzte sich auch in verschiedenen Publikationen für die Erneuerung der Kirchenmusik ein. 1922 gründete C. den Kirchenchor Società polifonica. Eine Reihe seiner Aufsätze erschienen 1924 in der Sammlung »Cantantibus Organis«.

Cassadó, 1. Joaquín, span. Komponist u. Dirigent, * 30. 9. 1867 Mataró, † 25. 5. 1926 Barcelona. Begann als Chordirektor an Nuestra Señora de la Merced in Barcelona, wurde dann Dirigent einer 1890 von ihm gegründeten Chorvereinigung, der Capilla Catalana.

Zu C. Kompositionen gehören hauptsächlich Kirchenmusiken, die *Sinfonia dramatica*, sinfonische Dichtungen, 1 Fantasie für Kl. u. Orch. u. die komische Oper *Lo monjo negro*.

2. Gaspar D. R. (C. y Morlu), Sohn von 1., span. Cellist u. Komponist, * 30. 9. 1897 Barcelona, † 24. 12. 1966 Madrid. Lernte das Cellospiel mit 7 Jahren u. gab mit 9 sein erstes Konzert. 1908 wurde er Schüler von P. Casals in Paris u. fing unter dem Einfluß von M. de Falla u. M. Ravel an zu komponieren. Bei Kriegsausbruch kehrte C. nach Barcelona zurück u. nahm weiteren Unterricht in Harmonielehre u. Kontrapunkt. Ab 1918 ausgedehnte Konzertreisen in Europa u. Amerika. C. war Professor an der Accademia Musicale Chigiana in Siena u. leitete an der Kölner Musikhochschule eine Meisterklasse für sein Instrument. Gemeinsam mit Y. Menuhin u. L. Kentner bildete er das Trio C.

Von C. Kompositionen seien ein Oratorium über zwei Psalmen Davids, ein Cellokonzert, Kammermusik u. Bearbeitungen erwähnt. Er gab außerdem ein Gitarrenkonzert von L. Boccherini heraus.

Cassuto, Alvaro L., portug. Komponist u. Dirigent, * 17. 11. 1938 Porto. Studierte bei A. Santos u. L. Graça Komposition sowie bei F. Branco Dirigieren, bildete sich dann in Hamburg bei E. Klussmann u. Brückner-Rüggeberg sowie in Berlin bei J. Rufer, H. Ahlendorfer u. H. von Karajan weiter. Dirigierte das Orquestra de Câmara Gulbenkian u. assistierte bei L. Stokowski.

Zu C. Kompositionen gehören: 2 *Sinfonias breves* (1959 u. 1960), Variationen für Orch. (1961), *Permutações* für

Orch. (1962), *Cromonofonia* für Streichorch. (1967), 1 Concertino für Kl. u. Streicher (1965), 1 *Canticum in tenebris* für Soli, Chor u. Orch., Kammermusik.

Castaldi, Paolo, ital. Komponist, * 9. 9. 1930 Mailand. Besuchte in Mailand das Konservatorium u. nahm an Sommerkursen in Siena, Dartington u. Darmstadt teil. Lebt als freischaffender Komponist in Mailand.

Zu C. häufig von ausführlichen Erklärungen begleiteten Werken gehören: *Tendre* für Solo u. 22 Instr. (1962); *Anfrage* für 2 Kl. (1963); *Schönberg A-B-C* für Orch. (1967); *Concerto d'organo* für Org. (1967); *Monotone* für Streichquartett (1961–68); *L'oro* für Orch. (1968); *Tema* (Buch-Collage zur imaginären Ausführung, 1968); *Doktor Faust* für 5 Instr. u. Streicher (1969); *Sigla* für 2 Schlagzeuger (1969); *Invenzione* für Kl. u. Orch. (1969); *Innere Stimme* für Kl. vierhändig (1974); *Sunday Morning* für 3 oder mehrere Ausführende (1975); *Idem* für Fl. mit Begleitinstr. ad libitum (1976); *Battente; Cadenze; Isola; Interludio; Eco*... für Git. (1976–77); *Simile* (verschiedene Fassungen von 8 Ausführenden bis zum Orch., 1976–78); *Cedendo* für Horn, Kl., Schlagzeug u. B.c. (1978); *Fuga* für Chor u. Dirigent am Kl. (1978); *K 522* für Streicher (1970–79); *Sonata a Scarlatti* für Cemb. u. Streicher (1979); *Nana* für Fl. u. Kl. (1979); *Facsimile* für 11 Ausführende (1962–80); *Diktat* für 40 Ausführende u. Chöre (1963–80); *Filarmonica* für Orch. (1969–80); *Goethe* für Kb. solo (1975–80); *Miss Schreber* (Ballett, 1980–81).

Castañeda, José, guatemaltek. Komponist, Dirigent u. Musikforscher, * 24. 5. 1898 Guatemala. Studierte in Paris bei Ch. Koechlin, P. Dukas u. V. d'Indy. Gründete in Guatemala die Sociedad de Música de Cámara y Música Sinfónica u. das Orquesta Sinfónica Ars Nova, aus dem das Staatliche Sinfonische Orchester hervorgegangen ist. C. war Generaldirektor für Kultur u. Schöne Künste seines Landes.

Zu C. Werken gehören: die Kinderoper *Imágenes de nacimiento* (1937) u. die Rundfunkoper *Emulo Lipolidón* (1953), das Ballett *La serpiente emplumada* (1953), 3 Sinfonien (1929, 1939 u. 1950), Kammermusik, Klavierstükke u. Lieder. 1968 erschien seine elektronische Musik *4 bocetos electrónicos* u. 1969 *3 estudios de sonoridades*.

Castellanos, Evencio, venez. Komponist, * 3. 5. 1915 Cúa. Studierte an der Escuela Superior de Música, nahm weiteren Unterricht in den USA (Klavier) u. erhielt in Caracas eine Professur für Klavier, Orgel u. Cembalo. Ab 1931 Organist der Kathedrale von Caracas.

Zu C. Werken gehören: *El río de las siete estrellas* (1946), *Suite avileña* (1947) u. *Santa Cruz de Pacairigua* (1963) für Orch.; 1 Klavierkonzert (1944); das Oratorium *El tirano Aquirre* für Soli, Chor u. Orch. (1967); Kirchenmusik; Kammermusik u. Lieder.

Castellanos-Yumar, Gonzalo, venez. Komponist, Bruder des vorigen, * 3. 6. 1926 Canoabo. Studierte an der Escuela Superior de Música, in Paris u. in Siena. Wurde Dirigent des Orquesta Sinfónica Venezuela, Kirchenkapellmeister an St. Joseph in Caracas u. Direktor des dortigen Collegium Musicum.

Zu C.-Y. Kompositionen gehören: *Suite sinfónica caraqueña* (1947), 1 sinfonische Fantasie für Kl. u. Orch. (1954), Kammermusik u. Lieder.

Castelnuovo-Tedesco, Mario, ital. Komponist, * 3. 4. 1895 Florenz, † 16. 3. 1968 Los Angeles. Studierte am Istituto Musicale Cherubini in Florenz Komposition bei I. Pizzetti. Emigrierte 1939 nach den USA u. unterrichtete ab 1946 am Konservatorium von Los Angeles Komposition.

Zu C.-T. Kompositionen gehören: die Opern *La mandragola* (1926), *Bacco in Toscana* (szenische Kantate, 1925–26), *Aucassin et Nicolette* für Solo, kleines Orch. u. Marionetten (1938), *Il mercante di Venezia* (1956), *All's Well That Ends Well* (1959) u. die Kammeroper *The Importance of Being Earnest* (1962); die Ballette *The Birthday of the Infanta* (1944), *The Octoroon Ball* (1947) u. *Naomi and Ruth* (1947); Orchesterwerke (u. a. 9 Ouvertüren zu Stücken Shakespeares); die Oratorien *Il libro di Ruth* für Soli, Chor u. Orch. (1949), *Il libro di Giona* für Männer-St. u. Orch. (1951), *The Book of Esther* (1962) u. das szenische Oratorium *The Song of Songs* (1955); Kantaten; 3 Violinkonzerte; 2 Konzerte für Git. u. Orch.; 1 Konzert für 2 Git. u. Orch., 2 Klavierkonzerte; 1 Cellokonzert; 1 Harfenkonzert; 1 *Concerto da camera* für Ob. u. Streicher; Kammermusik; Klavierstücke, u. a. Seestücke (*Il raggio verde*, 1916; *Alghe* u. *I naviganti*, 1919); Lieder.

Castiglioni, Niccolò, ital. Komponist u. Pianist, * 1. 7. 1932 Mailand. Studierte am Conservatorio di Musica G. Verdi in Mailand bei E. Desderi, G.J. Ghedini, F. Margola u. S. Fuga, anschließend am Mozarteum in Salzburg bei F. Gulda u. C. Zecchi u. abschließend noch einmal Komposition bei B. Blacher. Lebt seit 1967 in den USA, wo er verschiedene Lehraufträge wahrgenommen hat. In seinen Kompositionen ist C. von I. Strawinsky, A. Webern u. O. Messiaen beeinflußt, verwendet in neuerer Zeit aber auffällig viele Zitate aus bestehenden Werken, die entweder direkt oder verfremdet in seine Kompositionen einfließen. Gleichzeitig bedient er sich des Mittels der → Collage.

Zu C. Kompositionen gehören: die Oper *Uomine e no* (1955); die Funkoper *Attraverso lo specchio* (1961); die Kammeroper *Jabberwocky* (1962); der Operneinakter *Sweet* für B., Kl., Glocken u. Bläser sowie *Three Miracle Plays* für Soli, Chor u. Kammerorch. (1968); die Vokalwerke *Cantata mondana* für S., Chor u. Orch. u. *Elegia in memoria di Anne Frank* für S. u. 19 Instr. auf einen Text von Novalis (1957), *A Solemn Music I* für S. u. 20 Instr. nach einer Dichtung von J. Milton u. *Gyro* für Chor u. 9 Instr. (1963); *6 Canzoni* für S. u. kleines Orch., *A Solemn Music II* für S. u. kleines Orch., Anthem für Chor u. Orch. u. *Figure*, Mobile für St. u. Orch. auf Texte von Ariost, Th. Moore u. R. Crashaw (1966); die Orchesterwerke *Concertino per la notte di Natale* für Streicher u. Holzbläser (1952), 1. Sinfonie für S. u. Orch. auf Text von F. Nietzsche (1956), 2. Sinfonie, *Canti* u. *Ouverture in tre tempi* (1957), Impromptus I–IV (1957–58), *Sequenze* u. *Aprèslude* für Streichorch. (1959), *Eine kleine Weihnachtsmusik* für Kammerorch., *Disegni* für kleines Orch. (1960), *Rondels* (1961), *Décors* u. *Consonante* für Fl. u. Kammerensemble (1962), *Synchromie* u. Concerto (1963); *Caractères* (1964), Ode für 2 Kl., Blechbläser u.

Schlagzeug (1966), *Chant du signe* für Fl. u. Orch. (1969), Sinfonie in C für Chor u. Orch. nach Texten von B. Jonson, Dante, W. Shakespeare u. J. Keats (1970) u. *Arabeschi* für Fl., Kl. u. Orch. (1971); die Kammermusikwerke *Movimento continuato* für Kl. u. 11 Instr., *Tropi* für Fl., Klar., V., Vc., Kl. u. Schlagzeug, *Inizio di movimento* u. *Cangiati* für Kl. (1959); *Gymel* für Fl. u. Kl. (1960), *Alef* für Ob. (1965), *Carmina* für Kammerensemble u. *Granulation* für 2 Fl. u. 2 Klar. sowie *Masques, A Book of Dances, Chorales, Symphonies and Phantasies* für 12 Instr. (1967); *The New Melusine* (Serenade für Streichquartett, 1969); 1 elektronisches Divertimento (1962) u. Lieder.

Castro, Jean de, franz. Komponist, * um 1540 wahrscheinlich in der Nähe von Lüttich, † wahrscheinlich nach 1611. Scheint um 1570 in Lyon tätig gewesen zu sein, anschließend in Wien, später in Köln u. Düsseldorf.

C. komponierte Kirchenmusik, wovon *Tricinia sacra* (1574), *Sacrae cantiones* 5–8st. (1571), 5st. (1591), 3st. (1593) u. *Missae* 3st. (1599) veröffentlicht wurden, dazu weltliche Madrigale u. Chansons. Er befaßte sich außerdem mit der musikalischen Wiedergabe poetischer Metren, wobei er u.a. auf Dichtungen P. de Ronsards zurückgriff.

Castro, 1. José M., argentin. Cellist u. Komponist, * 15. 12. 1892 Avellaneda, † 2. 8. 1964 Buenos Aires. Erhielt eine Ausbildung als Cellist u. Komponist, wurde Solocellist am Orquesta Filarmónica de la Asociación del Profesorado u. Lehrer am Conservatorio Municipal in Buenos Aires. Ab 1933 Dirigent der Banda Municipal.

Zu C. Kompositionen gehören: das Ballett *Georgia* (1939), 1 Concerto grosso (1933), 1 *Obertura para una opera cómica* (1935), 1 Konzert für Orch. (1945), Konzerte für Cello u. Klavier mit Orch., Kammermusik u. Lieder.

2. Juan J., argentin. Komponist u. Dirigent, Bruder von 1., * 7. 3. 1895 Avellaneda, † 3. 9. 1968 in Buenos Aires. Studium in Buenos Aires u. bei V. d'Indy (Komposition) u. J. Risler (Klavier) in Paris. Leitete ab 1930 das Sinfonieorchester der Asociación Sinfónica de Buenos Aires u. das Orchester des Teatro Colón, dessen Generaldirektor er 1933–34 war. Während der Ära Perón dirigierte er in anderen lateinamerikanischen Ländern u. war Gast des Victorian Symphony Orchestra in Melbourne. Ab 1955 wieder in Argentinien, wo er ab 1956 das Orquesta Sinfónica Nacional übernahm.

Zu C. Kompositionen gehören: die Opern *La zapatera prodigiosa* (1943), *Proserpina y el extranjero* (1951), *Bodas de sangre* (1956) u. *Cosecha negra* (1959–61); die Ballette *Mekhano* (1937) u. *Offenbachiana* (1940); 5 Sinfonien; 1 Klavierkonzert.

3. Washington, argentin. Komponist, Lehrer u. Dirigent, Bruder von 1. u. 2., * 13. 7. 1909 Buenos Aires. Schüler seines Bruders José u. des Cellisten M. Maréchal in Paris. Bei H. Siccardi nahm er dann in Buenos Aires noch Kompositionsunterricht, bevor er seine Dirigentenlaufbahn begann. 1949–56 Lehrer am Konservatorium von La Plata, ab 1956 Leiter des Sinfonieorchesters von Santa Fé, eine Position, die er 1962 aufgab. Seine stark von der Folklore geprägten Kompositionen sind an der modernen Ästhetik ausgerichtet, jedoch ohne Festlegung auf Zwölftontechnik oder Aleatorik.

Zu C. Werken gehören Ouvertüren, Orchestersuiten, *Sinfonia primaveral* (1956); 3 Stücke für Orch. (1962); 3 Stücke für Blechbläser u. Schlagzeug (1965); *Música sinfónica para Juana de Arco* (1968); Rhapsodie für Vc. u. Orch. (1963); 1 Klavierkonzert (1965); *Cantata de las bienaventuranzas* für Bar. u. Orch. (1958); 23. Psalm für Chor u. Kammerorch. (1962) u. Kammermusik.

Catalani, Alfredo, ital. Komponist, * 19. 6. 1854 Lucca, † 7. 8. 1893 Mailand. Erster Unterricht bei seinem Vater, der Organist an S. Frediano in Lucca war. Konnte bereits mit 14 Jahren der Aufführung einer eigenen Messe in Lucca beiwohnen. Mit 17 Jahren trat er in das Pariser Conservatoire ein u. studierte Komposition bei F.-E.-J. Bazin. Beendete seine Ausbildung in Mailand, wo er ab 1890 als Nachfolger A. Ponchiellis die Kompositionsklasse am Konservatorium leitete. Unternahm 1875 mit der Ekloge *La Falce* auf einen Text von A. Boito seinen ersten dramatischen Versuch.

C. komponierte die Opern *Elda* (1880, umgearbeitet zu *Loreley* 1890), *Dejanice* (1883), *Edmea* (1886) u. *La Wally* (1892). Schrieb außerdem die sinfonische Dichtung *Ero e Leandro.*

Catch (engl.: »Fang, Beute«), ursprünglich einfache Kanons für 3 oder mehr unbegleitete St. Das Wort leitet sich von ital. → caccia her. Spätere Wortspiele, Zweideutigkeiten u. Verteilung des Textes auf mehrere Stimmen machten aus dem C. ein unterhaltendes Musikstück, das hauptsächlich in Klubs u. auf Gesellschaften gepflegt wurde. In London entstand 1761 sogar ein C. Club. W. Hayes, Herausgeber mehrerer Sammlungen von C., definiert: C. ist in der Musik, was das Epigramm in der Dichtung ist.

Catel, Charles-Simon, franz. Komponist, * 10. 6. 1773 Laigle, † 29. 11. 1830 Paris. Studierte an der École royale de chant, dem späteren Conservatoire, bei Gobert u. F.-J. Gossec. 1790 Repetitor an der Grand Opéra u. 2. Kapellmeister des Musikkorps der Nationalgarde, 1795 Professor für Harmonie am Conservatoire, 1810-14 neben Gossec, L. Cherubini u. E. N. Méhul Inspektor des Conservatoire.

C. komponierte die Opern *Sémiramis* (1802), *L'auberge de Bagnères* u. *Les artistes par occasion* (1807), *Les bayadères* (1810), *Les aubergistes de qualité* (1812), *Le premier en date* u. *Bayard à Mézières* (1814), *Wallace, ou Le Ménestrel écossais* (1817), *Zirphile et Fleur-de-Myrte* (1818) u. *L'officier enlevé* (1819). Außerdem komponierte er das Ballett *Alexandre chez Apelle* (1808), Militärmusiken, Choräle, Kammermusik u. Lieder. Veröffentlichte 1802 einen »Traité d'harmonie«.

Cavalieri, Emilio de' (oder Cavaliere, E. del), ital. Komponist, * um 1550 Rom, † 11. 3. 1602 ebd. Scheint Organist am Oratorio del Santissimo Crocifisso in Rom gewesen zu sein, bevor ihn Ferdinando de' Medici als Generalinspektor der Künste u. Künstler nach Florenz berief. Diese Position hatte er 1588–96 inne. In Florenz scheint er zum Kreis um G. Bardi u. die Camerata gehört zu haben. J. Peri machte ihn in seiner Vorrede zu *Euridice* zum Erfinder des Basso continuo. C. gehört ohne Zweifel zu den Komponisten, die sich in Übereinstimmung mit der Camerata dem 1st. dramatischen Stil zuwandten. Sein bekanntestes Werk, die *Rappresentazione di anima e di corpo,* nach einem Text von P. Agostino Manni, wurde 1600 im Oratoria della Vallicella in Rom uraufgeführt. C. verwandte in dieser Komposition ganz eindeutig eine Frühform des B.c. mit Bezifferung. Seine eigenen klaren Anweisungen zur Inszenierung seines Stückes lassen dieses als sakrales musikalisches Drama u. nicht als frühes Oratorium erscheinen, wovon man sich bei der äußerst erfolgreichen Wiederaufführung in Salzburg 1968 überzeugen konnte. Seine dramatischen Szenen *Il satiro* u. *La disperazione di Fileno* sind nicht erhalten. In C. Malvezzis Intermedien zur Hochzeit Ferdinands von Medici mit Christine von Lothringen sind drei mehrstimmige weltliche Lieder von C. enthalten.

Cavalli, Francesco (eigtl. Pier Francesco Caletti-Bruni), ital. Komponist, * 14. 2. 1602 Crema, † 17. 1. 1676 Venedig. Sohn des Kirchenkapellmeisters Giambattista Caletti, genannt Bruni, an der Kathedrale von Crema. Erhielt seine musikalische Ausbildung auf Kosten eines venezianischen Patriziers u. nahm aus Dankbarkeit dessen Namen an. 1617 wurde er unter C. Monteverdi als Sänger an S. Marco mit dem Namen Bruni geführt, 1628 als Caletti, u. als er 1640 2. Organist wurde, nannte er sich Caletti detto C. 1665 wurde er 1. Organist u. 1668 Kapellmeister an S. Marco. Zu seinen Kirchenkompositionen gehören *Musiche sacre* mit Messen u. Psalmen einschließlich Instrumentalbegleitung (1656) u. Vesperi zu 8 St. (1675). Seine eigentliche Bedeutung liegt auf dem Gebiet der Oper. Von C. Bühnenwerken sind 42 bekannt, bei 28 ist die Musik erhalten. In Werken wie *Giasone* oder *Ciro* reicht er fast an die Kunst eines Monteverdi heran. Zu seinen bevorzugten Librettisten gehörten G. Faustini, N. Minato u. F. Busenello. Der letztere schrieb auch das Libretto für C. Monteverdis *L'incoronazione di Poppea*. C. Ruhm muß weit genug verbreitet gewesen sein, denn der franz. Hof bestellte bei ihm sogar die Oper *Ercole amante* zu den Hochzeitsfeierlichkeiten Ludwigs XIV. Aus Anlaß des Pyrenäenfriedens führte er 1660 in Paris seine Oper *Xerse* auf, die 1654 in Venedig herausgekommen war. Besonderes Augenmerk verwandte C. auf die Rezitative, die er arioso behandelte, um den Unterschied zwischen Dialog u. Gesang zu verwischen. Dem venezianischen Brauch folgend, komponierte er lamenti, die jeweils vor der glücklichen Auflösung aller Verwicklungen eingeschoben wurden. Auffälligerweise verzichtete er fast vollständig auf Chöre.

C. schrieb folgende Opern, von denen die mit * versehenen mit Musik erhalten sind: * *Le nozze di Peleo e Teti* (1639); * *Gli amori di Apollo e di Dafne* (1640); * *Didone* (1641); *Narciso ed Ecco immortalati, Amore innamorato* u. * *La virtù degli strali di amore* (1642); * *L'Egisto* (1643); *La Deidamia* u. * *L'Ormindo* (1644); *Il Romolo e 'l Remo,* * *La Doriclea* u. *Il Titone* (1645); *La prosperità infelice di Giulio Cesare dittatore* (1646); *La Torilda* (1648); * *Il Giasone* u. *L'Euripo* (1649); *La Bradamante* u. * *L'Orimonte* (1650); * *Alessandro vincitor di se stesso,* * *L'Oristeo,* * *La Rosinda, L'Armidoro* u. * *La Calisto* (1651); * *Veremonda, L' amazzone di Aragona* u. * *L'Eritrea* (1652); *L'Helena rapita da Teseo* u. *L'Orione* (1653); *Serse (Xerse)* u. *Il Ciro* (1654); * *La Statira, principessa di Persia* u. * *L'Erismena* (1655); * *Artemisia* (1656); *Antioco* u. * *L'Hipermestra* (1658); * *Elena* (1659), *La pazzia in trono, ovvero Caligola delirante* (1660); * *Ercole amante* (1662); * *Scipione Africano* (1664); * *Mutio Scevola* (1665); * *Pompeo Magno* (1666); *Il Coriolano* (1669) u. * *Eliogabalo.* Für die letztere Oper ist keine Aufführung nachgewiesen.

Lit.: H. Goldschmidt, Studien zur Geschichte der ital. Oper im 17. Jh., 2 Bde., Leipzig 1901–04 (Nachdr. Hildesheim u. Wiesbaden 1967); H. Kretzschmar, Beiträge zur Geschichte der venezianischen Oper, Jahrbuch der Musikbibliothek Peters 1907; T. Wiel, F. C., Venedig 1914; S. T. Worsthorne, Venetian Opera, Oxford 1954; Fr. Bussi, La messa concertata et la musique sacrée de P. F. C., Paris 1960; R. J. Leppard, C. Operas, Proceedings of the Royal Musical Association, London 1966–67.

Cavatina → Kavatine

Cavazzoni, 1. Marco Antonio (auch da Bologna), ital. Organist u. Komponist, * um 1490 Bologna, † nach 1570 Venedig. Gehört zu den ersten wichtigen Komponisten von Orgelwerken in Italien. Scheint 1512–17 im Dienst Francesco Cornaros gestanden zu haben, ist 1520–21 am Hofe Leos X. in Rom nachgewiesen u. dann wieder bei Cornaro. Um 1527 war er Organist im Dienst des Kardinal Pietro Bembo in Padua und 1536–37 an der Kathedrale von Chioggia. Zwischen 1545 u. 1559 gehörte er zu den Sängern von S. Marco in Venedig. Von C. Kompositionen ist nur ein Buch »Recerchari motetti canzoni« für Org. (Venedig 1523) erhalten.

2. Girolamo, Sohn von 1., ital. Organist u. Komponist, * um 1510 Urbino, † nach 1565 Mantua. 1525 Organist des Herzogs von Mantua u. dann an S. Barbara in der gleichen Stadt. Er veröffentlichte »Intavolatura cioè Recercari, canzoni, himni, magnificat« (Venedig 1541) u. »Intabolatura d'organo cioè Misse, himni magnificat. Libro secondo« (Venedig 1542).

Cavos, Catterino A. (oder Kavos), russ. Komponist ital. Herkunft, * 30. 10. 1775 Venedig, † 10. 5. 1840 Petersburg. Schüler F. Bianchis. Trat 1798 mit der Kantate *L'eroe* an die venezianische Öffentlichkeit. Es folgte 1799 sein Ballett *Il sotterraneo*. Kam um 1800 mit einer ital. Operntruppe nach Petersburg u. hatte dort mit einer Fortsetzung von F. Kauers *Donauweibchen* seinen ersten großen Erfolg. 1805 entstand auf ein russ. Libretto *Der unsichtbare Fürst*, dem die Opern *Die Liebespost* (1806), *Der Flüchtling vor seiner Braut* (1806), *Ilja der Recke* (1807), *Der Kosakendichter* (1812) u. *Ivan Susanin* (1815) folgten. Die letztere Oper darf als erster Versuch einer nationalruss. Oper gewertet werden. Das gleiche Thema wurde 20 Jahre später von M. Glinka in *Ein Leben für den Zaren* wiederaufgenommen, dessen Uraufführung C. dirigierte. Er komponierte außerdem Bühnenmusiken, Ballette u. Lieder, wurde 1821 Inspektor u. 1832 Direktor aller kaiserlichen Theater.

Cazden, Norman, amer. Komponist u. Pianist, * 23. 9. 1914 New York. Erhielt seine Ausbildung am Institute of Musical Art, an der Juilliard School sowie bei W. Piston u. A. Copland in Harvard. Nach Mitarbeit bei The New Dance Group nahm er mehrere Lehraufträge wahr.

Zu C. Kompositionen gehören die Operette *Frederick the Great* (1933), eine Chor-Sinfonie *SSSR* (1933), Sinfonien (1937 u. 1948), Kammermusik, Klavier- u. Bühnenmusik.

Cazzati, Mauritio, ital. Komponist, * um 1620 Lucera, † 1677 Mantua. Ab 1641 Kirchenkapellmeister an Sant' Andrea in Mantua, 1647 herzoglicher Kammerkapellmeister in Bozolo, anschließend an der Accademia della Morte in Ferrara, an S. Maria Maggiore in Bergamo, an S. Petronio in Bologna u. von 1673 bis zu seinem Tode im Dienst der Herzogin Anna Isabella von Mantua. Zu seinen zahlreichen Werken gehören die beiden frühen Opern *I gridi di Cerere* u. *Il carnevale esigliato*; die Oratorien *Il Caino condannato*, *Celeste aiute a chi ben fà, non manca*, *Il diluvio* u. *Il zelante difeso* (1664), *Il transito di S. Giuseppe* (1665), *Sisara* (1667), *Giuditta* u. *Psiche deificata* (1668) u. *La vittoria di San Filippo Neri* (1669). Seine Instrumentalkompositionen trugen zur Vereinheitlichung der Sonatenform bei. Er veröffentlichte u.a. 4 Bücher 1–5st. Sonaten. Er komponierte außerdem Messen, Psalmen, Hymnen, Motetten, Solokantaten u. Madrigale.

Ceballos (Cavallos), Rodrigo de, span. Komponist, * um 1530 Aracena, † 1581 Granada. 1554 2. Kapellmeister an der Kathedrale von Málaga, ab 1556 an der Kathedrale von Sevilla. Erhielt die Priesterweihe u. übernahm das Kapellmeisteramt an der Kathedrale von Córdoba. 1561 bis zu seinem Tode Kapellmeister der Capilla Real in Granada u. Capellán real in der gleichen Stadt.

Zu seinen Kompositionen gehören Motetten, 1 *Salve regina*, 3 Messen u. 6 Madrigale. Über die Urheberschaft verschiedener Werke unter dem Namen C. bestehen Zweifel, da sein Bruder Francisco († Burgos 1571) ebenfalls ein erfolgreicher Komponist gewesen zu sein scheint.

Cellier, Alexandre, franz. Komponist u. Organist, * 17. 6. 1883 Molières-sur-Cèze, † 4. 3. 1968 Paris. Studierte bei L. Diémer, X. Leroux, F. Guilmant u. Ch. Widor. Wurde 1910 Organist u. Chorleiter an der Église Réformée de l'Étoile in Paris, 1912–39 daneben bei der Société J. S. Bach.

Zu C. Kompositionen gehören 2 sinfonische Suiten für Org., Orgel- u. Klavierstücke, Kammermusik. Er veröffentlichte 1958 in Paris einen »Traité de la registration de l'orgue«.

Cellier, Alfred, engl. Komponist, * 1. 12. 1844 bei London, † 28. 12. 1891 London. 1855–60 Chorknabe an der Chapel Royal, 1862 Organist an All Saints in Blackheath u. mit 21 Jahren Dirigent der Ulster Hall Concerts u. der Philharmonic Society in Belfast. 1868 Organist an St. Alban's in London, 1871–75 Dirigent am Prince's Theatre in Manchester, anschließend an der Opéra-Comique in London. Dort dirigierte er auch gemeinsam mit A. Sullivan 1878–79 die Promenadenkonzerte in Covent Garden. Neben einigen Orchesterwerken, Kammermusik u. Liedern komponierte C. hauptsächlich Operetten u. komische Einakter. Sein größter Erfolg war die Operette *Dorothy* (1886), eine Neubearbeitung seiner *Nell Gwynne* aus dem Jahr 1876.

Cellisten. Zu den großen Cellisten des 20. Jh. gehören: H. von Beckerath (1909–64), O. Borwitzky (* 1930), P. Casals (1876–1973), G. Cassadó (1897–1966), E. Feuermann (1902–42), M. Gendron (* 1920), L. Harrell (* 1944), L. Hoelscher (* 1907), A. Janigro (* 1918), Y. Ma (* 1955), E. Mainardi (1897–1976), A. May (* 1938), A. Navarra (* 1911, Z. Nelsova (* 1918), S. Palm (* 1927) G. Piatigorsky (1903–76), J. du Pré (* 1945), M. Rostropowitsch (* 1927), H. Schiff (* 1951), J. Starker (* 1924), P. Tortelier (* 1914), A. Troester (* 1906).

Cembalisten. Zu den großen Cembalisten des 20. Jh. gehören: I. Ahlgrimm (* 1914), Th. Dart (1921–71), R. Kirkpatrick (* 1911), W. Landowska (1877–1959), G. Leonhardt (* 1928), E. Picht-Axenfeld (* 1914), L. Stadelmann (* 1900).

Cent, von A. J. Ellis eingeführte Maßeinheit, um die Distanzen von Schwingungsverhältnissen als lineare Skala darstellen zu können. Danach beträgt die Oktavdistanz 1200 C. u. der temperierte Halbton 100 C.

Cerha, Friedrich, österr. Komponist u. Dirigent, * 17. 2. 1926 Wien. Studierte an der Wiener Musikakademie Komposition bei A. Uhl u. Geige bei V. Příhoda. Gründete mit K. Schwertsik das Ensemble »die reihe« 1958 in Wien, das unter seiner Leitung steht. Seit 1960 Professor für Komposition, Notation u. Interpretation neuer Musik an der Hochschule für Musik u. darstellende Kunst in Wien. Zu seinen bisher veröffentlichten Kompositionen gehören das Bühnenstück *Exercises* für Bar., 5 Sprecher, eine Anzahl Akteure u. Kammerorch. (1962–67), Divertimento, *Hommage à Igor Strawinsky* (1948); *Espressioni fondamentali* für Orch. (1956); *Enjambements* für Instrumentalensemble (1959); *Intersecazioni* für V. u. Orch. (1959–72); *Spiegel I–VII* für Orch., bei *V* u. *VII* zusätzlich Tonband (1960–61); *Fasce* für Orch. (1960–72); *Mouvements I–III* für Kammerorch. (1960); Elegie für Kl. (1963); Sinfonien für Bläser u. Pauken (1964); *Catalogue des objets trouvés* für Kammerorch. (1968–69); *Verzeichnis* für Chor a cappella (1969); *Langegger Nachtmusik I u. II* für Orch. (1969 u. 1970); *Curriculum* für Bläser (1972); *Fantasien für Cardew's Herbst* (1974); Sinfonie für Orch. (1975), Doppelkonzert für V., Vc. u. Orch. (1975), *Baal* (Oper, 1975–80) u. *Netzwerk* (Oper, 1981). In den Jahren 1962–74 arbeitete C. außerdem an der Herstellung einer spielbaren Fassung des 3. Akts von Bergs Oper *Lulu*. An Hand des von Berg hinterlassenen Particells, der von ihm in Partiturreinschrift existierenden Takte 1–268, der von Berg instrumentierten sinfonischen Stücke aus der Oper *Lulu* u. des von E. Stein 1935–36 angefertigten Klavierauszugs stellte C. eine Fassung dieses Aktes her, die unter Leitung von P. Boulez Anfang 1979 an der Pariser Opéra erfolgreich uraufgeführt wurde. Er veröffentlichte darüber einen Arbeitsbericht (Wien 1979).

Certon, Pierre, franz. Komponist, * um 1510, † 23. 2. 1572 Paris. 1529 als Clericus matutinorum an Notre-Dame in Paris erwähnt, 1532 Sänger der Pariser Ste-Chapelle, in der er wahrscheinlich schon vor 1542 als Magister puerorum wirkte, eine Stellung, die er bis zu seinem Tode behielt. Er komponierte wenigstens 8 4st. Messen, an die 50 Motetten, von denen 24 1542 in Paris veröffentlicht wurden, ein Magnificat u. Psalmen. Mit seinen ungefähr 200 Chansons, die teils in seinem »Premier livre de chansons« (1552) u. teils in Sammelwerken veröffentlicht wurden, steht C. ganz in der Tradition C. Janequins u. seiner franz. A-cappella-Chansons.

Cesaris, Johannes, franko-fläm. Komponist des frühen 15. Jh. Von M. Le Franc in »Champion des dames« (1440) als bedeutender Vorläufer von G. Binchois erwähnt. Von seinen Kompositionen werden in Oxford eine isorhythmische Doppelmotette *A virtutis – Ergo Beata* u. 5 Chansons aufbewahrt. Außerdem sind noch drei weitere Chansons von ihm bekannt.

Cesti, Marc' Antonio (eigtl. Pietro), ital. Komponist, getauft 5. 8. 1623 Arezzo, † 14. 10. 1669 Florenz. Sängerknabe unter B. Ruscelli u. C. Santini in Arezzo. Trat 1637 als Frate Antonio in den Franziskanerorden ein. Scheint vor 1645 in Rom gelebt zu haben u. möglicherweise von G. Carissimi unterrichtet worden zu sein. 1645–49 war er Domkapellmeister in Volterra, 1652 Kapellmeister des Erzherzogs Ferdinand in Innsbruck u. 1659–62 gleichzeitig Sänger an der Cappella Sistina in Rom. 1665–69 Vizekapellmeister am kaiserlichen Hof in Wien, danach wieder in Florenz. C. komponierte eine Reihe von weltlichen u. geistlichen Kantaten, Motetten u. ein *Filiae Jerusalem* für 3 S.-St. u. B. c. Am bedeutendsten war seine Opernproduktion. Für Venedig, Innsbruck, Florenz u. Wien entstanden *L'Orontea* (1649), *Il Cesare amante* (1651), *Alessandro vincitor di se stesso* (1654), *Argia* (1655), *La Dori* (1661), *La magnanimità d'Alessandro* (1662), *Il Tito* (1666), *Nettuno e Flora festegglanti* (1666), *La Semiramide* (1667), *Le disgrazie d'Amore* (1667) u. *Il pomo d'oro* (1667) als Prunkoper zu den Hochzeitsfeierlichkeiten Leopolds I. C. steht eindeutig in der Nachfolge F. Cavallis. Rückt in seinen Arien weiter vom recitativo stromentato ab u. entwickelt sich auf eine lyrische Gesangszene hin.

Chabrier, Alexis Emanuel, franz. Komponist, * 18. 1. 1841 Ambert, † 13. 9. 1894 Paris. Nahm neben seinem Studium der Rechte Klavierunterricht bei E. Wolf u. lernte bei T. Semet u. J. L. A. Hignard Kontrapunkt u. Komposition. Schied 1880 unter dem Eindruck von R. Wagners *Tristan u. Isolde* aus dem Staatsdienst, um sich ausschließlich dem Komponieren zu widmen. Sein besonderes Talent lag in der Komik, die er in seine Musik zu legen wußte. Deshalb wurde er auch von E. Satie bewundert u. von der Groupe des Six imitiert. Auch M. Ravel verdankte ihm Anregungen.

Zu Ch. Werken gehören: die Operetten *L'étoile* (1877) u. *Une éducation manquée* (1879); die Opern *Les muscadins* u. *Gwendoline* (1885); die komische Oper *Le roi malgré lui* (1887, dt. *Der König wider Willen*) u. der 1. Akt der unvollendeten Oper *Briséis* (1899); die Chorwerke *La sulamite* (1884) u. *Ode à la musique* (1890); die Orchesterwerke Rhapsodie *España* (1883), *Suite pastorale* u. *Joyeuse marche;* einige Klavierwerke, darunter *Dix pièces pittoresques* (1880) u. Lieder.

Cha-Cha-Cha, lautmalerische Bezeichnung für einen in den 50er Jahren auf Kuba entstandenen Modetanz, der aus dem Mambo entwickelt wurde. Der Rhythmus ist zweiteilig.

Chaconne (franz.; ital. ciaconna, span. chacona), ein Tanz, der offenbar aus Spanien stammt u. durch die Lauten- u. Gitarrenmusik Eingang in

Frankreich u. Italien gefunden hat u. hier in die Kunstmusik übernommen wurde. In Italien kam die Ch. überwiegend ungeradtaktig vor, stand in Dur u. entwickelte strenge Ostinatotechnik. In Frankreich fand sie u. a. Eingang in die Ballets de cour u. von dort in die franz. Oper. Dabei wurde der B. freier behandelt als in Italien u. auch der Dreiertakt nicht unbedingt eingehalten. Im 18. Jh. wurden die Grenzen zwischen Ch. u. → Passacaglia immer fließender.

Chadwick, George W., amer. Komponist, * 13. 11. 1854 Lowell, MA, † 4. 4. 1931 Boston. Studierte bei D. Buck und St. Emery in Boston, übernahm für kurze Zeit die Leitung des Olivet College, MI, studierte 1877–78 am Leipziger Konservatorium bei E. F. E. Richter, C. Reinecke u. S. Jadassohn u. 1879 bei J. Rheinberger in München. Kehrte 1880 nach Boston zurück u. nahm eine Organistenstelle an. 1882 wurde er Kompositionslehrer am New England Conservatory u. 1897 Direktor dieser Institution.

Zu Ch. Kompositionen, in denen akademische Technik mit einer aus der Folklore stammenden Melodik verbunden wird, gehören die Opern *The Quiet Lodging* (1892), *Tabasco* (1893), *Judith* (1900), *The Padrone* (1915) u. *Love's Sacrifice* (1917), 3 Sinfonien, sinfonische Dichtungen, Ouvertüren, Suiten, Lieder mit Orchesterbegleitung, Kammermusik u. Chorwerke. Von den letzteren seien *The Viking's Last Voyage* (1881) u. *Phoenix expirans* (1892) besonders erwähnt.

Chailley, Jacques, franz. Musikwissenschaftler u. Komponist, * 24. 3. 1910 Paris. Studierte bei N. Boulanger, C. Delvincourt u. M.-P. Busser Komposition, Musikwissenschaft bei A. Pirro u. franz. Literaturgeschichte des Mittelalters bei G. Cohne. 1953 Professor für Musikgeschichte an der Sorbonne, 1962 Leiter der Schola Cantorum in Paris.

Zu Ch. Kompositionen gehören: die Oper *Thyl de Flandre* (1957), die lyrische Szene *Pan et la Syrinx* (1962), das Ballett *La dame à la licorne* (1953), 1 Sinfonie (1947), 1 Orgelmesse (1961), Chorwerke, Kammermusik, Bühnen- u. Filmmusik. Zu den wissenschaftlichen Veröffentlichungen C. zählen: »Théorie de la musique« (zusammen mit H. Challan, 2 Bde., Paris 1947–51), »Histoire musicale du moyen age (Paris 1950)« u. »Traité historique d'analyse musicale« (Paris 1951).

Chailly, Luciano, ital. Komponist, * 19. 1. 1920 Ferrara. Studierte an der Universität Bologna, Komposition bei Righini in Ferrara, R. Bossi in Mailand u. P. Hindemith in Salzburg. Ab 1950 Mitarbeiter der RAI u. später Hauptabteilungsleiter Musik des ital. Fernsehens. 1968–71 Direktor des Teatro alla Scala in Mailand.

Zu Ch. Kompositionen gehören: die Opern *Ferrovia soprelevata* (1955), *Una domanda di matrimonio* (1957), *Il canto del cigno* (1957), *La riva delle Sirti* (1959), *Procedura penale* (1959), *Il mantello* (1960), *Era proibito* (1963), *Vassiliev* (1967), *Markeim* (1967), *L'idiota* (1970), *Sogno* (1975) u. *Il libro dei reclami* (1975); die Ballette *Fantasmi al Grand-Hôtel* (1960), *Il cappio* (1962), *L'urlo* (1967), *Shee* (1967) u. *Anna Frank* (1980); *1 Missa Papae Pauli* (1967); Orchesterwerke; Kammermusik; Chöre u. Lieder.

Chaix, Charles, franz. Komponist u. Organist, * 26. 3. 1885 Paris. Besuchte in Paris die École Niedermeyer, studierte 1904–08 Orgel am Genfer Konservatorium u. wurde dort 1910 Theorielehrer. 1924–50 Professor am Konservatorium von Lyon.

Zu Ch. Kompositionen gehören 2 Sinfonien, *Poème funèbre* für Soli, Chor u. Orch., Chorwerke, Kammermusik u. Lieder.

Chambonnières, Jacques Champion de, franz. Komponist u. Cembalist, * Anfang 17. Jh. Paris, † vor dem 4. 5. 1672 ebd. Übernahm um 1640 von seinem Vater Jacques Champion das Amt des Cembalisten der Königlichen Kammermusik unter Ludwig XIII. u. behielt diese Stellung auch unter Ludwig XIV. Seine Kompositionen sind stark von der Lautenmusik u. dem Werk A. de Cabezóns beeinflußt. Seine *Pièces de clavessin* in 2 Büchern (1670) bestehen aus Tanzsuiten. Als Cembalist genoß er europäischen Ruhm. Zu seinen Schülern gehören G. Nivers, R. Cambert, N. Le Bègue, J. H. d'Anglebert u. die Brüder Louis, François u. Charles Couperin.

Champagne, Claude, kan. Komponist, * 27. 5. 1891 Montreal, † 21. 12. 1965 ebd. Studierte in Montreal u. in Paris bei A. Gédalge u. Ch. Koechlin. Lehrte ab 1930 an der Universität von Montreal Komposition u. wurde 1942 stellvertretender Direktor des dortigen Conservatoire.

Zu Ch. von der kan. Folklore beeinflußten Kompositionen gehören Orchestersuiten, die *Symphonie Gaspésienne,* die sinfonische Dichtung *Altitude,* 1 Klavierkonzert, 1 Missa brevis u. Kammermusik.

Chanson (franz., von lat. cantio: »Gesang«) bezeichnet den einem Lied zugrunde liegenden lyrischen Text u. das Lied selbst. Dabei handelt es sich grundsätzlich um weltliche Inhalte. Neben den mit Ch. bezeichneten altfranz. Minneliedern wird dieser Ausdruck in der Musikgeschichte vorwiegend auf die mehrstimmigen franz. Lieder des 15. u. 16. Jh. angewandt. Die Verbreitung der Ch. in gedruckten Sammlungen führte zur Ch. als bürgerlicher Unterhaltung. In der sog. Pariser Ch., zu deren Komponisten insbesondere C. Janequin gehörte, wurden frivole u. auch obszöne Texte abgehandelt. Seit dem 17. Jh. werden mit Ch. politisch-satirische oder sentimentale Strophenlieder bezeichnet. Von ihnen führt die Entwicklung über das Café-concert zu den Ch. littéraires u. zum Kabarett.

Lit.: G. Paris u. F. A. Gevaert, Chansons du XVe siècle, Paris 1875 (Nachdr. Darmstadt u. New York 1967); M. Tresch, Évolution de la ch. française I, Paris 1926; J. Haar (Hg.), Ch. and Madrigal, 1480–1530, Studies in Comparison and Contrast, Cambridge, MA, 1964; G.

Erismann, Histoire de la ch., Paris 1967; Ch. Imbert, Histoire de la ch. et de l'opérette, Lausanne 1967; F. Schmidt, Das Ch., Ahrensburg u. Paris 1968; D. Schulz-Koehn, Vive la ch.! Kunst zwischen Show u. Poesie, Gütersloh 1969; F. Vernillat u. J. Charpentreau, La ch. française, Paris 1971.

Chanson de geste (franz. aus lat. cantio: »Lied« und gesta: »Taten«), Lied von (großen) Taten. So werden die mittelalterlichen franz. epischen Dichtungen genannt, in denen geschichtliche oder legendäre Begebenheiten der Vergangenheit verherrlicht werden. Die bekannteste Ch. de g. ist die *Chanson de Roland*. Musik zu diesen Versepen ist nicht überliefert.

Chansonnier (franz.: »Liederbuch«) ist eine Sammlung weltlicher Lieder. Zu den 1st. Ch. gehören die Handschriften der Trobadors u. Trouvères. Ch. mehrstimmiger Lieder kommen ab Mitte des 15. Jh. vor.

Chanson spirituelle (franz.), Umdichtung weltlicher Chansons oder Neudichtung im Zuge der reformatorischen Bestrebungen im Frankreich des 16. Jh.

Chant (engl.: »Gesang«) bezeichnet den Psalmen- u. Canticagesang, besonders in der anglikanischen Kirche.

Chanterelle, oberste Saite der Zupf- u. Streichinstrumente, die wegen ihrer Ausdrucksmöglichkeit auch Sangsaite genannt wird.

Chapí y Lorente, Ruperto, span. Komponist, * 27. 3. 1851 Villena, † 25. 3. 1909 Madrid. Studium am Konservatorium in Madrid u. mit einem Stipendium 1874 in Rom. Nachdem er mit Opernkompositionen wenig Erfolg hatte, wandte er sich den → Zarzuelas zu, von denen er über 150 komponierte. Zu seinen bekanntesten gehören *Música clásica* (1880), *La tempestad* (1882), *La bruja* (1887), *El rey que rabió* (1891), *La czarina* (1892), *La revoltosa* (1897) u. *El puñao de rosas* (1902). Von seinen Opern seien *Circe* (1902) u. *Margarita la tornera* (1909) erwähnt. Außerdem schrieb er Orchestersuiten u. 4 Streichquartette.

Chappell & Co., Ltd., Londoner Musikverlag, gegründet von Samuel Ch. (1782–1834) im Jahr 1810 u. gemeinsam mit seinen Partnern Francis T. Latour u. John B. Cramer am 23. 1. 1811 der Öffentlichkeit vorgestellt. Die Firma verkaufte Noten u. Instrumente. Zu ihren ersten eigenen Veröffentlichungen gehörten Cramers »Studies for the Pianoforte«. Bereits 1813 war Ch. an der Gründung der Philharmonic Society beteiligt u. nahm in den folgenden Jahren großen Einfluß auf das Londoner Musikleben. Cramer trat 1819 u. Latour 1826 aus der Firma aus. Nach Samuel Ch. Tod übernahm seine Frau Emily die Geschäfte zusammen mit den drei Söhnen William Ch. (1809–88), Thomas P. Ch. († 1902) u. S. Arthur Ch. († 1904). William Ch. gehörte zu den Mitbegründern der Musical Antiquarian Society, die ihre Mitgliederversammlungen u. Proben bei Ch. abhielten. Für diese Vereinigung gab er J. Dowlands Lieder heraus u. legte die Sammlung »National English Airs« an, die 1855–59 zur »Popular Music of the Olden Time« (2 Bde.) erweitert wurde. Außerdem bereitete er eine »Allgemeine Geschichte der Musik« vor, von der Band 1 1874 erschien. Williams Bruder Thomas kümmerte sich um die Erweiterung der Firma u. übernahm die Leitung des Verlages, der sich ab 1856 Ch. & Co. nannte. Er finanzierte den Bau der St. James's Hall in Piccadilly u. organisierte dort Popular Concerts, die jeden Montag u. Samstag stattfanden u. von Arthur Ch. dirigiert wurden. Bei diesen Konzerten traten Berühmtheiten wie A. Piatti, Clara Schumann, J. Joachim u. Liza Lehmann auf. Daneben wurde Charles Dickens für mehrere Lesungen aus seinen Werken engagiert. Ch. übernahm in den Verlag Ch. Gounods *Faust*, Operetten wie M. W. Balfes *Bohemian Girl* u. die Mehrzahl der Bühnenwerke von Gilbert u. Sullivan. Gleichzeitig gelang es ihm, die Klavierfabrik, die heute als The Ch. Piano Co. Ltd. firmiert, zu einem angesehenen Unternehmen zu machen. Nach seinem Tode übernahm William Boosey die Geschäftsleitung. Er baute den Balladenkatalog aus u. investierte in Singspiele u. Operetten. Schon 1893 hatte sich Ch. das Management der Queen's Hall gesichert. Hier veranstaltete Boosey Balladenabende u. Sinfoniekonzerte. 1929 ging die Firma auf Louis u. Max Dreyfus über. Während Max die neugegründete Ch. Inc. in New York leitete, übernahm sein Bruder Louis das europäische Geschäft. Durch die Eröffnung von Zweigniederlassungen in den wichtigsten europäischen u. überseeischen Hauptstädten wurde Ch. & Co., Ltd., zum wichtigsten Exporteur englischer Musik. Gleichzeitig kamen über die unabhängige amer. Firma Rechte an den großen Broadway-Musicals wie *My Fair Lady* u. *The Sound of Music* in den Besitz von Ch. Europa. Der wertvolle Katalog mit Werken von G. Gershwin, Rodgers u. Hammerstein, Irving Berlin, Jerome Kern, Cole Porter, Frank Loesser, Alan Lerner u. Frederick Loewe u. v. a. bekannten Komponisten macht den Ch.-Verlag zu einem der wichtigsten Unternehmen auf diesem Gebiet. 1968 wurde die Ch.-Gruppe von der Polygram übernommen.

Chapuis, Auguste P. J.-B., franz. Komponist u. Organist, * 20. 4. 1858 Dampierre-sur-Salon, † 6. 12. 1933 Paris. Studierte am Pariser Conservatoire bei Th. Dubois, J. Massenet u. C. Franck u. wurde 1882–87 Organist an Notre-Dame-des-Champs, 1888–1906 an St-Roche. 1894–1929 Professor für Harmonielehre am Conservatoire.

Zu Ch. Kompositionen gehören: die Opern *Enguerrande* (1882), *Les demoiselles de Saint-Cyr* (1921) u. *Jamed, tableaux flamands* für Orch. (1918), Chorwerke, Messen, Kammermusik u. Lieder. Er war außerdem an der Rameau-Gesamtausgabe mit *Castor et Pollux* beteiligt.

Charakterstück. Unter dieser Bezeichnung faßt man kürzere Einzelstücke verschiedener Form zusammen, die hauptsächlich für Klavier komponiert sind. Ohne Programmusik sein zu wollen, geben diese Stücke Stimmungen wieder, die oft schon im Titel angezeigt werden. Zu den Ch. gehören Moments musicaux, Intermezzi, Impromptus, Nocturnes, Albumblätter u. ähnliches, aber auch zyklische Kompositionen wie R. Schumanns *Papillons* oder C. Debussys *Images*.

Charivari, lautmalende Bezeichnung für die musikalische Nachahmung von Geräuschen oder durcheinanderklingenden Lauten.

Charleston, ein schneller, zuerst in Negerrevuen auftauchender Tanz im 4/4- oder 2/4-Takt, der seinen Namen der Stadt Ch. in South Carolina verdankt. Der Ch. ist dem Ragtime verwandt. Kennzeichnend für seinen Rhythmus ist die Synkopierung.

Charpentier, Gustave, franz. Komponist, * 25. 6. 1860 Dieuze, † 18. 2. 1956 Paris. Schüler des Konservatoriums in Lille u. ab 1881 des Conservatoire in Paris, wo er bei J. Massart Geigen- u. bei E. Pessard u. J. Massenet Kompositionsunterricht erhielt. 1887 gewann er mit seiner Kantate *Didon* den Rompreis. Ch. war der Gründer u. erste Leiter des Conservatoire populaire de Mimi Pinson.

Zu Ch. Kompositionen gehören: die Opern *Louise* (1900) u. *Julien* (1913), außerdem die Orchestersuite *Impressions d'Italie* (1890), *Poèmes chantés* (1889–96) u. *La vie du poète* (symphonie-drame für Soli, Chor u. Orch., 1893).

Charpentier, Marc-Antoine, franz. Komponist, * um 1634 Paris, † 24. 2. 1704 ebd. Schüler von G. Carissimi in Rom. Nach seiner Rückkehr Zusammenarbeit mit Molière im Théâtre-Français bei »Le mariage forcé« (1672) u. »Le malade imaginaire« (1673). 1698 in der Nachfolge von F. Chaperon maître du musique an der Ste-Chapelle in Paris. Er komponierte die Opern *Acis et Galatée* (1678), *Médée* (1693), Intermedien zu *Circé* (1675), *Motets mêlez de symphonie* (1709), Messen, Psalmen, mehrere Te Deum u. Magnificat sowie Stücke für 3 St. u. Instrumentalbegleitung. Neuerdings wird ihm auch die Oper *La descente d'Orphée aux enfers* (1688) zugeschrieben. Von vielen seiner Zeitgenossen wurde er höher eingeschätzt als J.-B. Lully.

Charrat, Janine, franz. Tänzerin, Choreografin u. Ballettdirektorin, * 24. 7. 1924 Grenoble. Studierte bei J. Ronsay, L. Egorova u. A. Volinine u. trat als Kinderstar in dem Film »Mort du cygne« 1937 erstmals auf. Tanzte verschiedentlich mit R. Petit u. debütierte 1945 als Choreografin mit I. Strawinskys *Jeu de cartes* für Petits Ballets des Champs-Élysées. 1951 gründete sie die Ballets J. Ch., die sie 1953 in Le Ballet de France umwandelte. 1959 wurde sie gemeinsam mit M. Béjart beauftragt, das Ballett der Brüsseler Oper neu aufzubauen, aus dem 1960 das Ballet du XXe siècle hervorging. 1961 machten in einem Fernsehstudio erlittene Verbrennungen ihrer Karriere als Tänzerin ein Ende. 1962–64 leitete sie das Ballett in Genf. Ihre eigene Truppe holte sie hin u. wieder für Gastspiele zusammen. Sie lebt heute als freischaffende Choreografin u. leitet seit 1970 eine von ihr in Paris gegründete Schule.

Zu den Ch. von J. Ch. gehören: *Concerto Nr. 3* (M.: S. Prokofjew) 1947; *Abraxas* (M.: W. Egk) 1949; *Concerto* (M.: E. Grieg), *Le massacre des amazones* (M.: Y. Semenoff) u. *Columbus* (M.: W. Egk) 1951; *Les algues* (M.: G. Bernard) 1953; *Die sieben Todsünden* (M.: A. Veretti) 1956; *Les liens* (M.: Y. Semenoff) u. *Diagramme* (M.: J. S. Bach) 1957; *Electre* (M.: H. Pousseur) u. *Roi David* (M.: A. Honegger) 1960; *L'enfant et les sortilèges* (M.: M. Ravel) 1964; *Feuervogel* (M.: I. Strawinsky) 1969; *Casanova* (M.: W. Egk) 1969; *Les Collectionneurs* (M.: Y. Malec) 1972, *Offrandes* und *Hyperprism* (M.: E. Varèse) 1973.

Charts → Hitparaden

Chasins, Abram, amer. Komponist, Pianist u. Musikschriftsteller, * 17. 8. 1903 New York. Studierte bei E. Hutcheson u. J. Hofmann Klavier u. bei R. Goldmark sowie am Curtis Institute Komposition. Leitete 1926–35 eine Klavierklasse am Curtis Institute u. unterrichtete u. a. 1940 am Berkshire Music Centre in Tanglewood. 1943 musikalischer Berater u. 1947 Direktor der New Yorker Radiostation der New York Times. Wirkt heute hauptsächlich als Musikschriftsteller.

Zu Ch. Kompositionen gehören: *Three Chinese Pieces* für Orch. (1929), *Parade* für Orch. (1930), 2 Klavierkonzerte (1929 u. 1932), Kammermusik u. Stücke für 1 oder 2 Klaviere. Zu seinen Veröffentlichungen zählen: »Speaking of Pianists« (New York 1957), »The Van Cliburn Legend« (New York 1959) u. »The Appreciation of Music« (New York 1966).

Chasse (franz.: »Jagd«), Bezeichnung für den 3st. franz. Kanon des 14. Jh., ähnlich der → Caccia. Später im übertragenen Sinne für Jagdstücke, bei denen gerne die Trompe oder das Cor de C. eingesetzt wurden.

Chatschaturjan (Chačaturjan), Aram I., armenisch-sowj. Komponist, * 6. 6. 1903 Tiflis, † 2. 5. 1978 Moskau. Sohn eines armenischen Buchbinders, der in seiner Heimatstadt Bürgerschule u. Handelsschule durchlief, mit 15 Jahren gut Klavier spielte, sich im Schulorch. zum 1. Tenorhorn vorarbeitete, aber als Beruf die Arzt- oder Ingenieurlaufbahn anstrebte. Nahm in der Revolutionszeit an den überall im Land auftauchenden

Propagandazügen teil u. spielte an den Bahnstationen aus einem Güterwagen Klavier. 1921 reiste er mit seinem Bruder Suren, der junge armenische Schauspieler für das armenische Studio in Moskau angeworben hatte, in die Hauptstadt. Dort holte er die noch fehlende letzte Klasse der Handelsschule nach u. schrieb sich für einen Vorbereitungskurs an der Moskauer Universität ein. Durch seinen Bruder hatte er Verbindung zum neuen sowj. Theater. Er lernte K. S. Stanislawskij, W. I. Nemirowitsch-Dantschenko u. W. E. Meyerhold kennen, besuchte Theateraufführungen, Proben u. Konzerte. Langsam reifte der Entschluß zu einer musikalischen Laufbahn. Er spielte der Musikpädagogin Jelena Fabianowa Gnessina vor, die ihm die Celloklasse des von M. Gnessin geleiteten Musiktechnikums empfahl. Bei Gnessin erhielt er ersten Kompositionsunterricht. 1926 entstand *Der Tanz*, eine Komposition für V. u. Kl. Es folgten 1927 ein *Poem* für Kl., 1929 *Lied-Poem* u. *Allegretto* für V. u. Kl. u. zum Abschluß seiner Kontrapunktstudien bei Gnessin 6 Fugen für Kl. 1929. Im gleichen Jahr erfolgte die Aufnahme in das Moskauer Staatliche Konservatorium, wo er ab 1930 Schüler der Kompositionsklasse von N. Mjaskowskij war. Die ebenfalls am Konservatorium unterrichtende Jelena Beckmann-Tscherbina führte ihn in die Werke C. Debussys, M. Ravels u. A. Skrjabins ein. Die Anfang der 20er Jahre in der Sowjetunion gegründete Assoziation für zeitgenössische Musik machte wenig Eindruck auf Ch., der aus Überzeugung in das Arbeitskollektiv der Kompositionsstudenten am Moskauer Konservatorium eintrat u. in den Fabriken ein neues Publikum für zeitgenössische Musik zu gewinnen suchte. Aus dieser Zeit stammt sein Trio für V., Klar. u. Kl. (1932). Als Diplomarbeit reichte Ch. am Konservatorium seine 1. Sinfonie (1934–35) ein. Die öffentliche Aufführung brachte ihm ersten Ruhm u. Anerkennung durch die Kritik. 1937 komponierte er sein Klavierkonzert. Während der Arbeit ließ sich Ch. von S. Prokofjew beraten. 1939 wurde er erster Vorsitzender des Organisationskomitees des 1932 gegründeten sowj. Komponistenverbandes. An weiteren Kompositionen entstanden Bühnen- u, Filmmusiken sowie sein erstes Ballett, *Das Glück* (1939). Während des Krieges schrieb Ch. Märsche u. patriotische Lieder, engagierte sich in der Truppenbetreuung u. komponierte sein wohl bekanntestes Werk, das Ballett *Gajaneh* mit dem berühmten kurdischen *Säbeltanz*. Die Uraufführung der ersten Fassung fand 1942 in Perm statt. Mit seinem *Sinfonischen Poem* (1947), später von Ch. als 3. Sinfonie bezeichnet, handelte er sich erstmals Kritik ein. Das Stück wurde als oberflächlich u. formalistisch bezeichnet. Ch. widersprach energisch, entging aber der Konfrontation, indem er sich auf seine Lehraufträge konzentrierte, weitere Filmmusiken komponierte u. als Dirigent eigener Werke im In- u. Ausland auftrat. 1950 wurde er Kompositionslehrer am musikpädagogischen Institut M. F. Gnessin u. 1951 Professor für Komposition am staatlichen Moskauer Konservatorium. Ab 1957 war Ch. Sekretär des sowjetischen Komponistenverbandes.

Als Komponist schöpfte er hauptsächlich aus der Folklore seiner armenischen Heimat, für die er 1944 auch die Nationalhymne komponierte. Eigene Aufzeichnungen von armenischen Liedern u. die Erinnerung an die Gesänge der Straßenhändler in seiner Jugend lieferten ihm thematisches Material. Ch. baute auf der sinfonischen Tradition des 19. Jh. auf, verschmolz aber gleichzeitig Elemente transkaukasischer Volksmusik (einschließlich ihrer → Maqām-Technik, ihrer Improvisationslust u. ihrer eigenen Tonarten) mit den Klangfarben des franz. Impressionismus. Am besten hat D. Kabalewskij die Arbeitstechnik von Ch. charakterisiert: »Das Nebeneinander von Tanzelementen u. Elementen der freien, leidenschaftlichen Improvisation bildet die Grundlage der Sonatenform in Ch. Musik.«

Die wichtigsten Kompositionen Ch. neben den bereits erwähnten Frühwerken sind die Ballette *Das Glück* (1939, daraus 2 sinfonische Suiten), *Gajaneh* (1942, daraus 3 Suiten, 2. Fassung des Balletts 1952, 3. 1957) u. *Spartakus* (1954, daraus 3 Suiten); 3 Sinfonien (1933–34, 1943–44 u. Sinfonie-Poem 1947); Tanzsuite für Orch. (1933); *Sinfonisches Poem* für Orch. u. Chor (früher *Ode an Stalin*, 1938); *Ode in memoriam W. I. Lenins* für Orch. (1949, aus der Musik zu M. Romms Film); *Die Schlacht an der Wolga* (1950, aus einer Filmmusik); *Feierliches Poem* für Orch. (1952) u. *Gruß-Ouvertüre* für Orch. zur Eröffnung des XXI. Parteitags der KPdSU (1959); 3 Konzertarien für hohe St. u. Orch. (1944–46) u. *Ballade von der Heimat* für B. u. Orch. (1961); 1 Klavierkonzert (1937); 1 Violinkonzert (1940); 1 Cellokonzert (1946); Konzertrhapsodien für V. u. Orch. (1961–62), Vc. u. Orch. (1963) u. Kl. u. Orch. (1967); 1 Jazzkomposition für Benny Goodman (1966); Kammermusik; Chöre u. Lieder. Von den vielen Bühnenmusiken Ch., die häufig von ihm auch als Orchestersuiten arrangiert wurden, verdienen die zu Lope de Vegas »Die Witwen aus Valencia« (1940) u. die zu M. J. Lermontows »Maskerade« (1941) Beachtung. Seine besten Filmmusiken entstanden für M. Romm u. S. Jutkewitsch. Sein Neffe Karen Ch. (* 19. 9. 1920 in Moskau) gilt in der Sowjetunion ebenfalls bereits als bedeutender Komponist.

Lit.: G. Shneerson, A. Ch. (engl.), Moskau 1959; R. Gleser, A. Ch., Moskau 1959; G. N. Chubow, A. Ch., Moskau 1962 u. 1967; F. Streller, A. Ch., Leipzig 1968.

Chausson, Ernest A., franz. Komponist, * 20. 1. 1855 Paris, † 10. 6. 1899 Limay. Kam erst spät zur Musik u. besuchte 1880 die Kompositionsklasse von J. Massenet am Pariser Conservatoire. Nahm dann bis 1883 Privatunterricht bei C. Franck u. widmete sich anschließend dem Komponieren. Nebenbei bekleidete er 10 Jahre lang den Posten des Sekretärs der Société Nationale de Musique. Er kam bei einem Fahrradunfall ums Leben. In seinen Kompositionen ist Ch. von Franck u. R. Wagner beeinflußt u. gilt als Vorläufer des Impressionismus.

Zu Ch. Werken gehören: die Opern *Les caprices de Marianne*(um 1880), *Hélène*(1884–85) u. der 1903 in Brüssel uraufgeführte *Roi Arthus;* 8 Motetten; 1 Vesper; die Chorwerke *Jeanne d'Arc* für Solost. u. Frauenchor (um 1880), *Hymne védique* für Chor u. Orch. (1886), *Chant nuptial* für Frauenst. u. Kl. (1887), *Chant funèbre* für Frauenst. u. Kl. (1897) u. *Ballata* für Chor a cappella (1897); die Orchesterwerke *Viviane*(1882), *Solitude dans les bois* (1886), Sinfonie in B-Dur (1890) u. *Soir de fête* (1898); 1 *Poème* für V. u. Orch. (1896); 1 Klaviertrio (1882), 1 Konzert für V., Kl. u. Streichquartett (1890–91); 1 Klavierquartett u. 1 unvollendetes Streichquartett. Außerdem komponierte C. Klavierstücke, Lieder u. Bühnenmusiken zu W. Shakespeares »Sturm« (1888) u. M. Bouchors »Légende de Sainte Cécile« (1892).

Chávez Ramirez, Carlos, mexikan. Komponist, * 13. 6. 1899 Calzada de Tacuba. Mütterlicherseits von indianischer Abstammung, erhielt Musikunterricht bei M. Ponce, begann mit 15 Jahren zu komponieren u. versuchte sich mit 20 Jahren bereits an einer Sinfonie. Beschäftigte sich als Autodidakt mit mexikan. Folklore u. schrieb 1921 das Ballett *El fuego nuevo,* bei dem er indianische Schlaginstrumente einsetzte. Nach einem Europaaufenthalt ließ sich Ch. in New York nieder, wo er sich mit dem Maschinenzeitalter auseinandersetzte. Es entstanden Werke wie *HP* (Pferdestärke), ein Ballett, das Stokowski 1932 in Philadelphia uraufführte, *Polígonos* für Kl., *Exágonos* für St. u. Kl., *Energía* für 9 Instr. u. *Espiral* für V. u. Kl. In diesen »konstruktivistischen« Kompositionen wandte Ch. eine streng kontrapunktische Schreibweise an. 1928 kehrte er nach Mexiko zurück, übernahm 1928–34 die Leitung des Conservatorio Nacional de Música in Mexico City u. 1928–48 des Orquesta Sinfónica de México, gründete das Instituto Nacional de Bellas Artes, dessen Generaldirektor er von 1947 bis 1952 war. Die Auseinandersetzung mit dem Industriezeitalter bestimmte ihn, Arbeiterkonzerte zu veranstalten, für die er u.a. die *Sinfonía proletaria* (1934) u. die *Obertura republicana* (1935) komponierte. 1958–59 hielt er Gastvorlesungen an der Harvard University. Er lebt heute als freischaffender Komponist u. Gastdirigent. In seinen Kompositionen verarbeitet Ch. aztekisches Melodiengut, z. B. in *El fuego nuevo* wörtlich oder indirekt in dem Orchesterwerk *Xochipilli Macuilxochitl*(1940), das dem aztekischen Musikgott gewidmet ist u. reichlich Gebrauch von alten Instrumenten macht. Daneben stehen klassizistische Kompositionen wie seine 4. Sinfonie. Seine starke rhythmische Formkraft hat immer wieder Choreografen angezogen, die seine Musiken in Tanz umsetzen.

Zu Ch. Werken gehören: die Oper *Panfilo and Laurett* (1953–56, span. *El amor propiciado*); die Ballette *El fuego nuevo* (1921), *Los cuatro soles* (1926), *HP* (*Caballos de Vapor*, 1927), *La hija de Cólquide* (1944, als *Dark Meadows* von M. Graham 1946 choreografiert) u. *Pirámide* (1968); 7 Sinfonien (zwischen 1933 u. 1960); die Orchesterwerke *Cantos de México* (1933), *Obertura republicana* (1935), *Xochipilli Macuilxochitl* (1940), *Toccata* für 6 Schlagzeuger (1942), *Baile* (1953), *Resonancias* (1964), *Elasio* (1967), *Discovery* (1969) u. *Clio* (1969); 1 Konzert für 4 Hörner (1938), 1 Klavierkonzert (1940) u. 1 Violinkonzert (1950); die Chorwerke *Tierra mojada* (1932), *El sol* (1934) u. *Prometeo* (1956); Kammermusik, u.a. 3 Streichquartette (davon 2 für V., Va., Vc. u. Kb.); Klavierstücke u. Lieder. Er veröffentlichte 1937 in New York »Toward a New Music« u. 1949 in Mexico City »La música mexicana«.

Chaynes, Charles, franz. Komponist, * 11. 7. 1925 Toulouse. Studierte bei D. Milhaud u. J. Rivier, gewann 1951 den Rompreis u. 1965 den Grand Prix musical von Paris. Seit 1964 bei dem Radiosender France-Musique beschäftigt. Ch. schreibt eine atonale Musik, in die er serielle Elemente als Ordnungsfaktoren einbaut.

Zu Ch. Kompositionen gehören: *Concerto pour orchestre à cordes* (1954); *Ode pour une mort tragique* für Orch. (1956); Concerto für Trp. u. Orch. (1957); Violinkonzert (1958); *Illustrations pour la flûte de jade* für Orch. (1960); Klavierkonzert (1961); *Joie aux âmes* (Kammerkantate, 1962); *Trois études linéaires* für Instrumentalensemble (1964); *Expressions contrastées* für Orch. (1966); Orgelkonzert (1969); *Concordances* für Schlagzeug u. Kl. (1968); *Quatre poèmes de Sapho* für S. u. Streichtrio (1968); *Irradiations* für V., Vc. u. Cemb. (1969); *Transmutations* für Orch. u. Streichquartett (1971); *M'zab* (Suite für Kl.) u. *Séquences pour l'Apocalypse* für 5 Blechbläser u. Org. (1972); *Tarquinia* für Ondes Martenot, Schlagzeug u. Kl. (1973); *Peintures noires* für Orch. u. *Joutes* für Org. u. Cemb. (1975); *Visions concertantes* für Git. u. 12 Streicher (1976); *Pour un monde noir* für S. u. Orch. u. *Et si c'était une valse*... für 2 Kl. (1978).

Cheironomie (griech.), Handzeichen als Vorläufer der Notation. Mit ihrer Hilfe konnten Tempo u. Tonhöhe sowie melodische Bewegung veranschaulicht werden.

Chelard, Hippolyte André J. B., franz. Komponist, * 1. 2. 1789 Paris, † 12. 2. 1861 Weimar. Studierte ab 1803 am Pariser Conservatoire bei F.-J. Gossec Komposition u. bei R. Kreutzer Geige, anschließend in Italien bei G. Baini u. N. A. Zingarelli in Rom, später bei G. Paisiello in Neapel, wo auch seine erste Oper *La casa da vendere* (1815) zur Aufführung kam. 1816 Geiger an der Pariser Opéra. Dort fiel 1827 seine Oper *Macbeth* durch. Erst die Zweitaufführung in München brachte ihm Anerkennung u. eine Anstellung als Kapellmeister. 1829 hatte er mit der Oper *La table et le logement* einen weiteren Mißerfolg in Paris. 1832–33 leitete er eine deutsche Operntruppe mit Schröder-Devrient u. Haitzinger in London, dirigierte 1835–40 in Augsburg u. wurde 1840

Nachfolger von J. N. Hummel als Hofkapellmeister in Weimar. Seine erfolgreichste Oper war *Die Hermannsschlacht* nach Kleist.

Chelleri, Fortunato, ital. Komponist dt. Herkunft, * Juni 1690 Parma, † 11. 12. 1775 Kassel. Sohn eines Deutschen namens Keller u. einer Italienerin, bei deren Bruder M. Bazzani er ersten Musikunterricht erhielt. Sein Name taucht zum ersten Mal im Zusammenhang mit den Opern *La caccia in Etolia* (Ferrara) u. *Alessandro fra le Amazoni* (Venedig) auf. 1722 Hofkapellmeister in Würzburg u. ab 1725 im Dienst des Landgrafen Friedrich I. in Kassel, wo er, abgesehen von je einer Reise nach England u. Schweden, bis zu seinem Lebensende blieb.

Ch. komponierte Opern, Oratorien, Kantaten, Orchestersuiten u. Kammermusik. Sein Oratorium *Dio sul Sinai* (1731) ist erhalten, ebenso wie Teile der Opern.

Chemin-Petit, Hans H., dt. Komponist, * 24. 7. 1902 Potsdam, † 12.4.1981 Berlin. Stammt aus einer Musikerfamilie. Sein Großvater, Maurice Ch.-P., war Kapellmeister u. hinterließ 2 Opern. Sein Vater Hans begann seine Laufbahn als Nachfolger des Großvaters. Er hinterließ ebenfalls Opern u. Chöre. Hans H. Ch.-P. studierte 1920–26 an der Berliner Musikhochschule bei H. Becker (Cello) u. bei P. Juon (Komposition). 1929 Dozent der Hochschule für Musik in Berlin-Charlottenburg u. 1965–68 deren stellvertretender Direktor. In seinen Kompositionen verbindet Ch.-P. die Polyphonie eines J. S. Bach mit modernen Klangvorstellungen.

Zu Ch.-P. Werken gehören die Kammeroper *Der gefangene Vogel* (1927); die Opern *König Nicolo* (1962) u. *Die Komödiantin* (1968); 2 Sinfonien (1932 u. 1949); die Orchesterwerke *Orchesterprolog* (1939), Konzert für Orch. (1944) u. Konzert für Org., Streichorch. u. Pk. (1963); die Chorwerke *Schönheit dieser Welt* (Motette 1931), 8st. *Chortriptychon* (1933), *Von der Eitelkeit der Welt* (Kantate 1936), *Werkleute sind wir* (Kantate 1944), die Psalmen 90 u. 150 für Chor u. Orch. (1953 u. 1954), *Prooemion* nach Goethe (1960), 98. Psalm (1961), 3 Motetten für 4–6st, gem. Chor a cappella (1970) u. *Kassandras Tod* (dramatische Kantate 1975); außerdem Kammermusik u. Gesänge.

Cherubini, M. Luigi Z. C. S., ital. Komponist, * 14. 9. 1760 Florenz, † 13. 3. 1842 Paris. Sohn des Maestro al cembalo Bartolomeo Ch. am Teatro della Pergola in Florenz. Erhielt mit 6 Jahren seinen ersten Musikunterricht u. fing mit 9 an zu komponieren. Zu seinen ersten Lehrern gehörten B. u. A. Felici, R. Bizzarri u. J. Castrucci. Von seinen frühen Kompositionen wurde bereits 1773 eine Messe in Florenz aufgeführt. 1778 erhielt Ch. ein Stipendium des Großherzogs von Toskana, des späteren Kaisers Leopold II. Ch. wurde Schüler u. später Assistent von G. Sarti in Venedig u. Mailand. Sarti ließ den außergewöhnlich begabten Ch. bald kleinere Arien u. verbindende Rezitative für seine Opern komponieren u. verschaffte ihm auch den Auftrag zu der Oper *Quinto Fabio*, die Ch. 1780 für Alessandria komponierte. Weitere Aufträge für Florenz, Livorno, Venedig u. Mantua schlossen sich an. 1784 folgte er einer Einladung nach London, wo er *Demetrio* (1785, Pasticcio), *La finta principessa* (1785), *Artaserse* (1785, Pasticcio) u. *Giulio Sabino* (1786) herausbrachte. Für die Saison 1786–87 wurde er sogar zum Königlichen Hofkomponisten ernannt. 1788 löste er mit einer *Ifigenia in Aulide* ein Turin gegebenes Versprechen ein u. ließ sich anschließend dem Rat G. B. Viottis folgend in Paris nieder. Noch im gleichen Jahr kam dort sein *Démophoon* auf ein Libretto von J.-F. Marmontel an der Opéra zur Aufführung. Die mäßige Aufnahme dieser Oper ist durch das ungenügende Libretto u. Anfangsschwierigkeiten im Umgang mit der franz. Sprache erklärlich. Durch Viotti in die Adelskreise eingeführt, übernahm Ch. die musikalische Leitung der Ital. Oper, für die der Parfumeur von Marie Antoinette eine Lizenz erhalten hatte. Nach einem Debüt unter der Protektion des Grafen von Provence in den Tuilerien 1789 u. einem durch die Revolution bedingten Ausweichen in eine Markthalle von St. Germain wurde das Théâtre Feydeau 1791 mit L. Persuis *La nuit espagnole* eröffnet. Bereits als zweite Oper kam Ch. *Lodoïska* heraus, der *Elisa* (1794), *Médée* (1797), *L'hôtellerie portugaise* (1798), *La punition* (1799), *La prisonnière* (1799), *Les deux journées ou Le porteur d'eau* (1800, dt.: *Der Wasserträger*) u. a. folgten. Es gelang Ch. aber nicht, in diesen unruhigen Zeiten ein weiteres Stück bei der Opéra unterzubringen. Napoleon zog die ital. Musik eines G. Paisiello dem neuen dramatischen Stil Ch. vor u. machte aus seiner Abneigung gegen diesen keinen Hehl. Die einzige offizielle Auszeichnung, die Ch. in diesen Jahren zuteil wurde, war die Ernennung zum Inspektor des neugegründeten Conservatoire 1795 neben J.-F. Le Sueur, A.-E.-M. Grétry, F.-J. Gossec u. E. N. Méhul. 1805 erhielt er einen Kompositionsauftrag aus Wien. Er brachte dort mit großem Erfolg *Lodoïska* heraus, während er nach einem Libretto von J. von Sonnleithner *Faniska* komponierte. Während dieses Wien-Aufenthalts machte Ch. die Bekanntschaft J. Haydns u. L. van Beethovens, die beide einen großen Zeitgenossen in ihm erkannten. Im gleichen Jahr wurde Wien von napoleonischen Truppen besetzt. Beethovens *Fidelio* kam noch zur Aufführung, aber Ch. *Faniska* wurde auf Anfang 1806 verschoben. Napoleon beauftragte Ch. mit der Leitung der Hofkonzerte, die während seiner Anwesenheit in Wien u. Schönbrunn stattfanden, u. scheint sich mehrmals mit dem Komponisten über musikalische

Fragen unterhalten zu haben. Ähnlich wie schon W. A. Mozart mußte sich auch Ch. vorwerfen lassen, er komponiere mit zu vielen Noten. Wieder in Paris, geriet Ch. in eine tiefe schöpferische Krise. Er komponierte so gut wie nichts, zeichnete u. beschäftigte sich mit botanischen Studien. 1808 folgte er mit D.-F.-E. Auber einer Einladung nach Belgien, wo er sich auf Schloß Chimay erholte. Dort komponierte er Teile seiner Messe in F-Dur zur Aufführung in der Dorfkirche. Die ganze Messe wurde 1809 mit außergewöhnlichem Erfolg in Paris gegeben. Da Ch. gleichzeitig mit neuen Opern weit weniger Glück hatte, begann er sich mit Instrumentalmusik zu beschäftigen. 1815 folgte er einer Einladung der Philharmonischen Gesellschaft nach London u. komponierte dort eine Sinfonie in D-Dur, eine Ouvertüre u. eine 4st. Hymne. Inzwischen hatten die Bourbonen die Gewalt wieder an sich gebracht u. ließen Ch. die Ehren zuteil werden, auf die er zur Zeit Napoleons hatte verzichten müssen. 1816 erhielt er eine Anstellung als Kompositionsprofessor u. wurde neben J.-F. Le Sueur zum Surintendant de la musique du Roi ernannt. In dieser Position schrieb er mehrere Messen u. Motetten. 1822 übernahm er die Leitung des Conservatoire, die er erst kurz vor seinem Tode aus Krankheitsgründen abgab. Von seinen weiteren Kompositionen seien 2 Requiem, ein 8st. Credo u. die Streichquartette erwähnt. 1835 veröffentlichte er einen »Cours de contrepoint« (dt. von F. Stöpel als »Theorie des Kontrapunkts u. der Fuge«, Leipzig 1836). Ein eigenhändiger Titelkatalog erschien 1843, hg. von Bottée de Toulmon in Paris. Ch. gilt als Reformer der franz. Oper u. Begründer des neuen Stils, der die franz. Oper in der 1. Hälfte des 19. Jh. führend machte. Charakteristisch für ihn ist die motivische Durcharbeitung der Begleitstimmen u. die perfekte Verschmelzung von Wort u. Musik. Schon im *Wasserträger* setzt die Auflösung der Nummern-Oper ein. Ebenso schaffte Ch. die rein virtuosen Auftritts-Arien zugunsten eines melodisch-dramatischen Flusses ab. In Frankreich hat er sich besonders für das Werk L. van Beethovens eingesetzt.

Ch. Opernschaffen umfaßt: *Quinto Fabio* (1780), *Armida abbandonata*, *Adriano in Siria* u. *Mesenzio rè d'Etruria* (1782), *Lo sposo di tre, marito di nessuna* (1783), *L'Idalide* u. *Alessandro nell' Indie* (1784), das Pasticcio *Demetrio*, *La finta principessa* u. das Pasticcio *Artaserse* (1785), *Giulio Sabino* u. *Didone abbandonata* (1786), *Ifigenia in Aulide* u. *Démophoon* (1788), *Lodoïska* (1791), *Elisa ou Le voyage au glaciers du Mont St.-Bernard* (1794), *Médée* (1797), *L'hôtellerie portugaise* (1798), *La punition* u. *La prisonnière* (letztere zusammen mit F.-A. Boieldieu, 1799), *Les deux journées ou Le porteur d'eau* (1800), *Épicure* (zusammen mit E. N. Méhul, 1800), *Anacréon ou L'amour fugitif* (1803), *Faniska* (1806), *Pimmalione* (1809), *Le crescendo* (1810), *Les Abencérages ou L'étendard de Grenade* (1813), *Bayard à Mézières* (zusammen mit Boieldieu, Ch.-S. Catel u. N. Isouard, 1814), *Blanche de Provence ou La Cour des fées* (zusammen mit H.-M. Berton, F.-A. Boieldieu, R. Kreutzer u. F. Paër, 1821) u. *Ali Baba ou Les quarante voleurs* (unter Verwendung von Musik aus der unvollendeten Oper *Koukourgi*, 1833).

Lit.: R. Hohenemser, L. Ch., Leipzig 1913 (Nachdr. Wiesbaden 1969); L. Schemann, Ch., Stuttgart 1925; C. Schroeder, Chronologisches Verzeichnis der Werke L. Ch. unter Kennzeichnung der in der Musikabteilung der Berliner Staatsbibliothek erhaltenen Handschriften, Beiträge zur Musikwissenschaft III, 1961; C. F. Reynolds, L. Ch., Ilfracombe, Devon, 1963; B. Deane, Ch., London 1965; H.-J. Irmen (Hg.), L. Ch. – Leben u. Werk, aus dem Englischen des E. Bellasis übersetzt von J. Rheinberger, Regensburg 1972.

Chester, J. & W., Ltd., engl. Musikverlag, der aus der von John u. William Ch. 1860 in Brighton gegründeten Musikalienhandlung u. -leihbibliothek hervorgegangen ist. Mit der Übernahme durch O. M. Kling 1915 wurde die Firma nach London verlegt. 1957 ging die Mehrheit an den dän. Hansen Musik-Forlag in Kopenhagen über. Der Verlag machte sich zu Anfang einen Namen durch die Vertretung des zeitgenössischen russ. u. franz. Repertoires sowie das Ausleihen von Noten vorwiegend zeitgenössischer Werke. Verlegt wurden u. a. Werke von M. de Falla, G. F. Malipiero, Lord Berners, I. Strawinsky und A. Casella, später lag die Betonung auf neueren engl. Komponisten wie L. Berkeley u. A. Hopkins. Eine Zeitschrift mit dem Titel »The Chesterian« erschien 1915–40 u. noch einmal 1947–61.

Chevreuille, Raymond, belg. Komponist, * 17. 11. 1901 Brüssel-Watermael, † 9. 5. 1976 Brüssel. Studierte bei G. Minet u. F. Rasse am Brüsseler Konservatorium u. arbeitete als Tonmeister beim Belgischen Rundfunk. In seinen Kompositionen verband er tonale, atonale u. modale Vorstellungen, wobei es ihm hauptsächlich auf differenzierteste Harmonien ankam.

Zu Ch. Werken gehören: die Ballette *Cendrillon* (1946), *Le bal chez la portière* (1954) u. *Speleomagie* (1959); 7 Sinfonien (1939, 1944, 1951, 1952, 1954, 1957 u. 1964); 1 Sinfonie für Kammerorch. (1958); sinfonische Suiten; Konzerte; *Prière pour les condamnés à mort* für Sprecher u. Kammerorch. (1944); Hörspielmusiken u. Kammermusik, u. a. 6 Streichquartette.

Chiarini, Pietro (Il Brescianino), ital. Komponist, * um 1717 Brescia, † in Cremona. Lebte wahrscheinlich bis 1744 in Venedig, wo auch 4 seiner 5 Opern zur Aufführung kamen. Wurde Kapellmeister der Stadt Cremona u. brachte dort 1754 sein Intermezzo *La Donna Dottoressa* heraus. Er wird zum letzten Mal 1765 als Kapellmeister von Cremona erwähnt.

Ch. komponierte neben einem Weihnachtsoratorium (1744) die Opern *Argenide* (1738), *Achille in Sciro* (1739), *Statira* (1741), *Artaserse* (1742) u. *Meride e Selinunte*

(1744). Außerdem kann man ihm heute die beiden Intermezzi *Amor fa l'uomo cieco* u. *Il geloso schernito* zuschreiben, die lange mit G. B. Pergolesi in Verbindung gebracht wurden.

Chiavette (ital. chiavetta: »kleiner Schlüssel«), zusätzliche Schlüssel, die Verschiebung von einer Terz nach oben oder unten anzeigten, um im 4- u. 5st. Satz Hilfslinien zu vermeiden. Die Normalschlüssel setzten sich erst im 17. u. 18. Jh. durch (→ Schlüssel).

Chicago Jazz, ein Stil der 20er Jahre, der sich aus dem Dixieland entwickelte u. in den Swing überleitete. Er entstand, als sich die Schwarzen aus dem Süden auf der Suche nach Arbeit in den Industriestädten des Nordens, besonders in Chicago, niederließen. Während der Prohibition wurde die laute Trompete durch Kornett u. Klarinette ersetzt, um die Polizei nicht auf den illegalen Alkoholausschank aufmerksam zu machen. Anstelle der üblichen Chorusse wurde auf die ältere Form des Wechselgesangs zurückgegriffen. Das förderte die Improvisation u. machte auf Talente wie den weißen Kornettisten Bix Beiderbecke aufmerksam.

Chisholm, Erik, engl. Komponist, Dirigent u. Pianist, * 4. 1. 1904 bei Glasgow, † 7. 6. 1965 bei Kapstadt. Studierte bei D. F. Tovey an der Universität von Edinburgh. Nahm in Glasgow eine Organistenstelle an u. wurde 1930 Kapellmeister an der Glasgow Grand Opera Society. 1945 erhielt er einen Ruf als Professor an die Universität in Kapstadt.

Zu Ch. Kompositionen gehören: die Oper *The Isles of Youth,* die Kurzopern *Simoon, Dark Sonnet* u. *Before Breakfast* sowie *The Inland Woman,* die Ballette *The Forsaken Mermaid, The Earth Shapers* u. *The Pied Piper of Hamelin,* 2 Sinfonien, Ouvertüren, 2 Klavierkonzerte, Kammermusik u. Klaviermusik, u. a. 24 Preludes u. *The Edge of the Great World.*

Chladnische Klangfiguren sind erstmals von dem Physiker E. F. F. Chladni sichtbar gemachte Schwingungsmuster auf Metallteilen. Er versetzte Metallplatten, die mit feinem Sand oder Korkpulver bestreut waren, in Schwingungen u. konnte so feststellen, wo sich die Partikel an Ruhepunkten konzentrierten u. wo sie von den Schwingungen verdrängt wurden. Das Wissen um die Ch. K. ist insbesondere für die Fertigung von Metallteilen wichtig, die ständig starken Vibrationsbelastungen ausgesetzt sind.

Cholminow, Alexandr N., sowj. Komponist, * 8. 9. 1925 Moskau. Studierte am Moskauer Konservatorium bei A. Alexandrow u. E. Golubew 1944–50. Erhielt 1959 den 1. Preis beim Wettbewerb junger Komponisten in Wien.

Zu Ch. Kompositionen gehören die Opern *Optimistische Tragödie* (1965) u. *Anna Snegina* (1967), Orchesterwerke, Lieder, Bühnen- u. Filmmusiken.

Chopin, Fryderyk F. (franz. Frédéric F.), poln. Komponist u. Pianist, * 22. 2. 1810 Zelazowa-Wola, † 17. 10. 1849 Paris. Seine Großeltern, der Stellmacher François Ch. u. seine Ehefrau Marguerite, geb. Deflin, stammten aus lothringischen Bauerngeschlechtern. Frédérics Vater Nicolas wurde am 15. 4. 1771 in Marainville geboren. Mit 17 Jahren verließ er Frankreich, wanderte nach Polen aus u. fand Anstellung als Buchhalter in einer unter franz. Leitung stehenden Tabakfabrik. Man hat vermutet, daß Nicolas auf diese Weise dem Kriegsdienst entgehen wollte. Während des poln. Aufstands im Jahre 1794 brachte er es in der poln. Miliz zum Offizier. Doch die Russen schlugen die Erhebung nieder u. leiteten die 3. poln. Teilung ein. Nicolas fristete sein Leben in dieser Zeit als Hauslehrer, da ihm ein Asthmaleiden die Rückkehr nach Frankreich unmöglich machte. Als Hauslehrer der Familie Skarbek heiratete er 1806 eine entfernte Kusine der Gräfin, Tekla-Justyna Krzyzanowska, u. richtete sich auf dem Gut in Zelazowa-Wola ein. Hier kamen 1807 Ludwika u. 1810 Frédéric zur Welt. Die anderen beiden Schwestern, Isabella u. Emilia, wurden 1811 bzw. 1813 in Warschau geboren. Über Ch. Geburtsdatum bestehen immer noch Zweifel. Der Taufschein gibt zwar den 22. 2. 1810 an, einiges, einschließlich der eigenen Angaben Ch., spricht jedoch dafür, daß er am 1. 3. zur Welt kam. Im Herbst des gleichen Jahres zog die Familie nach Warschau. Nicolas wurde Französischlehrer am Lyzeum, später auch an der Artillerie- u. Ingenieursschule. In der Dienstwohnung des Vaters war genügend Platz für Pensionäre, mit denen die Mutter zusätzliches Geld verdiente. Einige von ihnen, wie z. B. Julian Fontana, wurden zu lebenslangen Freunden Ch. Das große Interesse des Kindes für das Klavier wurde bemerkt u. der Tscheche A. Zywny als Lehrer engagiert. Dieser Unterricht dauerte von 1816 bis 1822 u. war eigentlich die einzige pianistische Schulung, die der junge Ch. je erhalten hat. Er improvisierte stundenlang auf dem Klavier u. versuchte sich an ersten Kompositionen. 1817 wurde einer seiner Märsche von der Militärkapelle des Großfürsten Konstantin gespielt, jenes launischen Stadthalters u. Bruders des Zaren, der sich häufiger durch das Spiel Frédérics die schlechte Laune vertreiben ließ. 1818 spielte Ch. zum ersten Mal öffentlich ein Konzert von A. Gyrowetz. Während er das Lyzeum besuchte (1823–26), entstand bereits sein op. 1, ein Rondo in c-Moll. Bei einem weiteren öffentlichen Auftritt spielte Ch. 1825 ein Konzert von I. Moscheles. Nebenbei erhielt er Privatunterricht von J. Elsner, dem Direktor des neugegründeten Warschauer Konservatoriums, das Ch. 1826–29 besuchte. 1827 komponierte er unter der Aufsicht von Elsner die akademische Sonate c-Moll op. 4. Seinen eigenen musikalischen Vorstellungen folgte Ch. in den Variationen über *Là ci darem la mano* für Kl. u. Orch., die im gleichen Jahr entstanden. Über dieses Stück äußerte sich R. Schumann: »Hut ab, ihr Herren, ein Genie!« Zu den großen Eindrücken während seiner Studienzeit gehörten eine kurze Reise nach Berlin u. die Warschauer Auftritte von N. Paganini u. J. N. Hummel. In Ch. reifte der Entschluß, sich eine Laufbahn als Pianist u. Komponist im Ausland aufzubauen, da er im russ. besetzten Polen keine Zukunft für sich sah. So reiste er im Juli 1829 nach Wien, wo er zwei Akademien im Kärtnertor-Theater veranstaltete. Der Erfolg öffnete ihm die Häuser des musikliebenden Wien. Ch. traf mit vielen Kennern zusammen, die L. van Beethoven oder W. A. Mozart noch persönlich erlebt hatten. Im August 1829 fuhr er nach Warschau zurück. T. Haslinger hatte ihm versprochen, die Variationen über *Là ci darem* zu drucken. Im März 1830 fanden die ersten beiden öffentlichen Konzerte Ch. mit eigenen Werken im Nationaltheater von Warschau statt. Neben seinem Klavierkonzert in f-Moll kamen die *Große Fantasie über poln. Weisen* für Kl. u. Orch. sowie das *Rondo à la Krakowiak*, ebenfalls für Kl. u. Orch., zur Aufführung. Der Publikums- u. Presseerfolg war überwältigend. Man begann, Ch. für den kommenden National-Komponisten Polens zu halten. Sein letztes Konzert in Warschau fand am 11. Oktober 1830 statt. Ch. spielte das inzwischen vollendete Klavierkonzert in e-Moll. Anfang November reiste er ab nach Wien, wo er sich bis Juli 1831 aufhielt. Dann fuhr er über München u. Stuttgart nach Paris. Mit einem Empfehlungsschreiben von Beethovens altem Freund Malfatti ging Ch. zu F. Paër, der ihn mit G. Rossini, dem Direktor der Ital. Oper, u. L. Cherubini, dem Direktor des Conservatoire, bekannt machte. Am 26. 2. 1832 trat er zum ersten Mal in Paris öffentlich auf. Neben anderen Stükken kam F. Kalkbrenners *Große Polonäse* für 6 Kl. zur Aufführung. Es spielten F. Mendelssohn Bartholdy, F. Hiller, G. A. Osborne, W. Sowinski, Ch. u. der Komponist. Ch. war von Kalkbrenner so beeindruckt, daß er sich beinah entschlossen hätte, bei diesem weiteren Klavierunterricht zu nehmen. Hier in der Weltstadt erhielt Ch. Anregungen von F. Liszt, G. Meyerbeer, F. Hiller, H. Berlioz u. V. Bellini u. verkehrte mit A. de Musset, H. de Balzac, H. Heine, E. Delacroix u. A. Mickiewicz. 1834 besuchte er die Festspiele in Aachen u. konzertierte unter der Leitung von Berlioz. Am Weihnachtstag trat er gemeinsam mit Liszt in einer Wohltätigkeitsveranstaltung auf. Es folgten in den ersten Monaten des Jahres 1835 vier weitere Konzerte, dann spielte Ch. für Jahre nicht mehr in der Öffentlichkeit. 1835 traf er seine Eltern zum letzten Mal in Karlsbad, reiste dann weiter nach Dresden, wo er die Gräfin Wodzinska mit ihrer Familie besuchte u. sich in die Tochter Maria verliebte; schließlich machte er Aufenthalt in Leipzig u. traf R. Schumann u. Clara Wieck. 1836 fuhr er zu den Wodzinskis nach Marienbad. Mit der Gräfin wurde eine geheime Verlobung abgesprochen. Auf der Rückreise kam es wieder zu einem Treffen mit Schumann u. Clara Wieck, die bereits Kompositionen von Ch. auf ihre Programme setzte. Im Herbst des Jahres 1836 lernte er die Schriftstellerin Aurore Dudevant kennen, die sich George Sand nannte. Von der einseitigen Auflösung der Verlobung mit Maria erfuhr er während eines Englandaufenthalts mit Camille Pleyel. Aus der anfänglichen Abneigung gegen George Sand entwickelte sich um 1838 ein leidenschaftliches Verhältnis, das später einer Mutter-Sohn-Beziehung Platz machte. Erst 1847 zerbrach diese Freundschaft durch die Intrigen um die Verheiratung von George Sands Tochter Solange. Um sein stärker werdendes Brustleiden zu kurieren, verbrachten Ch., George Sand u. deren beide Kinder den Winter 1838–39 auf Mallorca. Die Bevölkerung, die in Ch. Schwindsucht eine äußerst ansteckende Krankheit fürchtete, verhielt sich feindselig. Schließlich kamen sie in dem naßkalten Kloster Valldemosa unter. Dort entstanden die 24 Préludes in ihrer endgültigen Form. Krank u. erschöpft kehrte Ch. im Frühjahr über Barcelona u. Marseilles auf den Landsitz der Sand in Nohant zurück. Dort verbrachte er den Sommer 1839 u. beendete die b-Moll-Sonate. Im Herbst kehrte er gestärkt nach Paris zurück u. trat im Oktober gemeinsam mit I. Moscheles vor dem franz. Königshaus auf. Bis zur Trennung von George Sand verlief sein Leben in geregelten Bahnen. Die Sommer verbrachte er auf dem Landsitz in Nohant, während der Saison gab er hin u. wieder Konzerte u. erteilte den Damen der Pariser Gesellschaft Klavierunterricht. Überhaupt gehörte Ch. zu den gesuchtesten u. bestbezahlten Lehrern in Paris, nachdem die Baronin Rothschild als erste bei ihm Stunden genommen hatte.

Den Revolutionswirren des Jahres 1848 entging er, indem er eine seit langem ausgesprochene Einladung seiner ehemaligen Wiener Schülerin Jane Stirling zu einem Besuch nach England annahm. Konzerte u. gesellschaftliche Auftritte raubten dem überall gefeierten Künstler die letzte Lebenskraft. Völlig erschöpft kam er im November 1848 nach Paris zurück. Die Stirlings unterstützten den kränkelnden Ch. großzügig, da dieser weder komponieren noch unterrichten konnte. Im Sommer 1849 bat er seine Schwester Ludwika, zu ihm zu kommen. Sie traf am 8. August in Paris ein, am 17. Oktober starb Ch. Als Musiker läßt sich Ch. keiner Schule zuordnen. Seinen Klavierstil fand er selber, Werke anderer Komponisten spielte er so gut wie nie, das musikalische Handwerk des Orchestrierens machte ihm Schwierigkeiten, u. die Durchführung eines musikalischen Gedankens in strenger Form lag ihm nicht. Deshalb beschränkte er sich später ganz auf die Komposition von Klavierstücken, während er in Warschau u. anfangs in Paris noch dem Geschmack der Zeit mit virtuosen Konzertstücken für Klavier u. Orchester gehuldigt hatte. In seinen Kompositionen für Klavier gelangen ihm Klangfarben, eine Stimmung u. Kantabilität, die man sonst von diesem Instrument nicht gewohnt war. Nach Augenzeugenberichten war er auch beim Spiel neben aller selbstverständlichen Virtuosität, die nach Meinung mancher Kritiker nicht hinter der S. Thalbergs oder F. Liszts zurückstand, zu Nuancen fähig, die man bis dahin für unvereinbar mit dem Instrument gehalten hatte. Dabei gründete sich sein Ruhm als Virtuose auf kaum mehr als 30 öffentliche Auftritte während seines ganzen Lebens! Nicht die franz. Musik hat ihn beeinflußt, wie so häufig behauptet worden ist. Im Gegenteil, Ch. beeinflußte mit seiner rhythmischen Differenziertheit, seiner modulationsreichen u. auf R. Wagner vorausweisenden chromatischen Harmonik u. seinem Klangzauber die nachfolgende Generation franz. Komponisten. Er selber schöpfte aus der poln. Folklore in seinen Mazurken u. Polonaisen, hat Elemente der ital. Oper verarbeitet, entwickelte die Form des von J. Field populär gemachten Nocturne u. ließ sich von J. S. Bachs *Wohltemperiertem Klavier* zu seinen Préludes inspirieren.

Um bestimmte Klangeffekte zu erreichen, scheute Ch. auch nicht vor unorthodoxen Fingersätzen zurück. Die Summe seiner pianistischen Ausdrucksmöglichkeiten faßte er in den 12 F. Liszt (op. 10) u. den 12 Marie d'Agoult (op. 25) gewidmeten Etüden zusammen. Ihnen darf man noch die drei Etüden aus dem Jahr 1840 zurechnen, die für I. Moscheles' und F.-J. Fétis' »Methode der Methoden« bestimmt waren.

Ch. komponierte Werke mit Orch.: Variationen über *Là ci darem la mano* in B-Dur op. 2 (1827); Klavierkonzert in e-Moll op. 11 (1830), *Grande Fantasie sur des airs polonais* in A-Dur op. 13 (1828); *Krakowiak,* Konzertrondo in F-Dur op. 15 (1828); Klavierkonzert in f-Moll op. 21 (1829) u. *Grande Polonaise brillante* in Es-Dur op. 22 (1830–31).

Kammermusik: Introduktion u. Polonaise für Vc. u. Kl. op. 3 (1829–30); Trio für Kl., V. u. Vc. op. 8 (1828–29) u. Sonate für Vc. u. Kl. op. 65 (1845–46).

Alle anderen Werke mit Ausnahme der nachgelassenen Melodie für Gesang u. Kl. sowie dem Grand Duo für Vc. u. Kl. über Themen aus Meyerbeers *Robert le diable* sind für Klavier komponiert. Neben den bereits erwähnten Etüden op. 10 u. op. 25 sowie den Préludes op. 28 (1836–39) sind es die Sonaten in c-Moll op. 4 (1827), in b-Moll op. 35 (1837–39) u. in h-Moll op. 58 (1844), die Walzer, Scherzi, Impromptus, Polonaisen, Mazurken, Nocturnes u. Balladen. Mit zu seinen letzten Kompositionen gehört die Barcarolle op. 60 (1845–46).

GA der Werke: hg. von W. Bargiel, J. Brahms, F. Liszt, C. Reinecke u. E. Rudorff, 13 Bde. u. Supplement, Leipzig 1878–80; E. Ganche, The Oxford Original Edition of Ch., 3 Bde., London 1936; GA von I. J. Paderewski, J. Turczyński u. L. Bronarski, 21 Bde., Warschau u. Krakau 1949–61; Nationalausgabe der Werke Ch., hg. von J. Ekier, Krakau ab 1967.

Lit.: F. Ch. gesammelte Briefe, hg. u. übersetzt von B. Scharlitt, Leipzig 1911; H. Opienski, Collected Letters of Ch., New York 1931; Jahrbücher der Internationalen Ch.-Gesellschaft Wien, hg. von F. Zagiba ab 1956; M. J. E. Brown, Ch., An Index of His Works in Chronological Order, London u. New York 1960, revidiert London 1972; Krystyna Kubylanska, Werkverzeichnis, Krakau 1979.

F. Liszt, F. Ch., Paris 1852, Leipzig 1879; W. A. Landowska, F. Ch. et G. Fauré, Brüssel 1946; A. E. Cherbuliez, F. Ch., Zürich 1948; A. Cortot, Aspects de Ch., Paris 1949 (dt. Ch., Wesen u. Gestalt, Zürich 1954); R. Leibowitz, Le secret de Ch., Lüttich 1950; C. Bourniquel, Ch., Paris 1957 (dt. Reinbek bei Hamburg 1959); B. Gavoty, Ch., Paris 1974 (dt. Tübingen 1977).

Chor (griech.: »Tanzplatz«, dann »Reigen«, »Schar der Tänzer«, lat. chorus) war bei den Griechen der mit Gesang verbundene Reigentanz, dem eine besondere Bedeutung bei kultischen Handlungen zukam. Im attischen Drama repräsentierte der Ch. das Volk. Im frühen Christentum bezeichnete man mit Ch. die Sänger der Gemeinde. Als später in der Liturgie die Stellvertretung der Gemeinde auf den Klerus überging, wurde die räumliche Trennung von singendem Klerus u. Gemeinde eingeführt. Der Raum, in dem gesungen wurde, übernahm die Bezeichnung Ch. u. wurde in der weiteren Entwicklung durch einen Lettner vom Kirchenschiff u. der Gemeinde getrennt. Die musikalische Leitung dieses Ch. wurde dem → Kantor übertragen. Mit dem evangelischen Gemeindegesang erlebte der Chorgesang eine neue Blüte. Gleichzeitig wurde der Ch. auch in Oper u. Kantate als Stimme des Volkes (→ Turbae) eingesetzt. Neben gem. Chören, bei denen S. u. A. von Frauen, T. u. B. von Männern gesungen werden, gibt es reine Männer-Ch., Frauen-Ch. u. Kinder-Ch. Unabhängig von der sakralen Ch.-Musik wurde das weltliche Ch.-Lied in der Romantik besonders gepflegt, wie sich aus der Gründung der vielen → Liedertafeln im 19. Jh. ersehen läßt. Man verstand Ch.-Gesang zu dieser Zeit wieder als repräsentativen Ausdruck einer Gemeinschaft.

Choral (lat. Adjektiv zu Chor) bezeichnet im späten Mittelalter alle 1st. lateinischen Gesänge der katholischen Kirche. Auch die evangelischen Gemeindelieder, die häufig auf vorreformatorische Kirchenlieder zurückgehen, nennt man Ch. Seit dem Ende des 16. Jh. ist Ch. die allgemeingültige Bezeichnung für das volkssprachliche evangelische Kirchenlied. In der weltlichen Kunstmusik wird mit der Einführung des Ch. häufig ein erhabenes oder religiöses Gefühl ausgedrückt, so z. B. in L. van Beethovens 9. Sinfonie.

Choralbearbeitung. 1. Mehrstimmige Ausschmückung der überlieferten Kirchengesänge, z. B. des Graduale, der Hymnen, Sequenzen u. Responsorien. Hinzu kam mit der lutherischen Reform das deutsche Kirchenlied. Die Ch. bestand entweder aus einfachem Kontrapunkt oder der Einarbeitung weiterer überlieferter Melodien oder anderer Texte neben dem liturgischen C. f. Das Festhalten an dem überlieferten C. f. legte der Ch. gravierende Beschränkungen im Vergleich zu den freieren Kompositionsarten auf. Erst mit der Einführung der nicht an den C. f. gebundenen Solostücke erreichte die Ch. in J. S. Bachs Choralkantaten ihren Höhepunkt. Mit den Säkularisierungsbestrebungen des 19. Jh. geriet die Ch. in Vergessenheit. Erst die kirchenmusikalischen Reformbestrebungen der Neuzeit brachten wieder Werke wie die H. Distlers u. E. Peppings hervor. **2.** Ch. für Tasteninstrumente u. vornehmlich für die Orgel. Hierbei wird die Choralmelodie als C. f. verwandt. Dazu gehört das Choralvorspiel während des Gottesdienstes aber auch das Orgelkonzert. J. Pachelbel, D. Buxtehude u. J. S. Bach führten die Kunst der Ch. zu ihrer größten Blüte.

Choralbegleitbuch, Sammlung evangelischer Kirchenlieder als Grundlage zur Orgelbegleitung des Gemeindegesangs.

Choralnotation nennt man die beiden Systeme, die sich im 13. Jh. zur Notation des liturgischen Gesangs herausgebildet haben. Es ist einmal die gotische Ch. (rhombische Form) u. zum anderen die römische Ch. (quadratische Form). Sie gingen beide aus der Neumenschrift hervor, verwenden hauptsächlich ein Vierliniensystem u. geben Tonhöhen bzw. tiefen an.

Chorbuch, ein großformatiges, häufig besonders verziertes Buch, aus dem die Sänger des Kirchenchors gemeinsam singen konnten. Es wurde auf ein Pult gestellt u. mußte in seinem Notenbild auch aus einiger Entfernung lesbar sein. Entsprechend den Anordnungen der Stimmen in der Chorpolyphonie wurden diese in Blöcken auf einander gegenüberliegende Recto- u. Verso-Seiten geschrieben. Dabei gibt es je nach Aufstellung verschiedene Varianten.

Chordophone (griech.: »Saitenklinger«), Instrumente, bei denen der Ton durch Anschlagen, Anreißen, Reiben, Streichen oder Anblasen von Saiten erzeugt wird.

Choreografie (von griech.: »Reigen« u. »schreiben«) bezeichnet die Versuche, tänzerische Bewegungsabläufe aufzuzeichnen. Seit dem 18. Jh. auch gebräuchlich für die Tätigkeit, Schrittfolgen zu einer vorgegebenen Musik zu entwerfen. Daher auch der Choreograf. In der Ballettsprache hat sich für die Person, die bei der Einstudierung eines neuen Balletts die Schrittfolgen aufzeichnet, der Ausdruck Choreologe u. für dessen Tätigkeit das Wort Choreologie eingebürgert. → Ballett

Chorton heißt der Stimmton der Orgel, der bis ins 19. Jh. für Kirchen- u. Schulchöre maßgebend war. Seine Höhe schwankte zeitlich u. örtlich.

Chorus (engl. »Chor«, »Refrain«). Ursprünglich wurde mit Ch. im Jazz die sich ständig wiederholende Refrainmelodie bezeichnet, deren Harmoniegerüst u. Taktzahl immer gleich blieb. Im individuellen oder kollektiven Ch.-Spiel der Jazzmusiker mit Verzierungen des ursprünglichen Themas bürgerte sich der Begriff Ch. auch für Solo ein. In der weiteren Entwicklung verselbständigte sich der Ch. so weit, daß er häufig neu komponiert wurde u. mit dem eigentlichen Thema nichts mehr zu tun hatte.

Chou, Wen-chung, amer. Komponist chin. Herkunft, * 29. 6. 1923 Chefu, China. Kam 1946 in die Vereinigten Staaten u. studierte am New England Conservatory bei N. Slonimsky und C. McKinley sowie an der Columbia University u. bei E. Varèse, B. Martinů u. O. Luening. Nach Lehraufträgen an verschiedenen Instituten seit 1969 Chairman der Division of Music an der Columbia University. Beschäftigt sich in Vorträgen u. Radiosendungen mit zeitgenössischer u. asiatischer Musik. C. ist der Nachlaßverwalter seines einstigen Lehrers E. Varèse.

Zu Ch. Kompositionen gehören: die Orchesterwerke *Landscapes* (1949), *All in the Spring Wind* (1953), *In the Mode of Shang* (1956), *And the fallen Petals* (1960), *Metaphors* (1961) u. *Riding the Wind* (1964); die Kammermusikwerke *3 Folksongs* für Hf. u. Fl. (1950), Suite für Hf. u. Bläserquintett (1951), *Cursive* für Fl. u. Kl. (1963), *The Dark and the Light* für Kl. Schlagzeug u. Streicher (1964), *Yu Ko, Fisherman's Song* für 9 Instr. (1965) u. *Pien*, Kammerkonzert für Kl., Bläser u. Schlagzeug (1966); Klavier- u. Vokalwerke sowie Musiken zu Dokumentarfilmen.

Choudens, Pariser Musikverlag, 1845 von Antoine de Ch. gegründet. Die Geschäftsführung ging dann an die beiden Söhne Paul u. Antony über, ab 1890 bis 1925 an Paul de Ch. u. nach dessen Tod an seine Schwiegersöhne Gaston Chevrier u. André Leroy. Nach dem Tod des letzteren leitet André, Sohn von Gaston Chevrier, den Verlag allein. Die Verlegertätigkeit begann mit der Herausgabe einer Sammlung unter dem Titel »I canti d'Italia«. Ch. verlegte viele Werke von H. Berlioz, G. Bizet (insbesondere dessen *Carmen*), A. Bruneau, Ch. Gounod, E. Lalo, E. Reyer u. E. Audran. In neuerer Zeit wurde die Verlagstätigkeit auf zeitgenössische Musik, Unterrichts- u. Filmmusik ausgedehnt.

Chrennikow (Chrennikov), Tichon N., sowj. Komponist, * 10. 6. 1913 Jelez. Studierte 1932–36 am Moskauer Konservatorium bei W. Schebalin Komposition u. schrieb als Diplomarbeit seine Sinfonie in b (1935). 1941–54 Leiter der Musikabteilung des Zentralen Theaters der Sowjetarmee. 1948 Generalsekretär des Sowj. Komponistenverbandes u. ab 1957 dessen 1. Sekretär. War an der Verurteilung von Komponisten wie S. Prokofjew wegen ihres Formalismus maßgeblich beteiligt. Ab 1963 Lehrer für Komposition am Moskauer Konservatorium.

Zu Ch. Werken gehören: die Opern *Im Sturm* (1939, umgearbeitet 1952), *Frol Skobejew* (1949, umgearbeitet 1950 als *Der heimatlose Schwiegersohn), Die Mutter* (1956), *In der Leitung* (1963) u. *Viel Lärm um nichts* nach W. Shakespeare (1974); die Kinderoper *Der Junge als Riese* (1970); die Operetten *100 Teufel und eine Jungfrau* (1961) u. *Die weiße Nacht* (1967); 3 Sinfonien (1935, 1943 u. 1974); Schauspielmusiken; Konzerte für Kl. (1933 u. 1971), V. (1959 u. 1975) u. Vc. (1964) u. Orch.; Ballett *Love for Love* (1975); Kammermusik, u. a. 3 Stücke für V. u. Kl. (1978); Lieder; Romanzen u. Filmmusiken.

Chrétien de Troyes, franz. Trouvère, * wahrscheinlich nach 1120, † vor 1195. Bedeutendster altfranz. Dichter, dessen Versromane »Guillaume d'Angleterre«, »Erec«, »Cligès«, »Lancelot«, »Yvain« u. »Perceval« den mittelhochdeutschen Dichtern als Vorlage gedient haben. Die ihm zugeschriebenen 5 erhaltenen Lieder sind frühe Zeugnisse altfranzösischer Autorenlyrik.

Christophorus Verlag Herder GmbH, Freiburg im Breisgau, wurde 1935 von J. Knecht u. J. Diewald als Tochterfirma des Herder Verlags gegründet. Zum Verlagsprogramm gehören Diözesangesangbücher, liturgische Musikalien, Veröffentlichungen zur Schulmusik, Liederbücher u. eine Schallplattenproduktion, vorwiegend mit Orgel- u. Chormusik. Der Verlag gibt außerdem die Vierteljahresschrift »Musik u. Altar« heraus. Die Geschäftsführung liegt in den Händen von Dr. Th. Herder-Dorneich, Dr. H. Herder-Dorneich, J. Diewald u. F. Knoch.

Christou, Jannis, griech. Komponist, * 9. 1. 1926 Heliopolis, † 8. 1. 1970 durch Autounfall in Athen. Studierte 1945–48 bei L. Wittgenstein in Cambridge Philosophie u. bei H. F. Redlich Komposition, anschließend bei A. F. Lavagnino in Siena Instrumentation. Ch. Kompositionen gründen sich hauptsächlich auf serielle Konstruktionen u. sind stark von seinen philosophischen Studien beeinflußt.

Ch. komponierte u. a. die Oper *The Breakdown* (1964), *Die Frau mit dem Strychnin* für 5 Schauspieler, Kammerorch. u. Tonband (1967); 3 Sinfonien (1951, 1958 u. 1962), die sinfonische Dichtung *Die Musik des Phoenix* (1948), 1 Messe für gem. Chor, Blechbläser u. Schlagzeug (1953); *Psalmen Davids* für Bar., Chor u. Orch. (1953); *Sechs Gesänge* für Solo-St. u. Orch. sowie assyrisches Oratorium *Gilgamesh* (1958); das Oratorium *Feurige Zungen* für Orch., 16 St. u. Solisten (1964) u. *Mysterium* für Sprecher, 3 Chöre, Orch., Tonbänder u. Schauspieler (1966).

Chromatik (von griech. chroma: »Farbe«) nennt man die Umfärbung der Grundtöne der Tonleiter durch Versetzungszeichen. Das gilt natürlich nur, solange man die 7stufige Diatonik zur Grundlage des Tonsystems macht. Nur dann lassen sich Wirkungen wie bei C. Monteverdi, C. Gesualdo oder J. S. Bach erzielen. In R. Wagners *Tristan u. Isolde* wird die Ch. zum beherrschenden Stilmittel. Die gehäufte Verwendung der Ch. führt schließlich zur Auflösung der Tonalität, die mit der Gleichsetzung aller 12 Halbtöne erreicht wird.

Chronometer → Metronom

Chronos protos (griech: »erste Zeit«). So wird in der antiken Rhythmuslehre seit Aristoxenos die kleinste rhythmische Zeiteinheit bezeichnet. Das war z. B. in der Metrik die Kürze ᴗ.

Ciaccona → Chaconne

Ciampi, Vicenzo L., ital. Komponist, * 2. 4. 1719 bei Piacenza, † 2. 4. 1762 Venedig. Studierte in Neapel bei F. Durante u. L. Leo u. brachte im Herbst 1737 am dortigen Teatro dei Fiorentini seine erste Oper *Da un disordine nasce un ordine* heraus. Es folgten weitere Opern für Neapel u. Piacenza, wo 1747 wahrscheinlich auch die Erstfassung seiner späteren Oper *Bertoldo alla corte* aufgeführt wurde. Nach einem Aufenthalt in Palermo, wo er seine Oper *Artaserse* 1747 selber dirigierte, schloß er sich einer ital. Operntruppe an, die nach England zog. 1756 scheint er sich wieder in Venedig aufgehalten zu haben. Dort brachte er 1757 die Opern *La clemenza di Tito, Catone in Utica* u. *Il chimico* heraus. Von 1760 bis zu seinem Tode übernahm er die Kapellmeisterstelle des Ospedale degli Incurabili u. schrieb eine Reihe von Kirchenmusikwerken, darunter einige Oratorien. In London u. Paris erschienen von ihm außerdem Sonaten u. Konzerte für Streicher u. B. sowie Org. oder Cemb. Seine Opera buffa *Bertoldo alla corte* wurde in Paris von Favart in *Ninette à la cour* parodiert u. nahm damit Einfluß auf die Entwicklung der franz. Opéra-comique. *Ninette* diente wiederum J. A. Hiller für sein Singspiel *Lottchen am Hofe* zum Vorbild.

Ciconia, Johannes, wallonischer Komponist u.

Theoretiker, * um 1335 Lüttich, † Dezember 1411 Padua. Gehörte zum Gefolge des Kardinals Gilles d'Albornoz bei dessen zweiter italienischer Gesandtschaft. Lernte so die ital. Ars nova kennen, deren Neuerungen er mit franz. Elementen in seinen Kompositionen verband. Ab 1370 in Lüttich, wo ihm Urban V. ein Kanonikat gewährt hatte, ab 1403 in Padua nachgewiesen. Er hinterließ Meßfragmente, Motetten, Virelais, Balladen, Madrigale u. Kanons. Teile seiner Schrift »Nova Musica« existieren in Abschriften unter dem Titel »De Proportionibus«.

Cifra, Antonio, ital. Komponist, * 1584 Terracina, † 2. 10. 1629 Loreto. War Chorknabe an S. Luigi dei francesi in Rom, 1594–96 Schüler von G. B. Nanini u. wirkte als Kapellmeister 1609 am Deutschen Kolleg in Rom, 1609–22 an der S. Casa in Loreto, 1622–25 an S. Giovanni in Laterano in Rom u. dann bis an sein Lebensende wieder in Loreto. C. gehört zu den frühesten Vertretern der Monodie u. des konzertierenden Stils.

Zu C. geistlichen u. weltlichen Kompositionen gehören an die 200 Motetten, Messen, Psalmen, Madrigale, Scherzi, Scherzi et arie u. Ricercari et canzonette.

Cikker, Ján, slowak. Komponist, * 29. 7. 1911 Banská Bystrica. Studierte 1930–35 am Prager Konservatorium, 1935–36 an der Meisterschule in Prag u. 1936–37 an der Musikakademie in Wien. 1939–49 Professor für Theorie u. Komposition am Konservatorium in Bratislava, seit 1949 Vizepräsident des slowak. Komponistenverbandes u. seit 1951 Professor für Komposition an der Hochschule für musische Künste in Bratislava. In seinen Kompositionen verbinden sich moderne Tonsprache u. Folklore.

Zu C. Werken gehören: die Opern *Juro Jánošik* (1954), *Beg Bajasid* (1957), *Auferstehung* (nach Tolstoi, 1962), *Abend, Nacht u. Morgen* (nach Dickens' »A Christmas Carol«, 1963, ursprüngliche Fassung *Tiene*, 1958), *Ein Spiel von Liebe u. Tod* (1969), *Coriolan* (1974) u. *Erdbeben von Chile* (1978); die Orchesterwerke *Léto* u. *Boj* (1941), *Ráno* (1945); *Dramatische Fantasie* (1957); Meditationen über das Thema *Selig sind die Toten* von H. Schütz (1964); *Hommage à Beethoven* (1970); Kantate *Cantus filiorum* (1940); 1 Concertino für Kl. u. Orch. (1942), Kammermusik u. Lieder, insbesondere Bearbeitungen von Volksliedern.

Cilèa, Francesco, ital. Komponist, * 23. 7. 1866 Palmi, † 20. 11. 1950 Varazze. Schüler von B. Cesi (Klavier) u. P. Serrao (Komposition) am Conservatorio di S. Pietro a Majella in Neapel. Noch während seiner Ausbildung wurde 1889 seine erste Oper *Gina* mit großem Erfolg aufgeführt. Der Verleger Sonzogno bestellte darauf eine zweite Oper, die unter dem Titel *La Tilda* 1892 in Florenz herauskam. 1896–1904 war C. Professor für Theorie am Istituto Musicale in Florenz, 1913–16 Direktor des Konservatoriums in Palermo u. bis 1935 Direktor des Konservatoriums in Neapel.

Zu C. Werken gehören weiter die Opern *L'Arlesiana* (1897), in der Caruso seinen ersten großen Erfolg hatte, *Adriana Lecouvreur* (1902) u. *Gloria* (1907, rev. 1932), Orchesterwerke u. Kammermusik.

Cima, 1. Andrea, ital. Komponist des 17. Jh., um 1617 als Organist an S. Maria della Rosa in Mailand belegt, später Domkapellmeister in Bergamo.

Zu C. Kompositionen gehören geistliche Konzerte, die in 2 Büchern (1614 u. 1627) erschienen.

2. Gian Paolo, Bruder von 1., ital. Komponist, * um 1570 in Mailand. Kapellmeister u. Organist an S. Celso in Mailand.

Zu C. Kompositionen gehören 4st. Motetten (1599); Ricercare für Org. (1602); 1–8st. Kirchenkonzerte mit Messen, Falsobordoni u. Sonaten (1610).

Cimarosa, Domenico, ital. Komponist, * 17. 12. 1749 Aversa, † 11. 1. 1801 Venedig. Besuchte die Armenschule der Minoriten in Neapel u. 1761–72 das Conservatorio S. Maria di Loreto, wo er Unterricht von G. Manna, I. Galli, A. Sacchini, F. Fenaroli u. wahrscheinlich auch N. Piccinni erhielt. 1772 komponierte er für das Teatro dei Fiorentini in Neapel *Le stravaganze del conte* u. *Le magie di Merlina e Zoroastro*. In kurzer Zeit wurde C. neben G. Paisiello zum berühmtesten u. gesuchtesten Opernkomponisten Italiens. In den folgenden Jahren hielt er sich jeweils in der Stadt auf, die seine nächste Oper bestellt hatte. Es entstanden u. a. *L'Italiana in Londra* (1778), *Il pittore parigino* (1781), *La ballerina amante* (1782), *L'Olimpiade* (1784) u. *L'impresario in angustie* (1786). 1787 folgte C. einer Einladung Katharinas II. nach Petersburg, wo er drei Jahre lang die Ital. Oper leitete, Kantaten, Vokalwerke u. die Opern *Cleopatra* u. *La vergine del sole* (1789) komponierte. 1792 nahm er in der Nachfolge A. Salieris die Stelle des Hofkapellmeisters in Wien an. Dort lernte er G. Bertati kennen, der ihm das Libretto zu seiner berühmtesten Oper *Il matrimonio segreto (Die heimliche Ehe)* schrieb. Die Premiere fand 1792 statt u. wurde von C. geleitet. Nach dem Tode Leopolds II. kehrte C. nach Neapel zurück, beteiligte sich dort am neapolitanischen Aufstand u. wurde von Napoleon zum Tode verurteilt. Nach seiner Begnadigung beschloß C., wieder nach Rußland zu reisen. Auf dem Wege dorthin starb er in Venedig über der Komposition der Oper *Artemisia*, die er für den Karneval geplant hatte. Von seinen insgesamt 75 Opern sind noch *Artaserse* (1784), *Le astuzie femminili* (1794) u. *Gli Orazi e Curiazi* (1796) hervorzuheben. *Le astuzie* wurde 1920 von S. Diaghilew als Ballettmusik der Vergessenheit entrissen.

Neben seinen Opern komponierte C. Kantaten, Oratorien, 1 Requiem, 1 Konzert für 2 Fl. u. Orch.

u. 32 einsätzige Klaviersonaten. Er gehört zu den besten Vertretern der ital. Opera buffa, die zu seiner Zeit als Unterhaltung das leistete, was man heute von einer guten Operette erwartet.

Cipra, Milo, jugoslaw. Komponist, * 13. 10. 1906 Vareš. Studierte moderne Sprachen u. Philosophie an der Universität u. Komposition an der Musikakademie von Zagreb. Dort ab 1941 Lehrer für Komposition. Machte in seinen Kompositionen eine Entwicklung von der Folklore über den musikalischen Neobarock zur Atonalität durch. Zu seinen Werken gehören Ballettmusiken, Orchesterwerke, Kantaten u. Kammermusik.

CISAC, Abkürzung für Confédération Internationale des Sociétés d'Auteurs et Compositeurs, eine 1926 in Paris gegründete Konföderation, die sich für einen wirksamen Schutz der Urheber in aller Welt einsetzt. Von deutscher Seite gehören ihr die → GEMA als ordentliches Mitglied, die Dramatiker-Union e. V. u. die Verwertungsgesellschaft Wort als assoziierte Mitglieder an.

Čiurlionis, M. Konstantinas, lit. Komponist u. Maler, * 4. 10. 1875 Varena, † 23. 4. 1911 Pustelnik. Studierte Komposition am Warschauer Musikinstitut bei Z. Noskowski u. am Leipziger Konservatorium bei C. Reinecke u. S. Jadassohn. Lebte ab 1909 in Petersburg. Komponierte zuerst im spätromantischen Stil u. entwickelte später ein System von tonalen Grundgestalten oder vorgeprägten Reihen, mit denen er ganz konstruktiv arbeitete.

Zu Č. Werken gehören: die sinfonischen Dichtungen *Im Walde* (1901) u. *Das Meer* (1907), 1 Kantate, die Ouvertüre *Kęstutis*, 1 Streichquartett, Orgel- u. Klavierwerke, Volksliedbearbeitungen.

Clari, Abate Giovanni Carlo M., ital. Komponist, * 27. 9. 1677 Pisa, † 16. 5. 1754 ebd. Studierte bei G. P. Colonna in Bologna u. schrieb dort auch seine einzige Oper *Il savio delirante* (1695). Wurde um 1712 Kapellmeister in Pisa, 1720 in Bologna u. 1736 wieder in Pisa. Zu seinen Kompositionen gehören 11 Oratorien, Messen, Psalmen u. andere Kirchenkompositionen. Besonders beliebt waren seine *Duetti e terzetti da camera* (Bologna 1720), die zum Teil in England mit religiösen Texten unterlegt wurden. G. F. Händel verwandte 5 von C. Duetten in seinem Oratorium *Theodora*.

Clarino (ital.: »hell«) bezeichnet die hohe Lage der Trompete, in der die Naturtöne im Sekundabstand aufeinanderfolgen. Im 17. u. 18. Jh. auch als Name für die hohe Solotrompete gebräuchlich.

Clarke, Jeremiah, engl. Komponist, * um 1674, † 1. 12. 1707 London. Kapellsänger an der Chapel Royal unter J. Blow, 1692–95 Organist in Winchester, ab 1695 an St. Paul's in London u. ab 1703 als Nachfolger Blows Knabenchormeister. 1704 gemeinsam mit W. Croft Organist der Chapel Royal. Erschoß sich am 1. 12. 1707. Über die Gründe gibt es nur Vermutungen. Der damals berühmte u. H. Purcell zugeschriebene *Trumpet Voluntary* stammt aus seinem *Round O. The King of Denmark's March*.

C. komponierte 2 *Services*, 20 Anthems, 10 Chorkantaten, darunter die erste Vertonung von Drydens »Alexander's Feast«, Bühnenmusik, Cembalomusik u. Lieder.

Clavis (lat.: »Holzstück«, »Schlüssel«) wird seit dem 12. Jh. als Bezeichnung für Taste verwandt. Von daher auf Tonhöhe u. Tonbuchstaben übertragen, später auch für den Buchstaben, der Schlüssel u. Akzidenzien angab. In neuerer Zeit vorwiegend in der Bedeutung von Schlüssel gebraucht. Die alte Bedeutung steckt im Wort Klavier.

Clemens non Papa, Jacobus (eigtl. Jacques Clément), franko-fläm. Komponist, * um 1510, * 1555/56 Dixmuiden, Westflandern. Könnte sich seinen Namen zur Unterscheidung von dem in Ypern lebenden Jacobus Papa zugelegt haben. 1544 als Sangmeister an St. Donatian in Brügge erwähnt, 1550 in 's-Hertogenbosch. Er gehörte zu den wichtigsten Komponisten der Zeit vor G. P. Palestrina. Sein Erfindungsreichtum, kontrapunktisch einfacher Satz u. sein Gefühl für vollen Klang wurden gerühmt. J. Vaet schrieb eine Motette auf seinen Tod.

Von C. non P. Kompositionen seien 4 4st., 5 5st. u. 1 6st. Messe (Löwen 1556–60), 11 5st. Motetten (1556), 146 3st. holländ. Psalmlieder, Messen u. franz. sowie niederl. Chansons erwähnt.

Clément, Félix, franz. Komponist u. Musikschriftsteller, * 13. 1. 1822 Paris, † 22. 1. 1885 ebd. War Organist u. Kapellmeister an verschiedenen Pariser Kirchen, zuletzt an der Sorbonne. 1849 dirigierte er Festaufführungen in der Ste-Chapelle, bei denen er auch Musik des 13. Jh. zu Gehör brachte. Diese von ihm in Partitur umgesetzten Kompositionen wurden 1849 als »Chants de la Sainte Chapelle« in Paris veröffentlicht. Zu seinen Kompositionen gehören Chöre für J. B. Racines »Athalie« u. »Esther«, 2 Opern, kirchliche u. weltliche Vokalmusik. Er unterstützte L. Niedermeyer bei der Neugründung des Instituts für Kirchenmusik in Paris. Von seinen Schriften seien »Histoire générale de la musique religieuse« (1860) u. »Méthode complète de plain-chant« (1854) erwähnt.

Clementi, Aldo, ital. Komponist, * 25. 5. 1925 Catania. Studierte 1952–54 am Conservatorio di Musica S. Cecilia in Rom bei G. Petrassi Komposition u. nahm 1961 u. 1962 an den Kursen K. Stockhausens in Darmstadt teil. C. ist Kompositionslehrer am Konservatorium in Pesaro. Führte verschiedentlich Kompositionsaufträge des ital. Rundfunks in den elektronischen Studios in Mailand aus. Arbeitete mit sich selbst vorgegebenen Strukturen verschiedener Dichte u. Spannung u. läßt ab 1961 unter dem Einfluß des Informel in der Malerei den Zufall in seinen Kompositionen zu.

C. komponierte u. a.: Kantate auf Fragmente aus Calderóns »Das Leben ein Traum« für S., Sprecher, Chor u. Kammerorch. (1954); *Episodi* für Orch. (1958); *Ideogrammi n. 1* für 16 Ausführende u. *Ideogrammi n. 2* für Fl. u. 17 Instr. (1959); 7 Szenen aus der Azione musicale *Collage* nach Material des Malers Achille Perilli für 24 Ausführende (1961); *Informel 1* für Kl. u. Schlagzeug (1961); *Informel 2* für 15 Ausführende (1962); *Informel 3* für Orch. (1963); *Variante B* für 36 Instr. (1964); *Reticolo: 11* für 11 Instr. (1966); *Silben* für V., Klar., 2 Kl., Harmonium u. Frauenst.; *Collage 3*, eine elektronische Komposition u. Konzert für Blasorch. u. 2 Kl. (1967).

Clementi, Muzio, ital. Komponist u. Pianist, * 23. oder 24. 1. 1752 Rom, † 10. 3. 1832 in Evesham, Worcestershire. Erhielt ersten Unterricht bei einem Verwandten, dem Organisten Buroni, der ihn an seinen Kollegen Cordicelli weitervermittelte. Dieser erteilte ihm Generalbaßunterricht. Außerdem lernte er bei Carpini Kontrapunkt u. bei Santarelli Gesang. Mit 12 Jahren brachte er bereits ein Oratorium *Il martirio de' gloriosi Santi Girolamo e Celso* zur Aufführung, u. ab 1761 versah er auch bereits nebenher Organistendienste. Der begabte Junge wurde 1766 von dem Engländer Peter Beckford zur weiteren Ausbildung mit nach England genommen. Im Hause seines Gönners bereitete er sich auf die Laufbahn eines Klaviervirtuosen vor, um dann in London ein glänzendes Debut zu geben. 1777–80 war er Cembalist u. damit zugleich Kapellmeister der Ital. Oper in London. 1781 unternahm er seine erste Konzerttournee durch Europa. In Wien machte er die Bekanntschaft J. Haydns u. maß sein pianistisches Können auf Wunsch Josephs II. mit W. A. Mozart. In England beteiligte er sich an der Firma Longman & Broderip, die Klaviere herstellte u. Musik verlegte, u. gründete, nachdem er erhebliche Verluste hatte hinnehmen müssen, sein eigenes Unternehmen. Er nahm auch selber Verbesserungen an der Klaviermechanik vor. Bei einem Treffen mit L. van Beethoven in Wien sicherte er sich die engl. Verlagsrechte von dessen op. 59–62. Verschiedene Konzertreisen führten ihn auch nach Rußland, wo er insbesondere mit einem seiner Schüler, John Field, großen Erfolg hatte. Weiter unterrichtete er J. B. Cramer u. für kurze Zeit auch K. T. Zeuner, A. Klengel, L. Berger u. G. Meyerbeer. 1810 ließ er sich ständig in London nieder, das er nur einige Male verließ, um Aufführungen seiner Sinfonien auf dem Kontinent beizuwohnen. C. wurde von Beethoven hochgeschätzt, der sogar C. Klavierkompositionen zur Verwendung im Unterricht empfahl. C. arbeitete ganz unabhängig von der Wiener Klassik an der Entwicklung der Sonatenform u. komponierte 106 Klaviersonaten, davon 60 für Kl. solo, die anderen mit V., Vc. u. Fl. Außerdem schrieb er die 100 Studien des »Gradus ad Parnassum« (1817), die heute noch im Gebrauch sind. Von seinen ca. 20 Sinfonien sind nur 4 erhalten. Er veröffentlichte außerdem »Méthode pour le piano-forte« (Paris 1801, Neuauflage 1802 unter dem Titel »Introduction à l'art de toucher le piano«).
C. hat bei den Musikliebhabern durch Mozarts abschätzige Bemerkung, sein Spiel u. seine Musik seien mechanisch, sehr gelitten. Bei seinen Sonaten u. den wenigen erhaltenen Sinfonien gibt es auch heute noch Entdeckungen zu machen. Seine Klavierwerke erschienen bei Breitkopf & Härtel 1804–09, eine Volksausgabe (3 Bde.) um 1855. Um die Herausgabe des erhaltenen sinfonischen Materials hat sich A. Casella verdient gemacht.

Lit.: G. Paribeni, M. C., Mailand 1922; A. Tyson, Thematic Catalogue of the Works of M. C., Tutzing 1967.

Clérambault (Clairambault), Louis-Nicolas, franz. Organist u. Komponist, * 19. 12. 1676 Paris, † 26. 10. 1749 ebd. Sohn von Dominique C., der ab 1670 zu den Violons du roi gehörte. Wurde Schüler von A. Raison u. auch dessen Nachfolger als Organist an St-Jacques. Zu seinen besten Kompositionen gehören die 5 Bücher »Cantates françoises« (Paris 1710–26), 5 einzelne Kantaten (Paris 1715–21) u. ein »Ier livre de Pièces de clavecin« (Paris 1704) sowie ein »Ier livre d'orgue« ohne Jahreszahl.

C. komponierte außerdem Motetten, Airs u. geistliche Gesänge sowie allegorische Szenen, u. a. *Le soleil vainqueur* (1721) aus Anlaß der Genesung Ludwigs XV. von einer Krankheit.

Cleve, Johannes de, franko-fläm. Komponist, * um 1529 Cleve (?), † 14. 7. 1582 Augsburg. Tenorist an der Hofkapelle Ferdinands I. in Wien von 1553 bis 1564, anschließend Kapellmeister des Erzherzogs Karl in Graz bis 1570. Ab 1579 in Augsburg nachweisbar. Er komponierte ausschließlich Kirchenmusik, von der 3 Bücher »Cantiones sacrae« (1559–76) u. 20 4st. Cantionalsätze gedruckt vorliegen. In Handschrift sind außerdem Messen, Motetten u. Kanons erhalten.

Climax, Klimax (griech.: »Leiter«, »Treppe«) bezeichnet in der Kompositionslehre des 17. u. 18. Jh. eine musikalische Figur, die mittels mehrfacher Wiederholung einer Wendung auf einer jeweils anderen Tonstufe einen Steigerungseffekt hervorbringt.

Cluster (engl.: »Büschel«, »Traube«; Verkürzung des Ausdrucks tone-cluster) bezeichnet einen Tonkomplex, bei dem gleichzeitig alle chromatischen Töne im Mindestumfang einer kleinen Terz erklingen. Der C. steht auf der Grenze zwischen Klang u. Geräusch u. tendiert in seiner weiteren Entwicklung zur Klangfarbe. Erfunden wurde der C. von H. Cowell um 1912, indem dieser auf dem Klavier mit der Faust, Hand oder dem Unterarm mehrere Töne gleichzeitig anschlug u. diesen Effekt auch in seinen Kompositionen einsetzte. Eine theoretische Begründung für den C. gibt Cowell in seinem 1919 geschriebenen, aber erst 1930 gedruckten Buch »New Musical Resources«. Während Cowell den C. noch schwankend einmal als einzigen Ton, dann aber wieder als Akkord aus Sekunden begreift, entwickelt sich der C. bei M. Kagel, G. Ligeti u. anderen zeitgenössischen Komponisten von seinem akkordischen Ursprung zur Klangfarbe weiter. Neben Höhe, Dauer u. Lautstärke tritt neuerdings auch die Breite des C. Man unterscheidet stationäre C. mit konstanter Breite von beweglichen mit wechselnder Breite. Der C. kann außerdem gegenläufige Glissandi u. Vierteltonschichtungen beinhalten oder von wechselnden Instrumenten gespielt werden. Er gehört zu den beliebtesten Ausdrucksmitteln der zeitgenössischen Komponisten.

Coates, Albert, engl. Dirigent u. Komponist, * 23. 4. 1882 Petersburg, † 11. 12. 1953 bei Kapstadt. Studierte an der Universität Liverpool, wo ihn sein älterer Bruder, der dort als Organist wirkte, in die Musik einführte. Besuchte anschließend das Konservatorium in Leipzig, wo er bei J. Klengel Cello, R. Teichmüller Klavier u. A. Nikisch Dirigieren lernte. Nikisch gab ihm auch eine Korrepetitorstelle am Leipziger Opernhaus. C. wurde 1906 auf Empfehlung von Nikisch Operndirigent in Elberfeld, ging 1908 nach Dresden, 1910 nach Mannheim u. 1911 nach Petersburg. Dort lernte er vor allem A. Skrjabin kennen, der ihn bei seinen eigenen Kompositionen stark beeinflußte. Ab 1919 dirigierte er das London Symphony Orchestra u. an Covent Garden. Ende der 40er Jahre ließ er sich in Südafrika nieder. Als Dirigent hat sich C. unermüdlich für das sinfonische Schaffen Skrjabins eingesetzt.

Zu C. Kompositionen gehören: die Opern *Assurbanipal* (1915), *Samuel Pepys* (1929), *Mr. Pickwick* (1936), *Gainsborough's Duchess* (1939), *The Boy David* (1946) u. *Tafelberg se Kleed* (1952), die sinfonische Dichtung *The Eagle* (1925), dem Andenken an Nikisch gewidmet, Klavierstücke u. Lieder.

Cobla (katalanisch: »Paar«), katalanische Tanzkapelle, die vor allem den Reigentanz Sardana begleitet, für den schwierige Schrittfolge u. der Wechsel zwischen langsamen u. schnellen Rhythmen charakteristisch sind. Zur Besetzung der C., bei der die Hauptstimme im Tenor liegt, gehören moderne Blechblasinstrumente, aber auch Schalmeien, Kornette, Flügelhörner.

Cocchi, Gioacchino, ital. Komponist u. Kapellmeister, * um 1715 Neapel oder Padua, † 1804 Venedig. Brachte 1743 in Rom seine erste Oper *Adelaide* heraus u. schrieb in den folgenden Jahren eine Reihe von Opern für verschiedene ital. Opernhäuser. Hatte u. a. mit *La maestra* 1747 in Neapel einen großen Erfolg. Wirkte einige Jahre als Kapellmeister am Ospedale degli Incurabili in Venedig, wo er auch verschiedentlich mit Goldoni zusammenarbeitete. 1757 wurde C. als Komponist an das Londoner King's Theatre verpflichtet u. gab im gleichen Jahr sein Debut mit dem Pasticcio *Demetrio, re di Siria*. In der Saison 1761–62 wurde er von J. Chr. Bach abgelöst, dirigierte aber später wieder am King's Theatre (1765 u. 1771). Zwischendurch leitete er die Abonnementskonzerte von Mrs. Cornelys im Carlisle House. Er war auch als Gesangslehrer gefragt. An Gelegenheitsarbeiten veröffentlichte er in London das musikalische Spektakel *Il tempio della gloria* zur Feier der Allianz zwischen Georg II. u. Friedrich d. Gr. sowie einige Kantaten. Er scheint sich 1773 nach Venedig zurückgezogen zu haben, ohne mit weiteren Kompositionen an die Öffentlichkeit zu treten. C. hinterließ keine Kirchenmusik, aber 42 Opern u. Vokalmusik.

Coclico, Adrianus Petit, fläm. Komponist u. Theoretiker, * um 1500 in Flandern, † 1562 Kopenhagen. Erstmals 1545 in Wittenberg als Musiklehrer nachweisbar, anschließend in Frankfurt an der Oder u. in Stettin. Gehörte kurz der Kapelle Herzog Albrechts in Königsberg an. 1550–51 mit Montanus in Nürnberg, der 1552 auch seine Motettensammlung »Musica Reservata« u. das »Compendium musices« herausbrachte. In Nürnberg eröffnete C. ohne Erfolg eine Schule für Musik, Italienisch u. Französisch. Dann verliert sich seine Spur bis 1554. Zu dieser Zeit ist er in Wismar nachweisbar, 1555 soll er die Musik zu den Hochzeitsfeierlichkeiten Herzog Johann Albrechts von Mecklenburg besorgt haben, 1556 trat er in die Kopenhagener Hofkapelle ein. Dort taucht sein Name letztmals 1562 auf. C. Behauptung, er sei Schüler Josquins, ist nicht nachprüfbar. In seinen eigenen Kompositionen pflegte er einen äußerst manierierten Stil u. konzentrierte sich vor allem auf die Wortausdeutung. C. verwendete auch als erster den Begriff → Musica reservata.

Coda (ital.: »Schwanz«) bezeichnet einen Satzteil, der als Abschluß eines Werks oder Werkteils steht. Indem sie entweder vorangegangenes thematisches Material wieder aufnimmt oder neues einführt, setzt sie einen wirkungsvollen Schlußakzent.

Coelho, Ruy, portug. Komponist, * 3. 3. 1891 Alcácer do Sal. Studierte in Lissabon bei R. Colaço u. in Berlin bei E. Humperdinck. Hatte als Musikkritiker der Zeitungen »Diario de Noticias« u. »Diario da Manhã« großen Einfluß auf das portug. Musikleben. Er gilt als der bedeutendste Opernkomponist Portugals im 20. Jh.

Zu C. Werken gehören: die Opern *Inês de Castro, Belkiss, Crisfal, Entre giestas, Tá-Mar, Rosas de todo ano, Auto da barca do inferno, A rosa de papel, Inês Pereira, O vestido de noiva, Orfeu em Lisboa* u. *A bela dama sem pecado,* außerdem Ballette, sinfonische Dichtungen u. Sinfonien, 2 Klavierkonzerte, Oratorien, Kammermusik u. Lieder.

Cogan, Robert D., amer. Komponist, * 2. 2. 1930 Detroit. Studierte an der University of Michigan u. in Princeton. Zu seinen Lehrern gehörten R. L. Finney, N. Boulanger, A. Copland, R. Sessions u. Ph. Jarnach. Nahm an Kursen am Berkshire Music Center in Tanglewood teil u. erhielt für die Jahre 1958–60 ein Stipendium zum Besuch der Meisterklasse für Komposition an der Staatlichen Hochschule für Musik in Hamburg. Seit 1963 ist er Chairman of graduate theoretical studies am New England Conservatory.

Zu C. Werken gehören: die Bühnenmusik zu B. Brechts »Mann ist Mann« (1952); Fantasie für Orch. (1951); die Mixed-media-Stücke *Whirl ... ds I* für St., 44 Instr. u. Microphonist (1967) u. *Whirl ... ds II* für 2 Solost. oder Chor u. gedämpfte Vokalisen; Kammermusikwerke wie Streichquartett (1950), Lieder auf Texte von E. Pound (1952–54), Sonate für Va. u. Kl. (1953), 2 Streichtrios (1955 u. 1959), *Sounds and variants* für Kl. (1961), *Spaces and cries* für 5 Blechbläser (1964). C. veröffentlichte außerdem: »Syllabus in Compositional Techniques« (1965) u. gemeinsam mit seiner Frau Pozzi Escot »Sonic design: The nature of sound and music«.

Cohan, George M., amer. Komponist u. Librettist, * 3. 7. 1878 Providence, † 5. 11. 1942 New York. Trat bereits als Kleinkind mit seinen Eltern in Vaudevilles auf. Mit 8 Jahren spielte er Geige im Orchester, mit 9 übernahm er die ersten kleinen Sprechrollen. Mit 16 Jahren veröffentlichte er seinen ersten Song »Why Did Nellie Leave Her Home?«. Für den Familienauftritt *The Four Cohans* schrieb er die Nummern u. übernahm auch die geschäftliche Abwicklung. Sein einziges Ziel war, den Broadway zu erobern. Seine ersten beiden Broadway-Shows *The Governor's Son* (1901) u. *Running for Office* (1902) waren wenig erfolgreich, aber mit *Little Johnny Jones* gelang C. 1904 der Durchbruch. Es folgten *Forty-Five Minutes from Broadway* (1906), *George Washington, Jr.* (1906), *The Yankee Prince* (1908), *The Little Millionaire* (1911), *Hello, Broadway!* (1914), *The Royal Vagabond* (1919, von C. nur überarbeitet) u. *Billie* (1928). C. brachte jene Amerikanismen auf die Bühne, die aus dem Musical eine eigenständige amer. Kunstform machen sollten. Gegen Gilbert/Sullivan, Offenbach u. Strauß trat er mit amer. Figuren an, in denen sich sein Publikum wiedererkennen konnte. Von C. stammt auch das bekannte Lied im 1. Weltkrieg »Over There«. In den meisten seiner Shows trat er selber auf, schrieb Texte u. Musik, führte Regie, fungierte als Produzent u. Manager. Seine größten Bühnenerfolge hatte er ironischerweise in Stükken anderer: als Nat Miller in E. O'Neills »Ah, Wilderness« (1934) u. als Präsident Roosevelt in »I'd Rather Be Right« (1937). Außerdem veröffentlichte er: »Twenty Years on Broadway«, New York 1925.

Lit.: W. Morehouse, G. M. C., Prince of the American Theatre, Philadelphia 1943; St. Green, The World of Musical Comedy, New York 1962; S. Schmidt-Joos, Das Musical, München 1965.

Cohn, Arthur, amer. Komponist, * 6. 11. 1910 Philadelphia. Studierte am Combs Conservatory in Philadelphia bei W. Happich u. an der Juilliard School in New York bei R. Goldmark. 1934–52 Kurator der Fleisher Music Collection, 1955–65 Leiter der Abteilung Klassische Musik bei Mills Music Inc., in gleicher Position 1966–73 bei MCA, ab 1973 bei Carl Fischer Inc.

Zu C. Kompositionen gehören: die Bühnenmusik zu Chr. Woods »Too late to die« (1935), *Four Symphonic Documents* (1939), *Kaddish* für Orch., 1 Suite für Va. u. Orch. (1937), 1 Konzert für 5 Soloinstr. u. Orch. (1940), 1 Flötenkonzert (1941), Variationen für Klar. u. Streicher (1945) u. Kammermusik, u. a. 5 Streichquartette u. 1 Violinsonate, Klaviermusik. Er veröffentlichte: »The collector's twentieth-century music in the Western Hemisphere« (1961) u. »Twentieth-century music in Western Europe« (1965).

Cole, Bruce, engl. Komponist, Dichter u. Maler, * 9. 8. 1947 London. Begann als Klavierspieler einer Rockgruppe u. besuchte 1968–72 die Royal Academy of Music in London. Dort gehörte H. Birtwistle zu seinen Lehrern. Birtwistle u. P. M. Davies haben ihn bisher auch am stärksten beeinflußt.

Zu C. Werken gehören: *Caesura* für Kammerensemble (1969); *Rondeau* für Org. (1969); *Triptych* für Klar. (1970); *Eclogue for Cerberus* (Fassung von *Triptych* für 3 Klar.); *Autumn Cicada* für Kinder- oder Frauenst., Hf. u. Handglocke; *Harlequinade,* Kantate für Kinderchor, Solisten u. Instr., u. *The Lyon Window* für Solocello (1971); *Spray of Dead Arrows* für S., Klar., V. u. Kl. (1972); *Pantomimes* für S., Mimen u. Kammerensemble (1972, rev. 1974); *Fenestrae Sanctae* für Kammerensemble u. *Cathedral Lights* (nach *Fenestrae Sanctae)* für Kl. (1973); *Carillon for the Church at Higham* für S., A., T. u. B. a cappella u. *The House on Secker Street* für T./Erzähler, gem. Chor, Streichquartett u. Horn (1974); *Easter on Secker Street* für junge Darsteller, Solisten u. Chor; *Foundry of Ministrels* für Orch., *Four Studies and a Long Tune* für 10 Schlagzeuger u. *Epic for a Charlady* für S. u. Kl. (1975) u. *Bells for a Dying Idol* für Kammerensemble (1976).

Coleman, Randolph, amer. Komponist, * 20. 7.

1937 Charlottesville, VA. Studierte an der Northwestern University bei A. Donato. 1963–65 Assistant Professor am Winthrop College in Rock Hill u. ab 1965 in gleicher Position am Oberlin Conservatory of Music.

Zu C. Werken gehören: Streichquartett Nr. 1 (1959); *Piece for Two Equal Pianos* (1959); *Projection Number One* für Kammerorch. (1960); *Projection Number Two* für Piccolo-Fl., Fl., Alt-Fl., Kl. u. elektrisches Kl. (1961); *Projection Number Three* für Fl., Ob. u. Klar. (1962); Konzert für Kammerensemble u. Kl. (1964); *Expositions and Elaborations* für Klar. u. Kl. (1964); *Projection Number Four* für Fl., Ob., Klar., Horn u. Fag. (1966); *You may wonder why I've asked you all to come here* für Fl.-Quartett, Verstärker, Bläser, Schlagzeug, großen gem. Chor u. kleinen Frauenchor nach »Im Ei« von G. Grass (1967); *Invention IC* (1968); *Soundprint I* für Orch. (1971); *Soundprint II* für 4 Kl. (1972); *Soundprint III* für Schlagzeuger u. Sprecher (1972); Streichquartett (1973); Mixed media *Format III* für Musiker, Tänzer u. Lichteffekte (1973).

Coleridge-Taylor, Samuel, engl. Komponist, * 15. 8. 1875 London, † 1. 9. 1912 ebd. Sohn eines Arztes aus Sierra Leone u. einer engl. Mutter. Lernte Geige bei J. Beckwith, sang im Kirchenchor von St. George's in Croydon u. begann 1890 mit dem Studium am Royal College of Music in London, wo er insbesondere bei Ch. Stanford Kompositionsunterricht nahm. Hatte noch als Student großen Erfolg mit dem ersten Teil der Hiawatha-Trilogie *Hiawatha's Wedding-Feast.* 1904 Dirigent der Händel-Gesellschaft.

Zu C.-T. Kompositionen gehören: die Bühnenwerke *Dream-Lovers, The Gitanos* u. *Thelma;* Bühnenmusiken; Sinfonie in a-Moll (1896); Violinkonzert (1911); Vokalkompositionen wie *Song of Hiawatha* für Soli, Chor u. Orch. (3 Teile: 1. *Hiawatha's Wedding Feast,* 1898; 2. *The Death of Minnehaha,* 1899; 3. *Hiawatha's Departure,* 1900), *The Blind Girl of Castél-Cuillé* für Mezzo-S., Chor u. Orch. (1901), *The Atonement* (Oratorium, 1903), *Kublai Khan* (Rhapsodie für Mezzo-S., Chor u. Orch., 1906). *Endymion's Dream* für Soli, Frauenchor u. Orch. (1910), *Sea Drift* (Rhapsodie für Chor, 1910) u. *A Tale of Old Japan* für Soli, Chor u. Orch. (1911); Kammermusik wie Nonett für Kl., Streicher u. Bläser (1894), Quintett für Klar., 2 V., Va. u. Vc. (1895) u. Streichquartett (1896); Klavierstücke; Lieder.

Colgrass, Michael Ch., amer. Komponist u. Schlagzeuger, * 22. 4. 1932 Chicago. Studierte bei P. Price u. E. Weigel an der University of Illinois sowie bei L. Foss u. D. Milhaud in Tanglewood. Erhielt anschließend ein Stipendium, um am Piccolo Teatro in Mailand u. am Polnischen Theater-Laboratorium zu arbeiten. Lebt als freischaffender Komponist in New York, tritt als Schlagzeuger mit Jazzformationen, am Broadway u. in Sinfonieorchestern auf.

Zu C. Werken gehören: Divertimento für 8 Schlagzeuge, Kl. u. Streicher (1960); *Rhapsodic fantasy* für 15 Schlagzeuge u. Orch. (1965); *Sea shadows* für Orch. (1966); *As quiet as* für Orch. (1966); Concertino für Schlagwerke u. *Earth's a baked apple* für Chor u. Orch. (1968); *Virgil's dream* für Erzähler u. Orch. (1969); die Kammermusikwerke *Percussion music* (1953); *3 Brothers* für Schlagzeug u. *Chamber music* für 4 Schlagzeuge u. Streichquartett (1954); *Variations* für 4 Schlagzeuge u. Va. (1956); *Fantasy Variations* für Schlagzeug (1961); *Rhapsody* für Klar., V. u. Kl. (1962); *Light spirit* für Fl., Va., Git., Schlagzeug (1963); *New people* für Mezzo-S., Va. u. Kl. (1969).

Colindă, rumän. Weihnachtslied, das in seinen Ursprüngen auf das Mittelalter zurückgeht. → Koleda

Colista (Calista), Lelio, ital. Komponist u. Lautenist, * 13. 1. 1629 Rom, † 13. 10. 1680 ebd. Ab 1656 im Dienst von Papst Alexander VI. u. von 1656 bis zu seinem Tode »custode delle pitture« der Sixtinischen Kapelle. Komponierte 2 Oratorien, Kantaten, Arien u. 32 Triosonaten, mit denen er als Vorläufer A. Corellis gilt.

Collage (franz.: »Klebebild«), ursprünglich ein Begriff aus der Malerei, der wahrscheinlich auf die papiers collés der Kubisten zurückgeht u. eine Technik bezeichnet, bei der Bilder aus aufgeklebten Materialien entstehen, die in der Regel zeichnerisch u. malerisch überarbeitet oder ergänzt werden. In der Musik bedeutet die C. gezielte Verwendung von vorgegebenem musikalischem Material in ursprünglicher oder verfremdeter Form. Beispiele lassen sich insbesondere bei L. Nono finden, der Musikzitate verschiedener Epochen mit Sprachfetzen zu einem neuen Werk formt, so z. B. in seiner Sinfonie (1968–69).

Lit.: B. Sonntag, Untersuchungen zur Collagetechnik in der Musik des 20. Jh., Regensburg 1977.

Collasse (Colasse), Pascal, franz. Komponist, getauft 22. 1. 1649 Reims, † 17. 7. 1709 Versailles. Erhielt seine Ausbildung bei J.-B. Lully u. wurde 1683 einer der 4 Musikmeister der königlichen Kapelle, 1696 Nachfolger M. Lamberts als Kammermusikmeister. C. beendete die von Lully begonnene Oper *Achille et Polyxène* (1687), komponierte weitere 9 Opern, 2 Divertissements, 2 Ballette, *Cantiques spirituels* u. Airs. Seine Musik hat sich nie aus der Abhängigkeit von seinem Lehrer lösen können, man hat ihm sogar den Vorwurf des Plagiats gemacht.

Collegium musicum (lat.), Vereinigung von Musikfreunden mit dem Zweck des gemeinschaftlichen Musizierens. Das C. m.. entstand im 16. Jh. als Zeichen der kulturellen Unabhängigkeit von Stadt und Bürgertum. Neben Kirche u. Hof bildeten sich Liebhaberkreise, die zuerst die Vokal- u. dann zunehmend die Instrumentalmusik pflegten. Bei den spätestens im 17. Jh. regelmäßigen Zusammenkünften u. Konzerten wurden auch Berufsmusiker hinzugezogen. Aus dem Musizieren im kleinen Kreis wurde die öffentliche Aufführung. Deshalb darf das C. m. als Vorstufe des öffentlichen Konzertwesens angesehen werden. Das 1701 in Leipzig von G. Ph. Tele-

mann gegründete C.m., das 1729–36 von J.S. Bach geleitet wurde, ist ein direkter Vorläufer der späteren Gewandhauskonzerte. So entwickelte sich aus dem exklusiven Liebhaberkonzert die öffentliche Vorführung gegen Entgelt. In London entstand aus einer ähnlichen Entwicklung die Academy of Ancient Music, u. in Paris kamen die Concerts spirituels auf. Die geschäftliche Seite des öffentlichen Konzertwesens wurde zuerst in England begriffen, u. es ist kein Zufall, daß fast alle großen Komponisten des Kontinents immer wieder in der englischen Hauptstadt auftraten.
Der Gedanke des ursprünglichen C. m. wurde im 20. Jh. von H. Riemann u. W. Gurlitt wieder aufgegriffen.

Colonna, Giovanni Paolo, ital. Komponist, * 16. 6. 1637 Bologna, † 28. 11. 1695 ebd. Sohn des Orgelbauers Antonio C. Erhielt ersten Unterricht bei A. Filipucci in Bologna, anschließend in Rom bei A. M. Abbatini u. O. Benevoli. Dort wurde er Organist an S. Apollinare, wo auch G. Carissimi wirkte. 1659 Organist u. 1674 als Nachfolger M. Cazzatis Kapellmeister an S. Petronio in Bologna. C., der zu den bedeutendsten Kirchenkomponisten Italiens gehört, wurde viermal in die Leitung der Accademia Filarmonica in Bologna berufen. Zu seinen Schülern zählten G. Bononcini u. G. C. Clari.

Von C. (in Bologna verlegten) Kompositionen seien erwähnt: *Salmi brevi* für 8 St. (1681); *Motetti sacri* für Solost. u. 2 V. (1681); *Motetti* für 2 u. 3 St. (1681); *Litanie con le quattro antifone della B. Virgine* für 8 St. (1682); *Messe piene* für 8 St. (1684); *Messa, salmi e responsori per li defonti* für 8 St. (1685); *Salmi brevi* (erweiterte Auflage 1686); *Compieta con le tre sequenze dell'anno* für 8 St. (1687); *Sacre lamentationi della settimana santa* für Solost. (1689); *Messe e salmi concertati* für 3 bis 5 St. (1691); *Psalmi* (3. Auflage 1694) u. *Psalmi ad vesperas* für 3 bis 5 St. (1694). Außerdem komponierte C. 4 Opern, die verlorengegangen sind, sowie Oratorien, die zum Teil in Handschrift vorliegen.

Color (lat.: »Farbe«), **1.** bezeichnet in der Notation vom 14. bis 17. Jh. Noten, deren Farbe von der üblichen abweicht u. damit Zeitwertverschiebungen anzeigt. **2.** Colores, Ausschmückung einer Melodie durch Wiederholung oder Stimmtausch. Aus der gleichen Wurzel stammt auch der Begriff → Koloratur.

Columbia Recording Co. (CBS Records), einer der größten Schallplattenhersteller in den USA. Die ursprüngliche Columbia Phonograph Co. wurde 1888 gegründet, um die Bell-Tainter-Walzen zu vertreiben. 1902 stellte sie sich auf den Vertrieb von Schallplatten u. Abspielgeräten um. 1904 brachte sie die erste doppelseitig bespielte Platte auf den Markt. 1924–29 befand sich die Columbia Phonograph Co. im Besitz der engl. Tochtergesellschaft, Columbia Graphophone Co., die sich von der amer. Mutter ganz unabhängig gemacht hatte. 1934 wurde die wieder verselbständigte Columbia Phonograph Co. von American Record Corp. übernommen, zu der damals noch Brunswick u. Vocalion gehörten. Die American Record Corp. wurde ihrerseits 1938 von Columbia Broadcasting System, Inc. (CBS), aufgekauft u. gehört damit zu einem der großen Unterhaltungskonzerne der Welt. 1947 entwikkelte Dr. P. Goldmark in den Labors der CBS die Langspielplatte mit 33 ⅓ Umdrehungen pro Minute. 1960 wurde die Columbia Records Legacy Collection ins Leben gerufen, die im Verband von Buch u. Platte wichtige historische Ereignisse Amerikas festhält. Zum Plattenrepertoire der C.R.Co., die ihre Künstler wie L. Bernstein, P. Boulez, I. Stern u. E. Ormandy in Deutschland unter dem Label CBS vertreibt, gehören auch die Modern American Music Series, Sprechplatten u. Originalaufnahmen zahlreicher Musicals vom Broadway.

Columbia Ltd. (Columbia Graphophone Co.), 1909 in London gegründete Tochtergesellschaft der Columbia Recording Co., die sich bald von ihrer Muttergesellschaft trennte, diese sogar für kurze Zeit übernahm. Die Leitung lag in Händen von L. Sterling, der 1925–26 die Majorität an der Carl Lindström Gesellschaft erwarb, zu der die Marken Odeon u. Parlophon gehörten. 1927 wurde gemeinsam mit Lindström die Mehrheit bei Pathé Frères erworben. Die Fusion der C. Ltd. u. der Gramophone Company Ltd., zu der His Master's Voice gehörte, führte 1931 zur Gründung der Electric & Musical Industries Ltd., bekannt unter der Abkürzung EMI. Diese Firma wurde damit auch neue Dachgesellschaft der Carl Lindström Gesellschaft.

Combo steht als Abkürzung von Combination für kleinere Rock- u. Jazzensembles.

Comédie (franz.: »Komödie«), auch C. en musique als Bezeichnung für die frühe franz. heitere Oper.

Comédie-ballet (franz.), eine Gattung des französischen Theaters, die eigens für die Hoffeste Ludwigs XIV. entstand u. in der Zusammenarbeit von J. B. Lully u. Molière ihren Höhepunkt erreichte. Die Form entwickelte sich aus den Ballets de cour u. der klassischen gesprochenen Comédie, dazu kamen Rezitative, Ensembleszenen u. Dialoge zwischen Schauspielern u. Sängern. Das wohl bekannteste Beispiel dieser Gattung ist *Le bourgeois gentilhomme* (1670).

Comes (lat.: »Gefährte«) bezeichnet das Thema einer Fuge in der Gestalt seiner → Beantwortung.

Commedia dell'arte, ital. Stegreifkomödie mit feststehenden Figuren wie Arlecchino, Brighella, Pantalone, Pulcinella u. Columbina. Ihre Thematik spielte in der Opera buffa eine große Rolle

u. wurde noch von G. Rossini u. G. Donizetti vielfach verwandt. I. Strawinsky schrieb ein Ballett *Pulcinella*, u. G. Tetley choreografierte A. Schönbergs *Pierrot Lunaire* ganz aus der Welt der C. d. a. heraus.

Commissura (lat.: »Verbindung«), Ausdruck für die Durchgangsdissonanz, die in der Barockzeit auch Transitus genannt wird. Unter letzterem Begriff wird zu jener Zeit auch die → Wechselnote erfaßt.

Communio (lat.), vollständiger: Antiphona ad communionem, der Kommuniongesang der römisch-katholischen Meßfeier.

Compère, Loyset, franko-flämischer Komponist, * um 1450, † 16. 8. 1518 in St-Quentin. Wurde im Kathedralchor von St-Quentin erzogen u. erhielt später Unterricht von J. Ockeghem. 1474–75 Kapellsänger des Herzogs von Mailand, 1486 Hofkapellsänger in Paris. Zuletzt als Kanonikus an der Église collégiale von St-Quentin. Seine Kompositionen sind in Drucken von Petrucci u. in Handschriften erhalten. Zu ihnen gehören Messen, Motetten, Messenfragmente, Chansons u. Frottolen.

Computermusik ist Musik, die auf Grund eines eingegebenen Programms von einem Elektronenrechner komponiert wird. Dabei muß sich der Komponist oder Programmierer sein Programm genauso zurechtlegen, als wenn er ein Stück selber auskomponieren wollte. Als in den 50er Jahren erste Versuche dieser Art gemacht wurden, kam der C. die damals vorherrschende serielle Musik entgegen, die ja ein synthetisches Arbeitsprinzip nahelegt. Neben L. A. Hiller, L. M. Isaacson u. R. A. Baker, die ab 1956 an der Universität von Illinois experimentierten, befaßten sich P. Barbaud, R. Blanchard u. I. Xenakis in Paris mit dem gleichen Problem. Inzwischen ist es auch gelungen, die Ergebnisse direkt vom Computer in Noten übersetzen u. klanglich realisieren zu lassen.

Außerdem wird die EDV zu Strukturanalysen verwandt, die durch Vergleiche Werkzuschreibungen erleichtert u. stilistische Merkmale einer Epoche oder eines Komponisten auswertet.

Lit.: L. A. Hiller u. L. M. Isaacson, Experimental Music: Composition with an Electronic Computer, New York 1959; A. A. Moles, Art et Ordinateur, Tournai 1971 (dt.: Kunst u. Computer, Köln 1973).

Concentus (lat.), ein Begriff, der aus der Chorallehre stammt u. dort im Gegensatz zu den gelesenen Formen des liturgischen Repertoires (Accentus) die gesungenen bezeichnet.

Concertato (ital.; franz. concertant), bedeutet konzertierend, d. h. unter Mitwirkung von solistischen Stimmen (→ Instrumentalkonzert).

Concertino (ital.: »kleines Konzert«), **1.** Bezeichnung für Konzerte oder Konzertstücke, die entweder von geringerer Dauer sind oder eine kleinere Besetzung haben als die klassischen Konzerte. **2.** Gruppe von Soloinstrumenten, die im → Concerto grosso oder in der → Symphonie concertante mit dem Orchestertutti konzertieren.

Concerto (ital.) bezeichnet eine musikalische Form, die im Barock besondere Bedeutung erhielt. Man hat versucht, den Begriff von ital. concertare (»zusammenstimmen«) abzuleiten oder von lat. concertare (»wettstreiten«). Im Wesen des C. verbindet sich beides. Einmal spielt ein Ensemble zusammen, u. zum anderen werden Instrumentalgruppen oder Stimmen konzertierend bzw. solistisch gegen die Tutti abgesetzt. Dabei übernimmt der Generalbaß die Rolle des Fundaments, auf dem sich Soli u. Füllstimmen entwickeln. Neben dem mehrchörigen C. tritt als zweite Grundform der solistische Gesang mit Generalbaßbegleitung auf. Die Übertragung des letzteren auf die reine Instrumentalmusik führte zum Concerto grosso u. zum heutigen Solistenkonzert. Diese Entwicklung wurde insbesondere von G. Torelli u. A. Vivaldi mit ihren Konzerten gefördert. Sie prägten auch das Schema schnell-langsam-schnell aus. Aus dem Gegensatz zwischen Solospiel u. Tutti entstanden Ansätze für die beiden Themen der späteren Sonatenform.

Concerto grosso (ital.: »Concerto für große Besetzung«) bezeichnet eine Art des Concerto, bei dem nicht ein Solist mit dem Ripieno konzertiert, sondern eine Reihe von Solisten, ein sog. Concertino, mit dem ganzen Ensemble musiziert. Zu den bedeutendsten Komponisten von C. g. gehören die Meister der Bolognesischen Schule wie G. Torelli u. A. Corelli, der Venezianer A. Vivaldi sowie die Deutschen G. Ph. Telemann, J. S. Bach u. G. F. Händel.

Die Idee des C. g. lebte im 18. Jh. in der Symphonie concertante weiter. Mit der Rückbesinnung auf die Barockmusik im 20. Jh. wird auch die Form des C. g. von Komponisten wieder herangezogen.

concitato → Stil

Concordant (franz.) bezeichnet im 5st. Satz der franz. Kirchenmusik des 17. Jh. die Stimme, die dem Quintus entspricht, d. h. der 5. Stimme, dann im 5st. Instrumentalsatz der Zeit J.-B. Lullys die entsprechende → Lagenstimme zwischen Tenor u. Baß.

Concordantia (von lat. concordare: »zusammenstimmen«) ist die im Mittelalter gebräuchliche Bezeichnung für die aus einfachen Zahlenverhältnissen gebildeten Intervalle (Oktave, Quinte, Quarte). Als im 13. Jh. die Terz zur C. erklärt wurde, kam es zu folgender Differenzierung: Concordantiae perfectae (Einklang, Oktave), Concordantiae mediae (Quarte u. Quinte) u. Concordantiae imperfectae (große u. kleine Terz). Im 15. Jh. wurde die Quarte aus der Reihe der C. ausgeschlossen. Häufig steht in theoretischen Schriften für C. auch Consonantia.

Conductus (lat.) bezeichnet ein lat. Lied des Mittelalters mit meist strophischem Text, dessen Inhalt nicht an die Liturgie gebunden ist. Könnte als Begleit-Gesang für den Zug der Geistlichen zum Lesepult gedient haben, ist aber auch als Auftrittslied der Darsteller bei geistlichen Spielen bekannt. Mit dem Aufkommen der Motette gerät der C. in Vergessenheit. Er lebt in der → Cantio u. im → Carol fort.

Confinalis (lat.), Bezeichnung für den Nebenschlußton bzw. -klang in der Kirchentonlehre (→ Kirchentöne).

Conforto, Nicolò, ital. Komponist, * 25. 9. 1718 Neapel, † nach 1788 Madrid. Studierte am Konservatorium S. Maria di Loreto in Neapel bei F. Mancini u. D. Fischietti. Hatte seinen ersten Erfolg mit der komischen Oper *La finta vedova,* die 1746 am Teatro dei Fiorentini herauskam. 1750 komponierte er Metastasios »Antigono« für das Teatro S. Carlo, u. 1751 führte er in Madrid seine Oper *La festa cinese* auf. 1755 erhielt er eine Berufung an den span. Hof, wo er Festmusiken, Opern u. Serenaden zu komponieren hatte. Neben einer Reihe von Opern, von denen viele in Zusammenarbeit mit Metastasio entstanden, hinterließ er Kantaten, 1 Sinfonia, Arien u. Lamentationen.

Conga, ein aus Kuba stammender schneller geradtaktiger Tanz, der seinen Namen von den ihn begleitenden Congatrommeln erhielt.

Conley, David, amer. Komponist, * 15. 10. 1930 Gorgas, AL. Studierte an der North Texas State University u. an der Eastman School of Music bei S. Adler.

Zu C. Kompositionen gehören: die Orchesterwerke *Introduction* (1967), *Piece for string orch.* (1968), *Fugal hexagon* (1971); die Chorwerke *Cool tombs* (1960), *Crucifixion* (1961), *Let all the earth fear the Lord* (1964), *All revelation* (1970) u. *Slaves* (1970); Kammermusik, u. a. Stükke für Holzbläser, Blechbläser u. Schlagzeug, V. u. Va.

Conon de Béthune, nordfranzösischer Trouvère, * um 1160, † 17. 12. 1219 oder 1220 im Orient. In Villehardouins Chronik als Kreuzfahrer erwähnt. Ihm werden 11 Lieder zugeschrieben, von denen insbesondere die beiden Kreuzzugslieder *Ahi, Amours, con dure departie* u. *Bien me deusse targier* von Bedeutung sind.

Conradi, August, dt. Kapellmeister u. Komponist, * 27. 6. 1821 Berlin, † 26. 5. 1873 ebd. Studierte Komposition bei C.F. Rungenhagen u. wurde 1843 Organist des Invalidenhauses in Berlin. Nach Kapellmeisterstellen in Stettin, Berlin, Düsseldorf u. Köln wirkte er ab 1856 an verschiedenen Berliner Theatern.

C. schrieb die Opern *Rübezahl, Muza Haireddin, Die Braut des Flußgottes, Das schönste Mädchen im Städtchen,* 1 Ballett, 5 Sinfonien, Kammermusik, Lieder u. Arrangements für Salonorch.

Conradi, Johann G., dt. Kapellmeister u. Komponist um 1700, über dessen Leben wenig bekannt ist. Als Kapellmeister war er 1683–86 in Ansbach, 1687–90 in Römhild u. bis 1693 in Hamburg, wo 9 seiner Opern zur Aufführung kamen, die aber fast alle verloren sind. Seine 1722 wiederaufgenommenen Opern *Ariadne* u. *Gensericus* liegen in Bearbeitung vor. Serenaden u. Kantaten sind handschriftlich erhalten.

Conseguente (ital.) wird im Kanon die nachfolgende oder imitierende Stimme genannt.

Consonantia → Konsonanz

Consort (engl. Ausdruck des 16. u. 17. Jh. für Instrumentalensemble), eine Bezeichnung, die sowohl die meistens 4 bis 6 Spieler wie auch ihre Stücke meint. Man unterscheidet zwischen dem »whole« oder »unmixed« C. (nur Instrumente einer Gattung, am häufigsten Violen) u. dem »broken« C., bei dem Instrumente verschiedener Gattungen zusammenwirkten (häufige Besetzung: Streicher, Bläser u. Singstimme).

Constant, Marius, franz. Komponist u. Dirigent, * 7. 2. 1925 Bukarest. Studierte in Bukarest u. Paris. Zu seinen Lehrern gehörten O. Messiaen, T. Aubin u. N. Boulanger sowie J. Fournet. War ab 1950 Mitarbeiter der Groupe de Recherches am franz. Rundfunk, 1956–66 Musikdirektor von R. Petits Ballets de Paris u. ist als Directeur musical de la danse an der Pariser Opéra engagiert.

Zu C. Kompositionen gehören: *Le joueur de flute* (Ballett, 1952); *Haut voltage* (Ballett, 1956); Klavierkonzert (1957); *Contrepointe* (Ballett, 1957); 24 Préludes für Orch. (1959); *Cyrano de Bergerac* (Ballett, 1959); *Turner* für Orch. (1961, auf W. Turners Bilder »Rain, Steam and Speed«; »Autoportrait«, »Windsor«); *Chants de Maldoror* für Sprecher, Tänzer u. 24 improvisierende Instr. (1962); *Ponant 19* (Ballett, 1965); *Éloge de la folie* (Ballett, 1966); *Le paradis perdu* (Ballett, 1967); *Par le feu* (5 Gesänge u. 1 Vocalise für S. u. Orch., 1968); *Winds* für Kb. u. Streicher (1968); *Traits* (aleatorische Musik für 2 bis 20 Instr., 1969); *Le souper* (Oper für Bar. u. Chöre, 1969); *14 stations* für Schlagzeuge u. 6 Instr. (1970); *Candide* (Mimodram von M. Marceau, 1971); *Candide* für Cemb. u. Orch. (1971); *Strings* für Cemb. u. 12 Streicher (1972); *Faciebat Anno 1973* für 24 V. u. Orch. (1973); *Le jeu de Sainte Agnès* (liturgisches Drama nach einer Handschrift aus dem 13. Jh., 1974); *Psyché* für 2 Kl. u. Schlagzeug (1975); *Septentrion* (Ballett elektronisch, 1975); *Nana* (Ballett, 1976); *Stress* für Jazz-Ensemble u. Blechbläserquintett (1977); *Les éléments* (Konzert für Pos. u. Orch., 1977); 9 Stücke für Fl. u. Kl. (1978); Sinfonie für Bläser (1978); *Concertante* für Sax. u. Orch. (1978).

Constantinescu, Dan, rumän. Komponist, * 10. 6. 1931 Bukarest. Studierte am Konservatorium von Bukarest bei P. Constantinescu, M. Negrea, M. Jora u. T. Rogalski u. wurde dort 1962 Dozent für Komposition.

Zu C. Kompositionen gehören: Divertimento im klassischen Stil für Streichorch. (1954), die Ballade *Toma Alimos* für Orch. (1955), Partita für Orch. (1957), 1 Klavierkonzert (1963), Kammermusik, Klavierwerke u. Lieder.

Constantinides, Constantine D., amer. Komponist griech. Herkunft, * 10. 5. 1929 Ioannini. Studierte in Griechenland, an der Indiana University u. bei J. Gingold an der Juilliard School in New York. Nach verschiedenen Positionen als Konzertmeister ab 1966 Associate Professor der Louisiana State University.

Zu C. Werken gehören: die Oper *Antigone* (1973), 1 Sinfonie (1966), 1 Tripelkonzert für V., Vc., Kl. u. Orch. (1968), 1 Streichquartett (1966), 1 Streichtrio (1967), Improvisation für Pos. u. Kl. (1967), *20th century studies* für 2 V. (1970), *Theme and variations* für Kl. (1973).

Continuo, Verkürzung des Ausdrucks Basso c. (→ Generalbaß)

Contralto → Alt

Contrapunctus → Kontrapunkt

Contratenor (lat.) bezeichnet eine → Lagenstimme, die gegen den Tenor geführt wurde u. vom 14. bis 16. Jh. als Instrumental- oder Singstimme vorkam. Aus dem vokalen C. bassus hat sich der spätere Baß entwickelt.

Contredanse (franz. für den engl. Begriff country dance, dt. Contretanz), ein lebhafter, aus England stammender Tanz im 2/4- oder 6/8-Takt, der die populäre → Branle verdrängte. Aus dem engl. Vorbild entwickelten sich die Quadrille, der Cotillon, die Anglaise, der franz. C. u. der dt. Contretanz. Ballard verzeichnete bereits 1699 contredanses anglaises, R. A. Feuillet brachte 1706 einen »Recueil de contredanses mises en chorégraphie« heraus. J.-Ph. Rameau verwendete den C. häufig in seinen Bühnenwerken.

Converse, Frederick S., amer. Komponist, * 5. 1. 1871 Newton, MA, † 8. 6. 1940 Westwood. Studierte an der Harvard University bei J. K. Paine, am New England Conservatory bei G. W. Chadwick u. C. Baermann sowie bei J. Rheinberger in München. 1899–1901 Theorielehrer am New England Conservatory in Boston, 1901–04 Kompositionslehrer u. 1904–07 Assistant Professor in Harvard, 1911–14 Vizepräsident der Boston Opera Company u. 1930–38 Kompositionslehrer am New England Conservatory.

Zu C. Werken, die in ihrer Tonsprache als spätromantisch zu bezeichnen sind, gehören: die Opern *The Pipe of Desire* (1906), *The Sacrifice* (1911), *Sindbad* (1913) u. *The Immigrants* (1914), 6 Sinfonien, Orchestersuiten, darunter *Flivver Ten Million* (1927, zur Feier des zehnmillionsten Fordwagens), Chorwerke, Kammermusik, Lieder.

Conyngham, Barry, austral. Komponist, * 27. 8. 1944 Sydney. Studierte bei R. Meale u. P. Sculthorpe Komposition. Wurde 1969 Professor an der Universität von New South Wales. Konnte mit Hilfe eines Stipendiums 1970 weitere Studien bei T. Takemitsu in Japan betreiben.

Zu C. Werken gehören: *Jazz Ballet* für Fl., A.-Sax., Kb., Schlagzeug u. Kl. (1964); Cellosonate (1965); Klaviersonate (1967); *Lyric Dialogues* für 5 Fl., Ob. u. Vc. (1967); *Farben* für 2 gem. Chöre (1967); *Dialogue* für Streichtrio (1967); *Prisms* für 6 V. (1968); *Crisis: Thoughts in a City* für 2 Streichorch. u. Schlagzeug (1968); *Collage* für Orch. (1969); *Five Windows* für Orch. (1969); *Three* für 2 Schlagzeuge u. Streichquartett (1970); *Ice Carving* für V. solo u. Streicher (1970); *Water ... Footsteps ... Time* für verstärkte Hf., Git., Kl., Tamtam u. 2 Orch. (1970–71); *Five* für Bläserquintett (1971); *Six* für 6 Schlagzeuge u. Orch. (1971); *Edward John Eyre* für Erzähler, Chor, Bläserquintett u. Streicher (1971); *From Voss* für S., Hf. u. Schlagzeug oder S., Chor, Kl. u. Orch. (1972); *Without Gesture* für Orch. (1973); *Playback* für Kb. u. Tonband (1973); *Through Clouds* (elektronisch, 1974); *Mirror Images* für A.-Sax., Vc., Kb. u. Schlagzeug (1975); *Ned Mark II* (Oper, 1976); *The Apology of Bony Anderson* (Oper, 1978).

Cooke, Arnold A., engl. Komponist, * 4. 11. 1906 Gomersal, Yorkshire. Studierte 1929–32 bei P. Hindemith an der Berliner Musikhochschule u. wurde 1933 Professor für Komposition am Royal Manchester College of Music. 1947 erhielt er eine Professur für Harmonielehre u. Komposition am Trinity College of Music in London.

Zu C. Kompositionen gehören: die Oper *Mary Barton* (1949), das Ballett *Jabez and the Devil* (1961), 3 Sinfonien (1947, 1963 u. 1967), 1 Klavierkonzert (1940), 1 Violinkonzert (1958), Kammermusik, Chorwerke u. Lieder.

Cooke, Benjamin, engl. Komponist, * 1734 London, † 14. 9. 1793 ebd., Sohn eines Musikverlegers. Erhielt ersten Unterricht bei J. Ch. Pepusch u. konnte schon mit 12 Jahren den Organisten der Westminster Abbey vertreten. 1752 wurde er als Nachfolger von Pepusch Dirigent an der Academy of Ancient Music, 1757 Chormeister u. 1762 Organist der Westminster Abbey. Ab 1782 Organist an St. Martin's-in-the-Fields.

Zu C. Kompositionen gehören Anthems, Services, Oden, Concerti u. Orgelstücke. Am bekanntesten wurde er jedoch durch seine Glees, Kanons u. Catches.

Cool Jazz, komplizierte kühle Spielweise der 40er u. 50er Jahre, bei der ursprüngliche Vitalität des Jazz durch komplexe zeitgenössische Tonstrukturen ersetzt wurde. Weist bereits voraus auf den Free Jazz der 60er Jahre. Zu den wichtigsten Vertretern des C. J. gehören Miles Davis u. Lennie Tristano.

Cope, David, amer. Komponist, * 17. 5. 1941 San Francisco. Studierte bei G. Fletcher an der Arizona State University, bei I. Dahl, G. Perle, H. Stevens an der University of Southern California u. privat bei I. A. MacKenzie. Unterrichtete an verschiedenen Instituten u. leitet seit 1973 eine Kompositionsklasse an der Miami University of Ohio. Er redigiert das »Composer Magazine« u.

hat die Bücher »Notes in discontinuum« (1970) u. »New directions in music« (1971) veröffentlicht.

Zu C. Kompositionen gehören: *Tragic Overture* für Streicher (1962), *Contrasts* für Orch. (1967), *Music* für Blechbläser u. Streicher (1971), *Variations* für Kl. u. Holzbläser (1972), *Streams* für Holzbläser u. Streicher (1973), 2 Streichquartette, 4 Klaviersonaten, *Iceberg meadow* für präpariertes Kl., Kompositionen für Instr. oder St. u. Tonband.

Coperario (Coprario), John, engl. Gambist, Lautenspieler u. Komponist, * um 1575, † 1626 London. Scheint um 1604 in Italien gewesen zu sein, daher auch die ital. Form seines Namens, der ursprünglich Cooper lautete. Als Lehrer der Kinder von James I. nachgewiesen. Außerdem unterrichtete er die Gebrüder Lawes, von denen William Lawes selber ein bedeutender Komponist wurde. 1606 veröffentlichte er *Funeral Teares for the Death of the Right Honorable the Earle of Devonshire,* 1613 *Songs of Mourning bewailing the untimely death of Prince Henry.* Im gleichen Jahr komponierte er Musiken für zwei Masken. Weitere Galliarden u. Fantasien sind in Sammelwerken erhalten. C. hinterließ im Manuskript »Rules how to Compose«. Er gilt als der erste bedeutende Komponist von Violenmusik in England.

Copland, Aaron (eigtl. A. Caplan), amer. Komponist u. Dirigent, * 14. 11. 1900 Brooklyn, NY. Erhielt ersten Klavierunterricht bei seiner Schwester u. beschloß mit 15 Jahren, Komponist zu werden. Nahm Klavierstunden bei L. Wolfson, V. Wittenstein u. C. Adler sowie 1917–21 Theorieunterricht bei R. Goldmark. 1921 schrieb sich C. als einer der ersten Studenten für die neugegründete Sommerschule in Fontainebleau ein. Dort nahm er Kompositionsunterricht bei P. Vidal, lernte N. Boulanger kennen u. wurde 1921–24 ihr Schüler. Sie bestellte bei ihm eine Sinfonie für Org. u. Orch., die sie 1925 bei ihrer ersten Amerikatournee uraufführte. C. brachte aus seiner Pariser Zeit 4 Motetten für gem. Chor a cappella, 1 Passacaglia für Kl., 1 Lied für S., Fl. u. Klar., 1 Rondino für Streichquartett u. das einaktige Ballett *Grogh* mit nach Hause. Die League of Composers veranstaltete 1924 die erste Aufführung von seinen Klavierstücken *The Cat and the Mouse* u. Passacaglia. Nach der Uraufführung der Sinfonie für Org. u. Orch. nahm sich S. Kussewitzky des jungen C. an u. erteilte den Kompositionsauftrag zu *Music for the Theatre* (1925). Im gleichen Jahr erhielt er als erster Komponist ein Stipendium der Guggenheim Memorial Foundation. Weil er die Erfahrung gemacht hatte, daß es schwierig war, dem Publikum zeitgenössische Musik zugänglich zu machen, gründete er gemeinsam mit R. Sessions die C.-Sessions Concerts (1928–31). Mit *Dance Symphony* (3 Sätze aus seinem Ballett *Grogh*) gewann er 1929 einen Teil des von RCA ausgesetzten Kompositionspreises. 1944 erhielt C. von Martha Graham den Auftrag, ein Ballett für ihre Kompanie zu schreiben. Es entstand *Appalachian Spring*. Neben seiner ausgedehnten Lehrtätigkeit, Vortragsreisen u. der Organisation verschiedener Musikfestivals wirkte C. als Assistant Director u. Leiter der Kompositionsklasse am Berkshire Music Center in Tanglewood von 1940 bis 1965 u. beeinflußte so eine ganze Generation amer. Komponisten. Seit 1947 wandte sich C. immer stärker dem Dirigieren zu, beschränkte sich aber hauptsächlich auf die Interpretation eigener Werke.

In den 20er Jahren u. insbesondere in seinem Klavierkonzert (1926) setzte sich C. mit dem Jazz auseinander, glaubte aber nach einigen Kompositionen, diese Möglichkeiten erschöpft zu haben. Er wandte sich daraufhin einer in Rhythmus u. Melodik amer. Musik zu, ohne jedoch einfach aus der Folklore zu schöpfen. Die häufig vorgebrachte Meinung, C. bemühe sich seit den 30er Jahren, populär zu schreiben, ist durch seine weiteren Kompositionen hinreichend widerlegt. Gebrauchsmusiken wie *Billy the Kid* (1938) oder *Rodeo* (1942) stehen Werke wie das Klavierquartett (1950), die *Piano Fantasy* (1957) oder *Connotations for Orchestra* (1962) gegenüber, die sich mit der Zwölftontechnik auseinandersetzen. In seinen neueren Kompositionen strebt C. eine I. Strawinsky verwandte absolute u. objektive Musik an. Er veröffentlichte die Bücher »What to listen for in Music« (New York 1939, letztmals revidiert 1963, dt. »Vom richtigen Anhören der Musik«, Hamburg 1967); »Our New Music« (New York 1941, revidiert u. erweitert als »The New Music 1900–1960«, New York 1968); »Music and Imagination« (Cambridge, MA, 1952); »The Pleasures of Music« (Durham 1959); »C. on Music« (New York 1960).

Zu C. Kompositionen gehören: die Schuloper *The Second Hurricane* (1937) u. die Oper *The Tender Land* (1954); die Ballette *Grogh* (1924, daraus 1925 *Dance Symphony*), *Hear Ye! Hear Ye!* (1934), *Billie The Kid* (1938, daraus Orchestersuite, Ch.: E. Loring), *Rodeo* (1942, daraus Orchestersuite, Ch.: A. de Mille), *Appalachian Spring* (1944, daraus Orchestersuite, Ch.: A. Graham) u. *Dance Panels* (1963); die Orchesterwerke Sinfonie für Org. u. Orch. (1924, daraus 1928 Sinfonie Nr. 1 ohne Org.), *Music for the Theatre* (1925, als Ballett Ch.: A. Tudor), *Symphonic Ode* (1929), *Short Symphony* (1933), *Statements* (1934), *El Salón México* (1936, als Ballett Ch.: D. Humphrey, später T. Bolender), *Prairie Journal* (1937, ursprünglich *Music for Radio*), *An Outdoor Ouverture* (1938), *Quiet City* (1940), *John Henry* (1942, rev. 1952), *Danzón Cubano* (1942), *Music for the Movies* (1942), *Fanfare for the Common Man* (1942), *Lincoln Portrait* für Sprecher u. Orch. (1942), *Letter from Home* (1944, rev. 1962), *Sinfonie Nr. 3* (1946), *Preamble for a Solemn Occasion* für Sprecher u. Orch. (1949), *Or-*

chestral Variations (1957), *Connotations* (1962), *Down a Country Lane* (1962), *Music for a Great City* (1964), *Inscape* (1967), *Ceremonial Fanfare* (1969), *Happy Anniversary* (1969) u. *Three Latin American Sketches* (1972); die Chorwerke *Old American Songs I* (1950) u. *II* (1952), *Eight Poems of Emily Dickinson* (1958–70), *Canticle of Freedom* (1955, revidiert 1967); Kammermusik, u.a. Klavierquartett (1950), Nonett für Streicher (1960), Violinsonate (1943), Klaviersonate (1941); die Konzerte für Klavier (1926) u. Klarinette (1948, als Ballett Ch.: J. Robbins) mit Orch. sowie Lieder.

Lit.: A. Berger, A.C., New York 1953; J.F. Smith, A.C., New York 1955; A.C., A Complete Catalogue of His Works, London 1960; A. Dobrin, A.C., New York 1967; C.O. Peare, A.C., New York 1969.

Coppola, Piero, ital. Dirigent u. Komponist, * 11. 10. 1888 Mailand, † 13. 3. 1971 Lausanne. Studierte am Mailänder Konservatorium Klavier u. Komposition. Wirkte als Dirigent an der Mailänder Scala, in Brüssel, London, Skandinavien u. Paris. Von seinen 5 Opern seien *Synnove* u. *Nikita* erwähnt. Er schrieb außerdem 1 Sinfonie für großes Orch., das *Poème* für Kl. u. Orch. u. Klavierstücke.

Copula (lat.: »das Verbindende«) bezeichnet in der Mehrstimmigkeitslehre des 12. Jh. den konsonanten Schlußklang (Einklang oder Oktave), später auch den häufig verzierten Übergang zum Schlußklang.

Copyright (engl.: »Urheberrecht«) bezeichnet den entsprechenden Rechtsschutz in der angelsächsischen Welt. Während England der Berner Übereinkunft beigetreten ist, kann in den USA auch nach dem neuen C.-Gesetz vom 1. 1. 1978 ein Werk nur geschützt werden, wenn es im C.-Register der Kongreßbibliothek in Washington eingetragen ist. Zeichen eines geschützten Werkes ist ein Vermerk, der aus dem Zeichen ©, Name u. Erscheinungsjahr besteht.

Coralli, Jean (Coralli Peracini), ital. Tänzer u. Choreograf, * 15. 1. 1779 Paris, † 1. 5. 1854 ebd. Studierte an der Ballettschule der Pariser Opéra, wo er 1802 auch sein Debüt gab. Nach Ch. für Wien, Mailand, Lissabon u. Marseilles wurde er 1831 an die Pariser Opéra berufen, wo er eine Reihe berühmter Ballette herausbrachte, u.a. *Le diable boiteux* (M.: C. Gide) 1836; *La chatte métamorphosée en femme* (M.: A. de Montfort) 1837; *La tarentule* (M.: C. Gide) 1839 sowie gemeinsam mit J. Perrot *Giselle* (M.: A. Adam) 1841 u. *La Péri* (M.: F. Burgmüller) 1843. Außerdem arrangierte er auch die Tänze für L. Cherubinis Uraufführung von *Ali Baba* (1833).

Corda (ital.; franz. corde), erscheint in Anweisungen des Komponisten wie una c. (auf einer Saite) oder c. vuota → leere Saite.

Corder, 1. Frederick, engl. Dirigent, Komponist, Schriftsteller u. Lehrer, * 26. 1. 1852 London, † 21. 8. 1932 ebd. Studierte an der Royal Academy of Music u. bei F. Hiller in Köln. Wurde Kapellmeister am Aquarium in Brighton u. 1888 Professor für Komposition an der Royal Academy of Music in London. Zu seinen Kompositionen gehören die Oper *Nordisa* (1887), die Operetten *A Storm in a Teacup* u. *Philomel* (1880) u. *The Nobel Savage* (1885), Kantaten, Orchesterwerke u. Lieder. Er übersetzte mit seiner Frau Henrietta Louisa den *Ring*, die *Meistersinger* u. *Rienzi* ins Englische u. veröffentlichte die Bücher »The Orchestra and How to Write for it« (London 1895), »Modern Musical Composition« (London 1909) u. »A History of the Royal Academy of Music« (London 1923). Zu seinen Schülern gehörten G. Bantock, A. Bax u. J. Holbrooke.

2. Paul W., Sohn von 1., engl. Komponist u. Lehrer, * 14. 12. 1879 London, † 6. 8. 1942 ebd. Schüler seines Vaters, ab 1907 Lehrer für Harmonie u. Komposition an der Royal Academy of Music.

Zu C. Kompositionen gehören die Orchesterfantasie *Morar* (1908), Opern, Ballette, Chorwerke u. Klaviermusik.

Cordero, Roque, panamaischer Komponist u. Dirigent, * 16. 8. 1917 Panama. Studierte bei D. Mitropoulos Dirigieren und bei E. Krenek Komposition. Übernahm nach verschiedenen Lehraufträgen 1970 die musikalische Beratung bei der Southern Music Publishing Co., Inc.

Zu C. Werken gehören Ballettmusiken, 3 Sinfonien (1945, 1958 u. 1965), 1 Klavierkonzert (1944), 1 Violinkonzert (1962), Concertino für Va. u. Streicher (1968), Kammermusik, u.a. 2 Streichquartette (1960 u. 1968) u. 1 Cellosonate (1962).

Corelli, Arcangelo, ital. Komponist, * 17. 2. 1653 Fusignano, † 8. 1. 1713 Rom. Erhielt seine musikalische Ausbildung in Faenza u. Bologna, wo er von G. Benvenuti u. L. Brugnoli im Geigenspiel unterwiesen wurde. 1670 erfolgte die Aufnahme in die Accademia Filarmonica. Um 1671 muß er nach Rom gekommen sein, ist dort 1679 im Orchester des Teatro Capranica nachgewiesen. In Rom nahm er noch einmal Kompositionsunterricht bei M. Simonelli. C. muß auch kurz dem Hof der Christina von Schweden angehört haben, der er sein op. 1 widmete. Nach F. Chrysander soll sich C. zwischen 1680 u. 1685 in Deutschland aufgehalten haben, u.a. auch mit einem gewissen Farinelli in Hannover. 1684–90 stand er ohne Zweifel im Dienst des Kardinals B. Pamphili in Rom u. war dann bis zu seinem Tode, von kleineren Reisen abgesehen, Konzertmeister u. Verwalter der großen Musikaliensammlung des Kardinals P. Ottoboni, in dessen Palast er meistens lebte. Dort fanden unter seiner Leitung auch die berühmten Montagskonzerte statt. Nach G. Muffat, einem Schüler Corellis, ist dieser der eigentliche Erfinder des Concerto grosso

(G. Muffat: Vorwort zu »Außerlesener... Instrumental-Music Erste Versamblung«, Passau 1701). C. komponierte 48 Triosonaten (op. 1–4, *XII Suonate a tre, due violini e violoncello, col basso per l'organo,* Rom 1681; *XII Suonate da camera a tre, due violini, violoncello e violone o cembalo,* Rom 1685; *XII Suonate a tre, due violini e arcileuto col basso per l'organo,* Modena 1689; *XII Suonate da camera a tre, due violini e violone o cembalo,* Bologna 1694), *XII Suonate a violino e violone o cembalo* op. 5 (Rom 1700, davon ein Arrangement als Concerti grossi von F. Geminiani) u. die 12 *Concerti grossi con duoi Violini e Violoncello di Concertino obligati e duoi altri Violini, Viola e Basso di Concerto Grosso ad arbitrio, che si potranno radoppiare* op. 6 (hg. von M. Fornari, Amsterdam 1714). C. Variationen auf das zu seiner Zeit berühmte Tanzthema *La Follia* sind die Nr. 12 aus op. 5, das bekannte Weihnachtskonzert *(Concerto fatto per la notte di natale)* ist die Nr. 8 aus op. 6. C. zugeschrieben werden noch 1 Concerto grosso als Einleitung zu G. L. Luliers Oratorium *Santa Beatrice d'Este* (1689), 2 *Concerti a quattro* (Amsterdam 1699), 1 Sonate a quattro für Trp. u. Streicher, 6 *Sonate a tre* (Amsterdam 1714), 1 *Fuga a quattro* (veröffentlicht von F. M. Veracini) u. 1 *Sonate a violino e violoncello,* die im Liceo Musicale von Bologna gefunden wurde. C. war nicht nur ein angesehener Virtuose, auch wenn er Doppelgriffe mied u. nicht über die 3. Lage hinausging, sondern auch der Lehrer von F. Geminiani, P. Locatelli u. P. Castrucci, der erste Komponist von Concerti grossi u. der ital. Musiker, der dem Solokonzert u. der Solosonate den Weg ebnete.

GA: Les œuvres de A. C. (op. 1–6), 3 Bde., hg. von J. Joachim u. F. Chrysander, London 1888–91; Historisch-kritische GA der Werke A. C., hg. vom Musikwissenschaftlichen Inst. der Universität Basel unter der Leitung von H. Oesch, Köln 1976 ff.

Lit.: M. Pincherle, C. et son temps, Paris 1933, 1954 erweitert in der Reihe Amour de la musique; A. Liess, Neue Zeugnisse von C. Wirken in Rom, Archiv für Musikwissenschaft XIV, 1957; M. Witte, Das Verhältnis von Grosso- u. Concertino-Tonsatz in den Concerti Grossi C., Die Musikforschung XXIV, 1971.

Corghi, Azio, ital. Komponist, * 9. 3. 1937 Turin. Studierte in Turin bei M. Zanfi Klavier u. anschließend in Mailand bei B. Bettinelli Komposition, bei A. Bortone Chorleitung u. bei A. Votto Dirigieren. Er ist heute Dozent am Konservatorium in Turin.

Zu C. Kompositionen gehören: Divertimento für 12 Instr. (1964), *Jeux* für Klar. u. Kl. (1965), *Gli uomini vuoti* für 6 Singst. u. 9 Instr. (1966), *Stereofonie x4* für Org., Schlagzeug, Fl. u. Vc. (1967), *Intavolature* für Orch. (1967) u. *In fieri* für Orch. (1968).

Cornelius, C. A. Peter, dt. Komponist, * 24. 12. 1824 Mainz, † 26. 10. 1874 ebd. Wollte ursprünglich Schauspieler werden, wandte sich dann aber der Musik zu u. studierte bei S. Dehn in Berlin 1844–46 Kontrapunkt. Gehörte ab 1852 zum Kreis um F. Liszt in Weimar, dessen Ideen er in der »Neuen Zeitschrift für Musik« eifrig verfocht. Liszt revanchierte sich für die treuen Dienste C. mit der Uraufführung von dessen Oper *Der Barbier von Bagdad* am 15. 12. 1858 in Weimar. Das Stück fiel unverdienterweise wegen einer Intrige durch, u. der verärgerte Liszt trat von seinem Posten zurück. 1859 ließ sich C. in Wien nieder, wo er R. Wagner kennenlernte. Neben Übersetzungsarbeiten entstanden in Wien die Hebbel-Lieder u. die zweite Oper *Der Cid,* die 1865 in Weimar herauskam. Im gleichen Jahr folgte C. Wagner nach München. Er wurde dort Kompositionslehrer an der Königlichen Musikschule. In München entstanden seine großen Chorwerke, u. a. die 5 Trauerchöre op. 9 für Männerst., die *Psalmenlieder* op. 13, das *Reiterlied* op. 17 u. *Die Vätergruft* sowie die unvollendete Oper *Gunlöd.* Seine literarischen Werke wurden von C. M. Cornelius, E. Istel u. A. Stern hg. (4 Bde., Leipzig 1904–05).

Cornetton nannte man den Stimmton der Stadtpfeifer u. Feldtrompeter. Unterschied sich immer um einen halben oder ganzen Ton von dem jeweiligen → Chorton.

Coro spezzato (ital.: »geteilter Chor«), von G. Zarlino eingeführter Ausdruck für die Aufteilung der Sänger in mehrere mindestens 4st. Chöre, die durch ihre Aufstellung einen raffinierten Raumklang ermöglichten. Zu den frühen Zeugnissen dieser Mehrchörigkeit gehören die *Salmi spezzati* (1550) von A. Willaert.

Correa de Arauxo (Correa de Araujo), Francisco, * um 1580, † vor dem 13. 2. 1665 Segovia, spanischer Organist u. Komponist. Scheint Schüler von J. Peraza u. D. del Castillo in Sevilla gewesen zu sein, wo er auch seine erste Organistenstelle 1598 an S. Salvador erhielt. Verließ S. Salvador 1633 u. wurde Organist der Kathedrale von Jaén 1636–40, wechselte dann nach Segovia, wo er bis zu seinem Lebensende blieb. Veröffentlichte 1626 in Alcalá sein »Libro de tientos y discursos de música practica, y theorica de organo, intitulado Facultad organica«, eine Orgelschule mit 70 Tonsätzen, die zum bedeutendsten der hispanischen barocken Orgelliteratur gehören.

Corrette, Michel, franz. Komponist u. Organist, * 1709 Rouen, † 22. 1. 1795 Paris. Organist des Großpriors von Frankreich, später der Jesuiten, des Prinzen von Condé u. des Herzogs von Angoulême. Er komponierte Messen, Motetten, Stücke für Musette, Vielle, Fl., V. oder Ob., Stükke für Org. u. Cemb., Lieder für Jahrmarktstheater, *Fantaisies à 3* u. *Concertos comiques.* Seine große Bedeutung liegt in den Lehrbüchern, die er für verschiedene Instrumente schrieb u. die ein Licht auf die Aufführungspraxis seiner Zeit werfen: eine Violinschule »École d'Orphée« (1738), eine Violoncelloschule (1741), eine Flötenschule (vor 1753), eine Klavierschule (1753), eine Singschule (1758), eine Harfenschule (1774), eine Mandolinenschule (1772) u. eine Viellenschule (1783).

Corrido, mexikan. Volkslied mit erzählendem Charakter, das auf die span. Romanze zurückgeht. Der C. steht meist im 6/8- oder 3/8-Takt u. wird zweistimmig in Terzen zur Gitarre gesungen.

Corselli (Courselle), Francisco, span. Komponist franz. Herkunft, * 1702 Parma, † 3. 1. 1778 Madrid. Als herzoglicher Kapellmeister in Parma nachgewiesen, wo 1720 seine Oper *Nina* herauskam. Ließ sich um 1735 in Spanien nieder, wurde 1736 für zwei Jahre Kapellmeister der Real Capilla u. Musiklehrer der Infanten. Verschiedene seiner Opern, wie *Alessandro nell'Indie* u. *Achille in Sciro*, sind in Madrid aufgeführt worden. Seine Kirchenmusiken liegen nur in Handschrift vor.

Corteccia (Corticius), Francesco, ital. Komponist u. Organist, * 27. 7. 1502 Florenz, † 7. 6. 1571 ebd. 1531 Organist an S. Lorenzo in Florenz u. 1539 Kapellmeister von Cosimo I. de'Medici. Zu seinen Kompositionen gehören 2 Bücher 4st. Madrigale, 1 Buch 5–6st. Madrigale, 2 Bde. Responsoria sowie 5- u. 6st. Motetten. Er komponierte neben A. Striggio auch Musiken zu Cinis Intermezzo »Psiche ed Amore«.

Cortese, Luigi, ital. Komponist, Pianist u. Kritiker, * 19. 11. 1899 Genua. Studierte bei A. Casella u. A. Gédalge. War 1951–65 Direktor des Liceo musicale N. Paganini in Genua. Seit 1969 künstlerischer Leiter des Teatro Comunale in Genua.

C. komponierte Opern, 1 Sinfonie, 1 Violinkonzert, Chorwerke, Kammermusik u. Bühnen- sowie Filmmusiken.

Costa, Sir Michel A. A., engl. Dirigent u. Komponist ital. Herkunft, * 4. 2. 1808 Neapel, † 29. 4. 1884 Hove. Schüler seines Vaters Pasquale C., seines Großvaters G. Tritto u. von N. A. Zingarelli, G. Furno u. G. Crescentini. Schrieb bereits mit 15 Jahren die Kantate *L'immagine* für das Theater des Konservatoriums von Neapel. 1826 komponierte er für das gleiche Haus die Oper *Il delitto punito* u. 1827 *Il sospetto funesto*. In den folgenden Jahren entstanden 1 Messe, 3 Sinfonien, 1 Oratorium u. die Opern *Il carcere d' Ildegonda* (1828) u. *Malvina* (1829). Noch im gleichen Jahr schickte ihn Zingarelli als Dirigenten für eines seiner Oratorien nach Birmingham. C. beschloß, in England zu bleiben, u. wurde von Laporte als maestro al piano ans King's Theatre in London engagiert. 1833 avancierte er zum vielbeachteten Direktor u. Dirigenten dieser Institution. 1869 wurde er in den Adelsstand erhoben.

Zu C. weiteren Kompositionen gehören: die Ballette *Kenilworth* (1831), *Une heure à Naples* (1832), *Sir Huon* (1833) u. *Alma* (1842), die Opern *Malek Adel* (1837) u. *Don Carlos* (1844), die Oratorien *Eli* (1855) u. *Naaman* (1864).

Costanzi, Giovanni Battista (G. da Roma oder G. del violoncello genannt), ital. Komponist u. Cellist, * 3. 9. 1704 Rom, † 5. 3. 1778 ebd. 1725–40 im Dienst des Kardinals Ottoboni, anschließend Kapellmeister an verschiedenen römischen Kirchen, zuletzt an der Cappella Giulia. Komponierte eine Reihe von Opern, von denen *Carlo Magno* (1728) im Palazzo Ottoboni zu Ehren der Geburt des franz. Dauphins gegeben wurde; außerdem Oratorien, Kirchenmusik u. Cellosonaten.

Costeley, Guillaume, franz. Komponist u. Organist, * um 1531 wahrscheinlich Pont-Audemer, † 1. oder 2. 2. 1606 Evreux. Hoforganist Heinrichs II. u. Karls IX. von Frankreich. Erster Präsident des zu Ehren der hl. Caecilia in Evreux gegründeten → Puy de musique, die alljährlich einen Preis für die beste Komposition verlieh. Le Roy u. Ballard veröffentlichten 4- u. 5st. Chansons von ihm, außerdem erschien »Musique de G. C., Organiste ordinaire et vallet de chambre du … Roy« (Paris 1570) mit 3 Motetten u. 103 Chansons. C. gehört zu den bedeutendsten Chansonkomponisten der Generation nach C. Janequin.

Cotillon (franz.: »Unterrock«), ein besonders im 18. Jh. in Frankreich beliebter Gesellschaftstanz, der sich aus dem engl. Round entwickelt hat. Ursprünglich ein Tanz für je 4 Paare in überkreuzter Aufstellung mit einem Entrée u. einem Refrain. Später führte ein Paar die oft komplizierten Figuren an. Ein C. findet sich in P. Tschaikowskys *Eugen Onegin* im 2. Akt. G. Balanchine choreografierte 1932 einen C. nach Musik von E. Chabrier.

Coulé (franz.) bezeichnet den Vorschlag von oben.

Countertenor (abgeleitet von lat. contratenor), englische Bezeichnung für Männerstimme, die in der Altlage singt. Der C. erreicht durch Falsettieren fast die Höhe der weiblichen Altstimme.

Country dance (engl.: »ländlicher Tanz«), ein Gesellschaftstanz, der sich aus einem Volkstanz entwickelt hat. Nach J. Playfords »The English Dancing Master« (1650) gab es zwei verschiedene Typen von C. d.: 1. Longways, bei denen sich die Paare in einer Reihe gegenüberstanden, u. 2. Rounds, bei denen man Kreise bildete u. die Paare nebeneinander standen. Daneben gab es auch

Square dances für 4 Paare sowie Tänze für nur 2 Paare. Die meisten C.d. waren im Zweiertakt (→ Contredance).

Country music. Unter dieser Bezeichnung wird die Musik zusammengefaßt, die ursprünglich von den engl., schottischen u. ir. Siedlern mit nach Kentucky, Tennessee u. Arkansas gebracht wurde. Die bevorzugten Instrumente waren Hackbrett, Fiedel u. Banjo. Aus dieser Volksmusik wurde die kommerzielle Hillbilly-Musik, die heute durch die Grand Ole Opry in Nashville repräsentiert wird. Zu ihren Vertretern gehören Hank Williams u. Roy Acuff. Die puristische → Bluegrass music ist eine Sonderentwicklung aus der C.m. Mit Jimmie Rodgers, Gene Autry u. Roy Rogers zog der Cowboy-Kult in die C.m. ein. Es entstand Country & Western.

Couperin, franz. Familie von Organisten, Clavecinisten u. Komponisten aus der Provinz Brie. Aus der Ehe des Kaufmanns u. Organisten Charles C. mit Marie Andry stammen die folgenden drei Söhne, die es in der musikalischen Welt zu hohem Ansehen brachten:

1. Louis, franz. Organist u. Komponist, * um 1626 Chaumes-en-Brie, † 29. 8. 1661 Paris. Wahrscheinlich Schüler J. Ch. Chambonnières, der ihn nach Paris empfahl. Dort wurde Louis ab 1653 Organist an St-Gervais u. wenig später auch Hofmusiker Ludwigs XIV. Von seinen Kompositionen sind 70 Orgelstücke, 3 *Symphonies* u. ca. 130 Clavecinstücke erhalten, darunter das berühmte *Tombeau de M. Blanrocher,* außerdem einige Stücke für Violen.

2. François (genannt Sieur de Crouilly), Bruder von 1., franz. Geiger, Organist u. Komponist, getauft 9. 4. 1630 Chaumes, † nach 1708 Paris. Schüler Chambonnières. Über sein Leben ist wenig bekannt. Er kam bei einem Unfall um.

3. Charles, Bruder von 1. u. 2., franz. Geiger, Organist u. Komponist, getauft 9. 4. 1638 Chaumes, † Anfang 1679 Paris. Schüler von Chambonnière u. Mitglied der Hofkapelle. Wurde beim Tode seines Bruders Louis dessen Nachfolger als Organist an St-Gervais, bezog das zu dieser Stellung gehörende Haus u. heiratete 1662 Marie Guérin. Aus dieser Ehe stammt François C., dem man schon zu Lebzeiten den Beinamen le Grand gab.

4. François (genannt le Grand), franz. Organist, Clavecinist, Komponist u. Lehrer, Sohn von 3., * 10. 11. 1668 Paris, † 11. 9. 1733 ebd. Der begabte François erhielt beim frühen Tod seines Vaters dessen Organistenstelle zugesprochen. Bis er in das entsprechende Alter kam, wurde sie von M.-R. Delalande mitbetreut. 1685 übernahm François sein Amt, nachdem er bei J. Thomelin eine solide Ausbildung erhalten hatte, die noch durch seinen Onkel François ergänzt wurde. 1690 veröffentlichte er 2 Orgelmessen, 1692 Triosonaten im Stil A. Corellis. 1693 wurde er in der Nachfolge von Thomelin Hoforganist, 1694 Lehrer der Prinzen. 1717 wurde er offiziell zum Ordinaire de la Musique ernannt. Dieser Posten, den er praktisch schon lange innehatte, wurde bis zu diesem Jahr pro forma von dem kränklichen J.-B. H. d'Anglebert bekleidet. François selber mußte aus gesundheitlichen Gründen 1723 das Amt des Organisten an St-Gervais an seinen Vetter Nicolas abgeben, 1730 ließ er seine Tochter Marguerite-Antoinette zur Hofclavecinistin ernennen. Im gleichen Jahr veröffentlichte er den letzten Band seiner Clavecin-Kompositionen. Er starb am 11. September 1733.

C. Kompositionen lassen sich in drei Gruppen einteilen:
1. Kirchenkompositionen. Neben seinen Motetten u. Élévations, die noch von A. Charpentier beeinflußt zu sein scheinen, stehen die 3 erhaltenen *Leçons des ténèbres,* 1714–15 komponiert. In ihnen verschmolz C. ital. Arientechnik mit franz. Instrumentaltradition zu einem starken persönlichen Glaubensbekenntnis.
2. Kammermusik. Hier spannt sich der Bogen von den Corelli nachempfundenen Triosonaten wie *La pucelle* u. *La steinkerque* aus dem Jahr 1692 bis zu den beiden Suiten für Violen u. B.c. Programmatisch ist der Titel der 10 Konzerte, die als *Les goûts réunis* 1714–15 entstanden. In den besten dieser Kompositionen, die ital. u. franz. Tradition vereinen, steht C. seinem deutschen Zeitgenossen J.S. Bach in nichts nach.
3. Clavecinstücke. 240 Stücke sind in 4 Büchern u. 27 Ordres zusammengefaßt u. wie folgt erschienen: Buch 1 (1713), 2 (1717), 3 (1722) u. 4 (1730). Diese teils mit programmatischen, teils mit ironisch gemeinten Titeln versehenen Stücke werden in ihrer Ornamentik immer einfacher, dabei polytonaler u. dissonanter. Ihr Einfluß auf Komponisten wie J.-Ph. Rameau kann gar nicht hoch genug veranschlagt werden. J.S. Bach schrieb sich das Rondeau *Les moissoneurs* (2. Buch, 6. Ordre) ab, u. G.F. Händel übernahm eine Reihe von Themen für eigene Kompositionen. C. veröffentlichte außerdem »L'Art de toucher le clavecin« (Paris 1716).

GA unter Leitung von M. Cauchie, 12 Bde., Paris 1932–33; Ausgabe der ersten beiden Bücher der Clavecinstücke, Pièces de clavecin, hg. von J. Brahms u. F. Chrysander, 2 Bde., Bergedorf 1869.

Lit.: Ch. Bouvet, Nouveaux documents sur les C., Paris 1933; M. Cauchie, Thematic Index of … F. C., Monaco 1949; W. H. Mellers, F. C. and the French Classical Tradition, London 1950; Shl. Hofman, L'œuvre de clavecin de F. C. le grand, Paris 1961.

Couplet (franz.), zunächst Bezeichnung für ein Reimpaar, später für eine ganze Strophe. Mit dem Ende des 18. Jh. wurden auch ganze Strophenlieder mit C. bezeichnet. Sie waren wegen ihres heiteren Inhalts u. der frechen Pointen im Refrain als Einlagen in den Vaudevilles, in der Opéra-comique u. in der Operette beliebt. In diesem Sinn wurden die C. auch in das Kabarett des 20. Jh. übernommen.

Courante (franz.: »schneller Tanz«), von Th. Arbeau in seiner »Orchésographie« (1588) als Tanz mit mimischen Elementen beschrieben. Gehörte im 17. Jh. zu den eleganten Gesellschaftstänzen des franz. Hofes. J. S. Bach übernahm diese Tanzform in seine Suiten u. Partiten. Die C. trat häufig als ungeradtaktiger Nachtanz in Verbindung mit der Allemande auf.

Courvoisier, Walter, schweiz. Komponist, * 7. 2. 1875 bei Basel, † 27. 12. 1931 Locarno. Studierte zuerst Medizin, widmete sich aber ab 1902 der Musik. Privatschüler bei L. Thuille in München, 1907 Dirigent des Kaimorchesters, 1910 Theorielehrer u. 1919 Professor für Komposition an der Münchner Akademie der Tonkunst. Zu seinen Schülern gehörten W. Burkhard, H. Sutermeister u. H. Reutter. In seinen Kompositionen gehört C. zu den Spätromantikern, bediente sich zur Erzielung bestimmter Effekte auch impressionistischer u. archaischer Mittel.

B. schrieb u. a. die Opern *Lanzelot u. Elaine* (1917), *Die Krähen* (1921), *Der Sünde Zauberei* (im Nachlaß); Werke für Chor u. Orch., darunter *Totenfeier* (auch *Auferstehung* genannt) für Soli, Chor, Orch. u. Org. (1915); 6 Suiten für V. solo; Chöre u. Klavierwerke.

Cover (engl.), bezeichnet die Schallplattenhülle.

Cover Version, Neuauflage einer erfolgreichen Nummer in der Unterhaltungsmusik mit Interpreten, die nicht an der Originalaufnahme beteiligt waren.

Coward, Noël P., engl. Schriftsteller, Schauspieler, Komponist u. Regisseur, * 16. 12. 1899 Teddington, † 26. 3. 1973 Firefly Hill, Jamaica. Zu seinen Vorfahren väterlicherseits gehörte der Organist u. Komponist James C. Konnte bereits als Kind Songs mit den dazugehörigen Harmonien nach einmaligem Hören auf dem Klavier wiedergeben. Erhielt für kurze Zeit Unterricht an der Chapel Royal School u. trat 1911 in einem Kinderstück auf. Verschiedene Engagements in Produktionen von Ch. Hawtrey folgten. C. beschloß, Schauspieler zu werden, erhielt keine weitere Schulerziehung u. blieb auch als Musiker Autodidakt. 1917 Komparse in D.W. Griffiths »Hearts of the World«. 1919 mit *I'll leave it to you* erstmals als Autor im Londoner Westend. 1924 erster großer Theatererfolg mit »The Vortex«, anschließend weitere Theaterstücke, Revuen, Musicals. 1955 sensationeller Auftritt als Entertainer in Las Vegas, davon Schallplattenmitschnitt »N. C. at Las Vegas«. Zu seinen bekanntesten Songs gehören: *Poor Little Rich Girl, Dance Little Lady, Any Little Fish Can Swim, Mad About the Boy, Mad Dogs and Englishmen* u. *Don't Put Your Daughter on the Stage, Mrs. Worthington.* An Filmen seien erwähnt: »Brief Encounter« u. »The Astonished Heart« sowie sein Auftritt in »Our Man in Havana«.

C. komponierte die Revuen *London Calling* (1923), *On With the Dance* (1925), *This Year of Grace* (1928), *Words and Music* (1932), *Set to Music* (1939) u. *Sigh no More* (1945); die Operetten *Bitter Sweet* (1929), *Cavalcade* (1931), *Conversation Piece* (1934) u. *Operette* (1938); die Musicals *Pacific 1860* (1946), *Eight of Clubs* (1950), *After the Ball* (1954), *Sail Away* (1961), *The Girl Who Came to Supper* (1963) u. *High Spirits* (1964); das Ballett *London Morning* (1959, Ch.: J. Carter). Er veröffentlichte Autobiografisches als »Present Indicative« (London 1937) u. »Future Indefinite« (London 1954). Außerdem erschien 1953 »The N. C. Song Book« in London.

Lit.: P. Braybrooke, The Amazing Mr. N. C., London 1933; R. Mander u. J. Mitchenson, Theatrical Companion to C., London 1957; C. Lesley, The Life of N. C., London 1976.

Cowell, Henry D., amer. Komponist, * 11. 3. 1897 Menlo Park, CA, † 10. 12. 1965 Shady, NY. Lernte das Geigenspiel mit 5 Jahren u. fing mit 8 an zu komponieren. Studierte dann bei Ch. Seeger an der University of California u. nach dem 1. Weltkrieg bei Woodman am Institute of Applied Music in New York. Während des Krieges hatte er eine Militärkapelle geleitet. Kam 1931 mit einem Guggenheim-Stipendium nach Berlin, wo er bei E. von Hornbostel vergleichende Musikwissenschaft hörte. Entwickelte 1932 gemeinsam mit L. Theremin ein elektroakustisches Rhythmicon, das vorgegebene Rhythmen reproduzieren konnte. 1927–36 redigierte er das von ihm gegründete »New Music Quarterly«, ging außerdem auf ausgedehnte Konzert- u. Vortragsreisen, bei denen er sich insbesondere für die zeitgenössische amer. Musik einsetzte. Als Lehrer wirkte er u. a. an der Stanford University, der New School for Social Research, der University of California, dem Mills College, dem Peabody Conservatory u. der Columbia University. Sein prominentester Schüler war J. Cage. Besonders unermüdlich setzte sich C. für Ch. Ives ein, dessen Werk erst jetzt von der Öffentlichkeit bewußt aufgenommen wird.

In seinen eigenen Kompositionen hat C. Elemente der Folklore mit neuen, zum Teil von ihm selber erfundenen Formen u. Klängen verschmolzen. Bereits in einem Konzert des 15jährigen kamen zum ersten Mal → Cluster vor, die C. mit der Faust u. dem Unterarm erzeugte. Diese Cluster finden sich in vielen seiner Kompositionen, besonders in dem 1930 entstandenen Klavierkonzert. C. machte damit das Geräusch zu einem Klang u. gezielt eingesetzten Effekt. 1917–65 entstanden insgesamt 19 Sinfonien, die teilweise Namen wie *Anthropos* (2., 1939), *Gaelic* (3., 1942) oder *Seven Rituals of Music* (11., 1954) tragen.

Zu C. an die 1000 Kompositionen gehören u. a. 19 Sinfonien (1917–65) und Orchesterwerke wie *Vestiges* (1914–20), *Some Music* u. *Some More Music* (1915–16), *Ensemble* für Streichorch. (1925, rev. 1956), *Sinfonietta* für kleines Orch. (1928), *Synchrony* u. *Polyphonica* (1930), *Old American Country Set* (1937), *Symphonic Set* op. 17 (Orchesterfassung 1939 der 1939 entstandenen

Toccanta für vokalisierenden S., Fl., Vc. u. Kl.), *Ancient Desert Drone* (1940), *Festival Overture* für 2 Orch. (1946), *Variationen* (1956), *Musik* u. *Ongaku* (1957) u. *Antiphony* für geteiltes Orch. (1959); viele Kompositionen für Band, darunter *Celtic Set* (1938), *Shipshape Overture* (1939), *Shoonthree* (1939) u. *Animal Magic* (1944); die Konzerte für Kl. u. Orch. (1930), *Tales of Our Countryside* (1912–41) u. *Little Concerto* (1942); außerdem eine *Irish Suite* für Klaviersaiten u. Kammerorch. (1925); Konzerte für Schlagzeug (1959), Akkordeon (1960), Koto (1964) mit Orch.; 16 *Hymn and Fuguing Tunes* für verschiedene Besetzungen bis hin zu Stimmen; Kammermusik, u. a. 5 Streichquartette, u. Klavierstücke, bei denen C. seine Cluster-Technik zuerst ausprobierte, bevor er sie auf andere Instrumentengruppen u. das Orch. übertrug. Zu ihnen gehören Stücke wie *Adventures in Harmony* (1911), *The Tides of Manaunaun* (1912), *Dynamic Motion* (1913) u. *Tiger* (1928). C. komponierte außerdem die Oper *O'Higgins of Chile* (1949) u. veröffentlichte 1930 »New Musical Resources« (Neuauflage 1969, New York) zur Begründung seiner musikalischen Vorstellungen, gab 1933 »American Composers on American Music« heraus (Neuauflage 1962, New York) u. schrieb gemeinsam mit S. Cowell »Ch. Ives and His Music« (New York 1955, rev. u. neu aufgelegt 1969).

Cowen, Sir Frederic H. (eigtl. Hymen Frederick), engl. Dirigent u. Komponist, * 29. 1. 1852 Kingston, Jamaica, † 6. 10. 1935 London. Komponierte mit 8 Jahren die Operette *Garibaldi, or The Rival Patriots* auf ein Libretto seiner Schwester. Erhielt ab 1860 Unterricht bei J. Goss u. J. Benedict u. gab 1863 sein erstes öffentliches Konzert. 1865–66 studierte er am Leipziger Konservatorium bei L. Plaidy, I. Moscheles, C. Reinecke, E. F. Richter u. M. Hauptmann, 1867–68 besuchte er das Sternsche Konservatorium in Berlin, um dann in England verschiedentlich als Pianist aufzutreten u. als Nachfolger A. Sullivans 1888–92 u. 1900–07 die Konzerte der Philharmonic Society zu dirigieren. Daneben leitete er verschiedene andere Konzertvereinigungen, Chöre u. Festspiele.

Zu C. Kompositionen gehören: die Opern *Pauline* (1876), *Thorgrim* (1890), *Signa* (1894) u. *Harold, or The Norman Conquest* (1895); die Ballette *Monica's Blue Boy* u. *Cupid's Conspiracy;* Chorwerke; Orchesterwerke, darunter 6 Sinfonien, von denen Nr. 3 (*Die Skandinavische,* 1880) am bekanntesten ist; Konzerte für Kl., Kammermusik u. Klaviermusik.

Cowie, Edward, engl. Komponist, Maler u. Ornithologe, * 17. 8. 1943 Birmingham. Schüler von P. R. Fricker am Morley College in London u. von A. Goehr (privat). Erhielt 1971 ein Stipendium für einen Polenaufenthalt, wo er sich bei W. Lutosławski weiteren Rat holte. Seit 1973 ist C. Dozent an der Universität von Lancaster. Ähnlich wie O. Messiaen läßt er sich häufig von Naturerlebnissen zu seiner Musik inspirieren. Nach Kompositionen in der seriellen Technik tendiert C. neuerdings wieder zu tonalen Zentren. Die Spannung zwischen tonalen Modi u. Atonalität wird dabei als dramaturgisches Mittel eingesetzt.

Zu C. Werken gehören: *Shinkokinshu* für S. u. Instrumentalensemble (1968, rev. 1972); Concerto für Kl. u. Tonband (1969); *Dungeness Choruses I & II* (1970); *Four Orchestral Songs* (1971); 1. Klarinettenkonzert (1972–73); *A Charm of Finches* für S. u. 3 Fl. (1973); Streichquartett Nr. 1 (1974); 2. Klarinettenkonzert (1975), *Leviathan* (Tondichtung für Orch., 1975), *Cathedral Music* für sinf. Blechbläser (1975); *Gesangbuch* (bestehend aus: 1. *Herbstlich – Eaves Wood,* 2. *Winterlied – Martinmere,* 3. *Habichtswald – Leighton Moss* u. 4. *Stimmungsbild – Hest Bank,* 1975–76 Instrumentalfassung mit gem. Chor; 1976 A-cappella-Fassung); Klaviervariationen (1976); Klavierkonzert (1976–77); *Commedia* (Oper, 1976–78), *L'or de la trompette d'été* für Streicher (1977); Streichquartett Nr. 2 (1977); *Columbine* für S. u. Kammerorch. (1979); *Brighella's World* für Bar. u. Kl. (1979); *Falls of Clyde* für 2 Kl. (1979–80); *Harlequin* für Hf. solo (1980); *Leonardo* für Kammerorch. (1980–81); *Ned Kelly* (Oper, 1980–82), *Choralsinfonie* (1981–82).

Cramer, 1. Wilhelm, dt. Geiger u. Komponist, getauft 2. 6. 1746 Mannheim, † 5. 10. 1799 London. Sohn von Jacob C., einem Geiger der Mannheimer Kapelle. Erhielt Unterricht bei J. Stamitz u. Ch. Cannabich, wurde Mitglied der Mannheimer Kapelle 1757–72 u. wanderte dann nach England aus. Dort wurde er zum Königlichen Kapellmeister ernannt, übernahm gleichzeitig die Konzertmeisterstelle an der Oper u. wirkte bei vielen weiteren Musikvereinigungen mit. Nahm 1784 u. 1787 auch als Konzertmeister an den Händel-Festen teil. Er veröffentlichte 8 Violinkonzerte, Violinsonaten, Trios und Streichquartette.

2. Johann Baptist, Sohn von 1., dt. Pianist u. Komponist, später auch Verleger, * 24. 2. 1771 Mannheim, † 16. 4. 1858 London. Erhielt ersten Unterricht bei seinem Vater, dann bei J. D. Benser, J. S. Schröter u. M. Clementi u. nahm 1785 außerdem noch Generalbaßunterricht bei C. F. Abel. Ab 1788 unternahm er Konzertreisen durch Europa, kehrte aber immer wieder nach London zurück, wo er sich ab 1805 auch als Verleger betätigte, zeitweise als Partner von S. Chappell. 1832–45 lebte C. vorwiegend in Paris, dann bis zu seinem Lebensende wieder in London. Der als Pianist u. Lehrer hochgeschätzte C. bestand sogar vor den Augen L. van Beethovens, der ein Exemplar der Etüden mit Anmerkungen versah. C. komponierte 7 Klavierkonzerte, 105 Klaviersonaten, Kammermusik u. die *Große Pianoforteschule,* deren 84 Etüden (5. Teil) gemeinsam mit den 16 Etüden op. 81 in einer von H. v. Bülow besorgten Auswahl heute noch im Unterricht verwendet werden.

Cranko, John, südafrikanischer Tänzer, Choreograf u. Ballettdirektor, * 15. 8. 1927 Rustenburg, Südafrika, † 26. 6. 1973 Dublin. C. beschäftigte sich bereits als Kind mit einem Spielzeugtheater und nahm an Aufführungen im Kreis der Familie teil. Erster Ballettunterricht bei M. Sturman, an-

schließend an der Cape Town University Ballet School, wo er auch sein erstes Ballett *A Soldier's Tale* (M.: I. Strawinsky) choreografierte, aber ein eigenes Libretto zugrunde legte (1942). 1946 setzte C. seine Studien an der Londoner Sadler's Wells School fort, trat 1947 mit dem Sadler's Wells Ballet in Covent Garden auf u. erhielt von N. de Valois die Chance, *Children's Corner* (M.: C. Debussy) für eine Matinee zu choreografieren. Sie sorgte auch dafür, daß C. mehr und mehr als Choreograf für das Sadler's Wells Theatre Ballet tätig sein konnte. Daneben arbeitete er mit dem New York City Ballet, dem Ballett der Pariser Oper u. dem Ballett der Scala. Zu seinen ersten Erfolgen gehörten 1951 *Pineapple Poll* (M.: Sullivan-Mackerras) und *Harlequin in April* (M.: R. Arnell) sowie 1953 *Bonne bouche* (M.: A. Oldham). 1957 entstand für das Royal Ballet mit *The Prince of the Pagodas* (M.: B. Britten) C. erstes abendfüllendes Ballett. Weiteren Erfolg hatte er mit der Revue *Cranks*, während seine *New Cranks*, der Versuch mit dem Musical *Keep Your Hair* u. auch seine *Antigone* (M.: M. Theodorakis) für das Royal Ballet nicht sonderlich ankamen. 1960 übernahm er die Produktion der Uraufführung von B. Brittens *A Midsummer Night's Dream* u. folgte einer Einladung N. Beriozoffs nach Stuttgart, wo er Brittens *Pagodenprinz* einstudierte. 1961 wurde C. zum Stuttgarter Ballettdirektor ernannt. In wenigen Jahren machte er aus dem Ballett der Württembergischen Staatsoper eine der ersten Kompanien der Welt. 1968–71 leitete C. gleichzeitig auch noch das Ballett der Bayerischen Staatsoper. Er starb auf dem Rückflug von einem US-Gastspiel seiner inzwischen weltberühmten Kompanie. Zu seinen wichtigsten Ch. gehören: 1961 *Katalyse* (M.: D. Schostakowitsch); 1962 *Die Jahreszeiten* (M.: A. Glasunow), *Daphnis u. Chloë* (M.: M. Ravel) u. *Romeo u. Julia* (M.: S. Prokofjew, die frühere Produktion für die Scala bleibt hier unberücksichtigt); 1963 *L'Estro Armonico* (M.: A. Vivaldi) u. *Schwanensee* (M.: P. Tschaikowsky); 1964 *Der Feuervogel* (M.: I. Strawinsky); 1965 *Jeu de cartes* (M.: I. Strawinsky), *Onegin* (M.: Tschaikowsky-Stolze) u. *Opus 1* (M.: A. Webern); 1966 *Konzert für Fl. u. Hf.* (M.: W. A. Mozart) u. *Der Nußknakker* (M.: P. Tschaikowsky); 1967 *Die Befragung* (M.: B. A. Zimmermann), *Oiseaux exotiques* (M.: O. Messiaen) u. *Quatre images* (M.: M. Ravel); 1968 *Fragmente* (M.: H.W. Henze) u. *Présence* (M.: B. A. Zimmermann); 1969 *Der Widerspenstigen Zähmung* (M.: Scarlatti-Stolze); 1970 *Brouillards* (M.: C. Debussy), *Poème de l'extase* M.: A. Skrjabin) und *Ebony Concerto* (M.: I. Strawinsky); 1972 *Initialen R. B. M. E.* nach den Vornamen seiner Startänzer R. Cragun, B. Keil, M. Haydée u. E. Madsen (M.: J. Brahms) u. *–1+8* (M.: J. Haydn); 1973 *Spuren* (M.: G. Mahler).
C. gehört zu den Erneuerern des abendfüllenden Handlungsballetts u. darf in seinen originellen Ch. für Ballette wie *Romeo u. Julia*, *Onegin* u. *Der Widerspenstigen Zähmung* durchaus mit M. Petipa verglichen werden. Während der von C. stark beeinflußte J. Neumeier immer wieder die Klammer des Traums verwendet, um Handlung u. Tanz zu verbinden, ist C. der Erzähler, der mit scheinbarer Leichtigkeit Bewegungen improvisiert, die sich zu einem Ganzen, einer Handlung fügen. Figuren W. Shakespeares u. der Commedia dell'arte haben ihn immer wieder angeregt. Obwohl C. als Tänzer eine klassische Ausbildung erhielt, entwickelte er ähnlich wie G. Balanchine einen unverkennbaren Kanon eigener Schritte u. Figuren. Dabei fällt besonders C. Gespür für Bewegungsabläufe auf, die auch für den Zuschauer des 20. Jh. verständlich sind: Sturzflüge, Schleuderakte, das Gestoßen- u. Gerissenwerden, seine Stemm- u. Wurfnummern. Als hervorragender Theatermann u. Pädagoge hinterließ C. eine noch heute weltweit anerkannte Kompanie. Daneben baute er eine Schule auf, für die er ab 1963 A. Woolliams verpflichtet hat.

Lit.: M. Winkler-Betzendahl u. H. Koegler, Ballett in Stuttgart, Stuttgart 1964; W. E. Schäfer, Bühne eines Lebens, Stuttgart 1975; J. C. u. das Stuttgarter Ballett, Pfullingen 1975.

Crecquillon (Créquillon, Crechillon, Criquillon, Griquillon), Thomas, franko-fläm. Komponist, † wahrscheinlich 1557 Béthune. Scheint bereits vor 1544 Kapellmeister Kaiser Karls V. in Brüssel gewesen zu sein, später Präbendar in Löwen, Namur, Termonde u. Béthune. Seine Messen u. Motetten erscheinen in fast allen bedeutenden Sammlungen der Zeit. Er gehört in eine Reihe mit Josquin Desprez u. O. de Lassus. In seinen Chansons ist er von C. Janequin beeinflußt.

Credo (lat.: »ich glaube«) gehört als Glaubensbekenntnis zum Ordinarium missae (→ Messe) der römisch-katholischen Kirche. Luther führte in den protestantischen Gottesdienst das C.-Lied »Wir glauben all an einen Gott« ein.

crescendo (ital.: »wachsend«), das Anschwellen eines Klanges, decrescendo das Abklingen. Wirkungsvolles Ausdrucksmittel, das zuerst von J. Stamitz auf das Orchester angewendet wurde (→ Mannheimer Schule).

Creston, Paul (eigtl. Giuseppe Guttoveggio), amer. Komponist u. Organist, * 10. 10. 1906 New York. Als Komponist u. Organist Autodidakt. Verdiente seinen Lebensunterhalt bis 1930 als Kinoorganist. 1934–67 Organist an St. Malachy in New York. Übernahm Lehraufträge an verschiedenen Instituten u. ist seit 1968 Composer-in-residence u. Professor am Central Washington State College.

Zu C. Kompositionen gehören Messen, Kantaten, Motetten, 5 Sinfonien, Konzerte für Kl., V., Pos., Sax., Marimba, Hf. u. Orch., Orgelwerke, Kammermusik u. Lieder. Er veröffentlichte außerdem »Principles of Rhythm« (New York 1964) u. »Creative Harmony« (New York 1970).

Crivelli, Giovanni B., ital. Komponist des 17. Jh., 1616–26 Kapellmeister an Spirito Santo u. am Dom in Ferrara, 1629–34 Hofkapellmeister in München, 1638–42 Domkapellmeister in Mailand, anschließend noch in Modena u. Bergamo nachgewiesen. Seine Motetti concertati wurden in Venedig 1626 gedruckt, ebenso seine Madrigali concertati.

Croce, Giovanni, ital. Komponist, * um 1557 Chioggia, † 15. 5. 1609 Venedig. Schüler von G. Zarlino u. 1565 Altsänger an S. Marco in Venedig. Wurde vor 1585 zum Priester geweiht, bezeichnete sich 1592 als vice maestro di cappella von S. Marco u. übernahm dort 1603 als Nachfolger B. Donatos das Kapellmeisteramt. In seinen weltlichen Kompositionen, vor allem Madrigalen, zeigt sich C. als Meister der Lautmalerei. Für die Festveranstaltungen der Republik Venedig komponierte er die Madrigalkomödien *Mascharate piacevoli et ridicolose per il Carnevale* (1590) u. *Triaca musicale* (1595). Mit seinen geistlichen Kompositionen ist C. einer der führenden venezianischen Vertreter des konzertierenden Stils. Er veröffentlichte »Compieta a 8 v.« (1591), 2 Bücher 8st. Motetten (1594 u. 1605), »Motetti a 4 v.« (1597), 2 Bücher 8st. Psalmen, 5–8st. Messen, 2–4st. Lamentationen, 1 Magnificat (1605) u. »Sacre cantilene concertante« (1610). Nach seinem Tode erschienen »Cantiones sacrae« (1622).

Croche (franz.: »Haken-Note«) bezeichnet im Franz. die Achtelnote.

Croft (Crofts), William, engl. Komponist u. Organist, getauft 30. 12. 1678 Nether Ettington, Warwickshire, † 14. 8. 1727 Bath. Chorknabe unter J. Blow u. später Gentleman Extraordinary der Chapel Royal, 1700–12 Organist von St. Anne in Soho, ab 1704 gemeinsam mit J. Clarke Organist der Chapel Royal, nach dessen Tod alleiniger Organist u. nach dem Tode Blows 1708 dessen Nachfolger an Westminster Abbey, gleichzeitig Master of the Children u. Komponist der Chapel Royal. Beteiligte sich mit Kompositionen an der gemeinsam von J. Blow, F. Piggot, J. Clarke u. J. Barrett herausgegebenen »Choice Collection of Ayres for the Harpsichord or Spinet« (1700), ebenso an »The Harpsichord Master« (1700 u. 1701). 1724 brachte C. sein Hauptwerk als Subskription (2 Bde.) heraus: »Musica Sacra, or Select Anthems in Score, consisting of 2, 3, 4, 5, 6, 7 and 8 parts, to which is added the Burial Service as it is now occasionally performed in Westminster Abbey«. Dies war die erste in Partitur gedruckte Ausgabe engl. Kirchenmusik. Der *Burial Service* wird heute noch bei allen öffentlichen Beerdigungsfeierlichkeiten gesungen. Außerdem komponierte C. Violinsonaten, Cembalomusik, Choroden u. Gelegenheitswerke für seine verschiedenen Auftraggeber.

Crooner bezeichnet einen Schlagersänger, der genügend »Schmalz« in die Stimme legen kann, um den Inhalt seines Songs glaubhaft zu verkaufen. Zu den größten C. aller Zeiten gehören Rudy Valee, Bing Crosby u. Frank Sinatra.

Crosse, Gordon, engl. Komponist, * 1. 12. 1937 Bury, Lancashire. Studierte an der Universität von Oxford u. bei E. Wellesz, widmete sich anschließend 2 Jahre lang dem Forschungsgebiet Musik des frühen 15. Jh. Anschließend nahm er bei G. Petrassi in Rom Kompositionsunterricht. Seit 1964 verschiedene Lehraufträge in England u. den USA. Aus seiner Zusammenarbeit mit dem Dichter Ted Hughes entstanden eine Reihe von Kompositionen für Kinder sowie seine erste abendfüllende Oper *The Story of Vasco*.

C. schrieb u. a. die Kurzopern *Purgatory* (1966) u. *Potter Thompson* (1974), die Opern *The Grace of Todd* (1969) u. *The Story of Vasco* (1974); die Schulmusiken *Meet My Folks* (1964), *Ahmet the Woodseller* (1965), *The Demon of Adachigahara* (1968), *The History of the Flood* (1970), *Rats Away!* u. die theatralische Unterhaltung *Wheel of the World* (1972); die Chorwerke *Changes, A Nocturnal Cycle* für S., Bar., Solisten, Chor u. Orch. (1966), *A May Song* für S., A., T. u. B. a cappella (1967) u. *The Covenant of the Rainbow*, 1 Anthem für Chor u. Org. (1968); die Orchesterwerke *Elegy for Small Orchestra* (1965), *Symphonies for Chamber Orchestra* (1965), *Ceremony* für Vc. u. Orch. (1966), *Concerto da Camera* für V. u. Orch. (1968), *Concerto* für Kammerorch. (1968), *Ouvert – clos* für Kammerorch. (1969), *Some Marches on a Ground* (1970), Violinkonzert Nr. 2 (1970), *Ariadne*, Concertante für Ob. u. 12 Instr. (1972); Symphony Nr. 2 (1974), *Play Ground* (1977) u. *Thel* (1977); das Monodram *Memories of Morning: Night* für Mezzo-S. u. Orch. (1971) u. Kammermusik, darunter 3 Inventionen für Fl. u. Klar.

Crotch, William, engl. Komponist u. Organist, * 5. 7. 1775 Norwich, † 29. 12. 1847 Taunton. Trat mit 3 Jahren als Orgelspieler auf. Wurde mit 11 Jahren Organist an Trinity u. King's College in Cambridge, ging 1788 nach Oxford, um Theologie zu studieren. 1790 wurde er zum Organisten an Christ Church ernannt u. 1797 zum Nachfolger von Ph. Hayes an St. John's College, wo er außerdem eine Professur erhielt. 1822–32 war C. Direktor der neugegründeten Royal Academy of Music in London.

Zu C. Kompositionen gehören zwei Fassungen des Oratoriums *The Captivity of Judah* (1789 u. 1834), das Oratorium *Palestine* (1812), Anthems, Orgelkonzerte, Klavierstücke u. Glees. 1813 veröffentlichte er »Elements of

Musical Composition« u. Beispielsammlungen zu seinen Vorlesungen in Oxford u. London unter dem Titel »Specimens of Various Styles of Music« (1807–22 u. um 1845).

Crotchet (engl., Übernahme des franz. croche) bezeichnet im Engl. Viertelnote.

Cruft, Adrian Fr., engl. Kontrabassist, Dirigent u. Komponist, * 10. 2. 1921 bei London. Besuchte die Westminster Abbey Choir School u. studierte anschließend am Royal College of Music bei G. Jacob u. E. Rubbra. Mitglied verschiedener Orchester u. ab 1962 Professor für Komposition am Royal College of Music.

C. schrieb Messen, 2 Meditationen über den Passionschoral, Ouvertüren für Orch. u. Kammermusik.

Crumb, George, amer. Komponist, * 24. 10. 1929 Charleston, WV. Studierte an der University of Michigan bei R. L. Finney u. an der Berliner Musikhochschule bei B. Blacher. 1959–64 Lehrauftrag an der University of Colorado, ab 1965 erst als Dozent, dann als Professor an der University of Pennsylvania, daneben Vorlesungen in Harvard (1968) u. Tanglewood (1970). C. erreicht in seinen kammermusikalisch angelegten Werken größte Effekte durch elektrische Verstärkung einzelner Instr. Seine Kompositionen werden immer wieder von Choreografen herangezogen; von *Ancient Voices* gibt es bereits mehrere Ballett-Versionen.

Zu C. Kompositionen gehören: die Orchesterwerke *Variazioni* (1959) u. *Echoes of time and the river* (1967); 1 Streichquartett (1954); Sonatine für Vc. solo (1955); 5 Stücke für Kl. (1962); *Night music I* für S., Celesta, Kl. u. Schlagzeug (1963) u. *II* für V. u. Kl. (1964); Madrigale; 4 Bücher für S. u. verschiedene Instrumentalbesetzungen (1965, 1965, 1969, 1969); *Eleven Echoes of autumn* für V., Alt-Fl., Klar., Kl. (1966); *Songs, drones and refrains of death* für Bar., elektrische Git., elektrischen Kb., elektrisches Kl. u. Schlagzeug (1968); *Night of the four moons* für Alt-Fl., Banjo, elektrisches Vc. u. Schlagzeug (1969); *Black Angels: 13 images from the darkland* für elektrisch verstärktes Streichquartett u. *Ancient voices of children* für S., Knabenst. u. 7 Instr. (1970); *Vox balaenae* für verstärkte Fl., Vc., Kl. u. 3 Schauspieler mit schwarzen Masken (1971); *Makrokosmos I* für Kl. (1973) u. *II* für verstärktes Kl. (1974).

Crusell, Bernhard H., finn. Klarinettist u. Komponist, * 15. 10. 1775 Nystad, † 28. 7. 1838 Stockholm. Kam 1791 nach Stockholm, war dort Schüler bei Abbé Vogler u. wurde 1793 Mitglied der Königlichen Hofkapelle, eine Position, die er bis 1834 behielt. Daneben studierte er bei F. Tausch in Berlin (1798) u. 1803 in Paris bei J. X. Lefèvre Klarinette u. bei F.-J. Gossec Komposition. Er galt als einer der größten Virtuosen seiner Zeit. Für die Stockholmer Oper bearbeitete er eine Reihe von Opern, darunter W. A. Mozarts *Figaro* u. L. van Beethovens *Fidelio,* komponierte Konzerte für sein Instrument, Kammermusik für Bläser u. 12 Lieder aus Tegnérs »Frithjofs saga«.

Crüger (Krüger), Johann, dt. Komponist, * 9. 4. 1598 Großbreesen, † 23. 2. 1663 Berlin. Studierte in Wittenberg Theologie u. wurde 1622 Kantor an der Nicolaikirche in Berlin. Er komponierte Melodien zu Liedern von P. Gerhardt, J. Herrmann, J. Franck u. M. Luther, u. a. »Nun danket alle Gott«, »Schmücke dich, o liebe Seele« u. »Jesu, meine Freude«. Er veröffentlichte 2 Bde. »Meditationum musicarum Paradisus musicus, Musicalisches Lustgärtelein« (I 3–4st. Motetten 1622, II 2–8st. Magnificat 1626) u. »Recreationes musicae« (Leipzig 1651). Außerdem verfaßte er die theoretischen Werke »Synopsis musica« (Berlin 1624), »Praecepta musicae practicae figuralis« (Berlin 1625) u. »Quaestiones musicae practicae« (Berlin 1650).

Csárdás (ungar. von csárda: »Wirtshaus«, »Kneipe«), ein geradtaktiger ungar. Tanz, der aus einer langsamen Einleitung u. einem schnellen Hauptteil besteht. Er geht auf den mittelalterlichen Heiduckentanz zurück. Besonders gern bediente sich die Wiener Operette der zündenden C.-Musik (E. Kálmán, Joh. Strauß), aber auch F. Liszt in der Konzertmusik.

Cui, César A., russ. Komponist u. Musikschriftsteller, * 18. 1. 1835 Wilna, † 26. 3. 1918 Petrograd. Sohn eines franz. Offiziers, der 1812 in Polen geblieben war, u. einer Litauerin. Erhielt schon während der Schulzeit in Wilna Musikunterricht bei S. Moniuszko. 1850–57 Besuch der Ingenieurschule in Petersburg, wo er sich auf das Befestigungswesen spezialisierte u. später im Rang eines Generals Vorlesungen über dieses Thema hielt. 1856 wurde er mit M. Balakirew u. den Komponisten des »Mächtigen Häufleins« bekannt. Seine erste Komposition war ein Scherzo für Kl. zu 4 Händen auf die aus dem Namen seiner Frau u. den eigenen Initialen gewonnenen Töne. 1859 komponierte er für eine Privataufführung die Operette *Der Sohn des Mandarins.* Neben A. Borodin, M. Mussorgskij u. N. Rimskij-Korsakow hatte A. Dargomyschskij den stärksten Einfluß auf C. Ab 1864 versuchte er sich als Kritiker u. schrieb Beiträge für verschiedene russ., belg. u. franz. Blätter, in denen er sich für die neue russ. Schule einsetzte.

Zu C. Werken gehören: die Opern *Der Gefangene im Kaukasus* (1857–82), *Der Sohn des Mandarins* (1859), *William Ratcliff* (1869), *Angelo* (1876), *Le flibustier* (1888–89), *Der Sarazene* (1899), *Das Gelage zur Zeit der Pest* (1901), *Mademoiselle Fifi* (1903), *Matteo Falcone* (1907), *Die Hauptmannstochter* (1911); 3 Märchenopern für Kinder (1904–11); Orchestersuiten; 1 Suite concertante für V. u. Orch. (1883); Chorwerke; Kammermusik; Klavierstücke u. Lieder. Außerdem komponierte er das Vorspiel u. ergänzte den 1. Akt zu A. Dargomyschskijs *Steinernem Gast* u. veröffentlichte »La musique en Russie« (Paris 1880), »Das russ. Lied« (Petersburg 1896) u. »Musikkritische Aufsätze« (Petrograd 1918).

Cuivre (franz.: »Kupfer«) bezeichnet in der Verbindung »instruments de c.« die Blechblasinstrumente u. als cuivré auch den entsprechenden Klang.

Cullberg, Birgit, schwed. Tänzerin, Choreografin u. Ballettdirektorin, * 3. 8. 1908 Nyköping. Nach dem Besuch der Universität Stockholm Tanzunterricht an der Schule Jooss-Leeder u. bei L. Karina, später auch bei M. Graham u. M. Cunningham. 1944 stellte C. zum ersten Mal eine eigene Truppe zusammen. In den 50er u. 60er Jahren war C. neben Gastverpflichtungen als Choreografin in Amerika u. Europa hauptsächlich am Königlich Schwed. Ballett tätig. 1968 wurde mit Unterstützung des schwed. Erziehungsministeriums das C. Ballett gegründet, dessen Direktorin C. bis heute geblieben ist. Zu ihren wichtigsten Ch. gehören: *Miss Julie* (M.: T. Rangström) u. *Medea* (M.: Bartók/Sandberg) 1950; *The Moon Reindeer* (M.: K. Riisager) 1957; *Lady from the Sea* (M.: K. Riisager) 1960; *Adam and Eve* oder *Eden* (M.: H. Rosenberg) 1961; *Dionysos* (M.: K. B. Blomdahl) 1966; *Spawning Ground* (M.: W. Carlos u. D. Raaijmakers) 1967; *Eurydice is dead* (M.: E. Morricone) 1968; *Romeo and Juliet* (M.: S. Prokofjew) 1969; *Revolt* (M.: B. Bartók) 1972; *School for Wives* (M.: G. Rossini) 1974; *Rapport* (M.: A. Pettersson) 1976 u. *At the edge of a deep forest* (M.: A. Pettersson) 1977. C. hat sich bereits früh mit der Wiedergabe von Tanz im Fernsehen beschäftigt. Weil sie das reine Abfotografieren bestehender Ch. für falsch hielt, entwickelte sie eine eigene Technik, bei der nicht die Kameras den Tänzern folgten, sondern diese zur Kamera hin bewegt wurden. Die TV-Ch. wurden teilweise später in ihr Repertoire aufgenommen. Nur wenige darunter sind einfache Adaptationen von Bühnen-Ch. *The Evil Queen* (M.: D. Wirén) brachte ihr 1961 den Prix Italia ein, weitere TV-Ballette: *Red Wine in Glasses Green* – als Teil von *Bellmann* – (M.: L. van Beethoven) 1971; *Revolt* (M.: B. Bartók) 1971; *School for Wives* (M. G. Rossini) 1974 u. *Peer Gynt* (M.: G. Sønstervold) 1976.

Cunningham, Merce, amer. Tänzer, Choreograf, Ballettdirektor u. Lehrer, * 16. 4. 1919 Centralia, WA. Nach Unterricht in Step-, Volks- u. Gesellschaftstänzen besuchte C. 1937–39 die Cornish School of Fine Arts in Seattle, setzte seine Studien 1939 an der Bennington Summer School of Dance fort u. wurde 1939–45 Mitglied der Martha Graham Dance Company. Bei Graham kreierte er u. a. Rollen in *Every Soul is a Circus, El Penitente, Letter to the World* u. *Appalachian Spring*. 1942 entstanden die ersten C.-Soli mit *Renaissance Testimonials* (M.: M. Powers) u. *Totem Ancestor* (M.: J. Cage), zwischen 1942 u. 1952 choreografierte C. eine Reihe von Soli für Podiumsauftritte: *Rout of an Unfocus* (M.: J. Cage) u. *Idyllic Song* (M.: E. Satie) 1944, *Two Step* (M.: E. Satie) 1949 u. Variation (M.: M. Feldman) 1951. Außerdem wurden eine Zarzuela *The Wind Remains* (M.: P. Bowles) 1943, ein Dance Play *Four Walls* (M.: J. Cage) 1944 u. als erste Ensemblearbeit für New York *Princess Zondilda and her Entourage* (M.: A. Haieff) 1946 herausgebracht. 1947 choreografierte C. *The Seasons* (M.: J. Cage) für die Ballet Society, 1948 *The Monkey Dance* aus Saties *Le piège de Méduse*. 1949 unterrichtete er an der School of American Ballet. 1951 kreierte er *16 Dances for Soloist and Company of Three* (M.: J. Cage), 1952 *Symphonie pour un homme seul* (später *Collage I* u. *II*) von Schaeffer/Henry u. *Les Noces* (M.: I. Strawinsky). Am Black Mountain College von North Carolina wurde während des Sommers 1952 Cages *Theatre Piece* in Zusammenarbeit mit D. Tudor, M. C. Richards, Ch. Olsen u. R. Rauschenberg herausgebracht. 1953 Gründung der Truppe M. C. and Dance Company, musikalische Leitung J. Cage, Pianist D. Tudor. Weitere Ch.: *Suite by Chance* (M.: Ch. Wolff), *Banjo* (M.: L. M. Gottschalk), *Septet* (M.: E. Satie), *Dime a Dance* (M.: Klaviermusik des 19. Jh.) u. *Untitled Solo* (M.: Ch. Wolff) 1953; *Minutiae* (M.: J. Cage) 1954; *Springweather and People* (M.: E. Brown) 1955; *Galaxy* (M.: E. Brown); *Nocturnes* (M.: E. Satie) u. *Lavish Escapade* (M.: Ch. Wolff) 1956; *Labyrinthian Dances* (M.: J. M. Hauer), *Picnic Polka* (M.: L. M. Gottschalk) u. *Changeling* (M.: Ch. Wolff) 1957; *Antic Meet* (M.: J. Cage), *Summerspace* (M.: M. Feldman) u. *Night Wandering* (M.: Bo Nilsson) 1958; *From the Poems of White Stone* (M.: Chou Wen-Chung), *Gambit for Dancers and Orchestra* (M.: B. Johnston) u. *Rune* (M.: Ch. Wolff) 1959; *Crisis* (M.: C. Nancarrow), *Hands Birds* (M.: E. Brown), *Waka* (M.: F. Ichiyanagi) u. *Music Walk with Dancers* (M.: J. Cage) 1960; *Aeon* (M.: J. Cage) 1961; *Field Dances* (M.: J. Cage) u. *Story* (M.: F. Ichiyanagi) 1963; *Winterbranch* (M.: La Monte Young) 1964; *Variations V* (M.: J. Cage) u. *How to Pass, Kick, Fall and Run* (M.: J. Cage) 1965; *Place* (M.: G. Mumma) 1966; *Scramble* (M.: F. Ichiyanagi) 1967; *Rainforest* (M.: D. Tudor) und *Walkaround Time* (M.: D. Behrman) 1968; *Canfield* (M.: P. Oliveros) 1969; *Tread* (M.: Ch. Wolff), *Second Hand* (M.: J. Cage), *Signals* (M.: J. Cage, G. Mumma u. D. Tudor) u. *Objects* (M.: A. Lucier) 1970; *Loops* (M.: G. Mumma) 1971; *Landrover* (M.: J. Cage, G. Mumma und D. Tudor), *TV Rerun* (M.: G. Mumma) u. *Borst Park* (M.: Ch. Wolff) 1972; *Changing Steps* (M.: J. Cage), *Solo* (M.: J. Cage) u. *Un jour ou deux* (M. J. Cage) 1973; *Sounddance*

(M.: D.Tudor) 1974; *Rebus* (M.: D.Behrman) 1975; *Torse* (M.: M.Amacher) u. *Squaregame* (M.: T. Kosugi) 1976; *Travelogue* (M.: J. Cage) u. *Inlets* (M.: J. Cage) 1977. C. hat außerdem immer wieder Stücke für Video bearbeitet oder kreiert u.a. *Westbeth* (1974), eine Fassung von *Squaregame* (1976) u. *Fractions* (1977). Seine ab 1964 veranstalteten Events tragen inzwischen dreistellige Nummern.

M.C. u. seine Dance Company haben großen Einfluß auf die neueste Entwicklung des Tanzes genommen. In Zusammenarbeit mit Komponisten wie J. Cage, D. Tudor u. E. Brown sowie Malern von der Bedeutung eines R. Rauschenberg, A. Warhol, J. Johns oder F. Stella hat C. Tanzdarbietungen entwickelt, die sich mit den ästhetischen Fragen unserer Zeit auseinandersetzen. Unter dem Einfluß von Cage hat C. etwas Ähnliches wie aleatorische Ch. eingeführt. Dabei kann sich der Ablauf eines Stückes von Abend zu Abend je nach der Reaktion des Publikums ändern. In der Kombination von Modern Dance u. Danse d'école hat C. eine Tanzsprache gefunden, mit der er ihm gemäße Bewegungsabläufe darstellen kann. Diese interessieren ihn mehr als Inhalte. Die Zusammenarbeit mit der malerischen Avantgarde hat sich 1975 in einer Sammlung von 7 Lithos niedergeschlagen, die C. Tomkins betextet hat, der Titel: Merce C. and John Cage/ Jasper Johns/Robert Morris/Bruce Nauman/ Robert Rauschenberg/Frank Stella/Andy Warhol.

Lit.: M.C., Changes: Notes on Choreography, New York 1968; J. Klosty, M.C., New York 1975

Curschmann, Karl F., dt. Komponist, * 21.6.1805 Berlin, 24.8.1841 bei Danzig. Schüler M. Hauptmanns u. L. Spohrs in Kassel, wo 1828 auch seine einaktige Oper *Abdul u. Erinnieh* uraufgeführt wurde. Am bekanntesten wurde C. durch seine Lieder, die 1871 in Berlin erschienen (2 Bde.) u. außergewöhnlich populär waren.

Czerny, Carl, österr. Klavierpädagoge u. Komponist, * 20.2.1791 Wien, † 15.7.1857 ebd. Sohn des Pianisten u. Klavierlehrers Wenzel C., war mit 10 Jahren auf seinem Instrument bereits so brillant, daß ihn L. van Beethoven 1801–03 als Schüler annahm. Daneben ließ er sich von der Technik J.N. Hummels u. M. Clementis beeinflussen. C. wurde in Kürze zu einem der gesuchtesten Lehrer Wiens. Von wenigen Reisen abgesehen, blieb er bis an sein Lebensende in Wien, widmete sich ganz der Komposition u. dem Unterricht, ohne selber öffentlich aufzutreten. Seine erste veröffentlichte Komposition, 20 Variationen für Kl. u. V. auf ein Thema von W. Krumpholz, erschien 1805. Ein *Rondo brillante* für Kl. vierhändig folgte 1818. Zu seinen Schülern gehörten F. Liszt, Ninette von Belleville-Oury, Th. Döhler u. Th. Kullak. Von seinen Kompositionen sind heute nur noch die Übungsstücke bekannt. Zu ihnen gehören *100 Übungsstücke* op. 139, *Schule der Geläufigkeit* op. 299, *40 tägliche Studien* op. 337, *Schule des Virtuosen* op. 365, *Schule der linken Hand* op. 399, *Vorschule der Fingerfertigkeit* op. 636, *Schule der Fingerfertigkeit* op. 740 u. *160 achttaktige Übungen* op. 821. In seinem Nachlaß fanden sich Messen, Requiem, Sinfonien, Ouvertüren u. Kammermusik. C. war auch bekannt für seine guten Klavierauszüge von Opernkompositionen. In seiner »Vollständigen theoretisch-praktischen Kompositionslehre op. 600« führte er alle seine Kompositionen von op. 1 bis 798 auf. In einer engl. Ausgabe faßte C. eine Reihe seiner Übungsstücke unter dem Titel »Complete Theoretical and Practical Pianoforte School« zusammen. 1851 veröffentlichte er einen Umriß der ganzen Musikgeschichte bei Schott in Mainz.

Czibulka, Alphons, ungar. Komponist, * 14. 5. 1842 Szepes-Várallya, † 27. 10. 1894 Wien. Lebte als Armeekapellmeister in Wien. Komponierte 6 Operetten u. Unterhaltungsmusik. Heute noch gespielt wird seine *Stephanie-Gavotte*.

Czyz, Henryk, poln. Dirigent u. Komponist, * 16. 6. 1923 Grudziadz. Studierte an der Musikhochschule in Posen u. ist Professor an der Musikhochschule in Krakau, wo er auch die Philharmonie leitet.

C. schrieb die Oper *Die Weißhaarige* (1962) u. auf ein Libretto von Mrożek die Funkoper *Der Kynologe im Zwiespalt*, außerdem Orchesterwerke, Kammermusik, Lieder u. Filmmusiken.

D

D, 1. Ton-Name, nach der mittelalterlichen Buchstaben-Tonschrift war D im allgemeinen die 4. Stufe. Seit der von G. Zarlino eingeführten Moduszählung ist D die 2. Stufe der Grundskala. **2.** Im 13.–16. Jh. auch als d^2 Schlüsselbuchstabe. **3.** Seit Anfang des 19. Jh. Akkord- und Tonartenbezeichnung: D für D-Dur, d für d-Moll. **4.** Abkürzung für Discantus, *D* für Dominante, D.C. für da capo, D.S. für dal segno u. d. oder m. d. (franz. u. ital.) für rechte Hand.

da capo (ital.: »von vorn«), abgekürzt D.C., Vorschrift zum Wiederholen eines Abschnitts bis zu der mit Fine, Segno oder einer Fermate bezeichneten Stelle.

Dadelsen, Hans-Christian von, dt. Komponist u. Musikschriftsteller, * 4. 12. 1948 Berlin. Studierte an der Hamburger Musikhochschule bei D. de la Motte u. H. Rauhe, anschließend bei G. Ligeti. Bekennt sich zu einer »neuartigen Tonalität«. 1960 Ordinarius an der Universität Hamburg, 1971 an der Universität Tübingen. Seit 1959 Leiter der Denkmälerreihe »Das Erbe Dt. Musik« (EDM) u. seit 1962 des J.-S.-Bach-Instituts in Göttingen. Er veröffentlichte: »Bemerkungen zur Handschrift J. S. Bachs, seiner Familie u. seines Kreises« (Trossingen 1957).

Zu D. Kompositionen gehören: die Orchesterwerke *Zwischenräume* (1972–74), *Plastik-Melancholie* (1976) u. *Sentimental Journey;* Chaconne für 10 Instr. (1978); *Papillons* für Kl. (1969); *happy end* (Septett, 1974) u. *made in Germany* (Sextett, 1975).

Dämpfer sind Vorrichtungen, mit denen die Lautstärke von Saiten-, Schlag- u. Blasinstrumenten verringert u. gleichzeitig die Klangfarbe verändert wird. Beim Kl. wird die Dämpfung dadurch erreicht, daß entweder die Saitenschwingung verringert oder der Hammeranschlag verändert wird. Bei Streichinstrumenten werden kleine Kämme auf den Steg geklemmt, mit deren Hilfe die Schwingungsübertragung auf den Resonanzboden beeinflußt wird. Bei Schlaginstrumenten benutzt man entweder Schlägel mit weicherem Belag oder dämpft durch Auflage von schwingungshinderndem Tuch. Die Blechbläser verwenden D. aus Holz oder Leichtmetall (→ Sordino).

Dämpfung bezeichnet die Abnahme der Amplitude einer Schwingung in der Zeit. Sie entsteht durch Energieverlust, der auf Reibung, Luftwiderstand u. – bei höheren Frequenzen – zusätzliche Abstrahlung zurückzuführen ist.

Dahl, Ingolf, amer. Komponist, Pianist, Dirigent u. Lehrer schwed. Herkunft, * 9. 6. 1912 Hamburg, † 7. 8. 1970 bei Bern. Studierte in Köln u. Zürich, ließ sich 1935 in Hollywood nieder u. arrangierte Filmmusiken. Lehrte ab 1945 an der University of Southern California in Los Angeles. War Gründer der Tanglewood Study Group des Berkshire Music Center in Tanglewood u. leitete diese 1952–56. D. setzte sich insbesondere für die zeitgenössische Musik ein.

Zu D. Werken gehören: Konzert für Sax. u. Bläser (1949); Symphony concertante für 2 Klar. u. Orch. (1953); *The Tower of St. Barbara* für Orch. (1955); *Aria sinfonica* (1965); *Variations on a theme by C. P. E. Bach* für Streicher; *4 Intervals* für Streichorch. (1967); *Elegy* für V. u. Kammerorch. (1967–70); verschiedene Kompositionen für Blech- u. Holzbläser; Kammermusik, u. a. 1 Klavierquartett (1957), 1 Klaviertrio (1962), *Duettino concertante* für Fl. u. Schlagzeug (1966), 2 Klaviersonaten (1953 u. 1960), 1 *Quodlibet on American Folk Tunes* u. Lieder.

Dalayrac (d'Alayrac), Nicolas-Marie, franz. Komponist, * 8. 6. 1753 Muret, † 26. 11. 1809 Paris. Gehört neben P. Vachon zu den ersten franz. Komponisten von Streichquartetten. Stellte sich 1781 mit *Le petit souper* u. *Le chevalier à la mode* als Bühnenkomponist im Hause des Baron de Besenval vor. Unter der Protektion von Marie Antoinette wurde 1782 in der Comédie-Italienne seine comédie mêlée d'ariettes *L'éclipse totale* gezeigt. D. schrieb zwischen 1781 u. 1809 insgesamt 61 Opern, von denen *Nina* (1786), *Les deux petits Savoyards* (1789), *Camille* (1791), *Adolphe et Clara* (1799) u. *Maison à vendre* (1800) am erfolgreichsten waren.

Dalberg, Johann F. H. N. E., Reichsfreiherr von,

dt. Komponist u. Musikschriftsteller, getauft 17. 5. 1760 Mainz, † 26. 7. 1812 Aschaffenburg. War Domkapitular in Trier u. Worms, nahm Unterricht bei I. Holzbauer u. komponierte Oratorien, Kammermusik u. Lieder. Veröffentlichte u. a. »Blicke eines Tonkünstlers in die Musik der Geister« (1787), »Untersuchungen über den Ursprung der Harmonie« (1800) u. »Phantasien aus dem Reich der Töne« (1806).

Dalcroze, Émile→ Jaques-Dalcroze, É.

Dallapiccola, Luigi, ital. Komponist u. Lehrer, * 3. 2. 1904 Pisino (heute Pazin), † 19. 2. 1975 Florenz. Sein Vater war Gymnasialprofessor u. wurde 1917 mit seiner Familie als »politisch unverläßlich« nach Graz zwangsversetzt. In der dortigen Oper erlebte D. eine Aufführung von *Der fliegende Holländer* u. beschloß, Komponist zu werden. Nach dem 1. Weltkrieg kehrte die Familie nach Istrien zurück. D. erhielt Klavierunterricht u. nahm Theoriestunden in Triest. 1923 Eintritt in das Konservatorium L. Cherubini in Florenz. Seine Lehrer waren E. Consolo (Klavier) u. V. Frazzi (Komposition). 1926 gründete D. mit dem Geiger S. Materassi ein Duo, das sich hauptsächlich für zeitgenössische Musik einsetzte. 1934–67 leitete er eine Klavierklasse am Konservatorium in Florenz, etwas später erhielt er zusätzlich eine Professur für Komposition. Nach dem 2. Weltkrieg 2 Jahre Kritiker des »Mondo« u. Sekretär der ital. Gesellschaft für zeitgenössische Musik. 1951 u. 1952 Gastdozent in Tanglewood, 1956 u. 1959 Gastprofessor am Queen's College in New York u. 1964 an der University of California in Berkeley. Bis ca. 1936 näherte sich sein Stilideal der Welt J. S. Bachs und G. P. Palestrinas; seine Werke entstanden in freier Atonalität. Immer wieder haben sich politische Ereignisse in seinem Schaffen niedergeschlagen. So veränderte er z. B. unter dem Eindruck des äthiopischen Krieges seine Kompositionstechnik. Mit den *Tre Laudi* (1936–37) entstand zum ersten Mal ein Werk, in dem er die Schönbergsche Zwölftontechnik seinen Bedürfnissen anpaßte: Befreiung vom Grundton u. Erfindung gesanglicher Melodien aus Zwölftonreihen. Unter dem Eindruck von Mussolinis öffentlich erklärtem Antisemitismus begann er, seine *Canti di Prigionia* (1938–41) zu komponieren. Mit dem Zyklus *Griechische Gedichte* (1942–45) übernahm D. die Zwölftontechnik als alleiniges Kompositionsprinzip. Als Fortsetzung der *Canti di Prigionia* entstanden 1951–55 die *Canti di Liberazione*. In ihnen setzte sich D. mit der streng seriellen Technik auseinander, der er bis zu seinem Lebensende treu blieb. In seinem Spätwerk läßt sich genau verfolgen, wie zunehmend auch die Orchestration in die serielle Behandlung einbezogen wird.

Neben dem Ballett *Marsia* (1942–43) u. den Bühnenwerken *Volo di Notte* (*Nachtflug*, (1937–39), *Il Prigioniero* (1944–48), der sacra rappresentazione *Job* (1950) u. *Ulisse* (Odysseus, 1960–68) komponierte D. folgende Werke: *Fuiri da Tapo* für Stimme u. Kl. (1924–26); *Caligo* für St. u. Kl. (1926); *Due Canzoni di Grado* für Mezzo-S., kleinen Frauenchor u. Kammerorch. (1927); *Dalla mia terra* für Mezzo-S., gem. Chor u. Orch. (1928); *Due Laudi di Fra Jacopone da Todi* für S.- u. Bar.-Soli, Knabenchor, gem. Chor u. Orch. (1929); *La canzone del Quarnaro* für T.-Solo, Männerchor u. Orch. (1930); *Due Liriche dal Kalewala* für T.- u. Bar.-Soli, Kammerchor u. Schlaginstr.. (1930); *Partita* für Orch. u. S.-Solo (1930); *Tre Studi* für S. u. großes Kammerorch. (1932); *Estate* für Männerchor a cappella (1932); *Rapsodia* für Solo-St. u. Kammerorch. (1932–33); *Sei Cori di Michelangelo Buonarroti il Giovane (I)* für gem. Chor a cappella (1933); *Divertimento in quattro Esercizi* für S. u. 5 Instr. (1934); *Sei Cori di Michelangelo Buonarroti il Giovane (II)* für Kammerchor u. 17 Instr. (1934–35); *Musica per tre pianoforti* (1935); *Sei Cori di Michelangelo Buonarroti il Giovane (III)* für gem. Chor u. großes Orch. (1935–36); *Tre Laudi* für S. u. 13 Instr. (1936–37); *Canti di Prigionia* für gem. Chor, Kl., Hf. u. Schlagzeug (1938–41); *Piccolo Concerto per Muriel Couvreux* für Kl. u. Kammerorch. (1939–41); *Studio sul Capriccio No. 14 di N. Paganini* für Kl. (1942, dann *Sonatina Canonica* nach N. Paganini für Kl. 1942–43); *Cinque frammenti di Saffo* für St. u. 15 Instr. (1942); *Sex Carmina Alcaei* für S. u. 11 Instr. (1943); *Due liriche di Anacreonte* für S. u. 4 Instr. (1944–45); *Ciaccona, Intermezzo e Adagio* für Cello solo (1945); *Rencesvals* für St. u. Kl. (1946); *Due Studi* für V. u. Kl. (1946–47); *Due Pezzi per orchestra* (Erweiterung der *Due Studi*, 1947); *Quattro liriche di Antonio Machado* für S. u. Kl. (1948, davon eine Fassung für S. u. Kammerorch. 1964); *Tre Poemi* für S. u. Kammerorch. (1949); *Tartiniana*, Divertimento für V. u. Kammerorch. (1951); *Quaderno musicale di Annalibera* für Kl. (1952–53, daraus eine Orchesterfassung *Variazioni per Orchestra* 1954); *Goethe-Lieder* für Frauenst. u. 3 Klar. (1953); *Piccola Musica Notturna* für Orch. (1954); *Canti di Liberazione* für Chor u. Orch. (1951–55); *An Mathilde*, Kantate für S. u. Orch. (1955); *Tartiniana Seconda* für V. u. Kl. (1955–56, daraus eine Fassung für V. u. Kammerorch. 1956); *Cinque canti* für Bar. u. 8 Instr. (1956); *Concerto per la notte di Natale dell'anno 1956* für S. u. Kammerorch. (1957); *Requiescant* für gem. Chor, Kinderchor u. Orch. (1957–58); *Dialoghi* für Vc. u. Orch. (1959–60); *Preghiere* für Bar. u. Kammerorch. (1962); *Three Questions with Two Answers* für Orch. (1962); *Parole di S. Paolo* für Mezzo-S. u. Kammerensemble (1964); *Sicut umbra ...* für Mezzo-S. u. 4 Instrumentalgruppen (1969–70); *Tempus destruendi/Tempus aedificandi* für gem. Chor a cappella (1970–71) u. *Commiato* für S. u. Kammerensemble (1972). Eine Komposition für St. u. Instr. (1975) blieb unvollendet. Außerdem komponierte D. Filmmusiken für »Incontri con Roma« (1948), »L'esperienza del cubismo« (1948) u. »Il miracolo della Cena« (1953) u. bearbeitete bzw. gab heraus *Bilder einer Ausstellung* von M. Mussorgskij für Kl. (1940), Sechs Sonaten für Vc. u. Cemb. von A. Vivaldi (1955, daraus Nr. 3, 5 u. 6 auch für Vc. u. Orch. 1955), *Il ritorno di Ulisse in patria* von C. Monteverdi (1941–42) u. 30 ital. Lieder des 17. u. 18. Jh. für St. u. Kl. (1961). Eine Sammlung verschiedener Schriften erschien als »Appunti, incontri, meditazioni« (Mailand 1970).

Lit.: R. Vlad, L. D., Mailand 1957; U. Stürzbecher: Werkstattgespräche mit Komponisten, Köln 1971; F. Nicolodi, L. D., saggi, testimonianze, carteggio, biografia e bibliografia, Mailand 1975.

dal segno (ital.: »vom Zeichen an«, Abkürzung Dal S., D.S.), Anweisung, einen Abschnitt vom Zeichen 𝄋 an zu wiederholen. → al segno

Damase, Jean-Michel, franz. Pianist u. Komponist, * 27. 1. 1928 Bordeaux. Studierte an der Pariser École Normale de Musique u. am Conservatoire bei C. Delvincourt u. A. Cortot (Klavier), M. Dupré (Harmonielehre u. Kontrapunkt) u. H. Busser (Komposition). Gewann 1947 mit seiner Kantate *Et la belle se réveilla* ... den Rompreis, trat als Konzertpianist auf u. hatte 1961–64 eine Professur für Klavier an der École Normale de Musique in Paris inne. Ab 1967 Direktor des Konservatoriums in Boulogne. Wurde als Komponist durch sein für Les Ballets de Paris de R. Petit geschriebenes Stück *La croqueuse de diamants* (1950) bekannt. Bei seinen Kammermusikwerken spielt die Harfe eine hervorragende Rolle. (D. Mutter ist die Harfenistin Micheline Kahn.)

Zu D. Kompositionen gehören: die Funkoper *La tendre Eléonore*, die comédie lyrique *Colombe* u. *Eurydice* (1958); das feuilleton musical *Eugène le mystérieux* (1963); die dramatische Legende *Le matin de Faust* (1965); *Madame de*...(1969); *L'héritière* (1974); die Ballette *La croqueuse de diamants* (1950), *Piège de lumière* (1952), *Le prince du désert* (1955), *Balance à trois* (1955), *La boucle* (1957), *Otello* (1957), *Fondation de la cité* (1960) u. *La noce foraine* (1961); Orchesterwerke wie Sinfonie (1954), *Rhapsodie de printemps* für Kl. u. Orch. (1957), *Silk Rhapsody* (1966) u. *Variations sur un thème de Rameau* für Cemb. u. Orch. (1966); Konzerte für Kl. 1949 u. 1962), Hf. (1951), V. (1955) mit Orch. u. *Ballade* für Git. u. Streicher (1978); Vokalkompositionen, u.a. Messe für Chor u. Org. (1965) u. *Hymne pour la jeunesse* für Chor u. Orch. (1966); Kammermusik wie Sonatine für Hf. u. Kl. sowie Sonate für Fl. u. Hf. (1965), Trio für Fl., Hf. u. Vc. (1965), Streichquartett mit Kl. (1967).

Damm, E. Sixten, schwed. Komponist, * 16. 2. 1899 Särna. Studium in Stockholm u. Paris; in seinem Werk verbindet sich Nordisches u. Franz.

Zu D. Kompositionen gehören: das Sagenspiel *Askungen* (1927); das Sagenballett *Svensk trollteater* (1936); Orchestersuite *Bymarknaden* u. Sinfonie (1928); *Sagospelsuvertyr* (1939); *Skogsfantasi* (1946); Klavierkonzert (1926); Kammermusik, u.a. 2 Streichquartette (1947–48).

Damrosch, 1. Leopold, dt. Geiger, Dirigent u. Komponist, * 22. 10. 1832 Posen, † 15. 2. 1885 New York. Studierte in Berlin zuerst Medizin, widmete sich dann der Musik u. wurde 1855 Konzertmeister in Magdeburg, 1857 in Weimar. 1858–60 Dirigent der Philharmonischen Gesellschaft in Breslau, dann Reisedirigent unter Beibehaltung des Breslauer Orchestervereins u. des Chorvereins. Ab 1871 Dirigent des dt. Männergesangvereins Arion in New York u. 1873 dort Gründer der Oratorio Society. 1878 rief er die New York Symphony Society ins Leben u. leitete 1884–85 erstmals eine Saison dt. Oper, nachdem die ital. Kompanie bankrott gegangen war.

Zu D. Kompositionen gehören: *Ruth u. Naomi* für Soli, Chor u. Orch. (1875), *Sulamith* für Soli, Chor u. Orch. (1882) u. Stücke für V. u. Orch.

2. Frank H., Sohn von 1., amer. Lehrer u. Dirigent dt. Herkunft, * 22. 6. 1859 Breslau, † 22. 10. 1937 New York. Gründete 1892 Volkssingklassen, aus denen sich die People's Choral Union entwickelte. 1893–1920 Dirigent der Musical Art Society. **3.** Walter J., Bruder von 2., amer. Dirigent, Lehrer u. Komponist dt. Herkunft, * 30. 1. 1862 Breslau, † 22. 12. 1950 New York. 1884 Kapellmeister an der Metropolitan Opera, zeitweise auch in Nachfolge seines Vaters Dirigent der Oratorio Society u. der New York Symphony Society. 1894–99 Leiter einer eigenen Operntruppe, mit der er die Vereinigten Staaten bereiste. 1927 musikalischer Berater der NBC.

Zu D. Kompositionen gehören: die Opern *The Scarlet Letter* (1896), *Cyrano de Bergerac* (1913), *The Dove of Peace* (1912) u. *The Man without a Country* (1937), außerdem Chorwerke u. Lieder.

Dan, Ikuma, japan. Komponist, * 7. 4. 1924 Tokio. Studierte bei dem Hindemith-Schüler K. Shimofusa, bei K. Hashimoto u. bei S. Moroi.

D. komponierte u.a. die Opern *Yûzuru* (*Der Abendkranich*, 1951), *Kikimimi-zukin* (1955) u. *Yang Kue-fei* (1958). Schrieb außerdem 5 Sinfonien, Ballett- u. Filmmusiken sowie Lieder.

Dancla, J. B. Charles, franz. Geiger u. Komponist, * 19. 12. 1817 Bagnères-de-Bigorre, † 10. 11. 1907 Tunis. Studierte am Pariser Conservatoire bei P. M. F. de S. Baillot (Geige), F. Halévy u. H.-M. Berton (Komposition). Wurde 1857 dort selber Professor für Geige. Hatte einen hervorragenden Ruf als Solist u. Quartettspieler. Hinterließ über 200 Kompositionen, u.a. die Etüden *Accentuation et ponctuation de l'archet*. Veröffentlichte die Lehrbücher »Méthode élémentaire et progressive de violon«, »École de la mélodie«, »L'art de moduler le violon« u. die Selbstbiografie »Notes et souvenirs« (Paris 1893).

Dandelot, Georges E., franz. Komponist, * 2. 12. 1895 Paris. Studierte am Pariser Conservatoire u. anschließend privat bei P. Dukas u. A. Roussel. 1919 Professor an der École Normale u. ab 1942 am Pariser Conservatoire.

Zu D. Kompositionen gehören die Opern *L'ennemi* u. *Midas*, das Oratorium *Pax*, 2 Klavier- u. 1 Violinkonzert, 1 Sinfonie, Kammermusik u. Lieder, u.a. eine Vertonung von 17 Gedichten aus P. Louys »Bilitis«. Daneben gab er Werke älterer Meister heraus u. verfaßte Unterrichtsliteratur.

Dandrieu (d'Andrieu), Jean François, franz. Organist, Cembalist u. Komponist, * 1682 Paris, † 17. 1. 1738 ebd. Ab 1704 Organist an St-Merry u. St-Barthélemy, ab 1721 auch Königlicher Kapellorganist.

D. gab 3 Bücher »Pièces de clavecin« heraus (Paris 1724, 1728 u. 1734), 1 Buch »Pièces d'orgue« (1739) sowie

Triosonaten u. Violinsonaten mit B.c. Veröffentlichte außerdem »Principes de l'accompagnement de clavecin« (Paris 1718).

Daniel-Lesur (eigtl. Daniel Jean Yves Lesur), franz. Komponist, * 19. 11. 1908 Paris. Wurde mit 11 Jahren am Pariser Conservatoire aufgenommen. Studierte bei E. Schwartz (Solfège), J. Gallon (Harmonielehre) u. G. Caussade (Kontrapunkt), nebenbei privat bei A. Ferté (Klavier) u. Ch. Tournemire (Orgel u. Komposition). Schrieb mit 14 Jahren sein erstes Klavierstück *Soirs*. 1927–37 Organist an Ste-Clotilde u. 1937–44 an der Benediktinerabtei in Paris. 1935–62 Kontrapunktlehrer an der Schola Cantorum u. 1957–62 deren Direktor. Ab 1945 Mitarbeiter des franz. Rundfunks, ab 1962 auch Musikberater des franz. Fernsehens. 1971–73 Administrateur de la Réunion des Théâtres Lyriques Nationaux, ab 1973 Inspecteur Général de la Musique. Mit seinen Kompositionen steht D.-L. ganz in der Nachfolge C. Francks. 1936 gründete er gemeinsam mit Y. Baudrier, A. Jolivet u. O. Messiaen die Gruppe Jeune France, die sich für eine »réhumanisation« der Musik einsetzte.

Zu D.-L. Kompositionen gehören: die Oper *Andrea del Sarto* (1961–69); die Ballette *L'Infante et le monstre* (gemeinsam mit A. Jolivet, 1938) u. *Le bal du destin* (1956); die Orchesterwerke *Suite française* (1935), *Hommage à Bach* (1936), *Passacaille* (1937), *Pastorale* (1938), *Ricercare* (1939), *Variations pour piano et cordes* (1943, daraus 1966 ein Ballett von H. van Manen), *Chansons cambodgiennes* für St. u. Orch. (1946), *Ouverture pour un festival* (1951), *Sarabande et Farandole* (1952), *Concérto da camera* für Kl. u. Orch. (1953), *Sérénade pour orchestre à cordes* (1954), *Intermezzo* (1956), *Symphonie de danses* (1958), *Symphonie d'ombre et de lumière* (1974); die Kantante *L'annonciation* für T., 2 Sprecher, gem. Chor u. Kammerorch. (1951); *Le cantique des cantiques* für gem. Chor a cappella (1953); *Le cantique des colonnes* für Frauenchor u. Orch. (1954–57) u. *Messe du jubilé* für gem. Chor, große Org., 3 Trp. u. Pauken (1960); Kammermusik, Orgelstücke; Klaviermusik; Lieder; Bühnen-, Film- u. Radiomusiken. Gemeinsam mit B. Gavoty verfaßte er »Pour ou contre la musique moderne?« (Paris 1957).

Danican → Philidor

Dankers (Danckerts), Ghiselin, franko-fläm. Komponist, * zwischen 1505 u. 1515 Tholen, Todesjahr unbekannt. 1535–65 päpstlicher Kapellsänger. Von ihm sind 2 Madrigale u. 3 Kanons erhalten. Entschied in dem Streit zwischen Vicentino u. Lusitano zugunsten des letzteren u. begründete diese Entscheidung in einem Traktat 1551, der handschriftlich vorliegt.

Danse macabre → Totentanz

Dantzig, Rudi van, holländ. Tänzer, Choreograf u. Ballettdirektor, * 4. 8. 1933 Amsterdam. Nach Unterricht bei S. Gaskell trat D. 1952 in deren Ballet Recital Company ein. S. Gaskell gab ihm auch die erste Chance als Choreograf. Für ihre Truppe entstand 1955 *Night Island* (M.: C. Debussy). 1959 schloß sich D. dem neugegründeten Nederlands Dans Theater an, für das er im gleichen Jahr *Giovinezza* (M.: A. Vivaldi) choreografierte. Als Gaskells Nederlands Ballet zum Het Nationale Ballet vergrößert wurde, schloß sich D. wieder ihrer Kompanie an, trat 1965 in die künstlerische Leitung des jetzt voll staatlich subventionierten Nationalballetts ein, wurde 1968 Ko-Direktor u. ist seit 1971 der alleinige künstlerische Leiter. Neben seiner Arbeit in Holland ist D. auch bei verschiedenen Kompanien in Amerika u. Europa als Gast-Choreograf aufgetreten. Er verbindet in seinen Balletten klassischen Tanz mit den Ausdrucksmitteln des Modern Dance. Sein Mitarbeiter Toer van Schayk hat in vielen seiner Produktionen Rollen kreiert u. auch den Großteil seiner Ch. ausgestattet.

Zu D. wichtigsten Kreationen gehören: *The Family Circle* (M.: B. Bartók) 1958; *Jungle* (M.: H. Badings) 1961; *Monument for a Dead Boy* (M.: J. Boerman) 1965; *Romeo u. Julia* (M.: S. Prokofjew) 1967; *Moments* (M.: A. Webern) 1968; *Epitaph* (M.: G. Ligeti) u. *Astraal* (M.: A. Webern) 1969; *Ropes of Time* (M.: J. Boerman) u. *On the Way* (M.: I. Yun) 1970; *Painted Birds* (M.: N. Castiglioni) 1971; *Après visage* (M.: L. Berio) 1972; *Here Rests: A Summer's Day* (M.: F. Schubert) u. *Ramifications* (M.: G. Ligeti u. H. Purcell) 1973; *Orpheus* (M.: I. Strawinsky) 1974; *Collective Symphony* mit H. van Manen u. T. van Schayk (M.: I. Strawinsky) u. *Blown in a Gentle Wind* (M.: R. Strauss) 1975; *Ginastera* (M.: A. Ginastera) 1976; *Vier Letzte Lieder* (M.: R. Strauss) u. *Gesang der Jünglinge* (M.: K. Stockhausen u. Nocturne op. 15 von F. Chopin) 1977 u. *About a Dark House* (M.: R. Haubenstock-Ramati) 1978.

Danyel (Daniel), John, engl. Komponist u. Lautenist, * um 1565, † 1630. Veröffentlichte 1606 20 Lieder unter dem Titel »Songs for the Lute Viol and Voice«. Gehört zu den engl. Meistern des Lautenlieds.

Danzi, dt. Musikerfamilie ital. Herkunft.

1. Innocenz, Cellist, * um 1730, wahrscheinlich in Italien, † 17. 4. 1798 München. Wurde 1754 bei der kurfürstlichen Kapelle in Mannheim angestellt u. ging mit dem Kurfürsten 1778 nach München. Blieb bis zu seiner Pensionierung 1783 1. Cellist.

2. Franz, Sohn von 1., dt. Komponist, Cellist u. Kapellmeister, * 15. 6. 1763 Schwetzingen, † 13. 4. 1826 Karlsruhe. Erhielt Unterricht bei seinem Vater u. war Kompositionsschüler des Abbé Vogler. Kam 1783 als Nachfolger seines Vaters nach München. Schloß sich für einige Jahre der Operntruppe von Guardasoni an. 1807–12 als Hofkapellmeister u. daneben kurze Zeit als Direktor des Konservatoriums in Stuttgart, anschließend als Hofkapellmeister in Karlsruhe. D. komponierte 16 Opern, Ballette, Schauspielmusiken, Kirchenmusik, 8 Sinfonien, mehrere Konzerte, Kammermusik u. Lieder. Er hat sich als Dirigent insbesondere für das Werk des ihm befreundeten C.M. von Weber eingesetzt. Seine Schwester Franziska (1756–91) machte sich als Sopranistin u. Komponistin einen Namen.

Dao, Nguyen Thien, franz. Komponist vietnamesischer Herkunft, 16. 12. 1940 Hanoi. Studierte ab 1960 am Pariser Conservatoire u. wurde 1968 dort in die Kompositionsklasse von O. Messiaen aufgenommen. Bereits ein Jahr später stellte er sich mit *Thanh Dong To Quoc* als Komponist vor. Daneben war er zeitweilig Mitarbeiter der Groupe de Recherche Musicale, um sich mit den elektronischen Möglichkeiten vertraut zu machen. Auf der Suche nach überraschenden Effekten u. neuen Klangfarben verbindet D. vietnamesische Überlieferung u. europäische Avantgarde. Charakteristisch für ihn ist das Spiel mit der Stille.

Zu D. Kompositionen gehören: *Thanh Dong To Quoc* für Sprecher, S., Ondes Martenot, 4 Kl., 6 Schlagzeuge u. Sprechchor (1968); *Tuyen Lua* für Streichquartett, Fl., Kl., Schlagzeug u. Tonband (1968); *Tay Nguyen* für Fl. und Kl. (1969); *The 19* für je 7 Holz- und Blechbläser, 5 Schlagzeuge, 4 Frauenst. u. Ondes Martenot (1969); *Bat Khuat* für 5 Schlagzeuge (1969); *Nho* für S., Vc. u. 5 Kb., die gleichzeitig noch ein Schlagzeug bedienen (1970); *Khoc To Nhu* für 12 St. (1971); *Koskom* für Orch. (1971); *Gio Dong* für 1 Singst. (1973); *Phu Dong* für Blechbläserquintett u. Schlagzeuge (1973); *May* für 1 Schlagzeuger (1974); *Ba Me Viet-Nam* für 7 V., 3 Vc., 2 Kb., Piccolofl. u. Klar. (1974); *Mau Va Hoa* für Orch. (1973–74); *Camatithu* für 6 Schlagzeuger und/oder 1 Sänger-Schauspieler (1975); *Nam Aï* für Barocklaute oder Gitarre (1975); *Bao Gio* für 2 Kl. u. 2 Schlagzeuge (1974–75); *A. Mi. K. Giao Tranh* für Kb. solo (1976); *Mua* für Cemb. solo (1976); *Noi Xa* für 2 Ondes Martenot, elektrische Git. u. Schlagzeug (1977); *Mai Sau* für V. solo u. 12 Streicher (1977); *Bay* für Schlagzeugensemble (1977); *Giai Phong* für Orch. (1977); Oper *My Chau Trong Thui* (1978); *Hoang Hon* für S. u. Orch. (1979); Oper *Écouter-Mourir* (1980); *Ten Do Gu,* Konzert für Schlagzeug u. Orch. (1980).

Daquin (d'Aquin), Louis-Claude, franz. Organist u. Komponist, * 4. 7. 1694 Paris, † 15. 6. 1722 ebd. Studierte bei N. Bernier Komposition u. bei L. Marchand Orgel. Wurde mit 12 Jahren Organist des Klosters Petit St-Antoine. Gewann 1727 im Wettbewerb mit J.-Ph. Rameau die Organistenstelle an St-Paul. 1732 Nachfolger Marchands u. 1739 Königlicher Kapellorganist. 1735 erschien sein »Premier livre de pièces de clavecin« mit dem berühmten *Kuckuck.* Er komponierte außerdem ein »Nouveau livre de Noëls pour l'orgue et le clavecin«, eine Kantate *La rose,* Orgelwerke, Kirchen- u. Kammermusik. Er gilt in Frankreich nach F. Couperin u. J.-Ph. Rameau als der bedeutendste Clavecin-Meister.

Dargomyschskij (Dargomyžskij), Alexandr S., russ. Komponist, * 14. 2. 1813 Troizkoje, † 17. 1. 1869 Petersburg. Erhielt mit 6 Jahren ersten Klavierunterricht u. lernte mit 8 Geige. Gab seine Beamtenlaufbahn 1835 auf, um sich ganz der Musik zu widmen. 1834 Bekanntschaft mit M. Glinka, der ihm seine bei S. Dehn in Berlin gemachten Aufzeichnungen zur Verfügung stellte. Diese Kompositionsstudien waren die einzige Unterweisung, die D. je erhielt. Seine erste Oper *Esmeralda* (1837–41) wurde erst 1847 in Moskau uraufgeführt. Inzwischen schrieb D. die Kantate *Das Bacchusfest* auf einen Text A. Puschkins (1845–46), 1848 umgearbeitet zu einer Ballettoper. Bekannt wurde er mit seiner Oper *Rusalka,* die 1856 in Petersburg herauskam. In den 60er Jahren unterhielt er Beziehungen zu M. Balakirew u. den Komponisten des »Mächtigen Häufleins«. C. Cui war es dann auch, der auf D. Wunsch das Vorspiel zu dessen Oper *Der steinerne Gast* (1866–69, unvollendet) schrieb u. den 1. Akt ergänzte, während N. Rimskij-Korsakow die Instrumentation besorgte. D. komponierte außerdem die Orchesterwerke *Baba-Jaga* (1861–62), *Čuchonskaja fantazija* (1862) u. *Malorossijskij Kazačok* (1864) u. eine Reihe hervorragender Lieder. Er gehört zu den Mitbegründern der nationalruss. Schule.

Daser, Ludwig, dt. Komponist u. Kapellmeister, * um 1525 München, † 27. 3. 1589 Stuttgart. Erhielt seine Ausbildung in der Münchner Hofkantorei, deren Kapellmeister er 1552 wurde. 1563 in den Ruhestand versetzt, um O. de Lassus Platz zu machen. Übernahm 1572 die Hofkapellmeisterstelle in Stuttgart, die er bis an sein Lebensende innehatte. Von seinen Werken wurden eine Passion (1578) u. einige Motetten gedruckt. Außerdem erhalten sind 4st., 5st. u. 6st. Messen, Motetten u. 34 dt. geistliche Lieder.

Dasia-Zeichen finden in der ältesten erhaltenen Lehre mehrstimmiger Musik, der Musica Enchiriadis, Verwendung. Sie wurden den Textsilben vorangestellt u. gaben einen Anhaltspunkt für die Ausführung des Organum.

Dauberval (eigtl. Bercher), Jean, franz. Tänzer u. Choreograf, * 19. 8. 1742 Montpellier, † 14. 2. 1806 Tours. → Ballett

Dauer gehört neben Tonhöhe u. Lautstärke zu den grundlegenden Toneigenschaften. Mit der seriellen Musik wurde sie als einer der → Parameter in den Kompositionsvorgang einbezogen. Extrem kurze D. bringt den Ton in den Bereich der Wahrnehmungsgrenze, bei längerer D. verliert der Hörer die Fähigkeit des Vergleichs mit anderen Zeiteinheiten.

Dauner, Wolfgang, dt. Jazzmusiker u. Komponist, * 30. 12. 1935 Stuttgart. Studierte an der Stuttgarter Hochschule für Musik ab 1958 Trompete u. Komposition u. ab 1960 Klavier. Trat mit Leo Wright, Benny Bailey u. Attila Zoller auf, gründete sein eigenes Trio u. spielte ebenfalls mit dem Joki-Freund-Sextett. 1969 Leiter der Radio-

Jazzgroup Stuttgart, seit 1970 Dozent an der Musikhochschule Stuttgart. Versucht neben reinen Jazzkompositionen, Elemente des Jazz u. der zeitgenössischen Musik zu verschmelzen.

Davico, Vincenzo, ital. Komponist, * 14. 1. 1889 Monaco, † 8. 12. 1969 Rom. Studierte bei G. Cravero in Turin u. M. Reger in Leipzig, lebte dann lange Zeit in Paris, wo er sich dem Kreis um C. Debussy anschloß.

Zu D. Werken gehören: die Opern *La Dogaressa* (1920), *Berlingaccio* (1931), *La principessa prigioniera* (1941); die Orchesterwerke *Polyphème* (1910), *La principessa lontana* (1911), *Impressioni romane* (1913) u. *Impressioni dal mio diario di viaggio* (1949); 1 *Cantata breve* für Bar., Chor u. Orch. (1945); *Requiem pour la mort d'un pauvre* für Soli, Chor u. Orch. (1950); Klavierstücke u. Lieder.

David, Félicien C., franz. Komponist, * 13. 4. 1810 Cadenet, Vaucluse, † 29. 8. 1876 St-Germain-en-Laye. Erhielt seine erste musikalische Ausbildung an der Maîtrise du St-Sauveur in Aix, wo er 1829 auch Kirchenkapellmeister wurde. Aus dieser Zeit stammen eine Reihe von Kirchenkompositionen. 1830 mit Hilfe L. Cherubinis Schüler des Pariser Conservatoire. Studierte bei F.-J. Fétis (Komposition) u. F. Benoist (Orgel). Schloß sich 1831 der politisch-religiösen Sekte der Saint-Simonisten an u. verbrachte nach deren erzwungener Auflösung einige Jahre im Orient. Veröffentlichte bei seiner Rückkehr 1835 *Mélodies orientales* für Kl., 2 Sinfonien u. mehrere Kammermusikwerke. Seinen ersten Erfolg hatte er mit der ode-symphonie *Le désert* (1844). D. wurde als Schöpfer der musique exotique gefeiert u. hat Werke wie G. Bizets *Djamileh* oder G. Verdis *Aida* mit beeinflußt. Von seinen Opern war *Lalla Roukh* (1862) wohl am erfolgreichsten. H. Berlioz schätzte an D. seinen Melodienreichtum u. die Tonmalerei in seiner Instrumentation.

Zu D. Werk gehören: die Opern *La perle du Brésil* (1851), *Herculanum* (1859, Neufassung der nicht aufgeführten Oper *La fin du monde), Lalla Roukh* (1862), *Le saphir* (1865) u. *La captive* (wurde während der Proben von D. zurückgezogen); die ode-symphonie *Le désert* (1844); das Oratorium *Moïse au Sinaï* (1846); die ode-symphonie *Christophe Colombe* (1847); das Mysterium *L'Eden* (1848), außerdem 24 Streichquintette, 2 Nonette für Bläser, 4 Sinfonien u. Lieder.

David, Ferdinand, dt. Geiger u. Komponist, * 20. 1. 1810 Hamburg, † 19. 7. 1873 Klosters. Studierte 1823–24 bei L. Spohr u. M. Hauptmann in Kassel u. trat, begleitet von seiner Schwester Luise, der späteren Frau Dulcken, 1825 bereits im Leipziger Gewandhaus auf. 1827–28 Geiger am Königstädter Theater in Berlin, wo er F. Mendelssohn Bartholdy kennenlernte. 1829–35 Primarius im Privatquartett des Landrats v. Liphart in Dorpat, 1835 von Mendelssohn Bartholdy als Konzertmeister an das Gewandhaus geholt, 1843 Lehrer am neugegründeten Konservatorium u. 1845 Uraufführung von Mendelssohn Bartholdys Violinkonzert. D. schrieb die Oper *Hans Wacht,* 2 Sinfonien u. 5 Violinkonzerte sowie Violinstücke u. Lieder. Er gab J. S. Bachs Violinsolosonaten u. -suiten 1843 heraus u. verfaßte »Die hohe Schule des Violinspiels« (Leipzig 1867–72). Zu seinen Schülern gehörten u. a. A. Wilhelmj u. J. Joachim.

David, Johann Nepomuk, österr. Komponist, Organist u. Lehrer, * 30. 11. 1895 Eferding, † 22. 12. 1977 Stuttgart. Erhielt 1906–09 als Chorknabe in St. Florian ersten Unterricht in Geige u. Klavier, besuchte 1911–15 die Lehrerbildungsanstalt in Linz u. wurde 1915–20 Volksschullehrer in Peterskirchen. Nach dem Musikstudium bei J. Marx in Wien 1920–23 nahm er in Wels die Stelle eines Volksschullehrers an, gründete dort einen Bach-Chor u. wirkte als Organist an der Christuskirche. 1934 erfolgte die Berufung als Theorie- u. Kompositionslehrer sowie Leiter des Chorwesens an das Landeskonservatorium Leipzig, dessen Leitung D. 1942–45 übernahm. 1945 Berufung zum Kompositionslehrer u. Leiter des Salzburger Mozarteums, 1948–63 Professor für Theorie u. Kontrapunkt an der Staatlichen Hochschule für Musik u. darstellende Kunst in Stuttgart. Dirigierte dort auch das Kammerorch. der Hochschule u. gründete den Bruckner-Chor Stuttgart. In seinen Kompositionen setzte D. eine Tradition fort, die über J. S. Bach, W. A. Mozart, A. Bruckner u. M. Reger bis zur Atonalität führt. Das kennzeichnende Merkmal seiner Kompositionen ist die Polyphonie. In seinen sinfonischen Werken entwickelt er ähnlich wie A. Bruckner das gesamte musikalische Material mit Vorliebe aus einem einzigen »Urthema«.

Zu D. Kompositionen gehören die Orchesterwerke: Partita Nr. 1 (1935); Sinfonie Nr. 1 (1936); Sinfonie Nr. 2 (1938), *Kume, kum, geselle mîn* (Divertimento nach alten Volksliedern, 1938), Partita Nr. 2 (1939); Sinfonie Nr. 3 (1940), Variationen über ein Thema von J. S. Bach u. Sinfonische Variationen über ein Thema von H. Schütz (1942), Sinfonie Nr. 4 (1945), Konzert für Streichorch. (1950), 2. Konzert für Streichorch. (1951), Sinfonie Nr. 5 (1951); *Sinfonia preclassica super nomen H-A-S-E* (1953); *Deutsche Tänze* (Variationen über ein eigenes Thema, 1953), Sinfonie Nr. 6 (1954), *Sinfonia breve* (1955), Sinfonie Nr. 7 (1956), *Magische Quadrate* (sinfonische Fantasie in 3 Sätzen, 1959), *Sinfonia per archi* für Streichorch. (1959), *Spiegelkabinett* (Walzer, 1960), Sinfonie Nr. 8 (1964–65), Chaconne (1972) u. Konzert für Streichorch. (1975); die Werke für Soloinstr. u. Orch.: Konzert für Fl. u. Orch. (1936), Konzert für V. u. Orch. Nr. 1 (1952), Konzert für V. u. Streichorch. Nr. 2 (1957), *Melancholia,* Musik für Va. u. Kammerorch. (1958), Konzert für V. u. Orch. Nr. 3 (1961), Konzert für Org. u. Orch. (1965), Variationen über ein Thema von Josquin des Prés für Fl., Horn u. Streichorch. (1966) u. Konzert für V., Vc. u. kleines Orch. (1969); die Kammermusikwerke: Trio G-Dur für V., Va. u. Vc. (1935), Duo concertante für V. u. Vc. (1937), *Kume, kum geselle mîn,* Divertimento für 5 Blasinstr. (1939), Introitus, Choral u. Fuge für Org. u. 9 Blasinstr. (1939), Sonate für Fl., Va. u. Git. (1940), Trio für Fl., V. u. Va. (1942), Sonate für Fl. solo (1942), Sonate für V. solo (1943), Sonate für Va. solo (1943), Sonate für Vc. solo (1944), Sonate für Laute solo (1944); Sonate für Fl. u. Va. (1943), Variationen über ein eigenes Thema für Block- oder Querfl. u. Laute (1943), Sonate für 2 V. (1945), Trio für V., Va. u. Vc. Nr. 1–4 (1945 u. 1948), Sonate für Klar. u. Va. (1948); *Es steht ein Lind in jenem Tal* (Partita für V. solo, 1949), Sonate für 3 Vc. (1962), 2. Sonate für V. solo (1963), Mozarts Wiegenlied von Gotter (Variationen für V. solo, 1971), Trio für Fl., V. u. Vc. (1974) u. Sonate für V. u. Org. (1975); die geistlichen Chorwerke: Stabat mater für 6st. gem. Chor a cappella (1927), *Ein Lämmlein geht und trägt die Schuld* (4st. Motette a cappella, 1935), *Nun bitten wir den Hl. Geist* (4st. Choralmotette a cappella, 1935), *Herr, nun selbst den Wagen halt* (4- u. 5st. Choralmotette a cappella, 1935), *Ex Deo nascimur, In Christo morimur, Ex Spiritu Sancto reviviscimus* (Motette für 8st. gem. Chor a cappella, 1936), *Ich wollt, daß ich daheime wär* (4st. Choralmotette a cappella, 1936), *Der Gerechten Seelen sind in Gottes Hand* (4st. Motette a cappella, 1937), Kyrie 3st. gem. a cappella (1937), 2 Motetten für 4- u. 5st. gem. Chor a cappella (1939), *Fröhlich wir nun all' fangen an* (Kantate für 3 St., Ob. u. Org., 1941), *Victimae pascali laudes* (Motette für 4st. gem. Chor a cappella, 1948), *Ut queant laxis* für 5st. gem. Chor a cappella (1946), *Dt. Messe* für gem. Chor a cappella (1952), *Missa choralis* (1953), *Requiem chorale* für Soli, Chor u. Orch. (1956), *Ezzolied* (Oratorium für Soli, Chor u. Orch., 1957); *Veni Creator Spiritus* für gem. Chor a cappella (1957), 6 Evangelienmotetten für gem. Chor a cappella (1958), *O Heiland reiß die Himmel auf* (Motette für kleinen gem. Chor, 1959), Psalm 139 für gem. Chor (1961), *Maria durch den Dornwald ging* (Liedmotette für gem. Chor, 1962), 5 Choralkantaten für S., A., B. u. Positiv (1965), *Marienpreis* (Motette für S.-Solo u. 4- bis 6st. gem. Chor a cappella, 1966), *O wir armen Sünder* (Kantate für A.-Solo, 4st. gem. Chor u. Org., 1966), Messe für 4 Oberst. (1968); Kyrie für 3 gleiche St. u. Org. (1968), 3 Sätze aus dem »Cherubinischen Wandersmann« für Männerchor (1971), 3 Evangelienmotetten für 4st. Chor, A.-Fl., Hf., Kb., Pauken, Gong u. Tamtam u. Kantate *Komm, Hl. Geist* für 2 Chöre u. Orch. (1972); die weltlichen Chorwerke: *Säerspruch* für 4st. gem. Chor a cappella (1937), Spruch von Angelus Silesius für 3st. Männerchor a cappella (1937), *Die Welt ist Gottes Haus* (4st. Motette, 1945), 3 Tierlieder, 4st. a cappella (1945), 10 Volksliedsätze für 3- bis 5st. gem. Chor a cappella (1949), 10 neue Volksliedsätze für gem. Chor a cappella (1952), *Empfangen u. genährt* (Motette für 4st. gem. Chor, 1956), *Komm Trost der Nacht, o Nachtigall* (Motette für 4st. gem. Chor, 1956), *Jeder denkt nur an sich selber* (Kanon, 1957); *Es ging ein Maidlein zarte* für 2 Chöre a cappella 7st. (1961); *Es ist ein Schnee gefallen* für 4st. gem. Chor a cappella (1961), 2 4st. Sätze (1961), *Wân, Denken, Dô der sumer komen was* für 4 Singst., Fl. u. Horn (1966) u. 3 Chöre für gem. Chor a cappella (1975); Orgelwerke u. Choralwerke für Org.: 21 Hefte zwischen 1932–1973. Außerdem bearbeitete D. Werke von J. S. Bach u. J. L. Krebs u. gab W. A. Mozarts Bearbeitung von J. S. Bachs 6 3st. Fugen für V., Va. u. Vc. (B.) heraus. Er veröffentlichte: »Die Jupiter-Symphonie« (1953), »Die zweistimmigen Inventionen von J.S. Bach« (1957 u. 1958), »Die dreistimmigen Inventionen v. J.S. Bach« (1959) u. »Das wohltemperierte Klavier, Versuch einer Synopsis« (1962, alle in Göttingen).

Lit.: H. G. Bertram, Material – Struktur – Form. Studien zur musikalischen Ordnung bei J. N. D., 2 Bde., Wiesbaden 1965; H.H. Stuckenschmidt, J. N. D., Wiesbaden 1965.

Davidovsky, Mario, argentin. Komponist u. Lehrer, * 4. 3. 1934 bei Buenos Aires. Studierte bei G. Graetzer, T. Fuchs, E. Leuchter u. E. Epstein in Buenos Aires. Lebt seit 1960 in den Vereinigten Staaten u. lehrt am City College u. der Manhattan School of Music in New York. Außerdem Associate Director des Columbia Princeton Electronic Music Center. Komponierte für Orch. u. Instrumentalensembles, bevor er sich der elektronischen Musik zuwandte.

Von D. neueren Stücken seien die *Synchronisms Nr. 1–6* für verschiedene Instr. u. elektronische Klänge, die *3 Electronic studies* (1961, 1962 u. 1965) sowie die *Inflexions* u. *Junctures* (beide 1966) für Instrumentalensembles erwähnt.

Davies, Hugh S., engl. Komponist u. Instrumentenbauer, * 23. 4. 1943 Exmouth, Devon. Musikstudium an der Oxford University 1964–66 u. Assistent K. Stockhausens sowie Mitglied von dessen Live-Electronic-Gruppe. Organisierte 1967–69 Konzertveranstaltungen für das Arts Laboratory in London u. ist seit 1967 Direktor des Electronic Music Studio, Goldsmith's College, University of London. Wirkte an musikalischen Veranstaltungen des Arts Laboratory Ensemble, Gentle Fire, Music Improvisation Company u. Naked Software mit. Baut billige, hauptsächlich elektrisch verstärkte Instrumente, von denen Shozyg das bekannteste ist. Seine Mk.I u. Mk.II wurden eigens für Stockhausens *Sternklang* konstruiert. Diese Instrumente dienen auch als Klangskulpturen oder Spielzeug, sind häufig aus Abfällen zusammengesetzt u. verstärken Eigengeräusch durch Kontaktmikrofone.

Zu D. Kompositionen gehören: *Contact* für Kl. (1963); *Vom ertrunkenen Mädchen* für S., Fl., Klar. u. Kl. (1964); Quintett für live-electronics u. *Interfaces* für Tonband u. live-electronics (1967–68); *Kangaroo* für Org. (1968); *Beautiful Seaweeds* für Musiker, Tänzer u. Projektion (1972–73); *Raisonnements* für Kl. (1973); *The Musical Educator* für Sprecher, Instrumentalisten, Tänzer u. Projektion (1974); *Wind Trio* (1974–75); *Natural Images* für Tonband (1976); *Black Pentecost* für St. u. Orch., *Solstice of Light* für T., gem. Chor u. Org. u. *Kirkwall Shopping Songs* für Kinderst., Blockflöten, Schlagzeug u. Kl. (1979); *The Yellow Cake Review* (Kabarett-Lieder), *A Welcome to Orkney* für Kammerensemble, *Little Quartett* für Streicher u. 2. Sinfonie (1980); außerdem für eigene Instr.: *Shozyg I/II/I + II* (1968), *Spring Song* (1970), *HD Breadbins* (1972), *Gentle Springs* (1973), *Music for Bowed Diaphragms* (1973), *My Spring Collection* (1975) u. *Salad* (1977). D. stellte außerdem das »Répertoire Internationale des Musiques Électroacoustiques« (»International Electronic Music Catalog«, MIT Press, London 1968) zusammen, der ursprünglich in »Electronic Music Review« erschien, dessen Europaredakteur D. war.

Davies, Sir H. Walford, engl. Organist, Komponist u. Lehrer, * 6. 9. 1869 Oswestry, Shropshire, † 11. 3. 1941 Wrington, Somerset. 1882 Eintritt in den Chor der St. George's Chapel in Windsor unter Leitung von W. Parratt, dessen Schüler u. Assistent D. 1885–90 wurde. 1890–95 Studium am Royal College of Music in London bei H. Parry, Ch. Stanford u. W. Rockstro. Nachfolger des letzteren als Kontrapunktlehrer 1895–1903. 1898–1923 Organist der Temple Church, Leiter des Londoner Bach-Chors 1903–07, Professor am University College of Wales 1919–26, Organist der St. George's Chapel in Windsor 1927–32 u. ab 1934 als Nachfolger E. Elgars Master of the King's Music. Seit 1927 musikalischer Berater der BBC, für die er Vortragszyklen hielt, u.a. »Music and the Ordinary Listener« (ab 1926) u. »Melodies of Christendom« (ab 1934).

Zu D. Kompositionen gehören: die Operette *What Luck* (1931); Kirchenmusik, darunter Services u. Anthems; Chorwerke, u.a. die Kantate *Jedermann* (1904, rev. 1934) u. *Song of St. Francis* (1912); Orchesterwerke; 2 Kompositionen für Kl. u. Orch.; Kammermusik, u.a. 2 Sonaten für V. u. Kl.; Lieder. 1942 erschien »W. D., a Biography« in Oxford.

Davies, Peter Maxwell, engl. Komponist, * 8. 9. 1934 Manchester. Studierte am Royal Manchester College of Music u. an der Universität von Manchester. Erhielt 1957 ein Stipendium, das ihm weitere Studien bei G. Petrassi in Rom ermöglichte. 1959–62 Direktor der Musikabteilung der Grammar School in Cirencester, wo er junge Menschen auf originelle Weise an die zeitgenössische Musik heranführte. 1962–64 weitere Studien an der Graduate Music School of Princeton University, NJ. Nach Vortragsreisen durch Europa u. Australasien 1966 Composer-in-residence der Universität Adelaide. Seit 1967 wieder in England, seit 1970 vorwiegend auf den Orkneyinseln als freischaffender Komponist. 1967 gründete er gemeinsam mit H. Birtwistle das Kammerensemble Pierrot Players, das sich besonders der Pflege zeitgenössischer Musik widmet. Tritt in neuerer Zeit meistens mit dem Kammerensemble The Fires of London auf, für das er viele seiner Werke geschrieben hat. Als Komponist ist er hauptsächlich durch sein Musiktheater bekannt geworden, das die Tradition der Kirchen- u. Kammeropern B. Brittens weiterführt.

Zu D. Werken gehören: die Opern *Taverner* (1970), *Blind Man's Bluff* (1972), *The Two Fiddlers* (1978); die Kammeroper *The Lighthouse* u. die Kinderoper *Cinderella* (1980); die Kompositionen für Musiktheater *Revelation and Fall* für S. u. 16 Instr. (1965), *Notre-Dame des fleurs* für Solo-St. u. Instr. (1966), *Missa super l'homme armé* für Sprecher u. Kammerensemble (1968, revidiert 1971), *Eight Songs for a Mad King* für Sänger u. Kammerorch. (1969), *Vesalii Icones* für Tänzer, Solo-Vc. u. Ensemble (1969), *Miss Donnithorne's Maggot* für Mezzo-S. u. Kammerensemble (1974), *The Martyrdom of St. Magnus* für Sänger u. Kammerensemble (1976) u. *Le Jongleur de Notre-Dame* für Sänger, Mime u. Kinderkapelle (1979); das Ballett *Salome* (1978) u. die folgenden Titel: Sonate für Trp. u. Kl. (1955); 5 Stücke für Kl. (1956); *Alma Redemptoris Mater* für Bläser u. *St. Michael Sonate* für 17 Bläser (1957); *Sextet* (1958); *Prolation* für Orch., *Ricercar and Doubles* für 8 Instr. u. 5 Motetten für Solisten, Doppelchor u. Instr. (1959); *O Magnum Mysterium* für S., A., T. u. B. sowie Kammerorch. (1960); Streichquartett u. *Te lucis ante terminum* für S., A., T., B. u. Kammerorch. (1961); *First Fantasia* auf ein Thema von J. Taverner für Orch., *4 Carols* für S., A., T. u. B., *Frammenti di Leopardi* für S., A. u. Instr., *The Lord's Prayer* für S., A., T. u. B. u. *Sinfonia* für Kammerorch. (1962); *Veni Sancte Spiritus* für S., A., B., gem. Chor u. kleines Orch. (1963); *Seven In Nomine* für Instr. (1963–65); *Second Fantasia* auf ein Thema von J. Taverner für Orch., *Shakespeare Music* für Kammerensemble u. *Ave, Plena Gratia* für S., A., T. u. B. mit Org. (1964); *Ecce Manus Tradentis* für gem. Chor u. Instr., *Shall I Die for Manni's Sake?* für S.- u. A.-Stimmen u. Kl. u. *The Shepherd's Calendar* für junge Sänger u. Instr. (1965); *5 Carols* für S.- u. A.-Stimmen solo u. *Solita* für Fl. solo (1966); *Antechrist* für Kammerensemble, *Five Little Pieces* für Kl. u. *Hymnos* für Klar. u. Kl. (1967); *Stedman Caters* für Instr. u. *Stedman Doubles* für Klar. u. Schlagzeug (1968); *St. Thomas Wake, Foxtrott* für Orch., *Worldes Bliss* für Orch. u. *Eram Quasi Agnus*, Instrumentalmotette (1969); *Points and Dances from Taverner*, Tänze aus der Oper, u. *Sub Tuam Protectionem* für Kl. (1970); *From Stone to Thorn* für Mezzo-S. u. Instrumentalensemble, *Bell Tower* für Schlagzeug u. *UT Re MI* für Kl. (1971); *Fool's Fanfare* für Sprecher u. Instrumentalensemble, *Hymn to St. Magnus* für S. u. Kammerensemble. *Tenebrae Super Gesualdo* für Mezzo-S., Git. u. Kammerensemble, Kanon zum Gedenken an I. Strawinsky für Instrumentalensemble u. *Ara Coeli: Lullaby for Ilian Rainbow* für Git. (1972); *Stone Litany* für Mezzo-S. u. Orch. u. *Fiddlers at the Wedding* für Mezzo-S. u. Kammerensemble (1973); *Dark Angels* für S. u. Git. u. *Psalm 124* für Kammerensemble (1974); *Ave Maris Stella* für Instrumentalensemble, *The Door of the Sun* für Va., *The Kestrel Paced Round the Sun* für Fl., *The Seven Brightnesses* für B.-Klar. u. *Three Studies* für Schlagzeug (1975); *5 Klee-Bilder* für Jugendorch., *Stevie's Ferry to Hoy* für Kl., 3 Preludes für Org., *Anakreontika: Greek songs* für Mezzo-S. u. Instr., *The Blind Fiddler* für S. u. Instr. u. Sinfonie für Orch. (1976); *Westerlings* für gem. Chor a cappella, *A Mirror of Whitening Light* für Kammerorch. u. *Our Father whiche in Heaven Art* für Instrumentalensemble (1977). Außerdem bearbeitete D. eine Reihe von Werken J.S. Bachs, H. Purcells u.a.

Lit.: P. Griffiths, P. M. D., London 1982.

Dawidenko, Alexandr A., russ. Komponist, * 13.4.1899 Odessa, † 1.5.1934 Moskau. Studierte in Odessa u. Charkow sowie bei R. Glière u. A. Kastalskij am Moskauer Konservatorium. Arbeitete 1927 als Mitglied des Produktionskollektivs der Kompositionsstudenten (Prokoll) an dem Kollektiv-Oratorium *Der Weg des Oktobers* mit u. war in der UdSSR als Komponist von Revolutionsliedern u. Massenchören bekannt.

D. schrieb die Opern *Das Jahr 1919* (1931) u. gemeinsam mit B. Schechter *Das Jahr 1905* (1935).

Dawydow (Davidov), Karl J., russ. Cellist u. Komponist, * 15. 3. 1838 Goldingen, Kurland, † 26. 2. 1889 Moskau. Studierte Cello bei Schmidt in Moskau u. K. Schuberth in Petersburg, dann bei M. Hauptmann (Komposition) u. F. Grützmacher (Cello) in Leipzig. 1860–62 Nachfolger Grützmachers als Solocellist am Gewandhaus,

1862–82 in gleicher Stellung an der Kaiserlichen Oper in Petersburg. Hatte eine Professur für Cello am Petersburger Konservatorium inne u. war 1876–86 Direktor dieses Instituts.

Zu D. Kompositionen gehören 4 Cellokonzerte, *Russ. Fantasie* für Vc. u. Orch., sinfonische Werke, Kammermusik u. Lieder. Außerdem verfaßte er eine Violoncelloschule, die 1888 in Leipzig erschien.

dB, Abkürzung für → Dezibel

Debussy, Claude A., franz. Komponist, * 22. 8. 1862 in St-Germain-en-Laye, † 25. 3. 1918 Paris. Über seine Kindheit ist wenig bekannt. D. selbst hat sich kaum über seine Familie geäußert. Ob er von Manuel-Achille D. u. dessen Ehefrau Victorine Joséphine Sophie, geb. Manoury, nur großgezogen wurde oder wirklich ihr Sohn war, läßt sich nicht klären. Obwohl sich D. später nicht einmal mehr an den Namen seines Paten Arosa erinnern wollte, steht fest, daß er in dessen Haus erstmals einem gewissen Luxus begegnet ist. Arosa, der eine Zeitlang mit D. Tante befreundet war, nahm den Jungen wahrscheinlich auch mit nach Cannes, wo dieser zum ersten Mal das Meer erlebte. Dort erhielt er auch bei einem gewissen Cerutti Klavierunterricht. Um 1870 muß D. Mauté de Fleurville kennengelernt haben, die Schwiegermutter Verlaines. Sie war selbst eine Schülerin F. Chopins gewesen u. beschloß, sich um den begabten D. zu kümmern. Sie übernahm den Unterricht des jungen D. u. brachte ihn so weit, daß er 1872 die Aufnahmeprüfung für das Pariser Conservatoire bestand. Über eine vorausgehende schulische Ausbildung ist nichts bekannt. Die Familie D. war inzwischen nach Paris übergesiedelt, wo der Vater Buchhalter einer privaten Eisenbahnlinie war. Ursprünglich hatte er für seinen Sohn eine Marinekarriere geplant, nach dem Eintritt in das Conservatoire hoffte die Familie auf eine glänzende Virtuosenlaufbahn. D. kam in die Solfège-Klasse von A. Lavignac u. 1873 in die fortgeschrittene Klavierklasse von A. Marmontel. Weniger an Fingerübungen als am freien Improvisieren interessiert, konnte er sich nur schwer an Marmontels Unterrichtsstil gewöhnen. Trotzdem erhielt D. 1874 u. 1875 mit Chopin-Interpretationen eine ehrenvolle Erwähnung, 1876 mit einem Stück von R. Schumann einen 2. Preis. Da er in den folgenden Jahren leer ausging, entschloß er sich, der Virtuosenlaufbahn zu entsagen. In der Harmonieklasse von E. Durand hatte er mit seinen sich bereits abzeichnenden revolutionären Klangvorstellungen ebenfalls keinen Erfolg. Auf Empfehlung Marmontels wurde er im Sommer 1880 musikalischer Begleiter der Nadeschda Filaretowna von Meck, einer leidenschaftlichen Musikliebhaberin, die P. Tschaikowsky unterstützte. Nach Angaben ihrer Kinder verbrachte D. drei Sommer mit ihnen. Er spielte die neuesten Kompositionen Tschaikowskys, begleitete Frau von Meck u. gab den Kindern Klavierunterricht. In Begleitung Frau von Mecks kam er nach Moskau, Florenz u. Venedig, wo diese ihn R. Wagner vorgestellt haben soll. Für die Hauskonzerte bei Frau von Meck entstand ein Klaviertrio in G-Dur. Mit einem 1. Preis in der Klasse von A. Bazille (Generalbaß, Partiturspiel etc.) konnte D. schließlich weiterstudieren u. sich für eine Kompositionsklasse melden. Er wählte nicht den berühmten J. Massenet, sondern ging zu E. Guiraud, der sich den neuartigen Vorstellungen D. aufgeschlossen zeigte u. ihm zeitlebens freundschaftlich verbunden blieb. Ein vorübergehender Unterricht bei C. Franck, den D. später eine Modulationsmaschine nannte, wurde bald aufgegeben. Zu seinem Lebensunterhalt übernahm D. die Klavierbegleitung bei den Gesangstunden von Mme Moreau-Sainti. Dort lernte er die dreißigjährige Mme Blanche-Adélaïde Vasnier kennen, der die 1. Fassung der *Fêtes galantes* (nach Gedichten von P. Verlaine) gewidmet ist. Eugène-Henry Vasnier, ein bekannter Architekt u. Kenner zeitgenössischer Kunst, förderte den jungen Musiker u. richtete ihm sogar ein Studierzimmer ein. Er überredete D. auch, sich um den Rompreis zu bemühen, den dieser 1884 mit der Kantate *L'enfant prodigue* gewann. Den mit dem Preis verbundenen Romaufenthalt brach D. frühzeitig ab. Als eine seiner Pflichtkompositionen entstand die Kantate *La damoiselle élu* (1887), die Vertonung eines Gedichts von Dante Gabriel Rossetti. 1887 lernte D. den Dichter S. Mallarmé kennen, an dessen Dienstagabenden in der Rue de Rome er häufig teilnahm. Zu den weiteren Gästen gehörten E. Dujardin, G. Kahn, de Régnier, P. Louys, O. Wilde, hin u. wieder auch Verlaine u. Whistler. Mit Mallarmé verband ihn u. a. eine leidenschaftliche Wagner-Verehrung, die damals das ganze junge geistige Frankreich erfaßt hatte. 1887 soll er in Wien den *Tristan* gesehen haben u. bei dieser Reise von J. Brahms eines gemeinsamen Mittagessens würdig befunden worden sein. 1888 u. 1889 unternahm er Pilgerfahrten nach Bayreuth. In Paris schlug er sich mit Klavierstunden u. Arrangements durch u. lebte mit der aus ganz einfachen Verhältnissen stammenden Gabrielle Dupont, genannt Gaby, zusammen. 1889 beeindruckten ihn bei der Pariser Weltausstellung das annamitische Theater, die javanischen Tänze u. die Gamelanmusik. Außerdem erhielt er eine Partitur des *Boris Godunow* zum Studium, die C. Saint-Saëns aus Rußland mitgebracht hatte. Diese Anregungen halfen D., den übermächtigen Einfluß Wagners langsam zu verarbeiten u.

schließlich zu überwinden. Höhepunkt der Auseinandersetzung mit Wagner waren die 1890 entstandenen *Cinq poèmes de Baudelaire*.
1891 lernte D. im Kabarett Chat noir E. Satie kennen, der von da ab jahrelang seine Samstage bei D. verbrachte, weil er dort in Ruhe Klavier spielen konnte. D. orchestrierte sogar einige seiner *Gymnopédies*. Aus dieser Bekanntschaft einen Einfluß auf D. ableiten zu wollen ist abwegig, denn der Stil von D. war damals bereits deutlich ausgeprägt: die *Petite suite* für Kl. vierhändig stammt aus dem Jahr 1888, die *suite bergamasque* mit dem berühmten *Claire de lune* entstand 1890, u. die beiden Werke, die den Durchbruch bedeuteten, waren bereits in Arbeit: 1893 wurde in der Société Nationale vom Ysaye-Quartett D. Streichquartett uraufgeführt, 1894 folgte unter G. Doret das *Prélude à l'après-midi d'un faune*.
1893 sah D. in den Bouffes-Parisiens die Truppe La Maison de l'Œuvre mit M. Maeterlincks »Pelléas et Mélisande«. Der Stoff faszinierte ihn. Gemeinsam mit P. Louys besuchte er den Dichter in Gent u. erhielt die Genehmigung zur Vertonung. Die folgenden Jahre waren hauptsächlich diesem Vorhaben gewidmet. Daneben komponierte D. auf Texte von P. Louys die *Trois chansons de Bilitis* (1897) u. die *Trois nocturnes* (1897–99). 1899 heiratete er überraschend die Modistin Lily (Rosalie) Texier. Während P.-J. Toulet u. R. Peter weiter seinem Freundeskreis angehörten, kam es wegen dieser Heirat zum Bruch mit seinem Schwager E. Chausson u. der Familie Ysaye. Am 27. 4. 1902 fand die Generalprobe zu *Pelléas et Mélisande* in der Opéra-Comique statt. Sie galt nach Pariser Brauch als Premiere. Das Stück fiel beim Publikum durch. Nur der Kaltblütigkeit des Dirigenten A. Messager war es zu verdanken, daß es nicht zum Abbruch der Vorstellung kam.
Um seinem chronischen Geldmangel abzuhelfen, übernahm D. 1901 die Musikkritik in der »Revue Blanche«, später im »Gil Blas« u. in der Revue der S. I. M. In Anlehnung an Valérys M. Teste erfand er seinen Monsieur Croche, dem er Urteile in den Mund legte, die er vielleicht selbst nicht direkt auszusprechen wagte. Nachdem ein Großteil seiner frühen Werke bei Buchverlegern in kleinen Luxusausgaben erschienen waren, ging D. 1902 mit J. Durand, dem Verleger von C. Saint-Saëns, eine dauerhafte Bindung ein, die seine Lage einigermaßen verbesserte. Im gleichen Jahr hatte er auch mit der Aufführung der Suite *Pour le piano* (1896–1901) größeren Erfolg. In den nächsten Jahren entstanden mit *Estampes* (1903), *L'isle joyeuse, Masques* (1904) u. dem ersten Heft der *Images* (1905) Klavierkompositionen, in denen D. völlig neue Klangfarben erfand u. Formen schuf, die man als musikalischen Impressionismus bezeichnet hat. Gleichzeitig begannen die Arbeiten an *La mer* (1903–05). Wieder zur Überraschung seiner Freunde trennte sich D. 1904 von Lily, um Emma Bardac, Mutter eines seiner Klavierschüler u. Frau eines zur Pariser Gesellschaft gehörenden Bankiers, zu heiraten. 1905 kam die Tochter Claude Emma zur Welt. Ihr widmete D. sein *Children's Corner*.
Die nicht besonders gelungene Uraufführung von *La Mer* unter C. Chevillard ließ den Komponisten selbst zum Taktstock greifen. 1908 dirigierte er zum ersten Mal in einem Concert Colonne. Einladungen aus England, Italien u. Rußland zu Konzerten mit eigenen Werken folgten.
Aus der Beschäftigung mit den großen Komponisten der Vergangenheit entstanden die *Trois chansons de France* (1904). Es folgten *Trois chansons de Charles d'Orléans* (1908) u. *Trois ballades de Villon* (1910). Zwischen 1907 u. 1911 komponierte D. auch die *Images pour orchestre*, von denen ganz zu Unrecht bis heute nur *Ibéria* gelegentlich im Konzertsaal zu hören ist. Zwischen 1910 u. 1913 entstanden die 2 Bde. *Préludes* (je 12 Nummern), die man als Huldigung an J.S. Bach u. F. Chopin verstanden hat. Sie bilden den Übergang von den früheren *Images* zu den 1915 entstehenden 12 Etüden.
1911 erhielt D. von Ida Rubinstein den Auftrag zu einer Bühnenmusik für G. d'Annunzios »Martyre de St-Sébastien«. Das bereits feststehende Uraufführungsdatum setzte ihn unter einen ganz ungewohnten Zeitdruck. Die Instrumentation mußte schließlich sein Freund u. Schüler A. Caplet besorgen, der auch die Uraufführung dirigierte. Die vernichtenden Kritiken zu diesem Bühnenspektakel äußerten sich nur über die Musik einigermaßen lobend. Der schwache Text verhindert bis heute die Aufführung dieses musikalisch durchaus interessanten Werkes. Inzwischen waren S. Diaghilews Ballets Russes in Paris zum Gesprächsstoff der Saison geworden. 1912 kreierte V. Nijinsky ein griech. Ballett auf D. *L'après-midi d'un faune*, u. für das folgende Jahr gab Diaghilew bei D. ein neues Ballett in Auftrag, eine »plastische Apologie des Menschen von 1913«. Hierfür schrieb D. das Orchesterstück *Jeux*. Im Umkreis der Ballets Russes machte er die Bekanntschaft I. Strawinskys, mit dem er für einige Jahre freundschaftliche Verbindung hielt. So lernte er auch Kompositionen wie *Petruschka* u. *Feuervogel* kennen. Den *Sacre du printemps* spielte er mit dem Komponisten vierhändig vom Blatt, der sich außergewöhnlich lobend über die pianistischen Fähigkeiten u. besonders das Blattspiel von D. geäußert hat.

Ebenfalls 1913 entstand die Musik zu einem weiteren Ballett, *La boîte à joujoux*. Von Kussewitzky nach Moskau zu einem Konzert mit eigenen Werken eingeladen, überließ D. wiederum Caplet die Instrumentation. Aus dem gleichen Jahr stammen die 3 Mallarmé-Lieder, deren Farb- u. Spannungsreichtum als musikalischer Pointillismus mißverstanden worden ist.
Während des 1. Weltkriegs beschäftigte sich D. wieder mit Bühnenkompositionen u. beendete das Libretto zu E. A. Poes »Der Fall des Hauses Usher«. Aus einem Nationalgefühl heraus komponierte er die *Berceuse héroïque*, das Weihnachtslied der Kinder, die kein Zuhause mehr haben, u. die nur als Skizze vorliegende *Ode an Frankreich*. Mit seinen letzten großen Werken wandte er sich wieder der Kammermusik zu. Es entstanden die Sonaten für Vc. u. Kl. u. für Fl., Hf. u. Va. (1915) u. für V. u. Kl. (1916–17). Am 25. 3. 1918 erlag D. einem Darmkrebsleiden.
Die Kompositionen D. sind lange verkannt worden, weil man in ihnen nicht die zwingende Konstruktion, sondern nur eine Art musikalischen Impressionismus sah. Zu dieser Fehleinschätzung trug der Komponist selbst bei, indem er sich immer wieder gegen eine Analyse seiner Musik aussprach u. an einer Stelle über Monsieur Croche sagte: »Er sprach über eine Orchesterpartitur wie über ein Bild.«
Das Gesamtwerk D. läßt sich in drei Abschnitte einteilen, von denen der erste in seiner einzigen Oper, *Pelléas et Mélisande*, gipfelt. Von der Kantate *L'enfant prodigue*, die nicht zuletzt im Hinblick auf den Rompreis ganz im Zeichen E. Lalos u. J. Massenets steht, führte D. Entwicklung zur Artikulation seines eigenen Formempfindens im Streichquartett u. der Verarbeitung u. Überwindung des auf ihm lastenden Einflusses R. Wagners in den Baudelaire-Liedern u. seiner Oper. Dabei läßt sich die langsame Aufgabe des überlieferten sinfonischen Gestaltungsprinzips mit dem aus der Sonatenform vorgegebenen thematischen Konflikt deutlich verfolgen. Bei dieser Entwicklung dürfen weder die russ. Einflüsse (M. Mussorgskij u. A. Borodin) noch die Erlebnisse der Pariser Weltausstellung zu hoch veranschlagt werden. Auch die Verbindung von D. Tonsprache u. franz. Kunstästhetik der Zeit (literarischer Symbolismus u. impressionistische Malerei) läßt nur bescheidene Rückschlüsse zu. Denn schon bei dem Konservatoriumsschüler E. Durands zeigte sich die Neigung zu Parallelakkorden u. einem jenseits der Tonalität liegenden Harmoniegefühl. Bevor D. überhaupt über eine gewisse musikalische Bildung verfügte, zeichnete sich bei ihm bereits die Entwicklung zur fünfstufigen Tonreihe, zur Ganztonreihe u. zur Auflösung der tonal bestimmten Akkordbeziehungen ab. Dazu gehört auch die bevorzugte Verwendung der Kirchentonarten. Im Formalen kann ganz im Gegensatz zu oft vorgebrachten Meinungen ein klarer Kompositionsaufbau aus ständig variiertem thematischem Material nachgewiesen werden.
Der zweite Abschnitt reicht ungefähr von 1903 bis zum Ausbruch des 1. Weltkrieges. Er beginnt mit den *Estampes* für Kl., dem Orchesterwerk *La mer* u. der 2. Serie der *Fêtes galantes* für Singst. u. Kl. Hier werden die Konturen der Kompositionen schärfer, die Klangfarbe ist als Mittel noch bewußter eingesetzt u. die linear-melodischen Arabesken, die sich nie in gleicher Form wiederholen, treten stärker hervor. Gleichzeitig arbeitet D. folkloristische Anregungen aus dem iberischen Kulturkreis *(Estampes/La soirée de Grenade, Ibéria)* u. dem Fernen Osten *(Estampes/Pagodes, Images II/Et la lune)* in seine Kompositionen ein. Neu ist außerdem die Hinwendung zu den alten Meistern *(Hommage à Rameau, Trois chansons de France)*. Höhepunkte dieser Schaffensperiode bilden die *Images pour orchestre* mit den Stücken *Gigues, Ibéria* u. *Rondes de printemps* sowie das Ballett *Jeux*. Mit *Jeux*, seiner letzten Komposition für Orchester, erreicht D. eine Tonsprache, in der sich Klangfarben u. musikalische Ideen in einer vorher nie dagewesenen Weise durchdringen.
Die dritte u. letzte Schaffensperiode ist vom Kriegsgeschehen u. D. sich verschlimmernder Krankheit geprägt. D. wendet sich wieder der Kammermusik zu. Es entstehen die 3 Sonaten, die Suite für 2 Kl. *En blanc et noir* u. die 12 Etüden für Kl. In einem Brief an Strawinsky äußert er über diese Zeit, er habe nichts als reine, d. h. abstrakte Musik komponiert. Das persönliche Empfinden u. seine musikalische Umsetzung scheint vor einer strengeren Form u. einer vollständigen Beherrschung des musikalischen Materials in den Hintergrund zu treten. In diesen Werken ist D. bereits Zeitgenosse B. Bartóks u. I. Strawinskys.

Zu D. Werken gehören die Bühnen- u. Chorwerke: *L'enfant prodigue* (1884), *La damoiselle élue* (1887–88), *Pelléas et Mélisande* (1892–1902), *Trois chansons de Charles d'Orléans* (1908), *Le martyre de Saint-Sébastien* (1911), *Jeux* (1912, *Khamma* (1912) u. *La boîte à joujoux* (instrumentiert von A. Caplet, 1913); die Orchesterwerke: *Prélude à l'après-midi d'un faune* (1892–94), *Le roi Lear* (Bühnenmusik 1897–99), *Nocturnes: Nuages, Fêtes* u. *Sirènes* (letzteres mit 8 S.-St. u. 8 Mezzo-S.-St., die Vokalisen auf a singen, 1893–99), *La mer* (1903–05) u. *Images pour orchestre* (1906–09); die Werke für Soloinstr. u. Orch.: *Fantaisie pour piano et orchestre* (1889) u. *Deux danses pour harpe chromatique et orchestre d'instruments à cordes* (1904); die Kammermusikwerke: *Premier quatuor à cordes* (1893), *Rhapsodie pour saxophone et piano*

(1903–05, Orchestrierung 1919 durch Roger-Ducasse), *Première rhapsodie pour clarinette et piano* (1909–10, später für Orch. gesetzt), *Petite pièce pour clarinette et piano* (1910), *Syrinx pour flûte solo* (1912), *Sonate pour violoncelle et piano* (1915), *Sonate pour flûte, alto et harpe* (1916) u. *Sonate pour violon et piano* (1916–17); die Klavierkompositionen zu 2 Händen: *Danse bohémienne* (1880), *Deux arabesques* (1888), *Ballade, Danse, Nocturne, Rêverie* u. *Valse romantique* (1890), *Suite bergamasque* (1890–1905), *Mazurka* (1891), *Suite pour le piano* (1896–1901), *Estampes* (1903), *D'un cahier d'esquisses* (1903), *L'isle joyeuse* u. *Masques* (1904), *Images I* (1905), *Images II* (1907), *Children's Corner* (1906–08), *Hommage à Haydn* (1909), *La plus que lente* (1910), *12 Préludes I* (1910), *12 Préludes II* (1910–13), *Berceuse héroïque* (1914, für Orch. 1915), *Douze études I* u. *II* (1915); die Klavierkompositionen zu 4 Händen: *Triomphe de Bacchus*, Interludien (1891), *Petite suite* (1888), *Marche écossaise sur un thème populaire* (1891), *Six épigraphes antiques* (1915); die Kompositionen für 2 Klaviere zu 4 Händen: *Lindaraja* (1901) u. *En blanc et noir* (1915); die Lieder u. Gesänge (die Textdichter jeweils in der Klammer): *Nuits d'étoiles* (Banville, ca. 1876), *Beau soir* (Bourget, ca. 1878), *Fleur des blés* (Girod, um 1878), *Belle au bois dormant* (Hypsa), *Mandoline* (Verlaine), *Paysage sentimental* (Bourget) u. *Voici que le printemps* (Bourget, alle 1880–83), *Zéphyr* (Banville, 1881), *Rondeau* (Musset, 1882), *Quatre mélodies pour Mme Vasnier* (Mallarmé, Verlaine u. Banville, 1882–84), *Cinq poèmes de Baudelaire* (1887–89), *Ariettes oubliées* (Verlaine, 1888), *Dans le jardin* (Gravollet), *Les angelus* (Le Roy), *Deux romances* (Bourget) u. *Trois mélodies* (Verlaine, alle 1891), *Fêtes galantes I* (Verlaine, 1892), *Proses lyriques* (Debussy, 1892–93), *Chansons de Bilitis* (Louys, 1897), *Fêtes galantes II* (Verlaine, 1904), *Trois chansons de France* (Charles d'Orléans u. Tristan L'Hermite, 1904), *Le promenoir des deux amants* (L'Hermite, 1904–10), *Trois ballades de François Villon* (1911), *Trois poèmes de Stéphane Mallarmé* (1913), *Noël des enfants qui n'ont plus de maisons* (1915). Neben einigen Entwürfen hinterließ D. außerdem ein Klaviertrio in G-Dur, das E. Durand gewidmet ist u. für die musikalischen Abende bei Frau von Meck 1880 komponiert wurde. D. Artikel aus »La Revue blanche« u. »Gil Blas« wurden nach seinem Tod unter dem Titel »Monsieur Croche, antidilettante« (Paris 1922) herausgegeben. Eine neue dt. Übersetzung besorgte 1971 E. Klemm unter dem Titel »Einsame Gespräche mit Monsieur Croche« (Leipzig).

Lit.: F. Lesure (Hg.), Catalogue de l'œuvre de C. D., Publication du Centre de Documentation C. D. III, Genf 1977; L. Laloy, C. D., Paris 1909; M. Emmanuel, Pelléas et Mélisande, Paris 1926; J. Durand (Hg.), Lettres de C. D. à son éditeur, Paris 1927; Ch. Koechlin, D., Paris 1927; R. Peter, C. D., Paris 1931, erweitert 1952; L. Vallas, C. D. et son temps, Paris 1932; A. Messager (Hg.), Lettres de C. D. à A. Messager, Paris 1938; H. Strobel, C. D., Zürich 1940; H. Bourgeaud (Hg.), Correspondance de C. D. et P. Louys, Paris 1945; G. Tosi (Hg.), D. et G. D'Annunzio, Correspondance inédite, Paris 1948; G. u. D.-E. Inghelbrecht, D., Paris 1953; E. Vuillermoz, C. D., Die großen Komponisten des 20. Jh. I, Genf 1957; E. Lockspeiser (Hg.), Lettres inédites à A. Caplet, Monaco 1957; J. Barraqué, D., Solfèges XII, Paris 1962 (dt.: C. D. in Selbstzeugnissen u. Bilddokumenten, Reinbek bei Hamburg 1964); H. Seraphin, D. Kammermusikwerke der mittleren Schaffenszeit, Kassel 1964; A. Goléa, C. D., Musiciens de tous les temps XXIII, Paris 1966; E. Hardeck, Untersuchungen zu den Klavierliedern C. D., Kölner Beiträge zur Musikforschung XLIV, Regensburg 1967; J. A. Bourcourechliev u. a., D., Paris 1972; D. Cox, D. Orchestral Music, BBC Music Guides, London 1974; F. Gervais, Étude comparée des langages harmoniques de Fauré et D., 2 Bde., Paris 1974; F. Dawes, D. Piano Music, BBC Music Guides, London 1975; P. Boulez, Die Korruption in den Weihrauchfässern, Pelléas et Mélisande in Spiegeln u. Lexikon-Artikel D. in: Anhaltspunkte, Stuttgart u. Zürich 1975; P. Vallery-Radot (Hg.), Lettres de C. D. à sa femme Emma, Paris 1975. Außerdem brachte die Bibliothèque Nationale aus Anlaß der Ausstellung zum 100. Geburtstag 1962 einen Katalog mit guter Dokumentation heraus.

Decca Records Ltd., engl. Schallplattenfirma, die 1929 von E. R. Lewis gegründet wurde. 1931 ging Lewis mit einer amer. D. in den US-Markt. Diese Gesellschaft machte sich 1938 weitgehend von der Londoner Muttergesellschaft unabhängig u. wurde 1945 verkauft. Seither vertreibt die D. England ihre Platten unter dem Label »London« in den Vereinigten Staaten. Das Repertoire bestand weitgehend aus Tanzmusik. Erst mit der 1950 in Zürich gegründeten Teldec (Telefunken-Decca Schallplatten GmbH) wurde ein klassischer Katalog aufgebaut, dessen Schwerpunkt auf dem Gebiet der Oper liegt. Zu den Exklusivkünstlern dieser Firma gehört u. a. Sir Georg Solti. Die Teldec hatte zeitweise auch den Deutschlandvertrieb für RCA Victor.

Déchant, in Chrétien de Troyes' »Erec« erstmals belegter franz. Ausdruck für → Discantus. Dieser frühe franz. Ausdruck beinhaltet sowohl das Extemporieren einer Gegenstimme zum Cantus wie auch das mehrstimmige Gebilde selbst.

Dedekind, Constantin Christian, dt. Komponist u. Dichter, * 2. 4. 1628 Reinsdorf, † 2. 9. 1715 Dresden. Schüler von Ch. Bernhard in Dresden, 1654 Mitglied der Dresdner Hofkapelle, 1666–75 Kurfürstlich Sächsischer Konzertmeister. D. war ein zu seiner Zeit beliebter Dichter (Poeta laureatus) u. Liederkomponist.

Zu D. kirchlichen Gesängen gehören: *Geistliche Erstlinge in 1st. Concerten gesetzt* (1662), *Davidische geheime Musik-Kammer* (1665), *Davidischer Harfenschall* (1670), *Musikalischer Jahrgang und Vesper-Gesang* (1673), *König Davids göldnes Kleinod* (1674–75) u. die weltliche Liedsammlung *Aelbianische Musen-Lust in 160 unterschiedlicher berühmter Poeten auserlesener ... Lust- Ehren- Zucht- und Tugend-Lieder bestehend* (1657).

Dedekind, 1. Heinrich (Enricus), dt. Komponist, * 1554 Neustadt, † 1619 wahrscheinlich Lüneburg, 1581 Adjunkt u. 1582 Kantor in Lüneburg, veröffentlichte »Newe Teutsche Liedlein« (1585), »Antidota, adversus vitae hominum Passiones«, 4st. (1589), »Evangeliorum ... 4 et 5 vocibus compositae« (ohne Datum).

2. Henning, Bruder von 1., dt. Komponist u. Kantor, * 30. 12. 1562 Neustadt, † 28. 7. 1626 Gebesee. 1586 Kantor in Langensalza u. 1615 Pastor in Gebesee. Er veröffentlichte »Dodekatonon Musicum Triciniorum« (1588), »Eine Kinder-Musik« (1589), »Praecursor metricus musicae artis«

(1590) u. hinterließ im Manuskript Teile einer 6st. Messe. Stücke mit Studenten-, Jäger- u. Soldatenliedern stammen wahrscheinlich von seinem Sohn Friedrich Melchior D.

Defossez, René, belg. Komponist u. Dirigent, * 4. 10. 1905 Spa. Studierte bei Ch. Smulders u. F. Rasse am Lütticher Konservatorium, wo er 1937 Theorielehrer wurde. Übernahm zusätzlich eine Orchesterklasse am Konservatorium in Brüssel u. war Dirigent am Théâtre de la Monnaie.

Zu D. Kompositionen gehören: die Opern *La conversion de St-Hubert, Le vieux Soudart* u. *Le subterfuge*, die Kammeropern *Les surprises de l'amour* u. *A chacun son mensonge*, ein Opéra-ballet *Le pêcheur et son âme*, 1 Ballett *Suite de danses*, sinfonische Dichtungen, 1 Violinkonzert (1951), 1 Klavierkonzert (1956), 1 Konzert für 2 Kl. u. Orch. (1963), Kammermusik.

Degen, Helmut, dt. Komponist, * 14. 1. 1911 Aglasterhausen. Studierte bei Ph. Jarnach, E. Klussmann u. W. Maler in Köln u. hörte an der Universität Bonn Musikwissenschaft bei L. Schiedermair u. L. Schrade. 1937 Lehrauftrag für Komposition am Duisburger Konservatorium, 1942 am Landeserziehungsheim Buchenau u. ab 1947 an dem heutigen Hochschulinstitut für Musik in Trossingen, wo er 1954 Professor für Komposition wurde. In seinen Kompositionen ließ sich D. zu Beginn von M. Reger u. P. Hindemith beeinflussen, entwickelte dann aber eine eigene polyphone Satzweise.

Zu D. Werken gehören das Tanzspiel *Der flandrische Narr* (1941); *Konferenz der Tiere*, Szene u. Bericht nach E. Kästner (1951); *Suto*, ein szenisches Oratorium (1952); die Kantate *Stufen* für Frauenchor u. Instr. (1958); Johannespassion für S., T. u. 2–7st. Chor (1962); 3 Sinfonien (1945, 1947 u. 1948); Konzert für Streichorch. (1946, revidiert 1951), 3 *sinfonische Spiele* (1956, 1957 u. 1960); Konzerte, Kammermusik u. Klavierstükke. Aus seiner pädagogischen Arbeit heraus entstanden außerdem eine Reihe von Spielmusiken für verschiedene Besetzungen u. Akkordeonliteratur. D. veröffentlichte ein »Handbuch der Formenlehre« (Regensburg 1957).

Degenhardt, Franz Josef, dt. Balladensänger, * 3. 12. 1931 Schwelm. → Liedermacher

Degeyter, Pierre, franz. Komponist, * 8. 10. 1848 Gent, † 27. 9. 1932 St-Denis. Leitete einen Arbeiterchor, für den er Lieder u. Chöre komponierte. Ist durch die *Internationale* bekannt geworden, die er auf ein Gedicht von E. Pottier schrieb u. 1888 mit seinem Chor uraufführte. Die deutsche Nachdichtung stammt von E. Luckhardt.

Degtjarow (Degtjarev oder Degtjarevskij), Stepan A., russ. Komponist, * 1766 Borissowka, † 5. 5. 1813 im Gouvernement Kursk. Geboren als Leibeigener des Grafen N. P. Scheremetew, studierte Komposition bei G. Sarti in Petersburg, anschließend in Italien. Wirkte ab 1809 in Moskau, wo er als Komponist von Kirchenmusik u. Konzerten bekannt wurde.

D. komponierte u. a. das erste nationalruss. Oratorium *Minin und Požarskij oder Die Befreiung Moskaus* (1811). Ein zweites Werk, *Die Flucht Napoleons*, blieb unvollendet.

Deguide (de Guide), Richard, belg. Komponist, * 1. 3. 1909 Basècles, † 12. 1. 1962 Brüssel. Studierte bei P. Gilson u. J. Absil, arbeitete am Institut National de Radiodiffusion u. unterrichtete an der Musikakademie von Woluwé u. den Konservatorien von Lüttich u. Mons.

Zu D. Kompositionen gehören: 3 Sinfonien (1943, 1950 u. 1957), die Tondichtung *Vincti non devicti, frontispice pour un camp* (1948, daraus Ballett 1958), 1 Klavierkonzert *Le téméraire* (1952), 1 Violinkonzert (1953), *Hommage à Hindemith* für Kammerorch. (1958) u. Kammermusik. 1965 erschien seine Biografie über J. Absil in Tournai.

De Jong, Marinus, belg. Komponist u. Pianist, * 14. 8. 1891 Oosterhout. Studierte am Königlich Flämischen Konservatorium in Antwerpen bei E. Bosquet (Klavier) u. bei L. Mortelmans (Komposition). Übernahm 1932 am Konservatorium von Antwerpen eine Meisterklasse für Klavier, 1946 außerdem eine Klasse für Kontrapunkt. Lebt seit 1958 als freischaffender Komponist in Kapellenbos. In seinen Kompositionen verbindet er Kirchentonarten u. Chromatik zu einer eigenen Tonsprache.

De J. komponierte u. a. die Opern *Die häßlichen Mädchen von Bagdad* (1967), *Mitsanoboe* (1968) u. *Esmoreit* (1970), Sinfonien u. sinfonische Dichtungen, Konzerte für Kl., V. u. Va., Chorwerke, Kammermusik u. Orgelwerke.

Deklamation (von lat. declamare: »vortragen«) bezeichnet in der Musik **1.** die Aussprache eines Sängers beim Textvortrag, **2.** den Textvortrag mit musikalischer Begleitung → Melodram, **3.** das Verhältnis von Sprache und Musik (Metrum, Rhythmus u. Melodie) in einer Komposition, **4.** die Verschmelzung von Sprache u. Musik. Besonders in der letzteren Bedeutung, nämlich in dem Wort-Ton-Verhältnis, hat die Problematik der D. im Lauf der Geschichte die verschiedensten Lösungen gefunden. So bezeichnen zum Beispiel die Begriffe Accentus (→ Akzent) u. → Concentus in der Chorallehre eine vorwiegend sprachliche oder melodische Konzeption. Dieses Spannungsverhältnis zieht sich durch die ganze Musikgeschichte. Bei dem Versuch, Sprache u. Musik zu verschmelzen, bieten sich folgende Möglichkeiten an: Die Musik kann sich unauffällig dem Sprachfluß anpassen, sie kann mit ihrem Rhythmus den Bedeutungszusammenhang erhellen, sie kann dem Steigen oder Fallen der Stimme im natürlichen Sprachgestus folgen, sie kann aber auch sprachliche Inhalte interpretieren, indem sie Akzente setzt, Hinweise gibt oder Inhalte in musikalische Figuren umsetzt.
Die natürliche Spannung zwischen Sprache u.

Musik wird in dem Augenblick überwunden, in dem die Sprache selber zum Klangmaterial wird. Unabhängig vom Inhalt verwendet die serielle u. die elektronische Musik Sprachklänge wie in Werken von L. Berio, J. Cage, M. Kagel, G. Ligeti, D. Schnebel, K. Stockhausen u.a. Der von A. Schönberg in seinem *Pierrot Lunaire* geforderte Sprechgesang darf hier als Sonderfall außer Betracht bleiben.

De la Hèle (de la Helle), Georges, franko-fläm. Komponist, * 1547 Antwerpen, † 19. 2. 1587 Madrid. Chorknabe an der Kathedrale von Antwerpen u. dort Schüler von A. Barbé, anschließend in Soignies u. 1560–70 an der Hofkapelle Philipps II. in Madrid. In der Nachfolge S. Cornets Kapellmeister an St-Rombaut in Mecheln 1572. Gewann bei einem Wettbewerb (Puy d'Evreux) 1576 zweite Preise für eine Motette u. eine Chanson. Um 1577 an der Kathedrale von Tournai, wo er *Octo Missae, quinque, sex et septem vocum* ... komponierte u. Philipp II. widmete, der ihn 1580 zum Hofkapellmeister ernannte. Bei diesen Messen handelt es sich um Parodienmessen über Motetten-Tenores von O. de Lassus, Josquin Desprez, C. de Rore u. Th. Crecquillon. Weitere Werke liegen in Handschrift vor.

Delalande (La Lande), Michel-Richard, franz. Komponist, * 15. 12. 1657 Paris, † 18. 6. 1726 Versailles. Organist an verschiedenen Pariser Kirchen. Von Ludwig XIV. mit der musikalischen Erziehung der Prinzessinnen beauftragt u. 1683 zu einem der vier Surintendants de la Musique du Roy ernannt.

D. komponierte u.a. die Ballette *Le ballet de la jeunesse* (1686), *Le palais de flore* (1689), *Mélicerte* (1698), *La comédie des fées* (1699), *L'hymen champestre* (1700), *Le ballet de la paix* (1713), *Les folies de Cardenio* (1720) u. *Les éléments* (1721); *Symphonies pour les soupers du Roi; Symphonies des Noëls; Suites d'airs de violon; Grands motets* für Chor, Org. u. Orch. u. weitere Kirchenkompositionen.

Delannoy, Marcel F. G., franz. Komponist, * 9. 7. 1898 La Ferté-Alais, † 14. 9. 1962 Nantes. Studierte Architektur u. Malerei an der École des Beaux-Arts in Paris u. beschäftigte sich nebenbei mit Musik. Erhielt Privatunterricht bei A. Honegger u. überraschte 1927 mit *Le poirier de misère*, einer komischen Oper, die bei ihrer Uraufführung an der Opéra-Comique großen Erfolg hatte. D. verbindet in seiner Musik Folklore, Jazz u. Elemente des Neoklassizismus.

Zu D. Kompositionen gehören: die Ballette *Cinderella* (1931, rev. als *Cendrillon ou La pantoufle de vair* 1934 u. *La pantoufle de vair* 1935), *Les noces fantastiques* (1943–45), *Travesti* (1952), *Venise seuil des eaux* (1953) u. *Au royaume de la comète* (1954); die Ballettkantate *Le fou de la dame* (1930); die komische Oper *Le poirier de misère* (1927); die Operette *Philippine* (1937); die komische Oper *Ginevra* (1942); die Feenoper *Puck* (1949); die Kammeropern *Arlequin radiophile* (1946) u. *La nuit du temps* (1962); 2 Sinfonien (1933u. 1953); die sinfonische Dichtung *Le moulin de la galette* (1958); 1 Sérénade concertante für V. u. Orch. (1936–37); 1 Klavierkonzert (1950); *Suite à danser* für Jazzorch. (1956); Oratorien; Kammermusik, Bühnen- u. Filmmusiken u. Lieder. Außerdem veröffentlichte D. eine Biografie über A. Honegger, Paris 1953 u. 1956.

Delás, José Luis de, span. Komponist u. Dirigent, * 28. 3. 1928 Barcelona. Studierte in seiner Heimatstadt Jura u. Musik, 1950–54 an der Musikhochschule in München Komposition u. Dirigieren, anschließend bei H. von Waltershausen. Ab 1955 wieder in Barcelona, wo er sich im Rahmen der Música abierta Konzerte für zeitgenössische Musik einsetzte. 1957 verließ er Spanien aus politischen Gründen u. lebt seitdem als freischaffender Komponist in Köln. 1968–70 Mitarbeiter des Studios für Elektronische Musik der Rijksuniversiteit in Utrecht. Viele seiner Kompositionen sind politisch motiviert.

D. schrieb u.a. *Imago* für 12 Instr. (1965); *Obraz* für Hf. (1965); *Textes* für Tonband u. Singst. (1967); *Noticia* für Kl. (1968); *Eilanden* für 10 Instr. u. Tonband (1969); *Episoden des Tages und der Nacht* für Orch. u. Tonband (1970); Trio für Fl., Git. u. Schlagzeug (1971); *Frons* für S., Schlagzeug u. Bläserquintett u. *Cinco Sellos* für 9 Instr. u. Tonband (1972); *Musik für Carlo Gesualdo di Venosa* für Kammerorch. (1974); *Conjuntos* für Kammerensemble u. Tonband (1976); *Memoria* für S., Chor u. Orch. (1977); *Denkbild – Kurze Schatten* für Kammerensemble (1977).

Delden, Lex van, niederl. Komponist u. Musikkritiker, * 10. 9. 1919 Amsterdam. Studierte an der Universität von Amsterdam Medizin, nahm Klavierunterricht u.a. bei C. de Groot u. begann als Autodidakt zu komponieren. Sein op. 1 ist der Liederzyklus *L'amour* (1937). Seit 1947 Musikkritiker bei »Het Parool«.

Zu D. Orchesterwerken gehören 8 Sinfonien, *In Memoriam* (1953, aus Anlaß der großen Flutkatastrophe), Konzerte für verschiedene Soloinstr. u. Orch., Kammermusik, Chorwerke, u.a. das Radio-Oratorium *Icarus* (1963), Ballett- u. Bühnenmusiken u. eine Reihe von Werken für Hf.

Deldevez, E. M. Ernest, franz. Geiger, Komponist u. Dirigent, * 31. 5. 1817 Paris, † 6. 11. 1897 ebd. Wurde 1825 in das Pariser Conservatoire aufgenommen u. erhielt Unterricht bei F. A. Habeneck, F. Halévy u. H.-M. Berton. Gewann 1838 den 2. Rompreis mit seiner Kantate *La vendetta*. Wirkte als Geiger in verschiedenen Pariser Orchestern, wurde dann 2. Dirigent der Concerts du Conservatoire, avancierte 1872 zum 1. Dirigenten dieser Institution u. 1873–77 zum Dirigenten an der Opéra. Leitete außerdem 1873–85 eine Orchesterklasse des Conservatoire. Zu seinen Kompositionen im spätromantischen Stil gehören Opern u. Ballette, darunter *Paquita*, 3 Sinfonien, Kirchenmusik, Kammermusik. Er gab außerdem ältere Werke für Geige heraus (»Pièces diverses choisies dans les œuvres des célèbres violonistes-compositeurs des XVIIe et XVIIIe siècles«), veröffentlichte »L'art du chef d'orchestre« (Paris 1878) sowie »Mes mémoires« (Paris 1890, mit Werkverzeichnis).

Delerue, Georges, franz. Komponist u. Dirigent, * 12. 3. 1925 Roubaix. Studierte am Pariser Conservatoire bei H. Busser u. D. Milhaud u. wurde 1952 Dirigent bei der ORTF.

Zu D. Kompositionen gehören: die Bühnenwerke *Ariane* (1954), *Le chevalier de neige* (1956), *Une regrettable histoire* (1960) u. *Medis et Alysio* (1974–75); die Ballette *L'emprise* (1957), *Conte cruel* (1959), *La leçon* (1963, Ch.: F. Flindt), *Le jeune homme à marier* (1965) u. *Les trois mousquetaires* (1965, Ch.: F. Flindt); Instrumentalwerke wie Concertino für Trp. u. Streicher (1951), Concertino für Kl. u. Streicher (1954), *Suite pour la libération de Paris* für Kl. u. Orch. u. *Symphonie concertante* für Kl. u. Orch. (1957); Kammermusik, darunter Streichquartett (1948), *Mouvement* für Schlagzeug u. Kl. (1952) u. *Cérémonial* für Blechbläser (1976); an die 100 Filmmusiken, darunter zu »Une fille pour l'été«, »Jules et Jim«, »Hiroshima, mon amour«, »Une femme est passée« u. »Viva Maria!«.

Delibes, C. Ph. Léo, franz. Komponist, * 21. 2. 1836 St-Germain-du-Val, † 16. 1. 1891 Paris. Studierte am Pariser Conservatoire bei Le Couppey, F. Benoist, E. Bazin u. A. Adam. Der letztere verschaffte ihm auch seine erste Stellung als Klavierbegleiter am Théâtre Lyrique. D. bekleidete verschiedene Organistenstellen, wurde 2. Chordirektor an der Pariser Opéra (1865), eine Position, die er 1872 wieder aufgab, um sich ganz der Komposition zu widmen. 1881 übernahm er als Nachfolger H. Rébers eine Kompositionsklasse am Conservatoire. Neben seinen komischen Opern u. Operetten ist D. hauptsächlich wegen seiner Ballette bekannt geworden. 1866 entstand *La source* (*Naila, die Quellenfee,* gemeinsam mit L. Minkus), 1867 *Valse* oder *Pas des fleurs* (für Adams *Corsaire*), 1870 *Coppélia ou La fille aux yeux d'émail* u. 1876 *Sylvia ou La nymphe de Diane.* Er komponierte die Opéras-comiques *Monsieur Griffard* (einaktig, 1857), *Le jardinier et son seigneur* (einaktig, 1863), *Le roi l'a dit* (1873), *Jean de Nivelle* (1880), *Lakmé* (1883) u. *Kassya* (von J. Massenet 1893 beendet); die Operetten *Deux sous de charbon* (einaktig, 1855), *Les deux vieilles gardes* (einaktig, 1856), *Dix demoiselles à marier* (einaktig, 1856), *L'omelette à la Follembûche* (einaktig, 1859), *Monsieur de Bonne-Étoile* (einaktig, 1860), *Les musiciens de l'orchestre* (gemeinsam mit C. Erlanger u. J. L. A. Hignard, 1861); die Einakter *Mon ami Pierrot* u. *Les eaux d'Ems* (1862), *Le serpent à plumes* u. *Le bœuf Apis* (1864); den 4. Akt von *Malbrouk s'en va-t-en guerre* (1876); *L'Écossais de Chatou* (einaktig, 1869) u. *La cour du roi Pétaud* (1869). Außerdem schrieb er die Bühnenmusik zu V. Hugos »Le roi s'amuse«, komponierte Kirchenmusik u. Lieder.

Delius, Frederick, engl. Komponist dt. Herkunft, * 29. 1. 1862 Bradford, † 10. 6. 1934 Grez-sur-Loing. Wurde trotz seiner offensichtlichen musikalischen Begabung von seinem Vater zu einem kaufmännischen Beruf gezwungen. 1884–86 in den Vereinigten Staaten, wo er zuerst die Orangenplantage der Familie bewirtschaftete u. sich dann als Musiklehrer u. Organist durchschlug. Erste theoretische Unterweisung durch den amer. Organisten Th. Ward. Rückkehr nach Europa u. Besuch des Leipziger Konservatoriums 1886–88. Unterricht bei S. Jadassohn u. C. Reinecke, Freundschaft mit E. Grieg. Heirat mit der Malerin Jelka Rosen u. Übersiedelung nach Frankreich. 1888–96 Arbeit an den beiden ersten Akten der Negeroper *Koanga* u. 1892 Komposition einer *Légende* für V. u. Orch. Erste Erfolge in Deutschland mit der Fantasie-Ouvertüre *Over the Hills and Far Away* (1893) u. dem Klavierkonzert (1. Fassung 1897). Besonders F. Cassirer u. Th. Beecham setzen sich für den Komponisten ein. 1907 kam an der Berliner Komischen Oper sein Werk *Romeo und Julia auf dem Dorfe (A Village Romeo and Juliet)* nach G. Keller heraus u. 1919 in Frankfurt a. M. *Fennimore and Gerda* nach dem Roman »Niels Lyhne« von J. P. Jacobsen. Nach dem 1. Weltkrieg verlor das dt. Publikum das Interesse an D., der jetzt von den Engländern entdeckt u. 1929 von Th. Beecham mit einem sechstägigen Festival in London geehrt wurde. Ab 1924 an den Folgen einer Geschlechtskrankheit leidend u. an den Rollstuhl gefesselt, ließen seine schöpferischen Kräfte nach. 1928 fand er in E. Fenby einen hingebungsvollen Mitarbeiter, dem er seine letzten Werke, u. a. die *Songs of Farewell* für Doppelchor u. Orch. (1930–32), diktieren konnte.

Kam bei seinen Amerika- u. Skandinavienaufenthalten mit der Folklore der amerikanischen Neger (Blues u. Spiritual) u. der von E. Grieg gesammelten nordischen Volksmusik in Berührung. Folkloristische Elemente aus England scheinen auf dem Umweg über Amerika in seine Musik eingeflossen zu sein. Dazu kam die Auseinandersetzung mit R. Wagner u. C. Debussy. An literarischen Einflüssen ist neben den Skandinaviern, deren Gedichte D. immer wieder vertont hat, insbesondere F. Nietzsche zu erwähnen, nach dessen »Zarathustra« er die *Mass of Life* (1904–05) komponierte. In seinen raffinierten Stimmungsbildern u. Tondichtungen wird ähnlich wie auch bei Debussy die Stimme häufig als Klangfarbe eingesetzt. Sein wichtigster Schüler war P. Warlock.

D. komponierte die Opern: *Irmelin* (1890–92), *The Magic Fountain* (1898), *Koanga* (1895–97), *A Village Romeo and Juliet* (1900–01), *Margot-la-Rouge* (1902) u. *Fennimore and Gerda* (1908–10); die Bühnenmusiken: *Folkeraadet* (1897) u. *Hassan, or The Golden Journey to Samarkand* (1920); die Werke für Chor u. Orch.: *Appalachia* (1902), *Sea Drift* (1903), *A Mass of Life* (1904–05), *Songs of Sunset* (1906–07), *Arabesk* (1911), *A Song of the High Hills* (1911–12), *Requiem* (1914–16) u. *Songs of Farewell* (1930–32); die Werke für Chor a cappella: *On Craig Dhu* (1907), *Midsummer Song* (1908), *Wanderer's Song* (1908), *To be sung of a summer night on the water* (1917) u. *The splendour falls* (1924); die Orchesterwerke: *Florida Suite* (1886), *2 Pieces* (1888), *Hiawatha* (1888), *Rhapsodic Variations* (1888, unvollendet), *Little Suite* (1889), *Sur les cimes* (1892), *Over the hills and far away* (1895), *Paris: the Song of a Great City* (1899), *Brigg Fair, an English Rhapsody* (1907), *In a Summer Garden* (1908), *Dance Rhapsody Nr. 1* (1908), *Life's Dance* (1911), *2 Pieces for small orchestra* (1912), *North Country Sketches* (1913–14), *Short Piece for string orchestra* (1915), *Dance Rhapsody Nr. 2* (1916), *Eventyr* (1917), *A Song before Sunrise* für kleines Orch. (1918), *A Poem of Life and Love* (1918–19), *Air and Dance* für Streichorch. (1925), *A Song of Summer* (1930) u. *Prelude to Irmelin* (1932); die Werke für Soloinstr. u. Orch.: *Légendes* (*Sagen*, nicht vollendet) für Kl. u. Orch. (1890), *Legend* für V. u. Orch. (1893), Klavierkonzert (1897, rev. 1906), Konzert für V., Vc. u. Orch. (1915–16), Violinkonzert (1916), Cellokonzert (1921) u. *Caprice and Elegy* für Vc. u. Orch. (1925); die Kompositionen für St. u. Orch.: *Sakuntala* (1889), *Nachtlied Zarathustras* (1898), *Cynara* (1907), *A Late Lark* (1925) u. *Idyll: I once passed through a populous city* (1930); 2 Streichquartette (1893 u. 1916–17); 1 Romanze u. 3 Sonaten für V. u. Kl. (1896, 1905–15, 1924 u. 1930); Werke für Vc. u. Kl.; Klavierstücke u. Lieder.

Lit.: M. Chop, F. D., Leipzig 1907; Ph. Hesseltine, F. D., London 1923; E. Fenby, D. as I Knew Him, London 1936, NA London u. New York 1960; Ch. Palmer, D., Portrait of a Cosmopolitan, London 1976.

Della Viola, Alfonso, ital. Komponist, * um 1508 Ferrara, † um 1570 ebd. Stand im Dienst des Herzogs von Ferrara u. gehört zu den Vorläufern des neuen stilo rappresentativo. Komponierte Musik zu der Tragödie »Orbecche« (1541) u. den favole pastorali »Il sacrificio« (1554), »L'Aretusa« (1563) u. »Lo sfortunato« (1567). Erhalten ist nur eine Szene aus »Il sacrificio«. Außerdem veröffentlichte er 2 Bücher mit 4st. Madrigalen (1539 u. 1540) sowie einige Motetten.

Dello Joio, Norman, amer. Komponist u. Pianist, * 24. 1. 1913 New York. Studierte an der Juilliard School in New York u. an der Yale University in New Haven, CT, wo er Schüler P. Hindemiths war. Übernahm Organisten- u. Chorleiterstellen in verschiedenen New Yorker Kirchen u. war 1941–43 musikalischer Leiter des Dance Players Ballet. 1945–50 Kompositionslehrer am Sarah Lawrence College, Bronxville, NY, 1957–72 Professor am Mannes College of Music in New York u. ab 1972 an der School of Fine and Applied Arts in Boston. Verbindet in seinen Kompositionen den Neoklassizismus Hindemiths mit Elementen der Gregorianik.

Zu D. J. Kompositionen gehören die Opern *The Ruby* (1955), *The Trial at Rouen* (1956, rev. als *The Triumph of St. Joan* 1959) u. *Blood Moon* (1961); die Ballette *Prairie* (1942, Ch.: E. Loring), *On Stage!* (1946, Ch.: M. Kidd), *Wilderness Stair* (1948, rev. als *Division of Angels* 1955, Ch.: M. Graham), *Seraphic Dialogue* (1955, Ch.: M. Graham, daraus Sinfonie *Triumph of St. Joan*), *There is a Time* (1956, Ch.: J. Limon) u. *A Time of Snow* (1968, Ch.: M. Graham); Orchesterwerke, u. a. *Magnificat* (1942), *New York Profiles* (1949), *Air Power* (1957), *Choreography* (1972) u. *Hommage to Haydn* (1974); Chorwerke wie *Western Star* für Solisten, Erzähler u. Orch. (1944), *The Song of Silence* für Chor, Org. u. Orch. (1967), Messe für gem. Chor, Blechbläser, Org. u. Schlagzeug u. *To St. Cecilia* für Chor u. Blechbläser (1968), *Evocations* für Chor, Kl. u. Orch. (1970), *Psalm of Peace* für Chor, Blechbläser, Org. u. Kl. (1971) u. *Mass in Honor of the Blessed Virgin Mary* für Kantor, Gemeinde, 3st. Chor u. Org. (1975); Konzerte für 2 Kl. u. Orch. (1942); *Ricercari* für Kl. u. Orch. (1946); *Concertante* für Klar. u. Orch. (1949); *Fantasy and Variations* für Kl. u. Orch. (1962); *Lyric Fantasies* für Va. u. Streichorch. oder Streichquintett (1975); Kammermusik; Lieder.

Delmas, Marc, franz. Komponist, * 28. 3. 1885 St-Quentin, † 30. 11. 1931 Paris. Studierte am Pariser Conservatoire bei X. Leroux, G. Caussade u. P. Vidal, gewann 1919 den Rompreis.

D. komponierte u. a. die Opern *Jean de Calais* (1907), *Laïs* (1908), *Stéfano* (1911), *Cyrca* (1920), *Anne-Marie* (1922) u. *La Giaour* (1925); die Operette *Sylvette* (1923) u. sinfonische Dichtungen. Veröffentlichte außerdem »Georges Bizet«, Paris 1930, u. »Gustave Charpentier et le lyrisme français«, Paris 1931.

Delvincourt, Claude, franz. Komponist, * 12. 1. 1888 Paris, † 5. 4. 1954 Orbetello. Studierte am Pariser Conservatoire bei H. Busser u. Ch. Widor, übernahm 1931 die Leitung des Konservatoriums von Versailles u. 1941 als Nachfolger H. Rabauds die des Pariser Conservatoire.

Zu D. Kompositionen gehören die musikalische Komödie *La femme à barbe* (1938), das von S. Lifar choreografierte Mysterienspiel *Lucifer* (1948), *Œdipe Roi* für Chor u. Orch., mehrere Orchesterwerke, Kammermusik u. Klavierstücke.

Demantius (Demuth), J. Christoph, dt. Komponist, * 15. 12. 1567 Reichenberg, Böhmen, † 20. 4. 1643 Freiberg, Sachsen. Studierte an der Universität in Wittenberg, lebte 1594–95 in Leipzig, 1597 Kantor in Zittau u. 1604 in Freiberg. Hinterließ eine Reihe theoretischer Schriften wie »Forma musices« (1592) u. »Isagoge artis musicae« (1602).

Zu D. Kompositionen gehören kirchliche Werke, *Neue dt. weltliche Lieder*, 5st. (1595), *Tympanum militare*, 6st. (1600), *77 neue auserlesene polnische u. dt. Art Tänze ...*, 4- u. 5st. (1601), 6st. Tanzstücke (1608), *Convivalium* (1609), *Neue poln. u. dt. Art Tänze u. Galliarden*, 4- u. 5st. (1613).

Demo nennt man im Fachjargon ein Demonstrationsband, mit dem man bei Plattenfirmen um einen Vertrag für einen Sänger oder eine Gruppe sowie die Annahme einer Komposition wirbt.

Demuth, Norman F., engl. Komponist u. Musikschriftsteller, * 15. 7. 1898 South Croydon, † 21. 4. 1968 Chichester. Studierte kurz am Royal College of Music, später privat bei Th. Dunhill, war aber als Komponist mehr oder weniger Autodidakt. Ab 1917 Organist an verschiedenen Kirchen, 1930 Professor für Komposition an der Royal Academy of Music in London u. Mitbegründer der New Music Society.

Zu D. von A. Roussel, C. Franck u. I. Strawinsky beeinflußten Kompositionen gehören: die Opern *Conte vénitien* (1947), *Le flambeau* (1948), *Volpone* (1949), *The Oresteia* (1950) u. *Rogue Scapin* (1954); die Ballette *The Temptation of St. Anthony* (1937), *Planetomania* (1940), *Complainte* (1946), *Bal des fantômes* u. *La débutante* (1949); Orchesterwerke, u. a. 3 Sinfonien (1949, 1950 u. 1957), Violinkonzert (1937), Saxophonkonzert (1938), Concertino für Fl. u. Streicher (1941), Klavierkonzert (1943), Concertino für Kl. u. kleines Orch. (1947), Klavierkonzert für die linke Hand (1947); Chorwerke; Orchesterlieder; Kammermusik; Film- u. Bühnenmusiken. Er veröffentlichte außerdem »A. Roussel« (London 1947), »Ravel« (London 1947), »An Anthology of Musical Criticism« (London 1948), »C. Franck« (London 1948), »Paul Dukas« (London 1949), »The Symphony: its History and Development« (London 1950), »Gounod« (London 1951), »A Course in Musical Composition« (London 1951–59), »Some Trends of 20th-Century Music« (London 1951), »French Piano Music« (London 1959), »French Opera« (Horsham 1963).

Denhoff, Michael, dt. Komponist und Cellist, * 25. 4. 1955 Ahaus. Erhielt mit 6 Jahren ersten Klavierunterricht bei seinem Vater u. lernte mit 10 Jahren Cello spielen. Wollte nach dem Abitur ein Kunststudium beginnen, besuchte dann jedoch die Musikhochschule in Köln u. wurde Schüler von S. Palm (Cello) u. J. Baur (Komposition). Gewann 1974 bei den Sommerlichen Musiktagen in Hitzacker den 1. Preis für sein Streichquartett. 1978 weitere Cellostudien bei E. B. Bengtsson u. 1979 Kammermusikstudien beim Amadeus-Quartett.

Zu D. Kompositionen gehören: Sonatine in B für Kl. (1968); Präludium u. Fuge für Fl., V. u. Vc. (1969); 2 *Nachtstücke* für Kl. (1969); *Correspondenz* für Vc. u. Kl. (1971); *Essay* für Streicher, Fl. u. Cemb. (1971); *Konfiguration* für Altblockfl., V. u. Vc. (1971); *Polyphonie* für Streichorch., Streichquartett u. Bläser (1971); Sonate für 28 Solostreicher (1972); *Antiphonie* für Org. (1972); *Monodie* für Altblockfl. solo (1972); *Contemplationi* für Kl. (1972), *»von c bis c«* für Blockfl., Vc., Cemb. u. Streicher (1972); *Espressioni* für Orch. (1972–73); *Reflectioni, Hommage à Bartók,* für 12 Streicher u. Cemb. (1972–73); *Moment Musical* für Va. u. Kl. (1973); 1. Streichquartett (1973); *Elegie* für kleines Orch. (1974); *Aphorismen* für Kl. (1974); Air für Org. (1974); *Quinterna* für Git. solo (1974); *Cantus II* für 8 Fl. (1975); Klaviertrio (1975); *Memoires* für Vibraphon u. 14 Streicher (1975); *Champs de Mars,* Inventionen nach M. Chagall für Va. u. Kl. (1975); Streichtrio (1976); *Sinfonia* für großes Orch. (1976); *Epitaph für K.-H. Sonius* für Fl. solo (1976); *Umbrae, in memoriam B. A. Zimmermann* für V., Vc. u. großes Orch. (1976); *Die Blaue Vier,* Musik nach Bildern von Jawlensky, Klee, Kandinsky u. Feininger für Cemb. u. Schlagzeug (1977); *O Orpheus singt* für Oktett (1977); *Quasi una sonata* für Vc. u. Kl. (1977); 3 Lieder für S. u. Kl. (1977); *Quasi una serenata* für Bläserquintett (1978); 2. Streichquartett (1978); *Meine kleine Hafner-Serenade* für Kb. solo (1978); *Tempus impletus* für großes Orch. (1978); *Sinfonia II* (1981).

Denissow (Denisov), Edison W., sowj. Komponist u. Pädagoge, * 6. 4. 1929 Tomsk. Studierte zuerst Mathematik an der Universität Tomsk, dann Komposition bei W. Schebalin u. N. Peyko am Moskauer Konservatorium, wo er seit 1959 als Professor für Analyse u. Instrumentation tätig ist. D. gehört zu den wenigen im Westen bekannten sowjetischen Komponisten, die sich mit der Zwölftontechnik u. der Aleatorik auseinandersetzen u. Anschluß an die nachwebernschen Strömungen gefunden haben. Er schreibt außerdem Theatermusiken für das von J. Ljubimov geleitete Theater an der Taganka in Leningrad.

Zu D. Werken gehören: die Oper *Soldat Iwan* (1959); Musik für 11 Bläser u. Pk. (1961); Sinfonie (1963); die Kantate *Die Sonne der Inkas* für S., 3 Sprecher u. 11 Instr. (1964); *Crescendo e Diminuendo* für Cemb. u. 12 Streicher (1965); *Chansons italiennes* für S., Fl., V., Horn u. Cemb. (1964); Trio für V., Klar. u. Fag. (1965); *Fünf Geschichten vom Herrn Keuner* (Texte von B. Brecht) für T. u. 7 Instr. (1966); *Les pleurs* nach Volkstexten für S., Kl. u. 3 Schlagzeuger (1966); Concerto für Fl., Ob., Klav. u. Schlagzeug einschließlich Pk. (1967); 3 Stücke für Vc. u. Kl. (1967); 3 Stücke für Kl. vierhändig (1967); Sonate für Fl. u. Kl. (1967); *Romantische Musik* für Ob., V., Va., Vc. u. Hf. (1968); *Oda a la memoria de Ernesto Che Guevara* für Klar. in B., Kl. u. Schlagzeug (1968); Quintett für Bläser (1969); *Vogelgesang* für Cemb. u. Tonband (1969); *D-S-C-H* für Klar., Pos., Vc. u. Kl. (1969); *Peinture* für großes Orch. (1970); *Deux poèmes de Ivan Bounin* für S. u. Kl. (1970); *Chant d'automne* für S. u. großes Orch. (1971); Sonaten für Vc. u. Kl. u. für Sax. u. Kl. (1971); Sonate für Klar. in B solo u. Konzert für Vc. u. Orch. (1972); Konzert für Kl. u. Orch. u. *La vie en rouge* für Gesang, Fl., Klar., V., Vc., Kl. u. Schlagzeug nach Worten von Boris Vian (1973); *Signes en blanc* für Kl. (1974); Konzert für Fl. u. Orch. u. *Aquarelles* für 24 Streichinstr. (1975); Konzert für V. u. Orch. (1977); *Blätter* (5 Lieder für S. u. Streichtrio nach Texten von Francisco Tanzer, 1979); Requiem für S., Tenorsolo, Chor u. Orch. (1980); Partita für V. u. Orch. nach J. S. Bach, Oper *L'Écume des jours* (nach dem Roman von Boris Vian) u. Sonate für Git. solo (1981).

Denkmäler, größere Veröffentlichungsreihen, die sich besonderer Sachgebiete annehmen. In Deutschland gehören dazu »Musica sacra«, »Collectio operum musicorum Batavorum saeculi XV & XVI«, »Denkmäler der Tonkunst«, Publikation älterer praktischer u. theoretischer Musikwerke (PGfM)«, »Denkmäler Deutscher Tonkunst (DDT)«, »Denkmäler der Tonkunst in Bayern (DTB)«, »Publikationen älterer Musik (PäM)«, »Das Erbe Deutscher Musik (EDM)« u. »Denkmäler rheinischer Musik«.

Dentice, 1. Fabrizio, ital. Komponist u. Lautenist des 16. Jh., * Neapel. In Rom u. am Hof von Parma nachgewiesen. Hinterließ *Lamentationi* 5st. (1593) u. weitere Kompositionen in Sammelwerken.

2. Luigi, ital. Komponist, wahrscheinlich Neffe von 1., * Neapel. Schrieb »Due dialoghi della musica« (1552).

3. Scipione, ital. Komponist, Bruder von 2., * 19. 1. 1560 Neapel, † April 1635 ebd. 1593 in Rom nachweisbar. Komponierte 5 Bücher 5st. Madrigale (1591) u. 2 Bücher geistliche Madrigale 5st. (1629).

Denza, Luigi, ital. Komponist u. Lehrer, * 24. 2. 1846 Castellamare di Stabia, † 26. 1. 1922 London. Studierte am Konservatorium von Neapel bei G. Mercadante u. P. Serrao. Seine Oper *Wallenstein* wurde 1876 in Neapel uraufgeführt. 1879 ließ er sich in London nieder, wurde dort Direktor der London Academy of Music u. 1898 Professor für Gesang an der Royal Academy of Music. Er schrieb über 500 Lieder, von denen *Funiculì, Funiculà* das bekannteste ist.

De Sabata, Victor, ital. Dirigent u. Komponist, * 10. 4. 1892 Triest, † 11. 12. 1967 S. Margherita Ligure. Studierte am Mailänder Konservatorium bei G. Orefice u. hatte bereits als Siebzehnjähriger Erfolg mit einer Orchestersuite. Bekannt wurde er hauptsächlich als Dirigent an der Scala 1927–57, wo er mustergültige Aufführungen der Werke G. Verdis u. G. Puccinis leitete. In seinen eigenen Kompositionen war er insbesondere von R. Strauss beeinflußt.

De S. komponierte u. a. die Opern *Il macigno* u. *Lisistrata*, die sinfonischen Dichtungen *Juventus* (1919), *La notte di Plàton* (1924) u. *Gethsemani* (1925) sowie die Ballettmusik *Mille e una notte* (1931).

Desmarets (Desmarest), Henri, franz. Komponist, * Februar 1661 Paris, † 7. 9. 1741 Lunéville. Wuchs am Hofe Ludwigs XIV. auf u. diente dort als Kammermusiker. Floh aus familiären Gründen nach Spanien u. wurde dort Kapellmeister Philipps V. 1708 ging er an den Hof des Herzogs Leopold von Lothringen u. wurde dessen Musikintendant.

Zu D. im Stil J. B. Lullys komponierten Opern gehören: *Didon* (1693), *Circé* (1694), *Théagène et Chariclée* u. *Les amours de Momus* (1695), *Vénus et Adonis* (1697) u. *Les fêtes galantes* (1698). Gemeinsam mit A. Campra komponierte er 1704 *Iphigénie en Tauride*. Zu seinen Divertissements für den Hof Herzog Leopolds gehört *Le temple d'Astrée* (1709). Seine letzte Oper *Renaud ou la suite d'Armide* wurde 1720 in Paris aufgeführt.

Dessau, Paul, dt. Komponist, * 19. 12. 1894 Hamburg, † 28. 6. 1979 Berlin. Enkel eines berühmten Synagogen-Kantors. Trat bereits mit 11 Jahren als Geiger auf u. studierte ab 1910 am Klindworth-Scharwenka-Konservatorium in Berlin. Zu seinen Lehrern gehörten F. Zajic, E. Behm u. H. Leichtentritt. Begann um die Jahre 1910–11 zu komponieren u. entschloß sich 1912 zu einer Pianisten- u. Dirigentenlaufbahn. Mit 18 Jahren war er Korrepetitor in Hamburg, mit 20 Operettenkapellmeister am Bremer Tivoli-Theater. Nach dem Krieg Dirigent u. Komponist an den Hamburger Kammerspielen, dann Korrepetitor u. schließlich Kapellmeister unter O. Klemperer in Köln, Kapellmeister in Mainz u. 1925 1. Kapellmeister unter B. Walter an der Städtischen Oper Berlin. Im gleichen Jahr machte er sich mit seinem Violin-Concertino in Donaueschingen einen Namen als Komponist. Ab 1926 lebte er als freischaffender Komponist, dessen soziales Engagement u. a. in Werken für den Arbeitersängerbund zum Ausdruck kam. Außerdem entstanden die 1. Sinfonie, ein Streichquartett, Musik für Kinder sowie Musiken zu Trickfilmen W. Disneys, zu Filmen von A. Fanck u. zu 5 Musikfilmen R. Taubers. 1933 Emigration nach Frankreich. In Paris lernte D. R. Leibowitz kennen u. begann, sich mit der Zwölftontechnik auseinanderzusetzen. Neben weiteren Filmmusiken u. Liedern komponierte er die Orchestersuite in 3 Sätzen, das Lied *An die Armeen Europas* (gegen den span. Bürgerkrieg), das Massenlied *Die Thälmannkolonne* u. Bühnenmusik zu B. Brechts »99%« (später »Furcht u. Elend des Dritten Reiches«). 1939 Übersiedelung in die Vereinigten Staaten, wo er 1942 Brecht kennenlernte. Aus dieser Begegnung erwuchs eine Zusammenarbeit, die sich in Opern, Bühnenmusiken, Lehrstücken, Kantaten, Chorwerken u. Liedern niederschlagen sollte. Später verdiente er seinen Lebensunterhalt als Arrangeur bei Warner Bros. in Hollywood. 1948 kehrte D. nach Deutschland zurück u. ließ sich in Berlin (Ost) nieder. Dort 1959 Professor. Zu seinen Schülern an der Dt. Akademie der Künste gehörte F. Schenker. D. war verheiratet mit der Regisseurin Ruth Berghaus (* 2. 7. 1927 in Dresden). In seinen Kompositionen setzte sich D. nach einander mit neubarocken Stiltendenzen, der Zwölftontechnik u. den Eigenarten der Unterhaltungsmusik auseinander. Als Meister der verschiedenen traditionellen Formen konnte er diese Mittel virtuos für eine Musik einsetzen, die ihm immer mehr zum gesellschaftlich produktiven Gebrauch u. zur Veränderung der gesellschaftlichen Verhältnisse dienen sollte. Dabei gingen sogar barocke Buchstaben-Ton-Spielereien in Arbeiterkampflieder ein. Von prägender Kraft war die Begegnung mit Brecht, der seinem Denken eine neue Richtung gab. Seither lag für den Komponisten D. das Erbe eines A. Schönberg u. A. Berg im ständigen Widerstreit mit dem Vorbild K. Weills u. H. Eislers. Zeitweise behielt deshalb die Gebrauchsfunktion in D. Werk die Oberhand.

Zu D. Kompositionen gehören: *Giuditta* (Opernfragment, 1910–11); Klaviersonate (1914, rev. 1948); *Sinfonische Kantate* für Soli, Chor, Orch. u. Org. (1916–17);

Musik zu dem altflämischen Spiel »Lanzelot und Sanderein« (1919); *Vier Marienlieder* für S. u. 8 Instr. u. Concertino für V. mit Fl., Klar., Horn (1924); 1. Sinfonie (2. Fassung Anfang der 30er Jahre) u. *62. Psalm* für Bar. u. kleines Orch. (1926); *15. Psalm* für Chor a cappella, Klavierstück vierhändig, Streichtrio u. Sonate für V. solo (1927); *Lustige Variationen über »Hab mein' Wagen vollgeladen«* für Klar., Fag. u. Cemb. (Neufassung mit Kl. 1953); Musiken zu Filmen von W. Disney, L. Starewitsch u. A. Fanck sowie *Adon olam* für T., Männerchor, Bläser, Schlagzeug u. Org. (1928); Sonatine für Va. u. Cemb. oder Kl. (1929); *13. Psalm* für Chor a cappella, *Tadel der Unzuverlässigkeit* (Lehrstück für Kinder), *Das Eisenbahnspiel* (Lehrstück für Kinder), *Chormusik* für Chor, Sprecher u. Schlagzeug u. die Kurzoper *Orpheus u. der Bürgermeister* (1930–31); *Kinderkantate* (Lehrstück für Kinder), *Burleske* für Vc. u. Kl. u. *Hebräische Melodie* für V. u. Kl. (1931–32); 1. Streichquartett u. 9 Klavierstücke (1932); *3. Psalm* für A. u. Streichtrio, *2 kleine Studien* für V. u. Vc., Filmmusik für A. Fanck, *Ausmarsch* u. 2 weitere Chöre nach Klabund (1933); 10 Kinderstücke für Kl. (1934, Bearbeitung 1953); 3 Stücke für Fl. u. Kl. u. Orchestersuite in 3 Sätzen (1934); Suite für Sax. u. Kl. u. Filmmusik für H. Lerski (1935); *Haggada* (Oratorium für Soli, gem. Chor, Kinderchor u. Orch., 1936, Instrumentierung des Finales 1962); *Zwölfton-Versuche* (5 Studien für Kl., 1937); Musik zu »99%« u. *Guernica*, Klavierstück (1938), *Zwei Gebete* für Solo, Chor u. Org., *Tora-Melodie* für Männerchor a cappella u. *Hawel hawalim* für Chor u. Kl. oder Org. (1939); *Les voix* für St. u. Kl. (Orchesterfassung 1941); *Variationen über das amer. Kinderlied »Der kleine Nußbaum«* für Klar. u. Kl., *O Susanna* (Variationen über ein amer. Volkslied für Männerchor a cappella), *126. Psalm* für Bar. u. Org. u. *Jüdischer Tanz* für V. u. Kl. (1940); *Jeworechecho* für Bar., Chor u. Org., *Nigudin chassidim* für St. u. Kl. oder Vc. u. Kl., *23. Psalm* für B. u. Org. oder Kl. u. *Klage der Garde* nach Klabund für B. u. Orch. (1941); *Jeworechecho adonai* für B. u. Org., 3 Stücke für V. u. Kl. u. 2 Kanons für Fl., Klar. u. Fag. (1942); 2. Streichquartett, *Songs of songs* für Frauenchor a cappella u. *Olenu* für T., Chor u. Org. (1943); *Internationale Kriegsfibel* (14 Stükke mit Projektionen, Klavierskizzen, Instrumentierung 1970) u. *Deutsches Miserere*, Oratorium nach B. Brecht für Soli, gem. Chor, Kinderchor u. Orch. mit Trautonium sowie Projektionen (1944–45); *Die Reisen des Glücksgotts* (Opernfragment, 1945), *11 jüdische Volkstänze* für Kl., 3. Streichquartett u. Musik zu »Mutter Courage u. ihre Kinder« (1946, Berliner Bearbeitung 1949); Musik zu »Der gute Mensch von Sezuan« (1947); Orchestersuite nach Motiven der Musik zu »Mutter Courage« (Fragment), Musik für 15 Instr. (Fragment), 4. Streichquartett, *Klavierstück über B-A-C-H*, *5 Studien* für Kl. für Anfänger, Musik zu »Die Ausnahme und die Regel« u. *Zwei Grabschriften (Rosa Luxemburg* u. *Karl Liebknecht)* für Chor u. Orch. (1948); *Aufbaulied der FDJ* für St. u. Kl. (1949, für Orch. 1950); Drei Chorlieder für Chor u. Orch., Musik zu »Faust I« u. »Herr Puntila und sein Knecht Matti«, Oper *Die Verurteilung des Lukullus* (mehrere Bearbeitungen, Neufassung des Chores der Legionäre 1960) u. Musik zu »Wie dem deutschen Michel geholfen wird« (1949); Musik zu »Der Hofmeister«, Zwei Lieder nach J. M. R. Lenz für St. u. Kl. (Bearbeitung für Frauenchor a cappella 1954) u. *Zukunftsballett* (Fragment), Bearbeitung von *An die Armeen Europas* für St. u. 9 Instr., Harmonisierung u. Instrumentierung des Liedes *Die Partei, An die Mütter und an die Lehrer* für Soli, Chor u. Instr., *Die sieben Schwestern* nach Tuan Mu Hung Liang für St., Klar. u. Schlagzeug, *Der Friede auf Erden* für St. u. Kl. (Bearbeitung für Streicher, 3 Trp. u. Pauken) u. Arie für Vc. u. Kl. (1950); Musik zu »Der arme Konrad«, »Das Leben kein Traum«, u. »Mann ist Mann«, *Herrnburger Bericht* für Jugendchor mit Soli u. Orch., *Grabschrift für Lenin* für Chor u. Orch. (Bearbeitungen als Finale der Orchestermusik Nr. 3 *Lenin* 1969 u. für Chor, 2 Kl. u. Pauken 1970) u. 5 Tanzstücke für Mandoline, Git. u. Akkordeon (1951); *Appell* für Soli, gem. Chor, Kinderchor u. Orch., Musik zu der Revue »An beiden Ufern der Spree« u. zu »Urfaust«, *Die Freunde* (B. Brecht nach dem Chin. für St. u. Kl., Bearbeitung für St., Fl. u. Streichquartett, Fragment, dann St. solo u. schließlich Kombination der beiden 1974) u. *Die Erziehung der Hirse* für Bar., Sprecher, gem. Chor, Jugendchor u. Orch. (1952); *Sinfonischer Trauermarsch zu Ehren des ermordeten Volkspolizisten H. Just* für großes Blasorch., *Lilo Herrmann* (Melodram für Sprechst., Chor u. Instr.), *Sinfonischer Marsch* für großes Orch. (bearbeitet als *Sozialistische Festouvertüre* 1963), Musik zu »Don Juan« u. Hörspielmusik zu »Drachen über den Zelten« (1953); *5. März 1953, 21.50 Uhr* (sinf. Gedicht für A., Chor, 3 Trp., Streicher u. Pauken), Musik zu »Der kaukasische Kreidekreis«, 3 Bearbeitungen der *Thälmann-Kolonne* (für großes Orch. u. 2 Fassungen für Chor a cappella), *Deutscher Beitrag* für St., Jazzorch. u. Kl. u. *Festlicher Auftakt* für großes Blasorch. (1954); 3 Bearbeitungen eigener Stücke für Chor, Fl., Git. u. Kl., Sonatine für Kl., *Orchestermusik 1955*, *An meine Partei* nach P. Neruda für B., Streicher u. Pauken, 4 kleine Klavierstücke, 3 Intermezzi für Kl., *Krieg und Frieden* nach M. Claudius für Solo, Chor, Mandoline u. Git. (1955); Musik zu »Der Weg nach Füssen« (Bearbeitung als Suite 1958) u. Filmmusik für A. u. A. Thorndike (1956); Oper *Puntila* (beendet 1959, Prolog 1965); *Erst dann* für Sprecher, 1st. Männerchor u. Kl., *Wir wollen Frieden auf lange Dauer* (4st. Kanon für Gesang a cappella, Bearbeitungen für St. u. Kl., großes Blasorch.), Orchesterstück *In memoriam Bertolt Brecht* u. Filmmusik für A. u. A. Thorndike (1957); *Die den Himmel verdunkeln* (Tanzszenen unter kompositorischer Mitarbeit von R. Bredemeyer), Filmmusik für A. u. A. Thorndike u. *Kleinste Nachttopfmusik* für Fl., Kl. u. 2 Nachttöpfe (1958); *Flug zur Sonne* (Tanzszenen unter kompositorischer Mitarbeit von R. Bredemeyer), *Hymne auf den Beginn einer neuen Geschichte der Menschheit* für Soli, Chor u. Instr. (Bearbeitung 1964) u. 3st. Kanon für Gesang a cappella (1959); Epilog der *Jüdischen Chronik* für Bar., Sprecher, Chor u. Orch. (Gemeinschaftsarbeit mit B. Blacher, K. A. Hartmann, H. W. Henze u. R. Wagner-Régeny) u. *Trauermusik zum Gedenken an W. Pieck* (1960); *Marburger Bericht* für Bar., gem. Chor, Kinderchor u. Orch., *Appell der Arbeiterklasse* für A., T., Chor u. Orch. u. *Mohammed Ben Bella* für Bar. u. Instr. (1961); *Hände weg!* (Tanz-Essay für 9 Instr.), *Hommage à Bartók* (3. Satz zur Orchestersuite aus 1934, die damit zur 2. Sinfonie wird) u. Filmmusik für A. u. A. Thorndike (1962), *Sang der Gesänge* nach W. Majakowski für Chor u. Schlagzeug, *Bach-Variationen* für großes Orch., Variation über ein Thema aus Verdis *Maskenball* (Gemeinschaftsarbeit mit J. Cikker, S. Matthus u. G. Wohlgemuth), *Klavierstück für Maxim*, *Requiem für Lumumba* für Soli, Chor u. Instr. u. *Rummelplatz*, kleines Singspiel für Kinder (1963); Musik zu »Coriolan« u. Divertimento für Kammerorch. (1964); Kleines Stück für 2 V., Kleines Stück für Fl. u. Pos. oder Vc., 2 Studien für Klar. u. Fag. u. *Quattrodramma* für 4 Vc., 2 Kl. u. 2 Schlagzeuge (1965); *Geschäftsbericht* für Soli, Chor u. Instr. (1966); *Das zerschossene Dorf* für Sprecher u. Instr., desgleichen *Der ferne Krieg*, *Elendsquartier*, *Die rot-und-goldene Fahne* u. *Freiheit u. Democracy*, Orchestermusik Nr. 2, *Meer der Stürme* u. *Für Mikis Theodorakis* für Sprecher, Chor u. 9 Instr. (1967); Musik zu »Vietnam-Diskurs«, *Brief an die Grundorganisation der SED* für B., 2 Sprecher, Chor,

Cemb. u. Pauken, Paraphrase über den Walzer *Mariana* von J. Gilbert für Org. u. 3 Variationen über ein Adventslied für Kl. (1968); Oper *Lanzelot* (1969, neuer Schluß u. Änderungen 1970); *Kleines Klavierstück für H. Weigel, Schweigeminute für die verunglückten Helden der Sowjetunion* für Streichquartett, *Kanon à 3 zum 14. November 1971*, 2 Sonette von W. Shakespeare für S. u. Instr., *Fantasietta in Cis* für Kl. u. Oper *Einstein* (1971; *Einstein* beendet 1973); Orchestermusik Nr. 4 (1972); *Der geflügelte Satz* für Soli, Chor u. Instr., *Sonett 8: Du bist Musik dem Ohr* nach W. Shakespeare für S. u. Instr., Musik zu »Zement« u. *Chile* für Soli, Sprecher u. Schlagzeug (1973); *Grasmückenstücke für Mücke Gras* für Fl. solo (1974); Streichquartett Nr. 7, Sonatine Nr. 2 für Kl. u. Sonatine für Kammerorch. u. obligates Kl. (1975); Oper *Leonce u. Lena* (1977–78); Quintett für Ob., Klar., Fag., Horn u. Kl. (1978).

Von D. umfangreichen Liedschaffen seien diejenigen erwähnt, die auf Originaltexte von B. Brecht zurückgehen: *Kampflied der schwarzen Strohhüte* aus »Die heilige Johanna der Schlachthöfe« (1936); *Lied einer deutschen Mutter, Das deutsche Miserere, Grabschrift für Gorki, Deutschland* u. *Horst-Dussel-Lied* (1943); *Vier Lieder des Glücksgotts* (1944–47); *Aufbaulied der FDJ, Zukunftslied* u. *5 Kinderlieder* (1949); *Und was bekam des Soldaten Weib?* (1950); *4 Liebeslieder* (1951, davon *Die Liebste gab mir einen Zweig* 1967 für Streichquartett); *Deutschland 1952* (1952); *Jacobs Söhne ziehen aus* (1953); *Der anachronistische Zug* (1956); *An meine Landsleute* u. *Kleines Lied* (1965); *Moderne Legende* (1966); *Fünf Tierverse* (1967); *Vier Tierverse* (1972); *Spruch, Historie vom verliebten Schwein Malchus* (Gesang solo), *General, dein Tank ist ein starker Wagen* u. *Es war einmal ein Pferd* (1973). Von D. Schriften seien erwähnt: »Musikarbeit in der Schule« (Berlin 1968) u. »Notizen zu Noten« (hg. von F. Hennenberg, Leipzig 1974). Aus Anlaß seines 80. Geburtstags erschien in Leipzig 1974: »Aus Gesprächen« (mit Werkverzeichnis, Literaturverzeichnis u. Diskografie).

Lit.: F. Hennenberg, D. – Brecht, Musikalische Arbeiten, Berlin 1963; ders., P. D., Leipzig 1965; ders., P. D., Für Sie porträtiert, Leipzig 1974.

Dessus (franz.: »oben«) bezeichnet die Oberstimme, den Diskant u. auch die hohen Instrumente sowie die Oberstimmen eines Orchesters, der entsprechende engl. Ausdruck ist → Treble.

Destouches (des Touches), André C., franz. Komponist, getauft 6. 4. 1672 Paris, † 7. 2. 1749 ebd. Reiste in seiner Jugend mit Gui Tachard nach Siam, trat nach seiner Rückkehr in die Dienste Ludwigs XIV. Nach Unterricht bei A. Campra, für dessen Opéra-ballet *L'Europe galante* er drei Airs schrieb, komponierte er die Pastorale *Issé* (1697), die ihn über Nacht berühmt machte. 1713 wurde er zum Inspecteur général der Académie Royale de Musique ernannt, 1726 Maître de la Chapelle-musique u. 1728 Directeur der Académie. Sein galanter Stil ist dem J.-Ph. Rameaus angenähert, zeigt aber auch Einflüsse J.-B. Lullys.

D. komponierte die Opern *Amadis de Grèce* u. *Marthésie* (1699), *Omphale* (1700), *Callirhoé* (1712), *Télémaque et Calypso* (1714) u. *Sémiramis* (1718), die Ballette *Le carnaval et la folie* (1703), *Les éléments* (1721) u. *Les stratagèmes de l'amour* (1726) sowie 2 Kantaten, 2 Motetten u. 1 Te Deum.

Destouches, Franz Seraph von, dt. Komponist, * 21. 1. 1772 München, † 10. 12. 1844 ebd. 1787–91 Schüler von J. Haydn in Wien. Seine erste Oper *Die Thomasnacht* wurde 1792 in München aufgeführt. 1797 Musikdirektor in Erlangen, wenig später 2. Konzertmeister in Weimar. Dort schrieb er Bühnenmusiken für F. Schillers Fassung von C. Graf Gozzis »Turandot« u. andere Theaterstücke Schillers, A. Kotzebues u. Z. Werners u. brachte seine Oper *Das Mißverständnis* heraus. 1810 Professor für Musiktheorie an der Universität Landshut, 1814–16 Kapellmeister des Fürsten von Oettingen-Wallerstein u. 1820–41 landgräflich hessischer Kapellmeister in Homburg. Seine Oper *Der Teufel und der Schneider* (1843) kam erst 1851 in München zur Aufführung. D. komponierte außerdem das Oratorium *Die Anbetung am Grabe Jesu* (1805), Messen, Klavierkonzerte, 1 Klarinettenkonzert u. Klavierstücke.

détaché (franz.: »getrennt«), eine Strichart, bei der jede Note mit deutlich abgesetztem Bogenwechsel gestrichen wird.

Detoni, Dubravko, jugoslaw. Komponist, * 22. 2. 1937 Križevci. Studierte an der Musikakademie Zagreb, an der Musikhochschule Warschau u. privat bei W. Lutosławski. Nahm an den Internationalen Ferienkursen in Darmstadt teil.

Zu D. Kompositionen gehören: *Preobrazbe* für Kammerorch. (1963); *Dramatischer Prolog* für Orch. (1965); *Quatorze moments dodécaphoniques* für Kl. (1966); *Phonomorphia I*, Musique concrète u. elektronische Musik (1967); *Chiffren* für Kl. u. 4 Lautsprecher (1967); *Phonomorphia II* für Kl. u. Tonband (1968); *Phonomorphia III* für St., Instr. u. Tonband (1969); *Graphik I, II, III* u. *IV* für verschiedene Besetzungen (1968, 1970 u. 1971); *Notturni* für 4 Vokalensembles, 4 Instrumentalensembles, Org. u. Tonband u. *Formen u. Flächen* für Orch. (1970); *Einflüsse* für 2 Vc. u. Orch. (1971).

detonieren (von franz. détoner: »verstimmen«), fehlerhaftes Absinken oder Höhertreiben der Stimme, insbesondere bei Chören. Zu den Ursachen gehört die Differenz zwischen natürlichen u. temperierten Intervallen sowie die Reaktion auf Ritardandi bzw. Accelerandi.

Detroit Sound, bezeichnet den Klang, den die Plattenfirma Motown in Detroit erfand. Er besteht aus einer raffinierten Mischung von Gospel u. glatter Unterhaltungsmusik, die bei der Aufnahme elektronisch manipuliert wird. Zu den bekanntesten Vertretern des D. S. gehören die Supremes, Temptations u. Stevie Wonder.

Deutsche Grammophon Gesellschaft mbH (DGG), 1898 von den Brüdern Emil (1851–1929) u. Joseph Berliner (1858–1928) als Schallplattenfabrik in Hannover gegründet, während gleichzeitig The Grammophone Company in London ins Leben gerufen wurde. 1900 erfolgte die Umwandlung der DGG in eine Aktiengesellschaft u.

die Verlegung der Geschäftsleitung nach Berlin. 1913 erste Gesamtaufnahme einer Sinfonie: Arthur Nikisch spielte mit den Berliner Philharmonikern Beethovens Fünfte ein. 1917 ging die DGG in den Besitz der Polyphon-Musikwerke AG in Leipzig über, deren Verwaltung ebenfalls nach Berlin verlegt wurde. Nach dem 1. Weltkrieg Lösung von der Grammophone Company in London u. Gründung eigener Auslandsfilialen. 1927 Matrizenaustauschabkommen mit der amerikanischen Marke Brunswick. 1928 Auslieferung der ersten synchronisierten 40-cm-Schallplatten für den Spielfilm. 1932 Verschmelzung der Polyphon-Musikwerke AG, Leipzig, mit der DGG AG, Berlin. 1937 Übernahme der DGG durch Telefunken u. die Deutsche Bank u. Neugründung als DGG mbH. 1940 Übernahme der DGG durch Siemens & Halske, 1943 Ersetzung der Altmarke »Die Stimme seines Herrn« durch »Siemens Spezial« u. »Siemens Polydor«. 1946 Wiederaufbau der Fabrik u. des Verwaltungsgebäudes in Hannover. 1947 Gründung der »Archiv Produktion«. 1949 Verkauf der Marke »Die Stimme seines Herrn« an Electrola u. Einführung des Etiketts DGG mit Tulpenkrone für Klassik u. Polydor für Unterhaltung. 1954 Neugründung der engl. Tochtergesellschaft Deutsche Grammophon Ltd., London, zunächst unter dem Namen Heliodor. 1956 Neugründung von Tochtergesellschaften in Frankreich u. Österreich, Verlegung der Geschäftsleitung nach Hamburg. 1960 Vertrag mit der United Artists Record über den Vertrieb von deren Repertoire auf Heliodor. 1962 Zusammenfassung der Musikinteressen von Siemens u. Philips in der Firmengruppe DGG/PPI (Philips' Phonographische Industrie). 1971 Neustrukturierung der Unternehmensgruppe Deutsche Grammophon GmbH/Philips' Phonographische Industrie durch Gründung der Polygram B.V./GmbH mit Sitz in Baarn u. Hamburg als Management- u. Holding-Gesellschaft sowie der Polydor International GmbH. Die Deutsche Grammophon GmbH bleibt, als Tochter der Polydor International GmbH, für den deutschen Markt zuständig. Das Repertoire der DGG wurde bereits 1949 in gelbes Etikett (DGG) für Klassik, rotes Etikett (Polydor) für Unterhaltung, schwarzes Etikett für Jazz u. ausländische Tanzmusik, silbernes Etikett (Archiv) für historisch getreue Aufnahmen von Kompositionen des Mittelalters bis ungefähr 1800 aufgeteilt. Besonderes Verdienst um die zeitgenössische Musik erwarb sich die DGG mit ihren avant-garde-Kassetten.

Deutscher Musikrat, Dachorganisation von wichtigen Vereinigungen aus dem Musikleben der BRD. 1953 gegründet u. als nationales Komitee der BRD in den → Internationalen Musikrat (IMC) aufgenommen. Der Dt. M. setzt sich für die Förderung des künstlerischen Nachwuchses ein (Konzerte Junger Künstler u. Deutscher Musikwettbewerb) u. wirkt als »Verbindungsstelle für Internationale Beziehungen«. Die zum Dt. M. gehörige Arbeitsgemeinschaft Musikerziehung u. Musikpflege zeichnet auch für »Jugend musiziert« u. Bundesjugendorchester verantwortlich. Seit 1965 erscheint die Zeitschrift »Dt. M., Referate, Informationen«.

Deutscher Tanz ist ein im 18. u. zu Anfang des 19. Jh. in Süddeutschland u. Österreich beliebter schneller Drehtanz im 3/8- oder 3/4-Takt. Er geht im 19. Jh. in den Walzer über. In der Wiener Klassik entstanden Dt. T. meistens als Orchesterstücke, bei F. Schubert nur für Kl. Der Dt. T. hat nichts mit der Allemande der Barockzeit zu tun.

Deutscher Verlag für Musik, 1954 in Leipzig als VEB gegründet. Das Verlagsprogramm reicht von Gesamtausgaben über wissenschaftliche Reihen u. Lexika bis zu Orchester-, Vokal- u. Kammermusik. Zu den bedeutendsten Leistungen gehört die »Neue Bach-Ausgabe« u. die gemeinsam mit dem Bärenreiter Verlag, Kassel, verantwortete »Hallische Händel-Ausgabe«. Ebenfalls im Dt. V. erscheinen die vollständigen Konversationshefte Beethovens sowie in Zusammenarbeit mit dem Wagner-Archiv Bayreuth die Briefe R. Wagners.

Devienne, François, franz. Komponist, Flöten- u. Fagottvirtuose u. Lehrer, * 31. 1. 1759 Joinville, † 6. 9. 1803 Charenton. Mitglied der Schweizer Garden (Flötist) in Paris, 1788 Fagottist im Orchester des Théâtre de Monsieur, Professor am Pariser Conservatoire bis 1802. Starb im Irrenhaus. Von seinen Opern u. Singspielen waren *Les visitandines* (1792), *Les comédiens ambulants* (1798) u. *Le valet de deux maîtres* (1799) am erfolgreichsten. D. komponierte außerdem Sinfonien, konzertante Sinfonien für Blasinstr. mit Orch., Flötenkonzerte, Romanzen u. Kammermusik. 1795 gab er in Paris seine mehrfach nachgedruckte »Méthode de flûte théorique et pratique« heraus.

Dezibel (Abkürzung dB), logarithmisches Maß für die Lautstärke. Die logarithmische Einheit des Verhältnisses von Druck u. Intensität des Schalls wird in Bel ausgedrückt. Da die Einheit Bel für den praktischen Gebrauch zu groß war, ging man zu Zehntel-Bel, d.h. dB über. Die Schmerzgrenze des Ohres liegt ungefähr bei 120 dB.

Dezime (lat. decima), das Intervall von zehn diatonischen Stufen oder die Oktave der Terz.

Diabelli, Anton, österr. Komponist u. Musikverleger, * 5. 9. 1781 bei Salzburg, † 8. 4. 1858 Wien.

War in Salzburg Kompositionsschüler M. Haydns, besuchte anschließend die Lateinschule in München u. trat 1800 in das Kloster Raitenhaslach ein. Als 1803 die Klöster in Bayern säkularisiert wurden, ließ sich D. in Wien nieder, wo er mit Klavierstücken, Arrangements, Klavier- u. Gitarrenunterricht Erfolg hatte. 1818 ging er eine Geschäftsverbindung mit dem Verleger P. Cappi ein, wandelte die Firma 1824 in D. & Co um u. verkaufte den Verlag schließlich 1852 an C. A. Spina. D. war der Hauptverleger F. Schuberts, unterhielt aber auch zu L. van Beethoven gute Beziehungen. Von D. aufgefordert, für dessen Sammlung »Vaterländischer Künstlerverein« eine Variation zu einem Walzer D. zu komponieren, schrieb Beethoven *33 Veränderungen über einen Walzer von A. D.* (1819–23). Von D. eigenen Kompositionen konnten sich nur die Schulwerke (Sonatinen, vierhändige Sonaten) behaupten. Seine Messen, Kantaten, Bühnenwerke, Kammermusik u. Lieder sind heute vergessen.

Diabolus in musica (lat.) → Tritonus

Diaghilew, Sergej P., russ. Impresario, * 31. 3. 1872 in der Selischtschew-Kaserne, Gouvernement Nowgorod, † 19. 8. 1929 Venedig. → Ballett, → Nijinsky

Dialog (griech.: »Gespräch«), **1.** Gegen- oder Nacheinander musikalischer Stimmen, z. B. in den alternierenden Teilen der Gregorianischen Gesänge oder der barocken Orgelmusik. Die dialogisierende Mehrchörigkeit führte schließlich in Italien zur Entwicklung des Oratoriums. Neben dem D. im Stil der Monodie entstanden um 1600 die solistisch-konzertierenden lat. D. als Einlage bei kirchlichen Festen u. die weltlichen Dialoghi fuor di scena.
In Deutschland fand der D. Eingang in den protestantischen Gottesdienst durch Vertonung biblischer oder anderer erbaulicher Texte. Am bekanntesten wurde die Form der »geistlichen Konzerte«, aus denen sich D.-Kantate u. Solokantate entwickelten. **2.** Bezeichnung für den gesprochenen Text zwischen den Musiknummern der Spieloper.

Diamond, David L., amer. Komponist, * 9. 7. 1915 Rochester, NY. Studierte am Cleveland Institute of Music 1927–29, an der Eastman School of Music, Rochester, 1930–34 u. an der New Music School in New York bei R. Sessions, anschließend bei N. Boulanger in Fontainebleau. 1951–65 mit kurzen Unterbrechungen Fulbright Professor in Europa, zuletzt in Florenz, 1965–67 an der Manhattan School of Music in New York, lebt heute als freischaffender Komponist. D. gibt seinen Kompositionen eine lyrisch-romantische Farbe u. entwickelte einen persönlichen Stil, der auf die Kirchentonarten zurückgreift.

Zu D. Werken gehören: 8 Sinfonien (1941–61); *Elegy in Memory of Maurice Ravel* (1938); *Concert Piece* (1940); *Rounds* für Streicher (1944); *The World of Paul Klee* (1957); 2 Violinkonzerte (1937 u. 1947); 1 Cellokonzert (1938), Konzert für 2 Kl. u. Orch. (1941); Klavierkonzert (1949); *This Sacred Ground* für Bar., gem. Chor, Kinderchor u. Orch.; *The Martyr* für Männerchor u. Orch. (1964); *To Music* für T., Baßbar., Chor u. Orch. (1967); Kammermusik u. Lieder.

Diapason (griech.: »durch alle«), Bezeichnung aus der griech. Musiktheorie für Oktave.

Diapente (griech.: »durch fünf«), Bezeichnung aus der griech. Musiktheorie für Quinte.

Diaphonia (griech.: »Auseinanderklang«), Begriff aus der griech. Musiktheorie für die nichtsymphonen Intervalle des Tonsystems. Den Gegensatz bilden die antiphonen (Oktave u. Doppeloktave) u. die paraphonen (Quinte u. Quarte) Symphonien. Im Mittelalter Bezeichnung für Mehrstimmigkeit.

Diastematie (von griech. diastema: »Abstand«, »Intervall«), bezeichnet jene Arten von Notenschrift, die Tonabstände nach Höhe u. Tiefe angeben.

Diatessaron (griech.: »durch vier«), Bezeichnung aus der griech. Musiktheorie für Quarte.

Diatonik (von griech. diatonos: »durch Ganztöne gehend«), System von Skalen, bei denen die Oktave in fünf Ganz- u. zwei Halbtöne geteilt ist. Zur D. gehören die Dur-Tonleitern, die des natürlichen u. melodischen Moll sowie die Skalen der Kirchentöne. Im Gegensatz zur D. steht die → Chromatik.

Dibdin, Charles, engl. Komponist u. Schriftsteller, getauft 4. 3. 1745 Southampton, † 25. 7. 1814 London. 1756–59 Chorknabe an der Winchester Cathedral, wo er Unterricht von J. Kent u. P. Fussel erhielt, davon abgesehen Autodidakt. 1762 als Sänger am Richmond Summer Theatre, anschließend in Birmingham, Covent Garden u. Drury Lane in London. 1778 Komponist des Covent Garden, 1782 Mitdirektor des Royal Circus. Nachdem der Versuch mit einem eigenen Theater gescheitert war, verlegte sich D. auf sogenannte table entertainments, von denen er das erste, *The Whim of the Moment*, 1789 produzierte. Bei diesen Unterhaltungsveranstaltungen war D. Texter, Komponist u. Vortragender in einem. 1796–1805 verlegte er diese table entertainments in sein eigenes kleines Theater, das Sans Souci, am Leicester Place. D. schrieb Bühnenmusiken, Singspiele, Ballette, Lieder u. Cembalosonaten. Am bekanntesten sind seine Sea-songs, wie z. B. *'t was in the good ship Rover*. D. veröffentlichte neben Reiseberichten u. Briefen auch die Romane »The Younger Brother« (1793), »Hannah Hewit, or The Female Crusoe« (1796) u. »Henry Hooka« (1807).

Dickinson, Peter, engl. Komponist, Pianist und Lehrer, * 15. 11. 1934 Lytham, Lancashire. Studierte in Cambridge u. an der Juilliard School of Music in New York. 1962 Lecturer am College of St. Mark u. St. John in London, 1966–70 Lehrer an der Birmingham University u. ab 1973 Professor an der University of Keele. Tritt als Pianist auf u. begleitet häufig seine Schwester Meriel D. (Mezzo-S.). In seinen eigenen Kompositionen stark von E. Satie u. dem Jazz beeinflußt, arbeitet D. mit ostinaten Schichtungen, Zwölftonelementen u. motorischen Rhythmen.

Zu D. Werken gehören: *Three Dances for a Ballet* für 8 Instr. (1958–59); das Ballett *Vitalis* (1959), ein Dylan-Thomas-Liederzyklus für Bar. u. Kl. (1959); *Four Hopkins Poems* für S., Bar., Chor u. Org. (1964); das musikalische Drama *The Judas Tree* (1965), ein E.-E.-Cummings-Liederzyklus für mittlere St. u. Kl. (1965); *When I was a Sailor* für St., Instr. ad lib. u. Schlagzeug u. *Mass* für gem. Chor a cappella (1965); Sonatine für Fagott solo, Kantate *Martin of Tours* für T., Bar., Chor, Org. u. Kl., Magnificat u. *Nunc Dimittis* für St. unisoni u. Org., *Three Complaints* für St., Instr. ad lib. u. Schlagzeug u. *For the Nativity*, ein Carol für gem. Chor a cappella (1966); *Fanfares and Elegies* für 3 Trp., 3 Pos. u. Org., *Paraphrase I* für Org.; *Three Pieces for Four Groups* für St., Instr. ad lib. u. Schlagzeug, *My Love is like a red, red Rose* für tiefe St. u. Kl. u. *The Dry Heart* für gem. Chor a cappella (1967); *Paraphrase 2* für Kl., *Communion Service* für 2st. Chor u. Org., *Four Poems of A. Porter* für Contrat. u. Cemb. u. *Outcry* für Mezzo-S., Chor u. Orch. (1968); *Five Diversions* für kleines Orch. u. *Extravaganzas* für mittlere St. u. Kl. (1969); *Transformations* für Orch., *Winter Afternoons* für 6 Solost. u. Kb. u. *Translations* für Blockfl., Gambe u. Cemb. (1970); *So we'll go no more* für mittlere St. u. Kl. u. Orgelkonzert (1971).

Dieren, Bernard van, holländ. Komponist, Kritiker u. Schriftsteller, * 27. 12. 1884 Rotterdam, † 24. 4. 1936 London. Erhielt eine wissenschaftliche Ausbildung u. war in einem Versuchslabor tätig, bevor er als Kritiker holländ. Zeitungen nach England ging. Begann erst spät zu komponieren u. ist Autodidakt.

Zu D. Werken gehören: die Kammeroper *The Tailor* (1917), 1 Sinfonie für Soli, Chor u. Orch. nach chin. Gedichten (1914), *Diafonia* für Bar. u. Kammerorch., 6 Streichquartette, Klavierstücke u. Lieder. Außerdem veröffentlichte D. ein Buch über den Bildhauer Jacob Epstein (1920) u. einen Band Aufsätze (»Down among the Dead Men«, 1935).

Dies irae (lat.: »Tag des Zorns«), Beginn der während der Totenmesse gesungenen Sequenz. Erst seit 1972 nicht mehr Bestandteil des katholischen Ordo cantus missae. Die dazugehörige gregorianische Melodie dient oft als thematische Grundlage bei Requiemkompositionen.

Dietrich, Sixtus, dt. Komponist, * zwischen 1492 u. 1494 Augsburg, † 21. 10. 1548 St. Gallen. 1517 an der Konstanzer Domschule u. 1522 Inhaber der Hl.-Kreuz-Kaplanei. Floh kurz vor Erstürmung des protestantischen Konstanz durch die Truppen Karls V. nach St. Gallen. Veröffentlichte »Epicedion Th. Sporeri« (1534), 2 Bücher »Magnificat 4st.« (1535–37). Motetten u. Lieder erschienen auch in Sammelwerken seiner Zeit, 5 Sätze im »Dodekachordon« des Glareanus (Basel 1547).

Dietsch, Pierre L. Ph., franz. Organist, Dirigent u. Komponist, * 17. 3. 1808 Dijon, † 20. 2. 1865 Paris. Schüler von A. E. Choron u. des Pariser Conservatoire, maître de chapelle an St-Eustache u. 1860–63 auf Empfehlung G. Rossinis erst Chordirektor u. dann Kapellmeister der Opéra. Dirigierte 1861 die unglückselige Pariser Erstaufführung von R. Wagners *Tannhäuser*. Wurde nach seiner Entlassung Organist an der Madeleine. Zu seinen Werken gehören die Oper *Le vaisseau-fantôme* (1842), Kirchen- u. Orgelmusik.

Dieupart, François, franz. Cembalist u. Komponist, * um 1670 in Frankreich, † um 1740 London. Ließ sich um 1700 in London nieder u. wurde erstmals im Zusammenhang mit Zwischenaktmusiken für ein Stück von Motteux erwähnt. Fand unter G. F. Händel Anstellung als Cembalist der Oper. Hinterließ ein Buch »Select Lessons for the Harpsichord«, eine Suite in f-moll, die in einer Abschrift von J. S. Bach überliefert ist, u. *Six suites de clavessin*.

Differenzen nennt man die melodischen Schlußformeln der → Psalmtöne im Wechselchorgesang der Offiziums- u. Meßpsalmodie.

Differenzton → Kombinationstöne

Diffusität ist ein Begriff der → Raumakustik. Sie ist das Maß für die gleichmäßige Verteilung der Schallenergie im Raum. Je nach baulichen Gegebenheiten muß der Interpret sich mit seiner Lautstärke auf die D. einstellen.

Dilettant → Kenner u. Liebhaber

Diminution (lat.: »Verkleinerung«), **1.** bezeichnet im Gegensatz zur Augmentation die Verkürzung von Notenwerten in gerader oder ungerader Proportion zu vorangegangenen oder gleichzeitigen Werten. **2.** Sammelbezeichnung für Verzierungen, die durch Zerlegung einzelner Gerüsttöne, Triller oder Vorhalte zustande kommen.

Dimov, Bojidar, bulg. Komponist, * 31. 1. 1935 Lom. Studierte 1954–57 am Staatlichen Konservatorium in Sofia bei M. Petkowa (Klavier) u. W. Stojanov (Komposition), ab 1958 in Wien bei K. Schiske, H. Jelinek, E. Ratz u. F. Cerha. Nahm mehrfach an den Internationalen Ferienkursen in Darmstadt teil, wo 1967 seine *Komposition I* zur Aufführung gelangte. 1968 Übersiedelung nach Köln. Gründete dort das Kölner Ensemble für Neue Musik »trial and error« u. nahm einen Lehrauftrag am Konservatorium der Stadt Köln an. Rief 1972 ein Informationsstudio für Neue Musik u. 1973 das Praktikum für Neue Musik ins Leben. Gehört der »Gruppe 8 Köln« an.

Zu D. Werken gehören: *Kammermusik-Kompositionen I–III* (1963–67); *Incantationes I–III* (1963–68); *Continuum II – Trauerminuten für Dana Kosanova* für Kammerorch. (1969); *Raumspiel* für Kl., Singst. und Kammerorch. (1969/70); *Vereinigungen I–III* (1975/76); *Polyelei* für großes Orch. (1981); *Alexander oder Die Hochzeit von Susa* (Tanzoper in 3 Akten, 1981); außerdem stammen von ihm sog. *Verhaltens-Modell-Kompositionen*, u. a. *Invocation* u. *Trois Patiences* (1971).

D'India, Sigismondo, ital. Komponist, * um 1580 Palermo, † 1629 wahrscheinlich Modena. 1608 in Florenz nachgewiesen, 1611–23 Kammermusikdirektor des Herzogs von Savoyen in Turin. Kam über den Hof von Modena 1624 nach Rom u. trat in die Dienste des Kardinals Maurizio von Savoyen, in dessen Palast 1625 seine geistliche Oper *Sant' Eustachio* aufgeführt wurde. Er gab außerdem 8 Bücher 5st. Madrigale (1606–24), 2 Bücher Villanellen (1608 u. 1612), 5 Bücher *Musiche* (1609–23), 2 Bücher geistliche Gesänge (1610) u. 1 Buch 4st. Motetten (1627) heraus. Die Rezitativoper *Zalizura* ist handschriftlich erhalten.

D'Indy, Vincent → Indy, V. d'

Dirigenten. Zu den großen Dirigenten des 20. Jh. gehören: C. Abbado (* 1933), E. Ansermet (1883–1969), Sir Th. Beecham (1879–1961), L. Bernstein (* 1918), K. Böhm (1894–1981), P. Boulez (* 1925), S. Celebidache (* 1912), Sir C. Davis (* 1927), F. Fricsay (1914–63), W. Furtwängler (1886–1954), C. M. Giulini (* 1914), V. Gui (1885–1975), B. Haitink (* 1929) E. Jochum (* 1902), H. von Karajan (* 1908), R. Kempe (1910–76), E. Kleiber (1890–1956), C. Kleiber (* 1930), O. Klemperer (1885–1973), H. Knappertsbusch (1888–1965), C. Krauss (1893–1954), R. Kubelík (* 1914), L. Maazel (* 1930), Z. Mehta (* 1936), W. Mengelberg (1871–1951), D. Mitropoulos (1896–1960), P. Monteux (1875–1964), J. Mrawinskij (* 1903), R. Muti (* 1941), E. Ormandy (* 1899), S. Ozawa (* 1935), H. Rosbaud (1895–1962), G. Roschdestwenski (* 1934), V. de Sabata (1892–1967), H. Scherchen (1891–1966), Sir G. Solti (* 1912), L. Stokowski (1882–1977), G. Szell (1897–1970), B. Walter (1876–1962), A. Toscanini (1867–1957).

Dirigieren (von lat. dirigere: »hinlenken«) bezeichnet die Tätigkeit der Leitung eines musikalischen Ensembles. Die Aufgabe besteht darin, das Zusammenspiel im richtigen Tempo u. Takt zu koordinieren (rechte Hand) sowie dynamische u. thematische Einzelheiten herauszuarbeiten (linke Hand). Das D. hat sich aus der Markierung des Taktes entwickelt. Dies geschah durch den Kapellmeister vom Cembalo aus oder durch den Konzertmeister, der bei größeren Ensembles mit einem Stab auf des Boden stampfte. Erst mit dem Entstehen des klassischen u. insbesondere des großen romantischen Orchesters setzte die Spezialisierung ein, aus der mit H. von Bülow, H. Richter u. F. Mottl der moderne Dirigententyp hervorging (→ Dirigenten). Doppelbegabungen wie bei R. Strauss sind heute, von Bernstein u. P. Boulez abgesehen, selten.

Dirty tones (engl.: »schmutzige Töne«), Bezeichnung für die absichtlich unrein intonierten Töne im Jazz.

Discantus (mittellat.), ein im 12. Jh. auftauchender Begriff für Mehrstimmigkeit. Ursprünglich wohl für die Gegenstimme zu einem Cantus geprägt, die nach einem anonymen Traktat des späteren 12. Jh. nicht mehr Noten haben soll als der Cantus. In der Schule Ph. de Vitrys wird der D. dann als Contrapunctus gelehrt. Der franz. Ausdruck Déchant für D. tritt zum ersten Mal in Chrétien de Troyes' *Erec* auf. Später bleibt dem D. die Bedeutung für die höhere Tonlage → Sopran.

Discjockey (Abkürzung Deejay) nennt man die Moderatoren von Popmusikprogrammen im Rundfunk u. in der → Diskothek. Der D. hat wesentlichen Einfluß auf den Erfolg einer Nummer, denn er entscheidet, was auf den Plattenteller kommt.

Discordantia (lat. discordare: »abweichen«, »nicht übereinstimmen«), bezeichnete im Mittelalter im Gegensatz zur → Concordantia die übrigen diatonischen Intervalle. Sie werden seit dem 13. Jh. eingeteilt in Discordantiae perfectae (kleine Sekunde, Tritonus, kleine Sexte, große Septime) u. imperfectae (große Sekunde, große Sexte, kleine Septime).

Diskothek, eigtl. Schallplattensammlung, heute hauptsächlich für eine bestimmte Art von Tanzlokal gebräuchlich. Die D. entstand Anfang der 60er Jahre, als Pariser Nachtlokalbesitzer ihre Live-Bands durch Schallplattenmusik ersetzten. Der Erfolg von Clubs wie »Castel« u. »Regine« wurde auf der ganzen Welt kopiert. Mitte der 60er Jahre zeigte sich in den D. ein Trend zu psychedelischen Lichteffekten, die heute nicht mehr gefragt sind. Inzwischen werden eigens Platten mit Disco-Musik hergestellt, die genau auf die Bedürfnisse der Tanzwütigen zugeschnitten sind: durchlaufender aufreizender Rhythmus, eine Struktur, die leichtes Ein- u. Ausblenden ermöglicht, voller, raffiniert gemischter Klang. Zu den großen Stars der Disco-Szene gehören Donna Summer, Boney M. u. John Travolta.

Dissonanz (lat. dissonantia: »Mißklang«) → Konsonanz.

Distinctio (lateinisch: »Unterscheidung«, »Einschnitt«), Bezeichnung der mittelalterlichen Tonartenlehre für sich aus dem Text ergebende melodische Einschnitte.

Distler, Hugo, dt. Komponist u. Organist, * 24. 6.

1908 Nürnberg, † 1. 11. 1942 Berlin. Wuchs bei seinen Großeltern auf u. zeigte bereits früh musikalische Begabung. Erhielt ersten Unterricht in Musikgeschichte u. Theorie bei E. Rhode, studierte 1927–31 am Landeskonservatorium Leipzig bei H. Grabner (Komposition), C. A. Martienssen (Klavier), G. Ramin (Orgel) u. M. Hochkofler (Dirigieren). Führte noch während der Studienzeit mit großem Erfolg seine *Konzertante Sonate* für 2 Kl. op. 1 bei einem Vortragsabend im Konservatorium auf. 1931–37 auf Empfehlung Ramins Organist u. Kantor an St. Jakobi in Lübeck. Dort entstanden aus der Praxis u. angeregt durch die Schütz-Tradition eine Reihe seiner bedeutendsten Kompositionen. Ab 1932 übernahm D. zusätzlich das Lübecker Kammerorchester u. knüpfte Beziehungen zur Singbewegung. Ab 1933 zusätzlich Lehrauftrag an der Kirchenmusikschule in Berlin-Spandau, Partiturstudium mit H. Dressel zur Vervollkommnung seiner Instrumentationsfähigkeiten u. Bekanntschaft mit dem Dichter H. Grunow, unter dessen Mitwirkung das »Neue Chorliederbuch« entstand. 1937–40 Lehrtätigkeit an der Württembergischen Hochschule für Musik in Stuttgart sowie Leitung des Hochschulchors u. der Hochschulkantorei. Ab 1940 Professor für Chorleitung, Tonsatz, Komposition u. Orgelspiel an der Staatlichen akademischen Hochschule für Musik in Berlin-Charlottenburg u. ab 1942 als Nachfolger A. Sittards Direktor des Berliner Staats- u. Domchors. Depressive Veranlagung, Arbeitsüberlastung u. ständig wachsender Druck der nationalsozialistischen Kulturpolitik, die sein Cembalo-Konzert als »entartete Kunst« einstufte, trieben ihn am 1. 11. 1942 in den Selbstmord. Zu D. Schülern gehörten J. Bender u. S. Reda. D. ist einer der großen Erneuerer der Kirchenmusik in Deutschland. In seinem Vokalstil werden neobarocke Tendenzen deutlich, die auf die intensive Beschäftigung mit der Musik vor J. S. Bach zurückgehen. D. Klangvorstellung ist insbesondere am protestantischen Choral u. dem Orgelklang der Barockzeit ausgerichtet.

D. komponierte: *Konzertante Sonate* für 2 Kl. (1930); Choralmotette *Herzlich lieb hab ich Dich, o Herr* für 2 gem. Chöre (1930); *Deutsche Choralmesse* für 6st. gem. Chor (1931); *Kleine Adventsmusik* für Fl., Ob., V., Kammerchor u. Org. sowie Sprecher (1931); *Der Jahrkreis*, 52 2- u. 3st. geistliche Chormusiken für gem. St. (1932–33); Kleine geistliche Abendmusik *Christ, der du bist der helle Tag*, für 3st. gem. Chor, 2 V. u. Generalb. (1933); 3 kleine Choralmotetten für 4st. gem. Chor (1933); *Choral-Passion* für 5st. gem. Chor u. 2 Vorsänger (1933); Orgelpartita *Nun komm, der Heiden Heiland* (1932); Orgelpartita *Wachet auf, ruft uns die Stimme* (1934–35); *Das Lied von der Glocke* für Solisten, Chor u. Orch. (1933–34); Kantate *An die Natur* für 4st. gem. Chor, S.-Solo u. Streichquartett (1934); *Die Weihnachtsgeschichte* für 4st. Chor u. 4 Vorsänger (1933); Choralkantate *Wo Gott zum Haus nit gibt sein Gunst* für 4st. gem. Chor, 4 Solost. ad lib., Streicher, 2 Ob. u. Cemb. (1934); Choralkantate *Nun danket all und bringet Ehr* für S., T., 4st. gem. Chor, Streicher u. Org. (1941); *Geistliche Chormusik* – nur 9 Motetten entstanden für gem. Chor (1934–36 u. 1941); *Liturgische Sätze über altevangelische Kyrie- u. Gloriaweisen* für 2- bis 8st. Besetzung gleicher u. gem. St. (1933–35); Konzert für Cemb. u. Streichorch. (1935–36); Sonate für 2 V. u. Kl. (1935–36); *11 kleine Klavierstücke für die Jugend* (1935–36); *Neues Chorliederbuch* für 4- 8st. gem. Chor (1936–38); 3 geistliche Konzerte für hohe St. u. Org. (1937); *Dreißig Spielstücke* für die Kleinorg. (1938); Mörike-Chorliederbuch, 48 A-cappella-Sätze für gem. Chor, Frauen- u. Männerchor (1938–39); Streichquartett (1939); Konzertstück für 2 Kl. (1940), Kantate *Lied am Herde* für Bar. u. Kammerorch. (1941); *Kleine Sing- u. Spielmusik* für St. u. Instr. (1941) u. aus dem Nachlaß Kleine Sonate für Kl. (1927); Kammermusik für Fl., Ob., V., Va., Vc. u. Kl. (1927); *Kleine Sommerkantate* für 2 S. u. Streichquartett (1942); Konzertstück für Kl. u. Orch. (1937); 3 Lieder nach Gedichten von P. Brockhaus (1931); *Der Mond ist aufgegangen* für 1st. Frauenchor, V., Va. u. Ob. u. *Wiegenlied* für St. u. Kl. ohne Datierung. Außerdem veröffentlichte D. eine »Funktionelle Harmonielehre« (Kassel 1940).

Lit.: U. von Rauchhaupt, Die vokale Kirchenmusik H. D., Gütersloh 1963; L. Palmer, H. D. and His Church Music, Saint Louis u. London 1967; U. Herrmann, H. D., Rufer u. Mahner, Berlin 1972.

Dithyrambos (griech.), chorisch vorgetragene Kultlieder zu Ehren des Gottes Dionysos in Griechenland. Laut Aristoteles soll sich aus diesen die Tragödie entwickelt haben. Im 5. vorchristlichen Jh. Wandlung des D. durch Einführung des solistischen Vortrags u. Hinwendung zur Virtuosität.

Ditonus (griech.: »Zweiton«), Bezeichnung für ein aus zwei Ganztönen bestehendes Intervall, d. h. die große Terz.

Dittersdorf, Karl Ditters von, österr. Komponist u. Geiger, * 2. 11. 1739 Wien, † 24. 10. 1799 bei Neuhof, Böhmen. Sohn eines k. u. k. Hof- u. Theaterstückers in Wien. Zeigte bereits früh musikalische Begabung, erhielt Geigenunterricht u. spielte schon als Knabe im Orchester der Benediktinerkirche mit. 1751 übernahm Prinz Josef von Sachsen-Hildburghausen D. als Pagen in seine Dienste. Er sorgte auch für D. Erziehung, ließ ihn bei Trani Geige u. bei J. Bonno Komposition studieren. Außerdem lernte D. in dieser Zeit Sprachen u. bildete sich im Reiten, Fechten u. Jagen aus. Als der Prinz seine Kapelle auflöste, verschaffte er D. eine Stelle im Wiener Hofopernorchester. 1763 begleitete D. Ch. W. Gluck nach Italien u. feierte als Geigenvirtuose Triumphe. 1765 wurde er als Nachfolger M. Haydns Kapelldirektor des Bischofs von Großwardein in Ungarn. In Großwardein gelang es D., die kleine bischöfliche Kapelle zu einem in Ungarn anerkannten Ensemble zu machen u. gleichzeitig ein kleines Theater zu betreiben. In dieser Zeit entstanden sein erstes Oratorium *Isacco figura del Redentore* nach einem Text des Metastasio sowie die Opera buffa *Amore in musica*. Als der Bischof seine Kapelle auf Grund einer kaiserlichen Beschwerde auflöste, verdingte sich D. für kurze Zeit beim Grafen Schaffgotsch, Fürstbischof von Breslau. Als dieser D. die Stelle eines Forstmeisters im Fürstentum Neiße antrug, willigte D. ein u. blieb bis 1795 im Dienst des Fürstbischofs. In Johannisberg brachte er mit der kleinen Kapelle des Fürstbischofs u. Laien eine Reihe seiner Werke zur Aufführung, komponierte das Oratorium *David* u. die komische Oper *Il viaggiatore americano* (1770) u. heiratete die Sängerin Nicolini, die er von Wien an die fürstbischöfliche Residenz geholt hatte. 1773 wurde er Amtshauptmann von Freienwaldau, nachdem er sich ein Adelspatent zu beschaffen gewußt hatte. So konnte er die 1774 vom Kaiser angebotene Stelle des Hofkapellmeisters in der Nachfolge von F. Gaßmann ablehnen. Seine größten musikalischen Erfolge hatte D. in Wien u. Berlin. Für die von Gaßmann gegründete Musikalische Sozietät der Witwen und Waisen komponierte D. die Oratorien *Esther* u. *Hiob*, u. während eines längeren Aufenthalts in Wien entstanden die komischen Opern *Doktor und Apotheker*, *Betrug durch Aberglauben*, *Liebe im Narrenhause* (1786) u. *Democritto corretto* (1786–87). In Berlin, wohin er auf Einladung Friedrich Wilhelms II. gereist war, dirigierte D. seinen *Doktor und Apotheker*, hörte die Aufführung von Sinfonien, die er dem König gewidmet hatte, u. leitete eine Benefizaufführung seines Oratoriums *Hiob* im großen königlichen Opernhaus. Im letzten Lebensjahr des Fürstbischofs fiel D. in Ungnade. Er fand Unterschlupf bei Freiherrn von Stillfried auf Schloß Rothlhotta, wo er verarmt u. vergessen starb, nachdem er seinem Sohn eine Lebensbeschreibung in die Feder diktiert hatte. In seiner Wiener Zeit muß D. zu den großen Geigenvirtuosen gehört haben, der es durchaus mit den berühmten Italienern aufnehmen konnte. Mit Gluck war er seit der Zeit bei Prinz Josef von Sachsen-Hildburghausen bekannt, u. mit J. Haydn verband ihn gegenseitige Schätzung. In Italien hatte D. die Bekanntschaft des berühmten Padre Martini gemacht, der ihn wegen seines Geigenspiels u. seiner Kompositionsart öffentlich belobigt hatte. Sein *Doktor und Apotheker* stellte 1786 sogar W.A. Mozarts *Hochzeit des Figaro* in den Schatten. Und doch ist D. heute fast völlig in Vergessenheit geraten. Das Leben in der Provinz hinderte ihn daran, seinen Stil weiterzuentwickeln u. zu einer subjektiven Aussage zu kommen. In seinen Orchesterwerken fällt der mangelnde Gestaltungswille auf, während seine heute noch gespielten Konzerte immer wieder durch Einfallsreichtum überraschen. Seine besten Werke schrieb D. ganz eindeutig für die Bühne. Neben den bereits erwähnten Oratorien entstanden Messen, über 100 Sinfonien, darunter 12 auf Themen aus Ovids »Metamorphosen«, Divertimenti, Kassationen, Solokonzerte, Streichquintette, Streichquartette, Trios, Duette u. Klavierkompositionen.

Zu D. Opern gehören: *Amore in Musica* (1767), *Il viaggiatore americano* (1770), *L'amore disprezzato* (1771), *Il tutore e la pupilla* (1773), *Il tribunale di Giove* (1774), *Il finto pazzo per amore* (um 1775), *Il maniscalco* (*Der gelehrte Hufschmied*, 1775), *Lo sposo burlato* (1775), *La contadina felice* (1776), *La moda o sia Gli scompigli domestici* (1776), *Il barone di Rocca antica* (um 1776), *L'arcifanfano* (1777), *25 000 Gulden oder Im Dunkeln ist gut munkeln* (1785), *Doktor und Apotheker*, *Betrug durch Aberglaube* u. *Liebe im Narrenhause* (alle 1786), *Democritto corretto* (1786–87), *Das rote Käppchen* (1788), *Der Schiffspatron oder Der neue Gutsherr* (1789), *Hieronymus Knicker* (1789), *Hockus-Pockus* (1790), *Der Teufel ein Hydraulikus* (1790), *Das Gespenst mit der Trommel* (1794), *Don Quixote der Zweite* (1795), *Gott Mars oder Der Hauptmann von Bärenzahn* (1795), *Der Schah von Schiras* (1795), *Die befreyten Gwelfen* (1795), *Der Durchmarsch* (1795), *Democrit der Zweyte* (1795), *Die lustigen Weiber von Windsor* (1796), *Ugolino* (1796), *Der schöne Herbsttag* (1796), *Der Ternengewinnst* (1797), *Der Mädchenmarkt* (1797), *Die opera buffa* (1798), *Don Coribaldi oder L'usurpata prepotenza* (1798) u. *Die Hochzeit des Figaro* (Entstehungsdatum nicht bekannt, aufgeführt 1789 in Brünn). Die 1799 verfaßten Lebenserinnerungen erschienen 1801 in Leipzig.

Literatur: C. Krebs, Dittersdorfiana, Berlin 1900; H. Kretzschmar, Vom alten D., in Ges. Aufsätze I, Leipzig 1911.

Dittrich, Paul-Heinz, dt. Komponist, * 4.12.1930 Gornsdorf, Erzgebirge. Studierte bei F. F. Finke an der Musikhochschule in Leipzig Komposition u. bei G. Ramin Chordirigieren. 1958–60 Meisterschüler für Komposition an der Akademie der Künste bei R. Wagner-Régeny in Berlin. Unterrichtete von 1963 bis 1976 Kontrapunkt, Harmonielehre u. Formenanalytik an der Hochschule für Musik »Hanns Eisler« in Berlin. Lebt seither als freischaffender Komponist in Zeuthen bei Berlin, DDR. D. experimentiert mit sog. phonetisch-instrumentaler Poesie, Raumklang u. grafischer Notation. Seine Klangstrukturen entfalten sich häufig gewebeartig aus kleinsten Motivzellen. Klangfarben stehen für ihn im Vordergrund. Aus der Beschäftigung mit J.S. Bach entstanden die Konzerte *avec plusieurs instruments*.

Zu D. Kompositionen gehören: *Pentaculum* für Bläserquintett (1960); *Irische Harfe* (3 Lieder für St. u. Orch., 1965); Musik für Kl. u. 4 Sprecher, *Stabiles u. Mobiles* für Orch. u. Vokalensemble u. *Les fleurs de Baudelaire* für 3 hohe S. u. Instr. (1969); Kammermusik I für 4 Holzbläser, Kl. u. Tonband, *Instrumentalblätter* für 9 bis maximal 36 Spieler u. *Begegnungen* für 9 Instr. (1970); *Qua-sie* (phonetisch-instrumentales Exercitium für Klar., Vc., Kl., 2 Sprecher u. Tonband), *Schlagzeilen* für 2 Kl., 2 Schlagzeuge u. Tonband, Streichquartett mit Live-Elektronik u. *Memento vitae* für Bar., 12 St., 4 Chorgruppen u. 9 Schlagzeuge (1971); *Die anonyme Stimme* für Ob., Pos. u. Tonband (1972); *Vokalblätter* für S. u. 12 St. (1972–73); Kadenz aus *Vokalblätter* für Fl. u. Ob., *Dialoge* für Fl. u. Kb., *Areae sonantes* für instr. u. vokale Gruppen u. Orch. u. *Collage* für Ob., Vc., Kl. u. elektronische Klänge (1973); Konzert für Ob. u. Orch. (1973–74, rev. 1975–76), *Rondo à la Rossini über den Ton d wie Dittrich* für Vc. u. Kb., Kammermusik II für Ob., Vc., Kl. u. Tonband u. Kammermusik III für Bläserquintett u. Bar. (1974); Konzert für Vc. u. Orch. (1974–75); *Cello-Einsatz* u. *Aktion–Reaktion* für Ob., Tonband u. Synthesizer sowie *Cantus I* für Orch. (1975); *Illuminations* für Orch. (1976); *Concert avec plusieurs instruments Nr. 1* für Cemb. u. 7 Instr. (1976–77); Kammermusik IV für S., Kl., Fl., A.-Fl., Klar., B.-Klar., V., Vc., Git., Schlagzeug u. Synthesizer, Kammermusik V für Bläserquintett u. Synthesizer, *Rondeau* für Fl. solo u. *Cantus II* für S., Vc., Orch. u. Tonband (1977); *Concert avec plusieurs instruments Nr. 2* für Va., Vc. u. 2 Orchestergruppen u. *Concert avec plusieurs instruments Nr. 3* für Fl., Ob., Orch. u. Synthesizer (1978).

Divertimento (ital.: »Unterhaltung«), **1.** Sammlung unterhaltender kurzer Tonstücke, die sich besonders im 18. Jh. großer Beliebtheit erfreuten. Die Besetzung reichte vom Soloinstr. bis zum Orch. Die Satzfolge war meistens unverbindlich, wobei tanzartige Stücke überwogen. Die Form war in der 2. Hälfte des 18. Jh. teils sonaten-, teils suitenhaft. Am bekanntesten wurden die als höfische oder bürgerliche Unterhaltung ausgeführten Divertimenti W. A. Mozarts. Unter der franz. Bezeichnung Divertissement versteht man Balletteinlagen in der franz. Oper (→ Lully u. → Rameau). **2.** freies Zwischenspiel in der Fuge.

Division (engl.: »Teilung«), im 16.–18. Jh. eine Bezeichnung für die Zerlegung einzelner Gerüsttöne oder Tonschritte. Diese Art der Verzierung war besonders in England beliebt, wo über einem → Ground improvisiert wurde (breaking the ground).

Dixieland oder **Dixieland style** bezeichnet den frühesten weißen Jazz. Mit D. werden im allgemeinen die Staaten südlich der Mason-Dixon-Linie bezeichnet, aus denen dieser Jazzstil auch stammt. Er entstand aus einer Verbindung von → Ragtime u. der Musik der populären marching bands. Die ersten bekannten D.-Bands waren Laines Reliance Brass Band, seine Ragtime Band, La Roccas Original D. Jazz Band u. die New Orleans Rhythm Kings. Wesentliches Merkmal war das kollektive Chorus-Spiel. Der D. wurde in den 20er Jahren durch den → Chicago Jazz verdrängt. Seit den 50er Jahren erfährt der D. besonders in Europa eine Renaissance mit Bands wie denen von Chris Barber u. Ken Colyer.

Do, Solmisationssilbe (→ Solmisation), die seit dem 17. Jh. das ältere Ut als Bezeichnung der 1. Stufe verdrängte. Bezeichnet heute in Italien u. Spanien, seltener in Frankreich, den Ton C.

Dobiáš, Václav, tschech. Komponist u. Lehrer, * 22. 9. 1909 Radčice bei Železný Brod. Studierte bei J. B. Foerster, A. Hába u. V. Novák u. schloß 1939 mit einer Kammersinfonie seine Studien an der Meisterschule des Staatlichen Konservatoriums in Prag ab. Lehrte ab 1950 an der Akademie der musischen Künste in Prag Komposition.

Zu D. Werken gehören die Kantaten *Stalingrad* (1945), *Befehl Nr. 386* (1946), *Tschechoslowakische Polka* (1947) u. *Ich werde dahin zurückkehren* (1948), 2 Sinfonien (1946 u. 1957), 1 Sinfonietta (1948), Kammermusik, Märsche, Chöre u. Liederzyklen.

Doblinger, Ludwig D. KG, Wiener Musikverlag, als Musikalien-Leihanstalt 1816 von F. Mainzer im Eisgrübl gegründet, nach dessen Tod von der Witwe weitergeführt u. um ein Notenantiquariat vergrößert. 1857 ging das Geschäft in den Besitz von L. Doblinger über, der es 1873 in die Dorotheergasse 10 verlegte. 1876 übernahm Bernhard Herzmansky sen. (1852–1921) die Firma, begann mit eigener Verlagstätigkeit u. gliederte das Ganze in die 4 Abteilungen Musik, Antiquariat, Abonnement u. Verlag. Seine Verlagsnummer D 1 war die *Emma-Quadrille* zu 4 Händen aus J. E. Hummels »10 leichte Tanzbilder der Jugend« op 160. Um die Werke von C. M. Ziehrer baute Herzmansky sen. in der Folgezeit einen angesehenen Verlag für Unterhaltungs-, Tanz- u. Salonmusik auf. Zu seinen Komponisten gehörten neben Ziehrer F. Lehár, O. Straus, L. Fall, E. Eysler, O. Nedbal, R. Benatzky u. H. Berté. Mit der Übernahme des Verlages Wetzler 1890 kamen u. a. auch frühe Kompositionen F. Busonis u. eine Reihe von Klavierkompositionen R. Schumanns an D. Die bei D. verlegten Bruckner-Werke wurden in die neugegründete Universal Edition gegen eine Aktienbeteiligung eingebracht. Neben der Herausgabe von Unterrichtsmusik, z. B. »Wir lernen Musik« (6 Bde.), u. Chorblattreihen widmete sich D. auch zunehmend der zeitgenössischen Musik, wobei ein Hauptakzent auf jüngeren österreichischen Komponisten lag, deren Werke in regelmäßig von D. veranstalteten Konzerten vorgestellt wurden. Zu den Verlagskomponisten gehören H. E. Apostel, P. Angerer, C. Bresgen, W. Bloch, T. Ch. David, H. Eder, P. Kont, E. Kornauth, A. Heiller, P. W. Fürst, M. Rubin, R. Schollum, K. Schiske, J. Takács, E. Urbanner, F. Wildgans, E. Wellesz u. a. In der Editionsreihe »Diletto musicale« werden hauptsächlich Werke der Wiener Vorklassik u. Klassik herausgebracht, die sich auch zum Musizieren in kleinerem Kreise eignen. In dieser Reihe erschienen Haydn-Erstdrucke sowie alle seine Klaviertrios. D. betreut auch den Nachlaß von J. M. Hauer. 1974 ist das von Mueller von Asow begonnene »Thematische Verzeichnis der Werke von

Richard Strauss« von A. Ott u. F. Trenner fertiggestellt worden. Die 1959 eingeführten »Doblingers Verlagsnachrichten« erscheinen seit 1968 in Form eines Jahresalmanachs.

Dobrzyński, Ignacy Feliks, poln. Komponist u. Pianist, * 15. 2. 1807 Romanow, † 10. 10. 1867 Warschau. Schüler von J. Elsner u. Freund F. Chopins.

D. komponierte die Oper *Monbar oder die Flibustiere* (1838), 2 Sinfonien (1830 u. 1831), 2 Trauermärsche zu Ehren F. Chopins u. L. van Beethovens, 1 Klavierkonzert, 1 Streichsextett, 2 Streichquintette, 3 Streichquartette u. Bühnenmusik.

Dodekaphonie → Zwölftontechnik

Dodgson, Stephen, engl. Komponist u. Lehrer, * 17. 3. 1924 London. Studierte am Royal College of Music in London, bereiste mit einem Stipendium Italien u. wurde 1965 Lehrer am Royal College of Music. Seine Musik ist stark von L. Janáček beeinflußt u. verrät ein ausgeprägtes Rhythmusgefühl.

D. komponierte u.a.: die Schulopern *Lammas Fair* (1952), *Threadneedle Street* (1956) u. *The Miller's Secret* (1973) u. *Margaret Catchpole*, Oper in 4 Akten für 9 Solisten u. 11 Instr. Weitere Werke, bei denen die Git. eine besondere Rolle spielt: Concerto Nr. 1 für Git. u. Kammerorch. (1956); Suite für Blechbläserseptett u. Suite für Ob. u. Kl. (1957); Duo für Fl. u. Hf. u. Serenade für Ob., Klar. u. Fag. (1958); Klaviersonate (1959); *Inventions Nr. 2* für Cemb., Partita für Git. solo u. *Four Poems of John Clare* für hohe St. u. Git. (1961); Impromptus für Kl. (1962); Sonate für Blechbläser (1963); Streichtrio Nr. 2 (1964); *The Nativity*, Weihnachtskantate für Kinderchor u. Kl. (1965); Klavierquintett (1966); *Methought this other night* für Klaviertrio u. Sonate für Englisch Horn u. Kl. (1967); *Cadilly* für S., Mezzo-S., B. u. Bläserquintett, Sonate für Vc. u. Kl., *Duo Concertant* für Git. u. Cemb. u. *Saraband* für Git. solo (1968); Concerto für Fag. u. Kammerorch., *Distances between* für S., Bar. u. Kl., *Fantasy-Divisions* für Git. solo u. Concerto da camera Nr. 3 für 2 Fl., V. u. Orch. (1969); *Inventions Nr. 3* für Cemb. u. *Occasional pieces* für Vc. u. Kl. (1970); Concerto da camera Nr. 4 für Kl. u. Streicher u. *Variazioni concertante* für Fl., Ob., V., Vc. u. Cemb. (1971); Concerto Nr. 2 für Git. u. Kammerorch., *Illuminare Jerusalem* für 6 St. a cappella, Suite für Ob. u. Cemb. u. Te Deum für S., T., Bar., Chor u. Orch. (1972); Quintett für Git. u. Streichquartett (1973); *Wind Symphony* (1973–74); Duo für Vc. u. Git. (1974); *Last of the leaves*, Kantate für B., Klar. u. Streicher, u. *Baryton*, Trio für Baryton, Va. u. Vc. (1975); Magnificat für S., Contra-T., B., Chor u. Orch. (1975); *Dialogues* für Git. u. Cemb. u. Partita Nr. 2 für Git. solo (1976); *Take Two* für 2 Git., *Legend* für Git. solo u. *London Lyrics* für hohe St. u. Git. (1977); *Merlin* für Git. solo u. *Never trust a Spider* für Erzähler, 7 Klar. u. Publikumsbeteiligung (1978). Außerdem verfaßte D. mit H. Quine »Twenty Studies for Guitar« (1965), »Progressive Reading for Guitar« (1973) u. »12 Transitional Studies for solo guitar« (1978).

Döhl, Friedhelm, dt. Komponist u. Lehrer, * 7. 7. 1936 Göttingen. Studierte in Freiburg i. Br. Komposition (W. Fortner), Klavier (C. Seemann), Schulmusik, Musikwissenschaft u. Philosophie. 1965–68 Dozent für Komposition u. Musiktheorie am Robert-Schumann-Konservatorium in Düsseldorf, 1969 Lektor, 1971 Professor am Musikwissenschaftlichen Institut der Freien Universität Berlin, ab 1974 Direktor der Musikakademie in Basel. Nach Auseinandersetzung mit der seriellen Technik wandte sich D. der Beziehung zwischen Klang u. Form zu. Auf meditative Texte entstanden mehrere Zyklen für Gesang u. Instrumente. Gleichzeitig unternahm er in Zusammenarbeit mit bildenden Künstlern wie G. Uecker den Versuch eines neuen Intermediums, die Reduktion des Musikalischen Theaters, das Mikrodrama.

Zu D. Kompositionen gehören: Sonata I für Kl. (1959); Sonata II für Kl. u. Duo für V. u. Kl. (1960); Sonata III für Kl. u. Oktett (1961); *Canto W* für Fl. solo, *Klangfiguren* für Bläserquintett, Improvisationen I für Org., *Kartenspiele* für 2 Geiger, *Passages*, Sonata IV für Kl. u. *Oculapis*. Reflexe für Fl. u. Kl. (1962); *Albumblätter* für 1–10 Fl., *7 Haiku* für S., Fl. u. Kl., *Fragment Sibylle* für Bar., Fl., Va., Vc. u. Kl., *Epitaph ›Tich Yuang Tuc‹* für S., Klar. u. Kammerensemble, *Julianische Minuten* für Fl. u. Kl. u. *Sternverdunkelung*, Kantate für Bar., Chor, Org. u. Instr. (1963); Toccata für Fl., Trp., Cemb. u. Kl. (1964); *Tappeto*, Impressionen für Vc. u. Hf. (1967); *Melancolia, Magische Quadrate* für großes Orch. mit Chor u. S.-Solo (1967–68); *Pas de Deux* für V. u. Git. (1968); *... Wenn Aber ...*, 9 Fragmente nach Hölderlin für Bar. u. Kl. (1969); *Klang-Szene I* für Live-Elektronik, 4 Lautsprechergruppen, Objekte u. Licht-Environment (1970); *Klang-Szene II* für Live-Elektronik, 4 Lautsprechergruppen, Objekte, Licht-Environment u. 4 verschiedene Ensembles (1971); *Klang-Modelle I* u. *II* für Kl., *Textur I* für Fl. solo, *Textur II* für Kl., *Deviazione*, 7 Tage Variationen über Variationen von Cage, für einen Solisten, u. *Sound of Sleat*, Streichquartett I (1971); *Sound-Scene III*, *›Zorch‹*, für 3 offene Flügel u. Orch. (Big-band-Besetzung), *Cadenz* für 3 (1–3) offene Flügel u. *Süll* für 2 Darsteller (Solofl., Sprecher) u. *Requisiten*, (1972); *Textur III (A & O)*, Mikrodrama für 1 Sprecher, 4 Mikrophone, Masken u. Requisiten, u. *Sotto Voce* für Fl., Vc. u. Kl. (1973); *Szene über einen kleinen Tod* für Frauenst., Fl. u. Vc. (1975); *Auf schmalem Grat* (Requiem für 6 St., 1979); *Ikaros* (Ballett für Orch., 1980).

Dohnanyi, Ernst von, ungar. Pianist u. Komponist, * 27. 7. 1877 Preßburg, † 9. 2. 1960 New York. Erhielt ersten Unterricht bei seinem Vater, einem Mathematikprofessor am Preßburger Gymnasium. Ab 1885 Klavierunterricht bei C. Forster. 1893–97 Studium an der Königlichen Musikakademie in Budapest bei St. Thomán (Klavier) u. H. Koessler (Komposition). 1897 kurzes Studium bei d'Albert u. erste erfolgreiche Auftritte als Pianist in Berlin u. Wien. 1905–15 Klavierlehrer an der Berliner Musikhochschule, anschließend am Budapester Konservatorium, dessen Direktor D. 1919–20 war. 1919–44 Dirigent der Philharmonischen Gesellschaft in Budapest, 1925–27 Aufenthalt in den USA, wo er insbesondere das New York State Symphony Orchestra dirigierte, anschließend Lehrer für Komposition u. Klavier an der Musikakademie in Budapest u. ab 1931 Dirigent am ungar. Rundfunk. D. verließ Ungarn 1948 aus politischen Gründen, hielt sich ein Jahr lang in Tucumán, Argentinien, auf u. wurde 1949 Composer-in-residence an der State University von Florida. Während er in seinen eigenen Kompositionen einer künstlichen Folklore u. der Spätromantik anhing, setzte er sich gleichzeitig für die Werke seiner Landsleute B. Bartók u. Z. Kodály ein. Sein Enkel Christoph von D. (* 8. 9. 1929) ist seit 1977 Intendant u. Chefdirigent der Hamburgischen Staatsoper.

D. schrieb u. a.: die Opern *Tante Simona* (1913), *Der Turm des Wojwoden* (1922) u. *Der Tenor* (1929), die Pantomime *Der Schleier der Pierrette* (1910), 3 Sinfonien, Orchestersuiten, 2 Klavierkonzerte, Variationen über *Ah, vous dirai-je, mamam* für Kl. u. Orch., 1 Cellokonzert, 1 Violinkonzert, 1 Concertino für Hf. u. Orch., Chorwerke, Kammermusik, Klavierstücke u. Lieder. 1960 erschien in Jacksonville, Florida, seine Autobiografie »Message to Posterity«.

dolce (ital.: »süß«, »lieblich«), eine Vortragsbezeichnung.

Doldinger, Klaus (Pseudonym: Paul Nero), dt. Jazzmusiker u. Komponist, * 12. 5. 1936 Berlin. Gehört zu den erfolgreichsten T.-Saxophonisten u. Bandleadern Deutschlands. Trat mit verschiedenen eigenen Bands auf, seit den 70er Jahren mit der Gruppe Passport. Komponierte die Titelmelodie zu »Tatort« u. die Filmmusik zu »Das Boot«.

Doles, Johann F., dt. Organist, Dirigent u. Komponist, * 23. 4. 1715 Steinbach-Hallenberg, † 8. 2. 1797 Leipzig. Kam 1739 zum Theologiestudium nach Leipzig und wurde Schüler J.S. Bachs. 1743–44 dirigierte der das Große Konzert, aus dem sich später die Gewandhaus-Konzerte entwickelten. 1744 führte er zur Feier des einjährigen Bestehens dieser Musikvereinigung seine Kantate *Das Lob der Musik* auf. 1744–55 Kantor in Freiberg, wo er 1748 zur hundertjährigen Wiederkehr des Friedens von Westfalen ein Singspiel aufführte. 1756 als Nachfolger G. Harrers Thomaskantor in Leipzig. 1789 nahm er seinen Abschied, die Nachfolge trat J. A. Hiller an. Obwohl D. Schüler Bachs war, kümmerte er sich weder um die Verbreitung von dessen Werken, noch zeigen seine eigenen Kompositionen irgendeine Verwandtschaft mit denen seines Lehrers. Im Vorwort zu seiner W. A. Mozart u. J. G. Naumann gewidmeten Kantate *Ich komme vor dein Angesicht* (1790) forderte er sogar die Verbannung der Fuge aus der Kirchenmusik.

Dolby-Stretcher, ein nach dem engl. Ingenieur R. M. Dolby benanntes System zur Verminderung des Störpegels auf Tonbändern. Hilft insbesondere das durch vielfaches Kopieren entstehende Bandrauschen zu beseitigen. Von Bedeutung für Musik im Fernsehen.

Dominante (von lat. dominari: »herrschen«), bezeichnet in der funktionalen Harmonielehre den auf der 5. Stufe der Tonleiter errichteten Dreiklang. Der Charakter dieses Akkordes wird deshalb in der tonalen Musik als beherrschend empfunden, weil er zu einer Auflösung in die → Tonika drängt.

Dominantseptakkord heißt der aus Dur-Dreiklang u. kleiner Septime auf der → Dominante errichtete Akkord.

Donati, Ignazio, ital. Komponist, * um 1585 Casalmaggiore, † 1638 Mailand. Kirchenkapellmeister in Urbino (1612), Ferrara (1616), Casalmaggiore (1622), Novara (1623), Lodi (1629) u. Mailand (1631).

Zu D. Kompositionen gehören Motetten, Concerti ecclesiastici, Messen, Psalmen.

Donato, Baldissera (Baldassare), ital. Komponist, * um 1530, † Anfang 1603 Venedig. 1550 musico e cantor an S. Marco in Venedig. 1562–65 Kapellmeister der cappella piccola, die bei Amtsantritt G. Zarlinos aufgelöst wurde. D. blieb jedoch weiter als Sänger an S. Marco. 1580 Direktor des Seminario Gregoriano u. 1590 Nachfolger Zarlinos als Kapellmeister an S. Marco. Als Komponist wurde er mit seinen in der Nachfolge von A. Willaert stehenden »Le napolitane et alcune madrigali a 4 v.« (Venedig 1550) bekannt. 1553 erschien sein »Primo libro di madrigali a 5 e a 6 voci« u. 1599 ein »Il primo libro de' motetti a 5, 6 e 8 voci« (beide Venedig). Das in der letzteren Sammlung enthaltene *Virgo decus nemorum* ist bekannt wegen seiner Echo-Effekte.

Donatoni, Franco, ital. Komponist, * 9. 6. 1927 Verona. Studierte bei E. Desderi in Mailand, A. Zecchi u. L. Liviabella in Bologna u. I. Pizzetti in Rom. Ab 1953 Lehrer für Harmonielehre u. Kontrapunkt am Konservatorium in Bologna, ab 1955 am Konservatorium in Mailand u. danach Professor für Komposition in Turin.

Von D. vorwiegend für Instrumentalensemble geschriebenen Werken seien erwähnt: Concertino für Pauken, Streicher u. Blechbläser (1952); *Sinfonia* für Streicher (1953); Divertimento für V. u. Orch. (1954); das Ballett *La Lampara* (1957); *Strophes* für Orch. (1959); *Per orchestra* (1962) u. *Doubles II* für Orch. (1970).

Donemus, Documentatie in Nederland voor Muziek, 1947 von C. Nierstrasz u. C. Wiessing in Amsterdam gegründete Stiftung zur Förderung der niederl. Musik. Neben der Konservierung unveröffentlichter Werke auf Mikrofilm gibt D. Mitteilungsblätter heraus, unterhält Vertretungen in den USA, England u. Deutschland u. veröffentlicht den »General Catalogue of Dutch Contemporary Music«.

Donizetti, Gaetano D. M., ital. Komponist, * 29. 11. 1797 Bergamo, † 8. 4. 1848 ebd. Studierte

1806–15 an der von S. Mayr gegründeten Institution Lezioni Caritatevoli Gesang, Klavier u. Bratsche u. erhielt bei Mayr zusätzlich Theorieunterricht. Mayr, mit dem D. eine lebenslange Freundschaft verbinden sollte, sorgte dafür, daß er 1815 in das Liceo Musicale in Bologna aufgenommen wurde, wo er bis 1817 bei dem berühmten S. Mattei, einem Schüler Padre Martinis, Kontrapunkt studierte. Nach dem Abschluß seiner Studien kehrte D. nach Bergamo zurück u. hoffte auf eine Anstellung u. Kompositionsaufträge. Zusammen mit Mayr nahm er an den Kammermusikveranstaltungen im Hause A. Bertoli teil u. komponierte für diese Zusammenkünfte eine Reihe von Streichquartetten. Zur gleichen Zeit entstanden Sinfonien, Kirchenkompositionen u. seine ersten Opern. Einen gewissen Erfolg hatte D. mit seiner Oper *Enrico di Borgogna*, die 1818 am Teatro S. Luca in Venedig herauskam u. 1819 in Bergamo nachgespielt wurde. Der Impresario Zancla bestellte weitere Opern bei D., der inzwischen auch Verbindung zum Teatro Argentina in Rom aufgenommen hatte, wo im Januar 1822 seine *Zoraide di Granata* gespielt wurde. Der außergewöhnliche Erfolg dieser Oper brachte ihm einen Vertrag für Neapel ein, wo er im April des gleichen Jahres eine Kantate aufführte u. im Mai seine Oper *La zingara* mit Erfolg herausbrachte. 1825–26 nahm D. eine Stellung als Kapellmeister an der Oper von Palermo an, komponierte neue Opern, revidierte bereits Erschienenes u. schloß 1826 einen Vertrag mit dem berühmten Impresario D. Barbaja, der ihn zur Lieferung von je 4 Opern für die nächsten drei Jahre verpflichtete. 1828 wurde in Genua zur Eröffnung des neuen Opernhauses Carlo Felice D. *Alina, regina di Golconda* gespielt. In ganz Italien bekannt wurde er aber erst mit seiner *Anna Bolena*, die am 26. 12. 1830 ihre Uraufführung im Teatro Carcano in Mailand erlebte. Da V. Bellini gleichzeitig an diesem Theater *La Sonnambula* herausbrachte, sah er in D. einen Rivalen, über den er sich verschiedentlich abfällig äußerte. 1835 kam es in Paris zu einer weiteren Konfrontation, als Bellini mit seinen *Puritani* großen Erfolg hatte, während D. *Marino Faliero* weniger gut ankam. Diese einseitigen Anfeindungen hielten D. nicht davon ab, als er von Bellinis Tod erfuhr, ein Requiem zu seinem Angedenken zu komponieren. In Neapel hatte D. von 1834 bis 1839 eine Professur für Kontrapunkt u. Komposition am Konservatorium inne u. erlebte mit der am 26. 9. 1835 dort uraufgeführten *Lucia di Lammermoor* seinen wohl größten Triumph. Nach zehnjähriger Ehe starb 1837 seine Frau Virginia. Der völlig deprimierte D., der diesen Schicksalsschlag bis an sein Lebensende nicht verwinden sollte, lebte von da an nur noch seiner Arbeit. 1838 verbot die Zensur in Neapel seine Oper *Poliuto*, die er 1840 in Paris als *Les martyrs* herausbrachte. Als er 1839 nicht zum Nachfolger N. A. Zingarellis am Konservatorium von Neapel ernannt wurde, verließ er die Stadt u. lebte zeitweise in Paris. Dort wurden seine nächsten Opern *La fille du régiment* u. *La favorite* (beide 1840) gegeben. Ein Teil des Erfolges von *La favorite* ist Carlotta Grisi zu danken, die im ballet-divertissement dieser Oper debütierte. 1842 dirigierte D. auf Einladung G. Rossinis die ital. Erstaufführung von dessen Stabat mater in Bologna, nahm aber das Angebot, Direktor des Liceo Musicale zu werden, nicht an. 1842 brachte D. Rossinis Stabat mater ebenfalls nach Wien, wo er außerdem seine Oper *Linda di Chamounix* uraufführte. Diese Oper trug ihm den Titel Hofcompositeur u. den Auftrag zu einer weiteren Oper für das Kärntnertor-Theater ein. D. komponierte daraufhin *Maria di Rohan*, deren Aufführung 1843 stattfand. Im gleichen Jahr brachte er in Paris seine noch heute beliebte Buffo-Oper *Don Pasquale* heraus. Die Aufregungen um die Einstudierung seiner Oper *Catarina Cornaro* führten 1844 zu einem paralytischen Zusammenbruch D., der zu jener Zeit offensichtlich noch nicht wußte, daß er an einer Geschlechtskrankheit in fortgeschrittenem Stadium litt. 1845 kam er seinen Verpflichtungen in Wien noch nach u. dirigierte die deutsche Fassung von *Dom Sébastien*. Da er zusehends verfiel, wurde er 1846 in eine Anstalt in Ivry eingewiesen. D. Freunden gelang es jedoch, den völlig apathischen Komponisten im Herbst 1847 nach Bergamo zu bringen, wo er am 8. 4. 1848 starb.

Gemeinsam mit Rossini u. Bellini bildete D. das Dreigestirn des Belcanto. Zeitgenossen berichteten immer wieder voll Bewunderung über den Einfallsreichtum u. die Leichtigkeit, die D. auch bei seinen oft halsbrecherischen Terminen nicht im Stich ließen. Die meisten seiner heute vergessenen 70 Opern leiden unter schlechten Librettos. Erschwerend kommt hinzu, daß die damals überall in Italien wütende Zensur häufig auch noch den letzten Rest von Logik in einem Textvorwurf zunichte machte u. wirklich dramatische Sujets, die auch einen D. beflügelt hätten, auf Grund der Verhältnisse gar nicht erst in Frage kamen. Bei D. Arbeitstempo konnte es auch nicht ausbleiben, daß der Komponist Anleihen bei sich selber machte, nach leicht zu handhabenden Schemata vorging u. häufig auch noch auf die ihm erst in letzter Minute zur Verfügung gestellten Besetzungen Rücksicht nehmen mußte. Von seinen Opern sind heute noch im Repertoire: *Anna Bolena, L'elisir d'amore (Der Liebestrank), Lucia di Lammermoor, La fille du régiment, La fa-*

vorite u. *Don Pasquale*. Ob Wiederbelebungsversuche bei weiteren Werken, wie sie augenblicklich besonders von der Sopranistin J. Sutherland versucht werden, Erfolg haben, bleibt abzuwarten. Über dem Opernschaffen D. sind seine anderen Kompositionen zu Unrecht völlig in Vergessenheit geraten.

Zu D. Werken gehören: die Opern *Il Pigmalione* (1816), *Olimpiade* (unvollständig 1817), *L'ira d'Achille* (1817), *Enrico di Borgogna* (1818), *Una follia* (1818), *I piccioli virtuosi ambulanti* (1818), *Il falegname di Livonia* (auch *Pietro il Grande, Czar delle Russie*, 1819), *Le nozze in villa* (1820–21), *Zoraide di Granata* (1822), *La zingara* (1822), *La lettera anonima* (1822), *Chiara e Serafina o I pirati* (1822), *Alfredo il Grande* (1823), *Il fortunato inganno* (1823), *L'aio nell'imbarazzo* oder *Don Gregorio* (1824), *Emilia di Liverpool* oder *L'eremitaggio di Liverpool* (1824), *Alahor di Granata* (1826), *Il castello degli invalidi* (1826), *Elvida* (1826), *Gabriella di Vergy* (1826), *La bella prigioniera* (unvollständig 1827), *Olivo e Pasquale* (1827), *Otto mesi in due ore* oder *Gli esiliati in Siberia* (1827), *Il borgomastro di Saardam* (1827), *Le convenienze ed inconvenienze teatrali* (1827), *L'esule di Roma oder Settimio il proscritto* (1828), *Alina, regina di Golconda* (1828), *Gianni di Calais* (1828), *Il giovedi grasso* (1828), *Il paria* (1829), *Elisabetta al castello di Kenilworth* (1829), *I pazzi per progetto* (1830), *Il diluvio universale* (1830), *Imelda de'Lambertazzi* (1830), *Anna Bolena* (1830), *Gianni di Parigi* (1831), *Francesca di Foix* (1831), *La romanziera e l'uomo nero* (1831), *Fausta* (1832), *Ugo, conte di parigi* (1832), *L'elisir d'amore* (1832), *Sancia di Castiglia* (1832), *Il furioso all'isola di S. Domingo* (1833), *Parisina* (1833), *Torquato Tasso* oder *Sordello* (1833), *Lucrezia Borgia* (1833), *Rosmonda d'Inghilterra* oder *Eleonora di Gujenna* (1834), *Maria Stuarda* oder *Buondelmonte* (1834), *Gemma di Vergy* (1834), *Marino Faliero* (1835), *Lucia di Lammermoor* (1835), *Belisario* (1836), *Il campanello* (1836), *Betly* oder *La capanna svizzera* (1836), *L'assedio di Calais* (1836), *Pia de'Tolomei* (1837), *Roberto Devereux* (1837), *Maria di Rudenz* (1838), *Poliuto* oder *Les martyrs* (1838), *Il duca d'Alba* (1839–40, vollendet von M. Salvi), *La fille du régiment* (1840), *La favorite* (1840, unter Verwendung von Teilen der fast fertigen Oper *L'ange de Nisida*), *Adelia o La figlia dell'Arciere* (1841), *Maria Padilla* (1841), *Rita ou Le mari battu* (1841), *Linda di Chamounix* (1842), *Caterina Cornaro* (1842–43), *Don Pasquale* (1843), *Maria di Rohan* oder *Il conte di Chalais* (1843), *Dom Sébastien de Portugal* (1843). Außerdem sind erhalten Teile von nicht fertiggestellten Opern, die häufig in anderen Werken aufgingen: *Adelaide* (übernommen in *L'ange de Nisida* u. von dort in *La favorite*), *L'ange de Nisida (La favorite)*, *La fidanzata* (eine Arie), *Gli Innamorati* (nur Libretto von D.), *Ne m'oubliez pas* (7 Nummern), *Il pascià di Scutari* (Libretto wird D. zugeschrieben). D. komponierte außerdem die Oratorien *Oratorio sacro* (1841) u. *Le sette chiese* (1842), eine Reihe von Kantaten, Hymnen, Kirchenmusik, Sinfonien, 19 Streichquartette, 2 Streichquintette, 1 Quintett für 2 V., Va., Vc. u. Git., Konzerte, Kammermusik, Klavierstücke u. Lieder.

Lit.: B. Zendrini, D. e Simone Mayr, Bergamo 1875; G. Gavazzini, D.: Vita e musiche, Mailand 1937; G. Monaldi, G. D., Turin 1938; G. Zavadini, D.: Vita – Musiche – Epistolario, Bergamo 1948; L. Bossi, D., Brescia 1956; G. Zavadini, D. l'uomo, Bergamo 1958; G. Barblan u. F. Walker (Hg.), Contributo all'epistolario di G. D., Bergamo 1962; H. Weinstock, D. and the World of Opera in Italy, Paris and Vienna in the First Half of the Nineteenth Century, New York 1963; W. Ashbrook, D., London 1965; J. S. Allitt, D. and the Tradition of Romantic Love, London 1975.

Donostia, José Antonio de, span. Komponist, * 10. 1. 1886 San Sebastián, † 30. 8. 1956 Lecároz. Trat mit 16 Jahren in den Kapuzinerorden ein u. lebte 1939–43 in Frankreich. 1943 Leiter der Folkloreabteilung des Instituto Español de Musicología in Barcelona. Wurde vor allem durch seine Gesänge u. Chöre bekannt.

D. komponierte u. a. auch *La quête héroique du Graal* für 4 Ondes Martenot u. Kl. (1938) u. Requiem für 4st. Chor u. Org. (1945). Veröffentlichte mehrere Schriften über baskische Musik, darunter »Essai d'une bibliographie musicale populaire basque« (1932).

Donovan, Richard F., amer. Komponist, Dirigent u. Lehrer, * 29. 11. 1891 New Haven, CT, † 22. 8. 1970 Middletown, CT. Studierte am Institute of Musical Art in New York u. an der Yale University, wo er 1928–60 Professor für Komposition war. Leitete 1960–70 den Bach Cantata Club in New Haven.

Zu D. Werken gehören die sinfonische Dichtung *Smoke and Steel* (1932), Sinfonie für Kammerorch. (1936), *Design for Radio* für 26 Instr. (1945), *Passacaglia on Vermont Folk Tunes* (1949), Sinfonie in D (1956), Kammermusik, Kirchenmusik, Klavierstücke u. Lieder.

Dont, Jakob, österr. Geiger, Lehrer u. Komponist, * 2. 3. 1815 Wien, † 17. 11. 1888 ebd. Schüler von J. Böhm. Trat 1834 in die Hofkapelle ein, wurde 1873 Professor am Konservatorium. War ein berühmter Lehrer, zu dessen Schülern L. Auer u. K. Gregorowicz zählten. Komponierte mehr als 50 Werke für sein Instrument. Seine Etüden finden heute noch Verwendung.

Doppelchor, ein in zwei geteilter Chor. → Coro spezzato

Doppelfuge, eine Fuge mit zwei Themen. Diese werden meistens erst einzeln behandelt u. anschließend kombiniert. In der sog. simultanen D. werden beide Themen von Anfang an gleichzeitig durchgeführt.

Doppelgriff bezeichnet das gleichzeitige Greifen von zwei Tönen auf einem Streichinstrument. Besonders im 18. Jh. in der franz. Geigenschule als wirkungsvolles Mittel eingesetzt.

Doppelkonzert bezeichnet eine Komposition für zwei Soloinstrumente u. Orch., z. B. das Konzert für 2 V. d-Moll von J. S. Bach.

Doppelkreuz, zeigt mit dem Symbol 𝄪 die doppelte chromatische Erhöhung eines Tones an. Entsprechend gilt 𝄫 für doppelte Erniedrigung.

Doppelschlag, Bezeichnung für eine Verzierung, bei der eine Note mit Ober- u. Untersekunde umspielt wird. Er besteht meistens aus vier Noten u. beginnt mit der Obersekunde, wenn ∾ angegeben ist, u. mit der Untersekunde, wenn ∽ steht. Daneben kommt der geschnellte D. vor, bei dem die Hauptnote als 5. Note vorangestellt wird.

Doret, Gustave V.-Ch., schweiz. Dirigent u. Komponist, * 20. 9. 1866 Aigle, † 19. 4. 1934 Lausanne. Studierte bei J. Joachim in Berlin u. P. J. Marsick in Paris Geige u. bei Th. Dubois, J. Massenet u. C. Saint-Saëns in Paris Komposition. 1893–95 2. Dirigent der Concerts Harcourt, organisierte historische Konzerte u. übernahm als Nachfolger von G. Marie die Leitung der Société Nationale de Musique, in deren Rahmen er 1894 die Uraufführung von C. Debussys *Prélude à l'après-midi d'un faune* leitete. Ab 1907 auch Dirigent an der Opéra-Comique. Setzte sich immer wieder für die Kompositionen Debussys ein.

Zu D. Werken gehören Opern, 2 Kantaten, 1 Oratorium, Orchesterwerke, Chöre u. Lieder.

dorisch → Kirchentöne

Dorn, Heinrich L. E., dt. Dirigent, Lehrer, Musikschriftsteller u. Komponist, * 14. 11. 1800 Königsberg, † 10. 1. 1892 Berlin. Studierte bei L. Berger, C. F. Zelter u. B. Klein u. begann nach kurzer Lehrtätigkeit in Frankfurt eine Kapellmeisterlaufbahn, zuerst in Königsberg (1828), anschließend in Leipzig (1829), Hamburg (1832) u. später Riga. 1843 Berufung nach Köln, wo er 1845 eine Musikschule gründete. Dirigierte die Niederrheinischen Musikfeste 1844 u. 1847 u. wurde 1849 als Nachfolger O. Nicolais Hofopernkapellmeister in Berlin. Daneben war D. jahrelang Kritiker der »Neuen Berliner Musikzeitung«. Veröffentlichte autobiografische Skizzen u. gesammelte Aufsätze in »Aus meinem Leben« (Berlin 1870–86).

Zu D. Kompositionen gehören: die Opern *Die Rolandsknappen* (1826), *Der Zauberer u. das Ungetüm* (1827), *Die Bettlerin* (1828), *Abu Kara* (1831), *Der Schöffe von Paris* (1838), *Das Banner von England* (1841), *Die Nibelungen* (1854), *Ein Tag in Rußland* (1856) u. *Der Botenläufer von Pirna* sowie die Operette *Gewitter bei Sonnenschein* (1865). Außerdem komponierte er das Ballett *Amors Macht* (1830), 1 Requiem, Kantaten, Sinfonien, Klavierstücke u. Lieder.

Dorward, David, engl. Komponist, * 7. 8. 1933 Dundee. Studierte 1957–60 an der Royal Academy of Music in London, arbeitete zwei Jahre im Schuldienst u. erhielt 1962 eine Anstellung bei BBC Scotland in Edinburgh.

Zu D. Kompositionen gehören: die Oper in einem Akt *Tonight Mrs. Morrison* (1968), die Orchesterwerke *Comedy Overture* (1958), Concerto für Bläser u. Schlagzeug (1960), Symphonie Nr. 1 (1961) u. *Variations on an Old Scots Air* (1963), *The Fervent Five* für Soli, Chor u. Orch. (1964), Konzerte für V. (1965), Vc. (1966) u. Kl. (1976) mit Orch., *Histoire* für Kammerensemble (1975), 1 Klarinettenquartett *Rus in Urbe* (1975), 4 Streichquartette, Bühnen-, Film- u. Hörspielmusiken.

Dostal, Nico, österr. Komponist u. Kapellmeister, * 27. 11. 1895 Korneuburg, † 27. 10. 1981 Salzburg. Zuerst Kirchenmusiker, dann Theaterkapellmeister in Innsbruck, Salzburg u. Berlin, wo er 1933 mit der Operette *Clivia* seinen ersten Erfolg als Komponist hatte.

Zu D. weiteren Operetten gehören: *Die Vielgeliebte* (1934), *Prinzessin Nofretete* (1935), *Monika* (1937), *Die ungar. Hochzeit* (1939), *Die Flucht ins Glück* (1940), *Manina* (1942), *Der Kurier der Königin* (1950), *Zirkusblut* (1951), *Doktor Eisenbart* (1952) u. *Rhapsodie der Liebe* (1963). Außerdem komponierte er Film- u. Unterhaltungsmusik.

Dotzauer, J. J. Friedrich, dt. Cellist u. Komponist, * 20. 1. 1783 bei Hildburghausen, † 6. 3. 1860 Dresden. 1801–05 Cellist in der Meininger Hofkapelle, 1806 Schüler bei B. Romberg in Berlin, 1811–52 Mitglied der Hofkapelle in Dresden. Komponierte vor allem eine Reihe von Konzerten für sein Instrument u. verfaßte eine Violoncelloschule.

Double (franz.: »doppelt«), Bezeichnung für die ausschmückende Wiederholung eines Satzes in der franz. Instrumentalmusik des 16.–18. Jh. Um 1760 durch den Begriff → Variation ersetzt.

Douglas, William, kan. Komponist, Fagottist u. Lehrer, * 7. 11. 1944 London, Ontario. Studierte an der Universität von Toronto u. an der Yale University bei R. Bloom (Fagott) u. M. Powell (Komposition). 1969–70 Privatunterricht in Komposition bei C. Cardew in London. Fagottist in verschiedenen Orchestern u. ab 1970 Lehrer am California Institute of the Arts. Konzertiert häufig mit dem Klarinettisten R. Stoltzman u. P. Serkins Tashi.

Zu D. Kompositionen gehören: Streichquartett (1968), *Vajra* u. *Karuna* für variable Besetzungen (1972), *Flower, It's Here, Playtime* u. *Warrior* für variable Besetzungen (1973), *Everywhere, Morning Song, Tower* u. *Sword* für variable Besetzungen (1974), *Four Bebop Etudes, Clouds, Child, Sky Dawn, Begin Sweet World, Mirage* u. *Jig* für variable Besetzungen (1975), außerdem die Klavierstücke *Celebration* (1970), *Ten Improvisation Etudes* (1972) u. *Flow* (1974).

Dowland, John, engl. Komponist u. Lautenist, * entweder Dezember 1562 bei Dublin oder um 1562/63 Westminster, † 20. oder 21. 1. 1626 London. Stand 1579–84 im Dienst der engl. Gesandten in Paris u. trat dort auch zum Katholizismus über. Erhielt deshalb bei seiner Rückkehr nach England nicht die gewünschte Anstellung als Königlicher Lautenist. 1592 veröffentlichte er 5 Psalmenvertonungen. 1594–95 gemeinsam mit Gregorio Howett an den Höfen von Wolfenbüttel u. Kassel, anschließend Italienreise mit Aufenthalten an verschiedenen Höfen, insbesondere in Florenz. Wieder in London, veröffentlichte D. 1597 sein »First Book of Ayres« mit 21 Liedern für eine Singstimme u. Laute, auch 4st. zu singen. 1598–1606 Königlicher Kammerlautenist Christians IV. in Kopenhagen. 1600 erschien sein 2. u. 1603 sein 3. Buch mit Ayres. 1604 gab D. »Lachrimae, or Seven Teares, figured in seven passionate

Pavans« für Laute und Violen oder Violinen heraus. Neben dem Variationenwerk über D. eigenes Lied *Flow, my tears* enthält »Lachrimae« 14 weitere Instrumentalsätze, darunter ein melancholisches Selbstporträt. Nach einem unehrenhaften Abschied vom dänischen Hof mußte D. in England erleben, daß er völlig in Vergessenheit geraten war. Er wurde Lautenist des Lord Walden u. 1612 endlich einer der 6 Königlichen Lautenisten. Im gleichen Jahr erschienen »A Pilgrim's Solace«, eine Liedersammlung. 1614 veröffentlichte sein Sohn Robert D. in »A Musical Banquet« 3 Lieder des Vaters, außerdem erschienen 2 geistliche Chorsätze in einem Sammelwerk. 1622–23 reiste D. auf Einladung des Herzogs von Pommern-Wolgast noch einmal nach Deutschland. D. erst in neuerer Zeit erkannte Bedeutung liegt in der Entwicklung des Kunstliedes.
Der Verbreitung seiner Werke hat sich ganz besonders das 1969 von A. Rooley gegründete Consort of Musicke angenommen.

Doxologie (griech.: »Lobpreisung«), Bezeichnung für den liturgischen Lobpreis der göttlichen Trinität. Das Gloria in excelsis Deo nennt man große D., das Gloria Patri et Filio et Spiritu Sancto kleine D.

Draeseke, Felix A. B., dt. Komponist u. Musikschriftsteller, * 7. 10. 1835 Coburg, † 26. 2. 1913 Dresden. Studierte am Leipziger Konservatorium bei J. Rietz u. schloß sich der Neudeutschen Schule an. Ab 1884 als Nachfolger F. Wüllners Kompositionslehrer am Dresdner Konservatorium. Von seinen Opern wurden nur *Gudrun* u. *Herrat* zu seinen Lebzeiten aufgeführt. Er komponierte außerdem die Opern *König Sigurd* (1853–57), *Bertran de Born* (1892–94), *Fischer und Kalif* (1895), *Merlin* (1900–05) u. *Der Waldschatzhauser,* 4 Sinfonien, Konzerte, Kirchenmusik u. Kammermusik. Sein 1906 in der »Neuen Musik-Zeitung« gegen R. Strauss gerichteter Aufsatz »Die Konfusion in der Musik« erregte Aufsehen. D. veröffentlichte außerdem »Anweisung zum kunstgerechten Modulieren« (1875), »Die Beseitigung des Tritonus« (1880), »Die Lehre von der Harmonia« (1886) u. »Der gebundene Styl« (1902).

Draghi, Antonio, ital. Komponist, * 1635 Rimini, † 16. 1. 1700 Wien. Begann als Bassist in Venedig u. ging 1658 als Hofmusiker nach Wien. 1669 zum Kapellmeister ernannt, 1673 Intendant des Hoftheaters u. 1682 Hofkapellmeister. Er komponierte 175 Bühnenwerke, mehr als 40 Oratorien u. Kantaten, 2 Messen, ein Stabat mater u. einige Hymnen. Sein Sohn Carlo (1669–1711) war 1698–1711 Hoforganist.

Drăgoiu (Drăgoi), Sabin V., rumän. Komponist, * 19. 6. 1894 in Selişte, † 31. 12. 1968 Bukarest. Studierte bei V. Novák in Prag u. war 1924–43 u. 1949–50 Direktor des Konservatoriums von Timişoara. 1950–52 Professor für Folklore am Konservatorium von Bukarest, außerdem 1950–64 Direktor am Institut für Ethnografie u. Folklore der rumän. Akademie der Wissenschaften. Seine Kompositionen stehen stark unter dem Einfluß rumän. u. siebenbürgischer Folklore.
D. schrieb u. a.: die Opern *Năpasta* (1928, revidiert 1958), *Kir Ianulea* (1939), *Horia* (1945, revidiert 1959) u. *Păcală* (1962), 1 Klavierkonzert (1941), Chorwerke, Kammermusik u. Klavierstücke. Veröffentlichte mehrere Aufsätze über rumän. Folklore.

Dragonetti, Domenico, ital. Kontrabassist u. Komponist, * 7. 4. 1763 Venedig, † 16. 4. 1846 London. Mit 13 Jahren spielte er bereits im Orchester des Teatro S. Benedetto, mit 18 wurde er Nachfolger seines Lehrers Berini an S. Marco. 1794 zog D. nach London, wo er an der Oper, in den Konzerten des King's Theatre u. später bei den Konzerten der Philharmonic Society mitwirkte. In London begegnete er J. Haydn u. besuchte ihn in Wien, wo er auch L. van Beethoven u. S. Sechter kennenlernte. Zu seinen Kompositionen gehören Konzerte, Sonaten u. Stücke für sein Instrument. D. richtete auch Orgelwerke von J. S. Bach für Kb. u. Kl. ein.

Dramma per musica (ital.), gängige Bezeichnung im 17. u. 18. Jh. für die ernste Oper, bei J. S. Bach auch für weltliche Kantaten.

Drdla, Franz, tschech. Geiger u. Komponist, * 28. 11. 1868 Saar, Mähren, † 3. 9. 1944 Bad Gastein. Studierte 1880–82 am Prager Konservatorium u. 1882–88 am Wiener Konservatorium unter J. Hellmesberger u. A. Bruckner.
D. schrieb 2 Operetten, 1 Violinkonzert, 1 Klaviertrio u. Lieder. Bekannt wurde er durch seine Salonstücke für V. u. Kl., von denen er mehr als 250 komponierte, darunter auch die Serenade in A-Dur, *Souvenir, Liebeslied* u. *Vision.*

Dreiklang (aus lat. Trias), aus zwei Terzen zusammengesetzter dreitöniger Akkord, besonders jene Zusammenstellung von 3 Tönen, die aus dem Dur- oder Moll-System hervorgegangen sind.

Dresden, Sem (Samuel), holländ. Komponist, * 20. 4. 1881 Amsterdam, † 30. 7. 1957 Den Haag. Studierte bei B. Zweers in Amsterdam u. H. Pfitzner u. M. Landow in Berlin. 1919 Lehrer für Komposition u. Musiktheorie am Konservatorium in Amsterdam, daneben Leiter einer Chorvereinigung. 1924 Direktor des Konservatoriums in Amsterdam u. 1937–49 als Nachfolger J. Wagenaars mit Unterbrechung während der dt. Besetzung Direktor des Königlichen Konservatoriums in Den Haag. In seinen Kompositionen ist D. von der dt. Romantik u. C. Debussy beeinflußt.

D. schrieb u. a.: 1 Sinfonietta für Klar. u. Orch. (1938), 2 Violinkonzerte (1936 u. 1946), 1 Klavierkonzert (1942), 1 Flötenkonzert (1950) u. 1 Orgelkonzert (1953), Chorwerke, darunter das Oratorium *Saint Antoine* (1954, revidiert 1955), Kammermusik u. Klavierstücke. Eine nachgelassene Oper *François Villon* wurde von J. Mul instrumentiert u. 1958 uraufgeführt. D. veröffentlichte »Het muziekleven in Nederland sinds 1800« (1923) u. »Stromingen en tegenstromingen in de muziek« (1953).

Dreßler, Gallus, dt. Komponist und Lehrer, * 16. 10. 1533 Nebra, † zwischen 1580 u. 1589 Zerbst. Studierte in Jena u. trat als Nachfolger M. Agricolas 1558 in den Lehrkörper des Magdeburger Gymnasiums ein. Wurde dort 1563 Kantor, 1575 Diakonus an St. Nikolai in Zerbst.

Zu D. Kompositionen gehören: *Aliquot psalmi lat. et germanici,* 4–6st. (1560), *Zehen deudscher Psalmen* 4–5st. (1562), *Cantiones sacrae* in 5 Büchern (1565–1570), *16 Geseng* zu 4 u. mehr St. (1570), *Magnificat octo tonorum* (1571), *Opus selectissimum sacrarum cantionum* zu 4 u. mehr St. (1574) sowie *Außerlesene teutsche Lieder,* 4–5st. (1575). Außerdem veröffentlichte er die Traktate »Practica modorum explicatio« (1561) u. »Musicae practicae elementa« (1571).

Dreyfus, George, austral. Komponist u. Fagottist dt. Herkunft, * 22. 7. 1928 Wuppertal. Wanderte 1939 nach Australien aus u. erhielt seine Ausbildung am Konservatorium der Universität von Melbourne. 1948–53 Fagottist in verschiedenen Orchestern, 1953–54 im Victorian Symphony Orchestra. Weitere Studien bei K. Oehlberger in Wien. 1956 1. Fagottist am Perth Symphony Orchestra, wo auch sein Op. 1, ein Trio für Fl., Klar. u. Fag. aufgeführt wurde. 1958–64 Fagottist am Victorian Symphony Orchestra in Melbourne u. dort Gründung des New Music Ensemble. D. verbindet in seinen Kompositionen zeitgenössische Klänge mit der Musik der austral. Ureinwohner. Sein wichtigstes Werk ist das Sextett für Didjeridu u. Bläser.

Zu D. Werken gehören: die Opern *Garni Sands* (1965–66) u. *The Gilt-Edged Kid* (1970); die Schulopern *Song of the Maypole* (1968) u. *The Take-over* (1969); Orchesterwerke; Vokalkompositionen wie *Reflections in a Glass-House* für Sprecher, Kinderchor u. Orch. (1969) u. *An Australian Folk Mass* (1980); Kammermusik, u. a. *From Within Looking Out* für S., Fl., Va., Celesta u. Vibraphon (1962); Lieder. Er hat sich außerdem mit Musiken zu Spielfilmen, Dokumentarfilmen u. TV-Serien einen Namen gemacht.

Dreyschock, Alexander, böhm. Pianist u. Komponist, * 15. 10. 1818 Zak, Böhmen, † 1. 4. 1869 Venedig. Studierte bei V. Tomášek in Prag u. machte sich als Konzertpianist in Europa einen Namen. 1862 Professor am Petersburger Konservatorium u. Direktor der kaiserlichen Theatermusikschule. Schrieb neben 1 Ouvertüre für Orch. u. 1 Streichquartett hauptsächlich virtuose Salonstücke für Kl. Sein Bruder Raimund (1824–69) war Geigenlehrer u. Konzertmeister des Leipziger Gewandhausorchesters.

Driessler, Johannes, dt. Komponist, * 26. 1. 1921 Friedrichsthal. Erhielt während der Schulzeit in Saarbrücken Unterricht am Konservatorium u. lernte bei K. Rahner Orgelspiel, Chorleitung u. Kontrapunkt. 1939–40 Studium der Schulmusik an der Kölner Musikhochschule. Übernahm 1952 die Leitung der Kirchenmusikabteilung der Nordwestdt. Musikakademie in Detmold, wurde dort 1958 Professor für Komposition u. 1960 stellvertretender Direktor. D. gehört zu den Erneuerern der evangelischen Kirchenmusik.

D. komponierte u. a.: die Opern *Claudia Amata* (1951), *Prinzessin Hochmut* (1952), *Der Unfried* (1957) u. *Doktor Luzifer Trux* (1958); 3 Sinfonien (1964, 1966 u. 1969); *Ikarus* für 2 Soli, Chor u. Orch. (1960) u. Kammermusik. Der Hauptakzent seines Schaffens liegt auf Chor- u. Vokalwerken: Kantate *Denn dein Licht kommt* für S., Bar., 2 gem. Chöre, 2 Block-Fl. u. Streicher (1947); *Sinfonia sacra* für 6st. Chor (1948); Oratorium *Dein Reich komme,* 7 kleine Chöre nach Ch. Morgensterns »Galgenliedern«, u. Chorzyklus *Diogenes im Faß,* a cappella (1949); *Cantica nova* für 2 gem. Chöre u. Kantate *Triptychon* für Chor u. kleines Orch. (1950); Kantate *O wundersame Liebe* für Bar., 3 gleiche St., Fl., Ob. Va. u. Vc. u. weltliches Oratorium *Gaudia mundana* (1951); Oratorium *De profundis* für Soli, 2 gem. Chöre, Blasorch., Pauken u. Kl. (1952); 90. Psalm für Bar. u. Chor u. 124. Psalm für Chor u. Org. (1953); Oratorium *Darum seid getrost* für T., Chor, 3 Trp., 3 Pos., Pauken u. Org. (1954); *Altenberger Messe* für 7st. Chor u. Holzbläser u. Markus-Passion für Chor a cappella (1955); Oratorium *Der Lebendige* (1956); Oratorium *Der große Lobgesang* für Mezzo-S., Chor, Holz- u. Blechbläser (1959); 2 *Concerti sacri* für S. bzw. Bar. u. Org. (1961).

Drive (engl.: »treiben«, »hetzen«), ein Anwachsen der Intensität bei Jazz u. Rock, das ohne Zunahme von Lautstärke u. Tempo durch den → Off-Beat des Schlagzeugers suggeriert wird.

Druckman, Jacob R., amer. Komponist, * 26. 6. 1928 Philadelphia, PA. Studierte an der Juilliard School of Music bei K. Persichetti, B. Wagenaar u. P. Mennin, an der École Normale de Musique in Paris bei T. Aubin u. am Berkshire Music Center in Tanglewood bei A. Copland. Nach einem Lehrauftrag an der Juilliard School u. Arbeiten am Columbia-Princeton Electronic Music Center u. dem Electronic Music Studio in Yale ist D. Professor für Komposition u. Leiter des Composition Department der Yale University School of Music. In seinen eigenen Kompositionen hat sich D. insbesondere mit der Live-Elektronik auseinandergesetzt.

Zu D. Werken gehören u. a.: Divertimento für Streichtrio, Hf., Horn u. Klar. (1950); *Laude* für Bar., Fl., Va. u. Vc. (1952); *The Seven Deadly Sins,* Variationen für Kl. (1955); *Four Madrigals* für gem. Chor a cappella (1958); *Dark upon the Harp* für Mezzo-S., Blechbläserquintett u. 2 Schlagzeuge (1962); *Antiphonies* für 2 gem. Chöre (1963); *The Sound of Time* für S. u. Orch. (1964); Streichquartett Nr. 2 u. *Animus I* für Pos. u. Tonband (1966); *Sacred Service* für T., Chor u. Org. (1967); *Animus II* für weibl. St., 2 Schlagzeuge u. Tonband (1968); *Valentine* für Kb. solo u. *Animus III* für Klar. u. Tonband

(1969); *Orison* für Org. u. Tonband (1970); *Synapse* für Tonband (1971); *Windows* für Orch. u. *Incenters* für Trp., Horn, Pos. u. Orch. (1972); *Delizie Contente, che l'alme Beate* für Holzbläserquintett u. Tonband (1973); *Lamia* für S. u. Orch. sowie 2 Dirigenten (1974); *Mirage* für Orch. (1975); *Other Voices* für Blechbläserquintett (1976); *Chiaroscuro* für Orch. (1977); Violakonzert u. Streichquartett Nr. 3 (1978).

Dserschinskij (Dzeržinskij), Iwan I., sowj. Komponist, * 9. 4. 1909 Tambow. Studierte an der Staatlichen Moskauer Musikschule, bei M. Gnessin u. am Konservatorium in Leningrad. Gilt als einer der erfolgreichsten Vertreter des sozialistischen Realismus mit seinen Opern, u. a. *Tichij Don* (1935), *Podnjataja celina* (1937) u. *Grigorij Melechov* (1967) nach Romanen Scholochows. Komponierte außerdem 3 Klavierkonzerte, Orchester- u. Chorwerke, Klavierstücke, Bühnen- u. Filmmusiken.

Dubois, F. C. Théodore, franz. Organist, Komponist u. Lehrer, * 24. 8. 1837 Rosnay, † 11. 6. 1924 Paris. Studierte am Pariser Conservatoire u. gewann 1861 den Prix de Rome. 1866 Chordirigent an Ste-Clotilde, 1869 an der Madeleine u. dort ebenfalls als Nachfolger C. Saint-Saëns' Organist 1877–96. 1871 Professor für Harmonielehre am Pariser Conservatoire u. 1896–1905 dessen Direktor.

D. komponierte u. a.: die Oratorien *Les sept paroles du Christ* (1867) u. *Le paradis perdu* (1878), die komischen Opern *La guzla de l'émir* (1873), *Le pain bis* (1879), *Xavière* (1895), die Opern *Aben Hamet* (1884) u. *Frithjof* (1892), das Ballett *La farandole* (1883), Kirchenkompositionen, Orchesterwerke, 1 Klavierkonzert u. Kammermusik.

Ducasse → Roger-Ducasse, J.-J.-A.

Ducis, Benedictus (auch Benedikt Herzog), dt. Komponist, * um 1490 bei Konstanz, † Ende 1544 Schalkstetten. Versah ab 1533 die Pfarrstelle in Stubersheim u. wurde 1535 Pfarrer in Schalkstetten. In seinen Kompositionen steht er H. Isaac u. S. Dietrich nahe. Seine Kompositionen sind nur in Sammeldrucken überliefert: 4 Sätze in J. Petrejus' »Trium vocum cantiones« (1541), 6 Sätze in G. Rhaws »Tricinia« (1542), 10 Sätze in Rhaws »Newe deudsche geistliche Gesenge« (1544) u. 6 Sätze in Ch. Egenolffs »Geminae ...« (1551).

Düben, 1. Andreas, d. Ä., dt. Organist u. Komponist, * um 1590 Leipzig, † 7. 7. 1662 Stockholm. Sohn des Thomasorganisten Andreas D. in Leipzig. 1614–20 Schüler von J. P. Sweelinck. Wurde in Stockholm Hoforganist u. 1625 auch Organist der dt. Kirche. 1640 Ernennung zum Hofkapellmeister. Zur Beerdigung von König Gustav II. Adolf 1634 komponierte er eine *Pugna triumphalis* für 8st. Doppelchor u. zu der von König Karl X. Gustav 1660 ein 5st. Miserere. Außerdem sind 20 Tänze von ihm erhalten.

2. Gustaf, d. Ä., Sohn von 1., schwed. Komponist, * 1624 Stockholm, † 19. 12. 1690 ebd. 1647 Mitglied der Hofkapelle, 1663 Nachfolger seines Vaters als Hofkapellmeister u. Organist an der dt. Kirche. Komponierte Kirchenmusiken, Concerti grossi, Violensätze u. Tänze. Sammelte geistliche u. weltliche Musik, darunter viele Autografen, die sich heute in der Bibliothek der Universität Uppsala befinden. Seine beiden Söhne Gustaf d. J. u. Andreas d. J. waren ebenfalls erfolgreiche Musiker am schwed. Hof.

Duett (ital. duetto, Verkleinerung von duo: »zwei«), Bezeichnung für 2st. Gesangsstücke mit oder ohne instrumentale Begleitung. Vorläufer der 2st. Gesänge mit Generalbaß war das → Bicinium.

Dufay (du Fay, du Fayt, Doufayt), Guillaume, franz. Komponist, * um 1440, † 27. 11. 1474 Cambrai. Erhielt seine erste Ausbildung als Chorknabe in Cambrai. Zu seinen Lehrern gehörten wahrscheinlich R. de Loqueville u. N. Grenon. Kompositionen aus der Zeit von 1420 bis 1426 lassen vermuten, daß sich D. häufiger am Hof der Malatestas aufgehalten oder in deren Diensten gestanden hat. 1427 in Bologna nachgewiesen, 1428 wahrscheinlich dort zum Priester geweiht. Päpstlicher Kapellsänger von 1428 bis 1437 mit einer Unterbrechung 1434–35, als er im Dienste Amédées VIII. von Savoyen stand. Nach einem Aufenthalt 1437 in Ferrara ab 1438 wieder im Dienst des Hofes von Savoyen. Ab 1451 lebte er mit verschiedenen Präbenden u. Kanonikaten ausgestattet in Cambrai und unternahm von dort aus verschiedentlich Reisen. Seine vorwiegend in Handschriften erhaltenen Kompositionen umfassen Messen, Magnificat, geistliche u. weltliche lat. Motetten u. Chansons. Als hervorragender Vertreter der sogenannten ersten niederl. Schule (→ niederländische Musik) war er wesentlich an dem Stilwandel beteiligt, der von der → Ars nova zum polyphonen Satz bei Josquin Desprez führte. Er gilt außerdem als Erfinder des → Fauxbourdon.

Dufourt, Hugues, franz. Komponist, * 28. 9. 1943 Lyon. Studium an der Universität von Lyon u. am Konservatorium in Genf. Klavierunterricht bei L. Hiltbrand. 1965–70 Kompositionsstudien bei J. Guyonnet u. Mitarbeit am Studio de Musique Contemporaine in Genf. Lebt als Komponist u. Mitarbeiter des Centre National de la Recherche Scientifique in Paris.

Zu D. Kompositionen gehören: *Brisants* für Kl. u. 16 Instrumentalisten (1968); *Mura della Città di Dite* für 17 Instrumente (1969); *Down to a Sunless Sea* für 16 Streicher (1970); *Dusk Light* für S., Mezzo-S., T., Bar. u. 16 Instrumentalisten (1971); *Erewhon I–IV* für 6 Schlagzeuger (1972–75); *Sombre journée* für 6 Schlagzeuger (1976); *La Tempesta* nach Giorgione für Instrumentalensemble (1976–77) u. *Antiphysis* für Fl. u. Kammerorch. (1978).

Dukas, Paul, franz. Komponist, * 1. 10. 1865 Paris, † 17. 5. 1935 ebd. Studierte ab 1882 am Pariser Conservatoire bei Th. Dubois, G. Mathias u. E. Guiraud. Zu seinen Mitschülern gehörte C. Debussy. 1892 wurde seine Ouvertüre zu Corneilles »Polyeucte« erfolgreich in den Concerts Lamoureux aufgeführt. 1896 dirigierte P. Vidal seine Sinfonie in C-Dur. 1897 wurde sein Orchesterstück *L'apprenti sorcier* nach Goethes »Zauberlehrling« bei einem Konzert der Société Nationale de Musique mit großem Beifall aufgenommen. 1901 entstand die Klaviersonate in e-Moll u. 1903 *Variations, interlude et finale sur un thème de Rameau,* ebenfalls für Kl. Nach zwei abgebrochenen Versuchen mit dramatischen Stoffen kam 1907 an der Opéra-Comique sein Dreiakter *Ariane et Barbe-Bleue* (conte lyrique nach M. Maeterlinck) heraus. Es folgten *Prélude élégiaque* für Kl. 1909, die Tanzdichtung *La Péri* 1912, *La plainte, au loin, du faune* für Kl. 1921 u. *Sonnet de Ronsard* für St. u. Kl. 1924. Der überaus kritische D. vernichtete die meisten seiner Kompositionen u. ließ nur wenige Stücke tatsächlich erscheinen. 1910–13 leitete er eine Orchesterklasse am Pariser Conservatoire u. war später Professor für Komposition sowohl am Conservatoire wie auch an der École Normale de Musique. Als Musikkritiker schrieb er Beiträge für »La Revue hebdomadaire«, »Gazette des Beaux-Arts«, »Quotidien« u. »Revue Musicale«.

Lit.: V. D'Indy, Emmanuel Chabrier et P. D., Paris 1920; P. D., Écrits sur la musique, Paris 1948; G. Favre, L'œuvre de P. D., Paris 1969; J. Helbé, P. D., Paris 1975.

Dukelsky, Vladimir (Vernon Duke), amer. Komponist russ. Herkunft, * 10. 10. 1903 Parfianowka, † 10. 1. 1969 Santa Monica, CA. Erhielt ersten Kompositionsunterricht bei R. Glière u. kam über Konstantinopel nach den USA, wo er die Bekanntschaft G. Gershwins machte, dessen Musik ihn beeinflußt hat. 1924 kehrte er mit seinem A. Rubinstein gewidmeten Klavierkonzert in C-Dur nach Europa zurück u. erhielt, nachdem er ihm vorgespielt hatte, von S. Diaghilew den Auftrag zu *Zéphire et Flore* (Ch.: L. Massine 1925). 1929 ließ er sich als freischaffender Komponist in den USA nieder u. studierte 1934–35 noch bei J. Schillinger Orchestration. Ab 1955 komponierte er nur noch unter dem Pseudonym Vernon Duke, unter dem bis dahin seine Unterhaltungsmusik erschienen war.

Zu D. Kompositionen gehören: die Oper *Mistress into Maid* (1958), die Ballette *Zéphire et Flore* (1924), *Jardin public* (1934), *Le bal des blanchisseuses* (1946) u. *Souvenir de Monte Carlo* (1956), dazu Ballettmusiken für die Filme »Ziegfeld Follies« (1935), »Goldwyn Follies« (1938), »Cabin in the Sky« (1940) u. »Lady Comes Across« (1941), 3 Sinfonien (1928, 1929 u. 1946), das Oratorium *The End of St. Petersburg* (1937), 1 Klavierkonzert (1924), 1 Violinkonzert (1943) u. 1 Cellokonzert (1946), *Variations on an Old Russian Chant* für Ob. u. Streichorch. (1955), Kammermusik u. Klavierstücke. Zu seinen bekanntesten Unterhaltungsmusiken gehört *April in Paris*. Seine Autobiografie »Passport to Paris« erschien 1955 in Boston. D. veröffentlichte außerdem »Listen Here! A Critical Essay on Music Depreciation« (New York 1963).

Dulichius (Deulich, Teilich, Dulichs), Philippus, dt. Komponist u. Kantor, * 18. 12. 1562 Chemnitz, † 24. 3. 1631 Stettin. Studierte ab 1579 an der Universität Leipzig u. wurde 1587 Kantor des fürstlichen Pädagogiums u. der Marienkirche in Stettin. Er schrieb um die 250 5–8st. Motetten, die in der Technik O. de Lassus nahestehen u. im Klangbild an die venezianische Schule erinnern. Er wurde von seinen Zeitgenossen in hohem Ansehen gehalten.

Hauptwerke: *Cantiones* (1589), *Philomusicis omnibus* ... (1590), *Harmoniae aliquot septenis vocibus compositae* (1593) u. *Quatuor cantionum* ... (1593).

Dumka (Verkleinerung von ukrainisch duma: »Gedanke«, »Volkslied«; Plural dumky), Volkslied elegischen Charakters. Typisch für seine Stimmung sind Mollfärbung und abrupter Wechsel langsamer u. schneller Teile. Häufig bei A. Dvořák, insbesondere in seinem so benannten *Dumky*-Trio, op. 90.

Du Mont, Henry (eigtl. Henri Dumont de Thier), wallonischer Komponist, * 1610 in Villers l'Evêque, † 8. 5. 1684 Paris. Erhielt seine erste Ausbildung als Chorknabe in Maastricht, ab 1630 in Lüttich bei L. de Hodimont u. L. Pietkin u. wurde 1640 Organist an St-Paul in Paris. 1663–83 Kapellmeister der Pariser Hofkapelle, 1673–81 Maître de la musique der Königin u. Kanoniker der Kathedrale von Maastricht. Veröffentlichte 5 *Messes royales en plain chant,* 5 Bücher 2–4st. Motetten mit Instrumenten (1652–86) u. 3 Bücher 2st. »Meslanges« (1657 u. 1661, 1. Buch verloren). Philidor d. Ä. gab 1690 noch seine 2st. Motetten heraus.

Dunajewskij (Dunaevskij), Issak O., sowj. Komponist, * 30. 1. 1900 bei Poltawa, † 25. 7. 1955 Moskau. Studierte 1910–19 am Konservatorium von Charkow bei Achron (Geige) u. Bogatirew (Komposition). Schrieb anschließend Bühnenmusiken für verschiedene Theater, 1924–29 für Bühnen in Moskau. 1929–41 als Dirigent in Leningrad. Komponierte dort auch Unterhaltungsmusik u. Operetten. D. verwendete als erster sowj. Komponist Jazzelemente.

Zu D. Werken gehören: die Operetten *Unser und Euer* (1924), *Die Brautwerber* (1926), *Die Messer* u. *Premieren-Karriere* (1928), *Polarleidenschaften* (1929), *Millionärsqualen* (1932), *Das goldene Tal* (1937, revidiert 1955), *Der Strohhut* (1938), *Reise ins Glück* (1941), *Freier Wind* (1947), *Der Sohn des Clowns* (1950) u. *Die weiße Akazie* (1955). Außerdem entstanden Orchester- u. Ballettmusiken, Kantaten u. Massenlieder sowie zahlreiche Filmmusiken.

Duncan, Isadora, amer. Tänzerin, Choreografin u. Lehrerin, * 27. 5. 1878 San Francisco, † 14. 9. 1927 Nizza. → Ballett.

Duni, 1. Antonio, ital. Komponist, * um 1700 Matera, † nach 1768. Um 1726 in Spanien nachgewiesen, wo er zumindest zwei Bühnenstücke mit Musik versah. In London erschien 1735 eine *Cantate di camera* von ihm, die dem König von Portugal gewidmet ist. 1753 tauchte er in Norddeutschland auf als Dirigent einer fahrenden Operntruppe, mit der er sein Intermezzo *L'amor mascherato* gab. Nach Stellungen in Moskau u. Riga verliert sich seine Spur. Verschiedene Kirchenkompositionen u. Sinfonien sind erhalten. **2.** Egidio Romoaldo, Bruder von 1., ital. Komponist, * 9. 2. 1709 Matera, † 11. 6. 1775 Paris. Besuchte in Neapel das Conservatorio di S. Maria di Loreto u. das Conservatorio della Pietà di Turchini. Kam in Neapel auch mit F. Durante zusammen. Seine erste Oper *Nerone* wurde 1735 in Rom aufgeführt. 1737 brachte er seinen *Demofoonte* in London heraus, 1738 schrieb er sich an der Universität Leiden ein. Während seines dortigen Aufenthalts entstanden wahrscheinlich die *Sei sonate a tre* op. 1. Ab 1739 war D. wieder in Italien u. widmete sich der Komposition von Opern. Um 1745 scheint er Kapellmeister an San Nicola in Bari gewesen zu sein. Aus dieser Zeit stammt vermutlich sein einziges Oratorium *Giuseppe riconosciuto*. 1748 kam er nach Parma u. begann auf Wunsch des span. Infanten Don Felipe, Opern im franz. Stil zu schreiben. Es entstanden *Le caprice amoureux, ou Ninette à la cour* (1755), *La chercheuse d'esprit* (1756) u. die Buffo-Opern *La caseina* u. *La buona figliuola* (1756). 1757 hatte er mit *Le peintre amoureux de son modèle* so großen Erfolg in Paris, daß er sich dort niederließ u. zu einem der führenden Komponisten der Opéra-comique wurde.

Zu D. erfolgreichsten Pariser Werken gehören: *La fille mal gardée* u. *Nina et Lindor* (1758), *L'isle des foux* (1760), *Le milicien* (1762), *Les deux chasseurs et la laitière* (1763), *L'école de la jeunesse* u. *La fée Urgèle* (1765), *La clochette* (1766), *Les moissonneurs* u. *Les sabots* (1768) u. *Thémire* (1770). D. hinterließ eine Oper *L'heureuse espièglerie*.

Dunstable, John, engl. Komponist, * um 1380, † 24. 12. 1453 London. Stand möglicherweise im Dienst des Herzogs von Bedford, der 1422–35 Regent von Frankreich war. Auf Beziehungen zu Italien deutet die Tatsache, daß seine Musik auffallend stark in ital. Handschriften verbreitet war. D. scheint mit G. Binchois u. G. Dufay zu den ganz großen Komponisten seiner Zeit gezählt zu haben. Dies geht aus »Le Champion des dames« von Martin Le Franc hervor, der alle drei in einem Atemzug erwähnt. Die D. mit Sicherheit zugeschriebenen Werke sind liturgische Musik u. lat. Motetten. Gesellschaftskunst wie die Stücke *Durer ne puis, Puisque m'amour* u. *O rosa bella* bilden die Ausnahme. Das letztere wird in einer Quelle zudem einem gewissen Bedingham zugeschrieben. D. verbindet die Polyphonie der damaligen Kunstmusik mit der englischen Tradition des Faburden u. führt damit homophone Elemente in den Satz ein. D. ist außerdem einer der ersten, die das Ordinarium missae zu einer musikalischen Einheit zu verbinden suchten.

Duo (lat.: »zwei«), Bezeichnung für vokale sowie instrumentale Stücke für zwei Mitwirkende.

Duodezime (lat. duodecim: »zwölf«), die Oktave der Quinte.

Duole (von lat. duo: »zwei«), zwei gleiche Noten, die den Zeitwert von drei in Anspruch nehmen.

Duparc, M. E. Henri (eigtl. Fouques-D.), franz. Komponist, * 21. 1. 1848 Paris, † 12. 2. 1933 Mont-de-Marsan. Hatte während seiner Erziehung an einem Jesuitenkolleg C. Franck als Klavierlehrer u. wurde später einer seiner ersten Kompositionsschüler. 1869 veröffentlichte er *Feuilles volantes* für Kl. Andere Werke wurden von dem selbstkritischen Komponisten zurückgezogen u. vernichtet. Erst die sinfonische Dichtung *Léonore* nach G. Bürgers Ballade ist erhalten. Sie wurde 1877 von J.-E. Pasdeloup uraufgeführt. Zwischen 1868 u. 1884 entstanden die 14 Lieder, die seinen Ruhm als Vorläufer der Impressionisten begründen. Mit Ausnahme von *La vague et la cloche* u. *La vie antérieure*, die für St. u. Orch. gesetzt sind, komponierte D. die anderen für St. u. Kl. Weitere 6 wurden später vom Komponisten orchestriert. Daneben entstanden *La fuite*, ein Duett für S. u. T. (1872) u. ein Nocturne für Orch., dessen erster Teil *Aux étoiles* 1912 veröffentlicht wurde. Außerdem erschien eine Motette *Benedicat vobis Dominus* für 3 St. D. wurde 1885 von einer Nervenlähmung befallen u. komponierte von da ab bis an sein Lebensende nicht mehr.

Lit.: S. Northcote, The Songs of H. D., London 1949; R. Stricker, H. D. et ses mélodies, Paris 1961.

Du Plessis, Hubert L., südafrikanischer Pianist u. Komponist, * 7. 6. 1922 Malmesbury. Studierte bei W. H. Bell am South African College of Music in Kapstadt u. bei A. Bush u. H. Ferguson an der Royal Academy of Music in London. Gehört seit 1958 zu den Dozenten des Konservatoriums der University of Stellenbosch.

Zu D. P. Kompositionen gehören: Sinfonie (1953–54) u. *Musiek by drie skilderye van Henri Rousseau* (1962); Kammermusik wie Streichquartett (1950–53) u. Klaviertrio (1957–60); Klavierstücke, u. a. 2 Sonaten (1952 u. 1974–75); Lieder. Von seinen Schriften sei erwähnt: »J. S. Bach« (Kapstadt 1960).

Duplum (lat.), die Gegenstimme des Cantus im 2st. Organum sowie die 2. Stimme im Organum triplum oder quadruplum. Das mit Text unterlegte D. einer zur Motette verwandelten Klausel wird motetus genannt.

Dupré, Marcel, franz. Organist u. Komponist, * 3. 5. 1886 Rouen, † 30. 5. 1971 Meudon. Erhielt den ersten Unterricht von seinem Vater, der Organist an St-Ouen in Rouen war. Studierte bei A. Guilmant, L. Diémer u. Ch.-M. Widor am Conservatoire in Paris u. gewann 1914 mit seiner Kantate *Psyché* den Rompreis. Versah 1916–22 in Vertretung von L. Vierne den Orgeldienst an Notre-Dame in Paris u. wurde 1926 als Nachfolger von E. Gigout Lehrer für Orgel am Conservatoire. 1934 Nachfolger Widors als Organist an St-Sulpice, daneben Unterricht an der École Normale de Musique. 1946 Leiter des Conservatoire Américain in Fontainebleau u. 1954–56 Direktor des Pariser Conservatoire. D., der sich bereits 1920 mit dem gesamten Orgelwerk von J. S. Bach an 10 Abenden im Conservatoire als bedeutender Orgelspieler vorgestellt hatte, konzertierte in Europa, Amerika u. Australien u. war insbesondere wegen seiner Improvisationskunst berühmt. In der Nachfolge Widors wollte er die Orgel aus ihrer liturgischen Bindung befreien u. zu einem Instrument des Konzertsaals machen.

Von D. zahlreichen Kompositionen seien erwähnt die Werke für Org. u. Orch.: *Cortège et litanie* (1921), Sinfonie g-Moll (1927–28), Konzert e-Moll (1934) u. *Verdun: poème héroique* (1936); die Werke für Org. solo: *3 préludes et fugues* (1912), *15 versets* (1919), *Variations sur un vieux noël* (1922), *Symphonie-passion* (1924), 2. Sinfonie cis-Moll (1929), *79 Chorals* (1931), *Le chemin de la croix* (1931–32), *Évocation* (1941), *Le tombeau de Titelouze* (1942–43), Suite (1944), *Offrande à la vierge* (1944), *Vision* (1947), *Psaume XVIII* (1950), *24 inventions* (1956), *Triptyque* (1957), *Les nymphéas* (1959), 2 Meditationen (1960), Choral u. Fuge (1962), 2 Choräle (1963), *In memoriam* (1965), *Entrée, méditation, sortie* (1967), *4 fugues modales* (1968), *Vitrail* (1969); Kammermusik; Klavierstücke u. Lieder. Er veröffentlichte außerdem: »Traité d'improvisation à l'orgue« (1924), »Méthode d'orgue« (1927), »Cours complet d'improvisation à l'orgue« (1962) u. »M. D. raconte ...« (1972).

Duprez, Gilbert L., franz. Sänger u. Komponist, * 6. 12. 1806 Paris, † 23. 9. 1896 ebd. Studierte bei A.-E. Choron u. wurde durch die Kreation des Edgardo in G. Donizettis *Lucia di Lammermoor* (1835) berühmt. 1837–45 neben A. Nourrit 1. Tenor an der Pariser Opéra. 1842–50 Professor für Gesang am Conservatoire, ab 1853 Leiter der von ihm gegründeten École spéciale de Chant. Er komponierte 1 Oratorium, 1 Requiem, 2 Messen, 8 Opern u. Kammermusik. Seine Gesangsschulen »L'art du chant« (1845) u. »La mélodie« (1873) waren weit verbreitet. Er veröffentlichte außerdem: »Souvenirs d'un chanteur« (1888).

Dur (von lat. durum: »hart«), Bezeichnung, die auf die mittelalterliche Hexachordlehre (→ Hexachord) zurückgeht u. alle Tonarten mit der großen Terz umfaßt. Es gibt 12 Dur-Tonarten, auf jeder Stufe der chromatischen Tonleiter eine. Seit J.-Ph. Rameau gilt die D.-Skala als horizontale Entfaltung der drei Grundakkorde jeder Tonart, des Tonika-, Dominant- u. Subdominantdreiklangs. Erst mit der Einführung leiterfremder Töne gegen Ende des 19. Jh. wurde der Unterschied zwischen Dur u. Moll verwischt.

Durand, M. Auguste, franz. Organist, Komponist u. Musikverleger, * 18. 7. 1830 Paris, † 31. 5. 1909 ebd. Studierte Orgel bei F. Benoist, übernahm verschiedene Organistenstellen u. schrieb ebenfalls Musikkritiken. Gründete 1869 gemeinsam mit M. Schoenwerk eine Verlagsgesellschaft unter dem Namen D. Schoenwerk & Cie., die den Musikverlag G. A. Flaxland aufkaufte. 1891 wurde die Gesellschaft in A. D. & Fils geändert u. Jacques D. (1865–1928), der gemeinsam mit C. Debussy u. P. Dukas am Conservatoire studiert hatte, in die Geschäftsleitung aufgenommen. Der Verlag ist heute noch Familienunternehmen u. gehört zum größten Teil Mme R. Dommange u. G. Kaufmann. Er firmiert heute unter Éditions D. & Cie. Der Katalog enthält die wichtigsten franz. Komponisten des 19. u. 20. Jh. wie C. Saint-Saëns, G. Fauré, C. Debussy, P. Dukas, M. Ravel, V. d'Indy, F. Schmitt, Ch.-M. Widor, J.-J. A. Roger-Ducasse, A. Roussel, D. Milhaud, J. Ibert, F. Poulenc, O. Messiaen u. M. Duruflé. Die Klassikerausgaben von Durand wurden von Komponisten wie Saint-Saëns, Fauré, Debussy u. Dukas betreut. Vor 1914 brachte der Verlag außerdem das Gesamtwerk von J.-Ph. Rameau heraus.

Durante, Francesco, ital. Komponist, * 31. 3. 1684 Fratta Maggiore, † 30. 9. 1755 Neapel. Schüler des Conservatorio di S. Onofrio in Neapel, an dem sein Onkel Angelo D. unterrichtete. Hielt sich wahrscheinlich um 1700 in Rom auf u. erhielt Unterricht bei B. Pasquini u. G. O. Pitoni. 1705 ist die Aufführung eines von ihm komponierten *Scherzo drammatico* nachweisbar, 1719 die des verlorenen Oratoriums *La cerva assetata.* 1710–11 war D. kurze Zeit Lehrer am Conservatorio di S. Onofrio. Über die Zeit bis 1728 ist nichts bekannt. Dann ist er wieder in Neapel nachgewiesen, 1728–38 als Kapellmeister am Conservatorio dei Poveri, 1742 in der Nachfolge N. Porporas als Lehrer am Conservatorio di S. Maria di Loreto u. ab 1745 in der Nachfolge L. Leos gleichzeitig als Lehrer an S. Onofrio. Diese Positionen behielt er bis an sein Lebensende. Zu seinen Schülern gehörten L. Vinci, E. R. Duni, G. B. Pergolesi, P. A. Guglielmi, T. Traetta, A. Sacchini, N. Piccinni u. G. Paisiello. Im Druck erschienen zu seinen Lebzeiten nur Chöre für A.

Marchesis *Flavio Valente* (1729) u. *Sonate per cembalo* (1732). Manuskripte seiner im Palestrina-Stil gehaltenen Kirchenmusik finden sich in verschiedenen europäischen Bibliotheken. Einen Großteil seiner Werke bewahrt die Bibliothek des Pariser Conservatoire auf.

durchbrochene Arbeit nennt man die Verteilung der fortlaufenden Motive eines musikalischen Gedankens auf mehrere Stimmen des Satzes. Sie ist eine Vereinigung von älterem kontrapunktischen Denken mit der neueren homophonen Satztechnik, bei der die Melodie in der Hauptstimme liegt.

Durchführung, Entfaltung der im thematischen Material enthaltenen musikalischen Ideen. Bedeutet in der Fugenlehre, daß ein Thema einmal als Dux u. Comes durch alle Stimmen geführt wird. In der Sonatensatzform der Teil zwischen → Exposition u. → Reprise.

Durchgang (lat. transitus), Benutzung eines harmoniefremden Tones zwischen zwei akkordeigenen Tönen. Gehört in der Kontrapunktlehre des 16. u. 17. Jh. zu den wichtigsten Figuren beim Gebrauch von Dissonanzen.

durchkomponiert, 1. Vertonung eines Liedes, bei dem im Unterschied zum Strophenlied jeder Strophe neue musikalische Gedanken zugeordnet werden. **2.** Opern u. Musikdramen, wenn der musikalische Ablauf nicht durch gesprochene Texte unterbrochen wird.

Durey, Louis E., franz. Komponist, * 27. 5. 1888 Paris, † 4. 7. 1979 St-Tropez. Erhielt ab 1910 privaten Kompositionsunterricht bei L. Saint-Requier u. trat 1916 während eines Fronturlaubs mit Liedern nach A. Gides »Voyage d'Urien« u. einem Klaviertrio an die Öffentlichkeit. Er gehörte zu den ursprünglichen Mitgliedern der Gruppe der Six, von der er sich 1921 trennte. Seine frühen Kompositionen sind von E. Satie u. I. Strawinsky beeinflußt. Später bekannte sich D. zu den sog. Progressisten u. trat für eine jedermann zugängliche populäre Musik ein.

Zu D. Werken gehören: die einaktige Oper *L'occasion manquée* (1923); Bühnenmusiken, u. a. zu Maeterlincks »L'intruse« (1933); Vokalkompositionen wie *Le navire* (1916), *Images à Crusoe* (1918), *Le printemps au fond de la mer* (1920), *Poème de la prison* (1922), *La longue marche* (Kantate nach Mao Tse-tung, 1949), *Trois poèmes de P. Éluard* (1952), *Kantate à Ben Ali* (1952); Orchesterwerke; Kammermusik, u. a. Klaviertrio (1917), 3 Streichquartette (1917–28), Streichtrio (1918), Trioserenade für V., Va. u. Vc. in memoriam B. Bartók (1955); Klavierstücke; Lieder.

Durkó, Zsolt, ungar. Komponist, * 10. 4. 1934 Szeged. Studierte bei F. Farkas in Budapest u. bei G. Petrassi in Rom. Lebt als freischaffender Komponist in Budapest. In seinen Kompositionen verarbeitet er immer wieder ungar. Folklore.

Zu D. Werken gehören: die Oper *Moses* (1977); Kantate Nr. 1 für Bar., gem. Chor u. Orch. (1971); *11 pezzi per quartetto d'archi* (1962); *Episodi sul tema B-A-C-H* für Orch. (1963); *Organismi* für V. u. Orch. (1964); Ungar. Rhapsodie für 2 Klar. u. Orch. (1965); *Fioriture* für Orch. (1966); 2 Streichquartette (1966 u. 1969); *Iconography Nr. 1* für 2 Baßviolen oder Vc. u. Cemb. oder Kl. (1970) u. *Fire Music,* Sextett für Fl., Klar., Kl., V., Va. u. Vc. (1971).

Durón, Sebastián, span. Komponist, * 19. 4. 1660 Brihuega, † 3. 8. 1716 Cambo. 1691–1705 Organist der Capilla Real in Madrid. Komponierte neben Kirchenmusiken eine Reihe von Zarzuelas, in die er span. Volksmusik einfließen ließ.

Duruflé, Maurice, franz. Organist u. Komponist, * 11. 1. 1902 Louviers. Schüler der Chorschule an der Kathedrale von Rouen, ab 1919 Unterricht in Paris, zuerst bei Ch. Tournemire u. L. Vierne, ab 1920 am Conservatoire, u. a. bei P. Dukas (Komposition). Seit 1930 Organist an St-Étienne-du-Mont u. ab 1943 in Nachfolge R. Pechs Professor einer Harmonieklasse am Pariser Conservatoire. D. zählt zu den großen Orgelvirtuosen unserer Zeit.

D. komponierte: *Triptyque* für Kl. (1927); *Prélude, récitatif et variations* für Fl., Va. u. Kl. (1928); *Prélude, adagio et choral varié* für Org. (1929); Suite für Org. (1930); *Trois danses* für Orch. (1936); *Prélude et fugue sur le nom d'Alain* für Org. (1943); Andante u. Scherzo für Orch. (1940); Requiem für Soli, Chor, Org. u. Orch. (1947); *Quatre motets* für A-cappella-Chor (1960) u. 1 Messe für Baritonchor u. Orch. (1967).

Duschek, Franz Xaver (Dušek, František Xaver), böhm. Pianist u. Komponist, * 8. 12. 1731 Chotěborek, Böhmen, † 12. 2. 1799 Prag. Schützling des Grafen Spork, der ihn in Prag u. bei G. Ch. Wagenseil in Wien ausbilden ließ. D. gehörte zu den besten Pianisten seiner Zeit u. zählte L. Kozeluch, V. Mašek, J. A. Vitásek u. seine spätere Frau Josepha Hambacher zu seinen Schülern. Zu seinen Kompositionen gehören vorklassische Sinfonien, Klavierkonzerte, Kammermusikwerke, Sonaten u. Lieder. In seinem Landhaus »Bertramka« nahm W. A. Mozart die letzten Korrekturen am *Don Giovanni* vor. D. Frau Josepha widmete er die beiden Konzertarien KV 272 u. 528.

Dussek, Johann Ladislaus (Dušek, Jan Ladislav), böhm. Komponist u. Pianist, * 12. 2. 1760 Tschaslau, Böhmen, † 20. 3. 1812 St-Germain-en-Laye. Sohn des Organisten Johann Joseph D., Schüler von L. Spinar. Studierte nach Abschluß seiner Schulausbildung in Prag Theologie. Lernte dort den Grafen Männer kennen, der ihm in Mecheln eine Organistenstelle verschaffte. Über Bergen op Zoom u. Amsterdam kam D. nach Den Haag, wo er den Söhnen des Statthalters Unterricht gab. Nach einem Aufenthalt in Hamburg, wo er sich bei C. Ph. E. Bach fortbildete, trat er mit großem Erfolg als Pianist u. Glasharmonikavirtuose in Berlin u. Petersburg auf. Über Paris u. Mailand kam D. schließlich nach London, u. trat dort 1790 zum ersten Mal auf. Der mit seinem Schwiegervater D. Corri gegründete Londoner Musikverlag ging bankrott u. stürzte D. in solche Schulden, daß er 1800 nach Hamburg ausweichen mußte. 1803 trat er in den Dienst des Prinzen Louis Ferdinand von Preußen; nach dessen Tod schloß er sich dem Prinzen von Isenburg an u. wurde 1808 Konzertmeister des Fürsten Talleyrand.

Zu D. Kompositionen gehören die Oper *The Captive of Spilberg* (1798) u. die Bühnenmusik zu Sheridans »Pizarro« (1799), 1 *Grand Messe*, je 1 Serenade u. 1 Ouvertüre für Orch., 12 Klavierkonzerte, Kammermusik, Violin- u. Klaviersonaten, 6 Sonatinen für Hf. u. Lieder. Außerdem veröffentlichte er 1796 eine Klavierschule.

Dutilleux, Henri, franz. Komponist, * 22. 1. 1916 Angers. Studierte bei J. u. N. Gallon, Ph. Gaubert, H. Busser u. M. Emmanuel am Pariser Conservatoire u. erhielt 1938 für seine lyrische Szene in einem Akt, *L'anneau du Roi,* den Rompreis. 1944–63 Leiter der Musikproduktionen der ORTF. Seit 1961 Professor für Komposition an der École Normale de Musique.

Zu D. eleganten, keiner Stilrichtung verpflichteten Kompositionen gehören u. a.: die Scène lyrique *L'anneau du roi* (1938); die Ballette *Reflets d'une belle époque* (1948); *Pour les enfants sages* (1952) u. *La belle* (1953); das Mimodram *Le loup* (1953); Bühnenmusiken, u. a. zu V. Hugos »Hernani« (1952); Orchesterwerke u. Konzerte, darunter Sarabande (1941), Sinfonie Nr. 1 (1950), Serenade (1956), Sinfonie Nr. 2 *Le double* (1958–59), *Sept pièces* (1961), Konzert für Vc. u. Orch. (1961), *Cinq métaboles* (1964), *Tout un monde lointain* ... für Vc. u. Orch. (1968–70), *Timbres, espace, mouvement* (1978), Violinkonzert (1979–81); die Kammermusikwerke Sonatine für Fl. u. Kl. (1942), *Sarabande et cortège* für Fag. u. Kl. (1942), *Au gré des ondes* für Kl. (1946), *Bergerie* für Kl. (1947), Klaviersonate (1947), Sonate für Ob. u. Kl. (1947), *Choral, cadence et fugato* für Pos. u. Kl. (1950), *Résonnances* für Kl. (1965), *Deux figures de résonnances* für 2 Kl. (1970), *Deux préludes* für Kl. (1974) u. *Ainsi la nuit* für Streichquartett (1975–76); *3 sonnets de J. Cassou* für Bar. u. Orch. (1954); Lieder.
Lit.: P. Mari, H. D., Paris 1973; R. Jacobs, H. D., Paris 1974.

Dux (lat.: »Führer«), bezeichnet das Thema einer Fuge in seiner Grundgestalt.

Dvořák, Antonín, tschech. Komponist, * 8. 9. 1841 Nelahozeves (Mühlhausen) an der Moldau, † 1. 5. 1904 Prag. D. war das älteste von 9 Kindern des Gastwirts u. Fleischers František D. u. seiner Frau Anna, geb. Zdeňková. Erhielt den ersten Geigenunterricht bei J. Spitz an einer einklassigen tschech. Volksschule, wurde als 13jähriger zu seinem Onkel nach Zlonice geschickt, wo er in seinem Deutschlehrer A. Liehmann einen Förderer fand, der seine musikalische Begabung erkannte u. ihm Grundkenntnisse im Orgel-, Klavier- u. Bratschenspiel sowie in Musiktheorie beibrachte. Als 16jähriger kam D. auf Anraten Liehmanns 1857 nach Prag, um Organist zu werden. Er studierte an der Orgelschule bei J. Foerster (Orgel), F. Blažek (Musiktheorie) u. J. L. Blažek (Gesang) u. besuchte daneben die Fortbildungsschule des Franziskanerklosters zu Maria Schnee. Als Bratschist im Orchester des dt. Cäcilienvereins machte er sich mit den Werken der Wiener Klassik vertraut. 1859 absolvierte er als Zweitbester die Schule. Da keine besoldete Organistenstelle in Aussicht war, trat D. als Bratschist in das kleine Privatorchester des Kapellmeisters Karel Komzák ein, das vorwiegend in Gastwirtschaften auftrat, u. gab Privatstunden. Als dieses Orchester an das Prager Interimstheater engagiert wurde, spielte D. auch unter der Leitung von B. Smetana, der 1872 seine Ouvertüre zu *Der König und der Köhler* aufführte. 1873 heiratete D. die Altistin Anna Čermáková. Im gleichen Jahr gelang ihm mit *Hymnus (Die Erben des Weißen Berges)* für Chor u. Orch. der Durchbruch als Komponist. 1874–77 übernahm er das Organistenamt an St. Adalbert in Prag u. bewarb sich in Wien um ein Staatsstipendium, das ihm u. a. auf Vorschlag von J. Brahms u. E. Hanslick für die Jahre 1875–78 gewährt wurde. Brahms, mit dem ihn eine lebenslange Freundschaft verbinden sollte, war es auch, der den jungen Komponisten an seinen eigenen Verleger N. Simrock in Leipzig empfahl. Aus dem Material der 1875 als op. 20 entstandenen Duette wurde im Laufe der folgenden Jahre der Zyklus *Klänge aus Mähren,* mit dem D. seinen internationalen Ruhm begründete. 1876 machte er unter dem Eindruck des frühzeitigen Todes seiner Tochter Josefa erste Skizzen zu einem Stabat mater. Dieser Schicksalsschlag inspirierte ihn außerdem zum d-Moll-Streichquartett op. 34. Nach dem Erfolg der *Ungarischen Tänze* von Brahms bestellte Simrock bei D. etwas Ähnliches. Dieser komponierte darauf 1878 die erfolgreichen *Slawischen Tänze* op. 46 für Kl. zu 4 Händen, denen er 1886 einen zweiten Zyklus op. 72 folgen ließ. Beide liegen auch in einer Orchesterfassung des Komponisten vor.

Neben Brahms gehörte auch der Geiger J. Joachim zu seinen großen Förderern. Joachim führte das Streichsextett in A-Dur op. 48 mit dem Furiant auf u. beriet den Komponisten auch bei dem für ihn geschriebenen Violinkonzert in a-Moll. 1882 wurde im Neuen Tschech. Theater am Korntor D. Oper *Dimitrij* uraufgeführt.

1884 dirigierte der Komponist auf Einladung der Philharmonic Society Konzerte mit eigenen Werken in London. Kompositionsaufträge u. weitere Gastspielreisen nach England schlossen sich an. 1890 dirigierte D. Konzerte in Moskau u. Petersburg. Inzwischen wurde er als einer der führenden Vertreter der neuen tschech. Musik angesehen.

1891 Berufung zum Professor für Komposition am Prager Konservatorium, dessen Direktorat er von 1901 bis zu seinem Tode innehatte. Zu seinen Prager Schülern gehörten J. Suk, O. Nedbal u. V. Novák. Daneben wurde D. 1892 von J. M. Thurber an das von ihr gegründete New Yorker National Conservatory of Music als künstlerischer Leiter verpflichtet, eine Position, die er 1895 wieder aufgab, als das Unternehmen in finanzielle Schwierigkeiten geriet. Aus dem Amerikaerlebnis entstand sein bekanntestes sinfonisches Werk, die 9. Sinfonie *Aus der Neuen Welt,* die am 16. 12. 1893 unter A. Seidl in der Carnegie Hall ihre sensationelle Uraufführung erlebte. In diesem Werk verband D. heimatliches Musikgut mit Indianer- u. Neger-Folklore. In den Kompositionen seiner amer. Jahre greift D. übrigens häufiger zu pentatonischen Melodienbildungen. In der kleinen tschech. Kolonie in Spillville, IA, entstanden während der Sommerferien das Streichquartett F-Dur (das sog. »Nigger-Quartett«) u. das Streichquintett Es-Dur (beide 1893). Zu den amerikanisch inspirierten Werken gehört auch das für Wihan 1895 komponierte Cellokonzert. Den Höhepunkt seines Liedschaffens erreichte D. mit den 10 *Biblischen Liedern* op. 99. 1896 fuhr er zum neunten u. letzten Mal nach England, um dort eigene Werke aufzuführen. Außerdem nahm er seine Lehrtätigkeit in Prag wieder auf. Eigenartigerweise beschäftigte er sich in den letzten acht Jahren seines Lebens nur noch mit sinfonischen Dichtungen u. Opern. Aus dieser Zeit stammen D. erfolgreichste Oper *Rusalka,* die 1901 am Nationaltheater uraufgeführt wurde, u. die Tondichtungen nach Balladen von K. J. Erben.

Als Opernkomponist hatte D. das Unglück, ständig an Librettisten zu geraten, die in keiner Weise auf seiner Höhe waren. Deshalb liegt seine Bedeutung heute weit mehr auf dem Gebiet der Orchester- u. Kammermusik. Ihm gelang die Verschmelzung der Kunstmusik mit typisch tschech. Elementen der Volksmusik. Dabei erwies sich D. als ein Meister der klassischen Formen.

Anfangs unter dem Einfluß der Neudeutschen Schule, vollzog er in den 70er Jahren eine Rückwendung zu den klassischen Modellen L. van Beethovens, F. Schuberts u. R. Schumanns. Die vorgegebenen Formen füllte er mit Elementen der böhm.- mährischen Folklore aus. Außerdem übernahm er tschech. u. andere Tanzformen in sinfonische Werke u. seine Kammermusik. Immer wieder tauchen der → Furiant u. die → Dumka auf. Für bühnendramatische Werke wählte er mit Vorliebe Sujets aus der slawischen Geschichte u. unterstrich damit seine Hinwendung zu einer tschech. Nationalkultur.

Zu D. Werken gehören: die Opern *Alfred* (1870), *Der König und der Köhler* (1871, rev. 1874 u. 1887), *Die Dickschädel* (1874), *Vanda* (1875), *Der Bauer als Schelm* (1877), *Dimitrij* (1881–82, rev. 1883 u. 1894), *Der Jakobiner* (1887–88, rev. 1897), *Der Teufel und Käthe* (1898–99), *Rusalka* (1900) u. *Armida* (1902–03); Bühnenmusik zu Šamerberks »Josef Kajetán Tyl« (1881–82); Chorwerke wie Stabat mater (1877), das Oratorium *Die hl. Ludmilla* (1886), 1 Messe in D-Dur (1887), 1 Requiem (1890) u. 1 Te Deum (1892); 9 Sinfonien (1863–93); Streicherserenade (1875); sinfonische Variationen über ein Originalthema (1877); *3 slawische Rhapsodien* (1878); *Slawische Tänze I* u. *II* (1878 u. 1886); Serenade für Bläser, Vc. u. Kb. (1878); Suite (1879); Ouvertüre *Meine Heimat* aus »Tyl« (1881); 10 *Legenden* (ursprünglich für 2 Kl., 1881); *Scherzo capriccioso* (1883); *Husitská*-Ouvertüre (1883); 3 Ouvertüren (1891–92); Suite (ursprünglich *Amerik. Suite* für Kl., 1895); sinfonische Dichtungen *Der Wassermann, Die Mittagshexe, Das goldene Spinnrad* u. *Die Waldtaube* (alle 1896) u. sinfonische Dichtung *Heldenlied* (1897); Konzert für Vc. (1865); Romanze für V. (1876); Konzert für Kl. (1876); *Mazurek* für V. (1879); Konzert für V. (1880); Rondo für Vc. (1893) u. Konzert für Vc. (1895) mit Orch.; Streich- u. Klavierquintette; Streichquartette; Streich- u. Klaviertrios; 1 Streichsextett; Stücke für V. u. Kl., Vc. u. Kl.; Klavierstücke u. Lieder.

Eine GA der Werke D. erscheint, hg. von O. Šourek u. a., ab 1955 in Prag.

Lit.: O. Šourek (Hg.), D. in Erinnerungen u. Briefen, dt., Prag 1955; J. Burghauser, A. D., Thematisches Verzeichnis, Bibliografie, Übersicht des Lebens u. Werks, Kassel u. Leipzig 1960; A. Hetschko, A. D., Leipzig 1965; J. Burghauser, A. D., dt., Prag 1966; G. Erismann, A. D., Paris 1966; G. Hughes, D., His Life and Music, London und New York 1967; V. Fischl (Hg.), A. D., His Achievement, Westport, CT, 1970; K. Honolka, A. D. in Selbstzeugnissen und Bilddokumenten, Reinbek bei Hamburg 1974.

Dyk, Peter van, dt. Tänzer u. Choreograf, * 21. 8. 1929 Bremen. Erhielt Unterricht bei T. Gsovsky, B. Kniaseff u. S. Lifar. 1951–52 Ballettdirektor in Wiesbaden, 1952–54 Tänzer bei der Kompanie von J. Charrat. Ab 1955 Étoile an der Pariser Opéra. 1962–70 Ballettdirektor an der Hamburgischen Staatsoper, 1973–74 in Hannover, anschließend Direktor des Ballet du Rhin. Ab 1978 Direktor des Balletts am Grand Théâtre in Genf.

Zu D. in der Nachfolge Lifars stehenden Ch. gehören *Pelleas u. Melisande* (M.: A. Schönberg) u. *3. Sinfonie* (M.: H. W. Henze) 1952; *Unvollendete Sinfonie* (M.: F. Schubert) 1957; *Verklärte Nacht* (M.: A. Schönberg) 1958; *La peau de chagrin* (M.: I. Séménoff) u. *Turangalîla* (M.: O. Messiaen) 1960; *Abraxas* (M.: W. Egk) u. *Cinderella* (M.: S. Prokofjew) 1965; *Pinocchio* (M.: A. Bibalo) 1969; *Lyrische Suite* (M.: A. Berg) 1973 u. *Feuervogel* (M.: I. Strawinsky) 1974.

Dynamik (griech.), **1.** Bezeichnung für die musikalischen Klang- u. Tonstärkegrade, die allgemein von H. Riemann durchgesetzt wurde. Ab Mitte des 18. Jh. in zunehmendem Maße vom Komponisten vorgeschrieben. In der seriellen Musik wird die D. zu einem der → Parameter erhoben u. dem Reihenprinzip unterworfen. **2.** In der Akustik versteht man unter D. das Verhältnis von größtem zu kleinstem Schalldruck.

Dyson, Sir George, engl. Komponist, Pädagoge u. Musikschriftsteller, * 28. 5. 1883 Halifax, † 28. 9. 1964 Winchester. Studierte am Royal College of Music in London u. trat 1907 nach einem Italienaufenthalt mit der sinfonischen Dichtung *Siena* an die Öffentlichkeit. 1908–14 im Schuldienst, dann Organist u. Musiklehrer am Wellington College, Lehrer am Royal College of Music u. 1938–52 dort Direktor.

D. komponierte 1 Sinfonie in G-Dur (1937), 1 Kammerkonzert für Streicher, 1 *Concerto da chiesa* (1949), *Prelude, Fantasy and Chaconne* für Vc. u. kleines Orch. (1936), 1 Violinkonzert (1942), 1 *Concerto leggiero* für Kl. u. Streicher (1951), Kammermusik u. Lieder. Am bekanntesten sind seine in der engl. Oratorientradition stehenden Chorwerke. D. veröffentlichte »The New Music« (1924), »The Progress of Music« (1932) u. »Fiddling While Rome Burns«, ges. Aufsätze (1954).

E

E, 1. Ton-Name, seit Zarlino an der 3. Stelle der Normalskala. **2.** Seit Anfang des 19. Jh. Akkord- u. Tonartenbezeichnung: E für E-Dur, e für e-Moll.

Easdale, Brian, engl. Komponist, * 10. 8. 1909 Manchester. Mitglied der Westminster Abbey Choir School 1920–25 u. Student des Royal College of Music in London. Zu seinen Lehrern gehörten dort A. Gibbs u. G. Jacob (Komposition) sowie E. Mitchell (Klavier). 1927 entstand seine Oper *Rapunzel*, ab 1936 komponierte E. Filmmusiken, u. 1937–39 war er gemeinsam mit B. Britten musikalischer Leiter des Group Theatre. Nach längerem Indienaufenthalt 1947–49 musikalischer Leiter der Archers Film Unit.

E. schrieb die Opern *Rapunzel* (1927), *The Corn King* (1935) u. *The Sleeping Children* (1951), das Ballett *The Phoenix*, 1 Klavierkonzert, 5 Gedichte für Sprecher u. kleines Orch., 1 Streichtrio, Klavierstücke, Lieder, Bühnenmusiken u. Filmmusiken, u. a. zu »The Red Shoes« u. »Gone to Earth«.

East (Easte, Est, Este), Michael, engl. Komponist, * um 1580 London, † um 1647/48 Lichfield. Steuerte 1601 ein 5st. Madrigal zu Morleys »The Triumphes of Oriana« bei. 1618 Chormeister an der Kathedrale von Lichfield. Er veröffentlichte 7 Sets Stimmbücher: I. 3–5st. Madrigale (1604), II. 3–5st. Madrigale (1606), III. 5–6st. Pastorals, Neapolitans, Anthems u. Madrigals sowie 8 Fantasien für Violen (1610), IV. 4–6st. Madrigale u. Anthems (1619), V. 20 3st. Madrigale nur mit Textanfängen (1618), VI. 5–6st. Anthems (1624), VII. Instrumentalstücke (1638).

Ebeling, Johann Georg, dt. Komponist, * 8. 7. 1637 Lüneburg, † 4. 12. 1676 Stettin. 1662 Kantor an St. Nikolai in Berlin u. 1668 Professor am Gymnasium Carolinum in Stettin. Sein Hauptwerk ist »P. Gerhardi Geistliche Andachten, bestehend in hundert und zwanzig Liedern« (4st. mit 2 V. u. Gb., 1666–67) u. davon 2st. Fassung (1669). Zu seinen bekanntesten Melodien gehören *Warum sollt ich mich denn grämen* u. *Die güldene Sonne.*

Eben, Petr, tschech. Komponist, * 22. 1. 1929 Žamberk. Schüler von P. Bořkovec u. seit 1955 als Lektor an der Karlsuniversität in Prag.

Zu E. Werken gehören das Oratorium *Apologia Sokrates* für Soli, Chor u. Orch. (1967), 1 *Missa adventus et quadragesimae* (1968), *Vesperae* für Org., Knaben- u. Männerchor (1968) u. die Kantate *Pragensia* für 8 St. u. alte Instr. (1972). E. komponierte außerdem 1 Klavierkonzert, 1 sinfonischen Satz *Vox clamantis* u. Lieder.

Eberhardt, Anton, dt. Komponist, * 16. 10. 1855 Hattersheim, † 2. 5. 1922 Frankfurt a. M. Verfaßte die Opern *Der Halling* (1895), *Das Gelübde* (1905) u. *Die Stumme von Gerona* (1910). Seine 4. Oper *Die Eisjungfrau* liegt nur im Manuskript vor.

Eberl, Anton F. J., österr. Pianist u. Komponist, * 13. 6. 1765 Wien, † 11. 3. 1807 ebd. Hatte bereits mit seiner ersten Oper *La marchande de modes* 1787 in Wien Erfolg. 1794 kam sein Melodrama *Pyramus u. Thisbe* zur Aufführung. Unternahm mit der Witwe Mozarts u. dem Sänger Lange eine Konzertreise durch Deutschland. 1796–1800 in Petersburg, 1801 mit seiner romantischen Oper *Die Königin der schwarzen Inseln* in Wien. 1803 noch einmal Aufenthalt in Rußland u. 1806 erfolgreiche Konzertreise durch alle größeren Städte Deutschlands. E. galt zu seiner Zeit als hervorragender Pianist. Zu seinen Kompositionen gehören Klavierkonzerte, Kammermusik, Klavierstücke u. Sinfonien, von denen eine sehr erfolgreich mit Beethovens *Eroica* in einem Programm gegeben wurde.

Eberlin (Eberle), Johann Ernst, dt. Komponist u. Organist, * 27. 3. 1702 Jettingen, † 21. 6. 1762 Salzburg. Ab 1729 Hof- u. Domorganist in Salzburg, ab 1749 ebenfalls Hof- u. Domkapellmeister. Gedruckt wurden von ihm »IX toccate e fughe per l'organo« bei Lotter in Augsburg (1747). E. hinterließ Messen, Oratorien, Motetten, 2 dt. u. 3 ital. Opern sowie Instrumentalkompositionen. W. A. Mozart schrieb 4st. Stücke von E. als Übung ab u. schätzte den Komponisten sehr.

Eberwein, 1. F. Carl A., dt. Komponist, * 10. 11. 1786 Weimar, † 2. 3. 1868 ebd. Sohn des Hof- u.

Stadtmusikus Alexander E. in Weimar. 1803 Geiger in der Weimarer Hofkapelle, 1808–10 Studium bei C. F. Zelter in Berlin u. bei seiner Rückkehr nach Weimar 1810 Kammermusikus, 1818 Kapellmeister der Stadtkirche u. von 1826 bis 1849 herzoglicher Musikdirektor u. Dirigent der Oper in Weimar. Gehörte zum Kreis um Goethe, von dessen Gedichten er eine Reihe vertonte. Schrieb außerdem Musiken zu »Faust« Teil I u. II.

2. Traugott Maximilian, Bruder von 1., dt. Komponist u. Kapellmeister, * 27. 10. 1775 Weimar, † 2. 12. 1831 Rudolstadt. Erhielt ersten Unterricht bei seinem Vater, studierte in Mainz u. Frankfurt a. M., um 1797 als Geiger in die Hofkapelle in Rudolstadt einzutreten. Wurde dort 1810 Kammermusikus u. 1817 Kapellmeister.

Zu E. zahlreichen Bühnenkompositionen gehören auch die beiden Singspiele *Claudine von Villa bella* (1815) u. *Der Jahrmarkt zu Plundersweilern* (1818) auf Texte von Goethe. Er hinterließ außerdem 3 Kantaten, 1 Messe, 1 konzertante Sinfonie für Ob., Horn u. Fag. mit Orch., Kammermusik u. Lieder.

Eccard, Johannes, dt. Komponist, * 1553 Mühlhausen, Thüringen, † Herbst 1611 Berlin. 1567–71 Chorknabe der Weimarer Hofkapelle u. 1571–73 Sänger der Münchner Hofkapelle u. Schüler von O. de Lassus. 1578 im Dienste der Fugger in Augsburg, denen er im gleichen Jahr seine *Newe deutsche Lieder* widmete. 1580 Vizekapellmeister an der Königsberger Hofkapelle u. 1604 in Nachfolge von T. Riccio dort Hofkapellmeister. Ab 1608 als Kurfürstlicher Kapellmeister in Berlin. E. gehört zu den bedeutendsten Komponisten evangelischer Kirchenliedsätze.

E. schrieb an die 250 geistliche u. weltliche Lieder, u. a. *20 neue christliche Gesäng*, 4st. (1574), 24 *Newe deutsche Lieder*, 4–5st. (1578), *Der erste* u. *Der Ander Theil geistlicher Lieder*, 51 5st. Lieder (1597), 18 Lieder erschienen gemeinsam mit Werken von J. a Burck (1599) u. 27 Lieder gemeinsam mit Werken von J. Stobaeus (1644). Außerdem komponierte E. Oden, Motetten u. einige Gelegenheitsstücke.

Eccles (Eagles), **1.** Solomon, engl. Komponist, * 1618, † 11. 2. 1683 London. Stammt aus einer Musikerfamilie u. machte sich um 1647 in London einen Namen als Musiklehrer. Bekannte sich um 1660 zum Quäkertum u. verbrannte seine Instrumente u. Bücher, um als Schuhmacher zu leben. Veröffentlichte 1667 eine polemische Schrift zur Musik: »A Musick-Lector, or, The Art of Musick ...« Begleitete G. Fox in die Karibik u. verbreitete um 1671 dort seinen Glauben. 1682 war er wieder in London u. komponierte Bühnenmusiken für A. Behns »The City Heiress« u. Th. Otways »Venice Preserved«.

2. John E., Sohn von 1., engl. Komponist, * 1668 London, † 12. 1. 1735 Kingston-on-Thames. Erhielt ersten Unterricht bei seinem Vater u. war ab 1690 als erfolgreicher Bühnenkomponist bekannt. 1694 Mitglied der Königlichen Kapelle u. 1700 Master of the King's Band of Music. Im gleichen Jahr erhielt er den 2. Preis für Musik zu Congreves Maskenspiel »The Judgment of Paris«. 1715 zog er sich aus dem öffentlichen Leben zurück u. widmete sich dem Angeln. Er veröffentlichte 3 Liedersammlungen ohne Angabe der Stücke, aus denen sie stammten: »Theatre Music« (1698–1700), »A Collection of Songs« (1704) u. »Collected Songs« (1710). Seine Brüder Thomas u. Henry waren als Violinisten bekannt.

Echo ist in der Natur der Schall, der von Hindernissen als Widerhall zurückgeworfen wird. Die Mindestverzögerung muß 1/20 Sekunde betragen, sonst verschmilzt das E. mit dem Primärschall. Bei geschlossenen Räumen, in denen sich ein in seiner Intensität abnehmendes wiederholtes E. einstellt, spricht man von → Nachhall. Seit dem 16. Jh. wird das E. auch in der Musik nachgeahmt, besonders in Madrigalen u. in der Oper.

Eckard, Johann Gottfried, dt. Pianist u. Komponist, getauft 21. 1. 1735 Augsburg, † 24. 7. 1809 Paris. Lebte ab 1758 in Paris u. gehörte zum Kreis dt. Musiker um J. Schobert u. L. Honauer. War als Pianist geschätzt u. veröffentlichte 6 Klaviersonaten (1763), 2 Klaviersonaten (1764) u. ein *Menuet d'Exaudet avec des variations pour le clavecin* (1764). W. A. Mozart verwandte einen seiner Sonatensätze für sein Pasticcio-Klavierkonzert KV 40. E. hat als erster in Paris ausdrücklich für das Pianoforte komponiert.

Ecossaise, ursprünglich ein schottischer Volkstanz mit Dudelsackbegleitung im Dreiertakt. Um 1700 als Anglaise in Frankreich beliebt, wo sie im lebhaften 2/4-Takt getanzt wurde. In der Kunstmusik findet sich die E. bei L. van Beethoven, F. Schubert u. F. Chopin.

Eder, Helmut, österr. Komponist, * 26. 12. 1916 Linz. Studierte am Bruckner-Konservatorium in Linz u. bei C. Orff u. J. N. David. 1950 Lehrer für Chorwesen u. Komposition am Konservatorium in Linz, 1967 Professor für Komposition an der Akademie für Musik Mozarteum in Salzburg. Gründete zusammen mit H. Puluj das erste elektronische Studio in Linz, beschäftigte sich ausführlich mit der Zwölftontechnik, organisierte Avantgarde-Konzerte.

Zu E. Werken gehören: die Opern *Oedipus* (1960), *Der Kardinal* (1965), *Die weiße Frau* (1968); *Der Aufstand* (1976) u. *Georg Dandin* (1979); die Fernsehkurzoper *Konjugation 3* (1969); die Ballette *Moderner Traum* (1957), *Anamorphose* (1963) u. *Irrfahrten des Odysseus* (1969); verschiedene Bühnen- u. Hörspielmusiken; 3 Sinfonien (1962, 1962 u. 1959); *Concerto a dodici per archi* (1963); *Syntagma* für Orch. (1967), *Concerto semiserio* für 2 Kl. u. Orch. (1962); Violinkonzert (1964); Oboenkonzert (1966); *L'homme armé*, Konzert für Org.

u. Orch. (1969); *Metamorphosen* für Fl., Ob., Streichquartett u. Orch. (1970); Kammermusik, wie Quartett für Klar. u. Streichtrio (1955) u. *Septuagesima instrumentalis* für Bläserquintett (1969); Klavier- u. Orgelwerke, u. a. *Partita über ein Thema von J. N. David;* Chöre u. Lieder.

Edition, 1. Herausgabe von Musikwerken. **2.** Bezeichnung für laufende Sammlungen, in denen Musikwerke erscheinen, z. B. Edition Peters oder Edition Schott, aber auch Editio Medicaea, eine Choralreformausgabe des Römischen Graduale, die im 20. Jh. durch die Editio Vaticana ersetzt worden ist.

Editionstechnik beschreibt die Grundsätze, die bei einer Edition angewandt werden. Zu den Problemen der E. gehören die Deutung der überlieferten Notation, das Verhältnis der verschiedenen Quellen, die Umschrift älterer Notationen sowie die Entscheidung über Schreib- und Klangintentionen eines Komponisten. Man unterscheidet zwischen Ausgaben zum wissenschaftlichen Studium (Denkmäleredition) u. solchen, die für das praktische Musizieren gedacht sind.

Egge, Klaus, norw. Komponist, * 19. 7. 1906 Gransherad. Studierte Orgel u. Klavier u. erhielt von F. Valen Kompositionsunterricht. Gab 1935–38 die Musikzeitschrift »Tonekunst« heraus u. verbrachte die Jahre 1937–38 an der Musikhochschule in Berlin. In seinen Kompositionen setzt sich E. immer wieder mit der norw. Folklore auseinander, die er mit polyphonen Elementen aus der Musik B. Bartóks u. der Rhythmik I. Strawinskys zu einer eigenen Tonsprache verschmilzt. Er gilt heute als einer der führenden Komponisten Norwegens.

Zu E. Werken gehören: das Ballett *Fanitullen* (1950); 5 Sinfonien (1942, *Sinfonia giocosa* 1947, *Louisville-Sinfonie* 1957, *Detroit-Sinfonie sopra B. A. C. H.-E. G. G. E.* 1967 u. *Sinfonia dolce quasi passacaglia* (1969); 3 Klavierkonzerte (1937–38, rev. 1972, 1944 u. 1974); je 1 Konzert für V. (1953) u. Vc. mit Orch. (1966); Kammermusik; Klavierstücke, darunter *Draumkvedesonate,* u. Vokalmusik.

Egk, Werner (eigtl. Mayer), dt. Komponist, * 17. 5. 1901 Auchsesheim. Besuchte das Gymnasium in Augsburg u. erhielt als 18jähriger am dortigen Konservatorium ersten Unterricht. Der gleichermaßen für die bildende Kunst, die Literatur u. die Musik Begabte unternahm erste Kompositionsversuche. Es entstanden Klavierlieder nach Texten von R. M. Rilke, Th. Däubler, F. Werfel u. H. von Hofmannsthal. Nach dem Abitur schlug sich E. als Chordirigent, Klavierlehrer u. Hauslehrer durch. 1921 kam er nach München, wo er bei A. Hirzel-Langenhan Klavier studierte, bei C. Orff kurze Zeit in die Lehre ging u. bei A. Sandberger an der Universität Musikwissenschaft hörte. Während dieser Zeit arbeitete er an der Schwabinger Schaubühne mit u. heiratete 1923 die Geigerin Elisabeth Karl. 1925–27 hielt er sich mit seiner Familie in Italien auf u. verdiente seinen Unterhalt mit Freskomalerei für eine Genueser Patrizierin. In diese Zeit fällt auch sein erstes Zusammentreffen mit P. Hindemith. Wieder in München, schloß sich E. dem Marionettentheater Münchner Künstler an u. erhielt so Zugang zur Welt des Theaters u. der Musik. Auf diese Erfahrung geht die Beschäftigung mit den beiden Stoffen *Zaubergeige* u. *Faustus* zurück. 1929 erhielt E. über K. Weill Verbindung zum Rundfunk, einem Medium, mit dem er sich in der Folgezeit stark beschäftigen sollte. Als Auftrag entstand für C. Flesch die Kantate *Ein Cello singt in Daventry.* Weitere Hörspiele mit kantatenhaften Zügen folgten. Für den Münchner Sender arbeitete E. von 1929–34. U. a. entstanden Singspiele für Kinder u. das Hörbild *Die Historie vom Ritter Don Juan aus Barcelona.* 1931 führte H. Scherchen sein Oratorium *Furchtlosigkeit und Wohlwollen* während der Festwochen Neue Musik auf. 1932 entstand als Auftrag des Bayerischen Rundfunks die Funkoper *Columbus.* 1933 komponierte E. *Die Zaubergeige* als Volksoper. 1936 wurde er von H. Tietjen als Kapellmeister an die Berliner Staatsoper geholt, erhielt den Auftrag zu einer Oper *Peer Gynt* u. dirigierte dort 1938 selbst die Uraufführung. 1942 ging E. eine Bindung mit der Frankfurter Oper ein, die auch die szenische Uraufführung des *Columbus* besorgte. Im gleichen Jahr kam an der Pariser Opéra in Zusammenarbeit mit S. Lifar *Joan von Zarissa* heraus. 1941–45 war E. Leiter der Fachschaft Komponisten, 1950–53 Direktor der Charlottenburger Musikhochschule. Seither lebt er als freischaffender Komponist in der Nähe von München, tritt als Dirigent seiner eigenen Werke auf u. setzt sich als Mitbegründer des Deutschen Komponisten-Verbandes u. GEMA-Präsident (1950–58) für die Belange der Musiker ein. 1948 erhielt er durch den Münchner *Abraxas*-Skandal weltweite Publizität, als sein Ballett unter eigenartigen Umständen vom Spielplan abgesetzt wurde. Grundthema von E. vorwiegend bühnendramatischen Werken ist die Selbstverantwortung des Menschen, seine Verstrickung u. schließlich Erlösung durch die Liebe. E. an W. A. Mozart u. I. Strawinsky ausgerichteter Tonsatz ist vorwiegend homophon. Dabei bedient sich E. einer erweiterten Tonalität selbst dann, wenn er mit melodischen oder akkordischen Reihenstrukturen arbeitet. Er ist außerdem sein eigener Librettist, der seiner schriftstellerischen Begabung auch in Essays, Märchenspielen u. der Komödie »Das Zauberbett« freien Lauf läßt. Für seinen Nachfolger an der Charlottenburger Musikhochschule, B. Blacher, schrieb er das Libretto zu dessen *Abstrakter Oper Nr. 1*. 1981 ließ er in München u. Mainz »Die Zeit wartet nicht, Künstlerisches, Zeitgeschichtliches, Privates aus meinem Leben« erscheinen. In E. verbinden sich bäurisch-barocke Züge mit der Rationalität des von ihm so geschätzten franz. Geistes. Beispielhaft wurden für ihn F. Couperin, J.-Ph. Rameau u. M. Ravel als Vertreter romanischer Musikkultur.

Zu E. Werken gehören: die Opern *Die Zaubergeige* (1935, rev. 1954), *Peer Gynt* (1938), *Columbus* (1932, Bühnenfassung 1942/1951), *Irische Legende* (1955, rev. 1970), *Der Revisor* (1956), *Die Verlobung in San Domingo* (1963), *Siebzehn Tage und vier Minuten* (1966, Umarbeitung des als *Circe* 1945 entstandenen Stückes); die Ballette *Joan von Zarissa* (1940), *Abraxas* (1948), *Ein Sommertag* (1950), *Die chinesische Nachtigall* (1953) u. *Casanova in London* (1968) sowie Ballettfassungen von der *Französischen Suite* nach J.-Ph. Rameau u. *Danza*; die Orchesterwerke *Georgica*, 4 Bauernstücke für Orch. (1934), Orchester-Sonate (1948), *Französische Suite* nach J.-Ph. Rameau für großes Orch. (1949), *Allegria* für großes Orch. (1952), *Variationen über ein karibisches Thema* (1959), 2. Sonate für Orch. (1969), *Moira* (Musik in C für großes Orch., 1972) u. *Divertissement* für 10 Bläser (1973) sowie Konzertfassungen verschiedener Ballette; *Geigenmusik* mit Orch. (1936); Kompositionen für Singstimme mit Orch. wie *Quattro Canzoni* für T. u. Orch. (1932), *Natur – Liebe – Tod* (Kantate nach Gedichten von L. Ch. H. Hölty für B. u. Kammerorch., 1937), *Variationen über ein altes Wiener Strophenlied* für Koloratur-S. u. Orch. (1937), *La Tentation de Saint Antoine* für A., Streichquartett u. Streichorch. oder A. u. Streichquartett (1946), *Chanson et Romance* für hohen S. u. Orch. (1953) u. *Nachgefühl* (Kantate für S. u. Orch., 1975); die Chorwerke *Furchtlosigkeit und Wohlwollen* für T., gem. Chor u. Orch. (1931) u. *Mein Vaterland* (Hymne für einst. Chor u. Orch. oder Org., 1937); 1 Klaviersonate (1947), *Fünf Stücke* für Bläserquintett u. Polonaise u. Adagio für 9 Instr. (1975).

Lit.: E. Krause, W. E., Oper u. Ballett, Berlin u. Wilhelmshaven 1971.

Ehrlich, Abel, israel. Komponist, * 3. 9. 1915 bei Königsberg. Kam über Jugoslawien 1939 nach Jerusalem u. erhielt Kompositionsunterricht bei S. Rosowsky. Seit 1964 Lehrer für Komposition an der Israel-Akademie für Musik in Tel Aviv. Entwickelt seine Kompositionen aus Motivzellen u. wendet auch serielle Techniken an.

Zu E. Werken gehören: *Seid nicht wie eure Väter* nach dem Buch Zacharias für Chor a cappella (1965), *König Salomo über den Wein* für A., Fl. u. Kl. (1970), *And Though Thou Set Thy Nest Among the Stars* für Orch. (1971) u. *Immanuele Romano/Immanuel Háromi* (musikalisches Spiel in 3 Szenen, 1971), außerdem Oratorien, Chöre, Kammermusik, Lieder u. Bühnenmusiken.

Eichhorn, Bernhard G., dt. Komponist u. Dirigent, * 17. 4. 1904 Schortewitz. Studierte an der Akademie der Tonkunst in München u. hörte bei A. Sandberger Musikwissenschaft an der Universität. Nach Kapellmeisterstellungen an der Bayerischen Landesbühne u. dem Berliner Theater am Schiffbauerdamm 1934–44 Musikdirektor am Staatstheater Dresden u. 1945–47 Kapellmeister an den Städtischen Bühnen München. Lebt seitdem als freischaffender Komponist.

E. schrieb neben Operetten u. Bühnenmusiken Musik zu vielen Spielfilmen, u. a. zu »In jenen Tagen« (1947), »Der Apfel ist ab« (1948), »Der Hauptmann von Köpenick« (1956), »Schinderhannes« (1958) u. »Der Rest ist Schweigen« (1959).

Eichner, Ernst D. A., dt. Fagottist u. Komponist, getauft 15. 2. 1740 Arolsen, † Anfang 1777 Potsdam. Sohn des Fagottisten Johann Andreas E., 1762 am Pfalz-Zweibrückener Hof als Musiker, 1768 als Konzertmeister. 1772–73 in Paris u. London, wo er u. a. eigene Sinfonien herausgab, 1773 Eintritt in die Kapelle des Prinzen von Preußen. Zu seinen im Stil der Mannheimer Schule geschriebenen Werken gehören 31 Sinfonien, Konzerte, Kammermusik u. Klaviersonaten.

Eilenberg, Richard, dt. Komponist, * 13. 1. 1848 Merseburg, † 6. 12. 1925 Berlin. Komponierte Operetten, Märsche u. Tänze. Wurde hauptsächlich bekannt durch *Mühle im Schwarzwald* für Orch. u. *Petersburger Schlittenfahrt* für Kl.

Eimert, Herbert E. O., dt. Musikkritiker, Lehrer u. Komponist, * 8. 4. 1897 Bad Kreuznach, † 15. 12. 1972 Düsseldorf. Studierte in Köln, 1919–24 am Konservatorium, u. a. bei H. Abendroth, u. 1924–30 an der Universität. Schrieb 1923 bereits eine »Atonale Musiklehre« u. komponierte 5 Stücke für Streichquartett. 1926 Geräuschmusik auf selbstgebauten Instrumenten für einen Abend der Laban-Tanzschule. 1928–33 Mitarbeiter beim Westdt. Rundfunk, 1936–45 Redakteur der Kölnischen Zeitung, ab 1945 wieder beim Westdt. Rundfunk. 1948 Leitung des Musikalischen Nachtprogramms u. 1951 Gründung des ersten Studios für elektronische Musik. 1965–71 Professor u. Leiter des neugegründeten Studios für elektronische Musik an der Kölner Musikhochschule. Hielt dort auch Vorlesungen über elektronische Musik. E. gehörte zu den ersten Komponisten, die sich mit A. Schönbergs Zwölftontechnik auseinandersetzten, u. war in Deutschland einer der frühen Verfechter der elektronischen Musik.

Zu E. Werken gehören: *Fünf Stücke* für Streichquartett (1923); *Der weiße Schwan* für Sax., Fl. u. selbstgebaute Geräuschinstr. (1926); 2. Streichquartett (1939); *Acht Stücke* für Kl. (1950); *Glockenspiel* (E. erste elektronische Komposition, 1953); *Etüde über Tongemische* (1953–54); *Fünf Stücke* (1955–56); *Selektion I* (1959–60); *Epitaph für Aikichi Kuboyama* (Komposition für Sprecher u. Sprachklänge, 1960–62) u. *Sechs Studien* (1962). E. war außerdem Herausgeber der Schriftenfolge »Die Reihe« (Wien 1955–62) u. veröffentlichte »Atonale Musiklehre« (Leipzig 1924), »Lehrbuch der Zwölftontechnik« (Wiesbaden 1950), »Grundlagen der musikalischen Reihentechnik« (Wien 1964) u. gemeinsam mit H. U. Humpert »Das Lexikon der elektronischen Musik« (Regensburg 1973).

Einem, Gottfried von, österr. Komponist, * 24. 1. 1918 Bern. Nahm sich bereits als 15jähriger vor, Komponist zu werden. Kam 1937 auf Rat von W. Furtwängler als Volontär an die Staatsoper Berlin u. wurde dort 1938 Korrepetitor. 1941–42 Kompositionsunterricht bei B. Blacher, der ihn mit Jazz, exotischer Musik, A. Schönberg u. I. Strawinsky bekannt machte. Aus dieser Zeit stammt auch eine Freundschaft zwischen Lehrer u. Schüler, die dazu führte, daß Blacher an fast allen Libretti zu den Opern von E. mitwirkte. Nach Assistenz bei den Bayreuther Festspielen wurde von E. Hauskomponist u. musikalischer Berater der Dresdner Staatsoper. Auf Anraten W. Egks komponierte von E. das Ballett *Turandot*, uraufgeführt 1944 in Dresden. Nach weiteren Kontrapunktstudien bei J. N. David in Salzburg lebt von E. heute als freischaffender Komponist in Wien. Er ist Präsident der AKM u. Vorsitzender des Kunstrates der Salzburger Festspiele. In seinen Kompositionen geht er nicht über die erweiterte Tonalität hinaus u. macht Anleihen beim Jazz u. vielen Komponisten unseres Jahrhunderts. Die Kritik wirft ihm daher immer wieder Eklektizismus vor.

Zu von E. Werken gehören: die Opern *Dantons Tod* (1944–46), *Der Prozeß* (1950–52), *Der Zerrissene* (1961–64), *Der Besuch der alten Dame* (1970–71), *Kabale und Liebe* (1973–75) u. *Jesu Hochzeit* (1979); die Ballette *Prinzessin Turandot* (1942–43), *Rondo vom Goldenen Kalb* (1950), *Pas de Cœur* (1952), *Glück, Tod und Traum oder Alpbacher Tanzserenade* (1953) u. *Medusa* (1957); die Orchesterwerke *Capriccio* (1942–43), *Concerto* (1943), Orchestermusik (1948), Serenade für doppeltes Streichorch. (1949), *Meditationen* (1954), *Wandlungen* (1956), *Symphonische Szenen* (1956), *Ballade* (1957), *Tanzrondo* (1959), *Philadelphia Symphony* (1960), *Nachtstück* (1960), *Hexameron* (1969), *Brucknerdialog* (1973) u. Sinfonie (1976); je 1 Konzert für Kl. (1955) u. V. (1967) mit Orch.; Werke für St. u. Orch. wie *Hymnus* für A., gem. Chor u. Orch. (1949), *Das Stundenlied* für gem. Chor u. Orch. nach B. Brecht (1958), *Von der Liebe* (lyrische Phantasien für Gesang u. Orch., 1961), *Kammergesänge* (8 Lieder für mittlere St. u. kleines Orch., 1965), *Rosa Mystica* (8 Lieder nach H. C. Artmann für mittlere St. u. Orch., 1973), *Die träumenden Knaben* nach O. Kokoschka für gem. Chor, Klar. u. Fag. (1973) u. *An die Nachgeborenen* (Kantate für S., Bar., Chor u. Orch., 1975); die Lieder *8 Hafislieder* für hohe St. u. Kl. (1944), 5 Lieder aus dem Chinesischen für mittlere St. u. Kl. (1946–48), *Japanische Blätter* (16 Lieder für Singst. u. Kl., 1951), 7 Lieder für eine Singst. u. Kl. (1954–56), 5 Lieder für hohe St. u. Kl. (1958), Liederzyklus *Leb wohl, Frau Welt* nach H. Hesse (1975), 4 Lieder für hohe St. u. Kl. nach J. Weinheber u. a. (1976) u. *Lieder vom Anfang und Ende* für mittlere St. u. Kl. (1981); 4 Klavierstücke (1943); 2 Sonatinen für Kl. (1947); Sonate für V. u. Kl. (1949); 4 Studien für Git. (1967); *Reifliches Divertimento* für V., Va., Horn u. Kl. (1973); 2 Capricen für Cemb. (1973); *Geistliche Sonate* für S., Trp. u. Org. (1974); Streichquartett (1976); Bläserquintett (1976) u. Sonate für Solovioline (1976).

Lit.: D. Hartmann, G. von E., Österr. Komponisten des XX. Jh. Bd. 11, Wien 1967.

Einklang → Unisono

Einschwingungsvorgänge sind die mit dem einsetzenden Ton oder Klang gleichzeitig entstehenden unregelmäßigen Schwingungsbewegungen. Sie haben insbesondere für den Klangcharakter des erzeugenden Instruments Bedeutung.

Eisbrenner, Werner F. E., dt. Komponist, * 2. 12. 1908 Berlin, † 7. 11. 1981 ebd. Studierte an der Akademie für Kirchen- u. Schulmusik in Berlin. Komponierte Orchesterwerke, wurde aber hauptsächlich durch seine Filmmusiken, Lieder u. Chansons bekannt. Zu seinen Filmmusiken gehören »Nachts auf den Straßen« (1951) u. »Buddenbrooks« (1959).

Eisler, Hanns (Johannes), dt. Komponist, * 6. 7. 1898 Leipzig, † 6. 9. 1962 Berlin. Sohn des Philosophen u. Privatgelehrten Rudolf E., der durch sein »Wörterbuch der philosophischen Begriffe« bekannt wurde. Die Mutter von H. E. war die Tochter eines Leipziger Fleischergesellen, die in die Erziehung der Geschwister Ruth, Gerhard u. Hanns ein gesundes Verständnis für die Arbeiterklasse einbrachte. Hanns E. zeigte schon in der Schule musikalische Begabung u. machte sich als Mitglied einer pazifistischen Schülergruppe unbeliebt. Mußte 1916 vor dem Abitur auf österr. Seite in den Krieg ziehen, da die Familie seit 1901 in Wien wohnte. Komponierte im Schützengraben ein Oratorium gegen den Krieg nach Gedichten von Li T'ai-po. Nach dem Krieg Kompositionsunterricht bei K. Weigl am Neuen Wiener Konservatorium u. Korrektor bei der Universal Edition. Mit der traditionellen Ausbildung nicht zufrieden, wurde E. 1919–23 Privatschüler von A. Schönberg u. erhielt zwischendurch auch Unterricht bei dessen Schüler A. Webern. Schönberg war es auch, der E. Klaviersonate op. 1 an die Universal Edition empfahl. Sobald Schönberg im Freundeskreis seine Technik der zwölftönigen Reihenkomposition erläutert hatte, setzte sich auch E. mit dieser Kompositionsform auseinander. Es entstanden die 5 *Palmström-Studien* nach absurden Texten von Christian Morgenstern für Sprecher, Fl., Klar., V. oder Va. u. Vc. (1924), deren Reihe mit den Initialen von A. Schönberg A u. Es beginnt. Neben dem Studium leitete E. in Wien verschiedene Arbeiterchöre. Zwischen ihm u. Schönberg, der ihn für außerordentlich begabt hielt, kam es wegen E. politischen Vorstellungen immer wieder zu Auseinandersetzungen. 1925 siedelte E. nach Berlin über u. nahm eine Lehrstelle am Klindworth-Scharwenka-Konservatorium an. 1926 trat er der KPD bei. Aus dieser Zeit stammen die 2. Klaviersonate in Form von Variationen (1925), das Duo für V. u. Vc. (1925) sowie 8 Klavierstücke (1926). Mit den um u. nach 1926 entstandenen *Zeitungs-*

ausschnitten op. 11 für S. u. Kl., die seinen Namen berühmt machten, nahm E. nach eigenen Aussagen »Abschied von der bürgerlichen Konzertlyrik«. In diesen Stücken zeigen sich schon die gesellschaftskritischen Züge, die E. späteres Werk bestimmen sollten. 1927 wurde er Mitglied der Agitproptruppe Das Rote Sprachrohr, für die er Lieder komponierte, die er am Klavier selber begleitete. Aus dem Komponisten für das Proletariat, wie es sein Biograf E. Klemm formuliert, wurde der Komponist des Proletariats. Für diese Truppe schrieb er auch das *Kominternlied* (1929). Bereits ab 1928 hielt E. musikgeschichtliche u. -soziologische Kurse an der Marxistischen Arbeiterschule MASCH in Berlin ab. Daneben schrieb er für kommunistische Zeitungen u. gleichzeitig für bürgerliche Zeitschriften wie »Melos«. In diese Zeit fällt auch die Bekanntschaft mit Johannes R. Becher, E. Weinert u. B. Brecht. Mit dem *Stempellied* entstand das erste Lied für den Schauspieler Ernst Busch. Es wurde für das im September 1929 von Werner Finck gegründete Kabarett Die Katakombe geschrieben, zu dessen Ensemble E. u. Busch anfangs gehörten. 1930 begann die Zusammenarbeit mit Brecht. Am 13. 12. 1930 wurde in der Berliner Philharmonie das Oratorium *Die Maßnahme* uraufgeführt. Um sein proletarisches Publikum zu erreichen, vereinfachte E. seine Musik radikal. Jazzelemente waren das einzige Zugeständnis an den allgemeinen Zeitgeschmack. Es ging ihm hauptsächlich darum, einfache Melodien zu erfinden, die jeder nachsingen konnte. In diesem neuen proletarischen Liedstil sind so berühmte Stücke wie das *Lied der Bergarbeiter*, die *Ballade vom Nigger Jim*, die *Ballade von den Baumwollpflückern* u. die *Ballade von den Säckeschmeißern* gehalten. Neben seinen politisch motivierten Kompositionen schrieb E. eine Vielzahl von Bühnenmusiken, darunter zu F. Jungs »Heimweh«, L. Feuchtwangers »Kalkutta, 4. Mai« u. W. Mehrings »Der Kaufmann von Berlin«. Die Zusammenarbeit mit B. Brecht wurde bei dessen Bearbeitung von M. Gorkijs »Die Mutter« fortgesetzt, zu der E. ebenfalls die Bühnenmusik komponierte. Aus der Beschäftigung mit dem Film entstanden eine Reihe von Filmmusiken, die später zu Orchestersuiten umgearbeitet wurden, so z. B. Suite Nr. 3 (»Kuhle Wampe«), Suite Nr. 4 (aus J. Ivens' »Heldenlied«) u. Suite Nr. 5 (»Dans les rues«). Suite Nr. 6 besteht aus Musiken, die E. für J. Feyders »Le grand jeu« komponierte. 1933 verließ er Deutschland u. kam über Wien, Paris u. Brüssel zu Brecht nach Dänemark. Auf einen Text von Brecht entstand das *Einheitsfrontlied*. 1935 nahm er an der New Yorker New School for Social Research eine Gastprofessur an. Noch in Amerika entstanden erste Skizzen zu einer Sinfonie mit Chören, aus denen später die *Deutsche Symphonie* für Soli, 2 Sprecher, Chor u. Orch. (1937) werden sollte. 1937 hielt sich E. in Madrid auf u. schrieb für die span. Republikaner Kampflieder. Im Frühsommer des gleichen Jahres besuchte er wieder Brecht in Dänemark. Die künstlerische Ausbeute dieses erneuten Zusammentreffens bestand u. a. aus 9 Kammerkantaten u. dem *Lenin-Requiem* für Solo-St., gem. Chor u. Orch.

Im Januar 1938 übersiedelte E. endgültig in die USA. 1940 erhielt er von der New School for Social Research einen Forschungsauftrag über Filmmusik. Da Th. W. Adorno gleichzeitig ein aus derselben Quelle finanziertes Projekt betreute, beschlossen beide, ihre Erfahrungen gemeinsam in dem Buch »Komposition für den Film« (1944) niederzulegen. Aus den parallel entstehenden praktischen Kompositionsbeispielen übernahm E. Material zu einem Quintett für Fl., Klar., V., Vc. u. Kl. op. 70, *Vierzehn Arten, den Regen zu beschreiben* (1941), das er A. Schönberg zum 70. Geburtstag widmete.

1941 zog E. nach Los Angeles, wo er u. a. seine Zusammenarbeit mit Brecht beim Film fortsetzte u. eine Lehrstelle für Komposition an der University of Southern California annahm. Aus dieser Zeit stammt die Musik zu F. Langs Film »Hangmen also die«. In Hollywood verkehrte E. mit A. Schönberg, I. Strawinsky, Th. Mann u. Ch. Chaplin, den er bei der Musik zu »Monsieur Verdoux« beriet. Zu Brechts »Furcht und Elend des III. Reiches« u. »Galileo Galilei« entstanden Bühnenmusiken. 1947 wurde er zusammen mit seinem Bruder Gerhard vor das Komitee zur Untersuchung unamerikanischer Betätigung geladen. Das Gefängnisurteil gegen ihn wurde nur durch Intervention seiner Freunde in eine Ausweisung umgewandelt. Über London, Prag u. Wien kehrte E. nach Deutschland zurück u. ließ sich 1949 in Ost-Berlin nieder. 1950 erhielt er eine Professur an der neugegründeten Hochschule für Musik, die heute seinen Namen trägt. Im gleichen Jahr komponierte er auf einen Text von J. R. Becher »Auferstanden aus Ruinen und der Zukunft zugewandt«, die Nationalhymne der gerade entstandenen DDR. 1952 hatte E. das Libretto zu seiner Oper *Johann Faustus* beendet, ein Buch, das sogar die Anerkennung von Th. Mann fand. Der provokante Operntext wurde jedoch von der Partei abgelehnt, das mögliche Meisterwerk nicht komponiert. 1956 erhielt E. den Jean-Vigo-Preis für seine Musik zu dem Auschwitz-Film »Nacht und Nebel«. Als letztes Werk entstanden 1962 die *Ernsten Gesänge* für Bar. u. Streichorch. Auch wenn E. von sich selbst gesagt hat: »Selbstverständlich bin ich auch auf dem Gebiet der Musik ein reiner, allerdings sozialistischer Moralist. Ich glaube nicht an eine freie Kunst, die da einfach so zu ihrem Vergnügen etwas aufführt«, bewegt sich sein Schaffen doch zwischen Gebrauchsmusik, engagiertem Arbeiterlied u. Huldigungsstücken wie *Die Teppichweber von Kujan-Bulak* für Gesang u. Orch. (1957) einerseits u. abstrakter, in der Nachfolge A. Schönbergs stehender Konzertmusik andererseits. E., selbst ein Meister der Form, insbesondere der Variationsform, konnte als Künstler ebenso in ästhetischen Fragen keine Beschränkung hinnehmen wie Brecht. Hier mußte es zwischen System u. Persönlichkeit zu Reibungen kommen, die in der Nichtausführung des *Faust*-Plans deutlich wurden.

Neben mehr als 40 Bühnen- u. Filmmusiken, mehr als 600 Liedern, Kantaten u. anderen Vokalwerken mit Instrumentalbegleitung komponierte E. eine *Kleine Symphonie* (1932), 5 Orchesterstücke (1938) u. Kammersymphonie für 15 Instr. (1940); Ouvertüre zu einem Lustspiel für kleines Orch. mit S.-Solo nach Worten aus Goethes »Faust II« (1949); 2 Nonette (1939), 2 Septette (1941 u. 1947), Streichquartett (1941); Praeludium u. Fuge über B-A-C-H für Streichtrio (1934), Sonate für Fl., Ob. u. Harfe (1935) u. Sonate für V. u. Kl. (1937); 3 Klaviersonaten (1922, 1925 u. 1943) u. verschiedene Klavierstücke. Außerdem veröffentlichte E.: »Composing for the Films« (New York u. London 1947, dt. als »Komposition für den Film«, Berlin 1949), »Reden und Aufsätze« (hg. v. W. Höntsch), Leipzig 1961; »Musik und Politik« (hg. v. G. Mayer), Leipzig u. München 1973; »Materialien zu einer Dialektik der Musik« (hg. v. M. Grabs, Leipzig 1973).

Ausgaben: Lieder u. Kantaten, 10 Bde., Leipzig 1956–66. Die GA wurde 1968 im Auftrag der Dt. Akademie der Künste, H.-E.-Archiv, in Angriff genommen. Bd. I der auf 40 Bde. angelegten Ausgabe erschien 1969 in Leipzig.

Lit: H. A. Brockhaus, H. E., Leipzig 1961; H. Bunge, Fragen Sie mehr über Brecht. H. E. im Gespräch, München 1970; N. Notowicz, Wir reden hier nicht von Napoleon. Wir reden von Ihnen! Gespräche mit H. u. G. Eisler, Berlin 1971; E. Klemm, H. E., Leipzig 1975; K. Csipák, Probleme der Volkstümlichkeit bei H. E., München 1975; A. Betz, H. E., Musik einer Zeit, die sich eben bildet, München 1976.

Ek, Gunnar F. R., schwed. Komponist u. Organist, * 21. 6. 1900 in Åsarum. Studierte am Konservatorium in Stockholm bei E. Ellberg, G. Hägg, O. Olsson u. C. Lindhe. Wurde 1938 Organist in Norrköping u. 1942 in Lund.

Zu E. stark von der schwed. Folklore geprägten Werken gehören: 3 Sinfonien (1926, 1931 u. 1935), weitere Orchesterwerke, 1 Klavierkonzert (1944), Chor- u. Orgelwerke, Lieder.

Ekimowski, Viktor A., sowj. Komponist, * 12. 9. 1947 Moskau. Studierte am Moskauer Gnessin-Institut bei A. Chatschaturjan (Komposition) u. K. Rosenschild (Musikgeschichte) sowie am Leningrader Konservatorium bei G. Filenko (Musikgeschichte). Ist seit 1973 als Redakteur im Verlag Musyka in Moskau tätig. Beschäftigte sich bis 1974 mit seriellen Techniken, um danach auf barocke Melodieformeln zurückzugreifen u. gleichzeitig verrückt-kakophone Stücke zu komponieren.

Zu E. Werken gehören: *Komposition 1* für V., Va., Vc. u. Kl. u. *2* für V., Klar., Vc. u. Kl. (1969); *Wahrsagerei* (Bühnenstück für 12 Frauenst., 1970); *Komposition 7* für Streichquartett, Triosonate für V., Kl. u. Vc., *Digressions* für 10 Celli solo u. Orch. u. *Sublimationen* für Orch. (1971); *Ave Maria – canto per violini* für 48 Geigen, *Balletto* für Dirigent u. Instrumentalensemble ad libitum, *Kammervariationen* für 13 Instr. u. *Nocturnes* für 3 Klar. (1974); *Fanfaren-Sinfonie* (1975); *Die Trompeten von Jericho* für 30 Bläser (1977); *Brandenburgisches Konzert* für Fl., Ob., V., Streicher u. Cemb. (1979); *Cantus figuralis* für 12 Sax. (1980).

Eklund, Hans, schwed. Komponist, * 1. 7. 1927 Sandviken. Studierte an der Königlichen Musikhochschule in Stockholm bei Lars-Erik Larsson u. 1954 in Berlin bei E. Pepping u. B. Blacher. Neben Larsson hat ihn besonders P. Hindemith beeinflußt. Seine Kompositionen entwickeln sich aus kleinen prägnanten Motivzellen unter Verwendung der Ostinatotechnik. E. lebt als Lehrer für Harmonielehre u. Kontrapunkt an der Musikhochschule in Stockholm.

Zu E. Kompositionen gehören: Streichquartett Nr. 2 (1954); *Musica da camera* für Vc. u. Orch. (1955); *Musica da camera Nr. 2* für Trp., Kl., Schlagzeug u. Streicher (1956); *Musica da camera* für V. u. Orch. (1957); *Sinfonia seria* (1958), *Musik für Orch.* u. Streichquartett Nr. 3 (1960); *Bocetos españoles* für Kammerorch. (1961); *Variazioni brevi* für Streicher (1962); Klaviertrio (1963); *Sinfonia breve* (1963–64); *Facce* für Orch. (1964); *Zodinai* für Fl., 2 Klar., Fag. u. Kl. (1967); *Sinfonia rustica* (1967–68); *Pezzo espressivo* für Vc. u. Kammerorch. (1969); *Musica da camera Nr. VI* für Ob. u. kleines Streichorch. (1970–71); *Mutter Svea* (eine Radio-Oper, 1972); Concerto für Pos., Bläser u. Schlagzeug (1972); Sinfonie Nr. 4, Hjalmar Branting in memoriam, für Orch. u. Sprecher (1973–74); *Variazioni pastorali* für Streicher (1974); *Lamento* für 2 Fl., 2 Klar. u. Streicher (1975); *Das häßliche Entlein* für Soli, Kinderchor u. Orch. (1976); Kammerkonzert für V. u. Streicher (1977); Requiem für Soli, Chor und Orch. (1977–78); Sinfonie Nr. 5 (1978) u. Konzert für Horn u. Kammerorch. (1979).

ekmelisch → emmelisch

ekphonetisch (griech.) nennt man den Sprechgesang bei den liturgischen Lesungen in der Byzantinischen Kirche sowie dessen Notation.

Electric Jazz, Einsatz von elektronischen Tasteninstrumenten sowie Veränderung u. Verzerrung der natürlichen Instrumentaltöne anderer Jazzinstrumente durch Elektronik. Zu den Hauptvertretern des E. J. gehören Chick Corea, Herbie Hancock, Tony Williams u. Don Ellis.

Electrola, seit dem Zusammenschluß mit der Carl Lindström GmbH 1972 umbenannt in EMI E. GmbH, wurde 1925 von der engl. Gramophone Company in Berlin gegründet. Als 1931 die Gramophone Company Ltd. u. die Columbia

Graphophone Ltd. zur Electric and Musical Industries Ltd. (EMI) fusionierten, wurde die E. Partner der Carl-Lindström AG u. hatte damit Zugang zu einem außerordentlichen u. marktbeherrschenden Repertoire. Nach den Verlusten des 2. Weltkrieges u. einer provisorischen Auslagerung nach Nürnberg ließ sich die E. 1952 in Köln nieder. Sie vertreibt heute neben den eigenen Marken EMI, HMV, Odeon, Columbia u. Capital die Labels Apple, Tamla Motown, Vanguard, Hörzu, Harmonia Mundi u.a. Zu EMI E. gehören als Tochtergesellschaften der Musikverlag Edition Accord, die Crystal Schallplatten GmbH mit Billigplatten sowie die EMI E. TV GmbH, die mit hauseigenen Stars Unterhaltungsprogramme produziert.

Elegie (griech.), griech. Poesie, die ursprünglich mit Aulos-Begleitung vorgetragen wurde. Nach Bedeutungswandel bei den Römern zur Liebes- u. Klagedichtung findet E. seit der Renaissance nur noch als Bezeichnung für Lieder sehnsüchtig-klagenden Inhalts Verwendung. Im 19. Jh. auch Bezeichnung für das reine Instrumentalstück, wenn es aus dem entsprechenden Gefühl entstanden war.

elektronische Musik, Komposition aus elektronisch erzeugten Klängen, die mittels Lautsprecher wiedergegeben werden. Dieser Begriff taucht zum ersten Mal bei W. Meyer-Eppler in seiner Schrift »Elektrische Klangerzeugung« (1949) auf u. wird dort auf die elektrisch angetriebenen Instrumente angewandt. In der weiteren Entwicklung bürgerte sich die Bezeichnung e. M. für jene Kompositionen ein, die vollständig aus elektronischen Klängen bestehen. Hierbei geht es nicht um die Herstellung bekannter Klangbilder mit neuen Mitteln oder um die Rationalisierung des Kompositionsvorgangs wie in der → Computermusik, sondern um eine neue Klangerfahrung schlechthin. Der Versuch, das temperierte System zu sprengen u. mit kleineren, zwischen den Halbtönen liegenden Einheiten (Vierteltöne, Achteltöne etc.) zu operieren, ist wiederholt unternommen worden. So beschäftigte sich auch F. Busoni in seinem Entwurf einer neuen Ästhetik der Tonkunst mit weitergehenden Möglichkeiten der Klangerzeugung, die ein vielfältigeres Tonmaterial zur Verfügung stellen. Der Befreiung aus der Tonalität folgte mit der von A. Schönberg formulierten Zwölftontechnik wieder eine strenge Ordnung, die viele Komponisten nicht befriedigte, da sie sich aus der Aufgabe des überlieferten Systems neue Klänge, Klangfarben u. dynamische Möglichkeiten erhofften. Daher auch die Versuche mit Theremin-Geräten, Ondes Martenot u. Sphärophonen. In diesen Zusammenhang gehören auch die Versuche des → Bruitismus, der → Musique concrète, die Cluster-Technik H. D. Cowells (→ Cluster) u. die Experimente von E. Varèse.

Erst mit der e. M. gelingt eine vollständige Befreiung von den tonalen u. instrumentalen Beschränkungen der bis dahin im Westen geübten Praxis. Die elektronische Klangerzeugung macht jeden Klang u. jede Klangkombination möglich, die im menschlichen Hörbereich (ca. 16–16000 Hz) liegt. Dabei bleibt es dem Komponisten überlassen, die entsprechenden → Parameter für diese Klänge zu regulieren. Als Grundmaterial dient der reine, im Generator erzeugte Sinuston, der im Gegensatz zum Instrumentalton keine Obertöne hat. Dieser Sinuston kann auf jeder beliebigen Frequenz erzeugt u. mit jedem anderen Sinuston kombiniert werden. Dabei bleibt es dem einzelnen Komponisten freigestellt, seinem Sinustonmaterial durch Mehrfachkopierung u. andere Manipulationen im Studio jede nur erdenkliche Klangfarbe beizugeben, ihn sogar der menschlichen Stimme oder einem traditionellen Instrument anzugleichen. Dazu gehört auch die Beigabe einer sogenannten Hüllkurve, d. h. einer musikalischen Klangcharakteristik aus Einschwingung u. Abklingung, die der elektronisch erzeugte Ton von sich aus nicht hat.

Neben dem Sinuston stehen dem Komponisten noch zwei weitere Grundelemente zur Verfügung: einmal das in Anlehnung an die Optik so benannte »weiße Rauschen« u. zum andern der »Impuls«. Das weiße Rauschen ergibt sich aus dicht beieinander liegenden nichtperiodischen Schwingungsvorgängen, die über den ganzen Hörbereich verteilt sind. Es ist damit zugleich ein extremer Fall des Geräuschs. Erzeugt wird das weiße Rauschen im sog. Rauschgenerator. Aus diesem weißen Rauschen lassen sich in jedem Frequenzbereich Ausschnitte herausfiltern, die ihrerseits mit anderen Grundelementen kombiniert oder in ihren Toneigenschaften beliebig manipuliert werden können. Diese Ausschnitte nennt man »farbiges Rauschen«. Als Sonderfall des weißen Rauschens kommt neuerdings in der e. M. das sogenannte Pink Noise (rosa Rauschen) vor, bei dem die Schallenergie so manipuliert wird, daß alle Frequenzen des Hörbereichs gleich laut erscheinen. Der Impuls ist ein kurzer Energiestoß, ein Knack, der mit einem Impulsgenerator erzeugt wird. Er ist so kurz, daß er sich im allgemeinen einer Tonhöhenwahrnehmung entzieht.

Die aus den beschriebenen drei elementaren Klangerzeugern gewonnenen Klänge werden auf Band aufgenommen u. weiter bearbeitet oder, je nach technischer Ausrüstung eines Studios, bereits zwischen Erzeugung u. Konservie-

rung verschiedenen Veränderungen unterzogen. Dazu gehören Amplitudenmodulationen, Frequenz- u. Phasenmodulation, Rückkopplungseffekte, Wiederholung, Verhallung, Verzerrung, Überkopierung, Spreizung oder Pressung durch Veränderung der Bandgeschwindigkeit, Zerhakkung u. Ausfilterung. Die endgültige Bandproduktion kann dann gesendet oder über Lautsprecher in geeignete Räumlichkeiten abgespielt werden.
Nachdem in der e. M. Tonhöhen nach Hertz, Lautstärken nach Dezibel u. das Tempo entsprechend der Bandgeschwindigkeit nach Zentimetern gemessen werden, warf die Notation dieser Musik ganz neue Probleme auf. Dazu kam erschwerend die Forderung nach einer Definition der Klangfarbe u. der Festlegung der Klänge im Raum. Hierzu wählte man die Form grafischer Darstellung, deren diagrammähnlicher Charakter durch die Koordinaten Frequenz, Zeit u. Lautstärke bestimmt wird.
Das erste Studio für e. M. wurde 1951 im Rahmen des Nordwestdt. Rundfunks im Sender Köln gegründet. Der damalige Intendant Hanns Hartmann berief H. Eimert zu seinem ersten Leiter. Dieser versicherte sich der Mitarbeit von W. Meyer-Eppler, R. Beyer u. F. Trautwein. Am 18. 10. 1951 strahlte das Nachtprogramm des Nordwestdt. Rundfunks erstmals eine Sendung mit dem Titel »Die Klangwelt der E. M.« aus. Am 26. 5. 1953 wurden im Rahmen des Kölner Neuen Musikfests 1953 die ersten elektronischen Versuche der Öffentlichkeit vorgestellt, u. a. *Ostinate Figuren u. Rhythmen, Klangfarbenstudie, Klang im unbegrenzten Raum, Klangstudie I* u. *II* u. *Spiel für Melochord*. Für die neuen klanglichen Möglichkeiten begannen sich nun auch junge Komponisten zu interessieren, die im Kölner Studio eine Möglichkeit fanden, ihre Vorstellungen zu realisieren. So konnte am 19. 10. 1954 im Kölner Funkhaus die erste Konzertveranstaltung mit e. M. stattfinden. Auf dem Programm: K. Stockhausen, *Studie II*, H. Eimert, *Glockenspiel*, K. Goeyvaerts, Komposition Nr. 5, H. Pousseur, *Seismogramme*, P. Gredinger, *Formanten I* u. *II*, K. Stockhausen, *Studie I* u. H. Eimert, *Etüde über Tongemische*. Bei diesen Stükken zeigte sich bereits eine Tendenz zur dreidimensionalen Reihentechnik, die gut zu der bald vorherrschenden nachwebernschen Ästhetik paßte u. zumindest für das Kölner Studio lange richtungweisend blieb. Am 30. 5. 1956 war in Köln zum dritten Mal e. M. zu hören. Zur Aufführung kamen u. a. Arbeiten von B. Hambraeus *(Doppelrohr II)*, G. Klebe *(Interferenzen)*, G. M. König *(Klangfiguren II)*, H. Heiß *(Elektronische Komposition I)* u. K. Stockhausen *(Gesang der Jünglinge)*. Das letztere Stück war der erste Versuch, elektronisch erzeugte Klänge mit der menschlichen Stimme zu kombinieren. Damit wurde die Abgrenzung zur Musique concrète aufgegeben.
Einen weniger puristischen Ansatz als die Kölner um Eimert wählte L. Berio, der 1955 im Mailänder Studio der RAI das Studio di Fonologia musicale gründete, zu dessen Aufgaben es gehörte, Hintergrundmusiken u. Geräuschkulissen für Hörspiele zu produzieren. Über der Suche nach neuen Formen von Wort-Musik-Montagen u. Hintergrundgeräuschen stieß auch L. Berio gemeinsam mit B. Maderna zu Kompositionen mit rein elektronisch erzeugten Klängen vor. Zu den ersten Arbeiten des Mailänder Studios gehören *Notturno* (1955) von B. Maderna, *Mutazioni* (1956) von L. Berio u. *Scambi I* u. *II* (1957) von H. Pousseur. Nebenbei experimentierte der auf Publikumswirksamkeit bedachte Berio aber auch mit der Verbindung von instrumentalen u. elektronisch erzeugten Klängen. Nach seinen Ideen von einer dichten Verzahnung der verschiedenen Ausdrucksmittel entstanden *Perspectives* (1957) unter Einbeziehung der Raumwirkung, *Différences* (1958–59) unter Hinzunahme von überlieferten Instrumenten, deren Klänge im Sinn der Musique concrète denaturiert werden, *Ommaggio a Joyce* (1958) u. *Allez-Hop* (1959) unter Einsatz von Sprache, die collageartig u. in Form von Wortfetzen verwandt wird.
Gleichzeitig mit der Entstehung des Mailänder Studios wurde in München von Siemens eine elektronische Experimentiermöglichkeit geschaffen, die eigtl. nur der Vertonung eines Industriefilms dienen sollte, dann aber bis zu ihrer Auflösung eine Reihe wesentlicher Neuerungen herausbrachte. U. a. wurde der Produktionsvorgang unter Mitwirkung von J. A. Riedl wesentlich vereinfacht, da dieser eine zentrale Steuerung der Geräte durch vorgestanzte Lochstreifen einführte.
Es folgte die Einrichtung von Studios in Tokio (1955), Warschau, Rom, Darmstadt (1957) u. Brüssel (1958). Heute existieren eine ganze Reihe elektronischer Studios, von denen die meisten einer Universität oder einer Rundfunkanstalt angeschlossen sind. Komponisten wie F. Evangelisti, G. Ligeti, B. Nilson, M. Kagel, H. Badings u. M. Schafer arbeiten mit dem neuen Klangmaterial, u. in Konzerten zeitgenössischer Musik oder Studioveranstaltungen wird e. M. gebracht. Dabei fällt auf, daß entgegen den ursprünglichen Vorstellungen Eimerts heute die Mischform aus e. M., natürlichen u. denaturierten Instrumentalklängen sowie Elementen der Musique concrète

im Vordergrund steht. Neben der Aufführung von Werken für traditionelle Instrumentalensembles u. dem während des Konzerts zugespielten Band mit vorfabrizierten Klängen setzt sich mehr u. mehr die sogen. → Live-Elektronik durch, bei der die Erzeugung elektronischer Klänge in Realzeit direkt während der Aufführung erfolgt. Meistens handelt es sich hierbei um elektronische Verwandlung instrumentaler oder vokaler Klänge, da die elektronische Klangerzeugung u. -bearbeitung ursprünglich einen Maschinenpark erforderte, dessen Transportprobleme kaum zu lösen waren. Erst in neuerer Zeit ermöglicht der Einsatz des Synthesizers, insbesondere des handlichen Moog-Synthesizers, die direkte Erzeugung elektronischer Klänge während der Aufführung. Da diese Live-Elektronik auch wieder Elemente der Interpretation (Phrasierung, Artikulation u. Improvisation) zuläßt, ist sie zu einer beliebten Technik progressiver Rock-Gruppen wie z. B. Tangerine Dream geworden. Die in Amerika hauptsächlich an den Universitäten betriebenen elektronischen Experimente haben vorwiegend in eine andere Richtung geführt. Sowohl V. Ussachevsky u. O. Luening (Electronic Music Center of Columbia and Princeton Universities, New York) wie auch L. A. Hiller jr. u. L. M. Isaacson (Universität von Illinois, Urbana) haben Versuche mit Computer-Musik angestellt. Dazu gehört die inzwischen berühmt gewordene *Illiac Suite* von L. A. Hiller u. L. M. Isaacson, eine computergesteuerte Suite für Streichquartett aus dem Jahr 1956, u. das gemeinsam von Hiller u. J. Cage 1967–69 produzierte Stück *HPSCHD*. Gemessen an der Vielzahl elektronischer Studios in den Vereinigten Staaten ist die Anzahl der im internationalen Konzertbetrieb durchgesetzten Stücke e. M. gering. Das liegt offensichtlich daran, daß die elektronischen Klangerzeuger dort weniger als Aufbruch in eine neue musikalische Welt begriffen wurden, sondern als Mittel, um bekannte Klänge schneller u. preiswerter zu produzieren oder zu reproduzieren, wobei sich gleichzeitig der Vorgang des Komponierens mechanisieren läßt. Die amer. Komponisten verzichteten auch darauf, im Zusammenhang mit der e. M. weltanschauliche Komponenten ins Spiel zu bringen. Bei zunehmender Verfeinerung u. Automatisierung elektronischer Klangerzeuger forderten die mit diesen Mitteln vertrauten Komponisten eine Vermehrung der bis dahin steuerbaren Parameter dieser Klänge. Neben Tonhöhe, Dauer, Lautstärke u. Klangfarbe sollte auch der Raum, in dem ein Klang existierte, erfaßbar werden. Der von P. Schaeffer 1951 vorgestellte rotierende Klang im Raum wurde im Kölner Studio des WDR 1959 mit Hilfe eines Rotationstisches nachvollzogen. Mit dem gleichen Problem hat sich H. P. Haller beschäftigt, der seit 1971 das elektronische Studio des SWF in Freiburg im Breisgau leitet u. zur Erzeugung von Raumklängen sein Halaphon konstruierte. Dieses Gerät kann Richtungen u. Geschwindigkeiten von quadrophonischen Raumklang-Bewegungen vollautomatisch steuern. P. Boulez setzte es 1973 bei der New Yorker Uraufführung seiner *Explosante-Fixe* in, einer Komposition für Ensemble u. Live-Elektronik. Boulez ist es auch, der dem eigens für ihn gegründeten Pariser → IRCAM die Aufgabe gestellt hat, die verschiedenen kompositorischen u. technischen Probleme der e. M. auf ihre gesellschaftliche, physiologische u. philosophische Wirkung zu untersuchen.

Lit.: F. B. Busoni, Entwurf einer neuen Ästhetik der Tonkunst, Triest 1907, NA Wiesbaden 1954; W. Meyer-Eppler, Elektrische Klangerzeugung. E. M. u. synthetische Sprache, Bonn 1949; H. Eimert u. K. Stockhausen (Hg.), E. M., die Reihe I, Wien 1955; L. A. Hiller jr. u. L. M. Isaacson, Experimental Music, New York 1959, K. Stockhausen, Texte ..., 4 Bde., Köln 1963–78, F. K. Prieberg, Musica ex machina, Berlin 1960; W. Kaegi, Was ist e. M.?, Zürich 1967, H. Davies, International Electronic Music Catalogue/Répertoire international des musiques électroacoustiques, Cambridge, MA, u. London 1968; A. Strange, Electronic Music, Systems, Techniques and Controls, Sacramento 1972; H. Eimert u. H. U. Humpert, Das Lexikon der e. M., Regensburg 1973, ergänzte 2. Auflage 1977; D. Ernst, The Evolution of Electronic Music, London u. New York 1977.

elektronische Musikinstrumente geben Töne u. Klänge vermittels elektroakustischer Verstärker durch Lautsprecher wieder. Sie werden häufig auch als elektrische Instrumente bezeichnet. Die meisten dieser Instrumente sind Tasteninstrumente. Eine besondere Spieltechnik erfordern die heute noch im Konzertsaal anzutreffenden Ondes Martenot, für die Komponisten wie A. Honegger u. O. Messiaen Werke geschrieben haben.

Elgar, Sir Edward W., engl. Komponist, * 2. 6. 1857 Broadheath, Worcester, † 23. 2. 1934 Worcester. Sein Vater war Organist an der römisch-katholischen Kirche St. George in Worcester u. Eigentümer einer gutgehenden Musikalienhandlung. Bei ihm lernte E. die Anfangsgründe der Musik kennen. Während der Schulzeit spielte er Geige. Eine 1872 bei einem Rechtsanwalt begonnene Lehre wurde nach einem Jahr abgebrochen; E. widmete sich der Musik. Er vertrat seinen Vater als Organist, half im Laden u. spielte Fagott in einem Bläserquintett, dem auch sein Bruder Franck angehörte. Im Worcester Glee Club sammelte er erste Erfahrungen als Dirigent. 1879 reiste er nach London, um bei A. Pollitzer Geigenstunden zu nehmen. Als er fühlte, seine

Begabung reiche nicht für eine Virtuosenlaufbahn, gab er den Unterricht auf u. widmete sich verstärkt dem Komponieren. 1879–84 leitete er die Kapelle des Personals des Irrenhauses in Powick, 1885–89 war er Nachfolger seines Vaters als Organist an St. George. Daneben spielte er als Geiger in Stockleys Orchester in Birmingham u. leitete die Worcester Amateur Instrumental Society. 1889 heiratete er eine seiner Schülerinnen, die Generalstochter Caroline Alice Roberts, u. ließ sich als freischaffender Komponist erst in London, später in Malvern nieder. Die Aufführung seiner Ouvertüre *Froissart* 1890 in Worcester brachte ihm erste Anerkennung. Mit den *Enigma Variations* über ein eigenes Thema (1898–99), Porträts von Freunden, seiner Frau u. sich selbst, 1899 von H. Richter uraufgeführt, begründete E. seinen internationalen Ruhm. 1900 folgte auf ein Gedicht von Kardinal Newman das Oratorium *The Dream of Gerontius*. 1905–06 übernahm E. eine Professur für Musik an der Universität Birmingham. 1924 wurde er als Nachfolger von Sir Walter Parratt Master of the King's Music. Als Komponist ist E. Autodidakt. Die Kunst des Orchestrierens lernte er aus der Praxis. Seine Musik ist von R. Schumann u. R. Wagner beeinflußt u. gehört stilistisch zur Spätromantik. E. ist der erste bedeutende Sinfoniker Englands. Sein Einfluß auf Komponisten wie R. Vaughan Williams, A. Bliss u. W. Walton kann nicht hoch genug eingeschätzt werden.

Zu E. Kompositionen gehören die Orchesterwerke *The Wand of Youth*, 1. Suite (1867–1907), 2. Suite (1879–1908), *Cantique* (1879–1912), *Sevillana* (1884–89), *Three Pieces for Small Orchestra* (1882–8), *Salut d'amour* (1888), *Froissart-Ouvertüre* (1890), Streicherserenade (1892), *Imperial March* (1897) *Sea pictures* für St. u. Orch. (1897–99), *Enigma Variations* über ein eigenes Thema (1898–99), Märsche *Pomp and Circumstance*, dessen Nr. 1 der Text »Land of Hope and Glory« unterlegt wurde (1901–30), Ouvertüre *Cockaigne, In London Town* (1901), *Dream Children* (1902), *Introduction and Allegro* für Streichquartett u. Streichorch. (1901–05), Ouvertüre *In the South, Alassio* (1899–1904), Sinfonie Nr. 1 (1907–08), *Elegy* für Streichorch. (1909), Sinfonie Nr. 2 (1903–10), *Coronation March* (1902–11), *Falstaff* (sinfonische Studien, 1902–13), *Song Cycle* für St. u. Orch. (1909–10), *Sospiri* für Streicher, Hf. u. Org. (1914), *Carillon* für Sprecher u. Orch. (1914), *Polonia* (1915), *Une Voix dans le désert* für Sprecher u. Orch. (1915), *Le drapeau belge* für Sprecher u. Orch. (1917), *Severn Suite* für Blechbläser (1930, für Orch. 1932), Sinfonie Nr. 3, *Fragmente* (1933); Vokalwerke mit Orch. wie *The Black Knight* nach Uhland (1893), *From the Bavarian Highlands* (1895), *The Light of Life* (1896), *Scenes from the Saga of King Olaf* (1894–96), *The Banner of St. George* (um 1897), *Caractacus* (1897–98), *The Dream of Gerontius* (1899–1900), *Coronation Ode* (1901–02), *The Apostles* (1902–03), *The Kingdom* (1905–06), *The Music Makers* (1902–12) u. *The Spirit of England* (1915–17); Werke für Soloinstrument u. Orch. wie Violinkonzert in h-Moll (1909–10), Romanze für Fag. u. Orch. (1910), Cellokonzert in e-Moll (1919), Klavierkonzert (Fragmente 1909–32); Kammermusikwerke wie Romanze für V. u. Kl. (1878), *La capricieuse* für V. u. Kl. (1891), Sonate in e-Moll für V. u. Kl. (1918), *Études caractéristiques* für V. solo (1892), Streichquartett in e-Moll (1918), Klavierquintett in a-Moll (1918–19); Klavier- u. Orgelstücke sowie Lieder. E. komponierte außerdem Kirchenmusik, eine unvollständige Oper *The Spanish Lady* (1878–1933), das Ballett *The Sanguine Fan* (1917) u. Bühnenmusiken, darunter *Grania and Diarmid* (1901) u. *The Starlight Express* (1915).

Lit.: W. H. Reed, E. as I Knew Him, London 1936; D. McVeagh, E. E.: His Life and Music, London 1955; P. Young, E., London 1955; ders. als Hg, Letters of E. E., London 1956; N. Cardus, A Composer's Eleven, London 1958; P. Young (Hg.), A Future for English Music, Birmingham University Lectures, London 1968; M. Kennedy, E. Orchestral Music, London 1970; I. Parrott, E., London 1971; R. Burley u. Frank L. Carruthers, Record of a Friendship, London 1972; J. N. Moore, E., A Life in Photographs, Oxford 1972.

Eliasson, Anders, schwed. Komponist, * 3. 4. 1947 Borlänge. Militärmusiker in Falun, anschließend Studium an der Musikhochschule in Stockholm bei I. Lidholm u. V. Söderholm.

Zu E. Werken gehören verschiedene Tonbandkompositionen aus dem Jahr 1969, dann *Melos*, Streichquartett (1970); *Memet* für gem. Chor a cappella u. *Picknick* für Bläserquintett (1972); *Tider* für Mezzo-S. u. Instrumentalensemble (1972); *Infö̈r logos* nach Kafka für gem. Chor u. Tonband; *Quo vadis* für Mezzo-S., elektrische Org. u. Tonband u. *Versione* für Kl. (1973); *Oktober* für gem. Chor a cappella (1973); *En av oss* (Kirchenoper, 1974); *Disegno della pioggia* für Vc., Kl. u. Xylophon (1974); *Disegno per sestetto d'ottoni* u. *Disegno per quartetto d'archi* (1975); Kantate *Den gröna rosen* für S., Saxophonquartett u. Schlagzeug (1976); *Canti in lontananza* für Kammerorch. u. *Disegno per Vc.* (1977); *La fièvre* für Bläserquintett; *Impronta* für Orch. u. *Turnings* für Orch. (1978).

Elizalde, Federico, span. Komponist philippinischer Herkunft, * 12. 12. 1908 Manila. Studierte in Madrid bei Trago u. P. Casas, an der Stanford University in Kalifornien u. bei E. Bloch. Komponierte 1928 für S. Diaghilew das Ballett *The Heart of a Nigger*. 1931–33 lebte er in Paris u. machte die Bekanntschaft M. Ravels u. D. Milhauds. Für den letzteren setzte er sich mehrfach als Dirigent ein. Als Teilnehmer am span. Bürgerkrieg wurde E. nach dem dt. Einmarsch in Frankreich auf seinem Besitz unter Hausarrest gestellt. Zu dieser Zeit entstand seine Oper *Paul Gauguin* (1943). 1948 wurde er Präsident der Manila Broadcasting Company.

Zu E. Werken gehören: 1 Violin- u. 1 Klavierkonzert, sinfonische Dichtungen, Bühnenmusiken zu Werken F. Garcia Lorcas u. Kammermusik.

Eller, Heino (eigtl. Chejno Janowitsch), estnischer Komponist, * 7. 3. 1887 Dorpat, † 16. 6. 1970 Reval. Studierte in Petersburg bei W. Kalafati u. J. Wihtol Komposition, war 1920–40 Dozent an der Musikhochschule in Tartu u. anschließend Professor am Konservatorium in Reval.

Zu E. Werken gehören 3 Sinfonien (1936, 1947 u. 1964), sinfonische Dichtungen, 1 Violinkonzert (1965) u. Kammermusik, darunter 5 Streichquartette.

Ellington, Duke (eigtl. Edward Kennedy), amer. Jazzmusiker, Pianist u. Komponist, * 29. 4. 1899 Washington D.C., † 24. 5. 1974 New York. Erhielt während der Schulzeit den Spitznamen Duke, verdiente sich sein Taschengeld als Klavierspieler bei Veranstaltungen aller Art u. fing früh an, eigene Melodien wie *Soda Fountain Rag* u. *What You Gonna Do When the Bed Breaks Down?* zu komponieren. Hat außer sporadischem Klavierunterricht keine musikalische Ausbildung erhalten. Nachdem er mit seiner Band u. Soloauftritten sowie einer Agentur für andere Bands in Washington nach dem 1. Weltkrieg großen Erfolg hatte, schlug er ein Stipendium für das Pratt Institute of Fine Arts aus. Zu seinen ersten Band-Mitgliedern gehörten Otto Hardwick (Altsaxophon), Arthur Whetsel (Trompete) u. Sonny Greer (Schlagzeug). 1922 Zusammenarbeit mit Wilbur Sweatman in New York, 1923 endgültige Übersiedelung nach New York. Auftritte im Hollywood Club, der später in Kentucky Club umbenannt wurde. E. trat als Bandleader auf u. nannte seine Formation The Washingtonians. 1924–27 Auftritte in verschiedenen Clubs in Harlem u. Tourneen an der Ostküste. 1927 Engagement im Harlem Cotton Club. Die Band spielte dort, unterbrochen von anderen Verpflichtungen, bis 1931. 1929 Auftritt in dem Broadway Musical *Show Girl.* E. Band wurde in den 30er Jahren durch Film u. Radio bekannt. Zu den oft jahrzehntelang mit E. spielenden Band-Musikern gehörten Johnny Hodges (Altsaxophon), Barney Bigard (Klarinette), Harry Carney (Baritonsaxophon), Sonny Greer (Schlagzeug), Bubber Miley u. Cootie Williams (Trompete), Tricky Sam Nanton, Juan Tizol u. Lawrence Brown (Posaune). 1933 ging E. zum ersten Mal auf eine äußerst erfolgreiche Europatournee. 1939 trat Billy Strayhorn als Pianist, Komponist u. Arrangeur in die Band ein. Sein *Take the ›A‹ Train* wurde zur Erkennungsmelodie. Nach dem Tode E. übernahm sein Sohn Mercer (* 11. 3. 1919 in Washington D. C.) die Band. Er gilt selber als erfolgreicher Komponist u. Arrangeur.

E. kam vom Ragtime-Klavier, was in seinen frühen Kompositionen ganz deutlich zu spüren ist. Erst in der Cotton-Club-Zeit fand er zu einem orchestralen Kompositionsstil, der an Don Redman u. Fletcher Henderson anknüpfte. Der typische E.-Sound entstand. E. konnte sich dabei auf seine für das Show-Geschäft ungewöhnlich konstante Besetzung verlassen, für die er wie für ein Instrument komponierte. Mit *It Don't Mean a Thing* (1932) gelang ihm das erste ganz orchestral gedachte Stück. Zu seinen bekannten Nummern aus der Anfangszeit gehören außerdem *Mood Indigo* (1931), *Sophisticated Lady* (1933), *Solitude* (1935), *In a Sentimental Mood* (1936) u. *Caravan* (1937). Zu E. längeren Kompositionen zählen *Black, Brown and Beige, Perfume Suite, Liberian Suite, Deep South Suite, Blue Belles of Harlem* u. *The Far East Suite*. Außerdem schrieb E. 2 *Konzerte für Cootie* (Williams), trat mit seiner Band in dem Spielfilm »Cabin In The Sky« (1943) auf u. komponierte Filmmusiken zu »The Asphalt Jungle« (1950), »Anatomy Of A Murder« (1959), »Paris Blues« (1961), »Assault On A Queen« (1966) u. »Change Of Mind« (1969). Von ihm stammen auch die Musiken zu den Broadway-Musicals *Beggar's Holiday* u. *My People* (1946 u. 1963) sowie Bühnenmusik zu Shakespeares »Timon of Athens« (1963). Für das American Ballet Theatre komponierte E. 1970 *The River* (Ch.: A. Ailey). Neben Tschaikowsky- und Grieg-Arrangements entstand außerdem die Jazzsuite *Such Sweet Thunder,* bei der sich E. von der Welt Shakespeares inspirieren ließ. Seine Autobiografie »Music is My Mistress« erschien 1973 in Garden City, NY (dt. 1974 München).

Éloy, Jean-Claude, franz. Komponist, * 15. 6. 1938 Mont-St-Aignan. Studierte am Pariser Conservatoire bei D. Milhaud u. an der Musik-Akademie Basel bei P. Boulez. Experimentiert mit elektronischen u. konkreten Klängen u. versucht, dem Publikum durch Klangkombinationen u. räumliche Anordnung zu einem erweiterten Bewußtsein zu verhelfen.

Zu E. Werken gehören: *Étude III* für Schlagzeug, Kl., Hf., Celesta u. Orch. (1962); *Équivalences* für 18 Instrumentalisten (1963); *Polychromies I* u. *II* für Bläser, 6 Schlagzeuge, Kl. u. Hf. (1964); *Macles I* u. *II* für 6 Instrumentalgruppen (1967); *Faisceaux – Diffractions* für 28 Instrumentalisten (1970); *Kāmakalā* für je 3 Dirigenten, Chöre u. Orch. (1971); *Shānti,* Meditationsmusik aus elektronischen u. konkreten Klängen (1974); *Fluctuante – Immuable* (1977) u. *Gaku No Michi,* ein Film ohne Bilder aus elektronischen u. konkreten Klängen (1978).

Elsner, Joseph A. F., poln. Komponist u. Dirigent dt. Herkunft, * 1. 6. 1769 Grottkau, † 18. 4. 1854 bei Warschau. Studierte in Breslau u. Wien u. trat als Geiger 1791 in die Brünner Theaterkapelle ein. 1792 wurde er 2. Kapellmeister am Theater in Lemberg u. 1799 von W. Boguslawski als Kapellmeister u. Direktor an die Warschauer Oper verpflichtet. 1816 übernahm er die Leitung einer Gesangs- u. Deklamationsschule, aus der sich 1821 das Warschauer Konservatorium entwickelte, dessen Direktor er wurde. Zu seinen Schülern gehörte u. a. F. Chopin. E. bewunderte F. Paër u. komponierte 32 Opern, in denen er sich an dessen Stil anlehnte. Außerdem schrieb E. 8 Sinfonien, 11 Streichquartette, weitere Kammermusikwerke u. Klavierstücke. Seine geistlichen Kompositionen umfassen u. a. Messen, 1 Requiem, Motetten u. Vespern. Seine Lieder erschienen in 24 Bänden. Zu seinen verschiedenen Schriften gehört auch die 1855 ins Poln. übersetzte Autobiografie »Summarium meiner Musikwerke...«, die 1957 in Krakau neu herausgegeben wurde.

Elßler, 1. Therese, österr. Tänzerin, * 5. 4. 1808 Wien, † 19. 11. 1878 Meran.

2. Fanny E., Schwester von 1., österr. Tänzerin, * 23. 6. 1810 in Gumpendorf, † 27. 11. 1884 in Wien. Der Vater Johannes E. diente J. Haydn als Kammerdiener u. Kopist. → Ballett.

Elwart, Antoine A. E., franz. Komponist u. Musikschriftsteller, * 18. 11. 1808 Paris, † 14. 10. 1877 ebd. Studierte am Pariser Conservatoire bei F.-J. Fétis u. J.-F. Le Sueur. 1840–71 Professor einer Harmonieklasse an diesem Institut.

E. komponierte mehrere Opern, von denen aber nur *Les Catalans* (1840) aufgeführt wurde, 5 Sinfonien, kirchliche Werke u. Kammermusik. Zu seinen Schriften gehören: »Petit manuel d'harmonie« (1839), »Le contrepoint et la fugue appliqués au style idéal« (1840) u. »Petit traité d'instrumentation« (1864).

EMI, Electric & Musical Industries Ltd., engl. Konzern, der 1931 aus der Fusion von The Gramophone Company u. Columbia Graphophone Company hervorging. Neben der Herstellung u. dem Vertrieb von Schallplatten ist die EMI in der Elektronik u. auf dem Unterhaltungssektor tätig. Bei der Entwicklung der Schallplatte konnte auf so berühmte Labels wie HMV, Columbia u. Parlophone zurückgegriffen werden. Von 1931 an kümmerte sich W. Legge, verheiratet mit der Sängerin E. Schwarzkopf, um den Aufbau eines klassischen Repertoires. Für Aufnahmen wurde eigens das Philharmonia Orchestra gegründet. Zur EMI gehört in Deutschland die EMI Electrola mit dem Label »Die Stimme seines Herrn«, in Frankreich Les Industries Musicales et Electriques Pathé Marconi mit La Voix de son Maître, in Japan Nippophone u. in den USA Capitol Records Inc. Größter Umsatzträger der 60er Jahre waren für EMI die Beatles. Auf dem Unterhaltungssektor gehören zur EMI eine 50%ige Beteiligung an Thames Television, die Associated British Picture Corporation u. die Elstree Film Studios.

Emmanuel, Maurice M. F., franz. Komponist, Musikwissenschaftler u. Lehrer, * 2. 5. 1862 Bar-sur-Aube, † 14. 12. 1938 Paris. Studierte bei M.-G.-A. Savard, Th. Dubois, L. Delibes u. L.-A. Bourgault-Ducoudray am Pariser Conservatoire u. bei F. Gevaert in Brüssel. 1904–07 Kapellmeister an Ste-Clotilde u. von 1907–36 als Nachfolger von Bourgault-Ducoudray Professor für Musikgeschichte am Conservatoire.

Zu E. Kompositionen zählen: die einaktige Pantomime *Pierrot peintre* (1886), die lyrische Tragödie *Prométhée enchaîné* (1916–18), die Oper *Salamine* (1929), 2 Sinfonien (1919 u. 1931), *Suite française* für Orch. (1925), Kammermusik, Klavierstücke u. Bühnenmusik zu Plautus' »Amphitryon«. Zu seinen Schriften gehören: »Histoire de la langue musicale« (1911, 2 Bde.), »Pelléas et Mélisande de C. Debussy« (1926), »César Franck« (1930) u. »Anton Reicha« (1937).

emmelisch (griech.) bezeichnet in der griech. Musiktheorie **1.** die harmonisch aufeinander abgestimmten Töne im Unterschied zu den nicht abgestimmten ekmelischen u. **2.** Intervalle, die nicht als konsonant galten, wie z. B. Sekunden u. Terzen.

E-Musik, Abkürzung für ernste Musik im Unterschied zur U-Musik, der → Unterhaltungsmusik. Diese eher willkürliche Unterteilung hängt mit der Kommerzialisierung des Musikbetriebes zusammen und ist hauptsächlich für den Verteilungsplan der Verwertungsgesellschaften (→ GEMA) von Interesse, bei denen E höher als U bewertet wird.

Encina, Juan del (eigentlich de Fermoselle), span. Komponist u. Dichter, * 12. 7. 1468 bei Salamanca, † um den 30. 8. 1529 León. 1484 Chorknabe an der Kathedrale von Salamanca u. Studium an der dortigen Universität. Um 1492 im Dienst des Herzogs von Alba, in dessen Palast er Eglogas aufführte, deren Texte u. Musiken von ihm selber stammten. 8 Stücke erschienen 1496 als »Cancionero de las obras de Juan del enzina«. 1509 wurde er Archidiakon der Kathedrale von Málaga u. nach mehreren Romreisen 1519 Prior der Kathedrale von León. Mehr als 60 seiner Kompositionen sind im »Cancionero del Palacio« gesammelt. E. ist für die Entwicklung der frühen Mehrstimmigkeit in Kastilien von Bedeutung.

endloses Band ist eine Bandschleife, die ein endlos langes Hören ermöglicht.

Enescu (auch Enesco), George, rumän. Komponist u. Geiger, * 19. 8. 1888 Liveni-Vîrnav, † 4. 5. 1955 Paris. Studierte bereits als 7jähriger am Wiener Konservatorium bei S. Bachrich u. J. Hellmesberger jr. Geige u. bei R. Fuchs Theorie. Setzte seine Studien 1893 in Paris bei M. P. J. Marsick (Geige) u. A. Gédalge, J. Massenet u. G. Fauré (Komposition) fort. Reiste als Geigenvirtuose. Zu seinen Schülern zählte Y. Menuhin. In seinen Kompositionen löste er sich allmählich von J. Brahms u. R. Wagner, um sich mit der rumän. Folklore auseinanderzusetzen.

Zu E. Werken gehören: die Oper *Oedip* (1920–31), Sinfonien u. sinfonische Dichtungen, 3 Orchestersuiten, 1 konzertante Sinfonie für Vc. u. Orch., Kammermusik, darunter 3 Klaviersuiten, 3 Klaviersonaten, 3 Violinsonaten u. 2 Violoncellosonaten, Chöre u. Lieder.

Engelmann, Hans Ulrich, dt. Komponist, * 8. 9. 1921 Darmstadt. Beschäftigte sich bereits während der Schulzeit mit Musiktheorie u. Komposition. Studierte bei W. Fortner in Heidelberg u. am Kranichsteiner Musikinstitut bei R. Leibowitz u. E. Krenek Komposition, daneben an der Universität Frankfurt a. M. Musikwissenschaft. 1954–61 ständiger Komponist u. Berater am Hessischen Landestheater in Darmstadt bei G. R. Sellner. Ab 1969 Dozent, inzwischen Professor für moderne Komposition an der staatlichen Musikhochschule in Frankfurt a. M. E. ließ sich zuerst vom Neobarock u. Rhythmus eines I. Strawinsky beeinflussen, entdeckte dann für sich die Schönberg-Schule u. wandte sich 1948 der Reihentechnik zu. Er schuf eine dodekaphone Feldtechnik, die ihm innerhalb eines vorgegebenen Rahmens große kompositorische Freiheit ließ. Ab 1962 erfolgte eine Ablösung von der seriellen Praxis zugunsten einer Zufall, Klangfarbe u. Improvisation stärker in den Vordergrund rückenden Kompositionsweise.

Zu E. Werken gehören: die Bühnenstücke *Doctor Faust's Höllenfahrt* (1949–50), *Magog* (1956), *Der verlorene Schatten* (1960), *Der Fall van Damm* (1966–67); das Musiktheater *Ophelia* (1968) u. die Show für Musiktheater *Revue* (1973); die Ballette *Noche de luna* (1962), *Serpentina* (1962–63) u. *Coincidentials* (1970); die Orchesterstücke Musik für Streicher, Blechbläser u. Schlagzeug (1948), *Impromptu* für großes Orch. (1949), *Orchester-Fantasie* (1951), Partita für Orch. (1953), *Strukturen* (1954), *Polifonica* (1957), *Ezra Pound Music* (1959), *Timbres* für Kammerensemble u. Tonbänder (1963), *Shadows* (1964), *Capricciosi* u. Sonate für Jazz-Orch. (1967), *Sinfonies* (1968); die Chorwerke *Die Mauer* (dramatische Kantate, 1954–55), *Die Freiheit* (Kantate zum 1. Mai, 1957), *Eidophonie* für gem. Chor u. Schlagzeug (1962), das Oratorium *Manifest vom Menschen* (1966), *Mobile I* für gem. Chor u. Kl. (1967), *Commedia humana* für Doppelchor, live-elektronisch verfremdetes Vc. u. Tonband (1972); die Werke für Gesang u. Instr. *Elegia e canto* (Konzertarie für S., Kl. u. Streichorch., 1952), *Komposition in 4 Teilen* für Kammerensemble (1953, 4. Teil mit S.-Solo), *Nocturnos* für Orch. u. S.-Schlußarie (1958, auch als Ballett *Noche de luna*), *Incanto* für S. u. Instr. (1959); die Konzerte für Vc. u. Streichorch. (1948, ursprünglich Vc. u. Kl.) u. *Trias* für Kl., Orch. u. elektronisches Tonband (1962); die Kammermusikwerke *Klangstück* für V. u. Kl. (1947), Streichquartett (1952), *Integrale* für Sax. u. Kl. (1954), *Variante* für Fl. solo (1959), *Permutazioni* für Bläserquartett (1959), *Mobile II* für Klar. u. Kl. (1968), *Mini-Music* für Vc. (1970); die Klavierstücke Toccata (1947), Klavierstücke (1950), Klavier-Suiten I u. II (1948–50 u. 1952), *Cadenza* (1961), *Duplum* für 2 Kl. (1965), *99 Takte* für Cemb. (1967). Außerdem komponierte E. *Modelle I oder I love you, Bäbi* für live-elektronische Gruppe u. *Modelle II* für Pos. u. Schlagzeugensemble (1970).

Engführung ist die Wiederholung des Themas in der kontrapunktischen Komposition durch eine zweite Stimme, bevor die erste es voll durchgeführt hat.

Englert, Giuseppe G., schweiz. Komponist u. Organist, * 22. 7. 1927 Fiesole. Studierte bei W. Burkhard am Konservatorium in Zürich u. ließ sich 1949 in Paris nieder. Studierte dort bei A. Marchal weiter Orgel u. war 1957–62 dessen Assistent an St-Eustache. Mitarbeiter am von K. Humble u. J.-Ch. François gegründeten Centre de Musique 1964–68. Seit 1970 Leiter eines Experimentalkurses über musikalische Happenings an der Universität in Vincennes. E. setzt alle modernen Mittel von der Aleatorik über die Elektronik bis zum Environment ein.

E. schrieb u. a.: *Rime* (Serie für Bläserquintett, 1958–61); *Miranda* (Musique visuelle, 1959–61); *Au jour ultime liesse* (Kantate für Singst. u. 6 Instr., 1961–63); *Les avoines folles* für Streichquartett (1962–63); *Palaestra 64* für Org. (1959–64); *Fragment* für Orch. (1964); *Aria* für Pauken u. Instr. (1965); *La joute des lierres* für Streichquartett (1965–66); *Le roman de Kapitagolei* für Orch. (1966–67); *Tarot* für 3–6 Streichinstr. (1967); *Discours* für St. u. Tonband (1970); *Maquillage* für St., Bühne u. Elektronik (1967–71); *Cantus Plumbeus Non Pulsando* für Org. (1972); *Caracol* für 15 Instr. (1974); *Synthese 70/74* für 2 Syntheziser VCS 3 (1974–75); *Miss Filena Pal at her keyboard* (ein Porträt für 10 Ausübende, 1975); *The Mohawk Eveningsong* für Tonband (1975); *Fragøla* für Intellec 8 u. 2 Syntheziser VCS 3 (1975–76); *MOT 76/1* (Tonbandmusik, 1976); 3 Stücke für Computer (1976) u. *Three Cello Pieces for David Gibson* (1977). Außerdem hat sich E. an verschiedenen Kompositionen beteiligt, u. a. an *Récit et aria* für Tonband, Musik zu Cébrons Ballett *Expansion – Transformation* (1967) u. *Musique* zu Goethes »Faust« für J. Launay (1973).

English Waltz, ein dem Boston verwandter langsamer Walzer im ¾-Takt, der in den 20er Jahren Mode wurde u. heute zu den Standardtänzen gehört.

Enharmonik, der Gebrauch von Intervallen, die kleiner sind als der chromatische Halbton. **1.** Bei den griech. Musiktheoretikern Einsatz der kleinstmöglichen Intervalle als Kontrastmittel. **2.** Diskrepanz zwischen der physikalischen Berechnung u. zwölftönig temperierten Stimmung der Töne, z. B. zwischen gis u. as, deren verschiedene Werte nur noch bei der Modulation subjektiv wahrgenommen werden. **3.** Verwechslung von z. B. Cis-Dur u. Des-Dur aus Gründen der leichteren Lesbarkeit.

Ensemble (franz.: »zusammen«) bezeichnet **1.** jede Art von kleinerer musizierender Vereinigung, **2.** das ständige Sänger- oder Schauspielpersonal einer Bühne, **3.** das Zusammenwirken mehrerer Solisten, häufig unter Mitwirkung des Chores, in der Oper.

Entr'acte (franz.: »Zwischenakt«), Zwischenaktmusiken bei Oper u. Schauspiel.

Entrada (span.), **Entrata** (ital.) → Intrada

Entrée (franz.: »Eingang«), **1.** in der Ballettsprache Auftritt eines Tänzers oder einer Tänzergruppe, **2.** Einzugs- oder Zwischenspielmusik im höfischen Ballett, insbesondere in Frankreich im 16.–18. Jh., **3.** Einsatz einer Stimme im kontrapunktischen Satz.

Environment (engl.: »Umgebung«), entstanden aus der Erweiterung des Bildes von der Fläche zum Raum u. der Aufhebung der Grenze zwischen Plastik u. Malerei. In der Musik meist als Mischform zwischen akustischen u. visuellen Vorgängen wie Light-Environments. → Multimedia

Epilog (griech.: »Nachwort«, »Nachspiel«), **1.** in der Oper u. im Schaupiel eine Schlußbetrachtung, in der dem Zuschauer häufig noch einmal die Moral des Stückes verdeutlicht wird (→ Licenza), **2.** im Sonatensatz eine Schlußgruppe, die sich an das 2. Thema anschließt u. auch neues thematisches Material einführen kann. Seine thematische Unabhängigkeit führte bei J. Brahms u. A. Bruckner zur Ausbildung eines 3. Themas in der Exposition.

Episode (griech.: »Einschaltung«), bezeichnet die in eine Instrumentalkomposition oder Oper eingeschoben wirkenden Teile.

Erb, Donald J., amer. Komponist, * 17. 1. 1927 Youngstown, OH. Studierte bei H. Miles u. K. Gaburo an der Kent State University, bei M. Dick am Cleveland Institute of Music u. bei B. Heiden an der Indiana University. 1953–61 Lehrer am Cleveland Institute of Music, 1968–69 Composer-in-residence beim Dallas Symphony Orchestra.

Zu E. Werken gehören: *Symphony of Overtures* (1965); Konzert für Schlagzeug u. Orch. (1966); *Christmas Music* (1967); *Klangfarbenfunk I* für Orch., Rock-Gruppe u. elektronische Klänge (1970) u. *New England prospect* für Erzähler u. Orch. (1974); *Hexagon* für 5 Bläser u. Kl. u. *Phantasma* für Fl., Ob., Kb. u. Cemb. (1965); *Kyrie* für Kl., Schlagzeug u. Tonband (1967); *In no strange land* für Tonband, Pos. u. Kb. (1968); Trio für V., Vc. u. elektrische Git. (1966) u. *Fission* für Tonband, S., Kl., Tänzer u. Lichteffekte (1968).

Erbse, Heimo, dt. Komponist, * 27. 2. 1924 Rudolstadt, Thüringen. Studierte in Weimar u. ab 1950 bei B. Blacher in Berlin. Arbeitete als Hauskomponist bei Oscar Fritz Schuh am Theater am Kurfürstendamm u. lebt seit 1957 als freischaffender Komponist in Taxenbach bei Salzburg.

Zu E. Werken gehören: Die Opern *Fabel in C* (eine Kammeroper, 1951–52), *Julietta* (Opera semiseria nach H. von Kleists »Die Marquise von O ...«, 1956–57) u. *Der Herr in Grau* (1965–66); das Ballett *Ruth* (1958); die Orchesterwerke *Sechs Miniaturen* für Streicher, Kl. u. Schlagzeug (1951), Capriccio für Streicher, Kl. u. Schlagzeug (1952), *Impression* (1954), Praeludium für Orch. (1954), *Dialog* für Kl. u. Orch. (1955), *Sinfonietta giocosa* (1955–56), *Allegro – Lento – Allegro* für Bläser (Nr. 3 aus *Divertimento für Mozart,* 1956), *Tango-Variationen* (1957–58), *Pavimento* (1960), Konzert für Kl. u. Orch. (1962–63), Sinfonie in 4 Sätzen (1963–64), *Das Hohelied Salomos* für S., Bar. u. Orch. (1968–69, davon auch Fassung für S., Bar. u. Kl.), 2. Sinfonie (1969–70) u. Tripelkonzert für V., Vc. u. Kl. u. Orch. (1972–73); 3 Chöre zu sechs St. auf Texte von Nelly Sachs (1971) u. die Kammermusikwerke *Splitter* für hohe St. u. Kl. (1952), Sonate für 2 Kl. (1951), Streichquartett Nr. 1 (1952), Sonate für Kl. (1953), *Ekstato* für Kl. (1953), Trio für Kl., V. u. Vc. (1953), 3 Lieder nach J. von Eichendorff für hohe St. u. Kl. (1954), *Aphorismen* für Fl., V. u. Kl. (1954), 3 Lieder nach E. Mörike für mittlere St. u. Kl. (1959), Quartett für Holzbläser (1961), 3 Lieder nach P. Celan für tiefere St. u. Kl. (1962), Sonate für Fl. (A.-Fl. in G) u. Kl. (1966–67), *For String and Wind Players,* Nonett für Streichquintett, Ob., Klar., Fag. u. Horn (1970–71), Studien für Fl. u. Git. (1972), *Nachklänge* nach J. von Eichendorff, Liederzyklus für hohe St. u. Git. (1973) u. *Flageoletts,* Studie für 2 Fl. in »Studien zum Spielen Neuer Musik« (1970), 4 Gesänge für S. oder T., Fl. u. Cemb. (1977).

Erdmann, Dietrich, dt. Komponist u. Lehrer, * 20. 7. 1917 Bonn. Ab 1931 Theoriestudien an der Volksmusikschule in Berlin-Neukölln bei P. Hindemith u. H. Genzmer. 1934–38 Studium an der Berliner Musikhochschule, 1940–42 Kompositionsunterricht bei P. Höffer. 1945–48 Musiklehrer, seit 1947 Lehrtätigkeit an der Pädagogischen Hochschule in Berlin, dort ab 1954 Professor für Musikerziehung. Schreibt vorwiegend Kammermusik. Sein Werkverzeichnis enthält viele Auftragskompositionen, insbesondere für junge Instrumentalisten.

Zu E. Werken gehören u. a.: 6 Lieder nach chines. u. japan. Lyrik für S. u. Kl. (1945); Suite für Kl. (1949); Musik für Streichorch. (1949–50); *Hymne an die Sonne,* Kantate für S., Bar., gem. Chor u. Orch. (1949); Konzert für Kl. u. Orch. (1950); Serenade für Streichorch. u. Bläser (1952); Divertimento für Streichorch. (1953); Capriccio für 2 V. (1953); Concertino für Kl. u. kleines Orch. (1955–56); *Wolkenkantate* nach Texten von H. Claudius für S., 3st. Chor, Fl. u. Streichorch. (1957); Concertino für Fl. u. Streichorch. (1958); Streichtrio (1959); Divertimento für Altblockfl. u. Streicher (1960); *Notturno* für Fl. u. Gitarren (1962); Suite für kleines Orch. (1962); *Adventskantate* (1963); Variationen für 4 Holzbläser (1963); Sonate für Ob. u. Kl. (1965); *Tänzerische Musik* für Blockfl. u. Stabspiele (1966); Improvisation für 4 Holzbläser (1967); Divertissement für Zupforch. (1968); *Dialoghi* für Vc. u. Kl. (1969); *Epigrammes* für Kl. (1970); *Tre Pastelli* für V. u. Kl. (1970); *Episodes* für Git. u. Schlagzeug (1970); *Permutation* für Orch. (1970); *Signatures* für Kl. (1971); Notturni für Klar. u. Kl. (1971); *Sinfonietta per arci* (1971); *Monodie* für Fl. solo (1971); *Miniaturen* für 3 Holzbläser (1972); 5 Gesänge nach Texten von G. Ungaretti für hohe St. u. Kl. (1973); Elegie für Ob. solo (1974); *Petite conversation* für Fag. solo (1974); *Bicinium* für Klar. u. Schlagzeug (1974–75); *Spektrum* für Kammerorch. (1975); Divertimento für Fl., Ob., Klar. u. Fag. (1975).

Erdmann, Eduard P. E., dt. Pianist u. Komponist, * 5. 3. 1896 Wenden, Livland, † 21. 6. 1958 Hamburg. Studierte 1915–18 in Berlin bei H. Tiessen (Komposition) u. C. Ansorge (Klavier). Setzte sich als Pianist für die zeitgenössische Musik ein, übernahm 1925–35 eine Meisterklasse für Klavierspiel an der Musikhochschule in Köln u. war ab 1950 Professor an der Musikhochschule in Hamburg. Zu seinen Schülern gehörten P. Baumgartner u. die Brüder Kontarsky. Seine Kompositionen halten sich im Rahmen einer erweiterten Tonalität.

Zu E. Werken gehören: 4 Sinfonien (1920, 1924, 1951 u.

1954), 1 Klavierkonzert (1930), 1 Violinstück *An den Frühling*, Kammermusikwerke.

Erickson, Robert, amer. Komponist, * 7. 3. 1917 Marquette, MI. Studierte bei M. Strong, E. Krenek u. R. Sessions. Unterrichtete 1952–66 in San Francisco u. ist zur Zeit Professor an der University of California in San Diego.

Zu E. Kompositionen gehören: die Oper *Cardenitas* für S., Mimen, 6 Instr. u. Tonband (1968); die Orchesterwerke *Introduction and allegro* (1948), *Fantasy* für Vc. u. Orch. (1953), *Variationen* (1957), *Kammerkonzert* (1960), Konzert für Kl. u. 7 Instr. (1963), *Sirens and other flyers* (1965); die Kammermusikwerke 2 Streichquartette (1950 u. 1956), Trio für Kl., V. u. Va. u. Divertimento für Fl., Klar. u. Streicher (1953), *Piece for bells and toy pianos* (1965), *Scapes, a contest for 2 groups* (1966) u. *Scapes II* (1966), *Birdlands* für Tonband (1967) u. *Pacific sirens* für Instr. u. Tonband (1969).

Erkanjan, Erwand, sowj. Komponist, * 5. 11. 1951 Leninakan. Studierte Komposition u. Violine am Jerewaner Konservatorium. Ist in seinen Kompositionen stark von der armenischen Musik des Mittelalters beeinflußt.

Zu E. Werken gehören: die Ballette *Orest* (1974) u. *Oedipus Rex* (1976), *Das Martyrium des Stephanos Sianetzki* für Kl., Org. u. Schlagzeug (1975), Kammersinfonie Nr. 3 (1976/77), Sinfonie Nr. 1 (1977) u. Sinfonie Nr. 2, *AJK* u. *BEL* für Sprecher, Chor u. großes Orch. (1978).

Erkel, Ferenc, ungar. Komponist, * 7. 11. 1810 Gyula, Komitat Békés, † 15. 6. 1893 Budapest. Stammt aus einer Familie von Lehrern u. Musikern. Vertrat seinen Vater mit 11 Jahren an der Dorforgel u. erregte mit seinem Klavierspiel Aufsehen. Weitere Ausbildung bei H. Klein (Komposition) u. K. Turányi (Klavier). 1827–34 im Dienst des Grafen Kálmán Csáky u. 1835 Leiter des ungar. Theaters in Buda. 1837 trat er mit einem *Duo brillant* für V. u. Kl. an die Öffentlichkeit, das wahrscheinlich aus Anlaß eines Gastspiels von H. Vieuxtemps für diesen komponiert wurde. 1838 Kapellmeister des neu gegründeten Pester Nationaltheaters u. später dessen Direktor. Dort wurde auch seine erste Oper *Báthory Mária* 1840 mit großem Erfolg uraufgeführt. 1853 gehörte E. zu den Mitbegründern der Philharmonischen Gesellschaft. 1875–86 war er Direktor der Landesmusikakademie u. übernahm gleichzeitig eine Klavierausbildungsklasse. Zum 50jährigen Bestehen des Nationaltheaters komponierte er 1887 eine Festouvertüre, die als seine beste Orchesterkomposition gilt.

E. wird zu Recht als Gründer der ungar. Nationaloper bezeichnet. Abgesehen von der mit den Gebrüdern Doppler komponierten *Erzsébet* (1857) schrieb E. die folgenden 8 Opern: *Báthory Mária* (1840), *Hunyadi László* (1844), *Bánk bán* (1844–52), *Sarolta* (1862), *Dózsa György* (1864–67), *Brankovics György* (1874), *Névtelen hősök* (1875–80) u. *István király* (1884–85). Sein 1844 preisgekrönter *Hymnusz* ist die heute noch gültige ungar. Nationalhymne.

Erlanger, Camille, franz. Komponist, * 25. 5. 1863 Paris, † 24. 4. 1919 ebd. Studierte am Pariser Conservatoire bei L. Delibes u. gewann mit seiner Kantate *Velléda* 1888 den Rompreis.

E. schrieb neben einem Requiem für Doppelchor u. Orch. sowie einigen weiteren Orchesterstücken hauptsächlich Bühnenwerke: *Kermaria* (1897), *Le juif polonais* (1900), *Le fils de l'étoile* (1904), *Aphrodite* (1906), *Bacchus triomphant* (1909), *La sorcière* (1912) u. *Forfaiture* (aufgeführt 1921).

Erlebach, Philipp Heinrich, dt. Komponist u. Kapellmeister, getauft 25. 7. 1657 Esens, Ostfriesland, † 17. 4. 1714 Rudolstadt. Ab 1681 Kapellmeister in Rudolstadt.

Zu E. Kompositionen gehören: *VI Ouvèrtures*, 5–6st. (1693), *VI Sonaten* für V., Va. da gamba u. B. c. (1694) sowie 2 Bde. mit insgesamt 75 Liedern u. instrumentalen Ritornellen unter dem Titel »Harmonische Freude« (1697) u. »Gott-geheiligte Sing-Stunde«, 12 Lieder mit Instr. (1704). Einige kirchliche Kompositionen liegen in Handschrift vor, Singspiele u. anderes gilt als verschollen.

Ernst, Heinrich Wilhelm, tschech. Geiger u. Komponist, * 6. 5. 1814 Brünn, † 8. 10. 1865 Nizza. Studierte bei J. Böhm u. J. Mayseder in Wien u. begann seine Virtuosenlaufbahn mit 16 Jahren. Lebte 1832–38 in Paris u. ließ sich 1855 in London nieder.

Zu E. Kompositionen gehören 1 Concertino u. 1 Konzert für sein Instrument, *Deux Nocturnes*, 1 *Élégie* u. 2 Streichquartette.

Escher, Rudolf G., holländ. Komponist u. Musikschriftsteller, * 8. 1. 1912 Amsterdam. Studierte in Rotterdam bei W. Pijper, arbeitete in den elektronischen Studios der Universitäten von Delft u. Utrecht u. am musikwissenschaftlichen Institut in Utrecht. E. veröffentlichte: »Toscanini en Debussy« (1938) u. »Maurice Ravel« (1939), malt u. dichtet. Seine musikalischen Werke sind von den franz. Impressionisten beeinflußt.

Zu E. Kompositionen gehören: 2 Sinfonien (1954 u. 1958); *Hymne du grand Meaulnes* (1951); *Summer Rites at Noon* für 2 Orch. (1962–68); 4 Lieder *Nostalgies* für T. u. kleines Orch. (1951); *Le vrai visage de la paix* für Chor a cappella (1953); *Ciel, air et vents* für Chor a cappella (1957) u. *Univers de Rimbaud* für T. u. Orch. (1969–70); Suite *Le tombeau de Ravel* für Fl., Ob., V., Va., Vc. u. Cemb. (1952). Dazu Bühnenmusiken u. Lieder.

Eschpaj (Ešpaj), Andrej J., sowj. Komponist, * 15. 5. 1925 Kosmodemjansk. Studierte bei A. Chatschaturjan, J. Golubew u. W. Sofronizkij am Moskauer Konservatorium. Seine Musik ist stark von der Mari-Folklore beeinflußt.

Zu E. Werken gehören: die Operette *Niemand ist glücklicher als ich* (1968), das Musical *Liebe verboten* (1973), das Ballett *Angara* (1975), 3 Sinfonien (1959, 1962 u. 1964), Concerto für Orch. (1966), 2 Klavierkonzerte (1954 u. 1972), 2 Violinkonzerte (1956 u. 1977), Konzert für Trp., Kl., Vibraphon, Kb. u. Orch. (1976), Kammermusik, u. a.

je 2 Klavier- (1950 u. 1971) u. Violinsonaten (1966 u. 1970), Film- u. Bühnenmusiken.

Esplá, Oscar, span. Komponist, * 5. 8. 1886 Alicante, † 6. 1. 1976 in Madrid. Studierte bei C. Saint-Saëns u. M. Reger. Wurde 1936 Direktor des Konservatoriums in Madrid, ging aber während des Bürgerkriegs bis 1951 nach Belgien ins Exil. E. entwickelte aus der Folklore der span. Ostküste eine Grundskala u. baute darauf sein eigenes harmonisches System auf.

E. komponierte u. a. die Oper *La balteira* (1932), die Ballette *El contrabandista* (1928) u. *Cíclopes de Ifach* (1937), *Suite levantina* für Orch. (1911, rev. 1915), Tondichtung *Don Quijote velando las armas* (1924), *Sonatina del Sur* für Kl. u. Orch. (1943), Chorsinfonie (1947–50), Sinfonie *Aitana* (1962), 124. Psalm für Soli, Chor u. Orch. (1967), Kammermusik, Klavierstücke u. Lieder. Bearbeitung des Mysterienspiels »Misterio de Elche« (1924).

Esposito, Michele, ital. Pianist u. Komponist, * 29. 9. 1855 Castellammare, † 23. 11. 1929 Florenz. Studierte am Konservatorium von Neapel bei B. Cesi (Klavier) u. P. Serrao (Komposition). Ließ sich 1878 in Paris nieder, bis er 1882 einen Ruf als Klavierprofessor an die Königliche Musik-Akademie in Dublin erhielt. Hatte dort Erfolg mit seiner preisgekrönten Kantate *Deirdre* u. gründete 1899 die Dublin Orchestral Society.

Zu E. weiteren Werken gehören: die Operette *The Post Bag* (1902), die Opern *Camorra* (1903), *Il gentiluomo* (1905) u. *The Tinker and the Fairy* (1910), 2 Sinfonien, 1 Ouvertüre zu Othello, 1 irische u. 1 neapolitanische Suite, Kammermusik.

Esser, Heinrich, dt. Dirigent u. Komponist, * 15. 7. 1818 Mannheim, † 3. 6. 1872 Salzburg. Konzertmeister u. später Kapellmeister am Mannheimer Nationaltheater, bevor er 1847 als Nachfolger O. Nicolais Kapellmeister am Hofoperntheater in Wien wurde. 1862 Vorstand der Tonkünstler-Societät u. für eine Zeitlang Dirigent der Philharmonischen Konzerte. E. beriet den Verleger Schott, stellte die Verbindung zu R. Wagner her, der ihn mit dem Klavierauszug der Meistersinger betraute, u. erkannte frühzeitig die Begabung H. Richters.

Zu E. Kompositionen gehören: die Opern *Thomas Riquiqui* (1843) u. *Die zwei Prinzen* (1845), 2 Sinfonien, Kammermusik, Chöre u. Lieder.

Estampie (provenz. estampida), eine instrumentale Form des 13. u. 14. Jh., die wahrscheinlich auf eine Tanzform zurückgeht. Sie besteht aus vier bis sieben Puncta (Abschnitte) mit je 2 Teilen, bei denen der Anfang gleich ist u. der Schluß einmal offen (ouvert) u. einmal geschlossen (clos) ausgeht.

Ethos (griech.: »Sinnesart«, »Charakter«), bezeichnet nach den antiken Theoretikern die erzieherische Wirkung der griech. Musik u. Rhetorik. Diese Vorstellung wirkte bis in das Mittelalter, in dem man den Kirchentonarten besondere Eigenschaften beimaß, u. läßt sich noch in der Renaissance mit ihrer Vorstellung vom Tonartencharakter nachweisen.

Etler, Alvin D., amer. Komponist u. Oboist, * 19. 2. 1913 Battle Creek, IA, † 13. 6. 1973 Florence, MA. Studierte bei A. Shepherd an der Western Reserve University u. bei P. Hindemith an der Yale University. 1938–40 Oboist im Indianapolis Symphony Orchestra, nahm dann verschiedene Lehraufträge wahr, zuletzt als Professor am Smith College in Northampton, MA, u. Artist-in-residence der University of Wisconsin.

Zu E. Werken gehören *Dramatic overture* (1956); Concerto in einem Satz (1957); *Elegy* für kleines Orch. (1959); Concerto für Bläserquintett u. Orch. (1960); *Triptych* (1961); Konzert für Klar. u. Kammerorch. (1962); Concerto für Blechbläserquintett, Schlagzeug u. Streicher (1967); *Convivialities* (1968); Concerto für Streichquartett u. Orch. (1968); Chorwerke, darunter *Onomatopoesis* für Männerchor, Bläser, Schlagzeug (1965); Kammermusik, darunter Konzert für Vc. u. Kammerbesetzung (1970); Klaviermusik.

Etkin, Mariano, argentin. Komponist, * 5. 11. 1943 Buenos Aires. Studierte bei L. Berio an der Juilliard School of Music in New York u. bei P. Boulez an der Musikakademie der Stadt Basel, anschließend bei A. Ginastera, M. Le Roux, R. Sessions, I. Xenakis u. E. Brown. Gewann mit seinen *Elipses* für Orch. (1969) einen Preis des holländ. Rundfunks.

Zu E. Werken gehören außerdem ein aleatorisches Bläserquintett (1961), *Distancias* für Kl. (1969) sowie *Muriendo entonces* für Va., Kb., Horn, Pos., Tuba u. 2 Schlagzeuger (1970).

Ett, Caspar, dt. Komponist u. Organist, * 5. 1. 1788 bei Landsberg, † 16. 5. 1847 München. Studierte am Kurfürstlichen Seminar in München u. wurde 1816 Hoforganist an der dortigen Michaeliskirche. Von seinen eigenen Werken erschienen nur die *Cantica sacra* zum Schulgebrauch im Druck. E. hat aber das Verdienst, im Zuge des → Caecilianismus an der Wiederbelebung der traditionellen Kirchenmusik, insbesondere der Gregorianik, mitgewirkt zu haben.

Etüde (franz.: »Übungsstück«), ein Stück, das ein bestimmtes technisches Problem zum Inhalt hat. Bekannte Sammlungen sind J. B. Cramers »Études pour le pianoforte« (1804) u. M. Clementis »Gradus ad Parnassum« (1817) für Pianisten u. E. von R. Kreutzer u. P. F. Baillot für Geiger. Noch bis in das 19. Jh. wurde der Begriff E. neben Studie, Exercise u. Caprice (besonders in der Geigenliteratur) verwandt.

Daneben erschienen als Inbegriff des Virtuosentums sog. Konzert-E., hauptsächlich für Klavier, aber auch für Soloinstrument mit Orchester oder Orchester allein. Die bekanntesten E. für den Konzertsaal komponierten F. Chopin, F. Liszt, J. Brahms, N. Paganini u. C. Debussy.

Eulenburg, Ernst, dt. Musikverleger, * 30. 11. 1847 Berlin, † 11. 9. 1926 Leipzig. Gründete 1874 in Leipzig den Musikverlag Eulenburg, der sich besonders auf musikwissenschaftliche Literatur spezialisierte. Seit der Übernahme von »Paynes Kleiner Partitur-Ausgabe« 1892 auf Taschenpartituren konzentriert. 1939 verlegte sein Sohn Kurt E. die Firma nach London. Die Leitung liegt heute bei Schott & Co., London.

Evangelatos, Antiochos, griech. Dirigent u. Komponist, * 7. 1. 1904 Lixurion. Studierte am Leipziger Konservatorium, in Wien u. bei F. von Weingartner in Basel. 1933 Lehrer am Odeion Hellenikon u. 1967 dort Direktor. Außerdem ab 1937 Dirigent des Athener Radio-Orchesters, 1954–58 Leiter der Musikabteilung u. ab 1941 ständiger Dirigent der Staatsoper.

Zu E. Werken gehören: 2 Sinfonien (1930 u. 1967), 1 Klavierkonzert (1958), die Kantate *In Memoriam* (1945) u. Orchesterlieder nach Gedichten von K. Kavafis (1965). Außerdem komponierte E. eine Reihe von Bühnenmusiken.

Evangelisti, Franco, ital. Komponist, * 21. 1. 1926 Rom, † 29. 1. 1980 ebd. Studierte zuerst technische Wissenschaften in Rom, dann Komposition an der Musikhochschule in Freiburg im Breisgau u. bei den Darmstädter Ferienkursen. 1952–60 arbeitete er an den elektronischen Studios des WDR in Köln u. der UNESCO in Gravesano. Er war Mitbegründer der Woche für Neue Musik in Palermo, Gründer u. Mitglied der Nuova Consonanza u. des elektronischen Studios Studio R 7 in Rom. Ab 1969 Dozent für elektronische Musik an der Accademia Nazionale di S. Cecilia in Rom. E. frühe Kompositionen sind Kondensate von musikalischen Gedanken. Das musikalische Material wird auf engstem Raum immer wieder umgebildet, zeigt Tendenzen zur Aleatorik u. Collage-Technik. 1962 brach E. mit jeder Musik, die sich nur im Rahmen des temperierten Systems entfalten konnte.

Zu E. Werken gehören: *Ordini* für Orch. (1955); die elektronische Studie *Incontri di fasce sonore* (1956–57); *Random or not Random* für Orch. (1956–62); *Condensazioni* für Orch. (1962); *Die Schachtel* (Theaterstück für 7 bis 10 Mimen, Bildprojektor u. Kammerorch., 1963); Kompositionen für Nuova Consonanza.

Evergreen → Schlager

Evett, Robert, amer. Komponist u. Musikkritiker, * 30. 11. 1922 Loveland, CO, † 4. 2. 1975 Takoma Park, MD. Studierte bei R. Harris (1941–47) und V. Persichetti (1951–52). Lektor und Musikkritiker an »The New Republic« (1952–68), Redakteur bei »Atlantic Monthly« (1968–69), Literatur- u. Musikkritiker »Washington Star« (1961–75) u. Lektor (1970–75).

Zu E. in der Tonalität wurzelnden Kompositionen gehören: Sinfonie Nr. 1 (1960), 1 Konzert für Vc. u. Orch. (1954), Variationen für Klar. u. Orch. (1955), 1 Klavierkonzert (1957), 1 Concerto für Hf. u. Orch. (1961), Kammermusik, Klavierstücke, darunter 7 Klaviersonaten, u. Chorwerke.

Exequien (lat. exequiae), die in der katholischen Kirche durch das Rituale Romanum festgelegten Riten bei Trauerfeierlichkeiten. H. Schütz komponierte *Musicalische E.* zur Begräbnisfeier des Fürsten H. von Reuß (1636).

exotische Musik, unter diesem Begriff werden alle musikalischen Äußerungen fremder Völker zusammengefaßt, die den bei uns eingebürgerten musikästhetischen Vorstellungen nicht entsprechen. Ihre Instrumente, Klangfarben, Formen oder Rhythmen werden aber gerne als Effekt in unsere Kunst- oder Unterhaltungsmusik eingeführt.

experimentelle Musik bezeichnete ursprünglich die Versuche, über vorgegebene Ordnungen in der Komposition u. schließlich auch bei den Klangerzeugern hinauszugehen. Dem Begriff haftet etwas Negatives im Sinn von »unfertig« an. Nachdem heute totale Freiheit in der Wahl von Form u. Ausdrucksmittel besteht, kann e. M. nur noch den Versuch meinen, die Grenzen bei der Klangerzeugung oder Klangaufnahme zu erweitern oder Musik schlechthin in Frage zu stellen, indem der Komponist über das zu Komponierende keine verbindliche Aussage im vorhinein machen kann oder will.

Exposition (lat. expositio: »Aufstellung«), **1.** erste Durchführung des Themas in der Fuge, **2.** Aufstellung der beiden Themen mit Überleitung u. Coda in der Sonatensatzform.

Expressionismus, eine Kunstrichtung, die sich seit Beginn des 20. Jh. besonders in Deutschland u. Österreich manifestiert. In der bildenden Kunst gehören dazu die Künstlergemeinschaften »Die Brücke« u. »Der Blaue Reiter«, in der Literatur Dichter wie G. Trakl, G. Heym u. E. Toller. Dem stehen in der Musik Versuche der Ausdruckssteigerung wie in A. Schönbergs *Erwartungen* gegenüber. Will man überhaupt von musikalischem E. sprechen, muß man sich auf Kompositionsprinzipien wie Atonalität, Klangfarbenkomposition u. eine neue Sprachbehandlung beschränken. Bemerkenswert ist bei Schönberg, daß Suche nach gesteigertem Ausdruck mit strengster Form einhergeht.

Extemporieren → Improvisation

Eybler, Joseph L. Edler von, österr. Komponist, * 8. 2. 1765 Schwechat, † 24. 7. 1846 Wien. Erhielt 1777–79 Unterricht bei J. G. Albrechtsberger u. war 1794–1824 Regens chori am Kloster Schottenhof, nach A. Salieris Tod Hofkapellmeister bis 1833. Neben der Oper *Das Zauberschwert,* Sinfonien u. Kammermusik komponierte er hauptsächlich kirchliche Musik, darunter ein Requiem (1802), die Oratorien *Die Hirten bey der Krippe* (1793) u. *Die vier letzten Dinge* (1810) u. 32 Messen. An ihn wandte man sich zuerst, um W. A. Mozarts Requiem fertigzustellen, eine Arbeit, die dann F. X. Süßmayr zu Ende führte.

Eyser, Eberhard, dt. Komponist u. Bratschist, * 1. 8. 1932 Marienwerder, Westpreußen. Studierte 1952–57 an der Musikakademie in Hannover u. wurde Bratschist im Rundfunk-Sinfonieorchester Stuttgart. Lebt seit 1961 in Stockholm. E. ist als Komponist Autodidakt, wenn man von Seminaren bei I. Xenakis absieht.

Zu E. Kompositionen gehören: die Kammeroper in einem Akt *Molonne* (1970); die einaktige Oper *Carmen 36* (1972) u. die einaktige Kammeroper *Sista resan* (1974); 1 Concertino für Horn u. Kammerorch. (1971); *Petite nocturne* für Kb., Cemb. u. Streichorch. (1972); *Symphonie orientale* für Kammerorch. (1974); *Ottoletto* für 8 Klar. (1975) u. *Zirkus-Ouvertüre* für 12 Bläser, Schlagzeug u. Kb. (1976).

Eysler, Edmund S. (eigentlich Eisler), österr. Komponist, * 12. 3. 1874 Wien, † 4. 10. 1949 ebd. Studierte in Wien bei J. N. Fuchs u. R. Fuchs. Komponierte 60 Operetten u. 2 Opern. Sein erstes Erfolgsstück war *Bruder Straubinger* (1903) mit dem Lied *Küssen ist keine Sünd'*. Von seinen weiteren Bühnenwerken seien noch *Die goldne Meisterin* (1927) u. *Wiener Musik* (1947) erwähnt. Seine Kompositionen stehen in der Tradition des liedhaften Wiener Stils.

F

F, 1. Ton-Name. In der mittelalterlichen Buchstaben-Tonschrift ist F meistens die 6. Stufe, aber seit Zarlino die 4. Stufe der Normalskala. **2.** F-Schlüssel, nach dem Guido v. Arezzo die Zuordnung von Notenzeichen u. Tonbuchstaben fixierte. **3.** Seit dem 19. Jh. Akkord- u. Tonartenbezeichnung: F für F-Dur, f für f-Moll.

Faber Music Ltd., 1964 als Abteilung des Verlages Faber & Faber gegründeter Musikverlag, der 1965 zu einer selbständigen Gesellschaft umorganisiert wurde. Das Verlagsprogramm enthält zeitgenössische Musik, darunter die letzten Werke von B. Britten, ital. Barockmusik sowie Blockflöten- u. Gitarrenliteratur.

Fabini, Eduardo, uruguay. Komponist, * 18. 5. 1882 Solís de Mataojo, † 17. 5. 1950 Montevideo. Studierte in Montevideo u. Brüssel u. gilt als Begründer der nationalen uruguay. Musik.

Zu F. Werken gehören die sinfonischen Dichtungen *Campo* (1911), *La isla de los Ceibos* (1925) u. *Melga sinfónica* (1930) sowie das Ballett *Mburucuyá* (1932).

Fabricius, Werner, dt. Komponist, * 10. 4. 1633 Itzehoe, † 9. 1. 1679 Leipzig. Schüler seines Vaters Albert F. u. von P. Moth in Flensburg, anschließend von Th. Selle u. H. Scheidemann in Hamburg. Schloß seine Rechtsstudien in Leipzig ab, wurde nebenbei Organist an der dortigen Nicolaikirche u. Musikdirektor der Paulinerkirche.

Zu F. Kompositionen gehören *Deliciae harmonicae oder musikalische Gemüths-Ergötzung*, 5st. Suiten mit B.c. (1657); *E. C. Homburgs geistlicher Lieder erster Theil* (1659) u. *Werneri Fabricii ... Geistliche Arien*, 4–8st. (1662) sowie das Unterrichtswerk »... wie man ein neu Orgelwerk ... examiniren u. so viel möglich, probiren soll« (1756).

Faburden (engl.) → Fauxbourdon

Faccio, Francesco, ital. Dirigent u. Komponist, * 8. 3. 1840 Verona, † 21. 7. 1891 Monza. Studierte 1855–61 zusammen mit A. Boito am Mailänder Konservatorium. Gemeinsam brachten sie noch während ihrer Studienzeit die Kantaten *Il quattro giugno* u. *Le sorelle d'Italia* heraus. 1863 hatte F. mit seiner Oper *I profughi fiamminghi* an der Scala Erfolg. 1865 komponierte er auf ein Libretto von Boito *Amleto*, dessen Uraufführung in Genua stattfand. 1868 wurde er Professor für Harmonielehre am Konservatorium in Mailand. Nachdem er sich bereits am Teatro Carcano als Dirigent bewährt hatte, wurde er zum Dirigenten der Scala berufen. Er leitete auch die europäische Erstaufführung von G. Verdis *Aida* u. die Uraufführung von dessen *Otello*. Zu seinen eigenen Kompositionen gehören außer den bereits erwähnten 3 Sinfonien, Kammermusik u. Lieder.

Fado oder **Fadinho,** zweiteiliges portugiesisches Straßen- u. Cafélied mit Gitarrenbegleitung, dessen Melodien meistens geradtaktig u. stark synkopiert sind. Es kam zu Beginn des 18. Jh. auf u. geht möglicherweise auf die Negermusik Afrikas oder Brasiliens zurück.

Fagan, Gideon, südafrikanischer Dirigent u. Komponist, * 3. 11. 1904 Somerset West. Studierte am South African College of Music in Kapstadt 1916–22 u. am Royal College of Music in London 1922–26. Zu seinen Lehrern gehören Sir Adrian Boult u. Sir Malcolm Sargent. Übernahm nach Arbeiten für Bühne u. Film 1939 die Leitung des BBC Northern Orchestra in Manchester. 1964–66 Hauptabteilungsleiter Musik der SABC. 1966–73 Lehrer an der University of Cape Town. Widmet sich seit 1973 nur noch dem Komponieren.

Zu F. Werken gehören die Tondichtung *Ilala* (1942), die *South African folk song Suite* (1943), 5 Stücke für Orch. (1948–49), mehrere Ouvertüren, 1 Suite für Streicher (1974), die *Karoo-Sinfonie* (1976–77), das Oratorium *Een Vaderland* (1977–78) u. Kammermusik.

Fago, F. Nicola, ital. Komponist, * 26. 2. 1677 Tarent, † 18. 2. 1745 Neapel. Studierte am Conservatorio della Pietà dei Turchini in Neapel u. wurde 1705–40 als Nachfolger Ursinos Lehrer an dieser Institution. Daneben war er Kapellmeister am Tesoro di S. Gennaro u. von 1736 bis zu seinem Lebensende an S. Giacomo dei Spagnuoli. Zu seinen Schülern zählten L. Leo, N. Jommelli, N. Sala, F. Feo u. G. de Majo. Neben zahlreichen Kirchenkompositionen schrieb F. die Opern *Ra-*

damisto (1707), *Astarto* (1709), *La Cassandra indovina* (1711) u. *La Masillo* (1712), außerdem Bühnenmusik für A. Marchesis »Eustachio«. Sein Sohn Lorenzo F. wurde Nachfolger seines Vaters als Kapellmeister am Tesoro di S. Gennaro u. wie sein Vater Il Tarantino genannt.

Fall, 1. Leo, österr. Komponist, * 2. 2. 1873 Olmütz, † 16. 9. 1925 Wien. Studierte bei R. Fuchs u. J. N. Fuchs am Konservatorium in Wien, wurde Kapellmeister in Berlin, Hamburg u. Köln u. lebte ab 1906 als freischaffender Komponist in Wien. Seine Opern *Frau Denise, Irrlicht* u. *Der goldene Vogel* fanden keinen Anklang. Erst mit der Operette *Der fidele Bauer* (1907) setzte er sich durch. Zu seinen weiteren Erfolgskompositionen gehören *Der liebe Augustin* (1912, Umarbeitung der früheren Operette *Der Rebell*), *Die Dollarprinzessin* (1907), *Brüderlein fein* (1909), *Eternal Waltz* (1911), *Die Rose von Stambul* (1916) u. *Madame Pompadour* (1923).

2. Richard, Bruder von 1., österr. Komponist, * 3. 4. 1882 Gewitsch, 1943 in Nizza verhaftet u. auf dem Weg nach Auschwitz umgekommen. Arbeitete einige Jahre als Filmkomponist in Hollywood u. emigrierte 1938 von Wien nach Frankreich.

Zu F. Kompositionen gehören Operetten wie *Wiener Fratz* (1912) u. *Großstadtmärchen* (1920), Kammermusik, Lieder u. Schlager.

Falla y Matheu, Manuel M. de, span. Komponist, * 23. 11. 1876 Cádiz, † 14. 11. 1946 in Alta Gracia, Argentinien. Er hielt ersten Klavierunterricht bei seiner Mutter u. später Unterweisung in Musiktheorie von E. Broca. Noch von Cádiz aus fuhr er als Klavierschüler verschiedentlich nach Madrid zu J. Tragó. 1896 siedelte die Familie in die Hauptstadt über. F. trat in das Konservatorium ein u. absolvierte das gesamte Pensum in zwei Jahren. 1899 machte er seinen Abschluß mit einem 1. Preis im Fach Klavier. Studien bei F. Pedrell folgten. Daneben gab F. Unterricht u. begann zu komponieren. Um sich in Madrid durchzusetzen, mußte ein Komponist damals Erfolg mit → Zarzuelas haben. F. komponierte fünf dieser Bühnenstücke: *La casa de Tócame Roque, Limosna de amor* u. *Los amores de la Inés* sowie gemeinsam mit A. Vives *El corneta de órdenes* u. *La cruz de Malta*. Von diesen wurde nur *Los amores de la Inés* aufgeführt. Daneben entstanden zwischen 1900 u. 1902 *Vals-Capricho, Serenata andaluza* u. Nocturno für Kl. sowie *Tus ojillos negros* für Gesang u. Kl. Ein *Allegro de concierto* für Kl. wurde für einen vom Konservatorium ausgeschriebenen Wettbewerb eingereicht u. ehrenvoll erwähnt, fand aber keinen Verleger. 1904 schrieb die Academia de Bellas Artes einen Kompositionswettbewerb aus, an dem sich F. mit *La vida breve* beteiligte u. 1905 den 1. Preis erhielt. Kurz zuvor hatte er schon gegen große Konkurrenz den von der Klavierfabrik Ortiz y Cussó ausgeschriebenen Klavierwettbewerb gewonnen. 1907 reiste F. auf die vagen Versprechungen eines franz. Impresarios hin nach Paris, lernte dort P. Dukas, C. Debussy u. M. Ravel kennen u. verkehrte mit seinen Landsleuten I. Albéniz u. dem Pianisten R. Viñes, der sich für die Kompositionen F. in Paris einsetzte. F. blieb bis zum Kriegsausbruch in der franz. Hauptstadt u. hielt sich hauptsächlich mit Stundengeben über Wasser. Daneben komponierte er, nahm regen Anteil am franz. Musikleben u. hatte 1913 mit der franz. Fassung von *La vida breve* im Casino Municipal von Nizza seinen ersten großen Erfolg. Eine Aufführung an der Opéra-Comique in Paris kam im Januar 1914 zustande. Dadurch wurde man auch in Madrid auf F. als Komponisten aufmerksam. Als er bei Kriegsausbruch nach Spanien zurückkehrte, wurde *La vida breve* im Teatro de la Zarzuela in Madrid gegeben. 1915 kamen außerdem die in Frankreich komponierten *Siete canciones populares españolas* zur Aufführung, bei denen F. die Klavierbegleitung übernahm. Langsam wurde er als Komponist zu einer nationalen Figur. Noch im gleichen Jahr kam die erste Fassung des Balletts *El amor brujo* heraus. Sie war ursprünglich für die Zigeunertänzerin u. -sängerin Pastora Imperio gedacht. Sein zweites Ballett, *El sombrero de tres picos,* komponierte F. für Diaghilews Ballets Russes, die sich während des Krieges eine Zeitlang in Spanien aufhielten. Die von E. Ansermet geleitete glanzvolle Premiere fand schließlich 1919 in London statt. Die Ch. stammte von L. Massine, die Bühnenbilder schuf P. Picasso.

1920 erfüllte sich F. einen Jugendtraum u. zog nach Granada, wo ihm seine Schwester María del Carmen den Haushalt führte. Dort machte F. auch die Bekanntschaft F. García Lorcas, gründete das Orquesta Bética de Cámara u. wirkte am Zustandekommen eines Wettbewerbs mit, der dem Cante jondo neuen Auftrieb geben sollte. Gemeinsam mit Lorca produzierte F. eine Reihe von Puppenspielen, aus denen sich sein *El retablo de Maese Pedro* entwickelte. Unruhen am Vorabend des Bürgerkriegs u. die Ermordung des Freundes Lorca, die F. nicht verhindern konnte, wirkten sich auf seine ohnehin angegriffene Gesundheit aus. 1939 nahm er auf Anraten seiner Ärzte eine Einladung nach Argentinien an. Dort verbrachte er auch, zurückgezogen in Alta Gracia, die letzten Jahre seines Lebens u. arbeitete an der großen szenischen Kantate *Atlántida,* die nach seinem Tode von seinem einstigen Schüler u. Freund E. Halffter im Einvernehmen mit den Erben fertiggestellt wurde.

In F. Musik vermischen sich franz. Einflüsse, besonders Anregungen des Kreises um Debussy, mit neoklassischen Zügen und Elementen der span. Folklore. F., der ein ausgezeichneter Kenner seiner heimatlichen Folklore war, hat aber immer wieder darauf hingewiesen, daß nicht die Übernahme von thematischem Material aus der Folklore eine gute Komposition ergäbe, sondern die geistige Durchdringung u. Umsetzung einer Kultur in die eigene Musik.

F. komponierte u. veröffentlichte nach den bereits erwähnten Jugendwerken u. Zarzuelas *La vida breve* (1904–05, revidiert 1913); *Pièces espagnoles* für Kl. (1906); *Trois mélodies* (1909); *Siete canciones populares españolas* für mittlere St. u. Kl. (1914); *El amor brujo* (1914–15); *Noches en los jardines de España* für Kl. u. Orch. (1911–15); *El sombrero de tres picos (Der Dreispitz*, 1916–19), *Fantasia bética* für Kl. (1919); *Fuego fatuo*, eine Oper nach Musiken Chopins (1919, daraus eine Orchestersuite, arrangiert von A. Ros Marbá); *Homenaje, Le tombeau de Claude Debussy* für Git. solo (1920); *El retablo de Maese Pedro*, ein Marionettenspiel (1919–22); *Psyché* für Singst., Fl., Hf., V., Va. u. Vc. (1924); Concerto für Cemb., Fl., Ob., Klar., V. u. Vc., der Solopart auch für Kl. (1923–26); *Soneto a Córdoba* für Singst. u. Hf. oder Kl. (1927); *Balada de Mallorca* für gem. Chor a cappella (1933); *Pour le tombeau de Paul Dukas* für Kl. (1935); *Homenajes* für Orch. (bestehend aus *Fanfare sobre el nombre de E. F. Arbós, à C. Debussy, à Paul Dukas* u. *Pedrelliana*, 1920–38) u. die szenische Kantate *Atlántida* (1927–46). Seine Gedanken zu musikalischen Fragen erschienen als »Escritos sobre música y músicos«, hg. von F. Sopeña, Madrid 1950, Neuauflage 1972.

Lit.: J.B. Trend, M. de F., New York 1929; Roland-Manuel, M. de F., Paris 1930; J. Pahissa, Vida y obra de M. de F., Buenos Aires 1947; J. Jaenisch, M. de F. u. die span. Musik, Zürich 1952; K. Pahlen, M. de F. u. die Musik in Spanien, Olten 1953; S. Demarquez, M. de F., Paris 1963; A. Gauthier, M. de F., Paris 1966; J. Grünfeld (Hg.), M. de F., Spanien u. die Neue Musik, Zürich 1968; P. Recuero (Hg.), M. de F., Cartas a Segismundo Romero, Granada 1976; R. Crichton, M. de F., Descriptive catalogue of his works, London 1976.

Falsett, ein Stimmregister, das zu den Kopfstimmen gehört. Damit können erwachsene Sänger Tonhöhen erreichen, die weit über denen einer ausgebildeten Sängerstimme liegen. Dieser Gesangstechnik bedienen sich auch die engl. Countertenors. Die Falsettisten oder Tenorini wurden im 17. Jh. auch alti naturali genannt, um sie von den inzwischen ebenfalls zur päpstlichen Kapelle zugelassenen Kastraten (voci artificiali) zu unterscheiden.

Falsobordone (ital.) → Fauxbourdon

Fan, Abkürzung des Wortes Fanatiker. Gilt besonders im Jazz-, Rock- u. Schlagerbereich, wo die F. bestimmter Stars sich sogar in sog. F.-Clubs organisieren.

Fancy (engl.) → Fantasie

Fandango, ein seit Beginn des 18. Jh. in Spanien bekannter Tanz in raschem ¾- oder ⅜-Takt, der meistens von Gitarre u. Kastagnetten begleitet wird. Berühmte F. in der Kunstmusik kommen in Ch. W. Glucks Ballett *Don Juan* u. in W. A. Mozarts *Die Hochzeit des Figaro*, 3. Akt, vor.

Fanfare, 1. Signalmusik wie z. B. die Trompeten-F. in Beethovens *Fidelio*, die die Ankunft des Ministers anzeigt, **2.** eine besonders lange Trompete, die nach Verdis Oper auch Aida-Trompete genannt wird, **3.** kurzes Bläserstück, meistens aus festlichem Anlaß komponiert u. aufgeführt, **4.** franz. Ausdruck für Blechbläserkapelle.

Fantasie (ital. fantasia, franz. fantaisie, engl. fancy), taucht neben ricercare zu Beginn des 16. Jh. als Bezeichnung für verschieden angelegte Instrumentalstücke auf, denen eine freie Form gemeinsam ist. Der Begriff F. deckt um diese Zeit, insbesondere in Spanien, auch improvisatorische Züge ab. Nach einer formalen Verfestigung, die in den F. Frescobaldis u. den deutschen Choral-F. ihren Ausdruck fand, näherte sich die F. dem Präludium an u. erhielt eine verstärkte Einleitungsfunktion, z. B. in J.S. Bachs *Chromatischer Fantasie u. Fuge*. Die engl. fantasy oder fancy des Elisabethanischen Zeitalters behielt die imitierende Behandlung eines oder mehrerer freier Themen bei, die entweder von Violen oder Tasteninstrumenten ausgeführt wurden. Im 19. Jh. entwickelten sich verschiedene Bedeutungen der F.: **1.** Freiere Form der jetzt hauptsächlich für das Klavier komponierten F. der Romantik, z. B. Schumanns *Kreisleriana*. **2.** Orchester-F., die unter häufiger Zugrundelegung von Folklorematerial nichts weiter als sinfonische Dichtungen sind. **3.** Die von Liszt auch Paraphrasen genannten F. nach Opernmelodien. **4.** Potpourriartige F. über bekannte Melodien in der Salonmusik.

Farandole (provenz. farandoulo), ein provenz. Kettentanz in stark rhythmisiertem 6/8-Takt, wahrscheinlich griech. Ursprungs. Er wird von Einhandflöte u. Tamburin begleitet.

Farbenhören nennt man das Ansprechen des Sehnervzentrums auf Töne, Klänge, Geräusche u. auch Sprache. Dabei ordnen manche Hörer bestimmten Tönen oder Klängen bestimmte Farben oder Bilder zu. Aus dem umgekehrten Prozeß, dem sog. Tönesehen, soll unsere Notenschrift hervorgegangen sein.

Farbenmusik bezeichnet den immer wieder unternommenen Versuch, Tönen u. Klängen bestimmte Farben zuzuordnen u. durch Synästhesie eine Ausdruckssteigerung zu erreichen. In diese Richtung zielen Versuche G. Ballas mit Feu d'artifice u. A. Skrjabins mit seinem Clavier à lumières.

farbiges Rauschen → elektronische Musik

Farce (von lat. farcire: »stopfen«, »einlegen«), ursprünglich eine Art des → Tropus, im Mittelalter dann Zwischenspiel komischer Natur im Mysterienspiel u. später selbständiges Bühnenstück komischen Inhalts.

Fariñas, Carlos, kuban. Komponist, * 28. 11. 1934 Cienfuegos. Studierte in Havanna, Tanglewood u. Moskau.

Zu F. Werken gehören das Ballett *Despertar* (1960), *Oda a Camilo* für Orch. (1966), *Tiento Nr. 1* für Klar., elektrische Git., Kl. u. Schlagzeug (1966) u. *Nr. 2* für Kl. u. Schlagzeug (1969), außerdem Klavierstücke u. Filmmusiken.

Farjeon, Harry, engl. Komponist, * 6. 5. 1878 Hohokus, NJ, † 29. 12. 1948 London. Erhielt Privatunterricht bei L. Ronald u. J. Storer u. studierte 1895–1900 an der Royal Academy of Music in London.

Zu F. Kompositionen gehören die Operetten *The Registry Office* (1900) u. *A Gentleman of the Road* (1902), 1 Klavierkonzert (1903), *Hans-Andersen-Suite* für Orch. (1905), 1 Messe, Kammermusik, Klavierstücke u. Lieder. Machte sich auch als Musikschriftsteller einen Namen.

Farkas, Ferenc, ungar. Komponist, * 15. 12. 1905 Nagykanizsa. Studierte an der Musikhochschule in Budapest bei L. Weiner u. A. Siklós u. nahm 1929–31 an O. Respighis Meisterkursen in Rom teil. Erhielt nach verschiedenen Lehraufträgen 1949 einen Ruf an die Musikhochschule in Budapest. In seinen Kompositionen, die kaum den Boden einer erweiterten Tonalität verlassen, mischen sich ungar. Folklore, Elemente des Neoklassizismus u. der Zwölftontechnik. Zu seinen bekannteren Schülern zählten G. Ligeti, Z. Durkó u. G. Kurtág.

Zu F. wichtigsten Kompositionen gehören die Oper *Der Wunderschrank* (1952); die Ballette *Die drei Landstreicher* (1932) u. *Die listigen Studenten* (1949); Bühnenmusiken für Stücke von Imre Madách (1935–37) u. Vörösmarty (1941); Divertimento für Orch. (1930); *Musica pentatonica* (1945); *Musica dodecatonica* (1947); Sinfonie (1952); Fantasie (1929) u. Concertino (1947) für Kl. u. Orch.; Concertino für Hf. u. Orch. (1937, revidiert 1956); *Trittico concertato* für Vc. u. Streicher (1964); *Concerto all'antica* für Baryton u. Streicher (1965) u. *Sérénade concertante* für Fl. u. Streicher (1967). Außerdem komponierte F. eine Reihe von Chorwerken, Kammermusik u. Lieder.

Farnaby, Giles, engl. Komponist, * um 1565, begraben 25. 11. 1640 London. Gehört neben Byrd zu den bedeutendsten Virginalkomponisten seiner Zeit. Veröffentlichte 20 4st. Canzonets (1598), denen ein 8st. angehängt war. Das »Fitzwilliam Virginal Book« enthält mehr als 50 seiner Kompositionen. Sein Sohn Richard F. (* um 1590) ist als Virginalkomponist ebenfalls im »Fitzwilliam Virginal Book« u. in einer weiteren Handschrift des gleichen Schreibers vertreten.

Farwell, Arthur G., amer. Komponist, * 23. 4. 1872 St. Paul, MN, † 20. 1. 1952 New York. Studierte bei H. Norris in Boston, E. Humperdinck u. H. Pfitzner in Berlin u. A. Guilmant in Paris. 1901 gründete er die Wa-Wan Press in Newton, MA, die insbesondere auf indianische Ursprünge zurückgehende Musik verlegen sollte. Nach verschiedenen Lehraufträgen übernahm F. 1927–39 den Theorieunterricht an der Musikabteilung des Michigan State College. Auch dort richtete er wieder eine eigene Notenpresse ein. Seine Kompositionen im spätromantischen Stil verarbeiten indianische Folklore. Zu ihnen gehören die Orchestersuite *The Gods of the Mountain* (1927) u. *Navajo War Dance* für 18 Instr. (1923).

Fasch, 1. Johann Friedrich, dt. Komponist, * 15. 4. 1688 Buttelstedt, † 5. 12. 1758 Zerbst. Besuchte die Thomasschule in Leipzig u. erhielt Musikunterricht bei J. Kuhnau. 1711–12 komponierte er für Naumburg u. Zeitz die Opern *Clomire, Lucius Verus* u. *Dido,* nahm 1713 bei Ch. Graupner in Darmstadt noch einmal Kompositionsunterricht u. wurde 1714 Kammerschreiber in Gera. 1719–21 bekleidete er eine Organistenstelle in Greiz, wurde anschließend Kapellmeister des Grafen Morzin u. 1722 Hofkapellmeister in Zerbst. F. war ein auch von J. S. Bach hochgeschätzter Instrumentalkomponist, von dessen Konzerten für V., Fl., Ob., Fag. u. Orch. auch heute noch einige aufgeführt werden. Er schrieb außerdem Kirchenkantaten, Messen, Ouvertüren u. Kammermusik. C. Ph. E. Bach besaß eine ganze Sammlung von F. Kirchenkantaten. **2.** Carl Friedrich, Sohn von 1., dt. Komponist, * 18. 11. 1736 Zerbst, † 3. 8. 1800 Berlin. Schüler seines Vaters u. J. Ch. Hertels. Wurde auf Empfehlung F. Bendas als 2. Cembalist an den Hof Friedrichs II. nach Berlin berufen. Widmete sich nach dem Tod Friedrichs II. vorwiegend der Kirchenkomposition u. gehörte 1791 zu den Mitbegründern der Berliner Singakademie, die 1839 eine sechsbändige Ausgabe seiner Kirchenkompositionen veröffentlichte, die später um einen weiteren Band ergänzt wurde. In diesem sind auch seine äußerst kunstvolle 16st. Messe u. ein 25st. Kanon enthalten. Sein Schüler C. F. Zelter gab 1801 F. Lebensgeschichte heraus.

Fauré, Gabriel-U., franz. Komponist, Organist u. Lehrer, * 12. 5. 1845 Pamiers, † 4. 11. 1924 Paris. Eltern u. Bekannte wurden frühzeitig auf die musikalische Begabung F. aufmerksam. Über den Parlamentsabgeordneten seines Departements bat F. Vater um ein Stipendium an der École Niedermeyer in Paris. F. wurde angenommen u. trat 1854 in die Niedermeyersche Schule für kirchliche u. klassische Musik ein. Die als Internat geführte Schule vernachlässigte auch die humanistischen Fächer nicht. Zu F. Lehrern gehörte der junge C. Saint-Saëns, bei dem er Klavierunterricht erhielt u. mit dem ihn eine lebenslange

Freundschaft verbinden sollte. 1865 schloß F. seine Studien an dieser Schule mit dem Kompositionspreis ab, der ihm für sein *Cantique de Jean Racine* verliehen wurde, obwohl das Stück gegen alle Regeln für die einzureichenden Kompositionen verstieß. 1866–69 war er Organist an St-Saveur in Rennes, nach dem 70er Krieg Organist an St-Honoré-d'Eylau u. St-Sulpice in Paris, 1877 Kapellmeister an der Madeleine. Daneben unterrichtete er Komposition an der Niedermeyerschen Schule, wo A. Messager zu seinen ersten Schülern zählte. 1877 wurde seine 1. Violinsonate aufgeführt u. gemeinsam mit Saint-Saëns eine Reise nach Weimar unternommen, wo Liszt die Aufführung von dessen Oper *Samson et Dalila* durchgesetzt hatte. 1879 erschien F. *Premier Recueil* mit Liedern, die im Lauf der ersten zehn Jahre seines Schaffens entstanden waren (op. 1–8). Sie gehören noch heute zu den bekanntesten Werken des Komponisten. 1883 heiratete er die Tochter des Bildhauers Frémiet. Der Tod des Vaters schlug sich in seinem Requiem nieder, das 1887 komponiert u. 1888 in der Madeleine zum ersten Mal aufgeführt wurde. 1892 übernahm F. als Nachfolger E. Guirauds das Amt des Inspektors der Provinz-Konservatorien u. 1896 in Nachfolge von Dubois die Organistenstelle an der Madeleine. Im gleichen Jahr wurde er auch zum Nachfolger J. Massenets am Conservatoire ernannt u. übernahm dessen Kompositionsklasse. 1898 entstand für das Londoner Prince of Wales Theatre die Bühnenmusik zu Maeterlincks »Pelléas et Mélisande«, die F., solange das Stück gegeben wurde, selbst dirigierte. 1899 komponierte er *Prometheus* nach einer lyrischen Tragödie von J. Lorrain u. F.-A. Hérold für die Arena von Béziers. 1903 machten sich erste Anzeichen eines Gehörleidens bemerkbar. Trotzdem übernahm er die musikalische Berichterstattung für den »Figaro«, bis 1914 regelmäßig, dann bis 1921 sporadisch. 1905 wurde er gegen den erbitterten Widerstand eines Teils der Professoren zum Direktor des Pariser Conservatoire ernannt. Die von ihm sofort in die Wege geleiteten Reformen hingegen fanden allgemeine Zustimmung. F. behielt diese Position bis 1920. Sein Einfluß auf die Entwicklung des franz. Musiklebens kann gar nicht hoch genug eingeschätzt werden. Zu seinen Schülern gehörten Ch. Koechlin, N. Boulanger, G. Enesco, M. Ravel, F. Schmitt, E. Vuillermoz u. Roger-Ducasse. Dem letzteren übergab er noch kurz vor seinem Tod das Manuskript seines Streichquartetts mit der Bitte um Durchsicht u. Veröffentlichung.

F. Musik bezieht ihre Originalität aus dem für ihn typischen Klanggeflecht, seinen melodischen Einfällen u. den immer wieder überraschenden Harmonien. Er ist ein Meister der Modulation, der auch Wendungen in Kirchentonarten nicht scheute. Sein großes kammermusikalisches Werk ist ganz zu Unrecht heute immer noch weitgehend unbekannt.

Zu F. Kompositionen gehören die Opern *Prométhée* (1899–1900) u. *Pénélope* (1908–13); die Bühnenmusiken *Caligula* (1888), *Shylock* (1889), *Pelléas et Mélisande* (1898), *Le voile du bonheur* (1901) u. *Masques et bergamasques* (1919); 1 *Messe de Requiem* für S., Bar., Chor, Orch. u. Org. (1887) u. 1 *Messe basse* für 3 Frauenst. u. Org.; mehrere weltliche Chorwerke, darunter *Les Djinns* für Chor u. Orch. (1875); die Orchesterwerke Sinfonie in d-Moll (1884), *Allegro symphonique* (unter Verwendung von Suite für Orch., 1875, u. Suiten aus verschiedenen Bühnenmusiken); 1 Ballade für Kl. u. Orch. (ursprünglich Kl. solo, 1881); Romanze für V. u. Orch. (1882) u. Fantasie für Kl. u. Orch. (1919); 2 Klavierquartette (1879 u. 1886); 2 Klavierquintette (1906 u. 1921); 1 Klaviertrio (1923) u. 1 Streichquartett (1924); 2 Violinsonaten (1876 u. 1917); 2 Cellosonaten (1918 u. 1922) sowie verschiedene Stücke für Vc. u. Kl., 1 Andante für V. u. Kl. u. 1 Fantasie für Fl. u. Kl. sowie Impromptu u. *Une Châtelaine en sa tour* für Hf. solo. Das Klavierwerk F. besteht aus *Trois Romances sans paroles* (1863); 6 Impromptus; 13 Barkarolen; 4 Valses-Caprices; 1 Mazurka (1883); 13 Nocturnes, Thema u. Variationen (1896); 8 kurze Stücke (1898–1902); 9 Präludien (1910–11) u. *Dolly*, 6 Stücke für Kl. zu 4 Händen. Das Liedschaffen F. läßt sich am besten in drei Recueils – I. (op. 1–8), II. (op. 18, 21, 23, 27, 39, 43 u. 46) u. III. (op. 51, 58, 76, 83 u. 85) – sowie die Zyklen *Bonne Chanson* (1893), *La Chanson d'Ève* (1906–10), *Le Jardin clos* (1915), *Mirages* (1919) u. *L'Horizon chimérique* (1921) einteilen.

Lit.: L. Vuillemin, G. F. et son œuvre, Paris 1914; Ch. Koechlin, F., Paris 1927; Ph. Fauré-Fremiet, G. F., Paris 1929, NA 1957; V. Jankélévitch, G. F. et ses mélodies, Paris 1938; C. Rostan, L'Œuvre de G. F., Paris 1945, dt. Lindau 1947; N. Ch. Suckling, F., London 1946; M. Favre, G. F.s Kammermusik, Zürich 1947; Ph. Fauré-Fremiet (Hg.), Lettres intimes, Paris 1951; E. Vuillermoz, G. F., Paris 1960; J.-M. Nectoux, F., Paris 1972.

Fauxbourdon (franz., ital. falsobordone, engl. faburden), mittelalterliche Kompositionstechnik, wahrscheinlich engl. Ursprungs, bezeichnet die Hinzufügung einer unterquartparallelen Mittelstimme zum C. f. des 2st. notierten Satzes, der in Sext- bzw. Oktavabständen verlief. Diese wurde offenbar in England dazuimprovisiert, während sie auf dem Kontinent ausgeschrieben wurde.

Fayrfax (Fairfax), Robert, engl. Komponist, getauft 23. 4. 1464 Deeping Gate, Lincolnshire, † 24. 10. 1521 London. War um 1496 Gentleman of the Chapel Royal u. spätestens ab 1502 Organist an St. Alban's Abbey. Von seinen Kompositionen sind 5st. Messen, 2 Magnificat, Motetten, weltliche Chöre u. 2 Instrumentalstücke erhalten. Er gehört zu den bedeutendsten Komponisten Englands.

Feedback (engl.) → Rückkopplung

Feeling (engl.) beschreibt in der Jazz- u. Popmusik die Fähigkeit eines Musikers, eine bestimmte Ausdrucksintensität zu vermitteln.

Fehring, Johannes (eigtl. Fernbach), österr. Dirigent u. Komponist, * 14. 11. 1926 Wien. Studierte Dirigieren, Klavier u. Musikwissenschaft. Gründete 1949 ein eigenes Orchester (seit 1965 Orchester des Theaters an der Wien). Schrieb hauptsächlich Filmmusiken u. verfaßte gemeinsam mit W. Heidrich »Der neue Jazzstil« (Wien 1948).

Feinberg (Fejnberg), Samuil J., sowj. Pianist u. Komponist, * 26. 5. 1890 Odessa, † 22. 10. 1962 Moskau. Studierte bis 1911 am Moskauer Konservatorium, u. a. bei A. Goldenweiser Klavier, u. war mit A. Skrjabin u. N. Mjaskowskij bekannt. Ab 1922 übernahm er am Moskauer Konservatorium eine Klavierklasse u. bildete eine Reihe bedeutender russ. Pianisten aus.

Zu F. Werken gehören 3 Klavierkonzerte (1931, 1944 u. 1947), 12 Klaviersonaten sowie andere Klavierstücke. Er veröffentlichte außerdem »Klavierspiel als Kunst« (Moskau 1965, dt. Leipzig 1976).

Felciano, Richard, amer. Komponist, * 7. 12. 1930 Santa Rosa, CA. Studierte bei D. Milhaud am Mills College in Oakland, CA, am Pariser Conservatoire u. privat bei L. Dallapiccola in Florenz. Seit 1967 Professor an der University of California in Berkeley u. Composer-in-residence des National Center for Experiments in Television in San Francisco.

Zu F. Kompositionen gehören die Kammeroper *Sir Gawain and the Green Knight* (1964), *Expression, Mutations* u. *Galactic rounds* für Orch., Kirchenkompositionen für verschiedene Instr. u. Tonband u. audio-visuelle Arbeiten, u. a. *Signs* für gem. Chor, Tonband u. 1–3 Filmprojektoren (1975) u. *The municipal music box* für 14 elektronische Klangquellen u. 3 Lichtskulpturen.

Feld, Jindřich, tschech. Komponist, * 19. 2. 1925 Prag. Studierte bei E. Hlobil u. I. Řídký u. promovierte an der Karlsuniversität. Lebt als freischaffender Komponist in Prag.

Zu F. Werken gehört die Kinderoper *Ein Märchen von der Post* (1956), *Drei Fresken* für Orch. (1963), Sinfonie (1969) u. *Die Augusttage*, dramatische Fantasie (1969), Konzerte für Fl. u. Orch. (1954), Vc. u. Orch. (1958), Fag. u. Orch. (1959) sowie Konzertmusik für Ob., Fag. u. Orch. (1964), außerdem Kammermusik.

Feldman, Morton, amer. Komponist, * 12. 1. 1926 New York. Erhielt mit 12 Jahren Klavierunterricht bei V. Maurina-Press u. begann mit 15 Jahren Kompositionsstudien bei W. Riegger u. St. Wolpe. Außerdem nahm er Malunterricht bei Ph. Guston. Gehörte zu Beginn der 50er Jahre zum Kreis um J. Cage, E. Brown, D. Tudor u. D. Wolff. Von Cage übernahm er die eigenwillige Notation u. die Aleatorik, die in manchen seiner Stücke eine Rolle spielt. Besonderes Kennzeichen seiner Musik ist ihre bewußt eingesetzte geringe Lautstärke. F. ist Professor für Musik an der New York State University in Buffalo.

Zu F. Kompositionen gehören u. a. *Projections I* u. *II* für Fl., Trp., V. u. Vc., *Intersection I* u. *Marginal Intersection* (1951); *Pieces for 4 pianos* (1957); *Atlantis* für Kammerorch. (1958); *11 Instruments, Ixion* für 10 Instr. u. *Journey to the End of the Night* für S., Fl., Klar., Baßklar. u. Fag. (1960); *The Swallows of Salangan* für gem. Chor u. 23 Instr. (1961); *Structures* für Orch., *Philip Guston* für kleines Orch. u. *Last pieces* für Kl. (1962); *Numbers* für 9 Instr., *The Straits of Magellan* für 7 Instr., *de Kooning* für V., Vc., Horn, Schlagzeug u. Kl. u. *Four Instruments* für V., Vc., Glockenspiel u. Kl. sowie *Piano Piece for Philip Guston* (1963); *For Franz Kline* für S., V., Vc., Horn, Glockenspiel u. Kl. u. *Rabbi Akiba* für S. u. 10 Instr. (1964); *Christian Wolff* für Chor (1965); *First Principles* (1966–67); *In Search of an Orchestration* für Orch. (1967); *Vertical Thoughts 2* (1968); *On Time and the Instrumental Factor* für Orch. (1969); *Madame Press died last week at Ninety* für Instrumentalensemble, *The Viola in my Life I* für Va. u. 5 Instr., *II* für Va. u. 6 Instr. u. *III* für Va. u. Kl. (1970), *The Viola in my Life IV* für Va. u. Orch., *Three Clarinets, Cello and Piano, Chorus and Orchestra* für gem. Chor u. Orch., *The Rothko Chapel* für S., A., gem. Chor u. Instr. u. *I Met Heine on the Rue Furstemberg* (1971); *Chorus and Orchestra II* für S., doppelten gem. Chor u. Orch., *Voices and Instruments I* für gem. Chor u. Instr., *Voices and Instruments II* für 3 hohe St., Fl., 2 Vc. u. Kb., *Voice and Instruments* für S. u. Orch., *Pianos and Voices* für 5 S. u. 5 Pianisten u. *Five Pianos* (1972); *For Frank O'Hara* für 7 Instrumentalisten, *Stringquartet and Orchestra* u. *Voices and Cello* für 2 hohe St. u. Vc. (1973); *Instruments II, Instruments* für 5 Instrumentalisten u. *Voice and Instruments II* für St., Klar., Vc. u. Kb. (1974); *Four Instruments* u. *Piano and Orchestra* (1975); *Orchestra, Routine Investigations* für 6 Instrumentalisten, *Cello and Orchestra, Oboe and Orchestra, Elemental Procedures* für S., gem. Chor u. Orch. u. *Voice, Violin and Piano* (1976); *Neither*, Oper in 1 Akt nach Beckett, *Instruments II* für Fl., Ob. u. Schlagzeug, *Piano* u. *Only* für Solost. (1977); *Flute and Orchestra* (1977–78); *Why Patterns, Instruments IV* für V., Kl. u. Schlagzeug u. *Spring of Chosroes* für V. u. Kl. (1978).

Feldmusik nannte man bis ins 18. Jh. die Musik der Hof- u. Feldtrompeter. Sie bestand aus einfachen Signalen sowie längeren Stücken, die aus sog. Posten oder Punkten zusammengesetzt waren.

Fenaroli, Fedele, ital. Komponist, * 25. 4. 1730 Lanciano, † 1. 1. 1818 Neapel. Studierte bei Fr. Durante u. L. Leo in Neapel u. wurde 1762 Kapellmeister u. Lehrer am Conservatorio S. Maria di Loreto. Zu seinen Schülern zählten D. Cimarosa, N. A. Zingarelli, V. Lavigna u. S. Mercadante.

F. komponierte die Opern *I due Sediarii* (1759) u. *La disfatta degli Amaleciti* (1780), Messen u. Motetten. Zu seinen Lehrwerken gehören »Studio del contrapunto« u. »Partimenti ossia Basso numerato«.

Feo, Francesco, ital. Komponist, * 1691 Neapel, † 18. oder 28. 1. 1761 ebd. Studierte bei N. Fago am Conservatorio della Pietà dei Turchini in Neapel ab 1704. War 1723–39 Kapellmeister am Conservatorio di Sant'Onofrio u. 1739–43 als Nachfolger Durantes am Conservatorio dei Poveri di Gesù Cristo. Zu seinen Schülern gehörten G. B. Pergolesi u. N. Jommelli. F. komponierte eine Reihe von Opern, die zu seinen Lebzeiten mit viel Erfolg aufgeführt wurden, außerdem Oratorien, Messen u. 1 Requiem.

Ferguson, Howard, engl. Komponist, * 21. 10. 1908 Belfast. Studierte bei R. O. Morris am Royal College of Music in London u. erhielt privaten Klavierunterricht von H. Samuel. Zu seinen Kompositionen gehören das Ballett *Chaunte-cleer* (1948), 1 Serenade für Kammerorch. nach seinem *Octet* aus dem Jahr 1933 (1948), 1 Klavierkonzert (1950–51) u. Kammermusik. An Chorwerken schrieb er 2 Kantaten *Amore Langueo* (1956) u. *The Dream of the Rood* (1959). Er edierte außerdem ältere Klaviermusik u. veröffentlichte Studien zur Interpretation älterer Klaviermusik, zuletzt »Keyboard Interpretation from the 14th to the 19th Century« (London 1975).

Fermate (ital. fermata), Haltezeichen, das den Wert einer Note oder Pause um eine unbestimmte Zeit verlängert. Die F. wird als 𝄐 notiert. In Konzerten für Soloinstr. u. Orchester zeigt sie den Beginn der Kadenz an. Besonders bei A. Bruckner erscheint die F. auch auf Taktstrichen u. Pausen. Ihr rhythmischer Wert ist unbestimmbar u. liegt im Ermessen des Interpreten.

Fernández, Oscar Lorenzo, brasilian. Komponist, * 4. 11. 1897 Rio de Janeiro, † 26. 8. 1948 ebd. Studierte am Konservatorium seiner Heimatstadt u. trat 1924 mit einem Trio brasileiro an die Öffentlichkeit. 1930 gründete er die Zeitschrift »Illustração musical« u. war 1936 bis zu seinem Tode Direktor des Conservatório brasileiro de música in Rio de Janeiro. Seine Kompositionen stützen sich hauptsächlich auf folkloristische Themen.

Zu F. Werken gehört das lyrische Drama *Malazarte* (1931–33), das Ballett *Amaya* (1930), 2 Sinfonien (1945 u. 1947), sinfonische Suiten, 1 Klavierkonzert (1924), 1 Violinkonzert (1941), Chorwerke u. Kammermusik.

Ferneyhough, Brian, engl. Komponist, * 16. 1. 1943 Coventry. Studierte an der Musikschule in Birmingham u. an der Royal Academy of Music in London bei L. Berkeley. Gewann 1970 ein Stipendium für weitere Studien bei Klaus Huber an der Musikakademie der Stadt Basel. Lebt seither als freischaffender Komponist in der Schweiz. Komponierte 1974 im Auftrag des Südwestfunks die mehrfach preisgekrönte *Time and Motion Study III.*

Zu F. Werken gehören *Sonatina* für 3 Klar. in B. u. Fag. (1963); *Four Miniatures* für Fl. u. Kl. (1965); *Coloratura* für Ob. u. Kl.; *Epigrams* für Kl. u. Sonate für 2 Kl. (1966); *Three Pieces* für Kl. (1966–67); *Prometheus* für Fl., Ob., Englischhorn, Klar., Horn u. Fag. u. *Sonatas* für Streichquartett (1967); *Epicycle* für 20 Streicher (1968); *Missa Brevis* für 12 St. (1969); *Cassandra's Dream Song* für Fl. solo, *Sieben Sterne* für Org. u. *Firecycle Beta* für Orch. (1971); *Funérailles: Version I* für 2 V., 2 Va., 2 Vc., Kb. u. Hf. (1969–77); *Time and Motion Study I* für B.-Klar. (1971–77); *Transit* für Kammerorch. u. 6 Solost. mit Verstärker (1972–75); *Time and Motion Study II* für Solo-Vc., Tonband u. Verstärker (1973–76); *Time and Motion Study III* für 16 Solost., Schlagzeug u. Elektronik (1974); *Unity Capsule* für Fl. solo (1975–76) u. *La terre est un homme* für Orch. (1976–79).

Fernström, John A., schwed. Komponist u. Dirigent, * 6. 12. 1897 Ischang, China, † 19. 10. 1961 Lund. War Schüler des Konservatoriums in Malmö, studierte anschließend bei Schlüter (Geige) u. K. Håkanson u. P. Gram (Komposition). War 1916–39 Orchestergeiger, dann Kapellmeister u. ab 1948 Direktor der Musikschule in Lund.

Zu F. Werken gehören die Opern *Achnaton* (1931), *Isis-systrarnas bröllop* (1943) u. *Livet en dröm* (1946); 12 Sinfonien; 2 Violinkonzerte, Konzert für Klar. u. Streichorch.; Konzert für Va. u. Orch.; Konzert für Fag. u. Orch.; Concertino für Vc. u. Orch. u. Concertino für Fl., Frauenchor u. kleines Orch.; Chorwerke; 8 Streichquartette; Bläserquintett; Streichtrio u. Lieder.

Ferrabosco (Ferabosco), **1.** Domenico M., ital. Komponist, * 14. 2. 1513 Bologna, † Februar 1574 ebd. Kapellmeister an S. Petronio in Bologna, möglicherweise auch Sänger der päpstlichen Kapelle in Rom. Veröffentlichte 45 4st. Madrigale in Venedig (1542). Weitere Madrigale u. Motetten finden sich in verschiedenen Sammelwerken.

2. Alfonso (I), Sohn von 1., ital. Komponist, getauft 18. 1. 1543 Bologna, † 12. 8. 1588 ebd. 1562–78 im Dienst der Königin Elisabeth I. von England, anschließend musico e gentiluomo di bocca des Herzogs von Savoyen. Veröffentlichte 2 Bücher mit 20 bzw. 19 5st. Madrigalen in Venedig (1587). Weitere Madrigale, Lautenkompositionen u. Motetten finden sich in Sammelwerken. Seine Bedeutung liegt darin, den Madrigalstil in England bekannt gemacht zu haben.

3. Alfonso (II), Sohn von 2., engl. Komponist, * um 1572 Greenwich, begraben 11. 3. 1628 ebd. Erhielt seine musikalische Ausbildung auf Kosten des engl. Hofes u. wurde 1604 Violist der Königlichen Kapelle. Musiklehrer des Prinzen Henry u. nach dessen Tod des Prinzen Charles, der ihn 1626 in der Nachfolge von J. Coperario zum Composer of the King's Music machte. Er veröffentlichte 28 *Ayres* und Lieder mit Laute u. Baßviole (London 1609) sowie im gleichen Jahr »Lessons für 1, 2, and 3 Viols«. Außerdem komponierte er Musik zu einer Reihe von Ben Jonsons Masken. Bei seinen Zeitgenossen galt er als der größte Komponist 5 u. 6st. Fantasien für Violen.

Ferrari, Benedetto, ital. Komponist u. Librettist, * 1597 oder um 1604 Reggio, Emilia, † 22. 10. 1681 Modena. F. war ein berühmter Theorbist, der häufig Benedetto della Tiorba genannt wurde. Pachtete gemeinsam mit F. Manelli das Teatro S. Cassiano in Venedig u. brachte dort 1637 *Andromeda,* die erste in einem öffentlichen Theater aufgeführte Oper, heraus. Wiederum auf ein eigenes Libretto u. Musik von Manelli kam 1638 *La maga fulminata* zur Aufführung. 1645 wurde F. Hofkapellmeister in Modena, 1651–53 war er an der Hofkapelle in Wien engagiert u. ging dann nach Modena zurück. Von seinen eigenen Kompositionen sind das Oratorium *Il Sansone* erhalten sowie 3 Bücher »Musiche varie a voce sola« (Venedig 1633, 1637 u. 1642). Die Musiken zu seinen eigenen Opern sind verloren, aber seine Libretti sind als »Poesie drammatiche« 1644 in Mailand erschienen.

Ferrari, Giacomo Gotifredo, ital. Komponist, getauft 2. 4. 1763 Rovereto, † Dezember 1842 London. Schüler von M. Stecher in Kloster Mariaberg u. G. Latilla in Neapel. 1787 Akkompagnist der Königin Marie-Antoinette. Schrieb Musiken für das Théâtre de Monsieur in den Tuilerien u. komponierte für das Théâtre Montansier 1791 *Les Événements imprévus*. 1792 ließ er sich als Lehrer in London nieder.

F. komponierte neben weiteren Opern die Ballette *Borea e Zeffiro* (1805) u. *La dama di spirito* (1820), 2 Klavierkonzerte, Kammermusik u. Lieder. Er veröffentlichte »A Concise Treatise on Italien Singing« (London 1818), »Studio di musica pratica, teorica« (London um 1830) u. »Anedotti piacevoli ed interessanti« (2 Bde., London 1830).

Ferrari, Luc, franz. Komponist, * 5. 2. 1929 Paris. Studierte 1948–50 an der École Normale de Musique in Paris Klavier bei A. Cortot u. Komposition bei A. Honegger, anschließend bei E. Varèse u. O. Messiaen. Gehört mit P. Schaeffer zu den Gründern der Groupe de Recherches Musicales, die er 1959–63 leitete. F. lebt als freischaffender Komponist in Paris u. ist gleichzeitig Mitarbeiter des franz. Fernsehens. F. komponierte anfangs seriell, wandte sich dann aber unter dem Einfluß Schaeffers der konkreten Musik zu, aus der er eine eigene Tonbandmusik entwickelte. Viele seiner experimentellen Filme verwirklichen eine Verschmelzung von Bild u. Ton.

Zu F. Werken gehören *Visage I* für Kl. (1956); *Visage II* für Blechbläser u. Schlagzeug (1956); *Visage IV* oder *Profils* für 10 Instr. (1957–58); *Visage V*, konkrete Musik (1958–59); *Tautologos II*, konkrete Musik (1961); *Symphonie inachevée* für Orch. (1963–66); verschiedene unter dem Titel *Société* zusammengefaßte Kompositionen für variable Besetzungen u. teilweise Publikumsmitwirkung; *Tautologos III* oder *Vous plairait-il de tautologuer avec moi* für beliebige Instrumentengruppen (1969); *J'ai tort...* für gem. Chor (1971); *Allo, ici la terre* für verschiedene Instr. u. St. (1974); *Et tournent les sons dans la garrigue* für Instr. u. Tonband (1977–78).

Ferrari Trecate, Luigi, ital. Komponist u. Organist, * 25. 8. 1884 Alessandria, † 17. 4. 1964 Rom. Studierte in Parma u. Pesaro, wurde Organist in Loreto u. Pompeji u. war 1929–55 Direktor des Konservatoriums in Parma.

Zu F. T. Kompositionen gehören die häufig an Märchen oder Kindererzählungen inspirierten Opern *Regina Ester* (1900), *Fiorella* (1904), *Galvina* (1904), *Pierozzo* (1922), *La bella e il mostro* (1926), *Le astuzie di Bertoldo* (1934), *Ghirlino* (1940), *Buricchio* (1948), *L'orso re* (1950) u. *La capanna dello zio Tom* (1952–53). Er schrieb außerdem Kirchenmusiken, Kammermusik u. Klavierstücke.

Ferré, Léo, franz. Chansonsänger u. -komponist, * 24. 8. 1916 Monaco. Mitglied der Maîtrise der Kathedrale von Monaco. Vertonte mit 13 Jahren zum ersten Mal ein Gedicht von Verlaine. Erhielt seinen einzigen geregelten Musikunterricht von L. Sabanejew, einem Schüler A. Skrjabins. Nach einer vorübergehenden Anstellung als Sprecher, Geräuschemacher u. Pianist bei Radio Monte Carlo debütierte F. 1946 mit eigenen Chansons im Pariser »Bœuf sur le toit«. Für seine Texte griff F. hauptsächlich auf die Dichter Rutebœuf, Villon, Verlaine, Baudelaire, Apollinaire u. Aragon zurück. Zu seinen bekanntesten Titeln gehören *Paris-Canaille*, *Jolie Môme*, *Paname*, *Les poètes*, *Thank you Satan* u. *Les anarchistes*. Außerdem vertonte F. Baudelaires Zyklus »Les fleurs du mal«. Mit seinen Chansons sind aufgetreten E. Piaf, C. Sauvage, G. Montero, Patachou, Y. Montand, J. Greco u. viele andere. Weniger bekannt ist, daß F. 1950 die Oper *La vie d'artiste* herausbrachte u. 1954 das Oratorio scènique *Chanson du mal aimé* nach Apollinaire u. seine *Symphonie interrompu* an der Oper von Monte Carlo aufführte. In den 70er Jahren widmete er sich außerdem verstärkt einer neuen Karriere als Dirigent klassischer Musik. Zu seinen Schriften gehören die Gedichtsammlungen »Poète, vos papiers« (1956) u. »Testament phonographe« (1980) sowie der Roman »Benoît misère«(1970).

Lit.: Ch. Estienne, L. F., Paris 1962.

Ferstl, Erich R., dt. Komponist, Gitarrist u. Schlagzeuger, * 4. 5. 1934 München. Studierte in München Klavier, Geige, Gitarre u. Musiktheorie u. trat mit einem eigenen Jazzensemble auf. F. schrieb Musiken zu Fernsehspielen u. Filmen, u. a. zu »Wilder Reiter GmbH«.

Zu F. Kompositionen gehören ein *Concierto español* für Git. u. kleines Streichorch. (1968). Er veröffentlichte »Die Schule des Jazz« (München 1963).

Fesca, 1. Friedrich Ernst, dt. Geiger u. Komponist, * 15. 2. 1789 Magdeburg, † 24. 5. 1826 Karlsruhe. Schüler von Pitterlin u. A. E. Müller. Trat 1806 in die Kapelle des Herzogs von Oldenburg ein, wurde 1808 Sologeiger in der Kapelle des Königs Jérôme in Kassel u. 1815 Konzertmeister des Herzogs von Baden in Karlsruhe.

Zu F. Kompositionen gehören die Opern *Cantemira* u. *Leila*, 3 Sinfonien, 1 Violinkonzert, 19 Streichquartette, 4 Flötenquartette, 1 Flötenquintett u. geistliche Musiken.

2. Alexander Ernst, Sohn von 1., dt. Pianist u. Komponist, * 22. 5. 1820 Karlsruhe, † 22. 2. 1849 Braunschweig. Erhielt ersten Unterricht bei seinem Vater u. war anschließend Schüler von C. F. Rungenhagen.

F. komponierte die Opern *Marietta* (1838), *Die Franzosen in Spanien* (1841), *Der Troubadour* (1847) u. *Ulrich von Hutten* (1849), Klaviertrios u. andere Kammermusik.

Fesch (Veg, Feghg, du Feche), Willem de, holländ. Komponist, Organist u. Geiger, getauft 26. 8. 1687 Alkmaar, † 3. 1. 1761 London. Schüler von A. d'Eve in Antwerpen u. 1725–30 Kapellmeister an der dortigen Kathedrale. 1732 Übersiedelung nach London, wo er 1733 sein Oratorium *Judith* aufführte.

Zu F. Kompositionen gehören zahlreiche Concerti für verschiedene Besetzungen, Kanzonetten u. Lieder.

Festa, Costanzo, ital. Komponist, * um 1480 Villafranca bei Turin, † 10. 4. 1545 Rom. Ab 1517 päpstlicher Kapellsänger u. später Kapellmeister. Er gehört zu den ersten Vertretern des durchimitierenden Motettenstils u. der Madrigalkomposition. Sein Te Deum wird heute noch bei der Neuwahl eines Papstes gesungen. Veröffentlichte 2 Bücher 3st. Madrigale (1541 u. 1543), 4st. Magnificat (1554) u. 8st. Litaneien für Doppelchor (1583). Die vatikanischen Archive besitzen weitere Kirchenkompositionen im Manuskript.

Festing, Michael Ch., engl. Geiger u. Komponist, * um 1680 in Deutschland, † 24. 7. 1752 London. Schüler von R. Jones u. F. Geminiani, wurde 1737 Direktor der Ital. Oper in London. 1742 Kapellmeister am Ranelagh Gardens. War zu seiner Zeit hauptsächlich als Komponist für sein Instrument geachtet. Schrieb neben Kantaten u. Sinfonien Konzerte u. Solostücke für Geige.

Festival (engl.: »Festtag«, »Festspiel«), bezeichnet in der Jazz-, Pop- u. Rockmusik ein sich über Stunden oder Tage hinziehendes Zusammentreffen mehrerer Gruppen u. Stars zum Musizieren vor einem meistens in die Zehntausende gehenden Publikum. Berühmt geworden sind das Jazz F. in Newport, das Pop F. in Monterey u. das Rock F. in Woodstock.

Festspiele u. **Musikfeste,** Aufführungen besonderer Qualität, die in einem bestimmten Rhythmus, meist jährlich, stattfinden. Diese Idee geht wahrscheinlich auf musikalische Wettbewerbe zurück wie die der Pythischen Spiele, der Meistersinger u. der franz. → Puys. In neuerer Zeit hatten die engl. Chorfeste (z. B. Three Choirs Festival) Wettbewerbscharakter. Heute versteht man unter F. allgemein jene meistens in den Sommermonaten stattfindenden Veranstaltungsreihen, die neben dem Genius loci verschiedene Ursprünge haben können. **1.** F. zu Ehren eines Komponisten, wie Bachfeste der Internationalen Bach-Gesellschaft oder Händelfeste der Deutschen Händelgesellschaft. **2.** F., die einen großen Interpreten oder Komponisten in den Mittelpunkt stellen, wie das Casals-Festival in Prades oder Wagner in Bayreuth. **3.** F. im Zeichen zeitgenössischer Musik, wie die Donaueschinger Musiktage für Zeitgenössische Tonkunst u. der Warschauer Herbst. **4.** F., die einen repräsentativen Querschnitt des Jahresrepertoires bieten, der durch internationale Gäste angereichert wird, wie die Opernfestspiele in München. **5.** F., die neben der Musik andere Attraktionen einbeziehen u. dem Kulturtourismus förderlich sind, wie die Berliner oder die Wiener Festwochen.

Fétis, François-Joseph, belg. Musikwissenschaftler, Lehrer u. Komponist, * 25. 3. 1784 Mons, † 26. 3. 1871 Brüssel. Studierte am Pariser Conservatoire bei L. Cherubini, F.-A. Boieldieu u. L. B. Pradher, 1813 Organist u. Lehrer für Gesang u. Harmonielehre in Douai, 1821 als Nachfolger von A.-F. Eler Professor für Kontrapunkt u. Fuge am Pariser Conservatoire u. ab 1833 Direktor des neugegründeten Conservatoire Royal de Musique in Brüssel. Zu F. Kompositionen gehören mehrere Opern, Kirchenmusik, 2 Sinfonien, 1 *Fantaisie symphonique* für Org. u. Orch. u. Kammermusik. Als Initiator der »Revue musicale« gehört er zu den Begründern der franz. Musikpublizistik. Von seinen Schriften seien aufgeführt: »Traité du contrepoint et de la fugue« (Paris 1824); »Traité de l'accompagnement de la partition« (1829); »Biographie universelle des musiciens et bibliographie générale de la musique« (8 Bde., Brüssel 1837–44, Supplément et complément, hg. A. Pougin, 2 Bde., Paris 1878–80); »Traité complet de la théorie et de la pratique de l'harmonie« (Paris 1844); »Histoire générale de la musique« (5Bde., Paris 1869–76).

Fevin (Févin), Antoine de, franz. Komponist, * um 1473 wahrscheinlich Arras, gest. gegen Ende 1511 Blois. Über sein Leben ist so gut wie nichts bekannt. Aus einem Brief Ludwigs XII. wissen wir, daß er dem geistlichen Stand angehörte u. als Sänger einige Zeit im Dienst des Königs stand. Rabelais bezeichnet ihn als dem Kreis um Josquin Desprez zugehörig.

Von F. Kompositionen sind Messen, 1 Requiem, Motetten, darunter das bekannte *Descende in hortum meum,* Lamentationen u. Chansons erhalten.

Fibich, Zdeněk (Zdenko), tschech. Komponist, * 21. 12. 1850 Schebořitz, † 15. 10. 1900 Prag. Studierte in Prag, am Leipziger Konservatorium bei E. F. Richter u. S. Jadassohn u. in Mannheim bei V. Lachner. 1875–78 2. Kapellmeister am Prager Nationaltheater u. 1878–81 Chordirigent der russ. Kirche in Prag. Lebte anschließend bis zu seinem Tode als freischaffender Komponist. Folgte in seiner Musik nicht den nationalen Tendenzen eines B. Smetana oder A. Dvořák, sondern versuchte, eine moderne allgemeingültige Schreibweise zu entwickeln. Besonders hervorzuheben sind seine originellen Rhythmen, die bis an die Atonalität vorstoßenden Harmonien u. die dynamischen Schattierungen.

Zu F. Werken gehören die Opern *Bukovín* (1870–71), *Blaník* (1877), *Nevěsta mesinska* (*Die Braut von Messina*, 1883), *Bouře* (*Der Sturm*, 1894) u. mit seiner letzten Lebensgefährtin, der Dichterin Anežka Schulzová, als Librettistin: *Hèdy* (1895), *Šarka* (1897) u. *Pád Arkuna* (*Der Fall Arconas*, 1898); 3 Sinfonien (1883, 1893 u. 1898); Ouvertüren u. sinfonische Dichtungen; die Melodramen *Štědrý den* (*Der Weihnachtstag*, 1875), *Vodník* (*Der Wassermann*, 1883); *Hakon* (1888) u. *Hippodamie* (szenische Trilogie, 1889–91); Kantaten; Kammermusik; Klavierstücke, darunter die Zyklen *Nálady*, *Dojmy a Upominsky* (*Stimmungen, Eindrücke u. Erinnerungen*, 1891–97) u. *Malirske Studie* (*Malerstudien*, nach 1898); Lieder.

Field, John, ir. Pianist u. Komponist, * 26. 7. 1782 Dublin, † 23. 1. 1837 Moskau. Stammt aus einer Musikerfamilie u. erhielt den ersten Unterricht bei seinem Großvater. Debütierte erfolgreich als Pianist in London 1794 u. wurde dort Schüler M. Clementis, der das Improvisationstalent F. zum Verkauf seiner Klaviere einsetzte. Reiste mit Clementi nach Paris u. Petersburg, wo er sich 1803 als Klavierlehrer niederließ. Kehrte 1832 nach London zurück, unternahm in den folgenden Jahren mehrere europäische Tourneen, wurde in Neapel von einer langwierigen Krankheit befallen u. starb schließlich verarmt in Rußland. Als Pianist stand F. bereits Chopin nahe u. war in seiner Legatotechnik den Pianisten seiner Zeit voraus. Sein Ruhm als Komponist gründet sich ausschließlich auf seine 20 Nocturnes, eine Art des Charakterstückes, das Chopin mit seinen 21 Nocturnes zu größter Blüte führte. F. komponierte außerdem 7 Klavierkonzerte, 4 Klaviersonaten u. einige Kammermusikwerke.

Figuralmusik, bezeichnet seit dem 15. Jh. die Mensuralmusik im Gegensatz zum rhythmisch gleichmäßigen Cantus planus. Ausschmückung von Choralmelodien nennt man deshalb Choralfigurationen.

Figuren, 1. im 16.–18. Jh. aus der Rhetorik auf die Musik übertragene Tonfügungen, die entweder als Schmuck dienen oder einzelne Wörter eines Textes hervorheben oder sogar den Text im Notenbild widerspiegeln. Diese wurden in den Kompositionslehren des Barock systematisch erfaßt. **2.** kurze Tonfolge im Sinne eines Motivs.

Filmmusik → Musik im Film

Filtz (Fils), J. Anton, dt. Komponist u. Cellist, getauft 22. 9. 1733 Eichstätt, begraben 14. 3. 1760 Mannheim. Schüler von J. Stamitz u. von 1754 bis zu seinem Tode Cellist im Mannheimer Orchester.

F. komponierte wenigstens 41 Sinfonien, Streichtrios, Klaviertrios, Triosonaten u. Violoncellosonaten mit B. c.

Finale (ital.: »Schlußstück«), **1.** der letzte Teil in Kompositionen, die aus mehreren, deutlich voneinander abgesetzten Sätzen bestehen, insbesondere bei Sonaten u. Sinfonien. Von der Suite beeinflußt, die üblicherweise mit einem lebhaften Satz schloß, waren auch die F. des 18. Jh. in der Mehrzahl heiter u. fröhlich. Sie nahmen häufig die Form des Rondos, aber auch die des Sonatensatzes an. Nach Mozart (F. der *Jupiter-Sinfonie*) entwickelte sich bei Sinfonikern wie Beethoven u. Brahms der F.-Satz zum gleichberechtigten Gegenstück des Kopfsatzes u. nahm Themen der vorangegangenen Sätze wieder auf. **2.** Schlußszene eines Opernaktes, in der das ganze Ensemble u. häufig auch der Chor auftritt. Zu einem besonderen Höhepunkt wird in vielen Opern das F. vor der Pause. Zu den berühmten Aktschlüssen der Opernliteratur gehören die F. in Mozarts *Die Hochzeit des Figaro*.

Finalis (lat.) → Kirchentöne

Finck, 1. Heinrich, dt. Kapellmeister u. Komponist, * wahrscheinlich 1444 oder 1445 Bamberg, † 9. 6. 1527 Wien. Erhielt seine musikalische Ausbildung wohl in Polen u. war Mitglied der Krakauer Hofkapelle, bevor er sich 1482, bereits bonus cantor genannt, an der Universität Leipzig einschrieb. 1510 wurde er Kapellmeister der Stuttgarter Hofkapelle, war anschließend in Augsburg, Innsbruck u. Salzburg tätig, 1527 Kapellmeister Ferdinands I. u. starb im Schottenkloster in Wien. In seinen Kompositionen wird der Wandel von einer meist 3st. Polyphonie mit C. f.-Technik zum vollen bis zu 7st. Satz deutlich. Neben 4 Messen, 1 Magnificat, 1 Introitus, Hymnen u. lat. Sätzen sind dt. Lieder erhalten.

2. Hermann, Großneffe von 1., dt. Komponist, * 21. 3. 1527 Pirna, † 28. 12. 1558 Wittenberg. Studierte ab 1545 an der Universität Wittenberg. Hielt dort ab 1554 Vorlesungen über Musik u. wurde 1557 Organist der Universität. Von seinen Kompositionen sind einige 4–5st. lateinische Sätze, eine 5st. Motette *Christ ist erstanden*, ein 4st. deutsches Lied u. ein Instrumental-Carmen erhalten. Sein wichtigstes Werk, das Lehrbuch »Practica musica«, erschien 1556 in Wittenberg. Der erste Teil »De musicae inventoribus« enthält auch Stücke seines Großonkels Heinrich F., die Teile 4 u. 5 sind besonders wegen der ausführlichen Beschreibung der Instrumental- u. Gesangspraxis von Interesse.

Fine, Irving G., amer. Komponist, * 3. 12. 1914 Boston, † 23. 8. 1962 ebd. Studierte bei W. Piston u. E. Burlingame Hill an der Harvard University, anschließend bei N. Boulanger in Paris. Übernahm verschiedene Lehraufträge, zuletzt an der Brandeis University, wo er Chairman der School of Creative Arts war.

Zu F. Kompositionen gehört die Bühnenmusik zu »Alice in Wonderland« (1942); die Kantate *The Choral New Yorker* für Soli, gem. Chor u. Kl. (1944); *Toccata concertante* für Orch. (1948); *In grato jubilo* für Frauenchor u. kleines Orch. (1949); *The Hour Glass*, Zyklus für Chor a cappella (1949); *Serious Song and Lament* für Streichorch. (1955); die Orchestersuite *Diversions* (1960) u. *Symphony 1962* für Orch. (1962) sowie Kammermusik u. Lieder.

Finger, Gottfried, mährischer Komponist, * um 1660 Olmütz, begraben 31. 8. 1730 Mannheim. Über seine Ausbildung ist nichts bekannt. Er kann um 1682 in München u. um 1685 in London nachgewiesen werden. In England machte er sich als Instrumentalkomponist einen Namen, wirkte kurze Zeit in der Kapelle Jakobs II. u. versuchte sich in der Komposition von Bühnenmusiken u. Opern. Von seinen Londoner dramatischen Kompositionen seien Musiken zu Congreves »Love for Love« (1695) u. Drydens »The Husband his own Cuckold« (1696) erwähnt. 1700 beteiligte er sich am Wettbewerb für die beste Musik zu Congreves »The Judgment of Paris«, erhielt aber nur den 4. Preis. Er blieb noch bis zur Aufführung seiner Oper *The Virgin Prophetess* (1702), verließ dann England u. wurde 1702 Kammermusiker der Königin Sophie Charlotte in Berlin, wo er mehrere dt. Opern komponierte. Seine weitere Laufbahn führte ihn nach Innsbruck, Düsseldorf u. Mannheim. Von seinen Werken sind die 12 Sonaten op. 1 (1688), die 6 Sonaten (1690) u. die mit Banister herausgegebenen »Ayres, Chacones, Divisions and Sonatas« sowie die 5st. Sonaten mit G. Keller am bedeutendsten.

Fingersatz (engl. fingering, franz. doigté), **1.** die Wahl des Fingereinsatzes, die je nach der Beschaffenheit der Instrumente bei Blechblasinstrumenten, Griffbrett-, Griffloch- u. Tasteninstrumenten verschieden ist. **2.** Notierung dieses F., z. B. beim Klavier 1–5, vom Daumen bis zum kleinen Finger, oder 1–4, vom Zeigefinger bis zum kleinen Finger der linken Hand bei Bundinstrumenten, bei denen außerdem 0 den Aufsatz des Daumens anzeigt.

Finke, Fidelio F., dt. Komponist u. Lehrer, * 22. 10. 1891 Josefsthal, Nordböhmen, † 12. 6. 1968 Dresden. Besuchte die Meisterklasse für Komposition von V. Novák am Prager Konservatorium 1908–11 u. wurde dort 1915 selber Kompositionslehrer. 1920 Staatsinspektor der dt. Musikschulen in der Tschechoslowakei. Daneben Lehrer für Komposition an der Deutschen Akademie für Musik in Prag u. ab 1927 dort Direktor u. Leiter einer Meisterklasse. 1946 Rektor u. Leiter einer Meisterklasse für Komposition an der Staatlichen Akademie für Musik u. Theater in Dresden. 1951–59 Professor für Tonsatz an der Musikhochschule in Leipzig. Seine frühen Kompositionen sind deutlich von den franz. Impressionisten, J. Brahms u. böhm. Folklore beeinflußt. Nach 1918 wandte sich F. der Atonalität A. Schönbergs zu, um sich in seinem Spätwerk zum Neoklassiker zu wandeln.

F. komponierte u. a. die Opern *Die versunkene Glocke* (1916–18), *Die Jakobsfahrt* (1935) u. *Der Zauberfisch* (1959); die Tanzpantomime *Lied der Zeit* (1946); 8 Orchestersuiten für verschiedene Besetzungen (1911–1961); 1 Klavierkonzert (1930); mehrere Kantaten, darunter *Freiheit u. Frieden* (1952); Lieder; Chöre; Kammermusikwerke sowie Klavierstücke.

Finney, Ross Lee, amer. Komponist, * 23. 12. 1906 Wells, MN. Unterricht bei D. Ferguson, N. Boulanger, A. Berg u. R. Sessions. 1929–48 Professor am Smith College in Northampton, MA, 1949–74 Professor u. Composer-in-residence an der University of Michigan. Während er sich in seinen frühen Kompositionen mit der amer. Folklore auseinandersetzte, entwickelte F. später einen die Zwölftontechnik einbeziehenden Stil.

Zu F. Kompositionen gehören das Bühnenwerk *The Nun's Priest's Tale* für Soli, Erzähler, Folk Singer mit elektr. Git., gem. Chor u. kleines Orch. (1965); die Chorwerke *Pole Star for this Year* für T. u. gem. Chor (1939), *Pilgrim Psalms* für Soli, gem. Chor u. Orch. (1945), *The Martyr's Elegy* für T., gem. Chor u. Orch. (1966) u. *The remorseless Rush of Time* für gem. Chor u. 13 Instr. (1970); 4 Sinfonien (1942, 1959, 1960 u. 1972); 2 Klavierkonzerte (1948 u. 1968); 1 Violinkonzert (1933, revidiert 1952); 1 Konzert für Schlagzeug u. Orch. (1965); 1 Konzert für Altsaxophon u. Orch. (1974); Kammermusik, darunter 8 Streichquartette (1935–60); Klaviermusik u. Lieder.

Finnissy, Michael, engl. Komponist u. Pianist, * 17. 3. 1946 London. Studierte am Royal College of Music in London Klavier u. Komposition, anschließend bei Roman Vlad in Rom, arbeitete am Music Department der London School of Contemporary Dance u. unterrichtete am Chelsea College of Art. Lebt heute als freischaffender Komponist u. Pianist in London.

F. schrieb für das Musiktheater zwischen 1972 u. 1979 die Mysteries *The Parting of Darkness from Light* für 2 T., 2 Bar., B. u. stummen Schauspieler, *The Earthly Paradise* für Mezzo-S., T., B., 2 Schauspieler u. Kinder sowie Instrumente, *Noah and the Great Flood* für T., 4 Schauspieler, 4 Schauspielerinnen, Kinder u. Instrumente, *The Prophecy of Daniel* für S., Bar., B., gem. Chor u. Instrumente, *The Parliament of Heaven* für hohen S., 2 S., Mezzo-S., T., Bar., 1 Kinderdarsteller, 1 Schauspieler, Kinderchor, 3 gem. Chöre u. Instrumente, *The Annunciation* für S., T., Bar., Schauspieler, Chor u. Instrumente, *The Betrayal and Crucifixion of Jesus of Nazareth* für 2 S., Mezzo-S., T., 10 Schauspieler u. Instrumente u. *The Deliverance of Souls* für hohen S., S., Mezzo-S., 2 T., 2 Bar., B., 4 gem. Chöre, Kinderchor u. Instrumente; *Circle, Chorus and Formal Act* für Bar., 2 Chöre u. Instrumente (1973), *Commedia dell'Incomprensibile Potere che alcune Donne hanno sugli Uomini* für S., Contrat. u. Instrumente (1973–75), *Medea* für S., Bar., hohen S., Mezzo-S., B. u. Instrumente (1973–76), *Orfeo* für 2 S., Mezzo-S., Knabenst., T., B. u. Instrumente (1974–75), *Alice III* für

Vc. u. stummen Schauspieler oder Schlagzeuger (1975), *Bouffe* für 1 Darsteller (1975), *Tom Fool's Wooing* für 14 St. a cappella, von denen 3 Trommeln schlagen (1975–78), *Mr. Punch* für St. u. Instrumente (1976–77) u. *Ohi! Ohi! Ohi!* für St. solo (1978); die Orchesterwerke *Offshore* (1975–76), *Alongside* (1979) u. *Sea and Sky* (1979–80); für St. u. Orch. bzw. Instr. *Le dormeur du val* für Mezzo-S. u. Instr. (1963–68), *From the Revelations of St. John the Divine* für hohen S. u. Instr. (1965–70), *Horrorzone* für S. u. Instr. (1966–71), *Folk-Song Set* für St. u. Instr. (1969–70, revidiert 1975–76), *Jeanne d'Arc* für hohen S., T., Vc. solo u. Kammerorch. (1967–71), *Babylon* für Mezzo-S. u. Instr. (1971), *Mine Eye Awake* für S. u. Kl. (1977), *Gorō* für T. u. Instr. u. *Sir Tristan* für S. u. Instr. (1978); verschiedene Werke für Instrumentalensemble, u. a. *As when upon a tranced Summer Night* (1966–68), *Transformations of the Vampire* (1968–71), *Long Distance* für konzertierendes Kl. u. Instr. (1977–78), Klavierkonzert Nr. 3 (1978) u. Klavierkonzert Nr. 5 (1980, Instr. u. Mezzo-S.); für Soloinstr. *Song 5, 7, 8* u. *9* für Kl., *Song 13* für V., *Song 17* für Git., *Song 18* für Kb., *Untitled Piece to honour Igor Strawinsky I* für Fl. solo, *Autumnal* für Kl. solo (1968–71), *Ru Tchou* für Schlagzeug (1975), *Jazz* für Kl. solo (1976), *All the Trees they are so High* für V. solo, *English Country-Tunes* für Kl. solo u. *all. fall. down.* für Kl. solo (1977), *Runnin' Wild* für T.-Saxophon solo (1978), Piano Concerto Nr. 4 für Kl. solo (1978–79), *Pianobook* (1978–79) u. *Fast Dances, Slow Dances* für Kl. solo (1978–79); Lieder.

Finzi, Gerald, engl. Komponist, * 14. 7. 1901 London, † 27. 9. 1956 Oxford. Studierte 1918–22 bei E. Bairstow, 1925 kurze Zeit bei R. O. Morris u. wurde 1930–33 Professor für Komposition an der Royal Academy of Music in London. Lebte seit 1933 als freischaffender Komponist auf dem Lande. F. trat zum ersten Mal 1924 mit *Severn Rhapsody* für Kammerorch. an die Öffentlichkeit. Seine Musik ist stark von V. Williams u. E. Elgar beeinflußt, aber in Werken wie *Dies Natalis* u. *Farewell to Arms* macht sich auch J. S. Bach als Vorbild bemerkbar. Der Hauptakzent im Werk F. liegt auf den Liedern. Er vertonte neben dem Shakespeare-Zyklus *Let us Garlands Bring* fast 50 Gedichte von Th. Hardy, darunter die Zyklen *A Young Man's Exhortation* (1933), *Earth and Air and Rain* (1936) u. *Before and after Summer* (1949). F. komponierte außerdem Musiken zu Shakespeares »Love's Labour's Lost« (1948); Chorwerke; *Introit* für V. u. kleines Orch. (1935, revidiert 1945); Konzert für Klar. u. Streichorch. (1949); *Grand Fantasia and Toccata* für Kl. u. Orch. (1954) u. Cellokonzert (1956). Kurz vor seinem Tode führte er noch die *Christmas Scene, In Terra Pax* für S., Bar., Chor u. Streicher, Hf. u. Zymbeln auf. Während des 2. Weltkrieges arbeitete F. mit den von ihm gegründeten Newbury String Players u. gab Werke von J. Stanley, R. Mudge, J. Garth u. Ch. Wesley heraus.

Fioravanti, Valentino, ital. Komponist, * 11. 9. 1764 Rom, † 16. 6. 1837 Capua. Schüler von G. Jannaconi u. N. Sala. Hatte zur Karnevalszeit 1784 in Rom mit seiner Erstlingsoper *L'avventure di Bertoldino* großen Erfolg u. schrieb im Laufe seines Lebens an die 75 Opern, von denen *La cantatrice villane* u. *I virtuosi ambulanti* mehrfach in Europa aufgeführt wurden. Nach Aufenthalten in Lissabon u. Paris wurde F. 1816 Nachfolger Jannaconis als Kapellmeister an St. Peter. In dieser Stellung schrieb er eine Reihe von Kirchenmusikwerken. Sein Sohn Vincenzo (* 5. 4. 1799 Rom, † 28. 3. 1877 Neapel) machte sich ebenfalls einen Namen als Opernkomponist.

Fioriture, Fioretti → Verzierungen

Firsowa, Elena, sowj. Komponistin, * 21. 3. 1950 Leningrad. Tochter des Atomphysikers Firsow, verheiratet mit dem Komponisten D. Smirnow. Studierte in Moskau bei A. Pirumow (Komposition), N. Rakow (Instrumentation) u. J. Cholopow (Musikanalyse).

Zu E. F. auf Klangfarben u. Dissonanzbehandlung spezialisierten Werken gehören 3 Chöre a cappella auf Texte von O. Mandelstam (1969), Streichquartett Nr. 1 (1970), 5 Stücke für Orch. u. Cellosonate (1971), Kammeroper *Das Festmahl während der Pest* nach A. Puschkin (1972), Cellokonzert (1973), Streichquartett Nr. 2 (1974), Violinkonzert u. *Stanza* für Orch. (1975), Capriccio für Fl. u. Saxophonquartett, Sonate für Klar. solo u. *Sonette Petrarcas* für S. u. Kammerensemble (1976), Postludium für Hf., Streicher, Celesta, Glocken u. Glokkenspiel (1977), Kammerkonzert für Fl. u. Streichorch., Elegie für Kl. u. *Nacht* für Gesang u. Saxophonquartett (1978), *Tristia* für S. u. Kammerorch. (1979) u. *Drei Gedichte von O. Mandelstam* für St. u. Kl. (1980).

Fischer, Ernst, dt. Komponist, * 10. 4. 1900 Magdeburg, † 10. 7. 1975 Locarno. Studierte 1916–19 in Frankfurt a. M. Komposition u. Klavier, anschließend bis 1922 in Berlin. Wurde dort 1926 Kinoorganist u. Komponist von Filmmusiken. 1946–50 Mitarbeiter des NWDR in Köln.

F. schrieb hauptsächlich gehobene Unterhaltungsmusik, darunter Suiten wie *Südlich der Alpen, In Vino Veritas* u. *Danzorama*.

Fischer, Jan F., tschech. Komponist, * 15. 9. 1921 Louny. Studierte am Konservatorium in Prag.

Zu seinen Werken gehören die Opern *Ženichové* (1956), *Romeo, Julie a tma* (1962) u. *Oh, Mr. Fogg. Reise um die Erde in 80 Tagen* (1971), das Ballett *Eufrosyne* (1956), Sinfonie in 1 Satz (1959) u. Kammermusik, u. a. *Sieben Briefe* für Kl., Fl., Klar. u. Schlagzeug (1973).

Fischer, Johann, dt. Komponist u. Geiger, * 25. 9. 1646 Augsburg, † um 1716 Schwedt. Schüler von Capricornus in Stuttgart, dann 5 Jahre in Paris Kopist J.-B. Lullys, dessen Orchesterstil er als einer der ersten in Deutschland einführte. Wurde nach Anstellungen in Stuttgart, Augsburg, Kopenhagen, Schwerin, Stettin u. Stockholm Markgräflicher Kapellmeister in Schwedt. Wie H. I. F. Biber benutzte F. oft die → Scordatura.

Zu F. Kompositionen gehören 7 Partiten für 2 V. u. B. c. (1681), Lieder mit Instrumenten (1686), Ouvertüren (1699 u. 1700) u. Tafel-Musik (1702). Seine 1704 erschienene *Feld-u. Heldenmusik* ist eine frühe Art von Programmusik.

Fischer, Johann Caspar Ferdinand, dt. Komponist u. Kapellmeister, * um 1665 in Böhmen, † 27. 8. 1746 Rastatt. Als Kapellmeister des Markgrafen Ludwig v. Baden hielt er sich 1692–1716 auf dessen Schloß Schlackenwerth in Böhmen auf. 1720–41 ist er in Rastatt nachgewiesen. F. soll zu den besten Klavierspielern seiner Zeit gehört haben u. hat auch die meisten seiner erhaltenen Kompositionen für das Klavier geschrieben. Dazu gehören *Le Journal du Printemps*, 5st. Airs u. Ballette mit Trompeten (1695); *Les Pièces de Clavessin* (1696); 4st. Vesperpsalmen (1701); *Ariadne musica* (1702 u. Neudruck 1715); *Litaniae Lauretanae* 4st. (1711); *Blumen-Strauß;* 8 Klaviersuiten (1733) u. *Musicalischer Parnassus*, 9 Klaviersuiten (1738). In seinen 20 Präludien u. Fugen, gesammelt in der *Ariadne*, sind 19 der 24 modernen Tonarten vertreten. Es ist anzunehmen, daß J.S. Bach dieses Werk als Vorlage für sein *Wohltemperiertes Klavier* benutzt hat.

Fischietti, Domenico, ital. Komponist, * um 1725 Neapel, † möglicherweise Salzburg. Schüler F. Durantes u. L. Leos in Neapel, wo er 1742 mit *Armindo* seinen ersten Opernerfolg hatte. Ab 1755 in Venedig. Dort entstanden u. a. in Zusammenarbeit mit Goldoni die erfolgreichen Buffo-Opern *Lo speziale* (1755), *La ritornata di Londra* (1756), *Il mercato di Malmantile* (1757) u. *Il signor dottore* (1758). Nach einem Engagement bei dem Impresario Bustelli wurde F. 1766–72 Nachfolger J.A. Hasses in Dresden u. wirkte anschließend in Salzburg. Dort wurde er unter Umgehung Leopold Mozarts 1772 Leiter der Hofkapelle. Nach 1783 nicht mehr in den Hofakten erwähnt. In seiner Salzburger Zeit komponierte F. hauptsächlich kirchenmusikalische Werke.

Fišer, Luboš, tschech. Komponist, * 30. 9. 1935 Prag. Studierte an der Prager Musikakademie, u. a. bei E. Hlobil.

Zu F. Kompositionen gehören die Kammeroper *Lancelot* (1961) u. das Musical *Dobrý voják Švejk* (1962), 2 Sinfonien (1956 u. 1960), 15 Blätter für Orch. nach Dürers Apokalypse (1967), 1 Requiem für S., Bar., 2 gem. Chöre u. Orch. (1968) sowie Kammermusik. F. ist in Deutschland hauptsächlich durch seine Fernsehmusiken bekannt geworden.

Fistelstimme nennt man die Kopfstimme, die neben dem Falsett dadurch erzeugt wird, daß man nur die inneren Ränder der Stimmlippe schwingen läßt.

Fitelberg, Grzegorz, poln. Dirigent u. Komponist, * 18. 10. 1879 Dünaburg, † 10. 6. 1953 Kattowitz. Studierte am Warschauer Konservatorium bei S. Barcewicz (Geige) u. Z. Noskowski (Komposition). Gewann 1896 einen ersten Internationalen Kompositionspreis mit seiner Violinsonate op. 12, wurde Konzertmeister der Warschauer Philharmonie u. 1908 deren Kapellmeister. 1913 vorübergehend Kapellmeister an der Wiener Hofoper, 1914–21 in Petersburg u. Moskau, zeitweise auch Dirigent von Diaghilews Ballets Russes in Westeuropa. 1921–34 wieder Kapellmeister der Philharmonie in Warschau, ab 1935 Leiter des dortigen Radiosinfonieorchesters. Hielt sich während des 2. Weltkrieges vorwiegend in den USA auf, kehrte aber 1947 als Dirigent nach Polen zurück, wo er sich für die Musik seiner Zeitgenossen, insbesondere seines Freundes K. Szymanowski, einsetzte. Zu F. Kompositionen gehören 2 Sinfonien (1905 u. 1907), 1 sinfonische Dichtung nach Gorkijs »Lied vom Falken« (1906), 1 Violinkonzert, 2 Ouvertüren u. Kammermusik. Sein Sohn Jerzy (* 20. 5. 1903 Warschau, † 25. 4. 1951 New York) war ein in den USA angesehener Komponist.

Flagello, Nicolas, amer. Komponist u. Dirigent, * 15. 3. 1928 New York. Studierte Klavier bei A. Marcus, Dirigieren bei D. Mitropoulos u. Komposition bei V. Giannini u. I. Pizzetti.

Zu F. Kompositionen gehören die Bühnenwerke *Mirra* (1953), *The Wig* (1953), *Rip Van Winkle* (1957), *The Sisters* (1958), *The Judgment of St. Francis* (1959), *The Piper of Hamelin* (1970); die Orchesterwerke *Beowulf*, eine Tondichtung (1949), *Missa sinfonica* (1957), Concerto für Streicher (1959), *Symphony* (1967), Serenade für kleines Orch. (1968) u. *Bläsersinfonie* (1970); 3 Klavierkonzerte (1950, 1955 u. 1962); 1 Flötenkonzert (1953); 1 Violinkonzert (1956); Capriccio für Vc. u. Orch. (1961) u. Concertino für Kl., Blech u. Pauken; mehrere Werke für Chor u. Orch., darunter *Passion for Martin Luther King jr.* für Solo, Chor u. Orch. (1968) u. Werke für St. u. Orch. wie *Song after Petrarca* für T. u. Orch. (1956), *Dante's Farewell* für S. u. Orch. (1962), *Contemplations* für S. u. Orch. (1963) u. *Island in the Moon* für S. u. Orch. (1964); dazu Kammermusik u. Klavierwerke.

Flageolett (franz.), **1.** kleine Schnabelflöte, die im 16. Jh. aufkam u. noch bei W. A. Mozart als Flauto piccolo verwendet wurde. **2.** Töne, die bei Saiteninstrumenten dadurch erzeugt werden, daß die Finger an den Schwingungsknoten, d. h. der Hälfte, dem Drittel, dem Viertel usw. aufgesetzt werden, wobei jeweils der betreffende Oberton der ganzen Saite erklingt. Dadurch entstehen ätherische Klänge, die Ähnlichkeit mit denen der Flöte gleichen Namens haben. Sie werden mit einem rhombischen Zeichen über der Note notiert. Ihr Effekt gleicht dem, der durch Überblasen bei Blasinstrumenten entsteht.

Flamenco (span.), auch cante flamenco, Bezeichnung für andalusische Tänze u. Gesänge, die wahrscheinlich auf die maurische Besetzung Spaniens zurückgehen. Man unterscheidet zwischen dem dramatischen cante jondo u. dem einfacheren cante chico. Der ursprünglich von der Gitarre begleitete Gesang wurde gleichzeitig getanzt. Erst in neuerer Zeit erscheint die Gitarre als Soloinstrument in der Fl.-Musik. Eine Aufwertung der im 20. Jh. hauptsächlich von Zigeunern beherrschten Fl.-Kunst begann mit dem von Lorca u. de Falla unterstützten Fest des cante andaluz in Granada.

flat (engl.: »platt«, »flach«), bezeichnet im Englischen das Erniedrigungszeichen unter den → Akzidenzien. A flat bedeutet also As.

Flatted fifth (engl.), im Jazz übliche Bezeichnung für die verminderte Quinte.

Flatterzunge, eine Blastechnik mit Zungenstoß, die bei einigen Holz- u. Blechblasinstrumenten angewandt wird, hauptsächlich jedoch bei der Flöte, einen schwirrenden Ton erzeugt u. bei chromatischen Läufen besonders wirkungsvoll ist.

Flecha, 1. Mateo, span. Komponist, * 1481 Prades, Tarragona, † 1553 im Kloster Poblet, Tarragona. Erzieher der Töchter Karls V. Hinterließ eine Sammlung von Quodlibets, die von seinem Neffen Fray Mateo F. als »Ensaladas« 1581 veröffentlicht wurden.

2. Fray Mateo, Neffe von 1., span. Komponist, * 1530 Prades, Tarragona, † 20. 2. 1604 im Kloster Portella. Veröffentlichte 4–5st. Madrigale (1568) u. Divinarum completarum psalmi (1581).

Fletcher, Grant, amer. Komponist u. Dirigent, * 25. 10. 1913 Hartsburg, IL. Schüler von H. Willan, E. Křenek u. H. Hanson. Leitete 1945–48 das Akron Symphony Orchestra, lehrte am Chicago College of Music, an der University of Rochester u. ab 1956 an der Arizona State University in Tempe.

Zu F. Kompositionen gehören die Opern *The Carrion Crow* (1944) u. *The Sack of Calabasas* (1966); die Ballette *Lomatavi* (1957) u. *Cinco de Mayo* (1973); Bühnenmusiken zu »Two Gentlemen of Verona« (1969) u. »Blood Wedding« (1970); die Orchesterwerke *Musicke for Christening* (1944), 2 Sinfonien (1950 u. 1970), *The Pocket Encyclopedia of Orchestral Instruments* (1953), *Sumare-Wintare* für Kammerorch. (1956), Concerto grosso für Kammerorch. (1956), *Dictionary of Orchestra* (1959), *Seven Cities of Cibola* (1961), *Glyphs* (1968), *Diversion for Strings* (1971) u. 2 Klavierkonzerte (1953 u. 1966); Kompositionen für Tonband; Kammermusik; Chöre; Lieder u. Orgelwerke.

Flip Side nennt man die Rückseite einer Hit-Single.

Flop nennt man in der Popmusik einen Titel, der im Gegensatz zum Hit nicht ankommt.

Flöte → S. 277

Flötenuhr, ein mechanisches Musikinstrument, dessen Töne von einer Stiftwalze erzeugt werden. Der häufig mit einer Zeituhr verbundene Mechanismus erfreute sich bis ins 19. Jh. größter Beliebtheit. Stücke wurden noch von Beethoven für die F. komponiert.

Flötisten. Zu den großen Flötisten des 20. Jh. gehören: F. Brüggen (* 1934, Blockflöte), J. Galway (* 1939), S. Gazzelloni (* 1919), R. Le Roy (* 1898), A. Nicolet (* 1926), J.-P. Rampal (* 1922), K. Redel (* 1918), G. Scheck (* 1901).

Flores (lat.: »Blumen«), eine wahrscheinlich aus der Rhetorik übernommene u. besonders im Mittelalter verwandte Bezeichnung für vokale u. instrumentale Verzierungen.

Flothuis, Marius H., holländ. Komponist u. Musikwissenschaftler, * 30. 10. 1914 Amsterdam. Schüler von A. Koole u. H. Brandts-Buys. 1955 künstlerischer Leiter des Concertgebouworchesters u. ab 1974 Professor an der Universität von Utrecht. F. gehört zu den Mitbegründern der Donemus-Stiftung u. hat sich als Musikkritiker u. Musikschriftsteller einen Namen gemacht. Seine Musik steht unter dem Einfluß von Willem Pijper u. Bertus van Lier. Sie verbindet neoromantischen Klang mit kontrapunktischer Konstruktion.

F. komponierte u.a. die Orchesterwerke Concertino (1940), *Dramatische Ouvertüre* (1946), *Valses sentimentales* (1946), Konzert-Ouvertüre (1955), *Rondo festoso* (1956), *Sinfonische Musik* (1957) u. *Spes patriae*, Sinfonietta (1962); für Streicher 1 Capriccio (1949) u. *Espressioni cordiali* (1963); Konzerte für Fl. (1944), Horn (1945), Kl. (1948), V. (1950) u. Orch.; *Fantasia* für Hf. u. Orch. (1953); *Sinfonietta concertante* für Klar., Altsax. u. kleines Orch. (1955), Klarinetten-Konzert (1957); *Canti e giuochi* für Fl., Ob., Klar., Fag., Horn u. Streichorch. (1964); Concertino für Ob. u. Orch. (1968) u. *Per sonare ed ascoltare*, 5 canzoni für Fl. u. Orch. (1971); Kammermusik, darunter *Trio serio* (1951) u. Streichquartett (1952); Chorwerke wie *Cantata silesiana* (1946), *Seizoenen* (1960) u. die Radioszenen *Celdroom* (1964); Klavierstücke, u. a. 5 Epigramme und 1 Capriccio (1970); Chöre u. Lieder.

Flotow, Friedrich, Freiherr v., dt. Komponist, * 27. 4. 1812 auf Gut Toitendorf, Mecklenburg, † 24. 1. 1883 Darmstadt. Erhielt seine musikalische Ausbildung bei A. Reicha in Paris u. hatte mit einer Privataufführung der ersten Fassung seines *Alessandro Stradella* Erfolg in der Pariser Gesellschaft. 1839 gelang ihm der Durchbruch mit der Oper *Le naufrage de la Méduse*, die er gemeinsam mit A. Pilati u. A. Grisar für das Pariser Théâtre de la Renaissance komponierte. Eine Neufassung von *Alessandro Stradella* kam 1844 mit großem Erfolg in Hamburg heraus. 1847 brachte F. seine heute noch gespielte Oper *Martha* im Wiener Kärntnertor-Theater zur Uraufführung. Als Vorlage diente ihm das 1844 für Paris geschriebene Ballett *Lady Henriette*. 1856 wurde F. Intendant des Schweriner Hoftheaters, eine Position, die er bis 1863 innehatte. Aus dieser Zeit stammen Ballette u. die Bühnenmusik zu Shakespeares »Wintermärchen«. 1868 ließ er sich in der Nähe von Wien nieder, komponierte Opern u. Ballette u. reiste während der Saison zwischen Wien, Paris u. Italien hin u. her. Zu seinen weiteren erfolgreicheren Werken gehören die Operette *Veuve Grapin* (1859) u. die komi-

DIE FLÖTE IM 20. JAHRHUNDERT

VON JAMES GALWAY

Seit der Mensch seine Gefühle auf einem Musikinstrument ausdrückt, ist die Flöte im Gebrauch. Wenn man von frühen Trommelinstrumenten absieht, ist sie wahrscheinlich das erste Musikinstrument des Menschen, und der älteste namentlich bekannte Musiker ist der ägyptische Flötist Khufu-'anch aus dem 3. Jahrtausend vor der Zeitwende.

Abgesehen von einem kurzen Zeitraum innerhalb der westlichen Kulturen, der im Zeichen einer starken Mechanisierung stand, hat sich die Flöte als Instrument in so gut wie allen Weltkulturen bis zum heutigen Tage mit an erster Stelle gehalten. Nach dem Zeitalter des Barock wurde allmählich das System der mechanischen Klappen eingeführt, um weitere Töne zu ermöglichen. Nur so konnten die Musiker mit den sich aus den verschiedenen Tonarten ergebenden Anforderungen Schritt halten. Damals wie heute verlangte man eine einheitlichere Klangfarbe und korrektere Intonation. Nachdem ein Flötist unter vielen verschiedenen Klappensystemen wählen konnte und sich dann in dem einmal gewählten System vervollkommnen mußte, ergaben sich erhebliche Schwierigkeiten. Diese wurden erst behoben, als in der Mitte des 19. Jahrhunderts ein technisches Genie namens Theobald Böhm, der gleichzeitig Flötist war, ein praktisches System ausarbeitete, das jedem das Spiel in allen Tonarten erleichterte. Sein System ist heute allgemeinverbindlich. Zu Beginn des 20. Jahrhunderts hatten sich die meisten Flötisten Böhms Fingertechnik angeeignet und traten wieder als Solisten in den Vordergrund. Trotzdem gab es nach wie vor verschiedene Stile des Flötenspiels und beträchtliche Unterschiede in der Stimmung. Diese wurden erst beseitigt, als das Publikum und die Musiker durch eine verstärkte Reisetätigkeit und das Aufkommen von Rundfunk und Schallplatte von den Entwicklungen in den einzelnen Ländern Kenntnis erhielten. Hand in Hand ging damit die Festlegung auf einen → Stimmton (1939), das eingestrichene a mit 440 Hz. Außerdem fand in Europa eine geschmackliche Angleichung im Hinblick auf Vortrag und Interpretation statt. Vor der sogenannten ISA-Konferenz in London hatte der französische Stimmton bei 435 Hz (Flötenstimmung) gelegen, in England bei 452 Hz (Flötenstimmung). Trotz dieser Bemühungen um eine Vereinheitlichung spielten viele englische Flötisten noch auf Holzinstrumenten anstatt auf den gebräuchlicheren aus Metall (hauptsächlich Silber). Außerdem benutzten sie immer noch andere Fingertechniken als die von Böhm, so z.B. das System von R.S. Rockstro, das Modell von 1867 und ähnliches. Heute sind die entsprechenden Instrumente einschließlich der Reformflöte von 1912 so gut wie außer Gebrauch und nur noch in Museen oder Antikensammlungen zu sehen.

Obwohl es in England zu Beginn des 20. Jahrhunderts hervorragende Soloflötisten gab, traten die meisten nicht im Ausland auf und überließen das Feld den berühmten Franzosen wie C.P. Taffanel, Ph. Gaubert, A. Hennebains und M. Moyse, die alle aktiven Anteil am Pariser Musikleben nahmen, im Ausland auftraten und sogar bis nach Nord- und Südamerika reisten. Moyse war der erste, der das ganze Ausdruckspotential der Flöte zu erforschen begann. Die Anregung dazu erhielt er als Orchestermusiker der Opéra-Comique, der, im Graben sitzend, den großen Sängern auf der Bühne zuhörte. Er stellte sich die Frage, warum es nicht möglich sein sollte, die verschiedenen Klangfarben der Stimme und ihre dynamischen Möglichkeiten auf der Flöte nachzumachen. Er übte daher seine Lieblingsarien und Instrumentalsoli ein, indem er versuchte, die Stimmen oder Instrumente aus der Oper zu kopieren. Dadurch verbesserte er seinen eigenen Vortrag und den seiner Schüler. Gleichzeitig machte er die Flöte populärer und regte dadurch mehr Komponisten an, für ein solches Instrument zu schreiben. Die Erfindung von Radio und Phonograph brachte mehr Soloauftritte mit sich und vergrößerte die Zahl der Flötenvirtuosen. Gleichzeitig nahm die Nachfrage nach Flötenmusik zu; genügend Stücke gibt es aber bis heute nicht. Deshalb sind Flötisten gezwungen, sich in der Literatur für andere Instrumente umzusehen und nach Stücken Ausschau zu halten, die größere Ansprüche stellen und dem Spieler die Möglichkeit geben, die ganze Palette der Ausdrucksmöglichkeiten des neuen Instruments auszuschöpfen.

Mit der Verbreitung des Grammophons begann die Solistenkarriere eines weiteren großen französischen Musikers: J.-P. Rampal. In den letzten 30 Jahren hat er durch seine vielen Schallplattenaufnahmen und Konzerttourneen überall in der Welt wesentlich zur Popularisierung der Flöte beigetragen. Der heutige Musikboom macht ihn zusammen mit anderen Solisten immer bekannter.

Die zunehmende Beliebtheit der Musik hängt sicherlich mit ihrer universalen Verständlichkeit und ihrer unverfälschten Wirkung zusammen. In einer Zeit, die unter Übertechnisierung leidet, ist die Flöte geradezu ein ideales Instrument für den natürlichen Ausdruck. Das liegt in ihrem Wesen und ihrer Spieltechnik. Über den Zauber der Flöte ist man sich bereits seit der Zeit Pans im klaren. Ihre besonderen Qualitäten kommen jedoch erst mit der zylindrischen Form und dem modernen Klappensystem voll zur Geltung. Damit nehmen Interpreten wie auch Komponisten große Verantwortung auf sich, der sich viele Komponisten jedoch zu entziehen versuchen. Flötisten sind deshalb ständig auf der Suche nach Stücken und greifen dabei auch auf das Repertoire der Geige, der Gitarre und sogar des Klaviers zurück. Viele Kompositionen J.S. Bachs sind für Flöte geeignet, da Bach Musik geschrieben hat, die atypisch für das ihr ursprünglich zugedachte Instrument ist. Deshalb ist seine Musik auch so schwie-

rig aufzuführen. Dem Flötisten gereicht diese Eigenart der Bachschen Musik zum Vorteil. Er kann Stücke von ihm spielen, die ursprünglich für Geige, Cembalo oder eine Reihe anderer Instrumente gedacht waren. Während wir heute Stücke auf der Flöte spielen, die für andere Instrumente oder sogar für Singstimme geschrieben wurden, können wir die Komponisten nur bitten, mehr Stücke für uns zu komponieren und der Nachfrage nach eingängigen Flötenmelodien nachzukommen. Diese vermißt der Großteil der Zuhörer leider bei den meisten zeitgenössischen Kompositionen, die so bizarr sind, daß sie von den wenigsten unter uns verstanden werden. Es gibt Ausnahmen, und zu denen zähle ich J. Rodrigo mit seinem *Concierto Pastoral,* einem schwierigen, aber wegen seiner vielen schönen und einprägsamen Melodien lohnenden Stück.
Weitere zeitgenössische Stücke für Flöte und Streicher bzw. Orchester stammen von C. Abbott, L. Berkeley, C. L. S. Chaminade, J. Corigliano, J. Carmichael, J. Françaix, J. Ibert, A. Jolivet, K. Kennan, H. Lazaroff, W. Lovelock, F. Martin, W. McCauley, J. Mayer, C. Nielsen und H. Schröder. An Stücken für Flöte solo seien aufgeführt: S.-E. Bäck, Sonate für Flöte solo; L. Berio, *Sequenza;* I. Dahl, *Variations on a Swedish Folk Tune;* P. O. Ferroud, *Trois pièces pour flute;* K. Fukushima, *Requiem;* A. Honegger, *Danse de la chèvre;* P. Hindemith, *8 Stücke;* J. Ibert, *Pièce;* A. Jolivet, *Incantation;* H. Lazaroff, *Cadence V;* J. Mayer, *Alaap and Kirtan;* C. Pepin, *Quatre monodies;* C. Salzedo, *Volute et Rondel;* H. Somers, *Etching – The Vollard Suite;* E. Varèse, *Density 21.5.*

schen Opern *Zilda* (1866) u. *L'ombre* (1870). Auch F. eleganter, an der franz. Opéra-comique geschulter Stil kann mangelnde Inspiration bei vielen seiner Werke nicht kompensieren. Deshalb werden heute nur noch die Opern *Alessandro Stradella* u. *Martha* gegeben.

Flower Power, Bezeichnung für die Mitte der 60er Jahre an der amer. Westküste aufgekommene gewaltlose Hippie-Kultur, die sich als Symbol der Unschuld mit Blumen dekorierte u. Open-air-Konzerte veranstaltete.

Floyd, Carlisle, amer. Pianist u. Komponist, * 11. 6. 1926 Latta, SC. Schüler von E. Bacon, S. Foster u. R. Firkušný. Seit 1947 Professor an der Florida State University.

Zu F. Kompositionen gehören die Opern *Slow Dusk* (1949), *Fugitives* (1951), *Susannah* (1954), *Wuthering Heights* (1958), *The Passion of Jonathan Wade* (1962), *The Sojourner and Mollie Sinclair* (1963), *Markheim* (1966) u. *Of Mice and Men* (1969); das Ballett *Lost Eden, Pilgrimage* für Bar. u. Orch. (1955) u. *Mystery, 5 songs of motherhood* für S. u. Orch. (1960).

Förster (Forster, Foerster), Caspar, dt. Sänger u. Komponist, getauft 28. 2. 1616 Danzig, begraben 1. 3. 1673 Oliva. Sohn des Kantors Caspar F., von dessen eigenen Kompositionen nichts erhalten ist. Erhielt Unterricht bei seinem Vater u. bei M. Scacchi in Warschau. Wurde Baritonist u. Chordirigent der dortigen Hofkapelle, verbrachte einige Zeit in Italien, war 1652–55 u. 1661–68 Hofkapellmeister in Kopenhagen, 1655–57 in Nachfolge seines Vaters Kantor der Marienkirche in Danzig u. soll bei seinem 2. Italienaufenthalt auf der Seite Venedigs gegen die Türken gekämpft haben. Er trat schließlich zum katholischen Glauben über u. verbrachte seinen Lebensabend in einem Kloster. Von seinen Kompositionen sind 6 Triosonaten, geistliche Konzerte u. Kantaten erhalten.

Förster, Emanuel Aloys, österr. Lehrer u. Komponist, * 26. 1. 1748 Niedersteine bei Glatz, † 12. 11. 1823 Wien. Autodidakt, verdingte sich als Militärmusiker an Preußen u. ließ sich 1779 in Wien als Musiklehrer nieder. Dort veröffentlichte er 1805 seine »Anleitung zum Generalbaß«, in der er u.a. viele Beispiele Beethovens bringt. Nachdem F. sich als Komponist von insgesamt 48 Streichquartetten einen Namen gemacht hatte, soll Beethoven, der mit ihm befreundet war, anfangs bei ihm Unterricht im Quartettsatz genommen haben. F. komponierte außerdem 4 Streichquintette, 6 Klavierquartette, 7 Divertimenti, 6 Klaviertrios u. Sonaten für Kl., V. u. Vc.

Foerster, Josef Bohuslav, tschech. Komponist, * 30. 12. 1859 Prag, † 29. 5. 1951 Vestec. Sohn des Organisten u. Komponisten Josef F. Studierte am Prager Konservatorium u. an der dortigen Orgelschule. Übernahm Organisten- u. Chorleiterstellen in Prag, bis er mit seiner Frau, der Sängerin Bertha Lauterer, nach Hamburg übersiedelte, wo diese am Hamburger Stadttheater engagiert war. F. wurde Kritiker der »Hamburger Nachrichten«, lieferte weiterhin Berichte für die Prager »Národní Listy« u. wurde 1901 auch Lehrer am Konservatorium. Aus dieser Zeit stammt seine Freundschaft mit Mahler, der Bertha Lauterer dann nach Wien holte. F. übersiedelte 1903, wurde Kritiker der »Zeit« u. Lehrer am Neuen Konservatorium. 1918 kehrte er nach Prag zurück, wurde Lehrer am dortigen Konservatorium, 1921 Professor an der Meisterschule für Komposition u. 1922–31 Rektor des Konservatoriums. F. sehr persönliche Musik hat sich aus der dt. Spätromantik entwickelt. Er gilt als einer der bedeutendsten tschech. Komponisten von Chormusik.

Zu F. Kompositionen gehören die Opern *Deborah* (1890–91), *Eva* (1895–97), *Jessika* (1902–04), *Nepřemoženi* (1906, revidiert 1917), *Srdce* (1921–22) u. *Bloud* (1935–36); Bühnenmusiken, u.a. für Hofmannsthals »Der Tor u. der Tod« sowie 7 Stücke von Strindberg, 4 Messen, die Chorwerke *Hymnus der Engel* (1889), Stabat mater (1891–92, orchestriert 1908), *Tod* (1898), *Legende* (1909), *Frühlingsnacht* (1909), *Mortuis fratribus* (1918), *Vier Helden* (1913), Oratorium *Svatý Vaclav* (1928), die Kantaten *Mai* (1936) u. *1945* (1943–45), A-cappella-Chöre; 5 Sinfonien (1887–88, 1892–93, 1894–95, 1905 u. 1924–29); Orchestersuiten; Ouvertüren; 2 Violinkonzerte (1910–11 u. 1918, revidiert 1926); 1 Cellokonzert (1930–31); 4 Streichquartette; 3 Klaviertrios; 1 Streichquintett; 1 Bläserquintett u. 1 Nonett; Sonaten; Klavier- u. Orgelmusik; Lieder. Eine Autobiografie (2 Bde.) erschien 1929–32 unter dem Titel »Paměti poutníka« (»Erinnerungen eines Pilgers«) in Prag, dt. von P. Eisner: »Der Pilger« (Kassel 1955).

Förtsch, Johann Philipp, dt. Komponist, getauft 14. 5. 1652 Wertheim, † 14. 12. 1732 Eutin. Studierte in Jena u. Erfurt Medizin u. Jurisprudenz, wurde Tenorist des Ratschors in Hamburg u. Mitarbeiter der 1678 dort gegründeten Oper, für die er Textbücher übersetzte u. an der er als Sänger auftrat. Zwischen 1684 u. 1690 verfaßte er 12 Opern, von denen nur einzelne Arien erhalten sind, 1680–89 übernahm er als Nachfolger J. Theiles die Hofkapelle in Gottorf. Anschließend wandte er sich wieder der Medizin zu, wurde Leibarzt des Bischofs von Lübeck u. führte zeitweise die Geschäfte des Bistums. In Handschrift liegen Konzerte, Kanons u. 2 Traktate vor.

Fokin, Michail Michailowitsch, russ. Tänzer, Choreograf u. Lehrer, * 25. 4. 1880 Petersburg, † 22. 8. 1942 New York. Trat 1889 in die Kaiserliche Ballettschule in Petersburg ein, machte 1898 sein Examen u. wurde vom Ballett des Marientheaters engagiert. 1902 übernahm F. bereits eine Klasse der Ballettschule, 1904 wurde er zum 1. Solisten befördert. Im gleichen Jahr reichte er auch bei der Direktion des Marientheaters ein Ballett-Libretto zu *Daphnis u. Chloe* ein, dem er seine Reformvorstellungen über das Ballett und insbesondere seine Auffassung von der Einheit von Tanz, Musik u. Ausstattung beifügte. Sein Vorschlag wurde abgelehnt, aber 1905 konnte er für eine Schulvorführung *Acis u. Galatea* (M.: Kadletz) choreografieren. Im gleichen Jahr gab Isadora Duncan eine Reihe von Vorstellungen in Petersburg, die einen starken Eindruck auf F. machten. Nachdem F. bereits im Jahr 1900 das Königlich Siamesische Ballett in Petersburg gesehen hatte, war er davon überzeugt, daß jedes Ballett entsprechend seiner Handlung historisch genau auszustatten ist u. sich die Schrittfolgen allein aus der Musik zu entwickeln haben. Nach *La Vigne*(M.: A. Rubinstein) 1906 und dem Solo *Der sterbende Schwan* (M.: C. Saint-Saëns) 1907 für Anna Pawlowa, beides Ch. für Wohltätigkeitsveranstaltungen, konnte F. noch im Jahr 1907 zum ersten Mal einen Teil seiner Vorstellungen mit *Eunice*(M.: W. Schtscherbatschow) verwirklichen. Nach der Handlung des Romans »Quo vadis?« choreografierte er ein antikisierendes Ballett, in dem Profilstellungen und Winkellinien vorkamen, die F. auf antiken Vasen u. Basreliefs gesehen hatte. Zu diesem Ballett gehörte auch ein Pas de trois für drei Ägypterinnen, die F. »die ersten echten Ägypterinnen des Balletttheaters« nannte. Sie tanzten, u. auch das war neu für das Marientheater, ohne die gewohnten Tutus. Im gleichen Programm kam auch F. *Chopiniana* (M.: Orchestersuite v. A. Glasunow) heraus. Nach einer Schulaufführung von *Le Gobelin animé*(M.: N. Tscherepnin), einem Teil des Balletts *Le Pavillon d'Armide*, dessen Aufführung durch eine Intrige verhindert worden war, durfte F. noch im Jahr 1907 das ganze Ballett für das Marientheater choreografieren. 1908 verarbeitete F. seine historischen Studien in *Une Nuit d'Egypte* (M.: A. Arenskij), in den Hauptrollen Pawlowa und Gerdt, u. brachte eine Neufassung seiner *Chopiniana* heraus. F. übernahm nur den Cis-Moll-Walzer aus der Orchestersuite von Glasunow und ließ die weiteren Stücke von M. Keller neu orchestrieren. Damit entstand das erste vollständige Ballet blanc. 1908 lernte F. Diaghilew kennen, der ihn in sein Vorbereitungskomitee für die russ. Saison in Paris 1909 aufnahm. Für Paris choreografierte F. die *Polowetzer Tänze* (M.: A. Borodin), die Tanzsuite *Le Festin*(M.: M. Glinka, A. Glasunow, N. Rimskij-Korsakow, M. Mussorgskij und P. Tschaikowsky) unter Verwendung von Tanznummern Petipas u. überarbeitete *Chopiniana*, woraus jetzt das handlungslose *Les Sylphides*(M.: neue Orchesterarr. von A. Ljadow, A. Glasunow, N. Tanejew, N.A. Sokolow u. I. Strawinsky) wurde. *Une Nuit d'Egypte* erhielt mit neuer Musik von Rimskij-Korsakow, Glinka, Glasunow, Tanejew, Mussorgskij und Arenskij den Titel *Cléopâtre*. Die Hauptrolle übernahm eine Privatschülerin F., die unter dem Namen Ida Rubinstein Paris bezauberte. 1910 entstanden für Diaghilews Kompanie *Le Carnaval* (M.: R. Schumann, orchestriert von N. Rimskij-Korsakow, A. Ljadow, A. Glasunow u. N. Tscherepnin), *Schéhérazade* (M.: Rimskij-Korsakow), *Der Feuervogel*(M.: I. Strawinsky) u. *Les Orientales*(M.: u. a. E. Grieg, orchestriert von I. Strawinsky). 1911 brachten die Ballets Russes von F. *Le Spectre de la rose*(M.: C. M. von Weber), *Narcisse* (M.: N. Tscherepnin), *Petruschka* (M.: I. Strawinsky) u. den Unterwasserakt aus Rimskij-Korsakows Oper *Sadko* heraus. Am Marientheater choreografierte F. im gleichen Jahr u. a. *Orpheus u. Eurydike*(M.: Ch. W. Gluck). 1912 folgten für Diaghilew *Le Dieu bleu* (M.: R. Hahn), *Thamar*(M.: M. Balakirew) u. *Daphnis et Chloé* (M.: M. Ravel). Über *Daphnis* war es zwischen Diaghilew u. F. zu einem Zerwürfnis gekommen. Während die Ballets Russes am Ende der erfolgreichen Pariser Saison nach England weiterreisten, richtete F. Ida Rubinstein in Paris einen Tanz für ihre *Salomé* ein. Als sich Diaghilew 1913 mit V. Nijinsky überwarf, der inzwischen F. ersetzt hatte, wurde dieser noch einmal Chefchoreograf der Ballets Russes und kreierte 1914 folgende Ballette: *Les Papillons*(M.: Schumann, orchestriert von Tscherepnin), *Die Josephslegende* (M.: R. Strauss), *Le Coq d'or*(M.: Rimskij-Korsakow). Das letztere Stück war ein Opernballett, bei dem die Sänger seitlich auf der Bühne plaziert waren. Bei Kriegsausbruch kehrte F. nach Rußland zurück, choreografierte wieder am Marientheater, u. a. 1916 *Der Zauberlehrling*(M.: P. Dukas), u. verließ Rußland endgültig erst 1918. Von einem kurzen Engagement bei R. Blums Ballets Russes de Monte Carlo abgesehen, arbeitete F. als freischaffender Choreograf, vor allem in Skandinavien, bevor er sich 1923 in New York niederließ. Es entstanden noch *L'Épreuve d'amour* (M.: W.A. Mozart zugeschrieben) u. *Don Juan* (M.: Gluck) 1936, *Les Éléments* (M.: J.S. Bach) 1937, *Paganini*(M.: S. Rachmaninow) 1939, *Bluebeard* (M.: Offenbach-Dorati) 1941, *Russian Soldier*(M.: S. Prokofjew) 1942 u. Teile von *Helen of Troy*(M.: Offenbach-Dorati), nach F. Tod 1942 von D. Lichine vollendet.

Als Choreograf u. Erneuerer ist F. mit S. Viganò, G. Angiolini u. besonders mit J.-G. Noverre zu vergleichen. Ähnlich wie Noverre in seinen »Lettres sur la danse« hat auch F. seine Vorstellungen schriftlich niedergelegt. In einem von der Londoner »Times« am 6. 7. 1914 veröffentlichten Brief faßt er seine Vorstellungen wie folgt zusammen: 1. Man muß jedesmal eine neue Bewegungsform erfinden, die mit dem Stoff, der Zeit u. dem Wesen der Musik übereinstimmt, anstatt nur Kombinationen fixierter u. überlieferter Schritte zu verwenden. 2. Tanz u. nachahmende Gebärde sind im Ballett sinnlos, wenn sie nicht dem Ausdruck einer dramatischen Handlung dienen. 3. Man soll die Verwendung der üblichen Gesten nur zulassen, wenn dies der Stil des Balletts erfordert. In allen anderen Fällen sollen die Handbewegungen durch Bewegung des ganzen Körpers ersetzt werden. Man kann und soll von Kopf bis Fuß aus Ausdruck bestehen. 4. Die Gruppe ist nicht nur Ornament. Das neue Ballett geht über die Ausdruckskraft des Gesichts und der Hände hinaus zu der des ganzen Körpers, und von der Ausdruckskraft eines einzelnen Körpers zu der einer Gruppe von Körpern u. der Ausdruckskraft einer gemeinsam tanzenden Menge. 5. Die Verbindung von Tanz u. anderen Künsten. Das neue Ballett lehnt eine Unterordnung unter Musik oder Dekoration ab u. erkennt die Verbindung der Künste nur unter der Bedingung der völligen Gleichberechtigung an. Es gibt den Bühnenbildnern wie auch den Musikern völlige Freiheit.

Lit.: L. Kirstein, F., London 1934; S. L. Grigoriev, The Diaghilev Ballet 1909–1929, London 1953; F., Memoirs of a Ballet Master, Boston 1961.

Folia (portug. u. span.: »Tollheit«, ital. follia), Bezeichnung für einen Tanz im ¾-Takt, der im 16. Jh. auf der Iberischen Halbinsel bezeugt ist. Die F. wurde vor allem in der Fassung von M. Faninel bekannt u. in dieser als Thema zu Variationen benutzt. Dem kommt der ostinate Charakter der Baßbegleitung entgegen. Die berühmteste F. stammt von A. Corelli.

Folklore (engl.), ein 1846 von dem Engländer W. J. Thoms geprägter Begriff für die Gesamtheit der volkstümlichen Überlieferung. Davon abgeleitet ist die Bedeutung Volkskunde oder Wissenschaft von der volkstümlichen Überlieferung in den angelsächsischen Ländern. Im deutschen Sprachgebrauch wird unter F. hauptsächlich das Brauchtum anderer Völker verstanden, in neuerer Zeit oft auch einengend nur auf deren musikalische Tradition bezogen.

Folksong → Volkslied

Fomin, Jewstignej I., russ. Komponist, * 16. 8. 1761 Petersburg, † Anfang Mai 1800 ebd. Studierte 1782–85 bei Padre Martini in Bologna u. brachte 1786 seine erste erfolgreiche Oper *Novgorodskij bogatyr' Boeslaevič* nach einem Libretto von Katharina II. in Petersburg zur Aufführung. Außerdem komponierte F. für die Petersburger Hofoper *Jamščiki na podstave (Die Kutscher an der Station),* sein erfolgreichstes Stück (1787), *Večerinka* (1788), *Koldun, vorožeja i svacha* (1791), *Amerikancy* (1800), *Klorinda i Milon* (1800) u. *Zolotoe jabloko* (1803). F. gehört zu den ersten russ. Opernkomponisten überhaupt.

Fontana, Giovanni Battista, ital. Geiger u. Komponist, * 2. Hälfte 16. Jh. Brescia, † 1630 Padua. Gehört zu den frühsten Geigenvirtuosen u. Komponisten von Sonaten für sein Instrument. Er starb an der Pest u. hinterließ sein gesamtes Werk der Chiesa delle Grazie in Venedig. Die Herausgabe besorgte G. B. Reghius 1641.

Foote, Arthur W., amer. Organist u. Komponist, * 5. 3. 1853 Salem, † 8. 4. 1937 Boston. Studierte am New England Conservatory in Boston, an der Harvard. University u. anschließend bei B. J. Lang Klavier u. bei J. K. Paine Komposition. 1878 Organist der First Unitarian Church in Boston, 1921 Klavierlehrer am New England Conservatory.

Zu F. Kompositionen gehören Chorballaden wie *The Wreck of the Hesperus* (1888), *The Farewell of Hiawatha* (1886) u. *The Skeleton in Armour* (1893), 2 Orchestersuiten (1886), Vorspiel zu »Francesca da Rimini« (1893), 1 Cellokonzert (1894) u. Kammermusik. Er veröffentlichte gemeinsam mit W. R. Spalding »Modern Harmony in Its Theory and Practice« (Boston u. New York 1905) u. »Modulation and Related Harmonic Questions« (Boston 1919). A. F., »An Autobiography«, erschien 1946 in Norwood, MA (hg. von K. Foote Raffry).

Forberg, Robert F., dt. Musikverleger (1833–80), gründete 1862 in Leipzig den Verlag gleichen Namens, der anfangs Werke von J. von Rheinberger, C. Reinecke, J. Raff u. A. Jensen herausbrachte. 1917 übernahm der Verlag den Katalog des Moskauer Musikverlegers B. Jürgenson. 1949 wurde die Firma nach Bonn verlagert, anschließend nach Bad Godesberg, wo sie heute als OHG firmiert.

Forbes, Sebastian, engl. Komponist, Organist u. Chordirigent, * 22. 5. 1941 Amersham, Buckinghamshire. Studierte an der Royal Academy of Music u. an der Universität Cambridge, wo er auch Mitglied des King's College Chapel Choir war. 1964–67 Musikproduzent bei der BBC London, Gründer der Aeolian Singers u. Organist an verschiedenen Kirchen. 1968 Chorleiter u. Organist am Trinity College in Cambridge, gleichzeitig Lehrtätigkeit am University College of North Wales in Bangor. Heute ist F. Senior Lecturer an der University of Surrey in Guildford.

Zu F. Kompositionen gehören: Klaviertrio (1964); *Antiphony* für V. u. Kl. (1965); Partita für Klar., Vc. u. Kl. (1966); *Sequence of Carols* für Chor a cappella (1967); *Second Sequence of Carols* für Männerst. u. Org. oder Streichorch. (1968); Orgelsonate (1968); *Essay* für Klar. u. Orch. (1970); *Symphony in Two Movements* (1972); *Sonata for 21* (1976), *Sinfonia* (1978). F. komponierte außerdem die einaktige Oper *Tom Cree*.

Forest, Jean Kurt, dt. Dirigent u. Komponist, * 2. 4. 1909 Darmstadt, † 2. 3. 1975 Berlin. Studierte am Spangenbergschen Konservatorium in

Wiesbaden, wurde 1939 Kapellmeister am Staatstheater in Braunschweig u. 1952 Chefdirigent beim Dt. Fernsehfunk. Ab 1955 lebte er als freischaffender Komponist.

Zu F. Werken gehören die Opern *Der arme Konrad* (1959), *Tai Yang erwacht* (1960), *Die Passion des Johannes Hörder* (1965), *Die Blumen von Hiroshima* (1967) u. *Die Odyssee der Kiu* (1969); die Ballette *Sadako* (1964) u. *Romeo, Julia u. die Finsternis* (1968); außerdem Musiken zu Filmen u. Fernsehspielen; Kammerkonzerte in versch. Besetzungen; Kantaten; Lieder u. Chansons.

Forlana, auch Furlana, aus Friaul stammender Volkstanz, der möglicherweise ursprünglich ein slawischer Werbetanz war u. Ähnlichkeit mit der Allemande hatte, sich aber im 17. Jh. zu einem schnellen Tanz im $\frac{6}{4}$- oder $\frac{6}{8}$-Takt entwickelte u. besonders im Venedig des 18. Jh. beliebt war. Die F. wurde u. a. von G. Ph. Telemann u. J. S. Bach verwandt.

Form wird von H. Riemann als »Einheit im Verschiedenen« definiert. Dieser Begriff soll alle möglichen musikalischen Ordnungsprinzipien abdecken. Dabei treten geschichtlich bedingte Definitionsprobleme auf, die mit der Übernahme von Vorstellungen der griechischen Philosophen in die Ästhetik des 18. u. 19. Jh. zusammenhängen. Darüber hinaus wurde der Begriff F. bis zum 18. Jh. vorwiegend für musikalische Gattungen verwandt u. erhielt erst im 19. Jh. die auf ein einzelnes Werk zielende Bedeutung. Die wichtigsten formgebenden Elemente der Musik sind Kontrast u. Wiederholung. Aus diesen entwikkelte sich das einfachste denkbare Schema ABA. Zu den bis zur Auflösung der Tonalität entwikkelten Formen gehören die aus dem Kontrapunkt entwickelten Kanon, Ricercare u. Fuge, die aus Reihungen bestehende Suite, Variation, Rondo, Chaconne u. Passacaglia sowie die wohl auf Tanzfolgen zurückgehende Sonate.

Während sich der musikalische Fortschritt bis zur Auflösung der Tonalität hauptsächlich darin zeigte, daß Konventionen innerhalb dieser Formstrukturen verändert oder diese Strukturen an sich erweitert wurden, tritt mit der Zwölftontechnik zum ersten Mal eine Satztechnik auf, die sich neue Formen schafft, in der weiterführenden seriellen Satztechnik sogar alle traditionellen Formen ausschließt. Mit der Einführung der → Aleatorik wird der überlieferte Formbegriff in Frage gestellt.

Formant nennt man nach L. Hermann die Verstärkungsgebiete der Klangspektren, die weitgehend den Klangcharakter der menschlichen Stimme u. der Musikinstrumente prägen. Diese Verstärkungseffekte entstehen, wenn die Eigenfrequenzen durch periodische Kräfte angeregt werden u. es in ihrem Bereich zur Resonanz kommt.

In der zeitgenössischen Musik, insbesondere bei P. Boulez, werden aus dem → Parameter der Klangfarbe Zeitproportionen auf die Parameter Harmonik u. Rhythmik übernommen. Man spricht deshalb auch von F. beim Aufbau eines Akkords aus Einzelklängen u. bei der Zusammensetzung eines übergeordneten metrischen Dauerwerts aus konstanten rhythmischen Elementen.

Formenlehre beschäftigt sich mit der systematischen Darstellung aller Ansätze zu einer erkennbaren Form in Musikwerken. Sie entstand im 18. Jh. u. wurde erstmals von J. Riepel u. H. Ch. Koch in ein System gebracht. Die F. ist heute besonders für die vergleichende Musikwissenschaft, Editionstechnik u. Aufführungspraxis von Bedeutung.

Forqueray, Antoine, franz. Gambist u. Komponist, * September 1672 Paris, † 28. 6. 1745 Nantes. Stammt aus einer Musikerfamilie u. galt neben M. Marais als der berühmteste Gambist seiner Zeit. Seine *Pièces de viole* wurden von seinem Sohn Jean-Baptiste A. F., ebenfalls einem Gambisten u. Königlichen Kammermusiker, herausgegeben.

Forster, Georg, dt. Komponist, * um 1510 Amberg, † 12. 11. 1568 Nürnberg. Erhielt seine musikalische Ausbildung bei L. Lemlin an der Heidelberger Hofkantorei, studierte anschließend in Ingolstadt Medizin u. wirkte als Arzt in Amberg, Würzburg, Heidelberg u. Nürnberg. Er gab ein Sammelwerk in 5 Teilen heraus: »Ein Auszug guter alter und neuer deutscher Liedlein« (1539, 1540, 1549, 1556 die letzten beiden). In dieser Sammlung, die auch 37 Kompositionen von F. enthält, sind auch L. Senfl u. H. Isaac vertreten. Von dem letzteren z. B. das berühmte *Inspruck, ich muß dich lassen*. Außerdem gab er »Selectissimarum mutetarum partim 5, partim 4 v.« (1540) u. »Tomus tertius Psalmorum selectorum« (1542) heraus.

Forsythe, William, amer. Tänzer u. Choreograf, * 30. 12. 1949 New York. Erhielt seine Ausbildung u. a. bei J. Watts, M. Black u. an der Joffrey Ballet School. 1969–72 als Tänzer beim Joffrey Ballet u. seit 1973 Mitglied des Stuttgarter Balletts, zuerst als Gruppentänzer u. seit 1977 mit einem Ch.-Vertrag. Arbeitet daneben an der Bayerischen Staatsoper München u. beim Nederlands Dans Theater in Den Haag. Konzentriert sich vorwiegend auf Musik zeitgenössischer Komponisten u. setzt das Schrittvokabular der Danse d'école in neuartigen Kombinationen ein.

Zu F. Ch. gehören *Urlicht* (M.: G. Mahler) 1976; *Daphne* (M.: A. Dvořák) u. *Flore subsimplici* (M.: G. F. Händel) sowie *Konzert für V. u. Orch.* (M.: J.S. Bach) 1977; *In endloser Zeit* (M.: G. Ligeti), *Traum des Galilei* (M.: K. Penderecki) u. *Aria de la folia espagnola* (M.: H. W. Henze) 1978; *Orpheus* (M.: H.W. Henze), *Seite 1 – Love Songs – Alte Platten* (M.: Bacharach / David / Ashford / Simpson / Clarke/King / Wexler) u. *Time Cycle* (M.: L. Foss) 1979; *Joyleen* (M.: B. Blacher) 1980.

Fortner, Wolfgang, dt. Komponist, * 12. 10. 1907 Leipzig. F. stammt aus einer Familie von Berufsmusikern. Er studierte am Landeskonservatorium Leipzig bei H. Grabner Komposition, bei K. Straube Orgel u. an der Universität Musikwissenschaft (Kroyer), Literaturwissenschaft (Korff) u. Philosophie (Driesch). Noch während des Studiums trat er 1928 mit seinen *Marianischen Antiphonen* im Rahmen des Niederrheinischen Musikfests in Düsseldorf an die Öffentlichkeit. 1930 wurde sein 1. Streichquartett beim Königsberger Tonkünstlerfest aufgeführt. F. komponierte im Zeichen einer gelockerten Tonalität, die von P. Hindemith übernommen war. 1931 wurde er Lehrer für Komposition u. Musiktheorie am Kirchenmusikalischen Institut in Heidelberg, wo nach dem Kriege auch H.W. Henze zu seinen Schülern zählte. Von 1946 ab war er Dozent bei den Darmstädter Internationalen Ferienkursen für Neue Musik u. setzte sich mit der Zwölftontechnik A. Schönbergs auseinander. 1954–57 Professor für Komposition an der Musikakademie in Detmold u. anschließend bis 1973 an der Musikhochschule in Freiburg im Breisgau. 1964 übernahm F. gemeinsam mit E. Thomas die künstlerische Leitung der Münchner Musica-viva-Konzerte. In seinen eigenen Kompositionen zeigt sich F. als ein Meister der formalen Ordnung u. des Kontrapunkts. Sein Umgang mit den Tönen, sowohl in der Vertikalen wie in der Horizontalen, ließ ihm später den Schritt zur Zwölftönigkeit notwendig erscheinen. F. Entwicklung führte von einem lapidaren archaisierenden Stil über eine an I. Strawinsky geschulte rhythmische Eleganz zu einer ganz persönlichen Handhabung der Zwölftontechnik, die sich in seiner einzigen, 1947 geschriebenen Sinfonie bereits andeutete u. in der musikalischen Charakterisierung des Zwergs in dem Ballett *Die weiße Rose* erstmals konsequent angewandt wurde. Über Schönberg hinausgehend strebt F. gleichzeitig eine Organisation des Harmonischen an u. führt mittels rhythmischer Zellenbildungen auch sein eigenes rhythmisches Prinzip ein.

Zu F. Werken gehören die Opern *Bluthochzeit* (1956), *Corinna* (1958), *In seinem Garten liebt Don Perlimplin Belisa* (1961–63), *Elisabeth Tudor* (1968–71) u. *That time* (*Damals*, von S. Beckett, 1977); die Ballette *Die weiße Rose* (1949) u. *Die Witwe von Ephesus* (1952) sowie in Zusammenarbeit mit W. Steinbrenner die Bizet-Collage *Carmen* für J. Cranko. Außerdem sind seine *Mouvements* für Kl. u. Orch., *Ballet blanc* für 2 V. u. Streichorch. u. das *Triplum* für Orch. mit obligatem Kl. als Ballettmusiken verwendet worden. Zu seinen Chorwerken mit u. ohne Orch. gehören *Grenzen der Menschheit*, Kantate nach Worten von J. W. v. Goethe für Bar.-Solo, 5st. gem. Chor u. Orch. (1930), *Drei geistliche Gesänge* (1932), *Eine deutsche Liedmesse* für gem. St. a cappella (1934), *Die Entschlafenen* (Hölderlin), *Glaubenslied* (Zuckmayer) u. *Lied der Welt* (Hofmannsthal), alle 1934, *Nuptiae Catulli* für T.-Solo, Kammerchor u. Kammer-Orch. (1937), *Herr, bleibe bei uns*, geistliche Abendmusik für eine tiefe Singst., gem. Chor u. Org. (1945), *An die Nachgeborenen*, Kantate nach Texten von B. Brecht für Sprecher, T.-Solo, 4st. gem. Chor u. Orch. (1947), *Chant de naissance*, Kantate von Saint-John Perse für Solo-S., V. solo u. Streichorch., 5st. gem. Chor, Bläser, Schlagzeug u. Hf. (1958, revidiert 1975 für S. u. 7 Spieler), *Die Pfingstgeschichte* für T.-Solo, 6st. gem. Chor u. 11 Instr. oder Kammer-Orch. u. Org. (1962–63), *Der 100. Psalm* für 5st. Chor, 3 Hörner in F, 2 Trp. in C u. 2 Pos. (1962) u. *Gladbacher Te Deum* für B-Bar., gem. Chor, elektronische Klänge u. Orch. (1973); die Orchesterwerke: Suite für Orch. (1930), Konzert für Streichorch. (1933), Capriccio und Finale für großes Orch. (1939), *Streichermusik II* (1944), Sinfonie (1947), *Die weiße Rose*, Suite nach dem Ballett (1949), *La Cecchina*, ital. Ouvertüre nach N. Piccini (1954), Impromptus für großes Orch. (1957), *Bläsermusik* (1957), *Prélude u. Elegie* (1958–59), *Bluthochzeit*, Zwischenspiele (Neufassung 1963), *Triplum* für Orch. mit obligatem Kl. (1965–66), *Immagini* für kleines Streichorch. u. S. ad libitum (1967, Fassungen für großes Streichorch. u. S.-St. 1966–67), *Marginalien* für Orch. (1969), *Prolegomena*, Suite aus *Elisabeth Tudor* (1974), *Triptychon* für Orch. (1977), Variationen für Kammerorch. (1980); Kompositionen für Solo-Instr. u. Orch.: Konzert für Org. u. Streichorch. (1932), Konzert für V. u. großes Kammer-Orch. (1946), *Phantasie über die Tonfolge b-a-c-h* für 2 Kl., 9 Solo-Instr. u. Orch. (1950), Konzert für Vc. u. Orch. (1951), *Mouvements* für Kl. u. Orch. (1953), *Ballet blanc* für 2 Solo-V. u. Streichorch. (1958), *Aulodie* für Ob. u. Orch. (1966), *Zyklus* für Vc., Bläser, Harfen u. Schlagzeug (1969), *Prismen* für Solo-Instr. u. Orch. (1974); Kompositionen für St. u. Instr. oder Orch.: *Fragment Maria*, Kammerkantate nach Worten von M. Raschke für eine S.-St. u. 8 Instr. (1929), *Zwei Exerzitien* aus der »Hauspostille« von B. Brecht für 3 Frauenst. u. Kammer-Orch. (1948), *Aria* nach Worten von T.S. Eliot für Mezzo-S., Va. solo, Fl. u. Kammer-Orch. (1951), *Mitte des Lebens*, Kantate nach Worten des späten Hölderlin für S. u. 5 Instr. (1951), *Isaaks Opferung*, Oratorische Szene nach dem Text der Vulgata für A., T. u. B. mit Begleitung von 40 Instr. (1952), *The Creation* von J.W. Johnson für mittlere Singst. u. Orch. (1954), Wolfs *Drei Gedichte von Michelangelo*, instrumentiert für Orch. (1972), *Versuch eines Agon um* ... für 7 Sänger u. Orch. (1973) u. *Machaut-Balladen* für Gesang u. Orch. (1973); die Lieder: Vier Gesänge nach Worten von Hölderlin (1933), *Shakespeare-Songs* (1946) u. *Terzinen* (1965). Dazu an Kammermusik: die Streichquartette 1–4 (1929, 1938, 1948 u. 1975), Suite für Va. solo (1932), Serenade für Fl., Ob. u. Fag. (1945), Sonate für V. u. Kl. (1945), Sonate für Fl. u. Kl. (1947), Sonate für Vc. u. Kl. (1948), Trio für V., Va. u. Vc. (1952), *Neu-Delhi-Musik* für Fl., V., Vc. u. Cemb. (1959), 5 Bagatellen für Fl., Ob., Klar., Horn u. Fag. (1960), *Zyklus* für Vc. u. Kl. (1964), Thema u. Variationen für Vc. solo (1975), *Hymnus* für 3 Trp. u. 3 Pos. (1976), *9 Inventionen u. ein Anhang* (1976) u. Madrigal für 12 Vc. (1980). Außerdem komponierte F. für Kl. 1 Sonatina (1935), Kammermusik (1944), *Sieben Elegien* (1950) u. *Epigramme* (1964), für Org. Toccata u. Fuge (1930), Praeambel u. Fuge (1935) u. Intermezzi (1962). Als Schulspiel entstand 1930 *Creß ertrinkt* u. als Schulmusik 1954 *6 Madrigale*. F. bearbeitete Schuberts *Valses nobles* für Streichorch., gab alte Musik in einem Instrumental-Spielbuch heraus, edierte 6 Konzerte von

A. Vivaldi (op. 10 Nr. 1–6) u. gab J. Matthesons »Große Generalbaß-Schule, Praktischer Teil I« neu heraus.

Foss, Lukas (eigtl. Fuchs), amer. Komponist, Pianist u. Dirigent, * 15. 8. 1922 Berlin. Studierte am Pariser Conservatoire, ließ sich 1937 in den USA nieder u. schloß seine musikalische Ausbildung am Curtis Institute of Music in Philadelphia u. bei P. Hindemith an der Music School der Yale University ab. Außerdem nahm er verschiedentlich an Sommerkursen in Tanglewood teil u. erhielt Dirigierunterricht von F. Reiner u. S. Kussewitzky. 1953–62 übernahm F. in Nachfolge A. Schönbergs die Professur für Komposition an der University of California in Los Angeles. 1957 gründete er sein Improvisation Chamber Ensemble. Die zu dieser Zeit gewonnenen Erfahrungen mit Gruppenimprovisation schlugen sich später in einigen seiner Kompositionen nieder. 1962–70 übernahm er die Leitung des Buffalo Philharmonic Orchestra u. gründete 1963 das dortige Center for Creative and Performing Arts. Gleichzeitig hielt er Gastvorlesungen in Harvard. 1971–75 leitete F. das Brooklyn Philharmonia Orchestra, seit 1972 ebenfalls Leiter des Jerusalem Symphony Orchestra. Seit 1975 ist er Composer-in-residence am Cincinnati College Conservatory. Seine eigenen Kompositionen entwikkeln sich auf einen Neoklassizismus hin, der besonders von seinem Lehrer Hindemith geprägt ist.

F. schrieb die einaktige Oper *The Jumping Frog of Calaveras County* (1959), die Fernsehoper *Griffelkin* (1955) u. die Kurzoper *Introductions and Goodbyes* (1959); die Ballette *Within these Walls* (1944), *The Heart Remembers* (1944) u. *The Gift of the Magi* (1945); die Orchesterwerke Sinfonie G-Dur (1944), *Ricordare* (1948), *Symphony of Chorales* (1956–58), Concerto für improvisierende Instr. u. Orch. (1960), *Elytres* (1964), *Phorion* für Orch., elektrische Org., Cemb. u. Git. (1967), *Baroque Variations* (1967), *Geod* für einen Hauptdirigenten, 4 Subdirigenten u. 4 Orchestergruppen (1969) u. *Fanfare* (1973); 2 Konzerte für Klavier u. Orch. (1943, ursprünglich 1942 als Klarinettenkonzert, u. 1949–51), Oboenkonzert (1948), Cellokonzert (1966) u. *Orpheus* für Va., Vc. oder Git. u. Orch. (1974); die Kantaten u. Chorwerke *Cantata dramatica* für Chor u. Orch. (1940), *We Sing* für Kinder, Kl. u. Trommeln (1941), *The Prairie* für 4 Soli, Chor u. Orch. (1942), *Song of Anguish* für Bar. u. Orch. (1945), *Song of Songs* für S. u. Orch. (1946), *Adon Olom* für T., Chor u. Org. (1947), *Behold I Build a House* für Chor u. Orch. (1950), *A Parable of Death* für Sprecher, T., gem. Chor u. Orch. (1952), *Psalms* für gem. Chor u. Orch. (1956), *Time Cycle* für S. u. Orch. (1960) u. *Fragments of Archilochos* für Contratenor, mehrere Sprecher, 4 kleine Chöre, großen Chor ad lib., Mandoline, Git. u. Schlagzeuge. Außerdem komponierte F. eine Vielzahl von Kammermusikwerken, u. a. *Echoi* für Klar., Vc., Schlagzeug u. Kl. (1961–63), *For 24 Winds* (1966), *M.A.P., Men at Play* für 4–6 Spieler u. Tonband (1970), *The Cave of the Wind,* Bläserquintett (1972) u. 4 Etüden für Org. (1973).

Foster, Stephen C., amer. Komponist, * 4. 7. 1826 Lawrenceville, PA, † 13. 1. 1864 New York. Als Musiker war F. Autodidakt. Mit 16 Jahren veröffentlichte er seinen ersten Song *Open Thy Lattice, Love.* Als er 1847 mit *Susanna* einen ersten größeren Erfolg hatte, beschloß er, Komponist zu werden. Obwohl F. im Lauf seines kurzen Lebens über 200 Lieder komponierte, starb er von allen verlassen in einem New Yorker Elendsviertel. Anders als der berühmte Minstrel-Sänger E. P. Christy hatte er es nicht verstanden, sich u. seine Kunst einem größeren Publikum zu verkaufen. Seine besten Lieder entstanden aus einer Mischung von Neger-Folklore u. Minstrel Songs: *Old Folks at Home, My Old Kentucky Home, Massa's in de Cold Ground* u. *Old Black Joe*.

Fourieranalyse ist ein nach dem franz. Mathematiker J. B. Fourier benanntes Analysierverfahren, mit dem sich beliebige periodische Kurvenformen als algebraische Summe ihrer Einzelschwingungen darstellen lassen. Der daraus abgeleitete Fouriersche Satz, daß jede periodische Schwingungsform nichts weiter als die Summe von einfachen Schwingungen ist, gilt für harmonische Klänge, im Einzelfall aber auch für kompliziertere Klangstrukturen.

Foxtrott, ein aus Rag u. Onestep vor dem 1. Weltkrieg in Amerika entstandener Gesellschaftstanz. Es ist ein Schrittanz im mäßig schnellen 4/4-Takt, der durch Jazzeinfluß leicht synkopiert wurde. In den 20er Jahren wurde auch in Deutschland der schnellere F., der sog. Quickstep, beliebt. Der ursprüngliche, langsame F. heißt deshalb heute Slowfox.

Fränzl, 1. Ignaz F. J., dt. Geiger u. Komponist, getauft 4. 6. 1736 Mannheim, † 3. 9. 1811 ebd. Trat mit 11 Jahren in die Mannheimer Kapelle ein, wurde 1774 Konzertmeister u. blieb auch nach Verlegung des Hofes 1778 nach München in Mannheim. 1790–1803 wurde er dort Musikdirektor am Hoftheater. W. A. Mozart schätzte F. als Geiger, was auch in einem Brief an seinen Vater zum Ausdruck kommt. Von F. Kompositionen erschienen 7 Violinkonzerte, 5 Sinfonien, Quartette, Trios u. 1 Messe. F. komponierte auch die Bühnenmusik zu Schillers »Die Verschwörung des Fiesko zu Genua«.

2. Ferdinand I. J., Sohn von 1., dt. Geiger u. Komponist, * 20. 5. 1767 Schwetzingen, † 19. 11. 1833 Mannheim. Erhielt Unterricht bei seinem Vater, den er schon bald als Geiger überragte. Studierte bei Padre Martini in Bologna Komposition u. trat 1789 als Konzertmeister in die Münchner Hofkapelle ein. Wurde nach verschiedenen Anstellungen u. europäischen Konzerttourneen 1806 Nachfolger von Ch. Cannabich als Hofkapellmeister u. Direktor der Oper in München. Er gab diesen Posten 1826 auf u. verbrachte seinen Lebensabend in Mannheim.

F. komponierte mehrere Opern, das Chorwerk *Reich der Töne* für Solo-St., V., Chor u. Orch., 9 Violinkonzerte, 1 Doppelkonzert für 2 V. u. Orch., 1 Sinfonie u. Streichquartette.

Française → Anglaise

Françaix, Jean R., franz. Komponist u. Pianist, * 23. 5. 1912 Le Mans. Stammt aus einer Musikerfamilie u. erhielt ersten Unterricht bei seinem Vater, dem Pianisten Alfred F. Studierte anschließend in Paris bei N. Boulanger Komposition u. bei I. Philippe Klavier. Mit 18 Jahren gewann er den 1. Preis in der Klavierklasse des Pariser Conservatoire. 1932 trat er mit seinem Concertino für Kl. u. Orch. an die Öffentlichkeit, 1933 komponierte er ein Streichtrio. In den nächsten Jahren entstanden weitere Kammermusikwerke. Daneben beschäftigte sich F. mit dem Theater, komponierte Ballettpartituren u. Opern. Als Pianist trat er auf der ganzen Welt mit seinen eigenen Kompositionen auf. Seine unverkennbare Tonsprache setzt die Tradition des franz. Neoklassizismus fort. Witz, Eleganz u. Ironie sind seine besonderen Merkmale. Sein umfangreiches Werk besteht aus Opern, einer ganzen Reihe von Balletten, Solokonzerten u. Kammermusik.

F. komponierte u.a. die komische Kammeroper *Le diable boiteux* (1937), die musikalische Komödie *L'apostrophe* (1940), die Oper *La main de gloire* (1945), die komische Oper *Paris à nous deux* (1954) u. die Oper *La princesse de Clèves;* die Ballette *Scuola di ballo* (1933, Musik nach Boccherini), *Les malheurs de Sophie* (1935), *Le roi nu* (1935), *La lutherie enchantée* (1936), *Le jeu sentimental* (1936), *Le jugement d'un fou* (1938), *Verreries de Venise* (1938), *Les bosquets de Cythère* (1946), *Les demoiselles de la nuit,* ein Katzenballett nach einer Idee von J. Anouilh (1948), *Les zigues de Mars* (1950), *La dame dans la lune* (1958) u. *Le croupier amoureux* (1967); außerdem *Die Kamelien,* Pantomime für Schauspieler, besetzt mit 1 Tänzerin, 1 Sprechrolle, 5 stummen Rollen u. Streichorch. Balanchine kreierte 1951 auf F. Serenade für kleines Orch. (1934) sein Ballett *A la Françaix.* F. komponierte ein großes Chorwerk, *L'apocalypse selon St-Jean,* ein phantastisches Oratorium in 3 Teilen für 4 Soli, gem. Chor u. 2 Orch. (1939). Seine Kompositionen für Orchester umfassen u.a.: Serenade für kleines Orch. (1934); *Au Musée Grévin,* Suite (1936); *La douce France,* Suite (1946); *L'heure du berger, Musique de brasserie* für Streicher u. Kl. (1947); Sinfonie für Streicher (1948); Sinfonie (1953); *Sérénade ABA* (1955); *Hymne solennel* (1956); *La naissance de Vénus de Botticelli* (1960); *Le dialogue des Carmelites,* Suite (1960); *Sei Preludi* für Streicher (1963); Thema u. Variationen (1974); *La ville mystérieuse,* Fantasie für großes Orch. (1974) u. *Cassazione* für 3 Orch. (1975). Daneben komponierte F. folgende Werke für Solo-Instrument oder Instrumentengruppen u. Orch.: Concertino für Kl. u. Orch. (1932); *Divertissement* für Streichtrio u. Bläser, Schlagzeug, Hf., Kb. (1933); Suite für V. u. Orch. (1934); Fantasie für Vc. u. Orch. (1934, revidiert 1955); *Quadruple Concerto* für Bläserquartett u. Orch. (1935); *Musique de cour,* Duo concertante für Fl., V. u. Orch. (1937); Rhapsodie für Va. u. kleines Orch. (1946); *Variations de concert* für Vc. u. Streicher (1950); *Divertissement* für V. u. Blasorchester (1953); Concertino für V. u. Orch. (1954); Konzert für Vc. u. Orch. (1954); Divertimento für Horn u. Orch. (1958); Konzert für Cemb. u. 11 Instr. (1959); *L'horloge de Flore,* Suite für Ob. u. Orch. (1959); Konzert für 2 Kl. u. Orch. (1965); Konzert für Fl. u. Orch. (1966); Konzert für Klar. u. Orch. (1968); *Divertissement* für Fag. u. Streichorch. (1968); Konzert für V. u. Orch. (1970); Divertimento für Fl. u. Kammerorch. (1974); Konzert für Kb. u. Orch. (1974); *Le gay Paris* für Trp. u. Bläser (1975), *Variations sur un thème plaisant* für Kl. u. Bläser (1977), Concerto für 2 Hf. u. Streicher (1979) u. Konzert für Fag. u. Streicher (1979). An Sologesängen mit Instr. komponierte F.: *Trois épigrammes* für 4 gem. St. u. Streichquintett (1938); *Invocation à la Volupté* für Bar. u. Orch. (1946); *La cantate de Méphisto* für B. u. Streichorch. (1952); *Déploration de Tonton,* humoristische Kantate für Mezzo-S. u. Streicher (1956) u. *Les inestimables chroniques du bon géant Gargantua* für Sprecher u. Streicher (1970). Zu seinen Kammermusikwerken gehören: 1 Streichtrio (1933); 1 Quartett für Fl., Ob., Klar. in B u. Fag. (1933); 1 Streichquartett (1934); 1 Quintett für Fl., V., Va., Vc. u. Hf. (1934); Kleines Quartett für Saxophone, S., A., T. u. B. (1935); *Divertissement* für Ob., Klar. in B u. Fag. (1947); Quintett für Fl., Ob., Klar. in A, Fag. u. Horn (1948); Quartett für Englischhorn, V., Va. u. Vc. (1970) u. 1 Trio für Fl., Hf., Vc. (1971). Für die 12 Cellisten der Berliner Philharmoniker entstand 1975 *Aubade.* Außerdem komponierte F. Klavierstücke, eine Reihe von Werken für Kl. u. andere Instr., Lieder.

Franchomme, Auguste J., franz. Cellist u. Komponist, * 10. 4. 1808 Lille, † 21. 1. 1884 Paris. Studierte bei J. H. Levasseur am Pariser Conservatoire, wo er von 1846 bis zu seinem Tode eine Celloklasse leitete. Er spielte in verschiedenen Pariser Orchestern, wurde aber hauptsächlich durch seine regelmäßig mit D. Alard u. Ch. Hallé veranstalteten Kammermusikabende bekannt. Als Freund F. Chopins war er an der Abfassung des Duos über Themen aus G. Meyerbeers *Robert le Diable* beteiligt, ebenso wie an Kompositionen Bertinis u. Osbornes. Er hinterließ ein Konzert für sein Instr. sowie Potpourris.

Franck, César A. J. G. H., franz. Komponist belg. Herkunft, * 10. 12. 1822 Lüttich, † 8. 11. 1890 Paris. F. ehrgeiziger Vater wollte aus ihm u. seinem Bruder Joseph Virtuosen machen, die für den Unterhalt der Familie sorgen konnten. Beide besuchten noch im Kindesalter das Konservatorium in Lüttich. 1835 zog die Familie nach Paris, um den Kindern eine bessere Ausbildung zu ermöglichen. F. erhielt Privatunterricht bei A. Reicha u. trat 1837 in das Pariser Conservatoire ein. Seine Lehrer waren A. Le Borne (Komposition), P. Zimmermann (Klavier) u. F. Benoist (Orgel). 1842 verließ er auf Wunsch seines Vaters das Conservatoire u. ging als Klaviervirtuose auf Tournee. 1846 übernahm er die Organistenstelle an Notre-Dame-de-Lorette, 1851 an St-Jean-St-François u. 1859 an Ste-Clotilde, wo er bereits ab 1853 Kapellmeister war. 1848 hatte er sich von seiner Familie getrennt, die seine Heirat mit der Tochter der bekannten Schauspielerin Mme. Desmousseaux mißbilligte, u. seinen eigenen Hausstand gegründet. 1872 wurde er als Nachfolger von Benoist Professor für Orgel am Conservatoire. Bis zu seinem Tode lebte F. ohne große offizielle Anerkennung in bescheidenen Verhältnissen u. mußte sein Einkommen durch ständiges Stundengeben aufbessern. Zu seinen Schülern gehörten A. de Castillon, H. Duparc, A. Coquard, Ch. Tournemire, G. Pierné, G. Ropartz, E. Chausson, L. Vierne, V. d'Indy u. Ch. Bordes. Die beiden letzteren waren dann 1896 Mitbegründer der Schola Cantorum.

F. Schüler, Freund u. Biografen d'Indy folgend, kann man sein Werk in drei Abschnitte einteilen. Der erste reicht von 1841 bis 1858. In ihm entstanden die 4 Klaviertrios, Salonstücke u. Lieder. Er endet mit der Églogue biblique *Ruth*. Der zweite beginnt 1858 u. endet 1872 mit der sinfonischen Dichtung *Rédemption*. In diese Zeit fallen F. kirchenmusikalische Kompositionen, seine Messen, Motetten u. Orgelwerke. Aber von *Les Plaintes d'une Poupée* (1865) abgesehen, komponiert F. keine neuen Klavierstücke. Die dritte Werkgruppe reicht von 1875 bis zu seinem Tode. Sie besteht aus den großen Orchesterwerken, den späten Kammermusikkompositionen, wie der häufig gespielten Violinsonate in A-Dur, den beiden Opern u. den *Trois Chorals* für Orgel. Im Mittelpunkt dieser letzten Gruppe steht das Oratorium *Les Béatitudes*, dem zu F. Lebzeiten kein Erfolg beschieden war.

F. Musik ist von J.S. Bach, L. van Beethoven, Ch. W. Gluck, aber auch A.-E. M. Grétry u. E. N. Méhul beeinflußt. Seine Vorliebe für Chromatik u. Modulation geht auf seine Tätigkeit als Organist u. sein von den Zeitgenossen gerühmtes Improvisationstalent zurück. In der Form lehnte sich F. an die klassische Sonate u. Sinfonie an, vermied aber die Dialektik zweier Themen zugunsten eines einzigen Grundthemas, das immer wieder zyklisch auftritt u. damit der Komposition eine gewisse Einheit gibt. Diese Technik läßt sich bereits am Klaviertrio in Fis-Dur aus op. 1 verfolgen. F. blieb bis an sein Lebensende der große Erfolg versagt. Das Pariser Publikum interessierte sich weit mehr für die Oper als für Kompositionen eines Lehrers des Conservatoire, u. die wenigen Aufführungen seiner Werke zu Lebzeiten litten unter schlechter Vorbereitung. Der sog. Franckismus ist trotzdem nicht ohne Einfluß geblieben. So verdankt ihm Frankreich z. B. einen neuen Orgelstil, u. die Schola Cantorum hat Generationen in seinem Sinne unterrichtet.

F. komponierte u. a. die Opern *Hulda* (1882–85) u. *Ghisèle* (1888–90, Instrumentierung der Akte 2–4 von seinen Schülern); kirchliche Werke wie *Messe solennelle* (1858), *Trois motets* (1858), *Messe à trois voix* (1860), *Trois Offertoires* (1871), Psalm CL. (1888); Chorwerke wie *Ruth*, Églogue biblique für Soli, Chor u. Orch. (1843–46), *Rédemption*, sinfonische Dichtung für S., Chor u. Orch. (1871–72, revidiert 1874), *Les béatitudes*, Oratorium für Soli, Chor u. Orch. (1869–79), *Rébecca*, Scène biblique für Soli, Chor u. Orch. (1881), *Psyché*, sinfonische Dichtung für Chor u. Orch. (1886–88); die Orchesterwerke *Les Éolides*, eine sinfonische Dichtung (1875–76), *Le chasseur maudit*, sinfonische Dichtung nach einer Ballade von Bürger (1882) u. Sinfonie in d-Moll, *Les djinns*, sinfonische Dichtung nach V. Hugo für Kl. u. Orch., *Variations symphoniques* für Kl. u. Orch. (1885) u. *La procession* für S. u. Orch. (1888). Von seinen Kammermusikwerken seien erwähnt: *Trois trios concertants* für V., Vc. u. Kl. (1841), *Quatrième trio concertant* für V., Vc. u. Kl. (1842), *Andante quietoso* für V. u. Kl. (1843), *Solo de piano* mit Streichquartettbegleitung (1844), Duo für Kl. u. V. (1844), Klavierquintett (1878–79), Violinsonate (1886) u. Streichquartett in D-Dur (1889); die Orgelwerke *Six pièces pour grand orgue* (1860–62), *Trois pièces pour grand orgue* (1878) u. *Trois chorals* (1890); Klavierstücke u. Lieder.

Lit.: A. Coquard, C. F., Paris 1891; V. d'Indy, C. F., Paris 1906; Ch. Tournemire, C. F., Paris 1931; E. Ysaye, C. F., Brüssel 1942; J. Gallois, C. F., Paris 1966; L. Davies, C. F. and His Circle, London u. Boston 1970; L. Davies, F., London u. New York 1973; B. Wegener, C. F. Harmonik, Kölner Beiträge zur Musikforschung XCII, Regensburg 1976; A. Seipt, C. F. symphonische Dichtungen, Regensburg 1981.

Franck, Johann Wolfgang, dt. Komponist, getauft 17. 6. 1644 Unterschwaningen, † zwischen 1696 u. 1719. 1665–79 am Hof in Ansbach, zuerst als Hofmusiker, später als Fürstlicher Kapellmeister. In dieser Stellung komponierte F. ein *Glückwünschendes Jagdballet* u. einige Opern, von denen *Die drey Töchter Cecrops* (1679) in Partitur erhalten ist. F. beging einen Mord aus Eifersucht u. flüchtete nach Hamburg, wo er 14 Opern herausbrachte u. 1682–85 Kantor am Dom war. 1690 tauchte er in London auf. Dort gab er Konzerte u. schrieb Musiken für verschiedene Maskenspiele, von denen das letzte 1696 im Drury Lane Theatre aufgeführt wurde. In London veröffentlichte F. außerdem 41 Lieder, von denen 25 1690 in einem »Remedium Melancholiae« herauskamen. Zu seinen Kompositionen gehören weiter 73 Melodien zu H. Elmenhorsts Gedichten, veröffentlicht als »Geistliches Gesangbuch« (1685), u. »Kantaten für eine Singst. u. B.c.« (1687). F. gilt als einer der wichtigsten Komponisten der frühen dt. Barockoper.

Franck, Melchior, dt. Komponist, * um 1580 Zittau, † 1. 6. 1639 Coburg. 1603 bis zu seinem Tode Kapellmeister am Coburger Hof. Komponierte geistliche u. weltliche Lieder sowie vokale u. instrumentale Tänze. Dabei wandte er jedoch nicht die sich durchsetzende Generalbaßpraxis an, sondern blieb beim voll ausgearbeiteten Satz. Er veröffentlichte von »Sacrae melodiae«, 3–12st. (1601–07), über »Newe Pavanen, Galliarden u. Intraden«, 4–6st. (1603), bis zu »Christliche Danksagung«, 7–8st. (1632), u. »Paradisus musicus«, 2–4st. m. B. c. (1636), mehr als 30 Sammlungen im Laufe seines Lebens.

Francœur, 1. François, franz. Geiger u. Komponist, * 8. 9. 1698 Paris, † 5. 8. 1787 ebd. Mitglied der 24 Violons du Roi u. von 1760 an Königlicher Obermusikintendant. Veröffentlichte 2 Bücher Violinsonaten u. komponierte gemeinsam mit Fr. Rebel 10 Opern.
2. Louis-Joseph, Neffe von 1., franz. Geiger, Kapellmeister u. Komponist, * 8. 10. 1738 Paris, † 10. 3. 1804 ebd. Vor der Franz. Revolution Dirigent u. Direktor der Opéra. Komponierte mehrere Opern u. veröffentlichte ein »Diapason général de tous les instruments à vent« (1772).

Frankel, Benjamin, engl. Komponist * 31. 1. 1906 London, † 12. 2. 1973 ebd. Autodidakt, der seinen Lebensunterhalt jahrelang als Arrangeur u. Jazzgeiger verdienen mußte. Zu Beginn der 30er Jahre komponierte er Material für die Revuen von N. Coward u. C. B. Cochran, 1934 entstand seine erste Filmmusik. Mit Partituren zu Filmen wie »The Man in the White Suit« u. »Importance of Being Earnest« gehörte er zu den bedeutendsten Filmkomponisten der Vorkriegszeit. Ab 1944 wandte er sich fast ausschließlich der Komposition von Konzertmusik zu. Neben 8 Sinfonien entstand 1951 ein von Max Rostal in Auftrag gegebenes Violinkonzert, dem 1961 eine *Serenata concertante* für Klaviertrio u. Orch. u. 1968 ein Bratschenkonzert folgten. F. komponierte außerdem eine Vielzahl von Kammermusikwerken, darunter 2 Streichtrios, 1 Klarinettenquintett u. 5 Streichquartette. An Filmmusiken entstanden Partituren zu »The Prisoner« u. »Battle of the Bulge« sowie das Particell zu einer Oper *Marching Song*. In seinen späteren Werken verband F. freie Tonalität u. Zwölftontechnik.

franko-flämische Schule bezeichnet die um 1430–1560 im heutigen franz.-belg. Grenzgebiet lebendige Musiktradition, die ihre Blüte vor allem den dort liegenden Kathedralstädten verdankte. Sachlich ist die f.-f. Sch. u. ihre als → burgundische Schule bezeichnete Frühphase mit der → niederländischen Musik identisch.

Franz, Robert (eigtl. Knauth), dt. Organist, Kapellmeister u. Komponist, * 28. 6. 1815 Halle, † 24. 10. 1892 ebd. Widmete sich gegen den Willen seiner Eltern der Musik u. erhielt 1835–37 bei F. Schneider in Dessau Unterricht. Wieder in Halle, konnte er erst 1841 eine Anstellung als Organist der Ulrichskirche finden. 1842 wurde er Dirigent der Singakademie, 1843 veröffentlichte er seine erste Liedersammlung, u. 1859 wurde er Königlicher Musikdirektor. 1867 mußte er wegen zunehmender Schwerhörigkeit u. einem Nervenleiden alle seine Ämter niederlegen. Freunde wie F. Liszt u. J. Joachim enthoben ihn durch Benefizkonzerte materieller Sorgen. F. komponierte mehr als 350 Lieder, bearbeitete Werke von J. S. Bach u. G. F. Händel u. veröffentlichte »Mitteilungen über J. S. Bachs Magnificat« (1863) u. »Offener Brief an Ed. Hanslick über Bearbeitungen älterer Tonwerke«.

Franz, Siegfried W., dt. Komponist, * 14. 8. 1912 Mannheim. Studierte an der Mannheimer Musikhochschule 1933–38 bei M. v. Pauer (Klavier) u. W. Petersen (Komposition).
F. komponierte die Funkoper *Der schwere Weg* (1952), Musicals, Hörspiel-, Film- u. Bühnenmusiken. Zu seinen bekanntesten Filmpartituren gehört *Canaris*.

Franzén, Olov, schwed. Komponist, * 22. 1. 1946 in Umeå. Besuchte 1966–70 die Musikhochschule in Stockholm, erhielt bei G. Norrby Cellounterricht u. studierte bei I. Lidholm Komposition. 1971–72 Cellist im Sinfonieorchester von Norrköping u. ab 1971 Mitglied des Kollektivs Harpans Kraft.
Zu F. Werken gehören *Cytoplasma* für Mezzo-S. u. Kl. (1968); *Thanks to St. George* für Vc. solo (1970); *Relaxation* für Klar. u. Kl. (1971); *Ode till sjaunja* für Sprecher u. gem. Chor (1972); *Liten Avhandling om att se och bli sedd* für Mezzo-S., Vc., Kl. u. Schlagzeug (1972); *Saiva* für Orch. (1972); die Kammeroper *Mötet* (1973); *Beyond* für Bläser (1973) u. *Färger i en bristande vision* für Männerst., Ob. d'amore, V. oder Vc. (1974). Innerhalb Harpans Kraft hat er sich an *Gubbrunkning* u. *Lilla ogill* (beide 1975) beteiligt.

Freak, ein von Frank Zappa mit seiner Platte *Freak Out* eingeführter Begriff, der soviel bedeutet wie Ausstieg aus der bürgerlichen Gesellschaftsordnung. Ein F. ist in der Pop-Sprache jemand, der absonderlich ist oder an körperlichen Gebrechen leidet oder wie Alice Cooper eine groteske Bühnenschau bietet.

Free Jazz → Jazz (S. 399)

Freedman, Harry, kan. Komponist poln. Herkunft, * 5. 4. 1922 Łódź. Kam über den Big Band Jazz zur Musik u. lernte mit 18 Jahren Klarinette spielen. Ab 1945 studierte er am Royal Conservatory in Toronto bei J. Weinzweig (Komposition) u. P. Baumann (Oboe). 1946–70 Mitglied des Toronto Symphony Orchestra. Seitdem freischaffender Komponist. Während der Sommerkurse in Tanglewood 1950 holte er sich bei A. Copland u. O. Messiaen sowie 1954 in Toronto bei E. Krenek weitere Anregungen. 1947 trat er mit einem Divertimento für Ob. u. Streicher zum ersten Mal an die Öffentlichkeit. F. selbst hält sein *Tableau* für Streicher (1952) für seine erste bedeutende Komposition. In ihr verarbeitete F. die Eindrükke, die er von einem Bild empfangen hatte – eine Technik, die er immer wieder benutzt u. die seine starke Affinität zur bildenden Kunst unterstreicht. In den meisten seiner Werke bedient sich F. der Zwölftontechnik, die er mit Aleatorik u. Elektronik mischt.
F. komponierte u. a. die Ballette *Rose Latulippe* (1966), *Five over Thirteen* (1969), *The Shining People of Leonard*

Cohen (1970), *Romeo and Juliet* (1973, revidiert 1974–75) u. *Alice in Wonderland* (1976); Bühnen-, Film- u. Fernsehmusiken; außerdem die Orchesterwerke *Symphonic Suite* (1948), *Five Pieces for String Orchestra* (1949), *Nocturne I* (1949), *Tableau* (1952), *Images, Suite on Three Canadian Paintings* (1958), Sinfonie Nr. 1 (1960), *Fantasy and Allegro* (1962), Chaconne (1964, revidiert 1976–77), *A Little Symphony* (1966), *Scales in Polytonality* (1966), *Armana* (1967), *Tangents* (1967), *Klee Wyck* (1970), *Graphic I* für großes Orch. u. Tonband (1971), *Tapestry* (1973) u. *Nocturne II* (1975); die solistischen Werke Divertimento für Ob. u. Streicher (1947), *Fantasia and Dance* für V. u. Orch. (1955, revidiert 1959), *Trois Poèmes de Jacques Prévert* für S. u. Streicher (1962), *Scenario* für Saxophon, elektrische Git., Schlagzeug u. Orch. (1970) u. *Tsolum Summer* für Fl., Schlagzeug u. Streicher (1976). Von seiner Kammermusik seien *Five Pieces for String Quartet* (1949), Bläserquintett (1962), *Variations* für Ob., Fl. u. Cemb. (1965), *Graphic II* für Streichquartett (1972), *Encounter* für V. u. Kl. (1974) u. *Five Rings* für 5 Blechbläser erwähnt. Außerdem komponierte F. Chorwerke u. Lieder, darunter *Anerca* für S. u. Kl. nach Eskimo-Gedichten (1966).

Freitas, Branco Federico G., portug. Komponist u. Dirigent, * 15. 11. 1902 Lissabon. Studierte am Nationalkonservatorium in Lissabon, in Frankreich u. in Deutschland. Leitete verschiedene Orchester u. war Direktor des Balletts Verde-Gayo. Zu seinen Neoklassizismus u. Folklore verbindenden Kompositionen gehören die Operneinakter *O eremita* (1957) u. *A igreja do mar* (1960); die Oper *D. Jõao e a máscara* (1960); die Ballette *Muro do derrete* (1940), *Dança da menina tonta* (1941), *Imagens da terra e do mar* (1943) u. *Nazaré* (1948); 1 Flötenkonzert (1955); 1 Sinfonie (1962); Chorwerke u. Kammermusik.

Frequenz bezeichnet die Anzahl der Schwingungen pro Sekunde. Sie werden nach dem Physiker H. Hertz in Hertz (Hz) angegeben. 1 Hz bedeutet 1 Schwingung pro Sekunde. Der menschliche Hörbereich liegt zwischen 16 Hz u. 20000 Hz.

Frescobaldi, Girolamo, ital. Komponist, * vermutlich 12. 9. 1583 Ferrara, † 1. 3. 1643 Rom. Schüler von L. Luzzaschi in Ferrara u. ab 1604 Organist u. Sänger an der Congregazione u. Accademia di S. Cecilia in Rom. 1607 im Gefolge des päpstlichen Nuntius Guido Bentivoglio in Brüssel. Dort entstanden die Madrigale, die 1608 als »1° libro de Madrigali a 5 v.« in Antwerpen erschienen. Wieder in Italien, wurde er 1608 zum Organisten der Peterskirche ernannt, ein Amt, das er bis zu seinem Tode bekleidete. Sein Ruf als Sänger, Orgel- u. Cembalospieler sowie Improvisator war so groß, daß niemand zu widersprechen wagte, wenn er um mehrjährige Urlaube nachsuchte. Sein Instrumentalstil, der bereits die Überleitung von der Renaissance zum Frühbarock deutlich werden läßt, hatte über seinen Schüler Froberger großen Einfluß auf die Musikentwicklung in Österreich u. Deutschland. Zu seinen Kompositionen gehören »1° libro de Madrigali a 5 v.« (1608), »Il 1° libro delle Fantasie a 4« (1608), »Recercari et canzoni francesi« (1615), »Toccate e partite d'intavolatura di cemb. Libro 1°« (1615), »Il 1° libro delle Canzoni a 1,2,3 e 4 v.« (1623), »Il 1° libro di Capricci fatti sopra diversi soggetti et arie in part.« (1624), »Liber secundus Diversarum modulationum« 1–4st. (1627), »Il 2° libro di Toccate, canzone, versi d'hinni, magnificat, correnti et altre partite di cimbalo ed org.« (1627), »Arie musicali per cantarsi nel gravicemb.« (1630) u. »Fiori mus. di Diverse compositioni, Toccate, kirie, canzoni, capricci e recercari in part.« (1635). Aus dem Nachlaß erschien 1645 noch ein 4. Buch »Canzoni alla francese«.

Fricker, Peter Racine, engl. Komponist, * 5. 9. 1920 London. Studierte am Royal College of Music in London bei R. O. Morris (Komposition) u. E. Bullock (Orgel), nach dem 2. Weltkrieg bei M. Seiber. 1952–64 als Nachfolger M. Tippetts Musikdirektor des Morley College, ab 1964 Professor am Music Department der University of California in Santa Barbara u. ab 1970 dessen Chairman. F. trat zum ersten Mal 1947 mit einem Bläserquintett an die Öffentlichkeit u. gewann 1949 mit seiner 1. Sinfonie den Kussewitzky-Preis. Er setzt sowohl Polytonalität wie serielle Techniken ein.

Zu F. Werken gehören Orgelsonate, Bläserquintett, *Night Landscape* für S. u. Streichtrio, 3 Sonette für T. u. 7 Instr. u. 1. Streichquartett (1947); *Rondo scherzoso* für Orch. (1948); 1. Sinfonie (1948–49); *Prelude, Elegy and Finale* für Streicher (1949); 1. Violinkonzert (1949–50); Violinsonate u. *Concertante Nr. 1* für Englischhorn u. Streicher (1950); 2. Sinfonie (1950–51); *Concertante Nr. 2* für 3 Kl., Streicher u. Pk. u. Ballett *Canterbury Prologue* (1951); Bratschenkonzert (1951–53); 2. Streichquartett (1952–53); Klavierkonzert (1952–54); *Rapsodia Concertante* oder 2. Violinkonzert (1953–54); *Dance Scene* für Orch. (1954); Sonate für Horn u. Kl., Elegie *The Tomb of St. Eulalia, Litany* für doppeltes Streichorch. u. *Musick's Empire* für Chor u. kleines Orch. (1955); Trio für 2 Klar. u. Fag. (1955–56); Cellosonate (1956); Oratorium *The Vision of Judgment* u. *Octet* für Fl., Klar., B.-Klar., Horn, Fag. u. Streicher (1957–58); Variationen für Kl. (1957–58); *Comedy*-Ouvertüre (1958); Toccata für Kl. u. Orch. (1958–59); Serenade Nr. 1 u. Serenade Nr. 2 für Kammerbesetzung (1959); 3. Sinfonie (1960); Kantate für T. u. Kammerensemble (1961–62); 12 *Studies* für Kl. (1961); *O longs désirs* für S. u. Orch. (1963); 4. Sinfonie (1964–66); 4 *Dialogues* für Ob. u. Kl. (1965); *Fantasy* für Va. u. Kl., *Three Scenes* für Orch. u. *Five Canons* für 2 Fl. u. 2 Ob. (1966); *Seven Counterpoints* für Orch. (1967); Magnificat für S., A., T., Chor u. Orch. (1968); *Episodes I* für Kl. (1967–68); *Some Superior Nonsense* für T. u. Instrumentalensemble u. *Concertante Nr. 4* für Fl., Ob., V. u. Streicher (1968); Serenade Nr. 3 für Saxophon-Quartett, *Episodes 2* für Kl. u. *Three Arguments* für Fag. u. Vc. (1969); *Paseo* für Git. (1970); *Nocturne* für Kammerorch. (1971); *Introitus* für Kammerorch. (1972), *The Groves of Dodona* für 6 Fl. (1973), Sonata für 2 Kl. (1977), *Five Short Pieces* für Org. (1976–80) u. Serenade Nr. 5 für V. u. Vc. (1981).

Friderici, Daniel, dt. Kantor u. Komponist, * 1584 Klein-Eichstedt, † 23. 9. 1638 Rostock. 1614 Kantor in Oldenburg, ab 1618 an der Marienkirche in Rostock. Veröffentlichte dort 1618 »Musica figuralis oder newe ... Unterweisung der Singe Kunst«. Seine vorwiegend weltlichen 3–8st. Lieder erschienen in verschiedenen Sammlungen.

Fried, Oscar, dt. Komponist u. Dirigent, * 10. 8. 1871 Berlin, † 5. 7. 1941 Moskau. Schüler von E. Humperdinck u. Ph. Scharwenka, 1907 Dirigent der Gesellschaft der Musikfreunde in Berlin. Emigrierte 1934 nach Tiflis u. wurde dort Opernkapellmeister. Von seinen Kompositionen seien die Chorwerke *Das trunkene Lied* u. *Erntelied* sowie *Verklärte Nacht* für Soli u. Orch. erwähnt.

Friedrich II., der Große, König von Preußen, Flötist u. Komponist, * 24. 1. 1712 Berlin, † 17. 8. 1786 Sanssouci. Erhielt Flötenunterricht von J. J. Quantz u. gründete schon als Kronprinz seine eigene Kapelle, für die er C. H. Graun als Dirigenten verpflichtete. Er ließ auch in Berlin von Knobelsdorff ein Opernhaus errichten, das 1742 mit Grauns *Cesare e Cleopatra* eröffnet wurde. Von den verschiedenen ihm zugeschriebenen Kompositionen werden heute zumindest 121 Flötensonaten, 4 Flötenkonzerte, 1 Sinfonie u. die Ouvertüre zu *Il re pastore* für echt gehalten.

Friml, Rudolf, amer. Komponist tschech. Herkunft, * 2. 12. 1879 Prag, † 12. 11. 1972 Los Angeles. Studierte am Prager Konservatorium u. war dort Schüler von A. Dvořák. Bereiste als Klavierbegleiter von J. Kubelík Europa u. kam 1904 mit ihm nach den USA. Spielte dort 1906 sein Klavierkonzert in H-Dur in der Carnegie Hall. Als 1912 nach einem Ersatz für Victor Herbert gesucht wurde, übernahm F. die Komposition von *The Firefly*. Diese Operette wurde für ihre Verfilmung 1937 von ihm noch um die *Donkey Serenade* erweitert. Einmal erfolgreich am Broadway, komponierte F. in den folgenden Jahren *High Jinks* (1913), *Katinka* (1915) u. *You're in Love* (1916). Mit *Rose-Marie* (1924), *The Vagabond King* (1925) u. *The Three Musketeers* (1928) gelangen ihm echte Broadway Hits. Er komponierte außerdem Klavierstücke u. Lieder.

Fritsch, Johannes G., dt. Komponist u. Bratschist, * 27. 7. 1941 Bensheim-Auerbach. Studierte 1961–65 an der Universität u. Staatlichen Musikhochschule Köln. Seit 1965 Dozent am Konservatorium der Stadt Köln u. ab 1973 auch an der Musikakademie Darmstadt. Beschäftigt sich mit elektronischer Musik, dem Bau neuer elektronischer Instr. u. neuen Formen von Musikräumen.

Zu F. Kompositionen gehören *Bestandteile des Vorüber* für S., tiefe Blasinstr. u. 3 Kb. u. *Nachtmusik* für V., Va., Vc. u. Kb. (1963); Streichquartett *Zeichen* (1963–68); *Filigranfalter* für hohe Singst. u. Streicher (1963); *Ikonen* für 3 Kl. (1964); Klaviertrio 1 (1964); Concerto da camera für V. mit Kontaktmikrofon u. 12 Streicher u. *Modulation I* für V., Va., Vc., Kb. u. Kl. (1965); *Modulation II* für Kammerensemble u. Tonbänder (1967); *Concerto battuto* für Schlagzeug u. 3 Streichtrios (1967); *Akroasis* für großes Orch. (1968); Klavierstück 1 (1969); *Oktober 70* für Fl. u. Kl., *September 70* für 2 Flötisten, 2 Flötistinnen u. Kl. u. Lied für 1 Sänger, der sich selbst am Kl. begleitet, u. Live-Elektronik (1970); *Sul B* für Va. u. Kl. (1971); *Übersetzungen von Emotionen in Proportionen* für Org. u. *Im Dunkel dem werdenden Herzen* für Ob., Va. u. Org. (1973); *Hochtöner* für Tonband, Vc., Fl., Schlagzeug u. Synthesizer (1974) u. Konzert für Trp. u. Orch. (1975). Außerdem an elektronischer Musik *Fabula rasa* (1964); *Modulation III*, Musik für Räume u. Plätze (1968–70); *Modulation V*, Musik für Räume u. Plätze (1968–70); *Schnitte* (1970); *Radiostück 1*, *Modulation IV* u. *Violectra* (1971); *Augenblicke-Suite* u. gemeinsam mit R. Gehlhaar u. D. Johnson *Zürich 2. 10. 72* (1972).

Froberger, Johann Jacob, dt. Komponist u. Organist, getauft 19. 5. 1616 Stuttgart, † 6. oder 7. 5. 1667 auf Schloß Héricourt bei Montbéliard. Sohn des Stuttgarter Hofkapellmeisters Basilius F. 1637 Hoforganist in Wien, Ende 1637–1641 auf Kosten des Wiener Hofes zum Studienaufenthalt in Italien u. dort Schüler G. Frescobaldis. 1641–45 u. 1653–57 wieder Hoforganist in Wien, dazwischen verschiedene Reisen. Entweder 1652 oder 1662 Aufenthalt in London. F. verbindet in seinen Kompositionen italienische, französische u. englische Einflüsse. Mit den von ihm hinterlassenen 30 Suiten darf er als der eigentliche Schöpfer der Klaviersuite angesehen werden.

Zu F. Werken gehören Toccaten, Capriccios, Ricercare, Fantasien, Kanzonen, Suiten u. Sätze für 3 Singst., 2 V. u. B.c.

Fröhlich, F. Theodor, schweiz. Komponist, * 20. 2. 1803 Brugg, † 16. 10. 1836 Aarau. Schüler von C. F. Zelter u. B. Klein in Berlin, Musiklehrer in Aarau und Dirigent eines Gesangvereins und Liebhaberorchesters. Wurde hauptsächlich durch seine Chöre u. Lieder bekannt, insbesondere durch seine Melodie zu Eichendorffs »Wem Gott will rechte Gunst erweisen«.

Frosch nennt man den Griff des Bogens bei Streichinstrumenten.

Frottola (ital.), eine besonders in Ober- u. Mittelitalien zwischen 1490 u. 1530 gepflegte Liedform, deren Inhalt oft zweideutig war u. meistens von der Liebe handelte. Der Satz war 4st., wobei der S. eine leicht eingängige, oft aus der Volksmusik entlehnte Melodie vortrug, während der B. als Harmonieträger diente. A. u. T. waren Füllstimmen. Die meisten F. wurden in Sammelbänden von Petrucci in Venedig veröffentlicht. Nach 1530 wurde die F. von der Kanzone, der Villanesca u. dem Madrigal verdrängt.

Frumerie, Per Gunnar F. de, schwed. Komponist u. Pianist, * 20. 7. 1908 Nacka. Studierte am Konservatorium in Stockholm bei L. Lundberg (Klavier) u. E. Ellberg (Komposition), in Wien bei v. Sauer (Klavier) u. E. Stein (Komposition) u. in Paris bei A. Cortot (Klavier) u. L. L. Sabanejew (Komposition). Ab 1945 Lehrer für Klavier an der Hochschule in Stockholm, ab 1962 dort Professor.

Zu F. Kompositionen gehören 2 Klavierkonzerte (1929 u. 1935); 1 sinfonische Ballade für Kl. u. Orch. (1944); Konzert für 2 Kl. u. Orch. (1953); Violinkonzert (1936); *Pastoralsuite* für Fl. u. Streicher (1941); Flötenkonzert (1969); Klarinettenkonzert (1958); Trompetenkonzert (1959); Oboenkonzert (1960–61) u. Hornkonzert (1971–72); Kammermusik u. Lieder; außerdem die Oper *Singualla* (1940) u. das Ballett *Johannesnatten* (1947).

Fry, William Henry, amer. Komponist u. Kritiker, * 10.8.1813 Philadelphia, † 21.9.1864 in Santa Cruz. 1846–52 europäischer Korrespondent der »New York Tribune«. Als Musiker Autodidakt. Komponierte u. a. die Oper *Leonora* (1845), die als erste amer. Oper gilt.

Fuchs, Robert, österr. Komponist, Organist u. Lehrer, * 15. 2. 1847 Frauenthal, † 19. 2. 1927 Wien. Studierte am Wiener Konservatorium u. wurde dort 1875 Professor für Harmonielehre. Zu seinen Schülern gehörten H. Wolf, G. Mahler u. F. Schreker. Von seinen Kompositionen hatten die 5 Serenaden für Streicher größeren Erfolg.

Fuenllana, Miguel de, span. Lautenvirtuose u. Komponist, * um 1500 Navalcarnero, † um 1579 wahrscheinlich Valladolid. Veröffentlichte 1554 ein » Libro de música para vihuela intitulado Orphenica lyra ...«, das Lautenbearbeitungen von Vokalsätzen u. Fantasien von F. in Tabulatur enthält. Es gehört zu den wichtigsten Zeugnissen der span. Musik im 16. Jh.

Füllstimmen nennt man im mehrstimmigen Satz jene Stimmen, die nur harmonie- u. klangverstärkend eingesetzt werden, aber für die Weiterführung der Melodie bedeutungslos sind.

Fürstner, Adolph, dt. Musikverleger, * 3. 4. 1833 Berlin, † 6. 6. 1908 Bad Nauheim. Gründete 1868 den F.-Verlag, der sich besonders auf Bühnenwerke spezialisierte. 1935 emigrierte sein Sohn Otto mit dem Verlag nach London. Die zum Verlagsprogramm gehörenden Opern Richard Strauss' kamen während des 2. Weltkrieges an → Boosey & Hawkes.

Füssl, Karl Heinz, österr. Komponist, * 21. 3. 1924 Jablonec, Tschechoslowakei. Studierte an der Hochschule für Musik in Berlin u. der Staatsakademie in Wien, anschließend Privatstudien bei J. Polnauer u. E. Ratz. Leitet ein Seminar für Formenlehre u. Zwölftontechnik an der Hochschule für Musik u. darstellende Kunst in Wien u. lebt dort als freischaffender Komponist. Gehört außerdem zu den Mitarbeitern der Universal Edition.

F. komponierte u. a. *Görög Ilona,* Ballade aus Siebenbürgen für gem. Chor a cappella (1948, revidiert 1960); *Epitaph u. Antistrophe* für Orch. (1956, revidiert 1970); *Concerto Rapsodico* für A. oder Mezzo-S. u. Kammerorch. (1957); *Miorita,* altrumän. Volksballade (1963); *Dybuk,* Oper in 3 Akten (1969–70); *Refrains* für Kl. u. Orch. (1972); *Celestina,* Oper in 2 Akten (1973); *Cantiunculae Amoris,* 3 lateinische Gesänge nach Ovid u. Petronius für T. u. Streichquartett oder Streichorch. u. *Motetus* für Vc. u. Org. oder Vc., A. u. Org. (1976) u. *Nachtmusik* für Streichtrio (1977).

Fuga (lat.: »Flucht«), ein Begriff, der seit dem 14. Jh. für Kanontechnik stehen kann, ab Ende des 15. Jh. auch auf die → Imitation angewandt wird u. in der Sonderform der F. sciolta, der frei weitergeführten F., im 17. Jh. in dem Begriff → Fuge aufgeht.

Fugato (ital.: »fugiert«), ein fugenartig komponierter Abschnitt, häufig als Durchführung eines Themas im Sonatensatz.

Fuge, eine musikalische Form, die sich aus der Fuga sciolta entwickelt hat u. von J. S. Bach in Werken wie *Das wohltemperierte Klavier* u. *Kunst der Fuge* zu ihrem Höhepunkt geführt wurde. Vom Kanon unterscheidet sich die F. durch ihren freien Stimmenverlauf, von der Satztechnik der → Imitation durch die geschlossene Form. Die Bauweise einer F. ist schwer zu beschreiben. Folgt man den genauen Anweisungen von Fux in seinem »Gradus ad Parnassum« oder einem anderen Lehrbuch, so kommen zwar technisch einwandfreie F. zustande, aber selten Meisterwerke. Das allgemeine Bauprinzip könnte wie folgt erklärt werden: Das möglichst einprägsame Fugenthema, auch Dux genannt, wird meistens auf der 1. Stufe (Tonika) ganz vorgetragen. Dann folgt die Beantwortung durch die 2. St., auch Comes genannt, die das gleiche Thema auf einer anderen Stufe vollständig wiederholt. Beginnt die 1. St. auf der 1. Stufe, setzt die 2. meistens auf der 5. (Dominante) ein. Während die 2. St. das Thema bringt, wird dieses von der 1. kontrapunktiert. Das geschieht häufig durch Einführung eines Gegensatzes oder Kontrasubjekts. Haben alle Stimmen einer F. das Thema einmal vollständig vorgetragen, ist die sog. Exposition beendet. Im nun folgenden Mittelteil, der sog. Ausführung, werden das thematische sowie das gegensätzliche Material frei verarbeitet. Neben der Modulation in verwandte u. selbst entferntere Tonarten wird es mittels der Augmentation, Diminution, Inversion u. des Krebsgangs durchgearbeitet. Die F. schließt mit einer Coda oder einem Schlußteil, der den Höhepunkt der F. darstellt u. alle Stimmen in vielen Fällen in eindrucksvoller Bündelung in die Orginaltonart zurückführt.

Fukushima, Kazuo, japan. Komponist, * 11. 4. 1930 Tokio. Autodidakt u. Mitglied der Experimentalgruppe Jikken Kobo, die sich 1949 in Tokio zusammenfand u. stark unter dem Einfluß von E. Varèse, J. Cage u. O. Messiaen stand. F. versucht in seinen Kompositionen, → Gagaku mit seriellen westlichen Techniken zu verbinden.

Zu F. Werken gehören Requiem für Solo-Fl. (1956); *Hikyô* für Solo-Fl., Streichorch., Kl. u. Schlagzeug (1962); *Kadha Hi-Haku* für Kammerorch. (1963, 2. Fassung); *Tsuki-shiro* für Streicher, Hf., Kl. u. Schlagzeug (1963); *Suirin* für 2 Kl. u. Schlagzeug (1967) u. *Ring of the Wind* für Kl. (1968).

Fulkerson, James, amer. Komponist u. Posaunist, * 2. 7. 1945 Streator, IL. Schüler von B. Johnston, S. Martirano, K. Gaburo, L. Hiller u. H. Brun. 1969–72 am Center for New Music in Buffalo, lebt seitdem als freischaffender Komponist in New York.

F. schrieb u. a. für Orch. *Globs* (1968), *Something about mobiles* (1969), *Behind closed doors* (1971) u. *Patterns X* (1972), Gitarrenkonzert (1972), Posaunenkonzert (1973), Quartett für Tänzer, Fag., Kl., V., Pos. (1967), Streichquartette u. *What is performance* für Solo-Pos., Tonband, Dias u. Filme (1973).

Fundamentinstrumente, ein von A. Agazzari geprägter u. von M. Praetorius in sein »Syntagma« übernommener Begriff für die zum Generalbaßspiel geeigneten Instrumente wie Orgel, Positiv, Regal, Cembalo, Theorbe usw., auf denen man Akkorde greifen konnte (instrumenta omnivoca).

Fundamentum (lat.: »Grund«), im Spätmittelalter Bezeichnung für den Tenor, über dem der Discantus sich entfaltete, seit dem 16. Jh. auf den B. bezogen.

Funk u. **Funky-Stil** bezeichnen eine Art der Soul-Musik, die sich besonders »schwarz« u. sexy gibt.

Funkoper, eine analog zum Hörspiel entwickelte eigenständige Opernform im Rundfunk, die sich insbesondere der dem Medium eigenen Möglichkeiten bedient. Die erste in Deutschland ausgestrahlte F. ist G. Kneips *Christkindleins Erdenreise.*

Funktionslehre, ein System, das H. Riemann für die harmonischen Beziehungen aufgestellt u. erstmals in seiner »Vereinfachten Harmonielehre« (1893) zusammenhängend dargestellt hat. Sie beruht auf drei allein wesentlichen Funktionsharmonien, dem Tonika-(T), dem Subdominant-(S) u. dem Dominantdreiklang (D), von denen alle anderen Akkorde abgeleitet werden.

Furiant, ein feuriger böhm. Volkstanz mit Wechsel zwischen 2/4- u. 3/4-Takt. In der von B. Smetana u. A. Dvořák mitbegründeten tschech. Nationalmusik wird der F. in die Kunstmusik eingeführt u. häufig an die Stelle des traditionellen Scherzos gesetzt.

Furtwängler, G. E. H. Wilhelm, dt. Dirigent u. Komponist, * 25. 1. 1886 Berlin, † 30. 11. 1954 Ebersteinburg. Schüler von A. Beer-Walbrunn, J. Rheinberger u. M. v. Schillings. Gehört zu den großen Dirigenten des 20. Jh. Setzte sich u. a. für das Werk von Hindemith ein u. legte deshalb 1934 das Amt des Vizepräsidenten der Reichsmusikkammer nieder.

Zu F. Kompositionen gehören 3 Sinfonien (1903, 1947 u. 1954), *Symphonisches Konzert* für Kl. u. Orch. (1937), Kammermusik u. Chöre. Lit.: W. F., Gespräche über Musik, Zürich 1948; M. Hürlimann (Hg.), W. F. im Urteil seiner Zeit, Zürich 1955.

Futurismus, künstlerisch-politische Bewegung um F. T. Marinetti, der am 20. 2. 1909 sein berühmtes Manifest im »Figaro« veröffentlichte. Musik des F.: → Bruitismus.

Fux (Fuchs), Johann Joseph, österr. Komponist u. Theoretiker, * 1660 Hirtenfeld bei St. Marein, † 13. 2. 1741 Wien. Über seine Jugend ist nichts bekannt. Erst 1680 wurde er an der Grazer Jesuiten-Universität registriert u. am 22. 2. 1681 als Zögling in das Internat des Ferdinandeums aufgenommen, aus dem er wahrscheinlich 1684 nach Italien floh. 1696–1702 Organist am Schottenstift in Wien, 1698 Hofkompositeur, 1705 Kapellmeister am Stephansdom, 1713 Vizehofkapellmeister u. 1715 als Nachfolger M. A. Zianis Hofkapellmeister. Erlebte 1723 mit der Aufführung seiner Krönungsoper *Costanza e Fortezza* in Prag den größten Erfolg seines Lebens. F. gilt als Traditionalist u. Verfechter der Palestrina-Renaissance. Gleichzeitig zeigen sich in seinem Werk jedoch auch Spuren franz. u. ital. Einflüsse, während seine Opern der neuen neapolitanischen Schule verpflichtet sind. Zu seinen Schülern gehörten G. Ch. Wagenseil, G. T. Muffat, J. D. Zelenka, F. Tuma, J. G. Orschel u. P. O. Panzau.

F. komponierte Opern, Oratorien, Kantaten, Ouvertüren, Sinfonien, Partiten u. Trio-Sonaten. Im Druck erschienen die Festoper *Elisa* (1719), der »Concentus musico-instrumentalis« (1701) u. sein theoretisches Werk »Gradus ad Parnassum, sive manuductio ad compositionem musicae regularem, methodo nova« (1725). Ein Druck der 36 Triosonaten scheint nicht mehr auffindbar.

Lit.: L. R. v. Koechel, J. J. F., Wien 1872; J. H. van der Meer, J. J. F. als Opernkomponist, 4 Bde., Bilthoven 1961; E. Wellesz, F., London 1965.

G

G, 1. Ton-Name, in der mittelalterlichen Buchstaben-Tonschrift im allgemeinen die 7. Stufe. Seit Zarlino ist G die 5. Stufe der Grundskala. **2.** Seit G. v. Arezzo findet G als Schlüssel Verwendung, heute ausschließlich auf der 2. Linie. **3.** Seit Anfang des 19. Jh. Akkord- u. Tonartenbezeichnung: G für G-Dur, g für g-Moll. **4.** Im Franz. ist g Abkürzung für gauche, z. B. m. g. (main gauche), linke Hand.

Gabelgriff nennt man bei Holzblasinstrumenten die Technik, einen fehlenden Zwischenton dadurch zu gewinnen, daß man zwei Tonlöcher auf einmal bedient. Diese Griffe werden heute durch vermehrte Grifflöcher u. Klappen weitgehend vermieden.

Gabrieli (Gabrielli), **1.** Andrea, ital. Komponist, Organist und Sänger, * um 1510 Venedig, † Ende 1586 ebd. Schüler von A. Willaert u. 1536 Kapellsänger an S. Marco in Venedig. Ab 1564 dort 2. u. ab 1585 1. Organist. Machte sich schon früh als Madrigalist einen Namen u. veröffentlichte 1571 3st. »Greghesche et iustiniane« nach Texten seines Freundes A. Molino. Von seinen Zeitgenossen wurde besonders die Textbehandlung A. G. hervorgehoben. In seinen großflächig angelegten weltlichen u. geistlichen Kompositionen fällt die Mischung von Stimmen u. Instrumenten auf sowie die Verwendung neuer Klangfarben. Mit seinen *Chori in musica ... della tragedia di Edippo Tiranno* zur Einweihung von Palladios Teatro Olimpico gehört er zu den Wegbereitern des neuen Opernstils. Zu seinen Schülern zählten sein Neffe Giovanni u. die Deutschen H. L. Haßler u. Gr. Aichinger.

Zu G. Kompositionen gehören *Sacrae cantiones* (1565), 3 Bücher 5st. Madrigale (1566, 1570 u. 1589), *Concerti a 6–16 v.* (hg. von Giovanni G., 1587), Orgelwerke u. Instrumentalstücke.

2. Giovanni, Neffe von 1., ital. Komponist u. Organist, * zwischen 1554 u. 1557 Venedig, † 12. 8. 1612 oder 1613 ebd. Verbrachte die Jahre 1575–79 am Hof in München, wo er zu den Schülern von Lassus zählte. 1585 2. Organist an S. Marco u. 1586 Nachfolger seines Onkels als 1. Organist. Trieb dessen Versuche weiter u. steigerte das Prinzip der Mehrchörigkeit bis zum Einsatz von 4 Chören u. 5 Instrumentalgruppen. In seinen Sonatenkompositionen für Instrumentalensembles, insbesondere in den *Sacrae symphoniae*, gelingen ihm überraschende dynamische Effekte durch Wechsel zwischen verschiedenen Instrumentengruppen. Sein bedeutendster Schüler war H. Schütz.

Zu G. Kompositionen gehören *Ecclesiasticae cantiones 4–6 v.* (1589), *Sacrae symphoniae I* u. *II* (1597 u. 1615) u. *Canzoni et sonate* (1616). Außerdem nahm er auch eigene Kompositionen in Ausgaben der Werke seines Onkels auf, so z. B. die *Concerti a 6–16 v.*

Lit.: C. G. A. V. v. Winterfeld, Johannes G. u. sein Zeitalter, 3 Bde., Berlin 1834 (Nachdr. Hildesheim 1965); D. Arnold, G. G., Oxford Studies of Composers XII, London 1974; W. Müller-Blattau, Tonsatz u. Klanggestaltung bei G. G., Kassel 1975.

Gaburo, Kenneth, amer. Komponist, * 5. 7. 1926 Somerville, NJ. Schüler von B. Rogers, G. Petrassi u. B. Phillips. Lehrte als Professor of Music an verschiedenen Universitäten u. ist seit 1968 an der University of California in San Diego tätig.

G. komponierte die Bühnenwerke *The Snow Queen* (1952), *Music for Tiger Rag* (1956), *Bodies* (1957), die Trilogie *The Widow, The Hermit* u. *The Dog-King* (1959), *The Hydrogen Jukebox* (1963) u. *Lingua I–IV*, ein sechsstündiges Werk (1965–70); *3 Interludes for string orchestra* (1949); *Piano concertante* (1949); *On a Quiet Theme* für Orch. (1950); *Elegy* für kleines Orch. (1954); Bratschenkonzert (1959); Kammermusikwerke für Instr. u. Tonband, Instr. u. Dias, u. a. *Antiphony VI* für Streichquartett, Dias u. Tonband (1971); Chorwerke u. elektronische Kompositionen.

Gade, Niels W., dän. Komponist, * 22. 2. 1817 Kopenhagen, † 21. 12. 1890 ebd. War abgesehen von einem kurzen Unterricht bei A. P. Berggreen als Komponist Autodidakt, erlernte aber bereits als Kind bei F. T. Wexschall das Geigenspiel u. brachte es auf diesem Instrument in kurzer Zeit zu so großer Fertigkeit, daß er Mitglied der Kopenhagener Hofkapelle wurde. Trat 1841 mit der Ouvertüre *Nachklänge aus Ossian* an die Öffentlichkeit u. erlebte 1843 die Aufführung seiner 1.

Sinfonie in c-Moll durch F. Mendelssohn Bartholdy in Leipzig. Übernahm 1844 in Abwesenheit von Mendelssohn Bartholdy die Leitung der Gewandhauskonzerte u. wurde nach dessen Tod 1847 zum Nachfolger gewählt. Ab 1848 lebte er wieder in Dänemark, erhielt in Kopenhagen eine Organistenstelle u. übernahm die Leitung der Konzerte des Musikvereins. 1866 teilte er sich mit H.S. Pauli u. seinem Schwiegervater J. P. E. Hartmann die Direktion des neugegründeten Kopenhagener Konservatoriums. G. ist der herausragende Vertreter der romantischen Musik in Dänemark. Unter dem Einfluß seiner Freunde Schumann u. Mendelssohn Bartholdy, aber nicht von ihnen abhängig, fand er seine eigene Sprache, in die im Zuge eines künstlerischen Nationalismus dän. Folklore einfloß.

G. komponierte neben Bühnenmusiken Teile der Ballette *Napoli* u. *Eine Volkssage* für A. Bournonville; zusammen mit J. F. Fröhlich das Ballett *Faedrelandets muser;* das Singspiel *Marionetta* (1849); 8 Sinfonien (1841, 1843, 1847, 1850, mit Kl. 1852, 1856, 1864 u. 1871); 7 Ouvertüren; *Novelletten* für Streichorch. (1874); die Suiten *Ein Sommertag auf dem Lande* (1879) u. *Holbergiana* (1884); 1 Violinkonzert (1880); 3 Violinsonaten; 1 Klaviersonate; 1 Streichquintett (1845); 1 Streichoktett (1848); 1 Streichsextett (1863) u. 1 Streichquartett (1889). Außerdem entstanden Klavierstücke, Orgelmusik u. Lieder. Mit seinen Kantaten *Zion* (um 1873), *Die Kreuzfahrer* (um 1873) u. *Psyche* (1882) hatte er besonders in England Erfolg.

Gadschibekow (Gadžibekov), Useir A.H. ogly, sowj. Komponist, * 17. 9. 1885 Agdschabedy, † 23.11.1948 Baku. Studierte in Baku, Moskau u. Petersburg. Widmete sich nach der Oktoberrevolution dem Aufbau eines aserbaidschanischen Musiklebens, indem er eine Musikschule u. ein Sinfonieorchester gründete, Unterricht gab u. die erste aserbaidschanische Oper *Lejli und Medschnun* komponierte. 1945 veröffentlichte er seine Abhandlung »Grundlagen der aserbaidschanischen Volksmusik« u. komponierte die Nationalhymne seiner Republik.

Zu G. Kompositionen gehören neben Ouvertüren, Kantaten, Kammermusik u. Liedern die Opern *Leijli u. Medschnun, Sheich Sanan, Sheich Abas, Asli u. Kerim, Rustam u. Zachrob, Arun u. Leila* u. *Ker-Ogly* sowie die Operette *Arschin-Mal-Allah.*

Gadschijew (Gadžiev), Achmed Dschwedet I. ogly, sowj. Komponist, * 18. 6. 1917 Nucha. Studierte bei L.M. Rudolf u. U. Gadschibekow in Baku u. A. Alexandrow sowie D. Schostakowitsch in Moskau. Leitete 1941–45 u. 1947–48 die Bakuer Philharmonie u. war 1957–69 Direktor des dortigen Konservatoriums. Zu seinen Werken gehören die Oper *Vétén* (1945) u. mehrere sinfonische Kompositionen.

Gänsbacher, Johann B.P.J., österr. Komponist, * 8. 5. 1778 Sterzing, † 13. 7. 1844 Wien. Schüler von J.G. Albrechtsberger u. Abbé Vogler in Wien, Lehrer in Prag, Dresden u. Leipzig u. 1810 erneut Schüler von Vogler in Darmstadt, gemeinsam mit C. M. von Weber u. G. Meyerbeer. Gab sein unstetes Leben auf, als er 1823 den Kapellmeisterposten am Wiener Stephansdom erhielt.

Zu G. vorwiegend kirchenmusikalischen Kompositionen gehören Messen, Requiems, Kantaten, 1 Sinfonie u. Musik zu Kotzebues »Kreuzfahrer«.

Gaffori (Gafori, Gafurius), Franchino, ital. Theoretiker u. Komponist, * 14. 1. 1451 Lodi, † 24. 6. 1522 Mailand. Kam 1478 im Gefolge des Dogen Prospero Adorno an den Hof nach Neapel u. lernte dort Tinctoris u. Ycaert kennen. Unter ihrem Einfluß entstand sein »Theoricum opus musicae«. 1480 leitete er die Schola cantorum in seiner Heimatstadt, 1484 wurde er Kapellmeister am Mailänder Dom. Die Chorbücher des »Liber capelle ecclesie maioris Milani« enthalten den Großteil seiner eigenen Kompositionen. Zu seinen theoretischen Werken gehören »Theoricum opus musicae disciplinae« (1480), »Practica musicae« (1496) u. »De harmonia musicorum instrumentorum opus« (1518).

Gagaku (japan.), Bezeichnung für die höfische Musik Japans seit der Heian-Zeit (794–1192). In dieser Musik vermischen sich japan. Elemente mit Einflüssen anderer asiatischer Länder. Das G.-Orchester besteht aus Blas-, Streich- u. Schlaginstrumenten, die auch zur Begleitung von Tänzen eingesetzt werden. Die auf wenige Musikerfamilien beschränkte Tradition lebt bis heute am Kaiserlichen Hof fort.

Gagliano, 1. Marco da (eigtl. Zenobi, benannt nach seinem Geburtsort), ital. Komponist u. Kapellmeister, * 1. 5. 1582 Gagliano, † 25. 2. 1643 Florenz. Schüler von L. Bati, dessen Nachfolger er 1608 als Kapellmeister an S. Lorenzo in Florenz wurde. 1607 gründete er die Accademia degli Elevati u. legte sich als Mitglied den Namen l'Affannato zu. 1611 Hofkapellmeister. Seine Beziehungen zum Hof in Mantua spiegeln sich im Briefwechsel mit Kardinal Ferdinando Gonzaga wider. Für Mantua entstand die 1608 aufgeführte Oper *Dafne* auf den Text von O. Rinuccini. Weitere Werke wie Ballette u. Rappresentazioni gingen verloren. Erst die gemeinsam mit J. Peri 1628 zur Hochzeit des Herzogs von Parma mit M. de' Medici komponierte Oper *La Flora, o vero Il natal de' fiori* erschien im Druck. G., der sich im Vorwort zu seiner *Dafne* lobend über Peri u. Monteverdi äußert, gehört zu den Komponisten, die den neuen Stile rappresentativo mitbegründeten. Seine 6 Madrigalbücher u. die geistlichen Werke sind vorwiegend dem alten polyphonen Stil verpflichtet.

2. Giovanni Battista, Bruder von 1., ital. Komponist, * 20. 12. 1594 Florenz, † 8. 1. 1651 ebd. Komponierte hauptsächlich Motetten u. Psalmen. Eine gemeinsam mit Caccini verfaßte Rappresentazione ist verloren.

Gagnebin, Henri, schweiz. Komponist u. Organist, * 13. 3. 1886 Lüttich, † 2. 6. 1977 Genf. Studierte in Lausanne, Berlin, Genf u. an der Schola Cantorum in Paris bei V. d'Indy u. L. Vierne. 1910–16 Organist in Paris, 1916–25 in Lausanne u. 1925–57 Direktor des Konservatoriums in Genf. In seinen Kompositionen verbinden sich Einflüsse der Schola Cantorum mit Elementen des Neoklassizismus.

Zu G. Werken gehören die Bühnenmusik zu Hofmannsthals »Jedermann«, 2 Oratorien, 4 Sinfonien, 1 Klavier- u. 1 Cellokonzert sowie 3 Streichquartette.

Gainsbourg, Serge (eigtl. Lucien Ginsburg), franz. Chansonsänger u. -komponist, Regisseur u. Schauspieler, * 2. 4. 1928 Paris. Debütierte nach seinem Architekturstudium als Pianist u. Gitarrist im Kabarett »Milord L'Arsouille« u. begann 1958, eigene Chansons zu schreiben. Zu ihnen gehören *Le poinçonneur des lilas, La chanson de Prévert, Poupée de cire, Harley Davidson, L'eau à la bouche* u. *Initials B. B.* Weltberühmt wurde er mit seinem für Jane Birkin komponierten *Je t'aime, moi non plus* (1969). Zu seinen Filmmusiken gehören *Good-bye Emmannuelle, L'eau à la bouche, Cannabis* u. *Anna*. Bei *Je t'aime, moi non plus* (1975) schrieb G. nicht nur die Musik, sondern führte auch Regie. U. a. hat er Chansons für Les Frères Jacques, B. Bardot u. J. Greco komponiert. 1980 erschien seine Erzählung »Evguénie Sokolov« in Paris.

Lit.: M. de Pierrefeu u. J. C. Maillard, S. G., Filmographie, Paris 1980.

Gal, Hans (eigtl. Gál), österr. Komponist, * 5. 8. 1890 Brunn/Wien. Studierte bei E. Mandyczewski u. G. Adler. 1918–29 Lektor an der Universität Wien, 1929–33 Direktor der Musikhochschule Mainz, 1933–38 als Dirigent in Wien u. von 1945 bis 1965 Dozent u. Musikbibliothekar an der Universität Edinburgh. Seine Kompositionen stehen in der Nachfolge von J. Brahms.

Zu G. Werken gehören 4 Opern, Konzerte, Chorwerke, Kammermusik u. Klavierstücke. Gemeinsam mit E. Mandyczewski besorgte er die GA der Werke von J. Brahms (Leipzig 1926–28).

Galanterien, Bezeichnung für kleinere homophone Sätze, vornehmlich für Tasteninstrumente, im 18. Jh. So wurden insbesondere die nichtobligatorischen Stücke in den Suiten genannt.

galanter Stil, musikalische Richtung des Rokoko, die den Übergang von der barocken Kontrapunktik zu dem sich teilweise bereits gleichzeitig entwickelnden empfindsamen Stil bildet. Merkmale sind eine singbare Melodie, Wiederholungsthematik, kleine Gruppensymmetrien sowie die Bevorzugung des Andante. G. St. bedeutet Umsetzung der galanten Konversation der Zeit in Instrumentalmusik. Den Höhepunkt des g. St. bilden G. B. Sammartini u. die Norddeutsche Schule um die Gebrüder Graun. Zu ihren ersten Vertretern gehören D. Scarlatti, F. Couperin u. R. Keiser sowie G. Ph. Telemann.

Galilei, Vincenzo, ital. Komponist, Lautenist u. Theoretiker, * um 1520 S. Maria in Monte, begraben 2. 7. 1591 Florenz. Vater des berühmten Physikers Galileo G., Schüler von G. Zarlino in Venedig u. G. Mei in Rom. Veröffentlichte ein Lautentabulaturwerk u. einen Dialog über Tabulaturen u. das Stimmen der Laute. Ließ sich in einen Streit mit Zarlino über die rechte temperierte Stimmung ein, der in mehreren Veröffentlichungen ausgetragen wurde. Seine historische Bedeutung liegt in der Veröffentlichung seines »Dialogo della musica antica et della moderna« (Florenz 1581). Als Mitglied der → Camerata faßte er in diesem Dialog mit dem Schriftsteller u. Musiker G. Bardi die neuen musikalischen Bestrebungen der Gruppe zusammen u. übte Kritik an der zeitgenössischen Polyphonie. Als Proben der dem Altertum nachempfundenen Monodie trug G. Klagen des Jeremias u. des Ugolino vor u. begleitete sich dabei selbst auf der Viola. Diese Kompositionen sind verlorengegangen. In den Werken von G. findet sich außerdem der Abdruck der Hymnen des Mesomedes.

Galliarde, ein ausgelassener Paartanz, vorwiegend im Dreiertakt u. seit dem 15. Jh. bekannt. Trat im 16. Jh. häufig als schneller Nachtanz der Pavane auf u. bestand oft aus dem gleichen musikalischen Material. Gehörte zu den ursprünglichen Bestandteilen der Suiten im 17. Jh.

Galliculus, Johannes, dt. Komponist u. Theoretiker, * wahrscheinlich um 1490 Dresden, † um 1550, möglicherweise Leipzig. Gab 1520 in Leipzig ein G. Rhaw gewidmetes Kompendium »Isagoge de compositione cantus« heraus. Gehört zu den wichtigsten frühprotestantischen Komponisten. Seine Kompositionen erschienen vorwiegend in Sammelwerken.

gallikanischer Gesang, Bezeichnung für das einstimmige Repertoire der altgallischen Liturgie, die seit Karl dem Großen von der römischen Liturgie abgelöst wurde.

Gallus (eigtl. Petelin, nannte sich Handl, Händl), Jacobus, österr. Komponist slowenischer Herkunft, * zwischen dem 15. 4. u. 31. 7. 1550 Reifnitz, † 18. 7. 1591 Prag. 1579–85 Chordirektor des Bischofs von Olmütz, ab 1585 Kantor an St. Johann in Prag. Venezianische Mehrchörigkeit, Chromatik u. der durchimitierende niederl. Stil verbinden sich bei ihm zu erstaunlichem Ausdruck, so z. B. in der 5st. Motette *Mirabile myste-*

rium. Er gehört zu den Vertretern der Musik der Gegenreformation.

Galopp, ein zu Beginn des 19. Jh. aufkommender schneller Gesellschaftstanz im ²⁄₄-Takt unter Bevorzugung eines punktierten Rhythmus. Berühmt wurde J. Offenbachs *Galop infernal* in seinem *Orpheus in der Unterwelt* (1858).

Galuppi, Baldassare, ital. Komponist, * 18. 10. 1706 auf der Laguneninsel Burano, † 3. 1. 1785 Venedig. Nach seinem Geburtsort auch Il Buranello genannt. Schüler von A. Lotti in Venedig. Brachte 1728 gemeinsam mit G. B. Pescetti die Oper *Gli odi delusi del sangue* zur Aufführung u. widmete sich nach einem Anfangserfolg der Komposition von Opern. 1740 Chorkapellmeister am Ospedale dei Mendicanti in Venedig, 1741–43 in London, wo er insbesondere mit seinen Opern *Scipione in Cartagine* u. *Enrico* Erfolg hatte. 1748 Vizekapellmeister u. 1762 1. Kapellmeister an S. Marco, gleichzeitig Direktor des Ospedale degl'Incurabili. 1765–68 auf Einladung von Katharina II. Hofkapellmeister u. -komponist in Petersburg, wo er u. a. seine *Didone abbandonata* zur Aufführung brachte u. *Ifigenia in Tauride* komponierte. Als Librettisten bevorzugte G. Metastasio u. Goldoni. In Zusammenarbeit mit dem letzteren entstanden seine erfolgreichsten Buffo-Opern. G. Bedeutung liegt im Ausbau des Opernfinales.

G. komponierte neben seinen mehr als 90 Bühnenwerken Kirchenmusik, Konzerte u. 1–4sätzige *Sonate* für Cemb.

Gamelan → S. 297

ganze Note (ital. semibreve, franz. ronde, engl. semibreve, amer. auch whole note): 𝅝; Pause (franz. la pause): 𝄻

Ganzton nennt man die großen Sekundintervalle der Grundskala. In der reinen Stimmung wird zwischen dem großen bzw. pythagoreischen u. dem kleinen G. unterschieden. Vgl. das syntonische → Komma.

Ganztonleiter heißt die in sechs gleiche Teile unterteilte Oktave. Sie fand bei russ. Komponisten wie M. Glinka u. A. Borodin sowie den franz. Impressionisten, insbesondere C. Debussy, Verwendung. Bei O. Messiaen wird sie als mode à transpositions limitées verwendet.

Garant, Serge, kan. Komponist, * 22. 9. 1929 in Quebec. Interessierte sich erst mit 15 Jahren für Musik u. brachte sich selbst das Klarinetten-, Saxophon- u. Klavierspiel bei. Machte auf allen Instrumenten so schnelle Fortschritte, daß er in Kürze bei Jazzbands mitspielte u. Karinettist des Sherbrooke-Sinfonieorchesters wurde. Es folgten Klavierunterricht bei S. Lacharité u. Y. Hubert sowie Einführung in die Kompositionslehre durch P. Robidoux u. C. Champagne. 1948 entstanden mit *Musique pour saxophone alto et fanfare*, *Sonatine pour piano* u. *Adagio et allegro pour piano et harmonie* seine ersten Kompositionen. 1951–52 erhielt er Unterricht in Paris bei O. Messiaen u. A. Vaurabourg-Honegger u. begegnete P. Boulez. 1954 erfolgte gemeinsam mit G. Tremblay, F. Morel, O. Joachim u. J. Landry die Gründung einer unregelmäßig stattfindenden Reihe von Konzerten zeitgenössischer Musik, die später den Namen Musique de notre temps erhielt. In dieser Reihe setzt sich G. besonders für die 2. Wiener Schule ein. 1966 Gründung der Société de musique contemporaine du Québec, deren musikalische Leitung G. übernahm. Seit 1967 Professor für Komposition an der Universität Montreal, 1969 Teilnehmer an den Sommerkursen von Boulez in Basel, Dirigent zeitgenössischer Musik u. freischaffender Komponist. Seine stark von der 2. Wiener Schule, Boulez u. K. Stockhausen beeinflußte Musik oszilliert zwischen serieller Formenstrenge u. aleatorischer Freiheit.

G. schrieb u. a. die Orchesterwerke *Ouranos* (1963), *Ennéade* (1964), *Amuya* u. *Phrases II* (1968), *Offrande I* (1969), *Offrande II* (1970), *Musique pour la mort d'un poète* für Kl. u. Streicher (1954); für Stimmen u. Instr. *Anerca* für S., Fl., Klar., Fag., V., Va., Vc., Hf. u. Schlagzeug nach Eskimogedichten (1961, rev. 1963), *Phrases I* für Mezzo-S., Kl., Celesta u. Schlagzeug (1967) u. *... chant d'amours* für S., Mezzo-S., Bar., Vc., 3 Trp., 2 Hörner, 3 Pos., 2 Hf. u. 2 Schlagzeuge (1975); für verschiedene Besetzungen *Nucléogame* für Fl., Ob., Klar., Trp., Horn, Kl. u. Tonband (1955), *Canon VI* für Fl., Klar., Vc., Celesta, Xylophon, Vibraphon, Kl. u. 3 Schlagzeuge (1957), Stück für Streichquartett (1959), *Asymétries Nr. 2* für Klar. u. Kl. (1959), *Jeu à quatre* für 4 Instrumentalensembles (1968), *Offrande III* für 3 Vc., 2 Hf., Kl. u. 2 Schlagzeuge (1971), *Circuits II* für 2 Fl., Klar., Trp., Horn, Pos., 2 Kl., V., Va., Hf. u. 3 Schlagzeuge (1972) u. *Circuits III* für 18 Ausführende (1973); Klavierstücke u. Lieder. Die *Offrande*- u. *Circuit*-Kompositionen beziehen ihr Ausgangsmaterial aus Bachs *Musikalischem Opfer*.

Gargiulo, Terenzio, ital. Komponist, * 23. 9. 1905 Torre Annunziata, † 13. 11. 1972 S. Sebastiano al Vesuvio. Studierte am Conservatorio di Musica S. Pietro a Majella in Neapel u. war ab 1963 Direktor dieser Institution.

Zu G. Kompositionen gehören die Opern *Il borghese gentiluomo* (1947) u. *Maria Antonietta* (1952), ein Ballett *Fantasia romantica* (1952), 2 Sinfonien u. 2 Serenaden.

Gaslini, Giorgio, ital. Komponist, Pianist u. Dirigent, * 22. 10. 1929 Mailand. Studierte am Conservatorio di Musica G. Verdi in Mailand u. an der Accademia Musicale Chigiana in Siena. Beschäftigt sich mit Jazz u. gründete 1968 eine Big Band.

G. schrieb mehrere Jazzkompositionen, 1 Jazz pocket opera, verschiedene Kurzopern, die Kammeroper *Ode per Naomi Ginsberg* (1968), die Oper *Colloquio con Malcolm X* (1970), Ballette u. Orchesterwerke.

GAMELAN – DIE ORCHESTERMUSIK JAVAS UND BALIS

VON ERNST HEINS

Gamelan heißt das instrumentale Ensemble, das seit einigen Jahrhunderten Bestandteil der Kulturen auf Java und Bali ist, zweier Inseln der Riesenrepublik Indonesien, die mit ihrem sich über 3000 Meilen erstreckenden Inselreich die Brücke zwischen Südostasien und Australien bildet.

Eine indonesische Kultur gab es, lange bevor die aufeinanderfolgenden Wellen des Hinduismus, des Buddhismus, des Islam und des Christentums über Indonesien hinweggingen. Mehr als 80 Millionen Menschen leben allein auf der übervölkerten Insel Java, die in einer ziemlich groben Unterscheidung ihrer Kulturen in West-Java, Zentral-Java und Ost-Java eingeteilt wird. Alle drei – mit dem des benachbarten Bali vier – Kulturkreise unterscheiden sich deutlich durch Sprache, Gebräuche und Religion. Doch so verschieden sie sind, ein kulturelles Gut haben sie gemeinsam: das Gamelan. Ebenfalls gemeinsam ist die Verwendung von Bronze für die Herstellung einer Vielzahl musikalischer Instrumente dieses Gamelan. Viele dieser Instrumente gehören zur Gruppe der Gongs, andere zu der der Metallophone.

Ein javanisches Gamelan in voller heute üblicher Besetzung sieht so aus:

a) eine Anzahl senkrecht herabhängender runder Gongs verschiedenster Größen und Stimmhöhen, im Javanischen Gong oder Kempul genannt;

b) eine Anzahl waagrecht befestigter einzelner Gongs verschiedener Größe und Tonhöhe, Kenong, Ketuk und Kempjang genannt;

c) zwei Gruppen kleinerer Gongs, horizontal so befestigt, daß sie eine Art »Gongspiel« bilden, Bonang genannt;

d) drei bis zehn Metallophone, von denen jedes aus sechs bis sieben Bronzestäbchen besteht, die über einem hölzernen Resonanzkörper befestigt sind und mit einem Holzklöppel zum Klingen gebracht werden. Name: Saron;

e) drei Metallophone, die jeweils aus einer Anzahl dünner Bronzestäbchen bestehen, die über einzelnen röhrenförmigen Resonanzkörpern angebracht sind. Name: Slentem, Gender;

f) ein Xylophon: Gambang;

g) eine gewölbte, zweisaitige Laute: Rebab;

h) eine Zupfzither: Tjelempung, Siter;

i) drei Handtrommeln: Kendang gending, Ketipung, Tjiblon;

j) Chor- und Einzelsänger, Pesindèn und Gérong genannt;

k) als Tanzbegleitung hinzukommen können eine Schlitztrommel und eine Metallklapper: Keprak, Ketjrèk.
Natürlich wurden all diese Instrumente beziehungsweise dieses Ensemble nicht von heute auf morgen »erfunden«. Man kann das Gamelan bis in prähistorische Zeiten zurückverfolgen, als die jungsteinzeitlichen Bewohner des Archipels ihre Musik vorwiegend mit Hilfe von Bambus als Klangmaterial erzeugten. Bis heute hat sich bei der gesamten indonesischen Landbevölkerung eine Vielzahl von Musikinstrumenten aus Bambus erhalten, von gestimmten Stampfröhren bis zu Bambusrasseln (Angklung) und Bambusxylophonen. Die Einfuhr von Bronze jedoch sollte die indonesische Musik wesentlich beeinflussen. Um 300 vor Christus kamen die ersten Bronzegegenstände vom asiatischen Festland nach Indonesien. Metallverarbeitung wurde bald eine einheimische Tätigkeit. Die Einfuhr und eigene Herstellung von Bronzegongs war etwas vollkommen Neues, und durch das Ersetzen der Bambusstäbchen der Xylophone mit Bronzestäbchen und die folgende Verbindung zu größeren Ensembles entstand eine Vorform des Gamelan. Dieser Umwandlungsprozeß erstreckte sich über Jahrhunderte. Man nimmt an, daß um das 11. Jahrhundert die Umwandlung von größeren Gruppen in ein Orchester erfolgte, und zwar vor allem in den politischen und kulturellen Zentren Ost-Javas, an den Höfen mächtiger Könige, deren Machtbereich sich auch über benachbarte Inseln, wie zum Beispiel Bali, erstreckte. Dies erklärt auch die Ähnlichkeit zwischen javanischen und balinesischen Gamelaninstrumenten. Beim ersten Hinhören ist der Unterschied zwischen javanischer und balinesischer Gamelanmusik beträchtlich. Die leuchtende Brillanz der balinesischen Gamelanmusik unterscheidet sich deutlich von den gedämpfteren Klängen der javanischen. Und doch haben beide Gamelans viele Gemeinsamkeiten. Die Instrumente beider Gamelanarten haben fast dieselbe organologische Konstruktion (der Unterschied liegt vor allem in der Spieltechnik, im kompositorischen Aufbau, in der Stimmung und in der Orchestrierung). Noch andere Ähnlichkeiten weisen auf einen gemeinsamen Ursprung hin. Zum Beispiel findet sich die Hoketustechnik – das heißt das Sichverzahnen verschiedener Stimmpartien zu einer einzigen Melodielinie –, die ein Hauptmerkmal balinesischer Gamelanpraxis bildet, ebenfalls in bestimmten Kompositionsarten beim sundanesischen, solonesischen und jogjanesischen Saronspiel. Die Hoketustechnik wird in diesen Gebieten auch bei den Gongspielen und der langen Reihe der »Kessel« des uralten Gamelan Rèntèng und Koromong auf Sunda angewandt und bei dem ebenfalls uralten und heiligen Gamelan Munggang und Kodok Ngoèk der zentraljavanischen Höfe sowie bei den trompongartigen Gongspielen des modernen balinesischen Gamelanensembles, wo zwei oder mehr Spieler jeweils ein Instrument bedienen. Sogar außerhalb Javas finden wir Belege, so zum Beispiel das Kulintang Gongspiel der südlichen Philippinen oder das Wort »gangsa«, das im Hochjavanischen Bronze heißt und gleichbedeutend mit Gamelan ist, während auf den Philippinen nur eine besondere Gongart damit bezeichnet wird.

Als zu Ende des 14. Jahrhunderts sich der Islam langsam über den indonesischen Archipel ausbreitete, übernahmen islamische Sultane die Rolle der ehemals javanischen Herrscher. An den Höfen blieb Gamelan als wichtiges Staatsprivileg erhalten. Die Insel Bali hingegen blieb von den Moslems unberührt. Die Balinesen sind Anhänger des Hinduismus und entwickelten die Gamelankunst an den Höfen der Maharadschas und in den Dörfern, unabhängig von der andersartigen Entwicklung, die das Gamelan auf Java nahm. Gamelan überlebte den fast uneingeschränkten Übertritt der Javaner zum Islam, und zwar so gut, daß das königliche Gamelan – so paradox es erscheint – auf dem Vorplatz der Großen Moscheen in Surakarta und Jogjakarta während der Wochen andauernden jährlichen Maulud-Feiern eine alles beherrschende Rolle übernimmt. Heute gibt es Tausende von Gamelanorchestern. Seit dem Ausrufen der unabhängigen Republik im Jahre 1949 nimmt ihre Anzahl sogar noch zu, da die Sultanate, die bisher die traditionellen Bewahrer von Gamelan und anderen kulturellen Einrichtungen waren, die Tore öffneten und ihre Künste (Musik und Tanz) aus den Palasthöfen hinaus ins Freie brachten, so daß mehr Menschen als je zuvor sich an ihnen beteiligen können. Deutliches Beispiel für diesen Prozeß sind das Staatskonservatorium und die Musikakademie in Surakarta (hauptsächlich javanisches Gamelan), das Konservatorium für balinesische Musik in Dèn Pasar, das Konservatorium für Musik in Bandung (West-Java) und die Akademie für klassischen Tanz in Jogjakarta. Die Professoren an diesen Lehranstalten sind bedeutende Künstler, die aus den Kreisen der Hofmusiker und Hoftänzer stammen.

Kompositionsaufbau

Gamelan ist keine wahllose Verbindung von hauptsächlich aus Bronze bestehenden musikalischen Schlaginstrumenten. Jedes Instrument hat innerhalb der gesamten musikalischen Kompositionsstruktur eine eigene Funktion.
Ausgangspunkt einer jeden Gamelankomposition ist eine traditionelle »Kernmelodie«, die vor langer Zeit von einem unbekannten Musiker komponiert wurde. Diese Kernmelodien erinnern an einen Cantus firmus und werden auf den einoktavigen Metallophonen angeschlagen. Sie sind festgelegt und können nicht verändert werden. Ihre Dauer und die Anzahl ihrer Wiederholungen jedoch werden durch »Interpunktionen« festgelegt, die durch regelmäßige Einzelschlage auf den großen und größten Gongs erzeugt werden, in festen Mustern für Folge und Wechsel. Diese von den Gongschlägen begrenzten Abschnitte bestimmen die Form der Gamelankomposition. Um ein Beispiel zu geben: Eine Zeitdauer von, sagen wir, 30 Sekunden, durch zwei Schläge auf dem größten Gong (G) begrenzt wird, kann durch einen Schlag auf einem kleinen, hohen Gong namens Kenong (N) in zwei gleichlange Teile geteilt werden, die jeweils 15 Sekunden betragen. Die Zeit zwischen dem Anschlagen des Kenong und des nächsten Gongs wird von einem mittelgroßen Hängegong namens Kempul (P) wieder in zwei gleiche Hälften zerlegt. Zwischen diese drei

Gongschläge werden im allgemeinen die trockenen Schläge des kontrastierenden Ketuk (t), eines kleinen, tiefgestimmten, horizontal angebrachten Gongs, eingeschoben. Grafisch sieht das dann etwa so aus:

Gong Gong
1) X - - - - - - - - X
G Kenong G
2) X - - - × - - - X
G N Kempul G
3) X - (+) - × - + - X
G Ketuk KetukN KetukP KetukG
4) X 0-0 × 0 + 0 X = Gt-tNtPtG

Um den schweren Gongschlag (G) zu verstärken, wird der Kenong immer gleichzeitig geschlagen: G/Nt - t N t P t G/N. Diese Gongfolge, die öfters gespielt wird, ist tatsächlich die Struktur einer weitverbreiteten Kompositionsform namens Ketawang. Eine andere Kompositionsform, die Ladrang heißt, ist doppelt so lang: G/N t - t N t P t N t P t N t P t G/N. Hier treffen vier Kenongschläge auf einen Gongschlag und vier Ketuk auf einen Kenong. Umfassendere und längere Abfolgen sind ebenfalls möglich. Aber was geschieht nun zwischen diesen Gongschlägen? Wir wissen, daß die verschiedenen Gongschläge die einzelnen musikalischen Phrasen markieren sollen, die auf den einoktavigen Metallophonen gespielt werden. Sie werden unisono, jeweils eine Oktave auseinander, gespielt und heißen Saron demung, Slentem und Saron barung. Der Slentem besteht aus sechs oder sieben dünnen Bronzestäbchen, eines für jeden Ton der Tonleiter, die über weiten röhrenförmigen Resonanzkörpern aufgehängt sind. Jedes Gamelan hat einen Slentem. Die Sarons bestehen aus sechs dicken Bronzetasten, die an einem hohlen rechteckigen Holzklangkasten befestigt sind. Auf jeden Saron demung kommen zwei Saron barung. Die Spieltechnik des Saron panerus oder Peking (höchste Oktave) ist etwas verschieden. Hier werden die Noten der jeweiligen Kernmelodie verdoppelt und vorweggenommen, so daß eine ganz eigene Variation entsteht, deren Gesetzmäßigkeiten durch die Kernmelodie vorgegeben sind.

Auffallend sind die Bonangs, Gongspiele, die aus einer Reihe kleiner, liegender Gongs bestehen. Der Unterschied zwischen Bonang barung und Bonang panerus liegt ebenfalls in der Tonhöhe (Oktave) und in der Spieltechnik. In schnellen Stücken übernehmen sie die Funktion rhythmischer Instrumente, in langsamen Stücken (Ladrang und Ketawang) haben sie eine melodische Aufgabe. In diesem Fall ist die Variationsart des »Pflückens« (mipil) vorgesehen. Der höhere Bonang spielt doppelt so schnell wie der tiefere. Im ganz langsamen Kerntempo ist genug Zeit für die Bonangs, in die orchestrale Tonleiter ineinander übergehende Floskeln (imbal, schnelle viertönige Motive) einzuflechten und ihnen bestimmte Gegenmelodien gegenüberzustellen, die zu wichtigen Kenong- und Gongnoten führen. Wie die Peking-Spieltechnik wird die Bonang-Spieltechnik ebenfalls vom Gesetz der Vorwegnahme bestimmt: Variationen dienen nicht

nur als »melodische Füllsel«, sondern sie nehmen die Noten der Kernmelodie voraus. Dies gibt dem javanischen Gamelan eine besondere Kontinuität.
Reichhaltige Ornamentierung wird außerdem durch die weich klingenden Gendèr barung und Gendèr panerus bewirkt, vieloktavige Instrumente, deren dünne Bronzestäbchen – wie beim Slentem – über gestimmten Resonanzröhren aufgehängt sind. Sie werden mit beiden Händen gespielt. Auch diese Instrumente haben die Funktion schneller Vorwegnahme und kommen in den leise gespielten Tempi, in denen die Kernnoten weit auseinanderliegen, voll zur Geltung. Je größer der Abstand zwischen den einzelnen Kernnoten ist, desto mehr Möglichkeit haben die Umspielungsinstrumente wie der Gendèr, die Pausen mit bereichernden Figuren auszufüllen. Auch die melodischen Gendèr-Muster werden durch den Ablauf der Kernmelodie »diktiert«. Sie sind keine Improvisationen in der vom Jazz geprägten Bedeutung des Wortes. Allerdings besteht die Möglichkeit, aus einer kleinen Anzahl von bestimmten, festgelegten Mustern zu wählen. Ein schlechter oder fauler Gendèr-Spieler kann eine Komposition dadurch ruinieren, daß er die falschen Melodiemuster auswählt.
Auch das Xylophon, Gambang kaju, hat eine ähnliche Funktion, den Ablauf mit Rhythmus zu erfüllen, wie der Bonang panerus. Der Gambang wird zweihändig in Oktaven gespielt. Ein anderes Instrument, das dieselbe Funktion ausübt, ist der Siter, der seine gezupften Sechzehntelnoten denen des Gambang hinzufügt. Auch hier wird vorweggenommen und dem Ganzen kontrastierende Klangfarbe und Rhythmus hinzugefügt. Die Gegenmelodien werden ausgeführt von der gewölbten, zweisaitigen javanischen Laute Rebab, der Bambusflöte Suling und den Solo- und Chorsängern. Jedes dieser »Instrumente« trägt auf seine eigene Art zum Kontrapunkt bei, wobei strenge Gesetze befolgt werden und nichts dem Zufall überlassen bleibt. Man kann sogar sagen, daß der javanische Kontrapunkt so angelegt ist, daß er mit dem Kernthema übereinstimmt. Nur ganz geringfügige Abweichungen, meistens nur Ornamentierungen, sind noch erlaubt. Die wichtigste Rolle im Orchester spielt aber der Trommler, der den Kendang schlägt. Er bestimmt das Tempo, die Anzahl der Wiederholungen, gibt die Zeichen zum Verlangsamen, führt die übrigen Musiker und, wenn erforderlich, Tänzer. Deshalb erstaunt es nicht, daß auch die Kendang-Partie Mustern unterworfen ist. Die verschiedenen Trommelmuster (ein Muster für jede Form) verlaufen im allgemeinen von Gongschlag zu Gongschlag und setzen sich aus sehr verschiedenen Kombinationen spezifischen Trommelklangs zusammen, der durch verschiedene Bearbeitung des linken oder rechten Trommelfells oder beider zusammen erzeugt wird. Mündliche Verständigung über Trommelmuster und deren Aneignung erfolgt onomatopoetisch, zum Beispiel tak, dung, dah, dlang für einzelne Schläge und tak duling dang, dung dung dung duling, dan dendang dendang det für ein besonderes Muster. Spezifischen musikalischen Gegebenheiten entsprechen normierte Trommelformeln, das heißt eine Formel als Begleitung der Soloeinleitung, eine andere als Ankündigung des letzten Gongschlags und so weiter.

Tonsystem und Tonskalen

Die Kulturen auf Java und Bali haben jeweils ein ganz verschiedenes Tonsystem entwickelt. Eines heißt Sléndro, das andere Pèlog. Beide sind im wesentlichen pentatonisch. Sléndro ist anhemitonisch, hat also keine Halbtöne, und basiert auf einer Tonfolge, die einerseits drei kleine Intervalle – vergleichbar in etwa den etwas vergrößerten Sekundschritten einer europäischen Tonleiter – und andrerseits zwei große Intervallschritte – die im europäischen System etwa einer kleinen Terz entsprächen – umfaßt, so daß die ganze Sléndro-Skala auf dem Klavier etwa der Intervallfolge C D F G A C gleicht.

Die Pèlog-Skala ist ungefähr so aufgebaut:

1 2 3 4 5 6 7
Cis D E G Gis A B,

den sieben Tasten des Saron und Slentem entsprechend. Diese sieben Töne der Tonskala werden aber niemals alle innerhalb einer einzigen Gamelankomposition verwendet. Erstens ist die vierte Note, nèlog genannt, als eine Austauschnote anzusehen, ein Ersatz für die fünfte Note. Zweitens fehlt jeder Komposition entweder die erste oder die siebte Note. Dies führt uns zu zwei pentatonischen Pèlog-Skalen: 1 2 3 (4) 5 6 1 und 2 3 (4) 5 6 7 2.

Die meisten javanischen Gamelangruppen haben Instrumente für beide Tonsysteme, das heißt, sie verfügen über eine doppelte Instrumentenausstattung.

Funktion

Gamelanmusik wird bei verschiedenen rituellen und zeremoniellen Anlässen gespielt, als Konzert, als Theatermusik (wie zum Beispiel bei den Schattenspielen Wajang kulit) oder als Begleitmusik zum klassischen Tanz.

Konzert-Gamelan, Klenèngan genannt, erklingt bei einem gesellschaftlichen Ereignis (wie zum Beispiel einer Hochzeit) und bildet den dafür angemessenen musikalischen Rahmen. Auch vor einer Theateraufführung werden zum Einspielen und zum Empfang des Publikums einige Konzertstücke gespielt. Besondere Gamelangruppen wirken bei so würdigen Veranstaltungen wie den Maulud-Feiern (Sekatèn-Gamelan), königlichen Vermählungen (mit dem archaischen Dreiton-Gamelan Munggang und dem zweitonigen Kodok Ngorèk) mit. Auf Bali werden alle Tempelfeiern und Verbrennungszeremonien von verschiedenartigen Gamelans begleitet, die manchmal alle gleichzeitig spielen. Auch sollte hier die Rolle der örtlichen Radiosender der Republik Indonesien erwähnt werden. Die RRI-Stationen von Bandung, Jogjakarta, Surakarta und Dèn Pasar haben auf ihren täglichen Programmen Gamelankonzerte, die von den besten Ensembles ausgeführt werden. In Jogja zum Beispiel hat die Radiostation direkte Übertragungsmöglichkeiten von zwei Palästen (kratons) aus, von denen abwechselnd jede Woche ein Konzert übertragen wird.

Große und kleine Gamelanensembles gibt es an den meisten Universitäten und an vielen Oberschulen, an offiziellen Regierungsstätten und natürlich an Musik- und Tanzakademien, wie den Staatskonservatorien und Akademien in

Bandung, Jogjakarta, Surakarta und Dèn Pasar (Bali). Hunderte von Freizeitclubs haben ebenfalls eigene Gamelan- und Tanzaufführungen. Diese Clubs – wie auch die offiziellen Staatskonservatorien – rekrutieren ihre Lehrer (guru karavitan) unter den professionellen Künstlern des Hofs. Andererseits spielen Hofmusiker gelegentlich Abendmusik zusammen mit einheimischen Musikern in den an die Großstädte angrenzenden Dörfern. Die alten klassischen Überlieferungen haben in der täglichen Musikpraxis des Volkes ihren festen Platz.
Gamelan ist von großer Wichtigkeit als Begleitung für die meisten Theaterstükke und andere dramatische Aufführungen. Wajang golèk ist ein Puppenspiel mit hölzernen, an einem Stock bewegten Puppen, dem Puppenspiel West-Javas (sundanesisch). Zentral-Java und Bali ziehen Wajang kulit, ein Schattenspiel mit flachen Lederfiguren vor, die von dem Puppenspieler (dalang) im Rhythmus der dazu ertönenden Gamelanmusik vor einem weißen Schirm bewegt werden. Auf Bali wird diese Begleitmusik nicht von dem großen Gamelangongensemble ausgeführt, sondern von vier Gendèr-Spielern; auf Java spielt das gesamte Gamelanorchester mit Ausnahme der zwei Bonang-Gongspiele.
Wajang kulit wird immer – zumindest in den volkstümlichen alten Repertoirestücken, die auf die Ramayana und Mahabharata-Epen zurückgehen – in der Sléndro-Tonalität begleitet. Tänze und Wajang orang ('human wajang) können entweder im Sléndro oder im Pèlog begleitet werden.

Gasparini (Guasparini), Francesco, ital. Komponist, * 5. 3. 1668 bei Lucca, † 22. 3. 1727 Rom. Schüler von A. Corelli u. B. Pasquini in Rom. Lebte 1700–13 in Venedig, wo er Musiklehrer am Ospedale della Pietà war u. B. Marcello zu seinen Schülern zählte. 1717 Kapellmeister an S. Lorenzo u. 1725 am Lateran in Rom.

G. komponierte mehr als 60 Opern, darunter *Ambleto* (1705), Oratorien, Messen, Intermezzi u. Kammerkantaten, u. veröffentlichte eine Generalbaßschule »L'armonico pratico al cimbalo« (1708).

Gaspar van Weerbeke, flämischer Komponist, * um 1440 wahrscheinlich Oudenaarde, † nach 1518. Ab 1472 am Hof der Sforza in Mailand. 1481–89 Päpstlicher Kapellsänger in Rom, daneben in Mailand 1488 an den Hochzeitsfeierlichkeiten für Galeazzo Sforza u. Isabella von Aragon als Organisator u. Komponist beteiligt. 1495–98 als Sänger am burgundischen Hof, anschließend wieder an der Päpstlichen Kapelle in Rom. Seine fast durchgehend 4st. Messen u. Motetten stehen ganz unter italienischem Einfluß. Eine Reihe seiner Kompositionen wurden von O. Petrucci veröffentlicht.

Gassenhauer, Bezeichnung, die bereits 1517 bei Aventin vorkommt: »gassenhawer die man auf der lauten schlecht«. Zuerst auf Gassensänger, dann auch auf deren Lieder u. Tänze angewandt. Eine ursprüngliche Verwandtschaft mit der Passacaglia ist denkbar. Ein abwertender Beigeschmack kommt erst mit Herders Einführung des Kunstwortes Volkslied auf. Im 19. Jh. verstand man unter G. frivole, parodistische oder auf volkstümliche Anlässe zurückgehende Texte, denen man bekannte Melodien unterlegte.

Gaßmann, Florian L., böhm. Komponist, * 3. 5. 1729 Brüx, † 20. 1. 1774 Wien. Studierte 2 Jahre bei Padre Martini in Bologna u. hatte im venezianischen Karneval von 1757 seinen ersten Opernerfolg mit *Merope*. Von seinen insgesamt 25 Opern erschien bis 1762 jedes Jahr eine zum Karneval in Venedig, von wo er 1763 als Ballettkomponist nach Wien geholt wurde. 1764 dort Kammerkomponist, 1772 als Nachfolger G. Reutters Hofkapellmeister. G. gehörte 1771 zu den Mitbegründern der Musikalischen Sozietät der Witwen und Waisen, deren erste Akademie am 29. 3. 1772 die erste öffentliche Konzertveranstaltung Wiens war. Von seinen Schülern sei A. Salieri erwähnt. Die wohl erfolgreichsten Opern G. waren *L'amore artigiano* (1767) u. *La contessina* (1770). Daneben komponierte G. Kantaten, Kirchenmusikwerke, Triosonaten, Quartette u. Sinfonien. In seinen weltlichen Kompositionen zeigen sich bereits Ansätze des musikalischen Rokoko.

Gast, Peter (eigtl. J. H. Köselitz), dt. Komponist, * 10. 1. 1854 Annaberg, † 15. 8. 1918 ebd. Studierte am Leipziger Konservatorium u. an der Universität Basel bei J. Burckhardt, F. Overbeck u. F. Nietzsche, der ihn in seiner Auseinandersetzung mit R. Wagner als Komponisten weit überschätzte. Leitete 1900–08 das von ihm in Weimar eingerichtete Nietzsche-Archiv. Von seinen 4 Opern wurde nur *Der Löwe von Venedig* im Klavierauszug 1901 (Uraufführung als *Die heimliche Ehe* 1891) veröffentlicht. Komponierte außerdem die Tondichtung *Helle Nächte,* 1 Sinfonie, Chorwerke, Kammermusik u. Lieder. G. hat nur noch als Adressat von Briefen Nietzsches Bedeutung.

Gastoldi, Giovanni Giacomo, ital. Komponist, * um 1550 Caravaggio, † 1622. 1582–1609 Kapellmeister an der Hofkirche S. Barbara in Mantua. Wurde hauptsächlich durch seine *Balletti a cinque v. con li suoi versi per cantare, sonare e ballare* (1591) bekannt, die H. L. Haßler in Deutschland u. Th. Morley in England zu ähnlichen Tanzliedern anregten. Er veröffentlichte Canzoni, Madrigali, Balletti u. 1604 8st. »Concenti musicale con le sue sinfonie« u. scheint sich 1608 auch an der Musik zu G. B. Guarinis »L'Idropica« beteiligt zu haben.

Gattung (lat. genus), Bezeichnung, die in der Musiklehre seit der Antike für die Tongeschlechter (→ Genos) u. seit dem 18. Jh. für die einzelnen Kunstformen gebraucht wird.

Gatty, Nicholas C., engl. Komponist u. Kritiker, * 13. 9. 1874 bei Sheffield, † 10. 11. 1946 London. Studierte in Cambridge u. am Royal College of Music in London, wo u. a. Ch. Stanford zu seinen Lehrern gehörte. 1907–14 Kritiker der »Pall Mall Gazette«.

G. komponierte eine Reihe von Bühnenwerken, u. a. »Tempest« (1920) u. »Macbeth« nach Shakespeare, Chor- u. Orchesterwerke, Kammermusik u. Lieder.

Gaubert, Philippe, franz. Komponist, Flötist u. Dirigent, * 3. 7. 1879 Cahors, † 8. 7. 1941 Paris. Schüler des Pariser Conservatoire u. 1919 Nachfolger A. Messagers als Dirigent der Société des Concerts du Conservatoire u. Lehrer für Flöte am Conservatoire. 1920 1. Dirigent an der Opéra.

Zu G. Kompositionen gehören die Oper *Sonia* (1913), die Legenden *Josiane* (1921) u. *Naïla* (1927), die Ballette *Philotis, danseuse de Corinthe* (1914), *Alexandre le Grand* (1937) u. *Le Chevalier et la demoiselle* (1941), sinfonische Dichtungen, 1 Violinkonzert u. Kammermusik, bei der sein eigenes Instrument im Vordergrund steht.

Gaultier, 1. Ennemond (auch G. le Vieux genannt), franz. Lautenvirtuose u. Komponist, * um 1575 in Villette, † 17. 12. 1651 Nèves. Gehörte nach Mersenne zu den besten Lautenspielern seiner Zeit. 1620 Kammerdiener von Maria de' Medici, der Königin Frankreichs, u. Lehrer bei Hof. Von ihm existieren ein »Livre de tablature« u. einzelne Kompositionen in Sammelwerken.

2. Denis (auch G. le Jeune genannt), Vetter von 1.,

franz. Lautenvirtuose u. Komponist, * um 1603, † Januar 1672 Paris. Komponierte für Anne de Chambré die Sammlung *La rhétorique des dieux* mit nach den 12 Modi geordneten Lautenstükken. Führte Verzierungstechniken ein, die in Kompositionen für Tasteninstrumente übernommen wurden.

Gavazzeni, Gianandrea, ital. Komponist, Dirigent u. Musikschriftsteller, * 25. 7. 1909 Bergamo. Studierte in Rom u. Mailand, nach seinem Pianistenexamen noch einmal bei I. Pizzetti u. M. Pilati Komposition u. lebt als Kritiker, Musikschriftsteller u. Komponist. Aus der Aufführung eigener Werke entwickelte sich eine rege Dirigiertätigkeit, die ihn 1966–67 als künstlerischen Leiter an die Mailänder Scala brachte.

Zu G. Kompositionen gehören 3 *Concerti di Cinquandò* für Orch., je 1 Cello- u. Violinkonzert, der Operneinakter *Paolo e Virginia* u. das Ballett *Il furioso.* Er veröffentlichte u.a. Bücher über Donizetti u. Pizzetti (1937), »Altri studi pizzettiani« (1956) u. Lebenserinnerungen »La casa di Arlecchino« (1957).

Gaveaux, Pierre, franz. Komponist u. Sänger, * 9. 10. 1760 Béziers, † 5. 2. 1825 Charenton-le-Pont. Tenor am Theater in Bordeaux u. Kompositionsschüler von F. Beck. Kam 1789 nach Paris, wo er als Opernkomponist Erfolg hatte. Schrieb 1792 mit *L'amour filial* seine erste Rettungsoper, der 1798 auf ein Libretto von Bouilly die erste Vertonung des Leonorenstoffes »Léonore ou L'amour conjugal« folgte.

Gaviniès (Gavigniès), Pierre, franz. Geiger u. Komponist, * 11. 5. 1728 Bordeaux, † 8. 9. 1800 Paris. Sohn eines Geigenbauers, der sich die Grundlagen des Geigenspiels selbst beibrachte u. 1741 zum ersten Mal in den Pariser Concerts spirituels auftrat, die er 1773–77 gemeinsam mit F.-J. Gossec u. S. Leduc leitete. Ab 1796 Professor für Geige am Conservatoire.

Zu G. Kompositionen gehören die komische Oper *Le prétendu* (1760), je 6 Violinkonzerte, Violinsonaten, Triosonaten u. *Vingt-quatre matinées,* Etüden für sein Instrument in allen Tonarten (1800).

Gavotte, geradtaktiger Tanz in 2/2, der durchwegs mit einem halben Takt als Auftakt beginnt. Fand durch J.-B. Lully Eingang in die Orchestersuite, nachdem sie zu Beginn des 17. Jh. zum Hoftanz geworden war. Bei J. S. Bach häufig in Solosuiten u. -partiten sowie Orchesterouvertüren.

Gazzaniga, Giuseppe, ital. Komponist, * 5. 10. 1743 Verona, † 1. 2. 1818 Crema. Schüler von N. Porpora u. N. Piccinni in Neapel, wo er zum Karneval 1768 seine erste Oper herausbrachte. Lebte als Opernkomponist in Venedig, bis er 1791 Domkapellmeister in Crema wurde. Zu seinen mehr als 40 Opern, vorwiegend Drammi giocosi, gehört auch ein *Don Giovanni* (1787). In Crema komponierte er vorwiegend Kirchenmusik.

gedackt nennt man die gedeckten, d. h. an ihrem Ende geschlossenen Labialstimmen der Orgel. Der Klang gedackter Orgelpfeifen oder Flöten ist obertonarm u. daher dumpfer.

Gédalge, André, franz. Lehrer u. Komponist, * 27. 12. 1856 Paris, † 5. 2. 1926 Chessy. Schüler des Pariser Conservatoire, an dem er 1905 Professor für Kontrapunkt wurde. Veröffentlichte 1904 »Traité de la fugue«. Zu seinen Schülern gehörten Ch. Koechlin, F. Schmitt, J.-J. A. Roger Ducasse, M. Ravel, G. Enescu, J. Ibert, A. Honegger u. D. Milhaud.

G. schrieb die Oper *Pris au Piège* (1890), das Ballett *Phoebé* (1900), Sinfonien, 1 Klavierkonzert, Kammermusik u. Lieder.

Gefährte → Comes

Gegenbewegung nennt man das Fortschreiten zweier Stimmen in entgegengesetzter Richtung. Wird der Begriff G. auf Themen oder Melodien angewandt, bedeutet er → Umkehrung.

Gegenfuge nennt man eine Fuge, deren Comes die melodische → Umkehrung des Dux ist. Bei J.S. Bach häufig dazu noch in Verkleinerung oder Vergrößerung.

Gegensatz nennt man den Kontrapunkt zum Thema einer → Fuge.

Gehlhaar, Rolf, amer. Komponist dt. Herkunft, * 30. 12. 1943 Breslau. Studierte an der Yale University in New Haven u. an der University of California. 1967–70 Assistent bei K. Stockhausen u. Mitarbeit im Feedback Studio Köln.

Zu G. Kompositionen gehören *Intersections 1–1* für Kl. (1968); *Helix* für Sax., Pos., Kb., Kl. u. Schlagzeug (1967); *Cello solo* (1966); *boundaries 2–2* für 2 Kl. (1970); *constellations 1–2* für 2 Kl. (1 Spieler, 1971); *Wege* für 2 Streichinstr., Kl. u. Live-Elektronik (1971); *Beckenstück trajectories,* Tonband (1971); gemeinsam mit J. Fritsch u. D. Johnson: *Zürich 2. 10. 72,* Tonband; *Solippse* für Vc. solo (1973); *Spektra* für 4 Trp. u. 4 Pos. (1974) u. *Resonanzen* für Orch. (1976).

Gehör. In der Musik unterscheidet man das → absolute u. das → relative G., wobei das letztere häufiger auftritt u. durch Gehörbildung verfeinert werden kann. Daneben ist seit der Beschäftigung mit außereuropäischer u. elektronischer Musik auch das rhythmische G. von Bedeutung.

Geiger. Zu den großen Geigern des 20. Jh. gehören: S. Accardo (* 1941), L. Auer (1845–1930), A. Busch (1891–1952), K.-W. Chung (* 1948), M. Elman (1891–1967), G. Enescu (1881–1955), Ch. Ferras (* 1933), C. Flesch (1873–1944), A. Grumiaux (* 1921), I. Haendel (* 1925), J. Heifetz (* 1901), B. Hubermann (1882–1947), L. Kogan (* 1924), R. Kolisch (1896–1978), F. Kreisler (1875–1962), G. Kremer (* 1948), J. Kubelík (1880–1940), G. Kulenkampff (1898–1948), Y. Menuhin (* 1916), N. Milstein (* 1904), A.S. Mutter (* 1963), G. Neveu (1919–49), D. Oistrach

(1908–74), I. Oistrach (* 1931), I. Perlman (* 1945), M. Rostal (* 1905), W. Schneiderhan (* 1915), S. Ševčik (1852–1934), I. Stern (* 1920), J. Suk (1874–1935), H. Szeryng (* 1918), J. Szigeti (1892–1973), J. Thibaud (1880–1953), T. Varga (* 1921), H. Wieniawski (1835–1880), E. Ysaye (1858–1931), E. Zimbalist (1889–1979), P. Zukerman (* 1948).

Geiser, Walther, schweiz. Komponist, * 16. 5. 1897 Zofingen. Studierte am Basler Konservatorium, bei B. Eldering in Köln u. bei F. Busoni in Berlin. 1924–63 Lehrer am Konservatorium Basel (später Musikakademie) u. ab 1955 Leiter des Basler Bach-Chors.

Zu G. Kompositionen im klassizistischen Stil gehören 2 Sinfonien (1953 u. 1967), Stabat mater für Bar., Chor, Orch. u. Org. (1936), Te Deum für 4 Soli, Chor, Orch. u. Org. (1960), 4 Orchesterfantasien, je 1 Violin- u. Klavierkonzert, Kammermusik.

Geißler, Fritz, dt. Komponist, * 16. 9. 1921 Wurzen. Studierte bei M. Dehnert u. W. Weismann in Leipzig u. in Berlin-Charlottenburg. Seit 1953 Lehrbeauftragter für Tonsatz an der Universität Leipzig, 1962–71 an der dortigen Musikhochschule, ab 1969 auch in Dresden.

G. komponierte die Opern *Der zerbrochene Krug* (1969–70), *Der verrückte Jourdain* (1972–73), *Der Schatten* (1974–75) u. *Das Chagrinleder* (1978); die Ballette *Pigment* (1960), *Sommernachtstraum* (1964–65) u. *Der Doppelgänger* (1969); Kammersinfonie (1954); *November 1918*, 3 sinfonische Sätze (1958); 8 Sinfonien (1961–74); Klarinettenkonzert (1954) Klavierkonzert (1970); Cellokonzert (1974); Violinkonzert (1977); *Die Abenteuer des braven Soldaten Schweyk*, sinfonische Burleske (1961); Orchesterkonzert (1972); Kammermusik, u. a. *Ode an eine Nachtigall* für Fl., Ob., Klar., Horn, Fag., 2 V., Va. u. Vc. (1968); Oratorium *Schöpfer Mensch* (1973) u. *Hölderlinkantate* (1976); Klavierstücke.

Gelbrun, Artur, israel. Komponist u. Dirigent, * 11. 7. 1913 Warschau. Studierte am Warschauer Konservatorium, in Rom bei B. Molinari, in Siena bei A. Casella u. in Zürich bei W. Burkhard, nahm außerdem Dirigierunterricht bei H. Scherchen. Seit 1959 Professor an der Musikakademie in Tel Aviv.

Zu G. vorwiegend seriellen Kompositionen gehören die Ballette *Hedva* (1958) u. *Prologue to Decameron* (1968); 2 Sinfonien (1958 u. 1961); Cellokonzert (1962); Streichquartett (1970); Introduktion u. Rhapsodie für Hf. (1972).

Gelinek (Jelinek), Josef, böhm. Komponist u. Pianist, * 3. 12. 1758 Selč, † 13. 4. 1825 Wien. Hauskaplan des Grafen Kinsky, der ihn bei J. G. Albrechtsberger in Wien Komposition studieren ließ. Gehörte zu den beliebtesten Klavierlehrern Wiens u. verfaßte unzählige Variationswerke für sein Instrument.

GEMA, Gesellschaft für musikalische Aufführungs- u. mechanische Vervielfältigungsrechte, die das Aufführungsrecht u. die mechanischen Vervielfältigungsrechte ihrer Mitglieder (Komponisten, Textdichter u. Musikverleger) verwaltet. Die jeweilige Ausschüttung der Einnahmen findet nach Abzug der Verwaltungskosten gemäß einem Verteilungsplan statt.

Geminiani, Francesco S., ital. Geiger, Komponist u. Lehrer, getauft 5. 12. 1687 Lucca, † 17. 9. 1762 Dublin. Schüler von C. A. Lonati, A. Corelli u. A. Scarlatti. Ließ sich 1714 in London nieder, wo er als Lehrer u. Virtuose einen ausgezeichneten Ruf genoß. Zu seinen Schülern gehörten M. Dubourg, M. Ch. Festing u. Ch. Avison.

G. mehrfach umgearbeiteten Kompositionen lassen sich wie folgt einteilen: 12 Sonaten für V. u. Cemb. op. 1 (1716); je 6 Concerti grossi op. 2 u. 3 (1732 u. 1733); 12 Sonaten für V. u. Cemb. op. 4 (1739); 6 Sonaten für Vc u. B.c. op. 5 (1746); je 6 Concerti grossi op. 6 u. 7 (1741 u. 1746). Mit weiteren Opuszahlen folgen die Lehrwerke »Rules for Playing in a True Taste« op. 8 (1739); »The Art of Playing on the Violin« op. 9 (1751); »Guida Armonica« op. 10 (1742) u. »The Art of Accompaniment« op. 11 (1755). Ohne Opuszahlen sind die folgenden Kompositionen u. Lehrwerke erhalten: *The Inchanted Forrest, An Instrumental Composition Expressive of the Same Ideas as the Poem of Tasso of that Title* (1761); 56 Stücke für Cemb., Bearbeitungen anderer Kompositionen von G. (1762); 6 Soli für Fl., V. oder Cemb.; 1 Sonate für V. u. B.c. u. 3 Concerti grossi sowie »A Treatise of Good Taste« (1749) u. »The Art of Playing the Guitar« (1760).

Genée, F. F. Richard, dt. Komponist u. Librettist, * 7. 2. 1823 Danzig, * 15. 6. 1895 Baden bei Wien. Theaterkapellmeister, zuletzt 1868–78 am Theater an der Wien. Komponierte Operetten, von denen nur *Der Seekadett* (1876) u. *Nanon* (1877) einigen Erfolg hatten. Zu seinen Libretti gehören »Eine Nacht in Venedig« u. »Fledermaus« für J. Strauß (Sohn), »Boccaccio« für F. von Suppé u. »Der Bettelstudent« für K. Millöcker.

Generalbaß (ital. basso continuo, Abkürzung B.c.) wird die seit Ende des 16. Jh. in der mehrstimmigen Musik gebräuchliche instrumentale, durchgehende Baßstimme genannt. Sie entwickelte sich aus einer Akkordschrift, die auf die ital. Orgeltabulatur zurückgeht. Während die Melodiestimme ausgeschrieben wurde, versah man den Baß mit Zahlen für die auf dem Continuoinstrument (hauptsächlich Orgel u. Cembalo) zu greifenden Akkorde. Zur Verstärkung der jeweiligen Baßlinie wurde ihm ein Streich- oder Blasinstrument an die Seite gegeben. Bei der G.-Schrift ging man vom Dreiklang als der Norm des Zusammenklangs aus. Akzidenzien beziehen sich, wenn nicht anders angegeben, auf die Terz, die Zahlen auf die zu greifenden Intervalle. Waagerechte Striche bedeuten Fortdauer der vorangehenden Harmonie. Erst mit dem obligaten Akkompagnement seit Mitte des 18. Jh. verlor der G. seine Bedeutung.

Generalpause (Abkürzung G. P.) nennt man das

gleichzeitige Aussetzen aller Stimmen eines Musikstücks.

Generator, Erzeuger elektrischer Schwingungen u. damit Klangerzeuger der → elektronischen Musik.

Genos, Bezeichnung für das Tongeschlecht in der → griech. Musik. Diese unterschied das diatonische, chromatische u. enharmonische G.

Genzmer, Harald, dt. Komponist u. Lehrer, * 9. 2. 1901 Blumenthal bei Bremen. Studierte ab 1928 an der Berliner Musikhochschule bei P. Hindemith (Komposition), C. Sachs (Instrumentenkunde) u. G. Schünemann (vergleichende Musikwissenschaft). 1934–37 Korrepetitor an der Breslauer Oper, 1938–45 Lehrer an der Volksmusikschule in Berlin-Neukölln, 1946 Professor an der Musikhochschule in Freiburg im Breisgau, 1957 an der Musikhochschule München, wo er heute als emeritierter Professor lebt. G. versteht sich als Mittler zwischen Tradition u. Avantgarde. Zu seinen stark von Hindemith beeinflußten Kompositionen gehören auch viele Jugend- u. Spielmusiken. Aus seiner Bekanntschaft mit O. Sala entstanden 2 Konzerte für Trautonium.

G. schrieb u. a. die Ballette: *Kokua* (1952) u. *Der Zauberspiegel* (1965); die Orchesterwerke: Konzertsuite (1939), Sinfonische Musik (1941), Musik (1942), *Festliches Vorspiel* (1945), *Pachelbel Suite* (1946), Konzert in C (1948), *Divertimento di danza* (1953), Sinfonietta (1955), 2 Sinfonien (1957 u. 1958), *Prolog* (1959), 2. Orchesterkonzert (1962), Introduktion u. Adagio (1965), Divertimento für sinfonisches Blasorch. (1968), Sonatina (1968), *Miniaturen* (1977), *Hölderlin,* Musik für großes Orch. (1979); Konzerte für Soloinstr. u. Orch. oder kleinere Besetzungen: u. a. für Trautonium (1939), Kl. (Concertini 1946 u. 1963), Kl. (1948 u. 1957), Vc. (1950 u. 1969), Mixtur-Trautonium (1952), Fl. (1954), Ob. (1957), V. (1959), 2 Holzbläser (1960), Va. (1967), Hf. (1965), Trp. (1968), Org. (1971), Schlagzeug (1978) u. 4 Blockfl. (1979); an Kammermusikwerken: 2 Flötensonaten (1940 u. 1945), 2 Bratschensonaten (1940 u. 1955), 3 Violinsonaten (1943, 1953 u. 1954) sowie 1 Sonatine (1953), 2 Klaviertrios (1943 u. 1964), Septett für Hf., Fl., Klar., Horn, V., Va. u. Vc. (1944), Sonate für 2 V. (1945), Trio für Hf., Fl. u. Va. (1947), 2 Streichquartette (1949 u. 1954), Cellosonate (1953) u. Cellosonatine (1967), Bläserquintett (1956–57), 2 Nonette (1962 u. 1979), Kammermusik für Klar., V., Vc. u. Kl. (1964), Sonatine für Trp. (1965), für Klar. (1967) u. für Horn (1968) mit Kl., Notturno für Salterio u. Hf. (1977); Klavierkompositionen: 2 Sonaten (1938 u. 1942), 3 Sonatinen (1940 u. 1950), 10 Préludes (1963) u. 21 *Studien* (1965), je 1 Sonate für Kl. vierhändig (1942) u. 2 Kl. (1950) sowie für Orgel: 3 Sonaten (1953, 1956 u. 1963), *Adventskonzert* (1966), *Die Tageszeiten* (1968) *Pfingstkonzert* (1979) u. *Osterkonzert* (1981). Außerdem komponierte G. eine Reihe von Vokalwerken, u. a. 3 Hymnen für S., A., Bar., Chor u. Orch. (1946), *Racine-Kantate* für Bar., Chor u. Orch. (1949), Messe in E (1953), *Ostermesse* (1961), *Jiménez-Kantate* für S., Chor u. Orch. (1962), *Schiller-Kantate* für hohe St., Männerchor u. Orch. (1968), *Moosburger Graduale* für Soli, Chor u. Instr. (1971), *Oswald von Wolkenstein,* Kantate für S., Bar., gem. Chor u. Orch. (1977), Chöre a cappella u. Klavierlieder.

Georgi, Yvonne, dt. Tänzerin, Choreografin, Lehrerin u. Ballettdirektorin, * 29. 10. 1903 Leipzig, † 25. 1. 1975 Hannover. Schülerin der Dalcroze-Schule in Hellerau u. des M.-Wigman-Studios in Dresden. 1924 Solotänzerin bei K. Jooss in Münster u. 1925 Ballettmeisterin in Gera. 1926–31 in Hannover, wo sie als Ballettmeisterin wirkte, eine eigene Schule eröffnete u. H. Kreuzberg als Solisten verpflichtete, mit dem sie mehrfach auf Tournee ging. Herbst 1931 Übersiedelung nach Amsterdam, Gründung einer Ballettschule u. Aufbau einer Ballettkompanie, die später Ballets Y. G. hieß. 1932–36 wieder Vertrag mit dem Opernhaus in Hannover, während des Krieges Ch. in Holland u. Auftritte mit ihrer eigenen Kompanie. 1951–54 Ballettmeisterin in Düsseldorf, 1954–70 Ballettdirektorin des Landestheaters Hannover, außerdem bis 1973 Leiterin der Tanzabteilung der Hochschule für Musik u. Theater in Hannover. Stark beeinflußt von der expressionistischen Tanzkunst einer M. Wigman, hatte G. besonders in Hannover großen Erfolg mit ihren Ch. nach zeitgenössischen Musiken.

Zu den Ch. von Y. G. gehören *Les Animaux modèles* (M.: F. Poulenc) 1951: *Glück, Tod u. Traum* (M.: G. v. Einem) 1953; *Human Variations* (M.: M. Gould) 1955; *Der Mohr von Venedig* (M.: B. Blacher) 1956; *Elektronisches Ballett* (M.: H. Badings) u. *Le Loup* (M.: H. Dutilleux) 1957; *Evolutionen* (M.: Badings) 1958; *Die Frau aus Andros* (M.: Badings) 1960; *Demeter* (M.: Blacher) 1964; *Der Golem* (M.: F. Burt) 1965; *Jeux vénitiens* (M.: W. Lutoslawski) u. *Klein Zack* (M.: N. Karetnikow) 1970).

Gerhard, Roberto, span. Komponist, * 25. 9. 1896 Valls, Tarragona, † 15. 1. 1970 Cambridge. Schüler von E. Granados (Klavier) u. F. Pedrell (Komposition) in Barcelona u. von A. Schönberg in Wien u. Berlin. Übersiedelte 1939 nach England u. lebte dort als freischaffender Komponist. 1960 u. 1961 nahm er Gastprofessuren an der Universität von Michigan u. am Berkshire Music Center in Tanglewood wahr. Nachdem seine frühen Kompositionen stark vom franz. Impressionismus beeinflußt waren, wandte sich G. unter dem Einfluß von Schönberg 1928 der Zwölftontechnik zu u. beschäftigte sich in seinen letzten Lebensjahren zunehmend mit der elektronischen Musik.

Zu G. Kompositionen gehören die Oper *The Duenna* nach Sheridan (1945–47); die Ballette *Ariel* (1934), *Soirées de Barcelone* (1938), *Don Quixote* (1940–41), *Alegrías* (1942) u. *Pandora* (1944–45); die Orchesterwerke *Homenaje a Pedrell* (1941), 4 Sinfonien (1952–53, 1959, 1960 für Orch. u. Tonband, 1967), Konzert (1965), *Epithalamion* (1966), *Leo,* Kammersinfonie (1969), je 1 Konzert für V. u. Orch. (1942–45), Kl. u. Streicher (1951) u. Cemb., Streicher u. Schlagzeug (1955–56), *The Plague* nach Camus für Sprecher, Chor u. Orch. (1964); für kleinere Besetzungen Nonett für 8 (1956), *Hymnody* für 11

Spieler (1963) u. *Libra* für 6 Spieler (1968); außerdem 2 Streichquartette (1955–56 u. 1960–62) u. *Gemini* für V. u. Kl. (1966).

Gerig, Hans, dt. Bühnen- u. Musikverlag, 1946 von H. Gerig (16. 7. 1910–15. 3. 1978) mit Sitz in Köln gegründet. Das ursprüngliche Verlagsprogramm umfaßte Bühnenwerke, Klaviermusik u. Unterhaltungsmusik. Inzwischen hat sich der Verlag zu einer ganzen Verlagsgruppe weiterentwickelt u. im Verlagszweig E-Musik auf zeitgenössische Werke spezialisiert. Zu den Verlagskomponisten gehören G. Becker, B. Bjelinski, C. Bresgen, E. W. Denissow, F. Döhl, H. U. Engelmann, D. Erdmann, M. Gielen, A. Hrisanide, M. Kopelent, A. Komadis, U. Krek, H. Lachenmann, H. U. Lehmann, N. Linke, I. Malec, N. Mamangakis, G. Raphael, D. Terzakis, A. Vieru, J. Wildberger u. B.-A. Zimmermann. Der Verlag gibt außerdem die Anthologien »Neue Klaviermusik aus europäischen Ländern«, die Reihen »Instrumental-Musik des 16.–18. Jh.« u. »pro musica nova« sowie »Musik für Zupforchester« u. »Orgelmusik des 20. Jh.« heraus. Daneben vertritt G. jugoslaw., rumän. u. tschechoslowak. Komponisten u. seit 1977 Donemus, Amsterdam. Seit 1980 sind die Werke der Edition G. an Breitkopf & Härtel übergegangen.

German (eigtl. Edward German Jones), Sir Edward, engl. Geiger, Dirigent u. Komponist, * 17. 2. 1862 Whitchurch, † 11. 11. 1936 London. Orgelschüler der Royal Academy of Music, später Orchestergeiger u. Ende 1888 Dirigent am Globe Theatre, für das er die Bühnenmusik zu Shakespeares »Richard III.« komponierte. Neben weiteren Bühnenmusiken schrieb G. die Operetten *The Rival Poets* (1886), *The Emerald Isle* (1901), *Merrie England* (1902), *A Princess of Kensington* (1903), *Tom Jones* (1907) u. *Fallen Fairies* (1909), 2 Sinfonien u. Orchestersuiten.

Gershwin, George (eigtl. Jacob), amer. Komponist u. Pianist, * 26. 9. 1898 Brooklyn, NY, † 11. 7. 1937 Beverly Hills, CA. Zeigte früh Begabung für das Klavierspiel u. erhielt Unterricht bei Ch. Hambitzer, der ihn auch mit E. Kilenyi zusammenbrachte, der G. in Komposition unterwies. Mit 15 Jahren war G. bereits bei J. H. Remick angestellt u. verdiente sich als Songplugger (Vertrieb von Schlagern an Interpreten) der Tin Pan Alley sein Geld. Als Songwriter eiferte er seinen Vorbildern J. Kern u. I. Berlin nach. Sein dritter Versuch, *When You Want'Em, You Can't Have 'Em,* wurde von dem legendären H. v. Tilzer angekauft. G. wurde Korrepetitor am Broadway, schrieb Nummern für einzelne Revuen, begleitete die Sängerin Nora Bayes auf Tournee, komponierte unter Vertrag für Max Dreyfus u. hatte gemeinsam mit I. Caesar 1919 einen ersten großen Erfolg mit dem Song *Swanee.* Es folgten Nummern für George Whites *Scandals* (1920–24), darunter u. a. die Jazzkurzoper *Blue Monday,* daneben betrieb er Harmoniestudien bei R. Goldmark. Für P. Whiteman entstand 1924 die *Rhapsody in Blue,* orchestriert von Whitemans Pianisten F. Grofé u. uraufgeführt von G. 1925 erteilte ihm W. Damrosch den Auftrag zu seinem *Concerto in F,* das unter Mitwirkung des Komponisten in der Carnegie Hall aus der Taufe gehoben wurde. 1928 entstand auf einer Europareise *An American in Paris,* 1931 eine 2. *Rhapsody* u. 1932 auf einer Reise nach Kuba die *Cuban Overture.* 1935 wurde G. Volksoper *Porgy and Bess* nach einem Roman von DuBose Heyward uraufgeführt. G. starb nach einer erfolglosen Operation in Hollywood, wo er mit Filmplänen beschäftigt war. Zu seinen Musicals gehören *Lady, Be Good!* (1924), *Tip-Toes* (1925), *Oh, Kay!* (1926), *Funny Face* (1927), *Treasure Girl* (1928), *Strike Up The Band* (1929), *Girl Crazy* (1930), *Of Thee I Sing* (1931) u. *Let'Em Eat Cake* (1933). Indem er Jazzelemente, Broadwaymelodien u. sinfonischen Orchesterklang mischte, fand G. zu einer unverwechselbaren, eigenen Sprache, die großen Einfluß hatte. Um sein kompositorisches Handwerk besser zu beherrschen, nahm G. noch zwischen 1932 u. 1936 immer wieder Unterricht bei J. Schillinger, orchestrierte aber seine Kompositionen nach der *Rhapsody in Blue* selbst.

Lit.: I. Goldberg, G. G. A Study in American Music, New York 1931, erweiterte NA 1958; M. Armitage (Hg.), G. G., New York 1938; C. M. Smith, Musical Comedy in America, New York 1950; G. R. Bolton u. P. G. Wodehouse, Bring on the Girls!, New York 1953; D. Ewen, G. G., Leben u. Werk, Zürich, Leipzig, Wien 1954; W. Schwinger, Er komponierte Amerika, G. G., Mensch u. Werk, Berlin 1960; E. Jablonski u. L. D. Stewart, The G. Years, New York Garden City 1973; Ch. M. Schwartz, G.: His Life and Music, New York 1973; A. Gauthier, G. G., Paris 1973.

Gerster, Ottmar, dt. Komponist, * 29. 6. 1897 Braunfels, † 31. 8. 1969 Leipzig. Schüler des Dr. Hoch'schen Konservatoriums in Franfurt a. M., 1927–47 Dozent an der Folkwangschule in Essen, 1947–52 Professor für Komposition an der Musikhochschule in Weimar u. 1952–62 an der Musikhochschule in Leipzig.

Zu G. Werken gehören die Ballette *Der ewige Kreis* (1939); die Opern *Madame Liselotte* (1933), *Enoch Arden* (1936), *Die Hexe von Passau* (1941), *Das verzauberte Ich* (1948) u. *Der fröhliche Sünder* (1963); 3 Sinfonien; Konzerte für Vc., Kl. sowie Horn u. Orch.; *Eisenkombinat Ost* für Soli, Chor u. Orch. (1952) u. *Ballade vom Manne Karl Marx* für B., Chor u. Orch. (1961); Kammermusik.

Gesamtausgabe (Abkürzung GA), Veröffentlichung aller als echt erkannten Werke eines Komponisten in einer kritischen Fassung, die dem jeweiligen Wissensstand der Zeit entspricht.

Gesangbücher enthalten die Lieder der Kirchengemeinden, die im Gottesdienst gebraucht werden. Das erste evangelische Gesangbuch erschien 1529 bei J. Klug in Wittenberg, das erste katholische gab M. Vehe 1537 in Leipzig heraus. Das heute gültige evangelische Kirchengesangbuch enthält 394 Stammlieder sowie regional verschiedene Anhänge, die katholische Kirche führte 1975 das Einheits-Gesangbuch »Gotteslob« ein, das ebenfalls Diözesananhänge enthält.

Gesangskunst verbindet Beherrschung des Stimmapparates, klare Aussprache, saubere Intonation, Erkenntnis u. Interpretation von Notenbild u. Text. Außerdem muß ein Sänger über schauspielerische Fähigkeiten verfügen. Eine regelrechte Stimmbildung kennt man erst seit dem 16. Jh. Traktate über Verzierungen, Gesangsregeln u. Übungen bereiten den Boden für den ital. Belcanto. Stand bei den Italienern Virtuosität der Stimme im Vordergrund, so richtete sich die franz. Schule mehr an der Sprache u. ihrer Artikulation aus. Mit M. Garcias »Traité complet de l'art du chant« (Paris 1840–47, erste dt. Ausgabe 1858 in Mainz) beginnt die systematische Stimmschulung. Heute wird vorwiegend auf Trennung der Stimmregister (ital. Methode) oder auf Überbrückung der verschiedenen Register (dt. Methode) hingearbeitet.

Geschichte der Musik → Musikgeschichte, S. 529

Gesius (Gese), Bartholomäus, dt. Komponist u. Kantor, * 1562 Mincheberg, † August 1613 Frankfurt an der Oder. Studierte in Frankfurt an der Oder Theologie u. war von 1593 bis zu seinem Tode Kantor an der dortigen Marienkirche. Blieb mit seinem ganzen Schaffen der Vokalpolyphonie des 16. Jh. verbunden. Er lieferte Beiträge zu allen Gebieten der lutherischen Kirchenmusik, komponierte insbesondere Motetten u. geistliche Lieder u. verfaßte eine »Synopsis musicae practicae ...« (1609).

Gesualdo, Don Carlo, ital. Komponist u. Fürst von Venosa, * zwischen 1560 u. 1562 Neapel, † 8. 9. 1613 ebd. Wurde zu seiner Zeit bekannt durch die Ermordung seiner 1. Frau Maria d'Avalos u. ihres Liebhabers, des Herzogs von Andria, 1590. Wiederverheiratung mit Leonora d'Este 1594. Mehrere Aufenthalte am Hof von Ferrara u. Zusammentreffen mit Mitgliedern der Camerata in Florenz. In seinen eigenen Kompositionen war G. von P. Nenna u. G. Macque beeinflußt. Außerdem gehörten die folgenden Musiker zu seinem Kreis: S. Stella, F. Filomarino, S. Dentice, R. Rodio u. S. Cerreto. Mit Tasso verband G. eine lebenslange Freundschaft, die u. a. darin zum Ausdruck kam, daß G. viele von dessen Texten vertonte. Als Form bevorzugte er das 5st. Madrigal, Chromatik u. Gefühlsausdruck erfahren in seinem Buch 6st. Madrigale die höchste Steigerung. G. gilt als der Exponent des → Manierismus in der Musik der Renaissance. Mit seinen kühnen Harmonien, der unbestimmten Tonalität u. dem Ausspielen von Akkordik gegen den polyphonen Satz war er Wegbereiter des Solo-Madrigals u. letztlich der aufkommenden → Monodie. Seine veröffentlichten Kompositionen bestehen aus 6 Büchern 5st. Madrigale (1594, 1594, 1595, 1596, 1611 u. 1611), gesammelt in »Paritura delli sei libri de madrigali a cinque voci« (1613), dem Buch »Madrigali a sei voci« (1626), dem Buch »Sacrae cantiones quinque vocibus« (1603), dem Buch »Sacrae cantiones quarum una septem vocibus, ceterae sex vocibus« (1603), den »Responsoria et alia ...« (1611), den Sammlungen »Salmi delle Compiete de diversi Musici Neapolitani« (1620) u. »L'ottavo libro de madrigali a cinque voci di Pomponio Nenna« (1618).

GA: W. Weismann u. G. E. Watkins, 10 Bde., Hamburg 1957–66. Lit.: C. Gray u. Ph. Heseltine, C. G., Musician and Murderer, London 1926, Nachdr. Westport, CT, 1971; F. Vatielli, Il Principe di Venosa e Leonora d'Este, Mailand 1941; A. Consiglio, G. ovvero assassinio a cinque voci. Storia tragici italiana del secolo XVI, Neapel 1967; I. Strawinsky, Monumentum pro G. ad CD annum, London 1960 u. Tres Sacrae Cantiones, completion of three motets by G., London 1960; G. Watkins, G., The Man and His Music, London 1973.

Gevaert, François A., Baron, belg. Komponist, Theoretiker u. Kapellmeister, * 31. 7. 1828 Huysse, † 24. 12. 1908 Brüssel. Schüler von Sommère u. Mengal in Gent, wo auch seine ersten beiden Opern herauskamen. Ließ sich um 1852 in Paris nieder, wo er mit einer Reihe von Opern großen Erfolg hatte, u. a. mit *Georgette* (1853) u. *Le billet de Marguerite* (1854). 1867 wurde er Musikdirektor der Opéra, kehrte aber 1870 nach Belgien zurück u. wurde 1871 als Nachfolger von F.-J. Fétis Direktor des Konservatoriums in Brüssel. In dieser Position wandte sich G. mehr u. mehr der Musikgeschichte zu. Von seinen Veröffentlichungen seien »Traité général d'instrumentation« (1863, erweitert als »Nouveau traité d'instrumentation« 1885) »Cours méthodique d'orchestration« (1890) u. »Traité d'harmonie théorique et pratique« (2 Bde., 1905–07) erwähnt.

Ghedini, Giorgio Federico, ital. Komponist, * 11. 7. 1892 Cuneo, † 25. 3. 1965 Nervi. Studierte in Turin u. Bologna u. begann eine Kapellmeisterkarriere am Teatro Regio von Turin. 1941 Lehrer am Konservatorium in Mailand u. 1951–62 dort Direktor.

G. komponierte mehrere Opern, u. a. *Billy Budd* (1949) u. die Funkoper *Lord Inferno* (1952), die als *L'ipocrita felice* auch auf der Bühne herauskam (1956). Schrieb außerdem 1 Sinfonie (1938), *Concerto dell'Albatro* nach »Moby Dick« für Instr. u. Sprecher (1945) u. Vokalmusik. Seine Autobiografie erschien 1970 als »Appunti per una autobiografia«.

Ghiselin (Ghiselinus), Jean, franko-fläm. Komponist, * um 1455, † um 1511. Als Sänger um 1493 in Florenz. Veröffentlichte bei O. Petrucci 5 4st. Messen u. andere geistliche u. weltliche Kompositionen. Ist mit dem in G. Crétins »Déploration« auf den Tod Ockeghems genannten Jean Verbonnet identisch.

Giardini, Felice de, ital. Geiger u. Komponist, * 12. 4. 1716 Turin, † 6. 6. 1796 Moskau. Schüler von L. G. Somis in Turin u. Mitglied verschiedener Opernorchester, bevor er sich 1750 in London niederließ. War der berühmteste Geiger des Londoner Musiklebens, bis er von J. P. Salomon u. W. Cramer abgelöst wurde. Konzertmeister der ital. Oper u. zeitweise auch deren Direktor, Leiter des Three Choirs Festival 1770–76, Konzertmeister der Pantheon Concerts u. Opernunternehmer, 1790 mit D. Cimarosas *Ninetta* im Little Theatre. Verbrachte seine letzten Jahre in Rußland.

G. komponierte mehrere Opern, gemeinsam mit Ch. Avison das Oratorium *Ruth* (1765), Bühnenmusiken, Konzerte u. Kammermu sik.

Gibbons, 1. Edward, engl. Organist u. Komponist, * 1568 Cambridge, † um 1650 wahrscheinlich Exeter. Von seinen Lebensdaten ist kaum etwas bekannt, von seinen kirchlichen Kompositionen sind nur wenige erhalten.

2. Orlando, Bruder von 1., engl. Komponist, Virginalist u. Organist, getauft 25. 12. 1583 Oxford, † 5. 6. 1625 Canterbury. Ab 1605 Organist der Chapel Royal, 1619 Hofvirginalist u. als Nachfolger J. Parsons' 1623 Organist von Westminster Abbey in London. Wurde von seinen Zeitgenossen als der bedeutendste Organist u. Virginalist gefeiert. Seine kirchlichen Kompositionen bestehen fast ausschließlich aus Anthems, die weltlichen aus 5st. Madrigalen, 3–6st. Instrumentalstücken, Virginalstücken, von denen 6 in »Parthenia« (1611) veröffentlicht wurden, 3st. Fantasien u. Musiken zu Masken.

3. Christopher, Sohn von 2., engl. Komponist u. Organist, * 1615 London, † 20. 10. 1676 ebd. Sängerknabe der Chapel Royal, 1660 dort Organist, außerdem Organist der Westminster Abbey u. Hoforganist Karls II.

G. komponierte 2- u. 3st. Fantasien für Violen u. Anthems. Schrieb gemeinsam mit M. Lockes Musik zu Shirleys Maskenspiel »Cupid and Death«.

Gibbs, C. Armstrong, engl. Komponist, * 10. 8. 1889 in Great Baddow, † 12. 5. 1960 Chelmsford. Schüler des Trinity College in Cambridge (E. Dent) u. des Royal College of Music in London (Ch. Wood u. R.V. Williams), an dem er selber 1921–39 Komposition u. Theorie unterrichtete. Sein Hauptaugenmerk galt der Vokalmusik u. insbesondere den Gedichten W. de la Mares, von denen er eine große Zahl vertonte.

G. schrieb außerdem die komische Oper *The Blue Peter* (1923) u. die Operette *Midsummer Madness* (1924), Bühnenmusiken zu Maeterlincks »Verlöbnis« (1921) u. de la Mares Märchenspiel »Crossings«, das Oratorium *The Birth of Christ* (1930), mehrere Kantaten, 3 Sinfonien, Kammermusik u. Klavierlieder.

Gielen, Michael A., österr. Dirigent u. Komponist, * 20. 7. 1927 Dresden. Sohn des Regisseurs Josef G., studierte in Buenos Aires bei E. Leuchter, später in Wien bei J. Polnauer, wurde Korrepetitor am Teatro Colón in Buenos Aires, Kapellmeister an der Wiener Staatsoper, Chefdirigent der Königlichen Oper Stockholm 1960–65, Chefdirigent des Orchestre National de Belgique 1969–73, Chefdirigent der Niederländ. Oper 1973–75, ab 1977 GMD u. Operndirektor der Städt. Bühnen Frankfurt a. M. u. daneben ab 1980 Music Director des Cincinnati Symphony Orchestra. Als Komponist hielt sich G. zuerst an die Webern-Nachfolge, arbeitete später jedoch auch mit aleatorischen Mitteln.

Zu G. Werken gehören *Musik 1954* für Bar., Streicher, Kl. Pk. u. Pos. (1954); Variationen für 40 Instrumente (1959); *4 Gedichte von Stefan George* für Chor u. 19 Instr. (1955–58), *die glocken sind auf falscher spur,* Melodramen u. Zwischenspiele über Gedichte von Hans Arp für 6 Musiker (1970); *Mitbestimmungsmodell* für Orchestermusiker u. 3 Dirigenten (1971–74) u. *Einige Schwierigkeiten bei der Überwindung der Angst* für Orch. (1976).

Gig, im Popjargon ein bezahlter Job oder Auftritt in einem Konzert, Nachtlokal oder als Session-Musiker im Plattenstudio.

Gigue, ursprünglich ein ir. oder engl. Tanzlied (→ Jig), das durch den engl. Hoflautenisten J. Gaultier in Paris bekannt wurde. In den franz. Klaviersuiten meistens im 6/4- oder 6/8-Takt auftretend, entwickelte sich die G. zum lebhaften Finalsatz dt. Klaviersuiten. Die bei G. B. Vitali auftauchende ital. Violin-Giga beeinflußte die dt. Orchestermusik der Frühklassik, in der sie als Presto erschien. J. S. Bach nutzte in seinen Solosuiten u. -partiten alle bekannten G.-Modelle.

Gilbert, Anthony, engl. Komponist, * 26. 7. 1934 London. Studierte am Morley College bei M. Seiber, A. Milner u. A. Goehr u. nahm 1960–63 privat weiteren Unterricht bei Goehr. Rief 1967 gemeinsam mit D. Lumsdaine u. D. Banks die Composers' Weekends ins Leben, unterrichtete 1972–75 am Morley College Komposition u. daneben ab 1973 am Royal Northern College of Music in Manchester. Für seine eigenen Kompositionen entwickelte G. eine eigene serielle Technik, bei der Dogmatik u. eine gewisse Aleatorik abwechseln.

Zu G. Kompositionen gehören *Piano Sonata* (1962); Duo für V. u. Va. u. Serenade für 6 Instr. (1963); *Missa brevis* a cappella (1964); *Sinfonia* (1965); *Regions* für

Orch. (1966); *Piano Sonata* vierhändig (1966); *Brighton Piece* für 8 Instr. u. *Nine or Ten Osannas* für 5 Instr. (1967); *The Incredible Flute Music* für Fl. u. Kl.; *Peal II* für Jazz- oder Schulorch.; *Shepherd Masque* u. *Spell Respell* für verstärkte B.-Klar. u. Kl. (1968); *Mother* für 6 Instr. (1969); *A Treatment of Silence* für V. u. Tonband; *Love Poems* für S. u. 3 Instr. u. *The Scene-Machine*, einaktige Oper (dt.: *Das Popgeheuer*, 1970); *O'Grady Music* für Klar., Vc. u. Spielzeuginstr. (1971); Streichquartett, Klavierstücke u. *Cantata* (1972); Sinfonie u. *Canticle I* für Blechbläser u. Klar. (1973); *Canticle II* für 6 Männerst. u. *Ghost and Dream Dancing* für Orch. (1974); *Inscapes* für Vorleser, S., 2 Rohrblattinstr. u. Schlagzeug (1975); *Crow-Cry* für Kammerorch. u. *Welkin* für Schulorch. (1976) u. *The Cakravaka-Bird*, ein Radio-Drama (1976–77).

Gilbert, 1. Jean (Künstlername: Max Winterfeld), dt. Komponist, * 11. 2. 1879 Hamburg, † 20. 12. 1942 in Buenos Aires. Schüler des Klindworth-Scharwenka-Konservatoriums in Berlin, Theaterkapellmeister in Bremerhaven, Hamburg u. Berlin, ab 1939 an der Radiostation El Mundo in Buenos Aires. Von seinen Operetten sind *Die keusche Susanne* (1910) u. *Puppchen* (1912) am bekanntesten.

2. Robert, Sohn von 1., dt. Textdichter u. Librettist, * 29. 9. 1899 Berlin, † 26. 3. 1978 in Locarno. Verfaßte die Libretti für viele Operetten, darunter *Im weißen Rößl* u. *Feuerwerk*, Liedertexte für Spielfilme u. übersetzte Texte amer. Musicals wie *Annie Get Your Gun, Hello Dolly!* u. *The Man from La Mancha* ins Deutsche.

Gillis, Don, amer. Komponist. Lehrer u. Trompeter, * 17. 6. 1912 Cameron, MO. Studierte an der Texas Christian University u. an der North Texas State University. 1944–45 Produzent u. Regisseur Toscaninis bei der NBC, 1968–72 Chairman des Arts Department des Dallas Baptist College, ab 1973 Composer-in-residence u. Leiter des Instituts für Media Arts an der Universität von South Carolina. Seine Musik verzichtet auf neuere Kompositionstechniken.

G. schrieb u. a. mehrere Opern, 12 Sinfonien, Chorwerke, Kammermusik.

Gilson, Paul, belg. Komponist u. Lehrer, * 15. 6. 1865 Brüssel, † 3. 4. 1942 ebd. Nach Anfangsunterricht bei Ch. Duyck Privatschüler von F. Gevaert. 1889 Prix de Rome für seine Kantate *Sinaï*, der 1890 sein erfolgreichstes Werk, die Sinfonie *La mer* folgte. 1899–1909 Harmonielehrer am Konservatorium in Brüssel u. daneben ab 1904 in Antwerpen. 1909 als Nachfolger Tinels Inspektor für den Musikunterricht in Belgien. Kritiker verschiedener Zeitungen u. Gründer der »Revue musicale belge«. In seinen Kompositionen ist der Einfluß R. Wagners u. der russ. Schule deutlich zu spüren. G. gehört zu den großen flämischen Komponisten, deren Einfluß auf die neuere belg. Musik außergewöhnlich stark ist.

G. komponierte die Opern *Gens de mer* (1902), *Prinses Zonneschijn* (1903), die Ballette *La captive* (1904), *Les deux bossus* u. *Le prince berger*, Bühnenmusiken, Orchesterouvertüren u. Suiten, Chorwerke u. Kammermusik. Zu seinen Schriften gehören »Les Intervalles« u. »Traité d'harmonie«.

Giménez, Gerónimo, span. Komponist, * 10. 10. 1854 Sevilla, † 19. 2. 1923 Madrid. Studierte am Pariser Conservatoire u. gehört zu den erfolgreichsten Komponisten von → Zarzuelas. Die meisten seiner Werke sind dem Género chico, dem kleinen Genre, zuzuordnen.

Ginastera, Alberto E., argentin. Komponist, * 11. 4. 1916 Buenos Aires. Studierte am Nationalkonservatorium in Buenos Aires u. trat 1937 mit dem Ballett *Panambí* (1934–37) an die Öffentlichkeit. 1941 bestellte L. Kirstein das Ballett *Estancia* für seine Truppe Caravan. Leitete 1948–58 das von ihm gegründete Conservatorio de Música y Arte Escénico in La Plata u. 1958–62 die Facultad de Artes y Ciencias Musicales der Pontificia Universidad Católica Argentina in Buenos Aires. Lebt als freischaffender Komponist, verheiratet mit der Cellistin A. Natola, in Genf. In seinen Kompositionen verbinden sich Neoklassizismus u. argentin. Folklore.

Zu G. Werken gehören die Opera buffa *Aeroporto* (1961); die Opern *Don Rodrigo* (1963–64), *Bomarzo* (1966–67) u. *Beatrix Cenci* (1971); die Ballette *Panambí* (1934–37) u. *Estancia* (1941); die Orchesterwerke *Obertura para el Fausto Criollo* (1943), *Sinfonía elegíaca* (1944), *Ollantay* (1947), *Variaciones concertantes* u. *Pampeana*, eine sinfonische Pastorale (1954), Concerto für Streicher (1965), *Estudios sinfonicos* (1967) u. *Popol Vuh* (1975); Konzerte für Hf. (1956), Kl. (1961 u. 1972), V. (1963) u. Vc. (1968) mit Orch.; die Chorwerke *Psalm CL* (1938), *Turbae ad Passionem Gregorianam* (1974), die Kantaten *Para América Mágica Nr. 1* (1960), *Bomarzo Nr. 2* (1964), *Milena Nr. 3* (1971) u. *Serenata* auf Nerudas Liebesgedichte (1973) sowie Kammermusik.

Giordani, Giuseppe, ital. Komponist, * 9. 12. 1743 Neapel, † 4. 1. 1798 Fermo. Schüler von F. Fenaroli am Conservatorio S. Maria di Loreto in Neapel. Komponierte mehr als 30 Opern, Ballette u. Oratorien wie *La morte d'Abelle* (1786). Ab 1791 Kapellmeister an der Kathedrale von Fermo.

Giordani, Tommaso, ital. Komponist, * um 1730 Neapel, † Februar 1806 Dublin. Trat als Komponist u. Dirigent ab 1769 im Londoner King's Theatre auf. Eröffnete gemeinsam mit Leoni ein Opernhaus in Dublin, das aber nach kurzer Zeit pleite ging u. verbrachte seinen Lebensabend als Klavierlehrer in Irland. Komponierte neben einer Vielzahl von Opern auch die Lieder für Sheridans »The Critic« (1779).

Giordano, Umberto M. M., ital. Komponist, * 28. 8. 1867 in Foggia, † 12. 11. 1948 Mailand. Schüler von P. Serrao in Neapel, wo er dem Verleger Sonzogno mit seiner Oper *Marina* auffiel u.

von diesem den Auftrag zu *Mala vita* (1892) erhielt. Die auf äußerste Spannung u. Wirklichkeitsnähe angelegten Bühnenwerke G. sind reinste Zeugnisse des ital. → Verismo.

Neben dem Ballett *L'astro magico* u. einem sinfonischen Werk komponierte G. die Opern *Mala vita* (1892), *Regina Diaz* (1894), *André Chénier* (1896), *Fedora* (1898), *Siberia* (1903), *Marcella* (1907), *Mese Mariano* (1910), *Madame Sans-Gêne* (1915), *Giove a Pompei* (gemeinsam mit A. Franchetti, 1921), *La cena delle beffe* (1924) u. *Il Rè* (1929). Seine notazione a suoni reali fand keine Nachahmer.

Giovannelli, Ruggero, ital. Komponist, * um 1560 Velletri, † 7. 1. 1625 Rom. Möglicherweise Schüler von G. P. Palestrina, 1583 Kapellmeister der Kirche S. Luigi dei Francesi, 1590 am Collegium Germanicum u. 1594 als Nachfolger Palestrinas an S. Pietro. 1599 Sänger der Cappella Sistina, deren Leitung er 1614 übernahm. Er veröffentlichte Messen, Motetten, Psalmen u. mehrere Bücher mit Madrigalen sowie ein Buch 3st. Villanellen.

Giovanni da Cascia (auch Johannes de Florentia), ital. Komponist des 14. Jh. Soll sich nach F. Villani eine Zeitlang in Verona u. möglicherweise später in Mailand aufgehalten haben. Gehört mit seinen 16 erhaltenen Madrigalen u. 3 Cacce zu den Mitbegründern des Stils nach 1300, der als → Trecento bezeichnet wird.

Gipps, Ruth, engl. Komponistin u. Dirigentin, * 20. 2. 1921 Bexhill-on-Sea, Sussex. Trat mit 4 Jahren als Pianistin auf, verlegte ihr erstes Stück mit 8 u. spielte mit 10 öffentlich Klavierkonzerte. Schülerin des Royal College of Music in London, u. a. von R. O. Morris u. R. Vaughan Williams (Komposition) u. A. Alexander u. K. Taylor (Klavier). Verheiratet mit dem Klarinettisten R. Baker, 1967–77 Professor am Royal College of Music, seit 1977 Principal Lecturer für Musik am Kingston Polytechnic.

R. G. komponierte u. a. die Tondichtung *Knight in Armour* für Orch. (1940); 4 Sinfonien (1942, 1945, 1965 u. 1973); Konzerte für Klar. u. kleines Orch. (1940), Ob. u. kleines Orch. (1941), Vl. u. Orch. (1943); Klavierkonzert (1948) u. Hornkonzert (1968); Chorwerke wie die Kantate *Goblin Market* (1953) u. Kammermusik.

Gitarristen. Zu den großen Gitarristen des 20. Jh. gehören: S. Behrend (* 1933), J. Bream (* 1933), A. Segovia (* 1893), J. Williams (* 1941), N. Yepes (1927).

Giustiniane, scherzhafte Liebeslieder des 15. u. 16. Jh., die nach dem Begründer dieser Gattung, dem venezianischen Humanisten L. Giustiniani, benannt sind. Der Begriff taucht erstmals bei O. Petrucci 1506 auf, als er den Titel »Frottole Sonetti Stramboti Ode Iustiniane« verwendete.

Glahé, Will, dt. Pianist u. Komponist, * 12. 2. 1902 Elberfeld. Schüler von H. Abendroth an der Kölner Hochschule für Musik. Ab 1931 bekannt als Komponist von Unterhaltungsmusik. Sein größter Hit war die *Beer-Band-Polka*, die in Deutschland als *Rosamunde* bekannt wurde.

Glass, Philip, amer. Komponist u. Keyboardspieler, * 31. 1. 1937 Baltimore, MD. Besuchte die University of Chicago 1952–56, studierte 1957–62 bei V. Persichetti u. W. Bergsma an der Juilliard School of Music in New York u. 1964–66 bei N. Boulanger in Paris. Reisen durch Zentralasien u. Indien machten ihn mit der dortigen Musik vertraut, ein Einfluß, der in seinen Kompositionen zu spüren ist. 1968 gründete er das P. G. Ensemble, das aus verstärkten Keyboardinstr., Singst. u. Holzbläsern besteht. Für dieses Ensemble komponiert er den Großteil seiner Stücke. Experimentiert mit verstärkten Tasteninstr. u. Synthesizern, Holzbläsern u. Singst. Seine Musik könnte als minimalistisch in ihren streng kontrollierten, sich ständig wiederholenden Abläufen bezeichnet werden u. ist in der Nähe der Arbeiten von S. Reich u. T. Riley angesiedelt. Einzelne Stücke wie *Music in 12 Parts* mit einer Aufführungsdauer von 4 Stunden zwingen den Zuhörer, diese raffiniert geordneten u. gesteuerten Klänge direkt auf das Unterbewußtsein einwirken zu lassen.

Zu G. Werken gehören: *In Again Out Again for J. Gibson, Strung* u. *Piece in the Shape of a Square* (1968); *How Now* u. *Two Pages* (1969); *Music in Fifths, Music in Eight Parts, Music in Similar Motion* u. *Music with Changing Parts* (1970); *Music in 12 Parts, Teil 1–6* u. *Music for the Red Horse Animation* (1971); *Music for Voices* (1972); *Music in 12 Parts, Teil 7–9* (1973); *Music in 12 Parts, Teil 10–12* u. *Music in Contrary Motion* (1974); *Another Look at Harmony, Teil 1–2* (1975); *Another Look at Harmony, Teil 3* u. die gemeinsam mit R. Wilson konzipierte Oper *Einstein on the Beach* (1976); *North Star*, Musik zu M. Disuveros gleichnamigem Film (1976); *Fourth Series, Teil 1* u. *Another Look at Harmony, Teil 4* (1977); *Lucinda's Dance*, Ballett (1978, Ch.: L. Childs in Zusammenarbeit mit S. LeWitt); *Geometry of Circles* u. *Dance Nr. 1, 2, 3, 4 u. 5* (1979); *Music/Theater Music* für V. oder Va. u. 6 Singst., *Satyagraha*, Oper, u. *Mad Rush*, Ballett von L. Childs (1980); Streichquartett (1982); *Akhenaton*, Oper (1983).

Glasunow (Glazunov), Alexandr K., russ. Komponist, * 10. 8. 1865 Petersburg, † 21. 3. 1936 Neuilly-sur-Seine. Wurde auf Empfehlung von M. Balakirew Privatschüler N. Rimskij-Korsakows. Balakirew führte 1882 auch die erste seiner Sinfonien in Petersburg auf, F. Liszt nahm sich des Werkes 1884 in Weimar an. 1899 Professor für Theorie, 1900 Leiter einer Klasse für Instrumentation u. 1905 bis zur Oktoberrevolution Direktor des Petersburger Konservatoriums, nach dem 1. Weltkrieg bis 1928 Reorganisator der musikalischen Ausbildung in Leningrad u. erneut Direktor des Konservatoriums. Ließ sich 1928 als freischaffender Komponist u. Dirigent in Paris nieder. Von allen russ. Komponisten des Kreises um Balakirew stand einzig G. unter dem Einfluß von J. Brahms, dessen Variationstechnik u. Kontrapunktik er in seine von russ. Klangfarben beherrschte Musik übernahm.

G. komponierte u.a. die Ballette *Raimonda* (1898), *Roses d'amour* (1900) u. *Die Jahreszeiten* (1900) für Petipa; Musik zu Wildes »Salome« (1909); 9 Sinfonien (1881, 1886, 1890, 1893, 1895, 1896, 1903, 1906 u. 1909, die letztere in der Instrumentierung ergänzt durch G. Judin); 2 Orchesterserenaden (1883 u. 1884); Tondichtung *Stenka Rasin* (1885); Orchesterfantasien *Der Wald* (1887), *Das Meer* (1889), *Der Kreml* (1891) u. *Der Frühling* (1891); mehrere Ouvertüren, darunter *Karnaval;* Orchestersuiten; Violinkonzert (1904); 2 Klavierkonzerte (1911 u. 1917); Konzertballade für Vc. u. Orch. (1931) u. Saxophonkonzert (1934); Kammermusik, u. a. 7 Streichquartette; Chorkantaten u. Lieder.

Lit.: M. D. Calvocoressi u. G. Abraham, Masters of Russian Music, New York 1936; G. Fedorova, A. K. G., Moskau 1947; V. Vanslov, Simfoničeskoe tvorčestvo A. K. G., Moskau u. Leningrad 1950; M. A. Ganina, A. K. G., Leningrad 1961; H. Günther, A. G. zum 100. Geburtstag, Bonn 1965.

Glee (engl.), ein fast immer 3st. unbegleitetes Chorlied in der engl. Musik, das von Männerstimmen zum geselligen Zeitvertreib gesungen wurde. Erlebte seine Blütezeit zwischen 1750 u. 1830 in Männer-Clubs wie dem Londoner G. Club. Im Gegensatz zum Madrigal verzichtet das G. auf polyphone Gestaltung u. beschränkt sich auf eine einfache Harmonienfolge. Zu den bedeutendsten G.-Komponisten gehören Attwood, Cooke, Danby, Hindle, Paxton, Spofforth u. Webbe.

Glière, Reinhold (Reingold Morizewitsch), russ. Komponist, * 11. 1. 1875 Kiew, † 23. 6. 1956 Moskau. Sohn eines Instrumentenmachers, besuchte ab 1891 die Musikschule in Kiew, studierte am Moskauer Konservatorium bei A. Arenskij u. S. Tanejew, unterrichtete ab 1900 am Petersburger Konservatorium, nahm 1905–07 Dirigierunterricht bei O. Fried in Berlin u. wurde 1913 Professor für Komposition am Konservatorium in Kiew, dessen Direktor er 1914–20 war. 1920–41 Nachfolger Tanejews am Moskauer Konservatorium. Zu seinen Schülern gehörten S. Prokofjew, N. Mjaskowskij u. A. Chatschaturjan. Seine Beschäftigung mit aserbaidschanischer u. usbekischer Folklore regte ihn zu Bühnenwerken an u. beeinflußte seine Tonsprache.

Zu G. Werken gehören die Ballette *Chrysis* (1912), *Ägyptische Nächte* (1926), *Der rote Mohn* (1927), *Die Komödianten* (1931, rev. 1955) u. *Der eherne Reiter* (1949); die Opern *Šachsenem* (1923–25, revidiert 1933–34), *Gülsara* (1936, ursprünglich ein Melodram, mit T. Sadykov 1949 zur Oper erweitert), *Lejli i Medžnun* (1940 mit Sadykov) u. *Rašel* (1947); 3 Sinfonien (1900, 1907 u. 1908); sinfonische Dichtungen, darunter *Die Saporoger Kosaken* (1921); Harfenkonzert (1938); Konzert für Koloratursopran (Vokalisen) u. Orch. (1943); Cellokonzert (1946) u. Hornkonzert (1951); Kantate *Ruhm der Sowjetischen Armee* (1953); Kammermusik, u.a. 3 Streichsextette (1898, 1904 u. 1905) u. 4 Streichquartette (1899, 1900, 1928 u. 1946) sowie Klavierstücke.

Glinka, Michail I., russ. Komponist, * 1. 6. 1804 Nowospaskoje, Gouvernement Smolensk, † 15. 2. 1857 Berlin. Musikalisch ein Autodidakt, absolvierte das Petersburger Adelsinstitut u. studierte nebenher Geige (Böhm) u. Klavier (kurz bei J. Field, dann bei Ch. Mayer), Theorie u. ital. Gesang. Trat 1824 als Sekretärsgehilfe in die Kanzlei des Verkehrsrates ein. War in den Salons von Petersburg ein gerngesehener Gast, der mit Gelegenheitskompositionen aufwartete u. sich als Sänger selbst begleitete. Eine gemeinsam mit dem Tenor N. K. Iwanow unternommene Studienreise durch Deutschland u. Italien (1830–33) regte ihn zu Variationswerken über ital. Opernthemen für kleine Besetzungen an. Während seines Italienaufenthalts machte er die Bekanntschaft G. Donizettis u. V. Bellinis. Auf der Rückreise 1833–34 Aufenthalt in Berlin, wo G. sich bei S. Dehn das Rüstzeug zum Komponieren holte. Wieder in Petersburg, faßte G. den Entschluß zu einer Oper. 1834–36 arbeitete er an dem Stoff *Ivan Susanin.* Die auf Wunsch des Zaren in *Das Leben für den Zaren* umbenannte Oper erlebte am 9. 12. 1836 ihre triumphale Uraufführung in Petersburg. Sie gilt als der Beginn einer nationalen russ. Musik. 1837–39 war G. Direktor der Hofsängerkapelle u. begann mit den Arbeiten an einer zweiten Oper *Ruslan u. Ludmilla* nach einer Dichtung von Puschkin. Diese wiederum erfolgreiche Oper wurde am 9. 12. 1842 in Petersburg uraufgeführt. 1844 brach der von Haus aus nicht unbegüterte G. zu einer weiteren Auslandsreise auf. Über Paris, wo er die Bekanntschaft von H. Berlioz machte, reiste er nach Spanien, wo er sich bis 1847 aufhielt. In Spanien beschäftigte sich G. mit Volksmusik u. ließ sich ständig vorsingen u. vorspielen, um die überlieferten Melodien möglichst genau aufzuzeichnen. Die span. Eindrücke wurden dann später zu 2 span. Ouvertüren verarbeitet. G. labile Gesundheit, der offensichtlich das Petersburger Klima schwer zu schaffen machte, zwang ihn 1848–49 zu mehreren Aufenthalten in Warschau. Aus dieser Zeit stammen einige seiner besten Romanzen sowie die Fantasie über 2 russ. Volkslieder, die den Titel *Kamarinskaja* erhielt. 1852–54 führte ihn eine weitere Reise nach Warschau, Berlin, Straßburg u. Paris. G. komponierte wenig, genoß das Leben, soweit ihm das seine Gesundheit erlaubte, freundete sich mit G. Meyerbeer an u. gab zwischendurch immer wieder Gesangsunterricht. Sein letzter Auslandsaufenthalt führte ihn nach Berlin, wo er sich mit älterer Kirchenmusik u. insbesondere mit den Opern Ch. W. Glucks beschäftigte. Da G. mit der ihm zu dt. erscheinenden Sonatenform nicht zurechtkam, erfand er seine eigene Fantasieform, die dann von der nächsten Generation russ. Komponisten übernommen wurde. Seine Romanzen u. sein Liedschaffen im allgemeinen sind noch zuwenig bekannt. Sicher lassen sich da noch Entdeckungen machen, während seine frühen Kammermusikkompositionen aus gutem Grund in Vergessenheit gerieten.

Lit.: R. Petzoldt u. E. Crass, M. I. G., Leipzig 1955: H. A. Brockhaus (Hg.), M. G., Aufzeichnungen aus meinem Leben. Berlin 1961. D. Brown, M. G., A. Biographical and Critical Study, London 1974.

glissando (italienisierte Form von franz. glisser: »gleiten«), das Auf- u. Abwärtsgleiten im Gesang oder auf Instrumenten durch Verschleifen der Tonstufen, nicht mit dem → Portamento zu verwechseln.

Globokar, Vinko, jugoslaw. Komponist u. Posaunist. *7.7.1934 Anderny, Meurthe-et-Moselle. Sohn jugoslawischer Eltern, kehrte 1947 nach Jugoslawien zurück u. begann 1949 mit dem Posaunenstudium in Ljubljana. Fortsetzung ab 1955 am Pariser Conservatoire bei A. Lafosse. 1960–63 Kompositionsunterricht bei R. Leibowitz, anschließend bei L. Berio in Berlin, mit dem er gemeinsam *Sequenza V* für Pos. solo komponierte. 1965–66 Mitglied des Centre for creative and performing arts in Buffalo. 1969 Dozent für Posaune an der Musikhochschule Köln u. Gründung der Free Music Group (J.-P. Drouet, Schlagzeug, M. Portal, Klarinette, u. C. Alsina, Klavier), die später den Namen New Phonic Art erhielt u. an der sich hin u. wieder H. Holliger beteiligte. Heute ist G. Professor an der Musikhochschule Köln u. Leiter der instrumental-vokalen Abteilung im Forschungsinstitut IRCAM in Paris. G. Kompositionen können als postseriell angesehen werden, da er die serielle Ordnung nur als ein Mittel unter mehreren einsetzt, um Zusammenhänge zu verdeutlichen. Von rhythmischen Zellen als Basismaterial ausgehend, versucht G. mit neuen klangfarblichen Möglichkeiten zu experimentieren, wobei sein Hauptaugenmerk den Blasinstrumenten gilt. Außerdem setzt er sich für ein engagiertes Partizipieren der Interpreten ein, denen er gewisse Freiheiten der Improvisation einräumt. G. Musik schwankt zwischen strenger Ordnung u. Spontaneität. Daneben wird eine Hinwendung zum kollektiven Komponieren spürbar.

G. komponierte u.a. die Bühnenwerke *Plan* für einen Zarb-Spieler u. 4 Mitwirkende (um 1962–63) u. *Un jour comme un autre,* Szenen für S. u. Kammerensemble (1975); die Orchesterwerke *Voie* für 3 Chöre, Orch. u. Sprecher (1966), *Traumdeutung*, Psychodrama für 4 Chöre u. 4 Instr. (1967), *Étude pour folklora I* für 19 Solisten (1968), *Étude pour folklora II* für Orch. (1968), *Fluide* für 9 Blechbläser u. 3 Schlagzeuger (1976), Concerto grosso für 5 Solisten, 23 Spieler u. Chor sowie Amateurchor (1969–75), *Ausstrahlungen* für 1 Solisten (Ob. oder Klar. oder Fag. oder Saxophon) u. 20 Spieler (1971), *Vendre le vent* für Kammerensemble (1972), *Laboratorium* für 11 Musiker (1973), *Das Orchester* (1974), *Carrousel* für 4 Sänger u. 16 Instrumentalisten (1976) u. *La tromba e mobile* für 24 Bläser (1979) u. die Kammermusikwerke *Accord* für S. u. 5 Instrumentalisten (1966), *Discours II* für 5 Pos. oder Pos. u. Tonband (1967–68), *Correspondences* für 4 Solisten u. *Discours III* für 5 Ob. oder Ob. u. Tonband (1969), *Drama* für Kl. u. Schlagzeug (1971), *Notes* für 1 Pianisten, *Atemstudie* für Ob., *La ronde,* Versuch eines Kollektiv-Spiels für eine beliebige Anzahl von Interpreten u. *Airs de voyages vers l'intérieur* für 8St., Klar., Pos. u. Elektronik (1972), *Échanges* für 1 Blechbläser, *Res/as/ex/ins-pirer* für 1 Blechbläser, *Toucher* für 1 Schlagzeuger, *Limites* für 1 Geiger oder Bratschisten, *Voix instrumentalisée* für B.-Klar. (1973), *Discours IV* für 3 Klar. (1973–74), *Dédoublement* für 1 Klarinettisten (1975), *Koexistenz 307 für 1 Flötisten,* Monolith für 1 Flötisten u. *Vorstellungen* für 1 Solisten (2 Instr., 1976).

Lit.: W. König, V. G., Wiesbaden 1977.

Gloria in excelsis Deo (lat.: »Ehre sei Gott in der Höhe«), 2. Teil des Ordinarium missae u. daher Bestandteil kirchenmusikalischer Kompositionen.

Gluck, Christoph Willibald, Ritter v., dt. Komponist, * 2. 7. 1714 Erasbach, Oberpfalz, † 15. 11. 1787 Wien. Das Geschlecht der G. scheint aus dem oberpfälzisch-böhm. Grenzraum zu stammen. Die Vorfahren väterlicherseits waren Jäger u. Förster. Der Vater Alexander G. wurde 1683 in Neustadt a.d. Waldnaab geboren, nahm 1711 oder 1712 eine Jägerstelle in Erasbach an, verheiratete sich mit einer Maria Walpurga, deren Familiennamen unbekannt ist, siedelte mit dem 1714 geborenen Christoph Willibald 1717 nach Reichstadt in Böhmen um, 1722 nach Kreibitz u. 1727 nach Eisenberg, wo er Forstmeister des Fürsten Philipp Hyazinth v. Lobkowitz wurde. Nachdem sich der Vater einer ernsthaften musikalischen Betätigung des begabten Sohnes widersetzte, verließ dieser das Elternhaus u. schlug sich nach Prag durch, wo er 1731 unter den Erstimmatrikulierten der Prager Universität auftauchte. Um 1735–36 gehörte G. zum Haushalt der Lobkowitz-Althan in Wien. Von dort verpflichtete ihn wahrscheinlich Antonio Maria Melzi 1736 für seine Privatkapelle nach Mailand. Melzi ließ ihn auch bei B. Sammartini ausbilden. Aus dieser Zeit stammen wahrscheinlich die 1746 in London erschienenen Triosonaten. 1741 brachte G. mit großem Erfolg am Teatro Regio Ducal seine erste Oper *Artaserse* nach einem Libretto von P. Metastasio zur Aufführung. Ein Auftrag des Teatro Grimani di S. Samuele in Venedig folgte. G. komponierte daraufhin nach einem Text von Metastasio die Oper *Cleonice (Demetrio).* Weitere Aufträge in Italien schlossen sich an, bis G. 1745 als Nachfolger G. B. Lampugnanis an das Londoner Haymarket Theatre engagiert wurde, um dort G. F. Händel Konkurrenz zu machen. G. brachte mit *La caduta dei giganti* u. *Artamene* (1746) zwei wenig erfolgreiche, aus eigenen Kompositionen zusammengestellte Pasticcios heraus. Zum Ärger der Händel-Feinde veranstaltete er gemeinsam mit seinem Rivalen ein Konzert, bei dem er auch sein Glasglockenspiel vorführte. 1746–52 verdingte sich G. als reisender Musikus u. Kapellmeister u. trat u. a. mit den Operntruppen von Pietro u. Angelo Mingotti u. G. B. Locatelli auf. In Dresden brachte er seine Serenata teatrale *Le nozze d'Ercole e d'Ebe* (1747) zur Aufführung, in Wien gelang ihm mit der von Metastasio geschriebenen *Semiramide riconosciuta* ein schöner Erfolg, u. in Kopenhagen dirigierte er seine *Contesa de' Numi* (1749). Für die Truppe Locatellis entstanden weiterhin *Ezio* (1750) u. *Issipile* (1752). Gleichzeitig bestellte D. Tufarelli eine Oper für das Teatro S. Carlo in Neapel. G., der inzwischen mit einer wohlhabenden Kaufmannstochter verheiratet war, fuhr wie damals üblich zum Auftraggeber, um sein Stück auf die dortigen Gegebenheiten zu schreiben oder einzurichten u. einzustudieren. Die Aufführung am 4. 11. 1752 von *La clemenza di Tito* erregte nach zeitgenössischen Berichten großes Aufsehen. Im gleichen Jahr ließ sich G. in Wien nieder, stand den Akademien des Prinzen v. Sachsen-Hildburghausen nahe, komponierte kleinere Werke wie *Le cinesi* oder *La danza* zu festlichen Anlässen u. versuchte sich erfolgreich an Vaudevillekomödien u. der Opéra-comique. Inzwischen orientierte man sich in Wien nach Frankreich, und im Burgtheater traten franz. Schauspieltruppen auf. Die erfolgreichsten Stücke, die G. in diesem leichten franz. Genre verfaßte, waren *L'ivrogne corrigé* (*Der bekehrte Trunkenbold*, 1760) u. *La rencontre imprévu* (*Pilgrimen von Mekka*, 1764). 1761 traf der Literat Raniero di Calzabigi in Wien ein u. brachte die neuesten Reformideen für das Theater aus Paris mit. Auf seinen Vorschlag wandten sich G. u. der Choreograf G. Angiolini dem Don-Juan-Stoff zu u. schufen ein Handlungsballett, das den von J.-G. Noverre kurz zuvor aufgestellten Forderungen entsprach. Calzabigi war es auch, der das Libretto zu G. *Orfeo ed Euridice* schrieb, einer Oper, die am 5. 10. 1762 am Burgtheater aufgeführt wurde u. zu einer erbitterten Gegnerschaft J. A. Hasses u. des sich zurückgesetzt fühlenden Metastasio gegen den fortschrittlichen Kreis um den Oberintendanten Durazzo führte. Ähnlich erging es G. später auch in Paris, wo sein neuer Opernstil von den Piccinnisten (→ Piccinni) auf das heftigste bekämpft wurde. Dem *Orfeo* ließ G., wiederum in Zusammenarbeit mit Calzabigi, *Alceste* (1767) u. *Paride ed Elena* (1770) folgen, nahm Aufträge ausländischer Opernhäuser an, erledigte Gelegenheitsarbeiten u. knüpfte engere Verbindungen zu Paris. 1770 machte er die Bekanntschaft des Marquis François Louis Gaud Le Blanc du Roullet, der aus Racines »Iphigénie en Aulide« ein Opernlibretto kondensiert hatte, das G. sofort zu komponieren begann. Die Pariser Uraufführung fand am 19. 4. 1774 in der Opéra statt u. wurde zu einem persönlichen Triumph für den Komponisten. Zwischen 1774 u. 1778 reiste G. viermal zwischen Paris u. Wien hin u. her, um Verhandlungen zu führen, Ausgaben seiner Opern zu korrigieren u. neue Werke einzustudieren. Der *Iphigénie* ließ er die umgearbeiteten Opern *Orphée et Eurydice* (1774), *La Cythère assiégée* (1775) u. *Alceste* (1776) sowie die neuen Opern *Armide* (1777), *Iphigénie en Tauride* u. *Écho et Narcisse* (beide 1779) folgen. G. hing besonders an der letzteren u. konnte deren anfänglichen Mißerfolg in Paris lange nicht verwinden. Zwei Schlaganfälle schränkten seine Bewegungsfreiheit in den letzten Jahren weitgehend ein. Er stellte noch gemeinsam mit dem Wiener Dichter J. B. van Alxinger die dt. Fassung der *Iphigénie en Tauride* her, brachte aber nicht mehr die Kraft auf, Libretti Herders oder Wielands zu vertonen. Als letzte musikalische Arbeit unternahm er die Herausgabe der inzwischen entstandenen 7 Klopstock-Oden bei Artaria in Wien. Kurz vor seinem Tode übergab er seinem ehemaligen Schüler A. Salieri die Motette *De Profundis*, die er sich offensichtlich für seine eigene Totenfeier vorbehalten hatte.

G. Leben läßt sich in 3 Abschnitte einteilen: Lehr- u. Wanderjahre 1731–52, Wiener Erfolgsjahre 1753–73, die in der Ernennung zum K. K. Hofkompositeur 1774 ihren Höhepunkt fanden, u. Durchbruch in Paris 1774–79. Auch wenn G. keine gründliche Schulbildung genossen hatte, muß er doch mit den Strömungen seiner Zeit vertraut gewesen sein. Er korrespondierte auf italienisch u. französisch u. wußte seine dramatischen Vorstellungen bei den mit ihm arbeitenden Librettisten durchzusetzen. Dabei griff er auch auf Anregungen von Zeitgenossen wie D. Diderot u. J.-J. Rousseau zurück. In Italien u. später in Wien komponierte G. in der Form der ital. Opera seria, wie sie vom Wiener Hofdichter Metastasio repräsentiert wurde. Sie brachte die absolutistische Feudalkultur auf die Bühne. Die Handlung wurde in Seccorezitativen transportiert, während die vorwiegend als Da-capo-Arien angelegten Gesangsnummern reflektierenden Charakter hatten u. hauptsächlich als Vehikel für die gefeierten Gesangsstars der Zeit dienten. Am Schluß erwartete man ein sog. lieto fine, ein frohes Ende. Dem setzte G. seine Forderung nach dramatischer Notwendigkeit entgegen. Er wollte menschliche

Gefühle u. nicht typisierte Affekte darstellen. Damit verfolgte er die gleichen Ziele wie Rousseau, der gegen den Rationalismus der Aufklärung das Recht der fühlenden Seele stellte. G. nutzte die Arie als dramatisches Mittel. Das starre überlieferte Schema wurde variationsmäßig abgewandelt. Die Musik erhielt einen eigenen Aussagewert. Als bekanntestes Beispiel für diese neue Technik wird immer wieder die Orest-Arie *Le calme rentre dans mon cœur* aus der *Iphigénie en Tauride* zitiert. Im Gegensatz zum gesungenen Text macht das durchgängige Synkopenmotiv der Bratschen die wahre Gemütsverfassung des Orest deutlich. Aus den statischen u. zur Dekoration dienenden Chören machte G. dramatische Handlungschöre. Mit *Orfeo* u. der Tragedia messa in musica *Alceste* leistete er diese Reformarbeit an der konventionellen ital. Oper, mit den beiden Iphigenien führte er über die in Tradition erstarrte franz. Große Oper hinaus. Die G.-Gegner in Paris vermißten die ital. Melodie u. intrigierten für die Berufung N. Piccinnis, der in Konkurrenz zu Gluck ebenfalls eine *Iphigénie* komponieren sollte. Der Streit zwischen den Gluckisten u. Piccinnisten erreichte mit der Uraufführung der *Armida* am 23. 9. 1777 seinen Höhepunkt. Abbé Arnaud u. J.-B.-A. Suard stellten sich hinter G., während Caraccioli, G. Ph. Creutz, J. F. Marmontel, La Harpe u. d'Alembert die Reformoper des Deutschen bekämpften. Dabei kam es zu den häßlichsten Szenen unter den Gegnern. Sogar der berühmte Padre Martini in Bologna wurde um sein Urteil bemüht.

Der ehrliche Piccinni tat den G.-Feinden nicht den Gefallen, sich mit dem Reformer zu messen; er gab seine *Iphigénie* bis 1781 nicht zur Aufführung frei.

Wie sehr G. den Geist der kommenden Zeit in seinen Musikdramen vorweggenommen hat, geht schon daraus hervor, daß sich Wieland in seinem »Versuch über das Teutsche Singspiel« auf ihn berief u. E. T. A. Hoffmann ihn sogar zum Mittelpunkt einer Novelle machte.

Die dramatischen Werke G. lassen sich am besten in ital. u. franz. einteilen, die Librettisten stehen neben dem Jahr der Uraufführung:

I. Ital. Opern: *Artaserse* (1741, Metastasio), *Cleonice* oder *Demetrio* (1742, Metastasio), *Demofoonte* (1742, Metastasio), *Il Tigrane* (1743, Goldoni), *Arsace*, Fragment (1743, Librettist unbekannt), *La Sofonisba* (1744, Silvani), *La finta schiava*, nur 2 Arien (1744, Silvani), *Ipermestra* (1744, Metastasio), *Poro* (1744, Metastasio), *Ippolito* (1745, Corio), *La caduta dei giganti* (1746, Vanneschi), *Artamene* (1746, Vittur u. Vanneschi), *Le nozze d'Ercole e d'Ebe* (1747, Librettist unbekannt), *Semiramide riconosciuta* (1748, Metastasio), *La contesa de' numi* (1749, Metastasio), *Ezio* (1750, Metastasio), *Issipile* (1752, Metastasio), *La clemenza di Tito* (1752, Metastasio), *Le cinesi* (1754, Metastasio), *La danza* (1755, Metastasio), *L'innocenza giustificata* oder *La Vestale* (1755, rev. 1768, Metastasio u. Durazzo), *Antigono* (1756, Metastasio), *Il re pastore* (1756, Metastasio), *Tetide* (1760, Migliavacca), *Orfeo ed Euridice* (1762, Calzabigi), *Il trionfo di Clelia* (1763, Metastasio), *Il Telemacco* oder *L'isola di Circe* (1765, Capece u. Coltellini), *Il Parnaso confuso* (1765, Metastasio), *La corona* (komponiert u. nicht aufgeführt 1765, Metastasio), *Il prologo* (1767, del Rosso), *Alceste* (1767, Calzabigi), *Le feste d'Apollo: Il prologo, Bauci e Filemone, Aristeo* u. zum Abschluß *Orfeo* (1769, Frugoni) u. *Paride ed Elena* (1770, Calzabigi).

II. Franz. Opern: *Les amours champestres* (1755, Librettist unbekannt), *Le chinois poli en France* (1756, L. Anseaume), *Le déguisement pastoral* (1756, Favart), *L'isle de Merlin* (1758, Anseaume), *La fausse esclave* (1758, Anseaume u. Marcouville), *La Cythère assiégée* (2. Fassung 1759, Favart), *L'arbre enchanté* (1759, Moline), *Le diable à quatre* (1759, Sedaine), *L'ivrogne corrigé* (1760, Sedaine), *Le cadi dupé* (1761, Le Monnier), *La rencontre imprévue* oder *Les pèlerins de la Mecque* (1764, Dancourt), *Isabelle et Gertrude*, nur 3 Arien (1765, Favart), *Iphigénie en Aulide* (1774, du Roullet), *Orphée et Eurydice* (2. Fassung, 1774, Calzabigi, Moline), *La Cythère assiégée* (2. Fassung, 1775, Favart), *Alceste* (2. Fassung, 1776, Calzabigi, du Roullet), *Armide* (1777, Quinault), *Iphigénie en Tauride* (1779, Guillard nach Euripides) u. *Écho et Narcisse* (1779, v. Tschudi).

Gemeinsam mit dem Choreografen G. Angiolini entstanden die Ballette *Le festin de Pierre*, auch als *Don Juan* bekannt (1761), *Semiramis* (1765), *Alessandro* (1767) u. möglicherweise *L'orfano della china* (1774). G. komponierte neben den bereits erwähnten Werken mehrere Sinfonien, außerdem wird ihm ein Flötenkonzert zugeschrieben.

GA, begründet von R. Gerber, hg. im Auftrage des Staatlichen Institutes für Musikforschung Berlin, Kassel ab 1951. Briefe von G. erschienen bei L. Nohl (Hg.), Musiker-Briefe, 2 Bde., Leipzig 1867; J. M. Lappenberg (Hg.), Briefe an Klopstock, Braunschweig 1867; G. Kinsky (Hg.), Briefe an F. Kouthoffer, Wien, Prag, Leipzig 1927.

Lit.: J. F. Marmontel, Essai sur les révolutions de la musique en France, Paris 1777; A. B. Marx, G. u. die Oper, 2 Bde., Berlin 1863, Neudruck Hildesheim 1970; G. Desnoiresterres, G. et Piccinni, Paris 1875; A. Wotquenne, Catalogue thématique des œuvres de Ch. W. G., Leipzig 1904, mit dt. Übersetzung v. J. Liebeskind, Nachdr. Hildesheim u. Wiesbaden 1967; J. Tiersot, G., Paris 1910; J. Liebeskind, Ergänzungen u. Nachträge zu dem Thematischen Verzeichnis ... von A. Wotquenne, Leipzig 1911; H. Abert (Hg.), G.-Jahrbücher I–IV, Leipzig 1913–18, Nachdr. Wiesbaden 1969; R. Haas, G. u. Durazzo, Zürich 1925; M. Cooper, G., London 1935; H. J. Moser, Ch. W. G., Stuttgart 1940; R. Gerber, Ch. W. G., Potsdam 1941; R. Tenschert, Ch. W. G., Olten 1951; A. Einstein, Gluck. Sein Leben – seine Werke, 2 Bde., Zürich, Stuttgart 1954; A. A. Abert, Ch. W. G., München 1959; W. Vetter, Ch. W. G., Leipzig 1964.

Gnecchi, Vittorio, ital. Komponist, * 17. 7. 1876 Mailand, † 1. 2. 1954 ebd. Schüler von T. Serafin u. G. M. Gatti. Komponierte hauptsächlich Opern, u. a. eine *Cassandra* (1905), die größere Ähnlichkeit mit der *Elektra* von R. Strauss aufweist. Seine letzte Oper *Giuditta* wurde 1953 in Salzburg konzertant aufgeführt. In einem früheren Werk, der Oper *Rosiera* (1910), verwandte G. Vierteltöne.

Gnessin (Gnesin), Michail F., russ. Komponist u. Lehrer, * 2. 2. 1883 Rostow am Don, † 5. 5. 1957

Moskau. Bruder der Musikpädagogin Jelena Fabianowna G. Schüler von N. Rimskij-Korsakow, A. Ljadow u. A. Glasunow 1901–09 in Petersburg. 1925–36 Lehrer für Komposition am Konservatorium in Moskau u. 1935–44 in Leningrad. Ließ sich in seinen Kompositionen zuerst von Rimskij-Korsakow u. R. Wagner leiten u. verknüpfte später nach Aufenthalten in Palästina jüdische Überlieferung u. russ. Musiktradition.

G. komponierte u. a. die Opern *Abrahams Jugend* u. *Die Makkabäer*, Bühnenmusiken, Dithyrambos *Vrubel'* für Singst. u. Orch. (1911), Chorkantate *Der Roten Armee* (1943) u. veröffentlichte »Gedanken u. Erinnerungen an N. A. Rimskij-Korsakow« (1956).

Godard, Benjam in L. P., franz. Komponist u. Geiger, * 18. 8. 1849 Paris, † 10. 1. 1895 Cannes. Studierte am Pariser Conservatoire bei H. Reber (Komposition) u. H. Vieuxtemps (Violine). Hatte 1878 einen gewissen Erfolg mit seiner dramatischen Sinfonie *Le Tasse*, die mit einem Preis der Stadt Paris ausgezeichnet wurde. Von seinen Opern sei *Jocelyne* (1888) erwähnt, aus der seine vielgespielte Berceuse stammt.

G. komponierte neben 2 Violinkonzerten u. 1 Klavierkonzert 4 Sinfonien u. mehr als 100 Lieder.

Godowsky, Leopold, poln. Pianist u. Komponist, * 13. 2. 1870 Žąsliai, † 21. 11. 1938 New York. Gab als Wunderkind Konzerte, studierte 1884 an der Berliner Hochschule für Musik bei W. Bargiel u. E. Rudorff u. 1887–90 bei C. Saint-Saëns in Paris. Lebte 1890–1900 als Lehrer am Konservatorium von Chicago u. Konzertpianist in den USA, übernahm 1909 als Nachfolger F. Busonis die Meisterklasse an der Wiener Akademie der Tonkunst u. ließ sich 1914 endgültig in den Vereinigten Staaten nieder. G. galt als einer der großen Klaviervirtuosen seiner Zeit. Von seinen vielen Klavierkompositionen seien *Renaissance* (15 Übertragungen alter Musik) u. *Triakontameron* erwähnt. Er veröffentlichte 1912 »The Progressive Series of Piano Lessons«.

Goehr, Alexander, engl. Komponist, * 10. 8. 1932 Berlin. Sohn des dt. Komponisten u. Dirigenten Walter G. Schüler von R. Hall am Royal Manchester College of Music u. Begründer der New Music Manchester Group. Studierte außerdem bei O. Messiaen am Pariser Conservatoire u. privat bei Y. Loriod. 1960–68 Redakteur bei der BBC u. 1967 Begründer des Music Theatre Ensemble. 1971 Professor an der Universität von Leeds, 1976 Professor für Musik an der Universität von Cambridge. G. gehört zu jener Generation jüngerer engl. Komponisten, die postserielle Techniken mit Elementen der wiederentdeckten alten engl. Musik verbinden.

G. komponierte u. a. *Songs of Babel* für hohe St. u. Kl. (1951); Klaviersonate (1951–52); *Fantasias* für Klar. u. Kl. (1954); *Fantasia* für Orch. (1954, rev. 1958); Streichquartett Nr. 1 (1956–57); Capriccio für Kl. (1957); *The Deluge* für S., tiefen A. u. Instrumentalisten (1957–58); *La belle dame sans merci*, Ballett nach C. Jannequin u. C. le Jeune (1958); Variations für Fl. u. Kl. u. Four Songs from the Japanese für hohe St. u. Orch. oder Kl. (1959); *Sutter's Gold*, Kantate für B., Chor u. Orch. (1959–60); Suite op. 11 für Kammerensemble (1961); *Hecuba's Lament* für Orch. (1959–61); *A Little Cantate of Proverbs* (1962); Violinkonzert (1961–62); *Two Choruses* für gem. Chor a cappella (1962); *Virtutes*, Liederzyklus für Chor, 2 Kl. u. Schlagzeug (1963); *Little Symphony* u. *Little Music for Strings* (1963); *Five Poems and an Epigram of William Blake* für gem. Chor a cappella u. Trp. u. 3 Stücke für Kl. (1964); *Pastorals* für Orch. (1965); Klaviertrio (1966); *Arden muß sterben*, Oper in 3 Akten (1966); *Warngedichte* für tiefe St. u. Kl. u. Streichquartett Nr. 2 (1967); *Romanza* für Vc. u. Orch. (1968); *Naboth's Vineyard*, ein dramatisches Madrigal für tiefen A., T., B. u. Instrumentalensemble (1968); Konzertstück für Kl. u. Orch. (1969); *Nonomiya* für Kl. (1969); Paraphrase für Klar. (1969); Sinfonie in einem Satz, *Shadowplay*, Musiktheater, *Sonata about Jerusalem*, Musiktheater, u. Concerto für Kl. u. 11 Instr. (1970); Klavierkonzert (1972); Chaconne für Bläser u. *Lyric Pieces* für Kammerorch. (1974); *Metamorphosis/Dance* für Orch. (1973–74); Streichquartett Nr. 3 (1975–76); Psalm IV für S., tiefen A., Frauenchor u. Org. (1976), daraus eine Fuge für Streichorch. (1976); *Romanza* für Streichorch. ((1977); *Sinfonia* für Kammerorch. (1981).

Goetz (Götz), Hermann G., dt. Komponist, * 7. 12. 1840 Königsberg, † 3. 12. 1876 Hottingen bei Zürich. Schüler von J. Stern u. v. Bülow am Stern'schen Konservatorium in Berlin. 1863–70 Organist in Winterthur, anschließend freischaffender Komponist in Zürich.

Von G. Kompositionen seien die zu seiner Zeit erfolgreiche komische Oper *Der Widerspenstigen Zähmung* (1874), *Nänie* für Chor u. Orch. (1875), 1 Sinfonie u. 1 Klavierkonzert erwähnt. Seine zweite Oper *Francesca da Rimini* wurde von E. Frank fertiggestellt u. ohne großen Erfolg 1877 uraufgeführt.

Goetze, Walter W., dt. Komponist, * 17. 4. 1883 Berlin, † 24. 3. 1961 ebd. Erhielt seine musikalische Ausbildung in Berlin u. verdiente sich den Lebensunterhalt als Pianist in Kabaretts. Von seinen Operetten waren *Ihre Hoheit – die Tänzerin* (1919) u. *Der goldene Pierrot* (1934) erfolgreich.

Goeyvaerts, Karel, belg. Komponist, * 8. 6. 1923 Antwerpen. Studierte 1943–47 am Königlichen Fläm. Musikkonservatorium in Antwerpen Klavier, Klavierbegleitung, Harmonie, Kontrapunkt, Fuge, Orgel, Musikgeschichte u. Komposition. Wurde 1947–50 Schüler von O. Messiaen u. D. Milhaud in Paris u. besuchte daneben Kurse von M. Martenot am dortigen Conservatoire. Im Winter 1950–51 komponierte G. seine Sonate für 2 Kl. op. 1, ein Stück, das er zusammen mit K. Stockhausen im Kompositionsseminar der Darmstädter Ferienkurse 1951 aufführte. G. brachte bei dieser Gelegenheit Stockhausen erstmals die Gedanken seines Lehrers Messiaen nahe. 1953 gehörte er zu den ersten Mitarbeitern des Studios für Elektronische Musik im Kölner

Rundfunk. Dort entwickelte G. seine eigene serielle Kompositionstechnik, die auf der Strukturierung des Klangmaterials in all seinen Eigenschaften u. Schichtungen beruht, u. wendete diese erfolgreich auf das Medium elektronische Musik an. Arbeitet seit 1970 am Institut für Psychoakustik u. elektronische Musik in Gent.

Zu G. Kompositionen gehören: *Nr. 1* für 2 Kl. (1950–51); *Nr. 2* für 13 Instr. (1951); *Nr. 3* mit gestrichenen u. geschlagenen Klängen für 7 Instr. (1952); *Nr. 4*, elektronische Musik (1952); *Nr. 5*, elektronische Musik (1953); *Nr. 6* mit 180 Klangobjekten (1954); *Nr. 7*, elektronische Musik (1955); *Diaphonie*, Suite für Orch. (1957); *Impropria*, Kantate für A., 2 gem. Chöre u. 6 Instr. (1959); *Jeux d'été* für 3 Orchestergruppen (1960); *Passion* für Orch. (1962); *Cataclysme*, Ballett für Orch. u. Sprecher (1963); *Parcours*, mobile Komposition für 2–6 V. (1967); *Actief-Reactief* für 2 Ob., 2 Trp. u. Kl. (1968); *Messe Johannes XXIII.* für gem. Chor u. 10 Holzbläser (1968); *Catch à quatre* für 4 umhergehende Musiker (1969); *Alnaar gelang*, mobile Komposition für 5 Instrumentalgruppen (1971); *Hé*, audiovisuelle Manipulation in Zusammenarbeit mit H. Sabbe u. L. Goethals (1971); *Pianokwartet*, mobile Komposition für V., Va., Vc. u. Tonband (1972); *Nachklänge aus dem Theater*, elektronische Musik (1972); *Op acht paarden wedden*, mobile elektronische Komposition (1973); *You'll never be alone any more* für B.-Klar. u. Tonband (1974); *... erst das Gesicht ... dann die Hände ... und zuletzt erst das Haar* für Kammerorch. (1975); *Ach Golgatha!* für Org., Hf. u. 3 Schlagzeuger (1975); *Pour que les fruits mûrissent cet été* für Renaissance-Instrumente (1976); *Honneurs funèbres à la tête musicale d'Orphée* für Ondes-Martenot-Sextett (1976); *Für Tscheng* (1977); *Das tägliche Leben der Azteken* für Sprecher u. kleine Schlaginstr. (1978); *Claus-ule* für Sprecher u. 8 Instr. (1979); *Litanie I* für Kl. (1979); *Litanie II* für 3 Schlagzeuger (1980); *Litanie III* für Orch. (1980); *Litanie IV* für Fl., Klar., V., Vc., Kl. u. S. (1981); *Gesang der Geister über den Wassern* für Bar. u. Kl. (1981), *Litanie V* für Cemb. u. Tonband (1982).

Goldmann, Friedrich, dt. Komponist, * 27. 4. 1941 Siegmar-Schönau. 1951–59 Mitglied des Kreuzchores in Dresden, 1959–62 Studium an der Hochschule für Musik in Dresden, daneben Sommer 1959 Besuch der Internationalen Ferienkurse in Darmstadt u. eines Spezialseminars von K. Stockhausen, 1962–64 Schüler von R. Wagner-Régeny an der Akademie der Künste in Berlin u. 1964–68 Studium der Musikwissenschaft an der Humboldt-Universität. Lebt seit 1968 als freischaffender Komponist in Berlin.

Zu G. Werken gehören Sonate für Bläserquintett u. Kl. (1969–70); Sinfonie (1972–73); Musik für Kammerorch. (1973); 4 Klavierstücke (1973); die Opernfantasie *Hot* nach »Der Engländer« von J. M. Lenz für Sänger u. Bläserquintett, elektrische Org. u. Kb. (1974); *Cellomusik* (1974); Streichquartett u. *Drei Stücke* für gem. Chor (1975); *Zusammenstellung*, Musik für Bläser (1976); Violinkonzert (1977); Sinfonie II (1976); Konzert für Pos. u. 3 Instrumentalgruppen (1977) u. Klaviertrio (1978).

Goldmark, Karl, österr. Komponist, * 18. 5. 1830 Keszthely, Ungarn, † 2. 1. 1915 Wien. Studierte in Wien u. ließ sich dort 1860 als Klavierlehrer nieder. Von seinen Opern war *Die Königin von Saba* (1875) am erfolgreichsten. G. komponierte außerdem Ouvertüren, u.a. *Sakuntala* (1865) u. *Penthesilea* (1879), 2 Sinfonien, 2 Violinkonzerte u. Kammermusik. 1922 erschien seine Autobiografie »Erinnerungen aus meinem Leben« in Wien.

Goldmark, Rubin, amer. Komponist u. Lehrer, * 15. 8. 1872 New York, † 6. 3. 1936 ebd. Neffe von Karl G. Studierte in Wien bei A. Door u. J. N. Fuchs u. A. Dvořák in New York. 1895–1901 Lehrer am Conservatory of Music in Colorado Springs, 1902–24 Privatlehrer in New York u. 1924–36 Direktor der Abteilung für Komposition an der New Yorker Juilliard School. Zu seinen Schülern gehörten A. Copland, A. Chasins u. B. Wagenaar. Auch G. Gershwin nahm bei ihm kurz Kompositionsunterricht. Neben seiner Lehrtätigkeit lag G. Bedeutung hauptsächlich in seinem unermüdlichen Einsatz für eine eigenständige amer. Musik.

Von G. Kompositionen seien die *Hiawatha-Ouvertüre* (1900), die sinfonische Dichtung *Samson* (1914), *A negro rhapsody* (1923) u. *The call of the plains* (1925) erwähnt.

Goldschmidt, Berthold, engl. Komponist dt. Herkunft, * 18. 1. 1903 Hamburg. Schüler von F. Schreker u. R. Krasselt. Schlug zuerst die Kapellmeisterlaufbahn ein, bevor er sich mehr dem Komponieren widmete. Erstellte gemeinsam mit D. Cooke aus Kompositionsskizzen eine Version von Mahlers 10. Sinfonie, die er 1964 in London aufführte.

Zu G. Kompositionen gehören die Opern *Der gewaltige Hahnrei* (1932) u. *Beatrice Cenci* (1951), das Ballett *Chronica* (1939), 1 Sinfonie (1941) u. Concertinos für V. u. Orch. (1933, revidiert 1952), Vc. u. Orch. (1933), Hf. u. Kammerorch. (1949) u. Klar. u. Orch. (1955).

Goleminov, Marin P., bulg. Komponist, * 28. 9. 1908 Kjustendil. Schüler von V. d'Indy an der Schola Cantorum in Paris u. von J. Haas in München. 1943 Professor für Komposition u. Dirigieren am Konservatorium in Sofia.

Zu G. Kompositionen gehören die Oper *Ivajlo* (1959), die Operette *Der goldne Vogel* (1961), das Ballett *Nestinarka* (1942) u. Kammermusik. Er veröffentlichte u.a. 1937 in Sofia »Über die Quellen der bulgarischen Musik«.

Golyscheff (Golyšev), Jef, russ. Komponist u. Maler, * 20. 9. 1897 Cherson, Ukraine, † 25. 9. 1970 Paris. Lebte 1909–33 in Berlin, anschließend in Spanien, Frankreich u. Brasilien. Ließ sich 1966 in Paris nieder. Scheint gleichzeitig mit A. Schönberg Reihensysteme ausgearbeitet zu haben. Sein fünfsätziges, 1925 veröffentlichtes Streichtrio hat den Titel *Zwölftondauer-Musik*.

Gombert, Nicolas, fläm. Komponist, * um 1500, † um 1556. Möglicherweise Schüler von Josquin Desprez. 1526 als Sänger an der Hofkapelle Karls

V. bezeugt. Zeichnet sich in seinen Kompositionen vor allem durch gleichwertige Behandlung aller Stimmen aus.

Zu G. Kompositionen gehören Messen, Motetten, Magnificat, Chansons u. ein 6st. Madrigal. Erste Werke G. erschienen 1529 in einer von P. Attaignant veröffentlichten Sammlung.

Gomes, A. Carlos, brasilian. Komponist, * 11. 7. 1836 Campinas, † 16. 9. 1896 Pará. Schüler des Konservatoriums in Rio de Janeiro, wo er auch seine beiden ersten Opern *Noite do castello* (1861) u. *Joanna de Flandres* (1863) zur Aufführung brachte. Setzte seine Studien 1864 bei L. Rossi in Mailand fort. Hatte dort mit seiner Oper *Il Guarani* großen Erfolg. Zu seinen weiteren Kompositionen gehören ein *Hino acadêmico* (1859) u. die Ode *Il saluto del Brasile* (1876).

Goossens, Sir Eugene, engl. Dirigent u. Komponist, * 26. 5. 1893 London, † 13. 6. 1962 ebd. Stammte aus einer Musikerfamilie. Sein Vater war Geiger u. Dirigent, sein Bruder Leon Oboist, seine Schwestern Marie u. Sidonie waren Harfenistinnen. Erhielt Unterricht am Konservatorium in Brügge 1903–06, am Liverpool College of Musik 1906–07 u. am Royal College of Music in London, wo er Schüler von A. Rivarde (Geige), J.S.O. Dykes (Klavier), Ch. Wood (Theorie) u. Ch. Stanford (Komposition) war. 1911–15 Geiger im Queen's Hall Orchestra u. Mitglied des Philharmonic String Quartet. Gab 1920–23 eine Reihe vielbeachteter Konzerte zeitgenössischer Musik mit einem eigenen Orchester, übernahm 1923–31 die Leitung des Rochester Philharmonic Orchestra u. 1931–46 des Cincinnati Symphony Orchestra. 1947–56 Leiter des Sydney Symphony Orchestra u. Direktor des New South Wales Conservatory in Sydney. Wandelte seinen Kompositionsstil von einer Vorliebe für das Exotische u. Groteske zu einem teilweise strengen Neoklassizismus.

Zu G. Werken gehören die Opern *Judith* (1929) u. *Don Juan de Mañara,* das Ballett *L'école en crinoline* (1921), 2 Sinfonien (1940 u. 1946), das Oratorium *The Apocalypse* (1951), Kammermusik u. Lieder. 1951 erschien »Overture and Beginners, a Musical Autobiography« in London.

Górecki, Henryk M., poln. Komponist, * 6. 12. 1933 Czernica bei Rybnik. 1955–60 Schüler von B. Szabelski an der Musikhochschule in Kattowitz, wo er seit 1968 Theorielehrer ist. In seinen Kompositionen mischen sich Webernsche Elemente mit poln. Überlieferung.

G. komponierte u.a. 4 Praeludien für Kl. (1955); *Das Lied von Freude u. Rhythmus* für Orch. (1956); Konzert für 5 Instr. u. Streichquartett (1957); *Epitaph* für Chor u. Instr. (1958); 1. Sinfonie für Streichorch. u. Schlagzeug (1959); *Monologhi I* für S. u. 3 Instrumentalgruppen (1960); *Scontri* für Orch. (1960), den dreiteiligen Zyklus *Genesis* (1960, 1962 u. 1966); *Choros I* für 56 Streicher u. *Refrain* für Orch. (1965); *Canticum gradum* für Orch. (1969); *Ad matrem* für S., gem. Chor u. Orch. (1971); *Orchesterwerk* (1976).

Gospelsong (engl. gospel: »Evangelium«), modernes Gemeindelied der nordamer. Neger, das sich aus den → Negro spirituals u. dem Jazz entwickelt hat. Von den auch im Konzertsaal vorgetragenen G. ist *Move On Up A Little Higher* durch Mahalia Jackson bekannt geworden.

Gossec, François-Joseph, franz. Komponist belg. Herkunft, * 17. 1. 1734 Vergnies, Hennegau, † 16. 2. 1829 Passy bei Paris. Kam 1751 mit einem Empfehlungsschreiben an J.-Ph. Rameau nach Paris, übernahm 1762 die Leitung der Kapelle des Prinzen von Conti in Chantilly, gründete 1770 das Concert des amateurs, erneuerte die Concerts spirituels u. wurde 1780–82 Sousdirecteur der Opéra. 1795 gemeinsam mit A.-E.-M. Grétry, L. Cherubini, J.-F. Lesueur u. E. N. Méhul Inspektor des Conservatoire u. dort bis 1816 Kompositionslehrer. In seiner *Messe des morts* (1760) u. dem Oratorium *La Nativité* experimentierte G. mit Raumklängen u. ist darin ein Vorläufer von H. Berlioz. Während sich G. in seinen Opern häufig an das Vorbild Ch. W. Glucks hielt, waren seine Sinfonien vom Stil der Mannheimer Schule beeinflußt. Mit seinen an die 30 Sinfonien war G. ein Wegbereiter dieser Musikform in Frankreich. Als Komponist der Revolution schrieb er einen *Chant du 14 juillet* zur Jahresfeier der Erstürmung der Bastille. Außerdem komponierte G. kirchliche Werke, Bühnenmusiken u. Ballette, u. a. für M. Gardel das Handlungsballett *Mirza* (1779).

Gotovac, Jakov, jugoslaw. Komponist u. Dirigent, * 11. 10. 1895 Split. Studierte in Wien u. war 1923–58 Dirigent am Kroatischen Nationaltheater in Zagreb. In seinen Kompositionen verbindet sich gemäßigte Moderne mit Elementen der heimatlichen Folklore.

G. schrieb u.a. die Opern *Dubravka* (1928), *Morana* (1930), *Ero der Schelm* (1935), *Kamenik* (1946) u. *Mila Gojsalića* (1952), das Singspiel *Derdan* (1955), 3 Operneinakter *Stanac* (1959), die Opernlegende *Dalmaro* (1964) u. das Opernoratorium *Petar Svačić* (1969). Von seinen sinfonischen Werken ist *Kolo* (1927) das bekannteste.

Gottschalk, Louis Moreau, amer. Pianist u. Komponist, * 8. 5. 1829 New Orleans, † 18. 12. 1869 Rio de Janeiro. Sein Vater Edward war Engländer, seine Mutter Aimée Marie de Bruslé stammte aus einer span.-franz. Familie. G. selber verband dieses Erbe mit kreolischem Temperament u. karibischer Musik. Er gab sein erstes öffentliches Konzert mit 8 Jahren, studierte ab 1842 in Paris bei Ch. Hallé u. C. Stamaty u. trat 1845 in der Salle Pleyel auf. War ein Freund u. Schüler von H. Berlioz, dessen Vorstellungen von Orchestration er sich zu eigen machte. 1851–52 Spanientournee, 1853 Nordamerikatournee, anschließend jahrelanger Aufenthalt in der Karibik u. 1865–69 Südamerikatournee. Komponierte neben den nie aufgeführten Opern *Charles IX.* u. *Isaura de Salerno* 2 Sinfonien u. viele Klavierstücke, in denen er Folklore u. Reiseerlebnisse verarbeitete. In Südamerika entstand auch sein *Grande Caprice on the Argentine National Anthem*. G. gilt als der erste amer. Komponist, der lange vor Dvořáks Amerikaaufenthalt Folklore in seine Kompositionen einbezog. Seine Autobiografie »Notes of a Pianist« erschien 1881 in Philadelphia.

Gottwald, Clytus, dt. Chorleiter, Komponist u. Musikwissenschaftler, * 20. 11. 1925 Bad Salzbrunn. Schüler von G. Hüsch, K. Thomas u. H. Osthoff. Gründete 1960 die Stuttgarter Schola Cantorum, ein Ensemble, das sich auf Vokalpolyphonie des 15. u. 16. Jh. sowie Musik unserer Zeit spezialisiert. Er beschäftigt sich besonders mit der Sprachkomposition.

Zu G. Werken gehören *Sieben Spruchmotetten* (1956), *Missa super Anastaseos himera* (1957), *Fragmente* für Chor u. 2 Kl. (1958) u. *De profundis* für Chor u. Tonband (1962).

Goudimel, Claude, franz. Komponist, * um 1514 Besançon, umgekommen während des Hugenottenpogroms Ende August 1572 in Lyon. Arbeitete bei dem Pariser Drucker Du Chemin als Korrektor u. veröffentlichte in dessen Chansonsammlung ab 1550 eigene Kompositionen. Bevor G. zum evangelischen Glauben übertrat, verfaßte er Messen, Motetten u. 1 Magnificat. Von seinen dreimal komponierten Psalmen ist die letzte, homorhythmische Bearbeitung mit der Melodie im Tenor die wichtigste. Sie wurde 1565 von Le Roy & Ballard in Paris u. daneben in Genf verlegt. Eine dt. Ausgabe von A. Lobwasser erschien 1573.

Gould, Morton, amer. Komponist, Pianist u. Dirigent, * 10. 12. 1913 Richmond Hill, NY. Schüler von A. Whiteside (Klavier) u. V. Jones (Komposition) am Institute of Musical Art in New York. Veröffentlichte sein erstes Stück *Just six* mit 6 Jahren. 1936 führte Stokowski seine Komposition *Choral and Fuge in Jazz* auf, 1942 Toscanini seine *Lincoln Legend*. In G. Werken verbinden sich Einflüsse von Broadway, Jazz, Folklore mit sinfonischer Tradition.

Zu G. Jazzkompositionen gehören *Swing Symphonietta*, *Bougie-Woogie Etude* u. *Big City Blues* (1950) sowie ein Concerto für Steptänzer u. Orch. (1952). Typisch amer. Stücke sind *A Foster Gallery* (1940), *Cowboy Rhapsody* (1944), *Minstrel Show* (1946) u. *Fall River Legend* (1948), alle für Orch. Außerdem komponierte G. die Musicals *Billion Dollar Baby* (1945) u. *Arms and the Girl* (1950), die Ballette *Interplay* (1943, Ch.: Robbins 1945), *Fall River Legend* (1948, Ch.: A. de Mille), *Rib of Eve* (1956, Ch.: A. de Mille), *Fiesta* (1957, Ch.: E. Martinez) u. *Audubon* (1976, Auftrag von G. Balanchine), 4 Sinfonien, *Jekyll and Hyde Variations* für Orch. (1956) u. *Soundings* für Orch. (1969). Daneben entstanden Filmmusiken.

Gounod, Charles F., franz. Komponist, * 17. 6. 1818 St-Cloud, † 18. 10. 1893 ebd. Sein Vater François war ein beliebter Maler, seine Mutter besaß Talent zum Klavierspiel u. ernährte später die Familie, indem sie Unterricht gab. Der begabte Charles besuchte das Lycée Saint-Louis u. erhielt bei A. Reicha eine musikalische Grundausbildung. 1836–39 Schüler bei F. Halévy, H.-M. Berton, J.-F. Lesueur u. F. Paër am Pariser Conservatoire. 1839 Rompreis mit der Kantate *Ferdinand*. Romaufenthalt 1840–42, dort Freundschaft mit dem Maler Ingres, dem Direktor der Villa Medici, u. mit Fanny Hensel, der Schwester Mendelssohn Bartholdys, die G. erstmals Bach nahebrachte. 1842–43 Aufenthalt in Wien, wo er Erfolg mit einer Messe u. einem Requiem hatte. Besuch in Berlin, erneutes Treffen mit der Familie Hensel u. Besuch bei Mendelssohn Bartholdy in Leipzig. 1843–48 Organist u. Chordirigent an der Kirche der Missions Étrangères in Paris. Bekanntschaft mit der Sängerin Pauline Viardot, die G. den Auftrag zu einer Oper beschaffte. So entstand die 1850 an der Opéra uraufgeführte *Sapho*. 1852–60 Direktor des Orphéon der Stadt Paris, für die er verschiedene Kompositionen, unter anderem die *Messe des orphéonistes* schrieb. Mit seiner *Méditation sur le 1er prélude de Bach* für V. u. Kl. war ihm ein bis heute andauernder Publikumserfolg beschieden. 1859 unterlegte er diesem 1. Präludium aus *Das wohltemperierte Klavier* den Text eines »Ave Maria« betitelten Gedichts. Mit seiner 1852–59 entstandenen Oper *Faust* (1869 um Rezitative u. Ballett erweitert u. in Deutschland unter dem Titel *Margarethe* bekannt) konnte er seine Stellung als Opernkomponist ausbauen. An weiteren wichtigen Werken folgten 1863 *Mireille* u. 1864 *Roméo et Juliette*. 1870–75 hielt sich G. in England auf, wo sich zwischen ihm u. der Sängerin u. Komponistin Georgina Weldon eine Freundschaft entwickelte, die in der damaligen Zeit viel Anlaß zu Gesellschaftsklatsch gab. Georgina war es auch, die ihn in dieser Zeit geschäftlich beriet u. ihm bei der Gründung von Gounod's Choir 1872 behilflich war. Aus ihm ist die heutige Royal Choral Society hervorgegangen. Für das engl. Publikum entstanden u. a. die Oratorien *La rédemption* (1868–81) u. *Mors et Vita* (1884–85). 1875 kehrte G. zu seiner Familie zurück u. widmete sich nach dem Mißerfolg seines *Polyeucte* (1870–78) mehr u. mehr der Kirchenmusik. Mit G. Bizet, C. Saint-Saëns u. E. Lalo verband ihn zeitweilig eine tiefe Freundschaft. H. Berlioz hatte in seiner Eigenschaft als Kritiker zuerst auf den jungen G. aufmerksam gemacht. Zu seinen Schülern u. ergebenen Mitarbeitern gehörte H. Busser, der auch das bei G. Tod 1893 unvollendete Requiem instrumentierte.

G. komponierte Bühnenmusiken zu Ponsards »Ulysse« (1851), Molières »Bürger als Edelmann« (1856, Lullys Musik in Neubearbeitung u. Ergänzung) u. »George Dandin« (1873, nicht vollendet), Legouvés »Les Deux Reines« (1865), Barbiers »Jeanne d'Arc« (1873) u. »Drames sacrés« von Silvestre u. Morand (1892), außerdem Messen, Motetten, Kantaten, Chöre, 2 Sinfonien u. andere Orchesterwerke, Kammermusik, Klavierstücke u. Lieder. An Bühnenwerken entstanden: *Sapho* (1850), *La nonne sanglante* (1852–54), *Le médecin malgré lui* (1857), *Faust* (1852–59), *Philémon et Baucis* (1859), *La colombe* (1859), *La reine de Saba* (1861), *Mireille* (1863), *Roméo et Juliette* (1864, mit ergänztem Ballett 1888), *Cinq-Mars* (1876–77), *Polyeucte* (1870–78) u. *Le tribut de Zamora* (1878–80). *Maître Pierre* blieb unvollständig. Daneben veröffentlichte G. »Autobiographie de Ch. G. et Articles sur la Routine en matière d'Art« (Hg. G. Weldon, 1875), »Mémoires d'un artiste« (posthum 1896) u. eine Reihe von Aufsätzen, darunter »Le Don Juan de Mozart« (1882).

Lit.: L. Pagnerre, Ch. G., Paris 1890; M. A. De Bovet, Ch. G., Paris 1890; J. G. Prod'homme u. A. Dandelot, G., 2 Bde., Paris 1911; P. Landormy, G., Paris 1942; H. Busser, Ch. G., Lyon 1961; J. Harding, G., London 1973.

Grabu, Louis (Lewis), franz. Geiger u. Komponist des 17. Jh. 1665 Composer to the King's Musick u. ab 1666 Nachfolger Laniers als Master of the English Chamber Musick u. nach J. Banister Master of the Select Band of Violins. Komponierte Bühnenmusiken, u. a. zu Drydens »Albion u. Albanius«.

Graduale (lat.), Responsorium der Messe in der frühchristlichen Kirche, entstanden aus der altchristlichen Psalmodie. Heute übergeordnete Bezeichnung für sämtliche Meßgesänge mit Ausnahme der des Priesters. Daher wird das 1908 erschienene Meßgesangbuch auch G. Romanum genannt.

Gradus ad Parnassum (lat.: »Aufstieg zum Sitz der Musen«), Titel des 1725 erschienenen theoretischen Werkes von J. J. Fux u. der 1817–26 von M. Clementi herausgegebenen Klavierübungsstücke.

Graener, Paul, dt. Komponist, * 11. 1. 1872 Berlin, † 13. 11. 1944 Salzburg. Schüler von Veit, Hasse u. A. Becker in Berlin, Theaterkapellmeister in Königsberg, Bremerhaven u. London, 1910–13 Direktor des Mozarteums in Salzburg, 1920–24 als Nachfolger M. Regers Professor für Komposition am Leipziger Konservatorium, 1930 Direktor des Stern'schen Konservatoriums in Berlin, 1933 Leiter einer Meisterklasse an der Akademie der Künste u. bis 1941 Vizepräsident der Reichsmusikkammer. Lebte zuletzt in Salzburg. Verband in seiner Musik klassizistische Elemente, Romantik u. Impressionismus.

Von G. Bühnenwerken seien die Opern *Don Juans letztes Abenteuer* (1914), *Hanneles Himmelfahrt* (1927) u. *Friedemann Bach* (1931) erwähnt. G. komponierte außerdem Orchesterwerke u. Lieder.

Gräfe, Johann Friedrich, dt. Komponist, * wahrscheinlich 17. 5. 1711 Wustermark, † 5. 2. 1787 Braunschweig. Verdiente seinen Lebensunterhalt als herzoglicher Kammersekretär u. Postrat, gab eine »Sammlung verschiedener u. auserlesener Oden« (1737–43) heraus u. weckte damit das Interesse an der Liedkomposition. Literarisch stand er dem Kreis um Gottsched nahe.

Von G. Werken seien erwähnt *Sechs auserlesene geistliche Oden* (1762) u. *Sechs Oden u. Lieder des Herrn von Hagedorn* (1767).

grafische Notation, Bezeichnung für ein Notationssystem, das auf die gebräuchliche Symbolschrift verzichtet. Ihrer größeren Ausdrucksmöglichkeit steht ein Verlust an Eindeutigkeit gegenüber. In vielen Fällen wurde die g. N. bis zum grafischen Kunstwerk vorangetrieben bzw. ein grafisches Kunstwerk zur g. N. erklärt u. wie bei S. Bussotti in Musik umgesetzt. Versuche mit g. N. haben J. Cage, M. Feldman u. E. Brown unternommen. Ähnlich wie bei der → Aleatorik überläßt sie einen Teil des kreativen Vorgangs dem Interpreten.

Graham, Martha, amer. Tänzerin, Choreografin, Lehrerin u. Direktorin ihrer eigenen Kompanie, * 11. 5. 1894 Allegheny, PA. Ihre Familie geht direkt auf den Pilgervater Miles Standish zurück. Nach der Schulzeit in Kalifornien nahm G. Unterricht bei Ruth S. Denis u. Ted Shawn u. trat später auch mit Denishawn auf. Nach dem Bruch mit Denishawn 1923 wurde sie Solotänzerin an den Greenwich Village Follies in New York, unterrichtete an der Eastman School of Music in Rochester, NY, u. trat 1926 zum ersten Mal mit Soli u. Trios im 48th Street Theatre in New York auf. Gründete im gleichen Jahr die M. G. Dance Company, der 1927 die M. G. School of Contemporary Dance folgte, deren Schüler auch in ihrer Kompanie auftraten. Zu ihnen gehörten Anna Sokolow, May O'Donnell, Erick Hawkins, Merce Cunningham, Paul Taylor u. v. a. In den 30er u. 40er Jahren befaßte sich M. G. in ihren Balletten immer wieder mit Amerika u. seiner Folklore. Gegen Ende der 40er Jahre trat die Beschäftigung mit der Tiefenpsychologie in den Vordergrund, u. in den 50er u. 60er Jahren war es die Auseinandersetzung mit der griech. Mythologie. Auffällig sind die in allen drei Phasen mit besonderer Hingabe durchkomponierten Frauenrollen. Als Vorlagen dienten neben anderen: Emily Dickinson, die Brontë-Schwestern, Herodias, Medea, Jokaste, die hl. Johanna, Hekuba, Phädra, Klytämnestra u. Judith. Neben Einflüssen des No-Spiels verarbeitet M. G. Anregungen von J. Joyce, St-John Perse, T.S. Eliot, Dante u. Rilke, ihr Zeitgefühl ist östlich u. zyklisch, was sich auch in ihren Ch. zeigt. Sie gilt als Mitbegründerin des Modern Dance in den USA, ihre eigene Lehrmethode beruht auf dem Gegensatz von »contraction and release«. In ihren Dance Plays versucht sie, Gefühle oder Stimmungen darzustellen, die sich meistens zu Geschichten verdichten. Dabei nutzt M.G. sowohl Soli wie auch kleine Gruppen, die immer wieder von chorähnlichen Ensembles unterbrochen werden. Von ihr stammt der Ausspruch: »Bewegung lügt nicht.« M.G. hat vorwiegend mit Unterstützung ihres musikalischen Beraters Louis Horst u. des Bildhauers u. Bühnenbildners Isamu Noguchi über 150 Ballette kreiert. Sie ist mit ihrer Kompanie auch verschiedentlich auf Tourneen nach Europa u. Asien gekommen u. hat eine Reihe ihrer Ch. für das Fernsehen eingerichtet.

Zu M.G. wichtigsten Balletten gehören: *Lamentation* (M.: Z. Kodály) 1930; *Primitive Mysteries* (M.: L. Horst) 1931; *Intégrales* (M.: E. Varèse) 1934; *Frontier* (M.: L. Horst) 1935; *American Document* (M.: Ray Green) 1938; *Every Soul is a Circus* (M.: P. Nordoff) 1939; *El Penitente* (M.: L. Horst) u. *Letter to the World* (M.: H. Johnson) 1940; *Punch and Judy* (M.: R. McBride) 1941; *Deaths and Entrances* (M.: H. Johnson) 1943; *Hérodiade* (M.: P. Hindemith) 1944 u. *Appalachian Spring* (M.: A. Copland) 1944); *Dark Meadow* (M.: C. Chávez) u. *Cave of the Heart* (M.: S. Barber) 1946; *Errand Into the Maze* (M.: G.C. Menotti) u. *Night Journey* (M.: W. Schuman) 1947; *Diversion of Angels* (M.: Dello Joio) 1948; *Judith* (M.: W. Schuman) 1950; *Canticle for Innocent Comedians* (M.: T. Ribbink) 1952; *Voyage* (M.: W. Schuman) 1953; *Seraphic Dialogue* (M.: Dello Joio) 1955; *Clytemnestra* (M.: Halim El-Dabh) u. *Embattled Garden* (M.: C. Surinach) 1958; *Episodes 1. Teil* (M.: A. Webern), *Acrobats of God* (M.: Surinach) u. Alcestis (M.: Vivian Fine) 1960; *Legend of Judith* (M.: M. Seter) u. *Phaedra* (M.: R. Starer) 1962; *Circe* (M.: A. Hovhaness) 1963; *The Witch of Endor* (M.: W. Schuman) 1965; *Cortege of Eagles* (M.: E. Lester) 1967; *A Time of Snow* (M.: Dello Joio) u. *The Lady of the House of Sleep* (M.: R. Starer) 1968; *The Archaic Hours* (M.: E. Lester) 1969; *Mendicants of Evening* (M.: D. Walker) u. *Myth of a Voyage* (M.: A. Hovhaness) 1973; *Holy Jungle* (M.: R. Starer) u. *Dream* (M.: M. Seter) 1974; *Lucifer* (M.: H. El-Dabh) u. *Adoration* (M.: I. Albeniz, D. Cimarosa, J. Dowland, G. Frescobaldi) 1975 u. *O Thou Desire Who Art About To Sing* (M.: M. Kupferman) 1977.

Lit.: The Notebooks of M.G., New York 1973, D. McDonagh, M.G., A Biography, New York 1974.

Grahn, Ulf, schwed. Komponist, * 17. 1. 1942 Solna. Schüler von H. Eklund an der Stockholmer Musikhochschule u. der Catholic University of America in Washington, wo er 1972–73 Assistent des Elektronikstudios war u. seither einen Lehrauftrag hat.

Zu G. Kompositionen gehören *Musica da camera* für Orch. (1964); *Fancy* für Orch. (1965); *Lamento* für Streicher (1967); Sinfonie (1966–67); *Hommage à Charles Ives* für Streicher (1968); Konzert für Kb. (1968); *Joy for Band* (1969); *Ancient Music* für Kl. u. Kammerorch. (1970); *A Dream of a Lost Century* für Holzbläser, Streicher u. Kl. (1971); *Sounding* für Tonband u. Kl. (1971); *Looking forward to* für Kl., *Mirrors* für Org. u. *Snapshots* für Kl. (1972); *Soundscape* für Fl., Englischhorn, B.-Klar. u. Schlagzeug (1973); *Peer Gynt's Farewell to Norway* für Tonband (1973); *The Wind of Dawn* für Orch. u. Tonband u. *Music for 2 ballets* für Tonband (1974).

Grainger, Percy A., amer. Komponist, * 8. 7. 1882 Brighton bei Melbourne, † 20. 2. 1961 White Plains, NY. Schüler von L. Pabst, J. Kwast u. F. Busoni, machte sich in England, Australien u. Südafrika einen Namen als Konzertpianist, bevor er sich 1914 in den USA niederließ. Leitete 1919–31 die Sommerkurse des Chicago Musical College u. war Chairman des Music Department der New York University 1932–33. Aus seiner Freundschaft mit E. Grieg erwuchs ihm das Interesse für Folklore. Er sammelte u. bearbeitete engl., ir. u. schottische Volksmelodien. Experimentierte daneben auch mit Achteltönen.

Zu G. Werken gehören *Molly on the Shore* (1913); *Suite In a Nutshell* für Orch. u. Kl. (1916); *Danish folk song suite* (1937); die *Hill Songs Nr. 1* u. *Nr. 2* für 23 bzw. 24 Instrumentalisten (1902–07); *My Robin is to the Greenwood gone* für Fl., Englischhorn u. 6 Streicher u. einen *Kipling-Zyklus* für Chor a cappella bzw. mit Kammerorch.

Gramophone Company Ltd., 1898 von E. Berliner in London gegründete Gesellschaft. Schloß sich 1931 mit der Columbia Ltd. zur → EMI zusammen.

Granados, Enrique, span. Komponist u. Pianist, * 27. 7. 1867 Lérida, † 24. 3. 1916 (Untergang der »Sussex« im Ärmelkanal). Schüler von F. Jurnet u. J.B. Pujol (Klavier) u. F. Pedrell (Komposition) in Barcelona u. Ch.-W. de Bériot (Klavier) in Paris. Setzte sich als Pianist insbesondere für E. Grieg u. F. Chopin ein. Das f-Moll-Konzert des letzteren instrumentierte er neu. Hatte 1898 mit seiner ersten Oper *Maria del Carmen* großen Erfolg in Madrid. Sein Klavierzyklus *Goyescas* wurde, zur Oper umgestaltet, 1916 an der New Yorker Met aufgeführt. A. Mestre, der auch den Großteil seiner Libretti schrieb, inspirierte G. zu *Elisende*, einer Suite für Kl. u. kleines Orch. (1912). G. Musik ist der dt. Romantik verpflichtet, verarbeitet aber gleichzeitig regionale span. Volksmusik.

Zu G. Werken gehören die Opern *Maria del Carmen* (1898) u. *Petrarca* (1900), die Zarzuelas *Picarol* (1901) u. *Follet* (1903), *Gaziel* (1906), *Liliana* (1911) u. die Umarbeitung der *Goyescas* (1916), Suiten u. Tondichtungen für Orch., Klavierstücke, darunter *Danzas spañoles* u. *Goyescas* sowie Lieder, u.a. *Colección de tonadillas, escritas en estilo antiguo.*

Grancino (Grancini), Michel'Angelo, ital. Komponist, * 1605 Mailand, † 17. 4. 1669 ebd. 1630 Organist am Mailänder Dom u. 1650 Domkapellmeister. Veröffentlichte 8 Bücher mit »Concerti ecclesiastici« für 1–7 Singst. u. B.c., 2 Bücher

»Messa e salmi ariosi«, 4st. mit B.c., u. 3 Bücher »Sacri concerti«, 4–6st.

Grandi, Alessandro, ital. Komponist, * um 1577 auf Sizilien, † 1630 Bergamo. War möglicherweise Schüler G. Gabrielis. G. Croce führte bereits in seiner Madrigalsammlung von 1607 ein Stück von G. an. War 1610–17 Kapellmeister am Dom in Ferrara, 1620 Vizekapellmeister an S. Marco in Venedig u. ab 1627 Kapellmeister an S. Maria Maggiore in Bergamo. G. gehört zu den ersten bedeutenden Kantatenkomponisten. Seine Motette *Lilia convallium* wurde von H. Schütz zur Grundlage seines *O Jesu süß* gemacht. Er veröffentlichte Kantaten, Madrigale, Messen u. Motetten. Außerdem ist er häufig in dt. Sammelwerken vertreten.

Grandis, Renato de, ital. Komponist, * 24. 10. 1927 Venedig. Schüler von G. F. Malipiero u. B. Maderna. Lebt als freischaffender Komponist in Deutschland u. Italien.

G. komponierte die Bühnenwerke *Der Blinde von Hyuga* (1964), *Es lebe der König* (1967), *Bilòra* (1968) u. *Eduard u. Kunegunde,* szenische Moritat (1971); die Orchesterwerke *Cadòre* (1964), *La Rossiniana* (1969) u. *Arlecchiniana* (1970); 1 Missa solemnis für 36 St., mehrchörig a cappella (1969); *Un veneto cantar* für 8–16st. Doppelchor a cappella (1969) u. *La comedia veneziana* für Soli, Chor u. Orch. (1970); außerdem Klaviersonaten u. Kammermusik.

Graun, 1. Johann Gottlieb, dt. Geiger u. Komponist, * um 1703 Wahrenbrück, † 27. 10. 1771 Berlin. Alumnus der Kreuzschule in Dresden u. Schüler von J. G. Pisendel, anschließend von G. Tartini in Padua. 1726 Konzertmeister in Merseburg, wo W. F. Bach zu seinen Schülern zählte. 1732 Konzertmeister des preußischen Kronprinzen in Rheinsberg u. nach dessen Krönung (als Friedrich II.) 1740 in Berlin. G. komponierte mehr als 60 Violinkonzerte, Klavierkonzerte, Sinfonien, Konzerte, Suiten u. Ouvertüren, mehr als 150 Triosonaten, geistliche u. weltliche Kantaten. Sein bedeutendster Schüler u. Nachfolger war F. Benda.

2. Carl Heinrich, Bruder von 1., dt. Komponist, * um 1704 Wahrenbrück, † 8. 8. 1759 Berlin. Besuchte gemeinsam mit seinem Bruder die Dresdner Kreuzschule u. erhielt Unterricht bei J. Ch. Schmidt (Komposition) u. Ch. Petzoldt (Klavier). Nahm 1725 eine Stellung als Opernsänger in Braunschweig an, begann dort für die Oper zu komponieren u. wurde 1727 Vizekapellmeister. 1735 Berufung an den Hof des preußischen Kronprinzen in Rheinsberg, wo er eine Reihe von Kantaten, davon mehrere auf Texte des Kronprinzen, komponierte. Friedrich II. beauftragte ihn 1740 mit dem Aufbau einer Berliner Oper. Das neue Haus wurde am 7. 12. 1742 mit G. Oper *Cesare e Cleopatra* eröffnet. G. schrieb eine Reihe von Opern für Berlin, wandte sich aber im Alter der Komposition von kirchlichen Werken zu. Besonders beliebt war seine Passionskantate nach einem Text von K. W. Ramler, die mehr als hundert Jahre zum Karfreitag in Berlin aufgeführt wurde. Außerdem komponierte G. Flötenkonzerte, Cembalokonzerte, Triosonaten, Klavier- u. Orgelstücke. Zu Opern wie *Il rè pastore* (1747), *Silla* (1753), *Montezuma* (1755), *I fratelli nemici* u. *Merope* (1756) steuerte der König Textentwürfe oder Musiknummern bei.

Die Brüder Graun u. J. J. Quantz waren wichtige Repräsentanten der sog. Berliner oder Norddt. Schule. In ihren dem → galanten Stil verpflichteten Instrumentalwerken überzeugen vor allem die ausdrucksvollen langsamen Sätze.

Graunke, Kurt K. W., dt. Dirigent, Geiger u. Komponist, * 20. 9. 1915 Stettin. Lernte 1928 in einem Schulkonzert Schuberts *Unvollendete* kennen u. beschloß, Komponist zu werden. 1930–34 Orchestergeiger, 1934–35 Schüler von G. Havemann in Berlin, anschließend Kontrapunktstudien u. Kompositionslehre bei A. Lessle. Begann eine Virtuosenlaufbahn u. erhielt den letzten geigerischen Schliff bei W. Schneiderhan. Gründete 1945 in München das Symphonie-Orchester G., dessen Chefdirigent er ist.

G. komponierte u. a. 1 Violinkonzert (1959) u. 5 Sinfonien (1969, 1972, 1976, 1978 u. 1981). Daneben entstand 1975 ein Streichquartett.

Graupner, J. Christoph, dt. Komponist, * 13. 1. 1683 Kirchberg, † 10. 5. 1760 Darmstadt. Schüler von J. Schelle u. J. Kuhnau an der Thomasschule in Leipzig. 1706–09 Akkompagnist an der Hamburger Oper unter R. Keiser, 1709 Vizehofkapellmeister u. 1712 1. Kapellmeister in Darmstadt. Eine Berufung als Thomaskantor scheiterte daran, daß ihn der Landgraf nicht aus seinem Vertrag entlassen wollte. G. komponierte Opern für Hamburg u. Darmstadt, weltliche u. geistliche Kantaten, 113 Sinfonien, 87 Ouvertüren u. 44 Konzerte, 20 Triosonaten u. andere Kammermusikwerke. Ein »Neu vermehrtes Darmstädtisches Choral-Buch« mit 24 Melodien G. erschien 1728. Er war besonders als Lehrer berühmt; zu seinen Schülern zählte J. F. Fasch. Als Sinfoniker gehört G. zu den frühen Repräsentanten der neuen Sonatenform.

Greene, Maurice, engl. Organist u. Komponist, * um 1695 London, † 1. 12. 1755 ebd. Als Chorknabe Schüler von Ch. King an St. Paul's Cathedral in London, dort 1718 Organist u. 1727 als Nachfolger von W. Croft Organist u. Komponist der Chapel Royal, 1735 Komponist der King's Band of Music. Veröffentlichte 1743 seine »Forty Select Anthems«, komponierte 1745 ein Te Deum u. begann mit der Sammlung engl. Kirchenmusik, die später von seinem Schüler W. Boyce herausgegeben wurde. G. komponierte außerdem die Oratorien *Jephta* (1737) u. *The Force of Truth* (1744), die Pastoralopern *Love's Revenge* (1734), *The Judgment of Hercules* (1740) u. *Phoebe* (1748), daneben Kantaten, Catches, Kanons u. Lieder. Er veröffentlichte 1750 »A Collection of Lessons for the Harpsichord«.

gregorianischer Gesang, Frühform des zur Liturgie der römischen Kirche gehörenden 1st. lat. Gesangs. Gregor I. soll die damals gebräuchlichen Melodien gesammelt haben. Sie wurden seit dem 9. Jh. in → Neumen festgehalten u. verloren mit der Entwicklung unserer Notenschrift einen Großteil ihres Ausdrucksreichtums. Erst mit der von Frankreich ausgehenden Restauration der römischen Liturgie u. insbesondere unter dem Einsatz von Autoritäten wie Dom Guéranger u. Dom Mocquereau wird versucht, dem ursprünglichen Gesangsstil wieder näherzukommen.

Greiter (Greuter), Matthias, dt. Komponist, * um 1495 Aichach, † 20. 12. 1550 Straßburg. Ordensgeistlicher u. Sänger am Straßburger Münster, der 1524 zum Protestantismus übertrat, 1549 aber zum katholischen Glauben zurückkehrte. Neben einigen Liedern, die lange in der lutherischen Kirche gesungen wurden, veröffentlichte G. 14 4st. dt. Lieder u. den 4st. Satz *Passibus ambiguis* u. schrieb 1544 ein »Elementale musicum«.

Grell, A. Eduard, dt. Organist u. Komponist, * 6. 11. 1800 Berlin, † 10. 8. 1886 Steglitz. Schüler von C. F. Zelter, auf dessen Empfehlung er mit 16 Jahren Organist der Nicolaikirche wurde. 1832 Vizedirigent der Berliner Singakademie u. 1851 als Nachfolger von C. F. Rungenhagen Mitglied der Akademie der Künste u. 1. Dirigent der Singakademie. Von G. Werken, der ein ausgezeichneter Kontrapunktiker u. Verfechter der Erneuerung der Kirchenmusik aus dem Geiste G. P. Palestrinas war, ist besonders seine Vokalmusik von Interesse.

G. komponierte u. a. eine 16st. Messe a cappella, Psalmen, Motetten, Kantaten u. Oratorien.

Grenon, Nicolas, franko-fläm. Komponist des 14./15. Jh. 1408–09 an der Domkapelle von Cambrai, 1412 im Dienst des Duc de Berry u. 1421–24 wieder in Cambrai. Nach einem Romaufenthalt um 1437 in Brügge nachgewiesen, ab 1440 wieder in Cambrai. Von seinen Kompositionen sind Motetten u. Chansons handschriftlich überliefert. G. verbindet Eigenarten der franz. Ars nova mit ital. Einflüssen.

Grétry, André Ernest Modeste, belg. Komponist, * 11. 2. 1741 Lüttich, † 24. 9. 1813 Montmorency. Wurde in Gesang u. Geigenspiel ausgebildet, ohne besondere Begabung erkennen zu lassen. Mit kleineren Sinfonien (1758) u. einer Messe solennelle (1759) machte er jedoch auf sein Kompositionstalent aufmerksam u. erhielt ein Stipendium für das Collège de Liège in Rom. Während der dortigen Ausbildung komponierte G. das Intermezzo *Le vendemmiatrice* (1765) für die Karnevalssaison. 1766 ließ er sich in Genf als Musiklehrer nieder, besuchte Voltaire mit der Bitte um ein Libretto u. wurde von diesem bewogen, nach Paris zu ziehen. Dort kam er unter die Protektion des Grafen Creutz, über den er Zugang zu J. F. Marmontel erhielt, der für ihn *Le Huron* (1768) einrichtete. Mit dieser an der Comédie-Italienne erfolgreich aufgeführten komischen Oper etablierte sich G. in Paris. Er komponierte mehr als 50 komische Opern, von denen die folgenden erwähnt seien: *Le tableau parlant* (1769), *Zémire et Azor* (1771), *La caravane du Caire*, für die der spätere Ludwig XVIII. das Libretto verfaßte (1783), *Richard Cœur de Lion* (1784) u. *Guillaume Tell* (1791). Daneben komponierte G. kirchliche Werke, Sinfonien u. Kammermusik. Im Alter zog er sich in die Nähe von Montmorency zurück u. schrieb seine »Réflexions sur l'art« in 6 Bänden. 1789 hatte er bereits »Mémoires ou Essais sur la musique« veröffentlicht. Nach dem Vorbild des Deklamationsstils der großen franz. Schauspieler gelang G. bei seinen Melodien eine überzeugende Wort-Ton-Einheit. Er überwand den bis dahin gültigen Chansonstil der komischen Oper. In seiner opernhaften Durchführungstechnik ließ er seine Vorgänger weit hinter sich.

Zwischen 1883 u. 1936 erschienen unter Mitarbeit von F. A. Gevaert, Th. Radoux u. E. Fétis 49 Bde. einer nicht abgeschlossenen GA in Brüssel u. Leipzig. Die »Mémoires« kamen 1924–25 in Brüssel (3 Bde.) heraus u. wurden von D. Gülke ins Dt. übertragen (Leipzig 1973).

Gretschaninow (Grečaninov), Alexandr F., russ. Komponist, * 25. 10. 1864 Moskau, † 4. 1. 1956 New York. Studierte in Moskau bei A. Arenskij u. in Petersburg bei N. Rimskij-Korsakow. Hatte 1903 mit seiner Oper *Dobrynja Nikitič* größeren Erfolg in Moskau, wandte sich dann aber hauptsächlich der Komposition geistlicher Musik zu, ließ sich 1925 in Paris nieder u. übersiedelte 1939 in die USA.

G. komponierte u. a. 5 Sinfonien, Konzerte für Vc., Fl. u. V. mit Orch., 4 Streichquartette u. mehr als 200 Lieder im Romanzenstil. Seine Autobiografie erschien 1952 in engl. Übersetzung als »My Life« in New York.

griechische Musik, Musik des griech. Altertums, soweit sie aus den wenigen bekannten Zeugnissen erschlossen werden konnte. Unser Wissen stützt sich auf Abbildungen, Funde von Instrumentenresten, Äußerungen von Philosophen wie Platon u. Aristoteles, theoretische Abhandlungen, Papyrusfragmente, zwei delphische Apollonhymnen, ein Lied auf der Grabsäule des Seikilos (1. Jh. v. Chr.), je zwei Prooimien u. Hymnen des Mesomedes (2. Jh. n. Chr.) sowie einige weitere Zeugnisse, die noch nicht veröffentlicht sind. Die ersten grundlegenden Arbeiten neuerer Zeit erschienen zu diesem Thema im Jahre 1847. Es sind F. Bellermanns »Die Tonleitern u. Musiknoten der Griechen« (Berlin) u. A. R. K. Fortlages »Das musikalische System der Griechen in seiner Urgestalt« (Leipzig). Die g. M. ist hauptsächlich einstimmig gewesen. Daraus erklärt sich auch das Fehlen einer umfassenden schriftlichen Überlieferung der Notenbilder. Denn eine Notenschrift gab es sehr wohl. Sie bestand aus der jüngeren griech. Buchstabenschrift für Vokalmusik u. den älteren, teilweise aus dem phönizischen Alphabet entlehnten Zeichen für die Instrumentalmusik. Zu den Instrumenten der Griechen gehörte die ursprünglich viersaitige Leier, mit der Tänze u. Eposgesänge begleitet wurden. Seit Homer ist sie als Phorminx, später als Kithara bekannt, deren Saitenzahl sich auf 7 u. schließlich auf 11 oder 12 erhöhte. Dazu kam die Schildkrötenleier, die in der Regel 7 Saiten hatte u. mit Plektron gespielt wurde. In jüngerer Zeit sind weitere Instrumente wie Barbitos, Pektis, Magadis, Psalterion, Klepsiambos u. Sambyke erwähnt, asiatische Saiteninstrumente, deren Namen jedoch nicht immer gedeutet werden können. An Blasinstrumenten sind die Hirtenflöte Syrinx u. der Aulos zu nennen.

Als Melodietypus ist der Nomos bekannt, der ähnliche Bedeutung gehabt haben muß wie das → Maqām in der arab., persischen oder türk. Musik. Man unterschied in der Antike die auf Terpandros (7. Jh. v. Chr.) zurückgehenden kitharodischen Nomoi mit siebenteiligem Aufbau, die von Klonas u. Polymnestos eingeführten aulodischen Nomoi u. die pythischen Nomoi für unbegleiteten Aulos. Mit zunehmender Virtuosität u. Verfeinerung der Instrumente gewann die Musik eine eigenständige Bedeutung u. löste sich aus der Bindung an die Lyrik.

Ihr Tonsystem war auf dem fallenden → Tetrachord aufgebaut, d. h., man zählte von oben nach unten. Ihr Zweioktavensystem (→ Systema teleion) bestand aus vier abwechselnd verschränkten u. getrennten Tetrachorden, denen ein weiterer tiefster Ton angefügt wurde, z. B.

a′ g′ f′ e′ d′ c′ h a g f e d c H A.

Diese Töne waren jedoch nicht auf eine bestimmte Tonhöhe fixiert, vielmehr unterschieden die Griechen Tonstufenordnungen nach Lage der Halbtöne. Die zentrale Oktavreihe reichte von e' bis e u. wurde dorisch genannt, die von d' zu d phrygisch u. die von c' zu c lydisch. Diese Grundleitern konnten durch Hinzusetzen eines weiteren Tetrachords nach oben (Zusatz hyper-) u. nach unten (Zusatz hypo-) erweitert werden. Aus diesen Skalen entwickelten sich im Mittelalter die → Kirchentöne, wobei die Einteilung eine andere wurde. Die Griechen unterschieden drei Tongeschlechter (→ Genos), die durch die Intervallverhältnisse innerhalb des Tetrachords charakterisiert sind. Ausgehend von dem Tetrachord a g f e hat das diatonische Genos die Schritte 1–1–½, das chromatische 1 ½–½–½ u. das enharmonische 2–¼–¼. Das letztere mit seinen Vierteltönen scheint auf altorientalische Blasinstrumentenskalen zurückzugehen. Die ethische, politische u. erzieherische Bedeutung der Musik für die Griechen kommt darin zum Ausdruck, daß sie den Gene u. Tonskalen gewisse Qualitäten zuschrieben. So hielt man die Diatonik für männlich, die Chromatik für weichlich u. die Enharmonik für erhaben. Ähnlich sah man im Dorischen das Männliche, im Phrygischen das Leidenschaftliche u. im Lydischen das Klagende. In der g. M.-Theorie lassen sich zwei Strömungen erkennen, einmal die auf Zahlenberechnung vertrauenden Pythagoreer, die sog. Kanoniker (um 600 v. Chr.), die Tonintervalle mittels der → harmonischen Teilung berechneten, u. zum anderen die sich auf das Gehör verlassenden Harmoniker, deren Theorie von Aristoxenos v. Tarent (um 300 v. Chr.) dargestellt wurde. Von beiden behielten jedoch die Kanoniker die Oberhand. Boethius mit seiner »De institutione musica« (um 500 n. Chr.) u. Cassiodorus mit den »Institutiones divinarum et saecularium lectionum« (Mitte 6. Jh. n. Chr.) sind die wichtigsten Quellen der g. M. für das frühe Mittelalter.

Grieg, Edvard H., norw. Komponist, * 15. 6. 1843 Bergen, † 4. 9. 1907 ebd. Die väterlichen Vorfahren stammten aus Schottland, die Mutter Gesine Hagerup aus einer wohlhabenden norw. Familie. Sie hatte bei A. Methfessel in Hamburg Klavier u. Gesang studiert u. gab ihrem Sohn den ersten Unterricht. Auf Anraten des norw. Geigers Ole Bull wurde G. 1858 zum Musikstudium nach Leipzig geschickt, wo zu seinen Lehrern E. F. Wenzel, I. Moscheles, E. F. Richter, R. Pappernitz, M. Hauptmann u. C. Reinecke gehörten. Der theoretischen Seite der Musik konnte G. wenig abgewinnen. Spätere Kompositionsschwächen wurden von ihm grundsätzlich mit dem miserablen Unterricht in Leipzig entschuldigt. Während seines Studiums wurde er mit den Kompositionen der dt. Romantik bekannt u. von Wenzel in das Werk R. Schumanns eingeführt, dessen Klavierkonzert G. bei seinem eigenen Konzert stark beeinflußt hat. G. machte ein gutes Examen u. spielte mit viel Erfolg seine 4 Klavierstücke op. 1 während des Abschlußkonzerts im Gewandhaus. Wieder in Norwegen, trat er als Pianist in mehreren Konzerten auf. Die Jahre 1863–66 verbrachte G. mit Unterbrechungen in Dänemark u. erhielt dort Kompositionsunterricht von N. Gade. In Kopenhagen gehörte er zu dem Kreis um E. Hartmann u. H. C. Andersen. Hier lernte er auch seine Kusine Nina Hagerup kennen, eine ausgezeichnete Sängerin, die später nach G. eigenen Worten die beste Interpretin seiner Lieder war. Daneben machte G. auch die Bekanntschaft von R. Nordraak, dem Komponisten der norw. Nationalhymne, einem genialischen Musiker, der, von seiner nationalen kulturellen Sendung überzeugt, G. erstmals auf die norw. Volksmusik aufmerksam machte. Den Winter 1865–66 verbrachte G. in Italien. In Rom lernte er Ibsen kennen u. komponierte die erste Fassung seiner Orchesterouvertüre *Im Herbst*. 1866–74 lebte G. in Christiania, dem heutigen Oslo. Seinen Lebensunterhalt verdiente er sich als Lehrer, Konzertpianist u. Organisator von Konzerten der Harmonischen Gesellschaft. Dort gab er auch das erste Konzert mit rein norw. Programm. 1869 erhielt er auf Empfehlung von F. Liszt ein Stipendium, das ihm eine weitere Romreise ermöglichte. Aus der Zusammenarbeit mit Bjørnstjerne Bjørnson entstand die Bühnenmusik zu dessen »Sigurd Jorsalfar«, mit dem 1872 das Nationaltheater in Christiania eröffnet wurde. Schon 1871 hatte G. dort einen Musikverein gegründet, aus dem später die Philharmonische Gesellschaft hervorgehen sollte. Mit dem ihm zur Verfügung stehenden Orchester gab er nicht nur eigene u. andere norw. Kompositionen, sondern spielte auch die Hauptwerke des damaligen Konzertrepertoires. 1874 versicherte sich Ibsen der Mitarbeit G. für die Neufassung seines »Peer Gynt«. 1880 übersiedelte G. nach Bergen, wo er die Leitung der dortigen Harmonischen Gesellschaft übernahm u. bis 1882 behielt. Den Winter 1883–84 verbrachte er noch einmal in Rom. 1884 entstand zur 200-Jahr-Feier von Holbergs Geburtstag eine Klaviersuite, die später von G. instrumentiert wurde. Während die Sommermonate dem Komponieren vorbehalten blieben, unternahm G. in der restlichen Zeit gemeinsam mit seiner Frau Nina immer wieder ausgedehnte Konzerttourneen durch Europa, bei denen er als Dirigent u. Interpret eigener Kompositionen auftrat. 1903 ließ er sich die alten Melodien notieren, die Knut Dale auf einer Hardanger Fiedel spielte, u. gab sie bearbeitet als Klavierstücke op. 72 heraus. Sein letztes Werk waren die 4 Psalmen für gem. Chor a cappella op. 74. G. starb während der Vorbereitungen zu einer neuen Englandtournee.

Die Anerkennung in der eigenen Heimat kam spät, da sich das kulturelle Leben Norwegens im 19. Jh. am Ausland orientierte u. der eigenen Tradition in den gebildeten Kreisen wenig Verständnis entgegengebracht wurde. G. gesamtes Schaffen steht unter der Spannung zwischen Erfindungsreichtum und mangelhafter Beherrschung der überlieferten Formen. Deshalb hat er auch nach einem frühen Versuch die Form der Sinfonie nie wieder verwendet. Die meisten seiner späteren Orchesterwerke wurden ursprünglich für Klavier komponiert u. sind erst nachträglich instrumentiert worden. Neben dem Klavierkonzert in a-Moll (1868) wurde G. vor allem durch die Musik zu »Peer Gynt« u. die *Holberg-Suite* bekannt. Dabei wird häufig übersehen, daß G. zu den bedeutendsten Liederkomponisten des 19. Jh. gehört, der mit großem Gespür für den Wortsinn dt., dän. u. norw. Dichtung vertonte. Wegen seiner Volksliedbearbeitungen wird die Bedeutung G. als Schöpfer einer norw. Nationalmusik u. Komponist von Weltgeltung allzu leicht vergessen.

Zu G. Werken gehören die Bühnenmusiken zu »Sigurd Jorsalfar« (1872, daraus Orchestersuite, rev. 1892) u. »Peer Gynt« (1876, daraus Orchestersuiten I 1888 u. II 1891); die unvollendete Oper *Olav Trygvason;* Vokalkompositionen wie die Ballade *Bergliot* für Sprecher u. Kl. bzw. Orch. (1870–71, orchestriert 1885); *Den bergtekne* für Bar., Streicher u. 2 Hörner; die Orchesterwerke *Im Herbst,* Ouvertüre (1865, rev. 1888), *To melodier* für Streichorch. nach eigenen Liedern (1891), *Sinfonische Tänze* (1898), *Trauermarsch* für R. Nordraak (1866, rev. für Blaskapelle) u. Suite aus den *Lyrischen Stücken* für Kl. op. 54; das Klavierkonzert in a-Moll (1868), ein zweites Konzert blieb unvollendet; 3 Violinsonaten (1865, 1867, 1886–87); Streichquartett (1877–78) sowie 2 Sätze eines weiteren Streichquartetts; 1 Cellosonate (1883); Klavierstücke, u. a. 10 Hefte *Lyriske Stykker;* mehr als 100 Lieder, darunter 2 Hefte mit Gedichten von A. O. Vinje, 6 Lieder *Fra Fjeld og Fjord* von H. Drachmann (1886), Zyklus *Norge* nach J. Paulsen (1894), 7 Kinderlieder (1894–95) u. *Haugtussa*-Zyklus nach A. Garborg (1896–98).

G. eigene Schriften wurden als »Artikler og taler« von Ø. Gaukstad 1957 in Oslo herausgegeben. »G. the Writer« erschien 1972 in Bergen, 2 Bde., hg. von B. Kortsen.

Lit.: D. G. Mason, From G. to Brahms, New York 1927, Nachdr. 1971; Y. Rokseth, G., Paris 1933; D. Monrad-Johansen, E. G., Oslo 1934, Nachdr. der engl. Übersetzung New York 1972; K. G. Fellerer, E. G., Potsdam 1942; A. E. Cherbuliez, E. G., Zürich 1947; D. Schjelderup-Ebbe, E. G. 1858–67, Oslo u. London 1964; J. Horton, G., London 1950, Nachdr. 1974.

Griffes, Charles Tomlinson, amer. Komponist, * 17. 9. 1884 Elmira, NY, † 8. 4. 1920 New York. Schüler E. Humperdincks 1903–07 in Berlin, 1908–20 Musiklehrer an der Hackley School in Tarrytown. Zu seinen vom franz. Impressionismus, der russ. Schule u. fernöstlichen Einflüssen geprägten Kompositionen gehören die Ballette *The Kairn of Koridwen* (1916) u. *Sho-jo* (1917), die sinfonische Dichtung *The Pleasure Dome of Kubla Khan* (1912–16) sowie die *Four Roman Sketches* für Kl., daraus *The White Peacock* (1917, auch in Orchesterbearbeitung).

Grigorowitsch, Juri Nikolajewitsch, sowj. Tänzer, Choreograf u. Ballettdirektor, * 2. 1. 1927 Leningrad. Absolvent der Schule des Kirow-Balletts, Unterricht bei Boris Schawrow u. Alexander Pisarew. Wurde 1946 Mitglied des Kirow-Balletts, wo er in Demi-caractère-Rollen Erfolg hatte. G. fühlte sich schon frühzeitig zur Ch. hingezogen u. lieferte bereits während der Ausbildung kleinere Arbeiten. 1948 entstand zu Musik von D. Klebanow *Das Störchlein,* 1956 für die Examenskandidaten M. Glinkas *Valse Fantaisie.* 1957 gelang G. mit seiner Ch. zu S. Prokofjews *Die steinerne Blume* für das Kirow-Ballett der Durchbruch. Entgegen der nur mäßig erfolgreichen Fassung Lawrowskis für das Bolschoi-Ballett hielt sich G. an Prokofjews Urfassung. Außerdem reinigte er das Ballett von der üblichen Überladung mit Gestik u. entwickelte den Tanz allein aus der Musik. 1961 entstand zu A. Melikows Musik die *Legende von der Liebe,* ebenfalls für das Kirow-Ballett, dessen Ballettmeister G. 1962 wurde. 1964 wechselte er als Choreograf u. künstlerischer Leiter zum Bolschoi-Ballett, das 1959 bereits seine erfolgreiche Ch. der *Steinernen Blume* übernommen hatte. Für das Bolschoi-Ballett entstanden neben einer Einstudierung der *Legende von der Liebe* 1965 *Dornröschen,* 1966 *Der Nußknacker* u. 1968 in Zusammenarbeit mit dem Komponisten Aram Chatschaturjan das inzwischen auch verfilmte Erfolgsballett *Spartakus.* Es folgten 1969 *Schwanensee* u. 1973 eine Neueinstudierung von *Dornröschen,* 1975 auf Musik von Prokofjew *Iwan der Schreckliche* u. 1976 auf eine Musik von Andrej Eschpaj das Ballett *Angara.* Als Gast-Choreograf ist G. in Schweden, Wien u. Paris aufgetreten. An der Pariser Oper kam 1978 seine Ch. zu Prokofjews *Romeo u. Julia* heraus. G. hat das Bolschoi-Ballett verjüngt u. mit seinen aus der Musik entwickelten Ch. Werke geschaffen, die sich mit Arbeiten neoklassizistischer Ch. der westlichen Welt vergleichen lassen.

Grisi, Carlotta, ital. Tänzerin, * 28. 6. 1819 Visinada, † 20. 5. 1899 bei Genf. → Ballett. Ihre Cousinen Giuditta, die spätere Contessa Barni, u. Giulia, die spätere Comtesse Melcy, waren bedeutende Opernsängerinnen.

Grothe, Franz J. A., dt. Komponist, * 17. 9. 1908 Berlin. Studierte an der Berliner Musikhochschule Violine, Klavier u. Komposition, lebt als freischaffender Komponist in Bad Wiessee.

Zu G. Kompositionen gehören das musikalische Lustspiel *Vier unterm Dach* (1936), die Operette *Die Nacht mit Casanova* (1941), die Komödie mit Musik *Der ideale Gatte* (1964), das Musical *Das Wirtshaus im Spessart* (1977) u. über 100 Spielfilmmusiken.

Ground oder **Ground Bass,** die engl. Bezeichnung für den Basso ostinato u. darüber hinaus auch für Kompositionen, die sich dieser Technik bedienen u. häufig auch Divisions upon a g. genannt wurden. Nahm außerdem in der 2. Hälfte des 17. Jh. die Bedeutung von melodic g. an. Dabei handelte es sich um melodische Wendungen, die wenig verändert durch alle Stimmen eines Satzes wandern konnten oder in Bruchstücken auf mehrere Stimmen verteilt wurden.

Groven, Eivind, norw. Komponist, * 8. 10. 1901 Lårdal. Arbeitete nach seinem Musikstudium in Oslo 1932–45 beim norw. Rundfunk u. lebt heute als freischaffender Komponist. Seine Kompositionen sind stark an der norw. Folklore orientiert.

G. Werk umfaßt u. a. 2 Sinfonien (1937 u. 1943), *Brudgommen* für Soli, Chor u. Orch. (1928–33), Klavierkonzert (1950), Chor- u. Orchesterwerke. Er veröffentlichte »Renstemmingsautomaten« (Oslo 1968) u. »Equal Temperament and Pure Tuning« (1969, ebd.).

Growl (engl.: »brummen«, »knurren«), ein Instrumentaleffekt, der hauptsächlich im Jazz verwendet wird u. auf der Veränderung der natürlichen Klangfarbe von Blechblasinstrumenten durch Dämpfer oder Flatterzunge beruht.

Gruenberg, Louis, amer. Komponist poln. Herkunft, * 3. 8. 1883 Brest-Litowsk, † 9. 6. 1964 Los Angeles. Schüler von F. Busoni in Berlin u. Wien, studierte außerdem Komposition bei F. E. Koch in Berlin. Gab 1919 seine Pianistenlaufbahn auf u. widmete sich dem Komponieren. Dabei wird er stark von Jazz u. Spirituals beeinflußt.

Zu G. Werken gehören mehrere Opern, darunter *Emperor Jones* nach Eugene O'Neill (1932–33), Funkopern, 5 Sinfonien (1919, 1944, 1944, 1947 u. 1948), ein von Heifetz in Auftrag gegebenes Violinkonzert (1945), *Daniel Jazz* (1942) u. *The Creation* (1925), beide für hohe St. u. 8 Instr., sowie Klavierstücke wie *Jazzberries, Polychromatics* u. *Jazz Dances.*

Grund, Bert, dt. Komponist, * 24. 1. 1920 Dresden. Studierte in Dresden bei K. Pembaur u. K. Striegler, 1946–53 Assistent von Th. Mackeben, 1956 Dozent am Dt. Institut für Film u. Fernsehen. Lebt als freischaffender Komponist u. hat daneben einen Lehrauftrag an der Münchner Hochschule für Film u. Fernsehen.

G. komponiert hauptsächlich Film- u. Fernsehmusiken, u. a. zu dem Spielfilm »Die Ehe des Dr. med. Dannwitz« (1956), Stimmungsbilder wie *Dalmatina* u. *Caribiana* für Orch. sowie die Ballette *Chassidische Legende* (1962), *Les couleurs* (1968) u. *Pas de deux Contacts* (1969). Seine Lieder werden u. a. von H. Vita, G. May u. M. Dietrich gesungen.

Grundgestalt, motivisches Material, aus dem eine ganze Komposition entsteht. Von besonderer Bedeutung in der → Zwölftontechnik.

Grundstimme, Bezeichnung für den B. als Fundamentum eines Satzes.

Grundton, 1. Bezeichnung für den Ton, auf dem sich ein gegebener Akkord aufbaut. **2.** Ausdruck für → Tonika.

Gruppenkomposition, eine Komposition, deren Material aus Gruppen besteht. Diese sind nach K. Stockhausen »eine bestimmte Anzahl von Tönen, die durch verwandte Proportionen zu einer übergeordneten Erlebnisqualität verbunden sind«.

Guami, 1. Gioseffo, ital. Komponist, * um 1540 Lucca, † um 1612 ebd. 1568–79 Herzoglicher Kapellorganist in München, 1588–91 1. Organist an S. Marco in Venedig, später Organist an S. Martino in Lucca.

G. komponierte Motetten, Messen, Instrumentalkonzerte u. Madrigale. 1565–84 erschienen in Venedig 3 Bücher 5st. Madrigale, 1585 5–10st. »Sacrae cantiones« u. 1601 4–8st. »Canzonette alla francese« für Org.

2. Francesco, Bruder von 1., * um 1544 Lucca, † 30. 1. 1602 ebd. 1568–80 als Posaunist Mitglied der Münchner Hofkapelle, später Kapellmeister des Markgrafen Philipp II. in Baden-Baden u. ab 1593 an Kirchen in Venedig u. Lucca. Von seinen Kompositionen wurden 3 Bücher Madrigale 4–5st. u. 1 Buch 2st. Ricercari in Venedig gedruckt.

Guarnieri (Camargo Guarnieri), Mozart, brasilian. Komponist, Lehrer u. Dirigent, * 1. 2. 1907 Tietê. Schüler von Sá Pereira u. E. Braga in São Paulo u. anschließend mit einem Stipendium des Bundesstaates São Paulo in Paris bei F. Rählmann u. Ch. Koechlin. Nahm mit seinem 1950 erschienenen offenen Brief an die Musiker u. Kritiker Brasiliens entscheidenden Einfluß auf die jüngere Entwicklung der brasilian. Musik. Gründete den Coral Paulistano u. die Academia Brasileira de Música, war Dirigent des städtischen Sinfonieorchesters von São Paulo u. leitet seit 1975 das dortige Universitätsorchester. Daneben nimmt er verschiedene Lehraufträge wahr.

Zu G. Kompositionen gehören die komische Oper *Pedro Malazarte* (1932); 5 Sinfonien (1944, 1945, 1952, 1963 u. 1977); *Homenagem a Villa Lobos* für Bläser, Schlagzeug, Celesta, Kl. u. Hf. (1966); 5 Klavierkonzerte (1931, 1946, 1964, 1968 u. 1970); 2 Violinkonzerte (1940, 1953); *Missa Diligite* für gem. Chor, Streicher u. Org. (1972) sowie Kammermusikwerke, Klavierstücke u. Lieder.

Gubaidulina, Sophia, sowj. Komponistin, * 24. 10. 1931 Tschistopol. Studierte am Konservatorium in Kasan bei G. M. Kogan (Klavier) u. A. Leman (Komposition) u. anschließend in Moskau bei N. Pejko u. W. Schebalin. 1975 gründete sie mit W. Artjomow u. V. Suslin die Gruppe »S-M«, die später in »Astreja« umbenannt wurde u. in Moskau mit Improvisationskonzerten Aufsehen erregte. In ihrer Musik greift S. G. auf Folklore, Postserialismus, Aleatorik, grafische Notation u. Elektronik zurück. Auffallend sind ihre immer wieder überraschenden Klangfarben.

Zu S. G. Kompositionen gehören: *Fazelia* für S. u. Orch. (1956); Klavierquintett (1957); Chaconne für Kl. (1962); 5 Etüden für Hf., Kb. u. Schlagzeug (1965); Klaviersonate (1965); *Pantomime* für Kb. u. Kl. (1966); Sonate für Schlagzeug, 2 Spieler (1966); *Nacht über Memphis,* Kantate für A., Männerchor u. Kammerorch. nach altägyptischen Texten (1968); Klavierstücke für Kinder (1969); *Rubajat,* Kantate für Bar. u. Kammerorch. nach altpersischen Dichtungen (1969); *Vivente – non vivente,* elektronische Musik (1970); *Concordanza* für Instrumentalensemble (1971); *Märchen-Poem* für Orch. (1971); Streichquartett (1971), Musik für Cemb. u. Schlaginstr. aus der Sammlung M. Pekarski (1972); 6 Romanzen für S. u. Kl. (1972); Violinkonzert (1972); *Detto II* für Vc. u. 13 Instr. (1972); *Stunde der Seele* für Mezzo-S. u. Orch. (1974); 10 Etüden für Vc. solo (1974); Quartett für je 2 Trp. u. Pos. (1974); *Rumore e silenzio* für Cemb. u. Schlagzeug (1974); Konzert für Fag. u. tiefe Streicher (1975); *Laudatio pacis,* Oratorium (1975, gemeinsam mit M. Kopelent u. P.-H. Dittrich); Sonate für Kb. u. Kl. (1975); Concerto für Sinfonieorch. u. Jazzband (1976); *Punkte, Linien u. Zickzack* für B.-Klar. u. Kl. (1976); *Percussio di Pekarski,* Konzert für Schlagzeug u. Orch. mit Mezzo-S. (1976); *Misterioso,* Stück für 7 Schlagzeuger (1977); 3 Sammlungen für dreisaitige Domra nach tatarischen Folklore-Motiven (1977); Quartett für 4 Fl. (1977); *Introitus,* Konzert für Kl. u. Kammerorch. (1978); *Bacchanal* für S., 4 Sax., Org. u. 2 Schlagzeuger nach einer Dichtung von B. Pasternak (1978); Sonate für Schlagzeug u. Org. (1978); *Jubilatio* für 4 Schlagzeuger (1979); *Garten der Freude u. des Leides* für Fl., Va. u. Hf. (1980); *Offertorium,* Violinkonzert (1980–81); *Misterioso in memoriam I. Strawinsky* für Streichquartett (1981).

Gudmundsen-Holmgreen, Pelle, dän. Komponist, * 21. 11. 1932 Kopenhagen. Studierte am Konservatorium in Kopenhagen u. ist heute Kompositionslehrer am Konservatorium in Aarhus. Sein eigener Stil orientierte sich zu Anfang an B. Bartók, um über die serielle Kompositionsweise zu einer Art von Collage-Technik zu finden, die er selber als »konkret« bezeichnet.

Zu G.-H. Werken gehören *Vandringen* für gem. Chor a cappella (1958); 3 Streichquartette (1958, 1959 u. 1959); *Collegium Musicum Concerto* für Orch. (1964); *Mester Jakob* für Kammerorch. (1964); Sinfonie für Orch. (1962–65); 5 Orchesterstücke (1966); *Je ne me tairai jamais. Jamais* für Stimmen u. Instr. (1966); 3 Songs auf Texte aus der Tageszeitung »Politiken« für A., V., Va., Vc., Git. u. Schlagzeug (1967); Streichquartett Nr. 4 (1967); *Perepriser* für Kammerorch. (1967); *Stykke for Stykke* für Kammerorch. (1968); *Tricolore IV* für Orch. ohne Schlaginstr. (1969); *Terrace* für Bläserquintett (1969); *Plateaux pour deux* für Vc., Hupe u. Kuhglocken (1970) ; Solo für elektrische Git. (1971–72), *Spejl I* für Tonband (1971–73), *II* für Orch. (1973), *III* für Org. (1974); *Genbrug* (Septett, 1975); *Den gamle mand* für Instrumentalensemble (1976, auch als Ballett); *Antifoni* für Orch. (1974–77); Passacaglia für Instrumentalensemble (1977); Trio (1979).

Guédron (Guesdron), Pierre, franz. Komponist, * um 1565 Châteaudun, † 1620 oder 1621 wahrscheinlich Paris. Als Teilnehmer des Puys de Musique in Évreux 1583 nachgewiesen u. 1601 als Nachfolger von C. Le Jeune Königlicher Kammerkomponist, 1613 Surintendant de la Musique. Gehörte mit G. Bataille u. A. Boësset zu den Komponisten der Ballets de cour u. Wegbereitern J.-B. Lullys. Veröffentlichte 6 Bücher »Airs de cour à quatre et cinq parties« (1602–20).

Guerrero, Francisco, span. Komponist, * 1528 Sevilla, † 8. 11. 1599 ebd. Kathedralkapellmeister in Málaga u. ab 1555 in Sevilla. Veröffentlichte einen mehrfach aufgelegten Bericht seiner Pilgerreise nach Jerusalem u. gehört neben C. de Morales u. F. de las Infantas zu den wichtigen Vertretern der andalusischen Schule im 16. Jh.

Zu G. Kompositionen gehören Motetten u. Messen sowie die 1589 in Venedig gedruckten »Canciones y villanescas espirituales«, 3–5st.

Guerrini, Guido, ital. Komponist, * 12. 9. 1890 Faenza, † 13. 6. 1965 Rom. Schüler von L. Torchi u. F. Busoni. 1950–60 Direktor des Konservatoriums S. Cecilia in Rom.

Zu G. Kompositionen gehören die Opern *Nemici* (1919), *L'Arcangelo* (1930), *La Vigna* (1935) u. *Enea* (1948). Aus der letzteren stellte er 1950 eine Orchestersuite zusammen. Außerdem schrieb G. die *Missa pro defunctis* (1939), Kantaten, Orchesterwerke, Kammermusik u. Orgelstücke.

Guglielmi, Pietro Alessandro, ital. Komponist, * 9. 12. 1728 Massa, † 18. 11. 1804 Rom. Schüler von F. Durante in Neapel, wo er 1757 mit der komischen Oper *Lo solachianello'mbroglio* seinen ersten Erfolg hatte. Zu seinen weiteren beliebten Bühnenwerken gehörten *Il ratto della sposa* (1765) u. *La sposa fedele* (1767). Wurde 1767 gemeinsam mit F. Alessandri an das King's Theatre in London engagiert, wo er weitere Opern zur Aufführung brachte u. auch Kammermusik komponierte. 1776 wirkte er wieder in Italien u. wurde 1793 zum Kapellmeister der Peterskirche berufen.

G. komponierte mehr als 100 Opern sowie Kantaten u. Oratorien.

Guidonische Hand, ein um 1100 zum ersten Mal abgebildetes Hilfsmittel des Mittelalters zum Erlernen der einzelnen Töne bzw. Tonbuchstaben, das auf G. v. Arezzo zurückgehen soll. In ihrer ursprünglichen Form zeigte die linke Innenhand an Fingergelenken u. -spitzen die Töne G bis g'.

Guillemain, Louis-Gabriel, franz. Geiger u. Komponist, * 15. 11. 1705 Paris, † 1. 10. 1770 ebd. Schüler von G. B. Somis u. ab 1737 Mitglied der Hofkapelle in Versailles. Zu seinen virtuosen u. dem ital. Stil angenäherten Kompositionen gehören Violinsonaten, *Symphonies dans le gout italien en trio, Sonates en quatuor*... u. das Ballett *La Cabale*.

Guilmant, F. Alexandre, franz. Organist u. Komponist, * 12. 3. 1837 Boulogne-sur-Mer, † 29. 3. 1911 Meudon. Sohn eines Organisten u. bereits in seiner Jugend als Kirchenmusiker tätig. 1860 für kurze Zeit Schüler von N. J. Lemmens in Brüssel, ab 1871 Organist an Ste-Trinité in Paris. Gründete gemeinsam mit Ch. Bordes u. V. d'Indy die Schola Cantorum 1894 in Paris, an der er den Orgelunterricht übernahm. Daneben ab 1896 als Nachfolger Ch. Widors Orgellehrer am Conservatoire. Zu seinen Schülern gehörten M. Dupré, J. Bonnet, R. Vierne, A. Cellier u. N. Boulanger. Von seinen Orgelkompositionen seien die beiden Sinfonien für Org. u. Orch. erwähnt. Mit der Edition »Archives des maîtres de l'orgue« (1898–1914), den Sammlungen »Répertoire des concerts du Trocadéro« (1892–97) u. »École classique de l'orgue« (1898–1903) trug er zur Wiederbelebung der franz. Orgeltradition bei.

Guion, David W. F., amer. Pianist u. Komponist, * 15. 12. 1892 Ballinger, TX. Schüler von L. Godowsky in Wien. Als Komponist ist G. Autodidakt mit einer besonderen Liebe zu Neger- u. Cowboyliedern. In seine Kompositionen arbeitet er mit Vorliebe die Folklore des amer. Südwestens ein.

Zu G. Werken gehören die Ballette *Western ballet* u. *Shingandi; Texas-Suite* für Orch.; Chöre u. Lieder.

Guiraud, Ernest, franz. Komponist, * 22. 6. 1837 New Orleans, † 6. 5. 1892 Paris. Schüler von F. Halévy am Pariser Conservatoire u. 1859 mit *Bajazet et le joueur de flûte* Gewinner des Rompreises. Von seinen Opern seien *Sylvie* (1864), *Le Kobold* (1870), *Madame Turlupin* (1872) u. *Piccolino* (1876) erwähnt. G. komponierte außerdem Orchestersuiten, 1 Ouvertüre für Orch., *Caprice* für V. u. Orch., die Rezitative für die Wiener Aufführung von G. Bizets *Carmen* u. stellte *Hoffmanns Erzählungen* von J. Offenbach fertig. Ab 1876 unterrichtete er am Conservatoire, wo er u. a. C. Debussy förderte. 1895 erschien von ihm ein »Traité d'instrumentation« in Paris.

Gumpelzhaimer, Adam, dt. Komponist u. Lehrer, * 1559 Trostberg, † 3. 11. 1625 Augsburg. Ab 1581 Praeceptor u. Kantor am St.-Anna-Gymnasium in Augsburg. Gilt mit seinen ganz dem italienischen Liederstil seiner Zeit verpflichteten Kompositionen einem O. de Lassus, dessen Schüler er vielleicht gewesen ist, als fast ebenbürtig. Er veröffentlichte u.a. »Lustgärtlins Teutsch u. Lat. Geistlicher Lieder...«, 3st. (1611), »Wirtzgärtlins Teutsch u. Lat. Geistlicher Lieder ...« (1619), »Sacrorum concentuum...«, 8st. (2 Bücher, 1601 u. 1614) u. »Zwai Schöne Weihenächt Lieder«, 4st. (1618).

Gurlitt, Cornelius, dt. Komponist u. Organist, * 10. 2. 1820 Altona, † 17. 6. 1901 ebd. Schüler von J. P. R. Reinecke in Hamburg sowie J. P. E. Hartmann u. C. E. F. Weyse in Kopenhagen. 1864–98 Organist an der Hauptkirche von Altona.

Zu G. Kompositionen gehören u. a. die komische Oper *Scheik Hassan* (1863), Chorwerke, Klavierstücke u. Studienwerke.

Gurlitt, Manfred, dt. Dirigent u. Komponist, * 6. 9. 1890 Berlin, † 29. 4. 1972 Tokio. Schüler von H. Kaun, E. Humperdinck u. K. Muck in Berlin, 1914–27 GMD in Bremen u. ab 1924 Gastdirigent an der Berliner Staatsoper. Ließ sich 1939 in Tokio nieder. Zu seinen Werken gehören die Opern *Die Heilige* (1920), *Wozzeck* (1926), *Soldaten* (1930) u. *Nana* (1933), Bühnenmusiken, 1 *Goya-Sinfonie,* Kammermusik u. Lieder. G. ist ein Vetter des Musikwissenschaftlers Wilibald G.

GVL, Gesellschaft zur Verwertung von Leistungsschutzrechten, gegründet 1959 in Köln, Sitz seit 1967 in Hamburg. Die GVL nimmt Leistungsschutzrechte u. Ansprüche für ausübende Künstler, Bild- u. Tonträgerhersteller, Miturheber an Filmwerken u. Veranstalter wahr.

Gymel (von lat. gemellus: »Zwilling«), Bezeichnung für eine besonders in England häufige Art des 2st. Gesangs, dessen Ursprünge auf die keltische Zeit zurückgehen könnten. Im 15. u. 16. Jh. ebenfalls Bezeichnung für ein solistisches Duo, das durch Spaltung einer Einzelst. entstand.

Gyrowetz, Adalbert M., böhm. Komponist u. Kapellmeister, * Februar 1763 Budweis, † 19. 3. 1850 Wien. Erhielt den ersten Musikunterricht bei seinem Vater u. trat als Privatsekretär in die Dienste des Grafen von Fünfkirchen. Nach Studien in Neapel hielt er sich 1789–92 in London auf, wo viele seiner Kompositionen erfolgreich bei den Salomon Concerts zur Aufführung kamen. 1804–31 Kompositeur u. Kapellmeister des Hoftheaters in Wien, wo er mit seinen Opern u. Singspielen Erfolg hatte. Beethoven scheint ganz besonderen Gefallen an dem Singspiel *Robert oder die Prüfung* (1813) gefunden zu haben.

G. komponierte mehr als 60 Sinfonien u. ebenso viele Streichquartette, Sonaten u. 19 Messen. 1848 erschien seine »Biographie des A. G.« in Wien.

H

H, 1. Ton-Name, entstanden aus der in der mittelalterlichen Buchstaben-Tonschrift mit B bezeichneten 2. Stufe, die einen Ganzton über A lag. Mit der Einführung des Hexachordum molle auf F wurde eine Spaltung des B in zwei verschiedene Tonstufen unausweichlich. Der Ganzton über A wurde zu B durum (♮), der Halbton zu B molle. In Deutschland wurde für B durum im 16. Jh. die Bezeichnung H eingeführt. Es entspricht der 7. Stufe der seit Zarlino mit C beginnenden Grundskala. **2.** Seit Anfang des 19. Jh. Akkord- u. Tonartenbezeichnung: H für H-Dur, h für h-Moll.

Haas, Joseph, dt. Komponist, * 19. 3. 1879 Maihingen, † 30. 3. 1960 München. Studierte bei M. Reger in München u. am Konservatorium in Leipzig. 1911 Kompositionslehrer am Konservatorium in Stuttgart, 1921–50 an der Akademie der Tonkunst in München u. dort nach dem 2. Weltkrieg Präsident der Musikhochschule. Zu seinen von Reger beeinflußten, an die Spätromantik anknüpfenden Werken gehören hauptsächlich Vokalkompositionen.

H. schrieb u.a. die Opern *Tobias Wunderlich* (1937) u. *Die Hochzeit des Jobs* (1944); die Chorwerke *Eine dt. Singmesse* für gem. Chor a cappella (1924), *Dt. Vesper* für gem. Chor a cappella mit Org. ad lib. für Zwischenspiele (1929), *Hymnen an das Licht* für 6st. Doppelchor a cappella, das Volksoratorium *Die hl. Elisabeth* (1931), *Christnacht,* ein dt. Weihnachtsliederspiel für Solost., Sprecher, gem. Chor u. kleines Orch. (1932), das Oratorium *Das Lebensbuch Gottes* für Soli, Frauenchor, gem. Chor u. kleines Orch. (1934), *Christ-König-Messe* für 1st. gem. Chor u. Org. (1935), das Oratorium *Das Lied von der Mutter* für Soli, gem. Chor u. Orch. (1939), *Münchner Liebfrauen-Messe* für 1st. gem. Chor u. Org. (1944), Te Deum für Soli, gem. Chor u. Orch. (1946), *Totenmesse* für melodramatisch gestaltete Sprechst., Kinder-, Frauen- u. Männerchor u. Orch. (1945), Volkslied-Oratorium *Das Jahr im Lied* für Soli, Sprecher, gem. Chor u. Orch (1952), *Deutsche Weihnachtsmesse* für 1st. gem. Chor u. Org. (1954), das Oratorium *Die Seligen* für Soli, gem. Chor, Kinder-, Frauen- u. Männerchor, Orch. u. Org. (1956) u. *Deutsche Kindermesse* für 2st. Kinderchor u. Org. (1958); Kammermusik, u.a. Kammertrio für 2 V. u. Kl. (1912), Streichquartett (1919) u. Kirchensonaten für V. u. Org. (1926); Klavierstücke u. Lieder.

Hába, 1. Alois, tschech. Komponist, * 21. 6. 1893 Vizovice, † 18. 11. 1973 Prag. Studierte 1914–15 bei V. Novák in Prag u. 1918–22 bei F. Schreker in Wien u. Berlin. 1923–53 Professor für Komposition am Prager Nationalkonservatorium, wo er insbesondere seine Viertel- u. Sechsteltontheorie lehrte. H. versuchte nach orientalischen Studien u. in Kenntnis der eigenen Volksmusik, aus dem temperierten System auszubrechen. Seine völlig athematische Kompositionstechnik reicherte er außerdem mit anthroposophischem Gedankengut an. Zur Aufführung seiner Kompositionen wurden Tasten- u. Blasinstrumente gebaut, mit denen sich seine Intonationsvorstellungen verwirklichen ließen. Veröffentlichte u.a. »Harmonické zá klady čtvrttónoví soustavy« (»Die harmonischen Grundlagen des Vierteltonsystems«, Prag 1922); »Neue Harmonielehre« (Leipzig 1927); »Mein Weg zur Viertel- u. Sechsteltonmusik« (Düsseldorf 1971).

Zu H. Kompositionen gehören die Opern *Die Mutter* (1929), *Neue Erde* (1935) u. *Es komme dein Königreich* (1940); Sinfonische Fantasie für Kl. u. Orch. (1921); Violinkonzert (1954); Bratschenkonzert (1956); Kammermusik, insbesondere Streichquartette im Viertel-, Fünftel- u. Sechsteltonsystem, Klavierstücke u. Lieder.

2. Karel, Bruder von 1., tschech. Geiger u. Komponist, * 21. 5. 1898 Vizovice. Schüler von Křička, V. Novák u. K. Hoffmann sowie von seinem Bruder. 1922–27 Professor für Musik an der Lehrerbildungsanstalt, 1936–50 Musikreferent beim Prager Schulfunk u. 1951–60 Dozent an der Pädagogischen Hochschule in Prag.

Zu H. Kompositionen gehören die Opern *Jánošík* (1932), *Alte Historie* (1937) u. *Kalibans Verbrechen* (1957–61); die Kinderoper *Smoliček* (1949); 1 Violinkonzert (1926); 1 Cellokonzert (1934); 1 Sinfonie (1946) u. Kammermusik. H. veröffentlichte 1927 eine »Geigenschule im Vierteltonsystem« u. 1953 eine »Methode der Musikerziehung in höheren Schulen«.

Habanera, ein kubanischer Tanz im 2/4- oder 6/8-Takt aus dem 19. Jh. Seine Ursprünge liegen wahrscheinlich in Afrika. Er kam über Spanien nach Europa u. erfreute sich zu Lebzeiten S. de

Iradiers größerer Beliebtheit in Frankreich. Die H. ähnelt dem Tango, ihr Tempo ist mäßig, der Rhythmus wird von punktierter Achtel- u. folgender Sechzehntelnote bestimmt. Die berühmteste H. der Kunstmusik komponierte G. Bizet für den ersten Auftritt der Carmen in der gleichnamigen Oper nach S. de Iradiers *El arreglito*.

Hadjidakis, Manos, griech. Komponist, * 23. 10. 1925 Xanthi. Studierte in Griechenland u. machte sich mit der Musik zu dem Spielfilm »Never on Sunday« (1960) einen Namen. Der Stoff wurde mit seiner Musik auch zu einem Musical verarbeitet, das in Deutschland 1971 als »Ein Mädchen aus Piräus« zur Aufführung kam.

Hadley, Henry K., amer. Komponist u. Dirigent, * 20. 12. 1871 Somerville, MA, † 6. 9. 1937 New York. Schüler von S. Emery u. G. W. Chadwick in Boston sowie E. Mandyczewski in Wien. Theaterkapellmeister u. Leiter verschiedener amer. Sinfonieorchester. Gründete 1932 die National Association of American Composers and Conductors. Zu seinen leicht eingängigen, konventionellen Kompositionen gehören die Opern *Safie* (1909), *Azora, Daughter of Montezuma* (1917), der Einakter *Bianca* (1917), *Cleopatra's Night* (1920), das Maskenspiel *The Atonement of Pan*, 5 Sinfonien (1897–1934), Ouvertüren, sinfonische Dichtungen, Chorwerke, Kammer- u. Filmmusik.

Haeffner, Johann Christian Friedrich, schwed. Organist, Dirigent u. Komponist dt. Herkunft, * 2. 3. 1759 Oberschönau, † 28. 5. 1833 Uppsala. Schüler von J. G. Vierling, anschließend Korrektor bei Breitkopf in Leipzig u. schließlich Kapellmeister einer Wandertruppe, mit der er 1780 nach Stockholm kam u. sich dort niederließ. Die Aufführungen seiner beiden ersten Opern *Elektra* (1787) u. *Alkides* (1793) brachten ihm die Hofkapellmeisterstelle als Nachfolger von Abbé Vogler ein. Als weitere Oper entstand *Rinaldo* (1800). Im gleichen Jahr wurde H. zum Musikdirektor der Universität Uppsala ernannt u. übernahm dort 1820 auch das Amt des Domorganisten. Er revidierte 1817 das schwed. Gesangbuch, komponierte Vokalwerke, schwed. Lieder u. bearbeitete die Volksliedsammlung von Geijer-Afzelius.

Händel, Georg Friedrich, dt. Komponist, * 23. 2. 1685 Halle, † 14. 4. 1759 London. Sein Vater, Georg H., war Kammerdiener u. Leibchirurg des Herzogs von Sachsen-Merseburg, seine Mutter die Pfarrerstochter Dorothea Taust. H. Vater wollte von der offenkundigen musikalischen Begabung seines Sohnes nichts wissen u. ließ sich erst durch die Fürsprache des Herzogs von Sachsen-Weißenfels dafür gewinnen, H. ab 1693 bei F. W. Zachow in Halle das Orgelspiel lernen zu lassen u. ihn musikalisch auszubilden. Bereits 1697 assistierte H. dem Organisten der Domkirche in Halle. Nach dem Besuch der städtischen Lateinschule schrieb sich H., dem Wunsch seines 1697 verstorbenen Vaters folgend, zum Jurastudium an der Universität Halle ein. Daneben wurde er probeweise zum Organisten der Dom- u. Schloßkirche ernannt. Nachdem er sich schon 1696 bei einem Berlinbesuch zur Oper hingezogen fühlte, trat er 1703 als Orchestergeiger in die von R. Keiser geleitete Dt. Oper in Hamburg ein u. rückte dort sehr schnell zum Maestro al cembalo auf. Seine Freundschaft zu J. Mattheson, mit dem er 1703 D. Buxtehude in Lübeck besuchte, wurde durch die glänzenden Fortschritte H. derart getrübt, daß es 1704 zu dem bekannten Duell zwischen den beiden um das Dirigat von Matthesons Oper *Cleopatra* auf dem Gänsemarkt kam. In Hamburg wurden H. erste Opern uraufgeführt: *Almira* (1705), *Nero* (1705) u. die kürzere *Florindo u. Daphne* (1708). Aus der Hamburger Zeit stammt auch die *Johannespassion* (1704). Wahrscheinlich auf den Rat von Giovanni Gastone de' Medici wandte sich H. Ende 1706 nach Italien, besuchte Florenz u. Rom u. brachte seine Oper *Rodrigo* mit viel Erfolg in Florenz zur Aufführung. Weitere Stationen seines Italienaufenthalts waren Venedig, Neapel u. immer wieder Rom. Dort knüpfte er Beziehungen zu Kardinal Pietro Ottoboni, in dessen Diensten A. Corelli u. A. Scarlatti wirkten, wurde vom Fürsten Ruspoli bei den Arkadiern eingeführt u. komponierte das Oratorium *Il trionfo del tempo e del disinganno* nach einem Gedicht des Kardinals Benedetto Panfili. Überhaupt war H. in den vornehmen Häusern Italiens wegen seiner außergewöhnlichen Improvisationskunst ein gerngesehener Gast. So hielt er sich in Neapel eine Zeitlang im Hause des Herzogs Alvito auf u. stellte dort seine Serenata *Aci, Galatea e Polifemo* fertig. Aus der gleichen Zeit stammen eine Reihe von geistlichen u. weltlichen Kantaten. Am 26. 12. 1709 kam in Venedig H. *Agrippina* zur Uraufführung. Der Erfolg machte H. zu einem der bekanntesten Opernkomponisten seiner Zeit. Der Kurfürst von Hannover ließ ihm die Stelle des Hofkapellmeisters in der Nachfolge A. Steffanis anbieten. H. nahm an u. reiste nach Hannover, blieb jedoch nur kurze Zeit u. benutzte einen Urlaub zu einer Englandreise. Dort komponierte er in kürzester Zeit für das Londoner Queen's Theatre die Oper *Rinaldo*, die am 24. 2. 1711 ihre Uraufführung erlebte u. seinen Ruhm weiter festigte. Nach kurzem Aufenthalt in Hannover brach H. 1712 erneut nach England auf u. ließ noch im gleichen Jahr seine Pastorale *Il Pastor fido* in London aufführen. Als Gast des Earl of Burlington fand H. schnell Zugang zu den Kreisen des engl. Adels.

Auch 1713 machte er noch keine Anstalten, nach Hannover zurückzukehren, sondern nahm den Auftrag zu einem Te Deum an, mit dem der Frieden von Utrecht gefeiert werden sollte. Die glanzvolle Aufführung dieses *Te Deum u. Jubilate* in der St. Paul's Cathedral rückte H. zum ersten Mal in das Licht der breiteren englischen Öffentlichkeit. Im gleichen Jahr setzte ihm die englische Königin Anna einen Ehrensold aus, der vom Kurfürsten von Hannover nach dessen Thronbesteigung als Georg I. bestätigt u. bald darauf verdoppelt wurde. Wenn es zwischen Georg I. u. H. je zu Differenzen wegen der Nichteinhaltung seines hannoverschen Vertrages gekommen ist, müssen diese von kurzer Dauer gewesen sein, denn H. komponierte bereits 1715 für einen königlichen Ausflug auf der Themse die *Water Music*. 1717 wurde er als Nachfolger von J. Ch. Pepusch Organist u. Komponist der Vokalkapelle des Herzogs von Chandos in Cannons. Dort entstanden die *Chandos Anthems* (1719), die Pastorale *Acis and Galatea* (1720) sowie die erste Fassung des Oratoriums *Esther* (1720). In London beteiligte sich H. mit G. M. Bononcini u. A. Ariosti an der Royal Academy of Music. Als deren musikalischer Direktor unternahm er 1719 eine Europareise, um gute Sänger zu verpflichten. 1720 brachte er mit *Radamisto* seine erste erfolgreiche Oper in diesem neuen Unternehmen heraus. Es folgten *Floridante* (1721), *Ottone* (1723) u. v. a. 1727 komponierte H. zur Krönung Georg II. die *Coronation Anthems*, zu denen auch das berühmte *Zadok the Priest* gehört. Persönliche Streitigkeiten unter den Sängern, insbesondere die ständigen Anfeindungen zwischen den Primadonnen Francesca Cuzzoni u. Faustina Bordoni, ein nachlassendes Interesse des engl. Adels an der ital. Oper u. der große Erfolg der *Beggar's Opera* von J. Gay u. J. Ch. Pepusch führten 1728 zum Zusammenbruch der Opernakademie. 1729 übernahm H. gemeinsam mit J. J. Heidegger das King's Theatre. Wieder suchte er nach Sängertalenten auf dem Kontinent u. eröffnete am 2. 12. 1729 das neue Theater mit *Lotario*. Diese Oper wie auch die folgenden hatten nicht mehr den Erfolg, den H. gewohnt war. Das zunehmend bürgerliche Publikum verlangte nach etwas anderem als mythologischen Figuren. Erschwerend kam hinzu, daß mit Unterstützung des Kronprinzen in Lincoln's Inn Fields Theatre eine sog. Opera of the Nobility entstanden war, die sich eines größeren Zulaufs erfreute, H. kräftig Konkurrenz machte u. ihm die besten Sänger wegengagierte. 1734 trennte sich H. von Heidegger u. brachte in verschiedenen Theatern, zuletzt im Covent Garden, seine eigenen Programme heraus. Darunter befanden sich bereits mehrere Oratorien, die anfangs wie Opern in Kostüm gegeben wurden. Auch dieses Unternehmen mußte 1737 unter erheblichen finanziellen Verlusten eingestellt werden. H., durch einen Schlaganfall halbseitig gelähmt, zog sich enttäuscht zu einer Kur nach Aachen zurück. Inzwischen scheiterte auch das Konkurrenzunternehmen, u. Heidegger konnte die besten Kräfte für ein neues Theater gewinnen. Dort führte er 1738–41 die weiteren von H. komponierten Opern auf, mit denen dieser aber nicht mehr an die früheren Erfolge anknüpfen konnte. 1741 reiste H. auf Einladung des Herzogs von Devonshire nach Irland, gab in Dublin eine Reihe von Konzerten u. brachte dort am 13. 4. 1742 seinen *Messiah* zur Uraufführung. Wieder in London, entstand das *Dettinger Te Deum* (1743) zur Feier des Sieges von Georg II. über ein franz. Heer bei Dettingen. Im gleichen Jahr verzeichnete H. mit seinem Oratorium *Samson* einen großen Erfolg, während sein *Messiah* in London durchfiel. Die anhaltend feindliche Haltung des Logenpublikums ließ weder *Semele* noch *Joseph* (beide 1744), *Hercules* oder *Belshazzar* (beide 1745) zum Erfolg werden. Wieder mußte H. seine eigene Unternehmung aufgeben u. in einer Presseerklärung ankündigen, er werde die bereits eingezahlten Abonnementsgelder zurückerstatten. Im Gegensatz zu der häufig vertretenen Meinung ruinierten diese sich wiederholenden Mißerfolge H. nicht. Bei seinem Tode konnte er in seinem Testament über für damalige Verhältnisse erhebliche Summen verfügen. 1747 erlebte er seinen wohl größten Triumph, als das Londoner Publikum seinen *Judas Maccabaeus* begeistert aufnahm. Das Oratorium auf einen Text von Dr. Morell handelt vom Sieg des Volkes Israel über seine Feinde. Die Engländer identifizierten sich mit den Israeliten des Oratoriums u. brachten das Werk mit dem Sieg der Krone über die Stuart-Partei bei Culloden in Verbindung. Spätestens mit diesem Werk war H. eine nationale Größe geworden. Weitere Oratorien folgten, die H., einer Tradition seit *Esther* u. *Deborah* folgend, in den Pausen mit virtuosen Orgelkonzerten anreicherte. 1748–49 entstand aus Anlaß des Friedensschlusses von Aachen *Music for the Royal Fireworks*. 1750 reiste H. zum letzten Mal nach Deutschland. 1751 komponierte er noch das Oratorium *Jephta*. Bei den Arbeiten an diesem Werk machte sich eine fortschreitende Erblindung bemerkbar, die auch durch mehrere Operationen nicht aufgehalten werden konnte. In den verbleibenden Lebensjahren verließ sich H. mehr u. mehr auf sein Faktotum J. Ch. Schmidt u. dessen Sohn J. Ch. Smith, die seine Kompositionen aufschrieben u. bei den Aufführungen der Oratorien assistierten. Als letztes größeres Werk entstand die Umarbeitung von *Il trionfo del tempo* (1708 u. 1737) zu *The Triumph of Time and Truth*. Die Aufführung dieses Oratoriums fand am 11.3.1757 im Covent Garden Theatre statt. Seinem letzten Willen entsprechend wurde H. in der Westminster Abbey bestattet. Der 1726 naturalisierte Engländer erhielt ein Staatsbegräbnis.

In Deutschland wird H. heute noch vorwiegend als Komponist von Kammermusik u. Orchesterwerken angesehen. Trotzdem bleibt er mit an die 46 Opern u. 32 Oratorien der Musikdramatiker des Barock, dessen Entwicklung von der ital. Oper über die Choroper zu den monumentalen Oratorien seiner Spätzeit führte. Bei der Beurteilung dieser letzteren darf nicht vergessen werden, daß sie für ein zahlendes Publikum geschrieben u. im Theater aufgeführt wurden. H. gilt mit ihnen zu Recht als Begründer der englischen Oratorientradition. Er bildete nicht nur für seine Werke geeignete Interpreten heran u. verlagerte die Bedeutung der Stimmen zugunsten des Tenors, sondern gewöhnte das Publikum auch an spektakuläre Aufführungen in für damalige Verhältnisse großer Besetzung unter seiner eigenen Leitung.

Der Hauptteil seiner Kammermusik ist früheren Datums u. diente ihm immer wieder als musikalisches Material für die teilweise unter größtem Zeitdruck entstehenden Konzerte. H. war ein Meister im Verarbeiten eigener u. fremder Einfälle. Neben den verschiedensten Quellen zog er immer wieder G. Muffats (Sohn) »Componimenti musicali« heran. Zu seinen wichtigsten Orchesterwerken gehören die Concerti grossi op. 3, die Concerti grossi op. 6 sowie die auf mehrere Sammlungen verteilten Orgelkonzerte. In den letzteren räumte er der Improvisation großen Spielraum ein. Ließ H. sich bei seinen Opern von R. Keiser, A. Caldara, A. Scarlatti u. A. Steffani beeinflussen, so stehen die frühen Oratorien ganz im Zeichen G. Carissimis. H. gelang es, sich in seinen Kompositionen immer auf seine Umgebung u. sein Publikum einzustellen. Bewußt sind deshalb die 1739 bei J. Walsh erschienenen u. in großer Eile komponierten 12 Concerti A. Corelli u. F. Geminiani angenähert, die damals immer noch den Geschmack des engl. Publikums bestimmten. Einmal mehr hatte der sehr wirtschaftlich denkende H. ganz gezielt für sein Publikum gearbeitet. Daneben übernahm er an Formen, was seinem musikalischen Material entgegenkam, u. fügte sogar Nationaltänze ein. Seine als Bravourstücke angelegten Orgelkonzerte waren für die geringeren Möglichkeiten der engl. Kammerorgel gedacht u. lassen sich deshalb auch gut auf dem Cembalo spielen.

Die 1920 in Deutschland eingeleitete H.-Renaissance hat bisher leider nicht vermocht, H. Opern im Spielplan dt. Bühnen wieder heimisch zu machen.

Zu H. Kompositionen gehören die Opern *Almira* u. *Nero* (1705), *Florindo u. Daphne* (1706), *Rodrigo* (1707 oder 1708), *Agrippina* (1709), *Rinaldo* (1711), *Il pastor fido* (1712, in der 3. Fassung 1734 mit Ballett *Terpsichore* für M. Sallé), *Teseo* (1713), *Silla* (um 1714), *Amadigi di Gaula* (1715), *Radamisto* (1720), *Muzio Scevola* (1721, 1. Akt: F. Amadei, 2. Akt: G. B. Bononcini, 3. Akt: H.), *Floridante* (1721), *Ottone* (1723), *Flavio* (1723), *Giulio Cesare* u. *Tamerlano* (1724), *Rodelinda* (1725), *Scipione* u. *Alessandro* (1726), *Admeto* u. *Riccardo Primo* (1727), *Siroe* u. *Tolomeo* (1728), *Lotario* (1729), *Partenope* (1730), *Poro* (1731), *Ezio* u. *Sosarme* (1732), *Orlando* (1733), *Arianna* (1734), *Ariodante* u. *Alcina* (1735), *Atalanta* (1736), *Arminio, Giustino* u. *Berenice* (1737), *Faramondo* u. *Serse* (1738), *Jupiter in Argos* (1739), *Imeneo* (1740) u. *Deidamia* (1741); Pasticcios, zu denen die Musik nur teilweise von H. stammt, wie *Catone* (1732), *Semiramide* (1733), *Oreste* (1734), *Didone* (1737), *Hermann von Balcke* (1737), *Alessandro Severo* (1738) u. *Lucio Vero* (1747); Bühnenmusiken u. die Maske *Haman and Mordecai* (1720, 1. Fassung von Esther); Chorwerke wie *Aci, Galatea e Polifemo* (1708), *Acis and Galatea* (1718–20), *Alexander's Feast* (1736), *Ode for St. Cecilia's Day* (1739), *L'Allegro, il Penseroso ed il Moderato* (1740), *Semele* (1744), *Hercules* (1745) u. *The Choice of Hercules* (1751); die Oratorien *La Resurrezione* (1708), *Il trionfo del tempo e del disinganno* (1708, Neufassung *Il trionfo del tempo e della verità* 1737 u. *The Triumph of Time and Truth* 1757), *Esther* (1732), *Deborah* (1733), *Athalia* (1733), *Saul* u. *Israel in Egypt* (1739), *Messiah* (1741), *Samson* (1743), *Joseph and his Brethren* (1744), *Belshazzar* (1745), *Occasional Oratorio* (1746), *Judas Maccabaeus* (1747), *Joshua* (1748), *Alexander Balus* (1748), *Susanna* u. *Solomon* (1749), *Theodora* (1750) u. *Jephta* (1752); Kirchenkompositionen wie *Utrecht Te Deum* u. *Jubilate* (1713), *Chandos Anthems* (1717–20), *Coronation Anthems for George II, Wedding Anthems, Dettingen Te Deum* (1743) u. *Hymns* (um 1750); Kammerduette u. Kammerkantaten; Orchesterkompositionen wie die Oboenkonzerte (2 in B-Dur um 1736, g-Moll um 1740), *Sonata a 5* (um 1710), Concerto in D-Dur mit Hörnern (1710–15), Concerti grossi op. 3 (um 1734), Orgelkonzerte op. 4 (um 1735–36), Concerto in *Alexander's Feast* (1736), Concerti grossi op. 6 (1739), Orgelkonzerte (1739, davon Nr. 3–6 arrangiert aus op. 6 Nr. 1,4,5 u. 10), Orgelkonzerte op. 7 (1740–51), Concerto in d-Moll für 2 Org., 2 weitere Orgelkonzerte in d-Moll u. F-Dur, 3 Doppelkonzerte in B-Dur u. 2 in F-Dur (1740–50), *Water Music* (1715–17, Cemb.-Ausgabe 1743) u. *Music for the Royal Fireworks* (1749); Sonaten u. Triosonaten für verschiedene Besetzungen; die Klaviersuiten *Suites de pièces* (8 Stücke, 1720), *Suites de pièces II* (9 Stücke, um 1733); 6 Fugen (um 1735) u. 6 *Short Fugues* (herausgegeben um 1776).

GA: S. Arnold (Hg.), London 1787–97 (unvollständig); F. Chrysander (Hg.), Leipzig 1858–1902, Nachdr. London 1965–68; M. Schneider u. R. Steglich (Hg.) im Auftrag der G.-F.-H.-Gesellschaft, Kassel u. Leipzig ab 1955 (sog. Hallische H.-Ausgabe).

Lit.: J. Mainwaring, Memoirs of the Life of the Late G. F. H., London 1760, Nachdr. Hilversum 1964, dt. Übersetzung J. Mattheson: G. F. H. Lebensbeschreibung, Hamburg 1761, NA Zürich 1947 u. Wien 1950; F. Chrysander, G. F. H., Leipzig 1858–67, Nachdr. Hildesheim u. Wiesbaden 1966; W. S. Rockstro, Life of H., London 1883; R. Rolland, H., Paris 1910, dt. Zürich 1922, Berlin 1954; N. Flower, G. F. H., London 1923, erweiterte NA 1964; H. Leichtentritt, H., Stuttgart u. Berlin 1924; E. J.

Dent, H., London 1934, Neudr. 1947; H.J. Moser, G.F.H., Kassel 1941 u. 1952; A.E. Cherbuliez, G.F.H., Leben u. Werk, Olten 1949; P. Nettl, G.F.H., Berlin 1958; R. Friedenthal, G.F.H. in Selbstzeugnissen u. Bilddokumenten, Reinbek bei Hamburg 1959; J.M. Müller-Blattau, G.F.H., Der Wille zur Vollendung, Mainz 1959; P.M. Young, H., London 1965; P.H. Lang, G.F.H., New York 1966, London 1967; S. Sadie, H. Concertos, London 1972.

Häßler, Johann Wilhelm, dt. Organist, Pianist u. Komponist, * 29.3.1747 Erfurt, † 29.3.1822 Moskau. Schüler des Erfurter Organisten J.Ch. Kittel. 1792–94 Hofkapellmeister in Petersburg u. anschließend Klavierlehrer in Moskau. Komponierte hauptsächlich für Orgel, Klavier u. Singstimme. Am bekanntesten war seine *Grande Gigue* in d-Moll op.31.

Hagemann, Richard, amer. Dirigent u. Komponist holländ. Herkunft, * 9.7.1882 Leeuwarden, † 6.3.1966 Beverly Hills, CA. Kam 1906 als Liedbegleiter von Y. Guilbert nach New York u. ließ sich dort nieder. 1916–21 Dirigent an der Metropolitan Opera in New York u. 1922–23 deren Direktor, anschließend in Chicago u. Los Angeles. Komponierte die Oper *Caponsacchi* (1931), Lieder u. Filmmusiken.

Hahn, Reynaldo, franz. Komponist u. Dirigent, * 9.8.1874 Caracas, † 28.1.1947 Paris. Studierte am Pariser Conservatoire bei Th. Dubois, A. Lavignac u. J. Massenet. Hatte 1898 einen ersten Erfolg mit *L'Île du rêve* an der Opéra-Comique. 1934 Musikkritiker des »Figaro«, 1945 bis zu seinem Tode Direktor der Pariser Opéra, dazwischen immer wieder als Dirigent tätig. H. hat sich besonders für Mozarts Opern in Frankreich eingesetzt u. den *Don Giovanni* auf Betreiben von Lilli Lehmann 1906 in Salzburg dirigiert.

H. komponierte die Opern *L'Île du rêve* (1898), *La carmélite* (1902), *Nausicaa* (1919), *Colombe de Bouddha* (1921), *Le temps d'aimer* (1926) u. *Le marchand de Venise* (1935); mehrere Ballette u. Ballett-Pantomimen, darunter *Le dieu bleu* (1912); die Ode *Prométhée;* Kammermusik u. Liederzyklen wie *Chansons grises, Chansons latines, Chansons espagnoles.* Außerdem schrieb er eine Reihe von Bühnenmusiken.

Haieff, Alexej, amer. Komponist russ. Herkunft, * 25.8.1914 Blagoweschtschensk. Schüler von R. Goldmark u. F. Jacobi an der Juilliard School of Music in New York u. Student von N. Boulanger, bei der er sich eine neoklassizistische Kompositionsweise aneignete.

Zu H. Kompositionen gehören die Ballette *Zondilda and her Entourage* (1946 für M. Cunningham) u. *Beauty and the Beast* (1947 für Balanchine), 3 Sinfonien (1942, 1957 u. 1961), Violinkonzert (1948), Klavierkonzert (1950), Kammermusik.

halbe Note (ital. minima, franz. blanche, engl. minim, amer. auch half note): 𝅗𝅥 ; Pause (franz. demipause): 𝄼

Halbsatz → Periode

Halbschluß → Kadenz

Halbton, eigtl. besser Halbtonschritt, das kleinste Intervall des temperierten Systems. Man unterscheidet heute den diatonischen H., die kleine Sekunde wie z.B. h-c, den chromatischen H. wie c-cis u. den enharmonischen H. wie z.B. cis-eses.

Halévy, J.F. Fromental, franz. Komponist, * 27.5.1799 Paris, † 17.3.1862 Nizza. Studierte am Pariser Conservatoire bei L. Cherubini u. gewann im dritten Anlauf mit der Kantate *Herminie* 1819 den Rompreis. 1828 brachte er im Théâtre-Italien mit der Malibran die Oper *Clari* heraus. 1833 Professor für Kontrapunkt u. Fuge, 1840 für Komposition am Conservatoire. Zu seinen Schülern gehörten Ch. Gounod, J.L.A. Hignard u. G. Bizet. Neben dem Ballett *Manon Lescaut* (1830) seien noch die Opern *La Juive* u. *L'éclair* (1835), *La reine de Chypre* (1841) u. *La tempesta* (1850) erwähnt. H. veröffentlichte 1857 »Leçons de lecture musicale«. Sein Neffe Ludovic H. war der Schriftsteller u. Librettist, der gemeinsam mit H. Meilhac Libretti für J. Offenbach verfaßte u. an Bizets *Carmen* beteiligt war.

Halffter Jiménez, 1. Rodolfo, mexikan. Komponist span. Herkunft, * 30.10.1900 Madrid. Studierte bei M. de Falla, arbeitete für die Madrider Zeitung »La Voz« u. ließ sich 1939 in Mexiko nieder, wo er verschiedene Lehrverpflichtungen übernahm. In neuerer Zeit wandte er sich der Zwölftontechnik zu.

H. komponierte u.a. die Oper *Clavileño* (1936), die Ballette *Don Lindo de Almeria, La madrugada del pandero* u. *Elena, la traicionera;* Tripartita für Orch. (1959); *Diferencias* für Orch. (1970); Violinkonzert (1940) u. Kammermusik.

2. Ernesto E., Bruder von 1., span. Komponist u. Dirigent, * 16.1.1905 Madrid. Schüler von M. de Falla, beeinflußt von dem Kritiker A. Salazar u. dem Komponisten O. Esplá. Gründete 1924 die Orquesta Bética de Cámara in Sevilla, mit der er überall in Spanien Konzerte gab u. sich besonders für zeitgenössische Musik einsetzte.

Zu H. Werken gehören die Oper *La muerte de Carmen,* die Kammeroper *Entr'acte* (1964), das Ballett *Fantasia galaica* (1967), 1 Sinfonietta (1923–27), *Elegía en memoria del principe Pierre de Polignac* (1966), *Hymnus laudis* zum Gedenken an de Falla (1969), 1 Gitarrenkonzert (1968), Klaviermusik u. Lieder. Er beendete auch Fallas szenische Kantate *Atlántida* (1962).

3. Cristóbal, Sohn von 2., span. Komponist u. Dirigent, * 24.3.1930 Madrid. Schüler von C. del Campo u. A. Tansman am Nationalkonservatorium in Madrid, dirigierte das Orchester Manuel de Falla, arbeitete am Radio Nacional de España u. war 1960–67 Lehrer für Komposition und musikalische Formen am Real Conservatorio de Musica in Madrid, einer Institution, der er 1964–66 auch als Direktor vorstand. Tritt häufig als Gastdirigent auf u. lebt heute als freischaffender Komponist in Madrid. In seinen Kompositionen führt er die Tradition de Fallas weiter, ist daneben aber auch von der 2. Wiener Schule u. I. Strawinsky beeinflußt.

Zu H. Kompositionen gehören Klaviersonate (1950); Scherzo für Orch. (1951); Klavierkonzert (1953); 1. Streichquartett (1955); Sonate für V. solo (1959); *5 Microformas para orquesta* (1960); *Formantes* für 2 Kl. (1961); *In Expectatione Resurrectionis Domini,* Kantate für Bar., Männerchor u. Orch. (1962); *Codex* für Git., *Espejos* für 4 Schlagzeugspieler u. Live-Tonband u. *Sinfonia para tres grupos instrumentales* (1963); *Secuencias* für Orch. (1964); *Concertino para orquesta de cuerdas* (1965); *Antiphonismoi* für 7 Spieler, *Lineas y puntos* für 20 Bläser u. elektronische Klänge, *In Memoriam Anaïck* für Sprecher, Chor u. Instr. ad lib. u. *Brecht-Lieder* für mittlere St. u. Orch. (1967); *Anillos* für Orch. (1967–68); *Yes speak out yes,* UNO-Kantate für S., Bar., 2 gem. Chöre u. Orch., u. *Symposion,* Kantate für Bar., gem. Chor u. Orch. (1968); *Oda* für 6 Spieler; *Fibonaciana,* Konzert für Fl. u. Orch. u. Flötenkadenz daraus (1969); Oper *Don Quichote* u. 2. Streichquartette (1970); *Requiem por la libertad imaginada* für Orch. u. *Noche pasiva del sentido* für S., 2 Schlagzeugspieler, 4 Tonbandgeräte (1971); *Planto por las víctimas de la violencia* für Kammerensemble u. elektronische Klangumwandlung (1970–71); *Pinturas negras* für Orch. u. konzertierende Org. u. *Gaudium et Spes* für 32 Choristen u. 4-Spur-Tonband (1972); *Noche activa del espiritu* für 2 Kl. u. Ringmodulatoren (1973); *Procesional* für 2 Kl., Blasinstr. u. Schlagzeug (1973–74); *Tiempo para espacios* für Cemb. u. Streicher u. *Concierto para violoncello y orquesta* (1974); *Elegías a la muerte de tres poetas espanoles* für Orch. u. *Pourquoi* für Streicher (1974–75); *Oracion a platero* für Kinderchor, Sprecher, gem. Chor u. 5 Schlagzeugspieler (1975); *Variaciones sobre la resonancia de un grito* für 11 Instr., Tonband u. live-elektronische Klangumwandlung (1976–77); *Mizar* für 2 Fl., Streicher u. Schlagzeug u. *Officium Defunctorum* für gem. Chor, eine leichte Knabenst. u. Orch. (1977); *Adieu* für Cemb. (1978); Violinkonzert (1979).

Halle, Adam de la, → Adam de la Halle

Halleluja (Alleluia), in der lat. Bibelübersetzung des Hieronymus Ausdruck für das hebräische »Preiset Jah(we)«. Fand von dort Eingang in die römische Meßfeier.

Haller, Michael G., dt. Komponist, * 13. 1. 1840 Neusaat, † 4. 1. 1915 Regensburg. 1864 zum Priester geweiht u. seit Gründung der Kirchenmusikschule in Regensburg Lehrer für Kontrapunkt u. Vokalkomposition.

H. schrieb Messen, Litaneien, Offertorien u. Chorwerke. Veröffentlichte 1891 eine »Kompositionslehre für polyphonen Kirchengesang«.

Hallén, J. Andreas, schwed. Dirigent u. Komponist, * 22. 12. 1846 Göteborg, † 11. 3. 1925 Stockholm. Schüler von C. Reinecke u. E. F. Richter am Leipziger Konservatorium, J. von Rheinberger in München u. J. Rietz in Dresden. Dirigent verschiedener schwed. Orchester, 1892–97 Kapellmeister an der Königlichen Oper in Stockholm, 1909–19 Kompositionslehrer am Konservatorium in Stockholm u. Musikkritiker.

Zu H. Kompositionen gehören die Opern *Harald der Wiking* (1881), *Hexfällan* (1896, rev. 1902) u. *Waldemarsskatten* (1899), womit das neue Opernhaus in Stockholm eröffnet wurde. Außerdem schrieb er sinfonische Dichtungen, Orchestersuiten u. -rhapsodien sowie eine Missa solemnis (1923).

Halletz, Erwin (Pseudonym René Roulette), österr. Komponist, * 12. 7. 1923 Wien. Verdiente nach dem Musikstudium 1945–50 seinen Lebensunterhalt als Tanzmusiker u. dirigierte 1950–53 sein eigenes Unterhaltungsorchester.

H. komponierte die Operette *Träume vom Glück* (1959), Film-, Fernseh- u. Bühnenmusiken.

Halling, norw. Tanz, dessen Name auf das Hallingdal zurückgeht. Er steht meistens im ¾-Takt u. wird von der Hardanger Fiedel begleitet. Viele der bekanntesten H.-Melodien stammen von K. Maliser, einem der berühmtesten Hardanger Fiedler des 19. Jh.

Hallnäs, J. Hilding, schwed. Komponist u. Organist, * 24. 5. 1903 Halmstad. Studierte 1924–29 an der Musikhochschule in Stockholm, 1929 bei A. Cellier in Paris Orgel u. 1930 bei H. Grabner in Leipzig Komposition. Nach dem Studium Musiklehrer in Strömstad, Organist in Jönköping u. 1933–1968 Organist u. Kantor in Göteborg. Lebt als freischaffender Komponist in Stockholm. Anfangs stark von C. Franck u. der nachwagnerischen Romantik beeinflußt, wandte er sich 1954 der Zwölftontechnik zu.

H. schrieb u. a. 7 Sinfonien (1944, 1948, 1948, 1951, 1962–63, 1966, 1973); 2 Violinkonzerte (1945 u. 1962); 2 Flötenkonzerte (1957 u. 1962); Tripelkonzert für V., Klar., Kl. u. Orch. (1972–73); Bratschenkonzert (1976–77); das Ballett *Ifigenia* (1961); Concerto für Streicher u. Schlagwerke (1959); Messe für 4st. gem. Chor, Bläser u. Org. (1953); Kantate für S., Fl., Klar., Vc. u. Kl. (1955); *Invocatio* für Streichquartett, S.-Solo u. gem. Chor (1971); *Svart Ballad* für gem. Chor u. Schlagwerk (1972); *En grekisk sage* für Orch. (1967); Kammermusik, darunter 3 Streichquartette (1949, 1968 u. 1975–76), *Triptychon* für V., Klar. u. Kl. (1973) u. *Höstballader* für 5 Bläser (1976); Klavierstücke; Orgelkompositionen; 24 Präludien für Git. u. Lieder.

Hallström, Ivar, schwed. Komponist u. Pianist, * 5. 6. 1826 Stockholm, † 11. 4. 1901 ebd. Bibliothekar des späteren Königs Oskar II. u. ab 1861 Direktor der Lindbladschen Musikschule. Wurde durch seine Opern bekannt, von denen *Den bergtagna* (1874) die erfolgreichste war. Er komponierte außerdem Operetten, Märchenspiele, Ballette, Klavierstücke u. Lieder.

Hals, Verlängerung des Schallkörpers bei Instrumenten der Lautenfamilie. Über ihn laufen jeweils die Saiten zu den Wirbeln. Auf der abgeflachten Oberseite befindet sich das Griffbrett.

Halvorsen, Johan A., norweg. Geiger, Dirigent u. Komponist, * 15. 3. 1864 Drammen, † 4. 12. 1935 Oslo. Studierte am Stockholmer Konservatorium, bei A. Brodsky in Leipzig u. wurde 1892

Theaterkapellmeister in Bergen. 1893–98 leitete er dort die Sinfoniekonzerte der Harmonie. 1899–1929 war er Theaterkapellmeister in Oslo. Seine Werke sind stark von E. Grieg beeinflußt.

Zu H. Kompositionen gehören 3 Sinfonien, Orchestersuiten u. 1 Violinkonzert. Er schrieb außerdem mehrere Bühnenmusiken.

Hambræus, Bengt, schwed. Komponist, Organist u. Musikschriftsteller, * 29. 1. 1928 Stockholm. Orgelschüler von A. Linder 1944–48 u. Student der Musikwissenschaft 1947–56 bei C.-A. Moberg an der Universität Uppsala. Kompositionsunterricht bei W. Fortner, E. Krenek u. O. Messiaen im Rahmen der Internationalen Ferienkurse in Darmstadt. 1957–72 Regisseur, Abteilungsleiter u. Produktionsleiter beim schwed. Rundfunk. Emigrierte 1972 nach Kanada u. übernahm eine Professur an der McGill-Universität in Montreal. Neben seiner Lehrtätigkeit u. Auftritten als Organist hat H. immer wieder zu Fragen der zeitgenössischen Musik Stellung genommen. Seine eigenen Kompositionen verbinden lineares polyphones Denken mit seriellen Techniken. H. hat außerdem an den elektronischen Studios des WDR, der RAI, des schwed. Rundfunks u. der McGill-Universität gearbeitet.

Zu H. Werken gehören die Bühnenkompositionen: *Klassiskt spel* (Ballettmusik, 1965), *Experiment X,* Kammeroper (1968–70), *Se människan,* Kirchenoper (1969–70) u. *Till Damaskus,* Bühnenmusik für das gleichnamige Stück von Strindberg (1966); die Orchesterwerke: *Rota* für 3 Orch. u. Tonband (1956–62), *Transfiguration* (1962–63), *Rencontres* (1968–71), *Invocation* für Bläser u. Schlagzeug (1971), *Pianissimo in due tempi* (1970–72), *Continuo, a partire da Pachelbel* für Org. u. Orch. (1974–75), *Ricordanza* (1975–76); die Vokalkompositionen: *Cantigas de Santa Maria* (1948, rev. 1950), *Triptychon* (1950), *Cantata pro defunctis* für Bar. u. Org. (1951), Psalmus CXXII für S. u. Org. (1953), *Responsorier* für 2 Org., gem. Chor, Solo-St. u. Kirchenglocken (1964), *Präludium-Kyrie-Sanctus* für 2 Org., 2 Chöre, Solo-St. u. Kirchenglocken (1966) u. *Motetum Archangeli Michaelis* für gem. Chor u. Org. (1967); die Kammermusikwerke: 3 Streichquartette (1948, 1949 u. 1964–67), *Diptychon* für Fl., Ob., Va., Celesta u. Cemb. (1952), *Giuoco del cambio* (1952–54), *Antiphones en rondes* (1953), *Spectrogram* für S. u. Instr. (1953), *Crystal sequence* für 2 Trp., Schlagzeug, 12 V. u. Frauenchor (1954), *Segnali* für V., Va., Vc., Kb., elektrische Git., Hf. u. Cemb. (1956–60), *Introduzione-Sequence-Coda* (1958–59), *Mikrogram* für Fl., Va., Harfe u. Vibraphone (1961), *Transit II* für 4 Spieler (1963), *Récit de deux* (1973), *Carillon* (1972–74) u. *Jeu de cinq* (1977); mehrere Orgelkompositionen u. die elektronischen Kompositionen: *Doppelrohr II* (1955), *Konstellationer II* (1959), *Rota II* (1963), *Tetragon* (1965), *Fresque sonore* (1965–67), *Tides* (1974), *Intrada-Calls* (1975) u. *Tornado* (1976).

Hamel, Peter Michael, dt. Komponist u. Musikschriftsteller, * 15. 7. 1947 München. Studierte bei F. Büchtger u. G. Bialas, gründete die Improvisationsgruppe Between mit R. Détrée, R. Eliscu u. U. Stranz, arbeitete mit der Mixed-Media-Company in Berlin u. L. Ferrari in Paris zusammen. Improvisierte mit J. A. Riedl Musiken für Film- u. Dia-Environments, beschäftigte sich mit J. Cages Stücken für präpariertes Klavier u. begann, seine eigenen Präparationen zu entwikkeln. Unternahm mehrere Asienreisen, um die dortigen Tonsysteme u. den Geist der Musikkulturen zu studieren. Verbindet auskomponierte Musik mit Improvisation. In von ihm »konzentrisch« benannten Kompositionen verschränkt er komponierte u. improvisierte Vorgänge durch Grundtonbezug, modale Harmonik u. Statik des Klangs.

Zu H. Kompositionen gehören die Orchesterwerke *Dharana* (1972), *Samma Samadhi* (1972–73), *Ananda,* Oboenkonzert (1973), *Maitreya* u. *Diaphainon* (1974), *Klangfarben* (1976–77), *Klangspirale* u. *Albatros* (1977), *Übergänge* (1977–78), *Gestalt* für Orch. (1980); die Chorwerke *Das Danke an den lieben Gott* (1964–65), *Dhyana* (1972) u. *Integrale Musik* (1975–76); die Kammermusikwerke *Mandala* für präpariertes Kl. (1972), *Continuous Creation* für Kl. (1975–76) u. 1. Streichquartett (1981) sowie die elektronischen oder Live-Elektronik-Kompositionen *Aura, The Voice of Silence, Nada* u. *Traumzeit.* 1977–78 entstand die Oper *Menschentraum.* 1976 veröffentlichte H. das Buch »Durch Musik zum Selbst«.

Hamerik (eigtl. Hammerich), **1.** Asger, dän. Komponist, * 8. 4. 1843 Kopenhagen, † 13. 7. 1923 Frederiksberg. Studierte bei N. Gade, H. v. Bülow u. H. Berlioz. 1871–98 Direktor des Peabody Institute in Baltimore, lebte ab 1898 in Kopenhagen. Zu seinen Werken gehören 4 Opern, 6 Sinfonien, Orchestersuiten, 1 Requiem, Kammermusik u. Lieder.

2. Ebbe, Sohn von 1., dän. Komponist, * 5. 9. 1898 Kopenhagen, † (ertrunken) 11. 8. 1951 im Kattegat. Schüler seines Vaters, 1919–22 Kapellmeister am Königlichen Theater in Kopenhagen, danach Gastdirigent u. 1927–30 Leiter des Musikforeningen in Kopenhagen.

Zu H. Kompositionen gehören 5 Opern, darunter *Stepan* (1924), 2 Sinfonien (1920 u. 1937), Kammermusik, Klavier- u. Orgelstücke sowie Lieder.

Hamilton, Iain E., engl. Komponist u. Lehrer, * 6. 6. 1922 Glasgow. Student der Royal Academy of Music in London, 1952–59 Lehrer für Instrumentation am Morley College in London u. 1955–60 an der Universität London, 1961–71 Professor an der Duke University in Durham, NC, ab 1971 an der City University in New York. Lebt heute als freischaffender Komponist in New York.

Zu H. Kompositionen gehören die Opern: *Agamemnon* (1961–68), *The Royal Hunt of the Sun* (1968), *Pharsalia* (1969) u. *The Catiline Conspiracy* (1974), *Tamburlaine* (1976, Funkoper) u. *Anna Karenina* (1980–81); das Ballett *Clerk Saunders* (1951); Orchesterwerke: 2 Sinfonien (1949 u. 1951), Klarinettenkonzert (1951), Konzert für Jazztrp. u. Orch. (1958), *Sinfonia* für 2 Orch. (1959), *Ecossaise* (1959), Klavierkonzert (1960, rev. 1967), *Circus* für 2 Trp. u. Orch. (1969), *Voyage* für Horn u. Orch.

(1970), *Amphion*, Violinkonzert (1971), *Alastor* (1970), *Aurora* (1975), *The Alexandrian Sequence* (1976); Kammermusik, darunter 2 Streichquartette (1950 u. 1965), Sonate für Bläserquintett (1966); Vokalkompositionen wie *Epitaph for This World and Time* für 3 Chöre u. 2 Org. (1970), Te Deum (1973–74), *Cleopatra*, Szene für S. u. Orch. (1978); Klavierstücke.

Hammerschmidt, Andreas, dt. Komponist, * 1611 oder 1612 Brüx, Böhmen, † 8. 11. 1675 Zittau. Gehört neben H. Schütz zu den bedeutendsten dt. Kirchenkomponisten. 1633 als Organist des Grafen von Bünau nachgewiesen, 1635 Organist in Freiberg u. ab 1639 in Zittau. Verarbeitete insbesondere in seinen Dialogen den aus Italien importierten konzertierenden Stil (»Dialogi oder Gespräch zwischen Gott undt Einer gläubigen Seelen«, 2 Teile, Dresden 1645). Von ihm stammen eine Reihe lutherischer Kirchenlieder, die heute noch gesungen werden.

Handl, Jacob, → Gallus, Jacobus

Handstück, ein kurzes Unterrichtsstück für Klavier. Insbesondere D. G. Türk legte mehrere Sammlungen H. vor. Zu Beginn des 19. Jh. übernahm die → Etüde die Aufgabe des H.

Hansen, Wilhelm H. Musik-Forlag, 1857 von Jens Wilhelm H. (1821–1904) in Kopenhagen gegründeter Musikverlag. Er gilt heute als das größte skandinavische Unternehmen seiner Art u. tritt gleichzeitig als Konzertveranstalter auf. 1957 erwarb H. eine Mehrheitsbeteiligung an J. & W. Chester Ltd. in London.

Hanson, Howard H., amer. Komponist, * 28. 10. 1896 Wahoo, NE. Schüler von P. Goetschius u. A. Oldberg, wurde 1916 Lehrer für Theorie u. Komposition am Pacific College in San José, 1924–64 Direktor der Eastman School of Music in Rochester u. anschließend dort Leiter des Institute of American Music. Seine Kompositionen sind von MacDowell u. C. Nielsen beeinflußt.

Zu H. Werken gehören die Oper *Merry Mount* (1933), das Ballett *California forest play* (1920), 6 Sinfonien (1923, 1930, 1938, 1944, 1955, 1967), die sinfonische Dichtung *Exaltation* mit obligatem Kl. (1920), Konzert für Org., Streicher u. Hf. (1921), die sinfonische Dichtung *Lux aeterna* mit Va. obligato (1923), Orgelkonzert (1926), Klavierkonzert (1948), Chorwerke, u. a. *The lament of Beowulf* (1926) u. die Kantate *Song of human rights* (1963), Kammermusik u. Lieder.

Happening, ein von Allan Kaprow geprägter Ausdruck für die von ihm zu Beginn der 60er Jahre in New York veranstalteten Ereignisse. Das H. gehört zum Bereich der → Multimedia. Ihre Material- u. Tonbewegungen sollen beim Zuschauer bzw. Mitakteur bestimmte Reizeffekte hervorrufen.

Harbison, John, amer. Komponist, * 20. 12. 1938 Orange, NJ. Studierte bei W. Piston an der Havard University u. bei R. Sessions u. E. Kim in Princeton. Lehrt seit 1969 am Massachusetts Institute of Technology. Versucht bei allem formalen Können, verständlich zu bleiben, u. gibt dabei seinen melodischen Einfällen breiten Raum.

Zu H. Werken gehören die Opern *Winter's Tale* (1973–79) u. *Full Moon in March* (1979), Orchesterwerke wie *Sinfonia* für V. u. Doppelorch. (1963), 2 Violinkonzerte (1967 u. 1979), Klavierkonzert (1980), Kammermusik, Lieder.

Hard Bop, Spielart des → Jazz (S. 399), die sich in den 50er Jahren an der Ostküste der USA entwickelte u. als Reaktion der schwarzen Musiker auf den von Weißen beherrschten Cool u. Westcoast Jazz betrachtet werden kann. Das »hard« kann in diesem Zusammenhang mit »heiß« übersetzt werden. Wichtigste Vertreter sind Art Blakey, Max Roach u. Donald Byrd.

Harmonia (griech.), Grundprinzip der griech. Musik u. spätestens seit Aristoxenos gleichbedeutend mit einer Oktavstruktur (2 Quartintervallen), die sich jeweils aus vier feststehenden u. vier beweglichen Klängen zusammensetzte. Von den Pythagoreern wurde die H. als Qualität der Welt gedacht, die man sich als harmonisch geordnetes System vorstellte.

Harmonie, der Zusammenklang von Verschiedenem, in der neueren Zeit eingeschränkt auf die Akkorde u. Akkordzusammenhänge der Dur-Moll-tonalen Musik. Deshalb bezeichnet man Töne, die nicht in einen bestimmten Akkordzusammenhang gehören, als harmoniefremd.

Harmonielehre, Lehre vom Wesen, der Bedeutung u. der Beziehung der Klänge zueinander in der Dur-Moll-tonalen Musik. Von Zarlinos »Istitutioni harmoniche« (1558) ausgehend, entwickelten sich Vorstellungen von Tonalität, die sich in Lehrsystemen von J.-Ph. Rameau, G. Weber, F. J. Fétis u. a. verfestigten u. zuletzt von H. Riemann in seiner Funktionstheorie neu formuliert wurden. Mit der Auflösung der Tonalität verliert die H. an Bedeutung u. wird zur historischen Satzlehre.

Harmoniemusik, Stücke oder Arrangements für gem. Blech- u. Holzblasinstrumente.

Harmoniker, Anhänger der empirischen Lehren von der musikalischen Harmonia in der griech. Antike u. später Parteigänger des Aristoxenos, der, im Gegensatz zu den Pythagoreern, die harmonischen Verhältnisse des Tonsystems vom Gehör abhängig machte. → griech. Musik.

harmonische Teilung nennt man die Zerlegung einer Strecke u. in der Musiktheorie einer schwingenden Saite nach der Formel $b = \frac{a+c}{2}$. So ergeben sich aus der Oktave (1:2 = 2:4) durch h. T. Quinte u. Quarte (2:3:4).

Harper, Edward J., engl. Komponist, * 17. 3. 1941

Taunton. Studierte am Christ Church College in Oxford, am Royal College of Music in London u. bei F. Donatoni in Mailand. Seit 1964 Lehrer an der Universität von Edinburg u. seit 1973 Leiter der New Music Group of Scotland.

Zu H. Werken gehören die einaktige Oper *Fanny Robin* (1975), die Orchesterwerke *Bartok Games* (1972) u. *Seven Poems by e.e.cummings* für S. u. Orch. (1977), 1 Klavierkonzert (1969) u. die Kammermusikstücke *Fantasia I* (1976), *Fern Hill* (1977), Sonate für Kammerorch. (1971), *Fantasia II* für 11 Sologeigen (1976), *Fantasia III* für Blechbläserquintett (1977), Quintett für Fl., Klar., V., Vc. u. Kl. (1974) u. *Ricercari in Memoriam L. Dallapiccola* (1975).

Harris, Roy E., amer. Komponist u. Lehrer, * 12. 2. 1898 Lincoln County, OK. Studierte bei A. Farwell, H. Schoenfeld, N. Boulanger, A. Bliss u. R. Scalero. Unterrichtete an verschiedenen amer. Universitäten, u. a. 1961–73 an der University of California in Los Angeles, wo er seither Composer-in-residence ist. Seine Kompositionen verarbeiten amer. Folklore u. kontrapunktische Techniken, ohne den Bereich der erweiterten Tonalität zu verlassen.

Zu H. Werken gehören 14 Sinfonien, darunter Nr. 4: *Folk Song* für Chor u. Orch. (1939) u. Nr. 10: *Abraham Lincoln* für Chor, Blechbläser u. 2 verstärkte Kl. (1965); 2 Klavierkonzerte (1941 u. 1953); Konzert für 2 Kl. u. Orch. (1946); *Elegy and paean* für Va. u. Orch. (1948); Violinkonzert (1950); *Abraham Lincoln walks at midnight* für S., Kl. u. Orch. (1953); die Kantaten *Give me the splendid silent sun* für Bar. u. Orch. (1961), *Canticle to the sun* für S. u. Kammerorch. (1961) u. *Peace and Goodwill to All* für Chor, Blechbläser, Schlagzeug u. Org. (1970) sowie Kammermusik, u. a. 4 Streichquartette.

Harris, William Henry, engl. Organist u. Komponist, * 28. 3. 1883 London, † 6. 9. 1973 ebd. Schüler von W. Parratt, Ch. Wood u. W. Davies. Bekleidete verschiedene Organistenstellen, zuletzt 1933–61 an St. George's Chapel, Windsor Castle. Daneben 1946–48 Leiter des Royal College of Organists.

Zu H. Werken gehören die Fantasie *The Hound of Heaven* für Bar., Chor u. Orch. (1919) u. *Michael Angelo's Confession of Faith* (1935).

Harrison, Julius A. G., engl. Dirigent u. Komponist, * 26. 3. 1885 Stourport, † 5. 4. 1963 London. Schüler von G. Bantock u. Mitarbeiter von A. Nikisch, F. Weingartner u. H. Richter. Übernahm 1925 die Leitung der Handel Society u. wurde 1930 Musikdirektor in Hastings, eine Position, die er 1940 wegen zunehmender Ertaubung aufgab.

Zu H. Werken gehören Messe in C (1947) u. *Missa Liturgica* für Chor a cappella (1950), Orchesterwerke, darunter die *Worcestershire Suite* (1920), Kammermusik u. Lieder.

Harrison, Lou, amer. Komponist, * 14. 5. 1917 Portland, OR. Privatschüler von H. Cowell u. A. Schönberg. Nahm verschiedene Lehraufträge wahr, seit 1968 am San Jose State College in Kalifornien. Gehört zu den Musikern um J. Cage, die sich besonders mit Perkussionsinstrumenten beschäftigt haben. Experimentiert mit Geräuschen u. Mikrotönen, für die er eigens Instrumente erfindet.

Zu H. Kompositionen gehören die Bühnenwerke *Jephta's Daughter, a theatre kit;* die Opern *Rapunzel* u. *Young Caesar;* die Ballette *Almanac of the Seasons, Changing World, Green Mansions, Io and Prometheus, Johnny Appleseed, The Marriage at the Eiffel Tower, Labyrinth, Solstice, Praises for Humming-birds and Hawks, Something to Please Everybody* u. *Western Dance;* Bühnenmusiken; *Canticle I–III* für Schlagzeugorch.; *Simfony from Simfonies in Free Style; Double Music* gemeinsam mit J. Cage u. eine Reihe weiterer Kompositionen, deren Titel in *Esperanto* abgefaßt sind.

Harsányi, Tibor, ungar. Komponist, * 27. 6. 1898 Magyarkanizsa, † 19. 9. 1954 Paris. Schüler von S. Kovács (Klavier) u. Z. Kodály (Komposition). Ließ sich 1923 in Paris nieder. In seinen Kompositionen von B. Bartók u. der franz. Musik nach C. Debussy beeinflußt, wandte sich H. in den 20er Jahren dem Neoklassizismus zu. Charakteristisch für ihn ist die Verwendung der Ganztonleiter.

Zu H. Werken gehören die Opern *Illusion* (1949) u. *Les invités* (1927–28); die Ballette *Le dernier songe* (1920), *Pantins* (1937) u. *Chota Roustaveli* (gemeinsam mit A. Honegger u. A. Tscherepnin, 1945); Orchestersuiten; Sinfonie in C (1951); Violinkonzert (1941); Serenade für Trp. u. Streicher (1943); Kammermusik, darunter 2 Streichquartette (1925 u. 1935), Streichtrio (1934) u. Lieder.

Hartmann, Johann Peter Emilius, dän. Komponist, * 14. 5. 1805 Kopenhagen, † 10. 3. 1900 ebd. Stammt aus einer dt. Musikerfamilie, die nach Dänemark ausgewandert war. Erhielt ersten Unterricht bei seinem Vater u. übernahm dessen Organistenamt an der Garnisonskirche in Kopenhagen. Machte bereits 1826 als Komponist von sich reden, als er seine erste Konzertouvertüre aufführen ließ. 1867 gemeinsam mit seinem Schwiegersohn N. Gade u. H. S. Paulli Direktor des von Moldenhauer gegründeten Konservatoriums. Zählt mit Gade zu den wichtigsten Vertretern der dän. romantischen Schule u. war gleichzeitig einer der Hauptverfechter einer nationalen Kunst. Zu seinem Kreis gehörte zeitweise auch der junge E. Grieg. H. begann 1838 eine damals außergewöhnliche, aber sehr erfolgreiche Zusammenarbeit mit dem Ballett. Für A. Bournonville komponierte er *Phantasiens Ø* (1838), gemeinsam mit Gade *Et Folkesagn* (1854) sowie *Valkyrien* (1861) u. *Thrymskviden* (1868). Er schrieb weiterhin die Opern *Ravnen* (1832), *Korsarerne* (1835), *Liden Kirsten* (1846) u. das Melodram *Guldhornene* (1832), Schauspielmusiken, 2 Sinfonien, sinfonische Dichtungen, Kammermusik, Vokalwerke u. Orgelstücke.

Hartmann, Karl Amadeus, dt. Komponist, * 2. 8. 1905 München, † 5. 12. 1963 ebd. Studierte an der Münchner Akademie der Tonkunst u. anschließend bei H. Scherchen u. A. Webern. Verhalf der zeitgenössischen Musik mit Gründung der Musica-Viva-Konzerte in München zu einem wichtigen Forum nach dem 2. Weltkrieg. In seinen eigenen Kompositionen ist H. der 2. Wiener Schule verpflichtet, ohne jedoch die Zwölftontechnik als ausschließliches Formprinzip anzusehen. In seinen späteren Werken finden sich Anklänge an den frühen Strawinsky u. die von B. Blacher zum Kompositionsprinzip gemachten variablen Metren. H. wird am besten durch folgenden Satz von W. Zillig charakterisiert: »legitimer Erbe u. höchst origineller Erneuerer der großen dt. symphonischen Tradition«.

Zu H. Werken gehören die Kammeroper *Des Simplicius Simplicissimus Jugend* (1935, daraus eine Orchestersuite, rev. als *Simplicius Simplicissimus* 1955); 8 Sinfonien (*Versuch eines Requiems* nach Worten von W. Whitman für A. u. Orch. 1937, *Adagio* 1946, 1947, 1948–49, Symphonie concertante 1950, 1951–53, 1958 u. 1962); *Miserae*, sinfonische Dichtung für Orch. (1933–34); *Symphonische Ouvertüre* (1942), *Symphonische Hymnen* (1943) u. *Kleines Konzert* für Streichorch. u. Schlagzeug (1974, Einrichtung des Werks für Streichquartett u. Schlagzeug durch H. Brauel); die Werke für Soloinstr. u. Orch. *Concerto funebre* für V. u. Streicher (1939), Konzert für Kl., Bläser u. Schlagzeug (1953), Konzert für Va. u. Kl. begleitet von Bläsern u. Schlagzeug (1955) u. Kammerkonzert für Klar., Streichquartett u. Streichorch. (aus dem Nachlaß); die Kammermusikwerke *Tanzsuite* für Bläserquintett (1931), *Burleske Musik* für Bläser, Schlagzeug u. Kl. (1933), *Kleines Konzert* für Streichquartett u. Schlagzeug (aus dem Nachlaß), 2 Streichquartette (1933 u. 1945–46); *Jazz-Toccata u. -Fuge* für Kl. (1928) u. Sonatine für Kl. (1931). Außerdem komponierte H. folgende Vokalmusiken: *Lamento*, Kantate für S. u. Kl. (1937), *Friede Anno 48* für S., 4st. gem. Chor u. Kl. (aus dem Nachlaß), *Ghetto* für A., Bar. u. Kammerorch. (aus der Gemeinschaftskomposition *Jüdische Chronik* mit B. Blacher, P. Dessau, H. W. Henze u. R. Wagner-Régeny, 1960) u. *Gesangsszene* für Bar. u. Orch. (1963, unvollendet). Seine gesammelten Essays erschienen als »Kleine Schriften«, Mainz 1965.

Lit.: R. Wagner (Hg.), K. A. H. u. die Musica Viva, München u. Mainz 1980; A. D. McCredie, K. A. H., Sein Leben u. Werk, Wilhelmshaven 1980.

Harty, H. Hamilton, ir. Pianist, Dirigent u. Komponist, * 4. 12. 1879 Hillsborough, † 19. 2. 1941 Hoye. Sohn eines Organisten, der ihm auch den ersten Unterricht gab. Wurde besonders als Begleiter geschätzt. 1920–33 Leiter des Hallé-Orchesters in Manchester.

Zu H. spätromantischen Kompositionen gehören *Ode to a Nightingale* für S. u. Orch. (1907), *The Mystic Trumpeter* für Bar. u. Orch. (1913), 1 Violinkonzert (1909) u. die *Irische Sinfonie* (endgültige Fassung 1924). Außerdem bearbeitete er Händels Wasser- u. Feuerwerksmusik für modernes Orch.

Harvey, Jonathan D., engl. Komponist u. Lehrer, * 3. 5. 1939 Sutton Coldfield. Schüler von E. Stein u. H. Keller. Ab 1964 Lehrer an der Southampton University, jetzt an der University of Sussex. Während seine frühen Kompositionen stark unter dem Einfluß von A. Schönberg u. O. Messiaen standen, wandte er sich seit seiner Begegnung mit K. Stockhausen bei den Internationalen Sommerkursen in Darmstadt 1966 neueren Kompositionstechniken zu.

H. schrieb die Orchesterwerke *Symphony* (1966), *Chaconne über Iam Dulcis Amica* (1967, davon auch Chorfassung), *Benedictus* (1970), *Persephone Dream* (1972) u. *Inner Light III* (1975); die Kammermusikwerke *Dialogue* für Vc. u. Kl. u. *Variations* für V. u. Kl. (1965), *Transformations of Love Bade me Welcome* für Klar. u. Kl. (1968), *Four Images after Yeats* für Kl. u. *Laus Deo* für Org. (1969), *Studies* für 2 Klar. in B u. *Time-points* für Tonband (1970), Klaviertrio (1971), *Inner Light I* für Instr. u. Tonband u. *Quantumplation* für Fl., Klar., V., Vc., Schlagzeug u. Kl. (1973) u. *Round the Star and Back* für Kl. u. Instr. (1974); 7 Kantaten (1965, 1967, 1968, 1969, 1970 – Nr. V u. VI – 1972), *Angel Eros* für hohe St. u. Streichquartett (1973), *Correspondances* für Mezzo-S. u. Kl., *Sobre un Extasis de Alta Contemplación* für gem. Chor, *Spirit Music* für S., 3 Klar. u. Kl. u. *The Dove Descending* für gem. Chor (1975). Veröffentlichte 1974 »The Music of Stockhausen«.

Hasler, Hans Leo → Haßler, H. L.

Haslinger, Tobias, österr. Musikverleger, * 1. 3. 1787 Wien, † 18. 6. 1842 ebd. Ab 1826 alleiniger Eigentümer der Steinerschen Musikalienhandlung, die unter seinem Namen firmierte. Seine Bedeutung besteht darin, daß er Sinfonien u. Konzerte L. van Beethovens sowie F. Schuberts *Winterreise* verlegte.

Hasse, Johann Adolf, dt. Komponist, getauft 25. 3. 1699 Bergedorf bei Hamburg, † 16. 12. 1783 Venedig. Stammt aus einer alten Lübecker Organistenfamilie. Kam durch Vermittlung des Dichters U. König an die von R. Keiser geleitete Dt. Oper in Hamburg u. anschließend an den Braunschweiger Hof, für den 1721 seine erste Oper *Antioco* entstand. 1722 reiste H. nach Italien u. ließ sich bei N. Porpora, anschließend bei A. Scarlatti in Neapel weiter ausbilden. In Neapel hatte er mit *Tigrane* (1723) u. seiner dritten Oper *Sesostrate* (1726) großen Erfolg. 1727 ging er als Lehrer an die Scuola degli Incurabili nach Venedig. 1730 heiratete er die berühmte Sängerin Faustina Bordoni. Als diese nach Dresden verpflichtet wurde, erhielt H. dort die Stellung des Hofkapellmeisters, die er mit Unterbrechungen von 1731 bis 1764 bekleidete. In Dresden hatte er unerhörten Erfolg mit der Oper *Cleofide* (1736); die Hauptrolle sang seine Frau. In London, wo er sich weigerte, vom Kreis um den Kronprinzen gegen G. F. Händel ausgespielt zu werden, erlebte er mit seinem *Artaserse* einen weiteren großen Erfolg. Nach dem Tode Friedrich Augusts II. übersiedelte H. nach Wien. Dort arbeitete er hauptsächlich mit P. Metastasio zusammen u. bildete mit diesem die Gegenpartei zu Ch. W. Glucks Reformbestrebungen. Schließlich ließ er sich 1773 in Venedig nieder. Seine letzte Oper *Ruggiero* wurde anläßlich der Hochzeit des Erzherzogs Ferdinand 1771 in Mailand uraufgeführt. H. galt in Italien als der führende Vertreter der Opera seria. Nur mit seiner Oper *Piramo e Tisbe* auf ein Libretto von M. Coltellini (1768) gelang es ihm, den Reformgedanken Glucks näherzukommen.

Neben mehr als 50 Opern, Intermezzi u. Pasticci komponierte H. Kirchenmusiken, Konzerte, Solo- u. Triosonaten sowie Cembalosonaten.

Haßler, Hans Leo, dt. Komponist, getauft 26. 10. 1564 Nürnberg, † 8. 6. 1612 Frankfurt a. M. Stammt aus einer Nürnberger Musikerfamilie u. erhielt ersten Unterricht bei seinem Vater Isaak. 1584–85 Venedigaufenthalt u. wahrscheinlich Weiterbildung bei A. u. G. Gabrieli. 1586 Organist des Grafen Octavianus II. Fugger in Augsburg. 1595 von Kaiser Rudolf II. geadelt. 1600 an die Spitze der Augsburger Stadtpfeifer berufen, 1601–08 Oberster Musicus der Stadt Nürnberg. Ab 1608 in kursächsischen Hofdiensten in Dresden. Begleitete Johann Georg I. von Sachsen zur Kaiserkrönung nach Frankfurt u. verstarb dort. In seinen Kompositionen ist der Einfluß der beiden Gabrieli unverkennbar. Gleichzeitig bewegt sich H. weiter von den Kirchentönen weg auf eine Dur-Moll-Einteilung zu. Er veröffentlichte »Cantiones sacrae« (1591), »Neue Teutsche gesang«, 4–8st. (1596), »Madrigali«, 5–8st. (1596), »Missae«, 4–8st. (1599), »Sacri concentus«, 4–12st. Motetten sowie Instrumentalstücke (1601), »Lustgarten Neuer Teutscher Gesäng, Balletti, Galliarden u. Intraden mit 4, 5, 6 u. 8 St.« (1601) u. Bearbeitungen lutherischer Kirchenlieder (1607 u. 1608). Von ihm stammt die Melodie, die später dem Passionslied »O Haupt voll Blut und Wunden« unterlegt wurde. Nach seinem Tode kam 1615 eine Sammlung von 20 seiner Motetten zusammen mit einigen von G. Gabrieli als »Reliquiae sacrorum concentuum« heraus.

Haubenstock-Ramati, Roman, israel. Komponist poln. Herkunft, * 27. 2. 1919 Krakau. Studierte Musikgeschichte u. Philosophie sowie Komposition bei A. Malawski u. J. Koffler. 1947–50 Leiter der Musikabteilung von Radio Krakau, Übersiedelung nach Tel Aviv, wo er als Direktor der Staatlichen Musikbibliothek u. Professor an der Musikakademie wirkte. 1957 Aufenthalt in Paris u. Arbeit am Studio de Musique Concrète, ab 1958 Leitung des Lektorats für Neue Musik bei der Universal-Edition in Wien u. dort ab 1973 Professor für Komposition an der Hochschule für Musik u. darstellende Kunst, daneben Gastvorlesungen u. Kompositionsseminare. Der bei seinen frühen Kompositionen von K. Szymanowski u. I. Strawinsky beeinflußte H.-R. wandte sich ab 1938 den Formprinzipien A. Weberns zu u. gilt heute als postseriell. 1959 organisierte er in Donaueschingen die erste Ausstellung musikalischer Grafik. Er selber verwendet Kombinationen traditioneller u. erfundener Zeichen mit grafischen Zeichnungen. Seine »Mobile« genannten Arbeiten sind variabel in der Form, seine »Multiples« variabel in der Besetzung. Dabei bewegt er sich zwischen vollständiger Kontrolle u. größtmöglicher Freiheit.

Zu H.-R. Kompositionen gehören *Ricercari* für Streichtrio (1950–52); *Papageno's Pocket-Size Concerto* für Glockenspiel u. Orch. (1954); *Chants et prismes* für Orch., *Les symphonies de timbres* für Orch. u. *Interpolation*, Mobile für Fl. (1957); *Petite musique de nuit*, Mobile für Orch., *Ständchen sur le nom de H. Strobel* für Orch. u. *Liaisons*, Mobile für Vibraphon u. Marimbaphon für 1 Spieler u. Tonband oder 2 Spieler (1958); *Mobile for Shakespeare* für St. u. 6 Spieler (1959); *Credentials* oder *Think, Think Lucky* für Sprechgesang u. 8 Spieler nach S. Beckett, *Jeux 6*, Mobile für 6 Schlagzeugspieler, u. *Decisions*, eine Mappe musikalischer Graphik für verschiedene Instrumente (1960); *Twice* für Singst. u. Tonband (1961); *Prosa-Texte* für Sprechchor, Chöre, Tonband (1962), *Amerika*, Oper in 2 Teilen nach Franz Kafka (1962–64); *Vermutungen über ein dunkles Haus* für 3 Orch., 2 davon auf Tonband (1963 aus den Orchesterstücken von *Amerika*, 1978 von R. van Dantzig choreografiert); *Jeux 2*, Mobile für 2 Schlagzeugspieler (später in *Divertimento* verarbeitet) u. *Klavierstücke I* (1965); *Jeux 4*, Mobile für 4 Schlagzeugspieler (1966); *Comédie*, Bühnenstück nach einem Text von S. Beckett für 2 Frauen u. 1 Mann (St. ad lib.) u. 3 Spieler (Schlagzeug), davon 1968 dt. Originalfassung *Spiel* u. engl. Originalfassung *Play* (1967); *Tableau I, II* u. *III* für Orch. (1967, 1968 u. 1970); *Sequences* für V. u. Orch. in 4 Gruppen (1967); *Psalm* für Orch. (1967); *Divertimento*, Textcollage für Schauspieler, Tänzer und/oder Mimen u. 2 Schlagzeugspieler (1968); *Symphonie K* für Orch., *Rounds* für Kammerensemble, *Describe* für Singst. u. Kl., *Catch I* für Cemb. u. *Catch III* für Org. (1969); Madrigal für 4st. gem. Chor a cappella, *Multiple 1–VI* für verschiedene Besetzungen ad lib., *Catch II* für 1 oder 2 Kl. u. *Ludus Musicalis* für Schulorch. mit variabler Besetzung (1970); *Chorographie I* für 3 Chöre a cappella, davon 2 auf Tonband (1971); *Hexachord I* u. *II* für 1 oder 2 Git. (1972); *Concerto a tre* für Kl., Pos. u. Schlagzeug u. 1. Streichquartett (1973); *Sonans* für 6 Vokalisten (1974); *Musik* für 12 Instr. u. *Concerto per archi* (1976); 2. Streichquartett u. *Ulysses*, Szenen einer Wanderung für Tonband, Ballett von R. van Dantzig (1977); *Song* für Schlagzeug (1978).

Hauer, Joseph Matthias, österr. Komponist u. Lehrer, * 19. 3. 1883 Wiener Neustadt, † 22. 9. 1959 Wien. Brachte sich selbst die Grundlagen der Musik bei u. gab schließlich den Lehrerberuf auf, um sich ganz seiner Musik widmen zu können. Entwickelte aus Goethes Farbenlehre eine Art Zwölftonsystem vor A. Schönberg, das die Tonarten durch sog. Tropen ersetzt. Das waren aus zwei Sechs-Ton-Kombinationen gebildete Gruppen, von denen er 44 als Ausgangsbasis annahm. H. erfand auch seine eigene Zwölftonschrift. Von seinen Kompositionen seien die

Kammeroratorien *Wandlungen* (1927) u. *Der Menschen Weg* (1934, Neufassung 1952), die Oper *Salambo* (1930), das Singspiel *Die schwarze Spinne* (1932) u. seine Hölderlin-Lieder erwähnt. Er veröffentlichte »Vom Wesen des Musikalischen« (1920), »Deutung des Melos« (1923), »Vom Melos zur Pauke« (1925) u. »Zwölftontechnik. Die Lehre von den Tropen« (1925).

Haupt, Walter J., dt. Komponist u. Percussionist, * 28. 2. 1935 München. Studierte in München u. Salzburg u. wurde 1960 an das Bayerische Staatsorchester engagiert. 1969 Gründer der Experimentierbühne der Bayerischen Staatsoper. Bei seinen eigenen Kompositionen konzentriert sich H. im wesentlichen auf experimentelles Musiktheater u. Environments.

Zu H. Werken gehören *Apeiron* für 7 Schlagzeuger (1960); *Sümtome*, eine szenisch-optisch-akustische Collage (1970); *Die Puppe*, eine szenische Aktion für 1 Schauspieler, aufblasbare Sexpuppe u. Klavierquartett (1971); *Laser*, Light-Environment für 1 Schlagzeuger u. 1 Tänzer (1972); *Sensus*, meditative u. therapeutische Klangflächen, abstrakte Filme u. Light-Environment sowie Dufteinspielungen (1973); *Musik für eine Landschaft*, Klang-Environment in einem Württemberger Tal (1973); *Stimm-Plus, Programm, Spielmechanik* u. *Dunkel*, 4 szenisch-kinetische Stücke (1974); *Kontemplation*, Licht-Klang-Raum-Environment (1974); *Reziprok*, Komposition für 7 Schlagzeuger, ungewöhnliches Instrumentarium, 1 Dirigenten u. Publikum (1975); die Ballette *Moira* (1976), *Rilke* (1977) u. *Zofen* (1977); Experiment mit Licht, Wort u. Bewegung in einem variablen Spiegelraum (1977); *Klang Wolke über Münchens Innenstadt* (1978); Ballett *Punkt – Kontrapunkt* (1979); *Duineser Theaterversuche*, existentielle, szenische u. musikalische Umsetzungsprozesse inmitten der Landschaft (1979); *Astropoeticon*, Video-Präsentation (1979) u. *Linzer Klang Wolke*, sinfonisches open-air mit Bruckners 8. Sinfonie u. *Neurosen Kavalier* (1980).

Hauptmann, Moritz, dt. Lehrer u. Komponist, * 13. 10. 1792 Dresden, † 3. 1. 1868 Leipzig. Studierte in Dresden u. bei L. Spohr in Gotha. Geiger in Dresden, Privatmusiklehrer beim Fürsten Repnin u. ab 1822 in der von Spohr geleiteten Hofkapelle in Kassel. 1842 auf Empfehlung von F. Mendelssohn Bartholdy Kantor der Thomasschule u. Musikdirektor der beiden Leipziger Hauptkirchen u. 1843 Lehrer für Theorie am neugegründeten Konservatorium. Gehörte 1850 zu den Mitbegründern der Bach-Gesellschaft. Zu seinen Schülern zählen F. David, C.F. Weitzmann, O. Paul, H. v. Bülow u. S. Jadassohn. Nach einer Reihe von Kammermusikkompositionen widmete sich H. ausschließlich der Vokalkomposition.

Neben der Oper *Mathilde* (1826) schrieb H. Motetten, Psalmen u. 1 Messe für Soli, Chor u. Orch. Seine wichtigste theoretische Arbeit ist »Die Natur der Harmonik u. der Metrik« (1853).

Hauptsatz, das Hauptthema enthaltender erster Teil der Exposition in der Sonatensatzform.

Hauptton, zentraler Ton, der das musikalische Material beherrscht, aus dem eine Komposition entwickelt ist.

Hausegger, Siegmund v., österr. Komponist u. Dirigent, * 16. 8. 1872 Graz, † 10. 10. 1948 München. Sohn des Musikschriftstellers Friedrich v. H., bei dem er auch seinen ersten Unterricht erhielt. Übernahm nach verschiedenen Dirigierverpflichtungen das Direktorat der Akademie der Tonkunst in München u. leitete 1920–38 die Abonnementskonzerte des Konzertvereins u. der daraus hervorgehenden Münchner Philharmoniker.

Zu H. Kompositionen gehören die Opern *Helfrid* (1890) u. *Zinnober* (1898), sinfonische Dichtungen u. Männerchöre mit Orch.

Hausmusik, das Musizieren im familiären oder privaten Kreis sowie das dafür geeignete Repertoire. Durch die ständig verbesserte mechanische Wiedergabe von Tonkonserven u. die heute weitverbreitete Konsumhaltung weitgehend ausgestorben. Erneuerungsversuche wurden in den 20er Jahren u. nach dem 2. Weltkrieg im Rahmen der Volksbildungs- u. der Jugendmusikbewegung unternommen. Dabei kam es in vielen Fällen zu einem neuen Repertoire, das in seiner Qualität den früher gespielten Werken nachsteht.

Haußmann, Valentin, dt. Organist, Komponist u. Ratsherr in Gerbstädt, * Anfang 16. Jh. möglicherweise in Gerbstädt. Trug durch seine Veröffentlichung von Villanellen u. Canzonetten zur Verbreitung der ital. Musik in Deutschland bei. Brachte neben der Sammlung »Venusgarten, hundert außerlesene ... mehrerntheils polnische Täntze« (1602) eine Reihe eigener geistlicher u. weltlicher Kompositionen heraus, darunter 4 u. 5st. deutsche weltliche Lieder u. »Neue Intraden, 5 u. 6st., fürnehmlich auff Fiolen« (1604).

Hautboisten (Hoboisten), bis Ende des 1. Weltkrieges Bezeichnung für Militärmusiker der Infanterie in Deutschland. Der Ausdruck geht auf franz. haut (»hoch« oder »laut«) u. bois (»Holz«) zurück. Aus der gleichen Wortverbindung entstand unter Bedeutungsverengung »Oboe«.

Haydn, 1. F. Joseph, österr. Komponist, * wahrscheinlich 31. 3., getauft 1. 4. 1732 Rohrau, † 31. 5. 1809 Wien. Joseph H. war das älteste Kind des Wagenmachers Mathias H., der in bescheidenen Verhältnissen in Rohrau, Niederösterreich, lebte. Seine musikalische Begabung wurde von dem Vetter J. Mathias Franck erkannt, der den jungen H. 1738 bei sich als zahlenden Schüler in Hainburg aufnahm. Dort wurde der Kapellmeister G. Reutter d.J. 1740 auf ihn aufmerksam u. verpflichtete ihn als Chorknaben an den Stephansdom in Wien, wohin ihm um 1745 sein nicht weniger begabter Bruder Michael folgte. In Wien erhielt H. Gesangsunterricht u. wahrscheinlich Geigenstunden. Gleichzeitig versuchte er sich ohne jede Anleitung in der Komposition. Nach dem Stimmbruch nahm Reutter die erste Gelegenheit wahr, um H. zu entlassen, der sich daraufhin mühsam mit Stundengeben seinen Lebensunterhalt verdienen mußte u. in der verbleibenden Zeit weiter komponierte. Neben dem »Gradus ad Parnassum« von J. J. Fux waren die ersten 6 Klaviersonaten von C. Ph. E. Bach sein wichtigstes Anschauungsmaterial. Um 1750 entstand eine *Missa brevis* in F-Dur, 1752 die Oper *Der krumme Teufel* nach einem Libretto von Kurz-Bernadon. In demselben Haus, in dem H. eine Dachkammer bewohnte, lebte die Familie des span. päpstlichen Nuntius gemeinsam mit dem Hofdichter P. Metastasio. Über diesen lernte H. N. Porpora kennen, der ihn als Akkompagnisten für seine Gesangsstunden u. als Diener engagierte. Als Gegenleistung erteilte Porpora ihm den einzigen regulären Kompositionsunterricht, den H. je in seinem Leben genossen hat. Ebenfalls durch Porpora lernte H. zeitgenössische Musiker wie H. Bonno, G. Ch. Wagenseil, Ch. W. Gluck u. K. D. von Dittersdorf kennen u. wurde in die Adelskreise eingeführt. So kam es zur Begegnung mit Karl Joseph von Fürnberg, auf dessen Landsitz Weinzierl erste eigene Streichquartette, Divertimenti u. Kassationen gemeinsam musiziert wurden. Baron Fürnberg war es auch, der H. 1759 als Musikdirektor u. Kammercompositor an den Grafen Morzin in Lukawitz bei Pilsen empfahl. Wahrscheinlich brachte H. zum Dienstantritt bei der kleinen Privatkapelle bereits seine 1. Sinfonie mit. Als der Graf aus wirtschaftlichen Gründen seine Kapelle auflösen mußte, wurde H. als 2. Kapellmeister neben G. J. Werner von Fürst Paul Anton Esterházy 1761 nach Eisenstadt verpflichtet. Bei Esterházy, der gerade in Eisenstadt ein Opernhaus bauen ließ, standen H. nicht nur 16 Musiker, sondern auch Sänger u. Trompeter sowie Trommler aus dem Regiment des Fürsten zur Verfügung. Für die Kapelle des Fürsten entstanden die Sinfonien *Le matin, Le midi* u. *Le soir* mit dem Schlußsatz, der *La tempesta* betitelt ist. Daneben komponierte H. Konzerte, aber keine Kirchenmusik, weil sich Werner diese vorbehalten hatte. Als Fürst Nicolaus 1762 seinen verstorbenen Bruder beerbte, wurde die Kapelle stark erweitert. Zu den Einführungsfeierlichkeiten für den neuen Fürsten komponierte H. vier italienische Opern, die in kürzester Zeit einstudiert u. aufgeführt wurden. Der neue Fürst war auch ein guter Barytonspieler. Deshalb komponierte H. im Lauf der Zeit neben Sinfonien, Klaviertrios u. Sonaten 125 Divertimenti sowie 12 weitere Werke für dieses altertümliche Instrument. 1766 starb Werner, u. H. wurde zu seinem Nachfolger ernannt. Im gleichen Jahr verlegte Fürst Nicolaus seinen Sitz von Eisenstadt nach dem von ihm neu erbauten Schloß Eszterháza in der Nähe des Neusiedler Sees. Das erst 1768 dort fertiggestellte Opernhaus wurde mit H. *Lo speziale* eingeweiht. Diese in dt. Fassung als *Der Apotheker* bekannte Buffa war H. erster Versuch mit einem Goldoni-Libretto. Zu weiteren festlichen Anlässen griff er noch zweimal auf diesen Autor zurück, 1770 mit *Le pescatrici* u. 1771 mit *Il mondo della luna*. Um sich eine Vorstellung von den Pflichten des Kapellmeisters H. zu machen, sei hier kurz erwähnt, daß allein im Eröffnungsjahr der neuen Oper 125 Vorstellungen stattfanden, bei denen 17 Opern, davon 8 Uraufführungen, gegeben wurden. H. hatte nicht nur zu komponieren u. fremde Werke einzustudieren, er nahm auch häufig an dem aus Italien beschafften Material Verbesserungen u. Ergänzungen vor. Daneben erteilte er Familienmitgliedern regelmäßigen Unterricht. 1773 besuchte Kaiserin Maria Theresia Esterháza. Ihr zu Ehren wurde seine Sinfonie Nr. 48 aufgeführt, die nach ihr benannt ist, ferner die Puppenoper *Philemon u. Baucis* sowie die Oper *L'infedeltà delusa*. Zur Neueinweihung des abgebrannten u. wiederaufgebauten Opernhauses komponierte H. die Oper *La fedeltà premiata* (1780), der noch *Orlando Paladino* (1782), *Armida* (1784) u. für London 1791 *Orfeo ed Euridice* folgten. Nachdem H. 1768 von seinem Dienstherrn die Erlaubnis erhalten hatte, für Dritte zu komponieren u. Abschriften seiner Stücke an den Adel u. die interessierten Klöster zu geben, nahm er Verbindungen mit Verlagen in Wien (Artaria), London (Forster) u. Paris (Sieber) auf. 1785 entstand für die Kathedrale von Cádiz die *Instrumentalmusik über die Sieben letzten Worte unseres Erlösers am Kreuze*. 1785–86 komponierte H. auf Bestellung die 6 Pariser Sinfonien für die Concerts de la Loge Olympique. Ebenfalls 1885 widmete ihm Mozart, den er wohl im Winter 1781–82 kennengelernt hatte, die Streichquartette K.-V. 387, 421, 428, 458, 464 u. 465. Um 1786 entstanden die Konzerte für 2 Radleiern u. Orch., die König Ferdinand IV. von Neapel bei ihm bestellt hatte. Ein Angebot, nach Neapel zu ziehen, schlug H. ebenso ab wie die wiederholten Einladungen nach England. 1790 starb Fürst Nicolaus, u. sein Nachfolger, Fürst Anton, löste die Kapelle auf, beließ H. aber seinen Titel, sein Gehalt u. die von Nicolaus ansehnlich bemessene Jahrespension. H. übersiedelte nach Wien, wo ihn der aus Deutschland gebürtige Geiger, Impresario u. Dirigent J. P. Salomon aufsuchte u. zu einem Englandbesuch überredete. Gemeinsam reisten sie am 15. 12. 1790 von Wien ab, um kurz nach Neujahr in London einzutreffen. Das erste Konzert fand am 11. 3. 1791 in den Hanover Square Rooms statt. Auf dem Programm stand eine neue Sinfonie von H., die mit großem Beifall aufgenommen wurde. Während seines ersten Londonaufenthalts komponierte H. die ersten sechs Londoner Sinfonien (Nr. 93–98), die *Konzertante Sinfonie* für V., Vc., Ob., Fag. u. Orch. sowie die ursprünglich *L'anima del filosofo* benannte Oper, deren Aufführung offensichtlich den schon aus Händels Zeit bekannten Intrigen zum Opfer fiel. H. erster Englandaufenthalt war ein persönlicher Triumph. Die Universität Oxford verlieh ihm die Würde eines Doktors der Musik, u. die von Salomon organisierten Konzerte warfen reichen Gewinn ab. Auf der Rückreise verweilte H. kurz in Bad Godesberg. Dort wurde ihm L. van Beethoven vorgestellt, der ab Dezember 1792 in Wien sein Schüler werden sollte. 1794 reiste H. auf Zureden Salomons noch einmal nach England, dieses Mal jedoch in Begleitung seines Kopisten u. Dieners J. Elssler. H. hatte sich verpflichtet, weitere 6 Sinfonien zu komponieren, die teils in Salomons eigenen, teils in gemeinsam mit G. B. Viotti veranstalteten Opera Concerts aufgeführt wurden. Wieder wurde H. von Publikum u. Presse gefeiert. Den größten Anklang fand seine Sinfonie Nr. 100, die *Militär-Sinfonie*. Am 4. 5. 1795 kam es zu einer letzten Benefiz-Veranstaltung, bei der Brigida Giorgi-Banti seine neueste Konzertarie, *Scena di Berenice*, uraufführte. Inzwischen war Fürst Anton gestorben u. der Titel an Nicolaus II. gefallen. H. wurde nach Wien zurückgerufen, um seinen Dienst bei der neu konstituierten Kapelle anzutreten. Der Fürst verlegte seine Sommerresidenz von Eszterháza nach Eisenstadt, u. H. Anwesenheitspflicht beschränkte sich auf Sommer u. Herbst. Außerdem mußte er jeweils zum Namenstag der Fürstin eine Messe abliefern. Dieser Vereinbarung verdanken wir die *Pauken-, Heilig-, Nelson-, Theresien-, Schöpfungs-* u. *Harmonie-Messe*. Seine übrige Zeit verbrachte H. in seinem zwischen den beiden Englandreisen gebauten Haus in Wien.

Zum Geburtstag des Kaisers komponierte er als Gegenstück zu dem in England oft gehörten *God Save the King* auf einen Text von L. L. Haschka 1797 die Kaiserhymne *Gott erhalte Franz den Kaiser*, die 1922, unterlegt mit Hoffmann v. Fallerslebens Text »Deutschland, Deutschland über alles«, zur deutschen Nationalhymne wurde. Im langsamen Satz des sog. *Kaiserquartetts* op. 76 Nr. 3 hat H. diese Melodie wiederaufgenommen u. kunstvoll variiert. England verdankte er nicht nur Anregungen zu großen Sinfonien u. Streichquartetten sowie einen gewissen Wohlstand, sondern auch die Bekanntschaft mit dem Werk Händels. Besonders der *Messiah* soll ihn beeindruckt haben. Nach dem 1774–75 entstandenen Oratorium *Il ritorno di Tobia* ging H., von seiner zweiten Londonreise zurückgekehrt, an die Vertonung von zwei englischen Vorlagen. Noch in London erhielt er einen aus Miltons »Paradise Lost« wahrscheinlich für Händel zusammengestellten Text, den ihm van Swieten bearbeitete u. übersetzte. Dieser war es auch, der aus Wiener Adelskreisen Honorar u. Aufführungskosten aufbrachte, so daß *Die Schöpfung* am 29. u. 30. 4. 1798 im Palais Schwarzenberg vor geladenen Gästen uraufgeführt werden konnte. Der große Erfolg dieses Oratoriums u. die Überredungskünste van Swietens bewogen H., nach einer Vorlage von J. Thomson die Vertonung des Oratoriums *Die Jahreszeiten* in Angriff zu nehmen. Die ersten Aufführungen des neuen Werkes fanden am 24., 27. 4. u. 1. 5. 1801, wiederum im Palais Schwarzenberg, statt. H. selber äußerte Freunden gegenüber, dieses Werk habe ihn die letzte Kraft gekostet. In den verbleibenden Lebensjahren beschäftigte er sich noch mit dem Arrangement von schottischen, walisischen u. ir. Volksliedern für den Edinburger Verleger G. Thomson, nachdem er ähnliche Arbeiten bereits für Napier u. Whyte gemacht hatte. H. starb am 31. 5. 1809 während der zweiten Besetzung Wiens durch die Franzosen.

Das landläufige Papa-H.-Bild bedarf dringend der Korrektur. Mit den Pariser u. Londoner Sinfonien, den beiden großen Oratorien u. den Streichquartetten op. 76 u. 77, die hier nur aus der Fülle seiner Werke herausgegriffen seien, setzte H. bleibende Höhepunkte. Über sein Privatleben wissen wir nur wenig. Die Ehe mit der Barbierstochter Maria Keller war ereignislos u. unglücklich, da sich diese Frau offensichtlich überhaupt nicht für seine Kunst interessierte. H. scheint sich deshalb in Eszterháza mit der Sängerin Luigia Polzelli getröstet zu haben u. unterhielt in England Beziehungen zu der verwitweten Rebecca Schroeter.

Es bedurfte erst der befreienden Auslandsreisen, um aus dem Bediensteten eines kunstliebenden Fürstengeschlechts den freien Musiker u. Künstler zu machen, als der sich H. dem engl. Publikum vorstellte. Erst in London mit seiner weltstädtischen Atmosphäre, einer kritischen Tagespresse u. dem kommerziellen bürgerlichen Musikbetrieb fand H. eine Umgebung, die ihn zu höchsten Leistungen anspornte. Dabei wirkte sich besonders günstig aus, daß die ihm in London zur Verfügung stehenden Orchester sowohl in ihrer Besetzung wie auch in ihrem Können den Privatkapellen des österr. Adels weit überlegen waren.

Die künstlerische Entwicklung H. läßt sich am besten an seinen Sinfonien u. Streichquartetten nachvollziehen. Ganz langsam befreite er sich bei seinen Kompositionen, die immer nur als Auftragswerke entstanden, von den Einflüssen eines F. L. Gassmann, G. Ch. Wagenseil oder C. Ph. E. Bach. H. hat weder die Form der Sinfonie noch die des Streichquartetts erfunden. In beiden Gattungen hat er jedoch Werke geschaffen, die auf Mozart u. Beethoven vorausweisen u. die Wiener Klassik begründeten. Im Streichquartett befreite H. die vier Instrumente aus der Fixierung auf das Continuo u. gab jeder Stimme mit dem Rückgriff auf kontrapunktische Techniken Einzelgewicht. In seiner Verarbeitung kleinster motivischer Zellen u. der Einführung prägnanter Rhythmen zeigt er eine außergewöhnliche intellektuelle Beherrschung seines musikalischen Materials, das er in immer neuen Modulationen durch die entferntesten Tonarten führte. Die Sonatenform bereicherte er durch eine Variante, das Sonaten-Rondo. Außerdem versuchte er immer wieder, die beiden Themen des Sonatensatzes auf kunstvolle Weise durch ein einziges zu ersetzen.
H. gehörte auch zu den wenigen, die Mozarts Bedeutung erkannten u. auch öffentlich für ihn Partei ergriffen. H. hatte eine besonders hohe Meinung von dessen Opern, die er teilweise in Wien gehört hatte, u. von den Solokonzerten. Vielleicht läßt sich so erklären, daß er selber, abgesehen von dem 1796 entstandenen Trompetenkonzert für A. Weidingers neue Klappentrompete, in beiden Gattungen bis zu seinem Lebensende nichts mehr geschrieben hat.
Neben den bereits erwähnten Werken komponierte H. weitere Opern, Puppenopern, Bühnenmusiken, kirchenmusikalische Werke, darunter eine *Caecilien-Messe* (1769–72), Solo-Kantaten, Arien, wenigstens 104 Sinfonien, von denen er den späteren mit Vorliebe langsame Einleitungen gab, Ouvertüren für Orch., Märsche, Divertimenti für verschiedene Besetzungen, 24 Klavierkonzerte, 24 Konzerte für verschiedene Soloinstrumente, darunter das häufig gespielte Cellokonzert in D-Dur (1783), 83 Streichquartette, 31 Klaviertrios, weitere Trios u. Duos für verschiedene Instr., 52 Klaviersonaten, einige Violinsonaten, Stücke für Spieluhren, Lieder mit verschiedener Begleitung, Kanons u. Volksliedbearbeitungen.

Eine GA wurde von E. Mandyczewski, H. Schultz, K. Päsler u. M. Friedlaender (Leipzig 1907–32) in Angriff genommen u. von J.P. Larsen u. H.C.R. Landon (Boston u. Wien 1950–52) fortgesetzt. Sie wird weiter betreut vom J.-H.-Institut in Köln unter der Leitung von G. Feder u. J. P. Larsen (München ab 1958). H.-Jahrbücher gibt die Wiener Universal Edition für den Verein Internationale J. H.-Stiftung in Eisenstadt heraus.
Das thematisch-bibliografische Werkverzeichnis, Bd. I Instrumentalwerke, Bd. II Vokalwerke (Mainz 1957 u. 1971) wurde von A. v. Hoboken herausgegeben (Hob.).

Lit.: A.C. Dies, Biographische Nachrichten von J. H., Wien 1810, NA von H. Seeger, Berlin 1959 u. 1965; G. A. Griesinger, Biographische Notizen über J. H., Leipzig 1811, NA von F. Grasberger, Wien 1954, NA von K.-H. Köhler, Leipzig 1975; C.F. Pohl, J. H., 2 Bde., Leipzig 1878–82, beendet von H. Botstiber 1927, Nachdr. Wiesbaden 1970; K. Geiringer, J. H., Potsdam 1932; ders., H., A Creative Life in Music, London 1946, dt.: H., Der schöpferische Werdegang eines Meisters der dt. Klassik, Mainz 1959; S. Fisch, J. H., Aus seinem Leben u. Schaffen, Kassel 1951; H. Rutz, H., Dokumente seines Lebens u. Schaffens, München 1953; H.C. Robbins Landon (Hg.), The Collected Correspondence and London Notebooks of J. H., London 1959; P. Barbaud, J. H. in Selbstzeugnissen u. Bilddokumenten, Reinbek bei Hamburg 1960 u. 1968; R. Hughes, H., London 1962; D. Bartha (Hg.), Gesammelte Briefe u. Aufzeichnungen, Unter Benutzung der Quellensammlung von H. C. Robbins Landon, Kassel 1965; L. Somfai, J. H., Sein Leben in zeitgenössischen Bildern, Kassel 1966; H. C. Robbins Landon, H. Symphonies, London 1966; R. Hughes, H. String Quartets, London 1966; P. M. Young, H., London u. New York 1969; H.C. Robbins Landon, H., London 1972.

2. J. Michael, Bruder von 1., österr. Organist u. Komponist, * 14. oder 15. 9. 1737 Rohrau, † 10. 8. 1806 Salzburg. Ab 1745 Chorknabe am Stephansdom in Wien, wo er seinen in den Stimmbruch geratenden Bruder J. bald übertraf u. ersetzte. Erhielt in Wien Unterweisung auf der Orgel u. lernte Klavier- u. Geigenspielen. Ab 1757 bischöflicher Kapellmeister in Groß-Wardein u. ab 1763 Hofmusicus u. Concertmeister der fürstbischöflichen Residenz in Salzburg. Seine außergewöhnliche organistische Begabung brachte ihm 1777 zusätzlich das Amt des Organisten an der Dreifaltigkeitskirche ein u. 1781 die Nachfolge W. A. Mozarts als Hof- u. Domorganist. Zu seinen Schülern gehörten C. M. von Weber, S. von Neukomm, J. Wölfl u. A. Diabelli. Als Komponist war Michael H. genauso Autodidakt wie sein Bruder Joseph. Zur Übung schrieb er sogar den ganzen »Gradus ad Parnassum« von J. J. Fux ab. Von seinen Opern, Sinfonien, Konzerten u. seiner Kammermusik hat sich nichts im Repertoire gehalten. Lediglich seine kirchenmusikalischen Kompositionen, darunter Messen, u. Gradualien, erfreuten sich einiger Beliebtheit. Von H. stammen die ersten unbegleiteten Männerchöre.

Haym (Haim), Nicola F., ital. Komponist, * um 1675 Rom, † 11. 8. 1729 London. Kam um 1702 als Musiker des 2. Herzogs von Bedford nach England u. machte sich dort um die Einführung der ital. Oper verdient. Brachte gemeinsam mit Ch. Dieupart Th. Claytons *Arsinoe* (1705) heraus, bearbeitete A.M. Bononcinis *Camilla* (1706) u. komponierte 1708 zusätzliche Nummern für A. Scarlattis *Pirro e Demetrio*. Arbeitete zwischen

1713 u. 1728 eine Reihe von Libretti für Händel um. Zu seinen eigenen Kompositionen gehören Triosonaten, Flöten- u. Oboensonaten.

Hechtel, Herbert, dt. Komponist u. Pädagoge, * 9. 12. 1937 in Ansbach. Studierte an der Musikhochschule München Schulmusik u. Komposition, später weitere Kompositionsstudien bei E. Karkoschka in Stuttgart u. Besuch der Internationalen Ferienkurse in Darmstadt. Lebt heute als Studiendirektor für Musik in Erlangen.

Zu H. Kompositionen gehören: *Mobile* für Gambe u. Cemb. (1955); Violinsonate (1961); 3 Streichquartette (1961, 1964 u. 1966); Klaviertrio (1961); *Dialog* für Va. u. Kl. (1962); *Statics* für Fl., Pos., Va. u. Schlagzeug (1967); *Risse des Himmels,* Kantate für A. u. Instr. (1967); *Thesis* für V., Kl. u. Schlagzeug (1969); *Adoramus I* für 3st. Frauenchor, Fl. u. Vc. (1970); *Klangspiele* für Streicher (1970); *Meditation über einen Choral* für variable Besetzung (1971); *Einstellungen* für Kammerensemble (1971); *Anti-Phon,* Concerto für V. u. Orch. ohne Streicher (1972); *Transit* für Va., Sprache u. Elektronik (1973); *Trial* für 3 mal 3 Instr. (1973); *Lyrics I* für V. u. Hf. (1974), *II* für Klar. u. Kl. (1974) u. *III* für Va. u. Kl. (1977); *Lyrics* für Orch. (1976), *Adoramus II* für 6st. Chor a cappella u. *Missa brevis* für Chor a cappella (1978).

Hegar, Friedrich, schweiz. Dirigent u. Komponist, * 11. 10. 1841 Basel, † 2. 6. 1927 Zürich. Studierte am Konservatorium in Leipzig u. wurde 1865 Dirigent der Abonnementskonzerte u. 1868 Leiter des Tonhalleorchesters in Zürich. Außerdem leitete er 1865–1901 den Gemischten Chor. H. war mit J. Brahms befreundet u. setzte sich immer wieder für dessen Kompositionen ein. Als Gesangslehrer u. Chorleiter entwickelte H. eine Vorliebe für den Männerchorgesang. Seine Werke gehören stilistisch zum romantischen Klassizismus.

H. schrieb das Oratorium *Manasse* sowie *Ahasvers Erwachen* für Bar., Chor u. Orch., Männerchöre, je 1 Violin- u. Cellokonzert u. 1 Streichquartett.

Heger, Robert, dt. Dirigent u. Komponist, * 19. 8. 1886 Straßburg, † 15. 1. 1978 München. Studierte bei F. Stockhausen, L. Kempter u. M. Schillings. Kam nach mehreren Engagements als Theaterkapellmeister 1920 an die Staatsoper München. Wirkte 1925 an der Staatsoper Wien u. war gleichzeitig Konzertdirektor der Gesellschaft der Musikfreunde. Dirigierte 1933 an der Berliner Staatsoper, 1945 an der dortigen Städtischen Oper u. ab 1950 wieder in München, wo H. 1950–54 Präsident der Musikhochschule war. Seine eigenen Kompositionen sind von F. Schreker, R. Strauss u. M. von Schillings beeinflußt.

Zu H. Werken gehören die Opern *Ein Fest auf Haderslev* (1919), *Der Bettler Namenlos* (1932), *Der verlorene Sohn* (1936), *Lady Hamilton* (1951) u. *Tragödie der Zwietracht* (1972), verschiedene Orchesterwerke, darunter 3 Sinfonien u. die sinfonische Dichtung *Hero u. Leander, Ein Friedenslied* für Soli, Chor, Orch. u. Org., je 1 Violin- u. Cellokonzert, Kammermusik.

Heider, Werner, dt. Komponist, Pianist u. Dirigent, * 1. 1. 1930 Fürth. Schüler von K. Höller (Komposition), Maria Landes-Hindemith (Klavier) u. H. Knappe (Dirigieren) an der Musikhochschule in München. Seit 1949 freier Mitarbeiter des Bayerischen Rundfunks, Studio Nürnberg. Leitet die Ensembles ars nova, Colloquium musicale u. Kammermusik + Jazz.

Zu H. Kompositionen gehören das Ballett *Modelle* für Tänzer, Instr., Texte u. Bilder (1964); die Orchesterwerke *Glimpses* für S., Kl. u. kleines Orch. (1958), *Konturen* für V. u. Orch. (1962–64), *Konflikte* für Schlagzeugensemble u. Orch. (1963), *Strophen* für Klar. u. Kammerorch. (1965), *da sein,* Musik für 20 Bläser u. Plan für Streicher (1966), *Edition,* Multiple für variable Besetzungen (1969, davon *Edition A* für Kammerorch. u. *Edition D* für Sinfonie-Orch.), *Bezirk* für Kl. u. Orch. (1969), *einander* für Pos. u. Orch. (1970), *Pyramide für Igor Strawinsky* für Kammerensemble (1971), *Stundenbuch* für 12 St. u. 12 Bläser u. *Commission* für Bar. u. Kammerensemble (1972); die Kammermusiken *Dialog I* für Klar. u. Kl. (1960), *Inventio III* für Cemb. (1964), *Picasso-Musik* für Mezzo-S., V., Klar. u. Kl. (1965–66), *Passatempo* für 7 Solisten u. *Inneres* für Org. (1967), *Landschaftspartitur* für Kl. (1968), *Programm I* für Cemb. u. Tonband (1969), *Kunst-Stoff* für Elektro-Klar., präpariertes Kl. u. Tonband (1971), Streichquartett (1978).

Heiller, Anton, österr. Komponist, Organist u. Dirigent, * 15. 9. 1923 Wien. Studierte an der Wiener Musikakademie Klavier, Cembalo, Orgel u. Komposition, übernahm dort 1945 eine Orgelklasse u. wurde 1971 ordentlicher Hochschulprofessor. In den meisten seiner Kompositionen setzt er sich mit Vokalmusik u. insbesondere geistlicher Chormusik auseinander. Sein Stil, der Elemente des Barock mit denen der 2. Wiener Schule verbindet, ist von P. Hindemith, J. N. David u. F. Martin geprägt.

Von H. Kompositionen seien *Missa super modos duodecimales* für gem. Chor u. 7 Instr. (1960), Orgelkonzert (1963), die Kantate *In principio erat verbum* für T., gem. Chor, Org. u. Orch. (1965), *Passionsmusik* für Kinderchor u. Org. (1975), Chorkompositionen a cappella u. Orgelstücke erwähnt.

Heinichen, Johann David, dt. Komponist, * 17. 4. 1683 Krössuln, † 16. 7. 1729 Dresden. Thomasschüler unter J. Schelle u. J. Kuhnau ab 1696 in Leipzig, dort anschließend Studium der Rechte u. ab 1705 Advokat in Weißenfels. Hatte 1709 mit Opern in Naumburg u. Leipzig so viel Erfolg, daß er als Hofkomponist nach Zeitz berufen wurde. Gab diese Position aber bereits nach kurzer Zeit auf u. verbrachte die Jahre 1710–16 in Italien. 1713 kam in Venedig seine Oper *Le passioni per troppo amore* zur Aufführung. H. wurde 1717 nach Dresden verpflichtet, wo er bis zu seinem Tode wirkte, sich nach einem Zerwürfnis mit der ital. Oper (1720) hauptsächlich mit Kirchenmusik beschäftigte u. seine »Neu erfundene und gründliche Anweisung ... zu vollkommener Erlernung des General-Basses ...« (1711), neu bearbeitet als »Der Gb. in der Composition« (1728), erscheinen ließ.

H. komponierte neben Opern Kantaten, Konzerte, Sinfonien, Oratorien, Motetten, Messen u. Kammermusik.

Heinrichshofen's Verlag, dt. Musikverlag, gegründet von Wilhelm Heinrichshofen (1779–1881). Ging aus der Magdeburger Keilschen Buchhandlung hervor. Nach dem 2. Weltkrieg 1948 nach Wilhelmshaven verlegt. Bemüht sich besonders um musikalische Unterrichtsliteratur, Kammermusik u. Musikbücher.

Heirmos (griech.), Musterstrophe in jeder Ode eines byzantinischen Kanons mit einem bestimmten Akzent- u. Melodiegerüst. Nach ihr wurden jeweils die folgenden Strophen gebaut. Heirmologien sind Zusammenstellungen der Heirmoi nach Tonarten.

Heiß, Hermann (Pseudonym: Georg Frauenfelder), dt. Komponist, * 29. 12. 1897 Darmstadt, † 6. 12. 1966 ebd. Schüler von B. Sekles in Frankfurt u. 1923 von J. M. Hauer in Wien. Lebte nach 1933 als freischaffender Komponist in Darmstadt, wurde 1941 Theorielehrer an der Heeresmusikschule, übernahm 1953 eine Kompositionsklasse an der Städtischen Akademie für Tonkunst in Darmstadt u. leitete ab 1955 das dortige Studio für elektronische Musik.

Zu H. Nachkriegskompositionen gehören die Ballette *Herz auf bürgerliche Art* (1952), *Schwarzer Dionysos* (1955) u. *Die Tat* (1961); *Die glorreiche Unterlassung des Fliegerhauptmanns K.*, eine Ballade für Sprecher u. Klangschlagorch. (1956); *Zehn Configurationen zu Bildtiteln von Paul Klee* für Orch. (1957); Liederzyklus *Interieur* nach G. Benn (1957); *Polychromatica* u. *Bewegungsspiele* für Orch. (1959); *Logatome* für Sprecher, Instr. u. elektronische Klänge (1963); Messe für A., T., Chor u. Tonband (1964); *Salutatio* für Singst., 1 Sprecher u. Tonband nach Hölderlins »Hyperion« (1966) u. verschiedene elektronische Kompositionen. 1949 veröffentlichte H. »Elemente der musikalischen Komposition«.

Heller, Stephen, ungar. Pianist u. Komponist, * 15. 5. 1813 Budapest, † 14. 1. 1888 Paris. Erregte bereits als Neunjähriger am Klavier Aufsehen, studierte bei A. Halm in Wien, verbrachte einige Jahre als Hausmusiklehrer in Augsburg u. ließ sich 1838 als Lehrer, Komponist u. Pianist in Paris nieder. Dort veröffentlichte er auch seine Schrift »L'Art de phraser«, die sich größerer Beliebtheit erfreute.

H. komponierte fast ausschließlich Klavierwerke, darunter 4 Sonaten, Tänze, Etüden, Präludien, Charakterstücke, Scherzi u. Nocturnes. Besonders erwähnenswert sind seine 6 Walzer op. 145, die auf A. E. Chabrier vorausweisen.

Hellmesberger, Joseph, österr. Geiger u. Komponist, * 9. 4. 1855 Wien, † 26. 4. 1907 ebd. Sein Großvater Georg H. war der berühmte Geigenpädagoge u. Dirigent der Wiener Hofoper, sein Vater Joseph H., Geiger u. Dirigent, wurde hauptsächlich bekannt durch das von ihm seit 1849 geleitete Streichquartett, mit dem er sich besonders für die späten Beethoven-Quartette einsetzte. Joseph d. J. spielte ab 1870 im Quartett seines Vaters, wurde 1878 Sologeiger der Wiener Hofkapelle u. Hofoper sowie Professor für Geige am Konservatorium, 1886 2. Hofkapellmeister u. 1890 1. Hofkapellmeister. Von 1900 bis 1903 leitete er die Philharmonischen Konzerte in Wien.

H. komponierte mehr als 20 Operetten, 6 Ballette, Tanzmusik u. Lieder.

Helpmann, Sir Robert M., austral. Schauspieler, Tänzer, Choreograf u. Ballettdirektor, * 9. 4. 1909 Mount Gambier, Süd-Australien. Trat zum ersten Mal 1922 in Adelaide als Solotänzer auf, wurde Solist der J. C. Williamson Theatres Ltd., ging in Australien mit A. Pawlowas Kompanie auf Tournee u. erhielt zwischendurch von L. Novikoff Unterricht. Kam 1933 nach England u. trat in das Vic Wells Ballet ein. Kreierte wesentliche Rollen in den Balletten von N. de Valois u. F. Ashton u. war Premier danseur des Vic Wells von 1934 bis 1950. Tanzte 1948 gemeinsam mit Ashton die häßlichen Schwestern in dessen *Cinderella*-Ch. Partner von A. Markova u. M. Fonteyn. 1965 gemeinsam mit P. v. Praagh künstlerische Leitung des Australian Ballet, 1975–76 alleiniger Leiter dieser Kompanie. Choreografierte 1942 sein erstes Ballett *Comus* (M.: H. Purcell/C. Lambert). Es folgten *Hamlet* (M.: P. Tschaikowsky) 1942; *Miracle in the Gorbals* (M.: A. Bliss) 1944; *Adam Zero* (M.: Bliss) 1946; *The Display* (M.: M. Williamson) 1964; *Yugen* (M.: Y. Toyama) 1965 u. *Sun Music* (M.: P. Sculthorpe) 1968. H. trat häufig als Schauspieler auf, insbesondere in Shakespearerollen am Old Vic in London, u. spielte u. a. in Stratford den Hamlet. Neben zahlreichen Bühneninszenierungen seien hier noch die Filmfassungen von Strawinskys *Soldier's Tale* u. »Don Quixote« mit Nurejew erwähnt. H. wirkte außerdem in den Filmen »Henry V«, »The Red Shoes«, »The Tales of Hoffman« u. »Chitty Chitty Bang Bang« mit.

Hemiole (von griech.: »anderthalb«), in der Mensuralnotation seit dem 15. Jh. Bezeichnung für drei imperfekte, geschwärzte Noten, die zwei perfekte von gleicher Gestalt ersetzen. Seit dem 17. Jh. versteht man unter H. die Gliederung von zwei Dreiertakten in drei Zweierzeitwerte.

Hemitonium (lat. auch semitonium), bezeichnet den Halbton. Skalen, die den Halbton einbeziehen, heißen deshalb hemitonisch.

Henkemans, Hans, holländ. Pianist u. Komponist, * 13. 12. 1913 Den Haag. Studierte an der Universität Utrecht Medizin u. erhielt Unterricht in Klavier u. Komposition von B. v. d. Sigtenhorst Meyer. Später Schüler von W. Pijper. Wandte sich 1945 ganz der Musik zu u. galt als hervorragender Mozart- u. Debussy-Interpret. Gab 1969 seine Virtuosenlaufbahn auf, um sich ganz der Komposition zu widmen.

Zu H. Werken gehören Konzerte für Kl. u. Streicher (1932), Fl. u. Orch. (1946), Pauke, Schlagzeug, Hf., Celesta, Xylophon u. Orch. (1946), V. u. Orch. (1950), Va. u. Orch. (1954), Hf. u. Orch. (1955), *Élégies* für 4 Fl. u. Orch. (1967), Vokalwerke, Kammermusik u. Lieder.

G. Henle Verlag, dt. Musikverlag, 1948 von dem Industriellen G. Henle (* 3. 2. 1899 Würzburg) gegründet, um Urtextausgaben barocker, klassischer u. romantischer Musik zu ermöglichen. Außerdem veröffentlichte der Verlag das Beethoven-Verzeichnis von Kinsky-Halm u. Chopins Werkskatalog von Krystyna Kobylánska, Schriften zur Beethoven-Forschung, Haydn-Studien u. die Reihe II des Répertoire international des sources musicales.

Henry, Pierre, franz. Komponist, * 9. 12. 1927 Paris. Studierte am Pariser Conservatoire bei N. Boulanger, O. Messiaen u. F. Passerone u. gehörte gemeinsam mit P. Schaeffer zu den Gründern des Experimentalstudios der ORTF. Dort entstand auch als Gemeinschaftsarbeit die *Symphonie pour un homme seul*, → Musique concrète. H. trennte sich 1958 von Schaeffer, um freie Hand für die Verschmelzung von Musique concrète u. elektronischer Musik zu haben. Zu H. Kompositionen gehören eine Reihe von Ballettmusiken für → Béjart sowie Bühnen- u. Filmmusiken.

Henschel, Sir George (eigtl. Isidor Georg), engl. Sänger, Dirigent u. Komponist dt. Herkunft, * 18. 2. 1850 Breslau, † 10. 9. 1934 Aviemore. Schüler des Leipziger Konservatoriums u. anschließend von F. Kiel in Berlin. 1881–84 Dirigent des neugegründeten Sinfonieorchesters in Boston, ab 1884 in England, wo er die London Symphony Concerts begründete u. als Nachfolger Jenny Lind-Goldschmidts Professor für Gesang am Royal College of Music wurde. 1893–95 leitete er das Scottish Orchestra in Glasgow.

Zu H. Kompositionen gehören die Opern *Friedrich der Schöne* (1884) u. *Nubia* (1899), Bühnenmusik zu »Hamlet« (1892), 1 Requiem (1903), 1 8st. Messe u. 1 Stabat Mater, Vokalwerke, Kammermusik u. Lieder. Er veröffentlichte »Personal Recollections of J. Brahms« (Boston 1907), u. »Musings and Memories of a Musician« (London 1918).

Henselt, G. M. Adolf v., dt. Pianist u. Komponist, * 9. 5. 1814 Schwabach, † 10. 10. 1889 Warmbrunn. Studierte bei J. N. Hummel in Weimar u. S. Sechter in Wien. Ließ sich 1838 in Petersburg nieder, wo ihm seine pianistischen Erfolge die Ernennung zum Kammervirtuosen der Kaiserin einbrachten. Nach zeitgenössischen Zeugnissen war H. einer der größten Chopin-Interpreten seiner Zeit.

Von H. Kompositionen seien das Klavierkonzert in f-Moll u. die je 12 Konzertetüden op. 2 u. op. 5 erwähnt. H. redigierte außerdem eine Ausgabe der Klavierwerke C. M. v. Webers mit Varianten.

Henze, Hans Werner, dt. Komponist, * 1. 7. 1926 Gütersloh. Begann 1942 mit Studien an der Staatsmusikschule Braunschweig u. ging nach Kriegsende zu W. Fortner an das Kirchenmusikalische Institut in Heidelberg. 1947 entstanden seine 1. Sinfonie u. sein 1. Violinkonzert, in dem er sich erstmals mit der Zwölftontechnik auseinandersetzte. 1948–49 musikalischer Mitarbeiter von H. Hilpert am Deutschen Theater Konstanz. 1949 Unterricht bei R. Leibowitz in Darmstadt u. Paris. Zur gleichen Zeit entstanden die 2. u. 3. Sinfonie. 1950–53 künstlerischer Leiter u. Dirigent des Balletts des Hessischen Staatstheaters Wiesbaden u. Uraufführung seiner ersten größeren Oper, *Boulevard Solitude*, am Opernhaus in Hannover (1952). Im Frühjahr 1953 entschloß er sich, nach Italien überzusiedeln. Wohnsitz zuerst Ischia, ab 1955 Neapel u. seit 1961 in der Nähe Roms. In H. Kompositionen wird der Einfluß einer gewissen Italianità spürbar. Gleichzeitig versuchte er, seinen musikalischen Standort neu zu bestimmen. Neben der Oper *König Hirsch* (1952–53) komponierte er die 4. Sinfonie (1955), *Fünf neapolitanische Lieder* (1956) u. das dreiaktige Ballett *Undine* (1956–57, Ch.: F. Ashton, Titelpartie: M. Fonteyn). 1962–66 Leiter der Meisterklasse für Komposition am Mozarteum in Salzburg. 1964–65 entstand aus der für H. besonders fruchtbaren Zusammenarbeit mit Ingeborg Bachmann *Der junge Lord*, eine der seltenen gelungenen komischen Opern unserer Zeit. 1967 Gastprofessur am Dartmouth College in New Hampshire, USA. Während der Arbeiten an der Oper *Die Bassariden* (1965) setzte bei H. ein Prozeß der Politisierung ein. Er engagierte sich gemeinsam mit G. Grass im Wahlkampf für die SPD, solidarisierte sich später mit der APO u. erlebte 1968 bei der Hamburger Uraufführung seines Oratoriums *Das Floß der Medusa* einen regelrechten Skandal, der mit dem Abbruch der Aufführung endete. 1969–70 machte H. bei zwei Kuba-Aufenthalten neue politische Erfahrungen, die sich in einer Reihe von Kompositionen niederschlugen. In Havanna brachte er 1969 auch seine 6. Sinfonie zur Uraufführung. Nach Wahlaufrufen für die DKP, Mitarbeit im Komponistenkollektiv für die szenische Kantate *Streik bei Mannesmann* (1973) u. Aufführungen dieses Stückes durch das Instrumentalensemble Hinz u. Kunst in Fabriken u. Universitäten wandte sich H. in letzter Zeit wieder verstärkt dem Theaterbetrieb zu, inszenierte eigene Bühnenwerke, beendete die Oper *We Come to the River*

(1976) u. wirkte bei einer Visualisierung seines *Tristan*, Préludes für Klavier, Tonbänder u. Orch., für das Fernsehen mit (1978–79). Leitete einige Jahre lang in Montepulciano, Toscana, ein populäres Festival für Einheimische u. Freunde. Hierfür entstand eine vollständige Neubearbeitung von Paisiellos *Don Chisciotte della Mancha*, die 1979 auch mit Erfolg in Gelsenkirchen gezeigt wurde, sowie die favola in musica *Pollicino* (1980). H. selber sagt, er habe in seinen Arbeiten für das Theater die Grundtonbezogenheit nie ganz verlassen. Das gilt auch für seine Auseinandersetzung mit der Zwölftontechnik u. neueren Kompositionsmethoden. Deshalb hält ihn die serielle oder postserielle Avantgarde für reaktionär. In Italien eignete sich H. ein Gefühl für klangliche Sinnlichkeit u. Kantabilität an u. machte damit seine Opern zu gern gehörten Stükken des zeitgenössischen Repertoires. H., Ästhet u. Freund vieler bedeutender linksorientierter Künstler, konnte bei seiner Wende ins Sozialkritische seinen eigenen hohen Anspruch an das Kunstwerk u. die Agitationsmittel eines H. Eisler nicht in Einklang bringen. Auch wenn er Trivialmusik collageartig einsetzt u. sich mit Jazzmusik anfreundet, bleibt er letztlich seinem Personalstil treu.

H. veröffentlichte: »Das Ende einer Welt, Funkoper« (1953); »Undine, Tagebuch eines Balletts« (1959); »Essays« (1964); »El Cimarrón. Ein Werkstattbericht« (1971, gemeinsam mit H. M. Enzensberger); »Musik und Politik« (1976).

H. komponierte die Bühnenwerke: *Das Wundertheater* (1948, revidiert 1964), *Boulevard Solitude* (1951, daraus sinfonische Zwischenspiele 1953), *König Hirsch* (1952–55, revidiert als *Il Re Cervo oder Die Irrfahrten der Wahrheit*, 1962), *Der Prinz von Homburg* (1958), *Elegy for Young Lovers* (*Elegie für junge Liebende*, 1959–61), *Der junge Lord* (1964–65, daraus Zwischenspiele für Orch. 1964), *Das Ende einer Welt* (1964, Bühnenfassung der gleichnamigen Funkoper von 1953), *Ein Landarzt* (1964, Bühnenfassung der gleichnamigen Funkoper von 1951), *The Bassarids, Die Bassariden* (1965), *Moralities, Moralitäten*, 3 szenische Kantaten nach Fabeln des Aesop von W. H. Auden (1967), *Der langwierige Weg in die Wohnung der Natascha Ungeheuer*, Show mit 17, Gedicht von G. Salvatore (1971), *La Cubana oder Ein Leben für die Kunst* (1973), *We Come to the River* (*Wir erreichen den Fluß*), Handlung für Musik von E. Bond (1974–76), *Don Chisciotte*, Kammeroper von Paisiello, eingerichtet von H., *Pollicino*, favola in musica (1980), *Die englische Katze*, Eine Geschichte für 12 Sänger und 36 Musiker von E. Bond (Uraufführung 1983); die Ballette: *Ballett-Variationen* u. *Jack Pudding* (1949, aus beiden Ballettsuiten), *Rosa Silber* (1950, daraus Ballettsuite), *Die schlafende Prinzessin* u. *Labyrinth* (1951, aus letzterem Ballettsuite), *Der Idiot* (1952), *Maratona* (1956, daraus Ballettsuite), *Undine* (1956–57, daraus 2 Orchestersuiten, *Trois pas des Tritons* u. *Hochzeitsmusik*, 1957–58), *Des Kaisers Nachtigall* (1958, daraus Ballettsuite), *Tancredi* (1964, daraus Ballettsuite) u. *Orpheus* (1979, Ch.: W. Forsythe); Bühnenmusiken zu »Der tolle Tag« von Beaumarchais (1951), »Les Caprices de Marianne« von Musset (1962) u. »Der Frieden« von Aristophanes (1964); die Werke für großes Orchester: 1. Sinfonie (1947, revidiert 1963), 2. Sinfonie (1949), 3. Sinfonie (1949–50), 4. Sinfonie (1955), *Quattro Poemi* (1955), *Drei sinfonische Etüden* (1955–64), *Antifone* (1960), 5. Sinfonie (1962), *Los Caprichos* (1963), *Telemanniana* (1967), *Sinfonia N.6* (1969), *Heliogabalus Imperator* (1971–72), *Tristan*, Préludes für Kl., Tonbänder u. Orch. (1973), *Ragtimes and Habaneras*, Sinfonie für Blechbläser (1975), *Barcarola per grande orchestra* (1979); die Solokonzerte: Kammerkonzert für Kl., Fl. u. Streicher (1946), 1. Violinkonzert u. Concertino für Kl., Blasorch. u. Schlagzeug (1947), 1. Klavierkonzert (1950), *Ode an den Westwind* für Vc. u. Orch. (1953), *Jeux des Tritons*, Divertissement aus dem Ballett *Undine* für Kl. u. Orch. (1956–57 u. 1967), *Doppio Concerto* für Ob., Hf. u. Streicher u. *Concerto per Contrabasso* (1966), 2. Klavierkonzert (1967), *Compases para preguntas ensimismadas* für Va. u. 22 Spieler (1969–70), *Il Vitalino raddoppiato*, Konzert für V. u. Kammerorch. (1977–78), *Cherubino*, 3 Miniaturen für Kl. (1981); für Gesang u. Orch.: *Ein Landarzt*, Monodram für Bar. u. Orch. (1951/64), *Fünf neapolitanische Lieder* (1956), *Nachtstücke u. Arien* (1957), *Ariosi* nach Gedichten von Torquato Tasso für S., V. u. Orch. (1963), *Versuch über Schweine* nach einem Gedicht von G. Salvatore für Sprechst. u. Kammerorch. (1968), *Stimmen – Voices*, eine Sammlung von Liedern für 2 Singst. u. Instrumentalgruppen (1973), u. *The King of Harlem* für Mezzo-S. u. Ensemble (1980); für Kammerorch.: *Sinfonische Variationen* (1950), *Sonata per Archi* (1957–58), *Kammermusik* (1958, daraus 3 Tentos für Git.), *Drei Dithyramben* (1958), *In memoriam: Die weiße Rose* (1965), *Fantasia* für Streicher (1966, daraus *Fantasia* für Streichsextett) u. *Arien des Orpheus* für Git., Hf., Cemb. u. Streicher (1980); die Chorwerke: 5 Madrigale (1947), *Wiegenlied der Mutter Gottes* (1948), *Chor gefangener Trojer* (1948, revidiert 1964), *Novae de Infinito Laudes*, Kantate für 4 Soli, gem. Chor u. Instr. (1962), *Cantate della Fiaba Estrema* für S., kleinen gem. Chor u. 13 Instr. (1963), *Chorfantasie* für Kammerchor u. Instr. (1964), *Musen Siziliens*, Konzert für Chor, 2 Kl., Bläser u. Pauken (1966), *Das Floß der Medusa*, Oratorium für S., Bar., Sprechst., gem. Chor u. Orch. (1968), *Jephte*, Oratorium von G. Carissimi, neu realisiert von H. (1976); die Solokantaten: *Whispers from Heavenly Death* (1948), *Der Vorwurf* (1948), *Nachtstücke u. Arien* für S. u. Orch. (1957), *Kammermusik* über die Hymne »In lieblicher Bläue« von Hölderlin für T., Git. u. 8 Instr. (1958, daraus 3 Fragmente für Singst. u. Git.), *Being Beauteous*, Kantate für Koloratur-S., Hf. u. 4 Vc. (1963), *El Cimarrón*, Rezital für 4 Musiker (1969–70); die Kammermusikwerke: 5 Streichquartette (1947, 1952, 1975–76, u. 1976 für Nr. 4 u. 5), Quintett für Bläser (1952), Kammersonate für Kl., V. u. Vc. (1948, revidiert 1963), *Apollo et Hyazinthus*, Improvisationen für Cemb., Alt-St. u. 8 Soloinstr. (1949), *Concerto per il Marigny* für Kl. u. 7 Instr. (1956), Adagio für 8 Instr. (1963), Violinsonate (1946), Serenade für Vc. solo (1949), Variationen für Kl. (1949), Klaviersonate (1959), *Lucy Escott Variations* für Kl. (1963), Divertimenti für 2 Kl. (1964), *Royal Winter Music* für Git. solo (1975–76). Er komponierte außerdem Filmmusiken zu »Muriel«, »Der junge Törless« u. »Die verlorene Ehre der Katharina Blum«.

Lit.: H. H. Stuckenschmidt, Schöpfer der neuen Musik. Portraits u. Studien, Frankfurt a. M. 1958; D. de la Motte, H. W. H., Der Prinz von Homburg, Mainz 1960; K. Geitel, H. W. H., Berlin 1968.

Herbeck, Johann F., Ritter v., österr. Dirigent u.

Komponist, * 25. 12. 1831 Wien, † 28. 10. 1877 ebd. Seine Ausbildung beschränkte sich auf die Zeit als Sängerknabe u. Kompositionsunterricht in den Ferien bei L. Rotter in Wien. H. brachte es bis zum Direktor der Hofoper u. Dirigenten der Gesellschaftskonzerte. Machte sich hauptsächlich als Komponist von Chorliedern einen Namen.

Herbert, Victor, amer. Cellist, Dirigent u. Komponist ir. Herkunft, * 1. 2. 1859 Dublin, † 26. 5. 1924 New York. Schüler von Max Seifritz (Komposition), Cellist im Stuttgarter Hoforchester, an der Metropolitan Opera in New York u. bekannter Solist. 1894–98 Leiter der 22nd New York National Guard Band, 1898–1904 Dirigent des Pittsburgh Symphony Orchestra. Arbeitete nach seinen ersten Erfolgen als Operettenkomponist hauptsächlich für den Broadway.

Zu H. Operetten gehören *The Wizard of the Nile* (1895), *The Fortune Teller* (1898), *Babes in Toyland* (1903), *Mlle Modiste* (1905), *The Red Mill* (1906), *Naughty Marietta* (1910), *Sweethearts* (1913) u. *The Dream Girl* (1924). Er komponierte außerdem 2 Opern, 2 Cellokonzerte u. andere Orchesterwerke.

Lit.: J. Kaye, V. H., New York 1931, Nachdruck 1970; E. N. Waters, V. H., New York 1955.

Herbst (auch latinisiert: Autumnus), Johann Andreas, dt. Komponist u. Theoretiker, * 9. 6. 1588 Nürnberg, † 24. 1. 1666 Frankfurt a. M. 1614 Kapellmeister in Butzbach, 1618 am Darmstädter Hof, 1623 Kapellmeister an der Barfüßerkirche in Frankfurt a. M., 1636 an der Frauenkirche in Nürnberg u. ab 1644 wieder in Frankfurt.

Zu H. Kompositionen gehören *Theatrum Amoris* mit 5- u. 6st. Madrigalen (1613), *Meletemata sacra*, 3- u. 6st. (1619, in der Zweitauflage 1652 mit B. c.) u. *Hirtenlieder* (1657). Außerdem veröffentlichte er »Musica pratica« (1642) u. »Musica poetica« (1643).

Hermann, Jerry, amer. Komponist, * 10. 7. 1933 New York. Studierte an der Universität von Miami Theaterwissenschaft, ist als Musiker Autodidakt. Kam über das Fernsehen zum Broadway, wo er heute zu den erfolgreichsten Textern u. Komponisten gehört.

H. schrieb Songtexte u. Musik zu den Musicals *Parade* (1960), *Milk and Honey* (1961), *Hello Dolly!* (1964) u. *Mame* (1966).

Hermannus contractus, dt. Theoretiker u. Komponist, * 18. 7. 1013, möglicherweise Saulgau, † 24. 9. 1054 im Kloster Reichenau. Verfaßte mit »Opuscula musica« eine bedeutende Schrift über die Musik, in der er eine neue Notation einführte, die sich aber nicht durchsetzte. Ihm werden der berühmte Marienhymnus *Salve regina* sowie einige Sequenzen u. Antiphone zugeschrieben.

Hermeneutik (von griech.: »deuten«), die Lehre von der Auslegung oder Deutung eines objektiven Sinngebildes. Über F. Schleiermacher u. W. Dilthey als Methode in die Musikgeschichtsschreibung eingegangen. Sie bedeutet, daß jedes einzelne Werk im Hinblick auf den Kontext, aus dem es stammt u. in dem es eine Funktion erfüllt, interpretiert werden muß.

Hernando, Rafael J. M., span. Komponist, * 31. 5. 1822 Madrid, † 10. 7. 1888 ebd. Schüler des Konservatoriums in Madrid u. des Pariser Conservatoire. Machte sich einen Namen als Komponist von → Zarzuelas. Komponierte außerdem eine große Votivmesse u. eine unaufgeführte Oper (*Romilda*, 1848).

Herold, L.-J.-Ferdinand, franz. Komponist, * 28. 1. 1791 Paris, † 19. 1. 1833 ebd. Sohn des Komponisten u. Pianisten F. J. Herold. Erhielt Unterricht bei F.-J. Fétis u. L. Adam u. wurde 1806 in das Conservatoire aufgenommen, wo er Schüler von L. Adam (Klavier), Ch.-S. Catel (Harmonie) u. Ch. Méhul (Komposition) war. 1812 Rompreis mit der Kantate *Mlle de la Vallière*. Hatte seinen ersten Opernerfolg in Neapel mit *La gioventù di Enrico Quinto* (1815). Arbeitete nach seiner Rückkehr in Paris mit F.-A. Boieldieu an der Gelegenheitsoper *Charles de France* (1816), wurde von D.-F.-E. Auber zu einer anderen Gelegenheitsoper herangezogen, die als *Vendôme en Espagne* 1823 herauskam. 1820–27 war H. Akkompagnist am Théâtre-Italien u. ab 1827 Repetitor an der Opéra. Von seinen meistens an schwachen Libretti leidenden Opern seien *Marie* (1826), *Zampa* (1831) u. *Le pré aux clercs* (1832) erwähnt. Für J. Aumer komponierte H. die Ballette *Astolphe et Joconde* (1827), *La somnambule* (1827), *Lydie* (1828), die Neufassung von *La fille mal gardée* (1828), *La belle au bois dormant* (1829) u. *La noce de village* (1830). Außerdem schrieb H. eine Vielzahl von Klavierstücken, 2 Sinfonien, 4 Klavierkonzerte u. Kammermusik.

Herrmann, Bernard, amer. Komponist, * 29. 6. 1911 New York, † 24. 12. 1975 Los Angeles. Schüler von Ph. James an der New York University u. A. Stoessel u. B. Wagenaar an der Juilliard School. Ab 1934 Dirigent bei der CBS, 1940 Chefdirigent des CBS Symphony Orchestra. Wandte sich später der Komposition von Spielfilmmusiken zu.

Von H. stammen die Musiken zu »Citizen Kane« (1940), »The Devil and Daniel Webster« (1941), »The Magnificent Ambersons« (1941), »Jane Eyre« (1942); »Hangover Square« (1943), »Anna and the King of Siam« (1947), »The Ghost and Mrs. Muir« (1948), »Vertigo« (1958), »North by Northwest« (1959), »Psycho« (1960), »Marnie« (1964), »Fahrenheit 451« (1966) u. »The Bride Wore Black« (1967). Außerdem komponierte er die Oper *Wuthering Heights* (1950); die Ballette *American revue* (1932), *The body beautiful* (1934) u. *The skating rink*; die Orchesterwerke *The city of brass* (1934), *Sinfonietta* (1935), *Currier and Ives suite* (1935), *Fiddle concer-*

to (1940), *Symphony* (1942), *For the Fallen* (1943) u. die Kantaten *Moby Dick* (1938) u. *Johnny Appleseed* (1940).

Herrmann, Hugo, dt. Komponist, * 19. 4. 1896 Ravensburg, † 7. 9. 1967 Stuttgart. Schüler des Stuttgarter Konservatoriums u. in Berlin von W. Gmeindl u. F. Schreker. Nach verschiedenen Positionen als Organist, Chordirigent u. Schulmusiker 1935–62 Direktor der Städtischen Musikschulen Trossingen. Förderte insbesondere das Laienmusizieren u. veröffentlichte selber eine Reihe von Stücken für Akkordeon.

Zu H. Kompositionen gehören die Kammeroper *Gazellenhorn* (1929); die Opern *Vasantasena* (1930), *Paracelsus* (1934) u. *Das Wunder* (1937); 5 Sinfonien (1928, 1929, 1950, 1951 u. 1955); Konzerte für V. (1930), Cemb. (1931), Gambe (1931) u. Orch.; 2 Konzerte für Akkordeon u. Orch. (1941 u. 1949); Doppelkonzert für Hf., Akkordeon u. Orch. (1951); *Sinfonia alla comedietta* für Akkordeonorch. u. Schlagzeug (1958); Chorwerke u. Kammermusik, darunter 5 Streichquartette. H. veröffentlichte eine »Einführung in die Satztechnik für Mundharmonika-Instrumente«, Trossingen 1958.

Hertel, Johann W., dt. Komponist, * 9. 10. 1727 Eisenach, † 14. 6. 1789 Schwerin. Sohn des Komponisten u. Gambenvirtuosen Johann Christian H., der ihn auch musikalisch ausbildete. Ab 1744 Mitglied der Hofkapelle in Strelitz, später Hofkapellmeister u. ab 1770 Sekretär der Prinzessin Ulrike u. Hofrat. Komponierte eine Reihe von Bühnenwerken, darunter *Sieg der Liebe* nach einem Libretto von J. F. Löwen u. *Il vero omaggio* nach einem Text von P. Metastasio.

Zu H. Werk gehören außerdem Sinfonien, Konzerte, Kantaten, Oratorien, Klaviersonaten, die Vertonung von Löwens »Oden u. Lieder« (2 Teile, 1757 u. 1760). Außerdem gab er heraus: »Sammlung musikalischer Schriften«, größtenteils aus den Werken der Italiener u. Franzosen (Leipzig 1757–58).

Hertz → Frequenz

Hervé (eigtl. Florimond Ronger), franz. Komponist, * 30. 6. 1825 Houdain, † 3. 11. 1892 Paris. Organist verschiedener Pariser Kirchen u. ab 1851 Kapellmeister am Théâtre du Palais Royal. 1854 übernahm er ein Theater am Boulevard du Temple, dem er den Namen Folies concertantes gab. Dort wirkte er als Manager, Komponist, Dirigent u. Sänger u. erfand mit Stücken wie *Vadè au cabaret* u. *Le compositeur toqué* eine Vorform der franz. Buffo-Operette. 1870–71 brachte er eine Reihe seiner Operetten in London heraus, dirigierte dort 1874 auch im Rahmen der Promenaden-Konzerte u. führte seine heroische Sinfonie *The Ashantee War* für Solost. u. Orch. auf. Von seinen mehr als 80 Operetten waren *L'Œil crevé* (1867), *Chilpéric* (1868), *Le petit Faust* (1869), *Les Turcs* (1869) u. *Mam'zell Nitouche* (1883) am erfolgreichsten.

Herz, Henri (Heinrich), dt. Pianist u. Komponist, * 6. 1. 1803 Wien, † 5. 1. 1888 Paris. Wurde 1816 Schüler des Pariser Conservatoire (L. B. Pradher u. A. Reicha). Zählte zu den beliebtesten Pianisten von Paris, unternahm Konzerttourneen durch Deutschland, Amerika, Mexiko u. die Karibik, eröffnete eine eigene Klavierfabrik u. leitete 1842–74 eine Klasse für Klavier am Concervatoire. Zu seinen Kompositionen gehören 8 Klavierkonzerte. Außerdem veröffentlichte er eine »Méthode complète de piano« op. 100, verschiedene Fingerübungen u. Etüden. F. Mendelssohn Bartholdy machte sich über seine virtuosen, aber nichtssagenden Variationenwerke lustig.

Herzogenberg, L. Heinrich P. de Peccaduc, Freiherr v., österr. Komponist, * 10. 6. 1843 Graz, † 9. 10. 1900 Wiesbaden. 1862–64 Schüler von F. O. Dessoff am Wiener Konservatorium, 1875–85 Leiter des Bach-Vereins in Leipzig u. ab 1885 Professor für Komposition an der Königlichen Hochschule für Musik in Berlin. Gehörte zum Freundeskreis um J. Brahms, bei dem seine spätere Frau, Elisabeth von Stockhausen, Klavierunterricht genommen hatte.

Zu H. Kompositionen gehören 2 Sinfonien (1885 u. 1890), Chorwerke, die Kirchenoratorien *Die Geburt Christi* (1895) u. *Die Passion* (1896), 5 Streichquartette, 3 Violinsonaten u. Klavierstücke.

Heseltine, Philip A., → Warlock, P.

Hespos, Hans-Joachim, dt. Komponist, * 13. 3. 1938 Emden. Studierte an der Pädagogischen Hochschule in Oldenburg u. ist seit 1962 als Volksschullehrer tätig. Komponiert ohne akademische Vorbildung.

Zu H. Werken gehören *Break* für 1 Pianisten u. 1 Orchestergruppe (1968), *Mouvements* für großes Orch. (1969), *Sound* für Kammerensemble, *Druckspuren ... geschattet* für 7 Instr. u. *Palimpsest* für St. u. Schlagzeug (1970), *Monod* für Radio 1974. Für G. Bohners Neufassung von O. Schlemmers *Triadischem Ballett* komponierte H. Teile der Musik (1977).

Hessenberg, Kurt, dt. Komponist, * 17. 8. 1908 Frankfurt a. M. Studierte 1927–31 am Leipziger Landeskonservatorium bei G. Raphael (Komposition) u. R. Teichmüller (Klavier). Wurde 1933 Lehrer für Tonsatz u. Gehörbildung am Dr. Hoch'schen Konservatorium in Frankfurt a. M., nach dessen Umwandlung zur Hochschule 1942 Dozent u. 1953 Professor für Komposition. Seine von B. Bartók u. P. Hindemith beeinflußten Kompositionen zeichnen sich durch Formsicherheit, Beherrschung des Kontrapunkts u. Polytonalität aus.

Zu H. Werken gehören *Struwwelpeter-Suite* für kleines Orch. (1933); 3 Sinfonien (1935–36, 1943 u. 1954); Concerto grosso für Orch. (1938); *Intrada u. Variationen über ein Thema von J. Regnart* (1955); Konzert für Orch. (1957); Sinfonietta (1959); Konzert für Kl. u. Orch. (Neufassung 1956); Konzert für 2 Kl. u. Kammerorch. (1950); 5 Streichquartette (1934, 1937, 1944, 1954 u. 1967); *Fiedellieder,* Kantate für T., gem. Chor u. Orch. (1939–40); *Psalmen-Triptychon* für S., Bar., 8st. gem.

Doppelchor, Orch. u. Org. (1945–46); *Struwwelpeter-Kantate* für 1- bis 3st. Kinderchor, 2 Fl., Streichorch. u. Kl. (1949); *Weihnachtsgeschichte* für 4st. gem. Chor, Soli, Streichorch., Alt-Blockfl. u. Cemb. (1950–51); *Kantate vom dankbaren Samariter* für Soli, zwei gem. Chöre, Blechbläser u. Org. (1952); *Lukaspassion* (1978); 2 Klaviersonaten (1963–64 u. 1964); Orgelstücke, Chorwerke.

Heterophonie (griech.: »Verschiedenstimmigkeit«), Begriff, der nach Plato das Umspielen des Gesanges mit Instrumenten oder die Verzierung einer gesungenen Melodie meint. Von C. Stumpf in die vergleichende Musikwissenschaft eingeführt, bedeutet H. heute Zusammenklang mehrerer Stimmen, ohne daß ein Ordnungsprinzip erkenntlich würde.

Hétu, Jacques, kan. Komponist, * 8.8.1938 Trois-Rivières. 1956–61 Schüler des Konservatoriums in Montreal (C. Pépin, I. Delorme, J. Papineau-Couture). 1961–63 Kompositionsschüler von H. Dutilleux an der École Normale de Musique in Paris, daneben 1962–63 bei O. Messiaen am Conservatoire. 1963–77 Professor für Komposition an der Université Laval in Quebec, daneben 1972–73 an der Universität von Montreal. Lebt seitdem als freischaffender Komponist u. Dirigent. In seinen Kompositionen stark von der 2. Wiener Schule u. den »Modes« Messiaens beeinflußt, wendet er sich in letzter Zeit stärker einer von G. Mahler herkommenden Expressivität zu.

H. komponierte u. a. Sinfonie für Streicher (1959); Adagio u. Rondo für Streicher (1960); Trio für Fl., Ob. u. Cemb. (1960); 2. Sinfonie (1960–61), Prélude für Orch. (1961); Sonate für 2 Kl. (1962); *Pièce en miroir* für gem. Chor a cappella (1964); Rondo für Vc. u. Streicher (1965); Doppelkonzert für V., Kl. u. Kammerorch., Quintett für Bläser u. sinfonische Dichtung *L'apocalypse* (1967); Klavierkonzert (1969); *Cycle* für Kl. u. Bläser (1969); *Passacaille* für Orch. (1970); 3. Sinfonie (1971); Streichquartett u. *Les clartés de la nuit* für St. u. Kl. (1972); Fantasie für Kl. u. Orch. (1973); *Les Djinns* für doppelten gem. Chor, 6 Schlagzeuger u. Kl. (1975); *Antinomie* für Kammerorch. (1977), 4. Sinfonie u. Fagottkonzert (1978–79).

Heuberger, Richard F.J., österr. Komponist, * 18.6.1850 Graz, † 28.10.1914 Wien. Kam erst nach einer Ingenieursausbildung zur Musik u. wurde 1878 Dirigent der Wiener Singakademie. Kritiker verschiedener Zeitungen, u. a. als Nachfolger von E. Hanslick für die »Neue Freie Presse« 1896–1901. 1902–09 Lehrer am Wiener Konservatorium u. ab 1904 Redakteur der »Neuen Musikalischen Presse«.

H. komponierte Opern, Operetten, Orchester- u. Vokalwerke. Am bekanntesten ist seine Operette *Der Opernball* (1898). 1970 wurden von K. Hofmann seine »Erinnerungen an J. Brahms, Tagebuchnotizen aus den Jahren 1875–97« herausgegeben.

Heugel et Cie., franz. Musikverlag, entstanden aus dem von J.-A. Meissonnier 1812 in Paris gegründeten Verlagsunternehmen. In dieses trat 1839 J. L. Heugel (1815–83) ein, führte den Verlag ab 1842 allein u. machte ihn zu einem der bedeutendsten Frankreichs. H. ist Originalverleger von Werken J. Massenets, G. Charpentiers, A. Thomas' u. L. Delibes'. Zu den neueren Verlagsautoren gehören G. Fauré, D. Milhaud, J. Ibert, F. Poulenc, H. Dutilleux u. G. Amy. Seit 1967 erscheint bei H. die Ausgabenreihe »Le pupitre«, hg. von F. Lesure.

Hexachord (von griech.: »sechs« u. »Saite«), in der mittelalterlichen Musiktheorie eine Reihe von 6 aufeinanderfolgenden Tonschritten, die jeweils mit den gleichen Tonsilben bezeichnet wurden (→ Solmisation, ut re mi fa sol la) u. aus zwei mal zwei Ganztonschritten mit dem Halbton in der Mitte bestanden. Aus den um die Halbtonschritte e-f, a-b u. h-c gruppierten H. ergab sich ein H. naturale c-a (so genannt, weil b nicht vorkam), ein H. molle f-d u. ein H. durum g-e (letztere so benannt nach dem Auftreten von ♭ molle bzw. ♮ durum). Mit dieser Einteilung konnte der gesamte verwendete Tonbereich dargestellt werden. Erst als sich im späten Mittelalter eine Fixierung von Tonstufen auf absolute Tonhöhen abzuzeichnen begann, wurde es notwendig, die einzelnen Tonarten durch Transposition u. damit Einführung weiterer Halbtonschritte (→ Akzidenzien) auf allen Stufen beginnen zu lassen. So entstand die → Musica ficta. Schließlich entwikkelte sich die Dur-Moll-Tonalität, die eine Einteilung in H. überflüssig machte.

High Fidelity (engl., Abkürzung Hi-Fi), ein für die Langspielplatte eingeführter Begriff, der sich auf die naturgetreue Wiedergabe von Musik bezieht. Die Hi-Fi-Qualität eines Geräts läßt sich an dem abgedeckten Frequenzbereich u. dem Klirrfaktor (→ Verzerrung) erkennen.

Hildegard v. Bingen, dt. Dichterin u. Komponistin, * 1098 Bermersheim bei Alzey, † 17.9.1179 Kloster Rupertsberg bei Bingen. Benediktinerin u. seit 1136 Äbtissin. Stand unter dem Einfluß der frühchristlichen Mystik u. verfaßte die Schrift »Scivias« (dt.: »Wisse die Wege«). Für ihr Kloster komponierte sie 1 Kyrie, 35 Antiphonen, 19 Responsorien, 7 Hymnen u. 7 Sequenzen. Außerdem stammt von ihr das geistliche Schauspiel *Ordo virtutum* (dt.: *Spiel der Kräfte*).

Hill, Alfred, austral. Geiger, Dirigent u. Komponist, * 16.12.1870 Melbourne, † 30.10.1960 Darlinghurst bei Sydney. Studierte am Leipziger Konservatorium u. spielte als Aushilfsgeiger im Gewandhaus-Orchester. Übernahm 1892 die Leitung der Wellington Orchestral Society u. 1898–1901 der Sydney Orchestral Concerts sowie der dortigen Liedertafel. Gehörte 1914 zu den Mitbegründern des Konservatoriums in Sydney u. lehrte dort 1915–34 Komposition.

Zu H. umfangreichem Werk gehören 10 Opern, darunter *Tapu* (1903) u. *Teora* (1913) nach Maori-Themen; Oratorien u. Kantaten; Konzerte für Trp. (1915), V. (1932), Va. (1940), Kl. (1941) u. Horn (1947) mit Orch.; 13 Sinfonien, von denen 12 Bearbeitungen u. Erweiterungen vorangegangener Streichquartette sind.

Hill, Edward Burlingame, amer. Komponist, * 9. 9. 1872 Cambridge, MA, † 9. 7. 1960 Francestown, NH. Schüler von J. K. Paine an der Harvard University, G. W. Chadwick in Boston und Ch. Widor in Paris. 1908–40 Lehrer, später Professor u. Leiter der Musikabteilung der Harvard University.

Zu H. Kompositionen gehören die Pantomimen mit Orch. *Jack Frost in midsummer* (1908) u. *Pan and the star* (1914), 4 Sinfonien, sinfonische Dichtungen, Violinkonzert (1938) u. Kammermusik. Veröffentlichte 1924 »Modern French Music«.

Hiller, Ferdinand v., dt. Dirigent u. Komponist, * 24. 10. 1811 Frankfurt a. M., † 10. oder 11. 5. 1885 Köln. 1825–27 Schüler von J. N. Hummel in Weimar, 1828–35 als Lehrer, Pianist u. Komponist in Paris, 1836–37 in Vertretung von J. N. Schelble Leiter des Frankfurter Cäcilienvereins. Brachte 1839 an der Mailänder Scala mit Hilfe von G. Rossini seine Oper *Romilda* heraus u. verlebte auf Einladung von F. Mendelssohn Bartholdy den Winter 1839–40 in Leipzig, wo er sein Oratorium *Die Zerstörung Jerusalems* beendete u. im Gewandhaus erfolgreich aufführte. 1843–44 übernahm er in Vertretung von Mendelssohn Bartholdy die Leitung der Gewandhauskonzerte. In Dresden führte er Abonnementskonzerte ein u. dirigierte die dortige Liedertafel. 1847 städtischer Kapellmeister in Düsseldorf, 1850 in Köln. Dort mit der Organisation des Konservatoriums beauftragt, dessen Direktion ihm ebenfalls übertragen wurde. Zwischendurch trat H. als Dirigent in Paris, Petersburg u. London auf u. lieferte Feuilletonbeiträge für die »Kölnische Zeitung«. Er veröffentlichte u. a. »Übungen zum Studium der Harmonie u. des Kontrapunkts«, (Köln 1860) u. »Felix Mendelssohn-Bartholdy. Briefe u. Erinnerungen« (Köln 1874).

Zu H. Kompositionen gehören Opern, 2 Oratorien, Kantaten, 4 Sinfonien, 2 Klavierkonzerte u. 1 Violinkonzert sowie Kammermusik.

Hiller (Hüller), Johann Adam, dt. Komponist, * 25. 12. 1728 Wendisch-Ossig bei Görlitz, † 16. 6. 1804 Leipzig. Sohn eines Kantors, 1746 Internatsschüler der Kreuzschule in Dresden, wo er von G. A. Homilius Unterweisung im Klavierspiel u. Generalbaß erhielt. Schrieb sich 1751 als Student der Rechte an der Universität Leipzig ein u. verdiente seinen Lebensunterhalt mit Musikunterricht u. als Flötist. 1754 Hauslehrer beim Grafen Brühl in Dresden, dessen Sohn er 1758 nach Leipzig begleitete. Dort leitete er ab 1763 Liebhaberkonzerte u. Concerts spirituels, aus denen sich 1781 die Gewandhauskonzerte entwikkelten, deren erster Kapellmeister H. wurde. 1785 legte er seine Ämter nieder, trat kurz in die Dienste des Herzogs von Kurland u. dirigierte Händels *Messiah* in Berlin u. Breslau. 1789–1801 übernahm er als Nachfolger von J. F. Doles das Amt des Thomaskantors in Leipzig. Als Dirigent setzte sich H. ganz besonders für die Oratorien G. F. Händels, C. H. Grauns u. J. A. Hasses ein. Die beiden letzteren kamen seinem eigenen musikalischen Geschmack am nächsten u. haben ihn stark beeinflußt. H. Bedeutung liegt in der Entwicklung der dt. Singspielform. In seinen Bühnenwerken ließ er die Personen entsprechend ihrem Stand entweder einfach in Liedform oder in kunstvollen Arien singen. Er komponierte die Singspiele *Der Teufel ist los* (1. Teil *Die verwandelten Weiber*, 2. Teil *Der lustige Schuster*, beide 1766), *Lisuart u. Dariolette* (1766, erweitert 1767), *Lottchen am Hofe* (1767), *Die Muse* (1767), *Die Liebe auf dem Lande* (1768), *Die Jagd* (1770, bearbeitet von Lortzing 1830), *Der Dorfbarbier* (1771), *Der Aerndtekranz* (1771), *Der Krieg* (1772), *Die Jubelhochzeit* (1773), *Das Grab des Mufti* (1779) u. *Das gerettete Troja* (1782). Außerdem schrieb er Lieder für Kinder u. nahm sich ganz besonders des Schulgesangs an. Zu seinen schriftstellerischen Werken gehören die »Wöchentlichen Nachrichten u. Anmerkungen, die Musik betreffend« (Leipzig 1766–70), »Anweisung zum musikalisch-richtigen Gesange« (Leipzig 1774), »Ueber die Musik u. deren Wirkungen« (Leipzig 1781), »Lebensbeschreibungen berühmter Musikgelehrten u. Tonkünstler neuerer Zeit« (Leipzig 1784, enthält auch eine Autobiografie) u. »Über Metastasio u. seine Werke« (Leipzig 1786). Sein Sohn Friedrich Adam H. komponierte ebenfalls Singspiele, Streichquartette u. Lieder.

Hiller, Lejaren A. jr., amer. Komponist, * 23. 2. 1924 New York. Schüler von R. Sessions u. M. Babbitt, gleichzeitig Chemiker. 1958 Lehrer u. 1966–68 Professor für Musik an der University of Illinois. Seit 1968 Professor u. Mitdirektor des Center of the Creative and Performing Arts in Buffalo. H. gehört zu den bedeutendsten Vertretern der Computermusik. Seine ersten Kompositionen, darunter auch 2 Sinfonien (1953 u. 1960), sind noch für konventionelles Instrumentarium geschrieben. Dann begann H., sich mehr u. mehr für Elektronik, Mixed-Media-Kompositionen u. computergesteuerte Musik zu interessieren. Gemeinsam mit L. M. Isaacson entstand bereits 1957 die berühmte *Illiac Suite*, ein Streichquartett aus dem Elektronenrechner. In der Folgezeit komponierte H. u. a. eine *Computer Cantata* für

S., Tonband u. Kammerensemble (1963); *Machine Music* für Kl., Schlagzeug u. Tonband (1964); *A Triptych for Hieronymus* für Schauspieler, Akrobaten, Projektion, Tonband u. 2 Instrumentalgruppen (1966); *An Avalanche for Pitchman, Prima Donna, Player Piano, Percussionist and Prerecorded Playback* (1968); *Algorithms I*, Fassungen 1–4 für 9 Inst. u. Tonband (1968); *HPSCHD* für 1–7 Cemb. u. 1–51 Tonbänder, Gemeinschaftsarbeit mit J. Cage (1968) u. *Algorithms II*, Fassungen 1–4 für 9 Instr. u. Tonband (1972).

Hiller, Wilfried, dt. Komponist, * 15.3.1941 Weißenhorn, Schwaben. Studierte Klavier u. Orgel am Leopold-Mozart-Konservatorium in Augsburg, besuchte 1962–63 die Darmstädter Ferienkurse u. hospitierte bei K. Stockhausen, P. Boulez u. B. Maderna. 1963–70 setzte er seine Studien an der Münchner Musikhochschule bei G. Bialas (Komposition), H. Arnold (Opernregie) u. L. Porth sowie H. Hölzl (Schlagzeug) fort. Ab 1968 arbeitete H. mit C. Orff zusammen.

Zu H. Kompositionen gehören die szenischen Werke: *An diesem heutigen Tage* (1970–73), *Knock out*, Boxkampf für zwei Schlagzeuger (1973), *Liebestreu u. Grausamkeit* (1972–73), *Muspilli* für Bar. u. Kammerensemble (1974–78), *Niobe* (1974–77), *Der Gesang der Gesänge* für S., Sprecherin, Tänzerin, Bar., Chor u. Orch. (1977–80, daraus Ausschnitte unter dem Titel *Du bist schön, meine Freundin* 1978 vom ZDF produziert) u. *Ijob* für T., eine Schauspielerin, Tasten- u. Schlaginstr. (1979); weitere Werke: *Der Leuchtturm*, Liederzyklus (1962–65), *Rhythmyzomenon* für Kl. (1966), *Movements* für Org. (1967), *Stilleben mit Pos.* (1965–72), *Katalog* für Schlagzeug (1966–75), *Wessobrunner Gebet – Cantico – Muspilli* für Chor a cappella (1968), *Solo für ein Löwengebrüll* (1968), *Movements for a Big Cat* für Ob. u. Fag. (1968), *Miniaturen*, Lieder nach Gedichten von Alastair für S., Fl. u. Va. (1969–70), *Fanfare* für 16 Trp., 4 Pk. u. 2 große Trommeln (1970), *Let Thy Song be Love*, Liebeslieder für S. u. Kl. nach Texten von Shakespeare, Sappho, Catull u. Villon (1970), *Elegie* für Ob. solo (1971), *Meditation* für Trp. solo (1971), *Nachtgesang* für großes Orch. (1974), *Pas de deux* für 2 Kl. (1978), *Ein Frosch sah einstmals einen Stier*, Szenen für Erzähler, Soli, Chor u. Orch. (1978–79).

Hilverding, Franz A. Ch., österr. Tänzer, Ballettmeister u. Choreograf, getauft 17. 11. 1710 Wien, † 29. 5. 1768 ebd. → Ballett.

Himmel, Friedrich H., dt. Komponist, * 20. 11. 1765 Treuenbrietzen, † 8. 6. 1814 Berlin. Studierte bei J. G. Naumann in Dresden u. anschließend in Italien, wo er am Teatro S. Carlo in Neapel seine erste Oper *La morte di Semiramide* 1795 herausbrachte. Im gleichen Jahr übernahm er als Nachfolger von J. F. Reichardt die Leitung der Hofkapelle in Berlin.

H. komponierte mehrere Opern, von denen *Fanchon* (1804) die beliebteste war, außerdem das Oratorium *Isacco figura del redentore* (1791) u. die Kantate *La danza* (1792). Von seinen Liedern war Körners »Vater, ich rufe dich!« besonders bekannt.

Hindemith, Paul, dt. Komponist, * 16. 11. 1895 Hanau, † 28. 12. 1963 Frankfurt a. M. 1909–15 Schüler von A. Mendelssohn u. B. Sekles (Kontrapunkt u. Komposition) sowie A. Rebner (Geige) am Dr. Hoch'schen Konservatorium in Frankfurt a. M. Zum Abschluß seiner Studien dirigierte H. am 28. 1. 1916 im Abonnementskonzert seines Konservatoriums das 1915 entstandene Cellokonzert op. 3. 1915–23 Konzertmeister am Frankfurter Opernhaus u. daneben bis 1921 2. Geiger, später Bratschist im Rebner-Quartett. 1921 war sein 2. Streichquartett die Sensation bei den 1. Donaueschinger Kammermusik-Aufführungen zur Förderung zeitgenössischer Tonkunst. Der Komponist wirkte als Bratschist im Amar-Quartett bei der Uraufführung mit. In den folgenden Jahren Auftritte als Solist auf der Bratsche u. der Viola d'amore u. Konzertreisen mit dem Amar-Quartett, dem er bis 1929 verbunden blieb. 1922 konnte H. seinen Erfolg in Donaueschingen mit dem 3. Streichquartett wiederholen u. wurde zur treibenden Kraft bei der Programmgestaltung der folgenden Jahre. In Donaueschingen kamen auch seine *Kammermusik Nr. 1*, die Solosonate für Geige u. die Konzertmusik für Blasorch. zur Uraufführung. Für Schlemmers *Triadisches Ballett* entstand die Musik für kleine mechanische Orgel. Als das Festival 1927 nach Baden-Baden verlegt wurde, steuerte H. zum Programm seinen Sketch *Hin u. zurück* bei u. 1929 das *Lehrstück* auf einen Text von B. Brecht. 1927 folgte er einem Ruf als Kompositionslehrer an die Berliner Hochschule für Musik. Diese Position gab er offiziell erst 1937 auf, auch wenn er sich wegen des zunehmenden kulturpolitischen Drucks durch die Nationalsozialisten seit 1935 vorwiegend im Ausland aufhielt. In diesen Jahren nahm er eine Einladung aus der Türkei an, das dortige Musikleben zu organisieren. 1937–39 Konzertreisen in die USA u. Übersiedelung in die Schweiz. 1940 Emigration in die Vereinigten Staaten, deren Staatsangehörigkeit ihm 1946 verliehen wurde. 1940–53 Lehrer an der Musikschule der Yale University in New Haven, 1950–51 Professor in Harvard u. 1951–57 Professor an der Universität Zürich. 1953 endgültige Rückkehr in die Schweiz, von wo aus er immer häufiger auf Konzerttourneen ging, bei denen er eigene u. fremde Werke dirigierte. Am 12. November 1963 leitete er die Uraufführung seines letzten Werkes, der Messe für gem. Chor a cappella, in der Wiener Piaristenkirche.

Auch wenn man in den 20er Jahren in H. den großen Neuerer sehen wollte, hat sich dieser doch in seinem ganzen Schaffen nie von der Überlieferung getrennt. Das wurde nirgends deutlicher als in seiner Bach-Gedenkrede 1950 u. in seiner späten Hinwendung zu A. Bruckner. H. war in erster Linie Praktiker, der das Handwerkliche im Kompositionsprozeß nicht aus den Augen verlor. Selber ein virtuoser Bratschist, der 1929 in London W. Waltons Bratschenkonzert aus der Taufe gehoben hatte, komponierte er Solokonzerte u. Kammermusikwerke für fast jede Instrumentengattung. Selbst eine Sonate für Baßtuba u. Kl. (1955) fehlt nicht. Klang seine Musik zu Beginn der 20er Jahre eher aggressiv u. neigte er damals zur musikalischen Satire oder Parodie, so brachte seine weitere Entwicklung eine Rückbesinnung auf J. S. Bach, dessen Beherrschung der Form er bewunderte. In seinen späteren Werken ist die Hinwendung zum Neoklassizismus deutlich, und die »Harmonie der Welt« beschäftigte ihn nicht nur als Opernvorwurf (1956–57). Ohne das Prinzip einer erweiterten Tonalität aufzugeben, versuchte H. eine Neuordnung des Tonmaterials, auf die er in seiner »Unterweisung im Tonsatz« (1937–39) ausführlich einging. Dabei löste er sich von der Funktionsharmonik, machte die 12 Stufen der Halbtonskala zur Grundlage u. baute eine Wertigkeit der Intervalle auf, die durch die Obertonreihe bestimmt war. Um die von H. besonders stark gefühlte Kluft zwischen zeitgenössischer Musik u. Publikum zu überbrücken, komponierte er eine Vielzahl von Sing- u. Spielmusiken, darunter sogar Stücke für Anfänger von ausgeprägt didaktischem Charakter. Als Lehrer hat er in vielen jungen Musikern den Sinn für Tradition u. Handwerk wachgehalten.

Zu H. Kompositionen gehören die Bühnenwerke: *Mörder, Hoffnung der Frauen* nach einem Libretto von O. Kokoschka (1919), *Das Nusch-Nuschi* (1920, daraus Orchestersuite 1921), *Sancta Susanna* (1921), *Tuttifäntchen*, ein Weihnachtsmärchen (1922, daraus Suite für V. u. kleines Orch.), *Cardillac* (1926, Neufassung 1952), *Hin u. zurück*, Sketch in einem Akt (1927), *Neues vom Tage* (1928–29, daraus Ouvertüre 1930, Neufassung der Oper 1953), *Lehrstück* (1929), *Wir bauen eine Stadt*, Spiel für Kinder (1930), *Mathis der Maler* (1934–35, daraus Sinfonie 1934), *Die Harmonie der Welt* (1956–57) u. *Das lange Weihnachtsmahl* (1960); die Ballettmusiken: *Der Dämon* (1922, daraus Konzertsuite 1923), *Triadisches Ballett* (1926), *Nobilissima Visione* (1938, daraus Orchestersuite), *Thema mit vier Variationen – Die vier Temperamente* (1940), *Herodiade*, Orchester-Rezitation nach der Dichtung von Mallarmé (1944); die Chorwerke mit Orchester: *Das Unaufhörliche*, Oratorium für S., T., Bar., B., gem. Chor, Knabenchor u. Orch. nach einem Text von G. Benn (1931), *Als Flieder jüngst mir im Garten blüht*, Requiem für Mezzo-S., Bar., gem. Chor u. Orch. nach Walt Whitman (1946, daraus Vorspiel für den Konzertgebrauch), *Apparebit repentina dies* für gem. Chor u. 10 Blechbläser (1947), *Ite, angeli veloces*, Kantate in 3 Teilen nach einem Text von P. Claudel (I u. II 1955, III 1953, geschrieben für die UNESCO) u. *Mainzer Umzug* für 3 Singst., gem. Chor u. Orch. (1962); die Orchesterwerke: Konzert für Orch. (1925), Konzertmusik für Streichorch. u. Blechbläser (1930), *Philharmonisches Konzert* (1932), *Sinfonische Tänze* (1937), Sinfonie in Es (1940), *Amor u. Psyche*, Ouvertüre zu einem Ballett, u. *Sinfonische Metamorphosen über Themen von C. M. v. Weber* (1943), *Symphonia Serena* (1946), Sinfonietta in E (1949), Sinfonie *Die Harmonie der Welt* (1951, vor der gleichnamigen Oper), *Pittsburgh Symphony* (1958) u. Marsch über den alten »Schweizerton« (1960); für Blasorch.: *Konzertmusik* (1926) u. Sinfonie in B (1951); die Werke für Solo-Instr. u. Orch.: Cellokonzert in Es (1915), *Kammermusik Nr. 2* für Kl. (1924), *Nr. 3* für Vc., *Nr. 4* für V. u. *Nr. 5* für Va. (1927), *Nr. 6* für Viola d'amore u. *Nr. 7* für Org. (1927), *Konzertmusik* für Va. u. *Konzertmusik* für Kl., Blechbläser u. 2 Hf. (1930), *Der Schwanendreher* für Va. (1935), *Trauermusik* zum Tode König Georgs V. von England für Va. (1936), Konzert für V. (1939), für Vc. (1940), für Kl. (1945), Klar. (1947), Horn (1949), Holzbläser u. Hf. (1949), Trp. u. Fag. (1949) u. Org. (1962) mit Orch.; die Solo-Gesänge mit Instr. bzw. Orch.: *Des Todes Tod*, 3 Lieder nach Gedichten von E. Reinacher für Frauenst., 2 Va. u. 2 Vc. (1922), *Die junge Magd*, 6 Gedichte von G. Trakl für A., Fl., Klar. u. Streichquartett (1922), *Die Serenaden*, kleine Kantate nach romantischen Texten für S., Ob., Va. u. Vc. (1925), *Das Marienleben*, 6 Lieder nach Gedichten von Rilke für S. u. Orch. (1948, voraus gingen 2 Fassungen für S. u. Kl. 1922–23 u. 1936–48); an Kammermusikwerken: die 6 Streichquartette (1919, 1921, 1922, 1923, 1943 u. 1945), *Kleine Kammermusik* für 5 Bläser (1922), Quintett für Klar. u. Streichquartett (1923), 2 Streichtrios (1924 u. 1933), 3 Stücke für 5 Instr. (1925), Trio für Kl., Va. u. Hekkelphon (1928), Quartett für Klar., V., Vc. u. Kl. (1938), Septett für Blasinstr. (1948), Sonate für 4 Hörner (1952) u. Oktett (1957–58); für Kl.: *Tanzstück* (1922), *Suite 1922* (1922), *Klaviermusik* (Teil I 1925, II 1927), *Kleine Klaviermusik* (1929), 3 Sonaten (alle 1936), *Ludus tonalis* (1942), Sonate für Kl. zu 4 Händen (1938), Sonate für 2 Kl. (1942); 2 Orgelsonaten (beide 1937); 2 Sonaten für V. solo (1924), verschiedene Stücke für 2 V., 4 Violinsonaten (Nr. 1 u. 2 1918, die anderen 1935 u. 1939); 2 Sonaten für Va. solo (1919 u. 1922), Duett für Va. u. Vc. (1934); 2 Bratschensonaten (1919 u. 1939); Kleine Sonate für Viola d'amore (1923); Sonate für Vc. solo (1923), 2 Cellosonaten (1919 u. 1948); je 1 Sonate für Kontrabaß (1949), Fl. (1936), Ob. (1938), Englischhorn (1941), Klar. (1939), Saxophon (1943), Fag. (1938); 2 Sonaten für Horn (1939 u. 1943) u. je 1 für Althorn (1943), Trp. (1939), Pos. (1941), Tuba (1955), Hf. (1939). Außerdem an Liedern: die 8 Lieder nach verschiedenen Dichtern für S. u. Kl. (1920), 13 Motetten für S. oder T. u. Kl. (1941–60), 9 engl. Lieder für S. oder Mezzo-S. u. Kl. (1942–44), *Two Songs* für S. oder T. u. Kl. (1955) u. 6 Lieder nach Hölderlin (1933–35); eine Reihe von Chorwerken, darunter *Lieder nach alten Texten* (1923), *Five Songs on Old Texts* (1936, teilweise Neufassung der vorhergehenden), *Six Chansons* nach Gedichten von Rilke (1939), 12 Madrigale für gem. St. a cappella (1958) u. Messe für gem. Chor a cappella (1963) sowie die *Sing- u. Spielmusiken Nr. 1* für Streichorch., Flöten u. Oboen (1927), *Lieder für Singkreise II* für 3st. gem. Chor a cappella (1927), *Schulwerk für Instrumental-Zusammenspiel* (1927), *Sing- u. Spielmusiken für Liebhaber u. Musikfreunde* (1928–29), *Plöner Musiktag* (1932) u. *Wer sich die Musik erkiest*, eine Auswahl von F. Jöde (1952).

An theoretischen Werken veröffentlichte H.: »Unterweisung im Tonsatz« (3 Bde., 1937–39); »A Concentrated Course in Traditional Harmony« (1943, dt.: »Aufgaben für Harmonieschüler«, 1949); »Traditional Harmony II« (1948, dt.: »Harmonieübungen für Fortgeschrittene« (1949); »Elementary Training for Musicians« (1946, dt.: »Übungsbuch für elementare Musiktheorie«). Außerdem »Komponist in seiner Welt. Weiten u. Grenzen« (engl. 1949–50, dt. 1959) u. »Johann Sebastian Bach. Ein verpflichtendes Erbe« (1950). GA erscheint ab 1975 in Mainz, hg. von L. Finscher u. K. v. Fischer. Werkverzeichnis mit Vorwort, hg. von H. Strobel, Mainz 1965; Katalog seiner Werke, Diskografie, Bibliografie, Einführung in das Schaffen, hg. von H. Rösner, Frankfurt a. M. 1970. Lit.: H. Strobel, P. H., Mainz 1928 u. 1948; A. Briner, P. H., Zürich u. Mainz 1971; G. Skelton, P. H. The Man Behind the Music, London 1975.

Hirsch, Hans Ludwig, dt. Komponist u. Dirigent, * 29. 3. 1937 Memmingen. Studierte bei H. Genzmer, gründete u. leitet das Vokalensemble Maniera Nova u. wurde 1973 Leiter der Studiobühne der Hamburgischen Staatsoper. Für die Salzburger Festspiele 1977 richtete H. Landis *Il S. Alessio* neu ein.

Zu H. Kompositionen gehören die Ballettoper *Span. Szenen* (1965), *Omaggi a Rossini* für Orch. (1969), *Szenen über das Leben von Ezra Pound* u. Konzert für Ob., Fag. u. Streicher (1973).

Hirsch, Hugo, dt. Komponist, * 12. 3. 1884 in Birnbaum, Posen, † 16. 8. 1961 Berlin. Schüler von J. Döbber, verbrachte die Jahre 1933–50 in der Emigration.

H. komponierte Operetten, Revue- u. Spielfilmmusiken, u. a. die Operetten *Der Fürst von Pappenheim* (1921) u. *Die tolle Lola* (1923).

His Master's Voice (engl.: »Die Stimme seines Herrn«), Schallplattenlabel, das 1909 von der Gramophone & Typewriter Ltd. eingeführt wurde u. heute dem EMI-Konzern gehört.

Historia (griech.: »Geschichte«), Bezeichnung für Antiphonen u. Responsorien des Offiziums eines Tages im späten Mittelalter. Der Name rührt wahrscheinlich daher, daß diese ursprünglich aus der dem Tag zugeordneten Heiligenvita entnommen wurden. H. nannte man später auch Heilsgeschichten, die an hohen Kirchenfesten mit verteilten Rollen u. Choreinschüben dargestellt wurden. In der 2. Hälfte des 17. Jh. ging die H. in dem aus Italien stammenden Oratorium auf.

Historiografie ist in der Musik die aus allen verfügbaren Quellen gespeiste Darstellung der Musikgeschichte im historischen Aufriß oder in Teilbereichen.

Historismus, eine Überbetonung des Geschichtlichen, die sich heute hauptsächlich in der Wahl des Repertoires, der Aufführungspraxis u. in der Verwendung nachgebauter Instrumente bemerkbar macht.

Hit (engl.: »treffen«, »Treffer«), ein Begriff, der auf überdurchschnittliche Verkaufserfolge bei Schallplatten, Büchern oder Eintrittskarten angewendet wird. Insbesondere in der Schlagerbranche gebräuchlich, wo es Hits, Hitlisten u. Hitparaden gibt.

Hob., Abkürzung für Anthony van Hoboken (* 23. 3. 1887 Rotterdam), der das heute gültige Werkverzeichnis für die Kompositionen J. Haydns angelegt hat.

Hochschule für Musik → Konservatorium, → Akademie

Hoddinott, Alun, engl. Komponist, * 11. 8. 1929 Bargoed, Wales. Studierte am University College of South Wales in Cardiff u. nahm nebenher Privatunterricht bei A. Benjamin. Seit 1967 Professor of Music an der Universität von South Wales u. Leiter des Cardiff Music Festival.

H. komponierte u. a. die Opern *The Beach of Falesa* (1973) u. *The Magician* (1975), 4 Sinfoniettas, 5 Sinfonien, Solokonzerte, darunter 3 Klavierkonzerte, Klarinettenkonzert, Konzert für Hf. u. Orch., Konzert für V. u. Orch., Kammermusik, Chorwerke u. Lieder.

Høffding, N. Finn, dän. Komponist, * 10. 3. 1899 Kopenhagen. Schüler von K. Jeppesen u. Th. Laub in Kopenhagen u. J. Marx in Wien. Gründete gemeinsam mit J. Bentzon die Københavns folkemusikskole nach dem Vorbild von Fr. Jöde u. war 1949–69 Professor für Komposition am Kopenhagener Konservatorium.

H. komponierte u. a. die Opern *Des Kaisers neue Kleider* (1928) u. *Kilderejsen,* 4 Sinfonien, Kammermusik u. Chorwerke. Außerdem verfaßte er eine »Harmonielehre« (1933) u. »Den elementaere hørelaere« (1937).

Höffer, Paul, dt. Komponist, * 21. 12. 1895 Barmen. Schüler von F. Schreker an der Berliner Musikhochschule, wo er 1930 Lehrer für Komposition u. Theorie u. 1948 Direktor wurde. Gehörte zu den führenden Köpfen der Neuen Musik u. ging in seiner Atonalität weit über Hindemith hinaus.

Zu H. Kompositionen gehören die Opern *Borgia* (1931), *Der falsche Waldemar* (1933–34), Kinderopern, das Ballett *Tanz um Liebe u. Tod* (1939), Orchesterwerke, darunter Sinfonie (1926–27) u. *Sinfonie der großen Stadt* (1937), Oratorien, Konzerte u. Kammermusik.

Höller, Karl, dt. Komponist, * 25. 7. 1907 Bamberg. Stammt aus einer alten fränkischen Organistenfamilie. Studierte in Würzburg bei H. Zilcher am Staatskonservatorium u. daneben an der Universität Musik- u. Kunstgeschichte, ab 1927 an der Akademie der Tonkunst in München bei J. Haas (Komposition), S. v. Hausegger (Dirigieren), E. Gatscher (Orgel) u. H. v. Waltershausen (dramatische Komposition), hörte daneben Musikwissenschaft bei A. Sandberg. Ab 1937 Lehrer an der Musikhochschule in Frankfurt a. M., 1949 als Nachfolger von J. Haas Professor an der Staatlichen Musikhochschule in München, 1953 Direktor u. 1954–72 Präsident. In seinen Kompositionen knüpft H. an die Spätromantik, insbesondere M. Reger, u. den franz. Impressionismus an.

H. komponierte die Orchesterwerke: *Hymnen über gregorianische Choralmelodien* (1932–33), *Sinfonische Fantasie* über ein Thema von G. Frescobaldi (1934–35), Passacaglia u. Fuge (1938–39), Sinfonie Nr. 1 (1942–45),

Sweelinck-Variationen (1950–51), Intrade, Allegro u. Fuge (1964–65), Sonate (1966, aus Material des Klaviertrios von 1944), *Huldigung an Mozart* (1978); Konzerte für Soloinstr. u. Orch. wie Concertino für V., Va., Kl. u. (1931, revidiert 1938 u. 1967), Konzert für Org. u. Orch. (1931–32, revidiert 1966), Kammerkonzert für Cemb. u. kleines Orch. (1934, revidiert 1958), Konzert Nr. 1 für Vc. u. Orch. (1940–41), Konzert Nr. 2 für V. u. Orch. (1947–48), Konzert Nr. 2 für Vc. u. Orch. (1948–49), Divertimento für Fl. u. Streicher (1950, Orchesterfassung 1971) u. Konzert für Kl. u. Orch. (1972–73); *Hymnischer Gesang* für Männerchor u. Orch. (1933, revidiert 1938); an Kammermusikwerken: Kammertrio für 2 V. u. Kl. (1929), Quartett für Kl., V., Va. u. Vc. (1929–30, revidiert 1966), Divertimento für Fl., V., Va., Vc. u. Kl. (1931, Fassung für Kammerorch. 1940), 6 Streichquartette (Nr. 1, 1938, revidiert 1976, Nr. 2, 1945, revidiert 1967, Nr. 3, 1947, Nr. 4, 1947, Nr. 5, 1948, Nr. 6, 1949–50), Trio für Kl., V. u. Vc. (1944), Triosonate im alten Stil (1946, Orchesterfassung 1965), Quintett für Klar., 2 V., Va. u. Vc. (1947, Umarbeitung als Serenade für Orch. 1972–73), Serenade für Fl., Ob., Klar., Horn u. Fag. (1955); Klavierstücke, darunter 3 kleine Sonaten (1946, bearbeitet für 2 Kl. 1966–67), Sonatinen I u. II (1962), 2 kleine Sonaten für Kl. zu 4 Händen (1943, daraus *Petite Symphonie I* u. *II*, 1965 u. 1966), Tokkata, Improvisationen u. Fuge für 2 Kl. (1933, revidiert 1963, Orchesterfassung 1942); Orgelstücke; 8 Violinsonaten (1929, revidiert 1968, 1942, 1943, 1944, revidiert 1974, 1945, 1946–47, 1947 u. 1949), Musik für V. u. Kl. (1940–41, revidiert 1956), Fantasie für V. u. Org. (1948); 2 Violasonaten (1943–44, revidiert 1967 u. 1966–67 *In memoriam Paul Hindemith*); 2 Cellosonaten (1943–44, revidiert 1967 u. 1976–77), Improvisationen für Vc. u. Org. (1949); *Geistliche Gesänge* für S. u. Org. (1933); 2 Flötensonaten (1947 u. 1950). Außerdem komponierte H. die Chorwerke *Sommernacht* für 4–8st. gem. Chor a cappella (1936), *Missa Brevis* für Soli u. Chor a cappella (1929–30), *Media Vita*, Motette für T., Bar. u. 4–8st. Männerchor (1930), *Emitte Spiritum*, Graduale für 4st. gem. Chor u. Org. (1932) u. *Lied zur Fasnacht* für Kinderchor u. Kl. zu 4 Händen (1933).

Hören bedeutet in der Musik nach H. Riemann »ein aktives Auffassen von Tonfolgen u. Zusammenklängen, ein logisches Verknüpfen von Tonvorstellungen«. Dieses H. läßt sich auch beim Laien schulen.

Hörfeld oder **Hörfläche** bezeichnet den Bereich des Hörbaren. Er ist nach unten durch die Hörschwelle abgegrenzt, unter der das menschliche Ohr nichts mehr wahrnimmt, u. nach oben durch die Grenze der Schmerzempfindung bei äußerster Lautstärke.

Hörpsychologie oder **Tonpsychologie** beschäftigt sich mit einzelnen Tönen oder Klängen u. ihrer Wirkung auf das Empfinden u. die Sinne. Seit dem Erscheinen von C. Stumpfs zweibändiger »Tonpsychologie« (1883–90) ein eigener Wissenschaftszweig.

Hörsamkeit, bezeichnet in der Raumakustik, was man auch mit Akustik eines Raumes beschreiben kann. Sie beruht auf dem Zusammenspiel verschiedener Faktoren wie Schallverteilung, Schallrückwurf, Nachhall u. Echo.

Hörtheorie, die wissenschaftliche Beschreibung des Hörvorgangs. Sie beschäftigt sich mit der Aufnahme u. Weiterleitung akustischer Reize im Gehör. Ihr zugrunde liegt die Resonanzhypothese von H. v. Helmholtz, die durch neuere Forschungsergebnisse teilweise wieder in Frage gestellt wurde.

Hoffmann, Ernst Theodor Amadeus (eigtl. E. Th. Wilhelm), dt. Dichter u. Komponist, * 24. 1. 1776 Königsberg, † 25. 6. 1822 Berlin. Erhielt als Junge Klavier- u. Geigenunterricht sowie erste Anleitung in Generalbaß u. Kontrapunkt. Nach dem Jurastudium u. der Referendarzeit am Kammergericht in Berlin, wo er 1798–99 noch Kompositionsunterricht bei J. F. Reichardt erhielt, erste Anstellung in Posen. Dort wurde zwischen 1801 u. 1802 das heute verlorene Singspiel *Scherz, List u. Rache* (nach Goethe) von der Gesellschaft des Schauspieldirektors C. Döbbelin aufgeführt. 1804 Versetzung nach Warschau, 1807 stellungslos wieder in Berlin. Bewerbung als Theaterdirektor durch eine öffentliche Anzeige. Nach Ablieferung der Oper *Der Trank der Unsterblichkeit* 1808–09 Musikdirektor am Bamberger Theater, dem er anschließend noch bis 1813 in verschiedenen Positionen verbunden blieb. Daneben verdiente sich H. seinen Lebensunterhalt als Musiklehrer u. lieferte der Leipziger »Allgemeinen musikalischen Zeitung« phantastische Beiträge, die er als »Kapellmeister Johannes Kreisler« signierte, eine Figur, die R. Schumann zu seinen *Kreisleriana* anregte. Nachdem sich H. gegenüber den Bamberger Intrigen nicht als Kapellmeister durchsetzen konnte, nahm er 1813–14 die Stellung eines Kapellmeisters bei dem Theaterunternehmer J. Seconda an u. trat erfolgreich in Leipzig u. Dresden auf. 1814 Wiedereinstellung durch den preußischen Staat am Kammergericht in Berlin. Komposition der *Undine* auf ein Libretto Fouqués. Die Uraufführung 1816 in Berlin blieb H. einziger Erfolg als Komponist. C. M. v. Weber ließ in der »Allgemeinen Musik-Zeitung« eine begeisterte Rezension erscheinen. Das Stück wurde 14mal vor ausverkauftem Hause gegeben, dann verbrannten Dekorationen u. Kostüme. H., inzwischen zum Rat befördert, wartete vergebens auf eine neue Gelegenheit, sich als Komponist zu bewähren. Neben *Undine*, der ersten dt. romantischen Oper, umfaßt sein Werkkatalog 85 Nummern, unter denen die Bühnenwerke eindeutig dominieren. Erhalten sind *Die Maske* (1799), *Die lustigen Musikanten* (1804, *Liebe u. Eifersucht* (1807), *Der Trank der Unsterblichkeit* (1808), *Aurora* (1812), *Undine* (1814), die vollständige Musik zu Z. Werners Schauspiel »Das Kreuz an der Ostsee« (1805), Ballettmusik *Arlequin* (1808), *Dirna*, indisches Melodram (1809), *Wiedersehn!*, Prolog in 1 Akt (1809), Musik zum Schauspiel

»Julius Sabinus« (1810) u. Musik zum Melodram *Saul, König in Israel* (1811). Außerdem komponierte H. geistliche u. weltliche Vokalwerke, die Sinfonie in Es-Dur (1805–06), das bekanntere Quintett für Hf., 2 V., Va. u. Vc. (1805–07), 5 Klaviersonaten, 1 Klaviertrio u. den *Serapions-Walzer*. Weitere Kammermusikwerke sind verloren. H. Einfluß als Kritiker kann nicht hoch genug eingeschätzt werden. Seine Rezension über Beethovens 5. Sinfonie hat die Musikästhetik der Romantiker wesentlich mitgeprägt. Außerdem setzte er sich in seiner Dichtung immer wieder mit der Musik auseinander. So enthalten die »Fantasiestücke in Callots Manier« u. a. »Ritter Gluck«, »Kreisleriana«, »Don Juan« u. die »Seltsamen Leiden eines Theater-Direktors«, musikalische Erfahrungen aus dem eigenen Leben.
Sein Briefwechsel wurde von F. Schnapp herausgegeben (3 Bde., München 1967–69).

Lit.: G. Allroggen, E. T. A. H. Kompositionen, Regensburg 1970.

Hoffmeister, Franz Anton, dt. Komponist u. Verleger, * 12. 5. 1754 Rottenburg a. Neckar, † 9. 2. 1812 Wien. Studierte Jura in Wien u. begann, sich ab 1775 mit Musik zu beschäftigen. Hatte in Zusammenarbeit mit E. Schikaneder einigen Erfolg mit seinen Opern *Telemach* (1795) u. *Rosalinde* (1796). Gründete 1800 mit Ambrosius Kühnel das Bureau de Musique in Leipzig, aus dem 1814 der Verlag C. F. Peters hervorging. Komponierte neben 9 Opern eine Vielzahl von Kammermusikwerken, insbesondere für Flöte. Als Verleger unterhielt er Geschäftsbeziehungen zu J. Haydn, W. A. Mozart u. L. van Beethoven.

Hoffstetter, Roman, dt. Bratschenvirtuose u. Komponist, * 24. 4. 1742 Laudenbach, † 21. 5. 1815 Miltenberg. Komponierte 3 Bratschenkonzerte u. veröffentlichte 12 Streichquartette. Neuerdings hält man ihn auch für den Autor der Haydn-Quartette Hob. III, 13–18.

Hofhaymer (Hoffheimer), Paul, Ritter v., österr. Organist u. Komponist, * 25. 1. 1459 Radstadt, † 1537 Salzburg. 1480 Hoforganist Erzherzog Sigmunds u. ab 1490 Maximilians I. in Innsbruck. Verbrachte einige Jahre in Passau u. Regensburg, um ab 1522 in Salzburg die Stellung eines Domorganisten zu übernehmen. H. galt als der größte Organist seiner Zeit. Von seinen zahlreichen Schülern seien H. Buchner, W. Grefinger u. H. Kotter erwähnt.

Zu H. erhaltenen Kompositionen gehören 4st. dt. u. lat. Lieder sowie Oden, von denen 34 in seinen »Harmoniae poeticae« (1539) erschienen.

Hofmann, Josef C., amer. Pianist u. Komponist poln. Herkunft, * 20. 1. 1876 bei Krakau, † 16. 2. 1957 Los Angeles. Erhielt ersten Unterricht bei seinem Vater, dem Komponisten Casimir H., anschließend bei M. Moszkowski, A. Rubinstein u. E. d'Albert.

H. komponierte 1 Sinfonie, die sinfonische Dichtung *The Haunted Castle*, 5 Klavierkonzerte u. *Chromaticon* für Kl. u. Orch. (1916). Veröffentlichte »Piano Playing« (1908) u. »Piano Questions Answered« (1909).

Hofmeister, Friedrich, dt. Musikverleger (1782–1864), gründete 1807 in Leipzig den gleichnamigen Musikverlag. Veröffentlichte bereits 1819 ein thematisches Verzeichnis der Werke L. v. Beethovens. Brachte 1829 einen musikalisch-literarischen Monatsbericht heraus (erschienen bis 1942) sowie ab 1852 eine jährliche Zusammenfassung. Nach dem 2. Weltkrieg wurde der Firmensitz nach Frankfurt a. M. verlegt, der ursprüngliche Betrieb verblieb als VEB in Leipzig. Von Frankfurt aus wurde die Tradition der Bibliografie des Musikschrifttums wieder aufgenommen. W. Schmieder gab 1954–64 die Jahrgänge 1950–59 heraus.

Hofschmidt, Wolfgang, dt. Komponist, * 15. 3. 1934 Mülheim a. d. Ruhr. Schüler von S. Reda an der Folkwangschule in Essen u. dort seit 1969 Dozent für Komposition. Setzte sich in seinen frühen Kompositionen mit neueren Strömungen der Kirchenmusik auseinander. Spätere Werke stehen mehr unter dem Einfluß von A. Webern.

H. komponierte u. a. *Cantica* für Soli, 2 Chöre u. Orch. (1964); *Sehet den Menschen* für Soli, Chöre, Org. u. 15 Schlaginstr. (1965); *Meißener Te Deum* für S., großen Chor, Orch., Solost., Vokalquartett, Bläserquintett, Kl., Schlagzeug u. Tonband (1968).

Hoiby, Lee, amer. Komponist, * 17. 2. 1926 Madison, WI. Schüler von E. Petri u. G. C. Menotti.

H. komponierte die Opern *The Witch* (1956), *The Scarf* (1958), *Beatrice* (1959), *Natalia Petrovna* (1964) u. *Summer and Smoke* (1971), mehrere Ballette u. Bühnenmusiken, *Noctambulation* für Orch. (1952), Klavierkonzert (1958), Kammermusik u. Chorwerke.

Hoketus oder **Hoquetus** (aus altfranz. hoqueter: »zerschneiden« oder »schlucken«), eine Kompositionsart, bei der zwei Cantus so mit Pausen durchsetzt werden, »daß, wenn einer pausiert, der andere nicht pausiert, und umgekehrt« (Franco v. Köln). Mit dem H. konnte man etwas Ähnliches wie einen Staccato-Effekt erzielen. Er fand besonders Verwendung in den isorhythmischen Motetten der Ars-nova-Komponisten.

Holborne, Anthony, engl. Lautenspieler u. Komponist, † 1602, möglicherweise London. Stand im Dienst der Königin Elisabeth I. Ließ 1597 eine »Cittharn-Schoole« erscheinen u. veröffentlichte 1599 »Pavans, Galliards, Almains, and Other Short Aers« für 5 Instr.

Holbrooke, Joseph Ch., engl. Komponist, * 5. 7. 1878 Croydon, † 5. 8. 1958 London. Schüler von F. Corder (Komposition) u. Westlake (Klavier) an der Royal Academy of Music.

H. komponierte u. a. die Operntrilogie *The Cauldron of Annwen* nach walisischen Legenden (1. *The Children of Don*, 2. *Dylan, Son of the Wave*, 3. *Bronwen*), Ballette, Tondichtungen, 5 Sinfonien u. Kammermusik.

Hollaender, Friedrich, dt. Komponist, * 18. 10. 1896 London, † 18. 1. 1976 München. Sohn des Operettenkomponisten Victor H. Studierte an der Berliner Musikhochschule u. wandte sich der Unterhaltungsmusik zu.

H. komponierte neben Revuen u. Kabarettchansons Filmmusiken, u. a. zu »Der blaue Engel« mit der weltberühmten, von Marlene Dietrich gesungenen Nummer *Ich bin von Kopf bis Fuß auf Liebe eingestellt* sowie gemeinsam mit O. Bienert u. A. Strasser zu »Das Spukschloß im Spessart«. Veröffentlichte 1965 »Von Kopf bis Fuß. Mein Leben mit Text und Musik«.

Holliger, Heinz, schweiz. Oboist u. Komponist, * 21. 5. 1939 Langenthal. Schüler von Sándor Veress (Komposition), E. Cassagnaud (Oboe) u. S. Savoff (Klavier) in Bern, P. Pierlot (Oboe) u. Y. Lefébure (Klavier) in Paris sowie P. Boulez (Komposition) in Basel. Mehrfacher Preisträger u. einer der weltbekanntesten Virtuosen auf seinem Instrument. Als Komponist ist er musikalisch von A. Webern u. literarisch von G. Trakl u. N. Sachs beeinflußt. Erforscht neue Klangfarben u. arbeitet mit teilweise so komplexen Klängen, daß er sich bereits dem Geräusch nähert. In der Struktur seiner Werke finden sich kabbalistische Zahlenspiele.

H. komponierte u. a. *Der magische Tänzer*, 2 Szenen für 2 Sänger, 2 Tänzer, 2 Schauspieler, Chor, Orch. u. Tonband (1963–65) u. die Kurzoper *Kommen u. gehen* auf Text von S. Beckett (1978); die Orchesterwerke *Pneuma* für Bläser, Schlagzeug, Org. u. Radios (1970) u. *Atembogen* (1974–75); *Siebengesang* für Ob., Orch. Singst. u. Lautsprecher (1966–67); die Vokalwerke *Erde u. Himmel*, kleine Kantate für T., Fl., V., Va., Vc. u. Hf., (1961), *Schwarzgewobene Trauer*, Kammerkantate für S., Ob., Vc. u. Cemb. (1961–62), *Vier Miniaturen* für S., Ob. d'amore, Celesta u. Hf. (1962–63), *Glühende Rätsel* für A. u. 10 Instr. (1964), *Dona Nobis Pacem* für 12 Singst. a cappella (1968–69), Psalm für gem. Chor a cappella (1971); Kammermusikwerke wie *Elis*, 3 Nachtstücke für Kl. (1961, Orchesterfassung 1963, revidiert 1973), *Mobile* für Ob. u. Hf. u. Sequenzen über Johannes I,32 für Hf. (1962), Trio für Ob., Va. u. Hf. (1966), *h* für Bläserquintett (1968), *Cardiophonie* für 1 Bläser u. 3 Magnetophone (1971), *Kreis* für 4–7 Spieler (1971–72) u. Streichquartett (1973).

Holmboe, Vagn, dän. Komponist, * 20. 12. 1909 Horsens, Jütland. Schüler von F. Høffding in Kopenhagen u. E. Toch in Berlin. 1950–65 Professor am Konservatorium in Kopenhagen. In seinen Kompositionen tonal u. von B. Bartók sowie der rumän. Folklore beeinflußt.

Zu H. Werken gehören die Oper *Lave og Jon* (1946), die Kammeroper *Kniven* (1963), je 10 Sinfonien, Kammerkonzerte u. Streichquartette sowie *Requiem for Nietzsche* für Soli, Chor u. Orch. (1964).

Holoubek, Ladislav, slowak. Komponist u. Kapellmeister, * 13. 8. 1913 Prag. 1926–33 Schüler von A. Moyzes an der Musikakademie in Bratislava u. 1934–36 von V. Novák in Prag. Operndirigent in Bratislava u. ab 1966 in Košice.

H. komponierte hauptsächlich Opern, von denen *Svitanie* (1941), *Tužba* (1944) u. *Professor Mamlock* (1965) erwähnt seien.

Holst, 1. Gustav Th., engl. Komponist, * 21. 9. 1874 Cheltenham, † 25. 5. 1934 London. Schüler von Ch. Stanford am Royal College of Music in London. Ab 1905 Musiklehrer an St. Paul's Girls' School, ab 1907 Musikdirektor am Morley College u. ab 1919 Kompositionslehrer am Royal College of Music.

Zu H. Kompositionen gehören die Bühnenwerke *Savitri*, Kammeroper (1908), *The Perfect Fool* (1921), *At the Boar's Head* (1924) u. *The Tale of the Wandering Scholar* (1929); die Ballette *The Golden Goose* (1926) u. *The Morning of the Year* (1927); die Vokalwerke *The Hymn of Jesus* (1917), *Ode to Death* (1919), *First Choral Symphony* für S. u. gem. Chor (1923–24) u. *Choral Fantasia* für S., gem. Chor, Org., Blechbläser, Streicher u. Schlagzeug (1930); die Orchesterwerke *Somerset Rhapsody* (1907), *St. Paul's Suite* für Streicher (1913), *The Planets* (1914–16), *Egdon Heath* (1927), *A Fugal Concerto* für Fl., Ob. u. Streicher (1923), Concerto für 2 V. u. Orch. (1929), Musiken für Militärkapelle; Kammermusik u. Lieder. Lit.: I. Holst, G. H., Oxford 1938, London 1958; dies., A Thematic Catalogue of G. H.'s Music, London 1974.

2., Imogen, Tochter von 1., engl. Komponistin, Pianistin u. Musikschriftstellerin, * 12. 4. 1907 Richmond. Schülerin ihres Vaters u. Studentin des Royal College of Music. Komponierte hauptsächlich Klavierstücke, Lieder, arrangierte Volkslieder u. schrieb mehrere Bücher über ihren Vater. Mitarbeiterin von B. Britten, insbesondere bei seinen Bearbeitungen, Editionen u. Buchveröffentlichungen.

Holzbauer, Ignaz, österr. Komponist, * 17. 9. 1711 Wien, † 7. 4. 1783 Mannheim. Schloß seine musikalische Ausbildung in Venedig ab, wurde Kapellmeister des Grafen Rottal in Mähren u. kam über Wien u. Stuttgart an den Mannheimer Hof.

H. komponierte neben einer Reihe von ital. Opern, darunter *La clemenza di Tito* (1757), die dt. Oper *Günther von Schwarzburg* (1776), die Oratorien *La passione di Gesù Christo* (1754), *Isacco* (1757), *La Betulia liberata* (1760) u. *Il giudizio di Salomone* (1766). Außerdem schrieb er 65 ganz unter dem Einfluß von J. Stamitz stehende Sinfonien, Divertimenti, Konzerte u. Kammermusik sowie mehrere kirchenmusikalische Werke.

Homilius, Gottfried August, dt. Komponist u. Organist, * 2. 2. 1714 Rosenthal, † 5. 6. 1785 Dresden. Schüler von J. S. Bach, ab 1742 Organist an der Frauenkirche in Dresden u. ab 1755 Kantor an der Kreuzschule u. Musikdirektor der drei Hauptkirchen. Zu seinen Schülern gehörten J. A. Hiller, J. F. Reichardt u. D. G. Türk.

H. komponierte Motetten, Orgelwerke, 1 Passion, 1 Weihnachtsoratorium u. *Sechs dt. Arien für Freunde ernsthafter Gesänge*.

Homophonie (griechisch: »Gleichklang«), ursprünglich Gleichklang aller Stimmen oder Instrumente. Seit dem 18. Jh. Bezeichnung für den funktional-harmonischen Melodiesatz, bei dem die Hauptstimme von einem Akkordgefüge begleitet wird. Den Gegensatz zur H. bildet die → Polyphonie.

Honegger, Arthur, schweiz. Komponist, * 10. 3. 1892 Le Havre, † 27. 11. 1955 Paris. Studierte in Zürich bei F. Hegar u. in Paris bei L. Capet (Geige), A. Gédalge (Theorie), Ch. Widor (Komposition) u. V. d'Indy (Orchesterleitung). Lebte in Paris als freischaffender Komponist u. gehörte zur Groupe des → Six mit ihrem Wortführer J. Cocteau. Trat erstmals mit einer Violinsonate (1916) hervor, ließ im Jahr darauf ein Streichquartett folgen u. etablierte sich 1918 mit der Bühnenmusik zu P. Mérals »Le dit des jeux du monde«. 1921 komponierte er auf ein Libretto von R. Morax *Le Roi David,* der heute meistens konzertant mit Zwischentexten aufgeführt wird. 1926 Heirat mit der franz. Pianistin u. Komponistin Andrée Vaurabourg, die ihm eine kongeniale Interpretin seiner Kompositionen war. Während des 2. Weltkrieges betätigte sich H. zeitweise als Musikkritiker u. gab Kompositionsunterricht an der École Normale de Musique. Daneben trat er häufig als Dirigent u. Pianist auf. In seiner Musik verbinden sich alemannische u. franz. Einflüsse. I. Strawinsky, A. Schönberg u. sein Mitschüler D. Milhaud haben seinen Stil weitgehend mitgeprägt. Wichtigstes Anliegen war ihm, eine Musik zu schreiben, die für die große Masse der Hörer verständlich und doch nicht banal sein sollte. Zwölftontechnik lehnte er ebenso ab wie jedes andere Dogma. Tonalität, Polytonalität, Polyphonie u. Jazz waren ihm nichts weiter als Elemente, mit denen er sich selber auszudrücken versuchte. Dabei galt sein Hauptaugenmerk den melodischen u. rhythmischen Verhältnissen.

Zu H. umfangreichem Werk gehören szenische Arbeiten wie *Le Roi David* (1921), *Antigone* (1924–27), *Judith* (1926), *Les aventures du Roi Pausole* (1930), *Cris du monde* (1931), *La belle de Moudon* (1933), *Jeanne d'Arc au bûcher,* szenisches Oratorium nach Text von Claudel (1934–35), *L'aiglon,* gemeinsam mit J. Ibert (1935), *Les mille et une nuits* (1937), *Les petites Cardinal* (gemeinsam mit Ibert, 1937), *Nicolas de Flue* (1939) u. *Charles le Téméraire* (1943–44); die Ballette *Vérité-Mensonge* u. *Horace victorieux* (1920), *Les mariés de la Tour Eiffel* (Gemeinschaftskomposition der fast vollständigen Groupe des Six für die Ballets Suédois, 1921), *Skating Rink* (ebenfalls für die Ballets Suédois, Ausstattung F. Léger, 1921), *Sous-marine* (1924), *Rose de métal* (1928), *Un oiseau blanc s'est envolé* (1937), *Le cantique des cantiques* (1937), *L'appel de la montagne* (1945), *Chota Roustaveli* (gemeinsam mit T. Harsány u. A. Tscherepnin für S. Lifar, 1946) u. die Ballett-Melodramen nach Vorlagen von Valéry: *Amphion* (1929) u. *Sémiramis* (1931); die Vokalwerke *Cantique de Pâques* für Soli, Frauenchor u. Orch. (1918), *Cantique des cantiques* für Chor u. Orch. (1926), *La danse des morts* nach einem Text von Claudel für Soli, Chor u. Orch. (1938), *Chant de libération* für Bar., Chor u. Orch. (1942) u. *Cantate de Noël* (1953); die Orchesterwerke *Pastorale d'été* u. *Horace victorieux, Symphonie mimée* (1920), 3 Mouvements symphoniques (1. *Pacific 231,* 1923, 2. *Rugby,* 1928, u. 3. 1932–33), 5 Sinfonien (1. 1930, 2. für Streichorch. u. Trp., 1941, 3. *Liturgique,* 1945–46, 4. *Deliciae Basilienses,* 1946, u. *Di tre re,* 1951), *Nocturne* (1936), *Prélude, arioso et fugue sur le nom de Bach* (1936), *La construction d'une cité* (gemeinsam mit Milhaud, 1937), *Suite Jour de fête Suisse* (1943), *Sérénade à Angélique* (1945), *Monopartita* (1951), *Suite archaïque* (1952); die konzertanten Werke *Entrée, nocturne et berceuse* für Kl. u. Kammerorch. (1919), Concertino für Kl. (1925), Cellokonzert (1934) u. Concerto da camera für Fl., Englischhorn u. Streicher (1948); an Kammermusikwerken 3 Streichquartette (1916–17, 1934–35, 1936), Rhapsodie für 2 Fl., Klar. u. Kl. (1917), 2 Violinsonaten (1916–18 u. 1919), je 1 Cello- u. Bratschensonate (1920), je 1 Sonatine für 2 V. (1920), Klar. u. Kl. (1922), V. u. Vc. (1932), Sonate für V. solo (1940) sowie Klavierstücke. Außerdem komponierte H. Lieder für St. u. Orch. u. St. u. Kl. u. *Sortilèges* für Ondes Martenot. Nachdem er zum Kreis um Cocteau gehörte, das elegante Paris kannte, Gide, Claudel, Valéry, Jacob, Giraudoux u. a. zu seinen Freunden zählte, erhielt H. immer wieder Aufträge zu Bühnenmusiken, von denen nur einige erwähnt seien: »Phaedre« von d'Annunzio (1926), »Le soulier de satin« von Claudel (1943), »Hamlet« in einer Übersetzung von Gide zur Eröffnung des Théâtre Marigny durch die Truppe J.-L. Barrault (1946) u. »Œdipe-Roi« (1948). Von seinen zahlreichen Filmmusiken sind die für A. Gances »La roue« (1923) u. »Napoléon« (1927) erwähnenswert.

H. veröffentlichte »Incantations aux fossiles« (Lausanne 1948, dt. »Beschwörungen«, Bern 1955) u. »Je suis compositeur« (Paris 1951, dt.: »Ich bin Komponist«, Zürich 1952).

Lit.: Roland-Manuel, A. H., Paris 1925; J. Bruyr, H. et son œuvre, Paris 1947; W. Tappolet, A. H., Zürich 1954; J. Feschotte, A. H., Paris 1966; J. Maillard u. J. Nahoum, Les symphonies d'A. H., Paris 1974.

Hook, James, engl. Organist u. Komponist, * 3. 6. 1746, wahrscheinlich Norwich, † 1827 Boulogne. Schüler von Garland u. Burney. Zeitweise Organist u. Komponist an Marylebone Gardens u. Vauxhall Gardens.

H. komponierte 29 englische Singspiele u. Opern, Lieder, Konzerte u. veröffentlichte eine zweiteilige Klavierschule »Guida di musica« (um 1785 u. um 1794).

Hopak oder **Gopak,** aus der Ukraine u. Weißrußland stammender schneller zweizeitiger Tanz. Kommt wiederholt bei M. Mussorgskij vor.

Hopkins, Antony (eigtl. Reynolds), engl. Pianist, Komponist u. Dirigent, * 21. 3. 1921 London. Studierte am Royal College of Music in London bei C. Smith u. G. Jacob u. gehörte gemeinsam mit M. Tippett zum Lehrkörper von Morley College. Komponierte Film-, Hörspiel- u. Bühnenmusiken, u. a. für eine Produktion »Dr. Faustus« des Old Vic.

Zu H. Kompositionen gehören die Bühnenwerke *Lady Rohesia* (1948), *The Man from Tuscany* (1951), *Ten o'clock Call* (1956), *A Time for Growing* (1967), Kammeropern, Kinder- u. Jugendopern, Ballette, Kammermusik u. Lieder. Wurde insbesondere durch seine BBC-Reihe »Talking About Music« bekannt.

Horn, 1. Karl Friedrich, dt. Organist u. Komponist, * 13. 4. 1762 Nordhausen, † 5. 8. 1830 Windsor. Ließ sich 1782 in London nieder, wurde Musiklehrer der Königin Charlotte u. der Prinzessin Augusta Sophia, ab 1824 Organist der St. George's Chapel in Windsor. Gab gemeinsam mit S. Wesley J.S. Bachs *Wohltemperiertes Klavier* 1810 in England heraus.

Zu H. Kompositionen gehören Klaviersonaten u. 12 Variationen für Kl. mit Fl. oder V.

2. Charles Edward, Sohn von 1., engl. Sänger u. Komponist, * 21. 6. 1786 London, † 21. 10. 1849 Boston. Sang den Kaspar in der Londoner Erstaufführung von C.M. von Webers *Freischütz*. Komponierte an die 30 engl. Singspiele, von denen er einige auch in Amerika herausbrachte, wo er ab 1847 als Leiter der Handel and Haydn Society in Boston lebte. Zu seinen weiteren Werken gehören Oratorien, 1 Kantate, Lieder u. Bearbeitungen.

Hot (engl.: »heiß«), besondere Tongebung auf den Blasinstrumenten des Jazz u. leicht verschobene Rhythmik (→ Off-Beat). Daneben auch Bezeichnung für alle frühen Jazzstile bis hin zum Swing.

Hothby (Ottobus), John, engl. Theoretiker u. Komponist, † vor dem 6. 11. 1487, wahrscheinlich in England. Um 1440 in Florenz u. 1467–86 in Lucca nachgewiesen. Folgte einem Ruf Heinrichs VII. 1486 nach England, wo er 1487 starb. Zu seinen theoretischen Schriften gehören »Ars musica«, »Dialogus in arte musica«, »La Calliope legale«, »Regulae super proportionem« u. »Tractatus quarundam regularum artis musices«. In einem der Manuskripte sind geistliche u. weltliche Kompositionen von H. enthalten.

Hotteterre, Jacques M., franz. Flötist u. Komponist, * um 1684 Paris, † 16. 7. 1762 ebd. Stammt aus einer bekannten Musiker- u. Instrumentenmacherfamilie. Trat 1705 in den Dienst des franz. Hofes. Gilt mit seinen beiden Abhandlungen »Principes de la flûte traversière ou flûte d'Allemagne ...« (Paris 1707) u. »L'art de préluder sur la flûte traversière ...« (Paris 1719) als der Begründer der franz. Flötenschule. Komponierte eine Vielzahl von Stücken für sein Instrument.

Hovhaness, Alan S., amer. Komponist armenischer Herkunft, * 8. 3. 1911 Sommerville, MA. Schüler von A. Proctor u. H. Gebhard (Klavier) u. F. Converse (Komposition). Nahm 1942 an einem Kurs von B. Martinů in Tanglewood teil. 1948–51 Lehrer am Konservatorium in Boston, 1956–57 an der Eastman School of Music in Rochester. Seither hat H. mehrere Weltreisen unternommen u. sich insbesondere mit orientalischer Musik beschäftigt. Seine Werke sind stark von östlichem Denken geprägt.

Zu H. Kompositionen gehören eine Reihe einaktiger Bühnenwerke, die Ballette *Circe* (1963) u. *Myth of a Voyage* (1973) für M. Graham, bis 1973 24 Sinfonien, Konzerte, Kammermusik u. Vokalwerke, u.a. *And God Created Great Whales* für Buckelwal u. Orch. (1970).

Hrisanide, Alexandru, rumän. Komponist, * 15. 6. 1936 Petrila. Schüler des Bukarester Konservatoriums u. von N. Boulanger am Conservatoire Américain in Fontainebleau.

H. komponierte Orchesterwerke wie *Vers – Antique, Hommage à Euripide* (1960), Konzert für Orch. (1964) u. *Ad perpetuam rei memoriam* (1968), Vokalwerke wie die Kantate *C'ETAIT issu stellaire* für Männerchor, Org. u. Orch. (1965), Kammer- u. Klaviermusik, u.a. *Hommage à Bartók, Enesco, Schönberg*.

Hristić, Stevan, jugoslaw. Komponist, * 19. 6. 1885 Belgrad, † 21. 8. 1958 ebd. Schüler von St. Krehl (Kompositon) u. A. Nikisch (Dirigieren) in Leipzig. Gehört zu den Mitbegründern der Belgrader Philharmonie, die er bis 1934 leitete. Daneben 1924–35 Operndirektor des Nationaltheaters u. 1937–50 Professor für Komposition an der Staatlichen Musikakademie in Belgrad.

Zu H. Kompositionen gehören das Musikdrama *Suton* (1925, revidiert 1954), das Ballett *Ohridska legenda* (1947, revidiert 1958) u. das Oratorium *Vaskrsenje* (1912), außerdem Kirchenmusik, Chöre u. Lieder.

Hubay, Jenő, ungar. Geiger u. Komponist, * 15. 9. 1858 Budapest, † 12. 4. 1937 ebd. Sohn des Kapellmeisters u. Geigers Karl H., Schüler von J. Joachim in Berlin, 1882 Professor für Violine am Konservatorium in Brüssel u. ab 1886 als Nachfolger seines Vaters in Budapest. Das von ihm gegründete Streichquartett wurde besonders von J. Brahms geschätzt. Zu seinen Schülern gehörten J. Szigeti u. J. d'Aranyi. H. komponierte mehrere Opern, eine *Petőfi-Sinfonie* für Soli, Chor u. Orch., 4 Violinkonzerte u. Kammermusik. Nachdem er sich in Paris mit H. Vieuxtemps angefreundet hatte, vervollständigte er dessen nachgelassene Werke u. gab sie heraus.

Huber, Hans, schweiz. Komponist, * 28. 6. 1852 Eppenberg, † 25. 12. 1921 Locarno. Schüler des Leipziger Konservatoriums 1870–74, ließ sich 1877 in Basel nieder, wo er 1889 Lehrer u. 1896–1918 Direktor an der Allgemeinen Musikschule war. Seine Werke sind von J. Brahms u. F. Liszt beeinflußt.

Zu H. Kompositionen gehören 8 Sinfonien programmatischen Inhalts, 4 Klavierkonzerte, 1 Violinkonzert, Oratorien, Messen u. Kammermusik.

Huber, Klaus, schweiz. Komponist, * 30. 11. 1924 Bern. Sohn eines Schul- u. Kirchenmusikers. Studierte bei W. Burkhard in Zürich u. B. Blacher in Berlin. 1964–75 Leiter der Kompositions- u. Instrumentationsklasse an der Musikakademie der Stadt Basel, ab 1973 Nachfolger W. Fortners an der Musikhochschule in Freiburg im Breisgau. Seine Kompositionen sind von der 2. Wiener Schule u. postseriellen Tendenzen beeinflußt, wobei A. Webern die beherrschende Kraft ist. H. Werke zeichnen sich vor allem durch ein schwebendes Gleichgewicht u. eine extrem verfeinerte Klangerfahrung aus, die auch auf den Kreis um H. Holliger ausstrahlt.

Zu H. Werken gehören die Oper *Jot oder Wann kommt der Herr zurück?* (1972–73); die Orchesterstücke Invention u. Choral (1956), *Cantio-Moteti-Interventiones* (1963), *Alveare Vernat* für Fl. u. 12 Solo-Streicher (1965, davon Fassung für Fl. solo 1965 u. Fl. u. Streichorch. 1967), *James Joyce Chamber Music* und *Tenebrae* (1966–67), *Tempora*, Konzert für V. u. Orch. (1969–70), *Turnus* für 1 Dirigenten, 1 Inspizienten, Sinfonieorch. u. Tonband (1973–74); die Vokalwerke *Marienhymnus: Quem terra* für kleinen gem. Chor, Soli u. 6 Instr. (1955), *Te Deum Laudamus deutsch* für 3–5st. gem. Chor a cappella u. Einzelst. (1955–56), *Oratio Mechtildis* für Kammerorch. u. A. (1956–57), *Des Engels Anredung an die Seele*, Kammerkantate für T., Fl., Klar., Horn u. Hf. (1957), *Cuius Legibus Rotantur Poli* für S., B., Chor u. großes Orch. (1959–60), *Soliloquia*, Oratorium für S., A., T., B., 2 Chöre u. großes Orch. (1959–64) u. *Kleine Deutsche Messe* für Chor, Gemeinde, Org. u. Streichtrio mit Hf. (1969, daraus verschiedene Nebenfassungen), ... *inwendig voller figur* ... für Chorst., Lautsprecher, Tonband u. großes Orch. (1970–71), *Hiob 19* für Chorstimmen u. 9 Instrumentalisten (1971) u. ... *Ausgespannt* ..., geistliche Musik für hohe Bar.-St., 5 Instrumentalgruppen, Org., Lautsprecher u. Tonband (1972); Kammermusik, u.a. *Concerto per la Camerata* für 6 Instr. (1954–55), *Noctes intelligibilis lucis* für Ob. u. Cemb. (1961), *Moteti-Cantiones* für Streichquartett (1962–63, Teil des Orchesterwerkes *Cantio-Moteti-Interventiones* 1963), *Askese* für Fl., Sprecher u. Tonband (Text G. Grass, 1966), *Sabeth* für Altfl., Englisch Horn u. Hf. (1966–67), *Ascensus* für Fl., Vc. u. Kl. (1969) sowie die Zyklen *Ein Hauch von Unzeit I, II* u. *III* (alle 1972, 1. für Fl. solo oder mit anderen Instr., 2. für Kl., 3. für 2–7 Spieler).

Huber, Nicolaus, dt. Komponist, * 15. 12. 1939 Passau. Studierte 1958–62 Schulmusik in München, anschließend Komposition bei F. X. Leher u. G. Bialas, Klavier bei O. Koebel. 1965–66 Zusammenarbeit mit J. A. Riedl im Elektronischen Studio München, 1967–68 Studien bei L. Nono in Venedig u. Kompositionskurs bei K. Stockhausen. Ab 1969 Dozent an der Folkwang-Hochschule in Essen, dort seit 1975 Professor für Komposition. Entwickelte sich von der seriellen Kompositionstechnik zu leichter faßbaren u. politisch beeinflußten Arbeiten.

Zu H. Werken gehören *Mimus* für 7 Blechbläser, Kl. u. Schlagzeug u. Streichquartett *Informationen über e–f''* (1967); *Parusie* für großes Orch. u. Lautsprecheranlage u. *von ... bis* für Va., Kl., Harmonium u. Schlagzeug (1968); *Versuch über Sprache* für 16 Solo-St., Tonband, Hammondorg. u. Kb. (1970), *Banlieue, Sprechchor-Augenmusik* (1970), *Darabukka* für Kl. u. *Gespenster* für Sänger/Sprecher, Tonband u. Orch. (1976).

Hüllkurve nennt man die das Schwingungsbild eines Klanges einhüllende Kurve, die damit die Dynamik eines Klangvorganges wiedergibt. Besonders in der elektronischen Musik von Bedeutung.

Hüllmandel, Nicolas-Joseph, elsässischer Pianist u. Komponist, * 23. 5. 1756 Straßburg, † 19. 12. 1823 London. Schüler von C. Ph. E. Bach in Hamburg. Ließ sich nach ausgedehnten Reisen in Paris nieder, wo er als Klavierlehrer angesehen war. Übersiedelte 1790 nach London.

H. komponierte Sonaten für sein Instrument u. veröffentlichte »Principles of Music« u. »Instructions for the Pianoforte«.

Hünten, Franz, dt. Pianist u. Komponist, * 26. 12. 1792 Koblenz, † 22. 2. 1878 ebd. Sohn des Organisten Daniel H. Studierte in Paris bei A. Reicha, L. B. Pradher u. L. Cherubini am Conservatoire u. lebte dort anschließend als gesuchter Klavierlehrer.

H. komponierte neben dem *Trio concertante* für Klaviertrio hauptsächlich Salonmusik u. veröffentlichte eine »Méthode nouvelle pour le piano«.

Hüttenbrenner, Anselm, österr. Komponist, * 13. 10. 1794 Graz, † 5. 6. 1868 Ober-Andritz. 1815–19 Schüler von A. Salieri in Wien, wo er L. van Beethoven u. F. Schubert freundschaftlich verbunden war. Komponierte Opern, Kirchenmusiken, 6 Sinfonien, Kammermusik u. Lieder. Veröffentlichte »Erinnerungen an Schubert« u. hatte das Autograf von dessen *Unvollendeter* in seinem Besitz.

Hug & Co., schweiz. Musikverlag, hervorgegangen aus der 1791 von H. G. Nägeli in Zürich gegründeten Musikalienhandlung. 1817 in Gebrüder H. umbenannt. Das besondere Augenmerk des Verlages gilt der Chormusik. Seit 1876 erscheint dort die »Schweiz. Musik-Zeitung« u. seit 1937 das »Eidgenössische Sängerblatt«.

Humanismus, Bezeichnung für eine Geistesbewegung, die im 14. Jh. von Italien ausgehend ganz Europa erfaßte u. zur Grundlage der neuzeitlichen europäischen Kultur wurde. Der H. setzte sich die Rückkehr »ad fontes«, zu den Quellen, als Ziel, womit die Antike gemeint war. In der Musik wurde die Vorherrschaft der Theoretiker durch den Komponisten abgelöst, der sich bemühte, die Regeln der Dichtungstheorie auf die Musik zu übertragen. Aus der Kenntnis der antiken Versmaße erhielten Schulmusik u. Musikdrama Anregungen, die Rückwendung zur instrumental begleiteten Monodie führte im Kreis der → Camerata zur Geburt der Oper.

Humble, Keith, austral. Komponist, Pianist u. Dirigent, * 6. 9. 1927 Geelong, Victoria. Schüler des University of Melbourne Conservatorium u. der Royal Academy of Music in London, wo V. Langrish, P. Steinitz u. H. Ferguson zu seinen Lehrern zählten. 1951 weitere Studien an der Pariser École Normale de Musique u. Privatunterricht bei R. Leibowitz, dessen Assistent H. wurde. Gründete 1960 das Centre de Musique im American Arts Centre in Paris. Gab Konzerte zeitgenössischer Musik u. trat als Pianist auf. 1966 Berufung an die Musikfakultät der Universität von Melbourne, wo er auch ein Experimentalstudio für elektronische Musik gründete. Seither verschiedene Gastprofessuren in den USA. H. Musik zeigt in den frühen Stücken wie Streichtrio (1953), Klaviersonate u. *Fragments of War Poems* für S. u. Instr. (1959) deutlich den Einfluß von Leibowitz u. der 2. Wiener Schule. Spätere Arbeiten befassen sich stärker mit Klangfarben, u. seit der Beschäftigung mit Werken von Ch. Ives u. E. Varèse kommen Schichtungen u. Collagetechnik dazu. Außerdem experimentiert H. mit elektronischer Musik. Seine Werke teilt er selber in *Monument music* (durchkomponierte Stücke traditioneller Struktur), *Furniture music* (Gelegenheits- oder Experimentalwerke) u. *Theatre works* ein. Gemeinsam mit Marc'O entstanden surrealistische Theaterhappenings wie die von P. Albert-Birot inspirierten »Nuniques«.

Zu H. Werken gehören neben den bereits erwähnten *Folio Nr. 1* u. *2* für Kl. (1953–59 u. 1954); *Music for Monuments* für Instr. u. Stimmen sowie Tonband (1967); *Materials for La rountala* für 22 Solostreicher (1968); *Trois poèmes à crier et à danser* für Chor u. Spielzeuginstr. (1968); *Solfège I* u. *II* für Instr. u. Elektronik (1968 u. 1969); *Nunique I, II* u. *III* (1968 u. 1969); *Arcade Ia* für Org. Schlagzeug u. Tonbänder, *Ib* für Tonband, *Arcade II* für Kl., *Arcade III* für Fl. u. Elektronik, *Arcade IV* für Git. u. Schlagzeug, *Arcade V* für Orch. (alle 1969); *Trois poèmes d'amour* für T. u. Kl. u. *La légende*, Kantate für Solo-St., Chor, Elektronik u. Instr. (1970); *Statico I* für Org. u. 2 Synthesizer, *A Music for Baroque Ensemble* für Cemb., Fl., Ob. u. Kb., *The Seasons*, Haikus für 4 Chöre, *Nunique VI* u. *Now V*, Oper (1971); *Statico II* für Org. (1972); *Statico III* für Orch. (1972–73); *Arcade V* für Orch. u. die elektronischen Stücke *Parodie* (1972); *Prime* (1974 u. 1975) sowie *Treatments 1-20*, Tonbandmusik, gespielt von Jean-Charles François u. H. (1973–74). In neuerer Zeit entstanden die 2. Klaviersonate (1977); *Ceremonial Music* für Tonband (1977); *Ceremonial Music Too* (1978); *Extensions to Treatments* für Pos., Kl., Vc. u. Tonband; *A. C. C. J.* für Chor u. Trio für Klar., V. u. Kl. (1979).

Humel, Gerald, amer. Komponist, * 7. 11. 1931 Cleveland OH. Schüler von H. Elwell u. W. Aschaffenburg am Oberlin College, E. Siegmeister an der Hofstra University, H. Howells am Royal College of Music in London, R. L. Finney u. R. Gerhard an der University of Michigan sowie von B. Blacher u. J. Rufer in Berlin, wo er heute als freischaffender Komponist lebt.

Zu H. vorwiegend mit Hilfe der Zwölftontechnik komponierten Werken gehören die Oper *The Triangel* (1955); die Kammeroper *The Proposal* (1950); die Ballette *Devil's Dice* (1957), *Erste Liebe* (1966), *Herodias* (1967), *Die Folterungen der Beatrice Cenci* (1971), *Lilith* (1972); Konzert für Fl. u. Orch. (1961); Kammerkonzert für Horn, Kl. u. Streicher (1965); *Flashes* für Kammerensemble (1968) u. *Demno* für Vc. u. Ensemble (1969); Kammermusikwerke, u. a. Präludium u. Scherzo für Fl. u. Klarinettensonate (1960), Sonate für V. solo u. Duo für Va. u. Vc. (1963), 2 Violinsonaten (1961 u. 1967), Cellosonate u. Trio für Fl., Va. u. Vc. (1964).

Humfrey, Pelham, engl. Komponist, * 1647, † 14. 7. 1674 in Windsor. 1660 Chorknabe der Chapel Royal unter H. Cooke u. 1672 nach Studien in Italien u. Frankreich dessen Nachfolger als Master of the Children, zu denen auch H. Purcell gehörte.

H. komponierte Bühnenmusiken, u. a. zu Shakespeares »The Tempest«, Anthems u. Lieder.

Hummel, Johann Julius (1728–1798), gründete 1756 einen Musikverlag mit angeschlossener Musikalienhandlung in Amsterdam, dem er 1770 einen weiteren in Berlin folgen ließ. Er hatte als Verleger von Werken J. Haydns eine gewisse Bedeutung.

Hummel, Johann Nepomuk, österr. Komponist u. Pianist, * 14. 11. 1778 Preßburg, † 17. 10. 1837 Weimar. Sohn des Musikmeisters Johannes H., Schüler von W. A. Mozart, J. G. Albrechtsberger, A. Salieri u. M. Clementi. Gefeierter Konzertpianist u. später Dirigent. 1804–11 Kapellmeister beim Fürsten Esterházy, 1816–18 Hofkapellmeister in Stuttgart u. ab 1819 in Weimar, wo er zum Freundeskreis um Goethe zählte. Zu seinen Schülern gehörten C. Czerny, F. von Hiller, A. von Henselt u. S. Thalberg.

H. komponierte Opern, Ballette, Kirchenmusik, 7 Klavierkonzerte, Kammermusik u. Klavierstücke, arrangierte die Beethoven-Sinfonien für Kl. vierhändig u. veröffentlichte 1828 »Ausführliche Anweisung zum Pianofortespiel«.
Ein »Thematisches Verzeichnis der Werke von J. N. H.« gab D. Zimmerschied 1971 heraus.

Hummel, Joseph Friedrich, österr. Komponist, * 14. 8. 1841 Innsbruck, † 20. 8. 1919 Salzburg. Studierte in München u. war 1861–80 Theaterkapellmeister in verschiedenen Städten. 1880 Direktor des Mozarteums in Salzburg.

H. komponierte Kirchenmusik, Orchesterwerke, Konzerte, Kammermusik u. Lieder.

Humoreske, ein von R. Schumann mit seinem Klavierstück op. 20 in der Manier Jean Pauls eingeführte Bezeichnung. In der Folgezeit hauptsächlich im Sinn von → Charakterstück verwendet. Am bekanntesten ist die H. Nr. 7 aus A. Dvořáks op. 101.

Humperdinck, Engelbert, dt. Komponist, * 1. 9. 1854 Siegburg, † 27. 9. 1921 Neustrelitz. Studierte am Kölner Konservatorium bei F. Hiller, G. Jensen u. F. Gernsheim u. als Mozartstipendiat an der Königlichen Musikschule in München bei J. Rheinberger. Daneben nahm er Unterricht bei F. Lachner. Lernte R. Wagner in Neapel kennen u.

wurde 1880–82 sein Assistent in Bayreuth, wo er insbesondere an den Produktionsvorbereitungen zu *Parsifal* teilnahm. 1890–96 Lehrer am Dr. Hoch'schen Konservatorium in Frankfurt a. M. u. 1900–20 Leiter einer Meisterklasse für Komposition an der Königlichen Akademie der Künste in Berlin. Seine bekannteste Komposition ist die Märchenoper *Hänsel u. Gretel* auf einen Text seiner Schwester Adelheid Wette. Die Uraufführung in Weimar dirigierte 1893 R. Strauss. H. komponierte außerdem *Die sieben Geißlein* für Kl. u. Gesang (1895), das Melodram *Königskinder* (1897, umgearbeitet zur Oper 1908), die Märchenoper *Dornröschen* (1902), die Opern *Die Heirat wider Willen* (1905), *Die Marketenderin* (1914) u. *Gaudeamus* (1919), Bühnenmusiken, Chorwerke, 1 Humoreske (1880) u. die *Maurische Rhapsodie* (1898) für Orch., Kammermusik u. Lieder. Sein Sohn Wolfram H. gab 1965 die Biografie »Das Leben meines Vaters« heraus.

Humpert, Hans Ullrich, dt. Komponist, * 9. 10. 1940 Paderborn. Studierte an der Musikhochschule Köln Komposition bei R. Petzold u. elektronische Komposition bei H. Eimert, daneben Schulmusik u. Schlagzeug. Besuchte 1963 u. 1966 die Kurse G. Ligetis, H. Brüns u. L. A. Hillers in Darmstadt. Gründete 1969 mit B. Dimov, G. Höller, G. Kröll, H. M. Lonquich, M. Niehaus u. R. Riehm die Komponistenvereinigung Gruppe 8 Köln, die sich mit Gemeinschaftskompositionen beschäftigt. 1972 wurde er als Nachfolger H. Eimerts zum Leiter des elektronischen Studios der Kölner Musikhochschule berufen.

Zu H. Kompositionen gehören *Erscheinungen eines Bachchorals* für 4 Spieler (1969); *Der Frieden*, Lied für S. u. elektronische Klänge (1969); *Quattro Notturni*, elektronische Stücke (1969); *Waves and Forms* für elektronische Klänge u. Jazzensemble (1969), für elektronische Klänge u. Ensemble der Gruppe 8 (1970), für elektronische Klänge u. Orch. (1971), für elektronische Klänge u. Vokalisten (1971); *Elektronische Musik für Osaka* (1971); *Synesis* für Synthesizer u. elektronische Org. (1971); *Das Ohr auf der Straße*, Stadtmusik zur Olympiade in Kiel (1972, gemeinsam mit G. Kröll u. M. Niehaus); *Electronic Maniac* für elektrisch verstärktes Vc., elektronische Org., Synthesizer u. elektronische Klänge (1973); *Assonanzen*, Motiv-aktionen für elektronische Klänge, elektrisches Vc., Synthesizer u. elektronische Org. (1976).

Verfaßte gemeinsam mit H. Eimert »Das Lexikon der elektronischen Musik« (Regensburg 1973, 2. Auflage 1977).

Hurník, Ilja, tschech. Pianist u. Komponist, * 25. 11. 1922 Poruba, Schlesien. Studierte am Prager Konservatorium Komposition bei V. Novák u. Klavier bei V. Kurz.

Zu H. Werken gehören die Oper *Dáma a lupiči* nach W. Roses »Ladykillers« (1966); Bühnen- u. Filmmusiken; *Kyklopes* für Orch. (1963); Konzert für Ob., Cemb. u. Streicher (1953); Konzert für Bläser u. Pauken (1956); Konzert für Ob. u. Orch. (1958); Kammermusikwerke, darunter *Esercizi* für Fl., Ob., Klar. u. Fag. (1959) u. *Moments musicaux* für 11 Bläser (1962); Vokalwerke u. Lieder.

Husa, Karel, amer. Komponist u. Dirigent tschech. Herkunft, * 7. 8. 1921 Prag. Studierte am Prager Konservatorium u. bei A. Honegger, N. Boulanger u. A. Cluytens in Paris. Lehrt seit 1954 an der Cornell University in Ithaca, leitet das Universitätsorchester sowie das Ithaca Chamber Orchestra.

Zu H. Kompositionen gehören *Divertimento für Streicher* (1948); *Portrait* für Streicher u. Sinfonie Nr. 1 (1953); *Fantasies* für Orch. (1956); Concertino für Kl. u. Orch. (1949); *Poem* für Va. u. Kammerorch. (1959); Concerto für Alt-Sax. u. Bläser (1967); *Concerto for percussion and wind ensemble* (1970–71); Kammermusik, darunter 3 Streichquartette (1948, 1953 u. 1968); Vokalmusik, u. a. *Apotheosis of this Earth* für Chor u. Orch. (1973).

Huygens, Constantin, Herr v. Zuyligem, holl. Dichter, Diplomat u. Musiker, * 4. 9. 1596 Den Haag, † 28. 3. 1687 ebd. Beherrschte die verschiedensten Musikinstrumente u. spielte anläßlich einer Englandreise Laute am Hof. Komponierte Vokal- u. Instrumentalwerke, von denen 1647 in Paris 20 Psalmen, 12 ital. Arien und 7 franz. Airs als »Pathodia sacra et profana« im Druck erschienen. Sein Sohn Christiaan H. war ein bedeutender Naturwissenschaftler.

Hymnus (griech.: festlicher, besonders kultischer Gesang), in der frühchristlichen Kirche Gesänge mit geistlichen Texten, die nicht aus der Hl. Schrift stammten. Seither hatte der H. einen festen Platz in der Liturgie. G. P. Palestrina veröffentlichte 1589 sogar ein Buch 4st. »Hymni totius anni«. In der engl. Musikgeschichte hat sich die Bezeichnung H. (Hymn) auch für größere Musikwerke, sogar für Oratorien, eingebürgert. In Zusammensetzung erscheint der Begriff als → Nationalhymne.

Hype, ein aus der Schlagerbranche stammender Ausdruck, der eine Form von Promotion meint, die mit unlauteren Mitteln Erfolge vortäuscht, die gar nicht vorhanden sind.

hypoäolisch, hypodorisch, hypoionisch, hypolydisch, hypomixolydisch, hypophrygisch → Kirchentöne

Hypotyposis (griech.: »Abbildung«), aus der Rhetorik auf die Vokalkomposition des 16. Jh. übertragene Bezeichnung für die Veranschaulichung des Textes durch musikalische → Figuren. Diese wurden auch in die Instrumentalmusik übernommen. So bewegt sich z. B. bei Textstellen wie »Er ist auferstanden« oder »hinabgefahren« die Melodie entsprechend nach oben oder unten.

Hz, Abkürzung für Hertz, → Frequenz

I

Ibert, Jacques F. A., franz. Komponist, * 15. 8. 1890 Paris † 5. 2. 1962 ebd. Studierte am Pariser Conservatoire bei A. Gédalge, J.-J. A. Roger-Ducasse, G. Fauré u. P. Vidal 1910–14. Gewann 1919 mit seiner Kantate *Le poète et la fée* den Rompreis, lebte anschließend als freischaffender Komponist, bis er 1937 in das Direktorium der Académie de France in Rom (Villa Medici) berufen wurde. Ab 1955 Direktor der Union des Théâtres Lyriques in Paris. I. verarbeitete in seinen eleganten Kompositionen Wesenszüge des sog. Impressionismus u. des Neoklassizismus. In der Form blieb er im Rahmen der Tradition.

Zu I. Werken gehören: die Opern *Angélique* (1927), *On ne saurait penser à tout* (1928), *Persée et Andromède* (1929), *Le roi d'Yvetot* (1930), *Gonzague* (1933), *L'aiglon* (gemeinsam mit A. Honegger, 1935) u. *Les petites Cardinal* (gemeinsam mit A. Honegger, 1937); die Ballette *Les rencontres* (1925), *L'éventail de Jeanne* (gemeinsam mit F. Schmitt, A. Roussel, M. Ravel, Roland-Manuel, D. Milhaud, M. Delannoy, F. Poulenc, G. Auric u. P.-O. Ferroud, 1927), *Diane de Poitiers* (1934), *Le chevalier errant* (1935) u. *Les amours de Jupiter* (1946); die Orchesterwerke *La ballade de la geôle de Reading* u. die beiden sinfonischen Suiten *Persée et Andromède* (1922), sinfonisches *Scherzo féerique* (1925), *Jeux* (1926), sinfonische Suite (1932), *Louisville-Concert* (1954), *Hommage à Mozart* (1955), *Bacchanale* (1956) u. *Bostoniana* (1963, postum); Konzerte für Vc. u. Bläser (1925), Altsax. u. kleines Orch. (1934), Fl. u. Orch. (1934) u. Symphonie concertante für Ob. u. Streicher (1951); Kammermusikwerke, u. a. *Trois pièces brèves* für Fl., O., Klar., Horn u. Fag. (1930) Capriccio für 10 Instr. (1938), Streichquartett (1943), Trio für V., Vc. u. Hf. (1944), *Deux interludes* für Fl., V. u. Cemb. (1948) u. *5 Pièces en trio* für Ob., Klar. u. Fag. (1953); Klavierstücke, Bühnen- u. Filmmusiken.

Ichiyanagi, Toshi, japan. Komponist, * 2. 4. 1933 Ashiya-Shi. Schüler von K. Hirao u. T. Ikenouchi, 1952–61 in den USA, wo ihn J. Cage u. A. Copland nachhaltig beeinflußten.

Zu I. Kompositionen gehören: *Music for Piano* Nr. 1–7 (1960–61); *Sapporo* für 15 Instrumentalisten (1962); *Life Music for Magnetic Tape, Orchestra and Electronic Sounds* (1964–66); *Appearance* für 3 Instr., 2 Oszillatoren u. 2 Ringmodulatoren (1967); *Music Project* Nr. 1 (1969).

Idée fixe nannte H. Berlioz das Kernthema, das er seiner *Symphonie fantastique* zugrunde legte u. in allen 5 Sätzen abwandelte. Außerdem spricht man auch bei einem zentralen Akkord von I. f.

Idiophone (griech.: »Eigenklinger«), Musikinstrumente, die, im Gegensatz zu Fellklingern, Saitenklingern u. Luftklingern, mit der Schwingung ihres eigenen Körpers Klänge hervorbringen. Dazu gehören Instrumente aus Holz, Stein, Metall u. Glas. I. aus Metall wie Glocken, Becken u. Gong erzeugen Klänge mit unharmonischen Teilfrequenzen.

IFPI, International Federation of Producers of Phonograms and Videograms, Weltverband für Tonträgerhersteller, gegründet 1934. Die Deutsche Landesgruppe IFPI e. V., Hamburg, nimmt die urheberrechtlichen Interessen der Tonträgerhersteller wahr, z. B. in Fragen der Gesetzgebung u. im Kampf gegen → Raubpressungen.

Igelhoff, Peter, dt. Komponist, * 22. 7. 1904 Wien, † 8. 4. 1978 Bad Reichenhall. Studierte in Wien u. London. Trat zum ersten Mal als Komponist u. Sänger im Berliner Kabarett der Komiker auf.

I. komponierte Schlager, Film- u. Fernsehmusiken sowie die Bühnenwerke *Ein Mann ohne Herz* (1938), *Mademoiselle Mama* (1949), *Eine Nacht mit Rosita* (1949), *Moral um Mitternacht* (1969) u. *Geld regiert die Welt* (1978). Seinen größten Erfolg hatte I. mit der Musik zu Käutners Film »Wir machen Musik« (1942).

IGNM, Internationale Gesellschaft für Neue Musik, gegründet im Anschluß an ein viertägiges Fest der Neuen Musik, das 1922 in Salzburg stattfand. Die IGNM machte sich zur Aufgabe, »die zeitgenössische Musik ohne Rücksicht auf ästhetische Tendenzen, Staatsangehörigkeit, Rasse, Religion oder politische Ansicht des Komponisten« zu fördern, u. veranstaltet deshalb jedes Jahr ein Weltmusikfest in einer anderen Stadt.

Iliev, Konstantin Nikolov, bulg. Komponist u. Dirigent, * 9. 3. 1924 Sofia. Schüler von P. Wladigeroff in Sofia u. A. Hába in Prag. Ab 1956 Leiter des Philharmonischen Orchesters in Sofia, eine Position, die er bis 1972 innehatte.

Zu I. Kompositionen gehören: die Oper *Bojanskijat majstor* (1962); 5 Sinfonien; Kammermusik, u. a. 4 Streichquartette; Filmmusiken.

Imbroglio (ital.: »Verwirrung«), rhythmische Verwicklung, die in Bühnenwerken einen entsprechenden Handlungsablauf widerspiegelt u. durch die Überlagerung verschiedener Taktarten erreicht wird. In der Musik des 20. Jh. auch als Effekt eingesetzt.

Imitation (lat.: »Nachahmung«), Satztechnik in der mehrstimmigen Musik, bei der erkennbare musikalische Motive oder Themen unverändert oder ähnlich von anderen Stimmen aufgegriffen werden. Diese Technik entwickelte sich von der einfachen Wiederholung zum → Kanon u. zum durchimitierten Stil, der das 16. Jh. beherrschte. Sie fand in der → Fuge der Instrumentalmusik ihre kunstvollste Ausprägung. Die I. kann auf derselben Tonstufe oder in anderen Intervallen einsetzen, sie kann als → Umkehrung, → Krebsgang oder dessen Umkehrung auftreten. Außerdem können die rhythmischen Werte verkürzt (→ Diminution) oder verlängert (Augmentation, → Vergrößerung) werden.

Imperfektion → Mensuralnotation

Impressionismus, ein von der franz. Kunstkritik in Anlehnung an C. Monets Bild »Impression – Soleil levant« erfundener Begriff, der auch auf die Musik C. Debussys, insbesondere seine *Images,* angewendet wurde. Gemeint war die Vernachlässigung von akademischer Form u. thematischer Durchführung zugunsten von Klangfarben. Fand in Analogie zur Kunstgeschichte Eingang in die Musikwissenschaft, ist aber als Stilbegriff unbrauchbar.

Impromptu (franz.: »unvorbereitet«, »improvisiert«), bezeichnete im 17. Jh. ein Stegreifgedicht oder eine Zwischenakteinlage, dann auch Kanons, die in Gesellschaft zum Zeitvertreib erfunden wurden, u. im 19. Jh. → Charakterstücke, hauptsächlich für Klavier, die so wirken sollten, als ob sie aus einem plötzlichen Einfall entstanden seien.

Improperien (lat. improperia: »Vorwürfe«), Klagen Christi, die mit »Popule meus« beginnen u. zur Karfreitagsliturgie der römisch-katholischen Kirche gehören. Eine I.-Bearbeitung von G. P. Palestrina wird in der Sixtinischen Kapelle gesungen.

Improvisation (von lat. improvisus: »unvorhergesehen«), das spontane Erfinden von Musik u. ihre gleichzeitige Umsetzung in Klänge. Konnte durch Vorgabe eines Themas u. Wahl einer Form zu überaus schwierigen u. virtuosen Darbietungen führen. Die Kunst der I. wurde sogar in regelrechten Wettkämpfen geübt. Sie erhielt sich am längsten bei den Organisten, die heute noch Choralvorspiele improvisieren, während die Kadenzen in Solokonzerten längst von den Komponisten voll ausgeschrieben werden. In neuerer Zeit sind die Ausübenden durch → Aleatorik, → grafische Notation u. Gruppenimprovisation wieder stärker am schöpferischen Prozeß beteiligt. Auch die Jazzmusik hat einen stark improvisatorischen Charakter.

Impulse, Schallsignale oder Energiestöße von so kurzer Dauer, daß sie sich einer eindeutigen Tonhöhenwahrnehmung entziehen (→ elektronische Musik).

IMZ, Internationales Musikzentrum, gegründet 1961 mit ständigem Sitz in Wien. Das IMZ hat sich die Förderung u. Verbreitung von Musik durch Fernsehen, Film, Hörfunk u. Schallplatte zur Aufgabe gemacht. Zu diesem Zweck richtet es internationale Kongresse, Seminare u. Vorführungen über Musik in den audiovisuellen Medien aus. Es unterhält außerdem eine Zentralkartei des internationalen Musikfernsehens, informiert regelmäßig über Musikprojekte in den audiovisuellen Medien, erstellt Anthologien u. Bibliografien zur Musik in den technischen Medien u. gibt Kataloge sowie Sonderschriften heraus.

India, Sigismondo d' → D'India, Sigismondo

indische Musik → S. 367

Indy, d'Indy, P. M. Th. Vincent, franz. Komponist, * 27. 3. 1851 Paris, † 2. 12. 1931 ebd. Erhielt bereits in seiner Jugend Privatunterricht bei A. F. Marmontel, der sich meistens durch seinen Schüler L. Diémer vertreten ließ, u. A. Lavignac. Gehörte 1871 zu den Mitbegründern der Société Nationale de Musique. Wurde durch seinen Freund H. Duparc bei C. Franck eingeführt, der ihm privaten Kompositionsunterricht erteilte. Gleichzeitig besuchte I. Francks Orgelklasse am Conservatoire. 1873 unternahm er eine ausgedehnte Deutschlandreise u. hielt sich in Weimar auf, wo er die Bekanntschaft von F. Liszt machte. J.-E. Pasdeloup stellte 1874 I. zum ersten Mal als Komponisten vor, indem er die Ouvertüre *Les Piccolomini,* später 2. Teil der *Wallenstein*-Trilogie, am 25. 1. 1874 in einem seiner Konzerte uraufführte. Den Lebensunterhalt verdiente sich I. als Klavierbegleiter der Gesangsklasse von R. Bussine, Organist an St-Leu, 2. Pauker im Orchester von E. Colonne u. 1875–79 als Chordirektor der Association des Concerts artistiques du Châtelet. 1876 nahm er an der ersten vollständigen Aufführung des Bühnenfestspiels *Der Ring des Nibelungen* in Bayreuth teil. Die Begegnung mit dem Werk R. Wagners machte ihn zu einem engagierten Wagnerianer. 1882 brachte er mit Erfolg den komischen Einakter *Attendez-moi sous l'orme* an der Pariser Opéra-Comique zur Aufführung, ein nicht von Wagner beeinflußtes Werk. Im gleichen Jahr reiste I. nach Bayreuth, um den *Parsifal* zu hören. In diese Zeit fiel auch

INDIEN
DIE KLASSISCHE MUSIK NORDINDIENS

VON RAVI SHANKAR

Die klassische Musik Indiens basiert hauptsächlich auf Melodie und Rhythmus und nicht auf Harmonie, Kontrapunkt, Akkord, Modulation und den übrigen Grundbestandteilen der westlichen klassischen Musik.
Das als »Râga Sangīt« bekannte System der indischen Musik kann beinahe zweitausend Jahre zu seinem Ursprung in den vedischen Hymnen der Hindu-Tempel zurückverfolgt werden. Die Wurzeln der klassischen indischen Musik sind also wie die der westlichen Musik religiöser Natur. Musik kann für uns eine geistige Disziplin auf dem Weg zur Selbsterkenntnis sein, denn wir folgen der überlieferten Lehre, daß Klang Gott ist – »Nada Brahma«: Auf diesem Weg kann das individuelle Bewußtsein in ein Reich der Wahrnehmung gelangen, in dem die Offenbarung der wahren Bedeutung des Universums – sein ewiges und unwandelbares Wesen – voller Freude erfahren werden kann. Unsere »Râgas« sind die Hilfsmittel, mit denen man dieses Wesen erfassen kann.
Die alten Schriften lehren, daß es zwei Arten von Klang gibt. Der eine ist ein Vibrieren des Äthers, der oberen oder reineren Luft nahe dem himmlischen Reich. Dieser Klang heißt »Anahata Nad«, der »nicht erzeugte Klang«. Nur die großen erleuchteten Yogis, die nach ihm suchen, können ihn hören. Dieser Klang des Universums ist eine Schwingung, die manchmal mit der Sphärenmusik verglichen wird, wie sie der Grieche Pythagoras im 6. Jahrhundert v. Chr. beschrieben hat. Der andere Klang, »Ahata Nad«, der »erzeugte Klang«, ist die Schwingung der Luft in der unteren, der Erde näheren Atmosphäre. Darunter versteht man jegliche Art von Klang, den wir in der Natur hören, es ist der von Menschen erzeugte Klang musikalischer oder nichtmusikalischer Art.
Die Tradition der indischen klassischen Musik beruht ausschließlich auf mündlicher Überlieferung. Der Guru vermittelt sie seinem Schüler auf direktem Wege, nicht mit Hilfe einer Notation wie in der westlichen Kultur üblich. Im Zentrum der indischen Musik steht der »Râga«: ein melodisches Gebilde, das den Improvisationen des Musikers zugrunde liegt. Dieser Rahmen ist von der Tradition vorgegeben und wird von den schöpferischen Kräften der Meister mit Leben erfüllt.
Es ist außerordentlich schwierig, den Begriff »Râga« nur mit ein paar Worten zu erklären. Obwohl die indische Musik ihrem Wesen nach modal ist, sollten die »Râgas« weder als Modi aufgefaßt werden, wie man sie in der Musik des

Mittleren und Fernen Ostens hören kann, noch als Tonleiter, selbständige Melodie, Komposition oder gar Tonart. Ein »Râga« ist ein ausgeklügeltes, präzises, subtiles und ästhetisches melodisches Gebilde mit einer ihm eigentümlichen steigenden und fallenden Bewegung. Sein Tonmaterial besteht entweder aus einer in sieben Töne unterteilten Oktave oder aus einer Reihe von fünf oder sechs Tönen (auch die Kombination von beiden tritt auf) mit steigender oder fallender Struktur, die man »Arohana« und »Avarohana« nennt. Ein »Râga« unterscheidet sich vom anderen durch subtile Veränderungen in der Reihenfolge der Töne, das Weglassen eines dissonanten Tons, die Betonung eines bestimmten Tons, das Gleiten von einem Ton zum anderen, durch die Verwendung von Mikrotönen und andere Feinheiten.

Im Sanskrit gibt es einen Spruch: »Ranjayati iti Ragah« (»Erst ein ›Râga‹ verleiht dem Gemüt Farbe«). Um wirklich dem Gemüt eines Zuhörers Farbe zu verleihen, darf sich die Ausführung eines »Râga« nicht nur auf das Spiel der Töne und Verzierungen beschränken, es muß auch die spezifische Gefühls- oder Stimmungscharakteristik des »Râga« dargestellt werden. Auf diese Weise können durch die inhaltsreichen Melodien unserer Musik alle menschlichen Gemütsbewegungen, jedes subtile Gefühl in Mensch und Natur musikalisch ausgedrückt und erfahren werden.

Die darstellenden Künste in Indien – Musik, Tanz, Schauspiel und Dichtung – basieren auf einem Konzept, das »Nava Rasa« (»Neun Gefühle«) genannt wird. Wörtlich übersetzt heißt »Rasa« soviel wie »Saft« oder »Extrakt«, aber in diesem Zusammenhang bedeutet es wohl eher »Gemütsbewegung« oder »Gefühl«. Die hierarchische Reihenfolge dieser Empfindungen ist folgende: »Shringāra« (romantisch und erotisch); »Hāsya« (humorvoll); »Karunā« (leidenschaftlich); »Raudra« (Zorn); »Vīra« (heldenhaft); »Bhayānaka« (ängstlich); »Vibhatsa« (Abscheu); »Adbuhta« (Erstaunen); »Shānta« (friedlich).

Jeder »Râga« wird grundsätzlich von einem dieser neun Rasas bestimmt, obwohl der Interpret – auf weniger deutliche Weise – auch andere Gemütsbewegungen zum Ausdruck bringen kann. Je stärker die Töne eines »Râga« sich dem Ausdruck einer einzelnen Idee oder Emotion anpassen, desto überwältigender ist seine Wirkung.

Abgesehen von der Verknüpfung mit einer bestimmten Stimmung ist jeder »Râga« auch noch einer bestimmten Tages- oder Jahreszeit zugeordnet. Der Tag- und Nachtzyklus wie auch der Zyklus der Jahreszeiten gleicht dem Kreislauf des Lebens. Jeder Abschnitt des Tages, z. B. die Zeit vor der Morgendämmerung, der Mittag, der späte Nachmittag, der frühe Abend und die tiefe Nacht, ist mit einer bestimmten Empfindung verbunden. Die Verbindung einer bestimmten Tages- oder Jahreszeit mit einem »Râga« ist begründet in der Beschaffenheit der dem »Râga« zugehörigen Töne oder in einer den »Râga« betreffenden Anekdote.

»Râgas« basieren auf 72 Stammtonleitern, den »Melas«, so daß, wie indische Musikgelehrte geschätzt haben, alle Permutationen und Kombinationen mit eingeschlossen, über sechstausend »Râgas« existieren. Aber ein »Râga« besteht nicht nur aus einer auf- und absteigenden Folge von Tönen, es gehört auch noch »chalan« dazu, ein für den »Râga« charakteristisches Tonmuster. Dieses besteht aus einer Gruppe von wenigen Tönen, an deren Merkmalen man einen »Râga« sofort erkennen kann. Dazu gehören der erste wichtige Ton »Vadi«, der zweite wichtige Ton »Samavadi« und als Hauptmerkmal »Jan« (»Leben«) oder »Mukhda« (»Gesicht«).

Wenn man es mit Begriffen der Ästhetik erklären will, so stellt ein »Râga« die Projektion des Innersten eines Künstlers dar, eine Bekundung seiner tiefsten Gefühle und Empfindungen, ausgedrückt in Tönen und Melodien. Der Musiker muß einem »Râga« Leben einhauchen, wenn er ihn entfalten und ausbreiten will. Zu neunzig Prozent etwa besteht die indische Musik aus Improvisation, und da so viel vom richtigen Verständnis des Geistes und der Nuancen dieser Kunst abhängt, bildet die Beziehung zwischen dem Künstler und seinem Lehrer das Fundament dieser alten Tradition. Von Anfang an braucht der aufstrebende Musiker besondere und individuelle Betreuung, um zur vollen künstlerischen Meisterschaft zu gelangen. Die einzigartige Aura eines »Râga« (man könnte sagen, seine »Seele«) entsteht durch die geistvolle Art und Weise des Ausdrucks, und das kann man nicht aus Büchern lernen.

Erst nach vielen Jahren langer und intensiver Praxis von »Sadhana« (hingebungsvolle Übung und Disziplin unter Anleitung eines Guru) und mit dem Segen seines Lehrers ist ein Künstler imstande, einen »Râga« mit »Prana« (»Odem des Lebens«) zu erfüllen. Die musikalischen Geheimnisse, die ihm sein Lehrer anvertraut hat, kommen ihm dabei zugute: die Verwendung der »Shrutis«, der Mikrotöne (da die indische Musik kleinere Intervalle als die westliche Musik verwendet, ergeben nicht zwölf Halbtöne, sondern erst zweiundzwanzig solcher Mikrotöne eine Oktave), der Einsatz von »Gamakas« (verschiedene Varianten des Glissando, wodurch ein Ton mit dem anderen verbunden wird) und schließlich von »Andolan«, was ein Schwingen, aber kein Vibrato bedeutet. Der Einsatz dieser Mittel bewirkt, daß jeder Ton mit pulsierendem Leben erfüllt ist und der »Râga« vibriert und leuchtet.

Als nächstes müssen die »Talas«, die rhythmischen Perioden eines »Râga«, in Betracht gezogen werden. Die indische Musik ist voller Komplexität und Variabilität, und ihr Rhythmus ist bis in die feinsten Details durchgestaltet. Die Zahl der Schläge pro Periode reicht von drei bis einhundertundacht. Die gebräuchlichsten »Talas« haben 5, 6, 7, 8, 10, 12, 14 und 16 Schläge pro Periode. Es gibt auch andere Perioden mit 9, 11, 13, 15, 17 und 19 Schlägen, die jedoch nur von außergewöhnlich geschickten Musikern zu seltenen Gelegenheiten gespielt werden.

Die Unterteilung eines »Tala« und die Betonung des ersten Schlages (der »sum« genannt wird) sind die wichtigsten rhythmischen Faktoren. Es gibt zwar »Talas« mit derselben Anzahl von Zeiteinheiten, aber sie unterscheiden sich auf Grund der Unterteilung und der Verteilung der Akzente. Ein »Tala« heißt

beispielsweise »Dhamar« und besteht aus 14 Zeiteinheiten, unterteilt in 5/5/4. »Ada Chautal«, ein anderer »Tala«, hat zwar dieselbe Anzahl von Zeiteinheiten, ist aber in 2/4/4/4 unterteilt. Wiederum ein anderer »Tala« – »Chanchar« – ist in 3/4/3/4 unterteilt.
In der Vokalmusik begleitet der Trommelspieler den Sänger zu Beginn entweder in einem langsamen, mittleren oder schnellen Tempo, unabhängig davon, welchen »Tala« der Sänger gewählt hat. Er verfährt in derselben Weise bei der Begleitung eines Instrumentalisten im »Gat« genannten Abschnitt einer Komposition. Wie die »Râgas« haben auch »Talas« ihre typischen Merkmale. Einige der älteren traditionellen »Talas« wie z. B. das »Chautal« (12 Schläge) und »Dhamar« (14 Schläge) werden auf einer beidseitig bespannten Trommel – »Pakhawaj« genannt – gespielt. Diese Begleitung ist üblich bei der alten traditionellen »Dhrupad-Dhamar« genannten Form des Gesangs sowie bei instrumentaler Aufführung auf »Vīnā«, »Rabab«, »Surbahar« etc. Heutzutage basiert der größte Teil der vokalen und instrumentalen Musik auf der jüngeren Form des »Khyal«, die von der »Tabla«, bestehend aus zwei nebeneinanderstehenden vertikalen Trommeln, begleitet wird.
Da das Wesen der klassischen indischen Musik in der Improvisation liegt, muß der Künstler vor seinem Auftritt den Rahmen, die ihm für seinen Vortrag eingeräumte Zeit, seine Stimmung und die Gefühle, die er im Publikum zu erkennen glaubt, in Betracht ziehen. Da die indische Musik religiösen Ursprungs ist, wird ihre Aufführung vom Geist bestimmt.
Der traditionelle Vortrag beginnt mit dem Abschnitt des »Alap«, einem erhabenen und gelassenen Ausforschen des gewählten »Râga«. Nach diesem langsamen, beschaulichen, innigen – manchmal traurigen – Anfang geht der Musiker über zum »Jor«. In diesem Teil kommt der Rhythmus hinzu und wird entwikkelt. Dies geschieht mittels unzähliger Variationen über das Grundthema des »Râga«. Weder »Alap« noch »Jor« werden von Trommeln begleitet. Beide Abschnitte beruhen auf der traditionellen Form des »Dhrupad«.
»Alap« und »Jor« münden in den Abschnitt »Gat«, der festgelegten Komposition eines »Râga«. Hier setzen nun die Trommeln ein mit der wundervollen rhythmischen Struktur des »Gat« und seiner Periode, dem »Tala«. Dieser Teil ist mit der »Khyal« genannten Form verwandt. Von diesem Moment an bildet der »Gat« (eine festgelegte Komposition von beliebiger Länge zwischen vier und sechzehn Takten) den Ausgangspunkt, zu dem der Musiker nach seiner Improvisation zurückkehren kann. Zwar genießt der Künstler ansonsten völlige Freiheit beim Improvisieren, ist dabei aber doch an den Rahmen von »Râga« und »Tala« gebunden. Diese Freiheit innerhalb der Grenzen künstlerischer Disziplin erlangt man nur nach vielen Jahren der Übung (»Sadhana«). Deswegen kann man eigentlich nicht die Improvisation in der indischen Musik mit dem Improvisieren im Jazz vergleichen.
Die schrittweise Beschleunigung des Rhythmus im »Gat« kulminiert schließlich im »Jhala«, bei dem der Rhythmus immer spielerischere und aufregendere

Formen annimmt. »Sawal jawāb«, der blendende und enorm schnelle Dialog zwischen »Sitār« und »Tabla«, vermag mit seinem aufregenden Wechselspiel selbst den völlig unwissenden Zuhörer mitzureißen.
Am Schluß eines Vortrags kommt es häufig vor, daß der Musiker noch ein »Thrumi« oder »Dhun« spielt. Dieser halb und halb klassische Stil, der Elemente der Volksmusik enthält, ist wesentlich freier und vollkommen romantisch, sinnlich und erotisch.
Heute bildet die indische Musik einen wichtigen Bestandteil der westlichen Kultur. Viele Komponisten und Musiker sind von unserer Musik beeinflußt worden. Die Offenheit, die Lernbereitschaft und die uneingeschränkte Begeisterung des westlichen Publikums sind eine ständige Quelle der Inspiration und der Freude.
Die Instrumente der indischen Musik sind in vier Kategorien eingeteilt: die Saiteninstrumente (gestrichen oder gezupft), die Familie der Trommeln, die Blasinstrumente sowie verschiedene kleine Schlaginstrumente aus Holz, Metall oder Porzellan. In allen vier Kategorien gibt es eine erstaunliche Anzahl von Instrumenten, von denen jedes einen beachtlichen Tonumfang sowie ein breites Spektrum an Klangfarben besitzt. Die Beschreibung der Merkmale der einzelnen Instrumente – ihre Formen und Größen, ihre Namen, ihre Spielart – kann bis zu den ältesten Schriften und Musiktraktaten zurückverfolgt werden. Darstellungen der Instrumente finden sich in alten Skulpturen und Gemälden. Sie zeigen, daß die Instrumente im Laufe der Jahrhunderte keine wesentlichen Veränderungen erfahren haben. Die Gruppe der Saiteninstrumente ist die wichtigste und größte. Für die Begleitung von Gesang, dem wichtigsten Element der indischen Musik, hält man die Saiteninstrumente als am besten geeignet. Bezüglich ihrer Größe, Form und der Anzahl der bespielten Saiten gibt es beträchtliche Unterschiede. Einige Saiteninstrumente haben zusätzliche Resonanzsaiten, einige haben Bünde, und manche haben ein oder zwei hohle Kürbisschalen als Resonanzkörper. Es gibt Saiteninstrumente, die mit dem Bogen gestrichen, und andere, die mit dem Plektrum gezupft werden. Es ist bekannt, daß bei indischen Instrumenten vor mehr als 2500 Jahren zum ersten Mal Metallsaiten verwendet wurden. Das dominierende Saiteninstrument – in alten Texten beschrieben und seit mehr als zweitausend Jahren in Gebrauch – ist die »Vīnā«. Die »Vīnā« wird in der Überlieferung mit Saraswati, der Göttin des Lernens, in Zusammenhang gebracht, und auf dem Korpus einiger sehr alter schöner »Vīnās« ist Saraswati abgebildet. Dieses Instrument aus der Lautenfamilie wird sowohl im Süden als auch im Norden gespielt. Es ist jedoch unter den Karnatischen Musikern Südindiens stärker verbreitet. Die nordindische Version der »Vīnā« besteht aus einem langen Bambusholz, an dem Bünde mit Wachs befestigt sind; an den Enden sind Kürbisschalen als Resonanzkörper angebracht. Sie wird horizontal auf dem Schoß des Musikers liegend gespielt. Im Süden wird sie dagegen eher vertikal, ähnlich wie eine Gitarre, gespielt. Anstelle eines Bambusholzkorpus und der unteren Kürbisschale hat sie einen hölzernen Hals und Korpus, wobei

der Korpus dem der Laute zwar ähnelt, aber kürzer ist. Die in Nordindien gebräuchliche »Vīnā« ist auch unter der Bezeichnung »Bīn« bekannt. Der Ton der »Vīnā« ist lieblich und kann, obwohl das Instrument nicht die Vorteile der westlichen Gitarre oder Laute aufweist, sehr viel feiner abgestufte Klänge hervorbringen und besitzt eine größere Ausdrucksskala. Die »Vīnā« oder »Bīn« hat normalerweise sieben Saiten, die entweder mit den Fingern oder mit einem Plektrum an zwei Fingern der rechten Hand gezupft werden.
In dem Maße, wie »Khyal« in den Stilrichtungen und Traditionen unserer Musik an Bedeutung gewann und die Stelle von »Dhrupad« einnahm, ersetzte der »Sitār« die »Vīnā« im Norden und ist seither das beliebteste Instrument der hindustanischen Musiker. Der »Sitār« gleicht der »Vīnā« in vieler Hinsicht, obwohl seine Spieltechnik nicht so kompliziert ist. Seine Bünde sind beweglich, mit Darm- oder Seidenschnüren befestigt; der Holzkorpus ist durch eine Kürbisschale ersetzt. Der »Sitār«, der mit einem Plektrum am Zeigefinger der rechten Hand gespielt wird, hat meistens sieben Saiten auf dem Griffbrett. Einige Arten haben zusätzliche Resonanzsaiten, um einen volleren Klang zu erzielen. Bei den meisten »Sitārs« ist die Kürbisschale am Ende des Halses befestigt, bei einigen Versionen ist eine zusätzliche Kürbisschale an der Mitte des Halses angebracht. »Sitārs« gibt es in verschiedenen Größen: groß, mittel und klein (von Frauen gespielt). Ihr Tonumfang und Klangcharakter ist jeweils verschieden.
Ein dem »Sitār« nah verwandtes Instrument ist die große, tief klingende »Surbahar«. An ihrem einen Ende ist eine flache Kürbisschale als Resonanzkörper befestigt, ihre extrem dicken Saiten sind ungefähr fünf Töne tiefer gestimmt als die des »Sitār«. Dieses Instrument wird ausschließlich zum Spiel der »Alap«, »Jor« und »Jhala« verwendet. Die Spielweise ist die gleiche wie bei der »Bīn«.
Das wichtigste Baßinstrument ist die »Tanpura« oder »Tamboura«, die es in verschiedenen Größen gibt. Viele Exemplare weisen wundervolle Einlegearbeiten oder prächtige Verzierungen auf. Die Funktion der »Tanpura« besteht darin, innerhalb eines Stücks immer wieder den Grundton erklingen zu lassen, so daß sowohl Interpret als auch Zuhörer sich stets der Grundtöne eines »Râga« bewußt sind. Ihre Saiten – vier bis sechs an der Zahl – werden nacheinander ohne Plektrum gezupft.
Von den Saiteninstrumenten, die mit dem Bogen gespielt werden, ist die »Sarangi« das beliebteste. Im Norden hat sie die gleiche wichtige Bedeutung wie die im Süden gebräuchliche Violine. Dieses Instrument mit seinem schweren Korpus wird meistens zur Begleitung des »Khyal-« oder »Thumri«-Gesangs herangezogen, aber auch als Soloinstrument gespielt.
Die »Sarangi« hat bis zu vierzig Resonanzsaiten, die unterhalb der bespielten Saiten mitschwingen. Die drei wichtigsten Spielsaiten sind normalerweise aus Darm, bei einer höheren Stimmung kann auch eine Metallsaite als erste Saite verwendet werden. Das dickleibige Instrument mit breitem Hals wird beim Spielen vertikal gehalten. Einige weniger verbreitete Streichinstrumente sind »Dilruba«, »Esraj« und »Sarinda«.

Ein weiteres bedeutendes Saiteninstrument ist die »Sarod«, von der man annimmt, daß sie ein Abkömmling der afghanischen »Rabab« ist. Dieses Instrument wird häufig mit einem Plektrum aus Kokosnußschale oder Elfenbein gespielt. Das Griffbrett ohne Bünde ist aus Metall, Spiel- und Rhythmussaiten sowie die sechzehn Resonanzsaiten sind über einen Steg gespannt, der auf einem Stück Leder befestigt ist.

Die Familie der Blasinstrumente umfaßt eine große Zahl von Flöten – gewöhnlich aus Bambusholz – in vielen verschiedenen Größen und mit unterschiedlicher Anzahl von Grifflöchern. Eine »Murali« genannte Flöte (sie heißt manchmal auch »Bansari«) wird der Überlieferung nach mit dem Gott Krishna in Zusammenhang gebracht. Der flötenspielende Krishna ist jedenfalls ein beliebtes Motiv in der indischen Kunst.

Ein weiteres auffallendes Mitglied dieser Familie ist die der Oboe ähnelnde »Shahnai«, die als glückbringendes Instrument gilt und daher bei Hauseinweihungen, zu Hochzeiten, bei Geburten oder anderen glücklichen Ereignissen, aber auch bei bestimmten religiösen Feiern gespielt wird. Ursprünglich war sie eher ein Instrument der Volksmusik, hat aber in den vergangenen fünfunddreißig Jahren zunehmend Bedeutung als solistisches Instrument im Konzertsaal erlangt. Dort wird sie von einem Ensemble aus Baßpfeifen und Trommeln begleitet.

Trommeln gibt es im heutigen Indien in allen Varianten. Die beliebteste Spielart ist im Norden die »Tabla«. Eigentlich sind es zwei Trommeln, jeweils einseitig bespannt; die kleinere von ihnen, »Tabla«, wird mit der rechten Hand gespielt, die andere ,»Banya«, ist die Baßtrommel für die linke Hand. Als Paar werden diese Trommeln »Tabla« genannt. Die »Tabla« kann gestimmt werden und hat einen Umfang von etwa einer Oktave. Sie erfreut sich erst seit etwa zweihundert Jahren größerer Beliebtheit und wird hauptsächlich zur Begleitung von »Khyal«- oder »Thumri«-Kompositionen und instrumentaler »Gats« eingesetzt.

Für die Begleitung der älteren, schwereren und ernsten »Dhrupad«- und »Dhamar«-Gesänge sowie der von »Bīn«, »Rabab« und »Sursringar« gespielten Instrumentalmusik wird die »Pakhawaj« verwendet. Es ist eine zylindrische hölzerne Trommel, beidseitig bespannt, die man in verschiedenen Tonhöhen stimmen kann.

Zur Gruppe der Schlaginstrumente (von der die Trommeln ausgenommen sind, da sie als eine eigene Familie betrachtet werden) gehören viele Arten von Glokken- und Gongspielen, kleine Zimbeln, Kastagnetten sowie das seltsame »Jaltarang« (eine Reihe von Porzellanschalen in abgestufter Größe). Diese Schalen sind mit Wasser gefüllt und werden mit Schlägeln angeschlagen.

die Komposition der Légende dramatique *Le chant de la cloche* für Stimmen, Chor u. Orch., ein Werk, in dem I. am deutlichsten die dt. Einflüsse verarbeitete. Ebenfalls unter dem Einfluß Wagners begann er, sich mit der eigenen Volksmusiküberlieferung zu beschäftigen, u. richtete sich für die Sommermonate in den Cevennen ein. Aus der Beschäftigung mit der Volksmusik entstanden die *Symphonie cévenole,* besser bekannt als *Symphonie sur un chant montagnard français,* u. die Action dramatique *Fervaal.* 1887 wurde I. Chordirigent der Concerts Lamoureux u. 1890, nach dem Tode C. Francks, Vorsitzender der Société Nationale de Musique. 1893 Mitglied der Commission de réformes du Conservatoire u. nach Ablehnung seiner Vorschläge gemeinsam mit A. Guilmant u. Ch. Bordes 1894 Begründer der Schola Cantorum. 1913 Lehrer für Orchestration am Conservatoire. Neben seiner Lehrtätigkeit trat er zunehmend auch als Dirigent auf. Dabei setzte er sich besonders für C. Debussy ein, auch wenn er von dessen Anhängern in einen unschönen Streit um seine auf der Gregorianik, C. Franck, R. Wagner, R. Schumann u. C. M. von Weber aufbauende Musik hineingezogen wurde.

Zu I. Kompositionen gehören: die Bühnenwerke *Attendez-moi sous l'orme* (1876–82), *Le chant de la cloche* (1879–83), *Fervaal* (1881–95), *L'étranger* (1898–1901), *La légende de Saint Christophe* (1908–15) u. *Le rêve de Cinyras* (1922–23); Bühnenmusiken; geistliche sowie weltliche Vokalwerke, u. a. *Chevauchée du Cid* für Bar., Chor u. Orch. (1879), die Kantaten *Domino* für 3 St. u. Org. u. *Sainte Marie-Madeleine* für S., Frauenchor u. Kl. (1885), die Motette *Deus Israel* für gem. Chor (1896); die Orchesterwerke 1. Sinfonie (1870–72), Sinfonie *Jean Hunyade* (1874–76), *La forêt enchantée* (1878), die Trilogie *Wallenstein (Le camp,* 1879, *Max et Thécla,* 1873, *La mort de Wallenstein,* 1874), *Saugefleurie* 1887), *Symphonie sur un chant montagnard français* mit Solo-Kl. (1886), *Istar* (1896), 2. Sinfonie (1902–03), *Jour d'été à la montagne* (1905), *Sinfonia brevis de bello gallico* (1916–18), die Suite *Poème des rivages* (1919–21) u. *Diptyque méditerranéen* (1925–26); Werke für Soloinstr. u. Orch. wie Lied für Vc. (1884), Suite in D für Trp., 2 Fl. u. Streicher (1886), *Fantaisie sur des thèmes populaires français* für Ob. (1888), Choralvariationen für Sax. (1903) u. Konzert für Fl., Vc. u. Streicher (1926); Kammermusikwerke, darunter Quartett für V., Va, Vc. u. Kl. (1878–88), Trio für Klar., Vc. u. Kl. (1887), 3 Streichquartette (1890, 1897 u. 1928–29), *Chansons et danses* für 7 Bläser (1898), Quintett für 2 V., Va., Vc. u. Kl. (1924), Suite für Fl., V., Va., Vc. u. Hf. (1927), Sextett für 2 V., 2 Va. u. 2 Vc. sowie Trio für V., Vc. u. Kl. (1929), je 1 Violin- u. Cellosonate (1903–04 u. 1924–25); Klavierstücke, darunter *Tableaux de voyage* (1888) u. 1 Sonate (1907); Lieder u. Arrangements von Volksliedern. Außerdem veröffentlichte I. einen »Cours de composition musicale« (4 Bde., Paris 1903–50); »C. Franck« (Paris 1906); »Beethoven« (Paris 1911); »R. Wagner et son influence sur l'art musical français« (Paris 1930).

Lit.: C. Saint-Saëns, Les idées de V. d'I., Paris 1918; L. Vallas, V.d'I., 2 Bde., Paris 1946–50; N. Demuth, V.d'I., Champion of Classicism, London 1951; J. Canteloube, V.d'I., Paris 1951.

Informationstheorie, ein mathematisches Lehrsystem, das sich mit dem Entstehen, Speichern, Übertragen u. der Qualität von Nachrichten beschäftigt u. dabei von der berechenbaren Informationsmenge ausgeht. Weitere Hauptbegriffe sind Entropie (Ergiebigkeit) u. Redundanz (Überfülle). Untersuchungen über die Anwendung dieser aus der Kybernetik entwickelten Theorie auf die Musik wurden insbesondere von W. Meyer-Eppler durchgeführt. Mit der I. wird der Versuch unternommen, ästhetische u. interpretatorische Fragen zu objektivieren.

Inganno (ital.: »Täuschung«), auch als cadenza d'inganno vorkommend, bezeichnet einen Trugschluß.

Ingegneri, Marc'Antonio, ital. Komponist, * um 1547 Verona, † 1. 7. 1592 Cremona. Schüler von V. Ruffo in Verona u. wahrscheinlich C. de Rore in Parma. Wurde 1581 Domkapellmeister in Cremona, wo C. Monteverdi zu seinen Schülern zählte.

Zu I. erhaltenen Kompositionen gehören Madrigale, Messen u. Motetten sowie 27 Responsorien, die lange Zeit für Werke G. P. Palestrinas gehalten wurden.

Inghelbrecht, Désiré-Émile, franz. Dirigent u. Komponist, * 17. 9. 1880 Paris, † 14. 2. 1965 ebd. Studierte am Pariser Conservatoire u. begann seine Laufbahn als Dirigent am Théâtre des Arts 1908. 1912–13 Zusammenarbeit mit G. Astruc am Théâtre des Champs-Élysées. 1920–23 musikalische Leitung der Ballets suédois, 1928–32 Leiter der Concerts Pasdeloup, daneben 1924–25 u. 1932–33 Musikdirektor der Opéra-Comique, 1929–30 der Opéra d'Alger u. 1945–50 der Pariser Opéra. Gründete 1931 das Orchestre National de la Radiodiffusion Française u. arbeitete ab 1934 am franz. Rundfunk mit. Als Freund C. Debussys hat er sich unermüdlich für dessen Werke eingesetzt u. sich auch bei seinen eigenen Kompositionen nicht von dessen Einfluß befreien können.

I. komponierte u. a. mehrere unter *Nursery* zusammengefaßte Sammlungen für Kinder (1905, 1911 u. nach 1932); die Komödie La nuit vénitienne (nach Musset, 1908); Quintett für 2 V., Va., Vc. u. Hf. (1917); Sonatine für Fl. u. Hf. oder Kl. (1918); *Le cantique des créatures* für gem. Chor u. Orch. (1919); *El Greco, évocations symphoniques* (1920); das Ballett *Le diable dans le beffroi* (1922); *Sinfonia breve* (1930); Tant que Noël durera für Sprecher, Soli, Chor u. Orch. gemeinsam mit Germaine I. (1943); Hörspielmusik *Charlotte Corday* (daraus die sinfonische Suite *Ion,* 1951); *Divertissement* für Bläserquintett (1952); Streichquartett (1954) u. das Opéra-ballet *Le chêne et le tilleul* (1960). Außerdem orchestrierte I. das 1. u. 3. Heft von I. Albéniz' *Iberia* u. veröffentlichte »Comment on ne doit pas interpréter Carmen, Faust et Pelléas« (1933), »Le chef d'orchestre et son équipe« (1949) u. gemeinsam mit Germaine I. »C. Debussy« (1953, alle Paris).

In nomine (lat.: »im Namen«), Bezeichnung für die erste eigenständige instrumentale Kompositionsgattung der engl. Musikgeschichte. Sie stammt aus J. Taverners Messe *Gloria tibi Trinitas*, in deren Benedictus die gleichnamige Antiphon zu den Worten »In nomine Domini« 4st. verarbeitet war. Dieser Vokalsatz fand offensichtlich so großen Anklang, daß er für Instrumente, hauptsächlich Violen oder Tasteninstrumente, übertragen wurde u. seinen kirchenmusikalischen Bezug verlor. Im 16. u. 17. Jh. wurden Teile des ursprünglich von Taverner verwendeten C.f. immer wieder zur Grundlage von I.n.-Kompositionen gemacht.

Instrument (lat.: »Werkzeug«) bezeichnet in der Musik ein gefertigtes Gerät, mit dem Klänge erzeugt werden können. Systematische Darstellungen der verschiedenen Instrumentengruppen sind bereits seit dem 16. Jh. für den europäischen Kulturbereich bekannt. In neuerer Zeit wurden entsprechende Arbeiten von C. Sachs, E. M. von Hornbostel, H.-H. Dräger u. H. Heyde vorgelegt. Nach der Art der Tonerzeugung kann man die Instr. einteilen in Idiophone (Selbstklinger), Membraphone (Fellklinger), Chordophone (Saitenklinger), Aerophone (Luftklinger) u. Elektrophone (elektrische Klinger).

instrumentales Theater, ein wahrscheinlich von M. Kagel erfundener Begriff, der eine Komposition aus szenischen, sprachlichen u. musikalischen Mitteln umschreibt. Ansätze zu dieser Gattung der Neuen Musik finden sich bereits in Stükken von J. Cage, S. Bussotti, N. J. Paik, H. Pousseur u. a., in denen der Instrumentalist gleichzeitig agiert. Wichtige Werke dieser neuen Mischform sind Kagels *Sur scène* für Sprecher, Mime, Sänger u. 3 Instrumentalisten (1959–60) sowie sein *Match* für 3 Spieler u. D. Schnebels *Visible Music* (1960–62).

Instrumentalkonzert → S. 377

Instrumentalmusik, im Gegensatz zur → Vokalmusik eigens für die Wiedergabe auf Instrumenten bestimmte Musik. Diese Unterscheidung ist nur im europäischen Kulturbereich so deutlich vollzogen u. geht auf das Entstehen einer selbständigen I. im 16. Jh. zurück.

Instrumentation. Unter diesem Begriff wird die Wechselwirkung zwischen einer entstehenden Komposition u. den zu ihrer Aufführung vorgesehenen Instr. zusammengefaßt. Im Gegensatz zur → Orchestration oder Orchestrierung handelt es sich bei der I. um einen Bestandteil des künstlerischen Schaffensprozesses. Die Regeln der I. sind vom jeweiligen Zeitgeschmack beeinflußt, so daß man durchaus von historischen Normen der I. sprechen kann. Bedeutende I.-Lehren wurden von H. Berlioz (1844) u. E. Wellesz (1928–29) verfaßt.

Instrumentenkunde → S. 385

intavolieren (von ital. intavolare: »intabulieren«), das Übertragen eines mensural notierten Vokalsatzes in eine → Tabulatur.

integer valor notarum (lat.: »unveränderter Notenwert«), ein aus der Mensurallehre stammender Begriff, mit dem die gewöhnliche Dauer der Noten bezeichnet wurde, d. h. ihre ursprüngliche, nicht durch Vorzeichen oder Proportion veränderte Länge.

Intensität bezeichnet in der Akustik die Schallenergiemenge pro Zeiteinheit. Sie wird in → Dezibel angegeben.

Interferenz, Überlagerungserscheinungen von zwei oder mehreren Wellen. Je nach Phasenlage u. Schwingungszahl können Wellen sich addieren oder auslöschen. Ein Sonderfall, die sog. → Schwebung, tritt bei angenäherten Schwingungen auf.

Interludium (lat.: »Zwischenspiel«), **1.** szenisches oder instrumentales Zwischenspiel in der Oper. Die entsprechenden ital. u. franz. Ausdrükke sind → Intermezzo u. entr'acte. **2.** Orgelzwischenspiel beim Gemeindegesang.

Intermedium, Zwischenaktunterhaltung beim Schauspiel, die im 15. Jh. in Italien aufkam u. aus Pantomimen, Maskeraden, Tänzen oder Musikstücken bestand, die oft mit der eigentlichen Handlung nichts zu tun hatten. Bereits in der 1487 in Ferrara aufgeführten »Favola di Cefalo« des Nicolò da Correggio sind I. enthalten. Aus diesen Einlagen entwickelte sich eine eigene Gattung, die zur Entstehung des Balletts, der Opernvorstellung der → Camerata u. später der Opera buffa beigetragen hat.

Intermezzo (ital.: »Zwischenspiel«), **1.** szenisches oder instrumentales Zwischenspiel in einer Oper. **2.** Titel für Klavierstücke, → Charakterstücke im 19. Jh.

Internationale, 1888 von P. Degeyter komponierte Hymne, die zum Kampflied der internationalen sozialistischen Arbeiterbewegung wurde u. bis 1944 Nationalhymne der UdSSR war.

Internationale Ferienkurse für Neue Musik, 1946 von W. Steinecke in Darmstadt gegründet. Im Mittelpunkt der bereits im gleichen Jahr erstmals auf Schloß Kranichstein durchgeführten Kurse standen Analyse u. Interpretation zeitgenössischer Musik. 1948 ging die Trägerschaft an das Internationale Musikinstitut Darmstadt über, das heute von E. Thomas geleitet wird. Seit 1958 erscheinen Zusammenfassungen der Vortrags- u. Vorlesungsprogramme als »Darmstädter Beiträge zur Neuen Musik«. Das Internationale Musikinstitut verfügt über eine umfangreiche Bibliothek, Schall- u. Pressearchiv.

Internationaler Musikrat, International Music Council (IMC), 1949 unter Mitwirkung der

UNESCO in Paris gegründete Organisation, die sich um Verbreitung jeder Art von Musik u. bessere Zusammenarbeit zwischen den verschiedenen nationalen u. internationalen Einrichtungen einsetzt. Im IMC sind 57 nationale Sektionen zusammengefaßt, darunter auch der → Deutsche Musikrat.

Interpretation, Umsetzung eines vorgegebenen Notenbildes durch ausübende Musiker in den vom Komponisten vorgesehenen klanglichen Ablauf. Hierbei spielen Zeitgeschmack, Aufführungspraxis sowie die Problematik der Notation eine große Rolle. Im allgemeinen schwankt die I. zwischen werkgetreuer Wiedergabe u. dem Nachvollzug durch den Interpreten, der seine eigenen Gefühle in die Musik legt.

Interpreten. Bei der Vielzahl der jeweils in einem bestimmten Zeitabschnitt beliebten Interpreten hat es der Herausgeber vorgezogen, weltbekannte Namen des 20. Jh. in Gruppen zusammenzufassen: → Bratschisten, → Cellisten, → Cembalisten, → Dirigenten, → Flötisten, → Geiger, → Gitarristen, → Konzertsänger, → Liedersängerinnen, → Opernsänger, → Opernsängerinnen, → Organisten, → Pianisten

Intervall (von lat. intervallum: »Zwischenraum«), bezeichnet den Abstand u. das Verhältnis zweier nacheinander oder gleichzeitig erklingender Töne. Die physikalische Festlegung der I. erfolgt nach der Centrechnung (→ Cent). Ihre Qualität wird nach dem Grad der → Konsonanz bzw. Dissonanz festgestellt. Hierbei handelt es sich nicht um einen objektiven, sondern einen dem Zeitgeschmack unterworfenen Maßstab. In der lat. I.-Bezeichnung kommt der fortschreitende Abstand zwischen den Tönen deutlich zum Ausdruck: Prim, Sekunde, Terz, Quarte, Quinte, Sexte, Septime, Oktave, None, Dezime, Undezime u. Duodezime. Von diesen I. treten Prim, Quarte, Quinte u. Oktave nur rein auf, während die übrigen groß oder klein möglich sind. Durch Akzidenzien können alle I. erhöht oder verkleinert werden. Sie sind dann übermäßig oder vermindert. Über die von → A. Hába u. a. angestrebte weitere Unterteilung der Oktave in kleinere Einheiten führt die elektronische Musik hinaus, die von den 32 Frequenzen zwischen Ganztönen 23 akustisch-mathematisch definiert.

Intonation, 1. aus der Praxis des gregorianischen Chorals entstandene Einstimmung auf die richtige Tonart u. Tonhöhe. Sie erfolgte meistens durch den Priester oder Kantor, seit dem 14. Jh. auch durch den Organisten. **2.** das richtige Treffen u. Einhalten eines Tones beim musikalischen Vortrag.

Intonationslehre, eine auf B. W. Assafjew zurückgehende Theorie, die, der → Affektenlehre verwandt, Inhalte im musikalischen Ablauf zu erkennen vermeint.

Intrada (span. u. portug. entrada, franz. entrée), kurzes, meist feierliches oder festliches Eröffnungsstück für Bläser, später auch Streicher. Diente besonders zur Einleitung von Theater- u. Tanzdarbietungen.

Introduktion (ital. introduzione: »Einleitung«), kurze, langsame Einleitung zu Instrumentalwerken, Einleitungssätze zu Variationenwerken oder Eröffnungsszenen nach Opernouvertüren.

Introitus (antiphona ad introitum), Eingangsgesang, während der zelebrierende Priester zum Altar schreitet u. dort sein Gebet verrichtet.

Invention (von lat. inventio: »Erfindung«). Mit diesem Begriff wurde in Werktiteln oder theoretischen Abhandlungen seit dem 16. Jh. die musikalische Erfindungsgabe umschrieben. Bei J. S. Bach werden unter I. von der Form unabhängige Ausarbeitungen musikalischer Gedanken zusammengefaßt.

Inversion → Umkehrung

Involvement (engl.: »Einbezug«), Einsatz von besonderen Effekten in der neueren Pop- u. Rockmusik, um das Publikum in die Darbietung mit einzubeziehen. Hierzu werden vor allem Multimedia- u. Happening-Effekte verwendet.

Ioannidis, Yannis, griech. Komponist, * 8. 6. 1930 Athen. Studierte am Odeion Athinon u. anschließend an der Wiener Musikakademie bei O. Siegl (Komposition), H. Swarowsky (Dirigieren), K. J. Walter (Orgel) u. E. Harich-Schneider (Cembalo). Leitete 1963–68 die Musikabteilung des Pierce College in Athen, hielt sich längere Zeit als Dirigent u. Lehrer in Venezuela auf u. unterrichtet neuerdings auch wieder in Athen.

Zu I. Werken gehören: *Tríptico* (1966), *Tropic* (1967), *Metaplasis A* (1969) u. *B* (1970) für Orch., Kammermusik wie Streichquartett (1961), *Arioso* für Streichnonett (1967), *Proyecciones* für Kammerensemble (1968) u. Bläserquintett *Actinia* (1969), Klavierstücke, Chorbearbeitungen griech. Folklore.

ionisch → Kirchentöne

Ippolitow-Iwanow, Michail. M. (eigtl. Iwanow), russ. Komponist, Dirigent u. Lehrer, * 19. 11. 1859 Gattschina, † 28. 1. 1935 Moskau. 1876–82 Schüler des Konservatoriums in Petersburg, wo er u. a. auch Unterricht von N. Rimskij-Korsakow erhielt. 1884 Dirigent des Kaiserlichen Theaters in Tiflis, 1893 Professor für Komposition am Moskauer Konservatorium u. 1906–22 dort Direktor.

Zu I.-I. Kompositionen gehören: die Opern *Ruf'* (1887), *Azra* (1890), *Asja* (1900), *Izmena* (1910), *Ole iz Norlanda* (1916) u. *Poslednjaja barrikada* (1933–34), 1 Sinfonie, sinfonische Dichtungen u. Kammermusik.

Iradier (Yradier), Sebastián de, span. Komponist, * 20. 1. 1809 Sauciego, Álava, † 6. 12. 1865 Vi-

INSTRUMENTALKONZERT

VON JOACHIM KAISER

Das Instrumentalkonzert ist eine musikalische Form, deren Ursprünge im → Concerto und → Concerto grosso zu sehen sind. Der Begriff »Konzert« ist doppeldeutig: Er kann eine bestimmte musikalische Form meinen, aber auch eine öffentliche musikalische Veranstaltung. Man geht in ein Konzert, um dort gegebenenfalls die Aufführung eines Instrumentalkonzertes zu erleben. Diese Mehrdeutigkeit des Konzertbegriffes prägt aber auch den Form-Charakter. Das Solokonzert ist mehr auf Öffentlichkeit, auf die konzertante, publikumszugewandte Entfaltung eines oder mehrerer Solisten angelegt als andere, weniger repräsentativ öffentliche Formen, wie Lied oder Streichquartett. Zum Instrumentalkonzert gehört das Aufspielen und Sich-Aufspielen vor anderen; es ist gewiß keine auf »Intimität« angelegte Form. In ihm drückt sich der Öffentlichkeitscharakter bürgerlicher und spätbürgerlicher Konzertkultur aus, es hat mit der Idee des Wettstreits, mit der Entwicklung instrumentaler Virtuosität zu tun. Und darum wandten sich die avancierten Komponisten des 20. Jahrhunderts von dieser affirmativ repräsentativen Form des Solokonzerts ab. Zwischen 1950 und 1980 wurden weitaus weniger Konzerte komponiert und erfolgreich aufgeführt als etwa in den ersten drei Jahrzehnten des 19. Jahrhunderts.

Es wäre sinnlos, hier von allen Kompositionen, die sich im Laufe der Musikgeschichte Konzert nannten, abstrahieren zu wollen, was ein Konzert sei. Anfang des 16. Jahrhunderts konnte ein Concerto beispielsweise noch ein Ensemble von Singstimmen meinen (»un concerto di voci in musica«). Lodovico Viadanas *Cento concerti ecclesiastici* (1602) wiederum sind geistliche Kompositionen, die ein bis vier Stimmen kombinieren über einem Instrumentalbaß, der gelegentlich mit der tiefsten Stimme zusammenfällt. Mit dem, was sich als Idealtypus des Konzertes herauskristallisierte, haben diese Formen nichts zu tun, genausowenig wie die »kleinen geistlichen Konzerte« des Heinrich Schütz oder die Mehrchörigkeit der Canzonen des Giovanni Gabrieli.

Der Streit, ob man den Terminus »Konzert« aus dem lateinischen concertare (»miteinander wettstreiten«, »scharmützeln«) ableiten oder ob man an consere-re, consertus denken soll (»miteinander verbinden«; im ökonomischen Begriff der »konzertierten Aktion« schwingt dieses Gemeinsame mit) – dieser Streit läßt sich schlichten, indem man beide Ableitungen gleichermaßen gelten läßt. Denn in beiden Fällen werden entweder ein größeres Tutti-Objekt und ein kleineres Solo-Objekt miteinander verbunden oder kämpferisch gegeneinander ausgespielt. Das Konzert für ein Soloinstrument und Orchester erscheint dabei als Sonderfall des Concerto grosso. Im Concerto grosso treten mehrere Soloinstrumente aus dem Tutti heraus, im Solokonzert ein einziges.

Dem Begriff Konzert ist freilich noch längst nicht Genüge getan, wenn ein Soloinstrument ausführlich hervortritt, wie es ja auch häufig in Sinfonien und sinfonischen Dichtungen der Fall ist. So muß in der Tondichtung *Ein Heldenleben* von Richard Strauss der Konzertmeister einen umfangreichen Solo-Violinpart brillant bewältigen, ohne daß man die Komposition mit einem Violinkonzert vergleichen könnte. Im Solokonzert steht dem Solisten nicht nur eine Episodenrolle zu, sondern eine Heldenpartie, gleichviel, ob es sich um den Typus des Barockkonzertes (Vivaldi, Tartini, J. S. Bach), um die entwickelte Form des klassischen Konzertes (Mozart, Beethoven), des romantisch-poetischen Virtuosenkonzertes (Chopin, Schumann, Paganini, Liszt) oder des großen sinfonischen spätromantischen Konzertes (Brahms, Reger, Busoni) handelt. Nun wäre es einseitig, wegen der berühmten »klassischen« Konzerte – also der großen, spezifisch »dialogischen« Konzerte zwischen Mozart, Beethoven und Brahms – die Geschichte des Instrumentalkonzertes in Vorläufer, Höhepunkte, Nachzügler und Neoklassizisten zu gliedern. Denn die großen Solokonzerte von Torelli, Corelli, Vivaldi und Tartini sind ohne Frage nicht bloß historisch aufschlußreich: Vivaldi und Tartini schrieben Konzerte von leidenschaftlichem Elan und drängendem Affekt. Die unübersehbar vielen Konzertwerke Vivaldis sind nicht auf einen Begriff barokker Motorik und Melodik zu bringen; das in ihnen dominierende Moment einer völlig unpedantischen Freilassung von vehementem Affekt, des Lakonisch-edel-Melodischen wirkt heute so lebendig wie eh und je. Vivaldis vorbehaltlos idiomatische (im Notenbild manchmal simpel erscheinende, gleichwohl unmittelbar faszinierende) Erfindungskraft hat J. S. Bachs schöpferische und bearbeitende Phantasie lebhaft provoziert. So tut man Vivaldi, diesem Sturm-und-Drang-Meister des frühen 18. Jahrhunderts, unrecht, wenn man sein musikgeschichtliches Verdienst nur auf die Formalisierung des Kopfsatzes barocker Solokonzerte reduziert. Das in der Regel fünfmal erscheinende Ritornell des Orchester-Tutti und die Solo-Episoden (sie können sich thematisch auf Tutti-Motive beziehen, müssen dies aber nicht tun) gehorchen bei Vivaldi normalerweise einem Modulationsplan, der den Kreis über Dominante, Subdominante, Parallele zurück zur Tonika ausschreitet. Der Kopfsatz des bekannten Doppelkonzertes für zwei Violinen in d-Moll von J. S. Bach (BWV 1042) führt diese Tonartenfolge der Tutti-Ritornell-Episoden paradigmatisch, aber keineswegs lehrbuchhaft trocken vor. Bei alledem bleibt festzuhalten: Die Werke haben, ob nun als Solokonzert oder Concerto-grosso-haft organisiert, doch den Charakter eines Gesamten, Ganzen, Organischen – aus dem der Solist sich heraushebt, ohne eine kontrastierende, individuell abstechende Qualität dagegenzusetzen.

Es war J. S. Bach, der den Typus des großen modernen Solokonzertes schuf, und zwar nicht im Hinblick auf die Form, sondern im Hinblick auf das Gewicht des solistischen »Auftritts«. In seinem 5. Brandenburgischen Konzert (BWV 1050) – das ja drei Solisten aufweist und insofern einem Concerto grosso für Cembalo, Violine, Flöte und Streichorchester gleicht – hat J. S. Bach eine riesige Solokadenz eingefügt. Damit beschreitet er absolutes Neuland. Denn diese Kadenz ist durchaus nicht nur eine eingeschobene, motivisch mit dem Kopfsatz verbundene, gleichwohl freie Phantasie, sondern darüber hinaus etwas gattungsgeschichtlich Revolutionäres: Bach hat sich hier zu einer 55 Takte langen, alle Proportionen sprengenden Solokadenz für Cembalo entschlossen. Noch in der Urfassung dieses Werkes gibt er dem Cembalo concertare kein so herrlich großes, erhabenes Solo. Dann ist plötzlich der »Solist« da. Um 1720, als Bach an seinem 5. Brandenburgischen Konzert arbeitete, als Tartini, beeinflußt von der melodiösen Virtuosität der Violinkompositionen Francesco Maria Veracinis, die musikalisch sinnvolle Funktion violinistischer Virtuosität zum »konzertanten« Anspruch steigerte, setzte sich offenbar allmählich der pathetische und auch individuelle Affekt des genuin »Solistischen« durch – der mehr ist als bloß eine Folge formaler Operationen.

Überdies befinden wir uns im Laufe des 18. Jahrhunderts immer mehr in jener musikgeschichtlich so gewichtigen Epoche, in der die »Vorklassiker« und die jungen »Klassiker« vom hergebrachten Konzerttypus zur klassischen Konzertform (erster Satz in »Sonatenform«) gelangten. Da genügt es nicht, etwa bei den Klavierkonzerten von C. Ph. E. oder J. Ch. Bach, mechanisch herauszutüfteln, ob diese Konzerte nun ein »zweites« Thema in der Dominant-Tonart vorführen und gar in der »Durchführung« thematisch behandeln, d. h. auf diese Weise rückwirkend zum abhandlungswürdigen Thema definieren. Erst wenn die selbständige Freiheit des solistischen Auftritts entschieden mit der Dialektik der Sonatenform und dem virtuos ausdrucksvollen Spielanspruch des modernen »Virtuosen« zusammentritt, hat es nämlich Sinn, vom »klassischen« Typus des Instrumentalkonzerts zu reden. Mozart schuf und vollendete diesen Typus des klassischen Instrumentalkonzertes in seinen Klavierkonzerten, deren vollkommene Freiheit und Selbstverständlichkeit kaum mehr erkennen lassen, in wie unfaßbar vielfältiger Form Mozart die Gattung des Solokonzertes behandelte. (Seine Beschäftigung mit dem Solokonzert reicht von den Violinkonzerten, die sämtlich in Mozarts jüngeren Jahren entstanden, bis zu den Klavierkonzerten, die sein ganzen Leben umspannen.)

Bemerkenswerterweise hat sich bereits der neunzehnjährige Mozart bewußt der Problematik des sonatenhaften Konzerttyps gestellt. Diese besteht darin, daß ganz offensichtlich das Orchestervorspiel des Kopfsatzes im klassischen Instrumentalkonzert nicht zum vorgegebenen Modulationsschema des Sonatensatzes paßt. Die Orchesterexposition – und das läßt sich bereits bei Mozarts erstem eigenen Klavierkonzert in D-Dur (KV 175, im Dezember 1773 vom siebzehnjährigen Mozart komponiert und nicht nur bearbeitet) beobachten – muß erstes und zweites Thema sowie die Schlußgruppe nach einem anderen Modulationsplan vorführen, als er für die »eigentliche« Exposition gilt, die zusammen mit

dem Soloinstrument vorgetragen wird. Mozart und alle anderen »klassischen« Konzertkomponisten, wenn sie nicht bewußt die Regel verändern oder umgehen, exponieren im Orchestervorspiel das Hauptthema in der Tonika. Das Seitenthema erscheint dann auch in der Tonika – und nicht in der Dominante oder in der Parallele oder gar in der Terz.
Erst wenn nach dem Orchestervorspiel das Soloinstrument hinzutritt, begegnen wir dem Tonartenplan der Sonatenregel. Also wird, um auch dem Soloinstrument die Möglichkeit zu reicherer, bewegterer Entfaltung zu geben, bei dieser (zweiten) Exposition mit dem Klavier nun das Seitenthema in die Dominante moduliert, und auch die Schlußgruppe bestätigt die Dominante. Erst bei der Reprise erscheinen, ganz der Sonatenregel folgend, Hauptthema und zweites Thema gleichermaßen in der Tonika, diese dadurch bestätigend.
Das aber heißt, formal gesprochen: Das bloße Orchestervorspiel führt genau denselben Tonartenplan vor wie die Reprise. Es ist also eine – dem Sonatenaufbau nach überflüssige – »Verdoppelung«. Insofern verhält sich das Orchestervorspiel zur Form des Konzertes, wie Carl Dahlhaus es formulierte, »exterritorial«.
Bereits im A-Dur-Violinkonzert KV 219 baut Mozart eine wunderbare – diese Vorspiels-Exterritorialität geistvoll ausnutzende – Variante ein. Er stellt vor den eigentlichen Expositionsbeginn von Violine und Orchester ein Adagio-Solo der Geige. Und er gibt zu Beginn der Exposition von Orchester und Soloinstrument der Violine ein neues Thema, einen Kontrapunkt zum vorher vom Orchester dargestellten A-Dur-Hauptthema! Dieser Kontrapunkt erweitert das eigentliche Hauptthema überraschend und virtuos.
Noch kühner wirkt der Beginn des Klavierkonzerts in Es-Dur KV 271, in dem Mozart einen Dialog zwischen Solo und Orchester direkt an den Anfang zu stellen wagt. Eine wieder andere Lösung präsentiert Mozart in seinem D-Dur-Konzert KV 451. Hier darf sich das Soloinstrument mit einer großartig kadenzhaften Passagen-Partie einführen. Mozart war unerschöpflich im Erfinden immer neuer Abwandlungen. Im d-Moll-Konzert KV 466, das den Beethovenschen Dialogtypus am deutlichsten vorwegzunehmen scheint und wohl deshalb im 19. Jahrhundert das beliebteste Mozart-Konzert gewesen ist, reagiert das Soloinstrument mit einer klagenden, monologhaften Antwort auf die herbe Exposition des Orchesters. Noch Brahms ahmt dies in seinem Klavierkonzert d-Moll Opus 15 nach. Und Mozarts c-Moll-Konzert KV 491 überläßt auffallenderweise dem Klaviersolisten nie das charakteristische Hauptthema. Das Spielmaterial des Orchesters und das des Klaviers sind mithin charakteristisch verschieden. Aus der Klavierkonzert-Form ist eine dramatische Auseinandersetzung geworden, im c-Moll-Konzert von so unaustilgbar heftiger Art, daß der letzte Satz sogar keinerlei Final-Heiterkeit mehr kennt, sondern als wilder, marschhafter c-Moll-Variationssatz vorbeizieht.
Ob Mozarts Klavierkonzerte noch der Sphäre des »Gesellschaftlichen« angehören, ist ein Scheinproblem, da die Form des »öffentlichen« Konzertierens ja

eben dieses Gesellschaftliche mit einschließt. Beethoven jedenfalls steigert das Miteinander zum bewußt sinfonischen Dialog. Er baut in seine frühen Konzerte rezitativische Partien ein, er poetisiert die Konzertform im vierten Konzert und pathetisiert sie im fünften, dessen Durchführung, beim heftigen Gegeneinander zwischen Solo und Orchester, die dramatische Idee der Gattung unüberbietbar rein ausdrückt.
Aber man darf Konzerte nicht nur als dialogisch antithetische Gebilde verstehen. Beethovens Violinkonzert in D-Dur Opus 61, das der Komponist mit ausführlichen, vom Orchester unterstützten Originalkadenzen auch für Klavier bearbeitete, folgt einer anderen Formidee. Die thematische Arbeit des Kopfsatzes scheint ganz besonders streng ans Fortspinnungsprinzip gebunden: erst die innigen Umspielungen der Solovioline bringen dabei den klassizistisch-einfachen Aufbau der Exposition gleichsam zum Atmen. In der Mitte des Satzes kommt es dann zu einer poetischen Zäsur. Statt daß die Durchführung sich aus dem gegebenen Material entwickelt, schenkt Beethoven dem Solisten eine g-Moll-Melodie, die nicht mehr dem Material dieses Konzertes entstammt, sondern die nur, was übrigens auch zu Beginn der Durchführung des c-Moll-Klavierkonzertes Opus 37 geschieht, motivisch begleitet wird. Im zweiten Satz des Violinkonzertes geschieht Analoges. Die Geige hatte das Hauptmotiv zunächst immer nur umspielt, in der Mitte trägt sie nun eine neue Melodie vor. Auch der Verlauf des Rondos wird durch eine Dolce-Kantilene der Solovioline unterbrochen, die wiederum in g-Moll steht, wie schon im Kopfsatz. Beethovens Tripelkonzert Opus 56 für Klavier, Violine und Violoncello – eine Weiterentwicklung des Concerto-grosso-Typus – bedenkt Geige und Cello mit großen, beträchtlichen, das Klavier indessen mit harmlosen solistischen Aufgaben. Offenbar war der Erzherzog Rudolf von Österreich, der die Klavierstimme spielen sollte, kein allzu großer Virtuose. Mozart und Beethoven haben Konzert-Vorbilder geschaffen, die nicht nur das ganze 19. Jahrhundert überdauerten, sondern auch von den Komponisten dieses Jahrhunderts als Vorbild und Widerstand zugleich empfunden wurden.
So entstanden im 19. Jahrhundert nicht nur zahlreiche Kadenzen für die Konzerte Mozarts und Beethovens, in denen Clara Schumann, Camille Saint-Saëns, Joseph Joachim, Johannes Brahms, Fritz Kreisler und viele andere Komponisten zeigten, auf welche Weise sie über Mozarts und Beethovens jeweiliges motivisches Material zu fantasieren verstanden, sondern die Komponisten des 19. Jahrhunderts übernahmen Motive und Formmodelle Mozarts und Beethovens in vielfacher Weise.
So hat Johann Nepomuk Hummel um 1800 ein Trompetenkonzert geschrieben, dessen Andante den langsamen Satz aus Mozarts »großem« C-Dur-Klavierkonzert KV 467 ohne jede Verbrämung wiederholt. Dafür mußte Hummel freilich auch miterleben, daß Frédéric Chopin Hummels Klavierkonzert in a-Moll, ein nobles Virtuosenstück aus dem Jahr 1820, kaum zehn Jahre später zugleich mehr oder weniger zitierte und strahlend übertrumpfte. Denn so auffällig die Ähnlichkeiten auch sein mögen, Chopins Klaviersatz war bereits in den beiden frühen

Klavierkonzerten (f-Moll Opus 21 und e-Moll Opus 11) unvergleichlich origineller, persönlicher und reicher. Und Chopins Kantilene meidet jene Mischung aus Harmlosigkeit und virtuoser Trivialität, die in Hummels lebendig reizvollen Werken nicht ganz zu überhören ist.

Die Formidee des »klassischen« Konzertes, wie sie von Mozart und Beethoven entwickelt worden war, geriet am wenigsten den Komponisten harmlos-effektvoller Virtuosenstücke zum Problem. Ob man an Charles Beriots geistreiche, wenn auch gelegentlich ungeniert opernhafte Violinkonzerte denkt oder an die Virtuosenkonzerte, die im frühen 19. Jahrhundert begabte Virtuosen für sich selber schrieben: alles in allem erstarrt hier die klassische Form zur eklektischen Klassizität, was aber kein großer Schaden war, weil es ohnehin nicht um gewichtige sinfonische Eingebungen ging, sondern hauptsächlich um die Zurschaustellung kultiviert effektvoller Solistenkunst, bei der übrigens immer noch viel Originelles zu entdecken ist, so z. B. bei J. N. Hummel, I. Moscheles, D. Steibelt, F. Kalkbrenner, J. B. Cramer, John Field. Auf höherem Niveau steht die Formerfindung des noblen Melodikers Ludwig Spohr und die wunderbar persönliche Vielstimmigkeit Chopinscher Jugendkonzerte. Einmal, im Rezitativ des Larghettos aus dem f-Moll-Konzert, zitiert Chopin bewußt das Rezitativ der Donna Anna aus Mozarts *Don Giovanni,* über dessen Don-Juan-Zerline-Duett (»Là ci darem la mano...«) Chopin bereits in seinem Opus 2 Variationen für Klavier und Orchester geschrieben hat.

Franz Schubert – der Idee des »Brillanten« gewiß nicht kleinbürgerlich fern – hat die Konzertform leider nicht mit großen Konzerten, sondern nur als Formerneuerer bereichert. Denn seine *Wanderer-Fantasie* für Klavier solo (von Liszt übrigens zum Konzert für Klavier und Orchester bearbeitet) und auch seine immer wieder zum Hauptthema zurückkehrende Fantasie in f-Moll für Klavier zu vier Händen stellen den Typus einer jeweils zyklischen Sonate dar. Die *Wanderer-Fantasie* bildet ihre vier Sätze aus einem identischen Material. Liszt hat nun dieses zyklische Prinzip, teilweise unter dem Eindruck von Berlioz' *Symphonie fantastique,* nicht nur auf seine Klaviersonate in h-Moll übertragen, die sich gleichermaßen als einsätzig und viersätzig interpretieren läßt, sondern auch auf seine beiden (1851 beziehungsweise 1857 uraufgeführten) Klavierkonzerte in Es-Dur und A-Dur, die zugleich höchst virtuos und höchst sinfonisch gehalten sind.

Mehr als Carl Maria von Webers Konzerte für Klavier (C-Dur, Es-Dur) und Klarinette (Concertino in Es-Dur Opus 26, Konzert in f-Moll Opus 73 und Es-Dur Opus 74) ist Webers *Konzertstück* (f-Moll Opus 79) zum Wegbereiter einer ritterlich unakademischen Konzertform geworden.

Robert Schumann und Johannes Brahms haben je vier Konzerte komponiert, die gedankenvolle, gewichtig durchkonstruierte und edle Beispiele nachbeethovenscher Konzertform darstellen. Schumanns hochpoetisches Klavierkonzert a-Moll Opus 54 ist aus einer Fantasie für Klavier und Orchester hervorgegangen, die auffallenderweise kühner war als der spätere Konzert-Kopfsatz. Schumanns Fantasie war sinfonischer gehalten – in der Durchführung hat das Orchester

noch Kantilenen, die in der bekannten Klavierkonzertfassung auch das Soloinstrument mitspielen und nicht nur begleiten darf, obwohl die ursprüngliche Fassung organischer wirkt. Schumanns Cellokonzert (Opus 129) benutzt die rezitativischen Möglichkeiten des Instrumentes. So fügt Schumann der relativ kleinen Literatur für Cello und Orchester etwas vollkommen Originelles hinzu. Das späte Violinkonzert des bereits schwerkranken Schumann kann weder die formale noch die melodiöse Originalität des e-Moll-Violinkonzertes von Mendelssohn (Opus 64) erreichen: Spuren der Schwäche und Spuren des Genies mischen sich hier in rührender, beängstigender Weise. Allzu wenig Beachtung findet Schumanns Konzertstück für vier Hörner (1849), das den Concerto-grosso-Typ und auch die barocke Konzertform unauffällig zu mischen weiß.
Betrachtet man die Konzerte, die in der zweiten Hälfte des 19. Jahrhunderts entstanden, so weicht in ihnen das Prinzip des konzertanten Aufspielens und Sich-Aufspielens manchmal der sentimental weltschmerzlichen Attitüde (Beginn von Saint-Saëns' späterem brillanten 2. Klavierkonzert). Oft schlagen auch nationale Tonfälle wirkungsvoll durch: so in Dvořáks Cellokonzert, in Wieniawskis eleganten Violinkonzerten, in Tschaikowskys grandios getürmten, effektvollen Bekenntnisstücken, in César Francks dunkel getönten, spirituell empfindsamen *Sinfonischen Variationen*. Der Gewalt Brahmsscher Konzentrations-, Konstruktions- und Erfindungskraft aber kommen alle diese Konzerte bis hin zum Violinkonzert von Sibelius nicht gleich. Brahms allein hat kraftvolle Gegenstücke zu Beethovens Konzerten geschaffen, frei von aller virtuosen oder auftrumpfend-sentimentalen Verspieltheit. Zum Problem werden bei Brahms – der ebenso wie Schumann vier Konzerte schrieb, darunter auch ein »Concerto grosso«, nämlich das gehaltvolle Doppelkonzert Opus 102, nach dem Violinkonzert Opus 77 und den beiden großen Klavierkonzerten Opus 15 und Opus 83 – die Finali. Brahms' Konzerte kennen ja nicht mehr jenen leichten Ton, der ein Rondo-Finale als wirkungsvollen Ausklang ohne weiteres gestattete. Andererseits kann der naturgemäß auf »Wirkung« bedachte Konzerttypus nicht ohne Verkrampftheit jene tief gehaltvollen Finali vorführen, wie sie die Sinfonik des späten 19. Jahrhunderts produziert hat.
Die Geschichte des Solokonzerts im 20. Jahrhundert ist weniger eine Geschichte des Verfalls als eine solche der Abwendung. Max Regers Klavierkonzert, sinfonischer, schwergewichtiger und rücksichtsloser noch als die Brahmsschen Werke, vermag bei aller Gediegenheit nicht darüber hinwegzutäuschen, daß Reger sich zum Konzertanten zwingen mußte – auch sein Violinkonzert belegt das. Strawinskys Konzert für Klavier und Bläser ist eine neoklassizistische, aber nicht verspielte, sondern finster konsequente Lösung im Geiste jener Wortkargheit und Brillanz, die Gegenpol sein wollte zur Redseligkeit spätromantischer Bekenntnismusik. Strawinskys Violinkonzert gibt sich etwas verbindlicher. Als »Bekenntnismusik« dürfte auch die entzückende, wirklich zu Unrecht vernachlässigte *Burleske* für Klavier und Orchester von Richard Strauss kaum anzusprechen sein – dazu zählt indessen vieles von dem, was die mittleren und großen sla-

wischen Komponisten unseres Jahrhunderts beisteuerten. Schostakowitsch wird zunehmend gespielt; ihre eigentümliche Tonsprache bewahrt die genialen Konzerte Bartóks vor jener Abnützung, der so manches Konzert von Eugen d'Albert, Nicolas Medtner oder Alexandr Tscherepnin zum Opfer fiel.
Relativ häufig sind die beiden Konzerte Arnold Schönbergs – das auf Eingängigkeit bedachte Klavierkonzert Opus 42 und das differenziertere und schwierigere Violinkonzert Opus 36 – auf den Konzertprogrammen oder zumindest in den Schallplattenverzeichnissen zu finden. Daß Hindemiths Konzert-»Gebrauchsmusik« sich durchsetzte und zum Repertoire moderner Cellisten, Pianisten u. Bratschisten gehört, läßt sich heute kaum mehr abstreiten. Maurice Ravels geistreich pointierte und Sergej Prokofjews leidenschaftlich brillante Konzerte gehören zum Repertoire aller namhaften Solisten. Und alles erlesene Naserümpfen hat der Beliebtheit Rachmaninows beim Publikum und den großen Pianisten überhaupt nicht schaden können: trotz mancher Hollywood-Anspielung finden sich in den vier Klavierkonzerten Rachmaninows und in der durchsichtig gearbeiteten *Paganini-Rhapsodie* für Klavier und Orchester (Opus 43) auch Momente erlauchter, ja meisterhaft pointierter, schwungvoll melodischer Musik.
Doch das letzte Konzert oberen Musikranges, das sich durchsetzen konnte, war jenes bekenntnishaft »Dem Andenken eines Engels« gewidmete Violinkonzert von Alban Berg, dessen Anfang aus den leeren Saiten, aus der Quintstimmung der Violine herauswächst und dessen Ende den erwünschten Tod beschwört – jenen Tod, der Berg kurz nach der Vollendung dieses Solokonzert-Meisterwerkes am 24. Dezember 1935 hinwegrief.

INSTRUMENTENKUNDE

VON ERICH VALENTIN

Instrumentenkunde ist die Lehre von den Musikinstrumenten. Als solche ist sie ein Teil der allgemeinen Musikwissenschaft. Durch ihren Inhalt vereint sie darüber hinaus verschiedene Disziplinen: Im Instrumentenbau begibt sie sich auf das Gebiet der Technik (Musiktechnologie), ihre Herkunft verbindet sie mit der allgemeinen Völkerkunde (Ethnologie), ihre Entwicklung geht Hand in Hand mit Musikgeschichte und Gesellschaftsgeschichte (Musiksoziologie), und in ihrer Tonerzeugung ist sie ein Spezialgebiet der Naturwissenschaft (Akustik). Aus ihrer Nutzanwendung entwickelte sich nach der Entdeckung des Klangs und der Klangfarbe im frühen 19. Jahrhundert als selbständiger Teil der Kompositionslehre die der Instrumentenkunde nicht zugehörende Instrumentationslehre (G. Kastner, H. Berlioz). Aus den didaktischen und lexikografischen Beschreibungen der Instrumente, die sich vor allem vom 16. bis zum 18. Jahrhundert jeweils als eine Art Bilanz darstellen (S. Virdung, M. Agricola, J. Bermudo, M. Praetorius, M. Mersenne, J. Adlung), bildete sich erst im 19. Jahrhundert (F. Gevaert 1863) jene Ordnung heraus, auf der die heutige Instrumentenkunde beruht. Im Zuge ihrer Entwicklung (seit V.-Ch. Mahillon 1880, E. M. von Hornbostel und C. Sachs 1914 sowie H.-H. Draeger 1948) fand sie zu einer nach Ursprung, Geschichte, Tonerzeugung und Anwendung gliedernden Systematik. Für die einzelnen Musikinstrumente gilt heute die folgende Aufteilung als verbindlich: *I. Idiophone,* d.h. »Selbstklinger«: a) geschlagene Stäbe (Xylophon, Metallophon, Glockenspiel), b) gezupfte Stäbe (Maultrommel), c) gestrichene Stäbe (Nagelgeige). – *II. Membranophone,* d.h. Instrumente mit Membrane (Fell): Schlagtrommeln (Kesselpauken mit fixierter Tonhöhe, Trommeln mit unbestimmter Tonhöhe), Reib- und Klirrtrommeln. – *III. Chordophone,* d.h. Saiteninstrumente: a) gezupft (Laute, Harfe, Mandoline, Gitarre), mit Klaviatur (Cembalo, Spinett), b) gestrichen (Fidel, Violinfamilie, Gambenfamilie, Trumscheit), c) geschlagen (Hammerklavier, Clavichord, Hackbrett und Cymbal). – *IV. Aerophone,* d.h. Blasinstrumente: a) mit Luftröhre (Labialinstrumente: Längs- und Querflöten, Labialpfeifen der Orgel), Rohrblattinstrumente (mit Doppelrohrblatt: Oboe, Fagott, Englischhorn), Lippeninstrumente: mit Kesselmundstück (Trompeten, Posaunen, Flügelhörner), mit Trichtermundstück (Hörner, Wagner-Tuben), b) ohne Luftröhre (Akkordeon, Harmonium, Mundharmonika, Zungenpfeifen der Orgel). – *V. Elektrophone,* d.h. elektrische und

elektronische Instrumente: a) elektromechanisch (Lichtton-, Hammondorgel, Jazzgitarre), b) elektronisch (mit Röhrengeneratoren, Glimmröhren- u. Transponierungsgeneratoren usw., das sind u.a. Sphärophon, Ondes Martenot, Hellertion, Trautonium, elektronische Orgel, Synthesizer).
Diese nüchterne Aufzählung erscheint notwendig, um die unerhörte Vielfalt der auf höchst unterschiedlichen Gesetzen der Klangerzeugung beruhenden Instrumente (aus lateinisch instrumentum: »Werkzeug«) und ihre Geschichte in eine Übersicht zu bringen. Ihr Ursprung geht auf ganz natürliche, naturhaft-primitive Gegebenheiten zurück. Stampfen und Klatschen sind die Grundelemente des gesamten Schlagwerks, worunter heute sowohl die Idiophone als auch die Membranophone verstanden werden. Allerdings ergeben sich, wie aus der Systematik hervorgeht, generell Unterschiede. Die Redensart »auf die Pauke hauen« beruht auf einer landläufigen Verwechslung. Denn gemeint ist die Große Trommel, die, ohne fixierte Tonhöhe, seitwärts mit nur einem Schlegel zum Klingen gebracht wird. Sie heißt »groß« zum Unterschied von der schachtelförmigen, mit zwei Stöcken »gerührten« Kleinen Trommel (Konzert- und Militärtrommel), bei der an der Unterseite (Resonanzfell) eine das Schnarren erzeugende Saitenbespannung angebracht ist. Die Pauken hingegen, in der Mehrzahl, da sie zumindest paarig Verwendung finden, sind nicht zylinderförmig wie die Trommeln, sondern kesselförmig (Kesselpauke). Durch einen Mechanismus (Pedal) kann das Fell (Membran) ent- oder gespannt werden (d.h. höher oder tiefer). Geschlagen werden die Pauken mit zwei Schlegeln, deren Kopf aus Flanell oder Filz (nach Bedarf Holz oder Kork) gefertigt ist. Aus dem Orient im 14. Jahrhundert nach Europa gelangt, erhielten sie ritterliche Würde. Der gesamte Rhythmus-Apparat, der im 17. Jahrhundert in das Orchester einzudringen begann, hat sich heute zu einer eigenen Rhythmusgruppe verselbständigt: in der neuen Musik wie in Jazz, Rock und Pop. Die Kombination der Drum-set genannten »rhythm section« besteht aus Großer Trommel (bass-drum), Kleiner Trommel (snare-drum, das wichtigste Instrument) und Cymbal (Becken). Dazu kommen die verschiedenen Varianten: die Folklore-Instrumente (Conga, Timbala, Maracas, Tempelblock, Holzblocktrommel) und die unter der Bezeichnung »Mallet-Instrumente« zusammengefaßten Stabspiele. Als deren ältestes ist das Xylophon anzusehen, ein heute zweireihig angelegtes Holzinstrument (Umfang f^1–c^5), das, auch in mehreren Größen gebaut, mit zwei löffelartigen Holzschlegeln gespielt wird. Das afro-mittelamerikanische Marimbaphon (Umfang c–c^4) mit abgestimmten Resonanzröhren und das Anfang des 20. Jahrhunderts entwickelte Vibraphon (Umfang f–f^3), bei dem ein Elektromotor Metallscheiben in den Resonanzröhren zur Rotation (Tonvibration) bringt, gehören zur Verwandtschaft. Sie sind Stabspiele wie das Glockenspiel (Umfang g^2–e^5), das, mit einer Klaviatur versehen, als Klaviaturglockenspiel fungiert, und die 1886 erfundene Celesta (Umfang a–a^3, klingt eine Oktav höher als notiert). Zur Gruppe der Selbstklinger zählen auch die Aufschlags-Idiophone wie Gong, Tamtam und Triangel.

Hat sich in all diesen Instrumenten trotz der technischen Entwicklung die Ursubstanz der Herkunft bewahrt, so verwandelte sich in der Kategorie der Chordophone (Saiteninstrumente) das Ursprüngliche bis zur Unkenntlichkeit. Man kann sich kaum vorstellen, daß aus dem Musikbogen, der Erdzither, die Lautentypen, Harfen und Streichinstrumente und aus dem Musikstab (aufgeschlitztes Pflanzenrohr) die Zithern, das Psalterium, das Hackbrett, das Cimbalom und alle Saitenklaviere (im Gegensatz zu den Pfeifenklavieren, wie z. B. Orgel) entstanden sind.
Die Unterteilung der Saiteninstrumente, die den Überblick über eine nahezu verwirrende Vielfalt erleichtern soll, läßt sich am besten nach den Prinzipien der Tonerzeugung bewerkstelligen. Man unterscheidet demnach Streich-, Zupf- und Tasteninstrumente. Diese summarische Vereinfachung schließt Querverbindungen nicht aus (z. B. Bünde am Griffbrett, Quart-Terz-Stimmung, Sechssaitigkeit bei Laute und Gambe). Aus einer weitverzweigten Entwicklung, die in etwa auf fidula (viella) und rebec zurückgeht, haben sich über die lira (deren Namen noch in der Radleier erhalten ist) zwei Familien jener Instrumente entfaltet, die mit einem Bogen gestrichen werden: die der Viola da Gamba (= Knieviola) und die der Viola da braccio (= Armviola). Die Gruppe der Gamben, die im Stimmwerk (Diskant, Alt, Tenor, Baß) gebaut wurden, ist durch das Corpus gekennzeichnet (gewölbte Decke, flacher Boden, hohe Zargen; Seitenwände zwischen Decke und Boden, schmale Bügel; Ausbuchtungen, Sechssaitigkeit, Griffbünde am Griffbrett, C-förmige Schallöcher, flacher Steg, über den die Saiten verlaufen): Diskant-Gambe (Stimmung: $d\,g\,c^1\,e^1\,a^1\,d^2$), Alt-Gambe ($G\,c\,g\,a\,d^1\,g^1$), Tenor-Baß-Gambe ($D\,G\,c\,e\,a\,d^1$), letztere mit dem eine Oktave tieferen Ableger des Violon oder Violone. Verwandte Typen sind u. a. der Quinton, das Baryton, die Viola bastarda, die Viola d'amore, die neue Fidel. Der selbständige Werdegang der anderen Streichergruppe, der Armviolen, begann im Alt-Typus der Viola da braccio (daher: Viola oder Bratsche), viersaitig mit der Stimmung $c\,g\,d^1\,a^1$. Aus ihr entstand die Violine (Violino, Geige): $g\,d^1\,a^1\,e^2$. Die Tenor-Baß-Form repräsentiert das Violoncello, d. h. das vom Gambennamen abgeleitete »Violonchen« in der Besaitung C G d a. Alle diese Instrumente sind gekennzeichnet durch gewölbte Decken und gewölbten Boden, ausgeprägte Ausbuchtungen (Bügel), niedere Zargen, F-Löcher, höheren Steg, bundloses Griffbrett, Quintstimmung. Eine Ausnahme bildet der Kontrabaß, der sich aus der Gambe entwickelt hat und sich, vor allem in Italien, der Bratschenfamilie annähert. Er ist viersaitig ($E_1\,A_1\,D\,G$) oder fünfsaitig ($C_1\,E_1\,A_1\,D\,G$).
Trotz der Tatsache, daß die Zupfinstrumente verschiedene Genealogien aufweisen, bilden sie eine Einheit: durch das Zupfen oder Reißen. Von der antiken Lyra (nicht zu verwechseln mit Harfe) und Kithara und den aus Asien kommenden Zithertypen (Scheitholt) ausgehend, bildete sich die Zither in ihrer heutigen Gestalt aus, die sie seit dem 17. Jahrhundert behalten hat, nur zur Konzertzither erweitert im 19. Jahrhundert: ein Resonanzkasten mit längs gespannten Saiten

und Griffbrett. Ihr verwandt ist das gezupfte Psalterium (persisch: santur), das, mit Klöppeln geschlagen, als Hackbrett ($g–g^2$ und g^3) und Cimbalom ($E–e^2$) verbreitet ist. Nicht alles, was Harfe heißt, ist eine Harfe. Das gilt für die Harfenzither (rotta, Spitzharfe, Schoßharfe), die zu den Brettzithern zählt. Die Harfe hingegen geht im Gegensatz zu den Brettzithern auf den Musikbogen zurück, historisch nachweisbar im 4. Jahrtausend v. Chr. (Sumerer). Aus der Bogenharfe entstand durch Einführung einer die Bogenenden verbindenden und das Spielfeld eingrenzenden Stange die Rahmenharfe, die Urgestalt der heutigen Harfe. Um die diatonisch gestimmte Harfe chromatisch verwenden zu können, erfand man im 17. Jahrhundert die Hakenharfe. Einfacher als die handbediente Saitenänderung wurde das Verfahren durch die Mechanik der Pedalharfe (18. Jahrhundert), aus der die moderne Doppelpedalharfe (1820) hervorging. Sieben Pedale ermöglichen die halbtönige Erhöhung mittels des sogenannten Rasts (1. Pedal von Ces nach C und Cis, 2. Pedal von Des nach D und Dis usw.). Gesamtumfang: $Ces_2–gis^4$. Das Corpus ist ähnlich dem Bauch der Mandoline. Dennoch hat die Harfe nichts mit den anderen Zupfern zu tun. Deren Hauptrepräsentant ist die bis in das 3. vorchristliche Jahrtausend zurückzuverfolgende Laute (von arabisch al ʻūd). Durch ihre Griffbrettbünde, Besaitung und Quart-Terz-Stimmung steht sie den Gamben nahe. Größen, Stimmungen und geographische Verbreitung waren variabel. Die nichthistorische Laute hat die Gitarrenstimmung $E A d g h e^1$. Zur großen Lautenfamilie zählen die Theorbe, der Chitarrone, auch die mit Plektron angeschlagene Mandoline (Violinstimmung $g d^1 a^1 e^2$) und ihre Alt-Schwester Mandola, ferner der Tanbur und die drei- bis sechssaitige Balalaika. Bindeglied zwischen Laute und Gitarre sind Sister und der indische Sitar, dessen Name an die Gitarre erinnert. Diese nahm ihren heutigen achtförmigen Corpus mit Schalloch, Bünden, Querriegel zur Saitenbefestigung wie bei der Laute um 1800 an (Stimmung $E A d g h e^1$). Von den zahlreichen Varianten sind die Schrammelgitarre (mit zwei Hälsen) und die auf die historische Wölbgitarre zurückgehende Schlaggitarre (mit sechs ein- und doppelchörigen Saiten), abgewandelt in die dem Ukulele verwandte Hawaiigitarre und die Electricgitarre, zu nennen. Ehe diese Instrumente im Jazz Verwendung fanden, war das bundlose flache, mit einem Fell bespannte Banjo bereits in Gebrauch.

Alle mit Tasten versehenen Saiteninstrumente sind griffbrettlose Zithern. Wendepunkt in der geschichtlichen Entwicklung vom Musikstab zum Klavier ist das von Pythagoras her bekannte Monochord (Einsaiter), das sich zum Polychord (Vielsaiter) erweiterte. Daraus entstanden die drei Grundtypen: die mittels Docke oder Federkiel gezupften (Cembalo, Virginal, Spinett, Kielflügel), die durch eine Tangentenmechanik gekennzeichneten (Clavichord) und die mit Hammer angeschlagenen (Hammerklavier, Pianoforte, Klavier, Flügel). Das Monochordprinzip des verschiebbaren Stegs ist das Merkmal des stillen Clavichords, bei dem die eine Saite berührende Tangente die Saite teilt und erklingen läßt. Annähernd gleichaltrig ist das mit Federkiel angerissene Cembalo (clavecin, harpsichord), dessen Stufendynamik und Klang durch Register bewerkstelligt werden. Über eine Reihe von Vorläufern ist im frühen 18. Jahrhundert das durch den Anschlag »piano« und »forte« wirkende Hammerklavier zustande gekommen, mit befilzten (früher ledernen) Hammerköpfen. Die doppelte Repetitionsmechanik (1821) ermöglicht schnelle Tonfolgen. Umfang: A_2–c^4 bzw. C_1–a^4). Die Verwendung der Tasten (claves) ist bei allen drei Typen von der Orgel übernommen.

Die Orgel jedoch gehört zu den Blasinstrumenten. Je nach Material, Bau- und Spielweise unterscheidet man Holz- und Blechblasinstrumente. Die Holzblasinstrumente werden in Flöten und Rohrblattinstrumente unterteilt: Flöten als Instrumente mit Kernspalte (Längs- und Querflöte), mit doppeltem Rohrblatt (Oboen, Fagotte) und einfachem Rohrblatt (Klarinette, Saxophon). Zu beiden Arten gehören die Sackpfeifen (Dudelsack). Die Blockflöte (Schnabelflöte, flute à bec, flauto dolce) ist eine Längsflöte, z. T. transponierend (Sopranino F, Sopran C, Alt F, Tenor C, Baß F), umgekehrt konisch gebohrt. Die gleichaltrige Querflöte in C (h, c^1–d^4 f^4), die auch aus anderem Material sein kann, hat außer ihren Vorfahren (Querpfeife) vor allem zwei Verwandte: Piccolo (kleine Flöte), in die Oktave transponierend (d^2–b^4 c^5) und Altflöte. Die über die Antike (aulos, tibia) hinaus zurückreichende Oboe (von französisch haut bois: »hohes Holz«), je nach System h–f^3, b–a^3, besitzt doppeltes Rohrblatt, konisch gebohrt. Ihre Geschichte weist einen umfangreichen Bestand von Typen auf. Das Sopraninstrument hat transponierende Ableger in der Oboe d'amore (A), Oboe da caccia, Englischhorn (F), Heckelphon, Sarrusophon. Wohl in Zusammenhang mit dem Oboentyp des Bomhard (Pommer) steht das Fagott, ein Doppelrohrinstrument (B^1–es^2, f^2). Das Kontrafagott, eine Oktave tiefer klingend als notiert, hat den Umfang (A_2) C_1–b (d^1). Die aus dem Chalumeau 1690 entwickelte Klarinette, ein vorwiegend zylindrisches Instrument, funktioniert nach dem Prinzip der gedackten Pfeife, charakterisiert durch das einfache Rohrblatt. Von den sechs Stimmungen sind bevorzugt: C (e–c^4), B (d–b^3), A (cis–a^3), eventuell noch Es. Dazu gehören Bassetthorn (F–c^3), Baßklarinette (C–f^2) und, trotz des Materials, das Saxophon (von A. Sax 1841 konstruiert): Sopran (B: as–des^3), Alt (Es: des–a^2), Tenor (B: As–es^2), Bariton (Es: Des–as^1), Baß (B: As_1–des^1). Bleibt als Summe, um ihrer Labial- und Zungenpfeifen willen, die Orgel (organum). Ihrer technischen und musikalischen Wandlungen ungeachtet besteht das Grundsystem aus den drei »Werken«: Regierwerk (Spieltisch mit Manualen, Pedal, Registerzüge), Windwerk (Windkasten, Windlade) und Pfeifenwerk.

Mundstück (Trichter oder Kessel), Mensur und Stürze kennzeichnen die sogenannten Blechblasinstrumente: die Hörner mit Trichtermundstück (1. Signalhörner mit Kornett und den Pseudohörnern, 2. Waldhörner und andererseits Trompete und Posaune). Zu 1: Flügelhorn, Alt- und Tenorhorn, Baryton, Baßtuba, Kontrabaßtuba (Sousaphon, Kaiserbaß); zu 2: das runde Naturhorn, seit 1816 mit Ventilen in B (E–b^2) und F (H_1–f^2) sowie die Wagner-Tuba. Die aus dem Holzrohr (Alphorn) entwickelte ritterliche Trompete (italienisch tromba) mit Kesselmundstück übernahm die Ventile vom Horn. Stimmungen: c (fis–c^3), B (e–c^3), A (es–a^2), F (H–f^2), Es (A–es^2) sowie kleine Trompete und Baßtrompete. Die engmensurierte Bach- und die Jazztrompete (mit den Pumpventilen des Kornetts) sind kleine Trompeten. Unmittelbar artverwandt ist die Posaune (italienisch trombone): Tenor (E–d^2), Tenorbaß (D_1–c^2), Kontrabaß (C_1–g^1), Alt (H–a^2), Diskant (c^1–b^2). Ihr unverkennbares Merkmal sind die Züge (ausziehbare Bogen oder Bügel); im 19. Jahrhundert kam die Ventilposaune auf. Wie Gambe und Blockflöte hat die Zugposaune, die auf den Naturtönen beruht, in ihrer Vollendung ihren ursprünglichen Charakter bewahrt.

Literatur: M. Agricola, Musica instrumentalis deudsch, Wittenberg 1529, Faksimile Hildesheim 1969; F. Gevaert, Traité général d'instrumentation, Gent 1863, erweitert als: Nouveau traité d'instrumentation, Paris und Brüssel 1885, deutsch von H. Riemann, Leipzig 1887; V.-Ch. Mahillon, Catalogue descriptif et analytique du Musée Instrumental du Conservatoire Royal de Musique de Bruxelles I, Gent 1880; H. Riemann, Katechismus der Musikinstrumente, Leipzig 1888; C. Sachs, Real-Lexikon der Musikinstrumente, Berlin 1913, Nachdruck Hildesheim 1962 und New York 1964; E. M. von Hornbostel und C. Sachs, Systematik der Musikinstrumente, Zeitschrift für Ethnologie XLVI, 1914; C. Sachs, Geist und Werden der Musikinstrumente, Berlin 1929, Nachdruck Hilversum 1965; H. Bouasse und M. Fouché, Instruments à vent, 2 Bände, Paris 1929–30; H.-H. Dräger, Prinzip einer Systematik der Musikinstrumente, Kassel 1948; B. Spinney, Encyclopaedia of Percussion Instruments and Drumming I, Book A, Hollywood 1955; A. Baines, Woodwind Instruments and Their History, London 1957; R. E. Chapman (Hg.), M. Mersenne, Harmonie universelle, The Books on Instruments, Den Haag 1957; M. S. Kastner (Hg.), J. Bermudo, Declaración de instrumentos musicales, Kassel 1957; Ch. Mahrenholz (Hg.), J. Adlung, Musica mechanica organoedi, Kassel 1961; W. Bachmann, Die Anfänge des Streichinstrumentenspiels, Leipzig 1964; E. Winternitz, Die schönsten Musikinstrumente des Abendlandes, München 1966; H. Seifers, Systematik der Blasinstrumente, Frankfurt a. M. 1967; C. J. Nederven, Acoustical Aspects of Woodwind Instruments, Amsterdam 1969; K. Peinkofer und F. Tannigel, Handbuch des Schlagzeugs, Mainz 1969; J. H. van der Meer (Hg.), S. Virdung, Musica getutscht, Amsterdam 1973; P. Peterlongo, Strumenti ad arco, Principi fisici del loro funzionamento, Mailand 1973; H. Heyde, Grundlagen des natürlichen Systems der Musikinstrumente, Leipzig 1975.

toria. Schrieb populäre Chansons u. Tänze, von denen 1864 eine Auswahl als »Fleurs d'Espagne« in Paris herauskam. Von ihm stammt u. a. *La Paloma* u. die von G. Bizet in *Carmen* verwendete Habanera.

IRCAM, Institut de Recherche et de Coordination Acoustique-Musique im Centre Georges Pompidou, Paris. Das eigens für P. Boulez eingerichtete Forschungszentrum besteht aus den Abteilungen 1. Computer, 2. elektro-akustische Musik, 3. Instrumental- u. Vokalmusik, 4. Pädagogik, 5. Koordination (Département diagonal).

Ireland, John N., engl. Komponist, * 13. 8. 1879 Bowdon, Cheshire, † 12. 6. 1962 Washington, Kent. 1893–1901 Schüler des Royal College of Music in London, wo er u. a. Unterricht von F. Cliffe (Klavier) u. Ch. Stanford (Komposition) erhielt. 1904–26 Organist an St. Luke's in Chelsea, 1923–39 Professor für Komposition am Royal College of Music. In seinen Werken verbinden sich Elemente der Kirchenmusik, Klangvorstellungen des franz. Impressionismus u. modales Denken.

Zu I. Kompositionen gehören: die Orchesterwerke *The Forgotten Rite* (1913), sinfonische Rhapsodie *Mai-Dun* (1920–21), *A London Overture* (1936), *Concertino pastorale* für Streicher (1939), *The Holy Boy* für Streicher (1941, nach einem Carol), *Satyricon-Ouvertüre* (1946), Konzert für Kl. u. Orch. (1930), *Legende* für Kl. u. Orch. (1933); Chormusiken; Kammermusik, u. a. 3 Klaviertrios (1906, 1917 u. 1938), 2 Violinsonaten (1908–09 u. 1915–17) u. 1 Cellosonate (1943); Klavierstücke u. Lieder.

Isaac, Heinrich, fläm. Komponist, * um 1450, † 26. 3. 1517 Florenz. In Italien, wohin er durch Lorenzo de' Medici als Organist berufen wurde, nannte man ihn Arrigo Tedesco. Stand im Dienst der Medici bis zum Sturz von Pietro de' Medici 1494. Hofkomponist Kaiser Maximilians I. 1497–1514. Hielt sich zwischen 1504 u. 1514 verschiedentlich in Konstanz auf, wo wahrscheinlich der »Choralis Constantinus«, ein 4st. Proprienwerk für das ganze Kirchenjahr, entstand. Fertiggestellt u. zum Druck vorbereitet wurde die Sammlung von I. Schüler L. Senfl, der auch I. Nachfolger als Hofkomponist in Wien wurde. Ab 1515 lebte I. mit kaiserlicher Zustimmung wieder in Florenz. Seine bekannteste Komposition ist der Satz über *Innsbruck, ich muß dich lassen*. Neben Liedern u. Instrumentalwerken hinterließ I. Messen u. andere kirchenmusikalische Kompositionen. I. gehörte zu den vielseitigsten u. produktivsten Musikern seiner Zeit.

Ishii, Kan, japan. Komponist, * 30. 3. 1921 Tokio. Studierte bei F. Lehmann u. C. Orff an der Musikhochschule in München u. lehrt seit 1956 Komposition in Japan. Zu seinen Werken gehören: die Opern *En-no-Gyodja* (1964) u. *Kesa to Morito* (1969); die Ballette *Kami to bajadere* (1950), *Ningen tanjo* (1954) u. *Marimo* (1963); die sinfonische Dichtung *Yama* (1953); Musik für Schlagzeug (1970); Bühnen- u. Filmmusiken. Sein Bruder Maki I. (* 1936) erhielt seine musikalische Ausbildung in Berlin, wo er als freischaffender Komponist lebt.

isometrisch nennt man die Wiederkehr des gleichen Metrums, wie z. B. in der Homophonie.

isorhythmisch nennt F. Ludwig ein Kompositionsprinzip der Motetten im 14. u. 15. Jh., das wahrscheinlich erstmals von Ph. de Vitry konsequent angewendet wurde. Es gibt dem rhythmischen Schema den Primat über die melodischen Abschnitte.

Isouard (Isoiar), Nicolas, franz. Komponist, * 6. 12. 1775 auf Malta, † 23. 3. 1818 Paris. Sollte nach dem Willen seines Vaters erst eine Marine- u. später eine Kaufmannslaufbahn einschlagen. Bildete sich selber zum Komponisten aus, nahm Unterricht bei N. Sala u. P. A. Guglielmi in Neapel u. brachte 1794 in Florenz seine erste Oper heraus: *L'avviso ai maritati*. Danach komponierte er in Livorno die Oper *Artaserse*, wurde Nachfolger V. Anfossis als Organist an der Kirche St. Johannes von Jerusalem in La Valetta u. später Kapellmeister des Malteserordens. Nach der Besetzung der Insel durch die Franzosen u. der Aufhebung des Ordens ließ sich I. in Paris nieder, wo er zu den erfolgreichsten Komponisten der Opéra-comique gehörte.

Von I. mehr als 30 Opern seien die folgenden erwähnt: *Michel-Ange* (1802), *Cendrillon* (1810), *Le billet de loterie* (1811), *Joconde* u. *Jeannot et Colin* (1814).

Ištván, Miroslav, tschech. Komponist, * 2. 9. 1928 Olmütz. Schüler der Janáček-Akademie in Brünn u. dort seit 1953 Lehrer. Wandte sich in seinen neueren Kompositionen der Zwölftontechnik zu.

I. komponierte u. a.: *Ritmi ed antiritmi* für 2 Kl. u. 2 Schlagzeugspieler; *Zaklínání času* für 2 Sprecher u. Orch. (1967); Kammerkantate *Já, Jakob* für S., Beat-T., Sprecher, Kammerensemble u. Tonband (1968); *Musique concrète* in 5 Teilen (1969).

Ivanovs, Jānis, sowj. Komponist u. Dirigent, * 9. 10. 1906 Preiļi, Lettgallen. Schüler des Konservatoriums in Riga u. seit 1949 Kompositionslehrer am Lettischen Staatskonservatorium. Setzt bei seinen Kompositionen sowohl Zwölftontechnik wie Aleatorik ein.

Zu I. Werken gehören: 16 Sinfonien, sinfonische Dichtungen, Konzerte für Vc. (1938), V. (1951) u. Kl. (1959) u. Orch., 3 Streichquartette, Klavierstücke, Chöre u. Lieder.

Ives, Charles E., amer. Versicherungskaufmann u. Komponist, * 20. 10. 1874 Danbury, CT, † 19. 5. 1954 New York. Die Vorfahren von I. gehörten zu den ersten engl. Siedlern in New Haven. Ein Zweig der Familie ließ sich in Danbury nieder, wo deren Mitglieder zu den angesehensten Bürgern zählten. Der Vater George I. wollte kein erfolgreicher Geschäftsmann werden, sondern studierte Musik. Während des Bürgerkrieges leitete er eine Militärkapelle u. ließ sich später in Danbury als Musiklehrer, Theaterkapellmeister u. Leiter einer Blaskapelle nieder. Experimente mit Raumklängen u. Vierteltonmusik fielen bei seinem Sohn auf fruchtbaren Boden. Ch. I. war ganz offensichtlich begabt u. verfaßte bereits 1894 gemeinsam mit dem Vater den bitonalen Psalm 67 für gem. Chor a cappella. Neben der Vorbereitung auf das Studium an der Yale University verdiente er sich bereits Geld als Organist. 1894–98 war er Schüler von H. W. Parker in Yale u. daneben Organist an der Center Church. Dort probierte er auch seine ersten Kompositionen aus, u.a. das 1896 entstandene 1. Streichquartett. Nach dem Abschlußexamen trat I. in die Mutual Life Insurance Company in New York ein u. bekleidete gleichzeitig das Amt eines Chorleiters u. Organisten 1898–1900 an der First Presbyterian Church in Bloomfield, NJ, u. bis 1902 an der Central Presbyterian Church in New York. Dort kam 1902 seine Kantate *The Celestial Country* zur Aufführung. 1907 machte sich I. als Versicherungskaufmann selbständig u. gründete 1909 gemeinsam mit einem ehemaligen Kollegen die I. & Myrick Agency. 1908 heiratete er Harmony Twichell u. begann mit dem Ausbau eines Landsitzes in West Redding, CT, auf dem er seine Sommermonate komponierend u. später korrespondierend verbrachte. Seine meisten Kompositionen entstanden zwischen 1896 u. 1919. In den 20er Jahren zog sich I. langsam aus seinem einträglichen Geschäft zurück, widmete sich politischen u. philosophischen Arbeiten u. richtete einige seiner Kompositionen zum Druck ein. In diese Zeit fallen die politische Schrift »The Majority« sowie »Essays before a Sonata« u. »Postface« zu *114 Songs*. In den letzteren beiden Veröffentlichungen legte I. seine Gedanken über Ästhetik u. die Rolle des Künstlers in der Gesellschaft dar. Nachdem sich damals niemand für seine Kompositionen interessierte u. zwischen 1902 u. 1921 nicht eine einzige öffentliche Aufführung eines seiner Werke zustande kam, veranstaltete I. 1921 von der Klaviersonate *Concord* u. 1922 von den *114 Songs* Privatdrucke, die er an Persönlichkeiten u. Institutionen verschickte. 1927 lernte er → H. Cowell kennen, der I. im Laufe der Zeit zur Anerkennung als »Vater der modernen amer. Musik« verhalf. I. unterstützte Cowells Vierteljahresschrift »New Music« u. finanzierte die Veröffentlichung u. Aufführung eigener Kompositionen. 1930 setzte er sich zur Ruhe u. widmete sich ausschließlich der Verbreitung seiner Werke. Der wirkliche Durchbruch gelang erst, als A. Copland 7 seiner Lieder auswählte u. beim First Festival of Contemporary Music in Saratoga Springs 1932 aufführte. 1939 erhielt I. nach der Uraufführung der 1909–15 komponierten 2. Klaviersonate *Concord* durch J. Kirkpatrick erstmals begeisterte Rezensionen. Seine Orchesterwerke rückten nach dem 2. Weltkrieg in das Bewußtsein der Öffentlichkeit. Die von Stokowski geleitete Uraufführung seiner 4. Sinfonie (1965), die er bereits 1910–16 komponiert hatte, erlebte I. nicht mehr. Von zentraler Bedeutung für sein Schaffen ist die *Concord*-Sonate mit den Sätzen *Emerson, Hawthorne, The Alcotts* u. *Thoreau*. In ihr kommt der literarische Transzendentalismus zum Ausdruck, der durch R. W. Emerson um die Mitte des 19. Jh. in Neuengland begründet wurde u. mit dem sich I. intensiv beschäftigte. Sein Ziel war es, Kunst u. Leben in Einklang zu bringen. Dabei spielte auch der Mystizismus Thoreaus eine Rolle. In seinen Schriften kam I. immer wieder auf den Dualismus zwischen »substance« u. »manner« zurück, in seinen Kompositionen schwankte er zwischen Unverständlichkeit u. Popularität. Unbeeinflußt von europäischen Entwicklungen u. ganz in seiner amer. Umwelt wurzelnd, setzte er seine persönlichen Erlebnisse in Töne um. Dazu bediente er sich der Reihenbildung, musikalischer Schichtungen, bezog den Raum ein, komponierte polytonal u. polyrhythmisch, zitierte Märsche u. Hymnen, setzte Collagetechniken ein, verwendete Vierteltöne u. beteiligte sich an der Konstruktion entsprechender Instrumente. Warum dieser begabte Musiker, der bereits während der Schulzeit das Amt eines Organisten versah, schließlich die Versicherungslaufbahn einschlug, läßt sich wahrscheinlich nur aus den gesellschaftlichen Gegebenheiten Amerikas um die Jahrhundertwende erklären. Musikpflege u. Mäzenatentum lagen in den Händen der gesellschaftlich engagierten Damen, der Musikausübung haftete das Odium des etwas Weibischen an. Dem setzte I. den Erfolg des Geschäftsmannes entgegen, der gesellschaftlich gesehen bis an sein Lebensende allen Erwartungen entsprach, wenn man einmal von seiner weniger bekannten u. häufig dissonanten Musik absah.

Zu I. Werken gehören: 4 Sinfonien (1896–98; 1897–1902; *The Camp Meeting* mit den Sätzen *Old Folks Gathering, Children's Day* u. *Communion* 1901–04, revidiert 1911; 1910–16), 1 unvollendete *Universal Symphony* (1911–16), deren verschiedene Chöre u. Orchester wahrscheinlich in der Natur postiert werden sollten, *Orchestral Set Nr. 1 (Three Places in New England* mit den Sätzen *St. Gaudens in Boston Common, Putnam's Camp* u. *The Housatonic at Stockabridge*, 1903–14) u. *Nr. 2* (mit den Sätzen *An Elegy to Our Forefathers, The Rockstrewn Hills Join in the People's Outdoor Meeting* u. *From Hanover Square North at the End of a Tragic Day the Voice of the People Again Arose*, 1912–15), *A Symphony: Holidays* (mit den Sätzen *Washington's Birthday*, 1909, revidiert 1913; *Decoration Day*, 1912; *Fourth of July*, 1913; u. *Thanksgiving and/or Forefathers' Day*, 1904); die weiteren Orchesterwerke *Calcium Light Night* (1898–1907), *Central Park in the Dark* (1898–1907), *From the Steeples and the Mountains* (1901), *Theatre Orchestra Set* (mit den Sätzen *In the Cage*, 1906; *In the Inn*, 1904–11; u. *In the Night*, 1906). *The Pond* (1906), *Scherzo Over the Pavements* (1906–13), *Scherzo All the Way Around and Back* (vor 1908), *The Unanswered Question* (1908), *Like a Sick Eagle* mit Singst. unisono ad lib (1909), *Songs Without Voice* (vor 1910), *Robert Browning Overture* (1911), *Tone Roads* (Nr. 1, 1911; Nr. 3, 1915), *The Gong on the Hook and Ladder or Fireman's Parade on Main Street* (1911), *The Rainbow or So It May Be* mit Singst. (1914), *On the Antipodes* für Streichorch. mit 2 Kl. (1915); die Vokalwerke *Turn Ye, Turn Ye* für gem. Chor u. Kl. (1889), *Circus Band* für gem. Chor u. Instrumentalensemble (1894), Psalm 67 für gem. Chor a cappella (1894), 3 *Harvest Home Chorales* für gem. Chor, Blechbläser, Kb. u. Org. (1898–1912), Kantate *The Celestial Country* für 2 Soloquartette, Chor, Streichquartett, Trp., Euphonium, Pauke u. Org. (1899), *Let There Be Light* für Männerchor (1901), *Lincoln, The Great Commoner* für Chor u. Orch. (1912), *December* für Männerchor unisono u. 12 Bläser (1913), *Duty* für Männerchor u. Orch. (1914), *The Majority of the Masses* für Chor u. Orch. (1915) u. den Kriegsmarsch *He is There* (revidiert als *They Are There* für Chor u. Orch. 1917); Kammermusikwerke, wie 4 Violinsonaten (1903–08, 1903–10, 1902–14 u. 1915), 2 Streichquartette (1896 u. 1907–13), *Hallowe'en* für Klavierquintett (1911), Klavierstücke, u. a. 3 *Protests* (1900–14), 1. Sonate (1902–09), *Three-Page Sonata* (1905), 2. Sonate *Concord* (1909–15, revidiert 1940–47), *Twenty-Two* (1912), *The Celestial Railroad* (1919), dazu 3 Stücke für Viertelton-Kl. oder 2 verschieden gestimmte Kl. (1924) u. die Liedersammlung *114 Songs* (1884–1921).

Lit.: H. u. S. Cowell, Ch. I. and His Music, New York 1955; J. Kirkpatrick (Hg.), Temporary Mimeographed Catalogue of the Music of Ch. E. I., New Haven 1960; H. Boatwright (Hg.), Ch. I., Essays before a Sonate, The Majority, and Other Writings, New York 1970; J. Kirkpatrick (Hg.), Ch. I., Memos, New York 1972; Fr. R. Rossiter, Ch. I. and His America, New York 1975.

J

Jachet von Mantua, franz. Komponist, * um 1495 Vitré, † um 1559 Mantua, in zeitgenössischen Quellen auch Jachetto oder Giachetto genannt. Von 1527 bis 1558 erst als Sänger u. später als Kapellmeister im Dienst des Kardinals Ercole Gonzaga in Mantua nachweisbar. Seine Kompositionen, hauptsächlich Motetten, erschienen in vielen Sammeldrucken, u.a. bei G. de Rore u. A. Willaert. Aus der Desprez-Nachfolge entwickelte sich J. v. M. Stil zu einem moderneren »italienisierten Niederländer-Stil«.

Jacobi, Wolfgang, dt. Komponist, * 25. 10. 1894 Bergen auf Rügen, † 15. 12. 1972 München. Schüler von F. E. Koch in Berlin 1919–22 u. Theorielehrer am dortigen Klindworth-Scharwenka-Konservatorium 1922–33. Gehörte 1946 zu den Mitbegründern des Studios für Neue Musik in München u. wurde 1948 Professor für Komposition an der dortigen Musikhochschule. Von seinen Kompositionen ist die Schuloper *Jobsiade* (1931) am bekanntesten. J. verfaßte auch ein »Lehrbuch der Fuge u. des Choralvorspiels« (Regensburg 1952).

Jacobson, Maurice, engl. Komponist u. Pianist, * 1. 1. 1896 London, † 2. 2. 1976 Brighton. Studierte am Royal College of Music in London bei Ch. Stanford u. G. Holst. Seit 1923 mit dem Musikverlag T. Curwen & Sons Ltd. assoziiert.

J. komponierte Bühnen- und Hörspielmusiken, das Ballett *David* (1936), die Kantaten *The Lady of Shalott* (1942) und *The Hound of Heaven* (1953), Kammermusik und Lieder.

Jacopo da Bologna, ital. Komponist um die Mitte des 14. Jh. Gehört zu den bedeutenden Madrigal-Komponisten des Trecento u. ist an den Höfen von Verona u. Mailand belegt. Insgesamt lassen sich ihm 34 Werke sicher zuschreiben.

Järnefelt, E. Armas, finn. Dirigent u. Komponist, * 14. 8. 1869 Vipori, † 23. 6. 1958 Stockholm. Studierte bei M. Wegelius u. F. Busoni in Helsinki, A. Becker in Berlin u. J. Massenet in Paris. 1905–32 Kapellmeister an der Stockholmer Oper u. 1932–36 in gleicher Position am Opernhaus von Helsinki. Machte sich besonders um die Werke von R. Wagner u. die seines Schwagers J. Sibelius verdient.

J. komponierte Kantaten, Männerchöre, Tondichtungen, darunter *Korsholm* (1894) u. *Forsfäden* (1919), Klavierstücke u. Lieder. Am bekanntesten waren seine Berceuse u. das Präludium für Kammerorch.

Jagdmusik, Signale u. Motive, mit denen man sich bei der Jagd verständigte oder Jagdopfern sowie -feiern eine musikalische Umrahmung gab. Sie fand über die Illustration von Jagdszenen Eingang in die Instrumentalmusik. In der Romantik bildete sich ein eigenes Jagd-Idiom aus, das auf dem Hintergrund der Natursymbolik der Zeit zu sehen ist. Das Jägerleben steht im Mittelpunkt von C. M. von Webers Oper *Der Freischütz*.

Jam Session (engl.), Zusammenspiel von Jazzmusikern, die sonst nicht gemeinsam auftreten. Ursprünglich war damit das nächtliche Vergnügen von Musikern gemeint, die nach Lokalschluß aus eigenem Antrieb zusammenkamen u. musizierten. Später wurden auch diese J. S. kommerzialisiert, indem man Stars zusammenbrachte u. über bekannte Themen improvisieren ließ.

Janáček, Leoš, tschech. Komponist, * 3. 7. 1854 Hukvaldy, Mähren, † 12. 8. 1928 Mährisch-Ostrau. Erhielt ersten Unterricht im Augustinerkloster von Brünn bei P. Křižkovsky, war 1874 Schüler von F. Skuherský an der Prager Orgelschule, 1878 von L. Grill in Leipzig u. 1879 von F. Krenn in Wien. Gründete 1881 die Orgelschule in Brünn, die er bis 1919 leitete. Daneben 1881–88 Dirigent der Philharmonischen Gesellschaft in Brünn u. 1884–88 Herausgeber der Zeitschrift »Hudební listy«. 1919–25 Kompositionslehrer an der Meisterschule des Prager Konservatoriums. J. genaue Kenntnis des nordmährischen Volksliedes u. seine Beschäftigung mit Sprachrhythmus u. Sprachmelodie, die sogar zur Niederschrift von Umweltgeräuschen führte, hinterließen besonders in seinem Vokalwerk deutliche Spuren. Daneben fällt die Verwendung von Kirchentonarten u. Variationstechniken auf; der melodische Erfindungsreichtum von J. ist jedoch begrenzt. In seinen Instrumentalkompositionen zeigen sich Einflüsse von M. Mussorgsky, B. Smetana u. A. Dvořák.

Zu J. Kompositionen gehören: die Bühnenwerke *Šárka* (1887, zweimal rev. u. schließlich von O. Chlubna orchestriert), der Einakter *Počatek románu (Der Beginn eines Romans*, 1891), *Její pastorkyňa (Jenufa*, 1894–1903), *Osud (Schicksal*, 1903–04), *Výlet pana Broučka (Die Ausflüge des Herrn Brouček*, Teil I ... *nach dem Mond*, 1908–17, Teil II ... *ins 15. Jh.*, 1917), *Káťa Kabanová* (1919–21), *Příhody lišky bystroušky (Das schlaue Füchslein*, 1921–23), *Věc Makropulos (Die Sache Makropulos*, 1923–25) u. *Z mrtvého domu (Aus einem Totenhaus*, 1928); das Ballett *Rákos Rákoczy* nach mährischen Volkstänzen (1891); die Orchesterwerke Suite für Streicher (1877), *Idyll* für Streicher (1878), *Lašské tance* (1889–90), die als Serenade bekannte Suite (1891), *Žárlivost* (Vorspiel zu *Jenufa*, 1894), Ballade *Šumařovo dítě (Das Musikantenkind*, 1912), Rhapsodie *Taras Bulba* (1915–18), *Balada blanická* (1920), Concertino für Kl. u. Kammerorch. (1925), Capriccio für Kl. (linke Hand) u. Kammerorch. sowie Sinfonietta (1926); Vokalwerke, u.a. *Hospodine, pomiluj ny* für Soli, Doppelchor, Org., Hf. u. Blechbläser (1896), *Otčenáš* für T., Chor, Org. u. Hf. (1901), die Kantaten *Amarus* (1898), *Na soláni carták* (1911) u. *Věčné evangelium* (1914), *Glagolská mše (Glagolitische Messe*, 1926), Chöre; Kammermusik, darunter 2 Streichquartette (1923) u. *Intime Briefe* (1927–28), *Mládí* (Bläsersextett, 1924), Violinsonate (1913–21), *Pohádka*, Märchen für Vc. u. Kl. (1910, rev. 1923); Klavierstücke, darunter die Sonate *I.X.1905*; 2 Konzertfantasien für Org. (1884); Lieder u. Volksliederbearbeitungen. Er veröffentlichte »O skladbě soŭzvukův o jejich spojův« (»Von der Zusammensetzung der Akkorde und ihrer Verbindung«, Prag 1897); »O hudební stránce národních pisní moravských« (»Die Musik der mährischen Volkslieder«, Prag 1901); »Nápěvky dětské mluvy« (»Die Melodie der Kindersprache«, neu hg. Ostrava 1959) u. »Úplná nauka o harmonii« (»Vollständige Harmonielehre«, Brünn 1912 u. 1920).

Lit.: M. Brod, L. J., Leben u. Werk, Wien 1925, rev. 1956; J. Vogel, L. J. Leben u. Werk, Kassel 1959; J. Racek, L. J., Leipzig 1962; H. Hollander, L. J., Zürich 1964; M. Černohorská, L. J., Prag 1966.

Janequin (Jannequin), Clément, franz. Komponist, * um 1485, † Paris wahrscheinlich Ende Januar 1558. Stand im Dienst von Lancelot Du Fau u. später Jean de Foix. Ab 1527 Kaplan an der Kathedrale von Angers. Lebte von 1548 an in Paris, wo er 1555 zum Sänger der Königlichen Kapelle u. danach zum compositeur ordinaire ernannt wurde. Wenn J. in seinen letzten Lebensjahren sich auch wieder stärker den Kirchenkompositionen zuwandte, bleibt er doch der bedeutendste Chanson-Komponist seiner Zeit. Die auf volkstümliche Texte komponierten 3- u. 4st. Chansons kamen größtenteils bei Attaingnant, Moderne, Du Chemin u. Le Roy & Ballard heraus. Zu ihnen gehören: *La bataille de Renty*, *Le siège de Metz* u. *La guerre* (über die Schlacht bei Marignano) u. imitative Titel wie *Le chant du rossignol*, *Le caquet des femmes*, *Voulez ouir les cris de Paris*. Erwähnenswert sind außerdem seine Parodiemessen *La bataille* u. *L'aveuglé dieu*.

Janitscharenmusik, Feldmusik der türk. Fußtruppen. Charakteristische Instrumente waren große u. kleine Trommel, Becken, Triangel, Tamburin u. Schellenbaum. Die J. fand mit Ch. W. Glucks *Iphigénie en Tauride* u. W. A. Mozarts *Entführung aus dem Serail* Eingang in die Kunstmusik. Mit der Bezeichnung »alla turca« wies Mozart eigens auf den türk. Charakter des Allegrettos seiner A-Dur Sonate KV 331 hin, in der er die J. nachahmte.

Jaques-Dalcroze, Émile, schweiz. Musikerzieher u. Komponist, * 6. 7. 1865 Wien, † 1. 7. 1950 Genf. → Ballett.

Járdányi, Pál, ungar. Komponist, * 30. 1. 1920 Budapest, † 27. 7. 1966 ebd. Schüler von E. Zathureczky u. Z. Kodály, 1946–59 Professor für Pädagogik, Komposition u. Volkskunde an der Musikhochschule in Budapest, 1960 Leiter der Musikabteilung an der Ungar. Akademie der Wissenschaften. Wirkte zeitweise auch als Musikkritiker. Seine Werke stehen in der Tradition B. Bartóks u. Z. Kodálys.

Zu J. Kompositionen gehören: *Missa brevis in modo gregoriano* (1940), sinfonische Dichtung *An der Theiß* (1952), Sinfonie *Vörösmarty* (1953), Konzert für Hf. u. Kammerorch. (1959), *Vivente e moriente* für Orch. (1963) u. *Székely rapszódia* für Orch. (1965), Kammermusikwerke, darunter 2 Streichquartette (1948 u. 1954) u. Bläserquintett (1955), Klavierstücke u. Lieder. Er veröffentlichte u. a.: »The Determining of Scales and Solmization in Hungarian Musical Folklore« (Budapest 1956).

Jarnach, Philipp, dt. Komponist span.-dt. Herkunft, * 26. 7. 1892 Noisy-le-Sec bei Paris. Sohn des katalanischen Bildhauers Esteban J. u. Schüler von A. Lavignac in Paris. Ab 1914 in Zürich, wo er sich mit F. Busoni anfreundete u. 1918–21 am dortigen Konservatorium unterrichtete. Anschließend folgte er Busoni nach Berlin u. vollendete dort nach dessen Tod den *Doktor Faust* (1924). 1927–49 war J. Professor für Komposition an der Musikhochschule in Köln u. 1949–59 Direktor der Musikhochschule in Hamburg. Zu seinen Schülern gehören K. Weill, W. Maler u. A. Degen. In seinen eigenen, spärlich in den Druck gegebenen Kompositionen steht J. zwischen Busonis Klassizität u. der Neuen Musik in Deutschland. Er geht dabei bis zur Atonalität.

Zu J. Werken gehören: *Morgenklangspiel* für Orch. (*Romancero II*, 1925); 2 Lieder des Narren aus Shakespeares »Was ihr wollt« für Singst. u. Orch.; *Musik mit Mozart*, sinfonische Variationen für Orch. (1935); Streichquintett (1920); 2 Streichquartette (1924 u. 1952); 2 Klaviersonaten (1925 u. 1952); 2 Sonaten für V. solo, 1 Konzertstück für Org. (*Romancero III*, 1930) u. die Bearbeitung eines Concertinos nach G. Platti für 2 V. u. Vc. sowie Streicher.

Jarre, Maurice, franz. Komponist, * 13. 9. 1924

Lyon. Studierte am Pariser Conservatoire, daneben Schüler von A. Honegger. War Hauskomponist der Theatertruppe Barrault-Renaud u. ab 1950 des Théâtre National Populaire in Paris. J. schrieb Orchesterwerke wie *Passacaille à la mémoire d'Arthur Honegger* (1955–56) u. *Fâcheuse rencontre,* sinfonische Suite (1958), machte sich aber hauptsächlich als Filmkomponist einen Namen. Von ihm stammen u.a. die Musiken zu »Lawrence of Arabia«, »The Collector« u. »Doctor Zhivago«.

Jary, Michael (eigtl. Max Andreas Jarczyk), dt. Komponist, * 24. 9. 1906 Laurahütte, Oberschlesien. Studierte an der Musikhochschule in Berlin u. gründete 1945 das Radio-Berlin-Tanzorchester. Zu seinen Hits, meistens aus Filmmusiken, gehören *Das kann doch einen Seemann nicht erschüttern* u. *Wir wollen niemals auseinandergeh'n.*

Jazz → S. 399

Jeep, Johann, dt. Komponist, * 1581 oder 1582, † 19. 11. 1644 Hanau. 1614–35 Kapellmeister am hohenlohischen Hof in Weikersheim, 1637 Domorganist u. Kapellmeister in Frankfurt a. M. u. ab 1642 Kapellmeister in Hanau. Veröffentlichte »Studentengärtlein«, 3–6st. weltliche Lieder (2 Teile, 1605 u. 1614), u. »Geistliche Psalmen u. Kirchengesänge«, 4st. (1607).

Jelich (Jelić), Vincenz (Vinko), kroatischer Komponist, * 1596 Fiume, † wahrscheinlich 1636 Zabern. Schüler von M. Ferrabosco u. ab 1617 Tenorist u. Instrumentalist in der Kapelle des Straßburger Bischofs Erzherzog Leopold von Österreich.

Zu J. Kompositionen gehören *Parnassia militia* (1622), darin u. a. 4 Ricercari für Cornet u. Pos. ohne B. c., sowie *Arion primus* u. *Arion secundus* (1628).

Jelinek, Hanns, österr. Komponist, * 5. 12. 1901 Wien, † 27. 1. 1969 ebd. 1918–19 Schüler von Fr. Schmidt u. A. Berg in Wien sowie gegen Ende der 20er Jahre von A. Schönberg. Wendete bei seinem 2. Streichquartett (1934–35) erstmals die Zwölftontechnik konsequent in einem seiner Werke an. 1936 folgte die *Prometheus*-Kantate für Bar. u. Orch. nach Goethe. Seinen Lebensunterhalt verdiente sich J. als Barpianist u. Bandleader. 1950 trat er mit einer *Sinfonia brevis* hervor, einer Auftragskomposition zum 50. Geburtstag der Wiener Symphoniker. Ab 1958 war er Professor für Komposition an der Wiener Musikakademie.

Zu J. Werken gehören u. a.: 6 Sinfonien, 1 Sinfonia concertante für Streichquartett u. Orch. (1931) u. 1 Concertino für Streichquartett u. Streichorch. (1951), Kammermusikwerke, darunter 2 Streichquartette (1931 u. 1934–35), Streichtrio (1950), vom Jazz beeinflußte Stükke wie *Three Blue Sketches* für 9 Jazzsolisten (1956), Klavierstücke u. Lieder. Daneben komponierte J. Filmmusiken u. die Operette *Bubi Caligula* (1947). Als Einführung in die Zwölftonmusik entstand die *Zwölftonfibel* für Kl. (1953–54). J. veröffentlichte »Anleitung zur Zwölftonkomposition nebst allerlei Paralipomena. Appendix zum zweiteiligen Zwölftonwerk« (1. Teil Kl., 2. Teil versch. Instr., 1952–58).

Jemnitz, Sándor (Alexander), ungar. Komponist, Dirigent u. Kritiker, * 9. 8. 1890 Budapest, † 8. 8. 1963 Balatonföldvár. Schüler von H. Koessler in Budapest, M. Reger u. K. Straube in Leipzig u. A. Schönberg in Berlin. Ließ sich anschließend in Budapest nieder, wo er neben seiner Lehrtätigkeit Kritiker der »Népszava« wurde. Seine von Reger sowie der ungar. Folklore beeinflußten Kompositionen stoßen bis an die Grenzen der Tonalität vor.

Zu J. Werken gehören: Konzert für Kammerorch. (1931, revidiert als Ballett *Divertimento* 1947); *Ouvertüre für ein Friedensfest* (1951); Konzert für Streichorch. (1954); Kammermusik, darunter 2 Streichtrios (1925 u. 1929), 3 Violinsonaten (1921, 1923 u. 1925), Cellosonate (1922) u. Streichquartett (1950); Solosonaten für verschiedene Instr.; Klavierstücke; Orgelwerke u. Lieder. Er veröffentlichte außerdem »Schumann élete leveleiben« (1957), »F. Mendelssohn Bartholdy« (1958), »F. Chopin« (1960), »W. A. Mozart« (1961) u. »Persönliches über B. Bartók« (1963). Seine Kritiken in Auswahl erschienen 1973, hg. von V. Lampert.

Jenkins, John, engl. Komponist, Lautenist u. Violist, * 1592 Maidstone, † 27. 10. 1678 Kimberley, Norfolk. Musiker der Könige Karl I. u. Karl II. sowie Hauslehrer verschiedener adeliger Familien. Er gehört mit W. Lawes u. M. Locke zu den wichtigsten Instrumentalkomponisten seiner Zeit. Neben Fantasies u. Airs sind eine Reihe 2–6st. Fancies u. zahlreiche Suiten für 2–4 Instr. erhalten. Zu seinen populärsten Stücken gehörten *Mitter Rant, The Fleece Tavern Rant* u. *The Peterborough Rant.*

Jensen, Adolf, dt. Komponist, * 12. 1. 1837 Königsberg, † 23. 1. 1879 Baden-Baden. Stammt aus einer pommerschen Musikerfamilie, erhielt Unterricht bei L. Ehlert u. F. Liszt. J. lebte 1858–60 in Kopenhagen, wo er sich mit N. Gade anfreundete, u. kehrte anschließend nach Königsberg zurück. 1866–68 war er Klavierlehrer an der Schule von C. Tausig in Berlin.

Zu J. besten Kompositionen gehören die in der Nachfolge R. Schumanns stehenden Lieder, zu denen u. a. Zyklen wie *Spanisches Liederbuch* (E. Geibel u. P. Heyse), *Dolorosa* (A. v. Chamisso) u. *Gaudeamus* (V. v. Scheffel) gehören. Daneben komponierte J. die Oper *Die Erbin von Montfort* (rev. von W. Kienzl als *Turandot*), Orchesterstücke u. Charakterstücke für Kl.

Jeremiáš, Otakar, tschech. Dirigent u. Komponist, * 17. 10. 1892 Písek, † 5. 3. 1962 in Prag. Schüler von V. Novák, Lehrer u. später Direktor der Musikschule in Budweis, 1929–45 Leiter des Orchesters des Prager Rundfunks u. 1945–51 Direktor der Oper des Prager Nationaltheaters. Zu J. Kompositionen gehören die Opern *Bratři Kara-*

mazovi (1928) u. *Enšpigl* (1949), Kantaten, Bühnen- u. Filmmusiken. Sein Bruder Jaroslav (1889–1919) komponierte das Oratorium *Jan Hus*.

Jersild, Jørgen, dän. Komponist u. Lehrer, * 17. 9. 1913 Kopenhagen. Schüler von P. Schierbeck in Kopenhagen u. A. Roussel in Paris. 1939–43 Mitarbeiter des dän. Rundfunks u. 1943 Lehrer, später Professor für Musikgeschichte u. Komposition am Königlichen Musikkonservatorium.

Zu J. Kompositionen gehören das *Libro d'Arpa*, bestehend aus *Pezzo Elegiaco* für Hf. solo (1969), *Fantasia e Canto affettuoso* für Fl., Klar., Vc. u. Hf. (1970) sowie Concerto für Hf. u. Orch. (1972). Außerdem komponierte J. eine Reihe von Bühnenmusiken, u. a. *Alice in wonderland* für Erzähler, 3 Schauspieler, Kammerchor u. Orch. (1950), das Ballett *Capricious Lucinda* (1954) u. die Musik zu C. Th. Dreyers Film »Gertrud«.

Jessel, Leon, dt. Komponist, * 22. 1. 1871 Stettin, † 4. 1. 1942 Berlin. Kapellmeister an verschiedenen Theatern u. erstmals mit *Die Parade der Zinnsoldaten* als Komponist erfolgreich. Seine bekanntesten Operetten sind *Die beiden Husaren* (1913) u. *Schwarzwaldmädel* (1917).

Jeunesses Musicales → Musikalische Jugend

Jeu parti (altfranz. joc partit), von den Trouvères vor allem bei den → Puys gepflegte Form des mittelalterlichen Streitliedes. Den abwechselnd vorgetragenen Strophen der konkurrierenden Sänger konnten am Schluß zwei kürzere Geleitstrophen (envoi) angehängt werden, in denen die Zuhörer zur Entscheidung aufgefordert wurden.

Jewsejew (Evseev), Sergej W., russ. Pianist u. Komponist, * 25. 1. 1893 Moskau, † 16. 3. 1956 ebd. Schüler von L. Konius, A. Goldenweiser u. S. Tanejew, an dessen Schule er 1919–30 als Lehrer u. später als Direktor wirkte. Von 1922 an Lehrer am Moskauer Konservatorium.

Zu J. Kompositionen gehören: 3 Sinfonien (1925, 1933 u. 1943), Klavierkonzert (1932), Klarinettenkonzert (1943), Chöre u. Volkslieder.

Jig, ein in der Elisabethanischen Zeit in England beliebter Tanz, zu dem ein meist frivoler Text gesungen wurde. Entwickelte sich zu einer Art Burleske, bei der 2 bis 5 Personen mitwirkten. Diese ging im Lauf der Zeit im → Intermedium auf.

Jingle (engl.), einprägsame Melodie zur Untermalung von Fernseh-Werbespots.

Jirák, Karel Boleslav, tschech. Komponist u. Dirigent, * 28. 1. 1891 Prag, † 30. 1. 1972 Chicago. Privatschüler von V. Novák in Prag u. J. B. Foerster in Wien. 1920–30 Lehrer für Komposition am Prager Konservatorium, dann bis 1945 Leiter des Musikprogramms des tschech. Rundfunks u. Dirigent des Rundfunksinfonieorchesters. 1947 wanderte J. nach den USA aus u. wurde 1948 Professor am Roosevelt College in Chicago.

Zu J. Kompositionen gehören: die Oper *Apollonius z Tyany* (1913, unter dem Titel *Žena a bůh* 1928 uraufgeführt), 5 Sinfonien (1916, 1924, 1929–38, 1945 u. 1948–49), 7 Streichquartette, Klavierstücke u. Liederzyklen.

Jitterbug, Gesellschaftstanz aus den USA, der ab 1938 vorwiegend auf Boogie- u. später Rock'n'-Roll-Rhythmen akrobatisch getanzt wurde. Heute unter der Bezeichnung Jive auch im Programm der Tanzschulen.

Joachim, Joseph, dt. Geiger, Dirigent u. Komponist, * 28. 6. 1831 Kittsee, † 15. 8. 1907 Berlin. Schüler von J. Böhm in Wien u. M. Hauptmann in Leipzig. Bis 1849, zeitweise als Vertreter des Konzertmeisters im Gewandhausorchester, weitere Studien in Leipzig bei F. Mendelssohn Bartholdy u. F. David. 1849–53 unter F. Liszt Konzertmeister in Weimar, 1853–66 Königlicher Konzertmeister in Hannover u. ab 1868 Direktor der neu eingerichteten Musikhochschule in Berlin. J. war mit J. Brahms befreundet, den er förderte u. dessen Violinkonzert er uraufführte. Brahms komponierte gemeinsam mit R. Schumann u. A. Dietrich die Violinsonate F. A. E. (Frei, aber einsam) für J. Neben seiner Konzert- u. Lehrtätigkeit setzte sich J. mit dem nach ihm benannten Streichquartett für die Quartette L. van Beethovens u. J. Brahms' ein.

Zu J. Kompositionen gehören Orchesterwerke u. mehrere Violinkonzerte, u. a. ein *Ungar. Konzert*. Gemeinsam mit A. Moser verfaßte er eine dreibändige »Violinschule«, die 1902–05 in Berlin erschien.

Joachim a Burck (eigtl. J. Moller), dt. Komponist, * 1546 Burg, † 24. 5. 1610 Mühlhausen, Thüringen. Als Kantor an der Lateinschule u. später Organist in Mühlhausen nachgewiesen. Aus der Zusammenarbeit mit dem Superintendenten L. Helmbold entstanden geistliche Lied- u. Odenkompositionen. Außerdem erschienen Motetten, Messen u. eine *Deutsche Passion* im Druck.

Joffrey, Robert (eigtl. Abdulla Jaffa Anver Bey Khan), amer. Tänzer afghanisch-ital. Abstammung, Choreograf, Lehrer u. Ballettdirektor, * 24. 12. 1930 Seattle, WA. J. nahm bereits als Kind auf ärztlichen Rat Tanzunterricht. Mit 12 Jahren kam er zu Mary Ann Wells, mit 18 zu Alexandra Fedorova an die New York School of American Ballet, 1949–50 war er Solist an R. Petits Ballets de Paris. 1950–55 Lehrer an der New Yorker High School of Performing Arts, wo er 1952 auch sein erstes Ballett herausbrachte. Ab 1953 mit dem American Ballet Center eigene Schule, aus der J. auch immer wieder Tänzer für seine verschiedenen Kompanien u. Tourneen rekrutiert. Bei May O'Donnell holte er sich den letzten Schliff in Modern Dance. 1957–58 Choreograf der New York City Opera Company. Erste eigene Kompanie 1954. 1956 zusammen mit

JAZZ

VON GEORGE GRUNTZ

Der Jazz, eine gestisch neobarocke, einzige, weltweit verbreitete und vielschichtige neue Musizierform des 20. Jahrhunderts, entstand Ende des 19. Jahrhunderts aus der Akkulturation von Musizierpraktiken der Afroamerikaner (Nachfahren der als Sklaven nach den Staaten verschleppten Schwarzafrikaner) mit denen der in den Staaten ansässigen weißen, europäischen Siedler (Iren, Engländer, Spanier, Franzosen). Die Jazzmusik hat sich von ihren Ursprüngen rasch weiterentwickelt und verschiedene Stile hervorgebracht. Sie ist heute generell als Musik mit immer stark emotioneller, dionysischer Komponente zu beschreiben, die Individualität mehr in den Vordergrund stellt als die Bedingungen einer Soll-Ästhetik (meist weist sie auch die Personaleinheit Komponist/Interpret auf). Die Qualität der »spontanen Kreativität« ist bei der Beurteilung des Jazz von ausschlaggebender Bedeutung (verschiedene, hochentwickelte Improvisationstechniken). Seit Mitte dieses Jahrhunderts kam es zu einer weiteren starken Beeinflussung durch Klangbereiche und Techniken außereuropäischer Musiken (Arabien, Indien etc.). Die Stadt New Orleans wird publizistisch fälschlicherweise immer wieder als einzige Geburtsstätte des Jazz hervorgehoben. Als Hafenstadt mit mehreren Vergnügungszentren war sie Anziehungspunkt und später Katalysator für den Jazz und seine Musiker aus dem gesamten Gebiet der Südstaaten der USA, wo überall Formen von archaischem Jazz bereits um die Jahrhundertwende nachzuweisen sind. Die vorerst hauptsächlich von Negern gespielte Musik wurde – entsprechend den Wanderungsbewegungen der nach 1865 befreiten Sklaven – nordwärts getragen; zuerst hauptsächlich in die Städte längs der Hauptzugsrichtung, am Mississippi entlang. Für kurze Zeit war zuletzt auch Chicago Zentrum des Jazz und seiner ersten Entwicklung. Die neue Musik lebte von Anfang an aus der Freisetzung von Emotionen und dem Drang der Schwarzen nach spontanem Musizieren, aber unter Verwendung europäischer Tanz-, Marsch- und Salonmusik-Formen, bei denen Inhalte und Instrumente aus dem weißen Kulturgut stammten. Die durch alle Stile des Jazz angewandte, oft als prototypisch bezeichnete »Blues-Tonleiter« bringt eigentlich nur außereuropäisch immer bekannte, in vielen Natur- und Volksmusiken übliche, in Europa durch die »Wohltemperatur« verlorengegangene Intervalle zurück: Die um einen Viertelton erniedrigte Dur-Terz entspricht der durch Akkumulation »reiner Quinten« entstehenden drit-

ten Stufe vieler heptatonischer Reihen (wie z. B. dem »Leidenschaftsintervall« der indischen Musik mit dem Shruti Vajrika), und die um einen Halbton erniedrigten Intervalle Quinte und Septime entsprechen den analogen Intervallen der Naturtonreihe ($1/7$ bzw. $1/11$ der Saitenlänge des Grundtons).
Nachdem während der 20er Jahre bereits stärker urbanisierte, komplexere Musizierpraktiken in New York kommerzialisiert worden waren, trat auch der Jazz seinen Siegeszug um die Welt an. Dabei leistete die Schallplatte doppelt gute Dienste: Einmal sorgte sie für schnellere Verbreitung dieser Musik, zum anderen war sie die einzig mögliche Form der Dokumentation, wobei sie die okzidentale Methode der Fixierung eines Werks per Notenschrift fast total ablöste (Einmaligkeit einer spontan-kreativen Interpretation; allenfalls kurze Themen oder Orchestrierungen werden für größere Klangkörper notiert).
Vorerst in den USA hauptsächlich als »Niggermusik« abgetan, wurde der Jazz zuerst in Europa publizistisch erfaßt. Bereits 1934 erschien mit H. Panassiés Buch »Le Jazz Hot« das erste ernstzunehmende Jazzbuch. Obwohl der Jazz heute oft in Alibifunktion auch kulturpolitisch eingesetzt wird (z. B. US-State-Department-Tourneen mit beliebten Jazzstars in Gegenden der Welt, wo eine entsprechende Selbstdarstellung und Beeinflussung opportun erscheint, so vor allem in Südamerika und der UdSSR), ist er in seinen besten Zeugnissen eine Musik der Subkultur geblieben. Wann immer ein Stil vom öffentlichen Kulturbetrieb akzeptiert oder wenn er gar populär geworden ist, haben ihn seine kreativsten Musiker bereits wieder zu sublimeren, unpopuläreren Formen weiterentwickelt. (Der Jazz kennt sinngemäß keine Nach-Interpretation bestehender Werke, und so werden, von Liebhabergruppen vielleicht abgesehen, keine alten Stile nachgespielt.) Auch in Deutschland mit seinen hervorragenden Interpreten und beispielhaften Mäzenen lebt der Jazz noch immer in einem ihm wahrscheinlich nicht unbedingt unangenehmen Outsider-Dasein dahin. Daran ändern auch Rundfunk, Fernsehen, Festivals oder Tourneen der Kulturinstitute nichts.
Eine Liste mit herausragenden Musikern der Geschichte des Jazz muß fragmentarisch bleiben. Um den Einstieg zu erleichtern, wird hier ein neuer Versuch unternommen, Namen aufzuzählen, denen man aber beliebig viele, ebenso wichtige zur Seite stellen könnte: Louis Armstrong, Sidney Bechet, Jelly Roll Morton, King Oliver (alles Vertreter des ersten publizistisch erfaßten, als »New Orleans Jazz« bezeichneten Stils); Bix Beiderbecke, Eddie Condon, Mezz Mezzrow, Peewee Russell (Chicago der ersten Stunde); Count Basie, Duke Ellington, Benny Goodman, Fletcher Henderson, Woody Herman, Thad Jones-Mel Lewis, Stan Kenton (Big Bands); Benny Carter, Roy Eldridge, Ella Fitzgerald, Coleman Hawkins, Billie Holiday, Art Tatum, Fats Waller, Ben Webster (erste große New Yorker Generation); Kenny Clarke, Dizzy Gillespie, Dexter Gordon, Thelonius Monk, Charlie Parker, Bud Powell (Bebop); Cannonball Adderley, Elvin Jones, Miles Davis, Charles Mingus, Sonny Rollins, Phil Woods (erste Welle des »extended Bebop«); Stan Getz, Lee Konitz, Gerry Mul-

ligan, Zoot Sims, Lester Young (Spezialentwicklung des »kühlen Saxophon-Tons«); Albert Ayler, Ornette Coleman, John Coltrane, Don Cherry, Eric Dolphy, Cecil Taylor (modale und »freie« Formen); Chick Corea, Larry Corryell, George Duke, John McLaughlin, Herbie Hancock, Jean Luc Ponty, Gruppe WEATHER REPORT (Rock-, Funk-, Soul-, Fusion-Jazz); Keith Jarrett, Joachim Kühn, Martial Solal (Solopiano); Franco Ambrosetti, Willem Breuker, Gerd Dudek, Jan Gabarek, George Gruntz, Jasper van't Hof, Albert Mangelsdorff, Tony Oxley, Alexander v. Schlippenbach, Manfred Schoof, Eje Thelin, Eberhard Weber, Kenny Wheller (kreativer europäischer Jazz); Hamiet Bluiett, Anthony Braxton, Chico Freeman, George Lewis, Sam Rivers (New Yorker und Midwesterner in New York). Dazu käme noch eine Reihe neuer Namen, die für weitere Spielarten stehen, die sich aber noch nicht zu Stilen verfestigt haben.

Literatur: H. Panassié, Le J. Hot, Paris 1934; R. Blesh, Shining Trumpets, New York 1946; A. Lomax, Mister Jelly Roll, The Fortune of J. R. Morton, New Orleans Creole and »Inventor of J.«, New York 1950; J. E. Berendt, Das Jazzbuch, Frankfurt a. M. 1953; S. Finkelstein, J., New York 1953; A. Hodeir, Hommes et problèmes du j., Suivi de la religion du j., Paris 1954; H. Shapiro u. N. Hentoff, Hear Me Talkin' to Ya, The Story of J. as Told by the Men Who Made It, New York 1955; M. W. Stearns, The Story of J., London 1956; A. M. Dauer, J. – die magische Musik, Ein Leitfaden durch den J., Bremen 1961; L. Jones, Blues People, Negro Music in White America, New York 1963; H. H. Lange, J. in Deutschland, Die dt. J.-Chronik 1900–1960, Berlin 1966; J. E. Berendt, Das Jazzbuch, Von New Orleans bis Free Jazz, Frankfurt a. M. 1968; G. Schuller, Early J., Its Roots and Musical Development, History of J. I, New York 1968; F. Körner u. D. Glawischnig (Hg.), Beiträge zur Jazzforschung, Graz 1969 ff.; J. Carr, Music Outside, London 1973; J. E. Berendt, Das Jazzbuch, Von Rag bis Rock, Frankfurt a. M. 1974; G. Oakley, The Devil's Music, A History of the Blues, London 1976; T. Palmer, All You Need is Love, London 1976, dt. München 1977; R. Brinkmann (Hg.), Avantgarde J. Pop, Tendenzen zwischen Tonalität u. Atonalität, Mainz 1978; H. Littleton, The Best of J.: Basin Street to Harlem, London 1978; C. Bohländer, J. – Geschichte u. Rhythmus, Mainz 1979.

G. Arpino, dem er inzwischen auch einen großen Teil der choreografischen Arbeiten übertrug, Gründung des Robert J. Ballet. Nach Auseinandersetzungen mit Rebekah Harkness, deren Foundation ihn zeitweise unterstützt hatte, gründete J. das City Center J. Ballet u. erhielt 1966 für seine Truppe den Status des offiziellen Balletts des City Center. Auf seinen zahlreichen Tourneen stellte J. seine Ballette mit wenigen Tänzern u. nahezu ohne Dekorationen vor. Sein Stil ist eine Mischung aus klassischem Tanz u. Modern Dance. Heute widmet sich J. zunehmend seiner Lehrtätigkeit u. lädt Gastchoreografen für seine regelmäßig stattfindenden Tourneen u. die Saison in New York ein.

J. wichtigste Ballette sind: *Scaramouche* (M.: J. Strauß) 1952; *Umpateedl* (M.: J. Strauß) 1953; *Pas de Déesses* (M.: J. Field) u. *Le bal masqué* (M.: F. Poulenc) 1954; *Harpsichord Concerto* (M.: M. de Falla); *Pierrot Lunaire* (M.: A. Schönberg) u. *Kaleidoscope* (M.: G. Gershwin) 1955; *Within Four Walls* (M.: S. Foster), *Workout* (M.: R. McBride) u. *Le bal* (M.: A. E. Chabrier); *A la Gershwin* (M.: G. Gershwin) 1960; *Gamelan* (M.: L. Harrison) 1962; *Astarte* (M.: Crome Syrcus) 1967 u. *Remembrances* (M.: R. Wagner) 1973. J. wohl bedeutendste Arbeit ist *Astarte*, eine Kombination von Rock, Modern Dance u. Film.

Jochum, Otto, dt. Komponist, * 18. 3. 1898 Babenhausen, † 24. 10. 1969 Bad Reichenhall. Studierte an der Münchner Akademie der Tonkunst bei J. Haas u. übernahm 1932 die Leitung der Städtischen Singschule Augsburg. Lebte seit 1951 als freischaffender Komponist. Zu seinen Werken gehören hauptsächlich Chorkompositionen. Daneben gab er Volksliedbearbeitungen heraus. Seine Brüder Eugen u. Georg Ludwig sind die bekannten Dirigenten.

Jodeln, volkstümliches textloses Singen im Alpengebiet. Dabei läßt man die Stimme häufig vom Brust- ins Kehlkopfregister umschlagen. J. kann auch mehrstimmig sein, bei kanonartiger Stimmführung.

Johnson, Robert, schottischer Komponist, * um 1485 Duns, † um 1560. Wird häufig mit dem Engländer Robert J. (1583–1633) verwechselt. Scheint vor der Reformation gelebt zu haben u. hinterließ engl. u. lat. Kirchenmusiken sowie Orgel- u. Virginalkompositionen u. Stücke für Violen.

Johnson, Robert Sherlaw, engl. Komponist u. Pianist, * 21. 5. 1932 Sunderland, Durham. Schüler der Royal Academy of Music in London u. von J. Février, N. Boulanger u. O. Messiaen in Paris. Machte sich als Pianist einen Namen mit zeitgenössischer Musik u. begleitete Tanztruppen auf verschiedenen Tourneen. Seit 1961 Lecturer, zuerst in Leeds, ab 1965 in York u. ab 1970 an der Oxford University.

Zu J. Kompositionen gehören: die Chorwerke *The Resurrection of Fêng-Huang* für S. u. gem. Chor a cappella (1968), *Incarnatio* für gem. Chor a cappella (1970) u. *Christus Resurgens* (1972) für gem. Chor a cappella; die Kammermusikwerke *The Praises of Heaven and Earth* für S., Tonband u. Kl. (1969), 2. Streichquartett (1969), *Triptych* für Fl., Klar., V., Vc., Kl. u. Schlagzeug (1973) u. Quintett für Klar., V., Va. u. Kl. (1974) sowie die Klavierstücke Sonate Nr. 1 (1963), Sonate Nr. 2 (1967), 7 Stücke (1968) u. *Asterogenesis* (1973). Außerdem veröffentlichte er 1975 ein Buch über O. Messiaen in London.

Jolivet André, franz. Komponist, * 8. 8. 1905 Paris, † 20. 12. 1974 ebd., 1928–33 Schüler von P. Le Flem u. E. Varèse. 1934 Bekanntschaft mit O. Messiaen, der von seinem Streichquartett (1934) begeistert war. 1935 erster Erfolg mit seinen im gleichen Jahr komponierten *Mana*, 6 Stücke für Kl. 1936 gemeinsam mit O. Messiaen, Y. Baudrier u. Daniel-Lesur Gründung der Gruppe »Jeune France«. 1943 Dirigent der Bühnenmusik zu P. Claudels »Soulier de satin« an der Comédie-Française, deren musikalische Leitung J. 1945–59 übernahm. 1966–71 Professor für Komposition am Conservatoire. Der Glaube an kosmische Kräfte u. eine Eigenausstrahlung der Dinge bestimmt seine Kompositionen, deren Titel immer wieder auf das Übernatürliche anspielen. J. ist besonders durch Klangfarbenexperimente hervorgetreten.

Zu J. Kompositionen gehören: die einaktige Opéra bouffe *Dolorès* (1942); die Ballette *Les quatre vérités* (1941), *Guignol et Pandore* (1943), *L'inconnu* (1950), *Marines* (1961) u. *Ariadne* (1965); 3 Sinfonien (1953, 1959 u. 1964); sinfonische Suiten; *Symphonie de danses* (1940); Sinfonie für Streicher (1961); Konzerte für Soloinstr. u. Orch., darunter für Ondes Martenot u. Orch. (1947), Trp. u. Orch. (1948 u. 1954), Fl. u. Streicher (1949), Kl. u. Orch. (1950), Hf. u. Orch. (1952), Fag. u. Orch. (1954), Schlagzeug u. Orch. (1958), Vc. u. Orch. (1962 u. 1966) u. V. u. Orch. (1972) sowie eine *Suite en concert* für Fl. u. 4 Schlagzeuger (1965) u. *La flèche du temps* für 12 Streichinstr. (1973); Kammermusikwerke, u. a. Streichquartett (1934), *Petite Suite* für Fl., Va. u. Hf. (1941), *Chant de Linos* für Fl., V., Va., Vc. u. Hf. (1944), Serenade für Bläserquintett (1945) u. *Suite radiophonique* (1945); Klavierstücke, darunter 2 Sonaten (1945 u. 1957); Bühnenmusiken; Radiokompositionen u. Lieder. Außerdem komponierte er Vokalwerke wie Messe für Singst., Org. u. Tamburin (1940), die Kantaten *La tentation dernière de Jeanne d'Arc* (1941) u. *Le cœur de la matière* (nach T. de Chardin, 1965), *Épithalame* für 12st. Vokalorch. (1953), Messe *Uxor tua* für 5 St. u. 5 Instr. (1962) u. Oratorium *La vérité de Jeanne* (1956). 1955 veröffentlichte er »L. van Beethoven« in Paris.

Jommelli (Jomelli), Niccolò, ital. Komponist, * 10. 9. 1714 Aversa bei Neapel, † 25. 8. 1774 Neapel. Schüler von F. Feo, I. Prota u. N. Fago. Hatte 1737 mit *L'errore amoroso* seinen ersten Opernerfolg in Neapel, dem er 1738 *Odoardo* folgen ließ. J. komponierte in den folgenden Jahren Opern für verschiedene ital. Bühnen, nahm bei Padre Martini in Bologna Kontrapunktunterricht u. wurde 1743 Direktor des venezianischen Konservatoriums degli Incurabili. Für Venedig entstanden die Opern *Semiramide* (1743) u. *Sofonisba* (1746). 1749 hielt sich J. in Wien auf, wo er die Bekanntschaft von P. Metastasio machte u. mehrere Opern herausbrachte, darunter *Catone in Utica* u. *Achille in Sciro*. Bei einem anschließenden Romaufenthalt wurde J. Koadjutor des Kapellmeisters an St. Peter. 1753–69 Hofkapellmeister in Stuttgart, wo er den Großteil seiner Opern, Oratorien u. Kirchenmusiken komponierte. Sein wohl wichtigstes Werk aus dieser Zeit ist die 2. Vertonung des *Fetonte* (1768). Eine Zusammenarbeit mit dem ebenfalls in Stuttgart engagierten J. G. Noverre scheint nicht stattgefunden zu haben. 1769 kehrte J. nach Neapel zurück, konnte aber mit den Opern *Armida abbandonata* (1770) u. *Ifigenia in Tauride* (1771) nicht an seine früheren Erfolge anknüpfen. Kurz vor seinem Tode komponierte er sein bekanntestes Werk, das Miserere für 2 St. u. Orch. Die Bedeutung von J. liegt darin, daß er Wegbereiter der Gluckschen Opernreform war. In seinen Kompositionen verband er franz. Elemente mit den Formen der frühen neapolitanischen Oper u. Einflüssen der dt. Instrumentalmusik. Auch bei den dynamischen Vorschriften u. im dramatischen Aufbau seiner Stücke führte er Neuerungen ein.

Lit.: H. Abert, N. J. als Opernkomponist, Halle 1908, Nachdr. Tutzing 1969.

Jones, Quincy D. jr., amer. Jazzmusiker u. Komponist, * 14. 3. 1933 Chicago. Studierte an der Seattle University, am Boston Conservatory u. bei N. Boulanger u. O. Messiaen. Trompeter u. Arrangeur für L. Hampton u. D. Gillespie, dessen Big Band er 1956 übernahm. Ab 1964 Vizepräsident von Mercury Records u. ab 1970 Vorsitzender des Institute of Black American Music.

Zu J. Kompositionen gehören Filmmusiken zu »The Pawnbroker«, »In the Heat of the Night« u. »In cold Blood«, Titelsongs für Fernsehserien, Jazznummern u. Songs.

Jongen, Joseph M. A. N., belg. Komponist, * 14. 12. 1873 Lüttich, † 12. 7. 1953 Sart-lez-Spa. Schüler des Konservatoriums in Lüttich. Wurde 1920 Lehrer für Kontrapunkt am Conservatoire in Brüssel u. 1925–39 dessen Direktor. Seine Werke sind vom franz. Impressionismus u. C. Franck beeinflußt. Zu J. Kompositionen gehören das Ballett *S'Arka* (1912), sinfonische Dichtungen, darunter *Lalla Rookh* (1904), Konzerte für Soloinstr. u. Orch., Kammermusik u. Lieder. Sein Bruder Léon J. wurde 1939 Nachfolger von Joseph in der Leitung des Conservatoire. Er gilt in Belgien ebenfalls als angesehener Komponist.

Jooss, Kurt, dt. Tänzer, Choreograf, Ballettdirektor u. Pädagoge, * 12. 1. 1901 Wasseralfingen, † 22. 5. 1979 Heilbronn. Studierte 1920–21 an der Stuttgarter Hochschule für Musik, arbeitete 1922–23 bei R. von Laban in Mannheim u. Hamburg u. wurde 1924 als Ballettmeister u. Bewegungsregisseur an das Stadttheater in Münster verpflichtet. Dort gründete er mit den Tänzern S. Leeder, A. Siimola u. E. Kahl, dem Musiker F. A. Cohen u. dem Kostümbildner H. Heckroth die Neue Tanzbühne, für die auch seine ersten Ch. entstanden. Nach weiteren Studien in Wien u. Paris ging J. 1927 als Leiter der Tanzabteilung an die Essener Folkwangschule. 1928 gründete er das Folkwang Tanztheater, das 1930 in Folkwang Tanzbühne umbenannt wurde, als er Ballettmeister des Essener Stadttheaters wurde. Mit dieser Kompanie nahm er 1932 an dem ersten choreografischen Wettbewerb der Archives Internationales de la Danse (Gründer R. de Maré) teil u. ertanzte sich mit seiner Ch. *Der grüne Tisch* (M.: F. A. Cohen) den 1. Preis u. Weltruhm. 1933 emigrierte J. mit seiner in Ballets J. umbenannten Truppe u. ließ sich nach weltweiten Tourneen in Dartington bei Cambridge nieder, wo er auch eine Schule einrichtete. 1947 löste sich die Kompanie auf, 1949 kehrte J. nach Essen zurück u. begann mit dem Neuaufbau der Folkwangschule u. einer Tanztruppe. Dieses neue Tanztheater der Stadt Essen löste sich 1953 auf, gab aber auch später noch Vorstellungen, bei denen die Mitwirkenden aus der Meisterklasse für Studenten u. Dozenten rekrutiert wurden, mit denen J. seine Tradition weiterführte. 1954–56 Ballettmeister am Opernhaus in Düsseldorf u. 1961–68 an den Städtischen Bühnen in Essen. 1968 schied J. aus der Leitung der Folkwangschule aus u. ließ sich in Stockholm nieder. Im gleichen Jahr arbeitete er an der Salzburger Aufführung von Cavalieris *Rappresentazione di anima e di corpo* mit. Der von J. in den 30er Jahren geschaffene expressive Ballettstil, in dem sich Mittel des freien u. des klassisch-akademischen Tanzes mischten, wurde in Ch. wie *Der grüne Tisch* u. *Großstadt* wegweisend. An diese Tradition konnte J. zwar nach dem Kriege anknüpfen, es gelangen ihm aber keine überzeugenden Neuerungen.

Zu J. Balletten gehören: *Ein persisches Märchen* (M.: E. Wellesz) u. *Tanz-Suite* (M.: E. Toch) 1924; *Der Dämon* (M.: P. Hindemith), *Die Brautfahrt* (M.: J.-Ph. Rameau, F. Couperin u. a.). u. *Larven* (Schlagzeugklänge von J.) 1925; *Tragödie* (M.: F. Cohen), *Kaschemme* (M.: F. Cohen) u. *Dido u. Aeneas* (M.: H. Purcell) 1926; *Drosselbart* (M.: W. A. Mozart), *Zimmer Nr. 13* (M.: F. Cohen), *Suite 1929* (M.: F. Cohen) u. *Pavane* (M.: M. Ravel) 1929; *Petruschka* (M.: I. Strawinsky), *Gaukelei* (M.: F. Cohen), *La bal* (M.: V. Rieti) u. *Polowetzer Tänze* (M.: A. Borodin) 1930; *Coppelia* (M.: L. Delibes) u. *Der verlorene Sohn* (M.: S. Prokofjew) 1931; *Pulcinella* (M.: I. Strawinsky), *Der grüne Tisch* (M.: F. Cohen), *Großstadt* (M.: A. Tansman) u. *Ball in Alt-Wien* (M.: J. Lanner, Arrangement: F. Cohen) 1932; *Seven Heroes* (M.: H. Purcell, Arrangement: F. Cohen) u. *Der verlorene Sohn* (M.: F. Cohen) 1933; *Persephone* (M.: I. Strawinsky) 1934; *Ballade*

(M.: J. Colman), *The Mirror* (M.: F. Cohen) u. *Johann Strauß, Tonight!* (M.: J. Strauß, Arrangement: F. Cohen) 1935; *A Spring Tale* (M.: F. Cohen) u. *Chronica* (M.: B. Goldschmidt) 1939; *Company at the Manor* (M.: L. van Beethoven) 1943; *Pandora* (M.: R. Gerhard) 1944; *Colombinade* (M.: J. Strauß) 1951; *Weg im Nebel* (M.: Montijn) u. *Nachtzug* (M.: A. Tansman) 1952; *Catulli Carmina* (M.: C. Orff) 1955; *Die Feenkönigin* (M.: H. Purcell) 1959; *Castor u. Pollux* (M.: J.-Ph. Rameau) 1962; *Phasen* (M.: E. Sehlbach), *Der Nachmittag eines Fauns* (M.: C. Debussy) u. *Dido und Äneas* (M.: H. Purcell) 1966; *Rappresentazione* (M.: E. de' Cavalieri) 1968 u. *Acis und Galatea* (M.: G. F. Händel) 1973. In den Schriften der Folkwangschule für Gestaltung veröffentlichte J. 1958: »Gedanken über Stilfragen im Tanz«.

Lit.: A. V. Coton, The New Ballet. K. J. and His Work, London 1946; J. Baril, K. J., Les saisons de la danse, Paris 1975.

Joplin, Scott, amer. Ragtimepianist u. Komponist, * 24. 11. 1868 Texarkana TX, † 1. 4. 1917 New York. Sohn eines freigelassenen Sklaven u. einer Sängerin. Verdiente sich frühzeitig seinen Lebensunterhalt als Pianist in Bars u. Bordellen. Kam nach Sedalia, wo er im Maple-Leaf-Club auftrat u. daneben am George Smith College Harmonie- u. Kompositionsunterricht erhielt. 1899 ging er eine Geschäftsverbindung mit J. Stark, einem Eisverkäufer u. Amateurverleger, ein. Dieser brachte den mehrfach abgelehnten *Maple Leaf Rag* heraus, von dessen Verkaufserlösen J. ein bescheidenes Leben fristen konnte. Er ließ sich in St. Louis als Musiklehrer nieder u. komponierte dort 1903 seine verschollene Oper *A Guest of Honor*. 1907 zog er, seinem Verleger folgend, nach New York, wo er sich aber gegen die von Weißen beherrschten Schlagerfabriken nicht durchsetzen konnte. Seine zweite Oper *Treemonisha* (um 1911) erlebte nur eine konzertante Aufführung, die kaum beeindruckte. J. schrieb an die 50 Rags. Zu seinen besten Kompositionen gehören der mit seinem Schwager S. Hayden entstandene *Sunflower Slow Drag* u. der mit L. Chauvin geschriebene *Heliotrope Bouquet*.

Josephs, Wilfred, engl. Komponist, * 24. 7. 1927 Newcastle upon Tyne. Studierte Zahnmedizin u. erhielt nebenher Musikunterricht bei A. Milner. Besuchte die Guildhall School of Music u. wurde 1958 Privatschüler von Max Deutsch in Paris. 1963 erhielt er den 1. Preis des ersten Internationalen Kompositionswettbewerbs der Scala u. der Stadt Mailand für sein Requiem. J. lebt als freischaffender Komponist in London.

Zu J. Werken gehören: die Ballettoper *La répétition de Phèdre*, die TV-Oper *The Appointment* (1968), das Multi-Media-Spektakel *A Child of the Universe* (1971), Bühnenmusiken, 8 Sinfonien, Konzerte für verschiedene Soloinstr. u. Orch., Kammermusik, Chöre u. Lieder.

Josquin Desprez (des Prez, des Prés), franko-fläm. Komponist u. Sänger, * um 1440 im nördlichen Frankreich, † 27. 8. 1521 Condé-sur-l'Escaut. 1459–72 Kapellsänger am Mailänder Dom, 1473 von Galeazzo Maria Sforza an seine neugegründete Kapelle verpflichtet. Nach der Ermordung Galeazzos 1476 weiter im Dienst der Sforzas, 1480 wahrscheinlich mit Ascanio Sforza im Exil in Ferrara u. Neapel. Kam mit Ascanio nach Rom u. gehörte 1486–99 der päpstlichen Kapelle an, diente aber gleichzeitig dem 1484 in den Kardinalsstand erhobenen Ascanio. 1487–89 mit Ausnahme eines Monats von Rom abwesend. Man nimmt an, daß sich J. in dieser Zeit am Hof der Sforzas in Mailand aufgehalten hat u. dort 1489 zu den Hochzeitsfeierlichkeiten für Gian Galeazzo u. Isabella von Aragon Musik komponierte. 1501 in Frankreich nachgewiesen, 1503–04 Mitglied der Kapelle des Herzogs von Ferrara u. 1504 Propst des Domkapitels in Condé, wo er 17 Jahre später verstarb. Ob J. in der Zwischenzeit weitere Reisen unternahm oder besondere Beziehungen zu anderen Höfen unterhielt, ist unklar. Mit 20 (die neueste Forschung sagt 19) überlieferten Messen, 95 Motetten u. 58 weltlichen Kompositionen ist J. der bedeutendste Komponist seiner Zeit. 3 Bücher Messen kamen in einer eigenen Ausgabe bei O. Petrucci in Venedig heraus (1502, 1505 u. 1514), der daneben Messenteile (1505), Motetten u. Chansons im »Odhecaton« (1501) veröffentlichte. Das »Pange lingua« erschien bei J. Ott in Nürnberg (1539). J., der in den 70er Jahren des 15. Jh. gemeinsam mit Gaspar van Weerbeke u. Loyset Compère in Mailand wirkte, folgte in seinen kirchlichen Kompositionen dem durchimitierenden A-cappella-Stil der Ockeghem-Schule. Dabei fallen die weitgespannten Melodiebögen u., insbesondere in den späten Werken, die Betonung der Außenstimmen auf. In der Sprachbehandlung zeigt sich J. ganz auf der Höhe der ital. Dichtkunst. Hier sei nur auf die Zusammenarbeit mit dem Dichter Serafino bei der *Missa La sol fa re mi* hingewiesen. Ansätze zu einer Ausprägung von Tonalität u. subjektive Ausdruckskraft lassen J. als Vertreter einer Umbruchszeit erscheinen, die vom durchkonstruierten Stil zur persönlichen freien Entfaltung führen sollte.

GA, hg. von A. Smijers, ab 1957 von M. Antonowycz u. ab 1965 gemeinsam mit W. Elders, 12 Bde., Amsterdam 1922–69, daraus einzelne Lieferungen als Nachdr., Leipzig 1969.

Lit.: H. Osthoff, J. D., Leben u. Werke, 2 Bde., Tutzing 1962–65; E. E. Lowinsky (Hg.), J. D., Proceedings of the International J. Festival-Conference held at The Juilliard School 1971, London, New York u. Toronto 1976.

Jota, schneller span. Tanz im ⅜- oder ¾-Takt, der von einer Rondalla begleitet wird, die meistens aus Gitarren, Bandurrias u. Lauten, seltener aus Trommel u. Pfeife besteht.

Joubert, John P. H., südafrikanischer Komponist, * 20. 3. 1923 Kapstadt. Studierte bei H. Ferguson an der Royal Academy of Music in London, wurde 1950 Dozent an der Universität Hull u. ab 1962 in Birmingham.

Zu J. Kompositionen gehören: die Bühnenwerke *In the Drought* (1956), *Silas Marner* (1961), *The Quarry* (1965), *Under Western Eyes* (1969) u. die Schuloper *The Prisoner* (1973), Vokalwerke, Kirchenmusiken, Orchesterwerke, u. a. 2 Sinfonien (1956 u. 1971), Kammermusik, darunter *African Sketchbook* für Gesangsquartett u. Bläserquintett, Klavierstücke u. Lieder.

Jubilee, ekstatische Hymnenform der nordamer. Neger.

Jubilus (lat.), ein noch heute zum Alleluia gehörender melismatischer Gesang, der in der christlichen Frühzeit aus dem synagogalen Gesang übernommen wurde.

Jürgens, Udo (eigtl. Udo Jürgen Bockelmann), österr. Chansonsänger, Komponist u. Pianist, * 30. 9. 1934 auf Schloß Ottmanach, Kärnten. Studierte am Konservatorium in Klagenfurt u. machte sich mit seinen erfrischenden Liedertexten einen Namen. Gehört heute zu den wenigen dt. Unterhaltern von internationalem Format. Komponierte u. a. das Musical *Helden* (1972).

Jugendmusik, aus der Jugendbewegung entstandene neue Musikpflege u. Musikausübung. Das Bestreben, für die Jugend ein neues Verhältnis zur Musik zu finden, schlug sich vor allem in der Liedererneuerung nieder. So entstand das immer wieder aufgelegte Liederbuch »Zupfgeigenhansl« (1909). Nach dem 1. Weltkrieg waren F. Jöde u. W. Hensel die treibenden Kräfte einer musikalischen Volkserziehung. Neben dem Singen wurde die Chor-, Kammer- u. Orchestermusik des Barock zugänglich gemacht, u. man besann sich auf die alten Instrumente. Zeitgenössische Komponisten wie P. Hindemith schrieben Spielmusiken, Lehrstücke u. Kinderopern. Die von Jöde eingeführten offenen Singstunden trugen wesentlich zur Erneuerung des Chorsingens in Deutschland bei. Aus den gleichen Überlegungen entstanden auch die Musikschulen, von denen es heute fast 500 im Bundesgebiet gibt.

Juke Box (engl.), ein Schallplattenautomat, der bei Münzeinwurf nach Wahl aus einem eingegebenen Repertoire Single-Platten, meistens die neuesten oder beliebtesten Hits, abspielt.

Jump, ein besonders in den 30er u. 40er Jahren in Kansas City u. Harlem beliebter Swingrhythmus. Am bekanntesten ist Count Basies *One o'clock j.*

Juon, Paul, russ. Komponist schweiz. Herkunft, * 6. 3. 1872 Moskau, † 21. 8. 1940 Vevey. Schüler von S. Tanejew u. A. Arenskij in Moskau sowie W. Bargiel in Berlin, wo er 1906 Kompositionslehrer an der Musikhochschule wurde. Sein hauptsächlich kammermusikalisches Werk steht in der Brahms-Nachfolge.

J. komponierte u. a.: Sinfonie in A-Dur (1903), 3 Violinkonzerte (1909, 1912 u. 1931), *Episodes concertantes* für Kl.-Trio u. Orch. (1912), *Rhapsodische Symphonie* (1939), *Sinfonietta capricciosa* (1940), 3 Streichquartette (1898, 1905 u. 1920), 5 Klaviertrios (1901, 1908, 1915, 1920 u. 1930), Cello- u. Violinsonaten.

K

Kabalewskij (Kabalevskij), Dmitrij B., sowj. Komponist, * 30. 12. 1904 in Petersburg. Schüler von N. Mjaskowskij am Moskauer Konservatorium, dort 1932 Dozent u. 1939 Professor für Komposition, 1940–46 Redakteur der »Sovetskaja muzyka« u. 1949–52 Leiter der Musikabteilung des Instituts für Kunstgeschichte der Sowj. Akademie der Wissenschaften. In seinen Kompositionen ist der Einfluß M. Mussorgskijs, A. Borodins u. P. Tschaikowskys spürbar.

Zu K. Werken gehören: die Opern *Kola Brjun'on* (1938, revidiert 1970), *V ogne ili Pod Moskvoj* (1942), *Sem'ja Tarasa* (1944, revidiert 1950), *Nikita Veršinin* (1955) u. *Sestry* (1967); die Operette *Vesna poet* (1957); das Ballett *Zolotyje kolos'ja* (1940); 4 Sinfonien (1932, 1934, 1933 u. 1956); sinfonische Dichtungen; 3 Klavierkonzerte (1929, 1936 u. 1952); Violinkonzert (1948); Cellokonzerte (1949 u. 1964); Suite für Jazzband (1940); 2 Streichquartette (1928 u. 1945); 3 Klaviersonaten (1928; 1945, revidiert 1967; 1948) u. Vokalwerke, darunter Requiem *Denen, die im Kampf mit dem Faschismus fielen* (1963). Seine »Ausgewählten Aufsätze über Musik« erschienen 1963 in Moskau.

Kabeláč, Miloslav, tschech. Dirigent u. Komponist, * 1. 8. 1908 Prag. Studierte am Prager Konservatorium bei K. B. Jirák u. an der Meisterschule bei V. Kurz. 1946–55 verantwortlich für das Musikprogramm des Prager Rundfunks, 1958–62 Professor für Komposition am Prager Konservatorium.

Zu K. Kompositionen gehören: 8 Sinfonien (1942–71), die Passacaglia *Das Mysterium der Zeit* für Orch. (1953–57), *Hamlet-Improvisationen* für Orch. (1963), Ricercari für 1–6 Schlagzeuger (1967), Kammermusik u. Lieder.

Kadenz (ital. cadenza, franz. u. engl. cadence), **1.** in der Bedeutung von Schlußfall dasselbe wie → Klausel u. → Schluß. **2.** harmonisches Grundgerüst der Akkordfolge, das aus den Dur-Akkorden der I., IV. u. V. Stufe besteht. Diese werden T (Tonika), S (Subdominante) u. D (Dominante) genannt. Im überlieferten Harmonielehresatz lassen sich alle, auch die entferntesten harmonischen Bildungen auf diese drei Klänge zurückführen. Die auf dieser Grundlage formulierte Harmonielehre geht auf J.-Ph. Rameau zurück u. wurde den Bedürfnissen des ausgehenden 19. Jh. entsprechend noch einmal von H. Riemann neu gefaßt. Sie schließt, wie D. de la Motte im Vorwort zu seiner Harmonielehre bemerkt, »alle noch nicht u. alle nicht mehr kadenzierende Musik aus«. **3.** Verzögerung des Eintritts des abschließenden Tones oder Akkordes eines Satzes oder Stückes durch Verzierung. Daraus entwikkelte sich die eingeschobene K. des Solokonzerts, in der das thematische Material noch einmal vom Solisten virtuos durchgearbeitet wird. Diese ursprünglich improvisierten K. wurden seit dem 19. Jh. entweder vom Komponisten selbst vorgeschrieben, oder man bediente sich der im Druck erschienenen K. eines bedeutenden Interpreten.

Kadosa, Pál, ungar. Komponist u. Pianist, * 6. 9. 1903 Léva. Studierte an der Budapester Musikakademie bei A. Székely (Klavier) u. Z. Kodály (Komposition). Dort 1927–43 Klavierlehrer am Fodorschen Konservatorium, 1943–44 an der Goldmark-Musikschule u. nach 1945 an der Musikhochschule. Seine Werke sind von der ungar. Folklore, B. Bartók u. P. Hindemith beeinflußt.

Zu K. Kompositionen gehören: 8 Sinfonien (1942–68), 4 Klavier-, 2 Violinkonzerte u. 1 Bratschenkonzert, Kammermusik u. Lieder. Außerdem schrieb er 1944–50 die zweiaktige Oper *Huszti Kaland.*

Kaempfert, Bert, dt. Orchesterleiter, Komponist u. Arrangeur, * 16. 10. 1924 Hamburg. Studierte an der Hamburger Musikhochschule Kl., Klar. u. Sax. u. gründete nach 1945 eine eigene Band. Schrieb mit dem durch Sinatra berühmt gewordenen *Strangers in the Night* einen Welthit.

Kagel, Mauricio R., argentinischer Komponist, * 24. 12. 1931 Buenos Aires. Erhielt Privatunterricht in Klavier, Cello, Harmonie, Kontrapunkt u. Dirigieren, bestand aber weder das Abitur noch die Aufnahmeprüfung für das Konservatorium. Als Komponist ist K. Autodidakt. Seine Weiterbildung erfolgte nach eigenen Aussagen hauptsächlich durch Lesen. 1949 Interpret u. Dirigent bei der Asociación Nueva Música, 1950

Mitbegründer der argentin. Cinémathèque, Komponist von Filmmusiken u. Chorleiter. 1954 Schöpfer einer konkreten *Música para la torre*, Sonorisation (Beschallung) u. Illumination eines 40 Meter hohen Stahlturms, der das Wahrzeichen der Feria de Mendoza war. 1955 musikalischer Berater der Universität von Buenos Aires, Studienleiter an der Kammeroper u. schließlich Korrepetitor u. Dirigent am Teatro Colón. Kam 1957 auf Einladung des Dt. Akademischen Auslandsdienstes nach Köln, wo er sich niederließ, 1960 das Kölner Ensemble für Neue Musik gründete, seit 1969 die Kölner Kurse für Neue Musik leitet u. 1974 an der Musikhochschule Professor für Neues Musiktheater wurde. Seit seinen ersten Versuchen mit konkreter u. elektronischer Musik hat sich K. immer wieder mit der Erzeugung von Klängen sowie neuartigen oder ungewöhnlichen Schallträgern beschäftigt, Sprache analysiert und manipuliert und aus verfremdenden Imitationen spielerische Effekte gewonnen. Mit dem kammermusikalischen Theaterstück *Sur scène* (1959–60) komponierte K. erstmals → instrumentales Theater. Es ist eine sog. totale Komposition, »nämlich eine Komposition aller Materialien, die für das Stück irgend von Belang sind, sowohl der klingenden als auch der nicht-klingenden«. Darüber hinaus betätigt sich K. als Filmemacher, Regisseur eigener Theaterstücke u. Hörspielautor.

Zu K. Kompositionen gehören: *Palimsestos* für gem. Chor a cappella (1950); *Dos piezas* für Orch. (1950–52); *Variaciones para cuarteto mixto* für Fl., Klar., V. u. Vc. (1952); *Música para la torre* für konkrete u. instrumentale Klänge (1952–54); Streichsextett (1953, rev. 1957); *4 piezas para piano* (1954, 1956 instrumentiert für Streicher); *5 cantos de Génesis* für St. u. Kl. (1954–55); *De ruina mundi*, Kantate für eine St. u. Instr. (1956); *Anagrama* für 4 Gesangssolisten, Sprechchor u. Kammerensemble (1957–58); *Transición II* für Kl., Schlagzeug u. 2 Tonbänder (1958–59); *Transición I* für elektronische Klänge (1958–60); *Sur scène*, kammermusikalisches Theaterstück in 1 Akt für Sprecher, Mimen, Sänger u. 3 Instrumentalisten (1959–60); *Heterophonie* für Orch. (1959–61); *Sonant* für Git., Hf., Kb. u. Fellinstr. (1960 ff.); *Journal de théâtre*, eine Sammlung von Situationen für Instr., Darsteller u. Requisiten (1960 ff.); *Le bruit, Invecticon pour toute sorte de sources sonores et expressions injurieuses* (1960 ff.); *Pandorasbox, Bandoneonpiece* (1960 ff.); *Metapiece (Mimetics)* für Kl. (1961); *Mimetics (Metapiece)* für Kl., gleichzeitig mit anderen Werken von K. oder einem lebenden Komponisten (1961); *Improvisation ajoutée* für Org. (1961–62); *Antithese*, Komposition für elektronische u. öffentliche Klänge, auch als Spiel für einen Darsteller (1961–62); *Prima Vista* für Diapositivbilder u. eine unbestimmte Anzahl von Schallquellen (1962–64); *Die Frauen*, ein szenisches Damenstück für St. u. Instr. (1962–64); *Phonophonie*, 4 Melodramen für 2 St. u. andere Schallquellen (1963); *Schlag auf Schlag* für 3 Waldteufel u. 4 singende Sägen (1963–64); *Tremens*, szenische Montage eines Tests für 2 Darsteller, elektrische Instr. u. Tonbänder (1963–65); *Variaktionen über Tremens* für 2 Darsteller u. Tonbänder (1963–65); Musik aus *Tremens* für 5 Spieler u. Tonbandgeräte (1963–65); *Diaphonie I* für Chor, Orch. u. 2 Diapositivprojektoren, *II* für Orch. u. 2 Diapositivprojektoren, *III* für Chor u. 2 oder mehrere Diapositivprojektoren (alle 1964); Musik aus *Diaphonie* für St. u. Instr. (1964), *Match* für 3 Spieler, 2 Vc. u. Schlagzeug (1964); *Composition & decomposition*, ein Lesestück (1964); *Camera oscura*, chromatisches Spiel für Lichtquellen u. Darsteller (1965); *Die Himmelsmechanik*, Komposition mit Bühnenbildern (1965); *Mirum* für Tuba (1965); *Pas de cinq*, Wandelszene für 5 Darsteller (1965); *Pas de cinq*, Wandelszene für 5 Schlagzeuger (1965); *Musik für Renaissance-Instrumente* (1965–66, davon Fassung für beliebige Besetzung von 2 bis 22 Spieler); Streichquartett (1965–67); *Kommentar + Extempore*, Selbstgespräche mit Gesten (1966); *Montage* für verschiedene Schallquellen (1967 ff.); *Montage* an Stelle einer Vorstellung (1967); *Phantasie* für Org. u. Obligati (1967); *Variaktionen* für Sänger u. Schauspieler (1967, daraus auch kammermusikalische Fassung); *Debut* für 60 St. (1967–70, aus *Staatstheater*); *Einspielungen* für Lautsprecher (1967–70, aus *Staatstheater*); *Ensemble* für 16 St. (1967–70, aus *Staatstheater*); *Freifahrt*, gleitende Kammermusik für 18 bis 36 Spieler (1967–70, aus *Staatstheater*); *Hallelujah* für St. (1967–68); *Kontra ⇒ Danse*, Ballett für Nicht-Tänzer (1967–70, aus *Staatstheater*); *Parkett*, konzertante Massenszenen (1967–70, aus *Staatstheater*); *Repertoire*, szenisches Konzertstück für mindestens 5 Mitwirkende (1967–70, aus *Staatstheater*); *Saison*, Sing-Spiel in 65 Bildern für 16 bis 76 Mitwirkende (1967–70, aus *Staatstheater*); *Spielplan*, Instrumentalmusik in Aktion (1967–70, aus *Staatstheater*); *Staatstheater*, szenische Komposition (1967–70, bestehend aus den folgenden Stücken, die auch in Auswahl aufzuführen sind: *Repertoire, Einspielungen, Ensemble, Debut, Saison, Spielplan, Kontra ⇒ Danse, Freifahrt, Parkett*); *Ornithologica multiplicata* für exotische u. einheimische Vögel (1968); *Privat* für einsame(n) Hörer (1968); *Der Schall* für 5 Spieler (1968); *Synchronstudie* für eine beliebige Filmprojektion, Sänger u. Geräuschemacher (1968–69); *Acustica I, Musik für Lautsprecher, II* für experimentelle Klangerzeuger u. Lautsprecher, *III*, Musik für Instrumentalisten (alle 1968–70); *Ludwig van*, Hommage für Beethoven (1969); *Unter Strom* für 3 Spieler (1969); *Klangwehr I* für schreitendes Musikkorps u. *II* für schreitendes Musikkorps, agierenden Chor u. Live-Fernsehübertragung (beide 1969–70); *Atem* für 1 Bläser u. 1 Tonbandgerät (1970); *Tactil* für drei (Kl. u. Zupfinstr. sowie experimentelle Klangerzeuger, 1970); *Charakterstück* für Zitherquartett (1971); *Die Mutation* für Männerchor u. obligates Kl. (1971); *Probe*, Versuch für ein improvisiertes Kollektiv (1971); *Siegfriedp'* für Vc. (1971); *Musi* für Zupforch. (1971); *Exotica* für außereuropäische Instr. (1971–72); *General Bass* für kontinuierliche Instrumentalklänge (1971–72); *Programm*, Gespräch mit Kammermusik (1971–72, das vollständige Werk setzt sich zusammen aus: *Abend, Aus Zungen Stimmen, Charakterstück, Gegenstimmen, General Bass, Die Mutation, Musi, Recitativarie, Siegfriedp', Unguis incarnatus est* u. *Vom Hören Sagen*); Recitativarie für singende Cembalistin (1971–72); *Variationen ohne Fuge* für großes Orch. (1971–72); *Vom Hören Sagen* für Mädchenstimmen u. obligates Harmonium (1971–72); *Zwei-Mann-Orchester* für 2 Mitwirkende (1971–73); *Unguis incarnatus est* für Kl. u. ... (1972); *Abend* für Doppelvokalquartett, Posaunenquintett, elektrische Org. u. Kl. (1972); *Aus Zungen Stimmen* für Akkordeonquintett (1972); *Gegenstimmen* für Kinderchor u. obligates Cemb. (1972); *1898* für Kinderstimmen u. Instr. (1972–73); *Kantrimusik*, Pastorale für St. u. Instr. (1973–75); *Mare Nostrum, Entdeckung, Befrie-*

dung und Konversion des Mittelmeerraumes durch einen Stamm aus Amazonien für Countertenor, Bar., Fl., Ob., Git., Hf., Vc. u. Schlagzeug (1973–75); *Ex-Position*, eine Aktion für Vokalensemble, Tasteninstr., Gymnasiasten, Rhythmusgeneratoren u. Schlagzeug (1975–78); *Bestiarium*, eine Klangfabel für 2 Bühnen (1976); *An Tasten*, Klavieretüde (1977); *MM 51*, ein Stück Filmmusik für Kl. (1977); *Tango alemán* (1978); *Klangwölfe* für V. u. Kl. (1979); *Die Erschöpfung der Welt*, Musiktheaterstück (1978–80); *Aus Deutschland* (Lieder-Oper, 1980–81). Außerdem wirkte K. bei den Filmen »Antithese« (1965), »Match« (1966), »Solo« (1967), »Duo« (1968), »Halleluja« (1968) u. »Ludwig van« (1969) mit u. schrieb die Hörspiele »Ein Aufnahmezustand« (1969), »Innen« (1970), »Guten Morgen!« (1971) u. »Soundtrack« (1974). Zu seinen theoretischen Arbeiten gehören: »Komposition-Notation-Interpretation« (in »Darmstädter Beiträge zur Neuen Musik IX«, Mainz 1965) u. »Tamtam, Monologe u. Dialoge zur Musik« (München 1975).

Lit.: D. Schnebel, M. K., Musik, Theater, Film, Köln 1970; K.-H. Zarius, Staatstheater von M. K., Grenze und Übergang, Wien 1977; W. Klüppelholz, M. K. 1970–1980, Köln 1981.

Kajanus, Robert, finn. Dirigent u. Komponist, * 2. 12. 1856 Helsinki, † 6. 7. 1933 ebd. Studierte in Helsinki, Leipzig u. Paris. Gründete 1882 das erste Sinfonieorchester Finnlands in Helsinki, setzte sich für die Musik seines Freundes J. Sibelius ein u. machte in den 30er Jahren Schallplattenaufnahmen seiner ersten beiden Sinfonien.

Zu K. Kompositionen gehören: 2 finnische Rhapsodien (1882 u. 1889), die sinfonische Dichtung *Aino* (1885) u. Sinfonietta (1915).

Kalkbrenner, Friedrich W. M., dt. Pianist und Komponist, * zwischen 2. u. 8. 11. 1785 auf einer Reise von Kassel nach Berlin, † 10. 6. 1849 Enghien-les-Bains. Schüler des Pariser Conservatoire. Lebte 1814–23 als Pianist u. gesuchter Klavierlehrer in London, ab 1824 in Paris, wo er Teilhaber der Klavierfabrik Pleyel & Cie. wurde u. einen guten Ruf als Lehrer genoß.

Zu K. Kompositionen gehören: 4 Klavierkonzerte, 1 Konzert für 2 Klaviere, Kammermusik u. Klaviersonaten. Er veröffentlichte außerdem: »Méthode pour apprendre le pianoforte à l'aide du guide-mains« (1830) u. »Traité d'harmonie du pianiste« (1849).

Kalliwoda (Kalivoda), Johann B. W., böhm. Geiger u. Komponist, * 21. 2. 1801 Prag, † 3. 12. 1866 Karlsruhe. Schüler von D. Weber u. F. W. Pixis am Prager Konservatorium u. 1822–66 Kapellmeister des Fürsten v. Fürstenberg in Donaueschingen.

K. komponierte die Opern *Prinzessin Christine von Wolfenburg* (1829) u. *Blanda, die silberne Birke* (1847), 7 Sinfonien, Konzerte u. Konzertstücke für V. u. Orch., Messen, 3 Streichquartette, Klavierstücke u. Lieder.

Kálmán, Emmerich, ungar. Komponist, * 24. 10. 1882 Siófok, † 30. 10. 1953 Paris. Studierte an der Landesakademie in Budapest bei H. Koessler, lebte bis 1938 in Wien, dann in Paris u. den USA. Kehrte 1945 nach Paris zurück.

Zu K. Kompositionen gehören: die Operetten *Herbstmanöver* (1908), *Der Zigeunerprimas* (1912), *Die Czardasfürstin* (1915), *Gräfin Maritza* (1924), *Die Zirkusprinzessin* (1926), *Das Veilchen vom Montmartre* (1930) u. *Arizona Lady* (1954, fertiggestellt von seinem Sohn Charles K.).

Kalomiris, Manolis, griech. Komponist, * 26. 12. 1883 Smyrna, † 3. 4. 1962 Athen. Studierte in Athen u. 1901–06 am Wiener Konservatorium bei W. Bauch, A. Sturm u. H. Grädener, war 1906–10 Klavierlehrer am Konservatorium in Charkow, 1919–26 Direktor des Ellinikon Odeion in Athen u. 1926 Direktor des dort von ihm gegründeten Ethnikon Odeion.

Zu K. Kompositionen gehören: die Opern *Der Baumeister* (1912–15), *Der Ring der Mutter* (1915–17), *Anatoli* (1935–45), *Die schattigen Gewässer* (1951) u. *Konstantine Palaiologos* (1962), 3 Sinfonien (1918–19, 1930 u. 1955), sinfonische Dichtungen, Klavierkonzert (1935) u. Kammermusik.

Kaminski, Heinrich, dt. Komponist, * 4. 7. 1886 Tiengen, † 21. 6. 1946 Ried bei Benediktbeuren. Sohn eines altkatholischen Pfarrers, Schüler von Ph. Wolfrum in Heidelberg u. P. Juon, H. Kaun u. W. Klatte in Berlin. Lebte mit wenigen Unterbrechungen seit 1914 in Ried. 1930–33 Leiter einer Meisterklasse für Komposition an der Preußischen Akademie der Künste in Berlin u. gleichzeitig Dirigent des Städtischen Musikvereins in Bielefeld. Ab 1937 mit Aufführungsverbot belegt. Zu seinen Schülern gehörten E. Doflein, C. Orff u. R. Schwarz-Schilling. Seine stark religiös u. mystisch gefärbte Musik setzt sich mit der Polyphonie des Barock auseinander u. versucht alte Formen wie Concerto grosso u. Kantate neu zu beleben.

Zu K. Kompositionen gehören die Bühnenwerke: *Jürg Jenatsch* (1927–29) u. *Das Spiel von König Aphelius* (beendet Mai 1946); die Orchesterwerke: Concerto grosso für Doppelorch. (1922), *Werk* für Streichorch. (1927, Bearbeitung des Streichquintetts fis-Moll), *Dorische Musik* (1933), Orchesterkonzert mit Kl. (1936), *In Memoriam* für A., Solo-V. u. Orch. (1940), *Tanzdrama* (1942); die Chorwerke mit Orch.: 69. Psalm (1914), Introitus u. Hymnus (1919), *Passion* (1920), Magnificat (1925); die Chorwerke a cappella: 130. Psalm (1912), 6 Choräle für 4st. gem. Chor (1915), Motette *O Herre Gott* für 8st. Chor u. Org. ad lib. (1918), 3 Gedichte von Eichendorff für 6st. Männerchor (1924), Motette *Der Mensch* für A.-Solo u. 6st. Chor (1926), Motette *Die Erde* für 6st. Chor (1928), Volksliedbearbeitungen, *Kleine geistliche Chöre* (1931), *Die Messe deutsch* (Fragment, 1934); die Kammermusikwerke: Klavierquartett mit Klar., Va. u. Vc. (1912), Streichquartett (1913), Streichquintett (1916), Quintett für Klar., Horn, V., Va. u. Vc. (1924), *Präludium und Fuge über den Namen ABEGG* für Streichquartett (1927), *Musik* für 2 V. u. Cemb. (1931), Präludium für die Bratsche allein (1934), *Musik* für Vc. u. Kl. (1938), *Hauskonzert* für V. u. Kl. (1941), Ballade für Waldhorn u. Kl. (1943); Werke für Singst. u. Instr. wie *Brautlied* für S. u. Org. (1911), *3 geistliche Lieder* für S., V. u. Klar. (1924), *Triptychon* für A. oder Bar. u. Org. (1926), *Hochzeitsspruch* für 2 A.-St. u. Org. (1940), *Dem Gedächtnis eines verwundeten Soldaten* für 2 S. u. Kl. (1941); Kompositionen für Org.; Werke für

Kl.: *Klavierbuch* (1934) u. *Zehn kleine Übungen für das polyphone Klavierspiel* (1935). »Gesammelte Aufsätze von H. K.« erschienen 1930 in Berlin.

Kammermusik (ital. musica da camera, franz. musique de chambre, engl. chamber music), ursprünglich jene Musik, die im höfischen Musikraum, der camera, gespielt wurde. Man verstand darunter weltliche Vokal- u. Instrumentalmusik in kleiner Besetzung. Im 18. Jh. erfuhr der Begriff K. eine Wandlung, indem er in Gegensatz zu Theater- u. Kirchenmusik gestellt u. auf alle Bereiche der bürgerlichen Instrumentalmusik ausgedehnt wurde. Im 19. Jh. kam die noch heute gültige Bedeutung auf, die jede Art von Vokal- oder Instrumentalmusik für kleinere Besetzungen umfaßt. Darunter fällt alles vom Kammerorchester bis zum Vortrag eines Soloinstruments im Gegensatz zur Konzertmusik, unter der Orchester- u. Chorwerke verstanden werden.

Kammerton, Tonhöhe des als a' notierten Tones, der sich seit dem 18. Jh. ständig erhöht hat. So stimmte J. S. Bach z. B. noch nach der Dresdner Sophienorgel mit 415,5 Hz, während das Normal-a 1939 auf 440 Hz festgelegt wurde. Die Stimmung der meisten, insbesondere der amer. Orchester, liegt heute sogar noch etwas höher.

Kanon (griech.: »Richtschnur«, »Regel«), **1.** Vorrichtung zum Messen von Saiten für die mathematische Bestimmung harmonischer Proportionen in der Antike, z. B. → Monochord. **2.** In der byzantinischen Musik eine Form der liturgischen Gesangsdichtung. **3.** Kompositionsart in der mehrst. Musik, bei der sich aus einer Stimme mehrere ableiten lassen. Im reinen K. geschieht dies durch Imitation. 2–4st. K. sind am häufigsten. Die Stimmeinsätze erfolgen in der Regel in der Prim oder Oktave, beim sog. Intervall-K. vorzugsweise in der Quinte oder Quarte. Die seit dem 12. Jh. bekannte K.-Technik wurde sowohl in verschiedenen Formen als Gesellschaftskunst wie auch mit symbolischer Bedeutung in der geistlichen Musik zu großer künstlerischer Vollendung gebracht. In neuerer Zeit hat der K. für die Jugendmusikbewegung Bedeutung gehabt.

Kanoniker → Harmoniker

Kansas-City-Jazz, eine um 1925 in Kansas City entstandene Spielweise, die den → Jump u. Blues-Elemente in die Big-Band-Musik der Swing-Ära integrierte.

Kantate (von lat. cantare: »singen«), erstmals bei A. Grandi (1620) nachweisbare Bezeichnung für ein mehrteiliges Sologesangsstück mit B.c. Entwickelte sich zur wichtigsten Gattung des ital. weltlichen Sologesangs neben der Oper. Sie führt von einer Folge durchkomponierter Strophen zu einer mehrsätzigen, aus Rezitativ u. Da-capo-Arien bestehenden Form mit instrumentaler Begleitung. In der protestantischen Kirchenmusik Deutschlands wurde die K. besonders gepflegt. Ihre an sich zyklische Form wurde durch Chorsätze, besonders Eingangs- u. Schlußchor, sowie Duette u. Terzette erweitert. Je nach Besetzung unterschied man Solo- oder Chor-K. J. S. Bach komponierte mehrere Jahrgänge von K. als Predigtmusiken. Die weltliche K. näherte sich der mehrteiligen Konzertarie u. wurde im 20. Jh. eine Gattung innerhalb der Jugendmusik. In Frankreich erhielt sich die K. bis 1969 als Prüfungsaufgabe für den Rompreis.

Kantilene, eine besonders gesangliche Melodie.

Kantilenensatz, Liedsatz des 14. u. 15. Jh., der aus dem Discantus entstanden ist u. aus einem Cantus sowie 1 bis 3 instrumentalen Stimmen besteht. Erlebte seine Blütezeit bei G. de Machaut.

Kantillation, psalmodierender Sprechgesang des synagogalen Gottesdienstes, aus dem sich die Psalm- u. Lektionstöne der christlichen Kirche entwickelt haben.

Kantionalsatz, ein von L. Osiander gegen Ende des 16. Jh. geschaffener Satztyp des evangelischen Kirchenlieds mit 4st. homorhythmischem Choralsatz u. Melodie in der Oberstimme.

Kantor (lat.: »Sänger«), seit dem Mittelalter Sänger oder Vorsänger in der christlichen Kirche, später Chorleiter u. Gesanglehrer. Seit dem 16. Jh. Schulgesanglehrer in der protestantischen Kirchenmusik, in neuerer Zeit allgemein Leiter der Kirchenmusik. Daher Kantorei, eine Vereinigung von Sängern zur Ausschmückung des Gottesdienstes.

Kanzone (ital. canzona, franz. chanson, span. canción), Dichtungsgattung provenzalischer Herkunft, die besonders von den Italienern gepflegt wurde u. meistens fünf- bis siebenstrophig war. Bezeichnete auch den Liedsatz, dem eine K. zugrunde lag. Seit dem 16. Jh. wurden unter dieser Bezeichnung auch Instrumentalstücke verstanden, die vorwiegend aus der Bearbeitung von Vokalmusik herrührten u. Canzon francese oder Canzona da sonar genannt wurden. Bedeutende Komponisten von instrumentalen K. waren G. Gabrieli u. G. Frescobaldi. Charakteristisch ist die schnelle Bewegung u. der $4/4$-Takt sowie die frischen Themen. Während sich bei den mehrchörigen K. Ansätze zum späteren Concerto grosso finden lassen, wurde die generalbaßbegleitete K. für Soloinstrument zum Vorläufer der Sonate.

Die Verkleinerungsform Kanzonette bezeichnet ein kleines Gesangs- oder Instrumentalstück.

Kapelle (lat. capella, franz. chapelle, engl. chapel), ursprünglich kleineres Kirchengebäude, dann im übertragenen Sinne musikalische Einrichtungen, die mit dem Andachtsraum u. Gottesdienst zusammenhängen. Die Sänger einer K. wurden Kapellsänger genannt, die Knabenstimmen K.- oder Chorknaben. Später wurde die Bezeichnung auf alle an einer Kirche oder an einem Hof wirkenden Musiker übertragen. Der heutige Gebrauch engt den Begriff auf Instrumentalkörper ein.

Kapellmeister (lat. magister cappellae), der Leiter eines Chores u. nach Bedeutungswandel des Wortes → Kapelle allgemein der Leiter eines musikalischen Ensembles. Unter K.-Musik versteht man jene mehr oder weniger bedeutungslosen Kompositionen, die von ambitionierten K. verfaßt werden.

Kapr, Jan, tschech. Komponist, * 12. 3. 1914 Prag. Schüler von J. Řidký u. J. Křička, 1939–46 am Prager Rundfunk u. ab 1961 Lehrer an der Janáček-Musikakademie in Brünn u. daneben Musikkritiker.

K. komponierte die Oper *Musikantenmärchen* (1962); 7 Sinfonien (1942–64); Kammermusik, darunter 6 Streichquartette (1937–61), *Chiffren* für Kl., Schlagzeug u. elektronische Klänge (1965) u. *Zeugenaussage* für Vc., Baß-Klar., Kl. u. Lichtregie (1969); Filmmusiken.

Kapsberger, Johannes Hieronymus v., dt. Theorbist, Lautenist u. Komponist, * um 1575, † 1661 Rom. Wirkte um 1604 in Venedig u. um 1610 in Rom.

Zu K. veröffentlichten Kompositionen gehören: 4 Bücher »Intavolatura del chitarone«, 5st. »Madrigale«, 6 Bücher »Villanelle«, 2 Bücher »Intavolatura di lauto«, 1 Sinfonie, Messen u. Theorbenkompositionen.

Karajew (Karaev), Kara A. ogly, sowj. Komponist, * 5. 2. 1918 Baku. Schüler von D. Schostakowitsch am Moskauer Konservatorium, 1941–42 Leiter der Philharmonie in Baku, 1949–53 des dortigen Konservatoriums u. 1949–50 Direktor des Kunstgeschichtlichen Instituts der Akademie der Wissenschaften der Aserbaidschanischen SSR in Baku. Gehört zu den bedeutenden zeitgenössischen sowj. Komponisten. Verbindet aserbaidschanische Folklore u. moderne Stilmittel, verwendet in seiner 3. Sinfonie (1965) u. dem Violinkonzert (1968) die Zwölftontechnik.

K. komponierte die Opern *Ajna* (1941), *Vètèn* (1945) u. Nežnost' (1972), die Ballette *Die sieben Schönen* (1952) u. *Auf dem Pfad des Donners* (1958), das Musical *Neistovyj gaskonec* (1972), 3 Sinfonien, Kantaten u. Kammermusik.

Karg-Elert, Sigfrid, dt. Lehrer u. Komponist, * 21. 11. 1877 Oberndorf, † 9. 4. 1933 Leipzig. Schüler des Leipziger Konservatoriums u. dort ab 1919 Lehrer für Komposition, Theorie u. Klavier. Beschäftigte sich ausgiebig mit dem Harmonium, für das er eine Vielzahl von Kompositionen schuf.

Zu K.-E. Werken gehören: *Symphonia brevis* (1897), 1 Klavierkonzert (1901), Chorwerke, Originalkompositionen für Harmonium sowie eine Reihe von bedeutenden Orgelwerken, darunter 66 Choralimprovisationen (1908–10) u. 20 Prä- u. Postludien (1912). Er veröffentlichte: »Die hohe Schule des Legatospiels« (1913), »Die Harmoniumtechnik« (1913–14), »Akustische Ton-, Klang- u. Funktionsbestimmung« (1930) u. »Polaristische Klang- u. Tonalitätslehre« (1931).

Karkoschka, Erhard, dt. Komponist, * 6. 3. 1923 Mährisch-Ostrau. Studierte Komposition an der Stuttgarter Musikhochschule u. Musikwissenschaft an der Universität Tübingen. Ab 1958 Lehrer, 1964 Professor an der Musikhochschule in Stuttgart.

Zu K. Kompositionen gehören: *polyphone studie in 2 stufen* (1957), *undarum continuum* (1960) u. *vier stufen* (1966) für Orch., *quattrologe* (1966) u. *Tempora mutantur* (1971) für Streichquartett, *koordinaten* für S. u. Streichquartett (1959), *psylex* für Mezzo-S., Fl. u. Tonband (1968) u. *triptychon über B-A-C-H* für Org. (1966). K. veröffentlichte »Das Schriftbild der Neuen Musik« (Celle 1966); »Neue Musik«, Analyse, Text und Graphik (Herrenberg 1976).

Karłowicz, Mieczysław, poln. Komponist, * 11. 12. 1876 Wiszniewo, † 8. 2. 1909 Zakopane. Sohn des Schriftstellers u. Komponisten Jan K. Studierte in Warschau, Berlin u. Leipzig, wurde 1904 Direktor der Musikgesellschaft in Warschau u. lebte ab 1906 als freischaffender Komponist in Zakopane.

Zu K. Werken gehören: 1 Sinfonie (1902), 1 Violinkonzert (1902), mehrere Orchesterwerke u. Kammermusik. Außerdem gab er Chopin-Briefe u. -Dokumente auf poln. u. franz. heraus.

Kasandshijew, Wassil, bulg. Komponist, * 10. 9. 1934 Marten. Studierte bei P. Wladigerow u. W. Simeonow an der Hochschule für Musik in Sofia u. war 1957–64 Dirigent an der dortigen Nationaloper. Trat bereits als 16jähriger mit *Variationen für Streichorch.* an die Öffentlichkeit. Widmete sich dann Experimenten mit Klangfarben u. bezieht in letzter Zeit zunehmend Elemente der Folklore in den Kompositionsprozeß ein.

Zu K. Werken gehören: Sinfonietta für großes Orch. (1959); Konzerte für V. u. Orch. (1967), Trp. u. Orch. (1968), Kl. bzw. Sax. u. Orch.; Kammermusik u. Filmmusik.

Kasemets, Udo, kan. Komponist estnischer Herkunft, * 19. 11. 1919 Reval. Studierte am Konservatorium seiner Heimatstadt, an der Hochschule für Musik in Stuttgart u. nahm an den Internationalen Sommerkursen in Darmstadt teil. Ließ sich 1951 in Kanada nieder u. lebt seit 1958 in Toronto, wo er als Kritiker tätig war, Vorträge hielt, Multi-Media-Veranstaltungen organisierte u. heute Kurse am Ontario College of Art abhält. Er selber teilt seine Kompositionen in drei Gruppen ein, von denen die erste Arbeiten der Jahre 1941–50 umfaßt, die er heute als traditionell ablehnt. Die zweite Gruppe besteht aus Arbeiten der Jahre 1950–60, die im Zeichen der Zwölftontechnik stehen. Von ihnen sind am bekanntesten

Six Preludes für Kl. (1952), *Recitative and Rondino* für Orch. (1954), *Poetic Suite* für S., Kl. u. Streicher (1954), Violinkonzert (1955) u. *Three Miniatures* für St. u. Kl. (1956). Die dritte Gruppe umfaßt Werke ab 1960, die hauptsächlich an J. Cage u. Ch. Ives orientiert sind, offene Formen in unüblicher Notation beinhalten u. größtenteils als Multi-Media-Musiken beschrieben werden können. Zu ihnen zählen *Trigon* (1963) u. *Quartet of Quartets* (1971–72). Zu den neuesten Werken von K. gehören *Mikemusic I–IV* (1973–76), *Mikesong I* u. *II* (1975), *In Memoriam Nelson Small Legs Jr (Rites of Rights 1)* u. *In Support of Justice Thomas Berger (Rites of Rights 2)* beide (1976). K. gab gemeinsam mit J. Beckwith »The Modern Composer and His World« (Toronto 1961) heraus u. veröffentlichte »Canavangard« (1968) sowie »Focus of Musicology« (1970).

Kašlík, Václav, tschech. Dirigent, Opernregisseur u. Komponist, * 28. 9. 1917 Polička, Nordmähren. Schüler von R. Karel, A. Hába u. V. Talich. Dirigent am Prager Experimentiertheater D 41 u. ab 1942 Chefdirigent u. Regisseur am Nationaltheater Prag. Seine Inszenierungen (z. B. *Hoffmanns Erzählungen* mit der Laterna magica) zeichnen sich durch raffinierten Einsatz technischer Reproduktionsmittel aus.

Zu K. Kompositionen gehören: die Opern *Zbojnická* (1948) u. *Krakatit* (1961), die Ballette *Don Juan* (1939) u. *Pražský karneval* (1959), Lieder u. Filmmusiken.

Kassation, eine im 18. Jh. aufkommende Bezeichnung für ein mehrsätziges Werk für mehrere, meist solistisch besetzte Instrumente, das oft im Freien aufgeführt wurde. Häufig im gleichen Sinn gebraucht wie → Divertimento, → Serenade u. Notturno (→ Nocturne).

Kastner, J. Georg, elsässischer Theoretiker u. Komponist, * 9. 3. 1810 Straßburg, † 19. 12. 1867 Paris. Schüler von H.-M. Berton u. A. Reicha in Paris, wo er 1837 auch seinen »Traité général d'instrumentation« erscheinen ließ. Wurde hauptsächlich durch seine *Livres-Partitions* bekannt, die halb aus Kompositionen u. halb aus wissenschaftlichen Abhandlungen bestanden.

Zu K. in Paris entstandenen Werken gehören: die Vokalkompositionen *La Résurrection* (1835), *Sardanapale* (1852) u. *Cantate alsacienne* (1858), die Opern *Béatrice* (1839), *La maschera* (1841), *Le dernier roi de Juda* (1844) u. *Les nonnes de Robert-le-Diable* (1845), Klavierstücke u. Lieder.

Kastraten, Sänger, bei denen mittels Kastration der Stimmbruch verhindert wurde. Sie wirkten bei der Kirchenmusik mit, da Frauen lange Zeit jeder Auftritt in einem Gotteshaus untersagt war. Zu großer Berühmtheit kamen K. wie B. Ferri, F. Bernardi (genannt Senesino), C. Farinelli u. G. Caffarelli in der Oper. Der besondere Reiz der K.-Stimme bestand darin, daß sie Timbre u. Tonlage der Knabenstimme mit der Kraft u. Ausdauer des ausgewachsenen Mannes verband. Noch Ch. W. Gluck u. W. A. Mozart schrieben Partien für K. in ihren Opern.

Katabasis (griech.: »Abstieg«), gehört wie ihr Gegensatz Anabasis zu den aus der Rhetorik in die Kompositionslehren des 17. u. 18. Jh. übernommenen musikalischen Figuren, mit denen entsprechende Textstellen unterstrichen wurden. → Hypotyposis

Katscher, Robert, österr. Komponist, * 20. 5. 1894 Wien, † 23. 2. 1942 Hollywood. Studierte an der Wiener Universität Rechtswissenschaften u. war daneben Kompositionsschüler von H. Gál.

Zu K. Kompositionen gehören: das musikalische Lustspiel *Die Wunderbar* (1929), die Operette *Der Traumexpreß* (1931) u. Filmmusiken.

Kattnigg, Rudolf, österr. Komponist, * 9. 4. 1895 Oberdorf, Kärnten, † 2. 9. 1955 Klagenfurt. Schüler von J. Marx u. F. Löwe an der Wiener Musikakademie, dort ab 1922 Lehrer, 1928–34 Direktor der Innsbrucker Musikschule, später in Berlin u. Wien als Dirigent u. Komponist.

Zu K. Werken gehören: die Oper *Donna Miranda* (1953), die Operetten *Prinz von Thule* (1935), *Balkanliebe* (1937), *Mädels vom Rhein* (1938) u. *Bel ami* (1948). Daneben komponierte K. sinfonische Musik, 1 Klavierkonzert u. Kammermusik. Er bearbeitete auch *Die Rosl vom Wörthersee* aus dem Nachlaß von C. Zeller.

Kauer, Ferdinand, österr. Komponist u. Kapellmeister, getauft 18. 1. 1751 Klein-Tajax, Mähren, † 13. 4. 1831 Wien. Organist in Znaim u. Wien, dann abwechselnd Kapellmeister am Josephstädter u. Leopoldstädter Theater in Wien, später am Theater in Graz.

K. komponierte über 100 Opern, Singspiele u. Pantomimen, von denen *Das Donauweibchen* (1798), *Das Waldweibchen* (1800) u. *Die Sternenkönigin* (1801) am bekanntesten waren. Daneben schrieb er Sinfonien, Kirchenmusik, Kantaten u. Lieder.

Kauffmann, Leo J., elsässischer Komponist, * 20. 9. 1901 Dammerkirch, † 25. 9. 1944 Straßburg. Schüler von H. Abendroth u. Ph. Jarnach in Köln, wo er 1929 einen Lehrauftrag an der Rheinischen Musikschule erhielt. 1940 Kompositionslehrer am Straßburger Konservatorium. Seine Werke sind der Spätromantik u. dem Neoklassizismus verpflichtet.

Zu K. Kompositionen gehören: die Märchenoper *Abenteuer in Kaschgar* (1924), das Singspiel *Die niegesehene Braut* (1934), die Funkoper *Die Serenade* (1939), die Kammeroper *Das Perlenhemd* (1944), Vokalwerke u. Kammermusik, u. a. 4 Streichquartette (1922–42).

Kaun, Hugo, dt. Komponist u. Lehrer, * 21. 3. 1863 Berlin, † 2. 4. 1932 ebd. Schüler von O. Raif u. F. Kiel in Berlin, 1887–1901 Lehrer, Komponist u. Dirigent in Milwaukee u. ab 1922 Kompositionslehrer am Klindworth-Scharwenka-Konservatorium in Berlin.

Zu seinen von R. Wagner u. R. Strauss beeinflußten Werken gehören Opern, 3 Sinfonien, 2 Klavier- u. 1 Violinkonzert sowie Kammermusik. Besonders beliebt waren seine Kompositionen für Männerchor. Er veröffentlichte 1932 in Berlin Erinnerungen »Aus meinem Leben«.

Kavatine, lyrisches Sologesangsstück mit Instrumentalbegleitung, das sich aus der Cavata des frühen 18. Jh. entwickelt hat. Als Stimmungsbild bei C. M. von Weber in der bekannten K. der Agathe *Und ob die Wolke sie verhülle (Freischütz).* Seltener als Satzüberschrift für ein Instrumentalstück.

Kayser, Philipp Christoph, dt. Komponist, * 10. 3. 1755 Frankfurt a. M., † 24. 12. 1823 Zürich. Sohn des Frankfurter Organisten Johann Matthäus K. u. Schüler von G. A. Sorge. Befreundet mit Goethe, der für ihn die Singspiele »Jery u. Bätely« (1779) u. »Scherz, List u. Rache« (1785–87) schrieb. Außerdem brachte K. 2 Liedersammlungen heraus (1775 u. 1777), komponierte 2 Ballette, 1 *Weynachts-Cantate* für 2 S. u. Streichquartett (1780) u. Kammermusik.

Keiser, Reinhard, dt. Komponist, getauft 12. 1. 1674 Teuchern, † 12. 9. 1739 Hamburg. Sohn des Weissenfelser Organisten Gottfried K., 1685 Alumnus der Leipziger Thomasschule. Führte 1694 als Cammer-Componist am Hof von Braunschweig-Wolfenbüttel seine erste Oper *Procris und Cephalus* auf. Im gleichen Jahr folgte *Basilius* in Hamburg, wo K. bald zum Hauptkomponisten, zeitweise sogar Pächter der bis 1738 bestehenden Hamburger Oper wurde. Bevor K. 1728 in Hamburg das Amt des Kantors am Dom annahm, wirkte er als Kapellmeister in Ludwigsburg u. Kopenhagen. K. komponierte mehr als 70 Opern, deren Stoffe dem franz. u. ital. Geschmack folgend aus der antiken Mythologie stammten, daneben Stücke wie *Störtebecker u. Jödge Michel* (1701) u. *Die Hamburger Schlachtzeit* (1725) sowie Kirchenmusikwerke wie Passionen, Motetten u. Psalmen neben Oratorien u. Kantaten. Es war ausschließlich K. zu verdanken, daß sich wenigstens in Hamburg die dt. Oper einige Jahrzehnte gegenüber den ausländischen Produktionen halten konnte.

Kelemen, Milko, jugoslaw. Komponist, * 30. 3. 1924 Podrawska Slatina. Studierte an der Musikhochschule in Zagreb, 1953–54 bei D. Milhaud, O. Messiaen u. T. L. A. Aubin in Paris u. 1958–60 bei W. Fortner in Freiburg im Breisgau. 1969 Professor für Komposition am R.-Schumann-Konservatorium in Düsseldorf, 1973 an der Musikhochschule in Stuttgart. Entwickelte eine Gruppentechnik, bei der das aus kleinsten Intervallen bestehende musikalische Material zu sog. Modi zusammengesetzt wird, deren Parameter beliebig austauschbar sind.

Zu K. Kompositionen gehören: die Bühnenwerke *Der neue Mieter* (1964), *König Ubu* (1965) u. *Der Belagerungszustand* (1970); die Ballette *Le héros et son miroir* (1960), *Abbandonate* (1964), *Las apasionadas* (1964) u. *Escalade* (1967); Orchesterwerke wie *Konzertante Improvisationen* für Streicher (1955), *Konstellationen* für Kammerorch. (1956), *Sinfonische Musik 1957, Concerto giocoso* für Kammerorch. (1958), *Fünf Essays* für Streicher (1960), *Skolion* (1960), *Equilibres* für 2 Orch. (1963), *Sub Rosa* (1965), *Surprise* für Streicher (1967), *Floreal* (1970), *Infinity* (1979); Concertino für Kb. u. Streicher (1961), Concertino für Vc. u. Streicher, *Transfigurationen* für Kl. u. Orch. (1962), *Composé* für 2 Kl. u. Orchestergruppen (1967), *Mirabilia* für Kl., Ringmodulator u. 2 Orchestergruppen, *Changeant* für Vc. u. Orch. (1968); Vokalwerke wie *Die Spiele,* Liederzyklus für Bar. u. Streicher (1956), *Inserate – Personal Column* für 6st. Chor a cappella (1958), *Epitaph* für Mezzo-S. u. Kammerensemble (1962), *O primavera,* Kantate für T. u. Streicher (1965), *Les mots* für Mezzo-S. u. Orch. (1965, 2 Fassungen), *Musik für Heißenbüttel* für Mezzo-S. u. Kammerensemble (1967), *Passionato* für Fl. u. Chor (1971) u. *Monogatari* für 12 Gesangssolisten (1977); Kammermusikwerke, u.a. *Études contrapuntiques* (1959) u. *Entrances* (1965) für Bläserquintett, *Radiant* für Kammerensemble (1961), *Motion* (1969) u. *Splintery* (1977) für Streichquartett u. *Rotondo* für Bläsertrio (1977).

Kéler, Béla, ungar. Kapellmeister u. Komponist, * 13. 2. 1820 Bártfa, † 20. 11. 1882 Wiesbaden. Schüler von S. Sechter in Wien. Übernahm 1854 die Gunglsche Kapelle in Berlin u. 1855 als Nachfolger von J. Lanner dessen Kapelle in Wien. 1856–63 dort Militärkapellmeister, anschließend in Wiesbaden bis 1873. Von seinen Kompositionen waren besonders die Walzer u. Ouvertüren beliebt.

Kelly, Michael (eigtl. O'Kelly), ir. Schauspieler, Sänger u. Komponist, * 25. 12. 1762 Dublin, † 9. 10. 1826 Margate, London. Schüler von M. Arne in Dublin u. London u. F. Fenaroli u. G. Aprile in Neapel. 1784–87 in Wien, wo er mit W. A. Mozart befreundet war u. in dessen *Le nozze di Figaro* den Basilio u. Don Curzio sang. Ab 1797 wieder in England, wo er sich als Komponist von 62 Singspielen einen Namen machte. 1826 ließ er seine Erinnerungen als »Reminiscences« (2 Bde.) erscheinen, Verfasser nach seinen Notizen war Th. Hock.

Kelterborn, Rudolf, schweiz. Komponist, * 3. 9. 1931 Basel. Schüler von W. Burkhard, G. Bialas, W. Fortner u. I. Markevitch, außerdem musikwissenschaftliche Studien bei J. Handschin. Ab 1960 Kompositionslehrer an der Nordwestdeutschen Musikakademie in Detmold, 1963 dort Professor. 1968–75 Kompositionslehrer an der Musikhochschule in Zürich u. daneben 1969–74 Chefredakteur der »Schweizerischen Musikzeitung«. Ab 1975 Leiter der Abteilung Musik des Radios der dt. Schweiz in Basel. Das Frühwerk K. stand unter dem Einfluß von B. Bartók u. I. Strawinsky, später begann er, sich mit der 2. Wiener Schule, G. Ligeti u. P. Boulez auseinanderzusetzen. Sein Formenrepertoire reicht von seriellen Verfahren bis zu einer eng begrenzten Aleatorik. Dabei werden Ausdrucksbereiche bereits durch Titel angedeutet.

Zu K. Werken gehören: die Opern *Die Errettung Thebens* (1960–62), *Kaiser Jovian* (1964–66) u. *Ein Engel kommt nach Babylon* (1975–76); das Ballett *Relations* (1975); Orchesterwerke, darunter *Mouvements* (1957), *Canto appassionato* (1959), *Metamorphosen* (1960), *Vier Nachtstücke* (1963), *Phantasmen* (1966), *Miroirs* für Bläser, Hf., Kl., Schlagzeug u. Kontrabässe (1966), 3 Sinfonien (1968, 1970 u. 1975), Traummusik (1971), *Changements* (1973), *Erinnerungen an Orpheus* (1978) u. *Chiaroscuro* (1979); Vokalkompositionen wie *Elegie*, Kammerkantate für Frauen-St. u. 4 Instr. (1956), *Missa* für S., T., gem. Chor u. Orch. (1961), *Die Flut*, Oratorium für Soli, Sprecher, gem. Chor u. Orch. (1965), *Der Traum meines Lebens verdämmert*, Kammerkantate für Frauen-St. u. 8 Instr. (1963–64), 5 Madrigale für S., T. u. Orch. (1967–68), *Tres cantiones sacrae* für 7st. gem. Chor a cappella (1969), *Musica spei* für Chor, Org. u. S. (1970) u. Oratorium *Dies unus* (1973, Fragment); Kammermusikwerke, darunter 4 Streichquartette (1954, 1956, 1961–62 u. 1968–70), Kammermusik für Fl., V. u. Kl. (1957), 5 Fantasien für Fl., Vc. u. Cemb. (1958), *Lyrische Kammermusik* für Klar., V. u. Va. (1959), *Meditationen* für 6 Bläser (1962), *Sonata sacra* für 9 Blechbläser (1966), *Fantasia a tre* für Klaviertrio (1967), *Incontri breve* für Fl. u. Klar. (1967), Oktett für Klar., Fag., Horn u. Streichquintett (1969), *Vier Stücke* für Klar. u. Kl. (1971), *Nuovi canti per flauto ed orchestra da camera* (1974), *Kammermusik* für 5 Bläser (1974) u. *Monodie I* für Fl. u. Hf. (1976) sowie Sonate für 2 Kl. (1955), *Metamorphosen* für Kl. (1956) u. *Monosonata* für Kl. (1965).

Lit.: D. Larese, R. K. Eine Lebensskizze, Amriswil 1970; H. Steinbeck u. W. Labhart (Hg.), Schweizer Komponisten unserer Zeit, Zürich 1975.

Kenner u. Liebhaber, diese mit einem »für« eingeleitete Widmung findet sich im späten 18. Jh. häufiger unter Werktiteln u. soll anzeigen, daß der Komponist Kunstcharakter mit Popularität zu verbinden sucht, eine Wendung, die für die Entwicklung der dt. Musikästhetik zwischen Barock u. Mannheimer Schule typisch ist.

Kerle, Jacobus de, franko-fläm. Komponist, * 1531 oder 1532 Ypern, † 7. 1. 1591 Prag. 1555–62 Organist oder Kapellmeister in Orvieto, anschließend im Dienst des Bischofs von Augsburg, Kardinal Otto Truchseß von Waldburg. Nahm mit seinen 10 4st. *Preces speciales pro salubri generalis concilii successu* (1562) Einfluß auf die musikalischen Entscheidungen des Tridentiner Konzils. 1565–67 Kapellmeister in Ypern, 1568–75 Domorganist in Augsburg, erhielt 1579 ein Kanonikat in Cambrai u. war ab 1582 Kapellmeister des Kurfürsten von Köln u. Kaiserlicher Hofkaplan. Sein Kompositionsstil ist von virtuoser Polyphonie geprägt u. läßt bereits homophone Ansätze erkennen. Zu seinen weiteren Werken gehören 4–8st. Motetten u. 4–5st. Messen.

Kerll, Johann Kaspar v., dt. Komponist, * 9. 4. 1627 Adorf, † 13. 2. 1693 München. Studierte bei G. Carissimi u. G. Frescobaldi in Rom, wurde 1656 Kurfürstlicher Vizekapellmeister u. später Hofkapellmeister in München. 1677 Organist am Stephansdom in Wien, später dort Hoforganist, kehrte aber 1684 nach München zurück. Von seinen Opern sind nur die Libretti erhalten.

K. komponierte das Jesuitendrama *Pia et fortis mulier* (1677), *Modulatio organica super Magnificat octo tonis*, Vor-, Zwischen- u. Nachspiele für Org. (1686), *Toccates et suittes pour le clavessin de* ... (1704) sowie mehrere kirchliche Vokalwerke. G. F. Händel verwandte eine seiner Canzonen in dem Oratorium *Israel in Egypt*.

Kern, Jerome D., amer. Komponist, * 27. 1. 1885 New York, † 11. 11. 1945 ebd. Studierte am New York College of Music u. privat in Berlin, komponierte Revue-Nummern in London u. kam als Song-Verkäufer der Tin Pan Alley zurück nach New York. Sein erstes eigenes Musical war *The Red Petticoat* (1912). Es folgte die fruchtbare Zusammenarbeit mit G. Bolton u. P. G. Wodehouse am Princess Theatre. Aus dieser Zeit stammen *Oh, Boy!* (1917) u. *Oh, Lady! Lady!!* (1918). Es folgte *Sally* (1920) u. das besonders erfolgreiche *Sunny* (1925), bei dem K. zum ersten Mal mit O. Hammerstein II. u. O. Harbach zusammenarbeitete. Zu seinen weiteren Bühnenwerken gehören *Show Boat* (1927), *Sweet Adeline* (1929), *The Cat and the Fiddle* (1931), *Music in the Air* (1932) u. *Roberta* (1933). 1934 verließ K. den Broadway, übersiedelte nach Hollywood u. komponierte Filmmusiken, u. a. für »Cover girl« (1944). K. gehört zu den ersten Musical-Komponisten, die dieser Gattung zu einer eigenständigen amer. Bühnenform verhalfen.

Keyboards, in Jazz u. Rock gebräuchlicher Ausdruck für alle Instrumente mit einer dem Klavier entsprechenden Tastatur. Dazu gehören insbesondere auch Elektronenorgel u. Elektro-Klavier sowie Synthesizer.

Khadžiev, Paraškev T., bulgar. Komponist, * 14. 4. 1912 Sofia. Studierte am Staatskonservatorium in Sofia, bei J. Marx in Wien u. H. Tiessen in Berlin. Ab 1942 Lehrer am Staatskonservatorium in Sofia. Zu seinen Werken gehören 9 Opern, 1 Ballett, 3 Operetten u. 2 Musicals.

Von K. Orchesterwerken seien die *Kleine Tanzsuite* (1952), je 1 Concertino für V. (1942) u. Fl. (1945) sowie 8 *Miniaturen* für Streicher erwähnt. K. komponierte außerdem Kammermusikwerke u. zahlreiche Liederzyklen.

Kienzl, Wilhelm, österr. Komponist, * 17. 1. 1857 Waizenkirchen, † 3. 10. 1941 Wien. Studierte in Graz, Prag u. Leipzig. Arbeitete 1879 in Bayreuth mit R. Wagner, wurde 1883–84 Opernkapellmeister in Amsterdam, später in Krefeld, 1889 am Stadttheater Hamburg u. bis Ende 1893 an der Münchner Hofoper. 1917 ließ er sich in Wien nieder. Von seinen Opern hat sich nur die Volksoper

Der Evangelimann (1895) gehalten. K. komponierte außerdem Kammermusik, Klavierstücke, Lieder u. Chöre. Von seinen Schriften seien die gesammelten Aufsätze aus Musikzeitungen, die 1886 als »Miscellen« in Leipzig erschienen, die Wagner-Biografie, München 1904, sowie die als »Meine Lebenswanderung« 1926 in Stuttgart veröffentlichten Erinnerungen erwähnt.

Kiessling, Heinz (Pseudonym: Christian Mondstein), dt. Komponist, * 11.3.1926 Nürnberg. Studierte 1946–49 am Konservatorium seiner Heimatstadt u. wandte sich der Unterhaltungsmusik zu. Neben Musiken für Fernsehshows u. Spielfilme wurde er vor allem durch den von Sinatra gesungenen Schlager *In the Shadow of the Moon* bekannt.

Killmayer, Wilhelm, dt. Komponist, * 21.8.1927 München. Schüler von H. von Waltershausen (Dirigieren u. Komposition) u. R. von Ficker (Musikwissenschaft) sowie anschließend von C. Orff in München. 1955–58 Lehrer am Trapp'schen Konservatorium in Frankfurt a. M. u. Zusammenarbeit mit T. Dorst am Marionettenstudio Kleines Spiel in München. Dort 1961–64 Ballettkapellmeister an der Bayerischen Staatsoper. K. ist in seinen Kompositionen von Orff beeinflußt u. entwickelte einen für ihn typischen Ostinato-Stil bei Erhalt einer erweiterten Tonalität.

Zu K. Kompositionen gehören: die Bühnenwerke *La Buffonata* (Ballettoper, 1959–60), *La Tragedia di Orfeo* (Ballettoper, 1960–61), *Yolimba oder Die Grenzen der Magie* (einaktige musikalische Posse, 1962–63, rev. 1970), *Une leçon de français* (*Der weiße Hut I*, 1964), *Der weiße Hut II* (1965) u. *Hölderlin* (1979–82); die Ballette *Pas de deux classique* (1964) u. *Encores* (1970); Musiken zu J. Neumeyers Schumann-Ballett (1978); Orchesterwerke, darunter 3 Sinfonien (*Fogli* 1968, *Ricordanze* 1968–69, *Menschen-Los* 1974), *Jugendzeit*, Poème symphonique, u. *Überstehen und Hoffen* (beide 1978), *Grande Sarabande* (1979); Konzert für Kl. u. Orch. (1955), *Pezzi e Intermezzi* für Kl., Vc. u. Orch. (1968), *Fin al punto* für Streicher (1970), *The Broken Farewell* für Trp. in D u. Kammerorch. (1977); die Chorwerke *Canti amorosi* für S., T. u. gem. Chor a cappella (1953–54), *Lieder, Oden und Szenen* nach Texten von Goethe für gem. Chor a cappella (1962), *Geistliche Hymnen und Gesänge* nach Texten von Racine für gem. Chor a cappella (1964), *Romantische Chorlieder* nach Texten von L. Tieck für 3st. Männerchor (1965), *Sept Rondeaux* nach Gedichten von Charles d'Orléans für Frauenchor mit Solost. a cappella (1966), *Lauda* für 8st. gem. Doppelchor a cappella oder mit Orch. (1968) u. *Laudatu* für gem. Chor (1969); Vokalmusik, darunter *Reveries* für S., Kl. u. Schlagzeug (1953), Romanzen nach Gedichten von Lorca für S., Kl. u. Schlagzeug (1954), *8 Shakespeare-Lieder* für T., V., Klar. in B, Fag., Kl. u. Schlagzeug (1955), *Sappho*, 5 griech. Lieder für S. u. kleines Orch. (1959–60), *Tre Canti di Leopardi* für Bar. u. Orch. u. *3 Gesänge* nach Hölderlin für Bar. u. Kl. (1965), *Blasons* für S., Klar. in A, V., Vc. u. Kl. (1968) u. *Preghiere* für Bar. u. Orch. (1969) sowie *Französisches Liederbuch* für S., Bar. u. Instrumentalensemble (1980); Kammermusik, u. a. *Tre danze* für Ob. u. Schlagzeug (1959), *Tre pezzi* für Trp. u. Kl. (1968), *The woods so wilde* für Schlagzeug, Xylorimba, Vibrafon, Fl., Va. u. Git. (1970), Klavierquartett (1975), *Brahms-Bildnis*, Klaviertrio (1978), *An John Field*, Nocturnes für Kl. (1978) u. *Paradies* für Kl. zu 3 Händen oder 2 Kl. (1978).

Kilpinen, Yrjö H., finn. Komponist, * 4.2.1892 Helsinki, † 2.3.1959 ebd. Studierte in Helsinki, Berlin u. Wien. Komponierte mehr als 700 Lieder nach Gedichten finn., schwed. u. dt. Dichter. Von seinen Kammermusikwerken sei die Suite für Va. da gamba u. Kl. erwähnt.

Kinderlieder, regional verschiedene Lieder, die von Kindern beim Spielen gesungen werden u. häufig auf altes Volksgut zurückgehen. Dazu gehören ebenso Abzählverse wie Bewegungsspiellieder. Diese meist einfachen Lieder sind in ihrer Melodik häufig tetra- oder pentatonisch, geradtaktig u. auf den kindlichen Tonumfang zugeschnitten. Die bekannteste Sammlung von K. bringen A. von Arnim u. C. Brentano im III. Band von »Des Knaben Wunderhorn« (1808).

Kindermann, Johann Erasmus, dt. Komponist, * 29.3.1616 Nürnberg, † 14.4.1655 ebd. Ab 1640 Organist an St. Ägidien in Nürnberg. Veröffentlichte geistliche Gesänge u. Instrumentalwerke, darunter »Harmonia organica in tabulaturam Germanicam« (1645) u. »Herrn Dilherrns Evangelische Schlußreimen« zu 3 St. (3 Teile, 1649–52).

Kirchenlied, das vorwiegend im Gottesdienst gesungene u. in der Volkssprache abgefaßte Gemeindelied. In der mittelalterlichen Kirche hatte der Gemeindegesang keine liturgische Bedeutung. Angelehnt an dt. Übersetzungen von Hymnen u. Sequenzen sowie in Nachahmung der Cantiones (→ Cantio) entstanden die dt. Leise, Andachtslieder u. Mischpoesie wie »In dulci jubilo« (14. Jh.). Erst mit der Reformation u. Luthers Bemühungen um das deutschsprachige Gemeindelied kam es zu einer Blüte des K. In der katholischen Kirche ist die liturgische Verwendung dt. K. erst durch die Liturgiekonstitution des 2. Vatikanischen Konzils von 1963 u. die Liturgiereform von 1965 möglich geworden. → Gesangbücher.

Kirchenmusik. 1. Der Bereich der katholischen K. umfaßt den Gregorianischen Gesang, den 1st. Gesang in der Landessprache, die verschiedenen Arten alter u. neuer mehrstimmiger Vokalmusik sowie die kirchliche Orgel- u. Instrumentalmusik. Sie steht im Zeichen der Auseinandersetzung zwischen Tradition u. musikalischer Erneuerung, dem Beharren auf der Überlieferung u. dem allgemeinen musikalischen Fortschritt. Bereits 1324–25 nahm Papst Johannes XXII. in der »Constitutio Docta Sanctorum Patrum« zur gottesdienstlichen Musik Stellung. Es folgte 1562 das Dekret des Tridentiner Konzils, mit dem alles »Zügellose oder Unreine« (lascivum aut impurum) aus der K. verbannt wurde. 1868 entstand aus der Bewegung des → Caecilianismus heraus der Allgemeine Cäcilien-Verein für die Länder der dt. Zunge, der eine Erneuerung der K. aus der Palestrina-Tradition heraus anstrebte. 1903 äußerte sich Papst Pius X. in seinem Motu proprio zur Bedeutung der K. für die kirchliche Liturgie u. forderte Heiligkeit, Güte der Form u. Allgemeinheit. In der 1947 verkündeten Enzyklika »Mediator Dei« lag die Betonung auf Wortverständlichkeit u. tätiger Anteilnahme der Gläubigen. Erst die »Constitutio de sacra liturgia« von 1963 schuf wieder Grundlagen für eine Verbindung von K. u. zeitgenössischer Tonkunst. In Artikel 123 heißt es dort u. a.: »Auch die Kunst unserer Zeit u. aller Völker u. Länder soll in der Kirche Freiheit der Ausübung haben, sofern sie nur den Gotteshäusern u. den hl. Riten mit der gebührenden Ehrfurcht u. Ehrerbietung dient.« Die wichtigsten Entwicklungsstufen der katholischen K. lassen sich mit Gregorianik, A-cappella-Stil der Palestrina-Zeit, konzertierende K. u. dem sinfonischen Stil der Wiener Klassik umschreiben.

2. Im protestantischen Bereich fällt bei aller Wahrung der Tradition u. dem ausgesprochen liturgischen Charakter der K. die Gegenwartsverbundenheit u. Volksnähe auf. Evangelische Kirchenmusiker haben deshalb immer zu den führenden Komponisten ihrer Zeit gehört u. Luthers Definition der Musik im »Encomion musices« (1538) »Die Musik ist aller Bewegung des menschlichen Herzens eine Regiererin« auf ihre persönliche Weise umgesetzt. Abgesehen von dem Sonderfall der → calvinistischen Musik, hat die protestantische K. in der gottesdienstlichen Musik alle Formen u. Möglichkeiten ausgeschöpft u. mit Choralkonzerten, geistlichen Konzerten, Historien u. Passionen an dem Entstehen neuer Gattungen der Musik großen Anteil gehabt. So öffnete sich die evangelische Kirche auch als erste den Einflüssen des Jazz u. Rock. Zu den großen Komponisten protestantischer K. gehören M. Praetorius, J. H. Schein, S. Scheidt, H. Schütz, J. S. Bach u. in neuerer Zeit H. Distler, E. Pepping u. S. Reda.

Kirchenschluß, im 19. Jh. aufgekommene Bezeichnung für eine plagale Kadenz, bei der mit dem Schritt von der Subdominante zur Tonika geschlossen wird.

Kirchentöne, Kirchentonarten (lat. modi, toni, tropi), entstanden aus der Übernahme der Modustheorie der Antike (→ griech. Musik) in den Gregorianischen Gesang. Sie bildeten das tonale Ordnungsprinzip der Musik vom frühen Mittelalter bis in das 16. Jh. Ihre Bestimmung erfolgte nach dem Schlußton (Finalis) u. dem Tonumfang (Ambitus). Als sog. weiteren Gerüstton neben dem Finalis betrachtete man den Tenor, der auch die Bedeutung des Rezitationstones (→ Repercussa) übernahm. Das Tonmaterial wurde in die vier Tonreihen dorisch (d–d'), phrygisch (e–e'), lydisch (f–f') u. mixolydisch (g–g') eingeteilt, die man als authentisch bezeichnete. Durch jeweilige Hinzufügung einer Quarte nach unten (griech. hypo) wurden die vier weiteren Tonreihen hypodorisch (A–a), hypophrygisch (H–h), hypolydisch (c–c') u. hypomixolydisch (d–d') gewonnen, die plagal genannt wurden. Authentische wie plagale Modi hatten den gleichen Finalis, während die Tenores bei den authentischen Modi vorzugsweise eine Quinte u. bei den plagalen eine Terz über dem Finalis lagen. Die in der weiteren Entwicklung aus Transpositionen hervorgegangenen Tonreihen ohne Vorzeichen auf a u. c' wurden von Glareanus in seinem »Dodekachordon« (1547) ebenfalls in die Modi eingereiht. Er fügte den überlieferten 8 die äolischen (A–a), hypoäolischen (E–e), ionischen (C–c') u. hypoionischen (G–g') Modi hinzu. Modi mit großer Terz prägten den späteren Dur-Charakter, während die mit kleiner Terz zur Entwicklung des Moll-Charakters beitrugen. Mit Zarlinos Festlegung des Jonius auf C als primo modo (»Dimostrationi harmoniche« 1571) u. der Aufstellung von Dur- u. Moll-Dreiklängen bahnte sich die Dur-Moll-Tonalität an, die zur Auflösung des Systems der K. führte. Trotzdem wurden auch von späteren Komponisten kirchentonale Wendungen immer wieder herangezogen, um besondere Affekte oder archaisierende Vorstellungen zu verdeutlichen.

Kirchner, Leon, amer. Komponist u. Pianist, * 24. 1. 1919 Brooklyn, NY. Schüler von A. Schönberg, E. Bloch u. R. Sessions. 1954–61 Professor am Mills College in Oakland, CA, u. ab 1961 an der Harvard University.

Zu K. Kompositionen gehören: *Sinfonia* (1951), 2 Klavierkonzerte (1952–53 u. 1962), 3 Streichquartette (1949, 1958 u. 1967), Klaviertrio (1954) sowie *Lily* für S. u. Kammerensemble (1973).

Kirchner, Theodor F., dt. Komponist, * 10. 12. 1823 Neukirchen, † 18. 9. 1903 Hamburg. Schüler von C. F. Becker u. I. Knorr in Leipzig. 1843 Organist in Winterthur, 1862–72 Vereinsdirigent u. Lehrer in Zürich, 1873–75 Direktor der Musikschule in Würzburg. Kam dann über Leipzig u. Dresden nach Hamburg, wo er als freischaffender Komponist lebte. In seinen Kompositionen, die hauptsächlich aus lyrischen Klavierstücken bestehen, folgt er R. Schumann u. F. Mendelssohn Bartholdy. Daneben entstanden Kammermusik, Chöre u. Lieder.

Kirchner, Volker David, dt. Komponist u. Bratschist, * 25. 6. 1942 Mainz. Studierte in Mainz u. Köln u. wurde 1966 Mitglied des Sinfonieorchesters des Hessischen Rundfunks.

Zu K. Kompositionen gehören: *Fragmente* für Orch. (1966); Toccata für Vc. u. kleines Orch. (1967); *Riten* für Sängerin, Tänzerin, Licht, Schlagzeug, Kl., Vc. u. Dirigent (1970); *Nachtmusik* für Instrumentalensemble (1971); *Die Trauung* (Oper, 1975); *Golgatha* für 3 Knabenst. u. 19 Instr. (1980); *Die fünf Minuten des Isaak Babel* (Oper, 1980); *Das kalte Herz* (szenische Ballade, 1981); *Der blaue Harlekin*, Oktett für Fl., Klar., 2 Fag., 2 Trp. u. 2 Pos. (1981), 1. Sinfonie (1981–82).

Kirnberger, Johann Philipp (eigtl. Kernberg), dt. Theoretiker u. Komponist, getauft 24. 4. 1721 Saalfeld, † 26. oder 27. 7. 1783 Berlin. 1739–41 Schüler von J. S. Bach in Leipzig, 1741–50 verschiedene Anstellungen in Polen, 1754 Mitglied der markgräflichen Kapelle in Rheinsberg u. 1758 Kompositionslehrer u. Kapellmeister der Prinzessin Anna Amalia von Preußen. Sein aus Fugen, Klaviersonaten, Motetten u. Kantaten bestehendes Werk ist heute vergessen. Seine bedeutendste theoretische Schrift war »Die Kunst des reinen Satzes« (2 Bde., Berlin 1771–79).

Kittel, Johann Christian, dt. Organist u. Komponist, getauft 18. 2. 1732 Erfurt, † 17. 4. 1809 ebd. 1748–50 Schüler von J. S. Bach, 1751 Lehrer u. Organist in Langensalza, ab 1756 Organist in Erfurt. Gehörte zu den berühmtesten Organisten seiner Zeit. Zu seinen Schülern zählten J. W. Häßler u. Ch. H. Rinck. Von seinen Werken seien erwähnt: »24 Choräle mit acht verschiedenen Bässen« (1811, hg. von Ch. H. Rinck) sowie »16 Große Präludien für die Orgel« (2 Hefte). Außerdem veröffentlichte er »Der angehende praktische Organist« (3 Bde., Erfurt 1801–08).

Kittel, Kaspar, dt. Komponist, * 1603 in Lauenstein, † 9. 10. 1639 Dresden. Um 1620 Mitglied der Hofkapelle in Dresden u. Schüler von H. Schütz. 1624–28 weitere Studien in Italien. Komponierte Arien u. Kantaten im Stil G. Caccinis, die er 1638 in Dresden erscheinen ließ. Wirkte ebenfalls als Theorbenlehrer. Sein Bruder Jonas sowie sein Sohn Christoph waren ebenfalls ausübende Musiker in Dresden.

Kjerulf, Halfdan, norw. Komponist, * 17. 9. 1815 Kristiania, † 11. 8. 1868 Grefsen. Erhielt Unterricht bei K. Arnold u. konnte mit Hilfe eines Stipendiums bei E. F. Richter in Leipzig studieren. 1857–59 teilte er sich mit J. Conradi in die Leitung des Orchesters der Abonnementskonzerte in Kristiania. Verarbeitete heimatliche Folklore in seinen Kompositionen u. hat damit E. Grieg beeinflußt. Vertonte wie dieser Texte von B. Bjørnson. Am bekanntesten war sein Klavierstück *Wiegenlied*.

Klang, vieldeutige Bezeichnung für akustische u. musikalische Vorgänge. Zur Verdeutlichung schlug deshalb H. von Helmholtz vor, Schallvorgänge, in denen Oberschwingungen enthalten sind, als Klänge zu bezeichnen, während er den Ton als einfache oder pendelartige Schwingung charakterisiert. In der Musik versteht man heute unter K. die Verbindung von Tönen sowie die Eigenschaften simultaner Tongruppen. → Klangfarbe

Klangfarbe, Fundamentaleigenschaft eines Klanges neben Tonhöhe, Lautstärke u. Dauer. Da sich die K. erst seit dem 20. Jh. notieren läßt u. als Fundamentaleigenschaft erkannt wurde, bezieht man sie erst jetzt in den Kompositionsprozeß bewußt ein. In der seriellen Musik erscheint sie als selbständiger → Parameter. Wissenschaftlich begründete K.-Gesetze formulierte 1929 E. Schumann, der die K. in Beziehung zu den Formanten (→ Formant) setzte.

Klangfarbenmelodie wird als Begriff von A. Schönberg in seiner »Harmonielehre« (1911) eingeführt u. beschreibt eine Folge von Klangfarben, »deren Beziehung untereinander mit einer Art Logik wirkt, ganz äquivalent jener Logik, die uns bei der Melodie der Klanghöhen genügt«. Schönberg selber kommt der K. im dritten seiner *5 Orchesterstücke* op. 16 am nächsten.

Klangfiguren → Chladnische Klangfiguren

Klassik, klassisch, ein Wertbegriff, der Vorbildliches u. Überzeitlich-Gültiges beinhaltet. Er geht auf Aulus Gellius im 2. Jh. n. Chr. zurück, der den alten römischen Steuerbegriff classici auf bedeutende Schriftsteller in der Formel scriptores classici anwendete. Über das franz. classique im Sinne von mustergültig kam es zu der dt. Begriffsausweitung von klassisch als Qualität anderer als antiker Künstler. In der Musik versteht man heute unter K. 1. die klassische oder E-Musik im Gegensatz zur Unterhaltungsmusik oder U-Musik, 2. K. als Gegensatz zur Romantik, wobei im ersteren Begriff der Formwille u. im letzteren das Gefühl dominiert, u. 3. die Wiener K., ein aus dem Wirken von J. Haydn, W. A. Mozart u. L. van Beethoven abstrahierter Stil.

In Analogie zu der normativen Bedeutung des Begriffs bei Gellius werden heute bedeutende schöpferische Künstler verschiedener Epochen als Klassiker bezeichnet.

Klassizismus, Neoklassizismus, häufig abwertend verwendete Begriffe, mit denen das Nachahmende, Kunstgewerbliche oder Artistische jener Epochen umschrieben wird, die sich entweder auf antike Formen u. Stilmittel zurückbesinnen oder spezifisches Gedankengut der Klassik aufgreifen. In der Musik des 20. Jh. wird unter Neo-K. die an überlieferten musikalischen Materialien u. Formen orientierte Musik eines I. Strawinsky oder P. Hindemith verstanden, obwohl es bei beiden besser wäre, wenn man von Neobarock sprechen würde.

Klausel, Schlußformel oder Abschnitt. Die Unterscheidung von K. u. → Kadenz ist darauf zurückzuführen, daß die lat. schreibenden dt. Theoretiker zu Beginn des 16. Jh. die Schlußformeln der Einzelstimmen so bezeichneten, während die Italiener unter cadenza die entsprechende Formel des Satzes begriffen. Im Mittelalter wurde clausula auch im Sinne von Abschnitt (Perotins Ergänzungen bei Leonin) verwendet.

Klavierauszug, ein → Arrangement von Vokal- oder Instrumentalmusik für Klavier. Nicht zu verwechseln mit der von F. Liszt eingeführten → Transkription.

Klaviermusik. Ursprünglich waren die Grenzen zwischen den verschiedenen Tasteninstrumenten u. der Orgel fließend. Eine scharfe Trennung setzte erst mit der Begrenzung der Orgel auf den kirchlichen Bereich, der Unterscheidung von weltlicher u. kirchlicher Musik sowie dem Aufkommen des Konzertbetriebes ein. Das Pianoforte wurde nach der Ablösung des Cembalos zum wichtigsten Fundamentinstrument der Generalbaßzeit. Mit J. S. Bachs u. G. F. Händels Suiten wurde der erste Höhepunkt in der Klavierliteratur erreicht. Über die Bach-Söhne J. Ch. u. insbesondere C. Ph. E. Bach, der 1753 seinen »Versuch über die wahre Art das Clavier zu spielen« veröffentlichte, führte die Entwicklung der Klavierliteratur zur Solosonate, die in Beethovens 32 Klaviersonaten ihre höchste Vollendung fand. In der Romantik wurde das Klavier fast zum alleinigen Ausdrucksmittel persönlicher Gefühle. F. Chopin u. F. Liszt machten es in Anlehnung an N. Paganini zum Virtuoseninstrument par excellence. Nachdem der Impressionismus um die Jahrhundertwende hauptsächlich alle Klangfarbenmöglichkeiten des Instruments ausgeschöpft hatte, wird das Klavier im 20. Jh. zunehmend als Percussionsinstrument eingesetzt. Es taucht als Orchesterinstrument auf, wird als Farbenklavier eingesetzt (A. Skrjabin), zur Erzeugung von Clustern verwendet (H. Cowell) oder präpariert (J. Cage). Komponisten haben sich immer wieder vom Instrument zu Zyklen, Sammlungen oder Schulen inspirieren lassen. J. S. Bachs *Wohltemperiertes Klavier* u. L. van Beethovens Klaviersonaten gelten als die vollendetsten Beispiele. Auch in unserem Jh. gibt es eine Reihe solcher Werke, u. a. B. Bartóks *Mikrokosmos,* P. Hindemiths *Ludus tonalis* u. 24 Präludien u. Fugen von D. Schostakowitsch.

Klebe, Giselher W., dt. Komponist, * 28. 6. 1925 Mannheim. 1946–51 Schüler von B. Blacher in Berlin. 1957 als Nachfolger von W. Fortner Leiter einer Kompositionsklasse an der Musikakademie in Detmold. Verbindet in seinen Kompositionen Zwölftontechnik u. rhythmische Grundgestalten, die auf Blachers variable Metren zurückgehen.

Zu K. Kompositionen gehören: die Bühnenwerke *Die Räuber* (1957), der Einakter *Die Ermordung Cäsars* u. die lyrischen Szenen *Die tödlichen Wünsche* (1959), *Alkmene* (1961), *Figaro läßt sich scheiden* (1963), *Jakobowsky und der Oberst* (1965), *Das Märchen von der schönen Lilie* (1967–68), *Ein wahrer Held* (1975), *Das Mädchen aus Domrémy* (1976) u. *Der Jüngste Tag* (1980); die hauptsächlich in Zusammenarbeit mit T. Gsovsky entstandenen Ballette *Pas de trois* (1951), *Signale* (1955), *Fleuronville* (1956) u. *Menagerie* (1958); Vokalkompositionen, darunter *Die Geschichte vom lustigen Musikanten,* Kantate für T., gem. Chor u. 5 Instr. (1948), *Römische Elegien,* Kammerzyklus für Sprecher, Kl., Cemb. u. Kb. (1953), *Raskolnikows Traum,* dramatische Szene für S., Klar. u. Orch. (1956), Kantate für Bar., Chor u. Orch. (1960), 5 Lieder für mittlere St. u. Orch. (1962), Stabat mater für S., Mezzo-S., A., Chor u. Orch. (1964), *Gebet einer armen Seele,* Messe für Chor u. Org. (1966); Orchesterwerke, u. a. 4 Sinfonien (1953, 1953, 1966 u. 1971), *Con moto* (1948), *Die Zwitschermaschine,* Metamorphosen über das Bild von P. Klee (1950), *Deux nocturnes* (1952), Rhapsodie (1954), *Moments musicaux* (1955), *Adagio u. Fuge* (1962) u. *Herzschläge, Furcht, Bitte und Hoffnung,* sinfonische Szene für Beatband u. Orch. (1969); 1 Doppelkonzert für V., Vc. u. Orch. (1954) u. 1 Cellokonzert (1957). Außerdem komponierte K. neben Orgelwerken u. einer Missa für 18 Bläser (1964) 2 Streichquartette (1951 u. 1964), *Dithyrambe* für Streichquartett (1957), Bläserquintett (1948), Klaviertrio (1956), 7 Bagatellen für Bassetthorn, Pos., Hf. u. Röhrenglocken (1961), *Concerto a cinque* für Kl., Cemb., Hf., Schlagzeug u. Kb. (1965), Klavierquintett (1967) u. *Scene u. Arie* für 3 Trp., 3 Pos., 2 Kl. u. 8 Vc. (1968) sowie Klavierstücke, Sonaten für V. u. Va.

Klein, Bernhard J., dt. Komponist, * 6. 3. 1793 Köln, † 9. 9. 1832 Berlin. Sohn eines Kontrabaßspielers. Studierte in Paris bei L. Cherubini, wurde Musikdirektor am Kölner Dom u. 1820 Kompositionslehrer am Königlichen Institut für Kirchenmusik u. daneben Musikdirektor der Universität in Berlin. Er gehört mit seinen Vokalkompositionen zu den frühen Vertretern der Palestrina-Renaissance.

K. komponierte neben Opern vorwiegend kirchliche Musik, darunter die Oratorien *Hiob* (1822), *Jephtha* (1828) u. *David* (1830).

Klenau, Paul August v., dän. Komponist u. Dirigent, * 11. 2. 1883 Kopenhagen, † 31. 8. 1946 ebd. Schüler von M. Bruch in Berlin, L. Thuille in München u. M. von Schillings in Stuttgart. Gehört zu den Mitbegründern der Philharmonischen Gesellschaft in Kopenhagen, deren Konzerte er 1920–26 leitete. Daneben Dirigent der Konzerthausgesellschaft in Wien.

K. komponierte Opern, das Ballett *Klein Idas Blumen* (1916), 7 Sinfonien u. 1 dreisätzige *Inferno-Fantasie* nach Dante.

Klengel, August St. A., dt. Pianist, Organist u. Komponist, * 29. 6. 1783 Dresden, † 22. 11. 1852 ebd. Schüler von M. Clementi, den er auch nach Petersburg begleitete. 1816 Hoforganist in Dresden. Reisen nach Frankreich u. England. Von seinen Kompositionen erschienen zu Lebzeiten nur *Les avantcoureurs* für Kl. Sein Hauptwerk kam 1854 postum als »Canons et fugues dans tous les tons majeurs et mineurs« heraus.

Klirrfaktor → Verzerrung

Klose, Friedrich, schweiz. Komponist, * 29. 11. 1862 Karlsruhe, † 24. 12. 1942 Ruvigliano, Tessin. Schüler von V. Lachner in Karlsruhe, A. Rudhardt in Genf u. 1886–89 von A. Bruckner in Wien. 1907–19 als Nachfolger von L. Thuille Kompositionslehrer an der Münchner Akademie der Tonkunst. Seine Werke sind von R. Wagner u. A. Bruckner beeinflußt.

K. komponierte die Oper *Ilsebill* (1903), die sinfonischen Dichtungen *Loreley* (1884) u. *Das Leben ein Traum* (1896), *Die Wallfahrt nach Kevelaar* für Sprecher, Chor, Orch. u. Org. (1911) u. das Oratorium *Der Sonne-Geist* für Soli, Chor, Orch. u. Org. (1918). Außerdem veröffentlichte er »Meine Lehrjahre bei Bruckner« (Regensburg 1927).

Klusák, Jan, tschech. Komponist, * 18. 4. 1934 Prag. Schüler von J. Řídký u. P. Bořkovec. Knüpft in seinen Kompositionen an die 2. Wiener Schule an.

K. komponierte u. a. die Oper *Der Prozeß* (1966), 3 Sinfonien (1956, 1959 u. 1960), Kammermusik u. die elektronische Komposition *O sacrum convivium* (1968).

Knab, Armin, dt. Komponist, * 19. 2. 1881 Neu-Schleichach, † 23. 6. 1951 Bad Wörishofen. Studierte seinen Eltern zuliebe Rechtswissenschaften, Musik nur im Nebenfach. 1913 Amtsrichter in Rothenburg o. d. T., ab 1927 Landgerichtsrat in Würzburg. 1934 Berufung als Lehrer an die Hochschule für Musikerziehung u. Kirchenmusik in Berlin. Lebte ab 1943 wieder in Würzburg u. Kitzingen. Gehört mit seinen Vokalkompositionen zu den großen Förderern der Jugendmusik.

K. komponierte neben Liederzyklen nach Dichtungen von George, Mombert, Dehmel, Eichendorff, Rilke, Angelus Silesius, Storm u. Claudius größere Werke wie das Melodram *In Bulemanns Haus* (1918), Kantate *Mariä Geburt* (1921–23, Bearbeitung aus den *Wunderhorn-Liedern*), *Weihnachtskantate* (1931–32, revidiert 1945), Oratorium *Das gesegnete Jahr* (1935–43), Solokantaten *Vanitas mundi* u. *Engelsgruß* (1946) u. Kantate *Till Eulenspiegel* (1950). Daneben schrieb er Kammermusik u. vertonte *Musikanten, die kommen*, 25 Kinderlieder von W. Pudelko. Eine Auswahl aus seinen Aufsätzen gab 1959 H. Wegener in Berlin unter dem Titel »Denken u. Tun« heraus.

Knussen, Oliver, engl. Komponist, * 12. 6. 1952 Glasgow. Sohn des 1. Kontrabassisten vom London Symphony Orchestra. Kam durch den Vater bereits frühzeitig mit dem Orchestermilieu in Berührung u. erlebte 1968 die Uraufführung seiner 1. Sinfonie, die er nach Erkrankung des Dirigenten selbst leitete. 1970 erhielt er ein Stipendium für Amerika, besuchte Tanglewood u. war Schüler G. Schullers.

Zu K. Kompositionen gehören: *Masken* für Fl. u. Glasglockenspiel (1969); 2. Sinfonie für S. u. Kammerorch. (1970–71); *Rosary Songs* für S. u. 4 Instr. (1972); *Océan de terre* für S. u. Kammerorch. (1972–73); 3. Sinfonie (1973, rev. 1979); *Trumpets* für S. u. 3 Klar. (1975); Concerto für Orch. (1966–67); *Puzzle Music* für Ensemble (1972–73); *Ophelia Dances* für Kammerorch. (1975); *Where the wild Things are* (Oper, 1980).

Kochan, Günter, dt. Komponist, * 2. 10. 1930 Luckau. Schüler von B. Blacher an der Hochschule für Musik in Berlin (West) u. von H. Eisler an der Dt. Akademie der Künste in Berlin (Ost). Seit 1967 an der H.-Eisler-Hochschule Professor für Komposition u. Tonsatz. In seinen eigenen Werken ist K. stark von D. Schostakowitsch, S. Prokofjew, B. Bartók u. H. Eisler beeinflußt.

Zu K. Kompositionen gehören: Violinkonzert (1952); Klavierkonzert (1958); 5 Sätze für Streichquartett bzw. Orch. (1961); 1. Sinfonie mit Chor (1962); Konzert für Orch. (1962); *Weber-Variationen* für Orch. (1966); *Die Asche von Birkenau* (Kantate, 1965); *Aurora* (Kantate, 1967); 2. Sinfonie (1967–68); Cellokonzert (1967); *Karin Lenz* (Oper, 1968–70); *Mendelssohn-Variationen* für Kl. u. Orch. (1972); Bratschenkonzert (1973–74); 3. Sinfonie mit S. (1973); Konzert für Bläserquintett u. 2 Streichergruppen (1976); 7 Stücke für Orch. (1977); Cellokonzert (1977); *Das Friedensfest* (Oratorium, 1978). Außerdem komponierte K. Film- u. Hörspielmusiken, Kammermusikwerke u. Lieder.

Kodály, Zoltán, ungar. Komponist, Volksliedsammler u. Lehrer, * 16. 12. 1882 Kecskemét, † 6. 3. 1967 Budapest. Sohn eines Eisenbahnbeamten u. Amateurgeigers. Schon während der Schulzeit kam es zur Aufführung einer Ouvertüre durch das Schulorchester. Nach dem Abitur 1900 Studium der ungar. u. dt. Sprachwissenschaft an der Universität Budapest u. daneben Unterricht bei H. Koessler an der Musikhochschule. 1904 erhielt K. sein Diplom als Komponist u. promovierte 2 Jahre später über das Thema »Strophenbau des ungar. Volksliedes« an der Universität. 1905 veröffentlichte er die erste Sammlung von Volksliedern in der Zeitschrift »Ethnographia« u. machte damit B. Bartók auf sich aufmerksam, der ebenfalls mit der Volksliedforschung beschäftigt war. Mit ihrer gemeinsamen Forscher- u. Sammlertätigkeit legten sie den Grundstein zu dem ab 1951 von der Akademie der Wissenschaften herausgegebenen »Corpus Musicae Popularis Hungaricae«. 1905 erschien mit dem Adagio für V. u. Kl. K. erste Komposition im Druck. 1906 wurde die erste gemeinsam mit Bartók angelegte Sammlung von 20 Volksliedern veröffentlicht. Studienreisen führten K. nach Berlin u. Paris, 1907 wurde er als Nachfolger von V. von Herzfeld Professor für Theorie an der Musikhochschule, 1908 daneben Professor für Komposition. Als op. 1 entstand um diese Zeit die Liedersammlung *Énekszó*. 1910 Heirat mit der vielfältig begabten Emma Sándor, die ihm eine wichtige Mitarbeiterin wurde. 1913 veröffentlichten Bartók u. K. einen »Entwurf zu einer neuen allgemeinen Volksliedsammlung«, der 1934 zu einem entsprechenden Auftrag der Akademie der Wissenschaften an die beiden Verfasser führte. Als Komponist hatte K. erste Auslandserfolge. Er unternahm weitere Forschungsreisen u. veröffentlichte Musikkritiken in »Nyugat« u. »Pesti Napló«. 1919 wurde er stellvertretender Direktor der Musikhochschule während der kurzlebigen Räterepublik, anschließend war er zwei Jahre vom Dienst suspendiert. 1923 entstand der *Psalmus Hungaricus* zur 50-Jahr-Feier der Vereinigung von Buda u. Pest. Bei der Einstudierung des mitwirkenden Kinderchores wurde sich K. über die mangelnde musikalische Ausbildung an den Schulen klar u. beschloß, hier Abhilfe zu schaffen. 1930 begann er mit Vorlesungen über Volksmusik an der Universität Budapest. 1937 erschien sein Buch »Die ungar. Volksmusik« (dt. 1956). 1938 entstanden Variationen über das Volkslied *Der Pfau* für das Concertgebouw-Orchester u. im Jahr darauf das *Concerto* als Auftragswerk für das Chicago Symphony Orchestra. Während der Besetzung Ungarns tauchte K. in einem Nonnenkloster unter. Nach dem Krieg nahm er, nunmehr emeritiert, seine Konzertreisen verstärkt wieder auf u. komponierte 1961 die Sinfonie in C-Dur.

Sein individueller Kompositionsstil entwickelte sich aus der Beschäftigung mit der ungar. Volksmusik u. der genauen Kenntnis der Klassiker. Von H. Koessler wurde er in seiner Liebe zur Chormusik bestärkt. Dabei gab K. dem Gesanglichen eindeutig den Vorrang. Daneben sind Einflüsse G.P. Palestrinas u. C. Debussys unverkennbar. Zu seinen Schülern gehörten G. Kertész, I. Engel, T. Serly, M. Seiber, I. Szelényi, J. Adám, L. Bárdos, M. Szigeti, G. Kerényi u. L. Lajtha. Ähnlich wie C. Orff ging auch K. bei seinen Liedersammlungen für den Schulgebrauch von der Pentatonik aus. Auf der Grundlage der Solmisationsmethode (→ Solmisation) hatte er beim Lied- u. Chorgesang sowie beim Blattsingen an ungar. Schulen große Erfolge. Neben einer Reihe von Veröffentlichungen zur Volksmusik u. zu pädagogischen Fragen erschienen gesammelte Aufsätze unter dem Titel »Musik für jedermann« (»A zene mindenkié«, hg. von A. Szőllősy, Budapest 1954) u. »Rückblick« (»Visszatekintés«, hg. von F. Bónis, 2 Bde., Budapest 1964).

Zu K. Kompositionen gehören: die Bühnenwerke *Háry János* (1925–27), der Einakter *Székler Spinnstube* (*Székelyfonó*, 1924–32) u. *Czinka Panna* (1946–48); die Orchesterwerke *Sommerabend* (*Nyari este*, 1906, rev. 1929–30), *Háry-János-Suite* (1927), Ouvertüre zu *Háry János* (1927), *Marosszéker Tänze* (*Marosszéki táncok*, 1930), *Tänze aus Galánta* (*Galántai táncok*, 1933), Variationen über das Volkslied *Der Pfau* (*Felszállott a páva*, 1939), Konzert (1939) u. Sinfonie in C-Dur (1961); Vokalkompositionen, u. a. *Psalmus Hungaricus* für T., gem. Chor, Orch. u. Org., Kinderchor ad lib. (1923), *Pange lingua* für gem. Chor u. Org. (1929), *Budavári Te Deum* für Soli, gem. Chor, Orch. u. Org. (1936), *Missa brevis* für Chor u. Org. oder Soli, gem. Chor u. Orch. (1944), *Kállóer Paartanz (Kállai kettös)* für gem. Chor u. Volksorch. (1950), 114. u. 121. Genfer Psalm für gem. Chor u. Org. (1952), *Zrinyis Mahnruf (Zrinyi szózata)* für Bar. u. gem. Chor (1954), *Ode to music* für gem. Chor (1962), *We are the music makers* für gem. Chor u. Orch. (1963) u. *Laudes organi* für Chor u. Org. (1965); Kammermusikwerke, darunter Adagio für V. u. Kl. oder Va. u. Vc. (1905), *Méditation sur un motif de Claude Debussy* für Kl. (1907), 1. Streichquartett (1908–09), 9 Klavierstücke (1909, ursprünglich als *Zongora muzsika* nach Herausnahme der *Valsette*, 1905), Sonate für Vc. u. Kl. (1909–10), Duo für V. u. Vc. (1914), Sonate für Vc. solo (1915), 7 Klavierstükke (1917–18), 2. Streichquartett (1916–18), Serenade für 2 V. u. Va. (1919–20), *Marosszéker Tänze* für Kl. (1927), *Kindertänze* (*Gyermektáncok*, 1945) u. Sonatine für Vc. u. Kl. (1966); Lieder für Singstimme u. Kl., darunter 16 Lieder auf Volksliedtexte (1907–09), *Verspätete Melodien* (1912–16), 5 Lieder (1915–18), 3 Lieder (1924–29), 9 *Epigramme* (1954) u. *Epitaphium Joannis Hunyadi* (1965). Außerdem veröffentlichte K. die folgenden musikpädagogischen Werke: »15 2st. Gesangsübungen« (1941), »Bicinia Hungarica, Einleitung in das 2st. Singen« (1937–42), »333 Leseübungen, Einleitung in die ungar. Volksmusik« (1943), »Pentatonische Musik« (100 ungar. Volkslieder, 100 kleine Märsche, 100 tscheremissische Melodien, 140 tschuwaschische Melodien, 1945–48), »33 2st. Singübungen«, »44 2st. Singübungen«, »55 2st. Singübungen« u. »Tricinia, 28 3st. Singübungen« (1954), »66 2st. Singübungen« (1962) u. »22 2st. Singübungen« (1965).

Lit.: A. Molnár, K.Z., Budapest 1936; A. Szőllősy, K. müvészete, Budapest 1943; L. Eősze, Z.K. His Life and Work, Budapest u. London 1962, dt. Budapest u. Bonn 1964; P.M. Young, Z.K. A Hungarian Musician, London 1964; L. Besch (Hg.), Z.K., Mein Weg zur Musik, Zürich 1966; Z.K., Werkverzeichnis, Wien 1967; J. Breuer (Hg.), K.-dokumentumok I, Budapest 1976.

Koechlin, Charles L. E., franz. Komponist u. Musikschriftsteller, * 27. 11. 1867 Paris, † 31. 12. 1950 Canadel, Var. Studierte an der École Polytechnique in Paris u. trat 1890 in das dortige Conservatoire ein. Zu seinen Lehrern gehörten J. Massenet, A. Gédalge u. G. Fauré. Bei Fauré nahm er später auch Privatunterricht. In seinen Kompositionen läßt sich ein gewisser Einfluß seines Lehrers nachweisen, gleichzeitig experimentierte K. mit Polytonalität, Zwölftontechnik u. griff immer wieder auf die modale Musik des Mittelalters zurück.

K. komponierte: die biblische Pastorale *Jacob chez Laban* (1896–1908); die Ballette *La forêt païenne* (1916–20), *La divine vesprée* (1917–18) u. *L'âme heureuse* (1947); eine Vielzahl von Orchesterwerken, darunter die sinfonischen Dichtungen *La forêt* (1896–1907), *En mer, la nuit* (1899–1904), *Nuit de Walpurgis classique* (1901–07), Sinfonie (1916), 7 sinfonische Dichtungen nach Kiplings »Dschungelbuch« (1925–35), u. *The Seven Stars*

Symphony (D. Fairbanks, L. Harvey, G. Garbo, C. Bow, M. Dietrich, E. Jannings u. Ch. Chaplin, 1933); Vokalwerke wie *La fin de l'homme* für T., Bar., Chor u. Orch. (1895), *L'abbaye* für Solost., Chor, Orch. u. Org. (1902) u. Teil II für Chor, Orch. u. Org. (1906–08); Kammermusik wie *Primavera*, Quintett für Fl., V., Va., Vc. u. Hf. (1936); Klavierstücke, darunter 5 Sonatinas (1915–16) u. 2 Bde. *Paysages et marines*; Orgelmusik u. Lieder. Er veröffentlichte: »Étude sur les notes de passage« (1922), »Debussy« (1927), »G. Fauré« (1927), »Traité de l'harmonie« (1927–30), »Précis des règles du contrepoint« (1927), »Étude sur l'écriture de la fugue d'école« (1933) u. »Traité de l'orchestration« (4 Bde., 1954–59), alle in Paris.

Köhler, Siegfried, dt. Komponist, * 2. 3. 1927 Meißen. Studierte bei F. F. Finke an der Akademie für Musik u. Theater in Dresden u. an der Universität Leipzig Musikwissenschaft. Seit 1969 Rektor der Dresdner Musikhochschule.

Zu K. Kompositionen gehören: die Oper *Der Richter von Hohenburg* (1963), das Oratorium *Reich des Menschen* (1962), *Bericht über Lenin* für Sprecher, Sänger, Kl., Vc. u. Schlagzeug (1970) u. *Land meiner Liebe* für S. u. Orch. (1971) sowie eine Reihe von Orchesterwerken.

Koellreutter, Hans Joachim, brasilian. Komponist dt. Herkunft, * 2. 9. 1915 Freiburg im Breisgau. Studierte bei P. Hindemith, K. Thomas u. H. Scherchen, emigrierte 1937 nach Brasilien, wo er 1937–52 Professor am Conservatório Brasileiro de Música in Rio de Janeiro war. Außerdem leitete er 1952–62 das von ihm gegründete Sinfonieorchester in Bahia.

Zu K. der Zwölftontechnik verpflichteten Werken gehören: *Quatro peças* für Orch. (1937), Variationen (1941) u. *Música* (1947) für Streichquartett, *Concretion* (1960) u. *Constructio ad synesin* (1962) für Orch., *India Report* für S., Sprecher, Kammerchor, Sprechchor u. Kammerorch. (1969).

Koenig, Gottfried Michael, dt. Komponist, * 5. 10. 1926 Magdeburg. Studierte 1946–47 an der Staatsmusikschule Braunschweig u. 1947–50 an der Nordwestdt. Musikakademie in Detmold, wo u. a. G. Bialas zu seinen Lehrern gehörte. 1954–64 Mitarbeiter am Studio für elektronische Musik des WDR Köln u. 1963–64 Studium der Computer- u. Programmiertechnik an der Universität Bonn. Seit 1964 künstlerischer Leiter des elektronischen Studios der Reichsuniversität Utrecht. K. komponiert sowohl instrumentale wie auch elektronische Stücke. Dabei sieht er die Zeit als übergeordneten Steuerungsfaktor u. glaubt, »daß die serielle Determination lediglich ein Spezialfall der Zufallsentscheidung ist, einer Zufallsentscheidung natürlich innerhalb festgelegter Grenzen«.

Zu K. Kompositionen gehören: *Horae*, Tanzbilder für Orch. (1951); *Klangfiguren I* u. *II* (1955–56, elektronisch); 2 Klavierstücke (1957); *Essay* (1957–58, elektronisch); Quintett für Holzbläser (1958–59); Streichquartett (1959); *Orchesterstück 1* (1960–61); *Materialien zu einem Ballett* (1961); *Orchesterstück 2* (1961–62); *Terminus* (1962, elektronisch); *Orchesterstück 3* (1963); *Projekt 1* (1964, Modellkomposition für Computer); Bläserquintett 2 (1964–65); *Projekt 2* (1965–66, Modellkomposition für Computer); *Terminus 2* (1967, elektronisch); *Funktion Grün* (1967, elektronisch); *Funktion Gelb, Funktion Orange* u. *Funktion Rot* (alle 1968, elektronisch); *Funktion Blau, Funktion Indigo, Funktion Violett* u. *Funktion Grau* (alle 1969, elektronisch).

Koering, René, franz. Komponist, * 27. 5. 1940 Andlau, Elsaß. Studierte am Straßburger Konservatorium u. nahm auf Anraten von P. Boulez an den Internationalen Sommerkursen in Darmstadt teil, wo K. Stockhausen, B. Maderna u. Boulez zu seinen Lehrern gehörten. Erhielt 1961 einen ersten Kompositionsauftrag für die Donaueschinger Musiktage u. schrieb *Combat T3N* für Kl. u. Orch. 1963 gründete er Prisme, ein Ensemble für zeitgenössische Musik. 1965 entstand *Triple et trajectoire* für Kl. u. 2 Orch. im Auftrag des Straßburg-Festivals. Ab 1969 Tätigkeit als Dozent an der École des Beaux Arts in Paris u. Mitarbeiter des franz. Rundfunks. 1978 Berater von France-Musique u. Direktor des Verlages Mordant-SIMC, der sich auf zeitgenössische Musik spezialisiert. Arbeitet häufig mit M. Butor zusammen.

Zu K. Werken gehören: *Combat T3N* für Kl. u. Orch. (1962); *Triple et trajectoire* für Kl. u. 2 Orch. (1965); *Trauma* für Bläser u. Schlagzeug (1966); *Quatre extrêmes* für Orch. (1969); Image du couloir für V. u. Orch. (1969); *Centre d'écoute* (1972, elektronisch); *Dillaby* für Orch. (1972); *Manhattan Invention* für Vc. u. Tonband (1973); *Vocero* für Orch. (1973); Streichquartett (1974); *A-H u. R. de Mahler*, Zyklus über G. Mahler mit Texten von M. Butor für Solisten u. Orch. (1975); Klaviersonate u. Sinfonie für Kammerorch. (1976); *Konzert I* für Orch., *Konzert III* für Va. u. Orch., *Konzert IV* für Va., Klar. u. Orch., *Mit innigsten Empfindungen* für Kl. u. Orch., *34 mesures pour un portrait de T...* für Kammerorch. u. *Lointain soleil des morts* für Orch. (1977); *55 figures et raisonnements fertils* für Kl. u. Kammerensemble, *Figures et raisonnements fertils* für Kl. u. Orch., *Jérémie voyageur* für Va. u. Orch. u. *Virgile prophète* für Kl. (1978); *Trennung* für Va. u. Kammerorch. (1979); Klavierkonzert, *Vogelöd* für Streichquartett u. Funkoper *Elsenör* (1980).

Kokkonen, Joonas, finn. Komponist, * 13. 11. 1921 Iisalmi. Studierte 1940–41 u. 1945–49 Musikwissenschaft an der Universität Helsinki sowie Klavier u. Komposition an der dortigen Sibelius-Akademie, an der er seit 1959 Professor für Komposition ist. Seine Kompositionen sind von B. Bartók beeinflußt u. stark von der finn. Folklore geprägt.

Zu K. Werken gehören: Musik für Streicher (1956–57), 3 Sinfonien (1960, 1961 u. 1967), Sinfonia da camera (1962), Cellokonzert (1969), *Die letzte Versuchung* (Oper, 1975), Vokalkompositionen u. Kammermusik.

Koleda, Colindă, Weihnachts-, Neujahrs- oder Heischelieder, die im slawischen Sprachraum weit verbreitet sind u. auf das Mittelalter zurückgehen.

Kollo, E. Walter, dt. Komponist u. Kapellmeister, * 28. 1. 1878 Neidenburg, † 30. 9. 1940 Berlin.

K. komponierte volkstümliche Operetten u. Possen wie *Der Juxbaron* u. *Wie einst im Mai* (beide 1913), *Drei alte Schachteln* (1917) u. *Die Frau ohne Kuß* (1924). Großvater des Sängers René K.

Kolo, ein meist lebhafter, häufig gesungener jugoslaw. Schreittanz, der vielfach auch in einer Kette aufgeführt wird.

Koloratur (von lat. color: »Farbe«), die Verzierung einer Gesangsstimme. Erreichte ihre größte Blüte in den teils improvisierten u. oft willkürlichen Verzierungen der ital. Oper. G. Rossini machte dem Mißbrauch durch die Gesangsstars ein Ende, indem er alle K. auskomponierte. Zu den berühmtesten u. gleichzeitig dramatisch begründeten K.-Arien der Opernliteratur gehört der erste Auftritt der Königin der Nacht in W. A. Mozarts *Zauberflöte*.

Kolorierung (von lat. colorare: »färben«), ein nach dem mittelalterlichen → Color gebildeter Begriff, mit dem die Verzierungen der spätmittelalterlichen Musik beschrieben werden. Das Erkennen der K. führt zur sog. Dekolorierung u. damit zum ursprünglichen Melodiegerüst.

Kombinationstöne entstehen für das Ohr beim Hören von mehreren gleichzeitigen Schwingungsvorgängen. Ihre Frequenz bestimmt sich aus der Differenz oder der Summe der jeweiligen Primärtöne.

Komma, bei der Berechnung der Schwingungszahl von Tönen verbleibende geringe Differenz. Man unterscheidet das pythagoreische K. als Überschuß von 12 reinen Quinten gegenüber 7 Oktaven (23,46 Cents) vom syntonischen K. als Überschuß des großen über den kleinen Ganzton (21,506 Cents). Das Septimen-K. bezeichnet den Überschuß der pythagoreischen gegenüber der Naturseptime (27,256 Cents). Erst mit der gleichschwebenden Temperatur konnten diese Differenzen künstlich ausgeglichen werden.

Komposition (von lat. compositio: »Zusammenstellung«, »Gestaltung«), Kombination von musikalischem Material sowie dessen tonschriftliche Fixierung zum Zweck der Aufbewahrung u. Aufführung. Dabei hält sich der Komponist im allgemeinen an die zu seiner Zeit jeweils geltenden Kompositionsregeln, die sich aus der Kenntnis der bereits bestehenden musikalischen Werke herleiten u. innerhalb eines Stils Verbindlichkeit haben. Auseinandersetzung mit einem Zeitstil u. schließlich dessen Überwindung sind für die fortschreitende Entwicklung der Musik charakteristisch. Im geschichtlichen Rückblick erschließen sich die einzelnen K. durch die Kenntnis der zu ihrer Entstehungszeit gültigen Regeln, die Aufführungspraxis sowie ihre Rezeption. Darüber hinaus können K. einer Epoche durchaus die ästhetischen Bedürfnisse einer anderen Zeit befriedigen, deren Musik nach völlig verschiedenen Gesetzmäßigkeiten geformt ist.
Mit der Entwicklung von der Einstimmigkeit zur Mehrstimmigkeit u. zur selbständigen Instrumentalmusik geht eine ständig verfeinerte Fixierungstechnik oder Notenschrift einher. Die anfangs horizontale Gliederung des musikalischen Materials wich seit dem 17. Jh. einer vertikal-akkordischen, die ihrerseits im 19. Jh. an Eindeutigkeit verlor u. in die serielle Schreibweise des 20. Jh. hinüberführte, bei der eine Kombination beider Möglichkeiten versucht wird. Gleichzeitig gewinnen zusätzliche → Parameter Bedeutung. Beim Tonmaterial selber läßt sich eine Verfestigung des Einzeltons auf eine bestimmte Tonhöhe feststellen, daneben die Tendenz zur Dur-Moll-Tonalität. Deren normative Rolle wird erst mit der absoluten Gleichstellung der 12 Töne zu Beginn des 20. Jh. relativiert. In neuester Zeit stellt man sogar das musikalische Material an sich in Frage. So läßt sich die Geschichte der K. als eine dauernde Auseinandersetzung zwischen dem sich wandelnden Tonmaterial u. der ihm jeweils zugedachten Form begreifen.

Komzák, Karel, tschech. Komponist u. Kapellmeister, * 8. 11. 1850 Prag, † 23. 4. 1905 Baden bei Wien. Sohn des Kapellmeisters u. zeitweiligen Orchesterinhabers Karel K. Studierte am Prager Konservatorium, wurde Militärkapellmeister im österr. Heer u. leitete zuletzt die Kurkapelle in Baden.

K. komponierte die Operette *Edelweiß*, Salonstücke, Walzer u. Märsche, darunter den *Erzherzog-Albrecht-Marsch* u. den Walzer *Bad'ner Madeln*.

Konkordanz (von lat. → concordantia), gemeinsam mit Diskordanz von C. Stumpf eingeführter Begriff, um die Bedeutung des Konsonanz- bzw. Dissonanzbegriffs in der Funktionstheorie von dem der Tonpsychologie zu unterscheiden.

Konservatorium (franz. conservatoire), Ausbildungsstätte für den musikalischen Nachwuchs. Heute werden die meist staatlichen Institute vorwiegend Hochschule für Musik genannt u. vergeben Diplome bzw. staatliche Zeugnisse. Hervorgegangen ist das K. aus Waisenhäusern oder Pflegeheimen, in denen begabte Kinder Musikunterricht erhielten. Auf diese Weise sicherte man sich Nachwuchs für die Kirchenchöre, später für die überall aus dem Boden schießenden Opernunternehmen. Zu den frühesten Gründungen dieser Art gehört das Conservatorio S. Maria di Loreto in Neapel (1537). Zu den ersten Musikschulen außerhalb Italiens gehören die École Royale de Chant in Paris (1784), aus der sich das dortige Conservatoire entwickelte, sowie das von A. Salieri als Singschule gegründete K. der Musikfreunde in Wien (1817).

Konsonanz u. Dissonanz (von lat. consonantia u. dissonantia), ein Zusammenklingen oder Auseinandertönen, das wohl mehr hörpschologisch als mathematisch zu begründen ist. Die Auffassung vom K.- oder D.-Charakter einzelner Zusammenklänge schwankt im Lauf der Musikgeschichte. In der Antike u. im frühen Mittelalter hielt man Quarte, Quinte u. Oktave für K. u. begründete dies u. a. mit den einfacheren mathematischen Teilungsverhältnissen (→ Monochord). In der Zeit vom 12. bis 14. Jh. wandelten sich Terz u. Sexte von dissonanten Zusammenklängen zu consonantiae imperfectae, die sich aber immer noch in consonantiae perfectae aufzulösen hatten. Im 15. Jh. schied die Quarte aus der Reihe der Concordantiae (→ Concordantia) aus, da man sie im Kontrapunkt für unerträglich hielt.
Gegen Ende des 19. Jh. ließ die normative Kraft der Dur-Moll-Tonalität nach. Leittonwirkung u. Streben nach kadenzartiger Auflösung trat mehr u. mehr in den Hintergrund. A. Schönberg spricht schließlich von der emanzipierten D., die völlig vom Auflösungszwang befreit ist. In der zeitgenössischen Musik, soweit sie sich nicht an Formen der Tonalität hält, ist der Unterschied zwischen K. u. D. aufgehoben.

Kontrafaktur (von mittellat. contrafacere: »nachahmen«) nennt man in der Sprach- u. Musikwissenschaft das Unterlegen einer vorhandenen Melodie mit einem neuen Text. Dabei handelte es sich besonders im Mittelalter um populäre weltliche Melodien, die mit einem geistlichen Text versehen wurden.

Kontrapunkt (lat. contrapunctus, aus punctus contra punctum: »Note gegen Note«), Satzprinzip, das sich aus der Hinzufügung einer u. später mehrerer Stimmen zu einem überlieferten Cantus firmus entwickelt hat. Dabei entstanden Regeln, die sich auf die Rangordnung der Klänge (perfekte Konsonanz, imperfekte Konsonanz, Dissonanz) stützten. Mit der von C. Monteverdi eingeführten → Seconda pratica verlor der K. seine allgemeine Gültigkeit. Generalbaßpraxis u. die sich aus der Dur-Moll-Tonalität ergebende Gesetzmäßigkeit führten schließlich zu einer Harmonielehre, die nunmehr ihrerseits Grundlage des K. wurde. In diesem Sinne konzipierte J. J. Fux seinen »Gradus ad Parnassum«.
Außerdem wird der Begriff K. auch auf eine nach seinen Regeln angelegte Stimme oder ein aus dieser Praxis entstandenes Stück angewendet. Doppelter K. entsteht, wenn die Gegenstimme so geführt ist, daß sie über oder unter der Bezugsstimme liegen kann, wobei dem Versetzungsintervall große Bedeutung zukommt. Mehrfacher K. liegt dann vor, wenn drei oder mehrere Stimmen ausgetauscht werden.

Kontrasubjekt oder **Gegensatz,** ein Kontrapunkt zu einem Fugenthema, der mit dem → Comes einsetzt u. meistens bei jedem weiteren Auftreten des Themas wiederkehrt. → Fuge

Konzeptalbum, Begriff aus der Popmusik, mit dem eine LP bezeichnet wird, deren einzelne Nummern inhaltlich oder formal zusammenhängen. Eines der bekanntesten K. ist *Sergeant Pepper* von den Beatles.

Konzert (aus dem ital. → Concerto), **1.** ein meist dreisätziges Werk für Soloinstrument(e) u. Orchester, dessen Form sich aus dem Concerto u. dem Concerto grosso entwickelt hat. Einen bedeutenden Beitrag zu dieser Gattung leistete die Bolognesische Schule, insbesondere G. B. Vitali u. G. Torelli. In Bologna entstand bereits die Dreisatzform schnell-langsam-schnell. Der 1. Satz eines K. ist meist an die Sonatensatzform angelehnt, während der dritte vorwiegend in Rondoform abgefaßt ist (→ Instrumentalkonzert). Konzerte für Orchester sind Stücke, in denen einzelne Orchesterstimmen solistisch eingesetzt werden. **2.** (engl. u. franz. concert), musikalische Darbietung, die sich hauptsächlich an ein zahlendes Publikum wendet. Die ersten gewerbsmäßigen K. fanden in England statt.

Konzertdirektion, ein privates oder staatliches Unternehmen, das musikalische Veranstaltungen vorbereitet u. durchführt. Als Verhandlungspartner treten Konzertagenturen (Solisten, Instrumentalisten, Orchester) u. Impresarios (Sänger u. Tänzer) auf. Die K. ist auch für Beschaffung der geeigneten Räumlichkeiten verantwortlich.

Konzertmeister (engl. leader, amer. concert master), erster Stimmführer der 1. Geigen. Meistens selber solistisch tätig. Zu seinen Pflichten gehört das Einstimmen des Orchesters u. das Spiel eventuell vorkommender Geigensoli. In den Hofkapellen des 17.–19. Jh. fiel dem K. meistens die Orchesterleitung zu.

Konzertsänger. Zu den großen Konzertsängern des 20. Jh. gehören: P. Anders, Tenor (1908–54), P. Bernac, Bariton (* 1899), D. Fischer-Dieskau, Bariton (* 1925), J. Patzak, Tenor (1898–1974), P. Pears, Tenor (* 1910), H. Prey, Bariton (* 1929), P. Schreier, Tenor (* 1935), G. Souzay, Bariton (* 1918), F. Wunderlich, Tenor (1930–66).

Konzertstück, ein einsätziges Solokonzert oder eine umfangreichere Komposition für ein Instrument ohne Orchesterbegleitung. Bekannt ist C. M. von Webers K. für Kl. u. Orch.

Kopelent, Marek, tschech. Komponist, * 28. 4. 1932 Prag. Studierte 1951–55 bei J. Řídký an der Prager Musikakademie, 1956–71 Redakteur u. Lektor für zeitgenössische Musik im Staatsverlag Supraphon u. 1965 künstlerischer Leiter des Prager Kammerensembles für neue Musik »Musica Viva Pragensis«. Lebt seit 1971 als freischaffender Komponist. Seine kontemplativen Stücke sind selten für größere Besetzung geschrieben.

Zu K. Kompositionen gehören: *Nänie mit Flöte* für Fl., 9 Frauenst. u. Kammerorch. (1960–61); 3. Streichquartett (1963); *Matka,* Freske für gem. Chor mit Fl. (1964); *Chléb a ptáci,* Kantate (1964); *Kontemplation* für Kammerorch. (1966); *Snehah* für S., Jazz-A., Tonband u. Kammerensemble (1967); 4. Streichquartett (1967); *Gebet des Steines* für Sprecher, 2 gem. Kammerchöre u. 3 Tamtams (1967); *Accords et désaccords* für eine Gruppe von 12 Solisten u. Orch. (1968); *Stilleben* für Kammerensemble (1968), *Irrende Stimme* für eine Schauspielerin, Tonband, Kammerensemble u. Film sowie Licht ad lib (1969); *Klagen* für gem. Chor, Trp. u. Pauken ad lib (1969); *Appassionato* für Kl. u. Orch. (1970–71); *Intimissimo,* Musik u. Gedicht für Kammerensemble u. Tonband (1971); *Musique piquante* für V. u. Cimbal oder V. u. Kl. (1971 u. 1972); Blechbläserquintett (1972); *Black and white Tears* für 1 Solost. (1972); *A Few Minutes with an Oboist,* Concerto galante für Ob. u. Kammerensemble (1972); *Syllabes mouvementées* für Kammerchor (1972); *Sonata, das Schweißtuch der Veronika* für 11 Streicher (1972–73); *Vacillat pes meus* für gem. Chor (1973); *Rondo vor der Ankunft der liebenswürdigen Henker oder die dreimalige Anbetung der Hoffnung* für 5 Schlagzeuger (1973); *Tukáta* für Hf., Cemb. u. Cimbal oder Git. (1974); *Plauderstündchen für einen Saxophonisten* für Alt-Sax. u. Orch. (1974–75) u. *Triste e consolante* für Bläserquintett (1976–77), *Il canto degli angeli* für S. u. Orch. (1978), Musik für Org. (1979).

Kopfstimme → Register

Korn, Peter Jona, amer. Komponist dt. Herkunft, * 30. 3. 1922 Berlin. Schüler von E. Rubbra in London, St. Wolpe in Jerusalem u. A. Schönberg, E. Toch, H. Eisler u. M. Rózsa in Los Angeles. Kehrte 1964 aus der Emigration zurück u. wurde 1967 Direktor des R.-Strauss-Konservatoriums in München.

Zu K. Kompositionen gehören: die Oper *Das fremde Haus, Heidi in Frankfurt* (1964); 3 Sinfonien (1946, 1952 u. 1956); je 1 Konzert für Horn (1953), Sax. (1956) u. V. (1965) u. Orch.; 2 Streichquartette (1950 u. 1963); Bläserquintett (1966); Klavierstücke u. Lieder. Er veröffentlichte: »Musikalische Umweltverschmutzung« (Wiesbaden 1975).

Kornauth, Egon, österr. Komponist, * 14. 5. 1891 Olmütz, † 28. 10. 1959 Wien. Studierte in Wien an der Musikakademie bei R. Fuchs u. F. Schreker u. an der Universität bei G. Adler. Nach jahrelangen Auslandsreisen 1940 Professor an der Wiener Musikakademie u. 1945 am Mozarteum in Salzburg. Seine Werke stehen in der Nachfolge von J. Brahms u. M. Reger.

Zu K. Kompositionen gehören: Sinfonietta (1918, rev. als Orchestersuite 1922), 2 *Sinfonische Suiten* (1926–31, revidiert 1937; 1938), *Burleske* für Fl. u. Orch. (1914, rev. 1931), *Ballade* für Vc. u. Orch. (1917), Kammermusik, Klavierstücke u. Lieder.

Korngold, Erich Wolfgang, amer. Komponist österr. Herkunft, * 29. 5. 1897 Brünn, † 29. 11. 1957 Hollywood, CA. Sohn des Rechtsanwalts u. späteren Hanslick-Nachfolgers als Kritiker der »Neuen Freien Presse« in Wien. Schüler von R. Fuchs, A. von Zemlinsky u. später H. Grädener. Erregte bereits als Elfjähriger mit seinen Kompositionen Aufsehen u. erlebte 1910 die Aufführung seiner von Zemlinsky instrumentierten Pantomime *Der Schneemann* an der Wiener Hofoper. Sein erstes Orchesterwerk, die *Schauspielouvertüre,* wurde 1911 von A. Nikisch uraufgeführt. 1920 gelang K. mit seiner Oper *Die tote Stadt* ein Welterfolg. 1921 trat er in Hamburg eine Dirigentenstelle an. Die folgenden Jahre waren ausgefüllt mit Konzertreisen, der Einrichtung von *Eine Nacht in Venedig* von J. Strauß (1923) u. weiteren Kompositionen, darunter für P. Wittgenstein ein Klavierkonzert für die linke Hand (1923). 1929 Zusammenarbeit mit M. Reinhardt an der am 8. Juni mit großem Erfolg in Berlin herausgebrachten *Fledermaus*-Bearbeitung. 1931 Professur an der Wiener Musikakademie, wo K. eine Opernklasse leitete. 1934 folgte er einer Einladung Reinhardts nach Hollywood, wo er die Musiken zum »Sommernachtstraum« arrangierte (Regieassistenz W. Dieterle, Ch.: B. Nijinska). Aus dieser ersten Filmarbeit ergab sich eine langjährige Zusammenarbeit mit Warner Bros., die ihm schließlich 1938 erlaubte, in den USA zu bleiben. Während des Krieges entstanden fast ausschließlich Filmmusiken. Erst 1945 komponierte K. ein Violinkonzert für B. Hubermann, das von J. Heifetz uraufgeführt wurde. Sein letztes größeres sinfonisches Werk war die Sinfonie in Fis für großes Orch. (1951–52). Seine letzte Filmmusik schrieb er zu Dieterles Wagner-Film »Magic-Fire« (1954). K., der davon überzeugt war, daß das tonale System noch lange nicht erschöpft sei, konnte sich mit seiner an G. Puccini u. R. Strauss anknüpfenden Musik im Nachkriegseuropa nicht mehr durchsetzen.

Zu seinen Kompositionen gehören: die Bühnenwerke *Der Ring des Polykrates* (1915), *Violanta* (1915), *Die tote Stadt* (1920), *Das Wunder der Heliane* (1927) u. *Die Kathrin* (1937–38); die Orchesterwerke Schauspielouvertüre (1911), Sinfonietta in B (1912), *Sursum corda,* sinfonische Ouvertüre (1920–21), *Babyserenade* für kleines Orch. (1928), sinfonische Serenade für Streicher (1947), Sinfonie in Fis (1951–52) u. Thema u. Variationen (1953); Kammermusikwerke, darunter Klaviertrio (1909), Violinsonate (1912), Sextett für Streicher (1917), Klavierquintett (1922), Suite für 2 V., Vc. u. Kl., linke Hand (1930) u. 3 Streichquartette (1923; 1935 u. 1945), je 1 Konzert für Kl., linke Hand (1923), V. (1945) u. Vc. (1946) mit Orch.; 3 Klaviersonaten (1908, 1910 u. 1930); Klavierstücke u. Lieder. Außerdem komponierte er die Vokalwerke *Psalm* für Solo, gem. Chor u. Orch. (1941) u. *Prayer* für T., Frauenchor, Kl. u. Org. (1942). Operettenbearbeitungen von K. waren außergewöhnlich erfolgreich, insbesondere die von Strauß-Operetten. Daneben bearbeitete er Werke von L. Fall u. J. Offenbach.

Korrepetitor, meistens ein Hilfskapellmeister,

der im Opernbetrieb die Aufgabe hat, vom Klavier aus Solopartien einzustudieren. Außerdem spielt er aus dem Klavierauszug bei Bühnenproben ohne Orchester u. dirigiert Musiken hinter der Szene. Die entsprechende Vorbereitung eines Opernchores liegt in den Händen des Chordirektors.

Kosma, Joseph, franz. Komponist ungar. Herkunft, * 22. 10. 1905 Budapest, † 7. 8. 1969 La Roche-Guyon bei Paris. Schüler von L. Weiner an der Musikhochschule in Budapest, 1926–28 Korrepetitor an der dortigen Staatsoper. Lernte 1929 in Berlin B. Brecht u. H. Eisler kennen, die seine weitere musikalische Entwicklung entscheidend beeinflußten. 1933 ließ er sich in Paris nieder u. arbeitete an Filmen wie J. Renoirs »La grande illusion« (1935) u. M. Carnés »Les enfants du paradis« (1944) mit. Neben Chansons für J. Gréco, Y. Montand u. Les Frères Jacques komponierte K. Opern, Ballett- u. Bühnenmusiken sowie Orchesterwerke.

Kotík, Petr, tschech. Komponist, * 27. 1. 1942 Prag. Schüler von J. Rychlík am Prager Konservatorium u. K. Schieske u. H. Jelinek an der Wiener Musikakademie. 1966–69 weitere Flötenstudien an der Prager Akademie. 1961 Gründung des Ensembles Musica Viva Pragensis u. 1966 des Ensembles für experimentelle Musik Quax. Seit 1969 Dozent an der State University of New York in Buffalo, wo er 1970 das Ensemble SEM gründete.

Zu K. Kompositionen gehören: *Kontrapunkt 2* für 6 Instr. (1963); *Spontano* für Kl. u. 10 Blasinstr. u. *Musik für drei* für Va., Vc. u. Kb. (1964); *Contrabandt*, live-elektronische Musik für 2 bis 6 Spieler (1967); *Šest švestek* für 24 Instr. (1968); *Aley* für variable Besetzung (1970–71); *How empty is my wilderness* für variable Besetzung (1971) u. *There is singularly nothing* für variable Besetzung u. St. (1971 ff.).

Kotoński, Włodzimierz, poln. Komponist, Lehrer u. Theoretiker, * 23. 8. 1925 Warschau. Schüler von P. Rytel u. T. Szeligowski, sammelte Volksmusik in den Westkarpaten. Wandte sich später der elektronischen Musik u. der Musique concrète zu.

K. komponierte nach frühen, von der Folklore beeinflußten Stücken Werke wie *Musique en relief* für Orch. in 6 Gruppen (1959); *Concerto per quattro* für Hf., Cemb., Git., Kl. u. Kammerorch. (1960); *Etüde für einen Beckenschlag* (Musique concrète, 1963); 2 Bläserquintette (1964 u. 1967); *A battere* für Git., Va., Vc., Cemb. u. Schlagzeug (1968) u. *Musical Games* für 5 Spieler (1974). Er veröffentlichte 1968 die dt. Übersetzung seines Buches »Die Schlaginstrumente im modernen Orchester« in Mainz.

Koželuch (Koželuh), Leopold A., böhm. Komponist, * 26. 6. 1747 Welwarn, † 7. 5. 1818 Wien. Studierte in Prag Jura u. erhielt Musikunterricht bei F. X. Dušek u. seinem Onkel, dem Komponisten u. Kapellmeister Johann Anton K. Nach seinem ersten Erfolg als Ballettkomponist 1771 in Prag wandte sich K. ganz der Musik zu. Er komponierte weitere Ballette u. Ballettpantomimen, bevor er 1778 nach Wien übersiedelte. Dort entstanden Opern wie *Deborah* (1789), *Didone abbandonata* (1795) u. *Judith* (1799), das Oratorium *Moisé in Egitto*, Sinfonien, Konzerte u. mehr als 80 Klaviertrios. Zu seinen bekanntesten Balletten gehörten *La Principessa Adelasia ritrovata* (oder *Die wiedergefundene Tochter Ottos II.*, 1794, Ch.: A. Muzzarelli) u. *Die Maskerade oder Harlekins verschmitzte Streiche* (1799, Ch.: F. Clerico). 1792 wurde er als Nachfolger W. A. Mozarts Kaiserlicher Kammerkomponist. Als Vorläufer J. Haydns hat K. eine gewisse Bedeutung für die Musikgeschichte; seine Kompositionen sind größtenteils zu Recht vergessen. Erwähnenswert ist, daß K. zu den ersten Komponisten gehörte, die für Klavier u. nicht für Cembalo komponierten.

Kraft, Walter W. J., dt. Organist u. Komponist, * 9. 6. 1905 Köln, † 9. 6. 1977 Antwerpen. Schüler von P. Hindemith in Berlin. Ab 1929 als Organist an St. Marien in Lübeck u. 1950–55 Direktor der Musikakademie in Lübeck. Machte sich mit Einspielungen des gesamten Orgelwerks von D. Buxtehude u. J. S. Bach auf Schallplatte einen Namen.

Zu K. Kompositionen gehören: das Oratorium *Christus* für 3 Chöre a cappella (1944); *Lübecker Totentanz* für Soli, Chöre, 16 Soloinstr., Org. u. Tänzer (1954); Konzert für Org. u. Kammerorch. u. Fantasie *Dies irae* für Org. (1965); Messe für Chor u. obligate Org. (1966); *Laudatio 71* für gem. Chor, 5 Bläsergruppen, 1 Sprecher, Glocken, Schlagzeug u. Org. (1971) sowie Kantaten u. Choralmotetten.

Krakowiak (franz. cracovienne, »Krakauer«), ein aus der Gegend um Krakau stammender schneller Paartanz im ²⁄₄-Takt, bei dem die Fersen aneinandergeschlagen werden. Der Rhythmus ist synkopiert, u. das Tempo steigert sich zum Ende hin. Ein berühmter K. war F. Elßlers *La Gipsy*.

Kramář (Krommer), František V. (Franz), mährischer Geiger u. Komponist, * 27. 11. 1759 Kamenice, † 8. 1. 1831 Wien. Erhielt bei seinem Onkel eine musikalische Grundausbildung u. Orgelunterricht. Trat als Geiger in die Kapelle des Grafen Styrum in Simonthurn ein, wurde später Kapellmeister im Regiment des Fürsten A. Károlyi u. ließ sich in gleicher Stellung beim Fürsten Grassalkowitsch in Wien nieder. Seine Kompositionen verraten deutlich den Einfluß J. Haydns u. W. A. Mozarts. K. hinterließ über 300 Werke, darunter zahlreiche Streichquintette, Streichquartette u. Streichtrios.

Kraus, Joseph Martin, dt. Kapellmeister u. Komponist, * 20. 6. 1756 Miltenberg, † 15. 12. 1792 Stockholm. Schüler von Abbé Vogler, ließ sich 1778 in Stockholm nieder u. wurde dort 1781 Kapellmeister an der Hofoper.

Zu K. Kompositionen gehören: die Opern *Proserpina* (1781), *Soliman den andre* (1789) u. *Aeneas i Carthago* (1790), Bühnenmusik zu Molières »Amphitryon«, das Ballett *Fiskarena* (1788), Kirchenkompositionen, Sinfonien, 1 Violinkonzert u. Kammermusik. Unter dem Eindruck der Ermordung von Gustaf III. komponierte er eine Kantate für Soli u. Orch. (1792).

Krause, Christian Gottfried, dt. Jurist, Schriftsteller u. Komponist, getauft 7. 4. 1719 Winzig, Schlesien, † 4. 5. 1770 Berlin. Erhielt eine musikalische Ausbildung bei seinem Vater, der Stadtmusikus war. Studierte dann in Frankfurt a. d. Oder Jura u. brachte es in Berlin zum Justizrat. Von seinem Berliner Freundeskreis seien E. von Kleist, J. W. L. Gleim, K. W. Ramler u. J. G. Sulzer erwähnt. Er gehört zu den großen Anregern der Berliner Schule.

K. komponierte *Melodien zu Gleims Preußischen Kriegsliedern* (1756), *Oden mit Melodien* (1753–55) u. *Lieder der Deutschen mit Melodien* (1767–68). Außerdem veröffentlichte er »Von der musikalischen Poesie« (Berlin 1753).

Krauze, Zygmunt, poln. Pianist u. Komponist, * 19. 9. 1938 in Warschau. Schüler von M. Wilkomirska (Klavier) u. K. Sikorski (Komposition) am Warschauer Konservatorium u. anschließend von N. Boulanger in Paris. Gründer u. Leiter des Ensembles Music Workshop in Warschau. 1970–71 übernahm er einen Lehrauftrag für Klavier an der Cleveland State University, 1973 folgte er einer Einladung als Artist-in-residence nach Berlin. Eine Reihe von Gastdozenturen schlossen sich an. K. lebt in Warschau, gilt als hervorragender Interpret zeitgenössischer Musik u. bereist mit seinem Music Workshop große Teile der Welt. Verarbeitet in seinen Kompositionen die unistischen Vorstellungen des Malers W. Strzemiński u. Folklore. Seine Musik ist durch Gelassenheit, Kontrastlosigkeit u. ständige Wiederholung gekennzeichnet. Daneben greift K. häufig zur Collagetechnik.

Zu K. Werken gehören: *5 unistische Kompositionen* für Kl. (1963); *Voices* für 15 beliebige Musiker (1968); *Musical Space Composition I* u. *II* (1968 u. 1970); *Piece for Orchestra Nr. 1* u. *2* (1969 u. 1970); Streichquartett Nr. 2 (1970); *Folkmusic* für Orch. (1971); *Falling Water* für Kl. (1971–73); *Stone Music* für Kl. (1972, nur auf den Klaviersaiten auszuführen); *Aus aller Welt Stammende* für 10 Streicher (1973); *Idyll* für Volksmusikinstr. u. Tonband (1974); *Fête galante et pastorale* für 6 Instrumentalgruppen u. 13 Tonbänder (1974).

Krebs, Johann Ludwig, dt. Organist u. Komponist, * 10. 10. 1713 Buttelstedt bei Weimar, † 1. 1. 1780 Altenburg. Sohn des Organisten Johann Tobias K., 1726–35 Thomasschüler in Leipzig u. dort einer der Lieblingsschüler von J. S. Bach. Brachte es zu großer Virtuosität auf der Orgel, dem Cembalo u. der Laute. 1737–43 Organist in Zwickau, 1744–56 in Zeitz u. von 1756 an der Schloßkirche in Altenburg. K. hielt an der kompositorischen Tradition seines Lehrers fest. Er veröffentlichte Klavierstücke (1740–43), »Exercise sur le clavessin« (6 Suiten), »Clavier-Übung in 3 Teilen«, Triosonaten u. Sonaten. In neuerer Zeit wurde ein Konzert für Ob., Streicher u. Cemb. herausgegeben.

Krebsgang (lat. cancrizans, per motum retrogradum), aus der Literatur (Palindrom) übernommenes Verfahren, bei dem eine Melodie oder ein mehrstimmiger Satz in rückläufiger Lesung verwendet wird. Oft liegt der Wahl des K. eine symbolische Bedeutung zugrunde (Darstellung der Ewigkeit, von Anfang u. Ende etc.). Man unterscheidet die folgenden Arten: 1. K. einer Stimme, 2. K. eines mehrstimmigen Satzes, wobei der Rücklauf meistens in der Mitte beginnt, 3. Spiegel-K., Wiederholung eines Abschnitts oder Stückes, indem das Notensystem auf den Kopf gestellt wird (→ Umkehrung), 4. Krebskanon, bei dem Melodie u. ihr K. gleichzeitig erklingen, u. 5. Spiegel-Krebskanon, gleichzeitige Ausführung von Vorlage u. K. in der Umkehrung. Die K.-Technik gehört außerdem zu den wichtigsten Formelementen der Zwölftonmusik, da sie eine der möglichen Ableitungen der → Reihe darstellt.

Kreisler, Fritz, österr. Geiger u. Komponist, * 2. 2. 1875 Wien, † 29. 1. 1962 New York. Studierte bei J. Hellmesberger in Wien u. bei J. L. Massart u. L. Delibes in Paris. Absolvierte 1889 mit Moritz Rosenthal eine erfolgreiche Konzerttournee in den USA, studierte anschließend in Wien Medizin u. trat als Ulanenoffizier in die Armee ein. Lebte 1915–25 hauptsächlich in New York, wo er sich ab 1939 ständig niederließ. Gehört zu den größten Geigern aller Zeiten. Spielte neben Transkriptionen bekannter Komponisten eine Reihe von Bearbeitungen alter Meister wie G. G. Pugnani, F. Couperin, Padre Martini u. F. Francœur, denen er angeblich von ihm aufgefundene Manuskripte zugrunde gelegt hatte. Erst 1935 gab er zu, daß es sich um eigene Kompositionen handelte.

Zu K. Werken gehören: die Operetten *Apple Blossoms* (1919) u. *Sissy* (1932), 1 Streichquartett u. Kadenzen zu den Violinkonzerten von Beethoven u. Brahms. Von seinen »klassischen Manuskripten« waren die »Alt-Wiener Tanzweisen« *Liebesfreud, Liebesleid* u. *Schön Rosmarin* besonders populär.

Kremenliev, Boris (Pseudonym: Boris Angeloff) amer. Komponist, Lehrer u. Schriftsteller bulg. Herkunft, * 23. 5. 1911 Raslog. Studierte an der De Paul University in Chicago, an der Eastman

School of Music in Rochester, NY, u. privat bei R. Harris. Seit 1947 Lehrer an der Universität von Kalifornien in Los Angeles.

Zu K. Kompositionen gehören: die Oper *The Bridge*, Sinfonie für A. u. Orch. (1941); Klavierkonzert in einem Satz (1950); 2 Streichquartette (1935 u. 1957); Saxophonquartett (1949); Klavierstücke; Chorwerke u. Lieder. Von seinen wissenschaftlichen Publikationen sei »Bulgarian Macedonian Folk Music« (Berkeley u. London 1952) erwähnt.

Krenek (Křenek), Ernst, österr. Komponist, * 23. 8. 1900 in Wien. Schüler von F. Schreker 1916–17 in Wien u. 1920–23 in Berlin. 1925–27 Assistent von Paul Bekkers an der Staatsoper Kassel u. 1927 in Wiesbaden. Lebte 1928–37 als freischaffender Komponist in Wien. In diese Zeit fiel seine literarische Tätigkeit für die »Frankfurter Zeitung« u. die Mitarbeit an der »Wiener Zeitung«. 1937 hielt er in Wien eine vielbeachtete Vorlesungsreihe »Über Neue Musik«. 1938 emigrierte K. nach den USA, war 1939–42 Professor am Vassar College in Poughkeepsie, NY, 1942–47 Professor u. Head of Department an der Hamline University in St. Paul, MN, u. anschließend Gastdozent. Ab 1950 ausgedehnte Konzert- u. Vortragsreisen in Europa. Seine Kompositionen lassen sich in 5 Perioden einteilen, von denen die erste sich mit dem Streichquartett op. 6 u. den ersten Sinfonien im Rahmen einer freien Atonalität bewegt. In der zweiten, mehr an der Praxis des Musikbetriebes orientierten Periode gelang K. unter Einbeziehung von Jazzelementen der Welterfolg *Jonny spielt auf* (1925–26). Es folgte eine Zeit neoklassizistisch-romantischer Rückbesinnung, die am besten durch den Liederzyklus *Reisetagebuch aus den österreichischen Alpen* (1929) charakterisiert wird. Mit *Karl V.*, einem Bühnenwerk mit Musik (1930–33), wurde K. zum Exponenten der Zwölftontechnik. In den Werken, die in der Emigration entstanden sind, zeigte sich schließlich eine neue Wende, die zu einem Rückgriff auf Neoromantisches führte, vermischt mit Elementen spätmittelalterlicher Musik.

Zu K. Bühnenwerken gehören: *Zwingburg*, einaktige szenische Kantate, (1922), *Der Sprung über den Schatten* (komische Oper, 1923), *Orpheus und Eurydike* (Schauspiel, 1923), *Jonny spielt auf* (1925–26), *Der Diktator* (einaktige tragische Oper, 1926), *Das geheime Königreich* (einaktige Märchenoper, 1926–27), *Schwergewicht oder Die Ehre der Nation* (einaktige Burleske, 1926–27), *Leben des Orest* (1928–29), *Karl V.* (Bühnenwerk mit Musik, 1930–33, rev. 1954), *Cefalo e Procri* (eine Fabel, 1933–34), *Tarquin* (Drama mit Musik, 1940), *Vertrauenssache* (komische Kammeroper, 1945), *Dunkle Wasser* (einaktige Oper, 1950), *Pallas Athene weint* (1955), *Der Glockenturm*, (einaktige Oper, 1955–56), *Ausgerechnet und verspielt* (einaktige Oper, 1961), *Der goldene Bock* (1962), *Der Zauberspiegel* (Fernsehoper, 1966), *Das kommt davon oder Wenn Sardakai auf Reisen geht* (1970); die Ballette *Mammon* (1925), *Der vertauschte Cupido* (1925), *Eight Column Line* (1939) u. *Jest of Cards* (1961).

Zu K. Orchesterwerken gehören: 5 Sinfonien (1921, 1922, 1922, 1947 u. 1949), 2 Concerti grossi (1921 u. 1922), 7 Stücke (1924), *Symphonie pour instruments à vent et batterie* (1924–25), *Kleine Symphonie* (1928), Thema u. 13 Variationen (1931), *I wonder as I wander*, Variationen über ein Volkslied aus North Carolina (1942), *Symphonic Elegy* für Streicher (1946), *Brazilian Sinfonietta* für Streicher (1952), *Elf Transparente* (1954), *Kette, Kreis u. Spiegel* (sinfonische Zeichnung, 1956–57), *Questio temporis* (1958–59), *Aus drei mach sieben* (1960–61), *Nach wie vor der Reihe* (1962), *Horizont umkreist* (1967), *Perspektiven* (1967), *Übungen der späten Stunde* für Orch. u. Tonband (1967), 6 *Profile* (1967–68), *Fünffache Verschränkung* (1969), *Statisch u. ekstatisch* (1971–72), *Auf- und Ablehnung* (1974) u. *Im Tal der Zeit*, sinfonische Skizze (1979), außerdem 4 Klavierkonzerte (1923, 1937, 1946 u. 1950), Concertino für Fl., V., Cemb. u. Streicher (1924), 2 Violinkonzerte (1924 u. 1954), *Kleines Konzert* für Org., Cemb. u. Kammerorch. (1940), Konzert für V., Kl. u. Orch. (1950), Konzert für V. u. Hf. sowie kleines Orch. (1951), Konzert für 2 Kl. u. Orch. (1951), Capriccio für Vc. u. Kammerorch. (1953), Cellokonzert (1953), Suite für Fl. u. Streicher (1954), Suite für Klar. u. Streicher (1955), *Kitharaulos* für Ob., Hf. u. Kammerorch. (1971).

Zu K. Kammermusikwerken gehören: Serenade für Klar., V., Va. u. Vc. (1919), 7 Streichquartette (1921, 1921, 1923, 1923–24, 1930, 1936, 1943–44), Trio für V., Vc. u. Kl. (1929), Trio für V., Klar. u. Kl. (1946), Streichtrio (1948), *5 kurze Stücke* für Streicher oder Streichquartett (1948), Bläserquintett (1951), *Pentagramm* für Bläserquintett (1952, rev. 1957), *Grenzklänge* für V., Celesta, Kl., Vibraphon, Xylophon u. Schlagzeug (1957), *Fibonacci Mobile* für Streichquartett, Kl. zu 4 Händen u. Koordinator (1964), *Flötenstück neunphasig* für Fl. u. Kl. (1959), *Doppelt beflügeltes Band* für 2 Kl. u. Tonband (1969), *Orga-Nastro* für Org. u. Tonband (1971), *Die vier Winde*, Suite für Org. (1975), daneben Sonaten u. Stücke für verschiedene Instr. u. Kl.

Von K. Vokalkompositionen seien erwähnt: *Monolog der Stella* für S. u. Orch. (1928), *Die Nachtigall* für S., 2 Fl. u. Streicher (1930), *Kantate von der Vergänglichkeit des Irdischen* für Chor, S.-Solo u. Kl. (1932), *The Holy Ghost's Ark* für Mezzo-S., Va., Vc., Ob. u. Klar., *Lamentatio Jeremiae Prophetae* für 4 bis 9 gem. St. u. *La Corona*, Kantate für Mezzo-S., Bar., Org. u. Schlagzeug (1941), *Cantata for Wartime* für Frauenchor u. Orch. u. *The Ballad of the Railroads* für mittlere Singst. u. Kl. (1944), *The Santa Fe Time Table* (1945), *Medea* (dramatischer Monolog für Mezzo-S. u. Orch., 1950), Motette *Veni sanctificator* u. *Proprium missae in Domenica III in quadragesima* (1954), Pfingstoratorium *Spiritus intelligentiae, sanctus* für Singst. u. elektronische Klänge (1956), *Sestina* für S., V., Git., Fl., Kl., Trp. u. Schlagzeug (1957), *Missa duo decim tonorum* für Chor u. Org. (1957–58), 6 Motetten für 3 bis 4 gem. St. (1959), *Wechselrahmen* (6 Lieder für hohe Singst. u. Kl., 1964–65), *Quintina* über die fünf Vokale für hohe Singst., f'-Blockfl., Vibraphon, Xylophon, Git., V., Schlagzeug u. Tonband (1965), *Glauben und Wissen* für Chor u. Orch. (1966), *Proprium für das Dreifaltigkeitsfest* für S., 4 gem. St., Gemeinde, 2 Trp., Pauken u. Org. (1966–67), *Deutsche Messe* für 4 gem. St., Gemeinde, Klar., Trp., 2 Pos., Pauken, Schlagzeug u. Org. u. *Proprium für Mariae Geburt* für Chor u. Instr. (1968), *Instant Remembered* für S., Orch. u. Sprecher (1969), Messe *Gib uns den Frieden* für S., A., T., B., 4 gem. St. u. Orch. (1970), *Spätlese* (Liederzyklus für Bar. u. Kl., 1973) u. *The Dissembler* (Monolog für Bar. u. Kammerorch., 1978).

Zu K. Veröffentlichungen gehören: »Über neue Musik« (Wien 1937, Nachdr. Darmstadt 1977), »Selbstdarstellung« mit Werkverzeichnis (Zürich 1948). »Musik im goldenen Westen« (Wien 1949), »Zwölfton-Kontrapunkt-Studien« (Mainz 1952), »J. Ockeghem« (New York u. London 1953), »Zur Sprache gebracht« (Gesammelte Essays, hg. v. F. Saathen, München 1958), »Gedanken unterwegs« (hg. v. F. Saathen, München 1959), »Komponist u. Hörer« (12. Veröffentlichung der »Musikalischen Zeitfragen«, Kassel 1964); »Prosa, Dramen, Verse« (München 1965); »Horizons Circled, Reflections on My Music (Berkeley, CA, 1974).

Lit.: E. K., Verzeichnis sämtlicher Werke 1918–64, Wien 1964; F. Saathen, E. K., München 1959; L. Knessl, E. K., Wien 1967.

Kreuder, Peter P., dt. Pianist u. Komponist, * 18. 8. 1905 Aachen, † 28. 6. 1981 Salzburg. Studierte in München u. Hamburg, 1928–30 musikalischer Leiter der Reinhardtbühnen Berlin u. 1930–33 des Münchner Schauspielhauses. Lebte seitdem als freischaffender Komponist.

Neben mehr als 150 Filmmusiken, u. a. zu »Peter Voß, der Millionendieb« (1932), »Das Mädchen Johanna« (1935), »Der Maulkorb« (1938) u. »Die Mücke« (1954). Außerdem komponierte K. die Opern *Der Zerrissene* (1940) u. *Der Postmeister* (1966), Musicals, u. a. *Bel Ami* (1960), die Revue *Wedding Mary* (1976) u. sinfonische Musik, darunter das *Bayerische Klavierkonzert* (1968). Er veröffentlichte: »Schön war die Zeit« (München 1955) u. »Nur Puppen haben keine Tränen« (Percha 1971).

Kreutzer, Conradin (eigtl. Conrad Kreuzer), dt. Pianist, Kapellmeister u. Komponist, * 22. 11. 1780 Meßkirch, Baden, † 14. 12. 1849 Riga. Schüler von J. G. Albrechtsberger in Wien, wo er 1810 sein erstes Singspiel *Jery u. Bätely* auf einen Text von Goethe erfolgreich herausbrachte. 1812 gelang es ihm, in Stuttgart seine Oper *Konradin von Schwaben* zur Aufführung zu bringen. Auf Grund des Erfolges wurde K. zum Hofkapellmeister ernannt. 1817 trat er in den Dienst des Fürsten zu Fürstenberg in Donaueschingen, 1822 kehrte er nach Wien zurück u. brachte seine Oper *Libussa* (1822) heraus. Nach einer Tätigkeit als Kapellmeister am Kärntnertor-Theater u. am Josefstädter Theater wurde K. 1840–46 Musikdirektor in Köln u. übernahm 1846–49 die Nachfolge Otto Nicolais als Hofkapellmeister in Wien. Zu seinen weiteren Opern gehören *Melusine* – auf einen Text, den Grillparzer für L. van Beethoven geschrieben hatte (1833) – u. *Das Nachtlager von Granada* (1834) sowie die Bühnenmusik zu Raimunds »Der Verschwender« (1834).

K. komponierte außerdem das Oratorium *Die Sendung Mosis* (1814), 3 Klavierkonzerte, 1 Septett, 1 Quintett, 1 Klavierquartett, Klaviertrios u. 1 Trio für Kl., Klar. u. Fag.

Kreutzer, Rodolphe, franz. Geiger u. Komponist, * 16. 11. 1766 Versailles, † 6. 1. 1831 Genf. Schüler seines Vaters u. von A. Stamitz, wurde nach dem Tode seines Vaters mit 16 Jahren Mitglied der königlichen Kapelle in Versailles. Daneben ab 1790 Geiger am Théâtre-Italien, wo auch seine erste Oper *Jeanne d'Arc à Orléans* 1790 herauskam. Von seinen ungefähr 40 Opern waren *Paul et Virginie* u. *Lodoïska* (beide 1791) am erfolgreichsten. 1795 wurde K. Professor am neugegründeten Conservatoire, 1798 lernte er in Wien L. van Beethoven kennen, der ihm die *Kreutzersonate* (1805) widmete. 1801 Sologeiger der Pariser Opéra, 1817 1. Kapellmeister der Académie de Musique, daneben Kammervirtuose bei Napoleon I. u. ab 1815 bei Ludwig XVIII.

K. komponierte neben seinen Opern 19 Violinkonzerte, 3 Doppelkonzerte, Duette u. Variationen, 15 Streichquartette u. 15 Streichtrios. Sein wichtigstes Werk sind die 40 *Études ou caprices* für V.

K. gab außerdem mit P. Rode u. F. Baillot eine »Méthode de violin« (Paris 1803) heraus.

Kreuz → Akzidenzien

Kriegel, Volker, dt. Jazzgitarrist u. Komponist, * 24. 2. 1943 Darmstadt. Brachte sich während der Schulzeit selbst das Gitarrenspiel bei u. wurde 1963 Gewinner des Gitarrenwettbewerbs beim Düsseldorfer Amateur-Jazz-Festival. Spielte mit K. Doldinger, I. Hoffmann u. E. sowie A. Mangelsdorff zusammen. Wirkte daneben als Komponist, Cartoonzeichner u. Filmemacher. Gründete 1969 gemeinsam mit Dave Pike das Quartett Dave Pike Set. Gastierte nach 1973 mit verschiedenen Formationen, schrieb Musik zu Kindersendungen u. bildete ein Quintett, dem er den Namen Mild Maniac Orchestra gab. Dieses Rockjazz-Ensemble brachte inzwischen eine Reihe von LPs heraus, darunter *Elastic Menu, Missing Link, House Boat, Long Distance* u. *Star Edition*.

Krieger, Adam, dt. Komponist, * 7. 1. 1634 Driesen, † 30. 6. 1666 Dresden. Schüler von S. Scheidt u. H. Schütz, 1655–57 Organist an der Nikolaikirche in Leipzig u. ab 1658 Hoforganist in Dresden. Komponierte Arien für Singst. mit Instrumentalritornellen auf eigene Texte. Zu seinen Lebzeiten erschienen »Arien«, 1–3st. mit 2 V. u. B. c. (1657) u. nach seinem Tode »Neue Arien«, 1–5st. mit 2 V., 2 Violen u. B.c. (1667).

Krieger, 1. Johann Philipp, dt. Komponist, * 26. 2. 1649 Nürnberg, † 7. 2. 1725 Weißenfels. 1663–69 Schüler u. Assistent von J. Schöder in Kopenhagen. 1670 Kammerorganist in Bayreuth. Ab 1672 weitere Studien in Italien, 1677 Kapellorganist u. Vizekapellmeister am herzoglichen Hof in Halle u. 1680 in Weißenfels. Er hatte insbesondere als Lehrer einen ausgezeichneten Ruf. Zu seinen Schülern gehörten sein Bruder Johann K., J. Kobelius, J. Ph. Förtsch u. J. F. Fasch.

K. komponierte zahlreiche Bühnenwerke, aus denen Arien in Sammlungen erschienen, Kirchenkompositionen wie *Musicalischer Seelenfriede*, geistliche Arien mit V. u. B. (1697), *Lustige Feldmusik*, 6 Ouvertüren (1704),

12 Triosonaten (1688), 12 Sonaten für V. u. Gambe (1693), Partien (Partitas) für 4 Bläser oder Streicher.

2. Johann, Bruder von 1., dt. Komponist, * 1. 1. 1652 Nürnberg, † 18. 7. 1735 Zittau. Schüler seines Bruders, dessen Nachfolge er 1672 in Bayreuth antrat. 1678–81 Hofkapellmeister in Greiz, dann bis an sein Lebensende Musikdirektor u. Organist in Zittau.

Zu K. Kompositionen gehören: *Musicalische Ergetzlichkeit*, Lieder in 3 Teilen (1684), *Sechs Musicalische Partien* für Kl. (1697), *Anmuthige Clavier-Übung* (1699), Motetten, Orgelwerke u. Messenteile.

Kubelik, J. Rafael, tschech. Dirigent u. Komponist, * 29. 6. 1914 Býchory bei Kolín. Sohn des Geigenvirtuosen Jan K. Schüler des Prager Konservatoriums 1928–33, Dirigent 1936–48 u. ab 1942 Leiter der Tschech. Philharmonie. Wanderte 1948 nach England u. 1950 nach den USA aus, wo er die Leitung des Chicago Symphony Orchestra übernahm. 1955–58 Musikdirektor der Covent Garden Oper in London, 1961–79 Chefdirigent des Symphonieorchesters des Bayerischen Rundfunks, 1972–74 musikalischer Leiter der New Yorker Metropolitan Opera.

K. komponierte 5 Opern, darunter *Veronika* (1943–44) u. *Cornelia Faroli* (1966), 3 Sinfonien (1933–34, 1942–45 u. 1971), Messe für S. u. Männerchor (1957), Requiem für Bar., Chor u. Orch. (1962), Konzerte, Kammermusik u. Lieder.

Künneke, Eduard, dt. Komponist, * 27. 1. 1885 Emmerich, † 27. 10. 1953 Berlin. Schüler von M. Bruch an der Berliner Musikhochschule. Widmete sich nach einer ersten Kapellmeisterstelle ausschließlich der Komposition.

K. komponierte die Opern *Robins Ende* (1909), *Cœur As* (1913) u. *Nadja* (1931), das Singspiel *Das Dorf ohne Glocke* (1919) u. eine Reihe von Operetten, darunter *Wenn Liebe erwacht* (1920), *Der Vetter aus Dingsda* (1921), *Verliebte Leute* (1926), *Lady Hamilton* (1926), *Der Tenor der Herzogin (1930), Liselott* (1932), *Die lockende Flamme* (1933), *Die große Sünderin* (1935) u. *Hochzeit mit Erika* (1949). Außerdem schuf er einige Orchesterwerke, darunter die Suite *Blumenwunder*, 1 Klavierkonzert u. Lieder. Von seinen Filmmusiken seien die Originalmusiken zu den Stummfilmen »Das Weib des Pharao« (1920) u. »Das Blumenwunder« (1925) sowie die Tonfilmmusiken zu »Der Fall Brenken« (1934) u. »Glück unterwegs« (1944) erwähnt.

Kuhlau, D. Friedrich R., dän. Komponist u. Flötist dt. Herkunft, * 11. 9. 1786 Uelzen, † 12. 3. 1832 Lyngbye. Um 1810 nicht in Napoleons Armee dienen zu müssen, flüchtete K. von Hamburg nach Kopenhagen, wo er durch erfolgreiche Konzerte Aufsehen erregte u. Hofkomponist wurde.

Neben einer Reihe von Opern komponierte er Bühnenmusiken zu Oehlenschlägers »Røverborgen« (1814), Boyes »William Shakespeare« (1826) u. Heibergs »Elverhøj« (1828), zwei- u. vierhändige Klaviersonatinen, 1 Streichquartett, Duos, Trios u. 1 Quartett für Flöten sowie mehrst. Lieder für Männerchöre.

Kuhnau, Johann, dt. Organist, Komponist u. Schriftsteller, * 6. 4. 1660 Geising, † 5. 6. 1722 Leipzig. Alumnus der Kreuzschule in Dresden, studierte ab 1682 in Leipzig Jura, wurde 1684 Organist an der Thomaskirche in Leipzig u. 1701 als Nachfolger J. Schelles Universitätsmusikdirektor u. Thomaskantor. Neben Kirchenkompositionen sind vor allem seine Werke für Klavier von Bedeutung. Aus dem Italienischen übernahm er die mehrsätzige Sonatenform an Stelle der üblichen Tanzsätze u. wendete diese erstmals auf *Eine Sonata aus dem B in 7 Partiten* (1695) an. Zu seinen weiteren Werken gehören »Frische Clavier-Früchte oder Sieben Suonaten von guter Invention u. Manier« (1696) u. »Musicalische Vorstellung Einiger Biblischer Historien In 6. Sonaten auff dem Claviere zu spielen« (1700). Er veröffentlichte außerdem »Der musikalische Quacksalber« (Dresden 1700). J. S. Bach wurde 1723 sein Nachfolger als Thomaskantor.

Kunad, Rainer, dt. Komponist, * 24. 10. 1936 Chemnitz. Studierte 1955–56 am Dresdner Konservatorium u. 1956–59 bei F. F. Finke, O. Gerster u. P. Schenk an der Musikhochschule Leipzig. 1960–74 Leiter der Schauspielmusik am Staatstheater Dresden u. seit 1971 dramaturgischer Berater der Dt. Staatsoper Berlin. K. verbindet in seinen Kompositionen Tradition mit Zwölftontechnik, Aleatorik u. Clustereffekten. Katalogisiert unter »conatum« anstatt op.

Zu K. Kompositionen gehören: die Bühnenwerke *Bill Brook* (Einakter, 1959), *Das Schloß* (1961–62), *Old Fritz* (Einakter, 1964), *Maître Pathelin* (1968), *Die Versuchung des Sabellicus* (1972–73), *Litauische Claviere* (Oper für Schauspieler, 1973–74) u. *Vincent* (1975–77); das Ballett *Münchhausen* (1977–78); Orchesterwerke wie Sinfonie (1964), *Concerto per archi* (1966), 2. Sinfonie (1966–67), Sinfonietta (1969), *Antiphonie* (1971), *Quadrophonie* (1973) u. *Scène concertante* (1975); Konzerte für Kl. (1969), Orgel (1970) u. Tasteninstr. (1971) mit Orch.; Vokalkompositionen, darunter *Schattenland Ströme* (Gesänge für T. u. Git., 1966), *Von der Kocherie* (ein kulinarisches Loblied für S. u. Git., 1971), *Kitschpostille* (Oratorium für S., T., gem. Chor u. Orch.. 1975); Kammermusik, u. a. 2 Streichquartette (1957 u. 1967), Klaviertrio (1958), Commedia *Die Ehe* für Ob., Fag. u. Kl. (1969), *Duomix* für V. u. Cemb. (1973); Klavierwerke, Orgelstücke.

Kunstkopf → Stereophonie

Kunstlied → Lieder, S. 451

Kunzen, Friedrich Ludwig Aemilius, dt. Komponist, * 24. 9. 1761 Lübeck, † 28. 1. 1817 Kopenhagen. Stammt aus einer Musikerfamilie. Sein Vater war der Organist u. Komponist Adolph Karl K. Brach 1783 sein Jurastudium in Kiel ab u. ging an die Oper in Kopenhagen, wo er 1789 mit *Holger Danske* Aufsehen erregte. 1791–92 gab er gemeinsam mit J. F. Reichardt das »Musikalische Wochenblatt« u. die »Musikalische Monatsschrift« in Berlin heraus, bekleidete Kapellmeisterposten in Frankfurt a. M. u. Prag, bis er 1795 als Nachfolger von J. A. P. Schulz zum Königlichen Kapellmeister an der Kopenhagener Oper ernannt wurde.

Zu K. weiteren Opern gehören: *Die Weinlese* (1793), *Hemmeligheden* (1796), *Dragedukken* (1797), *Erik Ejegod* (1798), *Min Bedstemoder* (1800) u. *Keerlighed paa Landet* (1810). Er komponierte außerdem 1 Sinfonie, Chorwerke, Klavierstücke u. Lieder, darunter die Sammlungen *Viser* (1786) u. *Zerstreute Compositionen* (1789).

Kupkovič, Ladislav, slowak. Komponist, Geiger u. Dirigent, * 17. 3. 1936 Bratislava. Studierte am Konservatorium u. an der Hochschule für Musik seiner Heimatstadt u. machte sich einen Namen als Organisator von Konzerten mit zeitgenössischer Musik. 1960–62 Dirigent des Philharmonischen Orchesters Bratislava u. 1963 Gründer des Ensembles Hudba Dneška. Seit 1973 Dozent u. seit 1976 Professor an der Hochschule für Musik in Hannover. In seinen Kompositionen hat sich K. insbesondere an Raumklang u. zeitgemäßen Formen des Promenadenkonzerts versucht.

Zu K. Werken gehören: *Das Fleisch des Kreuzes*, Impressionen auf das Bild von M. Medek für Solo-Pos. u. 10 Schlagzeugspieler (1961–62); *Ozveny* für Orch. (1965); *Písmená (Buchstaben)* für 8 Vokalisten (1967); *Dioe*, Orchesterspiel mit Dirigieren, *Präparierter Text 4*, Version für Kammerorch., Etüde für Kammerensemble, *Präparierter Text 2* für Kammerensemble, *Präparierter Text 3* für Becken, große Trommel u. Tonband, *Weniger u. Mehr* für 6 Instr., *Morceau de genre*, Version für V., Trp., Pauken u. Streichorch., *Morceau de genre* für V. u. Kl., *Morceau de genre* für Kl. u. *Präparierter Text 1* für V. u. Tonband (1968); *R-Musik*, Tonband (1968–73); *K.-Rhapsodie mit K.-Intermezzi* (1968–71, unter diesem Titel können Etüde, *Morceau de genre*, *Souvenir*, *Serandalusia* u. *Eine Serenade mit dem Beckenschlag* zusammen aufgeführt werden); *Notausgang* für Orch., *Präparierter Text 4*, Version für Orch., *B-Erinnerungen* für elektronische Klänge u. Orch., *Staccato* für Kammerensemble, *Interpretation einer Kritik* für Kammerensemble u. Tonband, *Stimmen* für Streicher, *Mikrophon-Kommando* für verbales Dirigieren u. 1 Dirigenten u. *Treffpunkt* für Bläsergruppe in variabler Besetzung (1970); *Eine Serenade mit dem Beckenschlag* für Streicher, *Monolith* für 48 Streicher, *Serandalusia* für V. u. Streicher mit Trp. u. Pauken u. *E-Musik*, elektronische Musik (1971); *Ein Gespräch mit Gott* für Orch. u. *Dreiklang* für gem. Chor oder Frauenchor (1972); *Das Gebet* für Streicher u. 2–3 Schlagzeugspieler (1972–73); *K. u. K. Musik* für Orch., Marsch für V. u. Orch. u. Scherzo für Va. u. Orch. (1978).

Kurpiński, Karol K., poln. Komponist, * 6. 3. 1785 Włoszakowice, † 18. 9. 1857 Warschau. Sohn eines Organisten, der von Bogusławski zum Konzertmeister an der Warschauer Oper gemacht wurde. 1825–42 dort 1. Hofkapellmeister u. zusammen mit J. Elsner Direktor des Instituts.

K. komponierte insgesamt 26 Opern, von denen *Szarlatan* (1814), *Jadwiga* (1815) u. *Zamek na Czorsztynie* (1819) am erfolgreichsten waren. Daneben schrieb er Kirchen- u. Orchestermusik sowie Lieder.

Kurrende (von lat. corradere: »erbetteln« u. in Anlehnung an currere: »laufen«), zwischen dem 16. u. 18. Jh. bestehende Bettel- u. Gassenchöre armer Scholaren.

Kurtág, György, ungar. Komponist, * 19. 2. 1926 Lugoj, Rumänien. Studierte an der Budapester Musikhochschule bei S. Veress u. F. Farkas, nahm 1957–58 in Paris an Kursen bei D. Milhaud u. O. Messiaen teil u. erhielt weiteren Unterricht von M. Stein. 1967 Professor für Kl. u. Kammermusik an der Budapester Musikhochschule.

Zu K. Werken gehören: Streichquartett (1959), Bläserquintett (1959), 8 Klavierstücke (1960), 8 Duos für V. u. Cimbalom (1960–61), *Die Sprüche des Peter Bornemisza* für Mezzo-S. u. Kl. (1968), *Zur Erinnerung an einen Winterabend*, 4 Fragmente für S., V. u. Cimbalom (1971), 4 Lieder für Singst. u. Kammerensemble (1973–75), *Splitter* für Cimbalom solo (1975), *Splitter* für Kl. (1978), *Omaggio a L. Nono* für Chor a cappella (1979), *Messages of the Late Miss R. V. Troussova* für S. u. Kammerorch. (1980).

Kusser (Cousser), J. Sigismund, dt. Komponist, getauft 13. 2. 1660 Preßburg, † Ende November 1727 Dublin. Sohn des evangelischen Kantors Johann K. Lebte 1674–82 in Paris, wo er stark unter den Einfluß von J.-B. Lully geriet. Nach seinem Vorbild gab er 1682 »Composition de musique suivant la méthode françoise« heraus. Es handelt sich um 6 Suiten für Orch., die die dt. Orchestermusik stark beeinflußten. Kam dann über Braunschweig nach Hamburg, wo er mit J. Kremberg die Hamburger Oper pachtete u. so gut führte, daß selbst J. Mattheson voll des Lobes war. Nach Tourneen mit einer Operntruppe in Süddeutschland u. einer Anstellung als Kapellmeister an der Stuttgarter Oper 1698–1704 reiste K. 1705 nach London u. 1706 nach Dublin, wo er Master of the State Music wurde. Er komponierte vorwiegend Opern u. bürgerte die franz. Opernsuiten in Deutschland ein.

KV, Abkürzung für den thematischen Katalog aller Werke von W. A. Mozart. Dieses von Dr. Ludwig Ritter von Köchel erarbeitete Werk erschien erstmals 1862 unter dem Titel »Chronologisch-thematisches Verzeichnis sämtlicher Tonwerke W. A. Mozarts« in Salzburg.

Kylián, Jiří, tschech. Tänzer, Choreograf u. Ballettdirektor, * 21. 3. 1947. Nach Unterricht am Prager Konservatorium bei Zora Semberova u. an der Royal Ballet School in London ab 1968 Mitglied des Stuttgarter Balletts unter J. Cranko, dessen Einfluß auch in K. eigenen Balletten deutlich sichtbar ist. 1970 erste Ch. mit *Paradox*, einem Pas de deux auf eine eigene Musik-Collage bei der Noverre-Gesellschaft. Nach weiteren Arbeiten in Stuttgart u. gelegentlichen Ch. für das Nederlands Dans Theater wurde K. 1975 hauptamtlicher Choreograf dieser Kompanie u. 1976 ihr künstlerischer Direktor.

Zu K. Balletten gehören u.a: *Kommen und Gehen* (M.: B. Bartók) u. *Incantations* (M.: A. Jolivet) 1971; *Einzelgänger* (M.: eigene Collage) u. *Der stumme Orpheus* (M.: T. Takemitsu) 1972; *Viewers* (M.: F. Martin) 1973; *Stoolgame* (M.: A. Nordheim) u. *Blaue Haut* (M.: Collage aus Volksmusik für Fl.) 1974; *La cathédrale engloutie* (M.: C. Debussy), *Rückkehr ins fremde Land* (M.: L. Janáček) u. *Torso* (M.: T. Takemitsu) 1975; *Elegia* (M.: D. Schostakowitsch), *Sinfonie in D* (M.: J. Haydn) u. *Nuages* (M.: C. Debussy) 1976; *November Steps* (M.: T. Takemitsu) u. *Ariadne* (M.: A. Nordheim) 1977; *Kinderspiele* (M.: G. Carpenter u. G. Mahler), *Sinfonietta* (M.: L. Janáček), *Psalmensinfonie* (M.: I. Strawinsky) u. *Rainbow Snake* (M.: E. Norby) 1978; *Glagolitische Messe* (M.: L. Janáček) 1979; *Dream Dances* (M.: L. Berio) 1979; *Field Mass, Soldatenmesse* (M.: B. Martinů) 1980; *Overgrown Path* (M.: L. Janáček) 1980; *Forgotten Land* (M.: B. Britten) 1981; *Nomaden* (M.: I. Strawinsky) 1981.

Kyriale, gehört zu den liturgischen Büchern u. enthält u.a. die Melodien des Ordinarium missae, die Gesänge für die Totenmesse u. Exequien sowie die Toni communes missae.

Kyrie eleison (griech.: »Herr, erbarme dich«), bereits in der Antike verbreiteter Bittruf, in der christlichen Liturgie als Begrüßungs- und Huldigungsruf zu verstehen. → Leise

L

La → Solmisation

Laban, Rudolf v., dt. Tänzer, Choreograf u. Theoretiker, * 15. 12. 1879 Preßburg, † 1. 7. 1958 Weybridge bei London. Studierte in Paris Malerei, Bühnenbild, Schauspiel u. Tanz. Gründete 1910 in München eine Schule, die u. a. auch von M. Wigman besucht wurde. Arbeitete 1914–18 in Zürich u. 1919–20 in Nürnberg u. Stuttgart, wo sich ihm K. Jooss anschloß, der ihm 1921–23 auch nach Mannheim folgte. 1923–25 Ballettdirektor in Hamburg u. 1930–34 an der Berliner Staatsoper. Emigrierte 1938 nach England, arbeitete zunächst bei Jooss in Dartington, gründete 1942 in Manchester ein Art of Movement Studio u. 1953 in der Nähe von London einen R. von L. Trust. Viele seiner Bewegungschoreografien u. -chöre kommen ohne Musik oder nur mit Schlagzeugbegleitung aus. Daneben choreografierte er die folgenden Stücke: *Don Juan* (M.: Ch. W. Gluck) 1925; *Terpsichore* (M.: G. F. Händel) 1925; *Narrenspiegel* (M.: F. Liszt) 1926 u. *Ritterballett* (M.: L. van Beethoven) 1927. In seinem 1926 in Jena erschienenen Buch »Choreographie« legte er den Grundstein zu einer Tanzschrift, die er Kinetographie nannte. Diese Tanzschrift wurde später als Laban-Notation bekannt. Sie ist heute noch bei verschiedenen Kompanien in Gebrauch. Als Anreger des modernen Tanzes kann sein Einfluß gar nicht hoch genug eingeschätzt werden. Das gilt insbesondere für die Modern-Dance-Bewegung in Amerika. L. veröffentlichte außerdem »Schrifttanz: Methodik, Orthographie, Erläuterungen« (Wien u. Leipzig 1928), »Ein Leben für den Tanz« (Dresden 1935), »Modern Educational Dance« (London 1948), »The Mastery of Movement on the Stage« (London 1950), »Principles of Dance and Movement Notation« (London 1956) u. gemeinsam mit F.C. Lawrence »Effort: Economy in Body Movement« (New York u. London 1974).

L'Abbé, Joseph Barnabé (eigtl. Saint-Sevin), franz. Geiger u. Komponist, * 11. 6. 1727 Agen, † 25. 7. 1803 Paris. Schüler seines Vaters Pierre-Philippe L'A. u. später von J.-M. Leclair. Ab 1739 Geiger an der Opéra-Comique u. 1742–62 an der Pariser Opéra. Spielte daneben 1741–55 im Orchester des Concert Spirituel. Gehört zu den Mitbegründern einer franz. Geigenschule. Veröffentlichte »Sonates à violon seul« (1748), »Six symphonies à 3 violons et une b.« (1753), 3 »Recueil d'airs français et italiens« (1756, 1757 u. 1760), »Principes du violon« (1761), »Six sonates à violon seul et b.« (um 1764) u. »Recueil quatrième de duos d'opéra-comique« (1772).

Label (engl.: »Etikett«), in der Schallplattenbranche Bezeichnung für eine Marke.

Labroca, Mario, ital. Komponist, * 22. 11. 1896 Rom, † 1. 7. 1973 ebd. Schüler von O. Respighi u. G. F. Malipiero. 1922–36 Musikkritiker, 1936–44 Direktor des Maggio Musicale in Florenz, 1946–47 u. 1959 künstlerischer Leiter des Teatro La Fenice in Venedig u. 1949–58 Leiter der Musikabteilung beim ital. Rundfunk. Kam durch seine Mitarbeit an der Corporazione delle Musiche Nuove mit A. Casella in Berührung.

Zu L. neoklassizistischen Werken gehören die Opern *La principessa di Perepepè* (1927) u. *Le tre figliuole di Pinco Palliono* (1928), 3 Passionskantaten für B., Chor u. Orch. nach Johannes (1950), 8 *Madrigali di Tomaso Campanella* für Bar. u. Orch. (1958), Bühnen-, Film- u. Kammermusik. Er veröffentlichte außerdem »Parole sulla musica« (1954) u. gemeinsam mit V. Boccardi »Arte di Toscanini« (1966).

Lachenmann, Helmut, dt. Komponist, * 27. 11. 1935 Stuttgart. Schüler von J. N. David u. J. Ude an der Staatlichen Hochschule für Musik in Stuttgart, Teilnehmer an den Internationalen Sommerkursen in Darmstadt u. 1958–60 als Schüler von L. Nono in Venedig. 1970–76 Professor an der Pädagogischen Hochschule in Ludwigsburg, ab 1976 an der Musikhochschule in Hannover. Verwendet experimentelle Kompositionsmethoden u. verfremdet die Instrumentalbehandlung, um Klänge als Resultat mechanischer Prozesse bewußt zu machen.

Zu L. Werken gehören *Souvenir* für 41 Instr. (1959); *Fünf Strophen* für 9 Instr. (1961); *Echo andante* für Kl. (1962);

Introversion I u. *II* für 6 Spieler (1964); *Scenario*, elektronische Musik (1965); Streichtrio (1965); *Interieur I* für 1 Schlagzeugsolisten u. *Trio fluido* für Klar., Marimbaphon u. Va. (1966); *Notturno* für kleines Orch. mit Vc. solo (1966–68); *Consolation I* für 12 St. u. 4 Schlagzeuger (1967); *Consolation II* für gem. Chor (1968); *temA* für Fl., St. u. Vc. (1968); *Air*, Musik für großes Orch. u. Schlagzeug-Solo (1968–69); *Pression* für 1 Cellisten u. *Guero*, Studie für Kl. (1969); *Dal niente* für Klar. solo (1970); *Kontrakadenz* für großes Orch. (1970–71); *Gran Torso*, Musik für Streichquartett (1971–72); *Klangschatten – mein Saitenspiel* für 48 Streicher u. 3 Konzertflügel (1972); *Fassade* für großes Orch. (1973); *Consolation III* u. *IV* für verschiedene St. u. Instr. (1973); *Schwankungen am Rand*, Musik für Blech u. Saiten (1974–75) u. *Accanto*, Musik für 1 Klarinettisten mit Orch. (1975–76).

Lachner, 1. Franz, dt. Kapellmeister u. Komponist, * 2. 4. 1803 Rain, † 20. 1. 1890 München. Schüler seines Vaters, des Organisten Theodor L., dann von M. Stadler u. S. Sechter in Wien. 1826 Vizekapellmeister u. 1828 als Nachfolger von J. Weigl 1. Kapellmeister am Kärntnertor-Theater, 1834–36 Hofkapellmeister in Mannheim u. 1836–65 Dirigent der Hofoper in München, Leiter der kirchlichen Aufführungen der Hofkapelle u. der Konzerte der musikalischen Akademie. Faßte den Entschluß, sich vorzeitig pensionieren zu lassen, nachdem auf Betreiben R. Wagners H. von Bülow nach München geholt worden war.

Zu L. Werken gehören die Opern *Die Bürgschaft* (1828), *Alidia* (1839), *Catharina Cornaro* (1841) u. *Benvenuto Cellini* (1849), 8 Sinfonien, von denen Schumann die 6. besonders gelungen fand, 7 Suiten für großes Orch., Kammermusik, die Oratorien *Die vier Menschenalter* (1829) u. *Moses* (1833) sowie weitere Kirchenmusikalische Werke, Chorlieder u. Lieder.

2. Ignaz, Bruder von 1., dt. Organist, Kapellmeister u. Komponist, * 11. 9. 1807 Rain, † 24. 2. 1895 Hannover. Übernahm nach verschiedenen Anstellungen 1861–75 den Posten eines 1. Kapellmeisters in Frankfurt a. M. Zu L. Kompositionen gehören die Opern *Der Geisterturm* (1837), *Die Regenbrüder* (1839) u. *Loreley* (1846), Kirchen- u. Kammermusik.

Vincenz L., der Bruder von 1. u. 2., tat sich als Kapellmeister u. Lehrer hervor.

Ländler, österr.-bayrischer Paartanz, der drehend im ruhigen ¾- oder ⅜-Takt getanzt wurde. Später durch den Wiener Walzer abgelöst.

Lage, 1. Bezeichnung für die Stellung der linken Hand auf dem Griffbrett der Streichinstrumente u. gleichzeitig für den jeweils greifbaren Tonraum. In der 1. Lage greift der 1. Finger normalerweise die Sekunde usw. **2.** Anordnung eines Dreiklangs in bezug auf seinen höchsten Ton. Daneben auch der Abstand der Akkordtöne untereinander. Bei enger L. läßt sich zwischen die Töne der 3 Oberstimmen kein akkordeigener Ton einfügen, was bei weiter L. möglich ist. Die Baßstimme spielt bei der Lagenbezeichnung keine Rolle. **3.** Die Stimmlage bezeichnet den Tonumfang einer Stimme oder eines Instruments sowie die L. auf der Tonskala.

Lagenstimme, ein von der Musikwissenschaft eingeführter Begriff für eine Stimme im polyphonen Satz des 14.–16. Jh., deren Klangraum sich durch ihr Verhältnis zum Tenor (→ Fundamentum) bestimmt.

Lai, Leich, eine der wichtigsten Gattungen volkssprachlicher Lyrik im Mittelalter. Sie behandelt in frei wechselnden Strophen religiöse (Marien-L.) u. weltliche Themen (Minne-L.). Die Ableitung des zugrunde liegenden Formprinzips von der Sequenz ist umstritten.

Lai, Francis, franz. Komponist, * 23. 4. 1932 Nizza. Erhielt keine akademische Ausbildung u. machte erstmals als Begleiter von E. Piaf auf sich aufmerksam. Komponierte Chansons u. Filmmusiken u. erhielt einen Oscar für die Musik zu A. Hillers »Love Story«.

Lajtha, László, ungar. Komponist u. Volksliedsammler, * 30. 6. 1892 Budapest, † 16. 2. 1963 ebd. Schüler von V. v. Herzfeld u. A. Szendy an der Musikhochschule in Budapest u. Student der Rechte an der Universität. Ab 1910 mit B. Bartók u. Z. Kodály bekannt, an deren Forschungsreisen er mehrfach teilgenommen hat. Sammelte selbst Volkslieder, besonders in Siebenbürgen. Ab 1952 Professor für Volksmusikforschung an der Budapester Musikhochschule. Seine Kompositionen sind von der ungar. Folklore u. der franz. Musik um die Jahrhundertwende beeinflußt.

Zu L. Werken gehören die komische Oper *Le chapeau bleu* (1948–52), die Ballette *Lysistrata* (1933), *Le bosquet des quatre dieux* (1943) u. *Capriccio* (1944), 9 Sinfonien, weitere Werke für Streichorch., 1 Violinkonzert (1931), 10 Streichquartette u. kirchenmusikalische Werke. Er veröffentlichte »Népzenei monográfiák« (»Volksmusikmonographien«, 4 Bde., Budapest 1954–56).

Lalo, Édouard V. A., franz. Komponist span. Herkunft, * 27. 1. 1823 Lille, † 22. 4. 1892 Paris. Studierte am Konservatorium in Lille u. bei F. A. Habeneck am Pariser Conservatoire Geige. Bratschist im Quartett Armingaud-Jacquard seit dessen Gründung 1855. Wurde hauptsächlich durch sein Violinkonzert (1872) u. die *Symphonie espagnole* bekannt, die beide von P. Sarasate uraufgeführt wurden. Seine Kompositionen sind von L. van Beethoven, F. Schubert u. R. Schumann beeinflußt.

Zu L. Werken gehören die Opern *Fiesque* (1866), *Le Roi d'Ys* (1888) u. *La Jacquerie* (beendet von A. Coquard 1895); das Ballett *Namouna* (1882, daraus Orchestersuite u. Arrangement für V. u. Orch.); Orchesterwerke wie *Deux aubades* (1872), *Allegro symphonique* (1875), Scherzo (1884) u. Sinfonie in g-Moll (1885–86); 4 Violinkonzerte (1872; *Symphonie espagnole*, 1873; *Fantaisie norvégienne*, 1880; *Concerto russe*, 1883); Cellokonzert (1876); *Romance-Sérénade* für V. u. Orch. (1878) u. Klavierkonzert (1889); Streichquartett (1855, revidiert 1880); 3 Klaviertrios (das letzte 1881); je 1 Sonate für V. u. Kl. sowie für Vc. u. Kl.; Lieder.

Lambert, Constant, engl. Komponist, Dirigent u. Musikschriftsteller, * 23. 8. 1905 London, † 21. 8. 1951 ebd. Studierte bei R. O. Morris u. R. V. Williams am Royal College of Music in London. Wurde noch während der Studienzeit mit S. Diaghilew bekannt, der bei ihm Musik zu einem Ballett *Romeo and Juliet* bestellte, das 1926 in der Ch. von B. Nijinska herauskam. 1930 musikalischer Leiter der Camargo Society u. bis 1947 Dirigent der Vic Wells Ballet Company.

Zu seinen besonders vom Jazz beeinflußten Kompositionen gehören die Ballette *Romeo and Juliet* (1925–26), *Pomona* (1926), *Horoscope* (1937) u. *Tiresias* (1950); die Vokalkompositionen *The Rio Grande* für Kl., Chor u. Orch. (1927), *Summer's Last Will and Testament*, eine Masque für Bar., Chor u. Orch. (1932–35), u. *Dirge* für Männerst. u. Streicher (1940); die Orchesterwerke *Music for Orchestra* (1927), *Elegiac Blues* (1927) u. *Aubade héroïque* (1942); 8 *Chinese Songs* für Singst. u. 8 Instr. (1926) u. Konzert für Kl. u. 9 Instr. (1930–31) sowie eine Sonate u. eine *Elegy* für Kl. (1928–29 u. 1938). Außerdem arrangierte L. Kompositionen von W. Boyce, G. F. Händel u. Th. Roseingrave als Ballettmusiken. Er veröffentlichte 1934 »Music Ho! A Study of Music in Decline« (Nachdr. der Ausgabe von 1937 New York 1969).

Lamentationen (von lat. lamentatio: »Wehklage«), die heute nicht mehr zur römischen Liturgie gehörenden Lesungen im Nachtoffizium an den drei letzten Kartagen. Die Texte stammen aus den Klageliedern des Propheten Jeremias (→ Threnos). Die bedeutendsten Vertonungen der L. stammen von O. de Lassus (1585) u. G. P. Palestrina (1588).

Lamento (ital.: »Klage«), ein mit C. Monteverdis *L. d'Arianna* bekannt gewordener Typ klagender Musik, die in der Oper des 17. u. 18. Jh. häufig vor dem tragischen Höhepunkt der Handlung eingeschoben wird. Die L.-Kompositionen trugen mit zur Entwicklung der Kantate bei. Im Sinn von → Tombeau u. → Plainte auch auf Instrumentalstücke trauernden Charakters angewandt.

la Motte, Diether de → Motte

Lampugnani, Giovanni Battista, ital. Komponist, * 1706 Mailand, † nach 1784 ebd. Kam 1743 als Nachfolger B. Galuppis ans Londoner King's Theatre, wo er kurz hintereinander die Opern *Alfonso* u. *Alceste* (1744) herausbrachte. Weitere Werke kamen in Mailand zur Aufführung. L. war zuletzt maestro al cembalo am Teatro Regio Ducal in Mailand u. wirkte dort bei der Uraufführung von W. A. Mozarts *Mitridate* mit. Seine an die 30 Opern sind im Stil J. A. Hasses gehalten. Daneben veröffentlichte L. 2 Sammlungen mit je 6 Triosonaten.

Lander, Harald, dän. Tänzer, Choreograf, Ballettmeister, Ballettdirektor u. Lehrer, * 25. 2. 1905 Kopenhagen, † 14. 9. 1971 ebd. Trat 1913 in die Schule des Königlich Dän. Balletts ein u. wurde hauptsächlich von Ch. Christiansen, H. Beck u. G. Uhlendorff unterrichtet. Debutierte als Tänzer 1923 in dem Bournonville-Ballett *Fjernt fra Danmark*. Studierte 1927–29 bei M. Fokin u. I. Tarasoff in den USA u. bei J. de Baucaire in Mexiko. Daneben trat er in Live-Shows der Paramount auf. 1929 kehrte er nach Kopenhagen zurück u. wurde Solist am Königlich Dän. Ballett. 1931 wurde er dort zum Ballettmeister ernannt. Im gleichen Jahr brachte er mit *Gaucho* (M.: E. Reesen) seine erste eigene Choreografie heraus. Er blieb künstlerischer Direktor des Königlich Dän. Balletts bis 1951. Aus dieser Zeit stammen Choreografien wie *Bolero* (M.: M. Ravel) 1934; *Die sieben Todsünden* (M.: K. Weill) u. *Die kleine Meerjungfer* (M.: F. Henriques) 1936; *La valse* (M.: M. Ravel) u. *Der Zauberlehrling* (M.: P. Dukas) 1940; *Schlaraffenland* (M.: K. Riisager) u. *Qarrtsiluni* (M.: K. Riisager) 1942; *Festpolonaise* (M.: J. Svendsen) 1942; *Quasi una fantasia* (M.: L. van Beethoven), *Étude* (M.: Czerny-Riisager) 1948; *Salut für A. Bournonville* (M.: Arr. von E. Reesen). Unter L. Direktorat erlebte die Kompanie eine außergewöhnlich glanzvolle Zeit, in der ein Großteil des Bournonville-Repertoires erneuert wurde. 1951 übersiedelte L. nach Paris, 1952–53 war er directeur de la danse an der Pariser Oper, der er anschließend als erster Gastchoreograf weitere 10 Jahre verbunden blieb. Zu seinen Pariser Arbeiten gehört die Neueinstudierung von *Étude*, seinem erfolgreichsten Ballett, das von da ab *Études* genannt wurde. Er choreografierte u. a. *Les Caprices de Cupidon* nach V. Galeotti (M.: J. Lolle) u. den Blumen-Akt in *Les Indes galantes* (M.: J.-Ph. Rameau) 1952; *Printemps à Vienne* (M.: F. Schubert) 1954; *Concerto aux étoiles* (M.: B. Bartók) 1956 u. *Rendez-vous* (M.: W. A. Mozart) 1961. Die Schule der Pariser Oper, die L. von Grund auf reformierte, leitete er 1956–57 u. 1959–63. Als Gastchoreograf studierte er in seinen letzten Lebensjahren immer wieder *Études* ein, daneben hauptsächlich Ballette von A. Bournonville. L. war mit den Tänzerinnen Margot u. Toni L. verheiratet, zuletzt mit seiner Mitarbeiterin Lise L.

Lit.: E. Aschengreen, Études, Kopenhagen 1970.

Landi, Stefano, ital. Komponist u. Kirchenkapellmeister, * um 1590 Rom, † 28. 10. 1639 ebd. Als Kirchenkapellmeister in Padua u. an S. Maria dei Monti in Rom nachgewiesen. Dort auch päpstlicher Kapellsänger (Ernennung am 29. 11. 1629). Er gehört mit seiner tragicomedia pastorale *La morte d'Orfeo* (1619) u. dem musikalischen Drama *Il Sant'Alessio* (1632) zu den Mitbegründern der römischen Oper, die sich durch verschwenderischen Chorstil, Arietten u. lebhafte Rezitative auszeichnet. Er veröffentlichte außerdem 5st. Madrigale (1619), 6 Bücher Arien (1620–38), 4st. Psalmen (1624), »Missa in benedictione nuptiarum«, 6st., u. Messen, 4 u. 5st. a cappella (1639).

Landini (Landino), Francesco, ital. Organist u. Komponist, * um 1335, möglicherweise Fiesole, † 2. 9. 1397 Florenz. Sohn des Malers Jacopo L., während der Kindheit infolge einer Pockenerkrankung erblindet. 1369–96 als Organist an S. Lorenzo in Florenz nachgewiesen. Gilt als der bedeutendste ital. Komponist des 14. Jh. Zu seinen Werken gehören 140 2- u. 3st. Ballate, 1 3st. franz. Virelai, 11 Madrigale, ein 3st. kanonisches Madrigal, eine 3st. Caccia über die Fischerei u. das Triplum einer Motette. Die sog. Landinoklausel oder Landinosche Sext ist eine für L. typische Schlußwendung, die über die Unterterz (6. Stufe) zur Tonika führt.

Landowski, Marcel F. P., franz. Komponist, * 18. 2. 1915 Pont-l'Abbé. 1935–40 Schüler von H. Busser, Ch. Münch u. P. Monteux am Pariser Conservatoire, 1960–65 Direktor des Konservatoriums in Boulogne-sur-Seine, 1962 Musikdirektor der Comédie-Française, 1964 Inspecteur général de l'Enseignement musical u. ab 1966 Directeur de la Musique im Kultusministerium.

Zu L. Kompositionen gehören: die Bühnenwerke *Le rire de Nils Halérius,* légende lyrique et chorégraphique (1951, daraus Suite *Les jeux du monde*), *Le fou* (1956), *Le ventriloque* (1957), *Les adieux* (1959) u. *L'opéra de poussière* (1960); das Ballett *Die Tiefe* (1959); Bühnenmusiken zu »Le Cid« (1963) u. »Cyrano« (1964); Orchesterwerke, darunter die sinfonische Dichtung *Edina* (1945), 3 Sinfonien (1949, 1964 u. 1965), *3 Histoires de la prairie* (1950), die sinfonische Dichtung *L'orage* (1960) u. *Mouvement pour cordes* (1960); Konzerte für Vc. u. Orch. (1945), Ondes Martenot, Streicher u. Schlagzeug (1954), Fag. (1957), Klavier (1940 u. 1963) u. Fl. u. Streicher (1968); Vokalkompositionen wie das Oratorium *Rythmes du monde* (1939), die Kantate *Jésus, là, es-tu?* (1948), die Kantate *Aux mendiants du ciel* (1966) u. die *Messe de l'aurore* (1976). Veröffentlichte mit L. Aubert »L'orchestre« (1951) u. mit M. Christinet »Honegger« (1957).

Lane, Burton, amer. Komponist, * 2. 2. 1912 New York. Lebte 1933–54 in Hollywood, wo er Filmmusiken u. Songs komponierte. Zu seinen Textern gehörten E. Y. Harburg, F. Loesser, A. J. Lerner u. I. Gershwin. Am Broadway hatte er mit *Hold On to Your Hats* (1940), *Laffing Room Only* (1944), *Finian's Rainbow* (1947) u. *On a Clear Day You Can See Forever* (1965) Erfolg.

Lang, Hans, österr. Komponist, * 5. 7. 1908 Wien. Schüler des Wiener Konservatoriums, Komponist für Kabarettbühnen u. 1940–44 Kapellmeister an den Wiener Kammerspielen.

L. komponierte Musiken zu mehreren Lustspielen sowie Filmmusiken, u. a. zu »Lumpazivagabundus« (1937), »Knall u. Fall als Hochstapler« u. »Die Rose vom Wörthersee« (beide 1952).

Lanner, Joseph F. K., österr. Komponist, * 12. 4. 1801 in Wien, gest. † 14. 4. 1843 Oberdöbling. Als Komponist Autodidakt. Spielte im Orchester von Michael Pamer u. in einem Liebhaberquartett, dessen Bratschist J. Strauß (Vater) war. Aus L. Quartett entwickelte sich das berühmte Lannersche Orchester, das auch von J. Strauß (Vater) dirigiert wurde, bis dieser sein eigenes Ensemble gründete. L. komponierte mehr als 200 Walzer, Quadrillen, Polkas, Galopps u. Märsche. L. führte auch die zyklische Form für den Wiener Walzer ein (Introduktion, fünfteilige Walzerkette u. Coda).

Lantins (Lantinis), Arnoldus u. Hugo de, frankofläm. Komponisten des frühen 15. Jh. Ob zwischen beiden verwandtschaftliche Beziehungen bestanden, ist ungewiß, aber die Herkunft aus dem nördlich von Lüttich gelegenen Dorf Lantin darf angenommen werden. Die verschiedenen Quellen nennen fast durchweg Kompositionen von beiden. Arnoldus ist 1431–32 als päpstlicher Sänger nachgewiesen. Die erhaltenen Stücke der beiden L. sind hauptsächlich Meßteile u. einige Motetten sowie franz. Chansons. Arnoldus gibt mit der tropierten Messe *Verbum incarnatum* eines der ältesten Beispiele einer zyklischen Messe.

Lanza, Alcides, argentin. Pianist, Dirigent u. Komponist, * 2. 6. 1929 Rosario, Provinz Santa Fé. Schüler von R. Ehrlich, A. Ginastera u. R. Kinsky. Kurse bei O. Messiaen, R. Malipiero, Y. Loriod, A. Copland u. B. Maderna. 1959–65 am Teatro Colón in Buenos Aires, ab 1965 Lehrer am Electronic Music Center der Columbia University in New York u. seit 1971 Professor für elektronische Musik an der McGill-Universität in Montreal.

Zu L. Kompositionen gehören: *Eidesis sinfónica* (1963), *Hip'nos I* (1969) u. *Sensors* (1970) für Orch., 1 Klavierkonzert (1964) sowie elektronische Musik, u. a. *Eidesis III* für 1 oder 2 Orch. u. elektronische Klänge (1971).

Laporte, André, belg. Komponist, * 12. 7. 1931 Oplinter, Brabant. Studierte am Lemmens-Institut in Mecheln bei F. Peeters (Orgel) u. M. De Jong (Komposition) sowie Musikwissenschaft u. moderne Philosophie an der kath. Universität von Leuwen. Nahm außerdem ab 1960 an den Darmstädter Ferienkursen für Neue Musik u. 1964–65 an den Kölner Kursen für Neue Musik teil. Mitarbeiter des belg. Rundfunks u. Professor für Theorie u. Komposition am Königlichen Musikkonservatorium in Brüssel.

Zu L. Kompositionen gehören: *Jubilus* für 12 Blechbläser u. 3 Schlagzeuger (1966); *De profundis* für 4–16st. gem. Chor (1968); *Le morte chitarre,* Kantate für T., Fl. u. 14 Streicher (1969); *Nachtmuziek* für Orch. (1970–71); *La vita non è sogno* für Rezitator, T., Bar., gem. Chor u. Orch. (1971–72); *Chamber Music* für S., V., Klar., Fl. u. Kl. (1975); *Incontro notturno* für 13 Bläser u. Schlagzeug

(1976); *Icarus' flight* für Kl. u. 13 Instr. (1977); *Transit* für 48 Streicher (1978–79); *8 Songs of Innocence* für 4st. Kinderchor (1979); *Variaties op een akkoord* für Rezitator u. Bläserquintett (1979); *A flemish round* für Klar., Pos., Vc. u. Kl. (1980).

Larga → Mensuralnotation

largo (ital.), Tempovorschrift, die soviel wie »breit« bedeutet. Seit dem 18. Jh. ein langsameres Tempo als »adagio«.

Larsson, Lars-Erik V., schwed. Komponist, * 15. 5. 1908 Åkarp. 1924 Organistenexamen, 1925–29 Studium an der Musikakademie in Stockholm u. 1929–30 bei A. Berg in Wien u. F. Reuter in Leipzig. 1937–54 Dirigent am schwed. Rundfunk, 1947–59 Professor für Komposition an der Musikhochschule in Stockholm u. 1961–65 Musikdirektor an der Universität Uppsala.

Zu L. Kompositionen gehören: die Bühnenwerke *Prinsessan av Cypern* (1930–36) u. *Arresten på Bohus* (1938–39); das Ballett *Linden* (1958); Konzertouvertüren 1–3 (1929, 1934 u. 1944–45); Sinfonietta für Streicher (1934); *Ostinato* für Orch. (1936–37); Musik für Orch. (1949); 3 *Orchesterstücke* (1960); *Orchestervariationen* (1962); *Due Auguri* für Orch. (1971); *Baroccoco*, Orchestersuite (1974); Konzerte für Sax. u. Orch. (1934), Vc. u. Orch. (1947), V. u. Orch. (1952) u. 12 Concertini für Soloinstr. u. Streicher (1953–57); 4 Werke für Streichquartett (1938, 1944, 1955 u. 1975); Vokalkompositionen, darunter *Förklädd Gud* für S., Bar., Sprecher, gem. Chor u. Orch. (1940), *Missa brevis* für 3st. gem. Chor a cappella (1954), *Intrada solemnis* für 2 gem. Chöre, Kinderchor, Bläser u. Org. (1964) u. *Soluret och urnan* für Bar., gem. Chor u. Orch. (1965–66); Kammermusik.

La Rue (Larue), Pierre de, franko-fläm. Komponist, * um 1460 wahrscheinlich Tournai, † 20. 11. 1518 Courtrai. Über seine Herkunft u. musikalische Ausbildung ist so gut wie nichts bekannt. Ein Schülerverhältnis zu J. Ockeghem ist nicht belegbar. La R. ist jedoch als Sänger an der Kathedrale von Siena im Frühjahr 1482 u. 1483–85 nachgewiesen. Außerdem läßt die auffallend starke Überlieferung seiner Kompositionen im päpstlichen Kapellarchiv gute Verbindungen zu Rom vermuten. 1492–1516 am burgundischen Hof, bis 1506 im Dienst Philipps des Schönen u. anschließend der Statthalterin von Burgund, Margarethe von Österreich. Lebte ab 1516 in Courtrai, wo ihm bereits früher ein Kanonikat an der Kirche Unserer Lieben Frau übertragen worden war. Von seinen erhaltenen Kompositionen gelten 31 Messen, 5 Credo- u. 2 Kyrie-Sätze, 37 Motetten u. 37 Chansons als gesichert. Besonders auffällig ist seine Vorliebe für kanonische Satzstrukturen.

Lassus, Orlande de (auch Roland de Lassus oder italienisiert Orlando di Lasso), franko-fläm. Komponist, * um 1532 Mons, Hennegau, † 14. 6. 1594 München. Als Chorknabe an St. Nicolas in Mons nachgewiesen u. anscheinend mehrfach von dort wegen seiner außergewöhnlich schönen Stimme entführt. 1544 im Gefolge von Ferdinand Gonzaga, dem Vizekönig Siziliens, begleitete diesen bei seiner Kampagne in Frankreich, anschließend über Mantua nach Sizilien u. von dort nach Mailand, wohin Gonzaga als Statthalter berufen wurde. Begab sich wahrscheinlich 1549 mit C. Castrioto nach Neapel, fand dort im Marchese della Terza einen Förderer u. wurde mit der neapolitanischen Commedia dell'arte u. der Villanesche bekannt. Kompositionen von Nola, Maio, Cimello, Fontana u. Periscone dienten ihm als Vorlage zu eigenen Versuchen. 1552 reiste L. nach Rom, kam dort im Hause des Florentiner Erzbischofs Antonio Altoviti unter u. wurde 1553 Lateran-Kapellmeister. Neben G. P. Palestrina wirkten um diese Zeit Domenico Ferrabosco u. Ghiselin Danckerts in Rom, weiterhin lernte L. die Werke von N. Gomberts u. C. de Rore kennen. Im Winter 1554–55 kehrte er in seine Heimat zurück. 1555 hatte er einen festen Wohnsitz in Antwerpen u. brachte dort im gleichen Jahr bei T. Susato eine Sammlung von »Madrigali, vilanesche, canzoni francesci e motetti« heraus. Weiter erschien 1555 bei Antonio Gardano in Venedig ein »Primo libro di madrigali a cinque«. 1556 wurde L. von Herzog Albrecht V. von Bayern als Tenorist nach München berufen. Noch vor 1559 entstanden die ***Bußpsalmen***, gedruckt 1584, als Prachtkodex von H. Müelich bereits 1565–70 im Auftrag des Herzogs u. nur zu dessen Privatgebrauch abgeschrieben. 1563 übernahm L. die Leitung der Hofkapelle von L. Daser. Dieses Amt behielt er bis zu seinem Tode. Angebote aus Paris (1573) u. Dresden (1580) lehnte er ab. Zu seinen Pflichten gehörte u. a. die Ausbildung der Kantoreiknaben, die in der ersten Zeit teilweise in seinem Hause lebten. Von dieser Verpflichtung befreite ihn erst der 1569 ernannte Unterkapellmeister Johann a Fossa. Zu den wichtigsten Schülern L. gehörten G. Gabrieli, A. Goßwin, S. Gatto, J. Reiner, L. Lechner, J. Eccard, G. Aichinger u. B. Hoyoul. Literarische Anregungen lieferte der Humanist S. Quickelberg, sein erster Biograf, der seine Kompositionen als musica reservata u. Augenmusik beschrieb.

In den ersten zwanzig Jahren seines Münchner Wirkens entfaltete L. eine rege Reisetätigkeit, meistens auf der Suche nach Sängern u. Instrumentalisten für seine Kapelle, die zu ihrer Glanzzeit 61 festbesoldete Musiker aufwies. Ab 1573 begann mit den »Patrocinien« die große repräsentative Reihe von Werkausgaben, mit denen A. Berg aus München unter den Augen des Meisters betraut war. 1588 erschien als Gemeinschaftsarbeit von L. u. seinem Sohn Rudolf »Teutsch Psalmen ... « nach Übersetzungen von

Caspar Ulenberg. Mit dieser Sammlung wollte der Katholik L. dem protestantischen Kirchenlied entgegenwirken. Das Bekenntnis zur Gegenreformation, deren Sache L. mit Überzeugung vertrat, hielt ihn jedoch nicht davon ab, in Kontakt zum protestantischen Kreis um die Verlegerin Catharina Gerlach in Nürnberg zu treten, dieser Veröffentlichungsrechte zu übertragen u. sie sogar in einem Rechtsstreit mit seinem eigentlichen Verleger Berg in Schutz zu nehmen. 1594 entstand mit den *Lagrime di S. Pietro,* gedruckt 1595, L. letztes Werk. Von seinen Kindern machten sich Ferdinand u. Rudolf einen Namen als Komponisten. Sie gaben aus L. Nachlaß u.a. die »Prophetiae Sibyllarum ...« (1600) u. die Motettensammlung »Magnum opus« (1604) heraus.

L. wird zu Recht neben Palestrina als der bedeutendste Komponist der 2. Hälfte des 16. Jh. angesehen. Sein Werkkatalog enthält eine imponierende Anzahl von Kompositionen. 70 Messen, 3 Passionen (hinsichtlich der vierten, der Johannespassion, bestehen Zweifel), mehr als 500 Motetten, 100 Magnificat, 32 Hymnen, 12 *Nunc dimittis* u. Litaneien, mehr als 200 ital. Madrigale, 146 franz. Chansons u. 93 dt. Lieder sind als authentisch anzusehen. Die in diesem Werk zutage tretende Universalität ist genauso erstaunlich wie L. Literaturkenntnisse. Nur so ist zu verstehen, daß sich L. sowohl bei der Wahl seiner Textvorlagen als auch in der Entlehnungspraxis ganz auf der Höhe seiner Zeit zeigt. Typisch für seine A-cappella-Kunst sind der »geflüsterte Klang« u. die Affektkontraste. Die Modellpraxis beim Magnificat scheint zu L. eigenen Leistungen zu gehören. So komponierte er nach 1580 eine ganze Reihe von Parodie-Magnificat. Bei L. Motetten wird der Verlust an gregorianischer Liedsubstanz durch erfindungsreichere Stimmführung ausgeglichen. L. größte Leistung liegt auf dem Gebiet der Motette ohne Cantus firmus oder mit gelokkerter Bindung an einen C.f. Häufig wird dieser auch im Baß vorweggenommen u. in Stimmüberschneidung geführt. Typisch sind die vom Sprachrhythmus bestimmten Anfänge, die Verwendung von langen Dissonanzen u. Synkopen, die weiten Tonschritte u. die Affektkontraste. L. Schaffen gilt noch bis Mitte des 18. Jh. als klassisches Vorbild des Kontrapunkts.

Von seinen zu Lebzeiten gedruckten Werken seien die folgenden aufgeführt: »Primo libro di madrigali a cinque« (1555), »Madrigali, vilanesche, canzoni francesci e motetti« (1555), »Psalmi Davidis poenitentiales ... quinque vocum« (vor 1559 komponiert, gedruckt 1584), »Newe teutsche Liedlein mit fünff Stimmen welche gantz lieblich zu singen u. auff allerley Instrumenten zu gebrauchen ... « (1567), »Der ander Theil teutscher Lieder mit fünff Stimmen ... « (1572), »Patrocinium musices ... « I (1573, Motetten), II (1574, Messen), III (1575, Officia), IV (1575, Passion mit den Lectionen), V (1576, Magnificat), ohne Bandnumerierung (1587, » ... Virginis Mariae Canticum Magnificat«) u. ohne Bandnumerierung (1589, Messen), »Der dritte Theil schöner newer teutscher Lieder mit fünff Stimmen« (1576), »Etliche ausserlessne kurtze gute geistliche u. weltliche Liedlein mit vier stimmen ... « (1582), »Newe teutsche Lieder geistlich u. weltlich mit vier Stimmen« (1583), »Teutsch Psalmen, Geistliche Psalmen mit dreyen Stimmen ... durch Orlandus de Lasso ... u. seinen Sohn Rudolphum ... « (1588) u. »Newe teutsche u. etliche frantzösische Gesänge mit sechs Stimmen ... « (1590).

Eine GA wurde von F.X. Haberl u. A. Sandberger in Angriff genommen. Sie ist unvollständig, besteht aus 31 Bänden u. erschien 1894–1927 in Leipzig. Die Komplettierung wurde ab 1956 von der Académie Royale de Belgique u. der Bayerischen Akademie der Wissenschaften unternommen. Erscheinungsort ist Kassel.

Lit.: H. Delmotte, Notice biographique sur Roland Delattres connu sous le nom d'Orlande de L., Valenciennes 1836, dt. durch S.W. Dehn Berlin 1837; A. Sandberger (Hg.) 52 Briefe in: Beiträge zur Geschichte der bayerischen Hofkapelle unter O. di Lasso, nur Bd. I u. III erschienen, Leipzig 1894–95; ders., O. di Lasso u. die geistigen Strömungen seiner Zeit, München 1926; Ch. van den Borren, O. de Lasso, Paris 1930; W. Boetticher, O. di Lasso u. seine Zeit (Bd. I: Monographie, Kassel 1958, Bd. II: Werkkatalog in Vorbereitung); ders., Aus O. di Lassos Wirkungskreis, Kassel 1963; H. Leuchtmann, O. di Lasso, Bd. I: Sein Leben, Bd. II: Briefe, Wiesbaden 1976–77; J.J. Nösselt, Ein ältest Orchester, München 1980.

Last, James (eigtl. Hans), dt. Orchesterleiter, Arrangeur u. Komponist, * 17. 4. 1929 Bremen. Schüler der Heeresmusikschule Bückeburg u. Kontrabassist. 1948 Gründung des Last-Becker-Ensembles, 1955 Mitglied des NWDR-Tanzorchesters, erste Bearbeitungen für den Funk u. Arrangements für Freddy, C. Valente u. H. Zacharias. 1965 Gründung der eigenen Big Band u. Produktion der ersten Platte aus der *Non Stop Dancing* Serie. Gehört zu den erfolgreichsten Unterhaltungskünstlern Deutschlands.

Lateinamerika, Musik der Neger → S. 439

Lauda, Laude, hymnenartiger geistlicher Lobgesang, der von den Laudesi, einer 1310 in Florenz entstandenen Brüderschaft, gepflegt wurde. Die ursprünglich ein- u. später mehrstimmigen L., die häufig auf weltliche Melodien zurückgriffen, trugen zur Entwicklung des → Oratoriums bei.

Laufzeitunterschiede, die zeitliche Differenz, mit der Klänge von derselben Schallquelle ausgehend an einem Zielort eintreffen (→ Richtungs-

LATEINAMERIKA MUSIK DER NEGER

VON CLAUS RAAB

Im Gegensatz zum Jazz der nordamerikanischen Neger blieb die Musik der schwarzen Bevölkerung Lateinamerikas lange Zeit Volksmusik. Wesentlich hängt dies mit dem Sklavenhandel und der Sklavenhaltung zusammen, die – trotz Brandmarkung durch den Wiener Kongreß 1815 und Verbot 1807 in England, 1839 durch Papst Gregor XVI. und 1863 in den USA – in Mittel- und Südamerika weiter blühten und handfeste wirtschaftliche Vorteile brachten. Noch im 19. Jahrhundert wurden vier Millionen Negersklaven nach Amerika verschleppt. Scharfe Klassentrennung unter den Dunkelhäutigen wie in New Orleans gab es kaum.

Dies hatte unter anderem zur Folge, daß den Negern der Beruf des Musikers versperrt war. Unter dem Druck der Sklavenhalter blieb die Musikausübung – wie bei vielen Stämmen Westafrikas – Laien vorbehalten und an konkrete Anlässe des Alltags gebunden: Arbeit auf den Plantagen, Feierabend, Feste, Geburt, Hochzeit, Tod, Kult und Religion. Sie geriet deshalb nicht in die Funktionsabhängigkeit und Mühle des großstädtischen Musikbetriebs, einem Monopol der Weißen.

Die Pression der Kolonialherren bewirkte zwar einige Deformationen (zum Beispiel durch Trommelverbot, da man Aufruhr befürchtete) und neue Anlässe (zum Beispiel Karneval), doch wie sich die Deportierten seit Jahrhunderten an die neuen Verhältnisse gewöhnen mußten, wie Elemente christlicher Religion in alte Riten eingingen, so wurden auch musikalische Einflüsse Europas absorbiert, ohne zunächst viel zu verändern. Denkweise, Inhalt und Form der Lieder, Instrumente und Rhythmus waren weitgehend afrikanisch geblieben. Die vereinfachte Harmonie europäischer Musik korrespondierte auffallend mit dem häufigen Terzenaufbau westafrikanischer Mehrstimmigkeit, übernommene Melodien wurden mit Blue Notes und Pentatonik gleichsam schwarz eingefärbt. (Vergleiche G. Schuller, Early Jazz, New York 1968.)

Am widerstandsfähigsten gegen Assimilationsprozesse zeigte sich der Rhythmus. Seine Komplexität, Mehrschichtigkeit und innere Gesetzmäßigkeit berührte nirgends europäische Tradition. Es dauerte lange, bis sich Komponisten für seine Eigenart interessierten. Die Gebundenheit an physische Bewegungsabläufe (Tanz, Arbeit) verlangt eine gleichmäßige Pulsation, der ohne Ausnahme sehr kleine Zeiteinheiten zugrunde liegen. Dadurch, daß dieser Grundbeat

kein Taktschema kennt und gleichsam schwerelos abschnurrt, kann jeder Impuls akzentuiert werden. Die rhythmische Basis bilden Modelle von einer bestimmten Länge mit symmetrischer oder asymmetrischer Gliederung, das heißt nur Verwendung von Zweier- oder Dreier-Elementen oder aber von beiden alternierend. Die Rhythmen werden je nach der Funktion, der sie zugehören, mit magischen Namen bezeichnet oder durch Nonsens-Silben benannt. Mit dem Sprachcharakter war in Afrika häufig die Möglichkeit der Nachrichtenübermittlung gegeben (Sprech-Xylophone, Sprech-Trommeln, Trommelsprache). Die metrische Struktur eines Modells kann im Verlauf eines Stückes variiert werden. Was dabei entsteht, ist horizontale → Polymetrik. So mag ein Modell über eine Länge von zwölf Zeiteinheiten folgende metrische Varianten erfahren:
homochron (= divisiv): 3+3+3+3 (= 6+6), 2+2+2+2+2+2 (= 6+6 oder 4+4+4); heterochron (= additiv): 3+3+2+2+2 beziehungsweise 2+2+2+3+3 (= Wechselbeat), 2+3+2+2+3 beziehungsweise 3+2+3+2+2 (= 5+7) oder 2+2+3+2+3 beziehungsweise 3+2+2+3+2 (= 7+5) und andere mehr. Der Phantasie im Jonglieren mit Zweier- und Dreier-Elementen scheinen keine Grenzen gesetzt.
Meist erklingt ein Modell einer bestimmten Länge gleichzeitig in unterschiedlicher metrischer Gliederung. Daraus resultiert vertikale Polymetrie. Die Hauptakzente fallen dabei keineswegs immer zusammen, sondern können kreuzrhythmisch gegeneinander versetzt sein. Hörbar werden die einzelnen rhythmischen Schichten auf Trommeln verschiedenen Typs mit gleichbleibender (hoch, mittel, tief) oder variabler Tonhöhe, auf Xylophonen, auf Rasseln und Schrapern, durch Händeklatschen und Gesang oder sichtbar durch die Körperbewegung bei Tanz und Arbeit.
Dem rhythmisch ungeübten europäischen Ohr boten sich kaum melodische und harmonische Anhaltspunkte, die verschiedenen rhythmischen Ebenen auseinanderzuhalten und aufeinander zu beziehen, so daß es dem scheinbaren Tohuwabohu an Geräuschen hilflos ausgeliefert war. Wohl bemerkte man das Ekstatische in dieser Musik, und die aus Afrika mitgebrachten Reiseberichte im 19. Jahrhundert schwankten zwischen Abgestoßen- und Fasziniertsein. In Amerika verlor die originäre Musik der Schwarzen etwas von ihrem okkulten Charakter und gab sich profaner, hemdsärmelig und zugänglich: ein großer Anreiz für die Beschäftigung europäisch geschulter Komponisten mit ihr.
Zunehmende Kommerzialisierung im fortgeschrittenen 20. Jahrhundert versuchte die verlorengegangene rhythmische Ursprünglichkeit durch raffiniertes Arrangement wettzumachen. Die Musik, der L. M. Gottschalk auf seinen Mittel- und Südamerika-Reisen ab 1856 begegnete, schien Darius Milhaud 1917 ebenso unverbraucht, als er mit Paul Claudel im diplomatischen Dienst nach Rio de Janeiro gelangte.

hören). Überschreitet diese Differenz einen Grenzwert von 1/20 Sekunde, kommt es zu Echoerscheinungen (→ Echo).

Laurentius von Schnüffis (eigtl. Johann Martin), österr. Dichter u. Komponist, * 24. 8. 1633 Schnifis, † 7. 1. 1702 Konstanz. Um 1660 am Hoftheater in Innsbruck, 1665 Eintritt in den Kapuzinerorden u. 1692 Krönung zum Dichter durch Leopold I. Gehört zu den wenigen Vertretern der monodischen geistlichen Liedkomposition im 17. Jh. Er veröffentlichte u. a. »Mirantisches Flötlein« (1682), »Mirantische Wald-Schallmey« (1688), »Mirantische Mayen Pfeiff« (1692), »Mirantische Maul Trummel« (1695) u. »Futer über die Mirantische Maul-Trummel« (1698).

Lautentabulatur, eine Griffschrift, bei der nicht Tonhöhen, sondern mittels Buchstaben, Ziffern u. Zeichen die jeweilige Griffstelle (Saite u. Bund) bei der Laute festgehalten wird. Der Rhythmus ist aus der über die Zeichen gesetzten Mensuralnotation zu erkennen (→ intavolieren).

Lautgedichte sind lyrische Gebilde aus Buchstaben, Silben u. Wörtern, die ohne Bezug auf eine sprachliche Bedeutung zusammengefügt werden (→ Collage). Die Tradition der L. beginnt mit P. Scheerbarth u. Ch. Morgenstern sowie den russ. Futuristen u. Suprematisten, wird von den Dadaisten, insbesondere H. Ball, fortgeführt u. reicht über K. Schwitters u. seine Sonate in Urlauten bis zu E. Jandl u. H. Heißenbüttel. Nichtsemantische Sprachsplitter werden von Komponisten wie L. Berio, L. Nono, M. Kagel, G. Ligeti u. a. als musikalisches Ausgangsmaterial verwendet.

Lautstärke, Intensität einer Tonwahrnehmung im Bereich zwischen der eben noch wahrnehmbaren Tonempfindung u. der Schmerzschwelle. Sie ist in bezug auf die Musik eine subjektive Größe im Gegensatz zur Schallstärke, die bei ihrer Entstehung an der Schallquelle gemessen werden kann. → Phon

Lavigna, Vincenzo, ital. Komponist, * 21. 2. 1776 Altamura, † 14. 9. 1836 Mailand. Schüler von F. Fenaroli in Neapel, 1802 Gesangslehrer u. Akkompagnist in Mailand. Dirigierte die Uraufführung von V. Bellinis *Norma* an der Scala u. gehörte zu den Lehrern G. Verdis. Seine erfolgreichste Komposition war die Oper *La muta per amore ossia Il medico per forza* (1803).

Lawes, 1. Henry, engl. Sänger u. Komponist, * 5. 1. 1596 Dinton, Wiltshire, † 21. 10. 1662 London. Schüler von J. Coperario u. 1626–49 Mitglied der Chapel Royal. Nach der Einsetzung Karls II., für dessen Krönung er das Anthem *Zadok the Priest* komponierte, Wiederaufnahme in den höfischen Dienst (1660). Komponierte Musiken zu mehreren Masques, u. a. zu Miltons *Comus*, u. gab die folgenden Sammlungen heraus: »A Paraphrase upon the Psalmes of David« (1637), »Choice Psalmes put into Musick for Three Voices« (darunter auch Stücke seines Bruders William, 1648) u. 3 Bücher »Ayres and Dialogues for One, Two and Three Voyces« (1653, 1655 u. 1658). Seine wortgeprägten Vertonungen verweisen bereits auf die Wortbehandlung durch H. Purcell.

2. William, Bruder von 1., engl. Komponist, getauft 1. 5. 1602 Salisbury, † 1645 Chester. Schüler von G. Coperario, Kammermusiker Karls I., Soldat in der Royalistenarmee während des Bürgerkriegs u. gefallen bei der Belagerung von Chester. Komponierte Musiken für Masques u. hinterließ mehrstimmige Instrumentalstücke wie *The Royal Consort* für Violen u. *Great Consorte*.

Lechner, Leonhard, österreichischer Komponist, * um 1553 im Etschtal, † 9. 9. 1606 Stuttgart. Sängerknabe der bayerischen Hofkapelle in München u. Landshut unter O. de Lassus u. I. de Vento bis 1570. Nach längerer Wanderschaft 1575 Schulkollaborator in Nürnberg u. Übertritt zum Protestantismus. 1584 Hofkapellmeister in Hechingen, nach 1585 Kapellsänger in Stuttgart u. ab 1595 dort Hofkapellmeister. Machte sich als Herausgeber um Teile aus dem Gesamtwerk von O. de Lassus verdient. Zu seinen eigenen Kompositionen, die durch eine Synthese von Polyphonie u. liedhafter Oberstimmengestaltung gekennzeichnet sind, gehören Motetten, aber auch viele weltliche u. geistliche dt. Lieder.

Lechthaler, Josef, österr. Komponist u. Musikwissenschaftler, * 31. 12. 1891 Rattenberg, Tirol, † 21. 8. 1948 Wien. Studierte bei G. Adler an der Universität Wien u. daneben bei M. Springer u. V. Goller an der Musikakademie. 1924 Theorielehrer, 1933–38 u. 1945 Leiter der Abteilungen für Kirchen- u. Schulmusik an der Wiener Musikakademie.

Zu L. Kompositionen gehören Messen, die Kantate *Der lichte Tag* für Soli, Männerchor u. Orch., Chöre u. Lieder.

Leclair, 1. Jean-Marie (l'aîné), franz. Geiger u. Komponist, * 10. 5. 1697 Lyon, † (ermordet) 22. oder 23. 10. 1764 Paris. 1722 als Ballettmeister in Turin, wo er bei G. B. Somis Unterricht im Geigenspiel nahm. Kam 1728 nach Paris zurück u. errang als Geiger, insbesondere bei den Concerts spirituels, aufsehenerregende Erfolge. Nahm daneben bei A. Chéron Kompositionsunterricht u. wurde für kurze Zeit Mitglied der Königlichen Kapelle u. Kammermusik. Zog sich um 1736 aus dem Konzertleben zurück, besuchte P. Locatelli in Holland, verbrachte einige Zeit am Hof des Infanten Philipp u. ließ sich 1745 wieder als Privatlehrer in Paris nieder. 1748 trat er in das Orchester des Duc de Gramont ein, für den er Ballette u. Divertissements komponierte. L. war einer der besten Geiger seiner Zeit. Er führte das Doppelgriffspiel zu hoher Virtuosität u. schrieb Stücke, deren technische Anforderungen weit in die Zukunft weisen.

Zu L. Werken gehören: die Oper *Scylla et Glaucus* (1746); 48 Sonaten für V. mit B.c.; Duos für 2 V.; Trios für 2 V. u. B.c.; 12 Violinkonzerte u. *Ouvertures et sonates en trio* für 2 V. u. B.c.

2. Jean-Marie (le cadet, auch le second), Bruder von 1., franz. Geiger u. Komponist, * 23. 9. 1703 Lyon, † 30. 11. 1777 ebd. Wirkte als Orchestermusiker in Besançon u. ab 1733 als Lehrer, Geiger u. Komponist in seiner Heimatstadt. Zu seinen Werken gehören ein »Premier livre de sonates à violon seul avec b.c.« u. »Sonates à deux violons« ohne B.c.

Lecocq, A. Charles, franz. Komponist, * 3. 6. 1832 Paris, † 24. 10. 1918 ebd. Studierte am Pariser Conservatoire bei E. Bazin (Harmonie), F. Halévy (Komposition) u. F. Benoist (Orgel). Gewann gemeinsam mit G. Bizet den von J. Offenbach für die Vertonung von »Le Docteur Miracle« ausgeschriebenen Wettbewerb u. wandte sich der Komposition von Operetten zu. Nach anfänglichen Mißerfolgen gelang ihm mit *Fleur-de-thé* (1868) der Durchbruch. Von seinen mehr als 40 Bühnenwerken sind *La fille de Madame Angot* (1872) u. *Giroflé-Girofla* am bekanntesten. Komponierte außerdem die Ballettpantomime *Les Fantoccini,* kirchliche Gesänge für Frauenstimmen, Klavierstücke u. Lieder.

Le Cocq, Jean (Johannes Gallus), franko-fläm. Komponist des 16. Jh. 1541–43 als Kapellmeister des Herzogs Ercole II. in Ferrara nachgewiesen. Ein Buch mit Motetten, »Symphonia quatuor modulata vocibus«, erschien 1543.

Leduc, Simon (Leduc l'aîné), franz. Geiger, Komponist u. Verleger, * um 1745 Paris, begraben 22. 1. 1777 ebd. Erhielt Unterricht bei P. Gaviniès u. leitete mit diesem u. F.-J. Gossec zeitweise die Pariser Concerts spirituels. Übernahm als einer der ersten franz. Komponisten den neuen, von J. Stamitz u. der Mannheimer Schule eingeführten Instrumentalstil. Veröffentlichte 2 Bücher Sonaten für 2 V. ohne B., 12 Trios für 2 V. u. B., 3 Violinkonzerte, 2 konzertante Sinfonien u. 3 Sinfonien. Den von ihm gegründeten Verlag übernahm bei seinem Tod der Bruder Pierre L. (1755 bis nach 1823), der zum Hauptverleger der neuen sinfonischen Richtung in Paris wurde. Der Verlag existiert heute noch als Éditions Alphonse L.

leere Saite, bei Saiteninstrumenten mit Griffbrett die Erzeugung eines Tones ohne Fingeraufsatz. Wird durch o über der Note angezeigt.

Lees, Benjamin, amer. Komponist, * 8. 1. 1924 Harbin, Mandschurei. Studierte bei H. Stevens, I. Dahl u. E. Kanitz an der University of Southern California u. erhielt Privatunterricht bei G. Antheil. Unternahm ausgedehnte Studienreisen durch Europa u. unterrichtet seit 1962 am Queen's College in Long Island.

Zu L. Kompositionen gehören: die Bühnenwerke *The Oracle* (1955) u. *The Gilded Cage* (1971); Orchesterwerke, darunter 3 Sinfonien (1953, 1958 u. 1968), Concerto für Orch. Nr. 1 (1959), *Spectrum* (1964), Concerto für Kammerorch. (1966), *Silhouettes* (1967) u. *The Trumpet of the Swan* für Sprecher u. Orch. (1972); 2 Klavierkonzerte (1955 u. 1966); Violinkonzert (1958); Oboenkonzert (1963); Konzert für Streichquartett u. Orch. (1964); Vokalkompositionen wie *Visions of Poets,* Kantate für S., T., gem. Chor u. Orch. (1961), u. *Medea of Corinth,* Konzertstück für S., Mezzo-S., Bar., Baßbar., Bläserquintett u. Pauken (1970); 2 Streichquartette (1952 u. 1955); 4 Klaviersonaten (1949–63), Lieder.

Leeuw, Ton (Antonius) W. A. de, niederl. Komponist, Pianist u. Kritiker, * 16. 11. 1926 Rotterdam. Schüler von O. Messiaen u. J. Kunst u. ab 1954 Tonmeister beim Rundfunk in Hilversum. 1959 Kompositionslehrer am Konservatorium in Amsterdam u. 1972 Direktor dieser Institution.

Zu L. Kompositionen gehören: die Oper *De droom* (1963); die Fernsehopern *Alceste* (1963) u. *Litany of our time* (1970); die Ballette *Krishna en Radha* u. *De bijen* (1964); Vokalkompositionen, u. a. Rundfunkoratorium *Job* (1956), *Haiku I* für Singst. u. Kl. (1963), *II* für S. u. Orch. (1968), Psalm 118 für gem. Chor, 2 Pos. u. Org. ad lib. (1966), *Lamento pacis I, II* u. *III* für gem. Chor u. verschiedene Instrumentalbesetzungen (1969); Orchesterwerke wie Concerto grosso (1948), *Treurmuziek in memoriam Willem Pijper* (1948), Sinfonie für Streicher u. Schlagzeuger (1950), Sinfonie für Streicher (1951), *Plutos-Suite* (1952), *Mouvements rétrogrades* (1957), *Nritta* u. *Ombres* (1961), *Spatial Music I* (für Orch., 1966), *II* (für 4–9 Schlagzeuger, 1971), *III* (für Orch. in 4 Gruppen, 1967) u. *IV* (für 12 Spieler, 1968), *Syntaxis II* (1966), *Music for strings* (1970) u. *Gending, a western homage to musicians of the gamelan* für 16 Schlagzeuger (1975); Klavierkonzert (1948); 2 Violinkonzerte (1953 u. 1961) u. Musik für Org. u. 12 Spieler (1971); elektronische Stükke, u. a. *Antiphonie* (1960), *Syntaxis I* (1966) u. *Mountains* für B.-Klar. u. Tonband (1977); Kammermusik, darunter 2 Streichquartette (1958 u. 1963), Klavierstücke u. Lieder. Zu seinen Veröffentlichungen gehören »Experimentale muziek« (1958) u. »Influences mutuelles des cultures dans le domaine de la musique« (1973).

Lefébure-Wély, Louis J. A., franz. Organist u. Komponist, * 13. 11. 1817 Paris, † 31. 12. 1869 ebd. Sohn des Organisten A. Lefèbre, übernahm bereits mit 14 Jahren beim Tode seines Vaters dessen Organistenamt an St-Roche. Daneben Schüler des Conservatoire (F. Benoist, H.-M. Berton u. F. Halévy) sowie privat von A. Adam. 1847–57 Organist an Ste-Madeleine u. ab 1863 an St-Sulpice.

Zu L.-W. Kompositionen gehören: die Oper *Les recruteurs* (1861), die Kantate *Après la victoire* (1863), 3 Sinfonien, 1 Orchestermesse, Kammermusik u. Klavierstükke.

Le Flem, Paul, franz. Kritiker u. Komponist, * 18. 3. 1881 Lézardrieux. Schüler von A. Lavignac am Pariser Conservatoire u. von A. Roussel u. V. d'Indy an der Schola Cantorum. 1925–39 Leiter der Chanteurs de St-Gervais u. als Nachfolger Roussels 1923–39 Lehrer für Kontrapunkt an der Schola Cantorum. Daneben war er Musikkritiker für die »Comoedia«.

Zu Le F. Kompositionen gehören: die Bühnenwerke *Aucassin et Nicolette, Chantefable* (1908–09), *Le rossignol de St-Malo* (1938), *La clairière des fées* (1944), *La magicienne de la mer* (1947) u. *La folie de Lady Macbeth*, ein Mimodram mit Tanz (1936), 3 Sinfonien (1908, 1958 u. 1967), Kammermusik.

legato (ital.), die gebundene Wiedergabe von Tönen. Wird durch einen sog. Bindebogen angezeigt.

leggiero (ital., franz. léger), fordert Vortrag mit Leichtigkeit, eine Spielweise, die zwischen staccato u. legato liegt.

Legrand, Michel, franz. Komponist, * 24. 2. 1932 Paris. Sohn des Orchesterleiters, Arrangeurs u. Komponisten Raymon L. Studierte am Pariser Conservatoire, machte sich zuerst einen Namen als Arrangeur, schrieb dann Ballette für R. Petit u. G. Kelley. Von ihm stammen die Filmmusiken zu »L'amérique insolite« (1960), »Bande à part« (1964) u. »Les demoiselles de Rochefort« (1967). Komponierte außerdem mit *Les parapluies de Cherbourg* (1963) einen der wenigen gelungenen Musikfilme, in denen auch die Dialoge gesungen werden. Später auch zu einem Bühnenstück umgearbeitet.

Legrenzi, Giovanni, ital. Komponist, getauft 12. 8. 1626 Clusone bei Bergamo, † 27. 5. 1690 Venedig. 1657–65 Kapellmeister der Accademia delle Spirito Santo in Ferrara, 1672 Direktor des Konservatoriums dei Mendicanti in Venedig u. 1685 gleichzeitig Kapellmeister an S. Marco.

Zu L. Kompositionen gehören Opern wie *Achille in Sciro* (1664), *Zenobia e Radamisto* (1665), *Eteocle e Polinice* (1675), *Giustino* (1683) u. *Pertinace* (1684); Oratorien; 1 Messe; 1 Magnificat; Motetten; Solokantaten u. Instrumentalmusik, u. a. *Sonate da chiesa, da camera* (1656) u. *Sonate a due, trè, cinque e sei stromenti* (1663).

Lehár, Franz, österr. Komponist, * 30. 4. 1870 Komorn, † 24. 10. 1948 Bad Ischl. Sohn eines Militärkapellmeisters. Trat mit 12 Jahren in das Prager Konservatorium ein, wo er eine Ausbildung als Geiger erhielt. War anfänglich Orchestermusiker in Barmen-Elberfeld, wurde dann Militärkapellmeister in Pula, Triest, Budapest u. schließlich 1899–1902 in Wien. Lebte später als freischaffender Komponist. Nach ersten Versuchen mit Instrumentalwerken u. Klavierstücken gelang ihm mit der Oper *Kukuschka* (1896) ein erster Bühnenerfolg. 1902 schaffte er mit *Wiener Frauen* u. *Der Rastelbinder* den Durchbruch als Operettenkomponist. L. wurde zum erfolgreichsten Komponisten der sog. 2. Wiener Operettenklassik. Es gelang ihm, Wiener u. Pariser Kolorit mit slawischen Elementen zu verbinden. Außerdem übernahm er von G. Puccini die großen Melodiebögen u. hielt sich in Harmonik u. Instrumentierung an die von R. Strauss entwikkelte Tonsprache. In seinem Spätwerk, das mit *Paganini* (1925) beginnt, läßt sich eine deutliche Straffung der Handlung, schärfere Zeichnung der Figuren u. eine Annäherung an die komischen Oper (fast könnte man auch tragische Operette sagen) u. das Singspiel feststellen. Sein letztes Werk, die musikalische Komödie *Giuditta*, wurde an der Wiener Staatsoper uraufgeführt.

Zu L. wichtigsten Bühnenwerken gehören: *Der Göttergatte* (1904, rev. als *Die ideale Gattin*, 1913, u. als *Die Tangokönigin*, 1921), *Die lustige Witwe* (1905), *Der Graf von Luxemburg* (1909), *Zigeunerliebe* (1909), *Endlich allein* (1914, Umarbeitung als *Schön ist die Welt*, 1931), *Die gelbe Jacke* (1922, Umarbeitung als *Das Land des Lächelns*, 1929), *Paganini* (1925), *Der Zarewitsch* (1927), *Friederike* (1928), *Giuditta* (1933).

Lit.: Katalog der Bühnenwerke von F. L., Wien 1955; M. Schönherr, F. L., Bibliographie zu Leben u. Werk, Baden bei Wien 1970; B. Grun, Gold u. Silber, F. L. u. seine Welt, München 1970.

Lehmann, Hans Ulrich, schweiz. Komponist, * 4. 5. 1937 Biel. Studierte an den Konservatorien von Biel, Zürich u. Basel Cello, Musiktheorie u. Komposition. Nahm 1960–63 an Meisterklassen von P. Boulez u. K. Stockhausen teil u. betrieb daneben musikwissenschaftliche Studien bei K. von Fischer an der Universität Zürich. 1964–72 Lehrer für Musiktheorie an der Musikakademie Basel, ab 1969 Inhaber eines Lehrauftrags an der Universität Zürich, 1972 Lehrer für Komposition u. Musiktheorie an der Musikhochschule Zürich u. ab 1976 Direktor des Konservatoriums u. der Musikhochschule Zürich.

Zu L. Werken gehören: *Quanti I* für Fl. u. Kammerensemble (1962); *Régions* für Fl. solo (1963); *Mosaik* für Klar. (1964); *Spiele* für Ob. u. Hf. (1965); *Noten* für Org. (1964–66); Rondo für eine Singst. u. Orch. (1967); Konzert für 2 Bläser (Fl. u. Klar.) u. Streicher (1969); *Régions III* für Klar., Pos. u. Vc. (1970); *Monodie* für 1 Blasinstr. (1970); *dis-cantus I* für Ob. u. 11 Streicher (1971), *Sonata »da chiesa«* für V. u. Org. (1971); *dis-cantus II* für S., Org. u. Kammerorch. (1971); *Tractus* für Fl., Ob. u. Klar. (1971); *Positionen* für Orch. (1971); *»bringen, um zu kommen«* für S. u. 5 Instr. (1972); *faces* für Cemb. u. 5 Instr. (1972); *»à la recherche ... «* für 2 Org. u. Stimmen (1973); *Rota* für Ob. u. Cemb. (1973–74), *» ... zu streichen«* für 2 Vc., 2 V. u. 2 Va. (1974); *points d'orgue* für Fl., Vc. u. Org. (1975); *Streuungen* für Chöre u. Orch. (1975–76); *»zu blasen«* für 23 Holz- u. Blechbläser (1975–76); *Monolog* für Org. (1976); *Tantris* für S., Fl. u. Vc. (1976–77); *Air* für Klar. u. Kl. (1977); *Motetus Paraburi* für 3 Sänger (1977–78); Kammermusik *hommage à Mozart* für Kammerorch. (1978–79).

Lehrstück, ein kurzes u. leicht aufführbares Bühnenstück didaktischen Charakters. Der eigentliche Erfinder dieser auf dem mittelalterlichen Moralitätenspiel aufbauenden Gattung ist B. Brecht. Mit dem Nationalsozialismus wurden diese auf Bewußtseinserweiterung der Arbeiterschaft angelegten Problem- u. Diskussionsstücke abgeschafft. Zu den besten Proben der Gattung gehören *Der Jasager* (1930, K. Weill/B. Brecht), *Die Maßnahme* (1930, H. Eisler/B. Brecht) u. *Tadel der Unzuverlässigkeit* (1932, P. Dessau/R. Seitz).

Leibowitz, René, franz. Komponist, Dirigent u. Lehrer poln. Herkunft, * 17. 2. 1913 Warschau, † 28. 8. 1972 Paris. Lebte seit 1926 in Paris u. ließ sich als Geiger ausbilden. 1931–32 Studium bei A. Webern (Harmonielehre u. Kontrapunkt), 1933 bei M. Ravel (Orchestration) u. 1932–38 bei V. De Sabata u. P. Dessau (Orchesterleitung). Engagierter Vertreter von A. Schönbergs Zwölftontechnik. Setzte sich als Dirigent u. Schriftsteller für die 2. Wiener Schule ein u. nahm durch seine Kurse in Darmstadt 1948 u. 1949 großen Einfluß auf die dt. Komponisten der Nachkriegszeit. Zu seinen Schülern gehörten u. a. H. W. Henze u. P. Boulez. In seinen eigenen Kompositionen hielt sich L. fast durchweg streng an die von Schönberg aufgestellten Regeln.

Zu L. Werken gehören: die Opern *La rumeur de l'espace* (1950), *Ricardo Gonfolano* (1953), *Les espagnols à Venise* (1963) u. *Labyrinthe* (1969); Orchesterwerke wie Sinfonie (1941), Variationen (1945), Kammersinfonie (1948), Sinfonie *Perpetuum Mobile: The City* für Sprecher u. Orch. (1951), *Trauersinfonie* (1955), Kammersinfonie (1961), *Rhapsodie symphonique* (1965); Konzerte für Kl., V. u. 17 Instr. (1942), Kl. (1954), Va. (1954), V. (1959), Pos. (1960) u. Vc. (1962) mit Orch.; Vokalkompositionen, u. a. *Tourist Death* für S. u. Orch. (1943), Serenade für Bar. u. 8 Instr. (1955), *A Prayer* für A., Chor u. Orch. (1965), *Chanson Dada* für Kinderst. u. 4 Instr. (1968), *Une légende* für S., Kl. u. Orch. (1968), *Laboratoire central* für Sprecher, Chor u. Kammerorch. (1970) u. 3 Chöre für Vokalquartett u. Kl. (1971); Kammermusikwerke, darunter *L'explication des métaphores* für Sprecher, 2 Kl., Hf. u. Schlagzeug (1947), 8 Streichquartette (1948–68), *Humoreske* für 7 Schlagzeuger (1957), *Marijuana* für V., Pos., Vibraphon u. Kl. (1960), *Motifs* für Sprecher u. 5 Instr. (1967), Suite für 9 Instr. (1967), Quartett für Saxophone (1969) u. Sextett mit Klar. (1970). L. veröffentlichte: »Schoenberg et son école« (Paris 1947), »Qu'est-ce que la musique de douze sons?« (Lüttich 1948), »Introduction à la musique de douze sons« (Paris 1949), »L'artiste et sa conscience« (Paris 1950), »Évolution de la musique. De Bach à Schoenberg« (Paris 1951), »Histoire de l'opéra« (Paris 1957), gemeinsam mit J. Maguire: »Thinking for Orchestra. Practical Exercises in Orchestration« (New York 1960), »Schoenberg« (Paris 1969) u. gesammelte Essays als »Le compositeur et son double« (Paris 1971).

Leich → Lai

Leifs, Jón, isländischer Komponist u. Dirigent, * 1. 5. 1899 Sólheimar, † 30. 7. 1968 Reykjavík. Schüler von R. Teichmüller, H. Scherchen, O. Lohse u. P. Graener in Leipzig 1916–22. Trat anschließend als Gastdirigent auf u. übernahm 1935–37 die musikalische Leitung des isländischen Rundfunks. Sammelte einheimische Volkslieder, deren Melodien er zum Teil in seine Kompositionen einarbeitete. L. gilt als Begründer der isländischen Nationalmusik. Zu seinen von isländischer Folklore u. Sagenwelt inspirierten Kompositionen gehören: die sinfonische Trilogie *Hljómkviða* (1925), *Hekla* (1947), das choreografische Drama *Baldr* (1950), eine *Saga-Sinfonie*, 2 *Edda-Oratorien* u. 3 Streichquartette. Er veröffentlichte u. a. »Islands künstlerische Anregung« (Reykjavík 1951).

Leigh, Mitch, amer. Komponist, * 30. 1. 1928 Brooklyn, NY. Studierte an der Yale University in New Haven, CT, komponierte Film- u. Bühnenmusiken. Sein bisher größter Erfolg war das Musical *Man of la Mancha* (1964), das 1971 auch verfilmt wurde.

Leighton, Kenneth, engl. Komponist, Pianist u. Lehrer, * 2. 10. 1929 Wakefield, Yorkshire. Studierte am Queen's College in Oxford u. bei G. Petrassi in Rom. Nach verschiedenen Lehraufträgen seit 1970 Professor für Musik an der Universität von Edinburg.

Zu L. Kompositionen gehören 2 Sinfonien, Konzerte für Kl., V., Va., Vc., Org. sowie 2 Kl. u. Orch., 1 Sinfonia sacra *The Light Invisible* für T., Chor u. Orch., 1 Messe für Doppelchor, Kammermusik, Klavierstücke.

Leimer, Kurt, dt. Pianist u. Komponist, * 7. 9. 1920 Wiesbaden, † 20. 11. 1974 Vaduz. Schüler von Karl L. u. E. Fischer. Leitete neben seiner Konzerttätigkeit ab 1953 Meisterklassen am Salzburger Mozarteum. Komponierte 4 Klavierkonzerte, davon das 2. für die linke Hand. Er ist ein Großneffe des Klavierpädagogen Karl L.

Leise, althochdt., mittelhochdt. u. slawische volkstümliche Kirchenlieder mit ein- oder angefügtem → Kyrie eleison (dt. auch Kirleis).

Leitmotiv, ein von H. v. Wolzogen 1876 erstmals in seinen Wagner-Analysen verwendeter Ausdruck, unter dem heute allgemein ein einprägsames musikalisches Motiv verstanden wird, das einer Person, Idee, Sache oder Situation zugeordnet ist. Das L. kann auftreten, wenn es der dramatische Handlungsablauf erfordert. Außerdem kann es kommentierend, motivierend oder analysierend eingesetzt werden. Die verwandte Technik des Erinnerungsmotivs war bereits bei Ch. W. Gluck, C. M. von Weber u. a. verbreitet. Erst R. Wagner erhob das L. zum beherrschenden musikdramatischen Formprinzip, insbesondere in *Der Ring des Nibelungen*. Eine ähnliche Technik führte H. Berlioz mit seiner → Idée fixe in die Sinfonik ein.

Leitton, ein Ton, der zu einem anderen hinleitet u. denselben erwarten läßt. Er liegt meistens einen

Halbton unter der Tonika. Der Schritt vom L. zum Zielton ist immer eine kleine Sekunde. Die stärkste Wirkung geht in der Dur-Moll-Harmonik von der VII. Stufe, der Terz der Dominante, aus. Diese will sich zum oberen Grundton hin auflösen. Die L.-Wirkung aller Halbtöne hat besonders die Musik der Romantik genützt u. damit eine Verbindung zwischen allen Klängen hergestellt. → Modulation

Le Jeune, Claude (Claudin), franz. Komponist, * zwischen 1528 u. 1530 Valenciennes, begraben 28. 9. 1600 Paris. Scheint die meiste Zeit seines Lebens in Paris zugebracht zu haben u. sympathisierte wohl mit den Hugenotten. Seine erste wichtige Veröffentlichung bestand aus »Dix pseaumes de David ... en forme de motets«, 4st. (1564). Danach erschien »Livre de melanges à 4, 5, 6, 8, et 10 parties« bei Ch. Plantin in Antwerpen (1585). In La Rochelle, der Hochburg des franz. Protestantismus, erschien sein »Dodécachorde contenant douze Psaumes de David mis en musique selon les douze modes approuvez des meilleurs auteurs anciens et modernes à 2, 3, 4, 5, 6 & 7 voix« (1598). Auf dem Titelblatt findet sich zum ersten Mal der Hinweis »compositeur de la musique de la chambre du roy«. Mit der nächsten Veröffentlichung, betitelt »Le Printemps«, 2–8st. Chansons (1603), die von seiner Schwester Cécile Le J. besorgt wurde, zeigt sich Le J. bei der Behandlung der »vers mesurez« als Meister im Sinne J.-A. Baïfs. Neben C. Goudimel ist er der bedeutendste Psalmenkomponist im franz. Sprachbereich. 3 Bücher Psalmen, 3st. nach den Melodien des Genfer Psalters, wurden 1603 ebenfalls von seiner Schwester herausgegeben. Eine weitere, 4- u. 5st. Bearbeitung folgte 1613.

Lemacher, Heinrich, dt. Lehrer u. Komponist, * 26. 6. 1891 Solingen, † 16. 3. 1966 Köln. Studierte am Kölner Konservatorium u. an der Universität Bonn. Leitete 1924–33 das Seminar des Reichsverbandes Dt. Tonkünstler u. Musiklehrer in Köln u. lehrte 1925–56 an der dortigen Musikhochschule.

L. komponierte neben einigen Orchestersuiten, 1 Konzert für Kl. u. Streicher sowie Kammermusik hauptsächlich Kirchenmusik, darunter Messen, Kantaten u. Motetten. Zu seinen Schriften gehören »Handbuch der katholischen Kirchenmusik« (gemeinsam mit K. G. Fellerer, 1949), »Lehrbuch des Kontrapunktes« (mit H. Schroeder, 1950), »Generalbaßübungen« (1954), »Harmonielehre« (1958) u. »Formenlehre der Musik« (1962).

Le Maistre, Mattheus (Matthieu), franko-fläm. Komponist, * um 1505 Roclenge-sur-Geer, † vor April 1577 Dresden. Über seinen Werdegang ist nichts bekannt. 1554–68 war er Hofkapellmeister in Dresden als Nachfolger J. Walters. Mit seinen fast ausschließlich geistlichen Werken steht er in der Tradition der Reformationsmusiker der ersten Stunde. Neben Motetten u. Magnificat veröffentlichte er »Geistliche u. Weltliche Teutsche Geseng«, 4–5st. (1566) u. kurz vor seinem Tode »Schöne u. auserlesene ... Geistliche Gesenge«, 24 Tricinia (1577).

Lemlin (Lämblin), Laurentius, dt. Komponist, * um 1495 Eichstätt, † wahrscheinlich Heidelberg. Besuchte die Universität Heidelberg u. trat als Sänger u. später Kapellmeister der dortigen Hofkapelle auf. Zu seinen Schülern gehörten J. von Brandt, G. Forster u. C. Othmayr. G. Forster nahm 15 seiner Lieder in eine eigene Sammlung auf. Außerdem sind Motetten in Sammelwerken erhalten.

Lendvai, P. Erwin, ungar. Komponist, * 4. 6. 1882 Budapest, † 21. 3. 1949 Epsom, Surrey. Schüler von H. Koessler in Budapest u. G. Puccini in Mailand. 1913–14 Theorielehrer bei É. Jaques-Dalcroze in Hellerau, 1914–20 Lehrer für Komposition am Klindworth-Scharwenka-Konservatorium in Berlin. Mußte 1933 Deutschland verlassen u. kam in Kenninghall bei Norwich als Musiklehrer unter.

Zu L. Werken gehören die Oper *Elga* (1916, revidiert 1918), Kammermusik u. eine Reihe von hervorragenden Kompositionen für Männerchöre.

Lenoir, Jean (eigtl. J. B. D. Neuburger), franz. Komponist, * 26. 2. 1891 Paris, † 19. 1. 1976 ebd. Schüler des Pariser Conservatoire, anschließend Orchesterleiter u. Komponist von Filmmusiken u. Chansons. Er wurde durch Lucienne Boyers Vortrag seines Chansons *Parlez-moi d'amour* weltberühmt.

Lento (ital.), langsam, eine Tempovorschrift, in der Ausführung wahrscheinlich langsamer als das Adagio.

Leo → Leoninus

Leo, Leonardo (eigtl. Lionardo Oronzo Salvatore de L.), ital. Komponist, * 5. 8. 1694 San Vito degli Schiavi bei Brindisi, † 31. 10. 1744 Neapel. Schüler von A. Basso u. N. Fago am Conservatorio della Pietà dei Turchini in Neapel 1709–13. Hatte nach 2 musikalischen Dramen mit der Oper *Pisistrato* (1714) einen ersten Erfolg. Wurde bei A. Scarlattis Tod 1725 1. Hoforganist, 1734–37 secondo maestro am Conservatorio dei Turchini, 1739–44 primo maestro am Conservatorio di Sant'Onofrio, 1744 Hofkapellmeister. Daneben hatte er bereits 1741 die Nachfolge von N. Fago als primo maestro am Conservatorio dei Turchini angetreten, ein Amt, das er bis zu seinem Tode behielt. Seine bedeutendsten Schüler waren N. Jommelli u. N. Piccinni. Neben Kirchenkompositionen u. Oratorien wie *La morte d'Abele* u. *Sant'Elena al calvario* komponierte er 1 Konzert für 4 V., 6 Cellokonzerte, Klaviertoccaten u. Orgelfugen. Seine größte Begabung lag aber eindeutig auf dem Gebiet der Oper. Mit seinen komischen Opern gehört er zu den wichtigsten Vertretern der → neapolitanischen Schule. Seine bekannteste Buffa war *Amor vuol sofferenze* oder *La finta Frascatana* (1739).

Leoncavallo, Ruggero (Ruggiero), ital. Komponist, * 23. 4. 1857 Neapel, † 9. 8. 1919 Montecatini. Schüler von B. Cesi, M. Ruta u. L. Rossi am Konservatorium in Neapel. Schlug sich als Privatlehrer u. Kaffeehauspianist durch, nachdem seine erste Oper *Chatterton* nach Fertigstellung nicht zur Aufführung kam. Konnte seine Oper *I Medici* dem Verleger Ricordi verkaufen. Dieser setzte jedoch keine schnelle Uraufführung durch. Verärgert brachte L. bei dem konkurrierenden Verlagshaus Sonzogno seinen einzigen Welterfolg unter, die Oper *I Pagliacci (Der Bajazzo)*, die 1892 am Teatro dal Verme in Mailand herauskam. Seine beiden nächsten, dem Verismo verpflichteten Opern waren *La Bohème* (1897) u. *Zazà*. Beide blieben erfolglos. 1904 schrieb L. im Auftrag von Kaiser Wilhelm II. die Oper *Der Roland von Berlin*, ebenfalls ein Mißerfolg. L. komponierte außerdem *Maia* (1910), *Malbruk* (1910), *I Zingari* (1912), *La Reginetta delle rose* (1912), *Are you there* (1913), *La Candidata* (1915), *Goffredo Mameli* (1916), *Prestami tua moglie* (1916) u. *Edipo Re* (1920). Als Librettist arbeitete L. auch für Machado u. Pennacchio, komponierte die sinfonische Dichtung *Serafita*, 1 Requiem, Klavierstükke u. Lieder. Veröffentlichte seine Autobiografie als »La réforme« 1892 in Alexandria.

Leoninus (auch Leo), franz. Komponist der 2. Hälfte des 12. Jh. Wirkte an Notre-Dame in Paris. Die einzige Erwähnung findet sich bei dem englischen Anonymus IV, der über ihn sagt: »Magister Leoninus ... qui fecit magnum librum organi de Gradali et Antiphonario ... « Dieses Werk ist eine 2st. Organa-Sammlung für das ganze Kirchenjahr. Es handelt sich um Bearbeitungen liturgischer Melodien, bei denen in den Soloteilen eines responsorialen Gesanges die Noten der Grundstimme gedehnt wurden. Darüber ist eine frei komponierte Oberstimme geführt, die durch belebten Rhythmus u. Melismen auffällt.

Le Roux, Maurice, franz. Dirigent u. Komponist, * 6. 2. 1923 Paris. Schüler von O. Messiaen u. L. Fourestier am Pariser Conservatoire u. von D. Mitropoulos. Begann ab 1952 eine Dirigentenlaufbahn, die ihn 1960–68 an die Spitze des Orchestre National de l'ORTF führte. 1968–72 künstlerischer Berater der Pariser Opéra, seit 1973 Inspecteur Général de la Musique, Produzent vieler Musiksendungen im franz. Fernsehen unter der Rubrik ARCANA u. seit 1978 musikalischer Berater von FR 3.

Zu L. R. Kompositionen gehören die Ballette *Le petit prince* (1949) u. *Sable* (1956); Bühnenmusiken zu Kafkas »Schloß« u. Shakespeares »Julius Cäsar« für die Truppe Renaud-Barrault (1957 u. 1960); Orchesterwerke wie *2 Mimes* (1947), *Le cercle des métamorphoses* (1951), *Divertissement pour Mozart* (1956) u. *Un koan* (1973); Kammermusik, u. a. *Pièces dodécaphoniques* für Kl. (1945), Klaviersonate (1946), *Cahiers d'inventions* für Kl. (1948) u. *3 Visages* für Fl., Trp. u. Kl. (1951) u. Vokalkompositionen wie *3 Psaumes de Patrice de La Tour du Pin* für Chor a cappella (1948) u. *Au pays de la magie*, Liederzyklus nach Gedichten von Henri Michaux (1951). Außerdem schrieb L. R. zahlreiche Filmmusiken, u. a. zu »Ballon rouge« (A. Lamorisse, 1955), »Les mistons« (F. Truffaut, 1958), »Le petit soldat« (J.-L. Godard, 1960), »Vu du pont« (S. Lumet, 1961), »Kamouraska« (C. Jutra, 1973) u. »Contes immoraux« (W. Borowczyk, 1975). Er veröffentlichte die Schriften »Introduction à la musique contemporaine« (1947) u. »C. Monteverdi« (1951) u. gab 1979 bei Retz die Enzyklopädie »La Musique« heraus.

Leroux, Xavier H. N., franz. Komponist, * 11. 10. 1863 Velletri, Kirchenstaat, † 2. 2. 1919 Paris. Schüler von J. Massenet u. Th. Dubois am Pariser Conservatoire. Dort 1896 bis zu seinem Tode Professor für Harmonie. Komponierte Bühnenmusiken, 1 Messe, Motetten u. Lieder, hauptsächlich jedoch Opern, darunter *Le chemineau* (1907) mit Anleihen aus der Volksmusik.

L'Estocart, Pascal de, franz. Komponist, * kurz vor 1540 Noyon, Todesdatum unbekannt. 1582 am Hofe des Herzogs von Lothringen in Nancy nachgewiesen. 1584 gewann er beim Puy von Évreux mit der Motette *Ecce quam bonum* die Silberharfe. Im gleichen Jahr trat er in die Dienste des Abtes von Valmont, Nicolas de Brabant.

L. komponierte 126 *Quatrains* (1582), 2 Bücher *Octonaires* (1582), *Sacrae cantiones*, Motetten u. geistliche Chansons (1582), 150 Psalmen, 4–8st. (1583).

Le Sueur (auch Lesueur), Jean-François, franz. Komponist, * 15. 2. 1760 Drucat-Plessiel, † 6. 10. 1837 Paris. Chorknabe in Abbeville u. Amiens, 1779 Kapellmeister an der Kathedrale von Séez u. kurz darauf Unterkapellmeister an Saints-Innocents in Paris. Dort erhielt er auch ersten Harmonieunterricht von Abbé Roze, dessen Nachfolger als 1. Kapellmeister an Saints-Innocents er 1784 wurde. 1786 in gleicher Position an Notre-Dame, wo er Messen mit großer Orchesterbesetzung aufführte u. sich schließlich in eine Kontroverse verwickelt sah, die er beendete, indem er sich aufs Land zurückzog u. seinen Posten aufgab. 1793 wirkte Le S. wieder in Paris u. brachte erfolgreich seine ersten Opern heraus: *La caverne* (1793), *Paul et Virginie* (1794) u. *Télémaque* (1796). Seit Gründung des Pariser Conservatoire bekleidete er eine der Inspektorenstellen. 1804 wurde er als Nachfolger G. Paisiellos Hofkapellmeister Napoleons. Nach der Restauration Ernennung zum Königlichen Opernkapellmeister u. Hofkapellkomponisten. 1818 Professur am wiedereröffneten Conservatoire, eine Stellung, die Le S. bis an sein Lebensende behielt. Zu seinen Schülern gehörten H. Berlioz, A. Thomas, Ch. Gounod u. N. H. Reber. Neben weiteren Opern hinterließ Le S. 33 Messen, Oratorien, Motetten, 3 Te Deum u. 1 Stabat mater. Er gehört in seiner programmatischen Musikauffassung zu den Wegbereitern von Berlioz.

Lesungen (lat. lectiones), gehören zu den Grundformen der liturgischen Feier. Die Texte stammen aus der Bibel u. von den Kirchenvätern. An Sonn- u. Feiertagen werden in der Messe drei, sonst zwei L. vorgetragen. Für die gesungenen L. sieht der Ordo cantus Missae zwei Lektionstöne vor. Für die evangelische Kirche schuf Luther gemeinsam mit J. Walter in seiner dt. Messe ein eigenes Modell.

Letelier Llona, Alfonso, chil. Komponist u. Lehrer, * 4. 10. 1912 Santiago de Chile. Schüler von P. H. Allende Sarón. Gehörte 1940 zu den Mitbegründern der Escuela Moderna de Música, deren Leiter er bis 1953 war. Wechselte anschließend zum chil. Nationalkonservatorium u. wurde Dekan der Fakultät für Musik der Universität.

Zu L. L. Werken gehören: Suite *Grotesca* (1946), Suite *Aculeo* (1957) u. 4 *Preludios vegetales* für Orch. (1968); *La Vida del Campo* für Kl. u. Orch. (1937); Gitarrenkonzert (1961); Messe für Chor, Streicher u. Org. (1930); Oratorium *La historia de Tobias y Sara* (1955), Hymne an den Orden der hl. Ursula für Frauenchor (1958); Streichquartett (1939); Saxophonquartett (1958).

Lettrismus (von franz. lettre: »Buchstabe«), eine literarische Bewegung, die der in Paris lebende Rumäne I. Isou begründet hat. Ihr Ziel ist, in Anlehnung an Tzara aus Buchstaben, Lauten, Silben u. Wörtern eine neue, nichtsemantische Klangsprache zu gewinnen. 1947 veröffentlichte Isou seine »Introduction à une nouvelle poésie et à une nouvelle musique« u. dehnte die Anwendungsmöglichkeiten dieses lettristischen Prinzips auf die Musik aus. → Lautgedichte

Leuckart, Franz Ernst Christoph, dt. Musikverleger, * 21. 3. 1748 Helmstedt, † 9. 2. 1817 Breslau. Gründete eine Musikalienhandlung in Breslau, aus der sich der 1870 nach Leipzig übergesiedelte Verlag gleichen Namens entwickelte. Seit 1948 ist L. in München ansässig. Zum Verlagsprogramm gehören vor allem Chorwerke, aber auch Kompositionen von R. Strauss u. H. Pfitzner sowie katholische Kirchenmusik.

Lewin, David, amer. Komponist, Lehrer u. Musikschriftsteller, * 2. 7. 1933 New York. Schüler von R. Steuermann, R. Sessions u. M. Babbitt. Ist seit 1967 Mitglied des Department of Music der State University of New York in Stony Brook, NY.

Zu L. Kompositionen gehören: *Essay on a Subject of Webern* für Kammerorch. (1958); Sonate für Va. u. Kl. (1958); 3 *span. Lieder* für Bar., Git. u. B.-Klar. (1959); *Five Characteristic Pieces* für 2 Kl. (1964) u. *Classical Variations on a Theme by Schoenberg* für Vc. u. Kl. Er veröffentlichte daneben mehrere Beiträge über Zwölftonmusik.

Lewkovitch, Bernhard, dän. Komponist u. Organist, * 28. 5. 1927 Kopenhagen. Schüler des Königlichen Konservatoriums in Kopenhagen. Ab 1947 Organist an St. Ansgar in Kopenhagen u. nach einem Studienaufenthalt in Paris (1950) auch Kantor bis 1963. Leitet den von ihm gegründeten Chor Schola Cantorum u. gilt als einer der bedeutendsten nordischen Komponisten von Kirchenmusik.

Zu L. Werken gehören: 3 *Salmi* (1952); 3 Motetten (1952); Messe (1952); Messe für 10 Bläser, Hf. u. Kammerchor (1954); *Missa brevis* für Männerst. (1955); 3 Madrigale nach Tasso (1955); 10 lat. Motetten (1956–57); *Tres orationes* für T., Ob. u. Fag. (1957–58); *Cantata sacra* für T. u. 6 Instr. (1960); *Improperia per voci* (1961); *Il Cantico delle Creature* für 8 St. (1962–63); *Veni Creator Spiritus,* Variationen für Chor u. 6 Pos. (1967); *Laudi a Nostra Signora* für gem. Chor (1969); *Sub Vesperum* für gem. Chor (1970); *De Lamentatione Jeremiae* für Chor u. Orch. (1979); 65 Orgelchoräle; 4 Klaviersonaten u. 2 Tanzsuiten für Orch.

Lexika geben im Bereich der Musik Sachbegriffe (Sach-L.) oder Lebensabrisse u. Werkverzeichnisse von Komponisten, Interpreten u. Musikwissenschaftlern (biografische L.) in alphabetischer Anordnung. Enthält ein Nachschlagewerk sowohl einen Sach- als auch einen Personenteil, spricht man von einem universalen Musik-L. Daneben gibt es eine Fülle von L., die sich auf Teilgebiete (Spezial-L.) beschränken, darunter Konzertführer, musikgeschichtliche Abrisse, Instrumentenkunden, zusammenfassende Darstellungen von spezifischen Entwicklungen oder musikalischen Teilbereichen. Als ältestes Musiklexikon gilt das »Terminorum musicae diffinitorium« (um 1473–74) von J. Tinctoris, das erstmals über musikalische Terminologie Auskunft gab. Großen Einfluß auf die Entwicklung der L. hatte das »Dictionaire de musique« (1703) von S. de Brossard, das auch die inzwischen aufgekommenen Affekt- u. Tempobezeichnungen einbezog. An Brossard anknüpfend erschien als erstes universales Musiklexikon »Musicalisches Lexicon« des Bach-Schülers J. G. Walther (1732). Das nächste bedeutende L. ist die Grundlage einer »Ehrenpforte« (1740) von J. Mattheson. Es folgt das »Dictionaire de musique« (1767) von J.-J. Rousseau. Mit dem »Historisch-biographischen Lexicon der Tonkünstler« (2 Bde., 1790–92) von E. L. Gerber u. dessen »Neuem historisch-biographischem Lexikon der Tonkünstler« (4 Bde., 1812–14) erreichte die Entwicklung des biografischen L. einen ersten Höhepunkt. Für die Sach-L. ist in diesem Zusammenhang H. Ch. Koch mit seinem »Musik Lexikon« (2 Bde., 1802) zu erwähnen. Als nächste größere Leistung auf diesem Gebiet muß die »Biographie universelle des musiciens et bibliographie générale de la musique« (8 Bde., 1837–44) von F.-J. Fétis angesehen werden, der bereits versuchte, historische Zusammenhänge deutlich werden zu lassen. Im Zuge des intensiveren Quellenstudiums erschien ein »Biographisch-bibliographisches Quellen-Lexikon der Musiker u. Musikgelehrten der christlichen Zeitrechnung bis zur Mitte des 19. Jh.« (10 Bde., 1900–04) von R. Eitner. In England kam das »Dictionary of Music and Musicians« (4 Bde., 1879–89) von G. Grove heraus, dessen letzte Neuauflage in 22 Bänden 1979–80 erschienen ist u. weltweit als eines der Standardwerke gilt. Besonders sorgfältig recherchiert ist das »Musik-Lexikon« (1882) von H. Riemann, dessen letzte Erweiterung zu einem dreibändigen Werk (1959–62) mit 2 Ergänzungsbänden (1972–75) geführt hat, in dem sowohl Sachfragen wie Biografisches umfassend behandelt sind. Von diesem fünfbändigen Werk liegt eine zweibändige Fassung als »Brockhaus-Riemann« (1978–79) vor. Schließlich sei noch auf Unternehmen von enzyklopädischem Ausmaß hingewiesen: F. Blume zeichnet für »Die Musik in Geschichte u. Gegenwart« (MGG) verantwortlich, die in 14 Bänden (1949–69) u. 2 Supplement-Bänden (ab 1973) alles Wissenswerte aus dem Gebiet der Musik zusammenträgt; die Internationale Gesellschaft für Musikwissenschaft u. die Internationale Vereinigung der Musikbibliotheken geben gemeinsam ein »Internationales Quellenlexikon der Musik« heraus. Unter der Bezeichnung RISM (»Répertoire international des sources musicales«) entstehen augenblicklich verschiedene Reihen über die folgenden Spezialgebiete: Serie A, Einzeldrucke vor 1800; Serie B, geschlossene Quellengruppen, u. Serie C, Directory of Music Research Libraries.

An dieser Stelle soll auch auf die Problematik jeder lexikalischen Arbeit hingewiesen werden. Je gründlicher die Recherchen u. je länger die Vorbereitungszeit, desto weniger lassen sich modische Strömungen, Termini oder letzte Entwicklungen sowie neuere Veröffentlichungen u. Kompositionen einbeziehen. Je umfangreicher die Arbeit ausfällt, desto teurer u. damit unerschwinglicher für den durchschnittlichen Musikfreund u. Liebhaber wird sie.

Lhotka, 1. Fran, jugoslaw. Komponist u. Dirigent, * 25. 12. 1883 Jungwoschitz, Südböhmen, † 26. 1. 1962 Zagreb. Studierte am Prager Konservatorium 1899–1905, u. a. bei A. Dvořák, 1910–61 Professor an der Musikakademie in Zagreb.

Zu L. Werken gehören: das musikalische Märchen *Zlatokosi kraljević* (1909), die phantastische Sage *U carstvu sanja* (1921), die Opern *Minka* (1918) u. *More* (1920), Ballette, u. a. die Tanzdichtung *Luk* (1939), 1 Sinfonie (1909), 1 Violinkonzert (1914) u. *Fresken* für Orch. (1958), Kammermusik, Chöre u. Lieder. Er veröffentlichte ein Lehrbuch des Dirigierens (1931) u. eine Harmonielehre (1948).

2. Ivo, Sohn von 1., jugoslaw. Komponist, * 30. 7. 1913 Zagreb. Studierte an der Musikakademie in Zagreb u. bei I. Pizzetti in Rom. Wurde 1951 Gesangslehrer an der Musikakademie in Zagreb.

Zu L. Kompositionen gehören die Opern *Pomet* (1944) u. *Matia Gubec* (1948), Funk- u. Fernsehopern, Ballette u. 1 Sinfonie.

Libretto (ital. Verkleinerungsform zu libro: »Buch«), seit dem ausgehenden 18. Jh. Bezeichnung für das kleinformatige Textbuch zu musikalischen Bühnenwerken, Oratorien, Kantaten etc., dann für den Text selbst. Bezeichnet auch die Handlung von Balletten u. Pantomimen. Daraus abgeleitet der Begriff Librettist für den Autor eines L. Opernkomponisten vertonen entweder eigene oder fremde Stoffe, in der Mehrzahl ziehen sie dazu einen Librettisten heran. In der Oper des 20. Jh. zeigt sich eine auffällige Hinwendung zu literarischen Vorlagen. So werden immer häufiger Werke bekannter Schriftsteller u. Dichter als Libretto eingerichtet. Einblick in die komplexen Beziehungen zwischen dem Komponisten u. dem Librettisten gibt der veröffentlichte Briefwechsel zwischen R. Strauss u. H. von Hofmannsthal.

Licenza (ital.: »Erlaubnis«), **1.** Ehrenbezeigung einer hochgestellten Persönlichkeit gegenüber, die im 17. u. 18. Jh. bei Bühnenwerken in Form eines Epilogs erfolgte. **2.** fuga con alcune licenze (mit satztechnischen Freiheiten), so z. B. Beethoven über die Schlußfuge seiner Sonate op. 106.

Lichine, David (eigtl. Lichtenstein), russ. Tänzer u. Choreograf, * 25. 10. 1910 Rostow, † 26. 6. 1972 Los Angeles. Studierte bei L. Egorova u. B. Nijinska in Paris u. debütierte 1928 bei I. Rubinstein. Tanzte 1930 kurz in der Kompanie von A. Pawlowa u. war 1932–41 Mitglied von de Basils Ballets Russes de Monte Carlo. Kreierte dort Rollen in G. Balanchines *Cotillon* u. *Le Bourgeois gentilhomme* sowie in L. Massines *Jeux d'enfants, Présage* u. *Choréartium.* 1940 schuf er für diese Kompanie sein bekanntestes Ballett *Graduation Ball* (M.: Joh. Strauß, Arr.: A. Dorati). L. heiratete T. Riabouchinska, eine der drei legendären Baby-Ballerinen, u. ging 1942 an das American Ballet Theater, wo er die von M. Fokin nicht zu Ende geführte Ch. von *Helen of Troy* komplettierte. Nach dem Krieg war er hauptsächlich als Gast-Choreograf tätig u. ließ sich 1955 als Lehrer in Los Angeles nieder.

Lidholm, Ingvar N., schwed. Dirigent, Lehrer u.

Komponist, * 24. 2. 1921 Jönköping. Studierte an der Stockholmer Musikhochschule bei T. Mann, Ch. Barkel u. A. Runnquist, anschließend bei H. Rosenberg Komposition. 1946–47 Aufenthalte in Frankreich, der Schweiz u. Italien, 1949 in Darmstadt u. 1954 Studien mit M. Seiber in London. Zwischenzeitlich Bratschist in der Königlichen Hofkapelle 1944–47 u. Orchesterleiter in Örebro 1947–56. Der Schwed. Rundfunk berief L. 1956 als Leiter der Kammermusikabteilung. 1965–75 war er Professor für Komposition an der Stockholmer Musikhochschule. Seit 1974 künstlerischer Berater von Sveriges Radio u. freischaffender Komponist.

Zu L. überwiegend tonal gehaltenen Werken gehören: die Fernsehoper *Holländarn* (1964–67, Salzburger Opernpreis 1968) u. das Fernsehmusikdrama *Inga träd skall väcka dig* (1973–74); das Ballett *Riter* (1959); die Orchesterwerke *Toccata e canto* (1944), Concerto für Streicher (1945), Musik für Streicher (1952), *Ritornell* (1955), *Mutanza* (1959), *Motus-Colores* (1960) u. *Poesis* (1963); Violinkonzert (1951); Vokalkompositionen wie *3 Sånger med Stråkorkester* (1940–45), Kantate für Bar. u. Orch. (1949–50), *Skaldens natt* für S., Chor u. Orch. (1957–58), *Nausikaa ensam* für S., Chor u. Orch. (1962–63); A-cappella-Kompositionen, darunter *Laudi* (1947), *Canto LXXXI* nach E. Pound (1956), *Motto* nach Ovid (1959), *2 griech. Epigramme* für S. u. Chor a cappella (1959) u. *... a riveder le stelle* nach Dante für S. u. gem. Chor a cappella (1971–73); Kammermusik; Klavierstücke. 1968 veröffentlichte er gemeinsam mit G. Ligeti u. W. Lutoslawski »Three Aspects of New Music«.

Liebermann, Rolf, schweiz. Komponist u. Opernintendant, * 14. 9. 1910 Zürich. Studierte bei H. Scherchen Dirigieren u. bei W. Vogel Komposition. 1950–57 Leiter der Orchesterabteilung beim Schweizer Landessender Beromünster u. 1957–59 der Musikabteilung beim Norddt. Rundfunk. 1959–73 Intendant der Hamburgischen Staatsoper u. 1973–80 Generalintendant der vereinigten Pariser Opern. Durch die Vergabe von Auftragswerken an Komponisten wie K. Penderecki u. G. C. Menotti bereicherte er die Opernspielpläne mit neueren Stücken. Bei seinen eigenen Werken mischt L. freie Formen der Zwölftonmusik mit Jazzelementen. 1977 veröffentlichte er in München »Opernjahre, Erlebnisse u. Erfahrungen vor, auf u. hinter der Bühne großer Musiktheater«.

Zu L. Kompositionen gehören: die Bühnenwerke *Leonore 40/45* (1952), *Penelope* (1953) u. *School for Wives* (1955, revidiert als *Schule der Frauen* 1957); Kantaten *Une des fins du monde* (1945) u. *Streitlied zwischen Leben u. Tod* (1950) sowie 1. Sinfonie (1949); *Concerto for Jazzband and Symphony Orchestra* (1954); *Geigy Festival Concerto* für Basler Trommel u. Orch. (1958); Capriccio für S., V. u. Orch. (1959) u. *Les échanges*, Sinfonie für 156 Maschinen (1964).

Liebhaber → Kenner u. Liebhaber

Lied, ein Gebilde aus den Elementen Wort u. Ton, dessen Geschichte von der schöpferischen Auseinandersetzung zwischen diesen beiden Komponenten bestimmt wird. Bezeichnet als Gattung ein ursprünglich einfaches, in sich geschlossenes musikalisches Gebilde, das aber in Form (→ Volkslied, Kunstlied → Lieder, S. 451) u. Inhalt (→ Arbeitslied, → Kirchenlied) grundverschieden sein kann. Die Entwicklung des L. reicht von der Einstimmigkeit über Formen kunstvoller Mehrstimmigkeit zum Kunstlied u. den auf Volkslieder und Chansons zurückgreifenden Kompositionen der heutigen → Liedermacher. Aus mündlicher Überlieferung u. in Nachahmung mittelalterlicher lat. Strophendichtungen entwickelten sich in den verschiedenen Sprachgebieten voneinander abweichende Formen wie L. der Trobadors u. Trouvères, Minne- u. Meistersang, Chanson de geste u. Cantigas. Einflüsse der Gregorianik (Kirchentonarten) u. Volksgut bestimmten das musikalische Material. Während sich im deutschsprachigen Raum beim mehrstimmigen Liedsatz, im Tenorlied u. bei der Liedmotette eine gewisse Ausgewogenheit zwischen Musik u. Wort zeigte, gaben die Franzosen mit der → musique mesurée u. die Italiener mit dem neuen stile recitativo dem Wort das Übergewicht. In der Folgezeit verlor das L. gegenüber der Kantate u. Oper an Boden. Erst im 18. Jh. gewann es wieder an Bedeutung, als es über das → Singspiel Eingang in die Oper fand. Mit dem Ende der Generalbaßzeit wurde das Klavier zum bevorzugten Begleitinstrument des L. W. A. Mozart ließ in seinen wenigen Kompositionen für Singstimme u. Klavier bereits ahnen, wozu das vorerst nur als Begleitinstrument eingesetzte Klavier fähig war. L. van Beethoven komponierte mit *An die ferne Geliebte* den ersten bedeutenden L.-Zyklus. Zu den weiteren Wegbereitern des Klavierliedes gehörten die auf Volkstümlichkeit bedachten Mitglieder der → Berliner Schule (1. Berliner Schule mit den Brüdern Graun, C. Ph. E. Bach, J. F. Agricola u. F. Benda, 2. Berliner L.-Schule mit J. A. P. Schulz, J. F. Reichardt u. C. F. Zelter).

Schubert war der erste, der das L. in den Mittelpunkt seines Schaffens stellte. Angeregt von den Balladen J. R. Zumsteegs u. den Dichtungen Goethes, gelang ihm die psychologische Ausdeutung eines Textes mit musikalischen Mitteln. Bei ihm kam es zu jener Durchdringung von Text, Singstimme u. Klavierpart, die eine Kompositionsform hervorbrachte, die heute weltweit als »Lied« bezeichnet wird. Mit dem z. B. im *Erlkönig* oder *Gretchen am Spinnrad* geforderten deklamatorischen Gesang entstand etwas Spezifisch-Eigenes, das heute noch im Gegensatz zur Belcanto-Technik der Italiener die dt. Gesangskunst bestimmt.

Verstärkte Beschäftigung mit dem Volkslied u. die dem romantischen Gefühl entgegenkommende Form des Klavierliedes oder Charakterstücks (→ L. ohne Worte) führten mit R. Schumann, J. Brahms u. a. zu einer großen Blüte des L. 1841 verwendete K. Koßmaly erstmals in Schumanns »Neuer Zeitschrift für Musik« den Ausdruck Kunstlied u. deutete ihn als Gegensatz zum Volkslied. Weitere Impulse verdankte das Kunstlied H. Wolf u. G. Mahler u. im 20. Jh. Komponisten wie P. Hindemith, B. Britten u. L. Dallapiccola. In der 2. Wiener Schule wurde sogar versucht, das L. u. damit die menschliche Stimme bei atonaler Melodik zur Wirkung zu bringen. Daneben entstand eine reiche Literatur für den Hausgebrauch, für Chorvereinigungen wie die im 19. Jh. so beliebten Liedertafeln u. in neuerer Zeit für die Jugendbewegung u. die von ihr beeinflußten Singkreise.

Lieder → S. 451

Liederbücher, Liederhandschriften sind die wichtigsten Quellen für Minne- u. Meistersang sowie für die noch nicht gedruckten Volks- u. Gesellschaftslieder des 15. u. 16. Jh. Mit dem Notendruck entstanden umfangreiche Liedersammlungen wie die von Arnt v. Aich u. G. Forster. Aus späterer Zeit ist das »Mildheimische Liederbuch«, hg. von R. Z. Bekker 1799, zu erwähnen.

Liederkranz → Liedertafel

Liedermacher, ein von W. Biermann in Anlehnung an B. Brechts Ausdruck Stückeschreiber geprägter Begriff. Bezeichnet die heutigen Erben einer jahrhundertealten Tradition von Dichter-Sängern. Ihre Vorbilder sehen sie im Chanson, im literarischen Kabarett, im Protestsong u. den traditionellen Arbeiter- u. Kampfliedern. Zu den engagierten Liedermachern gehören W. Biermann, G. Danzer, F. J. Degenhardt, W. Moßmann, Ch. Stählin u. K. Wecker. Stärker auf Konsum u. Kommerz sind H. Knef, A. Heller u. R. Mey ausgerichtet.

Liedersängerinnen. Zu den großen Liedersängerinnen des 20. Jh. gehören: E. Ameling (* 1933, Sopran), K. Ferrier (1912–53, Alt), A. Giebel (* 1921, Sopran), E. Grümmer (* 1911, Sopran), Ch. Ludwig (* 1928, Mezzosopran), E. Schwarzkopf (* 1915, Sopran), I. Seefried (* 1919, Sopran).

Liedertafel, Name eines von C. F. Zelter 1809 in Berlin gegründeten Singkreises, der anfangs aus 24 männlichen Mitgliedern bestand. Zugrunde lag die romantische Erinnerung an König Artus' Tafelrunde. Die L. wurde zum Vorbild vieler L. u. Gesangsvereine in Deutschland.

Liedform, Bezeichnung für zwei- u. dreiteilige Formen nicht allzu großen Umfangs, erstmals angewendet von → A. B. Marx. Während die kleinste L. zweiteilig ist, d. h. jeden der beiden Teile wiederholt, ist die eigentliche L. dreiteilig u. folgt dem Schema A B A, indem sie nach einem abweichenden Mittelteil zum Anfang zurückführt. Die dreiteilige L. des frühen 18. Jh. führte mit zur Entwicklung der Sonatensatzform.

Lied ohne Worte, Bezeichnung für kürzere Instrumentalstücke (→ Charakterstück) liedhaften Charakters. F. Mendelssohn Bartholdy veröffentlichte 8 Hefte mit L. o. W.

Lifar, Serge, franz. Tänzer, Choreograf, Ballettdirektor u. Ballettschriftsteller russ. Herkunft, * 2. 4. 1905 Kiew. Erhielt seine tänzerische Grundausbildung bei B. Nijinska, die ihn für S. Diaghilews Ballets Russes engagierte, als sie dort Choreografin wurde. Daneben betrieb L. weitere Studien bei E. Cecchetti u. N. Legat. Kreierte Rollen in Balletten von Nijinska, L. Massine u. G. Balanchine. Hatte einen seiner größten persönlichen Erfolge in der Titelrolle von Balanchines *Der verlorene Sohn* (1929). Brachte noch im gleichen Jahr mit den Ballets Russes eine Neufassung von I. Strawinskys *Renard* heraus. Nach Auflösung von S. Diaghilews Kompanie 1929–44 Tänzer, Choreograf u. Ballettdirektor der Pariser Opéra, 1944–46 künstlerischer Leiter u. Choreograf des Nouveau Ballet de Monte Carlo, 1947–58 noch einmal als Tänzer u. Choreograf an der Pariser Opéra, daneben Tätigkeit als Gast-Choreograf im Ausland. Entwickelte einen heute veraltet wirkenden Neoklassizismus, hatte aber außergewöhnlichen Einfluß auf die franz. Ballett-Szene u. die Musiker seiner Zeit. A. Honegger komponierte z. B. die Musik für *Icare* vollständig nach L. rhythmischen Vorstellungen. 1947 gründete L. das Institut Chorégraphique, aus dem 1957 die Université de la Danse hervorging.

Zu L. wichtigsten Ch. gehören: *Die Geschöpfe des Prometheus* (M.: L. van Beethoven) 1929; *Bacchus und Ariadne* (M.: A. Roussel) 1931; *Salade* (M.: D. Milhaud); *Nachmittag eines Fauns* (M.: C. Debussy) u. *Icare* (M.: A. Honegger) 1935; *Harnasie* (M.: K. Szymanowski) u. *Des Kaisers neue Kleider* (M.: J. Françaix) 1936; *David triomphant* (M.: V. Rieti) u. *Alexandre le Grand* (M.: Ph. Gaubert) 1937; *Oriane et le prince d'amour* (M.: F. Schmitt) u. *Le cantique des cantiques* (M.: A. Honegger) 1938; *Entre deux rondes* (M.: M. Samuel-Rousseau) 1940; *Sylvia* (M.: L. Delibes), *Le chevalier et la demoiselle* (M.: Ph. Gaubert), *Istar* (M.: V. d'Indy) u. *Boléro* (M.: M. Ravel) 1941; *Joan von Zarissa* (M.: W. Egk) u. *Les animaux modèles* (M.: F. Poulenc) 1942; *Der Liebeszauber* (M.: M. de Falla) u. *Suite en blanc* (M.: É. Lalo) 1943; *Guignol et Pandore* (M.: A. Jolivet) u. *Les mirages* (M.: H. Sauguet) 1944; *Aubade* (M.: F. Poulenc), *Dramma per musica* (M.: J. S. Bach), *Chota Roustaveli* (M.: A. Honegger), *La Péri* (M.: P. Dukas), *A la memoire d'un héros* (M.: L. van Beethoven) u. *Eine Nacht auf dem Kahlen Berge* (M.: M. Mussorgskij) 1946; *Nautéos* (M.: J. Leleu) 1947; *Daphnis und Chloe* (M.: M. Ravel) 1948; *Le chevalier errant* (M.: J. Ibert) u. *Phèdre* (M.: G. Auric) 1950; *Schnee-*

LIEDER

VON WILLIAM MANN

Diese kurze Betrachtung beschäftigt sich nicht mit der üblichen Definition eines Nachschlagewerks, die da lautet: Vertonung eines Textes zum Singen. Musikhistorische Nachschlagewerke müssen jede Musik behandeln, die als Lied beschrieben werden könnte. Dazu gehören polyphone Kompositionen für mehrere Stimmen und Instrumente, denen ein gemeinsamer Text zugrunde liegt wie im »Glogauer Liederbuch« oder A. Schönbergs *Gurrelieder*. Sie müssen die Liedform erwähnen, der sich ganz besonders die reine Instrumentalmusik bedient hat. Volkslieder und Popsongs gehören ebenfalls in den Bereich des Liedes, haben aber nur am Rande mit dem zu tun, was den Inhalt dieses Sachartikels betrifft.

Alle Liebhaber klassischer Musik, ob sie nun im Konzert oder zu Hause gespielt wird, gehen heute, insbesondere außerhalb des deutschen Sprachraums, mit der folgenden Definition einig: Lieder (ein in die internationale Musikfachsprache übernommener Begriff) sind Gesänge für eine Singstimme, die meistens von einem Tasteninstrument begleitet wird (in selteneren Fällen von einem Orchester, und dann handelt es sich fast immer um eine Bearbeitung), Vertonung von Dichtung unter unmittelbarer Schaffung der besonderen Stimmung und Atmosphäre der Vorlage bei sorgfältiger Beachtung des natürlichen Sprachakzents, der übergreifenden Bedeutung der Wörter und der ihnen im einzelnen oder insgesamt innewohnenden Klangfarben. Meine Definition des Liedes deckt sich mit dem Programm, das man bei einem privaten oder öffentlichen Liederabend zu hören bekommt. Dabei sollte ein Konzertsaal nur mittlere Größe haben, weil die Vermittlung von Wort und Musik zwischen dem Interpreten und dem Zuhörer ganz direkt und intensiv sein muß. Berühmte Liedersänger (die Begleiter sind übrigens genauso wichtig) treten manchmal in Riesenhallen auf, um entweder größere Einnahmen zu erzielen oder so viele ihrer Anhänger wie möglich gleichzeitig zufriedenzustellen. Dabei geht jede Wirkung zu Lasten des echten Künstlertums, so als ob man ein außergewöhnliches Miniaturbild vergrößerte, um damit eine ganze Wohnzimmerwand zu dekorieren.

Wichtigster Bestandteil des Repertoires eines Liedersängers sind wahrscheinlich die Kompositionen von F. Schubert, der ganz aus sich heraus die überlieferte gesungene Hausmusik in eine neue, unendlich verfeinerte Kunstform verwandelte. Indem er das Lied zu größter Blüte brachte, gelang ihm eine musikali-

sche Leistung von gleich weittragender Bedeutung wie seinem Zeitgenossen L. van Beethoven mit der Form und dem Inhalt seiner Sinfonien für Orchester und W. A. Mozart einige Jahrzehnte früher mit seinen Klavierkonzerten.
Ein Liederabend kann ohne weiteres mit Mozart beginnen, bevor man zu Schubert übergeht. Mozart-Lieder sind meist ziemlich anspruchslos und ohne große dichterische Bedeutung, abgesehen von Liedern wie *Das Veilchen* (Goethe), *Abendempfindung* (Campe) und dem mehr opernhaften *Als Luise die Briefe ihres ungetreuen Liebhabers verbrannte*. In der letzteren Komposition entspricht die Wortbehandlung und -umsetzung genau meinen Vorstellungen vom Lied. Ein Liederabend kann ebenfalls Kompositionen von J. Haydn im Programm haben, obwohl seine besten und einfallsreichsten Lieder mit »Canzonets« betitelt sind und während seiner Londonaufenthalte zu englischen Texten komponiert wurden. Dazu gehört auch *She never told her love,* Haydns einzige Vertonung einer Dichtung Shakespeares (Teil eines Textes in Blankversen aus »Was Ihr wollt«).
Das Liederrepertoire kann durchaus Lieder der Kreuzfahrer, Trobadors und Minnesänger enthalten (überliefert sind allerdings nur Melodien und Texte, keine Instrumentalstimmen) oder einen spanischen → Villancico mit Vihuelabegleitung oder ein englisches Ayre mit Laute, das bei J. Dowland seine höchste Ausprägung fand. Viele Liederabende beginnen mit italienischen Arie antiche, meistens Opernarien des Barock (z. B. *Gia il sole dal Gange* aus A. Scarlattis *Pompeio*), die jedoch genausowenig meiner Vorstellung vom Lied entsprechen wie die neumodischen Volksliedbearbeitungen (J. Canteloube, B. Britten, A. Copland u. a.), mit denen karrierebewußte Sänger bei einem uninformierten Publikum den Eindruck von Vielseitigkeit erwecken wollen. Das deutsche Lied, wie ich es hier darstelle, blickt auf eine wahrhaft edle Tradition zurück. Es beginnt mit J. H. Scheins *Waldliederlein* (1621–28), pastoralen Gesängen für arkadische Schäfer, die in verschiedener Besetzung aufgeführt werden konnten, aber ausdrücklich auch von einem Sänger mit Begleitung eines Tasteninstruments. Die wenigsten Konzertbesucher oder Schallplattenfreunde werden sie kennen. Unter den Liedern von C. Ph. E. Bach gibt es eine ganze Anzahl für eine Singstimme und Begleitung durch ein Tasteninstrument, die sich gut für einen Liederabend eignen. Sie sind wesentlich einfühlsamer in der Behandlung ihrer Texte als spätere Lieder von den berühmten Komponisten J. R. Zumsteeg, J. F. Reichardt und C. F. Zelter. Diese hielten sich hauptsächlich an die strophische Liedkomposition, d. h., sie verwendeten die gleiche Melodie für alle Strophen eines Gedichts unabhängig von ihrem dramatischen Inhalt. Der erzählerische Charakter der Balladen wie »Edward« oder »Erlkönig« muß zur endgültigen Ablösung des Ideals von der strophischen Liedkomposition beigetragen haben. Trotzdem bedauerte die deutsche Musikkritik (meistens angesehene Musiker) den freizügigen Umgang, den sich Schubert mit dem deutschen Lied erlaubte.
Mit genau dieser Freiheit, die sich Schubert in nicht strophisch komponierten

Liedern wie *Das Lied im Grünen* oder *Im Frühling* herausnahm, trieb er die Entwicklung dieser Gattung voran. Beide waren zu Beginn strophisch angelegt, bis in den späteren Strophen die Übermacht der Einfälle die Musik des Anfangs veränderte. Schuberts *Ganymed* beginnt wie ein normales strophisches Lied, verwandelt sich aber schon kurz darauf in ein Musikdrama, das vor dem Hintergrund einer weiträumigen Mise en scène abläuft. Seine zwei Liederzyklen *Die schöne Müllerin* und *Winterreise* sind Zusammenstellungen mehrerer Lieder, mit denen er eine längere Geschichte erzählt, die in ihrer Gesamtheit eine starke Wirkung hat. Trotzdem gibt jedes Lied eine unverwechselbare musikalische und menschliche Erfahrung wieder. Beethoven gebührt die Ehre, den ersten heute noch beliebten Liederzyklus komponiert zu haben. *An die ferne Geliebte* ist zwar meisterlich gebaut, hält aber keinen Vergleich mit entsprechenden Werken späterer Komponisten aus. Beethoven hat sich kaum mit dem Lied beschäftigt, und er fand keinen besonderen Zugang zur menschlichen Singstimme (vielleicht spielt hier seine Taubheit eine Rolle).
Von Schubert entwickelte sich das deutsche Lied über den gewandten, aber einfallslosen F. Mendelssohn Bartholdy weiter zu R. Schumann, der sich in der Dichtung besser auskannte und in seinen Liederzyklen erzählender Dichtung als weiser Formgeber waltete. Sein literarischer Geschmack war stärker ausgebildet als der von Schubert, aber weniger empfänglich für H. Heine, der Schubert in der zweiten Hälfte des *Schwanengesang* zu unerreichten Höhen der Geistigkeit inspirierte.
Bei Schumanns Liedern hat man manchmal den Eindruck, als ob er dem Wort mehr Bedeutung zumesse als der Musik. Er kannte den Eigenwert der Dichtung ganz genau, wie sich unschwer aus seinen Zyklen *Dichterliebe* und *Frauenliebe und Frauenleben* heraushören läßt. Trotzdem wirkt die Klavierbegleitung immer überzeugend. Schumann war das Vorbild für H. Wolf, als dieser aus der Schumannschen Liedertradition heraus eine Sammlung einzigartiger und raffiniertester Juwelen schuf. Das gilt für jedes einzelne Lied in den verschiedenen großen Sammlungen nach Mörike, Eichendorff, Goethe u. a., denen er allen eine kongeniale Musik gab. Weil er sich dem Süden verbunden fühlte, auch wenn er nie dorthin kam, beschäftigte er sich mit der Dichtung Spaniens und Italiens und widmete beiden Liedersammlungen. Wolf war vielleicht der gewissenhafteste und dabei ausdrucksvollste Liederkomponist seiner Zeit. Neben ihm wirkte J. Brahms in Wien, ein eifriger, vielseitiger, erfahrener und einfallsreicher Liederkomponist. Nur schrieb dieser weniger für den Konzertsaal als für den behaglichen Salon und die wohlproportionierte, natürlich begabte und reichlich ausdrucksvolle Sängerin. Text und dichterische Feinheiten waren ihm nicht so wichtig wie Atmosphäre und lyrischer Fluß. Man kann Brahms-Lieder, die tief aus dem Born des deutschen Volkslieds schöpfen, gern haben, ohne sie als wesentlichen Beitrag zum Kunstlied zu bewundern. C. Loewe lebt heute hauptsächlich in seinen Balladen weiter, die im Detail sorgfältig ausgearbeitet sind und hohe Anforderungen an Sänger (er selbst war Baß-Bariton) und Be-

gleiter stellen. Er komponierte außerdem viele nicht erzählende Lieder von großem Reiz, z. B. *Kleiner Haushalt.*
Das Erbe Brahms' ging zu gleichen Teilen an R. Strauss und G. Mahler. Der letztere fühlte sich stark zum deutschen Märchen und dem Tonfall des deutschen Volkslieds hingezogen und brachte beides in seine persönliche spätromantische Tonsprache ein. In sich gekehrt und an einer ständigen Verfeinerung seiner Textur und seines Ausdrucks arbeitend, wandte er sich mehr und mehr von der musikalischen Welt eines Brahms ab und blickte nach Frankreich und Fernost. Strauss schrieb bereits in seiner Jugend eine Vielzahl von Liedern, die Schumann und Brahms nachempfunden und in ihrer Harmonisierung und ihrem poetischen Ausdruck von den Idealen der aus H. Berlioz, F. Liszt und R. Wagner bestehenden Avantgarde beeinflußt waren. Bald wurden seine Lieder jedoch subtiler und raffinierter. *Morgen* entfaltet eine seltene Erfindungsgabe, während *Ruhe, meine Seele* dramatisches Gewicht mit Augenblicken kristallklarer Heiterkeit vermischt, ein Zeichen der sich ins Unvermeidliche schikkenden Resignation. Am feinsten gearbeitet sind seine drei *Ophelia-Lieder.* Ihr Ausdruck ist so spartanisch, daß man die Musik an manchen Stellen eher P. Hindemith als dem älteren Komponisten zuschreiben könnte.
Strauss und Mahler fühlten sich beide zum Orchesterlied hingezogen, einer Gattung, die ihre Entstehung den unter dem Titel *Les nuits d'été* von H. Berlioz zusammengefaßten Liedern zu verdanken scheint. Als das Lied aus der häuslichen Atmosphäre in die Öffentlichkeit des Konzertsaals übersiedelte, konnte es nur im Orchesterkonzert einen angemessenen Platz finden. Bereits bestehende Lieder wurden häufig mit neuer Orchesterbegleitung versehen. Wolf orchestrierte einige seiner Lieder; Brahms machte Orchesterfassungen von Liedern Schuberts und Schumanns. Mahlers spätere Lieder sind alle in Orchesterfassung vorhanden. Diese gibt oft einen besseren Eindruck von seiner Textvertonung als die vielleicht gleichzeitig entstandene Klavierfassung. Strauss nahm mit den *Vier letzten Liedern,* die von Anfang an für Sopran und Orchester gedacht waren, Abschied vom Komponieren. Sie klingen weniger überzeugend mit Klavierbegleitung.
Die Geschichte des deutschen Liedes kann bis zu A. Schönberg *(Das Buch der hängenden Gärten)* und seinen Schülern A. Berg und A. Webern weitergeführt werden. Komponisten nach dem 2. Weltkrieg haben in Deutschland dem Klavierlied keine besondere Liebe entgegengebracht. Sie neigen dazu, Wörter schlagzeugähnlich einzusetzen und die Stimme als ein zusätzliches Orchesterinstrument zu behandeln. Eine Ausnahme bildet hier H. W. Henze mit *Voices,* die auf eine einfühlsame Weiterführung der deutschen Liedtradition hindeuten.
Liebhaber des Liederabends sind heute sicher der Meinung, daß diese Veranstaltungen durchaus Lieder in der Tradition Schuberts von Komponisten anderer Länder einschließen sollten. Deshalb finden sich heute im Repertoire von Liedersängern Lieder von Ch. Gounod und vielleicht G. Bizet, ganz sicher solche von H. Duparc, G. Fauré u. C. Debussy sowie deren Nachfolger F. Poulenc.

Die letzteren vier nehmen einen hervorragenden Platz in der Geschichte des Kunstlieds ein. In Rußland brachte der amateurhafte Kult des Salonlieds mit M. Glinka, der selbst ein kultivierter Sänger war, erstmals schöpferische Leistungen hervor. M. Mussorgskij, P. Tschaikowsky u. S. Rachmaninow schlossen sich später mit Liedern an, die alle von Wichtigkeit für das Repertoire eines Liedersängers sind. E. Grieg in Norwegen und J. Sibelius in Finnland gehören ebenso zur erlauchten Ahnenreihe der Liederkomponisten wie B. Bartók und Z. Kodály in Ungarn, A. Dvořák und L. Janáček in der Tschechoslowakei, E. Granados, M. de Falla, F. Obradors und X. Montsalvatge in Spanien, J. Carpenter, Ch. Ives, S. Barber, A. Copland und der beliebte Überläufer aus dem Schaugeschäft, G. Gershwin, in den Vereinigten Staaten. Die englische Tradition des Liedes, die zu Zeiten J. Dowlands und H. Purcells so lebendig war, geriet eine Zeitlang in Vergessenheit. Sie wurde entscheidend von H. Parry wiederbelebt, einem Brahms-Anhänger mit starken Neigungen zur Vorklassik (was ihn nicht davon abhielt, in einem Buch zu erklären, musikalisch sei das 17. Jahrhundert ein unbeschriebenes Blatt). Englands bedeutendster Liederkomponist im 20. Jahrhundert war B. Britten, der Dichtungen in mehreren Sprachen vertont hat, darunter mit großem Einfühlungsvermögen Werke von Rimbaud, Michelangelo, Hölderlin und Puschkin. Viele dieser Kompositionen verdanken ihre Entstehung den gemeinsamen Auftritten von Britten und dem Tenor P. Pears. Eine entsprechende Partnerschaft bildete sich in Frankreich zwischen F. Poulenc und P. Bernac. In England wurde die Tradition eines Dowland von F. Delius, R. Vaughan Williams, J. Ireland, P. Warlock, G. Finzi und M. Tippett mit neuem Leben erfüllt.

wittchen (M.: M. Yvain) 1951; *Feuervogel* (M.: I. Strawinsky) 1954; *Les noces fantastiques* (M.: M. Delannoy) u. *Romeo und Julia* (M.: S. Prokofjew) 1955; *Der Mohr von Venedig* (M.: M. Thiriet) u. *Bonaparte à Nice* (M.: M. Thiriet, L. Fest) 1960; *Parade* (M.: E. Satie) 1965; *Le grand cirque* (M.: A. Chatschaturjan) u. *Fête chez le Roi Soleil* (M.: J.-Ph. Rameau u. J.-B. Lully) 1969. Zu seinen zahlreichen Veröffentlichungen gehören »Le Manifeste du Chorégraphe« u. »Du temps que j'avais faim« (1935), »La danse« (1938), »Carlotta Grisi« (1941), »Giselle« (1942), »Terpsichore dans le cortège des muses« (1943), »Pensées sur la danse« (1946), »A l'aube de mon destin« (1948), »Traité de danse académique« (1949), »Histoire du Ballet Russe« u. »Vestris, dieu de la danse« (1950), »Traité de chorégraphie« u. »Méditations sur la danse« (1952), »Serge de Diaghilev« (1954), »La musique par la danse« (1955) u. »Au service de la danse« (1959). Lit.: Hommage à S. L., in: Les Saisons de la Danse, Paris Februar 1970.

Ligatur, 1. Zusammenfassung von zwei oder mehreren Noten in der Modal- u. → Mensuralnotation zu einer grafischen Einheit. **2.** Seit dem 16. Jh. Bindung von Einzelnoten durch einen Bindebogen, insbesondere die Bindung über einen betonten Taktteil oder Taktstrich hinweg, wodurch → Synkopen entstehen.

Ligeti, György, ungar. Komponist u. Lehrer, * 28. 5. 1923 Diciosânmartin, Siebenbürgen. Studierte bei F. Farkas u. S. Veress in Klausenburg u. an der Musikhochschule in Budapest. Beschäftigte sich nach seinem Examen einige Zeit mit dem Sammeln siebenbürgisch-ungar. Volkslieder u. arbeitete an einer Studie über die improvisierte Mehrstimmigkeit der rumänischen Volksmusik. 1950–56 Lehrer an der Budapester Musikhochschule. Emigrierte während des ungar. Aufstandes 1956 nach Wien u. nahm die österr. Staatsbürgerschaft an. Im gleichen Jahr fand er mit dem Orchesterstück *Viziók* zu seinem eigenen Stil, der damals von statischen Klangflächen geprägt war. Das Stück wurde später als 1. Satz in die *Apparitions* integriert. 1957–59 Mitarbeit am Studio für elektronische Musik des WDR in Köln, seit 1959 Dozent bei den Darmstädter Ferienkursen, seit 1961 regelmäßig Gastprofessor an der Musikhochschule in Stockholm, daneben Kompositionskurse in Madrid, Bilthoven, Essen u. den USA. Seit 1973 Professor für Komposition an der Hamburger Hochschule für Musik. Bezog schöpferische Einfälle aus der Auseinandersetzung mit der seriellen Musik, deren Dogmatik ihm jedoch widerstrebte. Konzentrierte sich auf die Kombination klanglicher Aggregatzustände, die in den stationären Klängen des Orchesterstücks *Apparitions* (1958–59) ihren prägnantesten, aber auch unwiederholbaren Ausdruck fanden. Die Klangfarbe war zum beherrschenden Parameter geworden. In *Volumina* (1961–62) wandte L. diese Technik noch einmal erfolgreich auf die Orgel an. Eine weitere Schaffensperiode, die mit dem Chorwerk *Lux aeterna* (1966) begann, zeigt eine erste Rückwendung zu Kontrapunkt u. Harmonik.

Zu L. Kompositionen gehören: die elektronischen Stükke *Glissandi* u. *Pièce électronique* (1957) u. *Artikulation* (1958); 1. Streichquartett, *Métamorphoses nocturnes* (1953); *Apparitions* (1958–59) u. *Atmosphères* (1961) für Orch.; *Fragment* für Kammerorch. (1961, rev. 1964); *Trois bagatelles* für Kl. (1961); *Volumina* für Org. (1961–62, rev. 1966); *Poème symphonique* für 100 Metronome (musikalisches Zeremoniell, 1962); *Aventures*, Mimodrama für S., A., Bar. u. 7 Instr. (1962); Requiem für S., Mezzo-S., 2 gem. Chöre u. Orch. (1963–65); *Nouvelles aventures* für S., A., Bar. u. 7 Instr. (1962–65, beide zusammen als *Aventures – Nouvelles aventures*, musikalisch-dramatische Aktion in 14 Bildern, 1966); Cellokonzert (1966), *Lux aeterna* für 16st. gem. Chor a cappella (1966); *Lontano* für Orch. (1967), Étude Nr. 1 *Harmonies* für Org. (1967); Streichquartett Nr. 2, *Continuum* für Cemb. u. 10 Stücke für Bläserquintett (1968); *Ramifications* für 12st. Streichorch. (1969); Étude Nr. 2 *Coulée* für Org. (1969); Kammerkonzert für 13 Instrumentalisten (1970); *Melodien* für Orch. (1971); Doppelkonzert für Fl., Ob. u. Orch. (1972); *Clocks and Clouds* für 12st. Frauenchor u. Orch. (1973); *San Francisco Polyphony* für Orch. (1974); *Monument – Selbstportrait – Bewegung*, 3 Stücke für 2 Kl. (1976); Mono-Drama *Rondeau* (1977); *Hungarian Rode*, Chaconne für Cemb. (1978); *Le grand macabre* (Oper, 1978); Klavierkonzert (1980).

Neben verschiedenen Einzelbeiträgen veröffentlichte L. »Three Aspects of New Music« (Stockholm 1968), »Auswirkungen der elektronischen Musik auf mein kompositorisches Schaffen« in: Experimentelle Musik (Berlin 1970) u. »Texte« (Stuttgart 1978).

Light Show, optische Ergänzung zu den Auftritten der Rockbands. Mit zuckendem Stroboskoplicht, Spots, Filmprojektionen u. a. wurden in den 60er Jahren Tanzpaläste wie das Fillmore in San Francisco oder der Electric Circus in New York für die Zuschauer attraktiver gemacht. Inzwischen verfügen auch die großen Rockformationen über eine L. S., die mit auf Tournee genommen wird.

Lincke, C. E. Paul, dt. Komponist, * 7. 11. 1866 Berlin, † 3. 9. 1946 Clausthal-Zellerfeld. Erhielt seine Ausbildung an der Musiks hule Wittenberge (Geige u. Fagott) u. war ab 1893 Kapellmeister am Berliner Apollo-Theater, wo er 1897 mit seiner Operette *Venus auf Erden* den ersten Erfolg als Komponist hatte. Verbrachte die nächsten beiden Jahre als Kapellmeister an den Folies Bergère u. ließ sich 1899 endgültig in Berlin nieder, gründete dort den Apollo-Musikverlag, in dem er seine weiteren Bühnenwerke herausbrachte. L. gilt als der bedeutendste Vertreter der Berliner Operette. Seine Musik ist von der Revue beeinflußt u. verarbeitet anstatt der in Wien üblichen Walzer geradtaktige Tänze, insbesondere Märsche. Zu seinen populärsten Melodien gehören *Das ist die Berliner Luft* u. das *Glühwürmchen-Idyll*.

L. komponierte u. a.: *Frau Luna* u. *Im Reiche des Indra* (1899), *Fräulein Loreley* (1900), *Lysistrata* u. *Nakiris*

Hochzeit (1902), *Prinzessin Rosine* (1905), *Donnerwetter – tadellos!* (1906), *Hallo, die große Revue!* (1909), *Grigri* (1911), *Casanova* (1914) u. *Ein Liebestraum* (1940), außerdem Filmmusiken.
Lit.: E. Nick, P. L., Hamburg 1953; O. Schneidereit, P. L. u. die Entstehung der Berliner Operette, Berlin 1977.

Lindberg, 1. Oskar, schwed. Komponist u. Organist, * 23. 2. 1887 Gagnef, † 10. 4. 1955 Stockholm. Studierte am Stockholmer Konservatorium bei E. Ellberg u. A. Hallén, ab 1914 Organist an der Engelbrekt-Kirche in Stockholm u. ab 1919 Lehrer am dortigen Konservatorium. Gehörte zu den Mitbegründern einer nationalen romantischen Musik in Schweden u. machte sich um die Herausgabe des »Svenska Koralboken« (1939) verdient.

Zu L. Kompositionen gehören: die Oper *Fredlös* (1943), das Schulspiel *De sjungande löven* (1911), Vokalkompositionen wie Requiem (1912), *Det Ljusa Landet* (1935) u. *Bergslags Kantate* (1947), 1 Sinfonie (1912), sinfonische Dichtungen u. Orchesterouvertüren, Kammer- u. Orgelmusik.

2. Nils, Neffe von 1., schwed. Komponist u. Jazzpianist, * 11. 6. 1933 Uppsala. Schüler von L.-E. Larsson u. K.-B. Blomdahl. Machte sich bereits während des Studiums einen Namen als Jazzpianist u. Arrangeur u. hatte mit Stücken wie *Curbits, Brand New, Blues for Bill* u. *Zodiac* einen ersten Schallplattenerfolg. L. verbindet in seinen Kompositionen schwed. Folklore, insbesondere aus der Gegend von Dalarna, mit Elementen des Jazz.

Zu L. Kompositionen gehören: die Orchesterwerke *Thoughts on a Shieling Hymn, Marching Tune from Western Dalecarlia* u. *Torn Erik's Song* (1969); *Lapponian Suite* für Klar., Orch. u. Rhythmusgruppe (1971); Konzert für Trp. (1977); Concerto grosso (1978) u. Suite für Trp., T.-Sax. u. Big band (1980).

Lindblad, Adolf Fredrik, schwed. Komponist, * 1. 2. 1801 Skenninge bei Stockholm, † 23. 8. 1878 Löfvingsborg bei Linköping. Schüler von J. Ch. F. Haeffner in Uppsala u. von C. F. Zelter in Berlin. Gründete in Stockholm eine Musikschule u. gab Gesangunterricht. Zu seinen Schülern gehörte Jenny Lind, die seinen Liedern zu Weltruhm verhalf. Komponierte außerdem 2 Sinfonien, Kammermusik u. die Oper *Frondörerna*.

Linde, Hans-Martin, dt. Flötist u. Komponist, * 24. 5. 1930 Werne, Westfalen. Studierte an der Musikhochschule in Freiburg im Breisgau bei G. Scheck (Flöte) u. K. Lechner (Komposition). Seit 1957 Lehrer an der Musik-Akademie der Stadt Basel u. dort ab 1976 Leiter der Abteilung Konservatorium.

Zu L. Kompositionen gehören Kammermusikwerke, in denen die Blockflöte vorherrscht. Veröffentlichte zahlreiche Übungsstücke für Block- u. Querflöte sowie eine »Sopranflötenschule« (1960) u. ein »Handbuch des Blockflötenspiels« (1962).

Lindpaintner, Peter Joseph v., dt. Dirigent u. Komponist, * 9. 12. 1791 Koblenz, † 21. 8. 1856 Nonnenhorn am Bodensee. 1812–19 Musikdirektor am Isartor-Theater in München u. dann bis zu seinem Lebensende Hofkapellmeister in Stuttgart, wo er besonders als Orchestererzieher großen Erfolg hatte.

L. komponierte 21 Opern, darunter *Der Bergkönig* (1825), *Der Vampyr* (1828), *Die Genueserin* (1839) u. *Lichtenstein* (1846), Ballette, Melodramen, Oratorien u. Kantaten, Messen, ein Stabat mater, Sinfonien, Konzerte, Kammermusikwerke u. Lieder, von denen besonders die *Fahnenwacht* u. *Roland* beliebt waren.

Linek (Linka), Jiří Ignác, tschech. Komponist u. Kantor, * 21. 1. 1725 Bakov nad Jizerou, Böhmen, † 30. 12. 1791 ebd. War von 1747 bis zu seinem Tode Kantor in seinem Heimatort. Gehört zu den bedeutenden volkstümlichen tschech. Musikanten. Seine Pastorellen u. Weihnachtsmessen erfreuten sich großer Beliebtheit. Daneben sind Sinfonien u. Cembalokonzerte erhalten.

Liner Notes, die auf dem Schallplattencover abgedruckten Begleittexte zu einer LP.

Liniensystem, Anordnung von fünf parallelen Linien, auf u. zwischen denen die Noten eingetragen werden. Die Zählung erfolgt von unten nach oben. Um den Tonumfang zu erweitern, können Hilfslinien gezogen werden. Bei rascher Abfolge kürzerer Notenwerte greift man zu Oktavierungszeichen. 8va u. 8va bassa bedeuten eine Oktave höher bzw. tiefer. Der heute noch gültige terzenweise Aufbau des L. mit den verschiedenen → Schlüsseln geht auf Guido v. Arezzo zurück.

Linke, Norbert, dt. Komponist u. Lehrer, * 5. 3. 1933 Steinau an der Oder. Studierte an der Hochschule für Musik bei E. G. Klussmann (Komposition) u. an der Universität Hamburg bei H. Husmann (Musikwissenschaft). Ab 1962 Teilnahme an Kompositionskursen von K. Stockhausen, G. Ligeti u. P. Boulez im Rahmen der Internationalen Ferienkurse in Darmstadt. 1971 Dozent an der Hamburger Universität u. seit 1976 Professor für Musikdidaktik an der Gesamthochschule Duisburg.

Zu L. Kompositionen gehören: *Polyrhythmika Nr. 1–3* für Kl. (1961–68), *Konkretionen II* für Streichquartett (1963); *Varim I* für einen Flügel u. 2 Spieler (1963); *Das Verlorene,* Kantate für gem. Chor u. 4 Instr. (1964); *Fantasia* u. *Zortzico* für Klar. (1965); *Benn-Epitaph* für A. u. 5 Instr. (1966); *Konkretionen IV* für Blechbläsertrio u. *Divisioni* für Orch. (1967); *Profit tout clair* für Kammerorch. (1967); *Varim II* für S., Kl. u. Instr. ad lib. (1968); *Canticum II* für 16 Sängerinnen u. 12 Sänger (1968); *Lyrical Symphony* für S. u. Orch. (1961–68); *Strati* für Orch. (1965–68); *Rital* für Org. (1969), *Organ Pops,* 16 Versionen für Org. (1970); Konzert für Kl. u. Orch. (1971); *Zeitplan* für Live-Elektronik-Gruppe u. zweikanaliges Tonband (1972); *... bedecke mit deinem Fittich* für 2 gem. Chöre (1972); *Chesage* für Fl., Klar. u. Schlagzeug u. *Percuzzle Puzzle* für Klar., Schlagzeug u. Org. (1973); *Indonesische Szenen* für V. u. Kl. (1974); Konzert für V. u. Orch. u. *Striccio* für Streicher (1975); *Metamorphosen* *über ein tschech. Landarbeiterlied* für Klavierquartett (1975), *Fantasia* u. *Jig* für Ob. solo (1976) u. *Sinfonie in 1 Satz* (1979). Zu seinen Schriften gehören »Musik zwischen Konsum u. Kult« (Wiesbaden 1972), »Philosophie der Musikerziehung« (Regensburg 1976) u. »Heilung durch Musik?« (Wilhelmshaven 1977).

Linley, 1. Thomas, engl. Komponist, * 17. 1. 1733 Badminton, † 19. 11. 1795 London. Schüler von Th. Chilcot in Bath u. P. D. Paradisi in Neapel. Schwiegervater von Sheridan, zu dessen Stücken er Musiken komponierte. Ab 1776 musikalischer Direktor u. Miteigentümer des Drury Lane Theatre. Veröffentlichte 6 Elegien für 3 Singst. (um 1770) u. 12 Balladen (um 1780).

2. Thomas, Sohn von 1., engl. Geiger u. Komponist, * 5. 5. 1756 Bath, † 7. 8. 1778 Grimsthorpe. Erhielt seine Ausbildung bei W. Boyce u. ging anschließend zu P. Nardini nach Florenz, wo er zum Freundeskreis des jungen W. A. Mozart gehörte. Komponierte Bühnenmusiken für das Drury Lane, u. a. zu Shakespeares »Tempest«, u. brachte dort 1778 seine komische Oper *The Cady of Bagdad* heraus. Ein Großteil seiner Vokalkompositionen erschien zusammen mit Werken seines Vaters in einer zweibändigen Ausgabe (1800).

Lipiński, Karol J., poln. Geiger, Dirigent u. Komponist, * 30. 10. 1790 Radzyń bei Lublin, † 16. 12. 1861 auf seinem Landgut Urlow bei Lemberg. Abgesehen von der Unterweisung durch seinen Vater Autodidakt. Von 1809 Konzertmeister u. 1811–15 Kapellmeister am Theater in Lemberg. 1817 Italienreise, um weitere Unterweisung durch N. Paganini zu erhalten, mit dem er sich nicht nur anfreundete, sondern der auch mit ihm öffentlich auftrat. Gab 1839 seine Virtuosenlaufbahn auf u. war bis 1861 Konzertmeister in Dresden. Galt als einer der bedeutenden Geigenvirtuosen seiner Zeit. Besonders sein großer Ton u. sein Doppelgriffspiel wurden gerühmt.

L. komponierte 4 Violinkonzerte, Orchesterstücke, Variationen u. Capriccios für V. solo.

Liszt, Franz, ungar. Komponist u. Pianist, * 22. 10. 1811 Raiding, Burgenland, † 31. 7. 1886 Bayreuth. Sein Vater, der es zum Rentmeister der fürstlichen Schäferei der Familie Esterházy brachte, wäre selbst gern Berufsmusiker geworden, wenn die Mittel zu einer Ausbildung gereicht hätten. Die Mutter, Maria Anna geb. Lager, war die Tochter eines Kurzwarenhändlers aus Krems. Ersten Klavierunterricht erhielt L. bei seinem Vater. 1820 trat er mit einem Klavierkonzert von F. Ries in Ödenburg an die Öffentlichkeit. Sein Spiel beeindruckte einige Magnaten, die ihm ein Stipendium für die weitere Ausbildung garantierten. Die Familie stellte sich ganz in den Dienst seiner Begabung u. zog nach Wien. Dort wurde L. von C. Czerny als Hausgast aufgenommen. Kompositionsunterricht erhielt er bei A. Salieri. Nach mehreren öffentlichen u. privaten Konzerten in Wien übersiedelte die Familie nach Paris. Der Vater sah sich inzwischen in der Rolle des Managers seines offensichtlich hochbegabten Sohnes. Aus formalen Gründen verweigerte ihm L. Cherubini den Eintritt ins Pariser Conservatoire. L. nahm Unterricht bei F. Paer u. später bei A. Reicha. Daneben konzertierte er mit triumphalem Erfolg in Frankreich u. unternahm mit Unterstützung des Klavierfabrikanten S. Erard 1824 seine erste Englandreise. 1825 wurde seine einzige Oper *Don Sanche ou Le château d'amour* mit mäßigem Erfolg in Paris aufgeführt. 1826 entstand die erste Fassung der mehrfach überarbeiteten *Études en douze exercises*. Nach weiteren Tourneen durch Frankreich, die Schweiz u. England erlebte L. 1827 seine erste Krise. Völlig erschöpft u. durch den Tod des Vaters tief getroffen, stellte er seine Reisetätigkeit vorerst ein u. ließ sich als Klavierlehrer in Paris nieder. Eine sich anbahnende Beziehung zu seiner Schülerin Caroline de Saint-Cricq wurde von deren Vater unterbunden, da L. wegen des Standesunterschiedes untragbar erschien. In dieser Zeit hielt sich L. zeitweilig von der Öffentlichkeit fern u. suchte seine Bildungslücken durch wahlloses Lesen zu füllen. Die Juli-Revolution von 1830 prägte ihn ebenso wie der Umgang mit seinem Beichtvater F. R. de Lamennais. Er entwarf eine *Revolutionssinfonie* u. beschäftigte sich mit den Sozialtheorien der Saint-Simonisten. 1831 trat N. Paganini zum ersten Mal in Paris auf. Sein Virtuosentum war für L. wie eine Offenbarung. Er beschloß, auf dem Klavier ähnliche Wirkungen hervorzubringen, u. komponierte bereits 1832 seine *Grande fantaisie de bravoure sur la clochette de Paganini*. Neben der verstärkten Beschäftigung mit seinem Instrument war L. gerngesehener Gast in den berühmten Pariser Salons. Er lernte u. a. H. Balzac, C. A. Sainte-Beuve, V. Hugo, A. de Musset, A. de Lamartine, George Sand u. H. Heine kennen. Unter den Musikern standen ihm F. Chopin u. H. Berlioz am nächsten. In diesem Milieu, das ihn bis an sein Lebensende als Franzosen prägen sollte, begegnete L. auch der Gräfin Marie d'Agoult, die als Schriftstellerin unter dem Namen Daniel Stern bekannt war. Marie d'Agoult glaubte in L. ihre Lebensaufgabe gefunden zu haben. Aus der Bekanntschaft wurde leidenschaftliche Liebe. 1835 verließ die Gräfin ihren Mann u. zog mit L. nach Genf, wo dieser Unterricht erteilte u. Konzerte gab. Den beiden wurden 1835 die Tochter Blandine, 1837 Cosima (später verheiratet mit H. von Bülow u. R. Wagner) u. 1839 der Sohn Daniel geboren. 1838 kam es erstmals zu Unstimmigkeiten zwischen L. u. der Gräfin. Während sich L. wieder seiner Virtuosenlaufbahn widmete, kehrte die Gräfin mit ihren Kindern allein nach Paris zurück. Die endgültige Trennung erfolgte 1844. Über ihr Leben mit L. gab sich Marie d'Agoult in dem 1846 erschienenen Schlüsselroman »Nélida« Rechenschaft. Auf seinen Konzerttourneen besuchte L. bereits 1841 zum ersten Mal Weimar u. gewann in dem Großherzog von Sachsen-Weimar einen Freund u. Gönner. 1847 gab L. während einer Rußlandtournee ein Konzert in Kiew u. lernte dort die ukrainische Fürstin Carolyne von Sayn-Wittgenstein kennen. Im Anschluß an seine Tournee folgte L. einer Einladung der Fürstin auf ihre Besitzungen u. beschloß, das vagabundierende Virtuosendasein aufzugeben. 1848 nahm er die Berufung zum Hofkapellmeister in Weimar an. Die Fürstin reiste ihm nach, mietete sich auf der Altenburg ein u. machte Weimar gemeinsam mit L. zum Zentrum der fortschrittlichen musikalischen Kräfte Deutschlands. In Weimar erlebte L. die produktivste Zeit seines Lebens. Auf dem Höhepunkt einer Virtuosenkarriere, die bereits zur Lisztomanie ausuferte, verlegte er sich mit dem ihm eigenen Enthusiasmus auf das Komponieren u. Dirigieren. In Weimar entstand der Großteil seiner Klavierkompositionen, darunter die beiden Konzerte in A-Dur u. Es-Dur, u. die großen Orchesterwerke wie *Prometheus* (1850), *Mazeppa* (1854), *Les préludes* (1854), die *Faust-* u. *Dante-Sinfonie* (1857). Daneben setzte sich L. unermüdlich für die zeitgenössische Musik ein. Zwischen 1848 u. 1858 studierte er mit dem kleinen Weimarer Orchester 43 Opern ein, darunter die Uraufführung des *Lohengrin* am 28. 8. 1850. Er veranstaltete ein Berlioz-Festival u. machte sein Publikum mit Werken von R. Schumann u. J. Brahms bekannt. Aber in der kleinen Residenz wußte man diese für ganz Europa vorbildliche Programmgestaltung nicht zu schätzen. 1858 wurde bei der Uraufführung der Oper *Der Barbier von Bagdad* von Peter Cornelius, der zeitweise Übersetzer, Sekretär u. literarisches Faktotum von L. war, im Publikum gezischt. L. legte daraufhin sein Amt nieder. 1860 übersiedelte die Fürstin von Sayn-Wittgenstein nach Rom, um die Auflösung ihrer russ. Ehe zu betreiben. 1861 folgte ihr L. nach. Obwohl der Mann der Fürstin 1864 starb, verhinderte ihre Verwandtschaft die Heirat. L. empfing 1865 die niederen Weihen u. widmete sich mit großer Tatkraft der Erneuerung der katholischen Kirchenmusik, ohne dabei jedoch auf die Gegenliebe des Vatikans zu stoßen. Während die Fürstin die ihr verbleibenden Lebensjahre damit verbrachte, eine 24bändige Untersuchung über »Des causes intérieures de la faiblesse extérieure de l'Église« abzuschließen, nahm L., jetzt immer im Gewand eines Abbé, seine »vie trifurquée« auf. In Weimar wurden ihm Zimmer in der Hofgärtnerei zur Verfügung gestellt, wo er Schüler unterrichtete und Besucher aus aller Welt empfing. In Budapest amtierte er als Präsident der neugegründeten Musikakademie u. erteilte ebenfalls Unterricht. Einen Teil seiner Zeit verbrachte er in Rom. Daneben besuchte er überall in Europa Aufführungen seiner Werke, söhnte sich mit seiner Tochter Cosima aus, der er den Bruch mit H. von Bülow lange nicht verziehen hatte, u. ließ sich von Schülerinnen wie Olga Janina, der Baronin Olga von Meyendorff u. Lina Schmalhausen verwöhnen. Am 21. 7. 1886 reiste er zu den Festspielen nach Bayreuth, wo er am 31. 7. starb.

Auf den ersten Blick könnte man das Schicksal L. für die Erfüllung romantischen Künstlertums halten. Er war hochbegabt u. frühreif, hin u. her gerissen zwischen kirchlichem Dienst u. Virtuosenkarriere, ein Weltmann u. Herzensbrecher. Besonders das weibliche Publikum hat ihn vergöttert. Bei seinen Auftritten müssen sich Szenen abgespielt haben, die an die Hysterie bei den Beatles-Konzerten in den 60er Jahren erinnern. Dabei war L. eher bescheiden u. lebte zumindest im letzten Drittel seines Lebens ohne großen Aufwand. Es sei nur an seinen selbstlosen Einsatz für die Opfer der ungar. Flutkatastrophe 1838 u. seine Benefizvorstellungen für das Beethoven-Denkmal erinnert. Außerdem unterrichtete er viele begabte, aber mittellose Schüler kostenlos. Es ist nicht verwunderlich, daß sich die Kritik mit dieser schillernden Persönlichkeit sehr schwer tut u. die Wertung seiner Kompositionen immer noch umstritten ist. Der oft gehörte Vorwurf, L. habe schlecht instrumentiert, erweist sich bei der Betrachtung von Orchesterwerken wie der *Faust-* oder der *Dante-Sinfonie* als schlechthin lächerlich. Zwar hat L. zu Beginn seiner Weimarer Zeit die Komponisten A. Conradi, J.J. Raff u. den Flötisten F. Doppler zu Instrumentationsarbeiten herangezogen, aber spätestens seit 1854 führte L. diese Arbeiten allein aus. Die Form der sinfonischen Dichtung darf als seine ureigenste Erfindung angesehen werden. Von H. Berlioz übernahm er die Idee des Programms u. der Literarisierung der Tonkunst. Die Fürstin von Sayn-Wittgenstein bestärkte ihn in der Vorstellung von einer Durchdringung von Dichtung u. Musik. Um die Musik durch eine engere Verbindung mit der Dichtkunst zu erneuern, gab L. das überlieferte sinfonische Schema auf u. ersetzte es durch eine Folge von Variationen. Zu diesem Zweck führte er die Transformation der Themen ein.

Die eigentlichen u. teilweise weit in die Zukunft

weisenden Neuerungen gelangen L. in der Klaviermusik. Er komponierte die *Ungar. Rhapsodien*, sorgte mit Klavierarrangements oder Transskriptionen für die Verbreitung neuer Kompositionen u. spielte geistvolle Fantasien über Themen aus bekannten Opern. Daneben hinterließ er aber auch Werke wie den Zyklus *Harmonies poétiques et religieuses* (1845–52), *Nuages gris* (1881), *La lugubre gondola* (Klavierfassung von 1882) u. den 3. *Mephisto-Walzer*. Hier finden sich Harmonien u. Klangfarben, die auf C. Debussy u. B. Bartók vorausweisen. Das thematische Material wird auf ein Intervall reduziert, ein Klangzentrum dient als Keimzelle einer ganzen Komposition. Mit Werken wie den *Études d'exécution transcendante d'après Paganini* (1838) u. den *Études d'exécution transcendante* (endgültige Fassung 1851) legte er den Grundstein zur modernen Klaviertechnik. Von seinen Schülern seien erwähnt: H. von Bülow, C. Tausig, S. Menter, A. Göllerich, A. Stradal, M. Rosenthal, E. von Sauer, I. Thomán, A. Siloti, E. d'Albert u. F. Lamond.

Zu L. Kompositionen gehören: die Oper *Don Sanche ou Le château d'amour* (1825); die Vokalkompositionen *Christus*, Oratorium für S., A., T., Bar., B., Chor, Orch. u. Org. (1855–66), *Die Legende von der hl. Elisabeth*, Oratorium für S., A., Bar., B., Chor, Orch. u. Org. (1857–62), *Missa solemnis* für S., A., T., B., Chor u. Orch. (1856–58), *Sonnenhymnus des hl. Franziskus v. Assisi* für Bar., Männerchor, Org. u. Orch. (1862, rev. 1880), *Missa choralis* für 4st. gem. Chor u. Org. (1865), *Ungar. Krönungsmesse* für S., A., T., B., Chor u. Orch. (1867), Requiem für je 2 T. u. B., 4st. Männerchor, Org. u. Blechbläser (1868) u. *Die hl. Cäcilia*, Legende für Mezzo-S., 4st. gem. Chor u. Orch. (1874) sowie weitere Chöre, Psalmen, Te Deum, Orchesterwerke, darunter die sinfonischen Dichtungen *Tasso, Lamento e trionfo* (1849), *Ce qu'on entend sur la montagne* (1848–50), *Les préludes* (1848–50), *Prometheus* (1850, rev. 1855), *Orpheus* (1853–54), *Mazeppa* (1851–54), *Festklänge* (1853), *Héroïde funèbre* (1849–54), *Hungaria* (1854), *Hunnenschlacht* (1857), *Die Ideale* (1857), *Hamlet* (1858) u. *Von der Wiege bis zum Grabe* (1881–82), *Faust-Sinfonie* (1854–57), *Dante-Sinfonie* (1855–56), *Trois odes funèbres* (1860–66), *La notte* (1863–64), *Le triomphe funèbre du Tasse* (1866) u. *Zwei Episoden aus Lenaus Faust* (von denen die zweite der 1. *Mephisto-Walzer* ist, 1860) sowie 2. *Mephisto-Walzer* (1880–81); Werke für Kl. u. Orch. wie *Malédiction* (um 1830, rev. 1840), *Grande fantaisie symphonique* über Themen aus *Lélio* von H. Berlioz (1834) u. die Konzerte in A-Dur (1839, rev. bis 1861) u. in Es-Dur (1849); Orgelwerke u. Lieder. Von seinen mehr als 100 Nummern zählenden Klavierwerken seien erwähnt: Variation über einen Walzer von A. Diabelli (1822), *Étude en quarante-huit exercices* (1826, nur 12 wurden komponiert, rev. 1838 u. als *Études d'exécution transcendante* 1851), *Grande fantaisie de bravoure sur la clochette de Paganini* (1832), *Apparitions* (1834), *Années de pèlerinage, première année: Suisse* (1836, 9 Stücke, teilweise aus *Album d'un voyageur* 1835–36, rev. 1854), *Deuxième année: Italie* (1838–49, 7 Stücke, darunter *Après une lecture du Dante*, fantasia quasi sonata), dazu Anhang *Venezia e Napoli* (1859) u. *Troisième année* (zu ergänzen *Rom*, 1867–77, 7 Stücke), *Grand galop chromatique* (1838), *Harmonies poétiques et réligieuses* (10 Stücke, 1845–52), 2 Balladen (1845–48 u. 1853), 3 *Études de concert* (1848), 6 *Consolations* (1849–50), Sonate h-Moll (1852–53), *Weinen, Klagen, Sorgen, Zagen*, Präludium nach J.S. Bach (1859) u. Variationen über dasselbe Thema (1862), *Nuages gris* (1881), *La lugubre gondola* (1882) u. 19 *Ungar. Rhapsodien* (1846–1885).

Eine GA nahmen F. Busoni, P. Raabe u.a. im Auftrag der F.-L.-Stiftung in Angriff. Es erschienen 34 Bde., Leipzig 1907–36, ein Nachdr. wurde 1966 von H. Searle besorgt. Seit 1970 findet unter Leitung von Z. Gárdonyi u. J. Szelényi eine Neue Ausgabe sämtlicher Werke in Budapest u. Kassel statt. Aus L. umfangreichem Briefwechsel erschienen u.a.: Briefwechsel zwischen Wagner u. L., 3 Bde., Leipzig 1887; La Mara (Hg.) 8 Bde., Leipzig 1893–1905; La Mara (Hg.), Briefe hervorragender Zeitgenossen an F. L., 3 Bde., Leipzig 1895–1904; La Mara (Hg.), Briefwechsel zwischen F. L. u. H. von Bülow, Leipzig 1898; D. Ollivier (Hg.), Correspondance de L. et de la comtesse d'Agoult, 2 Bde., Paris 1933–34; H.E. Hugo (Hg.), The Letters of F.L. to M. zu Sayn-Wittgenstein, Cambridge, MA, 1953.

Lit.: L. Ramann, F.L. als Künstler u. Mensch, 3 Bde., Leipzig 1880–1894; A. Göllerich, F.L., Berlin 1908; J. Kapp, F.L., Berlin 1909, NA 1927; A. Stradal, Erinnerungen an F.L., Bern 1929; P. Raabe, L. Leben, 2 Bde., Stuttgart u. Berlin 1931, rev. Tutzing 1968; E. Newman, The Man L., London 1934, Nachdr. 1969; H. Searle, The Music of L., London 1954, rev. New York 1966; E. Helm, F.L. in Selbstzeugnissen u. Bilddokumenten, Reinbek bei Hamburg 1959; L. Kusche, F.L., München 1961; Z. László u. B. Mátéka, F.L., Sein Leben in Bildern, Kassel 1967; C. von Lachmund, Mein Leben mit F.L. Aus dem Tagebuch eines L.-Schülers, Eschwege 1970; K. Schumann, Das kleine L.-Buch, Salzburg 1974; W. Jerger (Hg.), F.L. Klavierunterricht 1884–86, Regensburg 1975.

L. eigene Schriften wurden von La Mara u. L. Ramann (6 Bde., Leipzig 1880–83) herausgegeben, Nachdr. Hildesheim 1978. Sein Chopin-Buch erschien 1852 in Paris, dt. 1879 in Leipzig u. 1948 in Basel.

Litaize, Gaston G., franz. Organist u. Komponist, * 11.8.1909 Ménil-sur-Belvitte, Vogesen. Schüler von M. Dupré u. H. Busser am Pariser Conservatoire. Gilt als hervorragender Orgelspieler.

Zu L. Werken gehören: Sinfonie für Org. u. Orch. (1943); *Missa solemnior* für 4st. gem. Chor u. Org. (1954); *Missa Virgo gloriosa* für 3 St. u. Org. (1958); *Messe solennelle* für 4 St., Gemeindegesang u. Org. (1966) sowie Stücke für Org.

Litanei, ein psalmodierender Bittgesang in Form von Anrufungen, der auf die griech.-byzantinische Antike zurückgeht. Am bekanntesten sind die Kyrie-, Gloria- u. Agnus-Litaneien.

Litolff, Henry Ch., franz. Pianist u. Komponist, * 6. 2. 1818 London, † 6. 8. 1891 Colombes. Begann als Schüler von J. Moscheles eine erfolgreiche Pianistenkarriere. War 1841–44 Theaterkapellmeister in Warschau u. verbrachte den Großteil seiner Zeit zwischen 1847 u. 1860 in Braunschweig, wo 1847 seine Oper *Die Braut von Kynast* herauskam. Heiratete 1851 in den Musikverlag G.M. Meyer ein, dessen Namen er in → Litolff's Verlag änderte.

L. komponierte Opern u. Operetten, 1 Violinkonzert,

das Oratorium *Ruth et Booz* u. Klavierlieder. Am bekanntesten waren seine 5 Klavier-Sinfonien.

Litolff's Verlag, dt. Musikverlag, der aus dem 1828 von G. M. Meyer († 1846) in Braunschweig gegründeten Musikalienverlag hervorging. Meyers Witwe Julie heiratete den Pianisten u. Komponisten H. Ch. Litolff, der dem Verlag seinen Namen gab. Dessen Adoptivsohn Theodor L. (1839–1912) führte den Verlag weiter u. begründete die außergewöhnlich erfolgreiche Collection Litolff, die klassische Werke in Bandausgaben von einheitlicher Größe auf den Markt brachte. Daneben gehörten Werke von Virtuosen wie F. Liszt, C. Tausig, J. Moscheles, A. Rubinstein u. J. Joachim zum Programm. 1940 kam der Verlag an den Leipziger Musikverlag C. F. Peters, mit dem er 1950 nach Frankfurt a. M. übersiedelte.

Liturgie, seit dem 16. Jh. Ausdruck für die Messe, später für die kirchenamtlich festgelegte Gottesdienstordnung. Zur katholischen L. gehören die Verkündigung des Wortes Gottes, die Feier der Eucharistie u. der anderen Sakramente sowie das Lob- u. Bittgebet. Grundbestandteile der protestantischen L. sind Predigt u. Gemeindegesang. Über die Wechselbeziehung von L. u. Musik → Kirchenmusik.

Liturgisches Drama u. **Mysterienspiel,** zunächst in die Liturgie eingebundener u. im Kirchenraum aufgeführter Dialog mit Musik. Durch Erweiterung entstanden Spielszenen, die den Rahmen der Kirche sprengten, ins Freie verlegt wurden u. sich bis in das späte Mittelalter großer Beliebtheit erfreuten. Sie entwickelten sich aus dem Ostertropus *Quem quaeritis in sepulcro*, der Tuotilo von St. Gallen († 915) zugeschrieben wird. Diese Visitatio sepulchri wurde bald weiter ausgeschmückt. Dazu verwendete man die bekannten Texte aus der Vulgata u. Melodien von Antiphonen. Analog bildete der Weihnachtstropus *Hodie cantandus est nobis puer* fast gleichzeitig die Keimzelle zu Weihnachtsspielen. Diese begannen mit dem Dialog der Hirten u. wurden später um die Hl. Drei Könige u. die Herodesfigur bereichert. Schließlich wurden auch Heiligenviten für diese geistlichen Spiele herangezogen. Eines der besterhaltenen L. D. ist der *Ludus Danielis* aus Beauvais. Bereits im 14. Jh. sind diese Spiele auch in den Volkssprachen nachgewiesen. Reste haben sich bis heute in Passionsspielen wie denen von Oberammergau erhalten. Die L. D. u. M. bildeten gleichzeitig die Grundlage für das spätmittelalterliche Volksschauspiel u. die gegen Ende des 14. Jh. aufkommenden Moralitäten.

live (engl.: »original«, »direkt«), betont die wirkliche Musikausübung in einem gegebenen Augenblick im Gegensatz zur Konserve. Daher auch in der Verbindung L.-Sendung u. → L.-Elektronik.

Live-Elektronik, eine zu Beginn der 60er Jahre einsetzende Entwicklung mit dem Ziel, die Realisation elektronischer Klänge aus der Abgeschiedenheit des Studios in die Konzertsäle zu verlegen. Dabei werden vokal oder instrumental erzeugte Klänge mit Hilfe von elektronischen Apparaturen (z. B. Regler u. Filter) transformiert u. über Lautsprecher abgestrahlt oder mit elektronisch erzeugten Klängen gemischt (Ringmodulator). Daneben wurde die Möglichkeit wahrgenommen, mit den konkreten u. elektronischen Klängen zu improvisieren. Die modernen Synthesizer können sogar selbständig auf Klangimpulse von Musikinstrumenten reagieren, wodurch sich die Verkoppelung u. Steuerung einzelner Klangquellen verfeinern läßt. Fälschlicherweise wird der Ausdruck L.-E. auch für die einfache elektrische Verstärkung von Instrumenten verwendet. Zu Werken mit L.-E. gehören *Mixtur* von K. Stockhausen (1964) u. *Explosante – Fixe* (1972–74) von P. Boulez.

Lizenz, im Urheberpersönlichkeitsrecht die Hergabe eines Nutzungsrechts gegen eine L.-Gebühr. Bei Tonträgern erhalten Urheber u. Verleger Gebühren die von Verwertungsgesellschaften wie z. B. in der BRD der GEMA eingezogen u. verteilt werden. Die Gebühren für das sog. Kleine Recht (Konzertaufführungsrecht) werden in der BRD ebenfalls von der GEMA verwaltet. Bei den sog. Großen Rechten (Bühnenrecht) werden die Gebühren → Tantiemen genannt. Diese sind direkt mit dem L.-Inhaber (Verlag oder Subverlag) auszuhandeln. Als Zwangs-L. wird die Verpflichtung eines L.-Inhabers bezeichnet, ein L.-Recht zum marktüblichen Preis für jede Schallplattenaufnahme verfügbar zu machen, nachdem eine Erstlizenz vergeben wurde.

Ljadow (Ljadov), Anatolij K., russ. Komponist, * 11. 5. 1855 Petersburg, † 28. 8. 1914 Polynowka bei Nowgorod. Schüler seines Vaters Konstantin N. L., der Kapellmeister am Petersburger Marientheater war, u. von N. Rimskij Korsakow am dortigen Konservatorium. Ab 1878 Professor für Theorie u. später für Komposition an dieser Institution. Sammelte gemeinsam mit S. Ljapunow u. N. Balakirew Volkslieder. Komponierte neben Orchesterwerken wie den Tondichtungen *Baba-Jaga* (1904), *Der verzauberte See* u. *Kikimora* (beide 1909) hauptsächlich Klavierwerke, die stilistisch R. Schumann u. F. Chopin nahestehen. Seine Bemühungen um Oper u. Ballett blieben erfolglos.

Ljapunow (Ljapunov), Sergej M., russ. Komponist u. Pianist, * 30. 11. 1859 Jaroslawl, † 8. 11. 1924 Paris. Schüler des Moskauer Konservatoriums (S. I. Tanejew u. K. Klindworth) u. dort 1910–18 Professor für Klavier. In seinen eigenen Kompositionen beeinflußt von M. Balakirew, dessen nachgelassene Werke er herausgab, u. von seiner Beschäftigung mit der russ. Volksmusik.

L. komponierte neben 2 Sinfonien (1887 u. 1917), 2 Klavierkonzerten (1890 u. 1917) u. 1 Violinkonzert (1915) hauptsächlich Klavierstücke. Gab 1912 den Briefwechsel zwischen M. Balakirew u. P. Tschaikowsky u. 1916–17 den zwischen M. Balakirew u. N. Rimskij-Korsakow heraus.

Ljatoschynskyj (Ljatošinskij), Borys M., sowjet. Komponist, * 3. 1. 1895 Schitomir, † 15. 4. 1968 Kiew. Studierte 1914–18 Jura u. war daneben Schüler von R. Glière am Konservatorium in Kiew. Dort ab 1920 Lehrer für Instrumentation u. Komposition, ab 1935 gleichzeitig Professor am Moskauer Konservatorium. In seinen Kompositionen der russ. Schule des ausgehenden 19. Jh. u. dem franz. Impressionismus verpflichtet.

Zu L. Werken gehören 2 Opern, 5 Sinfonien, sinfonische Dichtungen, Kantaten, Kammermusik, Bühnen- u. Filmmusiken.

Lobanow, Wassili P., sowj. Komponist u. Pianist, * 2. 1. 1947 Moskau. Studierte am Moskauer Tschaikowsky-Konservatorium bei S. Balsanjan (Komposition) u. L. Naumow (Klavier). Tritt als Begleiter von N. Gutman u. O. Kagan auf u. unterrichtet als Dozent in Moskau.

Zu L. in neuerer Zeit immer stärker den Rhythmus in den Vordergrund rückenden Werken gehören: Cellokonzert (1969); 3 Präludien für Kl. (1972); 2 Violinsonaten (1973 u. 1975); 2 Klaviersonaten (1974 u. 1980); Sinfonie (1977); Tripelkonzert für V., Vc. u. Kl., Streichquartett, 7 Stücke für Vc. u. Kl. u. 2 Stücke für Fl. solo (1978); Bläsertrio für Fl., Klar. u. Fag. (1979).

Lobo, Duarte (latinisiert Eduardus Lupus), portug. Komponist, * um 1565, † 24. 9. 1646 Lissabon. Schüler von M. Mendez, Leiter der Kapelle des Hospital Real in Lissabon u. 1594–1639 der Domkapelle. Zu seinen gedruckten Werken gehören »Opuscula« (4–8st. Weihnachtsresponsorien, 8st. Marien-Antiphonen, ein dreichöriges Salve Regina u. eine 8st. Messe, 1602), »Cantica« (16 4st. Magnificat, 1605) u. 2 »Liber Missarum« (1621 u. 1639).

Locatelli, Pietro A., ital. Geiger u. Komponist, * 3. 9. 1695 Bergamo, † 30. 3. 1764 Amsterdam. Schüler von A. Corelli in Rom. Unternahm Konzertreisen auf dem Kontinent u. nach England, um sich schließlich in Amsterdam niederzulassen. Zu seinen bekanntesten Schülern gehörte J.-M. Leclair. L. setzte neue Maßstäbe für das virtuose Geigenspiel, besonders mit seinen als op. 3 veröffentlichten 24 Capricci. Das Concertino erweiterte er durch Hinzufügen einer Va. zum Quartett.

Von L. Kompositionen sind erhalten: op. 1, 12 Concerti grossi (1721); op. 2, 12 Sonaten für Fl. (1732); op. 3, *L'arte del violino* mit 12 Concerti grossi u. 24 Capricci (1733); op. 4, *Introduzioni teatrali;* u. Concerti (1735); op. 5, Triosonaten (1736); op. 6, Solosonaten für V. (1737); op. 7, *Concerti a quattro* (1741) u. op. 8, Sonate für Solo-V. u. Trios (1744).

Locke (Lock), Matthew, englischer Komponist, * um 1630 Exeter, † August 1677 London. Chorknabe unter E. Gibbons an der Kathedrale von Exeter 1638–41, anschließend möglicherweise Schüler von W. Wake. Hielt sich 1648 in den Niederlanden auf. Wahrscheinlich ab 1651 wieder in London, wo er ein *Little Consort of Three Parts* komponierte, dem 1652 *Duos for Two Bass Viols* folgten. Schrieb 1653 gemeinsam mit Ch. Gibbons die Musik zu J. Shirleys Masque »Cupid and Death« u. 1656 mit H. Lawes, H. Cooke, Ch. Soleman u. G. Hudson zu D'Avenants »The Siege of Rhodes«, ein Stück, das als erste engl. Oper angesehen wird. Zu L. kirchlichen Kompositionen gehören Hymnen u. Anthems sowie ein Kyrie u. Credo, das 1666 mit einem Vorwort über »Modern Church Music« veröffentlicht wurde. Zu seinen weiteren Bühnenmusiken gehören Kompositionen für Shadwells »Psyche« u. Shakespeares »The Tempest«. L. Einfluß auf die engl. Musik der 2. Hälfte des 17. Jh. war außergewöhnlich. Er gilt als Wegbereiter Purcells.

Loeffler, Charles Martin T., amer. Komponist u. Geiger elsässischer Herkunft, * 30. 1. 1861 Mülhausen, † 19. 5. 1935 Medfield, MA. Verbrachte einen Teil seiner Jugend in Rußland, Ungarn u. der Schweiz, widmete sich dann dem Geigenspiel u. studierte Violine bei H. Léonard, J. Massart u. J. Joachim sowie Komposition bei E. Guiraud, F. Kiel u. W. Bargiel. Ging 1881 nach einigen Engagements als Orchestermusiker in die Vereinigten Staaten u. war 1882–1903 Mitglied des Boston Symphony Orchestra. Widmete sich danach ausschließlich der Komposition u. Lehrtätigkeit. Ist in seinen Werken vom franz. Impressionismus u. der russ.-orthodoxen Kirchenmusik beeinflußt.

Zu L. bekannteren Kompositionen gehören: *La mort de Tintagiles* für 2 Viole d'amore u. Orch. (1897, revidiert 1900); *A Pagan Poem* für Kl. u. 12 Instr. (1901, revidiert 1906) u. die sinfonische Dichtung *Memories of My Childhood* (1925).

Lœillet (L'Œillet), **1.** Jean-Baptiste, belg. Instrumentalist u. Komponist, getauft 18. 11. 1680 Gent, † 19. 7. 1730 London. 1705–11 erster Oboist am Londoner Queen's Theatre, später Lehrer u. wie H. Needler in seinem Haus in der Hart Street Veranstalter wöchentlicher Konzerte für Dilettanten. Trug durch sein hervorragendes Querflötenspiel dazu bei, dieses Instrument in England populär zu machen.

L. veröffentlichte mehrere Sammlungen von Flötensonaten mit B. c. sowie »Lessons for the harpsichord or spinet« (um 1715) u. »6 Suits of lessons for the harpsichord or spinet« (um 1725).

2. Jacques (Jacob Jean Baptiste), Bruder von 1., belg. Instrumentalist u. Komponist, getauft 7. 7. 1685 Gent, † 28. 11. 1746 ebd. Kammermusiker u. Konzertmeister im Dienst Max Emanuels von Bayern in Brüssel u. München. Daneben ab 1727 zeitweise am Hof von Versailles.

L. veröffentlichte 6 Sonaten für 2 Quer-Fl. ohne Begleitung u. 6 Sonaten für Quer-Fl. u. B. c. (1728).

3. Jean-Baptiste, Vetter von 1. u. 2., belg. Komponist, getauft 26. 7. 1688 Gent, Todesdatum unbekannt. Wirkte in Frankreich.

Von L. Kompositionen wurden in Amsterdam veröffentlicht: 12 Sonaten für Fl. u. B. c. (1715) u. 12 Sonaten, davon 6 für 1 u. 6 für 2 Quer-Fl. u. B. c. (1720).

Loesser, Frank, amer. Komponist u. Librettist, * 29. 6. 1910 New York, † 28. 7. 1969 ebd. Machte sich in New York einen Namen als Songtexter u. schrieb ab 1934 → Lyrics für Komponisten wie B. Lane, H. Carmichael, F. Hollaender, J. McHugh u. J. Styne in Hollywood. Ließ sich nach dem 2. Weltkrieg in New York nieder, komponierte u. produzierte Musicals u. leitete seinen eigenen Verlag, die Frank Music Company.

Zu L. Bühnenwerken gehören: *Where's Charley* (1948, Musik u. Songtexte); *Guys and Dolls* (1950, Musik u. Songtexte); *The Most Happy Fella* (1956, Musik, Songtexte, Libretto); *Greenwillow* (1960, Musik, Songtexte) u. *How to Succeed in Business Without Really Trying* (1961, Musik u. Songtexte). Komponierte außerdem eine Reihe von Filmmusiken.

Løvenskjold, Hermann Severin, dän. Komponist norw. Herkunft, * 30. 7. 1815 Holdenjernvärk, † 5. 12. 1870 Kopenhagen. Gehört zu den Vertretern der skandinavischen romantischen Schule. War ab 1851 Schloßorganist in Christiansborg.

Von L. Kompositionen, zu denen Bühnenmusiken, die Oper *Turandot* (1854) u. Kammermusik gehören, ist heute nur noch das Ballett *La Sylphide (Sylfiden)* bekannt, das L. für A. Bournonville geschrieben hat (1836).

Loewe, J. Carl G., dt. Komponist, * 30. 11. 1796 Löbejün bei Halle, † 20. 4. 1869 Kiel. Sohn des Kantors Andreas L. Wurde 1809 in die Lateinschule der Franckeschen Stiftungen in Halle (Saale) aufgenommen u. war dort Schüler von D. G. Türk. 1820 Kantor u. Organist an der Jacobikirche in Stettin u. 1821 dort Städtischer Musikdirektor u. Musiklehrer am Gymnasium. Legte 1866 seine Ämter aus Gesundheitsgründen nieder u. verbrachte seinen Lebensabend bei seinem Schwiegersohn in Kiel. L. gilt als der eigentliche Schöpfer der musikalischen Balladenform. In seinen Balladen für Singst. u. Kl. entwickelte er bei strophischer Gliederung ein Hauptmotiv, das mit jeweils aus dem Wortzusammenhang entstehenden Motiven verwoben wurde. In der Klavierbegleitung finden sich Ansätze zur Leitmotivik. L. bevorzugte Dichter waren Byron, Freiligrath, Goethe, Rückert u. Uhland.

Zu L. bekanntesten Balladen gehören: *Erlkönig* nach Goethe (1818), *Der Zauberlehrling* nach Goethe (1832) u. *Archibald Douglas* nach Fontane (1858). L. komponierte außerdem 5 Opern, von denen aber nur *Die drei Wünsche* (1832) zur Aufführung kamen, balladenhafte Oratorien, Kantaten, Motetten, 2 Sinfonien u. 2 Klavierkonzerte.

GA der Balladen, Legenden, Lieder u. Gesänge von M. Runze (Hg.), 17 Bde., Leipzig 1899–1905, Nachdr. Farnborough 1970.

Lit.: R. Sietz, C. L., Köln 1948.

Loewe, Frederick, amer. Komponist österr. Herkunft, * 10. 6. 1904 Wien. Sohn des Operettensängers Edmund L.; Schüler von E. d'Albert, F. Busoni u. E. N. von Rezniček. Trat mit 13 Jahren als Konzertpianist auf u. spielte mit den Berliner Philharmonikern. Komponierte mit 15 den Hit *Kathrin, du hast die schönsten Beine von Berlin.* Kam 1924 in die USA, wo er sich als Barpianist u. mit Gelegenheitsarbeiten durchschlug. 1935 schrieb er gemeinsam mit E. Crooker *A Waltz Was Born in Vienna* für die Illustrators' Show. 1937 hatte er in St. Louis mit *Salute to Spring* einen gewissen Erfolg, während er 1938 mit *Great Lady* am Broadway durchfiel. 1942 fand L. in A. J. Lerner einen kongenialen Librettisten. Sie arbeiteten im gleichen Jahr *Salute to Spring* für Detroit in *Life of the Party* um. Aus ihrer weiteren Zusammenarbeit entstanden *What's Up* (1943, Ch.: G. Balanchine); *The Day before Spring* (1945); *Brigadoon* (1947, Ch.: A. de Mille); *Paint Your Wagon* (1951, Ch.: A. de Mille); *My Fair Lady* (1956, Ch.: H. Holm) u. *Camelot* (1960). Komponierte viele Songs u. die Musik zu dem Film »Gigi« (1956).

Logothetis, Anestis, griech. Komponist u. Maler, * 27. 10. 1921 Burgas, Bulgarien. Studierte an der Wiener Musikakademie bei A. Uhl u. E. Ratz u. ließ sich dort als freischaffender Komponist u. Klavierlehrer nieder. Entwickelte eine grafische Notation, in der er seine häufig für variable Besetzungen gedachten Werke aufzeichnet.

Zu L. Kompositionen gehören die Bühnenwerke *Himmelsmechanik* (7 Blätter, 1960–64), *Parole* (1961) u. *5 Porträte der Liebe* (1967); das Ballett *Odyssee* (1963) u. die Orchesterwerke *Mäandros* u. *Dynapolis* (1963) sowie *Labyrinthos* (1965), alle für variable Besetzung. 1971 entstanden *Pyriflegheton – Acheron – Kokkytos* für 3 Chöre u. Instrumente, 1977–78 als multimediales Fragment einer Oper *Daidalia or Life of a Theory.* Zu seinen Schriften gehören »Grafische Notation« (München 1967) u. »Zeichen als Aggregatzustand der Musik« (Wien 1974).

lombardischer Rhythmus, eine dem Scotch snap ähnliche Betonung der zweiten von paarweise oder zu mehreren auftretenden kurzen Noten.

Longa → Mensuralnotation

Lopatnikoff (Lopatnikow), Nicolai, amer. Komponist u. Pianist russ. Abstammung, * 16. 3. 1903

Reval, † 7. 10. 1976 Pittsburgh. Studierte 1914–17 am Konservatorium in Petersburg, anschließend in Helsinki, 1919–21 bei H. Grabner in Heidelberg u. dann bei W. Rehberg u. E. Toch in Mannheim. Lebte als Pianist in Berlin u. kam 1939 über Estland u. England nach den USA, wo er an mehreren Instituten unterrichtete, zuletzt 1945–68 an der Carnegie-Mellon University in Pittsburgh. Seine Kompositionen sind an der russ. Nationalschule des ausgehenden 19. Jh. u. der Neoklassik eines P. Hindemith u. I. Strawinsky orientiert.

Zu L. Werken gehören die unaufgeführte Oper *Danton* (1933), 4 Sinfonien (1929–72), 2 Klavierkonzerte (1925 u. 1930), Concerto für Bläser (1963), 3 Streichquartette (1923–56) u. weitere Kammermusikwerke.

Lopes Graça, Fernando, portug. Komponist, * 17. 12. 1906 Tomar. Studierte am Konservatorium in Lissabon u. bei Ch. Koechlin in Paris. Mußte sich als Regimegegner seinen Lebensunterhalt als Lehrer, Übersetzer u. Chorleiter verdienen. Arbeitete daneben als Musikkritiker u. Musikwissenschaftler. Gründete 1942 die Konzertreihe »Sonata«, die sich hauptsächlich der zeitgenössischen Musik widmete. Ist in seinen Werken von der portug. Folklore u. den polytonalen sowie atonalen Strömungen der 30er Jahre beeinflußt.

Zu L. G. Kompositionen gehören: die Melodramkantate *D. Duardos e Flérida* für Soli, Chor u. Orch. (1964–69); 2 Sinfonien (1944 u. 1953); *Poema de Dezembro* für Orch. (1961); 2 Klavierkonzerte (1940 u. 1942); Kammermusik. Er gab gemeinsam mit M. Giacometti »Antologia da música popular Portuguesa« (5 Bde., Lissabon 1961–70) heraus.

Lorentzen, Bent, dän. Komponist, * 11. 2. 1935 Stenvad. Fing bereits auf der Schule an zu komponieren. Erhielt seine Ausbildung bei K. Jeppesen, B. Hjelmborg, V. Holmboe, J. Jersild u. F. Høffding. 1967–68 Mitarbeit am Studio für elektronische Musik in Stockholm. Lebt seit 1971 als freischaffender Komponist in Kopenhagen. Hat in seinen oft collageartigen oder elektronischen Kompositionen den Klang zum Hauptparameter erhoben.

Zu L. Kompositionen gehören: die Bühnenwerke *Mette* (1963), *Die Schlange* (1964), *Euridice* (1965), *Music Theatre for Three* (1968), *Die Musik kommt mir äußerst bekannt vor!* (1973–74) u. *Eine wundersame Liebesgeschichte* (1978); das Ballett *The Bottomless Pit* (1972); die Filmoper *Tårnet* (1966); die Orchesterwerke *Cyclus IV* für Streicher u. 3 Schlagzeuger (1966), *Shifting* für Orch. (1967), *Maiden into Bird* für Orch. u. Tonband (1967), *Tide* für Orch. (1971) u. *Partita popolare* für Streicher (1976); Kammermusik; Chorwerke; Orgelstücke u. elektronische Kompositionen.

Lorenzo Fernândez, Oscar, brasilian. Komponist, * 4. 11. 1897 Rio de Janeiro, † 27. 8. 1948 ebd. Schüler von F. Braga u. H. Oswald. Gründete 1936 das Conservatório Brasileiro de Música in Rio de Janeiro, das er bis zu seinem Tod leitete.

L. F. komponierte die Oper *Malazarte* (1931), das Ballett *Amaya* (1939), 2 Sinfonien (1945 u. 1947), sinfonische Suiten, Klavierkonzert (1937) u. Violinkonzert (1942), Kammermusik u. Chorwerke.

Lortzing, G. Albert, dt. Komponist u. Schauspieler, * 23. 10. 1801 Berlin, † 21. 1. 1851 ebd. Sohn des Lederwarenhändlers u. Amateurschauspielers Johann Gottlieb L. Erhielt ersten Musikunterricht von J. H. Geibel u. F. Rungenhagen in Berlin. Der drohenden Pleite seines Geschäfts entzog sich der Vater, indem er mit seiner Frau Charlotte Sophie, geb. Seidel, berufsmäßig unter die Schauspieler ging u. 1812 ein erstes Engagement am Stadttheater Breslau annahm. Über Bamberg, Straßburg u. Freiburg im Breisgau kam die Familie 1817 zum Ensemble Derossis, das Köln, Aachen, Düsseldorf, Bonn u. Elberfeld bespielte. L. übernahm inzwischen bereits die Rollen des jugendlichen Liebhabers u. trat in der Oper in Tenor- u. Baritonpartien auf. Zur Aufbesserung der Familieneinkünfte betätigte er sich nebenbei als Notenkopist. Ab 1822 Mitglied des von F. S. Ringelhardt geführten Ensembles, dessen erste Liebhaberin Rosina Regina Ahles 1824 seine Frau wurde. Im gleichen Jahr komponierte L. das Singspiel *Ali Pascha von Janina*, das 1828 in Münster zur Uraufführung kam. 1826 nahm L. gemeinsam mit seiner Frau ein Engagement am Hoftheater in Detmold an, das gleichzeitig Vorstellungen in Münster, Osnabrück u. Bad Pyrmont gab. In Münster kam es dann auch 1828 zur Uraufführung seines Oratoriums *Die Himmelfahrt Jesu Christi*. Bei der Premiere von Grabbes »Don Juan und Faust« spielte L. 1829 die Rolle des Don Juan u. hatte auf Wunsch des inzwischen mit ihm befreundeten Dichters auch eine Bühnenmusik komponiert. Ebenfalls aus der Detmolder Zeit stammen die Einakter *Der Pole und sein Kind, Der Weihnachtsabend, Szenen aus Mozarts Leben* u. *Andreas Hofer* (alle 1832). Außerdem bearbeitete L. J. A. Hillers *Die Jagd*. Sein handwerkliches Können verbesserte L. durch Instrumentationsstudien bei dem Detmolder Musikmeister J. A. Dassel. Als sein alter Prinzipal Ringelhardt Direktor des Leipziger Stadttheaters geworden war, engagierte er L. u. seine Frau (den Komponisten als Schauspieler u. Tenorbuffo). Das Engagement währte von 1833 bis 1844, wobei L. im letzten Jahr seiner Leipziger Tätigkeit endlich auch der langgehegte Wunsch erfüllt wurde, als Operndirigent eingesetzt zu werden. In Leipzig kamen 1837 seine beiden völlig eigenständigen Bühnenwerke *Die beiden Schützen* u. *Zar und Zimmermann* heraus, denen 1839 die Oper *Caramo*, 1840 *Hans Sachs* u. 1841 *Casanova* folgten. Am 31. 12. 1842 gelangte seine romantische Oper *Der Wildschütz* nach A. von

Kotzebues Schauspiel »Der Rehbock« zur Uraufführung, ein Stück, das sich nur langsam auf der dt. Bühne durchgesetzt hat, aber unter dem Einfluß von F.-A. Boieldieu u. W. A. Mozart sein wohl originellstes Werk geworden ist. Obwohl 1845 seine romantische Oper *Undine* im Abstand von nur wenigen Tagen an zwei dt. Theatern gleichzeitig gespielt wurde, löste der Leipziger Magistrat L. Kapellmeistervertrag. 1846 studierte er seine Oper *Der Waffenschmied* am Theater an der Wien ein u. erhielt dort nach dem glänzenden Premierenerfolg einen Zweijahresvertrag als Kapellmeister neben F. von Suppé. Als das Theater an der Wien in andere Hände überging, wurde L. Lage so schwierig, daß er dankbar den Leipziger Auftrag annahm, dort unter neuer Verwaltung seine Oper *Rolands Knappen* einzustudieren. Um seine Familie überhaupt ernähren zu können, mußte er wieder auf Tournee gehen. L. verdingte sich als Schauspieler, Sänger u. Kapellmeister, bis er 1850 an das Friedrich Wilhelmstädtische Theater in Berlin als Kapellmeister verpflichtet wurde. Dort starb er in der Nacht nach der Frankfurter Uraufführung seines Einakters *Die Opernprobe*.

L. ist der typische Repräsentant des behaglichen Biedermeier, der letztlich bei aller Tiefenschärfe, die er seinen Bühnenfiguren zu geben wußte, am Ende auf heiter-verbindliche Weise für den Ausgleich aller Gegensätze sorgte. Auch wenn in seinem Nachlaß eine Revolutionsoper mit dem Titel *Regina* gefunden wurde, in der er sogar streikende Arbeiter auf die Bühne stellte, bleibt L. für die Nachwelt der Komponist der volkstümlichen heiteren Spieloper, die er allerdings auf höchstes künstlerisches Niveau gebracht hat. Sein dabei zutage tretendes dt. Gemüt steht einer Rezeption seiner Werke im Ausland im Wege.

Neben Bühnenmusiken, Chorwerken, Orchesterstükken u. Liedern komponierte L. folgende Bühnenwerke: *Ali Pascha von Janina* (1824); *Der Pole und sein Kind*, *Der Weihnachtsabend*, *Szenen aus Mozarts Leben* u. *Andreas Hofer* (alle 1832 unter Verwendung fremden Materials); *Die beiden Schützen* (1835); *Die Schatzkammer des Ynka* (1836, verschollen); *Zar und Zimmermann* (1837); *Caramo oder das Fischstechen* (1839); *Hans Sachs* (1840); *Casanova* (1841); *Der Wildschütz oder Die Stimme der Natur* (1842); *Undine* (1845); *Der Waffenschmied* (1846); *Zum Großadmiral* (1847); *Regina* (1848); *Rolands Knappen oder Das ersehnte Glück* (1849); *Die Opernprobe oder Die vornehmen Dilettanten* (1850).
Seine gesammelten Briefe wurden von G. R. Kruse hg. (Leipzig 1902).

Lit.: Ph. Düringer, A. L., sein Leben u. Wirken, Leipzig 1851; G. R. Kruse, A. L., Leben u. Werk, Leipzig 1914; K. Blessinger, L. u. die komische Oper, Augsburg 1922; H. Laue, Die Operndichtung L., Bonn 1932; G. Dippel, A. L., Ein Leben für das dt. Musiktheater, Berlin 1951; M. Hoffmann, G. A. L., Leipzig 1956; H. Ch. Worbs, A. L. in Selbstzeugnissen u. Bilddokumenten, Reinbek bei Hamburg 1980.

lo stesso tempo (ital.), im gleichen Zeitmaß, auch wenn gerader u. ungerader Takt wechseln, d. h. sich die absoluten Notenwerte verändern.

Lothar, Mark, dt. Komponist, * 23. 5. 1902 Berlin. Schüler von W. C. Meiszner (Klavier) u. J. H. Wetzel (Komposition) in Berlin u. E. Wolf-Ferrari in München. Ab 1921 Konzertbegleiter der Sängerin C. Nera, die ihn u. seine Lieder bekannt machte. 1934 Berufung durch Gründgens als Leiter des Musikwesens am Preußischen Staatstheater u. 1945–55 in gleicher Position am Bayerischen Staatstheater. Lebt seither als freischaffender Komponist in München.

L. komponierte u. a.: die Bühnenwerke *Tyll* (1928), *Lord Spleen* (1930), *Münchhausen* (1933), *Schneider Wibbel* (1938), *Rappelkopf* (1958), *Der Glücksfischer* (1962), *Der widerspenstige Heilige* (1968) u. *Momo und die Zeitdiebe* (1978); 2 Concerti für Solo-Instr. u. Orch. (1962 u. 1972); *Gesang vom Leben* für S., Bar., gem. Chor u. Orch. (1953); *Die Geschichte vom faulen Bären* für Sprecher, Tuba solo u. Orch. (1976); Kammermusik u. Lieder. Neben vielen Bühnenmusiken schrieb L. außerdem Musiken zu Filmen wie »Schritt vom Wege« (1939), »Föhn« (1950), »Dr. Holl« (1953), »Sauerbruch« (1954) u. arrangierte die Partitur zu »Friedemann Bach« (1941).

Lotti, Antonio, ital. Organist u. Komponist, * Februar 1666 Venedig oder Hannover, † 5. 1. 1740 Venedig. Sohn von Matteo L., der Hofkapellmeister in Hannover war. Tat sich bereits mit 16 Jahren als Komponist der Oper *Giustino* hervor. 1687 Mitglied des Sängerchors an S. Marco u. Schüler von G. Legrenzi, der dort das Amt des Kapellmeisters innehatte. 1692 dann 2. Organist an S. Marco, 1704 als Nachfolger Spadas 1. Organist u. ab 1736 Kapellmeister. 1717–19 auf Einladung des sächsischen Kurfürsten mit seiner Frau u. einer Truppe in Dresden, wo er die Opern *Giove in Argo* (1717), *Ascanio* (1718) u. *Teofane* (1719) komponierte u. produzierte. Zu seinen Werken gehören neben Opern hauptsächlich Kirchenkompositionen, von denen sein *Miserere* (1733) heute noch an Gründonnerstag in S. Marco aufgeführt wird. Zu seinen Schülern zählten M. Gasparini u. B. Galuppi.

Loubé, Karl, österr. Komponist u. Dirigent, * 13. 7. 1907 Mährisch-Kromau. Schüler von L. Janáček in Brünn u. V. Ebenstein u. E. Sauer in Wien. War Kapellmeister am Wiener Stadttheater u. Bürgertheater u. lebt heute als freischaffender Komponist in Wien. Er komponierte Lustspieloperetten, Bühnen- u. Filmmusiken. Am bekanntesten wurden sein Schlager *Der Donaudampfschiffahrtsgesellschaftskapitän* u. die Fernsehmusiken zu »Wenn der Vater mit dem Sohne« u. »Hallo – Hotel Sacher«.

Louis, Murray (eigtl. Murray Louis Fuchs), amer. Tänzer, Choreograf, Pädagoge u. Ballettdirektor, * 4. 11. 1926 New York. Studierte am San Francisco State College u. an der Universität von New York. Seine tänzerische Ausbildung begann bei A. Halprin. Während der Sommerkurse des Colorado College 1948 lernte er A. Nikolais kennen, dessen Mitarbeiter, Assistent u. Solist er ab 1949 am Henry Street Playhouse wurde. 1953 gründete er, hauptsächlich mit Tänzern von A. Nikolais, seine M. L. Dance Company, die sich inzwischen auf Tourneen durch Amerika, Lateinamerika, Europa u. Indien einen ausgezeichneten Ruf ertanzt hat. Im gleichen Jahr trat L. auch mit seinen ersten eigenen Ch. an die Öffentlichkeit. In einer mit Gladys Bailin gemeinsam bestrittenen Veranstaltung stellte er sich mit Soli wie *Little Man* u. *Antechamber* vor. Gehörte ab 1951 zum Lehrkörper des Henry Street Playhouse u. war bis 1969 1. Solist bei A. Nikolais. 1970 übernahm L. die Gestaltung der Coty Fashion Award Ceremony, u. im gleichen Jahr zog er mit A. Nikolais um. Hauptquartier u. Schule befinden sich jetzt im Space for Innovative Development mitten in Manhattan. Als Trägerorganisation fungiert die Chimera Foundation for Dance. 1974 produzierte L. die fünfteilige Lehrfilmserie »Dance as an art form«. Neben weiteren choreografischen Arbeiten für seine eigene Kompanie tritt er jetzt auch zunehmend als Gastchoreograf auf. So brachte er in Berlin *Calligraph for martyrs* (1974) u. in Kopenhagen *Cleopatra* (1976) heraus. 1978 entstand für R. Nurejew das Solo *Vivace*. Nurejew trat gleichzeitig erfolgreich mit der M. L. Dance Company auf. Von A. Nikolais hat M. L. das Gespür für kinetische Effekte, die er in seinen Ch. witzig u. überraschend zu theatralischer Geltung bringt.

Zu L. bekannteren Arbeiten gehören: die 4 Ballette *Opening Dance* (M.: M. Waldron), *Little Man* (M.: B. Britten), *Antechamber* (M.: Schlagzeugimprovisation) u. *Star Crossed* (M.: D. Diamond), mit denen L. am 16. 3. 1953 als Choreograf debütierte, dann *Piper* (M.: H. Dutilleux) 1955; *Man in Chair* (M.: E. Satie), *Figure in Grey* (M.: A. Hovhaness) u. *Belonging to the Moon* (M.: A. Hovhaness) 1955; *Bach Suite* (M.: J. S. Bach), *Incredible Garden* (M.: Fascett-Hovhaness) u. *Harmonica Suite* (M.: E. Manson) 1956; *Journal* (M.: arrangiert) 1957; *Entre-Acte* (M.: arrangiert) 1959; *Odyssey* (M.: I. Fiedel) 1960; *Calligraph for Martyrs* (M.: A. Nikolais) 1961; *Facets* (M.: A. Nikolais) 1962; *Interims* (M.: L. Foss) u. *Suite for Diverse Performers* (M.: A. Nikolais) 1963; *Transcendencies* (M.: A. Nikolais), *Landscapes* (M.: A. Walker), *Jung Dances* (M.: arrangiert) u. *A Gothic Tale* (M.: A. Nikolais) 1964; *Chimera* u. *Choros I* (M.: beide A. Nikolais) 1966; *Go 6* (M.: A. Nikolais) 1966; *Proximities* (M.: J. Brahms) u. *Intersection* (M.: H. Faberman) 1969; *Continuum* (M.: Corky Siegel Blues Band u. A. Nikolais) 1971; *Hoopla* (M.: Lissabonner Polizeikapelle) 1972; *Index – to necessary neuroses* (M.: Oregon Ensemble) 1973; *Porcelain Dialogues* (M.: P. Tschaikowsky) u. *Geometrics* (M.: A. Nikolais) 1974; *Moments* (M.: M. Ravel) 1975; *Cleopatra* (M.: Joe Clark); *Glances* (M.: D. Brubeck); *Ceremony* (M.: A. Rudin) u. *Déjà Vu* (M.: Laure, F. Tarrega, A. Lauro, D. Scarlatti u. I. Albéniz) 1976; *Schubert* (M.: F. Schubert) 1977; *Vivace* (M.: J. S. Bach); *The Canarsie Venus* (in Paris als *The Brighton Venus*, M.: Cole Porter) u. *Figura* (M.: Paul Winter Consort, E. Lecuona u. A. Segovia) 1978; *Suite for Erik* (M.: D. Scarlatti) 1979.

Louis Ferdinand, Prinz von Preußen, Komponist, * 18. 11. 1772 Friedrichsfelde bei Berlin, gefallen 10. 10. 1806 bei Saalfeld. War nach dem Urteil L. van Beethovens ein ausgezeichneter Pianist. Erwarb sich im Umgang mit J. L. Dussek große kompositorische Fertigkeit u. ließ eine Reihe von Kammermusikwerken erscheinen, von denen das Klavierquartett in f-Moll op. 6 als sein bestes gilt. Beethoven widmete ihm sein 3. Klavierkonzert in c-Moll.

Lourié, Arthur V., amer. Komponist russ. Herkunft, * 14. 5. 1892 Petersburg, † 13. 10. 1966 Princeton, NJ. Studierte 1909–16 am Konservatorium in Petersburg u. privat bei A. Glasunow. 1918–22 unter Lunatscharskij Leiter der Musikabteilung im Ministerium für Volksaufklärung. Emigrierte 1922 über Frankreich in die Vereinigten Staaten. In seinen früheren Werken von C. Debussy u. A. Skrjabin beeinflußt, orientierte er sich später mehr an I. Strawinsky, nachdem er bereits vor dem 1. Weltkrieg die ersten Zwölfton-Klangkomplexe komponiert u. in seinen *Formen in der Luft* das Urbild einer grafisch determinierten Komposition gegeben hatte.

Zu L. Kompositionen gehören: die Oper *The Moor of Peter the Great* (1958); 2 Sinfonien (1931 u. 1941); *Concerto spirituale* für Kl., gem. Doppelchor, Soli, Blechbläser u. Schlagzeug (1930); Kammermusik u. Lieder nach Tolstoi u. Majakowski. Zu seinen Schriften gehören: »S. Koussevitzky and His Epoch« (New York 1931, Nachdr. 1971) u. »Profanation et sanctification du temps« (Paris 1966).

Loussier, Jacques, franz. Pianist u. Komponist, * 26. 10. 1934 Angers. Mit 15 Jahren Aufnahme in das Pariser Conservatoire u. Schüler von Y. Nat. Trat später als Unterhaltungsmusiker eine Zeitlang in der Karibik auf. Wieder in Paris, gründete er 1959 mit Ch. Garros (Schlagzeug) u. P. Michelot (Baß) das Trio »Play Bach«, mit dem er unzählige Schallplatten herausbrachte, auf denen er Bach im Stil des Jazz interpretierte.

Lualdi, Adriano, ital. Komponist, Musikkritiker u. Lehrer, * 22. 3. 1885 Larino, † 8. 1. 1971 Mailand. Schüler von E. Wolf-Ferrari in Venedig, 1908–15 Opernkapellmeister u. 1923–43 Kritiker verschiedener Zeitungen. Daneben 1936–44 Leiter des Konservatoriums S. Pietro a Maiella in Neapel u. 1947–56 Direktor des Konservatoriums L. Cherubini in Florenz.

L. komponierte mehrere Opern, darunter *La luna dei Caraibi* (1953), Orchesterwerke, Kammermusik u. Lieder. Veröffentlichte außerdem »L'arte di dirigere l'orchestra« (Mailand 1940, ergänzt 1958).

Lucier, Alvin, amer. Komponist, * 14. 5. 1931

Nashua, NH. Studierte bei D. Kraehenbuhl, H. Boatwright u. Q. Porter an der Yale University, bei A. Berger, H. Shapiro u. I. Fine an der Brandeis University sowie bei L. Foss u. B. Porena. Dirigierte 1962–70 den Kammerchor der Brandeis University u. leitet seit 1970 die Abteilung für elektronische Musik der Wesleyan University. Gehört zu den Mitbegründern der Sonic Arts Union, die sich mit der Verwendung von elektronischer Musik als Bühnenmusik beschäftigt. Zu seinen vorwiegend live-elektronischen Werken gehört *The Bird of Bremen Flies Through the House of the Burghers* (1972).

Ludford, Nicholas, engl. Komponist, * um 1485, † um 1557 London. Nach 1510 Musiker an der St. Stephen's College Chapel in Westminster, London, u. ab 1521 Mitglied der Fraternity of St. Nicholas. Komponierte u.a. 7 Festmessen, die für jeden Tag der Woche gedacht waren. Gehört mit R. Fayrfax u. W. Cornysh jr. zu den bedeutenden Komponisten vor Gründung der Anglikanischen Kirche.

Lübeck, Vincent, dt. Organist u. Komponist, * September 1654 Padingbüttel, † 9. 2. 1740 Hamburg. Mit 20 Jahren Organist an St. Cosmae et Damiani in Stade u. ab 1702 an der Nicolaikirche in Hamburg. Zu seinen ganz unter dem Einfluß von D. Buxtehude stehenden Kompositionen gehören 6 Präludien u. Fugen sowie 2 Choralvorspiele für Org., *Clavier Uebung* (1728) u. Kantaten.

Luening, Otto, amer. Komponist, * 15. 6. 1900 Milwaukee, WI. Studierte an der Akademie der Tonkunst in München, am Konservatorium in Zürich u. privat bei F. Busoni u. Ph. Jarnach. Übernahm Lehraufträge an verschiedenen amer. Instituten, zuletzt 1949–68 Professor an der Columbia University. Seit 1959 mit V. Ussachevsky, R. Sessions u. M. Babbitt in der Leitung des Columbia-Princeton Electronic Music Center. Während seine früheren Kompositionen atonale u. polytonale Strukturen mit Elementen der Zwölftontechnik vereinen, hat sich L. nach 1950 hauptsächlich mit Tonbandmusik u. elektronischer Musik beschäftigt. Schrieb gemeinsam mit V. Ussachevsky die erste Komposition für Tonband u. Live Symphony Orchestra, *A Poem in Cycles and Bells* (1954).

Zu L. weiteren Werken gehören die Oper *Evangeline* (1932–47); die Ballette *Of Identity* (1954) u. *Theatre Piece No. II* (1956); Bühnenmusik zu Shakespeares »King Lear« (1956); Orchesterwerke wie *Kentucky Concerto* (1951), *Wisconsin Suite* (1955), *Synthesis* für Orch. u. Tonband (1960), *Short Symphony* (1969) u. *Sonority Forms* (1973); elektronische Werke wie *In the Beginning* (1971) u. Kammermusik, u.a. 3 Streichquartette (1919, 1922 u. 1928).

Lully, Jean-Baptiste (eigtl. Giovanni Battista Lulli), franz. Komponist ital. Herkunft, * 28. 11. 1632 Florenz, † 22. 3. 1687 Paris. Über seine Herkunft ist wenig bekannt. L. kam um 1645 auf Vermittlung von R. de Guise in die Dienste der Mlle. de Montpensier als garçon de chambre u. page de musique. Blieb dort bis 1652, bildete sich zu einem hervorragenden Gitarristen u. Geiger aus u. nahm weiteren Musikunterricht bei N. Métru, N. Gigault u. F. Roberday sowie bei seinem späteren Schwiegervater M. Lambert. 1652 Mitglied der »24 violons du roi«, 1653 gemeinsamer Auftritt als Tänzer mit Ludwig XIV. in dem *Ballet de la nuit*, für das er bereits Entrées komponierte, u. Ernennung zum Compositeur de la musique instrumentale du roi. Komponierte Balletteinlagen für Opern u. gemeinsam mit J. de Cambefort, M. Lambert u. J.-B. Boësset eine Reihe von Ballets de cour, für die I. de Benserade Texte dichtete, u.a. *Les noces de Pelée et Thétis* als Balletteinlage zu C. Capriolis Oper (1654) u. das Ballett *Alcidiane* (1658), in dem L. erstmals den Typ der franz. Ouvertüre (langsam-schnell-langsam) verwendete. Um 1656 erhielt er vom König die Erlaubnis, ein eigenes Orchester, die »petits violons«, zu gründen, das aus 16, später 21 Instrumentalisten bestand u. an Präzision die »24 violons« bald übertraf. 1661 wurde L. als Nachfolger von J. de Cambefort zum Surintendant de la musique et compositeur de la musique de la chambre ernannt u. erhielt die franz. Staatsbürgerschaft. Mit *L'impromptu de Versailles* (1663) u. *Le mariage forcé* (1664) begann die Zusammenarbeit von L. u. Molière, aus der die neue Gattung des Comédie-ballet hervorging, die schließlich zur lyrischen Tragödie führte. In *Le mariage forcé* trat L. wiederum an der Seite des Königs als Tänzer auf. Als bedeutendstes Comédie-ballet von L. u. Molière gilt *Le bourgeois gentilhomme* (1670). Zum Bruch mit Molière kam es, als L. nach dem gemeinsamen Erfolg des Tragédie-ballet *Psyché* (1671) P. Perrin das Patent zur Gründung einer Académie d'Opéra abkaufte u. beim König eine Erneuerung dieses Privilegs allein auf seinen Namen durchsetzte. Dieses Privileg, das 1684 noch durch eine Ordonnance royale an Gewicht gewann, beschränkte alle anderen Bühnen auf 2 Gesangsstimmen u. 6 Geigen u. machte jede Neugründung einer Akademie von seiner Zustimmung abhängig. 1672 wurde L. Académie mit dem Pasticcio *Les fêtes de l'Amour et de Bacchus* eröffnet. Mit der folgenden Tragédie lyrique *Cadmus et Hermione* (1673) wies L. den Weg zur franz. Oper u. begann seine erfolgreiche Zusammenarbeit mit dem Librettisten Ph. Quinault. L. starb 1687 am Wundbrand, den er sich dadurch zugezogen hatte, daß er sich bei einer Aufführung seines Te Deum zur Genesung

des Königs mit dem Taktstock am Fuß verletzte (damals wurde der Takt noch mit einem schweren Stock auf den Boden gestampft).
L. war ein außerordentlich vielseitiger Künstler, der nicht nur als Instrumentalist, sondern auch als Tänzer, komischer Schauspieler, Orchestererzieher, Gesangslehrer u. Regisseur in hohem Ansehen stand. In seinen Tragédies lyriques versuchte L. mit Hilfe von Ph. Quinault (Libretto), J.-L. Berain (Kostüme u. Ausstattung), P. Beauchamp (Ch.) u. J. Vigarani (Technik) seine frühen Vorstellungen vom Gesamtkunstwerk zu verwirklichen. Anfangs von F. Cavalli u. G. Carissimi beeinflußt, ließ sich L. bei der Sprachvertonung in den späteren Werken von der überhöhten Deklamation in den Tragödien Racines leiten. Um dem Sprachduktus gerecht zu werden, bediente er sich häufigen Taktwechsels. L. darf als der Begründer der franz. Nationaloper angesehen werden.

Zu L. Balletten gehören *La nuit* (1653); *Les proverbes, Les noces de Pelée et Thétis* (Balletteinlage) u. *Le temps* (1654); *Les plaisirs* u. *Les bienvenus* (1655); *Psyché et la puissance de l'amour* u. *La galanterie du temps* (1656); *L'amour malade* u. *Les plaisirs troublés* (1657); *Alcidiane* (1658); *La raillerie* (1659); *Xerxes* (Balletteinlage, 1660); *La revente des habits de ballet* (vor 1661); *L'impatience* u. *Les saisons* (1661); *Hercule amoureux* (Balletteinlage, 1662); *Les arts* u. *Les noces de village* (1663); *Les amours déguisés* (1664); *Oedipe* (Balletteinlage, 1664); *La naissance de Vénus, Les gardes* u. *Petit ballet de Fontainebleau* (1665); *Ballet de Créquy ou Le triomphe de Bacchus dans les Indes* u. *Les muses* (1666); *Le carnaval* (1668); *Flore* (1669); *Le triomphe de l'amour* (1681) u. *Le temple de la paix* (1685). Außerdem schrieb L. die Opern *Les fêtes de l'Amour et de Bacchus* (Pasticcio, 1672), *Cadmus et Hermione* (1673), *Alceste* (1674), *Thésée* (1675), *Atys* (1676), *Isis* (1677), *Psyché* (1678), *Bellérophon* (1679), *Proserpine* (1680), *Persée* (1682), *Phaéton* (1683), *Amadis* (1684), *Roland* (1685), *Armide* u. *Acis et Galatée* (1686) u. *Achille et Polixène* (Ouvertüre u. 1. Akt, 1687); Instrumentalwerke, darunter zahlreiche Opernsuiten u. Kirchenmusik wie 10 große u. 14 kleine Motetten u. 1 Te Deum. Seine Comédies-ballets, Pastoralen u. kleineren Gelegenheitskompositionen entstanden auf Libretti von Molière, Quinault, P. Corneille u. Racine. Eine unvollständige GA wurde 1930–39 von H. Prunières in Paris besorgt (Nachdr. New York 1966).
Lit.: H. Prunières, L., Paris 1910; E. Borrel, J.-B. L., Paris 1949; J. Eppelsheim, Das Orch. in den Werken J.-B. L., Tutzing 1961; R. H. F. Scott, J.-B. L., London 1973.

Lumbye, Hans Christian, dän. Komponist u. Dirigent, * 2. 5. 1810 Kopenhagen, † 20. 3. 1874 ebd. Wurde als Komponist von Walzern, Polkas, Galopps u. Mazurken häufig der »nordische Strauß« genannt. Dirigierte 1843–72 sein eigenes Orchester im Tivoli u. ging mehrfach mit seinen Musikern auf Europatourneen. A. Bournonville ließ sich von ihm verschiedene Divertissements komponieren u. beteiligte ihn an Balletten wie *Napoli* (1842), *Konservatorium* (1849), *Fern von Dänemark* (1860) u. *Das Freiwilligencorps auf Amager* (1871). Seine Söhne Carl Christian (1841–1911) u. Georg August (1843–1922) waren angesehene Geiger u. Komponisten.

Luna, Pablo, span. Komponist u. Dirigent, * 21. 5. 1880 Alhama de Aragón, † 28. 1. 1942 Madrid. Schüler der Escuela de Música in Saragossa. Wurde als Komponist von Operetten, Zarzuelas u. Revuen bekannt. Zu seinen Bühnenwerken gehören *El niño judío* (1918) u. *Benamor* (1923).

Lundsten, Ralph, schwed. Komponist u. Filmemacher, * 6. 10. 1936 Ersnäs. Betreibt in der Nähe von Stockholm das Bild- u. Tonstudio Andromeda, dessen Möglichkeiten für elektronische Musik mit den besten Anlagen in Skandinavien konkurrieren können. Komponiert nur elektronisch, u. a. in Zusammenarbeit mit Y. Gamlin, L. Nilson u. K. G. Ståhl.

Zu L. neueren Werken gehören: *Shangri-La* (1973), *Isländska dansbilder* (1974), *Heaven by Night* u. *Johannes och huldran* (1975).

Lupi (Leleu, Lupus), Johannes, franko-fläm. Komponist, * um 1506 Cambrai, † 20. 12. 1539 ebd. Chorknabe an der Kathedrale von Cambrai bis 1521 u. dort nach seinem Studium Vikar, ab 1527 Kapellmeister. Zu seinen erhaltenen Werken gehört ein Buch mit 4–8st. Motetten, das 1542 in Paris erschien.

Lupi, Roberto, ital. Komponist, * 28. 11. 1908 Mailand, † 17. 4. 1971 Dornach. Studierte am Mailänder Konservatorium u. war ab 1941 Professor für Harmonielehre u. Kontrapunkt am Konservatorium in Florenz.

Zu L. Kompositionen gehören: die Sacra rappresentazione *La danza di Salomè* (1952), das Misterio melodrammatico *La nuova Euridice* (1957) u. *Persefone* (1970), Chor- u. Orchesterwerke. Er veröffentlichte »Il libro segreto di un musicista« (Florenz 1972).

Luther, Martin, dt. Reformator, * 10. 11. 1483 Eisleben, † 18. 2. 1546 ebd. Verfügte über eine gute Stimme u. spielte selber Laute u. Flöte. Seine Lieblingskomponisten waren L. Senfl u. Josquin Desprez. Ob die L. zugeschriebenen Melodien wirklich von ihm selbst stammen, läßt sich nicht mit letzter Sicherheit beweisen. Nach J. Walter hat L. sehr wohl selbst komponiert. Von Walter stammen die Liedsätze, die 1524 unter dem Titel »Geystliche gesangk Buchleyn« erschienen u. die Grundlage aller späteren evangelischen Choralsammlungen bildeten. Gemeinsam mit Walter u. C. Rupsch arbeitete L. auch an seiner Dt. Messe, die 1526 erschien. L. gehört zu den Begründern u. Anregern der Kirchenmusik des Protestantismus.

Lutosławski, Witold, poln. Komponist, * 25. 1. 1913 in Warschau. Schüler von W. Maliszewski u. J. A. Lefeld am Konservatorium in Warschau, wo er heute als freischaffender Komponist lebt. Von seinen frühen Werken, die größtenteils verlorengingen, seien die Klaviersonate (1934) u. die sinfonischen Variationen (1938) erwähnt. Während der dt. Besetzung Polens verdiente L. seinen Lebensunterhalt als Klavierunterhalter in Cafés, wo er gemeinsam mit A. Panufnik auftrat. Aus dieser Zeit stammen die Variationen über ein Thema von N. Paganini für 2 Kl. (1941). Nach dem Krieg war L. kurze Zeit Berater des poln. Rundfunks. Für den neugegründeten poln. Musikverlag komponierte er eine Reihe von Werken, in denen er sich mit der poln. Folklore auseinandersetzte. Den Abschluß dieser Schaffensperiode bildet das Konzert für Orch. (1950–54). In der Folgezeit experimentierte L. mit neuen Ausdrucksmöglichkeiten, die erstmals in den 3 Postludien für Orch. (1958–63) deutlicher definiert wurden. L. wandte sich von der Zwölftontechnik ab u. folgt seither einer begrenzten Aleatorik, die man auch als aleatorischen Kontrapunkt bezeichnen könnte. Gleichzeitig werden einzelne seiner Stücke von sog. Zentraltönen beherrscht. Klangfarben wechseln durch Schichtungen u. Rückungen von Tonblöcken. An Einflüssen nennt L. selber C. Debussy, I. Strawinsky, B. Bartók u. E. Varése. Er gehört neben T. Baird u. K. Penderecki zu den großen zeitgenössischen poln. Komponisten.

Von L. Werken seien genannt: 1. Sinfonie (1941–47); Trio für Ob., Klar. u. Fag. (1945); 12 *Melodie ludowe* für Kl. (1945); *Kinderlieder* für Chor u. Kl. (1947); Ouvertüre für Streicher (1949); kleine Suite für Kammerorch. (1950, Orchesterfassung 1951); Konzert für Orch. (1950–54); Rezitativ u. Arie für V. u. Kl. (1951); *Kinderlieder* für Chor, Fl., Ob., 2 Klar. u. Fag. oder Chor u. Kl. (1951); *Schlesisches Triptychon* für S. u. Orch. (1951); *Eukoliki* für S. u. Orch. (1952, Fassung für Va. u. Vc. 1962); 10 poln. Tänze für Kammerorch. (1953); *Tänzerische Präludien* (1. Fassung für Klar. u. Kl. 1954, 2. für Klar. solo, Hf., Kl., Schlagzeug u. Streicher 1955, 3. für Fl., Ob., Klar., Fag., Horn, V., Va., Vc. u. Kb. 1959); 5 Lieder für Mezzo-S. u. Kl. (1957, Fassung mit 30 Instr. 1958); *Musique funèbre* für Streicher (1958); 3 Postludien für Orch. (1958–63); *Jeux vénitiens* für Kammerorch. (1961); 3 *Poèmes d'Henri Michaux* für 20st. gem. Chor, Bläser, 2 Kl., Hf., Schlagzeug u. 2 Dirigenten (1962–63); Streichquartett (1964); *Paroles tissées* für T. u. 20 Soloinstr. (1965); 2. Sinfonie (1967), *Livre pour orchestre* (1968); Cellokonzert (1969–70); Praeludien u. Fuge für 13 Solostreicher (1972); *Miparti* für Holz- u. Blechbläser, 3 Schlagzeuggruppen u. Streicher (1976); *Les espaces du sommeil* für Bar. u. Orch. (1975); *Sacher Variationen* für Vc. solo (1975); Variationen über ein Thema von Paganini für Kl. u. Orch. (1978, nach der Fassung für 2 Kl.); *Novelette* für Orch. (1978–79); Doppelkonzert für Ob. u. Hf. mit Orch. (1979–80) u. *Grave* für Vc. u. Kl. (1981). Daneben komponierte L. Hörspiel-, Bühnen- u. Filmmusiken.

Lit.: W. L. in conversation with B. A. Varga, London 1976; T. Kaczyński, Gespräche mit W. L., Leipzig 1976.

Lutyens, A. Elisabeth, engl. Komponistin, * 9. 7. 1906 London. Studierte am Royal College of Music in London bei H. Darke u. bei G. Caussade in Paris. Lebt als freischaffende Komponistin in London. E. L. wandte sich gegen Ende der 30er Jahre der Zwölftontechnik zu u. gehört mit H. Searle zu den Begründern einer engl. Zwölftonschule.

Zu E. L. Werken gehören: die dramatischen Szenen *The Pit* (1947) u. *Infidelio* (1955); die Funkoper *Penelope* (1950); die Opern *The Numbered* (1965–67) u. *Time Off? – Not a Ghost of a Chance!*, Charade in 4 Scenes with 3 Interruptions für Bar., 1 Schauspieler, Vokalquartett, 2 gem. Chöre u. 10 Instr. (1968); das lyrische Drama *Isis and Osiris* (1970); das Ballett *The Birthday of the Infanta* (1932); Vokalwerke wie die Motette *Excerpta tractatus logico-philosophici* (1952); *Music for Orchestra II* (1962) u. *III* (1963); *Novenaria* für Orch. (1967); Konzerte für Horn (1945) u. Va. u. Orch. (1947); 6 Kammerkonzerte für verschiedene Besetzungen (1939–48); Kammermusik, darunter 6 Streichquartette (1938–52) u. Lieder. Daneben hat sie zahlreiche Film- u. Hörspielmusiken geschrieben. Ihre Autobiografie erschien 1972 als »A Goldfish Bowl« in London.

Luyton (Luython), Charles, belg. Organist u. Komponist, * um 1556–58 Antwerpen, † August 1620 Prag. Um 1566 Sängerknabe in der Kaiserlichen Kapelle, 1576 Kammermusiker, 1582 Hoforganist u. 1603 Hofkomponist.

Gab 5st. Madrigale (1582), »Popularis anni jubilus«, 6st. (1587), »Selectissimarum sacrarum cantionum ... «, 6st. (1603), 6st. Lamentationen (1604) u. 3–7st. Messen (1609) heraus.

Luzzaschi, Luzzasco, ital. Organist u. Komponist, * um 1545 Ferrara, † 11. 9. 1607 ebd. Schüler von C. de Rore u. ab 1567 im Dienst Alfons II. von Ferrara, spätestens ab 1576 Hoforganist u. Kathedral-Kapellmeister. Zu seinen Schülern gehörte G. Frescobaldi.

L. veröffentlichte 7 Bücher 5st. Madrigale, »Sacrarum cantionum«, 5st., u. »Madrigali per cantare e sonare a uno, e doi, e tre soprani« mit Cemb.- u. Orgelbegleitung.

lydisch → griech. Musik

Lyrics (engl.: »Liedertexte«) werden im Gegensatz zum → Libretto bei den amer. Musicals Dialoge u. insbesondere Songtexte genannt.

Lyssenko (Lysenko) Nikolaj W., russ. Komponist u. Volksmusiksammler, * 22. 3. 1842 Grinjki bei Krementschug, † 6. 11. 1912 Kiew. 1866–68 Schüler von C. Reinecke u. E. F. E. Richter am Leipziger Konservatorium. Beschäftigte sich besonders mit ukrainischer Volksmusik u. veröffentlichte mehrere Schriften zu diesem Thema. Von seinen Kompositionen sei die Oper *Taras Bul'ba* (1890, neu instrumentiert von B. Ljatoschinskij u. L. Rewuzkij) erwähnt.

M

MacDowell, Edward A., amer. Komponist u. Pianist, * 18. 12. 1861 New York, † 23. 1. 1908 ebd. Schüler von A. F. Marmontel (Klavier) u. A. Savard (Komposition) in Paris u. J. Raff (Komposition) u. K. Heymann (Klavier) in Frankfurt a. M. Privatlehrer in Darmstadt u. Frankfurt a. M. u. 1896–1904 Professor für Musik an der Columbia University in New York. Arbeitete in seine ganz unter dem Einfluß der dt. Romantik stehenden Kompositionen amer. Folklore ein, insbesondere auch indianische Melodien (Orchestersuite Nr. 2, *Woodland Sketches* für Kl.).

Zu M. Werken gehören die sinfonischen Dichtungen *Hamlet u. Ophelia* (1885), *Lancelot u. Elaine* (1888) u. *Lamia* (1908); 2 Orchestersuiten (1893 u. 1897); 2 Klavierkonzerte (1885 u. 1890); Klavierstücke u. Lieder.

Macfarren, George A., engl. Komponist u. Lehrer, * 2. 3. 1813 London, † 31. 10. 1887 ebd. Schüler von Ch. Lucas u. ab 1829 Student an der Royal Academy of Music, die ihn 1834 als Lehrer anstellte. 1875 Professor für Musik in Cambridge u. 1876 Direktor der Royal Academy of Musik in London. Gab Purcells *Dido and Aeneas* heraus u. für die Händel-Gesellschaft verschiedene Oratorien Händels. Leitete 1845 am Covent Garden Theatre die Bühnenmusik zu Mendelssohns *Antigone*. Von seinen eigenen Kompositionen seien die Opern *Don Quixote* (1846), *Charles II* (1849), *Robin Hood* (1860), *Jessy Lea* (1863) u. *Helvellyn* (1864) erwähnt. M. komponierte außerdem Oratorien, Kantaten, Ouvertüren, 1 Violinkonzert u. Kammermusik. Zu seinen Schriften gehören »The Rudiments of Harmony« (London 1860), »Six Lectures on Harmony« (London 1867) u. »Counterpoint« (Cambridge 1879). Sein Bruder Walter M. (1826–1905) war ein angesehener Klavierlehrer u. Dirigent, der u. a. eine Reihe von Schauspielouvertüren komponierte.

Machaut (Machault), Guillaume de, franz. Komponist, Dichter u. Kleriker, * um 1300, möglicherweise in einem Dorf mit dem Namen Machault in der Champagne, † April 1377 Reims. Ab 1323 als Sekretär u. Kaplan im Dienst Johanns v. Luxemburg, des Königs von Böhmen; nach dessen Tod in der Schlacht von Crécy 1346 am Hof Johanns von der Normandie u. König Karls V. von Frankreich. Zu seinen Gönnern gehörten außerdem der Duc de Berry u. Amédée von Savoyen. Inhaber verschiedener Benefizien, u. a. einer Präbende an Notre-Dame in Reims, die ihm finanzielle Unabhängigkeit garantierten, verbrachte er seinen Lebensabend als Kanonikus in Reims. M. war zu seiner Zeit gleichermaßen berühmt als Dichter u. als Musiker. In seiner erzählenden Dichtung »Le Remède de Fortune« führte er die verschiedenen Kompositionsarten auf, mit denen er sich als Musiker auseinandersetzte. Abgesehen von seiner einzigen Messe, dem Hoketus *David* u. möglicherweise 6 lat. Motetten, die ihm zugeschrieben werden können, sind alle Kompositionen M. weltlicher Natur. Besonders in seinen an die 40 Balladen u. um die 20 Rondeaux ist M. führender Exponent der → Ars nova. Neben »Le Remède de Fortune« sind die dem »Roman de la Rose« verpflichteten »Dit dou Vergier« u. »Comfort d'ami« seine bekanntesten Dichtungen. In »Le Voir-Dit« schuf M. ein zur Dichtung erhobenes autobiografisches Werk, in dem sich Briefe, Erzählung u. eingestreute Balladen sowie Rondeaux zu einer Einheit zusammenfügen. Anlaß war die ganz konkrete Beziehung zu der jugendlichen adeligen Verehrerin Peronnelle d'Armantières, der er in seiner Dichtung den Namen Toute-belle gab. Der »Voir-Dit« ist für die weitere literarische u. musikalische Entwicklung von großer Wichtigkeit, weil er Ansätze zu einer persönlichen Erzählform zeigt, die mehr der Wirklichkeit als den Schemata der Überlieferung verpflichtet ist. Wahrscheinlich zur Krönung Karls V. entstand 1364 M. Messe, die in ihrer 4st. Form wohl die erste vollständige polyphone Vertonung des Ordo missae ist.

In seinem den Handschriften A u. F–G vorangestellten Prolog entwirft M. ein Bild seines Künstlertums u. gibt sogar an, in welcher Reihenfolge seine einzelnen Werke anzuordnen seien. Offensichtlich hat er die erste Gesamtausgabe persönlich überwacht. In der virtuosen Handhabung der erstmals von Vitry als Ars nova definierten neuen Kompositionskunst ist M. der überragende franz. Komponist des 14. Jh.

GA: Œuvres complètes, hg. v. S. Leguy, Paris ab 1977; Textausgabe: Œuvres de G. de M., 3 Bde., hg. v. E. Hoepffner, Paris 1908–21, Nachdr. New York 1965.
Lit.: A. Machabey, G. de M., 2 Bde., Paris 1955; U. Günther, Chronologie u. Stil der Kompositionen G. de M., Acta musicologica XXXV, 1963; W. Dömling, Die mehrstimmigen Balladen, Rondeaux u. Virelais von G. de M., Tutzing 1970; G. Reaney, G. de M., London 1971; W. C. A. Calin, A Poet at the Fountain: Essays on the Narrative Verse of G. de M., Lexington 1974; M. Pelner Cosman u. B. Chandler (Hgg.), M.'s World: Science and Art in the Fourteenth Century, New York 1978.

Mâche, François-Bernard, franz. Komponist u. Lehrer, * 4. 4. 1935 Clermont-Ferrand. Studierte am Conservatoire in seiner Heimatstadt u. am Pariser Conservatoire, u. a. bei O. Messiaen. Gehörte 1958 zu den Mitbegründern von P. Schaeffers Groupe de Recherches Musicales beim franz. Rundfunk. Ist neben mehreren Lehraufträgen Mitarbeiter der »Nouvelle Revue Française« u. veröffentlicht Aufsätze, in denen er sich mit musiktheoretischen Fragen beschäftigt.

Zu M. Werken gehören Prélude für 3 Tonbänder u. *Lanterne magique* für 2 Tonbänder (1959); *Volumes* für 11 Instr. u. 12 Tonbänder (1960); *Safous mélé*, Kantate für 9 Instr., A.-Solo u. Frauenchor, *Canzone II* u. *Synergie* für 21 Instr. u. 5 Tonbänder (1963); *Le son d'une voix* für 16 Instr. (1964); *Terre de feu* für 2 Tonbänder u. *Coïncidences* (1965), *Nuit blanche* für 2 Tonbänder u. Erzähler (1966); *La peau du silence*, Orchesterfassungen für 110 Mitwirkende (1968) u. 83 Mitwirkende (1971); *Canzone IV* für 5 gem. St. a cappella (1968); *Répliques* für Orch. u. Publikum mit Trillerpfeifen (1969); *Rituel d'oubli* für 20 Instr. u. 2 Tonbänder u. *Danaé* für 12 gem. St. u. Schlagzeug (1970); *Agiba* für 2 Tonbänder, *Rambaramb* für Orch., Kl. solo u. Tonband, *Korwar* für Cemb. u. 2 Tonbänder u. *Temes Nevinbür* für 2 Kl., 2 Schlagzeuge u. 2 Tonbänder (1973); *Naluan* für 8 Instr. u. 2 Tonbänder u. *Le jonc à trois glumes* für Orch. (1974); *Solstice* für Cemb. u. Org. (1975); *Da capo, spectacle musical* (1976); *Kassandra* (1977); *Areg* für Kl. vierhändig (1977) u. *Octuor* (1977).

Mackeben, Theo, dt. Komponist u. Kapellmeister, * 5. 1. 1897 Stargard, Pommern, † 10. 1. 1953 Berlin. Besuchte Gymnasium u. Konservatorium in Koblenz, trat mit 15 Jahren als Pianist auf u. nahm 1915–18 Kompositionsunterricht bei J. v. Wertheim in Warschau. 1928 dirigierte er im Berliner Theater am Schiffbauerdamm die Uraufführung der *Dreigroschenoper*. 1931 verhalf er Millöckers Operette *Die Dubarry* durch seine Neufassung zum Erfolg.

M. komponierte die Operetten *Lady Fanny* (1934) u. *Anita u. der Teufel* (1938) u. mehr als 50 Filmmusiken, u. a. für »Der Student von Prag« (1935), »Heimat« (1938), »Bel ami« (1939), »Die Sünderin« (1950) u. »Der große Zapfenstreich« (1952). Mit seinen Opern sowie seiner Konzertmusik konnte sich M. nicht durchsetzen.

Mackenzie, Alexander C., engl. Komponist, Geiger u. Lehrer, * 22. 8. 1847 Edinburgh, † 28. 4. 1935 London. Erhielt seine erste Ausbildung bei E. Stein in Sondershausen u. besuchte anschließend 1862–65 das Royal College of Music in London, wo er u. a. Schüler von Ch. Lucas u. P. Sainton war. 1888 wurde er als Nachfolger von G. Macfarren Direktor der Institution, eine Position, die er bis 1924 innehatte. M. ist in seinen Kompositionen der Spätromantik verpflichtet. Er umging die Auseinandersetzung mit den klassischen Formen, indem er Suiten, Ouvertüren u. Rhapsodien komponierte.

Zu M. Werken gehören Opern, Vokalwerke wie das Oratorium *The Rose of Sharon* (1884, revidiert 1910), je 1 Violin- (1885) u. Klavierkonzert (1897), Kammermusik u. Lieder. Seine Erinnerungen erschienen als »A Musician's Narrative« (London 1927).

MacMillan, Kenneth, engl. Tänzer, Choreograf u. Ballettdirektor, * 11. 12. 1929 Dunfermline, Schottland. Der zufällige Kauf einer Tanzzeitschrift weckte sein Interesse am Ballett. Er erhielt seine Ausbildung an der Sadler's Wells Ballet School, an der er 1946 sein Abschlußexamen machte u. dann in das gerade gegründete Sadler's Wells Theatre Ballet eintrat. 1948 wurde er Mitglied des Sadler's Wells u. späteren Royal Ballet. 1952 entschloß sich M., wieder an das Sadler's Wells Theatre Ballet zurückzukehren u. für die experimentelle Choreographic Group zu choreografieren. Sein erstes, 1953 aufgeführtes Ballett *Somnambulism* (M.: S. Kenton) war ein sofortiger Erfolg. Es folgte 1954 *Laiderette* (M.: F. Martin), ein Handlungsballett über einen einsamen Außenseiter, eines der Lieblingsthemen M. Nach *Danses Concertantes* (M.: I. Strawinsky) 1955, *Winter's Eve* (M.: B. Britten) u. *House of Birds* (M.: F. Mompou, Arr.: Lanchbery) 1955 entstand als 2. Auftrag des Royal Ballet *The Burrow* (M.: F. Martin) nach dem »Tagebuch der Anne Frank«. Bei der Arbeit an diesem Ballett lernte M. die kan. Tänzerin Lynn Seymour kennen, die ihn zu vielen Ch. anregte. Nach *Las Hermanas* (M.: F. Martin) 1963, *Lied von der Erde* (M.: G. Mahler) 1965 – beide für das Stuttgarter Ballett – u. der erfolgreichen Tanzschöpfung *Romeo u. Julia* (M.: S. Prokofjew) 1965 für das Royal Ballet wurde M. 1966 als Ballettdirektor an die Dt. Oper in Berlin berufen, wo er bis 1969 blieb. Dort entstanden u. a. *Anastasia* (M.: B. Martinů) u. *Dornröschen* (M.: P. Tschaikowsky) 1967 sowie *Schwanensee* (M.: Tschaikowsky) 1969. 1971 wurde M. Nachfolger von F. Ashton am Royal Ballet, eine Position, die er 1977 mit der des Principal Choreographer vertauschte. Weitere Ballette: *Manon* (M.: J. Massenet) u. *Elite Syncopations* (M.: Scott Joplin u. a.) 1974, *The Four Sea-*

sons (M.: G. Verdi) 1975 u. *Requiem* (M.: G. Fauré) 1976 als Hommage für J. Cranko. Neben einer erweiterten Fassung von *Anastasia* (M.: F. Martin u. P. Tschaikowsky) entstand 1978 mit *Mayerling* (M.: F. Liszt) ein weiteres abendfüllendes Ballett. 1979 brachte er *La fin du jour* (M.: M. Ravel) u. 1981 *Isadora* (M.: R. Rodney Bennett) heraus. M. klassische Ch. lassen immer wieder erkennen, daß er eine entsprechende Ausbildung als Tänzer gehabt hat und seine Formen aus der Überlieferung des akademischen Tanzes entwickelt.

Lit.: P. Brinson u. C. Crisp, Ballet for All, London 1970.

Maderna, Bruno, ital. Komponist u. Dirigent, * 21. 4. 1920 Venedig, † 13. 11. 1973 Darmstadt. Wurde von seinem Großvater als Geiger ausgebildet u. spielte mit 7 Jahren öffentlich das Violinkonzert von Bruch. Dirigierte als Achtjähriger an der Mailänder Scala u. in der Arena von Verona. Studierte am Conservatorio di musica G. Verdi in Mailand, am Conservatorio di musica B. Marcello in Venedig u. machte 1940 seinen Abschluß in Musikwissenschaft u. Komposition am Conservatorio di musica S. Cecilia in Rom. Zu seinen Lehrern gehörten G.F. Malipiero, A. Bustini, A. de Guarnieri u. später H. Scherchen. M. war 1947–50 Professor an der Accademia B. Marcello in Venedig. Nahm seit 1951 an den Internationalen Ferienkursen in Darmstadt teil u. leitete 1958–67 das eigens für ihn gegründete Internationale Kammerensemble Darmstadt. Als Gastdirigent setzte er sich bei den bedeutendsten europäischen u. amer. Orchestern für die Musik der Avantgarde ein, leitete Dirigierkurse, begründete gemeinsam mit L. Berio das Studio di Fonologia in Mailand u. wurde 1972 zum Chefdirigenten des Radiosinfonieorchesters der RAI in Mailand berufen. In seinen frühen Kompositionen von Bartók u. Strawinsky beeinflußt, setzte sich M. ab 1950 mit der Zwölftontechnik u. der seriellen Kompositionsweise auseinander, um später alle Verfahren von der Dodekaphonie bis zur Aleatorik anzuwenden, ohne sich auf ein Prinzip festzulegen.

Zu M. Werken gehören *Serenata* (1946, revidiert für 11 Instr. 1954); Concerto für 2 Kl. u. Instr. (1948); *Composizione Nr. 1* für Orch. (1949); *Liriche greche* für S., Kammerchor u. Instr. (1949); *Fantasia* für 2 Kl. (1949); *Studi per il Processo di Kafka* für Sprecher, S. u. Orch. (1950); *Il mio cuore è nel Sud,* Hörspielmusik (1950); *Composizione Nr. 2* für Orch. (1950); *Improvvisazione Nr. 1* für Orch. (1951); *Musica su due dimensioni* für Fl., Schlagzeug u. Tonband (1952); *Divertimento in 2 tempi* für Fl. u. Kl. (1953); *Kranichsteiner Kammerkantate* für S., B. u. Kammerensemble (1953); *Improvvisazione Nr. 2* für Orch. (1953); Flötenkonzert (1954); Streichquartett (1955); *Serenata Nr. 2* für 11 Instr. (1957); *Musica su 2 dimensioni* für Fl. u. Tonband (1957); *Syntaxis* (elektronisch, 1957); *Continuo* (elektronisch, 1958); Klavierkonzert (1959); *Dimensioni Nr. 2,* Frauenst. u. elektronische Musik auf Phoneme von H.G. Helms (1960); *Honeyrêves* für Fl. u. Kl. (1961); *Don Perlimplin,* Funkoper (1961); *Serenata Nr. 3* (elektronisch, 1962); 3 Oboenkonzerte (1962, 1967 u. 1973); *Dimensioni Nr. 3* für Fl. u. Orch. (1963); *Aria da Hyperion* für S., Fl. u. Orch. (1964); *Hyperion,* Lirica in forma di spetacolo (1964, gemeinsam mit *Dimensioni Nr. 3, Aria, Stele*); *Stele per Diotima* für Orch. (1965); *Aulodia per Lothar* für Ob. d'amore u. Git. ad libitum (1965); *Amanda* für Kammerorch. (1966); *Widmung* für V. solo (1967); *Ritratto di Erasmo,* Hörspiel (1969–70); Musik für eine Fernsehoper *A bis Z* (1969); *Quadrivium* für 4 Schlagzeuger u. 4 Orchestergruppen (1969); Violinkonzert (1969); *Serenata per un satellite* für Kammerensemble (1969); *Grande Aulodia* für Fl., Ob. u. Orch. (1970); *Juilliard Serenade* für Orch. (1971); *Tempo libero* (elektronisch, 1971); *Ausstrahlung* für S., Fl., Ob., Orch. u. Tonband (1971); *Y después* für Git. solo (1972); *Aura* für Orch. (1972); *Venetian Journal* für T., 22 Instr. u. Tonband (1972); *Biogramma* für Orch. (1972); *Giardino religioso* für Kammerorch. (1972); *Ages,* invenzione radiofonica, gemeinsam mit G. Pressburger (1972); *Satyricon,* einaktige Oper (1973). Außerdem hat M. Monteverdis *Orfeo* u. Bellis *Orfeo dolente* bearbeitet sowie eine Reihe von Werken Vivaldis für die von G. F. Malipiero veranstaltete GA ediert.

Lit.: M. Mila, M., Musicista Europeo, Turin 1976.

Madrigal (ital. madrigale, einfacher Gesang in der Muttersprache), zu Beginn des 14. Jh. in Norditalien nachweisbare lyrische u. musikalische Gattung, deren Grundform aus zwei oder mehr Terzetti u. einer möglichst reimenden zweizeiligen Coppia bestand. Die Inhalte waren erotischen, häufig auch satirischen u. politischen Charakters. Gesungen wurde das M. zwei- oder mehrstimmig. Zu den frühen M.-Komponisten gehören G. da Cascia, J. da Bologna u. F. Landini. Gegen Ende des Jh. wurde das M. von der → Ballata verdrängt. Erst im 16. Jh. kam das M. wieder in Mode, als die fläm. Komponisten ihre kontrapunktischen Fertigkeiten mit der ital. Gedichtform des M. verbanden, um sich gegen die vulgäre → Frottola zu behaupten. Das M. wurde nun auf Texte von P. Bembo, Petrarca u. Ariost, später auch auf solche von Tasso komponiert u. stieg zu einer aristokratischen Kunstform auf. Diese zweite Blüte des M. dauerte etwa von 1533 (Veröffentlichung der M.-Sammlung von Valerio Dorico in Rom) bis 1620. Auf Ph. Verdelot, C. Festa u. J. Arcadelt folgte eine zweite Gruppe von M.-Komponisten um A. Willaert u. dessen Schüler C. de Rore. Weitere bedeutende M. stammen von O. de Lassus, G. P. Palestrina u. A. Gabrieli sowie Ph. de Monte. In einer letzten chromatischen u. artifiziellen Phase entstanden die Kompositionen von L. Marenzio, C. Monteverdi u. C. Gesualdo. Unter dem Einfluß der Gegenreformation komponierten de Monte, Lassus u. Palestrina auch sog. Madrigali spirituali. Aus der Schäferpoesie mit ihren Madrigali pastorali entwickelte sich schließlich die → Madrigalkomödie. Während in Frankreich die → Vers mesurés

u. die → Chanson ein Aufblühen des M. verhinderten, bildete sich in England um Byrd, Morley, Weelkes u. Wilbye, später O. Gibbons, J. Ward u. Th. Tomkins ein bedeutender Kreis von Madrigalisten heraus. Auf dt. Seite seien neben Lassus H. L. Haßler, L. Senfl, H. Schütz u. J. H. Schein erwähnt.

Madrigalkomödie, neue Bezeichnung für die zu Monteverdis Zeit populären comedie armoniche, bei denen Madrigalzyklen oder madrigalähnliche Sätze chorisch aufgeführt wurden. Das berühmteste Beispiel ist O. Vecchis *Amfiparnaso* (1597). Weitere Kompositionen dieser Gattung stammen von A. Striggio, G. Croce u. A. Banchieri. In neuerer Zeit hat Harnoncourt ähnliches mit Monteverdis 8. Madrigalbuch versucht.

Magnetophon → Schallaufzeichnung

Magnificat (lat. magnificare: »hochpreisen«), so benannt nach dem Lobgesang der Maria »Magnificat anima mea dominum« (Luk. I, 46–55). Bildet den Abschluß u. Höhepunkt der → Vesper. Der schon im Gregorianischen Gesang vorherrschende wechselweise Vortrag entwickelte sich in der Mehrstimmigkeit zum alternierenden Vortrag von ein- u. mehrstimmigen M.-Versen. Dabei wurden bis zu Beginn des 17. Jh. fast ausschließlich Choralbearbeitungen herangezogen, bei denen der Psalmton entweder als C.f. oder als Grundlage einer motettischen Komposition diente.

Mit Luthers Übersetzung »Meine Seele erhebt den Herrn« ging das M. auch in die protestantische Kirchenmusik ein.

Zu den großen M.-Vertonungen gehören Werke J.S. Bachs, W.A. Mozarts u. in neuerer Zeit K. Pendereckis.

Einen Sonderfall stellen die M.-Bearbeitungen für Orgel dar, die meistens aus mehreren Teilen (→ Versett) bestanden, die abwechselnd mit dem einstimmigen Choral vorgetragen wurden.

Mahler, Gustav, österr. Komponist u. Dirigent, * 7. 7. 1860 Kalischt, Böhmen, † 18. 5. 1911 Wien. Kam als zweites von 12 Kindern des jüdischen Kaufmanns Bernhard M. u. seiner Frau Marie zur Welt, brachte sich selbst das Klavierspiel bei u. soll mit 8 Jahren bereits 200 Volkslieder gekannt haben. Sein außergewöhnliches Gehör u. musikalisches Gedächtnis prädestinierten ihn zum Musikerberuf. Entscheidende Eindrücke empfing das Kind durch Marschmusik u. Trompetensignale, da in der Nähe des Elternhauses eine Kaserne lag. 1870 trat M. erstmals im Iglauer Theater als Pianist auf. Eine Virtuosenlaufbahn schien sich abzuzeichnen. Mit 15 Jahren erfolgte die Aufnahme in das Wiener Konservatorium, wo F. Krenn, R. Fuchs u. J. Epstein zu seinen Lehrern gehörten. Freundschaft mit H. Wolf, der sich zeitweise mit ihm ein Zimmer teilte. Nach Abschlußprüfung am Konservatorium u. Abitur in Iglau Universitätsstudium in Wien, wo M. u.a. Vorlesungen von A. Bruckner besuchte. Die 1880 entstandene Kantate *Das klagende Lied* wurde von M. zum Wiener Beethoven-Wettbewerb eingereicht, erhielt aber keinen Preis. Im gleichen Jahr war M. Kurkapellmeister in Hall, 1881 Dirigent in Laibach, 1882 in Olmütz u. 1883 2. Kapellmeister u. Chordirigent in Kassel. Dort führte er u.a. Mendelssohn Bartholdys Oratorium *Paulus* auf, komponierte Musik zu Scheffels »Trompeter von Säckingen«, arbeitete an den *Liedern eines fahrenden Gesellen* u. einzelnen Liedern, die später unter dem Titel *Lieder u. Gesänge aus der Jugendzeit* zusammengefaßt wurden, sowie an seiner 1. Sinfonie. Bei der Auswahl der Texte zeigte M. bereits damals eine Vorliebe für A. v. Arnims u. C. Brentanos Sammlung »Des Knaben Wunderhorn«, aus der er bis zu seinem Lebensende immer wieder schöpfte. 1885–86 2. Kapellmeister in Prag, 1886–88 unter A. Nikisch in Leipzig, wo er Webers Opernfragment *Die drei Pintos* bearbeitete. 1888 Direktor der königlich ungar. Oper in Budapest. Dort kam 1889 seine 1. Sinfonie zur Uraufführung. 1891–97 1. Kapellmeister am Hamburger Stadttheater u. ab 1894 in der Nachfolge v. Bülows Leiter der dortigen philharmonischen Konzerte. Daneben ausgedehnte Tätigkeit als Gastdirigent, u. a. 1892 mit Wagners *Ring* in London u. 1897 Konzerttournee nach Rußland u. Polen. In Hamburg dirigierte M. auch die dt. Erstaufführung von Tschaikowskys *Eugen Onegin*, das Werk eines Komponisten, für den er sich sein Leben lang besonders eingesetzt hat. In dieser Zeit wurde M. die Unvereinbarkeit von Opernbetrieb u. Komponistendasein zunehmend bewußt. Das Komponieren blieb auf die wenigen Sommermonate während der Theaterferien beschränkt. Zwischen 1892 u. 1895 entstanden die später als 12 *Lieder aus »Des Knaben Wunderhorn«* zusammengefaßten Stücke, in denen bereits das motivische Material für die Sinfonien 2 bis 4 angelegt ist. Diese werden deshalb auch »Wunderhorn-Sinfonien« genannt. 1897 trat M. zum Katholizismus über, erhielt einen Ruf als Kapellmeister an die Wiener Hofoper u. wurde am 12. 10. 1897 zu deren »artistischem Direktor« bestellt. 1902 Heirat mit Alma Maria Schindler, die als Schülerin von J. Labor u. A. v. Zemlinsky eigenen kompositorischen Ehrgeiz entwickelte. In den 10 Jahren seines Wiener Operndirektorats machte M. aus dem von Sängern, Cliquen u. Claquenwesen beherrschten Opernhaus ein modernes Musiktheater, in dem nur die Leistung u. die Werktreue zählten. Daneben übernahm M. 1898–1901 die Leitung der Philharmonischen Konzerte. 1903 Beginn der Zusammenarbeit mit dem Maler u. Grafiker A. Roller, Integration von Musik u. Szene, Einsatz einer effektvollen Lichtregie, die erstmals bei der Produktion des *Tristan* (1903) voll zur Geltung kam. In der überaus produktiven Wiener Zeit entstanden die 5 *Rückert-Lieder*, die *Kindertotenlieder* u. die weiteren Sinfonien bis einschließlich der 8. Zunehmende Schwierigkeiten an der Hofoper, Kritik an seinem Reformprogramm, Intrigen, Erschöpfungszustände u. die fehlende Zeit zum Komponieren brachten M. schließlich dazu, seine Lebensstellung in Wien aufzukündigen u. zum Reisedirigenten zu werden. Er nahm eine Einladung der Metropolitan Opera in New York an, brach zur ersten seiner vier Amerikareisen auf u. gab am 1.1.1908 mit Wagners *Tristan* seine Antrittsvorstellung an der Met. Ab 1909 übernahm er daneben die musikalische Leitung der New York Philharmonic Society. Mit der Berufung Toscaninis an die Met kam es auch dort zu Konfliktsituationen, die M. schlechten Gesundheitszustand noch verschlimmerten. Die optimistische Haltung seiner 1906–07 komponierten 8. Sinfonie, wegen ihrer großen Besetzung auch als *Sinfonie der Tausend* bekannt, wich den düsteren Todesahnungen, die im *Lied von der Erde* (1909) u. in der 9. Sinfonie (1910) zum Ausdruck kommen. M. kam 1911 mit einer schweren Herzerkrankung von seiner vierten Amerikareise zurück nach Wien u. starb dort im Sanatorium Loew. Er hinterließ das Fis-Dur-Adagio seiner 10. Sinfonie und das wohl als 3. Satz gedachte *Purgatorio* als Partiturentwurf sowie weitere Skizzen. E. Křenek führte aus dieser Sinfonie 1924 zwei von ihm bearbeitete Sätze auf, 1961 legte D. Cooke eine vollständige Rekonstruktion des ganzen Werkes vor.

Bei seinen Kompositionen blieb M. im Rahmen der Diatonik. Sein Material läßt sich auf wenige immer wiederkehrende Motive reduzieren, die je nach Verwendung Auskunft über seinen augenblicklichen psychischen Zustand geben. Seine bereits in der Jugend deutlich gewordene Affinität zum Lied blieb auch in der Zeit der Reife eine der wichtigsten Inspirationsquellen. Märsche u. Ländler, die sich je nach Bewußtseinslage bis zur Parodie auswachsen können, verweisen auf Kindheit u. erste Klangerfahrungen. Der Wechsel von Dur nach Moll scheint von Schubert übernommen zu sein. Der Sekundschritt nach unten darf als Geste des resignierenden Lebewohls aufgefaßt werden, während ihm die Quarte als eine Art Naturlaut erschien. Daneben läßt sich, wie Ph. Barford nachgewiesen hat, ein den Rahmen eines Sextakkordes nicht sprengendes Motiv als Urmaterial in allen seinen Sinfonien u. vielen seiner Lieder erkennen. Dazu kommt die von Th. W. Adorno als Variantentechnik bezeichnete Variationsform, die bei Wiederholungen oft nur den Rhythmus oder eine einzelne bedeutungsvolle Note innerhalb eines motivischen Komplexes verändert. Mit diesen Mitteln entfaltete M. sinfonische Gebilde, die direkt seinen Gefühlslagen entsprachen u. nicht mehr dem dialektischen Prinzip kontrastierender Themen im Sonatensatz verpflichtet waren. Mit Fernorchestern (2. Sinfonie) u. Vorstellungen von räumlich wandernden Musikquellen (3. Sinfonie) entwickelte M. eine Art Raumklang, der Ähnlichkeit mit den Experimenten eines Ch. Ives hat u. auf die Zukunft verweist. Neuland betrat M. auch bei der Instrumentierung. Anstatt einen ausgewogenen Orchesterklang anzustreben, holte er schwerpunktartig einzelne Stimmen oder Gruppen heraus, die besondere Bedeutung erhielten. In seiner 9. Sinfonie wird erstmals der Rhythmus in fast serieller Weise in das Konstruktionsprinzip einbezogen, während die Ländlerhauptgruppe in der gleichen Sinfonie einen frühen Fall musikalischer Montage darstellt.

Ohne auf die von M. selbst zu einzelnen Werken abgegebenen programmatischen Erklärungen einzugehen, darf man behaupten, daß sein Werk der ständige Versuch ist, sein eigenes Verhältnis zur Welt in Klänge umzusetzen, wobei das eigene Gefühl zum Konstruktionsprinzip erhoben wird in der Hoffnung, mittels des Vorgangs des Komponierens zu metaphysischen Erfahrungen vorzustoßen. M. Frau Alma überlebte den Komponisten um mehr als ein halbes Jahrhundert, war in zweiter Ehe mit dem Architekten W. Gropius u. anschließend mit dem Dichter F. Werfel verheiratet. Sie gab G. M. Briefe 1879–1911 (Wien 1924) heraus u. veröffentlichte »Mein Leben« (Berlin 1960) u. »Erinnerungen an G. M.« (Berlin 1971).

Zu M. Werken gehören 9 abgeschlossene Sinfonien, im folgenden jeweils mit dem Jahr ihrer Fertigstellung angegeben: 1. Sinfonie in D-Dur (1888); 2. Sinfonie in c-Moll mit S. u. A. Solo u. gem. Chor nach Worten aus »Des Knaben Wunderhorn« u. von Klopstock-Mahler (1894); 3. Sinfonie in d-Moll mit A.-Solo, Frauen- u. Knabenchor nach Worten aus Nietzsches »Zarathustra« u. »Des Knaben Wunderhorn« (1896); 4. Sinfonie in G-Dur mit S.-Solo nach Worten aus »Des Knaben Wunderhorn« (1900); 5. Sinfonie in cis-Moll (1902); 6. Sinfonie in a-Moll (1904); 7. Sinfonie in e-Moll (1905); 8. Sinfonie in Es-Dur für 3 S.-, 2 A.-Soli, T., Bar., B., Knabenchor, 2 gem. Chöre u. großes Orch. nach Worten aus »Veni creator spiritus« u. Goethes »Faust« (1906) u. 9. Sinfonie (1909). Zu M. Sinfonien muß auch *Das Lied von der Erde* gerechnet werden, eine Sinfonie für T.- u. Alt-St. (bzw. Bar.) u. Orch. nach chinesischen Gedichten (1908). Für Chor u. Orch. komponierte M. *Das klagende Lied,* Kantate für S., A., T., B., gem. Chor u. Orch. (1880, revidiert 1898). Für Gesang u. Orch. bzw. Kl. entstanden

Lieder eines fahrenden Gesellen nach 3 eigenen u. einem Gedicht aus »Des Knaben Wunderhorn« (1884); 12 *Lieder aus »Des Knaben Wunderhorn«* (1892–95); 7 *Lieder aus letzter Zeit*, bestehend aus 2 Vertonungen aus »Des Knaben Wunderhorn« u. 5 *Rückert-Liedern* (1899–1903) u. *Kindertotenlieder* nach Gedichten von F. Rückert (1901–04). Für Gesang u. Kl. komponierte M. 14 *Lieder u. Gesänge aus der Jugendzeit* (1880–92), ein Sammeltitel, unter den 2 Gedichte R. Leanders, 2 Molina-Bearbeitungen von N. Lenau, 1 Volkslied u. 9 Gedichte aus »Des Knaben Wunderhorn« fallen.

GA, hg. von E. Ratz u. ab 1973 von K. H. Füssl, ab 1960 für die Internationale Gustav-Mahler-Gesellschaft in Wien.

Lit.: G. Adler, G. M., Wien 1916; P. Bekker, G. M. Sinfonien, Berlin 1921, Nachdr. Tutzing 1969; N. Bauer-Lechner, Erinnerungen an G. M., Leipzig, Wien, Zürich 1923; B. Walter, G. M., Ein Porträt, Wien 1936; W. Reich (Hg.), G. M., Im eigenen Wort – Im Wort der Freunde, Zürich 1958; Th. W. Adorno, M., Eine musikalische Physiognomik, Frankfurt a. M. 1960; O. Klemperer, Meine Erinnerungen an G. M. u. andere autobiografische Skizzen, Zürich 1960; E. Bloch, O. Klemperer, D. Schnebel, A. Schönberg u. a., G. M., Sammelband, Tübingen 1966; E. Ratz, Von Leben u. Werk, Tübingen 1966; H. Kralik, G. M., Wien 1968; Ph. Barford, M. Symphonies and Songs, London 1970; W. Schreiber, G. M. in Selbstzeugnissen u. Bilddokumenten, Reinbek bei Hamburg 1971; K. Schumann, Das kleine G. M. Buch, Salzburg 1972; K. Blaukopf (Hg.), M., sein Leben, sein Werk u. seine Zeit in zeitgenössischen Bildern u. Texten, Wien 1976; B. u. E. Vondenhoff (Hg.), G. M. Dokumentation, Tutzing 1978; D. Mitchell, G. M., The Early Years, London u. Boston 1980, Neufassung des ursprünglich 1954 erschienenen Werks; D. Cooke, G. M., An Introduction to His Music, London 1980.

Maillart, Louis (genannt Aimé), franz. Komponist, * 24. 3. 1817 Montpellier, † 26. 5. 1871 Moulins-sur-Allier. Schüler des Pariser Conservatoire.

M. komponierte 6 Opern, von denen *Les dragons de Villars* (1856) in Deutschland als *Das Glöckchen des Eremiten* beliebt war.

Mainstream (engl.), bedeutet in der Sprache des Jazz soviel wie »normal«. Ausdruck für eine Musik, die sich weder durch starke Anlehnung an die Tradition noch durch neue revolutionäre Klänge auszeichnet.

Maîtrise (franz.: »Singschule«), in Frankreich u. Belgien seit dem 15. Jh. gebräuchliche Bezeichnung für die im Dienst einer Kirche stehenden Musiker, dann auch für das Haus, in dem die Sängerknaben untergebracht waren.

Majewski, Hans-Martin, dt. Komponist, * 14. 1. 1911 Schlawe, Pommern. Studierte 1931–35 am Konservatorium in Leipzig u. ging 1935 als Kapellmeister nach Berlin. Arbeitete nach dem Kriege in Hamburg an mehreren Kabaretts mit u. lebt heute als freischaffender Komponist in Berlin.

M. schrieb neben Musiken für Fernsehspiele u. -serien Operetten-, Film- u. Bühnenmusiken. Zu seinen mehrfach ausgezeichneten Filmmusiken gehören die zu »Primanerinnen« (1951), »Weg ohne Umkehr« (1953), »Ohne dich wird es Nacht« (1957), »Nasser Asphalt« (1958) u. »Die Brücke« (1960).

Majo, Gian Francesco de (genannt Ciccio), ital. Komponist, * 27. 3. 1732 Neapel, † 17. 11. 1770 ebd. Sohn des Komponisten Giuseppe de M. Schüler des Conservatorio di S. Onofrio in Neapel u. wahrscheinlich von Padre Martini in Bologna. Gehört mit seinen mehr als 20 Opern zu den Vertretern der neapolitanischen Oper. Komponierte außerdem Kirchenmusik.

Malagueña, ein aus Malaga stammendes, dem Fandango verwandtes Tanzlied. In der Konzertmusik taucht es bei I. Albéniz *(Iberia)* u. M. Ravel *(Rapsodie espagnole)* auf.

Malawski, Artur, poln. Komponist u. Lehrer, * 4. 7. 1904 Przemyśl, † 26. 12. 1957 Krakau. Studierte an den Konservatorien von Krakau u. Warschau u. war 1950–54 Lehrer am Konservatorium von Krakau. Seine Kompositionen verbinden Klassizismus u. Folklore. Zu seinen Schülern gehörte K. Penderecki.

Von M. Werken seien erwähnt: 2 Sinfonien (1943 u. 1956), 6 sinfonische Etüden für Kl. u. Orch. (1948), Toccata u. Fuge für Kl. u. Orch. (1949), Klaviertrio (1953).

Malec, Ivo, jugoslaw. Komponist, * 30. 3. 1925 Zagreb. Studierte an der Musikakademie u. Universität von Zagreb sowie am Pariser Conservatoire, wo O. Messiaen zu seinen Lehrern gehörte. 1945–48 Mitglied der Theatergruppe Družina mladih u. des Puppentheaters in Zagreb. 1951–53 künstlerischer Leiter der Oper in Rijeka, ab 1955 längere Studienaufenthalte in Paris, wohin er 1959 endgültig übersiedelte. Ausschlaggebend für seine eigenen Kompositionen wurde die Begegnung mit P. Schaeffer u. die Arbeit im Club d'essai, wo 1957 seine erste elektroakustische Komposition *Mavena* entstand. Seit 1972 unterrichtet M. am Pariser Conservatoire Komposition, seit 1975 tritt er auch als Dirigent auf. Zeigten sich in seinen *Mouvements en couleur* (1959) noch Einflüsse von Messiaen, so stehen die Werke seit *Sigma* (1963) eindeutig im Zeichen seiner elektro-akustischen Erfahrungen. M. übertrug Techniken wie Montage, Mischung u. Filterung auf die Instrumentalmusik u. fand so zu seinem eigenen Stil.

Zu M. Kompositionen ab 1959 gehören: *Mouvements en couleur* für Orch. (1959); *Les douze mois*, musikalische Erzählung für Soli, Chor, Kinderchor u. Kammerorch., *Hekuba* für Chor u. Kammerorch. u. *Séquences* für Vibraphon u. Streichorch. (1960); *Dubravka* für Soli, Chor u. Orch., *Reflets* für Tonband, *Cembalo spektar* für Tonband, *Noyaux-minute* für Instrumentalensemble u. *Dialogues* für Kl. oder Cemb. (1961); *Dahovi* für Tonband, *Structures* für Tonband u. *Tutti* für Orch. u. Tonband (1962); *Sigma* für Orch. u. *Trois stèles* für Instrumentalensemble (1963); *Miniatures pour Lewis Carroll* für Instrumentalensemble u. *Kikou*, musikalische Erzählung für Instrumentalensemble (1964); *Opérabus*, 2 Szenen u.

Echos für Instrumentalensemble (1965); *Cantate pour elle* für S., Hf. u. Tonband u. *Planètes* für Instrumentalensemble (1966); *Oral* für Sprecher u. Orch. u. Bühnenmusik zu »König Lear« (1967); *Lumina* für 12 Streicher u. Tonband, *Vocatif* für Orch. (Ballettfassung *Aquathème*) (1968); Lied für Streichorch. u. Stimmen (1969); *Dodecameron pour douze voix solistes* u. *Bizarra* für Tonband (1970); *Victor Hugo – Un contre tous* für Sprecher, gem. Chor, Orch. u. Tonband (1971); *Missa pour 6 percussions solistes* (1973); *Arco – 11* für 11 Streicher (1975); *Vox, Vocis* für 3 Sängerinnen u. 9 Instr. (1979).

Maler, Wilhelm, dt. Komponist, * 21.6.1902 Heidelberg, † 29. 4. 1976 Hamburg. Studierte bei H. Grabner in Heidelberg, J. Haas in München u. Ph. Jarnach in Berlin. War ab 1928 Kompositionslehrer an der Kölner Musikhochschule u. wurde 1946 mit dem Aufbau der Nordwestdeutschen Musik-Akademie in Detmold beauftragt, deren Direktor er blieb, bis ihn die Musikhochschule in Hamburg 1959 zu ihrem Leiter berief. In seinen Kompositionen ist M. von M. Reger u. F. Busoni, später von Hindemith beeinflußt. Dabei verbindet er eine polyphone Schreibweise mit Elementen der Volksmusik.

Zu M. Werken gehören die *Stefan-George-Kantate* für Bar., Chor u. Orch. (1930), das Oratorium *Der ewige Strom* (1932), je 1 Cembalokonzert (1927), Violinkonzert (1932) u. Tripelkonzert (1940), 2 Streichquartette (1935 u. 1942), Klaviersonaten, Spielmusiken u. Lieder.

Malipiero, 1. Gian Francesco, ital. Komponist, * 18.3.1882 Venedig, † 1.8.1973 Treviso. Studierte am Liceo Musicale in Bologna bei M. E. Bossi, der ihn in die Sinfonik der dt. Spätromantik einführte. Daneben erhielt er seine stärksten Eindrücke durch das Studium von Kompositionen der ital. Meister des 17. u. 18. Jh. Dabei galt sein besonderes Interesse dem Werk C. Monteverdis, dessen GA er später besorgen sollte. 1921–24 unterrichtete M. am Konservatorium in Parma Komposition, kam anschließend über das Istituto Musicale C. Pollini in Padua an das Conservatorio B. Marcello in Venedig, dessen Direktor er 1940–53 war. Seine frühen romantischen Werke hat der Komponist zum größten Teil später selbst vernichtet. Der franz. Impressionismus u. der expressionistische Schönberg haben ihn zwar beeinflußt, aber seine endgültig eigene Sprache fand er erst in der Auseinandersetzung mit der Gregorianik u. der ital. Musik des 17. Jh. Seine Harmonik ist nicht mehr funktionell gebunden, sein musikalisches Material baut sich aus kleinsten Motivzellen auf.

Zu M. Kompositionen gehören die Bühnenwerke *L'Orfeide* (3 Teile, I: *La morte delle maschere,* II: *Sette canzoni,* III: *Orfeo,* 1918–22), *Tre commedie goldoniane* (I: *La bottega del caffè,* II: *Sior Todaro Brontolon,* III: *Le baruffe Chiozotte,* 1919–22), *Filomela e l'infatuato* (1924–25), *Il misterio di Venezia* (I: *Le aquile di Aquileia,* II: *Il finto Arlecchino,* III: *I corvi,* 1925–28), *Merlino mastro d'organi* (1927), *Torneo notturno,* sette notturni per la scena (1929), *La favola del figlio cambiato* (1933), *Giulio Cesare* (1935), *Antonio e Cleopatra* (1938), *Ecuba* (1939), *La vita è sogno* (1940), *I capricci di Callot* (1941–42), *L'allegra brigata* (1943), *Mondi celesti ed infernali* (1948–49), *Il figliuol prodigo* (1952), *Venere prigioniera* (1955), *Il marescalco* (1960), *Rappresentazione e festa di Carnasciale e della Quaresima* (1961), *Don Giovanni* (1963), *Le metamorfosi di Bonaventura* u. *Don Tartufo bacchettone* (1966); die Ballette *Pantea* für 1 Tänzerin, Bar., Chor u. Orch. (1919), *Stradivario* (1947–48) u. *El mondo novo* (1951); Vokalkompositionen wie *Missa pro mortuis* für Bar., Chor u. Orch. (1938); 11 Sinfonien (1933, 1936, 1945, 1946, 1947, 1947, 1948, 1964, 1966, 1967 u. 1969); mehrere Konzerte, u. a. 6 Klavierkonzerte; Kammermusik, u. a. 8 Streichquartette, Klavierstücke u. Lieder. Neben der Monteverdi-GA war M. mit seinen Vivaldi-Editionen maßgeblich an der Renaissance dieses Komponisten beteiligt. Außerdem betreute er Ausgaben von Werken Frescobaldis, Tartinis, Galuppis, Stradellas u. Cimarosas. Zu seinen Schriften gehören »Il teatro« (Bologna 1920), »L'orchestra« (Bologna 1920), »C. Monteverdi« (Mailand 1929), »A. Vivaldi« (Mailand 1958) u. die Autobiografie »Cosi va lo mondo« (Mailand 1946).

2. Riccardo, ital. Komponist u. Musikkritiker, Neffe von 1., * 24. 7. 1914 Mailand. Studierte an den Konservatorien von Mailand u. Turin, trat als Pianist auf u. komponierte 1937 sein 1. Klavierkonzert. War viele Jahre Musikkritiker bei »Il Popolo« in Mailand u. wurde als Musikschriftsteller bekannt. In seinen Kompositionen mischen sich Einflüsse seines Onkels Gian Francesco mit denen Luigi Dallapiccolas. Über den franz. Impressionismus u. die Atonalität gelangte M. zur Zwölftontechnik, die er erstmals in einem Klavierkonzert (1945) konsequent anwandte.

Zu M. Kompositionen gehören die Bühnenwerke *Minnie la candida* (1942), *La donna è mobile* (1954) u. die Fernsehoper *Battono alla porta* (1961); 3 Sinfonien (1949, 1956 u. 1959); *Cantata Sacra* für S., Chor u. Orch. (1947); *Nykteghersia* für Orch. (1962) u. *Mirages* für Orch. (1966); 2 Cellokonzerte (1938 u. 1957); Kammermusik; Klavierstücke u. Gesänge, darunter *Sette variazioni* nach Rilkes »Les roses« (1951) u. *Sei poesie di Dylan Thomas* (1957). Daneben gab er mit E. Radius u. G. G. Severi »Musica ieri e oggi« (6 Bde., Rom 1970) heraus.

Maliszewski, Witold, poln. Komponist, * 20. 7. 1873 Mogiew, Podolien, † 18. 7. 1939 Zalesie bei Warschau. Schüler von N. Rimskij-Korsakow am Petersburger Konservatorium. 1925–27 Direktor der Chopin Musikschule in Warschau u. ab 1931 Lehrer am dortigen Konservatorium.

Zu M. spätromantischen Werken gehören 5 Sinfonien, 1 Klavierkonzert u. 3 Streichquartette. Außerdem komponierte er die Opern *Syrena* (1928) u. *Boruta* (1930).

Mamangakis, Nikos, griech. Komponist, * 3. 3. 1929 Rethymno, Kreta. Stammt aus einer Familie von Volksmusikern. Studierte am Athener Konservatorium u. bei C. Orff u. H. Genzmer in München. 1961–62 Mitarbeiter von J. A. Riedl im Studio für elektronische Musik der Fa. Siemens in München. Lebt als freischaffender Komponist in Athen. Beschäftigt sich in seinen Kompositionen mit dem Problem der Klangfarben, verwendet

Elemente der Volksmusik u. experimentiert mit Tonbandmusik.

Zu M. Kompositionen gehören *Konstruktionen* für Fl. u. Schlagzeug (1958); *Musik für 4 Hauptdarsteller* für 4 St. u. 10 Instr. (1960); *Sprechsymbole* für S., B. u. Orch. (1960); *Kassandra* für S. u. Kammerorch. (1963); *Antagonismi* für Schlagzeug u. Vc. (1963–64); *Tetraktys* für Streichquartett (1963–66); *Trittys* für Cimbalom, Schlagzeug, Git. u. 2 Kb. (1966); *Antinomien* für Soli, Chor u. Kammerorch. (1968); *Parastatis* für St., Bühnenaktion, Fl. u. Tonband (1969); *Erofili*, Volksoper in 1 Akt (1970); *Askesis* für Vc. solo (1970); *Anarchie* für Schlagzeug solo u. Orch. (1970); *Penthima*, Trauermusik für Git. solo (1971); *Monolog* für V. u. Tonband (1972); *Kykeon* für 4 Instr. (1972); *Byzantinische Trauermesse* für St., Psaltes, Kammerorch. u. Tonband (1974–75). Außerdem komponierte M. Protestlieder, Bühnen- u. Filmmusiken.

Mambo, in den 30er Jahren in Mexiko aus der Rumba entstandener Gesellschaftstanz, der kuban. Rhythmen u. Jazzelemente verbindet. Eine gemilderte Form des M. ist der Cha-Cha-Cha.

Manchicourt, Pierre de, franko-fläm. Komponist, * um 1510 Béthune, † spätestens Ende Januar 1562 Madrid. 1525 Sänger an der Kathedrale von Arras, 1539–54 Kapellmeister an Notre-Dame in Tournai u. ab 1561 als Leiter der fläm. Kapelle Philipps II. in Madrid. Von ihm sind Messen, Motetten u. Chansons erhalten.

Mancini, Henry, amer. Komponist, * 16. 4. 1924 in Cleveland, OH. Studierte an der Juilliard School of Music in New York u. bei E. Křenek, M. Castelnuovo-Tedesco u. A. Sendrey in Los Angeles. 1945 Pianist u. Arrangeur beim Orchester Glenn Miller – Tex Beneke, 1951–57 festangestellter Komponist der Universal-International Studios u. seitdem freischaffender Komponist, der sich mit *Peter Gun* (1958) u. *Mr. Lucky* (1960) auch einen Namen im Fernsehen gemacht hat. Zu seinen bekanntesten Filmmusiken gehören die zu »Breakfast at Tiffany's« u. »The Pink Panther«.

Manelli (Mannelli), Francesco, ital. Sänger u. Komponist, * um 1595 Tivoli bei Rom, † vor dem 27. 9. 1667 Parma. Chorknabe, später Kapellsänger am Dom von Tivoli. Ließ sich 1636 in Venedig nieder, wo noch im gleichen Jahr die von seiner Frau herausgegebenen »Musiche varie«, 1–3st., erschienen. M. eröffnete mit seiner Oper *L'Andromeda* die erste öffentliche Opernbühne, S. Cassiano in Venedig. Um 1645 trat er in die Dienste des Herzogs von Parma. Von seinen Opern sind nur die Libretti erhalten.

Manfredini, 1. Francesco M., ital. Komponist u. Geiger, * um 1680 Pistoia, † 1748 ebd. 1711 Kapellmeister in München, 1727 am Dom von Pistoia. Gab »Concertini per camera« (1704), 12 Triosonaten (1709) u. »Concerti a due Violini e B.c.« (1718) heraus.

2. Vincenzo, Sohn von 1., ital. Komponist, * 22. 10. 1737 Pistoia, † 16. 8. 1799 Petersburg. Schüler seines Vaters. Ging 1758 zusammen mit seinem Bruder Giuseppe, einem bekannten Kastraten, nach Rußland u. wurde 1762 Hofkapellmeister in Petersburg. Komponierte Opern, Kirchen- u. Kammermusik. Veröffentlichte »Regole armoniche« (Venedig 1775).

Manieren, Bezeichnung für die → Verzierungen in der Instrumentalmusik.

Manen, Hans van, niederl. Tänzer, Choreograf u. Ballettdirektor, * 11. 7. 1932 Nieuwer Amstel. Nach Unterricht bei S. Gaskell, F. Adret u. N. Kiss wurde M. 1952 Mitglied der von Gaskell geleiteten Ballet-Recital-Gruppe, tanzte anschließend im Amsterdamer Opern-Ballett u. 1959 in der Kompanie R. Petits. Gehörte 1959 zu den Mitbegründern des Nederlands Dans Theater, für das seine ersten Ch. entstanden. Außerdem war er neben B. Harkarvy u. später G. Tetley Mitglied des Direktoriums der Kompanie. M. trennte sich 1970 vom Nederlands Dans Theater, um als freier Choreograf zu arbeiten, blieb der Kompanie aber mit ein bis zwei neuen Arbeiten pro Saison verbunden. Wurde 1973 Choreograf u. Ballettmeister des Holländ. National-Balletts (Het Nationale Ballet), für das er ab 1972 die Mehrzahl seiner Ballette schuf. Daneben Gastchoreograf beim Royal Ballet, Scapino, in Düsseldorf, Köln, München u. Wien. Sein erstes Ballett kam 1956 heraus: *Swing, in 9 gedanste portretten* (M.: S. Kenton). Es folgten: *Feestgericht* (M.: L. Ponse) 1957; *Mouvements symphoniques* (M.: J. Haydn) u. *Intermezzo* (M.: A. Honegger) 1958; *De maan in de trapeze* (M.: B. Britten) 1959; *Klaar af* (M.: Duke Ellington) 1960; *Concertino* (M.: B. Blacher) u. *Kain en Abel* (M.: Pim Jacobs) 1961; *Eurydice* (M.: G. Frid) u. *Voet bij stuk* (M.: H. Brubeck) 1962; *Symphony in three movements* (M.: I. Strawinsky) 1963; *Omnibus* (M.: E. Sauter) u. *Opus 12* (M.: B. Bartók) 1964; *Repetitie* (M.: H. Andriessen) 1964; *Essay in de stilte* (M.: O. Messiaen) u. *Metaforen* (M.: Daniel-Lesur) 1965; *Terugblik op morgen* (M.: H. Barraud), *Point of no return* (M.: W. Pijper) u. *Vijf schetsen* (M.: P. Hindemith) 1966; *Ready made* (M.: Klang-Collage) u. *Dualis* (M.: B. Bartók) 1967; *Untitled* (M.: W. Lutoslawski), *Variomatic* (M.: Lennox Berkley), *Three pieces* (M.: G. Bacewicz) u. *Solo for voice I* (M.: J. Cage) 1968; *Squares* (M.: E. Satie) 1969; *Situation* (M.: Collage) 1970; gemeinsam mit G. Tetley: *Mutations* (M.: K. Stockhausen) 1970; *Twice* (M.: Herbie Mann) u. *Snippers* (M.: Terry Riley) 1970; *Große Fuge* (M.: L. van Beethoven), *Keep Going* (M.: L. Berio) u. *Ajakaboembie* (M.: F. Chopin) 1971; *Tilt* (M.: I. Strawinsky), *Opus Lemaitre* (M.: J.S. Bach), *Daphnis en Chloë* (M.:

M. Ravel) u. *Twilight* (M.: J. Cage) 1972; *Septet extra* (M.: C. Saint-Saëns), *Adagio Hammerklavier* (M.: L. van Beethoven) u. *Assortimento* (M.: C. Debussy) 1973; *Le sacre du printemps* (M.: I. Strawinsky) u. *Kwintet* (M.: W. A. Mozart) 1974; *Noble et sentimentale* (M.: M. Ravel), *Collective symphony* (gemeinsam mit Toer van Schayk u. Rudi van Dantzig, M.: I. Strawinsky) u. *Four Schumann Pieces* (M.: R. Schumann) 1975; *Ebony concerto en een tango* (M.: I. Strawinsky) u. *Octet op. 20* (M.: F. Mendelssohn Bartholdy) 1976; *Vijf tango's* (M.: A. Piazzolla) u. *Lieder ohne Worte* (M.: F. Mendelssohn Bartholdy) 1977; *Dumbarton Oaks* (M.: I. Strawinsky), *Grand trio* (M.: F. Schubert) u. *Unisono* (M.: J. Haydn) 1978; *Memories of the body* (M.: Collage), *Concert voor piano en blazers* (M.: I. Strawinsky) u. *Live* (M.: F. Liszt) 1979; *Einlage* (M.: J. Strauß Sohn) u. *Piano variaties I* (M.: J. S. Bach u. L. Dallapiccola) 1980. M., der sich in letzter Zeit zunehmend mit der Umsetzung von Kammermusik in Bewegung beschäftigt, gehört zu den wichtigsten Choreografen unserer Zeit. Mit Virtuosität und Ironie schafft er Ballette, die unterhalten, der Musik gerecht werden u. auf der Grundlage des klassischen Tanzes eine neue Ästhetik begründen.

Manierismus (von ital. maniera: »Art u. Weise«, »Manier«), eine im Lauf der Geschichte immer wieder auftretende Tendenz in der Kunst, deren besondere Merkmale Verfremdungseffekte, Übertreibungen, Künstlichkeit u. Antitraditionalismus sind. Die Kunstgeschichte neigt dazu, die Zeit zwischen etwa 1520 u. 1620 als Epoche des M. zu erklären, weil die angeführten Merkmale in dieser Zeit gehäuft auftreten. In der Musik spricht man bei den Madrigalen »a note nere« von M. Als Hauptvertreter gilt Gesualdo.

Mannheimer Schule, von H. Riemann verbreitete Bezeichnung für eine von J. Stamitz angeführte Komponistengruppe am Mannheimer Hof des pfälzischen Kurfürsten Karl Theodor. Sie war an der Entwicklung der vorklassischen Instrumentalmusik maßgeblich beteiligt, indem sie den viersätzigen Sinfonietyp verbindlich machte. J. Stamitz ließ bereits in seinem op. 1 (*Six Sonates à trois ... ou avec toutes l'orchestre,* um 1755) den thematischen Dualismus stark hervortreten, der zwangsläufig zu dieser Formerweiterung führt. Das Menuett bekam seinen festen Platz als 3. Satz im Sonaten-Satzzyklus u. wurde um einen Trio-Teil erweitert. Neben der Einführung von selbständigen Stimmen für Hörner u. Holzbläser (Klarinetten) überraschten die Mannheimer durch eine bis dahin unbekannte Orchesterdisziplin, die ihnen die vielbewunderten dynamischen u. sonstigen Effekte (Crescendo, Tremoli, abrupte Generalpausen) ermöglichte. Neben J. Stamitz sind aus der älteren Generation der M. S. F. X. Richter, A. Filtz, I. Holzbauer u. C. G. Toeschi zu erwähnen. Unter den jüngeren Mannheimern, zu denen auch die Stamitz-Söhne Carl u. Anton sowie Ch. Cannabich gehören, ragt eigentlich nur der Stamitz-Schüler F. Beck heraus, der hauptsächlich in Frankreich wirkte.

Mannino, Franco, ital. Komponist, Pianist u. Dirigent, * 25. 4. 1924 Palermo. Studierte an der Accademia Nazionale di S. Cecilia in Rom u. trat 1941 zum ersten Mal als Konzertpianist auf. Seit 1952 wirkt er auch als Dirigent. 1969–70 künstlerischer Leiter des Teatro S. Carlo in Neapel.

Zu M. Kompositionen gehören die Opern *Vivì* (1957), *La stirpe di Davide* (1962), *Il diavolo in giardino* (1963), *Il quadro delle meraviglie* (1963), *Luisella* (1969), *Hatikva* (1970) u. *La speranza* (1970); die Rundfunkoper *Le notti della paura;* Ballette; Bühnen- u. Filmmusiken; Orchesterwerke; Konzerte, darunter für 3 V. u. Orch. (1965); Kammermusik.

Manzoni, Giacomo, ital. Komponist u. Musikkritiker, * 26. 9. 1932 Mailand. Studierte in Messina u. Mailand, war 1958–63 Mitarbeiter bei Ricordi, 1958–66 Kritiker der »L'unità«, 1962–64 Lehrer am Konservatorium in Mailand u. seit 1968 am Konservatorium in Bologna. Kam über die Atonalität zur Zwölftontechnik u. Tonbandmusik.

Zu M. Werken gehören die Oper *Atomtod* (1965); *Studio per 24* (1962); *Studio 2* für Kammerorch. (1963); *Insiemi* für Orch. (1967); *Ombre* für Orch. u. Chorklänge (1968); *Parole da Beckett* für 2 Chöre, 3 Instrumentengruppen u. Tonband (1971); *Multipli* für Kammerorchester (1972); *Variabili* für Kammerorch. (1973);

Maqām (arab., Plural Maqāmāt), Melodiemodelle in der Musik der islamischen Welt. Diese nicht schriftlich festgelegten melodischen Muster stammen wahrscheinlich aus der Volksmusik, bilden heute aber als kodifizierte Vorlagen das Grundmaterial der arab. Kunstmusik. Viele Maqāmāt werden mit besonderen Gefühlsregungen in Verbindung gebracht u. entsprechend eingesetzt. Sie bestehen immer aus einem Grundton (z. B. beginnt der maqām rast auf rast = c') u. melodischen Wendungen innerhalb der vorgegebenen Materialleiter. In der europäischen Musik finden sich M. da, wo ein islamischer Einfluß nachzuweisen ist, z. B. bei dem Armenier → Chatschaturjan.

Marais, Marin, franz. Komponist u. Gambist, * 31. 5. 1656 Paris, † 15. 8. 1728 ebd. Schüler von Hottemann, S. de Sainte-Colombe u. J.-B. Lully. Wurde 1676 in die Königliche Kammermusik aufgenommen u. war 1695–1710 Leiter des Opernorchesters. Komponierte gemeinsam mit L. Lully die Oper *Alcide* (1693) u. hatte mit *Alcione* (1706) seinen größten Erfolg. *Alcione* enthielt eine der ersten Sturmszenen (tempestes), die viel bewundert wurde. M. veröffentlichte außerdem 5 Bücher »Pièces à une et à deux violes« mit B. c. (1686–1725), »Pièces en trio« für 2 Fl. u. B. c. (1692) u. »La gamme et autres morceaux de simphonie pour le violon, la viole et le clavecin« (1723).

Marazzoli, Marco, ital. Komponist, Sänger u. Harfenist, * um 1602 oder 1608 Parma, † 26. 1. 1662 Rom. War 1637–40 päpstlicher Kapellsänger, trat danach in die Dienste der Königin Christine von Schweden, der er die allegorische Oper *La vita humana* (1656) widmete, u. verbrachte zwei Jahre in Paris, um dort die ital. Oper bekanntzumachen. Komponierte gemeinsam mit V. Mazzocchi *Chi soffre, speri* (1639) u. mit A. M. Abbatini *Dal male il bene* (1653), zwei der frühesten komischen Opern, die wir kennen.

Marbeck (Merbecke) John, engl. Komponist, * um 1510 Windsor, † um 1585 ebd. Organist der St. George's Chapel auf Schloß Windsor. Gab 1550 die erste engl. Bibelkonkordanz u. »The Booke of Common Praier Noted« heraus. Von seinen Kompositionen sind 1 Messe, 2 Motetten u. 1 Carol erhalten. Neuerdings wird ihm die Musik zu Cranmers Litanei von 1544 zugeschrieben.

Marcabru, provenz. Trobador, * um 1100 in der Gascogne, † um 1150. Zählt zu den bedeutendsten provenz. Trobadors der älteren Generation. Zu seinen Gönnern gehörten Wilhelm X. von Aquitanien u. Alfonso VII. von Kastilien. M. gilt als Begründer des dunklen Stils (trobar clus). 4 seiner Melodien sind handschriftlich überliefert.

Marcello, Benedetto, ital. Komponist u. Schriftsteller, * 9. 8. 1686 Venedig, † 24. oder 25. 7. 1739 Brescia. Schüler von F. Gasparini. Trat auf Wunsch seines Vaters in den Staatsdienst u. beendete seine Karriere als Camerlengo in Brescia. Verfaßte eine Satire auf den Opernbetrieb seiner Zeit (»Il teatro alla moda«, 1721). Zu seinen Kompositionen gehören Paraphrasen zu den ersten 50 Psalmen von Girolamo Ascanio Giustiniani, die als »Estro poetico-armonico«, 1–4st. mit B. c., 1724–26 erschienen. Komponierte außerdem Bühnenwerke, Kirchenmusik u. Instrumentalwerke, u. a. *Concerti a cinque*, Flötensonaten (1712) u. Cellosonaten (1733). Sein Bruder Alessandro komponierte unter dem Pseudonym Eterio Stinfalico. Von ihm stammt das Oboenkonzert in d-Moll, das J. S. Bach zu dem Cembalokonzert BWV 974 umarbeitete.

Marching band, auch Brass band oder Street band genannt, Bezeichnung für die Blaskapellen der nordamer. Neger, die Märsche der Weißen imitierten u. zu allen möglichen Gelegenheiten aufspielten. Sie gehören insbesondere mit ihren »functions« in New Orleans zu den Wegbereitern der Jazz band.

Marco, Tomás, span. Komponist, * 12. 9. 1942 Madrid. Studierte Geige u. Komposition in seiner Heimatstadt u. arbeitete ab 1962 für verschiedene Publikationen als Kritiker. Seit 1969 leitet er die Musikabteilung des span. Rundfunks. Größeren Einfluß auf seine Kompositionen hat K. Stockhausen, mit dem er bei der Kollektivkomposition *Ensemble* 1967 zusammenarbeitete. Gründete das Studio Nueva Generación und die Zeitschrift für zeitgenössische Musik »Sonda«.

Zu M. Werken gehören *Jabberwocky* für Schauspielerin, 4 Schlagzeuger, Kl., Tenorsax., Tonband u. Lichtbilder (1967); *Los caprichos* für Orch. (1967); *Tea-Party* für 2 S., T., Bar. u. 4 Instr. (1969); *Angelus novus* für Orch. (1971); *Necronomicon* für 6 Schlagzeuger (1971); *Les mécanismes de la mémoire*, Konzert für V. u. Orch. (1973); *Escorial* für Orch. (1974) u. *Arcadia* (1975). Zu seinen Schriften gehört »La música de la España contemporánea« (Madrid 1971).

Marenzio, Luca, ital. Komponist, * 1553 oder 1554 Coccaglio bei Brescia, † 22. 8. 1599 Rom. Chorknabe am Dom von Brescia, wo G. Contino sein Lehrer gewesen sein könnte. In Rom im Dienst des Kardinals von Trient, Ch. Madruzzo, u. ab 1578 bei dem Kardinal Luigi d'Este. 1588–89 hielt er sich am Hof der Medici in Florenz auf u. wirkte bei den Intermedien aus Anlaß der Hochzeit zwischen Großherzog Ferdinand u. Christine von Lothringen mit. Wieder in Rom, trat er in die Dienste des Herzogs von Bracciano u. später des Kardinals Cinzio Aldobrandini, zu dessen Kreis auch Dichter wie Tasso u. Guarini gehörten. Aldobrandini verschaffte ihm 1595 eine Anstellung bei König Sigismund I. von Polen. 1598 war M. wieder in Venedig, ein Jahr später starb er in Rom. M. hat nie ein kirchliches Amt bekleidet. Im Mittelpunkt seines Werkes stehen an die 500 weltliche Madrigale u. 80 Villanellen. Den 5st. Madrigalsatz führte M. zu höchster Blüte. Seine Texte stammen von so bedeutenden Dichtern wie Dante, Petrarca, Sannazzaro, Tasso u. Guarini. In seinem Spätwerk lassen sich Anklänge an den deklamatorischen Gestus der Monodie feststellen. In ihm machte sich der Einfluß der → Camerata bemerkbar, deren Mitglieder M. bei seinem Florenzaufenthalt kennengelernt hatte. Neben 5- u. 6st. Madrigalen u. 3st. Villanellen veröffentlichte er »Madrigali spirituali« u. Motetten.

Mariachi (mexikan.), eine volkstümliche Musik mit Wurzeln in Mittelamerika, die sich besonders in Mexiko zu einer populären Tanzmusik entwickelt hat. M.-Musik wird im 2/4- u. 6/8-Takt, aber auch im 3/4-Takt oder polyrhythmisch gespielt. Zweistimmigkeit herrscht vor. Die ursprüngliche Besetzung besteht aus 2 Violinen, 2 Trompeten, dazu verschiedene Gitarren, in Peru auch mit kleiner Harfe. Den M.-Sound kommerzialisiert hat Herb Alpert.

Marini, Biagio, ital. Komponist u. Geiger, * um 1597 Brescia, † wahrscheinlich 20. 3. 1665 Venedig. Kam über Venedig, Brescia u. Parma nach Deutschland, wo er mit Unterbrechungen 1623–45 am pfalzgräflichen Hof in Neuburg u. Düsseldorf tätig war. 1649 Kapellmeister an S. Maria della Scala in Mailand, 1652 Kapellmeister an der Accademia della Morte in Ferrara u. 1656 am Dom in Vicenza. Einer der ersten Geigenvirtuosen u. bedeutenden Kammermusikkomponisten.

Zu M. Werken gehören *Affetti musicali,* 1–3st. (1617, enthält eine der frühesten Sonaten für V. solo); *Madrigali et symfonie,* 1–5st. (1618); *Arie, madrigali et corenti,* 1–3st. (1620); *Scherzi e canzonelle,* 1–2st. mit B. c. (1622); *Sonate, symphonie,* 1–6st. (1629); *Per le musiche di camera,* 4–6st. (1634, St. u. Instr.); *Madrigaletti,* 1–4st. (1635); *Compositioni varie* für 2–5 Singst., 2 V. u. B. c. (1641); *Corona melodica* für 2–6 Singst. u. Instr., darin auch 4 Sonaten (1644); *Concerto terzo delle Musiche da camera* (1649); *Salmi,* 2–3st. (1653); *Vespri,* 4st. (1654); *Lacrime di Davide,* 2–4st. (1655); *Sonate da chiesa e da camera,* 2–4st. mit B. c. (1655). Außerdem veröffentlichte M. das Bühnenwerk *Le lagrime d'Erminia* im stile recitativo (1623).

Markevitch, Igor, ital. Dirigent u. Komponist russ. Herkunft, * 27. 7. 1912 Kiew. Schüler von A. Cortot u. N. Boulanger in Paris. Machte dort die Bekanntschaft von Diaghilew, der sein Klavierkonzert 1929 aufführen ließ. An weiteren Kompositionen folgten Concerto grosso (1929), Kantate nach J. Cocteau (1930) u. die Ballette *Rébus* (1931) u. *L'envol d'Icare* (1933, Ch.: S. Lifar). 1935–36 komponierte M. das zweiteilige Oratorium *Paradis perdu.* Als Dirigent machte er sich insbesondere einen Namen mit Aufführungen von Werken Strawinskys, der ihn in seinen frühen Kompositionen gleichzeitig stark beeinflußte. Von den vielen Orchestern, die M. seit Kriegsende dirigiert hat, seien nur das Stockholmer Philharmonische Orchester (1957–58), das Philharmonische Orchester von La Habana (1956–60), das Sinfonieorchester u. die Oper von Monte Carlo (1968–73) erwähnt. Seit 1973 leitet M. Chor u. Orchester der Accademia Nazionale di S. Cecilia in Rom.

Marmontel, Antoine François, franz. Pianist u. Komponist, * 16. 7. 1816 Clermont-Ferrand, † 17. 1. 1898 Paris. Studierte am Pariser Conservatoire bei P. Zimmermann (Klavier) u. L. Halévy sowie J.-F. Le Sueur (Komposition). 1848–87 Nachfolger seines Lehrers als Professor für Klavier. Zu seinen Schülern gehörten u. a. G. Bizet, E. Guiraud, F. C. Th. Dubois u. C. Debussy. Seine Klavierkompositionen haben größtenteils Unterrichtscharakter. Zu ihnen gehören mehrere Sätze Etüden, Nocturnes u. kleinere Stücke. Daneben gab er verschiedene Schriften heraus, die sich mit der Methodik des Klavierspielens befassen.

Marpurg, Friedrich Wilhelm, dt. Musikschriftsteller u. Komponist, * 21. 11. 1718 auf Rittergut Seehof bei Seehausen, † 22. 5. 1795 Berlin. Über seine Ausbildung ist so gut wie nichts bekannt. Gegen Mitte der 40er Jahre hat er sich in Paris aufgehalten, wo er Voltaire, d'Alembert u. Rameau kennenlernte. Verbrachte später einige Jahre in Hamburg u. ließ sich schließlich in Berlin nieder, wo er 1763 zum Königlichen Lotteriedirektor ernannt wurde. Gab in Berlin die Wochenschrift »Des critischen Musicus an der Spree erster Band« (1749–50) u. »Historisch-kritische Beyträge zur Aufnahme der Musik« (1754–62 u. 1778, zusammen 5 Bde.) sowie »Kritische Briefe über die Tonkunst« (1760–64, 3 Bde.) heraus u. wurde deshalb spöttisch als Berliner Musikpapst bezeichnet. M. gilt als einer der Begründer u. Anreger der Berliner Liederschule. Er gab verschiedene Liedersammlungen heraus, darunter auch »Gellerts Oden u. Lieder« (1759). Zu seinen eigenen Kompositionen gehören Lieder, Klaviersonaten u. kleinere Klavierstücke. Von seinen theoretischen Schriften seien erwähnt die »Abhandlung von der Fuge« (1753–54, 2 Teile) u. das »Handbuch bey dem Generalbasse u. der Composition« (1755–58, 3 Teile) sowie eine »Anleitung zur Singcomposition« (1758).

Marsch, eine Musik, die zur Koordination der Vorwärtsbewegung von Menschen und Menschenmassen dient. Sein Instrumentarium reicht vom einzelnen Instrument (Aulos) in der Antike bis zur Blaskapelle u. Swing band (Glenn Miller). Der M. wird bei Umzügen, Aufzügen, Prozessionen, Paraden u. Truppenbewegungen gespielt. Die Musik ist einfach u. verständlich, meistens lautstark, rhythmisch akzentuiert u. geradtaktig. Zu den berühmtesten Märschen in der Konzertmusik gehört Beethovens Trauermarsch in der *Eroica.* In der Oper des 19. Jh. waren M. ganz besonders als Aufzugsmusiken zum Aktschluß beliebt (Verdi, *Aida*). Neben Wagner *(Parsifal, Tannhäuser)* fügten Komponisten wie Spontini u. Meyerbeer gerne M. in ihre Opern ein.
Beim Militärmarsch unterscheidet man zwischen dem Parademarsch (franz. pas ordinaire), dem Geschwindmarsch (franz. pas redoublé) u. dem Sturmmarsch (franz. pas de charge). Heute erscheint der M. in der Konzertmusik meistens als Karikatur, aber in der Unterhaltungsmusik erfreut er sich nach wie vor großer Beliebtheit. Marschmusik ist über die → Marching bands auch in den Jazz eingeflossen.

Marschner, Heinrich A., dt. Komponist, * 16. 8. 1795 Zittau, † 14. 12. 1861 Hannover. Studierte ab

1813 an der Universität Leipzig Jura u. beschloß auf Anraten des Thomaskantors J. G. Schicht, sich ganz der Musik zu widmen. 1816 wurde er Musiklehrer bei Graf Zichy in Preßburg, bald darauf Kapellmeister des Fürsten Krasatkowitz. In Preßburg entstanden auch die ersten Opern Marschners, darunter *Heinrich IV. u. D'Aubigné* (1817–18), die von C. M. v. Weber 1820 in Dresden uraufgeführt wurde. Der große Erfolg bestimmte M., sich in Dresden niederzulassen, wo er F. Kind u. L. Tieck weitere Anregungen verdankte u. Aufträge für Bühnenmusiken erhielt, u.a. zu »Der Prinz von Homburg« (1821), »Schön Ella« u. »Ali Baba oder Die vierzig Räuber« (1823). 1824 wurde er an Stelle F. Morlacchis Musikdirektor der dt. u. ital. Oper in Dresden, gab diese Stellung aber nach Webers Tod 1826 auf. 1827 übernahm er die Leitung des Orchesters am Leipziger Stadttheater. Dort verhalfen ihm die Opern *Der Vampyr* (1828) u. *Der Templer u. die Jüdin* (1829) zum endgültigen Durchbruch als Opernkomponist. Sein inzwischen über Deutschland hinausreichender Ruhm brachte ihm 1831 die Stellung des Hofkapellmeisters in Hannover ein, die er bis zu seiner Pensionierung 1859 innehatte. Als Komponist nimmt M. einen Platz zwischen C. M. von Weber u. R. Wagner ein. Er gehört zu den Mitbegründern einer dt. Nationaloper, die schließlich mit Wagner der Vorherrschaft der ital. Oper in Deutschland ein Ende machte. Bei M. sind bereits Wagners Behandlung der hochdramatischen Stimme, die Verflechtung der Motive u. die Ausdeutung des Librettos aus dem Orchestersatz vorweggenommen. Figuren wie die Königin der Erdgeister in *Hans Heiling* u. Rebecca in *Templer u. Jüdin* verweisen auf Senta im *Fliegenden Holländer* u. Elsa im *Lohengrin*. Neben den Opern komponierte M. einige Orchesterwerke, die größtenteils Fragment blieben, außerdem Kammermusik u. Vokalmusik, darunter viele Männerchöre u. Klavierlieder.

Zu M. Bühnenwerken gehören *Der Kyffhäuserberg* (1816), *Heinrich IV. u. D'Aubigné* (1817–18), *Saidar u. Zulima oder Liebe u. Großmut* (1818), *Das stille Volk* (1818, Fragment), *Lucretia* (1820–26), *Der Holzdieb* (1825, revidiert als *Geborgt*, 1853), *Der Vampyr* (1828), *Der Templer u. die Jüdin* (1829), *Des Falkners Braut* (1830), *Hans Heiling* (1832–33), *Das Schloß am Aetna* (1830–35), *Der Bäbu* (1836–37), *Kaiser Adolph von Nassau* (1844), *Austin* (1850–51) u. *Sangeskönig Hiarne oder Das Tyrsingsschwert* (1857–58).

Lit.: G. Fischer (Hg.), M.-Erinnerungen, Hannover 1918.

Martin, Frank Th., schweiz. Komponist, * 15. 9. 1890 Genf, † 21. 11. 1974 Naarden, Holland. Schüler von J. Lauber in Genf. Machte die Bekanntschaft von É. Jaques-Dalcroze, der einen starken Einfluß auf ihn hatte. 1926 Mitbegründer der Société de Musique de Chambre in Genf, der er bis 1937 als Pianist u. Cembalist verbunden war. 1928–38 Kompositionslehrer am Genfer Institut Jaques-Dalcroze. Ließ sich 1946 in Holland nieder u. war 1950–57 Lehrer für Komposition an der Kölner Musikhochschule. Seine frühen Kompositionen standen unter dem Einfluß der franz. Spätromantik. Die 1. Violinsonate enthält Anklänge an C. Franck u. G. Fauré, die *Quatre sonnets à Cassandre* sind M. Ravel verpflichtet. Dann begann unter dem Eindruck der Theorien von Jaques-Dalcroze die Auseinandersetzung mit rhythmischen Problemen wie z. B. in dem Orchesterstück *Rythmes*. In den 30er Jahren fand M. zu einer eigenen Form der Zwölftontechnik, indem er die Reihe zur Grundlage funktioneller Harmonik machte.

Zu M. Kompositionen gehören die Bühnenwerke *Le vin herbé* (1938–41), *Der Sturm* (1952–55), *Le mystère de la Nativité* (1957–59) u. *Monsieur de Pourceaugnac* (1961–62); die Ballette *Musique de ballet* (1936), *The Fairy-Tale of Cinderella* (1941) u. *Ein Totentanz zu Basel im Jahre 1943* (1950); Vokalkompositionen wie *Les Dithyrambes* für Chor u. Orch. (1918), Messe für Chor a cappella (1926), *Die Weise von Liebe u. Tod des Cornets Chr. Rilke* für A. u. Orch. (1942–43), *In Terra Pax*, Oratorium für Soli, 2 gem. Chöre, Mädchenchor ad libitum u. Orch. (1944), *Golgatha*, Oratorium für Soli, gem. Chor, Orch. u. Org. (1945–48), 6 *Monologe aus Jedermann* für Bar. u. Orch. (1949, Fassung der 1943 entstandenen Klavierlieder), *Five Ariel Songs* für gem. Kammerchor a cappella (1950), *Psaumes de Genève* (1958), *Pilate*, Kantate (1964), *Maria-Triptychon* für S., V. solo u. Orch. (1968), Requiem für S., A., T., B., gem. Chor, Orch. u. Org. (1971–72) u. *Et la vie l'emporta*, Kammerkantate (1974); die Orchesterwerke Suite (1913), *Symphonie pour orchestre burlesque* (1915), *Esquisse* (1921), *Rythmes* (1926), *Guitare* (1933, Orchesterfassung von *Quatre pièces pour guitare*), Rhapsodie für 2 V., 2 Va., Kb. u. Streicher (1935), *Symphonie pour grand orchestre* (1936–37), *Petite symphonie concertante* für Hf., Cemb., Kl. u. 2 Streichorch. (1944–45, daraus Orchesterfassung *Symphonie concertante*, 1946), Ouvertüre zu Racines »Athalie« (1946), *Concerto pour sept instruments à vent* (1949), *Passacaille pour orchestre à cordes* (1952, Streicherfassung des Orgelstücks), *Études pour orchestre à cordes* (1955–56), *Ouverture en hommage à Mozart* (1956), *Ouverture en rondeau* (1958), *Les quatre éléments* (1963–64), *Erasmi Monumentum* (3 Stücke für Orch. u. Org.) (1969); Werke für Soloinstrumente mit Orchester: 2 Klavierkonzerte (1934 u. 1968–69), *Danse de la peur* für 2 Kl. u. Orch. (1936), Ballade für Altsax., Streicher, Kl., Pauken u. Schlagzeug (1938), Ballade für Fl., Streicher u. Kl. (1939), Ballade für Kl. u. Orch. (1939), Ballade für Pos. oder Tenorsax. u. Orch. (1940), Ballade für Vc. u. Orch. (1949, Orchesterfassung des Stückes für Vc. u. Kl.), *Sonata da chiesa* für Fl. u. Streicher (1941, Orchesterfassung von V. Desarzens nach der Sonata für Fl. und Org.), Violinkonzert (1950–51), Cembalokonzert (1951–52), *Sonata da chiesa* für Va. d'amore u. Streicher (1952, Orchesterfassung der Sonate für Va. d'amore u. Org.), Cellokonzert (1965–66), *Trois danses* für Ob., Hf., Streichquintett u. Streicher (1970), Ballade für Va., Blasorch., Cemb., Hf. u. Pauken (1972) u. *Polyptyque* für V. u. 2 kleine Streichorch. (1973); Kammermusikwerke: u. a. 2 Violinsonaten (1915 u. 1931), Klavierquintett (1920),

Trio sur des chants populaires irlandais für Klaviertrio (1925), Streichtrio (1936) u. 2 Streichquartette (1936 u. 1967), Klavierlieder sowie die *Quatre sonnets à Cassandre* für Mezzo-S., Fl., Va. u. Vc. (1922).
Lit.: J.-C. Piquet (Hg.), E. Ansermet u. F. M.: Correspondence 1934–68, Neuchâtel 1976; F. M., Un compositeur médite sur son art, Écrits et pensées, Neuchâtel 1977.

Martini, Padre Giovanni Battista, ital. Kleriker, Mathematiker, Theoretiker und Komponist, * 24. 4. 1706 Bologna, † 3. 8. 1784 ebd. Erlernte das Geigenspiel bei seinem Vater Antonio Maria, nahm dann Unterricht bei Padre Angelo Predieri im Cembalospiel, bei F. A. Pistocchi im Gesang, bei dem Kastraten A. Ricieri in Kontrapunkt u. bei G. A. Perti in Komposition. Betrieb daneben mathematische Studien bei Zanotti. 1721 trat er in den Franziskanerorden ein, 1725 wurde er Kapellmeister an S. Francesco in Bologna u. 1729 dort auch zum Priester geweiht. Hielt an der mittelalterlichen Begründung der Musik aus der Mathematik fest u. führte darüber einen bekannten Streit mit A. Eximeno y Pujades. M. galt in Italien als oberste musikalische Autorität u. zählte zu den bekanntesten Persönlichkeiten Europas. Von seinen vielen Schülern seien N. Jomelli, S. Mattei, G. Paolucci, F. Bertoni u. J. Ch. Bach erwähnt. Mozart nahm bei ihm Kontrapunktunterricht, bevor er an seine Klausurarbeit zur Aufnahme in die Philharmonische Gesellschaft in Bologna ging.

Zu M. gedruckten Kompositionen gehören »Litaniae«, 4st. mit Org. u. Instr. (1734), 12 »Sonate d'intavolatura per l'organo e cembalo« (um 1742), 6 »Sonate per organo e cembalo« (1747), 12 »Duetti da camera« (1763) u. 2 Hefte »Canoni« (ohne Jahr). Im Manuskript existieren außerdem Kirchenkompositionen u. Bühnenmusiken. Von seinen Schriften seien die »Storia della musica« (3 Bde., 1757, 1770 u. 1781) sowie »Esemplare, ossia Saggio fondamentale pratico di contrappunto ...« (2 Bde., 1774–75) erwähnt.
Lit.: B. Wiechens, Die Kompositionstheorie u. das kirchenmusikalische Schaffen Padre M., Regensburg 1968; V. Zaccaria, Padre G. M., Padua 1969.

Martinon, Jean, franz. Dirigent u. Komponist, * 10. 1. 1910 Lyon, † 1. 3. 1976 Paris. Studierte am Pariser Conservatoire bei A. Roussel (Komposition) u. Ch. Münch (Dirigieren). Trat 1935 mit seiner *Symphoniette* für Streicher, Kl., Hf. u. Schlagzeug an die Öffentlichkeit. In der dt. Kriegsgefangenschaft komponierte er u. a. Psalm 136 für Soli, Sprecher, gem. Chor u. Orch. Als Dirigent setzte er sich besonders für seinen Lehrer A. Roussel ein. Er leitete 1950–57 die Concerts Lamoureux, 1960–66 die Düsseldorfer Sinfoniker, 1963–68 das Chicago Symphony Orchestra u. anschließend das Orchestre National der ORTF.
Seine Kompositionen sind dem Klassizismus verpflichtet.

Zu M. Werken gehören die Oper *Hécube* (1949), das Ballett *Ambohimanga* (1946), 4 Sinfonien (1934–36, 1942–44, 1948 u. 1965), 2 Violinkonzerte (1937–42 u. 1958), 1 Cellokonzert (1963), 1 Flötenkonzert (1971), Vokalkompositionen u. Kammermusik.

Martinow, Wladimir I., sowj. Komponist, * 20. 2. 1946 Moskau. Studierte am Moskauer Konservatorium bei Sidelnikov u. Meschlumov. Beschäftigte sich mit Frühformen der Polyphonie u. gab Sammlungen mit Sätzen von Machaut, Isaac u. Gabrieli heraus. Seit einigen Jahren ist er mit der Geigerin T. Grindenko verheiratet. Zu seinen Kompositionen gehört das Ballett *Die Zauberblume,* entstanden nach indischen Motiven, die M. auf einer Studienreise durch Indien gesammelt hat.

M. schrieb: Serenade für Quintett (1968), *Matinadi* für 13 Instr. (1969), *Sinfonische Ouvertüre* (1970), *Canzone* für 2 V. (1970), *Liebesbrief* für Nonett (1971), *Hexogramm* für Kl. (1971), *Varianten* für V. u. Kl. (1972), Violinsonate (1972), *Die Zauberblume,* Ballett (1974), *Assana* für Kb. solo (1974), Musik für Kl., Kb. u. Schlaginstr. (1975), *Spiel für Vier* (1975).

Martinů, Bohuslav, tschech. Komponist, * 8. 12. 1890 Polička, † 28. 8. 1959 Liestal, Schweiz. Wurde in der Turmkammer eines mährischen Kirchturms geboren, den sein Vater, ein Schuster, zu bewachen hatte. Erhielt bei einem Schneider in der Nachbarschaft Geigenunterricht, spielte bereits mit 8 Jahren virtuose Stücke u. schrieb mit 10 sein erstes Streichquartett. Wurde 1906 in das Prager Konservatorium aufgenommen u. dort zum Geiger ausgebildet. 1913 trat er in die Tschech. Philharmonie ein u. blieb mit Unterbrechungen bis 1923. Nachdem er bis dahin als Komponist Autodidakt war, nahm M. 1922 Unterricht bei J. Suk u. 1923–24 bei A. Roussel in Paris. Dort hielt er sich bis 1940 auf, um dann über Portugal nach den USA zu emigrieren. 1924 wurde in Prag sein erstes Ballett *Istar* aufgeführt. Aus der Pariser Zeit stammen u. a. die Orchesterwerke *La Bagarre* (1927), Concerto grosso (1937) u. Doppelkonzert für 2 Streichorch., Kl. u. Pauken (1938). In den USA übernahm M. verschiedene Lehraufträge, zuletzt an der Mannes School of Music in New York. Zu seinen amer. Förderern gehörten S. Kussewitzky, der bei M. die 1. Sinfonie in Auftrag gab (1942) u. M. Elman, der für sich ein Violinkonzert bestellte (1943). Die ihm aus Prag 1946 angebotene Professur nahm M. nicht an, blieb bis 1953 in den USA, lebte anschließend in Italien u. Frankreich u. ließ sich 1956 in der Schweiz nieder. M. gehört zu den bedeutenden Sinfonikern des 20. Jh. In seinen Kompositionen verbindet er tschech. Musikantentum u. Anregungen des franz. Impressionismus zu einer ganz eigenen, dissonant geschärften u. häufig polytonalen Musik. In der Entwicklung größerer musikalischer Einheiten aus Motivpartikeln erinnert M. an L. Janáček.

Zu M. Kompositionen gehören die Bühnenwerke *Voják a tanečnice* (*Der Soldat u. die Tänzerin*, 1926–27), *Les trois souhaits ou Les vicissitudes de la vie* (1928), *Semaine de bonté* (1929), *Marienspiele*, Mirakel (1933), *Veselohra na mostě* (1935 für den Prager Rundfunk, 1951 Bühnenfassung als *Comedy on the Bridge*), *Divadlo za bránou* (*Das Vorstadttheater*, 1935), *Juliette* (1936–37, *Alexandre bis* (1937), *Mirandolina* (1959), *The Greek Passion* (1961) u. *Ariane* 1961); die Funkoper *Hlas lesa* (*Die Stimme des Waldes*, 1935) u. die Fernsehopern *The Marriage* u. *What Men Live By* (1953); die Ballette *Istar* (1924), *Wer ist der Mächtigste auf der Welt?* (1925), *Der stampfende Schmetterling* (1926), *Le raid merveilleux* (1927), *Der Aufruhr* (1928), *Schach dem König* (1930), *Špalíček* (1933), *Das Urteil des Paris* (1935) u. *The Strangler* (1948); Orchesterwerke, darunter 6 Sinfonien (1942, 1943, 1944, 1945, 1946 u. 1951–53), *Half-Time* (1924), *Entr'acte* (1928), *Le jazz* (1928), Concerto grosso (1937), Doppelkonzert für 2 Streichorch., Kl. u. Pauken (1938), *Sinfonietta giocosa* für Kl. u. Kammerorch. (1940), Concerto da camera für V., Streicher, Kl. u. Schlagzeug (1941), *Memorial to Lidice* (1943), Konzerte für Kl. (1925, 1934 [revidiert 1944], 1948, 1956 u. 1958), Konzerte für Vc. (1930 [revidiert 1939 u. 1955], 1945) sowie für Kl., linke Hand (1928), Streichquartett (1931), Cemb. (1935), 2 Kl. (1943), V. (1943), 2 V. (1950), V. u. Kl. (1953) u. Ob. (1955); Kammermusikwerke, darunter 7 Streichquartette, Streichquintett, Streichsextett, 3 Klaviertrios; Klavierstücke; Lieder. Außerdem komponierte M. *Militärmesse* für Bar. u. Orch. (1939) u. 1957 *Das Gilgamesch-Epos* als Oratorium.

Lit.: P. Sacher, B. M., Basel 1960; J. Mihule, B. M., Prag 1966; H. Halbreich, B. M., Werkverzeichnis, Dokumentation u. Biografie, Zürich 1968; B. Large, M., London 1975.

Martín y Soler, A. M. I. Vicente (ital. Martino lo Spagnuolo), span. Komponist, * 2. 5. 1754 Valencia, † 11. 2. 1806 Petersburg. Erhielt seine musikalische Ausbildung als Chorknabe an der Iglesia mayor in Valencia u. machte sich in Italien 1779–85 als Opernkomponist einen Namen. Die Sängerin Nancy Storace holte ihn nach Wien, wo er mit da Ponte die außerordentlich erfolgreichen Opern *Il burbero di buon cuore* (1786), *Una cosa rara* (1786, zitiert von Mozart in der Tafelmusik des *Don Giovanni*) u. *L'albore di Diana* (1787) herausbrachte.

Marx, Adolf Bernhard, dt. Musiktheoretiker u. Komponist, * 15. 5. 1795 Halle a. d. Saale, † 17. 5. 1866 Berlin. Studierte Jura, war außerdem Schüler von D. G. Türk in Halle u. C. F. Zelter in Berlin. Gründete 1824 die »Allgemeine Musikalische Zeitung« in Berlin, die er bis 1830 redigierte. Wurde 1830 Professor für Musik an der Berliner Universität u. 1832 Universitätsmusikdirektor. 1850 gründete er mit J. Stern u. Th. Kullak das Stern'sche Konservatorium der Musik, an dem er bis 1856 unterrichtete.

Zu M. Kompositionen gehören Oratorien, darunter *Mose* (1841), das Singspiel *Jery u. Bätely* u. ein »Evangelisches Choral- u. Orgelbuch«. Von seinen Schriften seien erwähnt: »Über Malerei in der Tonkunst« (Berlin 1828), »Die Lehre von der musikalischen Komposition« (4 Bde., Leipzig 1837–47), »Gluck u. die Oper« (2 Bde., Berlin 1863) u. »Erinnerungen aus meinem Leben« (2 Bde., Berlin 1865).

Marx, Joseph R. R., österr. Komponist, * 11. 5. 1882 Graz, † 3. 9. 1964 ebd. Schüler von E. W. Degner in Graz, 1914–52 Professor für Musiktheorie u. Komposition an der Wiener Musikakademie u. 1922–25 als Nachfolger F. Löwes deren Leiter. Machte sich hauptsächlich einen Namen als Liederkomponist.

Zu M. Kompositionen gehören neben Liedern Chöre, Orchesterwerke, u. a. *Herbstsymphonie* (1922), *Eine symphonische Nachtmusik* (1926) u. *Eine Frühlingsmusik* (1925), 2 Klavierkonzerte (1920 u. 1930) u. Kammermusik, darunter 3 Streichquartette (1937, 1938 u. 1941). Er veröffentlichte außerdem »Betrachtungen eines romantischen Realisten« (Wien 1946).

Marx, Karl, dt. Komponist, * 12. 11. 1897 München. Schüler von C. Orff, A. Beer-Walbrunn u. S. v. Hausegger. 1939–45 Lehrer für Komposition u. Tonsatz an der Grazer Musikhochschule, 1946–66 an der Musikhochschule in Stuttgart. Gilt als Vertreter der musikalischen Jugendbewegung. Besonders beliebt sind seine Vokalwerke, insbesondere seine Chöre, darunter Motetten nach Rilke u. Silesius.

M. komponierte außerdem Konzert für 2 V. u. Orch. (1927), Violinkonzert (1936), Passacaglia für Orch. (1932, revidiert 1964), Orchestervariationen (1938), *Fantasia sinfonica* (1967, revidiert 1969) u. *Fantasia concertante* für V., Vc. u. Orch. (1972).

Mascagni, Pietro, ital. Komponist, * 7. 12. 1863 Livorno, † 2. 8. 1945 Rom. Schüler von A. Soffredini in Livorno u. A. Ponchielli u. M. Saladino in Mailand. Wurde über Nacht mit dem Einakter *Cavalleria rusticana* berühmt, den er für einen 1888 von Sonzogno ausgeschriebenen Wettbewerb komponiert hatte. Das Stück gehört zu den Hauptwerken des → Verismo u. wird meistens gemeinsam mit R. Leoncavallos *Pagliacci (Der Bajazzo)* aufgeführt. M. war neben seiner Dirigiertätigkeit 1895–1902 Direktor des Liceo Musicale von Pesaro u. anschließend Direktor der Scuola Nazionale di Musica in Rom. Mit seinen vielen weiteren Bühnenwerken, darunter *L'amico Fritz* (1891), *Zanetto* (1896), *Le maschere* (1901, revidiert 1916), *Scampolo* (1921) u. *I bianchi ed i neri* (1940), konnte er nicht an den Erfolg von *Cavalleria* anknüpfen.

Maskenspiel → Masque

Masque (Maske, mask), festliches Maskenspiel, das sich aus dem ital. → Trionfi u. der Mascherata sowie den franz. Ballets de cour u. Mascarades entwickelt hat u. in England unter Jacob I. u. Karl I. seine größte Blüte erlebte. Es verarbeitete außerdem Einflüsse des Madrigals, des Mysterienspiels u. der besonders in England beliebten Mummings. Die M. gilt als Vorläufer der Oper, von der sie in der Restaurationszeit verdrängt wurde. Sie setzt sich zusammen aus einem Prolog in Versen u. dem eigentlichen Handlungsablauf, der aus Dialogen, Liedern, Tänzen u. Chören bestand. Es folgte ein Tanz unter Einbeziehung des Publikums, der in die Demaskierung überleitete, u. darauf der Schlußtanz. Die wohl spektakulärsten M. entstanden aus der Zusammenarbeit zwischen Ben Jonson u. dem Architekten Inigo Jones. B. Jonson war es auch, der mit der »M. of Queens« (1609) den Handlungsablauf um eine Antimasque erweiterte, die als Kontrast zum übrigen Programm gedacht war u. grundsätzlich von Berufsschauspielern ausgeführt wurde. Von den Komponisten, die zu den M. beitrugen, seien A. Ferrabosco, J. Coperario, R. Johnson, N. Lanier, Th. Lupo, Ch. Gibbons, M. Locke u. W. u. H. Lawes erwähnt. Noch bei Purcell *(The Fairy Queen)* u. Händel (*Acis and Galatea*, Bühnenmusik zu B. Jonsons »The Alchymist«) läßt sich der Einfluß der M. nachweisen.

Zu den bekanntesten M. gehören »The M. of Beauty« (1608), »The M. of Queens« (1609), »Oberon« (1611), »M. of Flowers« (1614) u. »The M. of Gypsies« (1621).

Massenet, Jules E. F., franz. Komponist, * 12. 5. 1842 Montaud bei St-Étienne, † 13. 8. 1912 Paris. Erhielt mit 6 Jahren den ersten Klavierunterricht von seiner Mutter u. bestand 1851 die Aufnahmeprüfung am Pariser Conservatoire. 1858 stellte er sich als Pianist der Öffentlichkeit vor, 1859 gewann er mit Hillers f-Moll-Klavierkonzert den 1. Preis in seinem Fach u. wurde ab 1860 Schüler von N. H. Reber (Harmonie), Fr. Benoist (Orgel) u. A. Thomas (Komposition). Seinen Lebensunterhalt verdiente er sich als Pianist in Cafés u. als Schlagzeugspieler bei verschiedenen Orchestern. 1863 gewann M. mit seiner Kantate *David Rizzio* den Rompreis. Während seines Italienaufenthalts legte er eine Reihe von Notizbüchern mit Volksliedmelodien an, auf die er später häufig zurückgriff. In Rom lernte er auch Liszt kennen, der ihm den Klavierunterricht von Constance de Sainte-Marie übertrug, die 1866 M. Frau wurde. 1867 kam mit der Suite *Pompéia* (später in die Bühnenmusik zu »Les Erynnies« eingearbeitet) sein erstes Orchesterwerk zu einer öffentlichen Aufführung. Zur gleichen Zeit entstanden Lieder u. *Dix pièces de genre* für Kl. sowie der Einakter *La grand' tante*, mit dem M. 1867 an der Opéra-Comique seine Laufbahn als Bühnenkomponist begann. Seinen ersten großen Publikumserfolg hatte er 1873 mit dem Oratorium *Marie-Magdeleine*. Zu den Sängern der Uraufführung gehörte Pauline Viardot, die sich ganz besonders für dieses Werk einsetzte. 1878 wurde M. in der Nachfolge von F. Bazin Professor für Komposition am Pariser Conservatoire. Zu seinen Schülern gehörten G. Charpentier, H. Rabaud, Ch. Koechlin, F. Schmitt, G. Pierné u. R. Hahn. Mit der Uraufführung von *Manon* an der Opéra-Comique im Jahr 1884 erlebte M. seinen größten Erfolg. Während er in den nächsten Jahren mit wechselndem Glück Opern wie *Esclarmonde* u. *Le mage* herausbrachte, entstand nach Goethes »Werther« ein Werk, das der Komponist aber nicht zur Aufführung freigab. Erst nach einer gelungenen *Manon*-Produktion in Wien übertrug M. der dortigen Hofoper die Uraufführung der Oper *Werther*, die 1892 mit E. van Dyck in der Titelrolle stattfand. Neben einer Reihe weiterer Opern, die alle nicht mehr an die früheren Erfolge anknüpfen konnten, verwendete der Komponist sein letztes Lebensjahrzehnt hauptsächlich darauf, Einstudierungen seiner Werke an den verschiedenen europäischen Theatern zu überwachen. Beeinflußt von Ch. Gounod u. P. Tschaikowsky, war M. der typische Vertreter der sentimental-lyrischen franz. Oper des Fin de siècle. In seiner Leitmotivik lehnte er sich an Wagner an, seine Instrumentierung ist jedoch franz. leicht u. dem Duktus der Sprache angepaßt. Hanslick hat anläßlich der Wiener Uraufführung des *Werther* zu Recht bemerkt, M. Talent sei am glücklichsten für »die teils heitere, teils rührende Conversations-Oper, die intime Musik« organisiert. Seine Behandlung der Singstimme u. seine Melodik sind auf G. Puccini, C. Debussy u. M. Ravel nicht ohne Einfluß gewesen.

Zu M. Werken gehören die Opern *La grand' tante* (Einakter, 1867), *Don César de Bazan* (1872), *Le roi de Lahore* (1872–77), *Hérodiade* (1880–81), *Manon* (1882–83), *Le Cid* (1885), *Werther* (1886), *Esclarmonde* (1888–89), *Le mage* (1890–91), *Thaïs* (1893, darin die in vielen Arrangements bekannte *Méditation*), *Le portrait de Manon* (1893–94, eine Fortsetzung von *Manon*), *La Navarraise* (1893), *Sapho* (1897), *Cendrillon* (1898–99), *Griséldis* (1900–01), *Le jongleur de Notre-Dame* (1901), *Chérubin* (1904), *Ariane* (1905), *Thérèse* (1905–06), *Bacchus* (1908–09), *Don Quichotte* (1909), *Roma* (1909–10), *Amadis* (1910), *Panurge* (1910), *Cléopâtre* (1910); die Ballette *Le carillon* (1892), *Cigale* (1904) u. *Espada* (1907–08); Bühnenmusiken, u.a. zu »Les Erynnies« von Leconte de Lisle (1873) u. »Phèdre« von Racine (1900); die Oratorien *Marie-Magdaleine* (1873, Bühnenfassung 1903), *Ève* (1874), *La vierge* (1877) u. *La terre promise* (1900); Orchesterwerke, darunter 7 Suiten, von denen die *Scènes alsaciennes* (1881) erwähnt seien; 1 Klavierkonzert (1903); Chorwerke; Klavierstücke u. eine Reihe von Liederzyklen. Zu seinen zurückgezogenen Werken gehören die Bühnenstücke *L'adorable Bel-Boul* u. *Bérengère et Anatole*. Seine Erinnerungen erschienen als »Mes souvenirs« 1912 in Paris.

Lit.: A. Bruneau, M., Paris 1935; Y. Leroux, Hommage à M., Paris 1963; A. Coquis, J. M., L'homme et son œuvre, Paris 1965; E. Bouilhol, M., Paris 1969; J. Harding, M., London 1970.

Massenmedien, allgemein zugängliche Träger von Informationen, bezogen auf den Bereich der Musik Rundfunk, Schallplatte, Tonband u. Musikkassette (Audiobereich) sowie Fernsehen, Film, Videokassette u. Bildplatte (audiovisueller Bereich). Die Medien verbreiten Musik auf unterschiedliche Art u. nehmen in vielen Fällen Einfluß auf den kreativen Prozeß. Man kann unterscheiden zwischen Verbreitung u. Speicherung von Live-Aufführungen, Studioproduktionen, neuen Musikformen (visualisierte Musik, Fernsehballett, Fernsehoper, Musik-Collagen, Tonbandmusik), die medienbedingt sind, u. funktioneller Musik wie Werbespot- oder Titelmusik, Hörspiel- u. Fernsehspielmusik, Filmmusik u. Muzak. Nachdem die Medien als Instrumente der Meinungsbildung u. -manipulation sowie als starker Einfluß auf das Konsumverhalten erkannt worden sind, will die Diskussion um Musik in den M. nicht mehr abreißen. Vorwürfe werden laut wie Verfälschung, Erzeugung von Konsumhaltung, Degradierung von Musik zur Ware u. das Abtöten der eigenen Musizierlust. Dem stehen Argumente wie größere Verbreitung u. das lebenswichtige Mäzenatentum der Rundfunkanstalten u. des Fernsehens gegenüber.

Massine, Léonide Fedorowitsch (eigtl. Mjassin), russ.-amer. Tänzer, Choreograf, Ballettmeister u. Lehrer, * 9. 8. 1896 Moskau, † 15. 3. 1979 Borken/Westfalen. Neben Fokin, Nijinsky, Nijinska u. Balanchine der bedeutendste Choreograf der Ballets Russes, stammt aus einer Musikerfamilie. Der Vater war Hornist, die Mutter Sängerin am Bolschoitheater. Erhielt Unterricht an der Kaiserlichen Ballettschule in Moskau, u. a. bei Domashov. Abschluß 1912 u. Eintritt in das Bolschoiballett. Während der Ausbildung Geigenunterricht u. Kunststudien. Nach der Trennung von Nijinsky suchte Diaghilew Ende 1913 einen neuen Star für sein Ensemble, der außerdem sofort für die folgende Saison die Hauptrolle in der *Josephslegende* (M.: R. Strauss) übernehmen konnte. In Moskau sah er M. in *Schwanensee* u. *Don Quixote* u. engagierte ihn auf der Stelle. M. u. Diaghilew reisten nach Petersburg, wo die neue Saison vorbereitet wurde u. M. weiteren Unterricht bei Cecchetti erhielt. Neben der *Josephslegende* tanzte M. zahlreiche andere Rollen aus dem Repertoire der Ballets Russes. 1915 trieb er mit Diaghilew Kunststudien in Florenz, während dieser die neue Saison plante. Nach M. eigenen Erzählungen kam ihm in den Uffizien vor der »Verkündigung« des Simone Martini die Gewißheit, daß er sich zum Choreografen eigne. Er blieb bis 1920 als Choreograf u. Tänzer bei den Ballets Russes. Der eifersüchtige Diaghilew entließ M., als dieser sich in die Tänzerin Vera Savina verliebte. Neben Auftritten in den USA u. Arbeiten für Londoner Revuen choreografierte M. dann auch wieder für den versöhnten Diaghilew. Ab 1932 künstlerischer Leiter der Ballets Russes de Monte Carlo, ab 1941 beim Ballet Theatre in New York. Nach dem Krieg studierte M. seine Ch. mit den verschiedensten europäischen Kompanien ein, schuf neue Werke für das Sadler's Wells Ballet, Les Ballets des Champs-Élysées, das Ballett der Mailänder Scala u. die Ballets de Monte Carlo, gründete das Balletto Europeo für das Festival von Nervi 1960, choreografierte Spielfilme u. hielt Vorträge.

Zu M. wichtigsten Ch. zählen: *Le Soleil de Nuit* (M.: N. Rimskij-Korsakow) 1915; *Las Meninas* (M.: G. Fauré) u. *Kikimora* (M.: A. Ljadow) 1916; *Les Femmes de Bonne Humeur* (M.: D. Scarlatti, orchestriert von V. Tommasini), *Les Contes Russes* – einschließlich *Kikimora* – (M. A. Ljadow) u. *Parade* (M.: E. Satie) 1917; *La Boutique Fantastique* (M.: G. Rossini, orchestriert von Respighi) u. *Der Dreispitz* (M.: M. de Falla) 1919; *Le Chant du Rossignol* (M.: I. Strawinsky), *Le Sacre du printemps* (M.: I. Strawinsky) u. *Pulcinella* (M.: I. Strawinsky) 1920; dazu im gleichen Jahr die Ballettoper *Le Astuzie Femminili* (M.: D. Cimarosa, orchestriert von Respighi); *Cuadro Flamenco* (M.: andalusische Tänze) 1921; *Cimarosiana* (Tänze aus *Le Astuzie*), *Salade* (M.: D. Milhaud), *Mercure* (M.: E. Satie) u. *Le Beau Danube* (M.: J. Strauß, Arr.: Desormière) 1924; *Zéphire et Flore* (M.: V. Dukelsky) u. *Les Matelots* (M.: G. Auric) 1925; *Le Pas d'Acier* (M.: S. Prokofjew) 1927; *Ode* (M.: N. Nabokov) 1928; *David* (M.: H. Sauguet) 1929; *Amphion* (M.: A. Honegger) 1931; *Jeux d'enfants* (M.: G. Bizet) u. *Belkis regina di Saba* (M.: O. Respighi) 1932; *Beach* (M.: J. Françaix) 1933; *Les Présages* (M.: 5. Sinf. von P. Tschaikowsky) u. *Choréartium* (M.: 4. Sinf. von J. Brahms) 1934; *Union Pacific* (M.: A. Honegger) 1935; *Symphonie fantastique* (M.: H. Berlioz) 1936; *Gaîté Parisienne* (M.: J. Offenbach/M. Rosenthal), *Seventh Symphony* (M.: 7. Sinf. von L. van Beethoven) u. *Nobilissima Visione* (M.: P. Hindemith) 1938; *Capriccio espagnol* (M.: N. Rimskij-Korsakow), *Rouge et noir* (M.: D. Schostakowitsch) u. *Bacchanale* (M.: R. Wagner) 1939; *Labyrinth* (M.: 7. Sinf. von F. Schubert) 1941; *Aleko* (M.: P. Tschaikowsky) 1942; *Mam'zelle Angot* (M.: A. L. Lecocq) 1943; *Mad Tristan* (M.: R. Wagner) 1944; *Clock Symphony* (M.: J. Haydn, Sinfonie Hob. 1, 101, *Die Uhr*) 1948; *Le Peintre et son modèle* (M.: G. Auric) 1949; *Donald of the Burthens* (M.: I. Whyte) u. *Les Saisons* (M.: H. Sauguet) 1951; *Laudes Evangelii* (M.: Bucchi) 1952; *Resurrezione e vita* (M.: venezianische Kompositionen des 16.–17. Jh., Arr.: V. Mortari) u. *Harold in Ita-*

lien (M.: H. Berlioz) 1954; *Mario e il Mago* (M.: F. Mannino) 1956; *Hymne à la beauté* (M.: Fr. Mignone) 1955; *Don Juan* (M.: C. W. Gluck) 1959; *Fantasmi al Grand-Hotel* (M.: L. Chailly), *Il Barbiere di Siviglia* (M.: G. Rossini), *Le Bal des voleurs* (M.: G. Auric) u. *La Commedia umana* (M.: Stücke des 14. Jh., Arr.: C. Arrieu) 1960.

Außerdem choreografierte M. die folgenden Filme bzw. wirkte in ihnen mit: »Carnival in Costa Rica«, »Red Shoes«, »Tales of Hoffmann«, »Carosello Napoletano«, »Spanish Fiesta« u. »The Gay Parisian«. M. hatte als Charaktertänzer großen Erfolg, wobei ihm sein großes schauspielerisches Talent zugute kam. Als Choreograf hat er die Ästhetik des 20. Jh. mit dem kubistischen Ballett *Parade* (M.: E. Satie, Libretto: J. Cocteau, Ausstattung: P. Picasso) wesentlich beeinflußt. Mit *Les Présages, Choréartium* u. ähnlichen Kreationen gehört M. auch zu den Erfindern des sinfonischen Balletts. Als »My Life in Ballet« erschienen seine Erinnerungen in London (1968).

Masson, Gérard, franz. Komponist, * 12. 8. 1936 Paris. Autodidakt bis zum Studium bei K. Stockhausen in Köln ab 1965. Später Schüler von H. Pousseur u. E. Brown.

Zu M. Kompositionen gehören *Pièce pour 14 Instr.* (1965); *Dans le deuil des vagues I* für Orch. (1966); *Ouest I* für 10 Instr. (1967); *Dans le deuil des vagues II* für Orch. (1968); *Ouest II* für Mezzo-S. u. 13 Instr. (1969); *Bleu loin* für 12 Streicher (1970); *Hymnopsie* für Chor u. Orch. (1972); Streichquartett (1973); Bläsersextett (1975); Klavierkonzert (1977) u. Quintett für Stimme u. Instr. (1978).

Mather, Bruce, kan. Komponist, Pianist u. Lehrer, * 9. 5. 1939 Toronto. Er lernte mit 6 Jahren das Klavierspiel u. begann mit 7 zu komponieren. Schüler von G. Ridout, O. Morawetz u. J. Weinzweig in Toronto, A. Uninsky an der Aspen School of Music in Colorado u. 1959–60 am Pariser Conservatoire bei D. Milhaud, S. Plé-Caussade, L. Lévy u. O. Messiaen. Nahm an Lehrgängen bei R. Harris u. P. Boulez teil u. besuchte auch die Ferienkurse in Darmstadt. Ist seit 1966 Professor an der McGill-Universität in Montréal. Verheiratet mit der Pianistin Pierette Lepage. Tritt selber als Pianist mit eigenen u. anderen zeitgenössischen Werken auf. In seiner Musik ist M. von A. Skrjabin, F. Delius u. K. Szymanowski beeinflußt. Sein Hauptaugenmerk gilt der Klangfarbe.

Zu M. Werken gehören mehrere Vertonungen von Dichtungen R. Graves', u. a. *Three Poems of R. Graves* für S. u. Streicher (1957–58) u. *Lament for Pasiphaë* für gem. Chor u. Orch. (1961–62). Außerdem komponierte M. 1 Klavierkonzert (1958); *Cycle Rilke* für Stimme u. Git. (1959–60); *Orphee* für S., Kl. u. Schlagzeug (1963); *Symphonic Ode* (1964); *La lune mince* für gem. Chor a cappella (1965); *Madrigal I–V* für Instrumentalensemble u. Singst. (mit Ausnahme von IV) (1967, 1968, 1971, 1972, 1972–73); *Orchestra Piece 1967* (revidiert 1969); *Music for Vancouver* für Kammerorch. (1969); Sonate für 2 Kl. (1970); *Musique pour Rouen* für Kammerorch. (1970–71); *Mandola* für Mandoline u. Kl. (1971); *In memoriam A. Uninsky* für Kl. (1974); *Eine kleine Bläsermusik* für Bläserquintett (1975) u. *Au château de Pompairain* für Mezzo-S. u. Orch. (1975).

Matheus de Perusio (Matteo da Perugia), ital. Komponist, * wahrscheinlich Perugia, † vor dem 13. 1. 1418 Mailand. 1402–07 als biscantor am Mailänder Dom nachgewiesen, eine Stelle, die er nach 1414 noch einmal gemeinsam mit Ambrogio da Pessano innehatte. Von ihm sind eine isorhythmische Motette *Ave sancta mundi salus – Agnus Dei* erhalten sowie mehrere Balladen, Virelais u. Rondeaus mit franz. Text. M. gehört zu den Komponisten der Übergangszeit zwischen der späten → Ars nova u. G. Dufay.

Matsudaïra, Yoritsunē, japan. Komponist, * 5. 5. 1907 Tokio. Schüler von N. Tscherepnin (Komposition) u. H. Gil-Marchex (Klavier) in Paris.

Zu M. Kompositionen gehören Thema u. Variationen für Kl. u. Orch. (1952); *Metamorphosen einer alten japan. Melodie* für S. u. 18 Instr. (1953); *Figures sonores* für Orch. (1956); *U-Mai* für Orch. (1957); *Koromogae* für S. u. 19 Instr. (1958); *Bugaku* für Kammerorch. (1962); Konzert für Cemb., Hf. u. Instrumentalensemble (1964); *Dialogue chorégraphique* für 2 Kl. u. Instrumentalensemble (1966); *Portrait Alfa* für 2 Kl. (1968); *Portrait B* für 2 Kl. u. 2 Schlagzeuger (1968); *Mouvements circulatoires* für 2 Kammerorch. (1971); *Koromoi-uta* für Kl. (1972).

Matsushita, Shin-Ichi, japan. Komponist, * 1. 10. 1922 Osaka. Studierte Mathematik an der Universität von Osaka u. daneben Musik. Seit 1958 Mitarbeiter am Studio für elektronische Musik in Osaka u. Prof. für Mathematik an der dortigen Universität. Gehört zu den Mitbegründern des Internationalen Festivals für Neue Musik »Osaka-Herbst«.

Zu M. Werken gehören *Spectra* 1–4 für Kl. (1964–71); *Gestalt 17* für 8 Spieler (1969–70); *Musik der Steinzeit* für elektronische Klänge, Vibrafon, Ondes Martenot u. Geräusche (1970); *Requiem on the Place of the Execution*, Tonbandmusik für S., A., T., B. u. gem. Chor (1970).

Mattheson, Johann, dt. Musiktheoretiker, Sänger, Organist u. Komponist, * 28. 9. 1681 Hamburg, † 17. 4. 1764 ebd. Genoß eine vielseitige wissenschaftliche u. musikalische Ausbildung u. begann seine Laufbahn als Sänger an der Hamburger Opernbühne, wo er mit *Die Pleiaden* 1699 ebenfalls als Komponist debütierte. Trat dort letztmals 1705 als Sänger in Händels *Nero* auf. War ab 1706 Sekretär des engl. Gesandten Sir Cyrill Wych, eine Stellung, die er auch bei dessen Nachfolger beibehielt u. erst 1755 aufgab. 1718 wurde M. Musikdirektor an St. Michaelis in Hamburg. Von diesem Posten mußte er wegen zunehmender Taubheit 1728 zurücktreten. 1719 wurde er außerdem holsteinischer Hofkapellmeister, 1741 herzoglich holsteinischer Legationssekretär u. 1744 Legationsrat. Seine Opern, zu denen *Cleopatra* (1704), *Boris Goudenov* (1710) u. *Henrico IV* (1711) gehören, halten einen Vergleich mit den Kompositionen R. Keisers aus. Daneben komponierte M. Oratorien, Kantaten, Lieder u. Instrumentalwerke, darunter 12 Sonaten für 2–3 Fl. ohne B.c. u. 12 Kammer-Sonaten für Quer-Fl. oder V. u. Kl. Größeren Einfluß hatte er als Theoretiker, maßgeblicher Vertreter der Affektenlehre u. Musikschriftsteller. Seine häufig polemischen Schriften zeichnete er hin u. wieder mit dem Pseudonym Aristoxenos. Erwähnenswert sind »Critica musica« (2 Bde., Hamburg 1722–25), Beispiel einer frühen dt. Musikzeitschrift, »Der musikalische Patriot« (Hamburg 1728, enthält ein Verzeichnis aller in Hamburg gespielten Opern, handschriftlich von M. bis 1751 weitergeführt), »Der vollkommene Capellmeister« (Hamburg 1739) und »Grundlage einer Ehrenpforte« (Hamburg 1740).

Lit.: B. C. Cannon, J. M., Spectator in Music, New Haven CT u. London 1947, Nachdr. 1968.

Matton, Roger, kan. Komponist, * 18. 5. 1929 Granby, Quebec. Ab 1943 Schüler von A. Letondal, G. Cusson u. I. Delorme am Conservatoire de musique in Montréal. 1945–48 Kompositionsschüler von C. Champagne. 1949–50 Unterricht bei A. Vaurabourg-Honegger an der École Normale Supérieure de Musique in Paris u. gleichzeitig Teilnahme am Analysekurs O. Messiaens. 1952–55 weitere Studien in Paris bei N. Boulanger u. O. Messiaen. Die aus dieser Zeit stammenden Kompositionen, u. a. ein Konzert für Sax. u. Orch. (1948), wurden später vom Komponisten zurückgezogen. Zusammenarbeit mit dem Ethnologen M. Barbeau, der M. für Fragen der Folklore interessierte. 1956 Mitarbeiter des Archive de Folklore de l'Université Laval. M. brachte eine Schallplatte mit Folklore aus Québec u. Neuschottland heraus, komponierte *L'escaouette* für Solisten, Chor u. Orch. auf überlieferte Melodien u. gab »Chansons de Shippagan« (Québec 1975) heraus. Ab 1967 Lehrauftrag der Université Laval. Seine Kompositionen sind von B. Bartók, I. Strawinsky u. der kanad. Folklore beeinflußt.

Zu M. Werken gehören *Suite de pâques* für Org. (1950–52); Concerto für 2 Kl. u. Schlagzeug 1954–55); *L'escaouette* für S., Mezzo-S., T., Bar., Chor u. Orch. (1957); *L'horoscope*, suite chorégraphique für Orch. (1958); *Mouvement symphonique I–III* (1960, 1962 u. 1973–74); Concerto für 2 Kl. u. Orch. (1963–64); Te Deum für Bar., gem. Chor, Orch. u. Tonband (1967).

Matthus, Siegfried, dt. Komponist, * 13. 4. 1934 Mallenuppen, Ostpreußen. Hörte Musikgeschichte bei H. Goldschmidt u. G. Knepler, studierte Chor- u. Ensembleleitung an der Dt. Hochschule für Musik in Ostberlin sowie Komposition bei R. Wagner-Régeny. 1958–60 Besuch der Meisterklasse von H. Eisler an der Dt. Akademie der Künste. Seit 1964 dramaturgischer u. musikalischer Mitarbeiter an der Komischen Oper in Ostberlin. In seinen Kompositionen von Prokofjew, Ravel, Bartók u. Lutosławski beeinflußt, entwickelte sich M. zu Zwölftontechnik, seriellen Prinzipien u. Aleatorik hin, scheint in neuerer Zeit wieder auf die Tonalität zurückzugreifen.

Zu M. Werken gehören Präludium u. Fuge für Kl. (1957); Konzertstück für Kl. u. Orch. (1958); *Grigorsk 42*, Kantate für T., Bar., gem. Chor u. Orch. (1960); Sonatine für Kl. u. Schlagzeug (1960); *Der Professor kommt um sechs*, Musical für Kinder (1961); *Es wird ein großer Stern in meinen Schoß fallen*, 5 Lieder für S. u. Orch. (1961–62); *Lazarillo von Tormes*, Oper (1961–63); *Kleines Orchesterkonzert* (1963); 7 Inventionen für Orch. (1964); *Tua res agitur* für 15 Instr. u. Schlagzeug (1965, ursprünglich Hörspielmusik zu P. Weiss' »Ermittlung«); *Kammermusik 65* für A., 3 Frauenst. u. 10 Instr. (1965); *Das Manifest*, Kantate für Soli, Chor u. Orch. (1966); *Galilei* für S., 5 Instr. u. Tonband (1966); *Der letzte Schuß*, Oper (1966–67, daraus Vokalsinfonie, 1973); Violinkonzert (1968); Sonate für Blechbläser, Kl. u. Pauke (1968); *Dresdner Sinfonie* (1969); *Kantate von den beiden* für S., Bar. u. Orch. (1969); *Vokalisen* für S., Fl. u. Kb. sowie Schlagzeug (1969); Klavierkonzert (1970); Oktett (1970); *Rhythmus*, Ballettmusik, u. *Match*, Tanzszene, beide für Tonband (1970); *Noch ein Löffel Gift, Liebling?*, komische Kriminaloper (1971); Streichquartett (1971), Trio für Fl., Va. u. Hf. (1971); *Die Hast ist eine Zeitkrankheit*, Opernszene (1972); *Omphale*, Oper (1972–73); *Alptraum einer Ballerina*, Ballettszene für Tonband (1973); *Laudate pacem*, Oratorium für Soli, Chöre u. Orch. (1974); Serenade für Orch. (1974); *Mario u. der Zauberer*, Ballettszene für Tonband (1974); Cellokonzert (1975); 2. Sinfonie (1976); *Revue-Szenen für Tanztheater*, Collage für Tonband (1977); *Responso*, Konzert für Orch. (1977); *Visionen* für Streicher (1978); Flötenkonzert (1978); Orch.-Lieder nach Hölderlin (1978–79); *Judith*, Oper (ab 1979). Dazu Bühnen-, Hörspiel- u. Fernsehspielmusiken, Songs u. Agitproplieder.

Mauduit, Jacques, franz. Lautenist u. Komponist, * 16. 9. 1557 Paris, † 21. 8. 1627 ebd. Gehörte zum Kreis um Baïf, dessen Konzerte er nach dem Tod des Dichters in seinem eigenen Haus weiterführte. Er komponierte »Chansonnettes mésurées de Jean-Antoine de Baïf mises en musique à quatre parties par J. M.« (Paris 1586). Erhalten sind außerdem 11 Sätze in M. Mersennes »Quaestiones celeberrimae in Genesim« (1623).

Maxima → Mensuralnotation

Mayer, B. Wilhelm (Pseudonym: W. A. Rémy), österr. Komponist, * 10. 6. 1831 Prag, † 23. 1. 1898 Graz. Jurist u. Staatsbeamter, der erst mit der Leitung des Steiermärkischen Musikvereins 1862 zur Musik überwechselte. Lebte ab 1870 als Kompositionslehrer u. komponierte die Konzertoper *Waldfräulein* (1876), Ouvertüren u. 5 Sinfonien. Zu seinen Schülern gehörten F. Busoni, F. Weingartner u. v. E. N. Rezniček.

Mayr, Rupert Ignaz, dt. Komponist, * 1646 Schärding am Inn, † 7. 2. 1712 Freising. Hielt sich auf Wunsch von Kurfürst Max Emanuel zu Studien in Paris auf, wurde 1685 Hofmusiker in München u. 1706 Hofkapellmeister in Freising. Komponierte neben Kirchenmusiken 7 franz. beeinflußte Suiten.

Mayr, J. Simon (Giovanni Simone), ital. Komponist dt. Herkunft, * 14. 6. 1763 Mendorf, Niederbayern, † 2. 12. 1845 Bergamo. Studierte am Jesuitenseminar in Ingolstadt u. ging nach dessen Auflösung über Bergamo nach Venedig. Hatte dort mit dem Oratorium *Jacob a Labano fugiens* Erfolg u. schaffte 1794 mit seiner Oper *Saffo* am Teatro La Fenice den Durchbruch als Bühnenkomponist. Schrieb im Laufe seines Lebens mehr als 70 Opern. Nahm 1802 die Stellung des Kapellmeisters an S. Maria Maggiore in Bergamo an u. gab dort auch ab 1805 am neugegründeten Konservatorium Kompositionsunterricht. Zu seinen Schülern zählte G. Donizetti. M. schrieb in seinen späteren Jahren vorwiegend Kirchenmusik. Von seinen Opern seien *Adelaide di Guescelino* (1799), *L'amore coniugale* (1805, Stoff von J. N. Bouilly, den Beethoven auch seinem *Fidelio* zugrunde legte) u. *Medea in Corinto* (1813) erwähnt.

Mayuzumi, Toshirō, japan. Komponist, * 20. 2. 1929 Yokohama. Studierte an der Nationalen Musikakademie in Tokio u. am Pariser Conservatoire. Leitet heute das Studio für elektronische Musik der NHK. Komponierte neben einer Reihe elektronischer Musiken die Oper *Der Tempelbrand* (1976); die Ballette *Bugaku* u. *Olympics* sowie *Bacchanale* für Orch. (1954); *Tenepleromas 55* für Bläserensemble, 6 Schlagzeuger u. Singende Säge (1955); *Phonologie symphonique* für Orch. (1957); *Nirvana-Sinfonie* für 12st. Männerchor u. Orch. (1958); *Mandala-Sinfonie* für Orch. (1960); sinfonische Dichtung *Samsara* (1962); *Texture* für sinfonisches Blasorch. (1962); *Fireworks* für sinfonisches Blasorch. (1963); buddhistische Kantate *Pratidesana* für T., Bar., B., 6st. Männerchor u. Instr. (1963); *Metamusic* für V., Sax., Kl. u. einen Dirigenten (1964); *Ongako no tanjō (Die Geburt der Musik)* für Orch. (1964); Concertino für Xylophon u. Orch. (1965); *Incantation* für Orch. (1967); Konzert für Schlagzeug u. sinfonisches Blasorch. (1969); *Mandala* für elektronische Klänge u. Stimmen (1969); Shōwa-Tempyō raku für Gagaku-Orch. (1970).

Mazur, Mazurka, Mazurek, aus Masowien stammender poln. Volkstanz in schnellem ¾- oder ⅜-Takt. Charakteristisch sind punktierte Rhythmen, Melodiesprünge, Betonung auf den schwachen Taktteilen, stampfende Füße u. aneinanderschlagende Fersen. Von F. Chopin u. S. Moniuszko verwendet.

Mazzocchi, 1. Domenico, ital. Komponist, getauft 8. 11. 1592 Civita Castellana, † 21. 1. 1665 Rom. Stand 20 Jahre im Dienste der Familie Aldobrandini. Komponierte Opern, Oratorien, *Dialoghi e sonetti* u. 5st. Madrigale (1638) sowie *Musiche sacre, e morali,* 1–3st. (1640). Verwendete beim Druck seiner Werke bereits Vortragsbezeichnungen.

2. Virgilio, Bruder von 1., ital. Komponist, getauft 22. 7. 1597 Civita Castellana, † 3. 10. 1646 ebd. Schüler seines Bruders, Kapellmeister an verschiedenen römischen Kirchen, zuletzt Leiter der Cappella Giulia an S. Pietro u. Kapellmeister am Collegio Inglese. Komponierte gemeinsam mit M. Marazzoli *Chi soffre speri,* die erste komische Oper (1639).

McCabe, John, engl. Komponist u. Pianist, * 21. 4. 1939 Liverpool. Studierte 1957–60 an der Victoria University in Manchester, 1960–64 am Royal Manchester College of Music u. 1964–65 an der Staatlichen Musikhochschule in München. Lebt heute freischaffend in Southall.

Zu M. Werken gehören 2 Sinfonien (1966 u. 1971), Konzerte u. konzertante Sinfonien, Variationen auf ein Thema von K. A. Hartmann (1967), *The Chagall Windows,* Chöre u. Lieder.

McHugh, Jimmy, amer. Komponist, * 10. 7. 1894 Boston, † 22. 5. 1969 Los Angeles. Begann seine Laufbahn als Repetitor an der Boston Opera Company, lebte später in New York, wo er Revue- u. Musicalnummern komponierte, u. ließ sich 1930 als Filmkomponist in Hollywood nieder. Zu seinen Shows gehören 7 Jahrgänge der Cotton Club Revues u. das Musical *Blackbirds* (1928). Seine berühmtesten Nummern sind *I Can't Give You Anything but Love, Baby* u. *On the Sunnyside of the Street.*

McPhee, Colin, amer. Komponist u. Pianist kan. Herkunft, * 15. 3. 1901 Montreal, † 7. 1. 1964 Los Angeles. Schüler von G. Strube in Baltimore, A. Friedheim in Toronto u. P. Le Flem u. I. Philipp in Paris. Lebte 1926–30 in New York, wo die Begegnung mit E. Varèse von entscheidender Bedeutung für seine weitere Entwicklung wurde. 1931–39 als Musikforscher auf Bali.

Zu M. Werken gehören *Sea Shanty Suite* für Bar., Männerchor, 2 Kl. u. 2 P. (1929); Konzert für Kl. u. 8 Bläser (1929); 2 Sinfonien (1930 u. 1958); *Tabuh-Tabuhan* für Orch. (1936) u. *Four Iroquois Dances* für Orch. (1944). Er veröffentlichte die Romane »A House in Bali« u. »A Club of Small Men« sowie »A Study in Form and Instrumental Organization in Balinese Orchestral Music« (New Haven 1966).

Meale, Richard G., austral. Komponist, Pianist u. Lehrer, * 24. 8. 1932 Sydney. Brachte sich selbst das Klavierspiel u. Notenlesen bei. Nahm während der Schulzeit Klavierunterricht bei W. Burston, besuchte bis 1955 das Konservatorium von

New South Wales, ist aber als Komponist praktisch Autodidakt. 1962–68 Mitarbeiter der Australian Broadcasting Corp. Seit 1969 unterrichtet er an der Universität von Adelaide. Seine frühen Kompositionen waren von B. Bartók u. I. Strawinsky beeinflußt, deren Werke er sich hauptsächlich durch Partiturstudium angeeignet hatte. Ein Stipendium ermöglichte 1960–61 eine weitere Ausbildung an der University of California, wo M. zum Kreis um C. McPhee u. H. Cowell stieß u. sich vorwiegend mit außereuropäischer Musik beschäftigte. Über Paris u. Spanien kehrte er nach Australien zurück, verwarf seine früheren Kompositionen u. fand zu einem neuen, an O. Messiaen u. P. Boulez orientierten Stil. Als Pianist setzte er sich ganz besonders für das Klavierwerk von Messiaen ein, der ihn in *Nocturnes* (1967) ganz eindeutig beeinflußte.

Zu M. Kompositionen gehören *Orenda* für Kl. (1959); *Las Alboradas* für Fl., V., Horn u. Kl. (1963); *Homage to Garcia Lorca* für 2 Streichorch. (1964); *Images* für Orch. (1966); *Nocturnes* für Celesta, Vibraphon, Hf. u. Orch. (1967); *Very High Kings* für 2 verstärkte Kl., Org., 6 Trp. u. Orch. (1968); *Clouds Now and Then* für Orch. (1969); *Soon It Will Die* für Orch. (1969); *Interiors/Exteriors* für 2 Kl. u. 3 Schlagzeugspieler (1970); *Variations* für Orch. (1970); *Coruscations* für Kl. (1971); *Incredible Floridas* für Fl., Klar., V., Vc., Kl. u. Schlagzeug (1971); *Plateau* für Bläserquintett (1971); *Evocations* für Ob., obligate V. u. Kammerorch. (1973–74); Streichquartett (1974–75); *Viridian* für Streichorch. (1978). Daneben schrieb M. Bühnen- u. Ballettmusiken sowie eine Oper *Voss*.

mechanische Musik, mittels mechanischer Geräte (Spieluhren, Glockenspiel, Drehorgel, Orchestrion, Welte-Mignon-Reproduktions-Piano, Pianola, Phonola) reproduzierbare Musik. Kompositionen für mechanische Wiedergabe stammen von H. L. Haßler, W. A. Mozart, L. van Beethoven, I. Strawinsky u. a. Für die m.M. setzte sich 1926 beim Donaueschinger Musikfest insbesondere P. Hindemith ein, der dort eine Toccata für mechanisches Klavier u. Musik zu O. Schlemmers *Triadischem Ballett* für mechanische Orgel zur Aufführung brachte. Was Komponisten wie Hindemith u. Strawinsky an der m.M. faszinierte, war die objektive Wiedergabe ihrer Musik.

Medek, Tilo (früher Müller-Medek), dt. Komponist, * 22. 1. 1940 Jena. Sohn des Kammermusikers u. Komponisten Willy Müller-M. Erhielt Klavierunterricht bei E. Pfeiler in Jena u. K. Johnen in Quedlinburg. Studierte 1959–64 an der Humboldt-Universität in Berlin (Ost) Musikwissenschaft bei W. Vetter, E. H. Meyer u. G. Knepler u. daneben an der Dt. Hochschule für Musik bei R. Wagner-Régeny Komposition. 1964–67 Meisterschüler von R. Wagner-Régeny an der Dt. Akademie der Künste in Berlin (Ost). 1977 Übersiedelung in die BRD, wo M. heute als freischaffender Komponist lebt.

Zu M. Kompositionen gehören die Bühnenwerke *Einzug*, Kurzoper (1969); die Singspiele *Icke u. die Hexe Yu* (1970–71) sowie *Appetit auf Frühkirschen* (1971) u. das Ballett *David u. Goliath* (1972); Orchesterwerke u. Konzerte wie *Altägyptische Liebeslieder* für 2 Singst. u. Orch. (1963), *Triade* (1964), Rezitativ u. Arie (1965), *Die betrunkene Sonne* für Sprecher u. Orch. (1968), *Meine Wunder*, 8 Gesänge für eine singende Schauspielerin u. Kammerorch. (1968), *Porträt eines Tangos* (1968), *Der Streit zwischen David u. Goliath* (1968), *Das zögernde Lied* (1970), Konzert für Fl. u. Orch. (1973), *Großer Marsch* (1974), Konzert für Piccolofl. u. Orch. (1975), Konzertouvertüre *König Johann* (1976), Marimbaphonkonzert (1975–76), Cellokonzert (1978), Orgelkonzert (1977–79) u. Violinkonzert (1979–80); Kompositionen für Kammerensemble, u. a. *Der Silberreiher*, Kantate für 2 Singst., Frauenchor, Bläserquintett u. Kb. (1963), *Johann Wallbergens natürliche Zauberkünste* für S., Sprecher u. Salonorch. (1965), *Das Dekret über den Frieden* für Sprecher, Schlagidiophone u. Schlagtrommeln (1967), *Vier Tagebuchseiten aus Vietnam* für Gesang u. Kammerorch. (1967–71), *So ein Struwwelpeter*, musikalischer Bilderbogen für S., Kinderchor mit Solost., Fl., Fag., Marimbaphon u. andere Schlaginstr. (1975) u. *Tagtraum* für Kammerensemble (1976); Kammermusikwerke wie Bläserquintett I–III (1965, 1974–76 u. 1979), Streichtrio (1965), 20 Klarinettenduos (1968) u. Nonett für Bläser (1974), Klavierstücke, darunter Miszellen I–III (1965–75), *Tag- u. Nachtstücke* (Heft 1, 1976–78); Chorwerke; Orgelstücke u. Lieder. Außerdem komponierte M. zahlreiche Bühnen-, Fernsehspiel, Film- u. Hörspielmusiken.

Meder, Johann Valentin, dt. Sänger, Kapellmeister u. Komponist, getauft 3. 5. 1649 Wasungen an der Werra, † Ende Juli 1719 Riga. Begann 1669 in Leipzig mit dem Theologiestudium, wandte sich aber bald der Musik zu u. wurde 1671 Diskantist an der Gothaer Hofkapelle. 1674 war er Kantor am Gymnasium in Reval, 1687 Kapellmeister an der Marienkirche in Danzig, 1698–99 Domkantor in Königsberg u. ab 1701 Domorganist in Riga. Führte 1695 mit *Nero* die erste dt. Oper in Danzig auf.

Zu M. weiteren Kompositionen gehören die Oper *Die wiederverehelichte Coelia* (1698), das Singspiel *Die beständige Argenia* (1680), eine *Matthäus-Passion*, Motetten, Kantaten u. Kammermusik.

Mederitsch, Johann G. A. G. (genannt Johann Gallus), österr. Komponist u. Kapellmeister, getauft 27. 12. 1752 Wien, † 18. 12. 1835 Lemberg. Schüler von G. Ch. Wagenseil, Theaterkapellmeister in Olmütz, Wien u. Ofen. Ließ sich 1817 in Lemberg nieder.

Zu M. Kompositionen gehören Opern u. Singspiele, Instrumentalwerke u. Kammermusik. Am bekanntesten waren seine Bühnenmusik zu Shakespeares »Macbeth« (1796) u. die Oper *Babilons Piramiden* (1. Akt, 1797).

Mediante, 3. Stufe über dem Grundton einer Tonart. In Frankreich der Ton, der über das Tongeschlecht bestimmt (J.-J. Rousseau). Bezeichnet in neuerer Zeit auch den Dreiklang über der 3. Stufe u. die im Terzverhältnis zu einer Hauptfunktion stehenden → Nebendreiklänge, die Ober- u. Untermediante genannt werden.

Medley (engl.: »Gemisch«, »Potpourri«), bereits im 16. Jh. gebräuchlich für Stücke, die aus mehreren Kompositionen zusammengesetzt sind.

Medtner, Nikolaj K., russ. Pianist u. Komponist dt. Herkunft, * 5. 1. 1880 Moskau, † 13. 11. 1951 London. Besuchte 1892–1900 das Moskauer Konservatorium u. war dort Schüler von W. Safonow (Klavier) sowie A. Arenskij u. S. Tanejew (Komposition). Nach ausgedehnten Konzertreisen 1915–21 Professor am Moskauer Konservatorium, 1921 Übersiedlung nach Berlin u. 1936 nach England.

Zu M. spätromantischen Kompositionen gehören 3 Klavierkonzerte (1916–18, 1926–27 u. 1942–43), 1 Klavierquintett (1950), 2 Violinsonaten u. 3 Nocturnes für V. u. Kl., 12 Klaviersonaten, zahlreiche Stimmungsbilder u. Märchen für Kl., 2 Kompositionen für Vokalisen u. Kl., op. 41 Nr. 1 u. 2 (1921) u. Lieder.

Méfano, Paul, franz. Komponist, * 6. 3. 1937 Basra, Irak. Studierte an der Pariser École Normale de Musique u. 1959–64 am Conservatoire bei O. Messiaen u. D. Milhaud. Erhielt 1962–64 weiteren Unterricht bei P. Boulez in Basel u. nahm an Kursen von K. Stockhausen u. H. Pousseur teil.

Zu M. Kompositionen gehören *Incidences* für Orch. u. Kl. (1960); *Madrigal* für 3 Frauenst. u. Kammerensemble (1962); *Mélodies* für S. u. 1–10 Instr. (1963); *Paraboles* für S., Kl. u. Kammerorch. (1965); *Lignes* für Bar., Blechbläser, Schlagzeug u. Kb. (1968); *La cérémonie* für Solo-St. u. 3 Orch. (1970); *Signes/Oubli* für 20 Instrumentalisten (1972); *N* für Fl. solo u. elektroakustische Anlage (1973); *Pour cordes et bande* (1974); *Ondes* (1975); *Éventail* für Fl. (1976).

Mehrchörigkeit, Kompositionsweise, bei der das musikalische Material für zwei, drei oder mehrere Chöre disponiert wird, die sich abwechseln (antiphonale Wirkung), ineinandergreifen oder sich gegenseitig verstärken. Die M. zeichnet sich durch Klangfülle u. Raumeffekte aus, die insbesondere bei kirchlicher Festmusik zur Geltung kamen. Als Sonderfall u. direkte Weiterentwicklung der antiphonalen Technik gilt der → Coro spezzato, der aus den räumlichen Gegebenheiten von S. Marco in Venedig entstand. Dort ließ sich mit Doppelchören ein Raumklang erzielen, den besonders Willaert sowie A. u. G. Gabrieli gepflegt haben. Diese Technik fand über H. L. Haßler u. H. Schütz auch Eingang in Deutschland.

Mehrstimmigkeit → Polyphonie

Méhul, Étienne Nicolas, franz. Komponist, * 22. 6. 1763 Givet, † 18. 10. 1817 Paris. Übernahm schon mit 10 Jahren in seiner Vaterstadt Organistenpflichten u. kam 1778 nach Paris, wo er bei J. F. Edelmann Klavier- u. Kompositionsunterricht bekam u. sich mit Musikstunden über Wasser hielt. Lernte 1779 Gluck anläßlich der Aufführung von dessen *Iphigénie en Tauride* kennen, von dem er in der Absicht bestärkt wurde, sich der Komposition von Bühnenwerken zu widmen. Setzte deshalb nach einer sehr erfolgreichen *Ode sacrée*, die 1782 in einem Concert spirituel aufgeführt wurde, die Annahme seiner ersten Oper *Cora* 1785 an der Opéra durch. Zur Aufführung kam es jedoch erst 1791. Inzwischen komponierte M. weitere Bühnenwerke für andere Pariser Theater, von denen aber nur *Euphrosine* 1790 gespielt wurde. Bei der Gründung des Pariser Conservatoire 1795 erhielt M. neben seinem Freund L. Cherubini eine der Inspektorenstellen an diesem Institut. M. hatte neben seinen Bühnenwerken nur noch mit dem *Chant du départ* (1793) großen Erfolg. Er stellte damit zeitweise sogar die *Marseillaise* fast in den Schatten. Seine Bedeutung liegt darin, die Opernreformen Glucks weitergeführt u. in Werken wie *Ariodant* das neue dramatische Stilprinzip unter Einsatz verstärkter Leitmotivik verfeinert zu haben. Immer wieder taucht in dieser Oper das musikalische Kernmotiv auf, das M. selbst als »cris de fureur« bezeichnete. Die Instrumentierung des *Uthal* ist wegen des Fehlens der Geigen bemerkenswert. L. van Beethoven soll den Komponisten von *Une folie* u. *Joseph* sehr geschätzt haben.

Zu M. aufgeführten Bühnenwerken gehören *Euphrosine* (1790, revidiert 1795); *Cora* (1791), *Stratonice* (1792); *Le jeune sage et le vieux fou* (1793); *Horatius Coclès* (1794); *Phrosine et Mélidor* (1794); *La caverne* (1795); *Doria* (1795); *Le jeune Henri* (1797); *Le pont de Lodi* (1797); *Adrien* (1799, komponiert 1792 u. von der Commune verboten); *Ariodant* (1799); *Épicure* (mit Cherubini, 1800); *Bion* (1800); *L'irato ou L'emporté* (1801); *Une folie* (1802); *Le trésor supposé ou Le danger d'écouter aux portes* (1802); *Joanna* (1802); *Héléna* (1803); *Le baiser et la quittance* (mit Boieldieu, Kreutzer u. Isouard, 1803); *L'heureux malgré lui* (1803); *Les deux aveugles de Tolède* (1806); *Uthal* (1806); *Gabrielle d'Estrées ou Les amours d'Henri IV* (1806); *Joseph* (1807); *Les amazones ou La fondation de Thèbes* (1811); *Le prince troubadour ou Le grand trompeur de dames* (1813); *L'oriflamme* (mit Paer, Berton u. Kreutzer, 1814); *La journée aux aventures* (1816) u. *Valentine de Milan* (1822, fertiggestellt von M. Neffen L. J. Daussoigne-M.). Daneben komponierte M. Kantaten, patriotische Lieder, Sinfonien u. 4 Ballette, die von P. Gardel für die Opéra choreografiert wurden.

Meiland (Mayland), Jacob, dt. Komponist, * 1542 Senftenberg, Niederlausitz, † 31. 11. 1577 Hechingen. Erhielt seine Ausbildung als Sänger an der sächsischen Hofkapelle in Dresden unter J. Walter u. M. Le Maistre. Wurde 1565 Kapellmeister am Hof in Ansbach, lebte ab 1573 in Frankfurt a. M., bis er 1576 eine Organistenstelle in Celle antrat, die er aber bereits 1577 wieder aufgab, um Hofkapellmeister in Hechingen zu werden. Neben handschriftlich überlieferten Choralpassionen liegen »Cantiones sacrae« (1564–73), »Newe ausserlesene Teutsche Liedlin« (1569) u. weitere Lieder in Dt. u. Lat. im Druck vor. Mit seinen Liedern gehört M. zu den frühen dt. Vertretern des Villanellen-Stils.

Meisel, A. Will, dt. Komponist u. Musikverleger, * 17. 9. 1897 Berlin, † 29. 4. 1967 Müllheim, Baden. Mitglied des Balletts der Berliner Hofoper u. später freischaffender Komponist u. Verleger. Er gründete 1926 in Berlin den Bühnen- u. Musikverlag Edition Meisel & Co. GmbH. War der erste Musikproduzent großen Stils, der seine Film- u. Bühnenmusiken selber verwertete.

M. schrieb Musiken zu Filmen wie »Die Sonne geht auf« (1934), »La Paloma« (1934), »Ein Walzer für Dich« (1943) u. »Was bin ich ohne Dich?« (1943) sowie Operetten, darunter *Königin einer Nacht* (1943) u. *Was macht eine Frau mit zwei Männern* (1949).

Meistersang, bürgerliche Liedkunst, entstanden aus dem → Minnesang. Der M. wurde in zunftmäßig geordneten Singschulen in den Städten wie auch von wandernden Meistersingern gepflegt. Zu seinen bedeutenden Repräsentanten gehören M. Behaim, H. Folz, H. Sachs u. K. Nachtigall. Die Textvorlagen des M. waren häufig geistlichen Inhalts u. stammten vorwiegend aus der Bibel. Daneben wurden politische u. historische Lieder vorgetragen, aber auch Wettkampf- u. Schwanklieder. Die Regeln des M. waren in sog. Tabulaturen festgelegt, in denen Wahl des Tones (Melodie-Modell), des Reimes u. der metrisch-musikalischen Strophenform vorgegeben wurden. Die für den M. verbindliche Form des Strophenbaus wurde Bar genannt. Dieser Bar bestand aus dem in zwei Stollen (Gesätz u. Gebäude) geteilten Aufgesang u. dem Abgesang. In den meist dreistrophigen Liedern war das Melodieschema A A B vorherrschend. Ein an J. Ch. Wagenseil (1697) ausgerichtetes Bild vom M. entwarf R. Wagner in seiner Oper *Die Meistersinger von Nürnberg*.

Melichar, Alois, österr. Komponist u. Dirigent, * 18. 4. 1896 Wien, † 9. 4. 1977 München. Studierte an der Wiener Musikakademie bei J. Marx Theorie u. an der Berliner Musikhochschule bei F. Schreker Komposition. War 1926–27 Kritiker an der »Deutschen Allgemeinen Zeitung« in Berlin, 1927–33 Hausdirigent u. musikalischer Beirat der Dt. Grammophongesellschaft u. nach dem Kriege Leiter des Studios für Neue Musik am Wiener Sender Rot-Weiß-Rot. Machte sich hauptsächlich als Arrangeur u. Komponist von Filmmusiken einen Namen. Dazu zählen »Walzerkrieg« (1933), »Das unsterbliche Herz« (1939), C. Oertels Michelangelo-Film (1940), »Die seltsame Geschichte des Brandner Kaspars« (1949) u. »Tagebuch einer Verliebten« (1953). Zu seinen Schriften gehören »Die unteilbare Musik« (Wien 1952) u. »Schönberg u. die Folgen« (Wien 1960).

Melisma (griech.: »Lied«), Verbindung von mehreren Noten, die auf nur eine Silbe gesungen werden. Dazu gehören auch Koloratur u. andere Arten von Verzierungen. Das Gegenteil von M. ist der syllabische Gesang, bei dem auf jede Silbe nur eine Note kommt. Die sog. Melismatik scheint aus der homophonen orientalischen Musik (hebräischer u. arab. Einfluß) zu stammen u. über die Kirchenmusik u. den Minnesang Eingang in die europäische Musik gefunden zu haben.

Mellnäs, Arne, schwed. Komponist, * 30. 8. 1933 Stockholm. Studierte an der Musikhochschule in Stockholm bei L.-E. Larsson, K.-B. Blomdahl u. G. Ligeti sowie bei B. Blacher in Berlin. Arbeitete an verschiedenen elektronischen Studios, seit 1965 auch immer wieder am Studio für elektronische Musik in Stockholm.

Zu M. Kompositionen gehören *Dagsfärd och Natthärbärge* für S., Fl., V. u. Hf. (1959); *Chiasmos* für Orch. (1961); *Collage* für Orch. (1962); *Tombola* für Instrumentalensemble (1963); *Aura* für Orch. (1964); *Succsim* für gem. Chor a cappella (1964–67); *Minibuff*, Oper mit elektronischen Mitteln (1967); *Conglomerat* (1968, elektronisch); *Quasi niente* für 1–4 Streichtrios (1968); *Spots and Spaces* für Männerchor u. Orch. (1968); *Aglepta* für Kinderchor (1969); *Capricorn Flakes* für Kl., Cemb. u. Vibraphon (1970); *Dream* für gem. Chor a cappella (1970); *Disparations* für Org. (1971); *Noel* für 2 S., Kinderchor u. Instrumentalensemble (1971); *Vae* für gem. Chor u. Org. (1972); *Transparence* für Orch. (1972); *Ceremus* für Fl., Klar., Trp., Pos., Kb. u. Schlagzeug (1973); *Sub Luna* für S., Fl. oder Ob., V. oder Hf. (1973).

Melodie (Zusammensetzung aus griech. »Lied« u. »Gesang«), Abfolge von Tönen, die sich durch besondere Eingängigkeit, Geschlossenheit u. einen ihr innewohnenden Rhythmus auszeichnet. Die Grenze zu → Thema u. → Motiv ist fließend. Die ursprüngliche Bedeutung des Wortes M. zielte mehr auf den Vortrag eines → Melos als auf den Begriff selbst. Diese Bedeutung wird erst im 17. Jh. allgemeingültig. Eine M. läßt sich nach den in ihr vorkommenden Tonstufen, dem Ambitus, dem Rhythmus, ihrer Sangbarkeit u. Faßlichkeit beschreiben. Eine zum Singen bestimmte M. unterscheidet sich von einer aus der Instrumentalmusik. Sprache, Tanz oder Marsch nehmen Einfluß auf Rhythmus u. Verlauf. Die Begabung eines Komponisten liegt darin, eine M. zu erfinden, die dem jeweiligen Anlaß angemessen ist. Mit der Aufgabe der Tonalität im 20. Jh. verliert die M. häufig die Qualität, leicht erkennbar u. reproduzierbar zu sein (→ unendliche Melodie, → Klangfarbenmelodie).

Melodram, als Bühnenform **Melodrama,** besteht aus der Verbindung von gesprochenem Text u. Musik. Aus dem → Monodram des 18. Jh. entwickelte sich das Mehrpersonenstück, das mit Musik unterlegt war. Noch im 20. Jh. wurden M. wie W. Waltons *Façade* (1922–26) u. I. Strawinskys *Persephone* (1933– 34) komponiert. Mit E.

Humperdincks *Die Königskinder* (1. Fassung von 1897) entstand das gebundene M., bei dem nicht nur der Rhythmus, sondern auch die Tonhöhe der Sprechstimme festgelegt war. A. Schönberg entwickelte diese Form mit seinem *Pierrot lunaire* (1912) weiter.

Melos (griech. ursprünglich »Glied«, später »Lied«, »Melodie«), gehört zu den Grundbegriffen der griech. Musik u. ist in der antiken Literatur vielfach belegt. Der Begriff fand Eingang in die musikalische Terminologie des Mittelalters u. war gleichbedeutend mit cantilena, cantus u. melodia. Heute noch in der Fachsprache gebräuchlich im Sinne von Melodie oder Melodik.

Mendelssohn, Arnold Ludwig, dt. Komponist, * 26. 12. 1855 Ratibor, † 19. 2. 1933 Darmstadt. Studierte Jura in Tübingen u. ab 1877 in Berlin Musik. Zu seinen Lehrern gehörten dort E. Grell u. F. Kiel. 1880 wurde er Organist in Bonn, 1882 Musikdirektor in Bielefeld, 1885 Lehrer am Konservatorium in Köln u. 1891 Gymnasialmusiklehrer u. Kirchenmusikmeister in Darmstadt. Daneben unterrichtete er ab 1912 auch am Dr. Hoch'schen Konservatorium in Frankfurt a. M., wo P. Hindemith zu seinen Schülern gehörte. Ein Großteil seiner kompositorischen Anstrengungen zielte auf eine Erneuerung der protestantischen Kirchenmusik. Wandte sich von einer spätromantischen Tonsprache ab u. dem einfachen polyphonen Satz zu.

M. komponierte die Opern *Elsi, die seltsame Magd* (1896) u. *Der Bärenhäuter* (1900), Chorwerke wie *Die Frühlingsfeier* (1891), *Paria* (1905) u. *Pandora* (1908), Kantaten, Motetten, Volkslieder für Männerchor a cappella, 1 Violinkonzert, Kammermusik, Lieder.

Mendelssohn Bartholdy, J. L. Felix, dt. Komponist, * 3. 2. 1809 Hamburg, † 4. 11. 1847 Leipzig. Sohn des jüdischen Bankiers Abraham M., der zum Protestantismus übertrat u. auf Anraten seines Schwagers Jacob Salomon seinem Familiennamen Bartholdy anfügte. Enkel des Philosophen Moses M., dem Lessing in der Figur seines Nathan ein Denkmal gesetzt hat. Er wuchs in großbürgerlichen Verhältnissen in Berlin auf. Seine der Aufklärung verpflichtete Familie betrachtete die Beschäftigung mit den Künsten u. Wissenschaften als notwendige Ergänzung zu einem tätigen Leben. Aus der Verwandtschaft seien die Tanten Dorothea, in zweiter Ehe mit F. Schlegel verheiratet, u. Henriette, Vertraute von Madame de Staël in Paris, erwähnt. Als Siebenjähriger erhielt M. seinen ersten intensiven Klavierunterricht von dem Clementi-Schüler L. Berger. Es folgten Geigenunterricht bei E. Rietz u. Kompositionsstudien bei C. F. Zelter. Als Hauslehrer wurde C. W. L. Heyse engagiert. 1820 trat M. in die von Zelter geleitete Berliner Singakademie ein u. überraschte die Eltern zu Weihnachten des gleichen Jahres mit dem Singspiel *Die Soldatenliebschaft.* 1821 nahm Zelter M. im Herbst mit nach Weimar u. stellte ihn Goethe vor, der sich wiederholt von M. vorspielen ließ u. ihm bis an sein Lebensende in Freundschaft verbunden blieb. In den folgenden Jahren entstanden eine Reihe von Jugendwerken, darunter Streichersinfonien, das Klavierquartett f-Moll, op. 2, u. die Konzerte für 2 Kl. u. Orch. in E-Dur u. As-Dur. Bei den ab 1822 von seinem Vater unter Hinzuziehung von Mitgliedern der Berliner Hofkapelle veranstalteten Sonntagsmusiken kamen diese Werke erstmals zur Aufführung. 1824 entstand auch die in das Werkverzeichnis als op. 11 aufgenommene 1. Sinfonie in c-Moll. Um sich über die Begabung seines Sohnes Gewißheit zu verschaffen, nahm ihn der Vater 1825 auf eine Geschäftsreise mit nach Paris, wo er unter Mitwirkung des berühmten F. Baillot bei L. Cherubini sein Goethe gewidmetes Klavierquartett in h-Moll vorspielte. Cherubinis positives Urteil bestimmte den Vater, eine Musikerlaufbahn für den Sohn ins Auge zu fassen. Ebenfalls 1825 entstand das Oktett für Streicher in Es-Dur. Außerdem beendete M. seine einzige Oper, *Die Hochzeit des Camacho,* deren Aufführung 1827 aber kein Erfolg beschieden war. Mit dem Umzug der Familie in ein größeres Berliner Anwesen, zu dem auch ein geräumiger Konzertsaal gehörte, taten sich dem bereits als Wunderkind geltenden M. u. seiner als Pianistin noch begabteren Schwester Fanny neue glänzende Möglichkeiten auf. Im Hause M. verkehrten Persönlichkeiten wie A. v. Humboldt, G. W. F. Hegel, H. Heine, E. T. A. Hoffmann, F. Schleiermacher u. die Varnhagens. Zu M. Jugendfreunden gehörten J. G. Droysen, T. David, E. Devrient u. K. Klingemann. 1826 entstand die ursprünglich für Kl. zu 4 Händen konzipierte Ouvertüre zu Shakespeares »Sommernachtstraum«, die 1827 in Stettin zum ersten Mal öffentlich aufgeführt wurde. Auf einer Deutschlandreise besuchte M. 1827 in Heidelberg M. A. F. J. Thibaut, den Verfasser der Schrift »Über Reinheit der Tonkunst«, der in M. das Interesse an der älteren ital. Musik weckte. Auf Grund der bereits 1826 veröffentlichten Übersetzung einer Komödie des Terenz in den Versmaßen des Originals wurde M. 1827 an die Universität Berlin aufgenommen, wo er u. a. Kollegs von Hegel, A. v. Humboldt, C. Ritter u. E. Gans besuchte. Die Beschäftigung mit den zum großen Teil bereits in Vergessenheit geratenen Kompositionen J. S. Bachs, die Freitagsmusiken bei Zelter, der mit interessierten Mitgliedern der Singakademie schwierige Werke aus der Vergangenheit durchging, u. die Abschrift der Matthäuspassion, die er Weihnachten 1823 von seiner Großmutter erhielt, ließen in M. den Gedanken reifen, Werke wie dieses der Vergessenheit zu entreißen. So kam es zu der berühmt gewordenen Aufführung vom 11. 3. 1829 in der neuerbauten Singakademie, die M. vom Flügel aus leitete. Kurz darauf unternahm er eine Bildungsreise nach England u. Schottland. In London hatte M. großen Erfolg mit seiner c-Moll-Sinfonie u. legte dort den Grundstein zu einer M.-Verehrung, die bis heute nicht nachgelassen hat. Mit Klingemann fuhr er ins schottische Hochland, eine Landschaft, die ihn zu der *Schottischen Sinfonie* u. der *Hebriden-Ouvertüre* inspirierte. 1830 ging M. auf eine sorgfältig geplante große Bildungsreise, die ihn zuerst nach Weimar führte, wo er Goethe an Beispielen von Bach bis Beethoven den Fortschritt der Musik erläutern mußte u. nur ungern fortgelassen wurde. Über München, Wien, Venedig, Florenz, Rom, Neapel u. Paris kam M. wieder nach London u. dirigierte dort die ungemein freundlich aufgenommene 2. Fassung der *Hebriden-Ouvertüre*.

In der Zwischenzeit war Zelter gestorben. Bei der Wahl seines Nachfolgers unterlag M. dem bisherigen Vizedirektor C. F. Rungenhagen. Verärgert nahm er die Leitung des Niederrheinischen Musikfestes 1833 in Düsseldorf an. Sein großer Erfolg als Dirigent führte zur Ernennung im Amt des Städtischen Musikdirektors. Kurz zuvor war er in London bei der Uraufführung seiner *Italienischen Sinfonie* gefeiert worden. 1835 wurde M. zum Leiter der Gewandhauskonzerte in Leipzig berufen. Bereits bei seinem ersten Auftritt sorgte er für beträchtliches Aufsehen, weil er auch reine Instrumentalwerke dirigierte, was sonst dem Konzertmeister als Vorgeiger überlassen blieb. 1836 dirigierte M. beim Niederrheinischen Musikfest in Düsseldorf die Uraufführung seines Oratoriums *Paulus*. Im gleichen Jahr lernte er in Frankfurt Cécile Jeanrenaud, die Tochter eines hugenottischen Geistlichen, kennen. Die Hochzeit wurde 1837 gefeiert. 1841 folgte M. einer Berufung Friedrich Wilhelms IV. nach Berlin, ließ sich aber auf keine dauerhafte Bindung ein, da der Hof seinen Vorstellungen von einer Reformierung des Berliner Musiklebens nicht folgen wollte. Auf Wunsch des preußischen Hofes entstand die Bühnenmusik zu Sophokles' »Antigone«, während M. gleichzeitig an der Fertigstellung der *Schottischen Sinfonie* arbeitete. 1842 wurde M. zum Preußischen Generalmusikdirektor ernannt, durfte aber mangels Beschäftigung seinen Leipziger Verpflichtungen voll nachkommen. 1843 war er Mitbegründer des Leipziger Konservatoriums, zu dessen ersten Lehrkräften neben ihm selbst R. Schumann, M. Hauptmann, F. David u. K. F. Becker berufen wurden. 1843 übernahm M. mit der Leitung des Domchors noch einmal eine Stellung in Berlin, kehrte aber 1844 wieder nach Leipzig zurück, wo er sich von da ab mit Niels V. Gade in die Leitung der Gewandhauskonzerte teilte. Im gleichen Jahr beendete er sein Violinkonzert in e-Moll op. 64. In den letzten Lebensjahren fühlte sich M. immer wieder nach England gezogen, wo ihm jedesmal die wärmste Aufnahme zuteil wurde. In Birmingham dirigierte er 1846 die Uraufführung seines *Elias*. Der plötzliche Tod seiner Lieblingsschwester Fanny im Mai 1847 versetzte ihm einen Schock, von dem er sich nicht wieder erholen sollte. M. erlag am Abend des 4. November 1847 einem Gehirnschlag.

Vor dem Versuch einer Würdigung des Komponisten M. sollen seine aus Zeitdokumenten leicht nachprüfbaren Verdienste um die allgemeine musikalische Entwicklung erwähnt werden. Als hervorragender Pianist setzte er sich insbesondere für J. S. Bach ein, spielte die großen Mozart-Konzerte werkgerecht u. nahm immer wieder Beethovens G-Dur-Konzert ins Programm. Dem billigen Erfolg mit substanzlosen, aber virtuosen Modekompositionen ging er aus dem Wege. Als Dirigent gehörte M. zu den Mitbegründern der Bach- u. Händel-Renaissance in Deutschland. Das Gewandhausorchester machte er zu einem der besten Klangkörper der damaligen Zeit. Daneben setzte er sich für zeitgenössische Komponisten ein, führte erstmals F. Schuberts für unspielbar gehaltene große C-Dur-Sinfonie auf und besorgte manche Uraufführung von Werken R. Schumanns. Lediglich M. Einsatz für den Freund I. Moscheles, der heute so gut wie vergessen ist, muß als Tribut an den Zeitgeschmack verstanden werden.

Als Komponist war M. zweifellos stark von seinem Lehrer Zelter beeinflußt. Daneben haben Hegels Ästhetikvorlesungen die Anschauungen des jungen Komponisten mitgeprägt. Eine sorglose Jugend, der unbeschwerte Umgang mit den Großen der Zeit, umfassende Bildung, Wohlstand u. beruflicher Erfolg in jungen Jahren hielten Konfliktstoffe von M. fern, der obendrein von Natur aus über ein ausgeglichenes Wesen verfügte. Dramatische Kompositionen waren deshalb nicht seine Sache, wie die Bedeutungslosigkeit seiner Bühnenwerke u. die bis zum Lebensende zaudernde Suche nach einem Opernstoff zeigen. Über Miniaturen wie seine *Lieder ohne Worte* äußerte sich M. brieflich: »Das, was mir eine Musik ausspricht, die ich liebe, sind mir nicht zu unbestimmte Gedanken, um sie in Worte zu fassen, sondern zu bestimmte.« Der Gefahr einer allzu glatten biedermeierlichen Betulichkeit verfiel er, wenn überhaupt, nur in seinen langsamen Sätzen. Damit entsprach er dem Geschmack seiner Zeit. Eine ernsthafte M.-Forschung, die sich mit seiner Satz- u. Formstruktur beschäftigt, befindet sich erst in den Anfängen. In seinen bekanntesten Sinfonien (der *Schottischen* und der *Italienischen*), der Bühnenmusik zu Shakespeares »Sommernachtstraum«, seinem Violinkonzert in e-Moll u. ganz besonders in seiner Kammermusik zeigt sich eine Synthese von klassischen u. romantischen Elementen, die M. zu einem der heitersten, aber auch deutschesten aller dt. Komponisten macht. Daran haben auch die Verleumdungen im Dritten Reich nichts ändern können. Sie haben nur die Konzertprogramme ärmer gemacht.

Zu M. Kompositionen gehören die in der Jugend entstandenen 12 Streichersinfonien (1821–23); Sinfoniesatz c-Moll (1824); 1. Sinfonie in c-Moll op. 11 (1824); 2. Sinfonie in B-Dur op. 52 (1839–40, sinfonische Kantate *Lobgesang*); 3. Sinfonie in a-Moll op. 56 (1829–32, 1841–42, *Schottische*); 4. Sinfonie in A-Dur op. 90 (1830–33, revidiert 1834–37, *Italienische*) u. 5. Sinfonie in d-Moll op. 107 (1829–30, *Reformations-Sinfonie*); Ouvertüre C-Dur op. 101 (1825, *Trompetenouvertüre*); Ouvertüre für Harmoniemusik in C-Dur op. 24 (1826, revidiert 1838); Ouvertüren zu Shakespeares »Sommernachtstraum« op. 21 (1826); *Die Hebriden* op. 26 (1829–30, revidiert 1832, auch als *Die Fingalshöhle*); *Meeresstille u. glückliche Fahrt* op. 27 (1828, revidiert 1833–34); *Die schöne Melusine* op. 32 (1833) u. *Ruy Blas* op. 95 (nach V. Hugo, 1839); Trauermarsch op. 103 (1836) u. Marsch op. 108 (1841); die Konzerte für Kl. u. Streicher in a-Moll u. für V. u. Streicher in d-Moll (1822); für V., Kl. u. Streicher in d-Moll (1823), für 2 Kl. u. Orch. in E-Dur u. As-Dur (1823 u. 1824), für Kl. u. Orch. in g-Moll op. 25 (1830–31); *Capriccio brillant* für Kl. u. Orch. in h-Moll op. 22 (1832); *Rondo brillant* für Kl. u. Orch. in Es-Dur op. 29 (1834), für Kl. u. Orch. in d-Moll op. 40 (1837), für V. u. Orch. in e-Moll op. 64 (1838–44) u. Serenade u. Allegro giocoso für Kl. u. Orch. in h-Moll op. 43 (1838).

Zu M. Kammermusikwerken gehören Klaviertrio in c-Moll (1820); 12 Fugen für Streichquartett (1821); Klavierquartett in c-Moll op. 1 (1822); Streichquartett in Es-Dur, Klavierquartett in f-Moll op. 2 u. Sonate für V. u. Kl. in f-Moll op. 4 (1823); Sonate für Va. u. Kl. in c-Moll (1823–24); Klaviersextett in D-Dur op. 110 u. Sonate für Klar. u. Kl. in Es-Dur (1824); Klavierquartett in h-Moll op. 3 (1824–25); Oktett für Streicher in Es-Dur op. 20 (1925, revidiert 1832); Streichquintett in A-Dur op. 18 (1826, nachkomponiertes Intermezzo 1832); Streichquartett in a-Moll op. 13 (1827); Streichquartett in Es-Dur op. 12, *Variations concertantes* für Vc. u. Kl. op. 17 u. *The Evening Bell* für Hf. u. Kl. (1829); Konzertstück für Klar., Bassetthorn u. Kl. in f-Moll op. 113 (1832–33); Konzertstück für Klar. Bassetthorn u. Kl. in d-Moll op. 114 (1833); Streichquartett in e-Moll op. 44,2 (1837); Streichquartett in Es-Dur op. 44,3 (1837–38); Streichquartett in D-Dur op. 44,1, Sonate für V. u. Kl. in F-Dur u. Sonate für Vc. u. Kl. in B-Dur op. 45 (1838); Klaviertrio in d-Moll op. 49 (1839); Sonate für Vc. u. Kl. in D-Dur op. 58 (1842–43); Streichquintett in B-Dur op. 87, Klaviertrio in c-Moll op. 66 u. *Lieder ohne Worte* für Vc. u. Kl. in D-Dur op. 19 (1845); Streichquartett in f-Moll op. 80 (1847) u. 4 Sätze für Streichquartett (1847, 1847, 1843 u. 1827).

Von M. Klavierkompositionen seien erwähnt die Sonaten g-Moll op. 105 (1820–21); E-Dur op. 6 (1825) u. B-Dur op. 106 (1827); 8 Hefte *Lieder ohne Worte* (I: op. 19b 1829–30, II: op. 30 1833–34, III: op. 38 1836–37, IV: op. 53 1841, V: op. 62 1841–44, VI: op. 67 1843–45, VII: op. 85 1834–45 u. VIII: op. 102 1842–45); *Variations sérieuses* in d-Moll op. 54, Variationen in Es-Dur op. 82 u. Variationen in B-Dur op. 83 (1841) sowie eine Vielzahl von Charakterstücken.

Zu M. Orgelkompositionen gehören 6 Sonaten op. 65 (1844–45).

An Vokalmusik komponierte M. die Oratorien *Paulus* op. 36 (1831–32 u. 1834–36), *Elias* op. 70 (1837–38 u. 1844–46, revidiert 1847) u. *Christus* op. 97 (1847, Fragmente); an geistlichen Vokalwerken mit Orch., mit solistischer Beteiligung u. A-cappella-Werken u.a. 114. Psalm, *Da Israel aus Ägypten zog*, op. 51, für 8st. Chor u. Orch. (1839) u. *Lauda Sion* op. 73 für Soli, Chor u. Orch. (1845–46). Neben einer Reihe von Männerchören, gem. Chören u. Duetten komponierte M. mehrere Liederzyklen, u.a. 12 Gesänge op. 8 u. op. 9, in denen jeweils 3 Lieder seiner Schwester Fanny enthalten sind.

Zu M. Bühnenwerken gehören die Singspiele *Die Soldatenliebschaft* (1820); *Die beiden Pädagogen* (1821); *Die wandernden Komödianten* (1821–22) und *Die beiden Neffen* (1822–23); die Oper *Die Hochzeit des Camacho* (1824–25); das Liederspiel *Die Heimkehr aus der Fremde* (1829) u. das Opernfragment *Loreley* (1847). Außerdem gehören die folgenden Bühnenmusiken zu seinem Werkverzeichnis: Zwei Männerchöre zu »Der standhafte Prinz« von Calderón (1834); Musik zu »Antigone« von Sophokles (1841); Musik zu Shakespeares »Ein Sommernachtstraum« (1843, ohne Ouvertüre, die bereits 1826 vorlag); Musik zu Racines »Athalie« (1843–45) u. Musik zu »Ödipus auf Kolonos« von Sophokles (1844–45).

GA (Hg. J. Rietz), 19 Bde., Leipzig 1874–77; Leipziger Ausgabe der Werke F. M. B., Leipzig 1960ff., durch den Dt. Verlag für Musik in Zusammenarbeit mit der Dt. Staatsbibliothek Berlin u. der Internationalen F. M.-Gesellschaft in Basel; Briefe aus den Jahren 1833–47, hg. von P. u. C. M.-B., Leipzig 1863, darin von J. Rietz: Verzeichnis der sämmtlichen musicalischen Compositionen von F. M. B.

Lit.: P. M. Young, Introduction to the Music of M., London 1949; H.Ch. Worbs, F. M. B., Wesen u. Wirken im Spiegel von Selbstzeugnissen u. Berichten der Zeitgenossen, Leipzig 1958; E. Werner, F. M. B., A New Image of the Composer and His Age, London 1963; K. H. Köhler, F. M. B., Leipzig 1966 u. 1972; S. Großmann-Vendrey, F. M. B. u. die Musik der Vergangenheit, Regensburg 1969; W. Reich (Hg.), F. M. im Spiegel eigener Aussagen u. zeitgenössischer Dokumente, Zürich 1970; M. Thomas, Das Instrumentalwerk F. M. B., Eine systematisch-theoretische Untersuchung unter besonderer Berücksichtigung der zeitgenössischen Musiktheorie, Göttingen 1972; G. R. Marek, Gentle Genius. The Story of F. M., New York 1972; P. Ranft, F. M. B., Eine Lebenschronik, Leipzig 1972; H.Ch. Worbs, F. M. B. in Selbstzeugnissen u. Bilddokumenten, Reinbek bei Hamburg 1974; C. Dahlhaus (Hg.), Das Problem M., Regensburg 1974; W. Blunt, On Wings of Song, A Biography of F. M., London 1974; D. Jenkins u. M. Visocchi, M. in Scotland, London 1978; A. Kurzhals-Reuter, Die Oratorien F. M. B., Tutzing 1978; F. Krummacher, M. – der Komponist, Studien zur Kammermusik für Streicher, München 1978.

Ménestrel (altfranz. menestrier von spätlat. ministerialis: »Dienstmann«), Sänger, Gaukler oder Spielmann in festbesoldeter Stellung bei einem Adeligen. Der M. begleitete seinen Herrn u. trug dessen Lieder sowie eigene Kompositionen vor. Ab 1321 in Paris, später auch in anderen Städten, zu Bruderschaften zusammengeschlossen. Couperin machte sich im 2. Buch, Ordre Nr. 11,5 »Les fastes de la grande et ancienne ménestrandise« über den inzwischen völlig verkommenen Berufsstand lustig.

Mennin (eigentl. Mennini), Peter, amer. Komponist ital. Herkunft, * 17.5.1923 Erie, PA. Studierte bei N. Lockwood am Oberlin College u. bei H. Hanson u. B. Rogers an der Eastman School of Music in Rochester, NY. Trat noch während seiner Studienzeit mit Orchesterwerken an die Öffentlichkeit, u.a. mit 2 Sinfonien. Unterrichtete 1947–58 an der Juilliard School of Music in New York, war bis 1963 Direktor des Peabody Conservatory in Baltimore u. kehrte im gleichen Jahr als Präsident an die Juilliard School zurück. In seinen der Spätromantik verpflichteten Werken wendet er eine erweiterte Tonalität an.

Zu M. Werken gehören: 8 Sinfonien (1942–73), *Concertato* für Orch. nach Melvilles »Moby Dick« (1952), Violinkonzert (1950), Cellokonzert (1956), Klavierkonzert (1958), *Sinfonia* für Orch. (1971), Kantaten, Chöre, Kammermusik.

Menotti, Gian Carlo, ital. Komponist u. Regisseur, * 7.7.1911 Cadegliano bei Varese. 1923–28 Schüler des Mailänder Konservatoriums und 1928–33 von R. Scalero am Curtis Institute of Music in Philadelphia, wo er 1933–35 selbst unterrichtete. Nachdem er schon in seiner Mailänder Zeit einen ersten Opernversuch gemacht hatte, gelang ihm mit *Amelia Goes to the Ball*, erfolgreich uraufgeführt am 1. 4. 1937 an der Philadelphia Academy of Music, der Durchbruch als Opernkomponist. Es folgten eine Funkoper, ein Durchfall mit *The Island God* (1942) an der Metropolitan Opera in New York, der Welterfolg *The Consul* (1950) u. die Fernsehoper *Amahl and the Night Visitors* (1951), die als Weihnachtsstück auch auf den Bühnen Amerikas heimisch geworden ist. 1958 gründete M. das Festival dei Due Mondi in Spoleto, wo sich seither jeden Sommer Musiker aus Amerika u. Europa treffen u. vielbeachtete Konzerte, Theater-, Opern- u. Ballettvorstellungen geben. M., ausgesprochen musikdramatisch begabt, konzentriert sich vorwiegend auf die Oper. Zu seinen Bühnenkompositionen schreibt er die Libretti selbst. Er veröffentlichte außerdem »The Leper«, ein Schauspiel (1970) u. lieferte S. Barber die Libretti zu *Vanessa* u. *A Hand of Bridge*.

Zu M. Kompositionen, die der Welt des → Verismo u. des Belcanto verpflichtet sind, gehören die Bühnenwerke *Amelia Goes to the Ball* (1937), *The Old Maid and the Thief* (Funkoper 1939, Bühnenaufführung 1941), *The Island God* (1942), *The Medium* (1946), *The Telephone* (1947), *The Consul* (1950), *Amahl and the Night Visitors* (Fernsehoper 1951), *The Saint of Bleecker Street* (1954), *The Unicorn, the Gorgon and the Manticore* (Madrigalkomödie 1956), *Maria Golovin* (1958), *Labyrinth* (Fernsehoper 1963), *The Death of the Bishop of Brindisi* (dramatische Kantate 1963), *The Last Savage* (1963), *Martin's Lie* (Kirchenoper 1964), *Help! Help! The Globolinks* (Kinderoper 1968), *The Most Important Man* (1971), *Tamu-Tamu* (1972), *The Hero* (1976), *Juana la Loca* (1979); die Ballette *Sebastian* (1944) u. *Errand into the Maze* (1947); Orchesterwerke, darunter Klavierkonzert (1945), Violinkonzert (1952), Tripelkonzert (1970) u. Fantasie für Vc. u. Orch. (1975), Kammermusik wie *Trio for a house-warming party* für Fl., Vc. u. Kl. (1936) u. Suite für 2 Vc. u. Kl. (1973). In neuerer Zeit tritt M. häufiger als Regisseur eigener u. fremder Werke an den Opernbühnen der Welt auf.

Lit.: R. Tricoire, G.-C. M., L'Homme et son Œuvre, Paris 1966; L. Grieb, The Operas of G.C.M. 1937–72, Metuchen 1974.

Mensur (lat. mensura: »Maß«), **1.** Maß oder Maßverhältnisse eines Instruments, die dessen Stimmung oder Klangcharakter prägen. So wird z. B. bei der Orgelpfeife das Verhältnis von Weite zu Länge einer Pfeife als M. bezeichnet. Bei Blasinstrumenten gelten das Verhältnis von Länge zu Weite des Rohrs sowie die Stellung der Tonlöcher als M. Bei Saiteninstrumenten versteht man das Verhältnis von Saite zu Instrumentenkörper als M., bei bebündeten Saiteninstrumenten die Stellung der Bünde. **2.** Bezugssystem von Zeitwerten in der Mensuralmusik, das durch → Mensurzeichen in der → Mensuralnotation festgelegt ist. Diese Bedeutung hat sich im franz. mésure für Takt bis heute erhalten.

Mensuralnotation, im 13. Jh. ausgebildetes System der Musikaufzeichnung, bei dem die rhythmischen Werte durch Notenformen angezeigt wurden. Die M. übernahm aus der → Modalnotation die → Ligaturen, die → Plica sowie die Divisio modi, eine Art Pausen- oder Gliederungsstrich am Ende einer melodisch-rhythmischen Periode. Die wichtigste frühe Darstellung der M. stammt von Franco v. Köln. In seiner »Ars cantus mensurabilis« (um 1270) unterscheidet er:

Duplex longa 
Longa 
Brevis ■
Semibrevis ◆

Die Longa perfecta gilt als Bezugseinheit. Sie zählt 3 Zeiteinheiten, eine Zeitdauer, die als → Perfectio bezeichnet wird. Diese offensichtlich anfangs in der M. durchgehende Dreiteilung hängt mit der Bedeutung der Zahl 3 (Dreifaltigkeit) zusammen. Verliert nun die Longa perfecta durch eine vor- oder nachgestellte Brevis ein Drittel ihres Wertes, wird sie zu einer zweizeitigen Longa imperfecta (perfecta steht in diesem Zusammenhang immer für dreizeitig, imperfecta für zweizeitig). Ebenso besteht die nächstkleinere Einheit, die Brevis, als perfecta aus 3 Zeiteinheiten (Semibrevis). Sind für ein → Tempus aber nur 2 Semibrevis vorgeschrieben, so erhält die erste (Semibrevis minor) ein Drittel, die zweite (Semibrevis maior) zwei Drittel des Gesamtwerts. Durch Einführung weiterer, noch kleinerer Notenwerte bei Petrus de Cruce, Ph. de Vitry u. J. de Muris (Minima u. Semiminima), mit denen wiederum die Semibrevis unterteilt wurde, kam es zu Tempoverschiebungen, da auch auf kleinste Zeiteinheiten Textsilben gelegt wurden. Die Minima war außerdem grundsätzlich zweizeitig. Daraus ergab sich eine gleichberechtigte Zwei- oder Dreizeitigkeit, die nur durch Einführung von → Mensurzeichen geordnet werden konnte. Wechsel von Zwei- u. Dreizeitigkeit innerhalb eines Abschnitts wurde durch rote oder hohle Noten angezeigt (→ Color).

Zur Erleichterung der Schreibarbeit bürgerte sich beim Wechsel von Pergament zu Papier der Brauch ein, die Noten bis zur Minima nicht mehr schwarz auszufüllen, sondern hohl oder weiß zu lassen. Die Semiminima wurde noch einmal geteilt in 2 Fusa, diese wiederum in 2 Semifusa. Fusa u. Semifusa wurden mit 1 bzw. 2 Fähnchen am Hals der Semiminima angezeigt. So ergab sich zu Beginn des 16. Jh. folgende Notationsmöglichkeit:

Maxima
Longa
Brevis
Semibrevis
Minima
Semiminima
Fusa
Semifusa

Gleichzeitig ging man von den eckigen Notenzeichen zu gerundeten über. Der Wechsel von Zwei- u. Dreizeitigkeit erwies sich jedoch auf Dauer als unpraktisch. Die Zweizeitigkeit setzte sich durch u. wurde für alle Notenwerte verbindlich. Damit entstand das noch heute gültige Taktsystem. Über die absoluten Zeitwerte der M. gibt es nur Vermutungen.

Mensurzeichen zeigen in der → Mensuralnotation die gewählte Zähleinheit an. Dabei bedeutet perfectus immer Dreizeitigkeit u. imperfectus Zweizeitigkeit. Das Gleiche gilt für die → Prolatio, bei der man an Stelle von perfectus u. imperfectus von maior u. minor spricht. Die wichtigsten M. beziehen sich auf das → Tempus u. die Prolatio:

tempus perfectum
cum prolatione maiori ⊙ ■ = ◆◆◆ ◆ = ↓↓↓
tempus perfectum
cum prolatione minori ○ ■ = ◆◆◆ ◆ = ↓↓
tempus imperfectum
cum prolatione maiori ☉ ■ = ◆◆ ◆ = ↓↓↓
tempus imperfectum
cum prolatione minori C ■ = ◆◆ ◆ = ↓↓

Aus diesen M. entwickelten sich die modernen Taktvorzeichen.

Menuett (franz. von menu pas: »kleiner Schritt«), Volkstanz aus der Gegend von Poitou u. unter Ludwig XIV. Hoftanz. Das im ¾-Takt stehende u. gemessenen Schrittes nach streng symmetrischen Figuren ausgeführte M. hatte seinen Platz am Ende der höfischen Tanzfolge. Durch J. Ch. de Chambonnières fand es als stilisierter Tanz Aufnahme in die Suiten für Cembalo. Trat dort bald paarweise auf, wobei das 1. M. nach dem 2. wiederholt wurde. Das 2. M. erhielt nach seiner meist 3st. Anlage den Namen Trio. Über die neapolitanische Opernsinfonie u. J. Stamitz ging das M. in die Sinfonie u. Sonate ein. Bei J. Haydn u. W. A. Mozart setzte es sich langsam als vollwertiger Satz in Sinfonie, Quartett u. Sonate durch. Sein schneller gewordenes Tempo machte es bei L. van Beethoven zum → Scherzo.

Mercadante, G. Saverio R., ital. Komponist, getauft 17. 9. 1795 Altamura bei Bari, † 17. 12. 1870 Neapel. Schüler von N. A. Zingarelli am Real Collegio di Musica in Neapel. Hatte 1819 mit der am Teatro S. Carlo aufgeführten Oper *L'apoteosi d'Ercole* seinen ersten Erfolg als Opernkomponist. Schrieb insgesamt 60 Opern, die über Italien hinaus in Wien, Paris, Spanien u. Portugal zur Aufführung kamen. 1833 wurde M. als Nachfolger P. Generalis Domkapellmeister in Novara, 1840 Leiter des Real Collegio di Musica in Neapel. Erblindete im Alter u. brachte seine späteren Kompositionen nur mit Hilfe eines Sekretärs zu Papier. Seine erfolgreichste Oper war *La vestale* (1840). M. komponierte außerdem Kirchenmusiken.

Merrill, Bob, amer. Komponist u. Textdichter, * 17. 5. 1922 Atlantic City, NJ. Ein echtes Produkt der → Tin Pan Alley. Arbeitete lange Zeit bei MGM in Hollywood, bevor er mit den Musicals *New Girl in Town* (1957) u. *Take Me Along* (1959) am Broadway Erfolg hatte. Komponierte 1961 *Carnival* u. schrieb 1964 zu J. Stynes *Funny Girl* die Songtexte.

Merula, Tarquinio, ital. Komponist u. Organist, * um 1590, † 10. 12. 1665 Cremona. 1623 Kapellmeister an S. Maria Maggiore in Bergamo, 1624 im Dienst Sigismunds III. von Polen, 1628 Organist u. Kapellmeister in Cremona, wo er sich 1652 endgültig niederließ, nachdem er 1639 noch einmal seine alte Stellung in Bergamo bekleidet hatte. M. gilt als einer der bedeutendsten Komponisten der frühen Sonata da camera.

Zu M. veröffentlichten Werken gehören »Canzoni da

sonar libro primo«, 4st. (1615); »Motetti e sonate concertante«, 2–5st. mit B.c. (1626); »Canzoni da suonare a tre« für 2 V. u. B.c. (1639, 2. Auflage); »Canzoni, overo Sonate concertate per chiesa e camera a due et a tre« (1637) u. »Canzoni da suonare ... libro quarto«, 2–3st. (1651).

Merulo, Claudio (eigtl. Merlotti), auch bekannt als Claudio da Correggio, ital. Organist, Lehrer u. Komponist, getauft 8. 4. 1533 Correggio, † 5. 5. 1604 Parma. Schüler von G. Donati u. 1556 Organist in Brescia. 1557 2. Organist an S. Marco in Venedig, 1566 1. Organist als Nachfolger A. Padovanos. Ging später über Mantua nach Parma, wo er 1584 Hoforganist, 1587 Domorganist u. 1591 Organist der herzoglichen Kirche La Steccata wurde. M. gehörte zu den bedeutendsten Organisten seiner Zeit. Von seinen Kompositionen seien *Ricercari d'intavolatura d'organo* (1567), *Messe d'intavolatura d'organo* (1568), *Ricercari da cantare a quattro v.* (1574), *Canzoni d'intavolatura d'organo ... a quattro v., fatte alla francese* (1592) u. *Toccate d'intavolatura* (1598–1604) erwähnt. Sein ebenfalls als Komponist tätiger Neffe Giacinto M., der seine Nachfolge als Hoforganist in Parma antrat, veröffentlichte weitere Kompositionen aus dem Nachlaß. Neben Orgelwerken sind von M. Messen, Motetten u. Madrigale bekannt.

Messager, André Ch. P., franz. Komponist u. Kapellmeister, * 30. 12. 1853 Montluçon, † 24. 2. 1929 Paris. Studierte an der Niedermeyerschen Kirchenmusikschule in Paris u. bei C. Saint-Saëns. Übernahm nach verschiedenen Organistenstellen 1898–1903 die Generaldirektion der Opéra-Comique u. leitete dort 1902 die Uraufführung der ihm gewidmeten Oper *Pelléas et Mélisande* von Debussy. 1901–06 künstlerischer Leiter der London Royal Opera, Covent Garden u. 1907–13 gemeinsam mit Broussan in der Direktion der Pariser Opéra. Daneben ab 1908 Dirigent der Société des Concerts du Conservatoire u. 1919–20 Kapellmeister an der Opéra-Comique. Zu M. erfolgreichen komischen Opern gehören *La Béarnaise* (1885), *La basoche* (1890) u. *Véronique* (1898). M. komponierte außerdem die Ballette Les deux pigeons (1886), *Scaramouche* (1891) u. *Le chevalier aux fleurs* (1897) sowie 1 Sinfonie (1876).

Lit.: H. Février, A. M., Paris 1948; M. Augé-Laribé, A. M., Paris 1951.

Messe (nach dem Entlassungsgruß »Ite, missa est«), repräsentative Großform der Kirchenmusik, bestehend aus 5 gleichbleibenden Stücken des Ordinarium missae (Kyrie, Gloria, Credo, Sanctus mit Benedictus u. Agnus Dei) sowie den während des Kirchenjahres wechselnden Gesängen des Proprium missae. Zu Beginn der Mehrstimmigkeit entstanden nur einzelne Messensätze, erst im 14. Jh. kamen mit der 3st. Messe von Tournai u. der 4st. Messe G. de Machauts vollständig komponierte Ordinarien zur Aufführung. Das musikalische Material für jeden Satz wurde der Liturgie entnommen. Erst mit der Einführung eines C.f., der nicht zum liturgischen Repertoire des Ordinariums gehörte, konnte sich eine zyklische Form der M. entwickeln. Zu den frühesten Vertonungen des Ordinarium missae, bei denen alle Messensätze auf dem gleichen Tenor-C.f. beruhen, gehören G. Dufays 4st. M. *L'homme armé* u. *Se la face ay pale,* so benannt nach der Herkunft des C.f. aus einem weltlichen L ied. Gemeinsame Anfangsmotive der Oberstimmen, kontrapunktische Durchdringung aller Stimmen mit dem Material des C.f. u. Gleichberechtigung aller Stimmen bei Durchimitation (→ Imitation) sowie Rücksichtnahme auf den Sprachduktus brachte künstlerische Gebilde hervor, deren musikalische Einheit stärker war als die liturgische. Die weitere Entwicklung der M. führte zur freien polyphonen M., die sich auf kein vorgegebenes musikalisches Material stützte. Mit der von G. Gabrieli eingeführten Doppelchörigkeit u. dem instrumental begleiteten Sologesang näherte sich die M. der Oper an, eine Entwicklung, die später im → Caecilianismus entsprechend bekämpft wurde. Daneben bestand die M. des sog. Stilus gravis fort, deren A-cappella-Stil sich mit den Forderungen des Tridentiner Konzils deckte. Heute finden in die Kirchenmusik auch neuere musikalische Entwicklungen wie z. B. der Jazz Eingang.

Die M. in der evangelischen → Kirchenmusik verlor an Bedeutung gegenüber der Motette, dem Geistlichen Konzert u. der predigtartigen Kirchenkantate. Das hängt damit zusammen, daß M. Luther die Predigt in den Mittelpunkt des Gottesdienstes stellte und diesen stärker auf das Wort als auf musikalische Ausschmückung der Liturgie ausrichtete. Evangelische M.-Kompositionen folgen im allgemeinen den von Luther vorgeschlagenen Lösungen. Am bedeutendsten ist die h-Moll-Messe von J. S. Bach.

Eine Sonderform der M. entstand in der → Orgelmesse.

Messiaen, Olivier E. P. Ch., franz. Komponist, Organist u. Lehrer, * 10. 12. 1908 Avignon. Sohn des Shakespeare-Übersetzers Pierre M. u. der Schriftstellerin Cécile Sauvage. Brachte sich mit 7 Jahren selbst das Klavierspielen bei u. komponierte mit neun *La dame de Shalotte* für Klavier. 1918 erster Harmonieunterricht in Nantes. 1919–30 Schüler des Pariser Conservatoire, u. a. von M. Dupré (Orgel), M. Emmanuel (Musikgeschichte) u. P. Dukas (Komposition). Um diese Zeit begann sich M. für Rhythmen aus der griech.

Verslehre zu interessieren u. sich mit indischer Musik zu beschäftigen. Aus Lavignacs »Encyclopédie de la musique et dictionnaire du conservatoire« (1924) entnahm er eine Zusammenstellung von 120 Talas, die ihm später als Grundlage für rhythmische Reihen dienten. Von den frühen Kompositionen ist *Le banquet céleste* für Org. (1928) erwähnenswert, weil sich in diesem Werk bereits rhythmische Strukturen u. modale Ordnungsformen abzeichnen, die für sein weiteres Schaffen von Bedeutung sind. 1931 nahm M. die Organistenstelle an Ste-Trinité in Paris an, 1936–39 unterrichtete er außerdem an der École Normale de Musique u. an der Schola Cantorum in Paris. 1936 heiratete M. die Geigerin C. Delbos u. wurde Mitbegründer der Gruppe La jeune France. 1939 erfolgte die Einberufung, 1940 wurde M. gefangengenommen. In einem Lager bei Görlitz entstand das *Quatuor pour la fin du temps,* dessen Uraufführung dort Anfang 1941 stattfand. 1942 wurde M. entlassen u. erhielt eine Professur für Harmonielehre am Pariser Conservatoire. Daneben leitete er eine private Kompositionsklasse. 1945 kam es zur Aufführung der *Trois petites liturgies,* die M. als einen der bedeutendsten Komponisten seiner Generation auswiesen. 1947 wurde ihm eine Klasse für Analyse am Conservatoire übertragen. Zu seinen Schülern gehörten P. Boulez, K. Stockhausen, A. Goehr u. Y. Loriod, mit der M. heute verheiratet ist. Als Pianistin setzt sie sich immer wieder für seine Klavierkompositionen ein. Für sie entstanden Werke wie *Visions de l'Amen* (1943), *Vingt regards* (1944) u. *Catalogue d'oiseaux* (1956–58). Auch die Dominanz des Klaviers in vielen seiner Orchesterwerke geht auf Y. Loriod zurück.

1949 folgte M. einer Einladung in die USA, hielt einen Kompositionskurs am Berkshire Music Centre in Tanglewood ab u. arbeitete an der zehnsätzigen *Turangalîla-Sinfonie,* einem Kompositonsauftrag Kussewitzkys. Weitere Reisen, die meistens mit der Aufführung eigener Werke und Kompositionskursen verbunden waren, schlossen sich an. 1966–78 übernahm M. eine Professur für Komposition am Pariser Conservatoire. Er lebt heute als freischaffender Komponist in Paris.

In seinen Kompositionen verarbeitet M. mehrere Einflüsse. Die frühen Werke lehnen sich an C. Debussy u. I. Strawinsky an. Aber bereits 1944 erklärte M. in seinem theoretischen Werk »Technique de mon langage musical«, daß ihm die aus der musikalischen Tradition entwickelten Formprinzipien der 2. Wiener Schule nicht genügten. Er forderte eine Festlegung der einzelnen Töne nach Dauer, dynamischem Wert u. Spielart. Diese Forderung an sich selbst setzte er in *Mode de valeurs et d'intensités* für Kl. (1949) um. Diese Komposition ist ein modellhaftes Beispiel für mehrdimensionale Reihenordnung. Sie ordnet den Tonvorrat in drei zwölftönige Modes verschiedener Höhenlage, deren rhythmische Werte im Verhältnis 1 : 2 : 4 korrespondieren. Dazu gibt M. 7 Lautstärken u. 12 Anschlagsarten vor, so daß jeder Ton für die gesamte Komposition in seiner Höhe, Dauer, Lautstärke u. Anschlagsart festgelegt ist.

Als Ausgangsmaterial entwickelt M. 7 Modi, bei denen er ähnlich wie in der indischen Musik von der temperierten chromatischen Skala ausgeht u. die Oktave in 2, 3 u. 4 gleiche Intervalle teilt, die wiederum in Töne u. Halbtöne zerfallen. Daneben gehören Rhythmen der griech. Dichtung u. die 120 Talas aus Lavignacs »Encyclopédie« zu seinem Instrumentarium. Die Ableitung melodischen Materials erfolgt aus der Gregorianik, vorhandenen Kompositionen u. indischen Melodiemustern. Seit 1941 kommen Vogelgesänge in instrumentaler Umsetzung dazu, erstmals im *Quatour pour la fin du temps.* Werke, die fast ausschließlich auf Vogelgesang aufbauen, sind *Reveil des oiseaux* (1953), *Oiseaux exotiques* (1956), *Catalogue d'oiseaux* (1958) und *Chronochromie* (1960). Diese einzelnen Bestandteile werden von M. unter zahlensymbolischen, kinästhetischen u. synästhetischen Gesichtspunkten nebeneinandergeordnet oder übereinandergeschichtet. Dabei entzündet sich seine Phantasie häufig an christlichen Mysterien, die er auch mit indischem Gedankengut in Einklang zu bringen weiß. Persönliches Empfinden kommt besonders stark in den drei um Liebe u. Tod kreisenden Kompositionen *Harawi, Turangalîla* u. *Cinq rechants* zum Ausdruck.

Da M. bei seinen Kompositionen collageartig vorgeht u. keine Themadurchführung kennt, wirkt seine Musik häufig eigentümlich stationär, so als ob die Zeit stehengeblieben sei.

Seine Orgelkompositionen gehören zu den bedeutendsten Werken, die für dieses Instrument im 20. Jh. entstanden sind. Sein Einfluß auf viele jüngere Komponisten kann gar nicht hoch genug veranschlagt werden. Zu seinen theoretischen Arbeiten gehören »Vingt leçons de solfège modernes« (1933); »Vingt leçons d'harmonie« (1939); »Technique de mon langage musical« (1944, dt. 1966) u. »Conférence de Bruxelles« (1960), alle erschienen in Paris.

Zu M. Kompositionen gehören *Deux ballades de Villon* für Singst. u. Kl. (1921); *La tristesse d'un grand ciel blanc* für Kl. (1925); *Esquisses modales* für Org. (1927); *Variations écossaises* für Org. (1928); *Fugue en ré mineur* für Orch., *Le banquet céleste* für Org., *L'hôte aimable des âmes* für Org. u. *Le banquet eucharistique* für Orch. (1928); Préludes für Kl. (1929); *Simple chant d'une âme* für Orch., *Trois mélodies* für S. u. Kl., *La mort du novembre* für S., T., V. u. Kl., *Diptyque* für Org. u. *Les offrandes oubliées* für Orch. (1930); *Le tombeau resplendissant* für Orch. (1931); *Hymne au Saint Sacrement* für Orch., *Thèmes et variations* für V. u. Kl., *Fantaisie burlesque* für Kl. u. *Apparition de l'Église éternelle* (1932); *L'ascension* für Orch., *Fantaisie* für V. u. Kl. u. Messe für 8 Sopranst. u. 4 V. (1933); *L'ascension* für Org. (1934, wie Orchesterfassung, Teil 3 ausgetauscht durch *Transports de joie d'une âme*); *Pièce pour le tombeau de P. Dukas* für Kl., *Vocalise* für S. u. Kl. u. *La nativité du Seigneur* für Org. (1935); *Poèmes pour Mi* für S. u. Kl. (1936, Orchesterfassung 1937); *O sacrum convivium!* für Chor a cappella u. *Fêtes des belles eaux* für 6 Ondes Martenots (1937); *Chants de terre et de ciel* für S. u. Kl. u. *Deux monodies en quarts de tons* für Ondes Martenot (1938); *Les corps glorieux* für Org. (1939); *Quatuor pour la fin du temps* für Klar., V., Vc. u. Kl. u. *Chœurs pour une Jeanne d'Arc* für gem. Chor a cappella (1941); *Musique de scène pour un Œdipe* für Ondes Martenot (1942); *Rondeau* für Kl. u. *Visions de l'amen* für 2 Kl. (1943); *Trois petites liturgies de la Présence Divine* für 18 Frauenst. u. Orch. u. *Vingt regards sur l'Enfant Jésus* für Kl. (1944); *Harawi* für S. u. Kl. (1945); *Turangalîla-Sinfonie* (1946–48); *Cinq rechants* für 12 gem. St. a cappella u. *Cantéyodjayâ* für Kl. (1949); *Quatre études de rythme* für Kl. (1949–50, I: *Neumes rythmiques*, II: *Mode de valeurs et d'intensité*, *III u. IV: Île de feu 1 u. 2*); *Messe de la Pentecôte* für Org. (1950); *Le merle noir* für Fl. u. Kl.u. *Livre d'orgue* (1951); *Timbres-durées* (1952, M. einziger Versuch mit Musique concrète); *Reveil des oiseaux* für Kl. u. Orch. (1953); *Oiseaux exotiques* für Kl. u. Orch. (1956); *Catalogue d'oiseaux* für Kl. (1956–58); *Chronochromie* für Orch. u. *Verset pour la fête de la Dédicace* für Org. (1960); *Sept Haïkaï* für Kl. u. Orch. (1962); *Couleurs de la cité céleste* für Kl., Bläser u. Schlagzeug (1963); *Et exspecto resurrectionem mortuorum* für Holzbläser, Blechbläser u. Schlagzeug (1964); *La transfiguration de Notre Seigneur Jésus-Christ*, Oratorium (1963–69); *Méditations sur le mystère de la Sainte Trinité* für Org. (1969); *La fauvette des jardins* für Kl. (1970); *Des canyons aux étoiles* für Orch. (1971–74); *Saint François* (Oper, 1974–83).

Lit.: C. Rostand, O. M., Paris 1958; A. Goléa, Rencontres avec O. M., Paris 1961; P. Mari, O. M., Paris 1965; C. Samuel, Entretiens avec O. M., Paris 1967; K.-J. Kemmel-Meyer, Die gedruckten Orgelwerke O. M. bis zum »Verset pour la fête de la Dédicace«, 2 Bde., Regensburg 1974; R. Nichol, O. M., London 1974; R. Sh. Johnson, M., London 1975; M. Forster, Technik modaler Komposition bei O. M., Neuhausen-Stuttgart 1976.

Metrik (griech. ursprünglich: »Verslehre«), bezeichnet in der Musik die Lehre jenes übergreifenden Ordnungsmaßes, das sich aus dem Zusammenschluß gleicher Zählzeiten u. Takte abstrahieren läßt.

Metronom (aus griech.: »Takt« u. »Gesetz«), ein von J. N. Mälzel erfundenes Uhrwerk (Metronom Mälzel, Abkürzung M. M.), dessen variables Pendel auf 40 bis 208 Schläge pro Minute eingestellt werden kann. Es dient zur Festlegung eines bestimmten Tempos u. seiner genauen Wiedergabe. Erstmals von Beethoven in einigen seiner späten Werke verwendet.

Metrum (von griech.: »Maß«), aus der Verslehre übernommener Begriff, der, auf die Musik angewendet, ein aus gleichförmigem Rhythmus u. gleichgroßen Zeitteilen abstrahiertes Ordnungsprinzip bedeutet.

Meulemans, Arthur-J.-L., belg. Komponist u. Dirigent, * 19. 5. 1884 Aarschot, † 29. 6. 1966 Brüssel. Schüler von E. Tinel in Mecheln u. später Harmonielehrer am dortigen Kirchenmusikinstitut. 1916–30 Direktor der Limburger Orgel- u. Singschule in Hasselt u. 1930–42 Dirigent am Belg. Rundfunk.

Zu M. von der Romantik u. dem Impressionismus beeinflußten Werken gehören die Opern *Vikings* (1919), *Adriaen Brouwer* (1925) u. *Egmont* (1944), Ballette, Bühnenmusiken, Orchesterwerke, darunter 15 Sinfonien, Oratorien, Messen u. flämische Lieder u. Chöre. M. gab ab 1945–46 jährlich ein Heft »Singhet scone« mit Chorsätzen heraus.

Mey, Reinhard, dt. Chansonsänger, Komponist u. Texter, * 21. 12. 1942 Berlin. Studierte am Berliner Konservatorium Gitarre u. machte sich mit Vertonungen von Balladen F. Villons u. Gedichten von der Vrings einen Namen. Ist als Chansonsänger auch im Ausland bekannt. Veröffentlichte Texte unter dem Titel »Ich wollte wie Orpheus singen« (Bad Godesberg 1968).

Meyer, Ernst Hermann, dt. Musikwissenschaftler u. Komponist, * 8. 12. 1905 Berlin. Studierte Musikwissenschaft in Berlin u. Heidelberg sowie Komposition bei M. Butting, P. Hindemith u. H. Eisler. Emigrierte 1933 nach England, wo er sich hauptsächlich mit altengl. Kammermusik beschäftigte u. Musiken zu Dokumentarfilmen komponierte. 1948 Professor für Musiksoziologie an der Humboldt-Universität in Berlin (Ost) u. 1968 Präsident des Verbandes der Komponisten u. Musikwissenschaftler der DDR. Nach frühen Werken, die der klassischen u. romantischen Musiktradition verpflichtet waren, beschäftigte sich M. unter dem Einfluß von H. Eisler u. H. Duncker mit Agitpropkunst, Kampfmusik u. dem sowj. Massenlied. Er bestimmte auch weitgehend die Richtlinien der sozialistisch-realistischen Musik in der DDR. Zu seinen Schriften gehören: »Die Kammermusik Alt-Englands« (engl. 1946 in London, dt. 1958 in Leipzig) u. »Musik im Zeitgeschehen« (Berlin 1952).

Zu M. den Rahmen der Tonalität nicht verlassenden Werken gehören die Oper *Reiter der Nacht* (1969–72); Vokalkompositionen wie *Nun, Steuermann*, Kantate für Bar. u. Streicher (1946, rev. 1955), *Mansfelder Oratorium* für Sprecher, Soli, Chor u. Orch. (1950), *Der Flug der Taube* für Soli, Chor u. Orch. (1952), *Ein Leben wahrhaft lebenswert* für Solost., Chor u. Orch. (1953), *Gesang von der Jugend* für Soli, gem. Chor, Kinderchor u. Orch. (1957), *Das Tor von Buchenwald* für Bar., Chor u. Orch. (1959), *Jahrhundert der Erstgeborenen* u. *Der Herr der Erde* für T., Chor u. Orch. (1961), *Der Staat* für Chor u. Orch. (1967), *Lenin hat gesprochen* (1970); Instrumentalwerke wie Sinfonie für Streicher (1946, rev. 1957–58), Konzertante Sinfonie für Kl. u. Orch. (1961), *Poem* für

Va. u. Orch. (1962), Violinkonzert (1964), *Serenata pensierosa* (1965), Concerto grosso für 2 Trp., Tenor-Pos., Pk. u. Streicher (1966), Harfenkonzert (1968), Sinfonie in B (1969, Erstfassung als Sinfonietta 1967), Toccata für Orch. (1975), Konzert für Orch. mit obligatem Kl. (1975) u. *Kontraste-Konflikte* für Orch. Von seinen Kammermusikwerken seien die 3 Streichquartette (1956, 1958 u. 1966) erwähnt.

Meyerbeer, Giacomo (eigtl. Jakob Liebmann Meyer Beer), dt. Komponist, * 5. 9. 1791 Tasdorf bei Berlin, † 2. 5. 1864 Paris. Erhielt Klavierunterricht bei dem Clementi-Schüler F. Lauska u. 1803 von M. Clementi persönlich, der die pianistischen Fähigkeiten M. hoch einschätzte. 1805–07 Kompositionsunterricht bei C. F. Zelter, anschließend bei B. A. Weber, einem Schüler des Abbé Vogler. Daneben Mitglied der Singakademie. 1807 komponierte M. eine Ouvertüre zu Wielands »Alceste«. 1810–12 Schüler bei Vogler in Darmstadt, der ihn gemeinsam mit C. M. von Weber u. J. B. Gänsbacher in Kontrapunkt u. Kirchenmusik unterrichtete. Für das aus dieser Zeit stammende Oratorium *Gott u. die Natur* verlieh ihm der Großherzog von Hessen-Darmstadt den Titel eines Hoforganisten. 1812 komponierte M. die Oper *Jephtas Gelübde* u. 1813 nach der Erzählung vom Schlafenden u. Wachenden aus »Tausendundeiner Nacht« *Alimelek oder Die beyden Kalifen*. Die Wiener Aufführung dieser zweiten Oper im Jahr 1814 brachte M. nicht den erwarteten Erfolg. Er konzentrierte sich vorübergehend wieder mehr auf eine Virtuosenlaufbahn, ging dann aber auf Anraten A. Salieris nach Italien, um das Opernhandwerk von Grund auf zu lernen. Von seinen in Italien entstandenen Opern war *Il Crociato in Egitto* (1824) am erfolgreichsten. Während eines Parisbesuchs lernte M. E. Scribe kennen, der ihm die Libretti für seine größten Opernerfolge liefern sollte. Die Zusammenarbeit begann mit *Robert le diable,* M. erster franz. Oper, die 1831 mit großem Erfolg in Paris herauskam u. seinen Ruhm begründete. M. ließ sich in Paris nieder, beschäftige sich ausführlich mit der franz. Kultur u. schuf jenen Operntypus, der mit spektakulärer Ausstattung (Badeszene in *Les Huguenots* u. Schlittschuh-Ballett in *Le prophète*) ein Massenpublikum ansprach. 1842 wurde M. als Nachfolger G. Spontinis preußischer Generalmusikdirektor, ließ sich aber bereits ab 1846 ständig beurlauben u. dirigierte später nur noch Hofkonzerte. Für die Wiedereröffnung des Berliner Opernhauses nach dem Brand von 1843 entstand 1844 nach einem anekdotischen Bericht aus dem Leben Friedrichs d. Gr. die Oper *Ein Feldlager in Schlesien,* in der Jenny Lind als Vielka Triumphe feierte. Teile dieser Oper übernahm M. später in *L'étoile du Nord* (1854). Seine letzten Lebensjahre verbrachte der kränkelnde Komponist teilweise in Spa, immer wieder am Buch der Oper *L'Africaine* feilend u. neue Musiken komponierend. Die endgültige Fassung entstand erst nach seinem Tode. Sie wurde, wie testamentarisch angeordnet, von F. J. Fétis besorgt. Die Uraufführung fand am 28. 4. 1865 in Paris statt. Verglichen mit M. Opern haben seine anderen Kompositionen, darunter Bühnenmusiken, Chöre, Lieder u. einige Instrumentalwerke, keine Bedeutung. Mit *Robert le diable, Les Huguenots, Le prophète* u. *L'Africaine* gelangen ihm Werke, die dt., ital. u. franz. Stilelemente vereinen u. M. zu einem wichtigen Vertreter der romantischen Oper machen, der sowohl R. Wagner wie auch G. Bizet u. G. Verdi beeinflußt hat. Besondere Bedeutung für die weitere Entwicklung der Oper hatte seine Instrumentierungskunst.

Zu M. Kompositionen gehören die Bühnenwerke *Der Fischer u. das Milchmädchen oder Viel Lärm um einen Kuß, Divertissement* (1810), *Jephtas Gelübde* (1812), *Wirth u. Gast oder Aus Scherz Ernst,* auch *Die beyden Kalifen oder Alimelek* (1813), *Das Brandenburger Tor,* Singspiel (1814), *Romilda e Costanza* (1817), *Emma di Resburgho oder Die Stimme des Gewissens* u. *Semiramide riconoscuta* (1819), *Margherita d'Anjou* (1820), *L'esule di Granada* (1821), *Il crociato in Egitto* (1824), *Robert le diable* (1831), *Les Huguenots* (1836), *Das Hoffest von Ferrara,* Maskenspiel (1843), *Ein Feldlager in Schlesien* (1844), *Le prophète* (1849), *L'étoile du Nord* (1854), *Le pardon de Ploërmel* oder *Dinorah* (1859), *La jeunesse de Goethe* (1860), *L'Africaine* (1865).

Lit.: H. Becker (Hg.), Briefwechsel u. Tagebücher, Berlin ab 1960; Ch. Frese, Dramaturgie der großen Opern G. M., Berlin 1970; H. Becker, G. M. in Selbstzeugnissen u. Bilddokumenten, Reinbek bei Hamburg 1980.

Mezzosopran, eine weibliche Sopranstimme, deren etwas tiefere Stimmlage ungefähr den Bereich g bis b^2 umfaßt u. deren Timbre dunkler ist als das eines Soprans. Unter den → Schlüsseln gibt es einen M.-Schlüssel. Es ist der C-Schlüssel auf der zweiten Linie des Notensystems von unten.

Mi → Solmisation

Michael, 1. Rogier, franko-fläm. Komponist u. Sänger, * um 1554 Mons, † nach dem 25. 1. 1619 Dresden. Sohn des mechanicus u. musicus Simon M. Singknabe der kaiserlichen Hofkapelle in Wien bis 1565. Kam über Graz u. Ansbach nach Dresden, wo er ab 1587 das Amt des Hofkapellmeisters bekleidete. Zu seinen Schülern gehörte J. H. Schein. Sein Nachfolger im Amt wurde H. Schütz. Zu seinen Kompositionen zählen 53 4st. Choralsätze im 2. Teil des »Dresdner Gesangbuchs« (1593), *Introitus dominicorum,* 4- u. 5st. (1603) u. mehrere Hochzeitsgesänge.

2. Tobias, Sohn von 1., dt. Komponist, * 13. 6. 1592 Dresden, † 26. 6. 1657 Leipzig. Singknabe unter seinem Vater in der Dresdner Hofkapelle, 1619 Kapellmeister in Sondershausen und als Nachfolger J. H. Scheins ab 1631 Thomaskantor in Leipzig. Zu seinen Kompositionen gehört: »Musikalische Seelenlust« (1634–37, 2 Bde.), eine Sammlung geistlicher Konzerte.

Migot, Georges E., franz. Komponist, * 27. 2. 1891 Paris, † 1976 ebd. Studierte am Pariser Conservatoire bei H. Expert, Ch.-M. Widor u. A. Gédalge. 1949–61 Konservator des Instrumentenmuseums am Pariser Conservatoire. Vollzieht in seinen Kompositionen eine Rückwendung zur Mehrstimmigkeit im Sinne G. de Machauts.

Zu M. Werken gehören die Kammeroper *Le rossignol en amour* (1926); die Opéra chorégraphique *La belle et la bête* (1938); *Le zodiaque*, Chorégraphie lyrique für Soli, Chor u. Orch. (1958–60) u. *La Sulamite* für Soli, Chor u. Kammerorch. (1969); 13 Sinfonien (1920–66); Klavierkonzert (1962); Konzert für Cembalo und Kammerorch. (1964); Kammermusik, u. a. 4 Streichquartette (1917–72) u. 3 Klaviersonaten (1939–59) sowie Vokalkompositionen, darunter die Oratorien *Le sermon sur la montagne* (1936), *La Passion* (1942), *Saint-Germain d'Auxerre* (1947), *Les Nativités* (1951), *La Résurrection* (1953), *L'Ecclésiaste* (1963) u. *L'Arche* (1971).

Mihalovici, Marcel, franz. Komponist rumän. Herkunft, * 22. 10. 1898 Bukarest. Studierte an der Schola Cantorum bei V. d'Indy in Paris, ließ sich in Frankfurt nieder u. übernahm 1959–62 einen Lehrauftrag an der Schola. M. ist mit der Pianistin M. Haas verheiratet. In seinen Kompositionen verbindet er Elemente der rumän. Volksmusik u. der Zwölftontechnik.

Zu M. Bühnenwerken gehören: *L'intransigeant Pluton*, einaktige Oper (1928), *Phèdre* (1949), *Le retour* (1954), *Krapp* nach Becketts »La dernière bande« (1960), *Les jumeaux* (1962) sowie die Ballette *Divertimento* (1925), *Karagueuz* (1926), *Thésée au labyrinthe* (1956), *Alternamenti* (1957), *Variations* (1960) u. *La gageure* (1977); zu seinen Orchesterwerken zählen: *Fantaisie* (1927), Violinkonzert (1930), *Prélude et invention pour cordes* (1937), Toccata für Kl. u. Orch. (1938, rev. 1940), *Symphonies pour le temps présent* (1943), *Musique nocturne pour clarinette et cordes* (1963), *Aubade pour cordes* (1964), *Périples pour petit orchestre et piano concertant* (1967), *Chant premier* für Sax. u. Orch. (1973) u. *Follia-Paraphrases* (1977) sowie 5 Sinfonien (1951, 1952, 1960, 1963 mit Bar. u. Chor, 1969); außerdem Kammermusik, u. a. 2 Sonaten für V. u. Kl. (1920, 1941), 3 Streichquartette (1922, 1931 u. 1946), Bläsertrio (1955), Klaviersonate (1964), Vokalkompositionen u. Klavierlieder.

Mikrophon, aufnehmendes Gerät, mit dem Schallschwingungen in elektrische Wechselspannungen umgewandelt werden. In den heutigen Tonstudios wird vorwiegend das Kondensator-M. eingesetzt, dessen Übertragungsbereich 40 bis 16000 Hz beträgt. Daneben kommen Tauchspulen-M., piezoelektrische Kristall-M. u. Kohle-M. zur Verwendung. Entscheidend für den Wert eines M. ist seine Richtcharakteristik, d. h. das Verhältnis zwischen der Spannungsabgabe u. dem Einfallswinkel des Schalls. Neben der Kugelcharakteristik tritt die Achter- oder als Kombination von beiden die sog. Nierencharakteristik auf.

Mikropolyphonie, eine von G. Ligeti eingeführte Bezeichnung für feinste polyphone Gewebe, die sich teilweise zwischen Klang u. Geräusch bewegen.

Milhaud, Darius, franz. Komponist, * 4. 9. 1892 Aix-en-Provence, † 22. 6. 1974 Genf. Stammt aus einer wohlhabenden jüdischen Familie, in der beide Eltern selbst musizierten u. auf eine gute Erziehung ihres Kindes großen Wert legten. Erster Geigenunterricht bei L. Bruguier, der ihn in die Welt C. Debussys einführte. Jugendfreundschaft mit den Dichtern L. Latil u. A. Lunel. 1909 Eintritt in das Pariser Conservatoire, Geigenunterricht bei Berthelier u. Gründung eines eigenen Streichquartetts aus Mitschülern. Debussys *Pelléas et Mélisande* u. M. Mussorgskijs *Boris Godunov* gehörten zu den wichtigsten Partituren, mit denen sich der junge M. beschäftigte. Daneben Unterricht bei P. Dukas (Orchester), X. Leroux (Harmonie) u. gemeinsam mit J. Ibert, H. Cliquet, A. Honegger u. J. Wiener Kontrapunktstudien bei A. Gédalge. Um diese Zeit entstand das erste von M. anerkannte Werk, die Violinsonate op. 3 (1911). Es folgten die Aufgabe des Geigenstudiums u. der Entschluß, Komponist zu werden. Das 1. Streichquartett entstand 1912. Zur gleichen Zeit arbeitete M. an seiner ersten Oper *La brebis égarée* auf einen Text von F. Jammes. Jammes war es auch, der M. mit dem Diplomaten u. Dichter P. Claudel zusammenbrachte. Während der ersten Kriegsjahre weitere Studien bei A. Gédalge u. Ch.-M. Widor. Als Claudel 1916 zum franz. Botschafter in Rio de Janeiro ernannt wurde, nahm er M. als Attaché mit. Die in Südamerika gewonnenen Eindrücke schlugen sich später in Kompositionen wie *L'homme et son désir* (1918), *Le bœuf sur le toit* (1919) u. *Saudades do Brazil* (1920–21) nieder. Wieder in Paris, schloß sich M. der Gruppe der → Six an. Bei der Aufführung der *Suite symphonique* nach der Bühnenmusik zu Claudels »Protée« unter H. Pierné kam es 1920 zu einem Skandal, aber M. fühlte sich als Komponist auf seinem Wege bestätigt. Um die gleiche Zeit schloß M. mit *Les Euménides* die Bühnenmusik zu der von Claudel übersetzten »Orestie« des Aischylos ab. Weitere Bühnenwerke folgten, u. a. Stücke für die Ballets Suédois u. die Kompanie S. Diaghilews. Daneben beschäftigte sich M. mit den Kompositionen der 2. Wiener Schule u. leitete 1922 die Pariser Erstaufführung von Schönbergs *Pierrot Lunaire.* 1925 Heirat mit seiner Kusine Madeleine. Es folgten verschiedene größere Reisen. 1930 Uraufführung der Oper *Christophe Colombe* nach einem Libretto von Claudel in Berlin. Regie führte M. Reinhardt, die musikalische Leitung lag in den Händen von E. Kleiber. 1940 Emigration über Lissabon nach den USA. Bei der Überfahrt entstand das 10. Streichquartett, das M. als sein Opus americanum Nr. 1 bezeichnete. Während seine Frau Madeleine einen Lehrauftrag für Literatur annahm, wurde M. Professor für Komposition am Mills College in Oakland, CA. 1947–62 Professor für Komposition am Pariser Conservatoire u. im jährlichen Wechsel am Mills College. Daneben gab M. Sommerkurse in Aspen, CO.

Sein großer Einfallsreichtum schlug sich in mehr als 400 Opuszahlen nieder. Ein ausgeprägter und von Südfrankreichs Folklore beeinflußter Klangsinn führte ihn zur Polytonalität, die er immer wieder kontrapunktisch einsetzte. Außerdem belebte M. seine Musik durch ausgefallene Instrumentierung bei starker Bevorzugung der Schlaginstrumente u. eine differenzierte Rhythmik, die häufig in Polyrhythmik übergeht. Neben provenz. Einflüssen haben ihn besonders die Folklore Lateinamerikas, der Jazz u. die hebräische Überlieferung geprägt. M. gehört wahrscheinlich zu den größten Melodikern unseres Jahrhunderts.

M. komponierte die Bühnenwerke *La brebis égarée* (1910–14), *Les malheurs d'Orphée*, Kammeroper (1924), *Esther de Carpentras* (1925–26), *Le pauvre matelot* (1926), *L'enlèvement d'Europe, L'abandon d'Ariane* u. *La délivrance de Thésée*, Trilogie, sog. Opéra-minute (1927), *Christophe Colombe* (1928–29), *Maximilien* (1930), *Médée*, Einakter (1938), *Bolivar* (1943), *David* (1952), *Fiesta*, Einakter (1958), *La mère coupable* (1965) u. das Opern-Oratorium *Saint Louis, Roi de France* (1970); die Ballette *L'homme et son désir* (1918, Ch.: J. Börlin), *Le bœuf sur le toit* (1919), *Les mariés de la Tour Eiffel* (1921, gemeinsam mit A. Honegger, G. Auric, F. Poulenc u. G. Tailleferre, Ch.: J. Börlin), *La création du monde* (1923, Ch.: J. Börlin), *Salade* (1924, Ch.: L. Massine), *Le train bleu* (1924, Ch.: B. Nijinska), *L'éventail de Jeanne* (1927), *La bien-aimée* (1928, arrangiert nach Schubert-Liszt, Ch.: B. Nijinska), *Les songes* (1933, Ch.: G. Balanchine), *Moïse* (1940), *Jeux de printemps* (1944, Ch.: M. Graham), *The bells* (1945, Ch.: R. Page), *'adame Miroir* (1948, Ch.: J. Charrat), *Vendages* (1952), *La rose des vents* (1957, Ch.: R. Petit) u. *La branche des oiseaux* (1959); Orchesterwerke, darunter 6 Kammersinfonien (1917–23), 12 Sinfonien (1939, 1944, 1946 Te Deum als Sinfonie mit Chor, 1947, 1953, 1955, 1955, 1957 *Rhodanienne*, 1959, 1960, 1960 u. 1961 *Rurale*), *Saudades do Brasil* für Kl. oder Orch. (1920–21), *Suite provençale* (1936), *Symphonie concertante* für Trp., Horn, Fag., Kb. u. Orch. (1959), *Un Français à New York* (1962), *Pacem in terris* (Choralsinfonie), *Meurtre d'un grand chef d'état* (»A la mémoire de J. Kennedy«) u. *Odes pour les morts des guerres* (1963), *Musique pour Boston* für V., Bläser u. Streicher u. *Musique pour Prague* (1965), *Musique pour l'Indiana, Musique pour Lisbonne* für 2 Ob., 2 Hörner u. Streicher u. *Musique pour la Nouvelle Orléans* (1966), *Promenade-Concert* (1967), *Symphonie pour l'univers claudélien* (1968), *Musique pour San Francisco* (»avec participation du public«, 1971) u. *Ode pour Jérusalem* (1972), Konzerte für V. (1927, 1946, 1958), Va. (1928, 1954–55), Kl. (1933, 1941, 1946, 1949, 1955), Schlagzeug (1929–30), Vc. (1934, 1945), Fl. u. V. (1938–39), 2 Kl. (1941, 1961), Klar. (1941), Marimba u. Vibraphon (1947), Hf. (1953), Ob. (1957) u. Cemb. (1964) mit Orch. sowie 4 Concertinos für die 4 Jahreszeiten: *Printemps* für V. (1934), *Été* für Va. (1951), *Automne* für 2 Kl. u. 8 Instr. (1951) u. *Hiver* für Pos. u. Streicher (1953). Zu seinen Kammermusikwerken gehören: 18 Streichquartette (1912 Cézanne gewidmet, 1914–15, 1916 mit S., 1918, 1920, 1922, 1925, 1932, 1935, 1940, 1942, 1945, 1946 [Nr. 14 u. 15, komponiert 1948–49, können gleichzeitig als Streichoktett aufgeführt werden] 1950, 1950 u. 1951 [zitiert im Finale Material aus Quartett Nr. 1]), 2 Violinsonaten (1911, 1917), Sonate für 2 V. u. Kl. (1914), 2 Klaviersonaten (1916, 1946), Sonate für Kl., Fl., Klar. u. Ob. (1918), Sonatine für Fl. u. Kl. (1922), Sonatine für Klar. u. Kl. (1927), Orgelsonate (1931), Suite für Kl., V. u. Klar. (1936), Kompositionen für 2 Kl. wie *Scaramouche* (1937, nach der Bühnenmusik zu »Le médecin volant«), *Bal Martiniquais* (1944), *Carnaval à La Nouvelle Orléans* (1947), *Kentuckiana* (1948), Sonatine für V. u. Va. (1941), 2 Sonaten für Va. u. Kl. (1944), Sonate für V. u. Cemb. (1945), Streichtrio (1947), Streichquintette (1951 mit Kl., 1952, 1953, 1956), Sonatine für V. u. Vc. (1953), Sonatine für Ob. u. Kl. (1954), *Duo concertant* für Klar. u. Kl. (1956), *Aspen Serenade* für 9 Instr. (1957), Streichsextett u. Divertissement für Bläserquintett (1958), Sonatine für Vc. u. Kl. (1959), Kammerkonzert für Kl., Bläser- u. Streichquintett (1961), *Suite de quatrains* für Sprecher u. 7 Instr. (1962), Streichseptett (1964), Klavierquartett (1966), *Musique pour Graz* für 9 Instr. (1969) u. *Musique pour Ars Nova* (»avec un groupe aléatoire pour chaque morceau«, 1969). Von seinen Vokalwerken seien erwähnt: *Le retour de l'enfant prodigue*, Kantate für 1 Mezzo-S., 1 T., 2 Bar., 1 B. u. 21 Instr. (1917), *Pan et Syrinx* für S., Bar., Vokalquartett, Fl., Fag. Sax., Ob. u. Kl. (1934), *Cantate de la paix* u. *Cantate des deux cités* für Chor a cappella (1937), *Cantate de la guerre* (1940), *Cantate de l'enfant et de la mère* für Sprecher, Kl. u. Streichquartett (1938), *Cantate des proverbes* für Frauenchor, Hf., Ob. u. Vc. (1951), *Le château de feu* (1954), *La tragédie humaine* für Chor u. Orch. (1958), *L'adieu* für Singst., Fl., Va. u. Hf. (1964) u. *Hommage à Comenius* für S., Bar. u. Orch. (1966), Chorwerke u. Lieder, darunter *Sept poèmes* aus »Connaissance de l'est« von Claudel (1912–13), *Alissa* nach Gide (1913), *Poèmes juifs* (1916), *Les machines agricoles* für St. u. 7 Instr. (1919), *Catalogue de fleurs* für St. u. 7 Instr. (1920), Zyklen wie *Chants de misère* (1946), *Tristesses (1956) u. L'amour chante* (1964). Daneben komponierte M. eine Vielzahl von Bühnenmusiken, u. a. zu Claudels Übersetzung der »Orestie« (1913–22), Claudels »Protée« (1913–19), Claudels »L'annonce faite à Marie« (1932) u. Claudels »Sagesse« (1935) sowie zu Stücken von Shakespeare, Anouilh u. Lorca. Von seinen Filmmusiken seien die zu »Madame Bovary« (J. Renoir) u. »L'espoir« (A. Malraux) erwähnt.

Zu M. Veröffentlichungen gehören: »Polytonalité et atonalité«, Revue Musicale (Paris 1923); »Études« (Paris 1927); »Notes sur E. Satie« (New York 1946); »Notes sans musique«, Memoiren (Paris 1947, dt. München 1962); »Entretiens avec C. Rostand« (Paris 1952, dt. Hamburg 1954); »Ma vie heureuse« (Paris 1973).

Lit.: P. Collaer, D. M., Paris 1947; G. Beck, D. M., Paris 1949; P. Collaer (Hg.), Correspondance, Paris 1961; J. Roy, D. M., L'homme et son œuvre, Paris 1968.

Militärmusik, Kompositionen aus der Kunst- u. Unterhaltungsmusik sowie Arrangements aus Oper u. Sinfonik für die hauptsächlich mit Holz- u. Blechblasinstrumenten besetzten Musikzüge u. Kapellen der verschiedenen Waffengattungen. Ursprüngliche Aufgabe der M. war es, mit Signalen militärische Ordnung zu halten, den Fußmarsch rhythmisch zu begleiten, der Truppe

Mut zu machen u. den Gegner einzuschüchtern. Mitte des 18. Jh. wurden die Musikkorps mit Holz- u. Blechbläsern (Harmoniemusik) ausgestattet, nach den Türkenkriegen kamen Schlagzeug u. Schellenbaum (→ Janitscharenmusik) dazu. Die heutige Besetzung bei der Bundeswehr bezieht auch Saxophone mit ein. Daneben verfügen viele Militärkapellen auch über eine Streichmusik u. können daher zu besonderen Anlässen in voller Sinfonieorchesterstärke auftreten.

Miller, A. Glenn, amer. Jazzmusiker, Bandleader u. Komponist, * 1. 3. 1904 in Clarinda, IA, † bei einem Flugzeugabsturz 16. 12. 1944. Nach dem Studium an der University of Colorado Posaunist bei Ben Pollack, Paul Ash u. Red Nichols. Trat 1930–31 mit Benny Goodman auf u. arrangierte 1935 für die Dorsey Brothers. Betrieb gleichzeitig Kompositionsstudien bei J. Schillinger u. gründete 1937 seine erste eigene Band. Von Ray Noble übernahm er die Saxophonsatztechnik, die seinen Sound mitgeprägt u. berühmt gemacht hat: 1 Klarinette über 4 Saxophonen. Zu seinen bekanntesten Aufnahmen gehören *Moonlight Serenade, In the Mood* u. *Tuxedo Junction.* Während des Krieges leitete M. die Air Force Band. 1953 wurde seine Lebensgeschichte als »The Glenn Miller Story« mit J. Stewart in der Hauptrolle verfilmt. M. veröffentlichte eine »Method for Orchestra Arranging« (London 1943).

Millöcker, Karl, österr. Komponist u. Kapellmeister, * 29. 4. 1842 Wien, † 31. 12. 1899 Baden bei Wien. Schüler des Konservatoriums der Gesellschaft der Musikfreunde in Wien u. dort mit 16 Jahren Flötist im Orchester des Theaters in der Josefstadt. 1864 auf Vermittlung von F. von Suppé Kapellmeister am Grazer Landestheater. 1866 in gleicher Stellung am Wiener Harmonietheater, an dem er die Bekanntschaft des dort als Schauspieler wirkenden Dichters L. Anzengruber machte, für den er einige Bühnenmusiken komponierte. Noch von J. Offenbach beeinflußt waren seine zu dieser Zeit entstandenen ersten Operetten wie *Die keusche Diana* u. *Die Fraueninsel.* 1869–83 war M. Kapellmeister des Theaters an der Wien u. entwickelte sich zu einem der bedeutendsten Vertreter der Wiener Operette. Sein *Bettelstudent* (1882) wurde zum Welterfolg.

Zu M. Bühnenwerken gehören: *Drei Paar Schuhe* (1871), *Ein Abenteuer in Wien* (1873), *Das verwunschene Schloß* (1878), *Gräfin Dubarry* (1879, rev. von Th. Mackeben 1938), *Apajune, der Wassermann* (1880), *Die Jungfrau von Belleville* (1881), *Der Bettelstudent* (1882), *Gasparone* (1884, rev. von P. Burkhard 1940), *Der Vizeadmiral* (1886), *Die sieben Schwaben* (1887), *Der arme Jonathan* (1890, rev. von H. Hentschke u. J. Rixner 1939), *Das Sonntagskind* (1892), *Der Probekuß* (1894) u. *Das Nordlicht* (1896).

Milloss, Aurel von (eigtl. Aurél Milloss de Miholy), ital. Tänzer, Choreograf, Regisseur u. Ballettdirektor ungar. Herkunft, * 12. 5. 1906 im heutigen Uzdin, Serbien. Studierte an der Universität in Budapest Philosophie, Musik- u. Theatergeschichte u. nebenher Tanz. Vervollständigte seine Tanzausbildung bei R. von Laban u. V. Gsovsky sowie E. Cecchetti u. trat 1927 mit seinem ersten Tanzabend in Berlin an die Öffentlichkeit. Kam nach verschiedenen Verpflichtungen 1938 als Leiter des Balletts u. Hauptchoreograf des Teatro dell'Opera nach Rom u. blieb dort bis 1945. Ballettdirektor an der Mailänder Scala 1946–50, anschließend in Rom, São Paulo u. Rio de Janeiro tätig, 1960–63 Ballettdirektor in Köln, 1963–66 an der Wiener Staatsoper, wohin er nach einer erneuten Verpflichtung an das Teatro dell'Opera in Rom 1971–74 zurückkehrte. Regte bedeutende Komponisten u. Maler zu Arbeiten für das Ballett an u. trat auch als Opernregisseur auf.

Zu M. Choreografien gehören: *Gaukelei* (M.: W. Zillig) 1935; *Joan von Zarissa* (M.: W. Egk) 1943; *La follia di Orlando* u. *Le portrait de Don Quichotte* (M.: G. Petrassi) 1947; *Marsyas* (M.: L. Dallapiccola) 1948; *La soglia del tempo* (M.: B. Bartók) 1951; *Mystères* (M.: Bartók) 1951); *Hungarica* (M.: Bartók) 1956; *Wandlungen* (M.: A. Schönberg) 1960; *Die Einöde* (M.: E. Varèse) 1965; *Divagando con brio* (M.: G. F. Ghedini) 1967; *Estri* (M.: Petrassi) 1968; *Tautologos* (M.: L. Ferrari) 1969; *Persephone* (M.: I. Strawinsky) 1970 u. *Raramente* (M.: S. Bussotti) 1971.

Mimesis (griech.: »Nachahmung«), eine in Anlehnung an die Rhetorik in der Kompositionslehre des 17. u. 18. Jh. gebräuchliche Bezeichnung für die mehrfache Wiederholung eines musikalischen Gedankens (J. G. Walther, »Musicalisches Lexicon«).

Mimodram, Begriff, der zu Beginn der 50er Jahre von M. Marceau geprägt wurde u. die Darstellung einer dramatischen Handlung allein mit den Mitteln der Pantomime meint.

Minima → Mensuralnotation

Mingus, Charlie (eigtl. Charles), amer. Jazzmusiker, Bandleader u. Komponist, * 22. 4. 1922 Nogales, AZ, † 5. 1. 1979 Cuernavaca, Mexiko. Spielte in Formationen von L. Armstrong, L. Hampton, R. Norvo, Ch. Parker, S. Getz u. A. Tatum Kontrabaß, gründete 1955 eine eigene Band, deren Sound Elemente der Kunstmusik mit dem Hard Bop verschmolz. Spielte ab 1960 auch mit E. Dolphy, für den er 1965 die Gedenkplatte *So long Eric* herausbrachte, u. T. Curson zusammen.

Zu M. Kompositionen gehören *Pithecanthropus erectus* (1956), *Meditations on integration* (1964) u. *The Mingus Dances* (1971). Er schrieb außerdem die Musik zu dem Film »Shadows« (1958) u. veröffentlichte seine Autobiografie als »Beneath the Underdog. His World as Composed by M.« (New York 1971).

Minkus, Léon oder Ludwig (eigtl. Aloisius Ludwig), russ. Komponist poln. Herkunft, * 23. 3. 1826 Wien, † nach 1890, wahrscheinlich in Österreich. Kam als Dirigent des Orchesters des Fürsten Jussupow nach Petersburg u. war dort 1861–72 Musikinspektor der kaiserlichen Theater. Ab 1872 bis zu seiner Pensionierung 1886 dort Ballettkomponist.

Zu seinen Ballettmusiken gehören *Paquita* (gemeinsam mit E. Deldevez, 1846), *La fiametta* (1864), *La source* (gemeinsam mit L. Delibes, 1866), *Don Quixote* (1869), *Camargo* (1872), *Le papillon* (1874), *La bayadère* (1877), *Roxane* (1878), *Les pilules magiques* (1886), *L'offrande à l'amour* (1886) u. *Kalkabrino* (1891). Für Petipas neue Fassung von *Le corsair* (1899) wurden neben Musiken von R. Drigo u. C. Pugni auch Stücke von M. herangezogen.

Minnesang, ritterlich-höfische Lyrik, die wahrscheinlich auf den Marienkult, die arab. Liebeslyrik u. Einflüsse der Trobadors u. Trouvères zurückgeht. In dieser volkssprachlichen Liebeslyrik geht es um Frauenverehrung u. Minneerlebnisse, die über das Persönliche hinaus stilisiert werden. Beim Vortrag begleitete sich der Sänger entweder selbst oder wurde von Spielleuten auf Harfe u. Fiedel begleitet. Mehrstimmigkeit scheint erst sehr spät im M. aufgetreten zu sein. Zu den frühesten Vertretern des M. gehören der Kürenberger u. Dietmar von Aist, Reinmar von Hagenau führte die Gattung zu ihrem Höhepunkt, u. Walther von der Vogelweide durchbrach schließlich die inzwischen völlig formalisierte u. spiritualisierte Minnekonvention u. stellte ihr echtes persönliches Erleben gegenüber.

Minstrelsy (engl.: »Musikantentum«), umherziehende Unterhalter, die Anfang des 19. Jh. in den USA begannen, die Schwarzen zur Zielscheibe ihres Spotts zu machen. Im Negro-Minstrelsy machte man sich über die angeblich dummen, faulen u. unbeholfenen Neger lustig. Dazu färbten sich die weißen Darsteller ihre Gesichter mit gebranntem Kork. Zu den bekanntesten Einzeldarstellern gehörte der Komiker Thomas Rice, der das Lied *Jumping Jim Crow* kreierte. Diese Negerparodien wuchsen sich schließlich zu Extravaganzen aus, in denen die Coon songs u. der Cakewalk Höhepunkte waren. Die weitere Entwicklung führte zur Minstrel-Show, der ersten eigenständigen Theaterform Amerikas u. dem Vorläufer des → Musical. Diese Shows hatten einen festgelegten Ablauf u. zwei Hauptdarsteller, den Interlocuter u. Mr. Bones. Den Abschluß bildete immer eine großangelegte Gesangs- u. Tanznummer.

Missale (mittellat.: »Meßbuch«), das seit 1570 von Papst Pius V. verordnete Meßbuch. Die heutige Ausgabe des M. Romanum geht auf Paul VI. 1970 zurück.

mixolydisch → Kirchentöne

Mjaskowskij (Mjaskovskij), Nikolaj J., russ. Komponist, * 20. 4. 1881 auf der Festung Nowo-Georgijewsk bei Warschau, † 8. 8. 1950 Moskau. Erlebte 1896 ein Konzert von A. Nikisch in Petersburg u. entschloß sich zur Musikerlaufbahn, obwohl ihn sein Vater für den Militärberuf vorgesehen hatte. Studierte neben dem Militärdienst in Moskau 1902–04 bei R. Glière u. wurde 1905 als Schüler von A. Ljadow am Petersburger Konservatorium aufgenommen. Ab 1921 Professor für Komposition am Moskauer Konservatorium, wo A. Chatschaturjan u. D. Kabalewskij zu seinen Schülern gehörten. M. komponierte 27 Sinfonien in der Nachfolge P. Tschaikowskys u. gehört neben S. Prokofjew und D. Schostakowitsch zu den beliebtesten Komponisten des 20. Jh. in der UdSSR.

Zu M. Werken gehören 27 Sinfonien (1908–1949), sinfonische Dichtungen, 1 Violinkonzert (1938), 13 Streichquartette, Klavierstücke u. Lieder.

Lit.: A. A. Ikonnikov, N. J. M., Moskau 1944, engl.: M., His Life and Work, New York 1946.

Modalnotation, eine moderne Analogiebildung zur → Mensuralnotation, bezeichnet die Versuche der → Notre-Dame-Epoche, modale Rhythmen grafisch darzustellen. Die M. hat sich aus der nordfranz. Neumenschrift entwickelt u. gilt als erster Versuch einer rhythmischen Festlegung der einzelnen Zeichen. Diesen Zeichen, die hauptsächlich als → Ligaturen vorkamen, war jeweils ein bestimmter → Modus zugeordnet. Anfang u. Ende einer Ligaturenkette konnte durch einen kleinen senkrechten Strich angezeigt werden, der nebenbei als Gliederungs- oder Pausenstrich galt. Aus den zwischen zwei solchen Strichen stehenden Ligaturen ließ sich der → Ordo des gewählten Modus erkennen.

Modulatio (von lat. modus: »Maß«). Ursprünglich war mit M. musikalisches Gestalten gemeint, dann im Sinne von Komponieren aber auch Ausführen eines Gesanges gebraucht. Die auf die Bedeutung von Modus gleich Tonart zurückgehende Begriffsänderung zu Tonartwechsel stammt aus dem 18. Jh. (→ Modulation).

Modulation, 1. in der Dur-Moll-Tonalität Übergang aus einer Tonart in eine andere, in der es dann deutlich zur Kadenzierung kommt. Möglich wurde die M. im Rahmen des Dur-Moll-Systems durch die Mehrdeutigkeit der Dreiklänge. Bevorzugt verwendet wurden die benachbarten Tonarten der Haupttonart. Wird die ursprüngliche Tonart nur kurz verlassen u. kehrt sie im weiteren musikalischen Verlauf zurück, spricht man von einer Ausweichung. **2.** In der Akustik versteht man unter M. die Veränderung der physikalischen Bestimmungsgrößen einer

Schwingung. Solche Veränderungen können an der Amplitude, der Frequenz u. der Phase vorgenommen werden.

Modus (lat.: »Maß«, »Regel«), **1.** Bezeichnung für die → Kirchentöne u. später für die → Tonart. **2.** rhythmische Grundform im System der → Modalnotation. Die Modi gehen wahrscheinlich auf antike Versfüße zurück. Die sechs häufigsten sind:

1. M.: L B L B L ...
2. M.: B L B L B ...
3. M.: L B B L B B L ...
4. M.: B B L B B L ...
5. M.: L L L L ...
6. M.: B B B B ...

(L = Longa u. B = Brevis)

3. In der → Mensuralnotation bezieht sich M. auf das Verhältnis der größten Notenwerte untereinander. So zeigt M. maior das Verhältnis von Longa zu Maxima, M. minor das von Brevis zu Longa an. **4.** In der franz. Form »Mode« ein von → O. Messiaen für die 7 von ihm aufgestellten Tonleitern verwendeter Begriff.

Moeck, Hermann, dt. Musikverleger, * 9. 7. 1896 Elbing, Westpreußen. Gründete den H. M. Verlag oHG 1925 in Celle. Spezialisierte sich auf die Herstellung von Blockflöten u. verlegte die dazugehörige Literatur. Seit 1960 ist sein Sohn Hermann A. (* 16. 8. 1922 Lüneburg) Alleininhaber. Ab 1966 firmiert das Unternehmen als M. Verlag u. Musikinstrumentenwerk. Der Verlag bemüht sich heute bevorzugt um Orchesterwerke der Gegenwart, während das Instrumentenwerk den Bau von Holzblasinstrumenten der Renaissance u. des Barock aufgenommen hat.

Moeschinger, Albert, Schweizer Komponist, * 10. 1. 1897 Basel. Studierte in Bern, Leipzig u. bei W. Courvoisier in München, war 1925–43 in Bern als Lehrer tätig u. lebt seither als freischaffender Komponist. Entwickelte nach anfänglichen Einflüssen der Spätromantik einen eigenen polyphonen Stil, der von I. Strawinsky u. der Begegnung mit dem französischen Impressionismus geprägt ist.

Zu M. Werken gehören: die Oper *Die sieben Raben* (1946), Orchesterwerke, darunter 5 Sinfonien (1945, 1948, 1950, 1957, 1960), 1 Violinkonzert (1935, rev. 1949), 5 Klavierkonzerte (1929, 1930, 1938, 1964, 1970), Kammermusik, u. a. je 6 Streichquartette u. 6 Bläsertrios, Vokalkompositionen, Klavierstücke u. Lieder.

Möseler Verlag, dt. Musikverlag in Wolfenbüttel, der auf den 1821 dort von C. Ph. H. Hartmann gegründeten Verlag zurückgeht. Ab 1919 im Besitz von Georg Kallmeyer, der sich insbesondere um die Jugendbewegung u. ihre Musik verdient gemacht hat u. daneben eine Praetorius-GA herausbrachte. Seit 1947 wird der Verlag von K. H. Möseler geleitet, unter dessen Namen er heute auch firmiert. Zum Verlagsprogramm gehören Musikliteratur, Musikbücher für Schulen, die Werkreihe »Aulós« für Blasmusik.

Mohaupt, Richard, dt. Komponist u. Dirigent, * 14. 9. 1904 Breslau, † 3. 7. 1957 Reichenau, Niederösterreich. Studierte bei J. Prüwer u. an der Breslauer Universität. Dirigiertätigkeit an verschiedenen Opernhäusern. 1939–55 als Lehrer u. Komponist in New York.

Zu M. Kompositionen gehören: die Bühnenwerke *Die Wirtin von Pinsk* (1938, rev. 1956), *Die Bremer Stadtmusikanten* (1949) u. *Der grüne Kakadu* (1958), die Ballette *Lysistrata* (1941, daraus *Choreographische Episoden* für Orch. 1946), *Max u. Moritz* (1945) u. *The Legend of the Charlatan* (1949), 1 Sinfonie (1942) u. die dramatische Kantate *Das goldene Byzanz* für Chor u. Instrumentalensemble (1954).

Mohler, Philipp H., dt. Komponist, * 26. 11. 1908 Kaiserslautern. Schüler von J. Haas, 1940 als Nachfolger H. Distlers Lehrer an der Musikhochschule in Stuttgart u. 1958–76 Direktor der Musikhochschule in Frankfurt a. M. In seinen eigenen Kompositionen von P. Hindemith u. dessen Forderung nach handwerklicher Sauberkeit beeinflußt.

Zu M. Kompositionen gehören Concertino für Fl., Klar., Horn, Pk., Schlagzeug u. Streicher (1935); Konzert für Kl. u. Orch. (1937); Sinfonische Fantasie für großes Orch. (1941); *Heitere Ouvertüre* für Streicher u. Concertino in einem Satz für Fl. u. Streicher (1949); Sinfonisches Capriccio (1957); *Frühe Lieder* nach Rilke für S. u. Kl. (1932); *Vagabundenlieder* für mittlere St. u. Kl. (1956); *Vergangen ist die Nacht*, Kantate (1942); *Nachtmusikanten* für gem. Chor u. kleines Orch. (1949); Kammermusik; Chorwerke.

Moll (lat. mollis: »weich«, »sanft«), in der Dur-Moll-Tonalität das andere Tongeschlecht. Entstand bei der allmählichen Umwandlung der Kirchentöne in die beiden Tongeschlechter Dur u. Moll. Es ist aber im Gegensatz zum Dur weniger eindeutig definierbar. Allen theoretischen Ableitungsversuchen zum Trotz hat es sich bis heute in drei Formen erhalten. Es gibt das natürliche Moll, das dem von Glareanus als äolisch bezeichneten Kirchenton entspricht u. meist nur als absteigende Skala verwendet wird:

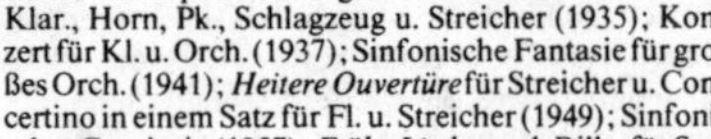

Da bei dieser Skala aber kein Leitton als Halbtonschritt entsteht, wie er dem klassischen u. romantischen Musikempfinden entsprach, wurde die 7. Stufe erhöht. Daraus ergab sich ein übermäßiger Sekundschritt von der 6. zur 7. Stufe, so daß auch diese erhöht wurde. Es entstand die melodische Moll-Skala, die hauptsächlich aufsteigend Verwendung findet:

Die daneben noch vorkommende harmonische Moll-Skala

wird als Zusammenstellung der Töne interpretiert, die eine vollständige Kadenz bilden. Der harmonisch begründete übermäßige Schritt von der 6. zur 7. Stufe ist einer der beiden Sprünge, die der → Zigeunertonleiter ihre charakteristische Färbung geben.

Moment → Stockhausen

Moment musical, Titel eines vorwiegend für Klavier komponierten → Charakterstücks. Wurde erstmals für Schuberts 6 Klavierstücke D 780 verwendet, die als *Moments musicals* 1828 erschienen.

monaural (Abkürzung mono), einkanalige Aufnahme u. Wiedergabe von Musik. Der Gegensatz zu m. ist stereophon.

Mondonville, Jean-Joseph C. de, franz. Geiger u. Komponist, getauft 25. 12. 1711 Narbonne, † 8. 10. 1772 Belleville bei Paris. 1733–34 als Geiger in Lille, ab 1737 im Orchester der Concerts spirituels in Paris, wo er ab 1738 mit seinen *Motets* Erfolg hatte, während seine erste Oper *Isbé* 1742 durchfiel. 1744 Surintendent der Chapelle du Roi in Versailles u. 1755–62 Leiter der Concerts spirituels. Griff mit der Oper *Titon et l'Aurore* in den Bouffonistenstreit ein.

Zu M. Instrumentalkompositionen gehören Violinsonaten mit B.c. (1733), Triosonaten (1734), *Les sons harmoniques* für V. u. B.c. (1738) sowie *Pièces de clavecin, avec voix ou violon* (1748).

Moniuszko, Stanisław, poln. Komponist, * 5. 5. 1819 Ubiel, Gouvernement Minsk, † 4. 6. 1872 Warschau. Erhielt Musikunterricht bei A. Freyer in Warschau u. studierte 1837–39 bei C. F. Rungenhagen in Berlin. Ließ sich anschließend als Organist in Wilna nieder, wo er 1848 mit großem Erfolg seine Oper *Halka* herausbrachte. Eine erweiterte Fassung kam am 1. 1. 1858 in Warschau zur Aufführung. Die begeisterte Aufnahme dieser ersten poln. Nationaloper durch das Warschauer Publikum brachte M. die Stelle eines Dirigenten an der Warschauer Oper ein. Später wurde er außerdem Professor für Komposition am dortigen Konservatorium. Von seinen insgesamt 24 Opern sind außer *Halka* noch *Cyganie* (1852, rev. als *Jawnuta* 1860) u. *Hrabina* (1860) erwähnenswert. M. komponierte außerdem Kirchenmusik u. um die 270 Lieder.

Monn, Matthias G. (eigtl. Johann Georg Mann), österr. Komponist u. Organist, * 9. 4. 1717 Wien, † 3. 10. 1750 ebd. Organist an der Karlskirche in Wien. Komponierte 16 Sinfonien, 6 Streichquartette, 10 Partiten für 3 Streicher oder Orch. sowie eine Reihe von Konzerten, Sonaten u. Messen. Nähert sich in seinem Stil bereits der Mannheimer Schule an. A. Schönberg bearbeitete ein Cembalokonzert für Vc. u. Orch.

Monnot, Marguerite A., franz. Komponistin u. Pianistin, * 26. 5. 1903 Decize, Nièvre, † 12. 10. 1961 Paris. Schülerin von A. Cortot u. N. Boulanger. Komponierte Filmmusiken u. Chansons, u. a. das bekannte *Milord* sowie das Musical *Irma la Douce* (1956).

Monochord (aus griech. »einzig« u. »Saite«), rechteckiger Resonanzkasten mit einer längsgespannten Saite, die durch einen verschiebbaren Steg beliebig geteilt werden kann. Die auf dem Resonanzkasten aufgezeichnete Skala markiert die einzelnen Teilungspunkte. Wurde anfangs nur zur mathematischen Berechnung der Tonverhältnisse (2 : 1 Oktave, 3 : 2 Quinte, 4 : 3 Quarte, 9 : 8 Ganzton) benutzt. Aus dem M. entstand im Mittelalter das Polychord (Vielsaiter), aus dem sich verschiedene Saiteninstrumente einschließlich des Clavichords entwickelten.

Monodie (griech.: »Einzelgesang«), **1.** Sologesänge der Antike, die wahrscheinlich meistens instrumental begleitet wurden. **2.** der instrumental begleitete Sologesang, wie er in der Florentiner → Camerata in Rückbesinnung auf die Antike entwickelt wurde. Aus diesen Versuchen der Camerata entstand der Stile recitativo (→ G. Caccini), der zusammen mit der → Seconda pratica u. dem Generalbaß-Satz wesentlich zur Ausprägung der Oper, der Arie u. des Solomadrigals beigetragen hat. Schon bei Caccini zeigt sich auch eine deutliche Differenzierung in die stärker rezitierende u. die mehr ariose M. Besondere Beachtung wurde dem Sprachduktus geschenkt, so daß G. C. Monteverdi bei den Kompositionen seines Bruders Claudio von Seconda pratica sprechen konnte.

Monodram, Bühnenstück mit nur einer handelnden Person, deren deklamierte Monologe mit Musik unterlegt sind (→ Melodram). Im 18. Jh. mit J. J. Rousseaus *Pygmalion* (1770) u. G. Bendas *Ariadne auf Naxos* u. *Medea* (beide 1775) zu einer beliebten Bühnenform entwickelt, zu der u. a. Goethe mit seiner »Proserpina« (1776) einen Textbeitrag leistete. Im 19. Jh. fügte H. Berlioz seiner *Symphonie fantastique* das Monodrame lyrique *Lélio* an, bei A. Schönberg wird die expressionistische Kammeroper *Erwartungen* als M. bezeichnet.

Monsigny, Pierre-Alexandre, franz. Komponist,

* 17. 10. 1729 Fauquembergues bei Saint-Omer, † 14. 1. 18 17 Paris. Mußte nach dem frühen Tod seines Vaters für seine Brüder sorgen u. wurde Haushofmeister beim Herzog von Orléans in Paris. Die Aufführung von G. B. Pergolesis *Serva padrona* hinterließ einen so nachhaltigen Eindruck bei ihm, daß er sich unbedingt auf das Komponieren verlegen wollte. Nachdem er das Geigenspiel bereits beherrschte, nahm er Kompositionsunterricht bei dem Kontrabassisten P. Gianotti, der nach der Methode J.-Ph. Rameaus vorging. Innerhalb von 5 Monaten hatte M. mit *Les aveux indiscrets* seine erste Opéra-comique komponiert, die 1759 im Théâtre de la Foire aufgeführt wurde. Es folgten eine Reihe weiterer Bühnenwerke, die so gut beim Publikum ankamen, daß die privilegierte Comédie-Italienne aus Konkurrenzangst die Schließung des Théâtre de la Foire durchsetzte. Nachdem beide Truppen zusammengelegt worden waren, komponierte M. für die Comédie-Italienne weitere Werke, darunter die besonders erfolgreichen *Le roi et le fermier* (1762), *Rose et Colas* (1764), *Le déserteur* (1769) u. *Félix ou l'enfant trouvé* (1777). Nach dem letztgenannten Werk gab M. das Komponieren auf. Er erhielt ab 1798 eine Pension der Opéra-Comique u. wurde 1800 Inspektor des Conservatoire. Während M. Instrumentierung zu wünschen übrigläßt, zeichnen sich seine Kompositionen durch großen Melodienreichtum aus.

Monte, Philippe de, franko-fläm. Komponist, * 1521 Mecheln, † 4. 7. 1603 Prag. Hielt sich nach eigenem Zeugnis 1540/ 41–54 in Neapel auf, wo er u. a. Lehrer im Hause Cosimo Pinellis war u. O. de Lassus kennenlernte. Reiste 1555 über Rom nach Antwerpen u. kam anschließend im Gefolge Philips II. nach England. War dort kurz Mitglied der Kapelle der Königin Mary u. freundete sich mit W. Byrd an. 1567 wieder in Rom nachgewiesen. Nahm 1568 als Nachfolger von J. Vaet die Stelle des Kapellmeisters am Hof Maximilians II. an u. blieb bis zu seinem Tode in den Diensten der Habsburger. 1570 reiste er noch einmal in die Niederlande, um Musiker für die kaiserliche Kapelle anzuwerben. Gehört mit seinen Madrigalen, Chansons u. Villanellen zu den bedeutenden Komponisten seiner Zeit u. wird neuerdings wieder häufiger mit Lassus verglichen. Geistliche Werke wie die 319 5–12st. Motetten u. die 38 4–8st. Messen scheint M. erst in kaiserlichen Diensten verfaßt zu haben. Im Zuge der Gegenreformation veröffentlichte er 1581 »Madrigali spirituali a 5v«. Ohne Zweifel gehört M., der in seinen Kompositionen ital. Sinn für Melodik mit niederl. Satzkunst verschmolz, zu den herausragenden Vertretern des A-cappella-Zeitalters. Neuerungen wie der sich anbahnenden Chromatik u. der Monodie stand er reserviert gegenüber. Zu seinen Schülern gehörte J. de Macque.

Montéclair, Michel Pignolet de, franz. Komponist, getauft 4. 12. 1667 Andelot, Haute-Marne, † 22. 9. 1737 bei Saint-Denis. Chorknabe an der Kathedrale von Langres, Musiklehrer beim Prinzen von Vaudémont u. wahrscheinlich ab 1699 Kontrabassist an der Pariser Opéra. Wurde kurz vor seinem Tode pensioniert.

Zu M. Kompositionen gehören *Sérénade ou concert ... pour les v., fl. & hautbois* (1697), 3 Bücher »Cantates«, franz. u. ital. (1709–28), Opéra-ballet *Les festes de l'été* (1716), die biblische Oper *Jephté* (1732), 6 Konzerte für 2 Fl. ohne B., 6 Konzerte u. *Brunètes anciennes et modernes* für Fl. u. B.c. M. veröffentlichte außerdem eine »Méthode pour apprendre la musique« (1700, umgearbeitet als »Nouvelle méthode« 1709), »Méthode facile pour apprendre à jouer du violon« (1711 oder 1712), »Petite méthode pour apprendre la musique aux enfans« (1730) u. »Principes de musique, divisez en quatre parties« (1736).

Montemezzi, Italo, ital. Komponist, * 4. 8. 1875 Vigasio bei Verona, † 15. 5. 1952 ebd. Bereitete sich auf den Ingenieurberuf vor, widmete sich dann jedoch ganz der Musik u. erreichte nach zwei vergeblichen Versuchen die Aufnahme in das Mailänder Konservatorium, wo M. Saladino u. V. Ferroni zu seinen Lehrern gehörten. Von seinen dem → Verismo verpflichteten Opern war *L'amore dei tre re* (1913) seinerzeit sehr beliebt. Von seinen Orchesterwerken verdienen die sinfonischen Dichtungen *Paolo e Virginia* (1931) u. *Italia mia! nulla fermerà il tuo canto* (1944) erwähnt zu werden. Werfel nahm sich den Komponisten zum Vorbild für den Italo in seinem Verdi-Roman.

Monteverdi, Claudio Z. A., ital. Komponist, getauft 15. 5. 1567 Cremona, † 29. 11. 1643 Venedig. Sohn des angesehenen Cremoneser Arztes Baldassare M., Schüler von M. A. Ingegneri, der 1581 Kapellmeister an der Kathedrale von Cremona geworden war u. zu den besten Komponisten seiner Zeit zählte. Mit einigem Stolz nannte sich M. dann auch auf den Titelblättern seiner ersten veröffentlichten Kompositionen Schüler von Ingegneri. Der Fünfzehnjährige ließ bereits »Sacrae cantiunculae« (1582) erscheinen, denen »Madrigali spirituali« (1583) u. »Canzonette a tre v.« (1584) folgten. Mit den »Madrigali a cinque v.« (1587) begann die Reihe der 9 Madrigalbücher, von denen das erste bereits im Hinblick auf eine Anstellung dem einflußreichen Veroneser Marco Verità gewidmet war. Das 2. Madrigalbuch erschien mit einer Widmung an den Mailänder Freund Iacomo Ricardi, aber wieder fand M. keine Anstellung. So nahm er 1590 ein bescheidenes Angebot des Hofes in Mantua an u. wurde dort Violaspieler u. Sänger. Die neue Umgebung brachte dem jungen M. eine

Fülle von Anregungen. Die Atmosphäre am Hof der Gonzagas, deren Prachtentfaltung in keinem Verhältnis zu ihrer politischen Bedeutung stand, inspirierte M. zu Kompositionen, mit denen er seinen Lehrer weit hinter sich ließ. In Mantua standen nicht nur ausgezeichnete Kräfte zur Verfügung, der Hof unterhielt auch Beziehungen zu anderen Machtzentren, mit denen Musik u. Dichtung ausgetauscht wurden. So verfügte Ferrara z. B. über eine Anzahl hervorragender Sänger, unter denen sich drei Sopranistinnen befanden, die in ganz Italien bekannt waren. Diese Besetzungsmöglichkeiten spiegeln sich in M. Kompositionen wider. Maestro di cappella in Mantua war der bereits dem → Manierismus verfallene Giaches de Wert, der das Wortverständnis über den korrekten polyphonen Satz stellte. Kapellmeister an der Hofkirche war G. G. Gastoldi, berühmt durch seine Balletti. Außerdem sollte einige Jahre später L. Viadana mit seinen *Concerti ecclesiastici* das Musikleben von Mantua bereichern.

Die Gonzagas selbst waren nicht frei von Größenwahn u. von einer Sammlerleidenschaft besessen, die keine Skrupel kannte. Zu ihrem Vergnügen unterhielten sie sogar eine Menagerie mit Zwergen. Das dem regierenden Herzog, Vincenzo Gonzaga, gewidmete 3. Madrigalbuch zeigte dann auch bereits den Einfluß der neuen Umgebung. Als Dichter zog M. jetzt Tasso u. Guarini heran, die Bukolik der früheren Madrigale wich einer erotisch gewürzten und gefühlsbetonten Stimmung. Ähnlich wie de Wert ging auch M. dazu über, die chorische Objektivität des polyphonen Gefüges dem aus der Sprache der Dichtung herausdestillierten Affekt zu unterwerfen. Noch deutlicher wurde dies bei der Bühnenmusik zu Guarinis »Il pastor fido« (1595). Um die gleiche Zeit heiratete M. Claudia Cattaneo, eine Sängerin am Hof u. Tochter eines Musikerkollegen. Als Vincenzo Gonzaga mit einem Truppenkontingent nach Ungarn aufbrach, um Rudolf II. 1595–96 bei seinen Operationen gegen die Türken zu unterstützen, nahm er in seinem Gefolge einige Musiker mit, zu denen auch M. gehörte. Während seiner Abwesenheit starb de Wert in Mantua u. wurde unter Übergehung von M. durch B. Pallavicino ersetzt. Erst als dieser 1601 starb, ernannte man M. zum Maestro de la camera e de la chiesa sopra la musica. Überhaupt scheinen die Gonzagas die außergewöhnlichen Fähigkeiten ihres Bediensteten M. lange nicht zur Kenntnis genommen zu haben, denn Aufgabenstellung u. Gehalt ließen zu wünschen übrig. 1599 reiste M. im Gefolge des Herzogs von Mantua nach Flandern. Die Reisegesellschaft verbrachte einige Zeit im damals berühmten Kurort Spa u. besuchte anschließend Lüttich, Antwerpen u. Brüssel. M. Bruder Giulio Cesare, der ebenfalls zur Hofkapelle in Mantua gehörte u. seinem Bruder bei verschiedenen Arbeiten zur Hand ging, berichtete, M. habe auf dieser Reise den »Canto alla francese in questo modo moderno« kennengelernt u. als erster auf lat. u. ital. Texte angewendet. Man nimmt heute an, daß es sich um die → Vers mesurés eines C. Le Jeune, J. Mauduit oder E. du Caurroy gehandelt hat.

M. war um die Jahrhundertwende schon so bekannt, daß seine Kompositionen vor ihrer Veröffentlichung von Hand zu Hand gingen. So kam es, daß der Zarlino-Schüler G. M. Artusi Kompositionen wie *Cruda Amarilli* aus dem 5. Madrigalbuch (1605, ursprünglich in der Musik zu »Il pastor fido«) zum Anlaß einer Streitschrift gegen die modernen Tendenzen in der Musik nehmen konnte. Sie erschien als »L'Artusi overo delle imperfettioni della moderna musica« (1600–03). In der Vorrede zu seinem 5. Madrigalbuch kündigte M. daraufhin eine Entgegnung an, die den Titel »Seconda prattica overo perfettione della musica moderna« tragen sollte. Sie wurde leider nie geschrieben. Die Verteidigung in dem sich über Jahre hinziehenden Streit besorgte sein Bruder, der die »Scherzi musicali« (1607) herausgab u. ihnen als Vorrede die berühmte »Dichiaratione« voranstellte. In ihr wird die → Seconda pratica M. gerechtfertigt.

Mit dem 5. Madrigalbuch (1605) nahm M. musikalische Entwicklung eine neue Wende. Während die ersten vier Madrigalbücher die Form des 5st. unbegleiteten Madrigals ausschöpften, begannen im 5. Buch die Versuche mit wechselnden Instrumentalbegleitungen, die sich bis zum letzten Buch u. der »Selva morale e spirituale« (1641) fortsetzen sollten. Über Madrigalzyklen hinaus strebte M. jetzt zu größeren Formen. Auf einen Text des Hofbeamten, Dichters u. Geigers A. Striggio entstand die Favola in musica *Orfeo*, die unter größter Geheimhaltung vorbereitet u. an der Accademia degl'Invaghiti am 22. 2. 1607 in Mantua uraufgeführt wurde. Bereits dieser erste Versuch mit neuen musikdramatischen Formen war ein voller Erfolg. Das Werk ließ ähnliche Experimente der Florentiner → Camerata weit hinter sich. Wie damals üblich, wurde das Libretto in größerer Auflage gedruckt. Glücklicherweise kam auch die Partitur zur Veröffentlichung, eine seltene Auszeichnung. Nachdem offensichtlich zu M. Zeit kaum ein Aufführungsmaterial in eine endgültige Druckform gebracht wurde, sind viele Musiken zu Bühnenwerken verlorengegangen, während die Libretti erhalten blieben. 1607 starb Claudia M. in Cremona. Sie hinterließ zwei unmündige Kinder. Nur mühsam konnte sich der

Komponist aufraffen, von Cremona nach Mantua zurückzukehren u. seinen Dienst wieder aufzunehmen. Anläßlich der für 1608 geplanten Hochzeit des Prinzen Francesco Gonzaga mit Margareta von Savoyen erhielt er den Auftrag, nach einem Libretto von O. Rinuccini die Oper *L'Arianna* zu komponieren. Außerdem wurde von ihm die Mascherata *Il ballo delle ingrate* verlangt sowie Musik zu der Komödie »L'Idropica«. Während sich M. in die zeitlich kaum zu bewältigende Arbeit stürzte, die Musik zu »L'Idropica« unter seinen Kollegen verteilte u. nur den Prolog komponierte, starb die als Hauptdarstellerin der Arianna vorgesehene Caterina Martinella. Trotzdem wurden alle drei Stücke am 28.5. 1608 vor mehreren tausend Zuschauern im Palast mit großem Erfolg aufgeführt. Total erschöpft, gekränkt durch die Gleichgültigkeit des Fürsten u. verärgert über die verschiedenen Intrigen um die Hochzeitsfeierlichkeiten, zog sich M. zu seinem Vater nach Cremona zurück. Nur der ausdrückliche Befehl des Herzogs konnte ihn bewegen, an den Hof in Mantua zurückzukehren.

Inzwischen war M. in ganz Italien bekannt. Die einzige erhaltene Szene aus der *Arianna*, das berühmte *Lamento*, wurde überall gespielt u. zirkulierte in den verschiedensten Arrangements. 1610 veröffentlichte M. seine 2. Sammlung kirchlicher Kompositionen »Sanctissimae virginis missa«, die er Papst Paul V. mit der Hoffnung auf eine Anstellung widmete. Diese Sammlung enthielt u.a. eine Messe, in der 10 Themen aus N. Gomberts Motette *In illo tempore* verarbeitet waren. 1612 starb Vincenzo Gonzaga, sein Nachfolger entließ M., der sich daraufhin wieder nach Cremona in das Haus seines Vaters zurückzog. 1613 wählten ihn die Prokuratoren von S. Marco in Venedig einstimmig als Nachfolger G.C. Martinengos zum Maestro di cappella. Damit erhielt M. eine der begehrtesten Stellungen im damaligen ital. Musikleben. Zu seinen Aufgaben gehörten die Komposition u. die Einstudierung von geistlicher Musik an S. Marco. Trotzdem blieb ihm bei nunmehr gesicherten finanziellen Verhältnissen genügend Zeit, um für verschiedene Auftraggeber weitere Bühnenwerke zu komponieren u. die Madrigalbücher Nr. 6 bis 8 erscheinen zu lassen. Es entstanden Ballette wie *Tirsi e Clori* (1616) u. Madrigalkantaten wie *Lettera amorosa* (1619). Für das letztere Werk traf bereits der Zusatz »in genere rappresentativo« zu, der dann auch im 7. Madrigalbuch erstmals verwendet wurde. 1624 komponierte M. für die Karnevalszeit die Madrigalkantate *Combattimento di Tancredi e Clorinda*, die vor geladenen Gästen im Palazzo Mocenigo aufgeführt wurde. 1627 folgte die verschollene *Armida*. Beiden Kompositionen lagen Texte aus Tassos »La Gerusalemme liberata« zugrunde. 1627 besorgte M. außerdem bei Masolli in Rom die Neuauflage der Madrigale J. Arcadelts u. ließ die leider verschollene komische Oper *La finta pazza Licori* im Palazzo Mocenigo aufführen. Für den gleichen Auftraggeber entstand 1630 die verlorengegangene Oper *Proserpina rapita*. 1631 wütete in Venedig die Pest. Unter den Opfern befand sich auch A. Striggio, der M. erstes Libretto geschrieben hatte. Aus dieser Zeit stammt eine nur teilweise erhaltene Messe, die am 28.11.1631 nach dem Abklingen der Seuche in S. Marco aufgeführt wurde. Außerdem trat M. in den Priesterstand ein. Auf dem Titelblatt der 1632 erschienenen »Scherzi musicali a 1 & 2 v.« nannte er sich zum ersten Mal »reverendo«.

Dem 8. Madrigalbuch (1638) schickte M. wieder ein Vorwort voraus, das deutlich auf seine Beschäftigung mit den Werken von Plato u. Boethius hinwies. Die Madrigale dieses Buches teilte er in Madrigali guerrieri u. amorosi ein. Nachdem die Musik sowohl menschliche Gefühle ausdrücken wie auch die Geräusche der Umwelt imitieren könne, habe er dazu einen passenden Stil erfunden, den »stile concitato«. Neue, von ihm eingeführte Effekte wie das tremolo (Leidenschaft) u. das pizzicato (Kampf) hätten ihn eine lebhafte u. zum Krieg aufstachelnde Musik entdecken lassen. In einzelnen Stücken dieses Buches lassen sich sogar rhythmische Perioden u. Signale nachweisen, die M. direkt aus der Militärmusik übernommen hat.

Über M. Leben in Venedig wissen wir nur sehr wenig. Er muß aber bereits so berühmt gewesen sein, daß ihn der Pächter des ersten öffentlichen Operntheaters in Venedig für das »oracolo della musica« hielt. In dessen Theater S. Cassiano – wahrscheinlich war es das erste öffentliche Opernhaus der Welt – kam 1641 M. *Il ritorno d'Ulisse in patria* zur Uraufführung. 1642 folgte im SS. Giovanni e Paolo *L'incoronazione di Poppea*. Die ebenfalls in den letzten Jahren M. entstandenen Opern *Adone* (1639) u. *Le nozze d'Enea con Lavinia* (1641) sind verloren.

M. musikalische Entwicklung stand ganz im Zeichen der Überwindung des niederl. polyphonen Chorstils. Die fortschreitende Auflösung des polyphonen Geflechts u. die Einführung dissonierender Harmonien läßt sich von Madrigalbuch zu Madrigalbuch verfolgen. Ganz eindeutig opferte M. überlieferte Gesetze für bessere Wortverständlichkeit u. tonmalerische Effekte. Mit dem 5. Madrigalbuch u. dem dort erstmals eingeführten Ausdruck Seconda pratica ist der Vorrang des Wortes vor der Musik deutlich ausgesprochen: L'oratione sia padrona dell'armonia e non serva! Gleichzeitig zeigen sich bereits Ansätze zu größeren Formen. Vom *Orfeo,* der sich kaum aus dem Rahmen der üblichen Schäferspiele löste, führte die dramatische Entwicklung zur *Poppea,* in der erstmals Zeitkritik in historisierender Verkleidung geübt wurde. Daneben trieb M. die Dramatisierung der Madrigals weiter, das jetzt häufig mit Instrumentalbegleitung u. im modernen stile concertato erschien. Entsprechende Vorlagen stammten von G. Marini u. Petrarca, die bevorzugte Form war das Sonett. Da es M. hauptsächlich um die Darstellung menschlicher Affekte ging, spielte auch die Wahl der Instrumente eine zunehmend größere Rolle. Im Sinne einer Assoziationssymbolik wurden zärtliche u. raffinierte Affekte mit Streichern, pastorale u. folkloristische mit Blockflöten u. Schalmeien, erotische mit Flöten, Wassergötter u. die Unterwelt mit Zinken u. Posaunen assoziert, während Göttern u. Herrschern die Trompeten vorbehalten waren.

Durch die nicht vorhandene exakte Instrumentierung, die zu M. Zeit offensichtlich unbekannt war, da man sich den jeweiligen Gegebenheiten anpassen mußte, fällt es uns heute schwer, für M. Bühnenwerke eine verbindliche Aufführungspraxis historisch abzusichern. Seine menschlichen Figuren sprechen das heutige Publikum auch in den verschiedenen Fassungen an, die im Zuge der M.-Renaissance in den letzten Jahren zur Aufführung gelangt sind.

GA: Tutte le opere di C.M., hg. von G.F. Malipiero, Asolo 1926–42, Nachdr. Wien 1966–68 mit einem Supplement-Bd.; Opera omnia, hg. von der Fondazione C.M., Cremona 1970ff.

M. Kompositionen lassen sich am übersichtlichsten in die Werkgruppen geistliche Kompositionen, weltliche Vokalmusik u. Bühnenwerke einteilen. Im folgenden werden nur solche Werke berücksichtigt, die entweder vollständig oder zumindest in Teilen erhalten sind.

1. Geistliche Kompositionen: »Sacrae cantiunculae« (1582), »Sanctissimae virginis missa« (1610), »Selva morale e spirituale« (1641), »Messa ... salmi .. letanie« (1650). Daneben erschienen insbesondere Motetten in verschiedenen Sammelwerken.

2. Weltliche Vokalmusik: »Madrigali spirituali« (1583, nur der Bassus ist erhalten), »Canzonette a 3 v.« (1584), »1. Madrigalbuch« (1587), »2. Madrigalbuch« (1590), »3. Madrigalbuch« (1592), »Canzonette a 3 v.« (1594, vier Stücke M. in der Sammlung von A. Morsolino), »4. Madrigalbuch« (1603), »5. Madrigalbuch« (1605), »Scherzi musicali a 3 v.« (1607), »6. Madrigalbuch« (1614), »7. Madrigalbuch« (1619), *Lamento d'Arianna* (1623), »Scherzi musicali a 1 & 2 v.« (1632), »8. Madrigalbuch« (1638), »Selva morale e spirituale« (1640, enthält 5 »Madrigali spirituali«) u. »9. Madrigalbuch« (1651, »Madrigali e canzonette a 2 & 3 v.«, hg. von G. Orologio). Daneben erschienen einige weitere Werke in Sammelausgaben.

3. Bühnenwerke: Il pastor fido (1595, umgearbeitet zu Madrigalen), *Orfeo,* Favola in musica (1607), *De la bellezza le dov ute lodi,* Ballett (1607), *Arianna,* Oper (1608, nur das *Lamento* erhalten), *Il ballo delle ingrate,* Mascherata (1608), *Tirsi e Clori,* Ballett (1616), Prolog zu *La Maddalena* (1617), *Lettera amorosa* u. *Partenza amorosa,* in genere rappresentativo (1619), *Combattimento di Tancredi e Clorinda,* in genere rappresentativo (1624), *Movete al mio bel suon,* Ballett (1638), *Il ritorno d'Ulisse in patria,* Oper (1640) u. *L'incoronazione di Poppea,* Oper (1642).

Lit.: H. Prunières, La vie et l'œuvre de C. M., Paris 1926; G.F. Malipiero, C.M., Mailand 1929; H.F. Redlich, C.M., Olten 1949; L. Schrade, M., London 1950; M. Le Roux, C.M., Paris 1951; W. Osthoff, Das dramatische Spätwerk M., Tutzing 1960; D. Arnold, M. Madrigals, London 1967; D. Arnold u. N. Fortune (Hg.), The M. Companion, London u. New York 1968 u. 1972; D. Stevens, M. Sacred, Secular, and Occasional Music, Cranbury, NJ, u. London 1978; A. A. Abert, C. M. Bedeutung für die Entstehung des musikalischen Dramas, Darmstadt 1979.

Morales, Cristóbal de, spanischer Komponist, * um 1500 wahrscheinlich Sevilla, † zwischen 4. 9. u. 7. 10. 1553 Málaga. Kapellmeister an der Kathedrale von Ávila ab 1526 u. Plasencia 1527/28–31. 1535–45 Sänger der päpstlichen Kapelle in Rom, wo er 1544 16 Messen veröffentlichte, die offensichtlich für diese bestimmt waren. Zu seinem römischen Kreis gehörte auch J. Arcadelt, der die einzige weltliche Komposition von M., das Madrigal *Ditimi o si o no* in seinem 4. Buch 4st. Madrigale veröffentlichte. Ab 1545 war M. Kapellmeister an der Kathedrale von Toledo, gab diese Stellung jedoch 1547 auf, da er auf starken Widerstand gegen seine Musik stieß u. in finanzielle Schwierigkeiten geriet. Um 1549 war er im Dienst des Herzogs von Arcos u. ab 1551 Kapellmeister an der Kathedrale von Málaga. Knüpfte in seinen Kompositionen an N. Gombert an, achtete auf gleichberechtigte Teilnahme aller Stimmen an der Imitation, verwendete dissonante Führungen u. hielt sich streng an die kirchentonartliche Harmonik. Neben den erwähnten 16 Messen erschienen 16 4st. Magnificat (1542), 91 Motetten 4–6st., 1 zu 8 St., 3 zu 3 St., 4–6st. Lamentationi u. 11 4st. Hymnen zu seinen Lebzeiten im Druck.

Moran, Robert Leonard, amer. Komponist und Pianist, * 8. 1. 1937 Denver, CO. Studierte 1957–58 bei H. E. Apostel in Wien u. 1961–63 bei L. Berio u. D. Milhaud am Mills College in Oakland, CA. Leitete 1969–72 gemeinsam mit H. Hersh das New Music Ensemble in San Francisco. 1972–74 Composer in Residence an der Portland State University. 1974 Studienaufenthalt in Deutschland u. Komposition von *The Eternal Hour* für 6 Orch. u. Chöre zu den Berliner Festwochen. Brachte 1978 gemeinsam mit dem Pianisten R. Helps eine Sammlung zeitgenössischer Walzerkompositionen heraus. Seine grafischen Partituren sind mehrfach in Einzelausstellungen gezeigt worden.

M. komponierte u.a. *Four Visions* für Fl., Hf. und Streichquartett (1963); *Interiors* für Orch., Kammerorch. oder Schlagzeugensemble (1964); *L'après-midi du Dracoula* für beliebige klangproduzierende Instr. (1966); *Jewel-Encrusted Butterfly Wing Explosions* für Orch., Tonband, Filme, mehrere elektronische Klangquellen u. Fernsehen (1968); Orchestertrilogie aus *Silver and the Circle of Messages* (1970); *Divertissement Nr. 3,* a Lunchbag Opera, für lebensgroße gehende Papiertüten u. Klangerzeuger (1971); *Wendekreise* (1972) u. *Angels of Silence* (1972); *The Eternal Hour* für beliebig viele Orch. u. Chöre (1974); *Durch Wüsten u. Wolken* (1975); *Landhausmusik* für verschiedene Ensembles u. Knabenchor (1975); *Pachelbel Promenade* für verschiedene Instrumentalgruppen einschließlich steirischer Volksmusik u. Knabenchor (1975); *Es war einmal,* Multimedia-Schau für Kinder (1976); *Enantiodromia* für 8 Orch. (1977) u. *Musik für Haustiere* für Tonband (1977).

Mordent (von franz. mordre: »beißen«), eine Verzierung, die zur Familie der → Triller gehört u. durch ∗ angezeigt wird. M. bedeutet einmaligen oder mehrfachen Wechsel der mit M. versehenen Hauptnote mit der kleinen oder großen Untersekunde, was eventuell durch Akzidenzien vorgeschrieben wird.

Moresca (wahrscheinlich von span. morisco: »Mohr«, engl. morris dance), ein 1427 erstmals in Burgund bezeugter Tanz. Die Herkunft ist umstritten. Sie soll auf die Kämpfe der Christen mit den Mauren (geschwärzte Gesichter) zurückgehen, wofür auch die Doppelfrontaufstellung spräche. Außerdem wird die Meinung vertreten, die M. gehe auf Fruchtbarkeitstänze zurück. Th. Arbeau beschreibt die M. als Solotanz, bei dem die Tänzer Schellen an den Knöcheln trugen. Das spräche für eine Herleitung vom griech. moros (»Narr«). Im 15. Jh. weitverbreitet als Gruppen- oder Solotanz u. als Begriff auf alle Arten von Tanzspielen ausgedehnt. Monteverdis *Orfeo* schließt mit einer M. (→ Morris dance).

Moritat → Bänkelsang

Morley, Thomas, engl. Komponist, Organist u. Musiktheoretiker, * 1557 wahrscheinlich London, † Oktober 1602 ebd. Schüler von W. Byrd, um 1591 Organist an St. Paul's Cathedral in London u. 1592 Gentleman of the Chapel Royal. Erhielt 1598 ein auf 21 Jahre befristetes Druckprivileg zur Herstellung von Notenpapier u. zur Veröffentlichung von Musik. Scheint mit Shakespeare bekannt gewesen zu sein. Von M. stammt *It was a lover and his lass,* ein Lied aus Shakespeares »As you like it«, das möglicherweise Bestandteil der Originalbühnenmusik des Stücks war. Zu M. geistlichen Kompositionen gehören Services, Motetten u. Anthems.

M. veröffentlichte außerdem: »Canzonets, or Little Short Songs to Three Voyces« (1593), »Madrigalls to Foure Voyces« (1594), »The First Booke of Balletts to Five Voyces« (1595), »The First Booke of Canzonets to Two Voyces« (1595) u. »Canzonets, or Little Short Aers to Five and Sixe Voyces« (1597). Daneben gab M. »The Triumphes of Oriana«, 5–6st. heraus, darin 2 Madrigale von ihm selbst sowie »A Plaine and Easie Introduction to Practicall Musicke, Set Downe in Forme of a Dialogue« (1597).

Morrice, Norman, engl. Tänzer, Choreograf u. Ballettdirektor, * 10. 9. 1931 Agua Dulce, Mexiko. Nach einer Aufführung von F. Ashtons *Symphonic Variations* durch das Royal Ballet beschloß M., Tänzer zu werden. Er erhielt seine Ausbildung zuerst in Mansfield, ab 1952 ausschließlich an der Schule des Ballet Rambert. 1954 wurde M. Tänzer des Ballet Rambert, 1966 Mitdirektor der Kompanie. Sein erstes Ballett *Two Brothers* (M.: E. von Dohnányi) entstand 1958. 1961–62 machte sich M. in New York mit zeitgenössischen Ballett-Techniken vertraut u. arbeitete mit M. Graham, Turner, M. Cunningham u. A. Ailey zusammen. Sein Eintritt in die Direktion des Ballet Rambert gab dieser Truppe ein modernes Gesicht u. bewahrte sie so wahrscheinlich vor dem Untergang. Ab 1974 widmete sich M. vorwiegend der Kreation neuer Ballette, u. a. auch für die Bathsheva Company in Tel Aviv. 1976 leitete er den 2. Gulbenkian National Choreographic Summer Course u. übernahm 1977 die Direktion des Royal Ballet als Nachfolger von MacMillan.

Zu M. Choreografien gehören: *Hazana* (M.: C. Surinach) 1959; *The Wise Monkeys* (M.: D. Schostakowitsch) 1960; *Conflicts* (M.: E. Bloch) 1962; *The Travellers* (M.: L. Salzedo) 1963; *Cul de Sac* (M.: Ch. Whelan) 1964; *The Tribute* (M.: R. Sessions) u. *Realms of Choice* (M.: Salzedo) 1965; *Hazard* (M.: Salzedo) 1967; *1-2-3* (M.: Salzedo) u. *Them and Us* (M.: I. Xenakis) 1968; *Blind Sight* (M.: B. Downes) u. *Pastorale* (M.: P. Ben-Haim) 1969; *The Empty Suit* (M.: Salzedo) 1970; *That Is the Show* (M.: L. Berio) 1971; *Spindrift* (M.: J. Lewis) 1974; *The Sea Whisper'd Me* (M.: C. Miranda) u. *Smiling Immortal* (M.: J. Harvey) 1977.

Morris dance, auf die europäische → Moresca zurückgehender engl. Volkstanz, der heute noch lebendig ist u. besonders in den Midlands gepflegt wird. Die Ausführenden tragen Schellen an den Knöcheln, die Kostüme sind farbenprächtig u. verziert, die Gesichter häufig geschwärzt. Das komplizierte Schrittrepertoire wird meistens zu einer geradtaktigen Musik ausgeführt, die von Einhandflöte u. Trommel erzeugt wird.

Mortari, Virgilio, ital. Komponist und Pianist, * 6. 12. 1902 Passirana di Lainate, Mailand. Schüler von C. A. Bossi u. I. Pizzetti. 1933–40 Lehrer am Conservatorio di Musica B. Marcello in Venedig u. ab 1940 am Conservatorio di Musica S. Cecilia in Rom. 1955–59 war M. Intendant des Teatro La Fenice in Venedig, 1963 Ernennung zum Vizepräsidenten der Accademia Nazionale di S. Cecilia in Rom. Machte sich hauptsächlich um die Wiederaufführung u. Herausgabe von ital. Bühnenwerken des 18. Jh. verdient.

Zu M. Kompositionen gehören die Opern *Secchi e Sberlecchi* (1927), *La scuola delle mogli* (1930, rev. 1959), *La figlia del diavolo* (1954) u. *Il contratto* (1962), das Ballett *L'allegra piazzetta* (1945), Orchesterwerke, geistliche Kompositionen, Kammermusik u. Lieder. Gemeinsam mit A. Casella verfaßte er »La tècnica dell'orchestra contemporanea« (Mailand 1947, dt. »Die Technik des modernen Orchesters«, Mailand u. Frankfurt a. M. 1961).

Mortensen, Finn, norw. Komponist u. Lehrer, * 6. 1. 1922 Oslo. Schüler von Th. Eken (1941–42) u. K. Egge (1943–44). Nahm 1956 einige Monate Kompositionsunterricht bei N. V. Bentzon. 1967–68 Direktor der norw. Rikskonsertene. War außerdem Professor für Komposition am Musikkonservatoriet in Oslo u. Musikkritiker am dortigen »Dagbladet«. Entwickelte sich von einer tonalen Musiksprache zum Zwölftonkomponisten u. experimentiert heute mit post-seriellen Techniken.

Zu M. Werken gehören Sinfonie (1953), Sonate für Fl. solo (1953), *Pezzo orchestrale* (1957), *Tre ved stranden* für 4st. Frauenchor (1961), *12 kleine Zwölftonstücke für Kinder* für Kl. (1961–64), *Evolution* für Orch. (1961), *Klangfarben* für Orch. (1962), Konzert für Kl. u. Orch. (1963), Fantasie für Kl. u. Orch. (1965–66), *Per orchestra* (1967), Kammermusik (1968), Impressionen für 2 Kl. (1971).

Morthenson, Jan W., schwed. Komponist, * 7. 4. 1940 Örnsköldsvik. Schüler von R. Mangs u. I. Lidholm u. Mitarbeiter von G. M. König am Studio für elektronische Musik des WDR in Köln. War 1965–67 Redakteur des »Fylkingen International Bulletin on Art and Technology«, 1970 Dozent am Konservatorium in San Francisco u. lebte 1972 auf Einladung des Deutschen Akademischen Austauschdienstes in Berlin. Entwickelte unter dem Einfluß von G. Ligeti seine nichtfigurative Musik, in der thematische Entwicklung zugunsten von Klang u. Dynamik aufgegeben wird. Experimentiert außerdem mit Musik für Fernsehen, Elektronik u. Multimedia.

Zu M. Kompositionen gehören *Angelus* für mehrere Schlagzeuge, *Coloratura I* für Streicher u. Tonband u. *Sinfonia da camera* (1960); *Wechselspiel I* für Vc. (1960); *Canzona* für 6 Chöre, Schlagzeug u. Lautsprecher, *Chains-Mirrors*, elektronische Musik auf der Basis einer S.-St., *Interjections* für Schlagzeug, *Some of these* ..., grafische Komposition für Org., *Wechselspiel II* für Solo-Fl. u. Lautsprecher u. *III* für Kl. u. Schlagzeug (1961); *Coloratura II* für Orch. u. *III* für Kammerorch., *Courante I–III*, grafische Kompositionen für Kl., u. *Madame Bovary* für Org. (1962); *Antiphonia I* für Orch., *II* für Kammerorch., *Coloratura IV* für Orch., *Encores*, grafische Komposition für Org. (1963); *Eternes* für Org. (1964); *Förspel-Epsilon Eridani-Efterspel*, elektronische Komposition, *Interferences*, elektronische Komposition, *Neutron Star*, Computer-Musik (1967); *Decadenza I* für Org. u. Tonband (1968); *Ionosphères I* u. *Zero*, elektronische Kompositionen (1969); *Antiphonia III* für Kammerorch., *Colossus* für Orch., *Decadenza II* für Orch., Projektion u. Tonband, *Farewell* für Org., *Senza* für Streicher u. *Ultra*, Computer-Musik (1970); *Labor* für Kammerorch., *Sensory Project I* u. *II*, Computer-Musik (1971); *Down* für Fl. solo, *Life* für T., Orch. u. Instrumentalgruppen u. *Video I* für 8 Solo-Streicher (1972); *Alla marcia* für Frauenchor, Orch., Tonband u. 8 Stroboskope u. *Five pieces* für Orch. (1973); Soli für Bläserquintett (1974); *Unisono* für Fag. u. Cemb. oder Hf., *Cultura*, Metamusik für 4 Org., 2 Knaben-St., Bar. u. elektr. verstärkte Instr. u. *Anticanti* für gem. Chor u. Streicher mit je 6 Solisten (1975); *Morendo* für gem. Chor, Orch. u. Tonband (1977). Daneben entstanden Musiken für Fernsehen wie *Spoon River* (1968), *Supersonics* (1970), *Lux sonora* u. *Post scriptum* (1971), *Camera humana* u. *Sensory Project III* (1972) u. *Citydrama*, Multimedia (1972–74). Außerdem produzierte M. den Kurzfilm »Interferences I« (1967) u. veröffentlichte seine Kompositionsprinzipien als »Nonfigurative Musik« (Stockholm 1964).

Moscheles, Ignaz (eigtl. Isack), dt. Pianist, Komponist u. Dirigent, * 23. 5. 1794 Prag, † 10. 3. 1870 Leipzig. Studierte bei F. D. Weber in Prag u. J. G. Albrechtsberger u. A. Salieri in Wien. Galt als einer der größten Klaviervirtuosen seiner Zeit. Gab 1814 bei Artaria unter der Oberaufsicht von L. van Beethoven den Klavierauszug zu dessen *Fidelio* heraus u. machte sich 1815 mit seinen Variationen über den Alexandermarsch für Kl. erstmals als Komponist einen Namen. Ließ sich 1821 in London nieder, von wo aus er regelmäßig auf Konzertreisen ging. 1824 gab er F. Mendelssohn Bartholdy Klavierunterricht in Berlin, 1832 dirigierte er die engl. Erstaufführung von Beethovens *Missa solemnis* u. leitete eine Reihe von Konzerten der Philharmonic Society. 1846 übernahm M. auf Einladung Mendelssohns die Klavierklasse am neugegründeten Leipziger Konservatorium, die er bis 1870 betreute. Zu seinen Kompositionen, die vielfach wegen ihres salonartigen Charakters in Vergessenheit geraten sind, gehören 8 Klavierkonzerte, Kammermusik u. Klavierstücke, darunter *Hommage à Händel* für 2 Kl. (1822–33). Als Schulwerke verfaßte er: »24 Études« (1825–26) u. »Charakteristische Studien« (1836).

Mosel, Ignaz F. de P. V. F. J., Edler von, österr. Komponist u. Schriftsteller, * 1. 4. 1772 Wien, † 8. 4. 1844 ebd. Leitete 1812–16 die jährlichen Musikfeste, die schließlich zur Gründung der Gesellschaft der Musikfreunde führten. 1821–29 war M. Vizedirektor der Hofbühnen u. ab 1829 bis zu seinem Tode 1. Kustos der Hofbibliothek.

Zu M. Kompositionen gehören die Opern *Die Feuerprobe* (1811), *Salem* (1813) u. *Cyrus u. Astyages* (1818), Bühnenmusiken, Psalmen, Hymnen, Liedersammlungen. Von seinen Schriften seien erwähnt: »Versuch einer Aesthetik des dramatischen Tonsatzes« (Wien 1813); »Ueber die Oper« (Wien 1821); »Ueber das Leben u. die Werke des A. Salieri« (Wien 1827) u. »Geschichte der K. K. Hofbibliothek zu Wien« (Wien 1835).

Mosonyi, Mihály (eigtl. Michael Brand), ungar. Kontrabassist, Komponist u. Schriftsteller, * 2. 9.

1815 Frauenkirchen, Komitat Wieselburg, † 31. 10. 1870 Budapest. Abgesehen von wenigen Unterrichtsstunden bei K. Turányi Autodidakt, brachte sich mit dem Studium von A. Reichas »Vollständigem Lehrbuch« das nötige Rüstzeug zum Komponieren bei. Lebte ab 1842 als Kontrabassist u. Musiklehrer in Budapest. Legte 1859 seinen dt. Namen ab u. schloß sich der nationalungar. Bewegung an, deren Ziele er hauptsächlich in der Zeitschrift »Zenészeti Lapok« vertrat. Auch in seinen Werken ist ein deutlicher Wandel zur ungar. Folklore festzustellen.

M. komponierte u.a. die Opern *Kaiser Max auf der Martinswand* (1856–57), *Szép Ilonka* (1861) und *Álmos* (1862), Messen, Kantaten, 2 Sinfonien (1842–44 und 1856), *Gyász-zene*, eine Trauermusik auf den Grafen I. Széchenyi (1860), 6 Streichquartette, Klavierstükke u. Lieder.

Moszkowski, Moritz, poln. Pianist u. Komponist, * 23. 8. 1854 Breslau, † 4. 3. 1925 Paris. Schüler des Stern'schen u. Kullak'schen Konservatoriums in Berlin u. zeitweise Lehrer am letzteren. Machte sich als Klaviervirtuose einen Namen u. ließ sich 1897 in Paris nieder. Von seinen Kompositionen seien die Oper *Boabdil* (1892), das Ballett *Laurin* (1896) u. die zu seiner Zeit populären *Spanischen Tänze* für Kl. vierhändig erwähnt. Von M. stammt ebenfalls eine Bühnenmusik zu Grabbes »Don Juan u. Faust«. Sein Bruder Alexander war in Berlin Musikreferent des »Dt. Montagsblattes«.

Motette (von mittellat. motetus, das wahrscheinlich auf franz. mot: »Wort«, »Vers« zurückgeht), führende Gattung der → Ars antiqua. Entstand um 1200 in der Notre-Dame-Epoche u. geht auf das mittelalterliche Verfahren des Tropierens (→ Tropus) zurück, bei dem die Oberstimmen von → Klauseln nachträglich syllabisch mit rhythmischen lat., später vorwiegend franz. Texten unterlegt wurden. Die textierte Stimme über dem Cantus wurde nun nicht mehr Duplum, sondern Motetus genannt, eine Bezeichnung, die später auch auf das ganze 2- bis 4st. Stück überging. Da verschiedene Texte oder verschiedene Sprachen gleichzeitig verwendet werden konnten, entstanden ein- oder mehrsprachige Doppel- u. Tripel-M. Mit der Mensuralnotation kam es zu einer verfeinerten Oberstimmenrhythmik u. schließlich zur Isorhythmie (→ isorhythmisch) der → Ars nova. Neben der C. f.-gebundenen M. entstand die M. mit frei erfundenem Tenor, dessen musikalisches Material sowohl geistlichen wie weltlichen Ursprungs sein konnte. Zur Blütezeit der franko-fläm. Musik führte die Sorge um korrekte Deklamation des Textes zu gleicher Textlegung in allen Stimmen. Damit waren Voraussetzungen für die durchimitierte M. geschaffen, bei der dasselbe Themenmaterial in allen Stimmen systematisch durchgeführt wurde. Diese Form der im Satz völlig homogenisierten M. fand ihre höchste Ausprägung in den Kompositionen G. P. da Palestrinas. J. S. Bach rückte seine mit Chorälen durchsetzten u. instrumental begleiteten M. in die Nähe der → Kantate. Im 20. Jh. haben u. a. H. Kaminski, H. Distler, E. Pepping u. J. N. David zur Erneuerung der M. beigetragen.

Motiv (von lat. movere: »bewegen«), in der Musiklehre ab Mitte des 18. Jh. die kleinste Einheit des musikalischen Materials, aus dem sich dann ein → Thema oder eine → Melodie entwickeln konnte. Bei Wagner erhält es als → Leitmotiv strukturbildende Bedeutung.

Motte, Diether de la, dt. Komponist, * 30. 3. 1928 Bonn. Studierte an der Nordwestdeutschen Musikakademie in Detmold bei W. Maler (Komposition), C. Hansen (Klavier) u. K. Thomas (Chorleitung), war Dozent an der evang. Landeskirchenmusikschule, Musikkritiker in Düsseldorf u. 1959–62 Lektor des Verlages B. Schott's Söhne in Mainz. 1962 Dozent, 1964 Professor an der Staatlichen Musikhochschule in Hamburg, wo er Komposition, Musiktheorie, Formenlehre u. Partiturkunde unterrichtet.

Zu M. Kompositionen gehören: die Bühnenwerke *Der Aufsichtsrat* (1970) u. *So oder so* (1972–74), Bühnenmusiken sowie *Die Klagelieder Jeremias* für Chor a cappella (1948), Bläserquintett (1954), *Das Gebet Asarjas* für Sprecher, Männerchor u. Schlagzeug (1956), Orchesterkonzert (1963), Sinfonie (1964), Klavierkonzert (1965), Septett (1965), *Es wartet alles auf dich*, Kantate für Chor, 5 Instr. u. Org. (1965), *Die Niemandsrose* für Bar. u. 7 Instr. (1966), Flötenkonzert (1967), *Orgelstück mit Fenstern* für Org. (1970), *Haus-Konzert* u. *Klang-Wege* für Orch. (1971), *Echokonzert* für Vc. u. Orch. (1976), Orchesterkonzert (1980), *Klänge* für 2 Orch. (1981). Daneben entstanden Tonbandkompositionen unter ausschließlicher Verwendung konkreter Geräusche (Mixed music). Außerdem leitete M. zahlreiche Wandelkonzerte mit eigener sichtbarer Musik für Orch. u. kleinere Besetzungen. Er ist verheiratet mit der Wissenschaftlerin u. Schriftstellerin Helga de la M.

Zu seinen Schriften gehören: »H. W. Henze, Der Prinz von Homburg« (Mainz 1960); »Musikalische Analyse« (Kassel 1968) u. »Harmonielehre« (Kassel u. München 1976).

Motus (lat.: »Bewegung«), wird in der Musiktheorie im Sinn von Stimmführung verwendet. So ist mit M. retrogradus der → Krebsgang gemeint.

Moulinié (Molinier), Estienne, franz. Komponist u. Sänger, * um 1600, † um 1670 Carcassonne. Als Chorknabe in Narbonne nachgewiesen. 1625 in Paris u. 1628–60 im Dienst des Herzogs Gaston von Orléans, anschließend Maistre de la musique des Estats du Languedoc. Er veröffentlichte 5 Bücher »Airs avec tablature de luth« (1624–35), 4–5st. »Airs de cour« (1635–39), »Missa pro defunctis a cappella«, 5st. (1636), u. »Meslanges de sujets chrestiens, cantiques litanies et motets«, 2–5st. mit B.c. (1658). M. hat mit seinen Airs zur Verbreitung des neuen ital. Vokalstils in Frankreich beigetragen. Seine bei Perrin angeführten Kantaten sind verloren.

Mouton, Jehan (auch J. M. Sameracensis), franko-flämischer Komponist, * um 1459 Hollingue, † 30. 10. 1522 Saint-Quentin. 1477 Sängerknabe an Notre-Dame in Nesles. Empfing dort 1483 die Priesterweihe, wurde zum Cantor gewählt u. erhielt eine Pfründe. War wahrscheinlich ab 1502 Mitglied der Kapelle der Königin Anne, trat nach deren Tod in die Dienste König Ludwigs XII. u. gehörte auch zu den Musikern um Franz I. Besaß Pfründen an der Kollegiatkirche in Saint-Quentin u. in Thérouanne. M., der möglicherweise ein Schüler von J. Desprez war, galt als einer der bedeutendsten Musiker seiner Zeit und hervorragender Vertreter der Josquin-Schule. Daher schwankten zeitgenössische Werkzuweisungen häufig zwischen beiden Meistern. Glareanus berichtete in seinem »Dodekachordon« (1547) begeistert von seinem Treffen mit M., von dessen Werken er verschiedene Beispiele brachte. In seinen Kompositionen wendete M. die C.f.-Technik genauso an wie die → Imitation. Sein Schüler A. Willaert hat vielen seiner Messen Motetten von M. zugrunde gelegt. Seine erhaltenen Kompositionen umfassen 14 vollständige Meßordinarien u. ein einzelnes Credo, 10 Magnificat, an die 120 Motetten u. 20 franz. Chansons.

Moyzes, Alexander, slowak. Komponist, * 4. 9. 1906 Kláštor pod Znievom. Sohn des Komponisten Mikuláš M. Schüler von O. Šín, R. Karel u. V. Novák. Ab 1929 Lehrer an der Musikakademie in Bratislava u. dort 1935–48 auch Leiter der Musikabteilung des Rundfunks. Zu seinen in der Dvořák-Nachfolge stehenden u. folkloristisch gefärbten Kompositionen gehören die Kantate *Svätopluk* (1935, rev. als Oper *Udatný král'* 1967), 9 Sinfonien (1929–71), sinfonische Suiten *Feuer auf den Bergen* (1974) u. *Sage über Jánošik* (1976), Violinkonzert (1958), Flötenkonzert (1967), Kammermusik, Chöre u. Lieder.

mozarabischer Gesang, gehört mit dem Ambrosianischen Gesang zur Gruppe des → gallikanischen Gesangs. Wurde durch die Gregorianik verdrängt. Die wenigen erhaltenen Zeugnisse sind in mozarabischer Neumenschrift abgefaßt u. bisher nicht entzifferbar.

Mozart, 1. J. G. Leopold, dt. Geiger u. Komponist, getauft 14. 11. 1719 Augsburg, † 28. 5. 1787 Salzburg. Stammt aus einer Familie, die im bayrischen Schwaben angesiedelt war. Unter den Vorfahren ist der wohlhabende Bauer David I. E. Motzhardt der älteste nachweisbare. Leopold M. war der Sohn des Buchbinders Johann Georg M. aus dessen zweiter Ehe mit der Augsburger Webertochter Anna Maria Sulzer. Erhielt am jesuitischen Salvatorgymnasium in Augsburg eine umfassende humanistische Bildung u. genoß schon während der Schulzeit den Ruf eines ausgezeichneten Geigers. Immatrikulierte sich am 26. 11. 1737 an der Benediktiner-Universität in Salzburg, wurde aber im Herbst 1739 wegen Säumigkeit ausgeschlossen. 1740 trat er als Kammerdiener u. Musiker in die Dienste des Grafen von Thurn u. Valsassina, eines musikliebenden Domherrn in Salzburg, dem er im gleichen Jahr 6 Triosonaten widmete. 1743 wurde Leopold M. 4. Geiger in der Hofkapelle des Fürsterzbischofs, Graf Firmian, u. bei dessen Nachfolger, Sigmund Graf Schrattenbach, Hofkomponist. Ab 1744 unterrichtete er die Kapellknaben im Geigenspiel, 1763 wurde er Vizekapellmeister u. 1777 Klaviermeister am Kapellhaus des Doms. Aus der Ehe mit der Salzburgerin Anna Maria Pertl (1720–78) stammen die Kinder Anna Maria, genannt Nannerl, u. Wolfgang Amadeus. Vater Leopold kümmerte sich um die Erziehung der begabten Kinder u. nahm dafür das Ende einer eigenen Karriere in Kauf. Seine Kompositionen, Gelegenheitsmusiken wie *Schlittenfahrt* (1755), *Bauernhochzeit* (1755) u. *Divertimento militare* (1755), Konzerte, u. a. für Trompete u. Orch. (1762) u. zwei- bis sechssätzige Sinfonien im Suitenstil, darunter wahrscheinlich auch die bisher J. Haydn zugeschriebene *Kindersinfonie*, sind alle vor den großen Reisen entstanden, die er mit seinen Kindern unternahm. Sein wichtigstes Werk ist der »Versuch einer gründlichen Violinschule« (Augsburg 1756, franz. Paris 1770).

2. Wolfgang Amadeus (Taufnamen Johannes Chrysostomus Wolfgangus Theophilus, der letztere lat.: Amadeus, von Mozart selbst nie benutzt, er schrieb immer Amadè), Sohn von 1., österr. Komponist, * 27. 1. 1756 Salzburg, † 5. 12. 1791 Wien. Seine musikalische Begabung, insbesondere sein absolutes Gehör u. Erinnerungsvermögen, machte sich früh bemerkbar. Das für seine ältere Schwester Maria Anna, genannt Nannerl, vom Vater angelegte Notenbuch diente auch M. als Unterrichtsgrundlage. Der stolze Vater hielt in ihm die Fortschritte des Sohnes fest u. notierte auch die ersten Kompositionen, die dieser ihm diktierte, u. a. die heute mit KV 1 bezeichneten Klavierstücke samt dem Vermerk in Leopolds Handschrift: »Des Wolfgangerl Compositiones in den ersten 3 Monat(en) nach seinem 5ten Jahre.« 1761 trat M. in J. E. Eberlins *Sigismundus Hungariae Rex* auf. Der Vater förderte die Begabung des Sohnes zielstrebig u. machte sich auch seine allgemeine Erziehung zur Aufgabe. 1762 ging Vater Leopold erstmals mit seinen beiden Kindern auf Konzerttournee. Die Ziele hießen München u. Wien. Die verschiedenen Auftritte der beiden Wunderkinder bei Hof u. vor adeligen Gesellschaften waren ein voller Erfolg. In Wien spielte M. ein Klavierkonzert des Hofkomponisten G. Ch. Wagenseil u. bat diesen, ihm dabei umzublättern.

1763 reiste die ganze Familie über München, Augsburg, Ludwigsburg, Schwetzingen, Heidelberg, Mainz, Frankfurt a. M., Koblenz, Köln, Aachen, Brüssel nach Paris. Neben öffentlichen Konzerten in Paris u. Auftritten bei Hof lernte M. dt. Musiker wie J. G. Eckard u. J. Schobert kennen. Die ersten Sonaten für V. u. Kl. entstanden. 1764 reiste die Familie weiter nach London. Dort machte M. Bekanntschaft mit K. F. Abel u. J. Ch. Bach, der M. Stil in den folgenden Jahren beeinflussen sollte. J. Ch. Smith führte ihn in die Werke G. F. Händels ein. Leopold M. ließ auf eigene Kosten »6 Sonates pour le Clavecin avec accomp.« seines Sohnes erscheinen u. widmete sie der Königin. Welches Pensum man den Kindern zumutete, kann man schon daran ermessen, daß sie im März 1765 jeden Tag in einem Gasthofzimmer, in Hickford's Great Room, Brewer Street, zwischen 12 u. 15 Uhr vierhändig auftreten mußten. Je nach Wunsch spielten sie auch mit verdeckten Tasten oder gaben solche Stücke zum besten, die das Publikum mitbrachte. Auf der Rückreise über Den Haag u. Amsterdam wurden beide Kinder krank; die Reise mußte monatelang in Den Haag unterbrochen werden, führte dann über Utrecht, Mecheln, Paris, Dijon, Lyon, Genf, Lausanne, Bern, Zürich, Donaueschingen, Ulm u. München nach Salzburg zurück, wo die Mozarts im November 1766 eintrafen. Während der Vater die unterbrochene Ausbildung des Sohnes wiederaufnahm u. mit ihm den »Gradus ad Parnassum« von J. J. Fux durcharbeitete, erhielt M. vom Erzbischof den Auftrag, den ersten Akt eines geistlichen Singspiels zu komponieren. Gemeinsam mit A. C. Adlgasser u. M. Haydn entstand das Schuldrama *Die Schuldigkeit des ersten Gebotes* KV 35, dessen Aufführung am 12. 3. 1767 stattfand. Es folgte Musik zu der lat. Schulkomödie »Apollo et Hyacinthus« (KV 38). Im gleichen Jahr reiste die Familie wieder nach Wien. M. machte sich an die Komposition der vom Hof bestellten Opera buffa *La finta semplice* KV 51. Vor einer Wien erfassenden Pockenepidemie wichen die Mozarts nach Olmütz aus. Trotz dieser Vorsichtsmaßregel erkrankten beide Kinder. Anfang 1768 kehrte die Familie nach Wien zurück. Dort fiel *La finta* den Intrigen bei Hof zum Opfer, aber das inzwischen entstandene Singspiel *Bastien und Bastienne* KV 50 kam im Gartentheater des Arztes u. Magnetiseurs Dr. Mesmer zur Aufführung. Nach fünfzehnmonatiger Abwesenheit kehrte die Familie im Januar 1769 wieder nach Salzburg zurück.

Dort ließ der Erzbischof *La finta* aufführen u. ernannte M. zum vorerst unbezahlten Konzertmeister seiner Privatkapelle. Im Dezember des gleichen Jahres brach M. mit seinem Vater zur 1. Italienreise auf. In Mailand lernte er G. B. Sammartini u. N. Piccinni kennen u. erhielt den Auftrag zu einer Oper. Über Lodi, wo die ersten 3 Sätze des Streichquartetts KV 80 entstanden, führte die Reise nach Bologna. Dort kam es zu mehreren Begegnungen mit Padre Martini, der den jungen M. im Kontrapunkt unterwies. In Florenz traf M. mit P. Nardini zusammen u. schloß Freundschaft mit dem Engländer Th. Linley. In Rom verblüffte er die Kenner, indem er L. Allegris in der Karwoche in der Sixtinischen Kapelle gesungenes Miserere aus dem Gedächtnis aufschrieb. In Neapel lernte er die Opernkomponisten G. F. De Majo u. G. Paisiello kennen. Auf der Rückreise wurde M. in Rom von Papst Clemens XIV. zum Ritter vom Goldenen Sporn ernannt. Im Gegensatz zu Ch. W. Gluck ließ er den Titel Cavaliere aber ziemlich schnell wieder fallen. In Bologna erfolgte nach entsprechender Prüfung die Aufnahme als »compositore« in die ehrwürdige Accademia dei Filarmonici. Wieder in Mailand, begann M. mit der Komposition der Oper *Mitridate, rè di Ponto* KV 87, die dort an Weihnachten 1770 mit großem Erfolg uraufgeführt wurde. M. dirigierte die ersten drei Vorstellungen vom Cembalo aus. Auf der Rückreise nach Salzburg berührten die Mozarts Turin, Venedig, Padua, Vicenza, Verona u. Innsbruck. Zur Ausbeute dieser ersten Italienreise gehören u. a. die Sinfonien KV 74, 81, 84, 95 u. 97. Bereits auf der Rückreise begann M. mit der Arbeit an dem geistlichen Singspiel *La Betulia liberata* KV 118.

Im August 1771 brachen Vater u. Sohn zur 2. Italienreise auf. In Mailand kam anläßlich der Hochzeit Erzherzog Ferdinands die Serenata teatrale *Ascanio in Alba* zur Aufführung. M. lernte J. A. Hasse kennen, der aus diesem Anlaß die eigentliche Festoper, *Ruggiero,* komponiert hatte u. lobende Worte über den jungen Deutschen fand.

1772 komponierte M. zum Amtsantritt des Salzburger Erzbischofs Hieronymus Graf Colloredo die einaktige Serenata dramatica *Il sogno di Scipione* KV 126. Dieser ernannte M. zum besoldeten Konzertmeister. Im Oktober des gleichen Jahres brachen Vater u. Sohn zur 3. Italienreise auf. In Mailand brachte M. an Weihnachten 1772 seine Opera seria *Lucio Silla* KV 135 heraus. Wieder in Salzburg, entstanden u. a. eine Reihe von Sinfonien sowie die *Trinitatis-Messe* KV 167. Bei

einer Wienreise im Sommer 1773 lernte M. Haydns Streichquartette op. 17 u. 20 kennen. Sie regten ihn zu einem eigenen Zyklus (KV 168–173) an, in dem er sich mit Haydns Kompositionstechnik auseinandersetzte. Noch vor Jahresende komponierte M. die g-Moll-Sinfonie KV 183 u. das 1. Klavierkonzert KV 175.
1774 entstanden neben einer Reihe von Kammermusikwerken in Salzburg M. erste Klaviersonaten KV 279–283. Außerdem begann die Arbeit an der Opera buffa *La finta giardiniera* KV 196, die er Anfang Januar 1775 in München beendete u. dort am 13. 1. 1775 mit großem Erfolg uraufführte. Bereits am 23. 4. folgte in Salzburg die Festoper *Il Rè pastore* KV 208. Es entstanden außerdem Klaviersonaten, Serenaden, die sog. *Spatzenmesse* KV 220 sowie 5 Violinkonzerte (KV 207, 211, 216, 218 u. 219).
Das Jahr 1776 verging mit dem M. immer härter ankommenden Dienst beim Erzbischof u. der Komposition von Kirchenmusiken, Serenaden, darunter die bekannte *Haffner-Serenade* KV 250, Divertimenti, Kammermusik sowie die Klavierkonzerte KV 238, 242, 246 u. 271.
1777 hielt er die Salzburger Enge nicht mehr aus u. bat den Erzbischof um seine Entlassung, die ungnädig gewährt wurde. Mit seiner Mutter brach M. am 23. 9. 1777 zur 2. Parisreise auf. Über München gelangten sie nach Mannheim, wo sich M. mit der Familie Cannabich anfreundete, Musiker wie C. G. u. G. B. Toeschi, I. Holzbauer u. A. Schweitzer kennenlernte u. die Aufführungspraxis des berühmten Mannheimer Orchesters studierte. Daneben gab er Unterricht u. komponierte die Klaviersonaten KV 309 u. 311. Für so hervorragende Mannheimer Instrumentalisten wie J. B. Wendling, F. Ramm u. P. Ritter entstanden Kompositionen, u. mit Virtuosen wie Abbé Vogler u. J. F. X. Sterkel ließ er sich auf Wettspiele ein. Nach der bekannten Bäsle-Episode in Augsburg verliebte sich M. in Mannheim zum erstenmal in seinem Leben leidenschaftlich. Die Auserwählte war Aloysia Weber, älteste Tochter eines ehemaligen Sängers, Souffleurs u. Notenschreibers. Zwar ließ sich Aloysia von M. Gesangsunterricht geben u. Konzertarien schreiben, aber eine ernstere Bindung an M. erwog sie nicht. Nur auf ernste Vorhaltungen des Vaters wurde im März 1778 die Reise nach Paris fortgesetzt. Dort geriet M. in die Auseinandersetzungen zwischen den Gluckisten u. den Piccinnisten. An einen Kompositionsauftrag für eine Oper war gar nicht zu denken, u. eine Anstellung fand sich auch nicht. M. mußte aus Geldmangel in einem miserablen Quartier absteigen u. sich u. seine Mutter durch Stundengeben über Wasser halten. Für den Herzog de Guines entstand das Konzert für Fl., Hf. u. Orch. KV 299, u. J. G. Noverre, der ihm allerhand Versprechungen gemacht hatte, ließ ihn schließlich zu seiner Pantomime »Les petits riens« einige Stücke komponieren (KV-Anhang 10). Außerdem gelang es, die D-Dur-Sinfonie KV 297, die sogen. *Pariser Sinfonie*, zur Aufführung zu bringen. Daneben schrieb M. die Klaviersonaten KV 310 u. 330–333 sowie die Violinsonaten KV 304 u. 306. Am 3. 7. 1778 starb die Mutter. Im September verließ M. Paris u. reiste über Straßburg, Mannheim u. München nach Salzburg zurück.
Anfang 1779 trat er wieder in die Dienste des Erzbischofs als Konzertmeister ein u. wurde als Nachfolger A. C. Adlgassers Hof- u. Domorganist. Es entstanden das unvollendete Singspiel *Zaide* KV 344, Chöre u. Zwischenaktmusiken zu Th. Ph. von Geblers »Thamos, König in Ägypten« KV 345, Kirchenkompositionen, u. a. die *Krönungsmesse* KV 317, Orchesterwerke u. die Konzertante Sinfonie für V., Va. u. Orch. KV 364.
1780 erhielt M. aus München den Auftrag zu einer Oper für den Karneval 1781. Im Oktober begann er mit der Komposition des *Idomeneo, Rè di Creta* KV 366 nach einem Libretto des Salzburger Abbate G. Varesco. Die Uraufführung fand am 29. 1. 1781 statt. Der Münchner Erfolg wies M. als einen der bedeutendsten Opernkomponisten seiner Zeit aus. In München komponierte er nebenbei verschiedene Kompositionen für Freunde u. Bekannte, u. a. das Oboenquartett KV 370 für F. Ramm. Auf Befehl des Erzbischofs reiste M. direkt von München nach Wien. Dort wurde er vom Erzbischof außergewöhnlich kränkend behandelt u. mußte sich in seinen Auftritten fast ausschließlich auf den erzbischöflichen Hofstaat beschränken. M. reichte daher sein Abschiedsgesuch ein, das mit dem berühmten Fußtritt des Grafen Arco beantwortet wurde. M. beschloß, als freischaffender Komponist, Pianist u. Lehrer in Wien zu bleiben. Sehr zum Mißfallen seines Vaters bezog er Quartier bei den inzwischen in Wien ansässigen Mannheimer Webers. Zu seinen ersten Schülerinnen gehörten die Gräfin Rumbeke, Gräfin Thun, Josepha Auerhammer u. Therese von Trattern. Wahrscheinlich hat M. um diese Zeit auch J. Haydn kennengelernt, dessen Quartette op. 33 großen Eindruck auf ihn machten. Am 24. 12. kam es zu einem Wettspiel mit M. Clementi in Anwesenheit des Kaisers, der bei M. ein dt. Singspiel bestellte. So begann die Arbeit an der *Entführung aus dem Serail* KV 384, als Libretto verwendete M. einen Text von Ch. F. Bretzner in der Bearbeitung von Stephanie d. J. Über den Fortgang der Arbeit sind wir durch M. Briefwechsel mit seinem Vater eingehend unterrichtet. Die glanzvolle Aufführung am 16. 7. 1782 in Wien bestätigte seinen Rang als Bühnenkom-

ponist. Ebenfalls im Juli entstand auf Anforderung seines Vaters in größter Eile die *Haffner-Sinfonie* KV 385. Am 4. 8. 1782 erfolgte gegen den Willen des Vaters die Heirat mit Aloysias jüngerer Schwester Constanze Weber. Die neu gegründete Familie kämpfte bald mit immer größer werdenden finanziellen Schwierigkeiten, eine Situation, die sich bis zu M. Lebensende nicht mehr ändern sollte. Eine abnehmende Schülerzahl, die mageren Kompositionshonorare u. spärlicher fließende Einnahmen aus den Akademien deckten kaum die nötigsten Ausgaben. Trotzdem schloß M. noch vor Jahresende mit dem Streichquartett KV 387 das erste Stück eines neuen Zyklus ab, in dem er sich wieder mit dem Quartettschaffen Haydns auseinandersetzte. Um den Vater zu versöhnen, fuhr M. im Sommer 1783 mit Constanze nach Salzburg, aber weder Vater Leopold noch die Schwester konnten sich mit dem neuen Familienmitglied anfreunden. In Einlösung eines vor der Hochzeit getanen Gelübdes führte M. in St. Peter seine unvollständige c-Moll-Messe KV 427 auf. Constanze sang die Sopranpartie. Später sollte er Teile aus dieser Komposition in der Kantate *Davidde penitente* KV 469 verwenden. M. Haydn, der wegen einer Krankheit den Musikwünschen des Erzbischofs nicht schnell genug nachkommen konnte, erhielt von M. großzügig zwei Duos für V. KV 423 u. 424 zur Ablieferung an seinen Dienstherrn. Außerdem arbeitete er an einer Opera buffa *Lo sposo deluso* KV 430, deren Libretto wahrscheinlich von L. da Ponte stammt, den M. um diese Zeit beim Baron Wetzlar kennengelernt hatte. Auf dem Rückweg nach Wien wurde in Linz Station gemacht, wo M. für ein Konzert in wenigen Tagen seine *Linzer Sinfonie* KV 425 komponierte.

Das Jahr 1784 begann mit einem der vielen Umzüge der Familie. Am 9. 2. 1784 machte sich M. an sein Werkverzeichnis; die erste Eintragung galt dem Klavierkonzert KV 449. Neben Konzerten in verschiedenen Adelshäusern u. mehreren Akademien komponierte M. Klavierkonzerte zum eigenen Gebrauch u. Kammermusik. Am 14. 12. 1784 wurde er in die Freimaurer-Loge Zur Wohlthätigkeit aufgenommen. Im Januar 1785 schloß M. mit den Quartetten KV 464 u. 465 *(Dissonanzen-Quartett)* den Zyklus der Haydn gewidmeten 6 Streichquartette ab, die im September des gleichen Jahres bei Artaria erschienen (KV 387, 421, 428, 458, 464 u. 465). Vater Leopold kam zu Besuch u. wohnte bei der Familie seines Sohnes. Dieser machte offensichtlich alle Anstrengungen, um zumindest für die Zeit der Anwesenheit des Vaters ordentliche Lebensverhältnisse vorzutäuschen. Leopold berichtete dann auch stolz an das Nannerl, daß die drei neuen Quartette (KV 458, 464 u. 465) in Anwesenheit von Haydn gespielt worden seien, der zu ihm gesagt habe: »Ich sage Ihnen vor Gott, als ein ehrlicher Mann, Ihr Sohn ist der größte Componist, den ich von Person und dem Namen nach kenne; er hat Geschmack, und überdieß die größte Compositionswissenschaft.« Ebenfalls 1785 entstanden die Klavierkonzerte KV 466, 467 u. 482 sowie eine Reihe von Klavierliedern, darunter *Das Veilchen* (Goethe) KV 476. Dem Theaterdichter da Ponte schlug M. zur Bearbeitung »Le mariage de Figaro« von Beaumarchais vor. Obwohl das Theaterstück von Joseph II. verboten worden war, machten sich M. u. da Ponte ohne Auftrag oder Genehmigung an die Arbeit.

1786 wurde M. Komödie mit Musik *Der Schauspieldirektor* KV 486 nach einem Libretto von G. Stephanie d.J. in Schönbrunn aufgeführt. M. komponierte die Klavierkonzerte KV 488 u. 491 u. schloß die Arbeit am *Figaro* ab. Nach unglaublichen Intrigen, an denen hauptsächlich der Hoftheaterintendant Graf Rosenberg, dessen Adlatus J. Thorwart, der frühere Vormund der Weberschen Töchter, u. der Theaterdichter G. B. Casti beteiligt waren, kam es am 1. 5. 1786 in Anwesenheit des Kaisers zur glanzvollen Uraufführung von *Le Nozze di Figaro* KV 492, dem wohl größten Erfolg, den M. je in Wien erlebt hat. Im Hinblick auf eine bevorstehende Reise nach Prag entstand im gleichen Jahr noch die *Prager Sinfonie* KV 504.

Am 8. 1. 1787 reisten M. u. Constanze mit Diener u. in Begleitung des Geigers F. Hofer sowie des Klarinettisten A. Stadler nach Prag, wo M. als Komponist des *Figaro* gefeiert wurde u. am 22. 1. selbst eine Aufführung dirigierte. Bei einer Akademie am 17. 1. im Prager Theater kam die neue Sinfonie zur Uraufführung. Zum Abschluß des Konzerts fantasierte M. am Klavier u. riß das Publikum zu Begeisterungsstürmen hin. Direktor P. Bondini vereinbarte mit M. gegen Zahlung von 100 Dukaten die Lieferung einer neuen Oper für die nächste Spielzeit. Wieder in Wien, kam es zu dem oft beschriebenen Zusammentreffen zwischen M. u. dem sechzehnjährigen Beethoven. Ein echtes Verhältnis konnte sich jedoch nicht entwickeln, weil der junge Beethoven kaum angekommen nach Bonn zurückeilte, da seine Mutter im Sterben lag. Am 28. 5. 1787 starb Leopold M. in Salzburg. Auch wenn sich die Beziehungen zwischen Vater u. Sohn seit der Eheschließung mit Constanze merklich abgekühlt hatten, war der Verlust des als Gewissen u. Mahner fungierenden Vaters, von dem sich M. zeitlebens nie völlig gelöst hat, ein schmerzlicher Einschnitt in seinem Leben. Am 10. 8. beendete M. *Eine kleine Nachtmusik* KV 525. Am 1. 10. reiste er erneut mit

Constanze nach Prag, wo die Uraufführung des *Don Giovanni* KV 527 vorbereitet wurde, die am 29. 10. mit größtem Erfolg über die Bühne ging. Diese Prager Tage gehörten zu den glücklichsten in M. Leben. *Figaro* u. *Don Giovanni* waren als Erfolgsstücke im Prager Repertoire, er wurde mit Ehren überhäuft u. vor allem von der dortigen Gesellschaft anerkannt. Zu seinen Freunden gehörte auch die Familie Duschek, in deren Sommerhaus Bertramka ein Teil des *Giovanni* entstanden ist. Für Josepha Duschek komponierte er die Konzertarie *Bella mia Fiamma* KV 528. Wieder in Wien, wurde M. bei mäßigem Gehalt zum K. K. Kammer-Kompositeur ernannt. Seine Aufgabe bestand hauptsächlich darin, Tanzmusik für die im Redoutensaal der Hofburg stattfindenden Karnevalsbälle zu schreiben.

Das Jahr 1788 brachte einen erneuten Umzug. Die finanzielle Lage der Familie wurde immer drückender. Die Erstaufführung des *Don Giovanni* im National-Hoftheater in Wien blieb ohne Erfolg. Ungeachtet dieser Schwierigkeiten entstand ein Werk nach dem anderen, darunter das Klavierkonzert KV 537 *(Krönungskonzert)* u. in den wenigen Wochen zwischen dem 26. 6. u. dem 10. 8. die drei letzten Sinfonien KV 543 (Es-Dur), 550 (g-Moll) u. 551 (C-Dur, *Jupiter*). Auf Anregung des Barons von Swieten instrumentierte M. das Händelsche Oratorium *Acis und Galatea* um (KV 566). Für die von dem Baron gegründete Gesellschaft folgten Bearbeitungen des *Messiah* (1789), der *Caecilien-Ode* u. *Alexander's Feast* (beide 1790). Diese Beschäftigung schlug sich auch in M. eigenen Kompositionen nieder. 1789 hoffte M. auf eine Anstellung am preußischen Hof. Zusammen mit Fürst Karl Lichnowsky reiste er über Prag, wo er mit dem Theaterunternehmer Guardasoni die Lieferung einer neuen Oper vereinbarte, nach Dresden. Dort spielte M. vor dem Kurfürsten Friedrich August III. u. maß sich mit J. W. Häßler auf der Orgel u. am Klavier. Die schließlich zustande gekommene Begegnung mit Friedrich Wilhelm II. erbrachte weiter nichts als einen Auftrag über 6 leichte Klaviersonaten u. 6 Streichquartette, von denen M. nicht mehr als drei vollendete. Es sind die sog. *Preußischen Quartette* KV 575, 589 u. 590. Ab Herbst arbeitete er an *Così fan tutte* KV 588, einer Opera buffa zur Karnevalssaison 1790 nach einem Libretto von da Ponte. Krankheit Constanzes u. drückende Geldsorgen machten ihm zu schaffen. Bitt- u. Bettelbriefe an Freunde und Bekannte häuften sich.

Ein sich abzeichnender Erfolg der *Così* wurde nach der Uraufführung vom 26. 1. 1790 dadurch zunichte, daß Joseph II. am 20. 2. starb u. die Theater vorübergehend geschlossen wurden. Zur Krönung seines Nachfolgers Leopold II. in Frankfurt reiste M. auf eigene Kosten an. Bei den Krönungsfeierlichkeiten wurde er jedoch übergangen. Die magere Ausbeute dieser mit geliehenem Geld angetretenen Reise waren eine Akademie in Frankfurt am 15. 10., bei der M. u. a. seine Klavierkonzerte KV 459 u. 537 (daher *Krönungskonzerte*) spielte, ein Auftritt vor dem Kurfürsten im Mannheimer Schloß u. der Besuch der dt. Erstaufführung des *Figaro* in Mannheim.

1791, M. letztes Lebensjahr, brachte eine weitere Verschlechterung seiner finanziellen Lage bei gleichzeitiger Vereinsamung. Die kränkelnde Constanze fuhr zweimal zur Kur nach Baden, M. schrieb immer neue Bittbriefe, u. in seinem Umgang tauchten neue Namen auf, während alte zuverlässige Freunde nicht mehr erwähnt wurden. Trotzdem steigerte er sich noch einmal zu kompositorischen Höchstleistungen. Gleich im Januar entstand das Klavierkonzert KV 595. Im Mai begann die Arbeit an der Oper *Die Zauberflöte* KV 620 nach einem Libretto von E. Schikaneder u. K. L. Giesecke. Ende Juli unterbrach M., um für die böhmische Königskrönung Leopolds II. die Opera seria *La clemenza di Tito* KV 621 zu schreiben, zu deren Einstudierung er im August mit Constanze u. seinem Schüler F. X. Süßmayr nach Prag fuhr. Die Uraufführung fand unter Leitung des Komponisten am 6. 9. im Prager Nationaltheater statt. Der Erfolg war mäßig. Die Kaiserin soll sogar bemerkt haben: »una porcheria tedesca«, was soviel heißt wie: »eine deutsche Schweinerei«. Bereits am 30. 9. fand im Theater auf der Wieden die Uraufführung der *Zauberflöte* statt. Diesmal schien M. ein echtes Erfolgsstück gelungen zu sein, das Publikum verlangte mehrmals da capo. Im Oktober komponierte M. für A. Stadler das Klarinettenkonzert KV 622 u. erhielt vom Grafen Walsegg-Stuppach den geheimen Auftrag, ein Requiem zu schreiben, über dessen Entwicklung Süßmayr später an Breitkopf & Härtel berichtete: »Zu dem Requiem samt Kyrie – Dies irae – Domine Jesu Christe hat Mozart die 4 Singstimmen und den Grundbaß samt Bezifferung ganz vollendet; an der Instrumentierung aber nur hin und wieder das Motivum angezeigt. In Dies irae war sein letzter Vers ›qua resurget ex favilla‹ ... « Diese fertigen Teile probte er noch am 4. 12. auf seinem Krankenlager mit Freunden. Am 5. Dezember starb er um 1 Uhr in der Frühe, wahrscheinlich an den Folgen eines chronischen Nierenleidens. Er hinterließ Constanze mit den Kindern Karl Thomas (1784–1858), der später Beamter in Mailand wurde, u. Wolfgang Amadeus (eigtl. Franz Xaver Wolfgang, 1791–1844), der als Pianist u. Komponist bescheidenen Erfolg haben sollte. Constanze verheiratete sich 1809 mit dem dän. Diplomaten Georg Nikolaus Nissen, überlebte aber auch diesen u. starb 1842 in Salzburg.

Die Kenntnisse vom Leben M. sind spärlich, das meiste ist Legende. Der äußere Ablauf stellt sich als eine Kurve vom Wunderkind zum einsamen Künstler in zweifelhafter Gesellschaft dar. Die Erziehung M., der nie eine Schule besucht hat, lag vollständig in den Händen seines Vaters, der wahrscheinlich zum Wohl seines Sohnes auf vieles in seinem Leben verzichtete. Daher rührte auch die starke Vaterbindung des Sohnes, die sich erst mit der großen Leidenschaft für Aloysia Weber in Mannheim zu lockern begann. Es folgten das vom Vater sicherlich nicht gebilligte Zerwürfnis mit dem Erzbischof Colloredo u. die Heirat mit Constanze Weber. Damit war M. dem ordnenden u. zusammenhaltenden Einfluß des Vaters entglitten, sein Privatleben gestaltete sich zu einem nicht mehr endenden Chaos, das von Geldnöten, Umzügen u. der Unfähigkeit Constanzes, hauszuhalten, geprägt war. Zu seinen Gönnern gehörten die leichtlebige Baronin von Waldstätten, zu seinen Feinden der spätere Rechnungsrevisor am K. K. National-Theater J. Thorwart, der M. 1781 immerhin ein Schriftstück abgepreßt hatte, in dem dieser sich verpflichtete, in der Zeit von drei Jahren die Mademoiselle Weber zu ehelichen, andernfalls ihr ein Jahrgeld von 300 Gulden zu zahlen. Frauengeschichten u. schlechter Umgang machten M. für das offizielle Wien unakzeptabel, nicht die revolutionären Ansichten, die ihm so oft wegen der *Figaro*- u. *Così*-Stoffe unterstellt werden. Dagegen wurde ein Musiker wie Haydn auch vor der Französischen Revolution allgemein geachtet, von Beethovens Umgang mit dem Adel ganz zu schweigen. A. Salieri, der M. wohl nicht umgebracht hat, auch wenn sich diese Legende hartnäckig am Leben hält, kam dessen Ableben zumindest gelegen: er hatte einen Konkurrenten weniger. Von den Intrigen u. Querelen eines Machtzentrums wie des damaligen Wiener Hofes macht man sich heute kaum eine Vorstellung. Der Kaiser persönlich verwandte nicht wenig Zeit auf seine Theater u. griff im Falle M. mehrmals persönlich ein. Ein Hoftheater hatte ungefähr den gleichen Stellenwert für die Politiker wie das Fernsehen heute. M. Leben wurde auch nicht durch die Zusammenarbeit mit dem hochbegabten da Ponte leichter, dessen erbitterte Feinde sich ebenfalls an M. zu rächen suchten. Vergessen wir in diesem Zusammenhang nicht, daß Salieris Freundin, die Sängerin Catarina Cavalieri, bei der Besetzung der *Così* zugunsten von da Pontes Schützling Adriana Ferrarese del Bene übergangen wurde, obwohl die letztere bei weitem nicht so begabt war. Es ist auch auffällig, wie auf den Subskriptionslisten von M. Konzerten allmählich die bekannten Namen zu fehlen begannen. Als M. starb, nahm die Wiener Gesellschaft von seinem Ableben kaum Notiz. Seine Beisetzung erfolgte in einem Massengrab, desses genaue Lage man heute nicht mehr kennt. M. Kompositionen lassen so gut wie nichts von diesen verworrenen Lebensumständen ahnen. M. war kein bahnbrechender Neuerer, sondern eher der Vollender einer Epoche. Ähnlich wie J. S. Bach faßte er alle Strömungen der Zeit zusammen u. schuf aus seiner universalen Kenntnis Kunstwerke, die jedoch selten über die technischen Möglichkeiten oder ästhetischen Vorstellungen seiner Zeit hinausgingen. Dabei richtete er sich als Pragmatiker nach den jeweils vorhandenen Besetzungen und Talenten. Auffällig sind die schon von seinem Biografen F. Niemetschek erwähnten »originellen, bisher unerhörten Sätze der Blasinstrumente«, die M. auch auf ganz besondere Weise zur Verdopplung der Singstimme einsetzte. M. mit seinem Gespür für Bühnenwirksamkeit komponierte auch als erster große Ensemblenummern u. wirkungsvolle Finale für seine Opern. Besonders in den späteren Bühnenkompositionen fällt die menschlichere u. natürlichere Entwicklung der handelnden Personen auf, die sich wohltuend von der Konvention der Zeit abheben. Dazu bedurfte es manches Eingriffs in die Libretti. M. ist sicherlich kein bequemer Mitarbeiter gewesen. Schon während der Arbeit an der *Entführung* schrieb er an seinen Vater: »... bey einer opera muß schlechterdings die Poesie der Musick gehorsame Tochter seyn.«

Als Klavierspieler u. Improvisator gehörte M. zu den bedeutendsten Talenten seiner Zeit. Die meisten Sonaten u. Konzerte komponierte er für seine eigenen Akademien. Im Freundeskreis spielte er außerdem gern die Bratsche. In den Sinfonien wurden ital. Einflüsse u. die Errungenschaften der Mannheimer mit kontrapunktischer Kunst zu Werken verschmolzen, die mit Haydns Kompositionen den Höhepunkt der Gattung vor Beethoven ausmachen. Seine größten Neuerungen gelangen ihm in der Kammermusik, insbesondere in den letzten 10 Streichquartetten u. den späten Streichquintetten. Hier kommt es zu Kombinationen des musikalischen Materials, die eingehende Beschäftigung mit J. S. Bach ahnen lassen u. weit über Haydn hinausführen. In diesen Werken gelang M. die völlige Verschmelzung polyphoner u. homophoner Schreibweise, wobei er die Themen weniger variierte als im Beethovenschen Sinne aufarbeitete.

Über den eigentlichen Schöpfungsprozeß bei M. wissen wir wenig. Er scheint die einzelnen Werke mehr oder weniger im Kopf fertiggestellt zu haben. Die Niederschrift in meist gestochener Schrift war dann mehr ein mechanischer Vorgang. Anders ist das in knapp 30 Jahren entstandene Gesamtwerk von 626 Nummern (Köchel-Verzeichnis) gar nicht zu erklären.

Zu M. Kompositionen gehören: die Opern u. Singspiele *Apollo et Hyacinthus* KV 38 (1767), *La finta semplice* KV 51 (1768), *Bastien et Bastienne* KV 50 (1768), *Mitridate, Rè di Ponto* KV 87 (1770), *Ascanio in Alba* KV 111 (1771), *Il sogno di Scipione* KV 126 (1772), *Lucio Silla* KV 135 (1772), *La finta giardiniera* KV 196 (1774–75), *Il Rè pastore* KV 208 (1775), *Zaide* KV 344 (1779–80), *Idomeneo, Rè di Creta, ossia Ilia ed Idamante* KV 366 (1780–81), *Die Entführung aus dem Serail* KV 384 (1781–82), *L'oca del Cairo*, Fragment, KV 422 (1783), *Lo sposo deluso*, Fragment, KV 430 (1783), *Der Schauspieldirektor* KV 486 (1786), *Le nozze di Figaro* KV 492 (1785–86), *Don Giovanni* KV 527 (1787), *Così fan tutte* KV 588 (1789–90), *Die Zauberflöte* KV 620 (1791) u. *La clemenza di Tito* KV 621 (1791); Musiken zu Schauspielen, Pantomimen u. Balletten wie *Le gelosie del serraglio* KV Anh. 109 (1772), *Les petits riens* KV Anh. 10 (1778), Musik zu Th. Ph. von Geblers Drama »Thamos, König in Ägypten« KV 345 (1779), Ballettmusik zu *Idomeneo* KV 367 (1781) u. Musik zu einer Pantomime, Fragment KV 446 (1783); 64 Szenen, Arien u. Chöre mit Orch., Oratorien, geistliche Singspiele u. Kantaten wie *Die Schuldigkeit des ersten Gebots* KV 35 (nur 1. Teil, 1766–67), *Grabmusik* KV 42 (1767), *La Betulia liberata* KV 118 (1771), *Davidde penitente* KV 469 (1782–83 u. 1785), *Die Maurerfreude* KV 471 (1785), *Kleine deutsche Kantate* KV 619 (1791), *Freimaurerkantate* KV 623 (1791) u. *Maurergesang* KV 623 a (1791); Messen u. Requiem, darunter *Missa* KV 139 (1768), *Missa* KV 66 (1769), *Missa* KV 167 (*Trinitatis*, 1773), *Missa brevis, Spatzenmesse* KV 220 (1775), *Missa* KV 262 (1776), *Missa, Credo-Messe* KV 257 (1776), *Missa brevis, Spaur-Messe* KV 258 (1776), *Missa brevis, Orgelsolo-Messe* KV 259 (1776), *Missa brevis* KV 275 (1777), *Missa, Krönungs-Messe* KV 317 (1779), *Missa solemnis* KV 337 (1780), *Missa* KV 427, die unvollständige Messe in c-Moll (1782–83) u. Requiem KV 626 (1791); Litaneien, Vespern u. kleinere Kirchenwerke; 47 vollständige Sinfonien, darunter die *Pariser* KV 297 (1778), *Haffner* KV 385 (1782), *Linzer* KV 425 (1783), *Prager* KV 504 (1786), Es-Dur KV 543, g-Moll KV 550 u. *Jupiter* KV 551 (alle 1788); Cassationen, Serenaden, Divertimenti, Einzelstücke für Streich- u. Blasinstrumente, Märsche u. Tänze für Orch.

Von M. Konzerten für ein oder mehrere Soloinstrumente u. Orch. seien erwähnt: die Violinkonzerte KV 207, 211, 216, 218 u. 219 (alle 1775), die zweifelhaften Violinkonzerte KV 271 i (1777) u. Anh. C 14. 04 (angeblich 1780), Adagio für V. u. Orch. KV 261 (vermutlich 1776), Rondo für V. u. Orch. KV 269 (vermutlich 1776), Rondo für V. u. Orch. KV 373 (1781), Concertone für 2 V. KV 190 (1774), Konzertante Sinfonie für V. u. Va. KV 364 (1779), die Flötenkonzerte KV 313 u. 314 (1778), Andante für Fl. KV 315 (1778), Konzert für Fl. u. Hf. KV 299 (1778), Klarinettenkonzert KV 622 (1791), Fagottkonzert KV 191 (1774) u. 4 Hornkonzerte KV 412, 417, 447 u. 495 (1782 u. 1787, 1783, 1783 u. 1786), außerdem 21 vollständige eigene Klavierkonzerte, wenn man von den frühen Bearbeitungen absieht, darunter die *Krönungskonzerte* KV 459 (1784) u. 537 (1788), das d-Moll-Konzert KV 466 (1785), das A-Dur-Konzert KV 488 u. das c-Moll-Konzert KV 491 (beide 1786) u. das B-Dur-Konzert KV 595 (1791), Konzert für 3 Kl., *Lodron-Konzert* KV 242 (1776) u. Konzert für 2 Kl. KV 365 (1779).

Von M. Kammermusik seien aufgeführt: 1. Streichquartette KV 80 (1770–73), KV 155 (1772), KV 156 (1772), KV 157 (1772–73), KV 158 (1772–73), KV 159 (1773), KV 160 (1773), KV 168–173 (1773), KV 387 (1782), KV 421 (1783), KV 428 (1783), KV 458, *Jagd-Quartett* (1784), KV 464 (1785), KV 465, *Dissonanzen-Quartett* (1785), KV 499, sog. *Hoffmeister-Quartett* (1786) u. die 3 *Preußischen Quartette* KV 575, 589 u. 590 (1789, 1790 u. 1790); 2. Streichquintette KV 174 (1773), KV 515 (1787), KV 516 (1787), KV 406 (eigene Bearbeitung einer Bläserserenade, 1787), KV 593 (1790) u. KV 614 (1791), dazu ein Horn-Quintett KV 407 (1782) u. 1 Klarinetten-Quintett KV 581 (1789); 3. Quartette mit einem Bläser: 4 Flöten-Quartette KV 285, 285 a, Anh. 171 u. 298 (1777, 1778, 1778, 1778) u. 1 Oboen-Quartett KV 370 (1781); 4. Trios u. Duos für Streich- u. Blasinstrumente: Sonate für 2 V. u. B. KV 266 (1777), Divertimento KV 563 (1788), 2 Duos für V. u. Va. KV 423 u. 424 (1783), Sonate für Fag. u. Vc. KV 292 (1775) u. 12 Duos für 2 Blasinstr. KV 487 (1786); 5. Quintette, Quartette u. Trios mit Kl. u. mit Glasharmonika: Divertimento für Kl., V. u. Vc. KV 254 (1776), Quintett für Kl., Ob., Klar., Horn u. Fag. KV 452 (1784), Klavierquartette KV 478 u. 493 (1785 u. 1786), Klaviertrio KV 496 (1786), Trio für Kl., Klar. u. Va. KV 498 (1786), Klaviertrios KV 502, 542, 548 u. 564 (1786, 1788, 1788 und 1788); 6. Violinsonaten KV 6–15 (1762–64), KV 26–31 (1766), KV 296 (1778), KV 301–06 (1778), KV 376–79 (1781, 1781, 1779, 1781), KV 380 (1781), KV 454 (1784), KV 481 (1785), KV 526 (1787) u. KV 547 (1788); 7. Werke für 2 Kl. oder Kl. zu 4 Händen: Sonate für 2 Kl. KV 448 (1781), Fuge für 2 Kl. KV 426 (1783), Sonate für Kl. zu 4 Händen KV 19 d (vermutlich 1765), Sonate für Kl. zu 4 Händen KV 381 (1772), Sonate für Kl. zu 4 Händen KV 358 (1774), Sonate für Kl. zu 4 Händen KV 497 (1786), 5 Variationen für Kl. zu 4 Händen über ein Andante KV 501 (1786) u. Sonate für Kl. zu 4 Händen KV 521 (1787); 8. Sonaten, Fantasien u. Rondi für Kl.: Sonaten KV 279–84 (1774, nur die letzte, die *Dürnitz-Sonate*, 1775), Sonaten KV 309–11 (1777, 1778, 1777), Sonaten KV 330–333 (1778), Sonate KV 457 (1784), Sonate KV 533 mit KV 494 (1788 mit Rondo aus 1786), Sonate KV 545 (1788), Sonate KV Anh. 135 (1788), Sonate KV 570 (1789), Sonate KV 576 (1789), Praeludium u. Fuge KV 394 (1782), Fantasie KV 475 (1785, Einleitung zu KV 457), Rondos KV 485, 494 u. 511 (1786, 1786, 1787); 9. Variationen für Kl.: 8 Variationen *Laat ons Juichen* KV 24 (1766), 7 Variationen *Willem van Nassau* KV 25 (1766), 6 Variationen *Mio caro Adone* KV 180 (1773), 12 Variationen über Menuett v. Fischer KV 179 (1774), 12 Variationen über *Je suis Lindor* KV 354 (1778), 12 Variationen *Ah, vous dirai-je* KV 265 (1778), 12 Variationen *La belle Françoise KV 353 (1778), 9 Variationen Lison dormait* KV 264 (1778), 8 Variationen *Dieu d'amour* KV 352 (1781), 6 Variationen *Salve tu, Domine* KV 398 (1783), 10 Variationen *Unser dummer Pöbel* KV 455 (1784), 12 Variationen KV 500 (1786), 3 (6?) Variationen KV 547 b (1788), 9 Variationen über ein Menuett von Duport KV 573 (1789) u. 8 Variationen *Ein Weib ist das herrlichste Ding* KV 613 (1791); 10. Einzelstücke für Kl., Glasharmonika oder Orgelwalze; 11. mehrstimmige Gesänge u. Kanons; 12. Lieder mit Kl., Mandoline oder Org.: u. a. *Gesellenreise* KV 468 (1785), *Der Zauberer* KV 472 (1785), *Die Zufriedenheit* KV 473 (1785), *Die betrogene Welt* KV 474 (1785), *Das Veilchen* KV 476 (1785), *Das Lied der Freiheit* KV 506 (1786), *Die Alte* KV 517 (1787), *Die Verschweigung* KV 518 (1787), *Das Lied der Trennung* KV 519 (1787), *Als Luise die Briefe ihres ungetreuen Liebhabers verbrannte* KV 520 (1787), *Abendempfindung* KV 523 (1787), *An Chloe* KV 524 (1787), *Das Traumbild* KV 530 (1787), *Die kleine Spinnerin* KV 531 (1787), *Sehnsucht nach dem Frühling* KV 596 (1791) u. *Im Frühlingsanfang* KV 597 (1791) – alle für Singst. u. Kl.

GA: W. A. M.'s Werke. Kritisch durchgesehene GA, hg. von J. Brahms, F. Espagne, O. Goldschmidt, J. Joachim, L. Ritter v. Köchel, G. Nottebohm, C. Reinecke, J. Rietz, E. Rudorff, Ph. Spitta, P. Graf von Waldersee, V. Wilder u. F. Wüllner, 24 Serien, 69 Bde., Leipzig 1876–1905, dazu separat Revisionsbericht 1877–89; Neue Ausgabe sämtlicher Werke, in Verbindung mit den Mozartstädten Augsburg, Salzburg u. Wien, hg. von der Internationalen Stiftung Mozarteum, angelegt auf 10 Serien mit 35 Werkgruppen, Kassel 1954 ff.
GA von M. Briefen u. Aufzeichnungen, 4 Textbände, 2 Kommentarbände u. ein Registerband, gesammelt von W. A. Bauer u. O. E. Deutsch, auf Grund deren Vorarbeiten erläutert von J. H. Eibl, der auch das Register besorgte, hg. von der Internationalen Stiftung Mozarteum, Kassel 1962–75.
Das chronologisch-thematische Verzeichnis sämtlicher Tonwerke W. A. M., hg. von Ludwig Ritter von Köchel, 7. unveränderte Auflage, Wiesbaden 1965, wurde hier zugrunde gelegt, Abkürzung KV.
Lit.: F. Schlichtegroll, M. Leben, Graz 1794, Faks.-Nachdr., Kassel 1974; Th. de Wyzewa u. G. de Saint-Foix, W. A. M., I–II, Paris 1912, G. de Saint-Foix, III–V, Paris 1936–46, H. Abert; W. A. M., 2 Bde., Leipzig 1919–21; L. Schiedermair, M., München 1922, rev. Bonn 1948; B. Paumgartner, M., Berlin 1927, rev. Zürich 1973; O. E. Deutsch, M. u. die Wiener Logen, Wien 1932; A. Einstein, M., His Character, His Work, New York 1945, dt. M., Sein Charakter, sein Werk, Stockholm 1947; E. Schenk, W. A. M., Zürich 1955, rev. Wien 1975; M. Brion, M., Paris 1955; A. Greither, Die sieben großen Opern M., Versuche über das Verhältnis der Texte zur Musik, Heidelberg 1956; V. u. M. Novello, Eine Wallfahrt zu M., dt. Übersetzung, Bonn 1959; A. Greither, W. A. M. in Selbstzeugnissen u. Bilddokumenten, Reinbek bei Hamburg 1962; A. H. King, M. Chamber Music, London 1968; W. Hildesheimer, M., Frankfurt a. M. 1977; H.-K. Metzger u. R. Riehn (Hgg.), Ist die Zauberflöte ein Machwerk?, München 1978.

Müller, Adolf, der Ä. (eigentlich Matthias Schmid), österr. Komponist, Sänger u. Schauspieler, * 7. 10. 1801 Tolna, Ungarn, † 29. 7. 1886 Wien. Erhielt seine Ausbildung als Schauspieler in Brünn u. nahm nach ersten Engagements Musikunterricht bei J. von Blumenthal in Wien. Hatte 1826 mit der parodistischen Oper *Schwarze Frau* großen Erfolg. War Sänger am Wiener Kärntnertor-Theater u. wurde nach der Aufführung seines Singspiels *Die erste Zusammenkunft* (1827) zum Kapellmeister befördert. 1828–47 Kapellmeister u. Hauskomponist am Theater an der Wien u. am Theater in der Leopoldstadt. Gehörte zu den beliebtesten Komponisten von Opern, Singspielen u. Lokalparodien. Zu seinen Erfolgsstücken gehört auch eine Parodie auf die damals populären Räuberopern mit dem Titel *Die Räuber in der Strapazen oder Tapperl seines Herrn Retter* (1830). Lieferte einen Großteil der Musiken zu J. Nestroys Possen.

Müller, Wenzel, österr. Komponist u. Kapellmeister, * 26. 9. 1767 Türnau, Mähren, † 3. 8. 1835 Baden bei Wien. Schüler von D. von Dittersdorf, mit 16 Jahren Theaterkapellmeister in Brünn u. 1786 bis 1807 u. von 1813 bis zu seinem Tode Theaterkapellmeister am Leopoldstädter Theater in Wien. Dazwischen Operndirektor in Prag.

M. komponierte mehr als 200 Singspiele, Possen u. Zauberopern, u. a. *Das Sonnenfest der Braminen* (1790), *Kaspar der Fagottist oder Die Zauberzither* (1791), *Pizzich* (1792), *Die Schwestern von Prag* (1794, darin das von Beethoven variierte Lied *Ich bin der Schneider Kakadu*), *Die Teufelsmühle am Wienerberg* (1799), *Das Mädchen im Spessarter Walde* (1804), *Die neue Alceste* (1806), *Otto von Löwenstein* (1815) u. *Die travestierte Zauberflöte* (1818).

Müller-Siemens, Detlev, dt. Komponist, * 30. 7. 1957 Hamburg. Machte mit 6 Jahren erste Kompositionsversuche u. bestand mit 13 die Aufnahmeprüfung an der Musikhochschule Hamburg. Dort Schüler von G. Friedrichs u. G. Ligeti. 1977 Studien bei O. Messiaen in Paris.
Zu M.-S. Kompositionen gehören die Fernsehoper *Genoveva oder Die weiße Hirschkuh,* ein hannöversches Drama (1977) sowie Nocturne für V. u. Kl., *Les sanglots longs des violons de l'automne* für Bläserquintett u. Konzert für 19 Instr. (1975), *Scherzo u. Adagio patetico* für Orch. (1976), Zwei Stücke für Kammerorch. (1977), *Variationen über einen Ländler von Schubert* für Bläserquintett u. Streichquintett (1977–78), Passacaglia für Orch. (1978), 1. Sinfonie (1980), Klavierkonzert (1981) u. *Under Neonlight* für Kammerorch. (1981).

Müthel, Johann Gottfried, dt. Komponist u. Organist, * 17. 1. 1728 Mölln, † 14. 7. 1788 Bienenhof bei Riga. Schüler des Lübecker Marienorganisten J. P. Kunzen. 1747 Kammermusiker u. Hoforganist bei Herzog Christian Ludwig II. von Mecklenburg-Schwerin. Wurde von diesem 1750 zur weiteren Ausbildung an J. S. Bach empfohlen, der M. in sein Haus aufnahm. Ab 1753 Leiter der Hauskapelle des Geheimen Rats O. H. von Vietinghoff in Riga u. dort ab 1767 Organist der Petrikirche. Seine Konzerte u. Variationen für Kl. gehören zu den wichtigsten vorklassischen Werken ihrer Gattung.

M. komponierte für Kl. oder Cemb. 7 Konzerte mit Orch., 1 Konzert für Kl. solo, 2 Duette für 2 Kl., 9 Sonaten u. 2 Ariosi mit 12 Variationen für Kl. (teilweise gedruckt bei Haffner in Nürnberg 1756).

Muffat, 1. Georg, dt. Komponist u. Organist franz.-schottischer Herkunft, getauft 1. 6. 1653 Mégève, † 23. 2. 1704 Passau. Ab 1663 als Student in Paris, dort wahrscheinlich auch Schüler J.-B. Lullys. 1669 als Georgius Muffat Megevensis Sabaudus Syntaxista am Jesuitengymnasium in Schlettstadt, Elsaß, nachgewiesen. 1671–74 am Jesuitenkolleg von Molsheim u. an der dortigen Pfarrkirche Organist. Wich vor den Kriegsereignissen nach Ingolstadt aus u. immatrikulierte sich an der dortigen Universität am 27. 11. 1674. Kam über Wien u. möglicherweise Prag nach

Salzburg, wo er 1678–87 Organist u. Kammerdiener des Erzbischofs Graf Max Gandolf von Kuenburg wurde. Dieser ließ ihn 1681–82 in Rom weiter ausbilden. Dort lernte M. B. Pasquini u. A. Corelli kennen. Der letztere mag ihn zur Veröffentlichung seines »Armonico tributo« (1682) ermutigt haben. Nach dem Tod des Erzbischofs ging M. wieder auf Wanderschaft. 1690 wurde er Kapellmeister des Fürstbischofs von Passau, 1695 befördert zum Hofpagenmeister. M. verband in seiner Gebrauchsmusik für Tafel, Tanz u. sonstige Gelegenheiten franz. u. ital. Einflüsse zu einem einheitlichen persönlichen Stil. Er spielte eine bedeutende Rolle bei der Rezeption der neuen franz. u. ital. Kunst in Deutschland. Seine Kompositionen zeichnen sich durch dichteren Satz, farbigere Harmonik u. besonders kunstreiche Polyphonie aus. Er veröffentlichte »Armonico tributo«, 5 5st. Streichersonaten mit B.c. (1682), »Apparatus musico-organisticus«, bestehend aus 12 Toccaten, je 1 Chaconne u. Passacaglia sowie Variationen über Nova cyclopeias harmonica (1690), »Suavioris harmoniae instrumentalis hyporchematicae florilegium« I u. II (7 u. 8 4–5st. Orchesterouvertüren für Streicher u. B.c., 1695 u. 1698) sowie »Außerlesener ... Instrumental-Music Erste Versamblung« mit 12 Concerti grossi (1701), von denen 5 Umarbeitungen der Kammersonaten aus dem »Armonico« sind.

2. Gottlieb (Theophil), Sohn von 1., dt. Komponist u. Organist, getauft 25. 4. 1690 Passau, † 9. 12. 1770 Wien. Um 1704 Schüler von J.J. Fux in Wien, 1714 Accompagnist, 1717 2. u. 1741 1. Hoforganist. Veröffentlichte »72 Versetl Sammt 12 Toccaten« für Org. (1726) u. »Componimenti musicali per il cembalo« (1738 oder 1739).

Muldowney, Dominic, engl. Komponist * 19. 7. 1952 Southampton. Schüler von J. Harvey in Southampton, H. Birtwistle in London u. B. Rands u. D. Blake in York. 1974–76 Composer-in-residence der Southern Arts Association in Southampton, seit 1976 musikalischer Leiter des National Theatre. Daneben dirigiert M. das Double Reed Ensemble u. das Lamborghini Ensemble. Machte zuerst mit einer Serie von *Music at Chartres*-Stücken von sich reden.

Zu M. Werken gehören neben Kammermusik und *English Soldier's Tale: Bitter Lemons* für Frauenst. (1977), Psalms für S., T., Chor, Bläser u. Tonband (1979), Concerto für 4 V. u. Streicher (1980) sowie Bühnenmusiken.

Multimedia, Zusammenwirken verschiedener Kunstbereiche zu einem Gesamterlebnis. Dabei handelt es sich meistens um Klänge, Bilder, Raumgestaltung, Bewegungsabläufe und theatralische Aktionen. M. geht letztlich auf Ideen der Romantik zurück. Vorbilder sind die Futuristen, die Dada-Bewegung (Kurt Schwitters, Die Merzbühne, 1921), El Lissitzky mit seinem suprematistischen Theater u. A. Skrjabin mit seiner Farbenmusik. Von Amerika ausgehend, wo J. Cage, D. Tudor, M.C. Richard, Ch. Olson, R. Rauschenberg u. M. Cunningham mit M. experimentierten, setzte sich die Konzeption einer Mischung von Menschen, Objekten, Raum, Musik u. Geräusch auch in Europa durch. Zu den bekanntesten dt. Vertretern der M.-Kunst gehören D. Schönbach u. W. Haupt. Eine hauptsächlich visuell u. gestisch geprägte Sonderform ist das → Happening. Liegt keine übergeordnete Konzeption vor, spricht man von Mixed media.

Mumma, Gordon, amer. Komponist, * 30. 3. 1935 Framingham, MA. Studierte Klavier u. Horn an der University of Michigan u. begann sich für elektronische Musik zu interessieren. Gehörte zu den Mitbegründern des Cooperative Studio for Electric Music, Ann Arbor 1958–66, entwickelte gemeinsam mit R. Ashley u. M. Cohen das Multimedia-Experiment *Manifestations: Light and Sound,* als Space Theatre 1964 auf der Biennale in Venedig zu sehen. Gehört seit 1966 zu den musikalischen Beratern von M. Cunningham. M. führte den Begriff »cybersonics« ein, mit dem er computergesteuerte elektronische Musik meint.

Zu M. Instrumentalkompositionen gehören: Suite für Kl. (1959), *Gestures II* für 2 Kl. (1962) u. *Mographs 1–3* für 1 u. mehrere Kl. u. Spieler (1962–63). Von seinen elektronischen Kompositionen seien erwähnt: Sinfonia für 12 Instr. u. Tonband (1958–60), *Vectors* u. *Densities* für Tonband (1959), *Megaton for William Burroughs* for 10 electronic, acoustical and communications channels (1963), *Le Corbusier* für Orch., Org., Tonband u. cybersonic concertante (1965), *Swarmer* für V., Concertina, Säge u. cybersonic modification (1968), *Telepos* für Tänzer mit telemetry belts and accelerators (1971), *Ambivex* for surrogate myoelectrical telemetering system with pairs of performing appendages (1972) u. *Cybersonic cantilevers* mit Publikumsbeteiligung (1973).

Mundy, 1. William, engl. Komponist, * um 1529, † wahrscheinlich 1591. Sänger an Westminster Abbey ab 1543 u. später an St. Paul's Cathedral. 1564 vereidigt als Gentleman der Chapel Royal. Komponierte Messen, Motetten, Anthems u. Services, u.a. das fälschlicherweise Heinrich VIII. zugeschriebene Anthem *O Lord, the maker of all things*.

2. John, Sohn von 1., engl. Komponist u. Organist, * um 1550, † 29. 6. 1630 Eton. Organist am Eton College u. 1585 als Nachfolger J. Merbeckes an St. George's Chapel in Windsor. Veröffentlichte 1594 »Songs and Psalmes«, 3–5st., und steuerte zu Morleys »Triumphes of Oriana« (1601–03) das 5st. Madrigal *Lightly she whipped o'er the dales* bei. Er ist außerdem mit einigen Kompositionen im »Fitzwilliam Virginal Book« u. im »Mulliner Book« vertreten.

Muradeli, Wano I., sowj. Komponist, * 6. 4. 1908 Gori, † 14. 8. 1970 Tomsk. Studierte am Konservatorium in Tiflis u. bei N. Mjaskowskij in Moskau. Teile seiner 1. Sinfonie, dem Andenken S. Kirows gewidmet, bildeten 1938 seine Diplom-Komposition. Löste mit seiner Oper *Die große Freundschaft* den Beschluß des ZK der KPdSU vom 10. 2. 1948 zur Verschärfung der Kontrolle des musikalischen Schaffens in der UdSSR aus. Wurde 1948 in den asiatischen Teil der Sowjetunion verbannt u. erst 1958 rehabilitiert. War ab 1959 bis zu seinem Tode Sekretär des Moskauer Komponistenverbandes. Seine Werke sind von der georgischen Folklore beeinflußt.

Zu M. Kompositionen gehören die Opern *Die große Freundschaft* (1947, rev. 1960) u. *Oktober* (1962), die Operette *Das Mädchen mit den blauen Augen* (1966), 2 Sinfonien (1938 u. 1945), Film- u. Bühnenmusiken, Kantaten, Massenlieder u. Märsche.

Murkys, Bezeichnung für fortlaufend gebrochene Oktavbässe als Melodiebegleitung auf Tasteninstrumenten. Der Ausdruck soll auf einen poln. Volkstanz zurückgehen.

Murphy, Graeme, austral. Tänzer, Choreograf u. Ballettdirektor, * 1950 Melbourne. Erhielt Unterricht bei Ken Gillespie u. an der Australian Ballet School. Debütierte am Australian Ballet u. wurde von Peggy van Praagh zum Choreografieren angeregt. 1971 mit Hilfe eines Australian-Council-Stipendiums weitere Studien in den USA u. in Europa. Zeitweise Mitglied der Royal Ballet Touring Company u. der Ballets Felix Blaska. 1975 Rückkehr nach Australien u. erste Choreografien für Australian Ballet School, Queensland Ballet u. Tasmanian Ballet. Teilnahme am Armidale Choreographic Seminar u. der Gulbenkian Foundation National Choreographic Summer School in England 1976. Im gleichen Jahr Ernennung zum künstlerischen Direktor der Dance Company, New South Wales, die heute unter seiner Leitung in Woolloomooloo ein eigenes Theater unterhält. Von seinen Ch. seien erwähnt: *Sequenza VII* (M.: L. Berio) 1975; *Volumina* (M.: G. Ligeti) 1976; *Glimpses* (M.: M. Sutherland) 1976; *3rd Conversation* (M.: B. Bartók) 1975; *Tip* (M.: C. Vine); *Fire Earth Air Water* (M.: J. Tavener) u. *Scintillation* (M.: C. Salzedo) 1977; *Poppy* (M.: A. Vine) u. *Tekton* (M.: T. Nikiprowetzkys *Hommage à Antonio Gaudí*) 1978; *Rumours I* (M.: B. Conyngham) 1978. *Poppy* ist ein abendfüllendes Werk, das sich mit Leben, Werk und Wirkungskreis des franz. Dichters, Malers, Regisseurs u. Allroundgenies J. Cocteau befaßt. Obwohl M. eine klassische Ausbildung erhielt, widmet er sich fast ausschließlich dem Modern Dance.

Musard, Philippe, franz. Geiger, Dirigent und Komponist, * 8. 11. 1792 Tours, † 30. 3. 1859 Auteuil bei Paris. Privatschüler von A. Reicha. Machte sich als Kapellmeister auf Bällen u. anderen Tanzveranstaltungen einen Namen. Hatte 1840–41 großen Erfolg mit seinen Promenadenkonzerten in London. Erschrieb sich mit Kompositionen wie *Venise* oder *Les échos* den Titel eines Pariser Quadrillenkönigs. Sein Sohn Alfred (1828–81) versuchte sich mit weniger Erfolg als Nachfolger des Vaters.

Musette, 1. franz. Bezeichnung für eine Sackpfeife mit kleinem Blasebalg im 17. u. 18. Jh.
2. Beliebter Tanz im 2/4-, 3/4- oder 6/8-Takt zur Zeit Ludwigs XIV. u. XV., der seinen Namen von der ihn begleitenden Sackpfeife erhielt. Fand Eingang in das franz. Ballett des 18. Jh. u. dann in die Klaviersuiten F. Couperins, J.-Ph. Rameaus u. J. S. Bachs.

Musgrave, Thea, engl. Komponistin, * 27. 5. 1928 Edinburgh. Studierte an der Universität von Edinburgh u. wurde anschließend Schülerin von N. Boulanger in Paris. 1958 nahm sie außerdem noch an einem Kompositionskurs von A. Copland in Tanglewood teil. M. ist mit dem amer. Dirigenten u. Bratschisten P. Mark verheiratet u. lebt heute als freischaffende Komponistin in den USA. In neuerer Zeit tritt sie häufiger als Dirigentin ihrer eigenen Werke auf. Ihre musikalische Entwicklung führt von der erweiterten Tonalität zur seriellen Musik. Für ihre neueren Kompositionen hat sie den Ausdruck »dramatic-abstract« geprägt.

T. M. schrieb u. a. die Bühnenwerke *A Tale for Thieves*, Ballett (1953), *The Abbot of Drimock* (1955), *The Decision* (1964–65), *Beauty and the Beast*, Ballett, Kammerorch. u. Tonband (1968–69), *The Voice of Ariadne* (1972–73), *Mary, Queen of Scots* (1975–77), u. *A Christmas Carol* (1978–79); Orchesterwerke u. Konzerte, darunter *Obliques* (1958), *Nocturnes and Arias* (1966), Concerto für Orch. (1967), Klarinettenkonzert (1968), *Night Music* (1969), *Memento Vitae, Homage to Beethoven* (1969–70), Hornkonzert (1971), Bratschenkonzert (1973) u. *Orfeo II* für Fl. u. 15 Streicher (1975); Kammermusik, darunter Streichquartett (1958), *Chamber Concerto Nr. 1–3* (1962–66), *Soliloquy* für Git. u. Tonband (1969), *From One to Another* für Va. u. Tonband (1970), *Space Play* für 9 Instr. (1974) u. *Orfeo I* für Fl. u. Tonband (1975); Vokalkompositionen wie *Triptych* für T. u. Orch. (1959), *The Phoenix and the Turtle* für Kammerchor u. Orch. (1962) u. *The Five Ages of Man* für Chor u. Orch. (1963), Chöre u. Lieder.

Musica (lat., ursprünglich: ars musica), bei den mittelalterlichen Theoretikern eine Mischung aus pythagoreisch-platonischem Gedankengut u. christlichen Vorstellungen. Zwei immer wieder überlappende Bedeutungsbereiche liegen dem Begriff Musik im Mittelalter zugrunde: **1.** M. est peritia modulationis sono cantuque consistens (Isidor I. Band III, 15), die Fähigkeit, Klänge u. Lieder nach harmonischen Zahlenverhältnissen zu erschaffen; u. **2.** M. est disciplina, quae de numeris loquitur, qui ad aliquid sunt his, qui inveniuntur in sonis (Isidor I. Band II, 24), der wissenschaftliche Aspekt. Das zweite Zitat aus Isidors »Etymologiarum sive originum libri« steht nicht von ungefähr in dem mit »De definitione philosophiae« überschriebenen Kapitel. M. als Disziplin gehörte zu den 7 Artes liberales u. behielt diesen wissenschaftlichen Charakter bis ins 17. Jh. (Galilei, Mersenne, Kepler). Der römische Philosoph u. Staatsmann Boethius unterschied in seiner »De institutione musica« noch zwischen M. mundana (Harmonie des Makrokosmos, → Sphärenharmonie), M. humana (Harmonie des menschlichen Mikrokosmos, Verhältnis zwischen Leib u. Seele) u. der M., quae constituta est instrumentis (Harmonie, die in den Proportionen u. Intervallen der Klänge erkennbar ist, die Menschen mit Instrumenten oder der Stimme erzeugen). Diese auf die Antike zurückgehende theoretische Begründung der M. wurde erst allmählich durch eine höhere Bewertung der praktischen Musikausübung abgelöst.

Musica ficta oder **Musica falsa,** eine für den Zeitraum des 13. bis 16. Jh. gültige Bezeichnung für die Bildung hexachordfremder Töne oder der Transposition von → Hexachorden auf weitere Stufen der diatonischen Skala unter Verwendung von → Akzidenzien, daher auch für die so entstandenen Töne u. Hexachorde sowie die dabei verwendeten Akzidenzien. Das negative Element in »ficta« (künstlich) oder »falsa« (falsch) geht auf die mittelalterliche Vorstellung von der Vollkommenheit der Hexachordgliederung zurück. In der Praxis verlor sich dieser negative Beigeschmack jedoch schnell, da sich nur mit Hilfe der M.f. dissonante Melodieschritte u. der verpönte Tritonus vermeiden ließen.

Musical (Kurzform von engl. musical comedy u. später musical play), eigenständige amer. Gattung des populären Musiktheaters, als Mischform hervorgegangen aus Operette, Oper, Ballade, Revue, Varieté, Minstrel Show, Vaudeville, Ballett, Jazz u. Tin Pan Alley. Sein wichtigstes Merkmal ist die völlige Verschmelzung von dramatischer Handlung, Gesang u. Tanz. Ganz auf Publikumserfolg abgestellt, beherrscht das M. heute den Broadway u. liefert Hollywood immer neue Filmstoffe. Es entsteht in Zusammenarbeit zwischen Autor, Songtexter, Komponist, Choreograf, Ausstatter u. Regisseur u. wird meistens in sog. Voraufführungen außerhalb von New York ausprobiert u. dabei je nach Publikumsreaktion in seine endgültige Form gebracht. Erfolgreiche M. wie *Oklahoma, My Fair Lady, Funny Girl* oder *Chorus Line* laufen dann am Broadway »en suite«, solange es Geld bringt.

Entwickelt hat sich das M. aus amer. u. europäischen Unterhaltungsformen. Zu den amer. Vorläufern gehören die Extravaganzas, eine Form, die rein zufällig entstand, weil die Academy of Music in New York abbrannte u. eine anreisende franz. Balletttruppe plötzlich ohne Theater dastand. So wurden Teile aus ihrem Programm *La biche au bois* in das Melodram *The Black Crook* eingefügt. Es entstand ein mehr als fünfstündiges Spektakel, das mit seinem Publikumserfolg bewies, daß diese Mischform Zukunft hatte. 1891 kam in New York Ch. Hoyts u. P. Gaunts *A Trip to Chinatown* heraus, eine Farce mit Musik, die zusätzlich mit Hits wie *After the Ball* von K. Harris angereichert war. Außerdem scheint Loie Fuller mit ihrem *Butterfly Dance* in diesem Spektakel aufgetreten zu sein. Von Chinatown führte die Entwicklung zu den musikalischen Komödien G.M. Cohans, der sich mit amer. Themen wie *Little Johnny Jones* (1904), *Forty-Five Minutes from Broadway* u. *George Washington jr.* (beide 1906) gegen die europäischen Operetten-Importe erfolgreich zur Wehr setzte. Bezeichnend für seine Stücke, in die Elemente aus Burleske, Vaudeville u. Revue einflossen, waren Tempo, Witz u. Umgangssprache. Cohan darf als direkter Vorläufer von G. Gershwin (*Of Thee I Sing*), R. Rodgers *(A Connecticut Yankee),* C. Porter *(Kiss Me Kate),* A. Loesser *(Guys and Dolls),* L. Bernstein *(On the Town)* u. M. Bennett *(A Chorus Line)* angesehen werden. Der europäische Beitrag zum M. stammt von Gilbert u. Sullivan, aus der Wiener Operette u. der franz. Opéra bouffe. Sie alle erfreuten sich im Amerika der Jahrhundertwende einer außergewöhnlichen Beliebtheit. Einwanderer wie V. Herbert (*Mlle Modiste,* 1905, *Naughty Marietta,* 1910, u. *Sweethearts,* 1913), F. Friml (*Rose-Marie,* 1924, *The Vagabond King,* 1925, u. *The Three Musketeers,* 1928) sowie S. Romberg (*Maytime,* 1917, *Blossom Time* nach *Das Dreimäderlhaus,* 1921, u. *The Student Prince,* 1924) beteiligten sich an dem Operetten-Boom mit einheimischen Produktionen. Ihr gemeinsames Merkmal waren die literarisch minderwertigen Texte, die unglaubwürdige Handlung u. der völlig fehlende Wirklichkeitsbezug.

Aus diesen amer. u. europäischen Elementen entstand als erstes wirkliches M. 1927 *Showboat.* Komponist u. Autor (J. Kern u. O. Hammerstein II) bearbeiteten eine Vorlage von E. Ferber, die von der Unterdrückung der Schwarzen in den Südstaaten u. zwei unglücklichen Ehen handelte, eine Thematik, die weit von der Traumwelt der Operette entfernt war. *Showboat* behielt die Form der Operette bei, füllte sie aber mit neuen Inhalten u. stellte eine Einheit zwischen Handlung u. Musik her. Mit *On Your Toes* (1936) erhielt das Ballett, das bis dahin seinen revueartigen Nummernstatus behalten hatte, einen sinnvollen Platz neben Musik u. Handlung. R. Rogers u. L. Hart legten einen wichtigen Abschnitt ihrer Handlung als Ballettszene an. G. Balanchine choreografierte diese Szene als *Slaughter on Tenth Avenue* so geschickt, daß die Handlung durch das Ballett weitergetrieben u. nicht unterbrochen wurde. Er gab damit J. Robbins ein Modell für dessen Choreografie zu *Westside Story* an die Hand. Mit *Oklahoma* (1943) wurde dann die Form gefunden, die lange Zeit für das M. verbindlich bleiben sollte. O. Hammerstein II (Buch u. Lyrics), R. Rodgers (Musik), A. de Mille (Choreografie) u. R. Mamoulian (Regie) erzählten die typisch amer. Geschichte aus dem Farmermilieu, indem sie ein völlig einheitliches Bühnenwerk schufen. Mit der weiteren Entwicklung hat sich die Form des M. neuen Inhalten angepaßt, aber von dem Grundsatz der Integration von dramatischer Handlung, Gesang u. Tanz ist man nicht mehr abgewichen. In den 50er Jahren wurde das M. immer stärker zur beherrschenden Gattung des amer. Theaterbetriebes. Der Aufführungsstil wurde ständig perfektioniert u. die Kosten für ausgefeilte M.-Produktionen stiegen ins Unermeßliche. Gleichzeitig zeigte sich ein Trend zu anspruchsvolleren Libretti, wobei häufig literarische Werke als Vorlage dienten (bei *My Fair Lady* nach G.B. Shaw), zu satirischen oder zeitkritischen Stoffen *(Finian's Rainbow)* u. zu deutlich komplexerer Musik. So schrieb S. Sondheim, einer der anspruchsvollsten Autoren u. Komponisten von M., Stücke wie *South Pacific Overtures, Little Night Music* u. *Sweeney Todd,* die fast in die Nähe der Oper reichen. Daneben nimmt sich heute das M. als besonders populäre Kunstform aller Fragen an, die das Publikum beschäftigen könnten. Sein Themenkreis reicht vom Rock *(Hair)* über das Showbusiness *(A Chorus Line)* bis zur Politik *(Evita)* u. Religion *(Jesus Christ Super Star).*

In Europa hat sich die Kunstform des M. bisher noch nicht so richtig durchsetzen können. Das liegt sowohl am Fehlen des kommerziellen Theaters, das diese aufwendigen Produktionen verkraften könnte, als auch am mangelnden Talent, denn das M. verlangt von seinen Interpreten Perfektion in Spiel, Gesang u. Tanz. In Frankreich entstand nur ein bedeutendes M. mit *Irma la Douce* (1956). Zu den dt. Beiträgen gehören P. Kreuders *Bel Ami* (1960) u. *Prärie-Saloon* (1958) u. *Heimweh nach St. Pauli* (1962) von L. Olias. Nur in London, wo ähnliche Produktionsbedingungen herrschen wie in New York, kommen regelmäßig neue M. heraus. Dort hat sich mit J. Slade, L. Bart, D. Heneker, A. Newley u. A. Lloyd Webber inzwischen eine eigene Tradition gebildet.

Musica mensurabilis (lat.: »meßbare Musik«), auch Cantus mensurabilis, bezeichnet im Mittelalter die rhythmisch geregelte mehrstimmige Musik (→ Mensuralnotation). Umfaßte zunächst nur den einzeitigen (Brevis) u. zweizeitigen (Longa) Notenwert.

Musica mundana → Musica

Musica plana → Cantus planus

Musica poetica, Begriff aus der Kompositionslehre im 16. Jh., der mit Lehre vom schöpferischen Hervorbringen der Musik umschrieben werden könnte. Der Begriff geht auf Aristoteles zurück u. fand über die Rhetorik Eingang in die Musik. 1537 verwendete Magister Listenius erstmals den Begriff Musicus poeticus.

Musica reservata (abgekürzt Reservata), eine Musik der Renaissance u. des Frühbarock, die sich außergewöhnlicher Mittel (Chromatik, Künstlichkeit, Exzentrik) bedient, um im kleinsten höfischen oder patrizischen Kreis besondere Wirkung zu erzielen. Begegnet auch in der Gleichsetzung mit »neuer« Musik.

Music box oder **Juke box,** ein in öffentlichen Räumlichkeiten aufgestellter Schallplattenautomat, der gegen Geldeinwurf bis zu 200 Singles abspielt, meistens die gängigsten Schlager.

Musik, Erfindung, Kombination oder Wiedergabe von Tönen nach den jeweils gültigen Gesetzen innerhalb eines zeitlich festgelegten Rahmens. Das Wort geht zurück auf den Begriff Musikē in der → griech. Musik. Nach der Mythologie ist die M. ein Geschenk Apollons u. der Musen an die Menschen. Daneben soll sie aber auch von Pythagoras erfunden worden sein. Die antike Vorstellung von der M. wurde im Mittelalter durch christliche Überlieferung ergänzt, nach der das Wort M. von Moyses (Moses) abgeleitet ist. Außerdem ist sie nach der Legende eine Erfindung der biblischen Erzväter Thubal u. Thubalkain. Während einerseits der Gefühlsgehalt der M. hervorgehoben wurde, betonte man andererseits die Wissenschaftlichkeit (→ Musica). In diesem Spannungsfeld zwischen Seele u. Verstand ist die M. heute noch angesiedelt, obwohl in der Nachkriegszeit eine mehr mathematisch-rationale Tendenz zu beobachten ist.

musikalische Grafik, eine Zeichnung, die zu musikalischen Aktionen animieren soll u. gleichzeitig als autonomes visuelles Kunstwerk gilt. Die Bezeichnung m. G. stammt von R. Haubenstock-Ramati, der 1959 die erste Ausstellung mit m. G. in Donaueschingen organisierte. Im Gegensatz zur traditionellen → Notation ist die m. G. in ihrem Aussagewert undeterminiert u. die Ausführung völlig vom Interpreten abhängig. Ihr nahe

steht die grafische Notation, die eine gewisse Verbindlichkeit gewährleistet u. insbesondere in der elektronischen Musik für Aufführungspartituren elektronisch-instrumental gemischter Kompositionen herangezogen wird. Ebenfalls grafischer Elemente bedient sich die Aktionsschrift, die Anweisungen für das Hervorbringen von Klängen gibt, die mit der traditionellen Symbolnotenschrift nicht mehr darstellbar wären (L. Berio, G. Ligeti, K. Stockhausen).
Zu den bekanntesten Komponisten, die sich der m. G. bedienen, gehören E. Brown, J. Cage, S. Bussotti, M. Feldman u. A. Logothetis.
Musikalische Jugend Deutschlands e. V. (MJD), die 1950 in Bayreuth gegründete Sektion Bundesrepublik Deutschland der Fédération Internationale des Jeunesses Musicales. Zu ihren Aufgaben gehört die Förderung des Laienmusizierens in der Jugend durch Schwerpunktprogramme wie »jugend komponiert« u. »Pop in der Jugend«, Anschlußmaßnahmen zu den Wettbewerben »jugend musiziert« u. Betreuung der Arbeitsgemeinschaft Jugendorchester. Darüber hinaus fördert die MJD Musikstudierende u. den Nachwuchs, indem sie auf Schloß Weikersheim Internationale Sommerkurse veranstaltet u. dem solistischen Nachwuchs Konzerte u. Tourneen im In- u. Ausland vermittelt. Dabei kommt ihr das Netz der in der Fédération Internationale zusammengeschlossenen Mitgliedsländer zugute. Mit Einrichtungen wie den Tagen der Neuen Musik in Hannover macht sich die MJD außerdem um die Förderung der zeitgenössischen Musik verdient.
Musikautomaten → mechanische Musik, → Music box
Musikdiktat, Aufzeichnung von gesungenen oder gespielten Musikbeispielen nach dem Gehör. Wird im Musikunterricht zur Gehörbildung eingesetzt.
Musikdirektor (lat. director musices), ein Titel, den schon J. S. Bach trug, der für das städtische u. kirchliche Musikleben in Leipzig verantwortlich war. Er wurde dem jeweils obersten von einer Stadt angestellten Musiker verliehen. Heute wird dieser Titel von Einrichtungen vergeben, die von Kommunen, Universitäten oder der evangelischen Landeskirche getragen werden. Der städtische M. wurde erstmals für Spontini in Berlin zum Generalmusikdirektor (Abkürzung GMD) aufgewertet.
Musikdrama, von Th. Mundt eingeführte Bezeichnung für die Einheit von Dichtkunst u. Tonkunst in der Oper. Vom M. unterschied er das musikalische Drama, in dem die Musik nur intermezzoartigen Charakter hat. Der Begriff wird fälschlicherweise hauptsächlich mit R. Wagner u. seinen Nachfolgern in Zusammenhang gebracht, obwohl ihn dieser abgelehnt hat.
Musikethnologie, ein Spezialgebiet der Völkerkunde, das sich mit der Erforschung der Musik außereuropäischer Völker befaßt, wenn deren Musik nicht als autonomes Kunstwerk im abendländischen Sinne gedeutet werden kann. Grundlegende Forschungsarbeit auf diesem Gebiet leistete E. M. von Hornbostel, der gemeinsam mit C. Stumpf die Sammelbände für vergleichende Musikwissenschaft, 3 Bde., München 1922–23, herausgab.
Musikgeschichte → S. 529
Musikhochschule → Konservatorium
Musik im Fernsehen, die bis heute umstrittene Wiedergabe von Konzert, Oper u. Ballett auf dem Bildschirm. Trotz verschiedener guter Ansätze (M. Kagel, K. Lindemann, L. Ferrari u. a.) kann man noch nicht von einer mediengerechten Form sprechen. Das Fernsehen kreiert daher weniger medienspezifische neue Gattungen wie TV-Musik, TV-Oper, TV-Ballett, sondern reproduziert mehr oder weniger unter Wahrung eines inzwischen Konvention gewordenen Bildvokabulars bereits Vorhandenes. Das heutige Musikangebot läßt sich folgendermaßen einteilen: 1. Live-Übertragung, verstärkt auch mit Stereo-Ton über Hörfunk, von bedeutenden Veranstaltungen (Konzert, Oper, Ballett) als Zeitdokument. 2. Studioproduktionen, bei denen die gleichen Inhalte wie bei Live-Übertragungen unter idealen technischen Bedingungen im Fernsehstudio reproduziert oder eigens für eine Aufzeichnung einstudiert werden (höchste Tonqualität, Playback, Korrekturmöglichkeit wie bei der Schallplatte). 3. Bebilderung, zu der sich → Programmusik besonders eignet. Die *Alpensinfonie* von R. Strauss z. B. bietet die Visualisierung bereits in der Partitur an. Aber auch Oper u. Ballett können an ausgesuchten Schauplätzen bebildert, d. h. filmisch aufbereitet werden. Dabei erfolgt der Sturz der Tosca von der Engelsburg natürlich zu Playback. 4. Dokumentation, Workshop, Probenmitschnitt sind wahrscheinlich die fernsehgeeignetsten Möglichkeiten, musikalische Inhalte einem größeren Publikum zugänglich zu machen. Es bleibt zu hoffen, daß sich hier auch Möglichkeiten für dramatisierte Biografien u. ein musikalisches Fernsehspiel entwickeln, die auf medienspezifische Art u. Weise musikalische Inhalte populär machen.
Das Gebiet der fernseheigenen Kreation gerät gegenüber den vier anderen Sparten ins Hintertreffen, weil man sich dort auf zeitgenössische, eigens für das Medium geschaffene Werke stützen muß, deren Publikumswirksamkeit als vergleichsweise gering angesetzt wird.

Musik im Film, Begleitmusik des frühen Stummfilms, Untermalung des Tonfilms, integrierter Bestandteil des filmischen Kunstwerks. Es liegt in der Natur der Sache, daß für diese relativ junge Gattung ästhetische Maßstäbe erst in Ansätzen existieren. Bei der Vorführung der frühen Stummfilme wurde auf dem Klavier oder Harmonium improvisierte Musik hauptsächlich dazu eingesetzt, das starke Geräusch des Projektionsapparates zu übertönen. Versuche, Film u. Schallplatte (Kinematograph von Edison) zu koppeln, blieben ohne Erfolg. Die Untermalung der Streifen in den sich etablierenden Lichtspieltheatern wurde von Klavier oder Kinoorgel, in größeren Häusern auch von ganzen Orchestern übernommen. Die Kinokapellmeister griffen dabei auf Musikstücke zurück, die für typische Situationen oder Stimmungen komponiert worden waren u. Kinotheken entnommen werden konnten. Die bedeutendste Sammlung solcher vorgefertigten Stücke legte G. Becce an. In ihrer Assoziationssymbolik zeigte diese Musik erstaunliche Ähnlichkeit mit der Barockoper. Nach der Originalmusik von C. Saint-Saëns zu *L'assassinat du Duc de Guise* (1908) schrieb J. Weiß die erste durchgehende Partitur zu dem dt. Stummfilm »Der Student von Prag« (1913). Zu den wichtigsten dt. Filmkomponisten der Stummfilmzeit gehören G. Becce (»Schuldig«, 1913), M. Roland (»Fridericus Rex«, 1922), E. Meisel (»Panzerkreuzer Potemkin«, 1926) u. G. Huppertz (»Metropolis«, 1927). Mit »The Jazz Singer« entstand 1927 der erste Tonfilm, u. 1929 kam mit »Melodie der Welt« der erste dt. Titel in der neuen Licht-Ton-Technik heraus. Heute sind Filmvorführungen in Stereo- oder sogar Quadrophonie möglich.

Mit der Filmmusik entstand eine neue Gattung dramatischer Musik, die mit der Opern-, Ballett-, Bühnen- u. Hörspielmusik vieles gemein hat. Im besten Falle ist sie gemeinsam mit Bild, Wort, Geräusch u. Filmschnitt zu einer Einheit verschmolzen, die jeden Bestandteil zu gleichberechtigten Elementen eines Ganzen macht. Gute Filmmusik soll eine überzeugende Atmosphäre für Ort u. Zeit der Handlung schaffen, psychologische Feinheiten herausarbeiten, für Übergänge sorgen, ein Gefühl von Kontiniutät geben u. den dramatischen Aufbau einer Szene unterstreichen. Dieser reizvollen Aufgabe haben sich immer wieder bedeutende Komponisten gestellt, deren Musiken dem Drehbuch eine weitere Dimension hinzugefügt haben. Hier sei nur auf Titel wie »Alexander Newski« (S. Prokofjew, 1938), »Lohn der Angst« (G. Auric, 1953) u. »High Noon« (D. Tiomkin, 1952) verwiesen. Welche dramatische Funktion Filmmusik übernehmen kann, wird an »Hiroshima, mon amour« (Leitmotivik, Überleitung zu inneren Monologen) u. »Viridiana« (Messiah-Musik auf Bettler-Orgie) deutlich. In der gesamten Entwicklung des Tonfilms ist der Musikfilm als Sonderfall zu betrachten. Seine Thematik reicht von Oper, Operette u. Musical bis zum Schlagerfilm, dessen Prototyp mit »The Singing Fool« (Hauptrolle: Al Jolson) entstand. Er krankt an der Schwierigkeit, vorgegebene musikalische Formen optisch umzusetzen. Ein wirklicher Musikfilm gelang wahrscheinlich erstmals mit »Les parapluies de Cherbourg« (1963). Die berühmten Czinner-Filme »Don Giovanni« u. »Rosenkavalier« sind Dokumente bedeutender Bühnenaufführungen.

Zu Komponisten von Filmmusiken, die auch aus Oper u. Konzert bekannt sind, gehören G. Antheil, D. Milhaud, A. Honegger, S. Prokofjew, D. Schostakowitsch, H. Eisler, W. Walton, R.V. Williams, A. Copland, G. Auric, P. Dessau u. H.W. Henze. Von den hauptsächlich wegen ihrer Filmmusik bekannt gewordenen Komponisten seien erwähnt: M. Miklos, der als erster die Echokammer einsetzte, N. Rota, J. Morris, M. Hamlish, D. Tiomkin, M. Blitzstein u. A. Previn. Von den dt. Filmkomponisten erlangten W. Eisbrenner, W. Gronostay, J.A.F. Grothe, M. Jary, P. Kreuder, M. Lothar, Th. Mackeben, A. Melichar, N. Schultze u. W. Zeller eine gewisse Bedeutung.

Musikkritik kam im ausgehenden 18. Jh. auf. Zu den ersten bedeutenden Musikschriftstellern, die sich mit musiktheoretischen Fragen beschäftigten, über lokale Musikverhältnisse berichteten u. biografisches Material von Musikschaffenden sammelten, gehören J. Mattheson, J.A. Scheibe, F.W. Marpurg, J.-J. Rousseau u. Ch. Burney. Die musikalische Tageskritik spielt erst seit Beginn des 19. Jh. eine Rolle im öffentlichen Musikleben. Zu den ersten modernen Musikkritikern gehören Fr. Rochlitz, der 1798 die »Allgemeine musikalische Zeitung« in Leipzig gründete, sowie F. u. L. Rellstab, die in Berlin für die »Vossische Zeitung« schrieben. Zu den Mitbegründern eines allgemeinverständlichen musikalischen Feuilletonismus gehört H. Heine, der 1838–47 in Paris als Berichterstatter der »Augsburger Allgemeinen Zeitung« tätig war. Die Aufgabe der M. ist es, zu informieren, Werke u. ihre Wiedergabe zu beurteilen u. wenn möglich geschmacksbildend tätig zu sein. Da es in der M. kaum objektive Kriterien gibt, hat es sowohl berühmte Prognosen gegeben, die zutrafen, wie auch Irrtümer, die im nachhinein oft unverständlich erscheinen.

Für die Musikgeschichte u. -wissenschaft ist die Auswertung der M., die in Tagespresse u. Periodika das öffentliche Musikleben widerspiegelt,

MUSIKGESCHICHTE

VON KARL SCHUMANN

Musikgeschichte, bis zur Mitte des 20. Jahrhunderts die Hauptdisziplin der Musikwissenschaft, ist das Unterfangen, die Manifestationen der Musik, also der künstlerisch behandelten Klangmaterie, nach ihrer zeitlichen Abfolge geordnet darzulegen und in Bezugssysteme zu bringen. Der stetige Wandel der Erscheinungsformen der Musik, wie er im eigentlichen Sinne Geschichte bewirkt, bleibt weitgehend auf das Abendland begrenzt und hat seinen Hauptgrund in dem dort durch alle Epochen wirksamen Spannungsverhältnis zwischen Theorie und Praxis. Relative Geschichtslosigkeit zeigen großenteils die nicht europäisch beeinflußten Musiken ferner Kulturkreise; ihnen widmet sich die → Musikethnologie, deren Erkenntnisse jedoch neuerdings in eine musikalische Universalgeschichte eingebracht werden, so von Walter Wiora in »Die vier Weltalter der Musik« und »Musikwissenschaft und Universalgeschichte«. Die Musikgeschichtsschreibung folgt weitgehend den Prinzipien der in ihren Standpunkten und Ansprüchen von Epoche zu Epoche wechselnden Geschichtswissenschaft überhaupt; dabei ist sie im wesentlichen Geschichte der Komposition, in zweiter Linie Geschichte des Instrumentariums, der Aufführungspraxis usw. Zumindest dem historischen Ablauf der abendländischen Musik werden Entwicklungs- und Entfaltungstendenzen im Sinne eines Kontinuums unterstellt. Historisches Bewußtsein, wie es sich seit der Renaissance ausprägte, bewirkte die schöpferische Rezeption vergangener Ausdrucksformen der Musik, was bedeutete, daß Historisches nutzbar gemacht wurde im Sinne eines kontinuierlichen Fortschritts beziehungsweise einer Änderung des Stils. So berief sich der Umschwung von der mittelalterlichen Polyphonie zur Monodie der späten Renaissance und zu den Anfängen der Oper auf die von den Humanisten zutage geförderten, ziemlich bruchstückhaften Erkenntnisse von der Musik der griechischen Antike. Musikgeschichte, wie sie sich seit der Renaissance konstituierte, ist weder steriler Selbstzweck noch ein Friedhof von Namen, sie gab vielmehr Anstoß und Legitimation für neue, deutlich mit der jüngsten Vergangenheit brechende Stile, so für Monodie, Neobarock. Ansätze einer Musikgeschichtsschreibung finden sich in der Spätantike, so in Dialogen Plutarchs (um 100 n. Chr.); Anekdoten, theoretische Überlegungen, mythische und legendäre Darstellungen vermischen sich mit historischen Fakten. Musikgeschichtliche Hinweise lassen sich in Chroniken finden: Hinweise auf den mythologi-

schen Ursprung der Musik, auf die Wirkung der Töne (Altes Testament, Orpheus-Mythos), auf frühe Autoritäten usw. In Humanismus und Renaissance erwachte das Bewußtsein des eigenen historischen Standorts; es führte zur Gliederung der Gesamtgeschichte in Zeitalter: Antike, Mittelalter, Neuzeit. Die Quellenforschung setzte ein, zunächst im Dienste beispielhafter Belege für die »Nutzbarkeit« der Musik, für den Beweis eines kontinuierlichen »Fortschritts« und für die stolze Würdigung des gegenwärtigen Zustands als Zielpunkt von Entwicklungslinien. Aus den mannigfachen Darstellungen der Legende vom Philosophen und Theoretiker Pythagoras (→ Kanon) entwickelte sich die musikhistorische Biografie, die Darstellung der Lebensläufe herausragender, für die geschichtliche Entwicklung der Tonkunst gewichtiger Komponisten und Theoretiker. Das 19. Jahrhundert verlagerte das Schwergewicht der Musikgeschichtsschreibung ins Biografische. Dies geschah häufig unter populärwissenschaftlichem Vorzeichen und analog zur geistesgeschichtlich bedingten Wertschätzung des zeitweilig vom Geniekult verklärten schöpferischen Individuums, das, außerhalb des sozialen Gefüges seiner Zeit stehend, sich in heroischem Einzelgängertum gegen die als notorisch verständnislos angesehene Gegenwart behauptet. Die soziologische Betrachtung der Musikgeschichte, eine Errungenschaft des 20. Jahrhunderts, relativierte, genauer gesagt, verdrängte diese Methode.
An der Wende vom 15. zum 16. Jahrhundert wurden Werte der Vergangenheit in neuen Darlegungen wiederentdeckt: griechisch-antike Theorien sowie früh- und hochmittelalterliches Musikschrifttum (Boethius, Guido von Arezzo). Für die Florentiner → Camerata und ihre Begründung der nachmals so genannten Oper erwies sich die Berufung auf die Musica antica als Mittel der polemischen Rechtfertigung einer Musica moderna; nach der »prima pratica« der mittelalterlichen Polyphonie wurde der neue, antikisierende Begriff einer fortschrittlichen → »seconda pratica« proklamiert. Der alte Stil blieb jedoch bis in die Zeit J. S. Bachs Lehrfundament. Die musikgeschichtlichen Darstellungen (S. Calvisius, W. C. Printz, M. Praetorius, J. G. Walther, aber auch noch J. Matthesons »Ehren-Pforte« von 1740) rühmen die Nützlichkeit der Tonkunst für Tugend, Gemüt, Gesundheit, Zerstreuung usw. und heben hervor, daß die Kirchenväter die Musik keineswegs verworfen haben.
Eine auf Quellen zurückgreifende, kritisch verfahrende Musikgeschichtsschreibung entstand in der Aufklärung, ausgelöst durch die enzyklopädischen Bestrebungen der Epoche. In Paris hatte der Streit über die Vorzüge französischer und italienischer Musik die historischen Studien ausgelöst; die Historie diente als Materialsammlung für und wider die entgegengesetzten Standpunkte. Um 1710 entstanden die Werke von F. Raguenet, Lecerf de la Viéville, die »Histoire de la musique« von Bourdelot-Bonnet, denen 1757–81 Padre G. B. Martinis dreibändige »Storia della musica« folgte. Martinis Darlegungen, die über die Antike nicht hinausgelangen, standen lange Zeit im Ansehen, die monumentale Studie zur Musik des Altertums zu sein. In Deutschland schuf M. Gerbert, von kir-

chenmusikalischen Fragen ausgehend, eine Materialsammlung zur Musica sacra. In England veröffentlichte 1776 der Jurist J. Hawkins eine von Skepsis gegen die Moderne erfüllte, aus 150 Einzeldarstellungen zusammengefügte »General History of Music«. Hawkins ist einer der ersten jener musikgeschichtlichen Amateure, deren Sammeleifer die musikgeschichtliche Forschung während der Jahrhunderte vor der Etablierung der Musikwissenschaft vorangetrieben hat. Einen anderen, positivistischen Standpunkt verfocht der Engländer Ch. Burney in »A General History of Music« (4 Bände 1776–89); der Globetrotter bereiste den Kontinent, zeichnete seine Eindrücke auf (Anfang der memoirenhaften Musikgeschichtsschreibung) und gewann aus ihnen ein so stattliches Vertrauen auf den Fortschritt, daß er den Musikern von einem Studium der Vergangenheit ihrer Kunst als einem unfruchtbaren Museumsdienst abriet. Burney suchte seinen Gegenstand nach Zeiten, Schulen und Sachproblemen zu ordnen und als Teil eines umfassenden Kulturbegriffs aufzufassen, gelangte jedoch bei der Definition der Musik nicht über die Ansicht hinaus, sie sei »an innocent luxury«.
Die Brücke zum 19. Jahrhundert schlug J. N. Forkel 1788 in einer »Allgemeinen Geschichte der Musik«, deren erster Band den »Versuch einer Metaphysik der Tonkunst« enthält und sich an Herders universalhistorischer Betrachtungsweise orientiert, wobei der Gedanke der organischen Entwicklung über den aufklärerischen Fortschrittsglauben hinaus vertieft wird. Forkels Motive der Geschichtsschreibung sind: Aufdecken der Ursachen des »jetzigen Verfalls« der Kirchenmusik, Verbesserungsvorschläge aus Rückbesinnung und das Errichten von Vorbildern. Seine Monografie über J. S. Bach (1802) preist den »ersten Klassiker, der je gewesen ist und vielleicht je seyn wird«, und leitete als erste der deutschsprachigen Bach-Biografien sowohl die systematische Wiederentdekkung Bachs als auch die Tradition der großen Musikermonografien ein.
Die Musikgeschichtsschreibung des frühen 19. Jahrhunderts führte einerseits die Erforschung und Darstellung von Einzelpersönlichkeiten und Zeitabschnitten fort, wobei sich erstmals der Wunsch nach Gesamtausgaben meldete. Andererseits verlangte sie die Aneignung der mehr und mehr überschaubar gemachten Geschichte im Akt der Reflexion, in dem von Georgiades umschriebenen Sinne, »den Inbegriff der Musik erst in der Gesamtheit der historisch erfaßbaren Musik zu erblicken«. Der Weg zum Historismus war gebahnt. Gesellschaften zur Förderung musikgeschichtlicher Unternehmen entstanden: Bach-Gesellschaft 1850, Deutsche Händel-Gesellschaft 1856. Die Edition von Denkmälern setzte ein: »Musica sacra« seit 1839, G. F. Händel ab 1843, J. S. Bach ab 1851. Es mehrten sich Einzelstudien: über das Entstehen privater (G. van Swieten, R. G. Kiesewetter) und öffentlicher (F.-J. Fétis 1832/33) Konzerte, über Kirchenmusik, Einzelformen, Editionsfragen usw. Hand in Hand ging die Wirkung auf die kompositorische Praxis: bewußte Auseinandersetzung mit Formen und Techniken älterer Musik, ansatzweise bei W. A. Mozart und dem späten J. Haydn, vollends bei F. Mendelssohn Bartholdy, L. Spohr, R. Schumann

u. a. bis hin zur Musik des 20. Jahrhunderts. Erneuerung der Kirchenmusik aus dem Geiste vorklassischer Strenge wurde auf katholischer wie evangelischer Seite, aber auch in der synagogalen Praxis angestrebt. »Über die Reinheit der Tonkunst« hatte A. F. J. Thibaut 1825 reflektiert, mit dem Ergebnis, daß »religiöse Demut, Begeisterung und Erhabenheit« vornehmlich bei den alten Meistern zu finden seien, denen es nachzueifern gelte. Im katholischen Bereich führten die Studien des Chorals und der Vokalpolyphonie Palestrinas zur Reformbewegung des → Caecilianismus und des Regensburger Kreises, in der evangelischen Kirchenmusik zur Orgelbewegung und zu Bemühungen um die Erneuerung des Kirchengesangs. Der Grad der Frömmigkeit religiöser Musik bestimmte sich geradezu durch den Grad ihrer archaisierenden Bestrebungen.
Aus dem Geist der Klassik und ihrem Kult der Geistesheroen erwuchs die monografische Literatur, deren Methode identisch war mit der der Philologie des 19. Jahrhunderts: G. N. Nissens Mozart-Biografie 1828/29, die Mozart-Biografie des Bonner Altphilologen O. Jahn 1856, F. Chrysanders Händel-Monografie 1858, A. W. Thayer über Beethoven 1866, Ph. Spitta über Bach 1873/80, C. F. Pohl über Haydn 1878/82 und H. Aberts Monografie über Mozart 1919/21. Spezialisierung trat zwangsläufig ein. Für die Erforschung antiker Tonkunst wurden neue Grundlagen geschaffen (R. Westphal 1854, von Jan 1895); die Musik des Mittelalters stellte sich im Verlauf notationsgeschichtlicher Studien (H. Bellermann) nun vollends als Spezialproblem dar. Durch die Editionen von älterem musiktheoretischem Schrifttum (Ch. E. H. de Coussemaker, »Scriptores«, 1864/76, und A. de Lafage, »Essais de diphthérographie musicale«, 1864) machte sich schließlich die Musikgeschichtsschreibung zu ihrem eigenen Forschungsgegenstand.
Einzeldarstellungen von Komponistenschulen führten zur weiteren Differenzierung der Probleme. Kiesewetter und Fétis hoben 1829 die Verdienste der alten Niederländer (→ niederländische Musik) hervor und traten so der Auffassung entgegen, das Entstehen der neuzeitlichen Musik sei einseitig den Italienern zuzuschreiben. C. von Winterfeld bewirkte durch die Arbeit über »Johannes Gabrieli und sein Zeitalter« 1834 die Wiederentdeckung der Werke Heinrich Schütz'. Die Geschichte der Notation wurde durch J. Wolf, die der Instrumente durch C. Sachs und die der Musiktheorie durch H. Riemann dargestellt. Die Grundlagen der Musikgeschichte überdachten Fétis 1837/44 und an der Jahrhundertwende Riemann. Während Fétis den permanenten Fortschritt abstritt und die ständige Umformung musikalischer Prinzipien als Agens der Geschichte ansah, empfand Riemann die Geschichte der Musik als zielstrebigen Prozeß fortschreitender Entwicklungen der natürlichen Gesetzmäßigkeit der Tonkunst.
Seit der Mitte des 19. Jahrhunderts wurde die Musik, vornehmlich die Geschichte der Musik, mehr und mehr Lehrgegenstand der philosophischen Fakultäten der Universitäten (E. Hanslick in Wien 1861, H. Bellermann in Berlin 1866, A. W. Ambros in Prag 1869, G. Jacobsthal in Straßburg 1875). Systemati-

sierung stellte sich ein. Einzelforschungen mußten zusammengefaßt werden. Gegen Riemanns autonom musikalische Betrachtung und die Bevorzugung der formaltechnischen Analyse (»Handbuch der Musikgeschichte«, seit 1904) richtete sich sowohl die übergreifende stilgeschichtliche Betrachtungsweise der Wiener Schule um G. Adler (1911) als auch die umfassend geisteswissenschaftliche Betrachtungsweise, wie sie Ambros (ab 1862) angeregt hatte, mit dem Endzweck, die Musik »culturhistorisch« und mit dem Blick auf »gleichzeitige bildende Kunst, auf politische und sociale Verhältnisse« zu betrachten und somit als »Äußerung ein und derselben Strömung« zu verstehen. Der Philosoph W. Dilthey inaugurierte eine Konzeption der »Musikgeschichte als Geisteswissenschaft«, wobei die Musik eingebettet in das Insgesamt der Ideen einer Zeit erscheint und in vertiefter Weise in ihrer Geschichtlichkeit gewürdigt wird: Musikgeschichte als Teil der Geistesgeschichte. Die kulturhistorische Interpretation der Musikgeschichte vertieften Ph. Spitta, H. Kretzschmar und A. Schering; Spittas Bach-Biografie (1873/80), Kretzschmars »Geschichte der Oper« (1919) und Scherings Studien zur Geschichte des Instrumentalkonzerts und des Oratoriums spiegeln auf breiter Bildungsbasis den geistesgeschichtlichen Standpunkt. Der allgemeine Bildungseifer führte zu Serien von Handbüchern, abrißhaften Darlegungen musiktheoretischer wie historischer Einzelprobleme. Auf eine Synthese der stilkritischen Werkbeschreibung und der geistesgeschichtlichen Deutung drang schließlich W. Gurlitt (1918/19). Populärwissenschaftlich blühte die poetisierende, häufig sentimentale Darstellung von Einzelpersönlichkeiten der Musikgeschichte. Parallel zur Entfaltung der Musikgeschichte im 19. Jahrhundert lief das Anwachsen musikalischer Zeitschriften; in ihnen wurden sowohl Forschungsergebnisse niedergelegt als auch Polemiken ausgetragen, letzteres zumal seit den Tagen der eine Kampfposition beziehenden Neudeutschen Schule um R. Wagner und F. Liszt.

Nach den Weltkriegen, nach 1918 und 1945, stellten neue musikalische Strömungen, teilweise auf schöpferische Rezeption historischer Musikformen begründet, veränderte Ansprüche an die Musikgeschichte: Erschließen der Quellen, kritische Gesamtausgaben, von editorischen Zusätzen gereinigte Urtextausgaben, Erarbeiten von Werkverzeichnissen und Katalogen, Würdigung von mehr oder minder vermeintlichen Randerscheinungen der Musikgeschichte. Nach 1945 setzte verstärkt das Interesse an der Sozialgeschichte der Musik ein: Bestimmung des Standorts der musikalischen Kunst innerhalb der Gesellschaft. Die Detailforschung verstärkte sich bis hinein in lokalgeschichtliche Gegebenheiten. Die monografische Literatur, nicht minder stattlich, bewegte sich mehr und mehr von der Heroisierung weg und auf die Schaffensproblematik der Komponisten zu, wobei die zeitgeschichtliche Einordnung des vormals als singuläre, »geniale« Erscheinung gepriesenen Meisters an Gewicht gewann. Enzyklopädische Vollständigkeit des Wissensstoffes wird angestrebt, die subjektive Deutung tritt zurück. Überlieferte Werturteile werden kritisch überprüft. Gesamtdarstellungen der Musikgeschichte (J. Handschin 1948, P.H. Lang

1941, Robertson-Stevens 1960, H. Renner 1965, G.W. Nestler 1962) treten zurück und zielen häufig auf allgemeine Information. Der Wunsch nach bibliografischem und lexikalischem Wissen verstärkt sich; ihm entsprach die allgemeine Enzyklopädie »Musik in Geschichte und Gegenwart«, seit 1949, hg. v. F. Blume. Die Probleme der musikgeschichtlichen Forschung und Darstellung handelt ab C. Dahlhaus in »Grundlagen der Musikgeschichte« 1977, ferner in der Studie zur Musikgeschichte des 19. Jahrhunderts »Musikalischer Realismus«, 1982. In der modernen Musikwissenschaft ist die Musikgeschichte die historische Disziplin, eine wichtige Disziplin, jedoch nicht mehr der bevorzugte oder gar ausschließliche Gegenstand. Musikhistorische Anschauungen und Methoden differieren; Ethnologie, Sozial- wie Universalgeschichte haben den Horizont erweitert. Eine strengere Art der Interpretation schafft sich Raum, hebt die Einmaligkeit der einzelnen Werke gegenüber der auf Merkmalkategorien ausgerichteten Stilgeschichte hervor, rückt ab von poetisierender Umschreibung musikalischer Sachverhalte und bemüht sich, die Ergebnisse der Analysen einzuordnen in ein Kontinuum von Wechselwirkungen. Die Musikgeschichtsschreibung ist gegen sich selbst kritisch geworden. Auf weiten Strekken zeigt sie, zumal in ihrer Terminologie, den Einfluß der in den sechziger Jahren erschienenen Hauptschriften Th. W. Adornos: Problematisierung ihres Gegenstands und dessen schriftlich-interpretatorischer Darstellung.

Literatur: S. Calvisius, De institutione musica, Melopoeia seu melodiae condendae ratio, Erfurt 1592; ders., Musicae artis praecepta nova et facillima, Leipzig 1612; M. Praetorius, Syntagma musicum, Wittenberg u. Wolfenbüttel 1614–20, hg. von W. Gurlitt, Kassel 1958–59; W. C. Printz, Compendium musicae, Guben 1668, ders., Historische Beschreibung der Edelen Sing- und Kling-Kunst, Dresden 1690; F. Raguenet, Parallèle des Italiens et des François en ce qui regarde la musique et les opéras, Paris 1702; J. L. Lecerf de la Viéville, Comparaison de la musique italienne et de la musique françoise, Brüssel 1704, erweitert 1705–06, hg. von O. Wessely in: Die großen Darstellungen der Musikgeschichte in Barock u. Auflärung, Graz 1966; P. Bourdelot u. J. Bonnet, Histoire de la musique et de ses effets, Paris 1715, hg. von O. Wessely in: Die großen Darstellungen der Musikgeschichte in Barock u. Aufklärung, Graz 1966; J. G. Walther, Musicalisches Lexicon, Leipzig 1732, hg. von R. Schaal, Kassel 1969; J. Mattheson, Grundlage einer Ehrenpforte, Hamburg 1740, Faksimile Kassel 1969; G. B. Martini, Storia della musica, 3 Bde., Bologna 1757–81, hg. von O. Wessely, in: Die großen Darstellungen der Musikgeschichte in Barock u. Aufklärung, Graz 1967; J. Hawkins, A General History of the Science and Practice of Music, 5 Bde., London 1776, hg. von O. Wessely, in: Die großen Darstellungen der Musikgeschichte in Barock u. Aufklärung, Graz 1969; Ch. Burney, A General History of Music, 4 Bde., London 1776–89, hg. von F. Mercer, London 1935, Nachdruck Baden-Baden 1958; M. Gerbert (Hg.), Scriptores ecclesiastici de musica sacra potissimum, 3 Bde., St. Blasien 1784, hg. von O. Wessely, in: Die großen Darstellungen der Musikgeschichte in Barock u. Aufklärung, Graz

1968; Guido von Arezzo, Aliae regulae, Micrologus u. Epistola de ignoto cantu, in Scriptores ecclesiastici de musica, 3 Bde., hg. von M. Gerbert, St. Blasien 1784, Nachdruck Hildesheim 1963; F.-J. Fétis, Biographie universelle des musiciens et bibliographie générale de la musique, 8 Bde., Brüssel 1837–44; H. Bellermann, Die Mensuralnoten und Taktzeichen des 15. u. 16. Jh., Berlin 1858; A. W. Ambros, Geschichte der Musik, 3 Bde., Breslau 1862–68, Bd. 4 hg. von E. Schelle, Breslau 1878, Bd. 5 hg. von O. Kade, Leipzig 1882; A. de Lafage, Essais de diphthérographie musicale, 2 Bde., Paris 1864, Nachdruck Amsterdam 1964; R. Westphal, Geschichte der alten und mittelalterlichen Musik, Breslau 1864–65; E. de Coussemaker (Hg.), Scriptorum de musica medii aevi novam seriem a Gerbertina alteram . . ., 4 Bde., Paris 1864–76, Nachdruck Hildesheim 1963; Boethius, De institutione musica, hg. von G. Friedlein, Leipzig 1867, Nachdruck Frankfurt a. M. 1966; F.-J. Fétis, Histoire générale de la musique, 5 Bde., Paris 1869–76; Ph. Spitta, J. S. Bach, 2 Bde., Leipzig 1873–80, Nachdruck Wiesbaden u. Darmstadt 1962; H. Riemann, Präludien und Studien, Gesammelte Aufsätze zur Aesthetik, Theorie und Geschichte der Musik, 3 Bde., Heilbronn u. Leipzig 1895–1901, Nachdruck Hildesheim 1967; K. von Jahn (Hg.), Musici scriptores graeci, Leipzig 1895, Nachdruck Hildesheim 1962; J. Wolf, Geschichte der Mensural-Notation von 1250–1460, 3 Bde., Leipzig 1904, Nachdruck Hildesheim und Wiesbaden 1965; H. Riemann, Handbuch der Musikgeschichte, 5 Bde., Leipzig 1904–13; A. Schering, Geschichte des Instrumentalkonzerts bis auf die Gegenwart, Leipzig 1905, Nachdruck Hildesheim und Wiesbaden 1965; ders., Geschichte des Oratoriums, Leipzig 1911, Nachdruck Hildesheim und Wiesbaden 1966; G. Adler, Der Stil in der Musik, Leipzig 1911; C. Sachs, Real-Lexikon der Musikinstrumente, zugleich ein Polyglossar für das gesamte Instrumentengebiet, Berlin 1913, Nachdruck Hildesheim 1962; W. Gurlitt, H. Riemann und die Musikgeschichte, Zeitschrift für Musikwissenschaft I, 1918–19; H. Kretzschmar, Geschichte der Oper, Leipzig 1919, Nachdruck Wiesbaden 1970; P. H. Lang, Music in Western Civilization, New York 1941, dt. als: Musik im Abendland, 2 Bde., Augsburg 1947; J. Hadschin, Musikgeschichte im Überblick, Luzern 1948; Th. W. Adorno, Philosophie der Neuen Musik, Tübingen 1949, Neuauflage Frankfurt a. M. 1958; F. Blume (Hg.), Die Musik in Geschichte und Gegenwart, MGG, 14 Bde., Kassel 1949–68, Supplement ab 1970; Th. W. Adorno, Musikalische Schriften, I. Klangfiguren, II. Quasi una fantasia, Frankfurt a. Main 1959–63; W. Wiora, Die vier Weltalter der Musik, Stuttgart 1961; ders., Musikwissenschaft und Universalgeschichte, Stuttgart 1961; G. W. Nestler, Geschichte der Musik, Gütersloh 1962; Th. W. Adorno, Moments musicaux, Frankfurt a. M. 1964; H. Renner, Geschichte der Musik, Stuttgart 1965; C. Dahlhaus, Grundlagen der Musikgeschichte, Kassel 1977; ders., Musikalischer Realismus, München 1982.

von größter Bedeutung. M. hängt ebenfalls eng mit der Kommerzialisierung des Musiklebens zusammen. Das ständig wachsende Musikangebot (Radio, Fernsehen, Schallplatte, Tonband, Bildkassette oder -platte) stellt dem Musikkritiker immer neue Aufgaben.

Musikpädagogik definiert M. Alt als die »erziehungswissenschaftlich begründete Theorie des Faches Musik«. Dieser Verengung auf das Fach Musik u. den schulischen Bereich wird der Begriff Musikerziehung, gleichbedeutend mit Praxisnähe u. dem Einbezug außerschulischer Aktivitäten, zur Seite gestellt. Eine allgemeinverbindliche Definition gibt es bis heute nicht. In neuerer Zeit wird der Unterschied zwischen Theorie u. Praxis in der M. verwischt, die Abgrenzung zur Musikwissenschaft ist fließend.

Musikpsychologie, Teilgebiet der Musikwissenschaft, das sich mit dem Verhalten des Menschen gegenüber der Musik beschäftigt. Sie umfaßt Hörpsychologie, Differenzierung musikalischer Begabungen, Tiefenpsychologie, angewandte Psychologie beim Einsatz von Musik in Betrieben, Kaufhäusern, Verkehrsmitteln oder anderen der Öffentlichkeit zugänglichen Einrichtungen (→ Muzak) sowie die Musiktherapie.

Musikschule werden seit 1966 die ehemaligen Volks- u. Jugendmusikschulen genannt, die aus der musikalischen Jugendbewegung hervorgegangen sind. Ihre heutige Aufgabe liegt im Angebot eines speziellen Fachunterrichts für Kinder, Jugendliche u. Erwachsene. In der BRD gibt es an die 500 solcher Schulen, in denen ungefähr eine halbe Million Schüler unterrichtet werden. Damit übernimmt die M. teilweise die Funktion des Privatmusikunterrichts.

Musiktheater, Begriff für Mischformen aus Wort, szenischer Darstellung u. Musik, die sich nicht unter der Gattungsbezeichnung → Oper fassen lassen. Wesentliches Merkmal des M. ist die völlige Unterordnung aller beteiligten Künste unter das Theatralische. Daher taucht der Begriff M. auch häufig in den Zeitungsfeuilletons auf, wenn von einer Operninszenierung die Rede ist, die eindeutig von der Regie dominiert wird. Eine Nebenform ist das → instrumentale Theater.

Musiktherapie, eine eigenständige medizinisch-psychologische Therapieform, bei der entweder Musik gehört wird (passiv) oder in der Ausübung (aktiv) heilende Kräfte beim Patienten freigesetzt werden.

Musikunterricht, Umsetzung der → Musikpädagogik in die Praxis. Wichtigstes Ziel muß der Versuch bleiben, das Phänomen Musik von verschiedenen Blickwinkeln aus zu verstehen u. zu vermitteln. Dazu gehören sachkundige Beschäftigung mit Geschichte u. Form sowie praktische musikalische Tätigkeit. In neuerer Zeit zeigt sich ein Trend zu einem stärker didaktisch ausgerichteten Vorgehen auf Kosten der praktischen Musikausübung.

Musique concrète bezeichnet die Komposition mit natürlichen Geräuschen. 1948 trug sich der franz. Ingenieur u. Musiker Pierre Schaeffer mit dem Gedanken einer *Symphonie de bruits* (Geräuschsinfonie), die nur aus bearbeiteten Geräuschen aufgebaut sein sollte. Neben Archivgeräuschen des franz. Rundfunks nahm er natürliche Klänge auf Schallplatte u. Tonband auf u. begann diese zu verändern. Dabei kam er schnell zu der Einsicht, die aufgenommenen Klänge müßten so denaturiert werden, daß man nicht durch Assoziationen mit der ursprünglichen Schallquelle abgelenkt würde. Entscheidend wurde für ihn das Experiment mit einem Glockenklang, dessen Einschwingungsvorgang Schaeffer unterdrückte. Hinzu kamen Beschleunigung u. Verlangsamung, Vermischung u. Überkopierung der Klänge. Es entstanden Studien über Plattenteller, Eisenbahnen u. Schmorpfannen sowie mit einem präparierten Kl. als Schallerzeuger, u.a. die *Violette* u. die *Schwarze Studie*. Am 5. 10. 1948 stellte der franz. Rundfunk Schaeffers erste Versuche unter dem Titel »Concert de bruits« vor. 1949 schlug Schaeffer in der Zeitschrift »Polyphonie« für seine Geräuschmusik den Begriff M. c. vor, um, wie er meinte, die Herkunft seines Materials ganz deutlich zu machen. Er verwandte inzwischen neben Geräuschen des täglichen Lebens, Naturlauten, Gesangs-, Sprach- u. Musikfetzen auch Klänge europäischer u. exotischer Instrumente u. präpariertes Klavier. Im Gegensatz zur elektronischen Musik wurden diese Klänge unmittelbar erzeugt u. waren deshalb konkret. Als nächster Versuch in Schaeffers Studio d'Essai wurde die *Suite 14* (1949) montiert, ihr Ausgangsmaterial waren hauptsächlich bearbeitete Instrumentalklänge. Dann entstand gemeinsam mit P. Henry 1950 die *Symphonie pour un homme seul*, die M. Béjart einige Jahre später als Ballett bekannt machte. Bei diesem Stück wurden die Grundklänge aus menschlichen Geräuschen, Instrumenten, insbesondere Schlagzeug, u. präpariertem Klavier zusammengesetzt. Am 18. 3. 1950 fand das erste öffentliche Konzert mit M. c. statt, dem am 20. 7. 1951 die Aufführung des Spectacle lyrique *Orphée* folgte. Dieses Stück provozierte 1953 in Donaueschingen erbitterte Auseinandersetzungen. Neben Henry, der u.a. im Studio d'Essai *Concerto des ambiguités, Suite* u. *Microphone bien tempéré* realisierte, arbeiteten nach 1950 auch O. Messiaen, P. Boulez, A. Hodeir, M. Phillippot, J. Barraqué, Ph. Arthuys u.a.

mit der M.c. In dieser Zeit gelang es Schaeffer aber nicht, ein eigenes Ordnungsprinzip für die M.c. zu formulieren. Erst als sich Komponisten wie L. Ferrari, I. Xenakis u. F. Bayle mit der M.c. beschäftigten, wurden serielle u. teilweise auch aus der elektronischen Musik abgeleitete Ordnungsprinzipien übernommen. 1958 benannte Schaeffer seine 1951 gegründete »Groupe de Recherches de M.c.« in »Groupe de Recherches Musicales« um; die Einschränkung auf ausschließlich konkretes Klangmaterial wurde aufgegeben. In Schaeffers Studio wurden u.a. die Tonbandgeräusche für E. Varèses *Déserts* hergestellt. In Japan beschäftigte sich T. Mayuzumi mit der M.c. u. verwendete sie z.B. in Mizoguchis Film »Straße der Schande«. Sonst hat sich die M.c. bis heute nur dank des unermüdlichen Einsatzes des franz. Rundfunks als Bühnen-, Ballett- u. Hörspielmusik gehalten. Schaeffers ursprünglichem Ansatz, der in der Nachfolge des Bruitismus u. der Dada-Bewegung gesehen werden muß, fehlt bis heute die theoretische Begründung. Seinen Grundbegriff des Klangobjekts (objet sonore) hat er zwar in Muster (échantillon), Bruchstück (fragment) u. kleinste Einheit (élément) unterteilt, ihn aber weder kompositorisch noch ästhetisch definiert. Im Gegensatz zur elektronischen Musik, die sich heute als jene Musik begreift, die alle mit Magnettonverfahren u. Magnetbandgerät veränderten Klänge umfaßt, sind die Pariser Anhänger der M.c. davon überzeugt, daß man zwar auch elektronisch erzeugte Klänge mit verwenden kann, daß aber die spezifische lebendige Qualität des konkreten Klangs nicht zu ersetzen sei.

Lit.: P. Schaeffer, A la recherche d'une m.c., Paris 1952; F.K. Prieberg, Musica ex machina, Berlin 1960; F.C. Judd, Electronic Music and M.c., London 1960; H. Eimert u. H.U. Humpert, Das Lexikon der elektronischen Musik, 2. ergänzte Auflage, Regensburg 1977; P. Schaeffer, M.c., Stuttgart 1978.

Mussorgskij, Modest P., russ. Komponist, * 21.3. 1839 Karewo auf dem Stammgut der Familie, † 28. 3. 1881 Petersburg. Erhielt den ersten Klavierunterricht bei seiner Mutter. 1849 wurde er mit seinem Bruder Filaret auf die dt. Peter-u.-Paul-Schule in Petersburg geschickt. Der Vater hatte für M. eine militärische Laufbahn vorgesehen u. ließ ihn 1852 in die streng hierarchisch gegliederte Gardejunkerschule eintreten. Nebenbei nahm M. Klavierunterricht bei A. Herke, einem Schüler A. von Henselts, u. brachte es zu virtuoser Fertigkeit auf dem Instrument. Aus dieser Zeit stammt die *Fähnrichs-Polka* für Kl. 1856 trat M. in das Regiment seines Großvaters, das Preobraschenskij-Leibgarderegiment ein. 1857 führte ihn ein Freund bei dem Komponisten A.S. Dargomyschskij ein, der wie sein Lehrer M. Glinka zu den Vorkämpfern einer nationalruss. Musik gehörte. Dort fand M. Anschluß an den Kreis um M. Balakirew, A. Borodin u. C. Cui, zu dem später Rimskij-Korsakow stoßen sollte u. für den der Kritiker W. W. Stassow die Bezeichnung »Mächtiges Häuflein« prägte. Balakirew veranstaltete in seiner Wohnung Seminare praktischer musikalischer Anatomie u. war Cui u. M. bei ihren Kompositionsversuchen behilflich. So entstanden ein Scherzo in B-Dur (1858), das M. mit Balakirews Hilfe instrumentierte, sowie die Fragment gebliebene Bühnenmusik zu »Oedipus« nach Sophokles. Um sich ganz der Komposition zu widmen, quittierte M. 1859 seinen Regimentsdienst. Im gleichen Jahr entstanden *Schamils Marsch* für Soli, Chor u. Orch. sowie das *Impromptu passioné* für Kl. Mit der Aufhebung der Leibeigenschaft hörten im Jahr 1861 die Zuwendungen vom väterlichen Gut auf. M. kehrte nach Hause zurück u. half seinem Bruder bei der Bewirtschaftung. 1863 kehrte er nach Petersburg zurück, trat als Beamter ins Verkehrsministerium ein u. bezog mit 5 kunstsinnigen jungen Freunden ein Gemeinschaftsquartier. Abends wurden hitzige Diskussionen um eine neue nationale Kultur geführt. Der Tod der Mutter stürzte ihn 1865 in eine schwere Krise, die durch übermäßigen Alkoholkonsum noch verschärft wurde. 1867 verlor M. seinen Posten im Ministerium. Im gleichen Jahr führte Balakirew *Die Niederlage Sennacheribs* für Chor u. Orch. von M. nach Byron auf. 1868 trat M. in die Forstabteilung des Landwirtschaftsministeriums ein, komponierte vier Szenen des 1. Akts der Komödie »Die Heirat« von Gogol u. begann mit der Oper *Boris Godunow*. Ende 1869 war die Instrumentierung des *Ur-Boris* beendet. Die Oper wurde von der Prüfungskommission der Kaiserlichen Theater abgelehnt. Unter anderem beanstandete man die ostinative Motivreihung, den häufigen Taktwechsel, die Synkopen, nicht aufgelöste Vorhalte, die aus der Volksmusik übernommene urwüchsige Rhythmik u. das Fehlen einer großen Frauenrolle. Auf das Zureden seiner Freunde hin machte sich M. an die Umarbeitung. Neben Puschkins gleichnamiger dramatischer Chronik zog er N.M. Karamsins Geschichte des Russ. Reiches heran. 1871 nahm er zusammen mit Rimskij-Korsakow ein möbliertes Zimmer, in dem sie beide komponierten u. abwechselnd das Klavier benützen konnten. M. arbeitete an der Neufassung des *Boris Godunow*, schrieb Klavierlieder u. begann gemeinsam mit Rimskij-Korsakow, Cui u. Borodin die Komposition der Fragment gebliebenen Ballett-Oper *Mlada*. Daneben entstanden erste Entwürfe zu *Die Fürsten Cho-*

wanski. Am 27. 1. 1874 kam *Boris Godunow* gegen den Widerstand der Theaterleitung am Marientheater mit großem Erfolg heraus. Noch im gleichen Jahr besuchte M. eine Gedächtnisausstellung für seinen im Jahr zuvor verstorbenen Freund, den Maler u. Architekt V. Hartmann, dessen Bilder ihn zu dem Klavierzyklus *Bilder einer Ausstellung* inspirierten. Während M. bei verschiedenen Freunden Unterschlupf fand, wurde seine gesundheitliche u. finanzielle Lage immer auswegloser. Die schöpferischen Kräfte nahmen zusehends ab. Viele angefangene Kompositionen blieben Fragment. 1879 gab er seine Tätigkeit als Beamter auf, begleitete die Altistin D. Leonowa auf ihrer Rußlandtournee, arbeitete an ihrer neugegründeten Gesangsschule mit u. lebte von der Unterstützung weniger treuer Freunde. Die Verbindung zu den anderen Mitgliedern des »Mächtigen Häufleins« war längst abgerissen, nur dem Kritiker Stassow vertraute er sich noch an. Am 21. 2. 1881 wurde M. völlig zerrüttet in das Nikolaj-Militärhospital eingeliefert, wo er am 28. 3. starb. Kurz vor seinem Tode saß er dem Freund I. Repin noch für das bekannte Porträt im Schlafrock.

Abgesehen von eigenen Studien, den Diskussionen im Freundeskreis u. der Anleitung durch Balakirew war M. Autodidakt. Während seines chaotischen Lebens fand er immer wieder Halt bei Freunden, mit denen er eine Wohnung teilte oder die ihm ein Zuhause gaben. Die lebendige, d. h. als unmittelbarer Ausdruck des Emotionalen erscheinende Melodie war für ihn das Wichtigste an der Wirkung seiner Musik. Die traditionellen Formen, die ihn bei der Umsetzung von Leben und Gefühl (→ Realismus) nur stören konnten, lehnte M. ab. Eine Sinfonie blieb deshalb Fragment, die Klaviersonaten sind verschollen. So haben wir nur Zeugnisse freier musikalischer Formen, die seinem Ausdrucksbedürfnis allein angemessen scheinen. Von N. G. Tschernyschewskijs »Die ästhetischen Beziehungen der Kunst zur Wirklichkeit« (1855) ausgehend, machte er sich dessen These »Das Schöne ist eben das Leben« zu eigen. Ihm kam es allein auf die Übersetzung seiner seelischen Erlebnisse in Musik an. In seiner Korrespondenz mit Stassow brachte er klar zum Ausdruck, daß ein emotionaler Zustand nur in der jeweils passenden Form adäquat manifestiert werden kann. Daher auch seine Vorliebe für das Lied u. die instrumentale Programmusik. Kühne Neuerungen wie bitonale Überschichtungen, ostinative Motivreihungen, Rückungsmelodik und barbarische Rhythmik verfehlten ihren Eindruck nicht, als seine Musik in Paris bekannt wurde. Über C. Debussy, M. Ravel u. auch I. Strawinsky hat er Einfluß auf die musikalische Entwicklung im 20. Jh. genommen. Auch wenn wir heute auf die Urfassungen seiner Werke zurückgreifen können, darf die vielgeschmähte Leistung Rimskij-Korsakows bei der Verbreitung der Werke von M. nicht unterschätzt werden, auch nicht, wenn Strawinsky im Zusammenhang mit *Boris Godunow* von Meyerbeerisierung spricht.

GA: hg. v. P. A. Lamm, A. Aleksandrov u. N. Mjaskowskij, Moskau, Wien u. Leipzig 1928–39. Briefe, biografisches Material u. Dokumente erschienen, hg. von A. A. Orlova u. M. S. Pekelis, Moskau 1971.

Zu M. Kompositionen gehören: die Bühnenwerke *Salambo,* Fragment (1863–66), *Die Heirat,* 1. Akt (1868), *Boris Godunow* (*Ur-Boris* 1868–69, Originalfassung oder Bearbeitung durch M. 1871–72, Klavierauszug mit unwesentlichen Änderungen 1874, Fassungen von Rimskij-Korsakow 1896 u. 1908, Autografen u. Klavierauszug hg. von P. Lamm 1927, Fassung von D. Schostakowitsch auf der Grundlage des Lammschen Klavierauszugs 1939–40), *Mlada,* Ballett-Oper, Fragment (mit Borodin, Rimskij-Korsakow u. Cui 1871–72), *Chowanschtschina,* unvollendet (1872–80, Fassung Rimskij-Korsakow 1886, Fassung Schostakowitsch nach dem Lammschen Klavierauszug 1958) u. *Der Jahrmarkt von Sorotschinzy,* unvollendet (1874–81, Bearbeitung C. Cui 1913, N. N. Tscherepnin 1923 u. W. J. Schebalin 1930); Chorwerke, darunter *Die Niederlage Sennacheribs* (1. Fassung 1867, 2. Fassung 1874); Orchesterwerke wie Scherzo B-Dur (1858), *Die Nacht auf dem Kahlen Berge* (1867, ursprünglich als Schauspielmusik gedacht), *Intermezzo Symphonique in modo classico* (1867) u. *Die Einnahme von Kars,* Marsch (1880, Instrumentation von Rimskij-Korsakow). Von seinen Klavierwerken sind die *Bilder einer Ausstellung* (1874, orchestriert von M. Ravel 1922) u. *Am Südufer der Krim* (Nr. 1 Gursuf, Nr. 2 Capriccio, 1879–80) erwähnenswert. Zu den vielen hervorragenden Klavierliedern M. gehören Einzeltitel wie *Seminarist* (1866), *Waisenkind* (1868), *Die Schaubude* (1870, Persiflage auf den Patti-Kult) u. *Der Klassiker* (1867) sowie die Zyklen *Die Kinderstube* (1868–72), *Ohne Sonne* (1874) u. *Lieder u. Tänze des Todes* (1874–77).

Lit.: M. D. Calvocoressi, M., Paris 1908, NA London 1946; W. W. Stassow, Stat'i o M. P. M., Moskau 1922, NA 1952; I. Glebov, M. P. M., Petrograd 1923; E. Schmitz, Das mächtige Häuflein, Leipzig 1955; M. D. Calvocoressi, M. M., His Life and Works, London 1956; V. I. Seroff, The Mighty Five, New York 1948, dt. Das mächtige Häuflein, Zürich 1963; G. Chubov, M., Moskau 1969; H. Ch. Worbs, M. P. M. in Selbstzeugnissen u. Bilddokumenten, Reinbek bei Hamburg 1976; H.-K. Metzger u. R. Riehn (Hgg.), Musik-Konzepte, Band 21: M. M. – Aspekte des Opernwerks, München 1981.

Mutation (lat. mutatio: »Veränderung«), **1.** Benennungswechsel eines Tones beim Hexachordwechsel in der → Solmisation. **2.** Veränderung einer gewählten musikalischen Ordnung in der Kompositionslehre des 17. u. 18. Jh. **3.** Veränderung der Stimmung (muta), z. B. bei Pauken oder Hörnern. **4.** → Mutierung.

Mutierung oder Stimmwechsel, Absinken der Knabenstimme mit Beginn der Pubertät, bedingt durch das schnellere Wachstum des männlichen Kehlkopfs. Während sich ungefähr ein Drittel aller Knabenstimmen zum Tenor entwickeln, werden zwei Drittel Bariton- oder B.-Stimmen.

Muzak, eine funktionelle Hintergrundmusik (Arbeitsmusik). Ihr Erfinder war G. Squire, ein amer. Brigadegeneral, der als Offizier eines Fernmeldebataillons im 1. Weltkrieg seine Soldaten im Schützengraben mit musikalischer Unterhaltung über Feldtelefonkabel bei Laune hielt. Diese Technik wurde später von W. Benton übernommen, der Restaurants über örtliche Telefonnetze mit Musik versorgte. Im 2. Weltkrieg erhöhten die Engländer mit M. die Produktivität in ihren Munitionsfabriken. Der Warencharakter dieser psychologisch äußerst geschickt auf ihren jeweiligen Verwendungszweck zugeschnittenen Musik führt heute in vielen Fällen zur Überschneidung mit der Popmusik.

Mysliveček (Mysliweczek), Joseph, böhm. Komponist, * 9. 3. 1737 Ober-Šárka bei Prag, † 4. 2. 1781 Rom. Studierte bei F. Habermann u. J. Seger in Prag Kontrapunkt u. Orgel. Veröffentlichte 1760 6 Sinfonien mit den Namen der Monate Januar bis Juni. 1763 reiste er, wahrscheinlich unter der Protektion des Grafen Sporck, nach Italien, um dort das Opernhandwerk zu erlernen. Er nahm in Venedig Unterricht bei G. B. Pescetti u. ließ sich anschließend in Parma nieder, wo um 1765 sein erstes Bühnenwerk, *Il parnasso confuso,* zur Aufführung kam. Im Auftrag des Teatro S. Carlo in Neapel entstand *Bellerofonte* (1767), ein Werk, mit dem sich M. als einer der ersten Opernkomponisten Italiens etablierte. Es folgten u. a. *Demofoonte* (1769), *Montezuma* (1771), *Ezio* (1775), *Olimpiade* (1778), *Armida* (1779), u. *Medonte* (1780). Der ein ausschweifendes Leben liebende M. komponierte viele Rollen für die gerade seinem Herzen am nächsten stehenden Primadonnen, u. a. auch für die Sängerin C. Gabrielli. Neben den an die 30 Opern hat M. nach neuesten Forschungsergebnissen zwischen 1768 u. 1776 außerdem 10 Oratorien geschaffen, darunter *Betulia liberata, La passione di Gesù Cristo* u. *Abramo ed Isacco,* deren Libretti alle von Metastasio stammten. Der *Abramo* wurde 1776 zur Fastenzeit in Florenz komponiert. 1777 kam auf Veranlassung des Kurfürsten Maximilian Joseph II. eine Aufführung in München zustande, zu der Mozart aus Salzburg anreiste. Dieser besuchte den an einer venerischen Krankheit im Münchner Herzogspital leidenden Komponisten und hat sich mehrfach lobend über dessen Werke geäußert. Zu M. weiteren Kompositionen, die allmählich wieder entdeckt werden, gehören 6 sinfonie a 4 (1760), 6 sinfonie concertanti (1768), 6 Overtures (1772), 12 Orchestertrios (1772–75), 12 Streichquartette, Konzerte, Trios und Sonaten.

Lit.: R. Pečman, J. M. u. sein Opernepilog, Brünn 1970.

Mysterienspiele → liturgisches Drama u. Mysterienspiel

N

Nabokov, Nicolas, amer. Komponist russ. Herkunft, * 17. 4. 1903 Lubscha bei Minsk, † 6. 4. 1978 New York. Schüler von W. Rebikow in Moskau sowie P. Juon u. F. Busoni in Berlin. Lebte bis 1933 in Paris, wo er für L. Massine das Ballettoratorium *Ode* (1928) komponierte, war 1936–41 Lehrer am Wells College in Aurora, NY, u. 1947–52 am Peabody Conservatory of Music in Baltimore. 1963–68 leitete er die Berliner Festwochen.

Zu N. Kompositionen gehören: die Opern *The Holy Devil* (1958, rev. als *Der Tod des Grigori Rasputin* 1959) u. *Love's Labour's Lost* (1973); die Ballette *Ode* (1928), *La vie de Polichinelle* u. *Union Pacific* (1934), *The Last Flower* (1958) u. *Don Quixote* (1965, für G. Balanchine); Vokalwerke; Sinfonien; Konzerte u. Kammermusik.

Zu N. Schriften gehören: »Old Friends and New Music« (Boston u. London 1951); »I. Strawinsky« (Berlin 1964) u. »Bagázk, Memoirs of a Russian Cosmopolitan« (New York 1975, dt. München 1975).

Nachahmung, 1. Kompositionstechnik u. wichtiges Mittel des polyphonen Stils, allgemein bekannt unter der Bezeichnung → Imitation. **2.** → Tonmalerei

Nachhall ist ein raumakustischer Ausgleichsvorgang, der sich in hinreichend großen Räumen beim Aufhören der Zufuhr von Schallenergie als N.-Vorgang bemerkbar macht. Als Maßeinheit für das Abklingen des Schalles im Raum gilt die N.-Zeit, die sich aus der Zeitspanne ergibt, in der die Schallenergie auf den millionsten u. der Schalldruck entsprechend auf den tausendsten Teil seines Ausgangswertes abgesunken ist. Bei verschiedenen Frequenzen gemessene N.-Zeitwerte bestimmen die Charakteristik eines Raumes. Große Kirchenräume haben N.-Dauern von 2 bis 6 Sekunden. Die Besetzung eines Raumes mit Zuhörern verändert die N.-Zeit entscheidend.

Nachsatz, 1. Begriff aus H. Riemanns metrischer Lehre, in der er aus kleinsten metrischen Einheiten Perioden konstruiert, die in Vor- u. Nachsatz zerfallen. **2.** Begriff aus der Musiklehre, → Periode.

Nachschlag, 1. Im Gegensatz zum Vorschlag eine oder mehrere Verzierungsnoten, die einer Hauptnote nachgestellt sind, deren Wert entsprechend verkürzen u. durch Bindebogen mit ihr verbunden sind. **2.** Schlußbildung mit der unteren Nebennote beim → Triller. Tritt häufig am Ende der Kadenzen eines Konzerts für Soloinstrument u. Orchester auf.

Nachspiel (lat. postludium), Orgelstück nach Abschluß des Gottesdienstes oder Beschluß eines Liedes durch einen vom Begleitinstrument allein ausgeführten Schlußteil.

Nachsynchronisierung bezeichnet in der Film- u. Fernsehtechnik die Musik- oder Sprachaufnahme nach Fertigstellung des Bildteils.

Nachtanz, Bezeichnung für den ungeradtaktigen Springtanz, der einem geradtaktigen Schreittanz seit dem Mittelalter zu folgen pflegte. Tanz u. N. sind häufig melodisch u. harmonisch miteinander verwandt. Aus dem wichtigsten dieser Tanzpaare, der Pavane u. Galliarde, entwickelte sich die → Suite. Ein weiteres häufig auftretendes Tanzpaar waren Allemande u. Courante. Andere N. sind der Saltarello, der Tourdion, Hupfauf, Proportz, Sprung u. Tripla.

Nachtstück → Nocturne

Nancarrow, Conlon, amer. Jazztrompeter u. Komponist, * 27. 10. 1912 Texarkana, AR. Besuchte das Cincinnati Conservatory u. war Schüler von N. Slonimsky u. W. Piston in Boston. Ließ sich nach seiner Teilnahme am Span. Bürgerkrieg 1940 in Mexico City nieder. Dort arbeitet er ausschließlich mit dem elektrischen Klavier u. entwirft rhythmisch komplexe Stücke, die er auf Lochstreifen stanzt u. in seinem Studio abspielt. Sein vorläufig letztes Stück, *Music for Player Piano Nr. 39,* wurde 1980 in Bremen uraufgeführt.

Nanino (Nanini), **1.** Giovanni Maria, ital. Komponist * um 1544/45 Tivoli, † 11. 3. 1607 Rom. Chorknabe in Vallerano u. Schüler G. P. Palestrinas in Rom. Wurde 1571 dessen Nachfolger an S. Maria Maggiore, 1575 Kapellmeister an S. Luigi dei Francesi, 1577 päpstlicher Kammersänger u.

1604 Kapellmeister der Sixtinischen Kapelle. 1580 gründete er gemeinsam mit seinem jüngeren Bruder eine private Kompositionsschule in Rom, an der wahrscheinlich auch Palestrina unterrichtete. Seine 6st. Motette *Hodie nobis coelorum rex* wird heute noch am 1. Weihnachtstag in der Sixtina gesungen. Von ihm stammt auch die großartige Motette *Hodie Christus natus est* mit dem mehrfachen effektvollen »Noè! Noè!«.

Zu N. verlegten Werken gehören ein Buch 3–5st. Motetten (1586), 3 Bücher 5st. Madrigale (1579, 1581 u. 1586) u. ein Buch 3st. Kanzonetten (1593). Viele seiner Kompositionen wie auch eine Abhandlung über den Kontrapunkt blieben Manuskript.

2. Giovanni Bernardino, Bruder von 1., ital. Komponist, * um 1560 Vallerano, † 1623 Rom. Schüler seines Bruders u. Lehrer an dessen Musikschule. 1591–1608 Kapellmeister an S. Luigi dei Francesi, später an S. Lorenzo in Damaso. Er gehörte zu den ersten Komponisten der römischen Schule, die Orgelbegleitung in die Kirchenmusik einführten.

Zu N. Kompositionen gehören 3 Bücher 5st. Madrigale (1588, 1599, 1612), 4 Bücher 1–5st. Motetten mit Orgelbaß (1610, 1611, 1612 u. 1618), 4st. Vesperpsalmen (1620) u. »Venite exultemus Domino, a 3 v. coll' organo« (1620).

Nardini, Pietro, ital. Geiger u. Komponist, * 12. 4. 1722 Livorno, † 7. 5. 1793 Florenz. 1734–40 Schüler von G. Tartini in Padua, lebte anschließend als Lehrer u. Virtuose in Livorno. 1762–65 Mitglied der Stuttgarter Hofkapelle, zuletzt als Konzertmeister. Ab 1769 Konzertmeister der Großherzoglichen Kapelle in Florenz.

Zu N. Kompositionen gehören 6 Violinkonzerte (um 1770), 6 Streichquartette (1782), 6 Triosonaten (um 1770) u. 12 Violinsonaten.

Nashville Sound, ein von der Schallplattenindustrie erfundener Begriff für die in Nashville hergestellten, rein kommerziellen Country & Western-Aufnahmen. Zu den berühmtesten Interpreten in Nashville, das sich stolz Music City U.S.A. nennt, gehören die Carter-Familie, J. Cash, R. Acuff, E. Tubb, D. Parton, H. Williams u. T. Ritter.

Nationalhymnen kamen im 19. Jh. auf u. gelten heute als repräsentatives u. schutzwürdiges Hoheitssymbol. Sie wurden entweder durch staatliche Verordnung eingesetzt oder haben sich im Laufe der Zeit eingebürgert. Neben N. mit ausgesprochenem Huldigungscharakter gibt es auch solche, die auf Freiheits- oder Revolutionslieder zurückgehen. Als N. der Bundesrepublik wird heute die 3. Strophe des Deutschlandliedes von A. H. Hoffmann von Fallersleben auf die Melodie von J. Haydns Kaiserhymne gesungen u. gespielt. Die DDR erklärte 1949 *Auferstanden aus Ruinen* von H. Eisler u. J. R. Becher zur N.

Natschinski, Gerd, dt. Komponist u. Dirigent, * 23. 8. 1928 Chemnitz. Schüler von P. Kurzbach, W. Hübschmann, F. Just u. H. Eisler. 1952–54 Chefdirigent des Großen Tanz- u. Unterhaltungsorchesters des Berliner Rundfunks. Seit 1978 Intendant des Metropol-Theaters in Berlin (Ost).

Zu N. Kompositionen gehören: das Märchenspiel *Der Zauberring* (1946), das Vaudeville *Der Soldat der Königin von Madagaskar* (1959), die Operette *Messeschlager Gisela* (1960), das musikalische Lustspiel *Servus Peter* (1961), die Musicals *Die Frau des Jahres* (1963) u. *Mein Freund Bunbury* (1964), Filmmusiken, Jugend- u. Kinderlieder, Unterhaltungsmusik u. Arrangements.

Naturklangtheorie, eine Theorie, die harmonische Erscheinungen der Tonalität durch die Partial- bzw. Obertonreihe (→ Teiltöne) als naturgegeben zu erklären versucht. Sie gründet sich auf die Entdeckung von M. Mersenne (1636) u. deren wissenschaftliche Formulierung durch J. Sauveur (1700), daß jede Saite nicht nur als Ganzes, sondern auch in ihren aliquoten Teilen (½, ⅓, ¼ ... der Saitenlänge) schwingt. Aus dieser Tatsache leiteten J.-Ph. Rameau u. andere Theoretiker die Dur-Tonalität ab. H. Riemann versuchte vergebens, den Molldreiklang aus einer analogen Untertonreihe zu erklären. Nachdem die Entwicklung zur Dur-Moll-Tonalität aus der Musikgeschichte deutlich abgelesen werden kann (→ Kirchentöne), fehlt der N. ein wissenschaftliches Fundament, zumal sie sich ausschließlich auf ein physikalisches Phänomen stützt.

Naturtöne sind die Eigentöne des Rohres bei Blasinstrumenten, die ohne Verkürzung oder Verlängerung der Schallröhre allein durch die veränderte Art des Anblasens hervorgebracht werden. Der 1. Naturton entspricht dem Grundton der Schallröhre. Durch → Überblasen entstehen Obertöne des Grundtons, von denen der 1. Oberton (die Oktave des Grundtons) als 2. Naturton bezeichnet wird u. der 2. Oberton (die Duodezime des Grundtons) als 3. Naturton.

Naumann, Johann Gottlieb, dt. Komponist, * 17. 4. 1741 Blasewitz bei Dresden, † 23. 10. 1801 Dresden. Schüler der Kreuzschule in Dresden u. ab 1757 in Italien, wo er sich bei G. Tartini in Padua, Padre Martini in Bologna u. J. A. Hasse in Venedig weiterbildete. Dort kam 1762 seine erste Oper *Il tesoro insidiato* heraus. Auf Empfehlung Hasses erhielt N. die Stellung eines 2. Kirchenkompositeurs am Dresdner Hof, wo er 1765 zum Kammerkompositeur aufrückte u. mehrfach großzügigen Urlaub erhielt. N. produzierte bei zwei längeren Italienaufenthalten (1765–68 u. 1772–74) eine Reihe erfolgreicher Opern, darunter *L'Achille in Sciro* u. *Alessandro nell'Indie* nach Libretti von Metastasio. Nach einem Buch desselben Dichters brachte er 1769 in Dresden *La* *clemenza di Tito* heraus. Weitere Opern aus dieser Zeit sind *Il villano geloso* (1770), *Solimano* (1773), *L'isola disabitata* (1773), *Armida* (1773), *Le nozze disturbate* (1773), *Ipermestra* (1774). Nachdem er ein vorteilhaftes Angebot Friedrichs d. Gr. abgelehnt hatte, wurde N. 1776 in Dresden zum Kapellmeister befördert. 1777 ging er nach Stockholm, um die Neuorganisation der Hofkapelle zu überwachen u. Gustav III. bei der Verwirklichung seiner Opernpläne zu helfen. Dort komponierte er *Amphion* (1778), *Cora och Alonzo* (1782 zur Einweihung des neuen Opernhauses) u. *Gustaf Wasa* (1786), alle auf schwed. 1785–86 hielt sich N. als Gastdirigent u. Opernkomponist in Kopenhagen auf, wo seine dän. Oper *Orpheus og Euridice* 1786 zur Aufführung kam. Wieder in Dresden, wurde ihm der Titel Oberkapellmeister, verbunden mit einem Vertrag auf Lebenszeit, verliehen. Zu seinen letzten Bühnenwerken gehören die Semiseria *La dama soldato* (1791) u. *Aci e Galatea* (1801). In seinen besten Opern erreichte N. eine Synthese zwischen der Tradition J. A. Hasses u. den Vorstellungen der → neapolitanischen Schule.

N. komponierte neben Bühnenwerken eine Reihe von Kirchenmusiken, u. a. *Unsere Brüder* (1785) u. *Vater unser* (1799, nach Klopstock). Er hinterließ außerdem Liedersammlungen u. Kammermusik.

Lit.: R. Engländer, J. G. N. als Opernkomponist, Leipzig 1922, Nachdruck Farnborough 1970.

neapolitanische Schule, eine Gruppe von Komponisten, die in der 1. Hälfte des 18. Jh. in Neapel wirkten, das dortige, bereits florierende Musikleben bereicherten u. Neapel schließlich zum musikalischen Mittelpunkt Italiens machten. Bereits im 16. Jh. entstanden die vier berühmten Konservatorien Neapels als Stiftungen zur Unterbringung von Waisenkindern, die teilweise direkt von der Straße aufgelesen, in einheitliche Kleidung gesteckt u. in Musik unterrichtet wurden. Dafür hatten sie bei der musikalischen Ausgestaltung der Messen in den Kirchen Neapels, bei Prozessionen, Karnevalsveranstaltungen u. in den Theatern mitzuwirken. Diese Institutionen waren: Conservatorio di S. Maria di Loreto (gegr. 1535, später mit S. Onofrio vereinigt u. schließlich in Pietà dei Turchini aufgegangen), Conservatorio di S. Onofrio (gegr. 1576), Conservatorio della Pietà dei Turchini (gegr. 1583, der Name stammt von der Farbe der Institutskleidung, Musikunterricht begann etwa hundert Jahre später) u. Conservatorio dei Poveri di Gesù Cristo (gegr. 1589). An diesen Konservatorien wirkten Lehrer wie F. Provenzale, F. Feo, G. Greco, F. Durante u. L. Leo. Zu den bedeutendsten Schülern dieser Institutionen gehörten N. Piccinni, N. Jommelli, G. B. Pergolesi u. N. Porpora. F. Provenzale, der als erster bedeutender Opernkomponist Neapels gilt, war außerdem der Lehrer A. Scarlattis, dem Neapel seinen Ruf als führende Opernstadt verdankte. Die n. S. beeinflußte die ganze weitere Entwicklung dieser Gattung. Neben überhitzten Affekten u. virtuosen Dacapo-Arien führte die n. S. Elemente der Commedia dell'arte ein. In Neapel wurde G. B. Pergolesis wegweisendes Buffointermezzo *La serva padrona* aus der Taufe gehoben. Als N. Jommelli u. T. Traetta ungefähr um die gleiche Zeit an die Erneuerung der Opera seria gingen, gaben sie nach neapolitanischen Vorbildern dem Chor u. dem Orchester mehr Gewicht in ihren Bühnenwerken. Daneben hat die n. S. eine Reihe bedeutender geistlicher u. weltlicher Kantaten sowie Kirchenmusik hervorgebracht.

neapolitanische Sexte, ein in der Musik der neapolitanischen Schule häufig zur Steigerung eines Affektes auftretender Akkord, der überall in Europa imitiert wurde. Er läßt sich entweder als kleine Obersexte der Subdominante in Moll oder als 1. Umkehrung des (Dur-)Dreiklangs der tiefalterierten 2. Stufe in Moll interpretieren.

Nebendreiklänge sind in der Dur-Moll-tonalen Harmonielehre die Dreiklänge auf der 2., 3., 6. u. 7. Stufe einer Tonleiter. Im Kadenzzusammenhang gelten die N. als Vertreter der Hauptdreiklänge auf der 1., 4. u. 5. Stufe, von denen sie abgeleitet werden. H. Riemann definierte in seiner Funktionslehre die Dur- u. Moll-N. je nach Zusammenhang als Leittonwechselklang oder als Parallelklang eines Hauptdreiklangs.

Nebennoten oder **Nebentöne** nennt man bei Verzierungen die obere u. untere Sekunde des zu verzierenden Haupttons, daneben auch harmonie- oder akkordfremde Töne bei Vorhalt, Durchgang, Wechselnote u. Antizipation.

Nebentonarten, die in einer Komposition neben der Haupttonart am deutlichsten ausgeprägten anderen Tonarten. Dabei griff man hauptsächlich auf die besonders geeigneten quint- u. terzverwandten Tonarten zurück.

Nedbal, Oskar, tschech. Geiger, Dirigent u. Komponist, * 26. 3. 1874 Tábor, Böhmen, † 24. 12. 1930 Zagreb. Studierte 1885–92 am Prager Konservatorium bei A. Bennewitz, J. Foerster u. A. Dvořák. Mitbegründer u. bis 1906 Bratschist des Böhm. Streichquartetts. Begann ab 1896 an der Böhm. Philharmonie u. später beim Tonkünstlerorchester in Wien eine Dirigentenlaufbahn. Ab 1923 Direktor der slowak. Nationaloper in Preßburg, Gründer des dortigen Sinfonieorchesters u. 1926 Direktor des Rundfunks. Beging während eines Gastspiels in Zagreb Selbstmord.

Zu N. Kompositionen gehören: die Oper *Der Bauer Jakob* (1922), mehrere Operetten, von denen *Polenblut*

(1913) besonders erfolgreich war, Ballette, Schauspielmusiken, Chöre u. Lieder.

Neefe, Christian Gottlob, dt. Komponist u. Kapellmeister, * 5. 2. 1748 Chemnitz, † 26. 1. 1798 Dessau. Studierte in Leipzig Jura, wandte sich aber nach seinem Examen ganz der Musik zu u. erhielt Unterricht von J.A. Hiller, für dessen Singspiel *Der Dorfbarbier* (1771) er 10 Nummern komponierte. 1776 Musikdirektor der Seylerschen Theatergesellschaft u. nach deren finanziellem Zusammenbruch 1779 bei der Großmann-Helmuthschen Theatergruppe in Bonn. Dort ab 1782 auch als Hoforganist tätig. In dieser Eigenschaft wurde er der Lehrer des jungen L. van Beethoven, der ihm u.a. die Einführung in J.S. Bachs *Wohltemperiertes Klavier* verdankt. Mit dem Einmarsch der Franzosen 1794 kam N. Bonner Tätigkeit zu einem Ende. 1796 wurde er noch einmal Musikdirektor, diesmal bei der Bossanschen Theatergesellschaft in Dessau.

Zu N. vielen Bühnenwerken gehört die damals erfolgreiche Oper *Adelheid von Weltheim* (1780). Er komponierte außerdem Instrumentalwerke, Lieder mit Klaviermelodien u. *Klopstocks Oden mit Melodien* (1776), *Serenaden beym Klavier zu singen* (1777), *Vademecum für Liebhaber des Gesangs und Klaviers* (1780) u. *Bilder u. Träume* (1798). N. schrieb daneben Musikkritiken u. übersetzte Operntexte aus dem Ital. u. Franz., u. a. stellte er eine der ersten dt. Fassungen von W. A. Mozarts *Don Giovanni* her.

Lit.: I. Leux, Ch. G. N., Leipzig 1925 (mit ungekürzter Autobiografie u. thematischem Katalog der Instrumentalwerke).

Negro minstrelsy → Minstrelsy

Negro Spiritual, eine im 19. Jh. entstandene Gattung religiöser Lieder der amer. Neger in den Südstaaten. Das N. S. geht auf europäische Hymnen zurück u. war ursprünglich einstimmig angelegt. Dazu kamen afrikanische Elemente wie Ornamentik in der Melodieführung, Halbtonverschleifung u. Pentatonik. Begleitet wurde das N.S. häufig von Tanz, Händeklatschen u. Fußstampfen. Gegen Ende des 19. Jh. wurde auch das N.S. kommerziell vermarktet. Schwarze Chöre hatten mit sog. Jubilee-Gesängen Erfolg. Gleichzeitig setzte eine kunstliedhafte Umformung für Sologesang mit Klavierbegleitung ein. A. Dvořák verwendete ebenso Spiritual-Motive in seiner Sinfonie *Aus der Neuen Welt* wie G. Gershwin in *Porgy and Bess.* Zu den bedeutendsten Spiritual-Sängern gehören Mahalia Jackson u. Rosetta Tharpe.

Neidhardt von Reuenthal (Neidhart, Nithart), Minnesänger, * um 1180, † um 1240. Gehört neben Walther von der Vogelweide zu den ältesten Dichtern dt. Sprache, deren Lieder mit Melodien erhalten sind. Neben 17 Liedern, bei denen Text u. Melodie von ihm stammen, sind weitere 38 Lieder erhalten, bei denen er als Komponist angenommen wird. Seine sich mit dem bäuerlichen Leben befassenden Lieder üben deutliche Kritik an dem ins Artifizielle u. Unglaubwürdige abgeglittenen Minnesang.

Nenia (lat.: »Leichengesang«), volkstümliches Klagelied, das im antiken Rom von Klagefrauen unter Instrumentalbegleitung an der aufgebahrten Leiche gesungen wurde (→ Threnos).

Nenna, Pomponio, ital. Komponist, * um 1550 Bari, † um 1618 Rom oder Neapel. Erste Kompositionen von ihm erschienen 1574 in dem bei Gardano gedruckten »Primo libro delle villanelle alla napoletana a tre voci de diversi musici di Bari«. Ging in der Anwendung der Chromatik noch über C. Monteverdi hinaus u. war Lehrer sowie Anreger C. Gesualdos. Überliefert sind 8 Bücher 5st. Madrigale, 1 Buch 4st. Madrigale u. Responsorien.

Neoklassizismus → Klassizismus

Neßler (Nessler), Victor E., dt. Komponist u. Kapellmeister, * 28. 1. 1841 Baldenheim, Elsaß, † 28. 5. 1890 Straßburg. Studierte zuerst in Straßburg Theologie, wandte sich aber nach seinem erfolgreichen Opernerstling *Fleurette* (1864) ganz der Musik zu. War Chordirektor am Stadttheater in Leipzig u. Dirigent des dortigen Gesangvereins »Sängerkreis«. Von seinen Opern waren vor allem *Der Rattenfänger von Hameln* (1879) u. *Der Trompeter von Säckingen* (1884) erfolgreich.

neudeutsche Schule, Gruppe um F. Liszt, zu der u.a. H. von Bülow, P. Cornelius, K. Tausig, J. Raff u. F. Draeseke gehörten. Während der 1. Tonkünstlerversammlung 1859 in Leipzig nahmen sie den Beinamen N.S. offiziell an. Sie waren außerdem die treibende Kraft bei der Gründung des Allgemeinen Dt. Musikvereins. Ihr Sprachrohr war die ehemals von R. Schumann geleitete »Neue Zeitschrift für Musik«. Die N.S. setzte sich insbesondere für die Programmsinfonie (H. Berlioz) u. das Musikdrama (R. Wagner) ein. Ablehnend verhielten sich ihr gegenüber die der Wiener Klassik verpflichteten Komponisten um J. Brahms. 1860 kam es zu der bekannten Indiskretion um eine Erklärung, die von J. Brahms, J. Joachim, B.E. Scholz u. J.O. Grimm unterzeichnet war, in der die Neudeutschen als »dem innersten Wesen der Musik zuwider« handelnd angegriffen wurden.

Neue Musik, taucht erstmals bei P. Bekker als Titel einer Schrift auf, die sich mit Tendenzen der Musik im 20. Jh. befaßt. Als Begriff unbrauchbar, obwohl weit verbreitet, da nicht feststeht, welche Periode er genau abdeckt. Reicht er von der 2. Wiener Schule bis zum Anfang der seriellen Musik – dann versteht man unter N. M. jede Musik jenseits der Dur-Moll-Tonalität –, oder soll dieser Begriff nur auf die jeweils gerade zeitgenössische Musik angewendet werden? Wenn man den Begriff N.M. als Parallele zu Neue Sachlichkeit sieht, handelt es sich um den Zeitraum von den ersten atonalen Kompositionen A. Schönbergs u. A. Weberns bis zum Ende der klassizistischen Periode bei I. Strawinsky, das ungefähr mit dem Beginn der seriellen Musik zusammenfällt. So aufgefaßt, schwingt in diesem Begriff etwas von der antiromantischen Haltung der Generation nach dem 1. Weltkrieg mit. Größte Förderung erfuhr die N.M. bei den Musiktagen in Donaueschingen (1921–26 u. ab 1950), durch die 1922 gegr. Internationale Gesellschaft für N.M. (IGNM) sowie die überall in Deutschland entstandenen Studios für N.M. Zu den heutigen Zentren zeitgenössischer Musik gehören neben Donaueschingen die Internationalen Ferienkurse in Darmstadt, der Warschauer Herbst, die Rencontres internationales de musique contemporaine in Metz u. das IRCAM in Paris.

Neukomm, Sigismund Ritter von, österr. Dirigent, Pianist u. Komponist, * 10.7.1778 Salzburg, † 3.4.1858 Paris. Schüler von M. Haydn in Salzburg u. J. Haydn in Wien. 1806 Kapellmeister am Dt. Theater in Petersburg, später als Nachfolger F.X. Dusseks Pianist Talleyrands, den er zum Wiener Kongreß u. auf anderen Reisen begleitete. 1816 im Gefolge des Herzogs von Luxemburg in Rio de Janeiro, von wo er bei Ausbruch der Revolution 1821 nach Lissabon flüchtete. Den Rest seines Lebens verbrachte er in England u. Frankreich. Besonders erfolgreich war N. mit seinen Oratorien, von denen *David* eigens für das Birmingham Festival 1834 komponiert wurde. Er schrieb außerdem Opern, Orchesterwerke, Kammermusik, Klavierstücke u. Orgelwerke. In seiner Bühnenmusik zu Schillers »Braut von Messina« unternahm er den Versuch, den antiken Chor wiederzubeleben.

Neumeier, John, amer. Tänzer, Choreograf u. Ballettdirektor, * 24. 2. 1942 Milwaukee, WI. Sohn eines Schiffskapitäns. Nach Studien bei Sheila Reilly in Milwaukee, B. Stone u. W. Camryn in Chicago, V. Volkova in Kopenhagen und an der Royal B. School in London wurde er als Tänzer bei der S. Shearer Company verpflichtet. Von 1963 bis 1969 bei J. Cranko als Tänzer in Stuttgart, wo N. bereits mit Werkstattchoreografien in den Noverre-Matineen hervortrat. 1968 schuf N. sein erstes Repertoire-Ballett für die Stuttgarter Kompanie: *Separate Journeys* (M.: S. Barber). Im gleichen Jahr entstand als Auftrag des Harkness Ballet *Stages and Reflections* (M.: B. Britten) u. 1969 für das Scottish Theatre Ballet *Frontiers* (M.: A. Bliss). 1969 wurde N. als Ballettdirektor u. Chefchoreograf an die Frankfurter Oper berufen. Seit 1973 ist er in der gleichen Position an der Hamburgischen Staatsoper tätig. Zu seinen wichtigsten Choreografien gehören: *Brandenburg 3* (M.: J. S. Bach), *Feuervogel* (M.: I. Strawinsky), *Unsichtbare Grenzen* (M.: A. Bliss, F. Poulenc) u. *Rondo* (M.: Zusammenstellung aus Pop u. G. Mahler) 1970; *Romeo und Julia* (M.: S. Prokofjew) u. *Nußknacker* (M.: P. Tschaikowsky) 1971; *Kuß der Fee* (M.: I. Strawinsky) u. *Daphnis und Chloe* (M.: M. Ravel) 1972. Im gleichen Jahr entstanden *Dämmern* als Hommage auf den Komponisten A. Skrjabin, *Don Juan* (M.: Ch. W. Gluck u. Tomás Luis de Victoria) u. *Le sacre du printemps* (M.: I. Strawinsky). 1974 choreografierte N. *Meyerbeer/Schumann* (M.: G. Meyerbeer, G. Bialas, R. Schumann, W. Killmayer), aus dem Schumanns *Kinderszenen* auch einzeln zur Aufführung kommen, 1975 *Die Stille* (M.: G. Crumb) u. *Mahlers 3. Sinfonie*, 1976 *Illusionen – Wie Schwanensee* (M.: P. Tschaikowsky) u. *Petruschka-Variationen* (M.: I. Strawinsky) sowie der *Fall Hamlet* (M.: A. Copland), 1977 für die Wiener Staatsoper *Josephslegende* (M.: R. Strauss), die N. aus der ursprünglichen Pantomime (Mitwirkung am Libretto Harry Graf Keßler u. H. von Hofmannsthal) zu einem mitreißenden Ballett umgestaltet. Ebenfalls 1977 entstanden für das Royal Ballet *Mahlers 4. Sinfonie* u. für die Hamburger Staatsoper *Ein Sommernachtstraum* (M.: F. Mendelssohn Bartholdy/G. Ligeti). Im gleichen Jahr inszenierte N. zum ersten Mal mit G. Verdis *Otello* an der Bayerischen Staatsoper München eine Oper, der 1978 in Hamburg *Orpheus u. Eurydike* folgte. Mit *Dornröschen* (M.: P. Tschaikowsky) setzte N. 1978 seine Neuinterpretationen klassischer Ballettpartituren fort. Er choreografierte weiterhin *Elegie* (M.: P. Tschaikowsky) u. *Die Kameliendame* (M.: F. Chopin) 1978, inszenierte im gleichen Jahr L. Bernsteins *West Side Story*, dann *Don Quixote* (M.: R. Strauss), *Vaslaw* (M.: J. S. Bach), *Songfest* (M.: L. Bernstein) u. *The Age of Anxiety* (M.: L. Bernstein) 1979, *Lieb' und Leid und Welt und Traum* (M.: G. Mahler), *Bach-Suite* (M.: J.S. Bach) u. *Skizzen zur Matthäus-Passion* (M.: J.S. Bach) 1980, *Matthäus-Passion* (M.: J. S. Bach) 1981. Die wichtige Aufgabe, als Ballettdirektor den Kontakt zum Publikum enger zu knüpfen, nimmt N. in zahlreichen Ballett-Werkstattmatineen wahr, in denen er Einführungen zur »optischen Dramaturgie«, zur Geschichte u. zur Thematik des Balletts gibt. Daneben widmet er sich seit 1978 auch der Ausbildung junger Tänzer. In seinen Ch. verbindet N. klassisches Ballett u. Ausdruckstanz. Seine Neuerarbeitung großer klassischer Ballette zeigt, wie er auf der Basis des klassischen Tanzes Handlung u. Gefühle an die Ästhetik unserer Zeit anpaßt. Auch in seinen Operninszenierungen zeigt sich deutlich N. Bemühung um einen klaren Ablauf der Handlung.

Lit.: H. Koegler, J. N. unterwegs, 1972; H. Scheier u. J. N., J. N. u. das Hamburger Ballett, 1977; J. N. u. J. Flügel, Traumwege, Hamburg 1980.

Neumen (griech. neuma: »Wink«), Notationssystem, das zusammen mit der Buchstabentonschrift zu den Vorläufern der Notenschrift mit Linien gehört. Sie sind offensichtlich aus den cheironomischen Zeichen der frühchristlichen Musiker u. den Akzent- oder Prosodiezeichen der spätantiken Grammatiker hervorgegangen. Ohne Festlegung von Tonhöhe oder -dauer dienten sie den Kantoren als Gedächtnisstütze beim Vortrag kultischer Gesänge. In den N.-Tabellen des 12. Jh. sind bereits an die 90 Zeichen aufgeführt, die landschaftlich voneinander abweichen. Die N. sind entsprechend den antiken Akzenten nach den Veränderungen des Silbentons einzuteilen in Aufwärtsbewegung der Stimme (/virga), Abwärtsbewegung der Stimme oder Verharren in der Tiefe (.,– Punctum oder Tractulus), Auf- u. Abwärtsbewegung (/\ Flexa oder Clinis, Clivis) sowie zusammengesetzte Tonhöhenveränderungen. Neben N., die den Melodieverlauf wiedergaben, waren strophische (verlängernde), liqueszierende (verschleifende) u. verzierende im Gebrauch. Um die Tonhöhen festzulegen, schrieb man zu den N. die Tonbuchstaben oder ergänzte mit Intervallzeichen, wie sie von Hermannus contractus angewendet wurden. Daneben kamen für einen melodisch u. rhythmisch differenzierten Gesangsvortrag noch die → Romanus-Buchstaben zum Einsatz. Ein Fortschritt in Richtung auf die Notation mit Linien wurde in Frankreich gemacht, wo man die N. aus Gründen der Übersichtlichkeit um eine Linie gruppierte, die später rot gefärbt die Tonhöhe F symbolisierte. Gleichzeitig erhielt die Virga in der nordfranz. Schrift an der Spitze eine Verdickung. Damit war aus der Aufwärtsbewegung ein Zeichen des Tonorts geworden, der Virga-Strich übernahm die Funktion, die Tondauer anzuzeigen (→ Mensuralnotation). Aus dieser Verdickung entwickelte sich die quadratische oder römische Choralnotation, in Deutschland etwas später die Hufnagelschrift, auch dt. oder gotische Choralnotation genannt.

Newman, Alfred, amer. Komponist u. Dirigent, * 17. 3. 1901 New Haven, CT, † 17. 2. 1970 Hollywood. Schüler von R. Goldmark, G. Wedge u. A. Schönberg. Ließ sich 1930 in Hollywood nieder u. komponierte Musiken für mehr als 300 Spielfilme, u. a. für »The Song of Bernadette« (1943), »The Snows of Kilimanjaro« (1952), »Désirée« (1954) u. »Love Is a Many Splendored Thing« (1955).

New Orleans Jazz, früheste Form des → Jazz (S. 399), die in der legendären Figur Buddy Boldens erstmals greifbar wird. Bolden zog bereits um 1895 mit einer Band auf einem Pferdewagen durch die Südstaaten. Neben dem → Ragtime, den Jug bands, die auf selbstgemachten Instrumenten zum Tanz aufspielten, u. den → Marching bands haben auch Elemente der europäischen Kunstmusik über die Kreolen Eingang in den N. O. J. gefunden. Die Besetzung mit Kornett oder Trompete, Klarinette u. Posaune (Melodiegruppe) u. Schlagzeug, Tuba (später Kontrabaß) u. Banjo oder Gitarre (Rhythmusgruppe) geht auf die Militärkapellen des 19. Jh. zurück. Musiziert wurde aus dem Stegreif, das musikalische Gerüst bestand aus einem Chorus, der sich auf bekannte Melodien, Märsche, Blues usw. stützte. Die Umspielung dieses Chorus durch die Melodieinstrumente ließ den Eindruck eines polyphonen Klangbildes entstehen, für das die Rhythmusgruppe das harmonische Fundament abgab

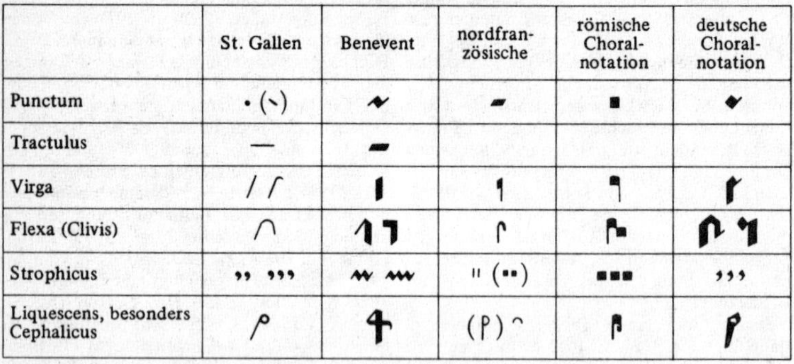

u. gleichzeitig für den → Beat sorgte. Die meist nur im Nebenberuf musizierenden Schwarzen übertrugen nicht nur ihre Gesangsvorstellungen auf das Spielen der Instrumente, sondern auch das afrikanische Ruf-u.-Antwort-Prinzip. Auf der Suche nach Arbeit wanderten viele von ihnen nach Norden. Chicago wurde zum neuen Zentrum des Jazz. Der dort entstehende → Chicago Jazz erhielt eine solistische Note, die im gemeinschaftlichen Musizieren von New Orleans noch unbekannt war. Zu den bedeutendsten Vertretern des N. O. J. gehören Jelly Roll Morton, der sich die Erfindung des Jazz zuschrieb, Joe King Oliver u. Kid Ory. Louis Armstrong, den Oliver in seine Creole Jazz Band nach Chicago holte, gehört bereits der zweiten Generation der New-Orleans-Musiker an.

Newsidler (Neusiedler), **1.** Hans, dt. Lautenist, * 1508 Preßburg, † 2. 2. 1563 Nürnberg. Veröffentlichte Lautenbücher in Tabulatur, die zu den wichtigsten Quellen der dt. Lautenmusik im 16. Jh. gehören: »Ein newgeordent künstlich Lautenbuch« (1536), »Ein newes Lautenbüchlein« (2 Bücher, 1540 u. 1544) u. »Ein newes Lauten Büchlein« (2 Bücher, 1547–49).

2. Melchior, Sohn von 1., dt. Lautenist, * 1531 Nürnberg, † 1591 oder 1592 Augsburg. Hielt sich um 1565 in Italien auf, wo bei Gardano 2 Bücher mit ital. Lautentabulaturen von ihm gedruckt wurden. Stand später im Dienst des Erzherzogs Ferdinand in Innsbruck. »Teütsch Lautenbûch« von ihm kam 1574 in Straßburg heraus.

Nichelmann, Christoph, dt. Cembalist u. Komponist, * 13. 8. 1717 Treuenbrietzen, Mark Brandenburg, † 20. 7. 1762 Berlin. 1730–33 Thomasschüler in Leipzig unter J. S. Bach. Kam über Hamburg nach Berlin, wo er ab 1738 Kontrapunktunterricht bei J. J. Quantz nahm. 1744 erhielt er die Stelle des 2. Cembalisten in der Kapelle Friedrichs II. Bis zu seiner Entlassung 1756 hatte er insbesondere die Aufgabe, den König beim Flötenspiel zu begleiten. Von seinen Kompositionen sind neben den Opern *Il re pastore* u. *Galatea ed Acide* besonders die 12 Klaviersonaten im Stil C. Ph. E. Bachs erwähnenswert. N. gehört zu den Komponisten des Übergangs von der Polyphonie des Barocks zum empfindsamen Stil. Er veröffentlichte außerdem: »Die Melodie nach ihrem Wesen sowohl, als nach ihren Eigenschaften« (Danzig 1755).

Nick, Edmund J., dt. Komponist, * 22. 9. 1891 Reichenberg, Böhmen, † 11. 4. 1974 Geretsried, Oberbayern. Studierte in Graz u. Wien Jura, besuchte die Wiener Musikakademie u. das Dresdner Konservatorium. Lebte 1919–33 als Konzertbegleiter u. Kritiker in Breslau, wirkte 1933–35 beim Kabarett »Katakombe« in Berlin u. war dort 1936–40 musikalischer Leiter am Theater des Volkes. 1947 musikalischer Leiter der Bayerischen Staatsoperette, 1949 Professor an der Münchner Musikhochschule, 1952–56 Leiter der Musikabteilung des Westdt. Rundfunks in Köln, 1957–60 Musikkritiker für »Die Welt« u. ab 1962 für die »Süddt. Zeitung«. Eine Auswahl seiner Kritiken erschien als »Münchner Musikberichte« (Tutzing 1971).

Zu N. Kompositionen gehören: das musikalische Lustspiel *Das kleine Hofkonzert* (1935), die Operetten *Über alles siegt die Liebe* (1940) u. *Das Halsband der Königin* (1948), Bühnen- u. Filmmusiken, Songs. Er veröffentlichte außerdem: »P. Lincke« (Hamburg 1953) u. »Vom Wiener Walzer zur Wiener Operette« (Hamburg 1954).

Nicolai, C. Otto E., dt. Komponist u. Dirigent, * 9. 6. 1810 Königsberg, † 11. 5. 1849 Berlin. Sohn des Musikdirektors C. E. D. Nicolai, der aus seinem begabten Sohn ein Wunderkind machen wollte. N. verließ deshalb mit 16 Jahren das Elternhaus. In Berlin nahmen sich seiner B. Klein u. C. F. Zelter an. 1828–30 war er Schüler des königlichen Instituts für Kirchenmusik u. gehörte daneben der Singakademie an. 1833 bot ihm der preußische Gesandte in Rom, Ch. von Bunsen, die Organistenstelle an der Gesandtschaftskapelle an. Einmal in Rom, nahm N. 1835 weiteren Unterricht bei dem Palestrina-Biografen G. Baini u. besserte sein Gehalt mit Klavierstunden auf. Während seines Italienaufenthalts knüpfte er freundschaftliche Kontakte zu G. Donizetti u. anderen ital. Opernkomponisten. 1837–38 übernahm er eine Kapellmeisterstelle unter C. Kreutzer am Kärntnertor-Theater in Wien, kehrte dann aber wieder nach Italien zurück, wo in rascher Folge seine Opern *Rosmonda d'Inghilterra* (1838, rev. als *Enrico II* 1839), *Il templario* (1849), *Odoardo e Gildippe* (1840) u. *Il proscritto* (1841) herauskamen. 1841 wurde N. als Nachfolger von Kreutzer Hofkapellmeister in Wien. Dort begründete er die Philharmonischen Konzerte u. führte 1843 L. van Beethovens 9. Sinfonie zum ersten Mal mit einem reinen Berufsorchester auf. Über die Fertigstellung seiner letzten Oper *Die lustigen Weiber von Windsor,* an der er seit 1845 arbeitete, kam es zum Zerwürfnis mit der Wiener Opernintendanz. 1847 nahm er die Berufung als Dirigent des Domchors u. Kapellmeister der Königlichen Oper in Berlin an, wo er 1849 die Uraufführung dieser seiner erfolgreichsten Oper leitete.

Unter ital. Einfluß machte N. aus dem dt. Singspiel die vollgültige dt. komische Oper, indem er Parlando u. Belcanto in die musikalische Szene der Biedermeier-Oper einbrachte. Zu seinen weiteren Werken gehören 2 Sinfonien, ein Klavierkonzert, je eine Cello- u. Klaviersonate sowie geistliche Musik. Seine musikalischen Aufsätze wurden 1913 von G. R. Kruse in Regensburg herausgegeben.

niederländische Musik (niederländische Schulen), musikgeschichtliche Bezeichnung für die führenden Komponistenschulen Europas im 15. u. 16. Jh. Geprägt wurde dieser Begriff von R. G. Kiesewetter in »Die Verdienste der Niederländer um die Tonkunst« (1829). Die führenden Vertreter der n. M. stammen zum größten Teil aus dem Gebiet beiderseits der heutigen franz.-belg. Grenze, das im 15. Jh. zum Herzogtum Burgund mit seinem Zentrum Dijon gehörte. Bei Hof u. an den großen Kathedralkirchen, insbesondere in Cambrai, wurden Generationen von Musikern in einer am Text orientierten Vokalpolyphonie erzogen, die ihre Kunst an die Höfe Europas weitertrugen. Sieht man die Gehaltslisten der Hofkapellen dieser Zeit durch, so findet man kaum eine, in der nicht niederl. Namen auftauchen. Von den bedeutenden Vertretern der n. M. seien G. Dufay, G. Binchois, J. Ockeghem, J. Obrecht, G. van Weerbeke, H. Isaac, A. Willaert, Clemens non Papa, Ph. de Monte, C. de Rore, G. de Wert u. O. de Lassus genannt. Sie prägten nicht nur die liturgische Musik ihrer Zeit, sondern auch das franz. Chanson, das dt. Lied u. das ital. Madrigal. Heute wird an Stelle der n. M. der Begriff frankofläm. Schule bevorzugt, deren erster Abschnitt bis ungefähr zum Tode von Dufay genauer als → burgundische Schule bezeichnet wird. Die Entwicklung führt von Dufay, der nach engl. Vorbild den Choral in die Mehrstimmigkeit aufnahm, zu Ockeghem, der vorwiegend geistliche Werke komponierte, in denen er seinen fast textlosen linearen Kontrapunkt mit schwebend asymmetrischen Melodien verband. Mit J. Desprez verlagerte sich das Hauptinteresse auf Motette u. Gesellschaftsmusik, deren Singstil durch Imitation u. Wortausdeutung belebt wurde. Mit N. Gombert erreichte der 5–6st. Satz eine neue Klangfülle, der Cantus firmus machte der Durchimitation (→ Imitation) neuer Motive Platz. In der Messe begann die Parodietechnik (→ Parodie) vorzuherrschen. Mit A. Willaert, 1527 zum Magister capellae cantus ecclesiastice Sancti Marci in Venedig ernannt, übernahm ein Niederländer eine der bedeutendsten Positionen im ital. Musikleben. Er begründete die → venezianische Schule u. führte die auf S. Marco zugeschnittene Doppelchörigkeit ein. Ähnlich wie Willaert verbanden auch Ph. de Monte, C. de Rore u. G. de Wert niederl. Vokalpolyphonie u. ital. Satzkunst. Sie leisteten Bedeutendes auf dem Gebiet des Madrigals. O. de Lassus schließlich wurde zum Vollender der niederl. textgebundenen Vokalpolyphonie, indem er mit seinem stark affektbetonten, auf Akkorde bauenden Satz den monodischen Stil vorbereitete. Mit J. P. Sweelincks Vokalwerken u. seiner Orgelmusik ging die Epoche der n. M. zu Ende.

Niedermeyer, Louis A., schweiz. Musikpädagoge u. Komponist, * 27. 4. 1802 Nyon, † 15. 3. 1861 Paris. Schüler von I. Moscheles u. E. A. Förster in Wien, V. Fioravanti in Rom u. N. A. Zingarelli in Neapel, wo 1820 seine erste Oper *Il reo per amore* herauskam. Nachdem sein Einakter *La casa nel bosco* 1828 in Paris nur reserviert aufgenommen worden war, übersiedelte N. eine Zeitlang nach Brüssel. Ab 1836 wirkte er dann wieder in Paris, obwohl auch seine weiteren Opern dort ohne Erfolg blieben. Als Komponist von geistlicher Musik konnte er sich jedoch durchsetzen. Die von A. E. Choron gegr. Schule für Kirchenmusik ließ er als École Niedermeyer wieder aufleben. Daneben betreute er den Recueil des morceaux de musique ancienne (1843 ff.). Seine Kirchenmusik ist immer noch im Repertoire der franz. Maîtrisen. Mit Vertonungen von Gedichten Hugos, Lamartines u. Deschamps' trug er zur Erneuerung der franz. Liedkunst bei.

Niedt, Friedrich Erhardt, dt. Theoretiker u. Komponist, getauft 31. 5. 1674 Jena, † April 1708 Kopenhagen. Erhielt eine juristische Ausbildung u. wirkte als Notar. Nahm daneben Musikunterricht bei J. N. Bach aus Eisenach. Kam um 1700 über Hamburg nach Kopenhagen, wo er Organist an der Nikolaikirche wurde. Er verfaßte eine Generalbaß- u. Kompositionslehre, betitelt: »Musicalische Handleitung« (1. Teil 1700), die J. S. Bach seinem Unterricht zugrunde legte, außerdem »Handleitung zur Variation, wie man den Generalbaß und darüber gesetzte Zahlen variiren, artige Inventiones machen ... könne« (1706) u. »Musicalischer Handleitung dritter u. letzter Theil« (1717). Von seinen Kompositionen sind 6 Suiten für Ob. u. B. c. in Kopenhagen nachgewiesen.

Niehaus, Manfred, dt. Komponist, * 18. 9. 1933 Köln. Studierte Schulmusik u. Germanistik in Köln. 1957–59 Kompositionsunterricht bei B. A. Zimmermann an der Kölner Musikhochschule u. dessen Assistent 1960–63. Regisseur u. Dramaturg an der Württembergischen Landesbühne in Esslingen 1963–65, seit 1967 Musikredakteur beim Westdt. Rundfunk in Köln u. dort seit 1978 auch Leiter der Jazzredaktion. Beschäftigt sich besonders mit dem experimentellen Musiktheater.

Zu N. Kompositionen gehören: die Bühnenwerke *Bartleby,* Fernsehoper (1961–66), *Die Pataphysiker,* Kammeroper (1968), *Die Badewanne,* Funkoper (1970), *Maldoror,* Szenische Komposition (1970), *It happens,* 30 aleatorische Wortspiele (1972), *Sylvester,* Kammeroper (1973), *Die Abenteuer des Tartarin von Tarascon,* Kinderoper (1977) u. *Weltende und die Wacht am Rhein*, Simultane Aufführung zweier Künstlerbiografien aus dem 20. Jh. (1978); Konzerte u. Instrumentalwerke wie Violinkonzert (1966), *Sinfonia I–III* (1971), *Fantasie über ein Thema von Niccolò Paganini* (1973), *Vier Waldstücke* für Va. u. Orch. (1975), *Sinfonia IV–VII, Vokalsinfonien 1–4* für Sprecher, kleinen u. großen Chor u. Orchester (1976) u. *3 Tänze aus dem 14. Jh.* für Orch. (1978) u. für Blasorch. *Fontäne – Transmission – Hymnus 1 u. 2 – Finale* (1977); Kammermusik, darunter *Sieben Haiku* für S., Sprecherin u. vier Instr. u. Streichtrio (1959), *Verkündigung* für S., Hf. u. Org. (1960), *Scènes lyriques et électriques* für Fag., Vc. elektrische Git. u. Bar. solo (1969) u. *Meta*, musikalische Prosa nach C. Sternheim für Mezzo-S. u. Kl. mit Instrumenten (1971), sowie Freiluftmusiken, Chorwerke, Orgelwerke, Bühnen-, Hörspiel- u. Filmmusiken.

Nielsen, Carl A., dän. Komponist, * 9. 6. 1865 Nørre Lyndelse auf der Insel Fünen, † 3. 10. 1931 Kopenhagen. Sohn eines armen Dorfgeigers, der ihn bei einem Schullehrer im Geigenspiel unterweisen ließ. Kornettspieler in einer Militärkapelle u. ab 1883 Schüler von I. P. E. Hartmann u. N. W. Gade am Königlichen Konservatorium in Kopenhagen. 1886 Eintritt in das Hoforchester, dem er mit Unterbrechungen bis 1905 als 2. Geiger angehörte. 1888 hatte er mit seiner kleinen Suite für Streicher op. 1 ersten Erfolg als Komponist. 1892 konnte er bei der Uraufführung seiner 1. Sinfonie im Orchester mitspielen. 1908–14 war N. als Nachfolger von J. Svendsen Hofkapellmeister u. 1915–27 Dirigent der Musikforeningen in Kopenhagen. Daneben unterrichtete er am Königlichen Konservatorium, dessen Direktor er eine Zeitlang war. N. gehört zu den bedeutendsten skandinavischen Komponisten. Als unabhängiger Kontrapunktiker in der Brahms-Nachfolge verarbeitete er Elemente der Volksmusik, entwickelte viele seiner Themen aus Zentraltönen u. stieß bis zur Polytonalität vor.

Zu N. Kompositionen gehören: die Bühnenwerke *Saul og David* (1900–02) u. *Maskarade* (1904–06); Bühnenmusiken; Instrumentalwerke, u. a. 6 Sinfonien (1892–94, *De fire temperamenter* 1901–02, *Sinfonia espansiva* 1911, *Det uudslukkelige* 1914–16, 1922 u. *Sinfonia semplice* 1924–25) u. *Helios Ouvertüre* (1903); Konzerte für V. (1911), Fl. (1926) u. Klar. (1928) mit Orch.; Chorwerke, darunter *Hymnus amoris* für Soli, Chor u. Orch. (1896), *Søvnen* für Chor u. Orch. (1904) sowie mehrere Kantaten; Kammermusik wie Quintett für 2 V., 2 Va. u. Vc. (1888), 4 Streichquartette (1888, rev. 1900, 1890, 1897–98 u. 1906), Quintett für Fl., Ob., Klar., Fag., Horn (1922), 2 Violinsonaten (1895 u. 1912); Klavier- u. Orgelmusik; Lieder. Zu seinen Schriften gehören: »Levende musik« (Kopenhagen 1925) u. die Kindheitserinnerungen »Min fynske barndom« (Kopenhagen 1927).
Lit.: T. Meyer u. F. Schandorf Petersen, C. N., 2 Bde., Kopenhagen 1947–48; R. W. Simpson, C. N., Symphonist, London 1952, NA 1964.

Niemann, Walter, dt. Musikschriftsteller u. Komponist, * 10. 10. 1876 Hamburg, † 17. 6. 1953 Leipzig. Sohn des Komponisten u. Pianisten Rudolph N. Studierte in Leipzig bei E. Humperdinck u. C. Reinecke (Komposition) sowie H. Riemann (Musikwissenschaft). 1907–17 Musikreferent der »Leipziger Neuesten Nachrichten«. Widmete sich anschließend ganz dem Komponieren. Die meisten seiner Werke sind für Klavier geschrieben u. stehen in der Nachfolge von J. Brahms. Zu seinen Schriften gehören: »Die Musik Skandinaviens« (Leipzig 1906), »Das Klavierbuch« (Leipzig 1907), »Die musikalische Renaissance des 19. Jh.« (Leipzig 1911), »Jean Sibelius« (Leipzig 1917), »Meister des Klaviers« (Berlin 1919) u. »Brahms« (Berlin 1920).

Niessen, Charly, dt. Komponist, * 22. 8. 1923 Dresden. Studierte in Weimar u. Wien Theaterwissenschaft u. Musik u. wurde als Kabarettkomponist bekannt. Komponierte über 30 Filmmusiken sowie die Musicals *Wonderful Chicago* (1965) u. *Kiek mol wedder in* (1968). Seit 1962 schreibt er auch Chansons für H. Knef.

Nietzsche, Friedrich W., dt. Philosoph u. Amateurkomponist, * 15. 10. 1844 Röcken bei Weißenfels, † 25. 8. 1900 Weimar. Erhielt bereits vor seiner Promotion eine Berufung als außerordentlicher Professor für klassische Philologie an die Universität Basel. Von dort aus besuchte er mehrfach R. u. Cosima Wagner in Tribschen. 1879 gab er sein Lehramt aus gesundheitlichen Gründen auf u. verbrachte die meisten Winter in Nizza, die Sommer in Sils-Maria, was ihm eine bescheidene Pension der Universität Basel ermöglichte. In Wagners Musik entdeckte N. jenes metaphysische Jenseits u. dionysische Prinzip, das auch seinen Vorstellungen entsprach. Selbst als es später zu größeren Auseinandersetzungen mit R. Wagner kam, dem N. G. Bizets mittelmeerisches Prinzip gegenüberstellte, bewahrte er dem Komponisten des *Ring* doch so etwas wie eine »Sternenfreundschaft«. N. mit seinem brillanten Ausdrucksvermögen u. seiner empfindungsstarken Lyrik gehört zu den großen Anregern der Musik. G. Mahler griff in seiner 3. Sinfonie auf N. zurück, A. Schönberg vertonte »Der Wanderer«, u. R. Strauss komponierte die sinfonische Dichtung *Also sprach Zarathustra*. Freunde berichteten immer wieder über N. eindrucksvolles Improvisieren am Klavier. Zu seinen eigenen Kompositionen gehören Lieder, Klavierstücke, *Hymne an die Freundschaft* für Chor u. Kl. sowie *Hymne an das Leben* für Chor u. Orch. In seinen Schriften setzte er sich mehrfach mit Wagner auseinander. Zu ihnen gehören »Die Geburt der Tragödie aus dem Geiste der Musik« (Leipzig 1872); »Unzeitgemäße Betrachtungen No. 4., R. Wagner in Bayreuth« (Leipzig 1876); »Der Fall Wagner, Ein Musikanten-Problem« (Leipzig 1888); »Nietzsche contra Wagner, Aktenstücke eines Psychologen« (hg. postum Leipzig 1910).

Lit.: E. Lauer, F. N. u. die Musik, Die Musikforschung XI, 1958; D. S. Thatcher, N. and Brahms. A Forgotten Relationship, Music and Letters LIV, 1973; D. Fischer-Dieskau, Wagner u. N., Stuttgart 1978.

Nigg, Serge, franz. Komponist, * 6. 6. 1924 Paris. Schüler von O. Messiaen am Pariser Conservatoire u. später von R. Leibowitz. Komponierte zuerst im Stil von Messiaen, wandte sich dann unter dem Einfluß von Leibowitz der Zwölftontechnik zu u. versucht heute, zeitgenössische Techniken u. Allgemeinverständlichkeit zu verbinden.

Zu N. Werken gehören: *Le fusillé inconnu,* Kantate für Sprecher, Chor u. Orch. (1949); *Petite cantate des couleurs* für Kinderst. a cappella (1952); *Prière pour le premier jour d'été* (1955); *La croisade des enfants* für Bar., Sprecher, gem. Chor, Kinderchor u. Instrumentalensemble (1959) u. *Le chant du dépossédé* für Bar., Sprecher u. Orch. (1964); die sinfonische Dichtung *Timour* (1944); *3 Fragments symphoniques* (1947); *Jérôme-Bosch-Sinfonie* (1960); *Sève* (1965); *Visages d'Axel* (1967) u. *Fulgur* (1969) für Orch., Concertino für Kl., Bläser u. Schlagzeug (1944); Konzert für Kl., Streicher u. Schlagzeug (1946); Klavierkonzert (1954), Violinkonzert (1957); Flötenkonzert (1961); 2. Klavierkonzert (1971); Kammermusik; Klavierwerke u. Lieder.

Nijinska, Bronislawa (eigtl. Nijinskaja), poln.-russ. Tänzerin, Choreografin, Ballettmeisterin u. Lehrerin, * 8. 1. 1891 Minsk, † 22. 2. 1972 Pacific Palisades, CA. Jüngstes Kind des poln. Tänzerpaares Eleonora u. Thomas Nijinsky, Schwester von Vaclav Nijnsky. Nach erstem Ballettunterricht bei E. Cecchetti 1900 Eintritt in die kaiserliche Ballettschule in Petersburg. 1908 Examen u. Anstellung am Ballett des Marien-Theaters. 1909 erster Auftritt mit Diaghilews Balletttruppe in Paris. Sie kreierte verschiedene Rollen in den Balletten Fokins, u. a. in *Carnaval.* Als ihr Bruder Vaclav 1911 fristlos vom Marien-Theater entlassen wurde, erklärte sie aus Sympathie ebenfalls ihren Rücktritt u. schloß sich den inzwischen gegründeten Ballets Russes de S. Diaghilew an. 1913 brach sie nach der Entlassung ihres Bruders durch Diaghilew mit den Ballets Russes u. kehrte mit ihrem Mann, dem Diaghilew-Tänzer A. Kotchetovsky, nach Petersburg zurück. Sie fand eine Anstellung als Ballerina an der Oper des Prinzen Oldenburg. Hier choreografierte sie auch ihr erstes Ballett *La tabatière* (M.: A. Ljadow) 1915. Nach V. Nijinskys Bruch mit Diaghilew hatte sie 1914 noch einmal in der kurzlebigen Kompanie ihres Bruders getanzt, die im Londoner Palace Theatre auftrat, war aber bei Kriegsausbruch nach Rußland zurückgekehrt. 1915 wechselte sie dann an das Opernhaus in Kiew, wo sie gleichzeitig eine Schule eröffnete. Ihr prominentester Schüler war Serge Lifar. 1921 verließ N. Rußland u. übernahm bei Diaghilew die Stelle des Choreografen, nachdem dieser L. Massine wegen seiner Heirat mit einer Tänzerin der Kompanie entlassen hatte. Für die Londoner *Dornröschen*-Produktion Diaghilews 1921 schuf sie die Nummer der drei Iwans für den 3. Akt. 1922 choreografierte sie *Renard* (M.: I. Strawinsky), 1923 *Les noces* (M.: I. Strawinsky) u. *Les tentations de la bergère* (M.: M. P. de Montéclair), 1924 *Les biches* (M.: F. Poulenc), *Les fâcheux* (M.: G. Auric), *La nuit sur le mont chauve* (M.: M. Mussorgskij) u. *Le train bleu* (M.: D. Milhaud). 1926 entstand gemeinsam mit G. Balanchine *Roméo et Juliette* (M.: C. Lambert). N. wirkte außerdem als Choreografin an der Pariser Opéra u. zeitweise als Ballettmeisterin am Teatro Colón in Buenos Aires, für das auch ihre *Estudios religiosos* (M.: J. S. Bach) entwickelt wurden, ein Ballett, das später als *Étude* bekannt wurde. 1927 brachte sie an der Pariser Opéra *Impressions de Music-Hall* (M.: G. Pierné) heraus. Für die Kompanie von Ida Rubinstein entstanden u. a. 1928 *Le baiser de la fée* (M.: I. Strawinsky), *Les noces de Psyché et de l'Amour* (M.: J. S. Bach), *La bien-aimée* (M.: F. Schubert) u. *Bolero* (M.: M. Ravel) sowie 1929 *La Valse* (M.: M. Ravel). Im gleichen Jahr choreografierte N. für den Vicomte de Noailles *Aubade* (M.: F. Poulenc). In den folgenden Jahren arbeitete sie für die Opéra Russe à Paris u. leitete zeitweise eine eigene Kompanie, für die sie u. a. 1932 *Variations* (M.: L. van Beethoven) u. *Hamlet* (M.: F. Liszt) choreografierte. Nachdem N. 1931 Max Reinhardt bei seiner Produktion von *Hoffmanns Erzählungen* in Berlin assistiert hatte, übertrug dieser ihr 1934 auch die Choreografie seines Films »Ein Sommernachtstraum«. Für Col. de Basils Ballets Russes de Monte Carlo choreografierte N. 1935 *Les cent baisers* (M.: F. d'Erlanger). 1937 leitete sie eine Saison lang das Ballet Polonais, ließ sich dann 1938 in Kalifornien nieder u. eröffnete wieder eine Schule, aus der u. a. A. Kent u. die beiden Schwestern Tallchief hervorgingen. Die nächsten Jahre verbrachte N. mit der Neueinstudierung ihrer Choreografien bei verschiedenen Kompanien, außerdem ging sie immer wieder kurzfristige Bindungen mit einzelnen Balletttruppen ein. Aus dieser Zeit stammen *La fille mal gardée* (M.: P. L. Hertel) 1940, *The Snow Maiden* (M.: A. Glasunow) 1942, *Ancient Russia* (M.: P. Tschaikowsky) 1943, *Brahms Variations* (M.: J. Brahms) u. *Bilder einer Ausstellung* (M.: M. Mussorgskij) 1944 u. *Harvest Time* (M.: H. Wieniawski) 1945. Nach 1947 war sie besonders den verschiedenen Balletttruppen des Marquis de Cuevas verbunden. N. war nicht nur eine ausgezeichnete Tänzerin, die zu den Stars der Ballets Russes gehörte, sondern auch eine Pädagogin, der wir eine Reihe großer Tänzer verdanken. Mit ihren choreografischen Arbeiten beeinflußte sie F. Ashton und G. Balanchine, arbeitete mit zeitgenössischen Komponisten zusammen u. beschäftigte Maler vom Range einer Nathalie Gontscharowa (*Les noces*), eines Juan Gris (*Tentations de la bergère*), eines Georges Braque (*Les Fâcheux*) u. eines Pablo Picasso (*Le train bleu*). Mit *Les noces* entwickelte N. eine der Musik gemäße Gruppenchoreografie, die u.a. auf die Konzeption ihres Bruders für den *Sacre* zurückgriff. In *Les biches* und *Le train bleu* nahm N. mit der Auswahl ihrer Musiken u. der Zeichnung zeitgenössischer Menschen, die sich beim Cocktail vergnügen oder am Strand flirten, Themen vorweg, die später bei G. Balanchine und J. Robbins immer wieder auftauchten.

Nijinsky, Vaclav, poln.-russ. Tänzer u. Choreograf, * 12.3.1888 Kiew, † 8.4.1950 London. Zweiter Sohn des poln. Tänzerpaares Eleonora u. Thomas Nijinsky, Bruder von Bronislawa Nijinska. Ab 1898 Schüler der Kaiserlichen Ballettschule in Petersburg. Zu seinen Lehrern gehörten N. Legat, P. Gerdt, M. Oboukhoff u. M. Fokin. Zeitweise durfte N. auch an E. Cecchettis Privatunterricht für A. Pawlowa teilnehmen. Seine Begabung wurde früh erkannt. Ohne den dazu erforderlichen Abschluß ließ ihn Oboukhoff am 31. 1. 1906 zum ersten Mal im Marien-Theater auftreten. N. tanzte zusammen mit der Preobajenska, Trefilowa, Waganowa und Egorowa sowie den Tänzern Andrianow, Bolm u. Leontiew einen Pas de huit als Einlage in W. A. Mozarts *Don Giovanni*. Bei der Zweitaufführung am 6. 2. 1906 wurde N. an Stelle der Trefilowa Anna Pawlowa als Partnerin zugeteilt. Zum ersten Mal standen diese später so berühmten Tänzer gemeinsam auf der Bühne. Nach Schülervorstellungen wie Fokins *Acis u. Galatea* u. weiteren Nebenrollen am Marien-Theater gab N. am 29. 4. 1907 seine Abschlußvorstellung als Schüler der Kaiserlichen Ballettschule. Zwar schaffte er die Prüfung in den wissenschaftlichen Fächern erst im zweiten Anlauf, aber als Tänzer hatte er sofort Erfolg. Die gefürchtete Kschessinska war begeistert u. bestand auf N. als Partner, der damit unter Auslassung des Corps gleich zum Solotänzer am Marien-Theater avancierte. Am 25. 11. 1907 feierte N. seinen ersten Triumph in M. Fokins Ballett *Pavillon d'Armide*, das an einem Abend zusammen mit *Schwanensee* gegeben wurde. 1908 lernte N. S. Diaghilew kennen, der ihm ein Freund u. Mentor wurde. 1909 erster erfolgreicher Auftritt mit Diaghilews russischer Balletttruppe in Paris. Seine Interpretationen von Fokins *Pavillon d'Armide, Les Sylphides, Cléopâtre, Carnaval, Schéhérazade, Spectre de la rose, Narcisse* u. *Petruschka* machten ihn weltberühmt. Sein Einfühlungsvermögen, seine Rolleninterpretationen u. die für seine Zeit außergewöhnliche Technik (Entrechat zehn, enorme Élevation u. der mehrfach bestätigte Eindruck, N. bleibe regelrecht in der Luft stehen) weckten beim Publikum neues Interesse für den männlichen Tänzer, nachdem das romantische Ballett hauptsächlich auf den Ballerinen-Kult fixiert war. 1911 trat N. zum ersten Mal mit der Karsawina am Marien-Theater in *Giselle* auf. Sein von A. Benois für Paris entworfenes Kostüm wurde von den prüden Aristokraten in Petersburg als skandalös empfunden. N. verließ daraufhin gemeinsam mit seiner Schwester das Kaiserliche Ballett. Bis zur nächsten Saison der Ballets Russes widmete er sich hauptsächlich choreografischen Studien. Am 18. 3. 1911 nahm er gemeinsam mit Diaghilew den Zug nach Paris. N. sollte seine russ. Heimat nicht wiedersehen. Während Diaghilew mit der neu zusammengestellten Kompanie in Monte Carlo die Saison vorbereitete, arbeitete N. mit seiner Schwester Bronislawa weiter an seinem »griech. Ballett«.

1912 kam dieses »griech. Ballett« als *L'après-midi d'un faune* (M.: C. Debussy) heraus. Die Reaktion von Publikum u. Presse war außergewöhnlich zwiespältig. Die unverhüllte Erotik, die nach griech. Reliefs u. Vasenbildern modellierten Bewegungen, die scheinbar unabhängig von der Musik abliefen, u. die an Vuillard erinnernde Bühnenausstattung von Bakst erregten die Gemüter. Der Streit zwischen Anhängern u. Gegnern wurde in den darauffolgenden Wochen mit großer Härte in der Presse ausgetragen. Zu den Verteidigern von N. gehörte u. a. der Bildhauer A. Rodin, der im »Matin« eine Erwiderung auf die gehässigen Anwürfe des »Figaro« veröffentlichte. Dabei war *L'après-midi d'un faune* nichts weiter als eine konsequente Umsetzung von Theorien, die seit Isadora Duncan in der Luft lagen. Ohne Kenntnis des gleichnamigen Gedichts von S. Mallarmé hatte N. die griech. Friese zur Vorlage genommen, die ihm von Diaghilew bei wiederholten Museumsbesuchen nahegebracht worden waren. Zusammen mit seiner Schwester hatte er daraufhin diagonale Bewegungen erfunden, die ohne Ausnützung der Bühnentiefe den Tänzern nur erlaubten, auf einem schmalen Streifen seitwärts zu agieren, wobei die sieben Nymphen dem Publikum ihr Profil zeigten. Sechs von ihnen tanzten barfuß, auch dies war für das damalige Ballettpublikum ungewohnt. M. Fokin, der sich von Diaghilew trennte, als dieser N. mit Choreografien betraute, behauptete später, N. habe bei *L'après-midi d'un faune* einfach seine Choreografie für N. u. die Karsawina im *Tannhäuser*-Bacchanal kopiert.

Während der Pariser Saison der Ballets Russes im Mai 1913 kamen im Abstand von wenigen Wochen *Jeux* (M.: C. Debussy) u. *Le sacre du printemps* (M.: I. Strawinsky) in Choreografien von N. heraus. *Jeux* wurde der bezeichnende Untertitel gegeben: *Plastische Apologie des Menschen von 1913.* Das Drei-Personen-Ballett handelt von einem Tennisspieler u. der flirthaften Begegnung mit zwei Mädchen. Zum ersten Mal wurde hier ein Gegenwartsthema auf die Bühne gebracht. Die Tänzer traten in modischer Kleidung auf. Die Reaktion des Publikums scheint indifferent gewesen zu sein. Aber am 29. 5. 1913 kam es bei der Uraufführung von N. *Le sacre du printemps* im Théâtre des Champs-Élysées zu tumultartigen Szenen. Die wuchtige u. rhythmisch ungewohnte Musik Strawinskys zusammen mit den weit über den klassischen Bewegungskanon hinausgehenden stampfenden Tänzergruppen traf das Premierenpublikum völlig unvorbereitet. Zwischen Anhängern u. Gegnern kam es während der Vorstellung zu Handgreiflichkeiten, während der besonnene Pierre Monteux das Orchester zusammenhielt u. N. aus der Kulisse den Tänzern laut den Takt angab. Strawinskys Musik war auch für die Tänzer so ungewohnt, daß Diaghilew die Dalcroze-Schülerin Miriam Ramberg (die spätere Dame Marie Rambert) engagierte, um N. bei der Einstudierung behilflich zu sein.

Im Anschluß an die Pariser Saison fuhr die Kompanie ohne Diaghilew nach Südamerika. Während der Überfahrt heiratete N. die ungar. Tanzschülerin Romola de Pulszky, die sich der Truppe angeschlossen hatte u. bei E. Cecchetti Privatstunden nahm. Als Diaghilew davon erfuhr, kündigte er N. fristlos unter dem Vorwand des Vertragsbruchs. Damit war N. zum ersten Mal auf sich allein gestellt. Mit einer eigenen Truppe gab er 1914 ein kurzes u. wenig erfolgreiches Gastspiel im Londoner Palace Theatre. Dabei traten die Tänzer zwischen Varietènummern auf. Bei Kriegsausbruch konnte N. als Russe das auf dt. Seite stehende Ungarn nicht verlassen, wo er sich gerade mit Romola bei seinen Schwiegereltern aufhielt. Über die Schweiz kam er schließlich auf Vermittlung von Diaghilew nach den USA, wohin der jetzt völlig von der Heimat abgeschnittene Diaghilew mit seinen Ballets Russes ausgewichen war. Mit *Till Eulenspiegel* (M.: R. Strauss) schuf N. für diese Nordamerika-Tournee des versöhnten Diaghilew sein letztes Ballett. Auf der anschließenden Südamerika-Tournee machten sich schon erste Anzeichen einer geistigen Umnachtung bemerkbar. Trotzdem arbeitete N. pausenlos an einem handlungslosen Ballett auf Musik von J. S. Bach. Bei einer die Südamerika-Gastspielreise abschließenden Gala für das Rote Kreuz in Buenos Aires trat N. zum letzten Mal öffentlich als Tänzer auf. In die Schweiz zurückgekehrt, bezog er mit seiner Frau ein Haus in St. Moritz. N. Krankheit verschlimmerte sich, an weitere Auftritte war nicht zu denken. 1919 gab er vor Freunden im Suvretta-Hotel seinen letzten Soloauftritt, bei dem ihn die Pianistin Bertha Asseo begleitete. Von Romola bis an sein Lebensende gepflegt, starb er 1950, ohne noch einmal in den Vollbesitz seiner geistigen Kräfte gelangt zu sein. Sein Grab befindet sich auf dem Montmartre-Friedhof von Paris, in der Nähe von G. Vestris, Th. Gautier und E. Livry.

N. tänzerische Leistung können wir nur schwer beurteilen, aber seine wenigen Ch. haben bahnbrechende Wirkung gehabt. N. entwickelte seinen neuen Stil aus den Grundprinzipien der Danse d'école, ohne jedoch wie Isadora Duncan und die Ausdruckstänzer auf die klassische Technik zu verzichten. Das jahrhundertealte En-dehors wandelte er in ein En-dedans um. Mit seiner asymmetrischen Behandlung von Gruppen erfand N. Bewegungsmuster, von denen selbst Strawinsky zugab, daß sie kongenial zu seiner Musik paßten.

Lit.: The Diary of V. N., hg. von Romola N., London 1937; S. L. Grigoriev, The Diaghilev Ballet 1909–1929, London 1953; R. Buckle, N., London 1971; R. Nijinsky, N., der Gott des Tanzes, Frankfurt 1976.

Nikolais, Alwin, amer. Tänzer, Choreograf, Komponist u. Pädagoge dt.-russ. Abstammung, * 25. 11. 1912 Southington, CT. Spielte während der Schulzeit Klavier im Stummfilmkino von Westport, nach 1929 in Bars u. Tanzschulen. Besuchte 1933 eine Vorstellung Mary Wigmans u. bat ihre Schülerin Truda Kaschmann um Schlagzeugunterricht. T. Kaschmann überredete N. auch, sich mit Ausdruckstanz zu beschäftigen. Während der Ausbildung übernahm N. die Leitung des Marionettentheaters von Hartford Parks. N.: »Von den Puppen habe ich viel gelernt. Sie sind nur Bewegung, haben keine Nerven. Ich begriff, diese Kunst ist Bewegung, nicht Gefühl.« 1937 gründete N. eine eigene Schule u. Tanzkompanie in Hartford. 1938–40 nahm er an den Sommerkursen der Bennington School of Dance teil, wo M. Wigmans Schülerin H. Holm unterrichtete, die starken Einfluß auf N. ausübte. 1938 entstand N. erste Auftrags-Ch. gemeinsam mit T. Kaschmann: *Eight Column Line* (M.: E. Krenek). 1940–42 übernahm N. die Leitung der Tanzabteilung der Hartt School of Music. Diesen Posten behielt er nach seinem Militärdienst bis 1949. 1945 betrieb er daneben Studien bei H. Holm in New York u. 1947–48 bei den Sommerkursen des Colorado College. Dort wurde er mit Murray Louis bekannt. Nach einer Assistenz bei H. Holm arbeitete N. ab 1948 am Henry Street Settlement Playhouse in New York, einer Experimentierbühne, deren Tanzabteilung N. vollständig reorganisierte. Ab 1949 war er dort Direktionsmitglied. Zu Beginn der 50er Jahre zog sich N. als Tänzer zurück, widmete sich ausschließlich dem Unterricht u. begann zu choreografieren. Zu diesem Zweck entwickelte er seine eigene Tanzschrift, das Choroscript. Seine Kompanie wurde als Playhouse Dance Company bekannt, 1956 in A. N. Dance Company umbenannt. Erste Experimente mit Totaltheater folgten. N. über seinen Unterricht: »Es war unmöglich, den Tänzern ihre geliebte Selbstdarstellung abzugewöhnen.« N. führte deshalb Requisiten, Masken u. Dekorationen ein. So entstand 1953 *Masks, Props and Mobiles*. Dieses Ballett war N. erster Versuch einer Transzendenz der Gefühlswelt, eine Konzeption, die er 1955 mit *Village of Whispers* konsequent weiterführte. N. nimmt Vorstellungen des Bauhauses wieder auf u. zielt auf ein Totaltheater, in dem sich seine Ideen als Gesamtkunstwerke verwirklichen lassen. Er ist sein eigener Choreograf, Komponist, Ausstatter u. Beleuchter. Die Tänzer werden als entpersönlichte Figuren Teil eines bis ins Detail ausgeklügelten kinetischen Spektakels. Mit *Fusion* erweiterte N. 1967 seine Ausdrucksmöglichkeiten um den »cine dance«, den er gemeinsam mit dem Filmemacher Ed Emschwiller entwickelte. Folgerichtig änderte die Kompanie 1968 ihren Namen auch in A. N. Dance Theatre. Sie besteht aus einem Kern von 10 Tänzern, die jederzeit aus der angeschlossenen Schule ergänzt werden können. Seit 1963 arbeitet N. auch mit dem Moog-Synthesizer.

Wichtige Arbeiten N.: *Kaleidoscope* 1956; *Totem* 1960; *Imago* 1963; *Sanctum* 1964; *Vaudeville of the Elements* 1965; *Somniloquy* 1967; *Fusion* u. *Triptych* 1967; *Tent* 1968; ebenfalls 1968 Ch. zu *Help! Help! The Globolinks!* für die Hamburger Staatsoper (M.: G. C. Menotti); *Scenario* 1971; *Kyldex I* (Multimedia-Spektakel für die Hamburger Staatsoper) 1973; *Cross-Fade* 1974; *Tribe* 1975; *Triad* 1976; *Styx* 1976.

Lit.: Marcia B. Siegel, Nik – A Documentary Study of A. N., Dance Perspectives, Nr. 48, New York 1971; D. McDonagh, The Complete Guide to Modern Dance, New York 1976.

Nilson, Leo, schwed. Komponist, * 20. 2. 1939 Malmö. Studierte an der Musikhochschule in Stockholm u. in Paris. Beschäftigt sich hauptsächlich mit neuen Formen der elektronischen Musik u. Environments.

Zu N. nicht gemeinsam mit R. → Lundsten realisierten Kompositionen gehören: *Skorpionen* (elektronisch, 1965); *Aurora* (elektronisch, 1966); *Skulpturmusik* (elektronisch, 1966); *Ljudpåsen* (elektronisch u. konkret, 1967); *Musik till Eterhypotesen* (elektronisch, 1967); *Satellitmusik* (elektronisch, 1967); *That Experiment H_2S* (elektronisch, 1968); *1920 – Tatlin in memoriam* (konkret, 1969); *Guide sonore* (elektronisch, 1970); *Piano Plectra* (elektronisch verarbeitet, 1970); *Sirrah* (elektronisch, 1971); *Viarp I–III* (elektronisch, 1971–72); *Pels* (elektronisch, 1973).

Nilsson, Bo, schwed. Komponist, * 1. 5. 1937 Skellefteå. Als Komponist im wesentlichen Autodidakt. Machte erstmals bei einem Konzert mit zeitgenössischer Musik 1956 in Köln auf sich aufmerksam. Verbindet in seinen Kompositionen postserielle Technik mit schwed. Folklore. Gehört zu den führenden Komponisten der internationalen Avantgarde.

N. komponierte u. a.: *Frequenzen* für Fl., Git., Kb. u. Schlagzeug (1955–56); *Bewegungen* für Kl. (1956); *Schlagfiguren* für Kl. (1956); *Brief an Gösta Oswald*, Kantatenzyklus (1956–59); *Audiogramme* (elektronisch, 1957–58); *Buch der Veränderungen* für Orch. (1957); *Kreuzungen* für Fl., Vibraphon, Git. u. Xylophon (1957); *Zeiten im Umlauf* für Bläser (1957); *Ett blocks timme* für S. u. 6 Instrumentalisten (1958); *Zwanzig Gruppen* für 3 Bläser (1958); *Quantitäten* für Kl. (1958); *Plexus* für großes Orch. (1959); *Stenogramm* für Org. (1959); *Szene I–III* für Orch. (1960–61); *Reaktionen* für 1–4 Schlagzeuger (1960); *Versuchungen* für Orch. (1961); *La Bran* für Chor u. Orch. (1961); *Ein Sonntag im September*, Filmmusik (1963); *Entrée* für Orch. u. Tonband (1963); *Séance* für Orch. (1963); *Litanei über das verlorene Schlagzeug* (1965); *Ayiasma* für gem. Chor u. Fl. (1965); Déjà-vu für Bläserquartett (1967); *Revue* für Orch. (1967); *Attraktionen* für Streichquartett (1968); *Design* für V., Klar. u. Kl. (1968); *Das Glückliche* für gem. Chor u. S. solo (1968); *Missa Suecana* (1968); *Rendezvous* für Kl. (1968); *Quartets* für 36 Bläser, Schlagzeug u. Tonband (1969); Musik zur Fernsehserie »Das rote Zimmer« (1969); *Vi kommer att träffas i morgon* für S. solo, gem. Chor u. Triangel (1969); *Caprice* für Orch. (1970); *Eurythmical Voyage* für Kl., Orch. u. Tonband (1970); *Exit* für Orch. (1970); *Déjà-connu* für Bläserquintett (1973); *Nazm* für Sprecher, Soli, Chor u. Orch. mit Elektronik (1973); *Taksim – Caprice – Makuam* für Orch., Kl. u. Tonband (1973).

Autobiografisches erschien unter dem Titel »Spaderboken« (Stockholm 1966).

Nilsson, Torsten, schwed. Komponist u. Organist, * 21. 1. 1920 Höör. Studierte 1938–42 an der Musikhochschule in Stockholm u. 1961–63 bei A. Heiller in Wien. 1943–53 Organist in Köping, 1953–62 in Hälsingborg u. ab 1962 in Stockholm. 1966–70 Dozent für liturgische Musik an der theologischen Fakultät der Universität Uppsala, seit 1967 Lehrer am Musikpädagogischen Institut in Stockholm. Die meisten seiner Kompositionen sind für die Orgel geschrieben.

Zu N. neueren Werken gehören: *Skizein I–IV* (für Chor a cappella, für Org., für Streichquartett u. für Org. oder Streichquartett mit Elektronik, alle 1969); *Cedezz*, Musiktheater für S. u. Instr. (1970); *Drama lekama* für gem. Chor, Sprecher u. Tonband (1970); *Jag skriver till dig* für S. solo, Männerchor u. Commedia-dell'arte-Truppe (1970); *Skapelse*, Oratorium für Sprecher, Chor, Instrumente u. Org. (1970); *Non est deus?*, Kammeroratorium (1972); *Baltassar* für A., T., B., Chor u. Org. (1972); *Den sista natten*, Oratorium für gem. Chor, Kinderchor, Hf. u. Org. (1973); *Steget över tröskeln*, Konzert für Kl. u. Bläser (1973); Org.-Sinfonie (1975); *Vigilate* für Solisten, 3 Chöre, Orch. u. Org. (1976); *Präludium zu einem Mysterienspiel* für Org. (1976).

Nivers, Guillaume-G., franz. Organist u. Komponist, * 1632 wahrscheinlich in der Nähe von Paris,

† 30. 11. 1714 Paris. Schüler von J. Ch. Chambonnières. 1654 Organist an St-Sulpice in Paris, 1667 Sänger der Königlichen Kapelle, 1678–1708 Kapellorganist, daneben Maître de la musique der Königin u. ab 1686 Organist u. Musikmeister am Stift St-Louis von St-Cyr. Gab neben 3 Orgelbüchern »Traité de la composition de musique« (1667), »Dissertation sur le chant grégorien« (1683), »Méthode certaine pour apprendre le plain-chant de l'Église« (1698) sowie zweimal das »Graduale Romanum« heraus. Mit den letzteren trug N. zur Vereinheitlichung des Gregorianischen Chorals in Frankreich bei.

Nō (jap.: »Kunst«, »Fähigkeit«), lyrisches Chordrama der Japaner, das unter dem Shogunat seine größte Blüte erlebte. Es entwickelte sich aus Dengaku, Sarugaku u. Kusemai (Liedtänze) u. verarbeitete shintoistische u. buddhistische sowie akrobatische u. balladenhafte Elemente zu einer Synthese von Dichtung, Musik u. Tanz. Einen hohen Grad der Vollendung erreichte die neue Gattung durch zwei geniale Schauspieler, den Shintopriester u. Tänzer Kwanami Kiyotsugu (1333–84) u. dessen Sohn Zeami Motokiyo (1363–1443). Der letztere veröffentlichte mehrere theoretische Schriften u. Anleitungen zum Nō, darunter »Kwadensho« u. »Nōsakusho«. Die Handlung des Nō ist meistens alten Legenden, der klassischen Literatur oder der Überlieferung eines Tempels entnommen. Nur männliche Schauspieler wirken mit. Sie werden von einem Chor aus 8 bis 12 Sängern unterstützt, die an der Seite der Bühne sitzen. Einziges Melodieinstrument ist die Nokan-Flöte, die von zwei Arten von Tsuzumi (zweifellige Trommel) u. Taiko (Faßtrommel) begleitet wird. Nō kennt neun Melodieformeln, die in jedem Stück abgewandelt wiederkehren. Die tonale Grundstruktur besteht aus einer halbtonlosen Pentatonik. Besondere Spannung wird durch metrische Kontrastierung erreicht. Die 12silbige Textzeile (unterteilt in 7 u. 5, die weiter geteilt werden können) steht einem Taktschema von 8 Schlägen (yabyōshi) gegenüber. Schleif- u. Schluchztöne, Triller, Tremoli u. Glissandi dienen zu Ausdruckssteigerungen. Der Hauptdarsteller, ältere Personen u. Frauendarsteller treten mit Maske auf. Der Ablauf eines Nō-Spiels ist bis ins kleinste Detail festgelegt. Die Überlieferung kennt 5 verschiedene Gruppen von Spielen: 1. Waki Nō (Götterspiel), 2. Shuramono (Heldenspiel), 3. Kazura-mon (Frauenspiel), 4. Kyōjo-mono (im Mittelpunkt der Handlung: eine Verrückte) mit verschiedenen Unterabteilungen wie Genzai-mono (im Mittelpunkt: eine noch lebende Person) u. 5. Kiri Nō (Schlußstück). Jede Aufführung besteht aus Einleitung (jo), d.h. aus einem Stück der Gruppe 1, einer Durchführung (ha), das sind meistens 3 Stücke aus den Gruppen 2, 3 u. 4 sowie dem Höhepunkt (kyū), einem Stück, das aus Gruppe 5 stammen muß. Unter Umständen wird noch ein Intermezzo eingefügt, in dem ein komischer Alter auf humorvolle Weise den Inhalt des Ganzen erklärt. Zweck des Nō ist es, beim Zuschauer ein Gefühl von yūgen entstehen zu lassen, was man am besten als Mischung von sehnsuchtsvoller Erwartung, einem Hauch von Schönheit u. Wehmut umschreibt. Im Repertoire der heutigen Nō-Schulen befinden sich immer noch an die 250 Stücke, die kaum von ihrer ursprünglichen Gestalt abweichen.

Nocturne (franz.: »Nachtstück«), unter der ursprünglichen ital. Bezeichnung Notturno im 18. u. vereinzelt im 19. Jh. ein dem Divertimento, der Serenade oder Kassation nahestehendes Instrumentalstück, das häufig auch zur Aufführung im Freien gedacht war. Erst mit J. Field u. F. Chopin kam es zur Einengung des Begriffs auf das dem Genre Charakterstück zugehörige N. für Klavier.

Noël (franz.: »Weihnachten«), franz. Weihnachtslieder, die ursprünglich auf liturgische Melodien gesungen wurden u. erstmals im 12. Jh. (Prose de l'âne in Beauvais u. Sens) bezeugt sind. N. gab es im 15. Jh. auch auf Chansonmelodien, bevor sich im 16. Jh. eine ganz eigenständige N.-Komposition entwickelte. Auch Volksliedmelodien wurden für N. herangezogen. Als Bearbeitung existiert das N. in verschiedenen Orgelbüchern franz. Klaviermeister u. fand sogar Eingang in Meßkompositionen. Im 19. Jh. trat es vereinzelt als Romanze oder Opernarie auf.

Nola, Giovan Domenico del Giovane, ital. Komponist u. Organist, * um 1510 bei Neapel, † 5. 5. 1592 Neapel. Organist u. 1563–88 Kapellmeister an SS. Annunziata in Neapel. Gilt insbesondere als ausgezeichneter Villanellenkomponist.

N. veröffentlichte 2 Bücher 3st. »Canzoni villanesche« (1541), »Madrigali« a 4 v. (1545) u. 5st. (1564), 1 Buch 5st. Motetten (1549) u. 3–4st. »Villanelle alla napolitana« (1567).

Nomos (griech.: »Gesetz«, »Sitte«, »Weise«), wahrscheinlich ein Melodiemodell in der altgriech. Musik, das Ähnlichkeit mit → Maqām u. → Râga gehabt hat u. eine bestimmte ethische Wirkung erzielen sollte. Der ursprünglich in Verbindung mit dem Apollon-Kult auftretende N. scheint sich auf das gesungene Lied beschränkt zu haben, das hauptsächlich von der Kithara begleitet wurde.

None (lat. nona: »neunte«), Intervall im Abstand von 9 Stufen von Grundton oder Sekunde über der Oktave.

Nonenakkord, Akkord aus vier Terzen. Ursprünglich wurde die None als Durchgang zwischen Dezime u. Oktave bzw. als Vorhalt vor der Oktave aufgefaßt. Von den N. mit Akkordfunktion ist der Dominant-N. mit großer Terz u. kleiner Septime in der Dur-Moll-tonalen Harmonik am wichtigsten, da er Elemente des Dominant- u. des Subdominantdreiklangs enthält. Im Dominantseptakkord erhöht die hinzugefügte None dessen Dominantwirkung.

Nonett, Komposition für neun solistisch auftretende Instrumente.

Nono, Luigi, ital. Komponist, * 29. 1. 1924 Venedig. Studium der Rechtswissenschaften u. Promotion 1946 in Padua. Daneben ab 1941 Schüler von G.F. Malipiero. Nach Abschluß des Studiums weitere Ausbildung bei B. Maderna bis 1950 u. von 1948 an Privatunterricht bei H. Scherchen. N. lebt als freischaffender Komponist in Venedig u. ist mit der Tochter von A. Schönberg verheiratet. Bekannt wurde N. durch H. Scherchen, der 1950 dessen *Variazioni canoniche* für Orch. auf die Reihe aus Schönbergs op. 41 in Darmstadt zur Aufführung brachte. In N. frühen Kompositionen war die Exposition u. Durchführung thematischer Gestalten bereits aufgegeben. Das Klangbild wurde von Punkten u. Punktgruppen bestimmt. Neben Tonhöhen waren auch die Tondauern u. -intensitäten bereits reihentechnisch geordnet. In seiner weiteren Entwicklung wendete N. diese Techniken jedoch immer weniger dogmatisch an u. begab sich auf die Suche nach mehr Ausdruck u. Kantabilität. Heute halten sich konstruktive Strenge u. leidenschaftlicher Ausdruck in seinem Werk die Waage. In seinen Vokalkompositionen, insbesondere auch in seinen Opern, werden die Texte nicht nur als solche verwendet, sondern in ihre linguistischen Strukturen zersetzt, teilweise sogar in Phoneme zerlegt. Ohne ästhetische Kriterien preiszugeben, versucht N., mit seiner Musik ein Bekenntnis zum Sozialismus als einer idealen Daseinsform abzulegen. Deshalb ging er auch mit Kompositionen wie *La fabbrica illuminata* (1964) in die Fabriken u. suchte nach Ausdrucksmitteln, die dem Arbeiter verständlich sind. N. sagt über sich selbst: »Das verstehe ich unter Musikmachen: etwas, was mich nicht anders engagiert als die Teilnahme an einer Demonstration, an einem Zusammenstoß mit der Polizei oder, wie es morgen der Fall sein könnte, an einem bewaffneten Kampf, d. h. am Klassenkampf.«

Zu N. Werken gehören: *Variazioni canoniche sulla serie dell' Op. 41 di A. Schönberg* für Orch. (1950); *Polifonica-Monodia-Ritmica* für 6 Instr. u. Schlagzeug (1951); *Composizione per orchestra Nr. 1* (1951); *Epitaph auf Federico García Lorca* (I. 3 Studien für S., Bar., gem. Chor u. Instr. [1952], II. *Y su sangre ya viene cantando* für Fl. u. kleines Orch. [1952] u. III. *Memento, Romance de la guardia civil española* für Sprecherin, Sprechchor u. Orch. [1952–53]); *Due espressioni per orchestra* (1953); *Der rote Mantel* (Ballett, 1953); *La victoire de Guernica* (Gesänge nach P. Éluard für gem. Chor u. Orch., 1954); *Liebeslied* für gem. Chor u. Instrumente (1954); *Canti per 13* (1955); *Incontri* für 24 Instr. (1955); *Il canto sospeso* für S., A., T., gem. Chor u. Orch. (1955–56); *Varianti, Musica per Violino solo, archi e legni* (1957); *La terra e la compagna* für S., T., Chor u. Instr. (1957); *Cori di Didone* für Chor u. Schlagzeug (1958); *Composizione per orchestra Nr. 2: Diario polacco '58* (1958–59, Neufassung mit Tonband 1965); *Sarà dolce tacere* für 8 Solost. (1960); *Ha venido, Canciones para Silvia* für S. u. 6st. Soprانchor (1960); *Omaggio a Emilio Vedova* für Tonband (1960); *Intolleranza 1960* (azione scenica in 2 Teilen, 1960–61, daraus *Suite da concerto* für S., Chor – Tonband oder live – u. Orch., 1969); *Canti di vita e d'amore* (*Sul ponte di Hiroshima* u. *Per Djamila Boupachà* für S. bzw. T. u. Orch., 1962); *Canciones a Guiomar* für S., 6st. Frauenchor u. Instrumente (1962–63); *La fabbrica illuminata* für Singst. u. Tonband (1964); Musik zu »Die Ermittlung« von Peter Weiss für Tonband (1965, daraus *Ricorda cosi ti hanno fatto in Auschwitz* für Stimmen u. Tonband, 1966); *A floresta é jovem e cheia de vida* für Stimmen, Klar., Bronzeplatten u. Tonbänder (1966); *Per Bastiana: Tai-Yang Cheng* für Tonband u. Instrumente (1967); *Contrappunto dialettico alla mente* (stereophonische Komposition für Tonband, 1968); *Musica-Manifesto Nr. 1* (*Un volto del mare* für Stimmen u. Tonband u. *Non consumiamo Marx* für Stimmen u. Tonband, 1968–69); *Y entonces comprendió* für 6 Frauenst. u. Chor mit Tonband (1969–70); *Voci destroying muros* für Frauenstimmen u. Orch. (1970); *Ein Gespenst geht um in der Welt* für S., gem. Chor u. Orch. (1971); *Como una ola de fuerza y luz* für S., Kl., Orch. u. Tonband (1971–72); *Siamo la gioventù del Vietnam* für 1st. Chor (1973); *Al gran sole carico d'amore* (azione scenica, 1972–74, dt.: *Unter der großen Sonne von Liebe beladen*); *Für Paul Dessau* für Tonband (1974); *Notturni – Albe* für Kl. u. Tonband (1974–75); *... sofferte onde serene* für Kl. u. Tonband (1977); 1. Streichquartett (*Fragmente, Stille, An Diotima*, 1979–80).

Lit.: J. Stenzl (Hg.), L. N., Texte, Studien zu seiner Musik, Zürich 1975.

Nordheim, Arne, norw. Komponist u. Musikkritiker, * 20. 6. 1931 Larvik. Studierte 1948–52 am Osloer Konservatorium u. 1955 bei V. Holmboe in Kopenhagen. 1959–62 Musikkritiker der Osloer »Morgenposten«, ab 1963 am »Dagbladet«. N. experimentiert mit seriellen Techniken u. elektronischer Musik. Er hat sich ausgiebig mit Live-Elektronik befaßt u. in letzter Zeit Ballettmusiken für G. Tetley komponiert.

Zu N. Kompositionen gehören: *Epigram* für Streichquartett (1956); *Canzona per orchestra* (1960); *Epitaffio* für Orch. u. Tonband (1963); *Eco* für S., Kinderchor, gem. Chor u. Orch. (1967); *Warszawa*, elektronische u. konkrete Musik (1967–68); *Floating* für Orch. (1970); *Dinosauros* für Akkordeon u. elektronische Klänge (1970), *Greening* für Orch. (1973), *Spur* für Akkordeon u. Orch. u. *Doria* für T. u. Orch. (1975) u. das Ballett *Stormen* (1979).

Nordiska Musikförlaget AB, schwed. Musikverlag in Stockholm, gegr. von S. Scholander u. dem dän. Musikverleger W. Hansen im Jahre 1915. Mit diesem Verlag verbunden sind Wilhelm Hansen Musik Forlag, Kopenhagen, Norsk Musikforlag A/S, Oslo, J.&W. Chester Ltd., London, u. Wilhelmiana Musikverlag, Frankfurt a.M. Neben der Editionsreihe »Monumenta musicae Svecicae« u. den Veröffentlichungen der Kungl. Musikaliska Akademien setzt sich der N.M. hauptsächlich für schwed. Komponisten ein, wobei ein starker Akzent auf dem zeitgenössischen Schaffen liegt.

Nordraak, Rikard, norw. Komponist, * 12. 6. 1842 Oslo, † 20. 3. 1866 Berlin. Schüler von F. Kiel u. T. Kullak in Berlin. Vertonte eine Reihe von Gedichten seines Vetters B. Bjørnson, u. a. »Ja, vi elsker dette landet« (1864), die heutige Nationalhymne Norwegens. Nahm großen Einfluß auf das Schaffen seines Freundes E. Grieg u. gehört zu den Mitbegründern einer nationalen Musikbewegung in Norwegen. Zu seinen weiteren Werken gehören die Bühnenmusik zu Bjørnsons »Maria Stuart« u. Klavierstücke.

Nørgård, Per, dän. Komponist, * 13. 7. 1932 Gentofte bei Kopenhagen. 1952–56 Schüler von B. Hjelmborg, V. Holmboe u. F. Høffding am Königlichen Musikkonservatorium in Kopenhagen u. 1956–57 von N. Boulanger in Paris. 1958–60 Lehrer am Konservatorium in Odense, seit 1965 Lehrer für Komposition am Konservatorium von Århus. Daneben war N. eine Zeitlang Musikkritiker von »Politiken«. In seinen Kompositionen verbinden sich serielle Technik u. Kontrapunktik. Sein thematisches Material besteht jedoch nicht aus Reihen, sondern aus wenigen Tönen, oft sogar nur aus einem einzigen kleinen Intervall.

Zu N. Kompositionen gehören: Quintett für Fl., V., Va., Vc. u. Kl. (1952); *Aftonland* für gem. Chor (1953); *Sinfonia Austera* für Orch. (1954); Trio für Klar., Vc. u. Kl. (1955); Klaviersonate Nr. 2 (1957); *Quartetto brioso* (1958); *Constellations* für 12 Streicher oder Streichergruppen (1958); *Lyse danse* für Kammerorch. (1959); *Fragment VI* für 6 Orchestergruppen (1959–61); *Nocturne Suite* für S. u. Kl. oder 19 Instr. (1961–62); *Labyrinten* (Oper, 1963); *Le jeune homme à marier* (Ballett, 1964); *Babel* (Oratorium für Soli, gem. Chor u. kleines Orch., 1964); 2. Streichquartett (1965); *Iris* für Orch. (1967); *Grooving* für Kl. (1968); *Luna* für Orch. (1968); *Recall* für Akkordeon u. Orch. (1968); 3. Streichquartett (1969); 2. Sinfonie (1970); *Lila* für 11 Instr. (1972); *Gilgamesch* (Oper, 1971–72); 3. Sinfonie für Doppelchor, Org. u. Orch. (1972–75); *Libra* für T., Git., 2 gem. Chöre u. 2 Vibraphone oder Kl. (1973); *Singe die Gärten, mein Herz, die du nicht kennst* für 8st. gem. Chor u. 8 Instr. (1974); *Frostsalmer* für gem. Chor (1976); *Twilight* für Orch. (1977); *Towards Freedom?* für Orch. (1977); *Cantica* für Kl. (1977); *Seadrift* für S. u. Instr. (1977); *Den afbrudte sang »Orfeus & Eyridike«* für Schlagzeug, Hf., Chor u. Instr. ad libitum (1977); *Krystalspejlinger* für Chor u. Instr. ad libitum (1978–79); *Spil for den ventede* (Oper, 1979).

Nørholm, Ib, dän. Komponist, * 24. 1. 1931 Kopenhagen. Schüler von B. Hjelmborg u. V. Holmboe. 1956–64 Musikkritiker von »Information« u. 1964–1966 am »Ekstrabladet«. 1957–63 Organist an St. Olai in Helsingør, seit 1963 an der Bethlehemskirche in Kopenhagen. Seit 1960 Lehrer am Königlichen Konservatorium in Kopenhagen u. seit 1964 daneben am Konservatorium in Odense. N. verbindet in seiner Musik serielle Technik u. dän. Folklore.

Zu N. Werken gehören: die Fernsehoper *Invitation til skafoettet* (1965) u. die Kammeroper *Den unge park* (1969–70); Orchesterwerke wie Thema u. Variationen für Streicher (1955), Sinfonie (1956–58), *Fluctuations* für 34 Solostreicher, 2 Hf., Cemb., Mandoline u. Git. (1962), *Relief I* u. *II* für Kammerensemble (1963), *Serenade für Cincinnatus* für Kammerorch. (1964), *Relief III* (als Teil von *Exile* für Orch., 1964), *Isola bella* (2. Sinfonie, 1968–71); Kammermusik, u. a. 4 Streichquartette (1955, 1965, 1966, 1966), Trio für Klar., Vc. u. Kl. (1957), Trio für Kl., V. u. Vc. (1959); Vokalkompositionen wie *Kenotafium* für Solost., Chor u. Orch. (1961) u. *Jongleurs-69* für Solost., Chor, Ensembles, Lautsprecherst. u. Orch. (1969); Orgelwerke; Lieder.

North, Alex, amer. Komponist, * 4. 12. 1910 Chester PA. Schüler von E. Toch u. A. Copland.

N. komponierte neben Fernseh- u. Bühnenwerken vor allem bedeutende Spielfilmmusiken, u. a. zu »A Streetcar Named Desire« (1951), »Viva Zapata!« (1952), »Daddy Long Legs« (1955), »The Rose Tattoo« (1955), »The Rainmaker« (1956), »Spartacus« (1961) u. »Cleopatra« (1963).

Nota cambiata → Cambiata

Notation, Fixierung eines musikalischen Gedankens mittels einer → Notenschrift, musikalischen Grafik oder sonstigen Darstellung. Die heute als konventionell betrachtete N. bedient sich der Noten, d. h. rhythmischer Wertzeichen, die aus den Zeichen der → Mensuralnotation hervorgegangen sind. Zu den jeweiligen Noten gehören die entsprechenden Pausenzeichen:

ganze Note
halbe Note
Viertelnote
Achtelnote
Sechzehntelnote
Zweiunddreißigstelnote
Vierundsechzigstelnote

Gruppen kleinerer Notenwerte, die zusammengehören, werden mit Balken verbunden:

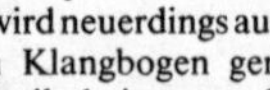

Die Verlängerung von zwei Noten über den Taktstrich hinweg erfolgt durch Bindebogen. Die traditionelle Rhythmus-N. ist binär; ein Punkt hinter einer Note erweitert diese um die Hälfte ihres Zeitwertes, so daß eine Dreizeitigkeit entsteht, aber kein ternäres System. Für Töne, die weiterklingen sollen, wird neuerdings auch nur der Bindebogen, dann Klangbogen genannt, notiert. Lautstärke- u. Artikulationsvorschriften sind als Zusätze zur eigentlichen N. entstanden. Deshalb galten in der konventionellen Notenschrift Tonhöhe u. -dauer als essentielle Toneigenschaften, Lautstärke u. Klangfarbe als akzidentielle. Mit der stärkeren Einbeziehung der letzteren, ihrer Einführung als Parameter in die → serielle Musik, dem Aufkommen der → Aleatorik u. dem Wunsch, den Interpreten stärker in den musikalischen Schöpfungsprozeß einzubeziehen, wurden neue Zeichen notwendig. Diese neuen Notationssysteme sollen nach G. Ligeti »aus dem traditionellen – mit Veränderungen u. neuen Zeichen, wo es nötig ist – organisch herauswachsen«. Neue Klangkonzepte u. Medien, so z. B. die elektronische Musik, müssen die ihnen gemäße N. finden. In den letzten tausend Jahren hat eine Entwicklung auf die möglichst genaue Fixierung des musikalischen Gedankens hin stattgefunden, die heute von noch größerer Genauigkeit einerseits u. weit größerer Freiheit andererseits abgelöst wird. Die neuen N.-Versuche u. Notenschriften zielen auf größere rhythmische Flexibilität u. die stärkere Einbeziehung der Ausführenden, d. h., der musikalische Gedanke wird zwar noch minuziöser gefaßt, aber gleichzeitig der Mehrdeutigkeit preisgegeben.

Notendruck u. -stich warfen Probleme auf, da viele verschiedene Zeichen im Liniensystem zu verarbeiten waren. **1. Notendruck:** Er entstand kurz nach der Erfindung des Buchdrucks. Von Anfang an wurde mit zwei Verfahren experimentiert: dem Notendruck mit Typen u. dem Blockdruck. Nach ersten Versuchen, bei denen zuerst die Linien gedruckt u. dann die Noten mit Hand eingetragen wurden, kam es zum Druck von Linien u. Noten. Früheste Drucke von Choralnotation mit beweglichen Typen sind das »Missale Romanum« (U. Hahn, Rom 1476) u. das »Missale Herbipolense« (J. Reyser, Würzburg 1481). Mensuralnoten druckte zuerst Petrucci mit beweglichen Typen. Zu den frühesten Zeugnissen des Blockdrucks, der sich besonders bei kurzen Notenbeispielen bewährte, gehört »Musices opusculum« (N. Burtius, Bologna 1487). Eine wesentliche Verbesserung des Drucks mit beweglichen Typen gelang 1755 J. G. Breitkopf, der mit in ungefähr 400 Teile zerlegbaren Typen arbeitete. Trotzdem erwies sich der Blockdruck als rentabler, sobald es gelang, mit anderen Materialien als Holz zu arbeiten. **2. Notenstich:** Nachdem man bereits zu Beginn des 16. Jh. zum Metallschnitt übergegangen war, kam gegen Ende des 16. Jh. der Notenstich auf Kupferplatten auf. Linien u. Noten wurden in die Metallplatte eingraviert. Diese Technik wurde noch wesentlich verbessert, als die Pewter-Platte (Zinn-Blei-Legierung) eingeführt wurde (in England ab 1724), weil nun alle Symbole mit Stempeln eingeschlagen werden konnten. Der Notenstich ist nach weiteren Verbesserungen bis heute die führende Vervielfältigungstechnik geblieben. **3. Lithografie:** Diese erstmals von A. Senefelder angewendete Technik wurde inzwischen durch die Erfindung des Offsetdrucks u. die Computertechnik entscheidend verbessert. Mit ihr lassen sich Noten in unbegrenzter Auflage reproduzieren.

Notenschrift, schriftliche Fixierung eines musikalischen Ablaufs zum Zweck der Erhaltung oder Reproduktion. Die früheste uns bekannte N. ist die Buchstaben-Tonschrift der antiken griech. Musik. Die aus cheironomischen Zeichen u. Akzenten entstandenen → Neumen waren die erste N. des frühen Mittelalters. Aus ihnen entwickelte sich im 13. Jh. die → Choralnotation. In der Notre-Dame-Epoche fixierte man die Kompositionen in der → Modalnotation, in der Ars-antiqua-Epoche in der → Mensuralnotation. Das größte Problem warf die Fixierung von Tonhöhe u. -dauer auf. Seit dem Spätmittelalter wurden der musikalische Einfall u. seine Ausarbeitung in der → Tabula compositoria (später → Particella) festgehalten, während die Ausführenden Chor- oder Stimmbücher erhielten. Musik für Tasten- u. Zupfinstrumente wurde vorwiegend in → Tabulaturen notiert. Seit dem 18. Jh. hat sich eine Tendenz zu immer größerer Genauigkeit herausgebildet, die heute bereits wieder von vielen Komponisten als Zwang u. Einengung empfunden wird. Deshalb zeigten sich seit den 50er Jahren Ansätze zu einer offeneren, den Interpreten einbeziehenden N. Gleichzeitig erforderten häufiger Taktwechsel, irrationale Rhythmen u. aperiodische Zeitteilungen neue Formen der N. So wird heute mit räumlicher Darstellung von Zeitproportionen (space-notation) experimentiert sowie mit Metronomangaben, u. es gibt Versuche, für Stammtöne schwarze Notenköpfe einzuführen, während die weißen den Halbtonerniedrigungen vorbehalten bleiben sollen. Der Trend scheint zur Mehrdeutigkeit zu gehen, in der vielleicht das Wesen einer Epoche zum Ausdruck kommt.

Notre-Dame-Epoche, eine im 20. Jh. eingeführte Bezeichnung für eine musikgeschichtliche Schule, die ungefähr zwischen 1160 u. 1250 anzusetzen ist. Ihre beiden Hauptmeister waren Leoninus (optimus organista) u. Perotinus (optimus discantor). Die N.-D.-E. gilt mit ihrer Ausbildung der → Modalnotation u. ihren 2–4st. Organa als entscheidend für den Schritt zur → Ars antiqua. Neben der Neukomposition mehrstimmiger Organa wurden in der N.-D.-E. vielfach vorhandene Werke umgearbeitet oder unter Verwendung einzelner Tenorabschnitte erweitert. Den Oberstimmen solcher → Klauseln wurden häufig neue Texte unterlegt. Diese Klauseln gehören zu den unmittelbaren Vorläufern der frühen → Motetten. Daneben wurde in der N.-D.-E. ganz besonders der → Conductus gepflegt.

Notturno → Nocturne

Novák, Vítězslav, tschech. Komponist, * 5. 12. 1870 Kamenitz an der Linde, Böhmen, † 18. 7. 1949 Skuteč, Slowakei. Studierte an der Prager Universität Jura u. Philosophie sowie gleichzeitig am Konservatorium Klavier bei J. Jiránek u. Komposition bei A. Dvořák. Der letztere hatte nicht nur großen Einfluß auf die musikalische Entwicklung N., sondern bewog ihn auch dazu, aus der Musik einen Beruf zu machen. Nach Absolvierung des Konservatoriums war N. zuerst als Privatmusiklehrer tätig, 1909–20 Professor für Komposition am Konservatorium in Prag u. 1918–39 an der dortigen Meisterschule. Im Schaffen N. lassen sich verschiedene Perioden u. Einflüsse erkennen. In seinen frühen Kompositionen war er der dt. Romantik verpflichtet, beschäftigte sich dann mit der Folklore Mährens u. der Slowakei u. entdeckte schließlich unter dem Einfluß des franz. Impressionismus die Bedeutung der Klangfarben. Zu Bühnenwerken kam N. erst relativ spät.

Als Lehrer hatte N. besonders große Bedeutung. Viele bekannte Komponisten der Tschechoslowakei sind durch seine Schule gegangen, u. a. A. Hába, E. Suchoň u. J. Cikker.

Seine Memoiren erschienen unter dem Titel: »O sobě a o jiných« (Prag 1946).

N. komponierte u.a. die Opern *Der Burgkobold* (1913–14), *Karlstein* (1915–16), *Die Laterne* (1921–22) u. *Das Vermächtnis des Großvaters* (1923–25); Vokalwerke wie *Herbst* für Chor u. Orch. (1931–34); Instrumentalwerke, darunter *In der Tatra* (sinfonische Dichtung, 1902), *Slovácká*, Orchestersuite (1903), *Von ewiger Sehnsucht* (sinfonische Dichtung, 1904), *Toman und die Waldfee* (sinfonische Dichtung, 1907), *Pan* (Tondichtung, 1910), *Südböhmische Suite* (1937), *In memoriam* für Hf. u. Streicher (1936), *De profundis* (1941), *Maisinfonie* (1943), Klavierkonzert (1895); Kammermusik, u. a. Klaviertrio (1892), je 1 Klavierquartett u. -quintett (1894 u. 1897), Klaviertrio (1902), 3 Streichquartette (1899, 1905 u. 1939); Klavierstücke, darunter *Suite Exoticon* (1911) u. Lieder.

Novellette, zuerst von R. Schumann in 8 N. für Klavier verwendete Bezeichnung, später gebräuchlich für Charakterstücke erzählender (novellistischer) Art.

Novello & Co, Ltd., engl. Musikverlag, gegr. 1811 von Vincent N. in London. Vincent N. (6. 9. 1781–9. 8. 1861) war 1797–1822 Organist der portug. Gesandtschaftskapelle in London. Da er keinen Verleger für billige Ausgaben wichtiger Werke gewinnen konnte, eröffnete er sein eigenes Geschäft mit einer Sammlung, die »Novello's Sacred Music as performed at the Royal Portuguese Chapel« betitelt war. 1812 gehörte er zu den Mitbegründern der Philharmonic Society, mit der er häufig als Pianist, später auch als Dirigent auftrat. Gemeinsam mit seiner Frau Mary besuchte er 1829 W. A. Mozarts Schwester u. Constanze Nissen in Salzburg u. trug mit seinen Aufzeichnungen zur Erhellung des Mozart-Bildes bei. Zu seinen verlegerischen Leistungen gehört die Ausgabe von H. Purcells geistlicher Musik sowie von Messen Mozarts u. J. Haydns. N. war eine der bedeutenden Persönlichkeiten des engl. Musiklebens im 19. Jh.

Der Verlag erwarb 1844 J. Mainzer's »Musical Times«, die seither als »The Musical Times« erscheint. 1849 zog sich Vincent N. nach Nizza zurück, überließ die Geschäftsführung seinem 1829 in die Firma eingetretenen Sohn J. Alfred N. (12. 8. 1810–16. 7. 1896). Alfred N. machte sich einen Namen durch billige Klassikerausgaben u. brachte »Novello's Choral Handbook« heraus. Als er sich 1857 zur Ruhe setzte, ging die Geschäftsführung an A. Henry Littleton (7. 1. 1823–11. 5. 1888) über, der 1866 Alleineigentümer wurde u. 1867 den Verlag Ewer & Co hinzuerwarb. Seit 1861 firmiert der Verlag als N. & Co, seit 1898 als N. & Co, Ltd. Nach der Führung des Unternehmens durch einen Enkel von H. Littleton ging der Verlag 1970 in den Besitz der Granada Group über. Neben »The Musical Times« gehören »Strad« u. »Jazz Journal« zu den Veröffentlichungen des Verlags. Das Repertoire besteht hauptsächlich aus Werken engl. Komponisten, u. a. A. Sullivans, E. Elgars u. A. Bliss'.

Null (0), **1.** in der Generalbaßschrift → tasto solo. **2.** Bei Streichinstrumenten bedeutet die 0 über der Note, daß sie durch eine → leere Saite hervorzubringen ist.

Nystroem, Gösta, schwed. Komponist, * 13. 10. 1890 Silvberg, † 9. 8. 1966 Varberg. Schüler des Konservatoriums in Stockholm. Privatunterricht bei A. Hallén, anschließend Schüler von V. d'Indy in Paris. N. ist in seinen Kompositionen von I. Strawinsky, dem franz. Impressionismus u. der Groupe des Six beeinflußt.

Zu N. Werken gehören: die Oper *Herr Arnes Penningar* (1958); 6 Sinfonien (*Sinfonia breve* 1931, *Sinfonia espressiva* 1935, *Sinfonia del mare* 1947, *Shakespeareana* 1952, *Sinfonia seria* 1963 u. *Sinfonia tramontana* 1965); Bratschenkonzert (1940); *Sinfonie concertante* für Vc. u. Orch. (1944); Violinkonzert (1954); *Concerto ricercante* für Kl. u. Orch. (1959); Vokalkompositionen u. Bühnenmusiken; Kammermusik, u. a. 2 Streichquartette (1956 u. 1961).

O

Oberstimme, im 17. Jh. aufkommende dt. Bezeichnung für den → Discantus.

Obertöne → Teiltöne

obligates Akkompagnement, auskomponierte Art der Begleitung, die sich gegen Ende des Generalbaßzeitalters entwickelte. Sie wurde für das instrumentale Satzgefüge der Wiener Klassik charakteristisch u. führte zur Aufhebung der strikten Trennung zwischen Melodie u. Begleitung. Verlor ihre Bedeutung erst mit der völligen Gleichstellung des gesamten musikalischen Materials in der Neuen Musik.

obligato (ital., von lat. obligatus: »verbindlich«), ein Instrumentalpart, der im Gegensatz zum → ad libitum unter keinen Umständen weggelassen werden darf. Im 18. Jh. wurde mit dem Zusatz o. auch der ausgearbeitete (konzertierende) Generalbaßpart bezeichnet.

Oboussier, Robert, schweiz. Komponist, * 9. 7. 1900 Antwerpen, † (ermordet) 9. 6. 1957 Zürich. Schüler von V. Andreae u. Ph. Jarnach am Konservatorium in Zürich. Ab 1928 Musikkritiker, erst für die »Frankfurter Zeitung«, dann für die »Dt. Allgemeine Zeitung« in Berlin. Ab 1941 in der Schweiz, wo er in der SUISA u. dem Schweiz. Tonkünstlerverein tätig war u. daneben ab 1942 das Zentralarchiv der schweiz. Tonkunst leitete. Seine von M. Reger, später von F. Busoni beeinflußten Kompositionen sind hauptsächlich Vokalwerke. Er veröffentlichte: »Die Sinfonien Beethovens« (Berlin 1937, Neuauflage 1961).

Zu O. Werken gehören u.a.: die Oper *Amphitryon* (1948–50), 1 Sinfonie (1935–36), 1 Klavierkonzert (1932–33, rev. 1944) u. 1 Violinkonzert (1953).

Obrecht (Hobrecht), Jacob, franko-fläm. Komponist, * 22. 11. 1450 oder 1451 Bergen op Zoom, † Januar 1505 Ferrara. Möglicherweise Schüler von J. Barbireau u. 1477–78 Sangmeister an der Kathedrale von Utrecht, wo er Erasmus von Rotterdam unterrichtet haben soll. 1479–84 als Nachfolger von W. de Brouwer Sangmeister an St. Gertrude in Bergen op Zoom. Dort empfing O. 1480 die Priesterweihe. 1484 wechselte er an die Kathedrale von Cambrai, wurde dort jedoch bereits ein Jahr später wegen Unregelmäßigkeiten in der Verwaltung abgesetzt. 1485–91 war O. Succentor an St. Donatianus in Brügge. 1487–88 wurde ihm ein mehrmonatiger Urlaub gewährt, den er benutzte, um einer Einladung des Herzogs Ercole I. nach Ferrara Folge zu leisten. 1491 wurde er mit der Leitung des Knabenchors an Notre-Dame in Antwerpen als Nachfolger Barbireaus betraut. Die feste Anstellung als Kapellmeister erfolgte 1492, nachdem O. den hierfür ausgeschriebenen Wettbewerb für sich entschieden hatte. 1498–1500 wechselte er als Succentor wieder zu St. Donatianus in Brügge, mußte diese Position aber aus gesundheitlichen Gründen aufgeben. Als Inhaber kleinerer Pfründen verbrachte O. die Jahre 1501–04 abwechselnd in Bergen op Zoom u. Antwerpen, gab Unterricht u. komponierte. Wahrscheinlich ab September 1504 hielt er sich wieder als Gast des Herzogs in Ferrara auf u. starb dort Anfang 1505 an der Pest. O. wurde bereits von Tinctoris unter die größten Komponisten seiner Zeit gerechnet. Sein bisher bekannt gewordenes Werk umfaßt 29 Messen (*Adieu mes amours* u. *Missa carminum* nicht als eine Missa diversorum tenorum gezählt), 31 Motetten u. 39 weltliche Kompositionen, von denen die meisten Chansons sind. Außerdem komponierte O. höchstwahrscheinlich die 4st. *Passio secundum Mattheum*, die in einigen Quellen Longaval zugeschrieben wird. Sein Werk wurde insbesondere um Funde in der Bibliothek der Kathedrale von Segovia bereichert, wo u. a. der Text zu der Motette *Requiem aeternam* auftauchte, der einige Anhaltspunkte über sein Leben gibt (»Mille quingentis verum bis sex minus annis«). Bei den zyklischen Vertonungen des Ordinarium missae fällt die große stilistische Einheit auf, obwohl O. häufig die Stimme des C.f. wechselte. Charakteristische Merkmale sind Imitation, Sequenzierung oder ostinatoähnliche Baßfiguren. In *Missa super Maria Zart* findet sich außerdem ein chromatischer Gang, den man als eine erste

Art von Modulation ansehen kann. In seinen Motetten hält sich O. im Gegensatz zu Josquin Desprez hauptsächlich an liturgische C.f. u. verarbeitet dabei häufig mehrere Melodien gleichzeitig. Es gehört zu den Besonderheiten von O. Kompositionen, daß sie trotz ihrer sorgfältigen Konstruktion den Eindruck eines fließenden Klanges hinterlassen.

GA: J. Wolf, Werken van J. O., 30 Lieferungen, Amsterdam u. Leipzig 1912–21, Nachdr. Farnborough 1968; A. Smijers u. M. van Crevel, Opera omnia, Amsterdam ab 1953.
Lit.: O. G. Gombosi, J. O., eine stilkritische Studie, Leipzig 1925, Nachdr. Wiesbaden 1972; L. G. van Hoorn, J. O., Den Haag 1968.

Obuchow, Nikolas, russ. Komponist, * 22. 4. 1892 Moskau, † 13. 6. 1954 Paris. Studierte bei M. Steinberg u. N. Tscherepnin am Konservatorium in Petersburg. Emigrierte 1918 nach Paris u. konstruierte dort zusammen mit P. Dauvillier das elektronische Instrument Croix sonore, eine Art Vorform der Ondes Martenot. Seine Vorstellungen von der Gleichberechtigung der 12 Halbtöne setzte O. in eine eigene Notenschrift um, die er auch für sein Hauptwerk *Le livre de vie,* eine Komposition für mehrere Stimmen, Klavier vierhändig u. Croix sonore, anwendete. Er verfaßte einen »Traité d'harmonie tonale, atonale et totale«.

Ochs, Siegfried, dt. Dirigent u. Komponist, * 19. 4. 1858 Frankfurt a. M., † 5. 2. 1929 Berlin. Studierte an der Königlichen Hochschule für Musik in Berlin u. nahm bei F. Kiel Privatunterricht. Gründete 1882 den »Siegfried Ochs'schen Gesangverein«, der 1888 in »Philharmonischer Chor« umbenannt wurde u. mit Erstaufführungen von Werken A. Bruckners, H. Wolfs u. M. Regers glänzte.

Zu O. Kompositionen gehören: die komische Oper *Im Namen des Gesetzes* (1888), Klavierstücke u. Lieder. Zu seinen Veröffentlichungen zählen: die Autobiografie »Geschehenes, Gesehenes« (Leipzig 1922); »Der Dt. Gesangverein« (4 Bde., Berlin 1923–29) u. »Über die Art, Musik zu hören« (Berlin 1926).

Ockeghem (Okeghem, Ockenheim), Johannes, franko-fläm. Komponist, * wahrscheinlich um 1420 Termonde, Ostflandern, † 6. 2. 1496 Tours. O., den Tinctoris als »optimus compositor ac dulcedinis accuratus exquisitor« bezeichnet, war möglicherweise ein Schüler von G. Binchois, dessen Tod er 1460 mit der Trauermotette *Mort, tu as navré* beklagt. 1443–44 ist er in den Rechnungsbüchern der Kathedrale von Antwerpen als vicaire aufgeführt, 1448 wurde er Mitglied der Kapelle des Herzogs Charles von Bourbon in Moulin, ab 1452/53 stand er bis zu seinem Lebensende im Dienst der Könige von Frankreich. 1453 ist er als Mitglied der Kapelle Karls VII. nachgewiesen, bald darauf als 1. Kapellsänger, 1459 als Schatzmeister der Abtei St-Martin in Tours, u. 1465 wurde er maistre de la chapelle de chant du roy. Bei seinem Tode erschienen viele Klagegedichte, darunter auch eins von G. Cretin, das wertvolle Hinweise auf O. Leben u. Werk enthält. Ein anderes Trauergedicht von J. Molinet (»La déploration sur la mort de Johan Okeghem«) wurde von Josquin Desprez vertont, der zu O. Schülern gezählt haben soll. Erhalten sind 11 vollständige, 3 weitere zwei- oder dreisätzige Messen, 9 oder 10 Motetten u. etwas mehr als 20 Chansons. In seinen Kompositionen war O. noch ganz dem Ideal der linearen Polyphonie verpflichtet. Dabei gelangen ihm schwebende asymmetrische Melodien, deren C.f. wie verschleiert wirkt. Der Fluß seiner Kompositionen wird durch die Gewohnheit gefördert, zwar Kadenzen zu bilden, sie aber gleichzeitig zu übergehen. Zeitlich ist O. in die zweite Generation der franko-fläm. Komponisten nach G. Binchois u. G. Dufay einzuordnen. Seine *Missa pro defunctis,* erhalten in einer Handschrift des Genter Schreibers M. Bourgeois, gilt als früheste auf uns gekommene Totenmesse.

GA: D. Plamenac, J. O., Sämtliche Werke, Leipzig 1927 u. New York 1959.
Lit.: E. Krenek, A Discussion of the Treatment of Dissonances in O.'s Masses as Compared with the Contrapuntal Theory of Johannes Tinctoris, St. Paul, MN, 1947; M. F. Bukofzer, Studies in Medieval and Renaissance Music, New York 1950; E. Krenek, J. O., New York 1953; G. Reese, Music in the Renaissance, New York 1954, rev. 1959.

Ode (griech.: »Gesang«, »Lied«), von dem Humanisten C. Celtis als Form der Lyrik in die dt. Sprache eingeführt. Besonders im 17. u. 18. Jh. in der → Odenkomposition beliebt. Die Texte waren geistlicher oder weltlicher Natur. Sie wurden für Chor gesetzt, als Kantaten komponiert oder als generalbaßbegleitete Lieder vertont.

Odenkomposition, der Versuch, lyrische Metren der Antike unter strenger Wahrung der Silbenquantitäten musikalisch wiederzubeleben. Die O. erreichte ihre größte Bedeutung als Übungsmaterial im Schul- u. Universitätsbetrieb, insbesondere an den evang. Lateinschulen.

Österreichischer Bundesverlag für Unterricht, Wissenschaft u. Kunst, gegründet 1772 durch Kaiserin Maria Theresia. Verlegt seit 1945 musikwissenschaftliche Werke, die »Denkmäler der Tonkunst in Österreich« (ab Bd. 85) sowie die »Monographien Österreichischer Komponisten des XX. Jh.«.

Off-Beat (engl.: »gegen den Rhythmus«), charakteristisches Merkmal des Jazz, durch geringe Beschleunigung oder Verzögerung melodische Akzente gegen den Grundrhythmus zu setzen.

Offenbach, Jacques (Jacob), franz. Komponist dt. Herkunft, * 20.6.1819 Köln, † 5.10.1880 Paris. Sohn des Synagogenkantors u. Musiklehrers Isaac O. (eigentl. Eberst, der Offenbacher). Erhielt ersten Geigenunterricht bei seinem Vater, entdeckte dann aber seine Vorliebe für das Cello, auf dem er es mit Hilfe von J. Alexander u. B. Breuer zu einer gewissen Virtuosität brachte. Trat in seiner Kindheit gemeinsam mit zwei Geschwistern auf u. verdiente sich Geld mit Unterhaltungsmusik. Komponierte mit 14 Jahren ein erstes *Divertimento über Schweizerlieder* für Cello u. begleitendes Streichquartett. 1833 reiste der Vater mit Jacques u. dessen Bruder Julius nach Paris. Nachdem er bei L. Cherubini vorgespielt hatte, wurde Jacques in die Celloklasse von Vaslin am Pariser Conservatoire aufgenommen, blieb dort 10 Monate, um anschließend in das Orchester der Opéra-Comique einzutreten, wo er es drei Jahre aushielt. Über seinen Pultnachbarn H. Seligmann lernte er L. Norblin kennen, der ihn weiter förderte. Zur gleichen Zeit machte O. die Bekanntschaft von F. Halévy, der ihm sporadischen Kompositionsunterricht gab. Über Halévy erhielt O. Verbindung zu L.A. Jullien, der als Balldirigent im Jardin Turc ganz Paris begeisterte u. Kompositionen wie O. Walzerfolgen *Die Jungfrauen, Fleurs d'hiver* u. *Rebecca* (1836–37) in sein Programm aufnahm. F. von Flotow führte O. in die Welt der Salons ein u. begleitete ihn, wenn er als Cellovirtuose auftrat. Nachdem keine der Pariser Bühnen eine Komposition von O. annehmen wollte, verlegte dieser sich immer mehr auf sog. Concerts dramatiques, in denen er ohne großen Aufwand musikalische Parodien u. Gesangsszenen vorführte. Die erste dieser Bouffonerien hatte den Titel *Der unheimliche Mönch* (1843). Die Heirat mit Herminie d'Alcain, deren Stiefvater der Konzertagent J. Mitchell war, ermöglichte O. die erste seiner vielen Englandtourneen. 1850–55 war er Kapellmeister an der Comédie-Française u. komponierte u.a. Bühnenmusiken zu Stücken von A. Dumas, T. Gautier u. A. de Musset. 1855 gründete O. die Bouffes-Parisiens als Kommanditgesellschaft. Zur Eröffnung komponierte er die Bouffonerie musicale *Les deux aveugles* u. die Opéra-comique *La nuit blanche*. Im Jahr darauf erschien seine Dorfkomödie *La rose de Saint-Flour*, ein Stück, das O. erstmals als Operette bezeichnete. Mit der am 21. 10. 1858 uraufgeführten abendfüllenden Opéra-bouffe *Orphée aux enfers (Orpheus in der Unterwelt)* gelang ihm ein Meisterwerk der Operettenkunst u. gleichzeitig sein größter Kassenschlager. Seinen zweiten Welterfolg *La belle Hélène (Die schöne Helena)* inszenierte u. dirigierte O. 1864 in den Variétés, nachdem er bereits 1862 die Leitung der Bouffes abgegeben hatte. In den Variétés kam 1868 auch die Opéra-bouffe *La Périchole* heraus. Dann machten politische Umwälzungen O. steiler Karriere ein vorläufiges Ende. Während des dt.-franz. Krieges sah sich O. sowohl in Frankreich wie auch in Deutschland öffentlichen Angriffen ausgesetzt. Er brachte deshalb seine Familie in Spanien in Sicherheit u. bereiste Italien u. Österreich. 1873 übernahm er die Direktion des Théâtre de la Gaîté, dessen Zusammenbruch durch schlechte Geschäftsführung ihn 1875 an den Rand des Ruins brachte. Um seine gewaltigen Schulden abzutragen, unternahm er eine äußerst erfolgreiche Gastspielreise nach den USA, dirigierte dort in mehreren Städten u. trat auch bei der Weltausstellung in Philadelphia auf. Sein Reisebericht erschien 1877 als »O. en Amérique, Notes d'un musicien en voyage« in Paris. Im gleichen Jahr begann O. mit der Komposition von *Les contes d'Hoffmann (Hoffmanns Erzählungen)*, einer Opéra-fantastique, deren Uraufführung am 10. 2. 1881 in der Pariser Opéra-Comique er nicht mehr erleben sollte. O. starb an den Folgen der Gicht am 5. 10. 1880. E. Guiraud instrumentierte *Les contes d'Hoffmann* nach dem ganz genau von O. ausgearbeiteten Klavierauszug, besorgte die Rezitative u. übernahm aus den *Rheinnixen* das Trinklied u. die berühmte Barcarole.

Mit seinen 102 Bühnenwerken war O. ein geistreich-witziger Kritiker u. gleichzeitig Repräsentant des 2. Kaiserreichs. Aus Kölner Karnevalskompositionen, mittelalterlichem Synagogengut, Melodien der Comédie-vaudeville, des Théâtre de la foire u. den beliebten Opernparodien mischte O. seine zündenden Melodien u. mitreißenden Tänze zusammen. Seine Harmonien waren einfach, die Instrumentierung unkompliziert u. die Melodien dem franz. Sprachrhythmus u. der Couplet-Technik angepaßt. Zwischen Cancans aus Algerien u. karikiertem Meyerbeer-Pathos hielt O. einer vergnügungssüchtigen Gesellschaft einen Zerrspiegel vor. Sie machte ihn dafür zu ihrem Liebling, zum »Mozart der Champs-Élysées«. Auch wenn O. kein einziges Libretto selbst verfaßte, war er als auf Perfektion bedachter Praktiker von Anfang an am Entstehungsprozeß beteiligt. Im *Orpheus* wurde der Götter-Olymp des klassischen Altertums der Lächerlichkeit preisgegeben, u. jedermann wußte, daß gleichzeitig auch der kaiserliche Hofstaat u. die Pariser Gesellschaft gemeint waren. Mit der *Schönen Helena* nahm O. erneut die Gesellschaft des Second Empire aufs Korn u. machte selbst vor Kaiserin Eugénie nicht halt. In *La vie Parisienne (Pariser Leben)* brachte er erstmals die Gegenwart auf die Bühne; es war eine schonungslose Selbstdarstellung jener Gesellschaft, die sich gleichzeitig im Parkett amüsierte. Mit *Le Roi Carotte* nach E.T.A. Hoffmanns »Klein Zaches« faßte O. nach dem dt.-franz. Krieg in Paris wieder Fuß. Es war ein für ihn typisches Bühnenstück, in dem sich Kritik am Milieu u. Verherrlichung desselben die Waage halten. Die neue gesellschaftliche Situation schlug sich auch in O. weiteren Werken nieder. Nach 1871 wandte er sich mehr der historischen Imitation zu, die beißende Satire wich einem ironisch-humorvollen Rückblick. Die Größe vieler seiner Werke läßt sich bereits daran erkennen, daß sie sogar ohne den Zeitbezug wirken. Selbst ein so scharfsinniger Kritiker wie Karl Kraus konnte sich dem Charme dieser Stücke nicht verschließen. Er setzte sich in den 20er Jahren mit Lesungen zu Klavierbegleitung ganz besonders für das Bühnenwerk O. ein.

Neben Werken für Cello, Walzerfolgen, Chören u. Liedern komponierte O. die folgenden Bühnenwerke (in Auswahl): *L'alcôve*(1847, dt. Bearbeitung: *Marielle oder Sergeant und Commandant*); *Pépito* (1853, dt. Bearbeitung: *Das Mädchen von Elizondo*); *Ba-ta-clan* (Chinoiserie musicale, 1855); *Tromb-al-Cazar* (Bouffonerie musicale, 1856); *La rose de Saint-Flour*(Operette, 1856); *Le mariage aux lanternes*(Operette, 1857, unter Verwendung von *Le trésor à Mathurin*); *Croquefer* oder *Le dernier des paladins* (Opérette-bouffe, 1857); *Orphée aux enfers* (Opéra-bouffe, 1858); *Mesdames de la Halle* (Opérette-bouffe, 1858); *Barkouf* (Opéra-comique, 1860); *La chanson de Fortunio* (Operette, 1861); *Die Rheinnixen* (große romantische Oper, 1864); *Le fifre enchanté* oder *Le soldat magicien* (Operette, 1864); *La belle Hélène* (Opéra-bouffe, 1864); *Barbe-Bleue* (Opéra-bouffe, 1866); *La vie parisienne* (1866); *La Grande-Duchesse de Gérolstein* (Opéra-bouffe, 1867); *L'île de Tulipatan* (Bouffonnerie, 1868); *La Périchole* (Opéra-bouffe, 1868); *Les brigands* (Opéra-bouffe, 1869); *Le Roi Carotte* (Opéra-bouffe-féerie, 1872); *Fantasio* (Opéra-comique, 1872); *La jolie parfumeuse* (Opéra-comique, 1873); *La créole* (Opéra-comique, 1875); *Le voyage dans la lune* (Opéra-féerie, 1875); *Madame Favart* (Opéra-comique, 1878); *Belle Lurette* (Opéra-bouffe, 1880) u. *Les contes d'Hoffmann* (Opéra-fantastique, 1877–80, dt. Erstaufführung als *Hoffmanns Erzählungen* 7. 12. 1881 in Wien).

Lit.: A. Henseler, J. O., Berlin 1930; S. Kracauer, J. O. u. das Paris seiner Zeit, Amsterdam 1937; J. Brindejont-Offenbach, O., mon grand-père, Paris 1940; A. Decaux, O., Roi du Second Empire, Paris 1958, dt. München 1960; A. Silbermann, Das imaginäre Tagebuch des Herrn J. O., Berlin u. Wiesbaden 1960; O. Schneidereit, J. O., Leipzig 1966; P. W. Jacob, J. O. in Selbstzeugnissen u. Bilddokumenten, Reinbek bei Hamburg 1969; A. D. v. d. Brincken, Ausstellungskatalog aus Anlaß der 150. Wiederkehr des Geburtstages des Komponisten am 20. 6. 1969, Köln 1969; H.-K. Metzger u. R. Riehn (Hg.), J. O., Musik-Konzepte 13, München 1980.

offene Form, ein vieldeutiger, heute häufig gebrauchter Begriff, der wahrscheinlich nur dann zu Recht angewendet wird, wenn eine vorgegebene Form durch Einführung des Zufalls (→ Aleatorik) gegenstandslos gemacht wird.

Offertorium (von lat. offerre: »weihen«, »darbringen«), gehört zur katholischen Messe u. bezeichnet den Gesang, der die Darbringung des Opfers in der Meßfeier begleitet. Bedeutende O. stammen von G. P. Palestrina (*Offertoria totius anni,* 1593) u. O. de Lassus (*Sacrae cantiones,* 1582, 1585 u. a.). Das O. geht ursprünglich auf einen dem Introitus verwandten Prozessionsgesang zurück.

Offizium (lat. officium divinum: »Gottesdienst«), das kirchliche Stundengebet. Entstanden aus Kathedral-O. u. monastischem Stundengebet, besteht das O. nach der jüngsten Liturgiereform aus den folgenden Stunden (Horen): Lesehore (früher Matutin), Laudes, Terz, Sext, Non, Vesper u. Komplet. Die während des O. gesungenen Melodien sind im Antiphonale enthalten, die Texte im Brevier. Insbesondere die Vespern sind immer wieder mehrstimmig vertont worden.

Ogerman, Claus, amer. Jazzkomponist u. Arrangeur dt. Herkunft, * 29. 4. 1930 Ratibor. Ließ sich als Konzertpianist ausbilden u. ging dann als Arrangeur zu Kurt Edelhagen u. später zu Max Greger. Übersiedelte 1959 nach den USA, wo er mit Studiobands großen Erfolg hatte. Dirigiert u. arrangiert Musik für Weltstars wie S. Davis jr. u. F. Sinatra. Komponiert daneben Filmmusiken.

Ohr, das menschliche Hörorgan, besteht aus dem äußeren, mittleren u. inneren O. Die auf das Trommelfell auftreffenden Druckschwankungen übertragen sich als Körperschall auf die Gehörknöchelkette u. werden zur Schnecke mit der Innenohrflüssigkeit geleitet. Das akustisch-mechanische Endglied ist die Basilarmembran mit dem Cortischen Organ. Dieses Organ besteht aus mehreren Reihen von je ca. 3500 Sinneszellen, die jeweils mit Nervenfasern verbunden sind, die ihrerseits zum Hörzentrum des Gehirns führen. Der Gesamtbereich des hörbaren Schalles wird als Hörfeld bezeichnet. Frequenzen von 1000 bis 4000 Hz sind für das O. am besten wahrnehmbar. Das normale Hörfeld liegt im Bereich von 16 bis 20000 Hz.

Oktave (lat. octavus: »achter«), die 8. Stufe der diatonischen Skala, physikalisch der 1. Oberton u. bei Saitenmessung die einfachste Proportion (1:2). Gilt in der abendländischen Musik als Grundlage des Tonsystems, da die anderen Intervalle durch Oktavteilung gewonnen werden.

Oktett, Komposition für acht solistisch eingesetzte Instrumente oder acht Solostimmen.

Oktoechos (griech.: »acht Tonarten«), das Tonsystem der byzantinischen Musik, in übertragener Bedeutung aber auch die Sammlung der Gesänge für die Sonn- u. Werktage (Parakletike).

Olias, Lotar, dt. Komponist, * 23. 12. 1913 Königsberg. Studierte am Klindworth-Scharwenka-Konservatorium in Berlin u. machte sich nach dem Krieg einen Namen mit Schlagern, Musicals u. Filmmusiken.

Zu O. Kompositionen gehören die Musicals *Wenn die Großstadt schläft* (1949), *Prairie-Saloon* (1958), *Heimweh nach St. Pauli* (1962), *Charley's neue Tante* (1966), *Millionen für Penny* (1967) u. *Der Geldschrank steht im Fenster* (1971).

Oliver, Stephen, engl. Komponist, * 10. 3. 1950 Chester. Studierte in Oxford u. beschäftigte sich zeitweise intensiv mit elektronischer Musik. War zwei Jahre Dozent an der Huddersfield School of Music u. lebt seither als freischaffender Komponist.

Zu O. Kompositionen gehören: die Bühnenwerke *Tom Jones* (1974–75), *A Furcoat for Summer* (1975), *Sufficient Beauty* (1975), *The Garden* (1977), *The Duchess of Malfi* (1977), *The Dreaming of the Bones* (1979) u. *Jacko's Play* (1980); Orchesterwerke wie *Luv* (1975), *Symphony* (1976), *O No* (1976) u. *Many Happy Returns* (1976); Kammermusik, darunter *Music for the Wreck of Deutschland* für Klavierquintett (1972), Ricercare für Klar., V., Vc. u. Kl. (1973), *Kyoto* (1977), Sonate für Git. (1978), *Study* für Kl. (1979) u. *The Key to the Zoo* für Erzähler, 2 Ob., Fag. u. Cemb. (1980); Chorwerke u. Lieder sowie Gebrauchsmusik für Schulen u. Amateurvereinigungen. Außerdem komponierte O. eine Reihe von Bühnenmusiken, darunter für die Royal Shakespeare Company (u. a. zu »Nicholas Nickleby«) u. verschiedener West End Theater. Daneben hat O. mehrere Opern in die engl. Sprache übertragen.

Ombra-Szene (von ital. ombra: »Schatten«), dramatische Gesangsszene, in der Schatten oder Geister beschworen werden. Meistens handelt es sich dabei um Verstorbene, die zu Hilfe gerufen werden. Ihre Entstehung verdankt die O.-S. den neuen gesteigerten Ausdrucksmöglichkeiten des Accompagnato. Als erste O.-S. gilt die Medea-Szene in F. Cavallis *Il Giasone* (1649).

ondeggiando (ital.: »gewellt«), das An- u. Abschwellen eines Tons beim Streichinstrument, das durch periodische Druckverstärkung u. -verminderung mit dem Bogen hervorgebracht wird. Die Notation dieses Klangs erfolgt mittels einer Wellenlinie

Onestep (engl.: »Einschritt«), ein schneller, marschartiger Gesellschaftstanz im ²⁄₄-Takt mit einfacher Schrittfolge. Er kam um 1910 aus den USA nach Europa u. gilt als Vorläufer des Foxtrotts.

Onslow, A. Georges L., franz. Komponist engl. Abstammung, * 27. 7. 1784 Clermont-Ferrand, † 3. 10. 1853 ebd. Nahm während eines längeren Englandaufenthalts Unterricht bei N.J. Hüllmandel, J. L. Dussek u. J. B. Cramer. Zog sich anschließend als wohlhabender Amateur in die franz. Provinz zurück u. komponierte Kammermusik für den Hausgebrauch. Nach weiteren Studien bei A. Reicha brachte er die komischen Opern *L'alcalde de la Véga* (1824), *Le colporteur* (1827) u. *Le Duc de Guise* (1837) mit mäßigem Erfolg heraus. Zu seinen formal u. stilistisch der Wiener Klassik angenäherten Werken gehören 4 Sinfonien, 36 Streichquartette, 34 Streichquintette, bei denen später das 2. Vc. durch Kb. ersetzt wurde, sowie 6 Klaviertrios.

Oper (von ital. opera: »Werk«), eine seit ihrer Entstehung um 1600 umstrittene musikalische Gattung, in der sich Bühnenhandlung u. Musik zu einer Einheit verbinden. Damit wurde das Verhältnis von Wort u. Musik zu einem der Hauptprobleme dieser Musikform. Die daraus herrührenden Auseinandersetzungen haben sich in einem reichen theoretischen Schrifttum niedergeschlagen. R. Strauss komponierte sogar eine Oper über dieses Thema (*Capriccio:* »prima le parole, dopo la musica«). Immer wieder hat man sich daran gestoßen, daß Opernsänger mitten in der Handlung zu singen anfangen oder nach dem tödlichen Stich, Hieb oder Schuß ihr Leben in endlosem Gesang aushauchen. Dem ließe sich entgegenhalten, daß der Gesang in einer von Haus aus poetischen Gattung der Ausdruckssteigerung dient u. die O. nicht mit dem Realitätsgehalt anderer Kunstformen zu vergleichen ist. Mit ihrer Fähigkeit, verschiedene Handlungsstränge gleichzeitig ablaufen zu lassen u. in großen Ensembles kunstvoll zu verknüpfen, vermag die O. sogar mehr zu leisten als die Sprechbühne, der man vergleichsweise die Verwendung von gebundener Rede auch nicht anlastet. Das Unbehagen an der O. gipfelte in den 60er Jahren in der Forderung von P. Boulez: »Sprengt die Opernhäuser in die Luft!« Diese Einstellung war weitgehend von dem Mißtrauen einer Nachkriegsgeneration gegen den kulinarischen Kunstgenuß motiviert, der überdies als Relikt einer feudalen u. auf Selbstdarstellung bedachten Gesellschaft begriffen wurde. Dieser gesellschaftliche Bezug der O. kann nicht geleugnet werden, denn ihre Geschichte zeigt, daß sie immer seismografisch auf sich anbahnende Umwälzungen reagiert hat. Die Bilderstürmer der 60er Jahre haben sich inzwischen wieder beruhigt. Boulez brachte in Bayreuth zusammen mit P. Chéreau den sog. »Jahrhundertring« (1976–80) heraus u. dirigierte in Paris die Uraufführung der komplettierten *Lulu* von A. Berg (1979). Eintrittskarten für einigermaßen gelungene Operninszenierungen sind Mangelware, u. selbst im Fernsehen bringt es die O. auf erstaunliche Einschaltquoten.

Als Gattung hat sich die O. sehr langsam zu einer

endgültigen Form verfestigt, zu viele von Aufführung zu Aufführung wechselnde Gegebenheiten waren zu berücksichtigen. Oft wurden nur die Singstimmen voll ausgeschrieben, so daß über die Aufführungspraxis der frühen Opern nur Vermutungen angestellt werden können. Versuche, Sprache u. Musik mit Bewegung u. Ausstattung zu verbinden, wurden schon im → liturgischen Drama, in der → Rappresentazione sacra, in den → Trionfi, im → Intermedium u. in den mythisch-phantastischen Hochzeitstafelschauspielen unternommen. Musik als Mittel der Ausdruckssteigerung u. zur Verdeutlichung einer dramatischen Handlung wurde erstmals in der nur fragmentarisch erhaltenen *Dafne* von J. Peri eingesetzt, die 1598 in Florenz zur Aufführung kam. Vorausgegangen war *La pellegrina*, ein von B. Buontalenti ausgestattetes Spektakel von G. Bargagli zur Hochzeit von Großherzog Ferdinand I. mit Christine von Lothringen im Jahre 1589. Derselbe Buontalenti, der mit seiner Organisation des Bühnenraumes, mit Maschinen- u. Dufteffekten Außergewöhnliches zur Entwicklung der Barockbühne beigetragen hat, stattete auch Peris zweite O., das Dramma per musica *Euridice*, aus, das während der Hochzeitsfeierlichkeiten für Heinrich IV. u. Maria von Medici im Jahre 1600 in Florenz gegeben wurde. Der Kreis um G. Bardi, für den Buontalenti schon 1585–86 phantastische Intermedien ausgestattet hatte, setzte sich in der → Camerata für eine Wiederbelebung dessen ein, was man für die Musik der griech. Antike hielt. Dabei fiel der Musik die Rolle der ausdrucksbetonten dramatischen Ausdeutung des Wortes zu. Die daraus resultierende rezitativische Vortragsweise der Dialoge u. Monologe (→ Monodie) wurde erstmals von C. Monteverdi in der erhaltenen u. heute wieder aufgeführten Favola in musica *Orfeo* (1607) in Mantua zu einem schon damals tiefen Eindruck hinterlassenden Kunstwerk verdichtet. Ein Vergleich mit der Instrumentalbesetzung früher Zeugnisse der Gattung O. zeigt, wie weit Monteverdi bereits mit seinem ersten Bühnenwerk den stile rappresentativo entwickelt hatte. O. Vecchis Commedia harmonica *Amfiparnaso* (1594) wurde 5st. hinter der Bühne gesungen. Nur die jeweils an der Handlung beteiligten Sänger waren sichtbar. Die Aufführung von J. Peris *Euridice* wurde von J. Corsi am Cembalo geleitet, das sich hinter der Bühne befand. Außerdem wirkten eine Chitarrone, eine Lira da gamba u. eine Theorbe mit. Monteverdi verfügte bei der Aufführung des *Orfeo* bereits über 2 Gravicembali, 2 Contrabassi de viola, 10 Viole da brazzo, 1 Arpa doppia, 2 Violini piccoli alla francese, 2 Chitaroni, 2 Organi di legno, 3 Bassi da gamba, 4 Tromboni, 1 Regale, 2 Cornetti, 1 Flautino alla vigesima seconda u. 1 Clarino con tre trombe sordini. Der Eindruck war nach Augenzeugenberichten überwältigend. Aber nicht Florenz oder Mantua, sondern Rom u. Venedig wurden für die weitere Entwicklung der neuen Gattung entscheidend. Im Jahr 1600 kam in Rom E. de'Cavalieris *Rappresentazione di anima e di corpo* zur Aufführung, eines der ersten bedeutenden Zeugnisse des neuen stile rappresentativo. Mit diesem Stück zeichnete sich aber auch bereits die Wendung zur Musik- u. Sänger-O. ab. D. Mazzocchi setzte in *La catena d'Adone* (1626) Monodie u. Polyphonie nebeneinander ein u. löste sich damit von den Idealvorstellungen der Camerata. 1633 brachte M. A. Rossi mit seiner *Erminia* die erste römische Chor-O. auf die Bühne u. führte die seither beliebte Verkleidung von Figuren ein. V. Mazzocchi komponierte zusammen mit M. Marazzoli die erste komische O., die unter dem Titel *Chi soffre speri* 1639 in Rom aufgeführt wurde. Marazzoli schrieb dann zusammen mit M. Abbatini eine weitere vielbeachtete komische Oper, *Del male il bene* (1653), in der als Neuerung das recitativo secco dazukam. Höhepunkt der römischen O. war jedoch das Dramma musicale *Il Sant' Alessio* (1632) von S. Landi. Bei der einleitenden Sinfonia zum 2. Akt wurde erstmals die dreiteilige Form verwendet, die das Vorbild für die dreiteilige Sinfonia abgab. Charakteristisch für das römische Opernschaffen war die Abkehr von den rein literarisch-dramatischen Vorstellungen der Camerata. Besondere Merkmale sind Komik (Einführung des Dienerpaares), prachtvolle Ausstattung (G. B. Aleotti baute die ersten Kulissen) u. die Weiterentwicklung von Arie, Chor u. Ensemble.

Neben Rom entwickelte sich besonders Venedig zur Opernstadt. Hier wurde 1637 von B. Ferrari u. F. Manelli mit dem Teatro di S. Cassiano das erste öffentliche Operntheater der Geschichte gegründet. Geschäftliche Zwänge begannen Inhalt u. Gestalt der O. zu beeinflussen. So wurden Pastoral-O. u. mythologische Stoffe von antiken Heldensagen abgelöst, Intrige, Verwechslung, Verkleidung u. Satire würzten die Handlung, Belcanto u. Da-capo-Arie hielten ihren Einzug, das Rezitativ wurde durch Orchesterbegleitung (→ Accompagnato) bühnenwirksamer gemacht. Zu den wichtigsten Komponisten der → venezianischen Schule gehören F. Cavalli, G. Legrenzi, G. u. A. M. Bononcini, G. Porta, A. Vivaldi u. F. Gasparini. C. Monteverdi blieb auch in Venedig der alles überragende Einzelgänger.

Mit M. A. Cesti, ab 1662 Vizekapellmeister am kaiserlichen Hof in Wien, erhielt die O.-Arie ihre vorläufige Ausprägung. Er führte eine klare Trennung zwischen Rezitativ (Handlungsträger)

u. der eigentlichen Arie (Gefühlsäußerung) herbei. Cesti gehört zu den vielen ital. Künstlern, die zur Verbreitung der neuen Gattung O. in den kulturellen Zentren Europas beitrugen u. eine Vormachtstellung begründeten, die fast 200 Jahre dauern sollte. Der schnellen Verbreitung der O. kam der Hang zur höfischen Prachtentfaltung entgegen, der sich überall in Roßballetten, Auf- u. Umzügen, Feuerwerken, Wasserquadrillen u. Trionfi manifestiert hatte.

Zu den großen Ausstattern dieser Spektakel gehörten G. u. L. Burnacini, G. Torelli, F. u. A. Galli da Bibiena u. G. N. Servandoni. Sie schufen den Rahmen, in dem sich die O. als die Krönung aller künstlerischen Anstrengungen der Epoche zeigen konnte. Während in den meisten Ländern die ital. O. Triumphe feierte, entwickelte sich in Frankreich unter dem Einfluß J.-B. Lullys eine eigenständige Form, die in ihrem stark sprachgebundenen recitativo accompagnato an literarische Vorstellungen der Camerata anknüpfte. Über → Ballet de cour u. → Comédie-ballet kam Lully zur Tragédie lyrique, die sich durch Chorreichtum u. Tanzeinlagen auszeichnete. Bedeutendster Vertreter dieser O.-Form war J.-Ph. Rameau.

Zu Beginn des 18. Jh. ging die Führung in der O. an Neapel über, das mit seiner → neapolitanischen Schule von der Barock-O. zu den neuen Formen des Rokoko überleitete. Typische Merkmale waren Belcanto, recitativo accompagnato u. die nunmehr verbindliche Da-capo-Arie. Als eigenständige neapolitanische Erfindung darf die Opera buffa gewertet werden, jene auf alltägliche Begebenheiten u. die Stegreifkomödie oder Commedia dell'arte zurückgreifende Form der komischen O., die erstmals 1744 in der Gestalt des Buffo-Intermezzos *La serva padrona* von G. B. Pergolesi auftrat. An dieser O. entzündete sich 1752 nach der zweiten Pariser Aufführung der → Buffonistenstreit zwischen den Parteigängern der franz. u. ital. O., ein Streit, der noch zur Zeit Ch. W. Glucks zwischen Gluckisten u. Piccinnisten (→ Piccinni) mit Erbitterung weitergeführt wurde. Dabei hatte sich schon zu Lebzeiten Rameaus eine eigenständige franz. komische Oper (Opéra-comique) entwickelt, die auf das Théâtre de la foire, die Comédie en vaudevilles u. die Comédie mêlée d'ariettes zurückging u. deren besonderes Merkmal der gesprochene Dialog war. Zu den wichtigsten Vertretern dieser Form gehören E. R. Duni, F. A. Philidor u. P.-A. Monsigny. Sie ließen Bürger, Bauern u. Handwerker auf der Bühne darstellen u. vollzogen so in der O. den gleichzeitig stattfindenden Übergang von einer autoritären Gesellschaftsordnung zu einer aufklärerisch bürgerlichen nach. Im Gegensatz zur höfischen Tragédie lyrique mischten sich in der Opéra-comique Komik, Satire, Tragisches u. Idyllisches. Zu ihren musikalischen Formen gehörten Couplets, Airs, Chansons, Romanzen u. Chöre. Die Wirkung von Ensembles u. Finali war genau kalkuliert. Daneben wirkte der Einfluß G. B. Pergolesis u. J.-J. Rousseaus, der mit *Le devin du village* (1752) die Grundlage des franz. Singspiels schuf, beim Buffonistenstreit aber die Partei der Italiener ergriff.

Gegen die insbesondere in der neapolitanischen O. immer intrigenreicher u. undurchsichtiger werdende Handlung hatte bereits der Librettist A. Zeno Stellung bezogen, der mit einer Einteilung in 5 Akte u. genau festgelegten Auf- u. Abtritten Ordnung zu schaffen versuchte. Die Sänger hatten die schlechte Angewohnheit angenommen, sich eitel vor dem Publikum zu produzieren u. dabei ihre Musiken nach Gutdünken zu verändern. Einer sinnvollen dramatischen Entwicklung standen überlieferte Formen wie die Da-capo-Arie im Wege, die mit ihren Wiederholungen einen natürlichen Handlungsablauf erschwerte. Eine durchgreifende Reform der O. schien angebracht. Unter dem Einfluß von J. J. Winckelmanns Darstellung der altgriech. Kunst als »edle Einfalt u. stille Größe« wurde das Verhältnis von dramatischer Darstellung u. musikalischer Ausdeutung neu überdacht. Neben G. Noverre (→ Ballett) verfaßten F. Algarotti mit »Saggio sopra l'opera in musica« (1754) u. R. de Calzabigi mit »Dissertazione su le poesie drammatiche del Sig. Abate P. Metastasio« (1755) die bedeutendsten theoretischen Schriften. Ch. W. Gluck begründete seine Reform-O. in Vorreden zu *Alceste* u. *Paride ed Elena* ausführlich. Als seine erste Reform-O. gilt *Orfeo ed Euridice* (1762). Auch wenn Gluck das Statische der Barock-O. noch nicht voll überwinden konnte, gelang ihm doch eine wesentliche Vereinfachung der Fabel, eine individuelle Zeichnung der Personen u. eine Steigerung der Affekte durch Musik, die nicht nur zur Handlung paßte, sondern diese auch noch interpretierte. Während Gluck franz. Tragédie lyrique u. ital. Opera seria verband, um seinen Figuren Größe u. Erhabenheit bei gleichzeitiger Einfachheit zu verleihen, faßte W. A. Mozart alle Mittel der verschiedenen O.-Formen einschließlich der buffa, der Opéra-comique u. des dt. Singspiels zusammen, um seine Figuren noch betont menschlicher, individueller u. wirklichkeitsnäher zu machen. Gleichzeitig komponierte er Finali, in denen die verschiedenen Handlungsstränge überzeugend verknüpft wurden. Die Breite seines Opernschaffens reicht von der Opera seria *Mitridate*, einem Racine-Stoff, über den *Don Giovanni*, ein Dramma giocoso, in dem Seria

u. Buffa verschmolzen sind, bis zur *Zauberflöte*, einem dt. → Singspiel. Aus der franz. Opéra-comique entwickelte sich ganz im Zeichen der Zeit die Revolutions- u. Schreckens-O., deren Handlung ein getreues Abbild des Kampfes gegen Willkür u. Unterdrückung war. Einem solchen Schreckens- oder Rettungsstück von J. N. Bouilly, das übrigens auch von P. Gaveaux u. F. Paer vertont wurde, verdanken wir L. van Beethovens einzige Oper. Sein *Fidelio* war der Form nach noch dt. Singspiel, bei dem die reißerische Handlung aber ins allgemein Menschliche überhöht wurde.

Zu Beginn des 19. Jh. war die franz. Große O. tonangebend. In Werken von G. Spontini, D.-F.-E. Auber, G. Meyerbeer u. F. Halévy spiegelte sich das Selbstverständnis der bürgerlichen Restauration. Die Große O., glanzvolles gesellschaftliches Ereignis an der Opéra u. den finanzstarken höfischen Theatern, mischte Elemente der Tragédie lyrique u. der ital. Opera seria mit Massenszenen, Balletteinlagen u. Bühneneffekten zu einer großartigen Schau. Mitbegründer dieser neuen Richtung war der von Beethoven besonders geschätzte L. Cherubini, der als langjähriger Direktor des Pariser Conservatoire großen Einfluß ausübte.

Neben der Großen O. blieb auch die Opéra-comique weiterhin beliebt. Mit N. Isouard, F.-A. Boieldieu, D.-F.-E. Auber, F. Hérold u. A. Adam kamen ihre besten Vertreter ebenfalls aus Frankreich. Als dort das 2. Kaiserreich anbrach, entstand das Zeittheater J. Offenbachs, der mit seinen Operetten der morbiden Pariser Gesellschaft einen vielbeklatschten Zerrspiegel vorhielt. Zwischen der Großen O. u. der Opéra-comique entwickelte sich in Frankreich eine weitere typisch bürgerliche Form der O., die sogen. lyrisch-dramatische O. Zu ihren Glanzleistungen gehören Ch. Gounods *Faust* (1852–59), G. Bizets *Carmen* (1873–74) u. J. Massenets *Manon* u. *Werther* (1882–83 u. 1886).

Gegen die Vorherrschaft der ital. u. später der franz. O. hatte es die dt. O. besonders schwer. Nicht nur waren alle bedeutenden Positionen im Opernbetrieb mit ital. oder franz. Kräften besetzt, den dt. Komponisten fehlte es auch an den geeigneten Libretti, da die führenden Dichter wenig Interesse an dieser Kunstform zeigten. Als erster Versuch einer dt. Oper gilt die *Dafne* von H. Schütz (1627) auf einen Text von M. Opitz nach O. Rinuccini, deren Musik verlorengegangen ist. Versuche der Hamburger O., des ersten dt. frei finanzierten u. nach rein wirtschaftlichen Gesichtspunkten arbeitenden Opernhauses, blieben ohne große Nachwirkung, obwohl dort Komponisten wie R. Keiser, G. Ph. Telemann, J. Mattheson u. der junge G. F. Händel wirkten. Zu den ersten dt. Singspielen gehört J. C. Standfuß' *Der Teufel ist los oder Die verwandelten Weiber* auf einen Text von Ch. F. Weiße, der bezeichnenderweise auf eine engl. Vorlage zurückgeht. Auch wenn das dt. Singspiel mit zur Geschichte der O. gehört, eine eigenständige dt. O. entstand erst nach L. van Beethoven. Die Romantik brachte mit E. T. A. Hoffmanns *Undine* u. den Opern C. M. von Webers erstmals eine nationale dt. O. hervor. Es folgten die biedermeierlichen Werke A. Lortzings, O. Nicolais u. F. von Flotows. Nach dt. Vorbild setzte wenig später auch in Polen, Böhmen u. Mähren, Ungarn u. Rußland eine Entwicklung zur National-O. ein, in der Gestalten aus der eigenen Geschichte auf die Bühne gestellt wurden, während die Musik Elemente der Folklore einbezog. Hier sei nur an M. Glinkas *Das Leben für den Zaren* (Rußland 1836), S. Moniuszkos *Halka* (Polen 1848), B. Smetanas *Verkaufte Braut* (Böhmen u. Mähren 1866) u. F. Erkels *Herr Bánk* (Ungarn 1861) erinnert.

Die großen Antipoden der O. des 19. Jh. stammen jedoch beide nicht aus dem tonangebenden Frankreich, sondern aus Italien u. Deutschland. G. Verdi u. R. Wagner, beide 1813 geboren, beherrschten das Operngeschehen in der 2. Hälfte des 19. Jh. Beide waren von der franz. Großen O. beeinflußt *(Rienzi, Les vêpres siciliennes)*, aber während Verdi an der ital. O.-Tradition festhielt u. Einflüsse G. Rossinis, G. Donizettis u. V. Bellinis verarbeitete, entwickelte sich Wagners O. zur sinfonischen O. u. zum Gesamtkunstwerk. Verdis leidenschaftlicher Musik u. realistischen Menschendarstellung steht Wagners Konzeption vom Mythos der Kunst gegenüber. Die bei Wagner erreichte Durchdringung von Wort u. Ton, seine leitmotivische Kunst, seine Orchesterbehandlung sowie der Kult von Bayreuth lasteten schwer auf jedem anderen O.-Komponisten des ausgehenden 19. Jh. An wirklich erfolgreichen O. entstanden deshalb vor der Jahrhundertwende in Deutschland nur noch O. Kienzls *Der Evangelimann* u. E. Humperdincks *Hänsel u. Gretel*. In Frankreich gelang es erst C. Debussy, sich mit seiner einzigen Oper *Pelléas et Mélisande* vom Einfluß R. Wagners zu befreien. In Italien setzte sich kurzfristig der Verismus (→ Verismo) mit P. Mascagnis *Cavalleria rusticana* u. R. Leoncavallos *Pagliacci* durch, während G. Puccini in *Gianni Schicchi* eine Erneuerung der Opera buffa versuchte, sich dann aber an franz. Vorbilder anlehnte.

Die sinfonische O. Wagners fand erst zu Beginn des 20. Jh. in R. Strauss u. H. Pfitzner Nachfolger, die aber in der Wahl des Stoffes u. in der Instrumentierung eigene Wege gingen.

Die O. des 20. Jh. läßt sich nicht mehr nach nationalen Gesichtspunkten betrachten. Zu groß ist der Kommunikationsfluß, zu schnell wechseln die Moden. Die Gattung O. selbst wird in Frage gestellt, das Zusammenwirken von Musik u. Drama neu überdacht. Neben sozialer Anklage in A. Bergs *Wozzeck* (1914–21) u. in B.A. Zimmermanns *Die Soldaten* (1958–60), beide nach dem Büchnerschen Schauspiel »Woyzeck«, steht I. Strawinskys neoklassizistischer *Rake's Progress* (1948–51). Musikalisch reicht das Spektrum von Spätromantik u. Zwölftontechnik bis zu Polytonalität, Tonalität u. Neotonalität. Daneben haben Eklektiker wie B. Britten Erfolg.
Nach dem 2. Weltkrieg findet die Umgangssprache verstärkt Eingang in die O. Collage-Techniken u. Postserielles treten auf. Literarisierung u. Aktualisierung werden zu Schlagwörtern. Aus dem Gefühl eines gewissen Unbehagens entsteht die Literatur-O., die sich mit Stoffen aus der Weltliteratur abzusichern versucht. So werden Werke von F. Kafka, F. García Lorca, F. Schiller, H. von Kleist u. a. herangezogen, häufig nur, um der von P. Hacks aufgezeigten Problematik des Librettos zu entgehen. Die Gattung O. befindet sich im Wandel. Dazu tragen Fernsehoper, → instrumentales Theater, → Musical u. andere Mischformen bei. Vielleicht sollte man da, wo Dichtung u. Musik nicht mehr in einem ausgewogenen Verhältnis zueinander stehen u. sich kein dialektischer Reiz mehr aus dem Spannungsverhältnis zwischen beiden ergibt, tatsächlich in Zukunft von → Musiktheater sprechen.

Opéra-ballet, eine prunkvoll ausgestattete Ballettoper, die sich besonders in der 1. Hälfte des 18. Jh. in Frankreich großer Beliebtheit erfreute. Das O.-b. ging aus den Divertissements in den Tragédies lyriques hervor. Diese Tanz- u. Gesangseinlagen hatten einen ständig größeren Umfang angenommen, bis sie sich als zwei- oder dreiaktige O.-b. verselbständigten, die nur durch eine lose Rahmenhandlung zusammengehalten wurden. Tatsächlich kann man die einzelnen Akte des O.-b. genauso als Entrée bezeichnen. J.-B. Lullys *Triomphe de l'amour* u. *Le temple de la paix* folgend, komponierte A. Campra mit *L'Europe galante* (1697) das erste eigentliche O.-b. Neben A. Campra, der außerdem noch *Les Muses* (1703), *Les fêtes vénétiennes* (1710) u. *Les amours de Vénus et de Mars* (1712) schrieb, komponierten J.J. Mouret, M.P. Montéclair, M.R. Delande u. A.C. Destouches O.-b. Die bedeutendsten Stücke dieser Gattung stammen von J.-Ph. Rameau, darunter *Le temple de la gloire* (1745) u. *Les Indes galantes* (1735).

Opéra-comique → Oper

Operette (Verkleinerung von ital. opera: »kleines Werk«, franz. opérette), ein ursprünglich kürzeres, vorwiegend heiteres Bühnenstück mit Gesang, Tanz u. gesprochenem Dialog. Als Bezeichnung für dt. Bearbeitungen von ital. Buffa u. Intermezzi sowie franz. Vaudeville u. Opéra-comique bereits im 18. Jh. nachweisbar, dann auch angewendet auf das dt. Singspiel. Seit F. Hervé u. J. Offenbach ist die O. eine eigene Gattung, zu deren besonderen Merkmalen die möglichst genaue Übereinstimmung von Text u. Musik gehört. Als Vorläufer gelten Opera buffa, Théâtre de la foire, Opéra-comique, Ballad opera, Singspiel u. Posse. Im Gegensatz zu den zeitkritischen u. gleichzeitig unterhaltenden O. Offenbachs bleibt die ursprünglich von ihm angeregte Wiener O. im Rahmen des heiteren u. sentimentalen Wiener Volkstheaters. Die Repräsentanten der klassischen Wiener O. waren F. von Suppé *(Die schöne Galathee)*, J. Strauß Sohn *(Die Fledermaus, Der Zigeunerbaron)*, K. Millöcker *(Der Bettelstudent)*, K. Zeller *(Der Vogelhändler)*, R. Heuberger *(Der Opernball)* u. C.M. Ziehrer *(Die Landstreicher)*. Ihnen folgten bei stärkerer Betonung des tänzerischen Elements F. Léhar *(Die lustige Witwe, Das Land des Lächelns)*, O. Straus *(Ein Walzertraum)*, L. Fall *(Die Dollarprinzessin)* u. E. Kálmán *(Czardasfürstin)*. Die von Berlin u. seinem großstädtischen Milieu stark beeinflußte dt. O. mischte Schwank, Parodie u. Elemente der Revue, besonders bei P. Lincke auch Marschrhythmen. Neben Lincke sind der gebürtige Österreicher R. Benatzky *(Casanova)*, W. Kollo *(Wie einst im Mai)* u. E. Künnecke *(Der Vetter aus Dingsda)* zu nennen. Die engl. O. oder Comic opera brachte in der Zusammenarbeit von W.S. Gilbert u. A.S. Sullivan Meisterwerke wie *The Mikado* hervor. In den USA erlebte die europäische O., vertreten durch Einwanderer wie V. Herbert, R. Friml u. S. Romberg, in den ersten Jahrzehnten des 20. Jh. eine Blütezeit, um dann mit anderen musikalischen Formen im → Musical aufzugehen.

Opernregie, Inszenierung der Bühnenhandlung einer Oper. Diese soll im Einklang mit der jeweiligen musikalischen Interpretation des Werkes stehen u. bedient sich der Bühnentechnik (Licht, Szenenwechsel, Manipulation des Bühnenraums u. ähnliche Effekte) u. der Ausstattung (Bühnenbild u. Kostüme). Dazu tritt die Personalregie. Erst seit R. Wagners Bayreuther Aufführungen u. G. Mahlers Direktorat an der Wiener Hofoper hat sich die O. allgemein durchgesetzt. Persönlichkeiten wie W. Felsenstein, W. Wagner, G. Rennert, G. Friedrich, J.-P. Ponnelle, P. Chéreau u. A. Freyer haben der O. inzwischen so viel Gewicht gegeben, daß man zur Zeit geradezu von einem Regietheater sprechen kann.

Opernsänger. Zu den großen Opernsängern des 20. Jh. gehören: Th. Adam, Baßbariton (* 1926), P. Anders, Tenor (1908–54), G. Bacquier, Bariton (* 1925), C. Bergonzi, Tenor (* 1926), J. Björling, Tenor (1911–60), K. Böhme, Baß (* 1908), K. Borg, Baß (* 1919), R. Bruson, Bariton (* 1936), J. Carreras, Tenor (* 1946), E. Caruso, Tenor (1873–1921), F. Corelli, Tenor (1925–61), A. Dermota, Tenor (* 1910), P. Domingo, Tenor (* 1941), G. Evans, Bariton (* 1922), D. Fischer-Dieskau, Bariton (* 1925), N. Gedda, Tenor (* 1925), B. Gigli, Tenor (1890–1957), N. Ghiaurov, Baß (* 1929), T. Gobbi, Bariton (* 1913), J. Greindl, Baß (* 1912), H. Hotter, Bariton (* 1909), J. van Kesteren, Tenor (* 1921), J. Kiepura, Tenor (1902–66), R. Kollo, Tenor (* 1937), E. Kunz, Bariton (* 1909), M. Lanza, Tenor (1921–59), J. McCracken, Tenor (* 1927), L. Melchior, Tenor (1890–1973), M. del Monaco, Tenor (* 1915), J. Patzak, Tenor (1898–1974), L. Pavarotti, Tenor (* 1936), P. Pears, Tenor (* 1910), H. Prey, Bariton (* 1929), R. Raimondi, Baß (* 1941), H. Rehkemper, Bariton (1894–1949), H. Rosvaenge, Tenor (1897–1972), F. Schaljapin, Baß (1873–1938), H. Schlusnus, Bariton (1888–1952), R. Schock, Tenor (* 1915), P. Schreier, Tenor (* 1935), C. Siepi, Baß (* 1923), L. Slezak, Tenor (1873–1946), G. di Stefano, Tenor (* 1921), L. Suthaus, Tenor (1906–71), M. Talvela, Baß (* 1935), R. Tauber, Tenor (1892–1948), R. Tucker, Tenor (1913–75), J. Vickers, Tenor (* 1926), W. Windgassen, Tenor (1914–74), F. Wunderlich, Tenor (1930–66).

Opernsängerinnen. Zu den großen Opernsängerinnen des 20. Jh. gehören: V. de Los Angeles, Sopran (* 1923), M. Arroyo, Sopran (* 1936), J. Baker, Alt (* 1933), T. Berganza, Mezzo-Sopran (* 1935), H. Behrens, Sopran (* 1941), I. Bjoner, Sopran (* 1927), G. Bumbry, Mezzo-Sopran (* 1937), M. Caballé, Sopran (* 1933), M. Callas, Sopran (1923–77), L. della Casa, Sopran (* 1919), M. Cebotari, Sopran (1910–49), F. Cossotto, Mezzo-Sopran (* 1935), I. Cotrubas, Sopran (* 1939), B. Fassbaender, Alt (* 1939), K. Flagstadt, Sopran (1895–1962), M. Freni, Sopran (* 1936), E. Gruberova, Sopran (* 1946), M. Horne, Mezzo-Sopran (* 1929), G. Janowitz, Sopran (* 1937), M. Jeritza, Sopran (* 1887), S. Jurinac, Sopran (* 1921), K. Te Kanawa, Sopran (* 1944), E. Köth, Sopran (* 1927), L. Lehmann, Sopran (1888–1976), T. Lemnitz, Sopran (* 1897), Ch. Ludwig, Mezzo-Sopran, (* 1928), E. Mathis, Sopran (* 1938), Y. Minton, Mezzo-Sopran (* 1938), A. Moffo, Sopran (* 1930), B. Nilsson, Sopran (* 1918), J. Obraszowa, Mezzo-Sopran (* 1937), L. Price, Sopran (* 1927), M. Price, Sopran (* 1941), K. Ricciarelli, Sopran (* 1946), A. Rothenberger, Sopran (* 1924), L. Rysanek, Sopran (* 1928), E. Sack, Sopran (1897–1972), E. Schwarzkopf, Sopran (* 1915), R. Scotto, Sopran (* 1933), A. Silja, Sopran (* 1940), F. von Stade, Mezzo-Sopran (* 1945), Th. Stich-Randall, Sopran (* 1927), T. Stratas, Sopran (* 1939), R. Streich, Sopran (* 1926), J. Sutherland, Sopran (* 1926), R. Tebaldi, Sopran (* 1922), V. Ursuleac, Sopran (* 1899), A. Varnay, Sopran (* 1918), L. Welitsch, Sopran (* 1913), G. Wischnewskaja, Sopran (* 1926).

Opernton, der → Stimmton in der Oper, der den Grenzen der Singstimme Rechnung trägt. Er war bis zur Londoner Stimmtonkonferenz von 1939 immer tiefer als der Stimmton der Orchester. Sollte ein Sänger bei der heutigen Stimmung einige Spitzentöne nicht erreichen, behilft man sich mit → Transponieren oder dem Ersetzen eines Tones durch einen harmonisch passenden, aber tiefer liegenden.

Opus (lat.: »Werk«), Abkürzung op., Bezeichnung für eine musikalische Komposition seit der Zeit des Humanismus. Gibt in Verbindung mit einer Zahl die Reihenfolge in der Drucklegung oder Katalogisierung eines Gesamtwerkes an. Op. posth. bezeichnet ein nachgelassenes Werk, dem der Komponist selbst keine Op.-Zahl gegeben hat.

Oratorium (von ital. oratorio: »Betraum«), Vertonung eines geistlichen, seltener weltlichen Textes, für Solostimmen, Chor u. Orchester zum außerliturgischen Gebrauch. Diese in der Frühzeit u. auch im 20. Jh. wieder teilweise szenisch zur Aufführung bestimmte Gattung geht auf die essercizi spirituali Filippo Neris zurück, in denen sie die Lauden ersetzte. Die Bezeichnung O. wurde vom Aufführungsort übernommen. Ihre Geschichte ist unmittelbar mit der Entwicklung der Oper verbunden. So hat sich z. B. die Arienform insbesondere im O. verfestigt, weil sich dort an den Vortrag biblischer Erzählung (Rezitativ) allegorische Betrachtungen anschlossen, die zu musikalischer Ausweitung einluden. Während das lat. O. seine Wurzeln im liturgischen Dialog u. dem mittelalterlichen liturgischen Drama hat, entstand das ital. O. (oratorio volgare) unter dem Einfluß der Lauden u. Madrigali spirituali. Als Begriff wird es zum ersten Mal bei Pietro Della Valle faßbar. Die frühesten vollständig ausgebildeten O. mit Erzähler, Solisten, Chor u. Orchester stammen von G. Carissimi, dessen Schüler M. A. Charpentier das O. in Frankreich einführte. Ein erster Höhepunkt in der Geschichte dieser neuen Gattung wurde mit A. Stradellas *San Giovanni Battista* (1675) erreicht. In diesem Werk machten sich deutlich Einflüsse der venezianischen Oper bemerkbar. Später ging wie bei der Oper die Führung von der römischen an die neapolitanische Schule über, die mit L. Leo, G. B. Pergolesi, N. Jommelli u. a. ein reiches O.-Schaffen aufweist. Die von A. Scarlatti um die Wende vom 17. zum 18. Jh. entwickelte O.-Form war lange Zeit in Europa verbindlich. G. F. Händel verpflanzte das O. nach England u. wurde zum Schöpfer des O. in engl. Sprache. Sein O.-Werk gipfelt im *Messiah* (1742). In Deutschland wurde das ital. O. ganz besonders von J. A. Hasse gepflegt. Daneben entstand das deutschsprachige O. im Bereich der protestantischen Kirchenmusik. Während das ital. O. mit G. Rossinis *Mosè in Egitto* zu Ende ging, erlebte das dt. O. im 19. Jh. mit L. Spohr, F. Mendelssohn Bartholdy u. F. Liszt eine neue Blüte. Angeregt durch das Beispiel J.-F. Le Sueurs entstanden auch in Frankreich im 19. Jh. wieder O., von denen hier *L'enfance du Christ* (H. Berlioz) u. *Les béatitudes* (C. Franck) erwähnt seien. Im 20. Jh. trat das szenische Element in der O.-Komposition wieder stärker in den Vordergrund. A. Honegger komponierte in Anlehnung an das mittelalterliche Mysterienspiel *Le Roi David* (1921) u. *Jeanne d'Arc au bûcher* (1934–35), während I. Strawinsky sein szenisches O. *Oedipus Rex* (1926) von J. Daniélou sogar ins Lat. zurückübertragen ließ. In neuerer Zeit entstanden u. a. die O. *Il canto di sospeso* von L. Nono, das Pfingst-O. von E. Krenek, *La transfiguration de Notre-Seigneur Jésus-Christ* von O. Messiaen u. *De temporum fine comoedia* von C. Orff.

Orchester (von griech. orchestra: »Tanzplatz des Chores«, halbrunder Platz vor der Bühne), von der Florentiner → Camerata übernommener Begriff für die ebenfalls vor der Bühne postierten Musiker bei Opernaufführungen. Unter O. versteht man heute allgemein ein vollbesetztes Sinfonieorchester im Gegensatz zum Kammerorchester, einem Ensemble, wie es z. B. im 18. Jh. üblich war. Eine festgelegte Besetzung ist für das O. vor Mitte des 18. Jh. nicht bekannt. Im 17. Jh. wurden Instrumentalensembles als Chorus instrumentalis, → Sinfonie, Concerto oder Consort bezeichnet. Bei stärkerer Besetzung wurde der Ausdruck Concerto grosso verwendet. Mit dem Ende der Generalbaßzeit u. dem Wegfall einer ständig wechselnden Gruppe von Fundamentinstrumenten setzte sich allmählich das fünfgliedrige chorisch besetzte Streicherensemble als Kern des zukünftigen O. durch. Mit Ende des 18. Jh. war die Besetzung der Holzbläsergruppe mit je einem Paar Flöten, Oboen, Klarinetten u. Fagotten die Regel. Ihr Klangvolumen wurde im 19. Jh. noch durch höhere bzw. tiefere Holzblasinstrumente erweitert. Von den Blechbläsern fanden zuerst die Hörner aus der Jagdmusik Eingang ins O. Es folgten Trompeten u. Posaunen, zu denen im 19. Jh. noch die Tuba kam. Pauken waren wie auch Trompeten zuerst in der Militärmusik gebräuchlich u. erhielten erst bei J.-B. Lully u. G. F. Händel eigene Aufgaben im orchestralen Zusammenklang. Das 20. Jh. steht dann im Zeichen einer regelrechten Explosion der Percussionsinstrumente, die nun zum größten Teil aus dem außereuropäischen Raum übernommen werden.

Seitdem das O. nicht mehr vom Tasteninstrument aus geleitet wurde, um das sich zunächst die Streicher gruppierten, haben sich zwei Sitzordnungen allgemein durchgesetzt. Entweder sitzen die 1. u. 2. Geigen links u. rechts vom Dirigenten, dahinter Bratschen u. Celli, gefolgt von den Reihen mit Holz- u. Blechbläsern bei seitlich plazierten Kontrabässen, oder die Celli sitzen rechts vom Dirigenten, während die 2. Geigen neben den 1. untergebracht werden. Die letztere Aufstellung wird auch die amer. genannt. Darüber hinaus bleibt es jedem Dirigenten überlassen, einzelne Instrumentengruppen umzusetzen, wenn er sich davon einen deutlicheren Klang oder eine bessere Balance verspricht.

Zu den großen Orchestern des 20. Jh. gehören: Berliner Philharmoniker, Boston Symphony Orchestra, Chicago Symphony Orchestra, Cleveland Symphony Orchestra, Concertgebouw Orchester, Leningrader Philharmoniker, London Symphony Orchestra, New York Philharmonic Orchestra, Staatskapelle Dresden, Wiener Philharmoniker.

Orchestration, die Umsetzung eines musikalischen Gedankens in eine Orchesterpartitur. Diese abschließende Arbeit an einem Orchesterwerk wird auf der Grundlage von Skizzen oder anhand einer → Particella vorgenommen. Nur wenige Komponisten arbeiten gleich in die Partitur. Mit O. wird daneben auch die Umarbeitung bereits existierender Kompositionen für andere Besetzungen bezeichnet. Ein Beispiel für die letztere Art der O. ist M. Ravels Orchesterfassung von M. Mussorgskijs Klaviersuite *Bilder einer Ausstellung*.

Ordinarium missae → Messe

Ordo (lat.: »Ordnung«), bezeichnet in der → Modalnotation eine durch Pausen abgegrenzte Tonfolge, die jeweils zu einem bestimmten → Modus gehört.

Orff, Carl, dt. Komponist, * 10. 7. 1895 München, † 29. 3. 1982 München. Schrieb bereits in seiner Kindheit Erzählungen u. komponierte Musik zu selbstverfaßten Puppenspielen u. Liedern. Mit 16 Jahren veröffentlichte er erste Lieder, mit 17 entstand ein Chorwerk *Also sprach Zarathustra*. 1913–14 studierte er an der Akademie der Tonkunst in München bei A. Beer-Walbrunn u. H.

Zilcher, war bereits 1915 Schauspiel-Kapellmeister an den Münchner Kammerspielen u. lebte nach kurzer Tätigkeit am Mannheimer Nationaltheater u. dem Darmstädter Hoftheater ab 1919 als freischaffender Komponist in München. Nachdem er bereits eine Reihe von Schülern in Kontrapunkt u. Harmonielehre unterrichtet hatte, ging er selbst 1921–22 noch einmal bei H. Kaminski in die Lehre. 1924 gründete er zusammen mit Dorothee Günther die Günther-Schule für Gymnastik, Tanz u. Musik. Aus der Beschäftigung mit vorklassischer Musik entstand die textlich-szenische Neugestaltung von C. Monteverdis *Orfeo*, zu dem ihm D. Günther die Sprachfassung lieferte. Es folgten Bearbeitungen von Monteverdis *Ballo dell'ingrate* u. *Lamento d'Ariana*. Daneben entwickelte O. gemeinsam mit D. Günther u. dem Instrumentenbauer K. Maendler ein Instrumentarium, das er seinem Schulwerk zugrunde legte, dessen Erstausgabe 1931 erschien. 1932–34 war O. Leiter des Münchner Bachvereins, mit dem er aufsehenerregende Aufführungen von Werken des 17. u. 18. Jh. veranstaltete. 1936 gelang ihm mit den *Carmina Burana* ein Werk, das ihn später weltberühmt machte. Die *Carmina* sind ein deutlicher Einschnitt in seinem Schaffen u. weisen erstmals alle Merkmale des sog. O.-Stils auf. Der Komponist, der außergewöhnlichen Wirkung des Stückes wohl bewußt, zog daraufhin fast sein ganzes vor 1935 entstandenes Werk zurück. 1950–60 leitete O. eine Meisterklasse für Komposition an der Münchner Musikhochschule. Nach seiner Emeritierung übernahm er die Gesamtleitung des 1961 gegründeten O.-Instituts an der Akademie Mozarteum in Salzburg, von wo aus die O.-Schulwerk-Pädagogik koordiniert wird. Seit 1975 arbeitet er an der achtbändigen Dokumentation »C. O. u. sein Werk«. Zu seinen Schülern gehören K. Marx, K. List u. W. Killmayer.

O. war von Jugend an am Theater interessiert. Seine Tätigkeit an den Münchner Kammerspielen brachte ihn mit Werken von A. Strindberg, F. Wedekind, B. Brecht u. W. Shakespeare in Berührung. Musikalische Impulse erhielt er von O. de Lassus, dessen Bußpsalmen zu seinen Kindheitserinnerungen gehören, C. Debussy, A. Schönberg u. I. Strawinsky. Daneben beschäftigte er sich immer wieder mit vorklassischer Musik u. bearbeitete Monteverdis *Orfeo, Lamento di Ariana* u. *Ballo dell'ingrate*, die er später als *Trittico teatrale* zusammenfaßte. Der mit den *Carmina Burana* begonnene Zyklus wurde durch die *Catulli carmina* u. *Trionfo di Afrodite* ergänzt. Die Welt des Märchens schlug sich in *Der Mond* u. *Die Kluge* nieder. Eine weitere Gruppe seiner Stücke kann unter dem Begriff »Bairisches Welttheater« u. Mysterienspiel zusammengefaßt werden. Dazu gehören *Die Bernauerin, Astutuli*, das Osterspiel *Comoedia de Christi Resurrectione*, das Weihnachtsspiel *Ludus de nato Infante mirificus* u. *De temporum fine comoedia*. In seinem griech. Zyklus, der zu den Höhepunkten im Schaffen O. gehört, setzt sich der Komponist mit dem Menschen zwischen Göttern u. Dämonen, zwischen Freiheit u. Schuld auseinander. Dieses »große Welttheater« besteht aus den von J. Ch. F. Hölderlin übertragenen Trauerspielen »Antigonae« u. »Oedipus der Tyrann« von Sophokles u. dem »Prometheus« des Aischylos in der griech. Ursprache.

Hellenische Antike u. alpenländische Welt sind die beiden Bereiche, aus denen O. immer wieder neue Anregungen schöpft. Sein Gespür für Sprache u. Sprachrhythmus ist außergewöhnlich, seine Musik ist im wahrsten Sinne des Wortes »wortgezeugt«. Ihre typischen Merkmale sind motorisch hämmernde Rhythmen, Begrenzung des Tonumfangs, Klangakkumulationen, Ostinati u. Orgelpunkte als harmonische Grundierung sowie psalmodierende oder skandierende Stimmen.

Sein »Schulwerk«, das er zusammen mit G. Keetman zwischen 1930 u. 1935 herausgab, wurde 1950–54 umgearbeitet u. liegt heute als »O.-Schulwerk – Musik für Kinder« in vielen fremdsprachigen Ausgaben vor.

Zu O. Kompositionen gehören: die Bühnenwerke *Carmina Burana* (Cantiones profanae, 1935–36), *Der Mond* (ein kleines Welttheater, 1937–38), *Die Kluge* (1941–42), *Catulli carmina* (Ludi scaenici, 1942), *Die Bernauerin* (ein bairisches Stück, 1944–45), *Astutuli* (eine bairische Komödie, 1945–52), *Antigonae* (1947–48), *Trionfo di Afrodite* (1950–51), *Comoedia de Christi Resurrectione* (ein Osterspiel, 1955), *Oedipus der Tyrann* (1957–59), *Ludus de nato Infante mirificus* (ein Weihnachtsspiel, 1960), *Ein Sommernachtstraum* (Bühnenmusik, 1962), *Prometheus* (1963–67) u. *De temporum fine comoedia* (1969–71, rev. 1979); die Vokalwerke *Cantus-firmus-Sätze* (1929), 3 Kantaten nach Texten von F. Werfel (1930), 2 dreistimmige Chorsätze (1930), Chorsätze nach Texten von B. Brecht (1931), *Laudes creaturarum* (1954), *Die Sänger der Vorwelt* für 6st. gem. Chor u. Instr. (1955), *Nänie und Dithyrambe* für 4st. gem. Chor u. Instr. (1956), *Sunt lacrimae rerum* für 6st. Männerchor u. Soli (1956) u. *Rota* für Chor u. Instr. (1972) sowie die Bearbeitungen *Orpheus, Tanz der Spröden* u. *Klage der Ariadne* nach C. Monteverdi (letzte Fassung 1940) u. *Entrata* nach W. Byrd für fünfchöriges Orch. u. Org. (1940–45).

Seit 1975 erscheint eine auf 8 Bde. angelegte Gesamtdarstellung »C. O. u. sein Werk – Dokumentation« (Tutzing 1975 ff.), von der Bd. I: »Frühzeit«, Bd. II: »C. O., Lehrjahre bei den alten Meistern«, Bd. III: »C. O. Schulwerk, Elementare Musik« u. Bd. IV: »C. O. Trionfi« bereits vorliegen.

Lit.: A. Liess, C. O., Idee u. Werk, Zürich 1955, 2. ergänzte Auflage 1977; K. H. Ruppel, G. R. Sellner, W. Thomas, C. O., Ein Bericht in Wort u. Bild, Mainz 1955, erweiterte Neufassung 1960; G. Keetman, Elementaria, Erster Umgang mit dem O.-Schulwerk, Stuttgart 1970;

R. Münster (Hg.), C.O., Das Bühnenwerk, Ausstellungskatalog der Bayerischen Staatsbibliothek X, München 1970; W. Thomas, C. O., De temporum fine comoedia ... Eine Interpretation, Tutzing 1973; R. Münster u. R. Wagner (Hg.), Das O.-Schulwerk, Ausstellungskatalog der Bayerischen Staatsbibliothek XVIII, Tutzing 1978; G. Orff, Die O.-Musiktherapie, München 1978.

Organisten. Zu den großen Organisten des 20. Jh. gehören: M.-C. Alain (* 1926), D. Chorzempa (* 1944), H. Distler (1908–42), M. Dupré (1886–1971), M. Duruflé (* 1902), P. Hurford (* 1930), W. Kraft (1905–77), O. Messiaen (* 1908), G. Ramin (1898–1956), S. Reda (1916–68), K. Richter (1926–81), H. Walcha (* 1907), Ch.-M. Widor (1845–1937).

Organum (griech.: »Werkzeug«). Unter diesen Begriff fielen alle Musikinstrumente, insbesondere die Orgel. Bezeichnet daneben eine frühe Art der Mehrstimmigkeit, das parallele Quinten-O. u. ein nicht durchlaufendes paralleles Quarten-O. (Musica Enchiriadis). Der Cantus dieser Organa wurde vox principalis genannt, die anfangs scheinbar aus dem Stegreif ausgeführte zweite Stimme vox organalis. Die letztere lag ursprünglich über dem Cantus. In den St.-Martial-Handschriften (1. Hälfte des 12. Jh.) ist die komponierte Mehrstimmigkeit des sog. neuen O. erstmals in zahlreichen Beispielen überliefert. Neben den Konkordanzen Oktave, Einklang, Quinte u. Quarte traten rhythmisch freie Melismen auf. In der Notre-Dame-Schule wurde mit der rhythmischen Fixierung der Musik in der → Modalnotation ein weiterer Schritt auf die Mehrstimmigkeit hin getan. Neben die zweistimmigen Choralbearbeitungen (o. duplum) traten drei- u. vierstimmige. Die zum Cantus hinzukomponierten Stimmen heißen jetzt Duplum, Triplum u. Quadruplum. Die im »Magnus liber organi« des Leoninus überlieferten zweistimmigen Choralbearbeitungen wurden von Perotinus mit → Klauseln versehen. Außerdem soll dieser einen Teil der hinzugefügten drei- u. vierstimmigen O. komponiert haben. Es zeichnet sich die Tendenz ab, den Cantus als Unterstimme zu führen. Durch die Unterlegung rhythmischer lat. Texte entstand aus den Klauseln die → Motette.

Orgelmesse, Abfolge von Orgelversetten zur Alternatimausführung der Ordinariumsstücke der Messe. Diese Praxis des mit dem Gesang alternierenden Orgelspiels ist bereits seit dem 14. Jh. belegt.

Orgelmusik, eine eindeutig für die Orgel komponierte Musik, die mit den → Choralbearbeitungen des frühen 17. Jh. aufkam. Kompositionen, die bis zu diesem Zeitpunkt auch auf dem Saitenklavier ausgeführt werden konnten, wurden zunehmend von den technischen Möglichkeiten der sich entwickelnden Instrumente (Pedalspiel) geprägt u. erhielten damit einen unverwechselbaren Charakter. Mit der Einführung des Hammerklaviers, von dem Cembalo u. Clavichord im Laufe der Zeit verdrängt wurden, kam es zu einer fast vollständigen Trennung von O.- u. Klaviermusik.

Orgelpunkt, ein lang ausgehaltener Ton oder liegender Akkord in der Baßstimme, der hauptsächlich zum tonalen Fundieren (→ Bordun) herangezogen wurde, bei polytonaler Schreibweise aber auch Spannungen gegenüber den in andere Tonarten strebenden Stimmen erzeugte. Im 13. u. 14. Jh. wurde mit organicus punctus ein melismatischer, rhythmisch freierer Abschnitt über einem unmensuriert gedehnten Cantuston bezeichnet.

Orgeltabulatur, Klaviertabulatur, Notierung von Musik für Tasteninstrumente vom 14. bis zum 17. Jh. (→ Tabulatur).

Orlando di Lasso → Lassus, Orlande de

Orphéon, franz. Laienbewegung, die sich hauptsächlich auf dem Gebiet des Chorgesangs betätigt. Sie ging aus den musikpädagogischen Initiativen von G. L. Wilhelm hervor, der den Gesangsunterricht an der Volksschule obligatorisch machte u. den sich bildenden Écoles populaires de chant diesen Namen gab.

Ortiz, Diego, span. Komponist, * um 1525 Toledo, † nach 1570. Neben F. de Salinas im Dienst des Herzogs von Alba u. 1555–70 Mitglied von dessen Hofkapelle in Neapel. Gehört zu den ersten Komponisten, die sich der Form des Variierens bedienten. Er schrieb dazu die Anleitung »Tratado de glosas sobre cláusulas y otros géneros de puntos en la música de violones« (1553). Noch im gleichen Jahr erschien eine ital. Übersetzung. Außerdem gab er 1565 einen Band mit kirchlichen Kompositionen heraus.

Orto, Marbriano de, franko-fläm. Komponist u. Sänger, * möglicherweise bei Laroche, † Februar 1529 Nivelles, Brabant. 1484–94 Päpstlicher Kapellsänger in Rom. 1505 im Gefolge Philipps des Schönen von Burgund, mit dem er 1506 in Spanien gewesen sein muß. Ab 1515 1. Kaplan des Erzherzogs Karl. Sein Werk besteht vorwiegend aus Meßkompositionen, darunter zwei Bearbeitungen der Chansonmelodie *L'homme armé.*

Osborne, Nigel, engl. Komponist, * 23. 6. 1948 in Manchester. Schüler von E. Wellesz u. K. Leighton in Oxford. Später Studien in Polen, u. a. bei W. Rudziński u. am Elektronischen Studio des Poln. Rundfunks. Dozent an der Universität von Nottingham.

Zu O. Werken gehören: *7 Words,* Kantate für 2 T., B., gem. Chor u. Orch. (1971); *Heaventree* für gem. Chor a cappella (1973); *Remembering Esenin* für Vc. u. Kl. u. *Kinderkreuzzug* für Kinder u. Instrumentalensemble

(1974); *Prelude and Fugue* für Kammerensemble, *The Sickle* für S. u. Orch. u. *Chansonnier* für gem. Chor u. Instrumentalensemble (1975); Cellokonzert, *Vienna, Zürich, Constance* für S. u. Instrumente, *I Am Goya* für Baßbar. u. Instr., *Orlando Furioso* für gem. Chor u. Bläserensemble u. *After Night* für Git. (1977); Konzert für Fl. u. Kammerorch. (1980).

Ostendorf, Jens-Peter, dt. Komponist u. Dirigent, * 20. 7. 1944 Hamburg. Studierte an der Staatlichen Hochschule für Musik in seiner Heimatstadt, arbeitete im Kompositionsstudio von K. Stockhausen u. war 1969–78 Leiter der Abteilung Bühnenmusik am Thalia-Theater in Hamburg. 1970 Gründung der Gruppe Hinz u. Kunzt, Ensemble für szenische Musik. Lebt als freischaffender Komponist.

Zu O. Werken gehören: Bläserquintett (1967); Streichquartett (1968); *Johnny reitet westwärts* für großes Orch. u. Erzähler (1976); *Bruch – Ein Ding mit Musik* (Jugendoper, 1976–77); *Zeitlupenklang* für variables Orch. (1977); *Vorwärts zur Unzeit* für Kammerorch. (1977–78); *Alice im Wunderland* (Kindermusical, 1977–78); *5 Orchesterstücke in einem Satz* (1979–81); *Musica Leggiera* (1980); *Murieta* (Oper, 1980–83).

Osterc, Slavko, jugoslaw. Komponist, * 17. 6. 1895 Veržej, † 23. 5. 1941 Ljubljana. Schüler von K. B. Jirák, V. Novák u. A. Hába in Prag. Lehrer am Konservatorium in Ljubljana u. später an der dortigen Musikakademie. Zu seinen Kompositionen gehören eine Reihe von Vierteltonwerken.

O. komponierte u. a. Opern u. Ballette, *Mouvement symphonique* (1936) u. *Mati*, sinfonische Dichtung (1940), Kammermusik, Chorwerke u. Lieder.

ostinato (von lat. obstinatus: »hartnäckig«), bis ins 18. Jh. weitgehend gleichbedeutend mit obligato, d. h. dem Festhalten an einer rhythmischen oder melodischen Figur, bzw. an einem Kontrasubjekt wie in der Fuge. O.-Technik bedeutet allgemein das bewußt eingesetzte Mittel der Wiederholung rhythmischer, melodischer oder harmonischer Modelle, meistens zum Zweck der Ausdruckssteigerung.
Der Basso o., dem engl. → Ground entsprechend, ist die bekannteste Form des O. Er kam auf, als der Baß zur Fundamentstimme wurde, u. erlebte seine größte Blüte zur Generalbaßzeit.

Ostrčil, Otokar, tschech. Komponist, * 25. 2. 1879 Prag, † 20. 8. 1935 ebd. Schüler von A. Mikeš u. Z. Fibich. 1920 als Nachfolger von K. Kovařovic Opernchef des Prager Nationaltheaters. Orientierte sich bei seinem Frühwerk an G. Mahler, fand aber später zu einem dissonanzenreichen u. häufig an der Polyphonie ausgerichteten Stil. Zu seinen Werken gehören Opern u. Melodramen, Sinfonie in A-Dur (1905), Kammermusik u. Lieder.

Oszillogramm, grafische Darstellung eines Schwingungsvorgangs auf dem Bildschirm eines Kathodenstrahl- bzw. Blauschreiberoszillographen. Das O. macht sichtbar, ob ein Schwingungsvorgang sinusförmig, zusammengesetzt-periodisch oder unperiodisch verläuft.

Othmayr, Caspar, dt. Komponist, * 12. 3. 1515 Amberg, † 4. 2. 1553 Nürnberg. Student der Universität Heidelberg, 1545 Rektor der Klosterschule in Heilsbronn, 1547 Kanonikat an St. Gumbert in Ansbach u. dort 1548 Propst. Leistete Bedeutendes auf dem Gebiet der mehrst. dt. Liedkunst. Mit von ihm vertonten Wahlsprüchen angesehener Persönlichkeiten führte er eine eigene Gattung der Liedkomposition, die sog. Symbola, ein.

Zu O. Werken gehören: *Epitaphium D. M. Lutheri* (1546), *Cantilenae aliquot elegantes ac piae* (1546), *Bicinia sacra* (1547), *Tricinia* (1549) u. *Reutterische u. jegerische Liedlein* (1549).

Otte, Hans G. F., dt. Komponist u. Pianist, * 3. 12. 1926 Plauen, Vogtland. Schüler von J. N. David u. P. Hindemith (Komposition) sowie B. Ritter von Pozniak u. W. Gieseking (Klavier). Seit 1959 Leiter der Musikabteilung von Radio Bremen. Beschäftigt sich unter dem Einfluß von J. Cage mit einem experimentellen Musiktheater.

Zu O. Kompositionen gehören u. a.: verschiedene *Tropismen* für wechselnde Besetzungen, *déjà vu* (Theater in 5 Szenen für einen Sänger, Lichtbilder u. Lautsprecher, 1971) sowie das Klang/Text/Bild-Environment *ich* (1973).

Otto, Georg, dt. Komponist, * 1550, möglicherweise Weimar, begraben 30. 11. 1618 Kassel. 1569 Kantor in Langensalza u. von 1586 bis zu seinem Tode Kapellmeister der Kasseler Hofkapelle.

Zu O. protestantischer Kirchenmusik gehören: »Melodiae continentes Introitus« (1574), »Geistliche dt. Gesenge D. M. Lutheri« (1588) u. »Opus musicum novum« (3 Bde., 1604).

Output (engl.: »Leistung«, »Ausbeute«), in der Computertechnik als Bezeichnung für das Ergebnis einer Rechenoperation gebräuchlich u. von daher in die Musikterminologie der → Computermusik eingegangen.

Ouvertüre (von franz.: »Eröffnung«), das instrumentale Einleitungsstück zu Bühnenwerken wie Oper, Ballett u. Schauspiel sowie zu größeren Vokalwerken, dann auch selbständiges Orchesterstück (Konzert-O.) u. Eröffnungssatz der franz. → Suite. Der ursprüngliche Eröffnungscharakter kommt klar in den frühen Einleitungen zu Bühnenwerken u. Intermedien wie auch Balletten (→ Entrée) zum Ausdruck. Während sich bei J.-B. Lully der franz. O.-Typus langsam – schnell – langsam (häufig mit Wiederaufnahme der Themen des 1. Teils im 3.) durchsetzte, gab A. Scarlatti der ital. Opernsinfonia die dreisätzige Form schnell – langsam – schnell. Seit J.-Ph. Rameau u. verstärkt bei Ch. W. Gluck nahm die O. musikalisches Material des folgenden Bühnenwerks vorweg u. gab damit eine kurze Inhaltsbeschreibung. Musterbeispiele einer nach der Form des Sonatensatzes gearbeiteten O. lieferte W. A. Mozart. In der Romantik entstand die der sinfonischen Dichtung verwandte Konzert-O., die wie R. Schumanns *Manfred* u. *Rob Roy* von H. Berlioz allein für den Konzertgebrauch bestimmt war. Ebenfalls im 19. Jh. entstand die sog. Potpourri-O., in der die Zugnummern der folgenden Oper aneinandergereiht vorweggenommen wurden. Im Vorspiel (R. Wagner) wurde schließlich die abgeschlossene O.-Form aufgegeben. Neuere Komponisten lassen bei ihren Bühnenwerken die Einleitung teilweise ganz weg.

Oxford University Press (OUP Music Department), Musikabteilung innerhalb des 1478 gegr. Verlagsunternehmens der Universität Oxford. Begann unter Leitung von H. Foss ab 1923 regelmäßig Bücher über Musik u. Noten zu verlegen. Zu den ersten Werken gehören »New Oxford History of Music«, »Schole's Oxford Companion to Music« u. »Tovey's Essays in Musical Analysis«. Wichtige Verlagsunternehmungen sind Reihen wie »Musica Da Camera« u. »Oxford Keyboard Classics« sowie die Monografienreihe »Oxford Studies of Composers«. Zu den Komponisten des Verlages gehören R. Vaughan Williams, W. Walton, A. Hoffinott u. Ph. Tate. Schwerpunkte der Verlagstätigkeit sind neben engl. Musik die Schul- u. Unterrichtsmusik, Kirchen- u. Chormusik. Weitere Veröffentlichungen sind ein »Music Bulletin« sowie die Zeitschriften »Music & Letters« u. »Early Music«.

P

Pablo Costales, Luis A. de, span. Komponist, * 28. 1. 1930 Bilbao. Als Komponist Autodidakt. 1965 Gründer des Studio Alea, mit dem erstmals in Spanien elektronische Musik realisiert wurde.

Zu P. C. neueren Kompositionen gehören: *Protocolo* für 2 St. u. 13 Instr. (1968); *Quasi una fantasia* für Streichsextett u. Orch. u. *Por diversos motivos* für Chor, 2 Kl. u. Schauspieler (1969); *Yo lo vi* für 12 St. u. *Tamaño natural,* elektronische Oper (1970); *Cinco piezas para Miró* für 10 Instr. (1970); *Oroitaldi* für Orch. (1971); *Je mange, tu manges* für Kammerorch. u. Tonband u. *Éléphants ivres I–IV* für Orch. (1972); *Déjame hablar* für 11 Instr. u. *Al son que tocan* für 8 Instr., St. u. Tonband (1974); *A modo di concierto* für Instr. u. Schlagzeug u. *Homogeneo* für 32 Instr. (1976). P. C. veröffentlichte: »Aproximación a una estética de la música contemporánea« (Madrid 1968).

Pachelbel, Johann, dt. Organist u. Komponist, getauft 1. 9. 1654 Nürnberg, † 3. 3. 1706 ebd. Schüler von H. Schwemmer, 1673 Hilfsorganist am Stephansdom in Wien, möglicherweise unter J. K. v. Kerll. 1677 Hoforganist in Eisenach u. dort mit dem Vater von J. S. Bach befreundet, dessen älteren Bruder Johann Ch. er unterrichtete. 1678 Organist in Erfurt, 1690–92 Hoforganist in Stuttgart, 1692–95 Stadtorganist in Gotha u. ab 1695 an St. Sebaldus in Nürnberg. Gehörte zu den bedeutendsten Organisten seiner Zeit. In seinen Kompositionen verbinden sich ital. Melodik u. Virtuosität mit gediegener Kontrapunktik u. Variationskunst. Er veröffentlichte: »Musicalische Sterbens-Gedancken« (1683), »Musicalische Ergötzung«, 6 Partiten für 2 skordierte V. u. Gb. (1691), »8 Chorale … Zum praeambulieren« (1693) sowie viele andere Orgel- u. Kammermusikwerke. Am bekanntesten ist sein *Kanon u. Gigue* für Streicher in D-Dur.

Pacini, Giovanni, ital. Komponist, * 17. 2. 1796 Catania, † 6. .12. 1867 Pescia. Sohn des Opernsängers Luigi P. Studierte bei L. Marchesi (Gesang) u. bei S. Mattei sowie B. Furlanetto (Komposition). Schrieb mit 17 Jahren seine erste Oper *Annetta e Lucindo* für das Teatro S. Radegonda in Mailand. Ließ sich 1822 in Lucca nieder, gründete 1834 das Liceo musicale von Viareggio, wurde 1837 herzoglicher Kapellmeister in Lucca u. leitete ab 1842 das dortige Istituto musicale.

Von P. mehr als 70 Opern, die in der Nachfolge G. Rossinis u. V. Bellinis entstanden, seien die folgenden erwähnt: *La sacerdotessa d' Irminsul* (1817), *Cesare in Egitto* (1822), *L'ultimo giorno di Pompei* (1825), *Niobe* (1826), *Gli Arabi nelle Gallie* (1827) u. *Saffo* (1840), die vielfach für sein bestes Bühnenwerk gehalten wird. P. komponierte außerdem Vokal- u. Orchesterwerke sowie Kammermusik. Er veröffentlichte u. a.: »Sulla originalità della musica melodrammatica italiana del s. XVIII« (1841) u. die Autobiografie »Le mie memorie artistiche« (1865, ergänzt v. F. Cicconetti 1872).

Pacius, Friedrich (Fredrik), finn. Komponist dt. Herkunft, * 19. 3. 1809 Hamburg, † 8. 1. 1891 Helsinki. Schüler von L. Spohr (Violine) u. M. Hauptmann (Komposition) in Kassel, ab 1828 1. Geiger der Königlichen Hofkapelle in Stockholm u. ab 1834 Universitätsmusikdirektor in Helsinki. Dort veranstaltete er von 1845 an regelmäßig Sinfoniekonzerte, gründete Chorvereinigungen u. organisierte das finn. Musikleben nach dt. Vorbild. In seinen eigenen Kompositionen verschmolz P. romantische Einflüsse Spohrs u. F. Mendelssohn Bartholdys mit finn. Folklore. Mit *Kung Karls jakt* komponierte er die erste finn. Oper, allerdings in schwed. Sprache. Es folgten die Opern *Princessan af Cypern* (1860) u. *Loreley* (1887). Darüber hinaus hinterließ P. Orchesterwerke, u. a. 1 Violinkonzert, u. eine Vielzahl von Liedern. Seine Vertonung von J. L. Runebergs »Vårt Land« wurde 1843 zur finn. Nationalhymne erklärt; 1848 wurde sie als »Maamme laulu« mit finn. Text versehen.

Paderewski, Ignacy J., poln. Pianist, Komponist u. Politiker, * 18. 11. 1860 Kuryłówka, † 29. 6. 1941 New York. Studierte am Warschauer Konservatorium u. bei Th. Leschetizky in Wien. Auf Konzertreisen durch Europa u. die Vereinigten Staaten machte er sich einen Namen als einer der bedeutendsten Pianisten seiner Zeit. 1901 trat er mit seiner Oper *Manru* an die Öffentlichkeit. Eine Sinfonie in h-Moll folgte 1908. Trat bei seinen zahlreichen Reisen immer mehr als Sprachrohr eines freien Polen auf, lebte ab 1913 in den USA u. übernahm, als 1918 die poln. Republik ausgerufen wurde, das Amt des Ministerpräsidenten u. Außenministers. Ab 1922 wandte er sich wieder seiner Konzerttätigkeit zu u. übernahm 1940 den Vorsitz der poln. Exilregierung in Paris. Auf seinen Tourneen erspielte P. große Summen, die er für vielfältige gute Zwecke einsetzte u. mit denen er vor allem andere Künstler unterstützte. Zu seinen weiteren, stark an der poln. Volksmusik orientierten Kompositionen gehören 6 *Humoresques de concert* für Kl., 1 Klavierkonzert, Kantaten u. Lieder. Gemeinsam mit J. Turczyński u. L. Bronarski leitete er eine Chopin-GA (21 Bde.), die 1949–61 in Warschau u. Krakau erschien. Seine Lebenserinnerungen veröffentlichte er als: »The P. Memoirs« (London 1939).

Padoana (Padovana, Paduana), bis Mitte des 16. Jh. gleichbedeutend mit → Pavane. Dann besonders in Italien auch für einen schnelleren Tanz im Dreiertakt gebräuchlich.

Padovano, A. → Annibale Padovano

Paenultima (lat.: »vorletzte«), bezeichnet in der Verbindung mit vox den vorletzten Ton einer Ligatur oder Klausel in der mittelalterlichen Musiklehre.

Paer (Paër). Ferdinando, ital. Komponist, * 1. 6. 1771 Parma, † 3. 5. 1839 Paris. Schüler von G. Ghiretti, der am Hoftheater von Parma Geiger war. Brachte mit kaum 20 Jahren seine ersten drei Opern heraus (*Orphée et Euridice,* 1791, *Circe,* 1792, u. *I pretendenti burlati,* 1793) u. war von 1791 an Theaterkapellmeister in Venedig. Auf Grund seiner zahlreichen Opernerfolge wurde er 1798 nach Wien eingeladen, wo er 1799 sein wohl bestes Bühnenwerk, *Camilla ossia Il sotterraneo,* aufführte. 1803 wurde er als Nachfolger J. G. Naumanns Hofkapellmeister in Dresden. Dort brachte er mit besonderem Erfolg die Opern *Sargino* (1803) u. *Leonora, ossia L'amore coniugale* (1804) heraus. Die letztere beruht auf dem gleichen Stoff, den L. van Beethoven auch seinem *Fidelio* zugrunde legte. 1806 kam P. im Gefolge Napoleons nach Warschau u. Posen, 1807 wurde er Kaiserlicher Kapellmeister in Paris u. 1812 als Nachfolger G. Spontinis Kapellmeister des Théâtre-Italien. Von diesem Posten mußte er auf Grund des Vorwurfs der Mißwirtschaft 1827 zurücktreten. In der Schrift »Mr. Paër, exdirecteur du Théâtre-Italien à M. M. les dilettantes« versuchte er sich im gleichen Jahr zu rechtfertigen. 1832 wurde er zum Dirigenten der Königlichen Kammermusik ernannt. P. kirchliche Werke, seine Instrumental- u. Kammermusik sind unbedeutend. Mit seinen besten Bühnenwerken zählt er dagegen zu den wichtigen Vertretern der ital. Oper im ausgehenden 18. Jh.

Pärt, Arvo, estnischer Komponist, * 11. 9. 1935 Paide, Estland. Schüler von H. Eller am Konservatorium von Tallinn u. dort 1958–67 als Tonmeister am Estnischen Rundfunk tätig. Begann zuerst in der Zwölftontechnik zu komponieren, wandte sich dann aber einer archaischen Melodik zu, arbeitet mit Klangfarbenkombinationen u. nach dem Collageprinzip.

Zu P. Kompositionen gehören: 2 Sonatinen u. Partita für Kl. (1958); *Unser Garten* (Kantate, 1959); *Nécrologue* für Orch. (1960); Streichquartett (1962); *Perpetuum mobile* für Orch. u. Sinfonie (1963); *Collage B-A-C-H* für Kammerorch., *Diagramme* für Kl., Quintettino für Bläser u. *Musica sillabica* für 13 Instr. (1964); *Pro et Contra,* Konzert für Vc. u. Orch. u. 2. Sinfonie (1966); *Credo* (Kantate, 1968); *Calix* für Chor u. Instrumentalensemble, *Modus* für S., Va., Kb., Cemb. u. Schlaginstr., *Trivium* für Org., *Wenn Bach Bienen gezüchtet hätte* ... für Cemb., Tonbandgerät u. 6 Instr. ad libitum u. *In spe* für Kammerensemble (1976); *Test* für 4 St. u. Instrumentalensemble, *Johannespassion* für 2 T., Bar., B., Chor u. Org., *Cantate Domino canticum novum* für 4 St. u. Instrumentalensemble, *Fratres* für Instrumentalensemble, *Cantus in memory of B. Britten* für Streicher u. *Tabula rasa* (Konzert für 2 V. u. Kammerorch., 1977); *Spiegel in dem Spiegel* für V. u. Kl. (1978); *Die Brüder* (Variationen für V. u. Kl., 1979).

Paganelli, Giuseppe Antonio, ital. Komponist, * 6. 3. 1710 Padua, † nach 1760 Madrid. Wahrscheinlich ein Schüler von Tartini. Brachte 1732 in Venedig sein erstes Bühnenwerk *La caduta di Leone, imperator d'Oriente* heraus, schloß sich 1733 als Cembalist einer Operntruppe an u. stand 1737–39 im Dienst der Markgräfin Wilhelmine von Bayreuth. Um 1755 Leiter der Kammermusik des span. Königs in Madrid.

Zu P. Kompositionen gehören: die Opern *Tigrane* (1733), *La pastorella regnante* (1735), *Artaserse* (1742), *Engelberta* (1743), u. *Rosmira* (1746), das Oratorium *Il figliuol prodigo* (1731), *Quinti Horatii Flacci odae sex selectae* in Kantatenform sowie Kammermusik.

Paganini, Niccolò, ital. Geiger u. Komponist, * 27. 10. 1782 Genua, † 27. 5. 1840 Nizza. Erhielt den ersten Geigenunterricht von seinem Vater, der auch die weitere Ausbildung mit großer Strenge überwachte. Wurde später Schüler des Domkapellmeisters G. Costa, der ihn ab 1793 in den sonntäglichen Kirchenkonzerten als Solist auftreten ließ. Lernte um diese Zeit auch den Opernkomponisten F. Gnecco kennen, der ihn mit den Grundlagen des Kompositionshandwerks vertraut machte. Nach kurzem Unterricht bei dem Virtuosen A. Rolla in Parma erhielt P. dort 6 Monate lang Unterweisung in Komposition von G. Ghiretti. 1797 unternahm er seine erste erfolgreiche Tournee durch die Lombardei. Von der strengen Aufsicht durch seinen Vater befreit, gab er sich eine Zeitlang einem allzu sorglosen Leben hin, stürzte sich in Spielschulden u. Liebesabenteuer, bis er 1805–10 als Sologeiger, Kapellmeister u. Hauptmann der Leibwache der

Fürstin Elisa Baciocchi, einer Schwester Napoleons, in Lucca seßhaft wurde. Von 1815 bis 1828 unterhielt er eine leidenschaftliche Beziehung zu der Tänzerin A. Bianchi. Sie gebar ihm 1826 den Sohn Achillino, um dessen Erziehung sich P. ganz besonders kümmerte. Nach sensationellen Erfolgen 1828 in Wien reiste P. durch Deutschland u. Polen u. trat 1831 erstmals in der Pariser Opéra auf. 1831–32 konzertierte er in England, kehrte dann mit einem beträchtlichen Vermögen nach Italien zurück, investierte dort in größere Ländereien u. machte die Villa Gaiona bei Parma zu seinem Hauptwohnsitz. Den Winter 1833–34 verbrachte P. in Paris, wo er bei H. Berlioz ein Konzert für seine Stradivari-Viola bestellte u. dem armen Komponisten dafür ein großzügiges Geschenk von 20000 Goldfranken machte. Berlioz komponierte daraufhin *Harold in Italien*, ein Stück, das P. selbst nie gespielt hat. In seinen letzten Lebensjahren litt er an einer Kehlkopferkrankung, an der er 1840 in Nizza starb.

P. ist der Inbegriff des romantischen Virtuosen. Seine Ausstrahlung u. sein Können waren so überwältigend, daß sich hartnäckig das Gerücht hielt, er sei mit dem Teufel im Bunde. Aus Furcht vor Nachahmern war P. nur schwer zu bewegen, seine Kompositionen zu veröffentlichen. So erschienen die meisten Werke erst postum. Er ging sogar so weit, die Orchesterstimmen erst kurz vor dem Konzert auszuteilen u. sie anschließend sofort wieder einzusammeln. Sein effektvolles u. kräftiges Spiel (Doppelgriffe, besonders das Spiel natürlicher u. gegriffener Obertöne, Pizzicati der linken Hand, Staccati, rasende Läufe u. Flageoletts, Rückgriff auf die Technik der → Scordatura) führte zu einem regelrechten P.-Kult. F. Chopin verdankte ihm ein seine Laufbahn bestimmendes Erlebnis, R. Schumann (op. 3 u. 10), J. Brahms (op. 35) u. F. Liszt (*Grande fantaisie* u. *Études d'exécution transcendante d'après P.*) ließen sich von ihm inspirieren.

Von P. Kompositionen erschienen zu Lebzeiten: 24 Capricci per violino solo (1818), 12 Sonaten für V. u. Git. (1820), 6 Quartette für V., Va., Vc. u. Git. (1820) sowie 2 Stücke für V. solo in C. W. F. Guhrs »Über P. Kunst, die Violine zu spielen« (Mainz 1830). Von seinen weiteren Werken seien erwähnt: 6 Violinkonzerte, davon Nr. 5 u. 6 nur in der Solostimme vorhanden; *Le streghe* für V. u. Orch. auf ein Thema von S. Mayr; Variationen auf Themen aus G. Rossinis *La Cenerentola* u. *Tancredi* für V. u. Orch.; 8 Sonaten für V. u. Orch.; 20 Variationen *Il carnevale di Venezia* für V. solo sowie 60 Variationen durch alle Tonarten über das genuesische Volkslied *Barucabà* für V. u. Git.

Lit.: J. Pulver, P., The Romantic Virtuoso, London 1936; R. de Saussine, P., Paris 1938 (verschiedene Nachdr.); I. Pizzetti, N. P., Turin 1940; T. Valensi, P., Nizza 1950; P. Berri, P., Documenti e testimonianze, Genua 1962; ders. (Hg.), Bibliografia paganiniana, Genua 1970.

Paik, Nam June, koreanischer Komponist u. Videokünstler, * 20. 7. 1932 Seoul. Studierte bei Y. Nomura in Tokio, Th. G. Georgiades in München u. W. Fortner in Freiburg. Besuchte daneben die Darmstädter Ferienkurse für Neue Musik, wo J. Cage 1958 einen starken Einfluß auf ihn hatte. Gilt als einer der Mitbegründer der Fluxus-Bewegung, die Kunst in ihrem formalen Gestaltungswillen auf ein reines Einrichten von Zeitabläufen ausrichtet, zu dem wie beim → Happening verschiedene Ausdrucksmittel eingesetzt werden. 1959 führte er mit *Hommage à J. Cage* in der Düsseldorfer Gallerie 22 die erste Aktionsmusik in der BRD auf. Wurde insbesondere durch seine Zusammenarbeit mit der durch Nacktauftritte provozierenden Cellistin Ch. Moorman bekannt, für die er u. a. das TV-Cello u. den TV-Bra entwarf. Mit *Zen für TV* (1963) begann er die Bildröhre für seine Vorstellungen einzusetzen.

Zu P. Kompositionen, Happenings u. Video-Environments gehören: *Etude for Piano* (1959–60), *Exposition of Music and Electronic TV*, Galerie Parnass Wuppertal (1963), *Robot Opera* mit Ch. Moorman (1965), *Opera Sextronique* mit Ch. Moorman (1967), *Machine Show* (1968), *Electronic Opera Nr. 1* u. *2* (1969, 1970), *Paik-Abe Video Synthesizer* (1970), *Global Groove* (1973), *Waiting for Commercials* (1972), *Video Buddha* (1974), *Fish and Moon TV* (1976), *Video print*, gemeinsam mit T. Okabe (1978) u. *VIDEA* (1980).

Paisiello (Paesiello), Giovanni, ital. Komponist, * 9. 5. 1740 bei Tarent, † 5. 6. 1816 Neapel. Zeichnete sich in seiner Kindheit durch eine besonders schöne Stimme aus u. wurde 1754 in das Conservatorio di S. Onofrio a Capuana in Neapel aufgenommen, wo ihn F. Durante u. nach dessen Tod G. Abos u. C. Cotumacci (1755–59) unterrichteten. Der große Erfolg der Aufführung eines komischen Intermezzos am Konservatorium gegen Ende seiner Studienzeit veranlaßte ihn, sich der Opernkomposition zu widmen. In einem 1811 für das »Dizionario Istorico e Geografico di musica« von ihm selbst verfaßten autobiografischen Artikel teilte P. sein Leben in die folgenden Abschnitte ein: die Zeit bis 1776, Aufenthalt in Rußland 1776–84 u. die Zeit danach. Der erste Abschnitt begann mit Erfolgen in Bologna (*Il ciarlone*, 1764), Modena (*Demetrio*, 1765) u. Rom (*Il Marchese Tulipano*, 1767). Diese gaben ihm genug Selbstvertrauen, um sich in Neapel mit N. Piccinni, D. Cimarosa u. P. A. Guglielmi zu messen. Es entstanden Opern wie *L'idolo cinese* (1767), *La Frascatana* u. *Il duello* (1774) sowie *Socrate immaginario* (1775). P. ließ sich in Neapel nieder u. wurde 1768 im Zuge einer Intrige gegen seinen Widerstand mit Cecilia Pallini verheiratet. 1776 erhielt er ein verlockendes Angebot von Katharina d. Gr., als Nachfolger T. Traettas die Stellung des Kapellmeisters u. Inspektors der beiden ital. Opern in Petersburg zu übernehmen. Seine ersten Bühnenwerke in Rußland waren *Lucinda ed Armidoro* u. *Nitteti* (1777); es folgten *Achille in Sciro* u. *Gli astrologi immaginari* (1778), *Alcide al bivio* (1780), *La serva padrona* (1781) u. *Il barbiere di Siviglia* (1781–82). 1784 nahm er einen Ruf Ferdinands IV. an, der ihn zum Hofkapellmeister in Neapel ernannte. Auf der Rückreise von Petersburg hielt sich P. einige Zeit in Wien auf, wo er die Bekanntschaft W. A. Mozarts machte, seine Oper *Il re Teodoro in Venezia* zur Aufführung brachte u. für Joseph II. 12 Sinfonien komponierte. Wieder in Neapel, erhielt er die Bestätigung eines Gehalts von 1200 Dukaten »fisso e perpetuo« u. wurde 1787 als Nachfolger P. Cafaros außerdem zum maestro di camera ernannt. Mit Opern wie *Pirro* (1787), *L'Amor contrastato* (1788, später erweitert zu *La molinarella*), *Nina* u. *I Zingari in fiera* (1789) festigte er sein Ansehen als einer der führenden Opernkomponisten seiner Zeit. 1792 komponierte P. zur Eröffnung des Teatro La Fenice in Venedig *I giuochi d'Agrigento*. Im gleichen Jahr entstand in Zusammenarbeit mit Calzabigi die opera seria *Elfrida*, die sich durch einen dramatischeren Zugriff auszeichnet. Bei Ausbruch der Revolution von 1799 behielt P. seine Stellung als Direktor der Nationalmusik. Nach dem Zusammenbruch der kurzlebigen Republik u. der Rückkehr der Bourbonen wurde er seiner Ämter enthoben. 1801 erfolgte eine Einladung von Napoleon nach Paris, wo P. die dortige Hofkapelle organisieren u. leiten sollte. 1802 trat P. seinen Dienst in Paris an. Während seines einjährigen Aufenthalts komponierte er vorwiegend geistliche Werke, u. a. das Te Deum zur Kaiserkrönung. Seine einzige in franz. Sprache verfaßte Oper *Proserpine* kam 1803 ohne großen Erfolg heraus. 1804 nahm er gerne den Ruf an, als Hofkapellmeister nach Neapel zurückzukehren. Für die ihm in Paris von L. Cherubini u. E. N. Méhul entgegengebrachte Feindschaft revanchierte er sich mit dem unerwarteten Vorschlag, J.-F. Le Sueur zu seinem Nachfolger zu machen. Unter Joseph Bonaparte u. Murat bekleidete P. wieder seine alten Ämter in Neapel u. wurde außerdem Direktor der als Collegio Reale di Musica zusammengefaßten Konservatorien Neapels. Als Ferdinand IV. 1815 wieder an die Macht kam, verlor P. alle Zuwendungen aus Rußland, Frankreich u. Neapel. Man ließ ihm nur das magere Einkommen eines maestro della Real Cappella. Er starb vereinsamt u. verbittert kurz nach dem Tod seiner Frau.

Neben an die hundert Opern verfaßte P. u. a. eine Reihe geistlicher Werke, 8 Cembalokonzerte u. 37 Stücke für Cemb. u. V. sowie weitere Kammermusikwerke.

In seinen reiferen Opern sind vereinzelt Anklänge an die Gluckschen Reformopern zu finden. So führte er in *Alcide al bivio* das recitativo accompagnato ein u. straffte die Handlung. In den nach dem Rußlandaufenthalt entstandenen Opern finden sich Ensembles bei Aktschlüssen, so z. B. in *Pirro*. Daneben fällt der häufigere Einsatz des Balletts u. des Chors auf.

Die Instrumentalmusik von P. war hauptsächlich auf das technische Können der Auftraggeber zugeschnitten. Sie enthält eine Fülle melodischer Einfälle, die aber nicht durchgeführt, sondern nur aneinandergereiht werden.

Lit.: G. G. Ferrari, Autobiografia ed aneddoti piacevoli, London 1830; Nachdr. Neapel 1920; A. della Corte, P., Turin 1922; E. Faustini-Fasini, Opere teatrali oratori e cantate di G. P., Bari 1940; A. Ghislanzoni, G. P., Valutazioni critiche rettificate, Rom 1969.

Palestrina, Giovanni Pierluigi da (auch Giannetto, Zanetto), ital. Komponist, * um 1525 Palestrina, † 2. 2. 1594 Rom. Nahm wie viele Komponisten der Zeit den Namen seines Geburtsorts Palestrina (Praeneste) an u. wurde sowohl Giovanni da Palestrina wie auch Joannes Praenestinus genannt. Sein Vater Sante Pierluigi war ein angesehener Bürger von Palestrina u. besaß kleine Liegenschaften in der Umgebung. Über die Jugend von P. wissen wir nur wenig; sein Geburtsjahr wird nach der Vorrede im 7. Buch seiner Messen aus dem Jahr 1594 berechnet. Dort heißt es: »Pater meus, septuaginta fere vitae suae annos in Dei laudibus componendis consumens.« P. war wahrscheinlich zuerst Chorknabe an der Kathedrale seiner Heimatstadt u. um 1537 an S. Maria Maggiore in Rom. Erhielt dort von R. Malapert, Robert de Févin u. Firmin Le Bel Unterricht. Bereits 1544 wurde er als Organist u. Kapellmeister an die Kirche S. Agapito in Palestrina berufen. Dort heiratete er die wohlhabende Bürgerstochter Lucrezia Gori. Aus dieser Verbindung stammen drei Söhne, die äußerst begabten u. früh verstorbenen Rodolfo u. Angelo sowie Ighino, der sich später als Nachlaßverwalter des Vaters einen unrühmlichen Namen machen sollte. Als der Dienstherr von P., Kardinal del Monte, 1551 zum Papst gewählt wurde, bot er P. die Stellung des Magister puerorum an der Cappella Giulia an. Diesem Papst widmete P. sein erstes gedrucktes Werk »Missarum cum 4 et 5 vocibus Liber Primus« (1554). Julius III. setzte wenig später P. Aufnahme in das Sängerkollegium der Sixtinischen Kapelle durch, ohne Rücksicht darauf zu nehmen, daß dieser verheiratet u. kein Priester war. Der Nachfolger von Julius III., Paul IV., machte deshalb die Ernennung bereits am 30. 7. 1555 rückgängig u. entließ gleichzeitig mit einer angemessenen Pension die ebenfalls verheirateten L. Barré u. D. Ferrabosco. Am 1. 10. 1555 wurde P. zum Kapellmeister an S. Giovanni in Laterano ernannt, eine Stellung, die vor ihm kurze Zeit O. de Lassus bekleidet hatte. Am 3. 8. 1560 gab P. überraschend seinen Rücktritt bekannt, ohne daß er ein anderes Angebot gehabt hätte. Der Grund ist in den fortgesetzten Unstimmigkeiten über sein Gehalt u. die finanziellen Zuwendungen für die Chorknaben zu sehen. Erst im März 1561 nahm er einen vergleichbaren Posten an S. Maria Maggiore an. 1566 wechselte er an das neugegründete Collegium Romanum über, 1567–71 wirkte er als Kapellmeister am Hofe des Kardinals Ippolito d'Este in Rom u. Tivoli. Verhandlungen mit Kaiser Maximilian scheiterten an P. Forderungen. Um die gleiche Zeit knüpfte P. Verbindungen zum Herzog von Mantua, der ihm eigene Kompositionen zur Begutachtung übersandte, Aufträge an ihn vergab u. später sogar über die Möglichkeit einer Anstellung in Mantua mit ihm verhandelte. 1571 wurde P. als Nachfolger G. Animuccias wieder in sein altes Amt an der Peterskirche gewählt. Er blieb dort bis an sein Lebensende.

Ebenfalls in der Nachfolge Animuccias übernahm P. die musikalische Beratung von F. Neris Essercizi spirituali. Aus der Freundschaft der beiden Männer entstanden die *Madrigali spirituali* (gedruckt 1581 u. 1594). 1580 starb P. Frau Lucrezia. Der untröstliche P. beschloß, in den geistlichen Stand einzutreten, heiratete aber 1581 überraschend die wohlhabende Witwe Victoria Dormuli, die einen gutgehenden Fell- u. Lederhandel mit in die Ehe brachte. Nach der ehrenvollen Ernennung zum Komponisten der päpstlichen Kapelle u. in gesicherten wirtschaftlichen Verhältnissen verbrachte P. das letzte Jahrzehnt seines Lebens mit der Erfüllung seiner Verpflichtungen sowie der Revision u. Überwachung des Drucks seiner Werke. Für andere Musiker setzte er sich mit der Gründung der Vertuoso Compagnia dei Musici ein, die ähnliche Ziele wie eine Berufsgenossenschaft verfolgte. 1592 wurde ihm noch eine ganz besondere Ehrung zuteil. Nordital. Musiker überreichten ihm eine Sammlung ihrer Kompositionen mit einer Widmung. Über P. Lehrtätigkeit ist wenig bekannt. Zu seinen Schülern zählen sicher G. A. Dragoni, F. Suriano, G. Guidetti u. A. Stabili.

P. feiner Sinn für das Wort u. für musikalische Proportionen machten seine Kompositionen vorbildlich für die Kirchenmusik. Ihm ist es sicherlich mit zu verdanken, daß die vom Tridentiner Konzil eingesetzte Kommission nicht beschloß, die polyphone Musik aus dem Gottesdienst zu verbannen. Gemeinsam mit A. Zoilo beteiligte sich P. auch an der geplanten Reform des Gregorianischen Chorals. Seine 1577–78 vorgenommene Überarbeitung des Graduale wurde jedoch weder beendet noch gedruckt. Sie ist nicht identisch mit der sog. Editio Medicaea. In der weiteren Rezeption P. spielt besonders das 19. Jh. eine Rolle. Im Zeichen des → Caecilianismus setzte eine regelrechte P.-Renaissance ein, die sich in G. Bainis erster Biografie und zahlreichen Werkausgaben niederschlug.

Wenn man von 2 Büchern Madrigalen auf weltliche Texte u. verstreuten Gelegenheitsarbeiten absieht, ist P. Schaffen ganz der Kirchenmusik gewidmet. Bei seinen 105 bekannten Messen lassen sich 87 Vorlagen nachweisen, hauptsächlich geistliche ein- u. mehrstimmige Werke. Nur in 28 Fällen benutzte er musikalisches Material anderer Komponisten. Von seinen an die 250 Motetten sind die meisten 5st. gesetzt. Bei den 6- u. 8st. Motetten fällt die Gruppierung der Stimmen auf, die zu Raumklangeffekten führt, wie wir sie aus der venezianischen Schule kennen.

Die Chromatik eines C. de Rore oder C. Gesualdo war ihm fremd. Dagegen finden sich in seinen Kompositionen eine Fülle dissonanter Führungen u. homophone Abschnitte. Besonders auffällig ist die Sorge um Klarheit der Oberstimmen. P. gehört mit O. de Lassus zu den Meistern, die, auf der niederl. Mehrstimmigkeit aufbauend, bis an die Grenzen der Polyphonie vorstießen. Sein Werk enthält neben Zeugnissen größter Kunstfertigkeit Kompositionen wie die Messen *Missa Papae Marcelli, In te Domine speravi, Assumpta est Maria, Ecce ego Joannes* u. das Stabat mater, Werke, die in ihrer musikalischen Vollkommenheit auch heute noch ansprechen. H. Pfitzner nahm das Leben des Komponisten u. die Vorgänge um das Tridentiner Konzil zum Anlaß, eine Palestrina-Oper zu komponieren.

An wichtigen Erstdrucken seiner Werke, die teilweise nach seinem Tode erschienen, seien erwähnt die 13 Bücher mit Messen: I, Rom 1554; II, Rom 1567 mit der berühmten *Missa Papae Marcelli;* III, Rom 1570; IV, Venedig 1582; V, Rom 1590; VI, Rom 1594; VII, Rom 1594; VIII, Venedig 1599; IX, Venedig 1599; X, Venedig 1599 oder 1600; XI, Venedig 1600; XII, Venedig 1601 u. XIII, Venedig 1601; 2 Bücher 4st. Motetten: I, Rom 1563 u. II, Venedig 1581; 5 Bücher 5- bis 8st. Motetten: I, Rom 1569; II, Venedig 1572; III, Venedig 1575; IV, Venedig 1584 u. V, Rom 1584; Lamentationen 4st., Rom 1588; »Hymni totius anni«, Rom u. Venedig 1589; 1 Buch 4st. Magnificat, Rom u. Venedig 1591; »Offertoria totius anni«, Rom u. Venedig 1593; 2 Bücher 4st. Litaneien, ohne nähere Angaben; 2 Bücher weltliche Madrigale: I, Rom 1555, u. II, Venedig 1586; 2 Bücher geistliche Madrigale: I, Venedig 1581, u. II, Rom 1594.

GA von Th. de Witt, F. Espagne, F. Commer u. F. X. Haberl in 33 Bd., Leipzig 1862–1907, Nachdr. Ridgwood, NJ, 1968; ital. GA von R. Casimiri, L. Virgili, K. Jeppesen u. L. Bianchi, Rom ab 1939.
Lit.: Z. K. Pyne, P., His Life and Times, New York 1922, Nachdruck Freeport, NY, 1970; K. Jeppesen, Der Palestrinastil u. die Dissonanz, Leipzig 1925; K. G. Fellerer, Der Palestrinastil in der vokalen Kirchenmusik des 18. Jh., Augsburg 1929, Nachdr. Wiesbaden 1972; ders., P., Regensburg 1930, Neuauflage Düsseldorf 1960; E. Paccagnella, P., il linguaggio melodiço e armonico, Florenz 1957; H. K. Andrews, An Introduction to the Technique of P., London 1958; L. Bianchi u. K. G. Fellerer, G. P. da P., Turin 1971; J. Roche, P., Oxford Studies of Composers, London 1971; M. Boyd, P.'s Style. A Practical Introduction, London 1973.

Palestrina-Stil → römische Schule

Paliaschwili (Paliašvili), Sacharij P., russ. Komponist u. Volksliedsammler, * 16. 8. 1871 Kutaissi, Grusinien, † 6. 10. 1933 Tiflis. Studierte in Tiflis bei N. Klenowskij u. M. Ippolitow-Iwanow Komposition u. Dirigieren sowie am Moskauer Konservatorium 1900–03 bei S. Tanejew. Ab 1903 Lehrer an der Musikschule von Tiflis, ab 1917 am dortigen Konservatorium, dessen Leitung er mehrfach innehatte. 1905 gehörte er zu den Gründern der Grusinischen Philharmonischen Gesellschaft. Daneben unternahm er eine Reihe von Reisen, um grusinische Volkslieder zu sammeln. Er ist einer der Väter der grusinischen Kunstmusik. Seit 1937 ist das staatliche Opernhaus in Tiflis nach ihm benannt.

Zu P. Werken gehören die Opern *Abessalom i Ėteri* (1910–18), *Daissi* (1923) u. *Latawra* (1927); *Grusinische Suite* (1928); Chorlieder; Romanzen; Volksliedbearbeitungen.

Pallavicino (Pallavicini), Carlo, ital. Komponist, * um 1630 Salò, † 29. 1. 1688 Dresden. 1666–72 Vizekapellmeister am Dresdner Hof, 1672 dort zum Kapellmeister ernannt, zog ein Jahr später nach Venedig, wo er 1674 als Maestro di cappella am Ospedale degli Incurabili tätig war u. in den folgenden Jahren eine Reihe seiner Opern herausbrachte. 1685 wurde er vom Sohn seines ehemaligen Dienstherrn wieder nach Dresden eingeladen u. dort 1687 als Camerae ac Theatralis Musicae Praefectus vereidigt. Zu seinen 22 bisher bekannten Opern gehören *Enea in Italia* (1675), *Nerone* (1679), *Messalina* (1680), *L'amazone corsara* (1686), *La Gerusalemme liberata* (1687) u. *Antiope* (1688–89). Die letztere entstand auf ein Libretto seines Sohnes Steffano, der auch Texte für G. F. Händel u. J. A. Hasse lieferte.

Palmgren, Selim, finn. Pianist, Dirigent u. Komponist, * 16. 2. 1878 Pori (Björneborg), † 13. 12. 1951 Helsinki. Schüler von M. Wegelius u. K. Ekman in Helsinki u. F. Busoni, C. Ansorge u. W. Berger in Berlin. Unternahm mehrere Konzertreisen bis nach den USA u. wurde dort 1923 Lehrer für Komposition an der Eastman School of Music in Rochester, NY. 1936 bis zu seinem Lebensende Professor für Komposition an der Sibelius-Akademie in Helsinki.

Zu P. Kompositionen gehören die Opern *Daniel Hjort* u. *Peter Schlemihl,* 5 Klavierkonzerte, sinfonische Stücke, Klavierstücke u. Lieder.

Palotás, langsamer, mehrsätziger ungar. Tanz im ²⁄₄- oder ⁴⁄₈-Takt.

Paminger (Päminger), Leonhard, österr. Komponist, * 29. 3. 1495 Aschach, Oberösterreich, † 3. 5. 1567 Passau. Erhielt seine Ausbildung vermutlich an St. Nikola in Passau u. in Wien. 1516 wieder in Passau u. dort Lehrer, später Rektor an St. Nikola. Trat zum evangelischen Glauben über u. verlor dadurch sein Lehramt.

Zu P. Kompositionen gehört ein vierbändiges, kontrapunktreiches Motettenwerk für das ganze Kirchenjahr, »Tomus Ecclesiasticarum cantionum 4, 5, 6 et plurium vocum« (1573–80).

Pantomime (griech.: »alles nachahmend«), eine Körpersprache, die mittels Mimik, Gebärde oder Körperbewegung Empfindungen oder Handlungsabläufe wiedergeben kann. Die P. war bereits zur Zeit des Hellenismus im Mittelmeerraum verbreitet u. wurde während der römischen Kaiserzeit von Pylades (tragisch) u. Bathyllus (komisch) zur Kunstgattung erhoben. Ihre P. bestand aus einer von Chor- u. Instrumentalmusik begleiteten Darbietung eines stumm mit Maske auftretenden Schauspielers. Im Jahr 526 wurde diese Kunstform unter Justinian wegen ihrer Obszönität endgültig verboten. In der Renaissancezeit waren P. allegorischen Inhalts beliebt (Trionfi u. Intermedien). Sie gehören mit zu den Vorstufen von Oper u. Ballett. G. Noverre wies der P. in seinen Reformballetten die gleiche Aufgabe zu, die das Rezitativ in der Oper hatte. Daneben erhielt sich eine volkstümliche P., die über das → liturgische Drama, Commedia dell'arte u. Jahrmarkttheater bis heute lebendig geblieben ist. Revue, Varieté u. Film (Slapstick) verdanken ihr viele Anregungen. Durch Ch. Dullin, E. Decroux u. ihre Schüler J.-L. Barrault sowie M. Marceau ist es besonders in Frankreich zu einer Renaissance der P. gekommen, die auch auf das zeitgenössische Ballett ausstrahlt. Marceau unterhält seit einiger Zeit sogar eine staatlich geförderte Schule für P. in Paris.

Panufnik, Andrzej, poln. Komponist, * 24. 9. 1914 Warschau. Schüler von K. Sikorski u. F. Weingartner. 1945–46 Leiter der Krakauer Philharmonie, 1946–47 der Warschauer Philharmonie. Emigrierte 1954 nach England, wo er 1957–59 das City of Birmingham Symphony Orchestra leitete. Lebt seither als freischaffender Komponist u. Gastdirigent. Verbindet in seinen Kompositionen poln. Folklore u. logische Disposition seines Materials. Beschränkt sich in letzter Zeit immer häufiger auf ein oder zwei Dreiklänge, aus denen er die gesamte Werkstruktur aufbaut.

Zu P. Kompositionen gehören: Klaviertrio (1934, rekonstruiert 1945, rev. 1977); *Lullaby* für 29 Streicher u. 2 Hf. (1947, rev. 1955); Nocturne für Orch. (1947, rev. 1955); *Divertimento für Streicher* (1947, nach 6 Trios von F. Janiewicz, rev. 1955); *Sinfonia rusticana* (1948, rev. 1955); *Hommage à Chopin*, 5 Vokalisen für S. u. Kl. (1949, rev. 1966 für Fl. u. Kammerorch.); *Altpoln. Suite für Streicher* (1950, rev. 1955); *Concerto in modo antico* (1951, rev. 1955); *Heroische Ouvertüre* (1952, rev. 1969); *Rhapsody* für Orch. (1956); *Sinfonia elegiaca* (1957, rev. 1966); *Polonia* für Orch. (1959); *Autumn Music* (1962, rev. 1965); Klavierkonzert (1962, rev. 1970, neu komponiert 1972); *Landscape* für Streicher (1962, rev. 1965); *Sinfonia sacra* (1963); *Jagiellonian Triptych* für Streicher (1966); *Katyń Epitaph* für Orch. (1967, rev. 1969); *Universal Prayer*, Kantate für S., A., T., B., 3 Hf., Org. u. gem. Chor (1968–69); *Reflections* für Kl. (1969); Konzert für V. u. Streicher (1971); *Winter Solstice* für S., Bar., gem. Chor, 3 Trp., 3 Pos., Pauken u. Glockenspiel (1972); *Sinfonia concertante* für Fl., Hf. u. Streicher (1973); *Sinfonia di sfere* (1975); 1. Streichquartett (1976); *Sinfonia mistica* (1977); *Metasinfonia* für Org., Streicher u. Pauken (1978); *Concerto festivo* (1979); 2. Streichquartett (1980); *Sinfonia votiva* (1981). Außerdem hat P. eine Reihe von Schulmusiken komponiert.

Papaioannou, Yannis A., griech. Komponist, * 6. 1. 1911 Kawalla. Studierte am Hellenikon Odeion in Athen u. bei A. Honegger in Paris. Lehrt am Hellenikon Odeion Musiktheorie u. Komposition. Entwickelte sich in seinen Kompositionen über die Atonalität u. Zwölftontechnik zur seriellen Schreibweise.

Zu P. Werken gehören 5 Sinfonien (1946, 1951, 1953, 1963, 1964), 1 Klavierkonzert (1950), 1 Konzert für V. u. Streicher (1971) u. 1 Konzert für Kl., V. u. Orch. (1973).

Papandopulo, Boris, jugoslaw. Komponist u. Dirigent, * 25. 2. 1906 Bad Honnef. Studierte in Zagreb u. Wien. Ab 1945 Operndirigent in Rijeka, Sarajewo, Zagreb u. Split. Lebt seit 1968 als freischaffender Komponist u. Gastdirigent.

Zu P. Werken gehören: die Opern *Amphitrion* (1940), *Sunčanica* (1942), *Rona* (1956), *Marulova pisan* (1970) u. *Madame Buffault* (1972), 4 Klavierkonzerte (1938–58), Konzert für Kb. u. Streicher (1968), Konzert für 4 Pk. u. Orch. (1969), Orchesterlehrstücke, 5 Streichquartette, Lieder.

Papineau-Couture, Jean, kanadischer Komponist, * 12. 11. 1916 Montreal. Privatunterricht 1937–40 bei G. Cusson u. 1939–40 bei Léo-Pol Morin. 1940–41 Schüler von Q. Porter (Komposition), F. Findlay (Dirigieren) u. B. Webster (Klavier) am New England Conservatory in Boston. 1941–43 Schüler von N. Boulanger an der Longy School of Music in Boston. Ab 1946 Professor für Theorie am Konservatorium in Montreal u. ab 1951 an der dortigen Universität. Daneben verschiedene Verwaltungsaufgaben. Seine Kompositionen stehen deutlich unter dem Einfluß I. Strawinskys. P. Stücke beziehen ihre Spannung aus der ihnen innewohnenden Polarität (Tonalität-Chromatik, Dur-Moll). Seine bevorzugten Formen sind Rondo u. Variation.

Zu P.-C. Werken gehören: *Églogues* für A., Fl. u. Kl. (1942); *Aria* für V. solo (1946); *Papotages*, Ballett (1949); Konzert für V. u. Kammerorch. (1951–52); *Psalm CL* für S., T., Fl., Fag., Blechbläser, Org. u. Chor (1954); *Fantaisie* für Bläserquintett (1963); *Pièce concertante Nr. 5* für Orch. (1963); Klavierkonzert (1965); *Suite Lapitsky* für Orch. (1965); Streichquartett Nr. 2 (1967); Sextett für Ob., Klar., Fag., V., Va. u. Vc. (1967); *Paysage* für 8 Singst., 8 Sprechst., Bläserquintett, Streichquintett, Kl., Hf. u. Schlagzeug (1968); *Oscillations* für Kammerorch. (1969); *Contraste* für St. u. Orch. (1970); *Complémentarité* für Kl. (1971); *Chanson de Rahit* für St., Klar. u. Kl. (1972); *Obsession* für Instrumentalensemble (1973); Trio in 4 Sätzen für Va., Klar. u. Kl. (1974); *Slano* für Streichtrio (1976).

Parabosco, Girolamo, ital. Komponist, Organist u. Dichter, * um 1520 Piacenza, † 21. 4. 1557 Venedig. Ab 1541 Schüler von A. Willaert in Venedig. Hielt sich zwischen 1546 u. 1551 an verschiedenen ital. Höfen auf u. war 1551–57 als Nachfolger von J. Buus Organist an S. Marco in Venedig. Von seinen Kompositionen sind nur zwei 4st. Ricercari u. ein 2st. Benedictus für Org. sowie 5st. Madrigale erhalten. Diese zeigen den Einfluß seines Lehrers.

Parakusis (griech.), Falschhören, das auf Einbildung oder Erkrankung der Hörorgane zurückzuführen ist.

Parallelen, das Fortschreiten zweier oder mehrerer Stimmen in gleicher Richtung bei gleichbleibendem Abstand. Während beim → Organum die Bewegung in Quint- oder Quart-P. zu den Grundlagen der Mehrstimmigkeit gehörte, wurden im 13. Jh. fortschreitende Oktaven, im 14. Jh. fortschreitende Quinten als unzulässig verboten. Im 17., 18. u. 19. Jh. waren außerdem P.-Bewegungen wie die sog. verdeckten P. u. die Anti-P. nicht erlaubt. Erst mit der neueren Musik wird die Parallelführung wieder zum Gestaltungsmittel, jetzt häufig im Sinn mixturartiger Verdoppelung wie bei C. Debussy u. G. Puccini.

Parallelklang, jeder Dreiklang, der mit einem anderen des gegenteiligen Geschlechts das Intervall der großen Terz gemeinsam hat u. dessen Grundton zu dem des anderen im Kleinterzverhältnis steht.

Paralleltonarten sind jeweils die Paare von Dur- oder Molltonarten, die gleiche Vorzeichen haben.

Parameter (von griech.: »etwas vergleichen«), aus der Mathematik in die Musiktheorie von J. Schillinger eingeführter Begriff. Ging insbesondere durch W. Meyer-Eppler in die Theorie der → seriellen Musik ein. Mit P. werden die einzelnen Variablen des musikalischen Verlaufs bezeichnet: Tonhöhe, Tondauer, Lautstärke, Klangfarbe, Klangartikulation, Dichtegrad (horizontal u. vertikal), wechselnde Charakteristik der Gruppen, räumliche Verteilung des klanglichen Geschehens u. Wechsel zwischen festen (notierten) u. freien (aleatorischen) Formteilen. Diese P. wurden besonders in den 50er Jahren dem Reihengesetz unterworfen u. genauso gehandhabt wie vorher die 12 Töne.

Paraphonia (griech.), Bezeichnung für Quinte u. Quarte in der spätantiken Intervallehre, in der die Konsonanzen in antiphone (Oktave u. Doppeloktave) u. paraphone (nebengeordnete) unterteilt waren.

Paraphrase (von griech.: »Umschreibung«), bedeutet in der Literatur Umsetzung eines Textes von einem Stilbereich in einen anderen (Prosa – Lyrik). Dies trifft in der Musik ganz besonders auf das protestantische Kirchenlied zu, das häufig eine P. biblischer oder altkirchlicher Texte ist. Im 19. Jh. versteht man unter P. die Verknüpfung u. Ausschmückung beliebter Lieder oder Opernmelodien im Sinne des über sie Fantasierens.

Parish-Alvars, Elias, engl. Harfenist, Pianist u. Komponist, * 28. 2. 1808 Teignmouth, † 25. 1. 1849 Wien. Schüler von F. Dizi, Th. Labarre u. R.-N.-Ch. Bochsa in London. Konzertierte mit großem Erfolg 1831–36 in Deutschland u. ließ sich anschließend in Wien nieder. 1838–42 unternahm er eine Orientreise, von der er viele exotische Melodien mitbrachte. Nach weiteren Konzertreisen quer durch Europa lebte er eine Zeitlang in Leipzig u. war mit F. Mendelssohn Bartholdy bekannt, ließ sich aber ab 1847 wieder in Wien nieder. Er verfaßte einige der besten Kompositionen für Harfe, u.a. 2 Konzerte (1845 u. 1849) u. 1 Concertino für 2 Hf. u. Orch. sowie eine Vielzahl von Charakterstücken.

Parker, Charles Ch. (genannt Charlie, Bird, Yardbird, Charlie Chan), amer. Jazzmusiker u. Komponist, * 29. 8. 1920 Kansas City, † 12. 3. 1955 New York. Bedeutendster Jazzmusiker des Bebop (Altsaxophon). Spielte 1937–42 in der Band von J. McShann. Gehörte seit 1942 zu den Musikern, die in Minton's Playhouse, New York, auftraten. Spielte mit dem Dizzy-Gillespie-Quintett (Gillespie, Parker, Al Haig, Curley Russel, Stan Levey) u. gründete schließlich verschiedene eigene Formationen, darunter das berühmte Ch.-P.-Quintett mit Miles Davis, Ch. P., Bud Powell, Curley Russell u. Max Roach. Schwerer Drogenmißbrauch führte 1946 zu einem Nervenzusammenbruch u. zur Einlieferung in das Camarillo State Hospital. Diese Zeit findet ihren Widerhall in einer Aufnahme seines Septetts mit dem Titel *Relaxin' at the Camarillo*. In seinen letzten Lebensjahren war P. nur noch selten in der Lage aufzutreten. Er machte noch einige Tourneen u. starb dann in einem New Yorker Hotel an Herzversagen. Sein Spiel u. seine Improvisationskunst brachten den Jazz in die Nähe der zeitgenössischen Konzertmusik. Keiner seiner Nachahmer hat ihn erreicht. Zu seinen wichtigsten Kompositionen gehören *Anthropology*, *Yardbird Suite* u. *Ornithology*.

Lit.: S. Schmidt-Joos, Ch. P., Wetzlar 1959; M. Harrison, Ch. P., London 1960; N. Hentoff, Ch. P., New York 1960; R. Russell, Bird lives! The High Life and Hard Times of Ch. (Yardbird) P., London 1973.

Parker, Horatio W., amer. Komponist, * 15. 9. 1863 Auburndale, MA, † 18. 12. 1919 Cedarhurst, NY. Studierte bei S. A. Emery, J. Orth u. G. W. Chadwick in Boston u. J. Rheinberger in München. Nahm nach seiner Rückkehr in die USA eine Organistenstelle in New York an u. trat mit seinem Oratorium *Hora novissima* erstmals als Komponist an die Öffentlichkeit. 1894 erhielt er eine Professur an der Yale University, die er bis zu seinem Lebensende innehatte. Durch seinen unermüdlichen Einsatz machte er die Universität zum Zentrum des Musiklebens von New Haven. Er gründete u. dirigierte auch das dortige Sinfonieorchester. In seinen Kompositionen ist er der Spätromantik verpflichtet.

P. komponierte neben den Opern *Mona* (1912) u. *Fairyland* (1915) sowie einigen Orchesterwerken, Orgelstükken u. Kammermusik vor allem Vokalwerke. Zu ihnen gehören: *King Trojan* für Soli, Chor, Orch. u. Hf. (1886); *Harold Harfagar* für Chor u. Orch. (1891); *Hora Novissima* (1893); *The Dream King and His Love*, Kantate (1893); *The Legend of St. Christopher*, Oratorium (1898); *A Wanderer's Psalm* für Chor u. Orch. (1900); *A Star Song* für Solost., Chor u. Orch. (1901); *The Norsemen's Raid* für Männerchor u. Org. (1911) u. *The Dream of Mary*, Kantate für Soli, Chor u. Orch. (1918). Er veröffentlichte außerdem: »Music and Public Entertainment« (Boston 1911) u. »The Progressive Music Series«, (8 Bde., Boston u. New York ab 1915).

parlando (von ital.: »sprechen«), eine Kompositions- u. Vortragsweise, die schnelles Sprechen imitiert u. besonders in der ital. Opera buffa beliebt war. Im Gegensatz zum Seccorezitativ kommt das P. nur in geschlossenen Musikstükken vor. P. oder parlante wird gelegentlich bei Instrumentalwerken vorgeschrieben u. bedeutet dann: »sprechend-ausdrucksvoll«.

Parodie (griech.: »Neben-« oder »Gegengesang«), bis zu W. A. Mozart hin in der Musik die Umformung, oft auch Umtextierung eines Stükkes zu einem neuen Werk. Von dieser Technik machte vor allem das 16. Jh. mit den P.-Messen Gebrauch. Dabei wurden Motive aus anderen Kompositionen entlehnt und regelrecht durchimitiert. O. de Lassus wendete diese Technik sogar auf das Magnificat an. Noch bei J.S. Bach spielte die sog. missa parodia eine Rolle; er entlehnte in manchen Fällen sogar ganze Arien u. Chöre aus verschiedenen Werken, z. B. für seine h-Moll-Messe. Der Bedeutungswandel zur heutigen Auffassung von P. setzte erst im 19. Jh. ein. Man suchte komische Wirkungen dadurch zu erzielen, daß man eine bekannte Musik mit einem unpassenden Text unterlegte.

Parry, Sir Ch. Hubert H., engl. Komponist, Lehrer u. Wissenschaftler, * 27. 2. 1848 Bornemouth, † 7. 10. 1918 Knight's Croft, Rustington. Studierte in Oxford, Stuttgart u. privat bei E. Dannreuther in London. Trat 1880 erstmals als Komponist an die Öffentlichkeit, als E. Dannreuther sein Klavierkonzert in fis-Moll uraufführte. 1883 Chorleiter an der Universität von Oxford u. in Nachfolge von Sir J. Stainer 1900 Professor für Musik. 1894 folgte er G. Grove als Direktor des Royal College of Music in London. P. komponierte eine Reihe von Orchesterwerken, darunter 5 Sinfonien, Kammermusik u. Lieder.

Zu seinen wissenschaftlichen Arbeiten gehören: »Studies of Great Composers« (London 1886, Nachdr. Freeport, NY, 1972); »The Evolution of the Art of Music« (London 1896); »Style in Musical Art« (Oxford 1900); »The Music of the 17th Century«, Oxford History of Music III (Oxford 1902) u. »J. S. Bach« (London 1909).

Zu P. besten Werken gehören Vokalkompositionen wie die Ode *Blest Pair of Sirens* für Chor u. Orch. (1887); *De Profundis* für Chor u. Orch. (1891); Ode *War and Peace* für Soli, Chor u. Orch. (1903), *The Pied Piper of Hamelin* für T., B., Chor u. Orch. (1905); *Ode on the Nativity* für S., Chor u. Orch. (1912).

Partch, Harry, amer. Komponist u. Instrumentenbauer, * 24. 6. 1901 Oakland, CA, † 3. 9. 1974 San Diego, CA. Als Komponist Autodidakt; baute sich nach seinen musikalischen Vorstellungen Instrumente, die Mikrointervalle hervorbringen. Dies führte zu einer Einteilung der Oktave in 43 Teiltöne, für die er ein eigenes Notationssystem erfand. Sein Instrumentarium bestand u. a. aus Kanons, Kitharas, Marimbas, Melodium, umgebauten Bratschen u. Gitarren. Seine Philosophie ist ausführlich dargestellt in: »Genesis of Music« (Madison, WI, 1949, erweitert New York 1973).

Zu P. Kompositionen gehören: die Bühnenwerke *Oedipus* (1952, nach einer eigenen Sophokles-Übersetzung); *Even Wild Horses, Dance Music for an Absent Drama* (1953); *The Bewitched, a Dance Satire* (1955); *Revelation in the Courthouse,* musical tragedy nach den Bakchen des Euripides (1960), u. *Water, Water, an American Ritual* (1962); Kammermusik, u. a. *17 Lyrics by Li Po* (1930–33); *U.S. Highball, a Musical Account of a Transcontinental Hobo Trip* (1943); *The Letter, a Depression Message from a Hobo Friend* (1943); *The Wayward, an American Collection* (1946–55); *14 intrusions* (1949–50); *Plectra and Percussion Dances* (1949–52); *Cloud-Chamber Music* (1950); *8 Hitchhiker Inscriptions from a Highway Railing at Barstow, CA* (1956); *Daphne of the Dunes* (1958); *And on the 7th Day Petals Fell on Petaluma* (1964); *Delusion of the Fury* (1965–66); die Filme »Music studio – Harry P.« (1958), »Rotate the body« (1961), »The dreamer that remains« (1972).

Parte (ital.: »Teile«), Stimme, Stimmpart.

Partialtöne → Teiltöne

Particella (ital.: »Teilchen«, dt.: Particell), Ausarbeitung einer Komposition auf mehrere Fünfliniensysteme in Partituranordnung, wobei jedoch mehrere Stimmen auf jeweils ein System zusammengezogen sind. Die P. stellt häufig den letzten Arbeitsgang vor der vollen Instrumentierung dar. Nach einem solchen vom Komponisten hinterlassenen Particell hat F. Cerha den 3. Akt von A. Bergs *Lulu* hergestellt.

Partimento (ital.: »Teilung«), meist zu Übungszwecken angefertigte Skizze eines polyphonen Satzes in einer fortlaufenden Stimme, die teils aus beziffertem Generalbaß, teils aus angedeutetem thematischem Verlauf bestand. Sie dienten als Grundlage zur improvisatorischen Ausführung auf einem Tasteninstrument. Das P.-Spiel war vor allem in Italien beliebt. Große Könner auf diesem Gebiet waren F. Durante, G. Sarti, G. Sabbatini, S. Mattei u. F. Santini.

Partita (ital. von partire: »teilen«), in der 1. Hälfte des 17. Jh. in Italien u. Deutschland als Bezeichnung für den einzelnen Teil einer Variationsreihe gebräuchlich. Erscheint im Plural auch in Werküberschriften wie G. Frescobaldis »Toccate e partite d'intavolatura«. Später auch allgemein auf Instrumentalstücke angewendet, u. a. für Satzfolgen im Sinn der → Suite. In der Gegenwart wurde der Begriff verschiedentlich wieder aufgegriffen, so z. B. von G. Petrassi u. L. Dallapiccola.

Partitino (ital.: »kleine Partitur«), Partitur, die einzelne Instrumentenstimmen enthält, die erst nachträglich komponiert oder geliefert wurden u. daher als Anhang zur Partitur behandelt werden. Am häufigsten ist das P. bei Blechbläsern u. Pauken.

Partitur (ital. partitura, franz. partition, engl. score), Notation eines mehrstimmigen musikalischen Vorgangs innerhalb eines für die einzelnen Stimmen räumlich u. zeitlich verbindlichen Ablaufs. Dieser wird gewährleistet durch fortlaufende horizontale Notierung auf mehreren Systemen gleichzeitig u. Teilung durch senkrechte Ordnungsstriche. Der Ausdruck leitet sich her von partire (ital.: »teilen«, im Bereich der Musik: in Brevis- oder Longaeinheiten teilen), das heute noch im Ital. »in Partitur bringen« heißt. Diese Form der Notation wurde mit der aufkommenden Mehrstimmigkeit notwendig. Die Entwicklung der P. gibt seither ein getreues Abbild der jeweiligen musikalischen Entwicklung. Die frühesten Versuche einer Darstellung von Mehrstimmigkeit wurden in der Musica Enchiriadis gemacht. Unser heutiges Partiturbild entwickelte sich aus der Technik des Intavolierens (→ Tabulatur), bei dem man die gleichzeitig erklingenden Stimmen zum Spiel auf Tasteninstrumenten oder der Laute untereinander schrieb. Für die Anordnung der einzelnen Instrumentengruppen wurde die franz. P.-Anordnung verbindlich, die sich bis auf die Pariser Gluck-Schule zurückverfolgen läßt. Man notiert von oben nach unten in Gruppen, die jeweils einen durchgezogenen Taktstrich aufweisen: Holzbläser (Fl., Ob., Englischhorn, Klar., Fag.), Blechbläser (Horn, Trp., Pos., Tuba), Perkussionsinstrumente (ihnen angeschlossen Hf. u. Celesta) u. Streicher (V., Va., Vc., Kb.). Soloinstrumente werden meistens über der Streichergruppe notiert, Gesangs- u. Chorpartien zwischen Celli u. Bratschen, die Orgel unter dem Kontrabaß.

Auf den ersten Blick müssen die abweichenden Vorzeichen einzelner Instrumentengruppen in der P. den Laien verwirren. Es handelt sich dabei um → transponierende Instrumente. Alle Bestrebungen, hier zu einer einheitlichen Notierung in C zu kommen, sind bisher gescheitert.

In der neueren musikalischen Entwicklung fühlen sich viele Komponisten durch Notation u. P. beengt u. erfinden deshalb neue Methoden der → Notation u. Koordination mehrerer Abläufe in Raum u. Zeit. So erfordern z. B. Stücke mit aleatorischen Passagen (→ Aleatorik), Werke der → elektronischen Musik u. Kompositionen auf der Grundlage → musikalischer Grafik neue Formen der P.

Heute sind allgemein gebräuchlich Dirigierpartituren, Studienpartituren u. Taschenpartituren.

Paschtschenko (Paščenko), Andrej F., russ. Komponist, * 15. 8. 1883 Rostow am Don, † 16. 11. 1972 Moskau. 1911–31 Bibliothekar des Hoforchesters u. der späteren Leningrader Philharmonie, daneben Kompositionsunterricht 1914–17 bei M. Steinberg am Petersburger Konservatorium. Spielte eine Rolle im Leningrader Musikleben, bis er 1961 nach Moskau übersiedelte. Griff in seinen späteren Kompositionen immer häufiger zur russ. Folklore, nachdem er sich in der Jugend mit R. Wagner u. den franz. Impressionisten auseinandergesetzt hatte.

Zu P. Werken gehören: die Opern *Aufruhr der Adler* (1925), *Zar Maximilian* (1926–29), *Der schwarze Abhang* (1930), *Pompadour* (1936), *Die Hochzeit des Kretschinski* (1947), *Der Narr Balakirew* (1949), *Flammende Herzen* (1952), *Die eigensinnige Braut* (1953), *Radda und Lojko* (1957, rev. 1966), *Die Frau, das ist ein Teufel* (1966), *Afrikanische Liebe* (1966), *Das Roß im Senat* (1967), *Porträt* (1968) u. *Meister und Margarita* (1971); 15 Sinfonien (1916–64); sinfonische Dichtungen; Chorwerke, u. a. *Requiem zum Gedenken an die Kämpfer des Vaterländischen Krieges* (1942); 9 Streichquartette (1915–71); Romanzen u. Lieder.

Paso doble (span.: »Doppelschritt«), span. Paartanz im lebhaften ²⁄₄- oder ¾-Takt. Gehört zu den Standardtänzen im lateinamerikanischen Stil.

Pasquini, Bernardo, ital. Komponist u. Organist, * 7. 12. 1637 im heutigen Massa di Cozzile, † 21. 11. 1710 Rom. Schüler von L. Vittori u. M. Cesti. Gab Konzerte u. schrieb Auftragskompositionen, hatte außerdem in Rom Organistenstellen an der Chiesa Nuova (1661–63), S. Maria in Aracoeli (1664), S. Maria Maggiore (1665–67) u. S. Luigi dei Francesi (1673–75) sowie am Oratorio de SS. Crocifisso (1664–85) inne. P. war einer der angesehensten Virtuosen seiner Zeit. Zu seinen Schülern zählten J. K. Kerll, J. P. Krieger, G. Muffat, F. Durante u. F. Gasparini. Er komponierte u. a. 14 Opern, Oratorien u. Kammerkantaten. Bedeutender sind seine Toccaten, Partiten, Suiten, Versetten, Arien, Fantasien u. Passacaglien, die in verschiedenen Sammelwerken erschienen.

Passacaglia (ital.), ein im 16. Jh. über die Chitarramusik nach Italien gekommener span. Tanz. J. G. Walther gibt in seinem »Musicalischen Lexicon« als dt. Übersetzung »Gassenhauer«, was span. pasar una calle (»durch die Straße gehen«) entspricht. Es muß sich also um Musik der Straßenkapellen gehandelt haben. In der Gitarrenmusik Frankreichs war die P. bereits in der ersten Hälfte des 17. Jh. bekannt, am Hof Ludwigs XIV. wurde sie als langsamer Solotanz gepflegt u. hielt so Einzug in die Ballette J.-B. Lullys. Die P. ist ungeradtaktig, ihr Tempo im Gegensatz zu der verwandten → Chaconne getragener u. ihre ostinate Tonabfolge nicht ausschließlich auf den Baß beschränkt. In Italien trat sie sogar als Variations-P. auf, wobei nur die harmonische u. metrische Struktur des Themas erhalten blieb, während sie in Frankreich rondoartig erweitert wurde, aber ihren ostinaten Baß beibehielt. Die P.-Form wurde auf Arien, Tänze, instrumentale Bühnenmusiken, später auch reine Instrumentalstücke angewendet. Im 17. Jh. war der sog. P.-Baß beliebt mit dem vom Grundton absteigenden Tetrachord. Im 18. Jh. trat sie insbesondere in der Orgelmusik auf, im 20. Jh. wurde sie von M. Reger gepflegt. Bedeutende Instrumentalkompositionen in P.-Form sind das Finale der 4. Sinfonie von J. Brahms u. das op. 1 von A. Webern.

Passage (von ital. passagio: »Gang«), ab Mitte des 16. Jh. in Lehrbüchern auftauchender Ausdruck für die zu den Verzierungen gehörende Zerlegung einzelner Gerüsttöne oder Tonschritte. Das darin liegende virtuose Element zeigt sich in dem späteren Bedeutungswandel zu Fingerfertigkeit voraussetzenden Abschnitten eines Stücks, z. B. einer Akkord- oder Tonleiter-P.

Passamezzo (ital. zusammengezogen aus pass'e mezzo: »ein Schritt u. ein halber«, oder aus passo a mezzo: »im Halbschritt«), ein geradtaktiger ital. Tanz in langsamem Zeitmaß, der besonders im 16. u. 17. Jh. beliebt war u. in vielen Tabulaturen auftaucht. Der P. kam hauptsächlich in zwei Satzmodellen vor, dem P. antico (in Moll) u. dem P. moderno (in Dur). Die → Folia ist eine Variante des ersteren. Eine Anweisung zur Ausführung des P. findet sich in M. F. Carosos »Il ballarino« (Venedig 1581).

Passepied (von franz. passer à pied: »zu Fuß gehend«), ein der → Branle ähnlicher franz. Rundtanz, der aus der Bretagne stammt u. 1587 erstmals in Paris als Straßentanz erwähnt wird. Unter Ludwig XIV. wurde der P. als ein schneller, meist auftaktiger Hoftanz im 3/8- oder 6/8-Takt eingeführt. Bei Instrumentalsuiten findet er sich häufig als Einschub zwischen der Sarabande u. der abschließenden Gigue. Über seine Ausführung gibt R. A. Feuillet in seiner »Chorégraphie« (Paris 1700) Aufschluß.

Passion (lat. Passio Domini nostri Jesu Christi ...), die Leidensgeschichte Christi nach den Aufzeichnungen der vier Evangelisten. Sie wird heute noch in der römischen Liturgie am Palmsonntag u. Karfreitag vorgetragen. Ursprünglich begann die Lesung mit Matth. 21,8 am Palmsonntag, es folgten dann Markus am Dienstag, Lukas am Mittwoch u. Johannes am Karfreitag. Vorgetragen wurde in einem einfachen feierlichen Lektionston, dem sog. P.-Ton. Dabei wählte man für den erzählenden Text des Evangelisten, die Worte Christi u. die übrigen Personen (Soliloquenten) sowie die Personengruppen (turbae) jeweils eine eigene Tonlage, um sie besser voneinander abzusetzen. Eine Verteilung dieser Texte auf 3 Lektoren ist seit dem 14. Jh. nachweisbar, die ersten mehrstimmigen Vertonungen stammen aus der Mitte des 15. Jh. Neben den Turba-Stellen wurden zuerst die Texte der Soliloquenten mehrstimmig gesetzt. Diese am Charakter der liturgischen Lectio festhaltenden P. werden auch als responsoriale (→ Responsorium) P. bezeichnet. In ihren einstimmigen Partien halten sie sich an den römischen P.-Ton, in ihren mehrstimmigen Sätzen legen sie diesen meistens als C. f. zugrunde.

Die responsoriale P.-Form wurde von der entstehenden protestantischen Kirchenmusik assimiliert. Bereits um 1530 gab J. Walter (1496–1570) P. heraus, in denen er den römischen P.-Ton dem dt. Sprachrhythmus anpaßte u. die Turba-Sätze als falsobordoneartig auskomponierte Lektionsformeln behandelte. Sein Beispiel blieb für die protestantische Kirchenmusik des 16. Jh. maßgebend.

Daneben entwickelte sich unter dem Einfluß der → niederländischen Musik im Bereich der katholischen Kirchenmusik die durchkomponierte P., bei der auch der Bericht des Evangelisten mehrstimmig vertont wurde. Als Textgrundlage diente häufig eine Kompilation der Leidensgeschichte aus allen vier Evangelien. Ein viel nachgeahmtes Beispiel dieser wegen ihrer Textdisposition auch motettisch genannten P. ist die J. Obrecht (um 1450–1505) zugeschriebene Matthäus-P. Dieses Werk hat u. a. Joachim a Burck (1546–1610) beeinflußt, der mit seiner Johannes-P. (1568) die motettische Form in den deutschsprachigen Gottesdienst einführte. Die weitere Entwicklung der P. in der protestantischen Kirchenmusik führte unter Loslösung von den dt.-protestantischen Lektionsweisen zur oratorischen P. hin. H. Schütz (1585–1672) bildete hier mit seinen responsorialen P. nach Matthäus, Lukas u. Johannes eine Ausnahme. In Anlehnung an das lat. u. ital. Oratorium entstanden unter Abrückung von der Liturgie P. mit theatralischem Einschlag. T. Selle (1599–1663), der den einzelnen Stimmen bestimmte Instrumente zuordnete, u. J. Sebastiani (1622–83) mit seinen eingeschalteten Chorälen waren die Wegbereiter. In Werken wie R. Keisers *Der blutige u. sterbende Christus* auf einen Text von F. Hunold erreichte diese gefühlsbetonte P.-Musik ihre beliebteste Ausformung. Zur Ausdruckssteigerung wurden Accompagnatorezitative, Arien, Choräle u. selbständige Instrumentalsätze aufgeboten. Der Abstand zur Oper verringerte sich.

Diese Vielfalt von P.-Formen, die einmal stärker zum Gottesdienst hintendierten, dann wieder kaum noch vom Oratorium zu unterscheiden waren, verschmolz J. S. Bach in seinen beiden überlieferten P. nach Johannes (1723) u. Matthäus (1729) zu neuartigen Höhepunkten dieser Gattung. Seine P. bestehen nicht aus opernartig aneinandergereihten Sologesangsnummern, sondern aus einheitlichen Komplexen, die vom Erzähler (Evangelisten), den handelnden biblischen Personen (Soli u. Turba-Chöre) sowie der Gemeinde (Choräle) ausgefüllt werden. In der Zeit nach J. S. Bach verflachte die P. zum Konzertoratorium. Erst im 20. Jh. regten sich sowohl in der protestantischen wie auch in der katholischen Kirchenmusik neue Kräfte. In diesem Zusammenhang sei nur auf Namen wie E. Pepping, H. Distler u. K. Penderecki hingewiesen.

Passus duriusculus (lat.: »ein etwas mühsamer Gang«), in der Kompositionslehre des 17. Jh. Bezeichnung für eine unnatürlich erscheinende musikalische Figur. Er tritt am häufigsten als chromatischer Quartgang auf. Ihm verwandt ist der Saltus duriusculus, ein unbequemer Melodiesprung z. B. über eine Sexte oder ein schwer zu treffendes vermindertes bzw. übermäßiges Intervall.

Pasticcio (ital.: »Pastete«), Bezeichnung für die besonders im 18. Jh. beliebte Flickoper, die aus bekannten Nummern verschiedener Herkunft bestand u. durch ein neuerstelltes Libretto zusammengehalten wurde. Der Opernbetrieb des 18. Jh. verbrauchte eine so große Anzahl von Stücken, daß selbst einem G. F. Händel die Form des P. in seiner Eigenschaft als Opernunternehmer gelegen kam. Er übernahm dabei häufig die Neukomposition der verbindenden Rezitative.

Pastorale (ital.: »Hirtenstück«, »Schäferspiel«), aus der Antike übernommene typisierte idyllisch-ländliche Szenen, die in den → Pastourellen der Trouvères weiterlebten u. in Spielen, Aufzügen u. Liedern der Renaissance zu neuer Blüte kamen. Mit Tassos »Aminta« (1573) entstand das Vorbild für alle späteren Schäferdramen u. Pastoralopern. Zu den beliebtesten pastoralen Stoffen gehören bis heute »Daphne« u. »Eurydike«. »Il re pastore« wurde in kurzem Abstand gleich zweimal vertont, von Ch. W. Gluck 1756 u. von W. A. Mozart 1775. Mozart legte auch eine Parodie auf J.-J. Rousseaus ländliches Singspiel »Le devin du village« (1752) seiner Schäferoper *Bastien u. Bastienne* zugrunde.

Die P. in der Instrumentalmusik geht auf die Pifferari zurück, das sind Hirten, die in der Adventszeit mit ihren Liedern in Rom auftraten. Ihre Melodien finden sich in Schlußsätzen von Concerti grossi (besonders in Weihnachtskonzerten) wieder. Der hierbei auftretende 6/8- oder 12/8-Takt u. die Nachahmung des Schalmeienspiels der Hirten ist dem → Siciliano verwandt.

Pastourelle (franz.), eine dialogische Form der Trouvère-Lyrik, in der höfische Minne in ländliches Werben um die Dorfschöne umgemünzt wird.

pathétique (franz.: »leidenschaftlich«), zeigt im Titel eines Werkes an, daß dieses mit großem Gefühl, scharf rhythmisiert u. stark akzentuiert vorzutragen ist (L. van Beethovens Klaviersonate op. 13, P. Tschaikowskys 6. Sinfonie).

Pauer, Jiří, tschech. Komponist, * 22. 2. 1919 Libušín, Mittelböhmen. War zuerst Lehrer, studierte dann bei O. Šín, A. Hába u. P. Bořkovec. 1953–55 war er Opernchef des Prager Nationaltheaters u. ab 1958 Dirigent der Tschechischen Philharmonie. Seine effektvolle Musik zeigt besonders in den Finali böhmischen Witz.

P. komponierte u. a. die Opern *Der Schneckendiplomat* (1950), *Susanna Vojířová* (1957), *Rotkäppchen* (1960), *Ehekontrakte* (1. Fassung mit 3 Grotesken 1961, 2. Fassung mit 5 Grotesken 1967) u. *Der eingebildete Kranke* (1966–69); Sinfonie (1963); Konzerte für Fag. (1949), Ob. (1954) u. Horn (1958) mit Orch.; Kantaten; Kammermusik; Chöre u. Lieder.

Paulli, Holger S., dän. Geiger, Kapellmeister u. Komponist, * 22. 2. 1810 Kopenhagen, † 23. 12. 1891 ebd. Studierte bei K. Schall (Geige) u. trat 1828 in das Königliche Orchester in Kopenhagen ein, dessen Konzertmeister er 1849 u. Dirigent 1861 wurde. Ab 1866 gehörte er mit N. Gade u. J. P. E. Hartmann zum Direktorium des neugegründeten Konservatoriums.

Neben der Oper *Lodsen* (1851) komponierte P. hauptsächlich Ballette für A. Bournonville, u. a. *Napoli* (Teile), *Konservatorium, Kirmes in Brügge, Die Hochzeitsprozession von Hardanger* u. *Blumenfest von Genzano* (Teile).

Paumann, Konrad (Conrad), dt. Organist u. Komponist, * zwischen 1410 u. 1415 Nürnberg, † 24. 1. 1473 München. Der blind geborene Meister, über dessen Ausbildung wenig bekannt ist, wird 1446 als Organist an St. Sebald in Nürnberg erwähnt, ein Jahr später feierte ihn Hans Rosenplüt als Stadtorganisten. Ab 1451 Hoforganist in München. 1470 in Begleitung seines Sohnes Paul auf Kunstreise in Italien u. dort am Hof von Mantua nachweisbar. Sein virtuoses Spiel auf verschiedenen Instrumenten wurde von den Zeitgenossen bewundert, die Italiener erhoben ihn sogar in den Ritterstand. Von seinen Kompositionen sind nur wenige Orgelstücke u. Liedsätze erhalten. P. besondere Bedeutung liegt in seinen Fundamentbüchern, Sammlungen von methodisch aufgebauten Übungsstücken zur Erlernung des Spiels auf Tasteninstrumenten. Von diesen Fundamentbüchern war eins dem Lochamer Liederbuch beigebunden (»Fundamentum organisandi Magistri Conradi Paumanns Caeci de Nürenberga anno 1452«), zwei weitere gehören zum Buxheimer Orgelbuch. P. gilt außerdem als Begründer einer lautenistischen Schultradition. S. Virdungs Behauptung, P. habe die dt. Lautentabulatur erfunden, läßt sich nicht nachprüfen.

Pause (von lat. pausa), das zeitweise Aussetzen einzelner oder aller Stimmen eines musikalischen Satzes. Die heute gebräuchlichen Pausenzeichen haben sich aus der → Mensuralnotation entwickelt, die bereits für jeden Notenwert ein entsprechendes Pausenzeichen kannte:

		u. der dazugehörige Notenwert
ganze P.	𝄻	𝅝
halbe P.	𝄼	𝅗𝅥
Viertel-P.	𝄽	𝅘𝅥
Achtel-P.	𝄾	𝅘𝅥𝅮
Sechzehntel-P.	𝄿	𝅘𝅥𝅯
Zweiunddreißigstel-P.	𝅀	𝅘𝅥𝅰
Vierundsechzigstel-P.	𝅁	𝅘𝅥𝅱

Für eine P. von 2 bzw. 4 Takten verwendet man häufig noch die Brevis- bzw. Longa-P. der Mensuralnotation:

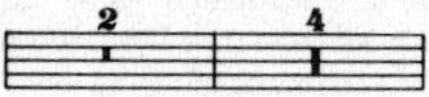

Eine Pause über eine größere Anzahl von Takten wird meistens durch Quer- oder Schrägbalken mit entsprechender Zahl angezeigt:

Erfolgt innerhalb der P. Taktwechsel, wird das P.-Zeichen geteilt. Die → Generalpause (𝄐) wird bei komplexeren Partituren noch mit G. P. kenntlich gemacht.

Pavane (ital. pavana, padovana, padoana), ein feierlicher, meist geradtaktiger höfischer Schreittanz, der sich im 16. u. 17. Jh. besonders in Italien, Frankreich u. Spanien großer Beliebtheit erfreute. Seine Herkunft ist unklar, da P. sowohl von Padua als auch von pavo, span. für »Pfau«, abgeleitet wird. Die P. erscheint erstmals im Lautenbuch von J. A. Dalza (Venedig 1508). Sie beruht ähnlich wie der → Passamezzo auf einem 8-, 12- oder 16taktigen Satzmodell. Bei Tanzfolgen wurde die P. mit dem Saltarello, später der Galliarde gekoppelt. In der dt. Tanzsuite trat sie kurz nach 1600 als Einleitungssatz auf. Die ebenfalls gegen Ende des 16. Jh. aufkommende Pavaniglia darf wahrscheinlich für eine Verkleinerungsform von P. gehalten werden. Der häufige Zusatz »spagnole« oder »di Spagna« deutet auf span. Ursprung hin.

Paz, Juan Carlos, argentin. Musikkritiker u. Komponist, * 5. 8. 1901 Buenos Aires, † 25. oder 26. 8. 1972 ebd. Studierte bei C. Gaito Klavier u. Harmonielehre u. war als Komponist Autodidakt. In seiner mittleren Schaffensperiode muß er zu den Anhängern der Zwölftontechnik gerechnet werden. P. gründete bereits 1929 die Agrupación Nueva Música u. setzte sich zeit seines Lebens für die Avantgarde ein. In diesem Sinn hat er auch M. Kagel gefördert.
Zu seinen Schriften gehören: »La música en los Estados Unidos« (México D. F. 1952); »Introducción a la música de nuestro tiempo« (1955); »A. Schönberg« (1958) u. autobiografisch: »Alturas, tensiones, ataques, intensidades«, Bd. I (1972), alle in Buenos Aires.

Von seinen Werken seien erwähnt: *Movimiento sinfónico* (1930); *Composición dodecafónica Nr. 1–4* für wechselnde Besetzungen (1934–38); *Rítmica constante* für Orch. (1952); *Continuidad 1953* für Schlagzeugensemble (1953); *6 Superposiciones* für Orch. (1954); *Transformaciones canónicas* für Orch. (1955); *Continuidad 1960* für Orch. (1960); *Estructuras 62* für Kammerensemble (1962); Musik für Kl. u. Orch. (1962) u. *Concreción* für 7 Bläser (1964).

Pedal (von lat. pes: »Fuß«), Fußklaviatur oder mit Füßen zu bedienende Hebel bei Tasteninstrumenten, der Harfe sowie der Pauke.

Pedrell, Felipe, span. Komponist, Lehrer u. Forscher, * 19. 2. 1841 Tortosa, † 19. 8. 1922 Barcelona. Erhielt nur eine Ausbildung als Chorknabe an der Kathedrale seiner Heimatstadt, war ansonsten Autodidakt. 1873–74 Operettendirigent in Barcelona, verbrachte nach Anfangserfolgen als Komponist einige Jahre in Paris. 1882 kehrte P. nach Barcelona zurück, gründete dort zwei Zeitschriften u. begann eine Publikationsreihe mit zeitgenössischer geistlicher Musik, »Salterio sacro-hispano« (1882–1905). 1894 ließ er sich in Madrid nieder, wurde dort Professor für Musikgeschichte und Ästhetik am Konservatorium (1895–1903) u. daneben Dozent an der Escuela de Estudios Superiores (1896–1903). Außerdem gab er die Zeitschrift »Música religiosa en España« (1896–99) heraus. Ab 1904 lebte P. aus gesundheitlichen Gründen wieder in Barcelona als künstlerischer Leiter des Verlags Vidal y Llimano. Daneben widmete er sich dem Komponieren, wirkte als Lehrer u. ging musikwissenschaftlichen Arbeiten nach. P. Einfluß auf die neuere span. Musik ist außergewöhnlich. Zu seinen Schülern gehörten I. Albéniz, E. Granados, H. Anglès u. M. de Falla. Besonders der letztere verdankte seiner Begegnung mit P. nach eigenen Aussagen entscheidende Impulse. Mit seinen wissenschaftlichen Veröffentlichungen begründete P. die moderne span. Musikwissenschaft u. gab der span. Musik internationales Ansehen. Obwohl er seine Schüler immer wieder auf den Reichtum der span. Folklore verwies, blieben seine eigenen Werke eigenartig farblos. Seine Bedeutung liegt in den Anregungen, die er der jüngeren Generation gab, sowie in der Edition des Gesamtwerks von T. L. Victoria. Von P. Schriften seien erwähnt: »Los músicos españoles ...«, I (Barcelona 1881); »Por nuestra música« (Barcelona 1891), »Diccionario técnico de la música« (Barcelona 1894); »La cançó popular catalana« (Barcelona 1906); »Musicalerías« (gesammelte Aufsätze, Valencia 1906); »Músicos contemporáneos y de otros tiempos« (Paris 1910); »Jornadas de arte« (Erinnerungen u. Aufsätze, Paris 1911, im gleichen Jahr »Orientaciones« als Fortsetzung) u. »Lírica nacionalizada« (gesammelte Aufsätze, Paris 1913).

Zu P. Kompositionen gehören: die Opern *L'ultimo Abenzerragio* (1874), *Quasimodo* (1875), *Cleopatra* (1878), die unvollendete Trilogie *Los Pirineos* (1902), *La Celestina* (1903) u. *Raimundo Lulio*, daneben Zarzuelas, Kirchenmusiken, Kantaten, 1 Streichquartett u. Lieder.

Peeters, Flor, belg. Komponist u. Organist, * 4. 7. 1903 Tielen bei Antwerpen. Schüler des Lemmens-Instituts in Mecheln u. dort 1923–52 Professor für Orgel. Nahm außerdem Lehraufträge in Gent u. Antwerpen wahr u. leitete 1952–68 das Flämische Konservatorium Antwerpen. Seit 1968 veranstaltet er im Mechelner Dom internationale Meisterkurse für Orgel. Zu seinen keiner Schule verpflichteten Kompositionen gehören über 400 Orgelwerke, Messen, Motetten sowie 20 Divertimenti für Kl.

Peire Cardenal, provenz. Trobador, * gegen Ende des 12. Jh. Veillac, † um 1275. Wir wissen nur, daß er seine Ausbildung in Le Puy (canorguia major del Puei) erhielt u. später am Hofe Jakobs I. von Aragonien lebte. Pflegte besonders das höfische Rügelied (castiamen) u. bewies eine äußerst kritische Einstellung zur traditionellen Liebespoesie. Zu seinen mehr als 70 überlieferten Liedern sind bisher nur 3 Melodien bekannt.

Pembaur, Joseph, österr. Komponist, * 23. 5. 1848 Innsbruck, † 19. 2. 1923 ebd. Schüler von A. Bruckner u. L. Weiß in Wien sowie J. G. Rheinberger in München. War 1875–1918 Direktor der Musikschule des Musikvereins in Innsbruck. Mit seinen Chören u. Liedern erwies sich P. als Vertreter der neudeutschen Schule. Seine Söhne Joseph (1875–1950) u. Karl M. (1876–1939) machten sich als Pianist bzw. Dirigent einen Namen.

Penderecki, Krzysztof, poln. Komponist u. Dirigent, * 23. 11. 1933 Debica bei Rzeszów. Nahm Privatunterricht bei F. Skołyszewski u. studierte bei A. Malawski u. S. Wiechowicz an der Krakauer Musikhochschule, die ihn 1958 zum Professor für Komposition berief. 1959 reichte P. unter verschiedenen Namen drei Arbeiten zu dem vom poln. Komponistenverband ausgeschriebenen Wettbewerb ein u. gewann alle drei Preise. Eins der preisgekrönten Stücke, *Strofy,* kam im gleichen Jahr beim Warschauer Herbst zur Aufführung u. machte P. erstmals einem größeren Publikum bekannt. 1960 gelang ihm bei den Musiktagen in Donaueschingen mit *Anaklasis* der internationale Durchbruch. In kurzem Abstand folgten Werke wie *Threnos* (1960), Streichquartett Nr. 1 (1960) u. *Polymorphia* (1961), mit denen sich P. als einer der führenden zeitgenössischen Musiker auswies. Die Lukas-Passion (1965–66), ein Auftrag des WDR zur 700-Jahr-Feier des Doms in Münster, beschloß den ersten Abschnitt von P. künstlerischer Entwicklung. Nachdem er die »Emanzipierung des Geräuschs« sicher beherrschte u. über die raffiniertesten Klangfarben gebot, begann sich P. mit den überlieferten Formen auseinanderzusetzen u. brachte damit seine Verwurzelung in der Vergangenheit klar zum Ausdruck. Die Lukas-Passion wurde zu einem seiner größten Publikumserfolge; ein Teil der Kritik warf ihm jedoch Verrat an der Avantgarde vor. Diese Verurteilung ist ihm seither bei jeder Uraufführung eines neuen Werks gewiß. 1969 hatte seine erste Oper *The Devils of Loudun (Die Teufel von Loudun),* ein Auftrag der Hamburgischen Staatsoper, Premiere. Das Stück gehört zu den wenigen mehrfach nachgespielten zeitgenössischen Bühnenwerken.

Vokales u. Instrumentales werden ebenfalls virtuos im Magnificat gehandhabt, das P. zur 1200-Jahr-Feier des Salzburger Doms schrieb. In genauer Kenntnis der überlieferten Formen komponierte P. ein Werk, das bewußt darauf abzielte, die 53st. Messe von O. Benevoli zu übertreffen, mit der 1628 der Dom eingeweiht worden war. 1976–77 entstand das Isaac Stern gewidmete einsätzige Violinkonzert. Nach dessen außergewöhnlichen technischen Schwierigkeiten befragt, gab der Komponist zu, daß ein wenig Rache eines nicht begabten Geigers mit im Spiel sei. Neben diesem Konzert entstand mit der Sacra Rappresentazione *Paradise Lost* ein zweites Bühnenwerk, das 1978 in Chicago uraufgeführt wurde.

P. Musik lebt sicherlich zu einem großen Teil aus ihren Anfang der 60er Jahre neuartig klingenden Effekten, den explosionsartigen Geräuschen, den Clustern u. Klangfarben, der exzessiven Dynamik u. der exzentrischen Handhabung der Instrumente, die manches Orchester zur Verweigerung reizte. Solange sich P. dieser Mittel immer virtuoser bediente, fand er Zustimmung bei der Kritik u. wurde vom Publikum, das ihn wahrscheinlich nicht verstand, bestaunt. Als P., der aus seiner Katholizität u. Verwurzelung im europäischen Humanismus keinen Hehl macht, sich stärker der Durchformung seines Materials zuwendete, Effekte sparsamer einsetzte, hin u. wieder eine Harmonie oder Melodie aufscheinen ließ, die Tonalität neu für sich entdeckte u. reine Klänge verwendete, hatte es das Publikum leichter mit ihm, aber die Kritik war enttäuscht. Inzwischen sind viele seiner Effekte sowie die von ihm entwickelte Notation Allgemeinplatz geworden. Sogar Hollywood greift bereits zu seiner Musik. Neben dem Komponieren u. den wachsenden Dirigierverpflichtungen hat P. nie den Kontakt zur Jugend verloren. 1966–68 war er Dozent an der Folkwang-Hochschule in Essen, 1972 Direktor der Musikhochschule in Krakau. In letzter Zeit nimmt er abwechselnd eine Professur in Krakau u. an der Yale University in New Haven, CT, wahr.

Zu P. Werken gehören: *Epitafium Artur Malawski in memoriam* für Streicher u. Pauken (1957–58); *Psalmy Dawida* für gem. Chor, Schlagzeug, Celesta, 2 Kl., Hf. u.

4 Kb. (1958); *Emanationen* für 2 Streichorch. (1959); *Strofy* für S., Sprecher u. 10 Instr. (1959); *Trzy miniatury* für V. u. Kl. (1959); *Anaklasis* für 42 Streichinstr. u. Schlagzeuggruppen (1959–60); *Tren Ofiarom Hiroszimy*, Threnos für 52 Streichinstr. (1960); Streichquartett Nr. 1 (1960); *Fonogrammi* für Fl. u. Kammerorch. (1961); *Psalmus 1961*, elektronische Komposition (1961); *Polymorphia* für 48 Streichinstr. (1961); *Fluorescences* für großes Orch. (1962); *Kanon* für 52 Streichinstr. u. Tonband (1962); Stabat mater für drei gem. Chöre a cappella, später in die Lukas-Passion aufgenommen (1962); *Todesbrigade*, elektronische Komposition zu einem Hörspiel (1963); *Cantata in honorem Almae Matris Universitatis Jagellonicae* für gem. Chor u. Orch. (1964); *Sonata* für Vc. u. Orch. (1964); *Mensura sortis* für Kl. (1964); Capriccio für Ob. u. Streicher (1965); *Passio et mors Domini nostri Iesu Christi secundum Lucam* für S., Bar., B., Sprecher, Knabenchor, 3 gem. Chöre, Org. u. Orch. (1965–66); *De natura sonoris Nr. 1* für großes Orch. (1966); Concerto für Violine grande u. Orch. (1966–67, Neufassung als Cellokonzert 1971–72); *Oratorium zum Gedächtnis der Ermordeten in Auschwitz* für S., T., Bar., gem. Chor u. Orch. (1967); *Pittsburgh Overture* für Blasorch., Schlagzeug, Hf. u. Kl. (1967); Capriccio für V. u. Orch. (1967); Streichquartett Nr. 2 (1968); *Capriccio per Siegfried Palm* für Vc. solo (1968); *Die Teufel von Loudun*, Oper (1968–69); *Utrenja I, Grablegung Christi* für S., A., T., B. u. B. profondo sowie 2 gem. Chöre u. Orch. (1969–70); *Utrenja II, Auferstehung* für S., A., T., B. u. B. profondo sowie 2 gem. Chöre, Knabenchor u. Orch. (1970–71); *Kosmogonia* zum 25jährigen Bestehen der UNO für S., T., B., gem. Chor u. Orch. (1970); *Canticum Canticorum Salomonis* für 16st. gem. Chor, Kammerorch. u. Tänzerpaar ad lib. (1970–73); *De natura sonoris Nr. 2* für Orch. (1971); *Prélude* für Bläser, Schlagzeug, Tasteninstr. u. Kb. (1971); *Actions* für Jazzensemble (1971); Partita für Cemb., 5 elektrisch verstärkte Soloinstr. u. Orch. (1971–72); Cellokonzert (1971–72, siehe Concerto für Violine grande); *Ecloga VIII* für 6 Männerst. a cappella (1972); *Ekecheireia* für Tonband (1972); Sinfonie Nr. 1 (1972–73); Intermezzo für 24 Streicher (1973); Magnificat zur 1200-Jahr-Feier des Salzburger Doms für B., 7 Männerst., Knabenchor, zwei 24st. gem. Chöre u. Orch. (1973–74); *Als Jakob erwachte* für Orch. (1974); Konzert für V. u. Orch. (1976–77); *Paradise Lost*, Sacra Rappresentazione (1976–78); Sinfonie Nr. 2 (1979–80); Te Deum für S., A., T., B., Chor u. Orch. (1980).

Lit.: K.-J. Müller, Informationen zu P. Lukas-Passion, Schriftenreihe zur Musikpädagogik, Frankfurt a. M. 1973; K. Lisicki, Szkice o Krz. P., Warschau 1973; W. Schwinger, P. – Begegnungen, Lebensdaten, Werkkommentare, Stuttgart 1979.

Penn, William A., amer. Komponist, Lehrer u. Musikschriftsteller, * 11. 1. 1943 Longbranch, NJ. Studierte u. a. bei H. Pousseur, M. Kagel u. A. Sapp, übernahm 1964–67 einen Lehrauftrag an der State University of New York in Buffalo u. 1967–70 an der Michigan State University. 1969–72 war er Composer-in-residence an der theaterwissenschaftlichen Fakultät der Michigan State University.

P. komponierte die Bühnenwerke *The Pied Piper of Hamelin* (1969), *At Last, Olympus!* (1969), *The Boy Who Cried Wolf Is Dead* (1971) u. *The Canticle* (1972); Orchesterwerke wie *Spectrums, Confusions, and Sometime-Moments Beyond the Order of Destiny* (1969), *Symphony* (1971) u. *Designs* für Bläser, Jazzquintett u. Schlagwerk (1972); Kammermusik; Multimedia-Programme, darunter *5 Glasses of Absinthe* für Blechbläser, Jazzquintett, Schlagwerk, Stimmen, Sprecher, Tonband, Tänzer u. Projektion (1972).

Pentatonik (griech.: »Fünftönigkeit«), fünfstufige Tonreihe, die sich sowohl in der Volks- u. Kunstmusik Mittel- u. Ostasiens wie im Mittelmeergebiet findet. Theoretisch hat man versucht, ihr Entstehen aus dem Zirkel von 5 Quinten abzuleiten. Möglicherweise hängt sie mit dem Symbolgehalt der Zahl fünf zusammen. Man unterscheidet die anhemitonische P. (ohne Halbtöne) u. die hemitonische P. (mit Halbtönen). Die letztere enthält die zieltönigen Halbtonschritte u. hat dadurch das Schwebend-Unbestimmte der offensichtlich früheren anhemitonischen Skala verloren. Als Bereicherung ihrer Ausdrucksmöglichkeiten haben besonders C. Debussy u. B. Bartók die P. in ihren Kompositionen eingesetzt.

Pentland, Barbara, kan. Komponistin u. Pianistin, * 2. 1. 1912 Winnipeg. Studierte 1929–30 bei Cécile Gauthiez an der Schola Cantorum in Paris, 1936–39 bei F. Jacobi u. B. Wagenaar an der Juilliard School of Music in New York u. während der Sommerkurse 1941 u. 1942 bei A. Copland in Tanglewood. 1942 wurde sie Professor für Theorie u. Komposition am Royal Conservatory of Music in Toronto u. 1949–63 am Music Department der University of British Columbia in Vancouver. Mit dem Oktett für Bläser (1948) komponierte sie ihr erstes serielles Stück. Inzwischen arbeitet sie mit Jazzrhythmen, Vierteltönen u. Aleatorik. Das serielle Prinzip kommt nur noch in großzügiger Handhabung zur Anwendung.

Von P. Kompositionen seien erwähnt: *Beauty and the Beast*, Ballettpantomime für 2 Kl. (1940); die Kammeroper *The Lake* (1954); 4 Sinfonien (1948, 1950, 1957 u. 1959); *Ciné scene* für Kammerorch. (1968); *Five – Plus, Simple Piece* für Streicher (1971); Konzert für V. u. Kammerorch. (1942); *Colony Music* für Kl. u. Streicher (1947); Konzert für Org. u. Streicher (1949); Konzert für Kl. u. Streicher (1956); *News* für virtuose St. u. Orch. u. *Variations Concertantes* für Kl. u. Orch. (1970); Vokalmusik wie *At Early Dawn* für T., Fl. u. Vc. (1945); *Disasters of the Sun* für Mezzo-S. u. 9 Instrumentalisten sowie Tonband (1976); Kammermusik, u. a. 3 Streichquartette (1945, 1953 u. 1969), Klaviertrio (1963), Streichtrio con Alea (1966) u. *Mutations* für Vc. u. Kl. (1972); Klavierstücke. Übungsstücke u. Einführungen in die zeitgenössische Musik entstanden unter dem Titel »Music of Now« (1969–70) in 3 Heften.

Pépin, Clermont, kan. Komponist, * 15. 5. 1926 St-Georges-de-Beauce, Quebec. Begann mit 8 Jahren eine Sinfonie für Kl. 4händig zu komponieren, erhielt mit 11 ein Stipendium u. nahm Unterricht in Harmonie u. Kontrapunkt bei C. Champagne in Montreal. 1941 Stipendium für das Curtis Institute in Philadelphia, wo er bei R. Scalero in Komposition u. bei J. Behrend am Klavier unterrichtet wurde. Nach weiteren Studien bei A. Walter u. L. Kolessa legte P. ein 1. Klavierkonzert (1946), Sinfonische Variationen (1947) u. eine 1. Sinfonie (1948) vor. 1949–55 hielt er sich in Paris auf, wurde Schüler von A. Jolivet u. A. Honegger. Außerdem nahm er an den Analysekursen von O. Messiaen teil. Die *Turangalîla-Sinfonie* des letzteren machte großen Eindruck auf ihn. 1955–64 war P. Professor für Komposition am Conservatoire de Musique in Montreal und 1967–73 dessen Direktor. Neben überlieferten Formen verwendet P. serielle Techniken.

Zu P. Werken gehören die Ballette *Les portes de l'enfer* (1953), *L'oiseau-phénix* (1956) u. *Le porte-rêve* (1957–58); die Orchesterwerke *Variations symphoniques* (1947), 3 Sinfonien (1948, 1957 u. *Quasars* 1967), die sinf. Dichtung *Guernica* (1952), *Le rite du soleil noir* (1955), *Monologue* (1961), *Chroma* (1973), *Prismes et cristaux* (1974); 2 Klavierkonzerte (1946 u. 1949), *Nombres* für 2 Kl. u. Orch. (1962), *Monade III* für V. u. Orch. (1972); Vokalwerke; Kammermusik, darunter 4 Streichquartette (1948, 1955–56, 1959 u. 1960), *Monade IV – Réseaux* für V. u. Kl. (1974); Klavierstücke.

Pepöck, August, österr. Komponist, * 10. 5. 1887 Gmunden, † 5. 9. 1967 ebd. Erhielt seine erste Ausbildung als Sängerknabe des Stifts St. Florian bei Linz u. war anschließend Schüler von R. Heuberger u. R. Fuchs in Wien. Wirkte nach dem 1. Weltkrieg als Theaterkapellmeister in Deutschland u. Österreich u. ließ sich 1926 als freischaffender Komponist in Gmunden nieder.

Zu P. Bühnenwerken gehören: *Mädel ade* (1930); *Hofball in Schönbrunn* (1937), *Der Reiter der Kaiserin* (1941), *Drei Wochen Sonne* (1942) u. *Eine kleine Liebelei* (1943). Er bearbeitete *Frühlingsluft* von Jos. Strauß, komponierte Lieder, Männerchöre u. Filmmusiken sowie eine Fest-Messe für St. Florian (1957).

Pepping, Ernst, dt. Komponist, * 12. 9. 1901 Duisburg, † 1. 2. 1981 Berlin. Studierte an der Berliner Musikhochschule bei W. Gmeindl. Lehrer u. ab 1947 Professor an der Kirchenmusikschule Berlin-Spandau, ab 1953 Professor für Komposition an der Berliner Musikhochschule. Seine kirchentonartlich gefärbten Kompositionen bleiben im Rahmen der Diatonik. Archaisierende Anklänge an Werke des 16. u. 17. Jh. sind auf seine polyphone Schreibweise u. die außergewöhnliche Beherrschung der überlieferten Formen zurückzuführen. P. gilt als führender Vertreter der neueren u. dabei traditionsgebundenen protestantischen Kirchenmusik. Zu seinen Schriften gehören: »Stilwende der Musik« (Mainz 1934) u. »Der polyphone Satz« (2 Bde., Berlin 1943–56).

Zu P. Werken gehören: Suite für Trp., Sax. u. Pos. (1926); *Choralsuite* (1929); *Kleine Messe* (1929); Praeludium für Orch. (1930); *Deutsche Choralmesse* (1930); Invention für kleines Orch. (1931); *Choralbuch* mit 30 kanonischen Kirchenliedsätzen (1931); Partita für Orch. (1932); 2 Orgelpartiten (1933); *Spandauer Chorbuch* mit 2–6st. Liedsätzen für das Kirchenjahr (20 Hefte, 1934–41); Orchestervariationen über Senfls *Lust hab' ich g'habt zur Musica* (1937); *Deutsche Messe* (1938); *Drei Evangelienmotetten* (1938); 1. Sinfonie (1939); *Großes* u. *Kleines Orgelbuch* (1939 u. 1940); Toccata u. Fuge *Mitten wir im Leben sind* für Org. (1941); Chorzyklen *Das Jahr* (1941); 2. Sinfonie (1943); Streichquartett (1943); *Haus- und Trostbuch* für Singst. u. Kl. (1946); *Paul-Gerhardt-Liederbuch* (1947); 3. Sinfonie (1948, beschreibt die vier Tageszeiten); Orchesterserenade (1948); *Missa Dona nobis pacem* u. *Missa brevis* (1948); Orchestervariationen (1949); Chorzyklus *Heut und ewig* (1949); Klavierkonzert (1951); *Passionsbericht des Matthäus* (1951); Motetten nach Melodien der Böhmischen Brüder (1952); *Böhmisches Orgelbuch* (1953); *Bicinien* für gleiche St. (1955); Te Deum für S., Bar., Chor u. Orch. (1956); Orgelsonate (1957); 2 Orchesterstücke über ein Chanson von Binchois (1958); Sonate für Fl. u. Kl. (1958); 12 Orgelvorspiele, manualiter (1958); Evangelienmotette *Das Weltgericht*, 4st. (1958); *Die Weihnachtsgeschichte des Lukas*, 4–7st. (1959); *Neues Choralbuch*, 3–4st. (1959); Vesper *Johannes der Täufer*, 4–6st. (1961); 2 Psalmmotetten, 4st. (1962); *Gesänge der Böhmischen Brüder in Variationen* für A-cappella-Chor (1963); Adventsmotette (1964); 139. Psalm für A., Chor u. Orch. (1964); Motette *Deines Lichtes Glanz*, 4–6st. (1967); *Praeludia – Postludia* zu 18 Chorälen für Org. (1969).

Pepusch, John Christopher (Johann Christoph), engl. Komponist dt. Herkunft, * 1667 Berlin, † 20. 7. 1752 London. Sohn eines armen protestantischen Geistlichen. Entwickelte seine musikalischen Anlagen als Autodidakt. Ging über die Niederlande nach London, wo er um 1700 seinen Lebensunterhalt als Orchestermusiker verdiente u. Einlagen für die ital. Oper schrieb. 1710 gehörte er zu den Mitbegründern der Academy of Ancient Music. 1712 trat er als Organist in die Dienste des Herzogs von Chandos, für dessen Vokalkapelle in Cannons er Services u. Anthems komponierte. 1713 promovierte P. mit einer dramatischen Ode über den Frieden von Utrecht zum Doktor der Musik in Oxford. Die folgenden Jahre verbrachte er als Musikdirektor am Lincoln's Inn Fields Theatre, für das er die Masken *Venus and Adonis* (1715), *Myrtillo* (1715), *Apollo and Daphne* (1716), *The Death of Dido* (1716), *The Union of the Three Sister Arts* (1723) u. *The Squire of Alsatia* (1726) komponierte. Außerdem schrieb er die Ouvertüre u. den Generalbaß für die Songs der → Ballad opera *The Beggar's Opera* (1728), eine Satire auf die pompöse ital. Oper u. ihre Anhänger in der feinen Londoner Gesellschaft. Das Stück hatte solchen Erfolg, daß G. F. Händel seine Opernakademie vor dem Konkurrenzdruck schließen mußte. *The Beggar's Opera* bildete die Grundlage zu Brecht/Weills *Dreigroschenoper* u. wurde u. a. auch von B. Britten bearbeitet. Eine Fortsetzung der *Beggar's Opera* auf Texte von J. Gay u. mit Musik von P., *Polly* (gedruckt 1729), wurde von der Zensur verboten.
Durch die Heirat mit der berühmten Sängerin Margarita de l'Épine aller finanziellen Sorgen

enthoben, widmete sich P. der Pflege alter Musik, arbeitete wahrscheinlich an einem Lehrbuch, gab Unterricht u. war von 1737 bis zu seinem Tod Organist am Charter House. 1751 diktierte er noch »A Short Account of the Twelve Modes of Composition ...«.

Peragallo, Mario, ital. Komponist, * 25. 3. 1910 Rom. Schüler von A. Casella. 1950–54 künstlerischer Direktor der Accademia Filarmonica Romana. Komponierte zuerst im veristischen Stil, um sich später der Zwölftontechnik zuzuwenden.

Zu P. Werken gehören: die Opern *Ginevra degli Almieri* (1937), *Lo stendardo di S. Giorgio* (1941), *La gita in campagna* (1954) u. *La parrucca dell'imperatore* (1959); *Concerto per orchestra* (1939); *Fantasia* (1950); *Forme sovrapposte* für Orch. (1959); 2 Klavierkonzerte (1949 u. 1951); Violinkonzert (1954); Kammermusik, u. a. 3 Streichquartette (1933, 1934 u. 1937); Chorwerke.

Pérez, Davide (David), ital. Komponist, * 1710 oder 1711 Neapel, † 30. 10. 1778 Lissabon. Studierte 1723–33 am Conservatorio di S. Maria di Loreto in Neapel bei A. Gallo u. F. Mancini. Seine erste Oper *La nemica amante* kam 1735 heraus. Bis 1748 war P. Leiter der Real Cappella Palatina in Palermo. 1752 nahm er eine Einladung nach Lissabon an, um dort eine neue Oper herauszubringen. Sein Erfolg mit *Demofoonte* brachte ihm den Posten des Hofkapellmeisters ein. Seine 39 Opern repräsentieren die späte neapolitanische Opernschule. Sie erfreuten sich zu seiner Zeit großer Beliebtheit.

Perfectio (lat.: »Vollständigkeit, Vollkommenheit«), **1.** in der frühen → Mensuralnotation Bezeichnung für die Vollständigkeit einer normalen Ligatur. Als unvollständig galt eine Ligatur dann, wenn ihre letzte Note vom Corpus abgesetzt geschrieben wurde:  Dieser Schlußnote einer Ligatur sine perfectione wurde meistens der rhythmische Wert einer Brevis zugeteilt. Franco v. Köln legte dann fest, daß die Endnote einer perfekten Ligatur als Longa u. die einer imperfekten als Brevis gezählt werden solle. Zur Verdeutlichung erhielt die perfekte Endnote im 14. Jh. häufig einen eigenen Longastrich. **2.** In der → Mensuralnotation Bezeichnung für die drei Zählzeiten (→ Tempus) umfassende Mensureinheit.

Pergolesi, Giovanni Battista (Giambattista), ital. Komponist, * 4. 1. 1710 Jesi bei Ancona, begraben 17. 3. 1736 Pozzuoli bei Neapel. Nachkomme einer aus Pergola nach Jesi gezogenen Familie Draghi. Von Kindheit an kränklich. Erhielt seine erste musikalische Ausbildung in Jesi u. studierte wahrscheinlich auf Kosten des Marchese C. M. Pianetti am Conservatorio dei Poveri di Gesù Cristo in Neapel bei De Matteis, G. Greco u. F. Durante. War dort 1725 Knabensopran u. 1729–30 Vorgeiger u. Hilfslehrkraft. Im Sommer 1731 kam sein Dramma sacro *La conversione di S. Guglielmo d'Aquitania* zur Aufführung, im Winter seine erste Oper *Salustia* am Teatro S. Bartolomeo in Neapel. 1732 Kapellmeister des Prinzen Stigliano. Brachte im gleichen Jahr am Teatro dei Fiorentini in Neapel seine Komödie im neapolitanischen Dialekt *Lo frate 'nnamorato* heraus, der 1732 wiederum am S. Bartolomeo die Opera seria *Il prigioniero superbo* folgte. Zwischen deren Akte fügte er das Buffointermezzo *La serva padrona* ein und erzielte damit den größten Erfolg seiner Komponistenlaufbahn. 1734 trat P. in die Dienste des Herzogs Maddalani in Rom. Nachdem er im gleichen Jahr eine weitere Opera seria *Adriano in Siria* mit dem Intermezzo *Livietta e Tracollo (La contadina astuta)* in Neapel herausgebracht hatte, führte er zu Beginn des Jahres 1735 in Rom seine Opera seria *L'Olimpiade* nach einem Libretto von Metastasio auf. Offensichtlich hatte er mit diesem Werk keinen Erfolg u. kehrte nach Neapel zurück. Dort brachte er im Herbst 1735 die Opera buffa *Flaminio* zur Aufführung u. zog sich dann krank in das Franziskanerkloster in Pozzuoli zurück, wo er bis zu seinem Tode an der Fertigstellung seines Stabat mater gearbeitet haben soll. P. komponierte neben seinen Bühnenwerken Oratorien, Kirchenmusik u. eine Reihe von Instrumentalstücken, darunter Triosonaten u. Concertini für Streicher. Ihre Zuschreibung ist unsicher. Großer Erfolg war allein seiner Buffa *La serva padrona* u. dem Stabat mater beschieden. Die Buffa wurde bereits in den Jahrzehnten nach ihrer Entstehung überall in Europa nachgespielt u. löste in Paris den → Buffonistenstreit aus. Das Stabat mater gilt als Beispiel für den Übergang vom Spätbarock zum homophonen, empfindsamen Stil.

Peri, Jacopo d'A., ital. Komponist, * 20. 8. 1561 Rom, † 12. 8. 1633 Florenz. Schüler von Cristofano Malvezzi u. 1579–88 Organist an der Kirche Badia di Firenze. Ab 1591 Musikdirektor am Hof der Medici u. gemeinsam mit G. Caccini u. M. da Gagliano Schöpfer von Intermedien u. anderen musikalischen Darbietungen bei festlichen Anlässen. Besonders seine Stimme wurde von den Zeitgenossen immer wieder lobend erwähnt. Komponierte gemeinsam mit J. Corsi auf ein Libretto von O. Rinuccini die Oper *Dafne,* die im Frühjahr 1598 im Palazzo Corsi ihre Uraufführung erlebte. Sie gilt als erste Oper im heutigen Sinne. P. selbst stellte den Apollo dar. 1600 ließ er im Palazzo Pitti seine *Euridice* folgen, der ebenfalls ein Libretto Rinuccinis zugrunde liegt. Diesmal sang P. den Orpheus. Da dieses Werk als »Le musiche ... sopra l'Euridice« 1601 in Florenz im Druck erschienen, ist die Musik vollständig erhalten. P. veröffentlichte außerdem »Le varie musiche ... a 1, 2 e 3 v.« (1609) u. arbeitete an den Opern *La guerra d'amore* (1616) u. *Flora* (1628) mit. P. gehörte zu den tonangebenden Mitgliedern der Florentiner → Camerata. In seinen Kompositionen folgte er den Gedanken des »Discorso mandato da G. de Bardi a G. Caccini«. Seine hauptsächliche Begabung lag im Dramatischen u. in der affektgeladenen Deklamation.

Periode (von griech. periodos: »Kreislauf«, »regelmäßige Wiederkehr«), im 18. Jh. aus der Sprach- in die Musiklehre übernommene Bezeichnung für einen durch Zäsuren gegliederten musikalischen Ablauf. In der Klassik läßt sich sehr häufig ein periodischer Bau nachweisen, der in der Regel auf einer 8taktigen Basis beruht, die in Vorder- u. Nachsatz geteilt ist, die beide in 2taktige Einheiten zerfallen. In ihrer harmonischen Entwicklung folgen solche P. meistens den Kadenzschritten. Daraus ein normatives Grundschema abzuleiten, wie es H. Riemann tat, ist wissenschaftlich jedoch nicht haltbar. In einem mehrere P. zusammenfassenden Sinn spricht man heute auch von Periodik. Diese erzeugt in Wechselwirkung mit aperiodischen Vorgängen Vielfalt.

Perkussionsinstrumente (von engl. percussion instruments: »Schlaginstrumente«), Bezeichnung für alle Instrumente, bei denen der Ton durch Schlagen oder eine ähnliche Bewegung erzeugt wird.

Perle, George, amer. Komponist u. Lehrer, * 6. 5. 1915 Bayonne, NJ. Studierte an der DePaul University in Chicago bei La Violette u. privat bei E. Krenek. Übernahm verschiedene Lehraufträge, zuletzt 1971–72 an der State University of New York in Buffalo. Gehört zu den Mitbegründern der Internationalen A.-Berg-Gesellschaft. Nachdem er sich bereits in seiner Dissertation mit serieller Komposition und Atonalität auseinandergesetzt hatte, blieb er auch in seinen eigenen Kompositionen der Schönberg-Schule verpflichtet.

Zu P. Werken zählen: 2 Sinfonien, *Rhapsody* für Orch., *3 Movements* für Orch., Cellokonzert, *Songs of Praise and Lamentation* für Chor u. Orch., Kammermusik, darunter 7 Streichquartette. Zu seinen Veröffentlichungen gehört »Twelve-Tone Tonality« (Berkeley, CA, 1977).

Permeabilität, ein von G. Ligeti in die Intervalltheorie eingeführter Begriff, mit dem er die Durchlässigkeit zwischen Strukturen verschiedener Beschaffenheit umschreibt. Möglicherweise angeregt durch den Kompositionsprozeß in der elektronischen Musik, bei der sich verschiedene Schichten übereinanderkopieren lassen, u. die schwindende Intervall-Empfindlichkeit, komponierte er horizontal u. vertikal sich durchdringende Dichteverhältnisse, bei denen Tonhöhenordnung und Intervallgröße bedeutungslos werden. Damit setzte er sich über das Parameterdenken hinweg.

Permutation (lat.: »Wechsel«, »Tausch«), **1.** ein → Stimmtausch im mehrstimmigen Satz, der bei mehrfachem Kontrapunkt alle Kombinationsmöglichkeiten ausschöpfen kann. Die regelmäßige P. geht dabei nach einer festgelegten Ordnung (→ Permutationsfuge) vor sich. **2.** das Vertauschen von musikalischen Elementen im Bereich der → seriellen Musik. Diese Technik führt bis zu mathematischen Zahlenspielen, in denen jedes Reihenelement durch eine Zahl ersetzt u. nach allen Kombinationsmöglichkeiten permutiert wird.

Permutationsfuge, ein Fugentyp, bei dem Stimmtausch in regelmäßiger → Permutation stattfindet, d. h. die Kontrapunkte in einer feststehenden Reihenfolge an das Thema anschließen.

Perosi, P. L. Lorenzo, ital. Komponist u. Chorleiter, * 21. 12. 1872 Tortona, † 12. 10. 1956 Rom. Sohn des Domkapellmeisters Giuseppe P. Trat in den geistlichen Stand ein u. studierte in Mailand u. Regensburg. 1898 Ernennung zum Dirigenten des Chors der Sixtinischen Kapelle, ein Amt, das P., nur unterbrochen von einem Sanatoriumsaufenthalt, bis zu seinem Lebensende innehatte. Griff auf den Kompositionsstil G. P. Palestrinas zurück, den er mit romantischen Klangvorstellungen versetzte. Zu seinen Werken gehören Messen, Motetten, Oratorien, 1 Requiem, 1–4st. Psalmen u. sinfonische Dichtungen auf verschiedene Städte Italiens. Sein Einfluß auf die neuere katholische Kirchenmusik Italiens ist außergewöhnlich. Sein Bruder Marziano (1875–1959) stand ebenfalls in kirchlichem Dienst u. hinterließ mehrere Kompositionen.

Perotinus, franz. Komponist, wirkte um 1200 als Nachfolger von Leoninus an der Kathedrale Notre-Dame in Paris. Er gilt als der berühmteste Meister der → Notre-Dame-Epoche u. wird von einem engl. Anonymus »discantor optimus« genannt. Von P. sollen nach Angabe dieses Anonymus die 4st. Organa *Viderunt* u. *Sederunt* sowie eine Reihe von 3st. Organa stammen. Eine Reihe von Klauseln im »Magnus liber organi de gradali et antiphonario« werden ebenfalls P. zugeschrieben, der über die 2st. Organa Leonins mit 3- u. 4st. Choralbearbeitungen hinausgeht. Damit war P. auch Wegbereiter der rhythmisch eindeutigen Modalnotation. Mit syllabisch textierten Oberstimmen steht P. außerdem am Anfang der Entwicklung der → Motette. Er gilt neben Leoninus als einer der frühesten namentlich erfaßten Meister der Mehrstimmigkeit.

Perpetuum mobile (lat.: »das ununterbrochen

Bewegte«), ein im 19. Jh. aufkommender Typus schneller Instrumentalsätze, bei denen die Melodiestimme mit gleichmäßiger Geschwindigkeit geführt wird. Zu Stücken dieser Art gehört F. Mendelssohn Bartholdys op. 119 für Kl. u. das *P. m.* von J. Strauß (Sohn).

Perrot, Jules J., franz. Tänzer, Choreograf u. Ballettmeister, * 18. 8. 1810 Lyon, † 24. 8. 1892 Paramé. Trat als 9jähriger in seiner Heimatstadt in eine Tanzklasse ein, kam 1823 nach Paris u. wurde Schüler von A. Vestris. Debütierte 1830 an der Pariser Opéra u. feierte dort mit M. Taglioni außergewöhnliche Triumphe. Trat 1833–36 regelmäßig in London auf, daneben in Neapel (1834), München u. Wien (1836). In Neapel lernte er Carlotta Grisi kennen, deren Ballettmeister, Partner u. Liebhaber er wurde. Mit ihr trat er gemeinsam 1840 in seinem Ballett *Le Zingaro* in Paris auf. 1841 choreografierte er höchstwahrscheinlich alle Soli für die Grisi in *Giselle* u. tanzte mit ihr die Londoner Erstaufführung ein Jahr später. War bis 1848 Ballettmeister an Her Majesty's Theatre in London u. brachte dort eine Reihe von Balletten auf Musiken von C. Pugni heraus. 1848 kreierte er *Faust* (M.: Panizza) mit F. Elßler als Gretchen u. ging noch im gleichen Jahr als Premier danseur nach Petersburg, wo er 1851–58 als Ballettmeister wirkte. In Petersburg choreografierte P. eine Reihe von Balletten nach Musiken Pugnis, u. a. *La guerre des femmes* (1852) u. *Gazelda* (1853). Von Petersburg aus unternahm er verschiedentlich Gastspielreisen, die ihn u. a. nach Berlin, Brüssel u. Paris führten. 1859 kehrte er mit seiner Frau, der russ. Ballerina C. Samowskaja, nach Frankreich zurück. Als Tänzer war P. besonders wegen seiner Elevation berühmt, als Choreograf zählt er zu den wichtigen Vertretern des romantischen Balletts.

Persichetti, Vincent, amer. Komponist u. Lehrer, * 6. 6. 1915 Philadelphia, PA. Schüler von R. K. Miller, F. Reiner u. O. Samaroff. 1938–40 Leiter der Abteilung Komposition am Combs College, 1941–61 am Konservatorium in Philadelphia u. seit 1947 an der Juilliard School in New York.

Zu P. Kompositionen gehören: 9 Sinfonien (1942–73), 13 Serenaden für verschiedene Besetzungen, Vokalkompositionen, Kammermusik u. Lieder.

Perti, Giacomo Antonio (Jacopo A.), ital. Komponist, * 6. 6. 1661 Crevelcore bei Bologna, † 10. 4. 1756 Bologna. Erhielt mit 10 Jahren Unterricht von seinem Onkel Lorenzo P., besuchte die Universität Bologna u. führte 1680 in S. Petronio eine Missa solemnis für Soli, Chor u. Orchester auf. 1690 Kapellmeister an S. Pietro u. ab 1696 bis zu seinem Tode an San Petronio. Neben einer Anzahl von Opern für Bologna, Venedig u. Rom komponierte P. hauptsächlich Kirchenmusik.

Zu P. veröffentlichten Werken gehören: das Oratorium *Abramo vincitor de' propri affetti* (1687), *Cantate morali e spirituali* (1688) u. *Messa e salmi concertati a 4 v. ...* (1735). P., der mit Padre Martini befreundet war, hinterließ an die 600 Werke handschriftlich.

Pes (lat.: »Fuß«), **1.** Neumenzeichen, gleichbedeutend mit Podatus. **2.** Aus der Verslehre in die Mensuraltraktate des 13. Jh. übernommene Bezeichnung für die von modalen Rhythmusmodellen ausgefüllte → Perfectio.

Peters, C. F., dt. Musikverlag, ursprünglich von F. A. Hoffmeister u. A. Kühnel 1800 in Leipzig als Bureau de Musique gegründet u. aus Notenstecherei, Druckerei, Verlag u. Instrumentenhandlung bestehend. Zu den ersten Verlagsobjekten gehörten Sammlungen von Quartetten W. A. Mozarts u. J. Haydns, daneben 14 Hefte mit Klavierwerken von J. S. Bach. Ab 1805 führte A. Kühnel das Unternehmen als Neuer Verlag des Bureau de Musique alleine weiter. Seine Erben verkauften 1814 an den Buchhändler C. F. Peters, der die Firma in Bureau de Musique von C. F. P. umbenannte. 1863 ging das Geschäft an M. Abraham über, der die äußerst erfolgreiche Edition Peters begründete, die Klassiker in preiswerten Ausgaben auf den Markt brachte. Zu den Verlagskomponisten gehörten u. a. E. Grieg, J. Raff, A. Jensen u. M. Bruch. Daneben wurden auch Werke von J. Brahms verlegt. 1894 trat Abrahams Neffe H. Hinrichsen in den Verlag ein, den er nach Abrahams Tod allein übernahm. Er kaufte verschiedene Verlage hinzu, die ihm Werke von H. Wolf, M. Reger u. 7 sinfonische Dichtungen von R. Strauss einbrachten. 1931 nahm er seinen ältesten Sohn Max Hinrichsen (1901–65) als Teilhaber auf. Dieser gründete 1938 in London die Hinrichsen Edition, Ltd. Das Stammhaus wird von dem 1939 eingetretenen Teilhaber J. Petschull (* 1901) geleitet. Dieser kaufte 1940 H. Litolffs Verlag hinzu. Nachdem der Leipziger Verlag 1949 enteignet worden war, wurden die Reste des Stammhauses 1950 nach Frankfurt a. M. verlegt. Dort gelang es, ein neues Repertoire aufzubauen, zu dem heute H. Erbse, H. Genzmer, V. Globokar, W. Heider, K. Höller, M. Kelemen u. a. gehören. 1974 wurde der Musikverlag L. Schwann KG hinzuerworben. Über die von Walter Hinrichsen, einem Bruder von Max Hinrichsen, in New York gegründete C. F. P. Corp. erhielt C. F. P. Zugang zu Werken von J. Cage, H. Cowell, G. Crumb, M. Feldman, R. L. Finney, A. Hovhaness, T. Mayazumi, F. Peeters u. A. Tscherepnin.

Petipa, Marius I., franz. Tänzer, Choreograf u. Ballettmeister, * 11. 3. 1818 Marseille, † 14. 7. 1910 Gursuf bei Petersburg. Sohn des Tänzers Jean Antoine P., bei dem er als 7jähriger seinen

ersten Unterricht erhielt. Trat erstmals 1831 in P. Gardels *Dansomanie* in Brüssel auf, tanzte bei seinem Vater in Bordeaux u. wurde 1838 Primoballerino in Nantes, wo er auch seine ersten Ballette choreografierte. 1839 ging er mit seinem Vater auf eine Amerikatournee. Anschließend nahm er weiteren Unterricht bei A. Vestris u. wirkte dann als Tänzer in Bordeaux, wo er u. a. in *La fille mal gardée* u. *Giselle* auftrat. 1845 hielt er sich in Madrid auf, studierte dort mehrere Ballette ein u. beschäftigte sich mit span. Tanz. 1847 folgte er einem Ruf als Primoballerino nach Petersburg. Dort trat er einige Jahre mit großem Erfolg als Tänzer auf, insbesondere als Partner von F. Elßler, wurde später Assistent von J. Perrot u. ab 1862 1. Ballettmeister. Von seinen Ch. aus der Petersburger Zeit seien erwähnt: *La fille du pharaon* (M.: C. Pugni) 1862; *Don Quixote* (M.: L. Minkus, Uraufführung Moskau) 1869; *La Camargo* (M.: L. Minkus) 1872; *Bayadère* (M.: L. Minkus) 1877; *Der Talisman* (M.: R. Drigo) 1889; *Dornröschen* (M.: P. Tschaikowsky) 1890; *Aschenbrödel* (mit E. Cecchetti u. L. Iwanow, M.: B. Shell) 1893; *Schwanensee* (2. u. 4. Akt von L. Iwanow, M.: P. Tschaikowsky) 1895; *Raymonda* (M.: A. Glasunow) 1898; *Die Jahreszeiten* (M.: A. Glasunow) 1900 u. *Les millions d'arlequin* (M.: R. Drigo) 1900. In seinen letzten Lebensjahren machten ihm Krankheiten zunehmend zu schaffen, so daß er die Ch. des mit P. Tschaikowsky besprochenen *Nußknacker* nicht mehr durchführen konnte u. L. Iwanow überlassen mußte. Als Choreograf u. Lehrer ist P. für die Entwicklung des russ. Balletts von unschätzbarer Bedeutung. Auch wenn die jungen Reformer am Marientheater unter der Führung von M. Fokin seiner Ära schließlich ein Ende machten, werden heute seine abendfüllenden Ballette von allen bedeutenden klassischen Kompanien getanzt. Die P.-Renaissance ist zweifelsohne S. Diaghilew zu verdanken, der mit seinen Ballets Russes P. Meisterwerk *Dornröschen* 1921 in London erstmals einem westlichen Publikum vorstellte. Inzwischen sind auch andere P.-Ballette wieder im Repertoire. Außerdem darf nicht übersehen werden, daß P. eine wichtige Mittlerrolle zwischen der Romantik u. der Neuzeit spielt. Wir verdanken ihm nicht nur die Überlieferung des Balletts *Giselle*, das heute überall in P. rev. Fassung von 1887 getanzt wird, nachdem die Pariser Tradition unterbrochen war. Aus seiner Schule ging auch ein neuer Tänzertyp hervor, zu dem M. Fokin, A. Pawlowa u. V. Nijinsky gehören.
Seine Erinnerungen veröffentlichte P. 1906 in Petersburg (engl. von L. Moore, »Russian Ballet Master, The Memoirs of M. P.«, London 1958).

Petit, Pierre Y. M. C., franz. Komponist u. Musikschriftsteller, * 21. 4. 1922 Poitiers. Studierte in Paris an der École Normale de Musique bei G. Dandelot u. N. Boulanger u. am Conservatoire bei H.-P. Busser u. N. Gallon. Erhielt 1946 für seine Scène lyrique *Le jeu de l'amour et du hasard* den Rompreis. Ab 1960 Mitarbeiter der ORTF u. ab 1963 Direktor der École Normale de Musique.

Zu P. Kompositionen gehören: Opéras-bouffes, die Opéra-comique *Migraine* (1969), die Ballette *Zadig* (1948), *Romanza romana* (1951), *Ciné-Bijou* u. *Feu rouge, feu vert* (1953), Bühnen- u. Rundfunkmusiken, Lieder.

Petit, Roland, franz. Tänzer, Choreograf u. Ballettdirektor, * 13. 1. 1924 Villemomble. Trat mit 10 Jahren in die Ballettschule der Opéra in Paris ein, wo er u. a. Unterricht von G. Ricaux erhielt. 1940 Mitglied des Corps de Ballet der Opéra, 1943 Premier danseur u. Auftritt in der Hauptrolle von S. Lifars *L'amour sorcier*. Verließ 1944 die Opéra, trat mit J. Charrat in Tanz-Récitals auf u. veranstaltete mit I. Lidova Soirées de la Danse im Théâtre Sarah Bernhardt. 1945 gründete P. zusammen mit B. Kochno Les Ballets des Champs-Élysées, für das er u. a. folgende Ballette schuf: *Les forains* (M.: H. Sauguet) u. *Le rendez-vous* (M.: J. Kosma) 1945; *Les amours de Jupiter* (M.: J. Ibert), *Le jeune homme et la mort* (M.: J. S. Bach), *Treize danses* (M.: A.-E.-M. Grétry) u. *Le bal des blanchisseuses* (M.: V. Duke) 1946. Mit Les Ballets de Paris de R. P. entstand 1948 P. eigene Kompanie, nachdem er sich von Kochno getrennt hatte. Diese Truppe wurde für einzelne Saisons u. Tourneen immer wieder zusammengestellt. Zu den Tänzern zählten neben anderen R. (Zizi) Jeanmaire, C. Marchand, V. Verdy, F. Blaska u. M. Denard. Neben zahlreichen Tourneen durch Amerika, Europa, Afrika u. den Fernen Osten choreografierte P. eine Reihe von Spielfilmen, Bühnenshows u. Fernsehproduktionen. Zu seinen bekannteren Balletten zählen: *Carmen* (M.: G. Bizet); *Les demoiselles de la nuit* (M.: J. Françaix); *L'œuf à la coque* (M.: M. Thiriet) u. *La belle au bois dormant* (M.: H. Dutilleux) 1948; *Pas d'action* (M.: R. Wagner) 1949; *Balabille* (M.: E. Chabrier); *La croqueuse de diamants* (M.: J.-M. Damase) u. *Les chaises musicales* (M.: G. Auric) 1950; *Deuil en 24 heures* (M.: M. Thiriet) 1952; *Ciné Bijou* (M.: J. P. Gredy); *The Lady in the Ice* (Idee und Ausstattung Orson Welles, M.: J.-M. Damase) u. *Le loup* (M.: H. Dutilleux) 1953; *La chambre* (M.: G. Auric) u. *Les belles damnées* (M.: M. Legrand) 1955; *La peur* (M.: M. Constant) 1956; *La rose des vents* (M.: D. Milhaud); *Contrepointe* (M.: M. Constant) u. *La dame dans la lune* (M.: J. Françaix) 1958; *Cyrano de Bergerac* (M.: M. Constant) 1959; *La chaloupe* (M.: M. Thiriet) 1961; *Maldoror* (M.: M. Jarre) 1962; *Les saisons*

(M.: A. Vivaldi) 1963; *Adages et variations* (M.: F. Poulenc) u. *Notre-Dame de Paris* (M.: M. Constant) 1965; *L'éloge de la folie* (M.: M. Constant) 1966; *Paradis perdu* (M.: M. Constant) 1967; *Turangalîla* (M.: O. Messiaen) u. *Estasi* (M.: A. Skrjabin) 1968; *Kraanerg* (M.: I. Xenakis) 1969 u. *Pelléas et Mélisande* (M.: A. Schönberg) 1970. Im gleichen Jahr übernahm P. zusammen mit seiner Frau Zizi Jeanmaire das Casino de Paris, dem er mit seinen geschmackvollen Revue-Programmen neuen Glanz gab. Die P. angetragene Direktion des Balletts der Pariser Opéra gab er bereits nach 6 Monaten wieder auf. Ab 1972 Übernahme der Ballets de Marseille. Es entstanden u. a. folgende Ch.: *Allumez les étoiles* (M.: S. Prokofjew, D. Schostakowitsch, M. Mussorgskij u. georgische Volkslieder), *Divertissement* (M.: russ. Volksmusik) u. *Pink Floyd* (M.: Pink Floyd) 1972; *La rose malade* (M.: G. Mahler) u. *Pas de deux* (M.: C. Debussy) 1973; *Bizt'isme* (M.: G. Bizet), *Jeux d'enfants* (M.: G. Bizet), *L'Arlésienne* (M.: G. Bizet) u. *Intermittance du cœur* (M.: L. van Beethoven, C. Debussy, G. Fauré, C. Franck, R. Hahn, C. Saint-Saëns, R. Wagner) 1974; *Benedictiones* (M.: R. Manuel), *Septentrion* (M.: M. Constant), *Coppélia* (M.: L. Delibes) u. *Variations chromatiques* (M.: G. Bizet) 1975; *Verklärte Nacht* (M.: A. Schönberg) u. *Nußknacker* (M.: P. Tschaikowsky) 1976; *Blues – Variation pour un danseur* (M.: M. Davis), *Fascinating Rhythm* (M.: C. Porter, G. Gershwin, J. Kern) u. *A la memoire d'un ange* (M.: A. Berg) 1977. Neben einer Reihe von Revue-Programmen, in deren Mittelpunkt immer Zizi Jeanmaire stand, hat P. mehrfach an Fernsehproduktionen mitgewirkt, unter dem Titel »Carmen 62« seine Ballette *Carmen, Deuil, La croqueuse* u. *Cyrano* verfilmt sowie die Tanznummern für folgende Spielfilme choreografiert: »Hans Christian Andersen«, »Daddy Long Legs«, »The Glass Slipper«, »Anything Goes«, »Folies Bergères« u. »Charmants garçons«.

Der neoklassizistische Einfluß S. Lifars kommt in P. Choreografien deutlich zum Ausdruck. Selber ein hervorragender klassischer Tänzer, konnte sich P. weder für das klassische Ballett noch für Film, Musical oder Revue entscheiden, sondern arbeitete abwechselnd oder gleichzeitig auf allen Gebieten. Das brachte ihm die Kritik der reinen Ballettanhänger ein, die seine Arbeiten für oberflächlich halten. Durch die Zusammenarbeit mit B. Kochno, der jahrelang S. Diaghilews Sekretär gewesen war u. eine Reihe von Ballett-Libretti verfaßt hat, wurde P. frühzeitig mit tonangebenden Künstlern der Pariser Gesellschaft wie H. Sauguet, J. Ibert, G. Auric und J. Cocteau bekannt. Mit ihrer Hilfe konzipierte P. elegante, oft witzige und erotisierende Ballette. Dabei scheute er auch nicht vor schwierigen Werken wie *Turangalîla* oder *Kraanerg* zurück und versicherte sich der Mitarbeit von Malern wie A. Clavé, L. Fini, B. Buffet, J. Carzou u. M. Ernst sowie Ausstattern vom Rang eines Dior und Y. Saint-Laurent.

Petrassi, Goffredo, ital. Komponist, * 16. 7. 1904 Zagarola. 1913–17 Mitglied der Schola Cantorum von Salvatore di Lauro in Rom, 1918–30 Arbeit in einer Musikalienhandlung u. nebenbei Privatunterricht bei A. Bustini u. V. Di Donato. 1928 Aufnahmeprüfung in das Conservatorio di S. Cecilia in Rom u. dort Unterricht bei Bustini u. F. Germani bis 1933. Im gleichen Jahr erster Erfolg als Komponist mit der Partita für Orch. 1937–40 Intendant des Teatro La Fenice in Venedig, ab 1939 Lehrstuhl für Komposition am Conservatorio di Musica S. Cecilia in Rom u. dort ab 1960 in der Nachfolge von I. Pizzetti Leiter einer Meisterklasse für Komposition an der Accademia Nazionale di S. Cecilia. In P. Kompositionen läßt sich während seiner ersten Schaffensphase der Einfluß A. Casellas, P. Hindemiths u. I. Strawinskys erkennen. Später kam er dann zu einer individuellen Anwendung der Zwölftontechnik. Charakteristisch für seine Musik sind kontrapunktische Durchbildung, Kantabilität u. differenzierte Rhythmik.

Zu P. Kompositionen gehören: die Bühnenwerke *Il cordovane,* Einakter (1944–48) u. *La morte dell'aria,* Einakter (1949–50); die Ballette *La follia di Orlando* (1943, daraus auch Orchestersuite) u. *Ritratto di Don Chisciotte* (1946); Orchesterwerke wie *Ouverture da concerto* (1931), Partita (1932) u. 8 Orchesterkonzerte (1933–34, 1951, 1952–53, 1954, 1955, 1956–57, 1964 u. 1970–72); Vokalkompositionen u. Chorwerke, u. a. *Salmo IX* für Chor u. Orch. (1934–36), Magnificat für S., Chor u. Orch. (1939–40), *Coro di morti* für Männerchor u. Instr. (1940–41), *Quattro inni sacri* für T., Bar. u. Org. (1942, auch Fassung mit Orch.), *Noche oscura,* Kantate für gem. Chor u. Orch. (1950), *Nonsense* für gem. Chor a cappella (1952), *Propos d'Alain* für Bar. u. 12 Instr. (1960), *Motetti per la Passione* für gem. Chor a cappella (1966) u. *Beatitudines, Testimonianza per Martin Luther King* für B. u. 5 Instr. (1969); je 1 Konzert für Kl. (1936–39) u. Fl. (1960) mit Orch.; Kammermusik, darunter Streichquartett (1958), Streichtrio (1959), *Tre per sette,* 3 Spieler u. 7 Blasinstr. (1966), *Estri* für 15 Spieler (1967) u. *Ottetto di ottoni* für je 4 Trp. u. Pos. (1969); Klavierstücke; Lieder u. Filmmusiken, u. a. zu »Riso amaro« (1949).

Petrella, Errico (Enrico), ital. Komponist, * 10. 12. 1813 Palermo, † 7. 4. 1877 Genua. Schüler von V. Bellini u. N. A. Zingarelli. Brachte 1829 seine erste Oper *Il diavolo color di rosa* in Neapel heraus u. schrieb ab *Le precauzioni* (1851) fast jährlich ein Bühnenwerk. Er galt neben G. Verdi als der erfolgreichste Opernkomponist Italiens. Von seinen 25 Opern seien weiter erwähnt: *Giovanni II di Napoli* u. *I promessi sposi* (1869), *Manfredo* (1872) u. *Bianca Orsini* (1874).

Petrus de Cruce (Pierre de la Croix), franz. Komponist u. Theoretiker, * um die Mitte des 13. Jh. Amiens. Gilt als bedeutender Theoretiker, dessen »Tractatus de tonis« zwischen Franco von Köln u. Ph. de Vitry steht. Er brachte die Mensuralnotation einen bedeutenden Schritt vorwärts. Als seine Kompositionen sind die 3st. Motetten *Au renouveler* u. *Aucun ont trouvé chant* von Jacobus Leodiensis, möglicherweise seinem Schüler, genannt worden.

Petyrek, Felix, österr. Komponist u. Pianist, * 14. 5. 1892 Brünn, † 1. 12. 1951 Wien. Schüler von G. Adler, L. Godowsky, E. von Sauer u. F. Schreker, 1919 Dozent für Klavier am Mozarteum in Salzburg, 1926–30 Professor der Meisterklasse für Klavier u. Dozent für Musikwissenschaft am Odeon in Athen, 1930 Klavierlehrer an der Stuttgarter Musikhochschule u. 1949 an der Wiener Musikakademie. Beeinflußt von dem Schweizer Theosophen H. Reinhart, zeigen viele seiner Werke mystische Züge. Er verwendete Elemente der Folklore u. experimentierte mit Kirchentonarten u. eigenen Kombinationen.

Zu P. Kompositionen gehören: die Opern *Die arme Mutter und der Tod* (1923) u. *Der Garten des Paradieses* (1942); Bühnenmusik zu Reinharts *Der Schatten;* Chorwerke; die Pantomimen *Komödie* (1922) u. *Tahi* (1928); Orchesterwerke; 2 Klavierkonzerte (1931 u. 1949); Kammermusik u. Klavierstücke.

Petz (Pez), Johann Christoph, dt. Komponist, * 9. 9. 1664 München, † 25. 9. 1716 Stuttgart. Wahrscheinlich ein Schüler J. K. v. Kerlls, 1676–86 als Sänger u. Geiger an der Kantorei von St. Peter in München, 1687 Hof- u. Kammermusiker des Kurfürsten Max Emanuel von Bayern u. Chorregent an St. Peter. 1689–92 Italienaufenthalt, ab 1695 Kurkölnischer Kapellmeister in Bonn u. ab 1706 Opernkapellmeister in Stuttgart. P. war in seinen Kompositionen stark von Kerll u. A. Corelli beeinflußt. Er veröffentlichte: »Duplex genius, sive Gallo-Italus instrumentorum concentus«, 12 Sonaten (1696); »Prodromus optatae pacis«, 4st. Psalm (1703); »Jubilum Missale sextuplex«, 4st. (1706); »Corona stellarum« (1710) u. »Sonate da camera« (bei Walsh o. J.). Von seinen Opern sind nur die Libretti erhalten.

Peuerl (Bäurl, Payerl), Paul, österr. Komponist u. Organist, * um 1570, † nach 1625. 1602–09 Organist in Horn, Niederösterreich, dann bis 1624 an der evangelischen Schulkirche in Steyr. Ist mit seinen 4st. *Newe Padouan/Intrada. Däntz vnnd Galliarda* für Streicher (1611) der erste Meister der dt. Variationensuite, indem er sämtliche Tanzsätze als Variationen zur Pavane komponierte. Außerdem erschienen von ihm im Druck: »Weltspiegel«, 5st. (1613) u. »Gantz Neue Padouanen / Auffzüg / Balleten / Couranten / Intraden/vnd Däntz«, für 3 Streicher mit einfachem oder doppeltem B. c. (1625).

Pezel (Bässel, Petzold), Johann Ch., dt. Komponist, * 5. 12. 1639 Glatz, † 13. 10. 1694 Bautzen. 1669–70 Stadtpfeifer in Leipzig u. ab 1672 dort auch Leiter des Collegium musicum. Ging 1681 als Stadtmusicus nach Bautzen. P. war ein virtuoser Clarinbläser, der die Oberstimmen seiner Kompositionen entsprechend zu setzen wußte, während der Rest des meist vollstimmigen Satzes der älteren dt. Suitentradition entsprach.

Zu P. Kompositionen gehören: *Musica vespertina Lipsica,* 12 Suiten für 2 V., Va. u. B. c. (1669); *Hora decima musicorum Lipsiensium oder Musicalische Arbeit zum Abblasen/Um 10. Uhr Vormittage,* 40 Sonaten für 2 Zinken u. 3 Pos. oder für 2 V., 2 Va. u. Violone (1670); *Schöne, lustige und anmuthige Neue Arien* (1672); *Bicinia variorum instrumentorum* (1675); *Delitiae musicales,* 7 Suiten für 2 V., 2 Va. u. B. c. (1678); *Fünff-stimmigte blasende Music* für 2 Zinken u. 3 Pos. (1685) u. *Opus musicum sonatarum praestantissimarum* ... für 2 V., 3 Va. u. B. c. (1686).

Pfitzner, Hans E., dt. Komponist, * 5. 5. 1869 Moskau, † 22. 5. 1949 Salzburg. Sohn eines Orchestermusikers, der ihm auch den ersten Unterricht erteilte. Mit 17 Jahren Eintritt in das Hoch-sche Konservatorium in Frankfurt a. M. u. dort Schüler von I. Knorr (Komposition) u. J. Kwast (Klavier). Entführte die zwanzigjährige Tochter des letzteren u. heiratete sie in England. 1894–96 Theaterkapellmeister in Mainz, wo er 1895 sein erstes Bühnenwerk *Der arme Heinrich* herausbrachte. 1897–1907 Kompositionslehrer am Stern'schen Konservatorium in Berlin u. daneben ab 1903 Kapellmeister am Theater des Westens. 1907–08 Dirigent des Kaim-Orchesters in München. 1908–18 Städtischer Musikdirektor u. Direktor des Konservatoriums in Straßburg, außerdem 1910–16 dort Operndirektor. 1920–29 Leiter einer Meisterklasse für Komposition an der Berliner Akademie der Künste u. 1929–34 an der Münchner Akademie der Tonkunst. Betätigte sich daneben als Dirigent, Opernregisseur, Liedbegleiter u. Schriftsteller. Seine Kompositionen sind der klassisch-romantischen Tradition verpflichtet, die P. für allgemeinverbindlich hielt u. in zahlreichen Veröffentlichungen leidenschaftlich verteidigte. Als sein Hauptwerk wird die Oper *Palestrina* (1917) angesehen, in der er, von der These des Gottesgnadentums des Künstlers ausgehend, Schopenhauersche Ideen verarbeitete.

Zu P. Kompositionen zählen: die Bühnenwerke *Der arme Heinrich* (1895), *Die Rose vom Liebesgarten* (1901), *Das Christelflein* (1906, rev. 1917), *Palestrina* (1917) u. *Das Herz* (1931); Bühnenmusiken zu H. Ibsens »Fest auf Solhaug« (1890) u. H. von Kleists »Käthchen von Heilbronn« (1905); Orchesterwerke, u. a. 2 Sinfonien (1932, nach dem Streichquartett op. 36, u. 1940), *Kleine Symphonie* (1939), Fantasie (1947), Klavierkonzert

(1922), Violinkonzert (1923), 2 Cellokonzerte (1935 u. 1944); Kammermusik, darunter 4 Streichquartette (1886, 1903, 1925 u. 1942), Cellosonate (1890), Klaviertrio (1896), Klavierquintett (1908), Violinsonate (1918), Klaviersextett (1945); außerdem Vokalkompositionen wie *Von deutscher Seele* (eine romantische Kantate nach J. von Eichendorff für S., A., T., B., gem. Chor, Orch. u. Org., 1921), *Das dunkle Reich* (Chorfantasie für S., Bar., Orch. u. Org., 1929), *Fons salutifer* (Hymnus für gem. Chor, Orch. u. Org., 1941), Kantate nach Goethes »Urworte orphisch« (1949, beendet von seinem Schüler R. Rehan), Chöre u. mehr als 100 Lieder. P. bearbeitete E.T.A. Hoffmanns *Undine* (1906) u. H. Marschners *Templer und Jüdin* (1904 u. 1912) sowie dessen *Vampyr* (1924). Seine gesammelten Schriften erschienen in 3 Bd. (Augsburg 1926–29, Neuauflage Tutzing 1969). Bd. I enthält u.a. die gegen F. Busoni gerichtete Streitschrift »Futuristengefahr« (1917), Bd. II die »Neue Ästhetik der musikalischen Impotenz« gegen P. Bekker (1920), Bd. III die Abhandlung »Werk u. Wiedergabe«. 1947 erschienen »Eindrücke u. Bilder meines Lebens«, 1955 gab W. Abendroth »Reden, Schriften, Briefe« heraus.

Lit.: H. Grohe, H. P., Verzeichnis sämtlicher im Druck erschienener Werke, München 1960; W. Abendroth u. K.-R. Danler (Hg.), Festschrift aus Anlaß des 100. Geburtstags ... u. des 20. Todestags, München 1969.

Phantasie → Fantasie

Phase, bezeichnet den augenblicklichen Zustand eines Punktes der Wellenbewegung einer Schwingung in bezug auf den Nullpunkt der Zeitachse. Ihre Lage wird in Winkeln von 0 bis 360 Grad gemessen. P.-Verschiedenheit führt zu dem Phänomen der → Interferenz. Auf dem Gebiet des Richtungshörens spielt die sog. P.-Verschiebungs-Theorie eine Rolle.

Philidor, Beiname einer franz. Musikerfamilie des 17. u. 18. Jh., der von Ludwig XIII. verliehen worden sein soll u. neben dem ursprünglichen Familiennamen Danican geführt wurde. **1.** André (l'aîné), franz. Komponist, * um 1647 Versailles, † 11. 8. 1730 Dreux. Wurde 1659 als Nachfolger seines Onkels Michel Danican Mitglied der Grande écurie u. spielte auch in der Kammermusik u. Kapelle Ludwigs XIV. 1729 trat er von seinen Ämtern zurück u. ging in Pension. Er komponierte Divertissements, Fanfaren u. Märsche für den Hof. In seiner Eigenschaft als Bibliothekar der Königlichen Musikbibliothek ab 1684 ordnete u. kopierte er die Sammlung älterer Instrumentalmusik, die seit Franz I. bei Hofe aufgeführt worden war. Diese Sammlung wurde später teilweise als »Collection Ph.« in die Bibliothèque du Conservatoire in Paris übernommen, teilweise verblieb sie in der Bibliothèque Municipal in Versailles. An die 300 Bde. befinden sich heute als »Toulouse-Ph. Manuscripts« in der Bibliothek des St. Michael's College in Tenbury, England.

2. François-André, Sohn von 1., franz. Komponist u. Schachspieler, * 7. 9. 1726 Dreux, † 31. 8. 1795 London. Erhielt als Musikpage Unterricht von A. Campra u. schaute den Musikern der Chapelle Royale die Grundbegriffe des Schachspiels ab. Versuchte, sich nach dem Ausscheiden aus der Königlichen Kapelle mit Musikstunden u. dem Abschreiben von Noten in Paris über Wasser zu halten. Vervollkommnete daneben sein Schachspiel so weit, daß er bald davon leben konnte u. sogar als gefeierter Schachspieler auf Tournee ging. 1749 folgte er einer Einladung nach London, wo er gegen drei bekannte Spieler gleichzeitig spielte u. gewann, ohne nur einmal auf die Schachbretter geschaut zu haben. Während seines Englandaufenthalts veröffentlichte er »Analyse du jeu des échecs«. 1754 versuchte er, sich in Paris als Komponist durchzusetzen. 1759 gelang ihm mit der Opéra-comique *Blaise le savetier* ein ungewöhnlicher Erfolg, der ihm auch bei weiteren Bühnenwerken treu blieb. Charakteristisch für seine im franz. Nationalstil verwurzelten Kompositionen waren die außergewöhnlich gelungene Instrumentierung, seine programmusikalischen Illustrationen, die Verknüpfung von verschiedenen Melodien sowie die Eleganz seiner Gesangsnummern.

Zu Ph. Bühnenwerken gehören *Blaise le savetier* (1759), *L'huître et les plaideurs* (1759, zusätzliche Musik 1761), *Le quiproquo* (1760), *Le soldat magicien* (1760), *Le jardinier et son seigneur* (1761), *Le maréchal ferrant* (1761), *Le triomphe du temps* (1761), *Sancho Pança dans son isle* (1762), *Le bûcheron* (1763), *Les festes de la paix* (1763), *Le sorcier* (1764), *Tom Jones* (1765), *Ernélinde, princesse de Norvége* (1767, rev. als *Sandomir, prince de Dannemarck* 1769, erweitert auf 5 Akte 1774), *Le jardinier de Sidon* (1768), *L'amant déguisé* (1769), *La rosière de Salency* (mit P.-A. Monsigny, G. v. Swieten, B. Blaise u. E. R. Duni, 1769), *La nouvelle école des femmes* (1770), *Le bon fils* (1773), *Mélide, ou Le navigateur* (1773), *Berthe* (mit F.-J. Gossec, 1775), *Les femmes vengées* (ursprünglich: *Le rémois*, 1775), *Le puits d'amour* (1779), *Persée* (1780), *Thémistocle* (1785), *L'amitié au village* (1785), *La belle esclave* (1787), *Le mari comme il les foudroit tous* (1788) u. *Bélisaire* (3. Akt von H. M. Berton, aufgeführt postum 1796).

Philippot, Michel-P., franz. Komponist, * 2. 2. 1925 Verzy. Studierte 1944–45 am Konservatorium in Reims u. 1945–46 am Pariser Conservatoire, anschließend privat bei R. Leibowitz. 1951–61 Mitarbeiter der Groupe de Recherches Musicales der ORTF.

Zu Ph. Kompositionen gehören: *Études de musique concrète I–II–III* (1952, 1958, 1962); *Ambiance I* u. *II* (musique concrète, beide 1959); *Maldoror* (musique pour accompagner un choix de textes de Lautréamont, musique concrète, 1961); Bühnenmusik zu »Rhinocéros« von E. Ionesco (1961–63); *Transformations triangulaires* für Instrumentalensemble (1962); *Pièce* für V. solo (1965); Orgelsonate (1971–73); *Composition Nr. 2* für Kl., Streicher u. Hf. (1974–76); *Septett Mm/D²* (Hommage à Newton, 1977); *Cantate du café* (1978). Außerdem komponierte Ph. eine Reihe von Filmmusiken. Zu seinen Veröffentlichungen gehören: »I. Strawinsky« (Paris 1965); »Diabolus in musica« (Paris 1978) u. »Les modèles mathématiques en esthétique« (Paris 1979).

Philips, holländ. Elektrokonzern in Eindhoven, gegründet 1891 von Frederik Ph. unter dem Namen N. V. Ph. Gloeilampen-Fabrieken. Sein Sohn Anton Ph. baute innerhalb des Konzerns die Hauptindustriegruppe Musik auf, aus der sich 1950 durch Zusammenschluß der holländ. u. franz. Decca sowie der franz. Polydor die N.V.Ph. Phonographische Industrie (PPI) mit Geschäftssitz in Baarn entwickelte. 1962 beschlossen Ph. u. Siemens (Inhaber der Dt. Grammophon Gesellschaft, DGG), ihre Schallplatteninteressen gemeinsam wahrzunehmen. 1971 erfolgte eine Umorganisation der DGG/PPI durch Gründung der Holdinggesellschaft Polygram B. V./GmbH mit Sitz in Baarn u. Hamburg. Gleichzeitig entstand die Polydor International GmbH, zu deren dt. Tochter die Dt. Grammophon GmbH gemacht wurde. Die Polygram zählt heute zu den größten Unterhaltungskonzernen der Welt. Außer auf dem Schallplattensektor engagiert sich das Unternehmen zunehmend auf den Gebieten der Fernseh- u. Spielfilmproduktion sowie der Herstellung von Bildplatten. Daneben gehören eine Reihe von Musikverlagen, u.a. Chappell u. Intersong, zur Firmengruppe.

Philips, Peter (Petrus Philippus), engl. Komponist u. Organist, * um 1560, möglicherweise London, † 1628 Brüssel. 1574 als Chorknabe an St. Paul's Cathedral in London nachgewiesen. Blieb seinem katholischen Glauben treu u. wanderte deshalb 1582 aus. Trat 1585 in Rom in den Dienst von Lord Paget, nach dessen Tod er sich 1590 in Antwerpen niederließ u. dort 1591 eine Madrigalsammlung unter dem Titel »Melodia Olympica di diversi eccellentissimi musici«, 4–8st., herausgab. Besuchte 1593 J.P. Sweelinck, von dem die Bearbeitung einer Pavane von Ph. existiert. 1597 wurde er Organist der Hofkapelle des Statthalters Erzherzog Albrecht in Brüssel. Dieser Titel erschien erstmals auf seinen 1598 gedruckten 8st. Madrigalen. 1610 wurde Ph. Kanonikus an St-Vincent in Soignies, Hennegau, 1621 Kaplan an St-Germain in Tirlemont, Brabant, u. 1622 oder 1623 Kanonikus in Béthune, Artois. Als Vermittler des engl. Stils in Kontinentaleuropa wird Ph. eine gewisse Bedeutung beigemessen, obwohl er in seinen eigenen Arbeiten den ital. u. insbesondere venezianischen Einfluß nicht verleugnet. Peacham sagte bereits 1627 von ihm: »He affecteth altogether the Italian veine.«

Zu Ph. gedruckten Kompositionen gehören: 2 Bücher 6st. Madrigale (1596 u. 1603); 1 Buch 8st. Madrigale (1598); Cantiones sacrae, 5st. (1612) u. 8st. (1613); »Gemmulae sacrae«, 2–3st. mit B.c. (1613); »Les rossignols spirituels«, 69 2st. franz. u. 2 4st. lat. Stücke (1616); »Deliciae sacrae binis et ternis vocibus, cum basso continuo« (1616); 4–9st. Litaneien (1623) u. 3 Bücher »Paradisus sacris cantionibus consitus«, 1–3st. mit B.c. (1628 u. 1633). Außerdem erschienen Madrigale u. Pavanen sowie Galliarden in Sammelwerken.

Phillysound, Philadelphia Sound. Unter diesem Etikett verkauften K. Gamble, L. Huff u. Th. Bell zu Beginn der 70er Jahre eine in Philadelphia produzierte weiche Variante des → Soul, die bereits die typischen Merkmale des Disco-Sound aufwies.

Phon, Maßeinheit der subjektiv empfundenen Lautstärke, bei der 0 Ph. die Hörschwelle u. 120 Ph. die Schmerzschwelle des menschlichen Ohres bezeichnen. Schallintensitätsunterschiede werden jedoch in → Dezibel gemessen.

Phonogrammarchiv, um die Jahrhundertwende entstandener Begriff für Sammlungen akustischer Originalquellen zum Zweck wissenschaftlicher Auswertung. Das erste Ph. entstand 1899 an der Akademie der Wissenschaften in Wien.

Phonograph → Schallaufzeichnung

Phonothek, Sammlung aller auf Tonträgern publizierten Quellen. In Deutschland als zentrale Einrichtung 1929 im Rahmen der Reichs-Rundfunk-Gesellschaft in Berlin gegründet. Die entsprechende Institution der BRD ist das Dt. Rundfunkarchiv in Frankfurt a. M. Daneben unterhalten viele Institutionen eigene, häufig auf einen bestimmten Bereich spezialisierte Ph. Manche Länder verfügen sogar über Ph., in denen die gesamte nationale Tonträgerproduktion erfaßt wird. Dazu gehören die BRD mit dem Dt. Musikarchiv, angeschlossen der Dt. Bibliothek in Berlin, u. die USA mit dem Music Department der Library of Congress in Washington D.C. Die internationale Zusammenarbeit der Ph. wird von der Ph.-Kommission der Association Internationale des Bibliothèques Musicales (AIBM) u. der International Association of Sound Archives (IASA) geregelt.

Phrasierung, ein der Sprechtechnik entlehnter Begriff, unter dem man die sinnvolle Gliederung musikalischer Abläufe durch Akzente u. Zäsuren versteht. Falls vom Komponisten nicht mit einem Hilfszeichen vorgeschrieben (F. Couperin verwendete z.B. ein Komma als Gliederungszeichen), ist die Gliederung eines Notentextes nicht einfach u. setzt Einfühlungsvermögen sowie Kenntnis der jeweiligen Kompositionstechnik voraus. Nur wenn sich deutlich Bauelemente (→ Periode) abzeichnen, kann entsprechend phrasiert werden. Wie problematisch die Ph. ist, läßt sich bereits aus den gegensätzlichen Auffassungen über auftaktig (H. Riemann) oder abtaktig (H. von Bülow) akzentuierenden Vortragsstil ersehen. Sobald in der neueren Musik Riemanns »normatives Grundschema« wegfällt, stellt sich auch die Frage der Ph. nicht mehr in diesem Sinne. Ph.-Lehren haben u.a. J.J. de Momigny,

R. Westphal, H. Riemann u. J. T. Wiehmayer entwickelt.

phrygisch → Kirchentöne

Pianisten. Zu den großen Pianisten des 20. Jh. gehören: M. Argerich (* 1941), G. Anda (1921–76), C. Arrau (* 1903), W. Ashkenazy (* 1937), W. Backhaus (1884–1969), D. Barenboim (* 1942), A. Benedetti Michelangeli (* 1920), St. Bishop-Kovancina (* 1940), A. Brendel (* 1931), R. Casadesus (1899–1972), A. Cortot (1877–1962), E. Fischer (1886–1960), W. Gieseking (1895–1956), E. Gilels (* 1916), G. Gould (* 1932), F. Gulda (* 1930), C. Haskil (1895–1960), W. Horowitz (* 1904), W. Kempff (* 1895), D. Lipatti (1917–50), Y. Loriod (* 1924), I. Paderewski (1860–1941), M. Pollini (* 1942), J.-B. Pommier (* 1944), S. Rachmaninow (1873–1943), S. Richter (* 1915), A. Rubinstein (* 1887), A. Schnabel (1882–1951), R. Serkin (* 1903), D. Tudor (* 1926), A. Weissenberg (* 1929), K. Zimmermann (* 1956).

picardische Terz, Bezeichnung für eine bereits im 18. Jh. als veraltet empfundene große Terz in Schlußakkorden von Stücken in einer Molltonart.

Piccinni (Piccini), Niccolò V., ital. Komponist, * 16. 1. 1728 Bari, † 7. 5. 1800 Passy bei Paris. Wahrscheinlich ausgebildet in Neapel, wo er 1754 am Teatro dei Fiorentini mit der Oper *Le donne dispettose* seinen ersten Erfolg hatte. Es folgten die Opere serie *Zenobia* u. *Nitteti* (1756 u. 1757), beide auf Libretti von P. Metastasio. 1758 brachte P. in Rom *Alessandro nelle Indie* heraus, dem 1760 die Opera buffa *La Cecchina ossia La buona figliuola* folgte, P. erfolgreichstes Stück. Rom scheint in einen regelrechten Cecchina-Taumel verfallen gewesen zu sein, der sich in wahllosem Gebrauch dieses Namens austobte. 1768 erreichte P. mit der Opera seria *L'Olimpiade* fast den gleichen Erfolg. Ab 1773 wurde ihm ein Teil des römischen Publikums jedoch untreu u. zog die Bühnenwerke seines ehemaligen Schülers P. Anfossi vor. Enttäuscht ging P. nach Neapel zurück u. nahm dort die Stellung eines 2. Domkapellmeisters u. Leiters der königlichen Kapelle an. Bereits 1774 brachte er am dortigen Teatro S. Carlo die Neufassung seines *Alessandro nelle Indie* heraus, der als seine wichtigste Opera seria gilt. 1776 nahm er ein großzügiges Angebot aus Paris an, übersiedelte mit seiner Familie dorthin u. schuf mit Hilfe J.-F. Marmontels die Tragédies lyriques *Roland* (1778) u. *Atys* (1780) nach Texten Ph. Quinaults. Beide Werke gefielen außergewöhnlich, P. erfreute sich höchster Protektion u. gab zeitweise Marie-Antoinette Gesangsunterricht. Die Neider des gleichzeitig sehr erfolgreich in Paris seine Reformopern in Szene setzenden Ch. W. Gluck versuchten äußerst geschickt, die beiden Musiker gegeneinander auszuspielen. Ohne deren Zutun bildeten sich die Parteien der Gluckisten u. Piccinnisten, die sich erbittert bekämpften. P. *Iphigénie en Tauride* kam entgegen der Absprache mit der Operndirektion erst nach Glucks triumphalem Erfolg zur Aufführung u. errang nicht mehr als einen Achtungserfolg. Als Gluck nach Wien zurückgekehrt war u. mit A. Sacchini ein neuer Rivale auftrat, blieb P. mit *Didon, Le dormeur éveillé* u. *Le faux Lord* (1783) erfolgreich. Nach Ausbruch der Franz. Revolution kehrte er unter Verlust seiner Ämter u. seines Pensionsanspruches nach Neapel zurück. Der König von Neapel entschädigte ihn großzügig, ältere Werke wurden wieder aufgeführt, ebenso das Oratorium *Jonathan* sowie die Buffa *La serva onorata* (beide 1792 entstanden). Nachdem P. aus familiären Gründen in Neapel in Ungnade gefallen war, ging er 1798 nach Paris zurück, wo er in ärmlichen Verhältnissen verstarb. Eine im letzten Augenblick für ihn eingerichtete 6. Inspektorenstelle am Conservatoire konnte er bereits aus Krankheitsgründen nicht mehr antreten.

P. ist mit seinen mehr als 120 Opern ein typischer Vertreter der neapolitanischen Schule. Ihm gebührt jedoch das Verdienst, die stereotyp gewordene neapolitanische Opera buffa zur bürgerlich-empfindsamen Musikkomödie von europäischem Format gewandelt zu haben. Außerdem hat er, ohne sich selbst zu verleugnen, in Paris versucht, im Sinne von Glucks Reformwerk zu wirken.

Lit.: P. L. Ginguené, Notice sur la vie et les ouvrages de P., Paris 1800; J. D. Popovici, La buona figliuola von N. P., Wien 1920; M. Pascazio, L'uomo P., Bari 1951.

Piccioli, Giuseppe, ital. Pianist u. Komponist, * 5. 8. 1905 Bologna, † 5. 10. 1961 Mailand. Schüler von G. Minguzzi (Klavier) u. G. Mattioli u. F. Alfano (Komposition). Ab 1932 Lehrer am Konservatorium in Bologna, ab 1952 am Conservatorio di Musica G. Verdi in Mailand. Zu seinen Kompositionen gehören Ballette u. Klavierstücke. Er veröffentlichte u. a.: »Il concerto per pianoforte e orchestra da Mozart a Grieg« (Como 1936, rev. u. betitelt: »... ai contemporanei«, Mailand 1954).

piccolo (ital.: »klein«), bezeichnet in Zusammensetzung mit Instrumentennamen immer das jeweils kleinste u. die höchsten Töne erzeugende Instrument einer Familie. Heute hauptsächlich als Kurzform für Flauto p. verwendet.

Pichl (Pichel), Václav (Wenzel), böhm. Geiger u. Komponist, * 23. 9. 1741 Bechyně bei Tábor, † 23. 1. 1805 Wien. Studierte in Prag Philosophie, Theologie u. Rechtswissenschaften. Ließ sich nebenbei von F. Pokorny im Geigenspiel u. J. Seger in Komposition ausbilden. 1763–69 Geiger in dem von Dittersdorf geleiteten Orchester des Bischofs Patatich, anschließend Kapellmeister in Prag u. ab 1771 als Orchestermusiker in Wien. 1775 wurde er Musikdirektor u. Kammerkomponist Erzherzog Ferdinands in Mailand u. wirkte ab 1796 weiterhin in dessen Diensten wieder in Wien. P. hinterließ an die 900 Kompositionen, darunter Opern, Kirchenmusik, 89 Sinfonien, gegen 30 Instrumentalkonzerte, Kammermusik, u. a. 172 Streichquartette. Am bekanntesten u. häufig neu aufgelegt sind seine *Sei fughe con un preludio fugato per un violino solo,* op. 41.

Pierné, H.-C.-Gabriel, franz. Organist, Dirigent u. Komponist, * 16. 8. 1863 Metz, † 17. 7. 1937 Ploujean bei Morlaix. Schüler des Pariser Conservatoire u. Gewinner des Prix de Rome 1882 mit der Kantate *Edith.* Zu seinen Lehrern gehörten u. a. C. Franck u. J. Massenet. 1890–98 war er als Nachfolger C. Francks Organist an Ste-Clotilde. Leitete 1910–32 als Nachfolger von E. Colonne die Concerts Colonne.

Zu P. Kompositionen gehören: die Bühnenwerke *La coupe enchantée* (1895, rev. 1905), *Vendée* (1897), *La fille de Tabarin* (1901), *On ne badine pas avec l'amour* (1910) u. *Sophie Arnould* (1927); die musikalische Komödie *Fragonard* (1934); Ballette, u. a. *Les joyeuses commères de Paris* (1892), *Salomé* (1895), *Cydalyse et le chèvre pied* (1923) u. *Giration* (1934); Bühnenmusiken; Kantaten; Orchesterwerke; Instrumentalkonzerte, darunter Klavierkonzert (1887); Kammermusik; Klavierstücke u. eine Reihe von Stücken für Harfe. Am bekanntesten war sein Oratorium *La croisade des enfants* (1902).

Pijper, Willem F. J., holländ. Komponist, * 8. 9. 1894 Zeist bei Utrecht, † 19. 3. 1947 Leidschendam. 1911–16 Unterricht an der Musikschule von Utrecht bei J. Wagenaar u. H. J. van Lunteren-Hansen. 1918–23 Musikkritiker des »Utrechter dagblad«, 1925–30 Professor für Komposition am Konservatorium in Amsterdam, 1926–29 gemeinsam mit P. Sanders Redakteur der Zeitschrift »De muziek« u. 1930–47 erster Direktor des neugegründeten Konservatoriums in Rotterdam. Zu seinen Schülern zählten H. Bosmans, G. Landré, K. Mengelberg, H. Badings, P. Ketting u. B. van Lier. Seine eigenen Kompositionen standen von Anfang an unter franz. Einfluß. Sein 1. Streichquartett (1914), deutlich von Debussy beeinflußt, baute bereits auf der Polytonalität auf, die später charakteristisch für seine Arbeiten wurde. 1917 entstand die 1. Sinfonie, deren wichtigste Kennzeichen Polytonalität u. Polyrhythmik sind. Daneben ist der Einfluß G. Mahlers unverkennbar. P. verarbeitete außerdem Einflüsse A. Schönbergs, I. Strawinskys u. holländ. Folklore.

Zu P. Kompositionen gehören: die Bühnenwerke *Halewijn* (1933, rev. 1934) u. *Merlijn* (1939–46, unvollendet); 3 Sinfonien (1917, 1921 u. 1926); 6 *Epigramme* in Form einer Orchestersuite (1928) u. 6 Adagios (1940); Vokalkompositionen, darunter *Heer Halewijn* (1920) u. *Heer Danielken* (1925), beide für 8st. Chor a cappella; je 1 Konzert für Kl. (1927), Vc. (1936) u. V. (1938) mit Orch.; Kammermusik, u. a. 5 Streichquartette, von denen das letzte unvollendet blieb (1914, 1920, 1923, 1928 u. 1946); Klavierstücke u. Lieder. Eine Auswahl seiner Musikkritiken erschien als »De quinten-cirkel« (Amsterdam 1929, erweitert 1964) u. »De stemvork« (Amsterdam 1930).

Lit.: K. van Bazen, W. P., Amsterdam 1957, W. C. M. Kloppenburg, Thematisch-bibliografischer Katalog, Assen 1960.

Pinkham, Daniel, amer. Komponist u. Dirigent, * 5. 6. 1923 Lynn, MA. Kompositionsschüler von W. Piston, A. T. Davison u. A. Copland an der Harvard University, dann von A. Honegger, S. Barber u. N. Boulanger. Seine Organistenausbildung erhielt er bei C. Pfatteicher u. E. Power Biggs, Cembalostudien betrieb er bei P. Aldrich u. W. Landowska. 1957–58 Dozent an der Harvard University, seither Leiter des Cambridge Festival Orchestra, Music Director der King's Chapel in Boston u. Mitglied des Lehrkörpers des dortigen Konservatoriums.

Zu P. Kompositionen gehören u. a.: die einaktige Oper *The Garden of Artemis* (1948), 2 Sinfonien (1960 u. 1963), *Signs of the Zodiac* für Erzähler u. Orch. (1964), Kantaten, Kammermusik, elektronische Musik.

Pipelare (Pipelaere), Matthaeus, franko-fläm. Komponist um 1500. 1498–1500 als Sangmeister der Illustre Lieve Vrouwe Broederschap in 's Hertogenbosch nachweisbar. Komponierte Messen, Motetten, Chansons u. niederl. Lieder. Stilistisch J. Obrecht nahestehend u. von Ornithoparchus als Autorität zitiert.

Piraterie → Raubpressung

Pisendel, Johann Georg, dt. Geiger u. Komponist, * 26. 12. 1687 Cadolzburg, Mittelfranken, † 25. 11. 1755 Dresden. Wurde mit 9 Jahren Kapellknabe in Ansbach, wo er Unterricht von G. Torelli u. F. A. Pistocchi erhielt. Trat mit 16 in das dortige Orchester als Geiger ein, studierte 1709–12 an der Universität Leipzig u. wurde 1712 Orchestermusiker in der Dresdner Hofkapelle. Besuchte im Dienst des Kurfürsten 1714 Paris, 1716 Venedig, wo er Unterricht von A. Vivaldi erhielt, u. 1717 Rom u. Neapel. Übernahm nach J.-B. Volumiers Tod 1728 die Konzertmeisterstelle in der Hofkapelle u. leistete hervorragende Erziehungsarbeit. Er galt als einer der bedeutendsten Geiger der Bach-Zeit. J. S. Bach hat vermutlich seine Violinsonaten für P. geschrieben. Zu seinen Schülern gehörten J. G. Graun u. F. Benda. Von seinen Kompositionen liegen 7 Violinkonzerte, 1 Sinfonia, 4 Concerti grossi, 1 Sonate für V. solo u. 2 Violinsonaten mit B. c. handschriftlich in der Sächsischen Staatsbibliothek in Dresden vor.

Piston, Walter H., amer. Komponist u. Lehrer,

* 20. 1. 1894 Rockland, ME, † 8. 11. 1976 ebd. Studierte zuerst Malerei u. begann sein Musikstudium erst 1920 an der Harvard University. 1924–26 weitere Studien bei N. Boulanger u. P. Dukas in Paris. 1944–60 Professor für Komposition an der Harvard University, wo u. a. L. Bernstein zu seinen Schülern zählte. Als Neoklassizist neigte P. zu großer Formstrenge u. zeigte sich als ein ausgezeichneter Kontrapunktiker, der Jazz-Elemente mit dissonanter Harmonik zu verbinden wußte.

Von P. Kompositionen seien erwähnt: das Ballett *The Incredible Flutist* (1938); *Concerto for Orchestra* (1934); 8 Sinfonien (1937, 1943, 1947, 1950, 1954, 1955, 1960 u. 1965); *3 New England Sketches* (1959); *Lincoln Center Festival Overture* (1962); Concertino für Kl. u. Kammerorch. (1937); Konzerte für V. (1940 u. 1960), Va. (1957), 2 Kl. (1959), Klar. (1966) u. Fl. (1971) u. Orch.; Capriccio für Hf. u. Streicher (1963); Variationen für Vc. u. Orch. (1965); Fantasie für V. u. Orch. (1970) u. Concerto für Streichquartett u. Orch. (1974); Kammermusik, darunter 5 Streichquartette (1933, 1935, 1947, 1951 u. 1962). P. verfaßte außerdem die weit verbreiteten Lehrbücher »Harmony« (New York 1941); »Counterpoint« (New York 1947) u. »Orchestration« (New York 1955).

Pitoni, Giuseppe Ottavio, ital. Komponist, * 18. 3. 1657 Rieti, † 1. 2. 1743 Rom. Chorknabe an S. Giovanni dei Fiorentini u. SS. Apostoli in Rom, wo F. Foggia auf ihn aufmerksam wurde u. ihm Unterricht gab. 1674 Kirchenkapellmeister an der Kathedrale von Assisi, 1676 an der Kathedrale von Rieti, 1677 an S. Marco in Rom, daneben 1686 an der Kirche des Collegium Germanicum, 1689 an S. Lorenzo in Lucina, 1708 an S. Giovanni in Laterano u. 1719 an S. Pietro. Zu seinen Lebzeiten wurde nur ein Buch 2st. Motetten (1697) gedruckt. Außerdem erschien der erste Teil eines Traktats »Guida armonica«. Daneben komponierte P. eine Fülle von Messen, Motetten u. anderen Kirchenmusikwerken. Sein besonders melodisch geprägter Satz reicht bis zu 36 St. Zu seinen Schülern gehörten F. Durante, F. Feo u. L. Leo. Der Hauptteil seiner handschriftlich erhaltenen Werke wird im Archiv der Cappella Giulia u. in der Santinischen Bibliothek in Münster, Westfalen, aufbewahrt.

Pizzetti, Ildebrando, ital. Komponist, * 20. 9. 1880 Parma, † 13. 2. 1968 Rom. Schüler von T. Righi u. G. Tebaldini am Konservatorium von Parma u. Student der Musikgeschichte an der dortigen Universität. 1908 Professor für Harmonie u. Kontrapunkt am Conservatorio di Musica L. Cherubini in Florenz, dessen Leitung er 1917 übernahm. 1924 wurde P. zum Direktor des Conservatorio di Musica G. Verdi in Mailand ernannt, 1936–58 war er Professor u. Leiter einer Meisterklasse für Komposition an der Accademia Nazionale di S. Cecilia in Rom. Seinem Sinn für alles Theatralische kam die Bekanntschaft mit G. d'Annunzio entgegen. P. komponierte Bühnenmusiken zu d'Annunzios »La nave« (1905) u. »La pisanella« (1913), schrieb die *Sinfonia del fuoco* für den Spielfilm »Cabiria« (1914) u. ließ sich von dem Dichter dessen Drama »Fedra« als Opernlibretto einrichten (1909–12).
P. hat als Lehrer einen Großteil der jüngeren ital. Komponistengeneration beeinflußt. Er veröffentlichte: »La musica di V. Bellini« (Florenz 1914); »Musicisti contemporanei« (Mailand 1914); »Intermezzi critici« (Florenz 1921); »N. Paganini« (Turin 1940) u. »Musica e dramma« (Rom 1945).

Zu P. weiteren Kompositionen gehören: die Bühnenwerke *Dèbora e Jaéle* (1915–21), *Lo straniero* (1922–25), *Fra Gherardo* (1925–27), *Orsèolo* (1931–35), *L'oro* (1938–42), *Vanna Lupa* (1947–49) u. die ursprünglich als Funkoper entstandene *Ifigenia* (1950) sowie *Cagliostro* (1953), *La figlia di Iorio* (1954, nach d'Annunzio), *L'assassinio nella cattedrale* (1958), *Il calzare d'argento* (1961) u. *Clitennestra* (1965); Orchesterwerke wie *Concerto dell'estate* (1928), *Rondò veneziano* (1929, als Ballett an der Mailänder Scala 1931) u. Sinfonie in A-Dur (1940), je 1 Konzert für Kl. (*Canti della stagione alta*, 1930), V. (1945), Vc. (1933–34) u. Hf. (1960) mit Orch.; Chorwerke, u. a. *Messa di Requiem* (1922) u. *Cantico di gloria* (1948); Kammermusik, darunter 2 Streichquartette (1906 u. 1932–33), Klaviertrio (1926) u. *Tre canzoni* für S. u. Streichquartett (1926) u. *Due poesie d'Ungaretti* für Bar. u. Klavierquartett (1935); Klavierstücke u. Lieder.
Lit.: G. M. Gatti, I. P., Turin 1934 (erweiterte Neuauflage engl., London 1951); G. Gavazzeni, Tre studi su P., Como 1937; ders., Altri studi pizzettiani, Bergamo 1956; E. Calabria, I. P., Bergamo 1956.

pizzicato (ital.: »gezwickt«, Abk.: pizz.), Spielanweisung für Streichinstr. u. neuerdings auch das Klavier, die Saiten mit den Fingern zu zupfen. Sie wird aufgehoben bei Streichern durch *col arco* oder *arco:* mit dem Bogen zu spielen. Seit N. Paganini gibt es das P., ausgeführt von der Griffhand bei gleichzeitigem Bogenspiel.

plagal (lat. plagalis: »seitlich«), **1.** Bezeichnung für den 2., 4., 6. u. 8. Kirchenton, der jeweils um eine Quarte tiefer liegt als der entsprechende authentische. **2.** Kadenz unter Umgehung der Dominante vor der Tonika u. damit auch des zur Tonika führenden Leittons. Dieser Schluß wird auch Kirchenschluß genannt.

Plagiat (lat.: »Menschenraub«), erstmals von Martial im 1. Jh. für die Aneignung eines fremden Kunstwerkes verwendet. In der Musik erst seit dem Notendruck u. der feststellbaren Urheberschaft einer Komposition zum Problem geworden. Die Abgrenzung zum Zitat u. zur Parodie ist fließend. Das P. spielt heute hauptsächlich eine Rolle in der Unterhaltungsmusik.

Plainte (franz.: »Klage«), **1.** Klagelied → Planctus. **2.** Bezeichnung für ein Stück mit Trauercharakter im 17. u. 18. Jh., dem → Tombeau verwandt. **3.** Bezeichnung für vibrato- u. vorschlagartige Verzierungen (franz. flattement, langueur, aspiration, tremblement).

Planctus (lat. plangere: »trauern«), ein Klagelied, das im Mittelalter auf den Tod eines Fürsten oder Gönners angestimmt wurde.

Plantation song (engl.: »Plantagenlied«), Sammelbezeichnung für die Gesänge der schwarzen Landarbeiter in den USA im 19. Jh. Es handelt sich hauptsächlich um Arbeitslieder, deren antiphonale Form auf afrikanische Quellen zurückgeht. Inhalt u. Form bildeten später die Grundlagen des → Blues.

Platti, Giovanni B., ital. Komponist, * 9. 7. 1697 Padua, † 11. 1. 1763 Würzburg. 1722–49 zuerst Tenorist, später Kammervirtuose am Hofe des Fürstbischofs von Bamberg u. Würzburg. Von seinen Kompositionen erschienen je 6 Cembalosonaten op. 1 (1742) u. op. 4 (1746), 6 Cembalokonzerte (1742) u. 6 Flötensonaten (1742) im Druck. P. gilt als Vorläufer des Wiener klassischen Stils in der Klaviermusik.

Playback-Verfahren, 1. Zuspielen eines vorgefertigten Tonbandes bei Filmaufnahmen bzw. Fernsehaufzeichnungen, zu dem Sänger oder Schauspieler nur noch für die Bildaufnahme mehr oder weniger synchron Gesang oder Sprache mimen. Wird insbesondere bei Musikfilmen angewendet, um einen korrigierten optimalen Ton zu erzielen. Im Schlagergeschäft machen Stars häufig Werbung für ihre Platten, indem sie zu längst produzierten Bändern vor der Kamera vorgeben zu singen. **2.** Zuspielen einer oder mehrerer Musikaufnahmen bei gleichzeitigem Abhören eines bereits existierenden Bandes. Bei diesem Vorgang kann entweder jede Neuaufnahme direkt auf das schon bespielte Band kopiert werden oder, was ganz besonders in der Popmusik zutrifft, jeweils auf eine eigene Spur gelegt werden, so daß sich anschließend die verschiedensten Bearbeitungs- oder Mischmöglichkeiten ergeben.

Plektron, Plektrum, ein Blättchen oder Stäbchen zum Anreißen von Saiten. Heute werden Mandoline u. Zither grundsätzlich mit P. gespielt.

Plessis, Hubert du, südafrikanischer Pianist u. Komponist, * 7. 6. 1922 auf einer Farm im Malmesbury District. Studierte in Stellenbosch bei M. Fismer u. A. Graham, in Kapstadt bei W. H. Bell u. an der Royal Academy of Music in London 1951–54 bei A. Bush u. H. Ferguson. Seit 1958 Dozent am Konservatorium in Stellenbosch.

Zu P. Kompositionen gehören Sinfonie (1953–54), *Musik zu 3 Bildern von Henri Rousseau* für Kammerorch. (1962), Vokalkompositionen, darunter *Suid-Afrika – nag en daeraad* für S., Chor u. Orch. (1965–66), Kammermusik, Klavierwerke, u. a. 2 Sonaten (1952 u. 1974–75), Lieder. Er veröffentlichte außerdem: »Johann Sebastian Bach« (Kapstadt 1960).

Pleyel, Ignaz J., österr. Komponist u. Klavierbauer, * 18. 6. 1757 Ruppersthal, Niederösterreich, † 14. 11. 1831 auf einem Landgut bei Paris. 24. Kind einer armen Lehrerfamilie. Erhielt Klavierunterricht bei J. B. Vanhal u. war anschließend Kompositionsschüler von J. Haydn. 1777 wurde er Kapellmeister des Grafen Erdődy, der ihm einen Studienaufenthalt in Italien ermöglichte. 1783 2. Kapellmeister am Straßburger Münster, 1789 als Nachfolger von F. X. Richter 1. Kapellmeister, eine Stellung, die er durch die Französische Revolution wieder verlor. 1791 wurde er nach London eingeladen, um die Leitung der Professional Concerts zu übernehmen. Die Absicht, ihn gegen den bei Salomon unter Vertrag stehenden Haydn auszuspielen, mißlang, da P. bereits bei seinem ersten Konzert eine Sinfonie seines alten Lehrers aufs Programm setzte u. sich mit Haydn in London häufiger traf. 1795 ließ sich P. in Paris nieder, eröffnete eine Musikalienhandlung u. gründete 1807 eine Pianofortefabrik. P. hinterließ mehr als 60 Sinfonien, unzählige Kammermusikwerke, darunter allein 60 Streichquartette, Klavier- u. Violinsonaten u. Lieder. Für das Marionettentheater in Eszterháza komponierte er *Die Fee Urgèle* (1776) u. in Neapel kam 1785 seine Oper *Ifigenia in Aulide* zur Aufführung. Während die frühen Werke von P. im Stile J. Haydns komponiert waren u. selbst von W. A. Mozart wohlwollend beurteilt wurden, verlegte er sich später auf eine Massenproduktion, bei der nur noch Gefälligkeit u. Virtuosität im Vordergrund standen. P. Sohn J. S. Camille (18. 12. 1788–4. 5. 1855) tat sich hauptsächlich als Leiter der väterlichen Klavierfabrik hervor u. eröffnete 1838 die Salle Pleyel.

Plica (mittellat.: »Falte«), in der Modal- u. frühen Mensuralnotation gebräuchliche Zeichen für einen festen Hauptton u. einen als Verzierung gedachten beweglichen Nebenton, entstanden aus den liqueszierenden Neumen Cephalicus u. Epiphonus. Franco von Köln unterscheidet bereits die P. longa ascendens u. descendens sowie die P. brevis ascendens u. descendens. Die P. läßt sich in unserer gebräuchlichen Notenschrift als Hauptnote mit angehängter Nebennote wiedergeben: oder .

Plüddemann, Martin, dt. Komponist, * 29. 9. 1854 Kolberg, † 8. 10. 1897 Berlin. Studierte am Leipziger Konservatorium, war ab 1889 Gesangslehrer an der Steiermärkischen Musikschule in Graz u. übersiedelte 1894 nach Berlin, wo er Mitarbeiter der »Dt. Zeitung« wurde. Als Wagnerianer versuchte P. die Balladenkomposition neu zu beleben u. übertrug bei seinen Kompositionen R. Wagners Leitmotivik auf die von C. Loewe entwickelte Form. Er veröffentlichte: »Die Bühnenfestspiele in Bayreuth« (Leipzig 1876) u. Aphorismen »Aus der Zeit, für die Zeit« (Leipzig 1880).

Pocci, Franz Graf von, dt. Komponist, Dichter u. Zeichner, * 7. 3. 1807 München, † 7. 5. 1876 ebd. Mitarbeiter der »Fliegenden Blätter« u. der »Münchner Bilderbogen«, schrieb von 1858 bis zu seinem Tode zahlreiche Puppenspiele für J. Schmids Münchner Marionettentheater, zu denen P. auch die Musik komponierte. Seine Stoffe entnahm er alten dt. Volksbüchern, Märchen, Opern u. Theaterstücken. Bei P. fand W. Egk den Stoff zu seiner *Zaubergeige*. P. komponierte außerdem Klavierstücke, Lieder u. Chöre, verfaßte die meisten seiner Texte selbst u. versah seine Ausgaben mit eigenen Zeichnungen.

Zu P. Liedersammlungen gehören: *Blumen-Lieder* (um 1835), *Sechs altdeutsche Minnelieder* (1835), *Bilder. Töne fürs Klavier* (1835), *Alte und neue Soldatenlieder* (1842), *Alte und neue Kinder-Lieder* (um 1852), *Alte und neue Jägerlieder* (1854). Seine »Lustigen Komödienbüchleins« kamen 1859–77 in München heraus.

Lit.: H. Holland, F. Graf P., Bamberg 1890; A. Dreyer, F. P., Der Dichter, Künstler u. Kinderfreund, Leipzig 1907; F. Wolter, F. v. P. als Simplicissimus der Romantik, München 1925; K. Pastor, F. P. als Musiker, München 1932.

Poglietti (Boglietti), Alessandro de, österr. Komponist ital. Herkunft, † Juli 1683 Wien. Über seine Herkunft ist so gut wie nichts bekannt. 1661 wurde er Hoforganist in Wien. 1683 bei der Belagerung der Stadt durch die Türken ermordeten ihn Tataren. Die meisten seiner Kompositionen sind nur handschriftlich überliefert. Sein bekanntestes Werk waren offensichtlich die in mehreren Abschriften verbreiteten 12 Ricercari für Org. Als frühe Belege von Programmusik sind zu sehen: Aria *Il rossignolo* mit Variationen, *Capriccio über das Henner- und Hannergeschrey,* Suite *Sopra la rebellione di Ungheria*. P. veröffentlichte weitere Instrumentalwerke in Sammeldrucken. »Eine Einführung zur Musica, Sonderlich einem Organisten dienlich« ist in der Handschrift mit der Jahresangabe 1676 versehen.

Pohle, David, dt. Komponist, * 1624 Marienberg, Erzgebirge, † 20. 12. 1695 Merseburg. Schüler von H. Schütz, nachweisbar zuerst als Instrumentalist 1648–49 in der Hofkapelle des Kurprinzen Johann Georg II. in Dresden, später an den Höfen in Weißenfels, Zeitz u. ab 1682 in Merseburg. Gehört zu den besten Musikern der Schütz-Nachfolge, insbesondere in seinen Vokalkompositionen.

P. schrieb Opern, Messen, geistliche Konzerte, Kantaten, Oden, Suiten u. Sonaten, darunter 30 4–8st., sowie Arien auf Texte aus P. Flemings 5. Odenbuch für 2 Singst., 2 V. u. B. c.

Poißl, Johann Nepomuk, Freiherr von, dt. Komponist, * 15. 2. 1783 Haukenzell, † 17. 8. 1865 München. Ab 1805 Schüler von F. Danzi in München u. dort 1825–48 1. Hofmusik- u. Hoftheaterintendant. Gehört zu den letzten Vertretern der ernsten dt. Oper. Vertonte mit *Der Wettkampf von Olympia* (1815) u. *Nittetis* (1817) noch Libretti von P. Metastasio. Mit *Die Prinzessin von Provence* (1825) u. *Der Untersberg* (1829) leitete er dann zur romantischen Oper über. Daneben komponierte P. einige Chorwerke, u. a. ein Oratorium *Der Erntetag* (1835).

Pokorny, Franz Xaver, böhm. Komponist, * 20. 12. 1728 Königstadtl, † 2. 7. 1794 Regensburg. Schüler von J. Riepel in Regensburg u. I. Holzbauer, J. Stamitz u. F. X. Richter in Mannheim. 1753–66 Mitglied der Hofkapelle von Oettingen-Wallerstein u. 1766 bis zu seinem Tode Orchestermusiker in der Hofkapelle von Thurn u. Taxis in Regensburg. P. komponierte mehr als 100 Sinfonien, Konzerte u. Kammermusik.

Polacca → Polonaise

Polaczek, Dietmar, österr. Komponist u. Journalist, * 26. 10. 1942 Bendsburg, Oberschlesien. Studierte in Graz Architektur, Musikwissenschaft, Komposition, Geige u. Orgel. Wurde 1971 ständiger Mitarbeiter der »Süddt. Zeitung« in München u. übersiedelte 1976 nach Frankfurt, wo er die Musikredaktion der »Frankfurter Allgemeinen Zeitung« übernahm.

Zu P. Kompositionen gehören: *Vernissage septenaire* für Orch. (1963); *lesabèndio* für Bläserquintett (1966); Klavierkonzert (1968); *applaus I + II* für Dirigent, Sprecher, Chor u. 2 Schlagzeugspieler (1970); *entropie* für Org. (1972); *darm und draht* für Vc. u. Kl. (1975); *brei und brocken* für Org. (1977); *c-dur* für großes Orch. (1979).

Polka, ein Paartanz böhm. Ursprungs im lebhaften 2/4-Takt. Über die Ableitung des Namens besteht keine Einigkeit. Neben P. für »Polin« werden auch pǔlka (»Hälfte«, »Halbschritt«) oder tanec na polo (»Halbtanz«) angeführt. Charakteristisch ist das punktierte dritte Achtel. Über Prag u. Wien kam die P. nach Paris u. wurde dort zum beliebten europäischen Gesellschaftstanz. 1844 führten Maria u. Eugène Coralli erstmals eine P. an der Pariser Opéra auf.

Poll (engl.: »Abstimmung«, »Umfrage«), in der Jazz- u. Popmusik beliebtes Mittel, um Hits oder die besten Musiker bzw. Gruppen durch das Publikum oder Experten feststellen zu lassen.

Pollarolo (Polaroli), **1.** Carlo Francesco, ital. Komponist, * um 1653 Brescia, † Ende 1722 Venedig. Schüler von G. Legrenzi, 1685–90 Kapellmeister an der Kathedrale von Brescia, ab 1690 Organist der 2. Orgel u. ab 1692 2. Kapellmeister an S. Marco in Venedig. Daneben 1697–1718 Chordirigent am Conservatorio degli Incurabili. Von seinen mehr als 85 Opern, die sich durch reichere u. differenziertere Orchesterbegleitung auszeichnen, sind nur wenige überliefert, darunter *Roderico* (1684), *La forza della virtù* (1693), *Gl'inganni felici* (1695), *Faramondo* (1699), *Le pazzie degli amanti* (1701), *Marsia deluso* (1714) u. *Ariodante* (1716). P. komponierte außerdem Kirchenmusik.

2. Antonio, Sohn von 1., ital. Komponist, * um 1680 Venedig, † 4. 5. 1746 ebd. 1723 Nachfolger seines Vaters an S. Marco u. dort 1740 1. Kapellmeister. Er komponierte Opern u. Kirchenmusik.

Polo, andalusischer Tanz, der mit Kastagnetten, Händeklatschen u. Schuhgeklapper begleitet wird. Als andalusischer Volksgesang wird der p. gitano von den Zigeunern gepflegt. Sie begleiten den gesungenen Teil mit olé-Rufen.

Polonaise, ein poln. Schreittanz festlichen Charakters im ¾-Takt, davon abgeleitet auch Bezeichnung für entsprechende Instrumentalstükke. Entstanden aus alten zu Hochzeitsfeierlichkeiten gespielten poln. Volkstänzen u. höfischen Prozessionstänzen. Bereits 1697 bei der Krönung Augusts des Starken belegt. Bis in unsere Zeit als Aufzugstanz beliebt, bei dem ein Paar die Tanzfiguren angibt u. der Rest folgt. Die Entwicklung der instrumentalen P. vollzog sich vorwiegend in Schweden, Deutschland u. Frankreich, von wo sie im 18. Jh. nach Polen zurückgebracht wurde. Von F. Couperin, G. Ph. Telemann, G. F. Händel, J. S. Bach u. a. wurde sie als Suitensatz verwendet. Der bedeutendste Komponist von instrumentalen P. ist F. Chopin, der von M. K. Ogiński u. J. Elsner beeinflußt war.

Polskie Wydawnictwo Muzyczne (PWM), staatlicher poln. Musikverlag mit Sitz in Krakau u. Warschau, gegründet 1945 von T. Ochlewski, der auch nach der Verstaatlichung 1946 Direktor blieb u. 1965 von M. Tomaszewski abgelöst wurde. 1972 erfolgte die Eingliederung der für den Export zuständigen Ars Polona u. des Verlags Synkopa (Unterhaltungsmusik). PWM gibt u. a. Denkmälerreihen u. Serien über die Quellen zur Geschichte der poln. Musik heraus. Zu seinen Urtextausgaben gehören die Werke von F. Chopin, F. Moniuszko, K. Szymanowski u. H. Wieniawsky.

Polygram → Philips

Polymetrik, Gleichzeitigkeit von Bewegungsabläufen bei verschiedenem → Metrum. Die daraus entstehende Spannung innerhalb eines einheitlichen Taktgefüges wurde schon von der Wiener Klassik genutzt. In der neueren Musik tritt P. häufig im Zusammenhang mit der Vorzeichnung verschiedener Taktarten auf.

polymodal, von O. Messiaen geprägter Begriff für die in *Mode de valeurs et d'intensités* verwendeten Reihen u. ihre Verwendung als Modi.

Polyphonie (griech.), Mehrstimmigkeit im weitesten Sinne, in der Musikgeschichte jedoch spezifisch angewendet auf das Zusammenklingen mehrerer rhythmisch u. melodisch selbständiger Stimmen, die nach bestimmten Gesetzen der Stimmführung u. Konsonanz-Dissonanz-Behandlung durchgeführt u. miteinander kombiniert werden. Vom frühen → Organum führt die Entwicklung der P. bis zur Blüte der kontrapunktischen Kunst im 16. Jh. Ihre Lehrsätze wurden später in der Kontrapunktlehre zusammengefaßt. Ihren Höhepunkt u. gleichzeitig ihr Ende erreicht die P. in dem Augenblick, in dem sich die Diatonik verfestigt hat u. an die Stelle der horizontalen Schreibweise die vertikale, akkordische tritt. Damit beginnt das Zeitalter der → Homophonie, die ihrerseits bereits wieder den Keim der Auflösung in sich trug, die mit der → Atonalität des beginnenden 20. Jh. einsetzte. Seitdem der funktionalharmonische Akkordsatz als überholt gilt, haben sich viele Komponisten wieder der polyphonen Schreibweise zugewandt.

Polyrhythmik, das gleichzeitige Vorkommen verschiedener Rhythmen, die entweder gemeinsame Hauptschwerpunkte haben oder bei denen sich die innerhalb eines Taktes gegebenen Schwerpunkte unabhängig voneinander verlagern. P. ist eine charakteristische Eigenschaft verschiedener Folklore u. außereuropäischer Musiken. Über Komponisten wie M. Ravel u. B. Bartók fand sie Eingang in die Kunstmusik. Auch der → Jazz (S. 399) bezieht Spannungsimpulse aus der P.

Polytonalität, die gleichzeitige Verwendung von mehreren Tonarten, entweder durch Aufspalten einer Tonart in mehrere selbständige Funktionsabläufe oder durch Übereinanderschichten verschiedener Tonarten. Am häufigsten tritt die P. als Bitonalität auf, d. h. in der gleichzeitigen Verwendung von zwei Tonarten, die oft verwandt sind. P. kam insbesondere zu Beginn des 20. Jh. in Mode, um der als verbraucht empfundenen tonalen Sprache neue Reize u. Farben abzugewinnen (C. Debussy, M. Ravel). Zu einem Stilmittel machte D. Milhaud die P.

Ponce, Manuel María, mexikan. Komponist, * 8. 12. 1882 Fresnillo, † 24. 4. 1948 Mexico City. Studierte 1905 bei M. E. Bossi in Bologna (Komposition) u. M. Krause in Berlin (Klavier). Nahm 1906 einen Lehrauftrag am Konservatorium in Mexico City an u. bildete sich selbst 1925 bei P. Dukas in Paris weiter. Bei seinen Kompositionen schöpfte er aus der Folklore seines Landes, die er nach seinem Parisaufenthalt jedoch stark mit impressionistischen Farben anreicherte. Schließlich schwenkte er ganz auf die Linie des Neoklassizismus ein.

Zu P. Werken gehören: *Canto y danza de los antiguos Mexicanos* (1933), *Chapultepec* (1929, rev. 1934), *Suite en estilo antiguo* (1935) u. *Ferial* (1940) für Orch.; Klavierkonzert (1912), Gitarrenkonzert (1940), Violinkonzert (1942); Orchesterlieder; Kammermusik; Klavierstücke u. Lieder. Am bekanntesten dürfte seine Sammlung volkstümlicher Lieder *Estrellita* (1913) sein. Seine Aufsätze erschienen als »Nuevos escritos musicales« (1948).

Ponchielli, Amilcare, ital. Komponist, * 31. 8. 1834 Paderno Fasolare bei Cremona, † 16. 1. 1886 Mailand. Studierte 1843–54 am Konservatorium in Mailand u. war anschließend Organist an S. Ilario u. Kapellmeister in Cremona. Dort brachte er 1856 seine erste Oper *I promessi sposi* heraus, die umgearbeitet 1872 in Mailand so viel Erfolg hatte, daß er eine Reihe von Kompositionsaufträgen erhielt. Ab 1883 war P. Professor für Komposition am Mailänder Konservatorium, wo P. Mascagni u. G. Puccini zu seinen Schülern zählten. Von seinen Opern wird heute nur noch *La Gioconda* (1876) häufiger aufgeführt, zu der A. Boito unter dem Pseudonym Tobia Gorrio das Libretto schrieb. Weitere Opern von P. sind *La Savoiarda* (1861, rev. 1877), *Roderico* (1863), *I Lituani* (1874, rev. 1875), *I mori di Valenza* (1879, orchestriert von A. Cadore), *Il figliuol prodigo* (1880) u. *Marion Delorme* (1885).

Poot, Marcel, belg. Komponist, * 7. 5. 1901 Vilvoorde bei Brüssel. Studierte am Brüsseler Conservatoire, am Konservatorium in Antwerpen u. bei P. Gilson u. P. Dukas. Unterrichtete an der Musikschule von Vilvoorde, erhielt dann eine Berufung an das Konservatorium in Brüssel, dessen Direktor er von 1949 bis 1966 war. Daneben ist P. Recteur de la Chapelle musicale Reine Élisabeth de Belgique. 1925 gründete P. zusammen mit anderen Schülern von Gilson die Gruppe der Synthétistes u. zusammen mit Gilson »La revue musicale belge«. Außerdem wirkte er als Musikkritiker bei »Le Peuple« u. »La Nation Belge«. In seinen Kompositionen zeigen sich Einflüsse des Jazz u. I. Strawinskys.

Zu P. frühen Kompositionen gehören die von Chaplin inspirierten sinfonischen Skizzen *Charlot* (1926), *Jazz Music* (1933) u. das Ballett *Paris in verlegenheid* (1933). Weitere Werke sind die Kammeroper *Moretus* (1944), das Ballett Pygmalion (1952), 4 Sinfonien (1929; *Triptyque* 1938; 1952; 1971), Klavierkonzert (1959), Concertino für Ob. u. Orch. (1973), Kammermusik.

Popmusik, Pop (von engl. popular), ein in den 60er Jahren aufgekommener Begriff, der sowohl wirtschaftliche Aspekte (populär, daher Riesenauflagen) wie auch künstlerische (Pop Art) abdeckt. Innerhalb der Musik reicht die Bandbreite der P. von den Beatles u. Pink Floyd bis zu Mantovani, B. Kaempfert u. J. Last, je nach Alter u. Neigung. In einem spezifischeren Sinn kann man das Phänomen der P. auf die Jahre zwischen 1960 u. 1970 begrenzen. Für diese Zeit stellt sie ein besonders wichtiges kulturelles Zeugnis dar, dessen einzelne Facetten (Generationskonflikt, Drogenszene, Kunstprinzip) überall in der westlichen Welt, wenn auch manchmal zeitverschoben, auszumachen waren. Die ursprünglich befreienden Elemente dieser sog. Popkultur wie zweckfreie Kreativität u. körperliche Aktion (Blumenkinder), antiautoritäre Bewegung (Protestlieder) u. Kunst in leicht erschwinglichen Massenauflagen (Poster) führten zu einem Wettlauf zwischen Konsum u. Kommerz, bei dem die zweifellos in großer Zahl vorhandenen Talente auf der Strecke blieben. Aus dem Anliegen einer ganzen Generation wurde ein Geschäft. Seit Beginn der 70er Jahre hat sich für eine vergleichbare musikalische Entwicklung der Begriff Rockmusik (Rockszene) durchgesetzt. Damit ist aber nur die von den Rolling Stones u. ähnlichen Gruppen eingeleitete supertechnische Entwicklung gemeint. Einen den Zeitgeist widerspiegelnden Anspruch wie die P. hat der Rock nicht.

Porena, Boris, ital. Komponist, * 27. 9. 1927 Rom. Studierte am Conservatorio di Musica S. Cecilia in Rom (Klavier u. Komposition) u. promovierte 1957 an der Universität Rom mit »Thomas Mann e la musica«. Er beschäftigt sich als Essayist mit Fragen der zeitgenössischen Musik u. wurde 1965 Dozent für Komposition am Konservatorium in Pesaro.

Zu P. Werken gehören: *Musica Nr. 1* u. *2* für Orch. (1963 u. 1966), *Der Gott u. die Bajadere* für Soli, Chor u. Orch. (1957), verschiedene Kantaten u. *La mort de Pierrot* für A. u. Instrumentalensemble (1968).

Porpora, Nicola A. G., ital. Komponist, * 17. 8. 1686 Neapel, † 3. 3. 1768 ebd. Trat 1696 in das Conservatorio dei Poveri di Gesù in Neapel ein u. wurde dort Schüler von G. Greco. Mit der 1708 im Königspalast uraufgeführten Oper *Agrippina* machte sich P. einen Namen als Komponist. Auf dem Libretto seiner nächsten Oper *Flavio Anicio Olibrio* (1711) führte P. bereits den Titel des Kapellmeisters des Landgrafen Philipp von Hessen-Darmstadt, der 1709–13 in Neapel residierte. 1715–22 war P. Kapellmeister am dortigen Conservatorio di S. Onofrio u. gab daneben privat Gesangsunterricht. Zu seinen Schülern gehörten die später berühmten Kastraten Uberti (der sich nach seinem Lehrer auch Porporino nannte), Farinelli, Caffarelli u. Salimbeni. Vorübergehend nahm auch J. A. Hasse Unterricht bei P., der außerdem den später meistbeschäftigten Librettisten der Zeit, P. Metastasio, unterwies. P. vertonte sodann nicht nur selbst eine Reihe von Stoffen, die Metastasio in Buchform gebracht hatte, sondern bildete mit Farinelli auch jenen Gesangsstar aus, der dem Komponisten u. Textdichter eine lebenslange Freundschaft bewahrte u. viele der gemeinsamen Werke zum Erfolg führte. 1726 wurde P. Maestro an dem Ospedale degli Incurabili in Venedig, für das er eine Reihe von kirchenmusikalischen Werken schuf. Die Bewerbung um die Nachfolge A. Biffis an S. Marco blieb erfolglos. Gleichzeitig wurde P. jedoch nach London als Komponist der Opera of the Nobility eingeladen, wo man ihn 1733–36 als Rivalen G. F. Händels aufbauen wollte. P. hatte zwar anfänglich mit seinen Opern Erfolg, zog es aber nach der außergewöhnlich guten Aufnahme von Händels *Atalanta* vor, London zu verlassen. 1739 war er Kapellmeister am Conservatorio di S. Maria di Loreto in Neapel, 1742 am Ospedale della Pietà in Venedig, 1746 am dortigen Ospedaletto. 1747 kam P. als Gesangslehrer der Kurprinzessin Maria Antonia nach Dresden, 1748 wurde er dort neben J. A. Hasse zum Hofkapellmeister ernannt. 1752 hielt er sich in Wien auf. Da J. Haydn ein bescheidenes Dachzimmer in dem Haus bewohnte, in dem P. Freund Metastasio Wohnung genommen hatte, wurde Haydn mit P. bekannt gemacht, trat zeitweise in dessen Dienste u. erhielt dafür von P. Kompositionsunterricht. 1760–61 ist P. noch einmal in Neapel am Conservatorio di S. Maria di Loreto nachgewiesen, danach scheint er sich hauptsächlich mit Privatstunden durchgeschlagen zu haben u. in Armut gestorben zu sein. P. war einer der bedeutendsten Gesangslehrer seiner Zeit, der als Opernkomponist besonders virtuose Belcanto-Partien zu schreiben verstand. Stilistisch gehört er zur → neapolitanischen Schule.

Von P. Opern seien erwähnt: *Didone abbandonata* u. *Siface* (1725), *Ezio* (1727), *Semiramide reconosciuta* (1729), *Mitridate* (1730), *Poro* (1731), *Issipile* (1733), *Arianna in Nasso* (1733), *Polifemo* u. *Ifigenia in Aulide* (1735), *Temistocle* (1743), *Il trionfo di Camilla* (1760, 2. Fassung). Er komponierte außerdem Oratorien, Messen, Motetten, Kantaten u. Kammermusikwerke, von denen die 6 Sinfonie da camera (1735) u. die 12 Violinsonaten (1754) erwähnenswert sind.

Porta, Costanzo, ital. Komponist, * um 1529 Cremona, † 19. 5. 1601 Padua. Erhielt seine Ausbildung bei A. Willaert in Venedig u. trat in den Minoriten-Orden ein. 1552 Chormeister in Osimo bei Ancona, 1565 Kapellmeister der Basilika S. Antonio in Padua, 1567 an der Kathedrale von Ravenna u. 1574 an der Basilika von Loreto. 1580 wirkte P. wieder in Ravenna u. ab 1589 in Padua, dort zunächst an der Kathedrale, dann wieder an der Kirche seines Ordens, S. Antonio, wo er bis zu seinem Tode blieb. P. galt bereits seinen Zeitgenossen als einer der bedeutendsten Kontrapunktiker. Aus Willaerts Schule kommend, verband P. niederl. Polyphonie mit venezianischer Mehrchörigkeit. Padre Martini zog in seinen theoretischen Schriften immer wieder Beispiele von P. heran, u. a. auch die 7st. Motette *Diffusa est gratia,* bei der 4 St. als Kanon geführt werden, 2 parallel u. 2 in Umkehrung.

Von P. Werken erschienen: Motettenbücher, 5st. (I. 1555, II. 1605), 4st. (1559), 6st. (I. 1571, II. 1585) u. 4–8st. (1580), Introitus für die Sonn- u. Festtage, 5st. (1566), Messen, 4–6st. (1578), »Hymnodia sacra totius per anni circulum«, 4st. (1602), »Psalmodia vespertina cum 4 Canticis B. Virginis« (1605) sowie 4 Madrigalbücher (4st. 1555, 5st. 1569, 1573 u. 1586). Außerdem erschienen verschiedene Madrigale in Sammeldrucken.

Portamento (di voce), das Ziehen der Stimme oder gleitende Ansingen bzw. Anspielen eines Tones sowie der mehr oder weniger gleitende Übergang von einem Ton zum anderen.

portato (ital.: »getragen«), Spielanweisung, bei der die einzelnen Töne mit einem leichten Nachdruck versehen, aber ohne Bindung vorgetragen werden.

Porter, Cole A., amerik. Komponist, * 9. 6. 1891 Peru, IN, † 15. 10. 1964 Santa Monica, CA. Studierte an der Yale University, später an der Harvard Law School u. gleichzeitig an der Harvard School of Music, wo sein erstes Musical *See America First* (1916) zur Aufführung kam. Nach dem 1. Weltkrieg vervollständigte P. seine Ausbildung bei V. d'Indy an der Pariser Schola Cantorum. P. verfaßte seine Lyrics selbst u. gehört zu den erfolgreichsten Musical-Komponisten aller Zeiten. Aus wohlhabenden Verhältnissen kommend, konnte er nach eigenen Vorstellungen arbeiten u. seinem Publikum jene elegante Welt vermitteln, in der er selbst zu Hause war. Zur Entwicklung der Form des Musicals hat er nichts beigetragen. Seine raffiniert einfachen Melodien hatten das Zeug zum Hit; mit seinem *Begin the beguine* (aus *Jubilee,* 1935) gelang ihm ein Welterfolg. Hollywood verfilmte nicht nur einen Großteil seiner erfolgreichen Musicals, sondern holte ihn auch als Komponisten für Filme wie »Broadway Melody«, »The Pirate«, »High Society« u. »Les Girls«.

P. komponierte die Musicals *Hitchy-Koo* (1919), *Paris* (1928), *Wake Up and Dream* u. *Fifty Million Frenchmen* (1929), *The New Yorkers* (1930), *The Gay Divorce* (1932), *Nymph Errant* (1933), *Anything Goes* (1934), *Jubilee* (1935), *Red, Hot and Blue* (1936), *Leave It to Me* (1938), *Dubarry Was a Lady* (1939), *Panama Hattie* (1940), *Let's Face It* (1941), *Mexican Hayride* (1944), *Seven Lively Arts* (1944), *Around the World in 80 Days* (1946), *Kiss Me Kate* (1948), *Out of This World* (1950), *Can Can* (1953), u. *Silk Stockings* (1955).

Lit.: D. Ewen, The C. P. Story, New York 1965; R. G. Hubler, The C. P. Story, Cleveland 1965; G. Fells, The Life That Late He Led. A Biography of C. P., New York u. London 1967; P. Salsini, C. P., Charlotteville, NY, 1972.

Portugal (Portogallo), Marcos A. d. F., portug. Komponist, * 24. 3. 1762 Lissabon, † 7. 2. 1830 Rio de Janeiro. Sohn des Komponisten M. A. da Ascenção. Machte sich mit portug. Operetten einen Namen, von denen die beliebteste *Novo entremez da Castanheira* (1788) war. 1785 Dirigent des Salitre-Theaters in Lissabon. Ab 1792 in Italien, wo er für verschiedene Theater eine Reihe von Opern komponierte. Die erfolgreichsten waren *La confusione nata dalla somiglianza* (1793 in Florenz) u. *Fernando nel Messico* (1798 in Venedig). 1799 wurde P. Königlicher Kapellmeister in Lissabon u. übernahm daneben 1800 die Leitung des Teatro S. Carlos, für das er weitere ital. Opern komponierte. 1810 folgte P. dem portug. Hof in das brasilianische Exil.

Poser, Hans W., dt. Komponist, * 8. 10. 1917 Tannenbergsthal, † 1. 10. 1970 Hamburg. Studierte privat bei P. Hindemith u. H. Grabner sowie bei E. Klussmann in Hamburg. Wurde an der dortigen Musikhochschule Professor für Komposition.

Zu P. Werken gehören: die Fernsehopern *Die Auszeichnung* (1959) u. *Die Baßgeige* (1964); Konzert für Orch. (1950); Concertino für Kl., Trp., Streichorch. u. Schlagzeug (1960); Kammermusik, u. a. 2 Streichquartette (1951 u. 1957). Besondere Erwähnung verdienen P. Chorwerke, darunter *Die Fabeln des Äsop* für Männerchor (1955), die Kantate *An Schwager Chronos* für Soli, Chor u. Orch. (1964) u. das Requiem für 4–12st. Chor a cappella (1968).

Potpourri (von franz.: »Eintopf«), bunte Zusammenstellung von verschiedenen Melodien oder Melodieteilen. In Deutschland wurde diese Bezeichnung insbesondere auf die seit Beginn des 19. Jh. beliebten Arrangements von Opern- u. Operettenmelodien angewendet. Das P. lebt bis heute im Schlager-P. des Rundfunks u. im Programm der Kurkapellen weiter.

Poulenc, Francis, franz. Komponist u. Pianist, * 7. 1. 1899 Paris, † 30. 1. 1963 ebd. Sohn aus gutbürgerlichem u. einigermaßen wohlhabenden Hause, erhielt den ersten Klavierunterricht von seiner Mutter, die ihm auch dabei behilflich war, seine ersten Kompositionsversuche als 7jähriger zu Papier zu bringen. Obwohl seine Begabung offensichtlich war, verlangten die Eltern einen ordentlichen Schulabschluß, den P. am Lycée Condorcet machte. Daneben erhielt er von seinem 15. Lebensjahr an Klavierunterricht bei R. Viñes. P. verfügte später über eine ausgezeichnete Klaviertechnik. Von ersten musikalischen Eindrükken seien F. Schuberts *Winterreise* u. daraus insbesondere *Die Nebensonnen,* C. Debussys *Danse sacrée et Danse profane* sowie die Ballette des frühen I. Strawinsky erwähnt. 1917 trat P. in einem von der Sängerin Jane Bathori im Vieux-Colombier organisierten Konzert mit seiner *Rhapsodie nègre* für Bar., Streichquartett, Kl., Fl. u. Klar. erstmals als Komponist an die Öffentlichkeit. Weitere Stücke aus dieser Zeit sind die *Mouvements perpétuels* für Kl. u. die Sonate für Kl. vierhändig. 1919 entstanden die Lieder für Mezzo-S. u. Kl. nach Apollinaires »Le bestiaire, ou Cortège d'Orphée«. Im gleichen Jahr nahm P. an einem der von F. Delgrange organisierten Konzerte teil, durch das der Kritiker H. Collet zu der Bezeichnung Groupe des → Six fand. Diese Vereinigung entstand, wie D. Milhaud einmal bemerkte, rein zufällig. Die einzige gemeinsame Aktion der Gruppe bestand aus Beiträgen zu J. Börlins Ballett *Les mariés de la Tour Eiffel* (1921). Unter Führung von J. Cocteau u. E. Satie entwickelten sich die Mitglieder der Six schnell zu stadtbekannten frivolen Avantgardisten. P., vom Militärdienst zurück, nahm bei Ch. Koechlin 1921–24 Kompositionsunterricht, frequentierte Salons u. Künstlerzirkel u. war auch bei den Amerikanerinnen in Paris, G. Stein, A. B. Toklas u. S. Beach, eingeführt. 1922 reiste er mit D. Milhaud nach Wien u. lernte die Musik der 2. Wiener Schule kennen. 1923 folgte eine gemeinsame Studienreise nach Italien. Im gleichen Jahr erteilte S. Diaghilew den Auftrag zu dem Ballett *Les biches,* das in der Choreografie von B. Nijinska 1924 seine heißumstrittene Uraufführung erlebte. Im gleichen Jahr ging die Freundschaft mit Satie, dem P. wichtige Anregungen verdankte, wegen des Kritikers L. Laloy in die Brüche, der sich für P. u. für G. Auric einsetzte, aber mit Satie im Streit lag. Das Trio für Ob., Fag. u. Kl. (1926) machte P. Hinwendung zum Neoklassizismus deutlich. Aus der Begegnung mit W. Landowska entstand zwei Jahre später das *Concert champêtre* für Cemb. u. Orch. Nach P. eigenen Worten gehörte die Landowska neben dem Dichter P. Éluard u. dem Bariton P. Bernac zu den Menschen, die den größten Einfluß auf ihn hatten. Die Freundschaft mit Bernac regte P. zu einer außergewöhnlich reichen Produktion von Liedern an. Ihr erstes gemeinsames Konzert fand 1935 statt. Im darauffolgenden Jahr besuchte P. mit Freunden den Wallfahrtsort Rocamadour. Vor der Schwarzen Madonna hatte er ein tiefes religiöses Erlebnis, das ihn in seinem Katholizismus bestärkte. Noch am gleichen Tag begann er mit der Komposition seiner *Litanies à la Vierge noire.* In diesem Werk kam eine Gläubigkeit zum Ausdruck, die sich später auch in *Les dialogues des Carmélites* u. einer Reihe von Chorwerken manifestieren sollte. 1939 komponierte er das Sextett für Fl., Ob., Klar., Fag., Horn u. Kl., ein Werk, das einmal mehr zeigt, was für ein Meister P. in der Behandlung von Bläsern war. Nie haben ihn Streichinstrumente im gleichen Maße inspiriert. 1947 entstand als Auftrag der BBC P. einziges größeres Orchesterwerk, die Sinfonietta. Tourneen mit Bernac führten ihn bis nach Amerika. Im Auftrag des Mailänder Verlegers Ricordi entstand die Oper *Les dialogues des Carmélites* nach dem Stück von G. Bernanos. Für die Opéra-Comique in Paris folgte als weiteres Bühnenwerk *La voix humaine* nach einem Text von J. Cocteau.

P., zu dessen Kindheitserinnerungen die Balsmusettes von Paris gehören, hat zeitlebens M. Chevalier u. die populären Melodien der Pariser Music-Halls geschätzt. Etwas von ihrem Witz u. von ihrer Frivolität ist in seine Werke, hauptsächlich in die Lieder eingegangen. Neben W. A. Mozart waren seine Vorbilder I. Strawinsky, E. Satie u. M. Mussorgskij. Den Rahmen der Diatonik sprengte P. nicht, der Melodielinie hatte sich alles andere unterzuordnen. Anstelle von thematischen Entwicklungen u. Durchführungen bevorzugte P. das Mittel der Modulation. Auffallend ist ein außergewöhnliches Gespür für die Prosodie der franz. Sprache. Seine 137 für den Konzertsaal geschriebenen Lieder gehören zum Besten auf diesem Gebiet im 20. Jh. Zu den Texten, die ihn am meisten inspiriert haben, zählen Dichtungen von G. Apollinaire u. P. Éluard.

P. komponierte: die Bühnenwerke *Les mamelles de Tirésias* (1944), *Les dialogues des Carmélites* (1953–56) u. die einaktige Tragédie lyrique *La voix humaine* (1958); die Ballette *Les mariés de la Tour Eiffel* (mit Mitgliedern der Six, Ch.: Börlin, 1921), *Les biches* (Ch.: B. Nijinska, 1923), *L'éventail de Jeanne* (u. a. mit Ravel, Ch.: Y. Franck u. A. Bourgat, 1928), *Aubade* (Ch.: G. Balanchine, 1929) u. *Les animaux modèles* (Ch.: S. Lifar, 1942); Bühnenmusiken, u. a. zu »Intermezzo« von J. Giraudoux (1933), »Léocadia« von J. Anouilh (1940) u. »Renaud et Armide« von J. Cocteau (1962); Filmmusiken zu »La belle au bois dormant« (1935), »La duchesse de Langeais« (1942), »Le voyageur sans bagage« (1944) u. »Le voyage en Amérique« (1951); Orchesterwerke bzw. Konzerte, darunter *Concert champêtre* für Cemb. oder Kl. u. Orch. (1927–28), *Aubade* für Kl. u. 18 Instr. (1929), Konzert für 2 Kl. u. Orch. (1932), *Suite française* für Kammerensemble (1935), *Deux marches et un intermède* (1937), Konzert für Org., Orch. u. Pk. (1938), Klavierkonzert (1949), Sinfonietta (1947), *La guirlande de Campra* (1954, mit anderen) u. *Variations sur le nom de Marguerite Long* (1954, mit anderen); Chorwerke wie *Chansons à boire* (1922), *Sept chansons* für gem. Chor a cappella (1936), *Litanies à la Vierge noire* für Frauenst. a cappella (1936), *Petites voix* für Kinderchor 3st. a cappella, Messe für gem. Chor a cappella (1937), *Sécheresses,* Kantate für gem. Chor u. Orch. (1937), *Quatre Motets* für gem. Chor a cappella (1938–39), *Exultate Deo* (1941), *Salve Regina* (1941), *Figure humaine,* Kantate (1943), *Un soir de neige,* Kammerkantate (1944), *Chansons françaises* für gem. Chor a cappella (1945), *Quatre petites prières* (1948), Stabat mater für S., gem. Chor u. Orch. (1950), *Quatre Motets pour le temps de Noël* für gem. Chor a cappella (1952), Ave verum, 3st. (1952), Gloria für S., gem. Chor u. Orch. (1959), *Laudes de Saint Antoine de Padoue* für Männerchor a cappella u. *Sept répons des ténèbres* für S., gem. Chor u. Orch. (1961); Werke für Singst. u. Instr. wie *Rhapsodie nègre* (1917), *Le bestiaire* (1919), *Le bal masqué* (1932), *Chansons villageoises* (1942) u. *La Dame de Monte-Carlo* (1961); Kammermusikwerke, u. a. Sonate für 2 Klar. (1918), Sonate für Klar. u. Fag. (1922), Sonate für Horn, Trp. u. Pos. (1922), Trio für Kl., Ob. u. Fag. (1926), Sextett für Kl., Fl., Ob., Klar., Fag. u. Horn (1930–40), Violinsonate (1942–43), Cellosonate (1940–48), Flötensonate (1957), Elegie für Horn u. Kl. (1957) u. Sonate für Ob. u. Kl. sowie für Klar. u. Kl. (1962); die Klavierstücke *Préludes* (1916), *Trois mouvements perpétuels* (1918), *Valse* (1919), 5 Impromptus (1920), Suite (1920), *Promenades* (1924), *Napoli* (1925), *Pastourelle* (1927), *Deux novelettes* (1927–28), *Trois pièces* (1928), *Hommage à Albert Roussel* (1929), 8 Nocturnes (1929–38), 12 Improvisationen (1932–47), *Villageoises* (1933), *Feuillets d'album* (1933), 2 Intermezzi (1934), *Presto, Badinage, Humoresque* (1934), *Suite française* (1935, Klavierfassung), *Les soirées de Nazelles* (1936), *Bourrée d'Auvergne* (1937), *Mélancolie* (1940), Intermezzo (1944), *Thème varié* (1951), *Treizième improvisation* (1958), *Quatorzième improvisation* (1958), *Quinzième improvisation* (1959), *Novelette* (1959), Sonate vierhändig (1918); für 2 Kl. *L'embarquement pour Cythère* (1951), Sonate (1953) u. *Élégie* (1959) sowie für Kl. u. Sprecher *Histoire de Babar le petit éléphant* (1940–45). Daneben komponierte P. die folgenden Lieder bzw. Liederzyklen für Singst. u. Kl.: *Le bestiaire* u. *Cocardes* (1919), *Poèmes de Ronsard* (1924–25), *Chansons gaillardes* (1926), *Vocalise* (1927), *Airs chantés* (1927–28), *Épitaphe* (1930), *Trois poèmes de Louise Lalanne* (1931), *Quatre poèmes* nach G. Apollinaire (1931), *Cinq poèmes* nach M. Jacob (1931), 8 *Chansons polonaises* (1934), *Cinq poèmes* nach P. Éluard (1935), *A sa guitare* (1935), *Tel jour telle nuit* nach P. Éluard (1937), *Trois poèmes* nach L. de Vilmorin (1937), *Deux poèmes* nach G. Apollinaire (1938), *Miroirs brûlants* nach P. Éluard (1938), *Le portrait, La grenouillère, priez pour paix* u. *Ce doux petit visage* (1938), *Bleuet* (1939), *Fiançailles pour rire* nach L. de Vilmorin (1939), *Banalités* nach G. Apollinaire (1940), *Chansons villageoises* (1942), *Métamorphose* nach L. de Vilmorin (1943), *Deux poèmes* nach L. Aragon (1943), *Montparnasse* (1945), *Hyde Park* (1945), *Le pont* u. *Un poème* nach G. Apollinaire (1946), *Paul et Virginie* von R. Radiguet (1946), *Trois chansons de F. Garcia Lorca* (1947), *... mais mourir* (1947), *Le disparu* (1947), *Hymne* (1947), *Calligrammes* nach G. Apollinaire (1948), Mazurka nach L. de Vilmorin für den Zyklus *Mouvements du cœur* (1949), *La fraîcheur et le feu* nach P. Éluard (1950), *Parisiana* nach M. Jacob (1954), *Rosemonde* (1954), *Le travail du peintre* nach P. Éluard (1956), *Deux mélodies* (1956), *Dernier poème* (1956), *Une chanson de porcelaine* (1958) u. *La courte paille* nach M. Carême (1960). Zu seinen schriftlichen Zeugnissen gehören: »Entretiens avec C. Rostand« (1954); »Moi et mes amis« (1963); »E. Chabrier« (1961); »Journal de mes mélodies« (1963); »Correspondance« (Hg.: H. de Wendel, 1967), alle Paris.

Lit.: H. Hell, F. P., Paris 1958 (erweitert 1978); J. Roy, F. P., Paris 1964; P. Bernac, F. P., The Man and His Songs, London 1977.

Pousseur, Henri, belg. Komponist u. Theoretiker, * 23. 6. 1929 Malmédy. Studierte an den Konservatorien von Lüttich u. Brüssel 1947–53, arbeitete ab 1953 am Kölner Studio für elektronische Musik u. später an den Studios von Mailand (1957) u. München (1961). Gründete 1958 in Brüssel das Studio de Musique Électronique Apelac, dessen künstlerischer Leiter er seither ist u. das heute zu seinem Centre de Recherches Musicales in Lüttich gehört. P. ist seit 1970 Professor an Universität u. Konservatorium von Lüttich. Er gehört zu den führenden Theoretikern u. Komponisten serieller u. elektronischer Musik u. setzt sich immer wieder fruchtbar mit dem Abhängigkeitsverhältnis zwischen Theorie u. Praxis auseinander.

Zu P. Kompositionen gehören: Sonatine für Kl. (1949); *Sept versets des psaumes de la pénitence* für 4 gem. St. (1950); *Trois chants sacrés* für S. u. Streichtrio (1951); *Prospection par un piano-triple à sixièmes de ton* (Sechsteltöne) (1953); *Seismogramme I* u. *II* (elektronisch, 1954); *Symphonies à quinze solistes* (1954–55); *Quintette à la mémoire de Webern* für Klar., B.-Klar., V., Vc. u. Kl. (1955); *Exercices* für Kl. (1955–56); *Scambi* (elektronisch, 16 austauschbare Sequenzen, davon auch 2 Fassungen von L. Berio u. 1 von M. Wilkinson, 1957); *Mobile* für 2 Kl. (1957–58); *Madrigal I* für Klar. solo (1958); *Rimes pour différentes sources sonores* für 3 Orchestergruppen u. Tonband (1958–59); *Deux poèmes de Henri Michaux* (elektronisch, 1959); *Électre*, action musicale nach Sophokles (Tonband mit gesprochenem franz. Text, instrumentalen u. elektronischen Partien, 1960); *Répons* für 7 Musiker, die um Notenblätter u. Einsätze würfeln (1960, Fassung für 7 Musiker u. Schauspieler, der Texte von M. Butor spricht, 1965), *Ode* für Streichquartett (1960–61); *Caractères* für Kl. (1961); *Madrigal II* für Fl., V., Va. da gamba u. Cemb. (1961); *Trois visages de Liège* (elektronisch, 1961); *Votre Faust* (variables Spiel in der Art einer Oper von M. Butor u. H. P., 1961–67; Konzertfassung verschiedener Auszüge als *Portail de Votre Faust, Miroir de Votre Faust, Échos I* u. *II, Parade de Votre Faust* u. Fernsehfilm »Les voyages de Votre Faust«); *Madrigal III* für Kammerensemble (1962); *Trait* für 15 Streicher (1962); *Apostrophe et six réflexions* für Kl. (1964–66); *Caractères madrigalesques* für Ob. solo (entspricht *Madrigal IV, Caractères III*, 1965); *Phonèmes pour Cathy* für Solo-St. (1966, entspricht *Madrigal V*); *Couleurs croisées* für Orch. (1967); *Mnemosyne I* u. *II* für variable Besetzung (1968–69); *Les éphémerides d'Icare* für Kl. u. Instr. (1970); *Icare apprenti* für variable Besetzung (1970); *Croisées des couleurs croisées* für S., Tonband, 2 Kl. u. 2 Radios (1970); *L'effacement du Prince Igor* (Szene für Orch., 1971); *Le procès du jeune chien* (Bühnenwerk zum 100. Geburtstag Schönbergs 1974, als *Die Erprobung des Petrus Hebraicus* 1976 in Berlin); *Liège à Paris* (1977); *Paraboles croisées* (elektronisch, 1978). Neben verschiedenen Beiträgen in »die Reihe« veröffentlichte P.: »Reconnaissance des musiques modernes« (Brüssel 1964), »Fragments théoriques I. Sur la musique expérimentale« (Brüssel 1970); »Musique, sémantique, société« (Paris 1972).

Power (Polbero), Lionel, engl. Komponist, † 5. 6. 1445 Canterbury. Neben J. Dunstable der bedeutendste engl. Komponist des 15. Jh. Er scheint eine Verbindung zur Kathedrale von Canterbury gehabt u. möglicherweise seinen Traktat »upon the Gamme« mit Anweisungen zur engl. Diskantpraxis für den Gebrauch an der dortigen Singschule geschrieben zu haben. Von seinen Werken, die häufig auch Dunstable zugeschrieben werden, seien erwähnt: 2 3st. Messen, Ordinariensätze u. 17 3–4st. Motetten.

Praeambulum (spätlat.: »das Vorangehende«), auch Priamel, Bezeichnung für einleitende Abschnitte in der Literatur für Tasteninstr. u. Laute, seit dem 15. Jh. nachweisbar, später von → Praeludium verdrängt.

Praecentor (lat.: »Vorsänger«), im Mittelalter soviel wie Kantor, später der Leiter eines Schulchors. Im protestantischen Gottesdienst war der P. der Stimmführer des Chors.

Praeludium (von lat. praeludere: »vorher, zur Probe spielen«), dt. auch → Vorspiel, seit dem 15. Jh. für Eingangsstück auf einem einzelnen Instrument, hauptsächlich bei Tasteninstrumenten u. der Laute belegt. Das P. hatte offensichtlich die Aufgabe, die Zuhörer auf das folgende Stück einzustimmen, gab dem Ausführenden die Möglichkeit, sich einzuspielen u. dabei unauffällig den Mitspielern Stimmtöne zu geben. Das P. war entweder improvisiert oder wie später bei J. P. Sweelinck sowie G. Frescobaldi auskomponiert. Bei J. S. Bach wurde das P. als freie Form der geregelten Fuge gegenübergestellt. Später komponierten F. Chopin, C. Debussy, A. Skrjabin, D. Schostakowitsch u. a. → Préludes, die in sich abgeschlossene Charakterstücke darstellen.

Praetorius (eigtl. Schultz oder Schultze), **1.** Jacob d. Ä., dt. Organist, * Magdeburg, † 1586 Hamburg. Um 1550 in Hamburg nachgewiesen, wo er ab 1558 Kirchenschreiber u. Organist an St. Jacobi war. Sein sechsbändiges »Opus musicum excellens et novum« (1566) ist vorwiegend eine Kompilation.

2. Hieronymus d. Ä., Sohn von 1., dt. Organist u. Komponist, * 10. 8. 1560 Hamburg, † 27. 1. 1629 ebd. Schüler seines Vaters, ab 1580 Organist in Erfurt u. 1586 Nachfolger seines Vaters an St. Jacobi in Hamburg. Als Komponist war er ein Anhänger des mehrchörigen Stils der Venezianer.

Zu P. Werken gehören: das 4st. »Melodeyen-Gesangbuch« (1604, gemeinsam mit anderen), »Cantiones sacrae«, 5–8st. (1599), »Magnificat« 8st. (1602), »Liber missarum«, 5–8st. (1616), »Cantiones variae«, 5–20st. (1618) u. »Cantiones novae officiosae«, 5–15st. (1618–25). P. gab seine Werke auf eigene Kosten als GA unter dem Titel »Opus musicum novum et perfectum« (5 Bde.) 1616–22 heraus.

Praetorius (eigtl. Schultheiß), Michael, dt. Komponist, * 15. 2. 1571 oder 1572 Creuzburg bei Eisenach, † 15. 2. 1621 Wolfenbüttel. Sohn eines lutherischen Pfarrers, wuchs in Torgau auf, besuchte die Lateinschule in Zerbst u. ging 1585 an die Universität Frankfurt a. d. Oder. Versah dort bereits »mehr aus natürlicher Zuneigung als nach empfangenem Unterricht« den Organistendienst an St. Marien. 1595 Eintritt in den Dienst des Bischofs Heinrich Julius von Halberstadt, der später Herzog von Braunschweig u. Lüneburg wurde. Vom Organisten an der Schloßkapelle in Gröningen (Grüningen) stieg er 1604 in der Residenz Wolfenbüttel zum Hofkapellmeister auf. Da sich der Herzog in seinen letzten Lebensjahren meistens am kaiserlichen Hof in Prag aufhielt, war P. häufig auf Reisen, um als »Director der Musica von Haus aus« an den verschiedenen Fürstenhöfen bei festlichen Anlässen die italienisch beeinflußte neue Concertopraxis einzuführen. Dabei traf er auch mit führenden Musikern wie H. L. Haßler, H. Schütz u. S. Scheidt zusammen. Als bedeutendste Leistung von P. darf das auf 4 Bde. angelegte »Syntagma musicum« angesehen werden, von dem im Druck erschienen: Bd. I (1615, 1. Teil: Kirchenmusik, 2. Teil: Weltliche Musik u. allgemeine Wissenschaft der Musik), Bd. II, »De organographia« (1618, Beschreibung, Terminologie u. Klassifikation der Musikinstrumente, Disposition berühmter Orgeln in Deutschland, Abbildungen), Bd. III (1619, Neue Fachausdrücke, Generalbaßanweisungen, Besetzungsfragen bei gemischt vokal-instrumentalem Musizieren). Bd. IV sollte die Kompositionslehre von H. Baryphonus enthalten, erschien aber nicht mehr im Druck. Seine eigenen Kompositionen sind auf dem Hintergrund der Torgauer Kantoreipraxis zu sehen. Mit der italienisch beeinflußten Concertopraxis war er vertraut, u. für seine Chorwerke hielt er sich an die prunkvolle Mehrchörigkeit der venezianischen Schule.

Zu P. Werken gehören: »Musae Sioniae« (9 Bde. mit insgesamt 1244 Kompositionen auf dt. Texte, 1605–10), »Musarum Sioniarum motectae et psalmi« (1607), »Megalynodia Sionia«, »Missodia Sionia«, »Eulogodia Sionia« u. »Hymnodia Sionia« (1611), »Terpsichore« (Sammlung von 312 Tanzmelodien Pariser Tanzmeister, 1612), »Urania« u. »Kleine, u. Große Litaney« (1613), »Concert-Gesang«, 2–16st. (1617), »Polyhymnia caduceatrix & Panegyrica«, 1–21st. (1619), »Polyhymnia exercitatrix« (1620), »Puericinium« (1621), 3 große Orgelfantasien über die dt. Psalmlieder Luthers »Ein feste Burg«, »Christ unser Herr zum Jordan kam« u. »Wir glauben all an einen Gott«, 2 Variationen über »Nun lob mein Seel den Herren« u. 6 Hymnenvariationen.

GA, hg. von F. Blume mit A. Mendelssohn u. W. Gurlitt, 21 Bde., Wolfenbüttel u. Berlin 1928–60; Syntagma musicum Bd. I–III, Faksimile mit Nachwort von W. Gurlitt (Hg.), Kassel 1958–59.

Lit.: A. Forchert, Das Spätwerk des M. P., Berlin 1959; L. U. Abraham, Der Generalbaß im Schaffen des M. P. u. seine harmonischen Voraussetzungen, Berlin 1961; K. Gudewill u. H. Haase, M. P. Creutzbergensis, Wolfenbüttel 1971.

Pralltriller, eine musikalische Verzierung in Form eines kurzen, schnellen Trillers,

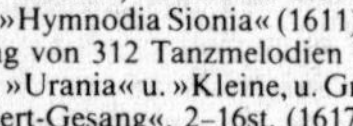

der heute allgemein als Wechsel zwischen der Hauptnote u. der darüber liegenden Sekunde ausgeführt wird.
Im 19. Jh. häufig mit dem → Mordent oder → Schneller gleichgesetzt.

Pratella, F. Balilla, ital. Komponist u. Musikschriftsteller, * 1. 2. 1880 Lugo, † 17. 5. 1955 Ravenna. Studierte bei A. Cicognani u. P. Mascagni in Pesaro u. trat 1903 mit der sinfonischen Dichtung *La chiesa di Polenta* an die Öffentlichkeit. Ab 1910 Direktor des Liceo musicale in Lugo u. 1927–45 des Liceo musicale G. Verdi in Ravenna. Gehörte zur Gruppe der Futuristen u. komponierte als Manifest 1912 *Musica futuristica (Inno alla vita)* für Orch.

Zu P. weiteren Werken gehören: die Opern *L'aviatore Dro* (1920), *La ninna nanna delle bambole* (1922), *Dono primaverile* (1923), *Il re dei Cucuberni* (1925), *Fabiano* (1939), Orchesterwerke wie *Per un dramma orchestrale* (1938) u. Kammermusik. Von seinen Schriften seien erwähnt: »Musica italiana« (1915); »Evoluzione della musica« (1917–19); »Etnofonia di Romagna« (1938) u. »Il libro della musica e del canto in coro« (1951). Seine »Autobiografia« erschien 1971 in Mailand.

Prélude, franz. für → Praeludium, auch Bezeichnung für Ouvertüre oder Introduktion in der älteren franz. Oper. Seit F. Chopin gibt es – meist zyklisch angelegte – Charakterstücke unter diesem Namen.

Prepared piano (präpariertes Klavier), ein Klavier, das mittels verschiedenster Gegenstände (Holzstücke, Radiergummis, Glas, Schrauben, Filzstreifen etc.), die an bestimmten Stellen auf oder zwischen den Saiten angebracht werden, in seinem Klang verfremdet wird. Diesen denaturierten Klavierklang hat als erster → J. Cage in seinem 1938 komponierten *Bacchanale* angewendet. Eine weitere Art des präparierten Klangs führte P. Dessau ein, der die Klavierhammerköpfe manipulierte.

presto (ital.: »schnell«), eine der frühesten Tempobezeichnungen neben allegro u. adagio. Seit dem 18. Jh. wird das P. schneller empfunden als das Allegro. Der Superlativ prestissimo ist erst seit dem 17. Jh. nachweisbar. Er wurde besonders im 19. Jh. zur Schlußsteigerung schneller Sätze verwendet.

Previn, André, amer. Dirigent, Pianist u. Komponist dt. Herkunft, * 6. 4. 1930 Berlin. Emigrierte vor dem 2. Weltkrieg über Paris nach den USA, wo sich die Familie in Los Angeles niederließ. P. erhielt Kompositionsunterricht von J. Achron, Mario Castelnuovo-Tedesco u. E. Toch, Dirigierunterricht bei P. Monteux. Mit 12 Jahren führte er Hammondorgeln in einem Geschäft in Los Angeles vor u. spielte Klavier, wenn im Kino ein Stummfilm gezeigt wurde. Im Alter von 16 Jahren arbeitete er als Arrangeur u. Komponist für MGM u. verdiente sich sein Geld als Jazzpianist. Für Hollywood schrieb P. an die 50 Filmmusiken, u. a. zu »Bad Day at Black Rock« (1955), »The Subterraneans« (1960) u. »Two for the Seesaw« (1962). 1967–68 war er Leiter des Houston Symphony Orchestra, 1968–79 Dirigent des London Symphony Orchestra u. seit 1976 Musikdirektor des Pittsburgh Symphony Orchestra. 1977 brachte er gemeinsam mit Tom Stoppard *Every Good Boy Deserves Favour* in London erfolgreich heraus. Zu seinen weiteren Kompositionen gehören Konzerte für Vc. sowie Git. u. Orch., Kammermusik, Klavierstücke u. Lieder.

Lit.: A. P. and A. Hopkins, Face to Face, London 1971; E. Greenfield, A. P., London 1973.

Prévost, André, kan. Komponist, * 30. 7. 1934 Hawkesbury, Ontario. Verbrachte seine Kindheit in Saint-Jérôme u. erhielt mit 14 Jahren Klavierunterricht bei F. Graton. Studierte 1951–60 am Conservatoire de musique in Montréal bei I. Delorme, Ch. Houdret, J. Papineau-Couture u. C. Pépin. 1960–62 Schüler von O. Messiaen am Conservatoire in Paris u. daneben 1961–62 von H. Dutilleux an der École Normale de Musique. 1964 Studium der elektronischen Musik bei M. Philippot an der ORTF, 1965 Sommerkurs am Berkshire Music Center in Tanglewood mit den Dozenten G. Schuller, D. Martino, A. Copland u. Z. Kodály. 1965 Berufung zum Professor für Komposition u. Analyse an der Musikfakultät der Universität von Montreal. Bei seinen eigenen Kompositionen hat P. den Rahmen der Tonalität verlassen u. sich über modale Reihen zur seriellen Musik u. Aleatorik entwickelt, macht aber keine dieser Techniken zum Dogma.

P. komponierte u. a.: Streichquartett Nr. 1 (1958); *Électre*, Bühnenmusik für Ob. u. Schlagzeug (1959); *Mobiles* für Fl. u. Streichtrio (1959–60); *Poème de l'infini* für Orch. (1959–60); Scherzo für Streichorch. (1960); Violinsonate (1960–61); Cellosonate (1962); *Triptyque* für Fl., Ob. u. Kl. (1962); *Mouvement pour quintette de cuivres* (1962–63); *Geôles* für Mezzo-S. u. Kl. (1963); *Fantasmes* für Orch. (1963); *Ode au Saint-Laurent* für Sprecher u. Streichquartett (1965); *Pyknon* für V. u. Orch. (1966); *Terre des hommes* für Orch., 3 gem. Chöre u. 2 Sprecher (1967 zur Expo); Suite für Streichquartett (1968); *Diallèle* für Orch. (1968); *Évanescence* für Orch. (1970); *Hommage* für Kammerorch. (1970–71); *Psaume 148* für gem. Chor, 4 Trp., 4 Pos. u. Org. (1971); Streichquartett Nr. 2 (1971–72); *Chorégraphie I* für Orch. (1972–73); *Missa de profundis* für gem. Chor u. Org. (1973); Cellokonzert (1973–75); Improvisation I–V für V. solo, Vc. solo, Va. solo, Kl. solo, Singst. u. Kl. (1976); *Chorégraphie II* u. *III* für Orch. (1976 u. 1977).

Primadonna (ital.: »erste Dame«), Bezeichnung für die Sängerin einer Hauptrolle im ital. Operntheater oder für die erste Sängerin einer Operntruppe. Seit dem Ende des 18. Jh. gleichbedeutend mit Diva (ital.: »Die Göttliche«). Zu den bedeutenden P. gehören F. Cuzzoni, F. Hasse-Bordoni, M. Malibran, G. Pasta, J. Lind, M. Callas, J. Sutherland.

Prima pratica (ital.: »erste Kompositionsart«), erstmals in der von G. C. Monteverdi verfaßten Vorrede zu C. Monteverdis »Scherzi musicali« (1607) verwendete Bezeichnung für den überlieferten Kontrapunkt alten Stils (→ Seconda pratica).

prima vista (ital.: »auf den ersten Blick«), ein Musikstück beim »ersten Ansehen« vom Blatt spielen.

Prime (von lat. prima: »erste«), die erste Stufe einer diatonischen Skala bzw. ein Intervall, das als Einklang keines ist. Erst in der neueren Intervallehre, die chromatische Töne als Veränderungen eines diatonischen Stammtons bezeichnet, gibt es die übermäßige u. die doppelt übermäßige P.

primo (ital.), bedeutet in der Abk. I^{mo}, der erste, tempo I^{mo}, das erste Tempo; I^{ma}, prima volta, Überleitung zur Wiederholung eines Teils, der dann mit II^{da}, seconda volta, weiterführt.

Primo uomo (ital., etwa: »erster Sänger«), eine Bezeichnung des ital. Operntheaters, die für den berühmten Tenor oder Kastraten reserviert war (→ Primadonna).

principale (ital.: »führend«), oft in der Abkürzung princ. oder pr. in Instrumentalstimmen, wenn diese solistisch eingesetzt sind. Gleichbedeutend mit solo u. obligato.

Priuli (Prioli), Giovanni, ital. Komponist, * um 1575 Venedig, † 1629, möglicherweise Wien. 1607 an S. Marco nachgewiesen, um 1614–15 Hofkapellmeister Erzherzog Ferdinands in Graz u. nach dessen Wahl zum römisch-dt. Kaiser (Ferdinand II.) in Wien. Veröffentlichte 3 Bücher Madrigale 5st. (1604, 1607 u. 1612), »Musiche concertate«, 3–9st. u. Instr. (1622), »Delicie musicali«, 2–10st. u. Instr. (1625), »Sacrorum concentuum« (I: 1618, II: 1619), »Psalmi«, 8st. (1621) u. »Missae«, 4-, 6- u. 8st. mit Org. (1624) u. 8, 9st. mit Instr. (1624).

Privatmusikunterricht, hauptsächlich Einzelunterricht im Instrumentenspiel oder im Gesang, entweder in der Wohnung des Lehrers oder der des Schülers. Der P. erlebte seine größte Blüte im bildungsbewußten 19. Jh. Seine Funktion wird heute vorwiegend von den Musikschulen übernommen, die insbesondere bei staatlicher oder städtischer Trägerschaft einen gewissen Qualitätsmaßstab garantieren.

Programmusik ist darstellende, andeutende oder illustrierende Musik, die der Komponist häufig noch mit einer Inhaltsangabe oder einem programmatischen Hinweis versieht. Sie reicht von der lautmalenden Abschilderung einer Landschaft (B. Smetana, *Má vlast* mit *Die Moldau;* R. Strauss, *Eine Alpensinfonie*) über die Darstellung von Naturgewalten (A. Vivaldi, *La tempesta di mare)* u. die Erzählung (F. Liszt, *Mazeppa*) bis zur Autobiografie u. Preisgabe innerster Gefühle (H. Berlioz, *Symphonie fantastique;* B. Smetana,

Streichquartett *Aus meinem Leben*). Vorläufer der P. sind die Tonmalerei der → Battaglia, das → Capriccio u. die → Pastorale sowie Programmstücke der Virginalisten u. Clavecinisten. Sie erreicht in den auf Werken der Literatur fußenden sinfonischen Dichtungen der → neudeutschen Schule einen Höhepunkt. Während sich in der frühen Tonmalerei das »Programm« der rein musikalischen Form unterzuordnen hatte, bestimmt es in der P. des 19. u. 20. Jh. wesentlich den Ablauf eines Stückes. Ein Streit um den Wert der P. im Vergleich zur sog. absoluten Musik scheint müßig, wenn man sich nur einige der als P. angesehenen Werke ins Gedächtnis ruft: L. van Beethoven, *Pastorale;* H. Berlioz, *Symphonie fantastique* u. *Harold en Italie;* F. Liszt, *Die Ideale* u. *Faust-Sinfonie;* M. Mussorgskij, *Bilder einer Ausstellung;* R. Strauss, *Till Eulenspiegel, Don Juan, Don Quixote;* C. Debussy, *La mer;* P. Dukas, *L'apprenti sorcier;* A. Honegger, *Pacific 231.*

Progressive Jazz, ein Stil, der sich Mitte der 40er Jahre aus der Verbindung von Big-Band-Jazz u. Elementen der Kunstmusik entwickelt hat. Charakteristisch für den P. J. war die Verschmelzung von moderner Harmonik u. afrokubanischen Rhythmen bei aufwendigster Besetzung. Der einzige bedeutende Vertreter dieser Richtung war Stan Kenton, der mit vielen seiner Kompositionen bereits dem Bereich der Programmusik zuzurechnen ist.

Prokofjew (Prokof'ev), Sergej S., russ. Komponist u. Pianist, * 23. 4. 1891 auf dem Gut Sonzowka im Gouvernement Jekaterinoslaw, † 5. 3. 1953 in Moskau. Verlebte seine Kindheit auf dem Gut Sonzowka, für das sein Vater als Verwalter angestellt war. Erhielt ersten Klavierunterricht von seiner musikalisch u. literarisch gebildeten Mutter u. begann mit fünf Jahren, kleinere Klavierstücke zu komponieren. 1902 wurde er anläßlich eines Moskaubesuchs S. I. Tanejew vorgestellt, der ihm für den Sommer des gleichen Jahres R. M. Glière als Lehrer vermittelte. Bereits im November spielte P. bei einem weiteren Moskaubesuch mit Tanejew eine vierhändige Fassung seiner inzwischen komponierten 1. Sinfonie durch. 1903 verbrachte Glière noch einmal den Sommer bei der Familie P. Sein zwölfjähriger Schüler arbeitete damals schon an einem Operneinakter nach Puschkins »Fest zur Zeit der Pest«. 1904 machte A. K. Glazunow den Vorschlag, P. solle in das Petersburger Konservatorium eintreten. Im September 1904 bestand er die Aufnahmeprüfung u. zog mit seiner Mutter, die froh war, der ländlichen Umgebung zu entrinnen, nach Petersburg. Zu seinen dortigen Lehrern gehörten A. Ljadow (Komposition), N. Rimskij-Korsakow u. J. Wihtol (Instrumentation), A. Winkler u. A. Jessipowa (Klavier) sowie N. N. Tscherepnin (Dirigieren). In Petersburg begann P. mit der Arbeit an einer Oper *Undine* (unvollendet) u. verschiedenen Kammermusikstücken, u. a. einer Klaviersonate in f-Moll, die später zur 1. Klaviersonate umgearbeitet wurde. Ab 1908 trat er als Pianist auf u. spielte auch eigene Kompositionen. 1909 legte er die Abschlußprüfung in Komposition u. Klavier ab, blieb aber bis 1914 weiter mit dem Konservatorium verbunden. Zum Abschluß seiner Ausbildung dirigierte er eine Schüleraufführung von *Figaros Hochzeit* u. erspielte sich mit seinem 1. Klavierkonzert den Rubinstein-Preis. Im gleichen Jahr lernte er S. Diaghilew kennen, der ein Ballett bei ihm bestellte u. als Librettisten S. M. Gorodezki vorschlug. P. ging sofort an die Arbeit u. komponierte *Ala und Lollij* (1914–15), ein Gegenstück zu I. Strawinskys *Sacre du printemps.* Diaghilew lehnte das Stück beim ersten Vorspielen jedoch ab u. beauftragte P. mit dem Ballett *Le chout* (1915). Wie später häufig, arbeitete P. das Bühnenwerk zu einer Suite für den Konzertsaal um. Aus *Ala* wurde die viersätzige *Skythische Suite,* die der Komponist am 29. 1. 1916 im Rahmen der Siloti-Konzerte uraufführte. Die Aufnahme dieses aus »heidnischen Rhythmen«, archaischen Melodien u. harmonischen Schärfen gebauten Werkes bei dem bürgerlichen Petrograder Publikum war zwiespältig. Das Stück wurde aber mit großem Erfolg in der nächsten Saison wiederholt. Inzwischen hatte sich P. als Pianist einen Namen gemacht u. erstmals in Rußland ein Werk von A. Schönberg aufgeführt. Am 27. 11. 1916 spielte er im Petrograder Konservatorium u. a. die Uraufführung seiner Toccata op. 11 u. der *Sarkasmen* op. 17. Aus diesem Anlaß verglich ihn der Kritiker V. Karatygin mit den führenden russ. Kubisten u. Futuristen. 1918 dirigierte P. die Uraufführung seiner *Klassischen Sinfonie,* konzertierte in London u. Paris u. begann ein Leben als reisender Virtuose. Daneben komponierte er weitere Ballette für S. Diaghilews Ballets Russes, erlebte die Premiere seiner Oper *Die Liebe zu den drei Orangen* in Chicago (1921) u. die Uraufführung seines 1. Violinkonzerts durch S. Kussewitzky in Paris. 1933 kehrte er in die UdSSR zurück, wo er sich hauptsächlich der Interpretation eigener Werke u. dem Komponieren widmete. 1948 gehörte er mit zu jenen Komponisten, deren »formalistische Musik« öffentlich verurteilt wurde. Trotzdem läßt sich, von einigen Huldigungskompositionen abgesehen, nicht sagen, daß P. Rückwendung zur russ. Tradition ein Kompromiß war, den er selbst nur mit halbem Herzen verantwortet hätte.

P. Schaffen läßt sich ungefähr in 3 Phasen einteilen:

I. Petersburger Zeit 1907–18 mit Werken wie den bitonalen *Sarkasmen* für Kl., den ersten 3 Klavierkonzerten, den ersten Klaviersonaten, den Versuchen mit größeren Orchesterstücken sowie der bereits völlig ausgereiften *Skythischen Suite*.

II. Virtuosendasein, westeuropäische Einflüsse u. Hinwendung zum Neoklassizismus mit Bühnenwerken wie *L'enfant prodigue* (Ch.: G. Balanchine), der Oper *Die Liebe zu den drei Orangen* u. den Sinfonien 2, 3 u. 4.

III. Rückkehr in die UdSSR, stärkere Betonung des Lyrischen, Zug zur Einfachheit, auffällige Hinwendung zur Diatonik mit seinen Filmmusiken, dem *Symphonischen Gesang* op. 57, *Peter und der Wolf, Aschenbrödel.* Motorik, Rhythmus, bitonale Spannung, harmonische Blockbildung, Prägnanz u. Witz sind typische Qualitäten der besten Arbeiten dieses heute eigentlich erst bekannt werdenden russ. Musikers, den die Petersburger Kritik schon in den Jahren seiner wilden Jugendwerke als Alternative zu dem an den Westen verlorenen Strawinsky herausstellte.

Zu P. Kompositionen gehören: die Opern *Maddalena* (1911–13, unvollendet), *Der Spieler* (1916, 2. Fassung 1927), *Die Liebe zu den drei Orangen* (1919), *Der feurige Engel* (1922–25), *Semjon Kotko* (1939), *Die Verlobung im Kloster* (1940), *Krieg u. Frieden* (1941–52), *Erzählung vom wahren Menschen* (1947–48); die Ballette *Ala und Lollij* (1914–15, daraus *Skythische Suite*), *Le chout* (1915, Orchestersuite), *Le pas d'acier* (1925, Orchestersuite), *L'enfant prodigue* (1928, Orchestersuite), *Sur le Borysthène* (1930, Orchestersuite), *Romeo u. Julia* (1935–36, verschiedene Auszüge), *Aschenbrödel* (1940–44, verschiedene Auszüge), *Das Märchen von der steinernen Blume* (1948–50); Schauspielmusiken zu »Ägyptische Nächte« (1934, Orchestersuite), »Boris Godunov« (1936), »Eugen Onegin« (1936), »Hamlet« (1937–38), Filmmusiken zu »Leutnant Kishe« (1933), »Pique Dame« (1936, nicht verfilmt), »Alexander Newski« (1938, Regie: S. Eisenstein), »Lermontov« (1942), »Tonja« (1942, Kurzfilm, nicht realisiert), »Kotowski« (1942), »Partisanen in der Steppe der Ukraine« (1942), »Iwan der Schreckliche« (1942–45, Regie: S. Eisenstein); neben der *Symphonie classique* (1917) u. der Sinfonietta für Kammerorch. (1914, rev. für großes Orch. 1929) 7 Sinfonien (1908; 1924, rev. Fassung unvollendet; 1928; 1930, rev. 1947; 1944; 1947; 1952); die Suiten u. sinf. Dichtungen *Träume* (1910), *Herbst* (1910, rev. 1934), *Skythische Suite* (1914–15), *Le chout* (1922), Orchestersuite nach *Die Liebe zu den drei Orangen* (1924), Suite nach *Le pas d'acier* (1926), Suite nach *L'enfant prodigue* (1929), *Vier Porträts* u. Finale aus *Der Spieler* (1931), Suite nach *Sur le Borysthène*, *Am Dnjepr* (1933), *Leutnant Kishe* (1934), Suite nach *Ägyptische Nächte* (1934), *Romeo und Julia* (3 Orchestersuiten: 1936, 1936 u. 1946), *Ein Sommertag* (1941), *Semjon Kotko* (1941), *Das Jahr* (1941), 3 Orchestersuiten nach *Aschenbrödel* (1946), *Walzersuite* (1946), Suite *Sommernacht* über Themen aus *Die Verlobung im Kloster* (1950), *Hochzeitssuite* aus *Das Märchen von der steinernen Blume* (1951), *Ural-Rhapsodie* aus *Das Märchen von der steinernen Blume* (1951) sowie aus demselben Ballett *Zigeunerfantasie* u. *Die Frau von den Kupferbergen* (beide 1951), *Begegnung der Wolga mit dem Don* (1951); an Konzerten 5 Klavierkonzerte, davon das 4. für die linke Hand (1911, 1913, 1917, 1931 u. 1932), 2 Violinkonzerte (1916–17 u. 1935), 1 Cellokonzert (1934–38), *Sinfonisches Konzert* für Vc. u. Orch. (1950–52), Concertino für Vc. u. Orch. (1952, beendet von M. Rostropowitsch u. D. Kabalewskij); Vokalkompositionen wie *Semero ich (Es sind ihrer sieben)* für T., gem. Chor u. Orch. (1918, rev. 1933), Kantate zum 20. Jahrestag der Oktoberrevolution (1937, nicht aufgeführt), Suite *Pesni našich dnej* für Solo-St., Chor u. Orch. (1937), Kantate *Alexander Newski* für Mezzo-S., Chor u. Orch. (1939, nach der Filmmusik), *Ballade vom unbekannt gebliebenen Knaben* für S., T., Chor u. Orch. (1943), *Ode auf die Beendigung des Krieges* (1945), Kantate zum 30. Jahrestag der Oktoberrevolution (1947), *Winterliches Lagerfeuer* für Sprecher, Knabenchor u. Orch. (1949), Oratorium *Auf Friedenswacht* (1950); Kammermusik, darunter Ballade für Vc. u. Kl. (1912), Quintett für Ob., Klar., V., Va. u. Kb. (1924), 2 Streichquartette (1930 u. 1941), Sonate für 2 V. (1932), 2 Violinsonaten (1938–46 u. 1944, Bearbeitung der Flötensonate), Flötensonate (1943), Sonate für V. solo (1947), Cellosonate (1949); Klavierwerke, u. a. 9 Sonaten u. eine 10. unvollendete (1909; 1913; 1907, 2. Fassung 1917; 1908, 2. Fassung 1917; 1923, 2. Fassung 1953; 1939; 1939–42; 1939–44; 1947), 4 Etüden (1909), 4 Klavierstücke (1911), 4 Klavierstücke u. Toccata (1912), *Sarkasmen* (1912–14), 10 Klavierstücke (1913), *Visions fugitives*, 20 Stücke für Kl. (1915–17), *Erzählungen der alten Großmutter* u. 4 Klavierstücke (1918), 6 Klavierstücke (1931), 2 Sonatinen (1931–32), *Pensées* für Kl. (1933–34), 3 Klavierstücke (1934), Kinderstücke für Kl. (1935), 10 Stücke nach *Romeo und Julia* (1937), 3 Klavierstücke nach *Aschenbrödel* u. 3 Klavierstücke (1942), 10 Stücke nach *Aschenbrödel* (1943), 6 Stücke nach *Aschenbrödel* (1945); Lieder.

Eine Autobiografie erschien 1973 in Moskau (hg. von M. G. Kozlova).

Lit.: I. V. Nest'ev, S. P., New York 1946, erweitert: Stanford, CA, 1973, dt.: P., Der Künstler u. sein Werk, Berlin 1962; S. I. Šlifštejn (Hg.), Materialien, Dokumente, Erinnerungen, Moskau 1956, dt. von F. Loesch, Leipzig 1965; C. Samuel, P., Paris 1960; F. Streller, S. P., Leipzig 1960; W. Reich (Hg.), Aus meinem Leben, Zürich 1963; N. I. Rogožina, Die vokalsinfonischen Werke P., Leningrad 1964; H.-A. Brockhaus, S. P., Leipzig 1964; R. M. Hofmann, S. P., Paris 1964; S. Vasilenko, Die Ballette P., Moskau 1965; V. Seroff, S. P., A Soviet Tragedy, New York 1968; N. I. Rogožina, Die Romanzen u. Lieder P., Moskau 1971; D. Eberlein, Russ. Musikanschauung um 1900, Regensburg 1978.

Prolatio (von mittellat.: »erklingen lassen«). In der → Mensuralnotation regelt die P. das Erklingenlassen eines Notenwerts in bezug auf seinen Rhythmus. Sie zeigt die Unterteilung der Semibrevis in drei (p. maior oder perfecta) bzw. zwei (p. minor oder imperfecta) Minimen an.

Promoter (engl.: »Förderer«, »Veranstalter«), wahrscheinlich aus dem Profisport übernommene Bezeichnung für Organisatoren von Konzerten u. Festivals. Zu den bedeutenden P. des Jazz gehört z. B. Norman Granz, der mit seinen Konzerten »Jazz at the Philharmonic« sehr zur Verbreitung dieser Musikform beitrug.

Promotion (amer.), der gesamte Werbeaufwand, mit dem einem Künstler oder einer Schallplatte zum Erfolg verholfen wird.

Proportion (lat.: »Verhältnis«), **1.** Die Theorie der antiken griech. Musik bestimmte das Wesen der Intervalle durch die ihnen zugrunde liegende Zahlen-P. Durch → harmonische Teilung wurden aus der Oktave die übrigen Intervalle abgeleitet. **2.** In der → Mensuralnotation des 15. u. 16. Jh. bedeutet die in Form von Brüchen ausgedrückte P. eine Wertänderung der folgenden Noten. Dabei zeigten unechte Brüche eine Wertverkürzung u. echte die seltenere Wertvergrößerung an. $\frac{2}{1}$ besagte z. B., daß im folgenden 2 Semibreven ebenso lang sind wie vorher eine.

Proportz (von proportio tripla), ein → Nachtanz im Tripeltakt, der in der Tanzmusik des 15.–17. Jh. meistens dem geradtaktigen Schreittanz folgte.

Proprietas (lat.: »wesentliche Eigenschaft«), ursprünglich in der → Mensuralnotation die richtige Schreibweise für die Anfangsnote einer Ligatur, die mit Anfangsstrich von unten her bei absteigender u. ohne Anfangsstrich bei aufsteigender Ligatur versehen wurde. Eine Schreibweise »sine proprietate« oder »cum opposita proprietate« hatte rhythmische Bedeutung.

Proprium missae → Messe

Protestsong, ein in den 50er Jahren in den USA im Zusammenhang mit dem Folksong Revival entstandener Liedtypus, in dem sich der Zorn gegen das sog. Establishment, die Ungerechtigkeit in der Welt, den Krieg usw. entlud. Dazu griff man oft auf bekannte Volksliedmelodien zurück, denen ein neuer, gegenwartsbezogener Text unterlegt wurde. Als direkte Vorläufer der B. Dylan, P. Seeger, Buffy Sainte-Marie u. Malvina Reynolds gelten Joe Hill u. Woody Guthrie. Ähnliche Anliegen vertreten die dt. → Liedermacher Dieter Süverkrüp, Franz Josef Degenhardt u. Wolf Biermann. Die Geschichte dieser Liedart reicht bis zu den Bauernaufständen des 16. Jh. zurück. P. gab es unter den zum Kriegsdienst gepreßten Soldaten aller Länder, bei den deutschen Demokraten von 1848, in der Arbeiter- u. Gewerkschaftsbewegung des beginnenden Industriezeitalters u. als Agitprop-Waffe im Kommunismus. Eine weitere Art des P. entstand im Zusammenhang mit Freiheitsbewegungen u. Unabhängigkeitsbestrebungen. Es sei hier nur an Mikis Theodorakis (Griechenland), Victor Jara (Chile), José Afonso (Portugal) u. Leon Rosselson (Irland) erinnert.

Provenzale, Francesco, italienischer Komponist, * um 1627 Neapel, † 6. 9. 1704 ebd. 1663–74 Lehrer am Conservatorio di S. Maria di Loreto, 1673–1701 Direktor des Conservatorio della Pietà dei Turchini, 1680 Vizekapellmeister der Königlichen Kapelle u. daneben 1686–99 auch Kapellmeister am Tesoro di S. Gennaro in Neapel. Gehört als Opernkomponist zu den Mitbegründern der → neapolitanischen Schule. Von seinen 8 für Neapel komponierten Opern sind nur *Il schiavo di sua moglie* (1671) u. *Difendere l'offensore, ovvero la Stellidaura vendicata* (1674) erhalten. Hinterließ außerdem Kirchenmusik.

PRS, Abk. für The Performing Right Society Ltd., die engl. → Verwertungsgesellschaft.

Psalm (von griech.: »eine Saite zupfen«), ursprünglich ein Loblied mit Harfenbegleitung, in seiner heutigen Verwendung fast ausschließlich auf die Dichtungen des → Psalters beschränkt. P. u. → Psalmodie wurden aus dem jüdischen Kultus in die christliche Kirche übernommen u. entsprechend dem jeweiligen Entwicklungsstand der Musik immer wieder vertont.

Psalmodie (griech.), bezeichnet sowohl den Psalmengesang in den modellartigen Singweisen der → Psalmtöne wie auch die aus den Psalmen hervorgegangenen Formen des Kirchengesangs. Unter Psalmodieren versteht man auch rezitativisches Singen.

Psalmtöne, die modellartigen Singweisen, in denen die Psalmen vorgetragen wurden. Sie entstanden durch melodische Formung eines gehobenen Lesetons u. gliedern sich im Anschluß an die Kirchentöne in Initium oder Tenor (Rezitationston), Mediatio (Mittelkadenz) u. Terminatio (Schlußkadenz).

Psalter (von lat. psalterium), die als Buch des Alten Testaments gefaßte Sammlung der Psalmen.

Puccini, Giacomo A. D. M. S. M., ital. Komponist, * 22. 12. 1858 Lucca, † 29. 11. 1924 Brüssel. Seine Vorfahren stammen aus Val di Reggio u. bestimmten vier Generationen lang als Kapellmeister u. Organisten das Musikleben von Lucca. P. Vater Michele war ein Schüler G. Donizettis u. S. Mercadantes, komponierte zwei Opern u. beendete seine Laufbahn als Konservatoriumsdirektor u. Inspektor der Schulmusik. Giacomo, das fünfte Kind von Michele u. seiner Frau Albina, war von Anfang an für die gleiche Laufbahn vorgesehen. Ersten Unterricht erhielt er von seinem Onkel F. Magi, später von C. Angeloni. Mit 10 Jahren wurde er Chorknabe an S. Martino u. S. Michele, mit 14 Organist. Um das spärliche Einkommen der Familie nach dem Tod des Vaters aufzubessern, spielte P. außerdem in Kneipen Unterhaltungsmusik. Erste Kompositionsversuche stammen aus dem Jahr 1874 u. waren auf seinen Kirchendienst zugeschnitten. 1876 besuchte er eine Aufführung von G. Verdis *Aida* in Pisa u. beschloß unter dem Eindruck dieses Werkes, sich der Oper zu widmen. Er intensivierte seine Studien am heimatlichen Konservatorium, um die Aufnahmeprüfung am Mailänder Institut zu bestehen. Mit einem Stipendium gelang ihm 1880 der Sprung nach Mailand, wo A. Bazzini u. A. Ponchielli zu seinen Lehrern gehörten. 1883 reichte er u.a. ein *Capriccio sinfonico* als Prüfungsarbeit ein. Im gleichen Jahr beteiligte er sich am Concorso Sonzogno für Einakter mit *Le Villi*. Die Jury lehnte eine Begutachtung der Komposition wegen der unleserlichen Partitur ab. Als P. im Freundeskreis aus dem Einakter vorspielte, entschlossen sich diese, unter Mitwirkung von A. Boito die Mittel für eine Aufführung zusammenzubringen. Am 31. 5. 1884 kam es am Teatro dal Verme in Mailand zu einer vielbeachteten Vorstellung, die den einflußreichen ital. Verleger Giulio Ricordi auf P. aufmerksam machte. Er nahm den jungen Komponisten unter Vertrag u. kümmerte sich um neue Libretti. F. Fontan, der bereits das Buch zu *Le Villi* geschrieben hatte, bearbeitete Mussets »La coupe et les lèvres«. Die neue Oper erhielt den Titel *Edgar*. Mit ihrer Fertigstellung verbrachte P. die Jahre zwischen 1884 u. 1888. 1884 sorgte er für den ersten seiner amourösen Skandale, indem er mit der verheirateten Elvira Gemignani durchbrannte; zu einer Heirat kam es erst nach dem Tode ihres Mannes. Die Uraufführung des *Edgar* an der Mailänder Scala brachte nicht den erhofften Erfolg. Trotzdem ließ Ricordi P. nicht fallen, sondern ermöglichte ihm die Arbeit an einer weiteren Oper. P. wählte den Manon-Stoff, obwohl J. Massenets erfolgreiche Oper nach demselben Sujet bereits vorlag. Am Drehbuch arbeiteten der Komponist R. Leoncavallo u. erstmals das Team G. Giacosa u. L. Illica, das auch großen Anteil an den Erfolgen der nächsten Opern *La Bohème, Tosca* u. *Madame Butterfly* haben sollte. *Manon Lescaut* wurde am 1. 2. 1893 am Teatro Regio in Turin uraufgeführt u. machte P. über Nacht berühmt. Es folgte *La Bohème* nach H. Murgers »Scènes de la vie de Bohème«, deren Uraufführung, wiederum in Turin, der junge Musikdirektor A. Toscanini leitete. Mit *Tosca*, seiner nächsten Oper, schuf P. sein bedeutendstes Werk, das gleichzeitig als Höhepunkt des → Verismo gilt. P. wurde bereits als Nachfolger G. Verdis gefeiert, als seine *Madame Butterfly* an der Mailänder Scala 1904 herauskam. Das teilweise künstlich gegen P. aufgebrachte Publikum verhinderte den Uraufführungserfolg der heute wohl beliebtesten Oper P. Im Sommer 1905 reiste er nach Südamerika. In Buenos Aires wurde er mit einer Aufführung von 5 seiner Opern geehrt. Im gleichen Jahr lernte er im Hause von P. Tosti in London Sybil Seligman kennen, die ihm bis an sein Lebensende eine Art Muse war. Die folgenden Jahre verbrachte P. auf der Suche nach einem geeigneten Stoff u. mit Reisen zu Aufführungen seiner Opern. Die reichlich fließenden Tantiemen der überall nachgespielten Bühnenwerke machten ihn zu einem reichen Mann, der in der Abgeschiedenheit seines Landsitzes in Torre del Lago u. später in Viareggio komponierte, einige Wintermonate im Kreise seiner Freunde in Mailand verbrachte u. den Rest der Zeit von Opernhaus zu Opernhaus reiste. Bei einem Besuch in New York anläßlich der Premiere von *Madame Butterfly* sah P. neue Theaterstücke von D. Belasco, der schon den Stoff zur *Butterfly* geliefert hatte. P. fand Gefallen an »The Girl of the Golden West« u. machte daraus mit Hilfe von G. Civinini u. C. Zangarini das Buch zu *La fanciulla del West*, einer Oper, die am 10. 12. 1910 an der New Yorker Met uraufgeführt wurde. Als sich sein Verhältnis zu Tito Ricordi, dem Nachfolger Giulio Ricordis, vorübergehend trübte, verhandelte P. mit einem Wiener Verleger über sein nächstes Projekt *La rondine*. Dieses bis heute nicht recht gewürdigte Werk kam während des 1. Weltkriegs in Monte Carlo zur Aufführung u. geriet in Vergessenheit. 1918 brachte P. an der Met einen Abend mit 3 Einaktern, das sog. *Trittico*, heraus, von dem sich nur die witzige Typenkomödie *Gianni Schicchi* im Repertoire gehalten hat. Seine nächste Arbeit galt einem von R. Simoni u. G. Adami nach Gozzi bearbeiteten orientalischen Stoff, der Geschichte von *Turandot*. Als P. sich zur Behandlung eines Leidens in eine Spezialklinik nach Brüssel begab, nahm er das Liebesduett u. Finale mit, um sie unterwegs fertigzustellen. P. starb am 29. 11. 1924 an den Folgen einer Kehlkopfkrebsbehandlung. Toscanini, der an der Entstehung von *Turandot* großen Anteil genommen hatte u. die Uraufführung an der Mailänder Scala vorbereitete, übertrug F. Alfano die Abschlußarbeiten u. brachte das Werk am 25. 4. 1926 zur Uraufführung.

P. war zeit seines Lebens ein passionierter Jäger. Wildvögel, Libretti u. attraktive Frauen hatten es ihm besonders angetan. Außerdem hatte er ein Faible für schnelle Autos u. Motorboote. Ständig auf der Suche nach guten Stoffen, die er mit sicherem Instinkt auf die einfachste u. verständlichste Formel bringen ließ, griff er gerne zu Bühnenstücken, deren Publikumswirksamkeit bereits erprobt war. Von seinen insgesamt zwölf Bühnenwerken verdanken sieben ihren Titel der jeweiligen Heldin, u. immer geht es um die Tragik echter Liebe, eine Tatsache, die man auf P. gebrochenes Verhältnis zu seiner Frau Elvira u. den dominierenden Einfluß seiner Mutter zurückgeführt hat. P., der C. Debussy bewunderte u. in seiner Musik Einflüsse des Impressionismus in Harmonisierung u. Orchestrierung erkennen läßt, fühlte sich dem franz. Wesen so sehr verwandt, das er 5 Libretti zu seinen Opern nach franz. Stoffen schrei-

ben ließ. Als Komponist ging er meistens von einem »motivo di prima intenzione« aus, einem kurzen Motto. Melodieteilchen werden dann mosaikartig zu größeren Einheiten zusammengesetzt u. durch Erinnerungsmotive verknüpft, ohne daß eine sinfonische Entwicklung stattfindet. Charakteristisch für P. Stil sind Parallelführungen, Bitonalität, Ostinati, die Katastrophen anzeigen, u. der Gebrauch der Ganztonskala. Seine Rezitative sind aus dem stile accompagnato weiterentwickelt u. genau dem Sprachrhythmus angepaßt. Außerdem war P. ein Meister der wechselnden Tempi, mit denen er seine Zuhörer ständig in Atem hielt.
Mit seiner Überempfindlichkeit u. Melancholie gilt P. als eine der letzten großen Gestalten des musikalischen Fin de siècle.

P. komponierte: *Le Villi*, Einakter (1883–84, rev. 1884), *Edgar* (1884–88, rev. 1889, 1901 u. 1905), *Manon Lescaut* (1889–92), *La Bohème* (1893–95), *Tosca* (1896–99), *Madame Butterfly* (1900–93, rev. 1904), *La fanciulla del West* (1907–10), *La rondine* (1914–16, rev. 1919), *Il Trittico: Il Tabarro* (1913–16), *Suor Angelica* (1917) u. *Gianni Schicchi* (1917–18), *Turandot* (1920–25, Fertigstellung durch F. Alfano). Zu seinen weiteren Werken gehören Kirchenkompositionen, u.a. 1 *Messa di Gloria* für Soli, Chor u. Orch. (1878–80), 1 Streichquartett (zwischen 1880 u. 1883) u. Lieder.
Briefe von P. wurden herausgegeben von G. Adami: Epistolario di G. P., Mailand 1928, engl. London 1931, rev. Neuausgabe von M. Carner, London 1974, dt. Berlin 1939; V. Seligman (Hg.), P. Among Friends, London 1938, Nachdr. New York 1971; E. Gara u. M. Morini (Hg.), Carteggi pucciniani, Mailand 1958.
Lit.: F. Torrefranca, G. P. e l'opera internazionale, Turin 1912; A. Fraccaroli, La vita di G. P., Mailand 1925, Neudruck 1957, dt. Wien 1926; G. Marotti u. F. Pagni, G. P. Intimo, Florenz 1926; G. Adami, P., Mailand 1935, erweitert als Il romanzo della vita di G. P. 1944; K. G. Fellerer, G. P., Potsdam 1937; G. R. Marek, P., New York 1951; L. Ricci, P. interprete di se stesso, Mailand 1954; M. Carner, P., London 1958; C. Sartori, P., Mailand 1958; C. Hopkinson, A Bibliography of the Works of G. P., New York 1968; D. Amy, G. P., Paris 1970; W. Marggraf, G. P., Leipzig 1977.

Pugnani, Giulio Gaetano G., ital. Geiger u. Komponist, * 27. 11. 1731 Turin, † 15. 7. 1798 ebd. Schüler von G. B. Somis u. G. Tartini. 1748 trat er in das Orchester des Teatro Regio in Turin ein, 1750 in das dortige Hoforchester. 1767–70 Dirigent am King's Theatre in London. Hatte dort mit seiner Oper *Nanetta e Lubino* (1769) keinen großen Erfolg u. kehrte 1770 als Kapellmeister an das Hoftheater in Turin zurück. 1776 wurde er Musikintendant. 1780–82 ging er mit seinem Schüler G. B. Viotti auf eine Konzerttournee, die sie bis nach Rußland führte.

P. komponierte neben Opern u. Balletten Instrumentalmusik im galanten Stil, u. a. 9 Violinkonzerte; 12 Ouvertüren für Streicher, 2 Oboen u. 2 Hörner; 6 Quintette für 2 V., 2 Ob. oder 2 Hörner u. Vc.; 6 Streichquartette; Streichtrios; Triosonaten; Violinduette u. 3 Hefte mit je 6 Violinsonaten.

Pugni, Cesare, ital. Komponist, * 31. 5. 1802 Genua, † 26. 1. 1870 Petersburg. Erhielt seine Ausbildung in Mailand u. komponierte mit *Il castello di Kenilworth* seine erste Ballettmusik für La Scala. 1851 wurde er zum Ballettkomponisten am Kaiserlichen Theater in Petersburg berufen, wo er bis an sein Lebensende blieb.

Von P. mehr als 300 Balletten seien erwähnt: *Ondine* (1843, Ch.: J. Perrot), *Eoline ou la Dryade* u. *Pas de quatre* (1845, Ch.: J. Perrot), *Le corsaire* (1858, Ch.: J. Mazilier, später von M. Petipa neu) u. *Das Höckerpferdchen* (1864, Ch.: A. Saint-Léon). Für C. Grisis ersten Auftritt in Petersburg komponierte er einen neuen Pas de cinq für *Giselle* (1850).

Punctus (lat.: »Strich«, »Punkt«), ein aus der Lehre der spätantiken Grammatiker in die Notation von Musik übernommenes Zeichen, das im Lauf der Entwicklung eine Vielzahl von Bedeutungen gehabt hat. Bei den → Neumen stellte der P. das Grundzeichen dar u. gab gleichzeitig den Namen für die Einzelnote. In seiner heute noch in der Choralschrift gebräuchlichen quadratischen Form zeigte er in der → Mensuralnotation den Längenwert Brevis an. Darüber hinaus nahm der P. die Bedeutung von Note schlechthin an (→ Kontrapunkt). Außerdem zeigte der P. hinter einer Longa an, daß sie perfekt, d. h. dreizeitig, war. Diese Funktion des P. wurde später auch der Kennzeichnung anderer Notenwertverhältnisse nutzbar gemacht (→ Prolatio).

Punkt, zeigt in der heute gebräuchlichen Notenschrift rechts neben einer Note an, daß diese um die Hälfte ihres Wertes zu verlängern ist. Ein P. über oder unter einer Note ist die Spielanweisung für → staccato, in Verbindung mit einem Bogen für → portato.

punktuelle Musik, ein von H. Eimert auf serielle Kompositionen von K. Goeyvaerts, K. Stockhausen u. P. Boulez 1952 bei den Internationalen Ferienkursen in Darmstadt angewendeter Ausdruck. Er verstand damals darunter jene Art von → serieller Musik, bei der die → Parameter der Töne durch Elementreihen festgelegt waren, deren Schnittpunkt jeweils die Qualität des Einzeltons bestimmte. Dieses Verfahren in die Kompositionen A. Weberns hineininterpretieren zu wollen entbehrt jedoch der analysierbaren Grundlage.

Purcell, Henry, engl. Komponist u. Organist, * zwischen Juni u. November 1659, wahrscheinlich in London, † 21. 11. 1695 London. Man nimmt heute an, daß er ein Sohn von Thomas P. war, der als Gentleman der Chapel Royal im Dienst des Königs stand, gemeinsam mit P. Humfrey als »composer for the violins« geführt wurde u. daneben weitere Ämter bei Hof innehatte. P. erhielt seine Ausbildung als Singknabe der Chapel Royal unter Henry (Captain) Cooke u. Pelham Humfrey, außerdem scheint er Schüler J. Blows gewesen zu sein. 1673 kam er in den Stimmbruch u. erhielt eine Lehrstelle bei J. Hingston, dem königlichen Instrumentenverwalter. 1674–78 gehörte es zu seinen Aufgaben, die Orgel von Westminster Abbey zu warten. In den Rechnungsbüchern der Abbey ist er mehrmals als Kopist aufgeführt. 1677 wurde P. als Nachfolger von M. Locke »Composer in Ordinary for the Violins« bei Hof u. veröffentlichte mit der *Elegie auf Lockes Tod* seine erste bedeutende Komposition. 1679 folgte die Ernennung zum Organisten von Westminster Abbey, nachdem J. Blow von diesem Posten zurückgetreten war. Im gleichen Jahr erschienen Songs in der Sammlung »Choice Ayres«, Buch II. 1680 entstanden die 4st. Fantasien für Violenensemble u. zu N. Lees »Theodosius« die erste Bühnenmusik. 1681 hat P. wahrscheinlich eine gewisse Frances Peters geheiratet. Von seinen 6 Kindern starben 3 im Säuglingsalter. 1682 wurde er als Nachfolger von E. Lowe einer der drei Organisten der Chapel Royal. 1683 veröffentlichte er im Eigenverlag seine 12 Sonaten für 2 V., B. u. B. c. P. muß zu dieser Zeit bereits so bekannt gewesen sein, daß er diese Kompositionen dem König widmen durfte. Im gleichen Jahr komponierte er die Caecilienoden *Welcome to all the pleasures* u. *Laudate Ceciliam.* Nachdem J. Hingston gestorben war, fiel dessen Amt P. zu. Die Verwaltung der königlichen Instrumente bestand aus der Wartung der Blasinstrumente, Virginale u. Regale sowie der Stimmung u. Aufstellung von Orgeln. Die Vielzahl königlicher Ämter, die P. genau wie sein Vater auf sich vereinte, läßt sich aus den miserablen Gehältern u. deren schleppender Auszahlung erklären. Die Verwaltung der Instrumente hat P. sicher auch mit dem berühmten Orgelbauer B. Smith in Verbindung gebracht, dessen Instrument er bei einem Wettstreit um den Auftrag für eine Orgel der Tempel Church durchsetzte. Sein Gegenspieler war damals G. B. Draghi. 1685 entstand zur Krönung von Jakob II. das Anthem *My heart is inditing.* P. wurde zum Kammercembalisten des neuen Herrschers ernannt u. veröffentlichte in den Sammlungen »Theater of Music« I u. II eine Reihe von Liedern u. Duetten. Catches erschienen im gleichen Jahr in »Catch that catch can«. Von diesen äußerst beliebten A-cappella-Gesängen hat P. 54 Stück verfaßt. Weitere Kompositionen kamen im »Pleasant Musical Companion II« heraus. 1688 steuerte P. mehrere Stücke zu H. Playfords »Harmonica Sacra I« bei. Wahrscheinlich 1689 entstand die Kammeroper *Dido and Aeneas* für das von J. Priest geführte Internat vornehmer junger Damen in Chelsea. Priest scheint von Beruf Tanzmeister gewesen zu sein. Er besorgte später die Einrichtung der Tänze in P. *Dioclesian, King Arthur* u. *The Fairy Queen.* Im gleichen Jahr gab P. erstmals Cembalostücke in »Musick's Hand-Maid II« heraus. 1690 brachte das Dorset Gardens Theatre *The Prophetess, or the History of Dioclesian* in einer Bearbeitung von Th. Betterton mit Musik von P. Der Erfolg war so außergewöhnlich, daß P. die ganze Partitur veröffentlichte. Durch *Dioclesian* war J. Dryden auf P. aufmerksam geworden. Er bot ihm die Mitarbeit bei seinem »König Arthur« an, einem der seltenen Originalstoffe der Restaurationszeit. Aus der Zusammenarbeit mit Dryden stammen neben *König Arthur* (1691) Musiken zu »Amphitryon« (1690), »The Indian Emperor« (1691), »Aureng-Zebe« u. »Cleomenes, the Spartan Hero« (1692), »Oedipus« (1692), »The Indian Queen«, »Love Triumphant, or Nature will prevail« u. »Tyrannic Love, or The Royal Marty« (1694), »The Spanish Friar, or The Double Discovery« (1694–95). 1692 komponierte P. u. a. 8 Bühnenmusiken u. hatte einen vielbeachteten Auftritt als Contratenor in seiner Caecilien-Ode *Hail, bright Cecilia.* 1693 entstanden wieder eine Reihe von Bühnenmusiken, darunter zu W. Congreves »The Old Bachelor« u. »The Double Dealer«. Außerdem erschienen geistliche Lieder in Playfords »Harmonia Sacra II«. 1694 gab P. die von ihm rev. 12. Auflage von Playfords »Introduction to the Skill of Musick« heraus, komponierte eine Reihe von Bühnenmusiken sowie Te Deum u. Jubilate für Soli, gem. Chor, Streicher, Trompeten u. Org. In seinem letzten Lebensjahr entstanden verschiedene Kompositionen zu Anlässen bei Hofe sowie eine Reihe von P. besten dramatischen Musiken, u. a. die Bühnenmusiken zu »The Indian Queen« u. zu Th. Shadwells Bearbeitung von Shakespeares »The Tempest«. An der Autorenschaft der letzteren sind neuerdings Zweifel aufgekommen. Aus dem Nachlaß gab seine Witwe heraus: 10 Sonaten 4st. (1697), »A Choice Collection of Lessons for the Harpsichord« (1696), »A Collection of Ayres for the Theatre« (1697) u. eine Sammlung seiner Lieder als »Orpheus Britannicus«, 2 Bde. (1698 u. 1702).

P. gilt als der überragende Komponist der Restaurationszeit. Er stand von Jugend auf im Dienst des engl. Hofes, für dessen Feste er eine Vielzahl von Werken schrieb, die mit zunehmendem Können weit über den Rahmen von Gelegenheitsarbeiten hinauswuchsen. Zu ihnen gehören die Welcome Songs u. Oden zu besonderen Anlässen. Daneben komponierte er Anthems, Services, Hymnen, Psalmen, geistliche Kanons u. Lieder, in denen er an die Tradition eines O. Gibbons u. Th. Morley anknüpfte. Die Entwicklung von den früheren polyphonen »full Anthems« zu den homophonen »verse Anthems« mit Soli u. dem aus Italien übernommenen stile recitativo läßt sich am Beispiel P. eindrucksvoll nachweisen. Bei seinen Instrumentalkompositionen sind ital. u. franz. Einflüsse deutlich. Waren die Fantasien von 1680 für Violenensemble noch ganz an den älteren »fancies« ausgerichtet, weist P. bereits im Vorwort zu seinen »Twelve Sonatas of III Parts« (1683) darauf hin, daß sie im ital. Stil geschrieben seien. Unmittelbares Vorbild für diese Kompositionen scheint L. Colista mit seinen Triosonaten gewesen zu sein. Tänze wie auch Ouvertüren für Bühnenwerke u. Anthems sind J.-B. Lully u. dem franz. Stil verpflichtet. Allgemein fällt bei P. der außergewöhnliche Melodienreichtum auf. Engl. Volkslieder u. Tänze werden häufig bei Bühnenmusiken u. Liedern zugrunde gelegt. Die Wortbehandlung zeigt ein besonderes Gespür für den Sprachrhythmus. Bei der kontrapunktischen Stimmenkombination erweist sich P. als ein Meister des ground bass. Typisch für seinen Stil sind Vorhalte u. Durchgangsdissonanzen.

Bedeutendes leistete P. auf dem Gebiet der Bühnenmusik. Die ital. Oper hatte sich zu Lebzeiten des Komponisten in England noch nicht durchgesetzt. Das Londoner Publikum der Restaurationszeit wollte im Theater unterhalten werden. So entstanden die mehr als 40 Bühnenmusiken zu Stücken oder Bearbeitungen von N. Lee, Th. Durfey, N. Tate, J. Dryden, Th. Southerne, Th. Shadwell u. W. Congreve, um nur die wichtigsten zu nennen. Leider teilte P. Musik das Schicksal dieser Stücke, die mit dem 18. Jh. in Vergessenheit gerieten. P. komponierte aber auch Musiken zu den sog. Semioperas, Schauspielen oder Masken mit gesprochenem Dialog, bei denen der Musikanteil bereits ins Gewicht fiel. Neben der einzigen echten Oper, *Dido and Aeneas*, gehören dazu: *The Prophetess, or The History of Dioclesian* (1690, Th. Betterton nach Beaumont u. Fletcher), *King Arthur, or The British Worthy* (1691, Dryden), *The Fairy Queen* (1692, unbekannter Bearbeiter nach Shakespeares »Sommernachtstraum«), *The Indian Queen* (1684, Dryden u. R. Howard) sowie *The Tempest, or The Enchanted Island* (1695, nach Shakespeares »Der Sturm«).

Eine GA wurde von der 1876 gegründeten Purcell Society veranstaltet, 32 Bde., London 1878–1965.

Lit.: D. Arundell, H. P., London 1927, Nachdr. Freeport, NY, 1970; J. A. Westrup, P., London 1937, letzte rev. Ausgabe 1980; S. Favre-Longorow, Der Instrumentalstil von P., Bern 1950; S. Demarquez, P.: La vie – L'œuvre, Paris 1951; G. van Ravenzwaaji, P., Antwerpen 1954; R. Sietz, H. P., Zeit, Leben, Werk, Leipzig 1956; I. Holst (Hg.), H. P. (1659–1695): Essays on His Music, London 1959; R. E. Moore, H. P. and the Restauration Theatre, London 1961; I. Holst, H. P., The Story of His Life and Work, London 1961; F. B. Zimmermann, H. P., 1659–1695: An Analytical Catalogue of His Music, London 1963; ders., H. P., 1659–1695: His Life and Times, London 1967; J. Harley, Music in P. London. The Social Background, London 1968; F. B. Zimmermann, The Anthems of H. P., New York 1971; I. Spink, English Song: Dowland to P., London 1974.

Puy (altfranz.), Dichter- u. Sängerwettstreite (→ Jeu parti), die seit dem 11. Jh. von Bürgervereinigungen in Städten des nördlichen Frankreich veranstaltet wurden. Berühmt waren die P. in Arras, Cambrai, Tournai u. Valanciennes. Der bedeutendste P. wurde in Evreux abgehalten. Zu seinen Preisträgern gehörten O. de Lassus mit den Motetten *Domine Jesu Christe, qui cognoscis* u. *Cantantibus organis* (1575 u. 1583) sowie J. Mauduit (1581).

pythagoreisches Komma → Komma

Q

Quadrille (franz.), eine gegen Ende des 18. Jh. aufgekommene Form der → Contredanse, die von wenigstens 4 Paaren im Carré getanzt wurde. Die Qu. war besonders am Hof Napoleons I. beliebt. Sie bestand ursprünglich aus 5 Touren, bei denen sich $6/8$- u. $2/4$-Takt abwechselten u. die nach den zugrunde liegenden Melodien benannt waren. Später wurde die Musik meistens aus beliebten Opern- u. Operettenmelodien zusammengestellt.

Quadrophonie, eine vierkanalige Übertragungstechnik, die in Ausweitung der → Stereophonie Klänge mit 4 Mikrophonen aufnimmt u. diese über 4 um den Hörer verteilte Lautsprecher wiedergibt. Eignet sich besonders für Werke, bei denen der Raum mitkomponiert ist. Ihrer schnellen Verbreitung stehen die Wohnverhältnisse u. der Mangel an originalem quadrophonischem Repertoire entgegen.

Quadrupelfuge (lat. fuga quadruplex), eine seltene Art der Fuge, bei der 4 Themen durchgeführt werden.

Quadruplum (lat.), im mehrstimmigen mittelalterlichen Satz die oberste (vierte) Gegenstimme zum Cantus oder Tenor.

Quantz, Johann Joachim, dt. Komponist u. Flötist, * 30. 1. 1697 Oberscheden bei Göttingen, † 12. 7. 1773 Potsdam. Erhielt ersten Unterricht bei seinem Onkel, der Stadtmusicus in Merseburg war. Kam 1714 als Stadtpfeifergeselle nach Radeberg u. Pirna u. trat 1716 in die Kapelle des Stadtmusicus G. Heyne in Dresden ein. 1717 Kontrapunktstudien bei J. D. Zelenka u. J. J. Fux in Wien, 1718 Mitglied der Königlich Poln. Kapelle in Dresden u. Warschau. Er war als Oboist eingestellt worden, übernahm aber nach Studien bei P. G. Buffardin die Stelle des Flötisten. 1724–27 Studienreise nach Italien, wo er weitere Kontrapunktstudien bei F. Gasparini trieb, sowie nach Paris u. London. 1727 trat er seinen Dienst in Dresden wieder an. Im darauffolgenden Jahr hörte ihn Kronprinz Friedrich von Preußen, der sich so für sein Spiel begeisterte, daß er Qu. zweimal jährlich als Lehrer zu sich bestellte. 1741 ernannte ihn Friedrich d. Gr. zum Kammermusiker u. Hofkomponisten, eine Stelle, die Qu. bis an sein Lebensende behielt. Für die musikalischen Soireen seines Königs komponierte er an die 300 Flötenkonzerte sowie um die 200 Kammermusikwerke. Sein Instrument verbesserte er durch Einführung einer zweiten Klappe. Außerdem veröffentlichte er mit »Versuch einer Anweisung die Flöte traversiere zu spielen« (1752) die erste dt. Flötenschule, die noch bis ins 19. Jh. hinein benutzt wurde. Mit C. H. u. J. G. Graun, C. Ph. E. Bach u. F. Benda gehörte Qu. zu den Vertretern des Berliner galanten Stils. In seinen eigenen Kompositionen suchte er nach einer Verschmelzung von ital. u. franz. Musik. Am persönlichsten sind seine langsamen Sätze gelungen. Für F. W. Marpurgs »Historisch-kritische Beyträge I« (1754–55) verfaßte er eine Autobiografie.

Quart-, zeigt in der Zusammensetzung mit Instrumentennamen an, daß es sich um ein entsprechend tiefer (Qu.-Posaune) oder höher (Qu.-Geige) gestimmtes Instrument der jeweiligen Familie handelt.

Quarte (lat. quarta: »vierte«), die 4. Stufe der diatonischen Skala. Man unterscheidet die reine, verminderte u. übermäßige (→ Tritonus) Qu. In der griech. Musiktheorie galt die Qu. als Symphonia, in der mittelalterlichen Musiklehre als Konsonanz. Ihren auflösungsbedürftigen, dissonanten Charakter erhielt sie erst, als die Unterstimme für den Bau des Satzes maßgebend wurde u. die Qu. zwischen dem Fundamentum u. einer Oberstimme zu liegen kam.

Qu.-Akkorde spielen in der Musik des 20. Jh. eine besondere Rolle. A. Skrjabin, A. Schönberg u. A. Webern verwandten sie zur Ableitung neuer Klänge, bei denen jede tonale Beziehung aufgegeben ist.

Quartenzirkel → Quintenzirkel

Quartett (ital. quartetto, franz. quatuor, engl. quartet), eine Komposition für 4 Instrumente oder Sänger, dann auch Bezeichnung für eine

Gruppe von 4 Instrumental- oder Vokalsolisten. In der Oper versteht man unter Qu. eine Ensembleszene von 4 singenden Personen mit Orchesterbegleitung. Bei größeren Vokalkompositionen sieht die Besetzung häufig neben Chor u. Orchester ein Solisten-Qu. vor, das aus Sopran, Alt, Tenor u. Baß bestehen kann.

Quartole (von lat. quatuor: »vier«), eine Figur von 4 gleichen Noten, die für 3 oder 6 Noten eintreten kann. Sie wird durch eine beigeschriebene *4* angezeigt.

Quartsextakkord, aus der Generalbaßlehre übernommene Bezeichnung für die 2. Umkehrung des Dur- bzw. Mollakkords in der Dur-Moll-tonalen Harmonielehre. Tritt als Umkehrungs-, Durchgangs- u. Wechsel-Qu. auf. Kann auch als Vorhaltsakkord interpretiert werden, wenn die Vorhaltsdissonanzen Quarte u. Sexte in Terz u. Quinte aufgelöst werden.

Quatricinium, Bezeichnung für einen 4st. Satz. Ist als Analogiebildung zu Bicinium u. Tricinium entstanden.

Quelle, Ernst-August (Pseudonym Ernst Arno), dt. Komponist, * 7. 12. 1931 Herford. Von 1950 bis 1956 Schüler von H. Richter-Haaser an der Nordwestdt. Musikakademie in Detmold. Wandte sich dem Jazz u. der Unterhaltungsmusik zu u. lebt heute als freischaffender Komponist. Von ihm stammt u. a. die Titelmusik zur dt. Fassung der »Maigret«-Fernsehserie.

Quellen nennt man in der Musikwissenschaft Handschriften u. frühe Drucke. Sie geben unter Umständen Aufschlüsse über Entstehungszeit u. -ort sowie die Aufführungspraxis.

Querelle des bouffons → Buffonistenstreit

Querstand, durch Fortschreitungen auftretende, auf 2 Stimmen verteilte Halbton- bzw. Tritonusfolge. War im strengen Kontrapunkt verboten, hat aber mit der Auflösung der Tonalität jegliche Bedeutung verloren.

Quickstep → Foxtrott

Quinte (lat. quinta: »fünfte«), die 5. Stufe der diatonischen Skala. Man unterscheidet die reine, verminderte (→ Tritonus) u. übermäßige Qu. In der griech. Musiktheorie galt sie als Symphonia, in der mittelalterlichen Musiklehre als Konsonanz. Quintverwandtschaft liegt dem Aufbau des → Tonsystems zugrunde (→ Dominante).

Quintenzirkel, der Rundgang durch die 12 Quinten des temperierten Systems, der unter Zuhilfenahme der enharmonischen Verwechslung (→ Enharmonik) über alle 12 Dur- bzw. 12 Moll-Tonarten zum Ausgangspunkt zurückführt: c (his), g (fisis, asas), d (cisis, eses), a (gisis, heses), e (fes), h (ces), fis (ges), cis (des), gis (as), dis (es), ais (b), eis (f), his (c). Auf ähnliche Weise entstehen auch der Quarten- u. Terzenzirkel. Sie dienen hauptsächlich der Modulation, wobei man sich die Tatsache zunutze machte, daß die enharmonische Verwechslung eine Rückkehr in die Ausgangstonart ermöglichte.

Quintett (ital. quintetto, franz. quintette, engl. quintet), eine Komposition für 5 Instrumente oder Sänger, dann auch Bezeichnung für eine Gruppe von 5 Instrumental- oder Vokalsolisten. Besonders häufig ist das Streich-Qu., bei dem die Streichquartettbesetzung um eine 2. Bratsche oder ein 2. Cello erweitert wird. Das Klavier-Qu. ist meistens ein in der Besetzung um das Klavier erweitertes Streichquartett. Beim Bläser-Qu. wird oft neben den Holzbläsern Flöte, Oboe, Klarinette u. Fagott das Horn eingesetzt. In der Oper versteht man unter Qu. eine Ensembleszene von 5 singenden Personen mit Orchesterbegleitung.

Quintole (von lat. quinque: »fünf«), eine Figur von 5 gleichen Noten, die für 3, 4 oder 6 Noten eintreten kann. Sie wird durch eine beigeschriebene *5* angezeigt.

Quintsextakkord → Septimenakkord

Quintus oder **quinta vox** (von lat. quintus: »der Fünfte«), die 5. Stimme in fünf- oder mehrstimmigen Vokal- u. Instrumentalwerken des 16. u. 17. Jh.

Quodlibet (lat.: »was beliebt«), erstmals bei W. Schmeltzl auftauchende Bezeichnung für die Verbindung von vollständigen oder fragmentarischen Melodien u. Texten zu Kompositionen oder Improvisationen scherzhaften Charakters. Schmeltzl unterscheidet in der Vorrede zu seiner 1544 erschienenen Sammlung 4 Arten des scherzhaften Qu.: 1. Aufzählung verschiedener Dinge oder Lebewesen mit dem gleichen Text in allen Stimmen, 2. die Aneinanderreihung von Liedfragmenten mit dem gleichen Text in allen Stimmen, 3. verschiedene Texte u. Zitate in den einzelnen Stimmen, 4. die polyphone Überlagerung verschiedener Melodien.

Dem Qu. verwandt sind die im 16. Jh. auftauchenden franz. Fricassées (span. Ensaladas u. ital. Centoni).

Zu weiteren Sammlungen mit Qu. gehören G. Forsters »Der ander theil kurtzweiliger guter frischer Teutscher Liedlein« (1540), M. Francks »Musicalischer Grillenvertreiber« (1622), D. Speers »Neugebachene Taffel-Schnitz« (1685) u. das »Ohren-vergnügende u. Gemüth-ergötzende Tafel-Confect« (1733–37 u. 1746) mit Qu. von J. V. Rathgeber u. J. C. Seyfert. Von den selteneren instrumentalen Qu. sei J. S. Bachs Schlußstück der *Goldberg-Variationen* erwähnt. Im 19. Jh. wurde das Qu. häufig mit dem → Potpourri verwechselt u. selbst Opernparodien so benannt.

R

Race Music, bis in die 40er Jahre amer. Bezeichnung für schwarze Musik, die von den Schallplattenfirmen mit schwarzen Künstlern für die Schwarzen im ländlichen Süden u. in den Ghettos der Großstädte produziert wurde. J. Wexler führte für diesen diskriminierenden Begriff Ende der 40er Jahre die Bezeichnung Rhythm-and-Blues ein.

Rachmaninow, Sergej W., russ. Pianist und Komponist, * 1. 4. 1873 auf Gut Semjonowo, † 28. 3. 1943 Beverly Hills, CA. Sein Vater stammte aus einer angesehenen Gutsbesitzerfamilie, die Mutter war Tochter eines Generals. Nachdem der lebensuntüchtige Vater das Vermögen der Familie fast durchgebracht hatte, wuchs R. auf dem letzten in Familienbesitz verbliebenen Gut in Oneg, Gouvernement Nowgorod, auf. Als die Mutter seine musikalische Begabung erkannte, engagierte sie eine Schülerin von G. Cross für den Klavierunterricht. 1882 war auch das Gut in Oneg vertan, die Familie zog in eine ärmliche Wohnung in Petersburg. R. erhielt ein Stipendium für das Konservatorium, fand aber keinen rechten Kontakt zu seinen Lehrern. In ihrer Not wandte sich die Mutter an A. I. Siloti, einen entfernteren Verwandten, der den jungen R. bei N. Zwerew in Moskau unterbrachte. Dort machte R. rasche Fortschritte im Klavierspiel u. begann mit ersten Kompositionsversuchen, von denen ein Orchesterscherzo aus dem Jahr 1887 erhalten ist. 1888 hatte ihn Zwerew so weit vorbereitet, daß er in die Klavierklasse von Siloti am Moskauer Konservatorium aufgenommen wurde. Daneben studierte er zusammen mit A. Skrjabin bei S. Tanejew u. A. Arenskij Komposition. 1889 entstanden die ersten Skizzen zu einem Klavierkonzert in c-Moll u. 2 Sätze für ein Streichquartett. Nach einer Auseinandersetzung mit Zwerew zog R. zu der verwandten Familie Satin. 1890–91 war er mit der von dem Verleger Jürgenson bei Siloti bestellten Fassung für Klavier vierhändig von P. Tschaikowskys *Dornröschen* beschäftigt. Daneben verdiente er sich Geld mit dem Unterricht von angehenden Chorleitern. 1891 orchestrierte er sein 1. Klavierkonzert u. begann mit der Arbeit an seiner 1. Sinfonie. Das Kompositionsexamen bestand er 1892 mit Auszeichnung. Seine Prüfungsarbeit, die einaktige Oper *Aleko,* wurde vom Bolschoitheater zur Aufführung angenommen. Im gleichen Jahr komponierte er sein wohl bekanntestes Klavierstück, das Prélude in cis-Moll. Mit der erfolgreichen Uraufführung von *Aleko* trat R. 1893 erstmals als ein Komponist an die Öffentlichkeit, der Anspruch auf Beachtung hatte. Tschaikowsky war von dem Stück so beeindruckt, daß er R. anbot, Aufführungen zu organisieren, in denen *Aleko* mit seiner *Iolanta* gemeinsam gegeben werden konnte. Der plötzliche Tod des älteren Komponisten machte diesen Plan jedoch zunichte. Unter dem Eindruck der Todesnachricht komponierte R. sein zweites *Trio élégiaque,* das dem Andenken an Tschaikowsky gewidmet ist. 1897 geriet die Uraufführung seiner 1. Sinfonie in Petersburg unter einem offensichtlich lustlosen A. Glasunow zur Katastrophe. Die Partitur ist bis heute verschwunden; das Stück wurde nach den im Leningrader Konservatorium aufgefundenen Orchesterstimmen 1945 erstmals wieder gespielt. 1897 wandte sich R. verstärkt dem Dirigieren zu. Er nahm eine Stellung als Kapellmeister an Mamontows Moskauer Privatoper an. Dort schloß er Freundschaft mit dem jungen F. Schaljapin. Gemeinsam arbeiteten die beiden im Sommer 1898 eine Reihe von Opern durch, darunter auch M. Mussorgskijs *Boris Godunov.* R. begleitete Schaljapin auch zu einem Gastspiel an die Mailänder Scala. 1899 folgte R. einer Einladung der Royal Society u. dirigierte in London seine Orchesterfantasie *Der Felsen.* Nach einer schöpferischen Krise u. der Behandlung durch einen Psychologen stellte er in kurzer Zeit das 2. Klavierkonzert fertig u. spielte am 9. 11. 1901 unter der Leitung Silotis die Uraufführung in Moskau. 1902 heiratete R. Natalia Satina. In den folgenden Jahren machte er sich in Rußland einen Namen als Pianist u. Dirigent, wobei er sich auch für das Werk seines Mitschülers Skrjabin einsetzte. 1904–06 war R. Kapellmeister am Bolschoitheater, trat dann zurück u. übersiedelte wegen der politischen Unruhen nach Dresden. Dort fand er Muße, seine 2. Sinfonie zu komponieren, deren Uraufführung er am 8. 2. 1908 in Petersburg selbst leitete. Sie brachte ihm den begehrten Glinka-Preis ein. 1907 hielt sich R. kurz in Paris auf u. spielte im Rahmen der von S. Diaghilew veranstalteten Konzerte mit russ. Musik sein 2. Klavierkonzert. 1909 entstand nach A. Böcklins Bild »Die Toteninsel« seine gleichnamige sinfonische Dichtung. 1909–10 nahm R. die Einladung zu einer Tournee durch die USA an, wo er u. a. als Solist in seinem 3. Klavierkonzert auftrat. Während der Unruhen, die 1917 zur Oktoberrevolution führten, revidierte R. in Moskau sein 1. Klavierkonzert, reiste dann kurz vor Weihnachten mit der ganzen Familie zu einem Gastspiel nach Skandinavien u. kehrte nie wieder nach Rußland zurück. Um seine Familie zu ernähren, mußte er sich von da an auf seine Karriere als Klaviervirtuose konzentrieren. Während eines längeren Aufenthalts in Kopenhagen versuchte er deshalb erst einmal, sein schmales Repertoire zu vergrößern. Im November 1918 übersiedelte die Familie nach den USA, wo sich R. als einer der begehrtesten Konzertpianisten durchsetzte. Die folgenden Jahre vergingen hauptsächlich mit dem Studium neuer Stücke u. anstrengenden Tourneen, zum Komponieren blieb wenig Zeit. 1926 entstand noch das 4. Klavierkonzert, das später mehrfach überarbeitet wurde. 1931 unterzeichnete R. gemeinsam mit vielen anderen Emigranten einen Protestbrief gegen das Sowjetregime. Daraufhin waren seine Werke zeitweise in der UdSSR verboten. 1933 komponierte R. die Rhapsodie für Kl. u. Orch. über ein Thema von Paganini u. 1935–36 seine 3. Sinfonie. Mit 3 sinfonischen Tänzen schloß er 1940 sein Werk ab. 1943 mußte er seine jährliche Tournee durch die Vereinigten Staaten abbrechen u. nach Los Angeles zurückkehren. In Beverly Hills starb er am 28. 3. 1943 an Krebs.

Wer in R. nur einen virtuosen Pianisten u. den Schöpfer von Klavierstücken sieht, die manchmal hart an die Grenze der Salonmusik reichen, tut ihm unrecht. Zu seinem Werk gehören nicht nur Klavierkompositionen u. die von A. Borodin, N. Rimskij-Korsakow u. P. Tschaikowsky beeinflußten frühen Orchesterwerke, sondern auch eine Reihe beachtlicher Vokalkompositionen, u. a. mehr als 80 Lieder. Außerdem sei hier noch an seine Chorsinfonie *Kolokola* (1913) u. die Vesperliturgie (1915) erinnert. In diesen Werken griff R. auf altruss. Gesangstraditionen zurück u. verwendete Melodien aus dem orthodoxen Ritus. Eine weitere Quelle seiner Inspiration war die römische Meßliturgie, aus der er das Dies irae als ständig in seinen Kompositionen wiederkehrendes Motiv übernahm. Es symbolisierte ihm die dunklen Mächte. In seinem wohl brillantesten Werk für Kl. u. Orch., den Paganini-Variationen, wird dieses Dies irae sogar auf kunstvolle Weise mit dem Thema aus Paganinis a-Moll-Capriccio verknüpft.

Zu R. Kompositionen gehören: die Bühnenwerke *Aleko,* einaktige Oper (1892), *Der geizige Ritter* (1903–05), *Francesca da Rimini* (1904–05) u. die unvollendete *Monna Vanna* (1907); die Chorwerke *Deus meus,* 6st. Motette (1890), 6 Chöre für Frauen- oder Kinderst. u. Kl. (1895–96), *Vesna (Frühling),* Kantate für Bar., gem. Chor u. Orch. (1902), Liturgie des hl. Johannes Chrysostomus (1910), *Kolokola* für Solisten, Chor u. Orch. (1913), Vesperliturgie (1915) u. 3 russ. Volkslieder für Chor u. Orch. (1926); Orchesterwerke, darunter Scherzo in d-Moll (1887), Sinfonie in d-Moll, 1. Satz (1891), sinfonische Dichtung *Fürst Rostislaw* (1891), Fantasie *Der Felsen* (1893), *Capriccio bohémien* (1892–94), 1. Sinfonie (1895), 2. Sinfonie (1906–07), *Die Toteninsel* (1909), 3. Sinfonie (1935–36), Sinfonische Tänze (1940); die Klavierkonzerte Nr. 1 (1890–91, rev. 1917), Nr. 2 (1900–01), Nr. 3 (1909), Nr. 4 (1926, rev. 1941) sowie Rhapsodie über ein Thema von Paganini für Kl. u. Orch. (1934); Kammermusikwerke wie 2 Sätze für Streichquartett (1889), Romanze für Vc. u. Kl. (1890), 2 *Trio élégiaque* für Klaviertrio (1892 u. 1893), 2 Stücke für Vc. u. Kl. (1892), 2 Stücke für V. u. Kl. (1893), 2 Sätze für Streichquartett (um 1896) u. Cellosonate (1901). Für Klavier komponierte er 3 Nocturnes (1887–88) 4 Stücke (um 1888), Prélude in F-Dur (1891), 5 *Morceaux de fantaisie* (1892, darunter das Prélude in cis-Moll, von dem 1938 eine Fassung für 2 Kl. entstand), 7 *Morceaux de salon* (1893–94), 6 Moments musicaux (1896), Improvisation (in: 4 Improvisationen, mit Arenskij, Glasunow u. Tanejew, um 1896), *Morceau de fantaisie* in g-Moll (1899), Fughetta in F-Dur (1899), Variationen über ein Thema von Chopin (1902–03), 10 Préludes (1903, mit Ausnahme des 1901 entstandenen Nr. 5), 1. Sonate in d-Moll (1907), 13 Préludes (1910), *Polka V. R.* auf ein Thema seines Vaters (1911), *Études-tableaux* (6 Nummern, 1911), 2. Sonate in b-Moll (1913, rev. 1931), *Études-tableaux* (9 Nummern, 1916–17), *Orientalische Skizze* (1917), Stück in d-Moll (1917), Variationen auf ein Thema von Corelli – *La folia* (1931). Außerdem komponierte R. 6 Duette (1894), 2 Stücke für Kl. sechshändig (1890 u. 1891), *Russische Rhapsodie* für 2 Kl. (1891), *Fantaisie-tableaux* für 2 Kl. (1893 u. 1901). Von seinen Arrangements seien erwähnt: N. Rimskij-Korsakows *Hummelflug* (1931) u. P. Tschaikowskys *Wiegenlied* (1941). R. Liedschaffen umfaßt mehr als 80 Titel sowie eine Reihe von Volksliedbearbeitungen.

GA seines Klavierwerks besorgte K. N. Igumnov, Moskau 1948–51, seiner Romanzen Z. A. Apetjan, Moskau 1957.

Lit.: O. Riesemann, R. Recollections, Told to O. Riesemann, London 1935; J. Culshaw, S. R., London 1949; V. Seroff, R., New York 1950; Z. A. Apetjan (Hg.), Pis'ma, Briefe, Moskau 1955; S. Bertensson u. J. Leyda, S. R., A Lifetime in Music, New York 1956; P. Piggott, R. Orchestral Music, London 1974; G. Norris, R., London 1976; D. Eberlein, Russ. Musikanschauung um 1900, Regensburg 1978.

Radecke, A. M. Robert, dt. Komponist, * 31. 10. 1830 Dittmannsdorf, † 21. 6. 1911 Wernigerode.

Studierte am Leipziger Konservatorium bei M. Hauptmann u. J. Rietz (Komposition), I. Moscheles (Klavier) u. F. David (Geige). War zuerst Geiger am Gewandhaus, ging dann nach Berlin, wo er 1863–87 Musikdirektor der Hofoper war, 1883–88 außerdem künstlerischer Leiter des Stern'schen Konservatoriums u. 1892–1907 Direktor des Königlichen Instituts für Kirchenmusik. Komponierte Orchester- u. Kammermusik, hatte aber seine größten Erfolge mit Chören u. Liedern wie *Aus der Jugendzeit.*

Radel, dt. Begriff für → Rota, ein Zirkelkanon.

Radulescu, Horatio, rumän. Komponist, * 7. 1. 1942 Bukarest. Studierte in seiner Heimatstadt bei T. Olah u. S. Niculescu, lehrte am Institut Notre-Dame-des-Champs in Paris u. ist seit 1973 Professor für Analyse u. Komposition an der Universität Ottawa.

Zu R. Kompositionen gehören die Klaviersonate *Wiege an den Abgründen* (1972); *Vies pour les cieux interrompus* für Streichquartett u. 2 elektronisch präparierte Kl. (1972); *Music for Taaroa*, Prayer, Revelation, Rituals für 59 Solisten (1972); *Cinevatreceumbra* (1973) u. *Thirteen Dreams Ago* für S., Komponisten, 5 Blechbläser u. 6 Schlagzeuger (1974).

Raff, J. Joachim, dt. Komponist, * 27. 5. 1822 Lachen bei Zürich, † 24. 6. 1882 Frankfurt a. M. Breitkopf & Härtel veröffentlichte auf F. Mendelssohn Bartholdys Empfehlung frühe Klavierstücke von R., u. H. von Bülow spielte sein Konzertstück für Kl. u. Orch. 1849–53 war R. Assistent F. Liszts in Weimar u. hatte großen Anteil an der Instrumentation von dessen sinfonischen Dichtungen. Als Mitglied des Kreises um Liszt setzte er sich wiederholt für die → Neudeutsche Schule ein u. veröffentlichte 1854 »Die Wagnerfrage«, mit der er viel Staub aufwirbelte. Ließ sich später als gesuchter Klavierlehrer in Wiesbaden nieder u. übernahm 1877 die Leitung des Dr. Hoch'schen Konservatoriums in Frankfurt a. M., die er bis zu seinem Tode innehatte. Von seinen akademischen und stark eklektischen Werken seien die Opern *König Alfred* (1851) u. *Dame Kobold* (1870) sowie 11 Sinfonien (1863–82) erwähnt. 241 seiner Werke erschienen im Druck.

Râga (Sanskrit: »das, was den Geist färbt«), ein mindestens aus 5, aber höchstens aus 7 Tönen bestehendes indisches Skalenmodell, das wie ein → Maqām als Grundlage zur Improvisation dient. Entwickelt haben sich die verschiedenen R. aus den 18 modalen Tonreihen (jâtis). Besondere Bedeutung haben die Anfangsnote (graha), die am häufigsten umspielte Note (amśa) u. die Schlußnote (sa). Von Wichtigkeit ist außerdem das jeweilige Steigen u. Fallen einer bestimmten Melodie sowie die Anzahl der melodischen Formeln. Insgesamt sind heute noch einige 100 R. im Gebrauch. Um das Publikum einzustimmen, wird der R. in einem unbegleiteten Vorspiel (âlâpa) vorgestellt, dann folgt der eigentliche R. mit seinen improvisierten Variationen, denen ein strenges rhythmisches Schema (tâla) unterlegt wird. Jeder R. hat seine Zugehörigkeit zu Jahreszeiten, Festen, Stunden des Tages u. der Nacht, verschiedenen Göttern u. Stimmungen der menschlichen Seele. Besonders wichtig sind die sog. Regen-R., mit denen der Monsun beschworen wird.

Ragtime (von engl. ragged time: »zerrissener Takt«), ursprünglich ein von den Schwarzen als Parodie auf weiße Country music erfundener Tanzschritt, dessen Hauptmerkmal die Synkopierung war. Wurde bei Jug-Bands u. Banjospielern sehr beliebt u. zu Beginn der 70er Jahre des letzten Jahrhunderts in das Klavierspiel der reisenden Unterhalter übernommen. Diese meist schwarzen »professors« hatten mit dem »Zerreißen« altbekannter Melodien großen Erfolg u. bildeten einen virtuosen neuen Klavierstil aus. Charakteristisch für das R.-Spiel ist der durchlaufende 2/4-Takt in der linken Hand, während die rechte die Melodie durch nachschlagende Achtelsynkopierung »zerreißt«. Der Rag bedient sich der gleichen Technik, wurde aber nach einer eigenen 16taktigen Form angelegt u. auskomponiert. Der erste bedeutende Rag-Komponist war Scott Joplin, von dem Titel wie *Maple Leaf Rag, Sunflower Slow Drag* u. *Heliotrope Bouquet* stammen. Bekannte R.-Pianisten waren J. Jordan, S. Patterson, Ch. Warfield, L. Chauvin, S. Joplin, J. R. Morton u. E. Blake.

Raimbaut de Vaqueiras, provenz. Trobador, * um 1155. Stand lange Zeit im Dienst des Markgrafen Bonifaz II. von Montferrat, den er offensichtlich 1202 auf dem 4. Kreuzzug begleitete. Ihm werden mehr als 32 Lieder zugeschrieben, die teilweise von feiner Ironie oder Doppeldeutigkeit sind. 8 Melodien sind überliefert, darunter die Estampie *Kalenda maya.*

Raimondi, Pietro, ital. Komponist * 20. 12. 1786 Rom, † 30. 10. 1853 ebd. Schüler von G. Tritto am Conservatorio della Pietà in Neapel, durchwanderte Italien u. hatte in Genua mit *La bizzarria d'amore* 1807 einen ersten Erfolg als Opernkomponist. Leitete 1824–33 das Königliche Theater in Neapel u. war daneben ab 1825 Professor für Kontrapunkt am Königlichen Konservatorium. 1831 hatte er in Neapel mit der Buffa *Il ventaglio* seinen größten Erfolg. 1833–50 gab er Kontrapunktunterricht am Konservatorium in Palermo, u. 1852 wurde er als Nachfolger von F. Basili als Kapellmeister an S. Pietro in Rom berufen. In Rom gelang ihm 1852 ein erstaunliches Konzert, in dem er seine drei entsprechend angelegten Oratorien *Potifar, Giuseppe* u. *Giacobbe* gleichzeitig aufführte. Berühmt war er hauptsächlich wegen seiner kontrapunktischen Künste. R. hinterließ 62 Opern, 21 Ballette, 8 Oratorien u. weitere Kirchenmusik.

Rameau, Jean-Philippe, franz. Komponist u. Theoretiker, getauft 25. 9. 1683 Dijon, † 12. 9. 1764 Paris. Schüler seines Vaters Jean R., der Organist an Notre-Dame in Dijon war. Trat 1701 eine Bildungsreise nach Italien an, von der er 1702 als Geiger einer franz. Theatergruppe zurückkehrte. Übernahm anschließend Organistenstellen in Avignon u. Clermont-Ferrand u. versuchte 1706, in Paris Fuß zu fassen. Dort veröffentlichte er das 1. Buch seiner »Pièces de clavecin«. 1709 wurde er als Nachfolger seines Vaters Organist in Dijon, wechselte 1713 nach Lyon, wo seine ersten beiden erhaltenen Kantaten entstanden, u. kehrte 1715 nach Clermont-Ferrand zurück. Während dieser Jahre verfaßte R. seinen berühmten »Traité de l'harmonie«, der 1722 bei Ballard in Paris erschien. Kurz nach der Veröffentlichung übersiedelte R. nach Paris, wo er seinen Lebensunterhalt zuerst mit Privatstunden bestritt. Daneben versuchte er, sich mit Bühnenmusiken zu Stücken des ebenfalls aus Dijon stammenden A. Piron einen Namen zu machen. So entstanden Musiken zu »L'endriague« (1723), »L'enrôlement d'arlequin«, »Les jardins de l'hymen« u. »La robe de dissention« (1726). 1724 ließ R. ein 2. Buch »Pièces de clavecin« erscheinen. 1726 heiratete er die Sängerin Marie-Louise Mangot. Über eine seiner Schülerinnen, Thérèse de La Poupelinière, lernte R. deren Mann, den »fermier général«, kennen, der einer der großen Mäzene seiner Zeit war u. vielbeachtete Soireen in seinem eigenen Theater veranstaltete. Dieser machte R. 1728 zu seinem Musikdirektor. 1732 übernahm der Komponist die Organistenstelle an Ste-Croix-de-la-Bretonnerie, 1736 die am Jesuiten-Colleg. Bei La Poupelinière lernte R. außerdem Männer wie Voltaire kennen u. erhielt Zugang zur Pariser Opéra. Eine erste Tragédie lyrique, *Samson*, wurde 1733 wegen des biblischen Themas abgelehnt, aber im gleichen Jahr feierte der Komponist Triumphe mit *Hippolyte et Aricie*. Trotz der überwiegend positiven Kritik wurden Stimmen laut, die R. des Verrats an der franz. Oper bezichtigten u. ihm vorwarfen, er imitiere die Italiener zu stark. Der später ausbrechende Streit zwischen den Anhängern J.-B. Lullys (lullistes), die in der vermeintlichen franz. Tradition verharrten, u. den Reformern der franz. Oper um R. (ramistes) war damit bereits vorprogrammiert. Mit dem Ballet héroïque *Les Indes galantes* (1735) u. der Tragédie lyrique *Castor et Pollux* (1737) knüpfte R. an seinen ersten Erfolg an. Gleichzeitig ließ er seine theoretische Schrift »Génération harmonique« erscheinen u. eröffnete eine private École de Composition de Musique. Mit *Dardanus* brachte R. 1739 ein weiteres Meisterwerk auf die Bühne, um sich anschließend für einige Jahre anderen Aufgaben zu widmen. 1741 erschienen seine »Pièces de clavecin en concert, avec un violon ou une flute et une viole ou un deuxième violon«, in denen er sich mit der Form des ital. Concerto auseinandersetzte. Erst 1745 brachte er zur Hochzeit des Dauphin die neuen Comédie-ballets *La princesse de Navarre* u. *Platée* heraus. Mit diesen Stücken unterstrich er seine Stellung als führender Komponist Frankreichs. Ludwig XV. ernannte ihn zum Compositeur de musique de la Chambre. In den folgenden Jahren komponierte R. eine Reihe weiterer Opern u. ließ neue theoretische Schriften erscheinen. 1752 wurde die Oper *Omphale* von A. C. Destouches in Paris wiederaufgenommen. Aus diesem Anlaß veröffentlichte der Baron von Grimm seinen berühmten »Lettre sur Omphale«, der den Auftakt zu der Querelle des bouffons (→ Buffonistenstreit) bildete. Plötzlich war R., den man vor kurzem noch für zu italienisch hielt, ganz französisch u. altmodisch geworden. An dem Streit beteiligte sich auch J.-J. Rousseau, der nicht zum Freundeskreis um La Poupelinière zählte, mit seinem »Lettre sur la musique française« (1753). R. antwortete mit seinen »Observations sur notre instinct pour la musique« (1754) u. brachte ganz offensichtlich die besseren Argumente vor. Trotzdem mußte er in seinen späteren Jahren miterleben, wie der Glanz von Versailles zu verblassen begann u. seine eigenen schöpferischen Kräfte nachließen. Die letzten seiner Stücke kamen nicht mehr zur Aufführung. Er starb 1764 an Typhus.

R. gilt als Bindeglied zwischen dem Barock u. dem galanten Stil des Rokoko. Die von Lully geschaffene Tragédie lyrique führte er mit Werken wie *Hippolyte et Aricie* oder *Dardanus* zu einer vollendeten Form. Dabei fühlte er sich durchaus in der Tradition seines Vorgängers stehend. Von Lully übernahm er sowohl die Einteilung in 5 Akte wie auch die mythologischen Inhalte. Nur seine Behandlung der Rezitative war wesentlich differenzierter, u. der verstärkte Einsatz der Chöre kündete eine neue Zeit an. Neuerungen gelangen R. insbesondere auf dem Gebiet der Instrumentation u. Dynamik. In seinen instrumentalen Zwischenspielen erreichte er Wirkungen, die an J. Stamitz erinnern, so z. B. bei seiner Schilderung von Naturkatastrophen u. Kriegsgetümmel. Im Orchester führte er Klarinetten u. Hörner ein, verdoppelte die Zahl der anderen Holzbläser u. teilte manchmal sogar die Streicher.

Mit seiner ganz im Zeichen der Aufklärung stehenden Musiklehre gehört R. zu den Mitbegründern der → Harmonielehre. Für ihn konnte eine natürliche Ordnung nur im akkordischen Aufbau entstehen. Daher betonte er den Primat der Harmonie gegenüber der Melodie, die sich aus einer Abfolge von Akkorden ergibt. Seine basse fondamentale, die Reihenfolge von Grundtönen der Stammakkorde, die in beliebiger Umkehrung auftreten können, sowie die als natürlich angenommene Terzschichtung bereiteten die Lehre von der Tonalität vor. Außerdem wies er den einzelnen Akkorden bestimmte Affekte zu. R. theoretische Schriften wurden vielfach übersetzt u. in Deutschland zuerst durch F. M. Marpurg bekanntgemacht. Es sind: »Traité de l'harmonie réduite à ses principes naturels« (1722), »Nouveau système de musique théorique« (1726), »Dissertation sur les différentes méthodes d'accompagnement pour le clavecin ou pour l'orgue« (1732), »Génération harmonique« (1737), »Démonstration du principe de l'harmonie, servant de base à tout l'art musical théorique et pratique« (1750), »Nouvelles réflexions de M.R. sur sa démonstration du principe de l'harmonie ...« (1752), »Extrait d'une réponse de M. R. à M. Euler sur l'identité des octaves ...« (1753), »Observations sur notre instinct pour la musique et son principe« (1754), »Erreurs sur la musique dans l'Encyclopédie« (1755), »Suite des erreurs ...« (1756), »Réponse de M.R. à MM. les éditeurs de l'Encyclopédie ...« (1757), »Prospectus du code de musique pratique« (1758) u. »Code de musique pratique ...« (1760). Außerdem verteidigte sich R. mehrfach im »Mercure«.

Zu R. Bühnenwerken gehören: *Samson* (Tragédie lyrique, um 1733, Musik später in *Zoroastre* übernommen), *Hippolyte et Aricie* (Tragédie lyrique, 1733, rev. 1742), *Les courses de Tempé* (Pastorale, 1734), *Les Indes galantes* (Opéra-ballet, 1735), *Castor et Pollux* (Tragédie lyrique, 1737, rev. 1754), *Les fêtes d'Hébé ou Les talents lyriques* (Opéra-ballet, 1739), *Dardanus* (Tragédie lyrique, 1739, rev. 1744), *La princesse de Navarre* (Comédie-ballet, 1745, rev. als *Les fêtes de Ramire*), *Platée* (Comédie-ballet, 1745, als *Platée ou Junon jalouse* 1749), *Les fêtes de Polymnie* (Opéra-ballet, 1745), *Le temple de la gloire* (Opéra-ballet, 1745, rev. 1746), *Les fêtes de l'Hymen et de l'Amour* (Opéra-ballet, 1747), *Zaïs* (Ballet héroïque, 1748), *Pygmalion* (Entrée de ballet, 1748), *Les surprises de l'amour* (Opéra-ballet, 1748, rev. 1757), *Naïs* (Opéra pour la paix, 1749), *Zoroastre* (Tragédie lyrique, 1749, rev. 1756), *La guirlande* (Acte de ballet, 1751), *Acanthe et Céphise* (Pastorale héroïque, 1751), *Linus* (Tragédie lyrique, 1751), *Daphnis et Eglé* (Pastorale héroïque, 1753), *Lysis et Délie* (Pastorale, 1753), *Les sybarites* (Ballet en 1 acte, 1753), *La naissance d'Osiris* (Ballet allégorique, 1754), *Zéphire* (Acte de ballet, 1754), *Anacréon* (Ballet héroïque, 1754), *Anacréon* (Ballett, 1757), *Les paladins* (Comédie lyrique, 1760), *Abaris ou Les boréades* (Tragédie lyrique, 1764) u. die Opéra-comique *Le procureur dupe* sowie Actes de ballet *Io* u. *Nélée et Myrtis*, die nicht zur Aufführung kamen.
Eine GA wurde unter Leitung von C. Saint-Saëns u. Ch. Malherbe begonnen, von der 1895–1914 18 Bde. erschienen. Die theoretischen Schriften wurden herausgegeben von E. R. Jacobi: Complete Theoretical Writings, 6 Bde., Dallas 1967–72.

Lit.: G. Migot, R. et le génie de la musique française, Paris 1930; P.-M. Masson, L'opéra de R., Paris 1930, Nachdr. New York 1972; Y. Tiénot, J.-Ph. R., Paris u. Brüssel 1954; C. M. Girdlestone, J.-Ph. R., London 1957, Nachdr. New York 1972; J. Malignon, R., Paris 1960; H. Pischner, Die Harmonielehre J.-Ph. R., Leipzig 1963.

Rands, Bernard, engl. Komponist, * 2. 3. 1935 Sheffield. Studierte an der University of Wales, bei R. Vlad, L. Berio u. L. Dallapiccola. Nahm an Dirigierseminaren mit P. Boulez u. B. Maderna teil, unterrichtete an verschiedenen amer. Universitäten, in Oxford u. seit 1976 als Professor für Komposition an der Universität in San Diego. R. hat sowohl mit elektronischen Mitteln als auch mit traditionellen Besetzungen gearbeitet. Sein Interesse für fernöstliche Religion kommt in Stücken wie *Aum* (1974) zum Ausdruck. Die meisten seiner Kompositionen sind grafisch notiert.

Zu R. Werk gehören u. a.: *Tre espressioni* für Kl. (1960); *Actions for six* für Instrumentalensemble (1962–63); *Formants I* für Hf. (1965); *Per esempio* für Jugendorch. (1968); *Wildtrack 1* für Orch. u. *Monotone* für Kammerensemble (1969); *Agenda* für Jugendorch. u. *Formants II – Labyrinthe* für Kammerensemble (1969–70); *Tableau* für Kammerensemble, *Ballad 1* für Mezzo-S. u. Instr. u. *Ballad 2* für Singst. u. Kl. (1970); *Memo 1–5* für Soloinstr. (1971–75); *Metalepsis 2* für Mezzo-S., 6 St. u. Instrumentalensemble (1971); *déjà* für Instrumentalensemble, *as all get out* für gem. Instrumentalensemble, *Wahl variabel* u. *Mesalliance* für Kl. u. Instrumentalensemble (1972); *Serena*, Bühnenwerk (1972, rev. 1977–78); *Ology* für Jazzorch., *Wildtrack 2* für S. u. Orch., *Response* für Kb. u. Tonband oder 2 Kb., *Ballad 3* für S. u. Tonband (1973); *Aum* für Hf. u. Instrumentalensemble, *étendre* für Kb. u. Instrumentalensemble u. *Scherzi* für Klar., Kl, V. u. Vc. (1974); *Wildtrack 3* für S., Mezzo-S., Sprecher, 16st. gem. Chor u. Orch. (1974–75); *Cuaderno* für Streichquartett (1975); *Serenata 75* für Fl. u. Instrumentalensemble u. *Serenata 75b* für Fl. u. Instrumentalensemble (1976); Madrigali nach Monteverdi/Berio, bearbeitet von B. R. für Kammerorch. (1977); *Ballad 4* für 8 St. u. 24 Spieler (1977–78). Außerdem komponierte R. Unterrichtsmusik wie *Klangmuster 1–4*.

Rangström, A.J. Ture, schwed. Komponist, * 30. 11. 1884 Stockholm, † 11. 5. 1947 ebd. Schüler von J. Lindegren in Stockholm u. H. Pfitzner in Berlin, im wesentlichen jedoch Autodidakt. Schrieb Musikkritiken für verschiedene schwed. Zeitungen, leitete das Göteborger Sinfonieorch. 1922–25 u. war Pressereferent des Königlichen Opernhauses in Stockholm 1931–36. Verarbeitete in seinen Kompositionen Einflüsse des franz. Impressionismus und der späten Romantik, arbeitete in seinen späteren Jahren mit großen Intervallsprüngen und dissonierenden Klängen. Setzte sich in mehreren seiner Werke mit dem Schaffen Strindbergs auseinander, mit dem er bekannt war.

Zu R. Werken gehören: die Opern *Kronbruden* (1919);

Middelalderig (1921) u. *Gilgamesj* (1943–52, beendet von J. Fernström): 4 Sinfonien (I: *In memoriam A. Strindberg*, 1914; II: *Mittland*, 1919; III: *Sang under stjärnorna*, 1929, u. IV: *Invocatio*, 1936); sinfonische Dichtungen; Ballade für Kl. u. Orch. (1937); *Capriccio amoroso* für V. u. Orch. (1944); *Ein Nachtstück in E. T. A. Hoffmanns Manier* für Streichquartett (1909); Klavierstücke. Am bedeutendsten sind seine fast 200 Lieder.

Raphael, Günter A. R., dt. Komponist, * 30. 4. 1903 Berlin, † 19. 10. 1960 Herford. Schüler von M. Trapp u. A. Mendelssohn, 1926–34 Lehrer am Landeskonservatorium u. am Kirchenmusikalischen Institut in Leipzig, 1934–44 Berufsverbot, 1949–53 am Konservatorium in Duisburg u. ab 1957 Dozent an der Kölner Musikhochschule. Seine Kompositionen stehen in der Brahms-Reger-Nachfolge.

Zu R. Werken gehören: 5 Sinfonien (1926, 1932, 1942, 1947 u. 1953), *Sinfonia breve* (1949), 2 Violinkonzerte (1928 u. 1960), *Symphonische Phantasie* für V. u. Orch. (1940), je 1 Concertino für Sax. (1951) u. Fl. (1956) mit Orch. sowie eine Reihe von Vokalkompositionen u. Chören. Erwähnt sei das doppelchörige *Glaubensbekenntnis* (1948), in dem R. Luthers »Wir glauben all an einen Gott« mit dem Nizäischen Glaubensbekenntnis kombiniert.

Rappresentazione sacra (ital.: »geistliche Darstellung«), Bezeichnung für das außerliturgische geistliche Schauspiel des 15. u. 16. Jh. in ital. Sprache. Die Stoffe stammten meistens aus der Bibel oder den Heiligenlegenden. Florenz scheint diese Darstellung von Mysterien besonders gepflegt zu haben. Dort wurden hohe Festtage mit glanzvollen Umzügen gefeiert, bei denen Wagen mit lebenden Bildern mitgeführt wurden. Die Musik bestand hauptsächlich aus Kanzonen u. Lauden. Das bekannteste Werk dieser Gattung ist Cavalieris *Rappresentazione di anima e di corpo* (1600).

Raselius (Rasel), Andreas, dt. Komponist u. Theoretiker, * um 1563 Hahnbach bei Amberg, † 6. 1. 1602 Heidelberg. Studierte in Heidelberg, wo er 1583 Präzeptor am Pädagogium u. 1584 Magister artium wurde. Mußte Heidelberg wegen calvinistischer Umtriebe verlassen u. ging als Collaborant an das Gymnasium poeticum in Regensburg. 1600 wurde er von Friedrich IV. als Hofkapellmeister nach Heidelberg zurückberufen.

Zu R. im Druck erschienenen Werken gehören: »Teutscher Sprüche auß den Sontäglichen Evangeliis« (1594), »Teutscher Sprüche … auff die 12 Modos Dodecachordi gesetzt« (1595), »Regenspurgischer Kirchen Contra punkt« (1599) u. der Traktat »Hexachordum seu quaestiones musicae practicae« (1589).

Rasi, Francesco, ital. Sänger u. Komponist, * um 1575 Arezzo. 1593–95 am Hof des Herzogs von Florenz u. 1598–1620 im Dienst der Gonzaga in Mantua. Gehörte offensichtlich zu den herausragenden Interpreten der neuen, von der → Camerata vertretenen Monodie. Trat als Sänger in J. Peris *Euridice* u. in *Il rapimento di Cefalo* auf, möglicherweise auch in C. Monteverdis *L'Orfeo*. Hielt sich 1612 in Wien u. Salzburg auf u. widmete dem Erzbischof seine *Musica di camera et chiesa* für 1–3 St. u. B. c. 1617 komponierte er für die Hochzeit des Herzogs von Mantua die Oper *Ati e Cibele*. Er veröffentlichte »Vaghezze di musica« (1608), »Madrigali« (1610) u. »Dialoghi rappresentativi« (1620).

Rasmussen, Karl Aage, dän. Komponist, * 13. 12. 1947 Kolding. Schüler von P. Nørgaard am Konservatorium von Aarhus, wo er heute als Lehrer wirkt. Verbindet in seinen Kompositionen postserielle Techniken mit Collage-Elementen.

Zu R. Werken gehören: *Crapp's last tape* nach S. Beckett für Bar., Soloinstr. u. Kammerorch. (1966, rev. 1968); *Coralis Constantinus* für Kammerorch. (1967); *Sinfonie für junge Liebende* (1967); *Repriser-fristelser og eventyr* für Orch. (1968); *Symphonie Classique* für Kammerorch. (1969); *Protokol og myte* für Akkordeon, elektrische Git. u. Schlagzeug (1971); *Als Kind* für Streichquartett (1972); *Genklang* für Kl. vierhändig, präpariertes Kl., Honky-tonk u. Celesta (1972); *Anfang und Ende* für Orch. (1973); *Jefta*, Oper in 2 Akten (1976–77); *Berio Mask* (1977); *Majakovskij* (szenisches Konzertstück, 1977–78); *Parts Apart* (1978); *Capricci e danze* (1979); *Jonas* (Radiooper, 1980); Cellokonzert (1980); *Italian Concerto* (1981); *Ballo in maschera* (Bläserquintett, 1981); *A Symphony in Time* (1982).

Rathaus, Karol, amer. Komponist poln. Herkunft, * 16. 9. 1895 Tarnopol, † 21. 11. 1954 New York. Schüler von F. Schreker. Kam über Paris u. London nach New York, wo er 1940–54 als Lehrer am Queen's College wirkte.

Zu R. der Spätromantik verhafteten Werken gehören: die Oper *Fremde Erde* (1930), die Ballette *Der letzte Pierrot* (1927) u. *Le lion amoureux* (1937), 3 Sinfonien (1922, 1923 u. 1938), Klavierkonzert (1939) u. Kammermusik, u. a. 5 Streichquartette (1921–54).

Rathgeber, J. Valentin, dt. Komponist, * 3. 4. 1682 Ober-Elsbach, † 2. 6. 1750 Kloster Banz, Franken. War Schulmeister in Würzburg, bevor er in das Kloster Banz eintrat. 1729–38 hielt er sich an mehreren süddeutschen Höfen auf. Komponierte vorwiegend Kirchenmusik sowie Instrumentalkonzerte u. *Musikalischer Zeitvertreib auf dem Clavier, bestehend in LX Schlag-Arien* … (1734). Anonym erschienen volkstümliche Gesellschaftslieder in der Sammlung »Ohren-vergnügendes und Gemüthergötzendes Tafel-Confect«, 1–4st. mit Gb. (1733–37).

Ratsmusik → Stadtpfeifer

Raubpressung, widerrechtlich gepreßte Schallplatten oder überspielte Kassetten einer illegalen Aufnahme aus Konzert bzw. Oper. Diese R. werden von Kennern zum Teil weit über dem Ladenpreis einer vergleichbaren Aufnahme gehandelt, da sie ein besonderes Ereignis dokumentieren. Insbesondere in den USA kann man R. fast aller bedeutenden Veranstaltungen erwerben.

Raumakustik, Teilgebiet der Akustik, Theorie über die objektiven u. subjektiven Bedingungen eines Raumes, in dem Musik bzw. Sprache optimal wiedergegeben werden soll. Neben der guten Diffusität (Streuung des Schalls) spielt in der R. insbesondere der → Nachhall eine Rolle. Trotz äußerst verfeinerter räumlich-akustischer Meßmethoden gelingt es auch heute nur selten, Räume mit optimaler R. auszustatten.

Rauschen, ein in der → elektronischen Musik durch Rauschgenerator erzeugtes Klangspektrum.

Rautavaara, Einojuhani, finnischer Komponist, * 9. 10. 1928 Helsinki. Studierte an der Universität Helsinki (1948–54) u. bei A. Merikanto an der Sibelius-Akademie. Erhielt weiteren Unterricht von A. Copland, V. Persichetti u. R. Sessions in den USA, W. Vogel in der Schweiz u. R. Petzold in Köln. Ist Professor für Komposition an der Sibelius-Akademie in Helsinki. Seine Werke sind expressiv u. gleichzeitig symbolhaft.

R. komponierte: die Bühnenwerke *Kaivos* (1957–63), *Kiusaukset* (1969), *Apollo contra Marsyas* (1970), *Runo* (1974), *Marjatta matala neiti* (1975) u. *En Dramatisk Scen* (1975–76); Orchesterwerke, darunter *A Requiem in Our Time* (1953), 3 Sinfonien (1956, 1957, 1961), *Canto 1* u. *2* für Streicher (1960), *Cantus Arcticus* für Vögel u. Orch. (1972, mit Tonband); Konzerte für Cello (1968), Kl. (1969), S. (1970), Fl. (1973), Hf. (1973), Org. u. 5 Blechbläser (1976–77) u. V. (1977) mit Orch.; Vokalwerke; Kammermusik, u. a. 4 Streichquartette (1952, 1958, 1965, 1975), Quartett für Ob. u. Streichtrio (1957–65), Oktett für Bläser (1964); Chöre; Lieder.

Rauzzini, Venanzio, ital. Kastrat u. Komponist, * 18. 12. 1746 Camerino, † 8. 4. 1810 Bath. Bruder des Komponisten u. Gesangslehrers Matteo R. Trat erstmals als Sänger 1765 am Teatro della Valle in Rom auf u. wurde 1767 an den Münchner Hof verpflichtet, für den er u. a. die Opern *Astarto* (1769), *L'eroe cinese* (1771) u. *Pompeo* (1773) komponierte. 1772 sang er den primo uomo in W. A. Mozarts *Lucio Silla* in Mailand. Mozarts Motette *Exsultate, jubilate* KV 165 wurde dort ebenfalls für R. komponiert. 1774 ließ sich R. in London nieder u. war dort als Sänger u. Komponist sehr beliebt. Aus seinen Londoner Jahren stammen u. a. die Opern *Piramo e Tisbe* (1775), *Le ali d'amore* (1776), *Creusa in Delfo* (1783) u. *La regina di Golconda* (1784). Ab 1781 übernahm R. die Direktion der Konzerte in den New Assembly Rooms in Bath u. wirkte dort gleichzeitig als Gesangslehrer. Zu seinen Schülern gehörte Nancy Storace. 1800 ließ er in London 12 Solfeggi erscheinen.

Ravel, J. Maurice, franz. Komponist, * 7. 3. 1875 Ciboure, Basses-Pyrénées, † 28. 12. 1937 Paris. Sein Vater Joseph, ein genialischer Ingenieur mit leidenschaftlicher Neigung zur Musik, stammte aus einer Bauern- u. Handwerkerfamilie, die seit einigen Generationen am Genfer See gelebt hatte, die Mutter Marie Deluarte kam aus dem Baskenland. R. wurde im Hause einer Tante in Ciboure geboren. Wenige Monate später übersiedelte die Familie nach Paris. Mit 7 Jahren erhielt R. Klavierunterricht bei H. Ghys, u. mit 11 wurde er von Charles-René in die Grundlagen der Harmonielehre eingeführt. 1889 trat er erstmals im Rahmen eines Schülerkonzerts mit Teilen aus Moscheles' 3. Klavierkonzert öffentlich auf. Im gleichen Jahr bestand R. die Aufnahmeprüfung für das Pariser Conservatoire, wo Ch. de Bériot (Klavier), E. Pessard (Harmonie), A. Gédalge (Kontrapunkt) u. G. Fauré (Komposition) zu seinen Lehrern gehörten. Im Juli 1895 wurde er aus den Klassen für Harmonie u. Klavier ausgeschlossen, da er in beiden Fächern keinen ersten Preis errungen hatte. Im November des gleichen Jahres entstand mit der *Habanera* für 2 Kl. sein erstes bedeutendes Stück, dessen spätere Orchesterfassung als 3. Satz in die *Rhapsodie espagnole* einging. 1898 lernte R. die Sängerin Jane Bathori kennen, die neben dem Pianisten R. Viñes u. der Geigerin H. Jourdan-Morhange zu seinen treuesten Interpreten zählen sollte. R. komponierte die Orchesterouvertüre *Shéhérazade,* deren Uraufführung er 1899 unter Pfiffen dirigierte. Zu seinen Freunden gehörte der Kreis um den Maler P. Sordes, bei dem R. mit den Dichtern T. Klingsor u. L.-P. Fargue, dem Dirigenten D.-E. Inghelbrecht, dem Pianisten R. Viñes u. den Komponisten M. de Falla, F. Schmitt, D. de Sévérac u. M. Delage regelmäßig zusammentraf. Außer ihnen nahmen an den nächtlichen Zusammenkünften dieser sich »Apachen« nennenden Gruppe, die das Kopfthema aus Borodins h-Moll-Sinfonie als Erkennungszeichen benutzte, die Kritiker M. D. Calvocoressi u. E. Vuillermoz teil. 1900 reichte R. erstmals eine Komposition zum Prix de Rome ein. Seine *Bayadères* wurden jedoch bereits in der Vorrunde ausgeschieden. Im gleichen Jahr mußte R. die Kompositionsklasse verlassen, weil er auch im zweiten Anlauf keinen ersten Preis für eine Fuge erhalten hatte. Als Gasthörer blieb er der Institution trotzdem bis 1903 verbunden. Während er in den folgenden Jahren Werke wie *Jeux d'eau* (1901), sein Streichquartett (1902–03), *Shéhérazade* für St. u. Orch. bzw. Kl. (1903) u. die Sonatine für Kl. (1903–05) komponierte, blieben seine Prix-de-Rome-Versuche auch 1901, 1902 u. 1903 erfolglos. Als sich R. 1905 kurz vor Erreichen der Altersgrenze noch einmal dem Wettbewerb stellen wollte, wurde er von der Auswahlkommission widerrechtlich nicht zugelassen. Der sich anschließende Skandal kostete den Direktor des Konservatoriums, Th. Dubois, seine Stellung. R.

war auf einen Schlag berühmt u. berüchtigt. Außergewöhnlich stark an seine Familie gebunden, traf ihn der Tod des Vaters 1908 schwer. Gemeinsam mit Mutter u. Bruder bezog er eine neue Wohnung. 1909 trat er zum ersten Mal mit eigenen Werken im Ausland auf. Er stellte in London die Sonatine, *Cinq mélodies populaires grecques* u. die *Histoires naturelles* vor. Zur gleichen Zeit arbeitete er an einem Bühnenwerk nach G. Hauptmanns »Die versunkene Glocke«, von dem Teile später im 2. Akt von *L'enfant et les sortilèges* (1920–25) Verwendung fanden. Noch im gleichen Jahr lernte R. S. Diaghilew kennen, der bei ihm *Daphnis et Chloé* (1909–12) bestellte. 1910 gehörte R. zu den treibenden Kräften der Société Musicale Indépendante, die als Gegenorganisation zur Société Nationale gegründet wurde, um den jüngeren Komponisten Gehör zu verschaffen. Über die im Rahmen dieser S. M. I. stattfindende Uraufführung seiner *Valses nobles et sentimentales* schrieb er: »Die Valses nobles et sentimentales wurden unter Protestrufen und Pfeifen zum ersten Mal in einem Konzert der S. M. I. aufgeführt, wobei die Namen der an diesem Abend gespielten Autoren nicht bekanntgegeben wurden. Nach jedem Stück stimmten die Hörer ab. Mir wurde die Vaterschaft an den Walzern mit einer schwachen Majorität zuerkannt.« Im Frühjahr 1913 arbeitete R. gemeinsam mit I. Strawinsky an einer Fassung von M. Mussorgskijs *Chovanščina*, die Diaghilew in Paris auf die Bühne bringen wollte. Strawinskys Bericht über A. Schönbergs *Pierrot Lunaire* regte R. zu seinen *Trois poèmes de Stéphane Mallarmé* (1913) an. Bei Kriegsausbruch wurde R. wegen seiner kleinen Statur zunächst nicht eingezogen, diente dann aber 1915–17 als Lastwagenfahrer. Daneben überwachte er für seinen Verleger Durand die Herausgabe der Klavierstücke von F. Mendelssohn Bartholdy. Zu Beginn des Jahres 1917 starb die Mutter, an der R. ganz besonders gehangen hatte. Dieser Verlust, das Gefühl der Verlorenheit u. die Eindrücke des Krieges spiegeln sich in dem noch 1917 vollendeten *Le tombeau de Couperin* wider. Es ist bezeichnend, daß R. seine Gefühle hinter einer Maske der Künstlichkeit, hinter alten Tanzformen verbarg. Die einzelnen Nummern sind jeweils einem im Feld gebliebenen Freund gewidmet. 1920 lernte R. anläßlich einer Konzertreise nach Wien die Hauptvertreter der 2. Wiener Schule kennen. *Le tombeau* wurde von den Ballets Suédois herausgebracht, u. *La valse* erlebte seine Uraufführung als Orchesterstück. 1921 ließ sich R. in Montfort l'Amaury nieder, wo er ein Haus gekauft hatte, das er »Le Belvédère« nannte, nach eigenen Entwürfen einrichtete u. mit Nippes vollstopfte. Die nächsten Jahre vergingen hauptsächlich mit Konzertreisen. Daneben gab R. Unterricht, orchestrierte einige seiner Werke sowie im Auftrag S. Kussewitzkys die *Bilder einer Ausstellung* von Mussorgskij. Gleichzeitig nahm R. am künstlerischen Leben von Paris regen Anteil u. entdeckte dabei seine Liebe zum Jazz. 1925 kam es zur Uraufführung von *L'enfant et les sortilèges* in Monte Carlo. Das äußerst erfolgreiche Stück wurde bereits ein Jahr später an der Opéra-Comique nachgespielt. Ende 1927 ging R. auf eine viermonatige Konzertreise durch die Vereinigten Staaten u. Kanada. Er trat dabei auch als Pianist mit eigenen Werken auf u. wurde als einer der führenden Komponisten Frankreichs gefeiert. Nach seiner Rückkehr entstand sein wohl bekanntestes Stück, der *Boléro*, für die Kompanie von Ida Rubinstein. Die Choreografie übernahm B. Nijinska. In den folgenden Jahren arbeitete R. an zwei Klavierkonzerten gleichzeitig. Für P. Wittgenstein entstand das Konzert für die linke Hand (1929–30), während er für sich selbst das Konzert in G-Dur (1929–31) komponierte. Da er sich gesundheitlich nicht auf der Höhe fühlte, dirigierte er die Uraufführung u. überließ M. Long den Solopart. Gemeinsam mit ihr stellte er das neue Werk anschließend in mehreren europäischen Städten vor. Im Oktober wurde R. in einen Taxiunfall verwickelt, der eine weitere Verschlechterung seines Gesundheitszustands verursachte. 1933 stellte er an sich selbst fest, daß er seine Bewegungen nicht mehr fehlerlos koordinieren konnte. Das Erinnerungsvermögen war zeitweise geschwächt, das Schreiben fiel ihm immer schwerer. Als letztes Werk entstand *Don Quichotte à Dulcinée*, drei Lieder, die eigentlich Teil einer Filmmusik werden sollten. Aber die Produktionsfirma ging pleite. 1935 unternahm R. in Begleitung von L. Leyritz eine Spanien- u. Nordafrikareise. Am 10. 12. 1937 wurde ein Gehirneingriff versucht. R. starb am 28. 12. 1937, ohne das Bewußtsein wiedererlangt zu haben.

Hinter seinem Werk verbarg sich der Mensch R. wie hinter einer Maske. Über sein Privatleben ist so gut wie nichts bekannt. Von sich selbst hat er einmal gesagt, seine einzige Geliebte sei die Musik. Zu seinen Jugendgefährten u. Freunden gehörten R. Viñes, die Geigerin H. Jourdan-Morhange, der Bildhauer L. Leyritz u. der Schüler u. Biograf Roland-Manuel. An weiteren Schülern sind zu nennen: M. Delage, V. Williams, M. Rosenthal, L. Berkley, L. Durey, M. Mihalovici, N. Obuchow, G. Tailleferre u. A. Tansman. Literarisch stand R. in seinen Jugendjahren dem Dandyismus baudelairescher Prägung nahe, die Geisteswelt Mallarmés u. Maeterlincks war ihm besonders vertraut. Das einschneidende

Ereignis in seinem Leben war der Tod der Mutter, verbunden mit der Kriegserfahrung. Nach 1918 wurden R. Kompositionen zunehmend einfacher u. geradliniger, als ob er den Ernst des Lebens hinter einer formvollendeten hellen, fast galanten Fassade verschwinden lassen wollte.
R. Melodiefindung ist vorwiegend diatonisch. In seinem Schwanken zwischen Dur u. Moll nutzte er das System der Tonalität bis an seine Grenzen. Die große sinfonische Form reizte ihn nicht. Thematische Gedanken werden nicht dialektisch entwickelt, sondern durch Sequenzierung fortgesponnen. Mit der Form des Sonatensatzes beschäftigte er sich jedoch in mehreren Kammermusikwerken. Charakteristisch für R. sind die gebrochenen Akkorde, in denen die große Septime die Oktave ersetzt, ferner Polyrhythmik, Polytonalität, pentatonische Skalen u. Kirchentöne. Einflüsse von A. E. Chabrier, E. Satie, F. Liszt u. F. Couperin sind ebenso unverkennbar wie R. Abhängigkeit in der Orchestrierung von N. Rimskij-Korsakow u. R. Strauss. Seine Vorliebe für alles Mechanische, für Automaten, Maskerade, Irreführung u. Gags, kommt in vielen seiner Kompositionen zum Ausdruck. Hinter Künstlichkeit, vollendeter Form u. der Vorliebe für das Tänzerische wird der Mensch nicht greifbar.

Zu R. Kompositionen gehören: *Ballade de la reine morte d'aimer* für St. u. Kl. u. *Sérénade grotesque* für Kl. (um 1893); *Un grand sommeil noir* für St. u. Kl. u. *Menuet antique* für Kl. (1895); *Sites auriculaires* für 2 Kl. (1895–97, *Habanera* (später 3. Satz der *Rapsodie espagnole,* 1895); *Sainte* für St. u. Kl. (1896); Violinsonate (1897); *Chanson du rouet* für St. u. Kl., *Si morne!* für St. u. Kl. u. Orchesterouvertüre *Shéhérazade* (1898); *Épigrammes de Clément Marot* für St. u. Kl. (1896–99); *Pavane pour une Infante défunte* für Kl. (1899, Fassung für Kammerorch. 1910); *Myrrha,* Kantate für 3 Solisten u. Orch., u. *Jeux d'eau* für Kl. (1901); *Alcyone,* Kantate für 3 Solisten u. Orch. (1902); Streichquartett (1902–03); *Alyssa,* Kantate für 3 Solisten u. Orch., *Manteau de fleurs* für St. u. Kl. u. *Shéhérazade* für St. u. Kl. oder Orch. (1903); Sonatine für Kl. (1903–05); *Miroirs* für Kl. (1904–05), daraus *Une barque sur l'océan* 1906 für Orch., *Alborada del gracioso* 1918); *Cinq mélodies populaires grecques* für St. u. Kl. (1904–06); *Noël des jouets* für St. u. Kl. oder Orch. u. *Introduction et Allegro* für Hf., Streichquartett, Fl. u. Klar. (1905); *Histoires naturelles* für St. u. Kl. (1906); *Vocalise-Étude en forme de habanera* für St. u. Kl., *Les grands vents venus d'outremer* für St. u. Kl. u. *Sur l'herbe* für St. u. Kl. (1907); *Rapsodie espagnole* für Orch. (1907–08); *L'heure espagnole,* comédie musicale (1907–09); *Gaspard de la nuit* für Kl. (1908); *Ma mère l'oye* für Kl. vierhändig (1908–10, Orchesterfassung 1911, Ballettfassung 1911); *Menuet sur le nom d'Haydn* für Kl. u. *Tripatos* für St. u. Kl. (1909); *Chants populaires* für St. u. Kl. (1910, daraus *Chanson hébraïque* für Orch. 1923–24); *Valses nobles et sentimentales* für Kl. (1911, Orchesterfassung u. Ballett *Adélaïde, ou le langage des fleurs* 1912); *Daphnis et Chloé,* Ballett (1909–12, daraus 2 Orchestersuiten 1911 u. 1913); *Trois poèmes de Stéphane Mallarmé* für St. u. Kl. oder St., Piccolo, Fl., Klar., Baß-Klar., Streichquartett u. Kl., *Prélude* für Kl. u. *A la manière de* … für Kl. (1913); *Deux mélodies hébraïques* für St. u. Kl. (1914, Orchesterfassung 1919); Klaviertrio (1914); *Trois chansons* für gem. Chor a cappella (1914–15, Fassung für St. u. Kl. 1914–15); *Le tombeau de Couperin* für Kl. (1914–17, daraus 4 Stücke für Orch. 1919); *Frontispice* für 2 Kl. u. 5 Hände (1918); *La valse,* poème choregraphique für Orch. (1919–20, als Ballett von B. Nijinska 1929); Sonate für V. u. Vc. (1920–22); *Berceuse sur le nom de Gabriel Fauré* für V. u. Kl. (1922); *Ronsard à son âme* für St. u. Kl. (1923–24, Fassung für Orch. 1935); *Tzigane,* Rapsodie de concert für V. u. Kl. oder V. u. Orch. (1924); *L'enfant et les sortilèges,* Fantaisie lyrique (1920–25); *Chansons madécasses* für St., Fl., Vc. u. Kl. (1925–26, Fassung für St. u. Kl. 1926); *Rêves* für St. u. Kl. (1927); Violinsonate (1923–27); *Fanfare* für Orch. (R. Beitrag zu dem Ballett *L'éventail de Jeanne,* 1927); *Boléro,* Ballett für Orch. (1928, Fassung für Kl. vierhändig u. 2 Kl. zu 4 Händen 1929); Konzert für die linke Hand, Kl. u. Orch. (1929–30); Konzert für Kl. u. Orch. (1929–31) u. *Don Quichotte à Dulcinée* für St. u. Kl. oder St. u. Orch. (1932–33).

Zu R. Bearbeitungen gehören: C. Debussys *Nocturnes* für 2 Kl. (1909), *Prélude à l'après-midi d'un faune* für Kl. vierhändig (1910), *Sarabande* u. *Danse,* orchestriert (1922); R. Schumanns *Carnaval,* orchestriert für V. Nijinsky (1914); A. E. Chabriers *Menuet pompeux,* orchestriert für die Ballets Russes (1918); M. Mussorgskijs *Bilder einer Ausstellung,* orchestriert (1922).

Lit.: E. Vuillermoz u. andere (Hgg.), M. R. par quelques-uns de ses familiers, Paris 1939; H. Jourdan-Morhanges, R. et nous, Genf 1945; N. Demuth, R., London 1947; A. Machabey, M. R., Paris 1947; Roland-Manuel, R., Paris 1948; L.-P. Fargue, M. R., Paris 1949; W. Landowska, M. R., Paris 1950; W. Tappolet, M. R., Leben u. Werk, Olten 1950; V. Seroff, M. R., New York 1953; Fondation M. R. (Hg.), Catalogue de l'œuvre, Paris 1954; R. Chalupt u. M. Gerar (Hgg.), R. au miroir de ses lettres, Paris 1956; V. Jankélévitch, M. R., Paris 1956 (dt. als: M. R. in Selbstzeugnissen und Bilddokumenten, Reinbek bei Hamburg 1958); Rollo H. Myers, R., London 1960; G. Léon, M. R., Paris 1964; H. H. Stuckenschmidt, M. R., Frankfurt a. M. 1966, Neuausgabe als Taschenbuch 1976; L. Davies, R. Orchestral Music, London 1970; P. Petit, R., Paris 1970; M. Long, Au piano avec M. R., Paris 1971; A. Orenstein, R., Man and Music, New York u. London 1975; R. Nichols, R., London 1977.

Ravenscroft, Thomas, engl. Komponist u. Theoretiker, * nach 1590, † um 1633. Als Chorknabe unter E. Pearce an St. Paul's Cathedral in London nachgewiesen, 1607 Baccalaureus der Musik in Cambridge u. 1618–22 Musiklehrer am Christ's Hospital in London. Er gab Sammlungen mit eigenen u. fremden Werken heraus, u. a. »Pammelia: Musick's Miscellanie« (1609), »Deuteromelia: or the Second Part of Musick's Melodie« (1609), »Melismata. Musicall Phansies« (1611), »The Whole Booke of Psalmes« (1621) sowie »A Briefe Discourse« u. »Treatise of Musick«. Seine Vokalmusik ist vorwiegend volkstümlich (rounds, catches u. freemen's songs).

Rawsthorne, Alan, engl. Komponist, * 2. 5. 1905 Haslingden, Lancashire, † 24. 7. 1971 Cambridge. Studierte in Manchester am Royal College of Music u. in Berlin. War 1932–34 Musiklehrer in Dartington Hall u. lebte anschließend als freischaffender Komponist.

Zu R. neoklassizistischen Kompositionen gehören: das Ballett *Madame Chrysanthème* (1955); 3 Sinfonien (1950, 1959, 1964); *Symphonic studies* (1938); 4 Ouvertüren; *Street Corner, Cortèges, Hallé* u. *Overture for Farnham* (1944, 1945, 1958 u. 1967); *Concertante Pastorale* für Fl., Horn u. Streicher (1951); Konzerte für Klar. u. Streicher (1936), Kl. u. Orch. (1939, rev. 1942 u. 1951), V. u. Orch. (1943–48 u. 1956), Ob. u. Orch. (1947), Vc. u. Orch. (1966), 2 Kl. u. Orch. (1968); Vokalkompositionen wie *A Canticle of Man*, Kantate für Bar., gem. Chor, Fl. u. Streicher (1952), *Carmen Vitale*, Kantate für S., gem. Chor u. Orch. (1963) u. *The God in the Cave*, Kantate für gem. Chor u. Orch. (1967); Kammermusik, u.a. 3 Streichquartette (1939, 1954 u. 1965), Klarinettenquartett (1948), Klaviertrio (1962), Quintett für Kl., Ob., Klar., Horn u. Fag. (1963), *Tankas of the 4 Seasons* für T., Ob., Klar., Fag., V. u. Vc. (1965), Klavierquintett (1968), Quartett für Ob., V., Va. u. Vc. (1970), Quintett für Kl., Klar., Horn, V. u. Vc. (1971), *Elegy* für Git. solo (1971, vollendet nach Skizzen von J. Bream). R. veröffentlichte: »F. Chopin. Profiles of the Man and the Musician« (London 1966).

Raymond, Fred (eigtl. Friedrich Vesely), dt. Komponist, * 20. 4. 1900 Wien, † 10. 1. 1954 Überlingen. Machte sich mit dem Lied *Ich hab mein Herz in Heidelberg verloren* einen Namen, gab seinen Beruf als Bankkaufmann auf und widmete sich der Komposition von Operetten.

R. schrieb u.a. *Lauf ins Glück* (1934), *Ball der Nationen* (1935), *Auf großer Fahrt* u. *Marielu* (1936), *Maske in Blau* (1937), *Saison in Salzburg* (1938), *Die Perle von Tokaj* (1941), *Flieder aus Wien* (1949), *Geliebte Manuela* (1951).

RCA Victor, amer. Schallplattenfirma, hervorgegangen aus der 1893 von Emile Berliner gegründeten United States Gramophone Company. Nachdem Berliners Abspielgerät Gramophone als Markenbezeichnung verboten worden war, gründete der ab 1896 mit Berliner zusammenarbeitende Eldridge R. Johnson die Victor Talking Machine Co. u. benannte die Gramophone in Victor um. 1904 schloß diese Gesellschaft den ersten Vertrag mit E. Caruso. Daneben wurden in den ersten Jahrzehnten große Umsätze mit Tanzmusik gemacht. 1930 übernahm die Radio Corporation of America (RCA) das Victor Label mitsamt der Schutzmarke His Master's Voice. Nachdem zum gleichen Konzern bereits die National Broadcasting Corporation (NBC) gehörte, wurde deren Sinfonieorchester unter A. Toscanini das bevorzugte Orchester der neu angegliederten Schallplattenfirma. 1956 schloß RCA V. mit der Teldec ein Abkommen für die Bundesrepublik, nach dem die amer. Gesellschaft die Teldec mit Matrizen belieferte. 1973 wurde dieser Vertrag aufgelöst, die RCA Deutschland entstand. Zu den ersten bedeutenden Einspielungen der neuen Gesellschaft gehörte C.M. von Webers *Die drei Pintos* in der Bearbeitung von G. Mahler.

Re, die 2. Silbe in der mittelalterlichen → Solmisation des Hexachords. Daher in den romanischen Sprachen bis heute Name für den Ton D.

Read, Gardner, amer. Komponist, * 2. 1. 1913 Evanston, IL. Schüler von H. Hanson, B. Rogers, I. Pizzetti, J. Sibelius u. A. Copland. Außerdem nahm R. Dirigierunterricht bei V. Bakaleinikoff u. P. White. Lehrer an verschiedenen Institutionen, zuletzt Gastprofessor an der University of California, Los Angeles.

Zu R. Kompositionen gehören: die Oper *Villon* (1967), Bühnenmusiken, 3 sinfonische Suiten *The Painted Desert* (1933), *Sketches of the City* (1933) u. *Pennsylvania* (1947), 4 Sinfonien (1936, 1942, 1946 u. 1958), *Fantasy* für Va. u. Orch. (1935), 1 Cellokonzert (1945), Vokalkompositionen wie *The Golden Journey to Samarkand* für Chor, Soli u. Orch. (1939) u. *The Prophet* für Erzähler, Soli, Chor u. Orch. (1960), Kammermusik, Chöre u. Lieder.

Zu R. Schriften zählen: »Thesaurus of Orchestral Devices« (London u. New York 1953) u. »Music Notation – A Manual of Modern Practice« (Boston 1963).

Realismus, ein aus der Philosophie u. Literaturwissenschaft in den Bereich der Musik übernommener Begriff. Er umschreibt eine Tendenz in der Kunst zwischen der Romantik u. dem Naturalismus, die Umwelt- u. Wirklichkeitserfahrung zu den beherrschenden Themen zu machen. Aus der Literatur seien nur Namen wie Balzac, Tolstoi, Dostojewski, Storm u. Fontane angeführt. In der Musik bedeutet R.: **1.** Darstellung von Realität in der Oper (Mussorgskij, Janáček u. → Verismo), Mut zu einer »Ästhetik des Häßlichen«, Einzug der Alltagssprache u. Verwendung von Umweltklängen, die über belustigende Imitation hinausgeht. **2.** Im sozialistischen R. die offizielle Darstellungsform aller Kunst in den kommunistisch beherrschten Ländern. Zurückgehend auf die → Affektenlehre u. → Intonationslehre sowie einen aus dem 19. Jh. übernommenen bürgerlich-realistischen Stilbegriff, versucht der sozialistische R. zugleich erhebend u. volksnah zu sein. Formalismus u. ein zu stark ausgeprägter Naturalismus sind verpönt.

Rebikow (Rebikov), Wladimir Iwanowitsch, russ. Komponist, * 31. 5. 1866 Krasnojarsk, Sibirien, † 4. 8. 1920 Jalta. Studierte in Moskau u. Berlin. Komponierte zuerst im Stil P. Tschaikowskys, wandte sich dann unter dem Einfluß des franz. Impressionismus neuen Ausdrucksmöglichkeiten zu u. experimentierte mit der Ganztonleiter u. Formen wie der Melomimik, einer kleinen lyrischen Szene ohne Worte mit Musik. Zu den letzteren gehört *Aspirer et attendre* op. 25, ein sog. tableau musical-psychologique.

Von R. Bühnenwerken seien erwähnt: die Opern *V grozu* (1894) u. *Narciss* (1912), die musikalisch-psychologischen Dramen *Bezdna* (1907), *Al'fa i Omega* (1911) u. *Ženščina s kinžalom* (1910) sowie das Ballett *Schneewittchen* (1909) u. das Märchenspiel *Der Christbaum* (1913). Außerdem komponierte R. mehrere Orchestersuiten u. Melomimiken für Singst. u. Kl. sowie für Kl.

Récit (franz.), in Frankreich seit dem 17. Jh. Bezeichnung für den instrumental begleiteten Sologesang, dann auch für solistischen instrumentalen Vortrag. Im 19. Jh. als récital, wahrscheinlich von F. Liszt, als Bezeichnung für einen Solovortrag eingeführt. Heute im franz. u. engl. Sprachraum (récital, recital) hauptsächlich für Klavier- u. Liederabende gebräuchlich.

Reda, Siegfried, dt. Komponist u. Lehrer, * 27. 7. 1916 Bochum, † 13. 12. 1968 Mülheim an der Ruhr. Studierte in Dortmund u. ab 1938 an der Kirchenmusikschule in Berlin-Spandau, u. a. bei E. Pepping u. H. Distler. Daneben 1938–41 Organist u. Kantor in Berlin, 1941–45 in Bochum, 1946 Leiter der Abteilung für Evangelische Kirchenmusik u. Lehrer für Tonsatz u. Orgelspiel an der Folkwangschule in Essen u. ab 1953 Kirchenmusikdirektor der Altstadtgemeinde Mülheim an der Ruhr. Seine Klangvorstellungen sind stark von der Orgel geprägt. In seinen Kompositionen versucht R., Tradition u. Moderne zu verbinden, wobei er sich auch der Reihentechnik bedient.

Zu R. Werken gehören: 4 Choralkonzerte für Org. (1946–52); 3 Orgelkonzerte (1947–48); *Magnificat* für Soli, Chor u. Org. (1948); *Die Weihnachtsgeschichte* für Vorsänger u. Chor (1949); Te Deum laudamus für 2 gem. Chöre u. Blechbläser u. *Ecce homo* für 4st. gem. Chor (1950); Triptychon über *O Welt, ich muß dich lassen* für Org., *Marienbilder* für Org. u. *Die Ostergeschichte* für 2 hohe S.-Soli u. 4st. Chor (1951); Adventspartita *Mit Ernst, o Menschenkinder* für Org. (1952); *Weihnachts-Kyrie* für Solo-S., Frauenchor, Streicher u. Org. (1955); Meditation u. Fuge über *Wir danken Dir, Herr Jesu Christ* für 4st. Chor u. Org. (1959); *Requiem vel vivorum consolatio* für Soli, Chor u. Orch. (1963); *Der 8. Psalm* für Soli, Chor u. Org. (1964); *Psalmus morte servati* für Bar., Chor, Orch. u. Org. u. *Toccata novenaria modos vertens* für Org. (1966).

Redford, John, engl. Organist, Komponist u. Dichter, * 1547 London. Seit 1534 als Vicar-choral, Organist u. Lehrer an St. Paul's Cathedral in London nachgewiesen. Autor der zu seiner Zeit beliebten Moralität »Wyt and Science«. Komponierte Motetten, Hymnen u. Fantasien über gregorianische Melodien. Die umfangreichste Quelle ist das sog. »Mulliner Book«.

Redowa → Rejdovák

Reed Section → Big Band

Reel, lebhafter engl. Tanz, wahrscheinlich keltischen Ursprungs. Heute noch weit verbreitet in England, Schottland, Irland, Skandinavien u. Nordamerika. Er ist geradtaktig (meistens 4/4, aber auch 2/4 u. 6/4) u. wird von 2 oder 3 Paaren ausgeführt.

Refrain (aus altfranz. refrait, eingedeutscht von G. A. Bürger als »Kehrreim«), eine aus mehreren Versen, einer Zeile oder einem einzigen Wort bestehende Einheit, die im Verlauf eines Gedichts mehrfach wiederholt wird. Der R. gehört zu den formbildenden Elementen der Dichtung u. war in den Liedgattungen des 12.–16. Jh. von besonderer Bedeutung (→ Ballade, → Virelai, → Frottola). Tritt in der Musik hauptsächlich dann auf, wenn der Komponist bei der Vertonung eines Gedichts mit R. dessen vorgegebener Form folgt. Musikalisch entspricht dem R. das Thema des → Rondos u. der → Chorus in der Unterhaltungsmusik. Immer wiederkehrende Instrumentalstücke, die zwischen Vokalstücke eingeschoben werden, nennt man → Ritornell.

Regamey, Constantin, schweiz. Komponist u. Philologe, * 28. 1. 1907 Kiew. Studierte in Warschau u. Paris, lehrte an der Warschauer Universität Indologie u. war 1937–39 Redakteur von »Muzyka Polska«. Ließ sich nach dem Krieg in der Schweiz nieder u. unterrichtete in slawischer u. orientalischer Philologie in Lausanne u. Freiburg im Üchtland. Als Komponist ist R. praktisch Autodidakt. Sein persönlicher Stil ist an die Zwölftontechnik angelehnt u. verwendet hin u. wieder außereuropäische Musikelemente.

Zu R. Werken gehören: *Chansons persanes* für Bar. u. Orch. (1942); Quintett für V., Vc., Klar., Fag. u. Kl. (1944); Sonatine für Fl. u. Kl. (1945); *Introduction et allegro* für Orch. (1946); Streichquartett u. *Variazioni e tema* für Orch. (1948); *Cinq études* für Frauen-St. u. Kl. (1955, Orchesterfassung 1956); *Poèmes de Jean Tardieu* für Solistenchor a cappella (1961); *Autographe* für Kammerorch. (1962–66); *Konzert 4 × 5* für 4 Quintette (1963); *Symphonie des incantations* für S., Bar. u. Orch. (1967); *Alpha ...* für T. u. Orch. (1970); Märchenoper *Mio, mein Mio* (1973); *Lila,* Doppelkonzert für V., Vc. u. Orch. (1976).

Regens chori (lat.) wird der Chorleiter in katholischen Institutionen, häufig auch der Kirchenkapellmeister, genannt.

Reger, J. B. J. Max (Maximilian), dt. Komponist, * 19. 3. 1873 Brand, bayrische Oberpfalz, † 11. 5. 1916 Leipzig. Sohn des Präparanden- u. Seminarlehrers Joseph R., der selbst mehrere Instrumente spielte u. gemeinsam mit dem zwölfjährigen Sohn Max eine Übungsorgel der Präparandenschule in Weiden umbaute, auf der dieser sich im Orgelspiel üben konnte. R. verbrachte seine Jugend in Weiden, erhielt Klavierunterricht bei der Mutter u. Geigenstunden beim Vater. Ab 1884 erfolgte ein systematischer Unterricht bei dem Volksschullehrer u. Organisten A. Lindner, der sich 1886–89 häufig von R. als Organist bei den katholischen Gottesdiensten an der Weidener Simultankirche vertreten ließ. Den Eltern zuliebe machte R. die Aufnahmeprüfung zum Lehrerseminar in Amberg, aber er selbst wollte viel lieber Musiker werden. Hierbei half ihm sein alter Lehrer Lindner, der H. Riemann durch Übersendung einer Ouvertüre in h-Moll auf R. aufmerksam gemacht hatte. Die Eltern holten ein weiteres Urteil von J. Rheinberger ein u. ließen R. Musik studieren. Zuerst erhielt er 1890 Unterricht von H. Riemann in Sondershausen. Als dieser nach Wiesbaden berufen wurde, schloß sich ihm R. an. Aus dieser Zeit stammt die Violinsonate d-Moll, op. 1. 1893–96 gab R. selbst Unterricht für Klavier, Theorie u. Orgel am Freudenbergschen Konservatorium, daneben Privatstunden. 1896 diente er in Wiesbaden als Einjährig-Freiwilliger. Dann führten körperliche Erschöpfung u. Krankheit zu einer schweren Schaffenskrise, R. suchte daraufhin Zuflucht im Elternhaus u. blieb 1898–90 in Weiden, wo er sich intensiv mit der Orgel beschäftigte u. seine ersten bedeutenden Orgelwerke komponierte. Zu ihnen gehören die Choralfantasien op. 27 u. 40 sowie die *Fantasie und Fuge über B-A-C-H.* 1901 übersiedelte R. nach München u. lebte dort als Kammermusiker u. Liedbegleiter. Daneben hatte er eine Reihe von Privatschülern. 1902 heiratete er Elsa v. Bercken. 1905 wurde er von F. Mottl an die Königliche Akademie der Tonkunst in München als Lehrer für Komposition u. Orgel berufen. Als Komponist erlebte R. 1905 in Holland u. 1906 in Rußland erste Auslandserfolge, während seine Sinfonietta bei ihrer Uraufführung in München von der Kritik abgelehnt wurde. Nur das Orgelwerk begann sich bereits zu dieser Zeit dank des Freundes aus Wiesbadener Zeiten K. Straube langsam durchzusetzen. 1907 folgte R. einem Ruf als Kompositionslehrer an das Konservatorium in Leipzig u. war dort vorübergehend auch Universitätsmusikdirektor. Zu seinem Leipziger Freundeskreis gehörten Max Klinger, Christian Sinding, Robert Frenzel u. Julius Klengel. An bedeutenden Werken entstanden um diese Zeit die Hiller-Variationen, das Violinkonzert und der *100. Psalm.* 1911 wurde R. vom Herzog von Sachsen-Meiningen zum Hofkapellmeister berufen. Dieses Amt übte R. bis Anfang 1914 aus. Dann trat er, hauptsächlich aus gesundheitlichen Gründen, zurück. In seiner Meininger Zeit dirigierte R. ein vorwiegend dt. Programm, unternahm mit der Hofkapelle Konzerttourneen u. unterrichtete einen Tag in der Woche am Leipziger Konservatorium. Der Meininger Arbeit verdankte R. wichtige Erfahrungen in der Orchesterbehandlung u. Instrumentation. Nach Meiningen ließ sich R. in Jena nieder u. widmete sich verstärkt der Komposition. Zu den Werken seiner letzten Lebensjahre gehören die Violinsonate c-Moll, op. 139, die Trios op. 141 a u. b sowie das Klarinettenquintett A-Dur, op. 146. R. starb am 11. 5. 1916 nach einem arbeitsreichen Tag in einem Hotel in Leipzig. Elsa R. überlebte ihren Mann bis zum Jahre 1951. Sie gründete 1920 ein R.-Archiv in Jena, das 1922 nach Weimar u. 1946 nach Meiningen verlegt wurde. Die Aufgaben der 1916 in Leipzig gegründeten u. während des 2. Weltkriegs inaktiv gewordenen M.-R.-Gesellschaft übernahm das M.-R.-Institut in Bonn.

R. hat keine Oper geschrieben u. keine Sinfonie komponiert. Von den Vorstellungen der → neudeutschen Schule mit ihrer Programmusik hat er sich frühzeitig abgewandt. Seine wichtigsten Vorbilder waren J. S. Bach u. J. Brahms. Als Schüler H. Riemanns blieb er im Rahmen der funktionalen Tonalitätsharmonik, die er aber bis zum Äußersten ausschöpfte. Von seinen Schülern verlangte er die genaue Kenntnis der Riemannschen Funktionslehre. Kontrapunkt u. Melodik sind die wichtigsten Elemente in seinem Schaffen, dagegen tritt die Rhythmik in den Hintergrund. Seine Hauptleistung ist auf dem Gebiet der Orgel- u. Kammermusik zu sehen. Die meisten seiner Orchesterstücke entstanden erst nach 1904. Formal blieb R. hinter seiner Erfindungsgabe zurück. Sequenz- u. Fortspinnungstechnik sowie das Variationenprinzip ersetzen dialektische Ausarbeitung eines Themas. Am überzeugendsten wirkt er in den traditionellen Formen. Polyphonie wurde von ihm in vielen Fällen als Steigerungsmittel eingesetzt. Der Katholik R. beschäftigte sich außerdem immer wieder mit protestantischer Kirchenmusik, deren Choräle er häufig als stimmungserzeugende Motive einsetzte. Überhaupt ist die häufige Verwendung von Kirchenliedweisen typisch für seinen Personalstil. In einem Brief an A. Seidl schrieb er: »Haben Sie noch nicht bemerkt, wie durch alle meine Sachen der Choral hindurchklingt ›Wenn ich einmal soll scheiden‹?« R. fruchtbarste Schaffenszeit läßt sich ungefähr in zwei Abschnitte einteilen: die Jahre 1890–1900 u. 1900–11. Die erste Periode steht im Zeichen der Orgel- u. Kammermusik, in die zweite fallen die großen Orchesterwerke. Gegen Ende seines Lebens machte sich eine Verdünnung u. Vereinfachung in seiner anfangs überladenen musikalischen Textur bemerkbar. R. fand zu dem von ihm selbst so benannten »freien jenaischen Stil«. Unter seinen deutlich von Brahms beeinflußten Kammermusikwerken gibt es noch manches zu entdecken. Zu seinen Schülern zählten H. Grabner, H. Unger, J. Haas, A. u. F. Busch, G. Szell, O. Schoeck u. J. Weinberger.

Neben Beiträgen zur Modulationslehre, Leipzig 1903, letzte Neuauflage 1952, nahm R. mit mehreren Aufsätzen an der Diskussion um das Musikleben seiner Zeit teil: »Ich bitte um's Wort!« (1904), »Mehr Licht!« (1904), »Hugo Wolfs künstlerischer Nachlaß« (1904), »Musik u. Fortschritt« (1907), »Degeneration u. Regeneration in der Musik« (1907) u. »Felix Mendelssohn Bartholdys ›Lieder ohne Worte‹ « (1909). Gesammelt wurden diese Arbeiten von K. Hasse 1921 in Leipzig herausgegeben.

Zu R. Kompositionen gehören die Orchesterwerke: Sinfoniesatz in d-Moll (1889), *Lyrisches Andante* für Streichorch. (1898), Sinfonietta in A-Dur, op. 90 (1904–05), Serenade in G-Dur, op. 95 (1905–06), *Variationen und Fuge über ein Thema von J. A. Hiller*, op. 100 (1907), *Sinfonischer Prolog zu einer Tragödie*, op. 108 (1908), *Eine Lustspiel-Ouvertüre*, op. 120 (1911), *Konzert im alten Stil* in F-Dur, op. 123 (1912), *Eine romantische Suite*, op. 125 (1912), *Vier Tondichtungen nach A. Böcklin*, op. 128 (1913), *Eine Ballettsuite*, op. 130 (1913), *Variationen und Fuge über ein Thema von Mozart*, op. 132, u. *Eine vaterländische Ouvertüre*, op. 140 (1914); die Konzerte: Scherzino für Streicher u. Horn (1899), 2 Romanzen in G-Dur u. D-Dur für V. u. kleines Orch., op. 50 (1900), Violinkonzert in A-Dur, op. 101 (1907–08) u. Klavierkonzert in f-Moll, op. 114 (1910); Sologesänge mit Orch. wie *An die Hoffnung* für A., op. 124 (1912), *Hymnus der Liebe* für Bar., op. 136 (1914) u. 12 Lieder aus verschiedenen op. in eigener Orchestrierung; für gem. Chor a cappella: drei 6st. Chöre, op. 39 (1899), 6 Trauergesänge, op. 61 (1901), 8 geistliche Gesänge, 4–7st. aus *Der deutsche Psalter*, op. 138 (1914); für Männerchor: 7 Männerchöre, op. 38 (1899), 10 Gesänge für Männerchor, op. 83 (1904 u. 1909); mehrstimmige Gesänge mit Begleitung wie *Hymne an den Gesang* für Männerchor u. großes Orch., op. 21 (1898), *Gesang der Verklärten* für 5st. Chor u. großes Orch., op. 71 (1903), *Der 100. Psalm* für gem. Chor, Orch. u. Org., op. 106 (1908–09), *Die Weihe der Nacht* für A., Männerchor u. Orch., op. 119 (1912), *Römischer Triumphgesang* für Männerchor u. Orch., op. 126 (1912), 2 Gesänge für gem. Chor u. Orch., op. 144 (1915); mehrstimmige Gesänge mit Kl. wie 3 Chöre für S., A., T. u. B. mit Kl., op. 6 (1892) u. 5 Duette für S. u. A., op. 14 (1894); mehrstimmige Gesänge mit Org., darunter 4 Tantum ergo für 4st. gem. Chor, op. 61c u. 4 *Marienlieder* für 4st. gem. Chor, op. 61f.

Zu R. Kammermusik gehören 6 Streichquartette: d-Moll, ohne op, mit Kb. oder 2 Vc. im Finale (1888–89), g-Moll, op. 54 Nr. 1 (1900), A-Dur, op. 54 Nr. 2 (1901), d-Moll, op. 74 (1903–04), Es-Dur, op. 109 (1909) u. fis-Moll, op. 121 (1911); für V. solo: 4 Sonaten, op. 42 (1900), 7 Sonaten, op. 91 (1905), Präludien u. Fugen, op. 117 (1909–12), Präludien u. Fugen, op. 131 (1914) u. ohne op.: Präludium u. Fuge a-Moll (1902); Serenaden für Fl., V. u. Va., D-Dur, op. 77a (1904) u. G-Dur, op. 141a (1915); Streichtrios a-Moll, op. 77b (1904) u. d-Moll, op. 141b (1915); Streichsextett, op. 118 (1910); Quintett für Klar., 2 V., Va. u. Vc., op. 146 (1915–16); 3 *Duos im alten Stil* für 2 V., op. 131b (1914), u. Allegro für 2 V. (1914); für Va. solo: 3 Suiten, op. 131d (1915) u. für Vc. solo: 3 Suiten, op. 131 (1915); Klavierquintette (1897–98, aus dem Nachlaß) u. op. 64 (1901–02); Trio für Kl., V. u. Va., op. 2 (1891) u. für Kl., V. u. Vc., op. 102 (1907–08) u. die Klavierquartette op. 113 (1910) u. op. 133 (1914). Ferner für V. u. Kl.: 9 Sonaten, d-Moll op. 1 (1890), D-Dur op. 3 (1891), A-Dur op. 41 (1899), C-Dur op. 72 (1903), fis-Moll op. 84 (1905), d-Moll op. 103 B Nr. 1 (1909), A-Dur op. 103 B Nr. 2 (1909), e-Moll op. 122 (1911) u. c-Moll op. 139 (1915); 6 Sonatinen von M. Clementi mit hinzugefügter Violinst. (vor 1895); Romanze G-Dur (um 1902); *Petite Caprice* in g-Moll (1902), *Wiegenlied*, Capriccio u. *Burla* (1902–04); *Albumblatt* und Romanze op. 87 (um 1905); *Suite im alten Stil* in F-Dur, op. 93 (1906, eigene Orchesterfassung 1916); Suite in a-Moll, op. 103 A (1908) u. *12 kleine Stücke nach eigenen Liedern* aus op. 76, op. 103 C (1916); für Vc. u. Kl.: 4 Sonaten, f-Moll op. 5 (1892), g-Moll, op. 28 (1898), F-Dur, op. 78 (1904), a-Moll, op. 116 (1910) sowie *Caprice* u. *Kleine Romanze* op. 79e (1904) u. *Caprice* in a-Moll (1901); für Fl. u. Kl.: *Allegretto grazioso* in A-Dur (um 1902); für Klar. u. Kl.: 3 Sonaten, As-Dur u. fis-Moll, beide op. 49 (1900) u. B-Dur, op. 107 (1908–09, auch für Va. u. Kl.), *Albumblatt* in Es-Dur u. Tarantella in g-Moll. Zu R. Klavierwerk gehören zu zwei Händen: 7 Walzer op. 11 (1893); *Lose Blätter*, 14 kleine Klavierstücke op. 13 (1894); *Aus der Jugendzeit*, 20 kleine Klavierstücke op. 17 (1895); Improvisationen, 8 Klavierstücke op. 18 (um 1896); 5 Humoresken op. 20 (1898); *Six Morceaux* op. 24 (1898); *Aquarellen*, 5 kleine Tonbilder op. 25 (1897–98); *7 Phantasie-Stücke* op. 26 (1898); *7 Charakterstücke* op. 32 (1899); *Bunte Blätter*, 9 kleine Stücke op. 36 (1899); *10 kleine Vortragsstücke zum Gebrauch beim Unterricht* op. 44 (1900); *6 Intermezzi* op. 45 (1900); *Silhouetten*, 7 Stücke op. 53 (1900); *10 Kompositionen* op. 79a (1901–03); *Variationen und Fuge über ein Thema von J. S. Bach* op. 81 (1904); *Aus meinem Tagebuch*, 35 kleine Stücke op. 82 (1904, 1906, 1911 u. 1912); 4 Sonatinen op. 89 (1905 u. 1908); 6 Präludien u. Fugen op. 99 (1906–07); *Episoden*, 8 Klavierstücke für große u. kleine Leute op. 115 (1910); *Variationen und Fuge über ein Thema von G. Ph. Telemann* op. 134 (1914); *Träume am Kamin*, 12 kleine Klavierstücke op. 143 (1915); ohne Opuszahlen: 111 Canons durch alle Dur- u. Molltonarten (1895); *Étude brillante* in c-Moll (1896, ursprünglich in op. 18); *Grüße an die Jugend* (1898); *Miniature Gavotte* (1898); 4 Klavierstücke (1901–06); *Blätter und Blüten*, 12 Klavierstücke (1900–02); *In der Nacht* (1902); *Perpetuum mobile* in cis-Moll (um 1905); *Scherzo und Caprice* in fis-Moll (1906) u. *Fughette über das Deutschlandlied* (1916); 2 Klaviere zu 4 Händen: *Variationen und Fuge über ein Thema von Beethoven* op. 86 (1904, eigene Orchesterfassung 1915), Introduktion, Passacaglia und Fuge in h-Moll, op. 96 (1906) u. *Variationen und Fuge über ein Thema von Mozart*, op. 132a (1914, die 8. Variation neu, sonst nach der Orchesterfassung); Klavier zu vier Händen: 12 Walzer-Capricen op. 9 (1892), 20 *Deutsche Tänze* op. 10 (1893), 6 Walzer op. 22 (1898), *Cinq pièces pittoresques* op. 34 (1899), 6 Burlesken op. 58 (1901) u. 6 Stücke op. 94 (1906). Zu R. Orgelwerk gehören: 3 Orgelstücke op. 7 (1892), Suite in e-Moll, op. 16 (1894–95), Fantasie über den Choral *Ein feste Burg ist unser Gott* op. 27, *Fantasie und Fuge* in c-Moll, op. 29, u. Fantasie über den Choral *Freu dich sehr, o meine Seele!* op. 30 (1898), 1. Sonate in fis-Moll, op. 33 (1899), 2 Fantasien über die Choräle *Wie schön leucht't uns der Morgenstern* u. *Straf mich nicht in deinem Zorn* op. 40 (1899), *Fantasie und Fuge über B-A-C-H* op. 46, 6 Trios op. 47 u. 3 Fantasien über die Choräle *Alle Menschen müssen sterben*, *Wachet auf, ruft uns die Stimme* u. *Halleluja! Gott zu loben, bleibe meine Seelenfreud!* op. 52 (1900), *Sinfonische Fantasie und Fuge* op. 57, 12 Stücke für die Org. op. 59 u. 2. Sonate in d-Moll, op. 60 (1901), *Monologe*, 12 Stücke für die Org. op. 63 (1901–02), 12 Stücke für die Org. op. 65 (1902), *52 leicht ausführbare Choralvorspiele* op. 67 (1902), 10 Stücke für die Org. op. 69 (1903), *Variationen und Fuge über ein Originalthema* in fis-Moll, op. 73 (1903), Choralvorspiele op. 79b (die meisten 1901–03), *5 leicht ausführbare Präludien und Fugen* op. 56 (1904), 12 Stücke für die Org. op. 80 (1904), 4 Präludien und Fugen op. 85 (1904), Orgelsuite in g-Moll, op. 92 (1905), Introduktion, Passacaglia und Fuge in e-Moll, op. 127 (1913), 9 Stücke für die Org. op. 129 (1913), 30 kleine Choralvorspiele op. 135a (1914), Fantasie und Fuge in d-Moll, op. 135b (1916) u. 7 Orgelstücke op. 145 (1915–16), dazu ohne Opuszahl Introduktion und Passacaglia in d-Moll (1899), Orgelpräludium in c-Moll (1900), Variationen und Fuge in C-Dur über *Heil unserm König, Heil* (1901), Präludium und Fuge in d-Moll (um 1902), Postludium in d-Moll (1903), Präludium und Fuge in gis-Moll (1906) u. Präludium und Fuge in fis-Moll (1912). Außerdem komponierte R. an die 300 Klavier- u. Orgellieder. Er vertonte u. a. Gedichte von A. Ritter, O. J. Bierbaum, R. Dehmel, F. Evers, G. Falke, L. Jacobowski u. M. Boelitz.

Eine GA wurde unter Mitarbeit des M.-R.-Instituts in Bonn veranstaltet. Sie ist angelegt auf 35 Bde. (1954–70) u. 3 Supplement-Bde. (1974 u. 1982).

Lit.: A. Lindner, M. R., ein Bild seines Jugendlebens u. künstlerischen Werdens, Stuttgart 1922; A. Spemann (Hg.), M.-R.-Brevier, Stuttgart 1923; E. von Hase-Koehler (Hg.), M. R., Briefe eines deutschen Meisters, Leipzig 1928; E. Reger, Mein Leben mit u. für M. R., Leipzig 1930; H. Poppen, M. R., Leipzig u. Wiesbaden 1947; H. Kühner (Hg.), Neues M.-R.-Brevier, Basel 1948; H. u. E. H. Müller v. Asow, M. R., Briefwechsel mit Herzog Georg II. von Sachsen-Meiningen, Weimar 1949; A. Kalkoff, Das Orgelschaffen M. R. im Licht der dt. Orgelerneuerungsbewegung, Kassel 1950; F. Stein, Thematisches Verzeichnis der im Druck erschienenen Werke von M. R. einschließlich seiner Bearbeitungen u. Ausgaben, Leipzig 1953; O. Schreiber, M. R. musikalischer Nachlaß, Kongreßbericht, Wien 1956; O. Schreiber (Hg.), M. R. Briefe zwischen der Arbeit, Bonn 1956; H. Wirth, M. R. in Selbstzeugnissen u. Bilddokumenten, Hamburg 1973; K. Röhsing (Hg.), M. R., 1873–1973. Ein Symposion, Wiesbaden 1974; W. Wiora (Hg.), Religiöse Musik in nicht-liturgischen Werken von Beethoven bis R., Regensburg 1978; G. Massenkeil u. S. Popp (Hg.), R.-Studien, Wiesbaden ab 1978.

Regina caeli (Regina coeli, lat.), marianische Antiphon *Freue dich, du Himmelskönigin,* textlich erstmals um 1200 belegt. Gehört heute noch zur katholischen Liturgie der Osterzeit.

Reggae oder **Blue-Beat,** eine Mischung aus karibischer Rhythmik, Rhythm & Blues u. Gospelelementen, der die Gruppe Toots and the Maytals mit *Do the Reggay* den Namen gegeben hat. Eine besonders auf Jamaica gepflegte Form der Popmusik. Charakteristisch sind Vierteltonschritte u. Polyrhythmik.

Regnart (Regnard), Jakob, franko-fläm. Sänger u. Komponist, * um 1540 Douai, † 16. 10. 1599 Prag. War Sängerknabe in der Kaiserlichen Hofkapelle in Prag unter J. Vaet, anschließend Tenorist u. ab 1576 zweiter Kapellmeister. Zwischendurch verbrachte er 1568–70 Studienjahre in Italien. 1582–84 Vizekapellmeister u. 1585–96 Kapellmeister am Hofe Ferdinands II. in Innsbruck, anschließend wieder am Kaiserlichen Hof in Prag, wo er 1598 zum Vizekapellmeister ernannt wurde. Nach seinem Tode beschäftigte sich seine Witwe von München aus mit der Herausgabe seines Nachlasses. R. gehört zu den ersten Komponisten, die mit ihrem Schaffen Villanellen- u. Madrigalform im deutschsprachigen Gebiet bekannt machten.

Zu R. Werken gehören: 37 Messen 4–10st., 195 Motetten 3–12st., 2 Bücher »Canzone italiane a 5 v.« (1574 u. 1581) sowie 3 Bücher »Kurtzweilige teutsche Lieder ... Nach Art der Neapolitanen oder Welschen Villanellen«, 3st. (1576, 1577 u. 1579).

Regola dell'ottava (ital.: »Regel der Oktave«), verkürzte Anleitung zum A-vista-Akkompagnement, wenn keine bezifferten Bässe vorlagen. Sie galt ursprünglich nur für die 6 Stufen von c bis a u. sah auf der 2., 3. u. 6. Stufe Sextakkorde vor.

Reich, Steve, amer. Komponist, * 3. 10. 1936 New York. Studierte zuerst Philosophie an der Cornell University in Ithaca, NY, anschließend bei H. Overton 1957–58 Komposition, dann 1958–61 an der Juilliard School of Music u. schließlich bis 1963 bei D. Milhaud u. L. Berio am Mills College in Oakland, CA. 1965 gründete er in New York mit A. Murphy u. J. Gibson sein erstes Ensemble. 1970 studierte er afrikanische Trommeltechniken in Ghana, 1973 beschäftigte er sich mit Gamelan-Musik. Lebt seitdem als freischaffender Komponist in New York u. tritt mit seinem Ensemble S.R. and Musicians auf. Zu seinen bevorzugten Instrumenten gehören Klavier, Perkussionsinstrumente u. Elektronik. Charakteristisch für seine Kompositionen ist die zeitliche Ausdehnung u. ein Kontinuum, bei dem sich Rhythmen oder Klänge allmählich verändern bzw. überlagern.

Zu R. Kompositionen gehören: *Pitch Charts* für beliebig viele Instr. (1963); Musik für 3 oder mehr Kl. oder Kl. u. Tonband (1964); *Livelihood* für Tonband (1965); *It's Gonna Rain* für Tonband (1965); *Melodica* für Tonband (1966); *Reed Phase* für 1 Rohrblattinstr. u. Tonband ad lib. (1966); *Piano Phase* für 2 Kl. (1967); *Violin Phase* für V. u. Tonbänder oder 4 V. (1967); *My Name is* für mehrere Instr., Tonbandgeräte u. Publikum (1967); *Pendulum Music* für 3 oder mehr Mikrophone, Verstärker, Lautsprecher u. Ausführende (1968); *Pulse Music* für Phase shifting pulse gate, ein von R. erfundenes Instrument (1969); *Piano Store* für ein Lager voller Kl. (1969), *Phase Patterns* für 4 elektrische Org. (1970); *Drumming* für 4 Paar Bongotrommeln, 3 Marimbas, 3 Glockenspiele, männliche u. weibliche St. sowie Piccolo (1971); *Clapping Music* für 2 Spieler (1972); *Six Pianos* (1973); *Music for Pieces of Wood* für 5 Paar gestimmte Holzstäbe (1973); *Music for Mallet Instruments, Voices and Organs* (1973); *Music for 18 Musicians* (1975–76). R. veröffentlichte: »Writings About Music« (Halifax 1974).

Reicha (Rejcha), Anton (Antonín) J., franz. Komponist u. Theoretiker böhm. Herkunft, * 26. 2. 1770 Prag, † 28. 5. 1836 Paris. Verlor frühzeitig seinen Vater u. verließ mit 11 Jahren die Familie. Er fand Unterkunft bei seinem Onkel Josef, einem Cellisten im Fürstlich Öttingenschen Orchester in Wallerstein. Bei ihm erhielt R. seine erste musikalische Ausbildung u. erlernte mehrere Instrumente. Als sein Onkel 1785 zum Leiter der kurfürstlichen Kapelle in Bonn ernannt wurde, ging der junge R. als Flötist mit. Später ist er als Geiger der kurfürstlichen Kapelle u. als Flötist des Nationaltheaters in Bonn nachgewiesen. Da der Onkel von einer Komponistenlaufbahn nichts wissen wollte, studierte R. die theoretischen Schriften J. Ph. Kirnbergers u. F. W. Marpurgs heimlich. Erst mit einer Sinfonie fand der Siebzehnjährige Anerkennung. Gemeinsam mit seinem Orchesterkollegen L. van Beethoven besuchte er

Vorlesungen der Universität, interessierte sich für Mathematik u. erhielt Anleitung zur Komposition bei Ch. G. Neefe. Vor den anrückenden Franzosen wich R. 1794 nach Hamburg aus. Dort entstanden seine ersten Opern, von denen *Godefroid de Montford* unter J. Rode zur Aufführung kam. Daneben verdiente sich R. sein Leben als Privatlehrer u. begann sich mit der Theorie einer Kompositionslehre zu befassen. 1799 reiste er nach Paris, wo er sich für die Aufführung seiner Opern erfolglos einsetzte. Er fand jedoch Anerkennung mit Instrumentalwerken. Aus dieser Zeit stammen u. a. 12 Fugen für Kl. 1802–08 wirkte R. als Musiklehrer in Wien. Dort erneuerte er seine Bekanntschaft mit Beethoven, verkehrte mit J. Haydn, J. G. Albrechtsberger u. A. Salieri. Aus der Wiener Zeit stammen die Haydn gewidmeten 36 Fugen für Klavier, die bei ihrer Veröffentlichung 1803 große Diskussionen auslösten, die Oper *Argene, Regina di Granata*, Sinfonien, Oratorien, ein Requiem, Streichquintette u. Klavierstücke. 1808 ließ er sich endgültig in Paris nieder. Dort kamen seine Opern *Cagliostro* (1810), *Natalie* (1816) u. *Sapho* (1822) heraus. Sie waren seinem Ruf jedoch weniger förderlich als seine theoretischen Schriften u. Instrumentalwerke. 1818 wurde R. zum Professor für Kontrapunkt u. Fuge am Pariser Conservatoire ernannt, eine Stellung, die er trotz mancher Anfeindung durch die Partei L. Cherubinis bis zu seinem Lebensende behielt. Zu seinen Schülern gehörten F. Liszt, Ch. Gounod, H. Berlioz, C. Franck, G. Onslow u. F. A. Habeneck. Wenn man von R. Versuchen absieht, Formen wie die Fuge unter Zuhilfenahme neuer harmonischer Erkenntnisse wiederzubeleben, geht er als einer der bedeutendsten Theoretiker des 19. Jh. in die Musikgeschichte ein. R. experimentierte bereits mit Polyrhythmik, Polytonalität, Vierteltönen; seine Spekulationen über die Verwendungsmöglichkeit von Riesenorchestern weisen weit in die Zukunft voraus. Von seinen eigenen Werken sind die bereits zu seinen Lebzeiten beliebten Kammermusikwerke für Bläser immer noch hörenswert.

Zu R. Kompositionen gehören Opern, Sinfonien, 28 Bläserquintette, 20 Streichquartette, Quartette für verschiedene Besetzungen, Klaviertrios, 24 Horntrios, 1 Trio für 3 Vc., 22 Flötenduos, Violinsonaten, Klavier- u. Orgelstücke. Nicht veröffentlicht von seinen Schriften wurden: »Praktische Beispiele, ein Beitrag zur Geisteskultur des Tonsetzers ... mit Philosophisch-praktischen Anmerkungen zu den praktischen Beispielen« (entstanden in Wien) u. »Sur la musique comme art purement sentimental ...« (entstanden in Paris). In Paris erschienen: »Études ou théories pour le pianoforte, dirigées d'une manière nouvelle« (1800), »Traité de mélodie, abstraction faite de ses rapports avec l'harmonie« (1814), »Cours de composition musicale, ou Traité complet et raisonné d'harmonie pratique« (1818), »Traité de haute composition musicale«, 2 Bde. (1824–26), »L'art du compositeur dramatique ou Cours complet de composition vocale«, 4 Bde. (1833). C. Czerny besorgte die dt. Ausgabe des »Traité de haute composition« u. gab ihn zusammen mit dem »Cours de composition« als »Vollständiges Lehrbuch der musikalischen Composition«, 4 Bde. u. Anmerkungen, Wien 1834, heraus. Ebenso übersetzte er auch »L'art du compositeur dramatique«, Wien 1835.

Lit.: M. Emmanuel, A. R., Paris 1937; J. Vysloužil, A. J. R., Brünn 1970.

Reichardt, Johann Friedrich, dt. Komponist u. Schriftsteller, * 25. 11. 1752 Königsberg, † 27. 6. 1814 Giebichenstein bei Halle. Erhielt den ersten Musikunterricht im Elternhaus, dann bei A. Veichtner u. C. G. Richter. Studierte in Königsberg u. Leipzig Jura u. Philosophie, ging daneben bereits 1771 auf seine erste Konzertreise. In Leipzig war R. außerdem Schüler des Thomaskantors J. A. Hiller u. Begleiter von Corona Schröter. Daneben nahm er in Dresden weiteren Unterricht bei dem Kreuzkantor G. A. Homilius. Eindrücke seiner verschiedenen Kunstreisen zwischen 1771 u. 1774 legte er in seinen »Briefen eines aufmerksamen Reisenden die Musik betreffend« nieder. Wieder in Königsberg, nahm er einen Verwaltungsposten an. Als er aber vom Tode Agricolas in Berlin hörte, bewarb sich R. um dessen Stellung beim Hof u. schickte seine Oper *Le feste galanti* ein. 1775–94 war er Hofkapellmeister Friedrichs II. in Potsdam. 1783 gründete er nach Pariser Vorbild in Berlin ein Concert spirituel, 1785 wurde ihm ein längerer Urlaub bewilligt, den er zu Reisen nach London u. Paris verwandte, wo er sich gründlich über das dortige Musikleben informierte u. als Komponist u. Dirigent Erfolg hatte. In Paris erhielt R. sogar den Auftrag für zwei Opern, *Panthée* (1786) u. *Tamerlan* (1800). Beim Tode Friedrichs d. Gr. wurde R. zwar von Friedrich Wilhelm II. in seinem Amt bestätigt, aber wegen seiner offenen Sympathien für die Franz. Revolution 1793 auf drei Jahre beurlaubt. 1794 gab er seine Berliner Stellung endgültig auf u. zog sich auf sein Gut in Giebichenstein zurück. Nach einer erneuten Londonreise u. Besuchen in Kopenhagen u. Stockholm nahm R. 1796 die Stellung eines Salineninspektors in Halle an, blieb aber als Musikschriftsteller u. Komponist weiterhin einflußreich. Auf seinem Landsitz veranstaltete R. berühmte Haus- u. Gartenmusiken u. sammelte einen Kreis junger Dichter um sich, zu denen Tieck, Novalis, Schlegel, Brentano, Arnim u. Eichendorff gehörten. Zu Goethe, von dem er mehr als 100 Dichtungen vertonte u. der ihm Libretti zu 3 Singspielen schrieb, unterhielt R. freundschaftlichste Beziehungen. Vor Napoleons Armee flüchtete R. 1807 nach Danzig. 1808 wurde er von König Jérôme als Hofkapellmeister nach Kassel befohlen, fiel aber bereits nach kur-

zer Zeit in Ungnade. Gegen Ende 1808 hielt er sich für einige Zeit in Wien auf, besuchte dort L. van Beethoven u. J. Haydn u. kehrte 1809 nach Giebichenstein zurück.
Mit den ästhetischen Vorstellungen Kants u. Hamanns wohlvertraut, leistete R. Bedeutendes auf dem Gebiet der Opernreform. Auf der Suche nach einem dt. Gegenstück zur übermächtigen ital. Oper komponierte R. Singspiele u. führte das dt. Liederspiel ein. Dabei ging es ihm vor allem darum, die Künstlichkeit der Italiener durch eine wahre expressive Opernkunst zu ersetzen. Noch bedeutender ist wahrscheinlich R. Leistung auf dem Gebiet des Kunstliedes. Mit ihm begann die glanzvolle Epoche des Berliner Liedes. In seinen besten Stimmungsliedern lassen sich bereits Schubertsche Klänge vernehmen. Mit seinen Schriften zur Musik erweist sich R. als der wichtigste Musikkritiker des 18. Jh.

Zu seinen Bühnenwerken gehören die Singspiele *Amors Guckkasten* (1773), *Claudine von Villa Bella* (1789, Buch von Goethe), *Erwin und Elmire* (um 1790, Buch von Goethe), *Lieb und Treue* (1800), *Jery und Bätely* (1801, Buch von Goethe) u. *Kunst und Liebe* (1807). R. komponierte außerdem dt., franz. u. ital. Opern, Melodramen, Kantaten, Bühnenmusiken, Sinfonien, Klavierkonzerte, 1 Violinkonzert, Kammermusik. Von seinen Liedern wurden mehr als 1000 in an die 30 Sammlungen veröffentlicht, darunter Vertonungen von Dichtungen Goethes, Schillers, Klopstocks u. Herders.
Zu seinen Schriften gehören: »Über die dt. comische Oper nebst einem Anhange eines freundschaftlichen Briefes über die musikalische Poesie« (1774); »Briefe eines aufmerksamen Reisenden die Musik betreffend« (2 Teile, 1774–76); »Über die Pflichten des Ripienviolinisten« (1776); »Leben des berühmten Tonkünstlers H. W. Gulden nachher genannt Guglielmo Enrico Fiorino« (1779); »G. F. Händel's Jugend« (1785); »Musikalisches Kunstmagazin« (2 Bde., 1782–91); »Studien für Tonkünstler u. Musikfreunde« (1793); »Musikalischer Almanach« (1796); »Vertraute Briefe aus Paris« (3 Bde., 1802–04); »Liederspiele« (1804); »Berlinische Musikalische Zeitung« (2 Bde., 1805–06); »Vertraute Briefe, geschrieben auf der Reise nach Wien« (1808–09).
Lit.: H. M. Schletterer, J. F. R., Augsburg 1865, Nachdr. Niederwalluf bei Wiesbaden 1972; P. Sieber, J. F. R. als Musikästhetiker, Straßburg 1930, Nachdr. Baden-Baden 1971; W. Salmen, J. F. R., Komponist, Schriftsteller, Kapellmeister u. Verwaltungsbeamter der Goethezeit, Freiburg 1963; H.-G. Ottenberg, Die Entwicklung des theoretisch-ästhetischen Denkens … von den Anfängen der Aufklärung bis zu R., Leipzig 1978.

Reihe, in der → Zwölftontechnik die Anordnung der 12 Töne des gleichschwebend temperierten Systems. Sie bildet die Grundlage von Schönbergs »Technik der Komposition mit 12 nur aufeinander bezogenen Tönen«. Die R. stellt eine Vorformung des Tonmaterials dar, dessen Intervallproportionen von ihr bestimmt werden. Weitere → Parameter leitet erst die → serielle Musik aus der R. ab. Jede R. kann in den 4 Erscheinungsformen Grundgestalt, Krebs der Grundgestalt, Umkehrung der Grundgestalt u. Krebs der Umkehrung auftreten. Außerdem läßt sich jede einmal festgelegte R. elfmal transponieren, so daß insgesamt 48 Gestalten der R. möglich sind. Schönbergs Oper *Moses u. Aron* liegt beispielsweise folgende R. zugrunde:

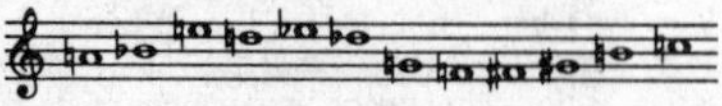

Eine R. kann so gewählt werden, daß sich in ihr motivische Gruppen bilden. So besteht die Grundreihe von Bergs Oper *Lulu* deutlich aus 2 Hälften:

Ihre diatonische Struktur sowie das Tritonus-Verhältnis wurden von Berg zur Charakterisierung von Stimmungen u. Personen benutzt.
Webern führte das Prinzip der Binnengruppierung weiter, indem er einzelne Partikel der R. durch vertikale oder horizontale Spiegelungen aufeinander bezog. Dadurch wurde bei ihm die R. selbst zur Motiv oder Themen bestimmenden Struktur, während sie bei Schönberg u. Berg nur die Grundlage für eine Motiv- u. Themenbildung im traditionellen Sinn abgab.

Reimann, Aribert, dt. Komponist u. Pianist, * 4. 3. 1936 Berlin. Stammt aus einer Musikerfamilie, die ihm die Neigung zur Vokalmusik bereits mitgab. Studierte an der Berliner Musikhochschule bei B. Blacher (Komposition), E. Pepping (Kontrapunkt) u. O. Rausch (Klavier). Ab 1957 trat er als Begleiter von Sängern wie D. Fischer-Dieskau, B. McDaniel, C. Gayer u. J. Caroll auf. R. lebt als freischaffender Komponist in Berlin, unterrichtet neuerdings aber auch an der Staatlichen Musikhochschule in Hamburg, wo er junge Sänger u. Pianisten in die Interpretation moderner Musik einführt. In seinem eigenen Schaffen ist R. von A. Webern, A. Berg u. der indischen Musik beeinflußt. Klangschichtungen u. die Entwicklung einer Komposition aus Mikrozellen, die entsprechend variiert werden, sind charakteristisch für seinen Stil. Von der Einteilung der Skala in 12 gleiche Halbtöne ausgehend, setzt R. eine um einen Viertelton verschobene chromatische Skala als Kontrast dagegen. Diese indirekten Klänge nennt er Schattenklänge. In der Kombination beider Skalen entstehen jene geräuschartigen Mischklänge, die für ihn typisch sind. Gleichzeitig erweckt er durch Überbindungen u. punktierte Rhythmen den Eindruck eines formlosen Fließens. Das Schwergewicht seines Schaffens liegt eindeutig bei der Vokalmusik.

Zu R. Werken gehören: *5 Gedichte nach dem Chinesi-*

schen von M. Hausmann für S. u. Kl. (1955); *4 Gedichte von G. Forestier* für S., Fl., V. u. Va. (1955–56); Musik zu »Der arme Matrose« von J. Cocteau, Sonate für Fl. u. Va., 1. Streichquartett (1956); *3 Lieder nach Gedichten von P. Celan* für T. u. Kl., Sonate für V. u. Kl., Elegie für Orch., *2 Lieder nach Gedichten von P. Celan* für S. u. Kl., *Lieder auf der Flucht* nach Texten von I. Bachmann für A., T., Chor u. Orch., 1. Klaviersonate (1957); *Spät* von G. Benn für Mezzo-S. u. Kl., *Cercles* für 2 Kl. u. Schlagzeug, *3 spanische Lieder* für S., Fl., Hf. u. Vc., *Stoffreste*, Ballett von G. Grass, *2 Lieder nach Gedichten von St. Zweig* für S. u. Kl. (1958); *59* u. *Sulamith* für Kl., *Tanzstücke für D. Hoyer, Anabasis VII* für T. u. Orch., Cellokonzert, *3 Lieder nach Gedichten von G. Mistral* für Mezzo-S. u. Kl., *Es ist Nacht* von Ch. Morgenstern für S. u. Kl., *5 Gedichte von P. Celan* für Bar. u. Kl. (1959); *Si china il giorno* (Kantate nach Texten von S. Quasimodo für Mezzo-S., Kl., Hf. u. Cemb.), *Monumenta* für Bläser u. Pauken, *Ein Totentanz* für Bar. u. Kammerorch. (1960); *Dialog I* für Org., Klavierkonzert, *Impression IV* für S. u. Kl., *Canzoni e Ricercari per Flauto, Viola e Violoncello, Kinderlieder nach Gedichten von W. Reinert* für S. u. Kl., Aria für Vc. u. Kl. (1961), *Hölderlin-Fragmente* für S. u. Orch., Sonate für Vc. u. Kl., *Ein Traumspiel* (Oper nach A. Strindberg, 1963–64); *3 Sonette von W. Shakespeare* für Bar. u. Kl. (1964); Nocturnos für Vc. u. Hf., *Epitaph* auf Texte von P. B. Shelley für T. u. 7 Instr. (1965); *Reflexionen* für 7 Instr., *Nachtstück* für Bar. u. Kl., *Verrà la morte* (Kantate nach Texten von C. Pavese für S., T., Bar., Chor u. Orch.), *März* von G. Grass für Sprecher u. B.-Fl. (1966); *Trovers* nach altfranz. Trobador-Texten für Sprecher u. 7 Instr., *Spektren* für Kl., *Rondes* für Streichorch., *Engführung* von P. Celan für T. u. Kl. (1967); *Nenia* für Sprechst. u. Orch., *Inane – Monolog* für S. u. Orch. (1968); *Loqui* für Orch. (1969); *Melusine* (Oper in 4 Akten nach Y. Goll, 1969–70); *Die Vogelscheuchen* (Ballett in 3 Akten von G. Grass, 1970); *Zyklus* für Bar. u. Orch. nach Texten von P. Celan, *Parergon* zur Oper *Melusine* für S. u. Orch. (1971); Konzert für Kl. u. 19 Spieler (1972); *Lines* für S. u. Streichorch. (1973); *Wolkenloses Christfest* (Requiem für Bar., Vc. u. Orch. nach Gedichten von O. Büthe, 1973–74); *Six Poems by Sylvia Plath* (Variationen für Orch.), *John III, 16* für 8st. Chor a cappella (1975); *Lear* (Oper in zwei Teilen nach W. Shakespeare, 1976–78); *Nachtstücke II* für Bar. u. Kl. (1978); *Invenzioni* für 12 Spieler, Variationen für Kl. (1979); *Unrevealed* für Bar. u. Streichquartett (1979–80); Requiem für S., Mezzo-S., Bar., gem. Chor u. Orch. (1980–82); *Chacun sa Chimère* für T. und Orch. (1981).

Reimoffizium, das kirchliche Stundengebet eines Tages in geschlossener Gestalt mit gereimten Texten für Hymnen, Antiphonen u. Responsorien. Berühmte Beispiele stammen von Stephan von Lüttich u. F. Julian von Speyer. Das Tridentiner Konzil verbot die Reimoffizien mit wenigen Ausnahmen.

Reinberger, Jiří, tschech. Organist u. Komponist, * 14. 4. 1914 Brünn, † 28. 5. 1977 Prag. Studierte in Brünn u. Prag, u. a. Orgel bei B. Wiedermann u. Komposition bei V. Novák sowie bei K. Straube u. G. Ramin in Leipzig. Galt als internationaler Experte für Orgelbau u. war ab 1951 Lehrer an der Prager Musikakademie.

Zu R. Kompositionen gehören 2 Sinfonien (1938 u. 1958) u. 3 Orgelkonzerte (1940, 1956 u. 1960). Außerdem gab er die Anthologie »Tschech. Orgelschaffen« (3 Bde., Prag 1954–57) heraus.

Reinecke, Carl H. C., dt. Pianist, Dirigent, Lehrer u. Komponist, * 23. 6. 1824 Altona, † 10. 3. 1910 Leipzig. Erhielt gemeinsam mit dem späteren Komponisten C. Gurlitt eine sorgfältige musikalische Ausbildung durch seinen Vater, einen angesehenen Musikpädagogen. Trat mit 11 Jahren zum ersten Mal öffentlich auf, gab Konzerte in Schweden u. Dänemark, um dann noch einmal drei Jahre in Leipzig zu studieren. 1846–48 war R. Hofpianist Christians VIII. von Dänemark, ab 1851 Lehrer an der Rheinischen Musikschule in Köln, 1854–59 Musikdirektor in Barmen, 1859 Leiter der Singakademie in Breslau u. 1860 als Nachfolger von J. Rietz Kapellmeister der Gewandhauskonzerte in Leipzig, daneben Lehrer für Klavier u. Komposition am Konservatorium. 1895 gab R. das Dirigentenamt auf, blieb aber bis 1902 Lehrer am Konservatorium. Zu seinen Schülern gehörten E. Grieg, H. Kretzschmar, K. Muck, H. Riemann, Ch. Sinding, A. Sullivan u. F. Weingartner. In seinen Kompositionen, von denen die Klavierwerke am besten sind, lehnte sich R. an R. Schumann u. F. Mendelssohn Bartholdy an.

R. schrieb die Opern *König Manfred* (1867), *Der vierjährige Posten* (1855, Einakter), *Der Gouverneur von Tours* (1891), 3 Sinfonien, 4 Klavierkonzerte, je 1 Violinkonzert, Cellokonzert u. Harfenkonzert, das Oratorium *Belsazar*, Kammermusik, Klaviermusik u. Lieder.
Zu R. Schriften gehören: »Zur Wiederbelebung der Mozart'schen Clavier-Concerte« (1891), »Die Beethoven'schen Clavier-Sonaten« (1896) u. »Aus dem Reich der Töne« (1907).

reine Stimmung, der Versuch, nach den »natürlichen« Zahlenverhältnissen der Teiltonreihe zu intonieren. Dabei werden die Schwingungszahlenverhältnisse der Intervalle aus den Schwingungszahlen von Grund- u. Obertönen abgeleitet: Oktave 2 : 1, Quinte 3 : 2, Quarte 4 : 3, große Terz 5 : 4, kleine Terz 6 : 5, Sekunde 9 : 8. Hält man an der r. St. über mehrere Oktaven hinweg fest, so ergeben sich Intervallüberschüsse, die bei Tasteninstrumenten theoretisch zu einer Aufspaltung der Tasten führen müßten. Die bekanntesten sind das didymische oder syntonische Komma (80 : 81), das die Differenz zwischen dem großen u. kleinen Ganzton (8 : 9 u. 9 : 10) bezeichnet, u. das pythagoreische Komma (ungefähr 73 : 74), das den Überschuß von 12 Quinten über 7 Oktaven zum Ausdruck bringt. Diese Probleme werden in der Praxis behelfsweise durch die → Temperatur gelöst.

Reinken (Reincken), Johann Adam, dt. Organist u. Komponist, * 26. 4. 1623 Wildeshausen, † 24. 11. 1722 Hamburg. 1654–57 in Hamburg Schüler H. Scheidemanns, der als Schüler J. Sweelincks die niederl. Orgelkunst weitervermittelte. War kurze Zeit Organist in Deventer, wohin seine Familie ausgewandert war, u. ab 1663 als Nachfolger Scheidemanns an St. Catharinen. 1678 gehörte R. zu den Mitbegründern der Hamburger Oper. J. S. Bach kam mehrfach von Lüneburg u. Köthen aus nach Hamburg, um R. spielen zu hören. Nur wenige Kompositionen R. sind bekannt geworden, darunter ein »Hortus musicus« (6 Triosonaten, 1688).

Reißiger, Carl Gottlieb, dt. Kapellmeister u. Komponist, * 31. 1. 1798 Belzig bei Wittenberg, † 7. 11. 1859 Dresden. Sohn des Kantors Christian Gottlieb R. Alumnus der Thomasschule unter J. G. Schicht. Wollte eigentlich Theologie studieren, hatte aber mit einigen Motetten Erfolg u. vervollständigte seine musikalische Ausbildung mit einem Stipendium der preußischen Regierung 1821 in Wien bei A. Salieri, 1822 in München bei P. von Winter sowie 1824 in Italien. 1826 als Nachfolger H. A. Marschners Musikdirektor der Dt. Oper in Dresden, später Hofkapellmeister u. zeitweise Vertreter F. Morlacchis in der Leitung der Ital. Oper. 1856–59 war R. künstlerischer Leiter des Dresdner Konservatoriums. Als Opernkapellmeister bereitete er 1842 die Uraufführung von R. Wagners *Rienzi* vor, setzte sich für C. M. von Weber u. L. van Beethoven ein u. begründete 1858 Abonnementskonzerte der Hofkapelle.

Zu R. Kompositionen gehören: die Opern *Didone abbandonata* (1822), *Die Felsenmühle von Estalières* (1831) u. *Der Schiffbruch der Medusa* (1846) sowie das Melodram *Yelva oder Die Stumme* (1827). Daneben entstanden 1 Sinfonie, das Oratorium *David*, Messen mit Orch. u. Kammermusik.

Rejdovák (von tschech. rej: »Reigen«), ein tschech. Volkstanz im ¾-Takt, aus dem sich um 1840 in Paris der Gesellschaftstanz Redowa entwickelt hat.

Réjouissance (franz.: »Belustigung«), ein schneller, scherzoartiger Satz in den Suiten des 18. Jh.

Relatio non harmonica → Querstand

relatives Gehör, die Fähigkeit, Intervallabstände u. harmonische Zusammenhänge ungeachtet der absoluten Tonhöhen zu erkennen. Diese Fähigkeit ist bis zu einem gewissen Grad erlernbar. Im Gegensatz zum r. G. ist das → absolute Gehör angeboren.

Rellstab, J. K. Friedrich, dt. Verleger, Schriftsteller u. Komponist, * 27. 2. 1759 Berlin, † 19. 8. 1813 ebd. Erhielt seine musikalische Ausbildung bei C. F. Fasch u. J. F. Agricola. Übernahm nach dem Tod seines Vaters 1779 die älteste Berliner Buchdruckerei, die er um eine Verlagsbuchhandlung, Musikalienhandlung, Notenverleih und Musikdruckerei erweiterte. Später gliederte er ein Instrumentenlager u. eine Reparaturwerkstatt an. Ab 1787 veranstaltete er Abonnementskonzerte für Kenner u. Liebhaber. Nachdem er 1806 durch den Krieg sein Vermögen verloren hatte, mußte R. 1812 seine Druckerei schließen. Er lebte von Musikunterricht, hielt Vorlesungen über Generalbaß u. schrieb Kritiken für die »Vossische Zeitung«. Sein Sohn Ludwig R. (13. 4. 1799–28. 11. 1860) gehörte zu den einflußreichsten Musikkritikern des 19. Jh. F. Schubert vertonte eine Reihe seiner Gedichte.

Zu R. an Agricola angelehnten Kompositionen gehören: die Kantaten *Pygmalion, Die Hirten bei der Krippe zu Bethlehem* u. *Ino;* das Singspiel *Die Apotheke;* Instrumentalwerke; Lieder. Von seinen Schriften seien erwähnt: »Versuch über die Vereinigung der musikalischen u. oratorischen Deklamation« (1785), »Über die Bemerkungen eines Reisenden« (1789) u. »Anleitung für Klavierspieler« (1790).

Rémy, W. A. → Mayer, B. Wilhelm

Renaissance (franz.: »Wiedergeburt«), ein kulturgeschichtlicher Begriff, der ungefähr die Zeit von 1430 bis zum Anfang des 17. Jh. umfaßt, eine Epoche, die im Zeichen der Wiederentdeckung des klassischen Altertums stand. Musikalisch läßt sich der Zeitraum der R. mit → G. Dufay u. → C. Monteverdi eingrenzen. Seine wichtigsten Merkmale sind die Entwicklung zur Gleichberechtigung aller Stimmen im polyphonen Satz sowie dessen Auflösung mit der Einführung einer stark affektbetonten Akkordik, die den monodischen Stil vorbereitet u. zum → Barock überleitet. Im Mittelpunkt stehen die niederländische Musik u. ihre Rezeption in Italien sowie das ital. Madrigal. Vor diesem Hintergrund sind die sich verstärkende Tendenz zu tonaler Harmonik, die chromatische Ausweitung des Tonsystems, die malerisch-affektive Wortausdeutung sowie die beginnende → Monodie u. die Vorstellungen von einer → Musica reservata zu sehen, die mit den Experimenten der Florentiner → Camerata zusammenhängen.

Rener, Adam (Renerus Leodiensis oder Adam von Lüttich), niederl. Komponist, * um 1485 Lüttich, † um 1520 Altenburg, Thüringen. 1498 als Singknabe in der Hofkapelle Kaiser Maximilians I., um 1500 zum weiteren Studium in Brabant u. von 1507 bis zu seinem Tod am Hof Kurfürst Friedrichs des Weisen in Torgau. Von R. sind Messen, Hymnen, Sequenzen, 1 Magnificat u. 2 Liedsätze erhalten. Er steht als Komponist in der Nähe H. Isaacs.

Repercussa (von lat. vox repercussa: »wiederholt erklingender Ton«), ein aus der Lehre von den → Kirchentönen stammender Begriff, der ursprünglich den Hauptton (Dominante) bezeichnete, um den die Melodie kreiste. In der Psalmodie (→ Psalmtöne) bezeichnete R. den Rezitationston (Tenor, Tuba). Bei den authentischen Tonarten mit Ausnahme der phrygischen war dies vorzugsweise der Quintton, bei den plagalen der Terz- oder Quartton über der Finalis. Dieser Haupt- oder Gerüstton war mit der Finalis durch die → Repercussio verbunden.

Repercussio (lat.: »Widerhall«), der wiederholte Stimmansatz auf gleicher Tonhöhe beim Vortrag bestimmter Neumen. Dann in der Lehre von den → Kirchentönen die Verbindung zwischen Finalis u. Repercussa. In dieser letzteren Bedeutung im 18. Jh. in die Fugenlehre übernommen, bezeichnet R., auch Wiederschlag genannt, den Einsatz u. Ambitus der Beantwortung eines Themas (→ Comes).

Replica (ital.: »Wiederholung«), als senza r. (»ohne Wiederholung«) häufige Aufführungsvorschrift beim Dacapo des Menuetts nach dem Trio.

Reprise (franz.: »Wiederholung«), die mehr oder weniger genaue Wiederholung eines Satzteils innerhalb einer Komposition. In der → Sonatensatzform bezeichnet R. die meist leicht abgeänderte Wiederkehr der → Exposition nach der → Durchführung.

Requiem, Bezeichnung, unter der Ordinarium u. Proprium (→ Messe) der Totenmesse in der römischen Kirche zusammengefaßt werden. Sie geht auf die Eingangsworte des → Introitus, »Requiem aeternam dona eis, Domine« (»Herr, schenke ihnen die ewige Ruhe«), zurück. Die bis zur jüngsten Liturgiereform verbindliche Textabfolge wurde 1570 von Papst Pius V. festgelegt. Die liturgische Struktur des R. entspricht dem normalen Ordinarium missae, nur Gloria u. Credo werden weggelassen, u. das Hallelujah wird durch den → Tractus mit der → Sequenz »Dies irae« ersetzt. Die den meisten R.-Vertonungen zugrunde liegende Reihenfolge ist deshalb: Introitus (»R. aeternam dona eis, Domine«), Kyrie, Graduale (»R. aeternam dona eis, Domine«), Tractus (»Absolve, Domine«) mit der Sequenz »Dies irae«, Offertorium (»Domine Jesu Christe«), Sanctus mit Benedictus, Agnus Dei, Communio (»Lux aeterna«). Als weitere Teile können dazu kommen das Responsorium (»Libera me«) u. die Lectio (»Taedet animam meam«). Grundlage der frühen R.-Kompositionen bildeten die gregorianischen Gesänge, die den einzelnen Meßteilen zugeordnet waren. J. Ockeghems *Missa pro defunctis* aus der 2. Hälfte des 15. Jh. ist die früheste erhaltene Totenmesse. In den folgenden Jh. wurde das R. immer wieder komponiert, u. a. von A. Brumel, O. de Lassus, Ph. de Monte, C. de Morales, G. P. Palestrina u. P. de La Rue. Mit dem Aufkommen des stile concertato verloren die gregorianischen Gesänge allmählich ihre Bedeutung als musikalische Grundlage. Seit dem 19. Jh. traten neben nicht liturgisch gebundenen R.-Kompositionen auch reine Instrumentalwerke auf, die als R. gedacht sind (2. Satz aus A. Bruckners 7. Sinfonie, B. Brittens *Sinfonia da R.*). Die protestantische Tradition deutschsprachiger R.-Kompositionen nach Bibeltexten reicht von den *Musicalischen Exequien* von H. Schütz über das *Dt. R.* von J. Brahms bis zu S. Reda.

Zu den bedeutendsten R.-Kompositionen gehören Werke von W. A. Mozart, J. Haydn, L. Cherubini, H. Berlioz, G. Verdi u. G. Fauré.

Reservata → Musica reservata

Res facta (lat. Begriff aus dem 13. Jh., bedeutet: »kunstvoll gearbeitete Sache«), ein in den Kompositionslehren des 15. Jh. häufig auftretender Begriff, der sowohl für den schriftlich fixierten Kontrapunkt wie auch für den Cantus compositus, den mehrstimmig komponierten Gesang, verwandt wurde.

Residualton, ein 1940 von J. F. Schouten beobachteter Klangvorgang, der aus einem Phänomen herrührt, das dem der → Kombinationstöne verwandt ist: Bei weggefilterter Grundfrequenz bleibt der Tonhöheneindruck durch einen Rest höherer Teiltöne erhalten.

Resinarius, Balthasar, dt. Komponist, * um 1486 Tetschen, † 12. 4. 1544 Böhmisch-Leipa. Als Sängerknabe in der Hofkapelle Kaiser Maximilians I. unter H. Isaac nachgewiesen. Scheint später Theologie studiert zu haben u. wirkte von 1534 bis zu seinem Tod als lutherischer Bischof in Böhmisch-Leipa. Die Identität mit Balthasar Harzer oder Hartzer ist nicht mit letzter Sicherheit nachzuweisen. Sein bedeutendstes Werk ist das 1543 in Wittenberg erschienene »Responsorium numero octoginta« mit 80 Responsorien für die Lateinschulen. Außerdem sind von R. einzelne Motetten erschienen sowie 30 Sätze in »Newe Deudsche Geistliche Gesenge ...« (1544).

Resonanz (von lat. resonare: »widerhallen«) ist das Mitschwingen eines schwingungsfähigen Körpers oder Systems, wenn dieser oder dieses von einer periodischen Kraft erregt wird, deren Frequenz der Eigenfrequenz des Körpers oder Systems gleich oder fast gleich ist. Die Stärke der R. hängt von der → Dämpfung ab. Die R. trägt wesentlich zur Klangwirkung von Musikinstrumenten u. der menschlichen Stimme bei. Auf ihr beruht die Bildung der → Formanten, die wiederum die → Klangfarben bestimmen.

Resonanzboden, ein hauptsächlich bei Saiteninstrumenten zur Verstärkung des Klangs eingebautes mehrschichtiges Holzbrett, das die Schwingungen aufnimmt u. flächig abstrahlt.

Respighi, Ottorino, ital. Komponist, * 9. 7. 1879 Bologna, † 18. 4. 1936 Rom. Erhielt den ersten Musikunterricht von seinem Vater. War 1891–99 Schüler von F. Sarti (Geige u. Bratsche) am Liceo

Musicale in Bologna u. erhielt daneben ab 1898 Kompositionsunterricht bei L. Torchi u. G. Martucci. 1900 trat er in das Orchester der Stadt Bologna ein. In der Saison 1900–01 war er Bratschist bei der ital. Opernstagione in Petersburg u. nahm dort weiteren Unterricht bei N. Rimskij-Korsakow, unter dessen Anleitung er seine Diplomarbeit für Bologna, ein *Preludio, Corale e Fuga*, komponierte. 1902–03 ging R. noch einmal nach Rußland u. arbeitete als Orchestermusiker in Petersburg u. Moskau. 1903–08 konzertierte er als Geiger u. Bratschist u. trat mit dem Mugellini-Quintett auf. In diese Zeit fallen seine ersten Kompositionen, u. a. ein Klavierkonzert, ein Notturno für Orch. u. die Oper *Re Enzo*, die von Studenten im Teatro del Corso in Bologna 1905 uraufgeführt wurde. 1908–09 lebte R. als Pianist der Gesangsschule E. Gardini-Gerster in Berlin. 1913 übernahm er eine Professur für Komposition am Conservatorio di Musica S. Cecilia in Rom. 1915–16 entstand die sinfonische Dichtung *Fontane di Roma*, die ihm zusammen mit den späteren *Pini di Roma* u. *Feste romane* Weltruhm einbringen sollte. 1917 folgte die erste Sammlung *Antiche arie e danze* für Orch. nach alten Lautentabulaturen. 1919 heiratete R. seine Schülerin Elsa Olivieri-Sangiacomo, die sich als Sängerin u. Komponistin selbst einen Namen machte. Für sie komponierte R. Werke wie *Il tramonto* (1918) u. begleitete sie bei ihren Auftritten am Klavier. 1924–26 übernahm R. die Leitung des Conservatorio di Musica S. Cecilia, konzentrierte sich danach jedoch ganz auf sein Schaffen u. behielt nur eine Meisterklasse für Komposition. Auf mehreren Nord- u. Südamerikareisen sammelte R. neue Eindrücke, die sich u. a. in seinen *Impressioni brasiliane* (1927) niederschlugen. Im gleichen Jahr kam in Hamburg seine Oper *La campana sommersa* nach G. Hauptmanns »Die versunkene Glocke« heraus. Eine konzertante Aufführung seiner nächsten Oper *Maria Egiziaca* dirigierte er 1932 in der New Yorker Carnegie Hall selbst. Sein letztes Bühnenwerk, die Oper *Lucrezia*, wurde von seiner Frau Elsa R. vollendet.

Die Orchesterwerke R. sind von R. Strauss, C. Debussy u. N. Rimskij-Korsakow beeinflußt. Der klangbewußte R. begann sich früh mit den Kunstformen u. der Tonsprache der Vergangenheit auseinanderzusetzen. Mit seiner *Sinfonia drammatica* griff er zu kirchentonaler Melodik, die auch für die meisten seiner Werke nach 1920 typisch ist. In *Lucrezia* führte er sogar den stile recitativo wieder ein, indem er den Erzähler aus dem Orchestergraben singen ließ.

Gemeinsam mit S. A. Luciani verfaßte R. eine kleine Musikgeschichte: »Orpheus, iniziazione musicale« (Florenz 1925).

Zu R. Werken gehören: die Opern *Re Enzo* (1904), *Semirama* (1907–09), *Marie Victoire* (1907–09, vom Komponisten zurückgezogen), *La bella addormentata nel bosco* (1907–09), *Belfagor* (1921–22), *La campana sommersa* (1924–27), *Maria Egiziaca* (1930–31), *La fiamma* (1932–33) u. *Lucrezia* (1937, vollendet von Elsa R.); die Ballette *Scherzo veneziano* (1907–09), *La boutique fantasque* (Musik nach G. Rossini, 1918, später als Orchestersuite *Rossiniana*) u. *Belkis, regina di Saba* (1931); die Orchesterwerke Notturno (1905), *Sinfonia drammatica* (1915), *Fontane di Roma* (1915–16), *Antiche arie e danze per liuto* (3 Teile, 1917, 1924 u. 1931), *Pini di Roma* (1924), *Vetrate di chiesa, Impressioni brasiliane, Trittico botticelliano* u. *Gli uccelli* (1927), *Feste romane* (1928) u. *Metamorphoseon modi XII* (1930); *Concerto gregoriano* für V. u. Orch. (1921), *Concerto in modo misolidico* für Kl. u. Orch. (1924), Toccata für Kl. u. Orch. (1928), *Concerto a cinque* für V., Ob., Trp., Kb., Kl. u. Streicher (1933); Vokalkompositionen wie *Aretusa* für Mezzo-S. u. Orch. (1911), *Deità silvane* für S. u. 11 Instr. (1917), *Il tramonto* für Mezzo-S. u. Streichquartett (1918), *La sensitiva* für Mezzo-S. u. Orch. (1918) u. *La primavera* (1923) sowie *Lauda per la Natività* (1939) für Soli, Chor u. Orch.; Kammermusikwerke wie Streichquartett in D-Dur (1907), Violinsonate in h-Moll (1917), *Quartetto dorico* (1924), Klavierstücke u. Lieder. Von seinen Bearbeitungen seien erwähnt: D. Cimarosas *Le astuzie femminili* (1920–21), J. S. Bachs *Passacaglia* in c-Moll (1930, Ballett *Le jeune homme et la mort* von R. Petit) u. *Orfeo* von C. Monteverdi (1934).

Lit.: R. de Rensis, O. R., Turin 1935; E. Respighi, O. R., Mailand 1954, dt. Frankfurt a. M. 1962; L. Bragaglia u. E. Respighi, Il teatro di R., Rom 1978.

Responsoriale (lat.), ein nur als Teilausgabe (»Liber responsorialis«, Solesmes 1895) vorliegendes Buch, in dem alle Melodien für das nächtliche Stundengebet gesammelt sind.

Responsorium (von lat. respondere: »antworten«), ein auf jüdische Vorbilder zurückgehender liturgischer Gesang, der sich aus solistischem Vortrag u. Chorteil zusammensetzt u. nach dem Prinzip des Kehrverses aufgebaut ist. Man unterscheidet das R. prolixum des Nachtoffiziums u. das R. breve des Tagesoffiziums. Das R. steht in der Messe wie auch im Offizium nach den Lesungen, die Texte stammen vorwiegend aus der Bibel, besonders aus den Psalmen.

Retrogradus (motus retrogradus) → Krebsgang

Rettungsoper, besonders zur Zeit der Franz. Revolution beliebte Opernart (→ Oper), bei der eine Hauptperson immer in letzter Minute die geliebte andere rettet. Die bedeutendste R. ist L. van Beethovens *Fidelio*.

Reusner (Reussner), Esaias, dt. Lautenspieler u. Komponist, * 29. 4. 1636 Löwenberg, Schlesien, † 1. 5. 1679 Berlin. Erhielt seinen ersten Unterricht bei Esaias R. dem Älteren, war ab 1661 am Hof der litauischen Fürsten Radziwill, ab 1655 am Herzoglichen Hof in Brieg, gab 1672 an der Universität Leipzig Lautenunterricht u. wurde 1674 Kammerlautenist in der Hofkapelle des Großen Kurfürsten in Berlin. R. gehört zu den bedeutendsten Lautenspielern des 17. Jh. Er führte die neufranz. Lautenstimmung, die sog. Gaultier-Stimmung in D, in Deutschland ein.

Zu R. Kompositionen gehören: »Delitiae testudinis, praeludiis, paduanis, allemandis, courantis, sarabandis, giguis et gavottis conditae« (1667), »Musicalische Taffel-Erlustigung« (1668), »Musicalische Gesellschafts-Ergetzung« (1670) u. »Neue Lauten-Früchte« (1676).

Reuter, Fritz, dt. Komponist u. Musikwissenschaftler, * 9. 9. 1896 Dresden, † 4. 7. 1963 ebd. Schüler von R. Schmidt, R. Kaden, R. Teichmüller, S. Krehl, H. Riemann u. A. Schering. Wurde 1921 Theorielehrer am Konservatorium in Leipzig u. 1922 Kompositionslehrer am Kirchenmusikalischen Institut. Ab 1933 mußte er sich als Studienrat durchschlagen. 1945 wurde R. Kapellmeister u. Dramaturg an der Volksoper Dresden, 1949–55 Professor für Musikerziehung an der Universität Halle u. bis 1962 Direktor des Instituts für Musikerziehung an der Humboldt-Universität in Berlin. Zu seinen Schülern gehörten F. Konwitschny, G. Trexler u. A. Naidenow. In seinen Kompositionen entwickelte R. einen einfachen, klaren polyphonen Stil.

R. schrieb u.a. 3 Sinfonien, mehrere Konzerte, Kammermusik, Orgelstücke u. Lieder.
Zu seinen Schriften gehören: »Das musikalische Hören auf psychologischer Grundlage« (Leipzig 1925); »Methodik des musiktheoretischen Unterrichts auf neuzeitlichen Grundlagen« (Stuttgart 1929); »Grundlagen der Musikerziehung« (Leipzig 1957, erweitert 1962).

Reutter, 1. Georg (d. Ä.), österr. Organist u. Komponist, getauft 4. 11. 1656, † 29. 8. 1738 Wien. War möglicherweise Schüler von J. K. von Kerll, dessen Nachfolger als Organist er 1686 am Stephansdom wurde. 1697–1703 Theorbist in der Hofkapelle, ab 1700 Hof- u. Kammerorganist, um 1712 Nachfolger von J. J. Fux als 2. Kapellmeister des Stephansdoms u. 1715 dort 1. Kapellmeister. Er komponierte Kirchenmusikwerke u. Orgelstücke.

2. J. A. J. K. Georg (d. J.), Sohn von 1., österr. Organist u. Komponist, * 6. 4. 1708 Wien, † 11. 3. 1772 ebd. Schüler seines Vaters u. von A. Caldara. 1731 Hofkomponist u. 1738 1. Domkapellmeister am Stephansdom als Nachfolger seines Vaters. 1742 erhielt er die Leitung der gesamten Kirchenmusik u. wurde 1767 nach dem Tod L. A. Predieris mit dem Titel des Hofkapellmeisters ausgestattet.

R. komponierte zahlreiche Opern, Oratorien, Kirchenmusiken sowie Sinfonien, Serenaden u. Stücke für Tasteninstrumente.

Reutter, Hermann, dt. Komponist, * 17. 6. 1900 Stuttgart. Erhielt seinen ersten Klavier- u. Cellounterricht bei E. Uhlig. Studierte ab 1920 an der Münchner Akademie der Tonkunst bei W. Courvoisier u. F. Dorfmüller. 1923 trat er in Donaueschingen bereits mit einem Klaviertrio an die Öffentlichkeit. 1924 gab R. seinen ersten Liederabend als Begleiter von Marthe Fuchs. In den folgenden Jahren machte er sich einen Namen als Klavierbegleiter u. trat bei den Musikfesten in Donaueschingen u. Baden-Baden mit neuen Kompositionen hervor. 1929 lud ihn die Sängerin Sigrid Onegin zu einer Amerikatournee ein, der weitere Auftritte im In- u. Ausland folgten. 1932 wurde R. Kompositionslehrer an der Stuttgarter Musikhochschule. 1936 ging er als Direktor des Dr. Hoch'schen Konservatoriums nach Frankfurt a. M., übernahm 1952 eine Professur für Komposition u. Liedinterpretation in Stuttgart, wo er von 1956 bis 1966 auch Direktor der Musikhochschule war. Nach seiner Emeritierung übernahm R. an der Münchner Musikakademie eine Klasse für Liedinterpretation, die er bis 1974 leitete.
Seinen wichtigsten Wirkungsbereich sieht R. im Musiktheater. Als Liedbegleiter von S. Onegin, S. Danco, E. Schwarzkopf, D. Fischer-Dieskau u. N. Gedda beherrscht er nicht nur das Konzertrepertoire, sondern hat mit vielen Liedkompositionen zu dessen Erweiterung beigetragen. Neben den Opernkompositionen, die in vielen Fällen dem Oratorium nahestehen u. fast immer auf literarische Vorlagen zurückgehen, besteht sein Werk vorwiegend aus Chorwerken u. Vokalkompositionen. Daneben steht eine Reihe von Instrumentalstücken, die R. hauptsächlich für sein eigenes Instrument, das Klavier, geschrieben hat. Den formalen Neuerungen bei seinen Bühnenwerken steht ein Festhalten an einer Tonsprache gegenüber, die der → Neuen Musik aus dem Umkreise P. Hindemiths verpflichtet ist. Charakteristisch für R. Kompositionsweise ist die starke Betonung des Melodisch-Rhythmischen.
Die folgende Auswahl seiner Werke hält sich in der Reihenfolge an sein Werkverzeichnis, da vielfache Überarbeitungen u. Neufassungen sowie große Zeiträume zwischen Arbeitsbeginn u. Uraufführung eine zeitliche Abfolge nicht angebracht erscheinen lassen.

R. komponierte die folgenden Bühnenwerke: *Saul* (Oper nach dem Drama von A. Lernet-Holenia, 1928, 2. Fassung 1947); *Der verlorene Sohn* (5 Szenen nach A. Gide, 1929, Neufassung als *Die Rückkehr des verlorenen Sohnes* 1952); *Der Lübecker Totentanz* (ein altes Mysterienspiel); *Doktor Johannes Faust* (Oper, 1936, Neufassung 1955); *Odysseus* (Oper, 1942); *Der Weg nach Freudenstadt* (Ballade der Landstraße in 5 Bildern, 1948, gemeinsam mit *Lübecker Totentanz* uraufgeführt); *Don Juan und Faust* (Oper nach Ch. D. Grabbe, 1950); *Die Witwe von Ephesus* (Oper, 1954, reduzierte Fassung 1966); *Die Prinzessin und der Schweinehirt* (ein Märchenspiel) u. *Der Tod des Empedokles*, Concerto scenico (1966); *Die Brücke von San Luis Rey* (Funkoper, 1954); *Hamlet* (Schauspiel für Musik, 1980); die Ballette: *Die Kirmes von Delft* (1937, daraus Orchestersuite), *Topsy* (1950, daraus *Tanzvariationen* für Orch.) u. *Notturno*

Montmartre (1952, daraus Orchestersuite); an Orchesterwerken: Sinfonie für Streicher (1960) u. *Figurinen zu Hofmannsthals »Jedermann«* für großes Orch. (1972); Chorwerke wie: *Der neue Hiob* (ein Lehrstück für Soli, Chor u. Instr., 1930), *Vier Bettellieder* für 4st. gem. Chor a cappella u. die Kantate *Der glückliche Bauer* (1932), *Gesang des Deutschen* (Kantate nach F. Hölderlin für S., Bar., gem. Chor u. Orch., 1938), *Chorfantasie* für S., Bar., gem. Chor u. Orch. (1939), *Hochzeitslieder* für 4st. gem. Chor u. Kl. (1941), *Drei Madrigale* für 4st. gem. Chor a cappella u. *Pandora*, Kantate für S., Bar., gem. Chor u. Orch. (1949), *Bauernhochzeit* für gem. Chor u. Orch. (Orchesterfassung der *Hochzeitslieder*), *Hymne an Deutschland* für 4st. gem. Chor a cappella oder mit Blas-, Streich- oder großem Orch. (1950), *Weihnachtskantilene* für gem. Chor u. Kl. oder Org. (1952), *Tres Laudes* für gem. Chor a cappella (1964), *Sechs Chöre zu Calderons »Großes Welttheater«* für 4st. gem. Chor, Blasorch., Pauken, Kl. u. Schlagzeug (1951), *Drei Gleichnisse* für 4st. gem. Chor a cappella (1959), *Triptychon* für T., 4st. gem. Chor u. Orch. (1959), *Phyllis und Philander* für 4st. gem. Chor, Kl. u. 6 Bläser (1970), *Der große Kalender* (Oratorium für S., Bar., gem. Chor, Kinderchor, Orch. u. Org., 1970, Erstfassung 1933), *Jesu Nachtgespräche mit Nikodemus* (Motette für 3 gleiche St. a cappella) u. *Trost der Nacht*, Chorvariationen für 4st. gem. Chor a cappella oder mit Fl. u. Kl. (1976); Instrumentalwerke mit Kl. wie: *Fantasia apocalyptica* für 2 Kl. zu 2 Händen, Konzert für Kl. u. Kammerorch. (1926), Konzert für Kl. u. Orch. (1929), *Sinfonische Fantasie* für Kl. u. Orch. (1938), *Konzert in einem Satz* für Kl. u. Orch. (1948), *Konzert in einem Satz* für 2 Kl. u. Orch. (1951), Concertino für Kl. u. Streicher (1947), *Konzertvariationen* für Kl. u. Orch. (1952) u. *Capriccio, Aria u. Finale* für Kl. u. Orch. (1964); Instrumentalwerke mit Geige wie: Violinsonate, Violinkonzert (1933), *Pfingstmusik* für 2 V., *Epitaph für Ophelia* (Musik für Solo-V. u. Kammerorch.); Instrumentalwerke mit Bratsche wie: *Cinco Caprichos sobre Cervantes* für Va. solo (1968); Instrumentalwerke mit Cello, darunter *Prozession* (Dialog für Vc. u. Orch., 1957). Von seinen Werken für 1 oder mehrere Solo-St. mit Instrumenten oder Orch. seien erwähnt: *Missa brevis* für A., V. u. Vc. (1930), *Solo-Kantate* für A., Va. u. Kl., *5 antike Oden* für mittlere Frauenst., Va. u. Kl. (1948), *Lyrisches Konzert* für S., Fl., Kl., Streicher u. 3 Pauken (1948), *Monolog der Iphigenie* für 1 Frauenst. u. großes Orch. (1949), *Der himmlische Vagant* für A., Bar. u. Instr. (1951), *Spanischer Totentanz* für 2 mittlere Singst. u. Orch. (1953), *Aus dem Hohelied Salomonis* (Concerto grosso für A., Va., Kl. u. Orch., 1956), *Weltlicht* (7 isländische Gedichte für tiefe Männerst. u. Instr., 1959), *Ein kleines Requiem* für B., Vc. u. Kl. (1961), *Kleine Ballade von den drei Flüssen* für S. u. kleines Orch. (1960), *Andalusiana* für S. u. Orch. oder Kl. (1962), *Szene und Monolog der Marfa aus Schillers »Demetrius«* für S. u. Orch. (1966), *Drei Monologe des Empedokles* für Bar. u. Orch., *Prediger Salomo* (12, 1–9), Solokantate für tiefe Singst., Fl. u. Kl. oder Org. (1973), *Liebeslied* für 1 Sprechst. u. Solo-Fl. (1975), *Der Liebe will ich singen* (Minnelieder aus der Zeit der Staufer für S., Bar. u. Orch., 1977), *Tre Notturni* für tiefe Männerst., Kl. u. 5 Bläser (1976). Außerdem komponierte R. weit mehr als 100 Stücke für 1 oder mehrere Singst. u. Kl. u. gab eine vierbändige Sammlung »Das zeitgenössische Lied« heraus.

Lit.: H. Lindlar (Hg.), H. R., Werk u. Wirken, Festschrift, Mainz 1965.

Revival (engl.: »Wiederbelebung«), in der Popmusik Bezeichnung für die Wiederbelebung älterer Musikstile. So spricht man beispielsweise vom Dixieland-R., Folk-R. oder Rock-R.

Revue (franz.: »Wiedersehen«, »Rückschau«), eine lose verbundene Bilderfolge mit Sprech- u. Gesangsszenen, Tanzeinlagen, Chansons u. Varietéartistik. Diese Unterhaltungsstücke wurden häufig durch einen Rahmen zusammengehalten u. ließen Zeitgeschichte kritisch-satirisch »Revue passieren«. Oft stand die R. auch unter einem bestimmten Motto. Diese Unterhaltungsform kam als R. de fin d'année bereits im Frankreich des Bürgerkönigs Louis-Philippe in Mode. Heute wird die Tradition der R. von den Folies-Bergère, dem Lido u. dem Casino de Paris weitergeführt. In Deutschland brachte das Metropoltheater in Berlin bedeutende R. wie *Paradies der Frauen* oder *Berlin lacht* heraus. In Amerika gehört die R. zu den Vorläufern des → Musical, insbesondere die Ziegfeld Follies u. die Music Box Revues. In ihnen erlebte der Girltanz (Chorusgirl) seine größte Blüte.

Revueltas, Silvestre, mexikan. Komponist, Dirigent u. Geiger, * 31. 12. 1899 Santiago Papasquiaro, † 5. 10. 1940 Mexico City. Studierte in Mexico City u. den USA. Zu seinen Lehrern gehörten R.J. Tello, F. Borowski u. O. Ševčík. Trat anschließend als Geiger u. Dirigent auf, bis er 1928 von C. Chávez als Assistent u. 2. Dirigent an das Orquesta Sinfónica de México geholt wurde. Lehrte daneben als Professor für Geige u. Kammermusik am Staatskonservatorium in Mexico City. 1935–37 leitete er verschiedene Orchestervereinigungen u. unterstützte 1937 die Internationalen Brigaden im Span. Bürgerkrieg. Bei seiner Rückkehr nach Mexiko fand er keinen Anschluß mehr an das dortige Musikleben und starb in Armut. Im Gegensatz zu vielen anderen lateinamer. Komponisten amalgamierte R. seine nationale Folklore, ohne in Zitate zu verfallen. Sie erscheint in einer an I. Strawinsky erinnernden rhythmischen Montagetechnik, überlagert von Dissonanzen.

Zu R. Orchesterstücken gehören: *Cuauhnahuac* (1930), *Esquinas* (1931), *Ventanas* (1931), *Alcancías* (1932), *Colorines* (1932), *Janitzio* (1933, Neufassung 1936), *Caminos* (1934), *Homenaje a Federico García Lorca* (1936) u. *Sensemayá* (1937). Von seinen 7 Filmmusiken erschienen *Redes* u. *Música para charlar* ebenfalls als Orchesterstücke. R. schrieb außerdem Ballette, eine Toccata für V. u. kleines Orch. (1933), 3 Streichquartette (1930–31), *8 × Radio* für Oktett (1933) u. eine Reihe von Liedern auf Texte von N. Guillén u. F. García Lorca.

Reyer, Ernest (eigtl. L. E. E. Rey), franz. Komponist u. Kritiker, * 1. 12. 1823 Marseille, † 15. 1. 1909 Le Lavandou. Besuchte die Musik-Freischule Barsottis in Marseille u. beschloß, Komponist zu werden. Schließlich ließen ihn die Eltern bei seiner Tante Louise Farrenc in Paris systematisch ausbilden. Dort lernte er den Kreis um Flaubert u. Gautier kennen u. machte 1850 mit der Ode-symphonie *Le Sélam* von sich reden. Eine Ballett-Pantomime *Sacountala* folgte 1858. 1866 wurde R. Bibliothekar an der Pariser Opéra u. Kritiker am »Journal des débats«. Als Wagner-Anhänger zeigt er sich in seinen Kompositionen von Wagnerschen Klangvorstellungen geprägt u. macht von der Leitmotivik reichen Gebrauch. Trotzdem setzte er sich unermüdlich für die jungen franz. Komponisten wie C. Franck u. G. Bizet ein.

Zu R. Bühnenwerken gehören *Maître Wolfram* (1854), *La statue* (1861), *Erostate* (1862), *Sigurd* (1884), *Salammbô* (1890).
Seine Kritiken wurden von E. Henriot als »Notes de Musique« (1875) u. »Quarante ans de musique« (1909) in Paris herausgegeben.

Reynolds, Roger, amer. Komponist, * 18. 7. 1934 Detroit. Studierte Physik u. Komposition, arbeitete anschließend in elektronischen Studios in Köln, Paris u. Mailand. Er ist seit 1969 Professor an der University of California in San Diego.

Zu R. Kompositionen gehören: die Vokalwerke *The Emperor of Ice Cream* für 8 St., Kl., Schlagzeug u. Kb. (1962), *A Portrait of Vanzetti* für Erzähler, Bläser, Schlagzeug u. Tonband (1963), *Masks* für gem. Chor u. Orch. (1965), *Blind Men* für gem. Chor, Blechbläser, Schlagzeug u. Projektion (1966) u. *I/O* (Ritual for 23 Performers für 9 Frauenst., 9 Schauspieler, 2 Fl., Klar., Elektronik u. Projektion, 1969); die Multimediaschau *Ping* (nach einer Erzählung von Beckett, für Fl., Kl., Harmonium, Cimbalom, Tamtam, elektronische Klänge, Film, Ringmodulator u. 35 Tonbänder, 1969); Orchesterwerke wie *The Wedge* (1961), *Graffiti* u. *The Lies of the Land* (1964), *Quick are the Mouths of Earth* (1965) u. *Threshold* (1967); Kammermusik.

Rezeption (lat.), im Bereich der Musik die Aufnahme eines Musikwerks durch Hörer, Ausübende und Wissenschaftler. Untersuchungen über die R. von Musik in Vergangenheit u. Gegenwart haben sich in der neueren Zeit zu einem wichtigen Zweig der Musikwissenschaft entwikkelt. Die R. eines musikalischen Kunstwerks im Wandel der Zeiten läßt wesentliche Rückschlüsse über Werk u. Zeit zu. Man unterscheidet zwischen der R. bei einem einzelnen u. der R. in einer bestimmten Epoche. Dabei wird deutlich, daß sich die R. eines Werkes von Generation zu Generation ändert.

Rezitativ (von lat. recitare: »vortragen«), der im Zug der ital. Renaissance nach vermeintlich antiken Vorbildern entstandene Typus des solistischen, instrumental begleiteten Sprechgesangs. Dieser entwickelte sich aus der → Monodie, die bereits bei G. B. Doni (»Compendio«, 1635) in »più semplice, detta stile recitativo« u. »più ariosa« gegliedert wurde. C. Monteverdi setzte das R. als gehobene ausdrucksvolle Vortragsart in seinem stile rappresentativo ein. Während das R. in der Oper zum Handlungsträger wurde, bildete sich das vorerst noch nicht klar unterschiedene Arioso zum Gefühlsträger, zur → Arie aus. Um 1700 trat das R. bereits in zweierlei Gestalt auf: das Recitativo secco (trocken) oder semplice (einfach) folgte in seinem Parlandocharakter dem Sprachrhythmus u. wurde von einem oder mehreren → Fundamentinstrumenten begleitet (meistens Cemb. u. Viola da gamba oder Vc.), das Recitativo accompagnato wurde vom Orchester begleitet u. ließ eine gewaltige Ausdruckssteigerung zu. Ch. W. Gluck stellte deshalb bei seiner späteren Opernreform das Recitativo accompagnato in den Mittelpunkt seiner Bemühungen. Während die Spieloper des 18. u. 19. Jh. das ihr unnatürlich erscheinende R. durch den gesprochenen Dialog ersetzte, wurde es bei R. Wagners sinfonischen Opern in seiner Accompagnato-Form vollständig integriert. Das Recitativo secco lebt nur noch in der komischen Oper weiter.
Instrumentale Nachahmungen des R. lassen sich bei vielen Komponisten nachweisen. Als besonders deutliches Beispiel wird immer wieder das Finale aus L. van Beethovens 9. Sinfonie herangezogen.

Rezniček, Emil J. Nikolaus, Freiherr von, österr. Komponist u. Dirigent, * 4. 5. 1860 Wien, † 2. 8. 1945 Berlin. Studierte bei W. Mayer in Graz u. C. Reinecke u. S. Jadassohn in Leipzig. Wirkte als Theaterkapellmeister in Graz, Zürich, Stettin, Jena, Bochum u. Mainz, ehe er sich für einige Zeit in Prag niederließ. Dort entstand 1894 seine Oper *Donna Diana,* deren Ouvertüre ein Welterfolg wurde. Nach weiteren Hofkapellmeisterstellen wurde R. Opernkapellmeister in Warschau u. Berlin, unterrichtete am Klindworth-Scharwenka-Konservatorium u. zog sich 1920 ins Privatleben zurück, unterrichtete aber noch bis 1926 an der Berliner Hochschule für Musik.

Neben mehreren Opern komponierte R. 4 Sinfonien, 1 Violinkonzert, 1 Messe u. 1 Requiem sowie Kammermusik, darunter 4 Streichquartette.

Rhapsodie (von griech.: »nähen«, »flicken« u. »Gesang«), **1.** in nachhomerischer Zeit der Eposvortrag durch fahrende Sänger (Rhapsoden). **2.** Vokal- oder Instrumentalkompositionen des 19. u. 20. Jh., die sich an der Geschichte oder der Sagen- u. Märchenwelt inspirieren. Sie kennen keine feste Form, bevorzugen aber einen durchgehenden Satz. Entsprechend dem antiken Vorbild liegen häufig Fragmente größerer Dichtungen zugrunde, bei den in Liedform gesetzten Klavierstücken auch eine »poetische Idee«. Orchester-Rh. mit nationalem Charakter komponierten u. a. F. Liszt, A. Dvořák, F. Delius, M. Ravel u. G. Gershwin.

Rhaw (Rhau) Georg, dt. Komponist, Theoretiker u. Drucker, * 1488 Eisfeld, Franken, † 6. 8. 1548 Wittenberg. Studierte in Erfurt u. Wittenberg, wurde 1518 Kantor an der Thomasschule in Leipzig u. gehörte daneben auch dem Lehrkörper der Universität an. 1520 mußte er als Anhänger Luthers seine Ämter niederlegen. Nachdem er einige Jahre als Schulmeister tätig war, eröffnete Rh. 1525 eine Druckerei in Wittenberg, in der er vor allem Sammelwerke frühprotestantischer Kirchenmusik herstellte, deren Sätze häufig von ihm selbst stammten. Rh. schrieb ein »Enchiridion utriusque musicae practicae« in 2 Teilen (»Musica plana« 1517 u. »Musica mensuralis« 1520), das weite Verbreitung fand.

Rheinberger, Joseph G. von, dt. Komponist u. Lehrer, * 17. 3. 1839 Vaduz, Liechtenstein, † 25. 11. 1901 München. Zeigte bereits als Kind eine außergewöhnliche musikalische Begabung, studierte 1851–54 am Konservatorium in München, konnte anschließend seine Studien mit Hilfe einer Reihe von Münchner Subskribenten fortsetzen u. war u.a. Kompositionsschüler von F. Lachner. 1859 wurde Rh. Lehrer für Klavier, 1860 für Komposition an der Königlichen Musikschule. Daneben wirkte er 1853–57 an St. Ludwig, 1857–63 an St. Kajetan u. 1863–67 an St. Michael als Organist u. arbeitete 1853–77 am Oratorienverein mit, dessen 1. Dirigent er 1864 wurde. Im gleichen Jahr übernahm Rh. die Stelle eines Solorepetitors an der Hofoper. 1867 wurde Rh. von der Königlichen Musikschule angestellt u. verblieb dort bis 1901 als vielgeachteter Lehrer. 1877 wurde ihm die Nachfolge F. Wüllners als Königlicher Hofkapellmeister u. Leiter der Kirchenmusik am Hofe übertragen. Damit wurde Rh. zu einer der einflußreichsten Persönlichkeiten des Münchner Musiklebens. Aus seinen heute fast vollständig vergessenen Kompositionen ragen die 20 Orgelsonaten heraus, die ihn als hervorragenden Kontrapunktiker ausweisen. Mit seinen Kirchenmusiken bildete Rh. einen Gegenpol zu den zu seiner Zeit mächtigen Bestrebungen des → Caecilianismus. Neben drei dramatischen Jugendwerken seien die beiden romantischen Opern *Die sieben Raben* (1869) u. *Des Türmers Töchterlein* (1873) erwähnt. Außerdem komponierte Rh. Oratorien u. Kantaten, Schauspielmusiken, Orchesterwerke, u.a. eine *Wallenstein-Sinfonie* u. eine *Florentiner Sinfonie,* Konzerte, Kammermusik u. Lieder.

Lit.: H.-J. Irmen, G. J. Rh. als Antipode des Cäcilianismus, Regensburg 1970; ders., Thematisches Verzeichnis der musikalischen Werke G. J. Rh., Regensburg 1974; H. Wagner, J. G. Rh. u. die Kammermusik, St. Gallen 1978.

Rheinländer, Paartanz aus der 1. Hälfte des 19. Jh. im ruhigen ¾-Takt, auch Bayerische Polka genannt. Zu seiner Schrittfolge gehören triolenmäßig ausgeführte Walzerdrehungen.

Rhythm & Blues, die von P. Ackermann u. J. Wexler in »Billboard« durchgesetzte Bezeichnung für populäre Musik der Schwarzen, die man bis dahin race music genannt hatte. Diese städtische Spielart des Blues zeichnete sich durch lauten u. aggressiven Sound aus (Schlagzeug u. elektrisch verstärkte Gitarre). Zu seinen bekanntesten Vertretern gehören Joe Turner, Muddy Waters u. Howlin' Wolf.

Rhythmik (griech.), die Lehre vom → Rhythmus, aber auch eine bestimmte Art von Rhythmus im Sinne eines rhythmischen Charakters.

rhythmische Erziehung, eine von E. Jaques-Dalcroze mit seiner Rhythmischen Gymnastik entwickelte Methode der Musikerziehung, die auf der Einheit von Rhythmus u. Bewegung fußt. Diesen Gedanken nahm R. Steiner mit seiner Eurythmie auf. Ebenfalls mit einer Musikerziehung auf der Grundlage des Rhythmus beschäftigte sich C. Orff in seinem Schulwerk.

Rhythm section → Band

Rhythmus (griech.), bestimmt mit seiner Gliederung in lange u. kurze Tondauern neben dem → Metrum u. dem → Tempo den zeitlichen Ablauf der Musik. In der Antike wurde Rh. als Ordnung der Bewegung aufgefaßt u. insbesondere auf Tanz, Musik u. Dichtung bezogen. Die Entwicklungsgeschichte des Rh., soweit sie überhaupt nachvollziehbar ist, hängt stark von der sprachlichen Entwicklung ab. Bereits der Unterschied zwischen der quantitierenden griech. Dichtung (zwei festgelegte Zeitwerte, Länge u. Kürze, die dem Wort immanent sind) u. der akzentuierenden dt. (die Sprache schreibt die Ausfüllung mit bestimmter Dauer nicht genau vor) macht dies deutlich. In der Renaissance wurde das griech. Lehnwort wieder in den musikalischen Sprachgebrauch aufgenommen, von J. Mattheson im 18. Jh. mit dem Taktbegriff verknüpft, bei R. Schumann wieder vom Takt unterschieden u. in der Musik des 20. Jh. völlig von der Dichtkunst getrennt. Deshalb spricht man heute auch von musikalischer Prosa, d. h. einer Musik, die von allen an die Poesieästhetik angelehnten Ordnungsprinzipien befreit ist.

Der → Takt an sich faßt nur eine bestimmte Gruppe von Zählzeiten unter Beachtung der Betonungsverhältnisse zusammen. Er bleibt ein leeres Schema, wenn er nicht durch verschiedene Zeitwerte ausgefüllt wird, die eine rhythmisch-musikalische Realität konstituieren. Als Ordnungsprinzip oder musikalische Gestalt kann der Rh. nur dann wirksam werden, wenn sich eine Periodizität erkennen läßt.

Der Einbildungskraft eines Komponisten bleibt es überlassen, aus dem Rh. musikalisches Material zu entwickeln oder den zu einem musikali-

schen Einfall passenden Rh. zu suchen. Dabei zeigt sich, daß der Rh. beim → Transponieren oder der Wahl eines anderen Tempos seine Qualität ändert.
In der neueren Zeit sind durch die Erforschung der Folklore, den Jazz u. die verschiedenen exotischen Gesellschaftstänze eine Reihe neuer Rh. belebend in die Kunstmusik eingeflossen.

Ribattuta (di gola) (ital: »Zurückschlagen in der Kehle«), eine ital. Gesangsmanier, bei der eine Note u. ihre obere Nebennote in trillerartigem Wechsel erklingen. Später auch als Einleitung zum Triller in die Instrumentalmusik übernommen.

Ricci, 1. Luigi, ital. Komponist, * 8. 7. 1805 Neapel, † 31. 12. 1859 Prag. Schüler von N. A. Zingarelli u. P. Generalis. Hatte 1823 mit dem von Studenten aufgeführten *L'impresario in angustie* seinen ersten Opernerfolg u. schrieb an die 20 Bühnenwerke, die mit wechselndem Erfolg in Italien herauskamen, bevor er sein 30. Lebensjahr erreicht hatte. Nahm 1837 in Triest den Posten eines Kapellmeisters der Kathedrale u. des Dirigenten der Oper an. Er starb in einer Irrenanstalt in Prag. Von seinen an G. Donizetti erinnernden Opern sei nur die mit seinem Bruder Federico gemeinsam komponierte *Crispino e la comare* (1850) erwähnt.
2. Federico, Bruder von 1., ital. Komponist, * 22. 10. 1809 Neapel, † 10. 12. 1877 Conegliano. Schüler von V. Bellini u. N. A. Zingarelli. Brachte 1835 mit *Monsieur de Chalumeaux* in Venedig seine erste Oper heraus. Wurde 1853 Inspektor der Gesangsklassen der Theaterschule in Petersburg u. lebte ab 1869 in Paris, wo er mit *Une folie à Rome* im gleichen Jahr einen großen Erfolg errang. Für Paris entstanden weiterhin *Le docteur rose* u. *Une fête à Venise* (beide 1872).

Ricercar (von ital. ricercare: »suchen«), eine der frühesten Arten von reinen Instrumentalstücken, tritt zuerst als Lauten-R. auf u. dient dem Einspielen, Intonieren u. Anstimmen bzw. Aufsuchen der Tonart des nachfolgenden Stücks. In der Orgelmusik u. im Ensemblespiel läßt sich gegen Mitte des 16. Jh. das Imitations-R. belegen, das nach M. Praetorius praeludierend auf der Suche nach den Motiven ist. Neben der ursprünglichen Bedeutung gewinnt im 18. Jh. die Umdeutung u. Gleichsetzung von R. u. Fuge an Boden. So überschreibt J. S. Bach sein *Musikalisches Opfer*, das ein 3st. u. ein 6st. R. enthält, mit dem Akrostichon auf RICERCAR: **R**egis **I**ussu **C**antio **E**t **R**eliqua **C**anonica **A**rte **R**esoluta. Daneben hat sich auch die Bedeutung von R. als Übungsstück, besonders für Streicher, erhalten.

Richafort (Ricartsvorde), Jean, franko-fläm. Komponist, * um 1480 im Hennegau, † um 1547, wahrscheinlich Brügge. Bei P. de Ronsard als Schüler von Josquin Desprez erwähnt. 1507–09 als Nachfolger von D. de Floerbeke Gesangsmeister an St-Rombaud in Mecheln. 1531 im Dienst der Regentin Maria von Ungarn in Brüssel u. dann wahrscheinlich bis zu seinem Tode Kapellmeister an St-Giles in Brügge. R. komponierte Messen, 1 6st. Requiem, Motetten u. Chansons.

Richter, Franz Xaver, böhm. Komponist, Sänger u. Kapellmeister, * 1. 12. 1709 Holleschau, Mähren, † 12. 9. 1789 Straßburg. 1740–50 Vizekapellmeister des Fürstabts von Kempten u. daneben ab 1747 Geiger u. Sänger in der Kurpfälzischen Hofkapelle in Mannheim, wo er später mit dem Titel eines Kammerkomponisten geehrt wurde. Von 1769 bis zu seinem Tode war R. Kapellmeister am Straßburger Münster. R. gehört zu den Hauptrepräsentanten der → Mannheimer Schule u. war möglicherweise auch der Lehrer von C. Stamitz. In seinen 69 Sinfonien fand er bereits zu einer Gesangslinie, die W. A. Mozart vorwegnahm. Er komponierte außerdem Konzerte u. Kammermusik. Sein kirchenmusikalisches Werk entstand erst in der Straßburger Zeit.

Richtungshören. Diese Funktion des räumlichen Hörens ist beim Menschen außerordentlich fein ausgebildet. Durch → Laufzeitunterschiede, Schattenwirkung des Kopfes u. gewisse Unterschiede in der Klangfarbe kann eine Schallquelle nach Richtung u. Entfernung bestimmt werden.

Ricordi & C. s. p. a., Mailänder Musikverlag, gegründet 1808 von Giovanni Ricordi (1785–1853), der bei Breitkopf & Härtel in Leipzig das Notenstechen erlernt hatte. Als sein erstes Verlagswerk wird das »Giornale di musica vocale italiana« angesehen, eine 1808 erschienene Sammlung von Opernnummern. Mit den Opern von G. Rossini, V. Bellini u. G. Donizetti gab Giovanni R. seinem Verlag eine gesunde Grundlage. Sein Sohn Tito R. (1811–88) übernahm die Nachfolge. Unter seiner Leitung wurde R. zum bedeutendsten ital. Musikverlag. Er spielte auch eine wesentliche Rolle bei der Gründung der »Gazzetta musicale di Milano« 1842, zählte zu den engsten Freunden G. Verdis, dessen Werke er verlegte, u. förderte den jungen G. Puccini. 1888 ging er mit dem Verlag Francesco Lucca zusammen u. firmierte von da ab als G. Ricordi & C. Seine Nachfolge trat Giulio R. (1840–1912) an, der für Puccini die gleiche Bedeutung haben sollte wie sein Vater für Verdi. Unter dem Pseudonym J. Burgmein komponierte er u. a. Opern, Orchesterstükke u. Salonmusik. Bei seinem Tode umfaßte der Verlagskatalog bereits weit über einhunderttausend Titel, darunter die siebenbändige »L'arte musicale in Italia« von L. Torchi. Sein Nachfolger wurde Tito (II) R. (1865–1933), der dem Verlag Weltgeltung verschaffte, bevor er sich 1919 von der Geschäftsleitung zurückzog. Diese wurde von Renzo Valcarenghi (1860–1947) und Carlo Clausetti (1869–1943) übernommen. Nachfolger Clausettis wurde 1944 Alfredo Colombo (1877–1962). 1952 erfolgte die Umwandlung des Verlags in eine Gesellschaft mit beschränkter Haftung u. 1956 in eine Aktiengesellschaft. Zu den bedeutenden Leistungen des Verlages, der heute Filialen in allen wichtigen Musikzentren unterhält, gehören die Gesamtausgaben der Werke von D. Scarlatti, A. Vivaldi, G. Rossini u. G. Verdi, die Denkmälersammlung »Istituzioni e monumenti dell'arte musicale italiana«, musikhistorische u. musikwissenschaftliche Publikationen, »Dizionario Ricordi della musica e dei musicisti« u. »Enciclopedia della musica«. Außerdem gibt R. die Zeitschrift »Musica d'oggi« heraus. Zu den neueren Komponisten im Verlagsprogramm gehören S. Bussotti, G. F. Ghedini, B. Maderna, G. F. u. R. Malipiero, L. Nono, G. Petrassi u. G. Sinopoli.

Ridout, Alan J., engl. Komponist, * 9. 12. 1934 Kent. Studierte am Royal College of Music in London bei G. Jacob u. H. Howells, daneben bei R. Fricker u. M. Tippett. Beschäftigte sich 1959 unter Anleitung von H. Badings mit elektronischer Musik u. unterrichtet seit 1963 in Cambridge.

Zu R. Kompositionen gehören: die Opern *The Pardoner's Tale* (1970), *Angelo* (1971), *Creation* (1972), *Phaeton* (Funkoper, 1975); *The Rescue* (1963), *The Boy from the Catacombs* (1965), *Children's Crusade* (1968), *The Gift* (1970) u. *Good King Wenceslas* (1977); 5 Sinfonien (1958–69), *Concerto for Orchestra* (1959), *Three Pictures of Picasso* für Orch. (1962), *Concertante Music* (1967), Konzerte, Vokalwerke u. Kammermusik.

Ridout, Godfrey, kan. Komponist, * 6. 5. 1918 Toronto. Schüler von W. Kilburn (Klavier), Ch. Peaker (Orgel), E. Mazzoleni (Harmonielehre u. Orchestration) u. H. Willan (Komposition). Ab 1939 Lehrer am Royal Conservatory of Music in Toronto u. ab 1971 Professor an der Universität von Toronto. 1949–59 musikalischer Leiter der Eaton Operatic Society in Toronto.

Zu R. von G. Holst u. P. Hindemith beeinflußten Kompositionen gehören: *The Lost Child* (Fernsehoper, 1975); *La Prima Ballerina* (Ballett 1966); Orchesterwerke wie *Festal Overture* (1939), 2 Etüden für Streicher (1946, rev. 1951); Kompositionen für Vokal- oder Instrumentalsolisten sowie Orchester, darunter Ballade für Va. u. Streicher (1938), *Cantiones Mysticae* für S. u. Orch. (1953), *The Ascension, Cantiones Mysticae Nr. 2* für S., Trp. u. Streicher (1962), Concerto grosso für V., Kl. u. Streicher (1974), *Esther* (dramatische Sinfonie für S., Bar., gem. Chor u. Orch., 1952), *Four Sonnets* für gem. Chor u. Orch. (1964), *Cantiones Mysticae Nr. 3* für Bar., gem. Chor, Orch. u. Org. (1972).

Riedl, Josef Anton (Pseudonym Józef Mann), dt. Komponist, * 11. 6. 1927 München. Schüler von C. Orff u. H. Scherchen, erhielt weitere Anregungen von P. Boulez u. P. Schaeffer. Mitarbeit bei der Groupe de Recherches de Musique Concrète der ORTF ab 1953, am Studio für elektronische Musik des WDR in Köln ab 1955 u. beim elektroakustischen Experimentalstudio von H. Scherchen in Gravesano 1959. Mitbegründer u. Leiter des Siemens-Studios für elektronische Musik in München 1960–66. Organisiert seit 1960 Veranstaltungsreihen wie »Neue Musik« u. »Neuer Film« im Rahmen des Münchner Jugendkulturwerks u. leitet seit 1974 das Kultur-Forum der Stadt Bonn. Mit seiner 1967 gegründeten Musik/Dia/Licht-Galerie tritt R. erfolgreich im In- u. Ausland auf. Bevor er sich mit der Elektronik beschäftigte, waren seine Kompositionen stark von der menschlichen Stimme (Vocalisen) u. Perkussionsinstr. geprägt. Über Musique concrète u. elektronische Musik entwickelte sich R. bei ständiger Erweiterung des musikalischen Materials zum Schöpfer von optischer Musik u. Musik-Environments. In seinen neuesten Arbeiten komponiert er ganze Abende, wobei zu den Klängen, Farben u. Lichtern noch Düfte u. zu betastende Materialien hinzukommen. R. gehört neben J. Cage zu den Musikern, die besonders über den musikalischen Vermittlungsprozeß nachdenken u. jede Klangform immer wieder in Frage stellen.

Zu R. Kompositionen gehören: *Studie* (1958–59), *Zyklus von 4 Studien* (1962), *Komposition Nr. 2* (1963–65) als Versuche der elektronischen Musik; *Paper Music* (1961–70), *Vielleicht-Duo* (1963–70) u. *Polygonum* (1968); Improvisationen mit Rückkopplungseffekten, *Stroboskopie* für Licht-Environment u. Dias (1971), *Rhilapsis* für Metallophone (1972), Musik/Film/Dia/Licht-Aufführungen (1972–80), *Klangsynchronie* für verschiedene Instr. (1973), *Glasspiele* (1974–77), *Epiphyt II* für Synthesizer-Ensemble u. Tonband (1976–77), *Tranquillo I* u. *II* (Filme, 1977–79) u. *Reaktion auf Nr. 2* für elektronisch modulierte Stimmen u. elektronische Klänge (1978).

Riegger, Wallingford C., amer. Dirigent u. Komponist, * 29. 4. 1885 Albany, GA, † 2. 4. 1961 New York. Schüler von P. Goethschius u. A. Schroeder u. später an der Berliner Musikhochschule, wo u.a. M. Bruch zu seinen Lehrern gehörte. 1913–16 Dirigent an den Opernhäusern in Würzburg u. Königsberg, 1918–22 Lehrer an der Drake University, IA, ab 1929 in New York, wo er am Teachers College der Columbia University u. an der Metropolitan Music School unterrichtete. In seinen Kompositionen entwickelte sich R. von spätromantischen Imitationen wie im b-Moll-Klaviertrio von 1921 zu frei angewandter Zwölftonmusik. Entscheidende Werke sind *Study in Sonority* für Streicher (1927) u. *Dichotomy* für Orch. (1932), mit denen R. die Wende zur Zwölftonmusik vollzog. R. schrieb eine Reihe von Balletten für D. Humphrey, M. Graham u. H. Holm.

Zu R. Werken gehören: die Ballette *Bacchanale* (1931), *Frenetic Rhythms* (1933), *Evocation* (1933), *New Dance* (1935), *Theatre Piece* (1936), *With My Red Fires* (1936), *Chronicle* (1936), *The Cry* (1935), *Candide* (1937), *Case History No …* (1937), *Trojan Incident* (1938), *Machine Ballet* (1938) u. *Pilgrim's Progress* (1941); 5 Sinfonien; *Music* für Orch. (1955); Variationen für Kl. u. Orch. (1953) u. für V. u. Orch. (1959); Kammermusik; Volksliedbearbeitungen u. moderne Tanzmusik.

Ries, Ferdinand, dt. Pianist u. Komponist, getauft 29. 1. 1784 Bonn, † 13. 1. 1838 Frankfurt a. M. Stammt aus einer Musikerfamilie u. erhielt ersten Unterricht bei seinem Vater Franz R., der Konzertmeister u. später Musikdirektor des Kurfürsten Max Franz von Köln in Bonn war. Erhielt 1801–05 in Wien Klavierunterricht von L. van Beethoven u. wurde von J. G. Albrechtsberger in Komposition ausgebildet. In den folgenden Jahren wanderte R. auf der Suche nach einer Anstellung durch ganz Europa u. ließ sich schließlich 1813 in London nieder, wo er mit Hilfe von J. P. Salomon in der Philharmonic Society auftrat. 1824 zog er sich in die Nähe von Godesberg, später nach Frankfurt a. M. zurück u. leitete zwischen 1825 und 1837 mehrfach die Niederrheinischen Musikfeste.

Zu R. Kompositionen gehören: die Opern *Die Räuberbraut* (1828) u. *Liska* (in England unter dem Titel *The Sorceress* 1831 in London aufgeführt), Oratorien, 6 Sinfonien, Klavierkonzerte, Kammermusik. Gemeinsam mit F. G. Wegeler veröffentlichte er: »Biographische Notizen über L. van Beethoven« (Koblenz 1838, Nachdr. Hildesheim 1972).

Rieti, Vittorio, amer. Komponist ital. Herkunft, * 28. 1. 1898 Alexandria, Ägypten. Schüler von A. Casella u. O. Respighi. Ließ sich 1940 in den USA nieder u. übernahm dort mehrere Lehraufträge, zuletzt 1960–64 am New York College of Music.

Zu R. Werken gehören mehrere Opern, u. a. *Don Perlimplin* nach F. García Lorca (1952), die Ballette *Barabau* (1925) u. *Le Bal* (1929) für S. Diaghilew, mehrere Bühnenmusiken für Louis Jouvet, 5 Sinfonien (1929, 1931, 1932, 1944 u. 1945), mehrere Konzerte, darunter 1 Tripelkonzert für V., Va., Kl. u. Orch. (1971), Kammermusik u. Lieder.

Riff (engl.), eine eingängige, meist zwei- oder viertaktige Melodiefloskel, die im Jazz u. Rock als Antwortspiel oder Gegenpart zum Solo ständig von den übrigen Musikern des Ensembles wiederholt wird. Als strukturbildendes Steigerungsmittel im Swing u. Rock von Bedeutung u. daher häufig Grundlage des Arrangements.

Rigaudon (franz.), ein schneller franz. Tanz im 2/4- oder 3/4-Takt, der von Gesang begleitet wurde. Er stammt wahrscheinlich aus der Provence. Zu seinen Eigenarten gehören der Allabrevetakt mit Auftakt sowie meistens drei achttaktige Reprisen, von denen die dritte auch als Trio bezeichnet wird.

Righini, Vincenzo, ital. Sänger, Dirigent u. Komponist, * 22. 1. 1756 Bologna, † 19. 8. 1812 ebd. Sängerknabe an S. Petronio in Bologna u. Schüler von Padre Martini (Komposition) u. A. Bernacchi (Gesang). Ging als Opernsänger nach Prag, hatte dort aber hauptsächlich Erfolg als Komponist der Opern *La vedova scaltra* u. *La bottega da caffè*. 1777 führte das Wiener Kärntnertor-Theater seine Don-Juan-Oper *Il convitato di pietra* auf. 1780 wurde R. von Kaiser Joseph II. als Gesangslehrer u. Direktor der ital. Hofoper nach Wien berufen. 1787–92 war er Hofkapellmeister in Mainz, wo er seine Oper *Alcide al bivio* aufführte u. für die Krönung Leopolds II. im Jahr 1790 eine *Missa solemnis* komponierte. 1793–1806 übernahm er als Nachfolger von F. Alessandri die Hofkapellmeisterstelle in Berlin u. brachte dort u. a. die Opern *Il trionfo d'Arianna* (1793), *Armida* (1797) u. *Tigrane* (1800) heraus. 1810 kehrte er aus gesundheitlichen Gründen nach Bologna zurück. Neben Opern komponierte R. Kirchenmusiken, Kantaten, Instrumentalstücke u. Lieder. Er war ein hervorragender Gesangslehrer u. veröffentlichte »Exercices pour se perfectioner dans l'art du chant« (1804).

Rihm, Wolfgang M., dt. Komponist, * 13. 3. 1952 Karlsruhe. Studierte 1968–72 an der Musikhochschule in Karlsruhe bei E. W. Velte, besuchte die Darmstädter Ferienkurse u. arbeitete 1973 bei K. Stockhausen u. 1974 bei K. Huber. Folgt in seinen Kompositionen der Eigengesetzlichkeit des Materials u. verzichtet auf Schulen u. Tendenzen. Am ehesten läßt sich R. der sog. »Neuen Einfachheit« zuordnen, einer Bewegung, die sich nicht mehr an serielle Verfahrensweisen gebunden fühlt.

Zu R. Werken gehören: *Gesänge* (1969); Streichquartett (1969); Sinfonie (1969); 5 Stücke für Kl. (1970); Sätze für 2 Kl. (1971); Streichquartett (1972); *Trakt* für Orch. (1972); *Concetti* für Ensemble (1972); *Sinfoniae I* für Org. (1972); *Grat* für Vc. solo (1972); *Deploration* für Fl., Vc. u. Schlagzeug (1973); *Segmente* für 18 Solostreicher (1974); *Dis-Kontur* für Orch. (1974); *Sub-Kontur* für Orch. (1974–75); 2. Sinfonie (1975); Konzertarie *Telepsychogramm* für Mezzo-S. u. Orch. (1975); *O Notte* für Bar. u. Orch. (1975); *Alexanderlied* für Mezzo-S. u. Kl. (1975–76); Klavierstück Nr. 5 (1975); *Lichtzwang* (Musik für V. u. Orch., 1975–76); *Faust und Yorick* (Kammeroper Nr. 1, 1976); *Cuts and Dissolves* (Orchesterskizzen, 1976); Nachtordnung (7 Bruchstücke für 15 Streicher, 1976); *Im Innersten* (3. Streichquartett, 1976); 3. Sinfonie für S., Bar., gem. Chor u. Orch. (1976–77); *Hölderlin-Fragmente* (1. Fassung für Gesang u. Kl., 2. Fassung für Gesang u. Orch., 1977); Musik für 3 Streicher, V., Va. u. Vc. (1977); *Jakob Lenz* (Kammeroper Nr. 2, 1977–78); *Märchen von der Macht* (Oper, 1977–79); *La musique creuse le ciel* für 2 Kl. u. Orch. (1977–79); Klavierstück Nr. 6 (1977–78); *Erscheinung* (Skizze über Schubert für 9 Streicher, 1978); *Erste Abgesangsszene* für Orch. (1979); *Nature morte* für 13 Streicher (1980).

Riisager, Knudåge, dän. Komponist, * 6. 3. 1897 Port Kunda, Estland, † 26. 12. 1974 Kopenhagen.

Studierte bei O. Malling u. P. Gram in Kopenhagen u. A. Roussel u. P. Le Flem in Paris. Er war 1956–67 Direktor der Königlichen Musikakademie in Kopenhagen.

Zu R. Werken gehören: die Oper *Susanne* (1950); 6 Sinfonien (1925–50); 1 Stabat mater für Soli, Chor u. Orch. (1966) u. Kammermusik. Bekannt geworden ist er durch seine vielen Ballettmusiken für das Königlich Dän. Ballett. Dazu gehören: *Schlaraffenland* (1942, Ch.: H. Lander); *Quarrtsiluni* (1942, Ch.: H. Lander); *Vogel Phönix* (1946, Ch.: H. Lander); Etüde (1948, Ch.: H. Lander) u. *Mondrentier* (1957, Ch.: B. Cullberg). Für das American Ballet Theater entstand *Lady from the Sea* (1960, Ch.: B. Cullberg).

Riley, Terry M., amer. Komponist u. Saxophonist, * 24. 6. 1935 Colfax, CA. Schüler von S. Shifrin, W. Denny u. R. Erickson an der University of California in Berkeley. 1970 Schüler von Pandit Pran Nath in San Francisco, mit dem er nach Indien ging, um dort klassische hindustanische Musik zu studieren. Seit 1972 lehrt er am Mills College in Oakland, CA.

Zu R. Kompositionen gehören: *Spectra* für 6 Instr. (1959); *Ear Piece* u. Konzert für 2 Kl. u. 5 Tonbandgeräte (1960); Streichtrio (1961); *In C* (aleatorisches Stück für beliebig viele Melodieinstr., 1964); *Keyboard Studies* für elektronische Tasteninstr. (1965); *Poppy Nogood and the Phantom Band* für Sopransax., Elektronenorg., Schlagzeug u. Elektronik (1966); *Rainbow in Curved Air* für elektronische Tasteninstr. (1968); Ballett *Genesis 70* (1970); *Persian Surgery Dervishes* (1971) u. Filmmusiken.

Rimskij-Korsakow, Nikolaj A., russ. Komponist, * 18. 3. 1844 Tichwin, Gouvernement Nowgorod, † 21. 6. 1908 auf seinem Landgut Ljubensk, Gouvernement Petersburg. Zu seinen Vorfahren väterlicherseits zählte ein Admiral der Kaiserlichen Kriegsmarine. Die musikalisch begabte Mutter stammte aus der Verbindung eines reichen Landbesitzers u. einer Leibeigenen. Mit 6 Jahren erhielt R.-K. ersten Klavierunterricht von einer Nachbarin. M. Glinkas Oper *Das Leben für den Zaren* regte ihn wenig später zu ersten Kompositionsversuchen an. 1856 wurde er der Tradition entsprechend auf die Marineschule in Petersburg geschickt. Dort erhielt er nebenbei Cellounterricht u. ab 1859 bei F. A. Kanille geregelte Klavierstunden. Kanille war es auch, der R.-K. mit M. Balakirew bekannt machte u. ihn zum Komponieren ermunterte. Unter Balakirews Einfluß begann R.-K. an seiner Sinfonie in es-Moll op. 1 zu arbeiten, der ersten Sinfonie in der russ. Musikgeschichte. Später nahm er eine Umarbeitung in e-Moll vor. 1862 wurde R.-K. im Zuge seiner Ausbildung dem Klipper »Almaz« zugeteilt, auf dem er 1863–65 Dienst tat u. so Nord- u. Südamerika sowie den Mittelmeerraum kennenlernte. Dabei arbeitete er weiter an seiner Sinfonie. Im Herbst 1865 kehrte R.-K. wieder nach Petersburg zurück, beendete die Komposition u. erlebte noch im gleichen Jahr die Uraufführung durch Balakirew in einem Konzert der Musik-Freischule. Anfang 1866 machte Balakirew R.-K. mit dem Kreis um Glinkas Schwester L. Schestakowa bekannt, zu dem auch der Komponist A. Dargomyschskij gehörte. R.-K. komponierte Lieder u. begann mit der Arbeit an der Orchesterfantasie *Sadko*. 1868 beschäftigte sich der immer noch bei der Marine dienende Komponist mit seiner 2. Sinfonie *(Antar)* u. seiner ersten Oper *Das Mädchen von Pskow*. Einem Wunsch des verstorbenen Dargomyschskij folgend, übernahm er daneben die Orchestrierung von dessen nachgelassener Oper *Der steinerne Gast*. 1871 erfolgte die Berufung zum Professor für Komposition u. Instrumentation am Petersburger Konservatorium. Den Winter über teilte R.-K. sich ein möbliertes Zimmer mit M. Mussorgskij. Während dieser an seinem *Boris Godunow* änderte, arbeitete R.-K. am 4. Akt u. an der Ouvertüre zu *Das Mädchen von Pskow*. Um seiner neuen Aufgabe am Konservatorium gewachsen zu sein, bemühte sich R.-K. in den folgenden Jahren, die erheblichen Lücken in seinem Wissen auszufüllen. Mit seinen unzähligen Satzübungen zog er sich den Spott der anderen Mitglieder des »Mächtigen Häufleins« zu. Am 12. 7. 1872 heiratete er die Pianistin u. Komponistin Nadeschda Purgold, die neben Balakirew den stärksten Einfluß auf seine musikalische Entwicklung nehmen sollte. Am 13. 1. 1873 erlebte seine erste Oper ihre erfolgreiche Uraufführung am Petersburger Marientheater. R.-K. erreichte seine Entlassung aus dem Marinedienst, wurde aber gleichzeitig zum Inspekteur der russ. Marinekapellen ernannt, eine Stellung, die er bis 1884 gewissenhaft bekleidete u. sich dabei mit allen Blasinstrumenten vertraut machte. 1874 trat er erstmals mit seiner 3. Sinfonie u. Mussorgskijs Chorwerk *Die Niederlage Sennacheribs* als Dirigent auf. Im Mai des gleichen Jahres wurde er als Nachfolger Balakirews Direktor der Musik-Freischule u. Leiter der von dieser veranstalteten Konzerte. Daneben begann er die Opern Glinkas herauszugeben u. Volkslieder zu sammeln. Die folgenden Jahre verbrachte R.-K. hauptsächlich damit, frühere Werke zu revidieren u. weitere Opern zu komponieren. Aber weder *Eine Mainacht* noch *Schneeflöckchen* hatten einen durchschlagenden Erfolg. 1882 kam es zur Begegnung mit dem Mäzen u. späteren Verleger M. P. Beljajew, zu dessen Kreis R.-K. fortan gehörte. Als Balakirew 1883 zum Direktor der Hofsängerkapelle ernannt wurde, erhielt R.-K. das Amt seines Vertreters. Der über P. Tschaikowsky gemachte Versuch, R.-K. als Direktor des Konservatoriums in Moskau zu gewinnen, scheiterte an dessen Vorliebe für Petersburg.

1887 entstand das *Capriccio espagnol* für Orch., 1888 folgten die Orchestersuite *Scheherazade* u. die Ouvertüre *La grande Pâque russe*. Daneben beschäftigte sich R.-K. mit der Orchestrierung von A. Borodins *Fürst Igor*. 1889 trat er erstmals in Paris auf u. dirigierte zwei von Beljajew aus Anlaß der Weltausstellung finanzierte Konzerte mit russ. Musik. 1891–93 geriet R.-K. in eine schöpferische Krise, aus der ihn erst die Trauer um den verstorbenen Tschaikowsky herausführte. In kurzem Abstand erschienen die Opern *Die Nacht vor Weihnachten* u. *Sadko*. 1905 wurde R.-K. über die musikalischen Kreise in Petersburg u. Moskau hinaus bekannt, als er während der Unruhen die Partei seiner Studenten ergriff, daraufhin vom Konservatorium ausgeschlossen u. mit Aufführungsverbot belegt wurde. Schon im Herbst des gleichen Jahres kehrte er jedoch unter dem neuen Konservatoriumsdirektor A. Glasunow in seine alte Stellung zurück. 1906 beendete er die »Chronik meines musikalischen Lebens« u. begann mit der Komposition von *Der goldene Hahn*. Außerdem gab er I. Strawinsky Privatunterricht. Anfang 1907 erlebte er mit der Uraufführung seiner Oper *Die Sage von der unsichtbaren Stadt Kitesch* seinen einzigen großen Bühnenerfolg. Im gleichen Jahr dirigierte er Teile seiner Werke im Rahmen eines von S. Diaghilew in Paris organisierten Konzerts. Während der Sommerferien 1908 starb er auf seinem Landsitz.

Man hat R.-K. immer wieder die als eigenmächtig angesehenen Bearbeitungen von Werken seiner Freunde angelastet. Die vielen Umarbeitungen eigener Kompositionen u. die oft kritische Redaktion von Werken Borodins u. Mussorgskijs müssen jedoch auf dem Hintergrund des für den Balakirew-Kreis typischen Dilettantismus gesehen werden, den einzig R.-K. in hartem Selbststudium überwunden hatte. Seiner übertriebenen Reaktion gegen scheinbare Ungereimtheiten in den Arbeiten der Freunde war er sich durchaus bewußt. Er hielt seine Änderungen jedoch für notwendig, um diese Werke der neuen russ. Nationalschule erst einmal durchzusetzen. In seinen eigenen Kompositionen zeigt sich R.-K. als brillanter Instrumentator. Neben Komponisten wie M. Glinka u. F. Liszt, die ihn bei seinen frühen Werken beeinflußt haben, gaben ihm die russ. Folklore u. die Liturgie der orthodoxen Kirche die wesentlichen Impulse. Abgesehen von den wenigen wirklich erfolgreichen Orchesterwerken wie *Capriccio espagnol* u. *Scheherazade*, lag R.-K. größte Begabung auf dem Gebiet der Oper u. des Liedes. In beiden Fällen bestimmte der als Vorlage dienende Text die Form der Komposition. Seine meist selbst verfaßten oder zumindest wesentlich von ihm beeinflußten Libretti stammen fast ausschließlich aus der russ. klassisch-romantischen Literatur. Pantheistische Neigungen zeigen sich nicht nur in der Wahl naturmärchenhafter Stoffe, sondern auch in der synästhetischen Zuordnung seelischer Eigenschaften zu Klängen. In seinen Farbvorstellungen lag R.-K. fast auf der gleichen Linie wie A. Skrjabin.

Als Lehrer betreute er zwei Generationen russ. Musiker. Zu seinen Schülern gehörten A. Ljadow, A. Arenskij, A. Glasunow, M. Gnessin, A. Spendiarow, A. Gretschaninow, N. Mjaskowskij, S. Prokofjew u. I. Strawinsky.

R.-K. komponierte die Bühnenwerke *Das Mädchen von Pskow* (bekannt auch als *Iwan der Schreckliche*, 1868–72, rev. u. neu orchestriert 1877, rev. 1891–92), *Mlada* (Ballettoper, geplant in Zusammenarbeit mit C. Cui, M. Mussorgskij, A. Borodin u. L. Minkus, unvollendet 1872), *Eine Mainacht* (1877–79), *Schneeflöckchen* (1880–81, rev. in den 1890er Jahren), *Mlada* (mit geändertem Libretto, 1889–90), *Die Nacht vor Weihnachten* (1894–95), *Sadko* (1894–96), *Mozart und Salieri* (1897), *Die Bojarin Vera Scheloga* (ursprünglich Vorspiel zu *Das Mädchen von Pskow*, umgearbeitet als Einakter 1898), *Die Zarenbraut* (1898), *Das Märchen vom Zaren Saltan* (1899–1900), *Servilia* (1900–01), *Der unsterbliche Kaschtschej* (1901–02, rev. 1906), *Der Wojewode* (1902–03), *Die Sage von der unsichtbaren Stadt Kitesch und der Jungfrau Fewronia* (1903–05) u. *Der goldene Hahn* (1906–07); Orchesterwerke, u.a. 1. Sinfonie (1861–65, rev. 1884), *Ouvertüre über russische Themen* (1866, rev. 1879–80), *Fantasie über serbische Themen* (1867, neu orchestriert 1888), Fantasie *Sadko* (1867, rev. 1869 u. 1892), 2. Sinfonie *Antar* (1868, rev. u. neu orchestriert 1875, dann 1897 u. schließlich 1903 umbenannt als Suite), 3. Sinfonie (1866–73, rev. u. neu orchestriert 1885–86), Bühnenmusik zu Meys »Das Mädchen von Pskow« (1877, neu orchestriert 1882), Sinfonietta auf russische Themen (nach Streichquartett von 1879, rev. u. orchestriert 1880–84), *Märchen* (ursprünglich *Baba-Yaga*, 1879–80), *Capriccio espagnol* (1887), *Scheherazade* (1888), Ouvertüre *Osterfest* (1888), Suiten aus den Opern *Das Märchen vom Zaren Saltan* u. *Der Wojewode* (1899 u. 1903) sowie Einleitung u. Hochzeitsmarsch aus *Der goldene Hahn* (1907); Konzerte, u. a. für Pos. u. Militärkapelle (um 1878), Konzertstück für Klar. u. Militärkapelle (1878), Klavierkonzert (1882–83) u. *Fantasie über russische Themen* für V. u. Orch. (1886); Kammermusikwerke, darunter 3 Streichquartette (1875, 1879 u. 1897), Streichsextett (1876), Quintett für Kl., Fl., Klar., Horn u. Fag. (1876), 1. Satz eines mit A. Borodin, A. Glasunow u. A. Ljadow komponierten Quartetts zu Ehren M. P. Beljajews, B-La-F (1886), Finale einer weiteren Gemeinschaftsproduktion für Beljajew (1887), Klaviertrio (1897) u. Serenade für Vc. u. Kl. (1903) sowie Klavierstücke. Außerdem komponierte R.-K. Chöre, Kantaten u. mehr als 80 Lieder. Zu seinen wichtigsten Bearbeitungen fremder Werke gehören: *Der steinerne Gast*, Oper von A. Dargomyschskij (mit C. Cui 1869, rev. 1902), *Die Niederlage Sennacheribs* von M. Mussorgskij (1874, neu orchestriert), *Fürst Igor* (Oper von A. Borodin, Schlußchor 1879 orchestriert, Prolog u. Beginn des 1. Akts rev. 1885, Oper beendet u. mit A. Glasunow neu orchestriert 1887–88), *Chowanschtschina* (Oper von Mussorgskij, Tänze orchestriert 1879, Oper umgearbeitet, vollendet u. orchestriert 1881–83), Intermezzo aus Mussorgskijs Oper *Der Jahrmarkt von Sorotschinzy* (umgeschrieben u. neu orchestriert als *Die Nacht auf dem Kahlen Berge*, 1886), Nocturne aus Borodins 2. Streichquartett (1887, für V. u. Orch.), Polonaise aus Mussorgskijs Oper *Boris Godunow* (neu orchestriert 1888, Krönungsszene neu orchestriert 1892, die ganze Oper gekürzt, umgearbeitet u. neu orchestriert 1892–96, die Kürzungen aufgehoben 1906, auf Wunsch S. Diaghilews die Krönungsszene erweitert 1907). Außerdem hat R.-K. Lieder von Borodin u. Mussorgskij bearbeitet.

R.-K. veröffentlichte: »Praktičeskij učebnik garmonii« (»Praktisches Lehrbuch der Harmonie«, 1884, dt. Leipzig 1895); »Letopis' moej muzykal'noj žizni« (»Chronik meines musikalischen Lebens«, hg. von N. N. Rimskaja-Korsakova, Petersburg 1909, dt. Stuttgart, Berlin u. Leipzig 1928); »Osnovy orkestrovki« (»Die Grundlagen der Instrumentation«, 2 Bde., hg. von M. O. Štejnberg, Berlin, Petersburg u. Moskau 1913).

GA: hg. von I. F. Belza, A. N. Dmitriev, B. V. Asaf'ev u. a. in 50 Bdn., Moskau 1948–64.

Lit.: N. van Gilse van der Pals, N. A. R.-K., Opernschaffen, Leipzig 1929, Nachdr. Hildesheim 1978; A. N. Rimskij-Korsakow, N. A. R.-K., Leben u. Werk, 5 Bde., Moskau 1933–46; B. V. Asaf'ev, N. A. R.-K., Moskau 1944; G. Abraham, R.-K., London 1945, Nachdr. New York 1976; G. A. Poljanovskij, R.-K., Potsdam 1948; A. A. Solovcov, N. A. R.-K., Moskau 1948; ders., N. A. R.-K., Leben u. Werk, Moskau 1964; D. Eberlein, Russ. Musikanschauung um 1900, Regensburg 1978.

Rinaldo da (di) Capua, ital. Komponist, * um 1710, wahrscheinlich Capua, † nach 1770 Rom. Von seinen mehr als 30 zwischen 1737 u. 1778 aufgeführten Opern im Stil der → neapolitanischen Schule scheinen nur *Ciro riconosciuto* (1737) u. *Vologeso* (1739) von einigem Interesse zu sein. Die Bouffons Italiens führten außerdem 1753 in Paris von ihm das Intermezzo *La zingara* auf.

Ripieno (ital.: »voll«, Abkürzung rip.) oder Ripienstimme, bezeichnet das Tutti im Concerto grosso des 17. u. 18. Jh. im Gegensatz zu den solistischen (Concertino), obligaten oder konzertierenden Stimmen. Dieselbe Bezeichnung wurde auch auf Stimmen angewandt, die im Tutti zur Verstärkung einer Hauptstimme dienten, z. B. der Basso r. Für den Ausdruck Ripienist verwendet man heute Tuttigeiger.

Ripresa (ital.: »Wiederholung«), **1.** das Wiederholungszeichen, → Reprise. **2.** Bezeichnung für den → Refrain, besonders in den Balladen u. Frottolen des 14. u. 15. Jh. **3.** Tanzschritt u. Mittelteil in der Bassa danza des 15. u. 16. Jh.

Risposta (ital.: »Antwort«), Bezeichnung für die nachfolgende Stimme im Kanon u. das zweite Auftreten eines Fugenthemas in der Gestalt seiner → Beantwortung.

Rist, Johann, dt. Dichter u. Komponist, * 8. 3. 1607 Ottensen bei Hamburg, † 31. 8. 1667 Wedel an der Elbe. Stiefsohn des Orgelmachers G. Fritzsche, studierte Theologie u. war ab 1635 Pfarrer in Wedel. 1660 stiftete er den Dichterbund des Elbschwanenordens. Er dichtete eine Vielzahl evangelischer Kirchenlieder, von denen er eine Reihe selbst vertonte. Er gilt als stilbildend für die sog. Hamburger Liederschule. Von seinen Kirchenliedern sind am bekanntesten geworden: *O Ewigkeit, du Donnerwort, Werde munter, mein Gemüte* u. *O Traurigkeit, o Herzeleid!*

Ritornell (von ital. ritornello: »Wiederkehr«, »Refrain«), **1.** ein von den anderen Strophen im ital. Madrigal unterschiedener, meist aus 3 Versen bestehender Abschnitt, bei dem sich der erste u. dritte Vers reimen. **2.** Kurze, mehrfach wiederkehrende Instrumentalsätze, die im 17. u. 18. Jh. die vokalgebundene Musik einrahmten u. gliederten. Sie traten sowohl in den frühen Opern wie auch in Madrigalen u. Kantaten auf. **3.** Bezeichnung für die Tutti-Abschnitte im Instrumentalkonzert des ausgehenden 17. u. des 18. Jh.

Ritter, Alexander, dt. Komponist, * 27. 6. 1833 Narva, Rußland, † 12. 4. 1896 München. Studierte 1849–51 am Leipziger Konservatorium bei F. David u. E. F. Richter. Zog 1854 nach Weimar, wo er sich der → neudeutschen Schule anschloß. 1856 wurde R. Theaterkapellmeister in Stettin, lebte später als freischaffender Komponist u. wirkte 1882–86 als Streicher in der Meininger Kapelle unter seinem Jugendfreund H. von Bülow. In Meiningen lernte er R. Strauss kennen, dem er seine an der neudeutschen Schule orientierten Vorstellungen vermittelte.

Zu R. Kompositionen gehören: die Opern *Der faule Hans* (1885) u. *Wem die Krone?* (1890), beide auf eigene Libretti; sinfonische Dichtungen; Kammermusik; Klavierstücke u. Lieder.

Rituale (lat.), ein für die Priester der katholischen Kirche bestimmtes liturgisches Buch, das die nicht im Missale oder Brevier aufgezeichneten gottesdienstlichen Handlungen enthält.

Robbins, Jerome (eigtl. Rabinowitz), amer. Tänzer, Choreograf, Regisseur u. Ballettdirektor, * 11. 10. 1918 New York. Tanzunterricht bei Ella Daganova, Eugene Loring, Helene Platova u. Anthony Tudor. Dazu Modern Dance an der New Dance League, span. Tanz bei Helene Veola u. orientalischen Tanz bei Yeichi Nimura. Bildete sich weiter bei seiner Schwester Sonya R. u. Alice Bentley, nahm dazu Schauspiel-, Klavier- u. Geigenunterricht. Erste Auftritte mit dem Gluck Sandor-Felicia Sorel Dance Center 1937. Nach Sommerkursen, ersten choreografischen Versuchen u. kleineren Auftritten als Schauspieler trat R. als Tänzer in Broadway-Musicals auf. Hier lernte er auch G. Balanchine kennen, in dessen *Great Lady* R. neben Nora Kaye, Alicia Alonso u. André Eglevsky mitwirkte. Eine weitere Zusammenarbeit mit Balanchine ergab sich bei dem Musical *Keep off the Grass*. 1940 wurde R. Mitglied des 1939 gegründeten Ballet Theater, wo er *Petruschka* tanzte u. Rollen in M. Fokins *Blau-*

bart, D. Lichines *Helen of Troy*, Tudors *Romeo und Julia* sowie in Lorings Wiederaufnahme von *Billy the Kid* kreierte. 1944 kam R. *Fancy Free* (M.: L. Bernstein) am Ballet Theater heraus. Das erfolgreiche Ballett wurde noch im gleichen Jahr zum Musical umgearbeitet u. unter dem Titel *On the Town* am Broadway herausgebracht. Damit etablierte sich R. als Broadway-Choreograf. Allein zwischen 1945 u. 1964 choreografierte, inszenierte oder beriet R. folgende Broadwayproduktionen: *Billion Dollar Baby; High Button Shoes; Look Ma; I'm Dancing; Miss Liberty; Call Me Madam; The King and I; Two's Company; Pajama Game; Wonderful Town; Peter Pan; West Side Story; Bells Are Ringing; Gypsy; A Funny Thing Happened on the Way to the Forum; Funny Girl* u. *Fiddler on the Roof*. Dazwischen Mitarbeit an den Filmfassungen von *The King and I* u. *West Side Story* sowie die Inszenierung von *Oh Dad Poor Dad Mam's Hung You in the Closet and I'm Feelin' so Sad* (1962) u. *Mother Courage and Her Children* (1963). Für das Ballet Theater entstanden u. a. noch die Ch. *Interplay* (M.: M. Gould) 1945 u. *Facsimile* (M.: L. Bernstein) 1946. Mit *The Guests* (M.: M. Blitzstein) schuf R. 1949 seine erste Ch. für das New York City Ballet, dessen Ko-Direktor er 1949 bis 1959 war. In dieser Zeit entstanden *Age of Anxiety* (M.: L. Bernstein) 1950; *The Cage* (M.: I. Strawinsky) 1951; *Afternoon of a Faun* (M.: C. Debussy) 1953; *Quartet* (M.: S. Prokofjew) 1954; *The Concert* (M.: F. Chopin) u. *Fanfare* (M.: B. Britten) 1956. Als Tänzer feierte R. Triumphe in G. Balanchines *Prodigal Son* u. *Tyl Eulenspiegel*. 1958 gründete R. die Ballets U. S. A. mit denen er in Europa und insbesondere in Spoleto großen Erfolg hatte. Nachdem in Amerika jedes Echo ausblieb, wurde die Truppe nach zwei Anläufen wieder aufgelöst. Für sie entstanden *N. Y. Export, Opus Jazz* (M.: R. Prince) 1958; *Moves* (ein Ballett ohne Musik) u. *Events* (M.: R. Prince) 1961. Neben der Arbeit am Broadway schuf R. für das American Ballet Theater 1965 *Les Noces* (M.: I. Strawinsky). 1969 kehrte R. als Ballettmeister zum New York City Ballet zurück. Der Anlaß war ein neues Chopin-Ballett, das 1969 aus einem Pas de deux entstand: *Dances at a Gathering* (M.: F. Chopin). Danach choreografierte R. für das New York City Ballet *In the Night* (M.: Chopin) 1970; *The Goldberg Variations* (M.: J. S. Bach) u. *Watermill* (M.: Teiji Ito) 1972. Zum Strawinsky-Festival 1972 steuerte R. folgende Arbeiten bei: *Circus Polka; Dumbarton Oaks; Pulcinella* (gemeinsam mit Balanchine); *Requiem Canticles* u. *Scherzo Fantastique*. Es folgten *A Beethoven Pas de Deux* 1973; *An Evening's Waltzes* (M.: S. Prokofjew) 1973; *Four Bagatelles*, eine Neufassung des *Beethoven Pas de deux*, 1974; *Dybbuk* (M.: L. Bernstein) 1974 u. zum Ravel-Festival 1975 die Ballette: *Concerto in G; Introduction and Allegro for Harp; Ma mère l'oye; Une barque sur l'océan* u. *Chansons madécasses*.

An weiteren Arbeiten von R. seien erwähnt: *Other Dances* (M.: F. Chopin) 1976; *The Four Seasons* (M.: G. Verdi) 1979; *Piano Pieces* (M.: P. Tschaikowsky) 1981; *Gershwin Concerto* (M.: G. Gershwin) 1982.

Obwohl R. den klassischen Tanz beherrscht, überrascht er immer wieder mit der Kombination von Ballettfiguren u. Schritten, die ihm bei der Beobachtung seiner Umwelt einfallen. Seine Bewegungen zielen darauf ab, die Persönlichkeit eines Tänzers hervortreten zu lassen. Dazu greift R. insbesondere auf Erfahrungen zurück, die er in den Jahren 1966–68 als Leiter seines American Theater Laboratory gemacht hat. R. hat sich immer für den Nachwuchs interessiert u. unterstützt eine Vielzahl von Projekten mit einer eigenen Stiftung. Außerdem fließt ein Prozentsatz seiner Beteiligung an den Einnahmen aus *Fiddler on the Roof* in die Finanzierung der New York Public Library's Dance Collection.

Lit.: I. Lidova, J. R., Les Saisons de la Danse, Paris 1969; N. Reynolds, Repertory in Review, New York 1977.

Rochberg, George, amer. Komponist u. Lehrer, * 5. 7. 1918 Paterson, NJ. Studierte 1939–42 an der Mannes School of Music, u. a. bei H. Weisse, G. Szell u. L. Mannes. Nach dem 2. Weltkrieg besuchte er das Curtis Institute of Music in Philadelphia, wo R. Scalero zu seinen Lehrern gehörte. 1948–54 war R. Lehrer am Curtis Institute, 1951–60 Music Editor u. Director of Publications bei der Theodore Presser Company u. 1960–68 Präsident der Musikfakultät der University of Pennsylvania, der er anschließend als Lehrer weiter verbunden blieb. Seine ersten Kompositionen verraten eine starke Abhängigkeit von B. Bartók u. I. Strawinsky. Dann machte R. bei einem längeren Romaufenthalt 1950–51 die Bekanntschaft L. Dallapiccolas, der ihn in seinen Zwölftonstudien bestärkte. Mit den *Twelve Bagatelles for Piano* entstand 1952 R. erste reine Zwölftonkomposition. Abgesehen von seriellen Versuchen in der Webern-Nachfolge blieb R. dieser Technik bis heute treu.

Zu R. Kompositionen gehören: die Oper *The Confidence Man* (1981–82); Orchesterwerke wie *Night Music* (1948), 1. Sinfonie (1948–57, Fassung in 3 Sätzen sowie Fassung in 5 Sätzen einschließlich *Night Music* u. *Capriccio*), Chamber Symphony (1953), *Cantio Sacra* (1954), 2. Sinfonie (1955–56), *Cheltenham Concerto* (1958), *Time Span I* u. *II* (1960 u. 1962), *Zodiac* (1964), *Music for the Magic Theater* (1965–69), 3. Sinfonie (1966–69, mit Doppelchor, Kammerchor u. Solisten), *Music for the Alchemist* (1965, mit S.), *Imago Mundi* (1973), *Transcendental Variations* (1975), 4. Sinfonie

(1976); Vokalkompositionen, u.a. *Three Psalmes* für gem. Chor a cappella u. *David, the Psalmist* für T. u. Orch. (1954), *Tableaux* für S., 2 Schauspielerst., Männerchor u. Instrumentalensemble (1968), *Sacred Song of Reconciliation* für B.-Bar. u. Kammerorch. (1970), *Phaedra*, Monodram für Mezzo-S. u. Orch. (1973–74); Konzerte für V. (1974) u. Ob. (1983) mit Orch.; Kammermusikwerke, u.a. 7 Streichquartette (1952, 1959–61, 1972, 1977, 1978, 1978 u. 1979), *Serenate d'estate* für Fl., Hf., Git., V., Va. u. Vc. (1955), Klaviertrio (1963), *Contra mortem et tempus* für V., Fl., Klar. u. Kl. (1965), *Electrokaleidoscope* für elektrisch verstärktes Ensemble aus Fl., Klar., Vc., Kl. u. elektrischem Kl. (1972), *Ukiyo-e* für Hf. solo (1973), Klavierquintett (1975), *Slow Fires of Autumn* für Fl. u. Hf. (*Ukiyo-II*, 1978), Sonate für Va. u. Kl. (1979), Oktett (1980), Trio für Klar., Horn u. Kl. (1980), Streichquintett mit verdoppeltem Vc. (1982); Klavierstücke, darunter 12 Bagatelles (1952), Sonata – Fantasia (1956), *Carnival Music* (1969), Partita – Variations (1976), Book of Contrapuntal Pieces (1979); Lieder wie Songs in *Praise of Krishna* (1970).
Zu seinen Veröffentlichungen gehört: »The Hexachord and Its Relation to the 12-Tone Row« (Bryn Mawr, PA, 1955).

Rock and Roll (Rock 'n' Roll) bedeutet im Slang der amer. Schwarzen soviel wie Sexspiele. Der Diskjockey A. Freed machte diesen Ausdruck in den 50er Jahren bekannt, als er bei seinen Sendungen mit Rhythm & Blues zur »rock and roll party« einlud. Der R. a. R. ist eine Mischung aus Rhythm & Blues, Hillbilly u. Dixieland bei starker Off-Beat-Akzentuierung der leichten Taktzeiten. Das Instrumentarium entspricht dem → Rhythm & Blues, der aggressive Sound ist dabei noch wilder u. motorischer. Die ersten Nummern des R. a. R. wurden von Bill Haley bekannt gemacht. Zu ihnen gehören *Rock Around the Clock, Shake, Rattle and Roll* sowie *Rock-a-Beatin' Boogie*. Als *Rock Around the Clock* zum Leitmotiv des Rockerfilms »Blackboard Jungle« (»Saat der Gewalt«) gemacht wurde, hatte die Jugend eine Musik gefunden, mit der sie ihren Protest gegen die Gesellschaft u. die ältere Generation ausdrücken konnte. Weitere Rockfilme wie »Rock Around the Clock« u. »Don't Knock the Rock« folgten. Bei vielen Rockveranstaltungen wurden Aggressionen der Zuhörer durch Zertrümmerung des Mobiliars abreagiert. Mit Elvis Presley, der sich lasziv auf der Bühne bewegte u. das Timbre der Schwarzen perfekt imitierte, erwuchs den Teenagern der 50er Jahre die Kultfigur schlechthin, die erst von den Beatles in den 60er Jahren abgelöst wurde. Weitere beliebte Stars des R. a. R. waren Little Richard, Chuck Berry, Carl Perkin u. Jerry Lee Lewis. Mit der totalen Vermarktung u. Glättung des R. a. R. Ende der 50er Jahre setzte gleichzeitig der Niedergang ein. Erst die Flaute auf dem Popmarkt, hervorgerufen durch die Auflösung der Beatles-Gruppe, brachte ein Revival.

Rockmusik (Kurzform von Rock and Roll), heute meist gebräuchlich als Sammelbezeichnung für jeden populären, aus der schwarzen Blues- u. der weißen Hillbilly-Tradition abgeleiteten Musikstil nach dem Rock and Roll. Die häufige Gleichsetzung mit der → Popmusik läßt kaum noch erkennen, daß die R. im Gegensatz zum gefälligeren u. an angelsächsischen Vorbildern orientierten Pop weiterhin aus der Tradition der Schwarzen schöpft u. in ihren besten Beispielen als Protestmusik u. Bekenntnis zu einer Subkultur gesehen werden muß. Zu den wichtigsten Vertretern dieser R. gehören The Rolling Stones u. The Who. Die bekanntesten Spielarten der R. sind Acid Rock oder auch Psychedelic Rock, Baroque Rock, Electronic Rock, Folk Rock, Hard Rock, Heavy Rock, Jazz Rock, Jesus Rock, Latin u. Raga Rock. Auf der R. aufbauend entstand gegen Ende der 60er Jahre das Rock Musical (→ Musical).

Rode, J. Pierre J., franz. Geiger u. Komponist, * 16. 2. 1774 Bordeaux, † 25. 11. 1830 auf Château de Bourbon bei Port-Ste-Marie. Ab 1787 Schüler G. B. Viottis in Paris, der ihn 1790 im Théâtre de Monsieur mit einem seiner Violinkonzerte als Zwischenaktmusik auftreten ließ. War mit 16 Jahren Stimmführer der 2. Geigen im Théâtre Feydeau, unternahm 1794 eine Tournee durch Norddeutschland u. die Niederlande u. kehrte über England nach Paris zurück, wo er 1795 Professor am neugegründeten Conservatoire wurde. 1799 traf er auf einer Spanienreise mit L. Boccherini zusammen, 1803 reiste er mit F.-A. Boieldieu nach Petersburg u. blieb dort eine Zeitlang als Sologeiger Alexanders I. 1811 konzertierte R. wieder in Deutschland u. hielt sich 1813 in Wien auf, wo er L. van Beethovens G-Dur-Sonate op. 96 zur Uraufführung brachte. Nachdem er einige Zeit in Berlin gelebt hatte, zog er sich vom Konzertleben zurück u. ließ sich in Paris nieder. Er komponierte hauptsächlich für sein eigenes Instrument u. vereinigte in seinen Werken Stilelemente der Wiener Klassik mit denen der franz. Revolutionsoper.

Zu R. Kompositionen gehören 13 Violinkonzerte, Streichquartette u. Duos. Am bekanntesten sind seine *24 caprices en forme d'études dans les 24 tons de la gamme*. Gemeinsam mit R. Kreutzer u. F. de Sales Baillot gab R. eine »Méthode de violon« (Paris 1803) heraus.

Rodgers, Richard Ch., amer. Komponist, * 28. 6. 1902 in der Nähe von Averne, Long Island, NY, † 31. 12. 1979 New York. R. stammte aus einer musikalischen Familie u. entdeckte schon als Kind seine Vorliebe für das Musiktheater. Sein Jugendidol wurde dann Jerome Kern. Mit 14 Jahren komponierte er den ersten Song in einem Sommerlager u. gab im Selbstverlag den Schlager *Auto Show Girl* heraus. In den folgenden beiden

Jahren hatte R. mit *One Minute Please* u. *Up Stage and Down,* Musical Comedys für den Akron Club, Erfolg. Siebzehnjährig lernte er den Textdichter Lorenz Hart (2. 5. 1895–22. 11. 1943) kennen, mit dem er eine Partnerschaft einging, die bis zu dessen Tod dauerte. Im Herbst 1919 schrieb sich R. an der Columbia University ein u. komponierte für die dortige Varsity Show auf Texte von Hart *Fly with Me.* 1920 entstand wieder für die Varsity Show *You'll Never Know,* der Produzent war Oscar Hammerstein II. 1921 wechselte R. zum Institute of Musical Art, dem Vorläufer der Juilliard School. 1925 und 1926 komponierte er für The Garrick Gaieties, u. 1927 hatte er mit *A Connecticut Yankee* einen ersten großen Broadway-Erfolg. Es folgten die Musicals *She's My Baby, Present Arms* u. *Chee-Chee* (alle 1928), *Spring Is Here* u. *Heads Up!* (1929), *Simple Simon* für Ziegfeld (1930), *America's Sweetheart* (1931) u. nach einer Unterbrechung von fast vier Jahren, die Rodgers u. Hart in Hollywood verbrachten, die Stücke *Jumbo* (1935), *On Your Toes* (1936, enthält das berühmte Ballett *Slaughter on Tenth Avenue,* Ch.: G. Balanchine), *Babes in Arms* (1937, Ch.: G. Balanchine), *I Married an Angel* (1938, Ch.: G. Balanchine, in einer Hauptrolle W. Slezak), *The Boys from Syracuse* (1938), *Pal Joey* (1940) u. *By Jupiter* (1942). Als die Zusammenarbeit mit dem immer unzuverlässiger werdenden Hart schließlich scheiterte, machte R. mit Oscar Hammerstein II (12. 7. 1895–23. 8. 1960) Musical-Geschichte. Sie produzierten gemeinsam mit R. Mamoulian u. A. de Mille *Oklahoma!* (1943). Von da an war Hammerstein bis zu seinem Tode der Textdichter für R. Sie schrieben *Carousel* (1945), *Allegro* (1947), *South Pacific* (1949), *The King and I* (1951), *Me and Juliet* (1953), *Pipe Dream* (1955), *Flower Drum Song* (1958) u. *The Sound of Music* (1959). R. Bedeutung für das Musical liegt in seinem ausgeprägten Formsinn. Sein Hauptanliegen war »integration« (die Unterordnung aller Stilmittel unter das gemeinsame Ziel). Er veröffentlichte: »Musical Stages, An Autobiography« (New York 1975).

Rodrigo, Joaquín, span. Komponist, * 22. 11. 1902 Sagunto. Seit seinem dritten Lebensjahr erblindet, studierte ab 1927 in Paris, u. a. bei P. Dukas, M. Emmanuel u. A. Pirro. In seinen Kompositionen kommt immer wieder span. Folklore u. insbesondere die Musik der Provinz von Valencia zum Durchbruch. Mit seinem *Concierto de Aranjuez* für Git. u. Orch. (1939) gelang ihm ein Welterfolg.

Zu R. Werken gehören: die Oper *El hijo fingido* (1961); das Ballett *Pavana real* (1955); Orchesterwerke wie *Concierto de Aranjuez* für Git. u. Orch. (1939), *Concierto heroico* für Kl. u. Orch. (1942), *Concierto de Estio* für V. u. Orch. (1943), *Concierto in modo galante* für Vc. u. Orch. (1949), *Fantasia para un Gentilhombre* für Git. u. Orch. (1954), *Concierto serenata* für Hf. u. Orch. (1955), *Concierto madrigal* für 2 Git. u. Orch. (1966), *Concierto* für 4 Git. u. Orch. (1967), *Concierto pastoral* für Fl. u. Orch. (1978); Kammermusik; Vokalkompositionen

Rodrigues Coelho, Padre Manuel, portug. Organist u. Komponist, * um 1555 Elvas, † nach 1633, wahrscheinlich Lissabon. War Organist an den Kathedralen von Elvas u. Badajoz, bevor er 1603 Domorganist in Lissabon u. Mitglied der Königlichen Kapelle wurde. 1620 veröffentlichte er in Lissabon seine »Flores de música para o instrumento de tecla e harpa«. Es handelt sich um das erste gedruckte Instrumentalwerk der portug. Musik.

römische Musik. Sie läßt sich nur aus Literaturzeugnissen u. Bilddokumenten erschließen u. vereinigt etruskische, griech. u. orientalische Einflüsse. Schon zur Zeit des Numa Pompilius hat es offensichtlich ein Collegium tibicinum Romanorum gegeben, eine Gilde der Tibia-Spieler (Tibia: römische Bezeichnung für Aulos). Neben der Signal- u. Militärmusik sowie der musikalischen Untermalung sakraler Handlungen setzte sich die musikalische Darbietung im Theater, der Arena, beim Gelage u. später auch im Hauskonzert durch. 364 v. Chr. erlebte Rom ein pantomimisches Gastspiel etruskischer Tänzer. Ihrem Vorbild folgend, entwickelten die Römer ihre eigene Pantomime u. gründeten schließlich einen Stand professioneller Bühnenkünstler (histriones). Um 240 v. Chr. führte der griech. Freigelassene Livius Andronicus das griech. Drama in Rom ein u. erfand Lieder für den eigenen Gebrauch. Römische Schriftsteller wie Plautus u. Terenz flochten daher ebenfalls Musiknummern in ihre Komödien ein. Selbst zur Untermalung der Gladiatorenkämpfe setzte man Musik ein. Verwendet wurden vor allem die Blasinstr. Tuba (ein gerades, aus der griech. Salpinx entwickeltes Blechblasinstr.), Lituus (ein Krummhorn mit Kesselmundstück), Cornu (ein halbkreisförmig gebogenes Horn aus Metall) u. Tibia (ein gedoppeltes Rohrblattinstr.), die Schlaginstr. Tympanum (eine einseitig bespannte Handtrommel), Cymbala (Becken) u. Crotala (meist paarig gebrauchte Klappern) sowie die antike Wasserorgel.

Zu den bedeutendsten Schriften über die röm. Musiktradition gehören: »De musica« des Augustinus u. die fünf Bücher »De institutione musica« des Boethius.

römische Schule, eine Gruppe von Komponisten, die ab etwa 1550 in Rom wirkte u. sich vorwiegend dem reinen A-cappella-Stil widmete. Damit entsprach ihr Schaffen den Forderungen des Tridentiner Konzils, das von der Kirchenmusik bei aller Mehrstimmigkeit Ausgeglichenheit u. Textverständlichkeit verlangt hatte. Gleichzeitig mit dem Erscheinen der r. S. kam es zu einer Rückbesinnung auf den Gregorianischen Gesang, der von G. P. Palestrina, dem herausragenden Exponenten dieser Schule, mit revidiert u. teilweise sogar neu herausgegeben wurde. Palestrinas zwischen Klangfülle u. Linearität vollkommen ausgewogene Musik wurde für die katholische Kirchenmusik der nachfolgenden Jahrhunderte vorbildlich (stylus gravis). Zu den wichtigen Komponisten der r. S. gehören G. M. u. G. B. Nanino, F. u. G. F. Anerio, F. Suriano, T. L. de Victoria u. F. Guerrero. Nicht mehr zur r. S. wird der unter dem Einfluß der Monodie u. venezianischen Mehrchörigkeit stehende »Kolossalbarock« eines V. Mazzocchi gerechnet.

Rösler, Franz Anton (nannte sich Francesco Antonio Rosetti), böhm. Kontrabassist, Komponist und Kapellmeister, * um 1750 Nordböhmen, † 30. 6. 1792 Schwerin. Studierte Theologie, widmete sich dann aber der Musik. Ab 1773 Mitglied der Kapelle in Öttingen-Wallerstein u. dort um 1785 Kapellmeister u. Chorregent. 1789 Hofkapellmeister in Ludwigslust. Als Komponist steht er zwischen Barock u. Klassik.

Zu R. Werken gehören: 3 Requiem, von denen das bei Mozarts Tod in Prag aufgeführte als verschollen gilt, die Oper *Das Winterfest der Hirten* (1789), Oratorien, an die 90 Sinfonien u. Kammermusik.

Roger-Ducasse, Jean-Jules Aimable, franz. Komponist, * 18. 4. 1873 Bordeaux, † 19. 7. 1954 Le Taillan-Médoc, Gironde. Erhielt 2 Jahre lang Unterricht am Conservatoire Municipal in Bordeaux, bevor er 1891 in das Pariser Conservatoire aufgenommen wurde, wo Ch. de Bériot, E. Pessard, A. Gédalge u. G. Fauré zu seinen Lehrern gehörten. 1929 wurde er dort Professor einer Instrumentalklasse u. 1935–45 Professor für Komposition. Zu seinem Freundeskreis gehörten C. Saint-Saëns u. C. Debussy, dessen Rhapsodie für Sax. u. Orch. er vollendete u. instrumentierte. In seinen eigenen Kompositionen wird der Einfluß Faurés deutlich. Dazu kommen Elemente der Polyphonie u. der Einsatz effektvoller Harmonik.

Zu R.-D. Werken gehören: das Mimodram *Orphée* (1913), die komische Oper *Cantegril* (1927–30), die sinfonischen Dichtungen *Au jardin de Marguerite* für Soli, Chor u. Orch. (1901–05), *Épithalame* (1922), *Sur le nom de Gabriel Fauré* (1922) u. *Ulysse et les Sirènes* für Orch. u. Frauenst. (1937), Kammermusik, darunter 2 Streichquartette (1900–09 u. 1912–53) u. 1 Klavierquartett (1899–1912), Klaviermusik.

Rohwer, Jens, dt. Komponist u. Lehrer, * 6. 7. 1914 Neumünster, Holstein. 1946 Kompositionslehrer u. Theorielehrer an der Landesmusikschule in Lübeck. Wechselte 1950 zur dortigen Schleswig-Holsteinischen Musikakademie, deren Direktor er 1955 wurde.

Zu R. Kompositionen gehören: mehrere Konzerte, Oratorium *Wen der Tod trifft* (1952), Oratorium *Christus triumphator* (1964), Kantate *Die Verlesung des Paulusbriefes* (1973), Orchesterwerke, Kammermusik u. Lieder.

Zu R. Schriften zählen: »Tonale Instruktionen u. Beiträge zur Kompositionslehre« (Wolfenbüttel 1951) u. »Die harmonischen Grundlagen der Musik« (Kassel 1970).

Roland, Marc, dt. Komponist, * 4. 1. 1894 Bremen. Studierte an der Musikhochschule in Würzburg, war anschließend Theaterkapellmeister in Bremen u. Berlin. Ab 1920 als freischaffender Komponist hauptsächlich mit Filmmusiken hervorgetreten. R. war der musikalische Bearbeiter von Paul Wegeners Stummfilm »Der Golem«, komponierte Musiken zu »Fridericus Rex« (2 Teile, 1920 u. 1922) sowie zu »Alt Heidelberg« (1922–23) u. »Der Weltkrieg« (1927). Von seinen Tonfilmen seien »Die Tänzerin von Sanssouci« (1932) u. »Eine Nacht im Paradies« (1932) erwähnt. Er schrieb außerdem die Spieloper *Der Lange Pfeffer*, Operetten u. Singspiele.

Roland-Manuel (eigtl. Roland Alexis Manuel Lévy), franz. Komponist, Kritiker u. Schriftsteller, * 22. 3. 1891 Paris, † 1. 11. 1966 ebd. Studierte bei A. Roussel an der Schola Cantorum u. nahm Privatunterricht bei M. Ravel. Arbeitete für mehrere Zeitschriften, u. a. für »Éclair«, u. erhielt 1947 eine Professur für Ästhetik am Pariser Conservatoire.

Zu R.-M. Kompositionen gehören: die Buffo-Oper *Isabelle et Pantalon* (1922), die Opéra légère *Le Diable amoureux* (1929), Ballette, Bühnen- u. Filmmusiken, sinfonische Dichtungen, Oratorium *Jeanne d'Arc* (1937), 1 Klavierkonzert (1938), *Cantique de la sagesse* für Chor u. Orch. (1951), Kammermusik u. Lieder.

Zu seinen Veröffentlichungen zählen: »M. Ravel et son œuvre« (Paris 1914); »M. Ravel et son œuvre dramatique« (Paris 1928); »M. Ravel« (Paris 1938); »A. Honegger« (Paris 1925); »M. de Falla« (Paris 1930). Außerdem verfaßte er eine »Histoire de la musique« (2 Bde., Paris 1960–63).

Rolle, Johann Heinrich, dt. Organist u. Komponist, * 23. 12. 1716 Quedlinburg, † 29. 12. 1785 Magdeburg. Sohn des Komponisten u. Generalkantors Christian Friedrich R. 1732 bereits Organist an St. Petri in Magdeburg, studierte dann 1736–40 in Leipzig Jura u. Philosophie u. erhielt 1740 eine Anstellung als Geiger, später Bratschist, an der Berliner Hofkapelle Friedrichs II. 1746 Organist an der Johanniskirche in Magdeburg u. 1752 dort Städtischer Musikdirektor. Machte die öffentlichen Konzerte zu einer festen Einrichtung.

R. komponierte musikalische Dramen wie *Der Tod Abels* (1769) u. *Abraham auf Moria* (1777), in denen der Einfluß Klopstocks stark zum Ausdruck kam. Er schrieb außerdem Sinfonien, Cembalokonzerte, Kammermusik u. eine Reihe von Kirchenkompositionen.

Roman (Rohman), Johan Helmich, schwed. Komponist u. Dirigent finn. Abstammung, * 26. 10. 1694 Stockholm, † 20. 11. 1758 auf seinem Landgut Haraldsmåla bei Kalmar. Trat bereits mit 7 Jahren als Geiger auf u. wurde mit 16 Mitglied der schwed. Hofkapelle, in der sein Vater Johan R. als Konzertmeister wirkte. Wurde 1714 auf Kosten des Hofes zu weiteren Studien nach London geschickt, wo er F. Geminiani, G. F. Händel u. G. Bononcini kennenlernte, im Orchester des King's Theatre spielte u. bei A. Ariosti u. J. Ch. Pepusch Unterricht erhielt. 1721 wurde er zum Vizekapellmeister in Stockholm u. 1727 zum Hofkapellmeister ernannt. Er gilt als Vater der schwed. Musik, weil er sich um eine gründliche Ausbildung der Musiker seines Landes verdient machte, als Lehrer wirkte, mehrere Fachbücher in die schwed. Sprache übersetzte u. das Publikum in Schweden mit den bedeutenden Werken der Musikgeschichte bekannt machte. Insbesondere setzte er sich immer wieder für Händel ein, der auch auf seine eigenen Kompositionen Einfluß gehabt hat.

R. ließ zu Lebzeiten nur 12 Sonaten für Fl., Viola da gamba u. Cemb. sowie Assaggi für V. solo erscheinen. Erhalten sind jedoch handschriftlich Kirchenkompositionen, Sinfonien, Konzerte, Triosonaten u. Sonaten.

Lit.: P. Vretblad, J. H. R., 1694–1758, Svenska musikens fader, 2 Bde., Stockholm 1914; ders., J. H. R., Stockholm 1945.

Romanesca, eine im 16. u. 17. Jh. beliebte Melodie unbekannter Herkunft, die als Ostinato-Thema in instrumentalen Tanzsätzen, Arien u. Variationszyklen auftrat u. gemeinsam mit einer Baßformel ein Satzmodell abgab, das dem der → Folia u. des → Passamezzo verwandt ist. Als altital. Volkstanz gehört die R. zur Gattung der Galliarde.

Romantik, eine geistes- u. stilgeschichtliche Epoche, die von der ersten Hälfte des 18. bis in die zweite Hälfte des 19. Jh. reicht, aber zu Beginn u. in der Endphase von anderen Einflüssen überlagert ist. Ursprünglich vor allem ästhetisch-literarisch ausgerichtet, ergriff sie allmählich fast alle Bereiche des kulturellen u. geistigen Lebens. Zu ihren Wesenszügen gehört die Rückbesinnung auf eine poetisch verklärte Vergangenheit, die Affinität zum Wunderbaren, Märchenhaften, Grotesken u. Wahnsinnigen, die Sehnsucht nach dem Unendlichen u. das Interesse an Volkslied, Märchen u. Schauerroman. Dazu kamen als Reaktion auf die napoleonischen Feldzüge spezifisch nationale Elemente. Novalis war es, der als erster die R. als Gegenbegriff zur Klassik definierte. Die Musik wurde in der R. als eine autonome Welt der Töne angesehen, die vor allem das subjektive Gefühl u. die Stimmung ausdrücken sollte. Das galt insbesondere von der Instrumentalmusik, die nach Schopenhauer das »innerste Wesen der Welt« in Töne faßt. Die musikalische R. ist durch die Herrschaft des Inhalts über die Form, Auflösung der klassischen Melodiegestalt u. Harmonik, Erweiterung des Ausdrucksbereichs der Instrumente u. Vorstellungen vom Klang als selbständigem Element gekennzeichnet. Auffällig ist die häufige Doppelbegabung romantischer Musiker, deren Schriften ein bezeichnendes Licht auf ihre Spannungszustände u. ästhetischen Vorstellungen werfen: E. T. A. Hoffmann, C. M. von Weber, R. Schumann, H. Berlioz, F. Liszt u. R. Wagner. Webers *Freischütz* gilt als Höhepunkt der romantischen dt. Oper. In ihm mischen sich Volkstümliches, Nationales, Schauerroman u. Naturverbundenheit zu einem Kunstwerk, das auch außerhalb des dt. Sprachraums Anerkennung gefunden hat. Der grenzenlose Individualismus romantischer Musiker kommt am besten in den Fantasien u. Charakterstücken eines R. Schumann, F. Chopin, F. Liszt oder F. Mendelssohn Bartholdy zum Ausdruck.

Wie schwierig eine zeitliche Abgrenzung der musikalischen R. ist, zeigt sich am Beispiel R. Wagners, der mit seinen aus romantischem Gedankengut geborenen Opern die 2. Hälfte des 19. Jh. beherrschte, während andere Kunstgattungen sich bereits mit dem → Realismus beschäftigten. Als letzte Ausläufer der musikalischen R., die dabei bereits in einen musikalischen Expressionismus überging, dürfen die frühen Werke der 2. Wiener Schule interpretiert werden, so z. B. A. Schönbergs *Verklärte Nacht*.

Romanus-Buchstabe, in der Neumenschrift des 9.–11. Jh. verwendete Zusatzzeichen, die Aufschluß über Melodieverlauf u. Vortragsweise gaben, z. B. a = altius, l = levare, s = sursum.

Romanze (von span. u. franz. romance, soviel wie volkssprachlich), in Anlehnung an die meist provenz. mittelalterlichen Strophenlieder höfisch-ritterlichen Inhalts im 18. Jh. als Dichtungs- u. Liedgattung in Deutschland eingeführt, später auf besonders klangschöne Instrumentalstücke übertragen. Als erzählendes Lied wird die R. ganz besonders in Rußland gepflegt.

Romberg, 1. Andreas J., dt. Geiger u. Komponist, * 27. 4. 1767 Vechta, † 10. 11. 1821 Gotha. Trat bereits als Siebenjähriger gemeinsam mit seinem Vetter Bernard H. auf. Unternahm 1784–96 mit diesem mehrere Konzertreisen durch Deutschland, die Niederlande, Italien u. Frankreich, wirkte zeitweise in Paris bei den Concerts spirituels mit u. spielte 1790–93 in der kurfürstlichen Hofkapelle in Bonn. 1815 wurde er Hofkapellmeister in Gotha, eine Stellung, die er bis an sein Lebensende behielt.

Zu R. Kompositionen im Stil der Wiener Klassik gehören mehrere Opern, darunter *Der Rabe* (1794), *Die Ruinen von Paluzzi* (1811) u. *Die Großmuth des Scipio* (1816), Kirchenkompositionen, Sinfonien, 3 Violinkonzerte u. Kammermusik. Lange Zeit beliebt war seine Vertonung von Schillers »Das Lied von der Glocke« für Chor u. Orch. (1806).

2. Bernhard, Vetter von 1., dt. Cellist u. Komponist, * 11. 11. 1767 Dinklage, Oldenburg, † 13. 8. 1841 Hamburg. War wie sein Vetter Mitglied der kurfürstlichen Hofkapelle in Bonn bis zu deren Auflösung. 1801–03 Professor für Cello am Pariser Conservatoire u. 1815–19 Hofkapellmeister in Berlin. Er gilt als Begründer der dt. Cellistenschule. Seine Methode des Cellospiels wurde 1840 sogar in den Lehrplan des Conservatoire aufgenommen.

R. komponierte Opern, darunter gemeinsam mit seinem Vetter Andreas *Dom Mendoce, ou Le tuteur portugais* (1802), 9 Cellokonzerte, Kammermusik.

Romberg, Sigmund (Zsigmond), amer. Komponist ungar. Herkunft, * 29. 7. 1887 Nagykanizsa, † 9. 11. 1951 New York. Komponierte während der Schulzeit einen *Rotes-Kreuz-Marsch* u. wollte unbedingt Komponist werden. Neben seinem Maschinenbaustudium in Wien nahm er Kompositionsunterricht bei R. Heuberger. Beschloß 1909 bei einem New-York-Besuch, in Amerika zu bleiben, u. fristete sein Leben als Klavierspieler u. Orchesterleiter in Cafés u. Restaurants. Wurde so von den Shubert-Brüdern entdeckt, die ihn als Komponisten fest anstellten. Mit *Maytime* (1917) hatte er seinen ersten großen Erfolg.

R. schrieb im Laufe seines Lebens allein oder in Zusammenarbeit mit anderen 56 Bühnenwerke. Dazu gehören: *Blossom Time* (1921, Adaptation der Operette *Das Dreimäderlhaus*), *The Rose of Stamboul* (1922), *The Student Prince in Heidelberg* (1924), *Rosalie* (1928, gemeinsam mit G. Gershwin), *Up in Central Park* (1945) u. *The Girl in Pink Tights* (Uraufführung 1951 nach Fertigstellung durch D. Walter; Hauptdarstellerin: Zizi Jeanmaire). R. komponierte außerdem eine Reihe von Filmmusiken.

Rome, Harold, amer. Komponist u. Textdichter, * 27. 5. 1908 Hartford, CT. Studierte an der Yale Lawschool u. später an der School of Architecture. Trat als Zeichner in ein New Yorker Architekturbüro ein u. verdiente sich nebenbei Geld als Klavierunterhalter. 1937 erhielt er seine große Chance, als die International Ladies Garment Workers Union bei ihm die Revue *Pins and Needles* in Auftrag gab. Es folgten die Revuen *Sing out the News* (1938) u. *Call Me Mister* (1946). Mit *Wish You Were Here* schrieb R. 1952 sein erstes Musical. 1954 brachte er mit großem Erfolg *Fanny* nach Pagnols Trilogie heraus, komponierte *I Can Get It for You Wholesale* (1962), in dem B. Streisand ihre Karriere begann, u. brachte 1972 in London sein Musical *Gone With the Wind* heraus.

Rondeau (franz.), **1.** im 13.–15. Jh. verbreitete textliche u. musikalische Refrainform, bei der zwischen die Refrainverse Zusatzverse auf die gleichen Endreime eingeschoben werden. Die Abgrenzung gegen die ebenfalls einen Refrain verwendenden Gattungen → Ballade u. → Virelai ist fließend. Zu den bedeutendsten Komponisten von R. gehören G. Dufay u. G. Binchois. **2.** Form vokaler sowie instrumentaler Refrainkompositionen, die sich im Frankreich des 17. Jh. entwickelte u. überall in Europa beliebt war. Nach dem Schema abacad...a wurden abwechselnd Refrain (auch grand couplet oder r. genannt) u. Zwischenteile (couplet oder reprise genannt) aneinandergereiht.

Rondellus (mittellat.), von W. Odington in »De speculatione musices« eingeführte Bezeichnung für Stücke, die auf Stimmtausch beruhen. Bei diesen sog. Stimmtauschstücken bildet der Cantus zusammen mit zwei gleichzeitig einsetzenden Stimmen jeweils einen Abschnitt, der unter Vertauschung der Stimmen zweimal wiederholt wird.

Rondo, aus dem bei J.-B. Lully u. L. Couperin entwickelten Rondeau entstandene Reihungsform mit wiederkehrendem Refrain u. dazwischengeschobenen Couplets. Es war besonders in der Wiener Klassik beliebt u. trat häufig im Sonatensatzzyklus oder Konzert an die Stelle des Schlußsatzes. Zeigt das mittlere Couplet Neigung zu durchführungsartigen Veränderungen, die oft eingesetzt wurden u. mehr Abwechslung in das Stück bringen sollten, spricht man von Sonaten-R. Als Einzelkomposition verflachte das R. im 19. Jh. zur Salonmusik.

Ronnefeld, Peter, österr. Dirigent u. Komponist, * 26. 1. 1935 Dresden, † 6. 8. 1965 Kiel. Studierte 1950–54 in Berlin bei B. Blacher u. 1954–55 am Pariser Conservatoire bei O. Messiaen. War Assistent H. von Karajans an der Wiener Staatsoper, 1961–63 Chefdirigent am Theater der Stadt Bonn u. anschließend bis zu seinem Tode GMD in Kiel.

Zu R. Kompositionen gehören: die Opern *Nachtausgabe* u. *Die Ameise*, die Ballette *Peter Schlemihl* u. *Die Spirale*, *Sinfonie 52* (1952) u. Rondo für Orch. (1954).

Ropartz, J.-Guy M., franz. Komponist, * 15. 6. 1864 Guingamp, † 22. 11. 1955 Lanloup-par-Plouha. Studierte am Pariser Conservatoire bei J. Massenet u. war anschließend Schüler von C. Franck, der seinen Kompositionsstil wesentlich beeinflußt hat. Daneben bezog R. Anregungen aus der bretonischen Volksmusik. Er war 1894–1919 Direktor des Konservatoriums u. Dirigent der Sinfoniekonzerte in Nancy u. 1919–29 in Straßburg.

Zu R. Kompositionen gehören Bühnenwerke wie *Le*

diable couturier (eine bretonische Legende, 1893), *Le mystère de St-Nicolas* (1905) u. *Le pays* (1912); Ballette; 5 Sinfonien (1895, 1900, 1906, 1911 u. 1945); sinfonische Dichtungen; Kammermusik, darunter 6 Streichquartette (1893, 1912, 1925, 1933, 1940 u. 1951) sowie Kirchenmusik.

Roqué Alsina, Carlo, argentin. Komponist u. Pianist, * 19. 2. 1941 Buenos Aires. Studierte in Buenos Aires Klavier u. Dirigieren u. tritt seit 1959 als Konzertpianist auf. Im gleichen Jahr wurde er Mitglied der Agrupación Nueva Música Buenos Aires, 1964–66 Stipendiat der Ford Foundation in Berlin, 1967–68 Leiter einer Meisterklasse für zeitgenössische Klaviermusik an der University of Buffalo, NY. Lebt seit 1972 in Paris.

Zu R. A. Kompositionen gehören: 4 Klavierstücke (1958, 1960, 1962–65 u. 1969); *Oratorio* für 3 Solisten, 4 Schauspieler u. 3 kleine Instrumentalensembles (1964); *Funktionen* für 9 Spieler (1965); *Text*, musikalische Szene für Pos., 3 Schlaginstr. u. gem. Chor, *Text II* für 5 Solisten u. Singst. mit Verstärker u. *Consecuenza* für Pos. solo (1966); *Symptom* für Orch. (1969); *Überwindung* für 4 Solisten u. Orch. (1970); *Schichten* für Kammerorch. (1971); *Approach* für 2 Solisten u. großes Orch. (1973).

Rore, Cyprian de, franko-fläm. Komponist, * 1516, † September oder Oktober 1565 Parma. 1542–46 Sänger an S. Marco in Venedig u. dort Kompositionsschüler von A. Willaert. 1547 Kapellmeister am Hofe Herzog Ercoles II. von Ferrara. Nach dessen Tod wurde R. Vertrag nicht verlängert; er ging deshalb 1560 als Hofkapellmeister nach Parma. Dort zählten M. A. Ingegneri, P. Pontio u. G. de Wert zu seinen Schülern. Nach Willaerts Tod wurde R. 1563–64 als dessen Nachfolger an die Markuskirche in Venedig berufen; kehrte dann wieder nach Parma zurück, wo er im darauffolgenden Jahr verstarb. Die Kompositionen R., insbesondere seine Madrigale, erfreuten sich größter Beliebtheit. Sie kommt in den vielen Motivzitaten, Bearbeitungen sowie Parodierungen zum Ausdruck, die sich u. a. bei O. de Lassus, Ph. de Monte u. G. P. Palestrina nachweisen lassen. In seinen Kompositionen übernahm R. Willaerts sorgfältige Deklamation, dessen Vorliebe für den 5st. Satz u. die kanonische Struktur bei mehrstimmigen Motetten. R. legte jedoch den Hauptakzent auf das Madrigal, für dessen Wortausdeutung er oft chromatische Wendungen einsetzte.

Zu R. Kompositionen gehören an die 65 Motetten, 5 Messen, 1 Passion, Psalm- u. Magnificatkompositionen, an die 125 Madrigale u. einige Chansons.

Rorem, Ned, amer. Komponist, * 23. 10. 1923 Richmond, IN. Studierte am Curtis Institute of Music in Philadelphia u. bei B. Wagenaar an der Juilliard School of Music in New York. Außerdem erhielt er von V. Thomson Kompositionsunterricht gegen Reinschrift von dessen Partituren u. nahm Stunden bei A. Copland. Nach einem Frankreichaufenthalt übernahm er Lehraufträge an der University of Buffalo 1959–60 u. an der University of Utah 1966–67. Er lebt heute als freischaffender Komponist in New York.

Zu R. stark auf die Stimme ausgerichteten Kompositionen gehören: die Opern *A Childhood Miracle* für 6 St. u. 13 Instr. (1952), *The Robbers* (1958), *The Anniversary* (1962), *Miss Julie* (1965), *The Last Day* (1967), *Bertha* (1968), *Three Sisters Who Are Not Sisters* (1969) u. 6 Kammeropern nach Fabeln von La Fontaine (1970); Vokalmusik wie *Mourning Scene from Samuel* für St. u. Streichquartett (1947), *The Poet's Requiem* für S., gem. Chor u. Orch. (1955), *Poèmes pour la paix* für mittlere Singst. u. Streicher (1956), *Letters from Paris* für gem. Chor u. Orch. (1966), *The Sun* für S. u. Orch. (1967) u. *Little Prayers* für S., B., Chor u. Orch. (1974); 3 Sinfonien (1950, 1955 u. 1958); 3 Klavierkonzerte (1948, 1950 u. 1969); Kammermusik; Chöre u. Lieder.
R. veröffentlichte: »The Paris Diary« (1966); »The New York Diary« u. »Music from Inside Out« (1967); »Music and People« (1968); »Critical Affairs, A Composer's Journal« (1970, alle New York).

Rosenberg, Hilding C., schwed. Komponist, * 21. 6. 1892 Bosjökloster. Studierte nach abgelegtem Organistenexamen 1914–18 bei R. Andersson am Stockholmer Konservatorium Klavier u. ab 1915 bei E. Ellberg Komposition. Vervollständigte seine Ausbildung in Berlin, Dresden, Wien u. Paris u. nahm u. a. Dirigierunterricht bei K. Striegler u. H. Scherchen. 1932–34 Kapellmeister an der Stockholmer Oper, daneben Lehrer einer ganzen Generation schwed. Komponisten, zu denen K.-B. Blomdahl, S.-E. Bäck u. I. Lidholm gehören. Von A. Schönberg beeinflußt, brach R. mit der romantischen Tradition u. fand zu einem Personalstil, der Polyphonie u. Zwölftontechnik undogmatisch mischt.

Zu R. Kompositionen gehören: die Bühnenwerke *Resan till Amerika* (1932), *Marionetter* (1938), *De två konungadöttrarna* (1940), *Lycksalighetens ö* (1943), *Kaspers fettigsdag* (1953), *Porträttet* (1955) u. *Hus med dubbel ingång* (1969); die Ballette *Yttersta domen* (1929), *Orfeus i stan* (1938), *Salome* (1963), *Kain och Abel* (1964), *Sönerna* (1964) u. *Babels torn* (1968); die Oratorien *Den heliga natten* (1936), *Perserna* (1937), *Huvudskalleplats* (1938, rev. 1964–65), *Svensk lagsaga* (1941–42) u. das vierteilige Opernoratorium *Josef och hans bröder* nach Th. Mann (1945–48); Orchesterwerke, darunter die Sinfonien Nr. 1 (1917, rev. 1971), Nr. 2 *Sinfonia grave* (1928, rev. 1935), Nr. 3 *De fyra livsåldrarna* (1939), Nr. 4 *Johannes uppenbarelse* (mit Bar. u. Chor, 1940), Nr. 5 *Örtagårdsmästaren* (mit A. u. Chor, 1944), Nr. 6 *Sinfonia semplice* (1951), *Symfoni för blåsare och slagverk* (1966), Nr. 7 (1968) u. Nr. 8 *In Candidum* (mit Chor, 1974); Concerto Nr. 1 für Streicher (1946), Nr. 2 für Orch. (1949), Nr. 3 *Louisville Concerto* (1954, rev. 1968) u. Nr. 4 für Streicher (1966), *Riflessioni I–III* für Streicher (1959–60) u. *Metamorfosi sinfoniche I–III* für Orch. (1963–64); Konzerte, u. a. 2 Violinkonzerte (1924 u. 1951), *Sinfonia concertante* für V., Va., Ob., Fag. u. Orch. (1935); 2 Cellokonzerte (1939 u. 1953), Bratschenkonzert (1942, rev. 1945 u. 1964), Klavierkonzert (1950); Kammermusik, darunter 12 Streichquartette (Nr. 1–7 1920–56, Nr. 8–12 1957), 4 Klaviersonaten (1923, 1925, 1926 u. 1927); Chöre u. Lieder.

Lit.: M. Pergament, H. R., Stockholm 1956.

Rosenmüller, Johann (italianisiert: Rosenmiller, Giovanni), dt. Komponist, * 1619 Ölsnitz, Vogtland, begraben 12. 9. 1684 Wolfenbüttel. 1640 an der Universität Leipzig immatrikuliert, 1642 Collaborator an der Thomasschule u. 1651 Organist an der Nikolaikirche u. Stellvertreter des Thomaskantors T. Michael. Mußte 1655 unter dem Verdacht der Homosexualität aus Leipzig fliehen, hielt sich eine Zeitlang in Hamburg auf u. ließ sich dann in Venedig nieder, wo 1673 J. Ph. Krieger bei ihm Kompositionsunterricht nahm. 1678–82 war R. Hauskomponist am Ospedale della Pietà in Venedig u. wurde dann als Hofkapellmeister nach Wolfenbüttel berufen, wo er bis zu seinem Tode blieb. In seinen Kompositionen verbindet R. kursächsische Kantoreitradition mit venezianischer Instrumentalbehandlung. Besonderen Einfluß hatte die ital. Opernsinfonie auf ihn.

Von R. zahlreichen Werken erschienen zu Lebzeiten: »Paduanen, Alemanden, Couranten, Balletten, Sarabanden« mit 3 Stimmen und ihrem Basso pro Organo (1645); »Kern-Sprüche« (3–7st. Gesänge, hauptsächlich aus der Bibel, in 2 Teilen, 1648 u. 1652–53); »Studenten-Music« (3–8sätzige Suiten, 1654); »Sonate da camera cioe sinfonie, alemande, correnti, balletti, sarabande« (5–8sätzige Suiten, 1670), »Sonate a 2–5 stromenti d'arco & altri« (1682).

Rosenthal, Manuel (Emmanuel), franz. Dirigent u. Komponist, * 18. 6. 1904 Paris. Studierte am Pariser Conservatoire bei J. Boucherit (Geige) u. J. Huré (Harmonielehre) sowie bei M. Ravel Komposition. Wirkte als Konzertmeister an verschiedenen Pariser Orchestern, bevor er 1935–39 die Leitung des Orchestre Symphonique de Paris u. 1944–46 des Orchestre National übernahm. Wurde 1962 Professor für Orchesterleitung am Pariser Conservatoire, leitete 1964–67 das Lütticher Sinfonieorchester u. tritt hauptsächlich als Gastdirigent auf. Arbeitete mehrfach mit G. Balanchine bei Ch. auf Musiken von M. Ravel zusammen.

Zu R. Kompositionen gehören: die Bühnenwerke *Rayon des soieries* (1930) u. *Les Bootleggers* (1933); die musikalischen Dramen *Les femmes au tombeau* (1957) u. *Hop, Signor* (1962); die Ballette *Un baiser pour rien* (1936), *Gaîté Parisienne* (1938, Arrangement nach J. Offenbach für L. Massine) u. *Que le diable l'emporte* (1948); die Orchestersuiten *Jeanne d'Arc* (1936) u. *Symphonie de Noël* (1947); Sinfonie in C-Dur (1949) u. das Oratorium *Saint François d'Assise* ((1939). R. orchestrierte M. Ravels *Histoires naturelles* u. *Mélodies populaires grecques* (Nr. 2–4).

Rosette, das durchbrochene, meist kunstvoll verzierte Schalloch im Resonanzkörper lautenartiger Zupfinstrumente u. besaiteter Tasteninstrumente.

Roslawez (Roslavec), Nikolaj A., russ. Komponist, * 4. 1. 1881 Suraj, Gouvernement Tschernigow, † 23. 8. 1944 Moskau. Schüler von J. Hřímalý u. S. Wassilenko am Moskauer Konservatorium. Gehörte zu den führenden Persönlichkeiten des sowj. Musiklebens, bis er, wegen seiner prowestlichen und avantgardistischen Haltung scharf kritisiert, nach Taschkent ging u. mit Gebrauchsmusik seinen Lebensunterhalt verdiente. Seine Bedeutung liegt in der bereits um 1915 von ihm ausgearbeiteten Zwölftontechnik u. der Verwendung von Tonkomplexen, die er Synthetakkorde nannte.

Zu R. Kompositionen gehören: *Grustnye pejzaži* für Singst. u. Kl. (1913); Nocturne für Hf., Ob., 2 Va. u. Vc. (1913); 3 Streichquartette (1913–20); sinfonische Dichtungen; 1 Sinfonie (1922); 1 Violinkonzert (1925); Klavierstücke; Lieder.

Rossi, Luigi, ital. Komponist, Sänger u. Organist, * 1598 Torremaggiore bei San Severo, † 19. 2. 1653 Rom. Schüler von Jean de Macque in Neapel. Kam im Dienste von Marc'Antonio Borghese nach Rom u. heiratete dort 1627 die Harfenistin Costanza de Ponte. 1633 Organist an S. Luigi de' Francesi in Rom, 1635 mit seiner Frau am Hof der Medici in Florenz u. ab 1641 im Dienst des Kardinals Antonio Barberini in Rom, wo 1642 seine Oper *Il palazzo incantato d'Atlante* aufgeführt wurde. Von den ins Exil nach Frankreich gegangenen Barberinis wurde R. 1646 nach Paris geholt u. brachte dort 1647 seine Oper *Orfeo* heraus. Von seinen mehr lyrischen als dramatischen Werken seien insbesondere die ca. 100 Kantaten erwähnt. Bereits 1632 machte er sich mit *Lamento della Regina di Svetia* auf den Tod Gustav Adolfs in der Schlacht bei Lützen einen Namen. Um 1641 entstand sein Oratorium *Gioseppe, Figlio di Giacobbe*. Von seinen Werken erschien zu Lebzeiten nur wenig im Druck.

Rossi, Michel Angelo, ital. Komponist, Geiger u. Organist, * um 1602 Genua, † 7. 7. 1656 Rom. Schüler von G. Frescobaldi. Komponierte eine Choroper *Erminia sul Giordano*, die 1633 im Palast des Taddeo Barberini in Rom aufgeführt wurde. Schrieb außerdem im Stile Frescobaldis *10 Toccate e correnti d'intavolatura d'organo e cimbalo* (1637).

Rossi, Salomone de' (nannte sich wegen seiner jüdischen Abstammung auch Ebreo), ital. Komponist u. Geiger, * um 1570 Mantua, † um 1630 ebd. Stand ungefähr ab 1587 bis zum Tode des letzten Gonzaga-Herzogs 1630 im Dienst des Hofes von Mantua. Wirkte dort eine Zeitlang gemeinsam mit C. Monteverdi, der neben R. u. anderen Komponisten Musik zu einer Sacra Rappresentazione *Maddalena* (1617) beisteuerte. R. trug mit seinen »Sinfonie e gagliarde« sowie seinen »Varie sonate, sinfonie, gagliarde, brandi e corrente« wesentlich zur Entwicklung u. Form der Instrumentalvariation bei, indem er bekannte ital. Melodien variierte. Außerdem pflegte er die Form der Triosonate.

Von R. mehrfach nachgedruckten Kompositionen seien erwähnt: »Sinfonie e gagliarde« (3–5st., 2 Bücher, 1607–08); »Varie sonate, sinfonie, gagliarde, brandi e corrente« (2 Bücher, 1622–23); 3st. Canzonetten; 4- u. 5st. Madrigale sowie 2st. Madrigaletti mit B.c. Unter dem Titel »Hashirim asher lish'lomo« brachte er 1623 3–8st. hebräische Psalmen u. Cantici heraus.

Rossini, Gioacchino A., ital. Komponist, * 29. 2. 1792 Pesaro, † 13. 11. 1868 Passy bei Paris. Nach seinem Geburtsort wurde er auch »der Schwan von Pesaro« genannt. Sein Vater war Stadttrompeter in Pesaro u. heiratete 1771 dort die Bäckerstochter Anna Guidarini, die sich durch eine besonders schöne Stimme auszeichnete. Die republikanische Gesinnung des Vaters brachte die Familie mehrfach in Schwierigkeiten. Er wurde verschiedentlich eingesperrt, verlor seine Stellung, zog von Theater zu Theater u. verdiente sein Brot als Hornist. Die Mutter trat als Sängerin auf, während der neunjährige R. als Bratschist zum Unterhalt der Familie beitrug. 1804 ließen sich die Rossinis in Bologna nieder, wo Gioacchino eine systematische musikalische Ausbildung erhielt, die Klavier, Horn, mehrere Streichinstrumente u. Gesang umfaßte. Sein Lehrer war Padre Angelo Tesei, ein Schüler des berühmten Padre Mattei. Außerdem erhielt R. Gesangsunterricht bei dem Tenor M. Babini. In dieser Zeit entstanden die 6 Sonaten a quattro. 1805 komponierte R. Teile einer Opera seria *Demetrio e Polibio* für die befreundete Familie Mombelli, die diese 1812 an einem römischen Theater aufführen ließ. Gleichzeitig verdiente er sich Geld als Chordirektor u. maestro al cembalo an verschiedenen Theatern der Umgebung. 1806 nahm er am Liceo musicale Cellounterricht bei Cavedagna u. wurde im gleichen Jahr in die Accademia Filarmonica (classe dei cantori) aufgenommen. Ab 1807 erhielt er von Padre Mattei Kontrapunkt- u. von Zanotti Klavierunterricht, wandte aber bereits sein Hauptaugenmerk auf die Komposition u. die Kapellmeisterlaufbahn. 1810 verließ er gegen den Rat des Padre Mattei das Liceo u. ging einen Vertrag mit dem Theater S. Moisè in Venedig ein, wo seine Buffa *La cambiale di matrimonio* mit mäßigem Erfolg herauskam. Wieder in Bologna, dirigierte er J. Haydns *Schöpfung* u. brachte im Teatro Corso seine Buffa *L'equivoco stravagante* zur Aufführung. Es folgte 1812 mit großem Erfolg in Venedig *L'inganno felice* u. an der Mailänder Scala *La pietra del paragone*. Neben dem Theater S. Moisè bemühte sich auch das Teatro La Fenice um eine Oper von R. Mit der Seria *Tancredi* errang er dort 1813 seinen bis dahin größten Erfolg. Noch im gleichen Jahr folgte für S. Benedetto, ein weiteres Opernhaus in Venedig, *L'italiana in Algeri*. Inzwischen war R. in ganz Italien bekannt, überall verlangte man nach neuen Opern dieses Erfolgskomponisten. R. führte damals das typische Leben eines compositore scritturato (Vertragskomponist), der von Bühne zu Bühne reiste u. in Erfüllung abgeschlossener Verträge binnen kürzester Zeit für einen festgelegten Premierentermin Opern schrieb, die auf die jeweiligen Besetzungsmöglichkeiten zugeschnitten waren. Nach den Proben leitete der Komponist meistens noch die ersten Aufführungen u. reiste weiter. 1815 wurde R. von dem berühmten Impresario D. Barbaja unter Vertrag genommen, der ihn verpflichtete, jährlich zwei Opern für Neapel zu komponieren sowie die künstlerische Leitung der dortigen Theatersaison an den Bühnen des Teatro del Fondo u. des Teatro di S. Carlo zu übernehmen. Für Neapel entstanden einige seiner besten Opern, u. a. *Otello, Mosè in Egitto* u. *La donna del lago*. Zu Beginn seiner Tätigkeit in Neapel errang er mit *Elisabetta, regina d'Inghilterra* einen außergewöhnlichen Erfolg. Diese Oper ist besonders erwähnenswert, weil R. in ihr erstmals sämtliche Koloraturen auskomponierte, um die Gesangslinie vor der Willkür der Sänger zu schützen. Außerdem ersetzte er in *Elisabetta* das Recitativo secco durch das voll instrumentierte Recitativo stromentato. 1816 entstand in wenigen Wochen *Il barbiere di Siviglia*, R. berühmteste Oper, für das römische Theater Torre Argentina. Das feindselige Publikum u. Premierenpannen sorgten für einen Mißerfolg, aber bereits bei der Zweitaufführung wurde das Werk als ein Höhepunkt der Buffa begriffen u. trat darauf seinen Siegeszug über die Bühnen Europas an. Zu den Erfolgen der nächsten Jahre gehörten *La gazza ladra (Die diebische Elster)* an der Mailänder Scala u. *Mosè in Egitto* am Teatro di S. Carlo in Neapel. Nachdem Barbaja die Leitung des Wiener Kärntnertor-Theaters (eigtl.: K. K. Hoftheater nächst dem Kärnthnerthore) übernommen hatte, lud er R. u. dessen Frau, die Sängerin Isabella Colbran, nach Wien ein. Dort wurde am 13. 4. 1822 *Zelmira* mit großem Beifall aufgenommen, weitere Opern R. folgten. 1823 reiste der Komponist über Paris nach London u. eröffnete dort im Januar 1824 mit *Zelmira* einen Zyklus seiner Opern am King's Theatre. Ende des gleichen Jahres kehrte er nach Paris zurück u. übernahm die Intendanz des Théâtre-Italien, an dem F. Paer als Kapellmeister wirkte. Zur Krönung Karls X. brachte R. dort die szenische Kantate *Il viaggio a Reims* heraus u. ließ u. a. G. Meyerbeers *Il crociato* auf das Programm setzen. Der Sänger A. Nourrit machte R. mit der franz. Deklamation vertraut. Dieser begann daraufhin mit der Umarbeitung seiner Oper *Maometto II*, die 1826 als *Le siège de Corinthe* mit großem Erfolg herauskam. 1827 ließ er die Bearbeitung seines *Mosè in Egitto* als *Moïse* folgen. Das Pariser Publikum brachte ihm Ovationen dar, R. wurde ein hoher Ehrensold zugesprochen. 1828 erschien *Le Comte Ory*, 1829 *Guillaume Tell*. Die revolutionären Ereignisse von 1830, der Mangel an geeigneten Singstimmen, eine schöpferische Krise u. die R. nicht in sein Konzept passende Kunstauffassung der Zeit mögen ihn nach dem Erfolg des *Tell* bewogen haben, von der Opernbühne abzutreten. Er schrieb bis zu seinem Lebensende keine weitere Oper. 1831 begann er mit der Arbeit an seinem Stabat mater, von dem Teile durch G. Tadolini ausgeführt, aber später von R. durch eigene Kompositionen ersetzt wurden. 1832 lernte er die Französin Olympe Pélissier kennen, die 1846 seine zweite Frau wurde. Jahrelang machte R. ein nervöses Leiden zu schaffen, das er mit häufigem Ortswechsel zu kurieren suchte. 1839 nahm er die Ehrenpräsidentschaft über das Liceo Musicale in Bologna an, dessen Leitung er 1840–48 de facto innehatte. Er brachte dort mit Umsicht Unterrichtsreformen in Gang. Politische Ereignisse u. persönliche Anfeindungen ließen ihn nach Florenz übersiedeln u. schließlich 1855 wieder nach Frankreich zurückkehren. In Paris wurde er bei der Wiederaufführung des *Moïse* wie eh u. je gefeiert u. nahm ab 1856 auch wieder am gesellschaftlichen Leben der Hauptstadt teil, zu dessen Höhepunkten seine Samedis musicaux gehörten. Seit den *Soirées musicales* (12 Arien u. Duette) im Jahr 1835 hatte R. keine Komposition mehr veröffentlicht, als er seiner Frau 1857 zu ihrem Namenstag plötzlich die *Musique anodine* widmete u. wieder regelmäßig zu komponieren begann. Es entstand die Reihe der *Péchés de vieillesse* (»Alterssünden«), Sammlungen von Vokal- u. Klavierstücken. 1860 kam es zu der denkwürdigen Begegnung mit R. Wagner, über deren Verlauf der Augenzeuge E. Michotte berichtet hat. 1863 komponierte R. die *Petite messe solennelle*. Im September 1868 gab er seine musikalischen Sonnabende auf. Er starb am 13. 11. des gleichen Jahres.

Als Komponist hatte R. auf den verschiedensten Gebieten der Oper Erfolg, mit der Buffa genauso wie mit dem Dramma giocoso u. dem einfachen Rührstück. Mit dem an die Grenzen des Möglichen geführten Parlando, seiner Dynamik, den für ihn typischen Crescendi, den großen Finalen u. Ensembles holte er aus der Gattung der komischen Oper jede denkbare Wirkung heraus. Wichtig ist seine Reform der Arienkolorierung u. die Ersetzung des Recitativo secco durch das Recitativo stromentato. Seine Bedeutung für die franz. Oper liegt vor allem darin, daß er ital. Kantabilität mit franz. Deklamation zu verschmelzen wußte. Bei aller virtuoser Beherrschung der Bühnentechnik gelang es ihm jedoch nur selten, seine Figuren von der gängigen Schablone zu befreien u. sie zu lebendigen Menschen zu machen. Seine vokale Kammermusik, die teilweise erstmals von der 1940 gegründeten Fondazione Rossini in den »Quaderni Rossiniani« veröffentlicht wurde, weist R. nach 1857 wieder im Vollbesitz seiner schöpferischen Kraft aus.

R. komponierte: die Bühnenwerke *Demetrio e Polibio* (1805–08), *La cambiale di matrimonio* (1810), *L'equivoco stravagante* (1811), *L'inganno felice* (1812), *Ciro in Babilonia* (1812), *La scala di seta* (1812), *La pietra del paragone* (1812), *L'occasione fa il ladro ossia Il cambio della valigia* (1812), *Il signor Bruschino ossia Il figlio per azzardo* (1813), *Tancredi* (1813), *L'italiana in Algeri* (1813), *Aureliano in Palmira* (1813), *Il turco in Italia* (1814), *Sigismondo* (1814), *Elisabetta, regina d'Inghilterra* (1815), *Torvaldo e Dorliska* (1815), *Almaviva, ossia L'inutile precauzione*, später: *Il barbiere di Siviglia* (1816), *La Gazzetta ossia Il matrimonio per concorso* (1816), *Otello ossia Il Moro di Venezia* (1816), *La Cenerentola ossia La bontà in trionfo* (1817), *La gazza ladra* (1817), *Armida* (1817), *Adelaide di Borgogna ossia Ottone, re d'Italia* (1817), *Mosè in Egitto* (1818), *Adina ossia Il Califfo di Bagdad* (1818), *Ricciardo e Zoraide* (1818), *Ermione* (1819), *Eduardo e Cristina* (1819), *La donna del lago* (1819), *Bianca e Faliero ovvero Il Consiglio dei Tre* (1819), *Maometto II* (1820, rev. 1823), *Matilde di Shabran ossia Bellezza e cuor di ferro* (1821, rev. für Wien 1822 u. Paris 1829), *Zelmira* (1822, rev. für Wien 1822 u. Paris 1826), *Semiramide* (1823), *Il viaggio a Reims ossia L'Albergo del Giglio d'oro* (szenische Kantate, 1825), *Le siège de Corinthe* (1826, Bearbeitung von *Maometto II*), *Moïse et Pharaon ou Le passage de la Mer Rouge* (1827, Bearbeitung von *Mosè in Egitto*), *Le Comte Ory* (1828) u. *Guillaume Tell* (1829). Nach Musik von R. schrieb A. Pacini das Pasticcio *Ivanhoé* (1826) u. A.-L. Niedermeyer *Robert Bruce* (1846). Zu den kirchenmusikalischen Werken R. gehören: Stabat mater (1831–41) u. *Petite messe solennelle* (1863). Er komponierte außerdem *Soirées musicales* (1830–35), verschiedene Kammermusikwerke, darunter *Sei Sonate a quattro* (1804), *Sinfonia in re* (1808), *Sei Quartetti* für Fl., Clarino, Horn u. Fag. (1808–09), Serenata für 2 V., Va., Vc., Fl., Ob. u. Englischhorn (1823). Unter dem Titel »Péchés de vieillesse« erschienen inzwischen an die 20 Bde. mit Kammermusik, Klavierstücken u. Gesangsnummern.

Lit.: G. Carpani, Le Rossiniane ossia Lettere musicoteatrali, Padua 1824, Nachdr. Bologna 1969; Stendhal, Vie de R., engl. als: Memoirs of R., London 1824, franz. (2 Bde.) Paris 1824, dt. Leipzig 1824; G. Mazzatinti u. F. u. C. Manis, Lettere di G. R., Florenz 1902, dt. von W. Klefisch, Berlin u. Wien 1947; E. Michotte, La visite de R. Wagner à R., Brüssel 1906; G. Radiciotti, G. R. (3 Bde.), Tivoli 1928–35; L. Rognoni, R., Parma 1956, erweitert Turin 1968; H. Weinstock, R., New York u. London 1968; J. Harding, R., London 1971; R. Zanetti, G. R., Mailand 1971.

Rota (lat.: »Rad«), spätmittelalterliche Bezeichnung für einen geselligen → Kanon, der besonders in England gepflegt wurde u. dort seit Anfang des 16. Jh. als → Round bekannt war. Zu den frühesten Beispielen gehört der Sommer-Kanon *Sumer is icumen in*, bei dem sich die Anweisung findet: Hanc rotam cantare possunt quatuor socii. Notiert wurde die R. einstimmig. Die Einsätze der einzelnen Stimmen ließen sich mittels Teilung der Taktzahl durch die Anzahl der Sänger berechnen. Die einzelnen Stimmen wurden unisono oder in der Oktave geführt u. mündeten immer wieder in den Anfang. Daher auch das Bild des Rades.

Rota, Nino, ital. Komponist, * 3. 12. 1911 Mailand. Trat bereits als Elfjähriger mit dem Oratorium *L'infanzia di San Giovanni Battista* an die Öffentlichkeit. Studierte bei I. Pizzetti, A. Casella, R. Scalero u. F. Reiner, lehrte ab 1939 in Bari, wo er 1950 Direktor des Conservatorio di Musica N. Piccinni wurde. Komponierte eine Reihe von Opern u. Balletten, 2 Sinfonien, Kirchen- u. Kammermusik. International bekannt wurde er durch seine Filmmusiken. R. schuf die Musik zu allen Filmen von F. Fellini u. zu L. Viscontis »Rocco u. seine Brüder« (1960) u. »Der Leopard« (1963) sowie F. Zeffirellis »Romeo u. Julia« (1968).

Rouget de Lisle, Claude-Joseph, franz. Offizier u. Komponist, * 10. 5. 1760 Lons-le Saunier, † 27. 6. 1836 Choisyle-Roy. Ab 1791 Offizier der Garnison in Straßburg. Schrieb dort 1792 einen *Chant de guerre pour l'armée du Rhin*, der später als *Marseillaise* (→ Nationalhymne) zum Revolutionslied schlechthin wurde. Diese wurde 1795 u. 1879 endgültig zur franz. Nationalhymne erklärt. Die heute noch gebräuchliche Fassung stammt von A. Thomas. R. de L. komponierte daneben eine Reihe anderer revolutionärer Gesänge, gab »Chants français« u. Romanzen heraus u. verfaßte einige Opernlibretti.

Roulade (franz.: »Roller«), ein Ausdruck der Gesangstechnik, der eine meist chromatisch oder in Terzschritten ausgeführte Passage bezeichnet. Wurde häufig als Verzierung eines länger gehaltenen Tones eingesetzt.

Round (engl.: »rund«), **1.** eine besonders in England seit dem 16. Jh. beliebte Sonderform des → Kanons, die nur im Einklang oder in der Oktave ausgeführt werden konnte u. bei der die Stimmeinsätze in gleichen Abständen über das ganze Stück verteilt sind. Die erste bedeutende Sammlung von R. wurde 1609 von Th. Ravenscroft unter dem Titel »Pammelia, Musickes Miscellanie« veröffentlicht. **2.** R. oder Roundel, ein Tanz, bei dem sich die Tänzer im Kreis aufstellen. J. Playfords »The English Dancing Master« (1651) enthält 13 dieser R.

Rousseau, Jean-Jacques, französischer Philosoph, Schriftsteller u. Komponist, * 28. 6. 1712 Genf, † 2. 7. 1778 Ermenonville. War 1729 Chorknabe an der Kathedrale in Annecy u. begann Anfang der 1730er Jahre zu komponieren. Das Rüstzeug dazu hatte sich R. als Autodidakt hauptsächlich aus den theoretischen Schriften J.-Ph. Rameaus angelesen. 1742 legte er der Pariser Académie des Sciences den Entwurf einer neuen Zahlennotenschrift vor, die er 1743 als »Dissertation sur la musique moderne« veröffentlichte. 1745 brachte er bei Rameaus Gönner La Poupelinière sein Opéra-ballet *Les muses galantes* zur Aufführung, hinterließ aber mit diesem Werk keinen besonderen Eindruck. Spätestens aus dieser Zeit rührt sein gespanntes Verhältnis zu Rameau. Dieser lehnte eine Mitarbeit an D. Diderots »Encyclopédie« ab, worauf R. 1748–50 einen Teil der musikalischen Artikel verfaßte. Das dabei zutage tretende mangelnde Fachwissen wurde von Rameau in »Erreurs sur la musique dans l'Encyclopédie« scharf kritisiert. Neben dem Baron Grimm war R. einer der wichtigsten Parteigänger der Italiener in dem 1752 ausbrechenden → Buffonistenstreit. Im gleichen Jahr stellte er sein Intermède *Le devin du village* fertig, das am Hof von Fontainebleau mit großem Erfolg aufgeführt wurde u. ein Jahr später an der Pariser Opéra herauskam. Mit dieser Nachahmung der Opera buffa legte R. den Grundstein zum franz. Singspiel. 1753–64 arbeitete R. seine Beiträge zur »Encyclopédie« um u. ließ sie 1768 in Paris als »Dictionnaire de musique« erscheinen. In seinem »Lettre sur la musique française« (1753) hatte R. behauptet, die franz. Sprache eigne sich überhaupt nicht für den Kunstgesang. Um diese These unter Beweis zu stellen, verfaßte er seine Scène lyrique *Pygmalion* (1762–65), deren Text zu sprechen ist, während die Musik nur zur Untermalung der pantomimischen Teile dient. Damit wurde sein *Pygmalion* zum Vorbild für die → Melodramen des 18. Jh. R. hinterließ Fragmente einer Oper *Daphnis et Chloé* sowie einen Band Romanzen »Les consolations des misères de ma vie«. Als Schriftsteller hatte er mit seinem Erziehungsroman »Émile« (1762), dem autobiografischen Briefroman »La nouvelle Héloïse« (1764) u. der philosophischen Schrift »Du contrat social« (1762) großen Einfluß auf die nachfolgenden Generationen.

Roussel, Albert Ch. P. M., franz. Komponist, * 5. 4. 1869 Tourcoing, † 23. 8. 1937 Royan. Verlor beide Eltern in der Kindheit u. wuchs bei einem Großvater, später bei einem Onkel auf. Besuchte 1884 das Collège Stanislas in Paris u. wurde 1887 in die École Navale aufgenommen. Nach der Ausbildung auf einem Schulschiff tat R. Dienst auf einem Panzerkreuzer. Weihnachten 1892 ließ er in einer Kirche von Cherbourg ein Andante für V., Va., Vc. u. Org. aufführen. Nach Manövern, die ihn bis nach Saigon brachten, rieten ihm Freunde, seine musikalische Begabung durch gründlichen Unterricht zu fördern. Er zog nach Roubaix, nahm dort Unterricht bei J. Koszul u. reichte seinen Abschied ein. Im Herbst 1894 übersiedelte er nach Paris u. wurde Schüler von E. Gigout. 1898 trat er erstmals in der Salle Pleyel mit eigenen Werken auf. Im gleichen Jahr nahm ihn V. d'Indy als einen seiner ersten Schüler an der neugegründeten Schola Cantorum an. Dort erhielt R. 1902 eine Kontrapunktklasse, die er bis 1913 leitete. Zu seinen Schülern an der Schola gehörten P. Le Flem, E. Satie, Roland-Manuel u. E. Varèse, von seinen Privatschülern seien erwähnt B. Martinů, K. Riisager, C. Beck u. J. Martinon. Der Einzelgänger R. heiratete 1908 Blanche Preisach. Seine Hochzeitsreise führte ihn nach Asien. Ihren musikalischen Niederschlag fand sie im Opéra-ballet *Padmâvati* u. der sinfonischen Dichtung *Évocations*. 1912 erhielt R. den Auftrag, für das Théâtre des Arts das Ballett *Le festin de l'araignée* zu komponieren. Während des 1. Weltkrieges diente er in einer Transporteinheit, wurde aber wegen seiner schlechten Gesundheit vorzeitig entlassen. 1920 erwarb er ein Haus in Sainte-Marguerite-sur-Mer bei Varengeville. Dort lebte er zurückgezogen seiner Musik. Von seinen weiteren Reisen ist der Amerikaaufenthalt 1930 erwähnenswert. R. wohnte in Boston der Uraufführung seiner 3. Sinfonie bei, einem Auftragswerk für das dortige Sinfonieorchester. In seinen Kompositionen blieb R. auf dem Boden der Diatonik u. erwies sich dabei als ein Meister der überlieferten Formen. Impressionistische Züge der Frühwerke machten später einem Neoklassizismus Platz, der seine persönliche Note aus der von R. häufig eingesetzten Polymodalität gewinnt. Zu seinen weiteren Eigenarten gehören die Vorliebe für Quarte u. Septe, eigenwillige Rhythmen, Polyphonie, lang ausgesponnene Melodien. In vielen seiner Lieder mischen sich Elemente des café-concert u. Jazz mit franz. Witz zu kleinen Kunstwerken, die bereits auf F. Poulenc vorausweisen.

Zu R. Kompositionen gehören: die Bühnenwerke *Padmâvati* (Opéra-ballet, 1914–18), *La naissance de la lyre* (Conte lyrique, 1922–24) u. *Le testament de la tante Caroline* (Operette, 1932–33); die Ballette *Le festin de l'araignée* (1912), *Bacchus et Ariane* (1930), *Aeneas* (1935) u. Sarabande für *L'éventail de Jeanne* (1927); Bühnenmusik zu »Le marchand de sable« von G. Jean-Aubry (1908), Vorspiel zum 2. Akt von R. Rollands »14 Juillet« (1936) u. Musik zu einer Oper nach einem Libretto von J. Weterings, der diese nach dem Tod des Komponisten zu dem Poème radiophonique »Elpénor« verwandte (Fl. u. Streichquartett, veröffentlicht 1947). Zu R. Orchesterwerken gehören: 4 Sinfonien (I. *Le poème de la forêt*, 1904–06; II. 1919–21; III. 1929–30 u. IV. 1934), die sinfonischen Dichtungen *Résurrection* (1903), *Évocations* (1910–12), *Pour une fête de printemps* (1920) u. *Rhapsodie flamande* (1936), ferner Suite in F (1926), *Concert pour petit orchestre* (1926–27), Klavierkonzert (1927) *Petite suite pour orchestre* (1929), u. Concertino für Vc. u. Orch. (1936). Von seinen Vokalkompositionen seien erwähnt: *Le menace* für Singst. u. Orch. (1908), *Évocations* für Solost., gem. Chor u. Orch. (1910–12), *Psaume LXXX* für T., gem. Chor u. Orch. (1928), verschiedene Lieder, die R. im Laufe der Zeit für St. u. Orchester arrangiert hat. Zu seiner Kammermusik gehören: Trio für Kl., V. u. Vc. (1902, rev. 1927), *Divertissement* für Fl., Ob., Klar., Fag., Horn u. Kl. (1906), 2 Violinsonaten (1907–08 u. 1924), *Joueurs de flûte* für Fl. u. Kl. (1924), *Ségovia* für Git. (1925), *Sérénade* für Fl., V., Va., Vc. u. Hf. (1925), Trio für Fl., Va. u. Vc. (1929), Streichquartett (1931–32), Andante u. Scherzo für Fl. u. Kl. (1934), Trio für V., Va. u. Vc. (1937), außerdem Klavierwerke wie *Suite pour piano* (1909–10) u. Sonatine (1912).

Lit.: L. Vuillemin, A. R. et son œuvre, Paris 1924; A. Hoérée, A. R., Paris 1937; N. Demuth, A. R. A Study, London 1947; R. Bernard, A. R., Paris 1948; M. Pincherle, A. R., Genf 1957; B. Deane, A. R., London 1961; A. Surchamp, A. R., Paris 1967; F. Lesure, A. R., Ausstellungskatalog der Bibliothèque Nationale, Paris 1969.

Royalties (engl.: »Tantieme«, »Lizenzgebühr«), besonders in der Schallplattenindustrie Bezeichnung für einen Prozentsatz des Großhandels- oder Ladenverkaufspreises, der an die Rechteinhaber abgeführt wird.

Rózsa, Miklós, amer. Komponist ungar. Herkunft, * 18. 4. 1907 Budapest. Erhielt mit 5 Jahren ersten Geigenunterricht bei L. Berkowitz, studierte 1925–29 bei H. Grabner (Komposition) u. Th. Kroyer (Musikwissenschaft) in Leipzig u. ließ sich 1932 in Paris nieder. Mit Orchesterkompositionen wie *Thema, Variationen u. Finale* (1935) u. *Capriccio, Pastorale e Danza* (1939) machte er sich einen Namen als Komponist. 1939 übersiedelte R. nach Hollywood, 1945–65 war er Lehrer für Komposition an der University of Southern California.

Zu R. von der ungar. Folklore sowie B. Bartók u. Z. Kodály beeinflußten Werken gehören: Konzert für Streicher (1944); Violinkonzert (1953); die Motette *Die Eitelkeiten des Lebens* für 4st. gem. Chor u. Org. ad libitum (1965); Cellokonzert (1969); das von G. Piatigorsky u. J. Heifetz in Auftrag gegebene Doppelkonzert für V. u. Vc. (1964); Klavierkonzert (1967); *Tripartita* für Orch. (1973); Kammermusik. Am bekanntesten wurde der dreifache Oscar-Preisträger durch seine Filmmusiken zu »Jungle Book«, »El Cid«, »Quo Vadis?«, »Spell bound«, »The Thief of Baghdad« u. »Ben Hur«.

Rubato → Tempo rubato

Rubbra, Ch. Edmund, engl. Komponist, * 23. 5. 1901 Northampton. Erhielt Klavierunterricht von seiner Mutter u. gab mit 16 Jahren ein Konzert mit Werken von C. Scott. Dieser nahm ihn daraufhin als Privatschüler an u. brachte ihn mit seinem späteren Klavierlehrer E. H. Jones zusammen. Weitere Studien an der Reading University u. am Royal College of Music folgten. Zu seinen Lehrern gehörten G. Holst u. R. O. Morris. 1947–68 war R. Lektor für Musik an der Oxford University, daneben ab 1961 Professor für Komposition an der Guildhall School of Music in

London. Seine außergewöhnlich lyrischen u. der Spätromantik verpflichteten Kompositionen sind durch Polytonalität, polyphone Konstruktion u. Monothematik gekennzeichnet.

Zu R. Werken gehören: die Oper *Bee-Bee-Bei* (1933), das Ballett *Prism* (1938), Orchesterwerke, darunter 9 Sinfonien (1936, 1937, 1939, 1941, 1947–48, 1953, 1956, 1968 u. *The Resurrection* für Soli, Chor u. Orch. 1973), *Double Fugue* (1924), *Triple Fuge* (1929), *Brahms-Handel Variations* (1938), *Festival Overture* (1947) u. *Chamber Symphony* (1974), 2 Klavierkonzerte (1931 u. 1959), Rhapsodie für V. u. Orch. (1934), *Sinfonia concertante* für Kl. u. Orch. (1934), *Soliloquy* für Vc. u. Kammerorch. (1943–44), Bratschenkonzert (1952), Improvisation für V. u. Orch. (1956), Violinkonzert (1962), Kirchenmusik, Chöre, Kammermusik, darunter 3 Streichquartette (1933, 1952 u. 1968), Suite *The Buddha* für Fl., Ob., V., Va. u. Vc. (1947), 2 Violin- u. 1 Cellosonate, Lieder. Zu seinen Schriften gehören: »G. Holst« (London 1947); »Counterpoint, A Survey« (London 1960) u. Beiträge zu A. Casellas »The Evolution of Music« (London 1964).

Rubinstein (Rubinstejn), Anton G., russ. Pianist, Komponist u. Dirigent, * 28. 11. 1829 Wychwatinez, Podolien, † 20. 11. 1894 Peterhof bei Petersburg. Schüler von A. Villoing in Moskau. Trat 1839 erstmals öffentlich auf u. reiste 1840 in Begleitung seines Lehrers nach Paris, wo ihn F. Liszt im Hinblick auf seine Virtuosenlaufbahn beriet. Nach weiteren Konzertreisen studierte er ab 1844 gemeinsam mit seinem Bruder Nikolaj bei S. Dehn Komposition in Berlin u. kehrte 1848 nach Rußland zurück. In den folgenden Jahren entstanden mehrere Opern, von denen *Dmitrij Donskoj* (1852) u. *Fomkaduračok* (1853) in Petersburg aufgeführt wurden, *Sibirskie ochotniki* (1854) in Weimar herauskam. 1858 wurde R. zum Hofpianisten u. Dirigenten der Hofkapelle in Petersburg ernannt, 1859 übernahm er die Leitung der dortigen Russ. Musikgesellschaft, u. 1862 gründete er das Kaiserliche Konservatorium von Petersburg, dessen Leiter er bis 1867 u. nach ausgedehnten Konzertreisen noch einmal von 1887 bis 1890 war. Anschließend lebte er einige Jahre in Dresden. Als Pianist war R. wahrscheinlich der einzige Musiker, der sich mit Liszt messen konnte. Er verfügte über eine außergewöhnliche Technik u. Ausdruckskraft. Als Komponist gehört er zu den Nachfahren der dt. Romantik, seine Tonsprache hat Ähnlichkeit mit der F. Mendelssohn Bartholdys. R. Bruder Nikolaj G. (2. 6. 1835–23. 3. 1881) war ebenfalls ein bedeutender Pianist u. Mitbegründer sowie erster Direktor des Moskauer Konservatoriums.

Von R. größtenteils vergessenen Kompositionen seien erwähnt: die Bühnenwerke *Deti stepej* (1861), *Feramors* (1863), *Demon* (1875), *Makkabei* (1875), *Nero* (1879), *Kupec Kalašnikov* (1880), *Sulamif* (1883), *Sredi razbojnikov* (1883), *Popugaj* (1884), *Christus* (1888, erste Bühnenaufführung 1889) u. *Gorjuša* (1889); 6 Sinfonien (von ihnen ist Nr. 2, *Ozean*, 1851, rev. 1863 u. 1880, besonders erwähnenswert); 5 Klavierkonzerte; 2 Cellokonzerte; 1 Violinkonzert; Oratorien; Kammermusik, darunter 10 Streichquartette; Klavierstücke u. Lieder. Seine Autobiografie »Erinnerungen« erschien 1889 (dt. Leipzig 1893).

Lit.: N. T. Findejzen, A. G. R., Moskau 1907; A. Hervey, A. R., London 1913 u. 1922; L. A. Barenboim, A. G. R., 2 Bde., Moskau 1957–62; T. A. Choprova, A. G. R., Leningrad 1963.

Rudziński, Witold, poln. Komponist, * 14. 3. 1913 Siebicz, Litauen. Studierte bei T. Szeligowski in Wilna u. N. Boulanger sowie Ch. Koechlin in Paris. 1939–42 Lehrer am Konservatorium in Wilna u. Warschau, 1945–47 in Łódź. Ab 1948 künstlerischer Leiter der Warschauer Philharmonie u. Oper. 1950–56 redigierte er die Zeitschrift »Muzyka«. 1957 erhielt er einen Lehrauftrag an der Warschauer Musikhochschule, wo er 1965 Professor wurde.

Zu R. aus der Folklore schöpfenden Werken gehören: die Opern *Janko muzykant* (1953), *Komendant Paryża* (1960), *Odprawa posłow greckich* (1962); Orchesterwerke wie *Bilder aus dem Heiligen-Kreuz-Gebirge* (1965), Concerto grosso für Schlagzeug u. 2 Streichorch. (1970); Oratorien u. Kammermusik. Zu seinen Schriften zählen: »Muzyka dla wszystkich« (»Musik für alle«, Krakau 1948) u. »S. Moniuszko« (2 Bde., Krakau 1955–61).

Rue, Pierre de la → La Rue, P. de

Rückkopplung, Rückführung eines von einer Schallquelle erzeugten Signals zu seinem Ursprung. Je nach Größe der Verstärkung kann es dabei zu Verzerrungen kommen, die das ursprüngliche Signal vollkommen unkenntlich machen.

Ruffo, Vincenzo, ital. Komponist, * um 1510 Verona, † 9. 2. 1587 Sacile bei Udine. Wurde 1531 in Verona zum Priester geweiht. 1542–46 im Dienste des Marchese Alfonso d'Avalos in Mailand, 1551–52 Maestro di musica der Academia filarmonica in Verona, spätestens ab 1554 Domkapellmeister in Verona, 1563 in gleicher Stellung in Mailand, 1573–77 in Pistoia u. ab 1580 Kapellmeister am Dom von Sacile. Zu seinen Schülern gehörten G. M. Asola u. M. A. Ingegneri. Komponierte neben Motetten, Messen, Psalmen u. Magnificat Madrigale, von denen gedruckt erschienen: 3 Bücher 4st. Madrigale (1545–60), 4 Bücher 5st. Madrigale (1553–56) u. »Madrigali a 6, a 7 e a 8 v., con la gionta di cinque canzoni« (1554). Er ließ außerdem 1564 3 st. »instrumentale Capricci in musica« erscheinen.

Ruggiero, ein musikalisches Satzmodell, das seinen Namen möglicherweise der Stanze »Ruggier, qual sempre fui ...« aus dem »Orlando furioso« des L. Ariosto verdankt. Baßformeln wie der R. waren im 16. u. frühen 17. Jh. besonders in Italien beliebt u. wurden verschiedenen Werken der Dichtkunst unterlegt. Das Modell des R. ist achttaktig mit Auftakt:

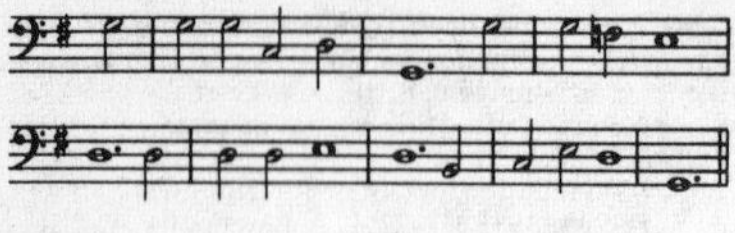

Daneben trat der R. auch als Tanzmelodie auf, die sich in Instrumentalwerken G. Frescobaldis sowie bei Madrigalisten wie S. d'India u. C. Monteverdi nachweisen läßt.

Ruggles, Carl (Charles) S., amer. Komponist, * 11. 3. 1876 Marion, MA, † 24. 10. 1971 Bennington, VT. Erhielt mit 6 Jahren ersten Geigenunterricht, studierte bei W. Spalding u. J. K. Paine an der Harvard University in Boston. Lernte dort J. Klauss kennen, einen Lehrer am Konservatorium, der ihm weitere musikalische Kenntnisse vermittelte. Ging 1907 nach Winona, MN, wo er eine Anstellung als Geigenlehrer u. Leiter des Orchesters der Young Men's Christian Association gefunden hatte. Dort machte er die Bekanntschaft der Sopranistin Ch. Snell, die er 1908 heiratete. Im gleichen Jahr gründete er das Winona Symphony Orchestra, das er bis 1911 leitete. Daneben nahm er weiteren Unterricht bei Ch. Timner, dem Konzertmeister des St. Paul Symphony Orchestra. 1917 zog er in die New Yorker Gegend um, leitete einen Arbeiterchor u. das Orchester der Rand School, betätigte sich daneben mit E. Varèse in der International Composers Guild u. später der Pan-American Association of Composers. 1924 zog er in ein verlassenes Schulhaus in Arlington, VT, wo er sich mit Privatstunden u. als Maler durchschlug. 1937–47 gab er Kompositionsunterricht an der University of Miami.

R. galt bereits zu Lebzeiten als eine legendäre Figur. Sein Freundeskreis bestand aus H. Cowell, E. Varèse u. Ch. Ives. Mit dem letzteren verbanden ihn u. a. atonale Experimente. R. veröffentlichte nur wenige Werke, die meistens mehrfach überarbeitet wurden. Alle Kompositionen vor 1918 hat er vernichtet, darunter auch eine fast fertige Oper *The Sunken Bell* nach G. Hauptmann. Nachdem sich R. seinen persönlichen Stil erarbeitet hatte, wandte er ihn rigoros auf alle seine Werke an. Er ist gekennzeichnet von einem freien, chromatisch dissonanten Kontrapunkt, ausgesponnener Melodik, fluktuierendem Rhythmus u. starker Expressivität. Obwohl sich R. nicht der Zwölftontechnik bediente, ließ er selten die Wiederholung eines Tones zu, bevor nicht eine Reihe anderer erklungen waren. Wie Ch. Ives begriff er die Tätigkeit des Komponierens als einen Akt der Selbstfindung. Als er seine Musik für sich optimal formuliert hatte, hörte R. deshalb auf zu komponieren, malte jedoch weiter bis ins hohe Alter.

R. schmales Werk besteht aus: *Toys* für St. u. Kl. oder Orch. (1919); *Angels* für 6 gestopfte Trp. (1921); *Men and Mountains* für Orch. (1924, rev. 1935 u. 1942); *Portals* für Streicher (1926, rev. 1930); *Sun-Treader* für Orch. (1925–31); *Vox clamans in deserto* für St. u. Orch. (1929); *Evocations, 4 Chants for Piano* (1937–45, rev. 1954); *Organum* für Orch. (1944–47, auch für Kl. u. 2 Kl.); *Affirmations* für Orch. (1957) u. *Exaltation* für Gemeindegesang u. Org. (1958).

Lit.: L. Harrison, About C. R., New York 1946.

Ruiz Soler, Padre Antonio, span. Organist u. Komponist, * 3. 12. 1729 Olot, Katalonien, † 20. 12. 1783 Kloster El Escorial bei Madrid. Wurde in der Singschule des Klosters Montserrat ausgebildet u. erhielt dort Unterricht bei J. Elías (Orgel u. Komposition). Wirkte als Kapellmeister an der Kathedrale in Lérida, trat 1752 in das Kloster El Escorial ein u. wurde dort ab 1753 Organist u. Chormeister. Um die gleiche Zeit scheint er bei D. Scarlatti weitere Unterweisung erhalten zu haben.

Von R. S. Kompositionen sind erhalten: Bühnenmusiken, Kirchenkompositionen u. Kammermusik, darunter eine große Anzahl von Klaviersonaten. Daneben veröffentlichte er theoretische Schriften, darunter »Llave de la modulación« (Madrid 1762).

Rumba (Rhumba), geradtaktiger Tanz afrokubanischer Herkunft. Wurde um 1914 in New York eingeführt u. erfreut sich seit den 1930er Jahren auch in Europa großer Beliebtheit. Gehört heute zu den Standardtänzen. Charakteristisch ist der synkopenreiche Rhythmus der sich ständig wiederholenden, meist achttaktigen Bildungen. Variationen der R. sind → Mambo u. → Cha-Cha-Cha.

Rundfunk, nach ersten Übertragungsversuchen über Telefonkabel entwickelte sich die drahtlose Übertragung von Sprache u. Musik zu jedem Besitzer eines Empfangsgeräts in knapp einem Jahrzehnt. 1912 fand die erste stereoakustische Übertragung einer Opernaufführung in das Berliner Kronprinzenpalais statt, 1920 wurde in Deutschland das erste Instrumentalkonzert über die Hauptfunkstelle Wusterhausen gesendet, 1921 fand die erste Operndirektübertragung aus der Berliner Staatsoper statt. Nach dem 2. Weltkrieg wurde in Deutschland auch das Sendemonopol neu organisiert. Nach der Übertragung der Kulturhoheit auf die einzelnen Länder der Bundesrepublik wurden jeweils eigene bzw. gemeinschaftlich betriebene Sender installiert. Seit 1950 sind sie in der ARD (Arbeitsgemeinschaft der Rundfunkanstalten Deutschlands) zusammengeschlossen. Der Musikanteil ist beim Rundfunkprogramm naturgemäß sehr hoch, man nimmt einen Anteil von 50–60% des Gesamtprogramms an. Seit 1963 gibt es im UKW-Bereich zweikanalige → Stereophonie.

Rundfunkoper → Funkoper

Russo, William, amer. Komponist, * 25. 6. 1928 Chicago. Studierte bei L. Tristano 1944–47, anschließend bei J.J. Becker u. K. Jirak. Gründer des Experiment in Jazz in Chicago 1947 u. 1950–54 Posaunist u. Arrangeur bei S. Kenton. Nahm anschließend mehrere Lehraufträge wahr u. ist seit 1975 Composer-in-residence der City u. des County of San Francisco.

Zu R. stark vom Jazz beeinflußten Kompositionen gehören: die Bühnenwerke *John Hooten* (1961), *The Island* (1963), *Antigone* (1967) u. *Aesop's Fables* (1970), 2 Sinfonien (1957 u. 1959) sowie Concerto grosso (1960), *The 7 Deadly Sins* (1960), Cellokonzert (1962), *English Concerto* für V. u. Jazz Orchestra (1963), *Fugue for Jazz Orchestra, America 1966* (Concerto grosso for Jazz Orchestra), *Civil War* (Rock-Kantate, 1968), *David* (Rock-Kantate, 1968) u. *Songs of Celebration* für Soli, Chor u. Orch. (1971). Er veröffentlichte: »Composing for the Jazz Orchestra« (1961) u. »Jazz: Composition and Orchestration« (1968, beide Chicago).

Russolo, Luigi, ital. Komponist, * 1. 5. 1885 Portogruaro, Veneto, † 4. 2. 1947 Cerro di Laveno. Schloß sich 1909 der futuristischen Bewegung F. T. Marinettis an u. konstruierte eine Reihe mechanischer u. elektrischer Geräuscherzeuger, die er »intonarumori« (»Lärmtöner«) nannte. Veröffentlichte 1913 in Mailand ein futuristisches Manifest, in dem er das stilisierte Geräusch als Erweiterung des traditionellen Orchesterklangs feierte. Nebenbei wirkte er auch als Maler. Zu seinen Veröffentlichungen gehört: »L'arte dei rumori«, Mailand 1916. → Bruitismus

Rust, Friedrich Wilhelm, dt. Geiger u. Komponist, * 6. 7. 1739 Wörlitz bei Dessau, † 28. 2. 1796 Dessau. Schüler von F. Benda u. C. Ph. E. Bach in Berlin. Wirkte ab 1766 in Dessau, wo er 1775 Hofmusikdirektor u. Leiter des neugegründeten Theaters wurde. Er gehört zu den Vertretern des galanten Stils.

Von R. Kompositionen sind erwähnenswert die Duo- u. Monodramen *Inkle* u. *Yariko* (1777), *Fingal in Lochlin* u. *Inamorula* (1782) u. das Schäferspiel *Korylas u. Lalage* (1786). Er komponierte außerdem Oden, Klavier- u. Geigenstücke sowie Lieder.

Ruzicka, Peter, dt. Komponist, * 3. 7. 1948 Düsseldorf. Studierte am Hamburger Konservatorium u. promovierte an der Freien Universität Berlin als Jurist. Ist seit 1979 Intendant des Radio-Symphonieorchesters Berlin. Setzt sich in seinen Kompositionen mit G. Mahler auseinander.

R. schrieb u. a.: *Esta noche* (Trauermusik für die Opfer des Krieges in Vietnam, 1967); *Metastrofe* (Versuch eines Ausbruchs für 87 Instrumentalisten, 1971); *Sinfonia* für 25 Solostreicher, 16 Vokalisten u. Schlagzeug (1971); *Stress* für 8 Schlagzeuggruppen (1972); *Torso* für Orch. (1973); *Versuch* (7 Stücke für Streicher, 1974); *Abbrüche* (9 Phasen für Orch., 1978) u. *Gestalt u. Abbruch* für Stimmen (1979).

Rzewski, Frederic A., amer. Komponist u. Pianist, * 13. 4. 1938 Westfield, MA. Studierte an der Harvard University u. in Princeton. Gründete 1966 mit Allan Bryant, Alvin Curran u. Jon Phetteplace in Rom die Musica Elettronica Viva (MEV), ein Ensemble von Komponisten u. Interpreten, das sich mit Kollektivkompositionen u. Gruppenimprovisationen beschäftigte. Gilt als einer der hervorragenden Interpreten zeitgenössischer Musik. Lebt seit 1970 in New York, wo er verschiedene Lehraufträge wahrnimmt.

Zu R. Kompositionen gehören: Sonate für 2 Kl. u. *Poem* für Kl. (1959); Oktett (1961); Requiem für Chor u. Kammerensemble (1963–68); *Nature morte* für Bläser, V., Vc., Org., Kl., Hf. u. 5 Schlagzeuger (1964); *Zoologischer Garten* für Tonband (1965); *Projector-Piece* (1966); *Les moutons de Panurge* für beliebige Instr. (1969); *Jefferson* für Singst. u. Kl. (1970); *Falling Music* für elektronisch verstärktes Kl. u. Tonband (1971); *Coming Together* u. *Attica* für Sprecher u. Ensemble (1972); *Second Structure* für improvisierende Instr. (1972); *Drums and Guns* für Orch. (1973).

S

S., Abkürzung für Sopran; D.S. → dal segno; al S. → al segno.

Sabbatini, Luigi Antonio, ital. Komponist u. Theoretiker, * 24. 10. 1732 Albano Laziale bei Rom, † 29. 1. 1809 Padua. Schüler von Padre Martini in Bologna u. F. A. Vallotti in Padua. Kapellmeister an SS. Apostoli in Rom u. von 1786 bis zu seinem Tode in Padua. Er hinterließ eine Vielzahl kirchenmusikalischer Kompositionen in Handschrift. Zu seinen Veröffentlichungen gehören: »Gli elementi teorici della musica colla pratica dei medesimi, in duetti, e terzetti a canone« (3 Bde., Rom 1789–90); »La vera idea delle musicali numeriche segnature« (Venedig 1799) u. »Trattato sopra le fughe musicali« (2 Bde., Venedig 1802).

Sacchini, Antonio M. G. G., ital. Komponist, * 14. 6. 1730 Florenz, † 6. 10. 1786 Paris. Schüler von G. Manna, N. Fiorenza u. F. Durante am Conservatorio S. Maria di Loreto in Neapel. War dort 1756 maestro straordinario di canto u. 1761 2. Kapellmeister. Komponierte 1763 *Alessandro nelle Indie* für Venedig, im gleichen Jahr *Olimpiade* für Padua u. 1764 *Semiramide riconosciuta* für Rom. 1768–72 wirkte er am Conservatorio dell'Ospedaletto in Venedig u. reiste anschließend über München u. Stuttgart nach London, wo er zwischen 1772 u. 1782 als gefeierter Opernkomponist lebte, sich aber dann vor seinen Gläubigern nach Paris retten mußte. Dort entstanden unter dem Einfluß von Ch. W. Gluck *Dardanus* (1784) u. *Œdipe à Colone* (1786).

Neben etwa 40 Opern hinterließ S. Kirchenmusik, 2 Sinfonien, Kammermusik u. Cembalo-Sonaten.

SACEM, Abkürzung für die franz. Gesellschaft für musikalisches Aufführungsrecht Société des Auteurs, Compositeurs et Éditeurs de Musique. Sie wurde 1851 gegründet u. ist das Vorbild der dt. → GEMA sowie anderer → Verwertungsgesellschaften. Den Einzug von Tantiemen für die szenischen Aufführungsrechte nimmt in Frankreich die SACD (Société des Auteurs et Compositeurs Dramatiques) wahr.

Sachs, Hans, dt. Meistersinger u. Schuhmacher, * 5. 11. 1494 Nürnberg, † 19. 1. 1576 ebd. Besuchte 1501 die Lateinschule des Nürnberger Spitals u. wurde 1509–11 von Lienhard Nunnenbeck in den Meistersang eingeführt. Nach fünfjähriger Wanderschaft ließ er sich dann in Nürnberg nieder u. wurde 1520 Meister des Schuhmacherhandwerks. Später war er Spielleiter der Meistersingerbühne (1551–60) u. Merker der Singschule (1555–61). Von ihm sind 1983 geistliche Lieder in Meistertönen, 2314 weltliche Meisterlieder u. 1903 Spruchgedichte bekannt. Außerdem verfaßte er eine Reihe von Schwänken u. Bühnenstücken. Die Melodien seiner Meisterlieder wurden von seinem Schüler A. Puschmann in dessen »Singebuch« festgehalten. A. Lortzing u. R. Wagner nahmen die Figur des Hans S. zum Vorwurf von Bühnenwerken.

GA (26 Bde.), hg. von A. von Keller u. E. Goetze, Tübingen 1870–1908, Nachdr. Hildesheim 1964.

Sacra rappresentazione → Rappresentazione sacra

Sängerbünde, regionale Zusammenschlüsse von Gesangsvereinen u. Chören. Den Anfang machten in Deutschland die im 19. Jh. beliebten → Liedertafeln u. Männerchöre, die sich zu Sängerfesten trafen. Das erste Dt. Sängerfest fand 1827 in Plochingen statt. 1862 gründeten Abgeordnete von 41 S. in Coburg den Dt. Sängerbund (DSB), der nach dem 2. Weltkrieg wegen seiner nationalen Ausrichtung verboten war, aber 1949 neugegründet wurde. Heute fungiert er als Dachorganisation für etwa 15 000 Vereine. Daneben entstand 1908 der Dt. Arbeiter-Sängerbund (DAS), der 1933 aufgelöst wurde u. 1947 als Dt. Allgemeiner Sängerbund (DAS) neu entstand. DSB u. DAS sind Mitglieder der 1950 in Detmold gegründeten Arbeitsgemeinschaft Dt. Chorverbände (ADC), dem auch der Verband der Sing- u. Spielkreise angehört.

Sæverud, Harald S. J., norw. Komponist, * 17. 4. 1897 Bergen. Studium in Bergen u. Berlin, seither freischaffender Komponist u. Dirigent.

Zu S. von der norw. Folklore beeinflußten Werken gehören Bühnenmusiken, darunter zu Ibsens »Peer Gynt« (1948), das Ballett *Ridder Blåskjeggs mareritt* (1960), 9 Sinfonien (1920–66), Konzerte für Vc. (1929), Ob. (1938), Kl. (1950), V. (1956), Fag. (1963) u. Kb. (1973) mit Orch., Chormusik, Klavierstücke.

Sainete (span.: »Schwank«), kurze heitere Szenen aus dem Volksleben, die in Spanien oft im Rahmen eines größeren Bühnenwerks dargeboten wurden, ursprünglich meistens als Nachspiel. Seit dem 18. Jh. verstand man unter S. auch die zwischen den Akten des Dramas gespielten Einlagen, im 19. Jh. wurden diese vereinzelt zu eigenständigen zwei- u. dreiaktigen Stücken erweitert. Elemente der S. gingen auch in die → Zarzuela über.

Saint-Marcoux, Micheline Coulombe, kanadische Komponistin, * 9. 8. 1938 Notre-Dame-de-la-Doré, Quebec. Besuchte 1960–63 die École Vincent-d'Indy, wo Y. Hubert (Klavier) u. C. Champagne (Komposition) zu ihren Lehrern gehörten. 1963–67 Studien am Conservatoire de musique de Montréal bei G. Tremblay, F. Aubut-Pratte u. C. Pépin. 1968–71 Frankreichaufenthalt mit Studien innerhalb der Groupe de recherches musicales de l'ORTF. Dort arbeitete sie mit P. Schaeffer, F. Bayle, G. Riebel u. B. Parmegiani zusammen, daneben Kompositionsunterricht bei G. Amy u. J.-P. Guézec. Seit 1971 ist sie Professor für Komposition am Conservatoire in Montreal. In ihren Kompositionen arbeitet S.-M. mit thematischen u. rhythmischen Zellen, Clustern, Aleatorik u. seit ihrem Parisaufenthalt mit elektronischen Mitteln.

Zu S-M. Kompositionen gehören: Sonate für Fl. u. Kl. (1964); Streichquartett (1965–66); *Modulaire* für Orch. (1967); Assemblages für Kl. (1969); *Hétéromorphie* für Orch. (1969–70); *Bernavir* für Tonband (1970); *Trakadie* für Tonband u. Schlagzeug (1970); *Arksalalartôq* für Tonband (1971); *Contrastances* für Tonband (1971); *Moustières* für Tonband (1971); *Makazoti* für Soli u. Instrumentalensemble (1971); *Zones* für Tonband (1972); *Alchera* für Mezzo-S., Instrumentalensemble, Tonband u. Lichteffekte (1972–73); *Ishuma* für Singst. u. Instrumentalensemble (1973–74); *Genesis* für Bläserquintett u. Schlagzeug (1975); *Miroirs* für Cemb. u. Tonband (1976).

Saint-Saëns, Ch.-Camille, franz. Komponist u. Pianist, * 9. 10. 1835 Paris, † 16. 12. 1921 Algier. Er wuchs nach dem frühen Tod seines Vaters bei seiner Mutter u. Großmutter auf. Eine Großtante brachte ihm das Notenlesen u. das Klavierspiel bei. Schon als Kind fühlte er sich zur Musik hingezogen. Außerdem stellte sich heraus, daß er das absolute Gehör besaß. Mit 3 Jahren verfaßte er sein erstes Klavierstück. 1843 erhielt er geregelten Klavierunterricht bei C. Stamaty, einem Schüler F. Kalkbrenners. P. Maleden erteilte ihm ersten Kompositionsunterricht. 1846 trat S-S. in dem von der Familie gemieteten Salle Pleyel erstmals als Solist auf. Das Programm bestand aus Solostücken sowie dem 3. Klavierkonzert von L. van Beethoven u. dem B-Dur-Konzert KV 450 von W. A. Mozart. Weiteren Unterricht erhielt S-S. von A. P. Boëly (Orgel), A. Franchomme (Klavierbegleitung) u. F. Delsarte (Gesang). 1848 trat er in das Pariser Conservatoire ein, wo F. Benoist, F. Halévy u. N. H. Reber zu seinen Lehrern gehörten. Mitschüler in der Kompositionsklasse waren E. Silas u. Ch. Lecocq. Die Bekanntschaft mit Pauline Viardot, der Schwester der Malibran, führte dazu, daß S-S. häufig bei den musikalischen Donnerstagabenden der Sängerin als Liedbegleiter auftrat. 1852 machte er mit seiner *Ode à Sainte-Cécile* auf sich aufmerksam. 1853 wurde er Organist an St-Séverin u. Ste-Marie. Um die gleiche Zeit entstand seine 1. Sinfonie. Da sich S-S. jedoch bereits einen ausgezeichneten Namen als Pianist gemacht hatte, fiel es ihm schwer, von den Verlegern als Komponist anerkannt zu werden. 1857–77 war er Organist an Ste-Madeleine, wo er sich, wenn anderweitig beschäftigt, gern von seinem Schüler G. Fauré vertreten ließ. Auch bei G. Rossinis musikalischen Sonnabenden war S-S. ein häufiger Gast u. Klavierbegleiter. 1861–65 übernahm er eine Professur für Klavier an der École Niedermeyer, wo A. Messager u. G. Fauré zu seinen Schülern zählten. 1868 komponierte er in weniger als drei Wochen sein heute noch aufgeführtes 2. Klavierkonzert. Den Solopart spielte er bei der Uraufführung selbst, die Leitung hatte A. Rubinstein, ein damals ebenfalls hochangesehener Pianist. Um sich u. anderen jüngeren franz. Komponisten mehr Gehör zu verschaffen, gründete S-S. 1871 gemeinsam mit R. Bussine die Société Nationale de Musique. 1872 brachte die Opéra-Comique mit mäßigem Erfolg sein erstes Bühnenwerk heraus, den Einakter *La princesse jaune*. Erfolg als Opernkomponist hatte er erst mit *Samson et Dalila*, einer Oper, zu der ihm ein Algerienaufenthalt 1873 wertvolle Anregungen gab. Die Uraufführung fand durch Vermittlung von F. Liszt 1877 in Weimar statt. Mit diesem Werk erschloß S-S. die Exotik als Stoff für die franz. Musik. 1885 komponierte er seine erste Violinsonate, die M. Proust als Vorlage zu Vinteuils »kleiner Melodie« in »Auf der Suche nach der verlorenen Zeit« diente. 1886 entstand die F. Liszt gewidmete 3. Sinfonie, sein wohl bedeutendstes Werk.

S-S., der nur kurz verheiratet war u. immer bei seiner Mutter gelebt hatte, wurde durch deren Tod 1889 tief getroffen. Eine Zeitlang wollte er mit Musik nichts mehr zu tun haben u. schrieb Gedichte sowie Theaterstücke. Dann ging er doch wieder auf Tournee. 1895 entstand während eines Aufenthalts in Ägypten das 5. Klavierkonzert, das seine Reiseeindrücke wiedergibt. Mit der Musik zu dem Stummfilm »L'assassinat du Duc de Guise« komponierte er 1908 die erste anspruchsvolle Filmmusik. An allem Neuen interessiert, trat S-S. bis kurz vor seinem Tod im In- u. Ausland als Solist auf. Seine letzten Kompositionen waren je eine Sonate für Oboe, Klarinette u. Fagott. Sie entstanden alle 1921.

S-S. war ein brillanter u. vielseitig interessierter Musiker. Zusammen mit Ch. Gounod hielt man ihn in den 70er Jahren für den wichtigsten Vertreter der jüngeren franz. Komponistengeneration. Neben Veröffentlichungen über musikalische Themen äußerte sich S-S. auch zu Fragen der Astronomie, Archäologie u. Naturwissenschaft. Außerdem schrieb er Gedichte u. Theaterstücke. Musikkritiken verfaßte er unter dem Pseudonym Phémius. Wenn heute ein Großteil seiner Werke in Vergessenheit geraten ist, liegt das an ihrer eleganten Distanziertheit u. ihrem Formalismus. Genau wie seinem Klavierspiel fehlt ihnen Leidenschaft u. Poesie. Am ehesten begegnet man im Konzertsaal noch seinen Solokonzerten, die wegen ihrer Virtuosität von den Solisten gern gespielt werden.

Zu seinen Schriften gehören: »Harmonie et mélodie« (gesammelte Aufsätze, Paris 1885, dt. Berlin 1902); »Notes sur les décors de théâtre dans l'antiquité romaine« (Paris 1886); »Gounod et Don Juan de Mozart« (Paris 1893); »Problèmes et mystères« (Paris 1894); »École buissonnière, Notes et souvenirs« (Paris 1913, dt. Leipzig 1978); » Les idées de V. d'Indy« (Paris 1918). S-S. betreute außerdem für den Verleger Durand die GA der Werke von J.-Ph. Rameau u. gab Ch. W. Glucks *Armide* (1873), *Orphée* (1889) u. *Écho et Narcisse* (1902) heraus.

Zu S-S. Kompositionen gehören: die Bühnenwerke *La princesse jaune* (1872), *Le timbre d'argent* (1875–77), *Samson et Dalila* (1868–77), *Étienne Marcel* (1877–78), *Henri VIII* (1882), *Proserpine* (1886–87), *Ascanio* (1888), *Phryné* (1892–93), *Frédégonde* (unvollendet hinterlassen von E. Guiraud, fertiggestellt durch S-S. 1895), *Les barbares* (1901), *Hélène* (1903), *L'ancêtre* (1905) u. *Déjanire* (1898–1911); das Ballett *Javotte* (1896); Bühnenmusiken, darunter *Andromaque* für S. Bernhardt; Kirchenkompositionen, u. a. Psalm XVII für Soli, Chor u. Orch. (1865), *Messe de Requiem* für Soli, Chor u. Orch. (1878) u. Psalm CL für Doppelchor u. Orch. (1908); Oratorien u. Kantaten, darunter *Oratorio de Noël* für Soli, Chor u. Orch. (1858), *Les noces de Prométhée* (Kantate, 1967), *Le déluge* (Oratorium, 1875), *La gloire de Corneille* (Kantate, 1906), *The Promised Land* (Oratorium, 1913); die Orchesterwerke Sinfonie Nr. 1 (1853), Ouverture zu einer unvollendeten Opéra-comique (1854), Sinfonie Nr. 2 (1859), *Suite pour orchestre* (1863), *Le rouet d'Omphale* (1871), *Marche héroïque* (1871), *Phaëton* (1873), *Danse macabre* (1874), *La jeunesse d'Hercule* (1877), *Suite algérienne* (1880), *Une nuit à Lisbonne* (1880), *Jota aragonese* (1880), Sinfonie Nr. 3 (1886), *Sarabande et Rigaudon* (1892), *Marche du couronnement d'Édouard VII* (1902), *Ouverture de fête* (1909) u. *Hymne zum 14. Juli* (1916); für Kl. u. Orch. 5 Konzerte (1858, 1868, 1875, 1877, 1896), *Allegro appassionato* (1884), *Rapsodie d'Auvergne* (1884) u. *Africa* (eine Fantasie, 1891); für V. u. Orch. 3 Konzerte (1859, 1879 u. 1880), *Introduction et Rondo capriccioso* (1863), *Romance* (1874), *Morceau de concert* (1880), *Havanaise* (1887) u. *Caprice andalou* (1904); für Vc. u. Orch. 2 Konzerte (1873 u. 1902); für Fl. u. Orch. *Tarantelle* (1857), *Romance* (1871) u. *Odelette* (1920); für Horn u. Orch. *Romance* (1874); für Hf. u. Orch. *Morceau de concert* (1919); für Org. u. Orch. *Cyprès et lauriers* (1919); Kammermusik, u. a. Klavierquintett (1855), *Sérénade* für Kl., Org., V. u. Va. (1866), Suite für Vc. u. Kl. (1862), 2 Klaviertrios (1863 u. 1892), 2 Cellosonaten (1872 u. 1905), Klavierquartett (1875), *Allegro appassionato* für Vc. u. Kl. (1875), *Romance* für V. u. Kl. (1874), *Romance* für Vc. u. Kl. (1877), Septett für Trp., Kl. u. Streicher (1881), *Romance* für Horn u. Kl. (1885), 2 Violinsonaten (1885 u. 1896), *Le carnaval des animaux* für 2 Kl. u. Kammerensemble (1886), *Chant saphique* für Vc. u. Kl. (1892), Fantasie für Hf. (1893), 2 Streichquartette (1899 u. 1919), Fantasie für V. u. Hf. (1907), *La muse et le poète* für V., Vc. u. Kl. (1910), *Triptyque* für V. u. Kl. (1912), *Élégie* für V. u. Kl. (1915), *Élégie* für V. u. Kl. (1920), Oboensonate, Klarinettensonate u. Fagottsonate (alle 1921); Klavierstücke; Orgelkompositionen; Lieder u. Transkriptionen.

Lit.: Catalogue général et thématique des œuvres de C. S-S., Paris 1897, rev. 1907; P. Aguétant, S-S. par lui-même. D'après les lettres reçues, Paris 1938; J. Chantavoine, C. S-S., Paris 1947; J. Harding, S-S. and His Circle, London 1965; G.-M. Nectoux (Hg.), C. S-S. – G. Fauré, Correspondance, 60 ans d'amitié, Paris 1973.

Saint-Sevin, Joseph Barnabé → L'Abbé, J. B.

Saiten (lat. u. ital. corda, franz. corde, engl. string), lange u. dünne schnurförmige Körper, die bei → Chordophonen zwischen zwei feste Punkte gespannt durch Streichen (Geige), Schlagen (Klavier) oder Zupfen (Laute) in Schwingungen versetzt u. damit zum Klingen gebracht werden. Als Material dienen Pflanzenfasern, Sehnen und Därme, Seide, Metall und Kunststoff. Die Grundfrequenz einer schwingenden Saite ist abhängig von ihrer Länge u. Spannung, der Dichte des verwendeten Materials u. von ihrem Querschnitt. Ein wichtiges Qualitätsmerkmal ist die Quintenreinheit: Zwei nebeneinanderliegende, sauber in Quinten gestimmte S. müssen bei gleichzeitigem Anstreichen in allen Grifflagen immer wieder reine Quinten ergeben. Seit dem 14. Jh. wird in Europa für verschiedene Instr. anstelle der Darm-S. Draht aus Kupfer, Messing oder Eisen verwandt, seit 1834 auch Gußstahl. Metall-S. haben sich im heutigen Konzertbetrieb besonders deshalb weitgehend durchgesetzt, weil sie weniger empfindlich auf Temperaturschwankungen u. Feuchtigkeit reagieren.

Saiteninstrumente → Chordophone, → Instrumentenkunde

Saiyid Darwīš, ägyptischer Komponist, * 17. 3. 1892 Alexandria, † 15. 9. 1923 Kairo. War zuerst Handwerker u. lernte Koranrezitation. Schüler von ʿUṯmān al-Mauṣilī. Lebte ab 1914 als Sänger,

Instrumentalist u. Komponist in Alexandria, ab 1917 in Kairo. Er schrieb Lieder im traditionellen Adwār-Stil, Revolutionslieder u. Unterhaltungsmusik. In seinen mehr als 20 Operetten versuchte er den Maqāmāt (→ Maqām) leitmotivische Funktion zu geben.

Sala, Oskar, dt. Trautoniumspieler u. Komponist, * 18. 7. 1910 Greiz, Thüringen. Arbeitete ab 1930 mit F. Trautwein an der Entwicklung des Trautoniums, das er 1949–52 zum Mixtur-Trautonium weiterentwickelte. P. Hindemith (Concertino, 1931) u. H. Genzmer (Konzerte, 1939 u. 1952) schrieben Werke für dieses Instrument. 1957–59 war S. Lehrer am Mikrophonstudio des Berliner Städtischen Konservatoriums, seit 1958 leitet er sein eigenes elektronisches Studio in Berlin.

Zu S. Kompositionen gehören: Concertino (1953), Musik für elektronisches Schlagwerk, Musik für elektronisches Orch. u. Konzert für Mixtur-Trautonium u. elektronisches Schlagwerk (1954), *Elektronische Tanzsuite* (1955). Daneben komponierte er Musiken für Film, Fernsehen u. Bühne.

Salabert, Éditions, franz. Musikverlag in Paris, gegr. 1885 von Édouard S. Der Verlag wurde weitergeführt von seinem Sohn Francis S. (1884–1946) u. wird heute von dessen Witwe geleitet. Francis S. erweiterte das Unternehmen beträchtlich durch Zukäufe, u. a. übernahm er die Kataloge von Gaudet (Bläserliteratur u. -schulen), Mathot (Werke von F. Schmitt), Senart (Werke von A. Honegger), Rouart-Lerolle (Werke von V. d'Indy, M. E. H. Duparc, E. Chausson, A. Roussel, E. Satie, F. Poulenc, G. Auric u. a.) u. Deiss (D. Milhaud). Außerdem hat der Verlag zeitgenössische Komponisten wie I. Xenakis, M. Constant, T. Takamitsu u. G. Masson im Programm.

Salieri, Antonio, ital. Komponist, * 18. 8. 1750 Legnago bei Verona, † 7. 5. 1825 Wien. Verlor in seiner Jugend beide Eltern u. wurde durch die Familie Mocenigo in das Alumnat von S. Marco in Venedig aufgenommen. Dort lernte er F. Gaßmann kennen, der ihn zur weiteren Ausbildung mit nach Wien nahm. Gaßmann sorgte für S. umfassende Allgemeinbildung u. führte ihn in seiner Eigenschaft als Hofkapellmeister in die Wiener Adelskreise ein. 1770 durfte S. für Gaßmann Probenarbeiten übernehmen u. gewann mit seiner ersten komischen Oper *Le donne letterate* sogar die Anerkennung von Ch. W. Gluck u. dessen Librettisten R. de Calzabigi. Nach Gaßmanns Tod wurde er 1774 zum Kammerkompositeur u. Kapellmeister der ital. Oper in Wien ernannt. 1778–80 hielt er sich in Italien auf, wo er zur Eröffnung der Scala in Mailand *Europa riconosciuta* (1778) komponierte. Es folgten für Venedig, Rom u. nochmals Mailand die Opern *La scuola dei gelosi* (1778), *La partenza inaspettata* (1779), *Il talismano* (1779) u. *La dama pastorella* (1780). Wieder in Wien, komponierte er das Singspiel *Der Rauchfangkehrer* (1781). Unter der Anleitung Ch. W. Glucks entstand 1784 für Paris *Les Danaïdes,* gefolgt von den Opern *Les Horaces* (1786) u. *Tarare* (1787, umgearbeitet von L. Da Ponte zu *Axur, Rè d'Ormus* 1788 für Wien). 1788 wurde S. als Nachfolger J. Bonnos Kaiserlicher Hofkapellmeister, trat jedoch 1790 von der Opernleitung wieder zurück u. beschränkte sich auf das Dirigieren der Hofsängerkapelle. Daneben komponierte er Opern, unterrichtete u. a. L. van Beethoven in ital.-dramatischer Vokalkomposition u. widmete sich 1795–1818 der Leitung der Konzerte der von F. Gaßmann gegründeten Tonkünstler-Sozietät. 1813–25 leitete er außerdem die Chorübungen der Gesellschaft der Musikfreunde, war 1813 Mitglied des Gründungskomitees für ein Konservatorium u. 1817 dessen Oberleiter. Zu seinen Schülern gehörten neben L. van Beethoven J. N. Hummel, F. Liszt, G. Meyerbeer, F. Schubert, J. Weigl, I. Umlauff u. S. Sechter. Von seinen insgesamt 39 Bühnenwerken seien noch erwähnt: *La grotta di Trofonio* (1785), das Divertimento teatrale *Prima la musica, poi le parole* (1786, Vorwurf für C. Krauss' Libretto zu *Capriccio* von R. Strauss), *Falstaff* (1799) u. *Die Neger* (1804). Zu seinen wichtigsten Librettisten gehörten G. B. Casti, L. Da Ponte u. G. de Gamerra. S. war zu seiner Zeit in Wien hoch angesehen, das hinderte ihn jedoch nicht daran, in W. A. Mozart einen unbequemen Konkurrenten zu sehen, den er mittels geschickter Intrigen im Wiener Musikleben nicht zum Zuge kommen ließ. Die von A. Puschkin in seinem »Mozart und Salieri« u. erst in unserer Zeit von P. Shaffer in »Amadeus« wieder vorgetragene These, S. habe Mozart vergiftet, entbehrt aber jedes Anhaltspunktes.

Zu den weiteren Werken S. gehören Kantaten, Oratorien, Kirchenmusiken, einige Konzerte u. Sinfonien. Sein von ihm bestimmter Biograf war I. von Mosel, der 1827 »Über das Leben u. das Werk des A. S.« in Wien herausgab.

Sallinen, Aulis H., finn. Komponist, * 9. 4. 1935 Salmi. Studierte 1955–60 an der Sibelius-Akademie in Helsinki bei A. Merikanto u. J. Kokkonen. 1960–70 Manager des Rundfunksinfonieorchesters, daneben 1963–76 Lehrer für Kontrapunkt u. Instrumentation.

Zu S. Werken gehören die Opern *Der Reitersmann* (1973–74) u. *Der rote Strich* (1979), das Ballett *Variations sur Mallarmé* (1967), 3 Sinfonien (1970–71, 1972 u. 1974–75), *Kammermusik I* u. *II* (1975 u. 1975–76), Violinkonzert (1968), Cellokonzert (1976), 4 Streichquartette (1958, 1960, 1969, 1971), Vokalkompositionen.

Salmenhaara, Erkki, finn. Komponist u. Schriftsteller, * 12. 3. 1941 Helsinki. Schüler von J. Kokkonen an der Sibelius-Akademie in Helsinki u. G. Ligeti in Wien. Daneben Studium der Musikwissenschaft an der Universität seiner Heimatstadt. Erhielt 1963 einen Lehrauftrag an der Universität u. ist seit 1977 dort Professor. Zu seinen Veröffentlichungen zählen: »Vuosisatamme musiikki« (»Die Musik unseres Jahrhunderts«, Helsinki 1968) u. »Das musikalische Material u. seine Behandlung in den Werken ›Apparitions‹, ›Atmosphères‹, ›Aventures‹ u. ›Requiem‹ von G. Ligeti« (Helsinki u. Regensburg 1969).

Zu S. Werken gehören: 4 Sinfonien (1961, 1963, 1964 u. 1972), die sinfonische Dichtung *La fille en minijupe* (1967), *Composition* für Streichquartett (1963), Bläserquintett (1964), 2 Klaviersonaten (1966 u. 1973), elektronische Musik.

Salmhofer, Franz, österr. Komponist. Dirigent, * 22. 1. 1900 Wien, † 22. 9. 1975 ebd. Schüler von F. Schreker u. F. Schmidt. Studierte daneben Musikwissenschaft an der Universität Wien u. nahm Klarinettenunterricht. 1929 Kapellmeister am Burgtheater, für das er eine Vielzahl von Bühnenmusiken komponierte. 1945–55 Direktor der Wiener Staatsoper, 1955–63 der Wiener Volksoper.

Zu S. spätromantischen Kompositionen gehören: die Opern *Dame im Traum* (1935), *Iwan S. Tarassenko* (1938), *Das Werbekleid* (1943) u. *Dreikönig* (1970), Ballette, 2 Sinfonien, Konzerte, Kammermusik, darunter 6 Streichquartette, Lieder, Filmmusik.

Salomon, Johann Peter, dt. Geiger u. Komponist, getauft 20. 2. 1745 Bonn, † 25. 11. 1815 London. 1758 Mitglied des Kurfürstlichen Orchesters in Bonn. Lernte auf einer Konzerttournee Prinz Heinrich kennen u. wurde von diesem zum Konzertmeister seiner Kapelle in Rheinsberg ernannt. Aus seiner Rheinsberger Zeit stammen die Opern *Les recruteurs* (1770), *Les séjours du bonheur* (1773), *Titus* (1774) u. *La Reine de Golconde* (1776). Nach der Auflösung der Kapelle wandte sich S. nach Paris u. ließ sich schließlich 1781 in London nieder. Dort erschien als op. 1 um 1782 *Six Solos for a Violin and Violoncello*. S. machte sich als Quartettspieler und Dirigent schnell einen guten Namen u. führte in seinen eigenen Abonnementskonzerten Werke von J. Haydn u. W. A. Mozart auf. 1790 u. 1794 gelang es ihm, Haydn zu zwei Gastspielreisen nach England zu überreden. Aus diesem Anlaß entstanden dessen Londoner Sinfonien, die in S. Konzertreihe uraufgeführt wurden. S. gehörte ebenfalls zu den Mitbegründern der Philharmonic Society, deren erstes Konzert er leitete. Ein dt. Oratorium *Hiskias* liegt im Manuskript vor.

Salonmusik, eine unterhaltende Musik, die im Salon u. bei Gesellschaften als musikalische Umrahmung diente. Sie entstand im nachrevolutionären Frankreich u. fand rasch Eingang in die bürgerliche Gesellschaft Europas. Ihre besonderen Merkmale sind Melodienseligkeit, Virtuosität, Effekthascherei u. Zuschnitt auf kleinere Räume, daher ihr intimer Charakter. Besonders beliebt waren bekannte Melodien (z. B. Paraphrasen über erfolgreiche Opern, → Potpourri) u. Klavierstücke, die in die Richtung von → Charakterstücken zielten. Mit der S. geht das Aufkommen der → Trivialmusik im 19. Jh. Hand in Hand. Zum erstenmal wurde musikalische Unterhaltung als beliebig vermehrbare Ware betrachtet. Die fatale Spaltung in sog. U- u. E-Musik nahm ihren Anfang.

Salonorchester, ein auf dem Klaviertrio aufbauendes Instrumentalensemble für Unterhaltungsmusik. Man unterscheidet drei Standardbesetzungen, die »Wiener« mit Kl., V., V. obligat (Stehgeiger), Vc. (Kb.), (Fl.) u. Schlagzeug; die »Berliner« mit Kl., V. I u. II, Va., Vc., Kb., (Fl.), Klar., Kornett, Pos. u. Schlagzeug sowie die »Pariser« mit Kl., V., Vc. (Kb.), Fl. (Kornett) u. Schlagzeug. Die Arrangements waren so angelegt, daß ohne Schwierigkeiten weitere Instr. als Füllstimmen herangezogen werden konnten. S. traten vorwiegend in Cafés u. als Kinoorchester auf. Man begegnet ihnen heute noch auf der Piazza S. Marco in Venedig sowie in vielen Kurorten.

Saltarello (ital.: »kleiner Sprung«), ein seit dem 14. Jh. bekannter ital. Springtanz im schnellen Dreiertakt. Seit dem 15. Jh. in der Basse danse als Nachtanz auftretend u. im 16. Jh. dann auch mit → Passamezzo u. → Pavane verbunden. Heute noch als ein der → Tarantella ähnlicher Volkstanz in Italien u. Spanien lebendig.

Saltus duriusculus → Passus duriusculus

Salve regina (»Gegrüßet seist Du, Königin«), Anfang einer aus dem 11. Jh. bekannten marianischen Antiphon, die heute noch am Ende der Komplet gesungen wird. Ihre melismatische Melodie ist dorisch. Vertonungen entstanden insbesondere zur Zeit der niederl. Polyphonie, aber auch noch während der Wiener Klassik. Für die Alternatimpraxis gibt es eine Reihe von Orgelbearbeitungen.

Salzedo, Leonard L., engl. Komponist u. Dirigent, * 24. 9. 1921 London. Studierte 1940–44 am Royal College of Music in London. Trat 1947–66 hauptsächlich als Streicher in verschiedenen Londoner Orchestern auf. Wurde 1966 Musikdirektor des Ballet Rambert, 1972–74 dirigierte er das Scottish Theatre Ballet u. seit 1974 das New London Ballet. Neben 2 Sinfonien, 1 Concerto für 4 Schlagzeuger u. 7 Streichquartetten machte er sich hauptsächlich durch seine Ballettmusiken einen Namen. Dazu gehören u. a.: *The Fugitive*

(1944, Ch.: A. Howard), *Mardi Gras* (1946, Ch.: A. Howard), *The Witch Boy* (1956, Ch.: J. Carter), *Agrionia* (1964, Ch.: J. Carter), *The Travellers* (1963, Ch.: N. Morrice), *The Realms of Choice* (1965, Ch.: N. Morrice) u. *Hazard* (1967, Ch.: N. Morrice). Gemeinsam mit D. Lindup entstand *Rendezvous* für Jazzquartett u. Sinfonieorch.

Samba (portug.), bezeichnet eine Gruppe brasilian. Tänze afrikanischen Ursprungs. Die S. ist ein schneller geradtaktiger Tanz, dessen Grundschritt dem Walzer ähnelt. Typisch ist ein Doppelsprung. Sie kam in Europa nach dem 2. Weltkrieg in Mode u. gehört heute zu den Standardtänzen.

Sammartini (San Martini, San Martino), **1.** Giuseppe (genannt der »Londoner«), ital. Oboist u. Komponist, * um 1693 Mailand, † vor dem 24. 6. 1751 London. War Oboist in einem Mailänder Opernorchester. Reiste 1727 über Paris nach London u. fand dort eine Anstellung als Oboist am King's Theatre. Außerdem machte er sich als Lehrer einen Namen. Im gleichen Jahr erschienen bei Leclerc in Paris seine Triosonaten op. 2. 1732–44 trat er bei den Donnerstagskonzerten in Hickford's Rooms auf, 1744 wurde er Kammermusikdirektor des Prince of Wales, für den er u. a. die Bühnenmusik zu W. Congreves »The Judgement of Paris« komponierte. In seinen Triosonaten op. 3 verzichtete er auf den B. c. u. nahm damit das reine Streichtrio vorweg.

2. Giovanni Battista (genannt der »Mailänder«), Bruder von 1., ital. Organist und Komponist, * um 1700 Mailand, † 15. 1. 1775 ebd. Ab 1728 Kapellmeister der Kongregation des Santissimo Entierro, später möglicherweise noch an anderen Kongregationen in gleicher Stellung tätig. 1768 Kapellmeister an S. Gottardo in Mailand, daneben Leiter des Orchesters von Graf Firmian, dem Generalgouverneur der Lombardei. S. gehört zu den Wegbereitern des neuen ital. Instrumentalstils. Seine Kompositionen zeichnen sich durch Ausbildung beweglicher Themen u. Baßlinie sowie große Gesanglichkeit aus. Zu seinen Schülern zählte 1737–41 Ch. W. Gluck. Sein Einfluß auf das sinfonische Werk J. Haydns ist umstritten.

S. komponierte 3 Opern, das Oratorium *Gesù bambino adorato* (1726), Sinfonien, Triosonaten, Violinkonzerte u. Concerti grossi.

Sanctus, der 4. Teil des Ordinarium missae (→ Messe). Dem Text liegt Isaias 6,3 (»Sanctus, Sanctus, Sanctus ...«) zugrunde. Zum S. gehört das → »Benedictus qui venit«, das mit »Hosanna in excelsis« eingeleitet u. beschlossen wird. Während in der Frühzeit der Kirche dieser Gesang von der Gemeinde ausgeführt wurde, ging der Vortrag später auf den Klerus u. die Schola über. Heute wird das S. wieder von der Gemeinde im Gottesdienst gesungen.

Sarabande, ein im 17. u. 18. Jh. besonders in der Instrumentalmusik weit verbreiteter getragener Tanz im 3/2- oder 3/4-Takt. Charakteristisch ist die häufige Betonung auf der 2. Zählzeit. Die Herkunft der S. ist ungeklärt, sie scheint aber zuerst in Spanien als Gesang u. Tanz aufgetaucht zu sein, wurde dort wegen ihres lasziven Charakters 1583 verboten, dann 1618 in gemilderter Form bei Hof zugelassen. Während in Frankreich, England u. Italien anfangs eine schnellere Form der S. beliebt war, entwickelte sich später, als sie bereits zum festen Bestandteil der → Suite gehörte, jene etwas getragene Form, die J. G. Walther in seinem Musiklexikon mit »gravitätisch« umschreibt.

Sarasate y Navascuez, Pablo M. M. de, span. Geiger u. Komponist, * 10. 3. 1844 Pamplona, † 20. 9. 1908 Biarritz. Verfügte bereits als Kind über eine außergewöhnliche Geigentechnik. Studierte 1856–59 am Pariser Conservatoire bei D. Alard (Geige) u. H. Reber (Komposition). Unternahm Konzertreisen, die ihn bis nach Nord- u. Südamerika führten. É. Lalo komponierte seine *Symphonie espagnole* für ihn, C. Saint-Saëns zwei seiner Violinkonzerte u. sein *Rondo capriccioso,* M. Bruch sein 2. Violinkonzert. S. spielte ein besonders großes Repertoire von Geigenkompositionen u. bestach durch seinen reinen Ton, sicheres Stilgefühl u. virtuose Technik. Zu S. eigenen Kompositionen gehören seine *Zigeunerweisen* mit Kl. oder Orch., die *Jota aragonesa* u. 4 Hefte span. Tänze.

Sardana, ein katalanischer Reigentanz im 2/4- oder 6/8-Takt. Sie scheint aus dem 16. Jh. zu stammen u. ursprünglich einen bestimmten Melodietypus verwendet zu haben. Die komplizierte Schrittfolge wird abwechselnd auf einen betont langsamen oder sehr schnellen Rhythmus getanzt. Begleitet wird die S. von einer Cobla-Gruppe.

Sarti, Giuseppe, ital. Komponist, getauft 1. 12. 1729 Faenza, † 28. 7. 1802 Berlin. Schüler von F. A. Vallotti oder Padre Martini. 1748–50 Organist an der Kathedrale seiner Heimatstadt u. ab 1752 Direktor des dortigen Theaters, an dem im gleichen Jahr seine Oper *Pompeo in Armenia* mit großem Erfolg aufgeführt wurde. 1753 komponierte er für Venedig *Il rè pastore* u. reiste anschließend mit der Operntruppe von A. Mingotti nach Dänemark. Dort wurde er 1755 Hofkapellmeister, eine Stellung, die er 1775 nach einer Hofintrige verlor. Er reiste nach Italien zurück u. leitete 1775–79 als Nachfolger von A. Sacchini das Conservatorio dell'Ospedaletto in Venedig. Zu seinen Schülern zählte in dieser Zeit auch L. Cherubini. 1779–84 war S. Domkapellmeister in Mailand, dann folgte er einem Ruf von Katharina II., die ihn in Nachfolge G. Paisiellos als Komponisten u. Hofkapellmeister nach Petersburg holte. Auf dem Weg nach Rußland machte S. in Wien Station, wo ihm der Kaiser eine Benefizvorstellung der erfolgreichen, ursprünglich für Mailand komponierten Oper *Fra i due litiganti, il terzo gode* gewährte. Bei dieser Gelegenheit lernte er auch W. A. Mozart kennen, der eine Melodie aus *Fra i due litiganti* als Tischmusik im *Don Giovanni* verwandte. S. blieb 18 Jahre in Rußland, von denen er einige im Dienst des Fürsten Potemkin verbrachte. Er starb auf der Rückreise nach Italien bei einem Aufenthalt in Berlin. Mit seinen mehr als 70 Opern gehört S. zu den letzten Vertretern der Opera seria im 18. Jh. Hervorzuheben ist die Sangbarkeit seiner Vokalpartien u. das geschickt eingesetzte Recitativo accompagnato.

Von S. Werken seien neben Messen, anderer Kirchenmusik, Kantaten, Sinfonien u. Cembalo- sowie Violinsonaten die folgenden Opern erwähnt: *Il rè pastore* (1753), *Arianna e Teseo* (1756), *Il gran Tamerlano* (1764), *La clemenza di Tito* (1771), *Kierlighedsvrevene* (1775, eine der 9 dän. Opern), *Scipione* (1778), *Giulio Sabino* (1781), *Fra i due litiganti, il terzo gode* (1782, veröffentlicht als *Le nozze di Dorina), Gli amanti consolati* (1784), *Castore e Polluce* (1786), *Načal'noe upravlenie Olega (Die Anfänge der Herrschaft Olegs)* auf ein Libretto von Katharina II. (1790), *Andromeda* (1798), *Enea nel Lazio* (1799), *La famille indienne en Angleterre* (1799).

Satie, A. Erik L., franz. Komponist, * 17. 5. 1866 Honfleur, Normandie, † 1. 7. 1925 Paris. Sein Vater gab den Achtjährigen zu den Großeltern u. eröffnete in Paris einen Musikverlag. Mit zwölf kam S. ebenfalls nach Paris und wurde 1879 in das Conservatoire aufgenommen. Als Schüler scheint sich S. in dem geregelten Betrieb nicht besonders wohl gefühlt zu haben. Er ging 1886 ohne Auszeichnung ab, verdiente bereits vorher seinen Lebensunterhalt als Pianist in Künstlerkneipen des Montmartre (»Chat Noir« u. »Auberge du Clou«) u. lebte in der dortigen Künstlerkolonie. Inzwischen waren bereits seine ersten Klavierstücke erschienen, denen er mit der ihm eigenen Ironie die Opusnummer 67 gab. 1890 wurde S. für kurze Zeit Hauskomponist des von J. Péladan 1888 gegründeten Rosenkreuzer-Ordens, zu dessen Mystizismus er sich hingezogen fühlte. S. begann sich mit der Gregorianik u. dem Organum auseinanderzusetzen u. komponierte unter dem Einfluß der Rosenkreuzer Werke wie Préludes zu Péladans »Fils des étoiles« (1891), *Sonneries de la rose + croix* (1892), das Ballet chrétien *Uspud* (1892), *Danses gothiques* (1893) u. *Prélude de la porte héroïque du ciel* (1894). 1893 gründete S. seine Église Métropolitaine d'Art de Jésus Conducteur, deren einziges Mitglied er war u. blieb. In diesem geistigen Umfeld ist seine 1895 entstandene *Messe des pauvres* anzusiedeln. Daneben hatte er seine wenigen Freunde bereits 1890 mit den 3 ersten *Gnossiennes* verblüfft, in denen er die bereits beim Allegro aus dem Jahr 1884 erprobte Notation ohne Taktstriche verwandte u. den Notentext mit ironisch-poetischen Anmerkungen versah. 1898 übersiedelte S. in das Arbeiterviertel Arcueil, wo er sich auch politisch betätigte. 1905–08 besuchte er die Schola Cantorum, um bei V. d'Indy u. A. Roussel gründliche Kontrapunktstudien zu betreiben. Die Schola gab ihm auch das ersehnte Diplom, sogar mit Auszeichnung. Als sich 1911 M. Ravel u. wenig später auch C. Debussy für S. einsetzten, indem sie seine Klavierkompositionen aufführten, nahm auch das offizielle franz. Musikleben von jenem skurrilen Einzelgänger Kenntnis, den man bis dahin für einen Dilettanten u. Spaßmacher gehalten hatte. Gemeinsam mit J. Cocteau, P. Picasso u. L. Massine entstand 1916 für S. Diaghilews Ballets Russes *Parade,* ein musikalisches Manifest des Kubismus. Der Uraufführungsskandal machte S. mit einem Schlag berühmt. Weitere Ballette folgten, darunter *Mercure* (1924) für L. Massine, *Relâche* (1924, Pausenfilm »Entr'acte« von R. Clair) für J. Borlin u. *Jack in the Box* (1926) für G. Balanchine. Außerdem haben Choreografen wie F. Ashton, M. Cunningham u. P. Taylor auf seine Musiken zurückgegriffen. 1917 entstand die *Sonatine bureaucratique,* die Verfremdung einer Clementi-Sonate, mit der sich S. über das bürgerliche Musikverständnis lustig machte. 1918 erklärte ihn die Groupe des Six zu ihrem geistigen Oberhaupt, u. 1923 unternahm D. Milhaud sogar den Versuch, mit H. Sauguet u. dem Dirigenten R. Désormière eine École d'Arcueil ins Leben zu rufen. Darauf ließ sich der launische, seine Freunde meistens in einem Café empfangende S. aber nicht ein. Sein Streben richtete sich auf eine Situationsmusik, die er der traditionellen bürgerlichen Ausdrucksmusik entgegensetzte. Deshalb erfand er gegen Ende seines Lebens den Begriff »Musique d'ameublement«, eine Situationsmusik ohne Prätention, funktionell wie ein Möbelstück.

Der Einfluß, den S. auf die nachfolgenden Komponistengenerationen gehabt hat, steht in keinem Verhältnis zur Zahl u. Bedeutung seiner Kompositionen, die alle im Rahmen der Tonalität bleiben. Mit den 3 *Gnossiennes* von 1890 u. den dazugehörigen Anmerkungen nahm er Entwicklungen vorweg, die erst bei seinem geistigen Nachfahren J. Cage voll ausreiften. Das gleiche gilt für die zwischen 1893 u. 1895 entstandenen *Vexations,* die 840mal hintereinander zu spielen sind. Die *Trois morceaux en forme de poire* (1890–1903) verweisen auf spätere grafische Notation, die *Sports et divertissements* (1914) auf multimediale Kompositionen unserer Zeit. Schon bei den frühen Tänzen für Kl. fällt die schlanke melodische Kontur u. die Abneigung gegen alles Überflüssige auf. In den Jahren 1900–08 machte sich der Einfluß des Café-concert bemerkbar, während sich 1908–16 die Schola Cantorum in einer Rückführung auf das Wesentlichste der traditionellen modalen u. diatonischen Systeme in seinem Werk manifestierte. Mit *Parade* schuf S. die Musik des Kubismus schlechthin. Melodie u. Harmonie wurden ihrer traditionellen Funktion beraubt u. in völlig neue, überraschende Zusammenhänge gestellt. Das Drame symphonique *Socrate* (1918) verweist schließlich auf eine Neoklassik, die Strawinsky in seiner mittleren Periode wiederaufnehmen sollte. S. Einfluß auf F. Poulenc, D. Milhaud u. H. Sauguet ist in deren Werken deutlich spürbar.

Zu S. Kompositionen gehören: *Le fils des étoiles* (Bühnenmusik, 1891), *Le Nazaréen* (Bühnenmusik, 1892), *La porte héroïque du ciel* (Bühnenmusik, 1894), *Geneviève de Brabant* (Oper für Marionetten, um 1902), *Pousse l'amour* (Fantasie, 1905, in Monte Carlo 1913 als *Coco chéri* wiederaufgeführt), *Les Pantins dansent* (Skizzen zu einer Tanzdichtung, 1913), *Le piège de Méduse* (Comédie lyrique, 1913); Kompositionen, die als Ballette entstanden oder dazu verwendet wurden wie *Uspud* (1892), *Jack in the Box* (Pantomime, 1899, orchestriert von D. Milhaud 1923, Ch.: G. Balanchine), *Parade* (1916, Ch.: L. Massine), *La belle excentrique* (1920, nicht aufgeführt), *Mercure* (1924, Ch.: L. Massine) u. *Relâche* (Ballet instantanéiste en deux actes, un entr'acte cinématographique, et la queue du chien, 1924, Ausstattung: F. Picabia, Film: R. Clair, Ch.: J. Borlin); die Orchesterwerke *La Piccadilly* (1901), *En habit de cheval* (1911), *3 Petites pièces montées* mit Singst. (1919) u. *Socrate* (Drame symphonique en trois parties avec voix für 4 S. u. Orch., 1919); Klavierlieder wie *3 Mélodies* (1886), *3 Autres mélodies* (1887), *3 Poèmes d'amour* (1914), *3 Mélodies* (1916), *4 Petites mélodies* (1920) u. *Ludions* nach 5 Texten des Pariser Spaziergängers L. P. Fargue (1923); Chansons für Kabarett u. Café-concert, zum Teil noch unveröffentlicht; Kammermusik wie *Choses vues à droite et à gauche* für V. u. Kl. (1914) u. *Musique d'ameublement* für Kl., 3 Klar. u. Pos. (1920); *Sports et divertissements* (multimediale Klavierstücke zu Zeichnungen von Ch. Martin mit Texten von S., 1914) u. *Messe des pauvres* für gem. Chor u. Org. oder Kl. (1895). Der Großteil seines Werkes besteht aus Klavierkompositionen: *Allegro* (1884, erstmals ohne Taktstriche), *Ogives* (1886), 3 *Sarabandes* (1887), 3 *Gymnopédies* (1888, Nr. 1 u. 3 orchestriert von C. Debussy, Nr. 2 von Roland-Manuel), *Gnossienne* Nr. 5 (1889, orchestriert von R. Caby), 3 *Gnossiennes* (1890, alle orchestriert von J. Lanchberry, Nr. 3 auch von F. Poulenc), *Gnossienne* Nr. 4 (1891, orchestriert von R. Caby), *Première pensée rose + croix* (1891, orchestriert von R. Caby), *Pages mystiques* (1892–95, Nr. 2: *Vexations* »pour se jouer 840 fois de suite ...«), 4 Préludes (1892, Nr. 2 orchestriert von R. Caby u. J. Lanchberry), *Sonneries de la rose + croix* (1892), *Danses gothiques* (1893), *Caresse* (1897), *Gnossienne* Nr. 6 (1897, orchestriert von R. Caby), *Pièces froides* (1897), *Nouvelles pièces froides* (1897–1910), *Carnet de croquis et d'esquisses* Nr. 1 (bis 1900), Nr. 2 (1900–13), *Petite ouverture à danser* (1900, orchestriert von R. Caby), *Rêverie du pauvre* (1900), *The dreaming fish* (1901, Bearbeitung für Kl. u. Orch. von R. Caby), *Musiques intimes et secrètes* (1906–13), *Passacaille* (1906, orchestriert von D. Diamond), *12 Petits Chorals* (um 1906), *6 Pièces de la période 1906–13*, *Prélude en tapisserie* (1906), *Aperçus désagréables* (1908), 2 *Rêveries nocturnes* (1910–11), *En habit de cheval* (1911), 3 *Préludes flasques pour un chien* (1912), *Véritables préludes flasques pour un chien* (1912), *Croquis et agaceries d'un gros bonhomme en bois* (1913), *Descriptions automatiques* (1913), *Embryons desséchés* (1913), *Enfantines* (1913), *Chapitres tournés en tous sens* (1913), *Heures séculaires et instantanées* (1914), 3 *Valses du précieux dégoûté* (1914), *Vieux séquins et vieilles cuirasses* (1914), *Avant dernières pensées* (1915), *Rag-time Parade* (1917), *Sonatine bureaucratique* (1917), 3 Nocturnes (1919), Nocturnes Nr. 4 et 5 (1919) u. Menuet (1922). Für Klavier vierhändig schrieb er *Morceaux en forme de poire* (1903 orchestriert von R. Désormière).

Lit.: R. H. Meyers, E. S., London 1948, Neuauflage New York 1968; F. Lesure (Hg.), E. S., Ausstellungskatalog der Bibliothèque Nationale, Paris 1966; G. Wehmeyer, E. S., Regensburg 1974; A. Rey, E. S., Paris 1974; J. Harding, E. S., London 1975; O. Volta (Hg.), E. S., Écrits, Paris 1977; O. Volta, E. S., Paris 1979; ders., L'Imagier d'E. S., Paris 1979.

Satz, wird meistens als das mehrstimmig Gesetzte, die kompositorische → Res facta angesehen. Im Bereich der Musik spricht man von polyphonem u. homophonem S. sowie vom Generalbaß-S. Daneben ist dieser Begriff auch als Abschnittsbezeichnung gebräuchlich, z. B. als Haupt- u. Neben-S. in der → Sonatensatzform oder auch als Bezeichnung für einen abgeschlossenen Teil eines Werkes, einen S. einer Sinfonie oder Sonate.

Satzlehre vermittelt das aus einer Kompositionsart abstrahierte System von Regeln, das dem jeweiligen Akt des Komponierens zugrunde gelegt worden ist. Sie lehrt durch entsprechende Übungen, die für eine bestimmte Satzart gültigen Regeln zu verstehen u. gegebenenfalls anzuwenden.

Sauguet, Henri (eigtl. Henri-Pierre Poupard), franz. Komponist, * 18. 5. 1901 Bordeaux. Erhielt früh Klavierunterricht u. sang im Kirchenchor. Ein Klavierstück von R. Schumann wurde ihm zum Schlüsselerlebnis. S. nahm Orgelunterricht u. wollte Musik studieren. Da machte der Ausbruch des 1. Weltkrieges seine Hoffnungen auf eine geregelte Ausbildung zunichte. S. bildete sich allein weiter, entdeckte das Werk C. Debussys für sich, erhielt einigen Kompositionsunterricht von J. Canteloube u. versah in der Nähe von Bordeaux das Amt eines Organisten. Über P. Claudel lernte er D. Milhaud kennen, den er 1922 in Paris besuchte. Milhaud brachte ihn dort mit Ch. Koechlin u. E. Satie zusammen. Die Pariser Eindrücke bewegten den jungen Musiker aus der Provinz so stark, daß er zu bleiben beschloß u. nach einer Arbeit suchte. Im Eröffnungskonzert der École d'Arcueil trat er mit seiner Klaviersuite *Trois françaises* 1923 erstmals als Komponist an die Öffentlichkeit. Ein Jahr später wurde seine einaktige Buffa *Le plumet du Colonel* aufgeführt. Im gleichen Jahr erhielt er von L. Massine mit dem Divertissement *Les roses* seinen ersten bezahlten Auftrag. 1926 bestellte S. Diaghilew bei ihm *La chatte* für G. Balanchine. Weitere Ballette folgten. Zur gleichen Zeit ließ sich Ch. Dullin von S. eine Bühnenmusik zu Roger-Ferdinands »Irma« schreiben. Mit der aus dem Jahr 1939 stammenden Bühnenmusik zu »Ondine« von J. Giraudoux begann die erfolgreiche Zusammenarbeit mit dem Schauspieler u. Regisseur L. Jouvet. Neben dem Komponieren beschäftigte sich S. auch mit Musikkritik. Abgesehen von dem Unterricht bei Canteloube u. einigen Stunden bei Koechlin ist S. als Komponist Autodidakt. In seinen sowohl von Koechlin als auch von Satie beeinflußten Kompositionen mischen sich neoklassizistische Elemente mit neoromantischen Tendenzen. Am überzeugendsten wirken seine Werke, wenn ihnen eine poetische Idee zugrunde liegt. S. greift gerne auf die Kirchentonarten zurück u. gibt sich häufig sogar polymodal.

Zu S. Kompositionen gehören: die Bühnenwerke *Le plumet du Colonel* (1924), *La contrebasse* (1930), *La chartreuse de Parme* (1936, rev. für Grenoble 1968), *Le gageure imprévue* (1942) u. *Les caprices de Marianne* (1954); die Ballette *Les roses* (1924, Ch.: L. Massine), *La chatte* (1927, Ch.: G. Balanchine), *David* (1928, Ch.: L. Massine), *La nuit* (1929, Ch.: S. Lifar), *Fastes* (1933, Ch.: G. Balanchine), *La cigale et la fourmi* (1941, Marionetten: Maria Signorelli), *Les mirages* (1943, Ch.: S. Lifar), *Les forains* (1945, Ch.: R. Petit), *La rencontre* (1948, Ch.: D. Lichine), *Les saisons* (1951, Ch.: L. Massine), *Cordélia* (1952, Ch.: J. Taras), *Trésor et magie* (1952, Ch.: S. Lifar), *Le caméléopard* (1956, Ch.: J. Babilée), *Les cinq étages* (1957, Ch.: W. Orlikowsky), *La dame aux camélias* (1957, Ch.: T. Gsovsky), *L'as de cœur* (1960, Ch.: J. Lazzini), *Pâris* (1964, Ch.: J. Charrat) u. *Le prince et le mendiant* (1965, Ch.: J. Corelli); Orchesterwerke, darunter 4 Sinfonien (*Expiatoire* 1945; *Allégorique* für S.-Solo, gem. Chor, Kinderchor u. Orch. 1949; *I.N.R.* 1955; *Troisième âge* 1971), *Stèle symphonique* (1948), *Tableaux de Paris* (1950), *Les trois lys* (1954), *La solitude* (1958), *Symphonie de marches* (1966), 3 Klavierkonzerte (1934, 1948 u. 1963), *Concerto d'Orphée* für V. u. Orch. (1953) u. *Mélodie concertante* für Vc. u. Orch. (1964); Kammermusik, darunter 2 Streichquartette (1941 u. 1948); Klavierstücke; Chöre; Kirchenmusik; Lieder. Außerdem komponierte S. eine Reihe von Bühnen- u. Filmmusiken.

Lit.: F.-Y. Bril, H. S., L'homme et son œuvre, Paris 1967.

sautillé (franz.: »getanzt«, »gehüpft«), eine durch N. Paganini beliebt gewordene Technik des Springbogens, bei der die dem Bogen eigene Elastizität bei wechselndem Strich ein Springen bewirkt. Das Springenlassen des Bogens auf der Saite, um damit mehrere Töne auf einen Strich zu erzeugen, heißt ricochet oder jeté.

Saxton, Robert, engl. Komponist, * 8. 10. 1953 London. Studierte 1970–74 bei E. Lutyens, 1974–75 bei R. Holloway u. anschließend bei R. Sh. Johnson. Seitdem hat er weiteren Unterricht bei L. Berio genommen. S. kam über das Blockflötenspiel zum Komponieren u. korrespondierte seit seinem 9. Lebensjahr mit B. Britten. Von seinen frühen Werken läßt er heute nur noch *Ritornelli e Intermezzi* für Kl. (1972) u. *La promenade d'automne* für S., Fl., Klar., Schlagzeug, Kl. u. Streichtrio gelten. Seine Musik lebt von Klangfarben und einer Oberflächenornamentik, die durch übereinandergeschichtete Klangebenen zustande kommt.

Zu S. neueren Kompositionen gehören: *Krystallen* für Fl. u. Kl. (1973); *What does the Song hope for?* für S., Fl., Ob., Klar., Kl., Streichtrio u. Tonbänder (1974); *Echoes of the Glass Bead Game* für Bläserquintett (1975); *Reflections of Narziss and Goldmund* für 2 Kammerensembles (1975); *Brise Marine* für S., Kl. u. Tonband (1976); *Two Pieces for Piano* (1976); *Poems for Melisande* für Fl. u. Kl. (1977); Sonate für 2 Kl. (1977); *Arias* für Ob. u. Kl. (1977); Toccata für Vc. solo (1978); *Traumstadt* für Orch. (1978); *Canzona* für Fl., Ob., Klar., Horn, Hf. u. Streichquartett u. Kantate auf Gedichte von Hölderlin für T., Countertenor u. Kl. (1979), Kantate Nr. 2 für T., Ob. u. Kl., *Eloge* für S. u. Instrumentalensemble u. *Choruses to Apollo* für Orch. (1980), Klaviersonate u. *Processions and Dances* (1981).

Scacchi, Marco, ital. Komponist, * 1602 Gallese bei Rom, † vor 1685 ebd. Schüler von G. F. Anerio, 1623 Mitglied der Königlichen Kapelle in Warschau u. 1628–48 dort Kapellmeister u. Hofkomponist, kehrte anschließend nach Italien zurück u. ließ sich in seinem Geburtsort nieder. Er wurde in Deutschland hauptsächlich bekannt, weil er sich mit dem Danziger Organisten F. Siefert auf einen Streit einließ, in dessen Verlauf er »Cribrum musicum« (1643) u. »Judicium Cribri musici« (ohne Jahr) erscheinen ließ. H. Schütz bestärkte ihn mit einem entsprechenden Gutachten.

Zu S. Kompositionen gehören mehrere Opern, u. a. *Le nozze d'Amore e di Psiche* (1634), 4- u. 5st. Messen u. Motetten, das Oratorium *La S. Cecilia* (1637) u. *Cantilena 5 v. lacrimae sepulchrales J. Stobaei* (1647) sowie 5st. Madrigale. Er veröffentlichte: »Breve discorso sulla musica moderna« (1649).

Scandello (Scandellus), Antonio, ital. Komponist, * 1517 Bergamo, † 18. 1. 1580 Dresden. Wirkte an seinem Geburtsort als Zinkenist, ist ab 1547 in Trient nachgewiesen u. wurde 1549 an die Dresdner Hofkapelle verpflichtet. Dort rückte er 1566 zum Vizekapellmeister u. im Jahr 1568 nach dem Ausscheiden Le Maistres zum Kapellmeister auf. Neben geistlichen u. weltlichen Liedern sind seine *Johannespassion* (1561) u. die *Österliche Freude der siegreichen und triumphierenden Auferstehung unseres Herren* (1568) von Bedeutung, weil sie für die oratorischen Passionen u. Historien vorbildlich wurden. S. muß in Dresden sehr angesehen gewesen sein, denn seine Werke sind noch lange nach seinem Tode aufgeführt worden. In der Kirchenmusik des Dresdner Hofes hat erst die Osterhistorie von H. Schütz die von S. abgelöst. Schütz übernahm von S. sowohl den Text als auch die Anlage.

Scarlatti, ital. Musikerfamilie, die wahrscheinlich mit Pietro S. aus Trapani († um 1678) ihren Anfang nimmt. Aus der Ehe Pietros mit der am 5. 5. 1658 in Palermo geheirateten Eleonora D'Amato stammen u. a. Alessandro, die Sängerinnen Anna Maria (1661–1703) u. Melchiorra Brigida (1663–1736), Francesco (1666–1725), Geiger u. Komponist, sowie der Sänger Tommaso (1671–1760).

1. P. Alessandro G., ital. Komponist, * 2. 5. 1660 Palermo, † 22. 10. 1725 Neapel. Scheint ab 1772 bei Verwandten in Rom gelebt zu haben u. hat dort seine musikalische Ausbildung erhalten. Die Behauptung von J. Quantz, S. solle dort Schüler von G. Carissimi gewesen sein, findet eine gewisse Bestätigung in einem Kompositionsauftrag, der S. 1679 von der Confraternità del SS. Crocifisso zu einem lat. Oratorium erteilt wurde. Seine ersten Kompositionen zeigen den Einfluß von G. Legrenzi u. A. Stradella, was auf die venezianische Schule verweist. Am 12. 4. 1678 heiratete er in Rom Antonia Anzalone. Der Erfolg seiner Oper *Gli equivoci nel sembiante* (1679) trug ihm die Ernennung zum Kapellmeister der Königin Christine von Schweden ein. Es folgten die Opern *L'honestà ne gli amori* (1680), *Tutto il mal non vien per nuocere* (1681) u. *Pompeo* (1683). Daneben war er 1679–82 Kapellmeister des Oratorio di S. Marcello u. 1683–84 an S. Gerolamo della Carità. Nach dem Erfolg seiner Oper *Psiche* 1683 in Neapel wurde S. mit Hilfe der Beziehungen seiner Schwester Anna Maria dort 1684 als Nachfolger von P. A. Ziani Hofkapellmeister des Vizekönigs. 1689 unterrichtete er für einige Monate am Conservatorio di S. Maria di Loreto. Für das Hoftheater u. das Teatro S. Bartolomeo hatte S. neben seinen anderen Aufgaben eine Vielzahl von Opern zu komponieren u. einzustudieren. 1702 bat er um Beurlaubung u. reiste mit seinem Sohn Domenico, der inzwischen Organist in der vom Vater geleiteten Kapelle war, über Rom nach Florenz. Die bereits bestehenden guten Beziehungen zu Ferdinando de'Medici zeitigten zwar einige Aufträge, aber die von ihm gewünschte Anstellung erhielt S. nicht. Da er auf keinen Fall nach Neapel zurückwollte, wurde er 1703 Substitut u. 1707 als Nachfolger A. Foggias Kapellmeister an S. Maria Maggiore in Rom. Dort war er bereits 1706 gemeinsam mit A. Corelli u. B. Pasquini in die Accademia dell'Arcadia aufgenommen u. zum Kapellmeister des einflußreichen Kardinals Ottoboni ernannt worden. Römische Adelskreise finanzierten eine Reihe weiterer Opern. 1707 kamen daneben in Venedig *Il Mitridate Eupatore* u. *Il trionfo della libertà* heraus. 1708 ging S. zu besseren Bedingungen in seine alte Stellung nach Neapel zurück. Es entstanden Opern wie *Tigrane* (1715), die ihn auf der Höhe seines Könnens zeigen. Im Libretto zu dem ein Jahr später komponierten *Carlo, rè d'Alemagna* nannte er sich erstmals Cavaliere. 1717 erbat er sich erneut Urlaub, übersiedelte nach Rom, wo er u. a. die Opern *Telemaco* (1718) u. *Griselda* (1721) zur Aufführung brachte. 1722 lebte S. in Loreto u. ab 1723 wieder in Neapel, wo J. A. Hasse sein Schüler wurde, nachdem er sich mit N. Porpora zerstritten hatte. Er unterrichtete außerdem seinen Sohn Domenico u. F. Geminiani. Aus S. letzten Lebensjahren sind keine bedeutenden Werke überliefert. Er scheint sich bereits zu seiner Zeit überlebt zu haben.

Nach eigenen Angaben verfaßte er u. a. 114 Opern. Daneben sind mehr als 800 Kantaten erhalten, die von der Kenner- u. Problemkantate, häufig mit raffiniertesten chromatischen Wendungen, bis zur repräsentativen Festmusik reichen. Er hat diese Gattung, die für seine Zeit genausoviel bedeutete wie die Sonate für die Wiener Klassik, auf einen absoluten Höhepunkt geführt. S., dessen Schaffen in die Übergangszeit zwischen der venezianischen und neapolitanischen Oper fällt, ist zweifellos die wichtigste Musikerpersönlichkeit Italiens zu Beginn des 18. Jh. Die neapolitanische Oper verdankt ihm eine erste Blütezeit u. einen Formenkanon, der bis zur Wiener Klassik verbindlich war. S. machte die Da-capo-Arie zur Regel, führte die dreiteilige Form der Einleitungssinfonia (schnell-langsam-schnell) ein u. wies den Streichern größere Aufgaben zu.

Lit.: E. J. Dent, A. S., London 1905, NA London u. New York 1960; Ch. van den Borren, A. S., Brüssel u. Paris 1921; A. Lorenz, A. S. Jugendopern, 2 Bde., Augsburg 1927; R. Pagano u. L. Bianchi, A. S., Turin 1972.

2. G. Domenico (genannt Mimmo), Sohn von 1., ital. Komponist, * 26. 10. 1685 Neapel, † 23. 7. 1757 Madrid. Schüler seines Vaters. Trat 1701 als Organist in die von seinem Vater geleitete Königliche Kapelle in Neapel ein. 1703 wurden seine Opern *Ottavia restituita al trono* u. *Il Giustino* aufgeführt, 1704 eine Bearbeitung der *Irene* von C. F. Pollarolo. 1705–08 studierte er bei F. Gasparini in Venedig, wo er wahrscheinlich auch G. F. Händel kennenlernte, mit dem er sich auf Wunsch des Kardinals Ottoboni in Rom an der Orgel u. am Cembalo maß. 1709 wurde S. Kapellmeister am Privattheater der Königin Maria Casimira von Polen, für die er 7 Opern komponierte, u. a. *Ifigenia in Aulide* u. *Ifigenia in Tauri* (beide 1713). Als die Königin Rom verließ, trat S. 1714 in die Dienste des portug. Botschafters in Rom u. leitete daneben als Nachfolger T. Bajs die Capella Giulia im Vatikan. 1720 erhielt S. einen Ruf an den Hof Joãos V. von Portugal in Lissabon. Wann er seinen Dienst genau angetreten hat, läßt sich nicht feststellen. Er muß häufig zwischen Portugal u. Italien hin u. her gereist sein u. hielt sich im Mai 1728 mit Sicherheit in Rom auf. Dort heiratete er am 15. 5. Maria Caterina Gentile. Zu seinen Schülern am Hof in Lissabon gehörte wahrscheinlich auch die Infantin Maria Barbara. Diese nahm ihn nach ihrer Verheiratung mit dem span. Thronfolger als Cembalisten mit nach Sevilla u. 1733 nach Madrid, wo er den Rest seines Lebens verbrachte u. sich durch seine Spielleidenschaft ruinierte. 1738 wurde S. zum Cavaliero di S. Giacomo erhoben. Zum Dank widmete er dem portug. König seine in London verlegten »30 Essercizi per gravicembalo«.

Zu seinem Werk gehören mehr als 500 Sonaten, eine Form, die S. besonders in der einsätzigen Sonate in forma bipartita kultivierte. Er holte aus dem Tasteninstrument völlig neue Effekte heraus, führte das Überkreuzen der Hände ein u. darf als Vorläufer der späteren Klaviervirtuosen angesehen werden.

Von den Ausgaben der Sonaten S. seien erwähnt: Essercizi per gravicembalo, London 1738, Faksimile Farnborough 1967; Sämtliche Werke in 2 Bd., hg. von C. Czerny, Wien 1839; Opere complete per clavicembalo, 10 Bde. u. 1 Supplement, hg. von A. Longo, Mailand 1907–37, Nachdr. Mailand 1970; Complete Keyboard Works, 18 Bde., in Faksimile nach Handschriften u. Frühdrucken, hg. von R. Kirkpatrick, New York 1972.
Lit.: A. Longo, D. S., Neapel 1913; W. Gerstenberg, Die Klavierkompositionen D. S., Regensburg 1933, Nachdr. 1969; S. A. Luciani, D. S., Turin 1939; R. Kirkpatrick, D. S., Princeton, NJ, 1953, dt. (2 Bd). München 1972; M. Bogiankino, L'arte clavicembalistica di D. S., Rom 1956; H. Keller, D. S., Leipzig 1957.

Scat (engl.), im Jazz Bezeichnung für eine Gesangsart, bei der Laute oder Silben ohne Sinnbezug aneinandergereiht werden. L. Armstrong machte daraus einen Personalstil, indem er den S.-Gesang als Nachahmung der Instrumentalstimmen kultivierte. Im Bebop, dessen Name selbst aus zwei S.-Silben besteht, wurde diese Gesangsart ins Virtuose gesteigert. Zu den Musikern, die diesen S.-Gesang brillant beherrschen, gehört E. Fitzgerald.

Schäffer, Boguslaw J., poln. Komponist, Theoretiker u. Schriftsteller, * 6. 6. 1929 Lemberg. Studierte bei Z. Jachimecki an der Universität Krakau u. bei L. Nono. Unterrichtet seit 1963 an der Musikhochschule in Krakau. 1965 Mitarbeiter des Experimentalstudios des poln. Rundfunks u. ab 1967 Chefredakteur der Zeitschrift für Neue Musik »Forum musicum«. Sch. komponierte das erste poln. Orchesterstück in der Zwölftontechnik, *Nokturn* für Streicher (1953). Er experimentierte auch mit musikalischer Grafik u. organisierte das erste poln. Happening. Sein *Non stop* für Kl. hat eine Aufführungsdauer von 8 Stunden. Seit 1963 entwickelt er neue Formen des instrumentalen Theaters.

Zu Sch. Werken gehören: *Collage and Form* für 8 Jazzmusiker u. Orch. (1963); *TIS MW2* (szenische Komposition, 1964); Klavierkonzert (1967); Jazzkonzert für Orch. u. Klaviertrio (1969); *Texte* für Orch., *Experimenta* für Kl. u. 80st. Orch., *Mare* für 1 Pianisten u. 9 Instr., *Sgraffito* für Fl., Vc., Cemb. u. 2 Kl., 3. Streichquartett, *15 Elemente* für 2 Kl. u. *Modell VII* für Kl. (1971); *19 Mikrostücke* für Vc. u. 6 begleitende Spieler, Konzert für 3 Kl., *Modell VIII* für Kl. u. *Polonaise* für 12st. Chor (1972); Sinfonie in 9 Teilen, *tentative music* für 159 Instr. u. 4. Streichquartett (1973); 2 Stücke für Fl. solo (1974).
Zu Sch. Veröffentlichungen gehören: »Klasyci dodekafonia« (2 Bde., 1961–64); »Leksykon kompozytorów XX wieku« (2 Bde., 1963–65); »Muzyka XX wieku, Twórcy i problemy« (»Die Musik des 20. Jh., Komponisten u. Probleme«, 1975); »Introduction to Composition« (1976), alle Krakau.

Schaeffer, Pierre, franz. Toningenieur u. Komponist, * 14. 8. 1910 Nancy. Gründete 1942 in Paris ein akustisches Versuchsstudio u. machte ab 1948 im Club d'Essai des franz. Rundfunks Experimente mit der Manipulation von Geräuschen. Die sich daraus ergebenden Collagen nannte er 1949 → Musique concrète. 1960 wurde ihm die Leitung des Service de la Recherche de l'ORTF übertragen, seit 1968 ist er Professor für Musique expérimentale et appliquée à l'audiovisuel am Pariser Conservatoire.

Zu den Werken aus Sch. Anfangszeit gehören: *Étude aux chemins de fer, Étude aux tourniquet, Étude au piano I* u. *II (violette* u. *noire), Étude pathétique (aux casserole)* u. *Concertino diapason* (alle 1948); *Étude aux objets* (1949, Neufassung 1967). Am bekanntesten wurde seine *Symphonie pour un homme seul* (1949–50 mit P. Henry), zu der M. Béjart ein Ballett schuf. Von seinen Film- u. Bühnenmusiken sei *Phèdre* (1959, Konzertfassung 1961) erwähnt.
Sch. veröffentlichte: »A la recherche d'une musique concrète« (Paris 1952); »Traité des objets musicaux« (Paris 1966); »La musique concrète« (Paris 1967, dt. »Musique concrète«, Stuttgart 1974).

Schafer, R. Murray, kan. Komponist, Schriftsteller u. Lehrer, * 18. 7. 1933 Sarnia, Ontario. Studierte am Royal Conservatory of Music in Toronto bei A. Guerrero (Klavier) u. J. Weinzweig (Komposition). Hielt sich 1956–61 in Europa auf, u. a. als freier Mitarbeiter der BBC. Kehrte 1961 nach Kanada zurück u. gründete die Ten Centuries Concerts in Toronto. 1963–65 war er Artist-in-residence der Memorial University of Newfoundland, seit 1966 ist er Professor an der Simon Fraser University in Burnaby, British Columbia. Seine ersten Kompositionen bedienen sich serieller Techniken, die Sch. aber frei anwendet. Sein Hauptinteresse gilt der Sprache. Sch. sucht sich immer wieder Texte, die aus dem Sanskrit, aus Tibet, Ägypten, Persien oder Griechenland stammen u. somit für sein Publikum weithin unverständlich bleiben, aber durch ihren geheimnisvollen Klang wirken. Außerdem experimentiert er mit Raumklang, Aleatorik u. Mischformen. Daneben verwendet er einen Großteil seiner Zeit, um bei seinen Schülern u. Zuhörern das Bewußtsein für die sie umgebende Klangwelt zu schärfen. Ein Teil seiner zahlreichen Veröffentlichungen zielt ebenfalls in diese Richtung.

Von Sch. Werken seien erwähnt: *Polytonality* für Kl. (1952); Konzert für Cemb. u. 8 Bläser (1954); *Three Contemporaries* für Mezzo-S. u. Kl. (1954–56); *Minnelieder* für Mezzo-S. u. Bläserquintett (1956); *Kinderlieder* für Mezzo-S. u. Kl. (1958); Sonatine für Fl. u. Cemb. (1958); *In Memoriam A. Guerrero* für Streicher (1959); *Protest and Incarceration* für Mezzo-S. u. Orch. (1960); Partita für Streicher (1961), *Canzoni for Prisoners* für Orch. (1962); *Four Songs* für Soli u. Frauenst. (1962); *Five Studies on texts by Prudentius* für S. u. 4 Fl. (1962); *Untitled Composition* für Orch. (1963), *Statement in Blue* für Jugendorch. (1964); *Loving* (Oper für Fernsehen oder Bühne, daraus verschiedene Stücke zur konzertanten Aufführung, 1965); *Threnody* für 5 Sprecher, Jugendchor, Jugendorch. u. Tonband (1966, rev. 1967); *Gita* für gem. Chor, Blechbläser u. Tonband (Text aus der »Bhagavad Gita«) u. *Kaleidoscope* (elektronische Musik, 1967); *Son of Heldenleben* für Orch. u. Tonband; *Epitaph for Moonlight* für Jugendorch. u. Metallinstr. ad libitum (1968); *From the Tibetan Book of the Dead* für S., gem. Chor, Fl., Klar. u. Tonbänder (1968); *Lustro, Divan i Shams i Tabriz* nach Gedichten von Jalal al-Din Rumi für Orch., Soli u. elektronische Klänge (1969, rev. 1970); *Yeow and Pax* für gem. Chor, Org. u. Tonband (1969); *Minimusic* für Spielmusikgruppen, variable Besetzung (1969); *No Longer than Ten Minutes* für Orch. (1970, rev. 1972); *Sappho* für Mezzo-S. u. Instrumentalensemble (1970); 1. Streichquartett (1970); *Lustro II, Music for the Morning of the World* für S. u. Tonbänder (1970); *In Search of Zoroaster* für Solo-St., gem. Chor, Schlagzeug u. Org. (1971); *Miniwanka* für 2st. oder 4st. gem. Chor (1971); *Enchantress* für S., Fl. u. 8 Vc. (1971, rev. 1972); *Okeanus* für Tonband (1971), *Patria II* (Bühnenwerk, 1972); *East* für Kammerorch. (1972); *Lustro III, Beyond the Great Gate of Light* für Mezzo-S., Chor, Orch. u. Tonband (1972); *Arcana* für Singst. u. Kammerorch. (1972); *Psalm* für gem. Chor u. Schlagzeug (1972, rev. 1976); *North White* für Orch. (1973); *Patria I, The Characteristics Man* (Bühnenwerk, 1974); *Adieu, Robert Schumann* für Singst. u. Orch. (1976); *Hymn to Night* für S. u. Kammerorch. (1976); 2. Streichquartett (1976); *Cortège* für Orch. (1977).

Zu Sch. Schriften gehören: »British Composers in Interview« (London 1963) sowie in Dt. »Die Schallwelt, in der wir leben« u. »Schöpferisches Musizieren« (1971); »Schule des Hörens« u. »... Wenn Wörter klingen« (1972, alle Wien).

Schall, Bezeichnung für alle vom menschlichen Ohr wahrnehmbaren Schwingungsvorgänge, d. h. alle Schwingungen zwischen ca. 16 u. 20000 Hz. Der Sch. breitet sich von der jeweiligen Schallquelle in Form von → Wellen aus. Seine Geschwindigkeit ist vom Medium, den Temperatur- u. Druckverhältnissen abhängig.

Schallarchiv → Phonogrammarchiv

Schallaufzeichnung, Speicherung der Schallvorgänge wie Sprache u. Musik zur späteren Wiedergabe. Fast gleichzeitig erfanden Ch. Cros in Frankreich das Parléophon u. Th. A. Edison den Phonographen in den USA. Sie funktionierten mit Hilfe eines mit einer Membrane verbundenen Stiftes, der die Schallvorgänge in eine stanniolbeschichtete Walze je nach Intensität tief oder weniger tief einritzte (Tiefenschrift). Diese Rille konnte genauso wieder abgetastet werden, wobei eine Membrane den Schallvorgang an die Luft weitergab u. damit Klänge erzeugte. Einen wesentlichen Fortschritt brachte E. Berliners → Schallplatte, bei der eine seitlich auslenkende Rille spiralförmig eingeschnitten wurde (Seitenschrift). Die Problematik des mechanischen Aufnahmeverfahrens (Schneide- bzw. Abtaststift waren direkt mit der Membrane verbunden) wurde 1925 mit der Einführung des elektrischen Aufnahmeverfahrens überwunden. Seither dienen → Mikrophone als Schallwandler. Mit dem Einsatz der Elektronenröhre ließen sich die in Wechselspannung umgesetzten Schallvorgänge zusätzlich verstärken. Die weitere Entwicklung brachte die Langspielplatte, High Fidelity, Stereo- u. Quadrophonie. Im Gegensatz zur bisherigen Analogaufnahme setzt sich in neuester Zeit die sog. Digitalaufnahme durch, bei der die Schwingungen in Zahlen-Code-Serien umgewandelt u. wie in der Computer-Technik aufgezeichnet werden. Für die Aufzeichnung von 1 Sekunde Schall werden ca. 50000 Zahlenkombinationswerte errechnet, wovon jede einzelne den Schalldruck zu einem bestimmten Zeitpunkt erstellt u. damit eine bisher nicht erreichbare Brillanz u. Durchsichtigkeit des Klangbilds ermöglicht. Daneben werden Magnettonbänder sowie Draht zur Speicherung von Sch. verwendet.

Schalldruck, der Wechseldruck, den die schwingenden Luftmoleküle bei der Schallausbreitung auf das Trommelfell des Ohres oder die Membrane eines Mikrophons ausüben. Gemessen wird der Sch. in Mikrobar.

Schallplatte, Erfindung E. Berliners aus dem Jahr 1887. Sie wurde mit der Gründung der United States Gramophone Company u. deren Tochtergesellschaften Gramophone Company, London, u. Dt. Grammophon Gesellschaft, Hannover, sehr schnell international vermarktet. Die weitere Entwicklung führte von einer Spieldauer von maximal 4 ½ Minuten zur Langspielplatte. Mit der Einführung der Langspielplatte (33 ⅓ bzw. 45 Umdrehungen pro Minute) nach dem 2. Weltkrieg wurde die Spieldauer wesentlich verlängert u. die Tonqualität entscheidend verbessert. Seit 1958 werden Platten in Stereophonie, seit 1968 auch in Quadrophonie geliefert. Daneben hat die Industrie an den Abspielgeräten laufend Verbesserungen vorgenommen. Als Nebenprodukt der Forschung auf dem Gebiet der Bildplatte ist inzwischen die sog. Compact Disc ausgereift, die eine wesentliche Verlängerung der Abspieldauer bringt bzw. weniger Platz in Anspruch nimmt. Sie wird mittels Laser abgetastet.

Schallwandler, ein Gerät zur Umwandlung akustischer Schwingungsvorgänge in elektrische. Als primären Sch. bezeichnet man das Mikrophon, als sekundären den Lautsprecher.

Schallwellen → Wellen

Schaporin, Jurij A., russ. Komponist, * 18. 11. 1887 Gluchow, Gouvernement Tschernigow, † 9. 12. 1966 Moskau. Studierte 1913–18 am Konservatorium in Petersburg bei A. Glasunow, N. Tscherepnin, M. Steinberg u. N. A. Sokolow. Wirkte dort 1919–28 am Großen Dramatischen Theater u. 1928–34 als Theaterkapellmeister am Schauspielhaus. Zu seinen damaligen Freunden gehörten die Schriftsteller A. Block u. A. Tolstoi. Daneben war Sch. 1926–30 Vorsitzender der Leningrader Abteilung der Assoziation für zeitgenössische Musik. Seit 1936 lebte er in Moskau u. wurde dort 1939 Professor für Komposition am Konservatorium. Sch., der als einer der typischen Vertreter des sozialistischen Realismus angesehen werden kann, schöpfte hauptsächlich aus der russ. Folklore u. verrät in seinen Werken auch Einflüsse M. Mussorgskijs.

Sch. komponierte u. a. die Oper *Dekabristy* (1953, frühere Fassung *Pauline Gaible* 1925), Sinfonie mit Chor (1926–33), die sinfonische Kantate *Na pole Kulikovom* (1939) u. das Oratorium *Skazanie o bitve za russki zemlju* (1944), den sinfonischen Zyklus *Vojna i mir* für Soli, Chor u. Orch. (1956), Bühnenmusiken, Filmmusiken u. Lieder.
1969 erschien in Moskau eine Sammlung seiner ausgewählten Aufsätze als »Izbrannye stat'i«.

Schat, Peter, niederl. Komponist, * 5. 6. 1935 Utrecht. Studierte an den Konservatorien in Utrecht u. Den Haag, u. a. bei K. van Baaren (Komposition) u. J. Callenbach (Klavier). Noch während des Studiums erregte er Aufsehen mit seinem Septett (1957). 1958 war Sch. Schüler von M. Seiber in London u. nahm in den folgenden beiden Jahren an Kompositionskursen von P. Boulez in Basel teil. Sch. ist politisch sehr engagiert u. versucht, mit Mixed media Spektakeln u. durch Fernsehauftritte bei den Zuhörern ein neues Bewußtsein für die posttonale Musik zu schaffen. A. Schönbergs Theorie von den »zwölf nur aufeinander bezogenen Tönen« interpretiert er als ein Intervallkettenprinzip, das er selbst als Zwölfton-Pentatonik umschreibt. Tonalität sieht er als einen Sonderfall einer alle Möglichkeiten vereinenden musikalischen Theorie, die noch zu schaffen ist. Daneben hat er sich auch mit elektronischer Musik am STEIM in Amsterdam beschäftigt u. einen Lehrauftrag am Konservatorium in Den Haag angenommen.

Zu Sch. Kompositionen gehören: Fuge für Org. (1954); Introduction u. Adagio für Streichquartett (1954); Septett für Fl., Ob., Baßklar., Horn, Vc., Kl. u. Schlagzeug (1957); Oktett für Bläser (1958); *Mozaïken* für Orch., *Inscriptions* für Kl., *2 Pezzi* für Fl., V., Trp. u. Schlagzeug u. *Cryptogamen* für Bar. u. Orch. (1959); *The Fall* für 4st. gem. Chor., Concerto da camera, *Improvisationen und Sinfonien* (1960); *Entelechie I* für 5 Instrumentalgruppen (1961), *Entelechie II* (Szenen für 11 Musiker) u. *Signalement* für 6 Schlagzeuger u. 3 Kontrabaßspieler (1961); *Labyrinth* (Mixed-media-Spektakel, 1964, daraus einzelne Stücke zur konzertanten Aufführung); *First Essay on Electrocution* für V., Git. u. 3 Schlagzeuger (1966); *Clockwise and Anti-Clockwise* für 16 Bläser (1967); *On Escalation* für 6 Schlagzeug-Soli u. Orch. (1968); *Reconstruction*, eine gemeinsam mit I. Andriessen, R. de Leeuw, M. Mengelberg u. J. van Vlijmen entstandene Oper, *Anathema* für Kl. u. *Hypothema* für Blockfl. u. Tonbandgerät (1969); *Thema* für elektrisch verstärkte Ob. u. Orch. (1970); *To You* für Solo-St., Tasteninstr. u. Elektronik (1972); *The Fifth Season* (Kantate für St., Instr. u. Elektronik, 1973), *Canto general* für Mezzo-S., V. u. Kl. (1974); *Houdini* (Zirkus-Oper, daraus mehrere Teile zur konzertanten Aufführung, u. a. *Houdini-Sinfonie* u. *The Letter Scene* für Mezzo-S., T. u. Kl., 1976); *Child and Crow* (Liederzyklus für S. u. Kl., 1977), Sinfonie Nr. 1 (1978); *Aap Verslaat De Knekelgeest* (Cartoon-Oper, 1980).

Schayk, Toer van, niederl. Tänzer, Ballettausstatter u. Choreograf, * 28. 9. 1936 Amsterdam. Nach Unterricht bei Sonia Gaskell trat er 1955 in deren Ballet Recital Company ein. Widmete sich ab 1959 der Malerei u. Bildhauerei, bis er 1965 von R. van Dantzig als Tänzer u. Ausstatter an das Het Nationale Ballet geholt wurde. Kreierte Rollen in *Monument for a Dead Boy* (1965), *Moments* (1968), *Epitaph* (1969), *Unterwegs* (1970) u. *Painted Birds* (1971). 1971 kam auch sein erstes eigenes Ballett *Past Imperfect* (M. G. Ligeti) heraus. Es folgten: *Before, during and after the Party* (M.: G. Bergeyk u. russ. Klaviermusik) 1972: *The Art of Saying Bye-Bye* (M.: H. Purcell u. F. Poptie) 1973; *Pyrrhic Dances* (M.: G. Grey) 1974; *8 Madrigals* (M.: C. Gesualdo) u. *Collective Symphony* (mit H. van Manen u. R. van Dantzig, M.: I. Strawinsky) 1975; *First Aerial Station* (M.: L. Spohr) 1976; *Jeux* (M.: C. Debussy) u. *Pyrrhic Dances II* (M.: J.-B. Lully, F.-A. Danican-Philidor u. F. Couperin) 1977; *Faun* (M.: Debussy) 1978.

Schebalin, Wissarion J., russ. Komponist, * 11. 6. 1902 Omsk, † 28. 5. 1963 Moskau. Schüler von N. Mjaskowskij, ab 1928 Lehrer am Moskauer Konservatorium u. 1942–48 dessen Direktor. Er steht in der Tradition der russ. Nationalmusik des 19. Jh. In seinen frühen Werken macht sich besonders der Einfluß von A. Borodin geltend.

Zu Sch. Kompositionen gehören: die Opern *Ženich iz posol'stva* (*Der Bräutigam aus der Gesandtschaft*, 1942), *Ukroščenie stroptivoj* (*Der Widerspenstigen Zähmung*, 1957) u. *Solnce nad step'ju* (*Sonne über der Steppe*, 1958); 5 Sinfonien (1925, 1929, 1934, 1935 u. 1962); *Lenin* (dramatische Sinfonie mit Chor, 1933, rev. 1959); Concertino für Horn u. Kammerorch. (1930); Concertino für V.

u. Streicher (1932); Violinkonzert (1936-40); Cellokonzert (1950); 9 Streichquartette (1923–63) u. Lieder.

Scheibe, Johann Adolf, dt. Theoretiker u. Komponist, getauft 5. 5. 1708 Leipzig, † 22. 4. 1776 Kopenhagen. Sohn des Orgelbauers Johann Sch. Studierte in Leipzig ab 1725 Jura u. Musik. Machte während des Studiums die Bekanntschaft von J. Ch. Gottsched, dessen kritische Einstellung gegen die Vorherrschaft der ital. Oper er später teilen sollte. Lebte ab 1736 in Hamburg, wurde 1740 Kapellmeister des Markgrafen von Brandenburg-Kulmbach u. 1744–48 Königlicher Kapellmeister in Kopenhagen. 1749 ließ er sich in Sonderburg nieder u. eröffnete dort eine Musikschule. Daneben trat er bis 1769 mit Oratorien u. Kantaten zu den verschiedensten Anlässen als Komponist in Kopenhagen auf. 1738–40 gab er in Hamburg die Wochenzeitschrift »Der Critische Musicus« heraus, in dessen Teil I, 6. Stück, er gegen J. S. Bachs »schwülstige und verworrene, durch allzugroße Kunst verdunkelte« Kompositionsweise Stellung bezog. Die sich daran anschließende Polemik veröffentlichte er in der 2., vermehrten Auflage, die 1745 in Leipzig erschien.

Von Sch. Oratorien, Kantaten, Konzerten u. Kammermusikwerken erschien nur wenig im Druck, u. a. 3 Flötensonaten mit obligatem Cemb., »Neue Freimaurer-Lieder« u. »2 Tragische Kantaten«. Von seinen Schriften seien erwähnt: »Eine Abhandlung von den musicalischen Intervallen und Geschlechtern« (Hamburg 1739); »Vom Ursprunge und Alter der Musik, insbesonderheit der Vokalmusik« (Altona u. Flensburg 1754) u. »Die Theorie der Melodie und Harmonie« (Leipzig 1773).

Scheidemann, Heinrich, dt. Komponist u. Organist, * um 1596 Wöhrden, Holstein, † Anfang 1663 Hamburg. Sohn des Organisten David Sch., bei dem er auch seine erste musikalische Unterweisung erhielt. 1611–14 Schüler von J. P. Sweelinck in Amsterdam u. spätestens 1629 als Nachfolger seines Vaters Organist an der Katharinenkirche in Hamburg. Zu seinen Lebzeiten wurden nur die Vertonungen zweier Liedsammlungen von J. Rist gedruckt: 5. Teil der »Neuen himmlischen Lieder« (1651) u. »Die verschmähete Eitelkeit« (1659). Seine Orgelkompositionen sind in verschiedenen Orgeltabulaturen erhalten. Sie weisen ihn als einen virtuosen Organisten u. wichtigsten Vertreter der Sweelinck-Schule in Norddeutschland aus. Sein Einfluß auf die norddt. Orgeltradition reicht bis zu Buxtehude.

Scheidt, Samuel, dt. Komponist u. Organist, getauft 3. 11. 1587 Halle a. d. Saale, † 24. 3. 1654 ebd. 1603–08 Organist an der Moritzkirche in Halle. Nahm 1608–09 Unterricht bei J. P. Sweelinck in Amsterdam u. wurde 1609 Hoforganist des Markgrafen Christian Wilhelm von Brandenburg, der auf der Moritzburg in Halle residierte. 1620 wurde Sch. zum Kapellmeister befördert, 1628–30 versah er das Amt des Director musices. Seine Kompositionen sind wichtige Beiträge zur Entwicklung der Orchestermusik u. zur Emanzipation der Orgel mit ihren instrumentalen Möglichkeiten. In seiner »Tabulatura nova« (1624) führte Sch. nicht nur eine neue Notierung der Musik für Tasteninstrumente ein, indem er anstelle der Buchstaben für jede Lagenstimme des Orgelsatzes ein eigenes Notensystem mit fünf Linien verwendete, sondern erweiterte auch die Möglichkeiten des Instruments durch vermehrten Pedaleinsatz u. die Imitation instrumentaler Effekte (imitatio violistica). In seiner Behandlung der Deklamation bleibt er jedoch gemessen an H. Schütz u. J. H. Schein eher konservativ.

Von Sch. Kompositionen erschienen im Druck: »Cantiones sacrae«, 8st. doppelchörige Motetten ohne B.c. (1620); »Paduana, galliarda, couranta, alemande, intrada, canzonetto ...«, 4–5st. Tanzsätze mit Gb. (1621, 2. Teil »Ludi musici« verschollen); »Concertus sacri« (1621); »Tabulatura nova« (3 Bde., 1624, I: »Tabulatura nova, continens variationes aliquot Psalmorum, Fantasiarum, Cantilenarum, Passamezzo et Canones aliquot ...«, II: »... continens Fugarum, Psalmorum, Cantionum et Echus Tocatae variationes varias et omnimodas ...«, III: »... continens Kyrie Dominicale, Credo in unum Deum, Psalmum de Coena Domini sub Communione, Hymnos praecipuorum Festorum totius anni, Magnificat 1–9 toni, modum ludendi pleno Organo et Benedicamus ... In gratiam Organistarum, praecipue eorum qui musice pure et absque celerrimis coloraturis Organo ludere gaudent ...«); »Newe Geistliche Concerten« (1631–40, nur 4 Bde. von 6 geplanten in 2–3st. reduzierter Bearbeitung erschienen); »Liebliche Krafft-Blümlein aus des Heyligen Geistes Lustgarten abgebrochen« (1635); »LXX Symphonie auff Concerten manir ... Vornemlich auff Violinen zu gebrauchen durch die gewöhnliche Tonos« (3st. Instrumentalstücke mit Gb., 1644) u. »Tabulatur-Buch Hundert geistlicher Lieder u. Psalmen ... Auff alle Fest- und Sonntage durchs gantze Jahr«, 4st. (1650).
GA: G. Harms u. Ch. Mahrenholz (Hgg.), Klecken u. Hamburg 1923 ff.

Schein, Johann Hermann, dt. Komponist, * 20. 1. 1586 Grünhain, Erzgebirge, † 19. 11. 1630 Leipzig. 1599 Chorknabe in der Dresdner Hofkapelle unter R. Michael, 1603 Alumnus der Fürstenschule Pforta bei Naumburg a. d. Saale u. ab 1607 Jurastudent an der Universität Leipzig. 1615 wurde Sch. Hofkapellmeister in Weimar u. trat 1616 die Nachfolge von S. Calvisius als Kantor der Schule u. Kirche St. Thomas in Leipzig an. Dort wirkte er auch als Director musices bis zu seinem Tode. Sein Freund H. Schütz komponierte ihm die Begräbnismotette auf Timotheus I, 15 (»Das ist je gewißlich wahr ...«). Mit seinem »Banchetto musicale« leistete Sch. einen bedeutenden Beitrag zur Entwicklung der Orchestermusik. In den »Fontana d'Israel«, die nach eigenen Angaben »auf eine sonderbare anmutige Italian-Madrigalische Manier« konzipiert sind, gelang Sch. eine außergewöhnliche deklamatorische Identifikation von Sprache u. Musik. Außerdem trug er mit seinen dt. Villanellen zur Entwicklung vom Chorlied auf das Sololied hin bei. Viele Liedertexte in der Art seines Freundes P. Fleming stammen von Sch. selbst.

Zu Sch. Kompositionen gehören: »Venus Kräntzlein« (17 dt. Lieder, 4 Intraden, 2 Gagliarden, 2 Canzonen, 1609); »Cymbalum Sionium« (lat. u. dt. Motetten, außerdem eine instrumentale Canzona, 1609–15); »Banchetto musicale« (20 instrumentale Tanzsuiten, 1617); »Opella nova« (2 Bde., 58 geistliche Konzerte mit B.c., 1618–26); »Te Deum laudamus«, 24st. (1618); »Balletto pastorale« (1620); »Musica divina«, 8–24st. (1620); »Musica boscareccia, Oder Wald-Liederlein, Auff Italian-Villanellische Invention (3 Teile, 1621, 1626 u. 1628); »Fontana d'Israel, Israelis Brünlein ... von 5 und 6 Stimmen sambt dem General Bass auf eine sonderbare Anmutige Italian-Madrigalische Manier« (Motetten mit Gb., 1623); »Madrigali« (1623); »Diletti pastorali« (15 deutsche Lieder mit B.c., 1624); »Villanelle« (1625); »Studenten-Schmauß« (5 dt. Lieder, 5st., 1626). Außerdem brachte Sch. 1627 das »Leipziger Cantional, Oder Gesangbuch Augspurgischer Confession« heraus, das 312 4–6st. Gesänge enthält u. um 27 Nummern vermehrt ist. Der Baß ist beziffert.

GA: Neue Ausgabe sämtlicher Werke, hg. von A. Adrio, Kassel ab 1963.

Lit.: A. Prüfer, J. H. Sch., Leipzig 1895; ders., J. H. Sch. u. das weltliche dt. Lied, Leipzig 1908, Nachdr. Wiesbaden 1973; W. Reckziegel, Das Cantional von J. H. Sch., Berlin 1963.

Schelle, Johann, dt. Kantor, Organist u. Komponist, getauft 6. 9. 1648 Geising, Erzgebirge, † 10. 3. 1701 Leipzig. 1655–57 Sänger an der Dresdner Hofkapelle unter H. Schütz, 1657–64 Chorsänger der Herzoglichen Kapelle in Wolfenbüttel, ab 1665 Thomaner unter S. Knüpfer, dessen Nachfolger als Thomaskantor er 1677 wurde. Von seinen Kompositionen sind lat. u. dt. Motetten in Handschrift erhalten. Gedruckt wurde zu seinen Lebzeiten die doppelchörige Motette *Christus ist des Gesetzes Ende* (1684).

Schenk, Johann B., österr. Komponist, * 30. 11. 1753 Wiener Neustadt, † 29. 12. 1836 Wien. Schüler von G. Ch. Wagenseil u. ab 1794 Musikdirektor des Fürsten Auersperg in Wien. Brachte 1796 mit großem Erfolg am Kärntnertor-Theater sein Singspiel *Der Dorfbarbier* heraus. War in Wien als Theorie- u. Klavierlehrer geachtet. L. van Beethoven betrieb 1792–93 bei ihm Kontrapunktstudien.

Zu Sch. Singspielen gehören: *Die Weinlese* (1785), *Die Weihnacht auf dem Lande* (1786), *Das Singspiel ohne Titel* (1790), *Der Erntekranz* (1791), *Achmet und Almanzine* (1795), *Der Dorfbarbier* (1796), *Der Bettelstudent* (1796), *Die Jagd* (1799) u. *Der Faßbinder* (1802).

Scherchen-Hsiao, Tona, chin.-franz. Komponistin, * 12. 3. 1938 Neuchâtel. Tochter von H. Scherchen. Erhielt ersten Musikunterricht bei ihrer Mutter Hsiao Shu-sien, studierte 1958–60 an den Konservatorien von Peking u. Shanghai Musik, Literatur u. das klassische chin. Instrument Pi-Pa. Weitere Ausbildung 1961–63 bei H. W. Henze am Mozarteum in Salzburg, 1963–66 bei O. Messiaen am Pariser Conservatoire u. 1966–67 privat bei G. Ligeti in Wien. Seit 1972 lebt sie als freischaffende Komponistin in Paris.

Zu Sch.-H. Werken gehören: *WAI* für Mezzo-S. u. Streichquartett (1966); *KHOUANG* für Orch. (1966–68); *SHEN* für 6 Schlagzeugspieler oder Schlagzeugorch. (1968, daraus Ballett-Fassung *TZAN-SHEN* 1968); *HSUN* für Kammerensemble (1968); *TZI* für Chor a cappella (1969–70); *TZOUE* (Versionen für Fl., Vc. u. Cemb.; Klar., Vc. u. Cemb.; Fl., Kb. u. Cemb.; Klar., Kb. u. Cemb., 1970), *TAO* für Va. u. Orch. (1971), *YUN-YU* für V. oder Va. u. Vibraphon (1972), *BIEN* für 12 Instrumentalisten (1972–73), *TJAO-HOUEN* für Kammerorch., *LIEN* für Va. solo u. *YI* für 2 Spieler an einem Marimbaphon (1973), *VAGUE T'AO* für Orch. (1974–75), *S...* für Orch. (1975).

Scherzo (ital.: »Scherz«, »Spaß«), **1.** beliebter Titel für Sammlungen 3st. Kanzonetten um 1600, dann auch Bezeichnung für Instrumentalstücke verschiedener Art. **2.** rascher, auf Kontrastwirkung angelegter Satz im ¾- oder ⅜-Takt, der bei J. Haydn u. insbesondere L. van Beethoven im Sonatensatzzyklus an die Stelle des Menuetts getreten ist. Am häufigsten ist die vom Menuett übernommene Abfolge AABA, wobei B wie beim Menuett Trio genannt wird u. gegenüber dem schnellen, meist rhythmisch eigenwilligen Sch. betont beschaulich gehalten ist. **3.** Im 19. Jh. Bezeichnung für virtuose Klavierstücke, z. B. die 4 Scherzi von F. Chopin.

Schibler, Armin, schweiz. Komponist, * 20. 11. 1920 Kreuzlingen am Bodensee. Studierte in Zürich, u. a. bei W. Burkhard, u. in London. Wirkt seit 1944 als Musiklehrer am Kantonalen Gymnasium in Zürich. Nach barocken Anfängen u. einer Phase des neoromantischen Expressionismus lernte Sch. in Darmstadt die Zwölftontechnik kennen, beschäftigte sich mit A. Schönberg u. A. Berg u. fand zu einer eigenen Zwölftonalität.

Zu Sch. Kompositionen gehören: die Oper *Der spanische Rosenstock* (1950); die Kammeroper *Die späte Sühne* (1955, aufgeführt als *Die Füße im Feuer);* die Burleske *Blackwood & Co.* für Sänger u. Tänzer (1955–58); die Kammerballette *Le prisonnier* (1955), *Curriculum vitae* u. *Selene u. Endymion* (1960–62), das sinfonische Ballett *Concert pour le temps présent* (1960); 2 Sinfonien (1946 u. 1953); *Sinfonia notturna* (1955–57); Cellokonzert (1951); Hornkonzert (1956); Concerto für Trp., Horn, Pos., Kl., Hf., Schlagzeug u. doppeltes Streichorch. (1959); Violinkonzert (1960); Konzert für Schlagzeug u. Orch. (1960); Trompetenkonzert (1960); Klavierkonzert (1962); Fagottkonzert (1967); *Konzertante Fantasie* für Sax. u. kleines Orch. (1979); Vokalkompositionen wie das Stück für Musik *Antoine u. Carmela* (für Schauspieler, Sänger u. Instr., 1965), Aktion *Möglichkeiten einer Fahrt* für Sprech-St. u. Kl. (1968), *Antworten bitte* für Stimmen u. 2 Orchestergruppen (1971), *Der Weg des Menschen* für 2 Sprechst. u. Instrumente (1973), *Epitaph auf einen Mächtigen* für 16 St. u. 2 Kl. (1974); 4 Streichquartette (1945, 1951, 1958 u. mit S. 1960).

Zu Sch. Schriften gehören: »Neue Musik in der dritten Generation« (Amriswil 1954) u. »Zur Oper der Gegenwart« (Amriswil 1956).

Schicht, Johann Gottfried, dt. Komponist u. Dirigent, * 29. 9. 1753 Reichenau bei Zittau, † 16. 2. 1823 Leipzig. Ging 1776 nach Leipzig, um dort Jura zu studieren, wandte sich aber mehr u. mehr der Musik zu u. wurde schließlich von J. A. Hiller als Akkompagnist für seine Privatkonzerte angestellt, aus denen später die Gewandhauskonzerte hervorgingen. 1785 wurde er Leiter der Gewandhauskonzerte u. 1810 als Nachfolger A. E. Müllers Thomaskantor. Er schrieb mehrere Kirchenmusiken u. brachte 1819 sein »Allgemeines Choral-Buch« heraus, von dessen Melodien er einen Teil selbst komponiert hat.

Schillinger, Joseph, amer. Dirigent, Theoretiker u. Komponist russ. Herkunft * 19. 8. 1895 Charkow, † 23. 3. 1943 New York. Studierte 1914–17 am Petersburger Konservatorium bei N. Tscherepnin u. J. Wihtol. Lehrte 1918–22 an der Staatlichen Musikakademie in Charkow, wo er zeitweise das ukrainische Sinfonieorchester leitete, dann in Leningrad u. wanderte 1929 in die Vereinigten Staaten aus. Dort war er bis 1932 Mitarbeiter von L. Theremin, für dessen elektroakustisches Musikinstrument »Thereminovox« er 1929 die *First Airphonic Suite* komponierte. 1932–36 war Sch. Lehrer an der New School for Social Research u. am Teachers' College der Columbia University. Zu seinen Schülern gehörten G. Gershwin, B. Goodman, Ch. Previn, G. Miller. Anregungen verdanken ihm auch L. Hiller, L. Isaacson u. M. Babbitt. Sch., der von F. Busonis Ästhetik u. S. Tanejews mathematischer Auffassung des Kontrapunkts beeinflußt ist, erfand »The Schillinger System of Musical Composition« (2 Bde., New York 1941), ein aleatorisches Kompositionsverfahren, das durch Zufallskombination aus vorgeordnetem musikalischem Material auswählt u. so automatische Kompositionen entstehen läßt. Er veröffentlichte außerdem: »The Mathematical Basis of the Arts« (New York 1948).

Schillings, Max von, dt. Komponist, * 19. 4. 1868 Düren, Rheinland, † 24. 7. 1933 Berlin. Schüler von J. Brambach u. O. von Königslöw in Bonn, studierte anschließend Jura, Philosophie u. Kunstgeschichte in München, wo ihn R. Strauss überredete, sich ganz der Musik zu widmen. Ab 1892 war er musikalischer Assistent bei den Festspielen in Bayreuth, 1908 GMD in Stuttgart, 1919–25 Intendant der Preußischen Staatsoper Berlin u. ab 1926 Leiter der Zoppoter Waldfestspiele. Ende März 1933 wurde er zum Generalintendanten der Städtischen Oper Berlin ernannt. Daneben war er seit 1932 als Nachfolger Max Liebermanns Präsident der Preußischen Akademie der Künste. In seinen Kompositionen verbindet er Spätromantik, franz. Impressionismus u. ital. Verismo.

Zu Sch. Werken gehören: die Opern *Ingwelde* (1894), *Der Pfeifertag* (1899), *Der Moloch* (1906) u. *Mona Lisa* (1915); Bühnenmusiken zur »Orestie« des Aischylos (1900) u. zu Goethes »Faust« 1. Teil (1908); die sinfonischen Fantasien *Meergruß* u. *Seemorgen* (1896); Violinkonzert (1910); *Das Hexenlied* (1902), 4 Zwiegesänge aus Goethes »Westöstlichem Divan« für S., T. u. Orch. oder Kl. (1918); Männerchöre u. Lieder.

Schirmer, G. Schirmer, amer. Musikverlag, hervorgegangen aus dem 1848 von Kerksieg & Breusing begründeten Geschäft, das 1861 in Beer & Sch. umgewandelt wurde u. sich ab 1866 im Alleinbesitz von Sch. befand. 1893 wurde das Unternehmen in eine Gesellschaft umgewandelt, die von seinen Söhnen Rudolph E. (1859–1919) u. Gustave (1864–1907) geleitet wurde. Nach dem Tode von Rudolph E. übernahm dessen Neffe Gustave Sch. III (1890–1965) die Leitung des Verlages, der seit 1957 von Rudolph Tauhert geführt wird. Neben Klassikerreihen u. pädagogischen Schriften verlegt Sch. seit 1915 die amer. Musikzeitschrift »The Musical Quarterly«, deren erster Herausgeber O. G. Sonneck war. 1964 wurde der Verlag Associated Music Publishers übernommen. Zu seinen Autoren gehören S. Barber, G. C. Menotti, E. Bloch, E. Carter, H. Villa-Lobos u. L. Kirschner.

Schiske, Karl H. R., österr. Komponist, * 12. 2. 1916 Raab, Ungarn, † 16. 6. 1969 Wien. War 1932–38 Kompositionsschüler von E. Kanitz, schloß seine pianistische Ausbildung bei H. Weber an der Wiener Musikakademie ab u. studierte daneben Musikwissenschaft bei A. Orel u. E. Schenk an der Universität Wien. 1952 wurde er zum Professor für Komposition an der Wiener Musikakademie ernannt. Seine Werke weisen eine klare kontrapunktische Faktur auf.

Zu Sch. Kompositionen gehören 5 Sinfonien (1941–42, 1947–48, 1950–51, 1955 u. 1965); 2 Konzerte für Streichorch. (1941 u. 1945); Klavierkonzert (1938–39); Violinkonzert (1952); Vokalkompositionen wie *Der Schrei* für gem. Chor (1938), *Reitjagd* für Bar., gem. Chor u. Orch. (1938), Oratorium *Denk Es, O Seele (Vom Tode)* für 4 Soli, gem. Chor, Orch. u. Org. (1946), *99. Psalm* für 6st. gem. Chor (1949), *Missa Cunctipotens Genitor Deus* für gem. Chor u. Org. ad libitum (1954) u. *Candada* für S., gem. Chor u. Orch. (1956); 2 Streichquartette (1936 u. 1945); Sextett für Klar., Streichquartett u. Kl. (1937); Quintett für Fl., Ob., Klar., Horn u. Fag. (1945); Orgel- u. Klaviermusik; Lieder.

Schisma (griech.), das Verhältnis des pythagoreischen zum syntonischen → Komma. Diese Differenz macht ungefähr einen hundertstel Ganzton aus.

Schlager, eine nach 1850 in Wien aufgekommene Bezeichnung für eine »einschlagende« Melodie, möglicherweise dem engl. »hit« nachgebildet. 1881 erstmals in der »National-Zeitung« in Wien erwähnt: »Zündende Melodie – Schlager nennt sie der Wiener«. Seine Wurzeln liegen in der Trivialmusik des 19. Jh., den Coupletsammlungen, Komiker- u. Soubretten-Alben, Gassenhauern, Opern- u. Operettenverschnitten. Mit dem Aufkommen der Schallplatte u. den damit zusammenhängenden neuen Vertriebsmöglichkeiten dieser musikalischen Unterhaltungsware erweiterte sich der Begriff zum Gattungsnamen, unter dem nunmehr ein ganzer Zweig der industriell gefertigten, meistens textierten Unterhaltungsmusik zusammengefaßt wurde. Besondere Merkmale des Sch. sind wechselnder Strophentext bei gleichbleibendem Refrain, schematische Periodenbildung, kurzgliedrige Melodik, Sequenzierung, Bindung an die Rhythmen der jeweils modernen Gesellschaftstänze, Eingängigkeit u. Bevorzugung der Dur-Tonarten. Der Inhalt besteht vorwiegend aus Klischees, mit denen Erwartungen geweckt oder die geheimen Wünsche u. Träume eines Massenpublikums bestätigt werden. In wirtschaftlich oder politisch schwierigen Zeiten läßt sich der Sch. auch gezielt als Propagandamittel einsetzen, indem man sich Trost zuspricht oder auf bessere Zeiten hofft. Die meisten Sch., die heute vermarktet werden, sind auf einen bestimmten Interpreten zugeschnitten, der damit dem Textinhalt erhöhte Glaubwürdigkeit verleiht. Für besonders sentimentale Sch. wurde das lautmalende Wort »Schnulze« erfunden, besonders erfolgreiche Titel werden »Evergreens« genannt.

Schlaginstrumente werden heute vorwiegend → Perkussionsinstrumente genannt. Neben Idiophonen (sog. Eigenklingern) u. Membranophonen (sog. Fellklingern) gehören auch Hackbrett u. Hammerklavier zu den Sch. Man unterscheidet zwischen abgestimmten (z. B. Pauke) u. nicht abgestimmten (z. B. Triangel) Sch.

Schleifer (franz. coulé oder tierce coulée, engl. slide), ein schneller Vorschlag, der aus 2 oder mehr Noten besteht.

Schlick, Arnolt, dt. Komponist und Organist, * um 1455 wahrscheinlich Heidelberg, † um 1525 Heidelberg. Wird bereits als blinder kurpfälzischer Organist bei der Krönung Maximilians I. 1486 in Frankfurt erwähnt. Galt als einer der bedeutendsten Orgelexperten seiner Zeit. Er veröffentlichte 1511 seinen »Spiegel der Orgelmacher vnd Organisten allen Stifften vnd Kirchen so Orgel halten oder machen lassen hochnützlich«, das erste in dt. Sprache gedruckte Werk über Orgelbau u. Orgelspiel, dem er 1512 seine »Tabulaturen etlicher lobgesang vnd lidlein vff die orgeln vnd lauten« folgen ließ.

Schlüssel (lat. clavis, ital. chiave, franz. u. engl. clef, engl. heute key), Bezeichnung für die Tonbuchstaben u. die aus ihnen hervorgegangenen Zeichen, mit denen innerhalb eines Liniensystems bestimmte Tonhöhen fixiert wurden. Zu den wichtigsten Sch. gehören der g^1-Sch., der f-Sch. u. der c^1-Sch. Der g^1-Sch. erscheint als franz. Violin-Sch. (1) u. als der heute gebräuchliche Violin-Sch. (2). Der f-Sch. kommt vor als Bariton-Sch. I (3), Baß-Sch. (4) u. Subbaß-Sch. (5). Der c^1-Sch. kennt die Varianten (Diskant-)Sopran-Sch. (6), Mezzosopran-Sch. (7), (Bratschen-)Alt-Sch. (8), Tenor-Sch. (9) u. Bariton-Sch. II (10).

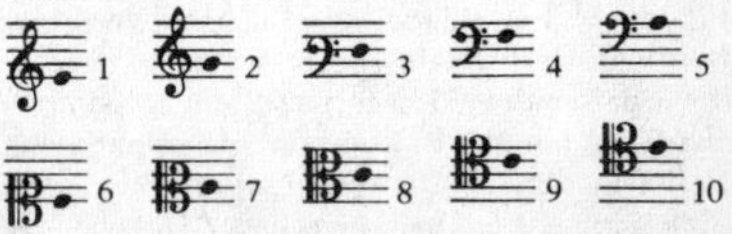

Die Zuordnung von Notenzeichen u. Tonbuchstaben innerhalb eines → Liniensystems geht auf G. von Arezzo zurück. Er legte die einzelnen Tonhöhen fest, indem er vom terzweisen Aufbau des Liniensystems ausgehend die Tonbuchstaben (claves) C u. F voranstellte u. den entsprechenden Linien eine gelbe (C) u. rote (F) Färbung gab. Aus der Kennzeichnung jedes Liniensystems durch mehrere Tonbuchstaben entwickelte sich im 12. u. 13. Jh. die Einfachschlüsselung. Von allen Tonbuchstaben blieben schließlich nur noch der f-, c- u. g-Sch. übrig. Heute werden noch gebraucht: Violin-Sch., Baß-Sch., Alt-Sch. (Bratsche u. Altposaune) sowie Tenor-Sch. (Posaune u. hohe Lagen bei Cello, Fagott u. Kontrabaß). Bestrebungen, das Partiturbild durch ausschließliche Verwendung des Violin-Sch. zu vereinfachen, haben sich nicht durchgesetzt.

Schluß, das Beenden oder Aufhörenlassen eines musikalischen Ablaufs. Dazu gibt es im Rahmen der Dur-Moll-Tonalität bestimmte Regeln. Unter dem Einfluß des als aufwärts strebend empfundenen → Leittons verfestigte sich der Schritt Dominante-Tonika zum authentischen oder Ganz-Sch. Daneben galt der Schritt Subdominante-Tonika als plagaler oder Kirchen-Sch. Bei den Klassikern u. Romantikern war außerdem der sog. Halb-Sch. beliebt, der aus dem Schritt Tonika-Dominante besteht. Zur Verstärkung der Schlußwirkung wurden häufig rhythmische oder melodische Veränderungen eingeführt. Wird jedoch die Leittonwirkung durch Sprengung des tonalen Rahmens aufgehoben, bieten sich alle die Schlußtechniken an, die nicht im Tonmaterial selbst begründet sind, z. B. Cluster, Schlußknall, Verlassen des Hörbereichs, dynamisch geregeltes Verschweben, Ausblenden oder einfaches Aufhören.

Schmelzer von Ehrenruef, Johann Heinrich, österr. Komponist, * um 1623 Niederösterr., † zwischen dem 4. 2. u. 20. 3. 1680 Prag. 1649–70 als Geiger an der Wiener Hofkapelle, 1671 befördert zum Vize- u. 1679 zum Hofkapellmeister. Komponierte Balletteinlagen, insbesondere zu den Opern von A. Draghi, sowie Instrumentalmusik. Gilt als ein wichtiger Meister der altösterr. Geigerschule.

Schmidseder, Ludwig (Pseudonym Louis Fabro), dt. Komponist, * 24. 8. 1904 Passau, † 21. 6. 1971 München. Gab seine Banklaufbahn für die Musik auf. Verbrachte einige Jahre in Brasilien, kam 1930 nach Deutschland zurück u. trat in Berlin als Barpianist auf. Seine Lieder waren so erfolgreich, daß er ab 1933 als freischaffender Komponist leben konnte. Er komponierte neben mehr als 400 Liedern u. Musiken zu zahlreichen Spielfilmen mehrere Operetten, u. a. *Melodie der Nacht* u. *Die oder keine* (1939), *Linzer Torte* (1942), *Abschiedswalzer* (1949) u. *Mädel aus der Wachau* (1951).

Schmidt, Franz, österr. Komponist, * 22. 12. 1874 Preßburg, † 11. 2. 1939 Perchtoldsdorf bei Wien. 1890–96 in Wien Schüler von F. Hellmesberger, R. Fuchs u. kurze Zeit auch von A. Bruckner. 1896–1911 Cellist des Hofopernorchesters. Ab 1901 Cellolehrer am Wiener Konservatorium u. ab 1914 Professor für Klavier an der Wiener Musikakademie. 1922 übernahm er auch einen Lehrstuhl für Kontrapunkt u. Komposition u. hatte 1925–27 die Leitung des Instituts inne. 1927–31 wurde er als Nachfolger von J. Marx zum Rektor der Fachhochschule für Musik u. darstellende Kunst in Wien berufen. Seine Kompositionen stehen in der Nachfolge F. Schuberts u. A. Bruckners.

Zu Sch. Werken gehören: die Opern *Notre-Dame* (1914) u. *Fredigundis* (1922); das Oratorium *Das Buch mit sieben Siegeln* (1935–37); 4 Sinfonien (1896–99, 1911–13, 1928 u. 1933) u. *Variationen über ein Husarenlied* für Orch. (1930); Klavierkonzerte (1924 u. 1934, ursprünglich für die linke Hand); Kammermusik.

Schmidt-Boelcke, Werner, dt. Dirigent u. Komponist, * 28. 7. 1903 Berlin. Studierte ab 1920 am Stern'schen Konservatorium in Berlin, war 1934–44 Chefdirigent am Metropol-Theater u. am Admirals-Palast in Berlin sowie 1950–67 des Rundfunkorchesters des Bayerischen Rundfunks. Komponierte zahlreiche Musiken zu Stumm- u. Tonfilmen, u. a. für »Die Heilige und ihr Narr (1928) u. »Gefährliche Jagd« (1950).

Schmitt, Florent, franz. Komponist, * 28. 9. 1870 Blâmont, Meurthe-et-Moselle, † 17. 8. 1958 Neuilly-sur-Seine. Ab 1887 Schüler von H. Hess (Klavier) u. G. Sandré (Harmonielehre) am Konservatorium von Nancy. 1889 Aufnahme in das Pariser Conservatoire, wo Th. Dubois, A. Lavignac, A. Gédalge, J. Massenet u. G. Fauré zu seinen Lehrern gehörten. Nach vier vergeblichen Versuchen gewann er 1900 mit der Scène lyrique *Sémiramis* den Prix de Rome. Zu den Kompositionen, die während seines Aufenthalts in der Villa Medici entstanden, gehört der *Psaume XLVII* für S., Chor, Orch. u. Org. Von Rom aus unternahm Sch. eine Reise durch Deutschland u. Österreich, die sich in *Reflets d'Allemagne* für Kl. vierhändig niederschlug. 1906 besuchte er die Türkei u. empfing dort Anregungen zu dem Divertissement *Sélamlik* für Militärkapelle. Nach seiner Rückkehr ließ er sich als freischaffender Komponist u. Kritiker in Paris nieder. 1907 erlebte Sch. mit *La tragédie de Salomé* in der Interpretation durch Loïe Fuller seinen ersten großen Bühnenerfolg. 1921–24 übernahm er die Leitung des Konservatoriums in Lyon.

Die meiste Zeit seines Lebens verbrachte Sch. mit Komponieren u. Reisen. Werke wie *Salomé* u. *Antoine et Cléopâtre* verdanken ihre Entstehung der Begegnung mit dem Orient, den Sch. mehrfach in Begleitung des Architekten P. Bigot bereiste. Seine monumentalen u. mit Vorliebe überinstrumentierten Kompositionen verbinden dt. Romantik u. Züge des Spätwerks von A. E. Chabrier.

Zu Sch. Werken gehören: *La tragédie de Salomé* (drame muet, 1907); die Ballette *Le petit elfe Ferme-l'œil* (1924) *Oriane et le prince d'amour* (1934) u. *Jardin secret* (1953); Bühnenmusik zu »Antoine et Cléopâtre« (1920, für Ida Rubinstein); Filmmusiken zu »Salammbô« (1925) u. »Essais de locomotives« (1943); Orchesterwerke wie *Musique de plein air pour orchestre* u. *Le palais hanté* (1904), *Scherzo vif* für V. u. Orch. (1910), *Dionysiaques* (1914), *Rêves* (1915), *Danse d'Abisag* (1925), *Final* für Vc. u. Orch. (1926), *Kermesse-Valse* (1928, Teil des Balletts *L'éventail de Jeanne), Çançunik* (1929), *Symphonie concertante* für Kl. u. Orch. (1932), *Fête de la lumière* für Orch., Chor u. S. (1936), *Janiana* für Streicher (1941), 2. Sinfonie (1958); Vokalkompositionen wie *Psaume XLVII* für S., Chor, Orch. u. Org. (1904), *Le chant de la nuit* für Chor u. Orch. (1949), *Cinq chœurs en vingt minutes* für gem. Chor u. Orch. (1951), *Psaume CXII* für Männerchor a cappella (1956) u. *Messe en quatre parties* für gem. Chor u. Org. (1958); Kammermusikwerke; Klavierstücke u. Lieder.

Lit.: P. O. Ferroud, Autour de F. Sch., Paris 1927; Y. Hucher, L'œuvre de F. Sch., Paris 1960; E. Bondeville, F. Sch., Paris 1970.

Schnaderhüpfl (Schnadahüpfl), einstrophiges Lied aus dem Gebiet der bayerisch-österr. Alpen, ursprünglich als Einleitung zum Ländler gesungen. Die meist scherzhaften Texte kontrastieren häufig 2 parallel geführte Motive. Die Melodien sind vorwiegend achttaktig im ¾-Takt u. gehen selten über den Bereich Tonika-Dominante hinaus.

Schnebel, Dieter, dt. Komponist, * 14. 3. 1930 Lahr, Schwarzwald. Studierte ab 1949 an der Musikhochschule in Freiburg im Breisgau, u.a. Theorie u. Musikgeschichte bei E. Doflein. 1952 machte Sch. das Klavierlehrer-Examen u. setzte seine Studien in Theologie, Philosophie u. Musikwissenschaft in Tübingen fort. Aus dieser Zeit stammen erste Kompositionen, die Sch. unter dem Titel *Versuche* zusammengefaßt hat. 1955 theologisches Examen u. Promotion mit »Studien zur Dynamik A. Schönbergs«. 1957–63 war Sch. Pfarrer in Kaiserslautern, 1963–70 Pfarrer u. Religionslehrer in Frankfurt a. M. u. seit 1977 Inhaber eines Lehrstuhls an der Berliner Musikhochschule. Während der Studienzeit beschäftigte sich Sch. intensiv mit der 2. Wiener Schule u. den Schriften Th. W. Adornos. Die Darmstädter Ferienkurse machten ihn mit den wichtigsten neueren Bestrebungen bekannt u. ließen ihn den Übergang von der Zwölftontechnik zur seriellen Konzeption vollziehen. Die Beschäftigung mit K. Stockhausen u. J. Cage resultierte schließlich in einer konzeptionellen Einstellung zum Kompositionsvorgang, der Projektcharakter der Musik wurde betont u. das kollektive Komponieren eingeführt. Dabei werden anstelle von fertigen Werken kompositorische Aktionen verbal oder symbolisch definiert, es entsteht die »denkbare Musik«. Daneben beschäftigt sich Sch. gründlich mit der Entstehung von Lauten.

Seine die verschiedenen Schaffensperioden umfassenden Werkgruppen hat Sch. wie folgt eingeteilt: »Versuche« (1953–56/64), bestehend aus: I *Analysis* für Saiteninstr. u. Schlagzeug (1953), II *Stücke* für Streichquartett (1954–55), III *Fragment* für S. u. Kammerensemble (1955) u. IV *Compositio* für Orch. (1955–56/64); »Für Stimmen (... missa est)« (1956–69), bestehend aus: I *dt 316* für 12 Vokalgruppen (1956–58), II *amn* für 7 Vokalgruppen (1958–66/67), III: *! (madrasha 2)* für 3 Chorgruppen (1958–67/68), IV *Choralvorspiele* für Org., Nebeninstr. u. Tonband (1966–68/69). – »Projekte« (1958–61, größtenteils verbal definierte, nicht auskomponierte, sondern metasprachlich fixierte Musik), bestehend aus: *raum-zeit y* für eine unbestimmte Anzahl von Instrumentalisten (1958–), *Das Urteil* für denaturierte Instr., naturierte Singst., sonstige Schallquellen u. Publikum (1959), *glossolalie* für Sprecher u. Instrumentalisten (1959–60) u. einer Ausarbeitung der letzteren als *Glossolalie 61* für 3–4 Sprecher u. 3–4 Instrumentalisten (1960–61). – »Abfälle 1« (1960–62), bestehend aus: *réactions* für (1) Instrumentalisten u. Publikum (1960–61), *visible music I* für 1 Dirigenten u. 1 Instrumentalisten (1960–62), *visible music II* (Reduktion der vorhergehenden auf einen Dirigenten, 1962) u. *visible music III* (Reduktion von *visible music I* auf einen Interpreten, der auch die Dirigentenrolle übernimmt, als Musikdrama für 1 Klavieristen, 1964). – »Abfälle II« (1964–74), bestehend aus: 1 *stoj* für 3 Instrumentalisten (1964, szenische Variationen 1965–66) u. 2 *lectiones* für 4 Sprecher u. Zuhörer (1964–74). – »Modelle – Ausarbeitungen« (1962–66), kompositorische Ausarbeitung verbal definierter Konzepte wie *Compositio, Glossolalie 61, Das Urteil, nostalgie, espressivo, concert sans orchestre, fall-out* u. *anschläge-ausschläge*. – »Gehörgänge« (1963–72), bestehend aus: *ki-no* (Nachtmusik für Projektoren u. Hörer (1963–67), *MO-NO* (Musik zum Lesen, 1969), *Hörfunk I* (Radiophonien, 1969–70) u. *II* (Störung, 1972). – »Produktionsprozesse« (1968–77), bestehend aus: *Maulwerke* für mehrere Artikulationsorgane u. Reproduktionsgeräte (1968–74, daraus *Atemzüge* u. *Mundstücke I/II*, 1970–73). *Orchestra* für mobile Musiker (1974–77) u. *Handwerke – Blaswerke I* für Spielorgane u. eventuell Reproduktionsgeräte (1977). – Eine weitere Werkgruppe bezeichnet er als »Tradition«. Dazu gehören: *In motu proprio* (Kanon à 7 für gleichartige Instr., 1975), *Diapason* (Kanon à 13 für ungleichartige Instr. oder Instrumentalgruppen, 1976–77) u. Quintett in B-Dur für Streichquartett oder V., Vc., 2 Klar. u. Kl. (1977–78). Zu Sch. »Bearbeitungen« gehören: *Webern-Variationen* für beliebige Ensemble (1973), *Bach-Contrapuncti* für Stimmen (1973–76), *Beethoven-Sonate* für Schlagzeug (1976–) u. *Schubert-Fantasie* für Orch. (1978). – Mit Raumklängen experimentierte Sch. in *Drei-Klang*, einmal mit archaischen u. exotischen, dann klassischen u. schließlich modernen Instr. (1977–78).
Zu Sch. Schriften, die mit seinen Werken eine Einheit bilden, gehören: »MO-NO« (Köln 1969); »M. Kagel, Musik – Theater – Film« (Köln 1970) u. »Denkbare Musik, Schriften 1952–72« (Köln 1972). Er gab außerdem heraus: »K. Stockhausen, Texte zur Neuen Musik« (3 Bde., Köln 1963–71).

Schneider, J. Ch. Friedrich, dt. Dirigent, Lehrer u. Komponist, * 3. 1. 1786 Altwaltersdorf bei Zittau, † 23. 11. 1853 Dessau. Sohn des Organisten Johann Gottlob Sch. (1753–1840). Trat bereits 1804 mit 3 Klaviersonaten an die Öffentlichkeit, besuchte 1805 die Universität Leipzig, wurde 1807 Organist der dortigen Paulinerkirche u. 1810 Kapellmeister von Sekondas Operntruppe. 1813 übernahm er das Organistenamt an der Thomaskirche in Leipzig, 1817 wurde er Musikdirektor am Stadttheater, u. 1821 folgte er einem Ruf als Hofkapellmeister nach Dessau. Dort gründete er eine Liedertafel, führte eine Singakademie zu hoher Blüte u. eröffnete 1829 eine Musikschule. Zwischen 1819 u. 1847 leitete er daneben als Dirigent bedeutende Musikfeste, u.a. in Hamburg (1840), Meißen (1841) u. Lübeck (1847).

Zu Sch. dem Klassizismus verpflichteten Kompositionen gehören Oratorien, von denen *Das Weltgericht* (1819) sein berühmtestes Werk ist, Messen, Sinfonien, Konzerte, Sonaten, Chöre u. Lieder. Er veröffentlichte daneben: »Elementarbuch der Harmonie u. Tonsetzkunst« (Leipzig 1820), »Vorschule der Musik« (Leipzig 1827) u. »Handbuch des Organisten« (4 Teile, Halberstadt 1829–30).

Schneitzhoeffer (Schneitzaeffer), Jean-M., franz. Komponist, * 13. 10. 1785 Toulouse, † 4. 10. 1852 Paris. Schüler von Ch.-S. Catel am Pariser Conservatoire, wo er ab 1807 eine Solfègeklasse u. 1831–50 eine Chorausbildungsklasse leitete. Daneben war er Chorkapellmeister an der Pariser Oper.

Sch. komponierte die folgenden Ballette: *Proserpine* (1818), *Zémire et Azor* (1824), *Le séducteur du village* (1818), *Mars et Vénus* (1826), *La Sylphide* (1832, für Marie Taglioni) u. *La tempête ou L'île des génies* (1834). Von ihm stammen außerdem Orchesterwerke u. 1 Requiem.

Schneller (franz. pincé renversé, engl. inverted mordent), eine Verzierung, die seit dem 19. Jh. als Pralltriller ausgeführt wird, wenn dieser vorgeschrieben ist, u. heute mit ihm gleichgesetzt wird.

Schnittke (Šnitke), Alfred G., sowj. Komponist, * 24. 11. 1934 Engels, Wolgadt. Republik. Studierte am Moskauer Konservatorium bei J. Golubew (Komposition u. Kontrapunkt) sowie N. Rakow (Instrumentation) u. wurde dort 1961 Lehrer für Instrumentation und Komposition. Lebt heute als freischaffender Komponist in Moskau. In seinen Werken der 60er u. frühen 70er Jahre setzte er sich mit den Mitteln der Elektronik, Collage-Technik u. Aleatorik auseinander, neuerdings steht bei ihm jedoch eine gesanglich-lyrische Melodik im Vordergrund.

Zu Sch. Kompositionen gehören: Violinkonzert (1957, rev. 1962); Oratorium *Nagasaki* für Mezzo-S., Chor u. Orch. (1958); *Psni vojny i mira* für S., Chor u. Orch. (1959); Klavierkonzert (1960); *Poema o kosmose* für Orch. (1961); Violinsonate (1963); Klaviersonate (1963); Musik für Kl. u. Kammerorch. (1964); *Dialog* für Vc. und 7 Instrumentalisten (1965); Streichquartett (1966); *Variationen über einen Akkord* für Kl. (1966); Violinkonzert (1966); Serenade für Klar., V., Kb., Schlagzeug u. Kl. (1968), ... *Pianissimo* ... für Orch. (1968); *Quasi una Sonata* für V. u. Kl. (1968); *Elektronische Studie* (1969); Konzert für Ob., Hf. u. Streicher (1970); 1. Sinfonie (1972); Requiem für Soli, Chor u. Kammerensemble (1975); Klavierquintett (1976, später umgearbeitet zu dem Orchesterstück *In memoriam);* Concerto grosso für 2 V., Cemb. u. Streicher (1977); Cellosonate (1978); Klavierkonzert (1979); 2. Sinfonie für Chor u. Orch. (1979).

Schobert, Johann (Jean), dt. Komponist u. Pianist, * um 1740 vermutlich Schlesien, † 28. 8. 1767 Paris. War ungefähr ab 1760 Kammercembalist des Prinzen de Conti in Paris u. galt neben J. G. Eckard als der beliebteste Pianist der Pariser Salons. Seine eigenen Kompositionen stehen hauptsächlich in der Wiener u. Mannheimer Tradition, lassen jedoch vereinzelt schon den musikalischen Sturm u. Drang vorausahnen. W. A. Mozart verarbeitete einen Satz aus Sch. op. 17 in einem seiner frühen Klavierkonzerte.

Zu Sch. Kompositionen gehören: 6 Klavierkonzerte mit Streichern u. Hörnern, Sinfonien für Kl., V. u. 2 Hörner, Quartette für Kl., 2 V. u. Vc., Klaviertrios, Violinsonaten, Klaviersonaten.

Schoeck, Othmar, schweiz. Komponist u. Dirigent, * 1. 9. 1886 Brunnen am Vierwaldstätter See, † 8. 3. 1957 Zürich. Sohn des Malers Alfred Sch. Besuchte ab 1905 das Konservatorium in Zürich u. studierte 1907–08 bei M. Reger in Leipzig. Leitete verschiedene Chorvereinigungen u. 1917–44 die Sinfoniekonzerte in St. Gallen. Im Mittelpunkt seines Schaffens steht die menschliche Stimme.

Sch. bedeutendste Werke sind Opern u. Vokalkompositionen. Von den letzteren seien besonders die Zyklen *Elegie* für Singst. u. Kammerorch. (1922–23), *Lebendig begraben* für Bar. u. Orch. (1926) u. *Notturno* für Bar. u. Streichquartett (1931–33) erwähnt. Sch. komponierte die Opern *Don Ranudo* (1917–18), *Venus* (1919–20), *Penthesilea* (1924–25), *Massimilla Doni* (1934–35) u. *Das Schloß Dürande* (1938–39), Bühnenmusik zu »Erwin und Elmire« (1911–16), Szene u. Pantomime *Das Wandbild* (1918), dramatische Kantate *Vom Fischer un syner Fru* für 3 Singst. u. Orch. (1928–30), *Ratcliff-Ouvertüre* (1907), *Sommernacht* (Intermezzo für Streicher) u. Suite in As-Dur (1945), *Concerto quasi una fantasia* für V. u. Orch. (1911–12), Cellokonzert (1947), Hornkonzert (1951), Kammermusik, darunter 2 Streichquartette (1912–13 u. 1923), Lieder.

Lit.: H. Corrodi, O. Sch., Frauenfeld 1931; W. Vogel (Hg.), Thematisches Werkverzeichnis, Zürich 1956; ders., O. Sch., Leben u. Schaffen im Spiegel von Selbstzeugnissen u. Zeitgenossenberichten, Zürich 1976.

Schönbach, Dieter, dt. Komponist, * 18. 2. 1931 Stolp, Pommern. Schüler von G. Bialas u. W. Fortner. Ab 1959 musikalischer Leiter des Schauspielhauses Bochum, seit 1968 an den Städtischen Bühnen Münster u. daneben seit 1973 am Basler Stadttheater.

Sch. komponierte die erste Multimedia-Oper *Wenn die Kälte in die Hütten tritt, um sich bei den Frierenden zu wärmen, weiß einer »Die Geschichte von einem Feuer«* (1968). Zu seinen weiteren Werken gehören die Multimedia-Show *Hymnus 2* für die Olympischen Spiele in München 1972, Vokalwerke, Orchesterstücke u. Kammermusik.

Schönberg, Arnold F. W., österr. Komponist u. Lehrer, * 13. 9. 1874 Wien, † 13. 7. 1951 Los Angeles. Sein Vater Samuel war als 14jähriger nach Wien gekommen, hatte dort die aus Prag stammende Pauline Nachod geheiratet u. brachte es schließlich zum Besitzer eines kleinen Schuhgeschäfts. Mit 8 Jahren begann sich A. Sch. für die Geige zu interessieren, u. bald darauf komponierte er kleine Stücke, in denen er bekannte Werke nachahmte. 1885–91 besuchte er die Realschule Wien II, mußte aber nach dem Tod seines Vaters abgehen u. kam in eine Banklehre. Zu seinen Jugendfreunden gehörten O. Adler, D. J. Bach u. A. von Zemlinsky. Dem letzteren verdankte Sch. den einzigen theoretischen Unterricht seines Lebens. In dem von Zemlinsky geleiteten Dilettantenorchester Polyhymnia spielte Sch. Cello u. machte sich so erstmals mit Orchesterwerken vertraut. 1895 gab er seine Banklaufbahn auf u. widmete sich ausschließlich der Musik. Seinen Unterhalt verdiente er mühsam durch das Instrumentieren von Wiener Operetten u. die Leitung des Metallarbeitersängerbunds in der Wiener Industrievorstadt Stockerau. 1897 entstand das D-Dur-Streichquartett, das bei seiner Uraufführung einen starken Eindruck hinterließ. 1898 folgten erste Lieder. Bei einer Aufführung durch E. Gärtner u. A. von Zemlinsky erntete Sch. mit seinen Liedern erste Mißfallenskundgebungen. Im gleichen Jahr schloß sich Sch. der protestantischen Dorotheer-Gemeinde an u. wagte sich an eine sinfonische Dichtung. 1899 entstand das Streichsextett *Verklärte Nacht* nach dem gleichnamigen Gedicht aus R. Dehmels Zyklus »Weib und Welt«. 1901 heiratete Sch. Mathilde von Zemlinsky u. übersiedelte nach Berlin, wo er als Kapellmeister u. Komponist an E. von Wolzogens Überbrettl wirkte. 1902 erhielt er dort auf Vermittlung von R. Strauss eine Lehrstelle am Stern'schen Konservatorium. Strauss schlug ihn auch für den Liszt-Preis des Allgemeinen Dt. Musikvereins vor, um ihm eine finanzielle Erleichterung zu verschaffen. In Berlin entstand die sinfonische Dichtung *Pelleas und Melisande*, ohne daß Sch. etwas von C. Debussys Oper nach dem gleichen Stoff wußte. 1903 kehrte Sch. mit Frau u. Tochter nach Wien zurück u. blieb dort in den nächsten Jahren als Komponist, Dirigent u. Lehrer. Daneben fertigte er Klavierauszüge für die neugegründete Universal Edition an. Seinen Unterricht gab er anfänglich in den Schwarzwald-Schulen, bald jedoch hauptsächlich zu Hause. Dort versammelte der charismatische Sch. eine treue Gemeinde um sich, zu der A. Berg, E. Wellesz, E. Stein, H. Jalowetz, J. Polnauer u. A. Webern gehörten. Mit dem Architekten A. Loos verband ihn eine enge Freundschaft, u. bei G. Mahler war er zusammen mit seinem Schwager Zemlinsky ein gerngesehener Gast. In den Jahren 1904–06 komponierte Sch. das Streichquartett in d-Moll u. die 1. *Kammersinfonie*. Beide Werke provozierten bei ihrer Uraufführung einen Skandal. Sch. künstlerische Konzeption, die viel mit dem gleichzeitig von S. Freud erarbeiteten psychologischen Ansatz gemein hat, wurde vom Publikum nicht verstanden. Trotz dieser Rückschläge komponierte er 1909 neben den *Drei Klavierstücken* op. 11 die *Fünf Orchesterstükke* u. das Monodram *Erwartung*. Gleichzeitig beschäftigte er sich intensiv mit der Malerei. Bei der ersten Ausstellung des »Blauen Reiters« in München 1911 war der Komponist sogar mit 3 Bildern vertreten. Im gleichen Jahr vollendete er die *Gurrelieder* sowie seine bei der Universal Edition erschienene »Harmonielehre« u. übersiedelte erneut nach Berlin, wo er am Stern'schen Konservatorium Vorlesungen über Ästhetik u. Kompositionslehre hielt. Noch vor Jahresende schloß er die Komposition der *Herzgewächse* ab. Zu seinen Berliner Schülern gehörten E. Clark, L. Perelman, F. Zweig u. E. Steuermann. 1912 erteilte ihm die Diseuse Albertine Zehme einen Kompositionsauftrag. Für sie schrieb Sch. nach Gedichten von A. Giraud die Melodramen *Pierrot Lunaire*. In der Partitur verlangte er: »Die in der Sprechstimme durch Noten angegebene Melodie ist – bis auf einzelne besonders bezeichnete Ausnahmen – nicht zum Singen bestimmt.« Eine ausgedehnte Konzerttournee mit dem *Pierrot*-Ensemble machte ihn in Deutschland bekannt. Noch im gleichen Jahr dirigierte Ch. Wood bei den Londoner Promenaden-Konzerten die *Fünf Orchesterstücke*. 1913 erlebte Wien die Uraufführung der *Gurrelieder* unter F. Schreker. Langsam wurde Sch. so bekannt, daß man ihn zur Aufführung seiner eigenen Werke einlud. 1914 wurde er zum Militärdienst eingezogen. Während der Ausbildung arbeitete er an Libretto u. Partitur zu *Die Jakobsleiter*. Nach der Entlassung nahm er seine Lehrtätigkeit wieder auf. Zu den Schülern gehörten u. a. E. Ratz, P. A. Pisk, J. Rufer, M. Deutsch, H. E. Apostel, H. Swarowsky, H. Eisler, K. Rankl u. J. Travnicek. Im Juni 1918 veranstaltete Sch. 10 öffentliche Proben seiner *Kammersinfonie* op. 9, um das Wiener Publikum mit seiner Tonsprache vertraut zu machen. Noch im gleichen Jahr gründete er den »Verein für musikalische Privataufführungen«, in dem bis 1921 eine Vielzahl zeitgenössischer Werke in mustergültiger Wiedergabe zu hören waren. 1920-21 verbrachte Sch. längere Zeit mit Vorträgen u. als Dirigent in Holland. Krönender Abschluß dieses Aufenthalts war die Aufführung der *Gurrelieder* durch das Concertgebouw-Orchester unter seiner Leitung. Im Sommer 1921 bemerkte er bei einem Spaziergang J. Rufer gegenüber: »Ich habe eine Entdeckung gemacht, durch welche die Vorherrschaft der dt. Musik für die nächsten hundert Jahre gesichert ist.« Dabei bezog er sich auf seine neue Methode der Komposition mit zwölf Tönen. Entwickelt wurde diese in den zwischen 1920 u. 1923 entstandenen *Fünf Klavierstücken* op. 23, der Serenade op. 24 u. der Suite für Kl. op. 25. Mit dem Bläserquintett op. 26 kam dann die Zwölftontechnik erstmals rein zur Anwendung. Im Herbst 1923 starb Sch. erste Frau.

Das folgende Jahr brachte dem Komponisten weitere Anerkennung. Anläßlich seines 50. Geburtstags erschien eine Festschrift im Verlag der Universal Edition, Sch. dirigierte seine Serenade beim Musikfest in Donaueschingen, u. die Einakter *Erwartung* sowie *Die glückliche Hand* kamen zur Aufführung. Im gleichen Jahr heiratete Sch. Gertrud Kolisch, die Schwester seines Freundes R. Kolisch, der sich mit seinem Quartett unermüdlich für das Werk des Komponisten einsetzte. 1925 wurde ihm von L. Kestenberg in der Nachfolge F. Busonis die Meisterklasse für Komposition an der Berliner Akademie der Künste angeboten. Ende Januar 1926 trat Sch. sein neues Amt an, das ihm reichlich Zeit zu Konzert- u. Vortragsreisen beließ. In diese Zeit fiel auch die Niederschrift des Schauspiels *Der bibli-*

sche Weg. Zu den neuen Berliner Schülern gehörten W. Zillig, W. Goehr, W. Gronostay, J. Rufer, L. Weiss, M. Blitzstein, N. Skalkottas, E. Schmid u. F. Reich. 1928 brachte W. Furtwängler mit den Berliner Philharmonikern die Variationen für Orchester op. 31 zur Uraufführung. Das Stück stieß ebenso auf Unverständnis wie der 1930 von W. Steinberg an der Frankfurter Oper herausgebrachte Einakter *Von heute auf morgen*. Zur gleichen Zeit beschäftigte sich Sch. intensiv mit *Moses und Aron*. Am 1. 3. 1933 erfuhr er bei einer Sitzung des Senats der Akademie in Berlin, daß die neue Regierung den jüdischen Einfluß auf die Akademie ausmerzen wolle. Am 20. 3. erklärte er seinen Rücktritt, u. am 17. 5. verließ Sch. Berlin. Nach einem kurzen Frankreichaufenthalt, während dessen er in die jüdische Glaubensgemeinschaft zurückkehrte, übersiedelte er nach den USA u. übernahm dort einen Lehrauftrag am Malkin-Konservatorium in Boston. Aus dieser Zeit stammt die Suite für Streichorchester, mit der Sch. die amer. Studentenorchester an seine Tonsprache gewöhnen wollte. Bereits im Herbst 1934 zog er aus gesundheitlichen Gründen an die Westküste. Er lehrte zuerst an der University of Southern California Musikwissenschaft, bis er im Herbst 1936 an die University of California berufen wurde, wo er bis 1944 Professor für Musik war. In den USA entstanden nicht nur bedeutende theoretische Schriften, sondern auch eine Reihe weiterer Kompositionen, von denen hier nur das Violin- u. Klavierkonzert sowie das Streichtrio erwähnt werden sollen. 1947 komponierte Sch. im Auftrag der Kussewitzky-Stiftung *A Survivor from Warsaw*. Die Partitur stellte nach dem Particell R. Leibowitz her, der auch die europäische Erstaufführung 1948 leitete u. sich bis zu seinem Tode ganz besonders für die Werke der 2. Wiener Schule einsetzte. 1949 kam es zu dem bekannten Zerwürfnis zwischen Sch. u. Th. Mann, weil der Dichter nicht deutlich genug machen wollte, daß nicht seine Romanfigur A. Leverkühn, sondern Sch. der eigentliche Erfinder des Zwölftonsystems sei. Sch. letzte vollendete Komposition war der *130. Psalm* für 6st. gem. Chor a cappella nach einer hebräischen Vorlage.

Abgesehen vom Einfluß Zemlinskys u. den literarischen Anregungen, die der junge Sch. durch seinen Onkel F. Nachod erhielt, bildete er sich selbst weiter. Indem er alle Möglichkeiten der Tonalität konsequent zu Ende dachte, gelangte er von der schwebenden zur aufgehobenen Tonalität, an deren Stelle er später ein neues Formprinzip setzte. Damit darf Sch. als der Begründer der Neuen Musik zu Beginn des 20. Jh. angesehen werden. Sein Werk läßt sich in 3 Perioden einteilen:

I. Zwischen 1897 u. 1907 entwickelte Sch., von J. Brahms u. R. Wagner ausgehend, eine eigene spätromantische Tonsprache, in der er sich mit der von Brahms übernommenen Vorstellung von der motivischen Einheit u. der durch Wagner erweiterten Ausdrucksfähigkeit der Harmonie auseinandersetzte. In den Quartenschichtungen der 1. *Kammersinfonie* op. 9 wird die Auflösung der traditionellen Tonartbindung deutlich. In den beiden Gesangssätzen des 1907–08 entstandenen Streichquartetts in fis-Moll op. 10 wird diese Auflösung konsequent weitergetrieben. Es fehlen die Tonartenfixierung sowie der Bezug auf einen Grundton. 1908 erfolgte nach einer zweijährigen Krise, die A. Webern sogar »Katastrophe« genannt hat, der Übergang zur atonalen Musik.

II. Im Jahre 1909 wurden die Arbeiten an den ersten Kompositionen im neuen Stil abgeschlossen. Es waren *Fünfzehn Gedichte aus »Das Buch der hängenden Gärten«* von St. George für Singst. u. Kl. op. 15, *Drei Klavierstücke* op. 11 u. *Fünf Orchesterstücke* op. 16. Nachdem Sch. mehrfach betont hat, seine musikalischen Einfälle seien meistens melodischer Natur, mußte es bei dem polyphonen Gewebe seiner Musik zwangsläufig zu der sog. Emanzipierung der Dissonanzen kommen, da jede Art von Akkord nur als die Bündelung melodischer Fortschreitungen in der Vertikalen angesehen werden konnte. Schon in op. 11 wird dieser Tatbestand zur Grundlage einer Motivik in der Vertikalen gemacht. Sch., der wie kein anderer mit den Kompositionen J. S. Bachs u. der Wiener Klassik vertraut war u. diese meisterhaft zu analysieren wußte, war ständig um das »Durchdringen des musikalischen Materials in der Horizontalen u. in der Vertikalen« bemüht. So ergaben sich bereits um 1914–15 Ansätze zu einem neuen Formprinzip.

III. Zwischen 1921 u. 1951 verfeinerte Sch. die Methode der »Komposition mit zwölf nur aufeinander bezogenen Tönen« zu einem Instrument, das er virtuos handhabte. Zu den ersten Kompositionen in der neuen Technik gehören das auf Juli 1921 datierte Präludium der Klaviersuite op. 25 u. einige Sätze der Serenade op. 24. Im Bläserquintett op. 26 wurde die Zwölftontechnik erstmals streng angewandt u. mit klassischen Satzweisen u. Formen kombiniert. In den Variationen für Orch. op. 31 übertrug Sch. die neue Kompositionsweise erstmals auf ein Orchesterstück. In diesem Werk verfeinerte er außerdem das Prinzip der entwickelnden Variation u. ließ als Hommage an Bach mehrfach das b-a-c-h aufscheinen.

In Sch. Spätstil findet sich ein Nebeneinander von tonalen u. seriellen Modi. Dazu sagte Sch. in

einem »On revient toujours« betitelten, 1949 erschienenen Aufsatz: »Aber immer war in mir der Wunsch lebendig, zu dem früheren Stil zurückzukehren; und von Zeit zu Zeit gebe ich diesem Verlangen nach.« Tonalität bedeutete ihm nichts weiter als ein Darstellungsmittel unter anderen. An dieser Stelle soll auch kurz auf den Prioritätenstreit zwischen M. Hauer u. Sch. eingegangen werden. Aus Berichten u. vorliegender Korrespondenz geht eindeutig hervor, daß es sich um zwei grundverschiedene Systeme handelt. Während Hauer seinen Tropen einen bestimmten Stimmungsgehalt zumaß, verstand Sch. seine Reihen einzig als ordnendes Prinzip.
Auffällig ist, daß in Sch. Werk gewisse Tonkomplexe fast wie fixe Ideen immer wiederkehren. Neben einer aus 3 Tönen um den Tritonus kristallisierten Urzelle taucht häufig die Tonfolge a–es oder es–a auf, ein in bester barocker Tradition stehendes Buchstaben-Noten-Spiel mit den eigenen Initialen. Sch. gehört ohne Zweifel zu den Mitbegründern dessen, was wir heute moderne Musik nennen. Ohne ihn sind Entwicklungen wie die → serielle Musik undenkbar. Seine große pädagogische Begabung schlug sich nicht nur in der Zahl seiner bedeutenden Schüler nieder – zu seinen Hörern in den USA gehörte auch J. Cage –, sondern auch in der Vielzahl seiner lesenswerten theoretischen Abhandlungen. Zu ihnen gehören: »Harmonielehre« (Wien 1911); »Models for Beginners in Composition« (New York 1942, dt. Wien 1972); »Structural Functions of Harmony« (New York 1954, dt. Mainz 1957); »Preliminary Exercises in Counterpoint« (Hg.: G. Strang u. L. Stein, London 1963); »Fundamentals of Musical Composition« (Hg.: G. Strang u. L. Stein, London 1965) sowie die Sammlung von Aufsätzen u. Vorträgen »Style and Idea« (New York 1950, dt. Frankfurt a. M. 1976).

Werkverzeichnis: Streichquartett D-Dur (1897, gedruckt 1966); Zwei Lieder (1897 oder 1898); *Vier Lieder* (1899); Streichsextett *Verklärte Nacht* (1899); *Sechs Lieder* (1899–1903); *Gurrelieder* für Soli, gem. Chor u. Orch. (1900–11, zuerst nur mit Kl.); *Pelleas und Melisande* (sinfonische Dichtung, 1903); *Acht Lieder* (1903–05); *Sechs Orchesterlieder* (1904); 1. Streichquartett d-Moll (1905); 1. *Kammersinfonie* (1906); *Zwei Balladen* für Gesang u. Kl. (1907); *Friede auf Erden* für gem. Chor a cappella (1907); 2. Streichquartett fis-Moll (1907–08); *Zwei Lieder* (1907–08); *Fünfzehn Gedichte aus »Das Buch der hängenden Gärten«* von Stefan George (1908–09); *Die glückliche Hand* (Drama mit Musik, 1908–13); *Drei Klavierstücke* (1909); *Fünf Orchesterstücke* (1909); *Drei Stücke* für Kammerorch. (1910, unvollendet); *Sechs kleine Klavierstücke* (1911); *Herzgewächse* (Lieder für S., Celesta, Harmonium u. Hf. 1911); *Pierrot Lunaire* (21 Melodramen für eine Sprechst., Kl., Fl. [auch Piccolo], Klar. [auch B.-Klar.], V. [auch Va.] u. Vc., 1912); *Vier Orchesterlieder* (1913–16); *Die Jakobsleiter* (Oratorium, 1917–22, unvollendet, nach dem Particell der fertigen Teile von W. Zillig in eine aufführbare Form gebracht); *Fünf Klavierstücke* (1920–23); Serenade für Klar., B.-Klar., Mandoline, Git., V., Va., Vc. u. Bar. (1920–23); Suite für Kl. (1921); 2 Choralvorspiele von J. S. Bach, für Orch. gesetzt (1922); Bläserquintett (1923–24); Suite für Kl., 3 Bläser u. 3 Streicher (1924–26); *Vier Stücke* für gem. Chor (1925); *Drei Satiren* für gem. Chor (1925); Variationen für Orch. (1926–28); 3. Streichquartett (1927), Präludium u. Fuge in Es-Dur von J. S. Bach, für Orch. gesetzt (1928); *Klavierstück* (1928), 3 dt. Volkslieder, bearbeitet für gem. Chor a cappella (1928); *Von heute auf morgen* (Oper in 1 Akt, 1928–29), 4 dt. Volkslieder, bearbeitet für Gesang u. Kl. (1929); Begleitmusik zu einer Lichtspielszene für Orch. (1929–30); *Sechs Stücke* für Männerchor (1929–30); *Moses und Aron* (Oper, 1930–32, nur 2 Akte vollendet); *Klavierstück* (1931); Konzert für Vc. u. Orch. nach dem Cembalokonzert von M. G. Monn (1932–33); *Drei Lieder* (1933); Konzert für Streichquartett u. Orch. nach einem Concerto grosso von G. F. Händel (1933); Suite für Streichorch. (1934); Violinkonzert (1934–36); 4. Streichquartett (1936); Klavierquartett g-Moll op. 25 von J. Brahms, für Orch. gesetzt (1937); *Kol Nidre* für Sprecher, gem. Chor u. Orch. (1938); 2. *Kammersinfonie* (1939, bereits begonnen 1906); Variationen für Org. (1941); *Ode an Napoleon* für Sprecher, Kl. u. Streichquartett (1942); Klavierkonzert (1942); Thema u. Variationen für Blasorch. oder Orch. (1942); *Prelude* für Orch. u. gem. Chor (1945); Streichtrio (1946); *A Survivor from Warsaw* für Sprecher, Männerchor u. Orch. (1947); *Drei Volkslieder* für gem. Chor a cappella (1948); Fantasie für V. mit Klavierbegleitung (1949); *Dreimal tausend Jahre* für gem. Chor a cappella (1949); *De Profundis* (130. Psalm) für gem. Chor a cappella (1950); *Moderner Psalm* für Sprecher, 4st. gem. Chor u. Orch. (1950, unvollendet).
Die Katalogisierung des Nachlasses wurde 1956 von J. Rufer begonnen, eine GA, angelegt in 2 Reihen, hg. von J. Rufer, in Verbindung mit C. Dahlhaus, R. Stephan, I. Vojtěch, erscheint ab 1966 in Wien u. Mainz. E. Stein (Hg.) veröffentlichte Ausgewählte Briefe, Mainz 1958, J. Rufer (Hg.) A. Sch. Berliner Tagebuch, Frankfurt a. M. 1974 u. I. Vojtěch (Hg.) Gesammelte Schriften, Frankfurt a. M. (seit 1976). Die bisher umfangreichste Sammlung von Sch. Dichtungen erschien als: Testi poetici e dramatici von E. Castellani u. L. Rognoni (Hg.), Mailand 1967.

Lit.: A. Berg, P. von Gütersloh, K. Horwitz, H. Jalowetz, W. Kandinsky, P. Königer, K. Linke, R. Neumann, E. Stein, A. Webern u. E. Wellesz, A. Sch., München 1912; E. Wellesz, A. Sch., München 1912; E. Wellesz, A. Sch., Wien 1921; P. Stefan, A. Sch., Wien 1924; M. Armitage (Hg.), A. Sch. (mit Beiträgen von R. Sessions, E. Krenek, E. Stein, C. Engel, O. Klemperer), New York 1937; D. Newlin, Bruckner, Mahler, Sch., New York u. London 1947, dt. Wien 1954; R. Leibowitz, Sch. et son école, Paris 1947; H. H. Stuckenschmidt, A. Sch., Zürich 1951; J. Rufer, Das Werk A. Sch., Kassel 1959; W. Reich, A. Sch. oder Der konservative Revolutionär, Wien 1968; A. Payne, A. Sch., London 1968; R. Leibowitz, Sch., Paris 1969; A. Whittal, Sch. Chamber Music, London 1972; E. Freitag, A. Sch. in Selbstzeugnissen u. Bilddokumenten, Reinbek bei Hamburg 1973; H. H. Stuckenschmidt, Sch., Leben, Umwelt, Werk, Zürich 1974; E. Hilmar, A. Sch., Ausstellungskatalog, Wien 1974; U. Dibelius (Hg.), Herausforderung Sch., Was die Musik des Jh. veränderte, München 1974; M. MacDonald, Sch., London 1976; Ch. Rosen, Sch., Fontana 1976; C. Dahlhaus, Sch. u. andere, Mainz 1978; J. Hahl-Koch (Hg.), A. Sch. – W. Kandinsky, Salzburg 1980; A. Dümling, Die fremden Klänge der hängenden Gärten, München 1981.

Schola Cantorum (lat.: »Sängerschule«), der von

Gregor d. Gr. oder Silvester I. gegründete Chor mit Berufssängern am Hof der Päpste. Während des Exils in Avignon wurde aus der Sch. C. die → Kapelle. In neuerer Zeit wurde die Bezeichnung Sch. C. auf verschiedene Konservatorien übertragen, u. a. auf das von V. d'Indy, A. Guilmant u. Ch. Bordes 1896 in Paris gegründete Institut.

Schollum, Robert, österr. Komponist, Pianist u. Lehrer, * 22. 8. 1913 Wien. Schüler von E. Lustgarten u. J. Marx, trat als Konzertorganist u. Pianist auf, wirkte 1952–55 als Chorleiter u. Städtischer Musikdirektor in Linz, ab 1959 Professor an der Wiener Musikakademie. Seine Kompositionen tragen deutlich neoklassizistische Züge, auch wenn er seit den frühen 50er Jahren der Zwölftontechnik zuneigt.

Zu Sch. Werken gehören: die Kammeroper *Nacht der Verwandlung* (1952); *Das Leben* (Thema u. Variationen für 1 Tänzerin u. 7 Instr., 1954); 5 Sinfonien (1953–55, 1955–59, 1962–63, 1967, 1972), *Spiele* (1970) u. *Rufe* (1972) für Orch.; Concerto grosso für Klar. u. Orch. (1948); Klavierkonzert; Cellokonzert; Violinkonzert; Vokalwerke wie *Gesang aus der Nacht* für S., Chor u. Orch. (1957), *Psalm-Kommentare* für gem. Chor u. Instr. (1969), *Chorfantasie* für Soli, Chor, Kl. u. Orch. (1971); Kammermusik, darunter 2 Streichquartette (1949 u. 1966).

Sch. veröffentlichte u.a.: »E. Wellesz« (Wien 1964); »Die Wiener Schule« (Wien 1969) u. »Das österr. Lied des 20. Jh.« (Tutzing 1977).

Schop, Johann, deutscher Geiger u. Komponist, * um 1590 wahrscheinlich Hamburg, † Sommer 1667 Hamburg. Schüler von W. Brade. Kam über Wolfenbüttel u. Kopenhagen nach Hamburg, wo er um 1621 Leiter der Ratsmusik wurde. Nach J. Mattheson erfreute sich Sch. großer Beliebtheit als Virtuose. Von seinen Kompositionen wurden »Himmlische Lieder mit ... mehrentheils von J. Sch. in Hamburg gesetzten Melodeyen« (1641–42, Texte von J. Rist) u. »Erster Theil Geistlicher Concerten« (1643–44) gedruckt. Einige seiner Liedweisen fanden Eingang in das Evangelische Kirchengesangbuch.

Schostakowitsch (Šostakovič), Dmitrij D., russ. Komponist, * 25. 9. 1906 Petersburg, † 9. 8. 1975 Moskau. Sein Vater Dmitrij Boleslawowitsch war Ingenieur u. Chemiker am Petersburger Hauptamt für Maße u. Gewichte, seine Mutter Sofja Wassiljewna hatte am Konservatorium Klavier studiert u. jahrelang Musikunterricht gegeben. So wuchs Sch. in einer musikliebenden Familie auf, die auch häufig Freunde zu Hauskonzerten einlud. 1916–18 besuchte er die Musikschule Glasser in Petrograd u. erhielt dort Unterricht im Klavierspiel u. in Musiktheorie. 1919 wurde Sch. in das Petrograder Konservatorium aufgenommen, das damals unter der Leitung A. Glasunows stand. Zu seinen Lehrern gehörten A. Resanowa u. L. Nikolajew (Klavier) sowie M. Steinberg (Komposition). 1925 entstand als Diplomarbeit Sch. 1. Sinfonie, die ein Jahr später unter N. Malko öffentlich aufgeführt wurde. Im gleichen Jahr erschienen mit den *Drei phantastischen Tänzen* für Kl. erstmals Kompositionen von Sch. im Druck. 1927 nahm er am 1. Internationalen Chopin-Wettbewerb teil u. erspielte sich ein Ehrendiplom. In den folgenden Jahren komponierte Sch. neben der Oper *Die Nase* (1927–28) hauptsächlich Bühnen- u. Filmmusiken. Zum Film hatte er ohnehin ein besonderes Verhältnis, weil er bereits während des Studiums als Klavierspieler in Filmtheatern aufgetreten war. U. a. entstanden Musiken zu Filmen von G. Kosintzew u. L. Trauberg sowie zu F. Ermlers u. S. Jutkewitschs »Der Gegenplan« (1932), dem Inbegriff eines dem sozialistischen Realismus verpflichteten Streifens. Daneben erhielt Sch. Aufträge von verschiedenen Moskauer u. Leningrader Theatern. Er komponierte Musiken für das Leningrader Theater der Arbeiterjugend (TRAM) zu »Der Schuß« von A. Besymenski (1929), »Celina« von Gorbenkow u. Lwow (1930) u. »Regiere, Britannia« von A. Piotrowski (1931), für das Meyerhold-Theater zu »Die Wanze« von W. Majakowski (1929) u. für das Wachtangow-Theater zu W. Shakespeares »Hamlet« u. der »Menschlichen Komödie« nach H. de Balzac (1931–34). In den Jahren 1930–32 entstand außerdem die Oper *Lady Macbeth von Mzensk*. 1936 wurde Sch. mit seiner freitonalen Chromatik u. Polyrhythmik zur Zielscheibe der ersten parteioffiziellen Kritik des jungen Sowjetstaats. In einem mit »Wirrwarr statt Musik« überschriebenen redaktionellen Artikel der »Prawda« vom 26. 1. 1936 wurde Sch. neue Oper scharf verurteilt. Um weiterem Ärger aus dem Wege zu gehen, zog der Komponist, der bis dahin immerhin bereits auf ein ansehnliches Werk aus Sinfonien, Film-, Bühnen- u. Ballettmusiken sowie Kammermusik zurückblicken konnte, seine 4. Sinfonie nach der Generalprobe zurück. Sie erschien erst 1946 in einer Bearbeitung für 2 Kl. Trotz dieser Schwierigkeiten wurde er 1937 Kompositionslehrer am Leningrader Konservatorium, 1939 dort Professor u. 1943–48 gleichzeitig Lehrer am Moskauer Institut. Zum Jahrestag der sozialistischen Oktoberrevolution wurde 1937 seine 5. Sinfonie uraufgeführt. Sch. hatte Selbstkritik geübt u. war für kurze Zeit auf eine etwas leichter verständliche Linie eingeschwenkt. Während der Belagerung von Leningrad tat er Dienst als freiwilliger Feuerwehrmann. Seine persönlichen Erlebnisse während dieser Schreckenszeit schlugen sich in der gewaltigen 7. Sinfonie, der *Leningrader*, nieder. Seine ebenfalls die Kriegsereignisse verarbeitende 8.

Sinfonie ist bereits wieder durch eine an die Grenzen der Tonalität vorstoßende Tonsprache gekennzeichnet. Entscheidende Neuerungen wurden in den nächsten Jahren hauptsächlich in der Kammermusik sichtbar. Bereits das 1944 entstandene 2. Streichquartett enthält alle Elemente seiner späteren kammermusikalischen Kompositionen. 1948 nahm die Sowjetführung W. Muradelis Oper *Die große Freundschaft* zum Anlaß, um sich erneut mit der zeitgenössischen Musik in der UdSSR auseinanderzusetzen. Ihrer Forderung, »die sozialistische Kunst soll allgemeinverständlich sein, interessant u. lebendig gestaltet u. bedeutende, dem gesellschaftlichen Leben nützliche Sujets aufweisen«, taten weder Sch. noch S. Prokofjew sowie eine Reihe anderer prominenter Komponisten Genüge. Es erging der bekannte ZK-Beschluß vom 10. 2. 1948. Sch. wandte sich erneut der Filmmusik zu u. komponierte u. a. Partituren für S. Gerassimows »Die junge Garde« (1947–48) wie auch M. Tschiaurelis »Der Fall von Berlin« (1949). Daneben trat er mit dem harmlosen Oratorium *Das Lied von den Wäldern* für T., B., Knaben- u. gem. Chor sowie Orch. (1949) an die Öffentlichkeit. Gleichzeitig beschäftigte er sich intensiv mit alten Formen u. Kammermusik. Ein Besuch in Leipzig zur Bach-Feier 1950 regte ihn zur Komposition von 24 Präludien u. Fugen für Kl. an. 1956 heiratete er die Lehrerin Margarita A. Kainowa, nachdem seine erste Frau, die Physikerin N. Wassiljewna, gestorben war. 1959 erlebte Sch. mit seiner Operette *Moskva Čeremušky* einen eindeutigen Publikumserfolg. Im Zuge einer etwas liberaleren Kulturpolitik galt er vorübergehend als rehabilitiert. In der letzten Schaffensperiode entstanden neben weiteren Sinfonien hauptsächlich Kammermusikwerke. Es scheint, als ob sich der Komponist seit 1960 dazu durchgerungen hätte, stärker seiner eigenen musikalischen Eingebung zu folgen, als sich nach von außen aufgezwungenen Verhaltensregeln zu richten. Bereits mit dem autobiografischen 8. Streichquartett (1960) wird dies deutlich. Das Werk weist nicht nur viele Zitate aus früheren Arbeiten auf, sondern ergeht sich in formalistischen Spielereien, indem es die Initialen D-Es-C-H verarbeitet. Mit dem 1968 beendeten 12. Streichquartett stieß Sch. an die Grenzen der Tonalität vor. Es enthält in knappster Form alles, was er in der Kammermusik ausdrücken wollte. Die Arbeiten am letzten, dem 14. Quartett zogen sich bis in das Jahr 1973 hin. Als letztes Werk des herzkranken Komponisten entstand 1975 eine Sonate für Va. u. Kl.

Sch., der in seiner Jugend in Leningrad einen Großteil zeitgenössischer westlicher Musik hören konnte, ist in seinem eigenen Schaffen von R. Schumann, G. Mahler, I. Strawinsky, S. Prokofjew u. dem Reformtheater W. Meyerholds beeinflußt. Außerdem steht er deutlich auf dem Boden der im 19. Jh. entstandenen russ. Nationalmusik. Seine ganze künstlerische Entwicklung muß im Zeichen der Auseinandersetzung mit der sowj. Kulturbürokratie gesehen werden, die ihn einmal als Formalisten u. westlichen Dekadenzler tadelte u. ihn dann wieder mit höchsten Auszeichnungen überschüttete. Schon in seinen frühen heiter-ironischen Stücken u. in der grotesken Oper *Die Nase* wurde deutlich, daß Sch. zu anderen Ausdrucksmitteln greifen wollte als den abgenutzten tonalen Klischees. Chromatik u. erweiterte Tonalität bildeten seinen Rahmen, darüber hinaus wagte er sich nur selten. Aber mit diesen Mitteln sind ihm 15 Sinfonien gelungen, die ihn zweifellos zu einem der bedeutenden Sinfoniker dieses Jh. machen. Seine Pflichtübungen in »sozialistischem Realismus« beschränkte der Komponist vorwiegend auf Chorwerke u. Filmmusiken. In seinen späteren Kompositionen griff er auffällig oft zum Mittel des Zitats. Eine besondere Eigenart ist der ständige Wechsel zwischen kleiner u. großer Terz, der oft über einem ausgehaltenen Grundton stattfindet. Im wesentlichen kann die Kompositionsweise von Sch. als ein monothematisches, lineares Fortspinnen umschrieben werden. Das Interesse an überlieferten Formen wie dem Sonatensatz, der Fuge u. der Suite ist offenkundig. Insbesondere auf dem Gebiet der Kammermusik gibt es bei dem fast 150 Opuszahlen umfassenden Gesamtwerk noch manche Entdeckung zu machen.

Von Sch. vielen Schülern seien erwähnt: K. Karajew, R. Gadschijew, A. Balantschiwadse, J. Lewitin, G. Swiridow, B. Tschaikowski, K. Chatschaturjan u. B. Tischtschenko.

Zu Sch. Werken gehören: die Opern *Die Nase* (1927–28) u. *Lady Macbeth von Mzensk* (1930–32, rev. 1962 als *Katerina Izmajlova);* die Operette *Moskva Čeremušky* (1958); die Ballette *Das goldene Zeitalter* (1929–30), *Der Bolzen* (1931), *Der klare Bach* (1934) u. *Das Mädchen u. der Rowdy* (1962); 15 Sinfonien (1924–25; 1927, mit Chor zum 10. Jahrestag der Revolution; 1929, zum 1. Mai, ebenfalls mit Chor; 1935–36, nach der Hauptprobe zurückgezogen; 1937, zum Jahrestag der Revolution; 1939; 1941, *Leningrader;* 1943; 1945; 1953; 1957, *Das Jahr 1905* mit Chor; 1961, *Das Jahr 1917;* 1962, rev. 1963 mit B. u. Männerchor; 1969 mit S., B., Streichorch. u. Schlagzeug; 1971); weitere Orchesterwerke wie Scherzo (1919), *Thema mit Variationen* (1921–22), Scherzo (1923), *2 Stücke* (1929), *3 Stücke* (1947–48), *Festliche Ouvertüre* (1954) u. *Oktober* (1967); Konzert für Kl., Trp. u. Streicher (1933); Concertino für 2 Kl. (1953); Violinkonzert (1947–55); Klavierkonzert (1957); 2 Cellokonzerte (1959 u. 1967); Violinkonzert (1968); Vokalwerke wie *Poem von der Heimat* (1947), Oratorium *Lied von den Wäldern* (1950), *10 Gedichte* für gem. Chor a cappella (1951), Kantate *Über unserer Heimat scheint die Sonne* (1952) u. Kantate *Die Hinrichtung Stenka Rasins* (1964);

Kammermusik, darunter 14 Streichquartette (1938, 1944, 1946, 1949, 1952, 1956, 1960, *Dresden* 1960, 1963, 1964, 1965, 1968, 1970 u. 1973), 2 Klaviertrios (1923 u. 1944), Suite für Jazz-Orch. (1934), Cellosonate (1934), Klavierquintett (1940), Violinsonate (1968), Bratschensonate (1975); Klavierwerke, darunter 2 Sonaten (1926 u. 1942), *Aphorismen* (1927), 24 Préludes (1932–33), 24 Präludien u. Fugen (1950–51); Romanzen u. Lieder. Daneben bearbeitete Sch. russ., engl. u. amer. Volkslieder für Singst. u. Orch. u. unternahm eine Neuinstrumentierung von M. Mussorgskijs *Boris Godunow* (1939–40). Ob die von S. Wolkov herausgegebenen Memoiren, New York 1979 (dt. Hamburg 1979), echt sind, läßt sich im Augenblick noch nicht entscheiden.

Lit.: D. Rabinowitsch, D. Sch., London 1959; M. D. Sabinina, D. Sch., Moskau 1959; E. L. Sadovnikov (Hg.), D. Sch., Werkverzeichnis, Moskau 1961; H. A. Brockhaus, D. Sch., Leipzig 1962; R. Hofmann, D. Sch., Paris 1963; N. F. Kay, Sch., London 1971; C. Norris, Sch., The Man and his Music, London 1982.

Schott, B. Sch.'s Söhne, dt. Musikverlag in Mainz. 1780 erhielt Bernhard Sch. (1748–1809) von Kurfürst Friedrich Carl Joseph das Privilegium exclusivum als Notenstecher sowie das Prädikat eines Hofmusikstechers. Mit sorgfältigen Nachstichen, Ausgaben gängiger Musik u. Klavierauszügen beliebter Opern u. Ballette wurde der Verlag schnell über Mainz hinaus bekannt. 1793 ließ sich Bernhard Sch. im Weihergarten ein großzügiges Haus bauen, das heute noch Sitz des Verlages ist. Zu den ersten verlegten Komponisten gehörten J. F. X. Sterkel, K. Stamitz, F. A. Hoffmeister u. L. A. Kozeluch. 1785 wurde mit dem von Abbé Starck angefertigten Klavierauszug zu W. A. Mozarts *Die Entführung aus dem Serail* das erste größere Werk verlegt. Das Verlagsprogramm der folgenden Zeit weist neben weiteren Werken von Mozart Kompositionen von M. Clementi, N.-M. Dalayrac, K. von Dittersdorf, J. F. H. von Dalberg, J. Haydn u. G. J. Vogler auf. Eine Sonderstellung nahm I. Pleyel ein, von dem Bernhard Sch. außergewöhnlich viele Nummern verlegte. Nach seinem Tode wurde der Verlag von den Söhnen Johann Andreas Sch. (1781–1840) u. Johann Joseph Sch. (1782–1855) unter dem Firmennamen B. Sch.'s Söhne weitergeführt. Sie erwarben eine Reihe von anderen Verlagen, darunter Amon in Heidelberg, Falter in München, Kreitner in Worms, K. Zulehner in Mainz u. G. Zulehner in Eltville. Außerdem sicherten sie sich von L. van Beethoven die 9. Sinfonie, die *Missa solemnis* sowie die Streichquartette op. 127 u. 131 wie auch Opern von G. Rossini, G. Donizetti, A. Adam u. D.-F.-E. Auber. 1824–48 erschien im Verlag unter G. Weber die Musikzeitschrift »Caecilia«, die 1849–69 von der »Süddt. Musikzeitung« abgelöst wurde. Von 1855 an leitete Franz Sch. (1811–74), ein Sohn von Johann Andreas, den Verlag als Alleininhaber. Er nahm Verbindung zu R. Wagner auf u. sicherte dem Verlag die Rechte am *Ring*, an den *Meistersingern* u. am *Parsifal*. Nach dem Tode von Franz Sch. ging die Verlagsleitung an Ludwig Strecker (1853–1943) über, der im Laufe der Zeit Alleineigentümer wurde. 1911 machte er seinen Sohn Ludwig (1883–1978) u. 1920 seinen Sohn Willy (1884–1958) zu Miteigentümern. Unter ihrer Leitung engagierte sich der Verlag insbesondere für zeitgenössische Musik u. verlegte u. a. das Gesamtwerk von P. Hindemith. 1974 ging die Geschäftsführung an Arno Volk (* 1914) über, der 1977 durch Ludolf Freiherr von Canstein abgelöst wurde. Zu weiteren Geschäftsführern wurden Günther Schneider-Schott (* 1939) u. Peter Hanser-Strecker (* 1942) bestellt. 1955 übernahm Sch. den von Hermann Scherchen gegründeten Ars-Viva-Verlag, 1971 die Wergo Schallplatten GmbH. Auslandsfilialen bestehen in London, New York u. Tokio.

Zu den Verlagskomponisten gehören neben P. Hindemith I. Strawinsky, W. Egk, C. Orff, W. Fortner, K. A. Hartmann u. H. Sutermeister, von den Jüngeren H. W. Henze, W. Killmayer, H. Holliger, G. Ligeti, L. Nono, K. Penderecki, A. Reimann, D. Schnebel u. B. A. Zimmermann. An Buchveröffentlichungen sind erwähnenswert: das dreibändige Thematisch-bibliographische Werkverzeichnis J. Haydns von A. van Hoboken (Abkürzung Hob.), das inzwischen auf 5 Bände angewachsene »Riemann Musiklexikon« sowie das zweibändige »Brockhaus-Riemann-Musiklexikon«. Daneben erscheinen in eigenen oder gesonderten Verlagen die Zeitschriften »Melos«, »Musik im Unterricht« (seit 1969 »Musik u. Bildung«), »Das Orchester« u. seit 1959 die von R. Schumann gegründete »Neue Zeitschrift für Musik«.

Schott & Co. Ltd., engl. Musikverlag, 1835 als Zweigniederlassung des Musikverlags B. Sch.'s Söhne von Adam Joseph Sch. gegründet. Während des 1. Weltkriegs wurde der Verlag von Charles G. G. Volkert (1854–1922) erworben. Seit 1961 ist Peter W. Makings Geschäftsführer. Der Verlag kooperiert mit Sch.'s Söhne in Mainz auf das engste u. widmet sich besonders der engl. Schul- u. Unterrichtsmusik. 1957 wurde die Firma Edition E. Eulenburg dazuerworben. Komponisten des Verlages sind u. a. K.-B. Blomdahl, P. M. Davies, P. R. Fricker, A. Goehr, I. Hamilton, H. Searle, M. Seiber u. M. Tippett.

Schottisch, Paartanz im ¾-Takt, der sich um 1830–40 in Deutschland großer Beliebtheit erfreute. Er entstand durch das Eindringen walzermäßiger Elemente in die geradtaktige Écossaise. Wegen des gleichen Schritts wird ungefähr ab 1830 in Deutschland auch die Polka Sch. (»Schottischer«) genannt.

Schrammel, Johann (Hanns), österr. Geiger u. Komponist, * 22. 5. 1850 Wien, † 17. 6. 1893 ebd. Schüler von G. u. J. Hellmesberger. Gründete gemeinsam mit seinem Bruder Josef Sch. u. dem Gitarristen A. Strohmayer 1878 ein Trio, das ab 1886 durch den Klarinettisten G. Dänzer zum Quartett erweitert wurde. Nach Dänzers Tod 1893 wurde die Klarinette des Schrammelquartetts durch das Akkordeon ersetzt. Beide Brüder Sch. komponierten Lieder, Walzer u. Märsche für ihr Quartett (→ Schrammelmusik).

Schrammelmusik, österr. Heurigenmusik, benannt nach den Brüdern → Schrammel, die mit ihrem Schrammelquartett in den Wiener Weinlokalen unterhielten. Die heutige Besetzung besteht meistens aus einem Schrammel-Duo (Gitarre u. Akkordeon) oder einem Schrammel-Trio (Violine, Gitarre u. Akkordeon). Das Repertoire setzt sich hauptsächlich aus Walzern, Märschen, Liedern, Potpourris u. Arrangements zusammen.

Schreker, Franz, österr. Komponist u. Lehrer, * 23. 3. 1878 Monaco, † 21. 3. 1934 Berlin. Sein Vater, der sich als Fotograf durchschlug, starb, als Sch. 10 Jahre alt war. Die Mutter, eine geborene von Clossmann, zog die vier Kinder in größter Armut auf. Sch. trug als Organist der Döblinger Pfarrkirche schon früh zum Lebensunterhalt der Familie bei, erhielt freien Unterricht in der Musikschule u. konnte schließlich mit Hilfe eines Stipendiums bei R. Fuchs u. H. Graedener Komposition sowie bei S. Bachrich u. J. Rosé Geige studieren. 1900 stellte er sich der Öffentlichkeit mit seinem *116. Psalm* für 3st. Frauenchor, Orch. u. Org. als Komponist vor. Die einaktige Oper *Flammen* (1901) u. Chor- sowie Orchesterwerke folgten. 1908 bestellte die Wiener Secession zur Ausstellungseröffnung eine Pantomime für G. Wiesenthal bei Sch. Es entstand *Geburt der Infantin.* Im gleichen Jahr gründete Sch. den Philharmonischen Chor, den er 12 Jahre leitete u. mit dem er auch A. Schönbergs *Gurrelieder* einstudierte. Angeregt von G. Wiesenthal, komponierte Sch. die Pantomime *Der Wind,* die später mit weiteren Tanzkompositionen zur Suite *Rokoko,* Tanzspiel für großes Orch., verarbeitet wurde. 1909 heiratete Sch. Maria Binder, die ihm wegen ihrer Stimme bei der Arbeit mit seinem Chor aufgefallen war u. später seine ideale Interpretin wurde. Die Uraufführung seiner bereits von F. Weingartner für die Wiener Hofoper angenommenen Oper *Der ferne Klang* fand nicht statt, aber 1912 kam es zu jener erfolgreichen Premiere in Frankfurt a. M., die Sch. mit einem Schlag als Opernkomponisten bekannt machte. Den Klavierauszug erstellte A. Berg, der noch bei seinem *Wozzeck* deutlich unter dem Einfluß Sch. stand. Noch im gleichen Jahr wurde der Komponist Kompositionslehrer an der Wiener Akademie der Tonkunst. Zu seinen Schülern gehörten u. a. W. Gmeindl, E. Kanitz, A. Hába u. E. Krenek. Als er 1920 in die Direktion der Berliner Musikhochschule berufen wurde, folgten ihm die beiden letzteren dorthin. 1932 entfernte man Sch. aus seiner Stellung. Er leitete 1932–33 noch eine Meisterklasse für Komposition an der Preußischen Akademie der Künste u. erlag dann, bereits starken Anfeindungen ausgesetzt, einem Schlaganfall.

Von wenigen typischen Werken wie den *Fünf Gesängen* für tiefe St. u. Kl. (1909), der *Kammersinfonie* (1917) u. den *Zwei lyrischen Gesängen* (1926, nach W. Whitman) abgesehen, galt Sch. schon nach seiner Oper *Der ferne Klang* als der führende Bühnenkomponist des deutschsprachigen Raums. Mit Ausnahme des frühen Einakters *Flammen* schrieb er alle Libretti selbst. Sie tragen deutlich autobiografische Züge u. handeln stets wieder vom Konflikt zwischen Sinnlichem u. Geistigem. Musikalisch steht Sch. in der Nachfolge R. Wagners, aus dessen Chromatik er seine eigene Harmonik entwickelte. Raffinierte Klangfarben, die in ihrer Opulenz deutlich an Bilder von G. Klimt erinnern, sind das Ergebnis bitonaler u. polytonaler Verbindungen verschiedener Tonarten. Obwohl Sch. bis an die Grenzen der Tonalität ging, blieb er doch der dem ital. Verismo u. dem franz. Impressionismus verpflichtete Melodiker. Bezeichnend für ihn ist sein irisierender »Illusionsklang«, über dem die Singstimmen fast in Belcanto-Manier geführt werden. Sch. Ruhm begann bereits gegen Ende der 20er Jahre zu verblassen. Mit dem Aufkommen der Neuen Sachlichkeit wandte sich die jüngere Generation von dem Romantiker u. Repräsentanten einer überlebten Gefühlswelt ab. Sch. Werke gerieten in Vergessenheit. Erst seit den 70er Jahren scheint sich eine Sch.-Renaissance anzubahnen.

Zu Sch. Kompositionen gehören: die Bühnenwerke *Flammen* (Oper in 1 Akt, 1901), *Rokoko* (ein Tanzspiel für großes Orch., 1908), *Der Geburtstag der Infantin* (Pantomime, 1908, Umarbeitung für Orch. 1923), *Der ferne Klang* (1901–10), *Das Spielwerk und die Prinzessin* (1909–12), *Die Gezeichneten* (1913–15), *Der Schatzgräber* (1915–18), *Irrelohe* (1919–24), *Spanisches Fest* (Pantomime, um 1924, Neubearbeitung von *Der Geburtstag der Infantin* für H. Kreutzberg), *Christophorus oder Vision einer Oper* (1924–27), *Der singende Teufel* (1924–28), *Der Schmied von Gent* (1929–32) u. *Das Weib des Intaphernes* (Melodram mit Orch., 1930); die Orchesterwerke Symphonie (1899), Intermezzo für Streichorch. (1900), die sinfonische Ouvertüre *Ekkehard* (1902), *Romantische Suite* (1902), *Phantastische Ouvertüre* (1902), *Valse lente* (um 1908), *Festwalzer und Walzerintermezzo* (1908), *Kammersymphonie* für 23 Soloinstr. (1917), Kleine Suite für Kammerorch. (1928), *Vier kleine Stücke* für großes Orch. (1931, identisch mit *Vier Stücke für Filmmusik)* u. *Vorspiel zu einer großen Oper (Memnon,* 1933);

Vokalwerke wie *Der 116. Psalm* für 3st. Frauenchor, Orch. u. Org. (1900), *Schwanengesang* für gem. Chor u. Orch. (1902), *Fünf Gesänge* (1909, instrumentiert 1920) u. *Zwei lyrische Gesänge* (1926, instrumentiert 1929); Lieder.

Lit.: P. Bekker, F. Sch., Studie zur Kritik der modernen Oper, Berlin 1919; Julius Kapp, F. Sch., München 1921; G. Neuwirth, F. Sch., Wien 1959; H. Sch.-Bures, H. H. Stuckenschmidt u. W. Oehlmann, F. Sch., Wien 1970; F. C. Heller (Hg.), Briefwechsel A. Schönberg – F. Sch., Tutzing 1974.

Schröder, Friedrich H. D., schweiz. Komponist, * 6. 8. 1910 Näfels, Glarus, † 25. 9. 1972 Berlin. Schüler von R. Gress in Münster u. P. Höffer an der Berliner Musikhochschule. War ab 1934 Kapellmeister am Metropoltheater in Berlin u. lebte dort später als freischaffender Komponist u. Verleger.

Zu Sch. Kompositionen gehören die Operetten *Hochzeitsnacht im Paradies* (1942), *Nächte in Shanghai* (1947), *Chanel Nr. 5* (1948), *Isabella* (1952) u. *Das Bad auf der Tenne* (1955). Er schrieb außerdem zahlreiche Evergreens u. Filmmusiken.

Schroeder, Hermann, dt. Komponist, * 26. 3. 1904 Bernkastel an der Mosel. Studierte an der Universität Innsbruck Musikwissenschaft u. an der Musikhochschule in Köln Kirchen- u. Schulmusik. 1938 Domorganist in Trier, ab 1939 dort Leiter der Städtischen Musikschule. 1946 Professor an der Musikhochschule in Köln, deren stellvertretender Direktor Sch. 1958–61 war. Mit seiner liturgisch orientierten u. auf der Gregorianik fußenden Musik gehört Sch. zu den wichtigsten Repräsentanten der katholischen Kirchenmusik.

Von Sch. Kompositionen seien neben der Oper *Hero und Leander* (1952), 1 Sinfonie (1940) u. Konzerten für Vc. (1937), Org. (1938), Kl. (1955), Ob. (1955), V. (1956), Fl. (1958), Klar. (1973), Va. (1974) mit Orch. vor allem kirchenmusikalische Werke erwähnt: *Te Deum* (1932), *Missa Ambrosiana* (1959), *Missa figuralis* (1960), *Missa syllabica* (1962), *Missa Eucharistica* (1962), *Missa melismatica* (1963), *Mass to Honor S. Cecilia* (1966), *Ordinarium Gregorianum* (1967), Passionen nach Johannes u. Matthäus (1964 u. 1965), Motetten, Kantaten, Episteln u. Evangelien in dt. Sprache für Feste u. besondere Anlässe (1965), Orgelchoräle u. Orgelvorspiele.

Gemeinsam mit H. Lemacher veröffentlichte Sch.: »Lehrbuch des Kontrapunkts« (Mainz 1950); »Generalbaßübungen« (Düsseldorf 1954); »Harmonielehre« (Köln 1958); »Formenlehre der Musik« (Köln 1962).

Schröter, Leonhart, dt. Kantor u. Komponist, * um 1532 Torgau, † um 1601 Magdeburg. War 1561–71 Kantor an der Lateinschule in Saalfeld u. 1576–95 Nachfolger von G. Dressler an der Altstädtischen Lateinschule in Magdeburg. Mit seinen Cantus-firmus-Bearbeitungen gehört er zu den bedeutenden Kirchenmusikern der ersten nachlutherischen Generation.

Von Sch. Kompositionen erschienen im Druck: »55 Geistliche Lieder« (1562), »Cantiones suavissimae quatuor v.« (I.: 1576, II.: 1580), »Der schöne Lobgesang Te Deum Laudamus ...« (1576), »Der Zwölffte und Vier und zwantzigste Psalm Dauids ...« (1576), »Canticum Sanctorum Ambrosii et Augustini« (1584), 4–8st. »Newe Weihnacht Liedlein« (1586–87) u. »Hymni sacri« (1587).

Schtschedrin (Ščedrin), Rodion K., sowj. Komponist u. Pianist, * 16. 12. 1932 Moskau. Studierte 1950–55 am Moskauer Konservatorium bei J. Flier u. J. Schaporin u. lebt dort seitdem als freischaffender Komponist. Er ist mit der Primaballerina Maja Plissezkaja verheiratet, für die er einige sehr erfolgreiche Ballettmusiken geschrieben hat. Sch. tritt außerdem auch als Pianist auf u. trägt insbesondere immer wieder seine eigenen 3 Klavierkonzerte vor. Seine Ausdrucksmittel reichen von raffinierten Klangfarben über serielle Techniken bis zum Zitat aus der russ. Alltagsmusik mit ihren volkstümlichen Klageliedern.

Sch. komponierte neben den Opern *Nicht nur Liebe* (1961) u. *Tote Seelen* (1976) die Ballette *Konek-gorbunok (Das bucklige Pferdchen,* 1960), *Carmen-Suite* (1967), *Anna Karenina* (1972) u. *Die Möve* (1980); 2 Sinfonien (1958 u. 1965); die sinfonische Dichtung *Die Geschichte vom wahren Menschen* (1950); 2 Konzerte für Orch., *Freche Tschastuschki* (1963) u. *Klänge* (1968); Vokalwerke; Kammermusik; Klavierstücke, u. a. 24 Präludien u. Fugen; Bühnen- u. Filmmusik.

Lit.: N. Rogošina, R. Ščedrin, Moskau 1959.

Schubart, Ch. F. Daniel, dt. Dichter, Organist u. Komponist, * 24. 3. 1739 Obersontheim, Schwaben, † 10. 10. 1791 Stuttgart. War als Musiker Autodidakt. 1763–69 Präzeptor, Musiklehrer u. Organist in Geislingen u. bis zu seiner Ausweisung 1773 Organist an der Stadtkirche in Ludwigsburg, dort auch Musikdirektor u. Geiger im Opernorch. 1777–87 wurde er wegen seines Freidenkertums auf dem Hohenasperg festgesetzt. Während seiner Gefangenschaft schrieb er »Ideen zu einer Ästhetik der Tonkunst« nieder, die von seinem Sohn Ludwig 1806 herausgegeben wurden. Ab 1787 war Sch. Hofdichter u. Direktor des Schauspiels u. der Dt. Oper in Stuttgart. Seine ebenfalls während der Gefangenschaft entstandene Autobiografie erschien 1791–93 als »Sch. Leben u. Gesinnungen« in 2 Teilen. Er war der Herausgeber der für den Sturm u. Drang bedeutenden polemischen Zeitschrift »Dt. Chronik« (ab 1774, später »Vaterlandschronik«). Zu seinen Kompositionen gehören mehr als 80 Lieder. Für J. R. Zumsteeg lieferte Sch. eine Reihe von Texten. F. Schubert vertonte 5 seiner Gedichte, darunter auch »Die Forelle«.

Schubert, Franz P., österr. Komponist, * 31. 1. 1797 Wien, † 19. 11. 1828 ebd. Sein aus Mähren stammender Vater Franz Th. war Lehrer an der Trivialschule in der Wiener Vorstadt Himmelpfortgrund. Die Mutter Elisabeth, Schlosserstochter schlesischer Herkunft, besserte das spärliche Familieneinkommen auf, indem sie sich als Köchin verdingte. Vom Vater lernte Sch. das Geigenspiel, sein älterer Bruder Ignaz unterrichtete ihn auf dem Klavier. Die außergewöhnliche Begabung des Jungen zeigte sich bereits früh. Der Lichtentaler Chorregent M. Holzer unterwies ihn im Singen, Orgelspielen u. in Harmonielehre. Es dauerte nicht lange, u. der junge Sch. konnte ihn bereits an der Orgel vertreten. 1808 wurde er als Sängerknabe in die Wiener Hofkapelle aufgenommen u. erhielt auf Empfehlung A. Salieris eine Freistelle im Stadtkonvikt. Dort wurde Sch. Mitglied des vom Hoforganisten W. Ruzicka geleiteten Schulorchesters. Unterricht in Generalbaß u. Komposition erhielt er von Salieri. Sch. früheste bekannte Komposition, eine G-Dur-Fantasie für Klavier zu 4 Händen, stammt aus dem Jahr 1810. Im Konvikt lernte er J. von Spaun kennen, mit dem ihn eine lebenslange Freundschaft verbinden sollte. Nach dem Stimmbruch verließ Sch. das Kollegium u. besuchte 1813–14 einen Vorbereitungskurs am Lehrerseminar von St. Anna, um Schulgehilfe seines Vaters zu werden. Aus dieser Zeit stammt seine 1. Sinfonie. Nachdem er bereits eine Reihe von Kammermusikwerken für das Musizieren im häuslichen Kreise geschrieben hatte, komponierte er 1814–15 Sinfonien, Bühnenwerke, Klavierstükke, Chorwerke u. Lieder in rascher Folge. Am 16. 10. 1814 kam in der Kirche von Lichtental unter seiner Leitung die Messe in F-Dur für 4 Singst., Org. u. Orch. zur Aufführung. Wenige Tage später, am 19. 10., schrieb Sch. das Lied *Gretchen am Spinnrade* nieder. Mit diesem Lied hat Sch. bereits seinen unverwechselbaren persönlichen Stil gefunden. Um die gleiche Zeit erreichte er seine Zulassung als Gehilfe seines Vaters, gab in den nächsten Jahren ziemlich lustlos Elementarunterricht, komponierte u. verbrachte seine freie Zeit mit einer Gruppe jugendlicher Freunde. Einer von ihnen, der wohlhabende F. von Schober, überredete ihn schließlich, den Lehrerberuf aufzugeben u. sich ganz der Musik zu widmen. Den Sommer des Jahres 1818 verbrachte Sch. als Musiklehrer auf dem Landsitz des Grafen Johann Karl von Esterházy in Zelesz. Im Herbst zog er zu seinem Freund Schober, der ihn immer wieder finanziell unterstützte u. mit Persönlichkeiten des Wiener kulturellen Lebens bekannt machte. Schober stellte ihn auch dem ehemaligen Hofoperntenor J. M. Vogl vor, der sich als erster für Sch. Lieder begeisterte u. sie öffentlich vortrug. Überhaupt erfreuten sich Sch. Kompositionen zunehmender Beliebtheit in den bürgerlichen Kreisen Wiens. Er selbst nahm häufig an Lese- u. Musikabenden teil, die oft in Zechgelage ausarteten u. ab 1821 »Schubertiaden« genannt wurden. Zu den im Wiener Musikleben anerkannten Interpreten Schubertscher Werke gehörten neben Vogl die Sänger Baron von Schönstein u. A. Ritter von Gymnich sowie die Schwestern Fröhlich u. I. Schuppanzigh. Sch., der sich nur einmal erfolglos um eine Anstellung als Hofkapellmeister u. Orchesterdirigent am Kärntnertor-Theater bewarb, blieb bis an sein Lebensende freischaffender Künstler, der unstet hin u. her zog, immer wieder bei einem seiner Freunde Aufnahme fand. Aus deren Berichten wissen wir, daß Sch. den Morgen zum Komponieren verwandte, nachmittags ins Kaffeehaus ging u. abends entweder eine Aufführung besuchte oder mit Gleichgesinnten zusammensaß. Zu seinem engeren Kreis gehörten J. von Spaun, J. Mayrhofer (Sch. setzte eine Reihe seiner Gedichte in Musik u. vertonte die Libretti zu *Die Freunde von Salamanca* u. *Adrast*), die Brüder A. u. J. Hüttenbrenner (in ihrem Besitz befand sich die Partitur der *Unvollendeten*), F. von Schober (schrieb das Libretto zu *Alfonso und Estrella,* Liedertexte, u. a. »An die Musik«), J. M. Vogl (Sänger), I. Sonnleithner (Mäzen), M. von Schwind (Maler), E. Bauernfeld (Schriftsteller u. Übersetzer), L. Kupelwieser (Maler) u. F. Lachner (Komponist u. Dirigent).

Mit der *Wandererfantasie* u. der Sinfonie in h-Moll entstanden 1822 zwei Werke, bei denen es Sch. gelang, die seinen Liedern eigene Lyrik auf größere Instrumentalwerke zu übertragen. Gegen Ende des gleichen Jahres wurde er erstmals von einer Krankheit geplagt, die als Geschlechtskrankheit identifiziert u. erfolglos behandelt wurde. Wieder einmal wechselte er daraufhin sein Quartier u. fand Zuflucht bei seiner Familie in Rossau. 1823 unternahm er einen weiteren Versuch, sich als Opernkomponist durchzusetzen. Von seinen verschiedenen Projekten kam jedoch nur H. von Chézys »Rosamunde, Fürstin von Zypern« mit Sch. Schauspielmusik im Theater an der Wien zur Aufführung. Den Sommer 1824 verbrachte Sch. noch einmal bei der Familie Esterházy in Zelesz. Caroline, die jüngere Tochter des Grafen, inspirierte ihn zu der ihr gewidmeten Fantasie in f-Moll für Klavier zu 4 Händen. In seinen letzten Lebensjahren arbeitete Sch., immer wieder von Anfällen der schleichenden Krankheit unterbrochen, wie ein Besessener an der Verschmelzung der bei L. von Beethoven bewunderten klassischen Form mit der ihm eigenen Technik der immer neu beleuchteten Themen, die in ständig wechselnden harmonischen Zusammenhängen aufscheinen. Er machte seinen Satz wahr: »Ich bin für nichts als das Komponieren auf die Welt gekommen.« Allein in seinem letzten Lebensjahr entstanden neben dem Liederzyklus *Schwanengesang* die Messe in Es-Dur, das Streichquintett in C-Dur mit verdoppeltem Vc. sowie die letzten Klaviersonaten in c-Moll, A-

Dur u. B-Dur. Sein einziges größeres öffentliches Konzert fand am 26. 3. 1828 im Wiener Musikverein statt. Das Programm mit dem 1. Satz eines neuen Streichquartetts, *Vier Liedern, Ständchen,* dem Trio in B-Dur u. 3 weiteren Vokalwerken wurde äußerst freundlich aufgenommen, die große C-Dur Sinfonie jedoch wegen angeblicher technischer Schwierigkeiten von der Gesellschaft der Musikfreunde abgelehnt. R. Schumann entdeckte sie bei einem Wienaufenthalt im Nachlaß u. sorgte 1839 für die Uraufführung durch F. Mendelssohn Bartholdy am Leipziger Gewandhaus. Sch. starb an einer Typhusinfektion im Hause seines Bruders Ferdinand, der den Kranken versorgte u. sich später um die Veröffentlichung des Nachlasses kümmerte.
Mit mehr als 600 Liedern wird Sch. zu Recht als der Komponist angesehen, der das dt. Kunstlied zu höchster Vollkommenheit geführt hat. Schon im Konvikt entstand 1811 »Hagars Klage« nach einem Gedicht von Schücking. Noch ist der Einfluß J.R. Zumsteegs deutlich, der den gleichen Text bereits 1797 vertont hatte. Unter Anleitung von A. Salieri versuchte sich Sch. anschließend an Versen von P. Metastasio. Mit *Gretchen am Spinnrade* gelang ihm dann 1814 vollkommen Eigenes. Neben den »Faust«-Gesängen seien aus seinem umfangreichen Liedschaffen erwähnt: *Gruppe aus dem Tartarus* (Schiller), *Gesänge des Harfners aus »Wilhelm Meister«* (Goethe), Zyklus *Die schöne Müllerin* (W. Müller), Zyklus *Winterreise* (W. Müller), Zyklus *Schwanengesang* (L. Rellstab, H. Heine, J.G. Seidl). Der literarische Rang einer Vorlage spielte nur eine untergeordnete Rolle. Wichtig war für Sch., daß sich ihm der sprachliche Duktus direkt in Musik umsetzte oder die Bilder ihn zu einem Einfall anregten. Dabei kannte sein Erfindungsreichtum keine Grenzen. Neben strengen u. variierten Strophenliedern u. durchkomponierten Liedern schrieb Sch. auch liedhafte Szenen, bei denen das Deklamatorische im Vordergrund steht. Immer jedoch strebte er eine Einheit von Poesie u. Musik an, die häufig dadurch erreicht wurde, daß der einfachen Melodie eine vielschichtige Begleitung beigegeben wurde. Auch in der Wortinterpretation zeigte sich Sch. als ein Meister, der nie den natürlichen Rhythmus des gesprochenen Wortes außer acht ließ.
Bei seinen späten Instrumentalwerken macht sich die Verwandtschaft zu seinen Liedern ganz besonders bemerkbar. Anders als L. van Beethoven, der im Rahmen der vorgegebenen Form motivisch-thematische Abläufe als sich logisch entwickelnde Prozesse darstellte, beleuchtete Sch. die einmal gefundenen Themen in immer neuen harmonischen Zusammenhängen. Dazu dienten ihm der häufige Wechsel von Moll nach Dur, Modulationen einschließlich der immer wieder auftauchenden neapolitanischen Sexte sowie der übergangslose Wechsel in die eine große Terz unter der jeweiligen Tonika liegende Tonart. In seiner großen C-Dur-Sinfonie hat Sch. mit diesen Mitteln ein musikalisches Kunstwerk geschaffen, das den Beethovenschen Sinfonien durchaus ebenbürtig ist.
Nach dem thematischen Katalog seiner Kompositionen von O.E. Deutsch werden Sch. Werke heute allgemein mit D u. der entsprechenden Nummer gekennzeichnet.

Zu Sch. Kompositionen gehören an Orchesterwerken: 8 Sinfonien (1. D-Dur D 82, 1813; 2. B-Dur D 125, 1815; 3. D-Dur D 200, 1815; 4. c-Moll, genannt *Die Tragische* D 417, 1816; 5. B-Dur D 485, 1816; 6. C-Dur, die kleine C-Dur-Sinfonie D 589, 1818; 7. h-Moll, *Die Unvollendete* D 759, 1822; 8. C-Dur, die große C-Dur-Sinfonie D 944, 1826), 8 Ouvertüren, darunter die beiden »im ital. Stil«, 1 Concerto für V. u. Orch. D 345 (1816) u. 1 Rondo für V. u. Streicher D 438 (1816).
Zu seinen Kammermusikwerken zählen: die Streichquartette B-Dur D 18 (1812), C-Dur D 32 (1812), B-Dur D 36 (1812), C-Dur D 46 (1813), B-Dur D 68 (1813), D-Dur D 74 (1813), Es-Dur D 87 (1813), D-Dur D 94 (1814), B-Dur D 112 (1814), g-Moll D 173 (1815), E-Dur D 353 (1816), Quartettsatz c-Moll D 703 (1820), a-Moll D 804 (1824), d-Moll, *Der Tod und das Mädchen,* D 810 (1824–26) u. G-Dur D 887 (1826), Streichtrio B-Dur (Fragment, 1816) u. Streichtrio B-Dur D 581 (1817), Klavierquartett F-Dur D 487 (1816), Klavierquintett D-Dur, *Forellenquintett,* D 667 (1819), Oktett F-Dur D 803 (1824), Klaviertrios in B-Dur D 898 (1827?), Es-Dur D 929 (1827) u. Es-Dur, *Notturno,* D 897 (1827?) sowie 3 Sonaten für V. u. Kl. (D-Dur D 384, a-Moll D 385 u. g-Moll D 408, alle 1816), Violinsonate A-Dur D 574 (1817), Variationen über *Trockene Blumen* aus *Die schöne Müllerin* für Fl. u. Kl. D 802 (1824), Sonate in a-Moll für Kl. u. Arpeggione D 821 (1824), Rondo für V. u. Kl. D 895 (1826) u. Fantasie für Kl. u. V. D 934 (1827).
Zu seinen Klavierkompositionen gehören: 15 Sonaten (1. E-Dur D 157, 1814; 2. C-Dur D 279, 1815; 3. As-Dur D 557, 1817; 4. e-Moll D 566, 1817; 5. H-Dur D 575, 1817; 6. a-Moll D 537, 1817; 7. Es-Dur D 568, 1817; 8. a-Moll D 784, 1823; 9. a-Moll D 845, 1825; 10. A-Dur D 664, 1819 oder 1825; 11. D-Dur, *Gasteiner Sonate* D 850, 1825; 12. G-Dur D 894, 1826; 13. c-Moll D 958, 1828; 14. A-Dur D 959, 1828 u. 15. B-Dur D 960, 1828), Fragmente einer Sonate in C-Dur, *Reliquie,* D 840 (1825), Fantasie in C-Dur, *Wandererfantasie,* D 760 (1822), 6 Moments musicaux D 780 (1828), 4 Impromptus D 899 (1827), 4 Impromptus D 935 (1827), Variationen u. andere Klavierstücke.
Von seinen Kompositionen für Kl. zu 4 Händen sind erwähnenswert: Sonaten in B-Dur D 617 (1816) u. C-Dur D 812 (1824), die Fantasie f-Moll D 940 (1828) u. das Allegro a-Moll, *Lebensstürme,* D 947 (1828).
Zu seinen Bühnenwerken gehören: *Der Spiegelritter* (Singspielfragment, D 11, um 1811), *Des Teufels Lustschloß* (Oper, D 84, 1814), *Der vierjährige Posten* (Singspiel, D 190, 1815), *Fernando* (Singspiel, D 220, 1815), *Claudine von Villa Bella* (Singspiel, D 239, 1815), *Die Freunde von Salamanca* (Singspiel, D 326, 1815), *Die Bürgschaft* (Opernfragment, D 435, 1816), *Die Zwillingsbrüder* (Singspiel, D 647, 1819), *Die Zauberharfe* (Schauspielmusik, D 644, 1819–20), *Alfonso und Estrella* (Oper,

D 732, 1821–22), *Die Verschworenen oder Der häusliche Krieg* (Singspiel, D 787, 1823), *Fierrabras* (Oper, D 796, 1823), *Rosamunde, Fürstin von Zypern* (Schauspielmusik, D 797, 1823).
Von Sch. Chor- u. Vokalwerken seien die 6 Messen (F-Dur D 105, 1814; G-Dur D 167, 1815; B-Dur D 324, 1815; C-Dur D 452, 1816; As-Dur D 678, 1822, u. Es-Dur D 950, 1828) sowie die *Dt. Messe* für Chor mit Org. oder Bläsern F-Dur D 872 (1827) u. die 5 Fassungen von Goethes *Gesang der Geister über den Wassern* (letzte: D 714, 1821) erwähnt.
Neben Terzetten u. Duetten komponierte Sch. mehr als 600 Lieder u. Gesänge für eine Singst. u. Kl., von denen im folgenden Einzeltitel u. Zyklen in Auswahl gegeben werden: *Gretchen am Spinnrade* D 118 (1814, Goethe), *Meeres Stille* D 216 (1815, Goethe), *An den Mond* D 193 (1815, L. Hölty), *Wandrers Nachtlied* D 224 (1815, Goethe), *Heidenröslein* D 257 (1815, Goethe), *Erlkönig* D 328 (1815, Goethe), *An Schwager Kronos* D 369 (1816, Goethe), *Des Mädchens Klage* D 389 (1816, Schiller), *Gesänge des Harfners aus »Wilhelm Meister«* D 478–80 (1816, Goethe), *An die Musik* D 547 (1817, F. von Schober), *Die Forelle* D 550 (1817–21, D. Schubart), *Mahomets Gesang*, 1. Fassung D 549 (1817, Fragment) u. 2. Fassung D 721 (1821, Fragment), *Mignon*-Lieder D 321 (1815), D 359 (1816), D 469 (1816), D 481 (1816), D 726 (1821) u. D 727 (1821, alle Goethe), *Auf dem Wasser zu singen* D 774 (1823, Graf zu Stolberg), *Wandrers Nachtlied* D 768 (1824, Goethe), *Der Wanderer an den Mond* D 870 (1826, J. G. Seidl), *Der Hirt auf dem Felsen* (mit Klar.) D 965 (1828, Müller), die Zyklen *Die schöne Müllerin* D 795 (1823, W. Müller), *Winterreise* D 911 (1827, W. Müller), *Schwanengesang* D 957 (1828, L. Rellstab, H. Heine, J. G. Seidl).
GA: Sch. Werke, 40 Bde., hg. von E. Mandyczewski u. a., Leipzig 1884–97, Nachdr. Wiesbaden 1965; Neue Ausgabe sämtlicher Werke (Neue Sch.-Ausgabe), hg. von der Internationalen Sch.-Gesellschaft durch W. Dürr, A. Feil u. Ch. Landon, ab 1964 in Kassel, darin als Bd. 4, Serie VIII: O. E. Deutsch, Thematisches Verzeichnis, Kassel 1978.
Lit.: E. Deutsch (Hg.), F. Sch., Briefe u. Schriften, München u. Leipzig 1919, Neuauflage Wien 1954; B. Paumgartner, Die Schubertianer, Wien 1928; G. Schünemann (Hg.), J. von Spaun, Erinnerungen an Sch., Zürich 1936; A. Hutchings, Sch., London 1945, Nachdr. der rev. Fassung 1973; H. Werlé (Hg.), F. Sch. in seinen Briefen u. Aufzeichnungen, Leipzig 1948; A. Einstein, Sch., New York 1951, dt. Zürich 1952; E. Brown, Sch., London 1958, dt. Wiesbaden 1969; M. Schneider, F. Sch. in Selbstzeugnissen und Bilddokumenten, Reinbek bei Hamburg 1958 (franz. Originalausgabe Paris 1947); E. Deutsch, Sch. – Die Dokumente seines Lebens, Kassel 1964 (Originalausgabe München 1914); Ph. Radcliff, Sch. Piano Sonatas, London 1967; M. J. E. Brown, Sch. Songs, London 1967; J. A. Westrup, Sch. Chamber Music, London 1969; M. J. Brown, Sch. Symphonies, London 1970; W. Reich (Hg.), F. Sch., Im eigenen Wirken u. in den Betrachtungen seiner Freunde, Zürich 1971; D. Fischer-Dieskau, Auf den Spuren der Sch.-Lieder, Wiesbaden 1971; R. Klein, Schubertstätten, Wien 1972; E. Valentin (Hg.), Die schönsten Sch.-Briefe, München 1975; G. Moore, Sch. Liederzyklen, Tübingen 1975; J. Wechsberg, Sch.: His Life, His Work, His Time, London 1977, dt. München 1978; R. Werba, Sch. u. die Wiener, Wien 1978; O. Brusatti, Sch. im Wiener Vormärz, Dokumente 1829–48, Graz 1978; H. J. Fröhlich, Sch., München 1978.

Schürmann (Scheuermann), Gregor Caspar, dt. Komponist u. Sänger, * 1672 oder Anfang 1673 Idensen bei Hannover, † 25. 2. 1751 Wolfenbüttel. Sohn eines Pastors aus Alfelde. Kam 1693 als Kirchen- u. Opernsänger (Altfalsettist) nach Hamburg. Ab 1697 Kapellmeister am Hof in Wolfenbüttel, der ihm auch eine Studienreise 1701 nach Italien finanzierte. 1703–06 Hofkapellmeister in Meiningen, ab 1707 wieder in Wolfenbüttel. Sch. gehört zu den frühesten Komponisten, die sich um eine dt. Oper bemühten. Dabei ist er stark von A. Steffani beeinflußt, dessen Bühnenwerke er in Hamburg kennengelernt hatte.

Zu Sch. Opern gehören: *Daniel* (1701), *Salomon* (1701), *Procris und Cephalus* (1714), *Heinrich der Löwe* (1715, mit A. Steffani), *Die Plejades* (1716), *Atys* (1717), *Telemachos und Calypso* (1717), *Heinrich der Vogler* (1718–21, 2 Teile), *Ixion* (1722), *Orlando furioso* (1722), *Orpheus* (1727), *Ninus und Semiramis* (1730).

Schütz (Sagittarius), Heinrich, dt. Komponist u. Kapellmeister, * 14. 10. 1585 Köstritz bei Gera, † 6. 11. 1672 Dresden. Sohn des Stadtschreibers Christoph Sch. in Gera, der von seinem älteren Bruder die Erbschenke »Zum goldenen Kranich« in Köstritz übernahm, schließlich als wohlhabender Mann das Bürgerrecht in Weißenfels erwarb u. dort den Gasthof »Zum Schützen« betrieb. Auf die Erziehung der Kinder wurde besondere Sorgfalt verwendet. Sch. erhielt gute Privatlehrer u. wurde wahrscheinlich von A. Colander u. G. Weber in die Geheimnisse der Musik eingeführt. Das wenige, das wir über den heranwachsenden Sch. wissen, entnehmen wir seinem Memorial vom 14. 1. 1651, das einige biografische Angaben enthält. Nachdem der Landgraf Moritz von Hessen-Kassel bei Sch. Eltern übernachtet u. die schöne Stimme des Jungen gehört hatte, übernahm er 1599 die weitere Ausbildung. Sch. kam als Alumnus symphoniacus an das Collegium Mauritianum u. die Hofkapelle in Kassel. Zu seinen Lehrern gehörte dort Hofkapellmeister G. Otto, der selbst Schüler des Luther-Mitarbeiters u. Kantors J. Walter war. In Kassel erhielt Sch. nicht nur eine außergewöhnlich gründliche musikalische Ausbildung, sondern das Mauritianum vermittelte ihm auch eine umfassende humanistische Bildung. Nach dem Stimmbruch scheint Sch. weiter ihm Dienst des Landgrafen geblieben zu sein u. dann den Eltern zuliebe in Frankfurt a. d. Oder, Jena u. ab 1608 in Marburg Rechtswissenschaften studiert zu haben. 1609 ermöglichte ihm der Landgraf eine Italienreise, damit sich Sch. mit den neuesten Entwicklungen in der Musik vertraut machen konnte. Sch. reiste nach Venedig u. wurde Schüler von G. Gabrieli. Auch nach dem Tod seines Lehrers blieb er weiter in Venedig, zum Schluß auf Kosten seiner Eltern, u. kehrte erst im Herbst 1613 nach Deutschland zurück. Aus Italien brachte er sein dem Landgrafen gewidmetes op. 1, »Il primo libro de Madrigali«, mit. Nach seiner Rückkehr scheint Sch. zeitweise Privatsekretär des Landgrafen gewesen zu sein u. sich ernstlich bemüht zu haben, die juristischen Studien in Leipzig fortzusetzen. Doch der Landgraf berief ihn als 2. Hoforganisten nach Kassel. Dieses Schwanken zwischen Beruf u. Berufung kennzeichnet die ganze Entwicklung des jungen Sch. Auf einer Reise zu Johann Georg I. nach Dresden, die Sch. im Gefolge seines Herrn mitmachte, hinterließ er als Musiker einen solchen Eindruck, daß ihn sich der Kurfürst zu Tauffeierlichkeiten 1614 auslieh. Einmal in Dresden, wollte ihn der Kurfürst nicht wieder hergeben u. erreichte bei Moritz von Hessen-Kassel, daß Sch. ihm leihweise überlassen wurde. Am 12. 2. 1617 erfolgte die Bestellung zum kurfürstlich-sächsischen Hofkapellmeister. 1619 heiratete Sch. Magdalene Wildeck. Die glückliche Ehe endete bereits 1625 mit dem Tod der jungen Frau. Vor Kummer dachte Sch. sogar daran, die Musik ganz aufzugeben. Schließlich tröstete er sich mit dem Komponieren der Melodien für den sog. »Becker-Psalter«. Bis auf die letzten Lebensjahre, die Sch. bei seiner Schwester in Weißenfels verbringen sollte, blieb er forthin ein Einzelgänger. 1627 leitete er die musikalische Umrahmung der Hochzeit von Johann Georgs ältester Tochter mit dem Landgrafen von Hessen-Darmstadt. Aus diesem Anlaß verfaßte er auf einen Text von M. Opitz »Dafne«, die erste dt. Oper. Während der nach O. Rinuccini bearbeitete Text erhalten ist, ging die Musik verloren. Noch im gleichen Jahr komponierte Sch. zum Kollegtag der Kürfürsten die Repräsentationsmusik *Da pacem, Domine*. 1628–29 erwirkte er sich einen Urlaub, um in Venedig die neuesten musikalischen Entwicklungen zu beobachten u. sich mit den Werken C. Monteverdis vertraut zu machen. Noch in Venedig erschienen als erste Frucht dieser 2. Italienreise die »Symphoniae sacrae I«, 20 3–6st. lat. Konzerte im stile concertato. Inzwischen machten sich die Auswirkungen des Dreißigjährigen Krieges auch in Dresden bemerkbar. Der Geldmangel führte zur schleppenden Entlohnung der Hofkapelle u. zu ersten Mißstimmungen zwischen Sch. u. seinem Kurfürsten. Da frei werdende Positionen in der Kapelle nicht mehr neu besetzt wurden, verfügte Sch. bald nur mehr über ein dermaßen geschrumpftes Ensemble, daß er seine musikalischen Vorstellungen kaum noch realisieren konnte. In seinem Schaffen schlug sich dieser Mangel in an L. Viadana ausgerichteten *Kleinen Geistlichen Konzerten* nieder, die sich in Mindestbesetzung aufführen ließen u. deren erster Teil 1636, der 2. 1639 erschien. In den folgenden Jahren kam Sch. des öfteren um Urlaub ein u. übernahm als »Kapellmeister von Haus aus« Verpflichtungen an vom Kriege verschonten mitteldt. Höfen. 1633 erhielt er Urlaub für eine Reise nach Dänemark, um die Hochzeit des dän. Kronprinzen mit einer Tochter des Kurfürsten vorzubereiten. Auf dem Wege dorthin besuchte Sch. Hamburg, wo er mit J. Praetorius, H. Scheidemann u. J. Schop zusammentraf. Am 10. 12. 1633 wurde er zum Königlich Dän. Hofkapellmeister ernannt. Zwei weitere Dänemarkaufenthalte schlossen sich an, von denen der letzte mit einer kurzen Unterbrechung von 1642 bis 1644 dauerte. In Kopenhagen entstand der 2. Teil seiner *Symphoniae sacrae*. Wie sehr Sch. unter den Verhältnissen in Dresden gelitten hat, ist aus seinen verschiedenen Eingaben zu ersehen. Der Kurfürst ließ nicht nur die Hofkapelle verfallen, sondern wandte sich auch von der durch Sch. repräsentierten Kantoreitradition ab u. der ital. Musizierweise zu, die mit der Kapelle seines Sohnes u. Nachfolgers stark an Einfluß gewann. Als Johann Georg II. die Kurwürde übernahm, durfte Sch. endlich in Pension gehen. 1657 zog er zu seiner Schwester nach Weißenfels. Als letztes Werk entstand *Königs und Propheten Davids Hundert-und-neunzehnter Psalm* in 11 Stücken, nebst dem Anhang des 100. Psalms (»Jauchzet dem Herren«) und eines dt. Magnificat (»Meine Seele erhebt den Herren«), mit 8 Stimmen auf 2 Chöre komponiert. Sch., den man als Musicus poeticus ecclesiasticus u. Vater unserer modernen Musik bezeichnet hat, gilt als der bedeutendste Vermittler des neuen »concertierenden Stils« u. der Handhabung des Generalbasses. Zu seinen Schülern gehörten M. Weckmann, Ch. Bernhard, M. Knabe, A. Gleich, J. Theile, J. J. Löwe, D. Pohle, A. Hering, J. Klemm, J. Vierdanck u. J. Schelle.

Der zutiefst gläubige Sch., dessen Lieblingsbeschäftigung im Alter das Lesen der Bibel war, verstand die Musik noch als Abbild (figura) des Geschaffenen u. Geordneten. Komponieren begriff er als Wissenschaft, zu deren Ausübung eine umfassende humanistische Bildung Voraussetzung war. Als Grundlage galt ihm die kontrapunktische Satzweise der überlieferten Choralpolyphonie, die er immer wieder gegen die neue »ital. Manier« verteidigte. Die »nuove musiche«, C. Monteverdis affektbeherrschtes Singen u. Setzen von Tönen (→ seconda pratica), blieb ihm fremd. Sch. verstand es jedoch, die sich selbst vorgegebene Ordnung der motettischen Satzweise meisterlich zur Übersetzung des Wortes in die Musik heranzuziehen. Die figürliche Darstellung des Textes gehört zu den typischen Elementen seines Personalstils. Auch mit der Art der Deklamation setzt er immer wieder überraschende interpretierende Akzente, die zusätzlich von einer expressiven Harmonik verstärkt werden. Tonarten geben häufig Auskunft über eine bestimmte Stimmung. Darin folgt Sch. deutlich seinem Lehrer Gabrieli. Hatte es Sch. in seinen letzten Jahren am Hof in Dresden bereits schwer, seine »dt. Gravität« gegenüber der neuen ital. Manier zu bewahren, so trat er mit der weiteren Entwicklung der Instrumentalmusik u. dem Siegeszug der Oper völlig in den Hintergrund. Der Kantor-Kapellmeister geriet in Vergessenheit, aus der ihn erst der Historismus wieder befreite.

Zu Sch. Lebzeiten wurden gedruckt: »Il primo libro de Madrigali« op. 1 (18 5st. Madrigale u. ein 8st. Dialog, 1611); »Psalmen Davids sampt etlichen Moteten und Concerten mit 8 und mehr St.« op 2 (26 mehrchörige Stücke, 1619); »Historia der fröhlichen und Siegreichen Auferstehung unsers einigen Erlösers und Seligmachers Jesu Christi« op. 3 (1623); »Cantiones sacrae« op. 4 (40 4st. lat. Motetten, 1625); »Doctor Beckers Psalm-Buechlein« op. 5 (1628, rev. u. erweitert 1661); »Symphoniae sacrae« I op. 6 (20 3-6st. lat. Konzerte, 1629); »Musicalische Exequien« op. 7 (1636); »Kleine Geistliche Konzerte« I op. 8 (24 1–5st. Stücke, 1636) u. II op. 9 (31 1–5st. Stücke, 1639); »Symphoniae sacrae« II op. 10 (27 3–5st. dt. Konzerte, 1647); »Musicalia ad Chorum Sacrum« op. 11 (29 5–7st. dt. Motetten, 1648); »Symphoniae sacrae« III op. 12 (21 5–8st. dt. Konzerte, 1650); »12 geistliche Gesänge a 4« op. 13 (1657, hg. von Ch. Kittel); »Historia der Freuden- und Gnadenreichen Geburth Gottes und Marien Sohnes Jesu Christi« (1664, mit 8 Intermedien). Von den handschriftlich erhaltenen Werken seien erwähnt: *Die 7 Worthe Jesu am Kreuze* (möglicherweise 1645), 3 liturgische Passionshistorien nach Lukas, Johannes u. Matthäus (1665–66) sowie der bereits erwähnte doppelchörige *Psalm 119* (1671). Die Musik zu der Oper *Dafne* u. zu einem Ballett auf einen Text von D. Schirmer ist verlorengegangen.

GA: Neue Ausgabe sämtlicher Werke, hg. im Auftrag der Internationalen H.-Sch.-Gesellschaft, Kassel ab 1955.

Lit.: A. Pirro, Sch., Paris 1913; J. Müller-Blattau (Hg.), Die Kompositionslehre H. Sch.ens in der Fassung seines Schülers Ch. Bernhard, Leipzig 1926, Neuauflage Kassel 1963; A. Einstein, H. Sch., Kassel 1928; E. H. Müller (Hg.), Gesammelte Briefe u. Schriften, Regensburg 1931; H. J. Moser, H. Sch., Kassel 1936; J. Piersig, Das Weltbild des H. Sch., Kassel 1949; H. H. Eggebrecht, H. Sch., Musicus poeticus, Göttingen 1959; W. Bittinger, Sch.-Werk-Verzeichnis, Kassel 1960; W. S. Huber, Motivsymbolik bei H. Sch., Basel 1961; O. Brodde, H. Sch., Kassel 1972; H. Krause-Graumitz (Hg.), Memorial (Autobiografie) von 1651, Faksimile, Leipzig 1972.

Schuhplattler, ein Werbetanz aus Bayern u. Tirol, bei dem die Burschen mit den Füßen stampfen u. mit den Händen im Takt der Musik auf Schenkel, Knie u. Schuhsohlen schlagen (platteln), während das von ihnen umtanzte Mädchen sich mit gesenkten Augen im Kreis dreht.

Schuldrama → Schuloper

Schulhoff, Erwin (Ervín), tschech. Pianist u. Komponist, * 8. 6. 1894 Prag, † 18. 8. 1942 im Konzentrationslager Wülzburg, Bayern. Urgroßneffe des böhm. Pianisten u. Komponisten Julius Sch. Studierte in Prag (J. Kàan), Wien, Leipzig (R. Teichmüller, S. Krehl, M. Reger) u. Köln, war anschließend Lehrer am Prager Konservatorium, hielt Kurse im Spielen von Vierteltonmusik u. wurde 1935 Mitarbeiter des tschech. Rundfunks. Machte sich als Pianist, insbesondere als Interpret zeitgenössischer Musik, einen Namen. In seinen frühen Kompositionen war er von A. Schönberg u. dem Jazz beeinflußt u. experimentierte mit der Vierteltonmusik. Mit der Kantate *Manifest* für Chor u. Orch. nach K. Marx (1932) wandte er sich dem sozialistischen Realismus zu.

Von Sch. Kompositionen seien erwähnt: die Opern *Don Juans Bestimmung* (1928) u. *Plameny* (*Flammen*, 1932); das Ballett *Ogelala* (1923); 6 Sinfonien (1924–25, 1932, 1935, 1937, 1938 u. *Freiheitssinfonie* 1941); Klavierkonzert (1922); Doppelkonzert für Fl. u. Kl. mit Streichern u. 2 Hörnern (1927); Concerto für Streichquartett u. Bläser (1930); Kammermusik, Jazzstücke für Kl.

Lit.: V. Musil u. G. Hofmeyer, Bibliographisches Verzeichnis der Werke von E. Sch., Berlin 1967.

Schuller, Gunther A., amer. Komponist, Dirigent u. Hornist, * 22. 11. 1925 New York. War bereits mit 16 Jahren Hornist des Ballet Theatre Orchestra in New York u. studierte daneben Musiktheorie u. Kontrapunkt an der Manhattan School of Music. 1943–44 Solohornist des Cincinnati Symphony Orchestra u. 1944–59 des Metropolitan Opera Orchestra. 1950–63 Lehrer an der Manhattan School of Music u. 1962 musikalischer Leiter des 1. Internationalen Jazz-Festivals. 1964–66 Professor für Komposition an der School of Music der Yale University u. 1967–77 Präsident des New England Conservatory of Music in Boston. Sch. beschäftigte sich in seiner ersten Schaffensperiode vorwiegend mit der Zwölftontechnik, wandte sich dann aber verstärkt dem Jazz zu u. versuchte, sinfonische Musik mit Jazz zu verbinden. Von ihm stammt der Ausdruck »Third Stream Music« (→ Third stream). 1949 nahm er neben J. Lewis als Hornist an der epochemachenden Einspielung *Birth of the Cool* von Miles Davis teil. Als Beispiele seiner Third stream music können das Concertino für Jazzquartett u. Orch. (1959) sowie die im Auftrag von G. Balanchine entstandenen *Variants* für das Modern Jazz Quartet u. Orch. (1960) gelten. In den letzten Jahren hat sich Sch. mit dem New England Conservatory Rag Time Ensemble ganz besonders für die Ragtime-Musik eingesetzt. Von seinen Veröffentlichungen seien erwähnt: »Horn Technique« (New York u. London 1962) u. »Early Jazz: Its Roots and Musical Development« (New York 1968).

Zu Sch. weiteren Werken gehören: die Oper *The Visitation* (1966 als *Heimsuchung* in Hamburg); die Kinderoper *The Fisherman and His Wife* (1970); die Ballette *Variants* (1960) u. *The Five Senses* (1967); *Vertige d'Eros* für

Orch. (1945); Sinfonie für Blechbläser u. Schlagzeug (1950); *Symphonic Tribute to Duke Ellington* (1955); *Spectra* für Orch. (1958); *7 Studies on Themes of Paul Klee* für Orch. (1959); *American Triptych* für Orch. (1962); *Symphony* (1965); Concerto (1966); *Triplum* für Orch. (1967); *Shapes and Designs* für Orch. (1969); Konzerte für Horn (1944), Vc. (1945), Kl. (1962) u. Kb. (1968) mit Orch.; *Museum Piece* für Renaissance-Instr. (1970). – *Atonal Jazz Study* (1948), *Twelve by Eleven* u. *Transformation* (1955 u. 1956) für Jazzorch.; *Journey into Jazz* für Erzähler, Jazzquintett u. Orch. (1962); *Lines and Contrasts* für 16 Hörner (1960); *Night Music* für improvisierende B.-Klar., Git., 2 Kb. u. Trommeln (1962); *Yesterday in Fact* für Jazzquintett, Fl., B.-Klar., Horn, V. u. Vc. (1963); die Vokalwerke *Psalm 98* (1966) u. *The Power Within Us* (1972); Kammermusik, darunter 2 Streichquartette (1957 u. 1965).

Schulmusik, ursprünglich Musikerziehung in der Schule, heute Teil des allgemeinen → Musikunterrichts u. der → Musikpädagogik. Im Mittelalter war die Sch. an den kirchlichen Dienst gebunden. Martin Luther stellte erstmals ihren allgemeinen erzieherischen Wert heraus: »Musica ist eine halbe Disziplin und Zuchtmeisterin, so die Leute gelinder und sanftmüthiger, sittsamer und vernünftiger machet.« Seit der Reformation (reformatorische Lateinschule, → Kantor, → Kurrende) u. der Gegenreformation (Gymnasien der Jesuiten) wird die Sch. nicht nur zu erzieherischen, sondern auch zu politischen u. religiösen (propagandistischen) Zwecken eingesetzt. Mit der Säkularisierung verlor die Sch. eine ihrer bisherigen Hauptaufgaben, den Dienst an der Kirchenmusik. Da andere Bildungsziele in den Vordergrund traten, verlor die Sch. an Boden. Gleichzeitig entwickelte sich die Kunstmusik stark auf einen bürgerlichen Konzertbetrieb u. -konsum hin, der das Mitwirken von Dilettanten immer fragwürdiger machte. Während mit M. Praetorius u. J. S. Bach noch führende Komponisten der Zeit die Musikerziehung beeinflußten, machten die pädagogischen Vorstellungen eines J. H. Pestalozzi (1746–1827) die klare Trennung von Sch. u. allgemeiner musikalischer Entwicklung deutlich. Pestalozzi ließ seine Vorstellungen in einer Gesangsausbildungslehre nach Pestalozzischen Grundsätzen, pädagogisch begründet von M. T. Pfeiffer, methodisch bearbeitet von H. G. Nägeli, 1810 in Zürich erscheinen. Weitere theoretische Arbeiten wie B. Ch. Natorps (1774–1846) »Anleitung zur Unterweisung im Singen« (I: Potsdam 1813 u. II: Essen 1820) schlossen sich an. Dem Verfall der Sch. in Preußen trat C. F. Zelter (1758–1832) mit 7 Denkschriften zwischen 1803 u. 1812 entgegen. Eine in diesem Zusammenhang interessante Erscheinung war auch W. H. Riehl (1823–97), der in seinen »Briefen an einen Staatsmann« (hg. von J. Müller-Blattau, Kassel 1936) die patriotische Bedeutung der Sch. herausstellte. Zeltersche Gedanken führte A. B. Marx (1795–1866) weiter, der 1832 einen Plan zu einer vollständigen Organisation des Musikwesens im preußischen Staat vorlegte. Von F. Mendelssohn Bartholdy, einem der wenigen bedeutenden Musiker des 19. Jh., der sich intensiv mit Fragen des Musikunterrichts befaßte, stammt das »Pro memoria« von 1841, der Plan zur Errichtung eines Musikkonservatoriums in Berlin. Ebenso setzte er sich für die Errichtung eines Konservatoriums in Leipzig ein, zu dessen Mitbegründern er dann 1843 auch gehörte. Wesentliche Impulse erhielt die Sch. durch H. Kretzschmar (1848–1924), der 1907–09 Leiter des auf Zelter zurückgehenden Königlichen Instituts für Kirchenmusik in Berlin war. Mit einem Memorandum über die Neugestaltung der Musikerziehung griff er 1900 in die Diskussion um die Sch. ein, die gegenüber den wissenschaftlichen Fächern immer mehr ins Hintertreffen geraten war. 1910 erschienen seine »Gesammelten Aufsätze über Musik u. Anderes aus dem Grenzboten« in Leipzig. Auf die gemeinschaftsfördernde Kraft der Sch. in Verbindung mit patriotischer Gesinnung wies G. Rolle (1855–1934) in seiner »Didaktik u. Methodik des Schulgesangsunterrichts«, Berlin 1913, hin. Neue Anregungen erhielt die Sch. auch von der um die Jahrhundertwende aufkommenden Jugendbewegung u. der daraus erwachsenden → Jugendmusik. Namen wie H. Breuer (Wandervogel), A. Halm (Wickersdorfer Bewegung), W. Hensel (Finkensteiner Bund) u. F. Jöde (Musikantengilde) seien stellvertretend für viele andere erwähnt. F. Jöde gab 1918 in Hamburg seine »Musikalische Jugendkultur« heraus. Mit seinen Vorstellungen übte er einen beträchtlichen Einfluß auf die weitere Entwicklung der Sch. aus. Zur Verwirklichung seiner Gedanken trug insbesondere L. Kestenberg (1882–1962) bei, der als Referent für musikalische Angelegenheiten im preußischen Ministerium für Wissenschaft, Kunst u. Volksbildung neue Richtlinien für die Höheren Schulen (1924), die Mittelschulen (1925) u. die Volksschulen (1927) herausgab. Zur Zeit des Nationalsozialismus erhielt die ideologische Komponente der Sch. naturgemäß eine wesentlich größere Bedeutung. Als Beispiel sei E. Krieck (1882–1947) mit seiner »Musischen Erziehung«, Leipzig 1935, angeführt. Nach dem 2. Weltkrieg griff B. Scheidler (1897–1970) in seiner »Musikerziehung in der Volksschule«, Bd. I, München 1952, auf Vorstellungen der 20er Jahre zurück. Nachdem durch die Isolierung während der Jahre 1933 bis 1945 die Kluft zwischen der allgemeinen musikalischen Entwicklung u. der total ideologisierten Musikerziehung immer größer geworden war, setzte in der Nachkriegszeit eine von großen Teilen der Musikpädagogik bekämpfte Reaktion u. Neubesinnung ein, die langsam zu einem Umdenken in der Sch. führt. In diesem Zusammenhang sei nur an Th. W. Adorno (1903–69) u. dessen Thesen gegen die musikpädagogische Musik (»Junge Musik«, 1953–54) erinnert oder an Th. Warner (geb. 1903), dessen »Musikalische Erziehung zwischen Kult u. Kunst« 1954 in Berlin erschien, sowie an H. Segler (* 1914) u. L. U. Abraham (* 1922), die 1966 in Braunschweig »Musik als Schulfach« veröffentlichten. Im Zuge der Entideologisierung der Inhalte des Musikunterrichts, die ironischerweise einhergeht mit einer Reideologisierung anderer Fächer, werden heute Forderungen aufgestellt wie Orientierung in der Welt der Musik, Entdeckung u. Förderung musikalischer Talente. Beispielhaft für diesen neuen Ansatz ist D. Venus (* 1929) mit seiner »Unterweisung im Musikhören«, Wuppertal 1969.

Schuloper, ein Bühnenstück mit Musik, das eigens für den Schulgebrauch komponiert wurde oder dessen technische sowie geistige Anforderungen eine Bewältigung durch Schüler u. Studenten möglich machen. Die Sch. reicht von singspielartigen Stücken über Dramen mit Musikeinlagen bis zu durchkomponierten Werken mit kantatenähnlichem Charakter. Läßt man einmal die sechs lat. Dramen der Hrotsvit (Roswitha) von Gandersheim außer Betracht, beginnt die Geschichte der Sch. mit den humanistischen Schuldramen des 16. Jh. Bei diesen beschränkte sich der musikalische Teil meistens auf Chöre, Aktschlüsse, Tanzeinlagen u. Zwischenaktmusiken. Das als Propagandainstrument eingesetzte Jesuitentheater der Gegenreformation bewegte sich mit seinem größeren szenischen Aufwand mehr zu Oper u. Oratorium hin.

An der ehemaligen Universität Salzburg war es von 1620 bis gegen 1796 üblich, zur Prämienverteilung am Ende eines jeden Schuljahres von den Studenten Dramen aufführen zu lassen, die mit musikalischen Zwischenspielen angereichert wurden. Solche Intermedien komponierten im 18. Jh. u. a. J. E. Eberlin, A. C. Adlgasser, M. Haydn u. W. A. Mozart. Von letzterem stammt die lat. Komödie *Apollo et Hyacinthus* KV 38, die in eine lat. Tragödie von Rufinus Widl eingeschaltet wurde.

Mit J. A. Hillers *Die kleine Aehrenleserin* (1778) u. *Die Friedensfeyer* (1779) entstand eine ausgesprochene Kinderoper, in der vorwiegend Kinderlieder u. Märchenstoffe verarbeitet wurden. Das bekannteste Beispiel dieser Gattung ist E. Humperdincks *Hänsel und Gretel* (1893). Nachdem die Kinderoper des 19. Jh. bereits um die Jahrhundertwende eine Vielzahl von Sch. angeregt hatte, brachten die Reformbestrebungen der 20er Jahre u. die musikalische Jugendbewegung die Sch. zu neuer Blüte. Selbst bedeutende Komponisten nahmen sich jetzt dieser pädagogisch wertvollen Form an. Erwähnt seien nur P. Hindemiths *Wir bauen eine Stadt* (1930), P. Dessaus *Das Eisenbahnspiel* (1931), W. Jacobis *Die Jobsiade* (1931) u. aus neuerer Zeit C. Bresgens *Der Igel als Bräutigam* (1950) u. E. Werdins *Der gestiefelte Kater* (1961). Dabei wird in der Zeit nach dem 2. Weltkrieg das Instrumentarium weitgehend vom Orff-Schulwerk beeinflußt. Ähnliche Bestrebungen lassen sich auch im Ausland nachweisen. In diesem Zusammenhang sei nur an S. Prokofjews *Peter und der Wolf* (1936) u. B. Brittens *The Little Sweep – Let's Make an Opera!* (1949) u. *Noye's Fludde* (1957) erinnert.

Schultze, Norbert A. W. R., dt. Komponist, * 26. 1. 1911 Braunschweig. Studierte in Köln u. München u. war 1931–32 Mitglied des Studentenkabaretts »Die vier Nachrichter«. Nach Anstellungen als Opernkapellmeister in Darmstadt u. München 1934–37 Aufnahmeleiter bei Telefunken. Seit 1937 freischaffender Komponist. Sein Lied *Lili Marlen* (1938) wurde ein Welterfolg.

Zu Sch. weiteren Kompositionen gehören: die Opern *Schwarzer Peter* (1936) u. *Das kalte Herz* (1943), das Musical *Käpt'n Bay-Bay* (1950) u. die Operette *Regen in Paris* (1957). In neuerer Zeit komponierte er für das ZDF die Fernsehoper *Peter der dritte* (1964). Außerdem schrieb er Filmmusiken.

Schulz (Schultz), Johann Abraham Peter, dt. Komponist, Kapellmeister, Theoretiker u. Organist, getauft 31. 3. 1747 Lüneburg, † 10. 6. 1800 Schwedt. Kam als 15jähriger zu J. Ph. Kirnberger nach Berlin, der ihm eine gründliche musikalische Ausbildung vermittelte. 1768–73 bereiste er als Musiklehrer u. Klavierbegleiter Frankreich, Österreich, Italien u. Polen. 1773 beteiligte er sich an der von J. P. Kirnberger u. J. G. Sulzer herausgegebenen »Allgemeinen Theorie der schönen Künste« mit musikalischen Artikeln für die Buchstaben S bis Z. 1776–78 war er Dirigent am Franz. Theater in Berlin, 1780–87 Prinzlicher Hofkapellmeister in Rheinsberg u. danach bis 1795 Hofkapellmeister in Kopenhagen. Von seinen Kompositionen sind die Lieder am bedeutendsten. Er verwandte für seine Lieder »im Volkston« Gedichte des Göttinger Hainbundes, dessen Streben nach Volkstümlichkeit sich mit seinen eigenen Vorstellungen deckte. Sein wohl bekanntestes Lied ist die Vertonung von »Der Mond ist aufgegangen« von M. Claudius.

Zu Sch. dem galanten Stil verpflichteten Werken gehören mehrere Opern, darunter *La fée Urgèle* (1782), *Høstgildet* (1790) u. *Peter's Bryllup* (1793), Bühnenmusiken u. Klavierstücke. Seine Lieder erschienen als »Gesänge am Klavier« (1779), »Lieder im Volkston« (3 Bde, 1782–90), »Uzens lyrische Gedichte religiösen Inhalts« (1784) u. »Religiöse Lieder u. Oden aus den besten dt. Dichtern« (1786). Zu seinen theoretischen Arbeiten gehören: »Die wahren Grundsätze zum Gebrauch der Harmonie« (1773, veröffentlicht unter dem Namen Kirnbergers) u. »Gedanken über den Einfluß der Musik auf die Bildung eines Volkes« (1790).

Schuman, William H., amer. Komponist, * 4. 8. 1910 New York. Schüler von M. Persin u. Ch. Haubiel, studierte dann an der Columbia University in New York, am Salzburger Mozarteum u. 1936–38 bei R. Harris an der Juilliard School of Music in New York, deren Präsident er 1945–62 war. Daneben leitete er 1945–52 als Nachfolger C. Engels den Verlag G. Schirmer. 1962–69 war er Präsident des Lincoln Center for the Performing Arts. In seinen Kompositionen verarbeitet er Jazzelemente u. amer. Folklore.

Zu Sch. als typische Americana geltenden Werken zählen: *American Festival Overture* (1939), *Newsreel: Five Shots* (1941), *George Washington Bridge* (1950), die Baseball-Oper *The Mighty Casey* (1953), *New England Triptych* (1956), *Variations on America* (1964, Orchesterfassung von Orgelkompositionen Ch. Ives') u. die Baseball-Kantate *Casey at the Best* für Bar.-Reciter, S., Chor u. Orch. (1976). In Sch. 9 Sinfonien mischen sich Jazzelemente u. Neoklassizismus (1935, 1937, 1940–41, 1941, 1943, 1948, 1960, 1963 u. 1969). Außerdem seien erwähnt: Klavierkonzert (1942), Violinkonzert (1947, rev. 1954 u. 1958) u. *A Song of Orpheus* (Fantasie für Vc. u. Orch., 1961), *Concerto on Old English Rounds* für Va., Frauenchor u. Orch. (1973), 4 Streichquartette (1936, 1937, 1939 u. 1950) sowie die Ballette *Undertow* (1945, Ch.: A. Tudor) u. *Night Journey* (1947), *Voyage* u. *Judith* (1950) sowie *The Witch of Endor* (1965), alle für M. Graham.

Lit.: F. R. Schreiber u. V. Persichetti, W. Sch., New York 1954.

Schumann, Robert A., dt. Komponist u. Kritiker, * 8. 6. 1810 Zwickau, † 29. 7. 1856 Endenich bei Bonn. Sein Vater war Verlagsbuchhändler u. brachte u. a. dt. Gesamtausgaben der Werke von W. Scott u. Byron heraus. In der väterlichen Buchhandlung verschaffte sich Sch. eine umfassende literarische Bildung. Zu seinen Lieblingsautoren gehörten neben Byron, Goethe u. Schiller die Romantiker L. Tieck, Novalis, E.T.A. Hoffmann, C. Brentano, J. Freiherr von Eichendorff, H. Heine u. J. Paul. Für letzteren empfand Sch. besondere Zuneigung. Den 9jährigen nahm der Vater mit nach Karlsbad, wo er I. Moscheles hörte u. seine Liebe zum Klavier entdeckte. Obwohl seine musikalisch-literarische Doppelbegabung früh deutlich wurde, ließ er sich auf Wunsch seiner Eltern 1826 an der juristischen Fakultät der Universität Leipzig immatrikulieren. Das Leipziger Musikleben eröffnete dem jungen Studenten eine ganz neue Welt. Im Hause des Dr. Carus lernte Sch. den Klavierpädagogen F. Wieck kennen u. nahm Unterricht bei ihm. Agnes Carus, die ihn mütterlich betreute, brachte ihm J. Paul u. insbesondere F. Schubert näher. 1829 wechselte Sch. nach Heidelberg, beschäftigte sich aber auch dort vorwiegend mit Klavierspiel u. Komposition. Ein Konzert von N. Paganini in Frankfurt bestärkte ihn in dem Wunsch, sich ganz der Musik zu widmen. So kehrte Sch. 1830 nach Leipzig zurück, zog mit Zustimmung seiner inzwischen verwitweten Mutter zu F. Wieck u. unterwarf sich den vereinbarten 6 Probemonaten, an deren Ende Wieck Sch. Mutter hinsichtlich des großen Talents ihres Sohnes völlig beruhigen konnte. Im gleichen Jahr entstanden die Abegg-Variationen op. 1 für Kl., das erste veröffentlichte Werk des angehenden Komponisten. Es waren Thema u. Variationen über den Namen seiner Studentenliebe Meta Abegg. Gleichzeitig begann er an den *Papillons* zu arbeiten. 1831–32 nahm er Kompositionsunterricht bei dem Kapellmeister H. Dorn. Um als Klaviervirtuose möglichst rasch vorwärtszukommen, erdachte Sch. eine Vorrichtung, durch die der schwächere vierte Finger der rechten Hand beim Üben in einer Schlinge hochgehalten u. dadurch unabhängiger gemacht werden sollte. Durch Überspannung der Sehne trat jedoch eine Lähmung ein, die das Ende von Sch. pianistischer Karriere bedeutete. Aus der darauf folgenden schöpferischen Krise befreite er sich, indem er sich mit großem Eifer auf das Schreiben von Rezensionen verlegte. Bereits in seiner Jugend hatte er kleine Aufsätze, eine Abhandlung über die Kunst u. poetische Ergießungen im Stile J. Pauls verfaßt. Später wandte er sich der Musikkritik zu. So erschien 1831 in der »Allgemeinen Musikalischen Zeitung« seine Besprechung von F. Chopins Variationen op. 2, *Là ci darem la mano*, in der sich der oft zitierte Satz findet: »Hut ab, ihr Herrn, ein Genie.« In diesem Aufsatz traten auch zum ersten Mal die »Davidsbündler« auf. Sch. sah in der Gründung einer fortschrittlichen Musikzeitschrift eine neue Existenzgrundlage. Gemeinsam mit Freunden wie J. Knorr, L. Schunke u. F. Wieck wurde der Gedanke einer »Neuen Zeitschrift für Musik« geboren, deren Aufgabe Sch. wie folgt umriß: »Wer den Künstler erforschen will, besuche ihn in seiner Werkstatt. Es schien notwendig, auch ihm ein Organ zu verschaffen, das ihn anregte, außer durch seinen direkten Einfluß noch durch Wort und Schrift zu wirken ...« Mit diesem Organ kam Sch. der romantischen Vorstellung näher, daß allein das Genie ein Recht auf Beurteilung eines anderen habe. Am 3. 4. 1834 erschien das erste Heft der »Neuen Zeitschrift für Musik«, deren geistiger Mittelpunkt u. Redakteur Sch. bis 1844 bleiben sollte. Um verschiedene Ansichten zur Sprache zu bringen, erfand er die Davidsbündler, eine Gesellschaft, die er nach dem biblischen Sänger David benannte u. zu der neben Florestan (übermütig, draufgängerisch) u. Eusebius (sanft, nachdenklich) auch Meister Raro (vermittelnd) gehörte. Waren Florestan u. Eusebius reine Erfindungen Sch., deren Vorbilder in J. Pauls Walt u. Vult aus den »Flegeljahren« zu suchen sind, porträtierte er mit anderen Figuren Stammgäste aus dem Leipziger Lokal »Kaffeebaum« u. Freunde, u.a. F. Wieck (Raro), St. Heller (Jeanquirit), F. Mendelssohn Bartholdy (Meritis), H. Voigt (Livia), E. von Fricken (Estrella), L. Schunke (Jonathan) u. Clara Wieck (Chiara u. Zilia). Diese Davidsbündler führte Sch. so erfolgreich gegen die Philister des traditionellen Musiklebens ins Treffen, daß die neue Zeitschrift in Kürze ein Sammelbecken aller jungen Talente wurde u. sich ein mehr als ausreichender Abonnentenstamm fand. Welches Gespür Sch. für musikalische Entwicklungen hatte, läßt sich an seinen vielen Rezensionen ablesen, von denen eine der letzten unter der Überschrift »Neue Bahnen« J. Brahms mit den Worten vorstellte: »Das ist ein Berufener.«

Nach einer schnell wieder aufgelösten Verlobung mit Ernestine von Fricken entdeckte Sch. seine Liebe zu Clara Wieck. Als ihr Vater durch diese Beziehung die Virtuosenlaufbahn seiner Tochter gefährdet sah, trennte er die Liebenden u. begann eine Verleumdungskampagne gegen Sch. Jahrelang konnten sich die beiden fast nur brieflich verständigen. Obwohl Clara zwischen ihrem Vater u. Sch. hin und her gerissen war, bekannte sie sich bereits 1837 öffentlich zu ihrem zukünftigen Mann u. spielte im Gewandhaus die *Symphonischen Etüden*. Erst 1840 erhielt Sch. nach mehreren Gerichtsverhandlungen die Ermächtigung zur Eheschließung. Die Trauung fand am 12. 9. 1840 in der kleinen Dorfkirche von Schönefeld bei Leipzig statt. 1840 war auch für den Komponisten ein erfolgreiches Jahr. Er schuf eine Fülle von Liedern u. Liederzyklen, mit denen er das Kunstlied auf neue Höhen führte. Gedrängt von Clara, wandte er sich anschließend der großen Form zu. 1841 entstand die 1. Sinfonie, daneben bereits Skizzen zur späteren 4. 1842 beschäftigte sich Sch. auf Anraten F. Liszts mit Kammermusik, einer Form, deren intimer Charakter ihm offensichtlich ganz besonders lag. In kurzem Abstand komponierte er drei Streichquartette, ein Klavierquintett u. ein Klavierquartett. 1843 verpflichtete ihn der befreundete F. Mendelssohn Bartholdy als Lehrer an das neugegründete Leipziger Konservatorium. Als Mendelssohn Bartholdy dann im folgenden Jahr nach Berlin ging, wurde die Leitung der Gewandhauskonzerte N. Gade übertragen. Enttäuscht übersiedelte Sch. nach Dresden. Dort leitete er als Nachfolger von F. von Hiller die Liedertafel u. gründete einen Verein für Chorgesang. In Dresden wurde u. a. das 1841 begonnene Klavierkonzert beendet, die 2. Sinfonie komponiert. 1845 erlebte Sch. die Uraufführung von R. Wagners *Tannhäuser*, einer Musik, die deutliche Spuren in seiner 1847 begonnenen *Genoveva* hinterließ. Versuche, sich in den folgenden Jahren in Berlin oder Wien zu etablieren, scheiterten. Die 1848 beendete Oper *Genoveva* kam 1850 in Leipzig zur Uraufführung, wurde aber weder von der Kritik noch vom Publikum verstanden. Im gleichen Jahr erhielt Sch. einen Ruf nach Düsseldorf u. wurde dort als Nachfolger Hillers städtischer Musikdirektor. In Düsseldorf verbrachte Sch. 1851–53 seine letzten schöpferischen Jahre, in denen neben der 3. u. 4. Sinfonie (1. Fassung 1841) größere Vokalwerke, Ouvertüren für Orch. u. Kammermusikwerke entstanden. Bereits 1852 kam es zu ersten Verstimmungen zwischen dem Musikdirektor und der Musikalischen Gesellschaft, weil Sch. mangelnde Begabung als Dirigent offensichtlich war. Schließlich einigte man sich dahingehend, daß J. Tausch seine Position übernahm u. Sch. nur noch Aufführungen eigener Werke leitete. Ab Februar 1854 litt er an Sprachschwierigkeiten und Genörhalluzinationen. So hatte er ständig den Ton a im Kopf. Am 27. 2. 1854 unternahm er einen Selbstmordversuch. Danach wurde er auf eigenes Verlangen in die Privatheilanstalt des Dr. Richarz in Endenich bei Bonn gebracht, wo er am 29. 7. 1856 starb. Clara überlebte ihn um 40 Jahre. Sie gehörte zu den gefeierten Pianisten ihrer Zeit u. trat unermüdlich für die neue Musik ein. Neben den Werken ihres Mannes setzte sie auch die Klavierkompositionen von J. Brahms im Konzertsaal durch. Außerdem kümmerte sie sich um die erste GA der Werke Sch. Eine R.-Sch.-Gesellschaft besteht seit 1910 in Zwickau. Das R.-Sch.-Museum ist dort in seinem Geburtshaus untergebracht u. wird heute von G. Eismann geleitet.

Sch. wollte seine Musik nie als Programmusik verstanden wissen. Trotzdem ist es keinem so wie ihm gelungen, musikalischen Ausdruck u. literarische Vorstellung zu einer Einheit zu verschmelzen. Seine nachträglich hinzugefügten Überschriften sollen den Hörer nur einstimmen, ihn behutsam auf die »poetische Ganzheit« hinweisen. Konkrete Vorbilder lassen sich bei den *Papillons* op. 2 erkennen, in denen Sch. den Larventanz aus dem vorletzten Kapitel der »Flegeljahre« von J. Paul in Musik umsetzte. *Kreisleriana, Arabeske,* Humoreske u. *Nachtstücke* führen in die Welt E.T.A. Hoffmanns ein, während die *Davidsbündlertänze* u. der *Carnaval* ganz persönliche Bekenntnisse sind. Im *Carnaval* treten auch zum ersten Mal Eusebius u. Florestan persönlich auf. Jedes seiner Stücke lebt aus einem musikalischen Einfall, der durch eine Gemütsregung des Komponisten ausgelöst u. sofort genauestens notiert wurde. Jedes Stück erfordert auch die ihm gemäße Form, so daß sich Sch. selten an den Sonatensatz hielt. Charakteristisch sind das polyphone Geflecht, kanonisch u. fugiert scheinende Engführungen, Synkopen über einem beherrschenden Grundrhythmus, Neben- u. chromatische Zwischentöne. Die Harmonie ist der Melodik deutlich untergeordnet. In der Werkfolge lassen sich gewisse Entwicklungsstufen unterscheiden. Als junger Komponist machte sich Sch. mit dem ihm eigenen Temperament zuerst an die Entdeckung des Klaviers. Mit den ersten 23 Opuszahlen meinte er, dieses Instrument bis an die Grenzen seiner Möglichkeiten ausgeschöpft zu haben. Deshalb widmete er einen Großteil des Jahres 1840 der Komposition von Liederzyklen u. Liedern, für die er immer wieder auf Gedichte von H. Heine, F. Rückert u. J. Freiherr von Eichendorff zurückgriff. Besonders hatte es ihm die Spannung zwischen der Singstimme u. dem Instrument angetan. Das Klavier wurde zum gleichberechtigten Ausdrucksträger, seine Bedeutung in längeren Vor- u. Nachspielen unterstrichen. 1841 wandte er sich unter dem Einfluß seiner Frau der sinfonischen Form zu. Die *Frühlingssinfonie* u. Skizzen zu einem weiteren Werk entstanden. Obwohl immer wieder auf die strukturellen Schwächen seiner Orchesterwerke u. die problematische Instrumentierung hingewiesen worden ist, haben sich seine 4 Sinfonien bis heute im Konzertsaal behauptet. 1842 stand im Zeichen der Kammermusik. In knapp sechs Monaten komponierte er die 3 Streichquartette op. 41, das Klavierquintett op. 44 u. das Klavierquartett op. 47. In seinen letzten schöpferischen Jahren wandte sich Sch. verstärkt der größeren Vokalform zu. Er schrieb die Oper *Genoveva*, mit der er seinen Traum von der dt. Oper wahr machen wollte, das *Requiem für Mignon*, Szenen aus Goethes »Faust« u. ein Requiem.

Sch. Bedeutung als Musikschriftsteller war zu seiner Zeit mindestens ebenso groß wie die als Komponist. Er verkörpert den Typus des modernen bürgerlichen Künstlers u. Intellektuellen, der über seine Kunst reflektieren konnte u. dabei historisches Bewußtsein mit Fortschrittlichkeit verband. Daneben leistete er einen wesentlichen Beitrag zur Bach-Renaissance u. brachte Schuberts große C-Dur Sinfonie in den Konzertsaal.

Zu Sch. Kompositionen gehören: die Oper *Genoveva* op. 81 (1841). Orchesterwerke: 1. Sinfonie (»Frühlingssinfonie«) op. 38 (1841), *Ouvertüre, Scherzo und Finale* op. 52 (1841), 2. Sinfonie op. 61 (1845–46), 3. Sinfonie (»Rheinische«) op. 97 (1850), Ouvertüre zu W. Shakespeares »Julius Cäsar« op. 128 (1850), Musik zu Byrons dramatischem Gedicht »Manfred« op. 115 (1848–51), Ouvertüre zur F. Schillers »Braut von Messina« op. 100 (1850–51), 4. Sinfonie op. 120 (1851, 1. Fassung 1841) u. Ouvertüre zu Goethes »Hermann und Dorothea« op. 136 (1851). Kompositionen für Soloinstrumente u. Orch.: Klavierkonzert op. 54 (1841–45), *Concertstück* für 4 Hörner op. 86 (1849), *Concertstück* für Kl. op. 92 (1849), Cellokonzert op. 129 (1850), Fantasie für V. u. Orch. op. 131 (1853), *Introduktion und Allegro* für Kl. u. Orch. op. 134 (1853) u. Violinkonzert ohne Opuszahl (1853).
Vokalwerke: *Das Paradies und die Peri* für Soli, Chor u. Orch. op. 50 (1841–43). *Beim Abschied zu singen* für Chor u. Bläser op. 84 (1848), *Requiem für Mignon* für Soli, Chor u. Orch. op. 98 b (1849), *Nachtlied* für Chor u. Orch. op. 108 (1849), *Neujahrslied* für Chor u. Orch. op. 144 (1849–50), *Der Rose Pilgerfahrt* für Soli, Chor u. Orch. nach einer Dichtung von M. Horn op. 112 (1851), *Des Sängers Fluch* für Soli, Chor u. Orch. op. 139 (1852), *Vom Pagen und der Königstochter* für Soli, Chor u. Orch. op. 140 (1852), Messe für Chor u. Orch. op. 147 (1852), Requiem für Chor u. Orch. op. 148 (1852), Szenen aus Goethes »Faust« für Soli, Chor u. Orch. ohne Opuszahl (1844–53), *Festouvertüre* über W. Müllers Rheinweinlied für Orch. mit Chor op. 123 (1853) u. *Das Glück von Edenhall* für Männerchor u. Orch. op. 143 (1853).
Kammermusikwerke: 3 Streichquartette op. 41 (1842), Klavierquintett op. 44 (1842), Klavierquartett op. 47 (1842), *Fantasiestücke* für Klaviertrio op. 88 (1842), Klaviertrio op. 63 (1847), Klaviertrio op. 80 (1847–49), *Adagio und Allegro* für Horn u. Kl. op. 70 (1849), *Fantasiestücke* für Klar. u. Kl. op. 73 (1849), *Drei Romanzen* für Ob. u. Kl. op. 94 (1849), *Fünf Stücke im Volkston* für Vc. u. Kl. op. 102 (1849), *Märchenbilder* für Va. u. Kl. op. 113 (1851), Klaviertrio op. 110 (1851), 3 Violinsonaten (op. 105, 1851; op. 121, 1851, u. ohne Opuszahl, 1853), *Märchenerzählung* für Klar. oder V., Va. u. Kl. op. 132 (1854).
Klavierkompositionen: *Thema und Variationen über den Namen ABEGG* op. 1 (1830, geplant für K. u. Orch.), Allegro op. 8 (1831), Toccata für Kl. op. 7 (1829–32), *Papillons* op. 2 (1830–32), *Studien nach Capricen von Paganini* op. 3 (1832), *6 Intermezzi* op. 4 (1832), 6 *Konzertetüden nach Capricen von Paganini* op. 10 (1833), *Impromptus über ein Thema von Clara Wieck* op. 5 (1833, rev. 1850), 1. Klaviersonate op. 11 (1833–35), *Carnaval, scènes mignonnes sur quatre notes* op. 9 (1834–35, 20 Stücke über den Namen der Stadt ASCH, aus der seine Verlobte Ernestine von Fricken stammte), *XII études symphoniques* op. 13 (1835, ursprünglich *Etüden im Orchestercharakter von Florestan und Eusebius*, rev. als *Études en forme de variations* 1852), *Concert sans orchestre* op. 14 (1835–36, rev. als 3. Klaviersonate 1853), Fantasie op. 17 (1836), 18 *Davidsbündlertänze* op. 6 (1837), 8 *Fantasiestücke* op. 12 (1837), 2. Klaviersonate op. 22 (1833–38), 13 *Kinderszenen* op. 15 (1838), 8 Fantasiestücke *Kreisleriana* op. 16 (1838), *8 Novelletten* op. 21 (1838), *Scherzo, Gigue, Romanze und Fughette* op. 32 (1838–39), *Blumenstück* op. 19 (1839), Humoreske op. 20 (1839), 4 *Nachtstücke* op. 23 (1839), *Faschingsschwank aus Wien* (5 Fantasiebilder op. 26, 1839), 3 Romanzen op. 28 (1839), *Arabeske* op. 18 (1839), 20 *Albumblätter* op. 124 (1832–45), 4 Fugen op. 72 (1845), *Album für die Jugend* op. 68 (1848), 14 *Bunte Blätter* op. 99 (1836–49), *Waldszenen* op. 82 (1848–49), 4 Märsche op. 76 (1849), 3 *Fantasiestücke* op. 111 (1851), 3 *Klaviersonaten für die Jugend* op. 118 (1853), *Sieben Klavierstücke in Fughettenform* op. 126 (1853), 5 *Gesänge der Frühe* op. 133 (1853).
Kompositionen für Kl. zu 4 Händen: 6 *Bilder aus dem Osten* op. 66 (1848), *Zwölf vierhändige Klavierstücke für*

kleine und große Kinder op. 85 (1849), *Ballszenen* op. 109 (1851) u. *Kinderball* (6 Stücke op. 130, 1853).
Von seinen Liedkompositionen seien erwähnt: *Liederkreis* (9 Heine-Lieder op. 24, 1840), *Myrthen* (Liederkreis mit 26 Liedern op. 25, 1840), Zwölf Gedichte von J. Kerner op. 35 (1840), *Zwölf Gedichte aus Friedrich Rückert's Liebesfrühling* op. 37 (1840, Nr. 2, 4 u. 11 von Clara Sch. komponiert), *Liederkreis* (12 Eichendorff-Lieder op. 39, 1840), *Frauenliebe und -leben* (Liederzyklus nach A. von Chamisso op. 42, 1840), *Dichterliebe* (16 Heine-Lieder op. 48, 1840), *Lieder für die Jugend* (28 Lieder op. 79, 1849), *Lieder und Gesänge aus Goethes »Wilhelm Meister«* op. 98 a (1849), *Sechs Gedichte* nach Nikolaus Lenau op. 90 (1850, dazu als Anhang Requiem), *Fünf Lieder und Gesänge* op. 127 (1850–51), 5 *Gedichte der Königin Maria Stuart* op. 135 (1852) u. *Vier Gesänge* op. 142 (1852).
GA von Clara Schumann, 31 Bde., Leipzig 1879–93, Nachdr. London 1967–68.
Lit.: M. Kreisig (Hg.), Gesammelte Schriften über Musik u. Musiker, 4 Bde., Leipzig 1854 (nach der 5. Ausgabe 1914 eine Auswahl, hg. von H. Schulze, Wiesbaden o.J.); F.G. Jansen, Die Davidsbündler, Aus R. Sch. Sturm- u. Drangperiode, Leipzig 1883, Nachdr. Walluf bei Wiesbaden 1973; E. Bücken, R. Sch., Köln 1940; W. Boetticher (Hg.), R. Sch. in seinen Werken u. Briefen, Berlin 1942; J. Chissel, Sch., London 1948, rev. 1967; G. Abraham, Sch.: A Symposium, London 1952; M. Brion, R. Sch. et l'âme romantique, Paris 1954, dt. Zürich 1955; G. Eismann (Hg.), R. Sch. Ein Quellenbuch über sein Leben u. Schaffen, 2 Bde., Leipzig 1956; A. Boucourechliev, Sch., Paris 1956 (dt.: R. Sch. in Selbstzeugnissen u. Bilddokumenten, Reinbek bei Hamburg 1958); G. Eismann, R. Sch. Eine Biografie in Wort u. Bild, Leipzig 1956, erweitert 1964; P.M. Young, Tragic Muse. The Life and Works of R. Sch., London 1957 (dt.: R. Sch., Leipzig 1968); L. Plantinga, Sch. as Critic, New Haven, CT, 1967, Nachdr. 1976; Th. A. Brown, The Aesthetics of R. Sch., New York 1968, Nachdr. Westport, CT, 1975; E. Sams, The Songs of R. Sch., London u. New York 1969; S. Walsh, The Lieder of Sch., London 1971; G. Eismann (Hg.), Tagebücher, GA, 3 Bde., Leipzig 1971; A. Walker (Hg.), Sch., The Man and His Music, London 1972; K. Laux, R. Sch., Leipzig 1972; J. Chissel, Sch.'s Piano Music, London 1972; F. Munte, Verzeichnis des deutschsprachigen Schrifttums über R. Sch. 1856–1970, Hamburg 1972; H. Kohlhase, Die Kammermusik R. Sch., 3 Bde., Hamburg 1979; K. Hofmann u. S. Keil, R. Sch., Thematisches Verzeichnis, Hamburg 1981.

Schuster, Ignaz, österr. Sänger u. Komponist, * 20. 7. 1779 Wien, † 6. 11. 1835 ebd. War einer der beliebtesten Coupletsänger am Leopoldstädter Theater in Wien u. dort ab 1806 Mitglied der Hofkapelle. 1807 trat er dem Chor von St. Stephan bei, 1821–28 arbeitete er als Regisseur am Leopoldstädter Theater.

Zu Sch. Kompositionen gehören die Karikaturparodie *Hamlet, Prinz vom Tandelmarkt* (1807), das Singspiel *Der Winkelschreiber* (1811), die Travestie *Der Baum der Diana* (1812), das musikalische Lustspiel *Die falsche Primadonna von Krähwinkel* (1818), das komische Singspiel *Die natürliche Zauberei* (1821) u. das Zauberspiel *Jupiter in Wien* (1825).

Schuster, Joseph, dt. Komponist, * 11. 8. 1748 Dresden, † 24. 7. 1812 ebd. Sohn eines kurfürstlichen Musikers u. Sängers, bei dem er auch seinen ersten Unterricht erhielt. 1765 gemeinsam mit F. Seydelmann als Begleiter J. G. Naumanns in Italien, wo er bei G. Pera Kontrapunkt studierte. 1772 wurde er gemeinsam mit Seydelmann als »Kirchenkompositeur« in Dresden fest angestellt. 1774–76 hielt er sich wieder in Italien auf, nahm weiteren Unterricht bei Padre Martini in Bologna u. machte sich in Neapel u. Venedig als Opernkomponist einen Namen. Eine dritte Italienreise füllte die Jahre 1778–81 aus. Anschließend blieb Sch. in Dresden, wo er als Kirchen- u. Theaterkapellmeister wirkte. Zu seinen erfolgreichsten Werken gehören die Opera seria *Didone abbandonata* (1776) u. der Einakter *Der Alchymist oder Der Liebesteufel* (1777–78), den er für die Truppe von A. Seyler komponierte. Seine Violinsonaten (Divertimenti) mit ihrer gleichwertigen Behandlung von Violine u. Klavier regten W. A. Mozart zu Versuchen im gleichen »gusto« an. Sch. komponierte neben Opern u. Oratorien Werke für die Hofkonzerte, Kammermusik u. Klavierstücke.

Schut, Wladislaw A., sowj. Komponist, * 3. 3. 1941 Wosnesjensk. Studierte am Moskauer Gnessin-Institut bei N. I. Pejko Komposition u. arbeitet heute als Redakteur im Verlag Sowjetski Kompositor. Seine frühen Kompositionen sind der russ. Musiktradition verpflichtet. Seit der *Kammersinfonie* Nr. 1 (1973) stößt Sch. auf der Suche nach neuen Ausdrucksmitteln u. Klangstrukturen zur jungen sowj. Avantgarde vor, die sich der gleichen internationalen Musiksprache bedient wie Komponisten im Westen. Auffällig ist die düstere Stimmung der neueren Werke.

Zu Sch. Kompositionen gehören: *Lyrisches Lied* für V. u. Orch. (1965); *Konzertantes Allegro* für Streichquartett (1966); *Sinfonische Ouvertüre* (1967); Violinsonate (1968); Sonate für Vc. solo (1969); sinfonische Dichtung *Kostry* (1972); *Sinfonia da camera* Nr. 1 (1973); *Silhouetten* für Kl. (1973); *Sinfonia da camera* Nr. 2 (1975); 7 Stücke für Waldhorn u. Kl. (1976); *Sonata breve per flauto* (1977); *Trio per fagotto, violoncello e percussione* (1978); *Solo per fagotto* (1978); *Sinfonia da camera* Nr. 3 (1978); *Romantische Briefe* für Fag., Streicher, Fl. u. Kl. (1979); *Metamorphosis per saxophon alto, arpa, contrabasso e percussione* (1979); *Zwei lyrische Miniaturen* für Fl. u. Kl. (1980).

Schwärmer (ital. bombo), eine Verzierung in der Instrumentalmusik des 18. Jh., die ähnlich dem → Trillo in der Vokalmusik des 17. Jh. aus raschen Tonwiederholungen besteht.

Schwarz-Schilling, Reinhard, dt. Komponist, * 9. 5. 1904 Hannover. Studierte bei W. Braunfels, Ph. Jarnach u. H. Kaminski. War ab 1938 Lehrer für Komposition an der Berliner Musikhochschule u. ab 1955 Professor. Seine Kompositionen könnte man formal dem Neobarock zurechnen.

Zu Sch.-Sch. Werken gehören: Partita für Orch. (1935); Introduktion und Fuge für Streicher (1949); *Sinfonia diatonica* (1957); Sinfonia in C (1963); 1 Violinkonzert (1954); Vokalkompositionen, u.a. Kantate *Laetare Jerusalem* für 6st. gem. Chor, 2 Trp. u. Streicher (1958); Lieder.

Schwebungen entstehen durch Überlagerung von zwei eng benachbarten Frequenzen. Das Ohr hört einen einzigen Ton mit dem charakteristischen Schwebungsvorgang, einem periodisch schwankenden An- u. Abschwellen. Die Differenz der beiden die Sch. erzeugenden Frequenzen entspricht der Anzahl der Schwebungsvorgänge pro Sekunde. Bei drei u. mehr zugleich erklingenden oder nicht ganz dicht beieinander liegenden Frequenzen entsteht der Eindruck eines sich reibenden, rauhen Klangs. Bei mehr als 20 Hz Differenz zwischen sich überlagernden Frequenzen werden → Kombinationstöne wahrgenommen.

Schweinitz, Wolfgang von, dt. Komponist, * 7. 2. 1953 Hamburg. Erhielt 1968–69 bei E. Ballou an der American University in Washington D.C. Unterricht in Musiktheorie u. Komposition. Studierte 1970–73 bei E. G. Klussmann an der Staatlichen Hochschule für Musik in Hamburg Musiktheorie u. Komposition u. betrieb 1973–75 weitere Kompositionsstudien bei G. Ligeti. Erhielt 1975 das Bach-Preis-Stipendium der Freien u. Hansestadt Hamburg u. ging an das Center for Computer Research in Music and Acoustics an der Universität in Stanford, CA. 1978–79 war er Stipendiat der Dt. Akademie Villa Massimo in Rom. Sch. sagt über seine Arbeit: »Der Versuch einer Rehumanisierung der Musik ist wesentliches Anliegen meiner kompositorischen Arbeit.« Dabei versucht er mit den heute verfügbaren Mitteln, Melodik u. Rhythmik wieder in ihre ursprünglichen Rechte einzusetzen u. die Musik von den schematisch-abstrakten seriellen Verfahrensweisen zu befreien, die heute vielfach das kompositorische Handwerk bestimmen. Seine Harmonik beruht auf dem »Antagonismus von Dreiklang u. Cluster«.

Zu Sch. Werken gehören: *Cosmic Harmony* für Orch. (1970–72); *Vier Variationen* für 2 Fl., 2 Klar. u. Vc. (1972); Sinfonie Nr. 1 (1972–73); *Bagatelle* für Fl., A.-Fl., Klar., Bassetthorn u. Vc. (1973); *Canon perpetuus I* für Streichsextett u. *II* für Fl., A.-Fl., 2 Klar., Hf. oder Git., Kl., V. oder Va. u. Vc. (beide 1973); *Opus* 6 für Fl., A.-Fl. u. Streicher (1973); Sinfonie Nr. 2 (1974); *Motetus* für A.-Fl., Bassetthorn, A.-Pos., V. u. Vc. (1974); Bläserquintett (1975); Variationen über ein Thema von Mozart für Orch. (1976); Septett für Va. u. Bläser (1976); Streichquartett (1976–77), *Die Brücke* (Gesang auf einen Text von F. Kafka für B.-Bar. u. Orch., 1977); Sonate für V. solo (1978); Streichsextett *Hommage à Franz Schubert* (1978); Streichtrio (1978); Klavierkonzert (1978); *Konzertetüde* für Kl. (1980); *Papiersterne*, 15 Lieder für Mezzo-S. u. Kl. (1981).

Schweitzer, Anton, dt. Komponist u. Kapellmeister, getauft 6. 6. 1735 Coburg, † 23. 11. 1787 Gotha. Mitglied der Herzoglichen Kapelle in Hildburghausen u. nach Studien in Italien 1764–66 Herzoglicher Kammerkomponist u. Kapellmeister. 1769 Musikdirektor der Theatertruppe von A. Seyler, mit der er 1772 in Weimarische Dienste trat u. 1774 nach Gotha ging. Dort wurde er 1780 als Nachfolger G. Bendas Hofkapellmeister. Seine Singspiele *Walmir und Gertraud* (1769), *Apollo unter den Hirten* (1770) u. die Oper *Die Dorfgala* gehören zu den wichtigsten Beispielen der norddt. Richtung. Mit seinem Versuch, die dt. Nationaloper zu fördern, hatte Sch. kein Glück. *Alceste* wie auch *Rosamund* (1773 u. 1778, beide Libretti von Ch. M. Wieland) hatten wenig Erfolg, u. W. A. Mozart berichtete aus Mannheim an seinen Vater, Sch. werde nie mehr lernen, etwas für Stimmen zu schreiben. Mit seiner Musik zu J.-J. Rousseaus »Pygmalion« brachte Sch. 1772 das erste → Melodram nach Deutschland.

Schweizer, Klaus, dt. Komponist und Lehrer, * 20. 12. 1939 Ebingen. Studierte 1958–61 an der Musikhochschule Karlsruhe Schulmusik, Klavier (Y. Loriod) u. Komposition (J. Wildberger) u. 1961–67 an der Universität Freiburg Musikwissenschaft (H. H. Eggebrecht) u. Romanistik. 1967–68 Besuch der Analyseklasse von O. Messiaen am Pariser Conservatoire.

Zu Sch. Kompositionen gehören: *Zwei Sätze über bewegliche Zeitmaße* für Fl., V. u. Va., *Fünf Klavierstücke*, *Nachtstücke* für Va. u. Kl. u. *Einminutenstück* für V. solo (1963); *Stilübungen nach Fragmenten aus »Lettera amorosa« von R. Char* für S. u. Fl. (1964); *Konversationsszene*, dargestellt von 4 Holzbläsern (1966); Variationen für Orch. (1968); *Kammermusik* für Fl., Englischhorn, V., Vc. u. Cemb. (1971); *Jeu de valeurs et d'intensités* für 3 Orch. (1973); *Klappentexte* für Fl. oder Piccolofl. u. Ob. oder Englischhorn (1976); *Klangminuten* für Orch. (1977) u. *Litanei über den verschütteten Choral* für Org. mit 2 Spielern (1978).

Schwertsik, Kurt, österr. Komponist u. Hornist, * 25. 6. 1935 Wien. Studierte 1949–56 an der Wiener Musikakademie bei G. Freiberg (Horn) u. J. Marx u. K. Schiske (Komposition). Gründete 1958 zusammen mit F. Cerha das Ensemble »die Reihe« in Wien. 1959–60 Mitarbeit am elektronischen Studio des WDR in Köln u. ab 1968 Hornist bei den Wiener Sinfonikern.

Zu Sch. Kompositionen gehören: Sonatine für Horn u. Kl. (1954); Trio für V., Horn u. Kl. (1960); Streichquartett (1960); *Liebesträume* für Kl. (1962); *Eichendorff-Quintett* für Piccolofl., Ob., Klar., Horn u. Fag. (1964); *Querschnitt durch eine Operette* für Bläserquintett (1966); *Shai-Î-Mar* (7 Arien nach Gedichten von H. C. Artmann für Bar. u. Kammerorch., 1967); *Sinfonie im Mob-Stil* für Orch. (1969); *Musik vom Mutterland Mu* (1971); *Twilight Music* (1977); Klaviertrio (1979) u. Quartett für Fl., V., Vc. u. Git. (1980).

Schwingungen sind zeitabhängige, regelmäßig wiederkehrende Bewegungen. Sie kommen durch Einwirkung auf das Gleichgewicht eines schwingungsfähigen Körpers (mechanisch) oder Systems (elektromagnetisch) zustande. Die wellenförmige Ausbreitung von Sch. kann als → Schall wahrgenommen werden.

Sciarrino, Salvatore, ital. Komponist, * 4. 4. 1947 Palermo. Begann als Autodidakt mit 12 Jahren zu komponieren. Unterrichtete am Conservatorio di Musica S. Cecilia in Rom, übernahm die künstlerische Leitung des Teatro Comunale di Bologna u. lehrt seit 1974 Komposition am Mailänder Konservatorium. Daneben tritt er als Dirigent auf. In seinen Werken ersetzt S. die thematische Entwicklung durch ornamentale Reihungen, die mit raffinierten Klangeffekten den Eindruck eines ständig changierenden Tableaus erzeugen.

Zu S. Kompositionen gehören: Sonate für 2 Kl. (1966); Streichquartett II (1967); *Terzetti e serenate* für 2 S., B. u. Orch. u. *Aka Aka To I, II* u. *III* für Frauenst. u. 12 Instr. (1968); Berceuse für Orch., *Da a da da* für Orch. u. Prélude für Kl. (1969); *Da un divertimento* für 10 Instr. (1968–70); *De o de do* für Cemb. (1970); *Sonata da camera. Grande Sonata da camera* u. *De la nuit* für Kl. (1971); *Arabesque* für 2 Org. (1971); Rondo für Fl., Streicher u. 2 Ob. sowie 2 Hörner (1972); *Romanza* für Va. d'amore u. Orch. (1973); *Variazioni* für Vc. u. Orch. (1974); Klaviertrio (1975); *Clair de lune* für Kl. u. Kammerorch., 1. Klaviersonate, *Di Zefiro e Pan* für 10 Bläser u. Quintett für Klar. u. Streichquartett (1976); *Il paese sanz'alba* für Orch., *Dodici canzoni de battello* für S. u. Instr., *Il paese senza tramonto* für S. u. Orch., *Attraverso i cancelli* für Instrumentalensemble u. Bläserquintett (1977); *Aspern* (Singspiel nach der Novelle »Aspern Papers« von H. James, 1978, daraus Suite 1979); *Un'immagine di Arpocrate* für Kl., Orch. u. Chor u. *Che sai guardino, della notte?* für Klar. u. Kammerorch. (1979); *Cailles en sarcophage* (Oper) u. *Musiche per le Trachinie di Sofocle* für Frauenchor u. Tonband (1980); *Flos florum* für gem. Chor u. Orch. u. *Introduzione all'oscuro* für 12 Instr. (1981).

sciolto (ital.: »lose«, »ungebunden«), freier Vortrag oder ungebundene Artikulation. Im 16. u. 17. Jh. als fuga sciolta eine Satzweise ohne kanonische Bindung der Stimmen bezeichnend.

Scordatura (ital.: »Verstimmung«), eine besondere, von der normalen Stimmung (ital. Accordatura) abweichende Stimmung einzelner Saiten, die auf die Lauten- u. Violenstimmung zurückgeht. Sie wird zu Anfang eines Satzes mit Noten oder Buchstaben angegeben u. dient zur Veränderung der Klangfarbe oder zur Erleichterung von Akkordgriffen. Die S. war im 17. u. 18. Jh. ein beliebtes Ausdrucksmittel. J. S. Bach machte von ihr in seiner 5. Suite für Vc. solo Gebrauch. Sie findet sich häufig in Werken von H. I. F. Biber, P. Nardini u. G. Tartini. Ein Sonderfall der S. ist die Höherstimmung aller Saiten um das gleiche Intervall, wodurch das Instrument zusätzliche Brillanz erhält.

Scott, Cyril M., engl. Komponist u. Schriftsteller, * 27. 9. 1879 Oxton, Cheshire, † 31. 11. 1970 Eastbourne, Sussex. Studierte am Dr. Hoch'schen Konservatorium in Frankfurt a. M. bei I. Knorr Komposition u. vervollkommnete sich im Klavierspiel bei Steudner-Welsing in Liverpool. Dort ließ er sich 1898 auch als Klavierlehrer u. freischaffender Komponist nieder. Begann um 1900 Gedichte zu schreiben. Nachdem er frühere Kompositionen zurückgezogen hatte, trat er 1901 mit einem Klavierquartett an die Öffentlichkeit, dem 1903 die 2. Sinfonie folgte. Angeregt von seiner Beschäftigung mit orientalischer Philosophie u. Theosophie, experimentierte S. mit variablen Rhythmen u. einer nicht aus der Dur-Moll-Tonalität ableitbaren Harmonik. Als die ersten Werke dieser neuen Schreibweise gelten die Violinsonate (1908–10) u. die ungefähr gleichzeitige Klaviersonate. In seinen schwebenden Klängen wurde S. immer wieder mit C. Debussy verglichen.

Zu S. Werken zählen: *The Alchemist* (Oper, 1925); *The Incompetent Apothecary* (Ballett); Sinfonie Nr. 2 (1903) u. Nr. 3 (*The Muses*, 1939); Konzerte für Kl. (1915), V. (1928) u. Vc. (1930) mit Orchester; Kammermusik; Vokalkompositionen; Klavierstücke u. Lieder.
Zu seinen Schriften gehören: »The Philosophy of Modernism« (London 1917); »My Years of Indiscretion« (London 1924); »Music, Its Secret Influences Throughout the Ages« (London 1933, NA 1969) u. die Autobiografie »Bone of Contention« (London 1969).

Scotto, Vincent B., franz. Komponist, * 22. 4. 1874 Marseille, † 15. 11. 1952 Paris. Gehört zu den erfolgreichsten Chansonkomponisten Frankreichs. Schrieb für J. Baker *Rosalie, elle est partie* u. *J'ai deux amours* sowie für T. Rossi *Laissez-moi vous aimer* u. *Le plus beau de tous les tangos du monde*. 1913 entstand auf einen Text von J. Rodor sein berühmtes *Sous les ponts de Paris*. Seine Autobiografie erschien 1947 unter dem Titel »Souvenir de Paris«.

Scriabine, Alexandre → Skrjabin, Alexandr

Scrittura (von ital.: »Schrift«), bedeutete im Opernbetrieb des 17. u. 18. Jh. den verbindlichen Auftrag zur Komposition einer Oper nach einem vorhandenen Libretto. Der »compositore scritturato« reiste von Bühne zu Bühne, komponierte in oft unglaublich kurzer Zeit ein Stück (G. Rossini soll auf seinen *Barbier* keine 3 Wochen verwendet haben), das auf die jeweiligen Besetzungsmöglichkeiten des auftraggebenden Hauses zugeschnitten war, übernahm die Einstudierung u. dirigierte meistens die ersten Aufführungen.

Sculthorpe, Peter J., austral. Komponist, * 29. 4. 1929 Launceston, Tasmanien. Erhielt 8jährig Klavierunterricht u. trat mit 12 Jahren im Rundfunk auf. Besuchte 1946–51 das Melbourne University Conservatorium of Music, zog sich dann aber fast 8 Jahre lang nach Launceston zurück, wo er mit seinem Bruder ein Sportgeschäft betrieb u. nur sporadisch komponierte. Unternahm

1958–60 mit Hilfe eines Stipendiums weitere Studien in Oxford, wo E. Wellesz u. E. Rubbra zu seinen Lehrern gehörten. Seit 1963 Lecturer an der Universität Sydney u. dort ab 1969 Reader.
S. darf als der bekannteste u. erfolgreichste austral. Komponist unserer Zeit angesehen werden. Seiner Entwicklung entsprechend finden sich folgende Einflüsse in S. Werk: Zwölftontechnik u. Serielles nach Studium von E. Kreneks »Studies in Counterpoint«; Australisches, insbesondere ein mit Irkanda umschriebenes Gefühl (in der Sprache der Urbevölkerung soviel wie abgelegener, einsamer Ort); balinesische Musik u. Pentatonik; Collage-Technik; Pop; Aleatorik.

Zu S. Kompositionen gehören: Streichtrio *The Loneliness of Bunjil* (1954, rev. 1964); Sonatine für Kl. (1954); *Irkanda I* (Sonate für V. solo, 1955); Streichquartett Nr. 5, *Irkanda II* (1955); Sonate für Va. u. Schlagzeug, *Irkanda III* (1960); *Irkanda IV* für V. solo, Streicher u. Schlagzeug (1961, rev. unter Fortlassung des Soloparts); *The Fifth Continent* für Erzähler, Orch. u. Tonband (1963); Streichquartett Nr. 6 (1965); *Sun Music I* (1965); *Sun Music II* (1966, Stück für Singst. u. Schlagzeug, heißt neuerdings *Canto 1520* u. beinhaltet ein neues Stück mit dem Titel *Ketjak* für Orch. u. elektrisch verstärktes Schlagzeug, 1969); *Sun Music III* (1966, später eingegangen in *Sun Music IV* u. ersetzt durch *Anniversary Music* für Orch., 1967); *Morning Song for the Christ Child* für gem. Chor a cappella (1966); Streichquartett Nr. 7 (1966, ursprünglicher Titel: *Teotihuacan*); *Sun Music IV* für Orch. (1967); *Tabuh Tabuhan* für Bläserquintett u. 2 Schlagzeuge (1968); *Love 200* für Orch., Rocksängerin u. -gruppe (1970); *Landscape* für Kl. mit Rückkopplung u. Tonband (1971); *How the Stars Were Made* für 5 Schlagzeuge (1971); *Rites of Passage* (Oper, 1971–73); außerdem Bühnen- u. Filmmusiken. R. Helpmann choreografierte nach *Sun Music* 1968 ein Ballett.

Searle, Humphrey, engl. Komponist, * 26. 8. 1915 Oxford. Studierte klassische Literatur in Oxford u. Musik am Royal College of Music in London, wo J. Ireland u. R. O. Morris zu seinen Lehrern gehörten. Ging 1937 an das Wiener Neue Konservatorium u. war nebenbei Privatschüler von A. Webern. 1938–46 (mit Ausnahme der Kriegsjahre) Mitarbeiter der BBC, 1946–57 musikalischer Berater des Sadler's Wells Ballet u. 1965–76 Professor am Royal College of Music. Beeinflußt von der Romantik, komponierte S. mit dem Intermezzo für 11 Instr. (1946) das erste konsequent dodekaphone Stück, in dem seine Wiener Erfahrungen zum Ausdruck kamen. Daneben übernahm S. aus seiner Beschäftigung mit dem Werk F. Liszts dessen Thementransformation. Beide Kompositionsprozesse flossen in die Klaviersonate ein, die 1951 zu Liszts 140. Geburtstag entstand. In seinen weiteren Kompositionen wendet S. die Zwölftontechnik nicht dogmatisch an. Auffällig ist die an A. Schönberg orientierte Expressivität.

Zu S. Werken gehören: die Opern *The Diary of a Madman* (*Tagebuch eines Irren*, 1958), *The Photo of the Colonel* (*Das Photo des Generals*, 1964) u. *Hamlet* (1968); die Ballette *Dualities* (1963) u. *The Great Peacock* (1958); Orchesterwerke, darunter 6 Sinfonien (1952–53, 1957, 1960, 1962, 1964 u. 1971), 2 Suiten für Streicher (1942 u. 1944), *Night Music* (1943), *Poem* für Streicher (1950), Scherzi für Orch. (1964) *Labyrinth* für Orch. (1971) u. *Zodiac Variations* für Orch. (1973); 2 Klavierkonzerte (1944 u. 1955); *Concertante* für Kl., Streicher u. Schlagzeug (1954); Vokalwerke wie *Gold Coast Customs* für Sprecher, Männerchor u. Orch. (1949), *The Riverrun* für Sprecher u. Orch. (1951), *The Shadow of Cain* für Sprecher, Männerchor u. Orch. (1952), *Jerusalem* für Sprecher, T., Chor u. Orch. (1970); Kammermusik, u. a. *Intermezzo* für 11 Instr. (1946), *Put Away the Flutes* für T. u. 6 Instr. (1947), Quartett für V., Va., Klar. u. Fag. (1948), *Passacaglietta in nomine A. Schoenberg* für Streichquartett (1949), *Gondoliera* für Englischhorn u. Kl. (1950), *The Owl and the Pussy-Cat* für Sprecher, Fl., Vc. u. Git. (1951), Suite für Klar. u. Kl. (1956), *Movements* für Streichquartett (1959), *Burn-Up* für Sprecher u. Instr. (1962), *Counting the Beats* für St. u. Kl. (1963), Sinfonietta für 9 Instr. (1969) u. *Les fleurs du mal* für T., Horn u. Kl. (1972).
Zu seinen Schriften gehören: »The Music of Liszt« (London 1954, rev. New York 1966); »Twentieth Century Counterpoint« (London 1954); »Ballet Music« (London 1958, rev. New York 1973); »Twentieth Century Composers« (London 1972; Bd. III »Britain, Scandinavia and the Netherlands« gemeinsam mit R. Layton).

secco (ital.: »trocken«) → Rezitativ
Sechzehntelnote (ital. semicroma, franz. double-croche, engl. semiquaver, amer. auch sixteenth note): 𝅘𝅥𝅯; Pause (franz. quart de soupir): 𝄿.
Seconda pratica (ital.: »zweite Übung bzw. Kompositionsweise«), eine von C. Monteverdi 1605 im Vorwort zum 5. Madrigalbuch eingeführte Bezeichnung für die »moderne Kompositionsart«, die im Gegensatz zur → Prima pratica harmonische Freiheiten zuläßt, wenn diese der Deklamation u. Textdarstellung dienen. C. Monteverdis Bruder Giulio Cesare führte in einem Geleitwort zu den 1607 erschienenen »Scherzi musicali« diesen Begriff näher aus u. setzte sich dabei mit G. M. Artusis Polemik gegen C. Monteverdis Kontrapunkt auseinander. Zu den Komponisten der S. p. zählte er C. de Rore, M. Ingegneri, L. Marenzio, L. Luzzaschi, J. Peri u. G. Caccini.
Segno (ital.: »Zeichen«), Abkürzung S., meistens als 𝄋 dargestellt. Markiert den Punkt → dal segno, von dem an eine Wiederholung zu beginnen hat, → al segno deren Ende.
segue (von ital. sequire: »folgen«), **1.** zeigt am Ende einer Seite oder eines Satzes an, daß das Werk noch nicht beendet ist, **2.** weist in Verbindung mit einer einmal ausgeschriebenen Akkordbrechung, der nur noch einfach notierte Akkorde folgen, darauf hin, daß diese ebenfalls gebrochen zu spielen sind.
Seguidilla (von span. seguir: »folgen«), eine in Spanien weitverbreitete musikalische u. literarische Form. Die volkstümliche S. ist ein lebhafter Paartanz im Tripeltakt. In ihrer mäßig schnellen

Form heißt sie: S. manchega, lebhafter: S. bolera u. langsam, gefühlsbetont: S. gitana oder playera. Die einzelnen Strophen werden meistens mit einem viertaktigen Kastagnettenrhythmus eingeleitet. Eine S. findet sich im 1. Akt von G. Bizets Oper *Carmen*.

Seiber, Mátyás G., engl. Komponist u. Dirigent ungar. Herkunft, * 4. 5. 1905 Budapest, † (umgekommen bei einem Autounfall im Krüger-Nationalpark, Südafrika) 25. 9. 1960. Studierte an der Budapester Musikakademie bei Z. Kodály (Komposition) u. A. Schiffer (Cello). Übernahm 1928 die neugegründete Jazzklasse am Dr. Hoch'schen Konservatorium in Frankfurt u. ließ sich 1935 in London nieder, wo er ab 1942 am Morley College unterrichtete u. 1945 die Dorian Singers gründete. Später lebte er als freischaffender Komponist u. Lehrer. In seiner Musik verbinden sich Einflüsse seines Lehrers Kodály u. der ungar. Folklore, Anregungen aus dem Werk B. Bartóks u. P. Hindemiths sowie Zwölftontechnik u. Elemente des Jazz.

Zu S. Kompositionen gehören: der Operneinakter *Eva spielt mit Puppen* (1934); das Ballett *The Invitation* (1960); Bühnenmusiken; Orchesterwerke wie die *Besardo-Suiten I* u. *II* (1940 u. 1941), *Transsylvanian Rhapsody* (1941) u. *Improvisations* für Jazzband u. Orch. (1959); Vokalkompositionen, u. a. *Ulysses* (Kantate für T., Chor u. Orch., 1946–47), griech. u. franz. Volkslieder für S. u. Streicher (1942 u. 1948), *Portrait of the Artist as a Young Man* (Kammerkantate, 1957); Kammermusik, darunter 4 Streichquartette, 2 *Jazzolettes* (1932) u. *Permutazione a cinque* für Bläserquintett (1958); Klavierstücke u. Lieder. Zu seinen Schriften gehört: »The String Quartets of B. Bartók« (London 1945, dt. Bonn 1954).

Seitenbewegung (lat. motus obliquus), das steigende oder fallende Fortschreiten einer Stimme, während eine andere liegenbleibt.

Seitensatz, der auf den → Hauptsatz folgende 2. Teil der → Exposition in der Sonatensatzform. In Dursätzen wird der S. gewöhnlich in der Dominanttonart, in Mollsätzen in der Paralleltonart eingeführt. Bei der Wiederaufnahme in der → Reprise erscheint er meist in der Grundtonart des Stückes. Der S. kann aber auch aus mehreren Themen bestehen u. ist deshalb nicht immer mit dem Seitenthema identisch.

Sekles, Bernhard, dt. Komponist u. Lehrer, * 20. 3. 1872 Frankfurt a. M., † 8. 12. 1934 ebd. Studierte am Dr. Hoch'schen Konservatorium seiner Heimatstadt, wo u. a. I. Knorr zu seinen Lehrern gehörte. Wurde dort 1896 Theorielehrer u. 1923–33 alleiniger Direktor. Zu seinen Schülern gehörten P. Hindemith, O. Gerster, R. Stephan u. H. Rosbaud. Seine eigenen Werke fallen durch ihren Farbenreichtum u. ihre exotischen Klänge auf.

S. komponierte u. a. die Opern *Scheherazade* (1917) u. *Die zehn Küsse* (1926); die Ballette *Der Zwerg und die Infantin* (1913) u. *Die Hochzeit des Faun* (1921); Orchesterwerke, darunter die sinfonische Dichtung *Aus den Gärten der Semiramis* u. das Orchestervorspiel *Der Dybuk;* 1 Sinfonie; Kammermusik.

Sekunde (von lat. secunda: »zweite«), die 2. Stufe der diatonischen Skala. Das Intervall kommt als große (→ Ganzton), kleine (→ Halbton) u. übermäßige S. vor.

Selle, Thomas, dt. Komponist, * 23. 3. 1599 Zörbig bei Bitterfeld, † 2. 7. 1663 Hamburg. Erhielt seine Ausbildung wahrscheinlich als Thomaner in Leipzig unter S. Calvisius u. J. H. Schein. Kam über Heide, Wesselburen u. Itzehoe nach Hamburg, wo er von 1641 bis zu seinem Tode Kantor am Johanneum u. Musikdirektor der Hauptkirchen war. Hinterließ der Stadt Hamburg sein gesamtes musikalisches Werk in 16 Stimmbüchern u. 3 Tabulaturbänden.

Zu S. Kompositionen gehören geistliche Konzerte, Melodien zu J. Rists »Sabbathische Seelenlust«, Passionen u. eine Auferstehungshistorie.

Semibrevis (ergänze: nota oder figura, lat.: »die Hälfte der Kurzen«), Notenwert der → Mensuralnotation. Sie wurde geschrieben als ◆, seit dem 15. Jh. als ◇. Das dazugehörige Pausenzeichen war ⌶, ⌶ oder ⌶. Aus der S. ist die heutige ganze Note hervorgegangen.

Semifusa (ergänze: nota oder figura, lat.: »die Hälfte der Fusa«), in der → Mensuralnotation eine Note mit doppeltem Fähnchen: ♬ oder ♬.

Semiminima (ergänze: nota oder figura, lat.: »die Hälfte der Kleinsten«), Notenwert der → Mensuralnotation, geschrieben als ↓. Die entsprechende Pause wurde als ⌐ notiert.

Senfl (Sennfel), Ludwig, schweiz. Komponist, * um 1486 Basel, † zwischen dem 2. 12. 1542 u. dem 10. 8. 1543 München. Wahrscheinlich ab 1496 in der Hofkapelle Kaiser Maximilians u. damit unter der Aufsicht H. Isaacs. Lernte dort die niederl.-dt. Musiktradition kennen. Nachdem er das Amt eines Singers u. Notisten der kaiserlichen Kapelle innegehabt hatte, wurde S. 1517 bei Isaacs Tod zu dessen Nachfolger bestellt. Er bekleidete dieses Amt bis zum Tod des Kaisers u. der darauf folgenden Auflösung der Kapelle (1519). Im gleichen Jahr hielt sich S. in Augsburg auf u. überwachte dort den Druck des »Liber selectarum cantionum«, einer Sammlung, die u. a. Werke von H. Isaac, Josquin Desprez, J. Obrecht u. ihm selbst enthält u. als ältester dt. Motettendruck gilt. 1523 trat er in die Hofkapelle des Herzogs Wilhelm IV. in München ein, der er als Musicus intonator oder Musicus primus bis zum Tode angehörte. Von Zeitgenossen wurde er als der bedeutendste Komponist Deutschlands bezeichnet. Sein Werk besteht hauptsächlich aus polyphonen Motetten u. Liedern, wobei die ersteren fast ausschließlich lat. abgefaßt sind u. die letzteren, vorwiegend weltlichen Charakters, in dt. Sprache bzw. in alemannischer Mundart gesetzt sind. Seine Klangfarben u. die bereits differenzierende Harmonik weisen auf die späteren Madrigalisten voraus. Zu den wichtigsten Ausgaben von Werken S. gehören »Quinque Salutationes« (1526), »Varia carminum genera« (1534), »Magnificat octo tonorum« (1537), »Novum et insigne opus musicum« (1537), »Secundus tomus novi operis musici« (1538), »Opus decem Missarum« (1541), »Tomus tertius psalmorum selectorum« (1542), »Newe deudsche geistliche Gesenge« (1544), »Concentus 8, 6, 5 et 4 v.« (1545). Die größte Anzahl seiner dt. Lieder wurde von J. Ott herausgegeben (»121 newe Lieder«, 1534, u. »115 guter newer Liedlein«, 1544).

Septett (ital. septetto, franz. septuor, engl. septet), Komposition für 7 Solisten, meistens eine Mischung aus Streichern u. Bläsern. Das bedeutendste S. ist L. van Beethovens op. 20 für V., Va., Vc., Kb., Klar., Horn u. Fag. In der Oper versteht man unter S. ein Ensemble von 7 handelnden Personen mit Orchesterbegleitung.

Septime (lat. septima: »siebte«), die 7. Stufe der diatonischen Skala. Das Intervall kommt als große, kleine, verminderte u. übermäßige S. vor. Sie ergibt sich auch aus der Umkehrung der → Sekunde.

Septimenakkord (Septakkord) wurde in der älteren Akkordlehre jeder aus Terz, Quinte u. Septime bestehende Akkord genannt. Besondere Bedeutung hat in der Dur-Moll-tonalen Harmonik der Dominantseptakkord, der aus Dur-Dreiklang u. kleiner Septime auf der Dominante besteht. Mit seinen 4 verschiedenen Tönen läßt er sich dreimal umkehren: (Terz-)Quintsextakkord, Terzquart(sext)akkord u. Sekund(quartsext)akkord.

Septole, eine für 6 oder 8 Noten eintretende Figur von 7 Noten gleicher Form, die nach dem gleichen Prinzip wie die → Triole notiert wird.

Sequenz (lat. sequentia: »Folge«), **1.** ursprünglich ein → Jubilus, der sich in der römischen Meßliturgie dem Alleluia anschloß. Während in Rom u. Mailand die melismatische Sequentia beibehalten wurde, griff man nördlich der Alpen ähnlich wie bei den Tropen (→ Tropus) zur syllabischen Textierung. Die bedeutendste frühe Sammlung von S. wurde von Notker Balbulus zwischen 881 u. 887 angelegt. 40 Dichtungen u. 33 seiner Melodieschemata sind erhalten. Im Laufe der folgenden Jh. wurde die S. zu einer eigenen musikalischen u. literarischen Gattung, der Zusammenhang mit dem Alleluia trat in den Hintergrund. Ein geregelter Akzentrhythmus trat an die Stelle der metrisch differenzierten Textstruktur, u. die früheren Assonanzen wurden durch Reime ersetzt. Dem wuchernden S.-Gebrauch machte das Tridentiner Konzil ein Ende, indem es von den mehr als 5000 S.-Dichtungen nur noch 4 genehmigte: → Victimae paschali laudes, Veni sancte spiritus, Lauda Sion u. → Dies irae (1972 gestrichen). Dazu kam ab 1727 das → Stabat mater dolorosa.

2. In der musikalischen Satzlehre bedeutet S. oder Sequenzierung die Wiederholung einer melodischen oder harmonischen Wendung auf verschiedenen, meist dicht beieinander liegenden Tonstufen.

Serenade (von ital. sera: »Abend«), eine Abendmusik, im Freien zu spielen oder zu singen. Unter diesem Begriff wurden Huldigungskompositionen (Ständchen, Serenata), Divertimenti, Kassationen, Tafelmusiken u. Nocturnes zusammengefaßt. Sie ist aus der → Suite hervorgegangen u. enthält in der Regel mehrere Tanzsätze. Die bedeutendsten S. komponierte W. A. Mozart, darunter *Eine kleine Nachtmusik* KV 525. Im Sinn von kammermusikalisch benannte A. Schönberg sein op. 24 ebenfalls S.

Serenata (ital.), eine der Kantate nahestehende Huldigungskomposition mit Gesang u. Instrumentalbegleitung. Besonders im 17. u. 18. Jh. beliebt u. häufig mit szenischer Darstellung verbunden. Als Beispiel mögen G. F. Händels 3 Fassungen des »Acis u. Galatea«-Stoffes dienen.

serielle Musik, Ergebnis einer Kompositionsmethode, die alle musikalisch relevanten Bereiche durch Reihenanordnung zu strukturieren versucht u. zwischen den verschiedenen Reihen ebenfalls Abhängigkeitsverhältnisse herstellt. Hinter diesem Versuch steht die Vorstellung einer völlig durchrationalisierten »musique pure«. Man unterscheidet zwei extreme Ansätze, einmal den der »punktuellen Musik« u. zum anderen den der »statistisch« determinierten. Fixiert man die → Parameter der Töne (z. B. Tonhöhe, Tondauer, Lautstärke etc.) durch sog. Elementreihen, die wiederum vorgegebenen Gesetzmäßigkeiten unterliegen, so entsteht → punktuelle Musik, sobald diese Elementreihen gleichzeitig ablaufen. Werden umfangreichere Gruppen durch Zahlen- oder Proportionsreihen geordnet, die diese Gruppenmerkmale »statistisch« determinieren, spricht man von statistischer Musik. Um jedoch nicht in Gleichförmigkeit zu verfallen, können → Permutationen der einzelnen Reihen vorgenommen werden, die dann die jeweilige Struktur verändern. Nicht gelöst ist die Frage, wie aus den quasiautomatischen Tongebilden der s. M. ein verbindlicher Stil entstehen könnte. Manche Komponisten entziehen sich in der sog. postseriellen Musik dem rigorosen Konstruktionsprinzip, indem sie das Reihen- u. Parameterdenken nicht konsequent anwenden u. manches dem Zufall (→ Aleatorik) überlassen.

Sermisy, Claudin (Claude) de, franz. Sänger u. Komponist, * um 1490, † 13. 9. 1562 Paris. 1508 als Clerc musicien der Ste-Chapelle du Palais in Paris erwähnt. Wurde Chantre-clerc der Privatkapelle Ludwigs XII. u. unter Franz I. Sousmaître der Ste-Chapelle. 1533 erhielt er ein Kanonikat, u. 1547 wurde er zum Kapellmeister ernannt. Mit seinen mehr als 200 Chansons gehört S. zu den bedeutendsten Nachfolgern C. Janequins. Daneben komponierte er Messen u. Motetten. Zu seinen Lebzeiten erschienen: »Noua & prima motectorum editio« (3 Bücher, 1542) u. »Missae tres de S. Regij Sacelli Magistro« (1558) sowie weitere Kompositionen in Sammelwerken. Seine Chansons wurden großenteils von P. Attaignant u. später N. Du Chemin gedruckt.

Serocki, Kazimierz, poln. Komponist u. Pianist, * 3. 3. 1922 Toruń. Studierte am Konservatorium in Łódź bei K. Sikorski (Komposition) u. St. Szpinalski (Klavier) u. war 1947–48 Schüler von N. Boulanger in Paris. Setzt sich als Pianist für die zeitgenössische Musik ein u. gehört zu den Mitbegründern des Musikfestivals »Warschauer Herbst«. Neben Folklore u. Neoklassizismus hat S. serielle Techniken in seiner Musik verarbeitet. Außerdem experimentiert er mit Raumklang.

Zu S. Kompositionen gehören: Klavierkonzert (1950); 2 Sinfonien (1952 u. 1953, die letztere mit S., Bar. u. gem. Chor); Sinfonietta für 2 Streichorch. (1956); Liederzyklen *Serce nocy* für Bar. (1956) u. *Oczy powietrza* für S. (1957) u. Orch.; *Segmenti per orchestra* für 7 Instrumentalgruppen (1961); *Freski symfoniczne* für Orch. (1964); *Niobe* für 2 Sprechst., gem. Chor u. Orch. (1966); Sextett *Continuum* für 123 Schlaginstr. u. 6 Spieler (1966); *Forte e piano* für 2 Kl. u. Orch. (1967); 4 Sätze *Poezje* für S. u. Kammerorch. (1969); *Swinging Music* für Klar., Pos., Vc. oder Kb. u. Kl. (1970); *Dramatic Story* für Orch. (1970); *Fantasmagoria* für Kl. u. Schlagzeug (1971); *Fantasia elegiaca* für Org. u. Orch. (1972); *Impromptu fantasque* für Blockfl., Mandoline, Gitarren, Schlagzeug u. Kl. (1973); *Pianophonie* für Kl., Orch. u. Live-Elektronik (1978).

Serow (Serov), Alexandr N., russ. Komponist u. Kritiker, * 23. 1. 1820 Petersburg, † 1. 2. 1871 ebd. Absolvierte seinem Vater zuliebe die Rechtsschule in Petersburg u. wurde Beamter. Begann in seiner Freizeit zu komponieren u. nahm schließlich brieflichen Kontrapunktunterricht bei J. Hunke. Um wenigstens ein bißchen am musikalischen Leben teilzunehmen, begann er 1851 Kritiken zu schreiben. Eine Deutschlandreise 1858 machte ihn zum Wagnerianer, als der er die gerade aufkommende nationalruss. Schule bekämpfte u. sich dadurch die Feindschaft W. Stassows zuzog. 1863 errang er mit seiner Oper *Judith* einen großen Publikumserfolg in Petersburg. Dieser wurde noch durch seine 2. Oper *Rogneda* (1865) übertroffen. Eine 3. Oper, *Vražja sila*, wurde von N. Solowjew fertiggestellt, konnte aber an die vorhergehenden Erfolge nicht anknüpfen. Die von S. komponierten Orchesterwerke sind ohne Bedeutung. Seine Opern sind der Versuch, unter dem Eindruck M. Glinkas u. R. Wagners ein russ. Musikdrama zu schaffen. Damit ist er jedoch gescheitert. Seine Frau, Valentina Sjemonowna, war ebenfalls Komponistin, arbeitete auch an seinen Kritiken mit u. verwaltete den Nachlaß.

Serrano, José, span. Komponist, * 14. 10. 1873 Sueca bei Valencia, † 8. 3. 1941 Madrid. Sohn des Pianisten u. Komponisten Emilio S. Studierte bei seinem Vater u. am Konservatorium in Madrid.

S. komponierte Zarzuelas im Stil des Género chico, u. a. *El motete* (1900), *La reina mora* (1903), *Mal de amores* (1905), *La canción del olvido* (1916), *Los de Aragón* (1927) u. *Los claveles* (1929).

Sessions, Roger H., amer. Komponist u. Lehrer, * 28. 12. 1896 Brooklyn, NY. Studierte an der Harvard University in Cambridge, MA, u. bei H. Parker an der Yale School of Music in New Haven, CT. Übernahm 1917–21 einen Lehrauftrag am Smith College in Northampton, MA, u. begann zu komponieren. Suchte 1921 den Rat von E. Bloch, dessen Schüler er für weitere vier Jahre wurde. 1925–32 hielt er sich in Europa auf, lebte in Florenz, Rom u. Berlin. Lehrte nach seiner Rückkehr 1935–45 u. 1953–65 an der Princeton University, 1945–52 an der University of California in Berkeley u. ab 1972 an der Juilliard School of Music in New York. Gehörte ab 1959 außerdem zu den Direktoren des Electronic Music Center of Columbia and Princeton Universities. In seinen eigenen Kompositionen sind Einflüsse von E. Bloch, I. Strawinsky, A. Schönberg u. R. Strauss spürbar. Die musikalische Entwicklung S. führt vom Neoklassizismus (1. Sinfonie) über die erweiterte Tonalität (2. Klaviersonate) zur Zwölftonmusik (Streichquintett 1958).

Zu S. Werken gehören: die Opern *The Trial of Lucullus* (1947) u. *Montezuma* (1960–63); Orchesterwerke, darunter 8 Sinfonien (1927, 1944–46, 1957, 1958, 1963, 1966, 1967 u. 1968), sinfonische Suite nach der Bühnenmusik zu »The Black Maskers« (1928), Divertimento (1960) u. *Rhapsody* (1970); Violinkonzert (1932); Klavierkonzert (1956); Doppelkonzert für V., Vc. u. Orch. (1971); Kammermusik, u. a. 3 Klaviersonaten (1930, 1946, 1965), 2 Streichquartette (1936, 1950), Streichquintett (1958), Concertino für Kammerorch. (1972); Vokalkompositionen wie *Idyll of Theocritus* für S. u. Orch. (1954), *Mass* für Chor u. Org. (1958), *Psalm 140* für S. u. Org. oder Orch. (1963), *When Lilacs Last in the Dooryard Bloom'd* (Kantate für S., A., Bar., Chor u. Orch., 1970) u. *3 Choruses on Biblical Texts* für Chor u. Kammerorch. (1974). Zu seinen Schriften gehören: »The Musical Experience of Composer, Performer, Listener« (Princeton 1950, Nachdr. 1971); »Reflections on the Music Life in the United States« (New York 1956); »Questions About Music« (Cambridge, MA, 1970).

Seter, Mordecai, israel. Komponist, * 26. 2. 1916 Noworossisk, Westkaukasus. Schüler von I. Strawinsky, P. Dukas u. N. Boulanger in Paris. Lehrt an der Israel-Musikakademie in Tel Aviv. Ist in seinen Kompositionen von der althebräischen Liturgie u. nahöstlicher Folklore beeinflußt.

Zu S. Kompositionen gehören: die Ballette *Judith* (1962) u. *Part Real, Part Dream* (1974, Ch.: M. Graham); die Orchesterwerke Variationen (1959) u. Ricercar (1961); Vokalkompositionen wie *I'Shabbat* für Soli, gem. Chor u. Streicher (Kantate, 1940), *Tikun-Chazot* (Oratorium für T. gem. Chor u. Orch., 1962) u. *Jerusalem* (Sinfonie für Chor u. Orch., 1966).

Sextakkord, jeder aus Terz u. Sexte bestehende Akkord, der in der Generalbaßlehre mit einer 6 über oder unter dem Baßton angegeben wurde. In der Dur-Moll-tonalen Harmonielehre ist der S. die 1. Umkehrung des Dur- bzw. Mollakkords in der jeweiligen Grundform.

Sexte (lat. sexta: »sechste«), die 6. Stufe der diatonischen Skala. Sie kommt als groß, klein, vermindert u. übermäßig vor. Sie ergibt sich auch aus der Umkehrung der → Terz.

Sextett (ital. sestetto, franz. sextuor, engl. sextet), Komposition für 6 Solisten, häufig nur Streicher oder Bläser. In der Oper versteht man unter S. ein Ensemble von 6 handelnden Personen mit Orchesterbegleitung.

Sextole, eine für 4 Noten eintretende Figur von 6 Noten gleicher Form. Dabei ist nicht immer klar ersichtlich, ob es sich um 2 → Triolen handelt oder um 3 × 2 Noten.

sf, sfz, Abkürzung für → sforzato bzw. sforzando.

sforzato (ital.), seltener sforzando, fordert einen verstärkten Akzent für den Ton oder Akkord, bei dem diese Bezeichnung steht.

Sgambati, Giovanni, ital. Pianist u. Komponist, * 28. 5. 1841 Rom, † 14. 12. 1914 ebd. Trat bereits in seiner Jugend als Klaviervirtuose u. Dirigent auf. F. Liszt überwachte in Rom seine pianistische Ausbildung persönlich. S. machte die Römer als erster mit Werken der Wiener Klassik bekannt, dirigierte L. van Beethovens *Eroica* u. spielte die Erstaufführung des Es-Dur-Klavierkonzerts. Unterhielt auch freundschaftliche Beziehungen zu R. Wagner. 1877 übernahm er die erste Klavierklasse des neugegründeten Liceo Musicale der Accademia di S. Cecilia in Rom.

Zu S. Kompositionen gehören: die Ouvertüre *Cola di Rienzi* (1866), 2 Sinfonien (1880 u. 1883), 1 Klavierkonzert (1878–80), Te Deum für Org. u. Orch. (um 1890), Requiem für Bar., Chor u. Orch. (1897–98), 2 Streichquartette (1864 u. 1882), 2 Klavierquintette (1866 u. um 1876), Klavierstücke, Lieder.

Shake → Triller

Shankar, Ravi, indischer Sitārspieler u. Komponist, * 7. 4. 1920 Benares. Bruder des Tänzers Uday Sh. Studierte bei Ustad Allauddin Khan Gesang u. Sitār. Gründete 1949 bei All-India Radio das Indian National Orchestra, 1963 die Kinnara School of Music in Bombay u. 1977 das Research Institute for Music and Performing Arts in Varanasi. Sh. hat durch eine ausgedehnte Konzerttätigkeit mit dazu beigetragen, daß die klassische indische Musik im Westen bekannt wurde. Er gab mehrere denkwürdige Konzerte gemeinsam mit Y. Menuhin u. trat auch mit den Beatles auf.

Zu Sh. Kompositionen gehören: Concerto für Sitār u. Orch. (1971); Stücke für J.-P. Rampal u. Sitār; Y. Menuhin u. Sitār; H. Yamamoto u. M. Miyashita sowie das Sitārkonzert Raga-Mala (1981). Daneben komponierte er Musiken für Spielfilme, u. a. für S. Rajs Trilogie »Pather Panchali«, »Aparajito« u. »The World of Apu«. Memoiren erschienen unter dem Titel »My Music, My Life« (London u. New York, 1968, dt. München 1969).

Shanty (engl.), das Arbeitslied der Seeleute auf den Segelschiffen. Je nach Art der Arbeit gab es die verschiedensten Shanties. Der Shantyman (Vorsänger) sang den strophischen Text, die Mannschaft fiel im Chor bei dem sich meistens wiederholenden Refrain ein. Als Begleitinstrument wurde manchmal die Ziehharmonika eingesetzt.

sharp (engl.: »scharf«), im Engl. Bezeichnung für das Erhöhungszeichen (♯). So bedeutet F sharp Fis.

Shawn, Ted, amer. Tänzer, Choreograf u. Lehrer, * 21. 10. 1891 Kansas City, MO, † 9. 1. 1972 Orlando, FL. Erhielt Unterricht bei H. Wallack u. trat 1911 in Denver zum ersten Mal öffentlich auf. Begründete wenig später eine Tanzschule in Los Angeles, stellte eine eigene Truppe zusammen u. wirkte in »Dance of the Ages« mit, einem der ersten Tanzfilme. Während einer Tournee lernte er 1914 Ruth S. Denis kennen. 1915 eröffneten sie ihre Denishawn-Schule, aus der Tänzer wie M. Graham, D. Humphrey u. Ch. Weidman hervorgegangen sind. Mit der Trennung von Sh. u. S. Denis kam das Ende von Denishawn. Sh. gründete 1933 eine neue, nur aus Männern bestehende Kompanie u. richtete in Jacob's Pillow ein Tanzstudio ein. Die dort ab 1942 stattfindenden Sommerveranstaltungen leitete er mit kurzen Unterbrechungen bis zu seinem Tode. Sh. Bedeutung liegt weniger in den eigenen Ch. als in der Aufwertung des männlichen Tänzers u. der Gründung von Jacob's Pillow, einem der wichtigsten Zentren des modernen Tanzes. Zu seinen Veröffentlichungen gehören: »R. S. Denis, Pioneer and Prophet« (San Francisco 1920) u. »One Thousand and One Night Stands« (Garden City, NY, 1960, gemeinsam mit G. Poole).

Shifrin, Seymour J., amer. Komponist, * 28. 2. 1926 New York. Studierte 1942–45 privat bei W. Schuman u. 1951–52 bei D. Milhaud 1951–52.

Lecturer an verschiedenen Universitäten u. ab 1966 Professor an der Brandeis University in Waltham, MA. Gehört seit 1962 zu den Herausgebern der »Perspectives of New Music«.

Zu Sh. Kompositionen gehören: *Music for Orchestra* (1948); *Three Pieces for Orchestra* (1959); Kammersinfonie (1961); Konzertstück für V. solo (1959); Vokalwerke wie *A Medieval Latin Lyric* für Chor a cappella (1954), *Cantata to Sophoclean Choruses* für Chor u. Orch. (1958), *Satires of Circumstance* für Mezzo-S., Fl., Klar., V., Vc., Kb. u. Kl. (1964) u. *Chronicles* für Soli, Chor u. Orch. (1970); Kammermusik, darunter 5 Streichquartette (1949, 1962, 1966, 1967, 1972); Klavierstücke; Lieder.

Shimmy (amer.), Gesellschaftstanz, der nach dem 1. Weltkrieg in Mode kam u. dem Foxtrott verwandt ist. Charakteristisch sind die mit den Schultern auszuführenden Schüttelbewegungen.

Shinohara, Makoto, japan. Komponist, * 10. 12. 1931 Osaka. Schüler von T. Ikenouchi in Tokio, T. Aubin u. O. Messiaen in Paris, B.A. Zimmermann u. G. M. Koenig in Köln. Arbeitete an den elektronischen Studios in Utrecht, New York u. Tokio. Versucht in seinen Kompositionen eine Verschmelzung von neuen westlichen Klangvorstellungen u. altem japan. Instrumentarium.

Zu Sh. Werken gehören: *Obsession* für Ob. u. Kl. (1960); *Solitude* für Orch. (1961); *Alternance* für Schlagzeug (1962); *Broadcasting* (elektronische Musik, 1964); *Visions I* u. *II* für Orch. (1965 u. 1970); *Mémoires* (1966); *Consonance* für 6 Instr. (1967); *Personnage* für 1 Sänger, Beleuchtung u. Tonband (1968); *City Visit* (elektronische Musik, 1971); *Rencontres* für 1 Schlagzeuger u. Tonband (1972); *Tayutai* für Koto (1972); *Kyudo* für Shakuhachi u. Hf. (1973); *Relations* für Fl. u. Kl. (1973); *Elevation* für Orch. (1976).

Shouting (engl.), ekstatische Gesangsart der amer. Neger, die man am besten als Rezitation auf einem Hauptton beschreiben kann, von dem die Stimme sich zur darüberliegenden Terz (Blue note, → Blues) steigert, um dann in die Unterquarte bzw. zur Unverständlichkeit abzusinken. Heute noch in bekenntnishaften Gottesdiensten u. im → Negro Spiritual zu hören.

Si, Name für den Ton → H im romanischen Sprachgebiet (→ Solmisation).

Sibelius, Jean (Johan) J.Ch., finn. Komponist, * 8. 12. 1865 Hämeenlinna, † 20. 9. 1957 Järvenpää bei Helsinki. Sein Vater war Arzt, die Mutter stammte aus einer Beamtenfamilie. Wie bei den meisten gebildeten Finnen der damaligen Zeit wurde zu Hause Schwed. gesprochen. Da sein Vater bereits früh starb, wurde S. von seiner Mutter u. seiner Großmutter erzogen. Mit 9 Jahren erhielt er den ersten regelmäßigen Klavierunterricht. Mit 10 entstand seine erste Komposition *Vattendroppar*. Da ihn die Geige aber weit mehr als das Klavier interessierte, erhielt er Geigenstunden bei G. Levander. Mit 16 begann er das Studium von A. B. Marx' Lehre von der musikalischen Komposition. 1883 versuchte sich S. an einem Klaviertrio. Die intensive Beschäftigung mit der Musik ließ ihn fast durch das Schulexamen fallen. Auf Wunsch der Familie studierte er ab 1885 in Helsinki Rechtswissenschaften, nahm aber daneben Unterricht bei M. Vasiliew am Konservatorium. Ab 1886 durfte er sich ganz der Musik widmen. S. trat in das Konservatorium ein u. belegte die Fächer Geige u. Komposition. Zu seinen Lehrern gehörten H. Csillag u. M. Wegelius. Bereits nach zwei Jahren ließ ihn Wegelius, der als Wegbereiter der finn. Nationalmusik gilt, zwei Lieder für ein Märchendrama komponieren. Ebenfalls 1888 wurde im Konservatorium S. *Thema und Variationen* in cis-Moll für Streichquartett aufgeführt. Zu F. Busoni, der im gleichen Jahr eine Klavierklasse am Konservatorium übernahm, unterhielt er freundschaftliche Beziehungen. 1889–90 konnte S. mit Hilfe eines Stipendiums seine Studien in Berlin bei A. Becker fortsetzen. In Berlin lernte er auch seinen Landsmann R. Kajanus kennen, der später zu den engagiertesten Interpreten seiner Musik zählen sollte. Wieder in Finnland, verlobte sich S. mit Aino Järnefelt, der Schwester des Musikers E. A. Järnefelt. Das Wintersemester 1890–91 verbrachte S. in Wien, wo u. a. R. Fuchs u. K. Goldmark seine Lehrer waren. Zu seinen Wiener Erlebnissen gehörte auch die Begegnung mit dem Werk A. Bruckners. Noch vor der Rückreise schloß S. mit der Ouvertüre in E-Dur seine erste Orchesterkomposition ab. Wieder in Finnland, arbeitete er an der sinfonischen Dichtung *Kullervo,* die am 28. 4. 1892 mit außergewöhnlichem Erfolg aufgeführt wurde. Kurz danach heiratete S. Aino Järnefelt. Seinen Lebensunterhalt bestritt er mit Unterricht am Konservatorium u. an der Musikschule von R. Kajanus. 1893 entstanden die Orchestersuite *Karelia,* die sinfonische Dichtung *Der Schwan von Tuonela* u. die Klaviersonate in F-Dur. 1894 besuchte S. Italien u. hörte auf der Rückreise in Bayreuth den *Parsifal.* Nachdem ihn 1897 eine Intrige um den Posten des Universitätsmusikdirektors brachte, entschädigte ihn die Regierung mit einer Staatspension auf Lebenszeit, die ihm das Leben eines freischaffenden Komponisten ermöglichte. 1899 dirigierte S. die Uraufführung seiner 1. Sinfonie. Mit diesem Werk erwies sich seine führende Position unter den jüngeren Komponisten Finnlands. In den folgenden Jahren hielt er sich verschiedentlich im Ausland auf, arbeitete an der 2. Sinfonie u. dem Violinkonzert. 1903 entstand die Bühnenmusik zu A. Järnefelts »Kuolema«. Aus ihr stammt die berühmte *Valse triste.* 1904 kaufte sich S. ein Grundstück in Järvenpää bei Helsinki u. ließ sich dort ein Haus bauen, das er bis zu seinem Lebensende bewohnte. Auf einer Konzertreise nach England dirigierte S. 1908 im Rahmen eines Konzerts der Royal Philharmonic Society in London seine 3. Sinfonie. Weitere Auslandsreisen schlossen sich an, u. a. 1914 nach den USA, wo S. seine sinfonische Dichtung *Die Okeaniden* der Öffentlichkeit vorstellte. Während des 1. Weltkrieges beschäftigte er sich hauptsächlich mit seiner 5. Sinfonie u. Kammermusikwerken. 1923 folgte die 6. Sinfonie, 1924 die 7. Mit der im Auftrag von W. Damrosch 1925 entstandenen sinfonischen Dichtung *Tapiola* schloß S. sein sinfonisches Werk ab. Es folgten einige kleinere Kompositionen, dann hüllte sich der inzwischen zu einem Nationaldenkmal gewordene Künstler in Schweigen.

S. hat zeitlebens bedauert, daß er kein besserer Geiger war. Dem Klavier stand er einigermaßen fremd gegenüber. Nach frühen kammermusikalischen Versuchen, die großenteils verlorengegangen sind, wandte er sich mit Erfolg Orchester- u. Chorwerken zu. Seine sinfonischen Dichtungen u. Sinfonien lassen ihn als einen Schöpfer großer Formen erscheinen, der sehr genau um die Ausdrucksmöglichkeiten eines Orchesters wußte. Die Durcharbeitung des musikalischen Materials ersetzte S. durch Fortspinnungstechnik. Verschiedentlich griff er bei seinen sinfonischen Dichtungen auf das Nationalepos »Kalevala« zurück. Von seiner Kammermusik sind nur die beiden Streichquartette (B-Dur u. *Voces intimae*), die Sonatine für V. u. Kl. sowie die Sonatine in fis-Moll für Kl. erwähnenswert.

Zu S. Kompositionen gehören: der Operneinakter *Jungfrun i tornet* (1896); Bühnenmusiken zu A. Pauls »Kong Christian II.« (1898), A. Järnefelts »Kuolema« (1903), M. Maeterlincks »Pelleas et Melisande« (1905), H. Procopés »Belsazar« (1906), A. Strindbergs »Svanevit« (1980), P. Knudsens Pantomime »Scaramouche« (1913), H. von Hofmannsthals »Jedermann« (1916) u. W. Shakespeares »The Tempest« (1926); Orchesterwerke wie *En saga* (1892, rev. 1901), Ouvertüre *Karelia* (1893), *Karelia*-Suiten (1893), *Vårsång* (1894), *Skogsrået* (1894), *Cassazione* (1895), *Lemminkäinen*-Suiten (*Lemminkäinen und die Jungfrauen auf Saari*, 1895; *Lemminkäinen in Tuonela*, 1895; *Der Schwan von Tuonela*, 1893; *Lemminkäinen zieht heimwärts*, 1895), *Finlandia* (1899, rev. 1900), *Scènes historiques*, Suiten I u. II (1899 u. 1912), 7 Sinfonien (Nr. 1 in e-Moll, 1899; Nr. 2 in D-Dur, 1901–02; Nr. 3 in C-Dur, 1904–07; Nr. 4 in a-Moll, 1911; Nr. 5 in Es-Dur, 1915, rev. 1916 u. 1919; Nr. 6 in d-Moll, 1923; Nr. 7 in C-Dur, 1924), Romanze in C-Dur (1903), *Pohjolan tytär* (*Pohjolas Tochter*, 1906), *Pan und Echo* (1906, rev. 1909), *Nattlig ritt och soluppgång* (1907), Trauermarsch *In memoriam* (1909), *Dryaden* (1910), *Barden* (1913, rev. 1914), *Aallottaret* (*Die Okeaniden*, 1914), 3 Stücke (1919–20), *Suite mignonne* (1921), *Suite champêtre* (1921), *Suite caractéristique* (1922), *Tapiola* (1926); Kompositionen für Soloinstr. u. Orch.: Violinkonzert (1903, rev. 1905), 2 Serenaden für V. u. Orch. (1912 u. 1913), *Ernste Melodien* für V. oder Vc. u. Orch. (1914), 2 Humoresken für V. u. Orch. (1917), 4 Humoresken für V. u. Orch. (1917); Vokalkompositionen, u. a. *Kullervo* für S., Bar., Männerchor u. Orch. (1892), *Rakastava* für Männerchor a cappella (1893), Arioso für Singst. u. Orch. (1893), *Koskenlaskijan morsiamet* für Bar. oder Mezzo-S. u. Orch. (1897), 9 Lieder für Männerchor a cappella (1900), Impromptu für Frauenchor u. Orch. (1902, rev. 1910), *Luonnotar* für S. u. Orch. (1913), *Oma maa* (Kantate für gem. Chor u. Orch., 1918), *Jordens sång* (Kantate für gem. Chor u. Orch., 1919), *Maan virsi* (Kantate für gem. Chor u. Orch., 1920), *Maurische Musik* für Männer-St., Kl. u. Org. (1927–46, rev. 1948); Kammermusik, darunter 2 Streichquartette (B-Dur, 1890, u. *Voces intimae*, 1909), 4 Stücke für V. oder Vc. u. Kl. (1915–19), Sonatine für V. u. Kl. (1915), 4 Stücke für V. u. Kl. (1929); Klavierstücke, u. a. Sonate in F-Dur (1893), *Kyllikki* (1904), 3 Sonatinen (1912) u. viele kleinere Stükke; Lieder.

Lit.: C. Gray, S., London 1931; K. Ekman, J. S., En konstnärs liv och personlighet, Helsinki 1935, engl.: J. S., His Life and Personality, London 1936; C. Gray, S., The Symphonies, London 1935, Nachdr. Freeport, NY, 1970; N. Cardus, S., in: Ten Composers, London 1945; G. Abraham, S., A Symposium, London 1947; N.-E. Ringbom, S., Helsinki 1948, dt. Olten 1950; R. Leibowitz, J. S., Le plus mauvais compositeur du monde, Lüttich 1955; S. Levas, J. S., 2 Bde., Helsinki 1957–60, engl.: S., A Personal Portrait, London 1972 u. Lewisburg, PA, 1973; S. Parmet, S. sinfoniat, Helsinki 1955, engl. London 1959; H. Johnson, J. S., New York 1959, London 1960; J. Rosas, Otryckta kammarmusikverk av J. S., Åbo 1961; E. Tanzberger, J. S., Wiesbaden 1962; A. M. Stupel, J. S., Leningrad 1963; E. Tawaststjerna, J. S., 4 Bde., Helsinki 1965 ff., engl. London 1976 ff.; M. Vignal, J. S., Paris 1965; R. Layton, S., London 1965; ders., S. and His World, London 1970.

Siciliano (ital. auch siciliana, franz. sicilienne), ein der → Pastorale nahestehendes Instrumental- oder Vokalstück im 6/8- oder 12/8-Takt, vorwiegend in Moll. Charakteristisch ist der punktierte Grundrhythmus. Tritt häufig in ital. Opern u. Kantaten des 17. u. 18. Jh. auf, so z. B. bei A. Scarlatti. Auffallend an den Arien alla siciliana ist die häufige Verwendung der → neapolitanischen Sexte. In der Instrumentalmusik ersetzte der S. hin u. wieder bei Suiten u. Sonaten den langsamen Satz.

Sidelnikow, Nikolaj, sowj. Komponist, * 5. 6. 1930 Kalinin. Studierte am Moskauer Konservatorium bei Y. Messner, A. Alexandrow u. J. Schaporin. Experimentiert mit modalen Techniken, Zwölftonmusik, Folklore u. Jazz.

Zu S. Kompositionen gehören: *Alle, die das Schwert auf sich nehmen* (Oratorium, 1957); *Der Tod des Dichters* (Requiem, 1957); Klaviersonate (1959); *Romantisches Divertissement* in 4 Bildern (I *Vivaldi*, II *Ravel*, III *Berg*, IV *Strawinsky*, 1965); *Lied über die Rote Fahne* (Choralsinfonie, 1967); *Hymne an die Natur* (Choralsinfonie, 1968); *Russische Geschichten* für 12 Instrumentalisten (1968); Fantasie für Kl. (1969); *Slawisches Triptychon* für V. u. Kl. (1973); *Die kleine scharlachrote Blume* (Kinderoper, 1973); *Die leidenschaftliche Welt des Dichters* (Sinfonie, 1973); *Zweikampf* (Konzert für 2 Kl., Kb., Vc. u. Schlagzeug, 1973); 25 Klavierstücke für Kinder (1974); 25 Klavierstücke für Kinder (1975); *Stepan Razin* (Ballett, 1977).

Siebert, Wilhelm Dieter, dt. Komponist, * 22. 10.

1931 Berlin. Studierte in Berlin bei J. Rufer u. in Freiburg bei W. Fortner. Experimentierte mit O. Sala auf dem Gebiet der Elektronik u. des Jazz. Trat 1963 der Gruppe Neue Musik Berlin bei.

Zu S. Kompositionen gehören: Trio für Fl., Hf. u. Schlagzeug (1967); *Orpheus' Dream* für S., Vc. u. Tonband (1967); *Paganini-Variationen* für Fl., Kl., Streichtrio u. Tonband (1968) u. *Untergang der Titanic* (Mitspiel-Oper, 1978–79).

Siefert (Sibert), Paul, dt. Organist u. Komponist, getauft 28. 6. 1586 Danzig, † 6. 5. 1666 ebd. 1607–08 Schüler J. P. Sweelincks in Amsterdam, 1611–16 Organist in Königsberg, dann bis 1623 in der Kapelle Sigismunds III. von Polen in Warschau u. ab 1623 Organist an St. Marien in Danzig. S. komponierte in der Tradition Sweelincks u. wußte mit den neueren musikalischen Entwicklungen, die stark von Italien beeinflußt wurden, nichts anzufangen. Bekannt ist seine Auseinandersetzung mit dem Warschauer Kapellmeister u. Hofkomponisten M. Scacchi, der auf S. »Psalmen Davids nach franz. Melodey oder Weise in Music componirt« (I. Teil 1640, II. Teil 1651) mit einem »Cribrum musicum« (1643) einging, auf das S. mit seiner »Anticribratio musica ad avenam Scacchianam« (1645) antwortete.

Siegel, C. F. W., dt. Musikverleger, † 29. 3. 1869 Leipzig. Gründete dort 1846 die Buch- u. Musikalien-Verlags- u. Sortimentshandlung S. & Stoll, die ab 1850 nur noch unter S. firmierte. 1903 wurde der Buch- u. Musikalienverlag E. W. Fritzsch u. 1919 der Verlag Kistner dazuerworben. Das Programm ist hauptsächlich auf Chormusik ausgerichtet. Ab 1921 wurde die GA von Josquin Desprez betreut.

Siegel, Ralph (Rudolf) Maria, dt. Komponist, Textdichter u. Musikverleger, * 8. 6. 1911 München, † 2. 8. 1972 ebd. Sohn des Komponisten Rudolf S. Trat nach dem Studium, u. a. bei E. Toch u. N. Lopatnikoff, als Operntenor in Berlin u. München auf. Machte sich als Komponist von Operetten, musikalischen Lustspielen, Musicals u. Schlagern einen Namen. Außerdem gründete er in München eine Verlagsgruppe, die zu den erfolgreichsten auf dem Gebiet der Unterhaltungsmusik gehört.

Zu S. Kompositionen gehören: *Alles für Eva* (1933), *Liebeszauber* (1936), *Charley's Tante* (1967) u. Schlager wie *Ich hab' noch einen Koffer in Berlin* oder *Sing ein Lied, wenn du mal traurig bist*.

Siegl, Otto, österr. Komponist u. Dirigent, * 6. 10. 1896 Graz, † 9. 11. 1978 Wien. Schüler von E. Kornauth u. R. Mojsisovics, 1922 Kapellmeister am Grazer Opernhaus, 1926 Musikdirektor in Paderborn, 1933 Lehrer für Theorie u. Komposition an der Musikhochschule in Köln, wo er 1934 auch die Leitung des Gürzenich-Chores übernahm. 1948–67 Kompositionslehrer an der Wiener Musikakademie. Nach ersten atonalen Versuchen wandte sich S. der Barockmusik zu u. suchte in seinen Kompositionen Tradition u. Gegenwart zu verbinden.

Zu S. Werken gehören: *Missa Mysterium magnum* für Chor a cappella (1926), *Orgel-Festmesse* (1949), *Missa parva* (1953), *Missa humilitatis* (1959); Kantaten; Oratorium *Stern des Lebens* für Soli, gem. Chor, Org. u. Orch. (1959); 2 Sinfonien (1958 u. 1959); Konzert für Fl. u. Streicher (1955), Cellokonzert (1957), Kammerkonzert für Kl. u. Orch. (1960), Kammerkonzert für Fl., Klar. u. Streicher (1968); Kammermusik, u. a. 5 Streichquartette (1924, 1924, 1932, 1941, 1956) u. 2 Streichquintette (1940 u. 1954); Chöre.

Sight (engl.: »Anblick«), eine in den engl. Diskanttraktaten des 15. Jh. festgelegte Aufführungsart des engl. → Discantus, bei der die zum Cantus firmus improvisierten Gegenstimmen nicht in ihrer wirklichen Tonhöhe, sondern transponiert vorgestellt werden. »At s.« hat daher heute noch die Bedeutung »vom Blatt«.

Signale, Signalmusik, Klänge u. Klangfolgen, die zum Signalgeben benutzt werden. Hauptanwendungsgebiete sind Jagd, Kriegswesen, kultische u. höfische Zeremonien.

Sikorski, Hans (Johannes) C., dt. Bühnen- u. Musikverleger, * 30. 9. 1899 Jersitz, † 22. 8. 1972 Bad Wiessee. Gründete 1935 in Berlin eine Bühnen- u. Musikverlagsgruppe, die heute unter Internationale Musikverlage H. S. firmiert u. ihren Sitz in Hamburg hat. Die aus einer Vielzahl von Unternehmen u. ausländischen Tochterfirmen bestehende Verlagsgruppe wird heute von Hanna S. u. ihrem Sohn Dr. H. W. S. geleitet. Das Programm besteht aus E- u. U-Musik. Auf dem Gebiet der E-Musik vertritt der Verlag eine Reihe von wichtigen sowj. Komponisten, u. a. A. Chatschaturjan, E. Denissow, D. Kabalewskij, S. Prokofjew, S. Rachmaninow, A. Schnittke, D. Schostakowitsch u. R. Schtschedrin, daneben auch jüngere dt. wie P. Ruzicka, W. von Schweinitz u. M. Trojahn sowie weltberühmte Namen wie G. C. Menotti. Aus der U-Musik seien nur erwähnt: R. Benatzky, D. Ellington, F. Grothe, P. Igelhoff, B. Kaempfert, P. Kreuder, E. Künneke, Th. Mackeben u. L. Olias. Außerdem verlegt S. Werke der Musikliteratur.

Sikorski, Kazimierz, poln. Komponist, * 28. 6. 1895 Zürich. Studierte an der Chopin-Musikschule in Warschau u. an den Universitäten von Warschau, Lemberg u. Paris. Ab 1926 Professor für Komposition in Posen, 1927 am Konservatorium in Warschau u. Łódź. 1947–54 Rektor der Musikhochschule in Łódź u. 1957–66 der Musikhochschule in Warschau. Zu seinen Schülern gehörten G. Bacewicz, J. Krenz, A. Panufnik u. K. Serocki. Als Komponist hat S. seine eigene Reihentechnik entwickelt. Sein Sohn Tomasz

(* 19. 5. 1939 Warschau) ist dabei, sich ebenfalls als Komponist einen Namen zu machen.

Zu S. Kompositionen gehören: 4 Sinfonien (1919, 1921, 1953, 1971); Konzert für Klar. u. Orch. (1947), Flötenkonzert (1957), Konzert für Trp., Streicher, 4 Pk., Xylophon u. Tamtam (1959), *Koncert polifoniczny* für Fag. u. Orch. (1965), Oboenkonzert (1967); Stabat mater für B., gem. Chor u. Org. (1943, Neufassung für Soli, Chor u. Orch. 1950), *Vox humana* für gem. Chor, 2 Kl., 12 Blechbläser, 4 Gongs u. 4 Tamtams (1971); Kammermusik. Er veröffentlichte: »Instrumentenkunde« (Warschau 1932, Neuauflage Krakau 1975); »Harmonia« (3 Bde., Krakau 1948–49, Neuauflage, 2 Bde., 1972) u. »Kontrapunkt« (3 Bde., Krakau 1953–57).

Silcher, Ph. Friedrich, dt. Dirigent u. Komponist, * 27. 6. 1789 Schnait, Württemberg, † 28. 6. 1860 Tübingen. Wurde als Lehrer ausgebildet u. erwarb sich bei N. F. Auberlen erste musikalische Kenntnisse. Die Begegnung mit C. M. von Weber in Ludwigsburg ließ in ihm den Entschluß reifen, sich ganz der Musik zu widmen. Er nahm Unterricht bei C. Kreutzer u. J. N. Hummel u. wurde 1817 zum Universitäts-Musikdirektor u. als Lehrer an das evangelische Stift Tübingen berufen. Dort gründete er 1829 die Akademische Liedertafel u. 1839 den Oratorienverein. Als Lehrer bekannte er sich zur musikalischen Volkserziehung im Sinne J. H. Pestalozzis. Er gab u. a. 12 Hefte mit je 12 Liedern für 4 Männerst. (1826–60) heraus, von denen er eine Anzahl selbst komponierte. Zu S. bekanntesten Liedern gehören *Alle Jahre wieder, Ännchen von Tharau, Ich weiß nicht, was soll es bedeuten, Zu Straßburg auf der Schanz.* Er veröffentlichte: »Geschichte des evangelischen Kirchengesanges« (Tübingen 1844) u. »Harmonie- und Compositions-Lehre« (Tübingen 1851).

Silwestrow (Sil'vestrov), Walentij W., sowj. Komponist, * 30. 9. 1937 Kiew. Begann 1953 mit Klavierstudien, nahm 1955–58 ein Ingenieur- u. Architekturstudium auf u. beschäftigte sich daneben an der Abend-Musikschule mit Musik. 1958–64 Schüler des Tschaikowsky-Konservatoriums in Kiew, wo B. Ljatoschynskyj u. L. Rewuzkyj zu seinen Lehrern gehörten. Seinen Lebensunterhalt verdiente er sich hauptsächlich als Klavierlehrer am Musikstudio der Universität Kiew, später am Musikstudio der Ukrainischen Chorgesellschaft. 1961 trat er mit einem Klavierquintett an die Öffentlichkeit, dessen Synthese diatonischer u. chromatischer Strukturen zu heftigen Diskussionen führte. S. gehört zu den wichtigsten Vertretern der sog. Kiewer Zwölftonschule. Neben seriellen Techniken bezieht S. für seine Kompositionen Spannungen aus der Dialektik zwischen dem Kulturellen (festgelegte Klänge) u. dem Geheimnisvollen (aleatorische Klänge).

Zu S. Werken gehören: Klaviervariationen (1958); Sonatine für Kl. (1959); Sonate für Kl. (1960); Klavierquintett (1961); *Zeichen* für Kl. (1961–62); *Triade* für Kl. (1962); Serenade für Kl. (1962); Trio für Fl., Trp. u. Celesta (1962); 1. Sinfonie (1963); *Mysterium* für Altfl. u. 6 Schlagzeuggruppen (1964); *Projektionen* für Cemb., Vibraphon u. Glocken (1965); *Spektren* für Kammerorch. u. elektrische Org. (1965); 2. Sinfonie (1965); *Eschatophonie* für Orch. (1966); *Hymnus* für 5 Instrumentalgruppen (1967); *Elegie* für Kl. (1967); *In memoriam B. Ljatoschynskyj* für Orch. (1968); *Drama* in 3 Sätzen (I. Violinsonate, II. Cellosonate, III. Klaviertrio, 1970–71); *Meditation* für Vc. u. Kammerorch. (1973); Klaviersonate (1973); *Musik für Kinder* (1973); *Stücke im alten Stil* (1973); Kantate für S., Kammerorch. u. 11 Popsongs (1973); Streichquartett (1974); *Stille Lieder* für Bar. u. Kl. (1974–76); 2. Klaviersonate (1975); 4. Sinfonie (1976); Kantate für Chor a cappella (1977).

simile (ital.), ähnlich, in gleicher Weise zu spielen.

Simpson (Sympson), Thomas, engl. Violist u. Komponist, getauft 1. 4. 1582 Milton, Kent, † nach 1625. Als Violist 1608–11 am Heidelberger Hof nachweisbar, 1616 bis ca. 1622 Musicus in holstein-schaumburgischen Diensten u. anschließend Mitglied der Kapelle Christians IV. in Kopenhagen. War maßgeblich an der Entwicklung der Orchestersuite im norddt. Raum beteiligt.

Zu S. Kompositionen gehören: 5st. »Opusculum newer Pavanen, Galliarden, Couranten unnd Volten ...« (1610); 5st. »Opus newer Paduanen, Galliarden ...« (1617) u. »Taffel Consort ... mit 4 Instrumenten, neben einem General Bass« (1621).

Simrock, Nikolaus, dt. Musikverleger, * 23. 8. 1751 Mainz, † 12. 6. 1832 Bonn. Waldhornist in der Kurfürstlichen Kapelle in Bonn u. nebenbei Verwalter der dazugehörigen Musikalien. Gründete um 1785 seine eigene Musikalienhandlung, aus der sich unter seinem Sohn Peter J. (1792–1868) u. seinem Enkel Fritz A. (1838–1901) ein bedeutender Musikverlag entwickelte. Nikolaus S. verlegte u. a. einige Werke von L. van Beethoven, seine Nachkommen gaben die Werke von J. Brahms u. A. Dvořák heraus. 1929 ging das Unternehmen an Anton J. Benjamin über.

Sinding, Christian A., norw. Komponist, * 11. 1. 1856 Kongsberg, † 3. 12. 1941 Oslo. Schüler von L. M. Lindeman in Oslo, 1874–77 u. 1879 am Leipziger Konservatorium, wo u. a. S. Jadassohn u. C. Reinecke zu seinen Lehrern gehörten. Ließ sich nach weiteren Studien in Dresden, München u. Berlin in Oslo nieder, wo er mit einem Staatsstipendium als freischaffender Komponist lebte. 1920–21 gab er Kompositionsunterricht an der Eastman School of Music in Rochester, NY. 1885 trat er mit einem Klavierquintett an die Öffentlichkeit, das ihn weit über Skandinavien hinaus bekannt machte. Sein populärstes Stück war *Frühlingsrauschen* op. 32 Nr. 3 für Kl. (1896). Im Gegensatz zu E. Grieg u. J. Svendsen wandte sich S. nicht der heimatlichen Folklore zu, sondern komponierte unter Anlehnung an R. Wagner u. die Romantiker. Bemerkenswert ist seine zyklische Verwendung von Themen u. die den funktionellen harmonischen Rahmen sprengende Fortschreitung von Akkorden.

Zu S. Kompositionen gehören die Oper *Der heilige Berg* (1910–12); die Kantaten *Til Molde* (1884), *Nils Henrik Abel* (1902), *Zum Hundreaarsdagen for Norges Vel* (1909) und *Jubilaeumskantate* (1914); 3 Sinfonien (1887–92, 1907 u. 1920); *Vinter og Vår* (Rhapsodie für Orch., 1936); Klavierkonzert (1887–92), 3 Violinkonzerte (1897–98, 1901 u. 1917), *Legende* für V. u. Orch. (1900), *Suite im alten Stil* für V. u. Orch. (1906), Romanze für V. u. Orch. (1910) u. *Abendstimmung* für V. u. Orch. (1915); Kammermusik, darunter Klavierquintett (1883–85), 4 Violinsonaten (1891–92, 1894–95, 1905 u. *Sonate im alten Stil*, 1909), 3 Klaviertrios (1893, 1902 u. 1908), Streichquartett (1904), Klaviersonate (1909), *Nordische Ballade* für Vc. u. Kl. (1911), Suite für V. solo (1920); Lieder.

Lit.: G. Rugstad, Ch. S., Oslo 1979.

Sinfonia (ital.) → Ouvertüre, → Sinfonie

Sinfonie, Symphonie (ital. sinfonia, von griech. symphonia: »Harmonie«), ein größeres Orchesterwerk in meistens 4 Sätzen, von denen der erste nach den Gesetzen der → Sonatensatzform angelegt ist. Ursprünglich bezeichnete S. in der Antike die Intervalle Quarte, Quinte u. Oktave (→ Diapason), einen Wohlklang im griech. Sinn von → Harmonia sowie bestimmte Musikinstrumente. Dieser Bedeutungsinhalt wurde ins Mittelalter übernommen u. durch »Musik im allgemeinen« u. »Gesang« ergänzt. Im 17. Jh. trat jedoch ein Bedeutungswandel ein. S. wurden nunmehr jene instrumentalen Stücke genannt, denen die Aufgabe der Einleitung eines musikalischen Werkes zufiel. Mit der Aufgabe der langsamen Eröffnung bei der Sonata da chiesa kam es zur Form der ital. Opernsinfonia (schnell-langsam-schnell). Als dann fast gleichzeitig in Mannheim u. Wien das Menuett eingefügt wurde, war die viersätzige Form des Orchesterwerks geboren, das wir heute als S. bezeichnen. Zu seinen Wegbereitern gehören die Mitglieder der → Mannheimer Schule sowie die Wiener G. M. Monn u. G. Ch. Wagenseil. J. Haydn folgte von seiner 31. Sinfonie (1765) an dem neuen Schema u. wies in einigen seiner Menuette bereits den Weg zum Beethovenschen Scherzo. Die weitere Entwicklung der S. führte zu einer immer bewußteren u. erschöpfenderen Durcharbeitung des thematischen Materials. Daraus ergab sich der Wunsch nach vergrößerter Besetzung u. längerer Dauer, der bei A. Bruckner u. G. Mahler schließlich ins Monumentale führte. Im großen u. ganzen erhielt sich die Form der S. bis zur Auflösung der Tonalität. Nur das dialektische Formprinzip des Sonatensatzes wurde durch Variationstechnik u. Fortspinnung (J. Brahms), Leitmotivik (H. Berlioz u. die → neudt. Schule), zyklische Thematik (C. Franck) oder Thementransformation (F. Liszt) ersetzt. Nachdem die Form der S. offensichtlich einem klassischen Ordnungsbedürfnis entsprach u. in ihrer Bedeutung für den Werkkatalog eines Komponisten zeitweise die Oper verdrängte, scheinen sich die Komponisten unserer Zeit anderen Formen zuzuwenden. Bezeichnenderweise taucht die S. heute immer dann auf, wenn man ihre Schöpfer dem → Klassizismus oder Neoklassizismus zuordnen kann.

sinfonische Dichtung, ein Begriff, den F. Liszt zuerst auf seine Ouvertüre *Tasso* anwendete. Eine s. D. war für ihn ein ouvertürenartiges Orchesterwerk, dem eine poetische Idee zugrunde lag. In seinen Bestrebungen, die Musik durch die engere Verbindung mit der Dichtkunst zu erneuern, gab er das überlieferte sinfonische Schema auf u. ersetzte es durch eine Folge von Variationen. Tonmalerei u. poetische Assoziationen boten dabei neue, gesteigerte Ausdrucksmöglichkeiten. Diese Kompositionsform eignete sich in idealer Weise für die im 19. Jh. entstehenden Nationalmusiken, die auf ihre Folklore zurückgriffen u. Heroisches in Töne umsetzen wollten. Zu den alle Möglichkeiten vom Sonatensatz über die Rondoform bis zur Variationstechnik ausschöpfenden s. D. gehören die meist Tondichtung genannten Orchesterwerke von R. Strauss.

Singakademie, Vereinigung von Musikliebhabern, begründet von C. F. Fasch 1791 in Berlin. Der Name erklärt sich daraus, daß die Chorproben in der Akademie der Künste abgehalten wurden. 1827 bezog die S. ein eigenes Gebäude. Erste Direktoren waren Fasch u. C. F. Zelter. Zelters Programmpolitik war es zu verdanken, daß die bedeutenden Vokalwerke G. F. Händels u. J. S. Bachs wieder stärker beachtet wurden. Er machte es dem jungen F. Mendelssohn Bartholdy möglich, J. S. Bachs Matthäuspassion 1829 neu zur Diskussion zu stellen u. damit einen wesentlichen Beitrag zur Bach-Renaissance zu leisten. Nach dem Berliner Vorbild entstanden ähnliche Vereine in anderen Teilen Deutschlands.

Singbewegung → Jugendmusik

Singer, Malcolm J., engl. Komponist, * 13. 7. 1953 London. Studierte an der Royal Academy of Music in London, anschließend in Cambridge u. 1974–75 bei N. Boulanger in Paris. Weitere Anregungen holte er sich bei G. Ligeti u. F. Donatoni. Beschäftigt sich neuerdings mit Computertechniken u. -musik.

Zu S. Kompositionen gehören: *21 Fragmente* für Streichquartett (1973); Violinkonzert (1974); *Time Must Have a Stop* für Kl. u. Orch. (1976); *Und niemand ist dabei* für Klar. in B, V., Vc. u. Kl. (1976); *Kyrie und Agnus Dei* für gem. Chor a cappella (1977); *All My Loving* für Kl. (1977); *Rat Rhyme* für Sax.-Quartett (1977); *Modula City* für Bläserensemble (1980) u. *Bagatelle* für Vc. u. Kl. (1981).

Singspiel, ursprünglich Schauspiel meist heiter-volkstümlichen Charakters mit Musikeinlagen. Heute versteht man unter S. allgemein die bürgerliche dt. Musikkomödie. Das S. entstand aus den Bestrebungen in der 2. Hälfte des 18. Jh., der vorherrschenden ital. Opera seria u. buffa eine eigenständige deutschsprachige Oper entgegenzusetzen. Als Vorbilder dienten die ital. Opera buffa, die franz. Opéra-comique u. die mit Liedern durchsetzten Stücke engl. Schauspieltruppen. Angeregt durch Ch. Coffeys »The Devil to Pay«, zu dessen dt. Fassung J. Standfuß u. J. A. Hiller Musiken komponierten, fand der letztere zu einer eigenen Gattung, dem dt. S. Typische Merkmale sind Prosadialog u. eingängige Melodik. Die Musik bestand hauptsächlich aus Liedern u. Arietten, am Ende folgte ein dem Vaudeville nachempfundener Rundgesang. Ensembles waren noch relativ selten.
Die sich zwischen Prosadialog u. Gesang ergebende künstlerische Problematik nahm einen breiten Raum in theoretischen u. ästhetischen Erörterungen der Zeit ein. Erwähnt seien nur J. F. Reichardts »Über die dt. comische Oper nebst einem Anhange eines freundschaftlichen Briefes über die musikalische Poesie« (1774) u. Ch. M. Wielands »Versuch über das dt. Singspiel« (1775). Auch Goethe beschäftigte sich mit dem Thema u. verfaßte mehrere Libretti, die von J. André u. J. F. Reichardt vertont wurden. Die beiden einzigen überragenden Zeugnisse dieser Gattung stammen von W. A. Mozart, der mit seiner *Entführung aus dem Serail* an ital. u. dt. Vorbilder anknüpfte u. bei der *Zauberflöte* Elemente der Wiener Zauberposse mitverarbeitete. Von Mozart führte die Entwicklung des S. direkt zur dt. romantischen Oper, die in C. M. von Webers *Freischütz* ihren Höhepunkt erreichte. Bereits in den nachfolgenden Spielopern A. Lortzings wirkte sich der Gegensatz von Sprache u. Gesang wieder belastend aus.

Sinopoli, Giuseppe, ital. Komponist u. Dirigent, * 1. 12. 1946 Venedig. Besuchte kurze Zeit die Kompositionsklasse des Conservatorio B. Marcello in Venedig u. beschloß dann, sich selbst weiterzubilden. Zu seinen Mentoren gehörten B. Maderna u. F. Donatoni. Maderna führte ihn bei den Internationalen Ferienkursen in Darmstadt 1968 in das Werk von P. Boulez ein. 1971 Promotion in Medizin u. Chirurgie mit einer Arbeit über Abirrung u. kriminogene Momente in der phänomenologischen Vermittlung des Kunstwerks. 1972 Dirigierkurs bei H. Swarowsky in Wien u. Ernennung zum Professor für zeitgenössische u. elektronische Musik am Conservatorio B. Marcello in Venedig. 1973 Abkehr von der seriellen Konstruktivität u. Hinwendung zu Klangflächen u. einer farbenreichen, überaus komplexen Orchesterpolyphonie. Seit 1976 Auftritte als Dirigent. Hat sich besonders mit seinen Interpretationen von Verdi-Opern einen Namen gemacht.

Zu S. Kompositionen gehören: die elektronischen Arbeiten *25 studi su tre parametri* u. *Musica per calcolatori* (1969) u. *Isoritmi I* u. *II* (1971–72) sowie Streichquintett, *Numquid et unum* für Fl. u. Cemb. u. *Opus Daletz* für Orch. (1970); *Opus Ghimel* für Kammerorch. u. *Opus Shir,* Kantate für Mezzo-S. u. Instr. (1971); *Per clavicembalo* u. *Numquid* für Kammerensemble (1972); *Symphonie imaginaire* für Soli, Chor, Kl. u. Orch. (1973); *Souvenirs à la mémoire* für Soli u. Kammerorch. (1973–74); Klaviersonate (1973–75); *Tombeau d'armor I* für Orch. (1974); Klavierkonzert (1974–75); *Pour un livre à Venise* für Orch. (1975); Requiem für Chor a cappella (1975–76); *Tombeau d'armor II* für Orch. u. Streichquartett (1977); Kammerkonzert für Kl. u. Instrumentalensemble (1977–78); *Tombeau d'armor III* für Vc. u. Orch. (1978); *Lou Salomé* (Oper, 1. Teil eines Projekts über »Tendenzen des Verfalls der abendländischen Kultur«, 1977–81).

Sinusschwingung, eine Schallschwingung mit sinusförmigem Verlauf. Die Anzahl der vollständigen S. oder Perioden pro Sekunde ergibt deren Frequenz, die größte Auslenkung oder Amplitude ihre Lautstärke. In der → elektronischen Musik gehört die von elektronischen Generatoren erzeugte S. zu den Grundelementen.

Sirtaki (griech.), mit langsamen Schritten beginnender griech. Rundtanz, der sich in ein immer schnelleres Tempo steigert. Als Begleitinstr. dienen Bouzoukis (Saiteninstr., die mit Plektrum gespielt werden).

Sirventes (von lat. servire: »dienen«), Lieder der Trobadors u. Trouvères, in denen ein öffentliches oder persönliches Anliegen vorgetragen wurde. Zu den S. gehören die meisten Kreuzzugslieder.

Six (franz.), Abkürzung für Groupe des S., eine Bezeichnung, die der Journalist H. Collet in Analogie zu den 5 russ. Komponisten des Mächtigen Häufleins für die lose Verbindung zwischen D. Milhaud, A. Honegger, F. Poulenc, G. Tailleferre, G. Auric u. L. Durey 1918 erfand. Diese Komponisten trafen sich zu gemeinsamen Konzerten, die häufig von F. Delgrange organisiert wurden u. an denen die Sängerin J. Bathori u. die Pianistin A. Vaurabourg, später Honeggers Frau, teilnahmen. Gemeinsames Anliegen der S. war eine Erneuerung der Musik, aber über die Ablehnung der dt. Romantik u. R. Wagners hinaus waren sie an kein festes Programm gebunden. Der publizitätsfreudige J. Cocteau machte sich mit seinem »Le coq et L'Arlequin« (Paris 1918) zum Wortführer der Six. Zu den wenigen Gemeinschaftskompositionen gehört das 1921 für die Ballets Suédois entstandene *Les mariés de la Tour Eiffel* (ohne Durey).

Sixte ajoutée (franz.: »hinzugefügte Sexte«), ein von J.-Ph. Rameau eingeführter Begriff für die dem Dur- oder Molldreiklang hinzugefügte große Sexte, die eine ganz eigenartige Dissonanz erzeugt.

Skala → Tonleiter

Skalkottas, Nikos, griech. Komponist, * 8. 3. 1904 Chalkis, † 19. 9. 1949 Athen. Studierte in Athen u. bei A. Schönberg, W. Hess u. Ph. Jarnach in Berlin. Entwickelte sein eigenes Reihensystem, mit dem er Klangsäulen, klingende Oberflächen u. Klangbänder organisieren konnte u. so den → Parameter Klangfarbe vorwegnahm. Komponierte ungefähr 170 Werke, die größtenteils noch unveröffentlicht sind.

Zu S. Kompositionen gehören: Concerto für Bläser (1930), 36 griech. Tänze für Orch. (1933–36), 2 Suiten für Orch. (1939 u. 1943), Sinfonie für Bläser (1947), Sinfonietta (1948); 3 Konzerte für Kl. u. Orch. (1933, 1938 u. 1948), Violinkonzert (1936), Cellokonzert (1938), Concertino für 2 Kl. u. Orch. (1939), Konzert für V., Va. u. Orch. (1942), Konzert für 2 V. u. Orch. (1944); Kammermusik, u. a. 4 Streichquartette (1930, 1932, 1937 u. 1940); Klavierstücke; Lieder.

Sketch (engl.: »Skizze«, »Entwurf«), ein kurzes Bühnenwerk mit wenigen handelnden Personen. So bezeichnete P. Hindemith seine Kurzoper *Hin und zurück* (1927).

Skiffle (engl.), ein an Country music u. Folk blues angelehnter Jazzstil, der hauptsächlich unter den Schwarzen von Chicago gepflegt wurde. Wer immer seine Miete nicht zahlen konnte, lud Freunde ein u. musizierte mit ihnen auf Gitarren, Banjos, Holzkisten, Waschbrettern etc. u. hielt eine sog. house-rent party ab, bei der jeder etwas in die Kasse für die Miete einzahlte. Zu einer Modewelle der 50er Jahre wurde diese Musik durch engl. Imitatoren, insbesondere L. Donegan. Die S.-Bewegung war zeitweise auch in Deutschland erfolgreich. Der S. beeinflußte außerdem Dixieland-Musiker wie Ch. Barber u. K. Colyer.

Skrjabin, Alexandr N. (Scriabine, Alexandre), russ. Pianist u. Komponist, * 6. 1. 1872 Moskau, † 27. 4. 1915 ebd. Er erhielt seine Erziehung im Kadettenkorps u. fiel bereits dort wegen seiner musikalischen Begabung auf. Begann 1885–87 zu komponieren, u. a. die als op. 2 erschienene Etüde für Kl. in cis-Moll. Seine pianistische Ausbildung lag in den Händen von N. Zwerew, der auch den ein Jahr jüngeren S. Rachmaninow unterrichtete. 1888–92 besuchte S. das Moskauer Konservatorium. Zu seinen Lehrern gehörten W. Safonow (Klavier), S. Tanejew (Kontrapunkt) u. A. Arenskij (Theorie u. Komposition). Nachdem er seine Ausbildung mit Auszeichnungen abgeschlossen hatte, bereiste er, unterstützt durch den Mäzen u. Verleger M. Beljajew, Europa u. trat mit seinen eigenen Klavierkompositionen auf. 1897 heiratete S. die Pianistin Wera Iwanowna Issakowitsch u. erhielt 2 Jahre später eine Professur für Klavier am Moskauer Konservatorium. Die 1898 beendete 3. Klaviersonate *États d'âme* in fis-Moll ließ erstmals erkennen, daß sich S. von seinem Vorbild F. Chopin weg- u. zu neuen Formen u. Klängen hinentwickelte. Eine leidenschaftliche Affäre mit seiner ehemaligen Klavierschülerin Tatjana de Schloezer, einer Schwester des Musikschriftstellers u. Kritikers Boris F. de Schloezer, ließ es für ihn u. Tatjana ratsam erscheinen, eine Zeitlang außer Landes zu gehen. Nach einem kurzen Parisaufenthalt ließen sie sich 1907 in Lausanne nieder. Von dort aus unternahm S. weitere Konzerttourneen, die ihn bis in die USA führten. Daneben komponierte u. dichtete er. Bereits 1906 erschien in Genf im Selbstverlag sein *Poème de l'extase*. Philosophische Gedanken begannen in verstärktem Maß auf seine Kompositionen Einfluß zu nehmen. Mit der 4. Klaviersonate in Fis-Dur op. 30 war um 1903 eine Tonkonstellation eingetreten, die ihn 1908 zur Aufgabe der funktionalen Tonalität führte. S. begann, alle melodischen u. harmonischen Gestalten auf ein aus Quartenschichtungen bestehendes Klangzentrum zu beziehen. Dazu sagte er selbst: »Meine Melodie ist eine aufgelöste Harmonie, u. meine Harmonie ist eine zusammengezogene Melodie; das sind zwei Seiten ein u. desselben Prinzips.« 1908 kam es zu einer Begegnung mit dem Dirigenten u. Verleger S. Kussewitzky, der einen Fünfjahresvertrag mit S. abschloß u. ihn damit finanziell unabhängig machte. Kussewitzky verlegte u. a. die *Prometheus* genannte 5. Sinfonie u. leitete 1911 deren Uraufführung in Moskau. Bei einem längeren Aufenthalt in Brüssel lernte S. 1908–09 die Theosophen E. Sigogne u. J. Delville kennen. Der letztere hat ihn ganz sicherlich in theosophischen Gedanken bestärkt u. ihm auch das Titelblatt zur Erstausgabe des *Prométhée, poème du feu*, entworfen. 1910 kehrte S. nach Moskau zurück. Seine letzten Jahre verbrachte er hauptsächlich mit Studien u. Vorarbeiten zu seinem multimedial gedachten Mysterium. Er starb an den Folgen einer Blutvergiftung.

S. Musik ist, von einigen Orchesterwerken abgesehen, ausschließlich für Klavier komponiert. Obwohl sich S. Rachmaninow wie auch V. Horowitz immer wieder für S. eingesetzt haben, werden seine Werke eigentlich erst heute bekannt. Bis vor kurzem war er mehr ein Fall für Musikwissenschaftler, die in ihm das Vorbild für → O. Messiaen u. dessen Modi, einen Anreger von → N. Obuchow u. → I. Wyschnegradsky oder einen Zeitgenossen von A. Schönberg sahen. Wahrscheinlich ist die späte Rezeption seiner Stücke auch auf die zögernde Haltung der Sowjets u. das philosophische Beiwerk zurückzuführen, das heute abstrus anmutet. Wohlmeinende Freunde, die S. meistens gewähren ließ, verfaßten Programme zu einzelnen Werken. So stammen die programmatischen Äußerungen zur 3. Klaviersonate von Tatjana de Schloezer u. die theosophischen Anmerkungen zur 5. Sinfonie von R. Newmarch u. L. Sabanejew. Der letztere war es auch, der 1912 im Almanach »Der Blaue Reiter« die Hypothese propagierte, der sog. *Prometheus*-Akkord sei durch Oberton-Reihen zu begründen. In Wirklichkeit handelt es sich nur um eine wahrscheinlich rein zufällige unvollkommene Widerspiegelung der Obertöne 8–14. S., dessen Kompositionen zuerst unter dem Einfluß von F. Chopin u. F. Liszt standen u. der sich später mit R. Wagner auseinandersetzte, dachte tatsächlich zunehmend vertikal u. kam über die von ihm mit Vorliebe verwendeten alterierten Septnonenakkorde zur Aufgabe der funktionalen Tonalität. Der sog. mystische Akkord, der im *Prometheus* als Klangzentrum dient, besteht aus den übereinandergeschichteten Quarten c fis b e^1 a^1 d^2. Dabei spielt der Tritonus eine besonders wichtige Rolle. Außerdem führte S. im *Prometheus* erstmals das Farbenklavier ein. Es ist der Versuch, die Grenzen der musikalischen Ausdrucksmittel zu überschreiten, die Aussage zu verstärken u. größere Reizwirkungen zu erzielen. Die Farbzuordnungen scheinen jedoch die eines typischen Synästhetikers zu sein u. nicht einer theosophischen Konzeption zu entspringen. S. ordnete die Farben des Spektrums dem Quintenzirkel zu, der den sog. *Prometheus*-Akkord oder das Klangzentrum in seinen Variationen beinhaltet. Darin unterscheidet er sich eindeutig von der in diesem Zusammenhang häufig zitierten Theosophin Helena P. Blavatsky. Von den beiden mit »Luce« bezeichneten Lichtebenen des *Prometheus* war die obere klanggebunden, also synästhetisch, während die untere vorwiegend programmatisch eingesetzt wurde, d. h. die vom Komponisten gewünschte Stimmung anzeigte.

S. glaubte an die transformierende Kraft der Kunst u. sah sich selbst als Propheten. Zu seinen verschiedenen Quellen gehörten u.a. der erkenntnistheoretische Ansatz A. Schopenhauers, die Schriften G. W. F. Hegels, die russ. Symbolisten, hinduistische Vorstellungen, der Ekstase-Begriff V. Solowjews, Erlösungsgedanken F. Dostojewskys u. L. Tolstois sowie die Endzeiterwartung russ. Sektierer wie D. S. Merežkovskij u. die Übermenschenideologie F. Nietzsches. Dazu kam ein Primat des Rhythmischen u. der Geschmack an kabbalistischen Zahlenspielen. Besonders in seinen späten Klaviersonaten läßt sich das mathematische Element nachweisen, das dort bis zu raffinierten Spiegelungen u. der Anwendung des Goldenen Schnitts als Ordnungsprinzip führt.

Was den Komponisten heute so interessant macht, sind jedoch nicht philosophische Erwägungen, sondern die Tatsache, daß er gleichzeitig mit A. Schönberg aus dem Gefühl der Abnutzung des überlieferten musikalischen Materials zu neuen Ordnungsprinzipien gefunden hat. Die konsequente Fortbildung seiner Klangzentren u. der aus ihnen abgeleiteten Modi führt direkt zu den Zwölftonversuchen eines N. Obuchow hin. Sein Hauptwerk hoffte S. in einem alle Künste vereinigenden Mysterium zu schaffen, das in einem eigens in Indien zu errichtenden Tempel aufgeführt werden sollte. In diesem Entwurf gebliebenen Werk wollte er Musik, Licht, Düfte u. tänzerische Bewegung vereinigen u. die Menschheit stellvertretend in einem elitären Kreis durch einen ekstatischen Akt erlösen.

Zu S. Kompositionen gehören: 5 Sinfonien oder sinfonische Dichtungen (1. E-Dur op. 26, 6. Satz: *Hymne an die Kunst* mit Mezzo-S., T. u. gem. Chor, 1899–1900; 2. c-Moll op. 29, 1901; 3. *Poème divin* in C-Dur op. 43, 1903–04; 4. *Poème de l'extase* op. 54, 1905–07; 5. *Prométhée, poème du feu* mit Kl., Org., vokalisierendem Chor u. Farbenklavier, 1909–10); *Rêverie* e-Moll op. 24 (1898); *Sinfonisches Allegro* d-Moll (1896–99); Scherzo in F-Dur u. Andante in A-Dur für Streichorch. (um 1899) u. Klavierkonzert in fis-Moll op. 20 (1896–97); Klavierwerke, darunter 10 Sonaten (1. f-Moll op. 6, 1892; 2. *Sonate-Fantaisie* gis-Moll op. 19, 1892–97; 3. *États d'âme* in fis-Moll op. 23, 1897–98; 4. Fis-Dur op. 30, 1901–03; 5. Fis-Dur op. 53, 1907; 6. G-Dur op. 62, 1911–12; 7. *La messe blanche* op. 64, 1911–12; 8. op. 66, 1913; 9. *La messe noire* op. 68, 1913; 10. op. 70, 1913), 2 Jugendsonaten (gis-Moll, 1886; es-Moll, 1887–89); Sammlungen von insgesamt 90 Préludes, darunter die 24 des op. 11 (1888–1914); *Poèmes;* Études; Mazurkas; *Flammes sombres* op. 73 sowie an die 40 weitere Stücke.

GA seiner Klavierwerke durch K. N. Igumnov (Bd. 1 u. 2), L. N. Oborin u. J. I. Mil'stejn (Bd. 3), Moskau 1947–53; Ausgewählte Klavierwerke, hg. von G. Philipp, 6 Bde., Leipzig 1966–74.

Lit.: B. de Schloezer, S., Berlin 1923 (russ., franz. Paris 1975); O. von Riesemann (Hg.), Prometheische Phantasien, Stuttgart 1924; L. Sabanejew, Vospominaija o S., Moskau 1925; V. Danilevič, S., Moskau 1953, dt. Leipzig 1954; C.-Ch. von Gleich, Die sinfonischen Werke von A. S., Bilthoven 1963; A. V. Kašpero (Hg.), A. N. S., Pis'ma (Briefe), Moskau 1965; F. Bowers, S., 2 Bde., Tokio u. Palo Alto 1969; ders., The New S., Enigma and Answers, New York u. London 1973; S. E. Pavčinskij (Hg.), A. N. S., Sbornik statej (Aufsätze), Moskau 1973; H. Steger, Materialstrukturen in den fünf späten Klaviersonaten A. S., Regensburg 1977; M. Kelkel, A. S., Sa vie, l'ésotérisme et le langage musical dans son œuvre, Paris 1978; G. Eberle, Zwischen Tonalität u. Atonalität, Studie zur Harmonik A. S., München u. Salzburg 1978; D. Eberlein, Russ. Musikanschauung um 1900, Regensburg 1978; O. Kolleritsch (Hg.), A. S., Graz 1980.

Škroup, František J., tschech. Komponist u. Dirigent, * 3. 6. 1801 Wositz bei Pardubitz, † 7. 2. 1862 Rotterdam. Stammt aus einer Familie von Lehrern u. Musikern. Studierte in Prag u. war 1827–57 Kapellmeister am dortigen Ständetheater. Setzte sich für eine tschech. Nationalmusik ein u. komponierte mit *Dráteník* (1825) die erste tschech. Nationaloper. Seine Bühnenmusik zu J. K. Tyls »Fidlovačka« (1834) enthielt das beliebte Lied *Wo ist mein Heim*, das 1918 zur 1. Strophe der tschech. Nationalhymne wurde. 1860 nahm S. die Stellung eines Kapellmeisters bei einer dt. Operntruppe in Rotterdam an. Er gab mehrere Sammlungen mit tschech. Liedern heraus.

Zu S. Kompositionen gehören: die Opern *Dráteník* (1825), *Oldřich a Božena* (1827), *Libušin sňatek* (1835, rev. 1849), *Drahomira* (um 1840), *Der Meergeuse* (1851) u. *Columbus* (1855); Bühnenmusiken, u. a. zu »Fidlovačka« (1834); Ouvertüren; Kantaten; Chöre; Lieder.

Skrowaczewski, Stanisław, poln. Dirigent u. Komponist, * 3. 10. 1923 Lemberg. Studierte an den Konservatorien von Lemberg u. Krakau sowie bei N. Boulanger in Paris. 1948–54 Leiter der Philharmonie in Kattowitz, 1954–56 in gleicher Position in Krakau u. 1956–59 Dirigent der Nationalphilharmonie in Warschau. Seit 1960 musikalischer Direktor u. Chefdirigent des Minnesota Orchestra. Gewann mit 2 Ouvertüren 1947 den 2. u. 1948 den 1. Preis des Szymanowski-Wettbewerbs in Warschau.

Von seinen Kompositionen läßt S. heute nur noch gelten: *Prelude, Fugue, Postlude* für Orch. u. 3. Sinfonie für Streicher (1947), *Music at Night* (sinfonische Variationen, 1952), Concerto für Englischhorn u. Orch. (1969) u. *Ricercari Notturni* für 3 Sax. (1 Spieler) u. Orch. (1976).

Slonimskij, Sergej M., sowj. Komponist, Lehrer u. Musikschriftsteller, * 12. 8. 1932 Leningrad. Sohn des Schriftstellers Mikhail S. u. Neffe des in Amerika wirkenden Musikwissenschaftlers Nicolas S. Studierte am Leningrader Konservatorium Komposition bei O. Jewlachow u. Klavier bei W. Nielsen. Dozent am Leningrader Konservatorium seit 1959 für Theorie u. seit 1967 für Komposition. Verbindet in seinen Kompositionen moderne Techniken mit Folklore. Ist selbst Sammler u. Herausgeber von Volksmusik.

Zu seinen Kompositionen gehören: die Opern *Wirineja* (1967), *Der Meister und Margarita* u. *Maria Stuart*; das Ballett *Ikarus* (1971); Orchesterwerke wie *Karneval-Ouvertüre* (1957), Sinfonie Nr. 1 (1958), *Concerto buffo* für Kammerorch. (1966), Concerto für Orch. (1974) u. *Festliche Musik* (1975); Vokalkompositionen, darunter *Lieder der Tagelöhner* für Mezzo-S., Bar. u. Orch. (1962, ursprünglich für Mezzo-S., Bar. u. Kl., 1959), Oratorium *Eine Stimme im Chor* nach Gedichten von A. Blok (1965) u. *Russ. Lieder* für Chor a cappella (1974); Kammermusik, u. a. Suite für V. u. Kl. (1959), Sonate für V. solo (1960), Klaviersonate (1963), 3 Stücke für Vc. solo (1964), *Dialoge* für Bläserquintett (1964), *Antiphone* für Streicherensemble (1969), *Chromatische Dichtung* für Org. (1969), *Kinderstücke* für Kl. (1970), Klavierfantasie (1972); Lieder.

Slowfox → Foxtrott

Smetana, Bedřich (Friedrich), tschech. Komponist, * 2. 3. 1824 Leitomischl, † 12. 5. 1884 Prag. Sein Vater Franz (František) war Pächter einer Brauerei, die Mutter Tochter eines herrschaftlichen Kutschers. Die Vorfahren stammten aus dem Riesengebirgsvorland u. waren zumeist Handwerker. Im Hause S. wurde viel musiziert, besonders beliebt waren die Komponisten I. Pleyel u. A. Gyrowetz. Der junge S. lernte Geige u. Klavier u. komponierte mit 8 Jahren einen Galopp für Klavier. Nach der Schulausbildung erhielt er Klavier- u. Theorieunterricht an der Musikschule von J. Proksch. Daneben war er Hauslehrer beim Grafen Thun-Hohenstein. 1845 trat er erstmals öffentlich als Pianist in Prag auf. 1848 eröffnete er eine private Musikschule in Prag, u. ein Jahr später heiratete er die Jugendfreundin Kateřina Kolářová, die auch an seinem Institut als Lehrerin tätig wurde. 1853 entstand S. einzige Sinfonie, als *Triumph-Sinfonie* gedacht für die Hochzeit Franz Josephs I. Das Widmungsgesuch des Komponisten wurde jedoch vom Hofe abschlägig beschieden. So gab S. mit diesem Stück 1855 im Prager Konvikt-Saal sein Debüt als Dirigent. Im gleichen Jahr verlor er zum zweiten Mal eine Tochter, ein Schicksalsschlag, mit dem er sich in seinem Klaviertrio in d-Moll auseinandersetzte. Die Krankheit seiner Frau, der Tod eines dritten Kindes u. die mißliche wirtschaftliche Lage erweckten in ihm den Wunsch, der Prager Enge zu entfliehen. 1856 nahm er eine Einladung nach Göteborg an. Ohne seine kränkliche Frau u. die einzige noch lebende Tochter machte er sich auf die Reise. In Göteborg wurde S. zum Leiter der Abonnementskonzerte der Harmoniska Sällskap gewählt u. erfreute sich bald auch als Klavierlehrer großer Beliebtheit. 1857 ließ er seine Familie nachkommen. Auf der Reise machte er bei F. Liszt auf der Altenburg Station. Dieses Zusammensein mit dem verehrten Meister hinterließ einen starken Eindruck bei Smetana u. bewirkte einen Wandel in seinem eigenen musikalischen Schaffen. Die intimen Klavierstücke Schumannscher Prägung machten den der → Neudt. Schule nachempfundenen Orchesterwerken Platz. Bereits ein Jahr später hatte S. die sinfonischen Dichtungen *Richard III.* u. *Wallensteins Lager* beendet. 1859 starb seine Frau auf der Rückreise von Göteborg; S. heiratete im darauffolgenden Jahr Bettina Ferdinandi, wirkte noch für eine Saison in Göteborg u. kehrte 1861 endgültig nach Prag zurück. Dort mußte er anfangs von seinen Ersparnissen leben u. sich als Klavierlehrer mühsam durchschlagen. 1862 übernahm er für kurze Zeit die künstlerische Leitung des neugegründeten Gesangvereins Hlahol. 1863 eröffnete er gemeinsam mit F. Heller eine neue Musikschule. Im gleichen Jahr schloß er die Komposition der Oper *Die Brandenburger in Böhmen* ab, die er für den vom Grafen Harrach ausgeschriebenen Wettbewerb um eine »wahrhaft nationale« Oper komponiert hatte. Außerdem beteiligte er sich an der Gründung des Künstlervereins Umelěcká beseda, in deren Rahmen er Konzerte mit tschech. Musik leitete, u. verfaßte Musikkritiken für die angesehene Tageszeitung »Národní listy«. 1866 konnte er kurz hintereinander die Uraufführungen seiner beiden ersten Opern, *Die Brandenburger in Böhmen* u. *Die verkaufte Braut* im Prager Interimstheater dirigieren. Dort war er ab September des gleichen Jahres als Kapellmeister fest angestellt. 1868 wurde seine dritte Oper *Dalibor* zur Grundsteinlegung des Nationaltheaters uraufgeführt. Als Komponist stand S. im Zenit seines Ruhms. Es war daher nicht verwunderlich, daß sich seine Gegner unter Führung von F. Pivoda zu formieren begannen. Man warf ihm Abhängigkeit von R. Wagner u. mangelndes Nationalbewußtsein vor. S. ließ es sich trotzdem nicht nehmen, 1868 zur Uraufführung der *Meistersinger* nach München zu fahren, eine Stadt, die er übrigens häufiger wegen ihrer Wagner-Aufführungen besucht hat. 1874 machten sich Anzeichen einer rasch fortschreitenden Ertaubung bemerkbar. S. trat von seinem Kapellmeisterposten zurück, beendete aber im gleichen Jahr die ersten beiden Teile *Vyšehrad* u. *Die Moldau* aus dem Zyklus *Mein Vaterland.* 1875 zog er sich zu seiner Tochter in das Forsthaus von Jabkenice zurück, wo er ungestört zu komponieren hoffte. Dort entstand in völler Taubheit seine Oper *Der Kuß,* mit der S. den größten Erfolg als Opernkomponist erlebte. 1876 komponierte er das Streichquartett in e-Moll *(Aus meinem Leben),* ein Bekenntniswerk u. Zeugnis des fortschreitenden Verfalls u. häuslicher Qualen. 1881 konnte er noch die Einweihung des Nationaltheaters mit seiner Oper *Libuše* erleben u. 1882 die 100. Aufführung der *Verkauften Braut.* Im gleichen Jahr wurde zum ersten Mal der ganze Zyklus *Mein Vaterland* gegeben. Außerdem begann S. mit der Komposition seines 2. Streichquartetts, wieder eine Bekenntnismusik, über die der Komponist äußerte: »Das neue Quartett beginnt, wo ›Aus meinem Leben‹ endete, nach der Katastrophe ...« Zu Beginn des Jahres 1884 machte sich eine zunehmende geistige Zerrüttung bemerkbar. Im April wurde S. in die Landesirrenanstalt in Prag überführt, wo er am 12. Mai starb.

Bei seinen Landsleuten gilt S. unbestritten als der Schöpfer der tschech. Nationalmusik. Geprägt von den poetischen Ideen eines F. Liszt u. den Musikdramen R. Wagners, versuchte er die tschech. Musik in den Kreis der europäischen Kunstmusik zu führen u. sich nicht darauf zu beschränken, aus der heimatlichen Folklore zu schöpfen. Diese fand hauptsächlich über das Vorbild F. Chopins Eingang in sein Werk. Ohne Chopin, den er in seiner Jugend wie einen Abgott verehrte, sind seine vielen Polka-Kompositionen nicht denkbar. Die Polka galt ihm als Symbol des Volkstümlichen u. Tschechischen. In seinen Opern, dem Zyklus *Mein Vaterland* u. selbst in der Kammermusik kommt sie immer wieder vor. Für die Konstruktion seiner Themen wurde die Melodielehre seines alten Lehrers J. Proksch wichtig, die S. besonders im *Dalibor* anwendete (Dreiton-Keimzelle). S., der selbst seine Liebesbriefe auf dt. abfaßte, war mit Leib u. Seele Tscheche. Er begann erst, mit Bedřich anstatt Friedrich zu unterschreiben, als die Tschechen anfingen, die verhaßten Habsburger mit dem Deutschen schlechthin zu identifizieren. Vielleicht ist seine dt.-bürgerliche Erziehung mit daran schuld, daß er kein rechtes Verhältnis zu den hervorragenden Literaten seiner Heimat fand u., von der *Verkauften Braut* abgesehen, immer Schwierigkeiten mit seinen Libretti hatte, deren literarischer u. dramaturgischer Wert weit hinter seiner musikalischen Erfindungsgabe zurückblieb. Trotzdem gilt er als der Wegbereiter der bei L. Janáček so besonders stark ausgeprägten Sprachmelodie.

Seine wenigen bedeutenden Kammermusikwerke entstanden jeweils aus ihn persönlich bewegenden Anlässen, während die großen Orchesterwerke, insbesondere der Zyklus *Mein Vaterland,* zur Verherrlichung von Volk, Land u. Geschichte komponiert wurden.

Zu S. Werken gehören: die Opern *Braniboři v Čechách* (*Die Brandenburger in Böhmen,* 1862–63), *Prodaná nevěsta* (*Die verkaufte Braut,* 1864–66, rev. 1870), *Dalibor* (1866–67), *Libuše* (1869–72), *Dvě vdovy* (*Zwei Witwen,* 1873–74), *Hubička* (*Der Kuß,* 1875–76), *Tajemství* (*Das Geheimnis,* 1877–78), *Čertova stěna* (*Die Teufelswand,* 1879–82). u. *Viola* (Fragment, um 1872–84); Chorwerke wie *Píseň svobody* (*Lied der Freiheit,* 1848), *Česká píseň* (*Böhmens Lied,* 1860 für Männerchor, 1868 für gem. Chor u. Kl., 1878 rev.), *Odrodilec* (*Der Abtrünnige,* 1863 für Doppel-Männerchor, 1864 für Männerchor) u. *Naše píseň, Unser Lied* (1883); die Orchesterwerke *Bayaderen-Galopp* (um 1842), Ouvertüre in D-Dur (1849), *Našim děvám* (Polka, um 1849), *Triumph-Sinfonie* in E-Dur (1853–54), *Richard III.* (1858), *Wallensteins Lager* (1859), *Hakon Jarl* (1861), *Doktor Faust* (Vorspiel zu einem Puppenspiel, 1862), *Oldřich a Božena* (Vorspiel zu einem Puppenspiel, 1863), *Pochod k slavnosti Shakespearově* (*Marsch zur Shakespeare-Feier,* 1864), Fanfaren zu W. Shakespeares »Richard III.« (1867), *Slavnostní předehra* (Fest-Ouvertüre, 1868), *Der Fischer* u. *Libušin soud* (2 Begleitmusiken zu lebenden Bildern, 1869), *Má vlast* (*Mein Vaterland,* sechsteiliger Zyklus, bestehend aus *Vyšehrad [Wyschehrad],* 1874; *Vltava [Die Moldau],* 1874; *Šárka [Scharka],* 1875; *Z českých luhů a hajů [Aus Böhmens Hain und Flur],* 1875; *Tábor,* 1878; *Blaník,* 1879), *Venkovanka* (Polka, 1879) u. *Praž-*

sky karneval (*Prager Karneval*, Introduktion u. Polonaise, 1883); die Kammermusikwerke *Fantaisie sur un air bohémien* für V. u. Kl. (1842–43), Klaviertrio in g-Moll (1855), Streichquartett in e-Moll *Z mého života* (*Aus meinem Leben*, 1876), *Z domoviny* (*Aus der Heimat*, 2 Duos für V. u. Kl., 1880) u. Streichquartett in d-Moll (1882–83); Klavierstücke, darunter *Bagatelles et Impromptus* (1844), Sonate in g-Moll (1846), *Six morceaux caractéristiques* (1848), *Albumblätter* (insgesamt 19 erschienen, darunter *Zwei Blätter fürs Gedenkbuch, Robert Schumann gewidmet* u. *Lied des Pilgers*, alle 1849), *Trois polkas de salon* (1855), *Trois polkas poétiques* (1855), Ballade in e-Moll (1858), Konzertetüde in C-Dur (1858), *Souvenir de Bohême en forme des polkas* (1859–60), *Vid stranden* u. *Minne af Sverga*, Konzertetüden, 1861), *Konzertfantasie auf tschech. Volkslieder* (1862), *Rêves*, *6 morceaux caractéristiques* (1875), *Böhmische Tänze I* u. *II* (1877–81) u. Romanze (1881); Lieder, darunter der Zyklus *Večerní písně* (*Abendlieder*, 1879).

GA: Neue Studienausgabe des Smetana-Museums seit 1940.

Lit.: O. Hostinský, B. S. a jeho boj o moderní českou hudbu (B. S. u. sein Kampf um die moderne tschech. Musik), Prag 1901; Z. Nejedlý, B. S., Prag 1903; ders., B. S. – bis 1862 –, Prag 1924; ders., B. S. – bis 1843 –, 4 Bde., Prag 1924–34, erweitert auf 7 Bde. 1950–56; ders., B. S. Doba zrání (Die Zeit des Reifens), Prag 1962; J. Bistron, F. S., Wien 1924; F. Bartoš, S. in Briefen u. Erinnerungen, Prag 1954; V. Helfert, Die schöpferische Entwicklung F. S., Leipzig 1956; M. Brod, Die verkaufte Braut, Esslingen 1962; B. Karásek, B. S., Prag 1966, dt. 1967; L. Nolan, The Life of S., the Pain and the Glory, London 1968; B. Large, S., London u. New York 1970; J. Clapham, S., London u. New York 1972; K. Honolka, B. S. in Selbstzeugnissen u. Bilddokumenten, Reinbek bei Hamburg 1978.

Smirnow, Dmitri N., sowj. Komponist. * 2. 11. 1948 Minsk. Beide Eltern sind Opernsänger. Erhielt seine musikalische Ausbildung an der Musikschule in Frunse u. studierte anschließend am Moskauer Konservatorium bei N. Sidelnikow (Komposition), E. Denissow (Instrumentation) u. J. Cholopow (Analyse). 1973–80 als Redakteur des Verlages Sowjetski Kompositor tätig. Verheiratet mit der Komponistin E. Firsowa. Lehnt sich in seinen Kompositionen an die 2. Wiener Schule an.

Zu S. Werken gehören: 2 Klaviersonaten (1966–67 u. 1980); *Die Handvoll Sand* für St. u. Kl. (1966, Fassung mit Kammerensemble 1967); *Monolog* für Klar. solo (1968); 2 Violinsonaten (1969 u. 1979); Streichtrio (1970); 2 Klavierkonzerte (1971 u. 1978); *6 Gedichte* für St. u. Orch. nach A. Blok (1972, davon Fassung für St. u. Kl.); *Ewige Ruhe* für St., Streicher, Org. u. Schlagzeug nach M. Bulgakow (1972, rev. 1977); Streichquartett (1973); *6 Haikai* von C. Issa für St., Fl. u. Kl. (1973); Klarinettenkonzert (1974, rev. 1977); *Kantate in memoriam P. Neruda* für 2 Solo-St., Chor, Streicher u. Schlagzeug (1974); Pastorale für Orch. (1975); Sonate für Fl. u. Hf. (1975); *Mirages* für Sax.-Quartett (1975); *Lyrische Komposition* für Fl., Ob., V., Vc. u. Cemb. (1975); Solo für Hf. (1976); *5 Gedichte von A. Puschkin* für St., Fl., V., Vc. u. Schlagzeug (1976); Sonate für Fag. u. Kl. (1977); Klaviertrio (1977); Tripelkonzert für A.-Sax., Kl., Kb., Streicher u. Schlagzeug (1977); Cellosonate (1978); *Die Jahreszeiten von W. Blake* für St., Fl., Va. u. Hf. (1979); *Die Jahreszeiten* (Sinfonie für großes Orch., 1980).

smorzando (ital.), schreibt wie morendo eine äußerste Zurücknahme der Lautstärke vor.

Soggetto (italienisch: »Subjekt«, »Thema«), das → Thema eines kontrapunktischen Werkes. Im 17. u. 18. Jh. insbesondere Bezeichnung für das Thema der Fuge. Unter S. cavato versteht man die Umsetzung eines Mottos oder Namens in Tonbuchstaben oder Solmisationssilben zur Gewinnung eines Themas. So schrieb man für a: fa oder la, e: re, i: mi, o: do, u: ut. Auch Themen wie B-A-C-H sind S. cavati.

Sol → Solmisation

Solfège (franz., ital. solfeggio), bezeichnet seit dem 18. Jh. in Frankreich u. Italien die umfassende musikalische Elementarlehre, die auf der → Solmisation aufbaut. Dazu gehören Singübungen, Gehörschulung, Entwicklung des rhythmischen Empfindens u. musikalischen Vorstellungsvermögens sowie die Einführung in die Bedeutung aller musikalischen Zeichen. Daneben auch für virtuose Stimmübungen im Gebrauch, die im Zusammenhang mit der ital. Verzierungspraxis entstanden.

Soliloquenten (von lat. soli loquentes: »die einzeln Redenden«), Bezeichnung aller in der Passion neben Christus u. dem Evangelisten auftretenden Personen mit individuellem Text. Der Gegensatz zu S. ist die → Turba.

Solmisation (lat.), ein in Guido von Arezzos »Epistola de ignoto cantu« erläutertes Verfahren, einen notierten Gesang mit Hilfe von Tonsilben richtig vom Blatt zu singen. Für den in Hexachorden organisierten Tonumfang schlug Guido die Silben *ut, re, mi, fa, sol, la* vor, die er der Hymne des Paulus Diaconus »Ut queant laxis« entnahm. Die Anfangstöne jeder Halbzeile dieser Hymne mit Ausnahme der letzten entsprechen den Tonstufen einer aufsteigenden Sechstonreihe (→ Hexachord):

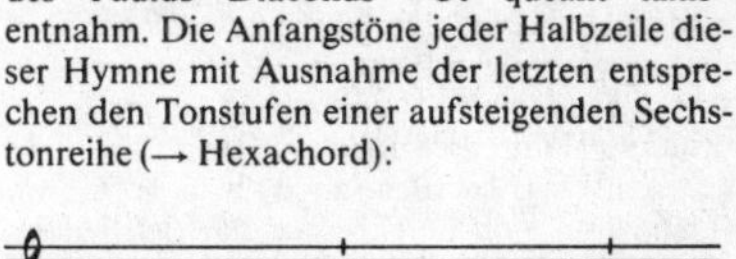

Wenn man davon ausging, daß ein Hexachord immer aus 2 mal 2 Ganztönen mit 1 Halbton in der Mitte bestand u. ut-re sowie re-mi von jeder Stufe aus 1 Ganztonschritt darstellte, während mi-fa immer für 1 Halbtonschritt stand, ließ sich der gebräuchliche Tonumfang mit den Hexachorden naturale, molle u. durum wie folgt darstellen:

ee							la
dd						la	sol
cc						sol	fa
bb						♭fa	♮mi
aa					la	mi	re
g					sol	re	ut (durum)
f					fa	ut (molle)	
e				la	mi		
d			la	sol	re		
c			sol	fa	ut (naturale)		
b			♭fa	♮mi			
a		la	mi	re			
G		sol	re	ut (durum)			
F		fa	ut (molle)				
E	la	mi					
D	sol	re					
C	fa	ut (naturale)					
B	mi						
A	re						
Γ	ut (durum)						

Bei Hexachordwechsel wurde nach den Regeln der → Mutation verfahren. So erhielt beispielsweise beim Übergang vom 1. in den 2. Hexachord das sol (D) als neue Tonsilbe das re zugeteilt. Gegen Ende des 16. Jh. wurde für den Ganzton über la die Silbe si eingeführt u. das ut durch das besser klingende do ersetzt. Diese S.-Silben bezeichnen heute noch in den romanischen Ländern die Grundskala c bis h (nur in Frankreich blieb ut für c erhalten). Um durch Erweiterung der Silbenzahl die Mutation überflüssig zu machen, wurden in der Folgezeit verschiedene Änderungsvorschläge gemacht, u. a. von H. Waelrant (Bocedisation, Halbtonschritte durch den Vokal i angezeigt), D. Hitzl (Bebisation) u. C. H. Graun (Damenisation). Durchgesetzt hat sich jedoch nur die Tonika-Do-Methode, die auf dem engl. → Tonic-Solfa beruht u. seit Beginn des 20. Jh. auch in der dt. Schulmusik Verwendung findet.

Solo (ital.: »allein«), ein von einem Solisten vorzutragender Abschnitt eines Stückes (Soli im Orch.), ein Stück für ein Instr. solo oder ein → Konzert, bei dem einer oder mehrere Solisten von einem Orch. begleitet werden.

Somers, Harry S., kan. Komponist u. Pianist, * 11. 9. 1925 Toronto. Studierte am Royal Conservatory of Music in seiner Heimatstadt bei R. Godden (Klavier) u. J. Weinzweig (Komposition). Vervollkommnete seine pianistische Ausbildung bei R. Schmitz in San Francisco u. in Denver. War außerdem Kompositionsschüler von D. Milhaud in Paris.

Zu S. Werken gehören: die Opern *The Fool* (1956) u. *Louis Riel* (1957); die Operette *The Homeless Ones* (1956, Fernsehproduktion); die Ballette *The Fisherman and His Soul* (1956), *Ballad* (1958) u. *The House of Atreus* (1964); Orchesterwerke wie Sinfonie Nr. 1 (1951), *5 Concepts* u. Sinfonie für Bläser u. Schlagzeug (1961), *Stereophony* (1963), *Picasso Suite* (1964), Improvisation (1968); 2 Klavierkonzerte (1947 u. 1956); Suite für Hf. u. Kammerorch. (1949); Kammermusik, u. a. 3 Streichquartette (1943, 1950, 1959); Chöre; Lieder.

Somis, 1. Giovanni Battista, ital. Geiger u. Komponist, * 25. 12. 1686 Turin, † 14. oder 15. 8. 1763 ebd. Erhielt Unterricht bei seinem Vater Lorenzo Francesco S., einem Mitglied der herzoglichen Kapelle in Turin, u. 1703–06 bei A. Corelli in Rom. War bis an sein Lebensende Sologeiger u. Orchesterdirigent am Hof von Turin. Trat 1733 mit großem Erfolg in den Concerts spirituels in Paris auf. Er ist der Begründer der Piemonteser Geigerschule. Zu seinen Schülern gehörten J.-M. Leclair, G. G. Pugnani, F. de Giardini u. C. Chiabrano.

Von S. Werken erschienen »Sonates pour violon et vc. ou clavecin« op. 4 (1726), »Trattenimenti per camera« op. 5 (1733) u. 12 »Sonate da camera« op. 6 (1734).

2. Lorenzo, Bruder von 1., ital. Geiger u. Komponist, * 11. 11. 1688 Turin, † 29. 11. 1775 ebd. Mitglied der herzoglichen Kapelle in Turin u. später in Paris nachgewiesen.

S. veröffentlichte: »Sonate a violina o cemb.« op. 1 (1722) u. op. 2 (1732) sowie 8 »Sonate da camera« (1740).

Sommerfeldt, Øistein, norw. Komponist, * 25. 11. 1919 Oslo. Studierte in seiner Heimatstadt u. bei N. Boulanger in Paris. Betätigte sich verschiedentlich als Kritiker u. hielt Vortragsreihen im Rundfunk. In seinen Kompositionen verbindet er Folklore u. einen den Rahmen erweiterter Tonalität nicht überschreitenden Neoklassizismus.

Zu S. Werken gehören Sinfonie (1967); *Hafrsfjord* für Sprecher u. Orch. (1972); Kammermusik; Klavierstücke; Lieder.

Sonata da camera → Sonate

Sonata da chiesa → Sonate, → Triosonate

Sonate (ital. sonata, etwas, das im Gegensatz zum Gesang instrumental erklingen soll), eine durch Erweiterung u. Verselbständigung ihrer einzelnen Teile aus der → Kanzone entstandene Instrumentalkomposition, die zyklisch angelegt, meistens mehrsätzig u. für kleine oder solistische Besetzungen gedacht war. Titel wie Canzoni da sonar oder per sonare u. schließlich Canzona sonata zeigen, wie fließend die Übergänge waren. Bereits zu Beginn des 17. Jh. waren Solo-S. u. → Triosonate beliebte Formen des kammermusikalischen Musizierens. Je nach Verwendungszweck begann man zwischen Sonata da chiesa u. Sonata da camera zu unterscheiden. Beide Bezeichnungen scheinen erstmals bei T. Merula belegt, der 1637 »Canzoni overo sonate concertate per chiesa e camera a due et a tre ...« erscheinen ließ. Die Sonata da chiesa diente hauptsächlich zur Ausschmückung der Messe. Sie war daher strengeren Charakters u. abstrakter, hatte Tempobezeichnungen als Satzüberschriften u. bestand aus den Abschnitten langsam (geradtaktik, häufig imitatorisch), schnell (fugiert), langsam (ungeradtaktig) u. schnell (häufig fugiert u. in tanzartigem Rhythmus). Das einfache modulatorische Grundgerüst jedes Satzes bestand aus der Vorstellung des einzigen Themas, der Modulation in die Dominante oder Tonikaparallele u. der Rückkehr in die Grundtonart. Die Sonata da camera hingegen war für die kammermusikalische Unterhaltung bei Hofe bestimmt u. bestand aus einer Folge von Tanzsätzen in der gleichen Tonart. Beide Typen erfreuten sich großer Beliebtheit in Italien u. waren bald auch im restlichen Europa heimisch. Einen besonderen Beitrag zur Weiterentwicklung dieser Formen auf die klassische S. hin leisteten die → bolognesische Schule u. ganz besonders der später in Rom wirkende A. Corelli. Er näherte die beiden Typen einander an, indem er ein Grave oder Adagio aus der kirchenmusikalischen Trio-S. in ein kammermusikalisches Werk übernahm u. eine Kirchen-S. mit einer Gigue beschloß. Gegen Ende des 17. Jh. hatte sich die Kirchen-S. mehr oder minder als vorherrschende Form durchgesetzt. Nach Auslassung eines langsamen Satzes war aus ihr jener dreisätzige Typus (schnell-langsam-schnell oder langsam-schnell-schnell[er]) geworden, in dem Komponisten wie P. Locatelli oder G. Tartini ihre Virtuosität entfalten konnten. Einen Höhepunkt erreichte die Entwicklung vom vielstimmigen Satz um 1600 zum Trio- u. Solosatz des Barock in den Trio-S. u. den S. für V. solo von J. S. Bach.

Mit dem Aufkommen des Pianoforte traten die Streichinstrumente etwas in den Hintergrund, auch wenn später bedeutende Violin- oder Cello-S. entstehen sollten. Die Geschichte der Klavier-S. begann mit J. Kuhnaus »Clavier-Früchten oder Sieben Suonaten von guter Invention u. Manier« (1696). Für ihre weitere Entwicklung sind die einsätzigen S. D. Scarlattis, das Aufkommen des → galanten Stils u. die Vervollkommnung des Pianoforte wesentlich. Gegen Mitte des 18. Jh. war aus der Monothematik eine Doppelthematik geworden, die in Durchführung u. Reprise bereits alle Elemente der → Sonatensatzform enthielt. Ebenso hatte sich ein dreisätziges Modell (schnell, mit Ansätzen zur Sonatensatzform; langsam, mit vorwiegend dreiteiliger Liedform; schnell, oft in Rondoform) durchgesetzt. Dieses Schema diente J. Haydn zum Vorbild, bei dem erstmals von → thematischer Arbeit im Sinn der Wiener Klassik gesprochen werden kann. Nach dem Vorbild Haydns u. beeinflußt durch J. Ch. Bach u. die → Mannheimer Schule, entstanden die ersten Klavier-S. W. A. Mozarts, der diese Form durch Einführung stärkerer dynamischer Gegensätze, raffinierterer Rhythmik, Chromatik u. Annäherung an den sinfonischen Bauplan erweiterte. Es entwickelte sich die klassische viersätzige Klavier-S., bestehend aus einem 1. Satz in Sonatensatzform, dem manchmal eine langsame Einleitung vorangestellt war, einem langsamen 2., häufig in Liedform ABA oder Sonatensatzform, gefolgt von einem lebhaften 3. mit Menuett oder Scherzo, Trio u. Wiederholung des ersten Teils sowie einem brillanten Finale, entweder in Rondo- oder Sonatensatzform oder einer Kombination von beiden. Mit dem Ende der Wiener Klassik verlor die S. ihren zentralen Platz im Schaffen eines Komponisten. Die Form ist jedoch bis heute lebendig geblieben u. immer wieder mit neuen, der jeweiligen Zeit entsprechenden Inhalten gefüllt worden. Selbst im Zeitalter der Atonalität u. der seriellen Kompositionstechnik reizt die überlieferte Form zu neuartiger Kombinatorik.

Sonatensatzform, ein Formtypus, der hauptsächlich im ersten Satz eines Sonaten-Satzzyklus auftritt u. für Soli, Kammermusik, Sinfonien sowie Instrumentalkonzerte gleichermaßen verbindlich ist. Sein Bauplan besteht in der Regel aus → Exposition, → Durchführung u. → Reprise, der häufig noch eine → Coda angefügt ist. Die fast immer zu wiederholende Exposition gliedert sich in → Hauptsatz (meistens Hauptthema), Überleitung, → Seitensatz (meistens Seitenthema) u. → Epilog. Die in der Exposition vorgestellten kontrastierenden Themen werden in der folgenden Durchführung gegeneinander ausgespielt u. möglichst erschöpfend behandelt. Die Reprise faßt die Themen der Exposition zusammen u. läßt dabei auch das 2. oder die weiteren Themen in der Grundtonart erscheinen. Dieses Schema war mit Abweichungen für die Zeit der Wiener Klassik verbindlich. Die weitere Entwicklung der S. steht hauptsächlich im Zeichen der Erweiterung der Form durch Einführung eines 3. Themas u. des Ersetzens des Durchführungsprinzips durch andere Verfahren wie Variation, Fortspinnung oder Thementransformation. Mit der Aufgabe der Tonalität verlor auch der ursprünglich auf Modulation beruhende Durchführungsteil der S. seinen Sinn. Er wurde durch neue kombinatorische Möglichkeiten wie Variation des Reihenmaterials u. a. ersetzt. Als Ordnungsprinzip besteht die S. neben anderen jedoch fort.

Sonatine (ital. sonatina), Verkleinerungsform

von »Sonate«, im 17. Jh. häufig für Einleitungssätze zu Suiten. Nach Ausprägung der → Sonatensatzform eine kleinere, leichter zu spielende Sonate.

Sondheim, Stephen, amer. Komponist u. Textdichter, * 22. 3. 1930 New York. Schrieb sein erstes Musical mit 15 Jahren für eine Schulaufführung. Studierte u. a. in Princeton bei M. Babbit u. trat 1957 mit den Songtexten zu L. Bernsteins *West Side Story* an die Öffentlichkeit. S., der Texte für verschiedene Komponisten geschrieben hat, zählt heute selbst zu den bedeutenden Musical-Komponisten. In seinen neueren Werken hat er das Musical weitgehend der Oper angenähert.

Zu S. Kompositionen gehören: *A Funny Thing Happened on the Way to the Forum* (1962), *Anyone Can Whistle* (1964), *Company* (1970), *Follies* (1971), *Little Night Music* (1974), *Pacific Overtures* (1976), *Sweeney Todd* (1978).

Song (engl.): »Lied«, »Gesang«. Im dt. Sprachgebrauch eine zwischen Schlager u. Chanson angesiedelte Liedgattung. Als literarische Form von B. Brecht verwendet u. von H. Eisler, K. Weill u. anderen komponiert. Hat in Stil u. Inhalt Ähnlichkeit mit Leierkasten- u. Moritatenliedern. Dann Mitte der 60er Jahre in den Zusammensetzungen Folksong u. Protestsong Ausdruck einer internationalen Bewegung, die Bereiche des politischen Protests u. der Subkultur der Rockszene (→ Rockmusik) abdeckte. Charakteristisch ist die einfache, einprägsame Melodie, die den Zuhörern den Text vermittelt.

Sønstevold, Gunnar, norw. Komponist, * 26. 11. 1912 Elverum. Erhielt Kompositionsunterricht von H. Rosenberg in Stockholm, K. Andersen in Oslo u. H. Jelinek in Wien. War Leiter der Musikabteilung des norw. Rundfunks u. lebt heute als freischaffender Komponist in Oslo.

Zu S. Kompositionen gehören: die Ballette *Bendik og Årolilja* (1959) u. *Ritual* (1967); Sinfonietta (1949); Sax.-Konzert (1962); Konzert für Fl., Fag. u. Orch. (1964); *Quadri* für Hf., Kl. u. 2 Schlagzeuger (1967); *Arnold* für Beat-Musiker (1970); Bühnen- u. Filmmusiken.

Sonzogno, Casa Musicale, ital. Musikverlag in Mailand, gegr. 1874 von Edoardo S. (1836–1920), der damit den väterlichen Buchverlag erweiterte. Veranstaltete ab 1883 Wettbewerbe für junge Opernkomponisten. 1888 war P. Mascagni mit seiner *Cavalleria rusticana* der Gewinner. Zu den weiteren Werken des Verlages gehören R. Leoncavallos *Pagliacci* u. U. Giordanos *Andrea Chenier*. Die Verlagsleitung liegt zur Zeit in den Händen von E. Ostali (* 1913).

Sopran (ital., Abkürzung S.), **1.** die seit dem 17./18. Jh. verbindliche Bezeichnung für die höchste, oberste Stimme (→ Discantus). **2.** die höchste der vier menschlichen Stimmgattungen, deren Umfang von a bis c^3 reicht, beim Koloratur-S. sogar bis fis^3 (R. Strauss, Zerbinetta). Man unterscheidet den Koloratur-S., von dem Brillanz u. Geläufigkeit in den höchsten Lagen gefordert wird, den lyrischen S., der über ein hohes Piano verfügen muß, den jugendlich-dramatischen S., dessen Stimme besonders in die Tiefe reicht, das dramatische Zwischenfach (L. van Beethoven, Leonore) u. den hochdramatischen S. (R. Strauss, Elektra). **3.** in Zusammensetzung mit einem Instrumentennamen das höchste aus der jeweiligen Familie.

Sor (Sors), J. Fernando M., span. Gitarrist u. Komponist, getauft 14. 2. 1778 Barcelona, † 10. 7. 1839 Paris. Erhielt seine musikalische Ausbildung im Kloster Montserrat u. trat 1797 mit der Oper *Telemaco nell' isola di Calipso* an die Öffentlichkeit. Komponierte Ballette, Sinfonien u. vor allem Werke für sein Instrument. Veröffentlichte eine »Méthode pour la guitare« (1830).

Sordino (ital.), → Dämpfer. Als Vortragsanweisung: con s. (mit Dämpfer) u. senza s. (ohne Dämpfer). In der Klaviermusik schreibt senza s. den Gebrauch des rechten Pedals vor.

Sorge, Georg Andreas, dt. Organist, Theoretiker u. Komponist, * 21. 3. 1703 Mellenbach, † 4. 4. 1778 Lobenstein. Von 1721 bis zu seinem Tode Organist in Lobenstein. Entwickelte unabhängig von J.-Ph. Rameau u. F. W. Marpurg seine aus der Generalbaßpraxis entwickelte Akkordlehre u. machte noch vor G. Tartini seine Entdeckung der → Kombinationstöne bekannt. Zu seinen Veröffentlichungen gehören: »Vorgemach der musicalischen Composition« (3 Bde., 1745–47) u. »Compendium harmonicum« (1760).

Von S. Kompositionen seien erwähnt: *Clavierübung*, aus 18 Sonatinen in 3 Teilen bestehend (1738), *Clavierübung* (1739) u. *Toccata per omnem circulum 24 modorum fürs Clavier* (o. J.).

sostenuto (ital.: »gehalten«), Vortragsanweisung, die soviel wie »gleichmäßig fortklingen lassen« bedeutet. Als Zusatz bei Tempoangaben außerdem »etwas langsamer«.

sotto voce (ital.: »mit leiser Stimme«), Vortragsanweisung, die einen gedämpften Ton u. äußerste Zurückhaltung in der Dynamik verlangt.

Soubrette (franz.: »Kammermädchen«, »Kammerkätzchen«), Bezeichnung für ein Rollenfach in Oper u. Operette, das ungefähr der »munteren Naiven« im Schauspiel entspricht. Beliebte S.-Rollen sind Despina *(Così fan tutte)*, Susanna *(Le nozze di Figaro)* u. Adele *(Fledermaus)*.

Soul (engl.: »Seele«), Abkürzung für Soul music, eine aus → Rhythm & Blues u. Kirchenmusik (→ Gospelsong, → Negro Spiritual) hervorgegangene schwarze → Popmusik. Im Jazz bedeutet S. stärkere Betonung des Rhythmus u. mehr Ausdruck als Reaktion auf den als steril empfundenen Cool Jazz. In der Popmusik gab Ray Charles den Anstoß zu dieser höchst gewinnträchtigen Musik, als er gläubiges Empfinden u. religiöse Ekstatik mit Sex u. Aggressivität mischte, indem er aus dem Spiritual *My Jesus is All the World to Me* den Song *I Got a Woman* machte. Diese neue Mischung leitete eine kommerzielle S.-Welle ein, die in Motown u. Phillysound ihre industrielle Ausprägung erfuhr. Zu den bekanntesten Vertretern des S. gehören neben R. Charles A. Franklin, O. Redding, W. Pickett u. J. Brown.

Sound (engl.: »Ton«), ein unverwechselbarer, mit einem Solisten oder einer Gruppe zu identifizierender Klang in der Unterhaltungsmusik. Er beruht auf der besonderen Art des Arrangements (Glenn Miller S. mit Klar. als Führungsinstr. im Saxophonsatz) oder der elektrischen Manipulation beim Konzert oder im Tonstudio. Der S. von Pink Floyd oder anderen Popgruppen ist heute regelrecht zum Markenzeichen geworden.

Soundtrack (engl.), Bezeichnung für eine Schallplattenaufnahme mit der Originalmusik eines Spielfilms oder Fernsehstücks.

Sousa, John Philip., amer. Komponist u. Bandleader portug.-dt. Herkunft, * 6. 11. 1854 Washington, DC, † 6. 3. 1932 Reading, PA. Erhielt Geigenunterricht bei J. Esputa u. war mit 16 Jahren erster Geiger an Ford's Opera House in Washington. Daneben begann er Bühnenmusiken u. Arrangements für Wandertruppen zu schreiben. Als J. Offenbach seine Tournee durch die Vereinigten Staaten machte, spielte S. in seinem Orchester. 1880–92 war er Musikmeister des Marinekorps der USA, anschließend Leiter seiner eigenen Kapelle, mit der er 1910–11 eine vielbeachtete Weltreise unternahm, 1917–19 Bandmaster der US Navy.

Zu S. Kompositionen gehören Märsche wie *Semper Fidelis, The Washington Post, High School Cadets* u. *Stars and Stripes Forever.* Außerdem schrieb er auf eigene Texte die Bühnenwerke *Our Flirtation* (1880), *Désirée* (1884), *El Capitan* (1895), *The Bride Elect* (1897) u. *The Charlatan* (1898) sowie Orchestersuiten. 1928 kam seine Autobiografie unter dem Titel »Marching Along« in Boston heraus.

Soziologie der Musik (Musiksoziologie), eine weder in ihren Zielen noch Methoden bisher eindeutig definierte Disziplin, die sich mit der Beziehung zwischen Musik u. Gesellschaft befaßt. Bisher sind zwei Ansätze zu erkennen:

1. die empirische S. d. M., die sich mit der wirtschaftlichen u. sozialen Stellung des Komponisten u. ausübenden Musikers befaßt u. die Zusammensetzung des Publikums, die Erwartungshaltung der verschiedenen Publikumsschichten sowie Musikrezeption ganz allgemein u. Vertriebswege untersucht.

2. die dialektisch begründete S. d. M., für die Th. W. Adorno mit seiner »Einleitung in die Musiksoziologie« (1962) eine theoretische Grundlage geschaffen hat. Anliegen dieser Richtung ist, die entstehende Musik auf dem Hintergrund der Gesamtheit aller gesellschaftlichen Prozesse zu deuten u. sie auf ideologische u. technologische Einwirkungen hin zu untersuchen.

spartire (ital.: »einteilen«), ursprünglich das Einteilen der Notenlinien in gleichmäßige Zeitdauern. Heute versteht man unter spartieren das Übertragen von Einzelstimmen in → Partitur.

Speer, G. Daniel, dt. Komponist, * 2. 7. 1636 Breslau, † 5. 10. 1707 Göppingen. Wirkte als Lehrer u. Kantor in Göppingen u. war 1688–90 als Verfasser einer politischen Broschüre auf dem Hohenneuffen inhaftiert. Sp. veröffentlichte 4 Musikerromane sowie »Grundrichtiger kurtz leicht und nöthiger Unterricht Der musicalischen Kunst« (1687) u. gab das früheste Choralgesangbuch mit B. c. (1692) heraus.

Zu Sp. Kompositionen gehören: 3 Bücher geistliche Konzerte »Evangelische Seelen-Gedancken« (I.: 1681 u. II.: 1682), »Philomela Angelica« (1688), »Jubilum coeleste« (1692), 3 Quodlibetsammlungen (1685), »Musicalischer Leuthespiegel« (1687) u. »Musicalisch-türckischer Eulenspiegel« (1688).

Sphärenharmonie, eine Vorstellung der Antike, die auf die Lehre von der zahlenmäßigen Beziehung zwischen den Gestirnen bzw. Sternkreisen (Sphären) zurückgeht. Diese Harmonie des Makrokosmos wurde der Musica mundana (→ Musica) zugerechnet. Auf Grund der Vorstellung, daß sich Welt- u. Tonsystem abbildhaft entsprechen, u. der Erfahrung, daß durch Bewegung Töne entstehen, nahmen die Pythagoreer an, daß die Gestirne eine Sphärenmusik erzeugen.

spiccato (ital.), eine geworfene Strichart, bei der jeder Ton mit neu angesetztem Bogenstrich hervorgebracht wird. Als Vortragsanweisung abgekürzt: spicc.

Spiegelfuge, Spiegelkanon → Umkehrung

Spielmann, fahrender Musikant des Mittelalters in sozial niedrigster Stellung. Wurde ein Sp. seßhaft, konnte er an einem Hof bis zum berittenen Trompeter aufsteigen oder in der Stadt Mitglied einer Zunft werden. Seit dem 14. Jh. traten viele Spielleute in städtische Dienste als → Stadtpfeifer.

Spoerli, Heinz, schweiz. Tänzer, Choreograf u. Ballettdirektor * 8. 7. 1941 Basel. Erhielt seine Ausbildung bei W. Kleiber in Basel u. war 1960–63 am dortigen Theater unter W. Orlikowsky als Tänzer engagiert. 1963–66 Solist im Ballett am Opernhaus in Köln, 1966–67 am Royal Winnipeg Ballet, 1967–69 bei Les Grands Ballets Canadiens u. 1969–70 am Basler Theaterballett. 1971–73 letztes Tänzerengagement beim Ballett des Grand Théâtre in Genf. Dort entstand auch seine erste bedeutende Ch., *Le chemin* (M.: E. Gaudibert) 1973, ein Stück, das vom Fernsehen der Franz. Schweiz aufgezeichnet wurde. In Genf schuf Sp. mit *Lucia di Lammermoor* u. *Tannhäuser* seine ersten Opern-Ch. Seit 1973 ist er Chefchoreograf der Basler Theater u. seit 1978 deren Ballettdirektor. Neben Ch. für die Wiener Staatsoper u. das Zürcher Opernhaus tritt Sp. in Deutschland u. Israel als Gastchoreograf auf u. arbeitet auch mit dem Schweizer Fernsehen zusammen. Vom klassischen Tanz kommend, übernimmt Sp. daneben moderne Tanzformen, läßt sich von G. Balanchine u. J. Robbins beeinflussen u. verarbeitet Schweizer Folklore.

Zu Sp. Ch. gehören: *Rendez-vous* (M.: J. Haydn) u. *Feuervogel* (M.: I. Strawinsky) 1973; *Hommage à Pauline* (M.: R. Schumann), *Lamentoso* (M.: M. Kabelac), *Phantasien* (M.: B. Bartók), *Suite Raymonda* (M.: A. Glasunow) u. *Petruschka* (M.: I. Strawinsky) 1974: *Flowing Landscapes* (M.: Ch. Ives), *Opus 6* (M.: A. Webern), *Trois Gnossiennes* (M.: E. Satie), *Concerto* (M.: A. Vivaldi) u. *Labyrinth* (M.: S. Rachmaninow) 1975; *Ein Sommernachtstraum* (M.: F. Mendelssohn Bartholdy) u. *Giselle* (M.: A. Adam) 1976; *Sonate für Tänzer* (M.: G. Rossini), *War Poem* (M.: Th. Bräm), *Intermezzo* (M.: J. Brahms), *Wir Waren* (M.: A. Bauer), *Opus 35* (M.: D. Schostakowitsch), *Time Between* (M.: A. Glasunow), *Vor dem Beginn* (M.: F. Mendelssohn Bartholdy), *Ein Faschingsschwank* (M.: R. Schumann) u. *Romeo und Julia* (M.: S. Prokofjew) 1977; *Chäs* (M.: A. Bauer u. E. Baer nach schweiz. Folklore), *Preußisches Quartett* (M.: W. A. Mozart) u. *Undine* (M.: H. W. Henze) 1978; *Catulli Carmina* (M.: C. Orff), *Thundermove* (M.: G. Gruntz), *Der Nußknacker* (M.: P. Tschaikowsky) u. *Le Mal du Pays* (M.: F. Liszt) 1979; *Wesendonck-Lieder* (M.: R. Wagner) 1980. *La fille mal gardée* (M.: L. J. F. Hérold u. P. L. Hertel) 1981.

Spohr, Louis (Ludewig), dt. Komponist, Geiger u. Dirigent, * 5. 4. 1784 Braunschweig, † 22. 10. 1859 Kassel. Stammt aus einer musikalischen Familie u. komponierte schon früh Duos für Violine. Erhielt seinen einzigen fundierten Unterricht von dem Braunschweiger Konzertmeister Ch. L. Maucourt u. brachte sich das kompositorische Handwerk durch das Studium von Mozart-Partituren bei. 1802 wurde die weitere Ausbildung von dem Stamitz-Schüler F. Eck übernommen, mit dem Sp. über Hamburg u. Strelitz bis nach Petersburg reiste, wo er J. Field u. M. Clementi kennenlernte. 1804 folgte seine erste Deutschlandtournee, bei der ihn in Berlin der 13jährige G. Meyerbeer am Klavier begleitete. 1805 Konzertmeister in Gotha u. 1806 Heirat mit der Harfenvirtuosin Dorette Scheidler (1787–1834), für die er eine Reihe von Stücken komponierte. 1811 in Hamburg erster Erfolg als Opernkomponist mit *Der Zweikampf mit der Geliebten.* 1812–15 Kapellmeister am Theater an der Wien. Dort lernte er P. Rode kennen, dessen Klassizismus sein eigenes Spiel beeinflußte. Auf einer Konzerttournee durch Italien begegnete Sp. N. Paganini. 1817–19 war er Kapellmeister am Frankfurter Stadttheater u. 1822–57 auf Empfehlung C. M. von Webers Hofkapellmeister in Kassel. Nach dem Tod seiner ersten Frau heiratete Sp. die Pianistin Marianne Pfeiffer. Von Kassel aus unternahm er während der Theaterferien verschiedentlich Konzertreisen, u. a. besuchte er mehrfach England, wo besonders seine Chorwerke gern gehört wurden. Nach dem Erfolg des Oratoriums *Des Heilands letzte Stunden* beim Norwich Festival erhielt er für das Jahr 1842 den Auftrag zu *Der Fall Babylons.* 1843 brachte er in Kassel R. Wagners *Fliegenden Holländer* heraus. Seine politische Einstellung u. der Einsatz für das Werk Wagners führten schließlich zu seiner Zwangspensionierung. Sp., der selbst zu den bedeutendsten Geigern seiner Zeit gehörte, bildete u. a. J. Bott, F. David, M. Hauptmann u. H. Ries aus u. verfaßte eine »Violinschule« (1831). Seine Kompositionen sind in ihren chromatischen Fortschreitungen von einer gewissen Monotonie, da die gleichen Modulationen immer wieder vorkommen. Seine 1813 komponierte Oper *Faust* gehört neben E. T. A. Hoffmanns *Undine* (1816) zu den ersten romantischen Opern.

Eine Autobiografie (2 Bde.) erschien 1860–61 in Kassel u. Göttingen.

Zu S. Kompositionen gehören: die Bühnenwerke *Die Prüfung* (einaktige Operette, 1906), *Alruna, die Eulenkönigin* (1808), *Der Zweikampf mit der Geliebten* (1810), *Faust* (1813), *Zemire und Azor* (1819), *Jessonda* (1823), *Der Berggeist* (1824), *Pietro von Abano* (1827), *Der Alchymist* (1830) u. *Die Kreuzfahrer* (1843–44); Bühnenmusik zu W. Shakespeares »Macbeth« (1825); Orchesterwerke, darunter 10 Sinfonien (Es-Dur op. 20, 1811; d-Moll op. 49, 1820; c-Moll op. 78, 1828; F-Dur op. 86, *Die Weihe der Töne,* 1832; c-Moll op. 102, 1837, davon 1. Satz: Fantasie über E. B. Raupachs »Tochter der Luft«; g-Moll op. 116, *Historical Symphony,* komponiert für die Philharmonic Society in London, 1839; C-Dur op. 121, *Irdisches und Göttliches Menschenleben* für 2 Orch., 1841; g-Moll op. 137, 1847; h-Moll op. 143, *Die Jahreszeiten,* 1850; Es-Dur, Manuskript, 1857) u. Ouvertüren; 15 Violinkonzerte, von denen das für die Italientournee komponierte Nr. 8 in »modo d'una scena cantante« das bekannteste ist, 4 Klarinettenkonzerte (1808–29), Konzert für 2 V., Hf. u. Orch. (1808), Konzert für 2 V. u. Orch. (1833) u. Konzert für Streichquartett u. Orch. (1845); Vokalkompositionen, darunter die Oratorien *Die letzten Dinge* (1826), *Des Heilands letzte Stunden* (1835) u. *Der Fall Babylons* (1842); Kammermusik, u. a. 36 Streichquartette (1807–56), Harfentrio (1807), Sonaten für V. u. Hf., 7 Streichquintette (1813–50), Nonett für V., Va., Vc., Kb., Fl., Ob., Klar., Fag. u. Horn (1813), Oktett für V., 2 Va., Vc., Kb., Klar. u. 2 Hörner (1814), 3 Klavierquintette (1820–45), 4 Doppelquartette (1827–47), 5 Klaviertrios (1841–49), Septett für Fl., Klar., Horn, Fag., V., Vc. u. Kl. (1853); Lieder.

Lit.: R. Lebe, Ein dt. Hoftheater in Romantik u. Biedermeier, Die Kasseler Bühne zur Zeit Feiges u. Sp., Kassel 1964 u. 1969; H. Homburg, L. Sp., Bilder u. Dokumente seiner Zeit, Kassel 1968.

Spontini, Gaspare L. P., ital. Komponist, * 14. 11. 1774 Majolati bei Jesi, † 24. 1. 1851 ebd. Stammte aus ärmlichen Verhältnissen u. war zum geistlichen Stand bestimmt. Setzte durch eine Flucht von zu Hause die Musikerausbildung durch. Wurde 1793 am Conservatorio della Pietà de' Turchini in Neapel Schüler von N. Sala u. G. Tritto. Hatte 1796 mit dem Einakter *I puntigli delle donne* in Rom einen ersten Bühnenerfolg. Die Farsa *Il finto pittore* (1797), *Adelina Senese* (1797), *Teseo riconosciuto* (1798) u. *L'eroismo ridicolo* (1798) folgten. 1800 wirkte S. für kurze Zeit am Hofe von Palermo, da sich D. Cimarosa geweigert hatte, vor den franz. Truppen Neapel zu verlassen. 1803 reiste S. nach Paris, wo er 1804 mit der Farsa *La finta filosofa* (einer erweiterten Neufassung von *L'eroismo ridicolo*) einen ersten Erfolg hatte. Sein Bühnenwerk *La petite maison* (1804) wurde ausgepfiffen, während der Einakter *Milton* im gleichen Jahr gut ankam u. ihm den Titel eines Hofkomponisten u. Kapellmeisters der Kaiserin Josephine einbrachte. Unter dem Einfluß der in Paris aufgeführten Opern Ch. W. Glucks entwickelte S. sein eigenes dramatisches Talent weiter. Mit *La Vestale* nach einem Libretto von V. J. E. de Jouy errang er 1807 den wohl größten Erfolg seiner Laufbahn. 1809 folgte unter großer Anteilnahme des Hofes die Oper *Fernando Cortez ou La conquête du Mexique*. 1810 wurde S. Direktor des Théâtre-Italien, an dem er neben Werken ital. Zeitgenossen die Opern W. A. Mozarts in ihrer Originalgestalt auf die Bühne brachte. 1812 wurde er wegen übermäßiger Verschuldung des Theaters abgesetzt, seine Nachfolge trat F. Paer an. Während seiner Pariser Zeit brachte S. noch zur Wiedereinsetzung der Bourbonen *Pélage ou Le roi de la paix* (1814), *Les deux rivaux ou Les fêtes de Cythère* (1816) u. *Olympie* (1819) heraus u. heiratete eine Tochter des Klavierfabrikanten Érard. Während eines Parisaufenthalts hatte König Friedrich Wilhelm III. von Preußen mehrfach die Opern S. bewundert u. ernannte ihn 1819 zum Ersten Capellmeister u. General-Musikdirector. S. trat sein Amt 1820 an u. erzielte mit der umgearbeiteten Oper *Fernando Cortez* im gleichen Jahr einen außergewöhnlichen Erfolg. Es folgten die Musik zu Tableaux vivants nach Th. Moores »Lalla Rookh« u. die von E. T. A. Hoffmann übersetzte *Olympie* mit eindrucksvollen Dekorationen von K. F. Schinkel. Mit seinem Organisationstalent gelang es S. unter ungeheurem Aufwand, die große repräsentative Oper auch in Berlin durchzusetzen. Daneben sorgte er für werkgetreue Aufführungen anderer Komponisten u. gab Konzerte, darunter auch jene Bußtagskonzerte, deren Einnahmen er ab 1826 dem S.-Fonds zur Unterstützung von Orchestermitgliedern zukommen ließ. Obwohl der Hof u. ein Teil des Publikums S. bei seinen Vorstellungen von der großen Ausstattungsoper folgten, gab der außergewöhnliche Erfolg von C. M. von Webers *Freischütz* der nationalen Gegenpartei Auftrieb. L. Rellstabs voreingenommene Kritik an S. letzter großer Oper *Agnes von Hohenstaufen* (1829) ließ diesen Streit erneut aufflammen. Das Publikum war schließlich durch die mehr als ein Jahrzehnt andauernden Querelen so gegen S. eingenommen, daß er am 2. 4. 1841 eine Aufführung des *Don Giovanni* abbrechen mußte. Er wurde kurz darauf in den Ruhestand versetzt u. zog sich in seinen Geburtsort zurück.

S. komponierte die Bühnenwerke *I puntigli delle donne* (Farsetta, 1796), *Il finto pittore* (Farsa, 1797), *Adelina Senese* (1797), *Teseo riconosciuto* (1798), *L'eroismo ridicolo* (einaktige Farsa, 1798; 1799 bearbeitet als *La finta filosofa* in 2 Akten u. für Paris 1804 in 3 Akten), *La fuga in maschera* (1800), *I quadri parlanti* (1800), *Gli elisi delusi* (1800), *Il geloso audace* (1801), *Le metamorfosi di Pasquale* (1802), *La petite maison* (1804), *Milton* (1804), *Julie ou Le pot de fleurs* (1805), *La Vestale* (1807), *Fernando Cortez ou La conquête du Mexique* (1809), *Pélage ou Le roi de la paix* (1814), *Les deux rivaux ou Les fêtes de Cythère* (1816, gemeinsam mit H.-M. Berton, L. Persuis u. R. Kreutzer), *Olympie* (1819, dt. Fassung 1821 von E. T. A. Hoffmann, der auch an der Umarbeitung des 3. Akts beteiligt war, 3. Fassung 1826), *Nurmahal oder Das Rosenfest von Kaschmir* (1822, unter Verwendung von Material aus dem Festspiel *Lalla Rookh*, 1821), *Alcidor* (1825) u. *Agnes von Hohenstaufen* (1829).

Lit.: H. Dorn, Über mein Verhältnis als Kritiker zu Herrn S., Leipzig 1837; Ch. Bouvet, S., Paris 1930; P. Fragapane, S., Bologna 1954; A. Belardinelli (Hg.), Documenti Spontiniani inediti, 2 Bde., Florenz 1955.

Springer, ursprünglich eine Lautenverzierung, → Vorschlag.

Square dance (engl. square: »Viereck«), amer. Volkstanz, der sich wahrscheinlich aus der franz. Quadrille u. dem engl. Running set entwickelt hat. Er wird von einer geraden Anzahl von Paaren ausgeführt, die entweder im Viereck (square set), in 2 Reihen (longway set) oder im Kreis (running set) aufgestellt sind. Die einzelnen Figuren werden von einem sog. caller ausgerufen. Begleitet wird der S. d. vorwiegend von Akkordeon, Banjo, V. u. Git.

Stabat mater dolorosa (lat.: »Christi Mutter stand mit Schmerzen«), Beginn der Sequenz vom Fest Gedächtnis der Schmerzen Mariens am 15. September. Komponiert u. a. von Josquin Desprez, G. P. Palestrina, A. Scarlatti, G. B. Pergolesi, J. Haydn, G. Rossini, G. Verdi, A. Dvořak u. K. Penderecki.

staccato (ital.: »gestoßen«), Vortragsanweisung, die eine deutliche Trennung der einzelnen Töne fordert. Abkürzung: stacc., angezeigt durch Punkt oder Strich über bzw. unter den Notenköpfen. Im Gegensatz dazu steht das → legato.

Staden, 1. Johann, dt. Organist u. Komponist, getauft 2. 7. 1581 Nürnberg, begraben 15. 11. 1634 ebd. Ab 1604 als fürstlich brandenburgischer Hoforganist in Bayreuth u. Kulmbach, ab 1616 in Nürnberg, wo er von 1618 bis zu seinem Lebensende an St. Sebaldus wirkte. St. gehört zu den Komponisten der Übergangszeit. Bei ihm finden sich konzertierender u. motettischer Stil, Kirchentöne neben Dur-Moll-Harmonik.

Zu St. Kompositionen gehören: »Harmoniae sacrae« (4 Teile, 1616–32), »Kirchen-Music« (2 Teile, 1625–26), »Neue dt. Lieder nach Art der Vilanellen« (1606), »Venuskräntzlein, Lieder u. Tänze« (1610), »Hauß-Music« (4 Teile, geistliche Gesänge mit Instr., 1623–28), »Hertzen-trosts-Musica« (1630), »Geistlicher Music-Klang« (1633) u. »Davids-Harpfe« (1643).

2. Sigmund Theophil (Gottlieb), Sohn von 1., dt. Organist u. Komponist, getauft 6. 11. 1607 Kulmbach, begraben 30. 7. 1655 Nürnberg. Wurde auf Kosten der Stadt Nürnberg bei J. Baumann in Augsburg ausgebildet u. zu W. Rowe nach Berlin geschickt, um das Spiel auf der Viola bastarda zu erlernen. 1627 Stadtpfeifer in Nürnberg u. 1634 Organist an St. Lorenz. Komponierte auf einen Text von Ph. Harsdörffer ein Liederspiel, das sich im Geschmack an die Vorstellungen der → Camerata anlehnt u. neben monodischem Gesang kurze Ritornellen enthält: *Das geistliche Waldgedicht oder Freudenspiel, genannt Seelewig. Gesangweis auf Italianische Art gesetzt.* Diese Komposition gilt als erste erhaltene dt. Oper. St. veröffentlichte außerdem: »Seelen-Music« (2 Teile, um 1644 u. 1648), »Himmels- und Trostgedanken« (1644), »Musikalische Friedens-Gesänge« (1651).

Stadler, Maximilian (eigtl. Johann Carl Dominic), österr. Organist u. Komponist, * 4. 8. 1748 Melk, † 8. 11. 1833 Wien. Chorknabe im Kloster Lilienfeld, weitere Erziehung am Jesuiten-Kolleg in Wien. 1772 in Melk zum Priester geweiht, 1786 Abt von Lilienfeld u. 1789 von Kremsmünster, übernahm später verschiedene Pfarrstellen u. lebte ab 1816 in Wien. War mit L. van Beethoven bekannt u. mit J. Haydn u. W. A. Mozart befreundet. Ordnete Mozarts Nachlaß, kollationierte den Erstdruck von dessen Requiem u. war Konstanze Mozart u. G. N. Nissen bei der Abfassung ihrer Mozart-Biografie behilflich. Griff in den Streit um die Echtheit von Mozarts Requiem mit der Schrift »Vertheidigung der Echtheit des Mozartschen Requiems« (1825, Nachtrag 1826) ein. Ergänzte außerdem eine Reihe von Mozarts Kompositionen.

Zu St. Werken gehören: 2 Requiem, mehrere Messen, *Die Frühlingsfeier* (Kantate nach Klopstock), eine Bühnenmusik zu H. J. von Collins »Polyxena« u. das Oratorium *Die Befreiung von Jerusalem.*

Stadlmayr, Johann, dt. Komponist u. Kapellmeister, * um 1570 Freising, † 12. 7. 1648 Innsbruck. 1603 am Fürstbischöflichen Hof in Salzburg u. ab 1607 Hofkapellmeister in Innsbruck. Komponierte ausschließlich Kirchenmusik, wobei er, dem neuen konzertierenden Stil folgend, von der reinen B. c.-Begleitung zum instrumentalen Satz fortschritt.

Zu St. Werken gehören: 4 Bücher Magnificat (1603, 1608, 1614 u. 1618), 6 Bücher Messen (1610, 1616, 1631, 1641, 1642 u. 1643), Introitus (1625–26), Hymnen (1628), Motetten (1629), »Odae sacrae« (1638) u. 3 Bücher Psalmen (1640, 1640 u. 1641).

Stadtpfeifer, von Städten angestellte Musiker, die eine Vielzahl von Instrumenten zu beherrschen hatten u. bei repräsentativen Anlässen aufspielen mußten. In kleineren Städten gehörte auch das Abblasen (das Blasen vom Turm zu bestimmten Stunden u. Anlässen) zu ihren Pflichten. Gegen die fahrenden Spielleute (→ Spielmann) schlossen sie sich zu Bruderschaften zusammen, denen ein Pfeiferkönig oder Spielgraf vorstand, u. begaben sich unter den Schutz eines geistlichen oder weltlichen Herrn. Zur Wahrung ihrer Privilegien schlossen sich 1653 eine Reihe nord- u. mitteldt. Stadtpfeifereien sogar zu einer überregionalen Organisation zusammen. Erst mit dem Verfall des Zunftwesens u. dem Aufkommen der Liebhaberkonzerte (→ Collegium musicum, → Konzert) verloren die St. ihre Existenzgrundlage.

Stagione (ital.: »Jahreszeit«), Saison der ital. Operntheater, die ursprünglich auf die Karnevalszeit (26. 12.–30. 3.) beschränkt war u. später um eine Osterspielzeit (2. Osterfeiertag bis 15. 6.) u. eine Herbstspielzeit (1. 9.–30. 11.) erweitert wurde. Zu diesen Terminen wurde besonders im 18. u. in der 1. Hälfte des 19. Jh. die → Scrittura verteilt. Im übertragenen Sinn auch Opern- oder Theatertruppen, die nur für eine S. verpflichtet sind.

Stamitz (Stamic), Johann W. A., dt. Komponist u. Geiger böhm. Herkunft. * 19. oder 17. 6. 1717 Deutsch-Brod, † 27. 3. 1757 Mannheim. Erhielt den ersten Musikunterricht von seinem Vater, besuchte 1728–34 die Jesuitenschule in Iglau u. trat 1741 in den Dienst des Kurfürsten von der Pfalz, Karl Philipp, u. von dessen Nachfolger Karl Theodor in Mannheim. 1744 avancierte er zum Ersten Hof-Violinisten, u. nachdem er 1748 eine Berufung nach Stuttgart abgelehnt hatte, wurde er Director der Instrumental-Music. Nachdem bereits 1751 erstmals eine Sinfonie von St. in Paris aufgeführt worden war, verbrachte dieser 1754–55 einen einjährigen Urlaub in der damals als Musikzentrum Europas geltenden Stadt u. leitete die Konzerte des Privatorchesters von A. de La Poupelinière, dem Gönner J.-Ph. Rameaus. St. wurde sogar ein königliches Druckprivileg auf 10 Jahre bewilligt, um »de la musique instrumentale de sa composition« zu verlegen. Schon um 1755 kam so sein op. 1, »Six Sonates à trois«, in Paris heraus. Wie beliebt St. gewesen sein muß, läßt sich daran erkennen, daß der einflußreiche Baron M. Grimm ihn als Vorwurf für seine satirische Schrift »Le petit prophète de Boehmischbroda« benützte. In dieser läßt Grimm einen böhm. Geiger nach Paris gelangen, dem er die Kritik seiner Partei an der franz. Opernmusik in den Mund legt.

St. fand in Mannheim einen für die damaligen Verhältnisse außergewöhnlichen Klangkörper vor, dem Musiker aus den aufgelösten Kapellen von Innsbruck u. Düsseldorf angehörten. Mit diesen ursprünglich teilweise aus Böhmen u. Mähren stammenden Musikern erarbeitete St. einen Orchesterklang, der für damalige Verhältnisse einmalig war. Dieser äußerst disziplinierte Klangkörper ermöglichte St. dynamische Effekte wie Crescendoflächen, Seufzerelemente u. Zäsuren, die zu Charakteristika der → Mannheimer Schule wurden. Außerdem gehört St. mit der Weiterentwicklung der → Sonatensatzform zu den direkten Vorläufern der Wiener Klassik. Er ersetzte das polyphone Stimmengeflecht durch wirkungsvolle Klangflächen, machte durch geschickt eingesetzte Füllstimmen das Continuo überflüssig, wies den Bläsern bereits thematische Aufgaben zu, erfand kontrastreichere 2. Themen u. verwandte mehr Sorgfalt auf die Durchführung im Kopfsatz. Die von St. eingesetzten Effekte wurden damals als revolutionär empfunden, u. der junge W. A. Mozart berichtete an seinen Vater: »Sie glauben nicht, was eine Sinfonie mit Flauten, Oboen und Klarinetten einen herrlichen Effekt macht!«

Zu St. gedruckten Werken gehören: »Six sonates à trois parties concertantes qui sont faites pour exécuter ou à trois ou avec toutes l'orchestre« op. 1 (um 1755); »IV Trios à trois« op. 2 (1761); »Six symphonies à quatre parties obligées avec les cors de chasses ad libitum« op. 3 (1757); »Six symphonies à quatre ...« op. 4 (1758); »Six symphonies à quatre ... de différents auteurs« op. 5 (1760, davon Nr. 1–3 von St.), 6 Sinfonien op. 7 u. 6 Sinfonien op. 8 (1763); 6 Violinkonzerte op. 9 (1764); 6 »Concertos for the Harpsichord, Organ or Pianoforte with Instrumental Parts« op. 10 (veröffentlicht in London o. J., nur Solo-St. erhalten); 3 Sinfonien op. 11 (um 1760). Außerdem sind Kirchenmusiken, Orchesterwerke, Konzerte u. Kammermusik in Handschrift erhalten.

Lit.: P. Gradenwitz, J. St. I, Das Leben, Brünn 1936; P. Nettl, Der kleine Prophet von Boehmisch-Brod, Esslingen 1953; H.-R. Dürrenmatt, Die Durchführung bei J. St., Bern 1969.

2. Carl Ph., Sohn von 1., dt. Geiger u. Komponist, getauft 8. 5. 1745 Mannheim, † 9. 11. 1801 Jena. Schüler seines Vaters sowie von Ch. Cannabich, 1762 Mitglied des Mannheimer Hoforchesters u. 1770 bei F. X. Richter in Straßburg. Entschloß sich zu einer Virtuosenlaufbahn, wurde noch im Jahr 1770 Konzertmeister des Herzogs von Noailles in Paris u. unternahm ab 1778 ausgedehnte Konzerttourneen, die ihn u. a. nach Petersburg führten. 1794 ließ er sich als Direktor der Akademischen Konzerte in Jena nieder. Mit seinen Sinfonien u. konzertanten Sinfonien trug er zur Ausbildung des → galanten Stils bei.

St. komponierte an die 50 Sinfonien u. 25 konzertante Sinfonien, außerdem mehr als 50 Solokonzerte u. Kammermusik. Seine beiden Opern sind verschollen.

3. Anton Th. J. N., Sohn von 1., dt. Geiger u. Komponist, getauft 27. 11. 1750 Deutsch-Brod, † nach dem 27. 10. 1796, wahrscheinlich Paris. Schüler seines Vaters sowie von Ch. Cannabich. Trat mit 14 Jahren in das Mannheimer Hoforchester ein u. reiste mit seinem Bruder Carl nach Paris, wo er 1772 erstmals in den Concerts spirituels auftrat. 1782–89 war er Mitglied der Königlichen Kapelle in Versailles. Zu seinen Schülern gehörte R. Kreutzer.

St. komponierte 15 Sinfonien, 6 konzertante Sinfonien u. Konzerte.

Ständchen, ursprünglich eine musikalische Huldigung für die Geliebte, seit dem 19. Jh. allgemein zu Ehren einer Person. Im Gegensatz zu Aubade (→ Alborada) u. → Serenade nicht auf eine bestimmte Tageszeit oder Form festgelegt.

Standford, Patric J., engl. Komponist, * 5. 2. 1939 Barnsley, Yorkshire. Schüler von E. Rubbra, G. F. Malipiero u. W. Lutosławski. Dozent an der Guildhal School of Music and Drama in London.

Zu S. Kompositionen gehören: *Suite française* für Bläserquintett (1964), Streichquartett Nr. 1 (1966), *Celestial Fire* (Ballett, 1968, daraus Orchestersuite), *Cantico delle creature* für St. u. Streicher (1969), Klaviertrio (1970), *Antitheses* für Streicher (1971), Sinfonie Nr. 1 (1971), *Christus-Requiem* für Erzähler, Kinderst., Chor u. Orch. (1972), Stabat mater für gem. Chor a cappella (1972), Streichquartett Nr. 2 (1973), Klaviersonate (1974), Sinfonie Nr. 2 (1975), Cellokonzert (1975), *Taikyoku* für 2 Kl. u. Schlagzeug (1975–76), Klavierkonzert (1977), *Villon* (Oper, 1977–82), 2. Klavierkonzert (1979), *Reflexions* (Ballett, 1980) u. *Mass* für gem. Chor u. Blechbläser (1981).

Standfuß, J. C., dt. Komponist, † um 1759 Hamburg. Von seinem Leben wissen wir nur, daß er um 1750–56 Ballettgeiger u. Korrepetitor bei der Kochschen Theatertruppe in Leipzig war. Mit seiner Musik zu Ch. F. Weißes dt. Bearbeitung von Ch. Coffeys *The Devil to Pay or The Wives Metamorphos'd* komponierte er eines der ersten dt. Singspiele. Es kam 1752 unter dem Titel *Der Teufel ist los oder Die verwandelten Weiber* in Leipzig zur Aufführung.

Stanford, Charles V., ir. Komponist, * 30. 9. 1852 Dublin, † 29. 3. 1924 London. Schüler von R. Stewart in Dublin. 1870 Eintritt in das Queen's College in Cambridge u. dort 1873–92 Organist am Trinity College. In den Jahren 1874–76 Studienreisen nach Deutschland u. weiterer Unterricht bei C. Reinecke u. F. Kiel. Auf diese Zeit geht der Einfluß von R. Schumanns u. J. Brahms' Werken zurück, der deutlich in seinen Kompositionen zu spüren ist. 1885–1902 Dirigent des London Bach Choir u. 1901–10 Leiter des Leeds Triennial Festival. Nach der Aufgabe des Organistenamtes behielt S. jedoch seinen Lehrstuhl in Cambridge u. war daneben von 1883 bis zu seinem Tode Kompositionslehrer am neugegründeten Royal College of Music in London. In dieser Eigenschaft hat er eine ganze Generation engl. Komponisten mitgeprägt, u. a. F. Bridge, R. Vaughan Williams, H. Howells u. A. Bliss. In seinen Kompositionen verbinden sich Elemente der dt. Romantik, ir. Folklore u. mystizistische Vorstellungen.

Zu S. Kompositionen gehören: 12 Bühnenwerke, von denen *The Canterbury Pilgrims* (1884), *Shamus O'Brien* (1896) u. *Much Ado about Nothing* (1901) erwähnenswert sind; Bühnenmusiken; 7 Sinfonien; 5 *Irische Rhapsodien;* Konzerte; Vokalkompositionen, u. a. ein Stabat mater für Soli, Chor u. Orch. (1907); Kammermusik; Lieder.

Lit.: J. F. Forte, Sir Ch. V. S., London 1921; J. A. Fuller-Maitland, The Music of Parry and S., Cambridge 1934; H. P. Greene, Ch. V. S., London 1935.

Starer, Robert, amer. Komponist österr. Herkunft, * 8. 1. 1924 Wien. Schüler der Wiener Musikakademie (1937–38), des Konservatoriums in Jerusalem (1938–43) u. der Juilliard School of Music in New York (1947–49). Seit 1963 Professor an der City University of New York.

Zu S. Kompositionen gehören: die Opern *The Intruder* (1956) u. *Pantagleize* (1970); die Ballette *The Dybbuk* (1960, Ch.: H. Ross), *Samson Agnistes* (1961), *Phaedra* (1962, Ch.: M. Graham), *Secular Games* (1962, Ch.: Graham), *The Lady of the House of Sleep* (1968, Ch.: Graham) u. *Holy Jungle* (1974, Ch.: Graham); Orchesterwerke, darunter 3 Sinfonien (1950, 1951 u. 1969); Konzerte, u. a. 3 Klavierkonzerte (1947, 1953, 1972), *Concerto a tre* für Klar., Trp., Pos. u. Streicher (1954), Konzert für Va., Streicher u. Schlagzeug (1958), Konzert für V., Vc. u. Orch. (1967); Vokalkompositionen wie *Kohelet* (1952), *Ariel, Visions of Isaiah* (1959) für S., Bar., gem. Chor u. Orch. u. *Joseph and His Brothers* für Sprecher, S., T., Bar., Baßbar., gem. Chor u. Orch. oder Org. (1966); Kammermusik; Klavierstücke.

Stefani, Jan, poln. Komponist u. Kapellmeister, * zwischen 1746 u. 1748 Prag, † 24. 2. 1829 Warschau. Kapellmeister des Grafen Kinsky, Geiger im Wiener Hoforchester u. 1771 Konzertmeister des Königs von Polen in Warschau. Gegen Ende seines Lebens Konzertmeister u. Kapellmeister der Warschauer Oper. Von seinen 11 Opern hatte nur *Cud mniemany czyli Krakowiacy i górale (Das vermeintliche Wunder oder Die Krakauer und die Bergbauern)* 1794 großen Erfolg. S. gehört mit diesem Werk zu den Begründern der poln. Nationaloper. Außerdem komponierte er eine Vielzahl von Polonaisen. Sein Sohn Józef (1800–76) war hauptsächlich wegen seiner Kirchenmusiken bekannt.

Steffani, Agostino, ital. Komponist u. Diplomat, * 25. 7. 1654 Castelfranco Veneto, † 12. 2. 1728 Frankfurt a. M. Wurde auf Kosten des Kurfürsten Ferdinand Maria von Bayern bei J. K. Kerll 1668–71 ausgebildet, verbrachte die Jahre 1672–74 bei E. Bernabei in Rom u. wurde 1675 in München Hoforganist. Aus dieser Zeit stammt seine erste gedruckte Komposition, eine »Psalmodia vespertina volans 8 plenis vocibus concinenda ...«. Auf einer Parisreise 1678–79 lernte er die Musik J.-B. Lullys kennen, die auf sein weiteres Schaffen nicht ohne Einfluß blieb. 1680 Priesterweihe u. 1682 Ernennung zum Abt von Lepsingen. Mit dem Regierungsantritt des Kurfürsten Max Emanuel erhielt S. den Auftrag, die Oper *Marco Aurelio* zu komponieren, u. gegen Ende des Jahres 1680 wurde er zum Direktor der Kammermusik ernannt, später auch zum Vizekapellmeister. Daneben bediente sich der Kurfürst seiner in diplomatischer Mission. Für München komponierte S. neben *Marco Aurelio* das Turnierspiel *Audacia e rispetto* (1685, Musik verloren) u. die Opern *Solone* (1685, Musik verloren), *Servio Tullio* (1686), *Alarico il Baltha* (1687), u. *Niobe* (1688). 1688 wurde Giuseppe Antonio Bernabei als Nachfolger seines Vaters zum bayerischen Hofkapellmeister ernannt. S. nahm Urlaub u. trat dann als Kapellmeister in die Dienste des Herzogs Ernst August von Hannover. Bereits Ende Januar 1689 wurde seine Oper *Enrico Leone* zur Einweihung des neuen Schloßtheaters aufgeführt. Für Hannover entstanden weiter *La lotta d'Hercole con Acheloo* (1689), *La superbia d'Alessandro* (1690, rev. als *Il zelo di Leonato* 1691), *Orlando generoso* (1691, rev. 1692), *Le rivali concordi* (1692, rev. 1693), *La libertà contenta* (1693), *Baccanali* (1695), *Il trionfo del fato o Le glorie d'Enea* (1695) u. *Briseide* (1696). Seine nächste Oper, *Amor vien dal destino* (ursprünglich *Enea*, dann *Il Turno*), wurde erst 1709 in Düsseldorf aufgeführt. Inzwischen war S. als außerordentlicher Gesandter des 1692 zum Kurfürsten erhobenen Ernst August tätig gewesen u. 1703 Churpfälzischer geistlicher Ratspräsident u. Geheimer Rat des Kurfürsten Johann Wilhelm von der Pfalz geworden. 1706 wurde er zum Bischof von Spiga erhoben u. 1709 vom Papst zum apostolischen Vikar für Norddeutschland eingesetzt. Aus dieser Zeit stammen die Opern *Arminius* (1707) u. *Tassilone* (1709), beide für Düsseldorf. S. war es auch, der bei einem Italienaufenthalt G. F. Händel kennenlernte u. ihn für Hannover zu gewinnen suchte. Auf einer Reise zum Kurfürsten von Mainz erlag er einem Schlaganfall. Neben den bereits aufgeführten Werken S. seien seine handschriftlich erhaltenen Kammerduette mit B.c. erwähnt. Er veröffentlichte außerdem die Streitschrift »Quanta certezza habbia da suoi principii la musica ...« (1695).

Steffen, Wolfgang (Pseudonym: Wolfgang Eberhardt), dt. Komponist, * 28.4.1923 Neuhaldensleben. Studierte 1946–49 am Städtischen Konservatorium in Berlin u. 1949–53 an der dortigen Staatlichen Hochschule für Musik bei H. Tiessen Komposition u. hörte 1951–53 an der Freien Universität Musikwissenschaft bei W. Gerstenberg u. Theaterwissenschaft bei H. Knudsen. Lebt seit 1959 als freischaffender Komponist. Hat sich mit verschiedenen zeitgenössischen Techniken auseinandergesetzt. Charakteristisch für ihn sind Expressivität u. Spielfreude.

Zu St. Werken gehören: Kompositionen für Orch. wie das Ballett *Aus dem Lebensbuch eines Tänzers* (1954), Klavierkonzert (1955), *Drei Lieder* für S. u. Orch. (1955), Violinkonzert (1966), *Polychromie* für Kl. u. Orch. (1970), *Klangsegmente* für Cymbal, Hf., Cemb. u. Orch. (1973–74) u. *Sinfonia da camera* (1976); Kammermusik, u. a. *Diagramm* für Va. oder Vc. u. Kl. (1965), Bläserquintett (1966), *Jeu pour violon et pianoforte* (1967), Trio für Fl., Vc. u. Kl. (1970), *Trilogie 75* für Bandoneon, Fl. u. Schlagzeug (1975) u. *Music for Piano & 7 Players* (1975); Klavierstücke, darunter Klaviersonate (1955), *Reihenproportionen* (1961) u. *Les spirales* (1969); Chorwerke; Lieder.

Steg (ital. ponticello, franz. chevalet, engl. bridge), bei Streichinstrumenten das meist kunstvoll aus Hartholz gearbeitete Brettchen, das von den darüberlaufenden Saiten aufrecht auf der Decke des Instruments gehalten wird. Es hat die Aufgabe, die Höhe der Saiten über dem Corpus u. dem Griffbrett zu regulieren u. die Saitenschwingungen auf den Resonanzkörper zu übertragen. Vortragsanweisung am Steg → sul ponticello. Bei besaiteten Tasteninstrumenten ist der St. eine mit dem Resonanzboden verbundene Leiste, über die die Saiten in leichtem Winkel verlaufen.

Steibelt, Daniel G. dt. Pianist u. Komponist, * 22. 10. 1765 Berlin, † 2. 10. 1823 Petersburg. Schüler von J. Ph. Kirnberger. Ließ sich 1790 in Paris nieder, wo er bald zu den gesuchtesten Lehrern gehörte u. mit seiner Oper *Roméo et Juliette* Erfolg hatte. Übersiedelte 1796 nach London, wo sich sein 3. Klavierkonzert größter Beliebtheit erfreute u. 1798 eine weitere Oper, *Albert and Adelaide,* herauskam. Versuchte 1800 noch einmal, in Paris Fuß zu fassen, das er 1808 auf der Flucht vor seinen Gläubigern endgültig verlassen mußte. Er verbrachte den Rest seines Lebens in Petersburg.

Zu St. Kompositionen gehören: 7 Klavierkonzerte; Kammermusik; Klavierstücke; Lieder.

Steinberg (Štejnberg), Maximilian O., russ. Komponist u. Lehrer, * 4. 7. 1883 Wilna, † 6. 12. 1946 Leningrad. Schüler von A. Glasunow u. N. Rimskij-Korsakow am Petersburger Konservatorium. Dort ab 1908 Lehrer u. 1934 Direktor. Stand in seinen Kompositionen stark unter dem Einfluß Rimskij-Korsakows, dessen Schwiegersohn er wurde. In späteren Kompositionen trat die Folklore stärker in den Vordergrund. Sein bedeutendster Schüler war D. Schostakowitsch.

Zu St. Kompositionen gehören: die Ballette *Metamorphosen* (1914) u. *Till Eulenspiegel* (1938); Bühnenmusiken; 5 Sinfonien (1907–1942); Violinkonzert (1946); Vokalkompositionen wie *Nebo i zemlja (Himmel und Erde)* für Chor u. Orch. (1916); Kammermusik; Lieder.

Steinbrecher, Alexander, österr. Komponist, * 16. 6. 1910 Brünn. Studierte in Brünn u. Prag u. wurde 1946 Kapellmeister am Wiener Burgtheater, für das er zahlreiche Bühnenmusiken schrieb. Seine eigenen Singspiele, zu denen er auch die Texte selbst verfaßt, stehen in der Wiener Tradition. Zu ihnen gehören *Die Gigerln von Wien* (1939) u. *Brillanten aus Wien* (1943).

Steiner, Max Raoul, amer. Komponist u. Dirigent österr. Herkunft, * 10. 5. 1888 Wien, † 28. 12. 1971 Los Angeles. Studierte am Wiener Konservatorium bei R. Fuchs, H. Graedener u. G. Mahler. Arbeitete 1914 an den Ziegfield Follies in New York u. dirigierte Broadway-Musicals. Lebte seit 1929 in Hollywood, wo er hauptsächlich Filmmusiken komponierte, u. a. zu »The Informer« (1935) u. »Treasure of the Sierra Madre«.

Stenhammar, K. Wilhelm E., schwed. Komponist, Pianist u. Dirigent, * 7. 2. 1871 Stockholm, † 20. 11. 1927 ebd. Entstammt einer musikalischen Familie. Erhielt seine Ausbildung in Stockholm u. bei H. Barth in Berlin. Dirigent der Philharmonischen Gesellschaft in Stockholm (1897), in Göteborg (1907–22) u. am Königlichen Theater in Stockholm (1924–25). Verbindet in seinen Kompositionen Elemente der Romantik u. schwed. Folklore.

Zu S. Kompositionen gehören: die Bühnenwerke *Tirfing* (1898) u. *Fest auf Solhaug* (1899); 2 Sinfonien (1903 u. 1915); 2 Klavierkonzerte (1893 u. 1904–07); Vokalkompositionen, u. a. *Ett folk* für Bar., Chor u. Orch. (1905, darin als Nr. 2 die Hymne *Sverige*); Kammermusik, u. a. 7 Streichquartette (1894–1916); Lieder.
Lit.: Bo Wallner, W. S., Stockholm 1970.

Stephan, Rudi, dt. Komponist, * 29. 7. 1887 Worms, † (gefallen) 29. 9. 1915 bei Tarnopol. Studierte am Dr. Hoch'schen Konservatorium in Frankfurt a. M. bei B. Sekles u. in München bei R. Louis. Trat mit *Musik für sieben Saiteninstrumente* beim Tonkünstlerfest in Danzig (1912) an die Öffentlichkeit. 1913 folgte *Musik für Geige u. Orch.* Im gleichen Jahr kam sein *Liebeszauber* für

Bar. u. Orch. in München zur Aufführung. Nach dem Krieg kümmerte sich K. Holl um den Nachlaß. 1920 wurde in Frankfurt die 1914 entstandene Oper *Die ersten Menschen* aufgeführt. Aus den wenigen Werken läßt sich erkennen, daß St. Vorstellungen von einer absoluten Musik hatte, die denen der Neoklassizisten in den 20er Jahren entsprachen.

Stereophonie, elektroakustische Übertragungstechnik, die im Gegensatz zur monauralen (einkanaligen) Übertragung 2 oder mehrere Kanäle verwendet. Dadurch wird ein hohes Maß an Plastik, Transparenz u. Volumen erreicht (→ Richtungshören) sowie bei zeitgenössischen Werken dem → Parameter Raum Rechnung getragen. Bei der stereophonischen Aufnahme werden die Mikrophone entweder in Links-rechts-Position (AB-Stellung), in Empfangsrichtung etwas verdreht übereinander (XY-Stellung) oder in Verbindung von Nieren- u. Achter-Charakteristik (→ Mikrophon) in der sog. Mitte-Seite-Stellung gehängt oder gestellt. Dabei muß immer die Stereobasis im Auge behalten werden, die Linie zwischen den später abstrahlenden Lautsprechern. Bei der stereophonischen Wiedergabe ist der beste Platz an der Spitze eines gleichseitigen Dreiecks, dessen Basis die Stereobasis ist. Eine weitere Annäherung an einen möglichst natürlichen Eindruck gelang mit der Erfindung des Kunstkopfs, der Nachbildung eines menschlichen Kopfes, bei dem Mikrophone die Trommelfelle ersetzen. Ideale Wiedergabebedingungen der mit Kunstkopf aufgenommenen Musik lassen sich natürlich nur durch Kopfhörer erreichen.

Sterkel, Johann Franz Xaver (bekannt als Abbé Sterkel), dt. Komponist u. Pianist, * 3. 12. 1750 Würzburg, † 12. 10. 1817 ebd. Studierte in Würzburg Theologie u. wurde 1778 Hofkaplan u. Organist in Mainz. Unternahm 1779–82 auf Kosten des Kurfürsten eine Italienreise, in deren Verlauf er am Teatro S. Carlo in Neapel mit großem Erfolg seine Oper *Il Farnace* herausbrachte. Wieder in Mainz, wurde er Kanonikus u. Mitglied der Kapelle, 1793–97 Kapellmeister. Vor den franz. Armeen wich er nach Würzburg aus. 1810–14 war er Großherzoglicher Hofmusikdirektor in Aschaffenburg, danach lebte er wieder in Würzburg. St. war als Komponist zu seiner Zeit sehr beliebt. Viele seiner Werke erlebten mehrere Auflagen. Er schrieb Sinfonien, Klavierkonzerte, Kammermusik u. eine Vielzahl von Klaviersonaten u. -stücken. Charakteristisch ist seine gründliche motivisch-thematische Arbeit. Von seinen Liedern seien insbesondere die *Matthisson-* u. *Hölty-Gesänge* erwähnt. Im September 1791 kam es zu dem bekannten Treffen zwischen St. u. L. van Beethoven, das nicht ohne Auswirkung auf den Klavierstil u. die Kompositionsweise des Jüngeren geblieben ist.

Lit.: A. Scharnagl, J. F. X. St., Würzburg 1943.

Stevenson, Ronald, engl. Komponist, * 6. 3. 1928 Blackburn, Lancashire. Studierte am Royal Manchester College of Music u. am Conservatorio di Musica S. Cecilia in Rom. 1962 Dozent in Edinburgh u. 1963–65 an der Universität in Kapstadt. Lebt als freischaffender Komponist u. tritt hauptsächlich als Interpret eigener Werke auf. Fühlt eine besondere Affinität zu F. Busoni u. gilt als Vertreter einer barocken Polyphonie.

Zu St. Werken gehören: *Medieval Scottish Triptych* für Chor a cappella (1963); *Passacaglia auf DSCH* für Kl. (1963, Ton-Buchstaben-Spiel mit den Initialen von D. Schostakowitsch); *Anger Dance* für Git. (1965); *Triptych* auf Motive aus F. Busonis *Dr. Faust* für Kl. u. Orch. (1965, gilt als 1. Klavierkonzert); *Scots Dance Toccata* für Orch. (1970); *Peter Grimes Fantasy* für Kl. auf Themen aus B. Brittens Oper (1971); Sonate für Hf. u. Kl. (1971); 2. Klavierkonzert (1972); Lieder u. Arrangements schottischer Volkslieder.

Stich, Jan Václav (Giovanni Punto), böhm. Hornist u. Komponist, * 28. 9. 1746 Žehušice bei Čáslav, † 16. 2. 1803 Prag. Wurde auf Kosten des Grafen Thun u. a. in Prag bei W. Matiegka u. in Dresden bei K. Haudek u. A. J. Hampel ausgebildet. 1769–74 Mitglied der Kurfürstlichen Hofkapelle in Mainz u. nach verschiedenen Reisen durch Europa 1778 in Paris, wo W. A. Mozart für ihn die Hornpartie in der Sinfonia concertante KV Anhang 9 komponierte. 1781 in Würzburg u. 1782 wieder in Paris. Dort ab 1782 im Dienst des Grafen Artois, des späteren Karl X. Während der Franz. Revolution Konzertmeister u. Dirigent am Théâtre des Variétés Amusantes. Im Jahr 1800 hielt er sich in Wien auf. Er lernte dort L. van Beethoven kennen, der für ihn die Hornsonate op. 17 komponierte u. gemeinsam mit ihm aufführte. Die letzten Lebensjahre scheint er hauptsächlich in Prag verbracht zu haben. Eine Tournee mit J. L. Dussek absolvierte er 1802. St. galt als einer der brillantesten Hornisten in der 2. Hälfte des 18. Jh. Die von A. J. Hampel entwickelte Stopftechnik verfeinerte er, überarbeitete auch das theoretische Werk seines Lehrers u. ließ es als »Seule et vraie méthode ...« in Paris erscheinen. Die eigene »Étude ou exercice journalière« gab er 1795 in Paris heraus. Von seinen Kompositionen seien 14 Hornkonzerte erwähnt. Außerdem schrieb St. eine Anzahl von Kammermusikwerken, in denen das Horn einen besonderen Platz einnimmt.

Stil (von lat. stilus: »Griffel«), ein aus der Rhetorik u. Literatur in die Musik übernommener Begriff. Wird um 1600 in Italien im Sinne von Art u. Weise (maniera, modo) gebraucht. So wurde der Motetten-St. als stilo grave im Unterschied zum stilo madrigale bezeichnet. Mit der → Camerata kamen Ausdrücke wie stile rappresentativo oder recitativo in Umlauf. C. Monteverdi bezeichnete die affektgeladenen instrumentalen Abschnitte seines *Combattimento di Tancredi e Clorinda* als stile concitato (Vorrede zum 8. Madrigalbuch). Im 17. Jh. wurde der Ausdruck stile oder stylus auch auf die Satztechnik bezogen. Man unterschied zwischen dem stylus gravis, dem strengen Satz G. P. Palestrinas, u. dem contrapunctus oder stylus modernus, dem freien Satz. Im 18. Jh. wurde schärfer zwischen Kirche, Kammer u. Theater unterschieden, u. wieder zog man den Ausdruck St. heran, der gleichzeitig auch auf die verschiedenen nationalen Charakteristika angewendet wurde. Mit dem Aufkommen einer methodisch vorgehenden Musikwissenschaft u. unter Anlehnung an die Kunstgeschichte wurde der Begriff St. schließlich auf ganze Epochen bezogen u. bedeutete soviel wie die Summe aller diesem Zeitabschnitt zuzurechnenden Eigenarten. Neben dieser letzteren Bedeutung spricht man heute noch von Personal-St. (den unverkennbaren Eigenheiten eines einzelnen) u. historischem Klang-St. (einer Frage der Aufführungspraxis).

stile rappresentativo → Camerata, → Oper

Still, William Grant, amer. Komponist, * 11. 5. 1895 Woodville, MI, † 3. 12. 1978 Los Angeles. Der älteste afro-amer. Komponist u. der erste Schwarze, der in den Vereinigten Staaten eine Sinfonie komponierte. Schrieb Arrangements für W. C. Handy u. trat 1921 als Oboist im für die Show »Shuffle Along« zusammengestellten Orchester auf. Anschließend Studien bei E. Varèse u. unter G. Chadwick am New England Conservatory in Boston. Verband in seinen Kompositionen Neger-Folklore u. Sinfonik.

Zu S. Werken gehören: die Opern *Blue Steel* (1935), *Troubled Island* (1938), *A Bayou Legend* (1940), *A Southern Interlude* (1942), *Costaso* (1949), *Mota* (1951), *The Pillar* (1956) u. *Minette Fontaine* (1958); die Ballette *La Guiablesse* (1927), *Sahadji* (1930) u. *Miss Sally's Party* (1940); die Kantaten *And They Lynched Him on a Tree* für Erzähler, A., gem. Chor u. Orch. (1940) u. *In Memoriam: The Colored Soldiers Who Died for Democracy* (1943); weitere Vokalkompositionen wie *The Little Song That Wanted to Be a Symphony* für Sprecher, Frauenchor u. Orch. (1954) u. *Les Pascuas, or Christmas in the Western World* für Chor u. Streicher (1967); Orchesterwerke, u. a. 5 Sinfonien (*Afro-American Symphony*, 1931, rev. 1969; *Song of a New Race*, 1937; 1945; *Autochthonous*, 1947; 1958), *Darker America* (1924), *From the Black Belt* (1926), *Africa* (1930), *Dismal Swamp* (1936), *Archaic Ritual* (1946), *Serenade* (1957), 5 Suiten *The American Scene* (1957), *Patterns* (1961), *The Peaceful Land* (1961), Preludes (1962), *Threnodie In Memory of J. Sibelius* (1965), *Miniature Overture* (1965), *Choreographic Prelude* (1970); Kammermusik; Lieder.

Stimmbruch → Mutierung

Stimmbücher, die einzeln ausgeschriebenen oder gedruckten Stimmen mehrstimmiger Kompositionen, die in Büchern zusammengefaßt wurden. Partiturdruck war vor Ende des 16. Jh. selten.

Stimme, 1. menschliche St., Sing-St. Man unterscheidet nach Umfang zwischen → Sopran, → Mezzosopran, → Alt, → Tenor, → Bariton u. → Baß. Die Alt-St. wird in Italien, Frankreich u. England heute noch als Contralto bezeichnet. Die von falsettierenden Männerstimmen ausgeführten Altpartien werden in England → Countertenor genannt. In der Oper spricht man von Stimmfächern, z. B. vom hochdramatischen Sopran, von der → Soubrette, vom Heldentenor. **2.** St. als ein in sich durchgeformter horizontaler Ablauf von Tönen, der als eine Schicht eines mehrstimmigen musikalischen Werkes begriffen wird. Dafür gab es in der Entwicklung der abendländischen Mehrstimmigkeit verschiedene Bezeichnungen. Zu Beginn des → Organum wurde die Grund-St. → Cantus genannt, die Gegen-St. vox organalis, organum, → Duplum. In der Motette gab man dem Cantus die Bezeichnung Tenor, während das textierte Duplum Motetus genannt wurde. Als sich aus dem → Discantus der → Kantilenensatz entwickelte, wurde dem Gerüstsatz aus Cantus u. Tenor ein → Contratenor hinzugefügt. Durch Aufspaltung dieses Contratenors im 15. Jh. in Alt u. Baß kam es zur Vierstimmigkeit. Ungefähr zur gleichen Zeit wurde für die Ober-St. die Bezeichnung Sopran gebräuchlich. Während sich der Sopran in der Folgezeit immer stärker zur Melodie-St. entwickelte, erhielt der Baß harmonischen Fundamentcharakter. Die Mittel-St. wurden zunehmend als Füllstimmen behandelt. Mit dem Ende der Polyphonie verlor die → Lagenstimme ihre Bedeutung. Seither spricht man im Vokalsatz von Stimmgattung oder Stimmlage.

Stimmführung nennt man in der musikalischen → Satzlehre die Führung der einzelnen Stimmen. Dabei ist die Funktion der Stimme genauso zu beachten wie ihr Umfang.

Stimmgabel, eine Stahlgabel, die beim Anschlagen einen obertonarmen Ton erzeugt. Auf den Kammerton a^1 (440 Hz) geeicht, dient sie zum Einstimmen.

Stimmtausch, der Austausch von Melodieabschnitten zwischen lagengleichen Stimmen. Schon in der Notre-Dame-Zeit Mittel zur Gestaltung einzelner Abschnitte.

Stimmton (engl. standard pitch), ein einheitlicher Ton zur → Stimmung von Musikinstrumenten u. Anhaltspunkt für den Gesang. Bis ins 19. Jh. gab es verschiedene Stimmtöne, die nach Aufführungszweck (Kammerton, Chorton) u. örtlicher Praxis voneinander abwichen. 1885 einigte man sich in Wien auf 435 Hz für den Ton a^1, 1939 in

London auf 440 Hz. Trotzdem sind heute viele Orchester höher gestimmt, während die Franzosen 1950 eine Herabsetzung auf 432 Hz beschlossen haben.

Stimmung, die Festlegung von absoluten u. relativen Tonhöhen, in der Praxis die Einstimmung der Musikinstrumente auf den → Kammerton. Dazu verwendet man die → Stimmgabel oder den elektrischen Stimmgabelsummer. Im Orchester wird nach Oboe oder Klarinette gestimmt, wenn ein Tasteninstrument mit temperierter St. mitwirkt, nach diesem. Neben dem temperierten System (→ Temperatur) sind die pythagoreische St. (→ Komma) u. die → reine St. von Bedeutung.

Stockhausen, Karlheinz, dt. Komponist, * 22. 8. 1928 Mödrath bei Köln. Sohn eines Volksschullehrers. Studierte 1947–51 an der Staatlichen Hochschule für Musik in Köln Klavier u. Schulmusik, kurze Zeit auch Komposition bei F. Martin, daneben Germanistik, Philosophie u. Musikwissenschaft an der Universität. 1950 entstand mit *Chöre für Doris* St. erste Komposition. Ein Jahr später folgten Sonatine für V. u. Kl., *Kreuzspiele* für Ob., B.-Klar., Kl. u. 3 Schlagzeuger u. *Formel* für Orch. 1952–53 nahm er an Kursen für Rhythmik u. Ästhetik bei O. Messiaen in Paris teil und experimentierte mit der Gruppe Musique concrète des franz. Rundfunks. In einem Kellerstudio der PTT gelang ihm die erste Synthese von Klangspektren mit elektronisch erzeugten Sinustönen. Aus dieser Zeit stammen Werke wie *Klavierstücke I–IV, Spiel* für Orch., *Schlagtrio* für Kl. u. 2 × 3 Pauken u. *Punkte* für Orch. 1953 wurde St. ständiger Mitarbeiter des gerade gegründeten Studios für elektronische Musik des WDR u. Dozent der Internationalen Ferienkurse für Neue Musik in Darmstadt. Im gleichen Jahr realisierte er mit *Studie I* die erste Komposition rein elektronischer Musik. Daneben 1954–56 Studium der Phonetik u. Kommunikationsforschung bei W. Meyer-Eppler an der Universität Bonn. 1954–59 mit H. Eimert Herausgeber von »die reihe« in Wien, der wohl wichtigsten Publikation für serielle Musik. Mit den 1954–55 konzipierten *Klavierstücken V–X* Einführung des gesteuerten Zufalls u. 1956 erste elektronische Raummusik mit *Gesang der Jünglinge*. 1955–57 Ausbau der Raumidee mit Kompositionen wie *Gruppen* für 3 Orch. u. später *Carré* für 4 Orch. u. Chöre. 1958 erste Tournee mit 30 concert lectures in den USA u. von da ab jährlich längere Tourneen als Dirigent u. Interpret eigener Werke, seit 1959 auch mit kleineren Solistengruppen, außerdem Gastprofessuren. 1959–60 Verbindung von instrumentaler u. elektronischer Musik in *Kontakte*. 1961 Begegnung mit Mary Bauermeister, seiner späteren Frau, die entscheidenden Einfluß auf seine weitere Entwicklung nehmen sollte. 1963 künstlerischer Leiter des Studios für elektronische Musik des WDR u. 1963–68 Leiter der von ihm begründeten Kölner Kurse für Neue Musik. Seit 1964 Leiter einer Interpretationsgruppe für live-elektronische Musik. 1966 Realisation von *Telemusik* u. *Solo* im Studio für elektronische Musik der NHK in Tokio. 1970 bei der Expo in Osaka an 183 Tagen unter Leitung des Komponisten jeweils 5½ Stunden Aufführungen eigener Werke in dem von ihm selbst entworfenen Kugelauditorium (geschätzte Zuhörerzahl 1 Million). 1971–77 Professor für Komposition an der Staatlichen Hochschule für Musik in Köln. Es entstanden Werke wie *Sternklang* u. *Trans*. Ab Werk 30, *Pole*, Veröffentlichung im eigenen Verlag. Seine gesammelten Aufsätze »Texte I–IV« (4 Bde.) kamen 1964–78 im Verlag DuMont Schauberg in Köln heraus.

St. Bedeutung für die zeitgenössische Musik kann gar nicht hoch genug veranschlagt werden. Unter dem Einfluß von O. Messiaen u. nach dem Studium der Werke A. Weberns unternahm er punktuelle Experimente (→ punktuelle Musik), indem er wie in *Kreuzspiel* Tonpunkte isolierte, das Parameterdenken weiterentwickelte u. die Grundlagen einer seriellen Kompositionstechnik formulierte. Dabei hat er alle denkbaren Möglichkeiten einer totalen parametrischen Kombinatorik ausprobiert u. die Rationalisierung von Musik bis an die äußerste Grenze vorgetrieben. Im Verlauf dieser Arbeiten kam es zu einer Spaltung des Kompositionsprozesses in eine rationale u. eine intuitive Phase, so daß sich St. zwangsläufig in Widerspruch zu den Puristen der seriellen Technik setzen mußte. Aufschlußreich für das Erfahren dieser Problematik ist der Briefwechsel zwischen St. u. K. Goeyvaerts aus jener Zeit. Neben Experimenten mit elektronischer Musik, insbesondere in der Verbindung von Stimmen u. instrumentalen Klängen mit Elektronik, arbeitete St. an der Einbeziehung des Parameters Raum in seine Kompositionen, beschäftigte sich mit Gruppen (→ Gruppenkomposition) als kompositorischen Bausteinen u. wandte Prinzipien wie → Aleatorik u. → Collage an. Nachdem er die verschiedenen wissenschaftlich fundierten Kompositionsmöglichkeiten u. Ordnungsprinzipien einschließlich des gesteuerten Zufalls beherrschen gelernt hatte, wandte er sich spekulativen u. transzendentalen Erfahrungen zu. In Werken wie *Sternklang, Trans* oder *Atmen gibt das Leben* kam eine Gedankenwelt zum Ausdruck, die sich in der Nähe von Th. Manns »Doktor Faustus« u. H. Hesses »Glasperlenspiel« bewegt. St. verband in diesen Kompositionen Meditatives mit Messianischem; er erhob einen weltanschaulichen Anspruch. In neuerer Zeit strebt St. neben der Kontrolle aller musikalischen Abläufe eine szenisch-optische Ergänzung an. Mit Arbeiten wie *Alphabet für Liège*, *Inori* u. *Der Jahreslauf* bewegt er sich auf die musikalisch-theatralische Aktion zu. In dem seit 1979 entstehenden *Licht-Zyklus* verstärkt sich diese Tendenz, wie die szenische Uraufführung eines Teils an der Mailänder Scala 1980 zeigt. Es scheint, als ob St. in einer Art Rappresentazione (→ Rappresentazione sacra) die seinen neuen Gedanken gemäße Form zu finden hofft.

Zu St. Kompositionen gehören: Nr. 1/11 *Chöre für Doris*, Nr. 1/10 Drei Lieder für A. u. Kammerorch. u. Nr. 1/9 Choral (1950); Nr. 1/8 Sonatine für V. u. Kl., Nr. 1/7 *Kreuzspiel* für Ob., B.-Klar., Kl. u. 3 Schlagzeuger u. Nr. 1/6 *Formel* für Orch. (1951); Nr. 1/5 *Étude*, (musique concrète), Nr. 1/4 *Spiel* für Orch. u. Nr. 1/3 *Schlagtrio* für Kl. u. 2 × 3 Pauken (1952); Nr. ½ *Punkte* für Orch. (1952, rev. 1962); Nr. 1 *Kontra-Punkte* für 10 Instr. u. Nr. 2 *Klavierstücke I–IV* (1952–53); Nr. 3/I *Studie I* (elektronische Musik, 1953); Nr. 3/II *Studie II* (elektronische Musik, 1954); Nr. 4 *Klavierstücke V–X* (1954–55, *IX* u. *X* beendet 1961); Nr. 5 *Zeitmaße* für 5 Holzbläser (1955–56); Nr. 6 *Gruppen* für 3 Orch. (1955–57); Nr. 7 *Klavierstück XI* (1956); Nr. 8 *Gesang der Jünglinge* (elektronische Musik, 1955–56); Nr. 9 *Zyklus* für 1 Schlagzeuger (1959); Nr. 10 *Carré* für 4 Orch. u. Chöre (1959–60); Nr. 11 *Refrain* für 3 Spieler (1959); Nr. 12 *Kontakte* für elektronische Klänge (1959–60); Nr. 12½ *Kontakte* für elektronische Klänge, Kl. u. Schlagzeug (1959–60); Nr. 12⅔ *Originale* (musikalisches Theater mit *Kontakte*, 1961); Nr. 13 *Momente* für S., 4 Chorgruppen u. 13 Instrumentalisten (1962–64/69); Nr. 14 *Plus-Minus* (2 × 7 Seiten für Ausarbeitungen, 1963); Nr. 15 *Mikrophonie I* für Tamtam, 2 Mikrophone, 2 Filter u. Regler u. Nr. 16 *Mixtur* für Orch., Sinusgeneratoren u. Ringmodulatoren (1964); Nr. 16½ *Mixtur* für kleine Besetzung (1967); Nr. 17 *Mikrophonie II* für 12 Sänger, Hammondorg. u. 4 Ringmodulatoren u. Nr. 18 *Stop* für Orch. (1965); Nr. 18½ *Stop* (»Pariser Version«, 1969); Nr. 19 *Solo* für Melodieinstr. mit Rückkopplung (1965–66); Nr. 20 *Telemusik* (elektronische Musik) u. Nr. 21 *Adieu* für Bläserquintett (1966); Nr. 22½ *Hymnen* (elektronische u. konkrete Musik) u. Nr. 22⅔ *Hymnen* (elektronische Musik, konkrete Musik u. Solisten; 1966–67); Nr. 22 *Hymnen* mit Orch. (1969); Nr. 23 *Prozession* für Tamtam, Va., Elektronium, Kl., Mikrophone, Filter u. Regler (1967); Nr. 24 *Stimmung* für 6 Vokalisten, Nr. 25 *Kurzwellen* für 6 Spieler, Nr. 26 *Aus den sieben Tagen* (15 Kompositionen, Mai 1968, 1. *Richtige Dauern* für ca. 4 Spieler, 2. *Unbegrenzt* für Ensemble, 3. *Verbindung* für Ensemble, 4. *Treffpunkt* für Ensemble, 5. *Nachtmusik* für Ensemble, 6. *Abwärts* für Ensemble, 7. *Aufwärts* für Ensemble, 8. *Oben und Unten*, Theaterstück für Mann, Frau, Kind u. 4 Instr., 9. *Intensität* für Ensemble, 10. *Setzt die Segel zur Sonne* für Ensemble, 11. *Kommunion* für Ensemble, 12. *Litanei* für Sprecher oder Chor, 13. *Es* für Ensemble, 14. *Goldstaub* für Ensemble, 15. *Ankunft* für Sprecher oder Sprechchor) u. Nr. 27 *Spiral* für 1 Solisten mit Kurzwellenempfänger (1968); Nr. 28 *Dr. K-Sextett* u. Nr. 29 *Fresco* für 4 Orchestergruppen (1969); Nr. 30 *Pole* für 2 u. Nr. 31 *Expo* für 3 (1969–70); Nr. 32 *Mantra* für 2 Pianisten (1970); Nr. 33 *Für kommende Zeiten* (17 Texte für intuitive Musik, 1968–70, 1. *Übereinstimmung* für Ensemble, 2. *Verlängerung*, 3. *Verkürzung*, 4. *Über die Grenze* für kleineres Ensemble, 5. *Kommunikation* für kleineres Ensemble, 6. *Intervall*, Klavierduo zu 4 Händen, 7. *Außerhalb* für kleines Ensemble, 8. *Innerhalb* für kleines Ensemble, 9. *Anhalt* für kleines Ensemble, 10. *Schwingung* für Ensemble, 11. *Spektren* für kleines Ensemble, 12. *Wellen* für Ensemble, 13. *Zugvogel* für Ensemble, 14. *Vorahnung* für 4–7, 15. *Japan* für Ensemble, 16. *Wach* für Ensemble, 17. *Ceylon* für kleines Ensemble); Nr. 34 *Sternklang* (Parkmusik für 5 Gruppen) u. Nr. 35 *Trans* für Orch. (1971); Nr. 36 *Alphabet für Liège*, (13 musikalische Bilder für Solisten u. Duos), Nr. 36½ *Am Himmel wandre ich* ... (Indianerlieder) u. Nr. 37 *Ylem* für 19 Spieler/Sänger (1972); Nr. 38 *Inori* (Anbetungen für 1 oder 2 Solisten u. Orch., 1973–74); Nr. 38½ *Vortrag über HU* für 1 Sängerin oder Sänger u. Beterst. aus *Inori* für 1 oder 2 Tänzer-Mimen (1974); Nr. 39 *Atmen gibt das Leben* ... (Choroper mit Orch. oder Tonband, 1974–77); Nr. 40 *Herbstmusik* für 4 Spieler u. Nr. 40½ *Laub und Regen* (Schlußduett aus *Herbstmusik* für Klar. u. Va., 1974); Nr. 41 *Musik im Bauch* für 6 Schlagzeuger u. Spieluhren (1975); Nr. 41½ *Tierkreis* (12 Melodien der Sternzeichen für 1 Melodie- u./oder Akkordinstr.) u. Nr. 41⅔–6/7 *Tierkreis* für Singst. u. Akkordinstr. (1975–76); Nr. 41 7/8 *Tierkreis* für Kammerorch. (1977); Nr. 42 *Harlekin* für Klar. u. Nr. 42½ *Der kleine Harlekin* für Klar. (1975); Nr. 43 *Sirius* (elektronische Musik u. Trp., S., B.-Klar. u. B., 1975–77); Nr. 44 *Amour* (5 Stücke für Klar., 1976); Nr. 45 *Jubiläum* für Orch., Nr. 46 *In Freundschaft* für Fl. oder 1 anderes Blasinstr., V. u. Vc. u. Nr. 47 *Der Jahreslauf* (Szene von Dienstag aus *Licht* für Tänzer u. Orch. oder Orch., 1977); Nr. 48–50 Donnerstag aus *Licht* (Oper für 15 musikalische Darsteller, Chor, Orch. u. Tonbänder, 1978–80, 1. Akt *Michaels Jugend*, 2. Akt *Michaels Reise um die Erde*, 3. Akt *Michaels Heimkehr*).

Lit.: K. H. Wörner, K. St. Werk u. Wollen 1950–62, Rodenkirchen 1962, erweitert London 1973; W. Krüger, K. St., Allmacht u. Ohnmacht in der neuesten Musik, Regensburg 1971; J. Cott, St., Conversations with the Composer, London 1974; C. Cardew, St. Serves Imperialism, London 1974, H. Henk, K. St. Klavierstück X, Historie, Theorie, Analyse, Praxis, Dokumentation, Herrenberg 1976; R. Maconie, The Works of K. St., London 1976; H. Sabbe, K. St. ... wie die Zeit verging ..., München 1981.

Stölzel (Stölzl), Gottfried Heinrich, dt. Komponist, * 13. 1. 1690 Grünstädtel, Erzgebirge, † 27. 11. 1749 Gotha. Erhielt Musikunterricht von C. Umlaufft in Schneeberg u. E. Kegel in Gera. Studierte ab 1707 in Leipzig Theologie u. erhielt Anregungen von M. Hofmann. 1710–12 Musiklehrer in Breslau. Begann 1713 eine längere Studienreise, die ihn durch Italien nach Prag, Bayreuth u. Gera führte. Ab 1719 Hofkapellmeister in Gotha. St. gehört zu den wichtigen Komponisten des Spätbarock. In seinen Werken verbinden sich ital. Stil u. dt. Kontrapunktik.

Zu St. Kompositionen gehören Opern u. Singspiele, darunter *Narcissus* (1711), *Orion* (1713), *Acis und Galatea* (1715) u. *Der Musenberg* (1723); Instrumentalwerke, darunter Concerti grossi u. Konzerte; Oratorien, Messen, mehrere Kantatenjahrgänge, Motetten u. Passionen.

Stollen → Bar

Stoltzer (Stolczer), Thomas, dt. Komponist, * zwischen 1480 u. 1485 Schweidnitz, † 1526. Ab 1519 als Vicarius discontinuus in Breslau nachgewiesen u. 1522 Magister capellae u. Leiter der ungar. Hofkapelle in Ofen. Zu seinen fast ausschließlich kirchlichen Kompositionen gehören 4 C.-f.-Messen, Motetten, Responsorien, Antiphonen, mehrst. Hymnen, lat. u. dt. Psalmenmotetten. Seine 19 3–7st. Psalmenmotetten, fast alle ohne C. f., werden als sein Hauptwerk betrachtet. St. gehört zu den bedeutenden Meistern der motettischen Satzkunst zu Beginn des 16. Jh.

Stolz, Robert E., österr. Komponist, * 25. 8. 1880 Graz, † 27. 6. 1975 Berlin. Schüler von R. Fuchs in Wien u. E. Humperdinck in Berlin. Trat ab 1898 als Kapellmeister auf u. war 12 Jahre am Theater an der Wien tätig. Emigrierte 1938 nach Paris u. lebte 1940–46 in den USA. Setzte mit seinen zahlreichen Operetten die Wiener Tradition fort. Erhielt zweimal den Oscar für die beste Filmmusik (»Spring Parade«, 1941; »It Happened Tomorrow«, 1944).

Zu St. Bühnenwerken gehören: *Die lustigen Weiber von Wien* (1909), *Der Favorit* (1916), *Der Tanz ins Glück* (1920, Neufassung 1958 als *Hallo, das ist die Liebe*), *Venus in Seide* (1932), *Der verlorene Walzer* (1933, nach dem Film »Zwei Herzen im Dreivierteltakt«), *Drei von der Donau* (1947, nach J. N. Nestroys »Lumpazivagabundus«). Außerdem komponierte St. mehr als 2000 Lieder, darunter Einlagen zu R. Benatzkys *Im weißen Rößl.*

Lit.: W.-D. Brümmel u. F. van Booth, R. St., Melodie eines Lebens, Hamburg 1967; O. Herbrich, R. St., König der Melodie, Wien 1975, erweiterte Taschenbuchausgabe München 1977.

Stomp (amerik.: »Stampfen«), ursprünglich eine Art des Tanzens bei den Afroamerikanern. Im New Orleans Jazz eine rhythmisch-melodische Technik, bei der eine Melodie über einem S. pattern, einer ostinaten rhythmischen Formel, variiert wird. Zu den berühmten S. gehört Jelly Roll Mortons *King Porter S.*

Stop time (amerik., ungefähr: »interpunktierter Takt«), im Jazz Bezeichnung für das plötzliche Aussetzen des durchlaufenden → Beat der Rhythmusgruppe u. der Melodieinstrumente. Beide markieren dabei die metrischen Grundeinheiten nur noch durch eingeworfene Akkorde. In die Pausen fallen häufig die → Breaks der Solisten. Sind solche Stops über einen ganzen Chorus verteilt, spricht man von Stop chorus. Einen *Stoptime Rag* komponierte 1910 Scott Joplin.

Stradella, Alessandro, ital. Komponist, Sänger u. Geiger, * 1. 10. 1644 Montefestino, † (ermordet) 25. 2. 1682 Genua. Wahrscheinlich Sohn des Cavaliere Marc Antonio S. Über seine Ausbildung ist nichts bekannt. Einige Quellen nehmen an, er sei ein Schüler E. Bernabeis gewesen. S. scheint eine venezianische Patrizierin entführt zu haben u. deshalb fast einem Mordanschlag zum Opfer gefallen zu sein. Sein gewaltsamer Tod hängt ebenfalls mit einem Liebesabenteuer zusammen. S. Leben lieferte den Vorwurf für F. von Flotows Oper *Alessandro Stradella* (1844). Sein Nachlaß wird in der Este-Bibliothek der Stadt Modena aufbewahrt. In seinen Oratorien, von denen *S. Giovanni Battista* heute am bekanntesten ist, entwickelte S. den Stil G. Carissimis weiter. Mit seiner ausdrucksstarken Melodik gehört er zu den Vorläufern A. Scarlattis.

Zu S. Kompositionen gehören die Opern *Circe* (um 1667), *Il Corispeo* u. *La forza dell'amor paterno* (1678), *Il Barcheggio* (1681) u. *Trespolo tutore balordo* (1686, postum); die Oratorien *S. Editta* u. *Ester* (1675), *S. Giovanni Battista* (1676), *Susanna, S. Giovanni Crisostomo* u. *S. Pelagia* (1681); Kantaten; Motetten; Madrigale; Instrumentalwerke.

Stranz, Ulrich, dt. Komponist, * 10. 5. 1946 Neumarkt-St. Veit, Oberbayern. Studierte in München bei E. Keller u. H. Endres Geige sowie bei F. Büchtger u. G. Bialas Komposition. 1972–74 weitere Ausbildung am Institut für Sonologie der Universität Utrecht. Lebt als freischaffender Komponist.

Zu St. Werken gehören: *diversono* für 14 Solostreicher (1969); *Anabasis* für Kl. (1970); *Wendungen* für V. u. Vc. (1971); *Déjà vu* für Ob. d'amore u. Kammerorch. (1973); *Tachys* für Orch. (1974); *Innenbilder* für Ob. u. Cemb. (1975); *Klangbild* für Orch. (1975–76); Streichquartett (1976); *C-Cis-Laute* für 5 Vc. (1976); *Zeitbiegung* für Orch. ohne V., Va. u. Vc. (1977); Musik für Kl. u. Orch. (1978); *Contrasubjekt* (Passacaglia über B-A-C-H für 14 Streicher, 1980); *Szene* für Orch. (1981).

Straus (Strauss), Oscar N., österr. Komponist, * 6. 3. 1870 Wien, † 11. 1. 1954 Bad Ischl. Studierte bei A. Prosniz, H. Graedener u. M. Bruch. War Kapellmeister an E. von Wolzogens »Überbrettl« in Berlin, wirkte dann als Kapellmeister in Berlin u. Wien, bevor er über Paris in die USA ging, wo er 1940–48 in New York u. Hollywood lebte.

Neben 3 Opern komponierte St. vor allem Walzeroperetten. Am bekanntesten sind *Ein Walzertraum* (1907), *Der tapfere Soldat* (1908), *Liebeszauber* (1916), *Der letzte Walzer* (1920) u. *Eine Frau, die weiß, was sie will* (1932). Von seinen Filmmusiken sei die zu M. Ophüls' »Reigen« erwähnt.

Strauß, österr. Musikerfamilie, die im 19. u. 20. Jh. die Wiener Tanzmusik u. Operette weltberühmt machte u. als Inbegriff der Wiener Walzerseligkeit galt. Ihr letzter musikalischer Sproß war Eduard L. M. Strauß (24. 3. 1910–6. 4. 1969), der bis zu seinem Tode das Wiener Johann-St.-Orchester leitete.

1. Johann B. (Vater), österr. Komponist u. Kapellmeister, * 14. 3. 1804 Wien, † 25. 9. 1849 ebd. Erhielt Geigenunterricht bei einem gewissen Polischansky u. studierte bei I. Seyfried Theorie. Trat als Bratschist in die Kapelle von M. Pamer ein, in der J. Lanner Geige spielte. 1819 wechselte er zu Lanner, der sich inzwischen selbständig gemacht hatte. Als Lanner sein Quartett zur Kapelle erweiterte, wurde St. dort Hilfsdirigent. 1825 Gründung einer eigenen Kapelle, die sich beim

Wiener Publikum bald größter Beliebtheit erfreute. 1826 erster Auftritt mit eigenen Kompositionen, u.a. dem *Tauberlwalzer* u. dem *Kettenbrückenwalzer*. Ab 1830 spielte er in dem geräumigen Leopoldstädter Biergarten Sperl. Aufnahme von Opernparaphrasen u. Walzern auf bekannte Melodien in das Repertoire. 1833 erste Auslandstournee der nunmehr auf 28 Mitglieder vergrößerten Kapelle. 1834 Kapellmeister des 1. Wiener Bürgerregiments, 1835 Hofballdirektor. Von seinem ersten Pariser Auftritt brachte St. die Quadrille mit; er komponierte die *Wiener Karneval-Quadrille*. Gemeinsam mit Lanner bestimmte er Form u. Klangbild des neuen Walzers. Beliebte Melodien, aber auch alpenländische Volksmusik waren das Reservoir, aus dem sie ihre stets geigengerechten Walzerthemen schöpften. Auch die später von St. Sohn Johann virtuos eingesetzten punktierten Rhythmen u. Pausen sind bei ihm bereits vorgebildet.

Zu St. Kompositionen gehören Walzer wie *Das Leben ein Tanz, Heimat-Klänge, Loreley-Rhein-Klänge, Die Schwalben* u. *Sorgenbrecher*, Quadrillen, Galopps, Polkas u. Märsche, darunter der *Radetzky-Marsch*.

2. Johann, Sohn von 1., österr. Komponist u. Kapellmeister, * 25. 10. 1825 Wien, † 3. 6. 1899 ebd. Komponierte seinen ersten Walzer mit 6 Jahren (später veröffentlicht als *Erster Gedanke*), sollte aber nach dem Willen seines Vaters einen bürgerlichen Beruf ergreifen. Nahm heimlich Geigenunterricht bei einem Musiker aus seines Vaters Orchester. Erst als sich dieser von Johanns Mutter trennte, erhielt der Junge ab 1842 eine gründliche musikalische Ausbildung bei J. Drechsler. 1844 gründete er in Konkurrenz zu seinem Vater eine eigene Kapelle. Nach dessen Tod vereinigte er beide Kapellen unter seiner Leitung. Er unternahm verschiedene Europatourneen, die ihn 1865–66 bis nach Rußland führten, wo er die erste öffentliche Aufführung einer Komposition von P. Tschaikowsky leitete. Er kam sogar bis nach den USA, wo er in New York u. Boston regelrechte Massenkonzerte gab. Aus der Begegnung mit J. Offenbach, der 1863 in Wien die Einstudierung seines *Orpheus in der Unterwelt* überwachte, resultierte das verstärkte Interesse an der Operette. Mit *Indigo und die vierzig Räuber* (1871) wandte sich St. erstmals dieser Gattung zu. Meisterwerke wie *Die Fledermaus, Der Zigeunerbaron* u. *Eine Nacht in Venedig* folgten. Mit Walzern wie *An der schönen blauen Donau* repräsentierte der 1863 Hofballdirektor gewordene St. die Epoche höchster habsburgischer Macht- u. Prachtentfaltung. Dank seines hervorragenden handwerklichen Könnens trat die Walzerform ebenbürtig neben die Formen der absoluten Musik. Die oft wie Stimmungsbilder angelegten Introduktionen u. die thematisch geschickt verknüpften Walzerketten, die synkopierten Rhythmen, der Melodienreichtum u. die hervorragende Instrumentierung nötigten selbst einem J. Brahms Bewunderung ab. In Kompositionen wie *Wellen und Wogen* sowie *Schallwellen* ist der Einfluß von F. Liszt u. R. Wagner auf die Instrumentierung spürbar. Mit *Die Fledermaus* schuf St. den Prototyp der klassischen Wiener Operette.

Zu St. Kompositionen gehören: die Operetten *Indigo und die vierzig Räuber* (1871), *Carneval in Rom* (1873), *Die Fledermaus* (1874), *Cagliostro in Wien* (1875), *Prinz Methusalem* (1877), *Blindekuh* (1878), *Das Spitzentuch der Königin* (1880), *Der lustige Krieg* (1881), *Eine Nacht in Venedig* (1883, die einzige Operette von St., die nicht in Wien, sondern in Berlin uraufgeführt wurde), *Der Zigeunerbaron* (1885), *Simplicius* (1887), *Fürstin Ninetta* (1893), *Jabuka oder Das Apfelfest* (1894), *Waldmeister* (1895), *Die Göttin der Vernunft* (1897); die Oper *Ritter Pázmán* (1892); das Ballett *Aschenbrödel* (eingerichtet von J. Bayer, 1901 postum); an die 500 Walzer, darunter *Ballgeschichten* (1854), *Irrlichter* (1859), *Accelerationen* (1860), *Morgenblätter* (1864, während J. Offenbach für den gleichen Ball *Abendblätter* komponierte), *An der schönen blauen Donau* (1867), *Geschichten aus dem Wienerwald* (1868), *Wiener Blut* (um 1871), *Frühlingsstimmen* mit S.-Solo (um 1882), *Kaiserwalzer* (1888); ca. 100 Polkas, darunter *Tritsch-Tratsch* (1858); ca. 70 Quadrillen; Galopps; Mazurken; Märsche. Nach St. Tod kamen eine Reihe von erfolgreichen Operetten heraus, in denen Melodien von ihm verarbeitet wurden, u.a. *Wiener Blut* (noch von St. geplant u. von A. Müller jr. eingerichtet, 1899) u. *Die Tänzerin Fanny Elßler* (O. Stalla, 1934).

3. Josef, Sohn von 1., österr. Komponist u. Kapellmeister, * 22. 8. 1827 Wien, † 21. 7. 1870 ebd. Wurde auf Wunsch des Vaters zunächst Ingenieur. Nahm Geigenunterricht beim Lehrer seines Bruders u. eignete sich auch theoretische Kenntnisse an. Vertrat verschiedentlich seinen Bruder Johann, konnte sich aber aus gesundheitlichen Gründen nicht zu einer Musikerlaufbahn mit fester Bindung entschließen. Debütierte 1853 mit der eigenen Walzerfolge *Die ersten und die letzten*, komponierte gemeinsam mit seinem Bruder Johann die *Pizzicato-Polka* u. hatte mit *Dorfschwalben aus Österreich* einen dauerhaften Erfolg. Seinem Walzer *Dynamiden* entnahm R. Strauss ein Thema für seinen *Rosenkavalier*.

4. Eduard, Sohn von 1., österr. Komponist u. Kapellmeister, * 15. 3. 1835 Wien, † 28. 12. 1916 ebd. Nahm Geigenunterricht beim Lehrer seiner Brüder u. wurde gegen den Willen seines Vaters von seinem Bruder Johann in die Welt der Musik eingeführt. Erhielt bei G. Preyer u. S. Sechter eine solide theoretische Ausbildung. Debütierte als Komponist u. Kapellmeister 1859 im Diana-Bad mit einer eigenen Kapelle, während seine beiden Brüder dort ebenfalls mit eigenen Orchestern auftraten. Löste 1902 die seit 76 Jahren bestehende St.-Kapelle auf u. ließ 1907 ihre sämtlichen

Notenmaterialien verbrennen. Er komponierte mehr als 300 Tänze u. ließ 1906 in Wien seine Erinnerungen erscheinen. Sein Sohn Johann (1866–1939) machte sich als Dirigent einen Namen. Er war Hofballmusikdirektor in Wien u. dirigierte später populäre Konzerte in Berlin.

Lit. (allgemein): A. Witeschnik, Die Dynastie St., Wien 1939, Neuauflage 1958; J. Pastene, Three Quarter Time, The Life and Music of the St. Family, New York 1951; H. E. Jakob, J. St. Vater u. Sohn. Die Geschichte einer musikalischen Weltherrschaft, Reinbek bei Hamburg 1953; A. Weinmann, Verzeichnis sämtlicher Werke von J. St. Vater u. Sohn, Wien 1956; H. Jäger-Sunstenau, Der Walzerkönig u. seine Dynastie, Wien u. München 1965; G. Bailey, The St. Family, The Era of the Great Waltz, London 1972; J. Wechsberg, The Waltz Emperors, The Life and Times and Music of the St. Family, New York 1973; M. Hürlimann, Die Walzer-Dynastie St. in Zeugnissen ihrer selbst u. ihrer Zeitgenossen, Zürich 1976.
(J. St. Vater): F. Farga, Lanner u. St., Wien 1948.
(J. St. Sohn): A. Strauss (Hg.), J. St. schreibt Briefe, Wien 1926; E. Schenk, J. St., Potsdam 1940; D. Ewen, Tales from the Vienna Woods, The Story of J. St., New York 1944; W. Reich (Hg.), J. S. Brevier, Aus Briefen u. Erinnerungen, Zürich 1950; O. Stradal, Ewiger Walzer, J. S. in unserer Zeit, Wien 1974; F. Endler, Das Walzer-Buch, J. St., Wien 1975; F. Racek (Hg.), J. St., Zum 150. Geburtstag, Ausstellungskatalog der Wiener Stadtbibliothek, Wien 1975; M. Prawy, J. St., Weltgeschichte im Walzertakt, Wien 1975.

Strauss, Richard G., dt. Komponist u. Dirigent, * 11. 6. 1864 München, † 8. 9. 1949 Garmisch. Sohn des Waldhornvirtuosen der Königlich Bayerischen Hofkapelle, Franz J. St., dessen Vater Türmer in der Oberpfalz war u. der mit einer geb. Pschorr verheiratet war. Mit viereinhalb Jahren erster Klavierunterricht bei A. Tombo, einem Kollegen des Vaters. Später Geigenunterricht beim Vetter B. Walter u. Klavierunterricht bei C. Niest. Während der Schulzeit Einführung in Harmonie- u. Formenlehre, Kontrapunkt u. die Anfänge der Instrumentation durch Hofkapellmeister F.W. Meyer. Nach ersten kleineren Kompositionen entstand 1876 ein *Festmarsch* für großes Orchester, der 1881 verlegt wurde u. später als op. 1 in das Werkverzeichnis einging. Im gleichen Jahr führte H. Levi, der damalige Leiter der Münchner Hofkapelle, eine d-Moll-Sinfonie des 16jährigen auf. 1882 Einschreibung als Student der Philosophie an der Münchner Universität u. Uraufführung des Violinkonzerts durch den Lehrer Walter in Wien. Noch im gleichen Jahr Uraufführung der Serenade für 13 Blasinstrumente op. 7, die H. von Bülow in das Tourneeprogramm seines Meininger Orchesters aufnahm. Bei einem Berlinbesuch 1883 Bekanntschaft mit von Bülow, der ein weiteres, ähnliches Stück bei St. bestellte. Es entstand die Bläsersuite op. 4. Bei einem Münchner Gastspiel ließ von Bülow den überraschten Komponisten das neue Werk ohne Probe selbst leiten. Damit begann die Dirigentenkarriere von St. Noch im gleichen Jahr führte Th. Thomas die soeben entstandene f-Moll-Sinfonie in New York auf. 1885 auf Veranlassung von Bülows Berufung zum Hofmusikdirektor (2. Kapellmeister) nach Meiningen. Dort traf St. mit J. Brahms zusammen, der die Meininger bei der Uraufführung seiner 4. Sinfonie dirigierte, u. machte die Bekanntschaft des Komponisten u. Orchestergeigers A. Ritter, der ihn für die Ideen der → neudeutschen Schule gewann. 1886 wurde er 3. Kapellmeister an der Münchner Hofoper. Eine erste Italienreise inspirierte ihn zu der Orchesterfantasie *Aus Italien*. 1889 neben E. Lassen Hofkapellmeister in Weimar. Dorthin folgte ihm eine seiner Münchner Gesangsschülerinnen, die Generalstochter Pauline de Ahna. Bereits in seinem 2. Konzert stellte er die Tondichtung *Don Juan* vor. 1890 erster Auftritt mit den Berliner Philharmonikern. Im gleichen Jahr Verpflichtung von Pauline de Ahna als jugendlich-dramatischer Sopran. Ein Jahr später trat sie bereits in Bayreuth auf. 1892 weilte St. zu einem längeren Genesungsurlaub in Griechenland u. Ägypten, wo er an seiner ersten Oper *Guntram* arbeitete. 1893 Uraufführung von E. Humperdincks *Hänsel und Gretel* in Weimar. 1894 Achtungserfolg mit *Guntram;* die Hauptpartie sang Pauline de Ahna, die noch im gleichen Jahr St. Frau wurde. Winter 1894–95 Leiter der Konzerte der Berliner Philharmoniker anstelle des verstorbenen von Bülow. 1896 1. Kapellmeister in München. Aus dieser Zeit stammen die Tondichtungen *Till Eulenspiegel* u. *Also sprach Zarathustra.* 1898 Uraufführung des *Don Quixote* u. Ernennung zum 1. Königlich Preußischen Hofkapellmeister an der Berliner Hofoper. In seiner Antrittsvorstellung dirigierte St. den *Tristan*. Im Sommer des gleichen Jahres hatte er sich an der Gründung der Genossenschaft dt. Tonsetzer beteiligt u. sich mit Fragen des Urheberschutzrechts beschäftigt, ein Problem, dem er auch weiterhin Aufmerksamkeit schenken sollte. 1901 kam seine zweite Oper, *Feuersnot,* nach einem Libretto E. von Wolzogens, zur Uraufführung. E. von Schuch hatte die Oper trotz einiger sittlicher Bedenken für Dresden angenommen u. erhielt deshalb auch die späteren Erfolgsopern zuerst angeboten, zumal in Berlin die *Feuersnot* nach der 7. Aufführung auf Drängen der Kaiserin abgesetzt wurde. In den folgenden Jahren betätigte sich St. vorwiegend als Reisedirigent. 1904 ging er gemeinsam mit Pauline auf eine Nordamerikatournee. 1905 beschäftigte er sich mit der Bearbeitung von H. Berlioz' »Instrumentationslehre« u. beendete die Oper *Salome,* die am 9. 12. in Dresden herauskam. 1906 sah St. in Berlin bei M. Reinhardt eine Aufführung von H. von Hofmannsthals »Elektra« mit Gertrud Eysoldt in der Hauptrolle, die er schon als Salome bewundert hatte. S. entschloß sich, mit dem Dichter, den er bereits flüchtig aus Paris kannte, Kontakt aufzunehmen. Es kam zu einer Zusammenarbeit, die erst mit dem Tod Hofmannsthals endete. 1908 wurde St. GMD der Hofoper u. als Nachfolger F. Weingartners Leiter der Berliner Hofkapelle. 1909 Uraufführung der *Elektra* in Dresden. 1910 Lösung des Berliner Vertrags, um mehr Zeit zum Komponieren u. für Gastauftritte zu gewinnen. 1911 kam der *Rosenkavalier* in Dresden heraus. Der Erfolg dieser Oper beim Publikum machte den Einsatz von Sonderzügen aus Berlin notwendig. 1912 leitete St. die Uraufführung der später mehrfach umgearbeiteten *Ariadne* im Kleinen Haus des Königlichen Hoftheaters in Stuttgart. 1914 dirigierte er in Paris die *Josephslegende*, eine Auftragsarbeit für S. Diaghilews Ballets Russes nach einem Buch von Hofmannsthal u. Graf Kessler. 1915 Uraufführung der *Alpensinfonie* in Berlin u. Gründung der → GEMA. 1917 Mitbegründer der Salzburger Festspielgemeinde u. Leiter einer Kompositions-Meisterklasse in Berlin. 1919–24 gemeinsam mit F. Schalk Leitung der Wiener Staatsoper. Im ersten Jahr seines Direktorats Uraufführung der Oper *Die Frau ohne Schatten*. 1920 Südamerikatournee mit dem Orchester der Wiener Philharmoniker. Nach dem Rücktritt in Wien freischaffender Komponist u. Gastdirigent. 1928 Uraufführung der Oper *Die ägyptische Helena* in Dresden. Ein Jahr später Tod des Freundes H. von Hofmannsthal. 1. 7. 1933 Uraufführung der Oper *Arabella* in Dresden. Von November 1933 bis Juli 1935 war St. Präsident der Reichsmusikkammer, ein Amt, von dem er zurücktrat, als es zum Krach über einen Brief an St. Zweig kam. Die mit Zweig gemeinsam konzipierte Oper *Die schweigsame Frau* konnte in Dresden noch herausgebracht werden. Nach drei Vorstellungen wurde sie abgesetzt, Zweig weihte J. Gregor in die weiteren Pläne für Libretti ein u. emigrierte. 1938 kamen zwei St.-Opern heraus: in München *Friedenstag* u. in Dresden unter K. Böhm *Daphne*. 1942 folgte in München die Uraufführung des Konversationsstücks mit Musik *Capriccio*, 1944 erlebte St. noch die Generalprobe zu *Die Liebe der Danae*, dann wurden im Zuge der Proklamierung des »totalen Krieges« alle Theater geschlossen. 1945 entstanden aus der Trauer über das zerbombte München die *Metamorphosen* für 23 Solostreicher, die bei den Salzburger Festspielen 1948 erstmals gespielt wurden. 1949, wenige Monate nach den Ehrungen zum 85. Geburtstag, starb St. in seinem Garmischer Haus.

Schon in seinem Jugendwerk zeigt sich St. als ein Meister der Form. Unter dem Einfluß von A. Ritter wandte er sich den Vorstellungen der neudeutschen Schule zu u. versuchte in seinen Tondichtungen, die Musik im Sinne F. Liszts zu poetisieren. Dabei wählte er jeweils die ihm angemessen scheinende Form (z. B. Rondoform für *Till Eulenspiegel* u. die Variationsform für *Don Quixote*) u. füllte sie mit poetischen Inhalten. Diese Phase war jedoch bereits um die Jahrhundertwende abgeschlossen, St. wandte sich verstärkt dem Bühnenwerk zu. Nach *Guntram* u. *Feuersnot* gelangen ihm hintereinander drei Opern, die zum Bedeutendsten gehören, was die dt. Opernbühne zu bieten hat. In der *Salome* überrascht er mit einer Sinnlichkeit in der Instrumentierung u. Harmonik, fremdartigen Kadenzen u. Bitonalität, die man von diesem zwar angefeindeten, aber bis dahin nicht radikalen Komponisten kaum erwartet hatte. Es folgte die *Elektra*, in der St. mit seiner Dissonanzenbehandlung die Grenzen der Tonalität erreichte. *Elektra* war auch die erste Frucht der Zusammenarbeit mit dem kongenialen Hofmannsthal, der mit St. die Liebe zur Antike teilte. Hofmannsthal schlug den *Rosenkavalier*-Stoff vor, als St. verlauten ließ, er wolle als nächstes eine Mozart-Oper machen. Der Dichter war es auch, der den Komponisten auf das Gebiet des Heiteren u. Spielerischen, der Semiseria lenkte. Von einem Nachlassen der Schaffenskraft nach diesen drei Meisterwerken, wie man so oft hört, kann keine Rede sein. Man denke nur an *Ariadne*, deren Orchesterbehandlung wegweisend für die Entwicklung der Kammeroper im 20. Jh. wurde, oder an die *Frau ohne Schatten* u. das immer noch unterschätzte *Capriccio*.

Durch das ganze Werk von St. zieht sich wie ein roter Faden sein Liedschaffen. Er zeigt sich nicht nur als Meister der Sprachbehandlung, besonders im Orchesterlied, sondern auch als ausgesprochener Melodiker. Tonarten regten seine Phantasie an u. setzten dadurch den Kompositionsprozeß in Gang. Schon bei der Lektüre eines Gedichts oder Librettos machte er sich zu bestimmten Textstellen oder Szenen Notizen über eine Tonart oder einen Tonartenwechsel. Seine Themen beruhen entweder auf einfachen Harmoniefolgen oder wachsen aus einer Reihe kunstvoller Modulationen heraus. Obwohl St. sich einer fließenden Chromatik bediente, geht er nirgends über den Rahmen der Tonalität hinaus, kehrt immer wieder zu tonalen Zentren zurück. Als Dirigent war er auf Präzision, Transparenz u. gleichbleibende Tempi bedacht. Vielen in Erinnerung sind seine mustergültigen Mozart-Interpretationen.

1889 besorgte er eine neue Bühnenbearbeitung

von Ch. W. Glucks *Iphigenie auf Tauris* u. 1930 gemeinsam mit L. Wallerstein von W. A. Mozarts *Idomeneo.*

Bühnenwerke: *Guntram* (1892–93, rev. 1940), *Feuersnot* (Singgedicht in 1 Aufzug von E. von Wolzogen, 1900–01), *Salome* (1904–05), *Elektra* (1906–08), *Der Rosenkavalier* (1909–10, daraus 1944 Walzerfolge u. 1945 *Rosenkavalier-Suite*), *Ariadne auf Naxos* (1911–12 als Oper in 1 Aufzug, zu spielen nach dem »Bürger als Edelmann« von Molière; 1915–16 Oper in 1 Aufzug mit einem Vorspiel; 1917 Bühnenmusik zu »Der Bürger als Edelmann« u. daraus 1918 Orchestersuite), *Die Frau ohne Schatten* (1914–17), *Intermezzo* (1922–23), *Die ägyptische Helena* (1924–27, revidiert 1933), *Arabella* (1930–32), *Die schweigsame Frau* (1934–35), *Friedenstag* (1935–36), *Daphne* (1936–37), *Die Liebe der Danae* (1938–40) u. *Capriccio* (1940–41).

Ballette: *Josephslegende* (1913–14), *Schlagobers* (1921, daraus Orchestersuite) u. *Verklungene Feste* (1940, Musik nach F. Couperin).

Orchesterwerke: *Festmarsch* op. 1 (1876), Sinfonie in d-Moll (1880), Sinfonie in f-Moll op. 12 (1882–84), Konzertouvertüre in c-Moll (1883), Fantasie *Aus Italien* op. 16 (1886), *Don Juan* op. 20 (1888), *Macbeth* op. 23 (1886–90), *Tod und Verklärung* op. 24 (1889), *Kampf und Sieg* (1892), *Till Eulenspiegel* op. 28 (1894–95), *Also sprach Zarathustra* op. 30 (1895–96), *Don Quixote* op. 35 (1897), *Ein Heldenleben* op. 40 (1898), *Sinfonia domestica* op. 53 (1902–03), 2 Militärmärsche op. 57 (1905), *Feierlicher Einzug der Ritter des Johanniterordens* (1909), *Festliches Präludium* op. 61 (1913), *Eine Alpensinfonie* op. 64 (1911–15), *Der Bürger als Edelmann* (Orchestersuite op. 60, 1918), Tanzsuite nach Klavierstücken von F. Couperin (1923), *Wiener-Philharmoniker-Fanfare* (1924), *Japanische Festmusik zur Feier des 2600jährigen Bestehens des Kaiserreichs Japan* op. 84 (1940) u. Divertimento für kleines Orch. nach Couperin op. 86 (1940–41).

Konzerte: Violinkonzert op. 8 (1881–82), 1. Hornkonzert op. 11 (1882–83), Burleske für Kl. u. Orch. (1885), *Parergon zur Sinfonia domestica* für P. Wittgenstein op. 73 (1925, Kl. linke Hand u. Orch.), *Panathenäenzug* (sinfonische Etüde in Form einer Passacaglia für Kl. linke Hand u. Orch. op. 74, 1927), 2. Hornkonzert (1942), Konzert für Ob. u. kleines Orch. (1945–46) u. Duett-Concertino für Klar., Fag., Streicher u. Hf. (1947).

Vokalkompositionen, darunter *Wanderers Sturmlied* für gem. Chor u. Orch. op. 14 (1884), 4 Gesänge für Singst. u. Orch. op. 33 (1896–97), 2 Gesänge für 16st. gem. Chor op. 34 (1897), 2 Männerchöre op. 42 (1899), 2 größere Gesänge für Singst. u. Orch. op. 44 (1899), 3 Männerchöre op. 45 (1899), 2 Gesänge für B. u. Orch. op. 51 (1902), *Taillefer* (Ballade für gem. Chor, Soli u. Orch. op. 52, 1902–03), *Bardengesang* aus »Hermanns Schlacht« von F. G. Klopstock für 3 Männerchöre mit Orch. op. 55 (1905), 6 Volksliedbearbeitungen für Männerchor (1906), *Eine deutsche Motette* für 4 Solost. u. 6st. gem. Chor op. 62 (1913), Cantate für Männerchor nach H. von Hofmannsthal (1914), 3 *Hymnen* nach Gedichten von F. Hölderlin für hohe Singst. u. Orch. op. 71 (1921), *Die Tageszeiten* für Männerchor u. Orch. op. 76 (1928), *Austria* (österr. Lied für Männerchor u. Orch. op. 78, 1929), *Die Göttin im Putzzimmer* für 8st. gem. Chor u. 3 Männerchöre (1935), *Olympische Hymne* für Chor u. Orch. (1936), *Durch Einsamkeit* für Männerchor (1940), Epilog zu *Daphne* für 9st. gem. Chor (1943), *Im Abendrot* von J. von Eichendorff u. 3 Gesänge für hohe Singst. u. Orch. nach H. Hesse (1948, bekannt als *Vier letzte Lieder*).

Kammermusikwerke: Streichquartett op. 2 (1879–80), Suite für 13 Blasinstr. op. 4 (1884), Cellosonate op. 6 (1882–83), Serenade für 13 Blasinstr. op. 7 (1884), Klavierquartett op. 13 (1884), Violinsonate op. 18 (1887), 2 Stücke für Klavierquartett (1893), 1. Sonatine für 16 Blasinstr. (1943, *Aus der Werkstatt eines Invaliden*), *Metamorphosen* für 23 Solostreicher (1945) u. 2. Sonatine für 16 Blasinstr. (1945, *Fröhliche Werkstatt*).

Klavierstücke: u. a. *Schneiderpolka* (1871, erste bekannte Komposition), *Aus alter Zeit* (Gavotte, 1873), Kleine Klaviersonate (1874), 5 Klavierstücke op. 3 u. Klaviersonate op. 5 (1881), *Stimmungsbilder* op. 9 (1882), *Improvisation und Fuge* (1885).

Lieder: u. a. 8 Lieder auf Texte von H. von Gilm op. 10 (1882–83), 3 *Liebeslieder* nach Texten von Stieler, Sallet u. Gruppe (1884), 5 Lieder nach Texten von Michelangelo u. A. von Schack op. 15 (1885), 6 Lieder nach Gedichten von A. von Schack op. 17 (1885–86), 6 Lieder nach Texten von A. von Schack op. 19 (1885–88), *Schlichte Weisen* für Singst. u. Kl. auf Gedichte von F. Dahn op. 21 (1887–88), *Mädchenblumen* (4 Lieder nach F. Dahn op. 22, 1886–87), 2 Lieder nach Gedichten von N. von Lenau op. 26 (1891), 4 Lieder auf Texte von K. Henckell, H. Hart u. J. H. Mackay op. 27 (1893–94), 3 Lieder nach Texten von O. J. Bierbaum op. 29 (1894–95), 4 Lieder nach Texten von C. Busse u. R. Dehmel op. 31 (1895–96), 5 Lieder nach Gedichten von K. Henckell, D. von Liliencron u. aus »Des Knaben Wunderhorn« op. 32 (1896), 4 Lieder nach Texten von F. G. Klopstock, F. Rückert u. aus »Des Knaben Wunderhorn« op. 36 (1897), 6 Lieder auf Gedichte von D. von Liliencron, G. Falke, R. Dehmel, von Bodmer u. A. Lindner op. 37 (1897), 5 Lieder nach Gedichten von R. Dehmel u. O. J. Bierbaum op. 39 (1898), 5 Lieder nach Gedichten von R. Dehmel, J. H. Mackay, D. von Liliencron u. Ch. Morgenstern op. 41 (1899), 3 Gesänge nach F. G. Klopstock, G. A. Bürger u. L. Uhland op. 43 (1899), 5 Gedichte von F. Rückert op. 46 (1900), 5 Lieder nach Texten von Uhland op. 47 (1900), 5 Lieder nach O. J. Bierbaum u. K. Henckell op. 48 (1900), 8 Lieder auf Texte von R. Dehmel, P. Remer, K. Henckell, O. Panizza, aus »Des Knaben Wunderhorn« u. den von K. Mündel gesammelten »Elsässischen Volksliedern« op. 49 (1900), 6 Lieder nach Texten von J. W. von Goethe, K. Henckell, C. F. Meyer u. H. Heine op. 56 (1904–05), *Krämerspiegel* op. 66 (12 Spottgedichte von A. Kerr auf die Verleger, 1913–18), 6 Lieder auf Gedichte von W. Shakespeare u. J. W. von Goethe op. 67 (1918), 6 Lieder nach Gedichten von C. Brentano op. 68 (1918, Orchesterfassung 1941), 5 kleine Lieder nach Texten von A. von Arnim u. H. Heine op. 69 (1918), *Sinnspruch* von J. W. von Goethe für Singst. u. Kl. (1919), *Hans Adam war ein Erdenkloß* von J. W. von Goethe für B. u. Kl. (1922), *Durch allen Schall und Klang* von J. W. von Goethe für Singst. u. Kl. (1925), 5 *Gesänge des Orients* (Nachdichtungen von H. Bethge aus dem »Hafis« u. der »Chinesischen Flöte« op. 77, 1928), 3 Gesänge nach F. Rückert für B. u. Kl. (1930), *Das Bächlein* von J. W. von Goethe für Singst. u. Kl. oder Orch. (1933), *Zugemessene Rhythmen* von J. W. von Goethe für Singst. u. Kl. (1935), 2 Lieder von J. Weinheber u. Distichon von J. W. von Goethe (1942).

Melodramen: *Enoch Arden* nach A. Lord Tennyson für St. u. Kl. op. 38 (1880) u. *Das Schloß am Meer* nach L. Uhland für St. mit Kl. (1899).

Die von St. ergänzte u. revidierte »Instrumentationslehre« von H. Berlioz (2 Bde.) kam in Leipzig 1905, Neuauflage 1955, heraus.

Lit.: R. Specht, Vollständiges Verzeichnis der im Druck erschienenen Werke von R. St., Wien 1910; E. H. Müller von Asow, R. St., Thematisches Verzeichnis, 3 Bde. (I–II: op. 1–86, III: Werke ohne op.-Zahl, fertiggestellt u. hg. von A. Ott u. F. Trenner), Wien 1959–74; W. Schuh

u. E. Roth, R.St., Gesamtverzeichnis der gedruckten Werke, London 1964.
F. u. A. Strauss (Hg.), Briefwechsel R.St. u. H. von Hofmannsthal, Wien 1926, neu hg. von W. Schuh, Zürich 1952, mehrfach erweitert; G. Samazeuilh (Hg.), R.St. et R. Rolland, Correspondance, Fragments de journal, Paris 1951, Neuauflage 1959; W. Schuh (Hg.), R.St., Briefe an die Eltern, Zürich 1954; R. Tenschert (Hg.), Briefwechsel R.St. u. J. Gregor, Salzburg 1955; W. Schuh (Hg.), Briefwechsel R.St. u. St. Zweig, Frankfurt a.M. 1957; G.K. Kende u. W. Schuh (Hg.), R.St. u. C. Krauss, Briefwechsel, München 1963, rev. 1964; A. Ott (Hg.), R.St. u. L. Thuille, Briefe der Freundschaft 1877–1907, München 1969; Briefwechsel mit W. Schuh, Zürich 1969; F. Trenner (Hg.), C. Wagner – R.St., Ein Briefwechsel, Veröffentlichungen der R.-St.-Gesellschaft München II, Tutzing 1978.
O. Bie, Moderne Musik u. R.St., Berlin 1906; M. Steinitzer, R.St. (erste Biografie), Berlin 1911; J. Gregor, R.St., der Meister der Oper, München 1939; C. Rostand, R.St., Paris 1949, NA 1964; W. Schuh (Hg.), R.St., Betrachtungen u. Erinnerungen, Zürich 1949, erweitert 1957; ders., Die Entstehung des Rosenkavaliers, Zürich 1951; F. von Schuch, R.St., E. von Schuch u. Dresdens Oper, Dresden 1952; F. Trenner, R.St., Dokumente seines Lebens u. Schaffens, München 1954; W. Schuh, Über Opern von R.St., Zürich 1954; ders., Bühnenwerk von R.St., Bildband, Zürich 1954; E. Krause, R.St., Leipzig 1955, Neuauflage 1975; W. Schuh, R.St., Letzte Aufzeichnungen, München 1957; N. del Mar, R.St., A Critical Commentary of His Life and Works, 3 Bde., London u. Philadelphia 1962–72; F.E. Dostal (Hg.), K. Böhm: Begegnungen mit R.St., Wien 1964; W. Thomas, R.St. u. seine Zeitgenossen, München 1964; W. Mann, R.St., A Critical Study of the Operas, London 1964, dt.: R.St., Das Opernwerk, München 1967, auch als: Die Opern von R.St., München 1969; W. Panofsky, R.St. – Partitur eines Lebens, München 1965; A. Goléa, R.St., Paris 1965; G.R. Marek, R.St., The Life of a Non-Hero, London u. New York 1967; W. Deppisch, R.St. in Selbstzeugnissen u. Bilddokumenten, Reinbek bei Hamburg 1968; D. Jameux, R.St., Paris 1971; A. Jefferson, The Lieder of R.St., London 1971; A.A. Abert, R.St., Die Opern, Velber bei Hannover 1972; W. Schuh, R.St. Jugend u. frühe Meisterjahre. Lebenschronik 1864–98, Zürich 1976; U. Lienenlüke, Lieder von R.St. nach zeitgenössischer Lyrik, Regensburg 1976; F. Trenner, Die Skizzenbücher von R.St., Veröffentlichungen der R.-St.-Gesellschaft München I, Tutzing 1977; H. Heinecke (Hg.), R.St., Hamburg 1979.

Strawinsky (Stravinskij), Igor F., russ. Komponist, * 18. 6. 1882 Oranienbaum bei Petersburg, † 6. 4. 1971 New York. Sein Vater Fjodor Ignatjewitsch S. (1843–1902) war ein bekannter Bassist an der Kaiserlichen Oper in Petersburg. S. soll schon in der Kindheit durch ein gutes musikalisches Erinnerungsvermögen aufgefallen sein. Mit 9 Jahren erhielt er seinen ersten Klavierunterricht, mit 11 durfte er eine Aufführung von M. Glinkas *Das Leben für den Zaren* besuchen, bei der sein Vater mitwirkte. In der Pause zeigte ihm die Mutter P. Tschaikowsky, der auf den Jungen einen starken Eindruck machte. 1895 erster Kuraufenthalt in der Schweiz. Mit seiner anfälligen Gesundheit hatte S. immer zu kämpfen. 1901 Beginn des Jurastudiums an der Universität Petersburg. Zu seinen Mitstudenten gehörte Andrej Rimskij-Korsakow, der S. mit seinem Vater Nikolaj bekannt machte. Während des Studiums Klavierunterricht bei L.A. Kaschperowa u. Unterweisung in Theorie bei F.S. Akimenko u. K.V. Kalafati. Die frühesten erhaltenen Kompositionen, ein Scherzo für Kl. u. eine Romanze für Singst. u. Kl., entstanden 1902. Im gleichen Jahr nahm N. Rimskij-Korsakow S. als Privatschüler an. 1903–04 Arbeit an einer Klaviersonate in fis-Moll, 1905 Komposition einer Sinfonie in Es-Dur u. Abschluß des Studiums. 1906 Heirat mit seiner Cousine, Catherine Nossenko, die er schon als Junge in den Sommerferien in Ustilug, heute in der Nähe der poln. Grenze, kennengelernt hatte. Bau eines eigenen Hauses auf dem Gut der Nossenkos. In den folgenden Jahren erste Aufführungen eigener Kompositionen u. Umgang mit den führenden jungen Künstlern in Petersburg, besonders mit dem Kreis um die von S. Diaghilew herausgegebene avantgardistische Zeitschrift »Mir iskusstwa« (»Welt der Kunst«). Diaghilew war es auch, der den jungen Komponisten in Westeuropa durchsetzte. Nachdem ihm die Orchesterfantasie *Feu d'artifice* gefallen hatte, bestellte er bei S. ein Ballett auf ein Buch von M. Fokin. In knapp 6 Monaten komponierte S. *L'oiseau de feu (Der Feuervogel).* Die Uraufführung fand 1910 in Paris statt. Es tanzten die Ballets Russes, Choreografie Fokin, Solisten T. Karsawina u. Fokin. Der internationale Erfolg dieser Komposition machte S. in den akademischen Kreisen von Petersburg unbeliebt. Andrej Rimskij-Korsakow u. dessen Schwager M. Steinberg lehnten das Stück u. auch die weiteren Kompositionen ab. Bereits während der Arbeit an *L'oiseau de feu* hatte S. die Idee zu einem Ritualstück, dem späteren *Sacre.* Da Diaghilew aber schnell ein neues Ballett haben wollte, benutzte S. das Material eines gerade entstehenden Stücks für Kl. u. Orch. für das Ballett *Pétrouchka.* Die Uraufführung fand 1911 wiederum in Paris statt. Es tanzten die Ballets Russes, Choreografie Fokin, Solisten T. Karsawina u. V. Nijinsky. Noch im gleichen Jahr gab Diaghilew *Le sacre du printemps* bei S. in Auftrag. Nachdem dieser aus Rücksicht auf die labile Gesundheit seiner Frau die Sommer in Ustilug u. die Winter in der Schweiz verbrachte, machte er sich in Clarens an die Arbeit. Am 29. 5. 1913 kam es zu der berühmt-berüchtigten Uraufführung im Pariser Théâtre des Champs-Élysées. Nijinskys ungewohnte Choreografie u. S. explosive Musik provozierten das Pariser Publikum. Während sich im Zuschauerraum tumultartige Szenen abspielten, dirigierte P. Monteux mit äußerster Konzentration die komplexe Partitur zu Ende. Nijinsky stand in den

Kulissen auf einem Stuhl u. zählte so laut, daß die Tänzer wenigstens einigermaßen in dem ihnen fremden Rhythmus blieben. S. war das Tagesgespräch. Mit drei Balletten hatte er sich als der führende junge russ. Komponist in Westeuropa etabliert. In den Pariser Salons war er ein gerngesehener Gast, die Prinzessin Edmond de Polignac unterstützte ihn, C. Debussy, M. Ravel, M. de Falla, M. Delage, J. Cocteau u. F. Schmitt zählten zu seinem Bekanntenkreis.

Den Winter 1913–14 verbrachte die Familie S. wieder in der Schweiz. S. vollendete das Bühnenstück *Le rossignol*. 1914 hielt er sich noch einmal in Ustilug auf, verließ Rußland aber vor Ausbruch des 1. Weltkrieges. An neuen Kompositionen entstanden die Chansons plaisantes *Pribaoutki* u. die *Trois pièces* für Streichquartett. Während des Krieges wohnte die Familie in Morges. S. lernte den Dirigenten E. Ansermet kennen sowie den Dichter Ch.-F. Ramuz, der ihm die Libretti zu *Renard* u. *Les noces* ins Franz. übersetzte u. mit ihm gemeinsam 1917–18 *L'histoire du soldat* schuf. Mehrere Treffen mit Diaghilew brachten keine neuen Aufträge, da Tourneen während des Krieges schwer zu organisieren waren u. mit L. Massine, S. Prokofjew u. a. neue Talente um ihn waren. 1917 kam es zur ersten Begegnung mit P. Picasso in Rom. S. begleitete anschließend die Ballets Russes nach Neapel, wo er L. Massines *Les femmes de bon humeur* nach Musik von D. Scarlatti, orchestriert von V. Tommasini, sah. Das Jahr 1917 endete für S. mit größten finanziellen Schwierigkeiten. Durch die Oktoberrevolution war eine Rückkehr in die Heimat für ihn undenkbar geworden. Mit vier Kindern u. einer tuberkulösen Frau, ohne Einnahmen aus seinen nicht unbeträchtlichen russ. Liegenschaften oder Tantiemen seines russ. Verlegers war er auf die Hilfe seiner Freunde angewiesen. Erst 1919 wurde in Paris mit Diaghilew ein neues Projekt erörtert. Nach dem Erfolg mit den Massine-Balletten *Les femmes de bon humeur* u. *Astuzie femminili* wünschte sich Diaghilew ein weiteres »neapolitanisches« Ballett. Als Musik nahm man Stücke von G. B. Pergolesi in Aussicht. S. komponierte daraufhin *Pulcinella*, ein Stück, das seine klassizistische Periode einleitete. 1920 übersiedelte er nach Paris, die Familie wurde in einer ruhigen Umgebung untergebracht. Noch im gleichen Jahr entstanden das Concertino für Streichquartett u. die *Symphonies d'instruments à vent*. 1921 ergänzte S. die Partitur von P. Tschaikowskys *Dornröschen* um gestrichene Abschnitte aus dem Klavierauszug für Diaghilews denkwürdige Londoner Aufführung. Außerdem lernte er die Malerin u. Schauspielerin Vera de Bosset Sudeikina kennen. Für S. begann ein Doppelleben, das erst mit dem Tod seiner Frau zu Ende ging. 1922 brachte Diaghilew die Opera buffa *Mavra* heraus, die jedoch bei Presse u. Publikum nicht ankam. Es war das letzte Stück, das noch völlig im Russ. wurzelte. Das Bühnenwerk *Les noces* wurde ein Jahr später in der Choreografie von Bronislawa Nijinska zwar ein großer Erfolg für den Komponisten, geht jedoch bereits auf das Jahr 1914 zurück. 1924 trat S. erstmals als Pianist mit seinem Concerto auf. Um sich in den nächsten Jahren ein Einkommen zu sichern, begann er häufiger Konzerte zu geben u. dafür geeignete Stücke zu schreiben. So entstand die 1925 in Donaueschingen von ihm gespielte Klaviersonate. Im gleichen Jahr unternahm S. seine erste Amerikatournee u. plante mit J. Cocteau das Opernoratorium *Oedipus Rex*. 1926 folgte eine Europatournee, bei der er u. a. als Dirigent eigener Werke an der Mailänder Scala auftrat. 1927 erhielt er aus Amerika den Auftrag zu einem neuen Ballett. Wieder griff S. zu einem klassischen Thema u. komponierte *Apollon musagète*, ein Stück, das nach der amer. Premiere noch 1928 bei den Ballets Russes mit S. Lifar in der Hauptrolle (Choreografie: G. Balanchine) herauskam. 1929 komponierte S. für den eigenen Gebrauch das Capriccio für Kl. u. Orch. u. erhielt von S. Kussewitzky den Auftrag zur *Symphonie de psaumes*. 1931 lernte er durch W. Strecker (Schott Verlag) den Geiger S. Dushkin kennen, für den er noch im gleichen Jahr das Violinkonzert u. im Jahr darauf das *Duo concertant* komponierte. Mit diesen Stücken u. Arrangements anderer Kompositionen für V. u. Kl. gingen S. u. Dushkin in den folgenden Jahren mehrfach auf Konzertreisen. Von Ida Rubinstein kam der Auftrag zu einem neuen Bühnenwerk. Das Buch sollte A. Gide schreiben. S. komponierte *Perséphone*. 1935 spielte er gemeinsam mit seinem Sohn Soulima die Uraufführung seines Concerto für 2 Kl. in Paris u. ging anschließend damit auf Europa- u. Südamerikatournee. Noch im gleichen Jahr erschien in Paris seine zweibändige »Chronique de ma vie«. 1936 erhielt er von L. Kirstein den Auftrag zu einem Ballett für das American Ballet. S. komponierte *Jeux de cartes* u. dirigierte die Uraufführung im April 1937 an der Metropolitan Opera in New York. Die Choreografie stammte von G. Balanchine, das Programm wurde komplettiert durch *Apollon* u. eine Neufassung des *Baiser de la fée*. Ebenfalls 1937 zog S. von Paris nach Annemasse bei Genf, um näher an dem Sanatorium zu sein, in dem seine Frau u. die Töchter Ludmilla u. Milena versorgt wurden. Im Herbst 1938 starb Ludmilla, wenige Monate später seine Frau u. kurz darauf seine Mutter. S. mußte zum Auskurieren einer Lungenkrankheit selbst in ein

Sanatorium. Dort bereitete er sich auf die Ch. E. Norton Lectures vor, zu denen ihn Harvard für das Wintersemester 1939–40 eingeladen hatte. Außerdem arbeitete er an der *Symphony in C*, die aus Anlaß des 50jährigen Bestehens des Chicago Symphony Orchestra bei ihm bestellt war. Am 30. 9. 1939 kam S. in den Vereinigten Staaten an u. reiste nach Harvard, wo er seine Vorlesungsreihe »Poétique musicale« hielt. In diesen Vorlesungen faßte S. die Ästhetik des Neoklassizismus zusammen u. vermittelte daneben ein beträchtliches Maß an russ. Gedankengut. Auf Grund der Kriegslage in Europa beschloß er, in den USA zu bleiben. 1940 heiratete er dort Vera de Bosset u. ließ sich in Hollywood nieder. In den nächsten Jahren entstand mit der *Symphony in Three Movements* ein weiteres bedeutendes Werk. S. selbst bezeichnete es als das Stück, mit dem er seine Ankunft in Amerika feierte. 1945–47 nahm er verschiedene Änderungen an älteren Kompositionen vor, um sie damit in den USA urheberrechtlich schützen zu können. 1947 bestellte Kirstein ein weiteres Ballett für Balanchine. In engster Zusammenarbeit, die bis zum Tod des Komponisten fortgesetzt wurde, entstand *Orpheus*. Im gleichen Jahr sah S. eine Hogarth-Ausstellung in Chicago u. fand Interesse an der Geschichte »The Rake's Progress«. Bei W. H. Auden bestellte er ein Libretto u. studierte zur Vorbereitung Mozart-Opern. 1948 begann er mit dem Komponieren. Ihm war dabei ein junger amer. Dirigent u. Musikschriftsteller behilflich, den S. fast an Sohnes Statt annahm: Robert Craft. Im April 1951 vollendete S. den Epilog der Oper, u. am 11. 9. des gleichen Jahres dirigierte er die Uraufführung von *The Rake's Progress* am Teatro La Fenice in Venedig. Im darauffolgenden Jahr befaßte er sich auf einer Konzertreise durch Europa erstmals intensiv mit dem Werk von A. Webern u. Fragen der Reihentechnik. Ihren ersten Niederschlag fand diese Beschäftigung in der Kantate für S., T., Frauenchor u. 5 Instr. (1951–52). Es folgten das Septett u. *Three Songs from William Shakespeare*. S. wandte die Zwölftontechnik wie jedes andere Ordnungsprinzip an. Wie schnell er sich diese Technik aneignete, zeigte bereits das 1953 von Kirstein in Auftrag gegebene Ballett *Agon*. 1956 dirigierte S. in Venedig die Uraufführung des *Canticum sacrum* u. 1958 der *Threni*. Weitere Konzertreisen u. Schallplattenaufnahmen folgten. 1959 erschien der 1. Band seiner Unterhaltungen mit Craft. 1961 nahm S. den Auftrag der Fernsehgesellschaft CBS zu einem Mysterienspiel an. Gemeinsam mit Craft u. Balanchine entstand *The Flood*. 1962 besuchte er Israel u. holte sich Anregungen für die sacred ballad *Abraham and Isaac*. Anschließend besuchte er auf Einladung der sowj. Regierung zum ersten Mal seit 1914 seine Heimat, wo inzwischen eine ernsthafte Auseinandersetzung mit seinem Werk begonnen hatte. 1964 schloß S. die *Variations for Orchestra* ab, 1965–66 entstand mit den *Requiem Canticles* sein letztes größeres Werk. Am 17. 5. 1967 trat er mit *Pulcinella* zum letzten Mal als Dirigent auf. 1969 erfolgte der Umzug von Hollywood nach New York. S. starb 1971 im Alter von 89 Jahren, kurz nachdem er aus einem Hotel in sein eigenes Appartment gezogen war.

In seinen Vorlesungen »Poétique musicale« hat S. bekannt: »Da ich nicht das dem Akademismus eigene Temperament habe, so bediene ich mich stets wissentlich u. freiwillig seiner Formen. Ich bediene mich ihrer ebenso gewissenhaft wie der Folklore. Dies sind die Rohstoffe meiner Arbeit.« Folklore, Rhythmus, Form, Einheit in der Vielfalt, Beziehung zwischen Intervallen – damit hat sich S. sein ganzes Leben beschäftigt. Dabei dominiert in jeder der 3 deutlich zu unterscheidenden Schaffensperioden jeweils eine andere Komponente. Nur sein ausgeprägtes Rhythmusgefühl bleibt ständig präsent. Sein Gesamtwerk läßt sich in 3 Abschnitte einteilen, die nicht genau mit den Lebensstationen Rußland/Schweiz, Frankreich u. USA übereinstimmen.

1. Russ. Periode. Reicht ungefähr bis zum Ende des 1. Weltkrieges mit den Höhepunkten *L'oiseau de feu, Pétrouchka, Le sacre du printemps* u. *Les noces*. S. teilte die Ideen des Kreises um S. Diaghilews Zeitschrift »Mir iskusstwa«, die insbesondere auf dem Gebiet der bildenden Kunst eine Synthese altruss. Erbes u. westeuropäischer Moderne anstrebte. Dazu kamen Vorstellungen des Beljajew-Kreises, die S. hauptsächlich über seinen Lehrer N. Rimskij-Korsakow aufnahm. Sein Eintauchen in russ. Folklore sowie die Auswertung der Sammlungen von A. N. Afanasev u. P. V. Kirevskij gingen weit über die Versuche des Mächtigen Häufleins (→ Balakirew) hinaus. S. beschäftigte sich außerdem intensiv mit M. Mussorgskij, von dessen *Chowanschtschina* er u. M. Ravel 1913 für Diaghilew Teile instrumentierten. Im Gegensatz zu Mussorgskij beherrschte er nicht nur das kompositorische Handwerk unverhältnismäßig besser, sondern hielt auch Abstand zur Folklore, die für ihn nur Rohmaterial darstellte. Anregungen kamen darüber hinaus von dem Ballettreformer → M. Fokin u. den Malern A. Benois, L. Bakst u. N. K. Roerich. Charakteristisch sind kurze Motive, ostinate Wiederholungen, unregelmäßig akzentuierte Rhythmen u. Akkordballungen.

2. Neoklassizismus. Mit *Pulcinella* beginnt die klassizistische Periode im Schaffen S., zu deren Hauptwerken *Symphonies d'instruments à vent*,

Oktett, *Oedipus Rex, Apollon musagète, Symphonie de psaumes, Symphony in C, Orpheus* u. als abschließender Höhepunkt die Nummernoper *The Rake's Progress* gehören. Typisch für diese Periode ist die starke Betonung des Formalen, die Rückwendung zu historischen Formen u. die Beschäftigung mit ästhetischen Problemen. In seiner Pariser Zeit war S. nicht nur den geistigen Strömungen des Frankreich zwischen den Kriegen, sondern auch den Einflüssen russ. Emigranten wie A. Lourié u. P. Suvčinskij ausgesetzt. Die verschiedenen Konzertreisen durch die USA brachten ihm amer. Rhythmen u. Klänge näher. Dies wird besonders in seiner 1942 begonnenen *Symphony in Three Movements* deutlich.

3. Komposition mit Reihen. R. Crafts Beschäftigung mit der 2. Wiener Schule u. S. eigene Studien, besonders der Werke von A. Webern, führten zur Übernahme der Kompositionstechnik, die auf dem Prinzip der Reihe basiert. In *Tomorrow shall be my dancing* aus der Kantate nach Texten unbekannter elisabethanischer Dichter (1951–52) verwendete S. erstmals diatonische Reihen. Über das Septett (1952–53) u. *Three Songs from William Shakespeare* (1953) gelangte er zur völligen Beherrschung der Zwölftontechnik, in die er schließlich auch den Rhythmus einbezog. Zu den wichtigsten Werken dieser Periode gehören das Ballett *Agon* sowie *Canticum sacrum, Movements* u. *Requiem Canticles*. Unter Beibehaltung seiner ausgeprägten Rhythmen weist S. Spätwerk eine Ausdünnung des Orchesters auf, eine Verteilung der musikalischen Gedanken auf kleine Instrumentengruppen u. eine stärkere Betonung des Linearen.

Durch das Gesamtwerk S. zieht sich das Sakrale. Es kulminiert in Werken wie *Canticum sacrum, Threni, The Flood, Abraham and Isaac* u. *Requiem Canticles*. Hier kommt S. tiefe Verwurzelung im russisch-orthodoxen Glauben zum Ausdruck. Mit seinem zwei Generationen u. Kriege überbrückenden Werk gehört er zu den bedeutendsten Musikerpersönlichkeiten des 20. Jh. Trotz wechselnder Stile ist er immer sich selbst treu geblieben. Er sagt dazu: »Komponieren bedeutet für mich, eine gewisse Zahl von Tönen nach gewissen Intervallbeziehungen zu ordnen.«

Bühnenwerke: *L'oiseau de feu* (conte dansé, 1909–10, daraus 1. Suite 1911, 2. 1919, 3. *Firebird Ballet Suite* 1945); *Pétrouchka* (scènes burlesques, 1910–11, Fassung für Kl. 1921, Neufassung für kleineres Orch. 1947); *Le sacre du printemps* (tableaux de la Russie païenne, 1911–13, rev. 1921–22; *Danse sacrale* 1926 u. 1943, rev. 1947); *Le rossignol* (conte lyrique, 1908–14, rev. 1962, 1917 *Le chant du rossignol*, 2. u. 3. Akt als sinfonische Dichtung); *Renard* (histoire burlesque chantée et jouée, 1915–16); *L'histoire du soldat* (»à réciter, jouer et danser«, 1917–18, daraus Suite für V., Klar. u. Kl. 1919, Konzertsuite 1920); *Pulcinella* (ballet avec chant, 1919–20, rev. 1965; Suite 1922, rev. 1947); *Mavra* (Opera buffa, 1921–22); *Les noces* (scènes chorégraphiques russes avec chant et musique, 1914–23, verschiedene Fassungen, darunter mit Cimbalom u. Pianola, endgültig für 4 Kl. u. Schlagzeug); *Oedipus Rex* (Opernoratorium, 1926–27, rev. 1948); *Apollon musagète* (Ballett, 1927–28, rev. 1947, heute im Repertoire des New York City Ballet als *Apollon*); *Le baiser de la fée* (Ballettallegorie, 1928, rev. 1950; Divertimento 1934, rev. 1949); *Persephone* (Melodram, 1933–34, rev. 1949); *Jeu de cartes* (ballet en trois donnes, 1936); *Scènes de ballet* (1944, Uraufführung in gekürzter Fassung in Billy Roses *The Lively Arts*); *Orpheus* (Ballett, 1947); *The Rake's Progress* (Oper, 1948–51); *Agon* (ballet for 12 dancers, 1953–57) u. *The Flood* (a musical play, 1961–62 für das Fernsehen entstanden, Bühnenfassung als *Die Sintflut* 1963 in Hamburg).

Orchesterwerke: Sinfonie in Es-Dur (1905–07); *Scherzo fantastique* (1907–08); *Feu d'artifice* (1908); *Quatre études* für Orch. (1914–18, rev. 1952); *Symphonies d'instruments à vent* (1920, rev. 1947, Neuinstr. des Chorale 1945); Suite Nr. 2 für kleines Orch. (1921 nach *Trois pièces faciles* u. Nr. 5 der *Cinq pièces faciles* für Kl. vierhändig); Concerto für Kl., Bläser, Pk. u. Kb. (1923–24, rev. 1950); Suite Nr. 1 für kleines Orch. (1917–25, nach Nr. 1–4 der *Cinq pièces faciles* für Kl. vierhändig); Capriccio für Kl. u. Orch. (1928–29, rev. 1949); *Concerto en ré – Violin Concerto* für V. u. Orch. (1931); Praeludium für Jazzband (1936–37, rev. 1953); Concerto in Es *Dumbarton Oakes* für Kammerorch. (1937–38); *Symphony in C* (1938–40); *Danses concertantes* für Kammerorch. (1941–42); *Circus Polka* (1942, Fassung für Band D. Raksin); *Four Norwegian Moods* (1942); *Ode* (elegiacal chant, 1943); *Scherzo à la russe* (1943–44, Fassung für Big Band 1944); *Symphony in Three Movements* (1942–45); *Ebony Concerto* für Klar. u. Jazz-Big-Band (1945); Concerto in D für Streicher (»Basler Concerto«, 1946); *Greeting Prelude* (1955); *Movements* für Kl. u. Orch. (1958–59); *Eight Instrumental Miniatures* für 15 Spieler (1962, nach *Les cinq doigts* für Kl.) u. *Variations* (1963–64).

Vokalkompositionen: *Zvezdoliki* (Kantate für Männerchor u. Orch., 1911–12), 4 russ. Bauernlieder *Podbljudnyja* für Frauenst. a cappella (1914–17, Fassung für Chor u. 4 Hörner in F 1954); Pater noster für 4st. gem. Chor (1926); *Symphonie de psaumes* für Chor u. Orch. ohne V. u. Va. (1930, rev. 1948); Credo für 4st. gem. Chor (1932, Neufassung 1964); Ave Maria (1934); *Babel* (Kantate nach Moses I, 11, für Sprecher, Männerchor u. Orch., 1944), *Mass* (Messe für gem. Chor u. doppeltes Bläserquintett, 1944 u. 1947); Kantate für S., T., Frauenchor u. 5 Instr. nach Texten unbekannter elisabethanischer Dichter (1951–52); *Canticum sacrum, Ad honorem S. Marci nominis* für T., Bar., gem. Chor u. Orch. (1955); *Threni: id est Lamentationes Jeremiae Prophetae* für 6 Soli, gem. Chor u. Orch. (1957–58); *A Sermon, a Narrative and a Prayer* (Kantate für Sprecher, A., T., gem. Chor u. Orch., 1960–61); *The Dove Descending Breathes the Air* (Anthem für 4st. gem. Chor, 1962); Introitus für Männerchor u. Kammerensemble (1965) u. *Requiem Canticles* für A., B., gem. Chor u. Orch. (1965–66).

Kammermusik: *Trois pièces* für Streichquartett (1914, für Orch. als Nr. 1–3 der *Quatre études*); *Ragtime* für 11 Instr. (1918); *Trois pièces* für Klar. solo (1919); Concertino für Streichquartett (1920, für 12 Instr. 1952); Oktett für Bläser (1922–23, rev. 1952); *Duo concertant* für V. u. Kl. (1931–32); Elegie für Va. (V.) solo (1944); Septett für Klar., Horn, Fag., Kl., V., Va. u. Vc. (1952–53); *Epitaphium* für Fl., Klar. u. Hf. (1959); Doppelkanon für Streichquartett (1959) u. *Fanfare for a New Theatre* für 2 Trp. (1964).

Klavierstücke: Tarantella (1898); Scherzo (1902); Sonate in fis-Moll (1903–04); *Quatre études* (1908); *Trois pièces faciles* für Kl. vierhändig (1914–15); *Cinq pièces faciles* für Kl. vierhändig (1916–17); *Étude pour pianola* (1917); *Piano-Rag-Music* (1919); *Les cinq doigts* (8 sehr leichte Stücke im Fünftonumfang, 1920–21); Sonate (1924); *Sérénade en la* (1925); Concerto für 2 Kl. (1931–35); Tango (1940, für Orch. 1953) u. Sonate für 2 Kl. (1943–44).

Kompositionen für Singst. u. Kl. bzw. Instrumentalbegleitung: Romanze für St. u. Kl. (1902); Lied für B. u. Kl. (1904); *Le faune et la bergère* für Mezzo-S. u. Orch. (1906); *Souvenirs de mon enfance* für S. u. Kl. (1906–13); Pastorale für S. u. Kl. (1907, für St., Ob., Englischhorn, Klar. u. Fag. 1933); 2 Lieder für Mezzo-S. u. Kl. (1907–08); *Deux poèmes de Verlaine* für Bar. u. Kl. (1910, für Bar. u. Kammerorch. 1910–14 u. 1951); *Deux poèmes de Balmont* für hohe Singst. u. Kl. (1911, mit Kammerorch. 1954); *Trois poésies de la lyrique japonaise* für St. u. Kl. (1912–13, mit Kammerorch. 1912–13), Chansons plaisantes *Pribaoutki* für St. u. 8 Instr. (1914); *Berceuses du chat* für St. u. 3 Klar. (1915–16); *Trois histoires pour enfants* für St. u. Kl. (1915–17, Nr. 1 für St. u. Orch. 1923); *Quatre chants russes* für St. u. Kl. (1918–19); *Three Songs from William Shakespeare* für Mezzo-S., Fl., Klar. u. Va. (1953); *Four Russian Songs* für Mezzo-S., Fl., Hf. u. Git. (1953–54, Nr. 1 u. 2 nach Nr. 1 u. 4 der *Quatre chants russes*, Nr. 3 u. 4 nach Nr. 2 u. 1 der *Trois histoires pour enfants*); *In memoriam Dylan Thomas* für T., Streichquartett u. 4 Pos. (1954); *Abraham and Isaac* (a sacred ballad für Bar. u. Kammerorch., 1962–63); *Elegy for J. F. K.* für Bar. (Mezzo-S.) u. 3 Klar. (1964) u. *The Owl and the Pussy-cat* für St. u. Kl. (1966).

Zu S. Bearbeitungen gehören das Finale von M. Mussorgskijs *Chowanschtschina* (1913); *Variation d'Aurore* u. *Entr'acte symphonique* aus P. Tschaikowskys *Dornröschen* (1921); *L'oiseau bleu* aus demselben Ballett für kleines Orch. (1941); *The Star Spangled Banner* für Orch. u. gem. Chor ad libitum (1941); Choralvariationen über *Vom Himmel hoch* … für gem. Chor u. Orch. nach J. S. Bach (1955–56); *Monumentum pro Gesualdo di Venosa ad CD annum* für Instr. (nach den Madrigalen *Asciugate i begli occhi*, *Ma tu, cagion di quella* u. *Beltà po che t'assenti*, 1960); *Canzonetta* für 2 Klar., 4 Hörner, Hf. u. Kb. (1963, nach J. Sibelius op. 62a) u. *Two Sacred Songs* für Mezzo-S. u. 9 Instr. (1968, nach H. Wolf, *Span. Liederbuch*).

Zu S. Schriften gehören: »Chronique de ma vie« (2 Bde., Paris 1935, dt. Zürich u. Berlin 1937, München 1958); »Poétique musicale« (Paris u. New York 1942, dt. Mainz 1949); außerdem gemeinsam mit R. Craft »Conversations with I. S.« (New York u. London 1959, dt. Zürich u. Mainz 1961); »Memories and Commentaries« (New York u. London 1960, dt. 1961); »Expositions and Developments« (New York u. London 1962); »Dialogues and a Diary« (New York 1963); »Themes and Episodes« (New York 1966); »Retrospectives and Conclusions« (New York 1969, dt. Frankfurt a. M. 1972); »Themes and Conclusions« (London 1972, Neufassung von »Themes and Episodes« u. »Retrospectives and Conclusions«).

Lit.: A. Casella, I. S., Rom 1926; V. Beljajew, S. Les noces, Oxford 1928; I. Glebov (B. V. Assafjew), S., Leningrad 1929; Ch. F. Ramuz, Souvenirs sur I. S., Lausanne 1929, dt. Berlin 1953; M. Armitage (Hg.), I. S., New York 1936; P. Collaer, S., Brüssel 1930; G. F. Malipiero, S., Venedig 1945; E. W. White, S., London 1947, dt. Hamburg 1950; Th. Strawinsky, Le message de I. S., Lausanne 1948, dt.: I. S., Mensch u. Künstler, Mainz 1951; A. Tansman, I. S., Paris 1948; M. Lederman (Hg.), S. in the Theatre, New York 1949, Nachdr. 1975; E. Corle (Hg.), I. S., New York 1949, Nachdr. Freeport, NY, 1969; M. See, I. S., The Rake's Progress, Bonn 1951; H. Lindlar (Hg.), I. S., Bonn 1952; H. Strobel, I. S., Zürich 1956; Boosey & Hawkes, I. S., Ein vollständiges Werkverzeichnis seiner veröffentlichten Werke, London 1957; R. Craft, A. Piovesan u. R. Vlad, Le musiche religiose di I. S., Venedig 1957; H. Kirchmeyer, I. S., Zeitgeschichte und Persönlichkeitsbild, Regensburg 1958; R. Siohan, S., Paris 1959, dt.: I. S. in Selbstzeugnissen u. Bilddokumenten, Reinbek bei Hamburg 1960; S. and the Dance, A Survey of Ballet Productions 1910–62, Ausstellungskatalog, New York 1962; M. Cosman u. H. Keller, S. at Rehearsal, London 1962, dt.: S. dirigiert, Frankfurt a. M. 1962; S. and the Theatre, A Catalogue of Decor and Costume Designs for Stage Productions of his Works 1910–62, New York 1963; P. Souvtchinsky, I. S., Köln 1963; N. Nabokov, I. S., Berlin 1964; M. Philippot, I. S., Paris 1965; E. W. White, S., London u. Berkeley, CA, 1966; B. Boretz u. E. T. Cone, Perspectives on Schoenberg and S., Princeton, NJ, 1968; P. M. Young, S., New York u. London 1969; U. Scharlan (Hg.), I. S., Phonographie, Verzeichnis der Eigeninterpretationen, Frankfurt a. M. 1972; R. Craft, S., Chronicles of a Friendship, 1948–71, New York 1972; P. Horgan, Encounters with S., London 1972; L. S. D. Jačkova, Stat'i i materialy (Aufsätze u. Materialien), Moskau 1973; F. Routh, S., London 1974; H. Kirchmeyer, S. russ. Ballette, Der Feuervogel, Petruschka, Le sacre du printemps, Stuttgart 1974; R. Craft, Prejudices in Disguise, New York 1974; N. Goldner, The S. Festival of the New York City Ballet, New York 1974; M. Druskin, I. S., Moskau 1974; N. Jers, I. S. späte Zwölftonwerke 1958–66, Regensburg 1976; B. V. Assafjew, Kniga o Stravinskom (»Buch über S.«), Leningrad 1977; Vera Strawinsky u. R. Craft, S. in Pictures and Documents, New York 1978; H. Nichols, S., Milton Keynes, England 1978; A. Forte, The Harmonic Organization of The Rite of Spring, New Haven 1978; D. Eberlein, Russ. Musikanschauung um 1900, Regensburg 1978; H. Lindlar, I. S., München 1979; F. Lesure (Hg.), I. S., La carrière européenne, Ausstellungskatalog, Musée d'Art Moderne de la Ville de Paris 1980; W. Dömling, I. S. in Selbstzeugnissen u. Bilddokumenten, Reinbek bei Hamburg 1982; C. Caesar (Hg.), I. S., a complete catalogue, San Francisco 1982.

Strecker, Heinrich J., österr. Komponist, * 24. 2. 1893 Wien, † 28. 6. 1981 Baden bei Wien. Studierte bei C. Horn u. wirkte als Theaterkapellmeister.

Zu St. Kompositionen gehören Singspiele, darunter *Ännchen von Tharau* (1932), Operetten wie *Der ewige Walzer* (1937) u. Wiener Lieder.

Streichinstrumente (engl. bowed instruments, franz. instruments à archet), Saiteninstrumente oder Idiophone, bei denen der Ton durch Streichen der Saiten erzeugt wird. Dazu dient meist ein Bogen, bei der Drehleier ein Kurbelrad.

Streichquartett (franz. quatuor à cordes, ital. quartetto d'archi, engl. string quartet), eine Komposition für 2 Violinen, Bratsche u. Cello, die meistens aus mehreren Sätzen besteht. Daneben Bezeichnung für ein aus diesen 4 Instrumenten gebildetes Ensemble (→ Quartett). Entstand in seiner heute bekannten Form um die Mitte des 18. Jh. u. geht hauptsächlich auf das Concerto a quattro G. Torellis, aus der ital. Triosonate entwickelte Formen u. die in Süddeutschland u.

Österreich beliebten zyklischen Quartettdivertimenti zurück. Aus den letzteren entwickelte J. Haydn seine St., die in op. 17 u. 20 ihre gültige Ausprägung fanden. Hauptmerkmale sind Viersätzigkeit, zyklische Form, Kopfsatz in Sonatensatzform u. thematische Arbeit.
Neben Haydn ist besonders L. Boccherini an der Ausbildung des St. beteiligt. Gemeinsam mit dem Tartini-Schüler F. Manfredi kam er auf einer Konzerttournee bis Paris, wo seine ersten Kammermusikwerke erschienen. Die Virtuosität der Italiener führte in Paris zur Bevorzugung der 1. Violine im St. u. damit zur Sonderform des Quatuor brillant im Gegensatz zum in allen Stimmen ausgewogenen Quatuor concertant.
Angeregt von Haydns op. 33, setzte sich W. A. Mozart mit der Form des Streichquartetts erneut auseinander u. komponierte die 6 berühmten Haydn gewidmeten St. L. van Beethoven machte schließlich das St. zu einer der wichtigsten Kompositionsformen der 1. Wiener Schule u. gab ihm in Anlage u. Ausarbeitung des thematischen Materials sinfonische Bedeutung.
Seit L. van Beethoven gilt das St. als eine besondere Form der Bewährung, mit der sich Komponisten von der Romantik bis heute auseinandergesetzt haben. Zu den bedeutenden Komponisten des 20. Jh., die mehr als ein St. komponiert haben, gehören A. Schönberg, A. Webern, B. Bartók, P. Hindemith, D. Milhaud, D. Schostakowitsch u. M. Tippett.
Bedeutende St.-Vereinigungen unserer Zeit sind: Amadeus-Quartett, Borodin-Quartett, Budapest String Quartet, Drolc-Quartett, Guarneri-Quartett, Janáček-Quartett, Juilliard String Quartet, LaSalle-Quartett, Melos-Quartett, Quartetto Italiano, Tokyo String Quartet.

Stretta oder **Stretto** (ital.: »Enge«), **1.** Bezeichnung für die → Engführung in der Fuge. Daneben auch: Imitazione alla st. als kontrapunktische Nachahmung in verkürzten Notenwerten. **2.** Im Opernfinale der häufig beschleunigt ausgeführte Schlußabschnitt. Beliebtes Steigerungsmittel besonders der ital. Oper. Tritt ein St.-Abschluß bei Arien u. Duetten auf, wird er auch → Cabaletta genannt.

Striggio, 1. Alessandro, ital. Lautenist u. Komponist, * um 1535 Mantua, † zwischen 1589 u. 1595 ebd. 1560–74 am Hofe Cosimos de' Medici in Florenz u. anschließend im Dienst des Herzogs von Mantua. Komponierte mehrere Intermedien für die Hoffestlichkeiten in Florenz, darunter zu F. d'Ambras »La cofanaria« (1566). Er veröffentlichte 2 Bücher 6st. Madrigale (1560–71) sowie 5 Bücher 5st. Madrigale, von denen III–V posthum von seinem Sohn Alessandrino herausgegeben wurden (1560–97).
2. Alessandrino (Alessandro), Sohn von 1., ital. Musiker u. Textdichter, * um 1573 Mantua, † 6. 6. 1630 Venedig. Wirkte als Geigen- u. Lyraspieler am Hof von Mantua. Schrieb die Texte zu C. Monteverdis *La favola d'Orfeo* (1607) u. *Tirsi e Clori* (1615).

stringendo (ital.), bedeutet soviel wie accelerando, allmählich schneller werdend. Darüber hinaus schwingt noch etwas Drängendes, auf einen Höhepunkt Hinzielendes mit.

strisciando (ital.), durch die Halbtöne streifend oder gleitend. Bezeichnet das chromatische → glissando.

Strophe (griech.: »Wendung«), metrische Einheit aus mehreren gleich oder verschieden gebauten Verszeilen. Bei der Vertonung wird meistens die strophische Form des Textes berücksichtigt, indem die Melodie der 1. St. in allen übrigen wiederholt wird (Strophenlied). Im Gegensatz dazu steht das durchkomponierte Lied.

Strouse, Charles, amer. Komponist, * 7. 6. 1928 New York. Studierte an der Eastman School of Music in Rochester, NY, u. bei N. Boulanger in Paris. Nahm nach seiner Rückkehr aus Europa weiteren Unterricht bei A. Copland.

Zu S. bekanntesten Werken gehören die Musicals *Bye Bye Birdie* (1960), *All American* (1962) u. *Golden Boy* (1964).

Strozzi, Piero (Pietro), ital. Komponist, * Mitte 16. Jh. Florenz. Mitglied der Florentiner → Camerata. Komponierte 1595 die Musik zu O. Rinuccinis »La mascherata degli accecati« u. beteiligte sich neben G. Caccini u. a. an dem Intermezzo *Il rapimento di Cefalo* (1600).

Strungk (Strunck), Nicolaus Adam, dt. Komponist, Kapellmeister u. Organist, getauft 15. 11. 1640 Braunschweig, † 23. 9. 1700 Dresden. Erhielt ersten Unterricht bei seinem Vater Delphin St., einem Organisten. Wurde 1679 zum Ratsmusikdirektor in Hamburg ernannt u. brachte dort die Opern *Sejanus* (2 Teile, 1678), *Esther, Doris, Alceste* u. *Semiramis* (alle 1680) sowie *Theseus* u. *Floretto* (beide 1683) heraus. 1682 Ernennung zum Kammerkomponisten durch Herzog Ernst August von Hannover. 1688 Vizekapellmeister u. Kammerorganist in Dresden u. 1693–96 in der Nachfolge Ch. Bernhards dort Hofkapellmeister. Daneben Operndirektor in Leipzig, wo er 1693 zur Eröffnung des Opernhauses seine *Alceste* aufführte.

Zu St. weiteren Bühnenwerken gehören: *Nero* (1693); *Syrinx* u. *Julius Caesar* (1694); *Die Schäfferin Cloris, Atalanta* u. *Rosalinda* (1695); *Jupiter und Alkmene, Phocas, Pyrrhus und Demetrius* sowie *Agrippina* (1696); *Ixion* u. *Circe* (1699).

Stufen, Bezeichnung für die einzelnen Tonorte der Grundskala (→ Stufenbezeichnung).

Stufenbezeichnung, ein bereits bei J. Ph. Kirnberger in Ansätzen ausgebildetes System, Tonleiterstufen u. ihre Dreiklänge mit römischen Ziffern zu bezeichnen. Später durch Übernahme von Bestandteilen der Generalbaßschrift vervollständigt. Bei der St. werden die Durakkorde mit großen, die Mollakkorde mit kleinen Ziffern gekennzeichnet. Verminderte erhalten zusätzlich eine kleine Null, übermäßige ein Kreuz oder einen Strich. Die Angabe der jeweiligen Tonart erfolgt mittels großer (Dur) u. kleiner (Moll) Tonbuchstaben, die den Ziffern vorangestellt werden.

Stutschewsky (Stučevskij), Joachim, israel. Cellist u. Komponist russ. Herkunft, * 7. 2. 1891 Romny, Ukraine. Studierte am Leipziger Konservatorium bei J. Klengel u. lebte 1914–24 in Zürich u. 1924–38 in Wien. Machte sich als Kammermusiker u. Lehrer einen Namen u. war Mitglied des Wiener Streichquartetts. 1938 wanderte er nach Israel aus u. ließ sich in Tel Aviv nieder. In seinen Kompositionen setzt er sich zunehmend mit der jüdischen Folklore auseinander. Er veröffentlichte »Studien zu einer neuen Spieltechnik auf dem Violoncell« (3 Bde., 1927), »Das Violoncellspiel« (4 Bde., 1932), »Etüden« (4 Bde., 1931) u. »Mein Weg zur jüdischen Musik« (1935). Außerdem legte S. Sammlungen ostjüdischer u. chassidischer Volkslieder an.

Zu S. Werken gehören: *Jemama bašimša* (Kammerkantate für Sprecher, S., T. u. Instr., 1960), sinfonische Dichtung *Safed* (1960), Orchestersuite *Israel* (1964), *Three for Three* für 3 Vc. (1967), *Hassidic Fantasy* für Klar., Vc. u. Kl. (1972).

Styne, Jule, amer. Komponist, * 31. 12. 1905 London. Studierte in Chicago Komposition u. Klavier, war Bandleader in Chicago u. New York u. ließ sich später in Hollywood nieder. Sein erstes Musical entstand 1944 mit dem Titel *Glad to See You*. 1947 hatte er mit *High Button Shoes* seinen ersten Broadway-Erfolg.

Zu S. weiteren Musicals gehören: *Gentlemen Prefer Blondes* (1949), *Bells Are Ringing* (1956); *Gypsy* (1959), *Do Re Mi* (1960), *Funny Girl* (1964) u. *Fade Out, Fade In* (1964). Daneben komponierte S. eine Reihe von Filmmusiken, u.a. zu »Anchors Aweigh«, »Pink Tights«, »My Sister Eileen« u. »Living it up«.

Subdominante, auch Unterdominante, eine auf J.-Ph. Rameau zurückgehende Bezeichnung für die Quinte unter bzw. die Quarte über der → Tonika. Der entsprechende Dreiklang heißt Subdominantdreiklang (abgekürzt S.). Nach Rameau sind die Akkorde der Tonika, Dominante u. S. die Grundpfeiler der tonalen Harmonik. Jeder Dreiklang kann durch Hinzufügung einer großen Sexte (von J.-Ph. Rameau → Sixte ajoutée genannt) zum Subdominantakkord werden.

Subjekt (lat.), ursprünglich gleichbedeutend mit → Soggetto, später eingeengt auf das Thema in der Fuge.

Succentor (lat.), im Mittelalter ein Musiker in der Stellung eines bepfründeten Kaplans, dem die ein- u. mehrstimmige Musik in der Kirche unterstand. Im mittelalterlichen u. manchmal noch im protestantischen Schulchor auch Bezeichnung für den Vertreter des Chorleiters (→ Praecentor).

Suchoň, Eugen, slowak. Komponist, * 25. 9. 1908 Pezinok, Westslowakei. Stammt aus einer musikalischen Familie, dirigierte ein Schulorchester u. beschäftigte sich schon früh mit Kompositionsversuchen. Studierte ab 1927 bei F. Kafenda in Bratislava u. ab 1931 bei V. Novák in Prag. 1933–41 Lehrer an der Musikakademie Bratislava, 1941–47 Professor am dortigen Staatskonservatorium, 1947–53 an der Slowak. Universität u. 1953–60 an der Pädagogischen Hochschule. Seine eigenen Kompositionen waren lange stark von der slowak. Folklore beeinflußt, verwendeten modale Harmonik u. lehnten sich an B. Smetana, B. Bartók u. L. Janáček an. Mit der 1941–49 entstandenen Oper *Krútňava* schuf S. die erste bedeutende slowak. Volksoper. Sie suggeriert mit Ganztonketten u. übermäßigen Intervallen eine archaisch-slowak. Klangwelt.

Zu S. Kompositionen gehören: die Bühnenwerke *Krútňava* (1941–49) u. *Svätopluk* (1951–59); *Fantasie und Burleske* für V. u. Orch. (1933, rev. 1948), *Metamorfózy* für Orch. (1935) u. sinfonische Fantasie *BACH* für Org., Streicher u. Schlagzeug (1972); Vokalkompositionen wie *Žalm zeme Podkarpatskej* für T., gem. Chor u. Orch. (1938) u. *Piesne z hôr* für S., T. u. Orch. (1943); Kammermusik, darunter Streichquartett (1931, rev. 1939), *Nox et solitudo* (Liederzyklus mit Kammerorch., 1932), Serenade für Bläserquintett (1932), Klavierquartett (1933), Volksliedbearbeitungen.
Lit.: E. Závarský, E. S., Bratislava 1955.

Süßmayr, Franz Xaver, österr. Komponist, * 1766 Schwanenstadt, † 17. 9. 1803 Wien. 1779–87 Sängerknabe u. Musiker im Benediktinerstift Kremsmünster, ab 1788 in Wien, wo er Schüler von A. Salieri u. W. A. Mozart war. Dirigierte ab 1792 am Nationaltheater u. wurde 1794 Kapellmeister an der Hofoper. War Mozarts Adlatus in dessen letzten zwei Lebensjahren, bearbeitete die Secco-Rezitative des *Titus* u. begleitete Mozart auch zur Uraufführung nach Prag. Vollendete das Requiem nach Angaben u. Skizzen Mozarts, nachdem Constanze erst J. Eybler mit dieser Aufgabe betraut hatte.

Neben Instrumental- u. Kirchenmusik komponierte S. die Bühnenwerke *Moses* (1792), *Der Spiegel von Arkadien* (1794), *Idris und Zenide* (1795), *Der Wildfang* (1797) u. *Soliman II.* (1799, darin das Terzett *Tändeln und scherzen*, über das L. van Beethoven Klaviervariationen schrieb).

SUISA, schweiz. Gesellschaft der Urheber u. Verleger (→ Verwertungsgesellschaft).

Suite (franz.: »Folge«; ital. Partita, franz. Ordre, engl. Lesson), eine lose Abfolge von Tänzen, tanzartigen u. später auch nicht tanzgebundenen Stücken in der gleichen Tonart. Gehört zu den frühen Formen der Instrumentalmusik u. entstand aus der Kombination eines geradtaktigen Schreittanzes mit einem Springtanz im Dreiertakt (Tanz u. Nachtanz bzw. → Proportz). Die Verbindung des Tanzpaares wurde zuerst durch einfachen Wechsel des Taktmaßes (proportio tripla), später durch immer kunstvollere Variation oder Verarbeitung des thematischen Materials erreicht. Die beliebtesten Tanzpaare waren Pavane-Galliarde, Pavane-Saltarello, Ballo-Saltarello, in Deutschland Tanz-Hupfauf. Einschübe von Wiederholungen u. Variationen sowie die Einbeziehung nicht tanzgebundener Stücke führten bald zur Erweiterung der S. Die Abfolge der einzelnen Stücke wurde in allen Ländern verschieden gehandhabt. In Italien erlebte die S. eine besondere Blütezeit in ihrer Ausprägung als Sonata da camera, die mit ihrem nicht tanzgebundenen Kopfsatz zu den Wegbereitern der → Sonate u. des → Instrumentalkonzerts gehört. In Frankreich (J.-B. Lully u. J.-Ph. Rameau) u. England (H. Purcell) wurde ganz besonders die Orchester-S. gepflegt. Nach franz. Vorbild entstanden die dt. Ouvertüren-S., zu deren Höhepunkten die Wasser- u. Feuerwerksmusik G. F. Händels sowie die Ouvertüren J. S. Bachs gehören.

Eine stärkere formale Ausprägung erfuhr die S. jedoch nur in Gestalt der Klavier-S., die nicht allein eine gewisse Festlegung des Ablaufs mit sich brachte, sondern auch, insbesondere bei den dt. Komponisten, eine stärkere Verknüpfung der einzelnen Stücke auf thematischer Basis anstrebte. Wegweisend für die Entwicklung der Klavier-S. wurde J. Ch. Chambonnières, bei dem das S.-Gerüst, bestehend aus Allemande, Courante, Sarabande u. Gigue, bereits ausgebildet war. In der Folgezeit wurden diese durch den Einschub weiterer Tänze, ausschmückender Wiederholungen (Double) u. nicht tanzgebundener Formen wie Sonata, Praeludium, Aria u. Chaconne ergänzt. So bestand eine S. (Partie) J. Pachelbels beispielsweise aus Sonatina, Allemande, Gavotte, Courante, Aria, Sarabande, Gigue u. Finale, während bei J. Schenck die Abfolge Capriccio, Fuga, Allemande, Courante, Sarabande, Gigue u. Menuet zu finden ist. In der dt. Klavier-S. wurde die Gigue häufig als fugierter Finalsatz eingesetzt (J.J. Froberger). Höhepunkte der S.-Komposition bilden die Klavier-S. von J. S. Bach u. G. F. Händel.

Nachdem die S. in der weiteren Entwicklung einen wesentlichen Beitrag zur Entstehung von Sonate u. Sinfonie geleistet hatte, löste sie sich in der 2. Hälfte des 18. Jh. in Formen wie Divertimento, Kassation u. Serenade auf. Wiederbelebungsversuche unternahmen im 19. Jh. u. a. F. Lachner, C. Reinecke u. J. Raff. In neuerer Zeit diente die Orchester-S. häufig als Alternative zur strengen Form der Sinfonie, so z. B. bei N. Rimskij-Korsakow *(Scheherazade)* u. G. Holst *(The Planets)*. Daneben ist die Suite heute wieder beliebt als Folge von Musiken aus Opern, Balletten u. Bühnenmusiken. In ihrer ursprünglichen Bedeutung fand sie sogar Eingang in die Unterhaltungsmusik.

Suk, Josef, tschech. Komponist u. Geiger, * 4. 1. 1874 Křečovice, Böhmen, † 29. 5. 1935 Benešov bei Prag. Erhielt den ersten Unterricht bei seinem Vater, der Lehrer u. Chorleiter war. Studierte anschließend am Prager Konservatorium bei A. Bennewitz (Geige), J. Jiránek (Klavier) sowie K. Stecker (Komposition) u. besuchte nach dem Examen 1891 noch die Kompositionsklasse von A. Dvořák u. die Kammermusikklasse von H. Wihan. Dort lernte er K. Hoffmann, O. Nedbal u. O. Berger kennen, mit denen er 1892 das Böhm. Streichquartett gründete. Dvořák, dessen Tochter Ottilie S. 1898 heiratete, hatte größten Einfluß auf sein kompositorisches Schaffen. Erst mit der Sinfonie *Asrael* (1904–06) fand S. zu einer ganz persönlichen Tonsprache, für die erweiterte Harmonik, dichte thematische Arbeit u. polyphone Stimmführung charakteristisch wurden. Er gilt als bedeutender Vertreter der neueren tschech. Sinfonik.

Zu S. Werken gehören Bühnenmusiken für J. Zeyer, Orchesterwerke wie *Dramatische Ouvertüre* (1891), Sinfonie in E-Dur (1897), *Fantastisches Scherzo* (1903), Fantasie für V. u. Orch. (1903), sinfonische Dichtung *Prag* (1904), Sinfonie in c-Moll *Asrael* (1904–06), *Pohádka léta* (1907), *Zráni* (1917), *Meditation über den Choral St. Venceslas* (1914), *Legende von den toten Siegern* (1919) u. *Sokol-Marsch* (1919, rev. 1920); Vokalkompositionen, darunter *Křečovická mše* (*Messe von Křečovice* für Soli, Chor, Streicher, Org. u. Pk., 1888) u. *Epilog* für Bar., Frauenchor u. Orch. (1920); Kammermusikwerke wie Streichquartett in d-Moll (1888), Klaviertrio in c-Moll (1890), Klavierquartett in a-Moll op. 1 (1891), Klavierquintett in g-Moll (1893, rev. 1915), Streichquartett Nr. 1 (1896, rev. 1915), Streichquartett Nr. 2 (einsätzig, 1911), *Allegro giocoso* für Streichquartett (1915), *Bagatelle* für Fl., V. u. Kl. (1917); Klavierstücke.

Sullivan, Sir Arthur S., engl. Komponist, * 13. 5. 1842 London, † 22. 11. 1900 ebd. Sohn eines Militärmusikers. Erhielt seine Ausbildung in der Chapel Royal unter Th. Helmore u. veröffentlichte sein erstes Anthem *O Israel* 1855. Ein Jahr später gewann er das Mendelssohn-Stipendium der Royal Academy of Music, an der S. Bennett, J. Goss u. A. O'Leary zu seinen Lehrern gehörten. 1858–61 Schüler von M. Hauptmann, J. Rietz, F. David u. I. Moscheles am Leipziger Konservatorium. 1866 Kompositionslehrer an der Royal Academy of Music u. 1876–81 Direktor der National Training School for Music. 1871 erste Zusammenarbeit mit W. S. Gilbert, der ihm das Libretto zu *Thespis* schrieb. 1875 entstand für den Impresario R. D'Oyly Carte mit *Trial by Jury* ein weiteres Werk, das die Reihe der erfolgreichen Gilbert & Sullivan-Operetten eröffnete u. die Namen der beiden zu einem Markenzeichen für humoristisch-satirische Comic operas machte, deren Laufzeiten damals beispiellos waren. So brachte es die am besten bekannte Operette *The Mikado* auf 672 Aufführungen en suite. S. Bühnenwerke zeichnen sich durch hervorragende Sprachbehandlung und Instrumentierung aus. Sein umfassendes musikalisches Wissen gab ihm auch die Möglichkeit, populäre Nummern der großen Oper mit feinem Humor zu persiflieren. Seine Oper *Ivanhoe* (1891), seine Ballette u. Bühnenmusiken wie auch die Chorwerke u. Lieder sind heute in Vergessenheit geraten. Das gleiche gilt von seinen Orchesterouvertüren, der *Irischen Sinfonie* u. dem Cellokonzert. Besonders in der angelsächsischen Welt beliebt sind seine Operetten, von denen einige heute noch zu den ganz großen Kassenschlagern gehören.

S. komponierte die folgenden Operetten: *Cox and Box* (1867), *The Contrabandista* (1867), *Thespis* (1871, mit Gilbert), *Trial by Jury* (1875, mit Gilbert), *The Zoo* (1875), *The Sorcerer* (1877, mit Gilbert), *H. M. S. Pinafore, or The Lass that Loved a Sailor* (1878, mit Gilbert), *The Pirates of Penzance* (1879, mit Gilbert), *Patience, or Bunthorne's Bride* (1881, mit Gilbert), *Iolanthe, or The Peer and the Peri* (1882, mit Gilbert), *Princess Ida, or Castle Adamant* (1884, Gilbert nach A. Lord Tennyson), *The Mikado, or The Town of Titipu* (1885, mit Gilbert), *Ruddigore, or The Witch's Curse* (1887, mit Gilbert), *The Yeoman of the Guard, or The Merryman and his Maid* (1888, mit Gilbert), *The Gondoliers, or The King of Barataria* (1889, mit Gilbert), *Haddon Hall* (1892), *Utopia Limited, or The Flowers of Progress* (1893, mit Gilbert), *The Chieftain* (1894, Neufassung von *Contrabandista*), *The Grand Duke, or The Statutory Duel* (1896, mit Gilbert), *The Beauty Stone* (1898), *The Rose of Persia* (1899) u. *The Emerald Isle* (1901, fertiggestellt von E. German).

Lit.: A. Lawrence, Sir A. S., Life-Story, Letters and Reminiscences, London 1899, Nachdr. New York 1973; F. Cellier u. C. Bridgeman, Gilbert, S. and D'Oyly Carte, London 1927; W. A. Darlington, The World of Gilbert and S., New York 1950; A. Jacobs, Gilbert and S., London 1951; L. Baily, The Gilbert and S. Book. London 1952; L. Bacley, Gilbert and S. and Their World, London 1973; C. Brahms, Gilbert and S., London 1975; R. Allen u. G. R. D'Luhy, Sir A. S., New York 1975; Ch. Hibbert, Gilbert and S. and Their Victorian World, New York 1976.

sul ponticello (ital.), Strichart, bei der die Kontaktstelle des Bogens mit der Saite möglichst dicht am Steg liegen soll. Bei besonders schneller Strichgeschwindigkeit läßt sich damit ein bestimmter Klangeffekt erzielen, für den starke u. hohe Obertöne charakteristisch sind.

Superius → Sopran

Suppé, Franz von (eigtl. Francesco E. E. Cavaliere Suppe Demelli), österr. Komponist, * 18. 4. 1819 Spalato, † 21. 5. 1895 Wien. Schüler von S. Sechter u. I. Seyfried. Wirkte ab 1845 am Theater an der Wien, 1862 vorübergehend am Kaitheater u. 1863–82 am Carltheater als Kapellmeister, Arrangeur u. Komponist.

Zu S. Bühnenwerken gehören: das Lustspiel mit Gesang *Dichter und Bauer* (1846), die Operetten *Das Pensionat* (1860), *Die Kartenschlägerin* (1862, rev. als *Pique Dame,* 1864), *Zehn Mädchen und kein Mann* (1862), *Flotte Bursche* (1863), *Leichte Kavallerie* (1866), *Banditenstreiche* (1867), *Fatinitza* (1876), *Boccaccio* (1879), *Bellmann* (1887) u. *Die Jagd nach dem Glücke* (1888) sowie die Opern *Die schöne Galathee* (1865) u. *Donna Juanita* (1880). Nach der Musik des Lustspiels *Dichter und Bauer* haben A. P. Waldenmaier u. L. Bender unter dem gleichen Titel eine abendfüllende Suppé-Operette zusammengestellt.

Supraphon, tschechoslowak. Staatsverlag für Musik, Musikbücher u. Schallplatten, 1949 als Národní Hudební Vydavatelství Orbis gegründet u. 1953 in den Staatsverlag SNKLHU eingegliedert. Erhielt seinen heutigen Namen 1961 durch Zusammenlegung mit den Supraphon Grammophonwerken im Staatlichen Musikverlag. Neben Werkausgaben der bedeutenden tschechoslowak. Komponisten gibt S. die Sammlung »Musica antiqua Bohemica« heraus u. veranstaltet die Editionsreihen »Hudebné historické dokumenty« u. »Musica viva historica«.

Suriano (Soriano), Francesco, ital. Komponist, * 1549 Soriano, † 19. 7. 1621 Rom. Wurde mit 15 Jahren Kapellknabe an S. Giovanni in Laterano u. Schüler von G. M. Nanino u. G. P. Palestrina. 1581 Kapellmeister an S. Luigi dei Francesi in Rom u. kurz darauf am Hof in Mantua. 1587 wieder in Rom, zuerst an S. Maria Maggiore, dann an S. Giovanni in Laterano u. 1603 an S. Pietro. War mit F. Anerio an der Redaktion der Editio Medicaea des Graduales (1614) beteiligt. Mit seinen Kompositionen steht er ganz in der Tradition Palestrinas.

S. veröffentlichte: 2 Bücher 5st. Madrigale (1581), Motetten 8st. (1597), Madrigale 4st. (1601), Messen 4–8st. (1609), »Canoni e oblighi di CX sorti sopra l'Ave stella« 3–8st. (1610), Psalmen u. Motetten 8-, 12- u. 16st. (1616), Villanellen 3st. (1617), »Cantus ecclesiasticus Officii Maioris Hebdomadae« (1619) u. Magnificat sowie »Passio Jesu Christi« (1619).

Surinach, Carlos, amer. Komponist span. Herkunft, * 4. 3. 1915 Barcelona. Studierte 1936–39 am Konservatorium seiner Heimatstadt u. anschließend bei E. Papst in Köln u. M. Trapp in Berlin. Wurde 1944 Direktor des Orquesta Filarmónica u. des Gran Teatro del Liceo in Barcelona. Ließ sich 1947 in Paris nieder u. übersiedelte 1951 nach New York. Wurde vor allem durch seine Ballettmusiken für M. Graham bekannt.

Zu S. Kompositionen gehören: die einaktige Oper *El mozo que casó con mujer brava* (1948); die Ballette *Deep Rhythm* (1953, Ch.: D. Humphrey), *Embattled Garden* (1958, Ch.: M. Graham), *Acrobats of God* (1960, Ch.: M. Graham) u. *Apasionada* (1962, Ch.: P. Lang), außerdem Ballette von J. Butler, N. Morrice, A. Ailey u. P. Taylor nach Konzertwerken; 3 Sinfonien (*Passacaglia-Symphony* 1945, Nr. 2 1949, *Sinfonía chica* 1957), Konzert für Orch. (1958); Doppelkonzert für V., Kl. u. Kammerorch. (1954) u. Konzert für Kl. u. Kammerorch. (1956); Vokalkompositionen; Kammermusik u. Lieder.

Susato, Tilman, dt. Verleger u. Komponist, * um 1500 Köln oder Soest (?), † zwischen 1561 u. 1564 wahrscheinlich Antwerpen. Ab 1529 in Antwerpen als Notenschreiber u. Trompeter an der Kathedrale, ab 1531 als Stadtmusikus nachweisbar. Verlor anscheinend 1549 seine Posten u. lebte von seiner 1543 errichteten Musikdruckerei. 1543 erschienen mit »Vingt et six chansons« u. »Premier livre des chansons« seine ersten Veröffentlichungen. S. hat mehr als 50 Bücher mit Musik, teilweise auch eigenen Kompositionen, herausgebracht, darunter Werke von Th. Crecquillon, O. de Lassus u. die *Souterliedekens* des J. Clemens non Papa. Mit seinen Sammelwerken, die franz. Chansons, lat. Motetten u. niederl. Lieder enthielten, war S. der erste bedeutende Drucker der Niederlande.

Suslin, Viktor E., sowj. Komponist, * 13. 6. 1942 Miass, Ural. Studierte bis 1966 am Moskauer Gnessin-Institut bei N. Pejko (Komposition) u. A. Wedernikow (Klavier). 1972–74 Dozent am dortigen Tschaikowsky-Konservatorium, seitdem Redakteur im Verlag Musyka, wo er u. a. die Moskauer Komponisten A. Schnittke, E. Denissow u. S. Gubaidulina betreut. Gründete gemeinsam mit W. Artjomow u. S. Gubaidulina das Improvisationsensemble Astreja. S. ist besonders an Klangfarbenexperimenten mit Volksinstrumenten interessiert, komponiert Neue Musik für Kinder u. versucht, den Kompositionsvorgang »von allen akademischen Spitzfindigkeiten« zu befreien.

Zu S. Kompositionen gehören *Musik für Kinder* für Kl. (1961); Sonate für V. u. Kl. u. 1. Streichquartett (1963); *Fantasie und Fuge* für Kl. u. *Japanische Gedichte* für Bar. u. Kl. (1964); 5 Klavierstücke (1965); Klavierkonzert (1956–66); *Poem* für Sinfonieorch. (1966); Klaviersonate (1968); Konzert für V. u. Kammerorch. (1969); *Sinfonia piccola* für Kinderorch. u. *Clownery* für Fl., V., Laute u. Kl. (1970); Triosonate für Fl., Git. u. Vc. (1971); Etüden für 24 Streicher (1971–72); Choralzyklus nach Worten von D. Harms für Chor a cappella (1972); *24 Triaden* für Cemb. u. *Patience* für 2 Kl. (1973); 2. Streichquartett *Gioco appassionato* (1974); *Mitternachtsmusik* für V., Cemb. u. Kb. (1976); *Ave Marcus* für Schlagzeug solo (1977); *Poco a poco II,* Sonate für Org., *Terrarium für 6 Schlaginstr.* u. *Intuitive Komposition (A tre – Inventio – Poco a poco)* für die Gruppe SM (1978); Capriccio für 2 V. (1979); Klavierkonzert (1981).

Suspension → Vorhalt

Suspirium (lat.: »Aufatmen«, »Seufzen«), ein kurzer Einschnitt von unbestimmter Dauer in der Psalmodie u. in der modalen Mehrstimmigkeit. Kann in der → Modalnotation durch einen Trennungs- oder Silbenstrich vorgeschrieben werden. Der pausenartige Charakter lebt heute noch im franz. soupir für Viertelpause weiter.

Sutermeister, Heinrich, schweiz. Komponist, * 12. 8. 1910 Feuerthalen bei Zürich. Studierte anfangs Musikgeschichte u. dt. Literatur. Ein Studienaufenthalt in Paris, die Begegnung mit der Musik A. Honeggers u. ein Briefwechsel mit W. Courvoisier in München veranlaßten ihn schließlich, sich ganz der Musik zuzuwenden. Studierte an der Münchner Akademie der Tonkunst bei W. Courvoisier u. C. Orff sowie bei F. Büchtger. 1934–35 Solorepetitor am Berner Stadttheater, dann freischaffender Komponist. Erhielt Unterstützung durch das Berner Radiostudio, für das 1936 seine einaktige Oper *Die schwarze Spinne* entstand. Errang 1940 mit seiner Oper *Romeo und Julia* einen ersten internationalen Erfolg. Seit 1963 Leiter einer Kompositionsklasse an der Musikhochschule in Hannover. Neben der Beschäftigung mit den Werken von C. Debussy, D. Milhaud u. A. Honegger hat die Auseinandersetzung mit dem späten G. Verdi u. insbesondere mit G. Puccinis *Fanciulla del West* das Schaffen S. entscheidend beeinflußt. Diatonische Melodik, ostinate Rhythmen u. eine ständig einfacher werdende musikalische Faktur sind für S. charakteristisch.

Zu S. Werken gehören: *Die schwarze Spinne* (Oper in einem Akt für Funk, Fernsehen u. Bühne, 1936), *Romeo und Julia* (Oper, 1939, daraus Orchestersuite 1940), *Die Zauberinsel* (Oper, 1942), *Niobe* (Monodrama für S., Doppelchor, Ballett u. Orch. 1945), *Raskolnikoff* (Oper, 1945–47), *Die Füße im Feuer* u. *Fingerhütchen* (2 szenische Balladen, 1949), *Der rote Stiefel* (ein Bilderbuch in 2 Teilen, 1951, Funkfassung 1952), *Titus Feuerfuchs oder Liebe, Tücke und Perücke* (burleske Oper nach J. Nestroys »Der Talisman«, 1957–58), *Seraphine* (Opera buffa, Fernsehoper, 1959, Bühnenfassung 1959–60), *Das Gespenst von Canterville* (Spiel mit Musik für das Fernsehen, 1962–63), *Madame Bovary* (Oper, 1965–66), *Der Flaschenteufel* (Fernsehoper, 1971); *Das Dorf unter dem Gletscher* (Ballett, 1937) u. *Max und Moritz* (Ballett, 1951); Orchesterstücke wie Divertimento 1 u. 2 (1936 u. 1959–60) u. *Sérénade pour Montreux* (1970); 3 Klavierkonzerte (1943, 1953 u. 1961–62), 2 Cellokonzerte (1954–55 u. 1973), 1 Klarinettenkonzert (1975), Quadrifoglio (Konzert für Fl., Ob., Klar., Fag. u. Orch., 1977); Vokalkompositionen, darunter 8 Kantaten (1935–36, 1944, 1957–58, 1960, 1961, 1963, 1965 u. 1965–66), *Missa da Requiem* (1957), *Ecclesia* (1973–74), Te Deum (1975), *Consolatio philosophiae* (1977) u. *6 Liebesbriefe* für S. u. Orch. (1980); Kammermusik; Lieder.

Lit.: D. Larese, H. S., Amriswil 1972.

Suvini Zerboni, Edizioni S. Z., ital. Musikverlag, der aus der gleichnamigen Theatergesellschaft hervorgegangen ist u. seit 1930 besteht. Die E. S. Z. verlegen hauptsächlich zeitgenössische

Musik u. haben u. a. Werke von L. Berio, N. Castiglioni, L. Dallapiccola, F. Donatoni, G. F. Ghedini, B. Maderna, G. F. u. R. Malipiero, G. Manzoni, I. Pizzetti, G. Sinopoli u. R. Vlad im Programm.

Svendsen, Johan S., norw. Komponist, * 30. 9. 1840 Kristiania, † 14. 6. 1911 Kopenhagen. Sohn des Kapellmeisters Guldbrand S., bei dem er seinen ersten Musikunterricht erhielt. 1863–67 Studien am Leipziger Konservatorium, wo M. Hauptmann, F. David, E. F. Richter u. C. Reinecke zu seinen Lehrern gehörten. Aus dieser Zeit stammt seine 1. Sinfonie, die besonders von dem mit S. bis an sein Lebensende befreundeten E. Grieg begeistert aufgenommen wurde. Anschließend unternahm S. ausgedehnte Reisen, hielt sich eine Zeitlang in Paris auf u. spielte dort u. a. in A. Musards Orchester. 1872–77 leitete er gemeinsam mit Grieg die Musikvereinskonzerte in Kristiania, lebte anschließend in Deutschland, Rom u. London, machte u. a. die Bekanntschaft von F. Liszt, R. Wagner u. C. Tausig. 1883–1908 war er Hofkapellmeister in Kopenhagen. Er gilt als der einzige Klassiker unter den norw. Komponisten u. steht in der Beherrschung des Kompositionshandwerks weit über Grieg.

Zu S. Kompositionen gehören 2 Sinfonien (1867 u. 1876), 4 *Norwegische Rhapsodien* (1872–77), 1 Violinkonzert (1870) u. 1 Cellokonzert (1871), 2 Streichquartette, 1 Streichoktett u. 1 Streichquintett sowie Lieder.

Sweelinck (Sweling), Jan Pieterszoon, niederl. Komponist u. Organist, * Mai 1562 Deventer, † 16. 10. 1621 Amsterdam. Sohn des Organisten Pieter Swybertszoon, der ihm auch ersten Unterricht erteilte. Danach Ausbildung bei dem Stadtpfeifer J. Willemszoon Lossy in Harlem. Spätestens 1580 Nachfolger seines 1573 verstorbenen Vaters als Organist der Oude Kerk in Amsterdam. Nahm den Familiennamen seines Großvaters mütterlicherseits an, der erstmals auf seinen gedruckten »Chansons« auftauchte. Gilt als der letzte große Vertreter der niederl. Musik. War vor allem als Organist u. Komponist von Orgelwerken berühmt u. hat stark auf die sog. norddt. Orgelschule eingewirkt. Zu seinen Schülern gehörten S. Scheidt, J. Praetorius d. J. u. H. Scheidemann. Schuf mit seinen Orgelfantasien, einer dreiteiligen Form mit einem einzigen durchgearbeiteten Thema, u. seinen Variationen über Choräle neue Kompositionsformen, die über die dt. S.-Schule hinaus bis auf J. S. Bach einwirkten. Seine Vokal- wie auch Instrumentalwerke waren über ganz Europa verbreitet.

Von S. Kompositionen erschienen im Druck: »Chansons« (1594), »Rimes françoises et italiennes« (1612), »Psaumes de David« (4 Bücher, 1604–21; der calvinische Psalter in der metrischen franz. Fassung von C. Marot u. Th. de Bèze) u. »Cantiones sacrae« (1619).

GA von M. Seiffert (Hg.), 10 Bde., 's-Gravenhage u. Leipzig 1894–1901, NA als Opera omnia, Amsterdam 1957 ff.

Lit.: R. L. Tusler, The Organ Music of S., 2 Bde., Bilthoven 1958; A. Curtis, S.'s Keyboard Music, Leiden u. London 1969; F. Noske, Forma Formans, Een structuranalytische methode, toegepast op de instr. muziek v. J. P. S., Amsterdam 1969.

Swing (englisch: »Schwung«, »schwingender Rhythmus«), **1.** S. oder swinging, eine besondere Qualität des → Jazz. Er wird als vorwärtstreibendes Element des Jazz-Rhythmus empfunden u. entsteht aus der Spannung, die sich durch Überlagerung von → Beat u. → Off-Beat ergibt.

2. Jazz-Stil der 30er u. frühen 40er Jahre, der sog. S.-Ära. Er ging aus einer Verschmelzung von schwarzem Jazz u. europäischer Musik hervor, die von niemand besser verkörpert wurde als von Benny Goodman. S. war vorwiegend eine Musik zum Tanzen, die von → Big Bands gespielt wurde, in denen virtuose Musiker wie Harry James, Lionel Hampton, Gene Krupa, Artie Shaw, Woody Herman, Bob Crosby, Count Basie u. die Dorsey Brothers auftraten. Die Spontaneität im Zusammenspiel wurde durch das → Arrangement ersetzt. Hier tat sich besonders Fletcher Henderson hervor. Die immer brillanteren Soli wurden schließlich im Zuge der Perfektion ebenfalls festgelegt. Eigenarten der Intonation wie die sog. → Dirty tones erfuhren eine Umformung zu raffinierten Klangeffekten. Als besonderes Steigerungsmittel wurde besonders gegen Schluß eines Stücks die Technik des → Riffs eingesetzt. Musiker wie Duke Ellington stießen bereits an die Grenzen des sinfonischen Jazz vor. Die 1939 in der Carnegie Hall veranstalteten Konzerte der Benny Goodman Band u. die sich anschließenden Jam Sessions waren Höhepunkte des S. Besondere Bedeutung kam in der S.-Ära den Combos zu, die aus den Big Bands herausgelöst waren u. den jeweiligen Bandleadern als Experimentierfeld dienten. Zu ihnen gehören Tommy Dorseys Clambake Seven, Bob Crosbys Bob Cats, Artie Shaws Gramercy Five u. das Benny-Goodman-Trio bzw. -Quartett. Diese Formationen leisteten einen wichtigen Beitrag zur Entstehung des → Bebop.

Swiridow (Sviridov), Georgij W., sowj. Komponist, * 16. 12. 1915 Fatesch, Gouvernement Kursk. Schüler von P. Rjasanow u. D. Schostakowitsch am Leningrader Konservatorium. Übersiedelte 1955 nach Moskau. Machte sich vor allem mit Kantaten, Chorkonzerten u. Vokalzyklen auf russ. Gedichte einen Namen.

Zu S. Werken gehören: die musikalischen Komödien *Nastojaščij ženich* (*Der wahre Bräutigam*, 1939), *Raskinulos' more široko* (*Weit ist das Meer*, 1943) u. *Ogon'ki* (*Flämmchen*, 1951); Bühnen- u. Filmmusiken; Sinfonie für Streichorch. (1940); 2 Klavierkonzerte (1936 u.

1942); *Gedicht zum Gedenken an S. Jessenin* für T., Chor u. Orch. (1956), *Pathetisches Oratorium* nach W. Majakowski für Soli, Chor u. Orch. (1959), *Petersburger Lieder* für S., Mezzo-S., Bar., B., Kl. u. Streicher nach Texten von A. Blok (1963), *Kursker Lieder* für Chor u. Orch. (1964), *Hölzernes Rußland* (kleine Kantate für T., Männerchor u. Orch. nach Texten von S. Jessenin, 1964), *5 Lieder über Rußland* (Oratorium für Mezzo-S., Bar., B., Chor u. Orch., 1967), *Zum Gedächtnis an A. T. Twardovskij* (Kantate für Chor u. Orch. nach N. Nekrassow, 1972); Kammermusik; Lieder.

Symbol u. Symbolik (von griech. sýmbolon: »Zeichen«) in der Musik umfaßt jenen Bereich sinnbildhafter Bedeutung, der entweder mit der jeweiligen Form oder sinnbildlichen Darstellung (→ Augenmusik, Zahlensymbolik, Tonbuchstaben) angesprochen wird oder aus der geltenden Konvention jenseits der jeweiligen Erscheinungsform begreifbar ist. Kreuzzeichen, Stimmführung nach oben oder unten als Textausdeutung, Zahlensymbolik u. die besonders im Barock beliebten Tonbuchstabenspielereien lassen sich aus dem musikalischen oder sprachlichen Zusammenhang deuten. Die Interpretation der → Perfectio als Symbol der heiligen Dreieinigkeit dagegen beruht auf einer Konvention der mittelalterlichen Musiktheorie, die wiederum nur die geltende Weltsicht reflektiert. Die Grenzen zwischen diesen zwei Arten der Symbolik sind fließend.

Symmetrie (griech.: »Gleichmaß«, »Ebenmaß«), ein Ordnungsprinzip der Musik, das seine höchste Ausprägung in der Wiener Klassik erfuhr. Man unterscheidet eine zeitliche u. eine räumliche S. Zur ersteren gehört die auf → Takt u. → Periode aufbauende Gliederung von Abschnitten sowie deren Verknüpfung. Unter räumlicher S. versteht man die Anordnung musikalischer Gedanken im Raum. Dazu gehören rückläufige Wiederkehr der Formteile (z. B. ABCBA), → Krebsgang u. → Umkehrung.

Symphonie → Sinfonie

Symphonie concertante (franz.: »konzertante Sinfonie«; ital. sinfonia concertante; auch Concertante), eine in der 2. Hälfte des 18. Jh. beliebte Form des meist dreisätzigen Konzerts für mehrere Soloinstrumente u. Orch. (z. B. bei J. Haydn u. W. A. Mozart). Die S. c. lehnte sich in ihrem Bauplan an das Solokonzert an. Im 19. Jh. wurde diese Bezeichnung zugunsten von Doppel- bzw. Tripelkonzert aufgegeben.

symphonische Dichtung → sinfonische Dichtung

Synkope (griech.: »Verkürzung«), die Verschiebung der Mensur u. später der Betonung gegenüber dem vorgegebenen mensuralen bzw. metrischen Ordnungsgefüge. Mit der Ausbildung des Taktprinzips erhielt die S. den Charakter einer Störung der normalen, d. h. vom Hörer erwarteten Betonungsordnung. Dieser Effekt wird erreicht durch Überbindung eines leichten an den nächsten schweren Zeitwert oder Aussparung der regulären Betonung. Die sog. syncopation ist charakteristisch für die Musik des → Ragtime u. hat von da aus Eingang in die moderne Tanzmusik gefunden.

Synthesizer (engl.), Mehrzweckgerät, das Töne, Klänge u. Geräusche jeglicher Art auf elektronischem Wege erzeugen kann. Der erste S., der eigens zur Produktion elektronischer Musik von H. F. Olson u. H. Belar für RCA entwickelt wurde, kam 1955 als RCA Mark I heraus. Dieses lochstreifengesteuerte Gerät verfügte bereits über Sägezahn-Oszillatoren u. Rauschgeneratoren zur Tonerzeugung sowie Filter zur Klangfarbengestaltung. 1964 stellte R. A. Moog seinen S. vor, der bis heute die Grundlage aller weiteren S.-Generationen bildet. Moog ersetzte die Regelung von Hand, die weiterhin als zusätzliche Möglichkeit erhalten blieb, durch das Prinzip der Spannungssteuerung (Voltage Control, Abkürzung VC). Durch Veränderung der Steuerspannung lassen sich die Erzeugung von Klängen u. deren Manipulation mit größter Präzision u. geringem Zeitaufwand lenken. Bei den neueren sog. hybriden Systemen wird zusätzlich ein Digitalcomputer eingesetzt, der den S. nach einem eingegebenen Programm steuert u. damit den Zeitaufwand noch einmal wesentlich verringert. Jeder S. besteht aus verschiedenen Baugruppen (Module). Diese lassen sich in 3 Grundtypen einteilen: 1. Module, die eine Steuerspannung erzeugen u. verarbeiten (z. B. Hüllkurvengeneratoren oder Zufallsgeneratoren), 2. Module, die ausschließlich Audiosignale liefern (z. B. Rauschgeneratoren) u. 3. Module, in denen die Erzeugung von Steuerspannungen u. Audiosignalen kombiniert ist (z. B. ein Oszillator, der wahlweise als Ton- oder Spannungsquelle dient). Die Module lassen sich in nahezu beliebiger Reihenfolge u. Anzahl durch ihre Ein- u. Ausgänge verkoppeln; in den neueren Modellen sind die zeitraubenden Steckverbindungen durch Kreuzschienenfelder ersetzt. Auf einer oder mehreren Tastaturen läßt sich die Spannungssteuerung vornehmen. Neben der Tonhöhenveränderung wird hauptsächlich die Steuerung von Klangfarbenmodulationen u. Hüllkurvendauern auf diese Weise bewerkstelligt. Durch sog. Fremdeingänge lassen sich externe Signale, z. B. von Musikinstrumenten, eingeben. Die Handlichkeit dieser neueren S. hat vermehrt zum Einsatz von → Live-Elektronik geführt. Viele zeitgenössische Komponisten beziehen die Transformation instrumentaler Klänge in Realzeit bereits als selbstverständlich ein. Auf dem Gebiet der Popmusik wird der S. ebenfalls zur Erzeugung von Effekten eingesetzt, dient daneben jedoch auch als reines Spielinstrument.

Systema teleion (griech.: »vollständiges System«), das bereits bei Euklid dargestellte System der → griech. Musik, das auf einem Umfang von 2 Oktaven beruht, die aus 4 gleich gebauten, von oben nach unten dargestellten diatonischen Tetrachorden sowie dem hinzugenommenen Ton (Proslambanomenos) besteht. Die sog. Tonarten unterscheiden sich durch die Lage des Halbtons im Tetrachord. So liegt er in der dorischen unten (2 Ganztöne, Halbton), in der phrygischen in der Mitte (Ganzton - Halbton - Ganzton) u. in der lydischen oben (Halbton, 2 Ganztöne). Auf der antiken Theorie baut die mittelalterliche Musiklehre auf, indem sie die 8 Kirchentöne mit den 7 Oktavgattungen in Verbindung brachte (→ Kirchentöne).

Szalonek, Witold, poln. Komponist, * 2. 3. 1927 Czechowice bei Kattowitz. Studierte an der Musikhochschule Kattowitz, wurde dort 1966 Professor u. 1972 Rektor. Lehrt seit 1973 an der Berliner Musikhochschule.

Zu S. Werken gehören: *Ballade Dzwon* (*Die Glocke*, für 2 Chöre a cappella, 1953), *Kurpische Suite* für A. u. 9 Instr. (1955), Cellosonate (1958), *Les sons* für Orch. (1965), *Mutazioni* für Kammerorch. (1966), *Improvisations sonoristiques* für Klar., Pos., Vc. u. Kl. (1968), *1 + 1 + 1 + 1* für 1–4 Streichinstr. (1969), *Connections* für 5 Bläser u. 4 Streicher (1972); außerdem Chöre u. Lieder.

Szene (von griech. skené: »Hütte«), Aufbau, der im griech. Theater die Orchestra (→ Orchester) nach hinten abgrenzte. Daraus entwickelte sich der lat. Begriff scaena (»Theaterbühne«). Im 15. Jh. kam es zu der Bedeutungserweiterung scena gleich Auftritt, Teil eines Aktes in Theater u. Oper. Als scena ed aria erhielt S. im 19. Jh. in der Oper die Bedeutung von Rezitativ u. Arie. Im Jargon der Popmusik bedeutet S. heute soviel wie Bereich, Gebiet, Metier oder Bühne.

Szymanowski, Karol M., poln. Komponist, * 6. 10. 1882 Timoschowka, Ukraine, † 29. 3. 1937 Lausanne. Wuchs auf dem Gut der Familie heran u. erhielt ersten Unterricht von seinem Vater. Setzte seine musikalische Ausbildung bei H. Neuhaus in Jelisawetgrad fort u. war später Schüler von Z. Noskowski in Warschau. Gehörte dort ab 1905 mit A. Szeluto, L. Różycki u. G. Fitelberg zu der musikalischen Bewegung Junges Polen. Lebte 1906–08 in Berlin, ging auf ausgedehnte Studienreisen, hielt sich 1912–14 in Wien auf u. kehrte anschließend bis zur Oktoberrevolution 1917 auf das väterliche Gut zurück. Aus dieser Zeit stammen seine 3. Sinfonie, die Poèmes für Kl. *Metopy* op. 29 u. *Maski* op. 34 sowie das 1. Violinkonzert, bei dem ihn sein Freund P. Kochański beriet. 1919 übersiedelte S. wieder nach Warschau u. war am dortigen Konservatorium 1927–29 Direktor, 1930–31 Rektor. Er starb an Tuberkulose in einem Sanatorium in Lausanne. In seinen Kompositionen zeigte er sich zuerst von F. Chopin u. A. Skrjabin beeinflußt, dann hinterließ die Auseinandersetzung mit R. Wagner u. R. Strauss ihre Spuren. Ab 1920 beschäftigte sich S. mit Folklore, insbesondere mit Musik aus dem Gebiet der Hohen Tatra. Ihren direkten Niederschlag fanden diese Studien in der Ballettpantomime *Harnasie*. S. gehört zu den bedeutendsten poln. Komponisten des 20. Jh., der, selbst nur bis an die Grenzen der Atonalität vorstoßend, jüngeren Talenten wie W. Lutosławski u. K. Penderecki den Weg gewiesen hat.

Zu S. Kompositionen gehören: die Bühnenwerke *Hagith* (1913), *Król Roger* (1918–24), die Operette *Lotterie für Ehemänner oder Der Bräutigam Nr. 69* (1909), die Ballettgroteske *Mandragora* (1920) u. die Ballettpantomime *Harnasie* für T., gem. Chor u. Orch. (1923–31); Konzertouvertüre (1905) u. 4 Sinfonien (1907; 1910, mit G. Fitelberg 1930–36 uminstrumentiert; *Lied der Nacht*, mit T. u. gem. Chor, 1914–16; Symphonie concertante mit Kl., 1932); Vokalkompositionen wie *Salome* für S. u. Orch. (1907, uminstrumentiert 1912), *Penthesilea* für S. u. Orch. (1908, uminstrumentiert 1912), *Liebeslieder des Hafis* für Singst. u. Orch. (1914), die Kantaten *Demeter* für A., Frauenchor u. Orch. (1917, uminstrumentiert 1924) u. *Agave* für A., Chor u. Orch. (1917), Stabat mater für S., A., Bar., gem. Chor, Org. u. Orch. (1926), 6 *Krupinsker Lieder* für Chor a cappella (1928–29), *Veni creator* für S., gem. Chor u. Orch. (1930) u. *Litanei an die Jungfrau Maria* (2 Fragmente, 1930–33); 2 Violinkonzerte (1916 u. 1932–33); Kammermusik, u. a. Violinsonate (1904), *Notturno e tarantelle* für V. u. Kl. (1914), *Mythes* für V. u. Kl. (1915), 2 Streichquartette (1917 u. 1925–27), 3 Capricen nach N. Paganini für V. u. Kl. (1918) u. *La berceuse d'Aïtacho Enia* für V. u. Kl. (1925); Klavierwerke, darunter 9 Préludes op. 1 (1900), Variationen in b-Moll u. h-Moll (1901–03, 1900–04), Etüden (4 von 1900 bis 1902, 12 von 1916), Sonaten (c-Moll, 1904; A-Dur, 1911; op. 36, 1917), Fantasie (1905), Präludium mit Fuge (1905–09), 3 Poèmes *Metopy* (*Metopen*, 1915), 3 Poèmes *Maski* (*Masken*, 1916), Mazurken (20 von 1924 bis 1926, 2 von 1933 u. 1934), 4 *Polnische Tänze* (1926). Außerdem komponierte S. eine Reihe von Liedern u. Liederzyklen.

GA (26 Bde.) von T. Chylińska (Hg.), Krakau 1965 ff.

Lit.: K. Michałowski, Thematischer Katalog der Werke u. Bibliografie, Krakau 1967. S. Łobaczewska, K. S., Krakau 1950; T. Chylińska, K. S., Krakau 1962, dies., S. i jego muzyka, Warschau 1971; J. Iwaszkiewicz, Spotkania z. S., Krakau 1976.

T

Tabachnik, Michel, schweiz. Komponist u. Dirigent, * 10. 11. 1942 Genf. Schüler des Conservatoire de Musique in Genf. Teilnehmer an den Darmstädter Ferienkursen für Neue Musik (P. Boulez, H. Pousseur, K. Stockhausen) u. 1965 an einem von Boulez geleiteten Dirigierkurs in Basel. 1966 Assistent von I. Markevitch und 1967–71 von Boulez. Trat 1970 in Royan mit dem Orchesterwerk *Fresque* als Komponist an die Öffentlichkeit. Leitet das Orchester der Stiftung Gulbenkian in Lissabon u. ist künstlerischer Direktor des Ensemble Européen de Musique Contemporaine.

Zu T. Kompositionen gehören: *Frise* für Kl. (1968), *Pastel I* u. *II* für Kammerorch. (1968 u. 1969), *Mondes* für großes u. kleines Orch. (1970–72), *Sillages* für 32 Streicher (1972), *D'autres sillages* für Tonband u. 8 Schlagzeuger (1972), *Invention à 16 voix* für 23 Instr. u. 4 Tonbandgeräte (1972), *Les imaginaires* für Orch. (1974), *Eclipses* für Kl. (1974).

Tabourot, Jehan → Arbeau, Toinot

Tabula compositoria (lat.: »Komponiertafel«), **Carta** oder **Palimpsestus** (von griech.: »wieder abgekratzt«), eine Tafel aus Holz oder Schiefer, auch mit Pergament bezogen, auf die Notenlinien u. Ordnungsstriche eingeritzt waren. Sie diente dem Komponisten als Gedankenstütze u. Partitur u. wurde wieder gelöscht, wenn die einzelnen Stimmen in ein Chorbuch oder Stimmbücher übertragen waren. Am häufigsten kamen T. c. mit einem System von 10 Linien (scala decemlinealis) vor. Bei Stimmkreuzungen verwendete man verschiedene Farben u. Notenformen zur besseren Unterscheidung.

Tabulatur (von lat. tabula: »Tafel«, ital. intavolatura), **1.** Bezeichnung für verschiedene Systeme zur Notation von Musik, wobei nicht von der Tonhöhenfestlegung wie im heutigen Notationssystem ausgegangen wurde, sondern von den Griffen, d.h. der notwendigen Fingerstellung, mit der diese Töne erzeugt werden konnten. Im weiteren Sinne wurde unter T. bis ins 18. Jh. die Zusammenziehung aller Stimmen auf 2 Liniensysteme oder die Art des Untereinanderschreibens mehrerer gleichzeitig erklingender Stimmen verstanden. Die wichtigsten T.-Systeme, die alle national verschieden waren, sind die → Orgeltabulatur u. die → Lautentabulatur. Für volkstümliche Instrumente wie Gitarre, Zither, Akkordeon u. Ukulele ist die diagrammartige Notation in T. heute noch im Gebrauch. **2.** Im → Meistersang wurden mit T. die Tafeln oder das Buch bezeichnet, in denen die Regeln niedergelegt waren.

tacet (lat.), besagt über einer Stimme, daß diese während des folgenden Abschnitts nicht mitwirkt.

Tactus (lat.: »Schlag«; ital. battuta oder tatto; engl. beat oder stroke), die Angabe eines Zeitmaßes durch Bewegung der Hand oder des Fußes. Ein T. bestand in der Zeit des 15. bis 17. Jh. aus Nieder- u. Aufschlag. Beim T. simplex dauerte der Niederschlag genauso lang wie der Aufschlag, beim T. proportionatus jedoch doppelt so lang. Maßeinheit der gleichbleibenden Grundbewegung war die Semibrevis, deren Dauer mit dem Pulsschlag (F. Gaffori, Practica musicae, 1496) oder dem Ticken einer Uhr (H. Gerle, »Musica Teusch ...«, 1532) verglichen wurde (→ integer valor notarum). Die Semibrevis wurde durch Brevis bzw. Minima ersetzt, wenn Diminution bzw. Augmentation vorgeschrieben war (→ Proportion, → Prolatio). Doch die Dauer des T. war nicht in allen Mensuren gleich. So wurde beispielsweise die Diminution des Tempus perfectum (→ Tempus) um 1500 als Verminderung des Zeitwertes der Noten um ein Drittel verstanden, so daß der T. alla Semibreve im ⊙ zwei Drittel des gewöhnlichen T. ausmachte. Die Tendenz, den T. schneller zu schlagen, ohne daß sich der Zeitwert der Noten änderte, kam dem Auftreten immer kleinerer Zeiteinheiten entgegen. Nachdem die Bezugseinheit des T. nicht eindeutig festzulegen war, herrscht keine Einigkeit über die bei heutigen Aufführungen alter Werke zu nehmenden Tempi.

Tafelmusik, eine seit der Antike bekannte Form

der festlichen Umrahmung eines Banketts oder Mahles. Je nach Stand u. Vermögen konnte man sich das Tisch- oder Tafelblasen (Zeichen zum Beginn des Essens) sowie die musikalische Unterhaltung bei Tisch leisten. Große Herren wie Philipp der Gute von Burgund (1419–67) dachten sich dabei manchmal besondere Überraschungen aus. So ließ er beim Fest des Fasans am 17. 2. 1454 in Lille 28 Ménstrels in einer riesigen Pastete spielend auftragen. Auch in den aufstrebenden Städten kannte man die T. zu repräsentativen Anlässen, während sie in den Bürgerhäusern nur bei Hochzeiten nicht fehlen durfte. Dabei mußte jedoch auf das Mitwirken von Trompeten verzichtet werden, da diese lange das Privileg der Herrschaften waren. Ausgeführt wurde die T. meistens vom Hofmusikkollegium, der Stadtkantorei oder den Stadtpfeifern u. Spielleuten. Von den zahlreichen im Druck erschienenen T. seien nur J. H. Scheins »Banchetto musicale« u. die T. G. Ph. Telemanns erwähnt.

Tagelied, mehrstrophige Lieder der Minnesänger, in denen der Abschied zweier Liebender bei Anbruch des Tages besungen wird. Die schönsten T. dichtete Wolfram von Eschenbach. Vertonungen sind u. a. erhalten von Oswald von Wolkenstein.

Taglioni, berühmte ital. Tänzer- u. Choreografenfamilie des 18. u. 19. Jh. **1.** Filippo, * 5. 11. 1777 Mailand, † 11. 2. 1871 Como. Schüler von J.-F. Coulon in Paris. 1803 erster Tänzer u. Choreograf in Stockholm. Wirkte dann an fast allen wichtigen Bühnen seiner Zeit, hauptsächlich in Wien u. Paris. Zu seinen bedeutendsten Leistungen gehören die Opernballette zu *Le dieu et la bayadère* (M.: D.-F.-E. Auber) 1830; *Robert le diable* (M.: G. Meyerbeer) 1831; *Gustave III* (M.: D.-F.-E. Auber) 1833; *La Juive* (M.: F. Halévy) 1835 u. *Les Huguenots* (M.: G. Meyerbeer) 1836 sowie die Ballette *La Sylphide* (M.: J. Schneitzhoeffer) u. *La fille du Danube* (M.: A. Adam) 1836. Sein romantischer Stil mit seiner légèreté u. élévation brachte ihm die Bewunderung der Zeitgenossen ein. **2.** Marie (Marianne Sophie), Tochter von 1., schwed. Tänzerin ital. Abstammung, * 23. 4. 1804 Stockholm, † 22. 4. 1884 Marseille. Schülerin ihres Vaters u. von J.-F. Coulon. Debütierte am 10. 6. 1822 in *La réception d'une jeune nymphe à la cour de Terpsichore,* einem Ballett ihres Vaters, in Wien. → Ballett

Tagore, Rabindranath, indischer Dichter, Pädagoge u. Komponist, * 7. 5. 1861 Kalkutta, * 7. 8. 1941 Jorasanko bei Kalkutta. Zeigte schon früh eine Begabung als Dichter u. Komponist. Wurde hauptsächlich von Hauslehrern erzogen u. veröffentlichte 1877 erste Gedichte in der Zeitschrift »Bhārati«. Brach sein Studium in London ab u. betätigte sich als Schriftsteller in Indien. 1881 entstanden seine ersten Lieder u. das Spiel mit Musik »Valmiki-Pratibhā«. 1885 veröffentlichte er mit »Rabichchāyā« seinen ersten Liederzyklus. 1898 Herausgeber der Zeitschrift »Bhārati«, 1901 von »Bāngadarshan«. Im gleichen Jahr eröffnete er eine Schule in Santiniketan, aus der 1918 die Visva-Bharāti-Universität hervorgehen sollte. 1913 Nobelpreis für Literatur. 1932 Lehrstuhl für Bengali an der Universität Kalkutta. 1950 wurde seine Hymne »Morgengesang Indiens« zur Nationalhymne erklärt. T. fand in seinen zahlreichen Bühnenwerken u. Liedern zu einem ganz persönlichen Stil, in dem sich klassische indische Kunstmusik, Folklore u. europäische Tradition vereinen. Viele seiner Dichtungen wurden von anderen Komponisten vertont.

Lit.: E. J. Thompson, R. T.: His Life and Work, Kalkutta 1921; Sahitya Akademi (Hg.), R. T.: A Centenary Volume, 1861–1961, Neu-Delhi 1961; K. Kripalani, R. T.: A Biography, New York 1962; M. M. Lago (Hg.), Imperfect Encounter, Letters of William Rothenstein and R. T., Cambridge, MA, 1972.

Tail gate (engl.), glissandoartige Spielweise der Posaune im New Orleans Jazz.

Tailleferre (eigtl. Taillefesse), M. Germaine, franz. Komponistin, * 19. 4. 1892 Parc-de-St-Maur, Val-de-Marne. Schülerin des Pariser Conservatoire. Mitglied der Groupe des → Six u. 1921 an dem Ballett *Les mariés de la Tour Eiffel* beteiligt. Emigrierte 1942 in die Vereinigten Staaten. Gehört zu der Gruppe franz. Komponisten, die dem Neoklassizismus anhängen. Machte in ihren frühen Kompositionen von der Polytonalität Gebrauch.

Zu T. Werken gehören: die Operette *Dolorès* (1950), die Opéra-comique *Il était une fois un petit navire* (1951), das Opéra-ballet *La petite Sirène* (1958), die Opéra-bouffe *Mémoires d'une bergère* (1959) u. die Kammeroper *Le maître* (1959); die Ballette *Le marchand d'oiseaux* (1923), *Paris-Magie* (1949) u. *Parisiana* (1955); Bühnen- u. Filmmusiken; Instrumentalkompositionen wie Ballade für Kl. u. Orch. (1924), Harfenkonzert (1928), Ouvertüre (1934), Konzert für Fl., Kl. u. Kammerorch. (1953); Kammermusik, u. a. Streichquartett (1918), *Jeux de plein air* für 2 Kl. (1923), 2 Sonaten für V. u. Kl. (1924 u. 1952), Sonate für Hf. solo (1954), Sonate für Klar. solo (1958), Sonatine für V. u. Kl. (1973); Vokalkompositionen wie *Cantate du Narcisse* (1937), *Concerto des vaines paroles* für Bar. u. Orch. (1956), Concerto für S. u. Orch. (1957).

Takahashi, Yūji, japan. Komponist u. Pianist, † 21. 9. 1938 Tokio. Schüler von S. Bekku u. R. Ogura in Tokio sowie I. Xenakis in Berlin. 1968–69 Mitglied des Center of the Creative and Performing Arts in Buffalo, NY.

Zu T. Kompositionen gehören: *Phonogène* für 2 Instr. u. Tonband (1962); *L'ombilic des limbes* für Tonband (1963); *Chromamorphe I* für 7 Instr. (1963) u. *II* für Kl. (1964); *Eksi Stikhia* für 4 V. (1967); *Rosace I* für elektrisch verstärkte V. u. *II* für tuned piano (1968); *Operati-*

on Euler für 2 oder 3 Ob. (1968); *Orphika* für Orch. (1969); *Metathesis* für Kl. (1969); *Kagahi* für Kl. u. Kammerorch. (1971).

Take (engl.) nennt man bei der Schallplattenaufnahme u. der Synchronisation von Bild u. Ton die einzelnen Stücke oder Abschnitte, die so lange wiederholt werden, bis Künstler u. Aufnahmeleitung mit dem Ergebnis zufrieden sind. Bei der Schallplatte ist das Endergebnis häufig ein Zusammenschnitt aus den besten Teilen mehrerer T.

Takemitsu, Tōru, japan. Komponist, * 8. 10. 1930 Tokio. Privatschüler von Y. Kiyose u. 1951 Mitbegründer von Jikkenkōbō, einem experimentellen Workshop, der sich aus 5 Komponisten, einem Musikkritiker, einem Pianisten u. 7 Künstlern verschiedener Richtungen zusammensetzte. Ziel war die Verbindung japan. Tradition mit modernen westlichen Kompositionsmethoden. T. beschäftigte sich später mit der Musique concrète u. arbeitet seit 1961 mit seriellen Techniken.

Zu T. Kompositionen gehören: Requiem für Streicher (1957); *Tableau noir* für Erzähler u. Orch. (1958); *Son Calligraphie I–III* für doppeltes Streichquartett (1958, 1958, 1963); *Solitude sonore* für Orch. (1958); *Ki no kyoku* für Orch. (1961); *Coral Island* für S. u. Orch. (1962); *Sacrifice* für Fl., Laute u. Vibraphon (1962); *Valeria* für V., Vc., Git., elektronische Org. u. 2 obligate Piccolofl. (1962); *Corona* für Streicher (1962); *Arc I* u. *II* für Kl. u. Orch. (1963 u. 1964–66); *Arc III* für Streicher (1963, aus dem 3. Satz von *Arc I*); *Textures* für Kl. u. Orch. (1964, 1. Satz aus *Arc II*); *The Dorian Horizon* für 17 Streicher (1966); *November Steps* für Biwa, Sakuhati u. Orch. (1967); *Greens* oder *November Steps II* für Orch. (1967); *Asterism* für Kl. u. Orch. (1968); *Cross Talk* für 2 Bandoneons u. Tonband (1968); *Stanza I* für Kl., Git., Hf., Vibraphon u. Frauenst. (1968); *Crossing* für 12 Frauenst., Git., Hf., Kl., Vibraphon u. 2 Orch. (1969); *Eucalyptus* für Fl., Ob., Hf. u. Streicher (1970); *Winter* für Orch. (1971); *Stanza II* für Hf. solo (1971) u. *III* für Ob. solo oder Ob. u. Shō (1971); *Corona* für 22 Streicher (1971); *Gemeaux* für Ob., Pos. u. 2 Orch. (1971–72); *Munari by Munari* für Schlagzeug (1972); *Autumn* für Biwa, Sakuhati u. Orch. (1973); *Garden Rain* für 4 Trp., 3 Pos., B.-Pos., Tuba u. Fag. in 2 Gruppen (1974); *Gitimalay* für Marimba u. Orch. (1975); *Quatrain* für V., Vc., Klar., Kl. u. Orch. (1975); *Waves* für Klar. solo, Horn, 2 Trp. u. Schlagzeug (1976); *Bryce* für Fl., 2 Hf., Marimba u. Schlagzeug (1976); *A Flock Descends into the Pentagonal Garden* für Orch. (1977). Außerdem komponierte T. mehrere Filmmusiken, u.a. zu »Hara-Kiri« (1962), »Woman of the Dunes« u. »Kwaidan« (1964).

Takt (engl. measure; franz. mesure; ital. misura), übernimmt seit Mitte des 18. Jh. die Aufgaben von → Tactus u. → Mensur in einem, nämlich das Taktschlagen (→ Dirigieren) u. die Gruppierung von Notenwerten in einer Einheit. Seit dem 19. Jh. wird der Begriff T. unabhängig von der Schlagart nur noch für die Gruppierung von Notenwerten verwendet, wobei der Wert der Zählzeit u. deren Einheiten durch einen Bruch auf oder über dem Liniensystem angezeigt werden, bei dem der Nenner die T.-Einheit (Halbe, Viertel, Achtel ...) angibt u. der Zähler die Anzahl dieser Einheiten. Dabei wurde aus der Mensuralmusik die Grundeinteilung in binäre (2/2, 2/4, 4/4) u. ternäre (3/2, 3/4, 3/8) Zählzeiten übernommen. Mit dem Aufkommen des T.-Strichs wirkte der T. auch auf die Betonung ein. Unabhängig von der wechselnden rhythmischen Gestalt bildete die Note auf der 1. Zählzeit nach dem T.-Strich immer den Hauptschwerpunkt des T. Andere ungerade T.-Arten, wie sie z. B. in der Folklore des Balkans häufiger anzutreffen sind, können als Kombinationen von binären u. ternären T.-Teilen aufgefaßt werden.

Taktstock → Dirigieren

Taktstrich (engl. bar; franz. barre), aus den Ordnungslinien der → Tabula compositoria entstandene senkrechte Unterteilung des Liniensystems, die als → Takt Notenwerte zu einer Einheit gruppiert. Gilt seit dem 17. Jh. als Zeichen dafür, daß die nachfolgende Note der Schwerpunkt im nächsten Takt ist. Im 20. Jh. wird der T. oft weggelassen oder dient als Akzentzeichen in unregelmäßigen Abständen.

Tal (eigtl. Gruenthal), Josef, israel. Komponist u. Pianist, * 18. 9. 1910 Pinne bei Posen. Studierte an der Berliner Musikhochschule bei M. Trapp u. H. Tiessen. Emigrierte 1934 nach Palästina, wurde 1937 Professor für Klavier an der Academy of Music in Jerusalem u. 1948–53 Direktor dieses Instituts. 1965 Leiter der Abteilung für Musikwissenschaft u. Direktor des Instituts für elektronische Musik an der Hebrew University in Jerusalem. Seine frühen Kompositionen stehen unter dem Einfluß der sogenannten Neuen Sachlichkeit (→ Neue Musik). In Palästina verband er europäische u. orientalische Elemente in seinen Werken. In neuerer Zeit wandte sich T. avantgardistischen Techniken zu u. setzte sich mit der elektronischen Musik auseinander.

Zu T. Kompositionen gehören: die konzertante Oper *Scha'ul b'En-Dor* für Soli, Erzähler u. Kammerorch. (1957), die Opern *Amnon und Tamar* (1961), *Ashmedai* (1971), *Massada* (1973) u. *Die Versuchung* (1976); die elektronischen Ballette *Ranges of Energy* (1963), *From the Depth of the Soul* (1964) u. *Variations* (1970); Vokalkompositionen wie *Exodus* für Bar. u. Orch. (1946), *Soccoth* für Solo-St., Chor u. Orch. (1955), das Oratorium *The Death of Moses* für A., T., B., Chor, Orch. u. elektronische Musik (1967) u. *Gesang zu Versen von H. Heine* für A., Fl., Horn, Kl. u. Schlagzeug (1971); 2 Sinfonien (1953 u. 1960), *Festive Vision* für Orch. (1959); 3 Klavierkonzerte (1944, 1953, 1956 mit Tonband), Bratschenkonzert (1954), Cellokonzert (1961), 3 Konzerte für Kl. u. elektronische Musik (1962, 1964, 1970), Cembalokonzert (1964), Doppelkonzert für V., Vc. u. Streicher (1970), Harfenkonzert (1971); Kammermusik, u.a. 2 Streichquartette (1959 u. 1964), Bläserquintett (1966).

Talbot, Howard (eigtl. Richard Lansdale Munkittrick), engl. Komponist amer. Herkunft, * 9. 3. 1865 Yonkers, NY, † 12. 9. 1928 London. Schüler von Ch. H. Parry u. F. Bridge am Royal College of Music in London. Hatte 1894 mit der Operette *Wapping Old Stairs* einen ersten Erfolg als Komponist. Arbeitete verschiedentlich mit anderen Komponisten zusammen, so bei *The Arcadians* (1909) mit L. Monckton. Zu seinen eigenen Operetten gehören *Monte Carlo* (1896), *A Chinese Honeymoon* (1899), *The White Chrysanthemum* (1905), *The Girl Behind the Counter* (1906), *The Three Kisses* (1907), *The Belle of Brittanny* (1908), *A Narrow Squeak* (1913), *A Lucky Miss* (1914), *Mr. Manhattan* (1916) u. *My Nieces* (1921).

Talea (lat.) wird in der Isorhythmie (→ isorhythmisch) das zur Wiederholung bestimmte rhythmische Modell genannt. Davon unterschieden sind die Colores (→ Color 2).

Tallis (Tallys) Thomas, engl. Komponist, * um 1505, † 23. 11. 1585 Greenwich bei London. Als Joculator organorum an der Dover Priory u. St. Mary-at-Hill in London nachgewiesen. Bis 1540 wirkte er dann an Waltham Abbey Holy Cross in Essex, anschließend wahrscheinlich an der Kathedrale von Canterbury. 1542 bis zu seinem Tode Gentleman der Chapel Royal u. Organist, ab 1572 zusammen mit W. Byrd. T. u. Byrd erhielten 1575 das alleinige Druckprivileg für den Notendruck u. die Herstellung von Notenpapier. Als erstes Werk brachten sie noch im gleichen Jahr eine Sammlung von 34 Motetten heraus, von denen T. 16 u. Byrd 18 komponiert hatte. Mit den Anthems *Hear the Voice and Prayer, If Ye Love Me* u. *Remember Not* ist T. einer der ersten engl. Komponisten, die für den gottesdienstlichen Gebrauch Texte in ihrer Muttersprache vertonten. Sein außergewöhnliches kontrapunktisches Können zeigt sich in T. wohl berühmtestem Stück, der Motette *Spem in alium non habui* für 8 5st. Chöre.

Zu T. Kompositionen gehören: 2 Messen, 2 Magnificat, 2 Lamentationen, 52 Motetten u. andere Stücke auf lat. Texte, 18 engl. Anthems, 3 Sätze Psalmen, Preces, Responsorium, Services u. ein 5st. Te Deum, einige weltliche Sätze u. Virginalmusik.
Lit.: P. Doe, T., London 1968.

Talma, Louise, amer. Komponistin franz. Herkunft, * 31. 10. 1906 Arcachon, Gironde. Studierte an der Juilliard School of Music in New York 1922–30, an der Columbia University u. an der New York University. In den Sommermonaten 1926–39 nahm sie an der Fontainebleau School of Music bei Paris weiteren Unterricht in Komposition (N. Boulanger) u. Klavier (I. Philipp) u. war dort 1936–39 Lehrerin für Solfège. Seit 1928 Mitglied des Music Department am Hunter College in New York. Verrät in ihren Kompositionen einen starken Hang zu Kontrapunktik u. Neobarock.

Von T. Werken seien erwähnt: Toccata für Orch. (1944); Oratorium *The Divine Flame* für Soli, Chor u. Orch. (1948); *Let's Touch the Sky* (Liederzyklus nach e. e. cummings für Chor u. Holzbläser, 1952); Oper *The Alcestiad* (1961); *All the Days of My Life* für T., Klar., Vc., Kl. u. Schlagzeug (1965); *Voices of Peace* für Chor u. Streicher (1973); *Summer Sounds* für Klar. u. Streichquartett (1973); *Textures* für Kl. (1978).

Tanejew (Taneev), Sergej I., russ. Komponist, Pianist u. Lehrer, * 25. 11. 1856 Wladimir an der Kljasma, † 19. 6. 1915 Djudkow, Gouvernement Moskau. Stammt aus einer musikalischen Familie u. erhielt als 5jähriger seinen ersten Klavierunterricht. Mit 10 Jahren Klavierschüler von E. Langer am Moskauer Konservatorium. 1869 auf Anraten von N. Rubinstein Eintritt in diese Institution, wo P. Tschaikowsky, N. Rubinstein u. N. Hubert zu seinen Lehrern gehörten. Am 17. 1. 1875 debütierte T. unter der Leitung von N. Rubinstein mit dem d-Moll-Klavierkonzert von J. Brahms in Moskau, u. noch im gleichen Jahr spielte er als erster Russe das b-Moll-Konzert von Tschaikowsky, dessen Klavierkonzert in Es-Dur er später nach hinterlassenen Skizzen ergänzte. 1878 Nachfolger von Tschaikowsky als Lehrer für Instrumentation u. Harmonielehre am Moskauer Konservatorium, 1880 Übernahme der Klavierklasse von C. Klindworth u. 1881 der von N. Rubinstein. 1885–89 Direktor des Instituts. Unterrichtete anschließend nur noch Kontrapunkt u. Fuge u. trat 1906 als Lehrer in das Volkskonservatorium ein. Zu seinen Schülern gehörten A. Skrjabin, S. Rachmaninow, N. Mjaskowskij, N. Medtner, R. Glière u. A. Gretschaninow. Entwickelte zwischen der Petersburger Schule u. Tschaikowsky seine eigene Tonsprache, die fest auf dem Glauben gegründet war, der Kontrapunkt sei das Maß aller Dinge. Auf der Suche nach einer russ. Form der Fuge entwickelte T. die Theorie, die Formen der europäischen Kunstmusik hätten sich durch Kontrapunktierung von Volksliedern u. Kirchenmelodien entwickelt. Er veröffentlichte: »Podvižnoj kontrapunkt strogogo pis'ma« (»Imitierender Kontrapunkt im strengen Stil«, 2 Bde., 1909).

Zu T. Werken gehören die Operntrilogie *Oresteja* (1887–94), 4 Sinfonien, Kantaten, 9 Streichquartette, Lieder.
Lit.: G. B. Bernandt, S. I. T., Leningrad 1950; V. A. Ždanov (Hg.), P. I. Čajkovskij – S. I. T., Pis'ma (Briefe, Moskau 1951); T. A. Choprova, S. I. T., Leningrad 1968; L. Z. Korabel'nikova, S. I. T. v Moskovskoj Konservatorii (»T. am Moskauer Konservatorium«, Moskau 1974).

Tango, ein lateinamer. Tanz im 2/4-, 4/8- oder 8/8-Takt, aus dem sich um 1900 in Buenos Aires der Tango argentino entwickelte. Dieser kam über England nach Europa u. etablierte sich als Paartanz unter den Standardtänzen des Gesellschaftstanzes. Er besteht aus ruckartigen (männlichen) u. schleifenden (weiblichen) Bewegungen, die durch Kreuz- u. Knickschritte akzentuiert werden.

Tansman, Alexandre, franz. Komponist poln. Herkunft, * 12. 6. 1897 Łódź. Schüler von W. Gawroński in Łódź u. P. Rytel in Warschau. Ließ sich 1919 in Paris nieder, lebte 1941–46 in den USA u. kehrte dann nach Frankreich zurück. Ist in seinen Kompositionen von I. Strawinsky, K. Szymanowski u. M. Ravel beeinflußt. Verarbeitet poln. Folklore im Stil des Neoklassizismus. Veröffentlichte ein Buch über I. Strawinsky (Paris 1948).

Zu T. Kompositionen gehören: die Bühnenwerke *La nuit kurde* (1925–27), *La Toison d'Or* (1938), *Le serment* (1953), *Sabbataï Lévi, le faux Messie* (1959), *Le rossignol de Boboli* (1965) u. *Georges Dandin* (1974); die Ballette *Sextuor* (1922), *La grande ville* (1932), *Bric à brac* (1936), *Les habits neufs du roi* (1959), *Résurrection* (1961) u. *Fragments* (1962); 8 Sinfonien (1926–68); 2 Klavierkonzerte (1925 u. 1926), Bratschenkonzert (1934), Violinkonzert (1937), Klarinettenkonzert (1958), Gitarrenkonzert (1959), Cellokonzert (1963), Oboenkonzert (1966) u. Flötenkonzert (1969); Kammermusik, u. a. Streichquartette (1917–57), Streichsextett (1940) u. *Musique à 6* für Streichquartett, Klar. u. Kl. (1977); Vokalwerke, darunter *Apostrophe to Sion* für Chor u. Orch. (1978).

Tantiemen (engl. performing fees oder royalties; franz. droits d'auteur), Ansprüche des Urhebers aus der mechanischen Vervielfältigung, öffentlichen Aufführung, Funk- u. Fernsehsendung, privaten Tonbandüberspielung oder Kassettierung, Vermietung etc. seines sog. Geisteswerkes (→ Urheberrecht). Dazu gehört auch die Abgeltung des sog. Großen Rechts (→ Aufführungsrecht) für Bühnenwerke.

tanto (ital.: »viel«, »sehr«), Vortragsanweisung in Verbindung mit Tempoangaben wie allegro als »allegro, ma non tanto«.

Tanz gehört zu den elementaren menschlichen Lebensäußerungen u. ist als Teil eines Kultes oder als geselliges Vergnügen von den frühesten Bildzeugnissen an belegt. In Griechenland gab es neben dem bereits von Homer beschriebenen Reigen der Jünglinge u. Mädchen schon Einzeltänze, u. das in der Musikgeschichte so wichtige Wort Chor bedeutete in der Antike Gesang mit Reigent. Trotz aller Versuche des Christentums, T. u. Instrumentalmusik als heidnisch zu verbannen, kannte auch das frühe Mittelalter einstimmige T.-Lieder, u. bereits im 13. Jh. wurde z. B. das mehrstimmige altfranz. Rondeau im Wechsel von T.-Gruppe u. Einzelsänger dargeboten. Eine erste Blüte erlebte der T. in Italien, wo seit dem 13. Jh. die Istampita (→ Estampie) u. seit dem 14. Jh. der → Saltarello heimisch waren. Das Interesse an der T.-Kunst schlug sich in einer Vielzahl von Lehrschriften nieder, von deren Autoren nur Domenico da Piacenza, Guglielmo Ebreo da Pesaro u. A. Cornazano erwähnt seien. In ihren Traktaten wurde bereits die Tendenz zur Kodifizierung des Gesellschaftst. deutlich, die eine Trennung vom Volkst. einleitete. Neben dem Saltarello erfreute sich auch die aus dem Norden stammende → Basse danse (darüber T. Arbeau: »danse par bas ou sans sauter«) großer Beliebtheit. In ital. Adelskreisen pflegte man den Ballo, was soviel wie alle Standardt. der Zeit bedeutete. Zu den Gesellschaftst. der 1. Hälfte des 16. Jh. gehörten der offene Paart. → Pavane, der mit dem Nachtanz → Galliarde eine Einheit bildete u. zur Keimzelle für die instrumentale → Suite wurde. Daneben waren beliebt → Passamezzo, → Tourdion, → Courante, → Sarabande, → Chaconne u. als Gruppent. der Reigen in seiner franz. Ausprägung, der → Branle. Mit der Selbstdarstellung des Absolutismus in glanzvollen Hoffesten erreichte der T. die größte Allgemeinbedeutung. Die Führung ging von Italien auf den franz. Hof Ludwigs XIV. über. Kodifizierung der einzelnen Bewegungen u. zunehmende Virtuosität schufen die Vorbedingungen für die Entstehung des akademischen T. (→ Ballett). Zum führenden neuen T. wurde das → Menuett. Neben den älteren T. Branle, Courante u. Gigue kamen → Bourrée, → Gavotte, → Rigaudon, → Passepied u. → Folia auf. Diese T. wirkten befruchtend auf die Instrumentalmusik u. fanden Eingang in die Orchester- u. Klaviersuiten.

Mit dem Erstarken des Bürgertums u. dem langsamen Verblassen höfischen Glanzes verloren die prächtigen T.-Feste ihre Daseinsberechtigung. Der Hof in Stuttgart mußte beispielsweise einen weltberühmten Künstler wie J.-G. Noverre 1767 aus Ersparnisgründen gehen lassen. Gleichzeitig begann sich der engl. → Country dance, der im Zusammenhang mit der Wiederentdeckung der Natur gesehen werden muß, auf dem Kontinent durchzusetzen. Er erhielt seine bekannteste Ausprägung in der franz. → Contredanse, aus der sich → Cotillon, → Quadrille, → Anglaise, Française (→ Anglaise) u. der dt. Contret. entwikkelten. Gegen Ende des 18. Jh. begann der vom Volkst. herkommende → Walzer die engl. Reigentänze zu verdrängen. Daneben erfreuten sich die → Polka, der → Galopp u. der → Rheinländer großer Beliebtheit. In den Großstädten brachten es die sozialen Umschichtungen mit sich, daß der Gemeinschaftst. so gut wie verschwand. Er machte den in rascher Folge wechselnden Modet. für Einzelpaare Platz, die den Gesellschaftst. der 1. Hälfte des 20. Jh. beherrschten. Dabei fällt das Übergewicht nord- u. lateinamer. T. auf: → Blues, → Boogie-Woogie, → Cakewalk, → Foxtrott, → Charlston, → Onestep, → Samba, → Rumba, → Tango, um nur einige zu nennen. In neuester Zeit macht sich ein starker Zug zum Einzelt. bemerkbar, der wahrscheinlich ebenfalls soziologisch zu erklären ist. Twist, Rock'n'Roll u. ähnliche T. haben dem einzelnen Tänzer einen Bewegungsspielraum verschafft, in dem sich Emotionen u. Aggressionen fast hemmungslos ausleben lassen. In den Gottesdiensten der Schwarzen Nordamerikas wird dieser intensive Rhythmus wieder in den Dienst eines religiösen Gemeinschaftserlebnisses gestellt.

Lit.: P. Nettl, The Story of Dance Music, New York 1947, dt. als: T. u. T.-Musik, Freiburg im Breisgau 1962; M. Dolmetsch, Dances of England and France from 1450 to 1600, London 1949; dies., Dances of Spain and Italy from 1400 to 1600, London 1954; G. d'Aronco, Storia della danza popolare e d'arte, Florenz 1962; F. Bachmann, Tanzmusik u. Gesellschaft, Leipzig 1967; M. W. u. J. Stearns, Jazz Dance, The Story of American Venacular Dance, New York 1968; K. H. Taubert, Höfische T., Ihre Geschichte u. Choreographie, Mainz 1968; L. Kirstein, Movements & Metaphor, New York 1970; H. Koegler, Friedrichs Ballettlexikon, Velber bei Hannover 1972.

Tape Music (engl.: »Tonbandmusik«), eine um 1950 in den USA aufgekommene Kompositionsweise, bei der verschiedene Klangquellen, darunter auch Rückkopplungs-Pfeiftöne, auf Band manipuliert wurden. Die bekanntesten T. M. stammen von J. Cage, u. a. *Fontana Mix* 1958.

Tarantella (von ital. tarantola: »Tarantel«), ein südital. Volkstanz, der meist paarweise oder zu dritt in ekstatisch gesteigertem Tempo im 6/8-, 12/8- oder 3/8-Takt getanzt wird. Sie geht zurück auf die in Apulien praktizierten Heiltänze der vom Tarantismus Befallenen. Es handelt sich dabei um eine Krankheit, die vom Biß der Tarantel (Lycosa tarantula) verursacht worden sein soll u. erstmals bei N. Perotto (»Cornucopia linguae Latinae«, 1489) erwähnt wurde. Gegen sie half anscheinend nur wildes Tanzen. A. Kircher hielt einige dieser heilkräftigen Lieder in seinem »Magnes, sive de arte magnetica« (1641) fest.

In die Kunstmusik fand die T. Eingang durch C. M. von Weber, F. Chopin u. F. Liszt. F. Mendelssohn Bartholdy verband sie im letzten Satz seiner *Italienischen Sinfonie* mit dem Saltarello. J. Coralli choreografierte *La tarentule* 1839 auf Musik von C. Gide mit einer T. für Fanny Elßler. In der Kunstmusik wurde die T. bevorzugt eingesetzt, wenn es darum ging, Lokalkolorit zu erzeugen.

Taras, John, amer. Tänzer, Choreograf u. Ballettmeister, * 18. 4. 1919 New York. Wirkte bereits als Neunjähriger in einem ukrainischen Volkstanzensemble mit. Erhielt seine Ausbildung bei M. Fokin, A. Vilzak, L. Schollar, E. Anderson-Ivantzova u. an der School of American Ballet. Tanzte in verschiedenen Kompanien, u. a. auch beim Ballet Theatre, für das 1945 mit *Graziana* (M.: W. A. Mozart) T. erste Ch. entstand. 1948–59 war T. mit kurzen Unterbrechungen Ballettmeister beim Grand Ballet du Marquis de Cuevas u. ist seither in gleicher Position am New York City Ballet. Studiert nebenbei seine eigenen Ballette bei verschiedenen Kompanien ein u. spezialisiert sich in letzter Zeit besonders auf die Ballette G. Balanchines, die er bei den führenden Kompanien der westlichen Welt herausbringt.

Zu T. Ch. gehören *The Minotaur* (M.: E. Carter) 1947; *Designs with Strings* (M.: P. Tschaikowsky (1948); *Piège de lumière* (M.: J.-M. Damase) 1952; *La forêt romantique* (M.: A. Glasunow) 1957, *Ebony Concerto* (M.: I. Strawinsky) 1960; *Arcade* (M.: I. Strawinsky) u. *Fantasy* (M.: F. Schubert) 1963; *Shadow'd Ground* (M.: A. Copland) 1965; *Jeux* (M.: C. Debussy) u. *La guirlande de Campra* (M.: G. Auric, A. Honegger, F. Poulenc, G. Tailleferre, Daniel Lesur, A. Roland-Manuel u. H. Sauguet nach einem Thema von A. Campra) 1966; *Haydn Concerto* (M.: J. Haydn) 1968, Concerto for Piano and Winds (M.: I. Strawinsky, andere Fassung als *Arcade*), *Scènes de ballet* (M.: I. Strawinsky), *The Song of the Nightingale* (M.: I. Strawinsky) u. *Sacre du printemps* (M.: I. Strawinsky) 1972; *Daphnis and Chloe* (M.: M. Ravel) 1975; *Souvenir de Florence* (M.: P. Tschaikowsky) 1981; *Firebird* (M.: I. Strawinsky) 1982.

Tarp, Svend Erik, dän. Komponist, * 6. 8. 1908 Thisted, Nordjütland. Schüler des Königlich Dän. Musikkonservatoriums in Kopenhagen u. dort 1936–42 Lehrer, daneben 1936–40 an der Opernschule des Königlichen Theaters. 1939–47 Lehrer an der Universität in Kopenhagen u. 1941–45 außerdem an der Lehrerhochschule. Verarbeitet in seinen Kompositionen dän. Folklore.

Zu T. Werken gehören: die Opern *Prinsessen i det fjerne* (1953) u. *9,90* (1962); die Ballette *Den detroniserede dyretæmmer* (1944) u. *Skyggen* (1959); 3 Sinfonien (1945, 1949 u. 1959), Concertino für Fl. u. Orch., V. u. Orch. u. Klavierkonzert; Kammer- u. Klaviermusik; Lieder.

Tartini, Giuseppe, ital. Komponist u. Geiger, * 8. 4. 1692 Pirano, Istrien, † 26. 2. 1770 Padua. Sein Vater war ein wohlhabender Florentiner Kaufmann, der sich in Pirano niedergelassen hatte. Dem Willen seines Vaters, der ihn zum Priesterberuf bestimmt hatte, widersetzte sich T. u. heiratete noch während des Jurastudiums in Padua. Als ihm die Familie daraufhin jegliche Unterstützung versagte u. er auf Betreiben der Verwandten seiner Frau Padua verlassen mußte, fand er im Minoritenkloster in Assisi Unterschlupf. Dort verbrachte T. wahrscheinlich die Jahre 1710–14 u. erhielt möglicherweise Geigenunterricht bei B. M. Černohorský (Padre Boemo). In Assisi beschäftigte sich T. bereits intensiv mit Fragen der Geigentechnik u. der Harmonielehre u. entdeckte die terzi tuoni (→ Kombinationstöne). Um 1716 scheint er den großen Geiger F. M. Veracini kennengelernt zu haben, dessen

Vorbild ihn noch einmal zu intensivem Studium ermunterte. T. verließ Padua, wohin er inzwischen in Ehren zurückgekehrt war, u. hielt sich u.a. 1717–18 in Ancona auf, wo er als Orchestermitglied des Opernhauses nachgewiesen ist. Von 1721 bis zu seinem Tode war er 1. Geiger an der Basilica di S. Antonio in Padua. 1728 gründete T. dort eine Musikakademie, an der er neben dem Geigenspiel auch Kontrapunkt u. Komposition lehrte. Von seinen zahlreichen Schülern seien A. Pagin, J. Holzbogen, G. Menighini, G. F. Nicolai, P. Nardini, J. G. Graun, J. G. Naumann u. F. W. Rust erwähnt. 1723 nahm er zusammen mit A. Vandini, dem 1. Cellisten der Basilica, eine Einladung nach Prag an u. blieb dort bis 1726 im Dienst des Grafen Kinsky als Kammermusiker. Andere attraktive Angebote lehnte er ab. Nur mit Vandini ging er hin u. wieder auf Tournee in Italien.

Als Geiger muß T. außergewöhnlich gewesen sein. Zeitgenossen sagten über sein Spiel: non suona, ma canta sul violino. Etwas von seiner überragenden Technik teilt sich in »L'arte del arco« (50 Variationen über die Gavotte aus A. Corellis Violinsonate F-Dur op. 6, Nr. 1) mit. Um seinen besonderen Ton zu erzeugen, benutzte T. einen etwa 6 cm längeren Bogen als A. Corelli, führte die Kannelierung der Bogenstange ein u. verwendete dickere Saiten. Seine Auffassung vom Geigenspiel legte er in dem Traktat »Regole per arrivare a saper ben suonar il violino« (zwischen 1752 u. 1756) sowie dem Brief an seine Schülerin in Venedig »Lettera del defonto Sig. G. T. alla signora Maddalena Lombardini« (1760) nieder. Zu T. weiteren Schriften gehören: »Trattato di musica« (1750 verfaßter Versuch, aus dem Vorhandensein der Kombinationstöne eine Untertonreihe abzuleiten u. die Mollkonsonanz als Antipode der Durkonsonanz zu erklären), »De principi dell'armonia musicale« (verfaßt 1764) sowie ein Traktat »Delle ragioni e delle proporzioni« (unveröffentlicht).

Das kompositorische Werk T. gliedert sich in 3 Hauptperioden: 1721–35, 1735–50 u. die letzten 20 Jahre. In dieser Zeit entwickelt T. seinen eigenen Stil, der von der Tonsprache des Barock in die Nähe der Vorklassik führt. Vielen seiner Werke setzte er ein chiffriertes Motto voran, oft eine Zeile von Petrarca, um damit den Affektgehalt des Stückes anzudeuten. In seinen letzten Sonaten sind die Spuren einer Trennung in Kammer- u. Kirchenstil überwunden.

Von T. umfangreichen Werk sind bis heute 125 Violinkonzerte u. 175 Violinsonaten aufgefunden worden. Zu seinen Lebzeiten erschienen: je 6 »Concerti« op. 1 (Libro 1–3, 1728–30); 6 »Sonate« op. 1 (1733), 12 »Sonate« op. 1 (1734), 6 »Sonate« op. 2 (1742), 12 »Sonate« op. 2 (1745), je 6 »Sonate« op. 4–7 (1745) u. »L'arte del arco« (o. J.). Die berühmte *Teufelstriller-Sonate* wurde erstmals in J.-B. Cartiers »L'art du violon« (1798) veröffentlicht.

Lit.: M. Dounias, Die Violinkonzerte G. T., Berlin 1935, Nachdr. Wolfenbüttel 1966; A. Capri, G. T., Mailand 1945; A. Rubeli, Das musiktheoretische System G. T., Zürich 1958; P. Petrobelli, T., Algarotti e la corte di Dresden, Köln u. Graz 1965; ders., T., le sue idee e il suo tempo, Rom 1967; ders., G. T., Venedig 1968; M. Pincherle, Tartiniana, Quaderni dell'Accademia Tartiniana I, Padua 1972; P. Brainard, Le Sonate per violino di G. T., Catalogo tematico, Mailand 1975; L. Ginsburg, G. T., dt. Zürich 1976.

tasto solo (ital., Abkürzung T. S. oder t. s.), Anweisung im Generalbaß, nur die Baßnote zu spielen u. keinen Akkord zu greifen.

Tate, Phyllis M. D., engl. Komponistin, * 6. 4. 1911 Gerrards Cross, Buckinghamshire. Schülerin von H. Farjeon an der Royal Academy of Music in London. Ihre Kompositionen verraten ein hohes formales Können, dabei schreckt sie weder vor harten Dissonanzen noch vor komplexen Rhythmen zurück.

Zu T. Werken gehören: Sonate für Klar. u. Vc. (1947); Streichquartett (1952); Kantate *The Lady of Shalott* für T., Va., Schlagzeug, 2 Kl. u. Celesta 1956); *The Lodger* (Oper, 1960); *Dark Pilgrimage* (Fernsehoper, 1963); *Secular Requiem* für Chor u. Orch. (1967); *Twice in a Blue Moon* (phantastische Operette, 1968); *Variegations* für Va. solo (1971); *Serenade to Christmas* für Mezzo-S., Chor u. Orch. (1972); *Lyric Suite* für 2 Kl. (1973); *The Rainbow and the Cuckoo* für Ob., V., Va. u. Vc. (1974); *St. Martha and the Dragon* für Erzähler, Soli, Chor u. Orch. (1976); *Seasonal Sequence* für Va. u. Kl. (1977); *Panorama* für Streicher (1977); *All the World's a Stage* für Chor u. Orch. (1977); Schulmusik.

Tausig, Carl (Karol), poln. Pianist u. Komponist, * 4. 11. 1841 Warschau, † 17. 7. 1871 Leipzig. Schüler seines Vaters Aloys T. u. von F. Liszt. Eröffnete 1866 in Berlin eine »Schule des höheren Klavierspiels«. Galt als einer der größten Virtuosen seiner Zeit. Gab M. Clementis »Gradus ad Parnassum« neu heraus u. veröffentlichte Arrangements u. Transkriptionen verschiedener Komponisten. Seine »Täglichen Studien« wurden postum von H. Ehrlich als »Wie übt man Klavier?« (1879) veröffentlicht.

Tavener, John K., engl. Komponist, * 28. 1. 1944 London. Studierte an der Royal Academy of Music bei L. Berkeley u. privat bei D. Lumsdaine. Machte sich mit seiner Kantate *The Whale,* die auf dem Programm des ersten Konzerts der London Sinfonietta 1968 stand, einen Namen als Komponist. Beschäftigt sich mit Fragen der Mystik u. trat 1977 in die russ.-orthodoxe Kirche ein. Seine Kompositionen verraten Einflüsse von I. Strawinsky, O. Messiaen, J. Cage u. anglikanischer Hymnik. Besonders charakteristisch ist für ihn die häufige Verwendung von Collagen.

Zu T. Kompositionen gehören: die Bühnenwerke *The Cappemakers* (1964, rev. 1965), *Cain and Abel* (1965), *Thérèse* (1973–76) u. *A Gentle Spirit* (1977); Orchesterwerke wie *Chamber Concerto* (1965, rev. 1968), *Grand-*

ma's Footsteps (1967–68) u. *Variations on Three Blind Mice*(1972); Klavierkonzert (1962–63) u. *Palintropos* für Kl. u. Orch. (1978–79); Vokalkompositionen, darunter *Three Holy Sonnets* für Bar. u. Orch. (1962), *In Alium* für hohe S.-Stimme u. Orch. (1968), *Introit for March 27th, the Feast of St. John Damascene* für S., A., gem. Chor u. Orch. (1968), *Celtic Requiem* für S., gem. Kinderchor u. Instr. (1969), *Responsorium in Memory of Annon Lee Silver* (1971), *Ma fin est mon commencement* (1972), *Little Requiem for Father Malachy Lynch* (1972), *Ultimos Ritos* für S., A., T. u. B., gem. Chor u. Instr. (1972), *Requiem for Father Malachy* (1973), *Kyklike Kinesis* für S., Vc., gem. Chor u. Instr. (1977).

Taverner, John, engl. Komponist, * um 1490, † 18. 10. 1545 Boston, Lincolnshire. Stammt wahrscheinlich aus der Gegend um Tattershall u. ist an der dortigen Stiftskirche 1524 als Chormeister nachgewiesen. Scheint sich vorher einige Zeit in London aufgehalten zu haben, wo er Mitglied der Guild of St. Nicholas gewesen sein könnte. Im November 1526 wurde er zum Informator Choristorum am Cardinal College in Oxford ernannt. Im April 1530 trat T. von dieser Position zurück, nachdem es vorher zu einer Untersuchung wegen reformatorischer Umtriebe am College gekommen war. 1537 tauchte er als Mitglied der Guild of Corpus Christi in Boston auf u. brachte es dort 1541 zum Schatzmeister. Er scheint nach dem Weggang aus Oxford das Komponieren aufgegeben zu haben u. beschäftigte sich im Auftrag von T. Cromwell mit dem Einzug kirchlichen Vermögens. Aus seinen wenigen überlieferten Kompositionen wird deutlich, daß T. der letzte große Meister der vorreformatorischen engl. Musik war. Er scheint als erster in England das Mittel der → Parodie eingesetzt zu haben. Von seinen 8 vollständig erhaltenen Messen ist die *Western Wind Mass* die bekannteste. Sie beruht erstmals in der engl. Musikgeschichte auf einem weltlichen Cantus firmus. Besondere Bedeutung erhielt T. Messe *Gloria tibi Trinitas*, deren Benedictus jenen berühmten mit »In nomine« beginnenden Abschnitt enthält, der vielen späteren Komponisten als Grundlage für größere Werke diente. Insgesamt sind mehr als 150 solche In-nomine-Kompositionen (→ In nomine) bekannt geworden. Sein gesamtes erhaltenes Werk wurde 1923–24 in den Bänden I u. III der Tudor Church Music Series (hg. von: P. C. Buck, E. H. Felloes, A. Ramsbotham, R. R. Terry u. S. T. Warner) veröffentlicht. P. M. Davies legte seiner Oper *Taverner* (1968) ein (allerdings falsches) persönliches Bild T. zugrunde.

Lit.: C. Hand, J. T., His Life and Music, London 1978.

Taylor, J. Deems, amer. Komponist u. Kritiker, * 22. 12. 1885 New York, † 3. 7. 1966 ebd. Erhielt Privatunterricht bei O. Coon 1908–11 u. war sonst Autodidakt. 1921–25 Musikkritiker der »New York World«, 1931–32 des »New York American« u. 1927–29 Herausgeber von »Musical America«. Daneben häufige Auftritte in Radioprogrammen. Er veröffentlichte: »Of Men and Music« (1937); »The Well-Tempered Listener« (1940); »Pictorial History of the Movies« (1943); »Music to My Ears« (1949); »Some Enchanted Evenings« (1953) u. »The One-Track Mind« (1953). Weltbekannt wurde er durch seinen Auftritt in u. Kommentar zu W. Disneys Film »Fantasia«.

Von T. Kompositionen seien erwähnt: die Opern *The King's Henchman* (1927), *Peter Ibbetson* (1931), *Ramuntcho* (1942) u. *The Dragon* (1954); Orchesterwerke wie *Through the Looking-Glass* (1919, rev. 1922), *Elegy* (1944) u. *Restoration Suite* (1950).

Tedesco (ital.), eigtl. ballo t. oder danza tedesca, → Deutscher Tanz.

Te Deum (lat. Te Deum laudamus: »Dich, Gott, loben wir«), feierlicher Lob-, Dank- u. Bittgesang der römischen Kirche, auch als Ambrosianischer Lobgesang überliefert. Bildet in der mehrstimmigen Musik des 15. u. 16. Jh. eine Sonderform der Motette aus. Bedeutende T.-D.-Kompositionen stammen von G. F. Händel, H. Berlioz, F. Liszt, G. Verdi, A. Bruckner, A. Dvořák u. W. Walton.

Teiltöne, auch Partialtöne genannt, sind die beim Erklingen eines Tones fast unmerklich mitschwingenden Obertöne, deren Schwingungszahlen einfache Vielfache der des Grundtones sind. So schwingt eine Saite z. B. nicht nur als Ganzes, sondern gleichzeitig auch in ihren aliquoten Teilen (($\frac{1}{2}$, $\frac{1}{3}$, $\frac{1}{4}$, $\frac{1}{5}$ … der Saitenlänge). Der 1. T. ist der Grundton, der 2. die Oktave, der 3. die Quinte usw. Wird nach Obertönen gezählt, beginnt man mit der Oktave, d. h. dem 2. T. Die den ganzzahligen Obertönen (Aliquottönen) entsprechenden Teilschwingungen werden auch als Harmonische der Grundschwingung bezeichnet. Teilschwingungen, die nicht auf ganzzahlige Vielfache der Grundschwingung zurückzuführen sind, heißen Unharmonische. Partialtonreihe u. Naturtonreihe stimmen in ihren Schwingungsverhältnissen zum Grundton überein, sind aber als selbständige, durch → Überblasen erzeugte Klänge von diesen zu unterscheiden. Der charakteristische Klang eines Instruments oder einer Stimme beruht auf bestimmten Resonanzzentren, die auch → Formant genannt werden. Diese ergeben die spezifische → Klangfarbe eines Tones.

Teldec → Decca Records Ltd.

Telemann, Georg Philipp, dt. Komponist, * 14. 3. 1681 Magdeburg, † 25. 6. 1767 Hamburg. Sohn des Diakons u. Predigers Heinrich T. an der Magdeburger Heilig-Geist-Kirche. Ließ schon früh eine außergewöhnliche musikalische Begabung erkennen u. wurde von Kantor Benedictus Christiani in die Anfangsgründe eingeführt, blieb davon abgesehen Autodidakt. Als die Musikbesessenheit T. der inzwischen verwitweten Mutter unheimlich wurde, schickte sie ihn 1694 zu Superintendent Caspar Calvör nach Zellerfeld, wo er als »Pensionär« Privatunterricht in den »gelehrten« Fächern erhielt. T. selbst berichtete aus dieser Zeit: »In währender dieser Zeit suchte das Clavier wieder hervor/ auf welchem so lange grübelte/ biß die nöthigsten Regeln des General-Basses von mir selbst erfand/ und sie in einige Execution brachte...« Besuchte ab 1697 das von Rektor J. Ch. Losius geleitete Andreanum in Hildesheim. Dort durfte er bald den Kantor an St. Godehard vertreten u. in Braunschweig u. Hannover an höfischen Opernaufführungen teilnehmen. Schon zu dieser Zeit schwebte ihm eine Verbindung der dt. u. ital. Musik vor, während er der alten Schule des Kontrapunktes eher reserviert gegenüberstand. Nach dem 1700 in Magdeburg abgelegten Examen immatrikulierte sich T. 1701 in Leipzig, um Jura zu studieren. Auf dem Weg dorthin machte er in Halle Station u. freundete sich mit dem 16jährigen G. F. Händel an, mit dem er zeitlebens in brieflichem Kontakt blieb. In Leipzig sprach sich bald herum, auf welchem Gebiet T. eigtl. Begabung lag. Der Bürgermeister beauftragte ihn, alle 14 Tage eine Kantate für den Gottesdienst der Thomaskirche zu schreiben. Mit musikliebenden Bürgern u. Studenten gründete er das Telemannsche Collegium musicum, das in Gasthaussälen öffentliche Konzerte gegen Eintritt veranstaltete. Daneben wirkte er als Komponist, Sänger, Dirigent u. Regisseur an der Leipziger Oper u. übernahm schließlich 1704 das Amt des Organisten u. Musikdirektors an der Neuen Kirche (heute Matthei-Kirche). Seine juristischen Studien waren inzwischen längst vergessen. 1705 nahm er eine Berufung als Hofkapellmeister an die Residenz des Grafen Erdmann von Promnitz in Sorau an, wo um die gleiche Zeit W.C. Printz als Reichsgräflich Promnitzscher Musikdirektor u. Kantor wirkte. In Sorau erweiterte T. seine Kenntnisse durch Studium der Instrumentalmusik von J.-B. Lully u. A. Campra. Außerdem begleitete er den Grafen auf Reisen nach Pleß u. Krakau. Dabei lernte er die poln. Folklore kennen, die in seinem Werk deutliche Spuren hinterließ. Dazu T. selbst: »Ferner wurde hier/ wegen der Nachbarschaft mit der Polnischen Music bekannt/ wovon gestehe/ daß ich viel Gutes und veränderliches darbey gefunden ...« 1708 ging er als Konzertmeister an den ebenfalls franz. ausgerichteten Hof in Eisenach. Aus dieser Zeit stammt T. Freundschaft mit J.S. Bach, bei dessen Sohn Carl Philipp Emanuel er Pate stand. 1712 wurde er Städtischer Musikdirektor in Frankfurt a.M., daneben Sekretär der Gesellschaft Frauenstein, die ein Collegium musicum unterhielt, mit dem T. die verschiedensten Gattungen der Instrumentalmusik ausprobieren konnte. Außerdem setzte der geschäftstüchtige T. durch, daß die Besucher seiner Konzerte mit Vokalwerken Textbücher kaufen mußten, von denen der Erlös ihm zukam. Aus der Frankfurter Zeit stammen die ersten großen Vokalwerke, die seinen Ruf als Komponist begründeten. Dazu gehören eine Reihe von Passionen, u.a. *Der für die Sünde der Welt gemarterte und sterbende Jesus* nach einem Text von B. H. Brockes (1716) u. die *5 Davidischen Oratorien* (1718). 1721 wurde T. als Nachfolger J. Gerstenbüttels Kantor am Johanneum u. Direktor der Kirchenmusik der fünf Hauptkirchen in Hamburg. Ein Jahr später bewarb er sich zwar um das Thomaskantorat, zog seine Bewerbung jedoch zurück, als sich die Hamburger Behörden etwas großzügiger zeigten, u. blieb bis an sein Lebensende in Hamburger Diensten. Neben der Oberaufsicht über die Musik an den Hauptkirchen hatte T. Unterricht an der Lateinschule zu geben, Motetten, Kantaten, Passionen usw. für Sonn- u. Feiertage u. zu besonderen Anlässen zu komponieren sowie repräsentative Festlichkeiten des Rates mit Musik auszustatten. Daneben gab er zweimal wöchentlich öffentliche Konzerte mit dem wieder zum Leben erweckten Collegium musicum u. brachte auch die Hamburger Dt. Oper zu neuer Blüte. 1728 gründete er mit J. V. Görner die erste dt. Musikzeitschrift »Der getreue Musicmeister« u. wirkte als Korrespondent verschiedener auswärtiger Journale. Außerdem ließ er in den Hamburger Jahren seine großen Zyklen erscheinen, davon das meiste im Eigenverlag. 1737 suchte er um den einzigen nennenswerten Urlaub seines Lebens nach u. verbrachte 1737–38 8 Monate in Paris. Dort wurde er als der berühmte dt. Musiker gefeiert u. mit vielen Aufführungen seiner Werke geehrt. Der kompositorische Ertrag dieser Reise ist hauptsächlich in den Pariser Quartetten zu sehen, in denen das Cello erstmals gleichberechtigt neben Flöte u. Geige trat u. nicht nur als Continuo-Instrument behandelt wurde. Kurz vor seiner Rückreise verabschiedete sich T. mit einer Aufführung seines *71. Psalms* in den Concerts spirituels. Aus den letzten Jahrzehnten seines Lebens seien noch das Oratorium *Tag des Gerichts* (1762) u. die dramatische Kantate *Ino* (1765) erwähnt. T. starb am 25. Juni 1767. Neuer Direktor der Kirchenmusik wurde sein Patenkind C. Ph. E. Bach.

T. stand als sog. Vielschreiber ungefähr 2 Jahrhunderte im Schatten J. S. Bachs u. G. F. Händels. Erst langsam beginnt sich in der Öffentlichkeit ein neues Bild des Komponisten durchzusetzen, werden seine Werke neu verlegt u. auf Schallplatte eingespielt. Zu Lebzeiten war er unbestritten einer der am meisten gefeierten dt. Komponisten. Die Subskribentenliste seiner »Musique de table« (1733) allein genügt, um sich eine Vorstellung davon zu machen, wie weit sein Ruf gedrungen war. Am Rande sei erwähnt, daß J.S. Bach nur deshalb Thomaskantor werden konnte, weil der weitaus berühmtere T. seine Bewerbung zurückgezogen hatte. Über sein Werk sagte er in einem 1729 an J.G. Walther gerichteten Brief: »Was ich in den Stylis der Music gethan, ist bekannt. Erst war es der Polnische, dann folgete der Französische Kirchen-, Cammer- u. Opern-Styl u. was sich nach dem Italiänischen nennet, mit welchem ich denn itzo das mehreste zu thun habe.« Neben den autobiografischen Angaben für Walther verfaßte T. zweimal Lebensabrisse für J. Mattheson, u. zwar für die »Große Generalbaßschule« (1718) u. die »Grundlage einer Ehrenpforte« (1740).

Bei der Betrachtung seines Werkes stehen die Instrumentalkompositionen mit 126 erhaltenen Orchestersuiten im Vordergrund. Sie lassen franz. Vorbilder erkennen, während in der Klaviermusik die Melodik der Italiener stärker zum Tragen kommt. Überall finden sich Spuren seiner Beschäftigung mit der poln. Folklore, hauptsächlich in der Wiederkehr poln. Rhythmik. In seinem Versuch, singende Melodik u. anspruchsvolle Stimmführung zu verbinden, brach er die Formenwelt des dt. Barock auf u. bereitete dem galanten Stil wie auch der Klassik den Weg.

Von T. mehr als 40 Opern sind die wenigsten erhalten, darunter *Der gedultige Sokrates* (1721), *Sieg der Schönheit* (1722), *Der neumodische Liebhaber Damon* (1724), *Miriways* (1728), *Emma und Eginhard* (1728) u. *Flavius Bertaridus* (1729) u. die Intermezzi *Szenen zur Oper Adelheid* (1724) u. *Die ungleiche Heirath zwischen Vespetta und Pimpinone* (1725, Einlage zu G. F. Händels Oper *Julius Caesar)*.

Zu seinen Vokalwerken gehören an die 40 Passionen (u. a. Lukaspassion, 1728; Matthäuspassion, 1730; Lukaspassion, 1744; Markuspassion, 1759); 6 Passionsoratorien (darunter *Der für die Sünde der Welt gemarterte und sterbende Jesus,* 1716; *Seliges Erwägen des Leidens und Sterbens Jesu,* 1719; K. W. Ramlers *Tod Jesu,* 1755–56); Oratorien (wie *Davidische Oratorien,* 1718; *Tageszeiten,* 1755; ein zweiteiliger *Messias,* 1759; *Tag des Gerichts,* 1762); mehr als 23 Jahrgänge von Kantaten sowie viele Einzelwerke (darunter *Harmonischer Gottes-Dienst,* 72 Solokantaten, 1725–26; *Fortsetzung des Harmonischen Gottes-Dienstes,* 1731–32; *3 weltliche Kantatenzyklen; Kanarienvogel-Kantate, Trauer-Music eines kunsterfahrenen Canarienvogels; Der Schulmeister,* komische Kantate; *Ino,* dramatische Kantate von K. W. Ramler, 1765); 40 *Kapitänsmusiken* (bestehend aus weltlicher Serenata u. geistlichem Oratorium); 15 Messen; Magnificat; Motetten; Psalmen; mehr als 40 Predigteinführungsmusiken; 9 Beerdigungsmusiken; *Singende Geographie,* 36 Lieder für Singst. u. B.c. zu dem gleichnamigen Handbuch des J. Ch. Losius (1708); *Singe-Spiel- u. Generalbaß-Übungen,* Lieder für eine Singst. u. Cemb. (1733–34).

Zu seinen Instrumentalkompositionen gehören an die 1000 Orchestersuiten, von denen 126 erhalten sind (u. a. »Musique de table«, 3 Teile, 1733) u. Konzerte. Unter seiner Kammermusik befinden sich Werke für fast alle gängigen Instrumente, außerdem »Essercizi musici overo Dodeci soli e dodeci trii a diversi stromenti« (1724); »Scherzi melodichi« für V., Va. u. B.c. (1734); »Nouveaux quatuors en 6 suites« (1737); »Methodische Sonaten«; »Corellisierende Sonaten«; »Drei Dutzend Klavierfantasien« (1733); Orgelstücke.

Von seinen Liedern seien das »Fast allgmeine Evangelisch-Musicalische Lieder-Buch« (1730), »Zwölf geistliche Canons« zu 2–4 St. (1735 oder 1736) u. 24 Oden (1741) erwähnt.

Kritische Ausgabe, hg. von M. Ruhnke im Auftrag der Gesellschaft für Musikforschung, Kassel 1953 ff.

Lit.: H. Ch. Wolff, Die Barockoper in Hamburg, Wolfenbüttel 1957; E. Valentin, T. in seiner Zeit, Veröffentlichung der Hamburger T.-Gesellschaft I, Hamburg 1960; A. Hoffmann, Die Lieder der Singenden Geographie, Hildesheim 1962; G. Fleischhauer u. G. Lange (Hgg.), Beiträge zu einem neuen Telemannbild, Konferenzbericht der 1. T.-Festtage, Magdeburg 1963; W. Siegmund-Schultze u. a., G. Ph. T., Leben u. Werk, Beiträge zur gleichnamigen Ausstellung, Magdeburg 1967; R. Petzoldt, G. Ph. T., Leipzig 1967; K. Zauft, T. Liedschaffen, Magdeburger T.-Studien II, Magdeburg 1967; G. Fleischhauer u. W. Siegmund-Schultze (Hgg.), Konferenzbericht der 3. Magdeburger T.-Festtage, Magdeburg 1969; S. Kross, Das Instrumentalkonzert bei G. Ph. T., Tutzing 1969; A. Hoffmann, Die Orchestersuiten G. Ph. T., Wolfenbüttel u. Zürich 1969; K. Grebe, G. Ph. T. in Selbstzeugnissen u. Bilddokumenten, Reinbek bei Hamburg 1970; H. Grosse u. R. Jung (Hgg.), G. Ph. T., Briefwechsel, Leipzig 1972; H. Frederichs, Das Verhältnis von Text u. Musik in den Barockpassionen Keisers, Händels, T. u. Matthesons, München 1975; Hamburgische Staatsoper (Hg.), 300 Jahre Oper in Hamburg, Hamburg 1977; E. Kleßmann, T. in Hamburg, Hamburg 1980; W. Rackwitz (Hg.), G. Ph. T., Singen ist das Fundament zur Musik in allen Dingen, Wilhelmshaven 1981.

Temperatur oder gleichschwebende T., die sich im 18. Jh. durchsetzende zwölfstufige gleichschwebende T. mit ihrer Aufteilung der Oktave in 12 gleiche Halbtöne nach der Formel $\sqrt[12]{2}$. Dieser künstliche Ausgleich wurde notwendig, weil sich zwischen den Summen verschiedener Maßintervalle (z. B. Überschuß von 12 Quinten über 7 Oktaven) Differenzen ergaben, die eine → Modulation durch alle Tonarten unmöglich machte. Dabei nahm man bewußt kleine Unreinheiten bei allen Intervallen in Kauf, die aber so gering sind, daß sie nicht als störend empfunden werden. Sie machen pro Halbton $\frac{1}{12}$ des pythagoreischen Kommas aus (→ Komma). Während sich die gleichschwebende T. für die Laute bereits im 16. Jh. durchgesetzt zu haben scheint, wurde sie für Tasteninstrumente erst im 18. Jh. verbindlich. In diesem Zusammenhang muß A. Werckmeister erwähnt werden, der sowohl mit der gleichschwebenden wie der mitteltönigen T. (Ausgleich der Differenz zwischen großem u. kleinem Ganzton) experimentierte. J. S. Bach bezog sich wahrscheinlich auf die gleichschwebende T., als er den Titel *Das wohltemperierte Clavier* wählte.

Tempo (ital.: »Zeit«), der Geschwindigkeitsgrad, mit dem ein Musikstück in der Zeit abläuft. Er wird bestimmt aus der absoluten Dauer der Notenwerte u. einer T.-Bezeichnung. Eine genauere Festlegung erfolgt heute durch Metronomangabe oder Zählung in Minuten u. Sekunden. Bis ins 16. Jh. wurde das T. nicht eigens definiert, da schnellere oder langsamere Bewegungen durch kleinere oder größere Notenwerte vorgeschrieben waren. Das Aufkommen von T.-Bezeichnungen zwischen → Adagio u. → Presto in der 1. Hälfte des 17. Jh. mußte schließlich zu einer Ablösung der Tactuslehre (→ Tactus) führen, d. h. zu einer Aufgabe der zahlenmäßigen Relation zwischen den verschiedenen Tempi. Seit dem 18. Jh. wurde die Abhängigkeit von Notenwert u. T. aufgegeben, indem man bestimmten Geschwindigkeitsgraden eine T.-Bezeichnung zuordnete. Nachdem diese T.-Bezeichnungen jedoch vom subjektiven Zeiterlebnis sowohl der Komponisten wie auch der Ausführenden gefärbt waren, kam es zu erheblichen T.-Freiheiten. Hier schuf das 1816 von J. N. Mälzel erfundene → Metronom eine gewisse Abhilfe.

Tempo rubato (ital., verkürzt zu rubato; dt. im 18. Jh. als Tonverziehung), eine Temposchwankung, die entweder aus der Änderung einzelner Notenwerte bei fortlaufender Grundbewegung (gebundenes T. r.) oder einer alle Stimmen erfassenden Temposchwankung besteht. Bei C. Debussy wird das T. r. zu einer Zersetzung u. schließlich Aufhebung des einheitlichen Tempogedankens.

Tempus (lat.: »Zeit«), in der → Mensuralnotation Zählzeit des musikalischen Satzes, deren Grundwert die normale Brevis war. Mit der Aufteilung der Brevis in 3 oder 2 Semibreven entstanden neue Tempi. Man unterschied zwischen dem T. perfectum (3 Semibreven), angezeigt durch den Kreis ○ als Symbol der Vollkommenheit (Hl. Dreieinigkeit) u. T. imperfectum (2 Semibreven), angezeigt durch den Halbkreis ⊂. Der Grundwert für die Zählzeit wurde die Semibrevis. In der weiteren Entwicklung nahm der Begriff T. die Bedeutung des Verhältnisses von Brevis zu Semibrevis an. (→ Mensurzeichen)

Tenebrae (lat.: »Finsternis«), Bezeichnung für die Matutin u. Laudes aus dem Offizium der drei letzten Tage in der Karwoche. Sie endeten mit dem Auslöschen aller Kerzen, so daß die Gebete in der Dunkelheit beendet wurden. (→ Lamentationen)

Tenor (von lat. tenere: »halten«), **1.** mit Betonung auf der 1. Silbe bedeutete T. im Mittelalter die Dehnung eines Tones, besonders des Schlußtones eines Gesangsabschnitts. Bei J. de Garlandia wurde T. erstmals im Sinne von tragende Stimme im Satz (→ Fundamentum) verwendet. Im Gegensatz zum liturgisch gebundenen → Cantus konnte der T. aus einem Choralausschnitt oder weltlichen Lied bestehen. Im 15. u. 16. Jh. wurden auch die Gerüstmelodien von Tänzen in Italien tenores genannt. Moderne Fachwörter wie T.-Messe u. T.-Lied beinhalten, daß der → Cantus firmus oder Cantus prius factus im T. lag. Seit dem Auftreten des → Contratenors ist der T. zu einer Mittelstimme geworden, im regulären 4st. Satz bezeichnet er die → Lagenstimme über dem Baß. **2.** mit Betonung auf der 2. Silbe bezeichnet T. als Stimmlage die hohe Gattung der Männerstimmen, deren Umfang von c bis c^2 reicht. In der Oper unterscheidet man den lyrischen T. (Tamino in W. A. Mozarts *Zauberflöte*), den Heldent. (Tristan in R. Wagners *Tristan und Isolde*) sowie den T.-Buffo (Jaquino in L. van Beethovens *Fidelio*).

Tenorlied, Bezeichnung für den dt. Liedsatz zwischen 1480 u. 1570 mit Cantus firmus im → Tenor.

tenuto (ital.: »gehalten«, Abkürzung ten.), Vortragsbezeichnung, die fordert, daß die entsprechenden Töne ihrem vollen Wert nach u. mit gleichbleibender Lautstärke ausgehalten werden sollen.

Terminologie der Musik, die Wissenschaft u. Lehre von den musikalischen Fachwörtern. Die Erfassung u. Auswertung aller musikalischen Termini technici hat sich ganz besonders H. H. Eggebrecht zur Aufgabe gemacht, der seit 1971 das »Handwörterbuch der musikalischen Terminologie« herausgibt.

Jede Beschäftigung mit der Geschichte der Musik zwingt zum Überdenken der in ihrem Verlauf geprägten Sachbezeichnungen. Dabei ist nicht zu übersehen, daß der häufig in der Entwicklung eines Sachgebiets eintretende Bedeutungswandel etwas über die jeweils verschiedene Auffassung von der Sache an sich aussagt.

Terradellas, Domingo M. B. (italianisiert Domenico Terradeglias), ital. Komponist span. Herkunft, getauft 13. 2. 1713 Barcelona, † 20. 5. 1751 Rom. Schüler des Conservatorio dei Poveri di Gesù in Neapel, wo F. Durante zu seinen Lehrern zählte. Trat 1736 mit dem Oratorium *Giuseppe riconosciuto* an die Öffentlichkeit u. debütierte 1739 mit *Astarto* als Opernkomponist in Rom. Hielt sich 1746–47 in London auf, wo seine beiden Opern *Mitridate* (1746) u. *Bellerofonte* (1747) herauskamen. Später in Rom maestro di cappella an S. Giacomo dei Spagnuoli.

Zu T. weiteren Opern gehören: *Cerere* (1740), *Merope* (1743), *Artaserse* (1744), *Semiramide riconosciuta* (1746), *Didone* (1750), *Imeneo in Atene* (1750), *Sesostri, rè d'Egitto* (1751).

Terrassendynamik, ein moderner Fachausdruck, mit dem das übergangslose Nebeneinanderstellen von forte u. piano in der Musik des Barock bezeichnet wird.

Terz (lat. tertia: »dritte«, franz. tièrce, engl. third), die 3. Stufe der diatonischen Skala. Ergibt zusammen mit der reinen Quinte den → Dreiklang. Man unterscheidet die große, kleine, verminderte u. übermäßige T. Galt in der mittelalterlichen Musik als unvollkommene → Konsonanz. Erst seit dem 16. Jh. wurde die T. auch als konstitutives Intervall betrachtet. Daher leitete J.-Ph. Rameau das Prinzip des Aufbaus aller tonalen Akkorde aus der T.-Schichtung ab.

Terz, Sext, Non (lat. hora tertia, sexta, nona), Stundengebete zur 3., 6. u. 9. Stunde. Heißen im → Offizium der römischen Kirche Horen.

Terzakis, Dimitris, griech. Komponist, * 12. 3. 1938 Athen. Studierte in seiner Heimatstadt bei J. Papaioannou u. ab 1965 bei B. A. Zimmermann u. H. Eimert in Köln. Ist stark durch die byzantinische Musik beeinflußt, deren Tongeschlechter er in seine Kompositionen übernommen hat. Arbeitet mit selbsterfundenen Tetrachorden u. besonderer Differenzierung der Tonhöhen.

T. gliedert sein Werk in 3 Phasen: 1. *Ichochronos I* für Tonband (1965–66); *Stixis I* für Oboeninstr. (1967); *Ichochronos II* für Kammerensemble (1968, rev. 1974), *Ikos* für Chor a cappella (1968); Streichquartett Nr. 1 (1969); *Ichochronos III* für 7 elektronisch verstärkte Instr. u. Tonband (1970); *Chroai* für Orch. (1970); *Nuances* für A. u. Ensembles (1970); *Transcriptions télégraphiques* für Orch. (1971); *Katawassia* für 6 Solost. (1971–72), *Ethos Alpha* für Ob., Vc. u. Tonband (1972); *Ethos Betha* für A. u. 2 Melodie-Instr. (1972); *Stichiron* für 4st. gem. Chor u. Ensemble).
2. *Stixis II* für Klar. solo (1973); *Kosmogramm* für Orch. (1973–74); *Stixis III* für Tuba solo (1974); *Von Feuer und Finsternis* (1974); *Circus Universalis* (Studiooper, 1974–75); *Thomas Torquemada* (Oper, 1974–76); *Nomoi* für Psaltis u. Ensemble (1975); *Stixis IV* für Singst. (1976); Notturni für Vokalensemble (1976).
3. *Liturgia Profana* für T., gem. Chor u. 4 Instr. (1974); Streichquartett Nr. 2 (1976); *Sappho-Fragmente* für hohe St. u. Kl. (1977); *Odyssee* für Soli, Chor, Erzähler u. Kammerorch. (1977–78); *Tropi* für Orch. (1977–78); *Omega I* für Vc. solo (1978); *Erotikon* für S., V., Klar. u. Vc. (1979).

Terzenzirkel → Quintenzirkel

Terzett (ital. terzetto), eine Komposition für 3 Singstimmen mit oder ohne Instrumentalbegleitung. 3st. Instrumentalstücke werden → Trio genannt. (→ Tricinium)

Tessarini, Carlo, ital. Geiger u. Komponist, * um 1690 Rimini, † nach 1766. Um 1720 Geiger an S. Marco in Venedig sowie 1733–43 u. 1750–57 hauptsächlich an der Kathedrale in Urbino. Trat zuletzt 1766 im Arnheimer Collegium musicum auf. Veröffentlichte eine Geigenschule unter dem Titel »Gramatica di musica. Insegna il modo facile, e breve per bene imparare di sonare il violino su la parte ...« (1741).

Zu T. Kompositionen gehören Sonaten für V. u. B. c., Concerti u. Concerti grossi mit V. principale.

Testi, Flavio, ital. Komponist, * 4. 1. 1923 Florenz. Studierte in Turin u. Mailand, betrachtet sich aber als Autodidakt. Trat 1953 mit *Crocifissione* an die Öffentlichkeit. 1976–77 künstlerischer Leiter des Teatro Comunale in Florenz. T. arbeitet an einer »Storia della musica italiana« von St. Ambrosius bis heute. Erschienen sind: »La musica italiana nel Medioevo e nel Rinascimento« (2 Bde., Mailand 1969) u. »La musica italiana nel Seicento« (1. Bd.: »Il melodramma«, Mailand 1970).

Zu T. Kompositionen gehören: *Crocifissione* für Männerchor, Streicher, Blechbläser, Pk. u. 3 Kl. (1953); Concerto für Orch. (1954); *Il furore di Oreste* (Oper, 1955–56); Divertimento für Orch. (1956); Stabat mater für S., Chor u. Instr. (1957); *Musica da concerto Nr. 1* für V. u. Orch. (1957); *Musica da concerto Nr. 2* für Streicher (1957); *Due pezzi* für Orch. (1958); Doppelkonzert für V., Kl. u. Orch. (1959); *La Celestina* (Oper, 1958–60); *Musica da concerto Nr. 3* für Kl. u. Orch. (1961); *Musica da concerto Nr. 4* für Fl. u. Orch. (1962); *Mottetti* für 4 St. u. Instr. (1963); *Il dolore* (3 Madrigale für kleinen Chor u. Instr., 1963); *New York. Oficina y Denuncia* für Chor u. Orch. (1964); *L'albergo dei poveri* (Oper nach M. Gorkijs »Nachtasyl«, 1964–65); *Canto a las madres de los milicianos muertos* für S., Chor u. Orch. (1967); *Passio Domini Nostri Jesu Christi Secundum Marcum* für S., A., 2 T., B. u. tiefen B. sowie Instr. (1969); *Musica da concerto Nr. 5* für Kl., V., Vc. u. Orch. (1969); *Musica da concerto Nr. 6* für Va. u. Kammerorch. (1970); *Opus 21* für Orch. (1971); *Cantata prima* für T. u. Instr. (1971); *Opus 23* für 2 Kl., 2 Kammerorch., Trp., Pos. u. Pk. (1972); *Cantata seconda* für T. u. Instr. (1972); *Canción desperada* für gem. Chor a cappella (1972); *Canción del macho y de la hembra* für gem. Chor a cappella (1973); Klaviertrio (1973); *Cantata terza* für Bar. u. Instr. (1974); *Cielo* für Fl. solo (1974); *Jubilus I* für Klar. solo (1974); *Cantata quarta* für Bar. u. 2 Klar. (1974); *Cori di Santiago* für Soli, Chor u. Orch. (1975); *Jubilus II* für Klar. u. 9 Instr. (1975); *Tempo* für Streichquartett (1976); *Eliot's Preludes* für St. u. Kl. (1978); *Opus 35* für Orch. (1978); *Il sosia* (Oper nach einer Erzählung von F. Dostojewski, 1978–80).

Testo (ital.: »Text«), der erzählende Text u. davon abgeleitet der Erzähler im ital. → Oratorium des 17. Jh. Dem T. entsprechen im lat. Oratorium Historia bzw. Historicus u. in der → Passion der Evangelist.

Tetley, Glen, amer. Tänzer, Choreograf u. Ballettdirektor, * 3. 2. 1926 Cleveland, OH. Studierte Medizin am Franklyn and Marshall College in Lancaster, PA, anschließend an der New York University. Entschloß sich mit 20 Jahren zum Tanz u. erhielt ein Stipendium für die Hanya Holms School of Contemporary Dancing (1946–51). Daneben Unterricht von M. Craske u.

A. Tudor. Als Holms' Assistent schuf T. während der Summer dance sessions am Colorado College 1946 u. 1949 sowie im Yale Dramatic Workshop 1947–48 seine ersten Ch. Nach 2jähriger Ausbildung in klassischem u. modernem Tanz Auftritte am Broadway, u. a. in *The Eccentricities of Davy Crockett, Kiss Me Kate* u. *Out of this World.* 1952 als Tänzer an der New York City Opera, 1955 Mitglied von J. Butlers Kompanie, 1956–57 bei R. Joffrey u. 1958 bei Martha Graham, in deren Kompanie er Rollen in *Clytemnestra* u. *Embattled Garden* kreierte. Außerdem trat T. als Gast beim American Ballet Theatre, Robbins Ballets USA, bei Agnes de Mille u. José Limon auf. Am 5. 5. 1962 stellte er sich am Fashion Institute of Technology dem New Yorker Publikum mit *An Evening of Theater Dance* als Choreograf vor. Das Programm bestand aus *Gleams in the Bone House* (M.: H. Shapiro), *Birds of Sorrow* (M.: P. Hartman), *How Many Miles to Babylon?* (M.: C. Surinach) u. *Pierrot Lunaire* (M.: A. Schönberg). Das letztere Ballett brachte T. noch im gleichen Jahr am Nederlands Dans Theater heraus, an das er sich als Tänzer u. Choreograf band u. dessen künstlerische Leitung er später zusammen mit H. van Manen bis 1970 übernahm. 1974–76 wurde T. als Nachfolger von J. Cranko Leiter des Stuttgarter Balletts, danach arbeitete er wieder als Gastchoreograf. Neben dem Nederlands Dans Theater u. dem Stuttgarter Ballett hat besonders das Londoner Ballet Rambert Ch. von T. im Programm.

Auf den ersten Blick lassen sich T. Ballette häufig als reine Bewegung verstehen, während es ihm in Wirklichkeit immer um menschliche Beziehungen geht, die er durch Bewegung ausdrückt. Großen Einfluß auf seine choreografische Entwicklung hatten H. Holm u. A. Tudor. Die Ch. Tudors lernte T. auch als Tänzer beim American Ballet Theatre kennen. Obwohl T. Modern Dance u. klassischen Tanz studiert hat, kamen bei ihm zuerst nur Elemente des Modern Dance zum Ausdruck. In *Sargasso* verwendet er z. B. keinen einzigen klassischen Tanzschritt. Klassische Tanzelemente tauchen erst in seinen späteren Ch. auf u. geben T. Tanz eine eigenartige Kühle u. Distanziertheit. Größtes Aufsehen erregte er mit *Mutations*, einer Mischung von Film u. Bühnenauftritt, bei dem die Tänzer des Nederlands Dans Theater erst bekleidet u. dann nackt auftreten.

Zu T. wichtigsten Ch. gehören: *The Anatomy Lesson* (M.: M. Landowsky) u. *Sargasso* (M.: E. Krenek) 1964; *Fieldmass* (M.: B. Martinů), *The Game of Noah* (M.: I. Strawinsky), *Mythical Hunters* (M.: O. Partos) u. *Ricercare* (M.: M. Seter) 1965; *Chronochromie* (M.: O. Messiaen) 1966; *Dithyramb* (M.: H. W. Henze), *Freefall* (M.: M. Schubel), *Seven Deadly Sins* (M.: K. Weill) u. *Ziggurat* (M.: K. Stockhausen) 1967; *Circles* (M.: L. Berio) 1968; *Arena* u. *Embrace Tiger and Return to Mountain* (M.: beide M. Subotnick) 1969); *Field Figures* (M.: K. Stockhausen), *Imaginary Film* (M.: A. Schönberg) u. *Mutations* (gemeinsam mit H. van Manen, M.: K. Stockhausen) 1970; *Rag Dances* (M.: A. Hymes) u. *Gemini* (M.: H.W. Henze) 1971; *Laborintus* (M.: L. Berio), *Small Parades* (M.: E. Varèse) u. *Threshold* (M.: A. Berg) 1972; *Voluntaries* (M.: F. Poulenc) 1973; *Tristan* (M.: H. W. Henze) u. *Le Sacre du printemps* (M.: I. Strawinsky) 1974; *Daphnis und Chloe* (M.: M. Ravel) u. *Greening* (M.: A. Nordheim) 1975; *Moveable Garden* (M.: L. Foss) 1976; *Sphinx* (M.: B. Martinů) 1977; *Praeludium* (M.: A. Webern) 1978; *The Tempest* (M.: A. Nordheim) 1979; *Feuervogel* (M.: I. Strawinsky) 1982.

Tetrachord (griech.: »viersaitig«), Abfolge von 4 Tönen, die als Basis des griech. Tonsystems (→ Systema teleion) diente. Dabei bildeten die beiden äußeren Töne stets die Quarte, während die beiden mittleren entsprechend dem Tongeschlecht (→ Genos) ihre Positionen wechselten. In der mittelalterlichen Musiklehre unterschied man das Tetrachordum finalium D-G, das Tetrachordum gravium Γ–C, das Tetrachordum superiorum a–d u. das Tetrachordum excellentium e–aa.

Thalberg, Sigismund F. F., österr. Pianist u. Komponist, * 8. 1. 1812 Genf, † 27. 4. 1871 Posillipo bei Neapel. Schüler von S. Sechter u. J. N. Hummel in Wien. Unternahm 1830 seine erste Konzertreise durch Deutschland. Holte sich in Paris bei F. Kalkbrenner den letzten Schliff. Sein Spiel löste jene berühmte Kontroverse aus, bei der F.-J. Fétis auf der Seite Th. stand, während H. Berlioz F. Liszt unterstützte. 1837 kam es dann zum Wettkampf, den Liszt eindeutig für sich entschied. Th. ließ sich 1858 in Posillipo nieder, unternahm von da aus Konzertreisen u. betrieb ein Weingut.

Zu Th. Kompositionen gehören: 2 erfolglose Opern, 1 Klavierkonzert u. 1 Klaviersonate sowie zahlreiche Fantasien über Themen aus bekannten Opern, u. a. Fantasie u. Variationen über C. M. von Webers *Euryanthe* op. 1, Fantasie über G. Meyerbeers *Robert le diable* op. 6, *Grand caprice* über V. Bellinis *La sonnambula* op. 46, *Grand duo concertant* über G. Rossinis *Semiramide* op. 54.

Tharp, Twyla, amer. Tänzerin, Choreografin u. Ballettdirektorin, * 1. 7. 1942 Portland, IN. Erhielt bereits in der Kindheit Musik- u. Tanzunterricht. Ließ sich später bei I. Schwetzoff, M. Graham, E. Hawkins, A. Nikolais u. M. Cunningham ausbilden u. trat 1963–65 mit der Paul Taylor Dance Company auf. 1965 entstand mit *Tank Dive* (ohne Musik) ihre erste Ch. 1966 begann die Zusammenarbeit mit S. Rudner, 1969 mit R. M. Wright. Damit war die Basis für eine eigene Truppe gegeben. Charakteristisch für die frühen Stükke von Th. ist das Fehlen jeglicher Musik. Atmen, Schritte, Metronomticken oder lautes Zählen begleitete die einzelnen Auftritte. Zu den damals choreografierten Werken gehören *Medley, Dan-*

cing in the Streets of London and Paris, Continued in Stockholm and Sometimes Madrid, Pymffyppmfynm Ypf, The Fugue, Hour's Long Work for Children u. *Up and Down I* u. *II*. Bei *Eight Jelly Rolls* choreografierte Th. erstmals zu Musik. Das Stück machte sie auf einen Schlag bekannt. R. Joffrey bot Th. zwei Jahre später an, ein Ballett für seine Kompanie zu kreieren. Es entstand *Deuce Coup* als Koproduktion der Twyla Tharp Dance Foundation u. des City Center Joffrey Ballet. 1976 schuf Th. mit *Push Comes to Shove* für M. Barischnikow, M. van Hamel u. Mitglieder des American Ballet Theatre ein Stück, das sie auf die Titelseite des »New York Times Magazine« brachte u. zu einem der führenden amer. Choreografen der jungen Generation machte. Immer wieder finden sich amer. Elemente in ihren Arbeiten; sie sind eine Mischung aus Jazz, Step- u. Gesellschaftstanz, Hollywood-Kino u. Klassik. Die klare Struktur ihrer Ballette offenbart sich oft erst nach mehrmaligem Anschauen.

Zu Th. Ch. gehören: *Eight Jelly Rolls* (M.: Jelly Roll Morton u. The Red Hot Peppers), *Torelli* (M.: G. Torelli) u. *The Bix Pieces* (M.: B. Beiderbecke u. Paul Whiteman's Orchestra) 1971; *The Raggedy Dances* (M.: S. Joplin u. W. A. Mozart) 1972; *Deuce Coup I* (M.: The Beach Boys) u. *As Time Goes By* (M.: J. Haydn) 1973; *In the Beginnings* (M.: J. Moss) 1974; *Deuce Coup II* (Neufassung für R. Joffrey, M.: The Beach Boys), *Sue's Leg* (M.: Fats Waller) u. *Ocean's Motion* (M.: Chuck Berry) 1975; *Push Comes to Shove* (M. J. Haydn u. J. Lamb), *Give and Take* (M.: G. Werner, J. Ph. Sousa, E. Franko, F. Meacham u. A. Ronell), *Once More, Frank* (M.: Schallplatte mit F. Sinatra), *Country Dances* (M.: Country), *Happily Ever After* (erweiterte Fassung von *Country Dances*, M.: Country, arrangiert von R. Peaslee) u. *After All* (M.: T. Albinoni, Ch. für John Curry) 1976; *Mud* (M.: W. A. Mozart), *Simon Medley* (M.: Songs von P. Simon), *Making Television Dance* (M.: »Snuffy« Jenkins, »Pappy« Sherrill u. The Hired Hands) u. *Cacklin' Hen* (aus *Happily Ever After*, M.: Country) 1977; *1903, a Solo for Th.* (M.: 3 Songs von R. Newman) u. *Baker's Dozen* (M.: Willie »The Lion« Smith) 1979; *Brahms' Paganini* (M.: J. Brahms), *When We Were Very Young* (M.: J. Simon), *Assorted Quartets* (M.: Traditional Reels), *Short Stories* (M.: Supertramp u. Bruce Springsteen), *Third Suite* (M.: J. S. Bach), *Uncle Edgar Dyed His Hair Red* (M.: D. Sebouh) u. *The Catherine Wheel* (M.: D. Byrne) 1981. Außerdem choreografierte sie für M. Forman die Tanznummern der Spielfilme »Hair« (1978) u. »Ragtime« (1980).

Theile, Johann, dt. Komponist, * 29. 7. 1646 Naumburg, begraben 25. 6. 1727 ebd. Studierte ab 1666 an der Universität Leipzig u. erhielt gleichzeitig Kompositionsunterricht bei H. Schütz in Weißenfels. 1673 Hofkapellmeister bei Herzog Christian Albrecht von Holstein. Brachte sich 1675 in Hamburg vor dän. Truppen in Sicherheit. Komponierte dort das Singspiel *Adam und Eva* zur Eröffnung der Hamburger Oper 1678. Erhalten ist leider nur der Text, während bei der wahrscheinlich im selben Jahr ebenfalls von Th. komponierten Oper *Orontes* Ausschnitte u. Bearbeitungen der Musik greifbar sind. 1685 wurde er als Nachfolger J. Rosenmüllers Kapellmeister in Wolfenbüttel u. wirkte ab 1691 in Merseburg. Später war er möglicherweise Musiklehrer am Berliner Hof, bevor er an seinen Geburtsort zurückkehrte. 1708 ließ er einen Katalog seiner geistlichen Werke drucken, der aus 23 Messen, 8 Magnificat u. 12 Psalmen mit u. ohne Instr. bestand, von denen kaum etwas zu Lebzeiten im Druck erschien. Sein »Musicalisches Kunstbuch, worinnen 15 gantz sonderbare Kunst-Stücke und Geheimnisse, welche aus denen doppelten Contrapuncten entspringen« ist in einer Abschrift von J. G. Walther erhalten.

Thema (griech.), ein klar umrissener musikalischer Gedanke, der sich als formendes musikalisches Material für die Komposition eines Abschnitts, eines Satzes oder eines ganzen Werkes eignet. Seine Erfindung bestimmt die Verarbeitungsweise mit. J. S. Bach soll in der Lage gewesen sein, beim Anhören eines Th. sofort sämtliche Verarbeitungsmöglichkeiten anzugeben. Ein Th. kann vorwiegend horizontal (melodisch-linear) oder vertikal (klanglich) ausgelegt sein, formal geschlossen oder offen wirken. Außerdem kann es einem rhythmischen Impuls entstammen. Besonders prägnante u. damit wiedererkennbare Themen fordern die → Fuge, die → Sonatensatzform, das → Rondo u. der Variationensatz (→ Variation). Zur Verarbeitung stehen dem Komponisten verschiedene Mittel zur Verfügung, z. B. → Imitation, Variation, → Durchführung, → durchbrochene Arbeit, → thematische Arbeit etc. Die dialektische Konzeption der Sonatensatzform macht 2 Th. erforderlich. Es gibt aber auch eine Reihe von Kompositionen, die sogar ein 3. Th. einführen. In der Zwölftontechnik sind → Reihe u. Th. nicht identisch. Außerdem kann der Hörer die der Konstruktion zugrunde liegenden logisch-mathematischen Beziehungen nicht erkennen, so daß sich ihm nicht der Eindruck eines Th. in seiner vielfältigen Abwandlung vermittelt.

thematische Arbeit, ein Kompositionsverfahren, bei dem ein Großteil des Werkes aus musikalischem Material besteht, das dem Thema entnommen ist u. verarbeitet wird. Ist als Prinzip bereits in der Fugenkomposition ausgebildet u. wird zum beherrschenden Gestaltungsprinzip der → Sonatensatzform.

Theodorakis, Mikis, griech. Komponist u. Politiker, * 29. 7. 1925 auf Chios. Studierte ab 1943 am Konservatorium in Athen u. ab 1953 am Conservatoire in Paris, wo O. Messiaen, T. Aubin u. R. Leibowitz zu seinen Lehrern gehörten. Gründete die »Demokratische Jugend Lambrakis«, deren Hymne er komponierte, u. wurde nach dem Militärputsch 1967 verhaftet. 1970 freigelassen, ging Th. ins Exil nach Paris u. unternahm ab 1971 eine 3jährige Welttournee. Sagte sich 1972 von den beiden kommunistischen Parteien Griechenlands los u. war wesentlich am Aufbau einer neuen nationalen Linken beteiligt. Verwirklicht in seinen Kompositionen den Glauben, daß Kunst für die Massen verständlich sein muß. Schuf mit seiner Vertonung von »Epitaphios«, einem Gesangszyklus nach Gedichten von Y. Ritsos (1958–59), erstmals den typischen Th.-Sound, in dem sich Folklore, Pop u. vor allem Bouzouki-Musik mischen.

Zu Th. Kompositionen gehören: die Ballette *Le feu aux poudres* u. *Les amants de Teruel* für L. Tscherina (1958) u. *Antigone* für J. Cranko (1958–59); 1 Sinfonie (1949–50); Oratorien u. Liederzyklen wie *Epitaphios* (1958–59), *Die Ballade von Romiossini* (1965), *Epiphania Averoff* nach G. Seferis (1968) u. *I Speak* (1969). Zu seinen vielen Filmmusiken gehören die zu »Electra« (1962), »Phaedra« (1962), »Une balle au cœur« (1963), »Zorba the Greek« (1964), »Z« (1969) u. »The Trojan Women« (1971). Er veröffentlichte: »Journal de résistance« (Paris 1971, dt.: »Mein Leben für die Freiheit«, Bern 1972) u. »Les fiancés de Pénélope« (Paris 1976).

Lit.: J. Coubard, M. Th., ou la Grèce entre le rêve et le cauchemar, Paris 1969; G. Giannaris, M. Th., Music and Social Change, New York 1972; N. Gamsohn (Hg.), Th. dirige Th., catalogue de la tournée mondiale 1971–73, Paris 1974; G. Pierrat, Th., Le roman d'une musique populaire. Paris 1977.

Theorie der Musik, im Gegensatz zur Praxis Betrachtung der Musik u. ihrer Ursprünge sowie Lehre von ihren Sachzusammenhängen u. auf die Praxis hinführende Aneignung. Die Entwicklung der T. d. M. führt von der Einstufung als mathematische Disziplin (Mittelalter) zu aus der Physik begründeten Erkenntnissen (Aufklärung) u. phänomenologischen Ansätzen (20. Jh.).

Third stream (engl.), eine vorwiegend in den fünfziger Jahren aufgekommene Verbindung zwischen Jazz u. Formen der Konzertmusik, die G. Schuller mit dem Ausdruck Th. st. Jazz oder Music belegte. Zu ihren bekanntesten Vertretern gehören J. Lewis, S. Kenton u. F. Gulda.

Thomas, Ch. L. Ambroise, franz. Komponist, * 5. 8. 1811 Metz, † 12. 2. 1896 Paris. Trat 1828 in das Pariser Conservatoire ein, wo F. Kalkbrenner, V. Dourlen u. J.-F. Le Sueur zu seinen Lehrern gehörten. Gewann 1832 den Rompreis. Hatte erste Erfolge mit Bühnenwerken wie *La double échelle* (1837), *Le perruquier de la régence* (1838) u. *Le panier fleuri* (1839). Versuchte, sich mit den Balletten *La gipsy* (1839, nur 2. Akt von Th.) u. *Betty* (1846) sowie den Opern *Le comte de Carmagnola* (1841) u. *Le guerillero* (1842) an der Opéra durchzusetzen. Er hatte jedoch seine größten Erfolge an der Opéra-Comique mit Werken wie *Le caïd* (1849), *Le songe d'une nuit d'été* (1850) u. *Mignon* (1866). Erst 1868 gelang es ihm mit *Hamlet*, an der Opéra Fuß zu fassen. Dort folgten *Françoise de Rimini* (1882) u. das Ballett *La tempête* (1889). 1871 wurde Th. als Nachfolger von D.-F.-E. Auber mit der Leitung des Conservatoire betraut. Zu seinen Schülern gehörte J. Massenet.

Lit.: M. Cooper, A. Th., London 1950.

Thomas, Arthur Goring, engl. Komponist, * 20. 11. 1850 Ratton Park, Sussex, † 20. 3. 1892 London. Schüler von E. Durand in Paris, A. Sullivan u. E. Prout an der Royal Academy of Music in London u. M. Bruch in Berlin. Trat 1879 mit der Oper *The Light of the Harem* an die Öffentlichkeit u. komponierte anschließend im Auftrag von C. Rosa die Opern *Esmeralda* (1883) u. *Nadeshda* (1885). Die Oper *The Golden Web* wurde postum 1893 aufgeführt.

Von Th. weiteren Werken sind die Ode *The Sun Worshippers* (1881) u. die Kantate *The Swan and the Skylark* (1894 instrumentiert von Ch. Stanford) erwähnenswert.

Thomas, G. H. Kurt, dt. Komponist, * 25. 5. 1904 Tönning, Schleswig, † 31. 3. 1973 Bad Oeynhausen. Schüler des Leipziger Konservatoriums u. von A. L. Mendelssohn in Darmstadt. 1925–34 Dozent für Musiktheorie am Leipziger Konservatorium, 1934–39 Professor an der Berliner Musikhochschule, 1939–45 Leiter des Musischen Gymnasiums in Frankfurt a. M., 1947–55 Professor an der Musikakademie in Detmold, 1957–60 Thomaskantor in Leipzig, 1960–65 Leiter der Chorkonzerte des Bach-Vereins Köln u. ab 1965 Dozent für Chorleitung an der Musikakademie in Lübeck.

Zu Th. Kompositionen gehören: Messe für S. u. Chor a cappella (1925), *Markus-Passion* (1927) sowie eine Reihe weiterer geistlicher Vokalwerke; Kammermusik; Lieder.
Th. veröffentlichte ein »Lehrbuch der Chorleitung« (3 Bde., Leipzig 1935–37 u. 1948).

Thompson, Randall, amer. Komponist u. Pädagoge, * 21. 4. 1899 New York. Studierte an der Harvard University u. bei E. Bloch in New York. 1937–39 Professor an der University of California in Berkeley, 1939–41 Leiter des Curtis Institute of Music in Philadelphia, 1941–45 Professor an der University of Virginia in Charlottesville, 1945–48 Professor an der Princeton University u. 1948–65 Professor an der Harvard University. Wird in den USA vor allem als Komponist von Chorwerken geschätzt.

Zu Th. Kompositionen gehören: 2 Streichquartette (1924 u. 1941); *Jazz Poem* für Kl. u. Orch. (1928); 3 Sinfonien (1930, 1932 u. 1949); die Oper *Solomon and Balkis* (1942); Lieder. Von seinen Chorwerken seien erwähnt: *Five Odes of Horace* für Chor a cappella (1924); *Pueri Hebraeorum* für Frauendoppelchor a cappella (1928); *Rosemary* für Frauenchor a cappella (1929); *The Peaceable Kingdom* für Chor a cappella (1936); *The Testament of Freedom* für Männerchor mit Kl. oder Orch.

(1943); *A Feast of Praise* für Chor u. Kl. (1962); *The Passion According to Saint Luke* für Soli, gem. Chor u. Orch. (1965); *A Psalm of Thanksgiving* für Kinderchor u. Orch. (1968); *The Eternal Dove* für gem. Chor a cappella (1969) u. *The Place of the Blest* für S.-Stimmen u. Kammerorch. (1969).

Thomson, Virgil G., amer. Komponist, Dirigent u. Musikkritiker, * 25. 11. 1896 Kansas City, MS. Studierte an der Harvard University u. nahm nebenbei Klavier- (H. Gebhard) u. Orgelunterricht (W. Goodrich). 1921–22 weitere Studien bei N. Boulanger in Paris, anschließend bei R. Scalero in New York. 1923–24 Organist an der King's Chapel in Boston. 1925–40 als Korrespondent u. freischaffender Komponist in Paris, wo er zum Kreis um Gertrude Stein, A. B. Toklas, P. Picasso, E. Hemingway, F. S. Fitzgerald u. Th. Wilder gehörte. 1940–54 Musikkritiker des »New York Herald Tribune«. Durch N. Boulanger stark in Richtung auf den Neoklassizismus beeinflußt, verbindet Th. in seinen Kompositionen Folklore des Mittleren Westens, Hymnen u. europäische Tradition zu einer ganz persönlichen u. dabei völlig amer. Tonsprache. Charakteristisch ist seine ausgezeichnete Sprachbehandlung. Harmonische Effekte werden häufig durch Bitonalität u. Terzen- sowie Quintenparallelen erzielt.

Zu Th. Kompositionen gehören: die Opern *Four Saints in Three Acts* (1928, Libretto: G. Stein), *The Mother of Us All* (1947, Libretto: G. Stein) u. *Lord Byron* (1970, Libretto: J. Larson); die Ballette *Filling Station* (1937, Ch.: L. Christensen), *Bayou* (1952, Ch.: G. Balanchine, Musik aus *Louisiana Story*) u. *The Harvest According* (1954, Ch.: A. de Mille, Musik aus verschiedenen Kompositionen); Bühnenmusiken; Instrumentalkompositionen wie *Symphony on a Hymn Tune* (1928), 2. Sinfonie (1931, Umarbeitung der Klaviersonate Nr. 1), *3 Landscapes: The Seine at Night* (1947), *Wheat Field at Noon* (1948) u. *Sea Piece with Birds* (1952), *A Solemn Music* für Blaskapelle (1949), Cellokonzert (1950), Concerto für Fl., Streicher, Hf. u. Schlagzeug (1954); Vokalwerke wie *De profundis* für gem. Chor (1920, rev. 1951), *Missa brevis* für Männerst. (1924), *Missa brevis* für Frauenst. u. Schlagzeug ad libitum (1934), *Missa pro defunctis* für Männerchor, Frauenchor u. Orch. (1959–60); Kammermusik, darunter *Sonata da chiesa* für Klar., Trp., Va., Horn u. Pos. (1926), 4 Klaviersonaten (1929, 1929, 1930, 1940), 1 Violinsonate (1930), 2 Streichquartette (1931 u. 1932), Stabat mater für S. u. Streichquartett (1931), zahlreiche *Musical Portraits*, darunter auch A. Copland u. P. Picasso (mehr als 50 für Kl., 8 für V. solo, 5 für Kl. vierhändig, 4 für V. u. Kl.); Lieder u. Kompositionen für mehrere St. u. Kl., u. a. *Five Songs from W. Blake* für Bar. u. Kl. oder Orch. (1951), *Crossing Brooklyn Ferry* für gem. St. u. Kl. oder Orch. (1958); Filmmusiken, u. a. zu »The Spanish Earth« von J. Ivens (Arrangements) u. »Louisiana Story« von R. Flaherty.

Th. veröffentlichte: »The State of Music« (1939); »The Musical Scene« (1945); »The Art of Judging Music« (1948); »Music, Right and Left« (1951); Autobiografie mit dem Titel »V. Th.« (1966); »Music Reviewed 1940–54« (gesammelte Kritiken, 1967) u. »American Music Since 1910« (1971, alle New York).

Lit.: K. Hoover u. J. Cage, V. Th., His Life and Music, New York u. London 1959.

Thorough-bass (engl.) → Generalbaß

Threnos (griech., daher Threnodie), aus der antiken griech. Literatur übernommene Bezeichnung für die Klagelieder des Jeremias (→ Lamentationen).

Thuille, Ludwig W. A. M., österr. Komponist u. Lehrer, * 30. 11. 1861 Bozen, † 5. 2. 1907 München. Studierte 1879–81 an der Königlichen Musikschule in München bei K. Bärmann (Klavier) u. J. Rheinberger (Komposition). Wurde an dieser Institution 1883 Lehrer, 1888 Professor für Klavier u. Harmonielehre u. 1903 als Nachfolger Rheinbergers Professor für Komposition. Zu seinen Schülern gehörten W. Courvoisier, H. von Waltershausen, W. Braunfels u. E. Bloch. Wandte sich unter dem Einfluß von A. Ritter der Oper zu.

Th. komponierte die Opern *Theuerdank* (1894), *Lobetanz* (1898) u. *Gugeline* (1901), außerdem 1 Sinfonie, 1 Sextett für Kl. u. Bläser (1887), 1 Klavierquintett (1901), 1 Cellosonate (1902), Lieder. Gemeinsam mit R. Louis verfaßte er eine »Harmonielehre« (1907).

Tiento (span., von tentar: »tasten«), bezeichnete im Spanien des 16. Jh. Instrumentalstücke, die ähnlich wie das → Ricercar angelegt waren, später auch solche im imitierenden Stil.

Tiessen, R. G. Heinz, dt. Komponist u. Lehrer, * 10. 4. 1887 Königsberg, † 29. 11. 1971 Berlin. Studierte in Berlin ab 1905 Jura, später Philosophie u. daneben am Stern'schen Konservatorium Komposition. Außerdem war er Kritiker der »Allgemeinen Musik-Zeitung«. 1917 auf Vermittlung von R. Strauss Korrepetitor-Volontär am Königlichen Opernhaus in Berlin. 1925–45 Lehrer für Komposition u. Theorie an der Berliner Musikhochschule, 1946–49 Direktor des städtischen Konservatoriums, 1949–55 Leiter der Abteilung für Komposition u. Theorie an der Berliner Musikhochschule, 1955 Leiter der Musikabteilung der Akademie der Künste in Berlin (West). In der ersten Schaffensperiode von den Tondichtungen R. Strauss' beeinflußt, entwickelte T. sich zu einer Sachlichkeit, deren Hauptmerkmal eine lineare Polyphonie war. In seinen 6 Klavierstücken op. 37 wendet er teilweise Zwölftontechnik an.

Zu T. Kompositionen gehören: die Sinfonie *Stirb und Werde!* (1911–12); die *Natur-Trilogie* für Kl. (1913); *Amsel-Septett* für Fl., Klar., Horn u. Streichquartett (1914–15, rev. 1957); *Hamlet-Musik* (1917); *Vorspiel zu einem Revolutionsdrama* (1921–26); *Totentanz-Suite* für V. u. kleines Orch. (1928, rev. 1954); *Aufmarsch* für Chor, Blasorch. u. Sprecher (1931); *Konzertante Variationen* über eine eigene Tanzmelodie für Kl. u. Orch. (1961). Außerdem schrieb T. das Tanzdrama *Salambo* (1929, rev. 1957).

T. veröffentlichte: »Zur Geschichte der jüngsten Musik« (Mainz 1928); »Musik der Natur« (Freiburg im Breisgau 1953) u. »Wege eines Komponisten« (Autobiografie, Berlin 1962).

Timbre (franz.), die individuelle Färbung einer Singstimme (→ Klangfarbe).

Tinctoris, Johannes, franko-fläm. Musiktheoretiker u. Komponist, * um 1435 Nivelles, Brabant, † vor dem 12. 10. 1511. Über sein Leben wissen wir nur wenig. Nach eigenen Angaben hatte er die freien Künste u. das Recht studiert u. war an der Kathedrale von Chartres Knabenkapellmeister gewesen, bevor er in die Dienste Ferdinands von Aragonien als Capellanus in Neapel trat. Wann ihm das Kanonikat von Nivelles übertragen wurde, ist unsicher. Als Theoretiker u. Komponist muß er zu Lebzeiten einen außergewöhnlichen Ruf gehabt haben. L. Compère zählte ihn in seiner Motette *Omnium bonorum plena* zu den besten Musikern der Zeit, u. O. Petrucci brachte Beispiele von T. in seinem »Odhecaton«.

Von T. Kompositionen sind 4 Messen, 2 Motetten, Lamentationen u. einige franz. Chansons bekannt. Von seinen 12 Traktaten verdient das »Terminorum musicae diffinitorium« (Treviso um 1473–74) besondere Erwähnung. Es wird allgemein für das älteste Musiklexikon in der Musikgeschichte gehalten.

Tinel, Edgar P. J., belg. Komponist, * 27. 3. 1854 Sinay, Ostflandern, † 28. 10. 1912 Brüssel. Erhielt ersten Unterricht bei seinem Vater, einem Organisten. Wurde mit 9 Jahren in das Brüsseler Konservatorium aufgenommen, wo u. a. F. Gevaert zu seinen Lehrern gehörte. 1896 Professor für Kontrapunkt an dieser Institution u. 1909 ihr Direktor. 1910 Maître de chapelle du Roi. Komponierte fast ausschließlich Kirchenmusik, in der er Elemente aus der Musik J. S. Bachs mit opernhaften Passagen mischte.

Zu T. Werken gehören: Bühnenmusik zu P. Corneilles »Polyeucte« (1878–81); das Musikdrama *Godelieve* (1897); die geistliche Oper *Katharina* (1909); Te Deum für Chor u. Org. (1884); Oratorium *Franciscus* (1888); *Missa in honorem beatae Mariae virginis de Lourdes* (1892) u. *150. Psalm* (1907).

T. veröffentlichte: »Le chant grégorien, Théorie sommaire de son exécution« (Mecheln 1890).

Tin Pan Alley, Zentrum der amer. Schlagerindustrie zwischen 1900 u. 1930. Umfaßte das Viertel zwischen der 28th Street u. Radio City Music Hall sowie der Fifth u. Sixth Avenue. Erfunden wurde der Ausdruck von dem Journalisten M. Rosenfeld, für den das Geklimper auf den vielen Probenpianos wie das »Klappern von Zinnpfannen« klang. Zu den Veteranen der T. P. A. gehörten Texter, Komponisten u. Verleger wie I. Berlin, I. Caesar, H. von Tilzer, F. Fischer.

Tiomkin, Dmitri, amer. Komponist russ. Herkunft, * 10. 5. 1894 Petersburg, † 12. 11. 1979 London. Studierte Klavier am Petersburger Konservatorium, ließ sich 1921 in Berlin nieder u. übersiedelte 1925 in die Vereinigten Staaten. Ist als mehrfacher Oscar-Preisträger wohl der erfolgreichste Filmkomponist aller Zeiten.

Von T. stammen u. a. die Musiken zu »Bridge of San Luis Rey«, »Duel in the Sun«, »Mr. Smith Goes to Washington«, »Lost Horizon«, »Dial M for Murder«, »High Noon«, »The High and the Mighty«, »Wild is the Wind«, »Friendly Persuasion«, »Giant« u. »The Old Man and the Sea«.

T. Autobiografie erschien unter dem Titel »Please Don't Hate Me« (New York 1952).

Tippett, Sir Michael K., engl. Komponist, * 2. 1. 1905 London. Wollte schon als Kind Komponist werden. Studierte 1923–28 am Royal College of Music bei Ch. Wood u. C. H. Kitson (Komposition) u. M. Sargent u. A. Boult (Dirigieren), nachdem seine Mutter das Kunststück fertiggebracht hatte, ihn dort ohne Schulabschluß oder Aufnahmeprüfung unterzubringen. Schlug sich anschließend einige Jahre als Französisch- u. Musiklehrer durch, bis er sich auf dem Land als freischaffender Komponist niederließ u. daneben mit Laienchören arbeitete. Unzufrieden mit seinem kompositorischen Können, nahm er 1930 bei R. O. Morris noch einmal intensiven Privatunterricht. Alle Kompositionen vor der 1934–35 entstandenen 1. Klaviersonate wurden zurückgezogen. 1940–51 war T. Musikdirektor des Morley College in London. Als Komponist trat er erstmals mit seinem an die Friedensliebe der Menschheit appellierenden Oratorium *A Child of Our Time* (Titel nach Ö. von Horvaths »Ein Kind unserer Zeit«) an die Öffentlichkeit (1944), nachdem er im Jahr zuvor als Pazifist u. Kriegsdienstverweigerer eine dreimonatige Gefängnisstrafe hatte absitzen müssen. 1947–52 arbeitete er an seiner ersten Oper *The Midsummer Marriage*, deren Uraufführung 1955 am Royal Opera House Covent Garden T. als einen der bedeutendsten engl. Komponisten unserer Zeit auswies. 1970–74 hatte er die künstlerische Leitung des Bath Festival inne, seitdem lebt er als freischaffender Komponist auf dem Land.

T. Musik ist tonal gebunden u. stark in der engl. Tradition verwurzelt. Von H. Purcell übernahm er die auffallend intelligente Wortbehandlung, die Basso-ostinato-Technik u. die polyphone Stimmführung, von L. van Beethoven den Sinn für Ausgewogenheit von Form u. Inhalt. Seine Opern wirkten in einer Reihe von Instrumentalkompositionen weiter, in denen Thematik oder Stimmung eines Bühnenwerks weitergesponnen wurden. So führt z. B. eine direkte Verbindung von *King Priam* zur 2. Klaviersonate u. zum Concerto für Orch., u. der Dov aus *The Knot Garden* erhielt seinen eigenen unabhängigen Liederzyklus. T. veröffentlichte zwei Sammlungen mit Essays: »Moving into Aquarius« (London 1959, Neuauflage 1974) u. »Music of the Angels« (London 1980).

Zu T. Werken gehören: Streichquartett Nr. 1 (1934–35,

rev. 1943); Klaviersonate Nr. 1 (1936–37, rev. 1942 u. 1954); Konzert für 2 Streichorch. (1938–39); Fantasie über ein Thema von G.F. Händel für Kl. u. Orch. (1939–41); Oratorium *A Child of Our Time* für S., A., T., B., gem. Chor u. Orch. (1939–41); Streichquartett Nr. 2 (1941–42); 2 Madrigale für gem. Chor a cappella (1942); Kantate *Boyhood's End* für T. u. Kl. (1943); *Fanfare Nr. 1* für Blechbläser (1943); Motette *Plebs Angelica* für Doppelchor (1943); Motette *The Weeping Babe* für S. u. gem. Chor (1944); 1. Sinfonie (1944–45); Streichquartett Nr. 3 (1945–46); *Preludio al Vespro di Monteverdi* für Org. (1945); *Little Music* für Streicher (1946); Oper *The Midsummer Marriage* (1947–52, daraus *Ritual Dances*); *Suite for the Birthday of Prince Charles* für Orch. (1948); Liederzyklus *The Heart's Assurance* für hohe St. u. Kl. (1950–51); Madrigal *Dance, Clarion Air* für gem. Chor a cappella (1952); *Fantasia Concertante* über ein Thema von A. Corelli für Streicher (1953); *Fanfare Nr. 2* u. *3* für 4 Trp. bzw. 3 Trp. (1953); Divertimento über *Sellinger's Round* für Kammerorch. (1953–54); Klavierkonzert (1953–54); *Four Inventions* für Blockfl. (1954), Sonate für 4 Hörner (1955), Volksliedbearbeitung *Bonny at Morn* für St. u. Blockfl. (1956); *Four Songs from the British Isles* für gem. Chor a cappella (1956); 2. Sinfonie (1956–57); Kantate *Crown of the Year* für Frauenchor u. Instrumentalensemble (1958); Oper *King Priam* (1958–61), *Music* für St. u. Instrumentalensemble (1960); *Words for Music Perhaps* für Sprecher u. Kammerensemble (1960); *Lullaby* für 6 St. (1960); *Songs for Achilles* für T. u. Git. (1961); *Magnificat and Nunc Dimittis* für gem. Chor u. Org. (1961); Klaviersonate Nr. 2 (1962); *Songs for Ariel* für mittlere St. u. Instrumentalensemble oder Kl. (1962); Praeludium für Blechbläser, Glocken und Schlagzeug (1962); Orchesterkonzert (1962–63); *The Vision of Saint Augustine* für Bar., Chor u. Orch. (1965); *The Shires Suite* für gem. Chor u. Orch. (1965–70); Oper *The Knot Garden* (1966–70); *Songs for Dov* für T. u. Kammerorch. (1970); 3. Sinfonie (1970–72, mit S.-Solo); Klaviersonate Nr. 3 (1972–73); Oper *The Ice Break* (1973–76); 4. Sinfonie (1976–77); Streichquartett Nr. 4 (1977–78); Tripelkonzert für V., Va., Vc. u. Orch. (1978–79).

Lit.: I. Kemp (Hg.), M. T., Symposium on His 60th Birthday, London 1965.

Tirata (ital.; franz. tirade oder coulade), eine Verzierung, bei der 2 Melodietöne durch einen schnellen diatonischen Lauf miteinander verbunden werden oder die auf einen Melodieton hinführt. Wurde auch als wortausdeutende Figur eingesetzt.

Tirolienne → Tyrolienne

Tischtschenko, Boris I., sowj. Komponist, * 23. 3. 1939 Leningrad. Studierte am Konservatorium seiner Heimatstadt u. war der letzte Schüler D. Schostakowitschs. Experimentiert mit seriellen Techniken u. Klangfarben, bezieht aber auch viele Anregungen aus der Folklore.

Zu T. umfangreichem Werk gehören: die Ballette *Dwenadzat* (*Zwölf*, nach A. Blok, 1963) u. *Jaroslawna* nach der altruss. Dichtung »Igorlied« (1974); 5 Sinfonien (1961, 1964, 1966, 1974 u. 1976, die letztere seinem Lehrer D. Schostakowitsch gewidmet); *Sinfonia robusta* für Streicher, Pk., Schlagzeug u. Xylophon (1970); eine Vielzahl von Konzerten, darunter Konzert für Fl., Kl. u. Streicher (1972) u. Konzert für Hf. u. Orch. (1977); Kammermusik, u.a. 4 Streichquartette (1957, 1959, 1971, 1980) u. 6 Klaviersonaten (1957, 1960, 1965, 1972, 1973, 1975); Vokalkompositionen wie die Kantate *Lenin lebt* (1959); Film- u. Bühnenmusiken.

Titelouze, Jehan (Jean), franz. Komponist u. Organist, * Ende 1563 oder Anfang 1564 Saint-Omer, † 24. 10. 1633 Rouen. Möglicherweise erzogen im Jesuitenkolleg seiner Heimatstadt. Übersiedelte 1585 nach Rouen u. wurde dort Organist an St-Jean u. ab 1588 bis zu seinem Lebensende an der Kathedrale. 1610 wurde er Kanonikus. 1613 u. 1629 Preisträger der Palinodes von Rouen für seine beiden *Chant Royal*. 1623 Druck der *Hymnes de l'église pour toucher sur l'orgue* u. 1626 des Magnificat u. der *Missa quatuor vocum*. T. korrespondierte mit M. Mersenne, entwarf u. prüfte Orgeln u. hat Bedeutung für die Entwicklung der franz. Orgelmusik. In seinen wenigen erhaltenen Kompositionen bewegt er sich auf der Grenze zwischen der modalen u. tonalen Harmonik, erlaubt sich jedoch größere rhythmische Freiheiten.

Tittel, Gerhard, dt. Komponist, * 1937 Vielau. Erhielt eine Ausbildung als technischer Zeichner u. begann 1955 mit dem Geigenstudium. 1958–63 Student der Hochschule für Musik in Berlin (Ost), wo O. Klinge (Geige) u. G. Kochan (Komposition) zu seinen Lehrern zählten. Seit 1963 unterrichtet er selbst an diesem Institut. Ist in seinen Kompositionen, die selten über den Rahmen der Tonalität hinausgehen, von H. Eisler, S. Prokofjew u. D. Schostakowitsch beeinflußt.

T. komponierte u.a. 1. Streichquartett (1958), Capriccio für Ob. u. Orch. (1961), Sonate für Orch. (1965), *Der Bauer und sein König*, Kinderoper (1965), *Die Goldgans*, Märchenoper (1966), Konzert für 2 Streichergruppen, Kl., Pk., Schlagzeug u. Kb. (1966), Musik für Streicher (1967), Violinkonzert (1968), Nonett (1969), *Wissen ist Macht*, Kantate für A., Bar., Chor u. Orch. (1970), 2. Streichquartett (1970), Klavierkonzert (1971), Concerto für Orch. (1974), Orchestermusik (1975), *Die Regentrude*, Kinderballett (1976), 1. Sinfonie (1976).

Toccata (ital., von toccare: »schlagen«, »berühren«), eine ähnliche Substantivierung wie bei suonare (→ Sonate). Die Bezeichnung T. wurde auf festliche Bläserfanfaren (→ Tusch) wie auch auf die Laute u. Tasteninstrumente angewendet, bei letzteren zuerst im Sinn von improvisatorischem Ausprobieren des Instruments (→ Praeludium, → Intrada). Gegen Ende des 16. Jh. erschien die ital. Orgel-T. im Druck, zuerst bei G. Gabrieli u. C. Merulo. Besondere Bedeutung kommt den mehrteiligen Toccaten von G. Frescobaldi zu, die über dessen Schüler J. J. Froberger auch in Deutschland bekannt wurden. Gegen Ende des 17. Jh. kam neben der Orgel-T. jene cembalistische T. auf, die einen Abschnitt in der Suite oder Sonate bildete oder selbst ein mehrteiliges Stück darstellte. Charakteristisch für die T. ist der Wechsel von freien u. fugierten Teilen. Höhepunkt der Orgel-T. bilden J. S. Bachs bekannte Toccaten mit Fuge. In späterer Zeit wurde die T. als virtuose Etüde u. brillantes Vortragsstück wiederbelebt, u. a. bei R. Schumann (op. 7) u. S. Prokofjew (op. 11). Daneben werden Instrumentalstücke mit T. bezeichnet, die aus dem Geist des Klassizismus entstanden sind.

Toch, Ernst, amer. Komponist österr. Herkunft, * 7. 12. 1887 Wien, † 1. 10. 1964 Santa Monica, CA. Brachte sich durch das Studium von Mozart-Partituren selbst das Kompositionshandwerk bei. Studierte 1906–08 Medizin an der Universität Wien u. gewann mit seiner Kammersinfonie den Mozart-Preis, der ihm ein Studium am Dr. Hoch'schen Konservatorium in Frankfurt a. M. ermöglichte. Dort gehörte W. Rehberg (Klavier) zu seinen Lehrern. Die wichtigste Komposition aus dieser Zeit ist das Streichquartett op. 18. Ab 1913 Kompositionslehrer an der Mannheimer Musikhochschule. Für den Unterrichtsgebrauch begann er mit den Vorarbeiten zu seiner Melodielehre. 1921 promovierte er dann mit »Beiträge zur Stilkunde der Melodie« in Heidelberg. 1926 spielte W. Gieseking die Uraufführung des erfolgreichen Klavierkonzerts, 1929 ließ sich T. in Berlin nieder. 1932 spielte er auf Einladung von S. Kussewitzky sein Klavierkonzert in Boston, eine Amerika-Tournee schloß sich an. 1933 emigrierte T. mit seiner Familie nach den USA, nahm 1934–36 einen Lehrauftrag an der New School for Social Research in New York u. anschließend 1937–48 eine Professur an der University of Southern California an. 1944 hielt er eine Reihe von Vorträgen an der Harvard University, die ihm später als Grundlage zu dem Buch »The Shaping Forces of Music« dienten. Nach verschiedenen Gastprofessuren kehrte T. 1956–57 nach Europa zurück, wo er aber nicht mehr an seine Vorkriegserfolge anknüpfen konnte. Seine Kompositionen halten sich im Umfeld der Spätromantik u. sind zumindest in den ersten Jahren von J. Brahms beeinflußt. Später entwickelte T. einen expressiveren Stil, experimentierte mit »gesprochener« Musik u. versuchte sich im Streichquartett op. 74 auch in der Zwölftontechnik.

Zu T. Kompositionen gehören: die Bühnenwerke *Die Prinzessin auf der Erbse* (1927), *Egon und Emilie* (1928), *Der Fächer* (1930) u. *The Last Tale* (1960–62); Orchesterwerke, darunter *Komödie* für Orch. in 1 Satz (1927), 7 Sinfonien (1950; 1951; 1955; 1957; 1963, auch *Jephta* genannt; 1963; 1964), *Peter Pan* (1956) u. Sinfonietta für Streicher (1964); Vokalwerke wie *An mein Vaterland* für S., gem. Chor, Knabenchor, Orch. u. Org. (1913), *Die chinesische Flöte* für S. u. 14 Soloinstrumente (1922), Kantate *Das Wasser* für T., Bar., Sprecher, Chor u. Instrumentalensemble (1930), *Der Tierkreis* für Chor a cappella (1930), *Gesprochene Musik* (1930), *Cantata of the Bitter Herbs* für S., A., T., B., Erzähler u. Orch. (1938), *The Inner Circle* für Chor a cappella (1953) u. *Phantoms* für Sprecher, Frauenchor u. Kammerorch. (1957); Konzert für Vc. u. Kammerorch. (1924), Klavierkonzert (1926) u. Sinfonie für Kl. u. Orch. (1933); Kammermusik, u. a. 13 Streichquartette (1902–1953), Streichtrio (1936), Klavierquintett (1938) u. Quartett für Ob., Klar., Fag. u. Va. (1964); Klavierstücke, darunter Sonaten op. 6 u. 7 (um 1905), Burlesken (1923, davon Nr. 3 der populäre *Jongleur*), 3 Klavierstücke (1925), Klaviersonate op. 47 (1928), *Kleinstadtbilder* (1929), 5 × 10 Etüden (1931), *Diversions* u. *Sonatinetta* (1956), *Reflections* (1962) u. Sonate zu 4 Händen (1962); Lieder.

T. veröffentlichte: »The Shaping Forces in Music« (New York 1948) u. »Placed as a Link in This Chain, A Medley of Observations« (Los Angeles 1971).

Toeschi (eigtl. Toesca della Castella-Monte), ital. Musikerfamilie aus der Romagna, die im 18. u. 19. Jh. in Süddeutschland wirkte.

1. Carlo Giuseppe (Carl Joseph), ital. Geiger u. Komponist, getauft 11. 11. 1731 Ludwigsburg, † 12. 4. 1788 München. Erhielt ersten Unterricht von seinem Vater Alessandro u. anschließend von J. Stamitz. Trat 1752 in das Mannheimer Orchester ein, wurde 1759 Konzertmeister u. später Direktor der Cammer-Music. Ging 1778 mit dem Hof nach München u. wurde dort 1780 Musikdirektor. T. gehört neben Ch. Cannabich zu den führenden Komponisten der Mannheimer Schule. Er komponierte mehr als 66 Sinfonien, 19 Flöten- u. 11 Violinkonzerte, Kammermusik u. Ballettmusiken. Sein Sohn Carlo Teodoro machte sich als Geiger u. Komponist ebenfalls einen Namen.

2. Giovanni Battista (Johann Baptist), Bruder von 1., ital. Geiger u. Komponist, getauft 1. 10. 1735 Stuttgart, begraben 3. 4. 1800 München. Mitglied des Mannheimer Orchesters, 1774 dort Konzertmeister u. 1793 Musikdirektor in München. Er ließ 6 Triosonaten in Paris erscheinen u. komponierte das Ballett *Arlechin, Kaiser in China* (1778).

Tomášek (Tomaschek), Václav Jan K. (Wenzel Johann), böhm. Komponist, * 17. 4. 1774 Skutsch, † 3. 4. 1850 Prag. War als Komponist Autodidakt. Erhielt von Graf Buquoy, einem seiner Schüler, eine Rente auf Lebenszeit. Leitete nach 1820 eine eigene Musikschule u. beeinflußte das Prager Musikleben im Sinne der Wiener Klassik. Zu seinen Schülern gehörten u. a. J. H. Voříšek, J. Dessauer, A. Dreyschock, J. Schulhoff u. E. Hanslick. T. komponierte 4 Opern, Bühnenmusiken, Sinfonien, Klavierkonzerte u. Kammermusik. Seine kleineren Klavierstücke wie die Eklogen, Rhapsodien u. Dithyramben gelten als Vorläufer des lyrischen Klavierstücks (→ Charakterstück) u. haben noch R. Schumann beeinflußt. Zu seinem umfangreichen Liedschaffen gehören Goethe- u. Schiller-Lieder sowie Vertonungen nach der Königinhofer Handschrift von V. Hanka.

Tomasi, Henri F., franz. Komponist, * 17. 8. 1901 Marseilles, † 13. 1. 1971 Paris. Schüler des Pariser Conservatoire u. 1927 Rompreisträger. Musikalischer Leiter des franz. Radios in Paris u. Übersee u. 1946–50 Leiter der Oper in Monte Carlo.

Zu T. Kompositionen gehören: die Bühnenwerke *Sampiero corso* (1953), *L'Atlantide* (1954), *Le triomphe de Jeanne* (1956), *Don Juan de Mañara* (1956), *Il poverello* (1957), *Ulysse ou le beau périple* (1961), *Princesse Pauline* (1961), *L'élixir du père Gaucher* (1962) u. *L'éloge de la folie* (1965); die Ballette *La Grisi* (1935), *La rosière du village* (1935), *Les santons* (1938), *Féerie laotienne* (1939), *Les folies mazarguaises* (1951), *Noces de cendres* (1952), *Dassine* (1959), *Les barbaresques* (1960), *Nana* (1960); Orchesterwerke, darunter mehrere Konzerte; Vokalkompositionen u. Kammermusik.

Tombeau (franz.: »Grabmal«), Instrumentalstücke in der Art einer → Pavane oder eines → Lamento zum Angedenken an einen Verstorbenen. T. waren besonders unter den franz. Lauten- u. Klaviermeistern des 16. u. 17. Jh. beliebt. M. Ravel hat diesen Brauch mit seinem *T. de Couperin* (1917) wieder aufgegriffen. In neuerer Zeit wird auch »Hommage à ...« im Sinn von T. verwendet.

Tomkins (Tompkins), Thomas, engl. Organist u. Komponist, * 1572 St. Davids, begraben 9. 6. 1656 Martin Hussingtree bei Worcester. Schüler von W. Byrd, um 1596 Organist an der Kathedrale von Worcester, zwischen 1617 u. 1620 Gentleman der Chapel Royal u. 1621 einer ihrer Organisten. Blieb Organist in Worcester bis zur zweiten Belagerung der Stadt während des Bürgerkriegs, nach der alle Orgeln entfernt u. die Gottesdienste eingestellt wurden. Gehört zu den letzten großen engl. Komponisten des polyphonen Stils. Seine Kirchenmusik wurde größtenteils als »Musica Deo sacra« 1668 von seinem Sohn Nathaniel herausgegeben, seine Madrigale erschienen als »Songs or Madrigals« 1622. Daneben sind seine Consort music u. Virginalmusik handschriftlich erhalten.

Ton (griech.), wird in der Musik heute vorwiegend in der Bedeutung von Einzelton verwendet. Streng physikalisch gesehen wäre zu unterscheiden zwischen Sinus-T. (→ Sinusschwingung) u. dem aus mehreren Teiltönen (→ Teiltöne) gebildeten → Klang. Während das Wort T. in der griech. Musiktheorie den → Ganzton oder die → Tonart bezeichnete, erhielt es in der mittelalterlichen Musiktheorie die zusätzliche Bedeutung »Akzent« (→ Toni communes, → Psalmtöne). Daran schloß sich die Lehre von den → Kirchentönen an, die anfangs Melodiemodelle sammelte u. kodifizierte. Dementsprechend wurden die einzelnen Weisen im dt. Minne- u. Meistersang als Töne bezeichnet. Bis ins 17. Jh. war die Lehre vom T. ein Teil der Mathematik, dann wurde sie als Zweig der Naturwissenschaft aufgefaßt. Im 19. Jh. kamen als selbständige Wissenschaftszweige Physiologie und Psychologie (→ Hörpsychologie u. → Musikpsychologie) dazu. Als Qualitäten des T. betrachtet man heute → Tonhöhe, Dauer, → Lautstärke u. → Klangfarbe.

Tonadilla (span., Verkleinerungsform von tonada: »Lied«), kurzes Gesangstück mit Refrain, das bei span. Theateraufführungen im 18. Jh. als Einlage diente. Aus ihr entwickelten sich mehrteilige Zwischenaktunterhaltungen, die Ähnlichkeit mit dem ital. Opern-Intermezzo hatten.

Tonalität, ein System, das die Beziehung von Tönen u. Akkorden untereinander regelt. Da weder Tönen noch Klängen die Qualität der T. von sich aus anhaftet, hat man in der Geschichte der Musik immer wieder versucht, diese entweder aus mathematischen bzw. physikalischen Gesetzmäßigkeiten oder aus der Natur des musikalischen Hörens abzuleiten. Im engeren Sinne wird T. nur auf die Gruppierung von Tönen oder Akkorden um ein Bezugszentrum, eine → Tonika, verwendet. (→ Harmonielehre)

Tonar (von lat. liber tonarius), ein Verzeichnis Gregorianischer Gesänge nach der Ordnung der → Kirchentöne. Das älteste erhaltene T. stammt aus dem späten 8. Jh.

Tonart, eine dem lat. Wort modus nachgebildete Bezeichnung, die seit dem 19. Jh. zur Bestimmung eines → Tongeschlechts (Dur oder Moll) auf einer bestimmten Transpositionsstufe dient. Seit Einführung des gleichschwebend temperierten Tonsystems (→ Temperatur) ist die Zahl der T. auf 24 eingeschränkt. Von den Grundskalen C-Dur u. a-Moll ausgehend, ergeben sich aus dem → Quintenzirkel die einzelnen Vorzeichen u. ihre Zuordnung.

Tonartencharakter. Es ist immer wieder versucht worden, den einzelnen Dur- u. Molltonarten einen bestimmten Charakter beizumessen. Dabei durchdringen sich offensichtlich subjektives Empfinden u. Konvention. Im Sinne der modalen Tradition, die wiederum auf die griech. Musiktheorie zurückgeht (→ Ethos), wurden seit dem 16. Jh. einige Kirchentonarten als heiter, andere als traurig empfunden, u. G. Zarlino beschrieb die Durterz als hell u. die Mollterz als dunkel. Bei einzelnen Komponisten ist das Auftreten von Lieblingstonarten zu beobachten sowie das Assoziieren bestimmter Tonarten mit gewissen Empfindungen oder Inhalten. A. Skrjabin u. N. Rimskij-Korsakow brachten die Stimmungswerte einzelner Töne sogar mit Farben in Verbindung. Mit der völligen Emanzipation des Einzeltones scheint die Vorstellung von einem T. jedoch unvereinbar zu sein.

Tonband → Schallaufzeichnung

Tonbandmusik → Tape Music

Tonbezeichnungen, Tonbuchstaben → A, → B, → H, → C, → D, → E, → F, → G (→ Buchstaben-Tonschrift)

Tongeschlecht, im 18. Jh. als Übersetzung für → Genos entstandener Begriff, unter dem man heute Dur u. Moll erfaßt.

Tonhöhe (engl. pitch), eine der Grundeigenschaften jedes Tones. In der Akustik wird die T. der Frequenz gleichgesetzt u. in Hz gemessen. Der musikalische T.-Begriff beinhaltet neben dem rein akustischen Phänomen eine zyklische Qualität (bei E. M. von Hornbostel: Tonigkeit), die durch Identität oder Ähnlichkeit bestimmter sich im → Tonsystem wiederholender Tonstufen gegeben ist.

Toni communes (lat.), Melodieformeln für Messe u. Offizium. Sie sind im Graduale Romanum (→ Graduale) u. nach der letzten liturgischen Reform im »Ordo cantus missae« (1972) festgelegt.

Tonic-Solfa, eine in England von S. A. Glover u. J. Curwen um 1840 entwickelte Unterrichtsmethode, nach der mit Hilfe von Handzeichen vom Blatt gesungen werden konnte. Dazu verwendete man die überlieferten Solmisationssilben (→ Solmisation) do re mi usw. zu einer Durskala, die auf jedem angenommenen Grundton beginnen konnte. Erhöhungen u. Erniedrigungen wurden durch Umwandlung der Vokale in den Solmisationssilben angezeigt. Durch Umdeutung ließ sich auch in andere Tonarten modulieren. Nach großen Erfolgen beim Chorsingen wurde diese Methode als Tonika-Do von A. Hundoegger in Deutschland eingeführt, wo sie heute noch im Musikunterricht der Grund- u. Hauptschule angewendet wird.

Tonika, Grundton der in der Dur-Moll-tonalen Musik nach ihm benannten Tonart. In der funktionalen Harmonielehre versteht man unter T. den auf der 1. Stufe errichteten Dreiklang, in C-Dur also c-e-g.

Tonleiter (franz. gamme; engl. scale; ital. scala) nennt man die beiden diatonischen Skalen (→ Dur u. → Moll), die den heutigen Tonarten zugrunde liegen. Darüber hinaus gibt es T., die wie die → Ganztonleiter oder die → Zigeunertonleiter nicht zum Dur-Moll-System gehören.

Tonmalerei, Nachahmung außermusikalischer Erscheinungen u. Vorgänge mit Tönen. Dazu kann sich die Musik verschiedener Mittel bedienen: 1. Abschilderung durch Nachahmung von Naturgeräuschen, die vom Gewitter bis zum Anfahren einer Schnellzuglokomotive reichen können (→ Musique concrète als Sonderfall), 2. Wiedergabe bestimmter Sinngehalte (→ Augenmusik, → Figuren), 3. Wiedergabe von Stimmungen oder Empfindungen (→ Charakterstück, → Programmusik, → sinfonische Dichtung).

Tonmeister, der Verantwortliche für → Schallaufzeichnung, Übertragung u. Bearbeitung bei Rundfunk, Schallplatte, Film u. Fernsehen. Seine Ausbildung beinhaltet musikalisches u. technisches Wissen. Zu seinen Aufgaben gehören Plazierung der Mitwirkenden, Anordnung der Mikrofone u. Wahl des den jeweiligen akustischen Gegebenheiten entsprechenden Geräts. Während der Schallaufzeichnung führt der T. Klangregie, indem er die Klangbalance überwacht. Zur Bearbeitung eines einmal aufgenommenen Tonwerks gehören Bandschnitt, Mischung u. gegebenenfalls Synchronisation mit Bildabläufen.

Tonpsychologie → Hörpsychologie

Tonsystem, eine meistens anhand der Tonverhältnisse von Instrumenten entwickelte Tonordnung, deren Gerüst häufig die Oktave bildet. Ein T. ist dann durch die Anzahl der Tonstufen innerhalb einer Oktave u. ihre Beziehungen zueinander definiert. Während die griech. Antike ein aus Tetrachorden zusammengesetztes Doppeloktavsystem (→ Systema teleion) kannte, war das T. des Mittelalters siebentönig diatonisch. G. von Arezzo stellte es als Skala dar, die von G (Γ) bis d^2 oder e^2 reichte, aber nicht an feste Tonhöhen gebunden war. Ergänzt wurde es durch den Ton b. Seit der Einführung der gleichschwebenden → Temperatur besteht das T. aus einer zwölfstufigen temperierten Skala, die 7½mal wiederholt werden kann u. damit den Umfang des T. in der musikalischen Praxis auf den Raum von $_2A$ bis c^5 begrenzt.

Tonträger, das Material, auf dem die → Schallaufzeichnung festgehalten wird. Im Tonstudio geschieht dies fast ausschließlich auf Tonband.

Tonus peregrinus (lat.), Bezeichnung für einen Psalmton, der im frühen Mittelalter neben den 8 regulären → Psalmtönen entwickelt wurde. Seinen Namen verdankt er möglicherweise dem Pilgerpsalm »In exitu Israel de Aegypto« (äolisch).

Torelli, Gasparo, ital. Komponist, * Borgo San Sepolcro bei Lucca, † nach 1613. Gab eine Favola pastorale *I fidi amanti* (1600) heraus sowie 4 Bücher 3–4st. Canzonetten (1593–1608) u. »Brevi concetti d'amore« (5st. Madrigale, 1598).

Torelli, Giuseppe, ital. Geiger u. Komponist, * 22. 4. 1658 Verona, † 8. 2. 1709 Bologna. Schüler von G. A. Perti in Bologna u. dort ab 1684 Mitglied der Accademia Filarmonica. 1686 Sonatore di violetta in der Kapelle der Basilica S. Petronio, ab 1689 Sonatore di viola tenore. 1695 wurde nach dem Tod von G. P. Colonna die Kapelle von S. Petronio aufgelöst; einer seiner Schüler, P. Bettinozzi, fand daraufhin eine Anstellung in

Ansbach. T. hat sich eine Zeitlang in Wien aufgehalten u. wurde 1697 Kapellmeister in Ansbach, wo neben seinem ehemaligen Schüler Bettinozzi auch der Sänger u. Freund F. A. Pistocchi wirkte. Ende 1699 u. Anfang 1700 scheinen Pistocchi u. T. sich in Wien getroffen zu haben, wo T. ein Oratorium für den Hof komponierte. Als Perti 1701 die Kapelle von S. Petronio wieder aufleben ließ, kehrten beide nach Bologna zurück. 1703 kam auch Bettinozzi aus Ansbach zurück u. trat in die Kapelle von S. Petronio ein. Da er in Deutschland das Oboenspiel erlernt hatte, wird vermutet, er habe T. zu dessen später entstandenen Kompositionen für Bläser u. Streicher inspiriert. T. zählt zu den herausragenden Komponisten der → bolognesischen Schule, gilt als Schöpfer des Soloviolinkonzerts u. ist auch für die Entwicklung des Concerto grosso von Bedeutung.

Zu T. gedruckten Werken gehören: Op. I »Sonate a 3« mit B. c. (1686); Op. II »Concerto da camera« für 2 V. u. B. c. (1686); Op. III »Sinfonie a 2, 3 e 4« (1687); Op. IV »Concertino per camera a V. e Vc.« (1688); Op. V »Sinfonie a 3 e Concerti a 4« (1692), Op. VI »Concerti musicali a 4« (1698); Op. VII »Capricci musicali per camera a V. e Va. ovvero arciliuta« (nur der Titel ist überliefert) u. Op. VIII »Concerti grossi con una pastorale per il santissimo natale« für 2 V. concertate, 2 V. di ripieno, Va. u. B. c. (1709, hg. von seinem Bruder Felice).

Torroba (eigtl. Moreno-T.), Federico, span. Komponist, * 3. 3. 1891 Madrid. Studierte am Real Conservatorio de Música in Madrid, wo C. del Campo zu seinen Lehrern gehörte. Wandte sich der Komposition von Zarzuelas zu, nachdem er sich anfänglich mit sinfonischen Werken versucht hatte. Komponierte daneben eine Vielzahl von Gitarrenstücken, teilweise in Zusammenarbeit mit A. Segovia.

Zu seinen Werken gehören die Opern *Virgen de Mayo* (1925) u. *El Poeta* (1980) sowie die Zarzuelas *La marchenara* (1928), *Luisa Fernanda* (1932), *Azabache* (1933), *La chulapona* (1934), *Monte Carmelo* (1939), *Maravilla* (1941), *La caramba* (1942), *Baile de trajes* (1954), *Baile en capitania* (1960).

Totentanz, geht auf die antike Vorstellung vom Tod als Tänzer zurück, der alle Menschen ohne Rücksicht auf ihr Herkommen in seinen Kreis zwingt. Seit dem 16. Jh. gibt es musikalische Gestaltungen des T., die mehrteilig u. häufig in der Form des Reigens gefaßt sind. Die bedeutendste moderne Tanzvariante des T. ist *Der grüne Tisch* von K. Jooss.

Tourdion (franz., auch tordion), ein im 16. Jh. in Frankreich, Italien u. Spanien verbreiteter höfischer Tanz im Tripeltakt. Th. Arbeau beschreibt ihn als schnellen Nachtanz zur → Basse danse. Getanzt wurde er wie die → Galliarde, aber ohne Sprünge.

Tournemire, Charles A., franz. Organist u. Komponist, * 22. 1. 1870 Bordeaux, † 3. 11. 1939 Arcachon. Schüler des Pariser Conservatoire u. von V. d'Indy. 1898 Organist an Ste-Clotilde in Paris u. 1919 daneben Professor für Kammermusik am Conservatoire. Er veröffentlichte: »C. Franck« (Paris 1931) u. »Précis d'exécution de registrations et d'improvisation à l'orgue« (Paris 1936).

Zu T. Werken gehören: die Oper *Les Dieux sont morts* (1924); Vokalkompositionen wie das Oratorium *La douloureuse Passion du Christ* u. *Le sang de la Sirène;* 8 Sinfonien u. sinfonische Dichtungen; Kammermusik; Orgel- u. Klavierstücke; Lieder.

tr (tr. tr~~~), Zeichen für → Triller

Trabaci (Trabacci), Giovanni Maria, ital. Organist u. Komponist, * um 1575 Montepeloso (heute Irsina), † 31. 12. 1647 Neapel. 1603 Organist an der Reale Cappella di Palazzo in Neapel u. 1614 als Nachfolger seines Lehrers Jean de Macque Maestro di cappella. Komponierte in der polyphonen Tradition des 16. Jh.

Von T. Werken erschienen: »Motectorum liber I«, 5–8st. (1602); 2 Bücher 4st. »Ricercate, canzone francesi, capricci, canti fermi, gagliarde, partite diverse, toccate di durezze e ligature, consonanze stravaganti ...« für Org. (1603); »Missarum et motectorum a 4 v. liber I« (1605); »Psalmorum pro vesperis a 4 v. libro I°« (1608); »Sylvae armonicae variarum v. liber I« (1609); »Psalmi vespertini 4 v. liber II« (1630); »Passionem N. D. Iesu Christi secundum Matthaeum, Marcum, Lucam et Ioannem ...« (1634) sowie 3–4st. »Villanelle et arie« (1606) u. 2 Bücher 5st. Madrigale (1606 u. 1611).

Tractus (lat.), einer der Propriumgesänge der römischen Messe. Er wird während der Fastenzeit anstelle des → Alleluia u. im Requiem gesungen.

Traetta, Tommaso M. F. S., ital. Komponist, * 30. 3. 1727 Bitonto bei Bari, † 6. 4. 1779 Venedig. 1738–48 Schüler des Conservatorio di Loreto in Neapel, wo u. a. F. Durante zu seinen Lehrern gehörte. Hatte 1751 am Teatro S. Carlo mit seiner ersten Oper *Farnace* einen solchen Erfolg, daß ihm das Theater sofort weitere Aufträge erteilte. Seine nächsten 6 Opern scheinen jedoch verloren. 1758 Hofkapellmeister u. Musiklehrer der Prinzessin von Parma. Brachte dort 1759 kurz hintereinander *Solimano* und *Ippolito ed Aricia* heraus. Die letztere Oper gefiel so gut, daß ihm Karl III. von Spanien eine Pension aussetzte. 1765 wurde T. Leiter des Ospedaletto S. Giovanni e Paolo in Venedig u. 1768 als Nachfolger B. Galuppis Hofkomponist von Katharina d. G. in Petersburg. 1774 gab er diese Stellung aus gesundheitlichen Gründen auf, versuchte in London Fuß zu fassen u. kehrte schließlich nach Italien zurück. Neben N. Jommelli war T. einer von den Opernkomponisten, die auf eine Straffung der Dramatik hinzielten u. damit zu den Wegbereitern der Gluckschen Opernreform gehörten.

T. komponierte neben etwa 40 Opern 1 Stabat mater, das Oratorium *Salomone,* einige weltliche Vokalwerke sowie das Divertimento *Le quattro stagioni e i dodici mesi*... für 4 Orch.

Tragédie lyrique (franz.), eine aus dem Ballet de cour (→ Ballett) u. dem → Comédie-ballet entstandene Form des franz. musikalischen Barocktheaters. Wurde besonders von J.-B. Lully u. J.-Ph. Rameau gepflegt. Charakteristisch waren der geschlossene Szenenaufbau, die der Tragédie nachempfundenen Rezitative, große Chöre u. Ballettsätze.

tranquillo (ital.), ruhig, gelassen.

Transkription, 1. eine von F. Liszt eingeführte Bezeichnung für Klavierübertragungen, die er hauptsächlich von Liedern F. Schuberts für seine eigenen Konzertprogramme vornahm. Davon unterschieden sind Fantasien u. Paraphrasen. **2.** die Umschrift von Musik aus einer historischen in die heutige Notenschrift.

Transponieren (von lat. transponere: »versetzen«), das Versetzen auf eine andere Tonstufe unter Beibehaltung aller Intervallverhältnisse.

transponierende Instrumente nennt man Musikinstrumente, die vorwiegend transponiert notiert werden, d.h., bei denen zwischen Tonhöhenzeichen u. der tatsächlich gemeinten Tonhöhe ein Unterschied besteht, der nur durch eine Zusatzvorschrift aufgehoben wird. Dies trifft hauptsächlich auf Blasinstrumente zu, die in den Tonarten notiert werden, die ihrem Grundton u. ihrer Obertonreihe am besten entsprechen. Die transponierende Notation wurde auch nach Einführung von Erleichterungen wie Ventilen beibehalten, da sie der Griffweise entgegenkommt. Zu den t. I. gehören auch die Piccolofl., die eine Oktave höher klingt, u. der Kontrabaß, der eine Oktave tiefer klingt als notiert. Ebenfalls zur Transposition gehört die → Scordatura. Von den t. I. sind diejenigen zu unterscheiden, die in → Schlüsseln notieren.

Trapp, H. E. A. Max, dt. Komponist, * 1. 11. 1887 Berlin, † 31. 5. 1971 ebd. Schüler von P. Juon u. E. von Dohnányi in Berlin, 1920 Lehrer für Klavier an der Berliner Musikhochschule, daneben ab 1924 Leiter einer Meisterklasse für Komposition am Städtischen Konservatorium in Dortmund. 1951–53 Lehrer am Städtischen Konservatorium in Berlin. Komponierte anfangs unter dem Einfluß von R. Strauss u. M. Reger, um sich später auf eine melodische u. vom Handwerklichen geprägte Schreibweise zu verlegen.

Zu T. Werken gehören Sinfonien, Konzerte u. Divertimenti für Orch.; je 1 Konzert für V. (1925), Kl. (1931) u. Vc. (1938) mit Orch.; Kammermusik; Klaviermusik; Lieder.

Travis, Roy, amer. Komponist, * 24. 6. 1922 New York. Studierte an der Juilliard School of Music bei B. Wagenaar, an der Columbia University bei O. Luening, außerdem bei F. Salzer u. D. Milhaud. Seit 1968 Professor an der University of California in Los Angeles. Beschäftigt sich bevorzugt mit afrikanischen Rhythmen.

Zu T. Kompositionen gehören: die Oper *The Passion of Oedipus* (1965); *Collage* für Orch. (1968); Klavierkonzert (1969); Concerto für Fl., auf Tonband aufgenommene afrikanische Instr. u. Synthesizer unter Verwendung verschiedener afrikanischer Aschanti-Rhythmen (1971).

Treble (engl. von lat. → triplum), seit dem 14. Jh. in der engl. Musik die über dem Tenor u. dem Meane (von lat. medius) liegende dritte Stimme eines Satzes. In den engl. Diskanttraktaten des 15. Jh. ist dem T. ein eigener → Sight zugeordnet. Im 4st. Satz bedeutet T. als Oberstimme soviel wie Sopran.

Trecento (ital.: »vierzehntes Jh.«), eine von der franz. → Ars nova unabhängige ital. Entwicklung auf dem Gebiet der mehrstimmigen volkssprachlichen weltlichen Musik zwischen etwa 1330 u. dem Beginn des 15. Jh. Ihre wichtigste Ausprägung erfuhr die Musik des T. in → Madrigal, → Caccia u. → Ballata.

Tredezime (lat. tertia decima: »dreizehnte«), Bezeichnung für die Sexte über der Oktave.

Tremblay, Gilles, kan. Komponist u. Pianist, * 6. 9. 1932 Arvida, Québec. 1949–54 Schüler des Conservatoire de musique in Montreal, wo J. Papineau, G. Malépart u. C. Champagne zu seinen Lehrern gehörten. 1954–58 weitere Studien in Paris, u. a. bei O. Messiaen u. Y. Loriod, M. Martenot u. A. Vaurabourg-Honegger. 1957 Teilnahme an einem von K. Stockhausen geleiteten Sommerkurs in Darmstadt u. 1959–61 Mitarbeiter der Groupe de Recherches Musicales der ORTF. 1960 zweiter Besuch der Internationalen Sommerkurse in Darmstadt u. Teilnahme an von P. Boulez u. H. Pousseur geleiteten Veranstaltungen. Seit 1962 Professor am Conservatoire in Montreal. Läßt in seinen Kompositionen eine starke Vorliebe für Bläser u. Schlaginstrumente, orientalische Rhythmen und überraschende Klangfarben erkennen.

Zu T. Kompositionen gehören: *Deux pièces* für Kl. (1956–58); *Cantique de durées* für 7 Orchestergruppen (1960); *Champs I* für 1 Klavierspieler u. 2 Schlagzeuger (1965); *Kékoba* für S., Mezzo-S., T., Schlagzeug u. Ondes Martenot (1965); *Souffles* (*Champs II,* 1968); *Vers* (*Champs III,* 1969); »... *Le sifflement des vents porteurs de l'amour* ...« für Fl., Schlagzeug u. 4 Mikrophone (1971); *Solstices* für 1 bis 4 Gruppen mit je 6 Solisten (1971); *Jeux de solstices* für Orch. (1974); *Oralléluiants* für S., Fl., B.-Klar., Horn in F, 3 Kb., 2 Schlagzeuge u. Mikrofone (1974–75), *Fleuves* für Orch. (1976).

Tremolo (ital.; Abkürzung trem.), das als Effekt eingesetzte Zittern oder Beben einer Instrumental- oder Vokalstimme. Im Instrumentalbereich unterscheidet man **1.** raschen gleichmäßigen Bogenwechsel bei Streichinstrumenten auf demselben Ton, **2.** raschen gleichmäßigen Wechsel zwischen 2 Tönen, die mehr als eine Sekunde auseinanderliegen, **3.** raschen Wechsel zwischen einer Note u. deren oberer oder unterer Nebennote.

Trenet, Charles, franz. Komponist, Textdichter u. Chansonsänger, * 18. 5. 1913 Narbonne. Wollte eigentlich Maler werden, arbeitete ab 1930 als Filmdekorateur u. komponierte nebenher seine ersten Chansons. Nach Auftritten mit Johnny Hess im »Palace«, »Fiacre« u. »A. B. C.« debütierte er 1937 allein in der Bar des »Grand Hôtel« in Marseille mit *Je chante*. Zu seinen teils optimistischen, teils ironischen u. häufig von Max Jacob beeinflußten Chansons gehören *Annie-Anna, La vie qui va, La folle complainte, Mes jeunes années, L'âme des poètes, Sacré farceur* u. *Mon village englouti*. 1965 kam in Paris sein Roman »Un noir éblouissant« heraus.

Lit.: P. Michel, Ch. T., Paris 1964; M. Perez, Ch. T., Paris 1965, Neuauflage 1979.

Trepak, ein aus der Ukraine stammender lebhafter Tanz im ¾-Takt, für den Hockschritte u. Spagatsprünge charakteristisch sind. P. Tschaikowsky verwendete ihn im 2. Akt des *Nußknacker*.

Tricinium (lat.), eine fast ausschließlich im protestantischen Deutschland gebräuchliche Bezeichnung für 3st., meist kontrapunktisch gearbeitete Kompositionen. Der analog zu → Bicinium gebildete Ausdruck geht wahrscheinlich auf G. Rhaws 1542 erschienene »Tricinia« zurück.

Tridentiner Konzil, fand 1545–63 in Trient statt u. war für die Erneuerung der Kirchenmusik von größter Bedeutung. Mangelnde Textverständlichkeit u. das Eindringen von weltlichen Elementen in Meßkompositionen u. liturgisches Orgelspiel bewogen einige Konzilsväter, sich für eine Rückkehr zum Gregorianischen Gesang einzusetzen. Auch wenn sie mit dieser Vorstellung nicht durchdrangen, reichte die Diskussion aus, um Reformbestrebungen in Gang zu setzen, die sich in Kompositionen von G. P. Palestrina u. V. Ruffo niederschlugen. H. Pfitzner machte die Auseinandersetzungen während des Konzils zum Thema seiner Oper *Palestrina* (1917).

Triller (ital. trillo; franz. trill; engl. shake oder trill), eine Verzierung, die aus einem mehr oder weniger schnellen Wechsel zwischen einer Note u. ihrer oberen Nebennote besteht. Verwandt sind → Trillo, → Tremolo u. die Technik des → ondeggiando bei Streichinstrumenten. Im weiteren Sinne gehören auch → Vibrato u. der Wechsel zwischen einer Note u. ihrer unteren Nebennote (→ Mordent) zur Familie der T. Bis Anfang des 19. Jh. begann der T. gewöhnlich mit der nächsthöheren Nebennote, außer wenn diese bereits vorher aufgetreten war:

J. N. Hummel schrieb in seiner 1828 erschienenen Klavierschule erstmals vor, daß der T. mit der Hauptnote zu beginnen habe:

Der T. soll während der vollen Länge der jeweils zu verzierenden Note ausgeführt werden u. endet meistens mit einem Nachschlag, d. h. mit der Berührung der unteren Nebennote. Seltener war am Ende die Antizipation der folgenden Note.

Trillerkette nennt man eine Reihe fortlaufend aneinandergehängter Triller, von denen jeder aufsteigende einen Nachschlag haben kann, während bei absteigenden nur der letzte einen solchen haben soll.

Trillo (ital.), **1.** → Triller. **2.** Gesangsverzierung, die aus langsam beginnenden u. allmählich im Tempo zunehmenden Tonwiederholungen besteht u. bei G. Caccini in »Le nuove musiche« (1601) beschrieben wurde. C. Monteverdi setzte ihn als Effekt ein.

Trio (ital.), bezeichnet im 18. Jh. ein Stück für 3 Singst. u. Generalbaß (→ Terzett) u. die → Triosonate. Heute verstehen wir unter T. **1.** eine Komposition für 3 Instr. u. eine Gruppe von 3 Instrumentalsolisten. Häufigste T.-Besetzungen sind: das aus der Verbindung von Sonata a trè u. der Klaviersonate entstandene Klaviert. (meistens Kl., V., Vc.) u. das Streicht. (meistens V., Va., Vc.). **2.** das T. des Menuetts oder Scherzos in der Sinfonie. Bei diesem ist die ursprüngliche Dreistimmigkeit, der es seinen Namen verdankt, längst aufgegeben. Es hebt sich durch reduzierte Besetzung u. eine gewisse kontrastierende Beschaulichkeit ab.

Triole (engl. triplet), eine Figur von 3 gleichen Noten, die für 2 oder 4 Noten eintreten kann. Sie wird durch eine beigeschriebene *3* angezeigt.

Trionfi nannte man in der ital. Renaissance Prunk- u. Maskenzüge.

Triosonate, die beliebteste Form der Kammermusik in der Barockzeit. Die T. bestand aus 2 melodieführenden Oberstimmen (besetzt mit V., aber auch Blasinstr.) u. dem B. c. (besetzt mit Org. oder Cemb. bei häufiger Verstärkung durch ein tiefes Streichinstr. oder Bläser). Nachdem die T.

sowohl im kirchlichen wie auch weltlichen Bereich gepflegt wurde, galten die gleichen Gegebenheiten wie für die Sonata da chiesa u. da camera (→ Sonate). Die erste selbständige Sammlung von T. außerhalb Italiens veröffentlichte 1659 J. H. Schmelzer. Weitere bedeutende Beiträge zu dieser Gattung leisteten H. J. F. Biber mit seinen Triosuiten sowie die Bachvorgänger J. Rosenmüller, J. A. Reinken, D. Buxtehude u. J. Pachelbel. Bei ihnen wurde der sog. Froberger-Plan (Allemande–Gigue–Courante–Sarabande) häufig noch um eine Einleitungs-Sonata erweitert. Ihre höchste Ausprägung erfuhr die T. bei A. Corelli, der sowohl auf dem Gebiet der Kirchen- wie auch der Kammersonate verbindliche Maßstäbe setzte. Er wirkte mit seinen T. op. 1–4 noch auf G. F. Händel u. G. Ph. Telemann ein. Ein Sonderfall sind die T. für Org., bei denen die 3 Stimmen auf die 2 Manuale u. das Pedal verteilt werden. J. S. Bach schuf für diese Sonderform seine 6 Sonaten BWV 525-30.

Tripelfuge (lat. fuga triplex), eine Fuge mit 3 Themen, die nacheinander durchgeführt und zum Schluß miteinander verbunden werden.

Tripelkonzert, Konzert für 3 Soloinstrumente u. Orchester. Am bekanntesten ist das T. von L. van Beethoven für Kl., V., Vc. u. Orch. in C-Dur op. 56 (→ Symphonie concertante).

Tripeltakt nennt man jeden dreiteiligen, d. h. drei Hauptzählzeiten enthaltenden → Takt, z. B. 3/2, 3/4, 6/8.

Tripla, Proportio tripla, das Verhältnis 3:1. In der Mensuralnotation bedeutet die Ziffer 3 oder 3/1 hinter dem Mensurzeichen, daß 3 Semibreven die gleiche Zeit ausfüllen sollen wie eine einzelne im → integer valor notarum. Weil der → Nachtanz häufig eine tripeltaktige Variante des Vortanzes war, wurde er auch → Proportz genannt.

Triplum (lat.), im 3- und 4st. Organum und im 3st. Diskantus die dem → Duplum hinzugefügte 3. Stimme, kommt auch als Bezeichnung für den 3st. Satz vor.

Tristan-Akkord, Bezeichnung für den Klang f-h-dis^1-gis^1 im 2. Takt der Einleitung zum 1. Aufzug von R. Wagners *Tristan und Isolde:*

Dieser Klang ist zwar als Vorhaltsbildung erklärt worden, da er aber in einer Instrumentengruppe nicht aufgelöst wird u. im weiteren Verlauf des Werkes mit leitmotivischer Wirkung wiederkehrt, ist sein funktionaler Zusammenhang nicht befriedigend zu deuten. Der T.-A. wird gern als Beispiel herangezogen, wenn man von der Krise der romantischen Harmonik spricht.

Tritonius, Petrus (latinisiert aus Peter Treibenreif), österr. Humanist u. Komponist, * um 1465 Bozen, † wahrscheinlich 1525 Hall, Tirol. Studierte in Wien u. bei C. Celtis in Ingolstadt. Erwarb um 1502 den Magister artium in Padua u. war Lateinschulmeister in Bozen u. Hall. Komponierte auf Anregung von Celtis 4st. Horazische Oden für den Schulgebrauch, die in der Sammlung »Melopoiae sive harmoniae tetracenticae« (1507) veröffentlicht wurden.

Tritonus (lat.: »Dreiton«), das aus 3 Ganztonschritten bestehende Intervall, z. B. f-h. Wurde in der funktionalen Harmonik meistens als übermäßige → Quarte oder verminderte → Quinte gedeutet. Spielte in der antiken griech. Musik keine Rolle, weil dort die Oktave in 2 Tetrachorde gegliedert war. Der T. wird erstmals bei Hermannus contractus erwähnt u. ist als »diabolus in musica« sowohl im Mittelalter wie im strengen Kontrapunkt verboten. Trotzdem wurde er immer wieder als dissonanter Effekt eingesetzt. J. S. Bach verwendete ihn zur Darstellung von Begriffen wie Tod, Sünde, Klage, C. M. von Weber zur Schilderung der Wolfsschlucht im *Freischütz* u. K. Penderecki zur Kennzeichnung des Teufels in *Paradise Lost.* In der neueren Musik, besonders in der Dodekaphonie, spielt der T. eine ganz besonders wichtige Rolle, da er neben der Oktave das einzige Intervall ist, das sich bei seiner Umkehrung nicht im Klangcharakter verändert. Außerdem teilt er die chromatische Tonleiter in 2 gleiche Hälften u. dient deshalb als Achse bei der Umkehrung oder Transposition einer Reihe sowie zur Bildung symmetrischer Klänge.

Tritto, Giacomo, ital. Komponist, * 2. 4. 1733 Altamura, † 16. 9. oder 17. 11. 1824 Neapel. Schüler des Conservatorio della Pietà dei Turchini in Neapel ab 1752, wurde dort 1785 Secondo maestro straordinario, 1799–1807 Primo maestro u. nach der Umwandlung des Conservatorio in das Collegio Reale di Musica gemeinsam mit G. Paisiello u. F. Fenaroli Direktor der neuen Institution. 1816 als Nachfolger von Paisiello Hofkapellmeister. Komponierte im Stil der → neapolitanischen Schule 51 Opern, von denen *La fedeltà in amore* (1764), *Arminio* (1786) u. *Gli Americani* (1802) erwähnt seien. Seine Kirchenmusik liegt nur handschriftlich vor. Er veröffentlichte außerdem: »Partimento e regole generali per conoscere qual numerica dar si deve ai vari movimenti del basso« (1821, eine Generalbaßschule) u. »Scuola di contrappunto« (1823). Sein Sohn Domenico machte sich als Kirchenkapellmeister u. Komponist ebenfalls einen Namen.

Trivialmusik, eine Musik mit Warencharakter, deren Entstehung eng mit dem Aufstieg des Bürgertums ab Ende des 18. Jh. verbunden ist. Als leicht aufnehmbares Konsumgut lebt sie hauptsächlich von der mehr oder weniger gekonnten Zusammenfügung musikalischer Klischees. Die Grenzen zur → Salon- u. → Unterhaltungsmusik sind im 19. Jh. fließend. Heute darf man wohl T. u. Unterhaltungsmusik gleichsetzen.

Trobadors (von provenz. trobar: »finden«, »erfinden«; franz. troubadours), ritterliche Sänger, Komponisten u. Dichter in einem, die Erfinder der ersten volkssprachlichen Kunstlyrik des Abendlandes. Die Zeit der T. reicht ungefähr vom Ende des 11. bis zum Beginn des 14. Jh. Sie dichteten auf provenz., in der Lengua d'oc (occitanisch von oc für »ja« im Gegensatz zu oïl für »ja«, → Trouvères). Ihre Lieder wurden entweder von ihnen selber oder von → Ménestrels vorgetragen, die in ihren Diensten standen. Zur Begleitung spielte man die Viole (Fiedel), die Rotta (eine Art Zither) u. andere harfenähnliche Instrumente. Zu den verschiedenen Liedgattungen gehörten die ausschließlich der Liebesdichtung vorbehaltene → Kanzone, die → Sirventes, die beiden Formen des provenz. Streitgedichts Joc partit (→ Jeu parti) u. Tenzone, das Klagelied (→ Planctus), das → Tagelied, die → Pastourelle, → Ballade u. → Estampie. Während jede Kanzone ihre eigene Strophenform u. Melodie haben mußte, griffen die anderen Gattungen auf bestehende Melodien zurück (→ Kontrafaktur). Zu den bekanntesten T. gehörten Bernart de Ventadorn u. Bertran de Born. Daneben sei → Marcabru erwähnt, der Begründer des sog. dunklen Stils.

Trojahn, Manfred, dt. Komponist, * 22. 10. 1949 Cremlingen bei Braunschweig. 1966–70 Studium der Orchestermusik an der Niedersächsischen Musikhochschule in Braunschweig, anschließend Studium an der Hamburger Hochschule für Musik, wo H. Zöller (Flöte) u. D. de la Motte (Komposition) zu seinen Lehrern gehörten. 1979 Stipendiat der Villa Massimo. Ist in seinen Kompositionen von G. Ligeti, dem frühen A. Schönberg, G. Mahler u. A. Berg beeinflußt. Sein »Überdenken des Bereichs der Dissonanz-Konsonanz-Beziehungen« hat in letzter Zeit zu einer Anlehnung an die Musik des Fin de siècle geführt.

Zu T. Kompositionen gehören: *Risse des Himmels* für S., Fl. u. Git. (1968–74); Kammerkonzert (1973); 1. Sinfonie (1973–74); *Architectura caelestis* für 8 Frauenst. u. Orch. (1974–76); Streichquartett (1976); *Notturni trasognati* für A.-Fl. u. Kammerorch. (1977); *Conduct I* für Org. mit 2 Spielern; *Conduct II* für Streichorch. u. Schlagzeug (1978); 2. Sinfonie (1978); ... *stiller Gefährte der Nacht,* Kammermusik auf einen Text von F. G. Klopstock für S., Fl., Vc., Schlagzeug u. Celesta (1978); *Abschied* ... (Fragment für Orch., 1978); *Erstes Seebild* für Streichquintett u. Orch. (1980).

Tromboncino, Bartolomeo, ital. Komponist, * um 1470 Verona, † nach 1535, möglicherweise Venedig. Wirkte 1487–95 in Mantua, ist außerdem in Vicenza, Casale, Ferrara u. Venedig nachgewiesen. Gilt neben M. Cara als der bedeutendste Komponist von Frottole (→ Frottola). Seine Stücke erschienen hauptsächlich in den Frottolesammlungen O. Petruccis.

T. komponierte 9 3st. Lamentationen u. die Musik zu Plautus' »Asinaria« (1502).

Tropen → Zwölftonmusik

Tropus (von griech.: »Wendung«, »Weise«), in der Antike u. im Mittelalter eine rhetorische Sinnfigur. Heute versteht man unter T. die seit dem 9. Jh. nachweisbare Erweiterung der liturgischen Gesänge. Dies geschah durch nachträgliche syllabische Textierung vorhandener Melismen, deren musikalische Erweiterung oder die Neukomposition tropierender Texte. Die Überwucherung der liturgischen Grundtexte führte schließlich zum Verbot der T. durch das → Tridentiner Konzil. Die Tropen sind für die Musikgeschichte von besonderer Bedeutung, weil sie zur Entwicklung der → Motette u. des → liturgischen Dramas beitrugen.

Trouvères (von altfranz. troveor: »finden«, »erfinden«), unter dem Einfluß der → Trobadors entstandene nordfranz. Bewegung von Dichtern u. Komponisten, die im 12. u. 13. Jh. volkssprachliche Lieder schrieben u. vertonten. Im Gegensatz zu den Trobadors dichteten sie in der Langue d'oïl (Altfranz.), was ihnen eine ungleich größere Verbreitung sicherte (→ Minnesang). Von den Trobadors übernahmen sie die höfische Minnekonzeption u. die bereits im Süden ausgebildeten Liedarten, die durch eigenständige Entwicklungen ergänzt wurden. Anders als bei den Trobadors beteiligte sich in den aufblühenden Städten des Nordens auch das Bürgertum an dieser Entwicklung. Es gründete Dichtergesellschaften u. richtete Wettbewerbe (→ Puy) aus. Der bekannteste T. aus der 2. Hälfte des 13. Jh. ist Adam de la Halle.

Trugschluß, eine Schlußbildung, bei der alle

Stimmen regelrecht kadenzieren u. nur der Baß eine Stufe steigt. Dabei entsteht in Dur immer ein Moll- u. in Moll ein Durakkord.

Tschaikowskij, Alexander, sowj. Pianist u. Komponist, * 19. 2. 1946 Moskau. Schüler des Moskauer Konservatoriums (1967–72). Zu seinen Lehrern gehörten H. Neuhaus u. L. Naumow (Klavier) u. T. Chrennikow (Komposition). Lieferte als Examensarbeit ein Klavierkonzert ab, das durch Virtuosität u. eine spätromantische Tonsprache gekennzeichnet ist.

Zu T. Kompositionen gehören: die Oper *Der Großvater lacht* (1975); Orchester- u. Instrumentalwerke wie Cellokonzert (1974) u. Concerto (1977); Vokalkompositionen, darunter *Mein Freund und ich* für S., Mezzo-S., Bar. u. Orch. (1976); Kammermusik; Bühnen- u. Filmmusik.

Tschajkowskij, Boris A., sowj. Komponist, * 10. 9. 1925 Moskau. Studierte am Moskauer Konservatorium, wo N. Mjaskowskij, W. Schebalin u. D. Schostakowitsch zu seinen Lehrern gehörten. Überrascht durch ungewöhnliche klangliche Einfälle, steht aber sonst ganz in der Tradition der russ. Sinfonik.

Zu T. Werken gehören: 1. Sinfonie (1947); *Swesda* (*Der Stern*, Oper, 1949); Sinfonietta für Streicher (1953); Klaviertrio (1953); Capriccio über engl. Themen für Orch. (1954); 1. Streichquartett (1954); Streichtrio (1955); Konzert für Klar. u. Kammerorch. (1957); Cellosonate (1957); Violinsonate (1959); 2. Streichquartett (1961); Klavierquintett (1962); Cellokonzert (1964); 2. Sinfonie (1967); 3. Streichquartett (1967); Violinkonzert (1969); Klavierkonzert (1971); *Gedichte von Puschkin*, Liederzyklus für S. u. Kl. (1972); 4. Streichquartett (1972); Sonate für 2 Kl. (1973); Kantate *Tierkreiszeichen* für S. u. Orch. (1974); 5. Streichquartett (1974); 6. Streichquartett (1976); 6 Etüden für Orch. (1976).

Tschaikowsky (Čajkovskij), Peter (Pjotr) I., russ. Komponist, * 7. 5. 1840 Wotkinsk, Ural, † 6. 11. 1893 Petersburg. Sein Vater war Chefinspektor der Kamsko-Wotkinsker Berg- u. Metall-Werke, seine Mutter eine geb. Assier mit dt. u. franz. Vorfahren. T. erhielt eine gutbürgerliche Erziehung. Zu Hause wurde Klavier gespielt u. gesungen, außerdem gab es ein Orchestrion, das Opernnummern von G. Rossini, G. Donizetti, V. Bellini u. Stücke aus W. A. Mozarts *Don Giovanni* spielte. Der kleine, übersensible T. verbrachte jeden freien Augenblick fantasierend am Klavier. Ersten Unterricht erhielt er von einer gewissen Maria Paltschikowa. Als die Familie für kurze Zeit nach Petersburg zog, nahm T. Stunden bei dem Pianisten Philipow u. erlebte erstmals Oper u. Ballett. Den stärksten Eindruck machte auf ihn M. Glinkas *Das Leben für den Zaren.* 1849 ließ sich die Familie in Alapajew an der sibirischen Grenze nieder. Beim jungen T. machten sich zum ersten Mal starke Depressionen bemerkbar. 1850 wurde er zu einem Vorbereitungskurs auf die Rechtsschule in Petersburg geschickt. Die Trennung von seiner abgöttisch geliebten Mutter führte zu seiner ersten großen seelischen Erschütterung. 1852 kehrte die Familie nach Petersburg zurück, u. T. nahm das Jurastudium auf. 1854 starb die Mutter an der Cholera, für T. das schrecklichste Ereignis seines Lebens. Während des Studiums 1855–58 Klavierunterricht bei R. Kündinger u. zeitweise Umgang mit dem ital. Gesangslehrer L. Piccioli. 1859 Abschluß der Juristenschule u. Einstellung im Rang eines Titularrats beim Justizministerium. T. genoß das Leben eines jungen Petersburgers, der als Beamter eine gesicherte Zukunft vor sich hatte u. als unterhaltender Klavierspieler überall gern gesehen war. 1861 erster Theorieunterricht bei N. Zaremba, der mit Förderung der Russ. Musikalischen Gesellschaft Kurse veranstaltete u. T. auch als Schüler behielt, als er in den Lehrkörper des neugegründeten Petersburger Konservatoriums berufen wurde. Von seinem sorglosen Leben immer weniger befriedigt, beschloß T. 1863, aus dem Staatsdienst auszuscheiden u. sich ganz der Musik zu widmen. Er trat in das Petersburger Konservatorium ein u. studierte Komposition bei A. Rubinstein. Zu seinen Mitschülern gehörte der spätere Kritiker H. Laroche, der zeitlebens zu den wenigen Freunden u. Vertrauten T. gehören sollte. Noch während der Konservatoriumszeit entstanden erste Kompositionen, u. a. die Ouvertüre zu A. Ostrowskijs »Das Gewitter« u. die *Charakternye tancy,* die Johann Strauß (Sohn) 1865 bei seiner Rußlandtournee aufführte. Im gleichen Jahr machte T. die Abschlußprüfung u. wurde von A. Rubinsteins Bruder Nikolaj an das neugegründete Moskauer Konservatorium als Theorielehrer engagiert. Aus den Anfangsjahren in Moskau stammen die 1. Sinfonie *Zimnie grezy* (*Winterträume,* 1866), die *Festouvertüre über die dänische Nationalhymne* (1866), die Opern *Der Wojewode* (*Voevoda,* 1867–68; später bis auf die instrumentalen Teile vernichtet) und *Undina* (1868; nicht zur Aufführung angenommen, vernichtet) sowie die auf eine Anregung von M. Balakirew zurückgehende Ouvertüre *Romeo und Julia* (*Romeo i Džul'etta,* 1869–70). T. unternahm wiederholt Auslandsreisen, verbrachte aber die Sommermonate am liebsten bei seiner Schwester Alexandra auf dem Gut ihres Mannes in Kamenka bei Kiew. Dort konzipierte er Teile seines 1. Streichquartetts u. der 2. Sinfonie (die »Kleinrussische«), beides Werke, die der ukrainischen Folklore verpflichtet sind. Seit seinem Umzug nach Moskau hatte T. neben N. Rubinstein im Konservatorium gewohnt. Jetzt, im Jahr 1871, erlaubte ihm seine verbesserte Finanzlage, dem Drang nach mehr menschlicher u. künstlerischer Freiheit nachzugeben und in eine eigene Wohnung zu ziehen. Zu seinem Freundeskreis gehörten H. Laroche, der ebenfalls nach Moskau gekommen war, T. Verleger P. I. Jurgenson, der Pianist u. Kritiker N. D. Kaschkin, der Cellist K. Albrecht u. die Familie Schilowsky, deren Sohn Konstantin ihm beim Entwurf des Librettos zu *Eugen Onegin (Evgenij Onegin)* half u. deren Sohn Wladimir zu seinen Lieblingsschülern gehörte u. ihn häufig auf Reisen begleitete. Außerdem nahm T. nebenbei eine sporadische Tätigkeit als Musikkritiker auf. 1872 beendete er die Oper *Der Leibwächter (Opričnik)*, 1873 entstanden die Musik zu A. Ostrowskijs »Sneguročka« (»Schneewittchen«) u. die Fantasie-Ouvertüre *Burja* (nach W. Shakespeares »Der Sturm«), die er dem Kunst- u. Musikkritiker W. Stassow widmete. 1874 reiste T. nach Italien u. begann bei einem anschließenden Aufenthalt in Nizza mit der Komposition der Oper *Der Schmied Wakula (Kuznec Vakula)*. Sein im gleichen Jahr entstandenes 1. Klavierkonzert in b-Moll wurde von N. Rubinstein so heftig kritisiert, daß T. es schließlich H. von Bülow widmete, der mit seiner Uraufführung 1875 in Boston großen Erfolg hatte. Zu den Werken dieses Jahres gehörten die 3. Sinfonie u. ein Teil des vom Bolschoi-Theater in Auftrag gegebenen Balletts *Schwanensee (Lebedinoe ozero)*. Am 3. 12. 1875 spielte T. bedeutendster Schüler, S. Tanejew, die Moskauer Erstaufführung des Klavierkonzerts in b-Moll. Weihnachten verbrachte der wieder schwer depressive T. mit seinem Bruder Modest in Paris. Dort gehörte G. Bizets *Carmen* zu seinen stärksten Eindrükken. 1876 entstand das 3. Streichquartett. Als Kritiker der »Russkie vedomosti« (»Russ. Nachrichten«) fuhr er zur ersten vollständigen Aufführung des *Ring* nach Bayreuth. Dort lernte er F. Liszt kennen, wurde aber von R. Wagner nicht empfangen. Noch im gleichen Jahr entstand die Orchesterfantasie *Francesca da Rimini*, u. im Dezember begann die Korrespondenz mit Nadeschda Filaretowna von Meck. Ihr erster Brief leitete eine 13jährige Brieffreundschaft mit dieser wohlhabenden verwitweten Großgrundbesitzerin ein. Wenig später machte Frau von Meck T. durch Aussetzung einer jährlichen Rente von 6000 Rubel finanziell unabhängig. Während des Frühjahrs 1877 litt T. erneut an starken Depressionen. Der Versuch, homoerotische Probleme durch die überstürzte Heirat mit der jungen Verehrerin Antonina Miljukowa zu lösen, mündete in eine Katastrophe, die zu einem Selbstmordversuch T. u. der faktischen Auflösung der Verbindung nach 3 Monaten führte. Der Komponist reiste mit seinem Bruder Anatol in die Schweiz u. nach Italien. Unterwegs beendete er die 4. Sinfonie, die er Frau von Meck widmete, u. die Oper *Eugen Onegin*. Außerdem entstand in wenigen Wochen das Violinkonzert. Im Herbst 1878 gab T. seine Lehrtätigkeit auf u. verbrachte den Winter 1878–79 in Florenz, wo er an der Oper *Die Jungfrau von Orleans (Orleanskaja deva)* arbeitete. Die Sommer der Jahre 1879 u. 1880 hielt er sich zeitweise auf dem Gut seiner Schwester auf. Dort entstanden Teile des 2. Klavierkonzerts, der Serenade für Streicher u. des *Capriccio italien*. Dazwischen entfaltete der ruhelose Komponist eine rege Reisetätigkeit. 1881 besuchte er Petersburg, Florenz, Rom u. Paris, verbrachte den Sommer in Kamenka, wo er an der Ausgabe der Kirchenmusik von D. Bortnjanskij arbeitete, u. reiste über Kiew wieder nach Italien. Der Tod seines alten Freundes N. Rubinstein veranlaßte ihn, ein Klaviertrio zu komponieren, dem er die Widmung beigab »Dem Andenken eines großen Künstlers«. 1883 beendete T. die Oper *Mazeppa (Mazepa)* u. komponierte die 2. Orchestersuite, der er ein Jahr später die 3. folgen ließ. Wieder fühlte sich T. müde u. depressiv u. suchte Zerstreuung auf Reisen. 1885 schien die schöpferische Krise überwunden. T. beendete die auf Anraten M. Balakirews begonnene *Manfred-Sinfonie* u. arbeitete an der Oper *Die Zauberin (Čarodejka)*. H. von Bülow führte die 3. Suite mit großem Erfolg in Petersburg auf. Weiteren Auftrieb erhielt T. durch den Einzug in sein erstes Landhaus, das er in der Nähe von Maidanowo gemietet hatte. 1886 verbrachte er die Monate April bis Juni in Paris, wo er u. a. L. Delibes, G. Fauré u. É. Lalo kennenlernte. Der Rest des Jahres verging mit Kompositionsarbeit. 1887 dirigierte T. seine Oper *Čerevički* (Neufassung von *Der Schmied Wakula*) am Bolschoi-Theater. Der Erfolg ermutigte ihn, sich im März des gleichen Jahres als Dirigent eines Orchesterkonzerts in Petersburg zu versuchen. T. gewann neues Selbstvertrauen u. faßte eine zusätzliche Karriere als Dirigent ins Auge. 1888 unternahm er seine erste Deutschlandtournee. Er dirigierte mit großem Erfolg in Leipzig, Hamburg u. Berlin, dann in Prag, Paris u. London. Noch im gleichen Jahr bezog er ein Haus in Frolowskoje bei Klin, komponierte die 5. Sinfonie und die Fantasie-Ouvertüre *Hamlet (Gamlet)*. Noch vor Ende des Jahres reiste er erneut nach Prag u. dirigierte *Eugen Onegin*. 1889 schloß sich eine weitere Tournee an, die wieder bis nach London führte. Den Sommer über beendete er das Ballett *Dornröschen (Spjaščaja krasavica)*, eine Auftragskomposition des Petersburger Marientheaters. 1890 entzog sich T. den anhaltenden Erpressungsversuchen seiner Frau durch einen längeren Florenzaufenthalt. Dort entstand nach einem Libretto seines Bruders Modest in knapp drei Monaten die Oper *Pique Dame (Pikovaja dama)*. Der Briefwechsel mit Frau von Meck, der bereits seit einiger Zeit ins Stocken geraten war, kam ganz zum Erliegen. Sie teilte ihm noch mit, daß sie sich in finanziellen Schwierigkeiten befinde u. seine Jahresrente nicht mehr aufbringen könne. Dann brach sie die Korrespondenz ab und beendete ihre Freundschaft. Noch vor Ende des Jahres erlebte der Komponist einen triumphalen Erfolg mit *Pique Dame* in Petersburg. 1891 erhielt T. vom Marientheater den Auftrag zu einer einaktigen Oper u. zu einem Ballett. Er komponierte *Jolanthe (Iolanta)* u. den *Nußknakker (Ščelkunčik)*. Außerdem wurde er nach den USA eingeladen, um als Dirigent mit eigenen Werken an den Feierlichkeiten zur Eröffnung einer neuen Music Hall (der späteren Carnegie Hall) in New York teilzunehmen. Konzerte in Philadelphia u. Baltimore schlossen sich an. Zu Beginn des Jahres 1892 nahm T. an der dt. Erstaufführung des *Onegin* unter G. Mahler in Hamburg teil. Im März dirigierte er die *Nußknacker*-Suite in Petersburg, verbrachte einen Kuraufenthalt mit seinem Neffen Wladimir Dawidow in Vichy u. arbeitete anschließend in seinem neu bezogenen Haus in Klin an einer weiteren Sinfonie. Die Uraufführung des Einakters *Jolanthe* u. des Balletts *Der Nußknacker* im Dezember des Jahres war ein Mißerfolg. 1893 beschäftigte sich T. mit neuen sinfonischen Plänen. Das Material der im Jahr zuvor begonnenen Sinfonie in Es-Dur arbeitete er zu einem Satz für Kl. u. Orch. um u. komponierte die 6. Sinfonie, die *Pathétique (Patetičeskaja)*. Im Juni trat er in London als Dirigent auf, nahm anschließend in Cambridge einen Ehrendoktor entgegen u. kehrte nach Rußland zurück. Am 28. 10. 1893 leitete er in Petersburg die Uraufführung seiner 6. Sinfonie. Die Aufnahme war kühl. Einige Tage später fühlte er sich unwohl, trank trotz des Protestes seines Bruders u. seines Neffen ein Glas unabgekochtes Wasser u. starb am 6. 11. 1893 gegen drei Uhr morgens an der Cholera.

Daß die *Pathétique* eine ganz subjektive u. bekenntnishafte Musik ist, läßt sich schon aus den Äußerungen T. entnehmen. Aber die Todesahnungen, die so gerne in sie hineininterpretiert werden, vertragen sich schlecht mit den vielen Plänen, die den Komponisten beschäftigten, als er sich für kurze Zeit bei seinem Bruder Modest in Petersburg aufhielt u. die Aufführung der neuen Sinfonie vorbereitete.

T. ist der erste russ. Komponist, der die Form der Sinfonie überzeugend meisterte u. der russ. Musik Weltgeltung verschaffte. Sein Verhältnis zum Balakirew-Kreis war im Gegensatz zu der vielfach geäußerten gegenteiligen Meinung anfangs ausgezeichnet. Balakirew selbst ermunterte ihn zu *Romeo und Julia*, die 2. Sinfonie fand bei den Petersburger Anhängern einer nationalruss. Schule begeisterte Aufnahme, u. der Kritiker W. Stassow, Theoretiker des »Mächtigen Häufleins«, verfaßte eigenhändig das Programm zu *Der Sturm*. Noch 1885 komponierte T. seine *Manfred-Sinfonie* nach einem von Balakirew im Detail entwickelten Plan. Balakirew hielt diese Komposition dann auch für T. bestes Werk. Erst um 1890 trat eine gewisse Abkühlung in ihrem Verhältnis ein, weil sich T. stärker dem Kreis um M. Beljajew zuwandte. Im Gegensatz zu Balakirew u. seinen Anhängern war Folklore für T. nicht die Grundlage seines Schaffens, auch wenn sich, wie im Streichquartett op. 11, deutlich folkloristische Einflüsse nachweisen lassen. T. Kunst bestand u. a. darin, Melodien zu erfinden, die so russ. klingen, daß man sie für Folklore halten könnte. Auf der Höhe seines Ruhms war er im Gegensatz zu M. Mussorgskij kein genialer Dilettant, sondern ein akademisch voll ausgebildeter Komponist, der die Formen u. klanglichen Möglichkeiten seiner Zeit beherrschte u. daraus trotz aller dt., ital. u. franz. Einflüsse etwas ganz Eigenes machte.

Zu T. Kompositionen gehören: die Bühnenwerke *Der Leibwächter* (*Opričnik*, 1870–72), *Der Schmied Wakula* (*Kuznec Vakula*, 1874; umgearbeitet 1885 als *Čerevički*, *Die Pantöffelchen oder Oxanas Launen*), *Eugen Onegin* (*Evgenij Onegin*, 1877–78; rev. 1885), *Die Jungfrau von Orléans* (*Orleanskaja deva*, 1878–79; rev. 1882), *Mazeppa* (*Mazepa*, 1881–83), *Die Zauberin* (*Čarodejka*, 1885–87), *Pique Dame* (*Pikovaja dama*, 1890) u. *Jolanthe* (*Iolanta*, 1891); die Ballette *Schwanensee* (*Lebedinoe ozero*, 1875–76; Uraufführung mit Ch. von V. Reisinger 1877 am Bolschoi-Theater in Moskau, vollständige Erstaufführung in Petersburg mit Ch. von M. Petipa [1. u. 3. Akt] u. L. Iwanow [2. u. 4. Akt] 1895), *Dornröschen* (*Spjaščaja krasavica*, 1888–89; Uraufführung mit Ch. von Petipa 1890 am Marientheater in Petersburg) u. *Der Nußknacker* (*Ščelkunčik*, 1891–92; Uraufführung mit Ch. von Iwanow 1892 am Marientheater in Petersburg); Orchesterwerke, darunter 6 Sinfonien (Nr. 1 in g-Moll, 1866, rev. 1874; Nr. 2 in c-Moll, 1872, rev. 1879; Nr. 3 in D-Dur, 1875; Nr. 4 in f-Moll, 1877; Nr. 5 in e-Moll, 1888; Nr. 6 *Pathétique* in h-Moll, 1893), Ouvertüre zu A. Ostrowskijs »Das Gewitter« (»Groza«, 1864), *Charakternye tancy* (1865, später in *Voevoda* als *Tänze der Mägde)*, Ouvertüre in F-Dur (1865, rev. 1866), Ouvertüre in c-Moll (1866), *Festouvertüre über die dän. Nationalhymne* (1866), sinfonische Dichtung *Fatum* (1868), Ouvertüre *Romeo und Julia* (*Romeo i Džul'etta*, 1869, rev. 1870, neu gefaßt als Orchesterfantasie 1880), Serenade für Kammerorch. (1872), Fantasie *Der Sturm* (*Burja*, 1873), *Francesca da Rimini* (1876), Suite Nr. 1 in d-Moll (1878–79), *Capriccio italien* (1880), Streicherserenade in C-Dur (1880), Ouvertüre *1812* (1880), Suite Nr. 2 in C-Dur (1883), Suite Nr. 3 in G-Dur (1884), Programmsinfonie *Manfred* (1885), *Mozartiana* (Suite Nr. 4, Arrangement von KV 574, 355, 618 u. 455), Suite aus *Dornröschen* (1888–89), Ouvertürenfantasie *Hamlet* (*Gamlet*, 1888), Ballade *Voevoda* (1890–91) u. *Nußknacker*-Suite (1892); Werke für Soloinstr. u. Orch., darunter 1. Klavierkonzert in b-Moll (1874–75), *Sérénade mélancolique* für V. u.

Orch. (1875), Variationen über ein Rokoko-Thema für Vc. u. Orch. (1876), *Valse-Scherzo* für V. u. Orch. (1877), Violinkonzert (1878), 2. Klavierkonzert in G-Dur (1879–80, rev. von A. Siloti mit Zustimmung T. 1893), Konzertfantasie für Kl. u. Orch. (1884), *Pezzo capriccioso* für Vc. u. Orch. (1887), 3. Klavierkonzert in Es-Dur, einsätzig (1893), Andante und Finale für Kl. u. Orch. in Es-Dur, orchestriert postum von S. Tanejew (1893); Kammermusikwerke wie 3 Streichquartette (1871, 1874 u. 1876), Klaviertrio (1881–82) u. Streichsextett *Souvenir de Florence* (1890–92); Klaviermusik, u. a. Sonate in cis-Moll (1865), *Scherzo à la russe* (1867), *Souvenir de Hapsal* (1863–67), *Valse-Caprice* (1868), Romanze (1868), *Valse-Scherzo* (1870), Capriccio (1870), *Rêverie, Salon-polka, Salonmazurka* (1870), Nocturne und Humoreske (1871), 6 Stücke (1873), 6 Stücke über ein Thema (1873), 12 Stücke *Die Jahreszeiten* (1876), Sonate in G-Dur (1878), *Kinderalbum* (24 leichte Stücke, 1878), 12 Stücke mittleren Schwierigkeitsgrades (1878), 6 Stücke (1882), *Dumka* (1886), *Valse-Scherzo* Nr. 2 (1889), Impromptu (1889), 18 Stücke (1893); Vokalkompositionen wie *Liturgie des Johannes Chrysostomus*, 4st. (1878) u. 17 4st. Stücke zum Vespergottesdienst (1881–82); A-cappella-Chöre; Lieder.

T. verfaßte außerdem »Rukovodstvo k praktičeskomu izučeniju garmonii« (»Anleitung zum praktischen Studium der Harmonie«, Moskau 1872, dt. 1899).

GA der auf etwa 70 Bde. geplanten Werke ab 1946 in Moskau.

Lit.: M. I. Čajkovskij, Žizn' P. I. Čajkovskogo (»Das Leben P. I. T.«), 3 Bde., Moskau 1900–02, dt. Moskau u. Leipzig 1901–02; I. I. Čajkovskij, S. M. Čemodanov u. N. T. Žegin (Hg.), Dnevniki (»Tagebücher«), Moskau u. Petrograd 1923; I. Glebov (Hg.), Vospominanija i pis'ma (»Erinnerungen u. Briefe«), Petrograd 1924; V. A. Ždanov, N. T. Žegin u. B. S. Pšibyševskij (Hgg.), Perepiska s N. F. von-Mekk, 3 Bde., Moskau u. Leningrad 1934–36, dt. Auswahl als »Teure Freundin, P. I. T. in seinen Briefen an N. von Meck«, hg. von E. von Baer u. H. Pezold, Leipzig 1964; S. Bortkiewicz (Hg.), Die seltsame Liebe P. T. u. der N. von Meck, Nach dem Original-Briefwechsel hg., Leipzig 1938; A. N. Aleksandrov, V. V. Protopopov, K. Zavka u. T. Chrennikow (Hg.), Polnoe sobranie sočinenij, Literaturnye proizvedenija i perepiska (»GA der Werke, Literarisches Schaffen u. Briefwechsel«), Moskau ab 1953.

P. I. Jurgenson, Catalogue thématique des œuvres de P. T., Moskau 1897, Neudr. New York 1940, Nachdr. des Neudr. London 1965; V. Assafjew, P. I. Čajkovskij, Petrograd 1922; G. Abraham (Hg.), Tchaikovsky, A Symposium, London 1945; A. Cherbuliez, T. u. die russ. Musik, Zürich 1948; D. Žitomirskij, Balety P. Čajkovskogo (»Die Ballette P. T.«), Moskau u. Leningrad 1950; R. Petzoldt, P. T., Sein Leben in Bildern, Leipzig 1956; A. von Andreevsky, T., Roman seines Lebens, Berlin 1957; J. Warrack, Tchaikovsky, Symphonies and Concertos, London 1969; ders., Tchaikovsky London 1973; E. Garden, Tchaikovsky, London 1973; H. Laroche, Erinnerungen u. Musikkritiken, Leipzig 1974; V. Volkoff, Tchaikovsky, A Self-Portrait, Boston u. London 1975; E. Helm, P. I. T. in Selbstzeugnissen u. Bilddokumenten, Reinbek bei Hamburg 1976; D. Brown, Tchaikovsky, A Biographical and Critical Study, Bd. I: 1840–74, London 1978.

Tscherepnin (Čerepnin), **1.** Nikolaj N., russ. Komponist u. Dirigent, * 15. 5. 1873 Petersburg, † 26. 6. 1945 Issy-les-Moulineaux. Studierte zuerst Jura u. besuchte 1895–98 das Petersburger Konservatorium, wo N. Rimskij-Korsakow zu seinen Lehrern gehörte. 1908–13 Kapellmeister am Marientheater. Lernte M. Fokin kennen, für den er 1907 die Musik zu *Belebte Gobelins* (dann erweitert zu *Le pavillon d'Armide*) u. gemeinsam mit anderen Komponisten zu *Cléopâtre* komponierte. 1908–18 Professor für Orchesterleitung am Konservatorium in Petersburg u. 1909, 1911 u. 1912 Dirigent von S. Diaghilews Ballets Russes. 1918–21 Leiter des Konservatoriums in Tiflis. Ließ sich 1921 in Paris nieder u. war dort 1925–29 u. 1938–45 Direktor des russ. Konservatoriums. In seinen frühen Kompositionen stark seinem Lehrer Rimskij-Korsakow verpflichtet, nahm T. später franz. Einflüsse auf, um sich in Balletten wie *Russian Fairy Tale* (1923) der Tonsprache I. Strawinskys anzunähern.

Zu T. Werken gehören: die Oper *Vanka* (1935); die Ballette *Le pavillon d'Armide* (1907), *Cléopâtre* (1909), *Carnaval* (Arrangement der Komposition von R. Schumann mit N. Rimskij-Korsakow, A. Ljadow u. A. Glasunow, 1910), *Narcisse et Écho* (1911), *Le masque de la mort rouge* (1922), *Dionysus* (1922, für A. Pawlowa), *Russian Fairy Tale* (1923), *Romance of a Mummy* (1924) u. *The Goldfish* (1937); Instrumentalmusik; Kammermusik; Lieder. Er bearbeitete außerdem M. Mussorgskijs *Jahrmarkt von Sorotschinzy*.

2. Alexandr N., Sohn von 1., russ. Komponist u. Pianist, * 21. 1. 1899 Petersburg, † 29. 9. 1977 Paris. Erhielt ersten Unterricht von seiner Mutter u. konnte bereits mit 5 Jahren Noten lesen. Erhielt Klavierstunden von L. Kaschperowa, begann 1917 an der Universität von Petersburg Jura zu studieren u. wurde gleichzeitig in das dortige Konservatorium aufgenommen. Kam früh mit den führenden Künstlern der Ballets Russes u. S. Prokofjew in Berührung. 1918–21 weitere Studien in Tiflis, wo T. sich mit der georgischen Folklore zu beschäftigen begann. 1921 ließ sich die Familie in Paris nieder. T. besuchte das Conservatoire, wo I. Philipp u. A. Gédalge zu seinen Lehrern gehörten. Unternahm von Paris aus unzählige Tourneen, die ihn bis nach China führten. Heiratete dort 1937 die Pianistin Lee Hsien Ming. 1949–64 Professur an der DePaul University in Chicago. Verarbeitete in seinen Kompositionen russ. u. orientalische Folklore, Einflüsse des Balakirew-Kreises u. seines Vaters sowie Anregungen aus Frankreich. Entwickelte für sich eine aus drei Tetrachorden bestehende neunstufige Tonleiter. Seine Söhne Serge A. u. Ivan sind ebenfalls bereits mit einer Reihe von Kompositionen an die Öffentlichkeit getreten.

Zu T. Werken gehören: die Opern *Ol''-Ol''* (1925, rev. 1930), *Die Hochzeit der Sobeide* (1930) u. *Die Heirat* (Erweiterung von M. Mussorgskijs Einakter, 1935); das gesungene Märchen *The Farmer and the Fairy* für S., T., Sprecher u. Orch. (1952); die Ballette *Ajanta's Frescoes* (1923, für A. Pawlowa), *Training* (1935), *Trepak* (1937), *Stenka Razin* (1941), *Déjeuner sur l'herbe* (nach J. Lanner, Ch.: R. Petit, 1945), *Chota Roustaveli* (gemeinsam mit A. Honegger u. T. Harsányi, Ch.: S. Lifar, 1946), *La femme et son ombre* (1948, Ch.: J. Charrat) u. *Le gouffre* (1953); 4 Sinfonien (1926, 1945–51, 1952, 1957); 6 Klavierkonzerte (1919, 1923, 1932, 1947, 1963 u. 1965); Concerto da camera für Fl., V. u. Kammerorch. (1924), *Georgische Rhapsodie* für Vc. u. Orch. (1924), *Mystère* für Vc. u. Kammerorch. (1926), Concertino für V., Vc., Kl. u. Orch. (1931), Konzert für Mundharmonika u. Orch. (1953); Vokalkompositionen; Kammermusik; Klavierstücke.

Lit.: W. Reich, A. T., Bonn 1961, bearbeitet 1970.

Tubin, Eduard, schwed. Komponist estnischer Herkunft, * 18. 6. 1905 Dorpat. Studierte in seiner Geburtsstadt u. bei Z. Kodály in Budapest. 1931 Dirigent am Stadttheater von Dorpat u. 1941 Lehrer am dortigen Konservatorium. Emigrierte 1944 nach Schweden. Seine Musik wurzelt in der heimatlichen Folklore.

Zu T. Kompositionen gehören: die Opern *Barbara von Tiesenhusen* (1968) u. *Prosten från Reigi* (1971); das Ballett *Kratt* (1939–41); 10 Sinfonien (1931–1973); Concertino für Kl. u. Orch. (1944–46), Konzert für Kb. u. Orch. (1948), Konzert für Balalaika u. Orch. (1964), Suite über estnische Tänze für V. u. Orch. (1974); *Friarfärdssånger* für Bar. u. Orch. (1975); Kammermusik; Lieder.

Tudor, David E., amer. Pianist u. Komponist, * 20. 1. 1926 Philadelphia, PA. Studierte Orgel u. Theorie bei H. W. Hawke in seiner Heimatstadt u. Klavier bei I. Wolpe sowie Komposition bei S. Wolpe in New York. Nahm eine Vielzahl von Lehraufträgen wahr u. machte sich 1950 mit dem auswendigen Vortrag der 2. Klaviersonate von P. Boulez einen Namen als Avantgarde-Pianist. Gehört zu den engsten Mitarbeitern von J. Cage u. M. Cunningham. Seine eigenen Kompositionen sind vorwiegend multimedial u. beziehen auch Lasertechnik u. andere Lichtsysteme mit ein.

Zu T. Kompositionen oder Events gehören: *Bandoneon factorial* (1966), *Rainforest* (1968), *Video III* (1968), *Video/Laser* (1969), *4 Pepsi Pieces* (1970), *Untitled* (1972), *Monobird* (1972), *Microphone 1–9* (1973), *Laser Bird* (1973), *Rainforest 4* (Gruppenkomposition, 1973). S. Bussotti widmete ihm *Five Piano Pieces for D. T.*

Türk, Daniel Gottlob, dt. Komponist u. Lehrer, * 10. 8. 1750 Claußnitz bei Chemnitz, † 26. 8. 1813 Halle/Saale. Besuchte die Kreuzschule in Dresden, studierte ab 1772 an der Universität Leipzig u. trieb daneben weitere Musikstudien bei J. A. Hiller. 1774 Kantor an der Ulrichskirche u. am Lutherischen Gymnasium in Halle. 1779 dort Musikdirektor der Universität u. 1787 Organist an der Liebfrauenkirche. Richtete Anfang der 1780er Jahre regelmäßige Konzerte ein, in denen er Werke zeitgenössischer Komponisten zur Aufführung brachte, aber ganz besonders die Oratorien G. F. Händels pflegte. Zu seinen Schülern gehörte C. Loewe. Von seinen Schriften seien erwähnt: »Clavierschule ... mit kritischen Anmerkungen nebst 12 Handstücken« (1789); »Kurze Anweisung zum Generalbaßspielen« (1791); »Kurze Anweisung zum Klavierspielen« (1792) u. »Anleitung zu Temperaturberechnungen« (1808). Seine zahlreichen Klavierkompositionen sind im galanten Stil geschrieben u. dienten hauptsächlich didaktischen Zwecken.

türkische Musik → Janitscharenmusik

Tuma (Tůma), Franz S. I. A., böhm. Komponist u. Gambist, * 2. 10. 1704 Adlerkosteletz, Böhmen, † 30. 1. 1774 Wien. Kam spätestens Anfang 1729 im Gefolge des Grafen Franz Ferdinand Kinsky nach Wien. Dort 1730–42 Komponist u. Kapellmeister der Kaiserinwitwe Elisabeth Christine. Ab 1768 im Praemonstratenserkloster Geras. Galt als hervorragender Gambist. Seine Kirchenkompositionen sind stark an J. J. Fux ausgerichtet, während die Instrumentalwerke als Vorläufer des galanten Stils zu betrachten sind.

Tunder, Franz, dt. Komponist u. Organist, * 1614 Burg auf Fehmarn, † 5. 11. 1667 Lübeck. 1632–41 Hoforganist in Gottorp, Schleswig, u. ab 1641 Organist an der Marienkirche in Lübeck. Richtete dort die berühmten → Abendmusiken ein. Sein Schwiegersohn u. Nachfolger war D. Buxtehude, dessen Kompositionstechnik er mit seinen Toccatenfugen u. Solomotetten beeinflußt hat.

Turba oder **Turbae** (lat.: »Getümmel«, »Menge«), in → Passion u. geistlichem Spiel die Chöre der Jünger, Soldaten oder der Volksmenge, die den Einzelnen (→ Soliloquenten) gegenüberstehen.

Turchi, Guido, ital. Komponist u. Lehrer, * 10. 11. 1916 Rom. Studierte am Conservatorio di S. Cecilia in Rom u. bei I. Pizzetti. 1963–66 künstlerischer Leiter der Accademia filarmonica Romana, seit 1967 Direktor des Konservatoriums in Parma. Ist in seinen rhythmisch stark ausgeprägten Kompositionen von B. Bartók u. G. Petrassi beeinflußt.

Zu T. Werken gehören: die Oper *Il buon soldato Svejk* (1962); *Invettiva* für Chor u. 2 Kl. (1946–47); *Concerto breve* (1948); Paraphrasensuite über volkstümliche europäische Themen (1965); *Musique de geste – Tre metamorfosi* für Orch. (1970).

Turina, Joaquín, span. Pianist u. Komponist, * 9. 12. 1882 Sevilla, † 14. 1. 1949 Madrid. Studierte Klavier bei J. Tragó in Madrid u. ab 1905 bei M. Moszkowsky in Paris, außerdem Komposition an der Schola Cantorum bei V. d'Indy. Lernte I. Albéniz bei der Aufführung seines Klavierquintetts in g-Moll op. 1 1907 in Paris kennen u. beschloß, gemeinsam mit ihm u. M. de Falla eine »música española con vistas a Europa« zu schaffen. Kehrte 1913 nach Madrid zurück, wo er mit der sinfonischen Dichtung *La procesión del Rocío* Erfolg hatte. Andere sinfonische Dichtungen wie *Evangelio de Navidad* (1915) u. *Danzas fantásti-*

cas (1920) folgten. 1931 wurde T. Professor für Komposition am Konservatorium in Madrid. Seine Kompositionen sind stark von der andalusischen Folklore, C. Franck u. der Schola Cantorum sowie der Tonsprache C. Debussys beeinflußt.

Zu T. Werken gehören: die Opern *Margot* (1914) u. *Jardín de oriente* (1923); Bühnenmusiken; sinfonische Dichtungen wie *La procesión del Rocío* (1912), *Evangelio de Navidad* (1915), *Danzas fantásticas* (1920), *Sinfonia sevillana;* die choreografische Fantasie *Ritmos* (1928); *Canto a Sevilla* für St. u. Orch. (1927); Kammermusik, u.a. 1 Klavierquintett (1907), 1 Streichquartett (1911), *Escena andaluza* für Va., Kl. u. Streichquartett (1912), 2 Klaviertrios (1926 u. 1933), 1 Klavierquartett (1931); 55 Klavierwerke; Gitarrenstücke; Lieder.

Lit.: F. Sopeña, J.T., Madrid 1943, erweitert 1956.

Turmmusik, ein Stück, das (von den Türmern oder Hausmännern, später den Stadtpfeifern u. Ratsmusikern) zu bestimmten Stunden oder Anlässen vom Turm abgeblasen wurde.

Turner, Robert, kan. Komponist, * 6. 6. 1920 Montreal. Studierte bei D. Clarke u. C. Champagne in Montreal, bei R. Harris in Colorado Springs sowie bei H. Howells u. G. Jacob am Royal College of Music in London. 1949 nahm er an einem Sommerkurs mit O. Messiaen in Tanglewood teil. Ist nach verschiedenen Lehraufträgen seit 1969 Professor an der Universität von Manitoba in Winnipeg. Experimentiert mit allen neueren Techniken einschließlich der Dodekaphonie, bezieht aber die meisten Anregungen aus Jazz u. Folklore.

Zu T. Kompositionen gehören: die Oper *The Brideship* (1967); Orchesterwerke wie *Opening Night* (1955), Nocturne (1956), *The Pemberton Valley* (1958), *Three Episodes* (1963), *Variations on The Prairie Settler's Song* (1974); *Symphony for Strings* (1960); Vokalwerke wie *Four Songs* für S. u. Orch. (1959), Kantate *The Third Day* für Soli, gem. Chor u. Orch. (1962) u. *Suite in Homage to Melville* für S., A., V. u. Kl. (1966); Concerto für 2 Kl. u. Orch. (1971), Kammerkonzert für Fag. u. 17 Instr. (1973) u. *Capriccio concertante* für Vc., Kl. u. Orch. (1976); Kammermusik, darunter 3 Streichquartette (1949, 1954, 1975), *Robbin's Round* (Concertino für Jazzband, 1959) u. Klaviertrio (1969); Klavierstücke.

Turnhout, Gérard de, franko-fläm. Komponist, * um 1520 Turnhout, † 15. 9. 1580 Madrid. 1562 Maître de musique u. 1563 Maître de chant an Notre-Dame in Antwerpen. 1571 als Nachfolger J. Bonmarchés Mitglied der Kapelle König Philipps II. von Spanien. Ließ 1569 »Sacrarum ac aliarum cantionum 3 v. ...« erscheinen. Chansons kamen in verschiedenen Sammeldrucken heraus. T. steht ganz in der Tradition der niederl. Vokalpolyphonie.

Tusch, ein Bläsersignal bei feierlichen Anlässen. Die ursprünglich ausführenden Instrumente gehen noch aus der Wendung »einen T. blasen« hervor. Der heutige Orchester-T. besteht aus einem einmal oder mehrmals gespielten Akkord.

Tuthill, Burnet, amer. Komponist u. Lehrer, * 16. 11. 1888 New York. Studierte an der Columbia University in New York u. am Cincinnati College of Music, entschied sich dann für eine geschäftliche Laufbahn, bis er 1922 die Leitung des Cincinnati Conservatory übernahm. 1935 Director of Music an der Southwestern University in Memphis u. 1937 daneben Leiter des Memphis College of Music. Trat insbesondere mit Klarinettenkompositionen an die Öffentlichkeit.

Zu T. Werken gehören: die sinfonische Dichtung *Laurentia* (1936), 1 Sinfonie (1940), *Big River* für S., Frauenchor u. Orch. (1942), Klarinettenkonzert (1949), *Rhapsodie* für Klar. u. Kammerorch. (1954), Saxophonkonzert (1965), Posaunenkonzert (1967); Kammermusik; Vokalkompositionen.

Tutti (ital.: »alle«), gleichbedeutend mit → Ripieno, bezeichnet im Gegensatz zu → Solo das volle Orchester oder den ganzen Chor.

Tveitt, Geirr, norw. Komponist, * 19. 10. 1908 Hardanger. Erhielt eine solide Grundausbildung am Leipziger Konservatorium, u.a. bei H. Grabner. Setzte seine Studien in Paris u. Wien fort u. ließ sich in Oslo als Privatlehrer nieder. Erste Kompositionsaufträge kamen vom Norw. Rundfunk. T. komponierte Opern, Orchesterwerke u. Konzerte, darunter mehrere für Hardangerfiedel. Außerdem schrieb er mehr als 100 Stücke über Hardanger Volkstöne. Seit 1957 erhält er einen Ehrensold des norw. Reichstages.

Twist (engl.: »drehen«, »winden«), eine von Chubby Checker 1962 im New Yorker Nachtlokal »Peppermint Lounge« lancierte Tanzmode, bei der die Partner sich unabhängig voneinander zu Rock-Rhythmen bewegen (→ Rock and Roll).

Twostep (engl.: »Zweischritt«), ein geradtaktiger Tanz in schnellem Tempo, dem vereinfachte Polkaschritte zugrunde liegen. Er gelangte um 1900 aus Amerika nach Europa, wo er nach 1910 vom → Onestep abgelöst wurde.

Tye, Christopher, engl. Komponist, * um 1500, † 1573 Doddington-cum-Marche, Isle of Ely. 1541 oder 1542 bis 1561 Magister choristarum an der Kathedrale von Ely, erhielt 1560 die priesterlichen Weihen u. war vor seinem Lebensende Rektor in Doddington-cum-Marche. Gehörte nach der Reformation zu den treibenden Kräften für eine neue engl. Kirchenmusik. Sein Hauptwerk ist: »The Actes of the Apostles, translated into Englyshe Metre, and dedicated to the kynges most excellent Maiestye ... to synge and also to play upon the Lute«, 4st. (1553). Daneben sind lat. u. engl. Kirchenmusik sowie Instrumentalmusik, u.a. 19 In nomine a 5, erhalten.

Tyrolienne oder **Tirolienne** (franz. für Tiroler Ländler), eine Abart des → Ländlers, die als Chœur T. in G. Rossinis *Guillaume Tell* u. in der Salonmusik des 19. Jh. auftauchte.

U

Überblasen nennt man bei Blasinstrumenten die Technik, durch Wechsel des Ansatzdruckes einen der höheren Naturtöne statt des Grundtons hervorzubringen. Dabei schlagen Instrumente wie Oboe u. Saxophon wie auch Flöte zuerst in den 2. Naturton (Oktave) über u. heißen deshalb oktavierende Instrumente. Klarinetten u. Fagotte schlagen hingegen nur in die ungeradzahligen Naturtöne über, zuerst in den 3. (Duodezime), u. heißen deshalb quintierende Instrumente. Auf Instrumenten wie der ventillosen Trompete ist eine vollständige Skala überhaupt nur durch Ü. hervorzubringen. Auf den modernen Blechblasinstrumenten werden die großen Intervalle zwischen den ersten 6 Naturtönen durch Ventile überbrückt.
Im Jazz hat J. Coltrane zu Beginn der 60er Jahre eine Überblastechnik durchgesetzt, bei der er den tiefen Ton u. einen oder mehrere Überblastöne gleichzeitig auf dem Saxophon erklingen ließ u. damit den für ihn charakteristischen rauhen Klang erzeugte.

übermäßig nennt man die Intervalle, die um einen chromatischen Halbton größer sind als die großen (z. B. c–eis) oder die reinen (z. B. c–gis). Ihre → Umkehrung ergibt verminderte Intervalle.

Übersetzen, das Überschlagen eines Fingers über den Daumen beim Klavierspiel (→ Fingersatz), ebenso das Kreuzen der Füße beim Pedalspiel auf der Orgel.

Übersteuerung, die Überschreitung des für ein elektrisches Bauteil zulässigen Grenzwertes. Dadurch entstehen nichtlineare Verzerrungen (→ Verzerrung). In der elektronischen Musik werden gezielt hervorgerufene Ü. zur Klangproduktion mitverwendet.

Uccellini, Marco, ital. Komponist u. Geiger, * um 1603 Forlimpopoli (?), † 10. 9. 1680 ebd. 1641–62 Kapellmeister am Hof in Modena u. 1647–65 Maestro di cappella am dortigen Dom. 1665 Berufung an den Hof in Parma durch Isabella d'Este. U. scheint ein besonders virtuoser Geiger gewesen zu sein, der die Technik seines Instruments erweiterte u. in seinen Kompositionen die Entwicklung zur Solosonate u. zum Konzert hin förderte.

Zu U. Werken gehören: die Oper *Li eventi di Filandro et Edessa* (1677); die Ballette *Le navi d'Enea* (1673) u. *Il Giove d'Elide fulminato* (1677); »Delle sonate, sinfonie et correnti à due, à tre, et à quattro per sonare con diversi instromenti« (1639); »Delle sonate, arie et correnti« (1642); »Sonate, correnti, et arie ... da camera come da chiesa« (1645); »Delle sonate over canzoni da farsi al violino solo et b. c.« (1649); »Salmi« (1654); »Canto primo dell'ozio regio, Compositioni armoniche ...« (1660); »Sinfonici concerti, brievi e facili« (1667) u. »Sinfonie boscarecie« (Nachdruck 1669, Erstdruck verschollen).

Ugrino Verlag, 1921 von den Gründern der gleichnamigen Glaubensgemeinschaft, H. H. Jahnn u. G. F. Harms, in Hamburg ins Leben gerufen. Blieb auch nach Auflösung der Glaubensgemeinschaft bestehen u. ging 1972 in den Besitz des Dt. Verlags für Musik in Leipzig über. Das Programm des Verlags besteht in der Herausgabe der Werke älterer Komponisten zum praktischen Gebrauch. Erschienen sind Gesamtausgaben der Werke von D. Buxtehude, C. Gesualdo, V. Lübeck u. S. Scheidt.

Uldall, Hans, dt. Komponist, * 18. 11. 1903 Flensburg. Studierte Musik u. Musikwissenschaft, wirkte als Theaterkapellmeister u. war 1933–45 u. 1947–59 Mitarbeiter des Norddt. Rundfunks. Lebt als freischaffender Komponist.

Zu U. Werken gehören die Oper *Das Dreinarrenspiel* (1942), Orchesterstücke, Spielmusiken, Lieder sowie Hörspielmusiken.

Ulenberg, Kaspar, dt. Theologe u. Komponist, * 1549 Lippstadt, Westfalen, † 16. 2. 1617 Köln. Studierte in Wittenberg u. war nach seinem Übertritt zum Katholizismus Regens des Lorenz-Gymnasiums (1592–1615), Rektor der Universität (1610–12) u. Pfarrer der Universitätskirche (1605–12) in Köln. Verfaßte eine Übersetzung der Psalmen Davids in Liedparaphrasen. Sie erschien in Köln als »Die Psalmen Davids in allerlei Teutsche gesangreimen bracht« (1582).

Ultima (ergänze: vox) → Paenultima

Umkehrung nennt man das Vertauschen von Tö-

nen, Akkorden u. Motiven oder Themen. Intervalle werden umgekehrt durch Oktavversetzung des unteren oder des oberen Tones. Dadurch entsteht immer das Komplementärintervall zum Ausgangsintervall, d.h. die jeweilige Ergänzung zur Oktave. Die U. eines reinen Intervalls ergibt immer ein reines, die eines großen ein kleines, die eines übermäßigen ein vermindertes u. umgekehrt. Bei der U. von Akkorden wird ein anderer als der Grundton in den Baß gelegt. So ergibt die U. des Dreiklangs z.B. Sext- u. Quartsextakkorde. Motive u. Themen werden umgekehrt, indem ihre Intervallschritte in die entgegengesetzte Richtung geführt werden. Eine steigende Melodie erscheint in der U. als fallende u. damit in Gegenbewegung zu ihrer ursprünglichen Gestalt. Dabei kann intervallgetreu vorgegangen werden, aber auch kleine Abweichungen u. ein anderer Rhythmus sind üblich. Außerdem kann ein ganzer Satz umgekehrt werden, indem die Baßstimme zum Sopran wird u. die anderen Stimmen entsprechend vertauscht werden.
Intervallgetreue wie auch tonale U. verlaufen zu ihrer Vorlage spiegelbildlich. Dabei wird aus einem Durthema ein Mollthema u. umgekehrt.

Umlauf, Carl I. F., österr. Zithervirtuose u. Komponist, * 19. 9. 1824 Baden bei Wien, † 13. 2. 1902 Wien. Führte für die Zither die Wiener Stimmung ein (a^1 d^1 g^1 g c). Gab eine Reihe von Salon-Alben mit eigenen Kompositionen u. Transkriptionen bekannter Opernmelodien u. Lieder heraus.

Umlauff, 1. Ignaz, österr. Komponist u. Kapellmeister, * 1746 Wien, † 8. 6. 1796 Meidling bei Wien. 1772 Bratschist am Hofopernorchester in Wien u. 1789 Vertreter A. Salieris an der Kaiserlichen Hofmusikkapelle. Eröffnete 1778 das auf Wunsch von Joseph II. eingerichtete Dt. Nationalsingspiel mit seinem → Singspiel *Die Bergknappen.*

Zu U. weiteren Bühnenwerken gehören: *Die Insel der Liebe* (1772), *Die Apotheke* (1778), *Die pucefarbenen Schuhe oder Die schöne Schusterin* (1779), *Das Irrlicht* (1782), *Der Oberamtmann und die Soldaten* (1782), *Die glücklichen Jäger*(1786) u. *Der Ring der Liebe*(1786).

2. Michael, Sohn von 1., österr. Komponist u. Kapellmeister, * 9. 8. 1781 Wien, † 20. 6. 1842 ebd. oder Baden bei Wien. Begann als Geiger an der Dt. Oper in Wien u. war 1810–25 u. ab 1840 Kapellmeister beider Hoftheater. Machte sich um Aufführungen der Werke L. van Beethovens verdient, indem er hinter dem schwerhörigen Komponisten stehend den Takt angab.

Zu U. Kompositionen gehören: das Singspiel *Der Grenadier,* die Oper *Das Wirtshaus in Granada,* Ballette, Kirchen- u. Kammermusik.

U-Musik, Abkürzung für → Unterhaltungsmusik.

Undezime (lat. undecima: »elfte«), die Quarte über der Oktave.

unendliche Melodie, ein von R. Wagner geprägter u. nur in seiner Schrift »Zukunftsmusik« (1860) verwendeter Ausdruck. Wurde danach häufig zur Charakterisierung von Wagners Musik im Sinne einer »ununterbrochenen Melodie« herangezogen.

unisono (ital., Abkürzung unis.), heißt soviel wie »im Einklang« oder »in der Oktave«.

Universal Edition AG (UE), österr. Musikverlag. Anläßlich der Gründung 1901 berichtete das »Neue Wiener Tagblatt«: »Die neue Musikausgabe, welche unter Zusammenwirken der hervorragendsten Interessenten des österr.-ungar. Musikverlags gegründet wurde, führt den Titel ›Universal Edition‹. Die ›Universal Edition‹ ist eine musikalische Collectivausgabe ...« Die Initiative war von einer Verleger- u. Musikalienhändlergruppe mit einer Notendruckerei in Wien ausgegangen. Zu den Mitgliedern des ersten Verwaltungsrats gehörten die Verleger B. Herzmansky, A. Robitschek u. J. Weinberger. Die erste Veröffentlichung des neuen Verlages waren Klaviersonaten von J. Haydn. 1904 wurde der J. Aibl Verlag in München mit Werken von R. Strauss u. M. Reger dazugekauft. 1907 übernahm Emil Hertzka (1869–1932) die Geschäftsführung. Der Verlag begann sich vorwiegend auf zeitgenössische Musik zu konzentrieren. 1909 wurde G. Mahlers 8. Sinfonie übernommen, 1910 u.a. F. Schrekers Oper *Der ferne Klang*. 1912 erschien A. Schönbergs *Pierrot lunaire*. 1914 wurde ein Verlagsvertrag mit F. Delius abgeschlossen, 1917 mit B. Bartók u. L. Janáček. 1920 übernahm die UE die Herausgabe der »Denkmäler der Tonkunst in Österreich« (bis 1942) u. schloß einen Vertrag mit Z. Kodály ab. Noch im gleichen Jahr gründete Hertzka eine New Yorker Filiale. 1922 kam es zu Verlagsverträgen mit D. Milhaud, A. Webern u. G.F. Malipiero. 1923 erfolgte die Ausgabe des Klavierauszuges von A. Bergs Oper *Wozzeck*. 1927 wurde mit der Auslieferung der von Malipiero besorgten Gesamtausgabe der Werke von C. Monteverdi begonnen. 1928 folgte die Veröffentlichung von K. Weills *Dreigroschenoper* u. *Mahagonny*. 1929 erschien der 1. Band der von B. Paumgartner besorgten Mozarteumsausgabe. 1935 veröffentlichte F. Weingartner die bis dahin unbekannte 1. Sinfonie von G. Bizet. 1940 Übernahme der Aktien der UE durch Dr. J. Petschull u. Umwandlung des Unternehmens in eine Einzelfirma. 1951 Neugründung der Aktiengesellschaft. In die Geschäftsleitung wurden berufen: Alfred Schlee, Ernst Hartmann u. Dr. Alfred Kalmus. Seit dem Tode von E. Hartmann (1970) u. Dr. Kalmus (1972) wird das Unternehmen von A. Schlee, Stefan G. Harpner u. Dr. Johann Juranek geführt. Die UE setzt sich auch weiterhin für die zeitgenössische Musik ein u. verlegt u. a. Werke von G. Amy, D. Bedford, R. R. Bennett, L. Berio, H. Birtwistle, P. Boulez, S. Bussotti, F. Cerha, E. Denisow, P. H. Dittrich, M. Feldman, C. Halffter, R. Haubenstock-Ramati, M. Kagel, Z. Krauze, L. Kuprovič, H. Pousseur, B. Rands, W. Rihm, R. M. Schafer, K. Stockhausen. Daneben gab der Verlag Zeitschriften heraus wie »Musikblätter des Anbruch« (1919–37, seit 1929 unter dem Titel »Anbruch«), »Musica divina« (1913–38), »Pult und Taktstock« (1924–30) u. »Schrifttanz« (1928–32). Ab 1955 erschienen in zwangloser Folge, hg. von H. Eimert unter Mitarbeit von K. Stockhausen, Hefte von »die Reihe«, Informationen über serielle Musik. Seit 1969 befaßt sich der Verlag auch mit musikpädagogischer Produktion u. gibt u. a. eine »Rote Reihe« heraus. Zu den größeren Vorhaben gehören die in Zusammenarbeit mit B. Schott's Söhne in Mainz verlegte Schönberg-GA (seit 1966) u. die »Wiener Urtext Edition« (seit 1973). Gemeinsam mit dem Wiener Doblinger Verlag erscheinen eine kritische Ausgabe sämtlicher Sinfonien J. Haydns u. eine Gesamtausgabe der Werke von J. Strauß (Sohn).

Unterhaltungsmusik (Abkürzung: U-Musik). Es handelt sich um eine Musik, der im Gegensatz zur sog. → E-Musik der Geruch des künstlerisch Minderwertigen, technisch Anspruchslosen anhaftet. Besser wäre der Ausdruck → Trivialmusik, der eben jene musikalischen Erscheinungsformen abdeckt, die wir der Emanzipation einer bürgerlichen Musikkultur ab der 2. Hälfte des 18. Jh. verdanken, die mit für den heutigen Warencharakter der U. verantwortlich ist. Die Behauptung, alle weltliche Musik habe unterhaltenden Charakter, ist sicherlich ein Gemeinplatz. Aber die Rückbesinnung auf die ursprüngliche Trennung in geistliche u. weltliche Funktion der Musik hilft die Fronten klären. Weltliche Liedkunst, frühe Instrumentalmusik, sogar noch die Sinfonien eines J. Haydn waren U. im eigentlichen Sinn des Wortes. Dabei ist es ganz abwegig, Unterhaltung mit schmückenden Beiwörtern wie heiter, abwechslungsreich, einfach usw. zu drapieren u. dann kompositionstechnisch anspruchsvolle U. verschämt als »gehobene« U. anzusprechen.

Konzertbetrieb u. neue Reproduktionsmittel haben die → Kenner u. Liebhaber in den letzten beiden Jahrhunderten langsam u. sicher in die Passivität abgedrängt, allein zum Hören u. Genießen verführt. Komplexere Literatur u. Virtuosentum taten das Ihrige dazu. Die Hausmusik blieb daraufhin hinter der allgemeinen Entwicklung zurück. Das hängt auch mit dem allgemeinen Wohlstand u. dem Musikangebot zusammen, das in dieser Breite vor dem 19. Jh. gar nicht denkbar war. Musik als Konsumartikel, in seiner gerissensten Ausprägung als → Muzak, hat die Rezeptions- u. Hörgewohnheiten genauso stark beeinflußt wie die mutigen Neuerungen der jeweiligen musikalischen Moderne. Was heute mit dem Etikett U. versehen wird, sind eigtl. die Auftragskompositionen der E-Musik von gestern. Noch besser u. ehrlicher wäre es, von industrieller Musik zu sprechen, auf die dann die schönen Adjektive populär, eingängig usw. völlig zutreffend sind.

Untersetzen nennt man beim Klavierspiel den Gebrauch des Daumens nach einem anderen Finger, in der rechten Hand aufwärts, in der linken abwärts (→ Fingersatz).

Unterstimme, eine seit dem 17. Jh. nachgewiesene Bezeichnung für die jeweils tiefste Stimme eines Satzes.

Urheberpersönlichkeitsrecht (franz. droit moral) umfaßt das Recht jedes Urhebers auf Nennung seines Namens. Außerdem soll es vor jeder Veränderung eines Werkes schützen, die ohne Zustimmung des Urhebers vorgenommen werden könnte.

Urheberrecht regelt die Rechtsverhältnisse an sog. Geisteswerken. Es sichert damit die ideellen u. materiellen Interessen des Urhebers. In der BRD ist das U. durch das Gesetz über das U. u. verwandte Schutzrechte vom 9. 9. 1965 u. die Novellierung vom 10. 11. 1972 gesichert. Das U. schützt dabei den Urheber einmal in seinen geistigen u. persönlichen Beziehungen zu seinem Werk (→ Urheberpersönlichkeitsrecht) u. zum andern in der Nutzung seines Werkes, dem sog. Verwertungsrecht (→ Lizenzen). Die gesetzliche Schutzfrist endet 70 Jahre nach dem Tod des Urhebers. Geschützt sind Sprachwerke, Werke der Musik, pantomimische Werke (einschließlich Tanzkunst), Werke der bildenden Künste (einschließlich Baukunst u. angewandte Kunst), Lichtbildwerke, Filmwerke, Darstellungen wissenschaftlicher oder technischer Art. → Verwertungsgesellschaft, → Aufführungsrecht

Usandizaga, José María, baskischer Komponist, * 31. 3. 1887 San Sebastián, † 5. 10. 1915 ebd. Schüler von V. d'Indy an der Schola Cantorum in Paris.

U. komponierte die lyrische Pastorale *Mendi-Mendiyan* (1910), die Drames lyriques *Las golondrinas* (1914) u. *La llama* (1918, postum), sinfonische Dichtungen, Kammermusik, Klavier- u. Orgelstücke.

Ussachevsky, Vladimir, amer. Komponist russ. Herkunft, * 3. 11. 1911 Hailar, Mandschurei. Studierte an der Eastman School of Music in Rochester, NY, u. an der Columbia University in New York. 1947–72 Mitglied des Music Department der Columbia University u. dort mit R. Sessions u. O. Luening Leiter des Electronic Music Center of Columbia and Princeton Universities ab 1959. Veranstaltete zusammen mit Luening 1952 ein Konzert mit Tonbandmusik im Museum of Modern Art in New York u. hat sich seither für die elektronische Musik eingesetzt. Bei seinen eigenen elektronischen Kompositionen steht die Manipulation der Klangfarbe im Vordergrund, in seinen anderen Werken bleibt er dagegen recht konventionell.

Zu U. Kompositionen gehören: *Incantation* für Tonband (mit O. Luening, 1953), *Poem of Cycles and Bels* für Tonband u. Orch. (mit O. Luening, 1954), *Piece for Tape Recorder* (1955), *Linear Contrasts* (1958), *Concerted Piece* für Tonband u. Orch. (mit O. Luening, 1960), *Computer Piece* (1968), *Rhapsodic Variations* (mit O. Luening, 1973).

Ut → Solmisation

V

V, Abkürzung: **1.** v. für vox (lat.: »Stimme«), voce (ital.), voix (franz.), voice (engl.), **2.** V. für Violine, **3.** v. s. für → volti subito.

Vaet, Jacobus, franko-fläm. Komponist, * 1529 Westflandern, † 8. 1. 1567 Wien. 1554 Kapellmeister im Dienste Erzherzog Maximilians u. ab 1564 Leiter der Hofkapelle in Wien. Auf seinen Tod komponierte J. Regnart eine 7st. Motette »In obitum Jacobi Vaet«. Sein fast ausschließlich geistliches Werk steht in der Nachfolge von J. Desprez.

Vagans (lat.: »die Wandernde«), eine 5. Stimme, die im 16. Jh. zum 4st. Satz hinzutreten konnte, meistens als zweiter T. Sie wurde als V. bezeichnet, weil sie von Werk zu Werk in anderen Stimmlagen auftreten konnte.

Vaganten (von lat. vagari: »umherschweifen«), die fahrenden Studenten u. Kleriker des 12. u. 13. Jh., in Frankreich auch Goliarden genannt. Aus ihrem Kreis stammen Lieder u. Spruchdichtungen wie die »Carmina Burana«. Zu den wenigen namentlich bekannten V.-Dichtern gehört auch der Archipoeta, der aus der näheren Umgebung Rainalds von Dassel stammen muß. Charakteristisch für die V.-Lieder ist die sog. V.-Zeile, die sich aus einem steigenden Sieben- u. einem fallenden Sechssilbler zusammensetzt.

Valderrábano, Enríquez de (Anríquez de V.), span. Lautenist u. Komponist, * um 1500 Peñaranda de Duero, † nach 1557. Gab 1547 in Valladolid die Sammlung »Libro de música de vihuela, intitulado Silva de sirenas« heraus. Sie enthält Bearbeitungen polyphoner Sätze, darunter auch Villancicos u. Madrigale, sowie Stücke für 2 Lauten.

Valen, O. Fartein, norw. Komponist, * 25. 8. 1887 Stavanger, † 14. 12. 1952 Valevåg. Studierte ab 1908 am Konservatorium in Oslo, wo C. Elling zu seinen Lehrern gehörte, u. 1909–11 bei M. Bruch in Berlin. 1927–36 Inspektor an der Universitätsbibliothek. Lebte anschließend mit einer Staatspension als freischaffender Komponist auf dem Hof seiner Familie. Gehört zu den ersten skandinavischen Komponisten, die sich der nichttonalen Kompositionsweise verschrieben.

Zu V. Kompositionen gehören: 5 Sinfonien (1939–51); weitere Orchesterwerke wie Pastorale (1930), *Sonetto di Michelangelo* (1932), *Le cimetière marin* (1934) u. *Ode to Solitude* (1939); Violinkonzert (1947); Klavierkonzert (1953); Kammermusik, darunter Klaviertrio (1924), 2 Streichquartette (1929 u. 1931); Klavierstücke; Lieder. Außerdem komponierte V. eine Reihe von Werken für Singst. u. Orch.

Lit.: B. Kortsen, F. V., Life and Music, 3 Bde., Oslo 1965.

Valentini, Giuseppe, ital. Geiger u. Komponist, * um 1680 Florenz oder Rom, † um 1746 Florenz. Wirkte in Rom, Bologna, Caserta u. ab 1735 in Florenz. Sein op. 1, 12 von A. Corelli beeinflußte »Sinfonie a 3« kam 1701 in Rom u. Amsterdam heraus.

V. komponierte außerdem u. ließ im Druck erscheinen: 7 »Bizzarrie per camera a 3« (o. J.), 12 »Fantasie a 3« (1706), 8 »Idee da camera« für V. u. B. c. (o. J.), 12 Triosonaten »Villeggiature armoniche« (o. J.), je 12 Concerti grossi (um 1710), 12 Violinsonaten »Allettamenti per camera« (1714) u. »XII Solos« für V. u. B. c. (um 1720). Von seiner Oper *La costanza in amore* existiert nur noch das Libretto.

Vallotti, Francesco Antonio, ital. Komponist u. Theoretiker, * 11. 6. 1697 Vercelli, † 19. 1. 1780 Padua. Studierte bei F. A. Calegari in Padua u. wurde dort an S. Antonio 1722 3. Organist, 1727 Vizekapellmeister u. 1730 Kapellmeister. Komponierte u. a. 1770 ein Requiem auf den Tod G. Tartinis. Von seinem auf 4 Bde. angelegten theoretischen Werk »Della scienza teorica e pratica della moderna musica« erschien 1779 nur Bd. I. In ihm berechnete V. die Proportionen dissonanter u. konsonanter Intervalle u. leitete die Durtonleiter aus den höheren Tönen der Obertonreihe ab. Zu seinen Schülern gehörte Abbé Vogler.

Valls, Francisco, katalanischer Komponist, * 1665 oder um 1672 Barcelona, † 2. 2. oder 2. 7. 1747 ebd. Ab 1709 1. Kapellmeister an der Kathedrale seiner Heimatstadt. Veröffentlichte 1715 eine *Missa Scala Aretina,* in der eine frei eintretende Dissonanz vorkam, die einen Streit unter span. Musikern auslöste.

Van Gilse, Jan, holländ. Komponist, * 11. 5. 1881 Rotterdam, † 8. 9. 1944 Oegstgeest bei Leyden. Studierte bei F. Wüllner in Köln u. E. Humperdinck in Berlin. 1917–22 Städtischer Musikdirektor in Utrecht u. 1933–37 Leiter des dortigen Konservatoriums.

V.G. komponierte die Opern *Frau Helga von Stavern* (1911) u. *Thijl* (1940); Bühnenmusiken; Vokalwerke wie *Sulamith* (Kantate für Chor u. Orch., 1902) u. *Der Kreis des Lebens* für Soli, Chor u. Orch. (1929); 5 Sinfonien (1901–23); Kammermusik; Lieder.

Vanhal (Vaňhal), Johann Baptist (Jan Křtitel), böhm. Komponist u. Geiger, * 12. 5. 1739 Nechanice, Böhmen, † 20. 8. 1813 Wien. Schüler von K. Dittersdorf in Wien ab 1760. Hielt sich später in Italien auf, wo seine Opern *Il trionfo di Clelia* u. *Demofoonte* (beide 1770) entstanden. Lebte 1772–80 auf den ungar. Gütern des Grafen J. Erdődy u. anschließend in Wien, wo J. Haydn u. W. A. Mozart zu seinen Bekannten gehörten.

Von V. Werken erschienen u. a. im Druck: 51 Sinfonien (1771–72, 1773 u. 1778), 5 Klavierkonzerte (1785, 1788, 1789, 1800 u. 1808), 32 Streichquartette (1775–80); Kammermusikwerke wie Streichtrios, Quartette u. Trios mit Kl., Violin- u. Klaviersonaten; Kirchenkompositionen. Er veröffentlichte außerdem: »Anfangsgründe des Generalbasses« (Wien 1817) u. »Kurzgefaßte Anfangsgründe für das Pianoforte« (Wien o. J.).

Van Maldere, Pierre, belg. Komponist u. Geiger, * 16. 10. 1729 Brüssel, † 1. 11. 1768 ebd. 1746 Geiger in der Hofkapelle in Brüssel, 1751–53 als Kapellmeister u. Instrumentalist in Dublin, wo auch 2 Bücher mit Sonaten für 2 V. u. Gb. herauskamen. Dirigierte 1754 bei den Concerts spirituels in Paris u. trat 1757 als Geiger in Wien auf. Dort wurde ein Jahr später seine komische Oper *Les amours champêtres* aufgeführt. Reiste anschließend im Gefolge des Herzogs Karl von Lothringen durch Europa. 1763–66 Musikdirektor der Oper in Brüssel. Besonders beliebt waren seine im Stil von J. Stamitz geschriebenen Sinfonien u. Triosonaten.

Zu V.M. Werken gehören: die Opern *Le déguisement pastoral* (1756), *Les amours champêtres* (1758), *Les précautions inutiles* (1760), *La bagarre* (1762), *Les sœurs rivales* (1762), *Le médecin de l'amour* (1766) u. *Le soldat par amour* (1766); *Six Quatuors pour 2 violons, alto & basse* (1757), 6 Triosonaten (1758), 24 Sinfonien (1.–6. 1760, 7.–12. 1764, 13.–18. 1766, 19.–24. 1768), 3 Klaviertrios (o. J.).

Van Parys, Georges, franz. Komponist, * 7. 6. 1902 Paris, † 28. 1. 1972 ebd. Studierte Jura u. trat als Begleitpianist von verschiedenen Chansonsängern, u. a. auch von Lucienne Boyer, auf.

Von V.P. Chansons seien genannt: *C'est un mauvais garçon, A mon âge* u. *Un jour tu verras.* Komponierte außerdem Musik für mehr als 200 Filme, darunter zu den René-Clair-Filmen »Le million« (1937), »Le silence est d'or« (1947) u. »Les grandes manœuvres« (1955).

Varèse, Edgar(d) V. A. Ch., amer. Komponist franz.-ital. Abstammung, * 22. 12. 1883 Paris, † 6. 11. 1965 New York. Wuchs bei Verwandten in Burgund auf u. kam 9jährig mit den Eltern nach Turin. Jede musikalische Regung des offensichtlich begabten Jungen wurde von dem despotischen Vater unterdrückt, der aus seinem Sohn einen Mathematiker u. Naturwissenschaftler machen wollte. Mit 17 Jahren erster Unterricht bei G. Bolzoni, dem Direktor des Konservatoriums in Turin. Verließ 1904 das Elternhaus u. schlug sich bei Freunden in Paris durch, bis er durch Vermittlung seines Vetters A. Cortot in die Schola Cantorum aufgenommen wurde, wo A. Roussel u. Ch. Bordes zu seinen Lehrern gehörten. Neben P. Picasso lernte V. A. Rodin kennen, fand eine Zeitlang Aufnahme bei dem Dichter L. Deubel u. zählte den Komponisten P. Le Flem u. den Dichter F. Bernouard zu seinen Freunden. Seinen Lebensunterhalt verdiente er als Notenschreiber, Arrangeur u. Musiklehrer. 1905 wurde V. in die Kompositionsklasse von Ch. Widor am Pariser Conservatoire aufgenommen. Daneben dirigierte er ab 1906 den Chor der Université populaire. 1907 hatte der unbeherrschte V. eine Auseinandersetzung mit G. Fauré, dem Leiter des Conservatoire, die seinen Abgang zur Folge hatte. Neugierig auf das dt. Musikleben u. enttäuscht vom Akademismus eines V. d'Indy, C. Saint-Saëns u. G. Fauré, beschloß V., sich in Berlin niederzulassen. Zu den wichtigen Anregungen während der Pariser Zeit gehörten die Lektüre von H. von Helmholtz' »Die Lehre von den Tonempfindungen« u. die Beschäftigung mit den Gedanken des poln. Philosophen u. Physikers H. Wroński, der von einem Körperlichwerden der Klänge gesprochen hatte. Außerdem fand er bei C. Debussy u. R. Rolland wohlwollende Unterstützung. Die folgenden Berliner Jahre 1907–14 haben V. für sein weiteres Leben entscheidend geprägt. In Berlin schloß er Freundschaft mit F. Busoni, dessen »Entwurf einer neuen Ästhetik der Tonkunst« ihn stark beeinflussen sollte u. der ihm mit dem Satz »Frei ist die Tonkunst geboren u. frei zu werden ihre Bestimmung« einen Schlüsselsatz für sein ganzes späteres Werk lieferte. Seinen Lebensunterhalt bestritt V. mit Musikunterricht, der zeitweiligen Leitung des Symphonischen Chors, Stipendien u. Zuwendungen von Freunden. Besondere Hilfe ließ ihm R. Strauss zukommen, der 1910 auch für die Aufführung von V. sinfonischer Dichtung *Bourgogne* sorgte. Mit H. von Hofmannsthal verband ihn ein ausführlicher Briefwechsel, während er an einer Oper nach dessen »Ödipus und die Sphinx« arbeitete. 1914 dirigierte V. auf Einladung der Prager Philharmonie Werke franz. Komponisten u. reiste anschließend von Prag nach Paris, wo er vom

Kriegsausbruch überrascht wurde. Seine in Berlin zurückgelassenen Kompositionen wurden mit Ausnahme von *Bourgogne* bei einem Feuer vernichtet. *Bourgogne* verbrannte V. 1961 selbst. 1916 Übersiedelung nach New York. Dort machte V. mit einer Aufführung des Requiems von H. Berlioz in der gewaltigen Besetzung der Uraufführung von sich reden. 1919 gründete er das New Symphony Orchestra, mit dem er zeitgenössische Musik verbreiten wollte. Desinteresse der Musiker u. Schwierigkeiten mit der Verwaltung ließen ihn jedoch bald aufgeben. 1921 rief er gemeinsam mit C. Salzedo in New York die International Composers' Guild ins Leben, die erste Komponistenvereinigung Amerikas zur Pflege zeitgenössischer Musik. Um die gleiche Zeit entstand seine sinfonische Dichtung *Amériques*. 1926 Gründung der Pan American Society zur Verbreitung amer. Musik. Daneben Leitung verschiedener Chöre u. Orchester. 1928–33 lebte V. in Paris, wo A. Jolivet zu seinen Schülern gehörte. Aus der Pariser Zeit stammt die 1929–31 komponierte *Ionisation*. Nach New York zurückgekehrt, nahm V. *Ecuatorial* in Angriff u. ließ sich dazu von L. Theremin eigens neue Instrumente bauen. 1934 begann für den Komponisten eine lange Periode von Depressionen. Er hielt zwar Vorträge u. trat verschiedentlich als Dirigent auf, aber ein neues größeres Werk wurde erst mit *Deserts* (1950–54) begonnen. 1950 leitete V. einen Kompositionskurs in Darmstadt u. wurde dadurch für Europa neu entdeckt. 1957–58 arbeitete er gemeinsam mit I. Xenakis u. Le Corbusier an der Gestaltung des Philips-Pavillons für die EXPO 1958 in Brüssel. 1959–61 entstand seine letzte bedeutende Komposition *Nocturnal*.

V. Denken wurzelte im europäischen Kulturraum. R. Strauss, F. Busoni u. G. Mahler bildeten die Grundlage für seine eigene Entwicklung, die sich am besten als Befreiung von jeglicher Tradition beschreiben läßt. Trotzdem blieb V. Romantiker u. Humanist. Seine Befreiung zielte auf den »son organisé« hin, für ihn war der Klang das Material der Musik. Form ist nicht vorgegeben, sondern das Resultat eines Prozesses, der sich im Hören erschließen soll. Kubistische Gedanken wurden in seinen musikalischen Raumvorstellungen verarbeitet, indem er mit den gleichen Mitteln wie die Kubisten Perspektive zu erzeugen suchte. Daher rühren seine Klangflächen, seine Raummusik wie auch der Einsatz der Sirene. Vom Riesenorchester der Jahrhundertwende ausgehend (1. Fassung von *Amériques* für 142 Spieler), fand V. zu seiner ganz persönlichen Sprache, die von Blas- u. Schlaginstrumenten beherrscht wird, da er die Streicher für obsolet hielt. Der mit diesem Instrumentarium, später ergänzt durch elektronisch erzeugte Klänge, mögliche Klang wird einmal in bezug auf seine Farben untersucht u. verarbeitet, dann aber in seiner Unterschiedlichkeit eingesetzt, um Räumlichkeit zu erzielen. Die von V. erdachten klanglichen Möglichkeiten nahmen technische Entwicklungen wie Tonband, Montage u. elektronische Klangerzeugung um Jahrzehnte vorweg. Eine Bindung an Reihentechnik oder die Einführung der Aleatorik lehnte er ab. Dabei hat jedes seiner Werke eine deutlich nachvollziehbare eigene Struktur, nur ist diese in sich selbst begründet u. unabhängig von vorgegebenen Gesetzen einschließlich der Tonalität.

Zu V. Werken gehören die teilweise unfertigen oder vollendeten Kompositionen, die später vernichtet wurden, u. a.: *Apothéose de l'océan* für Orch. (1905), *Chanson avec orchestre* (1905), *Le fils des étoiles* (Oper nach einem Text von S. Péladan, 1905), *Trois pièces pour orchestre* (1905), *Prélude à la fin d'un jour* für Orch. (1905), *Bourgogne* für Orch. (1908–9), *Gargantua* für Orch. (1909), *Les cycles du nord* für Orch. (1911–12), *Mehr Licht* für Orch. (1911), *Ödipus und die Sphinx* (Oper, 1912–14). – Erhalten sind: *Un grand sommeil noir* (Lied mit Klavierbegleitung, 1906); *Amériques* für Orch. (1920–21, rev. 1929); *Offrandes* (2 Lieder für S. u. Kammerorch.: *Chanson de là-haut* von V. Huidobro u. *La croix du sud* von J. J. Tablada, 1921); *Hyperprism* für 9 Blas- u. 16 Schlaginstr., darunter eine Sirene (1922–23); *Octandre* für 7 Bläser u. Kb. (1923); *Intégrales* für 11 Blas- u. 17 Schlaginstr. (1924–25); *Arcana* für Orch. (1926–27, rev. 1960); *Ionisation* für 36 Schlaginstr. u. 13 Spieler (1929–31); *Ecuatorial* nach einem span. Text aus dem »Popol Vuh« in der Fassung der »Leyendas de Guatemala« von M. A. Asturias für B.-Stimmen, Instrumentalensemble u. Ondes Martenot (1933–34, rev. 1961; bei der Uraufführung nur mit einer B.-St. besetzt u. Theremins anstelle der Ondes Martenot); *Density 21.5* für Fl. solo (1936, rev. 1946; entstanden für den Flötisten G. Barrère, benannt nach dem spezifischen Gewicht des Platins seiner Flöte); *Étude pour espace* für gem. Chor, 2 Kl. u. Schlagzeug (1947); *Déserts* für 14 Bläser, Kl., Schlaginstr. u. 3 Tonbandinterpolationen mit son organisé (1950–54; die Tonbandinterpolationen rev. 1960 u. 1961); elektronische Musik (2 Min. 47 Sek.) zu Th. Bouchards Film »Around and About Joan Miró« (1955); *Poème électronique* für den Philips-Pavillon bei der EXPO 1958 in Brüssel (1957–58); *Nocturnal* nach Texten von V. u. aus »The House of Incest« von A. Nin für S., Baßchor u. Orch. (1959–61, vollendet von Chou Wen-Chung). Die Arbeit an *Nocturnal II* u. *Dans la nuit* nach dem gleichnamigen Gedicht von H. Michaux wurde abgebrochen.

Lit.: J. H. Klarén, E. V., Boston 1928; F. Ouellette, E. V., Paris 1966; G. Charbonnier, Entretiens avec E. V., Paris 1970; L. Varèse, V., A Looking-Glass Diary, Bd. I: 1883–1929, New York 1972; A. Jolivet, V., Paris 1973; O. Vivier, V., Paris 1973; G. Wehmeyer, E. V. mit gezeichneten Aufnahmen von seiner Musik von L. Alcopley, Regensburg 1977; K. Metzger u. R. Riehn (Hgg.), E. V., Rückblick auf die Zukunft, München 1978.

variable Metren, von B. Blacher geprägte Bezeichnung für den Taktwechsel als formbildendes Mittel. Er legte dabei arithmetische Reihen zugrunde, denen der Taktwechsel entsprach. So kam er zu übergeordneten metrischen Einheiten.

Variante, eine vom Original abweichende Lesart des gleichen literarischen oder musikalischen Textes.

Variation (lat. variatio: »Veränderung«), ein Grundprinzip der musikalischen Gestaltung, das einen musikalischen Gedanken, ein Motiv oder Thema unter den verschiedensten Gesichtspunkten abwandelt, ohne die Beziehung zur Vorlage je völlig aufzugeben. Als Veränderungsmöglichkeiten bieten sich an: V. des Themas, der Baß-St., des Stimmengeflechts, der harmonischen Fortschreitung u. des metrischen oder rhythmischen Grundmusters. Häufig wirken mehrere Möglichkeiten zusammen. Die Abgrenzung zur Fortspinnung, zur → thematischen Arbeit oder zu → Verzierungen ist nicht immer deutlich. Darüber hinaus ist zu unterscheiden zwischen 1. der variierenden Technik innerhalb eines musikalischen Ablaufs (z. B. bei der Wiederholung), 2. der Veränderung eines musikalischen Ganzen (z. B. → Kolorierung von Liedsätzen) u. 3. der V. als Form (z. B. V.-Folge in der → Suite, → Choralbearbeitung, in zyklischen Instrumentalwerken; dabei ist ein Thema mit V. am häufigsten).

In L. van Beethovens Variationenwerken erhielt der V.-Gedanke eine neue, tiefere Dimension, da Beethoven das Thema als Charakter auffaßte u. es sich expressiv u. dramatisch entfalten ließ. In nichtthematischer Musik verliert das Prinzip der V. seinen Sinn, da für den Hörer das Wiedererkennen des Themas entfällt. Die V. wird zu einem reinen, nur für den Spezialisten erkennbaren Ordnungsprinzip.

Bedeutende Variationenwerke sind: J.S. Bachs *Aria mit verschiedenen Veraenderungen vors Clavicimbal mit 2 Manualen,* die sog. *Goldberg-V.* (1742); L. van Beethovens *Prometheus-* oder *Eroica-V.* für Kl. (1802) u. seine 33 Veränderungen über einen Walzer von A. Diabelli für Kl. (1819–23); J. Brahms' 25 Variationen u. Fuge über ein Thema von Händel für Kl. (1861) u. 28 Variationen über ein Thema von Paganini für Kl. (1863); M. Regers Variationen und Fuge über ein Thema von J. A. Hiller für Orch. (1907); S. Rachmaninows Rhapsodie über ein Thema von Paganini für Kl. u. Orch. (1934); A. Schönbergs Variationen für Orch. (1926–28) u. B. Blachers Paganini-V. für Orch. (1948).

Varsovienne (franz.), eine nach der Stadt Warschau benannte Abart der Mazurka (→ Mazur). Sie wurde im langsamen ¾-Takt ausgeführt, wobei die erste Note jedes zweiten Taktes eine besondere Betonung erhielt. War um 1850–70 in Frankreich u. Deutschland beliebt.

Vaudeville (franz.), ursprünglich populäre, meist satirische Lieder, dann Einlagen in Stücken, die auf Märkten u. Messen gespielt wurden, schließlich Bezeichnung für die Stücke selbst u. später für das Theater, in dem sie gegeben wurden. Ob sich der Ausdruck von den Vau(x) de Vire oder Voix de ville herleitet, ist nicht zu klären. Stücke mit eingefügten bekannten Liedern erfreuten sich bald solcher Beliebtheit, daß zunehmend neue Musiken komponiert wurden u. das Genre der Comédies mêlées d'ariettes entstand, aus dem sich die Opéra-comique entwickelte. Daneben behielt auch das Spiel als Comédies mêlées de vaudeville, Comédies vaudevilles u. Vaudevilles seine Beliebtheit. Unabhängig von diesen Bühnenformen kam der Brauch auf, in der Opéra-comique am Schluß einen Rundgesang zu bringen, der meistens eine der bekannten V.-Melodien aufgriff. Durch J. A. Hiller fand diese Form des V. als V.-Rondo Eingang in das dt. → Singspiel, so z. B. bei W. A. Mozart, der ein Schluß-V. für *Die Entführung aus dem Serail* komponierte. Im angelsächsischen Raum sank das V. im 19. u. 20. Jh. zur Music Hall u. zum Revuetheater ab, während es im franz. Schauspiel eine neue Blüte erlebte.

Vaughan Williams, Ralph, engl. Komponist, * 12. 10. 1872 Down Ampney, Gloucestershire, † 26. 8. 1958 London. Lernte mit 7 Jahren das Geigenspiel u. nahm mit 8 einen Fernkurs in Musiktheorie. 1890 Studium am Royal College of Music, wo F. E. Gladstone, H. Parry u. W. Parratt zu seinen Lehrern gehörten. 1892–94 am Trinity College in Cambridge. Dort erhielt er weiteren Unterricht von Ch. Wood u. Ch. Stanford (Komposition) sowie von A. Gray (Orgel). Anschließend kehrte V. W. noch einmal an das Royal College of Music zurück. Zu seinen Mitschülern gehörte G. Holst, dem er bis zu dessen Tod verbunden blieb. Nach dem Studium übernahm er die Organistenstelle an St. Barnabas in South Lambeth, besuchte Bayreuth, hielt sich eine Zeitlang in Berlin auf, wo er bei M. Bruch Studien betrieb, hielt Vorlesungen u. schrieb Artikel. 1904 wurde er Mitglied der Folk-Song Society. Seine Beschäftigung mit der heimatlichen Folklore schlug sich in den 3 *Norfolk Rhapsodies* nieder, die 1905–06 entstanden. 1908 verbrachte V. W. 3 Monate in Paris u. holte sich bei M. Ravel Anregungen hinsichtlich Instrumentation u. Form. 1910 trat er mit seiner ersten Sinfonie, *A Sea Symphony,* an die Öffentlichkeit. 1919 wurde er Kompositionslehrer am Royal College of Music in London u. 1920–28 Dirigent des Bach Choir. 1928 zog er sich nach Dorking zurück, lebte als freischaffender Komponist, reiste als Dirigent u. Dozent u. hinterließ ein umfangreiches Werk, aus dem besonders die Vokalkompositionen herausragen.

V. W. wurde in eine Zeit hineingeboren, die sich

auf die eigene Folklore, die glänzenden Meister der Tudorzeit u. große Komponisten wie H. Purcell zurückbesann. Mit Hilfe dieser eigenen Tradition schuf V. W. eine von dt. u. franz. Vorbildern weitgehend unabhängige nationale Musik. In seinem Streben wurde er von seinem Freund Holst nachdrücklich unterstützt. Folklore wurde bei V. W. selten als Ausgangsmaterial, aber häufig als Anregung zu eigenen Erfindungen verwendet. Dazu trat seine modal geprägte, oft eigenartige Auffassung von Tonalität.

Zu V. W. Werken gehören: die Opern *The Shepherds of the Delectable Mountains* (1922), *Hugh the Drover* (1924; Vorarbeiten 1911–14), *Sir John in Love* (1929), *Riders to the Sea* (1931), *The Poisoned Kiss* (1936) u. *The Pilgrim's Progress* (1951, unter Einarbeitung von Teilen der *Shepherds of the Delectable Mountains*); die Ballette *Old King Cole* (1924), *On Christmas Night* (1925–26), *Job, a Masque for Dancing* (1930) u. *The Running Set* (1936); Bühnenmusik *The Wasps* (1909, daraus Ouvertüre); Filmmusiken, u. a. zu »Scott of the Antarctic« (1949, aus dem Material später 7. Sinfonie); Orchesterwerke, darunter 9 Sinfonien (1. *A Sea Symphony* für S., Bar., Chor u. Orch. nach Texten von W. Whitman, 1910; 2. *A London Symhony*, 1913, rev. 1920 u. 1953; 3. *Pastoral Symphony* für S. oder T. u. Orch., 1922, rev. 1955; 4. 1935; 5. 1943; 6. 1948; 7. *Sinfonia antarctica*, 1953; 8. 1956; 9. 1958), *3 Norfolk Rhapsodies* (1905, nur eine erhalten), *In the Fen Country* (1905, rev. 1935), *Fantasia on a Theme by Tallis* (1910, rev. 1923), *English Folk Song Suite* (1923, ursprünglich für Militärkapelle), Partita für doppeltes Streichorch. (1948); Kompositionen für Soloinstr. u. Orch. wie *The Lark Ascending* für V. u. Orch. (1914), *Concerto accademico* für V. u. Streicher (1925), *Flos Campi* für Va., Chor u. Kammerorch. (1926), Klavierkonzert (1933, Arrangement für 2 Kl. u. Orch. 1946), Suite für Va. u. Kammerorch. (1934), Concerto für Ob. u. Streicher (1944), *Fantasia on the Old 104th* für Kl., Chor u. Orch. (1950), *Romance* für Harmonika u. Streicher (1953) u. Konzert für Baßtuba u. Orch. (1954); Vokalkompositionen, darunter *Willow Wood* für Bar., Frauenchor u. Orch. (1903), *Toward the Unknown Region* für Chor u. Orch. (1905, rev. 1918), *Fantasia on Christmas Carols* für Bar., Chor u. Orch. (1912), Messe in g-Moll für Soli u. Chor a cappella (1922), *Sancta Civitas* (Oratorium, 1925), *The Hundredth Psalm* (1929), *Benedicite* für S., Chor u. Orch. (1930), *In Windsor Forest* (Kantate, 1931, nach der Oper *Sir John in Love*), Magnificat für A., Frauenchor u. Orch. (1932), *Five Tudor Portraits* für A., Bar., Chor u. Orch. (1936), *Dona nobis pacem* für S., Bar., Chor u. Orch. (1936), *Flourish for a Coronation* (1937), *Festival Te Deum* (1937), *Serenade to Music* für 16 Solo-St. u. Orch. (1938, auch für Soli, Chor u. Orch.), *Thanksgiving for Victory* für S., Sprecher, Chor u. Orch. (1945), *Folk Songs of the Four Seasons* für Frauenchor u. Orch. (1950), *The Sons of Light* (Kantate für Chor u. Orch., 1951), *An Oxford Elegy* für Sprecher, Chor u. Orch. (1952), *A Cotswold Romance* für S., T., Chor u. Orch. (1953, aus *Hugh the Drover*), *Hodie* für S., T., Bar., Chor, Orch. u. Org. (1954); Kirchenkompositionen; Hymnen für das »English Hymnal«; Kammermusik, u. a. 2 Streichquartette (1908, rev. 1921; 1945), *Fantasy Quintet* (1921), *Six Studies in English Folk Song* für Vc. u. Kl. (1927), *Household Music* für Streichquartett (1942), Violinsonate (1956); Klavierstücke; Lieder u. Liederzyklen wie *The House of Life* nach D. G. Rossetti (1903), *Songs of Travel* nach R. L. Stevenson (1905–07), *On Wenlock Edge* nach A. E. Housman für T., Kl. u. Streichquartett (1909), *Nine Songs for Voice and Violin* nach A. E. Housman (1925), *Seven Songs from »The Pilgrim's Progress«* von J. Bunyan (1952), *Ten Songs for Voice and Oboe* nach W. Blake (1958) u. *Four Last Songs* nach Ursula V. W. (1960). Er gab außerdem H. Purcells »Welcome Songs« (1905 u. 1910) heraus sowie »Music of The English Hymnal« (1906), »Music of Songs of Praise« (gemeinsam mit M. Shaw, 1925) u. »Music of The Oxford Book of Carols« (gemeinsam mit M. Shaw, 1928). Zu seinen Veröffentlichungen gehören: »English Folksongs« (London 1912); »National Music« (London 1934, Neudruck 1972); »Some Thoughts on Beethoven's Choral Symphony and Other Writings« (London 1953); »The Making of Music« (Ithaca, NY, u. London 1955).

Lit.: H. Foss, R. V. W., London 1950; P. M. Young, V. W., London 1953; U. Vaughan Williams u. I. Holst (Hgg.), Heirs and Rebels, London 1959; J. Day, V. W., London 1961, Neudruck 1972; A. E. F. Dickinson, V. W., London 1963; M. Kennedy, The Works of R. V. W., London 1964; U. Vaughan Williams, R. V. W., London 1964; P. R. Starbuck, R. V. W., A Bibliography, London 1967; J. E. Lunn u. U. Vaughan Williams, R. V. W. A Pictorial Biography, London 1971; R. Douglas, Working with R. V. W., London 1972; H. Ottaway, V. W. Symphonies, London 1972.

Vecchi, Orazio T., ital. Komponist, getauft 6. 12. 1550 Modena, † 19./20. 2. 1605 ebd. Schüler von S. Essenga. Erhielt die geistlichen Weihen, 1581 Domkapellmeister in Salò, 1584 in Modena, 1586 Kanonikus am Dom von Correggio u. 1596–1604 Kapellmeister am Dom von Modena, eine Stellung, aus der ihn anscheinend sein Schüler G. Capilupi verdrängte. 1598 wurde er außerdem mit der Leitung der Musik am Hofe u. der musikalischen Erziehung der Prinzen betraut. Sein bekanntestes Werk ist die Commedia harmonica *Amfiparnaso*, die 1594 in Modena aufgeführt u. 3 Jahre später in Venedig gedruckt wurde. Es handelt sich um eine Reihe von 4- u. 5st. Madrigalen, die in 3 Abschnitten zusammengefaßt sind. Voraus geht ein Prolog. Im Gegensatz zu den Experimenten der → Camerata ließ V. seine einzelnen Darsteller jedoch in Rede u. Gegenrede singen.

Von V. weiteren Werken erschienen: 4 Bücher 4st. Canzonetten (1580–90); 6–7st. Madrigale (1583); 6st. Canzonetten (1587); 5st. Madrigale (1589); 3–10st. »Selva di varia ricreatione ...« (1590); 2 Bücher 3st. Canzonetten (1597–99, davon das 1. mit G. Capilupi auch mit dt. Text Nürnberg, 1608); 3–8st. »Convito musicale« (1597); »Le veglie di Siena ovvero i varii humori della musica moderna«, 4–6st. (1604). Außerdem veröffentlichte V. Motetten, Hymnen u. Messen (postum hg. von seinem Schüler P. Brausius).

Lit.: A. u. P. Torelli, O. V., Poetica musicale, Modena 1969.

Vejvanovský (Weywanowsky), Pavel Josef, mährischer Komponist u. Trompeter, * vor oder um 1640 Hukvaldy oder Hlučín, Nordmähren, † 24. 6. 1693 Kremsier. Wurde 1656–60 am Jesuitengymnasium in Troptau erzogen u. war anschließend wahrscheinlich Schüler von H. Schmelzer in Wien. 1666 Feldtrompeter u. Chori praefectus an St. Mauritius in Kremsier. Wurde 1670 als Nachfolger H. I. F. Bibers Kapellmeister des Fürstbischofs in Olmütz u. Kremsier. Von seinen erhalten gebliebenen Werken sind Messen, Motetten u. Kirchensonaten besonders erwähnenswert.

venezianische Schule. Unter diesem Begriff werden das reiche Musikleben der mächtigen Stadtrepublik Venedig u. die dort ausgeprägten vokalen u. instrumentalen Formen zusammengefaßt. Ihre Blütezeit reicht etwa von der Ernennung A. Willaerts zum Kapellmeister an S. Marco (1527) bis zum Tode A. Vivaldis (1741). Im Mittelpunkt des venezianischen Musiklebens stand zu Anfang die Kathedrale von S. Marco mit ihrer Schola puerorum. Bedeutende Musiker wie Petrus de Fossis, Willaert, C. de Rore, G. Zarlino, B. Donato, G. Croce, G. C. Martinengo u. C. Monteverdi hatten nacheinander das Kapellmeisteramt inne, während G. Armonio, A. Padovano, C. Merula, A. u. G. Gabrieli zu den 1. Organisten der Kathedrale gehörten. Charakteristisch für die frühe v. S. war jene Mischung aus niederl. Motettenstil u. volkstümlichen Musizierformen, wie sie in Willaerts Werk zum Ausdruck kommt. Auch wenn ein zentraler Teil seines Schaffens der gottesdienstlichen Ausgestaltung diente, hat er doch wesentliche Beiträge zur vulgärsprachlichen weltlichen Musik geleistet. Auch in der Madrigalkunst wurde sein Einsatz von Affektdarstellung u. Chromatik wegweisend. Zu Willaerts Schülern zählte auch G. Zarlino, der als der bedeutendste Theoretiker der Zeit galt. In der Orgelmusik führte die v. S. das imitatorische Ricercar ein (M. A. Cavazzoni), u. G. Diruta verfaßte das wichtige Orgellehrbuch »Il transilvano« (2 Teile, 1593 u. 1609). Daneben galt Venedig schon früh als ein Zentrum der Orgelbaukunst.

Mit C. Monteverdi, der eigtl. keiner Schule zugerechnet werden kann, begann die große Zeit der venezianischen Oper. 1637 wurde mit S. Cassiano das erste öffentliche Opernhaus der Welt eröffnet. Auf dem Höhepunkt des Opernfiebers verfügte die Stadt über 16 Opernbühnen, die meistens nach den einzelnen Stadtvierteln oder Gründerfamilien benannt waren. An Komponisten sind zu erwähnen: F. Cavalli, C. Pallavicini, P. A. u. M. A. Ziani, G. Legrenzi, G. u. A. M. Bononcini, A. Caldara, T. Albinoni, G. Porta, A. Vivaldi u. F. Gasparini. Typisch für die venezianische Oper waren die zahlreichen geschlossenen Sologesangsformen, die Neigung zum → Belcanto, die Ausarbeitung der Da-capo-Form der Arie u. der theaterwirksame Einsatz des orchesterbegleiteten Rezitativs (→ Accompagnato). Hand in Hand mit dem Aufkommen der Oper ging die sorgfältige Ausbildung der Musiker. Neben Neapel verfügte nur noch Venedig über 4 berühmte Ausbildungsstätten: Ospedale della Pietà, dei Mendicanti, degli Incurabili u. Ospedaletto. Von den dort wirkenden Lehrern seien erwähnt: G. Legrenzi, A. Lotti, B. Galuppi, A. Vivaldi, N. Porpora u. N. Jommelli.

Mit der v. S. erlebte Venedig außerdem eine ungewöhnliche Blüte des Musikdrucks. Neben O. Petrucci sind hier besonders A. Gardano, G. Scotto u. G. Vincenti zu nennen.

Veni sancte spiritus (lat.: »Komm, Heiliger Geist«), Pfingstsequenz der römischen Messe, von der sich dt. Kirchenliedfassungen seit dem hohen Mittelalter nachweisen lassen (→ Sequenz).

Vento, Ivo de, Komponist (möglicherweise Niederländer), * um 1544, † 1575 München. Wahrscheinlich Schüler von C. Merulo in Venedig, ab 1564 in München nachgewiesen u. dort ab 1570 Organist der von O. de Lassus geleiteten Hofkapelle.

Von V. erschienen in München: »Lat. cantiones«, 4st. (1569); »Lat. cantiones«, 5st. (1570); »Liber motetorum«, 4st. (1571); »Motetae aliquot sacrae«, 4st. (1574); »Quinque motetae, duo madrigalia, Gallicae cantiones duae, et quatuor Germanicae ...«, 5–9st. (1576) sowie die weltlichen Kompositionen »Newe Teutsche Liedlein«, 5st. (1569), »Newe Teutsche Lieder«, 4–6st. (1570); »Schöne ausserlesene, newe Teutsche Lieder«, 4st. (1572); »Newe Teutsche Lieder«, 3st. (1572); »Teutsche Lieder«, 5st. (1573).

Veracini, Francesco Maria, ital. Geiger u. Komponist, * 1. 2. 1690 Florenz, † 31. 10. 1768 ebd. Schüler von G. M. Casini u. F. Gasparini. Galt zu Beginn des 17. Jh. als einer der bedeutendsten Geiger u. machte nachhaltigen Eindruck auf den kaum jüngeren G. Tartini. Konzertmeister der ital. Oper in London ab 1714. Trat dort auch als Solist zwischen den einzelnen Akten auf. 1717 Kammervirtuose am Dresdner Hof, 1722–34 in Florenz u. 1735–44 als Opernkomponist in London. Verbrachte seine letzten Lebensjahre in Florenz u. arbeitete dort an »Il trionfo della pratica musicale« op. 3. Von seinen Opern war *Adriano* (1735) am erfolgreichsten.

V. veröffentlichte 24 Violinsonaten mit B. c. (op. 1, 1721; op. 2, 1744) u. hinterließ Konzerte, Sinfonien sowie weitere Sonaten im Manuskript.

Verbunkos (ungar., aus dt. »Werbung«), eine volkstümliche ungar. Musizierweise, besonders der Zigeunerkapellen, die auf Werbetänze für die österr. Armee im 18. Jh. zurückgeht. Typisch für den V. sind zweigeteilte Abschnitte (langsam u. schnell), Zigeunertonleiter, lebhafter 2/4- oder 4/8-Takt, Synkopierung u. Triolenpassagen. Seine Blütezeit erlebte der V. zwischen 1810 u. 1840 bei den virtuosen Geigern J. Bihari, A. Csermák u. J. Lavotta. Nach 1840 ging er im → Csárdás auf.

Von den vielen Beispielen des V. in der Kunstmusik seien die *Ungarischen Tänze* von J. Brahms, *Háry János* von Z. Kodály u. das 3. Klavierkonzert von B. Bartók erwähnt.

Verdeckung, ein zuerst von A. M. Meyer beobachtetes Phänomen, das darin besteht, daß man beim Hören zweier verschieden hoher Töne den einen leiser empfindet als den anderen. Dies kann bei schwacher Intensität des verdeckten Tones sogar zur Auslöschung führen. So ist insbesondere eine Steigerung der Intensität tiefer Frequenzen für das Hören höherer nachteilig. Nachhallzeit in tiefen Frequenzbereichen kann daher auch die Hörsamkeit eines Raumes unangenehm beeinträchtigen.

Verdelot (Verdelotto), Philippe, franz. Komponist, * um 1487, möglicherweise in der Nähe von Orange, † vor 1552 Florenz (?). Gehört zu den Schöpfern des Madrigals in Italien. 1523–27 Kapellmeister am Baptisterium S. Giovanni in Florenz, hielt sich 1529 (oder 1530) bis 1533 in Rom auf u. wirkte 1533–35 in Venedig. Steuerte bereits zu der 1533 erschienenen Sammlung »Madrigali novi de diversi excellentissimi Musici« Stücke bei. Seine Madrigale sind im wesentlichen homophon, lassen aber bereits eine außergewöhnliche kontrapunktische Fertigkeit erkennen. Das läßt sich auch an der von V. zu C. Janequins *Bataille* komponierten 5. Stimme feststellen, die 1545 in T. Susatos Chanson-Sammlung erschien.

Von V. Kompositionen wurden gedruckt: 3 Bücher 4st. Madrigale (um 1535, 1536, 1537); 4 Bücher 5st. Madrigale (um 1535 bis 1540); 2 Bücher 6st. Madrigale (1541 u. 1561); 1 Buch Motetten 4st. (1549).

Verdi, Giuseppe F. F., ital. Komponist, * 10. 10. 1813 Le Roncole bei Busseto (damals Herzogtum Parma), † 27. 1. 1901 Grand Hotel Mailand. Seine Vorfahren waren Bauern u. Gastwirte, der Vater betrieb einen kleinen Laden u. eine Taverne. V. erhielt seinen ersten Musikunterricht bei P. Baistrocchi, dem Dorforganisten von Le Roncole, u. wurde später, als er im benachbarten Busseto auf das Gymnasium ging, sein Nachfolger. Während der Schulzeit nahm sich der städtische Musikdirektor von Busseto, F. Provesi, seiner an. Außerdem fand er in dem Kaufmann u. Musikliebhaber A. Barezzi (1787–1867) einen Förderer, der die weiteren Geschicke des jungen V. entscheidend mitbestimmen sollte. Noch während der Schulzeit komponierte V. nach eigenen Aussagen eine Vielzahl von Märschen u. Ouvertüren für die von Barezzi geleiteten Filarmonici u. erlebte 1828 im Stadttheater die Aufführung seiner Ouvertüre zu *Der Barbier von Sevilla*. 1831 zog er ganz zu den Barezzis, die ihn wie einen Sohn aufnahmen. Barezzi sorgte auch dafür, daß der begabte junge Musiker seine weitere Ausbildung in Mailand erhielt. 1832 stellte sich V. am Mailänder Konservatorium vor, machte eine Aufnahmeprüfung u. wurde »wegen erwiesener Unfähigkeit« abgelehnt. Mit finanzieller Unterstützung Barezzis nahm der 18jährige daraufhin Privatunterricht bei dem Paisiello-Schüler V. Lavigna, der sich mit seiner Oper *La muta per amore* einen Namen gemacht u. 1831 die Uraufführung von V. Bellinis *Norma* geleitet hatte. 1834 trat V. erstmals als Dirigent an die Öffentlichkeit, er leitete eine Aufführung der Mailänder Società filarmonica von J. Haydns *Schöpfung*. 1836 wurde er nach dem Tode seines alten Lehrers Provesi Leiter des Stadtorchesters u. der Musikschule in Busseto. Diese Stellung erschien ihm sicher genug, um Barezzis älteste Tochter Margherita zu heiraten. Noch im gleichen Jahr nahm er die Arbeit an der Oper *Rocester* nach einem Buch von A. Piazza auf. Ob das Werk verschollen ist oder in den nachfolgenden *Oberto* eingearbeitet wurde, läßt sich heute nicht mehr feststellen. Jedenfalls entstand 1837–38 auf ein weiteres Libretto von Piazza V. erste Oper, *Oberto, Conte di S. Bonifacio*. 1838 erschien mit den *Sei romanzi* für Singst. u. Kl. V. erstes Werk im Druck. Im Juli dieses Jahres wurde ihm der Sohn Icilio geboren, kurz darauf starb die kaum eineinhalbjährige Tochter Virginia. Als V. durch Vermittlung der Sängerin Giuseppina Strepponi die Oper *Oberto* an der Mailänder Scala plazieren konnte, gab er seine Stellung in Busseto auf u. zog Anfang 1839 mit Frau u. Sohn nach Mailand. Noch während der Vorbereitungen zur Premiere starb auch sein Sohn. Die Uraufführung am 17. 11. 1839 brachte V. einen Achtungserfolg u. ein Vertragsangebot über 3 weitere Opern. Eine Karriere als Compositore scritturato schien gesichert. V. begann an der Buffa *Un giorno di regno* zu arbeiten, da starb seine Frau Margherita. Als nach den vorangegangenen Schicksalsschlägen auch noch die neue Oper bei ihrer Uraufführung ausgepfiffen wurde, bat der verzweifelte V. um die Lösung seines Vertrages u. verbrachte einige Monate in tiefsten Depressionen. Im Winter 1840–41 traf er zufällig den Impresario B. Merelli auf der Straße, der seinen *Oberto* herausgebracht hatte u. dem jungen Komponisten wohlgesinnt war. Merelli nötigte ihm ein neues Libretto zum Lesen auf. V. berichtete, er habe es mißmutig in seinem Quartier auf den Tisch geworfen u. dabei sei sein Blick an der Zeile »Va pensiero, sull'ali dorate...« hängengeblieben. Das Buch begann ihn zu fesseln, musikalische Einfälle tauchten auf, V. komponierte *Nabucco*. Während der Vorbereitungen zur Produktion lernte er die Sängerin Giuseppina Strepponi (1815–97) näher kennen, für die er die Rolle der Abigail geschrieben hatte. Die Strepponi war eine etwas skandalumwitterte Sängerin, die an der Scala mit großem Erfolg Donizetti u. Bellini gesungen hatte u. gerade unter einem unglücklichen Verhältnis mit Merelli litt. Offensichtlich hatte sie das Talent des jungen V. erkannt u. setzte sich für ihn ein. Die glänzende Uraufführung des *Nabucco* fand am 9. 3. 1842 statt u. machte V. über Nacht berühmt. Schon ein Jahr später konnte er der Wiener Erstaufführung dieser Oper beiwohnen. *Nabucco* wurde zu seinem ersten Auslandserfolg. Eine weitere Aufführungsserie folgte in Parma, diesmal wieder mit der Strepponi als Abigail. Man nimmt an, daß V. zu dieser Zeit engere persönliche Beziehungen zu der Sängerin knüpfte. 1843 brachte er mit Erfolg in Mailand *I Lombardi* heraus, 1844 in Venedig *Ernani* u. in Rom *I due Foscari*. In der Rückschau bezeichnete V. später diese Jahre als »anni di galera«. 1846 setzte er sich zum ersten Mal mit einem Shakespeare-Stoff auseinander u. komponierte für Florenz den *Macbeth*. Diese Oper, später rev., war das bedeutendste Werk seiner ersten Schaffensperiode. 1847 brachte V. mit einigem Erfolg in London *I Masnadieri* (nach Schillers »Die Räuber«) heraus u. reiste dann weiter nach Paris, wo er sich mit Giuseppina traf, die sich dort am liebsten aufhielt. In Paris arbeitete er *I Lombardi* für die Opéra in *Jérusalem* um u. komponierte den *Corsaro* für Triest. Die Februar-Revolution von 1848 u. die Absetzung Louis Philippes erlebte er als unbeteiligter Zuschauer, aber die Unruhen in der eigenen Heimat beschäftigten ihn zutiefst. In die Unabhängigkeitskämpfe griff V. mit der politischen Oper *La battaglia di Legnano* ein, die wenige Tage vor der Ausrufung der kurzlebigen Römischen Republik in Rom bejubelt wurde. Um diese Zeit kaufte V. mit Hilfe des ihm treu ergebenen Barezzi die Ländereien von Sant' Agata bei Villanova d'Arda am Po. Als er im August 1849 wegen der Cholera Paris verlassen mußte, zog er gemeinsam mit Giuseppina in den Palazzo Orlandi in Busseto. Das Gerede der Leute kümmerte ihn wenig, eine kurzfristige Trübung des Verhältnisses zu Barezzi nahm er in Kauf. Von Busseto aus kümmerte er sich um den Bau der Villa Verdi im nahe gelegenen Sant' Agata u. arbeitete außerdem an *Luisa Miller* (nach Schillers »Kabale und Liebe«). Das Jahr 1851 brachte eine entscheidende Wende in V. Entwicklung. Er komponierte mit *Rigoletto* (nach V. Hugos »Le roi s'amuse«) sein erstes Meisterwerk, eine Oper, die heute noch zu den beliebtesten Stücken des Repertoires gehört. Der geschichtliche Stoff mit der dem Narren Franz I. nachgezeichneten Titelfigur brachte ihn in schwere Konflikte mit der Zensur. Am 11. 3. 1851 ging die Uraufführung von *Rigoletto* am Teatro La Fenice in Venedig über die Bühne. Es war der größte Erfolg seiner bisherigen Laufbahn. Im Sommer des folgenden Jahres bezogen V. u. Giuseppina das Haus in Sant' Agata. Aus dem Auftragskomponisten wurde der Landedelmann. Noch einmal arbeitete V. wie ein Besessener, um zwei länger geplante Werke fertigzustellen. Es waren *Il Trovatore* für Rom u. *La Traviata* für Venedig. Anfang 1852 hatte V. anläßlich eines Parisaufenthalts die Bühnenfassung des Romans »La dame aux camélias« von A. Dumas d.J. gesehen. Jetzt kam F.M. Piave nach Sant' Agata, um in gemeinsamer Arbeit mit V. das Libretto zu *La Traviata* zu vollenden. V. komponierte die ganze Oper in 40 Tagen. Vielleicht beflügelte ihn dabei der Gedanke an Giuseppina, deren Schicksal mit der Violetta der *Traviata* einige Ähnlichkeit hatte. Die Premiere in Venedig war ein Fiasko. Dazu V.: »Bin ich schuld oder die Sänger? Die Zeit wird es zeigen.«

Im Oktober 1853 kehrten V. u. Giuseppina nach Paris zurück. Sie blieben die folgenden beiden Jahre. Aus dieser Zeit stammt *Les vêpres siciliennes*, ein wenig erfolgreiches u. später umgearbeitetes Stück, in dem sich V. mit der Grand Opéra u. G. Meyerbeer auseinandersetzte. 1856 verhandelte er mit dem Teatro S. Carlo in Neapel über ein neues Projekt. V. hoffte insgeheim, diesmal den *Rè Lear* verwirklichen zu können, eine Idee, die ihn bereits seit Jahren beschäftigte. An dem Libretto hatten schon S. Cammarano u. A. Somma gearbeitet, aber nachdem wieder keine befriedigende Lösung gefunden wurde, mußte V. diesen Plan fallenlassen. Er begann mit der Arbeit an *Simone Boccanegra* für Venedig. Die wenig erfolgreiche Uraufführung fand am 12. 3. 1857 statt. Danach nahm er die neue Oper für Neapel in Angriff u. komponierte *Un ballo in maschera* (nach E. Scribes »Gustave III.«). Streitigkeiten mit der Zensur in Neapel führten schließlich zum Abbruch der Proben u. zur Lösung des Vertrages. Die Oper erlebte dann ihre Premiere am 17. 2. 1859 in Rom. Welche Bedeutung V. zu jener Zeit als nationale Figur bereits hatte, läßt sich am besten an den damals aufkommenden Rufen »Viva Verdi!« ermessen. »Viva Verdi!« galt dem Komponisten, beschwor aber zugleich die nationale Einheit, da VERDI als Kurzform für »Vittorio Emanuele Re D'Italia« verstanden wurde. Das Jahr 1859 brachte für V. u. Italien weitreichende Veränderungen. Die Österreicher marschierten in Piemont ein, die franz. Verbündeten der Italiener griffen ein, u. es kam zu den Schlachten von Montebello, Magenta u. Solferino. Im Waffenstillstand von Villafranca wurde die Lombardei für frei erklärt. Inmitten dieser Unruhen u. Umwälzungen reisten V. u. Giuseppina nach Collonges-sous-Salève, wo sie am 29. 8. 1859 kirchlich u. zivilrechtlich von einem Abbé, dem späteren Kardinal Gaspard Mermillod, getraut wurden. Nach dem Zusammenbruch der alten Ordnung machte man V. zum Abgeordneten von Busseto in der Nationalversammlung von Parma. Am 15.9.1859 führte er die Delegation an, die Viktor Emanuel II. das Ergebnis der Volksabstimmung in der Emilia nach Turin überbrachte. Das Jahr 1860 ließ V. keine Zeit, an eine neue Oper zu denken. Als Cavour gegen Jahresende das erste Parlament bildete, willigte V. nach einigem Zögern ein, sich als Abgeordneter zur Verfügung zu stellen. Bei der Proklamation Viktor Emanuels II. zum ersten König von Italien war er anwesend, u. als am 15. 3. 1861 der neue Staat konstituiert wurde, gab auch V. seine Stimme ab. Die nächsten Monate nahm er aktiv am parlamentarischen Leben teil, wandte sich dann aber wieder seinen anderen Aufgaben zu u. verzichtete 1865 auf eine Wiederwahl.

1861 komponierte er *La forza del destino* für Petersburg. Zur Premiere reisten die Verdis nach Rußland, kehrten aber unverrichteter Dinge über Paris nach Italien zurück, da die Uraufführung wegen Besetzungsschwierigkeiten verschoben werden mußte. Im November 1862 waren die Verdis wieder in Petersburg. Der Komponist wurde aus Anlaß der Uraufführung mit Ehren überhäuft. Anschließend reiste V. mit seiner Frau über Paris nach Madrid, um dort der Zweitaufführung von *La forza* beizuwohnen. 1864 arbeitete er an einer Neufassung des *Macbeth* für das Théâtre-Lyrique in Paris, dann kümmerte er sich um sein Landgut, das er durch weitere Landkäufe vergrößerte. Den Winter des Jahres 1865 verbrachten die Verdis in Paris. Mit der Opéra vereinbarte er die Komposition eines *Don Carlos*, dessen Uraufführung am 11. 3. 1867 stattfand. Die Aufnahme war mäßig, u. einige gingen sogar so weit, ihm Wagnerismus vorzuwerfen. Im gleichen Jahr verlor V. seinen Vater u. den väterlichen Freund Barezzi. Da seine Ehe mit Giuseppina kinderlos war, wurde eine entfernte Nichte, Filomena Maria V., ins Haus aufgenommen. Sie erbte später auch Sant' Agata. Am 30. 6. 1868 kam durch Vermittlung der Gräfin Maffei ein Treffen zwischen V. u. dem von ihm verehrten Dichter A. Manzoni zustande, eine Begegnung, die tiefen Eindruck auf den Komponisten machte. Im Frühjahr 1870 nahm er den Auftrag zu einer Oper aus Anlaß der Eröffnung des Sueskanals an. Er komponierte auf ein pseudoägyptisches Sujet *Aida*, V. Erfolgsoper schlechthin, für die er auch das höchste Honorar in der Geschichte der Oper erhielt. Der verspäteten Uraufführung in Kairo folgte die von V. persönlich vorbereitete u. geleitete Erstaufführung an der Mailänder Scala am 8. 2. 1872. Mit Teresa Stolz, die bereits die rev. Fassung von *La forza* zum Erfolg geführt hatte, stand eine außergewöhnliche Aida zur Verfügung. Zum Sängerensemble gehörten weiterhin M. Waldmann, G. Capponi, F. Pandolfini u. O. Maini. Gegen Ende des Jahres brachte V. mit der Stolz in Neapel den *Don Carlos* heraus. Als die Sängerin erkrankte u. die Arbeit an der für Anfang 1873 geplanten *Aida* unterbrochen werden mußte, komponierte V. zum Zeitvertreib sein einziges Streichquartett u. ließ es vor Freunden im Januar 1873 in der Hotelhalle aufführen. Im Mai des Jahres starb Manzoni. Um den von ihm bewunderten Dichter gebührend zu ehren, komponierte V. ein Requiem, in das er sein ursprünglich für G. Rossinis *Totenmesse* geschriebenes *Libera me* einarbeitete. Die Uraufführung fand unter V. Leitung am ersten Jahrestag des Todes Manzonis in der Mailänder Kirche S. Marco statt. Der Eindruck war so gewaltig, daß weitere Aufführungen in der Scala angesetzt werden mußten. Das Gesangsquartett war mit V. Besetzung der Aida identisch. Mit den beiden Frauen, T. Stolz u. M. Waldmann, reiste V. anschließend nach Paris, London u. Wien, wo er überall großen Erfolg mit seinem Requiem hatte. Im Dezember 1874 wurde ihm die Senatorenwürde übertragen. Aber V. zog sich allmählich aus der Öffentlichkeit zurück, bewirtschaftete Sant' Agata u. unterbrach sein Landleben nur, um Musteraufführungen eigener Werke, insbesondere des Requiems, zu dirigieren. Alle Versuche seines Verlegers, ihn zu einer neuen Oper zu überreden, waren vergebens. 1877 folgte V. einer Einladung F. Hillers, der die Niederrheinischen Musikfeste leitete, u. dirigierte eine Aufführung seines Requiems in Köln. Zwei Jahre später gab er das Requiem als Wohltätigkeitsveranstaltung an der Scala u. hielt sich dabei einige Tage in Mailand auf. Bei dieser Gelegenheit wurde ihm der Buchentwurf A. Boitos zu einer Oper *Otello* nahegebracht. Es vergingen weitere Jahre, in denen V. die Qualitäten des Dante- u. Shakespeare-Kenners Boito bei der gemeinsamen Bearbeitung des *Simone Boccanegra* prüfen konnte, bevor er sich mit der Komposition des *Otello* beschäftigte. Erst am 1. November 1886 meldete er seinem Verleger G. Ricordi erleichtert den Abschluß der Arbeit. Die Uraufführung am 5. 2. 1887 an der Mailänder Scala wurde für V. zu einem Triumph. Anschließend folgten wieder Jahre des Schweigens. V. beschäftigte sich mit seinem Gut, nahm Verbesserungen vor, kümmerte sich um seine Pferdezucht u. sorgte für die von ihm abhängige Landbevölkerung. Erst 1889 ließ er sich von Boito zu einem neuen Opernprojekt überreden. Boito führte ihn geschickt in die Welt des *Falstaff* ein, u. V. komponierte in erstaunlich kurzer Zeit sein heiteres Alterswerk, die 26. u. letzte Oper. In dem ihm noch verbleibenden Jahrzehnt nahm er nacheinander von den meisten seiner Freunde u. auch von Giuseppina Abschied. Die Beschäftigung mit der Religion wurde ihm wichtig, die *Quattro pezzi sacri* erschienen. 1899 konnte V. noch die Casa di riposo, ein Asyl für verarmte Musiker in Mailand, als Stiftung ins Leben rufen. Zu Beginn des Jahres 1901 starb er 88jährig in seinem Mailänder Hotel.

V. ganze Entwicklung muß vor dem Hintergrund der politisch-dichterischen Spätromantik in Italien gesehen werden. Es ist die Zeit des Risorgimento mit ihrem Streben nach Freiheit u. Einheit. Überall in dem zersplitterten Land schossen Geheimgesellschaften aus dem Boden, wurden Komplotte angezettelt, regierten Zensur, Terror u. Bespitzelung. Schon die Lebensläufe von Menschen wie T. Solera oder B. Merelli, mit denen V. direkt zu tun hatte, lesen sich wie Kriminalromane oder Opernlibretti. Musikalisch hatte sich V. mit dem Erbe V. Bellinis, G. Donizettis u. G. Rossinis auseinanderzusetzen. In seinen Opern wurde der Zeitbezug schnell deutlich. Chöre wie »Va, pensiero, sull'ali dorate ...« *(Nabucco)*, »O Signore, dal tetto natio« *(I Lombardi)* u. »Si ridesti il Leon di Castiglia« *(Ernani)* faßten die geheimsten Wünsche des Landes nach Freiheit in volkstümliche Töne. Mit *La battaglia di Legnano* schuf V. die politische Oper schlechthin. Sein Name wurde zum Symbol für das Risorgimento. Nachdem die politischen Vorstellungen seiner Generation einmal durchgesetzt waren, wandte sich V. sozialen u. karitativen Aufgaben zu.

Ausgangspunkt für den schöpferischen Prozeß war bei ihm, von wenigen Ausnahmen abgesehen, immer die Auseinandersetzung mit dem Libretto. Umfangreiche Korrespondenzen mit Autoren wie T. Solera, F. M. Piave, S. Cammarano, A. Ghislanzoni u. A. Boito sind beredtes Zeugnis für die Sorgfalt, mit der V. vorging. Seine Textdichter mußten häufig sogar Eingriffe bis ins Versmaß hinnehmen. Bei der Stoffauswahl stehen Vorlagen nach Stücken von Schiller u. Shakespeare im Vordergrund. An *Rigoletto* (1851) faszinierte V. der geschichtliche Stoff. V. Hugos vielschichtiges Drama inspirierte ihn zu einem musikalischen Werk aus einem Guß, der ersten großen V.-Oper. Selbst Hugo, der sich jahrelang gegen die Vertonung gewehrt hatte, wurde schließlich überzeugt u. bedauerte, daß ihm sprachlich so etwas wie das berühmte Quartett im letzten Akt nicht möglich sei. *Les vêpres siciliennes* (1855) u. *Don Carlos* (1867) dürfen als Auseinandersetzung mit der franz. Großen Oper u. ganz konkret mit G. Meyerbeer gesehen werden. Dabei soll man nicht vergessen, daß Paris damals tonangebend war u. es einem durchaus wirtschaftlich denkenden V. sehr darauf ankam, auch an der Opéra u. dann am Théâtre-Lyrique Erfolg zu haben. Beide Werke fanden ihre endgültige Fassung erst, als sie für die ital. Bühne eingerichtet wurden. Mit *Un ballo in maschera* (1859) begann der nächste Abschnitt seiner musikalischen Entwicklung. In dieser Oper läßt sich die motivische Verknüpfung des aus kleinsten Zellen bestehenden musikalischen Materials besonders gut verfolgen. Außerdem führte V. in diesem Werk die fließenden Übergänge von Rezitativ zu Arie ein, die für sein Spätwerk so charakteristisch werden sollten. Bei der 1870–71 komponierten Oper *Aida* fällt besonders die sorgfältige Wortbehandlung auf. Mit der eigenhändigen Einstudierung an der Mailänder Scala zu Beginn des Jahres 1872 setzte V. neue Maßstäbe für die Opernproduktion in dem heruntergekommenen ital. Opernbetrieb. Die beiden Alterswerke *Otello* u. *Falstaff* folgten in längeren Abständen. V. mußte sich erst mit dem Duse-Freund u. Shakespeare-Kenner Boito zusammentun, damit adäquate Libretti entstehen konnten. Im *Otello* gab es kaum noch in sich abgeschlossene Ariennummern, u. im *Falstaff* wurde die Musik dem dramatischen Handlungsablauf so angepaßt, daß sie jederzeit den schnellen Wechsel zwischen Sprache u. Gesang mitvollziehen konnte. Auch wenn V. dem Orchester in seinen letzten Opern eine größere Bedeutung zuwies, das Hauptgewicht in allen seinen Bühnenwerken liegt auf den Stimmen. Kantabilität war eine der ersten Forderungen, die er an sich selbst stellte. Genauso wichtig war ihm die wirklichkeitsgetreue Zeichnung seiner Personen u. ihrer Umwelt. In einem Brief an die befreundete Gräfin Clara Maffei sagte er einmal: »Das Wahre kopieren kann ganz gut u. recht sein; aber das Wahre erfinden ist besser, sehr viel besser.« Und so wirken seine echten, nur poetisch überhöhten Gestalten in ihren leidenschaftlichen Verstrickungen u. mit allen ihren Hoffnungen u. Ängsten auch heute noch. Im Gegensatz zu seinem großen Antipoden R. Wagner dachte V. mehr melodisch-rhythmisch. Sein stärkstes Ausdrucksmittel war die Geste. Wagner dagegen ging hauptsächlich harmonisch-dynamisch vor u. bediente sich des Symbols. Beide hatten jedoch ähnliche Vorstellungen vom Gesamtkunstwerk, das jeder auf seine Weise zu verwirklichen trachtete.

V. komponierte: die Bühnenwerke *Oberto, Conte di San Bonifacio* (1837–38, Libretto: A. Piazza, überarbeitet von T. Solera u. B. Merelli), *Un giorno di regno, ossia Il finto Stanislao* (1840, Libretto: F. Romani), *Nabucco* (*Nabucodonosor*, 1841, Libretto: T. Solera), *I Lombardi alla prima crociata* (1842, franz. Fassung: *Jérusalem*,

1847; Libretto: T. Solera), *Ernani* (1843, Libretto: F. M. Piave), *I due Foscari* (1844, Libretto: F. M. Piave), *Giovanna d'Arco* (1844, Libretto: T. Solera), *Alzira* (1844–45, Libretto: S. Cammarano), *Attila* (1845, Libretto: T. Solera), *Macbeth* (1846, franz. Fassung 1865; Libretto: F. M. Piave u. A. Maffei), *I masnadieri* (1847, Libretto: A. Maffei), *Il corsaro* (1848, Libretto: F. M. Piave), *La battaglia di Legnano* (1848, Libretto: S. Cammarano), *Luisa Miller* (1849, Libretto: S. Cammarano), *Stiffelio* (1850, umgearbeitet als *Aroldo*, 1857; Libretto: F. M. Piave), *Rigoletto* (1850–51, Libretto: F. M. Piave), *Il trovatore* (1852, Libretto: S. Cammarano), *La Traviata* (1852–53, Libretto: F. M. Piave), *Les vêpres siciliennes* (1854–55, ital. Fassung: *Giovana di Guzman*, später überall *I vespri siciliani*; Libretto: E. Scribe u. Ch. Duveyrier), *Simone Boccanegra* (1856–57, Libretto: F. M. Piave; Neufassung 1879–80, Libretto: A. Boito), *Un ballo in maschera* (1858, Libretto: A. Somma), *La forza del destino* (1861, Libretto: F. M. Piave), *Don Carlos* (1866–67, Libretto: F. J. Méry u. C. Du Locle; ital. *Don Carlo*, Libretto: A. Ghislanzoni, zwischen 1880 u. 1883, weitere Bearbeitung mit Wiedereinfügung des Fontainebleau-Akts um 1887), *Aida* (1870–71, Libretto: A. Ghislanzoni), *Otello* (1880–86, Libretto: A. Boito) u. *Falstaff* (1890–91, Libretto: A. Boito).

Zu V. geistlichen Werken gehören: *Messa da Requiem* für S., A., T., B., gem. Chor u. Orch. (1873), *Pater Noster* für 5st. Chor (1879–80), *Quattro pezzi sacri* (1. Ave Maria auf eine »Scala enigmatica« für 4st. Chor, 1889; 2. Stabat mater für Chor u. Orch., 1897; Te Deum für Doppelchor u. Orch., 1895; *Laudi alla Vergine Maria* für 4st. Frauenchor, 1886). Außerdem komponierte V. 1 Streichquartett (1873) u. eine Reihe von Liedern.

Seit 1959 gibt es in Parma ein Istituto di Studi Verdiani, das u. a. »Quaderni« (1963 ff.) u. die »Atti« der von ihm veranstalteten Kongresse herausgegeben hat.

Lit.: G. Cesari u. A. Luzio (Hgg.), I copialettere di G. V., Mailand 1913, Nachdruck Bologna 1968; F. Werfel u. P. Stefan (Hgg.), G. V., Briefe, Berlin 1926; F. Morazzoni (Hg.), Lettere inediti di G. V., Mailand 1927; C. Gatti, V., 2 Bde., Mailand 1930, Nachdruck 1953; F. Toye, G. V., London 1931, Nachdruck 1972; A. Luzio (Hg.), Carteggi verdiani, 4 Bde., Rom 1935–47; A.-E. Cherbuliez, V., Zürich-Rüschlikon 1949; D. Hussey, V., New York 1949, rev. London 1973; R. Petzold, G. V. 1813–1901, Sein Leben in Bildern, Leipzig 1952; F. Abbiati, G. V., 4 Bde., Mailand 1959; H. Kühner, G. V. in Selbstzeugnissen u. Bilddokumenten, Reinbek bei Hamburg 1961; F. Walker, The Man V., London u. New York 1962; O. Büthe u. A. Lück-Bochat (Hgg.), G. V., Briefe zu seinem Schaffen, Frankfurt a. M. 1963; L. K. Gerhartz, Die Auseinandersetzungen des jungen G. V. mit dem literarischen Drama, Berlin 1968; G. Marchesi, G. V., Turin 1970; J. Budden, The Operas of V., Bd. I: From Oberto to Rigoletto, London 1973, Bd. II. From Il Trovatore to La forza del destino, London 1979; C. Hopkinson, A. Bibliography of the Works of G. V. 1813–1901, Bd. I: Vocal and Instrumental Works, New York 1973, Bd. II: Operatic Works, New York 1978; H. Ch. Robbins Landon, Das kleine V.-Buch, Salzburg 1976; W. Weaver (Hg.), V., A Documentary Study, London 1977, dt.: V., Eine Dokumentation, Berlin 1980; J. Bourgeois, G. V., Paris 1978; H. Busch, V.'s Aida, The History of an Opera in Letters and Documents, Minneapolis 1978; F. Wallner-Basté, V. aus der Nähe, Zürich 1979; H.-K. Metzger u. R. Riehn (Hgg.), G. V., München 1979; J. Wechsberg, G. V., München 1981.

Verdoppelung, das gleichzeitige Erklingen desselben Tones im Einklang oder in der Oktave. Nach den Regeln des mehrstimmigen Satzes war dies nur beim Grundton u. bei der Quinte des Dreiklangs zulässig. V. der Terz, insbesondere wenn sie Leittoncharakter hatte u. damit zu → Parallelen führte, war verboten.

Veress, Sándor, ungar. Pianist, Folkloreforscher u. Komponist, * 1. 2. 1907 Klausenburg. Schüler von E. Hegyi u. B. Bartók (Klavier), Z. Kodály (Komposition) u. L. Lajtha (Folklorestudien). Trat 1933 mit seinem 1. Streichquartett u. einer Sonatine für Kl. an die Öffentlichkeit. 1937–40 Assistent Bartóks bei der Herausgabe von Folklore. Ab 1943 Professor für Komposition an der Budapester Musikhochschule, ab 1950 Lehrer am Berner Konservatorium u. seit 1968 dort Extraordinarius für Musikwissenschaft an der Universität. Ist in seinen Kompositionen der heimatlichen Folklore, B. Bartók, P. Hindemith u. I. Strawinsky verpflichtet. Komponierte später auch unter freier Anwendung der Zwölftontechnik. Führt die Tradition Z. Kodálys fort, indem er sowohl als Komponist wie auch als Wissenschaftler u. Pädagoge tätig ist. Schrieb eine Reihe von Stücken zu Lehrzwecken, darunter »Billegetőmuzsika« (1940–46), eine Sammlung von Klavierstücken.

Zu V. Werken gehören: die Kinderoper *Hangjegyek lázadása* (1931); die Ballette *Csodafurulya* (1937) u. *Térszili Katica* (1942–43); Vokalkompositionen wie *Sancti Augustini Psalmus contra Partem Donati* für Bar., Chor u. Orch. (1943–44); Orchesterwerke, u. a. 2 Sinfonien (1936 u. *Sinfonia Minneapolitana*, 1952–53), *Threnos in memoriam B. Bartók* (1945), *Előjáték egy tragédiához* (1947), Ouvertüre *Respublica* (1948), Variationen auf ein Thema von Kodály für Orch. (1962) u. *EXPOsition-VAriation-REcapitulation* für Kammerorch. (1964); Violinkonzert (1937–39), Klavierkonzert (1950–52), *Hommage à Paul Klee* für 2 Kl. u. Streicher (1952) u. Concerto für Streichquartett u. Orch. (1961); Kammermusik, darunter 2 Streichquartette (1931 u. 1936–37), Sonatine für V. u. Kl. (1932), Sonatine für Vc. u. Kl. (1933); Klavierstücke; Lieder.

Vergrößerung → Augmentation

Verismo (ital., von vero: »wahr«), auch Verismus, eine Bezeichnung für den in der 2. Hälfte des 19. Jh. einsetzenden Naturalismus in Drama, Literatur u. bildender Kunst. Im engeren Sinne wird unter V. jene Stilrichtung der Oper um 1900 verstanden, die in ihren Werken lebendige Menschen u. alltägliches Leben auf die Bühne bringen wollte. Dazu gehörte auch das Aufgreifen sozialer Probleme u. politischer Stoffe. Typisch für den V. sind die plakative Anlage, die überhitzte Tonsprache, erinnerungs- u. leitmotivische Arbeit sowie farbenreiche Milieuschilderung. Meisterwerke des V. sind P. Mascagnis *Cavalleria rusticana*, R. Leoncavallos *Pagliacci*, U. Giordanos *Andrea Chénier*, F. Cilèas *Adriana Lecouvreur* u. G. Puccinis *Il Tabarro*. Ebenfalls dem V. zuzuordnen sind G. Charpentiers *Louise* u. E. d'Alberts *Tiefland*.

Verkleinerung → Diminution.

Verlagsrecht, das im Verlagsgesetz geregelte Rechtsverhältnis zwischen Urheber u. Verleger (→ Urheberrecht).

vermindert, Bezeichnung für alle Intervalle, die einen chromatischen Halbton kleiner sind als die reinen oder kleinen. Die Umkehrung verminderter Intervalle ergibt übermäßige.

verminderter Dreiklang, der aus kleiner Terz u. verminderter Quinte oder aus 2 übereinandergestellten kleinen Terzen bestehende Akkord.

Verschmelzung, ein durch Zusammenfall der → Teiltöne entstehendes Phänomen, bei dem ein gleichzeitig erklingendes Intervall häufig als ein einziger Ton gehört wird.

Verschränkung, das Ineinandergreifen von 2 Phrasen, wobei der Schluß der ersten gleichzeitig der Beginn der zweiten ist.

Versett oder **Versetl** (Verkleinerungsform von franz. vers), Bezeichnung für einen Orgelsatz, der bei der Alternatimausführung (abwechselnd mit dem Chor) liturgischer Stücke an die Stelle eines gesungenen Verses oder Abschnitts tritt.

Versetzungszeichen → Akzidenzien.

Versikel (lat. versiculus), kurze, überwiegend der Bibel entnommene Sätze in paarweiser Anordnung, die zum festen Bestandteil von Offizium u. Messe gehören. Ihre Melodieformeln finden sich unter den → Toni communes.

Versmaß, Ordnungsprinzip der gebundenen Sprache. Dabei ist quantitierender u. akzentuierender Versbau zu unterscheiden. Bereits in der Antike war die Lehre von den Versmaßen umfassend ausgebildet. Am häufigsten kamen die folgenden Versmaße vor: Iambus ◡–, Trochäus –◡, Spondäus ––, Pyrrhichius ◡◡, Anapäst ◡◡– u. Daktylus –◡◡. Aus ihnen konnte man Zeilen bilden, die in größeren Ordnungsformen wie Stanze oder Sonett zusammengefaßt wurden. Mit den volkssprachlichen Nachbildungen dieser V. im Humanismus (→ Odenkomposition) tauchte das Problem der Gleichsetzung antiker Längen mit neuzeitlichen Versbetonungen auf. Das einmal gewählte V. spielt bei der Vertonung eine große Rolle, da bei der Wortbehandlung → Metrum u. Wortbetonung zueinander passen sollen. In der dt. Sprache werden mit Ausnahme der silbenzählenden Meistersingerlieder die Hebungen im Vers gezählt.

Vers mesurés oder **Vers mesurés à l'antique** (franz.: »Verse, nach antiken Vorbildern gemessen«), eine von J.-A. de Baïf im letzten Drittel des 16. Jh. eingeführte Art des quantitierenden reimlosen Versbaus. Er ging dabei von der falschen Vorstellung aus, die Wortbetonung der franz. Sprache könnte den Längen der griech. gleichgesetzt werden. Mehrstimmige Kompositionen seiner Dichtungen stammen u.a. von J. Mauduit (*Chansonettes mesurées,* 1586) u. C. le Jeune (*Le printemps,* 1603). Die V. m. hatten großen Einfluß auf die spätere franz. Sprachvertonung, da Längen mit doppelt so langen Werten wiedergegeben wurden wie Kürzen. Das galt teilweise noch bis hin zum franz. Récitatif (→ Rezitativ).

Verstärker sind Geräte, die mittels Röhren oder Transistoren elektrische Spannungen verstärken. Sie dienen in der Elektroakustik hauptsächlich zur Verstärkung von Mikrophonspannungen, zum Betrieb von Lautsprechern u. zur Schallaufzeichnung. Ihre Leistung wird in der Endstufe mit Watt angegeben.

Versus (lat.), ursprünglich soviel wie einzelne Zeile in der Prosa u. in der metrisch gebundenen Dichtung. Im Mittelalter gebräuchlicher Name für das liturgische Drama, aber auch für einzelne Strophen u. Doppelzeilen innerhalb eines Stükkes. In neuerer Zeit bedeutet V. auch die Strophe eines protestantischen Kirchenliedes.

Verwertungsgesellschaft, eine nationale Organisation, die, meist unter staatlicher Aufsicht stehend, die musikalischen Aufführungs- u. Senderechte sowie die sog. mechanischen Reproduktionsrechte wahrnimmt. Die bei ihr eingehenden Gelder werden nach Abzug einer Verwaltungsgebühr gemäß dem jeweiligen Verteilungsplan ausgezahlt. Die entsprechende V. in Deutschland ist die → GEMA. Die in den verschiedenen Ländern zuständigen V. sind in der → CISAC zusammengeschlossen.

Verzerrungen sind Veränderungen oder Störungen, die ein Schwingungsvorgang auf dem mechanischen u. elektrischen Übertragungsweg erfährt. Dabei kommen minimale Klangveränderungen vor, die man lineare V. nennt. Werden auf dem Übertragungsweg jedoch durch → Übersteuerung oder andere Erscheinungen in der Apparatur zusätzliche Oberschwingungen (→ Teiltöne) erzeugt, spricht man von nichtlinearer V. Diese werden nach dem von K. Küpfmüller eingeführten Klirrfaktor gemessen. Der Klirrfaktor drückt den Anteil zusätzlicher Oberschwingungen in Prozenten aus. Neuere Forschungen haben bestätigt, daß sich auch das menschliche Ohr nichtlinear verhält, d.h. die von außen einwirkenden Druckschwankungen durch im Mittel- u. Innenohr entstehende Ober- u. Kombinationstöne anreichert.

Verzierungen, Manieren, Ornamente (franz. agréments, broderies, ornements; ital. fioretti, fioriture, abbellimenti; engl. graces, ornaments, embellishments), Bezeichnung für die Ausschmückung einer Melodie. Diese ergab sich entweder aus der Praxis oder wurde durch besondere Zeichen sowie kleinere Noten angedeutet. Ursprünglich aus der Improvisation hervorgegangen, verfestigten sich die V. im Lauf der Zeit in umfangreichen Verzierungslehren, die je nach Land u. Instrument erhebliche Unterschiede aufwiesen. Der kurze Klang des Cembalos machte die Verzierungstechnik insbesondere zu einem Anliegen der Clavecinisten, die auf diese Weise die Dauer ihrer Töne zu verlängern trachteten.

Im Gegensatz zu der im Mittelalter ebenfalls üblichen → Kolorierung beschränkten sich die V. auf das Umspielen einzelner Töne. Zu den wichtigsten Verzierungsgruppen gehören die Vorschläge (→ Vorschlag) mit → Schleifer, Nachschlag u. → Anschlag sowie die → Triller mit → Mordent, → Bebung, → Vibrato u. → Ribattuta. Daneben kommen → Doppelschlag, → Arpeggio u. verschiedene Durchgangs- bzw. Wechselnoten vor, die hauptsächlich dazu dienen, längere Notenwerte in mehrere kürzere zu zerlegen.

Vesper (lat. vespera: »Abend«), die vorletzte Hore des Offiziums. Ihr kommt heute die Funktion des liturgischen Abendgebets zu. Das V.-Gebet ist im Lauf der Zeit immer wieder vertont worden.

Vesque von Püttlingen, Johann, österr. Komponist, * 23. 7. 1803 Opole, Polen, † 29. 10. 1883 Wien. Schüler von I. Moscheles, J. V. Voříšek u. S. Sechter. Trat 1838 mit der Oper *Turandot, Prinzessin von Schiras* an die Öffentlichkeit. Ließ seine Kompositionen, u. a. eine weitere Oper nach Schillers »Jungfrau von Orleans«, unter dem Pseudonym J. Hoven erscheinen. Bemerkenswert sind seine rund 300 Lieder wegen ihrer Wortbehandlung. Zu ihnen gehört der Zyklus *Die Heimkehr* (88 Stücke, 1851). V. war bis 1872 im österr. Staatsdienst tätig u. verfaßte die Schrift »Das musikalische Autorrecht«, Wien 1864.

Vestris, aus Florenz stammende ital. Tänzerfamilie, die im 18. u. 19. Jh. bedeutende Beiträge zur Entwicklung des Balletts leistete.

1. Gaetano A. B., ital. Tänzer u. Choreograf, * 18. 4. 1729 Florenz, † 27. 9. 1808 Paris. Wurde »le dieu de la danse« genannt u. tanzte als erster ohne Maske.

2. Auguste (eigtl. Maire-Jean-Augustin), unehelicher Sohn von 1., franz. Tänzer u. Lehrer, * 27. 3. 1760 Paris, † 5. 12. 1842 ebd. Er galt als der bedeutendste Lehrer seiner Zeit, der die Tradition L. Duprés noch an Ch. Didelot, J. Perrot, A. Bournonville u. M. Taglioni weitervermittelte (→ Ballett, S. 61).

Vetter, Michael, dt. Blockflötist u. Komponist, * 18. 9. 1943 Oberstdorf. Studierte Philosophie u. Theologie in Münster u. Tübingen. Ist als Komponist Autodidakt, setzt sich als Flötist für die zeitgenössische Blockflötenmusik ein. Zu seinen Arbeiten gehört das Schulwerk »Il flauto dolce ed acerbo« (3 Bde., Celle 1964–69). Weiter sind von ihm erschienen: »Handbewegungen« (2 Bde., 1973); »Linienspiel« (1973); »Liebesspiele« (1973) u. »Schreibspiele ohne Worte« (1973). Veröffentlichte außerdem Schallplatten mit Illustrationen u. Notenbeispielen.

Viadana (Grossi da Viadana), Lodovico, ital. Komponist, * um 1560 Viadana bei Mantua, † 2. 5. 1627 Gualtieri. Wahrscheinlich Schüler von C. Porta. 1593–97 Domkapellmeister in Mantua, 1610–12 Kirchenkapellmeister in Fano, danach in Venedig u. wieder in Mantua. Baute seine Kompositionen von der Baßstimme ausgehend auf u. wird deshalb häufig nicht ganz zu Recht Erfinder des Generalbasses genannt. Sicherlich ist er der erste Meister der konzertierenden Musik. Seine Concerti ecclesiastici fanden viele Nachahmer u. haben u. a. auch H. Schütz beeinflußt.

Zu V. Werken gehören: 3 Bücher Vesperpsalmen, 5–8st. (1588, 1602 u. 1604); 2 Bücher Canzonetten, 3- u. 4st. (1590 u. 1594); 2 Bücher Madrigale, 4- u. 6st. (1591 u. 1593); 4st. Messen (1596); 2 Bücher Falsi bordoni 4–8st. (1596 u. 1612); 3 Bücher *Completorium Romanum* (1597, 1606 u. 1609); 8st. Motetten (1597); 4 Bücher Psalmen u. Magnificat (1598 u. 1610); *Cento concerti ecclesiastici a 1, a 2, a 3 e a 4 voci con il b. c. per sonar nell' organo. Nova inventione commoda per ogni sorte di cantori e per gli organisti* (1602, 1607 u. 1609); 5st. *Officium ac missae defunctorum* (1604); *Letanie*, 3–12st. (1605); *Lamentationes Hieremiae*, 4st. (1609); Responsorien, 4st. (1609); *Sinfonie musicale a 8 voci per ogni sorte d'istromenti* mit Gb. (1610); *Salmi campagnoli* (1612); *Credo a canto fermo* (1619).

Vibrato (ital.), eine zur Gruppe der → Triller gehörende Verzierung. Das V. entsteht durch schnelle Wiederholung von Tonhöhenschwankungen u. ist besonders gut bei Streich- u. Blasinstr. auszuführen. Unter allen Tasteninstr. kann nur das Clavichord einen dem V. ähnlichen Effekt (→ Bebung) erzeugen. Im Gesang versteht man unter V. das natürliche Schlagen der Stimme im Gegensatz zum → Tremolo.

Vicentino, Nicola, ital. Komponist u. Theoretiker, * 1511 Vicenza, † wahrscheinlich 1576 Mailand. Schüler von A. Willaert in Venedig, später Hofkapellmeister, erst in Ferrara, dann im Gefolge des Kardinals Ippolito II. d'Este in Rom, 1563–65 Domkapellmeister in Vicenza. Führte 1551 mit V. Lusitano einen Streit über die Frage, ob die Musik der Zeit diatonisch sei oder Elemente der Enharmonik u. Chromatik (→ Genos) enthalte. Konstruierte ein Archicembalo u. ein Archiorgano, bei denen die gleichschwebende Temperatur 31 Stufen umfaßte. Er veröffentlichte mehrere Bücher mit Madrigalen sowie die theoretische Schrift »L'antica musica ridotta alla moderna prattica« (Rom 1555).

Victimae paschali laudes (lat.: »dem Osteropfer

Lob«), die Ostersequenz der katholischen Meßfeier. Sie fand bereits im 12. Jh. Eingang in das Osterdrama (→ liturgisches Drama).

Victoria, Tomás Luis de (auch Ludovico da Vittoria), span. Komponist, * um 1548 Avila, † 27. 8. 1611 Madrid. Über seine Jugend ist so gut wie nichts bekannt. Kam 1565 zu Studien nach Rom u. war dort Schüler des Collegium Germanicum u. des Collegium Romanum, wo er 1571 als Nachfolger G. P. Palestrinas Musiklehrer wurde. Brachte 1572 ein Buch mit 33 Motetten 4–8st. heraus, das ihn bereits als den bedeutendsten Vertreter des sog. Palestrinastils auswies. 1573 wurde er zum Kapellmeister am Collegium Germanicum ernannt, 1575 zum Priester geweiht. 1578–85 wirkte er in unmittelbarer Nähe von F. Neri als Geistlicher an der Kirche S. Girolamo della Carità. Dann kehrte er nach Spanien zurück, war dort ab 1596 Organist u. Titularkapellmeister der Kaiserin Maria, auf deren Tod er sein berühmtes *Officium defunctorum sex vocibus in obitu et obsequiis Sacrae Imperatricis* komponierte. Trat anschließend in den Dienst ihrer Tochter Margarita. In seinen ausschließlich geistlichen Kompositionen steht V. Palestrina so nahe, daß manche Werke auch von diesem sein könnten. In manchen seiner Stücke steht bereits eine expressive Homophonie im Vordergrund.

Von V. Kompositionen erschienen zu Lebzeiten: »Motecta«, 4–8st. (1572); »Liber primus, qui missas, psalmos, magnificat, ad Virginem Dei matrem salutationes, aliaque complectitur« (1576); »Cantica B. Virginis«, 4st. (1581); »Hymni totius anni secundum sanctae Romanae ecclesiae consuetudinem«, 4st. (1581); »Motecta«, 4–12st. (1583); »Missarum libri duo«, 4–6st. (1583); »Officium hebdomadae sanctae« (1585); »Motecta festorum totius anni«, 4–8st. (1585); »Missae«, 4–8st. (1592); »Missae, magnificat, motecta, psalmi«, 8–12st. (1600, darunter ein *Ave maris stella* mit dem C. f. in der Oberstimme); »Officium defunctorum«, 6st. (1605).

GA hg. von F. Pedrell, 8 Bde., Leipzig 1902–13, Nachdruck Farnborough 1965–66.

Lit.: H. Collet, V., Paris 1914; F. Pedrell, T. L. de V., Valencia 1918; H. von May, Die Kompositionstechnik T. L. de V., Bern 1943.

Victory, Gerard (Pseudonym: Alan Loraine), ir. Komponist u. Dirigent, * 24. 12. 1921 Dublin. Studierte neuere Sprachen am University College u. Musik am Trinity College seiner Heimatstadt. Seit 1967 Musikdirektor bei Radio Eireann. In seinen Kompositionen von der ir. Folklore beeinflußt, komponierte er u.a. Bühnenwerke in gälischer Sprache. Seit 1961 verwendet er auch serielle u. postserielle Techniken.

Zu V. Werken gehören: die Opern *An Fear a Phós Balbhin* (1953), *Iomrall Aithne* (1956), *Music Hath Mischief* (1968) u. *Chatterton* (1967); die Operetten *Nita* (1944) u. *Once Upon a Moon* (1949); das Ballett *The Enchanted Garden* (1950); Orchesterwerke wie *The Midnight Court* (1959), *Short Symphony* (1961), *5 Mantras* (1963); Klavierkonzert (1954) u. Harfenkonzert (1975); Kammermusik, darunter 1 Streichquartett (1963); Vokalmusik, u.a. *Five Songs by James Joyce* für T., gem. Chor, Schlagzeug u. Streichorch. (1954) u. *Voyelles* für S., Fl., Schlagzeug u. Streicher nach A. Rimbaud (1966); Bühnen- u. Filmmusik.

Vide (lat.: »siehe«), zeigt in Partitur u. Stimmen an, wo ein Sprung bzw. Strich gemacht werden kann. *Vi-* steht dann zu Beginn u. *-de* am Ende der auszulassenden Stelle.

Viera, Joe, dt. Jazzmusiker, Musikschriftsteller u. Komponist, * 4. 9. 1932 München. Studierte an der Technischen Hochschule München Physik u. nebenbei privat Musik. Tritt seit 1955 mit eigenen Bands bei Konzerten u. Festivals sowie im Rundfunk u. Fernsehen auf. Gründete 1970 zusammen mit H. Viertl die Internationale Jazz-Woche in Burghausen u. rief dort 1972 das Studienzentrum für zeitgenössische Musik ins Leben. Im gleichen Jahr erhielt V. einen Lehrauftrag der Staatlichen Hochschule für Musik u. Theater in Hannover, seit 1981 ist er außerdem Professor an der Universität Duisburg. Daneben gibt V. seit 1970 die in Wien erscheinende »reihe jazz« heraus.

Von V. Kompositionen seien erwähnt: Stück für 3 Bläser (1964), Kleine Suite Nr. 1 für 7 Instr. (1965), Piece for horns and piano (1968), 20 Stücke für variable Besetzung (1971), Segmente 1–16 für Big Band (1972–73), 4 Blues für Big Band (1973), *The well-tempered jazzband* für Big Band (1973–81), *Bayerische Suite* für 6 Bläser (1974), *Konsequenzen* für 6 Instr. (1974), *Ad fontes* für Blechbläser u. Kb. (1976).

Zu seinen Veröffentlichungen gehören »Grundlagen der Jazzrhythmik« u. »Grundlagen der Jazzharmonik« (1970), »Arrangement und Improvisation« u. »Neue Formen – Freies Spiel« (1971), »Der Free Jazz – Formen und Modelle« (1974), »Das Saxophon im Jazz« (1977), alle Wien.

Vierdanck (Vyrdanck, Feyertagk), Johan, dt. Organist u. Komponist, * um 1605, wahrscheinlich in der Nähe von Dresden, begraben 1. 4. 1646 Stralsund. Ab 1615 Kapellknabe an der Dresdner Hofkapelle u. Kompositionsunterricht bei H. Schütz. 1631–32 Mitglied der Hofkapelle Johann Albrechts II. in Güstrow, ab 1634 Organist an St. Marien in Stralsund.

Zu V. Kompositionen gehören: »Erster Theil Newer Pavanen, Gagliarden, Balletten vnd Correnten ...« (1637); »Ander Theil Darinnen begriffen etliche Capricci, Canzoni vnd Sonaten ...« (1641); »Erster Theil Geistlicher Concerten« für 2–4 St. u. B.c. (1641); »Ander Theil Geistlicher Concerten«, 3–9 St. (1643).

Vierne, Louis-V.-J., franz. Organist u. Komponist, * 8. 10. 1870 Poitiers, † 2. 6. 1937 Paris. War von Geburt an blind. Studierte bei C. Franck u. Ch. Widor am Pariser Conservatoire u. wurde 1892 Gehilfe von Widor an St-Sulpice. Ab 1900 Organist an Notre-Dame, ab 1911 daneben Lehrer an der Schola Cantorum. Zu seinen Schülern gehörten M. Dupré u. N. Boulanger. Stand in seinen Kompositionen unter dem Einfluß seiner Lehrer u. G. Faurés.

Zu V. Werken gehören 6 Orgelsinfonien (1899–1930); Orchesterwerke; Kammermusik; Lieder.

Viertelnote (ital. semiminima, franz. noire, engl. crotchet, amer. auch quarter note): ♩; Pause (franz. soupir): 𝄽.

Vierteltonmusik, die Komposition mit Vierteltönen, erstmals von dem Engländer J. H. Foulds 1898 in einem Streichquartett ausprobiert, später von ihm in dem Orchesterstück *Music Pictures* zur Erzielung koloristischer Effekte eingesetzt. Weitere Versuche mit V. unternahmen R. Stein (1882–1942), W. von Moellendorff (1872–1934) u. J. Mager (1880–1939). Neue Ausdrucksmöglichkeiten strebten F. Busoni u. A. Hába durch die mehrfache Teilung des Ganztones an. Hába komponierte eine ganze Reihe von Stücken im Vierteltonsystem u. setzte die Vierteltonteilung sowohl melodisch wie auch harmonisch ein. Ebenfalls mit V. beschäftigten sich E. Bloch, J. Carrillo Trujillo u. I. Wyschnegradsky. Da die Vertreter der V. meistens auch weltanschauliche Begründungen ins Spiel brachten u. die Wiedergabe am mangelnden Instrumentarium scheiterte, haben diese Versuche die allgemeine musikalische Entwicklung nicht wesentlich beeinflußt.

Vieru, Anatol, rumän. Komponist u. Musikschriftsteller, * 8. 6. 1926 Iaşi. Studierte am Konservatorium in Bukarest bei P. Constantinescu (Harmonie), Th. Rogalski (Instrumentation), C. Silvestri (Dirigieren) u. L. Klepper (Komposition). Besuchte anschließend das Moskauer Konservatorium, wo A. Chatschaturjan zu seinen Lehrern gehörte. Seit 1959 Lehrer für Komposition am Bukarester Konservatorium. Arbeitet mit einer modalen Struktur, die er aus der Korrespondenz zwischen den einzelnen Modi u. Intervallreihen gewinnt.

Zu V. Werken gehören: die Oper *Jonas* (1971–75); Orchesterwerke wie *Suite im alten Stil* für Streicher (1945), Konzert für Orch. (1955), *Odă tăcerii* (1. Sinfonie, 1966–67), *Clepsidra I* für Trp. u. Orch. (*Sonnenuhr*, 1968–69), *Ecran* (1969–70), 2. Sinfonie (1974), Sinfonietta (1975), 3. Sinfonie (1977–78); Vokalkompositionen, u. a. Oratorium *Mioriţa* für Soli, gem. Chor u. Orch. (1957), *Cantata anilor lumină* für gem. Chor u. Orch. (1960), *Scène nocturne* für 2 gem. Chöre a cappella (1964), *Clepsidra II* für gem. Chor, Orch., Panfl. u. Cimbalom (1970); Konzert für Fl., Streichorch. u. Schlagzeug (1957–58), Konzert für Vc. u. Orch. (1962), *Jeux* für Kl. u. Orch. (1963), Konzert für V. u. Orch. (1964), *Museum Music* für Cemb. u. 12 Streicher (1968), Konzert für Klar. u. Orch. (1975), Konzert für V., Vc. u. Orch. (1979); Kammermusik, darunter 3 Streichquartette (1955, 1956, 1973), Klarinettenquintett (1957), Sinfonie für Mezzo-S. u. 15 Instrumentalisten (1962), *Steps of Silence* für Streichquartett u. Schlagzeug (1966), *Le crible d'Eratosthène* für Streichtrio, Klar. u. Kl. (1969), *Mosaiken* für 3 Schlagzeuger (1972), *Narration* für Org. (1975), Klaviersonate (1976).

Vierundsechzigstelnote (italienisch semibiscroma, franz. quadruple croche, engl. hemidemisemiquaver, amer. auch sixtyfourth note): 𝅘𝅥𝅲; Pause (franz. seizième de soupir): 𝄾.

Vieuxtemps, Henri J. F., belg. Geiger u. Komponist, * 17. 2. 1820 Verviers, † 6. 6. 1881 Mustapha bei Algier. Erhielt ersten Musikunterricht bei seinem Vater u. trat als 6jähriger bereits mit einem Violinkonzert von P. Rode auf. Wurde 1828–31 von Ch.-A. de Bériot gefördert, der ihn mit nach Paris nahm u. ihn 1830 der Öffentlichkeit vorstellte. Nach weiteren Studien bei S. Sechter 1833 in Wien u. 1835 bei A. Reicha in Paris begann V., Konzerte für sein Instrument zu schreiben. Er bereiste Europa als Virtuose, fuhr dreimal nach Amerika, wirkte 1846–52 als Soloviolinist in Petersburg u. unterrichtete 1871–73 am Konservatorium in Brüssel. V. galt neben Bériot als bedeutender Vertreter der franz.-belg. Geigenschule.

Zu V. Kompositionen gehören: 7 Violinkonzerte (1. 1840, 2. 1836, 3. 1844, 4. 1850, 5. 1861, 6. u. 7. 1883) sowie *Fantaisie-Caprice* für V. u. Orch., *Caprice-hommage à Paganini* für V. u. Kl. oder Orch., 1 Violinsonate u. *Duo concertant* über *Don Juan* für V. u. Kl. (alle 1845).

Lit.: P. André (Hg.), E. Ysaye: H. V., mon maître, Brüssel 1968.

Viganò, Salvatore, ital. Tänzer, Komponist u. Choreograf, * 25. 3. 1769 Neapel, † 10. 8. 1821 Mailand. Sohn des Tänzers u. Choreografen Onorato V. Erhielt bei seinem Onkel L. Boccherini Kompositionsunterricht, studierte daneben Malerei u. debütierte als Tänzer in einer Frauenrolle in Rom. Trat mit seiner Frau, der Tänzerin Maria Medina, in Frankreich, England, Belgien u. Italien auf, um 1793–95 in Wien Triumphe zu feiern. 1799–1803 wirkte V. erneut in Wien u. choreografierte u. a. *Die Geschöpfe des Prometheus* (M.: L. van Beethoven). 1813–21 war er Ballettmeister an der Mailänder Scala. V. gilt als der Schöpfer des Choreodramas (→ Ballett, S. 61).

Villa-Lobos, Heitor (Héctor), brasilian. Komponist u. Dirigent, * 5. 3. 1887 Rio de Janeiro, † 17. 11. 1959 ebd. Wurde von seinem Vater auf mehreren Instrumenten unterrichtet. War später Schüler von A. França (Harmonie) u. B. Niederberger (Cello). Unternahm drei ausgedehnte Reisen durch Brasilien, auf denen er sich mit der Folklore des Landes vertraut machte. In seiner Suite *Dos cânticos sertanejos* (1910) scheint er erstmals Motive aus der Volksmusik verarbeitet zu haben. Ballettmusiken u. Tondichtungen wie *Uirapurú, Saci Perêrê* u. *Amazonas* folgten. Zu Beginn der 20er Jahre machte V.-L. die Bekanntschaft des Pianisten A. Rubinstein, dem er sein *Rudepoema* widmete u. der sich für seine Klavierwerke einsetzte. 1923–24 hielt sich V.-L. in Paris auf. Dort prägte ihn vor allem der Umgang mit M. Ravel. 1927–30 folgte ein zweiter Parisaufenthalt, bei dem er u. a. für M. Tagliaferro *Momeprecoce* komponierte. Wieder in Brasilien, beschäftigte sich V.-L. intensiv mit dem Chorsingen in den Schulen, gab Mammutkonzerte mit bis zu dreißigtausend Sängern u. tausend Instrumentalisten u. gründete schließlich 1942 das Conservatório Nacional de Canto Orfeônico u. 1945 die Academia Brasileira de Música.

V.-L., der bereits in seiner Jugend keine Gelegenheit ausließ, um im Kreis der chorões, der Straßenmusikanten von Rio de Janeiro, Gitarre zu spielen, verband in seinen an die tausend Kompositionen brasilian. Volks- u. Unterhaltungsmusik mit Elementen der Romantik, des Impressionismus u. des Neobarock. Am bekanntesten sind seine 16 *Chôros*, deren Besetzungen von Git. solo bis zu Orch., Blaskapelle u. Chor reichen, sowie die 9 *Bachianas Brasileiras*, die als Tanzsuiten konzipiert u. nach J.S. Bachs kontrapunktischer Technik gearbeitet sind.

Zu V.-L. Kompositionen gehören: die Bühnenwerke *Izath* (1913–40, unter Verwendung der früheren Versuche *Aglaia* u. *Elisa*), *Madalena* (1948) u. *Yerma* (1955); Ballette wie *Uirapurú* (1917), *Mandu-çarará* (1940) u. *Emperor Jones* (1956); Orchesterwerke, darunter 12 Sinfonien (1916–57), sinfonische Dichtungen, 16 *Chôros* (1920–29), 9 *Bachianas Brasileiras* (1930–45); 2 Cellokonzerte (1915 u. 1953), 5 Klavierkonzerte (1945–54), Gitarrenkonzert (1951), Harfenkonzert (1953), Harmonikakonzert (1955); Kammermusik, u.a. 17 Streichquartette (1915–57), Trio für Ob., Klar. u. Fag. (1921), Quatuor für Fl., Sax., Hf., Celesta u. Frauenchor (1921) u. *Quinteto em forma de chôros* für Holzbläser (1928); Klavierstücke; Chorwerke u. Lieder.

Lit.: V. Mariz, H. V.-L., Rio de Janeiro 1948; L. M. Peppercorn, H. V.-L., Zürich 1972; J. C. de Andrade Muricy, V.-L., Rio de Janeiro 1961; E. Nogueira Franca, V.-L., Síntese critica e biografica, Rio de Janeiro 1970.

Villancico (von span. villano: »Bauer«), eine poetisch-musikalische Form, die sich im Spanien des 15. u. 16. Jh. außergewöhnlicher Beliebtheit erfreute. Sie geht auf eine der mittelalterlichen Refrainformen wie das → Virelai zurück. Meist 3- bis 4st., Note gegen Note gesetzt, begann der V. mit einer refrainartigen Einleitung (estribillo), der 2 bis 5 Verse (coplas) folgten, worauf die Einleitung wiederholt wurde. Neben der Form von Sololiedern mit Instrumentalbegleitung tauchten bekannte V.-Melodien auch in der Vihuela-Literatur als Thema zu Variationen auf. Im 17. u. 18. Jh. bezeichnete V. geistliche Kantaten, die aus mehreren, von 2 Chorsätzen eingerahmten solistischen Stücken bestanden u. besonders zum Weihnachtsfest gesungen wurden. Das Weihnachtliche scheint noch im heutigen Sprachgebrauch durch, da V. jetzt soviel wie »volkstümliches Weihnachtslied« bedeutet.

Villanella (von ital. villano: »Bauer«; auch villanesca oder canzone villanescha), eine aus Neapel stammende, im 16. Jh. in Italien beliebte volkstümliche Liedform, die wahrscheinlich auf die Tanztradition des 15. Jh. zurückgeht. Charakteristisch waren 3st. homophoner Satz, volksliedhafte Melodik, einfache Harmonik u. ein derber, oft das bäuerliche parodierender Text. Häufige Quintenparallelen lassen sich wohl auf volkstümliche Bräuche beim Singen zurückführen. Auch dt. Komponisten schrieben Lieder »nach der Art der welschen Villanellen«. Angleichung an die Kunst der Stimmführung im Madrigal führte zur Kanzonette (→ Kanzone).

Villotta (von ital. villa: »Landhaus«), ein im 16. Jh. besonders in Norditalien verbreitetes 4st. Tanzlied, das gegen Mitte des Jh. auch unter dem Begriff → Villanella gefaßt wurde.

Vincent, John, amer. Komponist u. Lehrer, * 17. 5. 1902 Birmingham, AL. Studierte am New England Conservatory in Boston bei G. Chadwick, an der Harvard University bei W. Piston u. 1935–37 privat bei N. Boulanger. War 1946–69 als Nachfolger A. Schönbergs Professor für Komposition an der University of California in Los Angeles. Er veröffentlichte: »Diatonic Modes in Modern Music« (1951, überarbeitet 1973).

Zu V. Kompositionen gehören: die Oper *Primeval Void* (1969); das Ballett *3 Jacks* (1941); Orchesterwerke wie *Suite for Orchestra* (1932), *Soliloquy and Dance* für Vc. u. Orch. (1947), *Symphony on a Folk Song* (1951), *Symphony in D* (1954, rev. 1956), *Symphonic Poem after Descartes* (1959), Ouvertüre *Lord Arling* (1959, die gleichnamige Oper blieb unvollendet), Suite *Benjamin Franklin* (1963), *Rondo Rhapsody* (1965) u. die sinfonische Dichtung *The Phoenix* (1966); *Nude Descending the Staircase* für Streicher (1948, nach dem Bild von M. Duchamp); Kammermusik, u.a. 2 Streichquartette (1938 u. 1967), *Percussion Suite* (1973); Chorwerke.

Vinci, Leonardo, ital. Komponist, * um 1690 Kalabrien oder Neapel, † 27. oder 29. 5. 1730 Neapel. Schüler von G. Greco am Conservatorio dei Poveri di Gesù Cristo in Neapel u. dort 1728 Lehrer G.B. Pergolesis. Wurde nach dem Tode A. Scarlattis Vizekapellmeister an der Königlichen Kapelle. Gehört zu den bedeutendsten Opernkomponisten der → neapolitanischen Schule. Arbeitete gemeinsam mit dem Sänger Farinelli an der stärkeren Durchgestaltung der Arie u. des begleitenden Rezitativs. Er hatte bereits 1719 mit der Opera buffa *Lo cecato fauzo* Erfolg, komponierte 1722 die erhaltene u. heute wieder gespielte *Li Zite'n galera* u. eröffnete 1725 das Teatro della Pace mit *La mogliera fedele*. Er komponierte insgesamt an die 40 Opern für ital. Theater, von denen die ernsten Opern *Ifigenia in Tauride* (1725), *Astianatte* (1725) u. *Artaserse* (1730) erwähnenswert sind.

Violinisten → Geiger.

Violinmusik. 1556 gab P. Jambe de Fer in Lyon »Epitome musical des tons...« heraus, ein Werk, das zum ersten Mal die Violine in allen Einzelheiten beschreibt. Die Violine oder Geige scheint ungefähr gleichzeitig mit der Viola u. dem Violoncello in Norditalien entstanden zu sein, wo in Städten wie Brescia, Cremona u. Venedig auch die bedeutenden Geigenbauer angesiedelt waren. Die Vorfahren der Violine sind Fiedel, Lira da braccio u. Rebec. Als Begleitinstrument in der Tanzmusik spielte sie gesellschaftlich gesehen zunächst nur eine untergeordnete Rolle, u. es dauerte eine Zeit, bis sie sich gegen die Violen durchgesetzt hatte. Zu den frühesten erhaltenen Violinkompositionen gehören die 5st. Sätze von B. de Beaujoyeux in dem von ihm organisierten *Balet comique de la Royne* (1581, gedruckt 1582), einer höfischen Unterhaltung aus Anlaß der Hochzeit des Duc de Joyeuse mit Marie von Loraine im Pariser Louvre. Mit dieser Darbietung begann die Geschichte des Ballet de cour. Sie macht ebenfalls die Beziehung zwischen Instrument u. Tanz deutlich. Die Tanzmeister bedienten sich übrigens noch bis ins 19. Jh. der Pochette oder Tanzmeistergeige im Unterricht.

Schon wenige Jahre später setzte C. Monteverdi in seiner Oper *Orfeo* (1607) 2 Violini piccoli alla francese zur Ausdruckssteigerung ein, u. kurz darauf veröffentlichte G. P. Cima in seinen »Concerti ecclesiastici« (1610) die erste *Sonata per violino e violone*. Es folgten G. Gabrieli mit den postum gedruckten *Sonatta con tre violini* (1615), B. Marini mit einer der ältesten Soloviolinsonaten in seinen *Affetti musicale* (1617) u. M. Uccellini mit »Delle sonate over canzoni da farsi a violino solo et b. c.« (1649). Allen diesen Kompositionen gemeinsam ist die Erweiterung der Spieltechnik. Daneben forderte die sich rasch entwickelnde Oper immer größere Streichorchester, in denen Instrumente der Violinfamilie bald tonangebend waren. Die Komponisten-Interpreten schrieben Stücke für sich selbst, in denen sie die Möglichkeiten des neuen Instruments nach u. nach zu erweitern lernten. In der 2. Hälfte des 17. Jh. hatten sich 3 Zentren herausgebildet, in denen die V. besonders gepflegt wurde: Venedig mit G. Scarani, M. Neri, G. Legrenzi u. T. Albinoni; Modena mit G. M. Bononcini, G. B. Vitali u. G. Colombi; Bologna mit der → bolognesischen Schule u. A. Corelli, der dort ausgebildet wurde, aber die längste Zeit seines Lebens in Rom wirkte u. dort dem Concerto grosso sowie der Kammer- u. Kirchensonate ihre gültige Form gab. Den steigenden Anforderungen an das neue Instrument kamen die in Norditalien u. Tirol wirkenden Geigenbauerfamilien entgegen, deren bedeutendste Vertreter N. Amati in Cremona (1596–1685), J. Stainer in Absam (um 1617–83), A. Stradivari in Cremona (um 1644–1737), Guarneri del Gesù in Cremona (1698–1744) u. G. B. Guadagnini (1711–86) in Piacenza waren.

Der rege kulturelle Austausch zwischen Italien u. Deutschland führte in der 2. Hälfte des 17. Jh. zu einer Blüte der V. Gleichzeitig traten eine Reihe hervorragender Geigenvirtuosen auf, die sich durch die Einführung von Doppelgrifftechnik, Arpeggien, Scordatura u. hohes Lagenspiel auszeichneten. Zu ihnen gehörten J. H. Schmelzer mit seinen *Sonatae unarum fidium seu a Violino solo* (1664), H. I. F. Biber mit seinen *Rosenkranz-Sonaten* u. der Passacaglia für V. solo (um 1674) u. J. J. Walther mit seinen *Scherzi da violino solo* mit B. c. (1676). Zu den Virtuosen des in Deutschland besonders beliebten unbegleiteten Geigenspiels gehörte auch T. Baltzar, der 1661 von Karl II. zum 1. Geiger ernannt wurde u. sein Instrument in England populär machte. Karl II. war es auch, der in der Restaurationszeit den franz. Streicherklang (Vingt-quatre violons du Roy u. Petits violons mit 16 Spielern) bekannt machte, den er im Exil schätzen gelernt hatte. Trotz bedeutender Leistungen in England, Frankreich u. Deutschland blieben die Italiener in der Geschichte der V. in der 1. Hälfte des 18. Jh. führend. A. Vivaldi, der dem Solokonzert zum Durchbruch verhalf u. mit dazu beitrug, daß Venedig ein bedeutendes Zentrum der Instrumentalmusik blieb, war eine der einflußreichsten Musikerpersönlichkeiten des beginnenden 18. Jh. Über seinen Schüler J. G. Pisendel nahm er Einfluß auf die weitere Entwicklung der V. in Deutschland. Die Beschäftigung mit Vivaldi regte J. S. Bach zu einer Reihe von Bearbeitungen an. Vermutlich hatte Bach auch bei der Komposition seiner 6 Solosonaten die technischen Fähigkeiten des Vivaldi-Schülers Pisendel im Auge. Neben Venedig wurde Turin zu einer neuen Pflegestätte der V. Mit dem Corelli-Schüler G. B. Somis entstand die piemontesische Geigenschule, die Virtuosen wie G. G. Pugnani u. G. B. Viotti hervorbrachte u. stark auf die weitere Entwicklung in Frankreich eingewirkt hat. J.-M. Leclair (l'aîné) war ein Schüler von Somis u. nahm als Komponist von V. eine führende Stellung in Frankreich ein. Viotti, der ganz zu Recht als Begründer der modernen Geigentechnik gilt, wirkte hauptsächlich in Frankreich u. England u. beeinflußte die franz.-belg. Schule des 19. Jh. Neben Venedig u. Turin muß noch Padua genannt werden, wo G. Tartini eine Vielzahl von Schülern ausbildete u. bedeutende theoretische Arbeiten verfaßte. Gegen Mitte des 18. Jh. hatte die Beherrschung des Instruments gegenüber den Anfängen wesentliche Fortschritte gemacht. Dies läßt sich gut an Hand von 3 repräsentativen Geigenlehrwerken überprüfen, in denen sich der damalige Entwicklungsstand widerspiegelt: F. Geminianis »The Art of Playing the Violin« (1751)

für die ital. Schule; L. Mozarts »Versuch einer gründlichen Violinschule« (1756) für die dt. Schule; J. B. L'Abbés »Principes du violon« (1761) für die franz. Schule. Die letztere erhielt durch Viotti u. seinen Schüler P. Rode, den Stamitz-Schüler R. Kreutzer u. den aus der Nardini-Schule kommenden F. de S. Baillot im 19. Jh. eine überragende Bedeutung. Über den Rode-Schüler J. Böhm gelangte franz. Gedankengut auch nach Wien, wo eine eigene Schule entstand, zu der u. a. G. u. J. Hellmesberger gehörten.

Aus den Bildungsvorstellungen des nachrevolutionären Frankreich ging das Pariser Conservatoire hervor, das 2 Geigenlehrwerke in Auftrag gab. J. B. Cartier verfaßte »L'art du violon« (ab 1798; enthält u. a. J. S. Bachs Fuge in a-Moll, BWV 1003, u. G. Tartinis *Teufelstriller-Sonate*), u. Baillot, Rode u. Kreutzer veröffentlichten eine »Méthode de violon« (1803), der Baillot als alleiniger Autor »L'art du violon« (1834) folgen ließ. Die ital. Schule erlebte in N. Paganini ihren glanzvollen Höhepunkt u. Abschluß, die Führung ging an die Franzosen über. Inzwischen hatten reisende Virtuosen u. das bürgerliche Konzertwesen, das nach immer größeren Räumlichkeiten verlangte, einen weiter tragenden Ton u. eine stärkere Belastbarkeit des Instruments notwendig gemacht. Während F. Tourte in Paris den modernen, leicht konvexen Bogen entwickelte, begann man mit dem Umbau der älteren Instrumente, bei denen Hals, Griffbrett u. Saiten verlängert u. der Steg erhöht wurden. Gleichzeitig verstärkte man die Spannung der Saiten, ein Trend, der sich mit Stahl- u. Nylonsaiten bis in die Gegenwart fortgesetzt hat.

Die weitere Entwicklung der V. im 19. Jh. wurde einerseits von einer außergewöhnlichen Virtuosität u. andererseits von der Entstehung der klassischen Konzertliteratur bestimmt. Die franz.-belg. Schule bildete Virtuosen wie Ch.-A. Bériot, H. Léonard, H. Vieuxtemps, H. Wieniawski u. E. Ysaye aus, während im deutschsprachigen Raum Geiger wie L. Spohr, dessen Schüler F. David u. der Hauptmann-Schüler J. Joachim wirkten. Die letzteren waren für die Durchsetzung des Beethoven-Konzerts u. die Entstehung der bedeutenden Konzerte von F. Mendelssohn Bartholdy u. J. Brahms mitverantwortlich. Den Grundstein für die russ. Schule des 20. Jh. legte der Joachim-Schüler L. Auer, der am neugegründeten Petersburger Konservatorium lehrte u. später in die Vereinigten Staaten ging. Zu seinen Schülern zählten S. Dushkin (mehrere Konzertreisen mit I. Strawinsky, der sein Violinkonzert für ihn schrieb), M. Elman, J. Heifetz, N. Milstein u. E. Zimbalist. Neben Auer sind vor allem C. Flesch u. O. Ševčík als Lehrer zu erwähnen. Flesch, von der franz. Schule kommend, wirkte in Berlin, London, Amsterdam u. Luzern u. veröffentlichte mit seiner »Kunst des Violinspiels« (2 Bde., 1923–28) eins der bedeutendsten Schulwerke des 20. Jh. Ševčík, zu dessen Schülern J. Kubelík, S. Feuermann, R. Kolisch u. W. Schneiderhan gehörten, erfand eine sog. Halbtonmethode, die zusammen mit seiner Art der Bogenhaltung weltweit zum Begriff wurde.

Im 20. Jh. gingen wesentliche Impulse für das Geigenspiel von der Sowjetunion mit David u. I. Oistrach, L. Kogan u. G. Kremer aus. Die Mehrzahl der heute bekannten Geiger erhielt jedoch ihre Ausbildung in den USA. Dort wirkten neben L. Auer u. F. Kreisler so bedeutende Lehrer wie L. Persinger (Y. Menuhin, I. Stern) u. I. Galamian (P. Zuckerman, Kyung-Wah Chung, I. Perlman). Galamian veröffentlichte die Schriften »Principles of Violin Playing and Teaching« (1962) u. »Contemporary Violin Technique« (1966). In neuester Zeit hat sich die Zuzuki-Schule in Japan einen Namen gemacht, die 2jährigen mit Erfolg das Geigenspiel beibringt.

Da das Instrument bzw. die Instrumentenfamilie ihren Ausgang in Italien genommen hat, waren die Italiener auch bei den verschiedenen Arten der V. tonangebend. Solosonate, Sonate mit Continuo u. Sonate mit obligatem Tasteninstrument standen am Anfang. Durch die → bolognesische Schule u. A. Corelli fand die Triosonate ihre gültige Ausprägung, während A. Vivaldi das Solokonzert durchsetzte. In der weiteren Entwicklung wurde aus dem letzteren das klassische Violinkonzert, gefolgt vom romantischen Virtuosenkonzert. In der Kammermusik bildete sich aus der Sonate mit Begleitung durch ein Tasteninstrument jene Form der Violinsonate bei W. A. Mozart u. L. van Beethoven heraus, bei der Streich- u. Tasteninstrument gleichberechtigte Partner wurden. Ähnliches trifft auch auf das Cello zu. Einen Höhepunkt in der V. bildet neben Konzert u. Sonate das → Streichquartett.

Da bedeutende Interpreten immer wieder Komponisten zu neuen Werken der V. angeregt haben, ist die Tradition des Violinkonzerts und der Kammermusik für Instrumente der Geigenfamilie bis heute ungebrochen. Dabei hat das 20. Jh. die Ausdrucksmöglichkeiten des Instruments auf der Suche nach neuen Effekten ständig erweitert.

Lit.: L. de La Laurencie, L'école française de violon de Lully à Viotti, 3 Bde., Paris 1922–24, Nachdruck Genf 1971; A. Moser, Geschichte des Violinspiels, Berlin 1923, ergänzt von H.-J. Nösselt, Bd. I: Das Violinspiel bis 1800, Tutzing 1966; A. Bonaventura, Storia del violino, dei violinisti e della musica per violino, Mailand 1925; M. Pincherle, Feuillets d'histoire du violon, Paris 1927; E. van der Straeten, The History of the Violin,

2 Bde., London 1933, Nachdr. 1968; F. Hamma, Meister dt. Geigenbaukunst, Stuttgart 1948; I. M. Yampolsky, Russ. Violinkunst, Bd. I, Moskau 1951; R. u. M. Millant, Manuel pratique de lutherie, Paris 1952; W. Henley, Universal Dictionary of Violin and Bow Makers, Bd. 1–V, Brighton 1959–60, Bd. VI hg. von C. Woodcock als: Dictionary of Contemporary Violin and Bow Makers, Brighton 1965; R. Aschmann, Das dt. polyphone Violinspiel im 17. Jh., Zürich 1962; F. Hamma, Meister ital. Geigenbaukunst, Stuttgart 1964; D. D. Boyden, The History of Violin Playing from its Origins to 1761, London 1965; E. Leipp, Le violon, historique, esthétique, facture et acoustique, Paris 1965; S. Milliot, Documents inédits sur les luthiers parisiens du XVIIIe siècle, Paris 1970; W. Kolneder, Das Buch der Violine, Zürich 1972; E. Melkus, Die Violine, Bern 1973; G. Geiser, Studien zur Frühgeschichte der Violine, Bern u. Stuttgart 1974.

Viotti, Giovanni Battista, ital. Geiger u. Komponist, * 12. 5. 1755 Fontanetto da Po bei Vercelli, † 3. 3. 1824 London. Studierte bei dem Corelli-Schüler G. G. Pugnani in Turin u. war dort ab 1775 Mitglied der Hofkapelle. 1780 Konzertreise mit seinem Lehrer durch Deutschland, Polen u. Rußland, kurz darauf nach London u. Paris. Trat 1782–83 mit größtem Erfolg in den Concerts spirituels in Paris auf, zog sich dann jedoch aus der Öffentlichkeit zurück. 1784 wurde er Akkompagnist der Königin Marie-Antoinette u. 1788 Theaterdirektor des Théâtre de Monsieur. 1794 trat er in den berühmten Londoner Salomon-Konzerten auf u. war 1794–95 als Kapellmeister am King's Theatre tätig. Weitere Konzerte mit J. P. Salomon u. J. Haydn folgten. 1798 wurde er als Agent der Franz. Revolution verdächtigt u. mußte England verlassen. Die nächsten 3 Jahre verbrachte er zurückgezogen in Schönfeld bei Hamburg, unterrichtete dort F. W. Pixis u. komponierte eine Vielzahl kleinerer Werke. 1801 durfte er nach London zurückkehren, fand aber kein neues künstlerisches Betätigungsfeld u. eröffnete deshalb einen Weinhandel, mit dem er sich völlig ruinierte. 1819 kehrte V. nach Paris zurück u. übernahm bis 1822 die Leitung der Opéra. Zu seinen Schülern gehörten P. Rode u. J.-B. Cartier. Darüber hinaus beeinflußte er F. de S. Baillot, R. Kreutzer u. Ch.-A. Bériot u. damit die ganze franz.-belg. Schule. Sein kraftvolles Spiel richtete sich nach der Tartini-Maxime »per ben suonare, bisogna ben cantare«.

Zu V. Kompositionen gehören: 29 Violinkonzerte, von denen das L. Cherubini gewidmete Nr. 22 in a-Moll das bekannteste ist; 2 *Symphonies concertantes* für 2 V. u. Orch.; 21 Streichquartette; 36 Streichtrios; 18 Violinsonaten; Violinduette; Klaviersonaten. Seine 10 Klavierkonzerte sind Bearbeitungen von Violinkonzerten.
Lit.: R. Giazotto, G. B. V., Mailand 1956.

Virdung, Sebastian, dt. Sänger u. Komponist, * um 1465 Amberg. Schüler von J. von Soest, 1483–1505 Mitglied der Heidelberger Hofkantorei, Inhaber der Kaplanei der kurpfälzischen Burgkapelle in Staleck bei Bacharach 1500–07 u. 1507–08 Altist, Komponist u. Praeceptor der Singknaben am Dom in Konstanz. Beschäftigte sich um 1510 mit einem »Gedicht der deutschen Musica«, aus dem 1511 in Basel ein Auszug unter dem Titel »Musica getutscht und ausgezogen durch Sebastianum Virdung Priesters von Amberg ...« erschien. Dieses Werk ist in Dialogform abgefaßt u. gibt Auskunft über die verschiedenen Instrumente u. die damalige Musikauffassung. V. Ausführungen zur Lautentabulatur wurden von A. Schlick mit »Tabulaturen etlicher lobgesang ...« (1512) teilweise korrigiert. Außerdem sind von V. 4 Lieder in Peter Schöffers Liederbuch (1513) erhalten.

Virelai (franz., möglicherweise herzuleiten aus dem Ausruf »vireli«), franz. Lied- u. Gedichtform, die hauptsächlich im 14. u. 15. Jh. beliebt war. Charakteristisch ist der durch den Refrain gegebene Rahmen, der mit anders gereimten Versen u. neuer Melodie ausgefüllt wird. Bedeutende V.-Kompositionen stammen von G. de Machaut.

Virginalisten, Bezeichnung für die engl. Komponisten, die während des späten 16. u. frühen 17. Jh. speziell für das in England beliebte Virginal komponierten. Zu ihnen gehören u. a. G. Farnaby, J. Bull, W. Byrd u. O. Gibbons. Ein Großteil der Virginalmusik wurde in folgenden Sammlungen überliefert: »Mulliner Book«, »Fitzwilliam Virginal Book«, »My Ladye Nevells Booke«, »Will. Forster's Virginal Book«, »Benjamin Cosyn's Virginal Book«, »Elizabeth Rogers Book«.

Virtuose (von lat. virtus: »Tugend«, »Tüchtigkeit«). Unter uomo virtuoso verstand man ursprünglich den hervorragenden Künstler u. Gelehrten, in Deutschland aber seit dem frühen 18. Jh. nur den sein Handwerk meisterlich beherrschenden Musiker. Seit der Mitte des 18. Jh. wurde der Begriff V. auf den ausübenden Musiker eingeengt u. erhielt in Titeln wie Kammervirtuos die Bedeutung des Solistischen. Mit reisenden V. wie N. Paganini u. F. Liszt rückte der Begriff in die Nähe dessen, was heute mit Star umschrieben wird. Aus der Kritik an der rein virtuosen Darbietung entwickelte sich schließlich jener negative Beigeschmack, den das Wort V. heute hat, wenn über dem zum Selbstzweck gewordenen brillanten Spiel die Interpretation des Werks in den Hintergrund gerät.

Vitali, 1. Giovanni Battista, ital. Geiger u. Komponist, * 18. 2. 1632 Bologna, † 12. 10. 1692 Modena. Schüler von M. Cazzati in Bologna u. um 1667 an der dortigen Petroniuskirche musico di violone de brazzo (Bratschist). 1674 2. u. 1684 1. Kapellmeister des Herzogs Francesco II. in Modena. V. gehört zu den bedeutenden Sonatenkomponisten vor A. Corelli. Typisch für seinen Stil ist der rasche Wechsel von langsamen u. schnellen Abschnitten.

Zu V. Kompositionen gehören: »Correnti e balletti da camera« für 2 V. u. B. c. op. 1 (1666); »Sonate a 2 violini col b. c.« op. 2 (1667); »Balletti, correnti e sinfonie da camera, a 4 stromenti« op. 3 (1667); »Balletti, correnti, gighe, allemande e sarabande a violino e violone o spinetta« op. 4 (1668); »Sonate a 2, 3, 4 e 5 stromenti« op. 5 (1669); »Salmi concertati a 2, 3, 4 e 5 voci con stromenti« op. 6 (1677); »Varie partite del passamezzo, ciaccona, capricci, e passagalli a 3« op. 7 (1682); »Balletti, correnti e capricci per camera a 2 violini e violone« op. 8 (1683); »Sonate a 2 violini e b. c.« op. 9 (1684); »Inni sacri per tutto l'anno a voce sola con 5 stromenti« op. 10 (1684); »Varie sonate alla francese & all'itagliana a 6 stromenti« op. 11 (1684); »Balli in stile francese a 5 stromenti« op. 12 (1685); »Artificii musicali ...« op. 13 (1689); »Sonate da camera a 3« op. 14 (1692, postum). Außerdem sind 12 weitere Sonaten u. mehrere Oratorien handschriftlich erhalten.

2. Tommaso Antonio, Sohn von 1., ital. Geiger u. Komponist, * 7. 3. 1663 Bologna, † 9. 5. 1745 Modena. Musiker in der Hofkapelle in Modena unter seinem Vater u. später dessen Nachfolger. Zu seinen Schülern gehörten E. F. Dall' Abaco, J. B. Senaillé u. G. N. Laurenti. Veröffentlichte mehrere Kammermusikwerke. Ob die beliebte *Ciaccona* für V. u. Gb. von ihm stammt, ist nicht mit Sicherheit nachzuweisen.

Vitry (Vitriaco), Philippe de, franz. Geistlicher, Diplomat, Theoretiker, Dichter u. Komponist, * 31. 10. 1291 Vitry oder Paris, † 9. 6. 1361 Meaux oder Paris. Unterhielt möglicherweise durch Vermittlung seines Vaters schon frühzeitig Verbindungen zum franz. Hof u. wird als Clericus u. Notarius des Königs Karl IV. erwähnt. 1340 stand er im Dienst des Parlaments, 1342–45 war er einer der Maîtres clercs des requêtes du Palais. 1351 wurde er zum Bischof von Meaux ernannt, residierte aber häufig in seinem bischöflichen Hôtel in Paris. War befreundet mit dem Mathematiker u. Musikgelehrten J. de Muris u. muß zu den überragenden Persönlichkeiten seiner Zeit gehört haben. F. Petrarca pries ihn als »poeta nunc unicus Gallorum«, u. der Verfasser des Traktats »Les règles de la seconde rhétorique« sagte über ihn: »Et en la musique trouva les quatre prolacions, et les notes rouges, et la noveleté des proporcions.« Die letztere Aussage deutet darauf hin, daß V. wohl als einer der ersten die Unterteilung der Semibrevis in 2 bzw. 3 Minimen (→ Mensuralnotation, → Prolatio) vorgenommen hat. Er behandelte in seiner einzigen als authentisch erwiesenen theoretischen Schrift, der »Ars nova«, Fragen der Notation u. damit des Rhythmus u. griff so eines der wichtigsten Probleme der Musik seiner Zeit auf. Die Erfindung der Isorhythmie (→ isorhythmisch), einem der bedeutendsten Merkmale der Ars nova, die nach V. Traktat so benannt wurde, kann ihm nicht zugeschrieben werden. Von seinen eigenen Kompositionen sind bisher nur 14 Motetten mit einiger Sicherheit identifiziert. 5 davon gehören zu den musikalischen Einlagen im »Roman de Fauvel« von Gervais du Bus. Mit seiner »Ars nova« schuf V. die theoretische Grundlage für die von G. de Machaut eingeleitete weitere Entwicklung.

vivace (ital.: »lebhaft«), bedeutet als Vortragsbezeichnung seit der 2. Hälfte des 17. Jh. soviel wie lebhaft; vivacissimo steht für sehr lebhaft.

Vivaldi, Antonio L., ital. Komponist u. Geiger, * 4. 3. 1678 Venedig, † 28. 7. 1741 Wien. Von seinem Vater Giovanni Battista V. weiß man, daß er in Venedig den Beruf eines Barbiers ausübte, bevor er 1685 als Geiger in das Orchester von S. Marco aufgenommen wurde. In einem Reiseführer des Jahres 1713 wurde er noch als ein bemerkenswerter Virtuose in Venedig aufgeführt. Antonio V. war von Geburt an kränklich u. erhielt laut Register der Kirche S. Giovanni in Bràgora zu Hause die Nottaufe. Später litt er ständig unter Asthma. Ersten Musikunterricht gab ihm der Vater. 1693 nahm V. die Tonsur, u. 1703 wurde er zum Priester geweiht. Wegen seiner rotblonden Haarfarbe erhielt er den Beinamen »il prete rosso«. Im Herbst 1703 erfolgte die Anstellung als maestro di violino am Ospedale della Pietà in Venedig. Zwei Jahre später ließ er bei G. Sala 12 Triosonaten als sein op. 1 erscheinen. 1709 folgten 12 Violinsonaten bei A. Bortoli. In den nächsten zwei Jahren gehörte V. nicht zum Lehrkörper der Pietà, wurde aber 1711 wieder eingestellt u. ließ noch im gleichen Jahr seine 12 Konzerte »L'estro armonico« erscheinen, die, häufig nachgedruckt, in ganz Europa verbreitet waren. Mit dieser Sammlung, die wie alle weiteren in Amsterdam herauskam, begannen V. Beziehungen zu dem Drucker E. Roger u. später zu dessen Schwiegersohn Le Cène. 1713 wurde V. nach dem Weggang von F. Gasparini zusätzlich als Hauskomponist an die Pietà verpflichtet. Daneben beschäftigte er sich intensiv mit der Oper u. brachte 1713 in Vicenza seinen *Ottone in villa* heraus. 1714 begann die langjährige Zusammenarbeit mit dem Teatro S. Angelo in Venedig. Dort kam im gleichen Jahr sein *Orlando finto pazzo* zur Aufführung. Inwieweit V. auch an der Leitung des Opernhauses beteiligt war, läßt sich nicht genau feststellen. 1716 hatte der Komponist wieder Schwierigkeiten mit dem Vorstand der Pietà, wurde aber schließlich als maestro de' concerti weiterbeschäftigt u. brachte mit großem Erfolg sein Oratorium *Juditha triumphans* zur Aufführung. 1716 machte er die Bekanntschaft von J. G. Pisendel, der mit der Dresdner Kammermusik im Gefolge des Kurprinzen von Sachsen nach Venedig gekommen war. V. freundete sich mit Pisendel an, gab ihm Unterricht, ließ ihn eine Reihe seiner Kompositionen für den späteren Gebrauch in Dresden abschreiben u. widmete ihm einige Werke. Die Jahre 1718–20 verbrachte V. mit dem Titel maestro di cappella da camera im Dienst des Markgrafen Philipp von Hessen-Darmstadt, der als Gouverneur der Habsburger in Mantua residierte. Aus dieser Zeit stammen die meisten seiner Kantaten. Möglicherweise machte er bereits während seines Aufenthalts in Mantua die Bekanntschaft der Altistin Anna Girò. Sie wurde V. Schülerin, offensichtlich auch seine Lebensgefährtin u. erhielt den etwas spöttischen Beinamen »l'Annina del prete rosso«. Wie aus einem späteren Brief an den Marchese Bentivoglio in Ferrara zu entnehmen ist, reiste V. 14 Jahre lang mit der Girò durch Europa u. brachte an den verschiedenen Bühnen seine Opern heraus. Dabei sorgte er immer für eine Hauptrolle, die auf die Stimmlage u. das außergewöhnliche schauspielerische Talent der Girò zugeschnitten war. 1720 übersiedelte V. wieder nach Venedig u. brachte im Herbst am Teatro S. Angelo die Oper *La verità in cimento* zur Aufführung. 1723–24 hielt er sich häufiger in Rom auf u. komponierte für die Karnevalszeit die Opern *Ercole sul Termodonte* (1723), *La virtù trionfante* u. *Giustino* (beide 1724). Mit der Pietà hatte er inzwischen eine Vereinbarung getroffen, die ihn zur monatlichen Lieferung u. Einstudierung von 2 Werken verpflichtete. 1725 kam seine »Il cimento dell'armonia e dell' inventione« betitelte Sammlung von 12 Violinkonzerten heraus, die er dem Grafen Morzin widmete, was auf Beziehungen zu Prag hindeutet. Im gleichen Jahr ist er möglicherweise in Amsterdam gewesen, wahrscheinlich im Zusammenhang mit der Drucklegung seiner Kompositionen. 1727 ließ er seine Sammlung »La cetra« mit 12 Violinkonzerten erscheinen u. widmete sie Kaiser Karl VI. Bei einem persönlichen Zusammentreffen mit dem Herrscher im Jahr 1728 überreichte V. dem Kaiser noch einmal 12 Violinkonzerte in Handschrift, von denen nur eins mit der gedruckten Sammlung gleichen Namens identisch ist. Einer Einladung des Kaisers folgend, bereitete V. 1729 eine Reise nach Wien u. Prag vor, für die sein Vater bei den Prokuratoren von S. Marco um Urlaub nachsuchte. Wahrscheinlich ist V. im Frühjahr 1730, gerade noch rechtzeitig zur Wiederaufnahme seiner Oper *Farnace*, in Prag eingetroffen. Er scheint dort die Aufführung von mindestens 4 weiteren eigenen Opern erlebt zu haben. Der Prager Adel bestellte außerdem neue Stücke bei ihm. Spätestens zur Karnevalssaison 1732 war V. wieder in Italien. Im Januar dieses Jahres wurde das Teatro Filarmonico in Verona mit seiner Oper *La fida ninfa* eingeweiht. In den Jahren 1733–34 scheint sich V. wieder verstärkt um die Leitung des Teatro S. Angelo in Venedig gekümmert zu haben. 1735 wurde er von der Pietà erneut als maestro de' concerti unter Vertrag genommen. Außerdem lernte er C. Goldoni kennen, dem er die Bearbeitung von A. Zenos Libretto zu *Griselda* anvertraute. 1738 reiste er nach Amsterdam, um ein Konzert zur Hundertjahrfeier der dortigen Schouwburg zu leiten. In dieser Zeit versuchte er vergebens, von Venedig aus eine Opernsaison in Ferrara zu organisieren. Sein dazu notwendiges persönliches Erscheinen in der Stadt wurde jedoch von Kardinal Tomaso Ruffo mit der Begründung verhindert, V. lese keine Messe, obwohl er Priester sei, u. außerdem habe er ein Verhältnis mit der Sängerin Anna Girò.

Über den Zweck von V. letzter Reise ist bis heute nichts bekannt. Aus den Sitzungsberichten der Pietà geht nur hervor, daß V. Vorbereitungen zu einer Auslandsreise traf. Diese führte ihn nach Wien, wo er ein Jahr später in großer Armut starb. Obwohl V. nur 12 oder 13 Sammlungen (op. 1–13) zu Lebzeiten in Druck gab, waren seine Kompositionen überall in Europa verbreitet u. haben großen Einfluß gehabt. Dies gilt besonders für sein op. 3, die 12 Konzerte des »L'estro armonico«, mit denen V. dem ital. Solokonzert in der europäischen Musik zum Durchbruch verholfen hat. Durch J.G. Pisendel wurden seine Werke schon frühzeitig in Deutschland bekannt. Dresden darf für sich in Anspruch nehmen, damals das dt. Zentrum der V.-Pflege gewesen zu sein. Von dort wirkten seine Kompositionen weiter auf J. F. Fasch u. vor allem auf J. S. Bach, der sich nicht nur in seiner Sammlung der *Brandenburgischen Konzerte* von V. beeinflussen ließ, sondern auch eine Reihe von V. Konzerten bearbeitete. Es sind: BWV 593, 594, 596, 972, 973, 975, 976, 978, 980 u. 1065. Von diesen 10 Bearbeitungen stammen bezeichnenderweise 6 aus V. op. 3. In V. Werk beeinflussen sich Instrumental- u. Opernkomposition gegenseitig. Die Einwirkung des Belcanto u. der Oper, besonders der Dacapo-Arie, auf die Instrumentalkonzerte ist deutlich spürbar, während in seinen frühen Opern bis ungefähr Mitte der 1720er Jahre ein starkes Hervorheben der Instrumentalstimmen auffällt. Erst die späteren Opern lehnen sich an den neapolitanischen Stil mit der starken Bevorzugung der Singstimmen an. Zum vorherrschenden Arientyp wurde das Aria-Concerto. Zu den typischen Eigenarten der Schreibweise V. gehören die großen Intervallsprünge (nicht jedoch bei der Führung von Singstimmen), Synkopierung, tonmalende Begleitstimmen, Sequenzierung u. der eigenwillige Gebrauch der Sept. Außerdem machte V. gerne Anleihen bei sich selbst, was bei

der damals üblichen schnellen Arbeitsweise nicht weiter verwunderlich ist. So liest man auf dem Autografen der Oper *Tito Manlio:* »Musica del Vivaldi fatta in 5 giorni«.
Das V.-Bild hat sich in den letzten hundert Jahren grundlegend geändert. Dies hängt damit zusammen, daß heute an die 780 Werke zugänglich sind, darunter allein ca. 478 Konzerte. V. hat einmal einem Gesprächspartner gegenüber geäußert, es bringe ihm mehr ein, Abschriften seiner Kompositionen zu verkaufen, als sie in Druck zu geben. Daher war die Musikwissenschaft lange auf die 14 bekannten Sammlungen angewiesen, von denen »Il pastor fido« wahrscheinlich nicht einmal echt ist. Es gibt heute gute Gründe für die Annahme, daß diese Stücke von dem Franzosen J. N. Marchand stammen. Daneben waren einige wenige Handschriften bekannt. Die entscheidende Erweiterung unserer Kenntnisse verdanken wir einer von der Nationalbibliothek Turin 1927 erworbenen Sammlung aus dem Besitz der Salesianer von S. Martino (Montferrat), die 14 Bände mit Werken von V. enthält. Lücken in der Numerierung führten zu der Vermutung, daß hier eine Sammlung geteilt worden sei. Die fehlenden Bände konnten 1930 ebenfalls erworben werden. Der ursprüngliche Besitzer dieser Manuskripte war jener Graf Durazzo, der 1754–64 Generalspektakeldirektor in Wien war u. jedem vertraut ist, der sich mit der Biografie Ch. W. Glucks beschäftigt hat. Durazzo scheint entweder den Nachlaß von V. in Wien erworben oder diese ganz eindeutig aus dem Besitz des Komponisten stammenden Manuskripte von V. selbst gekauft zu haben.
Die beiden umfangreichsten Werkverzeichnisse stammen von M. Pincherle (P.) u. P. Ryom (RV). Da das letztere auf einem wesentlich neueren Forschungsstand ist, tendiert man allgemein zur Beschreibung der Werke V. nach RV.
Zu V. Kompositionen gehören: die Opern *Ottone in villa* (1713, Libretto: D. Lalli), *Orlando finto pazzo* (1714, G. Braccioli), *Arsilda, regina di Ponto* (1716, D. Lalli), *L'incoronazione di Dario* (1717, A. Morselli), *Armida al campo d'Egitto* (1718, 2. Akt verloren; G. Palazzi), *Teuzzone* (1719, A. Zeno), *Tito Manlio* (1719, M. Noris), *La verità in cimento* (1720, G. Palazzi u. D. Lalli), *Ercole sul Termodonte* (1723, G. F. Bussani), *Giustino* (1724, N. Beregan u. P. Pariati), *La virtù trionfante dell'amore e dell'odio ovvero Il Tigrane* (1724, 1. Akt von B. Micheli, 3. Akt von N. Romaldi u. F. Silvani), *Griselda* (1725, A. Zeno u. C. Goldoni), *Dorilla in Tempe* (1726, A. M. Lucchini), *Farnace* (1727, A. M. Lucchini), *Orlando furioso* (1727, G. Braccioli), *L'Atenaide* (1729, A. Zeno), *La fida ninfa* (1732, S. Maffei), *L'Olimpiade* (1734, P. Metastasio), *Bajazet* Pasticcio (1735, A. Piovene), *Catone in Utica* (1737, 1. Akt verloren; P. Metastasio), *Rosmira*, Pasticcio (1738, S. Stampiglia). Alle weiteren Bühnenwerke (V. selbst gibt 94 an) sind bisher nicht aufgefunden. An Instrumentalwerken erschienen im Druck: 12 »Sonate da camera a tre, due violini e violone o cembalo« op. 1 (1705); 12 »Sonate a violino e basso per il cembalo« op. 2 (1709); »L'estro armonico«, 12 Konzerte op. 3 (1711); »La stravaganza«, 12 Violinkonzerte op. 4 (um 1712); 6 »Sonate, quatro a violino solo e basso e due a due violini e b. c.« op. 5 (1716); 6 »Concerti à cinque stromenti, tre violini, alto viola e b. c.« op. 6 (1716–17); 10 Violin- u. 2 Oboenkonzerte op. 7 (1716–17); »Il cimento dell'armonia e dell'inventione«, 12 Violinkonzerte, darunter die *Vier Jahreszeiten* op. 8 (1725); »La cetra«, 12 Violinkonzerte op. 9 (1727); 6 »Concerti a flauto traverso, violino primo e secondo, alto viola, organo e violoncello« op. 10 (um 1728), 5 Violin- u. 1 Oboenkonzert op. 11 (1729); »Sei concerti a violino principale, violino primo e secondo, alto viola, organo e violoncello« op. 12 (1729); »Il pastor fido, sonates pour la musette, vielle, flûte, hautbois, violon avec la basse continue« (1737, wahrscheinlich J. N. Marchand zuzuschreiben, der bei V. Anleihen machte); 6 »Sonates, violoncelle solo col basso« (um 1740).
Gemäß Ryoms Numerierung, also von RV 1 anfangend, gliedern sich diese Werke folgendermaßen:
45 Violinsonaten; 9 Cellosonaten; 12 Sonaten für Instr. wie Fl., Blockfl., Ob., Sackpfeife, Drehleier; 20 Sonaten für 2 V.; 7 Sonaten für Instr. wie 2 Fl., 2 Ob. etc.; 3 Sonaten für mehr als 2 Instr., darunter die erst 1976 in Dresden aufgefundene Sonate für V., Ob., Org. u. Schalmei; 22 Kammerkonzerte ohne Ripieno; 59 Sinfonien u. Ripienokonzerte; 228 Violinkonzerte; 7 Konzerte für Viola d'amore u. Streicher; 27 Cellokonzerte; 1 Mandolinenkonzert; 15 Flötenkonzerte; 2 Blockflötenkonzerte, von denen das 1. mit einem Flötenkonzert identisch ist; 3 Konzerte für Piccolo u. Streicher; 20 Oboenkonzerte, von denen 2 mit Violinkonzerten identisch sind; 39 Fagottkonzerte; 27 Konzerte für 2 V. u. Streicher, von denen eines auch für V. u. Ob. vorliegt; 20 Konzerte für 2 andere Soloinstr. wie Fl., Mandoline, Ob., Horn, davon 1 ursprünglich für 2 V.; 5 Konzerte für 3 u. 4 V. u. Streicher; 29 Konzerte für mehrere verschiedene Instr. u. Streicher; 3 Konzerte für V. u. 2 Streichorch.; 2 Konzerte für verschiedene Soloinstr. u. 2 Streichorch. Außerdem komponierte V. Messen, Psalmen, Hymnen, 12 Motetten, Introduzioni, 39 weltliche Solokantaten u. Serenate, von denen 3 erhalten sind, u. a. *La Sena festeggiante*.
GA der Instrumentalwerke, Hg. G. F. Malipiero unter Mitarbeit von A. Ephrikan, A. Fanna, B. Maderna, B. Prato, R. Olivieri u. F. Zobeley, Mailand 1947–72; Kritische Ausgabe der Instrumentalwerke, hg. von R. Eller, Leipzig ab 1974.

Lit.: M. Pincherle, A. V. et la musique instrumentale, 2 Bde., Paris 1948, Bd. II als Inventaire-thématique, Nachdruck New York 1968; G. Guerrini, V., Florenz 1951; M. Pincherle, V., Paris 1955; W. Kolneder, Aufführungspraxis bei V., Leipzig 1955; G. F. Malipiero, A. V., Mailand 1958; W. Kolneder, Die Solokonzertform bei V., Baden-Baden u. Straßburg 1961; M. Marnat, A. V., Paris 1965; W. Kolneder, A. V., Wiesbaden 1965; R. Giazotto, V., Mailand 1965; R. de Candé, V., Paris 1967; M. Meunier-Thouret, V., Paris 1972; R. Giazotto u. G. Rostirolla, A. V., Turin 1973; W. Kolneder, Melodietypen bei V., Berg am Irchel bei Zürich 1973; P. Ryom, A. V., Table de concordances des œuvres, Kopenhagen 1973, dt.: Verzeichnis der Werke A. V. (RV), Kleine Ausgabe, Leipzig 1974, große Ausgabe in Vorbereitung; W. Braun, A. V., Concerti grossi op. 8 Nr. 1–4 Die Jahreszeiten, München 1975; E. Selfridge-Field, Venetian Instrumental Music from Gabrieli to V., Oxford 1975; R. Strohm, Ital. Opernarien des frühen Settecento, Köln 1976; P. Ryom, Les manuscrits de V., Kopenhagen 1977; M. Talbot, V., London 1978; W. Kolneder, A. V., Dokumente seines Lebens u. Schaffens, Wilhelmshaven 1979; M. Talbot, V., London 1980.

Vlad, Roman, ital. Komponist u. Musikschriftsteller rumän. Herkunft, * 29. 12. 1919 Czernowitz, Bukowina. Studierte zuerst in seiner Heimatstadt u. ab 1938 in Rom an der Universität u. an der Accademia di S. Cecilia bei A. Casella. Leitete 1964 den Maggio Musicale Fiorentino u. war 1968–76 künstlerischer Leiter des Teatro Comunale in Florenz. Ist seit 1976 Programmdirektor der RAI in Turin. Arbeitet vorwiegend mit der Zwölftontechnik. Er veröffentlichte: »L. Dallapiccola« (Mailand 1957); »Strawinsky« (Turin 1958); »Storia della dodecafonia« (Mailand 1958).

Zu V. Werken gehören: die Funkoper *Il dottore di vetro* (1958, szenisch 1961 in Köln); die Fernsehoper *La fontana* (1967); die Ballette *La strada sul caffè* (1943), *La dama delle camelie* (1945), *Fantasia 1920* (1948), *Il ritorno* (1962) u. *Il gabbiano* (1968); Pantomime *Masques ostendais* (1959); Orchesterwerke wie *Sinfonia* (1948) u. *Ode super Chrysea phorminx* für Git. u. Kammerorch. (1964); Vokalkompositionen wie *De profundis* für S., Chor u. Orch. (1949), *Le ciel est vide* (Kantate, 1954), *Immer wieder* ... für S. u. 8 Spieler (1965), *Lettura di Michelangelo* für Chor a cappella (1964); Filmmusiken, u. a. zu R. Clairs »La beauté du diable« (1949).

Vocalise (franz.), Singübung ohne Text, nur auf Vokale (→ Solfège). In der neueren Musik häufig angewendet, wenn die Singst. rein instrumentale Wirkung haben soll.

Voce (ital.: »Stimme«, franz. voix, engl. voice), kommt u. a. in folgenden Verbindungen als Vortragsbezeichnung vor: mezza voce = mit halber Stimme, auch für Streichinstr.; → sotto voce; colla voce = mit der Gesangstimme; voces aequales oder voci pari = gleiche Stimmen, nur Männer-, Frauen- oder Knabenstimmen.

Vogel, Johann Christoph, dt. Komponist, getauft 18. 3. 1758 Nürnberg, † 27. 6. 1788 Paris. Schüler von J. Riepel. Ließ sich in Paris nieder, wo er zu den Parteigängern und Nachahmern Ch. W. Glucks gehörte. Widmete diesem auch seine erste Oper *La Toison d'Or*, die 1786 an der Pariser Opéra erfolgreich aufgeführt wurde. Sein zweites Bühnenwerk *Démophon* kam erst nach seinem Tode heraus.

V. komponierte außerdem 3 Sinfonien, Symphonies concertantes, 3 Klarinettenkonzerte, 1 Fagottkonzert, Kammermusik.

Vogel (Fogel'), Wladimir R., schweiz. Komponist dt.-russ. Herkunft, * 29. 2. 1896 Moskau. Machte in seiner Jugend die Bekanntschaft A. Skrjabins u. beschloß, Komponist zu werden. 1918–24 Schüler von H. Tiessen u. F. Busoni in Berlin, anschließend Lehrer für Komposition am Klindworth-Schwarwenka-Konservatorium. Emigrierte 1933 nach Frankreich u. ließ sich 1935 in Ascona nieder. Lebt seit 1964 in Zürich. In seinen Kompositionen ist V. stark von A. Schönberg u. F. Busoni beeinflußt. Bildete auf der Grundlage der Zwölftontechnik sein eigenes Kompositionssystem aus. Typisch für ihn ist die in Anlehnung an Schönberg entwickelte Sprechmelodie, die er in größeren Vokalwerken ungemein expressiv einsetzt.

Zu V. Kompositionen gehören: die Instrumentalwerke *Sinfonia fugata in memoriam F. Busoni* (1924), 4 Etüden (1930–33), *Tripartita* (1934), *Rallye* (1934, Fassung für Blasorch. unter dem Titel *Devise* 1936), Passacaglia (1946), *Sept aspects d'une série de douze sons* (1950), *Spiegelungen* (1952), *Interludio lirico* (1954), *Preludio-Interludio-Postludio* (1954), *Hörformen I–VI* (1967); Konzerte für V. (1937) u. Vc. (1954) mit Orch., *Hörformen* für Kl. u. Streicher (*Aus der Einheit – die Vielfalt, in der Vielfalt – die Einheit*, 1973); Vokalwerke wie *Wagadus Untergang durch die Eitelkeit* für S., A., Bar., Sprechchor, gem. Chor u. 5 Sax. (1933, verschollen; Neufassung 1955), *Thyl Claes* für Sprecher, S., Sprechchor u. Orch. (1. Teil 1937, verschollen; Neufassung 1943, daraus 6 Fragmente für Sprecher, S. u. Orch., 1942 u. 3 Orchestersuiten; 2. Teil für Sprecher, S. u. Orch., 1945, daraus Orchestersuite, 1948, u. *Cortège de noces* für Orch., 1948), *Madrigaux* für gem. Chor (1939), *Arpiade* für S., Sprechchor, Fl., Klar., Va., Vc., u. Kl. nach H. Arp (1954), *Antigonae* für Sprechchor u. Schlagzeug (1955), *Goethe-Aphorismen* für S. u. Streicher (1955), *Eine Gotthardkantate* für Bar. u. Streicher nach F. Hölderlin (1956), Oratorium *Jona ging doch nach Ninive* für Sprecher, Bar., Sprechchor, gem. Chor u. Orch. nach M. Buber (1958), Kantate *Alla memoria di Giovanni Battista Pergolesi* für T. u. Orch. (1958), *Das Lied von der Glocke* von F. Schiller für doppelten Sprechchor (1959), Kantate *Meditazione sulla maschera di Amedeo Modigliani* für Sprecher, 4 Soli, gem. Chor u. Orch. (1960), *Worte* für 2 Frauenst. u. Streicher nach H. Arp (1962), Drama-Oratorium *Flucht* für 4 Sprecher, Gesangsquartett, Sprechchor u. Orch. auf einen Text von M. Walser (1964), *Mondträume* für Sprechchor nach H. Arp (1964), Madrigale *Aforismi e pensieri di Leonardo da Vinci* für Chor a cappella (1969), *Gli spaziali* für 2 Solo-Sprech-St., Gesangsquintett u. Orch. (1971); Kammermusik, u. a. 6 expressionistische Stücke *Nature vivante* für Kl. (1917–22), *Komposition* für 2 Kl. (1923, auch Fassung für 1 Kl.), *Étude-Toccata* für Kl. (1926), *Epitaffio per Alban Berg* für Kl. (1936), *Ticinella* für Fl., Ob., Klar., Sax. u. Fag. (1941), *4 Versionen einer Zwölftonfolge* für Kl. (1973), *Einsames Getröpfel und Gewuschel* für Kl. (1973), »Hörformen« *Analogien* für Streichquartett (1974), *Für Flöte, Oboe, Klarinette und Fagott* (1974); 3 Sprechlieder für tiefe St. u. Kl. (1922), 3 *Liriche* für B. u. Kl. (1942), *Dal quaderno di Francine settenne* für hohen S., Fl. u. Kl. (1952), 5 Lieder für A. u. Kl. (1956), 5 Lieder für tiefen A. u. Streichtrio auf Texte von N. Sachs (1966).

Lit.: H. Oesch, W. V., Bern 1967; H. Meier (Hg.), W. V., Schriften u. Aufzeichnungen über Musik, Zürich 1977.

Vogelweide, Walther von der, → Walther von der Vogelweide

Vogler, Georg Joseph, genannt Abbé V., dt. Komponist u. Theoretiker, * 15. 6. 1749 Würzburg-Pleichach, † 6. 5. 1814 Darmstadt. Erhielt in seiner Kindheit Orgelunterricht, studierte Theologie u. Jura an den Universitäten von Würzburg u. Bamberg u. kam 1771 als Hofkaplan nach Mannheim. Sein erfolgreiches Ballett *Rendez-vous de chasse* (1772) veranlaßte den Kurfürsten Karl Theodor, ihm eine Studienreise nach Italien zu finanzieren. V. hielt sich 1773–75 in Italien auf, nahm kurz Unterricht bei Padre Martini in Bologna u. geriet dann unter den Einfluß von F. A. Vallotti in Padua. Nachdem er in Rom die Priesterweihe empfangen hatte, kehrte er 1775 nach Mannheim zurück. Der Kurfürst ermöglichte ihm die Eröffnung der »Mannheimer Tonschule«, in der V. sein gleichnamiges, an Vallotti orientiertes System lehrte. Zu seinen Mannheimer Schülern gehörten P. von Winter, J. H. Knecht u. F. Danzi. 1777 wurde er zum 2. Kapellmeister ernannt. Dem nach München umgezogenen Hof folgte er erst 1780 u. wurde dort 1784 1. Kapellmeister. 1786 wurde er als Kapellmeister u. Lehrer des Kronprinzen nach Stockholm berufen, wo er, von zahllosen Reisen abgesehen, bis 1799 blieb u. seine 2. Schule ins Leben rief. 1787 hatte er in München einen größeren Erfolg mit seiner Oper *Castore e Polluce*, 1788 brachte er in Stockholm *Gustav Adolph och Ebba Brahe* heraus. Nach längeren Aufenthalten in Berlin, Prag, Wien u. München ging er 1807 als Hofkapellmeister u. geistlicher Geheimer Rat nach Darmstadt, wo er bis an sein Lebensende blieb u. in seiner 3. Schule u. a. C. M. von Weber, G. Meyerbeer u. J. Gänsbacher unterrichtete.

Auf seinen Reisen, die ihn bis nach Rußland u. Nordafrika führten, trat V. als Orgelvirtuose auf u. erregte mit Improvisationen auf dem von ihm konstruierten Orchestrion Begeisterungsstürme, besonders durch seine musikalischen Schlachten-, Seesturm- u. Gewittergemälde. V. veröffentlichte u. a. die Schriften »Tonwissenschaft und Tonsezkunst« (1776, Nachdr. Hildesheim 1970); »Betrachtungen der Mannheimer Tonschule«, 3 Jahrgänge (1778–81, Nachdr. Hildesheim 1971); »Choral-System« (1800); »Handbuch der Harmonielehre und für den Generalbaß« (1802); »Über die harmonische Akustik« (1807); »Gründliche Anleitung zum Clavierstimmen« (1807); »System für den Fugenbau« (1811).

Von V. weiteren Kompositionen sind erwähnenswert: 6 Klaviertrios op. 1; 6 leichte Klaviersonaten mit V. ad libitum op. 3; 6 Klavierkonzerte op. 5; 12 *Divertissements* für Kl. op. 7; Notturno für Kl. u. Streichtrio; 6 Sonaten für 2 Kl.; Konzert für Kl. zu 4 Händen; Sonate *Der eheliche Zwist* für Kl. u. Streichquartett (1796); *Polymelos, ou caractères de musique de différents nations* für Kl. u. Streichtrio (1806), 32 *Préludes pour l'orgue ou fortepiano* (1808), 6 Flötenquartette. Als bestes Kirchenmusikwerk gilt sein Requiem (1809).

Vogt, Hans, dt. Komponist, * 14. 5. 1911 Danzig. Studierte 1929–34 an der Akademie der Künste in Berlin bei G. Schumann, war anschließend als Theaterkapellmeister tätig u. übernahm 1951 eine Kompositionsklasse an der Musikhochschule in Mannheim. Er veröffentlichte: »Neue Musik seit 1945« (Stuttgart 1972).

Zu V. Werken gehören: die Oper *Die Stadt hinter dem Strom* (NWDR 1953, szenisch 1955), die Opera giocosa *Athenerkomödie* (1964); Orchesterwerke wie Sinfonie in C (1940), Klavierkonzert (1956), Cellokonzert (1968), *Azioni sinfoniche* (1971); Kammermusik; Vokalkompositionen.

Voix mixte (franz.: »gemischte Stimme«), die genaue Mischung aus Brust- u. Kopfregister in der Übergangslage.

Vokalmusik, im Gegensatz zur → Instrumentalmusik eine zur Ausführung durch die menschliche Stimme vorgesehene Musik. Sie war daher bis zur Einführung von → Vocalisen und neueren Kompositionstechniken im wesentlichen sprachgebunden. Da die V. in der frühen Entwicklung der europäischen Kunstmusik eine beherrschende Rolle gespielt hat, ist ihr Einfluß auf die Entstehung einer selbständigen Instrumentalmusik im 16. Jh. besonders stark (→ Kanzone). Ihren Höhepunkt erreichte die frühe V. in der → Polyphonie der Niederländer u. in der venezianischen → Mehrchörigkeit. Mit den Überlegungen der → Camerata u. dem Aufkommen der → Monodie entwickelte sich ein neuer, den Sprachfluß unterstreichender Vokalstil, der zur → Oper, dem → Oratorium u. der → Kantate führte. Als letzte eigenständige Ausprägung der V. darf das Kunstlied angesehen werden.

Zu den Besonderheiten des Vokalen gehört die Durchdringung mit dem Instrumentalen. Bereits in der instrumental denkenden 1. Wiener Schule wurde die Singstimme zuweilen wie ein Instrument behandelt (L. van Beethoven, Finale der 9. Sinfonie), eine Tendenz, die sich bei R. Wagner u. im Sprechgesang des beginnenden 20. Jh. nur verstärkte. Konsequent weitergeführt wurde diese Entwicklung mit Wort-Collagen u. Vocalisen, wie man sie in der Musik des 20. Jh. immer wieder antrifft. Andererseits unterliegt auch die Instrumentalmusik vokalen Einflüssen. Wenn G. Tartini forderte: »Per ben suonare, bisogna ben cantare«, so brachte er damit nur zum Ausdruck, was die ital. Musik seiner Zeit auszeichnete, nämlich Kantabilität. Diese blieb im Belcanto der ital. Oper genauso erhalten wie in den Melodien, die F. Schubert für seine Instrumentalkompositionen erfand.

Volkmann, F. Robert, dt. Komponist, * 6. 4. 1815 Lommatzsch, † 29. 10. 1883 Budapest. Sohn eines Kantors, der ihm auch ersten Musikunterricht erteilte. Studierte in Freiberg u. Leipzig, wo er unter den Einfluß von R. Schumann kam. Dort veröffentlichte er 1837 *Sechs Phantasiebildern* für Kl. op. 1. Wirkte anschließend als Lehrer in Prag, Wien u. Pest. Dort war er zuletzt als Professor für Harmonielehre u. Kontrapunkt an der Landesmusikakademie tätig.

Zu V. Kompositionen gehören: 2 Sinfonien, 1 Festouvertüre, 3 Streicherserenaden; 1 Cellokonzert u. 1 Konzertstück für Kl. u. Orch.; Kammermusik, darunter 2 Klaviertrios u. 6 Streichquartette; Vokalwerke; Klavierstücke, Lieder.

Volkonsky (Volkonskij), André (Andrej M.), russ. Komponist u. Pianist, * 14. 2. 1933 Genf. Studierte 1944–46 am Genfer Conservatoire de Musique Klavier bei J. Aubert u. D. Lipatti, anschließend Komposition am Moskauer Konservatorium. Gründete 1964 in Moskau das Ensemble »Madrigal« zur Pflege der Musik des Mittelalters u. der Renaissance. Lebt seit 1973 in Frankreich.

Zu V. Kompositionen gehören: die Kantaten *Rus'* (1952, nach N. Gogols »Die toten Seelen«) u. *Obraz mira* (1953); die Orchesterwerke Serenade (1953), Capriccio (1954) u. Konzert (1954); Kammermusik wie *Musica stricta* für Kl. (1956), *Concerto itinérant* für 3 Solisten u. 26 Instr. (1967), *Réplique* für kleines Ensemble (1969), *Les mailles du temps* für 13 Instr. (1969).

Volkslied, ein von J. G. Herder 1773 erstmals verwendeter Begriff für allgemein verbreitete Gesänge in der Volkssprache. Im Lauf der Geschichte sind V. mit verschiedenen Strophenformen u. Melodiemodellen entstanden u. wieder in Vergessenheit geraten. Ihnen allen gemeinsam war Eingängigkeit. Man rechnet heute, daß sich V. kaum mehr als 100 Jahre halten, es sei denn, sie sind mit bestimmten Bräuchen verbunden. Altes Volksliedgut hat sich in Sammlungen (z. B. »Lochamer Liederbuch«) u. durch Übernahme in die Kunstmusik erhalten. Umgekehrt sind Werke der Kunstmusik so beliebt geworden, daß man darüber oft den Schöpfer vergessen hat u. glaubt, es handle sich um ein echtes V. Mit dem Aufkommen des Industriezeitalters verschwand das V. Daran haben auch die Konservierungsversuche der → Jugendmusik nichts geändert. An seine Stelle traten das → Arbeitslied u. der → Protestsong, beide aber wesentlich gruppenspezifischer als das V.

Volksmusik, umfaßt neben dem → Volkslied das instrumentale Musizieren des Volkes u. steht damit im Gegensatz zur Kunstmusik. Ursprüngliche V. wird meistens mündlich überliefert u. ist überall dort noch anzutreffen, wo dörfliche Gemeinschaft oder Vereinswesen intakt sind. Seit dem 19. Jh. wird V. als bedeutsam für das Verständnis der eigenen Wesensart gesammelt u. veröffentlicht. Zu den beliebtesten Instrumenten der V. gehören neben Violine, Klarinette u. Klavier Dudelsack, Maultrommel, Harfe, Fiedel, Zither, Gitarre, Laute, Mandoline, Akkordeon, Bandoneon u. die Blasmusik. Größter Feind jeglicher echten V. ist ihre Stilisierung zur Touristenattraktion.

Volkstanz, ein im 18. Jh. entstandener Begriff, der nach F. Hoerburgers »Volkstanzkunde« (1961–64) besagt: Tänze, die »in der anonymen Grundschicht des Volkes durch direkte Tradition, ohne Eingriff von seiten eines Organisators u. in funktioneller Verbindung mit dem traditionellen Leben des Volkes gewachsen« sind. Bereits seit dem 16. Jh., als sich der Gesellschaftstanz aus dem V. entwickelte, ist eine Unterscheidung zwischen Tänzen des Volkes u. denen der höheren Gesellschaft bekannt. Die Einwirkung des V. auf den Gesellschaftstanz u. den Kunsttanz läßt sich durch die Jahrhunderte nachweisen. Die meisten V. sind Gruppen- oder Paartänze. Neben landschaftlich bedingten Charakteristika haben sich bis heute Reste ständischer Bindung erhalten. Ein V.-Revival findet vor allem in den Ländern statt, die ihr Brauchtum zur Stärkung des Nationalbewußtseins einsetzen.

Volta (ital.: »Mal«, »Umdrehung«; franz. volte), **1.** prima v. (Abkürzung 1ma) u. seconda v. (Abkürzung 2da) bezeichnen in Verbindung mit eckigen Klammern die entsprechend zu wählende Schlußwendung bei Wiederholungen. **2.** ein schneller, aus der Provence stammender höfischer Paartanz im Tripeltakt. Charakteristisch sind gewagte Sprünge u. abrupte Drehungen. Die V. erfreute sich besonders großer Beliebtheit im Elisabethanischen England.

volti subito (ital., Abkürzung v. s.), »wende schnell um«.

Voluntary (engl.: »freiwillig«, »spontan«), ursprünglich ein auf einen C. f. komponiertes Stück für Org. oder Virginal. Frühe Beispiele stammen von J. Redford u. R. Alwood. Im 17. u. 18. Jh. war das V. in seiner Form kaum von Fancy, In nomine, Fantasia u. Praeludium zu unterscheiden. Daneben nahm es zwischen dem 16. u. 19. Jh. die Bedeutung von Improvisation an. Im anglikanischen Gottesdienst kennt man heute noch das V. zu Anfang u. Ende (in-v., out-v.), früher gab es vor der Predigt außerdem noch das middle-v.

vom Blatt spielen, singen → prima vista.

Vorausnahme (lat. anticipatio), das verfrühte Eintreten eines oder mehrerer Töne vor einem auf der nächsten schweren Taktzeit folgenden Akkord, die diesen, häufig dissonierend, vorwegnehmen.

Vorhalt (ital. appoggiatura, franz. u. engl. suspension), der um eine große oder kleine Ober- bzw. Untersekunde verzögerte Eintritt eines Akkord- oder Melodietones. Der V. ist dissonant oder auffassungsdissonant u. steht immer auf einem betonteren Taktteil als seine Auflösung. Er kann in mehreren Stimmen gleichzeitig auftreten. Man unterscheidet den vorbereiteten oder gebundenen V. (Überbindung vom vorangehenden Akkord), den halbfreien V. (Ton ist zumindest im vorangehenden Akkord vorhanden) u. den freien V. (Ton ist im vorangehenden Akkord nicht vorhanden). Die Auflösung kann noch dadurch verzögert werden, daß ein oder mehrere Töne zwischen V. u. Auflösungston eingeschoben werden.

Voříšek (Woržischek), Jan Václav (Hugo), tschech. Komponist, * 11.5.1791 Wamberg, Böhmen, † 19. 11. 1825 Wien. Sohn eines Schulmeisters u. Musiklehrers, der ihm den ersten Unterricht gab. Studierte ab 1811 bei V. J. Tomášek in Prag, übersiedelte 1813 nach Wien u. war dort ab 1818 Pianist u. Dirigent der Gesellschaft der Musikfreunde. In seiner Wiener Zeit kam er mehrfach mit L. van Beethoven zusammen, der sich lobend über die Kompositionen des Tschechen äußerte. 1823 wurde V. zum 2. u. 1824 zum 1. Hoforganisten ernannt. Seine Impromptus op. 7 haben ohne Zweifel Einfluß auf F. Schuberts Impromptus u. Moments musicaux gehabt.

Zu V. weiteren Werken gehören 1 Sinfonie in D-Dur, 1 *Rondeau brillant* für Kl. u. Orch., Kammermusik u. Klavierstücke, Lieder.

Vorschlag (franz. appoggiature, ital. u. engl. appoggiatura), ein von J. D. Heinichen in »Der Generalbaß in der Composition« (1728) eingeführter Begriff, unter dem eine Gruppe von → Verzierungen zusammengefaßt wird. Man unterscheidet 2 Arten von V., einmal den V. auf den Schlag, der auf die Zählzeit der folgenden Note fällt u. diese dadurch entsprechend verkürzt, u. den V. vor dem Schlag, der damit die Dauer der vorangehenden Note entsprechend verkürzt.

Vorspiel, im weiteren Sinne soviel wie → Praeludium, → Intonation oder → Intrada. Im heutigen Gebrauch bezeichnet V. die meistens übergangslose Orchestereinleitung zu einem Bühnenwerk oder einem Akt desselben. Es verarbeitet in der Regel musikalisches Material aus diesem. Als Beispiel möge R. Wagners V. zum 1. Akt der *Meistersinger* dienen, in dem auf kunstvollste Weise die einzelnen Themen der Oper übereinandergeschichtet u. miteinander verknüpft werden. Vom V. ist die → Ouvertüre zu unterscheiden, die immer eine in sich abgeschlossene, selbständige Komposition darstellt.

Vortrag, die Wiedergabe eines Musikstücks unter Berücksichtigung von → Aufführungspraxis u. → Vortragsbezeichnungen.

Vortragsbezeichnungen, zusätzliche Anweisungen des Komponisten, Bearbeiters oder Herausgebers zum Notentext. Diese umfassen u. a. Angaben über Tempo, Lautstärke, Spieltechnik u. Phrasierung. Man bedient sich dazu hauptsächlich der → Abbreviaturen oder → Zeichen.

Vorzeichen → Akzidenzien

Vox (lat. vocare: »rufen«; ital. voce, franz. voix, engl. voice), die menschliche Stimme in der doppelten Bedeutung von Sprache u. Klang. Tritt in der Fachsprache in verschiedenen Zusammensetzungen auf, z. B. als prima v. organi (Einzelton einer Tonfolge); → Stimme im musikalischen Satz; Orgelregister (V. humana, V. coelestis).

v. s., Abkürzung für → volti subito u. vide sequens (lat.: »siehe das Folgende«).

Vulpius (latinisierte Form des Namens Fuchs), Melchior, dt. Komponist, * um 1570 Wasungen bei Meiningen, begraben 7. 8. 1615 Weimar. Wurde 1596 Stadtkantor in Weimar, eine Stellung, die er bis zu seinem Tode innehatte. Er leistete einen wichtigen Beitrag zum Liedgut der protestantischen Kirche. 1604 gab er »Mehrstimmige Kirchen Gesenge und Geistliche Lieder«, 4–5st., in Leipzig heraus (erweitert 1609). Es folgten: »Opusculum novum Selectissimarum cantionum sacrarum«, 4–8st. (1610), 2 Teile »Deutsche Sonntägliche Evangelische Sprüche«, 4st. (1612–14, Teil II neu aufgelegt 1622) u. »Passion nach Matthäus« (1613).

vuota (ital.: »leer«), Vorschrift zur Benutzung der → leeren Saiten bei Stücken für Streichinstrumente.

W

Waelrant (Waelrand), Hubert, franko-fläm. Komponist, * um 1517 Tongerloo, Brabant, † 19. 11. 1595 Antwerpen. Ab 1544 Sänger an Notre-Dame in Antwerpen, 1553–57 dort Lehrer an einer Musikschule, in der er anstelle der Solmisation nach Hexachorden die Bocedisation (mit 7 Ton-Namen) lehrte. 1554–58 betrieb er außerdem mit J. Laet einen Musikverlag in Antwerpen. Er gab jedoch die Sammlung »Symphonia angelica di diversi eccelentissimi mvsici«, die auch eigene Kompositionen enthält, bei Phalèse & Bellère heraus.

Wagenaar, 1. Johan, niederl. Komponist, * 1. 11. 1862 Utrecht, † 17. 6. 1941 Den Haag. Schüler von R. Hol, S. De Lange und H. von Herzogenberg. 1888 Organist an der Kathedrale von Utrecht, 1904 Direktor der dortigen Musikschule u. 1919–37 Direktor des Königlichen Konservatoriums in Den Haag. Zu seinen Schülern gehörte W. Pijper. In seinen Kompositionen ist W. besonders H. Berlioz und R. Strauss verpflichtet.

Zu W. Werken gehören: die Opern *De doge van Venetie* (1904), *De Cid* (1916) u. *Jupiter amans* (1925); sinfonische Dichtungen; Kantaten.

2. Bernard, Sohn von 1., amer. Geiger u. Komponist niederl. Herkunft, * 18. 7. 1894 Arnheim, † 19. 5. 1971 York, ME. Schüler seines Vaters u. von G. Veerman (Geige). 1921–27 Mitglied der New Yorker Philharmoniker, anschließend Lehrer an der Juilliard School.

Zu W. Werken gehören: die Kammeroper *Pieces of Eight* (1944); 4 Sinfonien (1926, 1931, 1935 u. 1949); Sinfonietta (1929), *Feuilleton* (1942), *Song of Mourning* (1944), Konzertouvertüre (1954) u. *Preamble* (1956) für Orch.; Violinkonzert (1940), Tripelkonzert für Fl., Hf. u. Vc. mit Orch. (1937) u. *5 Tableaux* für Vc. u. Orch. (1952); Kammermusik; Lieder u. Chöre.

Wagenseil, Georg Christoph, österr. Komponist u. Pianist, * 29. 1. 1715 Wien, † 1. 3. 1777 ebd. Schüler von J. J. Fux u. M. Palotta, Klavierlehrer der Kaiserin Maria Theresia u. der Prinzessinnen, ab 1739 kaiserlicher Hofkomponist u. 1741–50 Organist der Kaiserinwitwe Elisabeth Christine. Zu seinen Schülern gehörten J. Schenk u. F. X. Duschek. Mit seinen eigenen Kompositionen, die hauptsächlich handschriftlich überliefert sind, weist sich W. als einer der bedeutendsten Vertreter der 1. Wiener Schule aus. Mit seinen Opern beeinflußte er Ch. W. Gluck.

Von W. Werken erschienen im Druck: »Suavis artificiose elaboratus musicus continens VI parthias selectas ad clavicembalum compositas« (1740); 18 »Divertimenti da cembalo« (1753 ff.), 3 »Divertimenti per cembalo« (1761) u. 4 mal »VI Divertimenti da cembalo« (1760). Eine Reihe seiner Instrumentalwerke erschien in Paris, London u. Amsterdam. Außerdem komponierte er an die 15 Opern, darunter *La clemenza di Tito* (1746), *Alessandro nell'Indie* (1748) u. *L'Olimpiade* (1749) nach Libretti von P. Metastasio.

Wagner, 1. W. Richard, dt. Komponist, Dichter u. Schriftsteller, * 22. 5. 1813 Leipzig, † 13. 2. 1883 Venedig. Er war das neunte Kind aus der Ehe des Polizeiaktuars Carl Friedrich Wilhelm W. u. der Müllerstochter Johanne Rosine, geb. Pätz. 6 Monate nach seiner Geburt starb der Vater. Die Mutter zog mit den Kindern zu dem Schauspieler, Dichter u. Maler Ludwig Geyer nach Dresden u. ging mit diesem wenig später eine neue Ehe ein. Geyer starb bereits 1821, hinterließ aber als Theatermann einen bleibenden Eindruck auf den jungen W. 1822–27 besuchte dieser die Kreuzschule in Dresden. Zu seinen größten Erlebnissen aus dieser Zeit gehörte eine Aufführung von C. M. von Webers *Der Freischütz* unter der Leitung des Komponisten. 1828 übersiedelte die Familie nach Leipzig, wo W. Schwester Luise eine Anstellung als Schauspielerin gefunden hatte. W. kam auf das Nicolai-Gymnasium, zeichnete sich dort nicht als besonders guter Schüler aus, verfaßte aber ein Ritterdrama mit dem Titel »Leubald«. Daneben fing er an, sich ernsthaft mit der Musik zu beschäftigen. Literarische Anregungen erhielt er von seinem Onkel Adolf W. Wichtige musikalische Eindrücke waren eine Aufführung von L. van Beethovens 7. Sinfonie u. der Auftritt von Wilhelmine Schröder-Devrient als Leonore in *Fidelio*. Während seiner Gymnasialzeit erhielt W. Kompositionsunterricht von dem Gewandhausgeiger Ch. G. Müller. Ein kurzer Besuch der Thomasschule, die er 1831 ohne Reifeprüfung verließ, schloß den ersten Abschnitt seiner Ausbildung ab. W. erhielt die Sondergenehmigung, sich als Studiosus musicae an der Leipziger Universität einzuschreiben. Daneben nahm er Kontrapunktunterricht bei Thomaskantor T. Weinlig. Aus dieser Zeit stammen erste Kompositionen, darunter 3 Klaviersonaten, Klavierstücke u. mehrere Ouvertüren. Noch als Student engagierte er sich zum ersten Mal politisch u. war aktiv an der Leipziger Revolte der jungen Demokraten beteiligt. W. Heinses Künstlerroman »Ardinghello« beeindruckte ihn tief u. förderte gleichzeitig sein künstlerisches Selbstverständnis. 1832 komponierte er eine Sinfonie in C-Dur, die am Prager Konservatorium öffentlich geprobt wurde u. in Leipzig zu Beginn des Jahres 1833 auf dem Programm der Gewandhauskonzerte stand. Daneben schrieb er Teile einer Oper mit dem Titel *Die Hochzeit*. 1833 war W. durch Vermittlung seines Bruders Albert kurze Zeit Korrepetitor in Würzburg. Von dort aus versuchte er vergeblich, die gerade entstehende Oper *Die Feen* am Leipziger Theater unterzubringen. 1834 hielt er sich vorwiegend in Leipzig auf u. lieferte Beiträge zu H. Laubes »Zeitung für die elegante Welt« u. R. Schumanns »Neue Zeitschrift für Musik«. Noch im gleichen Jahr wurde er als Musikdirektor an das Magdeburger Stadttheater verpflichtet. Dort brachte er 1836 ohne ausreichende Vorbereitung seine neue Oper *Das Liebesverbot oder Die Novize von Palermo* mit wenig Erfolg heraus. In Magdeburg lernte er die Schauspielerin Minna Planer (1809–66) kennen, die er am 24. 11. 1836 in der Nähe von Königsberg heiratete, nachdem sie ein Engagement am dortigen Stadttheater angetreten hatte u. W. ihr nachgefolgt war. Mit Minnas Hilfe wurde er dort 1837 als Musikdirektor engagiert, aber schon nach wenigen Monaten übernahm er die Kapellmeisterstelle an dem unter Karl von Holtei neu eröffneten Theater in Riga. In dieser Zeit kam es zu ersten ehelichen Auseinandersetzungen, die darin gipfelten, daß Minna zweimal mit einem Königsberger Kaufmann davonlief. 1839 war W. wieder stellungslos u. flüchtete zusammen mit der wiederversöhnten Minna vor den Gläubigern per Schiff nach England u. von dort nach Paris. In der franz. Hauptstadt empfing W. die wohl wichtigsten Eindrücke seines Lebens. Er sammelte gesellschaftliche Erfahrungen, die sein ganzes späteres Weltbild entscheidend bestimmten. Um zu überleben, mußte er als Arrangeur arbeiten. Daneben veröffentlichte er »Eine Pilgerfahrt zu Beethoven« in der »Revue et gazette musicale« u. schrieb Korrespondenzberichte für die »Dresdener Abendzeitung«. Durch H. Laube wurde er mit H. Heine bekannt gemacht, dessen »Memoiren des Herrn von Schnabelewobski« er die Geschichte vom Fliegenden Holländer entnahm. Diesen Stoff formte er unter Anreicherung mit eigenen Erfahrungen von der stürmischen Seereise nach London zu der Oper *Der fliegende Holländer*. Die Komposition wurde noch in Paris abgeschlossen, W. fand dort aber nur einen Interessenten für das Libretto. Daneben verdankte er auch das Thannhäuser-Thema Heine, der diese Legende im 3. Band von »Der Salon« veröffentlicht hatte. W. in Paris verfaßte Schrift »Die Revolution« (1841) zeigte bereits den Einfluß des franz. Philosophen u. Anarchisten P.-J. Proudhon. Als die in Riga nach einem historischen Roman von E. Bulwer begonnene u. in Paris fertiggestellte Große tragische Oper *Rienzi* vom Hoftheater in Dresden angenommen wurde, kehrte W. 1842 nach Deutschland zurück. Die außergewöhnlich erfolgreiche Uraufführung des *Rienzi* am 20. 10. 1842 u. des *Fliegenden Holländers* am 2. 1. 1843 brachte ihm die Ernennung zum Königlich Sächsischen Kapellmeister neben C. G. Reißiger an der Dresdener Oper ein. Anfang 1844 leitete W. die Erstaufführung des *Fliegenden Holländers* in Berlin, ohne jedoch bei Presse u. Publikum auf besonderes Verständnis zu stoßen. Am 19. 10. 1845 folgte in Dresden die Uraufführung des *Thannhäuser*. Zum Sängerensemble gehörte wie schon bei *Rienzi* u. dem *Fliegenden Holländer* die von W. bewunderte Wilhelmine Schröder-Devrient. Mit dem *Tannhäuser* hatte sich W. in Deutschland so weit durchgesetzt, daß sich bereits Parteien für u. wider den Komponisten zu bilden begannen. Musteraufführungen Gluckscher Opern u. von L. van Beethovens 9. Sinfonie, die ihm F. A. Habeneck in Paris besonders nahegebracht hatte, begründeten W. Ruf als hervorragender Dirigent u. Orchestererzieher. Reibereien mit der Intendanz des Hoftheaters blieben nicht aus. Neben der Arbeit an *Lohengrin*, den F. Liszt 1850 in Weimar uraufführte, beschäftigte sich W. in den folgenden Jahren hauptsächlich mit seinen Pflichten als Königlich Sächsischer Kapellmeister, sorgte für die Verbreitung seiner Opern u. nahm regen Anteil am politischen Geschehen. Die Hoffnungen der Bewegung »Junges Deutschland« u. die Philosophie L. Feuerbachs standen im Mittelpunkt seines Denkens u. Fühlens. Zu seinem engeren Kreis gehörte der Revolutionär A. Röckel, für dessen »Volksblätter« er Artikel schrieb. Außerdem machte W. die Bekanntschaft des russ. Berufsrevolutionärs M. Bakunin. Dem Innenminister reichte er einen Entwurf zur Organisation eines dt. Nationaltheaters für das Königreich Sachsen (1848) ein. Seine Reden über Königtum u. republikanische Bestrebungen im Vaterlandsverein machten ihn bei Hofe u. beim konservativen Bürgertum verdächtig. Als W. beim Dresdner Maiaufstand 1849 Flugblätter verteilte u. sich an der Organisation des Widerstands gegen die Ordnungsmächte beteiligte, bedeutete dies den Bruch mit der bürgerlichen Welt. Steckbrieflich gesucht, flüchtete er zu Liszt nach Weimar u. gelangte mit dessen Hilfe in die Schweiz. Ein kurzer Versuch, von dort aus in Paris Fuß zu fassen, mißlang. W. ließ sich in Zürich nieder u. widmete sich vorerst der Schriftstellerei. In kurzem Abstand erschienen »Die Kunst und die Revolution« (1849), »Das Kunstwerk der Zukunft« (1850), »Das Judentum in der Musik« (1850), »Kunst und Klima« (1850), »Oper und Drama« (1851) u. »Eine Mitteilung an meine Freunde« (1851). Eine kurze Affäre mit Jessie Taylor, einer jungen Engländerin, die den wohlhabenden Weinhändler E. Laussot in Bordeaux geheiratet hatte, führte zu einer dritten Frankreichreise. Das Verhältnis zu Minna verschlechterte sich zusehends, auch wenn beide noch bis 1858 gemeinsam in Zürich lebten. Wieder in der Schweiz, setzte W. die 1848 begonnene Arbeit am Nibelungen-Stoff fort. 1850 schloß er die Dichtung zu *Siegfrieds Tod* (später: *Götterdämmerung*) ab, 1851 zu *Der junge Siegfried* (später: *Siegfried*), 1852 zu *Das Rheingold* u. *Die Walküre*. Im Mai 1853 wurde der Komponist mit W.-Festspielen am Züricher Stadttheater geehrt. In der Zeit vom 1. 11. 1853 bis zum 14. 1. 1854 entstand die Musik zu *Das Rheingold*. 1855 folgte W. einer Einladung nach London u. dirigierte 8 Frühjahrskonzerte der Londoner Philharmonischen Gesellschaft. Den Rest des Jahres verbrachte er hauptsächlich mit der Arbeit an den *Nibelungen*. Nach P.-J. Proudhon u. L. Feuerbach, dem er »Das Kunstwerk der Zukunft« gewidmet hatte, gewannen jetzt die Gedanken A. Schopenhauers zunehmenden Einfluß auf ihn. Das Jahr 1856 stand ganz im Zeichen von *Der Ring des Nibelungen*, für dessen Aufführung W. inzwischen mit Weimar verhandelte. 1857 wurde diese Arbeit unterbrochen. Unter dem Eindruck der leidenschaftlichen Liebesbeziehung zu Mathilde Wesendonck begann W. mit der Komposition des *Tristan*. Aus der gleichen Zeit stammen die *Fünf Gedichte für eine Frauenstimme* auf Texte von Mathilde Wesendonck (1857–58), von denen die Musik der *Träume* (Nr. 2) später in das Liebesduett im 2. Akt *Tristan* einging, während *Im Treibhaus* (Nr. 5) in das Vorspiel zum 3. Akt der Oper eingearbeitet wurde. 1858 hatte sich W. derart kompromittiert, daß er sein »Asyl«, ein von O. Wesendonck neben dessen Villa eigens für W. angekauftes Haus, verließ u. nach Italien reiste, um dort am *Tristan* weiterzuarbeiten. Die Ehe mit Minna war gescheitert. Diese zog sich nach Dresden zurück u. starb dort 1866. Auf österr. Druck mußte W. im Februar 1859 Venedig verlassen u. kehrte in die Schweiz zurück. In Luzern vollendete er im August des gleichen Jahres den *Tristan*. Ein neuer Versuch, sich in Paris durchzusetzen, schlug fehl. W. dirigierte eine Reihe von finanziell katastrophalen Konzerten u. mußte 1861 miterleben, wie sein neu bearbeiteter *Tannhäuser* durch eine Clique des vornehmen Pariser Jockey-Clubs zum Theaterskandal wurde u. nach 3 Aufführungen abgesetzt werden mußte. Dadurch geriet W. in eine finanziell fast hoffnungslose Lage. Nur mit einem Vorschuß des Schott-Verlages für die um diese Zeit begonnenen *Meistersinger* konnte er sich in einer miserablen Pariser Wohnung u. nach der Amnestie von 1862 in Biebrich bei Mainz über Wasser halten. Dort machte er die Bekanntschaft von Mathilde Maier, für die er eine augenblickliche Leidenschaft empfand, die sich in der Gestaltung der Figur des Evchens in den *Meistersingern* niederschlug. 1862–63 trat W. u.a. als Dirigent in Wien, Petersburg, Moskau, Budapest u. Prag auf. Dann ließ er sich in Wien nieder, wo Hoffnung auf eine Produktion des *Tristan* bestand. Als die Oper nach zahllosen Proben als unspielbar abgesetzt wurde, mußte W. vor seinen Gläubigern die Flucht ergreifen. Er fand vorübergehend Aufnahme bei einer Mäzenin, einer Frau Wille in Mariafeld, u. reiste von da aus nach Stuttgart, wohl um zu versuchen, seinen *Tristan* dort unterzubringen.

In seinem Stuttgarter Hotel wurde der völlig mittellose W. von einem Abgesandten des jungen bayrischen Königs Ludwig II. überrascht, der den Komponisten nach München einlud. Am 4. 5. 1864 kam es zur ersten Audienz in der Münchner Residenz. Sie gab dem Leben W. eine ganz neue Wendung. Der König befreite den Künstler von seinen drückenden Geldsorgen, engagierte den W. verehrenden H. von Bülow u. ließ am 10. 6. 1865 den *Tristan* am Münchner Hoftheater uraufführen. Aber der Altersunterschied zwischen dem Komponisten u. dem König, die Verschwendungssucht W., die Spannungen zwischen dem »Zugereisten« u. den Bayern, W. politische Betätigung u. das offene Verhältnis mit der Liszt-Tochter u. Frau von Bülows, Cosima (1837–1930), machten W. auf Dauer untragbar. Man wußte in München wohl, daß Cosima am Tag der ersten Orchesterprobe ihres Mannes zu *Tristan* mit W. Tochter Isolde niederkam. Dem Druck der öffentlichen Meinung nachgebend, mußte der König seinen Komponisten bitten, München wenigstens vorübergehend zu verlassen. W. ging auf längere Reisen u. richtete sich im April 1866 in Tribschen bei Luzern ein. Cosima von Bülow folgte ihm nach. W. blieb 6 Jahre in Tribschen. Dort gebar ihm Cosima die Tochter Eva (1867) u. den Sohn Siegfried (1869). In Tribschen vollendete W. die *Meistersinger*, die 1868 in München ihre Uraufführung erlebten. Im gleichen Jahr lernte er in Leipzig bei H. Brockhaus F. Nietzsche kennen, der sich später von einem glühenden Anhänger W. zu seinem erbitterten Gegner wandelte. Ebenfalls in Tribschen vollendete W. den *Siegfried* u. große Teile der *Götterdämmerung*. Daneben diktierte er auf Wunsch Ludwigs II. Cosima die Autobiografie »Mein Leben« (1865–80) u. verfaßte Schriften wie »Meine Erinnerungen an Ludwig Schnorr von Carolsfeld« (1868), »Über das Dirigieren« (1869), »Beethoven« (1870). 1869 kam es nach der Vereinbarung zwischen W. u. Ludwig II. zur Uraufführung von *Das Rheingold* in München. Die *Walküre* folgte ein Jahr später. 1870 ließ sich von Bülow scheiden, worauf Cosima u. W. noch im gleichen Jahr heirateten. Zu Cosimas Geburtstag am 25. 12. 1870 erklang erstmals das eigens zu diesem Anlaß komponierte *Siegfried-Idyll*. 1871 besuchten W. u. seine Frau Bayreuth, das sie sich als Standort des zu schaffenden nationalen Theaters ausgesucht hatten. Noch im Herbst des gleichen Jahres feierte er mit seinem *Lohengrin* Triumphe in Bologna u. Florenz. 1872 erfolgte die Übersiedlung nach Bayreuth, am 22. 5. des gleichen Jahres die Grundsteinlegung zum Bayreuther Festspielhaus. Am 28. 4. 1874 konnte die mit Mitteln Ludwigs II. erbaute Villa Wahnfried bezogen werden. Im August 1876 fanden die ersten Bayreuther Festspiele mit 3 kompletten Aufführungen des *Rings* statt. Als Dirigent war H. Richter, als Konzertmeister A. Wilhelmj verpflichtet. Die vielen fürstlichen Gäste wurden von Kaiser Wilhelm I. angeführt. Nach Abschluß dieser ersten Festspiele unternahm die Familie W. eine ausgedehnte Italienreise. In Neapel traf W. den Grafen Joseph-Arthur von Gobineau, dessen »Essai sur l'inégalité des races humaines« besonders den elitären Vorstellungen Cosimas entgegenkam. In Sorrent kam es zur letzten Begegnung mit Nietzsche. Der Philosoph hatte sich bereits in den vorangehenden Jahren W. gegenüber reserviert verhalten. Die jetzt vor ihm ausgebreiteten religiösen Gedanken aus dem Umfeld des *Parsifal* vertieften die Gegensätze nur. Trotzdem hielt Nietzsche auch später über alle Gegensätze hinweg in einer von ihm so benannten »Sternenfreundschaft« an W. fest.

Um noch einmal alle Kräfte auf die Dichtung u. Komposition des Spätwerkes *Parsifal* zu konzentrieren, bedurfte es einer neuen Muse. W. fand sie in Judith Gautier, der Tochter Théophile Gautiers u. Frau des Schriftstellers Catulle Mendès. Am 3. 5. 1879 konnte er Ludwig II. telegrafisch vom Abschluß der Komposition berichten. 1881 gelang W. mit dem *Ring* der langersehnte Durchbruch in Berlin. Am 26. 7. 1882 fand die Uraufführung des *Parsifal* unter Leitung von H. Levi im Bayreuther Festspielhaus statt. Im gleichen Jahr dirigierte A. Seidl erstmals den kompletten *Ring* in London. Im Herbst reiste die Familie nach Venedig, wo W. den Winter zu verbringen gedachte. Er starb am 13. 2. 1883 im Palazzo Vendramin-Calergi, seine Beisetzung im Garten von Haus Wahnfried in Bayreuth fand am 16. 2. 1883 statt.

Kein anderer Komponist hat das Lager der Musikliebhaber so stark in gläubige Verehrer u. erbitterte Gegner spalten können wie W. Seine Opern gehören ab dem *Fliegenden Holländer* zum Programm aller gut ausgerüsteten Opernhäuser u. bilden im nicht deutschsprachigen Raum die Grundlage des dt. Repertoires. Von seinen übrigen Kompositionen ist nur das für Kammerorch. geschriebene *Siegfried-Idyll* von Bedeutung. Die Entwicklung in seinen Bühnenwerken, von der Großen tragischen Oper *Rienzi* zum Bühnenweihfestspiel *Parsifal*, verläuft parallel zur Entfaltung seiner eigenen Persönlichkeit. Dabei spielen die stark prägenden Hungerjahre in Paris u. der vergebliche Kampf um Anerkennung in dem von G. Meyerbeer beherrschten Opernestablishment der franz. Hauptstadt eine große Rolle. In Paris, dem damaligen Zentrum der musikalischen Welt, erhoffte sich W. den Durchbruch zu Ruhm u. Reichtum. Dort scheiterte er an Intrigen u. an einer Situation, die es selbst dem sehr viel konzilianteren G. Verdi unmöglich machte, wirklich Fuß zu fassen. Zurück blieben Ressentiments gegen den Geldadel und jüdische Künstler, denen W. in Wirklichkeit viel verdankte. In Paris fand er außerdem Geschmack an den anarchistischen Ideen eines Proudhon u. besann sich auf sein Deutschtum, das sich bereits in der Wahl der Stoffe für seine Bühnenwerke zeigte. Im Mittelpunkt seines Schaffens stehen die Auseinandersetzung zwischen dem Einzelgänger oder Künstler (immer stark autobiografisch gefärbt) u. der Gesellschaft, der Ausgleich zwischen entfesselter Sexualität u. asketischem Entsagen (Wechselbeziehung zwischen Lust u. Tod) sowie der Erlösungsgedanke.

Immer bedurfte es eines konkreten Anlasses, um W. schöpferische Phantasie in Gang zu setzen. *Der fliegende Holländer*, mit dem sich W. in einem Brief an F. Liszt ausdrücklich identifizierte, geht auf die stürmische Seereise zwischen Riga u. London sowie einen Märchenstoff zurück. Der

Tannhäuser entzündete sich an der bei H. Heine gelesenen Legende, der Erinnerung an E. T. A. Hoffmanns Erzählung vom Kampf der Sänger u. der Begegnung mit der Wartburg auf der Reise von Paris nach Dresden. Das mittelalterliche Lohengrin-Epos diente ihm zur Vertiefung seiner Beschäftigung mit dem Gegensatz zwischen Künstler u. Gesellschaft, ebenso wie *Die Meistersinger*, wo er sich sowohl in Hans Sachs wie auch in Walther von Stolzing selbst darstellte. *Tristan und Isolde* sublimiert die stürmischen Jahre mit Mathilde Wesendonck u. führt vor, wie Lust u. Tod eins werden. *Parsifal* bündelt schließlich alle Lebens- u. Werkmotive u. schmilzt sie in eine persönliche Form der Religiosität um, die u. a. auch kalvinistische Züge trägt. Bleibt W. zentrales Werk: die Tetralogie, das Bühnenfestspiel *Der Ring des Nibelungen*, mit dem W. seiner Vorstellung vom Gesamtkunstwerk am nächsten kam. Über 28 Jahre zog sich das Dichten u. Komponieren bis zur Vorbereitung u. Aufführung des Werkes als Zyklus in Bayreuth hin. Im *Ring* stehen W. politische Gedanken im Vordergrund, auch wenn bekannte andere Motive immer wieder auftauchen. Wie H. Mayer gezeigt hat, lassen sich aus der gedichteten, aber nicht ganz auskomponierten Schlußszene der Tetralogie drei Sinngebungen herauslesen: ein Schluß nach Bakunin, einer nach Feuerbach u. einer nach Schopenhauer. Damit entsprechen die verschiedenen Fassungen des *Rings* W. eigenem geistigen Werdegang.

Aus heutiger Sicht sind die Inhalte von W. Opern, insbesondere des *Rings*, durchaus nicht mehr revolutionär u. schon zur Zeit ihrer Uraufführung nicht als solche empfunden worden. Dagegen bietet seine Musik wesentliche Neuerungen, die bis ins 20. Jh. weitergewirkt haben. Ohne abgeschlossene akademische Ausbildung fand W. bereits mit dem *Fliegenden Holländer* zu seiner eigenen Tonsprache. Auffällig ist die Bindung an das romantische Lied, während als Fundament bis in die Spätwerke hinein der 4st. harmonische Satz gilt. Auch wenn die Tonalität letzten Endes nicht aufgegeben wird, kommt die allgegenwärtige Chromatik der für W. charakteristischen Ambiguität in höchstem Maße entgegen. Auch die Dissonanz spielt bei ihm eine starke Rolle. Der von W. selbst geprägte, aber nur einmal verwendete Begriff »unendliche Melodie« ist nicht geeignet, um sein melodisches Vorgehen zu erklären. Überhaupt besteht zwischen seinen theoretischen Schriften u. der eigenen Praxis mancher Widerspruch. Die Formgebung beruht auf dem gehäuften Einsatz sog. → Leitmotive, in denen W. Erinnerungsmotiv u. → Idée fixe verschmilzt. Seine Leitmotive gehen meistens aus Dreiklangsbrechungen, Variationen über Dreiklangsbrechungen oder leicht zerlegbaren punktierten Rhythmen hervor. Aus diesen entsteht ein immer dichteres Gewebe, bei dem besonders die Virtuosität auffällt, mit der die einzelnen Motive übereinandergeschichtet werden. Eine eigentliche thematische Arbeit findet nicht statt. Am fortschrittlichsten zeigte sich W. bei der Entwicklung seines Orchesterklangs u. in der Ausnutzung der bei C. M. von Weber vorgezeichneten Ausweitung der Klangfarben.

W. Einfluß auch auf die franz. Musiker um die Jahrhundertwende war erstaunlich. Selbst C. Debussy hatte Mühe, sich von dem W.-Erlebnis zu befreien, u. noch seine Oper *Pelléas et Mélisande* (1902) ist dem Bayreuther Meister in vielem verpflichtet. Die harmonischen Vorstellungen W. dachten erst G. Mahler u. A. Schönberg mit aller Konsequenz zu Ende.

W. komponierte die folgenden Opern: *Die Feen*, romantische Oper (1833), *Das Liebesverbot oder Die Novize von Palermo*, Große komische Oper (1834–36), *Rienzi, der letzte der Tribunen*, Große tragische Oper (1838–40), *Der fliegende Holländer*, romantische Oper (1841), *Tannhäuser oder Der Sängerkrieg auf der Wartburg* (1842–45), *Lohengrin*, romantische Oper (1845–48), *Tristan und Isolde*, Handlung in 3 Aufzügen (1857–59), *Die Meistersinger von Nürnberg* (1862–67), *Der Ring des Nibelungen*, ein Bühnenfestspiel in drei Tagen und einem Vorabend (*Das Rheingold* 1852–54, *Die Walküre* 1852–56, *Siegfried* 1851–71, *Götterdämmerung* 1848–74), *Parsifal*, ein Bühnenweihfestspiel (1877). Außerdem entstanden eine Reihe von Instrumentalwerken, darunter Ouvertüre in B-Dur (1830), Konzertouvertüre in d-Moll (1831), Ouvertüre u. Schlußmusik zu E. B. Raupachs »König Enzio« (1832), Große Konzertouvertüre in C-Dur (1832), Sinfonie in C-Dur (1832), Ouvertüre *Polonia* (1832–36), Ouvertüre *Rule Britannia* (1837), *Faust-Ouvertüre* (1840, umgearbeitet 1855), *Huldigungsmarsch zum 19. Geburtstag König Ludwigs II.* (1864), *Siegfried-Idyll* für kleines Orch. (1870), *Kaisermarsch* (1871), *Großer Festmarsch zur Eröffnung der hundertjährigen Gedenkfeier der Unabhängigkeits-Erklärung der Vereinigten Staaten von Nordamerika* (1876) u. Kammermusikwerke wie *Fantasia* in fis-Moll für Kl. (1831), 3 Klaviersonaten (1832, 1832, 1853), *Albumblätter* für Kl., Lieder, u. a. *Fünf Gedichte für eine Frauenstimme* auf Texte von Mathilde Wesendonck (1. *Der Engel*, 2. *Träume*, 3. *Schmerzen*, 4. *Stehe still*, 5. *Im Treibhaus*, 1857–58; *Träume* auch in Bearbeitung für V. u. kleines Orch., 1857), Vokalwerke.

Von W. Schriften seien erwähnt: »Ein dt. Musiker in Paris«, Novellen (1840–41); »Der Freischütz, An das Pariser Publikum« (1841); »Halévy u. die franz. Oper« (1841); »Autobiographische Skizze« (1843); »Mendelssohns ›Paulus‹ « (1843); »Die Königliche Kapelle betreffend« (1846); »Entwurf zur Organisation eines dt. Nationaltheaters für das Königreich Sachsen« (1848); »Die Kunst u. die Revolution« (1849); »Kunst u. Klima« (1850); »Das Kunstwerk der Zukunft« (1850); »Das Judentum in der Musik« (1850); »Oper u. Drama« (1851); »Eine Mitteilung an meine Freunde« (1851); »Zukunftsmusik« (1860); Bericht über die Aufführung des Tannhäuser in Paris« (1861); »Das Wiener Hof-Operntheater« (1863); »Über Staat u. Religion« (1864); »Bericht an Seine Majestät den König Ludwig II. von Bayern über eine in München zu errichtende dt. Musikschule« (1865); »Was ist deutsch?« (1865); »Dt. Kunst u. dt. Politik« (1867–68); »Zensuren« (1868); »Über das Dirigieren« (1869); »Beethoven« (1870); »Über die Bestimmung der Oper« (1871); »Erinnerungen an Auber« (1871); »Über Schauspieler u. Sänger« (1872); »Zum Vortrag der neunten Symphonie Beethovens« (1873); »Das Bühnenfestspielhaus zu Bayreuth« (1873); »Modern« (1878); »Publikum u. Popularität« (1878); »Das Publikum in Zeit u. Raum« (1878), »Mein Leben« (1865–80); »Religion u. Kunst« (1880–81).

GA von C. Dahlhaus (Hg.) als: Sämtliche Werke, in Zusammenarbeit mit der Bayerischen Akademie der Schönen Künste, München, 2 Reihen (A: Noten-Bde., B: Dokumenten-Bde.), Mainz ab 1970.

Sämtliche Briefe, hg. von G. Strobel u. W. Wolf im Auftrag des R.-W.-Familien-Archivs, angelegt auf 35 Bde., Leipzig ab 1967. J. Bergfeld (Hg.), R. W., Das braune Buch, Tagebuchaufzeichnungen 1865–82, Zürich 1976; M. Gregor-Dellin u. D. Mack (Hgg.), Cosima W., Die Tagebücher, 2 Bde., München 1976–77; D. Mack (Hg.), Cosima W., Das zweite Leben, Briefe u. Aufzeichnungen, München 1980.

Lit.: W. Tappert (Hg.), Wörterbuch der Unhöflichkeit, W. im Spiegel der Kritik, Leipzig 1876, Neudruck München 1967; C. F. Glasenapp, R. W. Leben u. Wirken, Kassel 1876–77, ab 3. Auflage als: Das Leben R. W., 6 Bde., Leipzig 1894–1911; C. F. Glasenapp u. H. von Stein, W.-Lexikon, Hauptbegriffe der Kunst u. Weltanschauung R. W., Stuttgart 1883; C. F. Glasenapp, W.-Encyklopädie, Haupterscheinungen der Kunst- u. Kulturgeschichte im Lichte der Anschauung R. W., 2 Bde., Leipzig 1891; G. B. Shaw, The Perfect Wagnerite, London 1898, dt. als: Ein W.-Brevier, Frankfurt a. M. 1973; E. Newman, A Study of W., London 1899, Nachdr. New York 1974; E. Kurth, Romantische Harmonik u. ihre Krise in W. »Tristan«, Bern 1920, Nachdr. Hildesheim 1962; P. Bekker, R. W., Das Leben im Werke, Stuttgart 1924; V. D'Indy, R. W. et son influence sur l'art musicale française, Paris 1930; A. Lorenz, Das Geheimnis der Form bei R. W., 4 Bde., Berlin 1924–33, Nachdr. Tutzing 1966; E. Newman, The Life of R. W., 4 Bde., New York 1933–46, Neuauflage 1970; M. Fehr, R. W. Schweizer Zeit, 2 Bde., I: Aarau u. Leipzig 1934, II: Aarau u. Frankfurt a. M. 1954; Th. W. Adorno, Versuch über W., Frankfurt a. M. 1952; H. Mayer, R. W. geistige Entwicklung, Düsseldorf u. Hamburg 1954; H. Barth (Hg.), Internationale W.-Bibliographie, Bayreuth 1956 ff.; C. von Westernhagen, R. W., Zürich 1956; H. Mayer, R. W. in Selbstzeugnissen und Bilddokumenten, Reinbek bei Hamburg 1959, Neuauflage 1967; O. Daube, »Ich schreibe keine Symphonien mehr«, R. W. Lehrjahre nach den erhaltenen Dokumenten, Köln 1960; K. H. Ruppel (Hg.), Wieland Wagner inszeniert R. W., Konstanz 1960; M. Vogel, Der Tristan-Akkord u. die Krise der modernen Harmonielehre, Düsseldorf 1962; Wieland Wagner (Hg.), R. W. u. das neue Bayreuth, München 1962; R. Donington, W. Ring and Its Symbols, The Music and the Myth, London u. New York 1963, dt. Stuttgart 1976; L. Marcuse, Das denkwürdige Leben des R. W., München 1963, Neudruck Zürich 1973; G. Skelton, W. at Bayreuth, Experiment and Tradition, London u. New York 1965; Wieland Wagner (Hg.), Hundert Jahre Tristan, Emsdetten 1965; V. Gollancz, The Ring at Bayreuth, And Some Thoughts on Operatic Production, London 1966; C. von Westernhagen, R. W. Dresdner Bibliothek 1842–49. Neue Dokumente zur Geschichte seines Schaffens, Wiesbaden 1966; H. Mayer, Anmerkungen zu W., Frankfurt a. M. 1966; H. Kirchmeyer, Situationsgeschichte der Musikkritik u. des musikalischen Pressewesens in Deutschland, dargestellt vom Ausgang des 18. bis zu Beginn des 20. Jh., darin Teil IV: Das zeitgenössische W.-Bild, Bd. 1: W. in Dresden, Bd. 2: Dokumente 1842–45, Bd. 3: Dokumente 1846–50, Regensburg 1967–72; R. W. Gutman, R. W., New York 1968 u. 1972, dt. München 1970; M. Gregor-Dellin, Das kleine W.-Buch, Salzburg 1969; C. Dahlhaus, Die Bedeutung des Gestischen in W. Musikdramen, München 1970; ders. (Hg.), Das Drama R. W. als musikalisches Kunstwerk, Regensburg 1970; E. Voss, Studien zur Instrumentation R. W., Regensburg 1970; M. u. D. Petzet, Die R.-W.-Bühne König Ludwigs II., 2 Bde., München 1970; H. Barth, R. W. u. Bayreuth in Karikatur u. Anekdote, Bayreuth 1970; H.-M. Plesske (Hg.), R. W. in der Dichtung, Bibliographie deutschsprachiger Veröffentlichungen, Bayreuth 1971; C. Dahlhaus (Hg.), R. W., Werk u. Wirken, Regensburg 1971; M. Gregor-Dellin, W.-Chronik, München 1972; C. von Westernhagen, Die Entstehung des »Ring«, dargestellt an den Kompositionsskizzen R. W., Zürich 1973; H. Barth (Hg.), Der Festspielhügel, R. W. Werk in Bayreuth, München 1973; U. Jung, Die Rezeption der Kunst R. W. in Italien, Regensburg 1974; K. Kropfinger, W. u. Beethoven, Regensburg 1975; H. Barth, D. Mack u. E. Voss (Hgg.), W., Sein Leben, sein Werk u. seine Welt in zeitgenössischen Bildern u. Texten, Wien 1975; W. S. Wagner, Die Geschichte unserer Familie in Bildern, Bayreuth 1876–1976, München 1976; H. Mayer, R. W. in Bayreuth, 1876–1976, Stuttgart 1976; H.-J. Bauer, W. »Parsifal«, Kriterien der Kompositionstechnik, München 1977; E. Voss, R. W. u. die Instrumentalmusik, Wilhelmshaven 1977; H. Mayer, R. W., Mitwelt u. Nachwelt, Stuttgart 1978; H.-K. Metzger u. R. Riehm (Hgg.), R. W., Wie antisemitisch darf ein Künstler sein?, München 1978; D. Mack u. E. Voss (Hgg.), R. W. Leben u. Werk in Daten u. Bildern, Frankfurt a. M. 1978; S. Kunze, R. W., Von der Oper zum Musikdrama, Bern 1978; P. Wapnewski, Der traurige Gott – R. W. in seinen Helden, München 1978; ders., R. W. – Die Szene u. ihr Meister, München 1978; D. Mack (Hg.), Theaterarbeit an W. Ring, München 1978; J. de Nussac (Hg.), Histoire d'un Ring, Bayreuth 1976–1980, Paris 1980, dt.: Der »Ring«, Bayreuth 1976–1980, Berlin u. Hamburg 1980; M. Gregor-Dellin, R. W., München 1982.

2. Siegfried H. R., Sohn von 1., dt. Komponist, Dirigent u. Regisseur, * 6. 6. 1869 Tribschen bei Luzern, † 4. 8. 1930 Bayreuth. Schüler von E. Humperdinck u. J. Kniese. Wirkte ab 1894 als Hilfsdirigent u. ab 1896 als Mitdirigent bei den Bayreuther Festspielen u. übernahm 1908 deren Gesamtleitung. Außerdem führte er mehrfach Regie bei Festspielaufführungen.

W. komponierte in Anlehnung an Humperdinck eine Reihe von volkstümlichen Märchenopern auf eigene Libretti: *Der Bärenhäuter* (1899), *Herzog Wildfang* (1901), *Der Kobold* (1904), *Bruder Lustig* (1905), *Sternengebot* (1908), *Banadietrich* (1910), *Der Friedensengel* (1915), *Der Heidenkönig* (1915), *An allem ist Hütchen schuld* (1917), *Schwarzschwanenreich* (1918), *Sonnenflammen* (1918), *Der Schmied von Marienburg* (1920) sowie die nicht aufgeführten *Rainulf und Adelasia, Wahnopfer, Die heilige Linde.*

Wagner-Régeny, Rudolf, dt. Komponist, * 28. 8. 1903 Szászrégen, Siebenbürgen, † 18. 9. 1969 Berlin. Studierte in Leipzig u. anschließend bei F. Schreker, E. N. von Rezniček u. S. Ochs in Berlin. Arbeitete eine Zeitlang mit dem Tänzer R. von

Laban zusammen. 1947–50 Direktor der Musikhochschule in Rostock, ab 1950 Professor für Komposition an der Musikhochschule in Berlin (Ost). Zu seinen Schülern gehören F. Goldmann, R. Bredemeyer, P.H. Dittrich, G. Katzer u. S. Matthus. W.-R. orientierte sich bei seinen frühen musikdramatischen Werken an der Tonsprache K. Weills u. wandte sich in den 40er Jahren der Dodekaphonie zu.

Von W.-R. Kompositionen seien erwähnt: die Bühnenwerke *Moschopulos* u. *Der nackte König* (beide 1928), *Sganarelle* (1929), *Esau und Jacob* u. *La sainte courtisane* (beide 1930), *Die Fabel vom seligen Schlächtermeister* (1931–32), *Der Günstling* (1935), *Die Bürger von Calais* (1939), *Johanna Balk* (1941), *Persische Episode* (1940–50), *Amor schießt schlecht* (1951), *Prometheus* (1959) u. *Das Bergwerk von Falun* (1961); die Ballette *Moritat* (1929), *Der zerbrochene Krug* (1937) u. *Tristan* (1958); Instrumentalwerke wie *3 Orchestersätze* (1952), *Einleitung und Ode* (1967) u. *Acht Kommentare zu einer Weise des G. de Machaut* (1968); Vokalkompositionen, darunter *Jüdische Chronik* für A., Bar., Kammerchor, 2 Sprecher u. kleines Orch. (gemeinsam mit B. Blacher, P. Dessau, K.A. Hartmann u. H.W. Henze, 1960), *Schir Haschirim* für A., Bar., Frauenchor u. kleines Orch. (1964) u. *8 Gesänge des Abschieds* für Bar. u. Kl. oder Orch. nach H. Hesse (1968).

Waldteufel, Emil (eigtl. Charles Émile Lévy), franz. Komponist u. Pianist, * 9. 12. 1837 Straßburg, † 12. 2. 1915 Paris. Studierte am Pariser Conservatoire bei A. F. Marmontel u. wurde 1865 Kammerpianist der Kaiserin Eugenie u. Kaiserlicher Hofballdirektor.

W. komponierte mehr als 250 Tänze für Orch., u. a. *Manola, Joies et peines, Die Schlittschuhläufer, Estudiantina, España* (nach Motiven von A. E. Chabrier) u. *Sirenenzauber.*

Waller, Fats (Thomas Wright), amer. Jazzpianist u. Komponist, * 21. 5. 1904 New York, † 15. 12. 1943 Kansas City. Trat zeitweise mit seiner eigenen Combo auf, die sich »F.W. and His Rhythm« nannte. Von ihm stammen so bekannte Themen wie *Ain't Misbehavin', Honeysuckle Rose* u. *Alligator Crawl.* Beeinflußte mit seinem Klavierstil Count Basie, Art Tatum u. Errol Garner.

Walter, Erich, dt. Tänzer, Choreograf u. Ballettdirektor, * 30. 12. 1927 Fürth. Schüler von O. Alperova in Nürnberg, wo er 1946 als Tänzer debütierte. Kam über Göttingen u. Wiesbaden nach Wuppertal u. war dort 1953–64 Ballettmeister der Wuppertaler Bühnen. Setzte sich in dieser Zeit ganz besonders als Choreograf mit dem Werk I. Strawinskys auseinander u. schuf Ch. wie *Orpheus* (1954), *Jeu de cartes* u. *Apollon musagète* (1956), *Perséphone* (1960). Ging 1964 als Ballettdirektor an die Dt. Oper am Rhein, Düsseldorf-Duisburg.

Zu W. weiteren Ch. gehören *Streichquartett Nr. 1* (M.: L. Janáček), *Petruschka* (M.: I. Strawinsky), *La damoiselle élue* (M.: C. Debussy) u. *Die Geschöpfe des Prometheus* (M.: L. van Beethoven) 1966; *Aschenbrödel* (M.: S. Prokofjew) 1967; *Frühlingssonate* (M.: L. van Beethoven), *Musique pour les soupers du Roi Ubu* (M.: B. A. Zimmermann) u. *Menagerie* (M.: G. Klebe) 1968; *Reflexionen* (M.: F. Martin), *Gravité* (M.: F. Poulenc) u. *Erinnerungen* (M.: J. Brahms) 1969; *Die vier Jahreszeiten* (M.: A. Vivaldi), *Le sacre du printemps* (M.: I. Strawinsky) u. *Klavierkonzert Nr. 2, Es-Dur* (M.: C. M. von Weber) 1971 sowie *Romeo und Julia* (M.: S. Prokofjew) 1972.

Walter (Walther), Johann (Hans), dt. Komponist, * 1496 Kahla, Thüringen, † 25. 3. 1570 Torgau. War ab 1517 Bassist in der Hofkapelle des Kurfürsten Friedrich des Weisen in Altenburg. Gab 1524 mit »Geystliche gesangk Buchleyn« (Vorwort von M. Luther) das älteste Gesangbuch der protestantischen Kirche heraus. 1526 übernahm er das Kantorat der Lateinschule in Torgau u. machte diese Kantorei zu einem Vorbild für die protestantische Musikpflege. 1548–54 leitete er die Hofkapelle des albertinischen Kurfürsten in Dresden, schied dann wegen eines Augenleidens aus dem Dienst u. verbrachte seinen Lebensabend in Torgau. Luther war er bei der Gestaltung der *Deutschen Messe* behilflich.

W. veröffentlichte zu Lebzeiten: »Magnificat octo tonorum« (1557), »Ein newes Christlichs Lied« (1561), »Lob vnd preis der löblichen Kunst Musica« u. »Lob vnd preis der himmlischen Kunst Musica« (1538 bzw. 1564).

Waltershausen, Hermann W. S., Freiherr von, dt. Lehrer u. Komponist, * 12. 10. 1882 Göttingen, † 13. 8. 1954 München. Studierte bei A. Schmid Lindner (Klavier), L. Thuille (Musiktheorie) u. A. Sandberg (Musikgeschichte) in München u. gründete dort 1917 ein Praktisches Seminar für fortgeschrittene Musikstudierende. Auf Grund seiner pädagogischen Erfolge wurde er 1920 als Professor für Komposition u. Leiter des opern-dramatischen Seminars an die Akademie der Tonkunst berufen. 1923–33 war er deren Direktor. Fand im Lauf seiner musikalischen Entwicklung zum Neoklassizismus bei polyphoner Satzweise. Von W. Schriften seien erwähnt: »Zeitgenössische Komponisten« (6 Bde., München 1921); »Musik, Dramaturgie, Erziehung« (Gesammelte Aufsätze, München 1926); »Dirigentenerziehung« (Leipzig 1929) u. »Die Kunst des Dirigierens« (Berlin 1943, Neuauflage 1954).

Zu W. Kompositionen gehören: die Opern *Else Klapperzehen* (1909), *Oberst Chabert* (1912), *Richardis* (1915), *Die Rauensteiner Hochzeit* (1919), Instrumentalwerke u. Lieder.

Walther, Johann Gottfried, dt. Komponist, Theoretiker u. Musiklexikograf, * 18. 9. 1684 Erfurt, † 23. 3. 1748 Weimar. Verwandt mit J.S. Bach. Erhielt Unterricht von J. Adelung u. J.S. Bach. Ab 1702 Organist in Erfurt, 1707 Stadtorganist in Weimar u. Musiklehrer der Prinzen, ab 1721 außerdem Hofmusikus. Besonders erwähnenswert sind seine Choralbearbeitungen für Orgel. Daneben bearbeitete er wie J. S. Bach, dem er kurze Zeit freundschaftlich verbunden war, ital. Konzerte, u.a. von T. Albinoni u. G. Torelli. Bedeutend ist sein »Musicalisches Lexicon« (1732), das erste deutschsprachige musikalische Nachschlagewerk, in dem Biografien u. Fachausdrükke aufgeführt waren. Handschriftlich überliefert sind seine »Praecepta der Musicalischen Composition« (1708).

Von W. Kompositionen erschienen im Druck: »Musicalische Vorstellung zwey Evangelischer Gesänge« (1712), »Harmonisches Denck- und Danckmahl« (1738, 8 Vorspiele über »Allein Gott in der Höh sei Ehr«), »Monumentum musicum concertam repraesentans« u. »Preludio con Fuga« für Orch. (beide 1741).

Walther, Johann Jakob, dt. Geiger u. Komponist, * um 1650 Witterda bei Erfurt, † 2. 11. 1717 Mainz. Erhielt seine Ausbildung vermutlich in Italien u. war ab 1674 Konzertmeister am Hof in Dresden. 1680 ital. Sekretär am kurfürstlichen Hof in Mainz. Gehörte zu den bedeutenden dt. Geigern des 17. Jh. In seinen oft tonmalenden Kompositionen erweiterte er die Geigentechnik beträchtlich. Er veröffentlichte: »Scherzi da violino solo« mit B.c. (1676) u. »Hortulus chelicus« (1688).

Walther von der Vogelweide, österr. Minnesänger, * um 1170, wahrscheinlich Tirol, † um 1230 Würzburg. W. ist der wohl bekannteste Minnesänger dt. Sprache. Mit ihm begann die eigenständige Entwicklung eines bis dahin stark an den franz. Vorbildern orientierten Minnesangs. Drei seiner Melodien sind in den sog. Münsterschen Fragmenten erhalten, darunter das Palästinalied »Nu alerst lebe ich mir werde«.

Walton, Sir William T., engl. Komponist, * 29. 3. 1902 Oldham, Lancashire. Wurde mit 10 Jahren Chorknabe an der Christ Church Cathedral in Oxford. Erhielt dort eine gewisse Anleitung durch H. Ley und H. Allen, ist im übrigen jedoch Autodidakt. Verlegte sich auf das Komponieren, um bei Einsetzen des Stimmbruchs nicht nach Hause geschickt zu werden. Lebte eine Zeitlang im Hause der Familie Sitwell, nachdem er Sacheverell Sitwell in Oxford kennengelernt hatte. Stellte sich erstmals mit seiner *Unterhaltung auf Gedichte von Edith Sitwell* für Sprecher u. 6 Instr. (1923) als Komponist vor. Die öffentliche Aufführung geriet wegen der atonalen Musik u. der surrealistischen Texte zu einem Skandal u. machte W. bekannt. Es folgten die *Portsmouth Point Ouverture* (1925) u. als Auftragsproduktion der BBC das Oratorium *Belshazzar's Feast*, für das Osbert Sitwell die Texte zusammenstellte. 1938 war W. bereits so bekannt, daß J. Heifetz ein Violinkonzert bei ihm bestellte. Während des Krieges komponierte W. mehrere Musiken für Propagandafilme. Aus seiner Zusammenarbeit mit Sir Laurence Olivier entstanden die Filmmusiken zu »Heinrich V.«, »Hamlet« u. »Richard III.«. 1948 nahm er an einem Urheberrechtskongreß in Argentinien teil u. heiratete dort Susana Gil. W. lebt seither mit seiner Frau auf Ischia, wo alle seine weiteren Werke entstanden, u.a. die Oper *Troilus und Cressida* sowie das Cellokonzert für G. Piatigorsky. In seinen späteren Werken gab W. die scharfen Klänge u. den trockenen, teilweise an K. Weill erinnernden Stil zugunsten einer neuromantischen Tonsprache auf.

Zu W. Werken gehören: *A Litany* für gem. Chor a cappella (1917), Klavierquartett (1918–19); *Façade*, Unterhaltung mit Gedichten von E. Sitwell für Sprecher u. 6 Instr. (1922, rev. 1926 u. 1942; die letztere Fassung mit nunmehr 21 Gedichten ist die endgültige; daraus 2 Orchestersuiten 1926 u. 1938; weitere Bearbeitungen u. Ballett ohne Rezitation von F. Ashton 1931); Toccata für V. u. Kl. (1923), *Portsmouth Point Ouverture* (1925); *Siesta* für Kammerorch. (1926); Sinfonia concertante für Orch. mit Kl. (1927); Bratschenkonzert (1928–29, Uraufführung mit P. Hindemith als Solist); *Belshazzar's Feast* für 2 gem. Chöre, Bar., großes Orch. u. 2 Blaskapellen ad libitum (1929–31); *Make We Joy now in this Feast* für Chor a cappella (1931); *Three Songs* auf Texte von E. Sitwell für Singst. u. Kl. (1932); 1. Sinfonie (1932–35), Krönungsmarsch *Crown Imperial* (1937); Kantate *In Honour of the City of London* für gem. Chor u. Orch. (1937); Violinkonzert (1939); *Duets for Children* für Kl. vierhändig (1940, Orchesterfassung als *Music for Children);* Ouvertüre *Scapino* (1940), Ballett *The Quest* (Ch.: F. Ashton, 1942, daraus Orchestersuite); Filmmusik zu L. Oliviers »Heinrich V.« (1944, daraus Orchestersuite); *Where does the Uttered Music Go?* für Chor a cappella (1946); Filmmusik zu L. Oliviers »Hamlet« (1947, daraus Tondichtung *Hamlet und Ophelia*); Streichquartett (1947, daraus Sonate für Streicher 1972); Oper *Troilus und Cressida* (1947–54), Violinsonate (1949); Krönungsmarsch *Orb and Sceptre* (1953); *Coronation Te Deum* für Chöre, Knabenstimmen, Org., Orch. u. Militärkapelle (1953); Filmmusik zu L. Oliviers »Richard III.« (1955, daraus Orchestersuite); Cellokonzert (1956); Partita für Orch. (1957); *2 Stücke* für V. u. Kl. (1959); 2. Sinfonie (1960); *Gloria* für A., T., B., gem. Chor u. Orch. (1961); Prelude für Orch. (1962); *Variations on a Theme by Hindemith* für Orch. (1963); *The Bear*, Extravaganza in 1 Akt (1967); *Capriccio burlesco* für Orch. (1968); *Improvisations on an Impromptu of Benjamin Britten* für Orch. (1970); 5 Bagatellen für Git. (1972, als *Varii Capricci* für Orch. 1976); Passacaglia für Vc. solo (1980); *Prologo e fantasia* für Orch. (1981–82).

Lit.: F.S. Howes, The Music of W.W., 2 Bde., London 1942–43; S. Craggs, W.W.: A Thematic Catalogue of his Musical Works, London 1977.

Walzer (engl. waltz, franz. valse), ein in Österreich u. Bayern seit dem letzten Viertel des 18. Jh. bekannter Tanz im ¾-Takt, der sich aus dem → Dt. Tanz u. dem → Ländler herleitet. Der W. ist ein Einzelpaartanz, bei dem sich die Paare um die eigene Achse drehen u. dabei die Tanzfläche umrunden. In Martín y Solers Oper *Una cosa rara* konnte man 1786 den ersten W. in Wien auf der Bühne sehen, P. Gardel führte ihn 1800 mit *Dansomanie* in Paris ins Ballett ein. Einen ersten Höhepunkt erlebte die Walzerseligkeit während des

Wiener Kongresses. Auch wenn einzelne besonders prüde Höfe den als erotisch geltenden W. zunächst ablehnten, erfaßte er bald alle Schichten der Bevölkerung u. gehört heute zu den Standardtänzen. Seine größte Blütezeit erlebte der W. mit J. → Lanner u. J. → Strauß (Vater u. Sohn). In ihren W.-Kompositionen ließen sie auf eine Introduktion 5 W. folgen, die von einer Coda beschlossen wurden, in der die vorangehenden Walzerthemen noch einmal anklangen. Der einzelne W. hatte meistens die Form ABA; charakteristisch war der Akzent auf dem 2. Viertel. Zündende W.-Melodien machten außerdem die Grundsubstanz der Wiener Operette aus. In die Konzertmusik wurde der W. durch C. M. von Weber mit seinem Konzertrondo für Klavier *Aufforderung zum Tanz* (1819, später instrumentiert von H. Berlioz) eingeführt.

Wandelkonzerte sind im Gegensatz zu den altbekannten Promenadenkonzerten der Versuch, dem von Raum zu Raum oder Environment zu Environment wandelnden Publikum verschiedene Musikstücke u. -situationen darzubieten. W. veranstalteten u. a. L. Kupkovič, K. Stockhausen u. M. Niehaus. Ähnliche Erlebnisse suchen V. Globokar u. D. de la Motte in den von ihnen initiierten Simultankonzerten zu vermitteln.

Ward, Robert E., amer. Komponist, * 13. 9. 1917 Cleveland, OH. Studierte bei B. Rogers u. H. Hanson an der Eastman School of Music in Rochester, NY, bei F. Jacobi u. A. Stoessel an der Juilliard School in New York u. bei A. Copland am Berkshire Music Center in Tanglewood, MA. Übernahm verschiedene Lehraufträge, war 1956–67 Vizepräsident u. Managing Editor der Galaxy Music Corporation u. der Highgate Press. Ist seitdem Präsident der North Carolina School of the Arts.

Zu W. Kompositionen gehören: die Opern *He Who Gets Slapped* (1956), *The Crucible* (1961, nach A. Millers »Hexenjagd«) u. *The Lady from Colorado* (1964); Orchesterwerke, darunter 4 Sinfonien (1941, 1947, 1950, 1958); Vokalwerke wie *Jonathan and the Gingery Snare* für Sprecher u. Orch. (1949), *Sacred Songs for Pantheists* für S. u. Orch. (1951), *Earth Shall Be Fair* für gem. Chor, Kinderchor u. Orch. (1960), *Sweet Freedom's Song* für S., Bar. Sprecher, Chor u. Orch. (1965); Kammermusik; Lieder.

Warlock, Peter (Pseudonym für Philip A. Heseltine), engl. Musikschriftsteller u. Komponist, * 30. 10. 1894 London, † 17. 12. 1930 ebd. Schüler von C. Taylor in Eton 1908–10, als Komponist Autodidakt, wenn man von Einflüssen seiner Freunde F. Delius u. B. van Dieren absieht. Trat mit dem 1916–17 komponierten Liederzyklus *Saudades* an die Öffentlichkeit, dem er *An Old Song* für Kammerorch., *Five Folksong Preludes* für Kl. u. weitere Lieder folgen ließ. 1920–22 entstand sein Liederzyklus *The Curlew* für T., Fl., Englischhorn u. Streichquartett nach Gedichten von W. B. Yeats. Sein bekanntestes Werk ist die *Capriol Suite* nach Airs aus T. Arbeaus »Orchésographie«, die von F. Ashton 1930 für die Rambert Dancers choreografiert wurde. Machte in einer depressiven Phase seinem Leben frühzeitig ein Ende. Sein kleines Œuvre weist ihn als einen der bedeutenden Liederkomponisten Englands im 20. Jh. aus. Unter seinem eigentlichen Namen veröffentlichte er: »F. Delius« (London 1923) u. gemeinsam mit C. Gray »Carlo Gesualdo, Prince of Venosa, Musician and Murderer« (London 1926). Unter dem Namen P. Warlock erschienen: »The English Ayre« (London 1926) sowie Sammlungen elisabethanischer Musik.

Lit.: C. Gray, Peter Warlock: A Memoir of Philip Heseltine, London 1934.

Wassilenko (Vasilenko), Sergej N., sowj. Komponist, * 30. 3. 1872 Moskau, † 11. 3. 1956 ebd. Schüler von S. Tanejew, M. Ippolitow-Iwanow u. W. Safonow am Moskauer Konservatorium. Als Examensarbeit legte er die Kantate *Die Sage von der großen Stadt Kitesch und dem stillen See Svetojar* (1903) vor. 1907–17 war er Organisator u. Dirigent der Historischen Konzerte der Russ. Musikgesellschaft u. 1906–50 Lehrer am Moskauer Konservatorium. In seinen Kompositionen zuerst von der russ. Kirchenmusik beeinflußt, öffnete sich W. später Einflüssen des franz. Impressionismus u. vollzog schließlich eine Hinwendung zu russ. u. ausländischer Folklore.

Zu W. Werken gehören: die Opern *Syn solnca* (1929), *Buran* (1939, gemeinsam mit M. Aschrafi), *Velikij kanal* (1941), *Christofor Kolumb* (1933) u. *Suvorov* (1942); 8 Ballette; 5 Sinfonien; Violinkonzert (1910–13); Kammermusik; Filmmusik.

Lit.: G. K. Ivanov, S. N. Vasilenko, Notografičeskij spravočnik, Moskau 1973.

Weber, Ben B., amer. Komponist, * 23. 7. 1916 St. Louis, MT. Studierte Gesang u. Klavier an der De Paul University in Chicago. Ist als Komponist Autodidakt.

Zu W. Werken gehören das Ballett *Pool of Darkness* (1951); Sinfonie für Bar. u. Kammerorch. auf Gedichte von W. Blake (1951), Praeludium und Passacaglia für Orch. (1954), Violinkonzert (1954), Rhapsodie für Va. u. kleines Orch. (1957), Klavierkonzert (1961), *Sinfonia Clarion* (1974); Kammermusik, darunter 2 Streichquartette (1942 u. 1952); Klavier- u. Orgelstücke; Lieder.

Weber, Carl Maria F. E. von, dt. Komponist, * 18. oder 19. 11. 1786 Eutin, Holstein, † 5. 6. 1826 London. Sohn des Kapellmeisters Franz Anton von W. u. verwandt mit W. A. Mozarts Frau Constanze, geb. Weber. War von Kindheit an ein unruhiges Wanderleben gewohnt. Ein Jahr nach seiner Geburt gab Vater W. die Stellung des Stadtmusikus in Eutin auf, gründete später die Webersche Schauspielergesellschaft u. versuchte sich erfolglos in mehreren Berufen. 1796 erster Klavierunterricht bei dem Kammermusiker J. P. Heuschkel in Hildburghausen, Werra. 1797 Kompositionsunterricht bei M. Haydn in Salzburg. 1798 starb die Mutter, die Familie zog daraufhin nach München um. Im gleichen Jahr erschien W. op. 1, *Sechs Fughetten* für Klavier. Außerdem arbeitete er an seiner ersten Oper, die den Titel *Die Macht der Liebe und des Weins* trug. In München erhielt W. weiteren Unterricht von J. E. Valesi (Gesang) u. dem Hoforganisten J. N. Kalcher (Komposition). Aus dieser Zeit stammen die Messe in Es-Dur *(Jugendmesse)* u. die Oper *Das Waldmädchen*, die in Freiberg, Sachsen, eine Aufführung erlebte, als sich W. dort kurz niederließ. 1801 hielt er sich noch einmal in Salzburg auf u. nahm weiteren Unterricht bei M. Haydn. Gleichzeitig komponierte er die Oper *Peter Schmoll und seine Nachbarn* sowie die Klavierstücke op. 3 u. 4. Seine Studien setzte er 1803 bei Abbé Vogler in Wien fort. Dort genoß W. erstmals das musikalische Leben einer Großstadt, stürzte sich mit jugendlichem Eifer in die Vergnügungen der Gesellschaft u. machte die Bekanntschaft von J. Haydn, A. Salieri, A. Gyrowetz u. P. Wranizky. 1804 empfahl ihn Vogler als Kapellmeister nach Breslau. 1806–07 hielt sich W. als Musikintendant der Herzöge von Württemberg auf deren Schloß Carlsruhe in Schlesien auf. Für die herzogliche Kapelle entstanden dort seine beiden Sinfonien. 1807–10 wirkte er als Privatsekretär des Herzogs Ludwig in Stuttgart. Während seines von ständigen Geldsorgen überschatteten Aufenthalts freundete er sich mit dem Hofkapellmeister u. Komponisten F. Danzi an, komponierte die Oper *Silvana* (1808) u. Musik zu F. Schillers Fassung von C. Gozzis »Turandot«. 1810 wurde er wegen undurchsichtiger Geldangelegenheiten zusammen mit seinem Vater des Landes verwiesen u. ging auf eine dreijährige Wanderschaft. Nach kurzen Aufenthalten in Heidelberg (dort fiel ihm das von A. Apel u. F. Laun herausgegebene »Gespensterbuch« mit dem Freischütz-Stoff in die Hände), Mannheim u. Darmstadt, wo er seinen alten Lehrer Vogler besuchte u. Freundschaft mit dessen Schüler G. Meyerbeer schloß, ließ er sich eine Zeitlang in Frankfurt nieder. Dort kam es im September 1810 zur Aufführung seiner Oper *Silvana* mit Caroline Brandt, der späteren Frau von W., in der Titelrolle. Um die gleiche Zeit stellte W. sein 1. Klavierkonzert fertig u. begann mit der Komposition des Einakters *Abu Hassan*. 1811 wirkte er vorwiegend in München. Dort kam am 4. Juni *Abu Hassan* heraus. Während seines Aufenthalts machte W. die Bekanntschaft des bedeutenden Klarinettisten H. J. Bärmann, für den er eine Reihe von Werken komponierte. Außerdem vollendete er sein 2. Klavierkonzert. Eine Tournee mit Bärmann führte ihn 1812 nach Prag, Dresden, Leipzig, Gotha, Weimar u. Berlin. 1813 wurde er als Operndirektor an das Landständische Theater in Prag verpflichtet. Während seiner dreieinhalbjährigen Tätigkeit brachte er dort 62 Opern zur Aufführung (u.a. 1814 Erstaufführung von L. van Beethovens *Fidelio*). 1815 ließ er erstmals in der »K. K. Privilegirten Prager Zeitung« eine Einführung zu einer neuen Oper erscheinen. Es handelte sich um den *Alimelek* seines Freundes G. Meyerbeer. 1816 wurde W. als Königlich Sächsischer Hofkapellmeister u. Musikdirektor der Dt. Oper nach Dresden berufen. Dort debütierte er mit E. N. Méhuls *Joseph* u. begann 1817 mit der Komposition des *Freischütz*. Am 4. November des gleichen Jahres heiratete er Caroline Brandt. Am 18. Juni 1821 kam es zur umjubelten Uraufführung von W. neuer Oper am Königlichen Schauspielhaus in Berlin. Trotz aller Widrigkeiten u. Intrigen setzte sich der *Freischütz* sofort durch u. erlebte in Kürze 50 Aufführungen. Noch im gleichen Jahr erhielt W. von dem Impresario D. Barbaja den Auftrag zu einer Oper für Wien. Er komponierte *Euryanthe* u. leitete am 25. Oktober 1823 die Uraufführung. Während der vorangehenden Probenzeit kam es zu einer denkwürdigen Begegnung mit Beethoven. Ein Jahr später erfolgte die Dresdner Erstaufführung mit Wilhelmine Schröder-Devrient in der Titelpartie. W. Opernerfolge brachten ihm einen Auftrag des Londoner Covent Garden Theatre ein. Von den angebotenen Stoffen wählte er den »Oberon« in einer engl. Bearbeitung durch J. R. Planché nach Wieland. Obwohl bereits schwer an der Schwindsucht leidend, beschloß W. gegen den Rat seiner Ärzte, die Londoner Uraufführung 1826 selbst zu leiten. Einem Freund gegenüber äußerte er: »Ich erwerbe in England ein gutes Stück Geld, das bin ich meiner Familie schuldig!« Um sicherzugehen, daß Tantiemen der erwarteten kontinentaleuropäischen Nachaufführungen des *Oberon* auch an die rechte Adresse gelangten, verfaßte W. ein Rundschreiben an sämtliche in Frage kommenden Bühnen, in dem er darauf hinwies, daß er der alleinige Rechteinhaber sei. Am 16. 2. 1826 reiste er in Begleitung des Flötisten Anton Fürstenau nach London ab. Am 12. April dirigierte er die äußerst erfolgreiche Uraufführung, der sich 12 Wiederholungsvorstellungen anschlossen. In der Nacht vom 4. auf den 5. Juni starb er im Hause des Hofkapellmeisters George Smart u. wurde am 21. Juni in der Kirche von Moorfields beigesetzt. Hauptsächlich auf Betreiben R. Wagners, der inzwischen Hofkapellmeister in Dresden geworden war, erfolgte 1844 die Überführung des

Sarges nach Dresden. W. wurde dort am 15. Dezember in der Familiengruft beigesetzt. Die Grabrede hielt R. Wagner.

W. war ein zu seiner Zeit gefeierter Klaviervirtuose, der besonders mit seinem freien Fantasieren ungewöhnlichen Erfolg hatte. Seine Klavierkompositionen entstanden hauptsächlich zum eigenen Gebrauch. Sie verraten den Einfluß von J. L. Dussek. Seine eigentliche Liebe galt jedoch dem Theater. Als Dirigent u. Regisseur leistete er für seine Zeit die gleiche Reformarbeit wie G. Mahler später in Wien. Er scheint auch den Taktstock in der Oper eingeführt zu haben. Mit dem *Freischütz* schuf er eine exemplarische romantische Stimmungsoper, die mit weit größerem Recht als Wagners *Meistersinger* für die dt. Nationaloper schlechthin gehalten wird. Der *Freischütz* erbrachte endlich den Beweis, daß man dem alles beherrschenden franz. u. ital. Einfluß etwas Ebenbürtiges entgegenzusetzen hatte. Unter diesem Gesichtspunkt ist auch die starke Parteinahme für G. Spontini einerseits u. W. andererseits bei der Berliner Uraufführung zu verstehen. Politische u. nationale Gedanken ließen sich damals leichter auf dem Gebiet der Kunst u. Wissenschaft diskutieren als in die Praxis umsetzen. Schon die *Freischütz*-Ouvertüre ist ein in sich abgeschlossenes Kunstwerk, das auf engstem Raum die ganze Handlung der Oper schildert. Zur Charakterisierung der Personen verwandte W. Tonarten u. Klangfarben, die auf H. Berlioz u. insbesondere C. Debussy vorausweisen. Typisch ist die Kombination von tiefen Streichern u. Klarinetten. Daneben lassen sich Anklänge an die Volksmusik Englands, Spaniens u. Böhmens nachweisen.

Mit *Euryanthe* komponierte W. seine einzige große Oper, die trotz der Ungereimtheiten des Librettos von H. de Chézy heute mehr Beachtung finden sollte. Die Verwandtschaft zu Wagners *Lohengrin* ist augenscheinlich. G. Mahler versuchte bereits 1904, mit seiner Wiener Fassung das Werk der Vergessenheit zu entreißen. Mahler war es auch, der von W. Enkel Carl von W. die komische Oper *Die drei Pintos* mit der Bitte um Fertigstellung erhielt u. während seiner Leipziger Zeit eine Fassung aus nachkomponierten u. anderen Weberschen Stücken erstellte. Mit seiner letzten Oper, dem *Oberon*, kehrte W. zur traditionellen Nummernoper zurück. Die Brüche im Libretto glich er durch verstärkten Einsatz von Leitmotiven aus.

Unter seinen fast 80 Liedern für Singst. u. Git. bzw. Kl. lassen sich noch manche Entdeckungen machen. In Kompositionen wie *Wenn ich ein Vöglein wär'* trifft er dabei auf geniale Weise den Ton des Volkslieds.

Die thematische Arbeit lag W. weniger. Deshalb findet sich in seinen Instrumentalwerken immer wieder das Variationsprinzip, u. Th. W. Adorno formuliert: »Anstelle des Prinzips der integralen thematischen Arbeit, der entwickelnden Variation, ist der Schwung getreten; aus der kompositorischen Verfahrensweise ein Gestus geworden, mit dem die Musik sich vorträgt.«

Aus der romantischen Doppelbegabung W. als Musiker u. Schriftsteller sind literarische Zeugnisse wie das Romanfragment »Tonkünstlers Leben« u. die Novelle »Der Schlammbeitzger« (1818) zu erwähnen. Außerdem schrieb W., vor allem in seiner Münchner Zeit, Musikkritiken u. verfaßte Artikel für E. L. Gerbers »Neues historisch-biographisches Lexikon der Tonkünstler« (1812–14) sowie Essays für J. F. Cottas »Morgenblatt für gebildete Stände«.

Zu W. Werken gehören: die Opern *Die Macht der Liebe und des Weins* (1798, zerstört oder verloren), *Das Waldmädchen* (1799–1800, bis auf 2 Gesangsnummern verschollen), *Peter Schmoll und seine Nachbarn* (1801), *Rübezahl* (1804, Fragment), *Silvana* (1808, nach dem Libretto von *Waldmädchen* u. unter Einbeziehung der erhaltenen Musik), *Abu Hassan* (1810), *Der Freischütz* (1817–20), *Euryanthe* (1821–22), *Oberon* (1824–25) u. *Die drei Pintos* (1820, vollendet durch G. Mahler 1888); Bühnenmusiken wie die zu »Turandot«, Schauspiel von F. Schiller nach C. Gozzi (1809, Ouvertüre u. 6 Nummern), zu A. Müllners Trauerspiel »König Yngurd« (1817, 10 Nummern u. 1 Lied für Mezzo-S. solo), zu E. Gehes Trauerspiel »Heinrich IV.« (1818, 8 Nummern) u. zu P. A. Wolffs Schauspiel »Preciosa« (1820, Ouvertüre u. 11 Nummern); Kirchenkompositionen, u. a. Messe Es-Dur für S., A., T., B., 4st. gem. Chor u. Orch. (1802, *Jugendmesse*), Messe in Es-Dur für S., A., T., B., gem. Chor u. Orch. (1818, Missa Sancta Nr. 1), 2 Offertorien (1818) u. Messe in G-Dur für S., A., T., B., gem. Chor u. Orch. (1819, Missa Sancta Nr. 2); Kantaten, darunter *Der erste Ton* (1808) u. *Kampf und Sieg* (1815); Orchesterwerke wie Sinfonie in C, Nr. 1 u. Nr. 2 (1807), *Grande Ouverture à plusieurs instruments* (1807), Ouvertüre zum »Beherrscher der Geister«, auch *Rübezahl-Ouvertüre* genannt (1811) u. *Jubel-Ouvertüre* (1818); Konzerte u. Konzertstücke wie *Romanza siciliana per il flauto principale* mit Orch. (1805), 6 Variationen für Va. u. Orch. (1806), *Grand pot-pourri pour le violoncelle* mit Orch. (1808), *Andante e Rondo ungarese* für Va. u. Orch. (1809, Umarbeitung für Fag. 1813), Variationen für Vc. u. Orch. (1810), *Grand concerto en ut majeur* (1810, 1. Klavierkonzert in C-Dur), Concertino für Klar. u. Orch. (1811), Concert für Klar. u. Orch. Nr. 1 (1811), Adagio und Rondo für Harmonichord oder Harmonium u. Orch. (1811), Concert für Klar. u. Orch. Nr. 2 (1811), Concert für Fag. u. Orch. (1811, rev. 1822), *Grand concerto* in Es-Dur für Kl. u. Orch. (1812, 2. Klavierkonzert), Concertino für Horn mit Orch. (1815) u. *Concert-Stück für das Pianoforte* (1821); die Kammermusikwerke Klavierquartett (1809), Klarinettenquintett (1815) u. Trio für Kl., Fl. u. Vc. (1819); Klavierkompositionen, darunter mehrere Variationenwerke u. *Große Sonate für Pianoforte* Nr. 1 (1812), *Große Sonate für Pianoforte* Nr. 2 (1816), *Große Sonate für Pianoforte* Nr. 3 (1816), *Rondo brillante* (1819), *Aufforderung zum Tanz* u. *Rondeau brillant* (1819) u. *Große Sonate für Pianoforte* Nr. 4 (1822); Lieder.

GA unter Leitung von H. J. Moser, Augsburg u. Braunschweig 1926–39, nur 3 Bde. erschienen.
Lit.: M. M. von Weber (W. ältester Sohn u. erster Biograf), C. M. von W., Ein Lebensbild, 3 Bde., Leipzig 1864–66; F. W. Jähns, C. M. von W. in seinen Werken, Chronologisch-thematisches Verzeichnis, Berlin 1871, Neuauflage Berlin 1967; E. Kroll, C. M. von W., Potsdam 1934; W. S. Saunders, W., London u. New York 1940, Nachdr. New York 1970; H. J. Moser, C. M. von W., Leipzig 1940; H. Schnoor, W. auf dem Welttheater, Dresden 1942; H. Dünnebeil, C. M. von W., Verzeichnis seiner Kompositionen, Berlin 1947; ders., C. M. von W., Ein Brevier, Berlin 1949; ders., C. M. von W., Leben u. Werk, dargestellt in chronologischen Tafeln, Berlin 1953; H. Schnoor, W., Dresden 1953; H. Dünnebeil, Schriften über C. M. von W., Berlin 1957; W. Becker, Die dt. Oper in Dresden unter der Leitung C. M. von W., Berlin 1962; K. Laux, C. M. von W., Leipzig 1966; J. Warrack, C. M. von W., New York u. London, dt. Hamburg 1972; M. Hürlimann (Hg.), C. M. von W. in seinen Schriften u. zeitgenössischen Dokumenten, Zürich 1973; D. Reynolds (Hg.), W. in London, 1826, London 1976; M. Leinert, C. M. von W. in Selbstzeugnissen u. Bilddokumenten, Reinbek bei Hamburg 1978.

Webern, Anton F. W. (von), österr. Komponist, * 3. 12. 1883 Wien, † 15. 9. 1945 Salzburg. W. Vater Carl von W. war Bergbauingenieur, später Sektionschef im Landwirtschaftsministerium u. entstammte einem in Kärnten ansässigen Beamtenadel. Die Mutter Amalia Antonia, geb. Gehr, war die Tochter eines Fleischhauermeisters aus dem steiermärkischen Mürzzuschlag. Sie erteilte W. ersten Klavierunterricht. Ab 1895 erhielt er geregelten Unterricht bei Dr. E. Komauer (Klavier, Cello, Theorie) in Graz, wohin die Familie inzwischen umgezogen war. Dort entstanden auch bereits erste Kompositionen. Zur Belohnung für das bestandene Abitur spendierte der Vater 1902 eine Bayreuthreise, die zu W. wichtigsten Jugendeindrücken gehörte. Unmittelbaren Niederschlag fand die Begegnung mit der Atmosphäre der Festspiele u. dem Werk R. Wagners in der Ballade *Siegfrieds Schwert* für Bar. u. Orch. nach L. Uhland (1903). Dem Wunsch W., sich ganz der Musik zu widmen, kam der Vater insoweit entgegen, daß er einem Studium der Musikwissenschaft zustimmte. W. studierte 1902–06 bei G. Adler an der Wiener Universität Musikwissenschaft u. daneben bei H. Graedener Harmonielehre sowie bei K. Navratil Kontrapunkt. Anfang 1904 reiste er gemeinsam mit H. Jalowetz nach Berlin u. bewarb sich bei H. Pfitzner um Aufnahme in dessen Kompositionsklasse. Eine abfällige Bemerkung des Komponisten über den von W. verehrten G. Mahler machte diese Pläne jedoch zunichte; W. kehrte nach Wien zurück. 1904–08 war er Privatschüler A. Schönbergs. 1906 promovierte er bei G. Adler mit der Edition des »Choralis Constantinus II« von H. Isaacs. Noch im gleichen Jahr entstanden ein Sonatensatz für Klavier u. das einsätzige Klavierquintett in C-Dur. 1908 verlobte sich W. mit seiner Kusine Wilhelmine Mörtl, nahm ein Engagement als 2. Kapellmeister des Kurorchesters u. Sommertheaters in Bad Ischl an u. leitete die Uraufführung seines op. 1, der Passacaglia für großes Orchester, in Wien. Daneben arbeitete er an *Entflieht auf leichten Kähnen* ... op. 2, den 5 Liedern op. 3 u. den 5 Liedern op. 4. Wie auch in seinen späteren Werken standen musikalische Lyrik u. die Auseinandersetzung mit der Vokalmusik im Vordergrund. 1908–10 verdiente er seinen Lebensunterhalt als Korrepetitor u. Theaterkapellmeister in Wien. Aus dieser Zeit stammen die 5 Sätze für Streichquartett op. 5. Kurze Anstellungen als Theaterkapellmeister in Teplitz u. Danzig folgten. Ende 1911 siedelte der inzwischen verheiratete W. nach Berlin über, um in der Nähe seines väterlichen Freunds u. Lehrers Schönberg zu sein, um dessen Belange er sich mehr kümmerte als um sein eigenes Fortkommen. 1912 begleitete er Schönberg zur Aufführung von dessen *Pelleas und Melisande* nach Prag. 1913 war er Kapellmeister in Stettin, eine Stellung, die er, des Operettendirigierens überdrüssig, genauso schnell wieder aufgab wie die vorangegangenen. Bei der von Schönberg im gleichen Jahr im Wiener Musikvereinssaal geleiteten Uraufführung von W. Orchesterstücken op. 6 kam es erstmals zu einem Skandal wegen eines Werks dieses Komponisten. Nach Ausbruch des 1. Weltkriegs rückte W. als Einjährig-Freiwilliger ein, wurde aber Ende 1916 wegen seiner schlechten Augen wieder aus dem Dienst entlassen u. nahm 1917 eine Stellung als Theaterkapellmeister am Dt. Landestheater in Prag an. 1918–22 Mitarbeiter u. später Vortragsmeister des von Schönberg gegründeten »Vereins für musikalische Privataufführungen« in Wien, 1921–22 Dirigent des Wiener Schubertbundes, 1921–26 des Mödlinger Männergesangvereins u. ab 1922 Leiter der von J. Bach gegründeten Wiener Arbeiter-Symphoniekonzerte. 1923 wurde W. ebenfalls vom Verein Sozialdemokratische Kunststelle zum Leiter des Wiener Arbeiter-Singvereins bestellt. Ständig im engsten Kontakt mit Schönberg, nahm W. auch an dessen Entwicklung einer Methode zur »Komposition mit zwölf nur aufeinander bezogenen Tönen« regen Anteil. 1924 entstand mit seinem op. 17 (3 Volkstexte für S., V., Klar. u. B.-Klar.) W. erste Komposition, der eine Zwölftonreihe im Sinne Schönbergs zugrunde liegt. Noch im gleichen Jahr wurden seine 6 Bagatellen für Streichquartett bei der Aufführung in Donaueschingen ausgelacht. 1925 war W. kurz Lehrer am Wiener Jüdischen Blindeninstitut, lebte aber hauptsächlich von privaten Unterrichtsstunden. 1926 lernte er die Dichterin Hildegard Jone u. den Bildhauer

Josef Humplik kennen, die bald zu den wenigen engen Freunden des Komponisten zählten. Ebenfalls 1926 dirigierte W. aus Anlaß des 200. Wiener Arbeiter-Symphoniekonzerts mit den vereinten Chören des Arbeiter-Singvereins u. der Freien Typographia eine denkwürdige Aufführung von G. Mahlers 8. Sinfonie. 1927 wurde er zum ständigen Dirigenten des Österr. Rundfunks ernannt u. 1930 zum Lektor, Zensor u. fachlichen Berater für alle Fragen der Neuen Musik. Seine Musteraufführungen brachten ihm den Ruf eines bedeutenden Dirigenten ein. 1929 unternahm er auf Einladung der BBC die erste Konzertreise nach England. Weitere Gastspiele schlossen sich an. 1932–33 hielt er eine Reihe von Vorträgen in einem Wiener Privathaus, die von seinem Freund R. Ploderer mitstenografiert u. 1960 von W. Reich unter dem Titel »Der Weg zur Neuen Musik« herausgegeben wurden. 1933–34 komponierte W. mit den 3 Klavierliedern »Viae inviae« erstmals einen Text von Hildegard Jone, die ihm auch die Texte für alle weiteren Vokalkompositionen lieferte. Mit der Auflösung der Sozialdemokratischen Partei nach dem Putsch der Arbeiterparteien 1934 war W. stellungslos. Er führte bis kurz vor Kriegsende ein äußerst zurückgezogenes Leben in Mödling, wirkte kaum über seinen Freundeskreis hinaus u. gab wenigen Schülern Privatunterricht, u.a. auch dem Engländer H. Searle. Ab 1941 beschäftigte ihn die Universal Edition als Lektor u. Korrektor in freier Mitarbeit, ansonsten war er auf die Unterstützung eines seiner Schwiegersöhne angewiesen. Ostern 1945 folgte er einer Einladung seiner Töchter, das Kriegsende im Salzburgischen abzuwarten. Am Abend des 15. September 1945 wurde er vor dem Haus seines Schwiegersohns B. Mattel während einer Razzia von amer. Besatzungssoldaten irrtümlich erschossen.

W. schmales Werk mit insgesamt nur 31 Opuszahlen hat auf die Komponistengeneration der Nachkriegszeit einen außergewöhnlichen Einfluß gehabt. Die Bedeutung seines Vorbilds für die Generation von K. Stockhausen, P. Boulez u. L. Nono steht in keinem Verhältnis zur Rezeption seiner Musik durch das Publikum. Was machte W. gleich nach dem Krieg so anziehend für die Jüngeren? Er hatte sich in seinem Werk mit Problemen auseinandergesetzt, die auch die Generation der Komponisten beschäftigten, die in den 50er Jahren die Avantgarde bildeten. Seine Lösungsvorschläge waren ihnen Ausgangspunkt für eine immer strengere Neuordnung des musikalischen Materials. Unter dem Eindruck von Schönbergs *Kammersinfonie* in eigenen Arbeiten schnell an die Grenzen der Tonalität vorgestoßen, hatte sich W. gefragt, ob es nicht andere, unverbrauchte Ordnungsmöglichkeiten gäbe, um »größtmöglichen Zusammenhang in der Musik auszudrücken«. Als ausgezeichnetem Kenner der niederl. Polyphonie waren ihm alle formalen Möglichkeiten geläufig, u. kaum jemand war so bewandert in den kanonischen Künsten wie gerade W. Nur »wenn die zwölf Töne abgelaufen sind, ist das Stück zu Ende«, sollte er später über die 6 Bagatellen op. 9 sagen, die mit einer gesamten Aufführungsdauer von unter 5 Minuten zu den kürzesten Stücken der Musikgeschichte gehören. In ihnen reduzierte W. das musikalische Material auf das Wesentlichste u. verteilte es mit virtuoser Handhabung des → Hoketus auf alle Stimmen. Nicht die überlieferten Formen waren ihm Stein des Anstoßes, sondern die Grundtonbezogenheit der funktionalen Harmonielehre. Schon mit op. 3 komponierte W. atonale Musik. In seiner Vortragsreihe »Der Weg zur Komposition in zwölf Tönen« sagte er später: »Das Gesetz war uns damals noch nicht bewußt, aber es war längst gefühlt.« Unter dem Einfluß seines verehrten Lehrers Schönberg entstand sein op. 17, W. Hinwendung zur Zwölftontechnik. Auf der Suche nach mehr Zusammenhang, mehr Faßlichkeit u. stärkerer Durchorganisation des musikalischen Materials entwickelte er eine Reihentechnik, bei der die Reihe im Gegensatz zu Schönberg u. A. Berg nicht Grundlage für Themen bildete, sondern in ihren einzelnen Teilen selbst motivisches Material war. Dazu W.: »Ein ›Thema‹ ist die Zwölftonreihe im allgemeinen nicht. Aber ich kann vermöge der jetzt auf andere Weise gewährleisteten Einheit auch ohne Thematik – also viel freier – arbeiten: Die Reihe sichert mir den Zusammenhang.« Immer wieder treten bei W. Reihen auf, deren einzelne Abschnitte kunstvoll aufeinander bezogen sind, so z.B. in seinem op. 24, dessen Reihe in 4 Abschnitte gegliedert ist, von denen der 2. die Krebsumkehrung des 1., der 3. der Krebs des 2. u. der 4. die Umkehrung des 1. ist. In dieser Intensivierung innerer Zusammenhänge sah die Avantgarde der Nachkriegszeit Ansatzmöglichkeiten zur Steuerung anderer → Parameter durch die Reihe. W. gehört damit zu den Wegbereitern der → seriellen Musik.

Das mit Opuszahlen versehene Werk W. besteht aus: Passacaglia für Orch. op. 1 (1908); Doppelkanon *Entflieht auf leichten Kähnen* für gem. Chor a cappella op. 2 (Text: St. George, 1908, auch mit V., Va., Vc., Harmonium u. Kl.); Fünf Lieder aus »Der siebente Ring« von St. George für mittlere St. u. Kl. op. 3 (1907–08); 5 Lieder für hohe St. u. Kl. op. 4 (St. George, 1908–09), 5 Sätze für Streichquartett op. 5 (Fassung für Streichorch. 1929–30); 6 Stücke für Orch. op. 6 (1909–10); 4 Stücke für V. u. Kl. op. 7 (1910); 2 Lieder für mittlere St. u. 8 Instr. op. 8 (R. M. Rilke, 1910–12); 6 Bagatellen für Streichquartett op. 9 (1913); 5 Stücke für Orch. op. 10 (1911–13);

3 kleine Stücke für Vc. u. Kl. op. 11 (1914); 4 Lieder für hohe St. u. Kl. op. 12 (Volksliedtext, H. Bethge nach Li-Tai-Po, A. Strindberg u. J. W. von Goethe, 1915–17); 4 Lieder für S. u. Orch. op. 13 (K. Kraus, H. Bethge nach Wang-Seng-Yu u. Li-Tai-Po, G. Trakl, 1914–18); 6 Lieder nach Gedichten von G. Trakl für hohe St., Klar., Baß-Klar., V. u. Vc. op. 14 (1917–21); 5 geistliche Lieder für hohen S., Fl., Klar./Baß-Klar., Trp., Hf. u. V./Va. op. 15 (1917–22); 5 Kanons nach lat. Texten für hohen S., Klar. u. Baß-Klar. op. 16 (1923–24); 3 Volkstexte für Singst., V./Va., Klar. u. Baß-Klar. op. 17 (1924); 3 Lieder für Singst., Klar. u. Git. op. 18 (1925); 2 Lieder aus J. W. von Goethes »Chinesisch-deutsche Jahres- und Tageszeiten« für gem. Chor, Klar., Baß-Klar., V., Git. u. Celesta op. 19 (1926, Klavierfassung 1928); Streichtrio op. 20 (1927); Sinfonie für Klar., Baß-Klar., 2 Hörner, Hf., 2 V., Va. u. Vc. op. 21 (1928); Quartett für Klar., Tenorsax., V. u. Kl. op. 22 (1930); 3 Gesänge aus »Viae inviae« von H. Jone für mittlere St. u. Kl. op. 23 (1934); Konzert für Fl., Ob., Klar., Horn, Trp., Pos., V., Va. u. Kl. op. 24 (1934); 3 Lieder nach Gedichten von H. Jone für hohe St. u. Kl. op. 25 (1934–35); *Das Augenlicht* für gem. Chor u. Orch. nach einem Text von H. Jone op. 26 (1935); Variationen für Kl. op. 27 (1936); Streichquartett op. 28 (1937–38); 1. Kantate für S., gem. Chor u. Orch. nach einem Text von H. Jone op. 29 (1938–39); Variationen für Orch. op. 30 (1940) u. 2. Kantate für S., B., gem. Chor u. Orch. nach einem Text von H. Jone op. 31 (1941–43). Dazu kommen u. a. die Bearbeitungen von J. S. Bachs 6st. Ricercar aus dem *Musikalischen Opfer* für Orch. (1935) u. F. Schuberts *Deutsche Tänze* vom Oktober 1824 für Orch. (o.J.). Von W. aus dem Nachlaß nach u. nach veröffentlichten Jugendwerken seien erwähnt: 2 Stücke für Vc. u. Kl. (1899); 2 Lieder nach F. Avenarius (1900–01) u. 3 Gedichte für Singst. u. Kl. (F. Avenarius, R. Dehmel u. G. Falke, 1899–1903); Ballade *Siegfrieds Schwert* für Singst. u. Orch. nach L. Uhland (1903); 8 Lieder für Singst. u. Kl. (1901–04); 3 Lieder nach F. Avenarius für Singst. u. Kl. (1903–04); Idyll *Im Sommerwind* für Orch. (1904); Streichquartett in 1 Satz (1905); Langsamer Satz für Streichquartett (1905); Satz für Kl. (1906), Rondo für Streichquartett (1906); Klavierquintett (1906); 5 Lieder nach R. Dehmel (1906–08); 4 Lieder nach St. George für Singst. u. Kl. (1908–09); 5 Stücke für Orch. (um 1910–13); *O sanftes Glühn der Berge* für Singst. u. Orch. (1913); 2 Lieder für Singst. u. Orch. (1914); 1. Satz einer Sonate für Vc. u. Kl. (1914); *Kinderstück* für Kl. (1924); Satz für Streichtrio (1925).

Lit.: H. Eimert u. K. Stockhausen (Hgg.), A. W., Dokumente, Bekenntnisse, Erkenntnisse, Analysen, Wien 1955; J. Polnauer (Hg.), Briefe an H. Jone u. J. Humplik, Wien 1959; W. Reich (Hg.), A. W., Der Weg zur Neuen Musik, Wien 1960; H. Moldenhauer, The Death of A. W., A Drama in Documents, New York 1961, London 1962, dt. Der Tod A. von W., Wiesbaden 1970; W. Kolneder, A. W., Einführung in Werk u. Stil, Rodenkirchen 1961; H. Moldenhauer u. D. Irvine, A. von W. Perspectives, Seattle, WA, 1966, London 1967; F. Wildgans, A. W., Tübingen 1967; R. U. Ringger, A. W. Klavierlieder, Zürich 1968; Museum des 20. Jh. Wien (Hg.), Schönberg, W., Berg. Bilder, Partituren, Dokumente, Katalog XXXVI, Wien 1969; C. Rostand, A. W., Paris 1969; U. von Rauchhaupt (Hg.), Schoenberg, Berg, W., Die Streichquartette der Wiener Schule, Eine Dokumentation, München 1971; H. Deppert, Studien zur Kompositionstechnik im instrumentalen Spätwerk A. W., Darmstadt 1972; W. Kolneder, A. W., Genesis u. Metamorphose eines Stils, Wien 1974; H. Krellmann, A. W. in Selbstzeugnissen u. Bilddokumenten, Reinbek bei Hamburg 1975; F. Döhl, W., W. Beitrag zur Stilwende der Neuen Musik, München 1976; H. u. R. Moldenhauer, A. von W., A Chronicle of His Life and Work, London 1978, New York 1979.

Wechseldominante, die Dominante der Dominante. Ihr Akkord ist auch in Moll immer ein Durdreiklang.

Wechselgesang → Antiphon

Wechselnote, Drehton (ital. nota cambiata), die obere bzw. untere Nebennote eines Akkord- oder Melodietons. Sie wird wie der → Durchgang behandelt, kehrt aber im Unterschied zu diesem zum Ausgangston zurück.

Weckmann, Matthias, dt. Komponist u. Organist, * 1621 Niederdorla, Thüringen, † 24. 2. 1674 Hamburg. Sohn des Schulmeisters u. Organisten Jacobus W. in Niederdorla. Kam als Diskantist an die Dresdner Hofkapelle u. erhielt dort Unterricht bei H. Schütz. Weitere Studien bei J. Praetorius 1937–40 schlossen sich an. 1641–42 war W. Organist am kurprinzlichen Hof in Dresden, anschließend am kronprinzlichen Hof in Nykøping bei Kopenhagen. 1655 Organist an St. Jacobi in Hamburg. Gründete dort 1660 das große Collegium musicum u. legte damit den Grundstein zu einem öffentlichen Konzertleben in der Hansestadt. Steht in seinen Kompositionen ganz in der Schütz- u. Sweelinck-Tradition.

Zu W. Werken gehören Geistliche Konzerte für Soli, Chor u. Instr., Sonate da camera, Orgelchoräle, Suiten u. Lieder, davon 9 nach Gedichten Philipps von Zesen.

Weelkes, Thomas, engl. Organist u. Komponist, * um 1575, † 30. 11. 1623 London. Trat erstmals 1597 mit »Madrigals to 3, 4, 5 & 6 Voyces« an die Öffentlichkeit. Ließ 1598 eine Sammlung »Balletts and Madrigals to 5 Voyces« erscheinen, der 1600 2 Bücher »Madrigals of 5 and 6 Parts, Apt for the Viol and Voices« folgten. 1600–02 als Organist des College in Winchester nachgewiesen u. 1602 Bachelor of Music des New College in Oxford. Im gleichen Jahr erfolgte seine Ernennung zum Organisten an der Chichester Cathedral. 1608 ließ er »Ayres or Phantasticke Spirites for 3 Voices« erscheinen. W. muß außerdem mit Th. Morley befreundet gewesen sein, in dessen Sammlung »The Triumphes of Oriana« (1601–03) sich das berühmte 6st. *As Vesta was from Latmos hill descending* findet. W. gilt mit seinen kühnen Harmonien u. chromatischen Wendungen als einer der bedeutendsten Madrigalisten Englands. Er hinterließ außerdem 10 unvollständige Services u. mehr als 40 Anthems.

Lit.: E. H. Fellowes, English Madrigal Composers, Oxford 1921; D. Brown, Th. W., A Biographical and Critical Study, London u. New York 1969.

weibliche Endung (franz. cadence féminine), ein von H. Riemann eingeführter Begriff für Motivschlüsse auf leichter Zählzeit.

Weigl, Joseph, österr. Komponist u. Dirigent,

* 28. 3. 1766 Eisenstadt, † 3. 2. 1846 Wien. Sohn des Cellisten u. Komponisten Joseph F. W., Schüler von J.G. Albrechtsberger u. A. Salieri. Machte bereits 1783 mit der kleinen Oper *Die unnützige Vorsicht* von sich reden. 1791 als Nachfolger Salieris Dirigent der Hofoper, ein Amt, von dem er 1823 zurücktrat. W. war als Opernkomponist überaus beliebt u. brachte einige seiner Bühnenwerke auch mit Erfolg an der Mailänder Scala heraus. Daneben komponierte er eine Reihe von Ballettmusiken, darunter auch Stücke für S. Viganò. 1827 übernahm er das Amt des Vizehofkapellmeisters u. komponierte von da an nur noch geistliche Musik, darunter eine Reihe von Messen im Stil der Wiener Klassik. Sein Bruder Thaddäus (1776–1844) machte sich als Komponist von Operetten u. Balletten einen Namen.

Von W. Opern seien erwähnt: *La principessa d'Amalfi* (1794), *Die Schweizerfamilie* (1809), *Das Waisenhaus* (1808) u. *Die eiserne Pforte* (1823).

Weill, Kurt, dt. Komponist, * 2. 3. 1900 Dessau, † 3. 4. 1950 New York. Erhielt ersten Unterricht in Musiktheorie u. Komposition von A. Bing in Dessau, besuchte 1918–19 die Hochschule für Musik u. die Universität in Berlin, wo E. Humperdinck, F. E. Koch u. R. Krasselt zu seinen Lehrern gehörten, u. wurde 1919 Theaterkapellmeister in Lüdenscheid. Ende 1920 Aufnahme in F. Busonis Meisterklasse für Komposition an der Akademie der Künste in Berlin. Nach ersten Kompositionsversuchen entstand 1921 seine 1. Sinfonie. 1922 Uraufführung der Kinderpantomime *Zaubernacht* im Theater am Kurfürstendamm in Berlin. Abschluß der Studien bei Busoni Ende 1923. Nach dem Entstehen mehrerer Orchester- u. Kammermusikwerke 1925 erste Zusammenarbeit mit G. Kaiser bei dem Operneinakter *Der Protagonist*. 1926 Heirat mit der Schauspielerin Lotte Lenya, die in vielen seiner Bühnenwerke Rollen kreieren sollte. 1927 erste Gespräche mit B. Brecht, Komposition des Songspiels *Mahagonny* nach Brechts »Mahagonny-Gesängen« u. Arbeit an der Oper *Aufstieg und Fall der Stadt Mahagonny*. Die Uraufführung des *Mahagonny*-Songspiels geriet in Baden-Baden zu einem handfesten Skandal. 1928 Uraufführung der gemeinsam mit Brecht erarbeiteten Neufassung von J. Gays *Beggar's Opera* als *Die Dreigroschenoper* im Theater am Schiffbauerdamm in Berlin unter der Leitung von Th. Mackeben. 1930 letzte Zusammenarbeit mit Brecht bei der Schuloper *Der Ja-Sager*. 1931 Komposition der Oper *Die Bürgschaft* nach einem Libretto von C. Neher. 1932 Komposition der Oper *Der Silbersee* nach einem Text von G. Kaiser. 1933 Arbeit an der 2. Sinfonie u. Tumulte bei der Zweitaufführung des *Silbersees* in Magdeburg. W. verließ Deutschland u. machte zunächst Station in Paris, wo noch im Juli des gleichen Jahres sein Ballett *Die sieben Todsünden* in einer Ch. von G. Balanchine herauskam. Über London reiste W. schließlich nach den USA, um an der für Anfang 1936 geplanten Aufführung seines biblischen Dramas *Der Weg der Verheißung* nach einem Text von F. Werfel vorbereitend mitzuwirken. In den folgenden Jahren Bewährung als Broadway-Komponist. 1943 Annahme der amer. Staatsbürgerschaft. Ebenfalls 1943 Erfolg mit seiner Musical comedy *One Touch of Venus* in einer Broadway-Inszenierung von E. Kazan. 1945–50 weitere Bühnenwerke für Broadway-Theater. 1950 Erkrankung während der Arbeit an einem Musical nach M. Twains »Huckleberry Finn«. Am 3. 4. 1950 Tod durch Herzschlag.

Nach anfänglichen Versuchen mit dissonanten Klängen kehrte W. zu einer auf der Tonalität beruhenden harmonischen Sprache zurück. Gemeinsam mit B. Brecht entwickelte er den Stil eines epischen Theaters mit sozialkritischer Tendenz sowie das Lehrstück. Dabei verarbeitete W. populäre Tanzrhythmen, Elemente des Jazz u. des Kabaretts. Aus dem Bänkelsang, der Ballade u. dem Chanson entwickelte er einen Songstil, der eher für Schauspieler als Berufssänger gedacht war. Seine häufig mollgefärbte Harmonik bezieht charakteristische Wirkungen aus halbtonweiser Fortschreitung u. dem immer wieder eingesetzten Mollakkord auf dem erniedrigten Leitton.

W. komponierte: die Bühnenwerke *Der Protagonist* (1925), *Royal Palace* (1925), *Na und?* (1926), *Der Zar läßt sich photographieren* (1927), Songspiel *Mahagonny* (1927), *Die Dreigroschenoper* (1928), *Aufstieg und Fall der Stadt Mahagonny* (1927–29), Komödie mit Musik *Happy End* (1929), Schuloper *Der Ja-Sager* (1930), *Die Bürgschaft* (1931), *Der Silbersee* (1932), *Marie galante* (1933), *A Kingdom for a Cow* (1934), biblisches Drama *Der Weg der Verheißung* (1935), Musical *Johnny Johnson* (1936), *Knickerbocker Holiday* (1938), Show *Railroads on Parade* (1939), *Lady in the Dark* (1940), *One Touch of Venus* (1943), Operette *The Firebrand of Florence* (1944), Volksoper *Down in the Valley* (1945–48), *Street Scene* (1946), Vaudeville *Love Life* (1947–48) u. *Lost in the Stars* (1949); das Ballett *Die sieben Todsünden* (1933); Orchesterwerke, darunter 2 Sinfonien (1921 u. 1933), *Sinfonia Sacra* (1923), Divertimento (1923), Quodlibet (1924) u. Konzert für V. u. Bläser (1924); Vokalkompositionen wie *Recordare* für Chor a cappella (1923), 2 Zyklen mit Rilke-Liedern für Gesang u. Orch. (1925), Kantate *Der neue Orpheus* für S., V. u. Orch. (1926), Radiolehrstück *Der Flug Lindberghs* für T., Bar., B., gem. Chor u. Orch. nach B. Brecht (1929); Kammermusik, u.a. Cellosonate (1920), Streichquartett (1923).

Lit.: D. Drew (Hg.), Über K. W., Frankfurt a. M. (1975); ders. (Hg.), K. W. – Ausgewählte Schriften, Frankfurt a. M. (1975); H. Kotschenreuther, K. W., Berlin 1962; G. H. Wagner, W. u. Brecht – Das musikalische Zeittheater, München 1977.

Weinberger, Jaromír, amer. Komponist tschech. Herkunft, * 8. 1. 1896 Prag, † 8. 8. 1967 St. Petersburg, FL. Schüler von J. Křička u. 1916 von M. Reger. Lehrte 1922 am Konservatorium von Ithaca, NY, wirkte 1923–37 in der Tschechoslowakei u. ließ sich 1939 in den Vereinigten Staaten nieder. Sein einziges Erfolgsstück ist die Oper *Schwanda, der Dudelsackpfeifer* (1927).

W. komponierte außerdem die Opern *Die geliebte Stimme* (1931), *Lidé z Pokerflatu* (1932), *Wallenstein* (1937); Orchesterwerke, darunter eine *Lincoln Symphony* (1941); Kammermusik; Lieder.

Weingartner, Felix P. von, österr. Dirigent u. Komponist, * 2. 6. 1863 Zara, Dalmatien, † 7. 5. 1942 Winterthur. Kompositionsschüler von W. A. Remy in Graz u. ab 1881 Student der Philosophie an der Universität Leipzig, daneben Unterricht am dortigen Konservatorium. 1883 weitere Studien bei F. Liszt in Weimar, der 1884 für die Aufführung von W. erster Oper *Sakuntala* sorgte. 1884 Kapellmeister in Königsberg, 1885–87 in Danzig. 1889–91 Hofkapellmeister in Mannheim, ab 1891 Kapellmeister an der Oper u. Leiter der Sinfoniekonzerte der Königlichen Kapelle in Berlin, 1898–1903 Dirigent der Kaim-Konzerte in München, 1908–11 als Nachfolger G. Mahlers Direktor der Wiener Hofoper, 1914–19 Generalmusikdirektor in Darmstadt, 1919–24 Direktor der Wiener Volksoper, Leiter der Wiener Philharmonischen Konzerte bis 1927, 1935–36 Musikdirektor der Wiener Staatsoper, Gastspiele, die ihn bis nach Nord- u. Südamerika führten. Ist in seinen Kompositionen, die selten über Kapellmeistermusik hinausreichen, stark von R. Wagner beeinflußt. W. veröffentlichte: »Über das Dirigieren« (1896); »Die Symphonie nach Beethoven« (1897); »Ratschläge für Aufführungen klassischer Symphonien« I (1906), II (1919) u. III (1923); Gesammelte Aufsätze unter dem Titel »Akkorde« (1912); »Lebenserinnerungen (1923)«, denen ein 2. Teil 1933 aus Anlaß seines 70. Geburtstags folgte.

Zu W. Werken gehören: die Opern *Sakuntala* (1884), *Malawika* (1886), *Genesius* (1892), *Orestes-Trilogie* (1902), *Kain und Abel* (1914), *Dame Kobold* (1916), *Die Dorfschule* (1920), *Meister Andrea* (1920); 7 Sinfonien; sinfonische Dichtungen; Vokalkompositionen; Kammermusik.

Weinzweig, John J., kan. Komponist, Dirigent u. Lehrer, * 11. 3. 1913 Toronto. Studierte an der Universität von Toronto bei L. Smith (Harmonie), H. Willan (Kontrapunkt), Sir E. MacMillan (Orchestration) u. R. Stewart (Dirigieren). Erhielt weiteren Kompositionsunterricht 1937–38 bei B. Rogers an der Eastman School of Music in Rochester. Begann unter dem Eindruck von A. Bergs *Lyrischer Suite* mit der Zwölftontechnik zu experimentieren. Ab 1939 Lehrer am Royal Conservatory in Toronto u. 1952–78 Professor an der dortigen Universität. 1951 Mitbegründer der Canadian League of Composers u. 1959 des Canadian Music Centre. Gehört zu den ersten Komponisten Kanadas, die sich ernsthaft mit seriellen Techniken auseinandersetzten. Als Lehrer hat W. einen starken Einfluß auf die nachfolgende kanad. Komponistengeneration ausgeübt. Zu seinen Schülern gehörten M. Adaskin, J. Beckwith, N. Beecroft, S. Bolin, H. Freedman, S. I. Glick, Ph. Nimmons, R. M. Schafer u. H. Somers.

Zu W. Kompositionen zählen: Suite Nr. 1 für Kl. (1939); Sonate für V. u. Kl. u. *Rhapsody* für Orch. (1941); *Improvisations on an Indian Theme* für Org. (1942); *Interlude in an Artist's Life* für Streicher, *Our Canada* für Orch., *Intermissions* für Fl. u. Ob. u. *Fanfare* für 3 Trp. u. 3 Pos. (1943); *To the Lands Over Yonder* für gem. Chor a cappella (1945); Divertimento Nr. 1 für Fl. u. Streicher (1945–46), *Edge of the World* für Orch. u. Streichquartett Nr. 2 (1946); *Of Time, Rain and the World* für Mezzo-S. u. Kl. (1947); Divertimento Nr. 2 für Ob. u. Streicher (1948); Ballettsuite *Red Ear of Corn* (1946–49); Sonate *Israel* für Vc. u. Kl. (1949); *Round Dance* für Orch., Sonate für Kl. u. Suite Nr. 2 für Kl. (1950); *Dance of Masada* für Bar. u. Kl. (1951, rev. 1975); Violinkonzert (1951–54); *Am Yisrael Chai!* für gem. Chor u. Kl. (1952); *Wine of Peace* für S. u. Orch. (1957); *Symphonic Ode* (1958); Divertimento Nr. 3 für Fag. u. Streicher (1959–60); Divertimento Nr. 5 für Trp., Pos. u. Bläser (1961); Streichquartett Nr. 3 (1962); Bläserquintett (1963–64); *Round Dance* für Band (1964); Klarinettenquartett (1965); Klavierkonzert (1965–66), Harfenkonzert (1966–67); Divertimento Nr. 4 für Klar. u. Streicher (1968); *Dummiyah* für Orch. (1969); *Solo Percussion – Percussion Solo* (1970); *Trialogue* für S., Fl. u. Kl. (1971); Divertimento Nr. 6 für A.-Sax. u. Streicher (1972); Impromptus für Kl. (1973), Riffs für Fl. solo (1974); *Brass Quintet* (1976); *Contrasts* für Git. solo (1976); *Refrain* für Kb. u. Kl. (1977).

Weir, Judith, engl. Komponistin, * 11. 5. 1954 Cambridge. Wuchs mit Hausmusik auf u. lernte das Oboespiel. Während der Schulzeit erhielt sie Kompositionsunterricht von J. Tavener u. wirkte im National Youth Orchestra mit. Bevor sie ihr Musikstudium am King's College in Cambridge aufnahm, ließ sie sich von B. Vercoe am Massachusetts Institute of Technology in die Computermusik einführen. Zu ihren Lehrern in Cambridge gehörte R. Holloway. 1975 nahm W. an den Sommerkursen in Tanglewood teil, wo sie von G. Schuller u. O. Messiaen Anregungen empfing. Aus dieser Zeit stammt ihre Komposition *Out of the Air*, die W. heute als ihr op. 1 betrachtet. 1976 entstanden als Auftrag von P. M. Davies 25 Variations für S. u. 6 Instr. Im gleichen Jahr lernte sie R. Cohan vom London Contemporary Dance Theatre kennen, für den sie das Ballett *Mass* komponierte. 1976–79 war W. Composer-in-residence der Southern Arts Association, seit 1979 ist sie Cramb Fellow an der Universität Glasgow.

Zu W. Kompositionen gehören *Out of the Air* für Bläserquintett (1975), 25 Variations für S. u. 6 Instr. (1976), *Black Bird-song* für Bar., Fl., Ob., V. u. Vc. (1977), *Mass* für Streichquartett (1977), *Hans the Hedgehog* für Sprecher, 2 Ob., Fag. u. Cemb. u. *Between Ourselves* für 7 Spieler ohne Dirigent (1978), *Harmony and Invention* für Hf. solo (1978, rev. 1980), *From Our Island* für Chor, Orch., Schauspieler, Tonband u. Dias (1979), *King Harald's Saga* für S. in 8 Rollen (1979), *King Harald Sails to Byzantium* für 6 Spieler (1979), Pas de deux für Ob. u. V., *An mein Klavier*, Several Concertos für Fl. (A.-Fl., Piccolo), Vc. u. Kl. u. Cellosonate (1980), *Thread'* für Sprecher u. 8 Instr., *Isti mirant stella* für Orch. u. Ballad für Bar. u. Orch. (1981).

Weismann, Julius, dt. Komponist, * 26. 12. 1879 Freiburg im Breisgau, † 22. 12. 1950 Singen. Schüler von J. Rheinberger u. L. Thuille in München sowie H. von Herzogenberg in Berlin.

Zu W. Kompositionen gehören u. a.: die Opern *Schwanenweis* (1923), *Ein Traumspiel* (1925), *Leonce und Lena* (1925), *Regina del lago* (1928), *Die Gespenstersonate* (1930), *Landsknechte* (1936) u. *Die pfiffige Magd* (1939); Ballett- u. Bühnenmusiken; 3 Sinfonien; 3 Klavier- u. 4 Violinkonzerte; Kammermusik; Vokalkompositionen.

weißes Rauschen → elektronische Musik

Welin, Karl-Erik V., schwed. Komponist, Pianist u. Organist, * 31. 5. 1934 Genarp. Schüler von G. Bucht u. I. Lidholm (Komposition), A. Linder (Orgel) u. S. Brandel sowie D. Tudor (Klavier). Tritt hauptsächlich mit zeitgenössischer Musik auf u. ist in seinen eigenen Kompositionen stark von M. Kagel, S. Bussotti u. G. Ligeti beeinflußt.

Zu W. Kompositionen gehören: Kantate für Kinderchor u. 3 Instr. (1960); *Nr. 3* für 9 Instr. (1961); *Manzit* für Kl., Pos., Vc., Kl. u. Schlagzeug (1962); *Esserveccia* für elektrische Git., Horn, Pos. u. Kl. (1963); *Pereo* für 36 Streicher (1964); *Warum nicht?* für V., Vc., Fl., Vibraphon, Xylophon u. Tamtam (1964); *Visoka 12* für 2 Fl., 2 V. u. 2 Vc. (1965), *Etwas für* ... für Bläserquintett (1966); *Dummerjöns*, Kinderoper für das Fernsehen (1966–67); *Eigentlich nicht*, Streichquartett Nr. 1 (1967), Ballettmusik *Copelius* (1968); Bühnenmusik *Ondine* (1968); *Ben fatto* für 1 bis 100 Instr. (1968); *Hommage à* ... für Org. (1969), Improvisation für Org. (1969), *PC 132*, Streichquartett Nr. 2 (1969–70); *Aver la forza di* ... für gem. Chor u. Streicher (1972); Oper *Drottning Jag* (1972); *Pagabile* für Kammerensemble (1972); *Recidivans*, Streichquartett Nr. 3 (1972); *Residuo*, Streichquartett Nr. 4 (1974); *Ett svenskt rekviem* für Soli, Chor u. Orch. (1976).

Wellen sind periodische Bewegungen, die bei der räumlichen Ausbreitung von → Schwingungen entstehen. Während die Schwingung jedoch als zeitabhängiger Prozeß definiert wird, stellen die W. eine ortsabhängige Zustandsänderung zu einer bestimmten Zeit dar. Sie benötigen ein festes, flüssiges oder gasförmiges Medium zu ihrer Ausbreitung. Schallwellen breiten sich dabei in Form von Longitudinal-W. aus u. nur in festen Körpern gleichzeitig auch als Transversal-W. Die in diesem Zusammenhang einzig interessierenden Schall-W. werden nach Schalldruck, Schallschnelle u. Schallgeschwindigkeit definiert. Überlagern sich Schall-W., so kommt es zu den Phänomenen der → Interferenz oder der → Schwebungen.

Wellesz, Egon J., österr. Musikwissenschaftler u. Komponist, * 21. 10. 1885 Wien, † 9. 11. 1974 Oxford. Studierte bei G. Adler Musikwissenschaft u. daneben mit A. Webern u. A. Berg Kontrapunkt bei A. Schönberg. 1929–39 Professor für Musikgeschichte an der Universität Wien. Emigrierte 1938 nach England, wurde 1939 Fellow des Lincoln College in Oxford, 1943 University Lecturer u. Mitglied der Faculty of Music der Universität Oxford u. dort 1948–56 Reader für byzantinische Musik. In seinen Kompositionen ist W. stark von seinem Lehrer Schönberg sowie G. Mahler beeinflußt.

Aus seiner Beschäftigung mit der byzantinischen Musik heraus gründete W. 1931 gemeinsam mit H. Tillyard u. C. Høeg die »Monumenta musicae Byzantinae«, in denen er mehrere Bände veröffentlichte. Gemeinsam mit M. Velimirović gab er außerdem 2 Bde. »Studies in Eastern Chant« heraus (1966–71), weiter »A History of Byzantine Music and Hymnography« (1949); »Early Christian Music« u. »Music of the Eastern Churches« (in: »New Oxford History of Music« II, 1954); »Die Byzantinische Musik« (1959). Außerdem veröffentlichte W.: »A. Schönberg« (1921); »Die neue Instrumentation« (2 Bde., 1928–29) u. »Essays on Opera« (1950).

Zu W. Werken gehören: die Opern *Die Prinzessin Girnara* (1921), *Alkestis* (1924), *Opferung des Gefangenen* (1926), *Scherz, List und Rache* (1928), *Die Bakchantinnen* (1931), *Incognita* (1951); die Ballette *Das Wunder der Diana* (1924), *Persisches Ballett* (1924), *Die Nächtlichen* (1924), *Achilles auf Skyros* (1927); 2 Sinfonien (1945 u. 1948); 9 Streichquartette (1912–66); Vokalkompositionen; Lieder.

Welturheberrechtsabkommen, am 6. 9. 1952 von 36 Staaten in Genf unterzeichnet u. am 16. 9. 1955 in Kraft getreten. Die BRD ist diesem Abkommen durch Gesetz vom 24. 2. 1955 beigetreten. Es regelt das multilaterale Urheberrecht, aber überläßt den einzelnen Unterzeichnern, eine entsprechende nationale Gesetzgebung einzuführen. Im Gegensatz zur Berner Übereinkunft gehören auch die USA zu den Unterzeichnerstaaten des Welturheberrechtsabkommens.

Werbemusik (engl. jingle), eine in Film-, Rundfunk- u. Fernsehwerbung nach den Erkenntnissen der Musikpsychologie gezielt eingesetzte funktionale Musik. Sie hat ihren Zweck dann erfüllt, wenn das Publikum eine bestimmte Ware oder ein Markenzeichen mit einer bestimmten Musik identifiziert, die verkaufsfördernd wirkt.

WERGO Schallplatten GmbH Mainz, 1962 von dem Kunsthistoriker Werner Goldschmidt in Baden-Baden mit dem Ziel gegründet, ausschließlich Schallplatten mit Musik des 20. Jh. zu veröffentlichen. Ging 1971 voll in den Besitz des Musikverlags B. Schott's Söhne über u. verlegte seinen Sitz nach Mainz. Schwerpunkte des Repertoires bilden die Bereiche »Studio-Reihe Neuer Musik«, die u.a. eine vollständige Einspielung aller Sinfonien von K. A. Hartmann vorgelegt hat, »Große Interpreten Neuer Musik«, deren Spektrum von C. Berberian über S. Gazzeloni bis zu S. Palm u. G. Zacher reicht, sowie die junge »WERGO-SPECTRUM«-Serie, die den Nachwuchs vorstellt, aber auch Musiker-Komponisten wie P. M. Hamel, G. Mazzola oder M. Monk präsentiert.

Werk (→ Opus), in der Musik seit dem Humanismus die abgeschlossene, fixierte u. auf einen bestimmten Urheber zurückgehende Komposition. Die seit Beginn des 19. Jh. gebräuchliche Formulierung vom »musikalischen Kunstwerk« vereint Züge des Geniekults der Romantik u. Wertschätzung der Originalität in sich. Solange auch in der neuesten Musik Ordnungsstrukturen erkennbar sind, gilt auch für diese der Begriff des W.

Werle, Lars Johan, schwed. Komponist, * 23. 6. 1926 Gävle. Erhielt Kontrapunktunterricht von S.-E. Bäck, ist aber davon abgesehen als Komponist Autodidakt. Seit 1970 Mitarbeiter des Schwed. Rundfunks u. Lehrer an der Staatlichen Musikdramatischen Schule in Stockholm. In seinen Kompositionen macht sich W. sowohl avantgardistische Techniken zunutze wie auch Elemente des Jazz u. der mittelalterlichen Musik.

Zu W. Werken gehören: *Pentagram* für Streichquartett u. *Sinfonia da camera* (1959); Oper *Drömmen om Thérèse* (1963); *Summer Music 1965* für Streicher u. Kl. (1965); *Attitudes* für Kl. (1965); Ballett *Zodiak* (1966); *Canzone 126 di Francesco Petrarca* für gem. Chor a cappella (1967); Oper *Resan* (1968); *Nautical Preludes* für gem. Chor a cappella (1970); Fernsehoper *En saga om sinnen* (1971); *Varieté* für Streichquartett (1971); Oper *Tintomara* (1972); lyrisches Mysterienspiel *Medusan och Djävulen* (1973); *Flower Power* für 6 Sänger-Schauspieler u. Instr. (1974).

Werner, Gregorius Joseph, österr. Komponist, getauft 29. 1. 1693 Ybbs an der Donau, † 3. 3. 1766 Eisenstadt. Ab 1728 Kapellmeister beim Fürsten Esterházy in Eisenstadt, wo ab 1761 J. Haydn sein Vizekapellmeister war. Komponierte eine große Anzahl von Kirchenmusiken. Im Druck erschienen: »Symphoniae sex ...« für 2 V. u. B.c. (1735); »Neuer und sehr curios Musicalischer Instrumental-Calender ...« (1748); »Zwey neue und extra lustige musicalische Tafel-Stücke ...« (o.J.). Haydn arrangierte 6 seiner Fugen für Streichquartett, versah sie mit einer Introduktion u. gab sie bei Artaria in Wien (1804) heraus.

Werstowskij (Verstovskij), Alexej N., russ. Komponist, * 1. 3. 1799 auf dem Stammgut seiner Familie Seliwerstowo, Gouvernement Tambow, † 17. 11. 1862 Moskau. Schüler von D. G. Steibelt u. J. Field (Klavier), L. W. Maurer (Geige) u. K. T. Zeuner (Komposition). 1848–60 Leiter des Theaterbüros in Moskau. Zählt als Komponist der Opern *Pan Tvardovskij* (1828), *Vadim* (1832), *Askol'dova mogila* (1835), *Toska po rodine* (1839) u. *Gromoboj* (1857) zu den wichtigen Vorläufern M. Glinkas.

Wert (Vuert), Giaches (Jaches, Jacques, Jakob) de, franko-fläm. Komponist, * 1535 Wert, † 6. 5. 1596 Mantua. Kam in seiner frühen Jugend als Singknabe nach Italien. War um 1549–50 in Ferrara u. erhielt dort Unterricht von C. de Rore. 1563 Leiter der Kapelle des Mailänder Generalgouverneurs Philipp II., 1565 Kapellmeister am Hofe der Gonzagas in Mantua u. daneben bis 1583 Chormeister an S. Barbara. Galt als bedeutender Kontrapunktiker, der sich der Wertschätzung G. P. Palestrinas erfreute u. mit Beispielen in einer Reihe von theoretischen Schriften seiner Zeit zitiert wurde. Seine meist 5st. Madrigale sind durch die Vorherrschaft von 3 konzertierenden Stimmen gekennzeichnet.

Zu W. Kompositionen gehören: 11 Bücher 5st. Madrigale (1558–95); 1 Buch 4st. Madrigale (1561); »Vana mundi beatitudo quam v. 4 decantavit G. de W.« (1563); 2 Bücher 5st. Motetten (1566 u. 1581); 1 Buch 6st. Madrigale (1567); 1 Buch 5st. Villanellen (1589); »Modulationum cum 6 v. liber 1 et 2« (1581) u. »Hymni« (1590). Eine Gesamtausgabe seiner Motetten erschien 1583 als »Modulationum sacrarum 5 et 6 v. libri tres«.

Westergaard, Peter, amer. Komponist, * 28. 5. 1931 Champaign, IL. Schüler von R. Sessions in Princeton, D. Milhaud in Aspen u. Paris sowie W. Fortner in Detmold u. Freiburg im Breisgau. 1968–71 Professor an der Princeton University, seit 1974 dort Leiter der Musikabteilung. W. veröffentlichte: »An Introduction to Tonal Theory« (1975).

Zu W. Kompositionen gehören: die Kammeropern *Charivari* (1953) u. *Mr. and Mrs. Discobbolos* (1965); Orchesterwerke wie *Symphonic Movement* (1954) u. *5 Movements* für kleines Orch. (1958); Kammermusik, u.a. Streichquartett (1957), Trio für Fl., Vc. u. Kl. (1962) u. *Variations* für 6 Spieler (1963); Vokalkompositionen.

Weyse, Christopher Ernst Friedrich, dän. Komponist, * 5. 3. 1774 Altona, † 8. 10. 1842 Kopenhagen. Schüler von J. A. P. Schulz in Kopenhagen u. dort ab 1794 Organist an der Reformierten Kirche, ab 1801 an der Frauenkirche. Galt mit seinem umfassenden Romanzenwerk, das von seinem Schüler A. P. Berggreen unter dem Titel »Halvtred-sind-styve gamle kaempeviser« (1840–42) herausgegeben wurde, als Begründer der dän. nationalen Musik. Komponierte neben Kirchenmusiken u. Instrumentalwerken eine Reihe erfolgreicher Opern, davon einige auf Libretti von A. G. Oehlenschläger.

Von W. Opern seien erwähnt: *Sovedrikken* (1809), *Faruk* (1809), *Ludlams Hule* (1816) u. *Festen paa Kenilworth* (1836). In seinen *Choral-melodier til den evangelisk-christelige psalmebog* setzte W. 1839 erstmals die dän. Choräle vierstimmig aus.

Widmann, Erasmus, dt. Komponist, getauft 15. 9. 1572 Schwäbisch Hall, † 31. 10. 1634 Rothenburg ob der Tauber. 1602–13 Kapellmeister des Grafen Hohenlohe in Weikersheim, 1613–34 Präzeptor u. Kantor am Gymnasium u. 1618 Kantor an der Hauptkirche in Rothenburg ob der Tauber. Gehört zu den ersten Komponisten von Instrumentalkanzonen in Deutschland.

W. gab u. a. in Druck: »Gantz Neue Cantzon, Intraden, Balletten« (1618); »Ein schöner newer ritterlicher Auffzug vom Kampff ... zwischen Concordia und Discordia«, 3–4st. (1620); »Musicalischer Studentenmuht«, 4–5st. (1622). Er veröffentlichte außerdem: »Praecepta musicae Latino-Germanica« (1615).

Widor, Charles-Marie J. A., franz. Organist u. Komponist, * 21. 2. 1844 Lyon, † 12. 3. 1937 Paris. Erhielt ersten Orgelunterricht bei seinem Vater u. wurde dann Schüler von L.-N. Lemmens (Orgel) und F.-J. Fétis (Komposition) in Brüssel. 1870–1934 Organist an St-Sulpice in Paris u. daneben als Nachfolger C. Francks Professor für Orgel am Conservatoire. Gilt als Begründer der neuen franz. Orgelschule. Zu seinen Schülern gehörten Ch. Tournemire, L. Vierne, M. Dupré u. A. Schweitzer. Neben seiner Tätigkeit als Musikkritiker veröffentlichte W.: »Initiation musicale« (1923) u. »L'orgue moderne« (1929) u. gab als Supplement zu H. Berlioz' »Traité d'instrumentation« eine »Technique de l'orchestre moderne« (1904) heraus, die 1905 von H. Riemann übersetzt wurde.

W. komponierte neben mehreren Bühnenwerken, Sinfonien u. Konzerten bedeutende Werke für Orgel, u. a. 10 sog. Sinfonien (darunter *Symphonie gothique*, 1895; *Symphonie romane*, 1900) u. eine *Sinfonia sacra* für Org. u. Orch.

Wiederholung wird in der Musik durch Zeichen der Notenschrift oder Wörter angezeigt: → Abbreviaturen, → da capo, → dal segno, → Reprise. Sie gehört zu den wesentlichen formbildenden Elementen der Musik, sei es in der Verarbeitung des thematischen Materials, den Zeitmaßordnungen oder den auf ihr beruhenden Satzmodellen.

Wiener Schule, 1. eine von Ch. F. D. Schubart geprägte Bezeichnung für eine Gruppe von Komponisten, die um 1730–80 in Wien wirkte. Heute wird der Begriff mit der Trias J. Haydn, W. A. Mozart u. L. van Beethoven in Verbindung gebracht, Komponisten, die alle nicht aus Wien gebürtig sind, aber als Meister der viersätzigen klassischen → Sinfonie mit Menuett bzw. Scherzo gelten. Wegbereiter waren M. G. Monn u. J. Ch. Wagenseil. **2.** Für A. Schönberg u. seinen Wiener Schülerkreis mit A. Berg, A. Webern, E. Wellesz u. H. Jalowetz hat sich nach dem 2. Weltkrieg die Bezeichnung 2. W. S. eingebürgert. Damit wird ein direkter Bezug zur 1. W. S. hergestellt u. die historische Entwicklung unterstrichen, die von der Klassik über die Romantik zur Auflösung der Dur-Moll-Tonalität führt u. vorläufig in der von Schönberg formulierten → Zwölftontechnik als einem neuen Ordnungsprinzip endet.

Wieniawski, Henri (Henryk), poln. Geiger u. Komponist, * 10. 7. 1835 Lublin, † 31. 3. 1880 Moskau. Erhielt ersten Unterricht von J. Hornziel u. S. Serwaczyński u. machte so erstaunliche Fortschritte, daß er mit 9 Jahren bereits in die Klasse von L. J. Massart am Pariser Conservatoire aufgenommen wurde. Debütierte 1848 in Paris u. feierte kurz darauf Triumphe in Petersburg. Eine Europatournee mit seinem Bruder Józef (1837–1912) als Begleiter schloß sich an. Lehrte nebenbei 1862–67 am Konservatorium in Petersburg. 1872–74 unternahm er eine Tournee durch die Vereinigten Staaten, anfangs begleitet von A. Rubinstein. 1874–77 war er als Nachfolger von H. Vieuxtemps Professor am Brüsseler Konservatorium, wo u. a. E. Ysaye zu seinen Schülern gehörte. Über sein Spiel sagte J. Joachim in seinen Erinnerungen, niemand, der W. nicht spielen gehört habe, könne sich die Technik seiner linken Hand vorstellen. Außerdem trug W. durch seine Bogenhaltung viel zur Entwicklung der Bogentechnik bei. Stilistisch wird er allgemein zur franz.-belg. Schule gerechnet. 1935 gründete W. Neffe Adam W. den Internationalen W.-Violinwettbewerb in Warschau, der seit 1952 alle 5 Jahre in Posen stattfindet.

Von W. Kompositionen, die hauptsächlich die eigene Virtuosität herausstellen sollten, seien erwähnt: 2 Violinkonzerte (fis-Moll u. d-Moll); *Souvenir de Moscou; Fantaisie brillante sur des motifs de l'opéra »Faust«;* Etüden *École moderne* für V. u. Orch. oder Kl. (postum). Eine GA von W. Werken fand ab 1962 unter Leitung von A. Walaciński in Krakau statt.

Lit.: J. Reiss, H. W., Warschau 1931, Neuauflage Krakau 1963; W. Duleba, H. W., Kronika życia, Krakau 1967.

Wigman, Mary (eigtl. Marie Wiegmann), dt. Tänzerin u. Choreografin, * 13. 11. 1886 Hannover, † 19. 9. 1973 Berlin. Schülerin von É. Jacques-Dalcroze in Hellerau u. R. von Laban in München u. Zürich. Trat ab 1914 als Konzerttänzerin auf u. gründete 1920 ihre eigene Schule in Dresden, die schnell zum Zentrum des dt. Ausdruckstanzes wurde. Zu ihren Schülern, die ebenfalls in ihrer Tanztruppe auftraten, gehörten Y. Georgi, H. Kreutzberg, G. Palucca, M. Wallmann u. H. Holm. Die letztere eröffnete 1931 eine amer. Filiale der W.-Schule u. 1936 ihr eigenes Studio, mit dem sie den Modern Dance in den

USA nachhaltig beeinflußte. W. gehört mit ihren Podiumstänzen u. Gruppenchoreografien zu den bedeutendsten Repräsentanten des dt. Ausdruckstanzes. Sie veröffentlichte: »Dt. Tanzkunst« (1935); »Die Sprache des Tanzes« (1963); W. Sorrell gab außerdem 1973 postum das »M. W. Book« heraus.

Neben zahlreichen Solotänzen u. Gruppentänzen wie *Die sieben Tänze des Lebens* (M.: H. Pringsheim) 1921 u. einer *Totenklage* zur Olympiade von 1936 choreografierte sie: *Orpheus und Eurydike* (M.: Ch. W. Gluck) 1947; *Saul* (M.: G. F. Händel) 1954; *Catulli Carmina* u. *Carmina Burana* (M.: C. Orff) 1955; *Sacre du printemps* (M.: I. Strawinsky) 1957; *Alkestis* (M.: Ch. W. Gluck) 1958.

Wihtol (Vitols), Joseph (Jäzeps), lettischer Komponist, * 26. 7. 1863 Wolmar, Livland, † 24. 4. 1948 Lübeck. Schüler von N. Rimskij-Korsakow am Petersburger Konservatorium u. dort Lehrer für Musiktheorie u. Harmonie ab 1886, Nachfolger Rimskij-Korsakows als Leiter der Kompositionsklasse 1908–18. Unterrichtete u. a. auch S. Prokofjew. Wurde 1918 Direktor der lettischen Oper in Riga und gründete dort 1919 das Staatliche Konservatorium. Übersiedelte 1944 nach Deutschland.

Zu W. Kompositionen gehören: 1 Sinfonie, die sinfonische Dichtung *Eine Lihgofeier* (1890), dramatische Ouvertüre (1895) u. Ouvertüre *Spriditis* (1908); Fantasie über lettische Volkslieder für V. u. Orch; Kammermusik; Chöre u. Lieder.

Wilbye, John, engl. Komponist, getauft 7. 3. 1574 Diss, Norfolk, † September 1638 Colchester. Stand 1594–1628 im Dienst des Grafen Kytson auf Schloß Hengrave Hall u. verbrachte die letzten Jahre seines Lebens bei dessen Tochter Lady Rivers in Colchester. Gehört zu den bedeutendsten Madrigalisten seiner Zeit u. steht stilistisch L. Marenzio nahe.

W. veröffentlichte: 2 Bücher Madrigale für 3–6 St. (1598 u. 1609); »The Lady Oriana«, 6st., in Th. Morleys »The Triumphes of Oriana« (1601–03) u. 2 Motetten in Sir W. Leightons »Teares and Lamentacions« (1614).

Wildberger, Jacques, schweiz. Komponist, * 3. 1. 1922 Basel. Besuchte 1940–44 das Baseler Konservatorium u. war von 1946 an Korrepetitor am Baseler Stadttheater. Lernte 1948 W. Vogel kennen, bei dem er Kompositionsunterricht erhielt. 1959–66 Leiter der Klassen für Komposition, Instrumentation, Instrumentenkunde u. Analyse an der Badischen Hochschule für Musik in Karlsruhe u. seit 1966 Lehrer für Komposition, Tonsatz, Analyse u. Instrumentation an der Musikakademie der Stadt Basel. Setzte sich mit der Reihentechnik auseinander u. wendete sich später einer postseriellen Schreibweise zu, in der er Spannungen aus den verschiedenen historischen Schichten entstammenden Materialien zu gewinnen versucht.

Zu W. Werken gehören: *Quattro Pezzi* für Kl. (1951); *Quartetto* für Fl., Klar., V. u. Vc. (1952); Trio für Ob., Klar. u. Fag. (1953); *Tre Mutazioni* für Kammerorch. (1953); Kantate *Vom Kommen und Gehen des Menschen* nach Texten von Primitiven für S., Bar., gem. Chor u. Orch. (1954); *Liebestoto* (Text H. Arp, Beitrag zum Divertimento für Mozart, 1956); Kantate *Ihr meint, das Leben sei kurz ...* nach japan. Kurzgedichten für Chor, Chorsoli u. 10 Instr. (1957); *Intensio–Centrum–Remissio* für Orch. (1958); Musik für 22 Solostreicher (1960); *Rondeau* für Ob. solo (1962); action documentée *Epitaphe pour Evariste Galois* für Sprecher, S., Bar., Sprechchor, Lautsprecher u. Orch. (1962); Oboenkonzert (1963); Kantate *In My End is My Beginning* nach Texten von T.S. Eliot für S., T. u. Kammerorch. (1963–64); *Mouvements* für Orch. (1964); Triptychon *La Notte* für Tonband, Mezzo-S. u. 5 Instr. nach Texten von Michelangelo u. H. M. Enzensberger (1967); *Contratempi* für Solofl. u. 4 Orchestergruppen (1969–70); *Double Refrain* für Fl., Englischhorn, Git. u. Tonband (1972); Triptychon ... *die Stimme, die alte, schwächer werdende Stimme* ... für S., Vc., Orchester u. Tonband (1973–74); *Diario* für Klar. (1971–75); *Schattenwerk* für Org. (1976); *Prismes* für Alt-Sax. (1975); *Tod und Verklärung* für Bar. u. Kammerorch. (1977); *An die Hoffnung* für Sprecher, S. u. Orch. (1979); *Live-electronic mixed pickles* für verschiedene Instr. u. Live-Elektronik (1979).

Willaert (Vuillart, Villahart), Andrian, frankoflām. Komponist, * zwischen 1480 u. 1490 wahrscheinlich Brügge, † 7. 12. 1562 Venedig. Studierte in Paris Jura u. wendete sich dann der Musik zu. Nach Angaben von G. Zarlino soll J. Mouton sein Lehrer gewesen sein. 1522–25 am Hof des Herzogs Alfonso I. d'Este in Ferrara nachgewiesen, 1525–27 Sänger an der Kapelle des Erzbischofs Ippolyto II. d'Este in Mailand. Am 12. 12. 1527 erfolgte seine Ernennung zum Magister capellae cantus ecclesiastici Sancti Marci, ein Amt, das W. bis zu seinem Lebensende innehatte. An S. Marco führte W. die Singschule zu höchster Blüte u. machte Venedig zu einem der bedeutendsten Musikzentren Europas. Er gilt als der Begründer der → venezianischen Schule. Als Lehrer bildete er so bekannte Musiker u. Theoretiker wie C. de Rore, A. Gabrieli, G. Zarlino u. N. Vicentino aus. Im Mittelpunkt seines eigenen Schaffens stand die 4st. Motette, in der W. niederl. Satzkunst mit affektiver Textausdeutung u. Chromatik zu verbinden wußte. Seine 8st. *Salmi spezzati* (1550) brachten ihm den Ruf ein, als erster die Mehrchörigkeit in S. Marco eingeführt zu haben. Dabei stützte sich W. auf ältere oberital. Musizierpraktiken. In seinen weltlichen Kompositionen stehen volkstümliche *Canzone villanesche alla napolitana* (1545) neben kunstvollen Madrigalen (1546 u. 1563). Geistliche u. weltliche Musik faßte er in der 1559 gedruckten »Musica nova« zusammen, die 4–7st. Motetten u. Madrigale enthält.

W. veröffentlichte: »Liber quinque missarum«, 4st. (1536); Motetten, 4st. (2 Bücher, 1539); Motetten, 5st. (1539); Motetten, 6st. (1542); »Hymnorum musica secundum ordinem Romanae ecclesiae«, 4st. (1542); »Canzone villanesche alla napolitana« (1545); »Di

Adriano et di Jachet. I salmi ...« (1550); »Fantasie, recercari, contrapunti a tre voci ...« (1551); »I sacri e santi salmi ...« (1555); »Musica nova«, 4–7st. Motetten u. Madrigale (1559); »Il terzo libro delle Muse a tre voci« (1562).

Eine GA seiner Werke unter Leitung von H. Zenck u. W. Gerstenberg findet seit 1950 in Rom statt.

Williams, Ralph Vaughan → Vaughan Williams, R.

Willson, Meredith, amer. Komponist, * 18. 5. 1902 Mason City, IA. Schüler von G. Barrère, H. K. Hadley u. B. Wagenaar in New York. 1921 Flötist in der Band von J. Ph. Sousa u. 1923–28 Mitglied der New Yorker Philharmoniker. Wirkte anschließend als Dirigent. Trat 1957 mit dem sehr erfolgreichen Musical *The Music Man* (Libretto u. Lyrics nach einer eigenen Novelle) als Komponist am Broadway auf. W. veröffentlichte: »And there I Stood with my Piccolo« (1948); »The Eggs I Have Laid« (1955) u. »But He Doesn't Know the Territory« (1959).

Zu W. Werken gehören: die Musicals bzw. Shows *You and I* (1941), *May the Good Lord Bless You and Keep You* (1950), *The Music Man* (1957), *The Unsinkable Molly Brown* (1960) u. *Here's Love* (1963); 2 Sinfonien (1936 u. 1940), *O. O. McIntyre Suite* (1936), *The Jervis Bay* (1942); Chorwerke.

Williamson, Malcolm, austral. Komponist, * 21. 11. 1931 Sydney. Schüler von E. Goossens am Sydney Conservatory 1944–51 u. ab 1953 von E. Lutyens u. E. Stein in London. Wirkte 1955–60 als Organist in England. 1975 ernannt zum Master of the Queen's Musick.

Zu W. Kompositionen gehören: die Bühnenwerke *Our Man in Havana* (1963), *The English Eccentrics* (1964), *The Happy Prince* (1965), *Julius Caesar Jones* (1966), *The Violins of St. Jacques* (1966), *Dunstan and the Devil* (1967), *The Growing Castle* (1968), *Lucky-Peter's Journey* (1969), *The Stone Wall* (1971), *Genesis* (1971), *The Red Sea* (1972), *The Death of Cuchulain* (1972), *The Winter Star* (1972); die Ballette *The Display* (1964) u. *Sun into Darkness* (1966); Orchesterwerke, darunter 2 Sinfonien (1956–57 u. 1969), Concerto Grosso (1965), *Symphonic Variations* (1965); Konzerte für Kl. u. Orch. (1958, 1960, 1961), Orgelkonzert (1961), *Sinfonietta Concertante* für 3 Trp., Kl. u. Streicher (1959–61), Violinkonzert (1965), Konzert für 2 Kl. u. Orch. (1972); Vokalkompositionen, u. a. *The Icy Mirror* für Soli, Chor u. Orch. (1972), *Ode to Music* für Chor, Echo-Chor u. Orch. (1973), *Hammarskjöld Portrait* für S. u. Streicher (1974), *Mass of Christ the King* für Soli, Chor u. Orch. (1977–78); Kammermusik; Klavierstücke; Chorwerke; Kirchenmusik.

Wimberger, Gerhard, österr. Komponist, * 30. 8. 1923 Wien. Schüler von J. N. David (Komposition) u. C. Krauss (Dirigieren) am Mozarteum in Salzburg. Leitet dort seit 1953 selbst eine Dirigenten- u. Kompositionsklasse.

Zu W. Kompositionen gehören: die Opern *Schaubudengeschichte* (1954) u. *La battaglia oder Der rote Federbusch* (1960); die musikalische Komödie *Dame Kobold* (1964); Kammermusical für Schauspieler *Das Opfer der Helena* (1968); Katechismus mit Musik *Lebensregeln* (1972); die Ballette *Der Handschuh* (1955) u. *Hero und Leander* (1963); Orchesterwerke *Allegro giocoso* (1956), *Figuren und Phantasien* (1957), *Étude dramatique* (1961), *Partita giocosa* (1961), *Risonanze* für 3 Orchestergruppen (1966), *Chronique* (1969), kanonische Reflexionen *Multiplay* für 23 Spieler (1974), *Ausstrahlungen W. A. Mozartscher Themen* (1979); Vokalkompositionen wie *Heiratspost-Kantate* (1957) u. Oratorium *Memento vivere – Gesänge vom Tod* für Chor u. Orch. (1974).

Winkler, Gerhard (Pseudonym: Ben Bern), dt. Komponist, * 12. 9. 1906 Berlin, † 25. 9. 1977 Kempten. 1916–20 Schüler des Domchors in Berlin, wo er Klavier- u. Kompositionsunterricht erhielt. Arbeitete im Musikalienhandel u. trat als Unterhaltungspianist auf, bevor er Welterfolge wie *O mia bella Napoli* u. *Wenn in Florenz die Rosen blüh'n* komponierte.

W. schrieb außerdem die Operetten *Herzkönig* (1946), *Premiere in Mailand* (1950), *Der ideale Geliebte* (1957) u. *Der Fürst von Monterosso* (1960).

Winter, Peter von, dt. Komponist, getauft 28. 8. 1754 Mannheim, † 17. 10. 1825 München. Von dem Unterricht bei Abbé Vogler abgesehen als Komponist Autodidakt. Um 1765 bereits Mitglied der Mannheimer Hofkapelle. Wurde 1776 Musikdirektor der Theatertruppe von Th. H. Marchan, als diese in kurfürstliche Dienste in Mannheim trat. Übersiedelte 1778 mit dem Hof nach München, wo er 1787 Vize- u. 1798 Hofkapellmeister wurde. Lehnte sich in seinen Kompositionen an W. A. Mozart an u. ließ sich bei längeren Wienaufenthalten von A. Salieri in der Behandlung der Singstimme unterweisen. Auf ein Libretto von E. Schikaneder komponierte er 1797 unter dem Titel *Das Labyrinth* eine Fortsetzung von Mozarts *Zauberflöte*. Schrieb eine Vielzahl von Kirchenmusiken u. Instrumentalwerken.

Von W. Opern seien erwähnt: *Scherz, List und Rache* (J. W. von Goethe, 1790), *Jery und Bätely* (Goethe, 1790), *Catone in Utica* (P. Metastasio, 1791), *Das unterbrochene Opferfest* (1796), *Der Sturm* (W. Shakespeare, 1798), *Das Labyrinth oder Der Kampf mit den Elementen* (E. Schikaneder, 1797), *La grotta di Calipso* (L. da Ponte, 1803), *Il trionfo dell'amor fraterno* (da Ponte, 1804), *Il ratto di Proserpina* (da Ponte, 1804).

Winterfeld, Max → Gilbert, Jean

Wirbel, 1. Stifte am Hals aller Saiteninstrumente, um die jeweils ein Ende der Saiten gewickelt ist. Durch Drehen der W. werden die Saiten gespannt oder gelockert, d. h. gestimmt. **2.** schneller Wechsel der Schlegel bei Pauken u. Trommeln, wodurch eine Art Triller entsteht.

Wirén, Dag I., schwed. Komponist, * 15. 10. 1905 Noraberg. 1926–31 Schüler der Stockholmer Musikhochschule, wo C. Lindberg u. E. Ellberg zu seinen Lehrern gehörten. Anschließend 1932–34 weitere Studien in Paris bei L. Sabanejew. 1938–46 Musikkritiker des »Svenska Morgonbladet«. Lebt seither als freischaffender Komponist. Entwickelte sich von einer spätromantischen Tonsprache unter dem Einfluß von I. Strawinsky u. S. Prokofjew zum Neoklassizisten.

Zu W. Werk gehören: 5 Sinfonien (1932, 1939, 1944, 1952 u. 1964), Sinfonietta (1934), Serenade für Streicher (1937), *Triptychon* für Kammerorch. (1959), Musik für Streicher (1965–66); Konzerte für Vc. (1936), V. (1946) u. Kl. (1950) mit Orch.; Kammermusik; Klavierstücke; Bühnen- u. Filmmusik.

Wittinger, Róbert, ungar. Komponist, * 10. 4. 1945 Knittelfeld, Steiermark. Wollte eigentlich Maler werden, gewann 1961 den 1. Preis bei einem Wettbewerb für junge Pianisten in Budapest. Noch im gleichen Jahr Beginn der Kompositionsstudien am Budapester Konservatorium, 1963–65 Unterricht bei Z. Durkó. Übersiedelte 1965 in die BRD, nahm in München an einem Kurs über elektronische Musik teil u. schlug sich als Barpianist durch. 1967 gelang ihm der Durchbruch als Komponist mit der von M. Gielen im Rahmen der Reihe »das neue werk« aufgeführten *Concentrazione* für Orch. 1972–73 Studienaufenthalt in der Villa Massimo, Rom. Lebt seither als freischaffender Komponist.

Zu W. Werken gehören: *Sinfonia* Nr. 1 (1962–63, rev. 1976); *Espressioni* für Orch. (1964, rev. 1966); 1. Streichquartett (1964); *Dissociazioni* für Orch. (1964); *Sinfonia* für Streicher (1964, rev. 1970); *Consonante* für Englischhorn u. Orch. (1965); *Concentrazione* für Orch. (1965); *Concentrazioni* für Bläserquartett (1965); *Costruzioni*, 2. Streichquartett (1966); *Compensazioni* für kleines Orch. (1967); *Introspezioni* für Fag. solo (1967); *Irreversibilitazione* für Vc. u. Orch. (1967–68); *Om* für Orch. (1968); *Divergenti* für Orch. (1969); *Tendenze* für 3 Spieler (1969); *Tolleranza* für Ob., Celesta u. Schlagzeug (1969); *Strutture simmetriche* für Fl. solo (1969); *Tensioni* für Bläserquintett (1970); *Strutture simmetriche* für V. solo (1970); *Strutture simmetriche* für Cimbalom solo (1970); *Strutture simmetriche* für Schlagzeug (1970); *Catalizzazioni* für 24 St. u. 7 Instr. (1970); 3. Streichquartett (1970); *Montaggio* für Kammerorch. (1971); *Costellazioni* für Cimbalom, Kammerorch. u. Orch. (1971); *Relazioni* für 7 Solisten u. Orch. (1972); Konzert für Ob., Hf. u. Streicher (1972); *Confusione*, elektronische Musik (1973); *Omaggio* für 2 V., 2 Va. u. 2 Vc. (1974); *Undici assiomi* für Fl. u. Cimbalom (1974); *Sillogismo* für V. u. Schlagzeug (1974); *Polemica* für Vc. u. Kl. (1974); *Confusione* für Org. u. Tonband (1975); *Concerto polemico* für Orch. (1975); *Sinfonia* Nr. 2 (1979).

Wölfl (Wölffl), Joseph, österr. Pianist u. Komponist, * 24. 12. 1773 Salzburg, † 21. 5. 1812 London. Schüler von M. Haydn u. L. Mozart. Wirkte ab 1790 in Wien, wo mehrere seiner Opern herauskamen. Ging mehrfach auf ausgedehnte Konzertreisen u. ließ sich 1801 als Pianist u. Lehrer in Paris nieder. Lebte ab 1805 in London.

Zu W. Werken gehören neben einer Reihe von Opern 2 Sinfonien, 7 Klavierkonzerte, Kammermusik, Klavierstücke u. Lieder.

Wolf, Hugo Ph. J., österr. Komponist, * 13. 3. 1860 Windisch-Gräz, Südsteiermark, † 22. 2. 1903 Wien. Brachte sich selbst das Klavierspiel bei u. konnte mit Hilfe des musikliebenden Vaters früh seine Begabung entfalten. Einseitig auf die Musik ausgerichtet, kam er in der Schule nicht weiter u. wurde schließlich 1875 von einer Tante in Wien aufgenommen, wo er am Konservatorium bei W. Schenner Klavier u. bei R. Fuchs Harmonielehre studierte. Entscheidendes Erlebnis des ersten Wiener Jahres waren die Aufführungen des *Tannhäuser* u. *Lohengrin* unter R. Wagner, der den Anfänger freundlich empfing u. auf seinem Wege ermutigte. Die Begegnung mit dem Meister machte W. zu einem überzeugten Wagnerianer. Nach 2 Jahren wegen eines Disziplinarverfahrens vom Konservatorium ausgeschlossen, fristete W. sein Dasein als Begleiter u. Privatlehrer u. war auf die Unterstützung seiner Freunde angewiesen. 1884–87 war er Musikkritiker des wöchentlich erscheinenden »Wiener Salonblattes«. Seine meistens sachlich richtigen, aber konzessionslos formulierten Kritiken u. sein unbedingtes Eintreten für Wagner machten ihm viele Feinde. Nur seine wütenden Angriffe auf J. Brahms, der ihm einmal den Rat gegeben hatte, bei G. Nottebohm gründlich Kontrapunkt zu studieren, trüben seine Leistung als Rezensent. Das Jahr 1888 setzte plötzlich eine außergewöhnliche Schaffenskraft in W. frei. In wenigen Monaten entstanden die 53 Mörike-Lieder u. ein Großteil der Eichendorff- u. Goethe-Lieder. Da sich anfangs kein Verleger für W. Lieder interessierte, waren Liederabende im Rahmen des Wiener R.-Wagner-Vereins mit dem Sänger F. Jäger lange Zeit die einzige Möglichkeit, seine Werke bekannt zu machen. Neben den etwa 300 Liedern, die in knapp 10 Jahren entstanden, wandte sich W. auch dem Gebiet der Oper zu. Nachdem er lange ein gutes Libretto gesucht hatte, vertonte er schließlich den »Corregidor« von R. Mayreder, mit dem er 1896 in Mannheim einen Achtungserfolg errang. Während er an seiner 2. Oper *Manuel Venegas* arbeitete, machte sich eine fortschreitende Paralyse bemerkbar, die von Wahnsinnsanfällen begleitet war. Die letzten Jahre seines Lebens verbrachte W. in der niederösterr. Landesirrenanstalt.

W. verdankt seine heutige Bedeutung einzig seinem Liedschaffen. Von R. Schumann ausgehend, entwickelte er einen ganz persönlichen Stil, bei dem Wortbehandlung u. Klavierbegleitung zu einer Steigerung des Dichterischen führten, wie sie selten vor W. erreicht wurde. Deshalb gab er seinen Liedern auch Titel, in denen es heißt: Gedichte von … für eine Singstimme u. Klavier. Das Vorbild Schumanns war so übermächtig, daß W. von diesem vertonte Gedichte nicht mehr anrührte, da ihm Schumanns Lösung unübertrefflich erschien.

Zu W. Werken gehören: die Opern *Der Corregidor*

(1895) u. *Manuel Venegas* (1897, unvollendet); Bühnenmusiken zu »Prinz Friedrich von Homburg« (1884, unvollendet) u. »Das Fest auf Solhaug« (1890–91); die sinfonische Dichtung *Penthesilea* (1883–85); Streichquartett in d-Moll (1878–84), Intermezzo für Streichquartett (1886) u. Serenade für Streichquartett (1887, bearbeitet als *Italienische Serenade* für kleines Orch., 1897); *Rondo capriccioso* in B-Dur für Kl. (1876), Humoreske für Kl. (1877), *Aus der Kinderzeit* 1 u. 2 für Kl. (1877); Chorwerke, u.a. *6 geistliche Lieder nach Gedichten von Eichendorff* für gem. Chor (1881), *Christnacht* nach einem Text von A. von Platen für Soli, Chor u. Orch. (1886–89), *Elfenlied* nach W. Shakespeare für S., Frauenchor u. Orch. (1889–91), *Der Feuerreiter* nach E. Mörike für Chor u. Orch. (1892, Bearbeitung des gleichnamigen Liedes von 1888), *Dem Vaterland* nach einem Text von R. Reinick für Männerchor u. Orch.; Lieder: *6 Lieder für eine Frauenstimme* (1888), *6 Gedichte von Scheffel, Mörike, Goethe und Kerner* (1888), *Gedichte von E. Mörike* (1888), *Gedichte von Eichendorff* (1889), *Gedichte von Goethe* (1890), *Spanisches Liederbuch* nach Übersetzungen von P. Heyse u. E. Geibel (1891), *Alte Weisen*, 6 Gedichte von G. Keller (1891), *Italienisches Liederbuch* nach Übersetzungen von P. Heyse (I, 1892; II, 1896), *3 Gedichte von Robert Reinick* (1897), *3 Gesänge* aus H. Ibsens »Das Fest auf Solhaug« (1897), *4 Gedichte* nach H. Heine, W. Shakespeare u. Lord Byron (1897), *3 Gedichte von Michelangelo* (1898), 73 Lieder (entstanden zwischen 1875 u. 1890, die W. entweder nicht veröffentlicht hat oder die erst nach seinem Tode erschienen). Außerdem bearbeitete er 4 Mörike-Lieder u. 10 geistliche Gesänge aus dem *Spanischen Liederbuch* für Singst. u. Org.

GA, hg. von der Internationalen H.-W.-Gesellschaft unter Leitung von H. Jancik, Wien 1960ff.

Lit.: E. Decsey, H. W., 4 Bde., Berlin 1903–06; H. Werner (Hg.), Briefe an O. Grohe, Berlin 1905; E. Newman, H. W., London 1907, Neuauflage New York u. London 1963, dt. Leipzig 1910; R. Bathka u. H. Werner, H. W. musikalische Kritiken, Leipzig 1912; H. Werner (Hg.), Briefe an R. Mayreder, Wien 1921; ders., Briefe an H. Lang, Regensburg 1923; A. Orel, H. W., Wien 1947; F. Walker, H. W., London 1951, rev. New York u. London 1968; D. Lindner, H. W., Leben, Lied, Leiden, Wien 1960; F. Grasberger (Hg.), Briefe an M. Köchert, Tutzing 1964; C. Rostand, H. W., Paris 1967; E. Werba, H. W. oder Der zornige Romantiker, Wien 1971; P. Cook, H. W. Corregidor, London 1976.

Wolf-Ferrari, Ermanno, ital. Komponist, * 12. 1. 1876 Venedig, † 21. 1. 1948 ebd. Studierte 1892–95 bei J. Rheinberger in München u. trat 1899 mit dem Oratorium *La Sulamite* in Venedig an die Öffentlichkeit, nachdem er in München 1892 bereits eine Streicherserenade aufführen lassen konnte. 1900 debütierte W.-F. als Opernkomponist mit *La Cenerentola* am Teatro La Fenice in Venedig. 1902–09 war er Direktor des dortigen Conservatorio di Musica B. Marcello. W.-F. komponierte hauptsächlich Opern u. bevorzugte Libretti nach C. Goldoni, die seiner Begabung zur Buffo-Oper entgegenkamen. W.-F. kommt das Verdienst zu, die alte ital. Opera buffa durch eine moderne Form u. Sprache neu belebt zu haben.

W.-F. komponierte die folgenden Bühnenwerke: *La Cenerentola* (1900), *Le donne curiose* (1903), *I quattro rusteghi* (1906), *Il segreto di Susanna* (1909), *I gioielli della Madonna* (1911), *L'amore medico* (1913), *Gli amanti sposi* (1925), *Das Himmelskleid* (1927), *Sly* (1927), *La vedova scaltra* (1931), *Il campiello* (1936), *La dama boba* (1939), u. *Gli dei a Tebe* (1943).

Wolfrum, Philipp, dt. Musikwissenschaftler, Komponist u. Dirigent, * 17. 12. 1854 Schwarzenbach am Wald, † 8. 5. 1919 Samaden. Schüler von J. Rheinberger u. F. Wüllner in München. Wirkte 1878–84 in Bamberg u. ab 1884 in Heidelberg als Gesangslehrer am theologischen Seminar der Universität. 1894 Ernennung zum Universitätsmusikdirektor. Setzte sich in seinen Konzerten besonders für F. Liszt, J. Brahms, M. Reger u. R. Strauss ein. Er veröffentlichte: »J. S. Bach«, 2 Bde. (1906); »Luther und die Musik« (1917) u. »Luther und Bach« (1918). Von seinen Kompositionen seien das *Weihnachtsmysterium* u. *Das große Hallelujah* von Klopstock erwähnt.

Wolkenstein, Oswald von, österr. Dichter u. Sänger, * um 1377 wahrscheinlich auf Schloß Schöneck im Pustertal, † 2. 8. 1445 Meran. Hinterließ mehr als 120 Lieder, von denen 36 2- u. 3st. gesetzt sind. Mit seiner kritischen Einstellung zum formelhaften Minnelied gilt er als Schöpfer des Individualliedes.

Wolpe, Stefan, amer. Komponist dt. Herkunft, * 25. 8. 1902 Berlin, † 4. 4. 1972 New York. Studierte an der Berliner Hochschule für Musik bei P. Juon u. F. Schreker, 1933–34 privat bei A. Webern in Wien, lehrte 1934–38 am Palestine Conservatory in Jerusalem u. anschließend in den USA. Fand nach verschiedenen Experimenten zur Zwölftontechnik.

Zu W. Kompositionen gehören: die Opern *Schöne Geschichten* u. *Zeus und Elida* (beide 1927); das Ballett *The man from Midian* (1942); 5 Sinfonien; Kammermusik; Vokalkompositionen.

Work in progress (engl.: »im Werden begriffenes Werk«), Bezeichnung für ein nicht abgeschlossenes oder willentlich nicht fertiggestelltes Werk. Der Komponist geht dabei von der Idee aus, der Ausschnitt repräsentiere das Ganze u. lasse einen beliebigen Schluß zu.

Work song (engl.: »Arbeitslied«), eine insbesondere in der afro-amer. Negerfolklore ausgebildete Gesangsgattung, die dem → Arbeitslied entspricht. Eine spezifische Art des W. ist der → Plantation song. Der W. hat bei der Entstehung des → Blues, des → Negro Spiritual u. des frühen Jazz (→ S. 399) eine wichtige Rolle gespielt.

Wranizky (Vranický), Paul (Pavel), mährischer Komponist, Geiger u. Dirigent, * 30. 12. 1756 Neu-Reisch, † 26. 9. 1808 Wien. Wurde um 1785 Musikdirektor des Grafen J. N. Esterházy von Golantha u. übernahm um 1790 die Leitung des Wiener Hofopernorchesters, erst für die Ital., dann für die Dt. Oper.

Zu W. Werken gehören: das Singspiel *Oberon, König der Elfen* (1789), *Das Fest der Lazzaroni* (1794), die komische Oper *Die gute Mutter* (1795), das Singspiel *Der Schreiner* (1799) u. das Liederspiel *Mitgefühl* (1804); die Ballett-Divertissements *Das Waldmädchen, Die Weinlese, Zemire und Azor, Das Urteil des Paris* u. *Der Sabinerraub*; 22 Sinfonien; Konzerte; Kammermusik.

Wuorinen, Charles, amer. Komponist, * 9. 6. 1938 New York. Schüler von O. Luening an der Columbia University, wo er 1964–71 Kompositionslehrer war. Seit 1972 an der Manhattan School of Music. Verwendet in seinen Kompositionen u. a. Reihentechniken.

Zu W. Werken gehören: *Orchestral and Electronic Exchanges* (1965); 1. Klavierkonzert (1966); Streichtrio (1968); *Contrafactum* für Orch. (1969); *Time's Encomium*, elektronisch (1969); 2 Klaviersonaten (1969 u. 1976); *A Message to Denmark Hill* für Bar., Fl., Vc. u. Kl. (1970); *Ringing Changes* für Schlagzeugensemble (1970); *Chamber Concerto* für Tuba, 12 Bläser u. 12 Pauken (1970); Streichquartett (1971); Konzert für verstärkte Geige u. Orch. (1972); 2. Klavierkonzert für verstärktes Kl. u. Orch. (1974); Oper *The W. of Babylon* (1975); *Hyperion* für 12 Instr. (1975); *Percussion Symphony* (1976); *The Winds* (1977).

Wustin, Alexander K., sowj. Komponist, * 24. 4. 1943 Moskau. Studierte am Moskauer Konservatorium bei W. Fere u. ist seit 1974 Redakteur im Moskauer Musikverlag Sowjetski Kompositor. Schreibt eine »arme Musik im Sinne von Grotowskys Armem Theater«, d. h. eine Musik, die ganz aus ihrem Material u. der Empfindung des Komponisten lebt u. sich an keine Regeln hält.

Zu W. Werken gehören: *3 Gedichte nach M. Tejf* für Singst. u. Kl. (1967); Sinfonie (1969); *Improvisation und Nocturne* für 10 Instr. (1972); *Lamento und Sterne* für gem. Chor u. Fl. solo (1974); *Worte* für Ob., Klar., Bar.-Sax., Kontrafag., Horn, Trp., Pos. u. Schlagzeug (1975); Suite für Vc. solo (1975); Capriccio für Solost., Männerchor u. Instrumentalensemble (1977); *Memoria I* für Bar., V., Va., Vc. u. Kb. auf Texte von J. Olesch (1977); *Memoria II*, Konzert für Streicher, Celesta, Kl., Glocken u. 6 Schlagzeuger (1978); *Szenen* für Gesang u. Instr. nach einem Text von W. Chatschaturow (1980).

Wyschnegradsky, Ivan, franz. Komponist russ. Herkunft, * 16. 5. 1893 Petersburg, † 29. 9. 1979 Paris. Der Vater war Bankier u. Amateurkomponist, die Mutter Dichterin. W. studierte am Petersburger Konservatorium bei N. Sokoloff u. geriet bald unter den Einfluß von A. Skrjabin, mit dem er den Glauben teilte, die Musik könne die Welt verändern. In den Jahren 1916–18 entstand mit *La journée de l'existence* für Sprecher, Chor ad libitum u. Orch. ein erstes Werk, das deutlich Tendenzen zu Mikrointervallen aufweist. Nach der Oktoberrevolution ließ sich W. in Paris nieder u. widmete sich ganz der Erforschung von Viertel-, Sechstel- u. Zwölfteltönen. Bei einem Berlinbesuch lernte er 1922 A. Hába kennen, der ihn in seinen Experimenten bestärkte. W. entwikkelte Mikrotonleitern (échelles ultrachromatiques) u. ließ sich von der Firma Pleyel ein dreimanualiges Vierteltonklavier bauen.

Zu W. Werken gehören: chromatische Kompositionen wie *L'automne* für Baßbar. u. Kl. (1917), *Le soleil décline* für Baßbar. u. Kl. (1917–18), *Le scintillement lointain des étoiles* für S. u. Kl. (1918), *L'évangile rouge* für Baßbar. u. Kl. (1918–20), *Étude sur le carré magique sonore* für Kl. (1956) u. *Deux préludes* für Kl. (1956); Vierteltonkompositionen wie *Six variations sur la note Do* für 2 Kl. (1918–20), *Chant funèbre* für Streicher u. 2 Hf. (1922), 1. Streichquartett (1924), Sinfonie für 4 Kl. *Ainsi parlait Zarathoustra* (1929–30, rev. 1936), 2. Streichquartett (1930–31), *24 préludes dans tous les tons de l'échelle chromatique diatonisée à 13 sons* für 2 Kl. (1934, rev. in den 60er Jahren), *Premier fragment symphonique* für 4 Kl. (1934, rev. 1936, Orchesterfassung 1967), *Linnite* für 3 Frauenst. u. 4 Kl. (1937), *Cosmos* für 4 Kl. (1939–40), *Troisième fragment symphonique* für 4 Kl. (1946), *Acte chorégraphique* für 4 Kl., Schlagzeug, gem. Chor u. Baßbar. (1930–50), *Deux fugues* für 2 Kl. (1951), *Cinq Variations sans thème et conclusion* für Orch. (1952), *Sonate en un mouvement* für A. u. 2 Kl. (1953), *Transparences I* für 2 Kl. u. Ondes Martenot (1953), *Quatrième fragment symphonique* für 4 Kl. u. Ondes Martenot (1956), *Composition* für Streichquartett (1960), *Étude sur les mouvements rotatoires* für 2 Kl. vierhändig (1961, Orchesterfassung 1967), *Transparences II* für 2 Kl. u. Ondes Martenot (1963), *Intégrations* für 2 Kl. (1967), *Symphonie en un mouvement* für Orch. (1969), action musico-scénique *L'éternel étranger* für 4 Kl., Schlagzeug, Soli u. gem. Chor (1950–70); Kompositionen mit Drittel-, Viertel-, Sechstel-, Achtel- u. Zwölfteltönen sowie Oktaven, die in 31 Abstände geteilt sind, darunter *Chant douloureux et étude* für V. u. Kl. (1918), *Prélude et fugue* für 3 Kl. (1945), *Deux pièces* für das Kl. mit Mikrointervallen von J. Carillo (1959), *Deux compositions* für 3 Kl. (1961) u. *Prélude et étude* für das Klavier mit Mikrointervallen von J. Carillo (1966). W. veröffentlichte 1932 ein »Manuel d'harmonie à quarts de ton«.

Lit.: C. Ballif (Hg.), I. W., L'ultrachromatisme et les espaces non octaviants, Paris 1972 (Sondernummer 290–91 der »Revue Musicale«).

Wyttenbach, Jürg, schweiz. Komponist u. Pianist, * 2. 12. 1935 Bern. Studierte bei K. von Fischer u. S. Veress am Konservatorium seiner Heimatstadt sowie am Pariser Conservatoire u. an der Musikhochschule in Hannover. 1962 Dozent am Konservatorium in Bern u. Leiter einer Klavierklasse an der Musikakademie der Stadt Basel.

Zu W. Kompositionen gehören: *3 Sätze* für Ob., Hf. u. Kl. (1963); *Divisions* für Kl. u. 9 Solostreicher (1964); *De metalli* für Bar. u. Orch. (1965, rev. 1966), Klavierkonzert (1966), *Paraphrase* für 1 Sprecher, 1 Flötisten u. 1 Pianisten auf einen Text von G. Grass (1967); *Conteste* für Kammerorch. (1969); *Exécution ajournée I,* Gesten für 13 Musiker (1970), *II,* Gesten für Musiker (1970) u. *III* für Streichquartett (1973).

X

Xenakis, Iannis (Yannis), griech. Komponist, * 1. 5. 1922 Brăila, Rumänien. Studierte am Polytechnikum in Athen u. machte dort 1947 sein Diplom als Ingenieur. Musikalische Studien an der Pariser École Normale de Musique bei A. Honegger u. D. Milhaud schlossen sich 1949 an. Ein Jahr später erhielt er von O. Messiaen Kompositionsunterricht am Pariser Conservatoire. Besuchte außerdem die Kurse von H. Scherchen in Gravesano. 1948–60 Assistent von Le Corbusier, an dessen Buch »Modulor« sowie an zahlreichen Architekturprojekten er mitarbeitete. Wurde durch den nach seinen Entwürfen für die Weltausstellung 1958 in Brüssel gebauten Philips-Pavillon weltbekannt. Gründete 1966 an der Sorbonne eine Équipe de mathématique et d'automatique musicales u. 1967 ein Zentrum für mathematische und automatische Musik an der Indiana University. Versucht in seinen Kompositionen eine Vereinigung von Kunst u. Wissenschaft in ihren heutigen Erscheinungsformen, d.h. von Mathematik, Physik, Kybernetik u. Computertechnik mit abstrakter Malerei, neuer Architektur und neuer Musik. Legt bei seinen Arbeiten seit 1955 mathematische Methoden zugrunde wie Gesetze der Wahrscheinlichkeitsrechnung (musique stochastique), die Spieltheorie (stratégie musicale) u. die Theorie von Einheiten u. mathematischer Logik (musique symbolique). Dabei tritt die klangliche Realisierung gegenüber der operationellen Methodik zurück.

Zu X. Werken gehören *Metastasis* für 61 Instr. (1953–54), *Pithoprakta* für 50 Instr. (1955–56), *Achorripsis* für 21 Instr. (1956–57), *ST/4* für Streichquartett, *ST/10* für 10 Instr. u. Streichquartett, *Morsima-Amorsima* für V., Vc., Kb. u. Kl., *Atrées* für 10 Instr. u. *ST/48* für 48 Instr. (1956–62), *Diamorphoses*, elektronische Musik (1957), *Concret PH*, elektronische Musik (1958), *Syrmos* für 18 oder 36 Instr., *Analogiques A & B* für 9 Streicher u. *Duel, jeu pour deux orchestres* (1959), *Stratégie, jeu pour deux orchestres* (1959–62), *Orient-Occident*, elektronische Musik (1960), *Herma* für Kl. (1960–61), *Polla ta dhina* für Kinderchor u. Orch. u. *Bohor*, elektronische Musik (1962), *Eonta* für 5 Blechbläser u. Kl. (1963–64), *Hiketides* für Frauenchor u. Instrumentalensemble (1964, daraus Instrumentalsuite), *Akrata* für 16 Bläser (1964–65), *Oresteia* für gem. Chor u. Kammerorch. (1965–66, daraus Suite), *Terrêtektorh* für 88 im Publikum verteilte Musiker (1965–66), *Nomos alpha* für Vc. solo (1966, danach Ballett von M. Béjart), *Polytope, spectacle lumineux et sonore* zu einer Musik mit vier gleichen Orch., *Nuits* für 12 gem. Stimmen a cappella u. *Medea* für Männerchor u. Instrumentalensemble (1967), *Nomos gamma* für 98 im Publikum verteilte Musiker (1967–68), *Kraanerg*, Ballettmusik für Tonband u. Orch. (1968–69, danach Ballett von R. Petit), *Anaktoria*, Oktett für Klar., Fag., Horn, 2 V., Va., Vc. u. Kb., *Synaphai* für Kl. u. Orch. u. *Persephassa* für 6 um das Publikum verteilte Schlagzeuger (1969), *Hibiki-Hana-Ma*, elektronische Musik (1969–70), *Charisma* für Klar. u. Vc., *Aroura* für 12 Streicher, *Persepolis, spectacle lumineux et sonore* mit elektronischer Musik, *Antikhthon*, Ballettmusik für Orch. u. *Mikka* für V. solo (1971), *Linaia-Agon* für Horn, Pos. u. Tuba u. *Polytope de Cluny*, automatisiertes audiovisuelles Schauspiel (1972), *Eridanos* für 2 Hörner, 2 Trp., 2 Tuben u. Streicher, *Evryali* für Kl., *Cendrées* für gem. Chor u. Orch., *Gmeeoorh* für Org. u. *Noomena* für Orch. (1973), *Erikhthon* für Kl. u. Orch. (1974), *Empreintes* für Orch., *Phlegra* für 11 Instr., *Psappha* für Schlagzeug u. *N'shima* für 2 Hörner, 2 Pos., 2 Mezzo-S. u. Vc. (1975), *Khoai* für Cemb. u. *Dmaathen* für Ob. u. Schlagzeug (1976), *Kottos* für Vc. solo (1977), *Ikhoor* für Streichtrio u. *Mykenai A*, Computerstück (1978), *Pièce 000* für Bar., Schlagzeug u. Orch. (1981). Seine Komposition aus Architektur, Klängen u. Licht *Diatope*, geschaffen für den Platz vor dem Centre Georges Pompidou in Paris, war 1979 auch in Bonn zu sehen u. zu hören.

Er veröffentlichte »Musiques formelles«, Paris 1963 (Sondernummer 253–54 der »Revue musicale«), »Musique. Architecture«, Paris 1971, u. »Formalized Music, Thought and Mathematics in Composition«, Bloomington, IN, 1971 (erweiterte engl. Ausgabe von »Musiques formelles«).

Lit.: D. Charles, La pensée de X., Paris 1968; C. Rostand, X., Paris 1972; M. Fleuret, I. X., Paris 1972; O. Revault D'Allonnes, X., Les polytopes, Paris 1975.

Y

Yamash'ta, Stomu (eigentlich Yamashita, Tsutomu), japan. Schlagzeuger u. Komponist, * 10. 3. 1947 Kioto. Erhielt ersten Unterricht bei seinem Vater u. spezialisierte sich seit seiner Jugend auf Schlaginstrumente. Wirkte eine Zeitlang als Pauker der Philharmoniker in Kioto u. Osaka. Seine Ausbildung rundete er in London, Boston, New York u. Chicago ab. Trat anschließend in Japan als Soloschlagzeuger auf u. entwickelte eine unglaubliche Virtuosität im Spiel der kreisförmig um ihn angeordneten Instrumente. Seine Kompositionen sind von der klassischen japan. Musik, dem Kabuki-Theater u. der Popmusik beeinflußt. 1971 gründete er das Red Buddha Theatre, mit dem er ab 1972 erfolgreich in Westeuropa aufgetreten ist. Außerdem arbeitet er mit der Popgruppe The Edge zusammen.

Zu Y. Kompositionen gehören das Ballett *Fox* (1968), *Hito* für 3 beliebige Instr. (1970), *Prisms* für Schlagzeug solo (1970), *Red Buddha* für Kammerensemble (1971) u. Musiktheater wie *Man from the East* (1971) u. *Rain Mountain* (1973). Daneben komponierte Y. unzählige Spielfilm- u. Fernsehfilmmusiken, u.a. zu K. Russels »The Devils« (gemeinsam mit P. M. Davies) u. zu R. Altmans »Images«.

Youmans, Vincent M., amerik. Komponist, * 27. 9. 1898 New York, † 5. 4. 1946 Denver, CO. Studierte Maschinenbau u. versuchte sich während des Wehrdienstes als Komponist von Songs. Wurde nach dem 1. Weltkrieg Songverkäufer (song-plugger) bei M. Dreyfus u. Probenpianist, hauptsächlich bei V. Herbert. 1920 veröffentlichte er mit *The Country Cousin* seinen ersten Song. 1921 hatte er mit *Two Little Girls in Blue* zu Songtexten von I. Gershwin einen ersten Broadway-Erfolg. Er gehörte zu den erfolgreichsten Musical-Komponisten der 20er Jahre.

Y. komponierte *Two Little Girls in Blue* (1921), *Wildflower* (1923), *No, No, Nanette* mit den Hits *I Want to Be Happy* u. *Tea for Two* (1924), *Hit the Deck* (1927), *Rainbow* (1928), *Great Day!* (1929), *Smiles* (1930), *Take a Chance* (1932, 5 Songs) u. *Through the Years* (1932).

Young, La Monte, amerik. Komponist, * 14. 10. 1935 Bern, ID. Studierte an der University of California in Berkeley, daneben privat bei L. Stein 1958–60. Nahm außerdem 1959 Unterricht bei K. Stockhausen u. R. Maxfield. Studierte schließlich indischen Kunstgesang bei Pran Nath in New York u. Neu-Delhi. Seit 1963 mit Marian Zazeela verheiratet, mit der zusammen er eine Reihe von Sound and Light Environments schuf. Typisch für seine häufig elektronisch erzeugten Kompositionen ist ihre extreme Dauer. Wie auch S. Reich sieht Y. Musik als Mittel zur meditativen Versenkung.

Zu Y. Kompositionen gehören: Streichtrio (1958), *Vision* für 11 Instr. (1959), *Untitled Works* für Kl. (1959–62), *Poem for Chairs, Tables, Benches, etc.* (1960, auch für andere Geräuschquellen), *Arabic Numeral (Any Integer)* für Gong oder Kl. (1960), *2 Sounds* (1960, von M. Cunningham zu *Winterbranch* verwendet), *Compositions 1960* Nr. 1–15 u. *1961* Nr. 1–29, *The Tortoise, His Dreams and Journeys, a continuing performance* für St., Streicher, Brummtöne, Mikrophone, Mischgeräte, Verstärker, Lautsprecher u. Lichtprojektion. Er veröffentlichte außerdem »An Anthology of Chance Operations, Concept Art, Anti-Art…« (1963, gemeinsam mit J. MacLow) u. »Selected Writings« (1969, gemeinsam mit M. Zazeela).

Yradier, S. → Iradier, S.

Ysaye (Ysaÿe), Eugène-A., belg. Geiger, Dirigent u. Komponist, * 16. 7. 1858 Lüttich, † 12. 5. 1931 Brüssel. Schüler des Lütticher Konservatoriums, wo er bei L. Massart (Geige) u. M. Dupuis (Harmonielehre) studierte. Studien bei H. Wieniawski u. H. Vieuxtemps schlossen sich an. Trat danach als Solist in Europa auf u. übernahm 1886–98 eine Professur am Conservatoire in Brüssel. Gründete 1894 die Société des Concerts Y. in Brüssel sowie ein Streichquartett (mit M. Crickboom, L. Van Hout, J. Jacob) u. setzte sich besonders für die zeitgenössische Musik ein. Besuchte ab 1894 auch regelmäßig die Vereinigten Staaten u. leitete dort 1918–22 das Cincinnati Symphony Orchestra.

Zu seinen Kompositionen gehören die Oper *Pier li Houyeu*, 6 Violinkonzerte, Stücke für V. u. Vc. mit Orch., 6 Sonaten für V. solo.

Lit.: E. Christen, Y., Genf 1946; L. Ginzburg, É. Izai Moskau 1959; M. Brunfaut, J. Laforge, les Y. et leur temps, Brüssel 1961; A. Ysaÿe, Historique des six sonates pour violon seul, Brüssel 1967; ders., E. Y., Brüssel 1972.

Yun, Isang, korean. Komponist, * 17. 9. 1917 Tongyong. Studierte bis 1943 in Korea u. Japan Cello u. Komposition, lebte dann als Widerstandskämpfer gegen die japan. Besetzung teils im Untergrund, teils in politischer Haft. 1946 Lehrer u. 1952–56 Dozent für Komposition an den Universitäten Pusan u. Seoul. Studierte 1956–57 am Pariser Conservatoire bei T. Aubin u. 1957–59 an der Berliner Musikhochschule bei B. Blacher. Ließ sich 1964 in Berlin nieder u. wurde dt. Staatsangehöriger. Machte 1967 von sich reden, als ihn der südkorean. Geheimdienst gewaltsam entführte. Kehrte 1969 nach Berlin zurück u. lehrt seit 1970 an der Berliner Musikhochschule Komposition. Verbindet in seiner Musik Elemente der chinesisch-koreanischen Kunstmusik, in der ostasiatischen Musik gebräuchliche Spielmöglichkeiten wie Glissando, Tremolo, Vibrato u. Triller sowie ästhetische Vorstellungen der westlichen Avantgarde. Setzt Tonzentren als gliedernde Orientierungspunkte ein.

Zu Y. Werken gehören: 5 Stücke für Kl. (1958), Musik für 7 Instr. u. Streichquartett Nr. 3 (1959), *Symphonische Szene* für Orch. u. *Bara* für Orch. (1960), *Colloïdes* für Orch. (1961), *Loyang* für Kammerensemble (1962), *Fluktuationen* für Orch., *Gasa* für V. u. Kl. u. *Garak* für Fl. u. Kl. (1963), *Om mani padme hum* für S., Bar., Chor u. Orch. (1964), *Nore* für Vc. u. Kl. (1964, rev. 1966), *Träume des Liu-Tung*, Oper (1965), *Réak* für Orch. u. *Shao Yang Yin* für Cemb. (1966), *Tuyaux sonores* für Org. u. *Die Witwe des Schmetterlings*, Oper (1967), *Riul* für Klar. u. Kl. u. *Images* für Fl., Ob., V. u. Vc. (1968), *Geisterliebe*, Oper (1969–70), *Glissées* für Vc. solo (1970), *Piri* für Ob. solo, *Namo* für 3 S. u. Orch. u. *Dimensionen* für Orch. (1971), *Sim Tjong*, Oper (1971–72), Trio für Fl. u. V. (1972–73), Trio für V., Vc. u. Kl. (1972–75), Ouvertüre für Orch. (1973–74), *Memory* für Mezzo-S., Bar., Sprecher u. Schlagzeug, Etüde für Fl. solo u. *Harmonia* für 13 oder 16 Bläser, Hf. u. Schlagzeug (1974), *An der Schwelle*, Sonette für Bar., Frauenchor, Org. u. andere Instr., *Fragment* für Org. u. *Rondell* für Ob., Klar. u. Fag. (1975), Konzert für Vc. u. Orch., Pièce concertante für Kammerensemble, Duo für Va. u. Kl. u. Königliches Thema nach dem Musikalischen Opfer von J. S. Bach für V. solo (1976), Konzert für Fl. u. kleines Orch. u. *Der weise Mann*, Kantate für Bar., gem. Chor u. Orch. (1977), *Muak* für Orch. u. Oktett für Klar., B.-Klar. ad lib., Fag., Horn u. Streichquintett (1978), *Fanfare & Memorial* für Orch. u. Sonata für Ob., Hf. u. Va. oder Vc. (1979), *Teile Dich, Nacht* für S. u. Orch. u. *Exemplum* für Orch. (1980). Lit.: L. Rinser u. I. Y., Der verwundete Drache, Dialog über Leben u. Werk des Komponisten, Frankfurt a. M. 1977.

Z

Zach, Jan (Johann), böhmischer Komponist, * 13. 11. 1699 Čelákovice bei Brandeis, Böhmen, † 24. 5. 1773 Ellwangen. Kam 1724 als Geiger nach Prag, wirkte dort später als Organist u. war 1745–56 Hofkapellmeister in Mainz. Von seinen Kompositionen erschien zu Lebzeiten anscheinend nur ein Cembalokonzert im Druck. Seine 6 Sinfonien für Streichorch. u. seine 21 Sinfonien sind deutlich von der böhmischen Folklore geprägt. An weiteren Werken sind bekannt: Kirchenkompositionen, Triosonaten, Klavier- u. Orgelstücke. Außerdem hinterließ Z. 14 Konzerte für Fl., Ob., Vc. u. Cemb. mit Orch.

Zacher, Gerd, dt. Organist u. Komponist, * 6. 7. 1929 Meppen. Schüler von H. Heintze und M. Schneider (Orgel) sowie G. Bialas (Komposition). 1957–70 Kantor u. Organist an der Luther-Kirche in Hamburg-Wellingsbüttel, ab 1970 Professor u. Leiter der Kirchenmusikabteilung an der Folkwang-Hochschule in Essen. Z. gehört zu den führenden Interpreten zeitgenössischer Orgelmusik u. hat unzählige Werke von Komponisten wie S. Bussotti, M. Kagel, G. Ligeti u. a. uraufgeführt u. durchgesetzt. Zu seinen eigenen Kompositionen gehören die Kammerkantate *Prière pour aller au paradis avec les ânes* (1952), *Diferencias* für Org. (1961), *Das Gebet Jonas' im Bauch des Fisches* für S. u. Org. (1963), sowie *Text* (1963), *Szmaty* (1968), *Ré* (1969) u. *Orumanbel* 1972, alle für Org. Nahm in mehreren Aufsätzen zu Fragen der Orgelmusik Stellung.

Zachow (Zachau), Friedrich Wilhelm, dt. Organist u. Komponist, getauft 14. 11. 1663 Leipzig, † 7. 8. 1712 Halle an der Saale. Erhielt eine gründliche Ausbildung bei seinem Vater, der Stadtmusikus in Leipzig war. Wurde 1684 Organist der Liebfrauenkirche in Halle an der Saale, wo um 1692 G. F. Händel sein Schüler in Komposition u. Orgelspiel wurde. Von seinen eigenen Kompositionen sind u. a. Kirchenkantaten, Orgelkompositionen u. Kammermusik erhalten.

Zäsur (von lat. caesura: »Schnitt«), ein aus der antiken Verslehre in die Musik übernommener Begriff, der soviel wie Einschnitt bedeutet. Z. kommen hauptsächlich als Pausen vor u. dienen zur Abgrenzung oder Gliederung, aber auch als Überraschungseffekt.

Zandonai, Riccardo, ital. Komponist u. Dirigent, * 30. 5. 1883 Sacco, Trento, † 5. 6. 1944 Mombaroccio bei Pesaro. Schüler von P. Mascagni am Liceo Musicale G. Rossini in Pesaro, das er von 1939 bis zu seinem Tode leitete. Z., der als der letzte bedeutende Vertreter des → Verismo gilt, wurde von seinem Verleger Tito Riccordi als Puccini-Nachfolger aufgebaut. Seine erfolgreichste Oper war *Francesca da Rimini* nach der gleichnamigen Tragödie G. d'Annunzios (1914). Neben einigen sinfonischen Dichtungen, anderen Orchesterwerken u. Vokalkompositionen widmete sich Z. hauptsächlich der Oper.

Z. schrieb die folgenden Bühnenwerke: *Il grillo del focolare* (1908), *Conchita* (1911), *Melenis* (1912), *Francesca da Rimini* (1914), *La via della finestra* (1919, rev. 1923), *Giulietta e Romeo* (1922), *I cavalieri di Ekebù* (1925), *Giuliano* (1928), *Una partita* (1933) u. *La farsa amorosa* (1933).

Zapateado, ein span. Flamenco-Tanz für einen Solotänzer. Er wird meistens ohne Musik dargeboten u. nur mit Händeklatschen u. Aufstampfen begleitet. Charakteristisch sind die schnellen rhythmischen Figuren, die mit den Absätzen geklopft werden.

Zapfenstreich (franz. retraite; engl. tattoo), ursprünglich der Schlag auf den Zapfen, der das Schenkfaß schloß u. damit das Zeichen zum Aufbruch gab. Wurde im Soldatenlager durch ein Signal angeordnet. Im 17. Jh. auch Ausdruck für einen kleinen Marsch, mit dem die Spielleute durch das Lager zogen. Der Große Z. entstand in Preußen zu Beginn des 19. Jh. aus der Vereinigung der Z. verschiedener Heeresgattungen. 1813 wurde nach russ. Vorbild ein geistliches Lied (Gebet) angefügt. Der heutige Große Z. besteht aus: Locken zum Großen Z. (Spielleute), Großer Z. (Musikkorps), Z. der berittenen Truppen (3 Posten), Zeichen zum Gebet, Gebet, Abschlagen nach dem Gebet, Deutschlandlied. Daneben wird unter Großem Z. auch ein Großkonzert – beispielsweise zum Manöverabschluß – verstanden.

Zappa, Frank V., amerik. Rockmusiker u. Komponist, * 21. 12. 1940 Baltimore, MD. Tritt als Gitarrist, Pianist u. Sänger auf u. gründete 1964 die Rockgruppe Mothers of Invention, die er bis heute leitet. Entwickelt sich in seinen Kompositionen zur Multimedia-Schau u. zum Musiktheater hin. Seine Texte sind häufig politisch gefärbt u. sozialkritisch ausgerichtet.

Zarlino (Zarlinus Clodiensis), Gioseffo, ital. Musiktheoretiker u. Komponist, * wahrscheinlich vor dem 22. 4. 1517 Chioggia, † 14. 2. 1590 Venedig. Bereitete sich auf Wunsch seines Vaters für eine kirchliche Laufbahn vor u. trat 1537 in den Franziskanerorden ein. Kam 1541 nach Venedig, gab dort seinen musikalischen Neigungen nach u. wurde Schüler A. Willaerts. 1565 als Nachfolger C. de Rores Kapellmeister an San Marco, eine Position, die er auch nicht aufgab, als ihm 1583 die Bischofswürde in seiner Heimatstadt angeboten wurde. Von seinen Kompositionen erschienen nur wenige im Druck, darunter »Quinque v. moduli« (1549) u. »Modulationes sex v.« (1566). Viele Stücke, aus denen er in seinen bedeutenden theoretischen Werken Beispiele zitiert, scheinen verloren. Als Theoretiker genoß Z. einen außerordentlichen Ruf. Er veröffentlichte 1558 »Le istitutioni harmoniche«, in deren 4 Büchern er die Musiklehre seiner Zeit umfassend darstellt u. wissenschaftlich begründet, die Thesen des K. Ptolemaios verficht, den mehr als zweistimmigen Satz systematisch erläutert u. eine Ordnung der Tongeschlechter vorschlägt. 1571 ließ er seine »Dimostrationi harmoniche« erscheinen, die in Form von 5 Dialogen zwischen A. Willaert, C. Merulo u. F. Viola theoretische Fragen wie das Verhältnis zwischen den Intervallen beleuchten. Z. berichtet, es handele sich um die getreue Aufzeichnung von Gesprächen, die 1562 tatsächlich im Hause Willaerts stattgefunden hätten. Diese Theorien wurden von seinem ehemaligen Schüler V. Galilei scharf in dessen »Dialogo« u. später in seinem »Discorso intorno alle opere di Messer G. Z.« angegriffen. Z. verteidigte sich mit den 1588 erschienenen »Sopplimenti musicali«, in denen die Thesen seiner ersten Veröffentlichungen bekräftigt werden. Außerdem enthalten sie bereits den Vorschlag, die Laute in gleichschwebender Temperatur zu stimmen.

Lit.: R. Flury, G.Z. als Komponist, Winterthur 1962.

Zarzuela, ein meist einaktiges span. Bühnenstück, das Ähnlichkeit mit dem dt. Singspiel u. der franz. Opéra bouffe hat. So benannt nach dem Palacio de la Z., wo die ersten Aufführungen mit Werken dieser Gattung stattfanden. Zu den literarischen Begründern der Z. gehört P. Calderón de la Barca mit seinen sogen. comedias con música, an denen teilweise der Komponist J. Hidalgo mitwirkte. Charakteristisch ist der Wechsel von Gesang (Solo u. Chor) mit dem gesprochenen Dialog. Nach mythologischen u. heroischen Stoffen nahm sich die Z. im 19. Jh. komischer Themen an u. näherte sich dem burlesken Género chico. Außerdem wurde span. Folklore einbezogen. Ihre neue Blüte verdankt sie dem Interesse, das Komponisten wie F. Caballero, I. Albéniz u. M. de Falla dieser Musikform entgegenbrachten. Heute erfreut sich die Z. in Spanien u. dem spanischsprechenden Lateinamerika größter Beliebtheit.

Zu den bedeutenden Komponisten von Z. gehören E. Arrieta y Corera, F. A. Barbieri, R. Chapí y Lorente, G. Giménez, R. Hernando, P. Luna, F. Pedrell, J. Serrano, F. Moreno Torroba, J. Valverde u. A. Vives.

Zechlin, Ruth, dt. Komponistin u. Cembalistin, * 22. 6. 1926 Großhartmannsdorf bei Freiberg, Sachsen. Studierte 1943–49 an der Leipziger Musikhochschule bei J. N. David (Tonsatz), A. Rohden u. R. Fischer (Klavier) sowie K. Straube u. G. Ramin (Orgel). Seit 1950 ist sie Dozentin an der Dt. Hochschule für Musik in Berlin (Ost), seit 1969 dort Professor. Von der herben Linearität ihrer ersten Kammermusikwerke fand sie inzwischen zu einer abwechslungsreicheren u. musizierfreudigen Konzeption.

Z. komponierte *Lidice-Kantate* (1957–58), 1. Streichquartett (1959), Oratorium *Wenn der Wacholder blüht* (1960), Funksingspiel *Reineke Fuchs* (1962), Violinkonzert (1963), 1. Sinfonie (1964), 2. Streichquartett (1965), 2. Sinfonie (1966), *Gedanken über ein Klavierstück von Prokofjew* für Kammerorch. u. Kammersinfonie (1967), Thema mit 5 Veränderungen für Orch. (1969), 3. Streichquartett (1970), 3. Sinfonie u. 4. u. 5. Streichquartett (1971), *Stationen* für Bläserquintett u. Tasteninstr. (1972), 2. Kammersinfonie (1973), Klavierkonzert (1973–74), Orgelkonzert I (1974) u. II (1975), *Canzoni alla notte* für Bar. u. Orch. (1974), *Kristalle,* Konzert für Cemb. u. Streicher u. *Orpheus* für Org. (1975), *Begegnungen* für Kammerensemble u. *An Aphrodite,* szenische Kammermusik (1976), 6. Streichquartett u. *Apollo und Dionysos,* Konzert für 4. Fl., Streicher u. Schlagzeug (1977), *Vita nova* für Orch. (1978), *Briefe* für Orch. (1979).

Zeichen (ital. segno, figura; franz. signe, figure; engl. symbol, sign, mark) gehören neben den Noten zu den wesentlichen Mitteln jeder Fixierung von Musik.

Z. treten auf als → Pause, → Takt, → Schlüssel, → Akzidenzien, → Punkt, → Bogen, → Verzierungen u. Vortragsbezeichnungen. Die wichtigsten von ihnen sind:

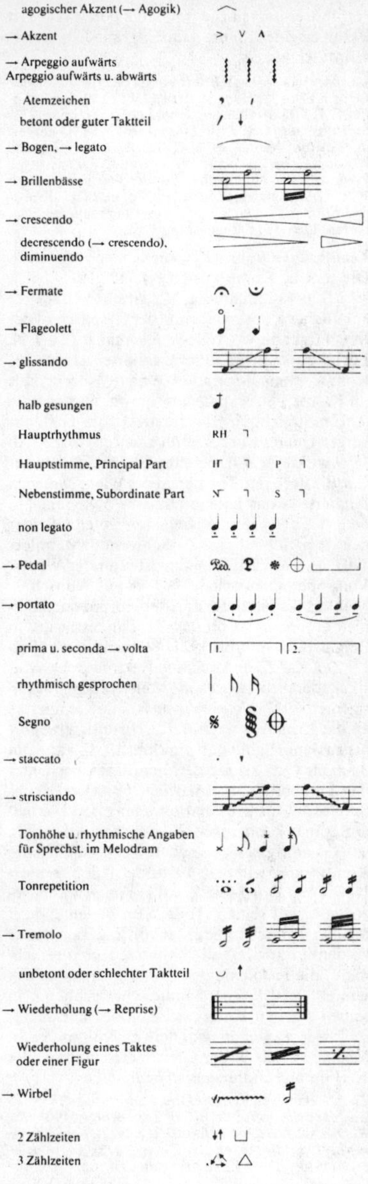

In der zeitgenössischen Musik, die in vielen Fällen das traditionelle Notationssystem in Frage stellt, ist eine Anhäufung von neuen Z. zu beobachten, die vorwiegend Besonderheiten im Bereich der Parameter Dynamik, Klangfarbe u. Artikulation festhalten sollen. Dabei geht jeder Komponist eigene Wege.

Zelenka, Jan Dismas (Jan Lukáš bei der Taufe), tschech. Komponist, * 16. 10. 1679 Launowitz bei Blanik, † 22./23. 12. 1745 Dresden. Sohn des Dorforganisten von Launowitz, von dem er wahrscheinlich in die Musik eingeführt wurde. Scheint Jesuitenschüler in Prag gewesen zu sein u. ist 1709 im Dienst des Grafen Hartig nachgewiesen. Trat 1710 als Kontrabassist in die Dresdner Hofkapelle ein. Wurde 1715 für ein Studienjahr beurlaubt, reiste zu J. J. Fux nach Wien, bei dem er 36jährig Kontrapunktunterricht nahm, u. 1716 zu A. Lotti nach Venedig. Wurde 1721 »wegen kompositorischer Verdienste« in Dresden zum Vizekapellmeister der Kirchenmusik ernannt, 1729 zum Kirchenmusikdirektor u. 1735 zum Kirchencompositeur. Gilt in seiner Beherrschung der traditionellen Polyphonie, die er mit ital. Kantabilität u. heimatlicher Folklore zu verbinden wußte, als bedeutender tschech. Meister des Barock. Z. hinterließ an die 20 Messen, 1 Requiem, 1 Magnificat, Lamentationen u. Responsorienvertonungen sowie Oratorien. Besonders hingewiesen sei auf seine Instrumentalmusik: 5 Capricci, die Suite *Hipocondrie* a 7, Ouverture a 7, Sinfonia a 8 u. Concerto a 8.

Zeller, Carl, österr. Komponist, * 19. 6. 1842 St. Peter in der Au, Niederösterr., † 17. 8. 1898 Baden bei Wien. War Sängerknabe in der Wiener Hofkapelle u. erhielt neben seinem Jurastudium Unterricht bei S. Sechter. Wirkte seit 1873 als Kunstreferent im k.k. Unterrichtsministerium. Trat als Komponist mit Männerchören an die Öffentlichkeit, denen er 1876 die komische Oper *Joconde* folgen ließ. Mit *Die Carbonari* fand er 1880 zur Operette. 1886 brachte er eine weitere Operette mit dem Titel *Der Vagabund* heraus. Es folgten seine beiden beliebtesten Bühnenwerke, *Der Vogelhändler* (1891) u. *Der Obersteiger* (1894). Eine weitere Operette *Der Kellermeister* konnte Z. nicht mehr abschließen. Mit ihm geht die glanzvolle Zeit der klassischen Wiener Operette zu Ende.

Lit.: C. W. Zeller, Mein Vater K.Z., St. Pölten 1942.

Zeller, Wolfgang, dt. Komponist, * 12. 9. 1893 Biesenrode, Harz, † 11. 1. 1967 Berlin. Studierte in Berlin u. München u. war 1921–29 als Nachfolger von H. Tiessen Komponist u. Dirigent der Schauspielmusik an der Berliner Volksbühne. Komponierte 1929 die Musik zu dem ersten abendfüllenden dt. Tonfilm »Melodie der Welt«. Zu seinen weiteren Werken gehören Orchesterstücke, Kammermusik u. Lieder.

Zelter, Carl Friedrich, dt. Komponist u. Lehrer, * 11. 12. 1758 Berlin, † 15. 5. 1832 ebd. Sohn eines Maurermeisters, ließ schon früh eine große Neigung zur Musik erkennen. Schlüsselerlebnis war der Besuch einer Oper C. H. Grauns im Jahr 1770. Erhielt eine Ausbildung als Maurer, beschäftigte sich daneben aber intensiv mit musikalischen Studien u. nahm Unterricht in Geigenspiel u. Komposition. 1786 wurde seine Kantate auf den Tod Friedrichs II. in der Berliner Garnisonskirche aufgeführt. C. F. Fasch nahm sich seiner an. 1791 trat er in die Singakademie seines Lehrers ein, den er schon bald vertreten durfte. 1800 übernahm Z. nach dem Tode von Fasch die Leitung, 1807 eröffnete er eine Orchesterschule, u. 1809 gründete er zur Pflege geselligen Gesanges eine → Liedertafel. Mit unermüdlicher Tatkraft setzte er sich für eine Neuordnung des Musikwesens in Preußen ein. Zwischen 1803 u. 1812 entwickelte er in 7 Denkschriften seine Vorstellungen. 1822 gründete er das Königliche Institut für Kirchenmusik, die spätere Staatliche Akademie für Kirchen- u. Schulmusik, deren Leitung er bis zu seinem Tode innehatte. In Anerkennung seiner Verdienste um die allgemeine musikalische Erziehung in Preußen erhielt er von Friedrich Wilhelm III. ein Grundstück zum Bau eines eigenen Gebäudes für seine Singakademie, das 1827 eingeweiht werden konnte. Bei der Fertigstellung soll Z. selbst mit Hand angelegt haben. Nebenbei war er außerdem als privater Musiklehrer tätig. Zu seinen Schülern gehörten F. Mendelssohn Bartholdy, O. Nicolai, C. Loewe, E. Grell u. G. Meyerbeer. Z. war es auch, der dem jungen Mendelssohn Bartholdy die denkwürdige Wiederaufführung der Matthäus-Passion von J. S. Bach ermöglichte u. damit wesentlich zur Bach-Renaissance beitrug. Mit J. W. von Goethe, den er in allen musikalischen Fragen beriet, verband ihn eine lebenslange Freundschaft. Ihr umfangreicher Briefwechsel erschien bereits 1833–34 in mehreren Bänden. Als Vertreter der 2. Berliner Liederschule leistete er insbesondere in den kleinen u. variierten strophischen Formen Bedeutendes. Ihm verdanken wir so volkstümliche Lieder wie *Der König von Thule*. Er veröffentlichte 2 Sammlungen von je 12 Liedern (1796 u. 1801), »Sämtliche Lieder, Balladen, Romanzen«, 4 Hefte (1810–13), »Neue Sammlung« (1821) u. »6 Dt. Lieder für eine Altstimme« (1829), darunter viele Vertonungen von Werken seines Freundes Goethe. Außerdem komponierte er Kantaten, Männerchöre, Instrumentalwerke u. Klavierstücke. In Dankbarkeit für seinen Lehrer Fasch verfaßte er dessen Biografie, die bereits 1801 in Berlin erschien. Seine Autobiografie liegt handschriftlich vor.

Lit.: M. Hecker (Hg.), Briefwechsel Goethe-Z., 4 Bde., Leipzig 1913–18, Nachdr. Bern 1970; H. W. Schottländer, C. F. Z. Darstellungen seines Lebens, Weimar 1931; S. Holtzmann, C. F. Z. im Spiegel seines Briefwechsels mit Goethe, Weimar 1957; C. Schröder, C. F. Z. u. die Akademie, Berlin 1959; W. Victor, C. F. Z. u. seine Freundschaft mit Goethe, Berlin 1960, Neuauflage 1970; H. W. Schwab, Sangbarkeit, Popularität u. Kunstlied. Studien zu Lied u. Liedästhetik der mittleren Goethezeit, 1770–1814, Regensburg 1965.

Zemlinsky (Zemlinszky), Alexander von, österr. Dirigent u. Komponist, * 14. 10. 1871 Wien, † 15. 3. 1942 Larchmont, NY. Studierte 1884–92 am Wiener Konservatorium der Gesellschaft der Musikfreunde, wo A. Door, F. Krenn u. R. u. J. N. Fuchs zu seinen Lehrern gehörten. Legte als Kompositionsdissertation einen Walzerzyklus für Kl. vor, den er später als sein op. 1 bezeichnete. Ein Streichquintett, das 1893 vom Hellmesberger-Quartett uraufgeführt wurde, folgte. Ab 1899 wirkte Z. als Operettendirigent am Wiener Carltheater u. am Theater an der Wien. Daneben dirigierte er das Laienorchester Polyhymnia, in dem A. Schönberg als Cellist mitspielte. Später heiratete Schönberg Z. Schwester Mathilde. 1904–11 war Z. 1. Kapellmeister an der Wiener Volksoper, dazwischen 1907–08 auf Wunsch G. Mahlers Kapellmeister an der Hofoper. 1911 erhielt er einen Ruf an das Dt. Landestheater in Prag u. blieb dort bis 1927. Während seiner Prager Zeit war Z. eine Zeitlang Rektor der Dt. Musikakademie u. leitete eine Meisterklasse für Dirigenten. 1927 folgte er einem Ruf O. Klemperers an die Krolloper nach Berlin. Er dirigierte dort bis zu deren Schließung im Jahr 1931, war dann noch als Gast an der Berliner Staatsoper Unter den Linden tätig u. unterrichtete an der Hochschule für Musik in Charlottenburg. 1933 verließ er Berlin u. kehrte nach Wien zurück, wo er sich, von Gastdirigaten abgesehen, hauptsächlich der Komposition widmete. 1938 übersiedelte er nach New York. Dort lebte Z. vollkommen zurückgezogen bis zu seinem Tode. Sein bedeutendster Schüler war Schönberg, der von Z. gesagt hat, er verdanke ihm »fast all sein Wissen um die Technik u. die Probleme des Komponierens«. Zum Umfeld der 2. Wiener Schule gehörig, blieb Z. in seinen eigenen Kompositionen seltsam unentschlossen zwischen Wagner- u. Brahms-Nachfolge einerseits u. der Gleichberechtigung aller 12 Halbtöne andrerseits stehen.

Zu Z. Werken gehören: die Opern *Sarema* (um 1895), *Es war einmal* (1897–1900), *Der Traumgörge* (1904–06), *Kleider machen Leute* (1906–07, rev. 1922), *Eine florentinische Tragödie* (1914), *Der Zwerg* (1922), *Der Kreidekreis* (1933), *König Kandaules* (um 1934, durchkompo-

niert, aber nur zur Hälfte instrumentiert) u. weitere Fragmente; das Ballett *Das gläserne Herz* (1901–04); Orchesterwerke wie 2 Sinfonien (1891 u. um 1896), *Lyrische Symphonie* für S., Bar. u. Orch. (1923) u. Sinfonietta (1934); Kammermusikwerke, u.a. Streichquintett (1892–93), Klavierquartett (1893), 4 Streichquartette (1896, 1911, 1924, um 1935), Trio für Klar., Vc. u. Kl. (1896), Cellosonate (1894) u. Suite für V. u. Kl. (1896); Vokalkompositionen, darunter *Frühlingsbegräbnis* für Soli, gem. Chor u. Orch. (1896), *Frühlingsglaube* für gem. Chor u. Streicher (1896), 83., 23. u. 13. Psalm für gem. Chor u. Orch. (1900, 1910 u. um 1935), Gesänge für mittlere St. u. Orch. (1929); Lieder.
Lit.: R. Gerlach (Hg.), A. Z., Tradition im Umkreis der Wiener Schule, Graz 1976.

Zender, Hans, dt. Dirigent u. Komponist, * 22. 11. 1936 Wiesbaden. Studierte an den Musikhochschulen in Frankfurt a. Main u. Freiburg im Breisgau, wo W. Fortner u. E. Picht-Axenfeld zu seinen Lehrern gehörten. 1959–63 Kapellmeister an den Städtischen Bühnen in Freiburg, 1964–68 Chefdirigent des Theaters der Stadt Bonn, 1969–72 GMD der Stadt Kiel u. seit 1972 Chefdirigent des Radiosinfonie- u. Kammerorchesters Saarbrücken. Setzt sich insbesondere für die zeitgenössische Musik ein. Experimentiert mit Raumklang, Aleatorik u. der menschlichen Stimme.

Zu Z. Werken gehören Saxophonkonzert (1952), Klavierkonzert (1956), 3 *Rondels* für A., Fl. u. Va. nach Mallarmé (1961), 3 Stücke für Ob. (1963), 3 Nocturnes für Cemb. (1963), 3 Lieder nach Eichendorff für S. u. Orch., *Vexilla Regis*, Konzert für S., Fl., Trp., Bläser, Pk. u. Org. u. Quartett für Fl., Vc., Kl. u. Schlagzeug (1964), *Canto I* für variable Besetzung (1965), *Trifolium* für Fl., Vc. u. Kl. u. *Les Sirènes chantent quand la raison s'endort* für S., Fl., Klar., Vc., Vibraphon u. Kl. mit Cemb. (1966), *Canto II* für S., gem. Chor u. Orch. u. *Bremen Wodu*, elektronische Studio für 4 Lautsprechergruppen (1967), *Canto III, Der Mann von La Mancha* für S., T., Bar. u. Instrumentalensemble (1968), *Schachspiel* für 2 Orchestergruppen (1969), *Canto IV, 4 Aspekte* für 16 St. u. 16 Instr. (1969–72), *Modelle* für variable Besetzung (1971–73), *Canto V* für St. (1972–74), *Zeitströme* für Orch. (1974), *Muji no kyo* für variable Besetzung mit Frauen- oder Männerst. ad lib. (1975), *Litanei* für 3 Vc. (1976), *Elemente*, Tonbandmontage für 2 Lautsprechergruppen (1976), *Happy Band*, 4 Etüden für Orch. (1976), *Chiffren* für Cemb. (1976), *Lo-Shu* III für Fl. u. 8 Spielgruppen (1978).

Ziani, Pietro Andrea, ital. Organist u. Komponist, * um 1620 Venedig, † 12. 2. 1684 Neapel. Ab 1641 Organist an S. Salvatore in seiner Heimatstadt, 1657–59 Maestro di cappella an S. Maria Maggiore in Bergamo, 1663–65 Kapellmeister am Hof in Wien u. 1669 als Nachfolger F. Cavallis Organist an S. Marco. Als er 1676 nach dem Tode Cavallis bei der Neuwahl des Kapellmeisters übergangen wurde, übersiedelte er nach Neapel, wo er 1678–80 als Lehrer am Conservatorio di S. Onofrio wirkte u. danach zum Leiter der dortigen Königlichen Kapelle berufen wurde. Mit mehr als 20 Opern gehört Z. zu den erfolgreichsten Vertretern des venezianischen Opernstils. Besonders beliebt waren zu Lebzeiten *Le fortune di Rodope e di Damira* (1657) u. *L'Antigona delusa da Alceste* (1660). Er hinterließ außerdem Oratorien, Solomotetten, Solocanzonetten, Madrigale u. 3–6st. Sonaten.
Sein Neffe Marc' Antonio Z. (um 1653–1715) machte sich als Opernkomponist einen Namen u. war ab 1712 Hofkapellmeister in Wien.

Ziehrer, Carl Michael, österr. Komponist u. Dirigent, * 2. 5. 1843 Wien, † 14. 11. ebd. Erhielt eine solide musikalische Ausbildung bei S. Sechter u. war 1885–93 Kapellmeister des Hoch- und Deutschmeister-Regiments, gründete dann sein eigenes Orchester, mit dem er viele erfolgreiche Konzertreisen unternahm. 1908 wurde er zum k.k. Hofballmusikdirektor ernannt. Er gilt als letzter Vertreter der Wiener Tanzmusik im klassischen Zeitalter des Walzers. Von seinen 22 Operetten waren *Die Landstreicher* am erfolgreichsten.

Zu Z. Werken gehören an die 600 Märsche u. Tänze, darunter *Donauwalzer*, *Weaner Madeln* u. *Alt-Wien*. Von seinen Operetten seien erwähnt *König Jerôme* (1878), *Ein Deutschmeister* (1888), *Die Landstreicher* (1899), *Die drei Wünsche* (1901), *Der Liebeswalzer* (1908), *Ein tolles Mädel* (1908), *Ball bei Hof* (1910) u. *Das dumme Herz* (1914).
Lit.: M. Schönherr, C. M. Z., Wien 1974.

Zigeunermusik (ital. musica gitana; franz. musique tzigane; engl. gipsy music), eine besonders in Ungarn u. Spanien lebendige Tradition des Musizierens unter Zigeunern. In Ungarn ist für die Z. charakteristisch, daß sie Elemente der Folklore in eine Art von Unterhaltungsmusik einschmilzt, die im → Verbunkos u. → Csárdás ihre bekannteste Ausprägung erfahren hat. Neben der Zigeunerkapelle (mit geigendem Primas u. Cimbalom) ist vor allem die Verwendung der → Zigeunertonleiter typisch.
Die Tradition der span. Z. geht deutlich auf orientalisch-maurisches Erbe zurück. Man unterscheidet den Cante jondo Andalusiens u. den Cante flamenco. Der vorwiegend vokale Vortrag wird meistens auf der Gitarre begleitet. Beim Tanz können Kastagnetten u. Rahmentrommeln dazukommen.

Zigeunertonleiter nennt man die harmonische Molltonleiter (→ Moll) mit hochalterierter Quarte: a, h, c, dis, e, f, gis, a.

Zilcher, K. Hermann J., dt. Komponist u. Pianist, * 18. 8. 1881 Frankfurt a. M., † 1. 1. 1948 Würzburg. Sohn des Komponisten u. Klavierlehrers J. Paul Z., bei dem er auch seinen ersten Klavierunterricht erhielt. Studierte 1897–1901 am Dr. Hoch'schen Konservatorium in Frankfurt u. war dort 1905–08 Klavierlehrer. Ab 1908 Prof. an der Akademie der Tonkunst in München u. 1920–44

Direktor des Staatskonservatoriums in Würzburg. In seinen Kompositionen blieb Z. dem Klassizismus eines J. Brahms verpflichtet, den er mit Elementen des franz. Impressionismus zu verbinden trachtete.

Zu seinen Werken gehören das Traumspiel *Fitzebutze* (1903), die Oper *Doktor Eisenbart* (1922), Bühnenmusiken, Instrumentalwerke, darunter Sinfonien u. Konzerte, Kompositionen für Akkordeon.

Zillig, Winfried P. I., dt. Komponist u. Dirigent, * 1. 4. 1905 Würzburg, † 18. 2. 1963 Hamburg. Schüler von A. Schönberg in Wien u. Berlin u. 1927–28 Assistent von E. Kleiber an der Berliner Staatsoper. 1932–37 Kapellmeister am Opernhaus Düsseldorf, 1937–40 in Essen u. 1940–43 Leiter der Oper in Posen. 1946–47 wirkte Z. noch einmal an der Düsseldorfer Oper, bevor er 1947–51 Dirigent des Hessischen Rundfunks wurde. Ab 1959 Leiter der Musikabteilung des NDR in Hamburg. Setzte sich als Dirigent unermüdlich für die Werke der 2. Wiener Schule u. G. Mahlers ein. In seinen eigenen Kompositionen versuchte er Schönbergs Lehre mit den Gesetzen der tonalen Musik zu verbinden.
Von seinen Veröffentlichungen seien erwähnt: »Variationen über neue Musik« (1959, auch als »Die neue Musik, Linien u. Porträts«, 1963) u. »Von Wagner bis Strauss, Wegbereiter der modernen Musik« (1966).

Zu Z. Kompositionen gehören: die Opern *Rosse* (1933), *Das Opfer* (1937), *Die Windsbraut* (1941), *Troilus und Cressida* (1951), *Das Verlöbnis* (1963) u. die Funkoper *Die Verlobung von St. Domingo* (1957); Orchesterwerke; Violinkonzert (1955); Kammermusik, u.a. 2 Streichquartette (1927 u. 1953); Lieder.

Zimmermann, Bernd (Bernhard) Alois, dt. Komponist u. Lehrer, * 20. 3. 1918 Bliesheim bei Köln, † 10. 8. 1970 Königsdorf bei Köln. Studierte an der Staatlichen Hochschule für Musik in Köln, wo H. Lemacher u. Ph. Jarnach zu seinen Lehrern gehörten. Schloß seine Studien danach bei W. Fortner u. R. Leibowitz ab. Leitete von 1958 an ein Seminar für Film- u. Rundfunkmusik an der Kölner Musikhochschule u. lehrte dort auch Komposition. Seit 1957 beschäftigte sich Z. mit der Zwölftontechnik u. komponierte in der Webern-Nachfolge. Dabei kam er zu sog. Strukturclustern, die sich aus verschiedenen, von der Peripherie auf ein Tonzentrum zulaufenden Reihen ergaben. Im Mittelpunkt seines Denkens stand das Problem der Zeit u. ihre Darstellung im musikalischen Kunstwerk. Für ihn war es die Kugelgestalt, »zu der sich die Zeit biegt«. Dabei empfand er mit E. Pound: »Alle Zeitalter sind gegenwärtig ...« Aus dem gegenseitigen Durchdringen von Vergangenheit, Gegenwart u. Zukunft leitete er die Übereinanderschichtung u. Zusammenschiebung der verschiedenen musikalischen Linien ab. Außerdem arbeitete er mit zitatartig eingeschobenen Collagen. Seine Oper *Die Soldaten* nach dem gleichnamigen Schauspiel von J. M. R. Lenz gehört zu den bedeutendsten Bühnenwerken des 20. Jh.

Zu Z. Kompositionen gehören: Capriccio für Kl. (1947); *Lob der Torheit*, burleske Kantate nach Worten von J. W. von Goethe für Koloratur-S., Vorsänger (T.), B., gem. Chor u. Orch. (1948); Konzert für Streichorch. (1948, Bearbeitung des Streichtrios 1943); *Alagoana (Caprichos brasileiros)* für Orch. (1940–50, als Ballett 1954); Sonate für V. u. Kl. (1950); Konzert für V. u. Orch. (1950); Sonate für V. solo (1951); *Enchiridion*, kleine Stücke für Kl. zu 2 Händen (1949–52); Konzert für Ob. u. kleines Orch. (1952); *Kontraste*, Musik zu einem imaginären Ballett für Orch. (1953, als Ballett 1954); Sinfonie in einem Satz für Orch. (1947–53); *Nobody knows the trouble I see*, Konzert für Trp. in C u. Orch. (1954); *Perspektiven*, Musik zu einem imaginären Ballett für 2 Kl. (1955); Sonate für Va. solo (1955); *Konfigurationen*, 8 Stücke für Kl. (1954–56); *Omnia tempus habent*, Kantate für S.-Solo u. 17 Instr. (1957); *Canto di speranza*, Kantate für Vc. u. kleines Orch. (1952–57); Impromptu für Orch. (1958); *Die Soldaten*, Vokalsinfonie für 6 Gesangssolisten u. Orch. (1959); *Die Soldaten*, Oper (1958–60); *Dialoge*, Konzert für 2 Kl. u. Orch. (1960, rev. 1965); Sonate für Vc. solo (1960); *Présence*, Ballet blanc en cinq scènes pour violon, violoncelle et piano (1961, mit Wortemblemen von P. Pörtner, Ch.: J. Cranko, 1968); *Antiphonen* für Va. u. 25 Instr. (1961); *Rheinische Kirmestänze* für 13 Bläser (1950–62); *Cinque capricci di Girolamo Frescobaldi »La Frescobalda«* (1962); *Tempus loquendi*, Pezzi ellittici per fl. grande, fl. in sol e fl. basso solo (1963); *Monologe* für 2 Kl. (1960–64, Fassung der *Dialoge* für 2 Kl. soli); *Musique pour les soupers du Roi Ubu*, Ballet noir en sept parties et une entrée (1966, szenisch 1968); *Concerto pour violoncelle et orchestre en forme de »pas de trois«* (1965–66, Ch.: I. Sertić, 1968); *Tratto*, elektronisch (1966); *Die Befristeten*, Ode an Eleutheria in Form eines Totentanzes für Jazzquintett (1967); *Intercomunicazione per vc. e pianoforte* (1967); *Photoptosis*, Prélude für großes Orch. (1968); *Requiem für einen jungen Dichter*, Lingual für Sprecher, S., Bar., 3 Chöre, elektronische Klänge, Orch., Jazz Combo u. Org. (1967–69); *Vier kurze Studien* für Vc. (1970); *Stille und Umkehr*, Orchesterskizzen (1970); *Ich wandte mich und sah an alles Unrecht, das geschah unter der Sonne*, Ekklesiastische Aktion für 2 Sprecher, B. u. Orch. (1970); *Sarabande und Bolero* für Kl. (o. J.) u. *Giostra Genovese*, alte Tänze verschiedener Meister für kleines Orch. (o. J.). Außerdem komponierte Z. Bühnen- u. Hörspielmusiken. Seine gesammelten Aufsätze u. Schriften zum Werk wurden 1974 unter dem Titel »Intervall und Zeit« von Ch. Bitter in Mainz herausgegeben.

Lit.: A. von Imhoff, Untersuchungen zum Klavierwerk B. A. Z., Regensburg 1976; C. Kühn, Die Orchesterwerke B. A. Z., Hamburg 1978.

Zimmermann, Heinz Werner, dt. Komponist, * 11. 8. 1930 Freiburg im Breisgau. Erhielt Unterricht bei J. Weismann in Überlingen u. absolvierte anschließend ein mehrjähriges Privatstudium bei W. Fortner in Heidelberg. Studierte daneben Musiktheorie am Evangelischen kirchenmusikalischen Institut u. wurde dort bei Fortners Weggang Dozent für Komposition u. Musiktheorie. 1963 übernahm er die Leitung der Berliner Kirchenmusikschule in Spandau, u. seit 1975 ist er

Professor an der Frankfurter Musikhochschule. Z. empfing wesentliche Anregungen von Th. Georgiades u. dessen Theorie über das Verhältnis von Sprache u. Musik. Seine an Fortner geschulte Kompositionstechnik wird durch harmonische Kühnheiten u. Elemente des Jazz bereichert. Z. gehört zu den international bekannten Komponisten von Kirchenmusik, einer schöpferischen Synthese von liturgischer Musik, Jazz, Chormusik u. Collage.

Zu Z. Werken gehören: *Psalmkonzert* für B.-Bar., Knabenchor, gem. Chor, 3 Trp., Vibraphon u. Kb. (1958); 3 Spirituals für 6–12st. Chor a cappella (1968); Vesper für Chor, Vibraphon, Cemb. u. Kb. (1962); *Chorvariationen über ein Thema von H. Distler* für S. u. gem. Chor a cappella (1964); *Missa profana* für S., Mezzo-S., T., B., Chor, Orch. u. Dixieland-Jazzband (1973); *4 Collagen* für Kl. u. Kammerchor (1973); *Drei Fragen* für T., Chor u. Kammerorch. (1978); *Psalm 150* für Koloratur-S., 2 Chöre u. Orch. (1978).

Lit.: A. Davidson, I Will Sing a New Song Unto the Lord, The Works of H. W. Z., Springfield, OH, 1969.

Zimmermann, Udo, dt. Komponist, * 6. 10. 1943 Dresden. Schüler der Kreuzschule in seiner Heimatstadt. Studierte an der dortigen Musikhochschule bei J. P. Thilman u. war 1968–70 Meisterschüler von G. Kochan an der Dt. Akademie der Künste in Berlin (Ost). Seit 1970 Komponist u. Dramaturg an der Staatsoper Dresden. Arbeitet in seinen Kompositionen mit Zwölftonreihen, Clustern u. mikropolyphonen Klangschichtungen.

Zu Z. Werken gehören: Violinkonzert (1963); *Dramatische Impression* für Vc. u. Kl. (1963); *5 Gesänge* für Bar. u. Kammerorch. (1964); *Movimenti caratteristici* für Vc. solo (1965); *Dialoge* für Klar. u. Kl. (1966); *Sonetti amorosi* für A., Fl. u. Streichquartett (1966); Oper *Die weiße Rose* (1967–68); *Musik für Streicher* (1968); Oper *Die zweite Entscheidung* (1969–70); *Sieh, meine Augen*, Reflexionen für Kammerorch. (1970); *L'homme*, Meditationen für Orch. (1970); Oper *Levins Mühle* (1971–72); *Tänzerinnen nach Degas* für Kammerorch. (1972); *Ein Zeuge der Liebe, die besiegt den Tod* für S. u. Kammerorch. (1972); *Ode an das Leben* für A., Chor u. Orch. (1972–73); *Mutazioni per orchestra* (1973); Oper *Der Schuhu und die fliegende Prinzessin* (1974–76); *Sinfonia »Come un grande lamento«* für Orch. (1977); Oper *Amphitryon* (1977–78), Oper *Die wundersame Schustersfrau* (1978–79).

Zingarelli, Nicola Antonio, ital. Komponist, * 4. 4. 1752 Neapel, † 5. 5. 1837 Torre del Greco bei Neapel. Sohn des Tenors u. Gesanglehrers Riccardo Tota Z. Schüler des Conservatorio S. Maria di Loreto, wo F. Fenaroli zu seinen Lehrern gehörte. Erlebte noch vor Abschluß seiner Studien die Aufführung seines Intermezzos *I quattro pazzi*. Verdiente seinen Lebensunterhalt durch Geigenunterricht, bis seine Oper *Alsinda* an der Mailänder Scala erfolgreich herauskam u. er sich einen Namen als Opernkomponist machte. 1792 Domkapellmeister in Mailand, wo er nebenbei eine Reihe äußerst erfolgreicher komischer Opern komponierte, u. a. *Il mercato di Monfregoso*. 1794 wurde er zum Domkapellmeister in Loreto berufen, 1804 zum Kapellmeister an S. Pietro in Rom. 1813 übernahm er die Leitung des Real Conservatorio di Musica in Neapel, u. 1816 trat er dort außerdem die Nachfolge G. Paisiellos als Kapellmeister der Kathedrale an. Zu seinen Schülern gehörten V. Bellini, S. Mercadante u. F. Morlacchi.

Neben Oratorien u. Kantaten komponierte Z. 37 Opern, von denen *Giulietta e Romeo* (1796), *La distruzione di Gerusalemme* (1803) u. *Berenice* (1811) am erfolgreichsten waren. Er gehört zu den letzten Vertretern der neapolitanischen Oper.

Zinzadse, Sulchan Fjodorowitsch, sowj. Komponist u. Cellist, * 23. 8. 1925 Gori. Studierte in Tiflis u. Moskau Cello u. Komposition. Wurde 1965 zum Direktor des Konservatoriums in Tiflis ernannt.

Z. komponierte: die Oper *Solotoje runo* (1953); die Operette *Pautina* (1964); die Ballette *Sokrowischtsche goluboj gory* (1956) u. *Demon* (1961, daraus Orchestersuite); Orchesterwerke; Violinkonzert (1947); 2 Cellokonzerte (1947 u. 1967); Klavierkonzert (1954); Concertino für Vc. u. Orch. (1976); Kammermusik, u. a. 9 Streichquartette; Bühnen- u. Filmmusiken; Lieder.

Zirkel → Quintenzirkel

Zitat, Einfügung von Teilen einer Komposition in ein neues Werk. Soll der Zitatcharakter deutlich zum Ausdruck kommen, muß der Komponist ein bekanntes Stück verwenden. Z. waren besonders im 19. Jh. beliebt, weil sich mit ihrer Hilfe ein über das eigene Stück hinausgehender Sinnzusammenhang herstellen ließ. In neuerer Zeit wird das Z. meistens gezielt parodistisch eingesetzt u. dient hauptsächlich dazu, eine Umwertung der gestrigen Werte deutlich zu machen.

Zöllner, 1. Carl Friedrich, dt. Chordirigent u. Komponist, * 17. 3. 1800 Mittelhausen, Thüringen, † 25. 9. 1860 Leipzig. Schüler der Leipziger Thomasschule. 1820 Gesanglehrer der Ratsfreischule. Gründete 1833 den ersten Zöllner-Verein, aus dem sich eine Reihe von Männergesangvereinen entwickelten. 1859 konnte er in Leipzig am ersten Fest von 30 solcher Vereine teilnehmen. Nach seinem Tod schlossen sie sich zum Zöllner-Bund zusammen. Z. komponierte Lieder u. Chöre. Am bekanntesten ist sein Lied *Das Wandern ist des Müllers Lust*.

2. Heinrich, Sohn von 1., dt. Komponist u. Dirigent, * 4. 7. 1854 Leipzig, † 4. 5. 1941 Freiburg im Breisgau. Schüler des Leipziger Konservatoriums u. 1878–85 Universitätsmusikdirektor in Dorpat. Leitete 1890–98 den Dt. Liederkranz in New York, wurde 1898 Universitätsmusikdirektor in Leipzig u. lebte ab 1914 in Freiburg im Breisgau als Musikkritiker.

Zu Z. Kompositionen gehören 10 Opern, darunter *Faust* (1887) u. *Die versunkene Glocke* (1899), Orchesterwerke, Chorwerke, Männerchöre u. Lieder.

Zukunftsmusik, ein gegen R. Wagner gerichteter polemischer Begriff, der nach Erscheinen von dessen Schrift »Kunstwerk der Zukunft« (1850) auftauchte u. herangezogen wurde, um Wagners neuartige Kunstauffassung lächerlich zu machen.

Zumsteeg, Johann Rudolf, dt. Komponist, * 10. 1. 1760 Sachsenflur, † 27. 1. 1802 Stuttgart. Besuchte die Stuttgarter Karlsschule u. freundete sich dort mit Schiller an. Sollte eigentlich Bildhauer werden, nahm aber Cellounterricht u. beschloß, sich ganz der Musik zu widmen. 1781 Cellist an der Stuttgarter Hofkapelle u. 1793 Hofkapellmeister. Z. ist der erste bedeutende Balladenkomponist, der mit seinen Vertonungen von G. A. Bürgers »Lenore« u. von Ossian-Dichtungen den jungen F. Schubert u. die sog. Berliner Liederschule beeinflußte. Neben mehreren Opern für Stuttgart ließ er 7 Bücher mit Balladen u. Liedern erscheinen.

Zunft, der Zusammenschluß von Handwerkern zu Genossenschaften, Gilden oder Berufsständen mit strengen Satzungen u. Privilegien. Die Zünfte waren vom 12. Jh. bis zur Einführung der Gewerbefreiheit Teil der städtischen Gesellschaftsordnung. Um sich gegen Willkür zu schützen, schlossen sich auch die fahrenden Spielleute (→ Spielmann) zu zunftähnlichen Genossenschaften zusammen, denen ein gewählter Pfeiferkönig oder Spielgraf vorstand. So konstituierte sich in Wien die Nikolai-Bruderschaft u. in Paris die Confrérie de St-Julien des ménestriers. Auch die → Stadtpfeifer gaben sich zunftähnliche Statuten. Turmbläser u. Zinkenisten waren angesehene Bürger. Wer keiner Zunft angehörte, durfte in der Stadt nicht öffentlich musizieren. Eine Sonderstellung nahmen die höfischen Pauker u. Trompeter ein, die eifersüchtig über ihre Vorrechte wachten, zumal die Beschäftigung von Trompetern ein fürstliches Privileg war. Mit dem Aufkommen der bürgerlichen Musikkultur u. des öffentlichen Konzertwesens verloren diese Vereinigungen ihre Bedeutung. Aus den städtischen Musikergemeinschaften entwickelten sich die Stadtkapellen, zu deren Aufgaben die Lehrlingsausbildung gehörte.

Zunge (engl. reed), ein elastisches Blatt aus Schilfrohr oder Metall, das den Luftstrom an der Öffnung einer Pfeife periodisch unterbricht. Man unterscheidet aufschlagende Z. (z. B. schlägt bei der Klarinette die Z. auf das Mundstück) u. durchschlagende (Harmonika-Instrumente). Oboe u. Fagott verwenden doppelte Z., das sog. Doppelrohrblatt.

Zungenstoß, Zungenschlag, eine Technik der Artikulation bei Holzblasinstrumenten u. solchen mit Kesselmundstück. Je nach Instrument u. zu erzeugendem Ton werden bestimmte Artikulationssilben verwendet, z. B. bei der Querflöte das kurze harte ti u. das weichere di (J. J. Quantz, »Versuch einer Anweisung die Flöte traversiere zu spielen«).

Zupfinstrumente nennt man jene → Chordophone u. → Idiophone, bei denen der Ton durch Anreißen von Saiten oder elastischen Körpern mit Fingern oder Plektron erzeugt wird.

Zweiunddreißigstelnote (ital. biscroma; franz. triple croche; engl. demisemiquaver; amer. auch thirtysecond note): 𝅘𝅥𝅰 ; Pause (franz. huitième de soupir): 𝅀 .

Zwiefacher, ein in Süddeutschland verbreiteter Volkstanz mit beständigem Wechsel zwischen Zweier- u. Dreiertakt, d. h. eine Verbindung von Polka u. Ländler.

Zwischendominante, Dominanten bzw. Subdominanten, die in die Dur-Moll-tonalen Kadenzen beliebig eingeführt werden. Da sie aus leitereigenen Harmonien bestehen, ergeben sich so Zwischenkadenzen, ohne daß es zu einer → Modulation kommt.

Zwischenspiel → Interludium, → Intermedium, → Intermezzo, → Divertimento

Zwölftontechnik, Dodekaphonie, eine Kompositionsmethode, die vom Prinzip der Gleichwertigkeit der 12 Töne in der temperierten Oktave ausgeht. Lange bevor A. Schönberg seine Methode von der »Komposition mit zwölf nur aufeinander bezogenen Tönen« formulierte u. anwendete, wurde bereits mit der totalen Chromatisierung experimentiert. Im Zuge der Aufgabe der funktionalen Harmonik, die von nicht wenigen Komponisten für erschöpft gehalten wurde, suchte man nach neuen zusammenhangstiftenden Elementen u. Ordnungsprinzipien. In diesem Zusammenhang sei nur an das Klangzentrum A. Skrjabins, die Experimente von N. Obuchow, N. Roslawez, A. Lourié u. J. Golyscheff sowie die Tropenlehre von J. M. Hauer erinnert. Je nach Klangvorstellungen oder mathematischen Neigungen wurden dabei Zwölftonkomplexe ohne Reihenstruktur oder Reihen verwendet, die nicht alle 12 Töne einmal enthielten.

1. Schönbergs Z. ist in ihrer strengsten Ausprägung der Versuch, das melodische wie auch das harmonische Geschehen in eine Reihenstruktur einzubinden u. dadurch die Einheit der Komposition zu gewährleisten. Bei buchstabengetreuer Anwendung seiner Z. liegt jeder Komposition eine einzige Reihe zugrunde, die auf jede Stufe der chromatischen Skala transponierbar ist u. außerdem neben der Grundgestalt im → Krebsgang, in der → Umkehrung sowie im Krebs der Umkehrung auftreten kann. Das ergibt zusammen 48 Möglichkeiten. In der Wahl der Grundreihe ist der Komponist frei; hat er jedoch seine Reihe gewählt, prädeterminiert diese die Intervallbeziehungen. Wiederholungen von einzelnen Tönen u. Tongruppen sind nur beschränkt zulässig, im Idealfall wird kein Ton wiederholt, bevor nicht die ganze Reihe erklungen ist. Oktaven sind verboten, Konsonanzen oder an die Dur-Moll-tonale Musik erinnernde Klänge zu vermeiden.

Natürlich hat fast jeder Komponist, der mit dieser Methode arbeitet, seine eigenen Varianten ins Spiel gebracht, u. selbst die Mitglieder der 2. Wiener Schule haben sich selten an die reine Lehre gehalten. Aber während Schönberg die Reihe lediglich als Material zu Themen u. Motiven sah, legte A. Webern sie bereits so an, daß sich innerhalb der Reihe Bezüge ergaben, die Reihe selbst zur Grundlage von Klang- u. Motivkonstellationen wurde.

2. Seit 1918 arbeitete J. M. Hauer an seiner Tropenlehre, die ebenfalls die gleichschwebende temperierte chromatische Skala voraussetzte. Er stellte eine Tabelle mit 44 Tropen auf, aus der sich sämtliche »Melosfälle« ableiten lassen. Jede Trope besteht aus 2 Sechsergruppen, die sich zum chromatischen Total ergänzen. Im Gegensatz zu Schönbergs Reihenstruktur sind aber bei Hauer die absoluten Tonhöhen u. die Abfolge der Töne innerhalb der Tropenhälfte nicht fixiert. In seiner Lehre von den Tropen systematisierte er die 429 001 600 Zwölfton-»Melosfälle«, die nach seinen Berechnungen möglich sind. In seinen Kompositionen vermeidet Hauer auch nicht traditionelle Akkorde; diese sind jedoch nicht mehr auf ein tonales Zentrum bezogen. Berührungspunkte ergeben sich zwischen Hauers Lehre u. den von O. Messiaen entwickelten Modes de valeurs et d'intensités.

Die bedeutenderen Komponisten der 2. Wiener Schule verhalfen der Z. Schönbergs gegenüber der Lehre Hauers zum Durchbruch. Besonders nach dem 2. Weltkrieg komponierte die Avantgarde weltweit nach dieser Methode. Dabei wurde das Prinzip der Reihe schon bald auf andere → Parameter ausgedehnt. Es entstand die → serielle Musik.

Sowohl Webern wie A. Berg haben immer wieder das zusammenhangstiftende Element der Z. betont. Aber in der Z. wie auch in der seriellen Musik ist die Fülle der musikalischen Beziehungen nur durch intensives Partiturstudium zu erschließen; für den Konzertbesucher sind sie meistens nicht nachvollziehbar.

Lit.: J. M. Hauer, Vom Melos zur Pauke, Wien u. New York 1925; ders., Z., Wien 1925; R. Leibowitz, Introduction à la musique de douze sons, Paris 1949; Th. W. Adorno, Philosophie der Neuen Musik, Tübingen 1949, Taschenbuchausgabe 1974; H. Eimert, Lehrbuch der Z., Wiesbaden 1950; E. Krenek, Zwölfton-Kontrapunkt-Studien, Mainz 1952; J. Rufer, Die Komposition mit zwölf Tönen, Berlin 1952; H. Jelinek, Anleitung zur Zwölftonkomposition, 2 Bde., Wien 1952–58; W. Reich (Hg.), A. Webern, Der Weg zur Neuen Musik, Wien 1960; H. Eimert, Grundlagen der musikalischen Reihentechnik, Wien 1964; H. Oesch (gemeinsam mit W. Art), Pioniere der Z., Bern 1975; G. Schnitzler (Hg.), Musik u. Zahl, Bonn 1976.

ZEITSCHRIFTEN, PERIODIKA, REIHEN

Seit J. Mattheson mit seiner »Critica musica« (1722–25) die erste dt. Musikzeitschrift herausgab u. J. N. Forkel in der »Allgemeinen Litteratur der Musik oder Anleitung zur Kenntnis musikalischer Bücher« (1792) erstmals musikalisches Schrifttum systematisch ordnete, hat es im deutschsprachigen Raum eine Fülle von Publikationen auf dem Gebiet der Musik gegeben. Sie reichen von R. Schumanns »Neuer Zeitschrift für Musik« (1834) bis zu »Musica« (1946), »Jazz-Podium« (1956) u. »Hifi« (1972). Knaurs Musiklexikon bringt im folgenden eine Auswahl, die auch Reihen u. Denkmäler sowie Veröffentlichungen über das Ballett u. fremdsprachige Titel einbezieht.

Acta Musicologica, Kassel 1928 ff.
Allgemeine Dt. Biographie, 56 Bde., Leipzig 1875–1912
Allgemeine musikalische Zeitung, Leipzig, I–XII: 1798/99–1809/10, XIII–L: 1811–48, neue Folge I–III: 1863–65, als Leipziger Allgemeine musikalische Zeitung I–XVII: 1866–82
Allgemeine Musik-Zeitung, Leipzig, Kassel 1874–1943
Analecta hymnica medii aevi, hg. von G. M. Dreves u. C. Blume, 55 Bde., Leipzig 1886–1922, Nachdr. Frankfurt a. M. 1961, New York 1969
Annales musicologiques I–VI: 1953–58/63 Paris
Archives des maîtres de l'orgue des XVIe, XVIIe et XVIIIe siècles, hg. von A. Guilmant u. A. Pirro, 10 Bde., Paris u. Mainz 1898–1914, Nachdr. New York 1972
Ballet Danse, Paris 1980 ff.
Ballett International, Köln 1978 ff.
Ballet News, New York 1979 ff.
Ballet Review, New York 1973 ff.
Ballett-Journal/Tanzarchiv, Overath bei Köln 1953 bzw. 1975 ff.
Beethoven-Jahrbuch, Veröffentlichungen des Beethovenhauses in Bonn 1953/54 ff.
Beihefte zum Archiv für Musikwissenschaft, Wiesbaden 1966 ff.
Beiträge, hg. von der Österr. Gesellschaft für Musik, Kassel 1967 ff.
Beiträge zur Musikwissenschaft, Berlin (Ost) 1959 ff.
Billboard, New York 1895 ff.
Bulletin des Internationalen Musikzentrums, Wien 1966 ff.
Bulletin d'information, Association internationale des Bibliothèques musicales, Paris 1952/53, fortgesetzt durch Fontes artis musicae
Cash Box, New York 1940 ff.
Chigiana, Rassegna annuale di studi musicologici, Florenz 1964 ff.
Collectanea historiae musicae = Historiae musicae cultores, Florenz 1953 ff.
Corpus mensurabilis musicae, Rom 1947 ff.
Corpus of Early Keyboard Music, Rom 1963 ff.
Corpus scriptorum de musica, Rom 1950 ff.
Dance and Dancers, London 1950 ff.
Dance Magazine, früher The American Dancer, New York 1927 ff.

Dance News, New York 1942ff.
Dancing Times, London 1910ff.
Dansk musiktidsskrift, Kopenhagen 1925ff.
Darmstädter Beiträge zur Neuen Musik, Mainz 1958ff.
Das Chorwerk, Wolfenbüttel 1929ff.
Das Erbe Dt. Musik, 1. Reihe Reichsdenkmale, 24 Bde., Leipzig bzw. Wolfenbüttel, Mainz, Hannover, Kassel, 1935–43, weitergeführt als Hauptreihe, Bd. XXIV, Kassel 1953, ab Bd. XXVI Wiesbaden bzw. Lippstadt, Wolfenbüttel, Mainz, Kassel, Frankfurt a. M., München, 2. Reihe Landschaftsdenkmale, 16 Bde., Braunschweig bzw. Kassel, Wolfenbüttel, Reichenberg, Wien 1936–42, Sonderreihe, Kassel bzw. Mainz 1954ff.
Das Orchester, Mainz 1953ff.
Denkmäler der Tonkunst in Österreich, 83 Bde., Wien 1894–1938, Nachdr. Graz 1959–60
Denkmäler Dt. Tonkunst, 1. Folge, 65 Bde., Leipzig 1892–1931, rev. Neuauflage Wiesbaden 1957–61
Denkmäler Dt. Tonkunst, 2. Folge, Denkmäler der Tonkunst in Bayern, 36 Bde., Leipzig bzw. Augsburg 1900–31, rev. Neuauflage Wiesbaden 1962ff., neue Folge, Wiesbaden 1967ff.
Der Kirchenchor, Kassel 1940ff.
Dt. Jahrbuch der Musikwissenschaft, Leipzig 1956/57ff.
Dt. Musikkultur I–IX: 1936/37–1944/45
Die Musikforschung, Kassel 1947ff.
Die Reihe, hg. von H. Eimert, Wien, I–VIII: 1955–62
Down Beat, Chicago 1934ff.
Early Music, London 1973ff.
Fono Forum, Köln 1956ff.
Fontes artis musicae, Organe de l'Association internationale des Bibliothèques musicales, Kassel 1954ff.
Gitarre u. Laute, Kassel 1979ff.
Gramophone, London 1923ff.
Gravesaner Blätter, Mainz 1955/56–66;
Händel-Jahrbuch, Leipzig 1955ff.
Haydn-Studien, München 1965ff.
Hifi, Stereophonie, Karlsruhe 1972ff.
Hindemith-Jahrbuch, Mainz 1971ff.
Hortus musicus, Kassel 1936ff.
Hudební rozhledy, Prag 1948ff.
Hungarian Music News, Budapest 1969ff.
Jazzforschung, Graz 1969ff.
Jazz-Podium, München 1956ff.
Journal of Music Theory, New Haven, CT, 1957ff.
Journal of the American Musicological Society, Boston 1948ff.
Journal of the International Folk Music Council, Cambridge 1949–68
Kirchenmusikalisches Jahrbuch, Köln bzw. Regensburg, I–XXIV: 1886–1911, XXV–XXVIII: 1930–38, ab XXXIV: 1950ff.
La rassegna musicale, Rom bzw. Turin, I–XVI: 1928–43, XVII–XXXII: 1947–62, ab 1964 aufgegangen in Quaderni della rassegna musicale
La revue musicale, Paris 1920ff.
Les classiques français du moyen âge, Paris 1910ff.
Les maîtres musiciens de la Renaissance française, hg. von H. Expert, 23 Bde., Paris 1894–1908
Les saisons de la danse, Paris 1968ff.
Magyar zene, Budapest 1960ff.
Melody Maker, London 1926ff.
Melos, Berlin 1920ff., 1975–78 zusammengelegt mit der Neuen Zeitschrift für Musik in Mainz
Miscellanea musicologica, Prag 1956ff.
Mitteilungen der Brahms-Gesellschaft, Hamburg 1970ff.
Mitteilungen der Hans-Pfitzner-Gesellschaft, München 1954/55ff.
Mitteilungen der Internationalen Richard-Strauss-Gesellschaft, Berlin 1952ff.
Mitteilungen des Max-Reger-Instituts, Bonn, Wiesbaden 1954ff.
Monumenta musicae Belgicae, Antwerpen 1932ff.
Monuments de la musique française au temps de la Renaissance, hg. von H. Expert, 10 Bde., Paris 1924–29, Bd. XI hg. von J. Chailley u. M. Honegger, Paris 1958
Mozart-Jahrbuch, hg. von der Internationalen Stiftung Mozarteum, Salzburg 1950ff.
Musica, Kassel 1946ff.
Musica Britannica, London 1959ff.
Musica Disciplina, Rom 1948ff.
Musical America, New York 1898ff.
Musical Opinion, London 1877ff.
Music and Letters, London 1920ff.
Music and Musicians, London 1952ff.
Musicological Studies and Documents, Rom 1951ff.

Musik im Unterricht, Mainz 1956ff., ab 1969 aufgegangen in Musik u. Bildung, Mainz
Musik in Bayern, Tutzing 1975ff.
Musikrevy, Stockholm 1946ff.
Musik u. Gesellschaft, Berlin (Ost) 1951ff.
Musik u. Kirche, Kassel 1930ff.
Muzica, Bukarest 1950ff.
Muzyka, Warschau 1956ff.
Muzyka, Leningrad 1972ff.
Nagels Musik-Archiv, Nr. 1–161, Hannover 1927–42, ab Nr. 162 Kassel 1947ff.
Neue Dt. Biographie, Berlin 1953ff.
Neue Musikzeitschrift, ursprünglich Musikalische Jugend, Regensburg 1951ff.
Neue Zeitschrift für Musik, Leipzig 1834ff., heute Mainz, Nachdruck der Bde. I–LXXIX Scarsdale, NY, 1963–65
New Musical Express, London 1952ff.
Notes, Music Library Association Washington 1943ff.
Nuova rivista musicale italiana, Rom 1967ff.
Nutida musik, Stockholm 1957/58
Österr. Musikzeitschrift, Wien 1946ff.
Opera, London 1950ff.
Opéra, Paris 1976ff.
Opera News, New York 1936ff.
Opernwelt, Stuttgart 1960/61ff.
Perspectives of New Music, Princeton, NJ, 1962/63ff.
Phono, Wien 1954/55–67, aufgegangen in Österr. Musikzeitschrift
Proceedings of the Royal Musical Association, London 1874ff.
Publikationen älterer Musik, 11 Bde., Leipzig 1926–40
Publikationen älterer praktischer u. theoretischer Musikwerke, 29 Bde., Berlin bzw. Leipzig 1873–1905
Quaderni della rassegna musicale, Turin 1964ff.
Quaderni della rivista italiana di musicologia, Florenz 1966ff.
Répertoire international des sources musicales, Reihe A, Kassel 1971ff., Reihe B, München 1960ff.
Revue belge de musicologie, Antwerpen 1946/47ff.
Revue de musicologie, Paris, I–XXIII: 1917–39, XXIV–XXXVIII: 1942–56; XXXIX/XL–XLV/XLVI: 1957–60, ab XLVII: 1961ff.
Rivista italiana di musicologia, Florenz 1966ff.
Rivista musicale italiana, Mailand, Rom, Turin, I–XXXIX: 1894–1932, XL–XLVII: 1936–43, XLVIII–LVII: 1946–55
Ruch muzyczny, Warschau 1957ff.
Sammelbände der Internationalen Musikgesellschaft, Leipzig, I–XV: 1899/1900–1913/14
Schweizerische Musikzeitung u. Sängerblatt, Zürich 1916ff.
Scriptores ecclesiastici de musica, 3 Bde., hg. von M. Gerbert, St. Blasien 1784, Nachdr. Hildesheim 1963
Scriptorum de musica medii aevi novam seriem..., hg. von E. de Coussemaker, 4 Bde., Paris 1864–76, Nachdr. Hildesheim 1963
SIM, Revue musicale, Paris 1907ff.
Sovetskaja muzyka, Moskau, I–IX: 1933–41, ab X: 1946ff.
Studien zur Musikwissenschaft, Beihefte der Denkmäler der Tonkunst in Österreich, Leipzig I–X: 1913–21, Wien XI–XXIII: 1924–56, Graz ab 1960
Svensk Tidskrift for musikforskning, Stockholm 1919ff.
Teatro lírico español anterior al siglo XIX, 5 Bde., hg. von F. Pedrell, La Coruña 1897–98
Tempo, London 1939ff.
The Galpin Society Journal, London 1948ff.
The Musical Quarterly, New York 1915ff.
The Music Review, Cambridge 1940ff.
Tijdschrift der Vereeniging voor Nord-Nederlands Muziekgeschiednis, Amsterdam 1885ff., ab 1951 Tijdschrift voor Muziekwetenschap
Vierteljahresschrift für Musikwissenschaft, Leipzig I–X: 1885–94
Zvuk, Jugoslovenska mužicka revija, Belgrad 1932ff.

ABKÜRZUNGEN

A

A.	Alt
AL	Alabama
amer.	amerikanisch
AR	Arkansas
arab.	arabisch
argentin.	argentinisch
Arr.	Arrangement
austral.	australisch
AZ	Arizona

B

B.	Baß
Bar.	Bariton
B.c.	Basso continuo
Bd., Bde.	Band, Bände
belg.	belgisch
böhm.	böhmisch
brasilian.	brasilianisch
bulg.	bulgarisch

C

CA	Kalifornien
Cemb.	Cembalo
C.f.	Cantus firmus
Ch.	Choreografie
chil.	chilenisch
chin	chinesisch
CO	Colorado
CT	Connecticut

D

d.Ä.	der Ältere
dän.	dänisch
DDT	Denkmäler Deutscher Tonkunst, 1. Folge
ders.	derselbe
d.Gr.	der (die) Große
d.h.	das heißt
dies.	dieselbe
d.J.	der Jüngere
dt.	deutsch
DTB	Denkmäler Deutscher Tonkunst, 2. Folge: Denkmäler der Tonkunst in Bayern

E

ebd.	ebenda
eigtl.	eigentlich
engl.	englisch
ev.-luth.	evangelisch-lutherisch

F

f., ff.	folgende
Fag.	Fagott
finn.	finnisch
FL	Florida
Fl.	Flöte
fläm.	flämisch
franz.	französisch

G

GA	Gesamtausgabe; bei Ortsnamen: US-Staat Georgia
Gb.	Generalbaß
geb.	geborene
gegr.	gegründet
gem. Chor	gemischter Chor
Git.	Gitarre
griech.	griechisch
guatemaltek.	guatemaltekisch

H

Hf.	Harfe
hl.	heilig(e)
holländ.	holländisch
hg.	herausgegeben
Hg., Hgg.	Herausgeber

I

IA	Iowa
ID	Idaho
IL	Illinois
IN	Indiana
Instr.	Instrument
ir.	irisch
israel.	israelisch
ital.	italienisch

J

japan.	japanisch
Jh.	Jahrhundert
jugoslaw.	jugoslawisch

K

kan.	kanadisch
Kb.	Kontrabaß
Kl.	Klavier
Kl.-A.	Klavierauszug
Klar.	Klarinette
KS	Kansas
kuban.	kubanisch
KV	Köchel-Verzeichnis
KY	Kentucky

L

LA	Louisiana
lat.	lateinisch
Lit.	Literatur
lit.	litauisch

M

M.	Musik bei Balletten
MA	Massachusetts
MD	Maryland
ME	Maine
mexikan.	mexikanisch
MI	Michigan
mittellat.	mittellateinisch
MN	Minnesota
MO	Missouri
Ms., Mss.	Manuskript, Manuskripte
MT	Montana

N

NA	Neuausgabe
Nachdr.	Nachdruck
NC	North Carolina
NE	Nebraska
NH	New Hampshire
niederl.	niederländisch
NJ	New Jersey
norw.	norwegisch
Nr.	Nummer
NY	New York (Bundesstaat)

O

Ob.	Oboe
österr.	österreichisch
OH	Ohio
o.J.	ohne Jahr
OK	Oklahoma
op.	opus
OR	Oregon
Orch.	Orchester
Org.	Orgel

P

PA	Pennsylvania
peruan.	peruanisch
Pk.	Pauke
poln.	polnisch
portug.	portugiesisch
Pos.	Posaune
provenz.	provenzalisch
Publ.	Publikation

R

rev.	revidiert
rumän.	rumänisch
russ.	russisch

S

S.	Seite; Sopran
Sax.	Saxophon
SC	South Carolina
schwed.	schwedisch
schweiz.	schweizerisch
Singst.	Singstimme
slowak.	slowakisch
sog.	sogenannt
sowj.	sowjetisch
span.	spanisch
St.	Stimme
… st.	… stimmig

T

T.	Tenor
Trp.	Trompete
tschech.	tschechisch
türk.	türkisch
TX	Texas

U		VA	Virginia
u.	und	Vc.	Violoncello
u. a.	und andere, unter anderem	venez.	venezolanisch
u. v. a.	und viele andere	Verz.	Verzeichnis
ungar.	ungarisch	vgl.	vergleiche
uruguay.	uruguayisch	VT	Vermont
V		**W**	
v.	vox, Stimme, ital. voce	WA	Washington (Bundesstaat)
V.	Violine	WV	West Virginia
Va.	Viola	WI	Wisconsin